Ästhetische Grundbegriffe Historisches Wörterbuch
(ÄGB) in sieben Bänden

Herausgegeben von Karlheinz Barck
(Geschäftsführung)
Martin Fontius
Dieter Schlenstedt
Burkhart Steinwachs
Friedrich Wolfzettel

Redaktion Berlin   Redaktion Frankfurt/Main
Dieter Kliche   Britta Hofmann
(Leitung und Koordination)   Maria Kopp
Carsten Feldmann
Bertolt Fessen
Martina Kempter

Ästhetische Grundbegriffe

Band 2
Dekadent – Grotesk

Studienausgabe

Verlag J. B. Metzler
Stuttgart · Weimar

Wissenschaftlicher Mitarbeiter der Redaktion Frankfurt am Main: Frank Estelmann;
Studentische Mitarbeiter: Natalia Kourianovitch, Karina Nippe, Peggy Steinhauser (Redaktion Berlin)
und Sandra Luckert (Redaktion Frankfurt am Main)

Bibliografische Information der Deutschen Bibliothek
Die Deutsche Bibliothek verzeichnet diese Publikation in der Deutschen Nationalbibliografie;
detaillierte bibliografische Daten sind im Internet über <http://dnb.ddb.de> abrufbar

Gedruckt auf chlorfrei gebleichtem, säurefreiem und alterungsbeständigem Papier

Gesamtwerk:
ISBN 978-3-476-02353-7

Band 2:
ISBN 978-3-476-02355-1

Dieses Werk einschließlich aller seiner Teile ist urheberrechtlich geschützt.
Jede Verwertung außerhalb der engen Grenzen des Urheberrechtsgesetzes ist ohne Zustimmung
des Verlages unzulässig und strafbar. Dies gilt insbesondere für Vervielfältigungen, Übersetzungen,
Mikroverfilmungen und die Einspeicherung und Verarbeitung in elektronischen Systemen.

© 2001/2010 J.B. Metzler'sche Verlagsbuchhandlung
und Carl Ernst Poeschel Verlag GmbH in Stuttgart
www.metzlerverlag.de
info@metzlerverlag.de
Einbandgestaltung: Willy Löffelhardt/Melanie Frasch
Satz: Typomedia GmbH, Ostfildern
Druck und Bindung: Ebner & Spiegel GmbH, Ulm
Printed in Germany
September 2010
Verlag J.B. Metzler Stuttgart · Weimar

Inhaltsverzeichnis

Benutzungshinweise VII
Siglenverzeichnis IX
Verzeichnis der abgekürzt zitierten antiken und
biblischen Quellen XV

Artikel

Dekadent/Dekadenz (WOLFGANG KLEIN, Berlin/
  Osnabrück) 1
Design (HEINZ HIRDINA, Berlin) 41
Dilettantismus (SIMONE LEISTNER, Duisburg) 63
Einbildungskraft/Imagination
  (JOCHEN SCHULTE-SASSE, Minneapolis) 88
Einfühlung/Empathie/Identifikation
  (MARTIN FONTIUS, Berlin) 121
Ekel (WINFRIED MENNINGHAUS,
  Berlin/New Haven) 142
Engagement/Tendenz/Parteilichkeit
  (HELMUT PEITSCH, Cardiff) 178
Enthusiasmus (WOLFGANG SCHRADER, Siegen) 223
Ephemer (JOACHIM KRAUSSE, Berlin) 240
Erfahrung (GEORG MAAG, Stuttgart) 260
Erhaben (JÖRG HEININGER, Hamdorf) 275
Erotisch/Erotik/Erotismus
  (ERIK GRAWERT-MAY, Senftenberg) 310
Exotisch/Exotismus (CARLOS RINCÓN,
  Berlin) 338

Fest/Feier (BERNHARD TEUBER, München) 367
Fiktion (KARLHEINZ STIERLE, Konstanz) 380
Film/filmisch (OKSANA BULGAKOWA,
  Stanford/Berlin) 429
Form (KLAUS STÄDTKE, Bremen/Berlin) 462
Fotografie/fotografisch (BERND BUSCH, Bonn;
  IRENE ALBERS, Konstanz) 494
Fragment (JUSTUS FETSCHER, Berlin) 551
Funktionalismus (HEINZ HIRDINA, Berlin) 588

Gedächtnis/Erinnerung (GERALD SIEGMUND,
  Frankfurt am Main) 609
Gefühl (BRIGITTE SCHEER, Frankfurt am
  Main) 629
Genie (EBERHARD ORTLAND, Berlin) 661
Genuß/Vergnügen (CORDULA HUFNAGEL,
  Berlin) 709
Gesamtkunstwerk (WOLFGANG STORCH,
  Volterra) 730
Geschmack/Geschmacksurteil (RUDOLF LÜTHE,
  Koblenz; MARTIN FONTIUS, Berlin) 792
Gestalt (DAGMAR BUCHWALD, Bielefeld) 820
Gotisch (KLAUS NIEHR, Berlin) 862
Grotesk (ELISHEVA ROSEN, Tel Aviv) 876

Benutzungshinweise

Die Artikel der *Ästhetischen Grundbegriffe* folgen einem vorgegebenen Rahmen: Der Artikelkopf führt das Lemma an, wie es üblicherweise im Deutschen benutzt wird; dann, sofern möglich, auf Altgriechisch und Latein sowie in den europäischen Hauptsprachen Englisch, Französisch, Italienisch, Spanisch und Russisch. Die vorangestellte Artikelgliederung wird zur Orientierung des Lesers auch in der Kopfzeile mitgeführt.

Die Bibliographie am Ende des Artikels faßt die wesentliche Literatur zum Thema zusammen und dokumentiert die neuere Forschungslage. Sie verzeichnet keine Quellentexte; diese werden mit ausführlichen Angaben im Anmerkungsapparat genannt. So verstehen sich die Anmerkungen zugleich als eine durchlaufende Gesamtbibliographie zum Thema.

In den Quellenangaben erscheinen die zitierten Einzelschriften mit dem Datum des Erstdrucks. Liegt zwischen diesem und dem Entstehungsdatum ein großer zeitlicher Abstand, so wird letzteres verzeichnet. Zitiert wird, was die europäischen Hauptsprachen anbelangt, in der Regel nach den Originalquellen. Außer im Englischen und Französischen werden den Zitaten gängige und leicht zugängliche Übersetzungen nachgestellt. Quellenangaben altgriechischer und lateinischer Texte werden, wenn nur ein bloßer Verweis erfolgt, in der inneren Zitierweise gegeben. Wird ein Text zitiert, nennt die Angabe Edition und Seitenzahl der Übersetzung. Wo keine Übersetzung nachgewiesen ist, stammt sie vom Autor. Für sämtliche Zitate im Text werden Stellennachweise geführt. Sammelnachweise folgen auf das letzte der zu belegenden Zitate. Erscheinen Stellennachweise zu Zitaten direkt im laufenden Text, so beziehen sich die Angaben stets auf die in der vorausgehenden Anmerkung genannte Edition. Gelegentliche Flexionsänderungen in den Zitaten werden nicht eigens gekennzeichnet. Hervorhebungen im Original stehen ausschließlich kursiv.

Vielbenutzte und gut zugängliche Werk- und Einzelausgaben, ebenso große Wörterbücher und Enzyklopädien, werden mit Siglen bezeichnet, die das Siglenverzeichnis erschließt. Ihm folgt ein Verzeichnis der abgekürzt zitierten antiken und biblischen Quellen.

Siglenverzeichnis

1. Wörterbücher und Enzyklopädien

ADELUNG – JOHANN CHRISTOPH ADELUNG, Grammatisch-kritisches Wörterbuch der hochdeutschen Mundart, mit beständiger Vergleichung der übrigen Mundarten, besonders aber der Oberdeutschen (1774–1786); zweyte, vermehrte u. verbesserte Ausgabe, 4 Bde. (Leipzig 1793–1801)

BROCKHAUS – DAVID ARNOLD FRIEDRICH BROCKHAUS, Conversations-Lexicon oder kurzgefasstes Handwörterbuch für die in der gesellschaftlichen Unterhaltung aus den Wissenschaften und Künsten vorkommenden Gegenstände [...], 6 Bde. u. 2 Suppl.bde. (Amsterdam/Leipzig 1809–1811) [und spätere Auflagen, mit wechselnden Titeln]

CHAMBERS – EPHRAIM CHAMBERS, Cyclopaedia: or, An Universal Dictionary of Arts and Sciences, Containing an Explication of the Terms and an Account of the Things Signified Thereby in the Several Arts, Liberal and Mechanical, and the Several Sciences, Human and Divine, Compiled from the Best Authors, 2 Bde. (London 1728)

DIDEROT (ENCYCLOPÉDIE) – Encyclopédie, ou Dictionnaire raisonné des sciences, des arts et des métiers, par une Société de gens de lettres. Mis en ordre & publié par M. Diderot, [...] & quant à la partie mathématique, par M. d'Alembert [...], 35 Bde. (Paris/Neufchastel/Amsterdam 1751–1780): [A-Z], 17 Bde. (Paris/Neufchastel 1751–1765); Recueil de planches, 11 Bde. (Paris 1762–1772); Supplément, 4 Bde. (Amsterdam 1776–1777); Suite du recueil de planches, 1 Bd. (Paris/Amsterdam 1777); Table analytique et raisonnée, 2 Bde. (Paris/Amsterdam 1780)

EDWARDS – The Encyclopedia of Philosophy, hg. v. P. Edwards, 8 Bde. (New York/London 1967), 1 Bd. Supplement, hg. v. D. M. Borchert (New York u. a. 1996)

ENCYCLOPAEDIA BRITANNICA – The Encyclopaedia Britannica, or, a Dictionary of Arts and Sciences, compiled upon a new plan, 3 Bde. (Edinburgh 1771) [und spätere Auflagen]

ERSCH/GRUBER – JOHANN SAMUEL ERSCH/JOHANN GOTTFRIED GRUBER, Allgemeine Encyclopädie der Wissenschaften und Künste, Sect. 1, 99 Bde. u. Reg.bd. (Leipzig 1818–1892), Sect. 2, 43 Bde. (1827–1889), Sect. 3, 25 Bde. (1830–1850)

FURETIÈRE – ANTOINE FURETIÈRE, Le Dictionaire universel, contenant généralement tous les mots françois tant vieux que modernes, 3 Bde. (Den Haag/Rotterdam 1690)

GRIMM – JACOB GRIMM/WILHELM GRIMM, Deutsches Wörterbuch, 16 Bde. u. Quellenverzeichnis (Leipzig 1854–1971)

GROVE – The New Grove Dictionary of Music and Musicians, hg. v. S. Sadie, 20 Bde. (London 1980)

HAUG – Historisch-kritisches Wörterbuch des Marxismus, hg. v. W. F. Haug (Hamburg 1994 ff.)

HEBENSTREIT – WILHELM HEBENSTREIT, Wissenschaftlich-literarische Encyclopädie der Aesthetik. Ein etymologisch-kritisches Wörterbuch der aesthetischen Kunstsprache (Wien 1843)

JACOB – Encyclopédie philosophique universelle, hg. v. A. Jacob, 3 Abt., 5 Bde. (Paris 1989–1992)

JEITTELES – IGNAZ JEITTELES, Aesthetisches Lexikon. Ein alphabetisches Handbuch zur Theorie der Philosophie des Schönen und der schönen Künste [...], 2 Bde. (Wien 1835/1837)

KLUGE – FRIEDRICH KLUGE, Etymologisches Wörterbuch der deutschen Sprache (1883), 23., erw. Aufl., bearb. v. E. Seebold (Berlin/New York 1995) [und frühere Auflagen]

KOSELLECK – Geschichtliche Grundbegriffe. Historisches Lexikon zur politisch-sozialen Sprache in Deutschland, hg. v. O. Brunner/W. Conze/R. Koselleck, 8 Bde. (Stuttgart 1972–1997)

KRUG – WILHELM TRAUGOTT KRUG, Allgemeines Handwörterbuch der philosophischen Wissenschaften, nebst ihrer Literatur und Geschichte. Nach dem heutigen Standpuncte der Wissenschaft bearb. u. hg. (1827–1829); zweite, verbes-

serte u. vermehrte, Aufl., 5 Bde. (Leipzig 1832–1838)
LAROUSSE – PIERRE ATHANASE LAROUSSE, Grand dictionnaire universel du XIXᵉ siècle, 15 Bde., 2 Suppl.bde. (Paris 1866–1888)
LITTRÉ – MAXIMILIEN PAUL ÉMILE LITTRÉ, Dictionnaire de la langue française, 4 Bde. (Paris 1863–1869) [und spätere Auflagen]
LTK - Lexikon für Theologie und Kirche, 2. Aufl., hg. v. J. Höfer/K. Rahner, 10 Bde. (Freiburg 1957–1965); 3., völlig neu bearb. Aufl., hg. v. W. Kasper (München 1993 ff.)
MEYER – HERMANN JOSEF MEYER, Neues Konversations-Lexikon für alle Stände, 15 Bde. (Hildburghausen 1857–1860) [und spätere Auflagen, mit wechselnden Titeln]
MGG – Die Musik in Geschichte und Gegenwart, hg. v. F. Blume, 17 Bde. (Kassel u. a. 1949/1951–1986); 2., neubearb. Aufl., hg. v. N. Finscher (Kassel u. a. 1994 ff.)
MITTELSTRASS – Enzyklopädie Philosophie und Wissenschaftstheorie, hg. v. J. Mittelstraß, Bd. 1–2 (Mannheim/Wien/Zürich 1980–1984), Bd. 3–4 (Stuttgart/Weimar 1995–1996)
OED – The Oxford English Dictionary. Second Edition, hg. v. J. A. Simpson/E. S. C. Weiner, 20 Bde. (Oxford 1989)
PAULY – Pauly's Real-Encyclopädie der classischen Altertumswissenschaft, neue Bearb., begonnen v. G. Wissowa, Reihe 1, 47 Halbbde.(Stuttgart 1894–1963), Reihe 2, Halbbde. 1–18 (Stuttgart 1914–1967), Halbbd. 19 (München 1972), Suppl.bde. 1–12 (Stuttgart 1903–1970), Suppl.bde. 13–15 (München 1973–1978), Register d. Nachträge u. Suppl. (München 1980), Gesamtregister, Bd. 1 (Stuttgart/Weimar 1997)
PAULY (NEU) – Der neue Pauly. Enzyklopädie der Antike, hg. v. H. Cancik/H. Schneider (Stuttgart/Weimar 1996 ff.)
RAC – Reallexikon für Antike und Christentum. Sachwörterbuch zur Auseinandersetzung des Christentums mit der antiken Welt, hg. v. T. Klauser (Stuttgart 1950 ff.)
RGG – Die Religion in Geschichte und Gegenwart. Handwörterbuch für Theologie und Religionswissenschaft, 3. Aufl., hg. v. K. Galling, 6 Bde. u. Reg.bd. (Tübingen 1957–1965); 4., völlig neu bearb. Aufl., hg. v. H. D. Betz u. a., 8 Bde. u. Reg.bd. (Tübingen 1998 ff.)
RITTER – Historisches Wörterbuch der Philosophie, hg. v. J. Ritter/K. Gründer (Basel/Stuttgart 1971 ff.)
ROSCHER – Ausführliches Lexikon der griechischen und römischen Mythologie, hg. v. W. H. Roscher, Bd. 1–5 (Leipzig 1884–1924), Bd. 6 (Leipzig/Berlin 1924–1937)
SANDKÜHLER – Europäische Enzyklopädie zu Philosophie und Wissenschaften, hg. v. H. J. Sandkühler u. a., 4 Bde. (Hamburg 1990)
SOURIAU – Vocabulaire d'Esthétique, hg. v. É. Souriau/A. Souriau (Paris 1990)
SULZER – JOHANN GEORG SULZER, Allgemeine Theorie der Schönen Künste in einzeln, nach alphabetischer Ordnung der Kunstwörter auf einander folgenden, Artikeln abgehandelt (1771/1774), neue vermehrte zweyte Auflage, 4 Bde. u. Reg.bd. (Leipzig 1792–1799)
TRE – Theologische Realenzyklopädie, hg. v. G. Krause/G. Müller (Berlin/New York 1976 ff.)
TRÉVOUX – Dictionnaire universel françois et latin, vulgairement appelé Dictionnaire de Trévoux [...] (1704); 7. Aufl., 8 Bde. (Paris 1771)
UEDING – Historisches Wörterbuch der Rhetorik, hg. v. G. Ueding (Tübingen 1992 ff.)
WATELET – CLAUDE HENRI WATELET/PIERRE CHARLES LÉVESQUE, Dictionnaire des arts de peinture, sculpture et gravure, 5 Bde. (Paris 1792)
ZEDLER – JOHANN HEINRICH ZEDLER, Grosses vollständiges Universal-Lexicon aller Wissenschaften und Künste, 64 Bde. u. 4 Suppl.bde. (Halle/Leipzig 1732–1754)

2. Werkausgaben und Einzelschriften

ADORNO – THEODOR W. ADORNO, Gesammelte Schriften, hg. v. R. Tiedemann u. a., 20 Bde. (Frankfurt a. M. 1970–1986)
AST – FRIEDRICH AST, System der Kunstlehre oder Lehr- und Handbuch der Ästhetik (Leipzig 1805)
BACON – FRANCIS BACON, The Works, hg. v.

Siglenverzeichnis XI

J. Spedding/R. L. Ellis/D. D. Heath, 14 Bde.
(London 1858–1874)
BATTEUX (1746) – CHARLES BATTEUX, Les beaux Arts réduits à un même Principe (Paris 1746)
BATTEUX (1773) – CHARLES BATTEUX, Les Beaux Arts Réduits à un même Principe, 3. Aufl. (Paris 1773)
BAUDELAIRE – CHARLES BAUDELAIRE, Œuvres complètes, 2 Bde., hg. v. C. Pichois (Paris 1975/1976)
BAUMGARTEN – ALEXANDER GOTTLIEB BAUMGARTEN, Aesthetica, 2 Bde. (Frankfurt a. d. O. 1750/1758)
BAUMGARTEN (DT) - ALEXANDER GOTTLIEB BAUMGARTEN, Theoretische Ästhetik. Die grundlegenden Abschnitte aus der ›Aesthetica‹ (1750/1758), lat.-dt., übers. u. hg. v. H. R. Schweizer (Hamburg 1983)
BENJAMIN – WALTER BENJAMIN, Gesammelte Schriften, hg. v. R. Tiedemann/H. Schweppenhäuser, 7 Bde. u. 2 Suppl.bde. (Frankfurt a. M. 1972–1989)
BLOCH – ERNST BLOCH, Gesamtausgabe, 16 Bde. u. Erg.bd. (Frankfurt a. M. 1959–1978)
BODMER - JOHANN JACOB BODMER, Critische Betrachtungen über die Poetischen Gemählde der Dichter (Zürich 1741)
BOILEAU - NICOLAS BOILEAU-DESPRÉAUX, Œuvres complètes, hg. v. F. Escal (Paris 1966)
BRECHT – BERTOLT BRECHT, Gesammelte Werke, 20 Bde. (Frankfurt a. M. 1967)
BRECHT (BFA) – BERTOLT BRECHT, Werke. Große kommentierte Berliner und Frankfurter Ausgabe, hg. v. W. Hecht u. a., 30 Bde. u. Reg.bd. (Berlin/Frankfurt a. M. 1988–1999)
BREITINGER - JOHANN JAKOB BREITINGER, Critische Dichtkunst, 2 Bde. (Zürich 1740)
BURCKHARDT – JACOB BURCKHARDT, Gesamtausgabe, 14 Bde. (Stuttgart/Berlin/Leipzig 1929–1934)
BURKE – EDMUND BURKE, A Philosophical Enquiry into the Origin of Our Ideas of the Sublime and Beautiful (1757), hg. v. J. T. Boulton (London 1958)
COLERIDGE – SAMUEL TAYLOR COLERIDGE, The Collected Works, hg. v. K. Coburn (London/Princeton 1969 ff.)
CONDILLAC - ÉTIENNE BONNOT DE CONDILLAC, Œuvres philosophiques, hg. v. G. Le Roy, 3 Bde. (Paris 1947–1951)
DESCARTES – RENÉ DESCARTES, Œuvres, hg. v. C. Adam/P. Tannery, 12 Bde. (Paris 1897–1910)
DIDEROT (ASSÉZAT) – DENIS DIDEROT, Œuvres complètes, hg. v. J. Assézat/M. Tourneux, 20 Bde. (Paris 1875–1877)
DIDEROT (VARLOOT) – DENIS DIDEROT, Œuvres complètes, hg. v. H. Dieckmann/J. Proust/J. Varloot (Paris 1975 ff.)
DILTHEY – WILHELM DILTHEY, Gesammelte Schriften, Bd. 1–9, 11, 12 (Leipzig/Berlin 1914–1936); Bd. 10, 13 ff. (Göttingen 1958 ff.)
DU BOS – JEAN-BAPTISTE DU BOS, Réflexions critiques sur la poësie et sur la peinture (1719), 7. Aufl., 3 Bde. (Paris 1770)
FEUERBACH – LUDWIG FEUERBACH, Gesammelte Werke, hg. v. W. Schuffenhauer (Berlin 1967 ff.)
FLAUBERT - GUSTAVE FLAUBERT, Œuvres complètes, hg. v. d. Société des Études littéraires françaises (Paris 1971 ff.)
FREUD (GW) – SIGMUND FREUD, Gesammelte Werke, hg. v. A. Freud u. a., Bd. 1–17 (London 1940–1952), Bd. 18 (Frankfurt a. M. 1968), Nachlaßbd. (Frankfurt a. M. 1987)
FREUD (SA) – SIGMUND FREUD, Studienausgabe, hg. v. A. Mitscherlich/A. Richards/J. Strachey, 10 Bde. u. Erg.bd. (Frankfurt a. M. 1969–1975) [und spätere Auflagen]
GADAMER – HANS-GEORG GADAMER, Gesammelte Werke, 10 Bde. (Tübingen 1985–1995)
GOETHE (BA) – JOHANN WOLFGANG GOETHE, Berliner Ausgabe, 22 Bde. u. Suppl.bd. (Berlin/Weimar 1960–1978)
GOETHE (HA) – JOHANN WOLFGANG GOETHE, Werke, hg. v. E. Trunz, 14 Bde. (Hamburg 1948–1960) [und spätere Auflagen, seit 1972 in München] [Hamburger Ausgabe]
GOETHE (WA) – JOHANN WOLFGANG GOETHE, Werke, hg. i. Auftr. d. Großherzogin Sophie von Sachsen, 143 Bde. (Weimar 1887–1919) [Weimarer Ausgabe]
GOTTSCHED (DICHTKUNST) – JOHANN CHRISTOPH GOTTSCHED, Versuch einer Critischen Dichtkunst (1730); 4. Aufl. (Leipzig 1751)
HEGEL (ÄSTH) – GEORG WILHELM FRIEDRICH HEGEL, Ästhetik (1835–1838), hg. v. F. Bassenge (Berlin 1955)

HEGEL (GLOCKNER) – GEORG WILHELM FRIEDRICH HEGEL, Sämtliche Werke. Jubiläumsausgabe in 20 Bänden, mit einer Hegel-Monographie (Bd. 21–22) und einem Hegel-Lexikon (Bd. 23–26) hg. v. H. Glockner (Stuttgart 1927–1940)
HEGEL (TWA) – GEORG WILHELM FRIEDRICH HEGEL, Werke, hg. v. E. Moldenhauer/ K. M. Michel, 20 Bde. u. Reg.bd. (Frankfurt a. M. 1969–1979) (Theorie-Werkausgabe)
HEIDEGGER – MARTIN HEIDEGGER, Gesamtausgabe (Frankfurt a. M. 1976 ff.)
HEINE (DA) – HEINRICH HEINE, Historisch-kritische Gesamtausgabe der Werke, hg. v. M. Windfuhr, 16 Bde. (Hamburg 1973–1997) (Düsseldorfer Ausgabe)
HEINE (HSA) – HEINRICH HEINE, Säkularausgabe. Werke, Briefwechsel, Lebenszeugnisse, hg. v. d. Nationalen Forschungs- und Gedenkstätten der klass. dt. Literatur in Weimar (dann Stiftung Weimarer Klassik) u. d. Centre National de la Recherche Scientifique in Paris (Berlin/Paris 1970 ff.)
HERDER – JOHANN GOTTFRIED HERDER, Sämmtliche Werke, hg. v. B. Suphan, 33 Bde. (Berlin 1877–1913)
HOBBES (ENGL) – THOMAS HOBBES, The English Works, hg. v. W. Molesworth, 12 Bde. (London 1839–1845)
HOBBES (LEV) – THOMAS HOBBES, Leviathan (1651), hg. v. R. Tuck (Cambridge u. a. 1991)
HÖLDERLIN (FA) – FRIEDRICH HÖLDERLIN, Sämtl. Werke. Hist.-krit. Ausgabe, hg. von D. E. Sattler (Frankfurt a. M. 1975 ff.) (Frankfurter Ausgabe)
HÖLDERLIN (GSA) – FRIEDRICH HÖLDERLIN, Sämtliche Werke, 8 Bde., hg. v. F. Beissner (Stuttgart 1943–1985) [Große Stuttgarter Ausgabe]
HOME – HENRY HOME, Elements of Criticism, 3 Bde. (Edinburgh 1762) [und spätere Auflagen]
HUMBOLDT – WILHELM VON HUMBOLDT, Gesammelte Schriften, hg. v. d. Kgl. Preuß. Akad. d. Wiss., 17 Bde. (Berlin/Leipzig 1903–1936)
HUME – DAVID HUME, The Philosophical Works, hg. v. T. H. Green/T. H. Grose, 4 Bde. (London 1874–1875)
HUME (ENQUIRIES) – DAVID HUME, Enquiries Concerning Human Understanding and Concerning the Principles of Morals, hg. v. L. A. Selby-Bigge/P. H. Nidditch (Oxford 1975)
HUME (TREATISE) – DAVID HUME, A Treatise of Human Nature (1739–1740), hg. v. L. A. Selby-Bigge/P. H. Nidditch (Oxford 1978)
HUSSERL – EDMUND HUSSERL, Husserliana. Ges. Werke, auf Grund des Nachlasses veröff. vom Husserl-Archiv Louvain/Leuven unter Leitung von H. L. van Breda; ab Bd. 22 in Verb. mit R. Boehm unter d. Leitung von S. Ijsseling (Den Haag 1950–1987; Dordrecht/Boston/ London 1989 ff.)
HUTCHESON – FRANCIS HUTCHESON, Collected Works, hg. v. B. Fabian, 7 Bde. (Hildesheim 1969–1971)
HUTCHESON (INQUIRY) – FRANCIS HUTCHESON, An Inquiry Concerning Beauty, Order, Harmony, Design (1725), hg. v. P. Kivy (Den Haag 1973)
JEAN PAUL (HKA) – JEAN PAUL, Sämtliche Werke. Historisch-kritische Ausgabe, Abt. 1, 18 Bde. (Weimar 1927–1963), Abt. 2, Bd. 1–5 (Weimar 1928–1936), Bd. 6 ff. (Weimar 1996 ff.), Abt. 3, 9 Bde. (Berlin 1956–1964)
JEAN PAUL (MILLER) – JEAN PAUL, Sämtliche Werke, hg. v. N. Miller, Abt. 1, 6 Bde., Abt. 2, 4 Bde. (München 1959–1985)
JUNG – CARL GUSTAV JUNG, Gesammelte Werke, Bd. 1, 3, 4, 6–8, 11, 16 (Zürich/Stuttgart 1958–1969), Bd. 2, 5, 9, 10, 12–15, 17–19 u. Suppl.bd. (Olten/Freiburg i. Br. 1971–1987)
KANT (AA) – IMMANUEL KANT, Gesammelte Schriften, hg. v. d. Kgl. Preuß. bzw. Preuß. bzw. Dt. Akad. d. Wiss. bzw. d. Akad. d. Wiss. d. DDR bzw. Berlin-Brandenb. Akad. d. Wiss. (Berlin 1902 ff.) [Akademieausgabe]
KANT (WA) – IMMANUEL KANT, Werke, hg. v. W. Weischedel, 12 Bde. (Frankfurt a. M. 1974–1977) [Werkausgabe im Suhrkamp-Taschenbuch Wissenschaft]
KIERKEGAARD – SØREN KIERKEGAARD, Gesammelte Werke, hg. u. übers. v. E. Hirsch/ H. Gerdes/H. M. Junghans, 36 Abt. u. Reg.bd. (Düsseldorf/Köln 1950–1969)
KLEIST – HEINRICH VON KLEIST, Sämtliche Werke u. Briefe, hg. v. H. Sembdner, 2 Bde. (München ^{7}1984)

Siglenverzeichnis XIII

KRACAUER – SIEGFRIED KRACAUER, Schriften (Frankfurt a. M. 1971 ff.)
LA METTRIE – JULIEN OFFRAY DE LA METTRIE, Œuvres philosophiques, hg. v. F. Markovitz, 2 Bde. (Paris 1987)
LESSING (GÖPFERT) - GOTTHOLD EPHRAIM LESSING, Werke, hg. v. H. G. Göpfert, 8 Bde. (München 1970–1979)
LESSING (LACHMANN) – GOTTHOLD EPHRAIM LESSING, Sämtliche Schriften, hg. v. K. Lachmann/F. Muncker, 23 Bde. (Stuttgart ³1886–1924)
LICHTENBERG - GEORG CHRISTOPH LICHTENBERG, Schriften u. Briefe, hg. v. W. Promies, 4 Bde. u. 2 Kommentarbde. (München 1968–1992)
LOCKE (ESSAY) – JOHN LOCKE, An Essay Concerning Human Understanding (1690), hg. v. P. H. Nidditch (Oxford 1975)
LUKÁCS – GEORG LUKÁCS, Werke, Bd. 2, 4–12 (Neuwied/Berlin 1962–1971), Bd. 13–17 (Darmstadt/Neuwied 1974–1986)
MALEBRANCHE – NICOLE MALEBRANCHE, Œuvres complètes, hg. v. A. Robinet, 20 Bde. u. 1 Bd. Index des citations (Paris 1962–1970)
MEIER – GEORG FRIEDRICH MEIER, Anfangsgründe aller schönen Wissenschaften (1748–1750), 2. Aufl., 3 Bde. (Halle 1754–1759)
MENDELSSOHN – MOSES MENDELSSOHN, Gesammelte Schriften, hg. v. I. Elbogen u. a. (Stuttgart-Bad Cannstatt 1971 ff.)
MEW – KARL MARX/FRIEDRICH ENGELS, Werke, hg. v. Institut für Marxismus-Leninismus beim ZK der SED, 43 Bde., 2 Bde. Verzeichnis, 1 Bd. Sachregister (Berlin 1956–1990)
MONTAIGNE - MICHEL DE MONTAIGNE, Les Essais (1580), hg. v. F. Strowski/F. Gebelin/P. Villey, 5 Bde. (Bordeaux 1906–1933)
MORITZ – KARL PHILIPP MORITZ, Werke in drei Bänden, hg. v. H. Günther (Frankfurt a. M. 1981)
NIETZSCHE (KGA) – FRIEDRICH NIETZSCHE, Werke. Kritische Gesamtausgabe, hg. v. G. Colli/M. Montinari (Berlin 1967 ff.)
NIETZSCHE (SCHLECHTA) – FRIEDRICH NIETZSCHE, Werke, hg. v. K. Schlechta, 3 Bde. (München 1954–1956) [und spätere Auflagen]
NOVALIS – NOVALIS, Schriften. Die Werke Friedrich von Hardenbergs, hg. v. P. Kluckhohn/R. Samuel/H.-J. Mähl, Bd. 1–3, 2. Aufl. (Stuttgart 1960–1968); 3. Aufl. (Stuttgart 1977–1988); Bd. 4–5 (Stuttgart 1975/1988), Bd. 6 [in 4 Teilbdn.] (Stuttgart 1998 ff.)
RIEDEL – FRIEDRICH JUSTUS RIEDEL, Theorie der schönen Künste und Wissenschaften. Ein Auszug aus den Werken verschiedener Schriftsteller (Jena 1767)
ROSENKRANZ – KARL ROSENKRANZ, Ästhetik des Häßlichen (1853), hg. v. D. Kliche, 2. Aufl. (Leipzig 1996)
ROUSSEAU – JEAN-JACQUES ROUSSEAU, Œuvres complètes, hg. v. B. Gagnebin/M. Raymond, 5 Bde. (Paris 1959–1995)
RUGE – ARNOLD RUGE, Neue Vorschule der Aesthetik. Das Komische mit einem komischen Anhange (Halle 1836)
SCHELLING (SW) – FRIEDRICH WILHELM JOSEPH SCHELLING, Sämmtliche Werke, hg. v. K. F. A. Schelling, Abt. 1, 10 Bde., Abt. 2, 4 Bde. (Stuttgart/Augsburg 1856–1861)
SCHILLER – FRIEDRICH SCHILLER, Werke. Nationalausgabe, hg. v. J. Petersen u. a. (Weimar 1943 ff.)
SCHLEGEL (KFSA) – Kritische Friedrich-Schlegel-Ausgabe, hg. v. E. Behler u. a. (Paderborn u. a. 1958 ff.)
SCHOPENHAUER – ARTHUR SCHOPENHAUER, Sämtliche Werke, hg. v. A. Hübscher, 7 Bde., 2. Aufl. (Wiesbaden 1946–1950)
SHAFTESBURY – ANTHONY ASHLEY COOPER SHAFTESBURY, Complete Works/Sämtliche Werke. Standard Edition, hg. u. übers. v. W. Benda u. a. (Stuttgart-Bad Cannstatt 1981 ff.)
SOLGER – KARL WILHELM FERDINAND SOLGER, Vorlesungen über Aesthetik, hg. v. K. W. L. Heyse (Leipzig 1829)
SPINOZA – BARUCH DE SPINOZA, Opera. Im Auftr. d. Heidelb. Akad. d. Wiss. hg. v. C. Gebhardt, Bd. 1–4 (Heidelberg o. J. [1925]), Bd. 5 (Heidelberg 1987)
VALÉRY – PAUL VALÉRY, Œuvres, hg. v. J. Hytier, 2 Bde. (Paris 1957/1960)
VALÉRY (CAHIERS) – PAUL VALÉRY, Cahiers, hg. v. J. Robinson-Valéry, 2 Bde. (Paris 1973/1974)
VISCHER – FRIEDRICH THEODOR VISCHER, Aesthetik oder Wissenschaft des Schönen. Zum

Gebrauch für Vorlesungen (1846–1858), hg. v.
R. Vischer, 6 Bde. (München 1922–1923)
VOLTAIRE – VOLTAIRE, Œuvres complètes, hg. v.
L. Moland, 52 Bde. (Paris 1877–1885)
WINCKELMANN – JOHANN JOACHIM WINCKELMANN, Sämtliche Werke. Einzige vollständige Ausgabe, hg. v. J. Eiselein, 12 Bde. (Donaueschingen 1825–1829)
WOLFF – CHRISTIAN WOLFF, Gesammelte Werke, hg. v. J. École/H. W. Arndt, Abt. 1, 22 Bde., Abt. 2, 37 Bde., Abt. 3, 31 Bde. (Hildesheim 1964–1995)

3. Text- und Quellensammlungen

MIGNE (PL) – PAUL MIGNE (Hg.), Patrologiae cursus completus [...]. Series Latina, 221 Bde. (Paris 1844–1864), 5 Suppl.bde., hg. v. A. Hamman (Paris 1958–1974)
MIGNE (PG) – PAUL MIGNE (Hg.), Patrologiae cursus completus [...]. Series Graeca, 162 Bde. (Paris 1857–1912)
CCHR (L) – Corpus Christianorum. Series Latina (Turnhout 1954 ff.)

Verzeichnis der abgekürzt zitierten antiken und biblischen Quellen

Abkürzungen griechischer Werktitel

AISCHYLOS
Prom.   Prometheus

ARISTOTELES
An.   De anima
Cael.   De caelo
Eth. Eud.   Ethica Eudemia
Eth. Nic.   Ethica Nicomachea
Metaph.   Metaphysica
Phys.   Physica
Poet.   Poetica
Pol.   Politica
Probl.   Problemata
Rhet.   Rhetorica

HESIOD
Erg.   ἔργα καὶ ἡμέραι
Theog.   Theogonia

HOMER
Il.   Ilias
Od.   Odyssee

PLATON
Epist.   Epistulae
Ion   Ion
Krat.   Kratylos
Leg.   Leges
Phaid.   Phaidon
Phaidr.   Phaidros
Phil.   Philebos
Polit.   Politikos
Prot.   Protagoras
Rep.   De re publica
Sis.   Sisyphos
Soph.   Sophistes
Symp.   Symposion

Tht.   Theaitetos
Tim.   Timaios

SOPHOKLES
Phil.   Philoktetes

Abkürzungen lateinischer Werktitel

AUGUSTINUS
Civ.   De civitate dei
Conf.   Confessiones

CICERO
De or.   De oratore
Fin.   De finibus
Inv.   De inventione
Nat.   De natura deorum
Off.   De officiis
Or.   Orator
Tusc.   Tusculanae disputationes

HORAZ
Ars   Ars poetica
C.   Carmina
Epist.   Epistulae

OVID
Am.   Amores
Met.   Metamorphoses

PLAUTUS
Men.   Menaechmi

PLINIUS
Nat.   Naturalis historia

QUINTILIAN
Inst.   Institutio oratoria

Rhet. Her.   Rhetorica ad C. Herennium

SENECA
Benef.   De beneficiis
Epist.   Epistulae ad Lucilium
Nat.   Naturales quaestiones

VERGIL
Aen.   Aeneis
Georg.   Georgica

Abkürzung biblischer Bücher

ALTES TESTAMENT
Gen.   Genesis (1. Buch Mose)
Ex.   Exodus (2. Buch Mose)
Lev.   Leviticus (3. Buch Mose)
Num.   Numeri (4. Buch Mose)
Dtn.   Deuteronomium (5. Buch Mose)
Jes.   Jesaja
Jer.   Jeremia
Ps.   Psalmen

NEUES TESTAMENT
Mt.   Matthäus
Mk.   Markus
Lk.   Lukas
Joh.   Johannes
Act.   Apostelgeschichte
Röm.   Römerbrief
1., 2. Kor.   1., 2. Korintherbrief
Kol.   Kolosserbrief
1., 2., 3. Joh.   1., 2., 3. Johannesbrief

Einleitung 1

Dekadent/Dekadenz

(engl. decadent, decadence, decadency; frz. décadent, décadence; ital. decadente, decadenza; span. decadente, decadencia; russ. декадентское, декадентство, декаданс)

Einleitung; I. Die Grundkonstellation: Zyklisches Geschichtsdenken und seine Auflösungen; II. Übergänge zum ästhetischen Begriff; III. Ausprägungen des ästhetischen Begriffs im 19. Jahrhundert; 1. Die Gegner; 2. Das Programm eines dekadenten Stils; 3. Das dekadente Jahrzehnt; 4. Der europäische Ästhetizismus; IV. Von der Psychopathologie zur ›entarteten‹ Kunst; V. Revolutionäre Arbeiterbewegung, staatlicher Sozialismus und ›dekadente‹ Künstler

Einleitung

Die identischen Wortstämme in den europäischen Hauptsprachen – sämtlich zurückgehend auf das gelehrte mittellateinische Zusammenfügen von de- und cadere (zer-/herab-fallen; das klassische Substantiv ist occasus) – verweisen darauf, daß Vorstellungen von ›Dekadenz‹ den von der Renaissance ausgehenden Kulturen gemeinsam waren. Schriftgeschichtlich ist Dekadenz bis ins Jahr 1413 zurückgeführt worden, als die Chronik der Benediktinerabtei Bec in der Normandie berichtete: »Omnia maneria et molendina, quae invenit in magna decadentia, et ruina, studiose reparavit.«[1] (Alle Höfe und Mühlen, die er in großer Dekadenz, und im Einsturz, vorfand, hat er eifrig wiederhergestellt.) Die Wortprägung ist ebenfalls 1413 und noch mehrfach im 15. Jh. französisch[2] sowie 1549 englisch[3] und 1579 deutsch[4] nachgewiesen. Sie war und blieb als Substantiv verbreitet; dieses führt zu den entscheidenden Belegen der Begriffsgeschichte. Das Adjektiv ist zwar französisch 1516 erstmals belegt[5], tritt dann jedoch ins Dunkel zurück; seine Wiederbelebung im 19. Jh. zeigt an, daß sich ein programmatisches Dekadenzbewußtsein formiert, es bleibt aber sekundär. Nationalsprachliche Äquivalente wurden und werden neben ›Dekadenz‹ umstandslos verwendet: dt. Verfall, Niedergang; engl. decay, decline; frz. déclin. Für die konzeptuellen Weiterungen des Dekadenzbegriffs wird im 19./20. Jh. ›Entartung‹ (schon mit- telhochdeutsch[6]; frz. seit dem Mittelalter ›dégénération‹, 1796 erstmals ›dégénérescence‹[7]) wichtig. ›Dekadenz‹ hat eine bewegte Geschichte hinter sich. Der Begriff fand sich schon in der Antike und gehörte strukturierend dann zur frühneuzeitlichen Welt- und Geschichtsauffassung: im Zyklus die selbstverständliche Abstiegsphase bezeichnend. Ästhetische Gebilde waren davon betroffen wie alle. Mit dem aufkommenden Fortschrittsdenken wurde ›Dekadenz‹ emphatisiert: Verfall war nicht mehr natürlich, ihm war zu wehren. Auch was im ästhetischen Bereich seiner verdächtig war oder wer ihn gar aus Fortschrittsdistanz propagierte, geriet ins Abseits. ›Dekadenz‹ trug so zur Autonomisierung des Ästhetischen bei.

Dies alles geht heute so nicht ungebrochen weiter. Bedrohlicher denn je erscheinen dem geschichtlichen Nachdenken gegenwärtig die Gefahren, von Katastrophe und Apokalypse ist die Rede. Aber weder Zyklus noch Fortschritt strukturieren dieses Denken.»Radikale Diesseitigkeit« wird bemüht, um »Abschieds- und Todesdiskurse aus der Ordnung der Dinge zu vertreiben«[8], oder es wird gerade »gegen die Totalherrschaft der Gegenwart« an »Sittengesetz«, »Blutopfer«-Bereitschaft und »preußische Tugenden«[9] erinnert. Verfallstheorien gelten dem als »Mimikry«, der sich trotz allem in der »bewahrenswertesten der uns geschichtlich er-

---

1 CHARLES DU CANGE, Glossarium mediae et infimae latinitatis (1678), Bd. 3 (Paris 1938), 17.
2 FRÉDÉRIC GODEFROY, Dictionnaire de l'ancienne langue française et de tous ses dialectes du IXe au XVe siècle, Bd. 9 (Paris 1898), 278.
3 OED, Bd. 4 (1989), 318.
4 ROLF HIERSCHE, Deutsches Etymologisches Wörterbuch. Buchstabe D, 1. Lieferung (Heidelberg 1990), 68.
5 Trésor de la langue française, Bd. 6 (Paris 1978), 793.
6 Vgl. HORST RÜDIGER, Entartete Kunst. Ursprung und Degeneration eines Begriffes, in: Arcadia (1981), H. 3, 284–289.
7 Trésor de la langue française, Bd. 6 (Paris 1978), 970 f.
8 RUDOLF MARESCH, Denken über das Ende hinaus, in: Maresch (Hg.), Am Ende vorbei. Gespräche (Wien 1994), 10 f.
9 BOTHO STRAUSS, Anschwellender Bocksgesang, in: Der Spiegel (1993), H. 6, 204, 202, 206.

reichbaren Welten«[10] sieht, und ebendiese Welt verschlägt einem anderen fast die Sprache: »Wer wollte das aufschreiben / Mit Leidenschaft Haß lohnt nicht Verachtung läuft leer«[11]. Wo Norm, Zukunft und Fortschritt – die Oppositionen, in denen ›Dekadenz‹ historisch funktionierte[12] – in »an egalitarian world of discourses«[13] prinzipiell problematisch werden statt nur in ihren Inhalten umkämpft, schlägt dem geschichtsbezogenen Dekadenzbegriff die Stunde seiner Dekadenz. Noch in historisch und disziplinär weit ausgreifenden Erkundungen der »Anschauungen des Endes«[14] hat er keinen Platz mehr.

Auf den ästhetischen Begriff wirken verwandte Kräfte. Was wäre in Zeiten weitgreifender Ästhetisierungen noch gesagt, wenn etwas als ästhetischer Verfall eingestuft würde? Wer zudem wagte eine solche Wortwahl nach den Verfolgungen, denen ›entartete‹ Kunst im deutschen Faschismus ausgesetzt war, und nach dem, was mit dem Dekadenzvorwurf im staatlichen Sozialismus angerichtet wurde? Zur anderen Seite: Welcher Künstler könnte heute noch ›Dekadenz‹ zu seinem Programm erklären – vor Augen Auschwitz und Hiro-

10 ODO MARQUARD, Temporale Positionalität, in: R. Herzog/R. Koselleck (Hg.), Epochenschwelle und Epochenbewußtsein (München 1987), 349.
11 HEINER MÜLLER, Mommsens Block, in: Sinn und Form (1993), H. 2, 211.
12 Vgl. PAUL WIDMER, Die unbequeme Realität. Studien zur Niedergangsthematik in der Antike (Stuttgart 1983), 17, 27, 30.
13 ERNST BREISACH, The ›End of History‹ Concept and the Paradigm of Cultural Decline, in: 18th International Congress of Historical Sciences. Proceedings (Montreal 1995), 196.
14 KARLHEINZ STIERLE/RAINER WARNING, Vorwort, in: Stierle/Warning (Hg.), Das Ende. Figuren einer Denkform (München 1996), IX.
15 MANFRED PFISTER/BERND SCHULTE-MIDDELICH (Hg.), Die ›Nineties‹ in England als Zeit des Umbruchs, in: Die ›Nineties‹. Das englische Fin de siècle zwischen Dekadenz und Sozialkritik (München 1983), 9.
16 STEFAN F.-J. FUCHS, Dekadenz. Versuch zur ästhetischen Negativität im industriellen Zeitalter anhand von Texten aus dem französischen und englischen Fin de siècle (Heidelberg 1992), 165.
17 LINDA MIZEJEWSKI, Divine Decadence. Fascism, Female Spectacle, and the Makings of Sally Bowles (Princeton 1992), 4.

shima, die Bilder Verhungernder in unserer (nicht in einer dritten) Welt und die zu Ende gehenden Ressourcen? Wie »unzugänglich für rationale Analyse und instrumental planende Vernunft«[15] die Widersprüche unserer Gegenwart immer erfahren, wie depressiv immer sie verarbeitet werden – Spiel, Schock und Schrecken scheinen als ›dekadent‹ gegenwärtig nicht bezeichnet werden zu können. Unter der Bezeichnung ›Dekadenz‹ ist »emphatische Artifizialität«[16] historisch zu studieren – für die Gegenwart zu proklamieren scheint sie kaum. Oder könnte – im Zeichen der Verfügbarkeit alles Überlieferten – die besondere Provokation, die Dekadenz als außergewöhnlich selbstbewußt auf Konventionserschütterung setzendes Kunstprogramm darstellte, die geschichtlichen Implikationen eines Tages doch überstrahlen?

Vorerst sind Klassiker dekadenter Literatur vom Ende des 19. Jh. in einer violetten Bibliothèque décadente (Editions Séguier, Paris) wie einer gelben Bibliothek Des Esseintes (Verlag Die blaue Eule, Essen) wieder käuflich zu erwerben. Die Formel ›die Dekadenz von … ‹ findet sich in der Alltagssprache. Bob Fosses Film *Cabaret* (1972), in dem Sally Bowles (Liza Minelli) ihre grünlackierten Fingernägel durch den Untergang der Weimarer Republik blitzen läßt und dazu stabreimend »divine decadence, darling«[17] schwärmt, war ein Erfolg. Und ›widerlich, grotesk und dekadent‹ nennt eine der Huren die Akteure in Marco Ferreris ebenfalls vielbeachtetem *La grande bouffe* (1973). Morbides Raffinement vermag zumindest interessiertes Gefallen zu erregen. Aktiviert ist ›Dekadenz‹ an solchen Stellen jedoch nicht. Eher enthalten sie den Bodensatz einer Geschichte, deren zeitweise stürmische Wasser sich bis auf weiteres beruhigt haben.

I. Die Grundkonstellation: Zyklisches Geschichtsdenken und seine Auflösungen

Von Dekadenz war zuerst mit einem umfassenden Naturbezug und ohne Wertung die Rede. »Tout ce que nous voyons est, par son inconstance si visible à nos yeux, naturellement sujet à mutation et conséquemment à décadence, corruption et

I. Die Grundkonstellation: Zyklisches Geschichtsdenken und seine Auflösungen

ruine.«[18] Wurzel dieses weiten Gebrauchs waren die antiken Zeitalter-, Niedergangs- und Kreislaufkonzeptionen (Hesiod, Platon, Polybios)[19], die nach dem Mittelalter, beginnend mit Petrarcas Rückblick auf diese Zeit der Finsternis, wieder Einfluß erlangten. Für mehrere Jahrhunderte nahm insbesondere das zyklische Modell »einen zentralen Platz«[20] ein. Es strukturierte in den Kategorien von Aufstieg, Höhepunkt, Niedergang und Zusammenbruch ein zunehmend diesseitsbezogenes Weltbild. »N'est-il pas vray que la durée du monde est ordinairement regardée comme celle de la vie d'un homme, qu'elle a eû son enfance, sa jeunesse & son age parfait, & qu'elle est presentement dans sa vieillesse.«[21] Die christliche Eschatologie von Augustins *De Civitate Dei* – der »überwältigenden Antwort« auf den Vorwurf der Schuld der Christen am Niedergang Roms durch die Überlegung, daß »im Christentum der Niedergang eines irdischen Reiches eine zweitrangige Angelegenheit sei«[22] – trat zurück; ihr apokalyptisches Moment war diversifiziert. An die Stelle des mittelalterlichen Denkens »in zwei zeitlichen Ebenen: in der Ebene des lokalen, vergänglichen Lebens und in der Ebene der gesamtgeschichtlichen [...] Ereignisse, der Erschaffung der Welt und der Geburt und Leiden Christi«[23], rückte ein zyklischer, in seinem Grunde »statischer«[24] Zeitbegriff. Ebenso war der Naturbegriff durch Verfalls- und Kreislaufvorstellungen strukturiert.[25] Und gleiches galt für die Künste: Vasari schon sah mit Selbstverständlichkeit die »natura« der Künste, gleich der der menschlichen Körper, geprägt von »il nascere, il crescere, lo invecchiare ed il morire«[26] (Geburt, Wachstum, Alter und Tod). Im 17. Jh. konzentrierte sich das Interesse an Dekadenz auf das am Verfall weltlicher Reiche und Macht. Die Konzentration konnte bruchlos geschehen, weil im Bewußtsein der Zeitgenossen auch Reiche jener zyklischen Ordnung unterlagen, »que la nature tient sur toutes les choses creees«[27]. Eine Sammlung von Beispielsätzen zum richtigen Gebrauch der französischen Sprache belegt das Zurücktreten jenes Sinns, den der erste Beleg des Wortes Dekadenz hatte: »Ce ne seroit pas bien parler que de dire, *la décadence d'un Palais*, pour *la ruine*. On pourroit peut-estre le souffrir en vers.«[28] Auch wenn weder das Wörterbuch der *Académie française* noch das der Jesuiten von Trévoux kurz darauf diese Rigidität bestätigen wollten – die von Bouhours an erster Stelle gegebenen Beispiele belegen den neuen Schwerpunkt im Verständnis des Terminus: »Un Empire qui tombe en décadence, la grandeur Romaine estant tombée en décadence; la décadence des Arts a suivi la chute de l'Empire Romain.«[29]

Besonders »die Einsicht in den Fall Roms«[30], statt der mittelalterlichen Auffassung vom Fortbestand des Imperium Romanum, konkretisierte die neue Verwendung. Sie galt nicht allein für die Historiographie. Seit Du Bellays Sonetten *Les antiquitez de Rome* (1558) belegen auch zahlreiche literarische Zeugnisse, daß die Trümmer Roms »zu den zentralen, immer neu interpretierten Chiffren des

---

18 ANTOINE DE MONTCHRESTIEN, Traicté de l'économie politique (o. O. 1615), 16.
19 Vgl. WIDMER (s. Anm. 12).
20 JOCHEN SCHLOBACH, Zyklentheorie und Epochenmetaphorik (München 1980), 343.
21 CHARLES PERRAULT, Parallèle des Anciens et des Modernes en ce qui regarde les Arts et les Sciences (1688; München 1964), 113.
22 WIDMER (s. Anm. 12), 37.
23 ARON GUREVIČ, Kategorii srednevekovoj kul'tury (Moskau 1972); dt.: Das Weltbild des mittelalterlichen Menschen, hg. v. H. Mohr, übers. v. G. Loßack (Dresden 1978), 167.
24 REINHART KOSELLECK, Das achtzehnte Jahrhundert als Beginn der Neuzeit, in: Herzog/Koselleck (s. Anm. 10), 275.
25 Vgl. UDO KROLZIK, Zeitverständnis im Spiegel der Natur. Wandlungen des Zeitverständnisses und der Naturwahrnehmung um 1700, in: G. Figal/R.-P. Sieferle (Hg.), Selbstverständnisse der Moderne (Stuttgart 1991), 42–66.
26 GIORGIO VASARI, Delle vite de' più eccellenti pittori scultori ed architettori (1550), in: Vasari, Le opere, Bd. 1 (Florenz 1906), 249.
27 RENÉ DE LUCINGE, De la naissance, durée et chute des Estats (1588; Genf 1984), 195.
28 DOMINIQUE BOUHOURS, Remarques nouvelles sur la langue françoise (1675; Genf 1973), 269.
29 Ebd., 268 f.
30 ALEXANDER DEMANDT, Der Fall Roms. Die Auflösung des römischen Reiches im Urteil der Nachwelt (München 1984), 119.

vorhistoristischen Geschichtsdenkens«[31] gehörten; Zolas *Rome* (1896) ist nur eines der Beispiele dafür, daß die Wirkungen noch bis weit in die Moderne reichen. Das Interesse am wiederkehrenden Fall von Reichen war ein wesentlich gegenwartsbezogenes: Es ermöglichte die gedankliche Bewältigung tiefer Krisen, ja existentieller Bedrohungen. Die französisch-spanischen Kriege um Italien seit 1494 bildeten die Erfahrungswelt, in der zuerst Machiavelli, Francesco Guicciardini und Lucilio Vanini die christliche Erwartung des Weltenendes durch das antike Konzept endlosen Fließens oder zyklischer Bewegung ersetzten.[32] Machiavelli griff zu den Beispielen der Alten zurück, um seine Gegenwart »nello ordinare le republiche, nel mantenere li stati«[33] (bei der Einrichtung der Republiken, bei der Erhaltung der Staaten) vor Niedergang zu bewahren. Die Gefahr der Türkenherrschaft über Europa prägte René de Lucinges Werk *De la naissance, durée et chute des Estats* (1588, ital. 1590, lat. 1603, engl. 1606), das in der Hoffnung, jedem Aufstieg von Reichen folge notwendig der Verfall, bei der Pforte nach dessen Anzeichen suchte. Der Begriff vermochte in seiner zyklischen Gestalt ebenso dem Verarbeiten jener Erfahrungen von Zerstörung Ausdruck zu geben, die mit den Religionskriegen im Frankreich des 16. Jh. oder dem Dreißigjährigen Krieg in Deutschland zu machen waren. In der Wendung nach innen lieferte er in der Mitte des 17. Jh. der französischen Fronde »ein brisantes politisches Schlagwort, eine Waffe der Entmachteten gegen den Minister-Absolutismus«[34] und diente gleichermaßen der hugenottischen Opposition gegen den absolutistisch werdenden Staat. Der Jesuit Louis Maimbourg konnte ›Dekadenz‹ als Negativfolie benutzen, auf der »toute la Terre regarde, avec admiration, ce haut point de grandeur et de puissance, où Vostre Majesté a porté la Monarchie Françoise«[35], und ebenso durchzog ›Dekadenz‹ die universalgeschichtliche Unterweisung des Thronfolgers »non seulement sur l'élevation et sur la chute des empires, mais encore sur les causes de leur progrès et sur celles de leur décadence«[36]. Noch Voltaire arbeitete, sei es im *Essai sur l'histoire générale* (1753/1756), in der *Histoire de l'Empire de Russie* (1759) oder dem *Précis du siècle de Louis XV* (1769), ständig mit einem solchen Dekadenzbegriff. In Spanien wurden vom Beginn der Bourbonenherrschaft 1704 an sogar nicht nur einzelne Phasen, sondern die gesamte nationale Geschichte seit den katholischen Königen von ihren aufklärerischen Kritikern als eine Geschichte des Verfalls reflektiert[37]; die Auseinandersetzung um die ›decadencia española‹ schied die Träger der spanischen Kultur bis in die Franco-Zeit in zwei gegensätzliche Parteiungen, die ›dos Españas‹.

Die Geläufigkeit, mit der von ›Dekadenz‹ seit dem 16. Jh. die Rede war, und das Fehlen jeder auf Neuheit deutenden definitorischen Anstrengung zeigen, daß das zyklische Denken den Begriffsinhalt stabil festgelegt hatte. Das relativiert auch die begriffsgeschichtliche Bedeutung jenes Werks, das – in Renaissance-Traditionen auf Rom fixiert – vielleicht nicht völlig zu Recht gewöhnlich als »erste Synthese des modernen Dekadenzdenkens«[38] hervorgehoben wird, Montesquieus *Considérations sur les causes de la grandeur des Romains et de leur décadence* (1734). Dekadenz ist dort selbstverständlich und selten benutzter Terminus. »S'ils avoient rapidement conquis toutes les villes voisines, ils se seroient trouvés dans la décadence à

---

31 WILFRIED BARNER, Die Trümmer der Geschichte. Über römische Erfahrungen Goethes, in: H. Eggert/ U. Profitlich/K. R. Scherpe (Hg.), Geschichte als Literatur. Formen und Grenzen der Repräsentation von Vergangenheit (Stuttgart 1990), 142.
32 Vgl. KOENRAAD W. SWART, The Sense of Decadence in Nineteenth-century France (Den Haag 1964), 18–23.
33 NICCOLÒ MACHIAVELLI, Discorsi sopra la prima deca di Tito Livio, in: Machiavelli, Opere, hg. v. M. Bonfantini, Bd. 1 (Mailand 1954), 90.
34 DIETER GEMBICKI, Corruption, Décadence, in: Handbuch politisch-sozialer Grundbegriffe in Frankreich 1680–1820, hg. v. R. Reichardt u. H.-J. Lüsebrink, H. 14/15 (München 1993), 15, 19.
35 LOUIS MAIMBOURG, Histoire de la décadence de l'Empire après Charlemagne (Paris 1679), Widmung, o. S.
36 JACQUES BÉNIGNE BOSSUET, Discours sur l'histoire universelle (1681), in: Bossuet, Œuvres (Paris 1979), 953.
37 Vgl. WERNER KRAUSS, Sobre el concepto de decadencia en el siglo ilustrado, in: Krauss, Das wissenschaftliche Werk, Bd. 6 (Berlin/New York 1996), 298–312.
38 GEMBICKI (s. Anm. 34), 25.

I. Die Grundkonstellation: Zyklisches Geschichtsdenken und seine Auflösungen 5

l'arrivée de Pyrrhus, des Gaulois et d'Annibal«[39], lautet eine typische der insgesamt nur sechs Verwendungen im Text. In dem Satz wird deutlich, was die Schrift bestimmt: die staatstheoretische Reflexion über »une manière lente de conquérir« und eine Art des Regierens, wo »tout abus du pouvoir y pût toujours être corrigé«[40]. Montesquieus *Considérations* waren ein längerer Essay in der Vorbereitung des *Esprit des Lois* (1748). Das aktuelle aufklärerische – keineswegs schon postzyklische – Anliegen explizierte Mably wenig später als »une grande école de morale et de politique«[41].

Mehr der Zusammenfassung und Propagierung als einer Neufassung des zyklischen Dekadenzbegriffs dienten schließlich die sechs dicken Quartbände, in denen Edward Gibbon *The History of the Decline and Fall of the Roman Empire* (1776–1788) beschrieb. Als ausdrücklich aus den Quellen gearbeitete[42] Herrscher-, Staaten-, Rechts- und Religionsgeschichte der dreizehn Jahrhunderte zwischen Trajan und dem Fall Konstantinopels war das Werk bis dahin unerreicht, fand große Beachtung in weiten Teilen Europas und bleibt ein Monument in der Historiographiegeschichte – auch wenn der Herzog von Gloucester auf seinem im British Museum ausgestellten Exemplar vermerkte: »Another damned thick, square book! Always scribble, scribble, scribble! Eh, Mr. Gibbon!« Gibbon führte dem Lesepublikum am Ende des Jahrhunderts der Aufklärung »the greatest, perhaps, and most awful scene, in the history of mankind«[43] detailgesättigt und in säkularisierter Nüchternheit vor Augen und fügte damit den Schlußstein in das Gewölbe des historischen Dekadenzbegriffs ein. Aber das Verständnis vom Verfall von Reichen, mit dem er arbeitete, war das der Konvention. Schon lange stand fest: »Tout est révolution dans ce monde: les Etats ont leur tems de progrès & de décadence: le courage des hommes a les siens.«[44] D'Argensons traditionell zyklischer Revolutionsbegriff wurde im 18. Jh. zunehmend durch das aufklärerische Fortschrittskonzept[45] begleitet und verändert, bevor er sich dann in der revolutionären Praxis auflöste. Mit dem Ende des zyklischen Modells war die Funktion von ›Dekadenz‹ zur Strukturierung von Geschichte überholt. Sie wurde nun durch Epochenbegriffe gegliedert[46] und unter den Maßgaben des Historismus erforscht. Die bisher als ›Dekadenz‹ bezeichneten Phänomene waren damit anders zu verarbeiten. Schlicht zu leugnen waren sie für die jeweiligen Gegenwarten kaum, für die Zukunft – mit dem Selbstbewußtsein des modernen Rationalitätsvertrauens – schon eher: »La perfectibilité de l'homme est indéfinie.«[47] »Non, la décadence n'est possible nulle part [...]!«[48] »Décadence n'est un mot qu'il faut définitivement bannir de la philosophie de l'histoire«, denn »la civilisation moderne est destinée à se propager indéfiniment«[49].

Neben solch blankem oder, wo skeptisch grundiert, forciertem Optimismus gab es die ›romantisch‹ genannten Klagen über den modernen Fortschritt. Daß ›Epigonen‹ jetzt an der Möglichkeit zu zweifeln begannen, die Väter zu überbieten,[50] war ein Teil davon; Karl Immermanns sogenannte Familienmemoiren erschienen 1836 und beeinfluß-

39 CHARLES LOUIS DE MONTESQUIEU, Considérations sur les causes de la grandeur des Romains et de leur décadence (1734), in: Montesquieu, Œuvres complètes, Bd. 2 (Paris 1976), 74.
40 Ebd., 108, 115.
41 GABRIEL BONNOT DE MABLY, Observations sur l'histoire de la Grèce (1749) in: Mably, Collection complète des œuvres, Bd. 4 (Aalen 1977), IV.
42 Vgl. EDWARD GIBBON, The History of the Decline and Fall of the Roman Empire, Bd. 4 (London 1788), III.
43 GIBBON (s. Anm. 42), Bd. 6 (London 1788), 645.
44 RENÉ LOUIS D'ARGENSON, Considérations sur le gouvernement ancien et présent de la France (1757; Amsterdam 1765), 15.
45 Vgl. JOHANNES ROHBECK, Die Fortschrittstheorie der Aufklärung (Frankfurt a.M./New York 1987).
46 Vgl. REINHART HERZOG, ›Wir leben in der Spätantike‹. Eine Zeiterfahrung und ihre Impulse für die Forschung (Bamberg 1987); HERZOG, Epochenerlebnis ›Revolution‹ und Epochenbewußtsein ›Spätantike‹, in: Herzog/Koselleck (s. Anm. 10), 195–219; KARLHEINZ STIERLE, Renaissance. Die Entstehung eines Epochenbegriffs aus dem Geist des 19. Jahrhunderts, in: ebd., 453–492.
47 MARIE JEAN ANTOINE NICOLAS CARITAT DE CONDORCET, Esquisse d'un tableau historique des progrès de l'esprit humain (1795; Hildesheim 1981), 329, 358.
48 ›Décadence‹, in: LAROUSSE, Bd. 7 (Paris 1870), 207.
49 ERNEST RENAN, L'avenir de la science (1848/1849), in: Renan, Œuvres complètes, Bd. 3 (Paris 1949), 786, 1038.
50 Vgl. MANFRED WINDFUHR, Der Epigone. Begriff, Phänomen und Bewußtsein, in: Archiv für Begriffsgeschichte, Bd. 4 (1959), 182–209.

ten noch den *Buddenbrooks*-Autor. Und schließlich entwickelte das Fortschrittsdenken selbst Möglichkeiten der Niedergangsverarbeitung. Der letzte Absatz von Condorcets Lobpreis der Fortschritte des menschlichen Geistes schon hatte die Brüchigkeit des proklamierten Zukunftsvertrauens angedeutet. Der verfolgte Philosoph nannte seine ganze gedankliche Konstruktion dort »un asile où le souvenir de ses persécuteurs ne peut le poursuivre; [...] un élisée que sa raison a su se créer, et que son amour pour l'humanité embellit des plus pures puissances«[51]. Kurz nach der Niederschrift dieses Satzes starb er in einem Gefängnis der Jakobinerzeit. Daß aufklärerisches Fortschrittsdenken zur Verallgemeinerung solcher existentiellen Erfahrungen und also zu Komplexität fähig war, zeigt Kant. Er bedachte die Möglichkeit, »daß aus allen diesen Wirkungen und Gegenwirkungen der Menschen im Großen überall nichts, wenigstens nichts Kluges herauskomme, daß es bleiben werde, wie es von jeher gewesen ist, und man daher nicht voraus sagen könne, ob nicht die Zwietracht, die unserer Gattung so natürlich ist, am Ende für uns eine Hölle von Übeln in einem noch so gesitteten Zustande vorbereite«. Und er legte gerade wegen der Gefahr »barbarischer Verwüstung« wert auf »unsere eigene vernünftige Veranstaltung«: »selbst die schwachen Spuren der Annäherung« an bessere Zustände erschienen ihm »sehr wichtig«[52]. Fortschritt, meinte später Adorno in diesem Sinne, sei zu begreifen nicht als Perfektibilität, sondern als

»Widerstand gegen die immerwährende Gefahr des Rückfalls. Fortschritt ist dieser Widerstand auf allen Stufen, nicht das sich Überlassen an den Stufengang.«[53] Die Antwort auf die früher ›Dekadenz‹ genannten Krisenmomente der menschlichen Existenz hieß hier aktives Handeln.

Nur noch ausnahmsweise wurde im 19./20. Jh. mit ›Dekadenz‹ gearbeitet, um geschichtlichen Verfall zu benennen. Oswald Spengler fiel aus der neuen Reihe, als er forderte, »in den Worten Jugend, Aufstieg, Blütezeit, Verfall [...] objektive Bezeichnungen organischer Zustände« zu sehen, Einzelheiten begonnener »Dékadence«[54] der Zivilisation für die kommenden Jahrhunderte in z. T. beeindruckenden Voraussagen hochrechnete, auf »alte, edle Traditionen« von »Ehre und Ritterlichkeit«, »Pflicht« und »harter, entsagungsvoller, sorgender Arbeit« orientierte und den letzten Kampf »zwischen Geld und Blut«[55] erwartete (man vergleiche zu den Inhalten, in anderer Verarbeitung, oben Botho Strauß). Aus der langen generalisierenden spanischen Dekadenzreflexion mag erklärbar sein, daß Ortega y Gasset weiterhin gelassen vorschlug, ›Dekadenz‹ als »concepto comparativo« (Vergleichsbegriff) zu verwenden, um an sich gleichermaßen gültige Wahrheiten in Beziehung zu setzen: »instalarse en esa vida, contemplarla desde dentro y ver si ella se siente a sí misma decaída«[56] (sich in diesem Leben einrichten, es von innen betrachten und sehen, ob es sich selbst als verfallen empfindet). Ansonsten wuchs dem Begriff – da Verfall im Zeitalter des Fortschritts nicht mehr als natürlich akzeptiert war – vor allem die Funktion intensivierter negativer Wertung als vorherrschende zu. Zwar war ›Dekadenz‹ seit der französischen Fronde immer wieder auch als ideologische Waffe gebraucht worden. Erst mit dem Ende des zyklischen Geschichtsdenkens aber kam dem Kampfkonzept der Primat zu. Die Emphase stieg, und die Agitation war nicht mehr weit. Ob, um nur von Frankreich zu reden, die verschiedenen politischen Richtungen nach 1815 über den neuen Staat stritten[57], die Niederlage 1870/1871 zu verarbeiten war oder Jean Monnet nach dem 2. Weltkrieg die französische Wirtschaftsplanung zum Wiederaufbau unter die Losung ›Modernisation ou décadence‹ stellte[58] – immer ging es gleich um Sein oder Nichtsein: entweder hoch oder nach un-

---

51 CONDORCET (s. Anm. 47), 363.
52 IMMANUEL KANT, Idee zu einer allgemeinen Geschichte in weltbürgerlicher Absicht (1784), in: Kant, Werke, hg. v. E. Cassirer, Bd. 8 (Berlin/Leipzig 1923), 25, 27.
53 THEODOR W. ADORNO, Fortschritt (1962), in: ADORNO, Bd. 10/2 (Frankfurt a. M. 1977), 638.
54 OSWALD SPENGLER, Der Untergang des Abendlandes. Umrisse einer Morphologie der Weltgeschichte, Bd. 1 (1918; München/Berlin 1931), 34, 31.
55 Ebd., Bd. 2 (1923; München/Berlin 1934), 578, 628.
56 JOSÉ ORTEGA Y GASSET, Rebelión de las masas (1931), in: Ortega, Obras completas, Bd. 4 (Madrid 1957), 161.
57 Vgl. SWART (s. Anm. 32), 46–71.
58 Vgl. BERNARD CAZES/PHILIPPE MIOCHE, Modernisation ou décadence. Etudes, témoignages et documents sur la planification française (Aix-en-Provence 1990).

ten. In kulturellen Prozessen der nachaufklärerischen Zeit sollte mit ›Dekadenz‹ ähnlich operiert werden.

II. Übergänge zum ästhetischen Begriff

Der Weg vom geschichtlichen zu einem ästhetischen Dekadenzbegriff führte über eine Frage, die das Nachdenken über den Verfall der Reiche von Anbeginn begleitete: die nach den *Gründen* solchen Verfalls.

Der »Regelkreis des klassischen Dekadenzmodells [...] besagt, daß ein bedrohtes und karges Leben die Anspannung aller Kräfte fördert, die einen Aufstieg zu Macht und Reichtum ermöglichen. Ein Dasein in Wohlstand und Sicherheit begünstige jedoch ein sorgloses und träges Verhalten, so daß dem inneren der äußere Verfall folge. Wir finden diesen Gedanken bei Platon (Gesetze 641c) und Aristoteles (Pol. 1334a) auf Staaten angewandt und begegnen ihm immer wieder.«[59] So erörterte Lucinge unter den Möglichkeiten, aus denen das Türkenreich fallen könnte, auch die eines »prince adonné à l'oysiveté, à la luxure«[60] – Spekulation vorerst, denn Bajazet II. habe ein solcher Lebenswandel Reich und Leben gekostet. La Rochefoucauld hielt fest: »Le luxe et la trop grande politesse dans les états sont le présage assuré de leur décadence, parce que tous les particuliers s'attachant à leurs intérêts propres, ils se détournent du bien public.«[61] Pufendorff meinte, daß aus Byzanz nichts werden konnte, weil die Kaiser »theils in Wollüsten ersoffen, ganz weibisch waren, theils einer den andern übern Hauffen warff«[62]. Montesquieu[63] und Gibbon[64] urteilten ähnlich.

Das Stereotyp, daß »la corruption des mœurs«[65] die – oder zumindest eine – Ursache der Dekadenz der Reiche sei, verblieb aber noch immer im Vorhof eines ästhetischen Begriffes. Aus dem bewegte man sich im 17./18. Jh. in zwei Schritten heraus. Zum einen wurde die umfassende Verwendungsermächtigung des zyklischen Dekadenzbegriffes auch für die Werke des Geistes, darunter die künstlerischen, genutzt. Das geschah zuerst in der polemisch gegen frühere Unordnung gerichteten Etablierung des französischen Klassizismus: Der Abbé d'Aubignac richtete um 1640 seine von Richelieu angeregte Theorie der Tragödie ausdrücklich auf »le rétablissement du Theatre François, contenant les causes de sa décadence«[66]; er verstand die Dekadenz der Künste dabei als Folge (nicht – wie bei der Dekadenz der Reiche durch Luxus – als Grund) allgemeiner Dekadenz. Der Begründer der sensualistischen Ästhetik, Du Bos, der den Terminus häufig verwendete, sah ähnlich – als Ausnahme von den »guerres réglées« – die Möglichkeit von »ces guerres affreuses, qui sont capables de faire tomber en décadence les Lettres & les beaux Arts«[67]. Die Kunstanstrengung der Zeit zielte im übrigen auf Perfektion – in der ›Querelle des Anciens et des Modernes‹ etwa war das für *beide* Parteien der Leitbegriff. Damit festigte sich die entschieden negative Tönung, die den ästhetisch werdenden Dekadenzbegriff kennzeichnete. Auch die Aufklärung rüttelte daran nicht. »Les grâces accréditent les vices; la décadence des mœurs entraîne celle des lois.«[68] »Nous croyons être bien fondés à soûtenir que c'est à la manie du bel Esprit & à l'abus de la Philosophie [...] qu'il faut attribuer notre paresse & la décadence du bon goût.«[69]
Wenn auch Werke des Geistes als Dekadenz zu bezeichnen waren, erwuchs zum anderen die Frage, welche Charakteristika solche Dekadenz zu

---
59 DEMANDT (s. Anm. 30), 46; vgl. ROGER BAUER, Décadence, in: Cahiers roumains d'études littéraires (1978), H. 1, 71.
60 LUCINGE (s. Anm. 27), 246.
61 FRANÇOIS DE LA ROCHEFOUCAULD, Réflexions ou Sentences et Maximes morales (1665), in: La Rochefoucauld, Œuvres complètes (Paris 1980), 496.
62 SAMUEL VON PUFENDORFF, Einleitung zu der Historie der vornehmsten Reiche und Staaten, so jetziger Zeit in Europa sich befinden (1682; Frankfurt a.M. 1709), 46.
63 Vgl. MONTESQUIEU (s. Anm. 39), 165.
64 Vgl. GIBBON (s. Anm. 42), 385.
65 JEAN MABILLON, Traité des études monastiques (Paris 1691), 363.
66 FRANÇOIS D'AUBIGNAC, La pratique du théâtre (1657; München 1971), 13.
67 JEAN-BAPTISTE DU BOS, Réflexions critiques sur la poésie et sur la peinture, Bd. 2 (1719; Paris 1755), 217.
68 MABLY (s. Anm. 41), 93.
69 JEAN LE ROND D'ALEMBERT, Discours préliminaire des éditeurs, in: DIDEROT (ENCYCLOPÉDIE), Bd. 1 (1751), XXXIV.

erkennen gestatteten. Mit ihrer Beantwortung war dem Dekadenzbegriff spätestens seit den 30er Jahren des 18. Jh. ein ästhetisches Implikat dauerhaft gewonnen – im Rahmen des Gedankens der Kultur-Zeitalter oder auch zeitkritisch gegen den französischen Absolutismus gerichtet. Nach Boileaus Plädoyer für die Einfachheit des Erhabenen und gegen »grands mots« oder »ornements pompeux«[70] wurden die Bestimmungen zunehmend wortreicher. Daß »les faux brillans & le style hérissé de pointes des écrits de Séneque annoncerent la décadence des esprits«[71], galt Du Bos als ausgemacht. Über »nulle naïveté«, »affectation dans le stile«, »nouvelle création de mots«, »railleries et des médisances délicates« klagte Rémond de Saint-Mard – als Gelegenheitsschriftsteller und Salonlöwe prädestiniert, Zeitstimmungen festzuhalten; im Namen des »beau Naturel« wandte er sich gegen »ce monstre enfin que toutes les Puissances humaines ne sçauroient abattre, le luxe«[72]. Bei Seneca schließlich machte der Abbé Le Moine d'Orgival (ein Kenner: zwei weitere Bücher über antike Gerichts- und Kanzelberedsamkeit sind ihm zu verdanken) aus: »une diction guindée, obscure, enflée, pleine de fast & d'ostentation«, »rien de naturel, rien de simple: tout est fardé & outré«, »son style peigné & fleuri, son élocution éclatante«, »ses beautés extraordinaires, souvent monstrueuses«, »recours à des mots affectés, & à des pensées neuves & extraordinaires«, »rafinement [...] excessif«; zusammenfassend: »On quitta les beautés naturelles, pour courir après des ornemens recherchés.«[73]

Sieht man über den tadelnden Grundzug der Charakterisierungen hinweg, waren hier bereits die Bestimmungen sehr weitgehend versammelt, mit denen 120 Jahre später Gautier den Ruhm Baudelaires als *des* dekadenten Dichters zu begründen suchte. Dekadenz war schon ein Stilbegriff – noch negativ besetzt allerdings und im Rahmen der Rhetorik stehend. Sein Hauptcharakteristikum bildete der Bruch mit dem Naturschönen und mit der Vernunft zugunsten einer überfeinerten Künstlichkeit. »Mais pourquoi y a-t-il si peu d'hommes touchés des charmes de la nature?«, schloß Diderot in seinem *Salon de 1767* aufklärerisch an: »C'est que la société leur a fait un goût et des beautés factices.« Die Künste, schrieb er, »se corrompent par le raffinement. [...] On devient singulier, bizarre, maniéré. D'où il paraît que la manière est un vice d'une société policée, où le bon goût tend à la décadence.«[74]

Alle wiesen damals die frisch bestimmte Dekadenz in die Schranken, und keiner tat es eindrucksvoller als Batteux. Mutatis mutandis galten dessen Worte – vor allem bei denen, die sich um die moralische Gesundheit der Gesellschaften sorgen zu müssen meinten – fast unumschränkt, bis das Interesse an Dekadenz überhaupt erlosch: »Ce fut toujours par ceux qu'on appelle beaux esprits que la décadence commença. Ils fürent plus funestes aux Arts que les Goths.« Der Gegenpol hieß erneut »la Nature«[75]. Allein Voltaire, so scheint es, vermochte sich diesem Urteil nicht voll anzuschließen. Zwar meinte auch er aus klassizistischer Höhe, gelegentlich schon in den 1730er Jahren und häufig im Alter: »La décadence fut produite par la facilité de faire et par la paresse de bien faire, par la satieté du beau et par le goût du bizarre. La vanité protégea des artistes qui ramenaient les temps de la barbarie.«[76] Luxus aber, so betonte er im Gegensatz zur Meinung seiner aufklärerischen Kollegen (und lebte es diesen vor), befördere nicht Dekadenz – weit eher stimuliere er die Tätigkeit des Künstlers.[77]

Das sah der, der Voltaire im Pariser Panthéon seit dessen Einrichtung gegenüberliegt, bekanntlich ganz anders. Vor dem Hintergrund der skiz-

---

70 NICOLAS BOILEAU, Réflexions critiques sur quelques passages du rhéteur Longin (1693), in: BOILEAU, 552 f.
71 DU BOS (s. Anm. 67), 594.
72 TOUSSAINT RÉMOND DE SAINT-MARD, Réflexions sur la poésie [...] suivies de trois lettres sur la décadence du goût en France (Den Haag 1734), 329, 336 f.
73 HENRI LE MOINE D'ORGIVAL, Considérations sur l'origine et le progrès des belles lettres chez les Romains, et les causes de leur décadence (Paris 1749), 149 f., 152.
74 DENIS DIDEROT, Salon de 1767, in: Diderot, Œuvres complètes, hg. v. H. Dieckmann, Bd. 16 (Paris 1990), 213, 530.
75 BATTEUX (1746), 75 f.
76 VOLTAIRE, La princesse de Babylone (1768), in: VOLTAIRE, Bd. 21 (Paris 1879), 419.
77 Vgl. KRYSTNA PIECHURA, French Perceptions of Decline (1719–1817), in: 18th International Congress (s. Anm. 13), 187.

zierten Begriffsentwicklung ist, nach Montesquieu und Gibbon, aber die Bedeutung auch seines kanonischen Textes genauer zu bestimmen. Die Originalität der Antwort Rousseaus auf die Frage der Akademie von Dijon, ob die Wiederherstellung der Wissenschaften und der Künste zur Läuterung der Sitten beigetragen habe, bestand in unserem Kontext nicht schon in dem entschiedenen Nein des zentralen Satzes: »Nos ames se sont corrompuës a mesure que nos Sciences et nos Arts se sont avancés à la perfection.« Und auch das Wettern in der Rede des Fabricius an gleicher Stelle gegen »la face pompeuse de cette Rome«, »ces mœurs efféminées«, »de vains talens«, »une élégance recherchée« und »cette éloquence frivole«[78] war, wie zu sehen, alles andere als unerhört. Weitet man den Blick über das Vorurteil hinaus, Aufklärer hätten naiv fortschrittsgläubig zu sein, so tritt vor Augen, daß sozialer Verfall und Verfeinerung der Künste deutlich vor Rousseau schon in gleicher Richtung gegeißelt und in gleicher Weise verbunden worden waren. Gerade mit der Mahnung, die auch er erhob – sich der menschlichen Natur nicht zu entfremden –, war drohender Dekadenz Einhalt geboten worden. Womit Rousseau allerdings die Zeitgenossen aufstörte, war der umfassende Selbstbezug. Rousseau pries nicht mehr – wie der Klassizismus – in der Natur ein göttliches Wesen über den Dingen: Er verurteilte die Sitten der Menschen. Und nicht die Römer oder Türken wurden auf Parallelen zu partiellen eigenen Schwierigkeiten hin gemustert, sondern die Kritik ging gleich voll aufs ganze eigene Sein. Das schloß bald auch den Ruf nach »la police« ein, denn: »Il n'est pas bon de laisser à des hommes oisifs et corrompus le choix de leurs amusemens.«[79] Mit diesen Radikalisierungen vor allem wies Rousseau über seine Zeit hinaus.

Bis auf weiteres aber funktionierten die vor ihm gebildeten Begriffsinhalte und Werte als herrschende.

III. Ausprägungen des ästhetischen Begriffs im 19. Jahrhundert

Ist die Geschichte von Dekadenz bis in die zweite Hälfte des 18. Jh. als Geschichte der Vorschriften zu schreiben, die den Künsten und dem Geschmack von außen – im Blick auf allgemeine Zeitläufe und vorwiegend nicht durch Kunstpraktiker – gemacht wurden, so änderte sich das grundlegend mit dem Abstieg der Normenpoetik. Für die Promotion von Dekadenz zu einem positiv wertenden Stilbegriff, die in Frankreich im 19. Jh. vollzogen wurde und von dort am Jahrhundertende in andere europäische Kulturen ausstrahlte, waren Befreiung und Selbstbefreiung ästhetischer Subjektivität ausschlaggebend.

Sollte Dekadenz ästhetisch werden, war Gefallen am Verfall zu entwickeln. Der Weg dorthin führte seit dem Ende des 17. Jh. über die Alpen. Auf die reine Schönheit, die englische Reisende wie Thomas Burnet und John Dennis in Italien erwartete, wurden sie eingestimmt durch die schreckliche Schönheit des Hochgebirges. Die aufkommende sensualistische Ästhetik ermöglichte es, solche vermischten Gefühle ›angenehmen Grauens‹[80] ernstzunehmen, und nach Addison, Du Bos und Batteux geht spätestens seit Burkes Überlegungen zum Erhabenen »a mode of terror« als »exercise of the finer parts of the system« und schien fähig »of producing delight«[81]. Literarische Motive und Werke, in denen dementsprechend – nachdem schon die Gegenreformation die Schönheit des Märtyrertums propagiert hatte – seit der 2. Hälfte des 18. Jh. das Schreckliche Schönes aufwies, sind von Mario Praz, nicht ohne gelegentliche Bekundungen von Ekel, zusammengetragen worden: Das »Grauen als Quelle von Lust und Schönheit«[82], »die von Schmerz, Verderbtheit und Tod gezeichnete Schönheit« (65), »das Böse« mit dem »Stigma

---

78 JEAN-JACQUES ROUSSEAU, Discours [...] sur la question [...] si le rétablissement des sciences et des arts a contribué à épurer les mœurs (1750), in: ROUSSEAU, Bd. 3 (1979), 9, 14 f.; vgl. REIMAR MÜLLER, Anthropologie und Geschichte. Rousseaus frühe Schriften und die antike Tradition (Berlin 1997).
79 ROUSSEAU, A d'Alembert (1758), in: ROUSSEAU, Bd. 5 (1995), 53 f.
80 Vgl. CARSTEN ZELLE, ›Angenehmes Grauen‹. Literaturhistorische Beiträge zur Ästhetik des Schrecklichen im 18. Jahrhundert (Hamburg 1987).
81 BURKE (1757), 136.
82 MARIO PRAZ, La carne, la morte e il diavolo nella letteratura romantica (Mailand 1930); dt.: Liebe, Tod und Teufel. Die schwarze Romantik, übers. v. L. Ruedigerl (München 1988), 45.

gefallener Schönheit« (69), der »Kult der gefallenen Schönheit« (111) und sadistisches »Wohlbehagen« (99) fanden sich bei Richardson, Diderot und Heine, Milton, Chateaubriand und Shelley, Schiller, Goethe und vielen anderen. Die sensualistisch geprägte Ästhetik und Kunstpraxis des Schrecklichen mußte der vom deutschen Idealismus ausgehenden »Forderung nach einer ›zweckfreien‹ Kunst und Schönheit« durchaus nicht widersprechen: Am damals stattfindenden Wandel des Nero-Bildes vom Christenverfolger zum »Zeichen und Symbol der zweckfreien Schönheit« konnte gezeigt werden: »Nur was a priori anti-natürlich, was der Norm und der Vernunft widerspricht, ist *zweckfrei*: ist schön.«[83] Im Kult des dekadentesten der römischen Kaiser sprach sich ein ästhetisierendes Weltverhältnis aus.

Für den Aufstieg des Dekadenzbegriffs bis zum Ende des 19. Jh. wurden mit der Lizenzierung des Schrecklichen als eines künstlerischen Gegenstandes und eines ästhetischen Wertes die Weichen gestellt. Sade forderte die Romanciers auf, den Menschen so zu zeigen, wie »les modifications du vice, et toutes les secousses des passions« ihn machen könnten: »il faut donc les connaître toutes, il faut donc les employer toutes«[84]. Auch wenn keiner das ›alle‹ so weit trieb wie der Marquis – seine Forderungen fanden sich in einer neuen Produktionsästhetik und in einem neuen Lebensgefühl wieder, die nicht mehr allein auf das Wahre, Gute und Schöne, auf vraisemblance und bienséance bauten. Blumen konnte nun auch das Böse treiben.

Bevor gezeigt werden soll, wohin solche Ermächtigungen programmatisch führten, muß der Wirkungsbereich des Wandels umrissen werden. Er war klein. Auch im 19. Jh. wurde das Feld beherrscht von einer kulturell-sozialer Stabilität verpflichteten Kunstbetrachtung, die mit der alten Normenästhetik – wenn schon nicht mehr die Vorschriften zum richtigen Gebrauch der Formen – zumindest das erzieherische Bemühen um Aussagen und Wirkungen von Kunst einte, die die Menschen zivilisierten, statt sie über die Stränge schlagen zu lassen. Die nicht mehr nur distanziert von ›décadence‹ sprachen, sondern sich bekennend ›décadents‹ nannten, waren zumeist poètes und im allgemeinen maudits. Dekadenz wurde schließlich zur Mode, blieb aber ein Außenseiterphänomen.

1. Die Gegner

Durch das ganze 19. Jh. zieht sich, diskursprägend, vor unterschiedlichen ideologischen Hintergründen die Klage über eine »littérature cessant d'être l'instrument d'une idée féconde, s'isolant des causes qu'elle doit défendre […], pour devenir un art indépendant […], une puissance particulière, sui generis«[85].

Die Schrift, die den Verfall der Reiche und den der Literatur in historischen Detailstudien und mit kulturpolitischem Verantwortungsbewußtsein am ausführlichsten und einflußreichsten zusammenfügte, war ursprünglich »inspiré par une pensée de polémique contemporaine«[86] gegen die Romantik; die 5. Auflage erschien 1888 und konnte gegen die Décadents ins Feld geführt werden. Indem Désiré Nisard die Poeten der römischen Dekadenz zusammenfassend detailliert untersuchte, leistete er – gegen seinen Willen – viel für das Traditionsbewußtsein der modernen Lyrik. Verallgemeinernd unterschied er zwei Arten von Schönheit, eine äußere, die beschrieben werde, und eine innere, die moralischer Natur sei. Das Hauptverdienst der von ihm behandelten Autoren sah er in der Beschreibung. Er würdigte durchaus ihre »ressources de langue infinies, et un luxe de nuances de style égal à celui des nuances d'idées«; dem literarischen Publikum vermöge das »agréables distractions« zu verschaffen. Nur sei eben alle Kunst hier nur auf die Details konzentriert (ein Gedanke, der später über Paul Bourget und Friedrich Nietzsche zu hohen Ehren kommen sollte) und vor allem leider »parfaitement inutile à l'éducation de l'humanité«[87].

---

83 ROGER BAUER, Nero de inferno levatus, in: Euphorion (1972), H. 3, 247, 251, 248.
84 DONATIEN ALPHONSE FRANÇOIS DE SADE, Idée sur le roman, in: Sade, Les crimes de l'amour (1801; Paris 1972), 32.
85 ARMAND DE PONTMARTIN, Nouvelles causeries du samedi (Paris 1859), 4.
86 DÉSIRÉ NISARD, Etudes de mœurs et de critique sur les poëtes latins de la décadence, Bd. 1 (1834; Paris 1849), III.
87 Ebd., Bd. 2 (1834; Paris 1849), 287f.

III. Ausprägungen des ästhetischen Begriffs im 19. Jahrhundert 11

Es liegen zeitgenössische Stimmen vor, die Nisards Konzept weiterbuchstabierten. Lamartine, der in einem frühen romantischen Vers, möglicherweise als erster, die Dekadenz auf sein eigenes Lebensgefühl bezogen hatte (»Le soleil, comme nous, marche à sa décadence«)[88], wollte im Erscheinungsjahr der Nisardschen Schrift nichts mehr davon wissen: »Je ne vois aucun signe de décadence de l'humanité«[89], und versammelte kurz darauf Stilbestimmungen, die vom Abstand auch seines Kunstverständnisses von Dekadentem zeugten: »la recherche, l'affectation et la manière« charakterisierten die Dekadenz, zwar »travail le plus achevé«, »splendeur des formes« und »le fini des ornements«, aber »confus« und »grossier«[90]. Ein »style à la fois prétentieux et négligé, plein d'incorrections, de maladresses et de jeux de mots puérils«[91] wurde unter dem Stichwort Dekadenz katalogisiert; »esclave des caprices et des goûts individuels«[92] sei die Dekadenz.

Wie man weiß, sollten Nisards Hoffnung auf eine Literatur als moralisches Stärkungsmittel und das Drängen der ihm Gleichgesinnten auf eine weniger individuelle, maßvollere Literatur enttäuscht werden. Daher wurde fünfzig Jahre später der jungen Generation – mit einem Seitenblick auf »la trouée des Vosges« und Schopenhauer – zugerufen: »Etes vous anémiques? Prenez du fer. Etes-vous faibles des bras et des reins? Faites de l'escrime. Etes-vous fatigués du cerveau? Prenez des douches. [...] Ramez, de par tous les diables. Ramez!«[93] Der bürgerlich besorgte Zeitgenosse sah die Décadents in beunruhigender Faszination: »Les peaux décolorées par le fards, les yeux cerclés de vert ou de bleu, les sangs pauvres et les nerfs détraqués des races vieillies, les lueurs fantasques précédant les maladies mentales, les vierges d'une perversité précoce, les vins qui s'épanouissent comme des moissures sur le fumier des sociétés en décomposition, toutes les dépravations savantes des civilisations faisandées.«[94] Die so sich ausdrückende Ablehnung war weit mehr als ein letztlich tolerantes Hintergrundmurmeln: Die moderne Literatur hatte ihr Selbstbewußtsein einem Schulen und Medien beherrschenden Erziehungsdiktat der Bourgeoisie gegenüber zu entwickeln. »En France, pays de littérature essentiellement pratique et sensée, un écrivain qui n'a que de l'imagination, fût-

elle de l'espèce la plus rare, ne peut être un grand écrivain. La gloire de nos grands poëtes, c'est [...] d'avoir créé en quelque sorte la poësie de la raison.« Die Imagination sei nur »une reine qui gouverne sans contrôle«[95], statuierte Nisard.

Vielleicht bewußt, jedenfalls direkt dagegen formulierte bald Baudelaire anläßlich Poes: »Pour lui, l'Imagination est la reine des facultés; [...] une faculté quasi divine qui perçoit tout d'abord, en dehors des méthodes philosophiques, les rapports intimes et secrets des choses, les correspondances et les analogies.«[96] Der Dekadenzbegriff gehörte zu jenen, mit denen die moderne Literatur gegen klassizistische und gegen utilitaristische Konzepte ihren Raum zu umgrenzen suchte.

2. Das Programm eines dekadenten Stils

Möglicherweise findet sich in einer sarkastischen Bemerkung Stendhals das erste Anzeichen dafür, daß der Terminus Dekadenz aus seinen bisherigen Kontexten herausgebrochen werden könnte. »L'on m'écrit de Paris«, schrieb 1822, »qu'on y a vu [...] un millier de tableaux représentant des sujets de l'Ecriture sainte, peints par des peintres qui n'y croient pas beaucoup, admirés et jugés par des gens qui n'y croient pas, et enfin payés par des gens qui

---

88 ALPHONSE DE LAMARTINE, Méditations poétiques (1820), in: Lamartine, Œuvres poétiques complètes, hg. v. M.-F. Guyard (Paris 1963), 16.
89 LAMARTINE, Des destinées de la poésie (1834), in: Lamartine, Méditations poétiques, Bd. 2 (Paris 1915), 414.
90 LAMARTINE, Souvenirs, impressions, pensées et paysages pendant un voyage en Orient, 1832–1833, ou Notes d'un voyageur (1835), in: Lamartine, Œuvres complètes, Bd. 8 (Paris 1861), 8, 49, 169; Bd. 6 (Paris 1861), 382.
91 AUGUSTIN THIERRY, Récits des temps mérovingiens (Paris 1840), 244 f.
92 CHARLES LECONTE DE LISLE, Poèmes antiques (Paris 1852), VII.
93 DIONYS ORDINAIRE, La jeune génération, in: Revue politique et littéraire – Revue bleue (1885), H. 23, 710.
94 PAUL BOURDE, Les poètes décadents, in: Le Temps (6. 6. 1885), 3.
95 NISARD, M. Victor Hugo en 1836, in: Nisard, Mélanges, Bd. 2 (Paris 1838), 65, 67.
96 CHARLES BAUDELAIRE, Notes nouvelles sur Edgar Poe (1857), in: BAUDELAIRE, Bd. 2 (1976), 328 f.

n'y croient pas.« Absatz, und dann lakonisch:»L'on cherche après cela le pourquoi de la décadence de l'art.«[97] Das erhabenste der malerischen Genres in dieser Weise mit den Vorwürfen gegen die niedrigsten Produktionen der Kunst zu verknüpfen war zu diesem Zeitpunkt unerhört. Es erhielt besondere Brisanz dadurch, daß es so verbreitete wie noch verdrängte Rezeptionsgewohnheiten benannte. Wo das Heiligste zum Dekadenten erklärt war, wurde es denkbar, das Dekadente zum Programm zu machen. Erste Zeugnisse dafür datieren aus den 1830/ 1840er Jahren. Charles Nodier hat »als erster so etwas wie ein dekadentes literarisches Selbstbewußtsein formuliert«, als er auf dem Hintergrund einer Rousseauschen Zivilisationskritik und noch mit einem »kathartisch-therapeutischen«[98] Literaturbegriff das Phantastische »la seule littérature essentielle de l'âge de décadence ou de transition où nous sommes parvenus«[99] nannte. Der Erzähler in dem klassischen Roman des L'art pour l'art rief kaum später Tiberius, Caligula und Nero an, »grands Romains de l'empire, ô vous que l'on a si mal compris [...]. J'ai rêvé de brûler des villes pour illuminer mes fêtes.«[100] Der junge Flaubert schwärmte vom kaiserlichen Rom, »cette belle reine se roulant dans l'orgie«[101]. Bald darauf löckte Baudelaire erstmals gegen den Stachel des eingeführten Begriffs und benötigte dazu – direkt auf die moderne Schönheit zielend – Rom schon nicht mehr: »Beaucoup de gens attribueront la décadence de la peinture à la décadence des mœurs. Ce préjugé d'atelier, qui a circulé dans le public, est une mauvaise excuse des artistes.« »La vie parisienne est féconde en sujets poétiques et merveilleux.«[102] Hier war noch nicht klar, daß die wunderbaren Sujets bald entschieden als die dekadenten benannt werden sollten. Aber dem eher distanzierten Beobachter Renan verdanken wir gleichzeitig doch schon die verallgemeinernde Beobachtung einer »vraie fureur qui s'est emparée du goût de notre temps pour les littératures non classiques. [...] Tout l'intérêt s'attache à ce qu'on appelle les origines et les décadences.«[103] Man beachte hier auch den verallgemeinernden ungewöhnlichen Plural.

Aus dem Jahr 1847 datiert Thomas Coutures Gemälde *Les Romains de la décadence*. Es stellte, in Stil und Format der Historienbilder, das Lotterleben im späten Rom dar. Das Bild entsprach aufsehenerregend der von Renan benannten Mode; der Betrachter sollte sich – angesichts »durchdachter Ambivalenzen«[104] – auch fragen, ob der Maler etwa die Gegenwart gemeint habe. Die Vorstellungen von Dekadenz verändert hat es nicht; die Gestalter des Pariser Orsay-Museums hängten es zu Recht auf die Seite des Akademismus, Courbet entgegen und von Gustave Moreau entfernt.

Die nächste Stufe beim allmählichen Aufbau eines Dekadenzprogramms ist am 2. September 1853 bezeugt. »Quel homme médiocre que ce Lamartine!« wetterte da Flaubert in einem Brief, benutzte erstmals wieder das seit Jahrhunderten verschollene Adjektiv und wertete positiv: »Il n'a pas compris la beauté de Napoléon décadent, cette rage de géant contre les myrmidons qui l'écrasent. Rien d'ému, rien d'élevé, rien de pittoresque.«[105] Der Gebrauch war noch polemisch, nicht selbstbezogen, aber die empfundene Nähe war klar. Zu benennen auch die Ästhetisierung einer nichtkünstlerischen Gestalt – mit Wörtern, die dem Klassizismus einige seiner Wertbegriffe entwanden.

---

97 STENDHAL, De l'amour (1822), in: Stendhal, Œuvres complètes, Bd. 2 (Genf/Paris o. J.), 215.
98 ERWIN KOPPEN, Dekadenter Wagnerismus (Berlin/ New York 1973), 23, 22.
99 CHARLES NODIER, Du fantastique en littérature, in: Nodier, Œuvres, Bd. 5 (Brüssel 1832), 67.
100 THÉOPHILE GAUTIER, Mademoiselle de Maupin (1834), in: Gautier, Œuvres complètes, Bd. 5 (1883; Genf 1978), 143.
101 GUSTAVE FLAUBERT, Mémoires d'un fou (1838), in: FLAUBERT, Bd. 11 (1974), 482.
102 BAUDELAIRE, Salon de 1846, in: BAUDELAIRE, Bd. 2 (1976), 493, 496.
103 RENAN, Cahiers de jeunesse (1846), in: Renan, Œuvres complètes, Bd. 9 (Paris 1960), 234 f.
104 KLAUS HERDING, Fortschritt und Niedergang in der bildenden Kunst. Nachträge zu Barrault, Baudelaire und Proudhon, in: W. Drost (Hg.), Fortschrittsglaube und Dekadenzbewußtsein in Europa des 19. Jahrhunderts (Heidelberg 1986), 245; vgl. HERDING, Décadence und progrès als kunsttheoretische Begriffe bei Barrault, Baudelaire und Proudhon, in: Wissenschaftliche Zeitschrift der Humboldt-Universität Berlin. Gesellschafts- und sprachwissenschaftliche Reihe (1985), H. 1–2, 35–54.
105 FLAUBERT an Louise Colet (2. 9. 1853), in: FLAUBERT, Bd. 13 (1974), 404.

Im gleichen Jahr kommentierte Flaubert den Stil, nicht mehr den Inhalt, von Montesquieus Rom-Essay.[106] Immer noch polemisch, nicht programmatisch, begann weitere vier Jahre später Baudelaire seine *Notes nouvelles sur Edgar Poe*. Aber die Bestimmungen wurden genauer: »Littérature de décadence! – Paroles vides que nous entendons souvent tomber [...] de la bouche de ces sphinx sans énigme qui veillent devant les portes saintes de l'Esthétique classique. A chaque fois que l'irréfutable oracle retentit, on peut affirmer qu'il s'agit d'un ouvrage plus amusant que l'*Iliade*. Il est évidemment question d'un poème ou d'un roman dont toutes les parties sont habilement disposées pour la surprise, dont le style est magnifiquement orné, où toutes les ressources du langage et de la prosodie sont utilisées par une main impeccable.«[107] Es waren diese Bestimmungen, die im folgenden Jahrzehnt verfeinert wurden und zu einem ästhetischen Dekadenzbegriff führten, der von der Last seiner Geschichte befreit schien – für kaum zwei Jahrzehnte.

Ausformuliert wurde dieser Begriff durch Schriftsteller, die einen speziellen Platz im kulturellen Leben einnahmen: Von der Kritik hoch gewürdigt und von den Mächtigen gelegentlich geehrt (was ihnen nicht gänzlich mißfiel), bildeten sie zugleich einen Kreis kritischer Autoren, die ihre Kunstarbeit hoch und zu der umlaufenden ideologischen Münze ästhetische Distanz hielten. Die »Herkunft des Ausdrucks« war nicht »mittelmäßig«, wie Heinrich Mann später vermutete[108]; er kam auch nicht als Sumpfblase von unten: Er konnte wirken, weil er aus einiger Höhe propagiert wurde.

Das Tagebuch der Brüder Goncourt liefert die nächsten wichtigen Nachrichten. »A la fin des sociétés troublées,« hieß es dort am 7. Dezember 1859, »quand il n'y a plus de doctrines, d'écoles, que l'art est entre une tradition perdue et une tradition qui s'inaugure, il se trouve des décadents singuliers, prodigieux, libres, charmants, des aventuriers de la ligne et de la couleur, qui mêlent tout, risquent tout et marquent toutes choses d'un cachet singulier, corrompu, rare; [...] une imagination qui déborde.«[109] Der alte, eine Tradition abwertende Begriff war hier, mit Stilcharakterisierungen aufgeladen, umgedreht. In einem gleichzeitigen Roman lautete das aphoristisch, direkt für Nisards Kronzeugen des Niedergangs plädierend: »S'il est vrai que les langues aient une décadence, mieux vaut encore être Lucain que le dernier imitateur de Virgile.«[110] Vom 23. August 1862 stammt dann ein Bericht, der – wenn er nicht nur, wie meist, verkürzt zitiert wird – im Übermitteln noch unverarbeiteter Erfahrung Wesentliches aus dieser Konstituierungsphase des ästhetischen Dekadenzbegriffs zu verstehen ermöglicht: das Zögern bei der Suche nach dem angemessenen Terminus (wichtig hier auch, daß der im folgenden hervorgehobene Satz erst 1887 hinzugefügt wurde), vor allem aber den antikapitalistischen Impuls. Nach der Teilnahme an einer Eisenbahn-Einweihung in Algerien meldet sich Gautier im Salon der Goncourts zurück, »furieux contre les chemins de fer, qui abîment les paysages, le progrès, les *utilitaires*, la civilisation qui regarde les Arabes comme des sauvages, les ingénieurs, les élèves de l'Ecole Polytechnique, tout ce qui met dans un pays de saine édilité: ›Toi, dit-il en se tournant vers Claudin, tu es heureux, tu aimes tout cela, tu es un civilisé. Nous, nous trois, avec deux ou trois autres, sommes des malades... Nous ne sommes pas des décadents, nous sommes des primitifs... Non, encore non, mais des particuliers bizarres, indéfinis, exaltés ... Il y a des moments où je voudrais tuer tout ce qui est.‹«[111]

Ein solcher Ausbruch sollte im Bewußtsein sein, wenn man die, fast gleichzeitige, *Plainte d'automne* des zwanzigjährigen Mallarmé liest: »J'ai passé de longues journées seul avec mon chat, et seul, avec un des derniers auteurs de la décadence latine; car depuis que la blanche créature n'est plus, étrangement et singulièrement, j'ai aimé tout ce qui se ré-

---

106 Vgl. FLAUBERT an Louise Colet (11. u. 12. 6. 1853), in: ebd., 357.
107 BAUDELAIRE (s. Anm. 96), 319.
108 HEINRICH MANN, Nietzsche, in: Nietzsches unsterbliche Gedanken, eingeleitet v. H. Mann, ausgewählt v. G. Mann (1939; Berlin 1992), 34.
109 EDMOND DE GONCOURT/JULES DE GONCOURT, Journal. Mémoires de la vie littéraire (entst. 1851–1896; ersch. 1887–1896), hg. v. R. Ricatte, Bd. 3 (Monaco 1957), 174.
110 GONCOURT, Charles Demailly (1860; Paris 1891), 141.
111 GONCOURT, Journal, Bd. 5 (Monaco 1957), 159.

sumait en ce mot: chute.«[112] Er steckt in der ersten Würdigung Baudelaires durch den ebenso jungen Verlaine als »l'homme physique moderne, tel que l'on fait les raffinements d'une civilisation excessive, l'homme moderne, avec ses sens aiguisés et vibrants, son esprit douloureusement subtil, son cerveau saturé de tabac, son sang brûlé d'alcool, en un mot, le *bilionerveux* par excellence«[113]. Und er grundiert jene große Betrachtung Baudelaires, in der Gautier selbst seiner Begriffsunsicherheit ein Ende machte und die zeitgenössischen Bestimmungen gültig zusammenfaßte. Auch wenn Gautier nicht, wie zu sehen war, »den Begriff als erster positiv gewertet«[114] hat und obwohl ihm für Presseartikel immer wieder auch die eingeführten Negativkonnotationen aus der Feder flossen[115]: Für den Stilbegriff ›Dekadenz‹ sind die folgenden Sätze der klassische Ort.

Den Dekadenzstil charakterisierte Gautier zuerst als einen extremer kultureller Fülle. Er sei nichts anderes als »l'art arrivé à ce point de maturité extrême que déterminent à leurs soleils obliques les civilisations qui vieillissent: style ingénieux, compliqué, savant, plein de nuances et de recherches, reculant toujours les bornes de la langue, empruntant à tous les vocabulaires techniques, prenant des couleurs à toutes les palettes, des notes à tous les claviers, s'efforçant de rendre la pensée dans ce qu'elle a de plus ineffable, et la forme en ses contours les plus vagues et les plus fuyants, écoutant pour les traduire les confidences subtiles de la névrose, les aveux de la passion vieillissante qui se déprave, et les hallucinations bizarres de l'idée qui se tournent à la folie.«

Die oströmische Tradition eines solchen Stils verallgemeinerte Gautier mit dem die klassische Ästhetik entmachtenden Hinweis: »La vie factice a remplacé la vie naturelle et développé chez l'homme des besoins inconnus«. Eindringliche Worte galten dem noch als ›Dunkel‹ benannten Unbewußten, in dem »se meuvent confusément les larves des superstitions, les fantômes hagards de l'insomnie, les terreurs nocturnes, les remords qui tressaillent et se retournent au moindre bruit, les rêves monstrueux qu'arrête seule l'impuissance, les fantaisies obscures dont le jour s'étonnerait, et tout ce que l'âme, au fond de sa plus profonde et dernière caverne, recèle de ténébreux, de difforme et de vaguement horrible.«

Ihren Fluchtpunkt fand die Definition im Begriff des Künstlichen, des »artificiel. Par ce mot, il faut entendre une création due toute entière à l'Art et d'où la Nature est complètement absente.« Wesentlich sei das Künstliche – denn »ce goût excessif, baroque, antinaturel, presque toujours contraire au Beau classique« stelle ein »signe de la volonté humaine corrigeant à son gré les formes et les couleurs fournies par la matière«[116] dar. Bedenkt man, daß die sozialen Verhältnisse hier durchaus mit unter den Begriff der Natur gefaßt waren, wird in diesem Bekenntnis zum ausbrechenden menschlichen Willen die algerische Erfahrung Gautiers wieder ahnbar.

Die Gautierschen Bestimmungen stellten die alten Begriffsinhalte entschieden zur Seite; Zyklen und Reiche waren nur noch Rahmen für die eigentlich interessierende Künstlichkeit des Angegangenen. Daß frühere Sinnschichten damit allerdings nicht einmal den Goncourt-Besuchern und Sade-Fans generell abhanden gekommen waren, belegt ein Brief des alternden Flaubert vom 1. August 1878: »Je ne ›tritonne‹ pas dans la Seine. Je me suis baigné deux fois, et là encore, j'ai senti une grande décadence! je soufflais comme un cachalot, sans en avoir la vigueur, je n'ai pas recommencé depuis.«[117] Von Flauberts Spiel mit dem Wort zeugt auch seine Verbbildung ›décader‹ in einem Brief an Turgenev vom 26. Januar 1877 (früher als

---

112 STÉPHANE MALLARMÉ, Plainte d'automne (1862), in: Mallarmé, Igitur, Divagations, hg. v. Y. Bonnefoy (Paris 1976), 72.
113 PAUL VERLAINE, Charles Baudelaire (1865), in: Verlaine, Œuvres en prose complètes, hg. v. J. Borel (Paris 1972), 600.
114 JENS MALTE FISCHER, Décadence, in: Propyläen Geschichte der Literatur, Bd. 5 (Berlin 1984), 563.
115 Vgl. MARIE-HÉLÈNE GIRARD, La notion de décadence dans la critique d'art romantique, in: G. Ponnau (Hg.), Fins de siècle. Terme – évolution – révolution? (Toulouse 1989), 177–180.
116 GAUTIER, Charles Baudelaire, in: Baudelaire, Œuvres complètes, Bd. 1 (Paris 1868), 17, 39, 27.
117 FLAUBERT an Mme Brainne (1. 8. 1878), in: FLAUBERT, Bd. 16 (1975), 68.

III. Ausprägungen des ästhetischen Begriffs im 19. Jahrhundert 15

der von Roger Bauer angeführte Erstbeleg bei Anatole Baju von 1885).[118] Auch wenn Gautiers Beschreibung eines dekadenten Stils also nicht zum Diktat wurde: Auf sie konnte nun eine Kunstbewegung bauen, die »tout travail de l'esprit« – und vor allem die »inconstante, la douloureuse, l'adorable fantaisie« der »poëtes, ces sublimes désordonnés« – hochhielt: »Nous accepterons sans humilité comme sans orgueil, ce terrible mot de décadence.«[119]

3. Das dekadente Jahrzehnt

In den 1880er Jahren manifestierte sich ein programmatischer décadentisme in kleinen Pariser Boheme-Zeitschriften wie Léo Tréseniks *La Nouvelle Rive Gauche* (ab April 1883 *Lutèce*, 1882/1886), Bajus *Le Décadent littéraire et artistique* (1886) und *Le Décadent* (1887/1889) oder René Ghils *La Décadence artistique et littéraire* (1886), in Gabriel Vicaires und Henri Beauclairs Sammlung von Ulkgedichten *Les déliquescences. Poèmes décadents d'Adoré Floupette* (1885), in Joséphin Péladans Romanserie *La Décadence latine* (19 Bände, 1885–1907) oder in Paul Adams und Félix Fénéons unter dem Pseudonym Jacques Plowert herausgegebenem *Petit glossaire pour servir à l'intelligence des auteurs décadents et symbolistes* (1888).[120] Ihr aufgeregter Neuheitsanspruch in Programm und Kritik hält einem Vergleich mit Gautier nirgends stand: neue Begriffsinhalte sind hier nicht zu gewinnen. Die Tatsache, daß größere heutige Wörterbücher ›Dekadenz‹ generell mit dieser Bewegung verbinden, verweist jedoch auf eine andere Leistung der décadents: Ihre provokative Propaganda bürgerte ›Dekadenz‹ sprachlich ein, machte den Terminus mit den Gautierschen Bestimmungen zu gebräuchlicher intellektueller Münze in der Boheme und an deren Rändern.

Die beiden wesentlichsten Einbürgerungsleistungen des Jahrzehnts wurden allerdings außerhalb der Boheme vollbracht. *A rebours* von Huysmans (1884) stieß literarisch die Tür zum Ästhetizismus auf. Der Zentralfigur, Herzog Jean des Esseintes, schien »l'artificiel […] la marque distinctive du génie de l'homme« zu sein. Würdigungen wie die folgende verbreiteten zwar nur gängige Stichworte: »La décadence d'une littérature, irré-

parablement atteinte dans son organisme, affaiblie par l'âge des idées, épuisée par les excès de la syntaxe, sensible seulement aux curiosités qui enfièvrent les malades et cependant pressée de tout exprimer à son déclin, acharnée à vouloir réparer toutes les omissions de jouissance, à léguer les plus subtils souvenirs de douleur, à son lit de mort, s'était incarnée en Mallarmé, de la façon la plus consommée et la plus exquise.«[121] Seinen legendären Ruf hat das Buch aber dennoch zu Recht: Seine Leistung war die erste durchgearbeitete Fiktion einer auf Künstlichkeit zielenden Existenz. Die von des Esseintes nach seiner Subjektivität geformte Welt benötigte ›Dekadenz‹ dazu nur unter anderem; der Terminus fiel ganze sechs Mal. Das Interieur und die Speisen, die juwelenbesetzte Schildkröte und die Musik der Liköre, die Rauschmittel und die Kunstblumen, die Parfüms, die Bilder und, immer wieder, die Bücher spiegelten aber – mit naturalistischer Genauigkeit beschrieben – eine Welt des ästhetischen Scheins und des ästhetisierten Seins vor, wie sie noch nicht zu lesen gewesen war. Ganz am Schluß ist sie – den versteckten Gautier fortschreibend – auch als Gegenwelt zu »le grand bagne de l'Amérique« bezeichnet: zu »l'immense, la profonde, l'incommensurable goujaterie du financier et du parvenu, rayonnant, tel qu'un abject soleil, sur la ville idolâtre qui éjaculait, à plat ventre, d'impurs cantiques devant le tabernacle impie des banques!«[122] Das »Grundbuch der Dekadenz«[123] ist genauer eine Einführung in den Ästhetizismus zu nennen.

Die andere Leistung war Paul Bourgets. Sie bestand darin, der Dekadenz die Spitze abzubrechen. Bourget war durchaus in der Lage, aus Anlaß der Beschreibungstechnik von Huysmans neue

---

118 Vgl. FLAUBERT an Turgenev (26. 1. 1877), in: FLAUBERT, Bd. 15 (Paris 1975), 533; BAUER (s. Anm. 59), 60.
119 PAUL BOURGET, Notes sur quelques poëtes contemporains, in: Le Siècle Littéraire (1876), H. 12/13, 265, 267.
120 Vgl. NOËL RICHARD, Le mouvement décadent (Paris 1968).
121 JORIS-KARL HUYSMANS, A rebours (1884), in: Huysmans, Œuvres complètes, hg. v. C. Grolleau u. L. Descaves, Bd. 7 (Paris 1929), 35, 303.
122 Ebd., 335.
123 PRAZ (s. Anm. 82), 271.

Wahrnehmungsweisen zu benennen, wie Veränderungen der subjektiven Zeit im Alltag sie damals hervorbrachten: »Montez dans un tramway et regardez les gens qui marchent dans la rue, voyez comme le costume a perdu son dessin, comme les visages ont perdu leur caractère typique, comme la charpente osseuse [...] est ici bizarre, tourmentée, sans contour net.«[124] Als Genießer des »riche trésor d'acquisition humaine« aber, den die Dekadenz geschliffen habe, zog er sich ins »intérieur« seiner »âme« zurück.[125] Im übrigen führte sein Weg zielbewußt in die *Académie française* (erst 42jährig wurde er 1894 aufgenommen). Liest man die *Théorie de la décadence*, mit der er 1881 einen Essay über (nicht einen Artikel für) Baudelaire, diese »inquiétante figure« (412), beschloß, wird klar, wie er das schaffte. Der Text enthält eine berühmt gewordene Bestimmung des Dekadenzstils. Sie ist weit entfernt von dem engagierten Plädoyer Gautiers und erweitert eine Anregung Zolas aus dessen *Roman experimental* (1879/1880). »Un style de décadence est celui où l'unité du livre se décompose pour laisser la place à l'indépendance de la page, où la page se décompose, pour laisser la place à l'indépendance de la phrase, et la phrase pour laisser la place à l'indépendance du mot.« (413) Nietzsche hat das gelesen und weitergedacht; darauf ist zurückzukommen. Darüber ist aber in Vergessenheit geraten, in welchem Zusammenhang Bourget zu seiner Feststellung kam: er dachte – sich hineinversetzend in »Les politiciens et les moralistes« – nach über die Gefährdungen der Ganzheitlichkeit des »organisme social« (413). Vom gleichen Gesetz seien Aufstieg und Dekadenz des gesellschaftlichen Organismus bestimmt wie die des Organismus der Sprache. Vor dem Satz über den Stil, und als dessen Basis, steht ein biologistisch verpacktes politisches Menetekel: »L'individu est la cellule sociale. Pour que l'organisme total fonctionne avec énergie, il est nécessaire que les organismes composants fonctionnent avec énergie, mais avec une énergie subordonnée«. Desgleichen deren »cellules composantes«. Denn: »Si l'énergie des cellules devient indépendante, les organismes qui composent l'organisme total cessent pareillement de subordonner leur énergie à l'énergie totale, et l'anarchie qui s'établit constitue la décadence de l'ensemble.« (412 f.)

Wenige Monate vor der Veröffentlichung dieser Sätze war der russische Zar Alexander II. einem Attentat erlegen. Wer als Leser einer angesehenen Kulturzeitschrift (nicht in einem Bohemeblättchen erschien Bourgets Text) im November 1881 ›Anarchie‹ las, dürfte einen Schauder verspürt haben. Die Sammlung der Artikel, in die der über Baudelaire aufgenommen wurde, war ein Erfolg: Die *Essais de psychologie contemporaine* (1883) erregten lebhaftes Interesse, im Vorwort eines zweiten Bandes (1885) sprach die Sorge über das Gift des Pessimismus sich deutlich aus. Bourget hat die Dekadenz nicht mehr in Nisardscher Drastik verdammt – aber er hat die Orgien der Überreife ganz ins Innere verlegt. Seine Sorge um das Totale sollte nicht die letzte sein, die sich anläßlich von Dekadenz aussprach.

Bourgets Distanz, Huysmans' andere Orientierung, die Flachheit der Propagandisten – schon im dekadenten Jahrzehnt wurde der Gautiersche Schwung gebremst. Die Symbolisten machten sich 1886 selbständig, kein Maler oder Bildhauer der Zeit proklamierte sich zum décadent[126], Mallarmé hielt immer Abstand, und selbst Verlaine – geduldiger Autor des *Décadent* und Liebhaber der Bajuschen Neuschöpfung décadisme, »court, commode, ›à la main‹, handy«[127] – ging in seinen programmatischen Bekundungen zur Dekadenz über Gautier nirgends hinaus. Um die poètes maudits zu charakterisieren, kam ihm der Terminus Dekadenz kurz in den Sinn. »Mais qu'est-ce que décadence veut bien dire au fond?«[128], hieß es umgehend, und über die besonderen Leistungen der einzelnen verfemten Dichter der Moderne konnte Verlaine schreiben, ohne ›Dekadenz‹ auch nur zu erwähnen. Die Dichtung der Moderne, ihr Selbstbewußtsein wesentlich aus der Neubestim-

---

124 BOURGET, Deux paradoxes d'un demi-savant. Sur la musique, sur la couleur (1883), in: Bourget, Etudes et portraits (Paris 1889), 258.
125 BOURGET, Psychologie contemporaine. Notes et portraits. Charles Baudelaire, in: La Nouvelle Revue (November 1881), 414.
126 Vgl. ANTOINETTE EHRARD, Un bronze pour des Esseintes?, in: L'esprit de décadence, Bd. 1 (Paris 1980), 141–152.
127 VERLAINE, Lettre au Décadent (1888), in: Verlaine (s. Anm. 113), 695.
128 VERLAINE, Les poètes maudits (1884), in: ebd., 636.

mung von Dekadenz gebildet hatte, benötigte den Begriff zumindest in Frankreich schon nicht mehr; als Dekadenz Mode wurde, war sie paradoxerweise bereits überholt. Vor allen programmatischen Zeitschriften hatte Verlaine ihr in dem dann ernstgenommenen Sonett *Langueur* (1883) die Satire geschrieben:

»Je suis l'Empire à la fin de la décadence, / Qui regarde passer les grands Barbares blancs / En composant des acrostiches indolents / D'un style d'or où la langueur du soleil danse.«[129]

Ein junger Dichter, gerade zur Armee eingezogen, schrieb 1890 einem Freund einen Bekenntnisbrief und resümierte darin das Jahrzehnt. »Je suis Décadent«, war da zu lesen – was heiße: »artiste ultra affiné, protégé par une langue savante contre l'assaut du vulgaire, encore vierge des sales baisers du professeur de littérature«. Dabei denke er nicht »à une décadence pas plus qu'à une Renaissance – tout cela m'est égal«[130]. Die Ästhetisierung von Sprache und Existenz griff noch zu dem Terminus Dekadenz, um sich auszudrücken; der zyklische Geschichtsbegriff lag achtlos beiseite. Aber kein weiteres Zeugnis von Valéry findet sich, das die Jugendschwärmerei fortsetzte. Höchstens distanzierte Erinnerung blieb. Ein Terminus Dekadenz wurde nicht mehr benötigt.

Das gilt auch für die meisten der europäischen Wirkungen, die der Stilbegriff ›Dekadenz‹ in den 1880er Jahren zu entfalten begann.

4. Der europäische Ästhetizismus

Der Verlust an Suggestivkraft, den ›Dekadenz‹ am Ende der 1880er Jahre in der europäischen Ausweitung erlitt, wäre als Überlagerung eines eigentlichen – des ästhetischen – Sinnes durch neue Konnotationen des physischen und moralischen Verfalls[131] verkehrt gedeutet. Im Blick auf die außerästhetische Begründungsgeschichte des Begriffs kann vielmehr gesagt werden, daß dessen Grundprägung einer dauerhaften Verwendung als Basisterminus des Ästhetizismus widerstand, sobald die Gautiersche Stilbestimmung des Künstlichen – gewonnen anhand der spezifischen Schönheit des Vergehenden – als Formprinzip begriffen und zum Prinzip moderner Kunst verallgemeinert war. Dies gilt auch noch, wenn der »relativistische [nicht ge-

positivistische – d. Verf.] Historismus«[132] der Herauslösung der Wörter aus ihren Bedeutungszusammenhängen in dekadenter Literatur parallelisiert wird. ›Symbolismus‹ und ›Fin de siècle‹ setzten fort, was unter dem Namen ›Dekadenz‹ begonnen worden war. Der Vorschlag, von ›Ästhetizismus‹ zu reden, ist verbreitet.

Bildende Künstler wie Moreau oder Aubrey Beardsley, der Wagnerismus in der europäischen Musik oder Mallarmés Bestimmung des Tanzes als »poème dégagé de tout appareil du scribe«[133] partizipierten an den mit ›Dekadenz‹ erreichten Umwertungen, kamen aber weithin schon ohne den Terminus aus. Die Programmschrift des russischen Symbolismus arbeitete im Titel mit der klassischen Opposition von ›упадок‹ und ›новые течения‹ (Verfall und neue Tendenzen), und Valerij Brjusov oder Aleksandr Blok bezeichneten sich anfangs auch selbst als ›dekadent‹. Merežkovskijs kritische Bestandsaufnahme der zeitgenössischen russischen Literatur lief aber auf ganz undekadente Fahnenworte hinaus: »Без веры в божественное начало мира нет на земле красоты, нет справедливости, нет поэзии, нет свободы!«[134] (Ohne Glauben an den göttlichen Ursprung der Welt gibt es auf Erden weder Schönheit noch Gerechtigkeit, weder Poesie noch Freiheit.) Rubén Darío nutzte Décadence und französischen Symbolismus für seine Dichtung (*Azul*, 1888), brachte Nachrichten über beide nach Lateinamerika und von dort nach Spanien, wurde dann mit einem *modernismo* »zum Repräsentanten der Schwel-

---

129 VERLAINE, Langueur (1883), in: Verlaine, Œuvres poétiques complètes, hg. v. J. Borel (Paris 1977), 370.
130 PAUL VALÉRY an Pierre Louïs (22. 6. 1890), in: Valéry, Lettres à quelques-uns (Paris 1952), 12 f.
131 Vgl. BAUER (s. Anm. 59), 64 f.
132 GOTTHART WUNBERG, Historismus, Lexemautonomie und Fin de siècle, in: Arcadia 30 (1995), H. 1, 33.
133 MALLARMÉ, Ballets (1886), in: Mallarmé (s. Anm. 112), 193; vgl. LEONA VAN VAERENBERGH, Tanz und Tanzbewegung. Ein Beitrag zur Deutung deutscher Lyrik von der Dekadenz bis zum Frühexpressionismus (Frankfurt a. M. 1991).
134 DMITRIJ MEREŽKOVSKIJ, O pričinach upadka i o novych tečenijach sovremennoj russkoj literatury (1893), in: Merežkovskij, Polnoe sobranie sočinenij, Bd. 15 (1911), 303.

lenzeit eines Kontinents, der sich im Aufbruch in
eine europäisch geprägte Moderne befand«[135] und
zudem eine eigene Geschichte der Vermischung
von Kulturen hatte. »El amor absoluto a la belleza
— clara, simbólica o arcana — y el desenvolvimiento
y manifestación de la personalidad«[136] (die absolute
Liebe zur — reinen, symbolischen oder verborgenen — Schönheit sowie die Entwicklung und Äußerung der Persönlichkeit) in einer solchen Kunst
waren mit dem Begriff der Dekadenz nicht zu fassen. In Spanien kam der »Vitalismus«[137] der Daríoschen Dekadenzverarbeitung zusammen mit der
älteren, von der Generación del 98 aufgenommenen nationalen Selbstkritik am »marasmo mental«
(mentalen Verfall) durch »fiebre de orgullo« und
»delirio de soberbia«[138] (fiebernden Stolz; delirierenden Dünkel).

Die Wirkungen nach Italien, England und dem
deutschen Sprachraum waren umfangreicher.
»Gleichsam zur Exportreife entwickelt«, überschritt ›Dekadenz‹ »auf dem Wege feuilletonistischer Reportagen über die zeitgenössische französische Literatur die Grenzen«[139] dorthin. Zuerst erreichte die Kunde Italien. Der Schweizer Zola-Freund Edouard Rod rezensierte 1883 Bourget
und ein Jahr später Huysmans — durchaus reserviert
— in italienischen Blättern[140]; Vittorio Pica setzte
die Berichterstattung seit Ende 1885, auch aus persönlicher Bekanntschaft mit Mallarmé, Verlaine
u. a., fort.[141] Große Verbreitung erreichten diese
Artikel nicht, könnten aber Schriftstellern bekanntgeworden sein. Gabriele D'Annunzios erste
Romane[142] und die ästhetizistische Lyrik, mit der
er und Giovanni Pascoli seit den 1890er Jahren die
italienische Literatur erneuerten, nahmen u. a. dekadente Motive und Stilmomente — eklektisch?,
jedenfalls nicht programmatisch propagiert — auf.
Die von ihnen erreichte Höhe bot dann der Literaturgeschichtsschreibung eine anderswo so nicht
genutzte Gelegenheit: Seit dem Beginn der 1920er
Jahre wird die modern(istisch)e und avantgardistische Literatur Europas in Italien — ohne abwertende Töne — ›decadentismo‹ genannt.[143] Walter
Binnis Poetica del decadentismo (1936) bot die gültige
Zusammenfassung dieser Sicht. Selbst unter deutschem Druck und trotz architektonischer »Megalomanie« blieb die Überzeugung vorherrschend,
»die ›faschistische Revolution‹ müsse zu neuen,
kühnen Kunstformen anspornen«[144].

Die Konstellation war insofern besonders bemerkenswert, als gleichzeitig Croce ein entschieden antidekadentes Dichtungsverständnis mit patriarchalischer Würde einflußreich vertrat. Direkt gegen
Bourget kann seine Bestimmung des dichterischen
Ausdrucks gelesen werden: »Laddove il sentimento
aderisce al particolare, [...] la poesia riannoda il particolare all'universale, accoglie sorpassandoli the
pari dolore e piacere, e di sopra il cozzare delle parti
contro le parti innalza la visione delle parti nel tutto,
sul contrasto l'armonia, sull'angustia del finito la distesa dell'infinito. Questa impronta di universalità e
di totalità è il suo carattere.« (Wo das Gefühl am
Einzelnen hängenbleibt, [...] verbindet die Dichtung das Einzelne mit dem Universalen, nimmt
Schmerz und Freude auf und überwindet sie; über
den Widerstreit der einzelnen Teile stellt sie die
Schau der Teile innerhalb des Ganzen, über den
Kontrast stellt sie die Harmonie, über die Angst des
Endlichen die Weite des Unendlichen. Dieser
Stempel der Universalität und Totalität ist ihr We-

---

135 FLORIAN NELLE, Atlantische Passagen. Paris am
Schnittpunkt südamerikanischer Lebensläufe zwischen Unabhängigkeit und kubanischer Revolution
(Berlin 1996), 185.
136 RUBÉN DARÍO, Los colores del estandarte (1894), in:
Darío, Obras completas, hg. v. E. G. Contell, Bd. 4
(Madrid 1955), 880.
137 KLAUS DIRSCHERL, Marionetten und Übermenschen. Der Roman der 98er Generation als Diagnose der Krise des Individuums und Spaniens
selbst, in: M. Pfister (Hg.), Die Modernisierung des
Ich (Passau 1989), 295.
138 JUAN VALERA, Del influjo de la inquisición y del fanatismo religioso en la decadencia de la literatura
española (1876), in: Valera, Obras completas, Bd. 3
(Madrid 1958), 1138 f.
139 KOPPEN (s. Anm. 98), 46 f.
140 Vgl. FABIO FINOTTI, Sistema letterario e diffusione
nel decadentismo nell'Italia di fine '800. Il carteggio
Vittorio Pica — Neera (Florenz 1988), 66, 69.
141 Vgl. KOPPEN (s. Anm. 98), 59 f.
142 Vgl. JOACHIM KÜPPER, Dekadenz. Zu Gabriele
D'Annunzios ›Il Piacere‹, in: Poetica 29 (1997), H.
1—2, 198—233.
143 Vgl. MATEI CALINESCU, Five Faces of Modernity
(Durham 1987), 211—221.
144 GIULIO CARLO ARGAN, Die Kunst des 20. Jahrhunderts. 1880—1940 (1977; Berlin 1990), 29.

sensmerkmal.)[145] Von der Freude des »conculcatore di classi e di popoli, o l'altra, poco diversa, di qualche artistica voluttà neroniana« (Zerstörens von Klassen und Völkern oder jener kaum andersartigen künstlichen Wollust eines Nero) fühlte Croce sich tief abgestoßen. Aber anders als fast alle sonstigen Ablehnungen der Dekadenz erwuchs die seine – statt aus Beschönigungen des Gegebenen – ganz aus einem entschiedenen humanistischen Idealismus mit vermittelt auch politisch zu nennender Widerstandsintention. »La fiducia, la serenità, la sicurezza, l'ardore per l'opera nostra« (Vertrauen, Heiterkeit, Sicherheit und Eifer für unser eigenes Werk) entstünden aus dem Bewußtsein, »che storia è quella che noi facciamo, [...] e che tutto il resto non ci riguarda per la buona ragione che effettivamente non esiste, quando si ritorna nel proprio centro« (daß die Geschichte ja von uns selbst gemacht wird [...] und daß alles übrige uns aus jenem guten Grunde nichts angeht, weil es nicht existiert, wenn man zur eigenen Mitte zurückkehrt)[146]. Was immer zu einer solchen Überzeugung gesagt werden kann: Zur Konjunktur des decadentismo in Italien mag diese – keinesfalls anstrengungslose – tolerante Selbstsicherheit beigetragen haben. Daß dessen Exponenten Faschistenfreunde waren, dürfte ihm andererseits bis 1943 noch weniger abträglich gewesen sein. Italien war das einzige Land mit einer durchgehaltenen positiven Behandlung von Dekadenz – um den Preis allerdings eines beachtlich veränderten Begriffsinhalts.

England war das einzige, in dem der Dekadenz nicht nur im übertragenen Sinn der Prozeß gemacht wurde. Nachrichten über Baudelaire und seine Nachfahren waren seit den 1860er Jahren dort eingetroffen.[147] George Moore preßte 1888 in einem Erlebnisbericht aus Paris die Blumen des Bösen, »beautiful in your sublime decay, [...] to my lips«, und zitierte eine Seite aus *A rebours* als »a dose of opium, a glass of something exquisite and spirituous«[148]. Eine Rezension von Havelock Ellis über die beiden *Essais*-Bände von Bourget im *Pioneer* eröffnete im Oktober 1889 dann die Yellow Decade, in deren Zentrum Oscar Wilde stand und auf deren Höhepunkt 1894/1897 die Zeitschrift *The Yellow Book* bei John Lane herausgegeben wurde.

Aus französischen Einflüssen allein ist diese Bewegung allerdings nicht zu erklären. Die Künstler des gelben Jahrzehnts fanden in Keats, den Präraffaeliten und Swinburne englische Vorläufer in ihrer Selbstbesinnung auf Kunst.[149] Sie ließen sich dabei auch – welch seltener Fall in der Geschichte – von einem (Oxford-)Professor etwas sagen. Hatte Gautier in Frankreich den Weg über ein moralpädagogisches Kunstverständnis hinaus freigemacht durch den Blick auf den anders dichtenden Zeitgenossen Baudelaire, so leistete im traditionsbewußten England die Erinnerung an die Renaissance diese Öffnung.[150] Heroismus statt Hedonismus hatte Anfang der 1850er Jahre noch John Ruskin aus ihr beziehen wollen, als er in mehrbändigen Studien die venezianische Spätrenaissance abwertete: Kunst sei »worthless« und »nugatory«, wenn sie nicht »the personality, activity, and living perception of a good and great human soul« zeige; »the pursuit of vain pleasure«, »luxury and vanity«, »splendour and fancy« und »morbid magnificence« dienten dem, als »destruction of beauty«[151], nicht. Dekadenz hatte hier keine Chance. Walter Pater erinnerte dagegen etwas später, ebenso gelehrt, daran, daß Schönheit »relative« sei, betonte die Bedeutung von »one's own impression« und begriff ästhetische Objekte »as powers or forces producing

145 BENEDETTO CROCE, La poesia (1936), in: Croce, Opere, Bd. 6 (Bari 1966), 11 f.; dt.: Die Dichtung, hg. v. J. Hösle, übers. v. W. Eitel (Tübingen 1970), 10 f.
146 CROCE, Aspetti morali della vita politica (1928), in: Croce, Opere, Bd. 4 (Bari 1966), 255, 296; dt.: Theorie und Geschichte der Historiographie und Betrachtungen zur Philosophie der Politik, hg. u. übers. v. H. Feist (Tübingen 1930), 385, 429.
147 Vgl. MONIKA LINDNER, Ästhetizismus, Dekadenz, Symbolismus. Englische Wurzeln und französische Einflüsse, in: Pfister/Schulte-Middelich (s. Anm. 15), 55.
148 GEORGE MOORE, Confessions of a Young Man (1888; Leipzig 1905), 75, 222.
149 Vgl. ALBERT FARMER, Le mouvement esthétique et ›décadent‹ en Angleterre 1873–1900 (Paris 1931); PRAZ (s. Anm. 82).
150 Vgl. VIKTOR ŽMEGAČ, Kunst und Gesellschaft im Ästhetizismus des 19. Jahrhunderts, in: Propyläen Geschichte der Literatur, hg. v. E. Wischer, Bd. 5 (Berlin 1984), 28–36.
151 JOHN RUSKIN, The Stones of Venice, Bd. 3 (1853; London 1906), 170, 169, 188, 191.

pleasurable sensations«[152]. In einer Zusammenfassung, die Pater in der 2. Auflage strich, weil sie von jungen Leuten habe mißverstanden werden können, und später leicht bearbeitete[153], entwickelte er aus dem Begriff der »impression« die Notwendigkeit, »the individual in his isolation« zu begreifen, dessen Geist »as a solitary prisoner its own dream of a world« träume. Daß von solcher Aufwertung der Teile gegenüber dem Ganzen ein Weg zur ästhetisierenden Aufwertung der Sinne führt, wurde deutlich, wenn Pater gelassen meinte, man solle sich ruhig ertappen lassen »at any exquisite passion, or any contribution to knowledge that seems by a lifted horizon to set the spirit free for a moment, or any stirring of the senses, strange dyes, strange colours, and curious odours«[154]. Als »Aufforderung zur ästhetischen Existenz, die sich vor der Todesverfallenheit des Lebens in Ekstasen der Leidenschaft rettet, in Intervalle gesteigerten Bewußtseins und exquisiter Empfindungen«[155], sind Paters historische Studien zu Recht bezeichnet worden. Von Dekadenz war in ihnen allerdings nur im historischen Bezug auf Du Bellay die Rede. Die englische Vorgeschichte der dekadenten Jahre ging deutlich direkter als die französische auf Ästhetizismus zu. Der Pater-Student und Baudelaire-Verehrer Wilde konnte sein Leben und seine Literatur die ganzen 1880er Jahre hindurch als ästhetizistische Provokation gestalten, ohne deshalb den Dekadenzbegriff bemühen zu müssen. Als »paradox«[156] muß das nicht bezeichnet werden.

Als die Nachrichten aus Frankreich der englischen Diskussion um 1890 die Dekadenz beimischten, wurde der Terminus durchaus genutzt. Die *Quarterly Review* inszenierte die alten Abwertungsrituale gegen nicht genehme zeitgenössische Kunst.[157] Andererseits verliehen junge Intellektuelle ihrer Ablehnung des Viktorianismus gesteigerten Ausdruck. Lionel Johnson definierte als erster, und Genaueres liegt nicht vor: »In English, décadence, and the literature thereof, mean this: the period, at which passion, or romance, or tragedy, or sorrow, or any other form of activity or of emotion, must be refined upon, and curiously considered, for literary treatment: an age of afterthought, of reflection.«[158] Der Bestimmungsversuch verdeutlicht einen geistesgeschichtlichen Normalvorgang: Komplexe Bestimmungen werden schnell gebrauchsfreundlicher reduziert. Dekadenz hieß hier nur noch selbstreflexive Verfeinerung. Auch wenn Arthur Symons die Gautierschen Argumente 1893 im *Harper's Magazine* nochmals zu einem Bekenntnis nutzte: Der Terminus wurde damit – außerhalb polemischer Gänge – schnell wieder entbehrlich.

Beardsley stand so (vor allem mit den inzwischen klassischen Illustrationen zu Wildes *Salome*) zwar im Ruche der Dekadenz, ist aber im Rahmen der Stilkunst der 1890er Jahre und deren Voraussetzungen bei Blake, Morris und Whistler auch ohne diese überzeugend erklärt.[159] *The Yellow Book* verzichtete auf jede programmatische Bekundung – wenn man nicht eine *Defence of Cosmetics* von Max Beerbohm in der ersten Nummer dafür nehmen will, die das Künstliche und auch Neros unglückliche Frau Poppäa pries. Und Wilde selbst zitierte in seinem kunsttheoretischen Dialog *The Decay of Lying* (1889/1891) zwar beiläufig welke Rosen, Domitiankult und Dämmerungsliebe, um seinen Sprecher, Mitglied im Klub der Müden Hedonisten, zu identifizieren, entwickelte im übrigen aber – wie so viele andere Zeitgenossen[160] – Anti-Natur als Kunstprinzip. Auf einen spezifischen Dekadenzbegriff waren seine Aphorismen nicht ange-

---

152 WALTER PATER, The Renaissance. Studies in Art and Poetry (1873; London 1902), VII-IX.
153 Vgl. ebd., 233.
154 Ebd., 235, 237.
155 WOLFGANG WEISS, Italienische Renaissance und englische Dekadenz, in: Pfister/Schulte-Middelich (s. Anm. 15), 95.
156 ULRICH HORSTMANN, Ästhetizismus und Dekadenz. Zum Paradigmakonflikt in der englischen Literaturtheorie des späten 19. Jahrhundert (München 1983), 195.
157 Vgl. FARMER (s. Anm. 149), 261.
158 LIONEL JOHNSON, A Note upon the Practice and Theory of Verse at the Present Time Obtaining in France, in: Century Guild Hobby Horse (April 1891), zit. nach R. K. R. THORNTON, ›Decadence‹ in Later Nineteenth-Century England, in: J. Fletcher (Hg.), Decadence and the 1890s (London 1979), 20.
159 Vgl. INGEBORG BOLTZ, Kunst und Design in der Yellow Decade, in: Pfister/Schulte-Middelich (s. Anm. 15), 377–415.
160 Vgl. ŽMEGAČ, Die Realität ahmt die Kunst nach. Zu einer Denkfigur der Jahrhundertwende, in: Pfister (s. Anm. 137), 180–189.

III. Ausprägungen des ästhetischen Begriffs im 19. Jahrhundert

wiesen (der des Titels war nur der konventionell zyklische Ruf »to revive this old art of lying«). »Nature is so imperfect. [...] Art is our spirited protest, our gallant attempt to teach Nature her proper place.« »Life in fact is the mirror, and Art the reality. [...] A great artist invents a type, and Life tries to copy it.« Schließlich, als Bestimmung des neuen Schöpfers, der Kunst: »Lying, the telling of beautiful untrue things, is the proper aim of art.«[161] Es wurde Wildes Unglück, daß Natur und Leben sich in diese Richtung nicht belehren ließen. Nicht wegen seiner Kunstwirklichkeiten, sondern wegen seiner Homosexualität verurteilte ihn ein Londoner Gericht 1895 zu zwei Jahren Zuchthaus und richtete ihn damit zugrunde. Daß dies der konformen Öffentlichkeit als Urteil auch gegen die Dekadenz galt, ändert nichts an der Bilanz: Der Stilbegriff aus Frankreich hat auf den englischen Ästhetizismus kurz fördernd eingewirkt, einen wesentlichen Einfluß aber nicht genommen und Entwicklung nicht erfahren.

Wiederum anders gestaltete sich das im deutschen Sprachraum. Die dortigen französischen Spuren unterscheiden sich kaum von den bisher genannten. In Heinrich Manns Bibliothek stehen Bourgets *Essais* in einer Ausgabe von 1890, und der Deutsche widmete dem Franzosen seinen ersten Roman *In einer Familie* (1894). Hugo v. Hofmannsthals erster Essay war 1891 eine Bourget-Rezension, und in einem D'Annunzio-Aufsatz zwei Jahre darauf zeugten später vielzitierte Sätze von Blicken nach Paris: »Modern sind alte Möbel und junge Nervositäten. Modern ist das psychologische Graswachsenhören und das Plätschern in der reinphantastischen Wunderwelt. Modern ist Paul Bourget und Buddha; das Zerschneiden von Atomen und das Ballspielen mit dem All; modern ist die Zergliederung einer Laune, eines Seufzers, eines Skrupels; modern ist die instinktmäßige, fast somnambule Hingabe an jede Offenbarung des Schönen, an einen Farbenakkord, eine funkelnde Metapher, eine wundervolle Allegorie.«[162] Hermann Bahr, im Spätherbst 1888 mehrere Monate in Paris, berichtete in zwei kurzen Artikeln kühl über die dortige Dekadenz – im ersten der Vermutung, sie sei »eine neue Mode des Wahnsinns«, nur bezüglich der Neuheit widersprechend[163], im zweiten deutlicher wertend: »Kunst darf man sie nicht nennen«, und ein Happening der décadents beschreibend, auf dem sich »alle Apostel des Morgigen« drängten, »Dichter mit assyrischen Bärten, die steifen Locken wunderlich verschnörkelt, präraffaelitisch bleiche Maler, schmale, matte und wie Lilien fällige Comtessen, leicht verzückt und leicht ermüdet, nach den Paradiesen unbekannter Schönheit lüstern, und zwischen den scheuen und wie verschmachteten Farben ihrer weiten, welken Gewänder glänzt silenisch und wüst der Schädel des Verlaine«[164]. Bei solchen Gelegenheiten machte Stefan George dessen und Mallarmés Bekanntschaft.

Andere Faktoren als in Italien und England spezifizierten erneut die Begriffsinhalte. Zwar kann kaum »wohl in Europa noch eine Hochkultur gefunden werden, die dermaßen von *Todesästhetik* und *Todeserotik* durchdrungen wäre wie die Wiener«[165]. Der Vielvölkerstaat Österreich-Ungarn zeigte Auflösungserscheinungen. Aber die Todesbeziehung füllte hier mehr als einen erlebnisfundierten Dekadenzbegriff: Wo die literarischen Werke von Schnitzler, Hofmannsthal oder Altenberg wie auch die Malerei und Grafik von Klimt und anderen Zeitgenossen Identitätskrisen versinnbildlichen[166], breitete sie neue philosophische Auffassungen über die Scheinbarkeit und die Relativität der Welt aus, wie sie besonders von Ernst Mach entwickelt wurden. Die Vorstellung des »ganzen Daseins als einer großen Einheit« erschien nun als »Trunkenheit«, Worte für Zusammenhänge und Urteile zerfielen »im Munde wie modrige

---

161 OSCAR WILDE, Intentions (1891; London 1904), 49, 4, 31 f., 54.
162 HUGO VON HOFMANNSTHAL, Gabriele D'Annunzio (1893), in: Hofmannsthal, Gesammelte Werke, hg. v. B. Schoeller u. R. Hirsch, Bd. 8 (Frankfurt a. M. 1979), 176.
163 HERMANN BAHR, Die Décadence, in: Bahr, Studien zur Kritik der Moderne (Frankfurt a. M. 1894), 22.
164 BAHR, Décadence, in: Bahr, Renaissance. Neue Studien zur Kritik der Moderne (Berlin 1897), 2.
165 PETER HANÁK, Lebensgefühl oder Weltanschauung, in: P. Berner/E. Brix/W. Mantl (Hg.), Wien um 1900. Aufbruch in die Moderne (München 1986), 158.
166 Vgl. JACQUES LE RIDER, Modernité viennoise et crises de l'identité (1990; Paris ²1994).

Pilze«[167]. Aus der Dekadenz wurde die Idee aktiviert, »mit dem Herzen zu denken«[168]. Aber es ging zu auf eine neue Philosophie des prekären Lebens in Kunst, und in solcher Öffnung über den Kunstbereich hinaus verblaßte auch hier der Dekadenzbegriff. Dabei wirkte schon Nietzsche. Der vor allem brach den ästhetizistischen Ansatz auf in der Richtung einer Philosophie des tragisch gespaltenen Lebens. Die Begriffsgeschichte von Dekadenz im 19. Jh. kann bis zu Nietzsche als ästhetizistische Spezifizierung resümiert werden, die ›Dekadenz‹ über den Stilbegriff aus dem Pejorativen ins Problematische gerückt hatte. Nun kam es zu einer erneuerten Öffnung ins Historisch-Soziale. Um diese ganz zu umgreifen, ist eine weitere Diskussionslinie aus der Mitte des 19. Jh. aufzunehmen.

IV. Von der Psychopathologie zur ›entarteten‹ Kunst

»*Niedergang* (Dekadenz) in verschiedener hinsicht ist eine erscheinung die man unklugerweise zum einzigen ausfluss *unsrer* zeit machen wollte – die gewiss auch einmal in den rechten händen künstlerische behandlung zulässt sonst aber ins gebiet der heilkunde gehört. Jede niedergangs-erscheinung zeugt auch wieder von höherem leben.«[169] Der Merkspruch benennt 1894 prominent das Verblassen, von dem die Rede war, und zwei Stichworte,

167 HOFMANNSTHAL, Ein Brief (1902), in: Hofmannsthal, Sämtliche Werke, hg. v. R. Hirsch, Bd. 31 (Frankfurt a. M. 1991), 49 f.
168 Ebd., 52; vgl. ebd., 299.
169 STEFAN GEORGE, Einleitungen und Merksprüche der ›Blätter für die Kunst‹ (1894; Stuttgart 1964), 10.
170 Vgl. KARIN WESTERWELLE, Ästhetisches Interesse und nervöse Krankheit. Balzac, Baudelaire, Flaubert (Stuttgart/Weimar 1993).
171 GONCOURT (s. Anm. 109), Bd. 6 (Monaco 1957), 207.
172 Inschrift auf dem Robert-Koch-Denkmal, Berlin (1915/16).
173 URSULA LINK-HEER, ›Le mal a marché trop vite‹. Fortschritts- und Dekadenzbewußtsein im Spiegel des Nervositäts-Syndroms, in: W. Drost (Hg.), Fortschrittsglaube und Dekadenzbewußtsein in Europa des 19. Jahrhunderts (Heidelberg 1986), 51.

von denen jetzt die Rede sein muß, um die weitere Geschichte von ›Dekadenz‹ zu verstehen. Zuerst zur Heilkunde.

Einige zur Bestimmung des Stilbegriffs Dekadenz bereits zitierte Belege enthielten ein bisher nicht kommentiertes Vokabular: das medizinische. Nervosität war im 19. Jh. nicht nur ein wichtiger literarischer Gegenstand.[170] Sie wurde von Schriftstellern im Alltag beobachtet und – so von den Goncourts am 23. Mai 1864 gegen die Vorstellung des Positivisten Taine, man könne die Sensibilität verringern und solle die Aktivität erhöhen – als Hinweis auf die Probleme des Fortschritts gedeutet: »Depuis que l'humanité va, son progrès, ses acquisitions sont toutes de sensibilités. Elle se nervosifie, s'hystérise, chaque jour. [...] Savez-vous si la tristesse de ce siècle-ci ne vient pas du surmenage, de son mouvement, de son prodigieux effort, de son travail enragé, de ses forces cérébrales tendues à se rompre, de son excès de production dans tous le sens?«[171] An dieser Stelle ist die ästhetische Betrachtung zu verlassen.

Nervosität beschäftigte seit der Mitte des 19. Jh. eine neue Fachwissenschaft. Mit dem umfassenden Gestaltungs- und Orientierungsanspruch der positivistischen Naturwissenschaften stellten sich neben die »siegreichen Führer im Kampfe gegen Seuche und Tod«[172] à la Pasteur und Koch die Psychopathologen. Die Untersuchungen und Theorien über Degenerationserscheinungen beim Menschen schufen eine neue Basis, auf der den von Künstlern gerade aufgewertete Stilbegriff ›Dekadenz‹ mit frischen (nicht mehr dem Geschichtsdenken entstammenden) Argumenten nun gesellschaftlich stigmatisiert wurde – Stichwort: Genie und Wahnsinn. Die Folgen wuchsen zeitweise ins Existenzbedrohende. Bis in das Zurücktreten des Dekadenzbegriffs am Ende des 20. Jh. läßt sich das medizinische Abwertungsvokabular nachweisen.

Die französische Irrenanstaltspsychiatrie des frühen 19. Jh. hatte in ihrem Bemühen, »alle Formen von Exzentrizität [...] auf Maß und Mitte«[173] zu bringen, den Wahnsinn als Produkt der Gesellschaft verstanden und ihre Arbeit daher philanthropisch und sozialreformerisch begriffen. Das Aufkommen der Lehre von der kontinuierlichen Weitergabe der Erbanlagen durch die sexuelle Reproduktion setzte hier neue Akzente. »Toutes les

IV. Von der Psychopathologie zur ›entarteten‹ Kunst

maladies nerveuses des parents peuvent se reproduire sous une forme *semblable,* chez leurs descendants«, hieß es nun – zusammen mit einer klaren Kategorisierung: »La tendance de l'espèce est la tendance à l'ordre et à la permanence du type et de l'état d'institution de la vie: celle de la maladie est la tendance au trouble et à la destruction de l'ordre fonctionnel et de l'état vital.«[174] Bénédict Auguste Morel beschrieb und klassifizierte 1857 in einer klassisch werdenden Untersuchung Varietäten dessen, was er als »la dégénérescence de l'espèce humaine« in ständig wiederholter Definition »une déviation maladive d'un type primitif« nannte; wovon da abgewichen wurde, hieß »normal«[175]. Den christlichen Hintergrund bot Gottes Schöpfung, die – da sprachen Bonald und de Maistre – keineswegs in aufklärerischem Sinn zu vervollkommnen war. Aber die Methode war gut positivistisch und der Rahmen staatsbürgerlich: Gleich einleitend nannte Morel unter den Alarmzeichen des »abatardissement de la race« die Beobachtung, daß immer mehr Jugendliche die Voraussetzungen für den Militärdienst nicht erfüllten, und sein Werk floß aus in Propaganda für eine »moralisation des masses« – wobei die Warnung nicht vergessen wurde, daß es gefährlich wäre, bei ihnen »l'appétence des plaisirs matériels«[176] zu entwickeln.

Fast gleichzeitig weitete ein Kollege Morels dessen allgemeine dementielle Befunde mit der Frage nach dem Verhältnis von Neurosen und intellektueller Dynamik aus. Jacques Joseph Moreau führte 1859 Genie und Wahnsinn erstmals zusammen – und er tat das noch in positivem Bezug. Seine Schrift über orientalische Reiseerfahrungen mit Haschisch hatte bereits 1845/1846 Baudelaire und Gautier angeregt. Mit den zeitgenössischen Mitteln einer »nouvelle physiologie de la pensée«[177] (dies alles spielte sich vor Freuds Entdeckung der psychologischen Dimensionen der Nervenpathologie ab) stellte er nun fest: »Le génie, comme toute disposition quelconque du dynamisme intellectuel, a nécessairement son substrat matériel; ce substrat, c'est un état semi-morbide du cerveau, véritable éréthisme nerveux.« (465) Die zusammenfassende Bestimmung lautete: »La prééminence des facultés intellectuelles a pour condition organique un état maladif spécial du centre nerveux.« (481) Das Genie so als »névrose« (467) qualifizierend und »idiotie et génie« auf einen identischen Zustand der »systèmes lymphatique et nerveux« (478) zurückführend, meinte Moreau zugleich, wer normal sei, komme geistig gewöhnlich über »une honnête médiocrité« (468) nicht hinaus. Dagegen gelte: »Si l'homme par la réflexion dégénère physiquement, il se perfectionne moralement.« (473) Ausdrücklich wurden »rêverie«, »extase«, »idées fixes«, »convictions délirantes« und »traits indécis de la mélancolie, du spleen, de l'hypochondrie« als »manifestations les plus éclatantes de l'âme humaine« (504) gewürdigt. Gautier hätte seine Baudelaire-Eloge hier befestigen, Nietzsches Charakterisierung Wagners als einer Neurose hiernach als reines Lob gelesen werden können. Moreau stellte einem positiven dekadenten Selbstbewußtsein die schlagenden Argumente der Zeit, die naturwissenschaftlichen, bereit.

Sie blieben weithin ungenutzt. Der Entartungsbegriff wurde in der Formierungsphase der hochkapitalistischen Gesellschaft als negativer Wertbegriff in einem »nervenmedizinisch determinierten Interdiskurs«[178] zu Herrschaftsgebrauch neu aufgeladen. Die Verbindung von Genie und Neurose wurde anerkannt. Aber die »Erblichkeit krankhafter Seelenzustände«[179] galt als so gesichert wie gefährlich. Zuerst sozial. Nach der Pariser Commune entdeckte Morel bei den Kindern der Kommunarden eine »physionomie dépravée«, der »le triple cachet de leur dégénérescence intellectuelle, physi-

---

174 PROSPER LUCAS, Traité philosophique et physiologique de l'hérédité naturelle dans les états de santé et de maladie du système nerveux, Bd. 2 (Paris 1850), 675, 509.
175 BÉNÉDICT AUGUSTE MOREL, Traité des dégénérescences physiques, intellectuelles et morales de l'espèce humaine et des causes qui produisent ces variétés maladives (Paris/London/New York 1857), 5, 15.
176 Ebd., IX, 686, 689.
177 JACQUES JOSEPH MOREAU, La psychologie morbide dans ses rapports avec la philosophie de l'histoire ou De l'influence des névropathes sur le dynamisme intellectuel (Paris 1859), 26.
178 LINK-HEER (s. Anm. 173), 61.
179 THÉODULE RIBOT, Die Vererbung. Psychologische Untersuchung ihrer Gesetze, ethischen und sozialen Konsequenzen, hg. u. übers. v. H. Kurella (1871/1872; Leipzig 1895), 134.

que et morale« aufgeprägt sei; sein Kollege Brière de Boismont beschrieb »les figures bestiales et sauvages des ouvriers de l'émeute, du vol, du massacre et de l'incendie«[180]. Der Konsum von Alkohol verdreifachte sich in Frankreich im 19. Jh., der von Tabak stieg auf das Fünffache. Mitten im dekadenten Jahrzehnt beschloß das französische Parlament 1885 ein Gesetz, das – ausdrücklich wegen der medizinischen ›Erkenntnisse‹ zu Gewohnheitsverbrechern – die Entsorgung gefährlich erscheinender Menschen durch Deportation neu regelte.[181] Das Kunstdenken schloß wenig vermittelt an. Zola – in dessen Romanen es auch sonst von Neurosen wimmelt – notierte die Vorgabe in den Vorstudien zu seinem Maler-Roman L'Œuvre (1886) in klassischer Prägnanz: »Tableau de la fièvre d'art de l'époque, de ce qu'on nomme la décadence et qui n'est qu'un produit de l'activité folle des esprits.«[182] Hanno Buddenbrook war ein anderes Beispiel für das Umsetzen des medizinischen Dekadenzdiskurses in Literatur. Es darf zwar nicht vergessen werden: Huysmans hatte unmittelbar vor Zola des Esseintes gleich auf der zweiten Seite als erblich belastet, »anémique et nerveux«[183] eingeführt und gerade daraus dessen Bedeutung entwikkelt. Aber vorherrschend stand die ästhetische »suractivité intellectuelle«[184] erneut in dem Ruch, die Reiche zugrunde zu richten. Mehr noch: Sie wurde jetzt grell aufgeklärt. Der universale Erklärungs- und Reglementierungsanspruch des Positivismus begann jene praktischen Folgen zu zeitigen, die die Menschheit, statt in den beanspruchten »wahrhaft menschlichen Zustand«, in »eine neue Art von Barbarei«[185] führen sollten.

Mit dem zunehmend beachteten Darwin war all dies mehr als vereinbar: Nur der Starke setzt sich durch. In solcher Richtung wirkten die französischen Vorgaben im letzten Drittel des 19. Jh. in Nachbarländern weiter. Bei Krafft-Ebing kann man nachlesen, wie sie auf das Sexualleben gewendet wurden, in dem der »Culturmensch […] jederzeit Gefahr [läuft], von der lichten Höhe reiner und keuscher Liebe in den Sumpf gemeiner Wollust herabzusinken«[186]. Cesare Lombroso veröffentlichte 1876 eine, später mehrfach erweiterte, Untersuchung, in der er die umlaufenden Thesen zur Erblichkeit von Degenerationserscheinungen auf Kriminelle anzuwenden suchte. Das konnte Befunde wie »Unsittlichkeit des Onkels«[187] einschließen, geschah aber vor allem durch Schädelmessungen und führte nicht nur zu Kriterien wie »kolossale Henkelohren, vorspringende Jochbeine, sehr starke Unterkiefer mit Lemuranhang«[188], sondern auch zu Wohlwollen für einen mittelalterlichen Erlaß, dem zufolge, »im Falle des Zweifels zwischen zwei verdächtigen Individuen, der minder wohlgestalte der Tortur unterworfen werden sollte«[189]. Lombrosos deutscher Propagandist und Übersetzer Hans Kurella meinte daher, »daß die Bejahung der Schuldfrage nicht das wesentliche Entscheidende für die Feststellung der Strafe sein darf, sondern daß zu dem Resultate der Analyse des Verbrechens die genaueste Kenntniß des Verbrechers treten muß«[190]. So unheimlich dies klingt – es war sozialreformerisch gemeint und vertrug sich durchaus noch damit, den Antisemitismus unter die »widerwärtigsten Sekretionen des Menschen«[191] zu rechnen oder angesichts anarchistischer Anschläge anzuregen, »in Gestalt von ökonomischen Reformen« deren Gründen durch

---

180 Zit. nach DIDIER NOURRISSON, L'édification d'une morale médicale dans la France ›fin de siècle‹, in: P. Brockmeier/S. Michaud (Hg.), Sitten und Sittlichkeit im 19. Jahrhundert (Stuttgart 1993), 183.
181 Vgl. ROBERT A. NYE, Crime, Madness & Politics in Modern France (Princeton 1984), 49–97.
182 ÉMILE ZOLA, L'Œuvre (1886), in: Zola, Les Rougon-Macquart, hg. v. H. Mitterand, Bd. 5 (Paris 1970), 8.
183 HUYSMANS (s. Anm. 121), 2.
184 MOREAU (s. Anm. 177), 475.
185 MAX HORKHEIMER/THEODOR W. ADORNO, Dialektik der Aufklärung (1944; Leipzig 1989), 7.
186 RICHARD VON KRAFFT-EBING, Psychopathia sexualis (1886; Stuttgart ²1887), 5.
187 CESARE LOMBROSO, L'uomo delinquente in rapporto all'antropologia, alla giurisprudenza ed alle discipline carcerarie (Turin ³1884); dt.: Der Verbrecher (homo delinquens) in anthropologischer, ärztlicher und juristischer Beziehung, bearb. v. M. O. Fraenkel, übers. v. H. Kurella, Bd. 1 (Hamburg 1894), 130.
188 Ebd., Bd. 3 (Hamburg 1896), 13.
189 Ebd., Bd. 1, XXII.
190 HANS KURELLA, Cesare Lombroso und die Naturgeschichte des Verbrechers (Hamburg 1892), 4.
191 LOMBROSO, Der Antisemitismus und die Juden im Lichte der modernen Wissenschaft, dt. übers. v. H. Kurella (Leipzig 1894), V.

»praktischen [...] Sozialismus«[192] beizukommen. Schon 1864 hatte Lombroso erstmals *Genio e follia* behandelt. Noch in späteren Fassungen der Arbeit verstieg er sich zwar beiläufig zu einer Kunstkritik, die »die übertriebene Detailmalerei, den Missbrauch mit Symbolen, Inschriften oder sonstigem Beiwerk, die Bevorzugung gewisser Farben, das maasslose Suchen nach neuem« als »Merkmal für mattoide Art« rügte, blieb im Grunde aber auf der nur konstatierenden Moreauschen Position, daß »die Geistesriesen mit Entartung und Geisteskrankheit für ihre übermäßige Geisteskraft zu büssen«[193] haben: »Epilepsie, Depressionszustände, Größenwahn und Grübelsucht, Unentschlossenheit, Halluzinationen, Paramnesien, Disharmonie des Gemüts, Charakterwidersprüche, sittliche Entartung, Lieblosigkeit und Vaterlandslosigkeit, sexuelle Perversität«[194]. Auf Lombroso können sich die späteren Kämpfer gegen ›entartete‹ Kunst nicht uneingeschränkt berufen.

Auf diesem Diskussionsstand setzte an, was den Dekadenzdiskurs im 20. Jh. wie nichts sonst bestimmen sollte: Nietzsches Auffassungen zum »aufsteigenden« und zum »niedergehenden«[195] Leben. Sie wurden darin zunehmend wirksam, daß sie zwar die Aufwertung von Dekadenz durch weltabgelöste Ästhetisierung nicht fortschrieben, sich damit aber keineswegs der Intellektuellendomestizierung verschrieben, sondern Künstlern und anderen Genies einen neuen Weg wiesen: statt der Steigerung der Kunst in die Imagination die »Erhöhung des Typus ›Mensch‹«[196] in der Steigerung des Lebens zur Kunst. Dem Gewöhnlichen war das Ich damit so überhoben wie in den Synästhesien der Dekadenz. Auf das Ganzheitliche aber war es entschieden zurückverwiesen – einschließlich erneuerter moralischer Imperative. »Abgerechnet nämlich, daß ich ein décadent bin, bin ich auch dessen Gegensatz.«[197] Diese Spannung prägte Nietzsches Bemühen in seiner letzten ›normalen‹ Lebenszeit. Daß er dann verkörperte, was die Zeit über Genie und Wahnsinn zu wissen glaubte, mag seine Wirksamkeit befördert haben.

Nietzsche knüpfte nicht an Gautier und Baudelaire[198] an, als er in den 1880er Jahren den auch von ihm früher gelegentlich gebrauchten Begriff des Niedergehens von Hochkulturen neu bedachte; auch die lärmenden Literaten im Paris jener Jahre kümmerten ihn nicht. Seine Gewährsmänner waren Bourget und die französischen Psychopathologen – also Leute, denen es um Ordnung statt Chaos ging. Die Bourget-Rezeption[199] setzte unmittelbar nach dem Erscheinen der *Essais* in Buchform 1883 ein und richtete die These vom Dekadenzstil als Auflösung der Einheit des Kunstwerks vorerst auf Wagners Idee von Musik, wie Nietzsche sie sah: »*Stil des Verfalls* bei Wagner: die einzelne *Wendung* wird *souverän*, die Unterordnung und Einordnung wird zufällig. Bourget.«[200] Ein Brief an Carl Fuchs, jetzt auf Mitte April 1886 datiert, blieb, etwas wortreicher, in der gleichen Perspektive. Möglicherweise war Nietzsche empfänglich für den Gedanken schon durch Jacob Burckhardt, dessen Buch über *Die Zeit Constantins des Großen* (1853, 2. Aufl. 1880) den Zerfall des Ganzheitlichen in der oströmischen Kunst kritisch vermerkt hatte. Einig war er mit Bourget somit im Vorbehalt gegen Gesamtkunstwerk-Ideen: »Dies Jahrhundert, wo die Künste begreifen, daß die Eine auch Wirkungen der anderen hervorbringen kann: *ruinirt vielleicht die Künste!*«[201] Zu dieser Kunstreflexion aber gehörte dauerhaft eine Nähe zu dem, was die Zeit ›Dekadenz‹ nannte: das Be-

---

192 LOMBROSO, Die Anarchisten, hg. u. übers. v. H. Kurella (Hamburg 1895), 133, 135.
193 LOMBROSO, Der geniale Mensch, übers. v. M. O. Fraenkel (Hamburg 1890), 435, VIII.
194 LOMBROSO, Entartung und Genie, hg. u. übers. v. H. Kurella (Leipzig 1894), Inhaltsverzeichnis.
195 FRIEDRICH NIETZSCHE, Der Fall Wagner. Ein Musikanten-Problem (1888), in: NIETZSCHE (KGA), Abt. 6, Bd. 3 (1969), 44.
196 NIETZSCHE, Jenseits von Gut und Böse (1886), in: NIETZSCHE (KGA), Abt. 6, Bd. 2 (1968), 215.
197 NIETZSCHE, Ecce homo (1888), in: NIETZSCHE (KGA), Abt. 6, Bd. 3 (1969), 264.
198 Vgl. KARL PESTALOZZI, Nietzsches Baudelaire-Rezeption, in: Nietzsche-Studien, hg. v. W. Müller-Lauter u. J. Salaquarda, Bd. 7 (Berlin/New York 1978), 158–188.
199 Vgl. JOËLLE STOUPY, ›Maître de l'heure‹. Die Rezeption Paul Bourgets in der deutschsprachigen Literatur um 1890 (Bern u. a. 1996).
200 NIETZSCHE, Nachgelassene Fragmente (1888), in: NIETZSCHE (KGA), Abt. 7, Bd. 1 (1977), 688.
201 NIETZSCHE, Nachgelassene Fragmente (1884), in: NIETZSCHE (KGA), Abt. 7, Bd. 2 (1974), 44; vgl. BOURGET, Nouveaux essais de psychologie contemporaine (Paris 1885), 189–191.

stehen auf verfeinerter Sinnlichkeit als wesentlich, ja »unentbehrlich für menschliche Steigerungsmöglichkeiten«[202]. Schon früh hatte Nietzsche David Strauss gegen dessen Bestehen auf »Gesundheit« darauf verwiesen, »dass sich ›der Geist‹ mit besonderer Sympathie auf die ›Ungesunden und Unerspriesslichen‹ niederzulassen pflegt«[203]. Später hieß es: »Die abartenden Naturen sind überall da von höchster Bedeutung, wo ein Fortschritt erfolgen soll.«[204] »Damit es Kunst giebt, damit es irgend ein ästhetisches Thun und Schauen giebt, dazu ist eine physiologische Vorbedingung unumgänglich: der Rausch.« »Die Kunst ist das grosse Stimulans zum Leben.«[205]

1888 liest Nietzsche, der Morel, Lombroso und Ribot zur Kenntnis genommen hatte, intensiv ein gerade erschienenes Buch des Pariser Psychopathologen Charles Féré über *Dégénérescence et criminalité*[206] und notiert in einem langen Fragment, daß »die zunehmende Civilisation [...] nothwendig auch die Zunahme der morbiden Elemente, des *Neurotisch-Psychiatrischen* und des *Criminalistischen* mit sich bringt«[207]. Férés Gedanke reaktiviert

ältere Bezüge zur psychologisch-physiologischen Ästhetik des 18. Jh.[208] Wesentlicher im hiesigen Zusammenhang aber: Von ihm nimmt Nietzsches neu problematisierende Öffnung des Dekadenzbegriffs über den Kunstbereich hinaus ihren Ausgang. In den letzten Monaten vor »dem Aufhören seiner Arbeit«[209] wird der Widerspruch zwischen Morbidität und Leben für Nietzsche existenzbestimmend und mittels ›Dekadenz‹ formuliert. In kaum zählbaren Fragmenten, im *Fall Wagner*, in der *Götzen-Dämmerung*, in *Ecce homo* kommt die Abwehr dessen entschieden zur Sprache, was ihm bisher Nihilismus hieß. Nietzsche formuliert Absagen an eine dégénérescence, die er immer wieder auch décadence nennt und die ihm als »ein kosmopolitisches Affekt- und Intelligenzen-Chaos«[210], als »Niedergang der organisirenden Kraft«[211] zunehmend bedrohlich erscheint. »*Wagner est une névrose.*«[212] Nietzsche will keine sein.

Was Croce oder Lukács später entschieden postulieren sollen, wird von Nietzsche in den letzten Texten über Dekadenz als unendlich schwierig beschrieben – und doch ebenfalls erstrebt: Universalität. Als die »erste Vorschulung zu Geistigkeit« benennt er eine ganz undekadente Vernunftleistung: »auf einen Reiz *nicht* sofort reagiren, sondern die hemmenden, die abschliessenden Instinkte in die Hand bekommen«[213]. Nochmals wird Bourget genutzt: »Womit kennzeichnet sich jede *litterarische* décadence? Damit, dass das Leben nicht mehr im Ganzen wohnt. Das Wort wird souverain und springt aus dem Satz hinaus, der Satz greift über und verdunkelt den Sinn der Seite, die Seite gewinnt Leben auf Unkosten des Ganzen – das Ganze ist kein Ganzes mehr.« Aber der Gedanke gilt jetzt aus dem Kreis der Kunst entschieden ins *grundsätzlich* Problematische: »Jedes Mal Anarchie der Atome, Disgregation des Willens, ›Freiheit des Individuums‹, moralisch geredet, – zu einer politischen Theorie erweitert ›gleiche Rechte für Alle‹. Das Leben, die *gleiche* Lebendigkeit, die Vibration und Exuberanz des Lebens in die kleinsten Gebilde zurückgedrängt, der Rest *arm* an Leben. [...] Das Ganze lebt überhaupt nicht mehr: es ist zusammengesetzt, gerechnet, künstlich, ein Artefakt.«[214] Die Absage an die bürgerliche Gesellschaft und den demokratischen Staat ist unverkennbar. Dazu umfassender Lebensdrang. Deka-

---

202 WOLFGANG MÜLLER-LAUTER, Artistische décadence als physiologische décadence. Zu Friedrich Nietzsches später Kritik am späten Richard Wagner, in: Communicatio fidei. Festschrift Eugen Biser (Regensburg 1983), 288.
203 NIETZSCHE, Unzeitgemässe Betrachtungen 1 (1873), in: NIETZSCHE (KGA), Abt. 3, Bd. 1 (1972), 167.
204 NIETZSCHE, Menschliches, Allzumenschliches (1878), in: NIETZSCHE (KGA), Abt. 4, Bd. 2 (1967), 192.
205 NIETZSCHE, Götzen-Dämmerung (1888), in: NIETZSCHE (KGA), Abt. 6, Bd. 3 (1969), 110, 121.
206 Vgl. HANS ERICH LAMPL, Vivre et mourir – debout. Texte zu Friedrich Nietzsche (Cuxhaven 1993).
207 NIETZSCHE, Nachgelassene Fragmente (1888), in: NIETZSCHE (KGA), Abt. 8, Bd. 3 (1972), 158.
208 Vgl. ZELLE, Die doppelte Ästhetik der Moderne. Revisionen des Schönen von Boileau bis Nietzsche (Stuttgart/Weimar 1995), 304–360, bes. 348.
209 H. MANN (s. Anm. 108), 9.
210 NIETZSCHE, Nachgelassene Fragmente 1887–1889 (Fragment 11[31]), in: NIETZSCHE (KGA), Abt. 8, Bd. 2 (1970), 17.
211 NIETZSCHE, Der Fall Wagner (s. Anm. 195), 41.
212 Ebd., 16.
213 NIETZSCHE, Götzen-Dämmerung (s. Anm. 205), 102.
214 NIETZSCHE, Der Fall Wagner (s. Anm. 195), 21.

denz steht – als Absage an das Ganze – in *diesen* Zusammenhängen im Abseits. Der Gautiersche Vorschlag, Künstlichkeit ganz positiv als Zeichen extremer kultureller Fülle zu begreifen, wird von Nietzsche verworfen. Der Rausch ist darob jedoch nicht generell stigmatisiert.

Nietzsches Bemühung um das Ganze – er nannte sie am Schluß »die Herren-Moral (›römisch‹, ›heidnisch‹, ›klassisch‹, ›Renaissance‹) [...] als die Zeichensprache der Wohlgerathenheit, des *aufsteigenden* Lebens, des Willens zur Macht als Princips des Lebens«[215] – traf mit gleichgerichtetem »Einheitsstreben«[216] anderer zusammen, beförderte es und erlangte auf seinem Boden ihren Rang als weitestgetriebene der Epochendiagnosen oder -reaktionen. Taines von den Goncourts verworfener Vorschlag, aktiver zu werden, wenn die Nerven zu versagen drohten, fand nun spätes Gehör; Georges zweites Stichwort kam zu seinem Recht: höheres Leben. Die Münchner Moderne oder Emile Verhaeren, die Rezeption Walt Whitmans in Europa oder die Suche Gauguins nach der Schönheit der primitiven Instinkte auf Tahiti, Charles Péguy oder Romain Rolland, das Tango-Fieber oder der Unanimismus, der besondere Vitalismus des Marcel Proust können für solcherart ästhetische Aktivität beispielhaft genannt werden.[217] Auch Hedwig Courths-Mahler gehört hierher. »Ein Roman soll doch erquicken und stark und frisch machen, aber nicht krank und nervös!« Der *Tod in Venedig* (1912) verrate »sicher ein kolossales Können [...]; nur stößt mich auch hier das Schlaffe und Krankhafte ab«. Auch bei »den ›Buddenbrooks‹ – Verfall, und immer wieder Verfall!«[218]

Die Zeitmetaphern, die man wählte, verkehrten sich: ›Jugendstil‹, ›art nouveau‹, ›modern style‹. Wagner fand (trotz Nietzsche) hohe Aufmerksamkeit mit seiner »Aufrüttelung aus unserer optimistischen Vertrauensseligkeit«[219] und dem anmaßenden Leben für »Spontaneität«, »Genie«, »intuitives Erkennen« und »metaphysische Allotrien«, gegen die »Deduktionen«[220] von Naturwissenschaften und historischer Schule. Haeckels Monismus oder Simmels Lebensphilosophie stehen für das neue Ganzheitsmühen im Philosophischen ebenso wie Bergsons ›élan vital‹: Der Franzose machte im Jahr des Verstummens Nietzsches im *Essai sur les données*

immédiates de la conscience mit naturwissenschaftlich begründeten Auffassungen gerade nicht über das Zergliedern, sondern über die Sukzession von Bewußtseinsvorgängen erstmals auf sich aufmerksam. Elitäres Bewußtsein war diesen Positionen zumeist eingeschrieben. Als Ortega y Gasset – auch ein Schüler der deutschen Jahrhundertwende-Philosophie – den Dekadenzbegriff in Spanien (mit deutlichen Anklängen an Spengler) im Rahmen eines Historikerstreits über den ›Sonderweg‹ spanischer Geschichte seit dem Mittelalter zu einem kulturgeschichtlichen Grundbegriff ausweitete, nannte er den Niedergang nicht nur einen der »vitalidad de nuestro pueblo« (Vitalität unseres Volkes): das entscheidende Problem schien ihm »la ausencia de una minoría selecta«[221] (das Fehlen einer erlesenen Minderheit) zu sein. Schließlich: In den Bekundungen nachdekadenten Lebenswillens galt fast generell (Rolland ist die große Ausnahme) der 1. Weltkrieg »als Notwendigkeit im Dienst des Lebens«[222] – vorgreifend wertete Thomas Mann schon Gustav von Aschenbachs »Entartung« ausdrücklich in diesem Sinn auf: »Auch er hatte gedient, auch er sich in harter Zucht geübt; auch er war Soldat und Kriegsmann gewesen, gleich manchem von ihnen; – denn die Kunst war ein Krieg, ein aufreibender Kampf.«[223] Als »eine Fixierung

215 Ebd., 45.
216 RICHARD HAMANN/JOST HERMAND, Stilkunst um 1900 (Berlin 1967), 10.
217 Vgl. PIERRE CITTI, Contre la décadence. Histoire de l'imagination française dans le roman 1890–1914 (Paris 1987).
218 HEDWIG COURTHS-MAHLER, Über Thomas Mann, in: Die Literarische Welt (16. 10. 1925), 1.
219 RICHARD WAGNER, Zur Einführung der Arbeit des Grafen Gobineau ›Ein Urtheil über die jetzige Weltlage‹ (1881), in: Wagner, Gesammelte Schriften und Dichtungen, Bd. 10 (Leipzig 1888), 35.
220 WAGNER, Publikum und Popularität (1878), in: ebd., 84.
221 ORTEGA Y GASSET, España invertebrada (1921), in: Ortega, Obras completas, Bd. 3 (Madrid 1957), 118f.
222 ANGELA SENDLINGER, Lebenspathos und Décadence um 1900 (Frankfurt a. M. u. a. 1994), 264.
223 THOMAS MANN, Der Tod in Venedig (1912). Text, Materialien, Kommentar hg. v. T. J. Reed (München/Wien 1983), 63.

problematischer Art«[224] allerdings, uneindeutig und schwierig, war die Situation des Menschen überall in der reflektierenden Nietzsche-Nachfolge gesehen, ja durchlebt. So wurde Dekadenz zwar negiert, aber nicht herabgesetzt. Wo borniert-aggressive Allwissenheitsanmaßung den Ruf zur Tat aufnahm, sah das anders aus. Da wurde der andere zum décadent, man selbst war nichts als dessen strotzender Gegensatz – und rief sehr bald offen zur Unterdrückung, ja zur Vernichtung von Menschen auf. Es gab Beispiele dafür in Frankreich. Berühmte wie Charles Maurras, der der Action française seit 1895 die antiromantischen Stichworte gab. Berüchtigte wie Edouard Drumont, dessen Schriften gegen ›le Juif‹ von Synonymen für Dekadenz wimmelten: déliquescence, dégénération, dissolution, putréfaction, décomposition, corruption, liquidation, désagrégation, dégradation, destruction, démolition, démoralisation, perversion, anéantissement, avachissement, ramollissement, affaiblissement, avilissement.[225] Versteckte wie Henri Thulié, früher Propagandist des Realismus und dann Sozialmediziner in Paris: »La castration doit être pratiquée légalement sur les criminels comme sur les dégénérés pour empêcher la déchéance de l'humanité.«[226] Thulié konnte sich auf die Gesetzgebung einiger Staaten der USA berufen. Darzustellen aber ist, wohin das führte, an Deutschland. Im deutschen Sprachraum vor allem verband sich seit den 1880er Jahren »die Kritik an der ›décadence‹ mit einem aggressiven Nationalismus und der Bereitschaft für autoritäre Lösungen«[227]. Noch vor der Jahrhundertwende war zu vernehmen:»Die Décadence (es ist ungemein charakteristisch für den Deutschen, daß er hier eine Anleihe beim französischen Wortschatz machen muß).« »Das Hirn des Deutschen ist denn doch viel zu schwerfällig, um derlei pikante Nippes zum Gebrauch der vom fin-de-siècle angekränkelten Menschenkinder auszutüfteln.« Und: »Die meisten Dekadenten sind Semiten.«[228]

Bei Max Nordau hat diese Ablehnung zeitgenössischer und aller Künstlichkeit ihren ersten klassischen Ort. In seinem kurzzeitigen Bestseller *Entartung* (1892/1893, frz. 1894, engl. 1895) läßt sich nachlesen, wohin es führen kann, wenn dem »Fortschrittsdrange der Kulturvölker« und der »Aufklärung«[229] alle »gesellschaftsfeindlichen«[230] Vorstellungen ausgetrieben werden sollen: Die »Irrenärzte« werden »vor die Front« gerufen, um »gegen die kothlöffelnde Schweinebande der berufsmäßigen Pornographen Partei zu nehmen«[231]. Ebenso wie Selbstmorde,»früheres Morschwerden und Ausfallen der Zähne«,»Haarschwund«[232] bei Nietzsches »Sammlung verrückter Behauptungen und windiger Redensarten« galten »die neuen ästhetischen Schulen« als Ausweis der »Ermüdung des gegenwärtig lebenden Geschlechts«. Nordaus schaudererregende Beschimpfungen ziemlich aller zeitgenössischen Künstler fanden ihr Zentrum in einem Affekte stigmatisierenden, antiästhetischen Rationalismus (man vergleiche den entschieden reflektierteren Nietzsches): »Das Denken eines gesunden Gehirns [...] hat einen von den Gesetzen der Logik und der Überwachung der Aufmerksamkeit geregelten Verlauf.« Es sei daher »ein Beweis krankhafter und geschwächter Hirnthätigkeit, wenn das Bewußtsein auf die Vortheile der differenzirten Wahrnehmungen der Erscheinung verzichtet und die Meldungen der einzelnen Sinne nachlässig verwechselt. Es ist ein Rückschritt in der organischen Entwicklung bis zu deren Anfängen.«[233]

Nordau hatte sich selbst aus dem armen Judentum herausgearbeitet und – wie Freud – bei dem

---

224 T. MANN, Betrachtungen eines Unpolitischen (1918), in: Mann, Aufsätze, Reden, Essays, Bd. 2 (Berlin/Weimar 1983), 174.
225 Vgl. PIERRE BIRNBAUM, La fin de la France. Le juif pervertisseur dans le paradigme Drumont, in: Z. Sternhell (Hg.), L'éternel retour. Contre la démocratie l'idéologie de la décadence (Paris 1994), 198.
226 HENRI THULIÉ, La lutte contre la dégénérescence et la criminalité (Paris 1912), 10.
227 GEORG BOLLENBECK, Bildung und Kultur. Glanz und Elend eines deutschen Deutungsmusters (Frankfurt a. M./Leipzig 1994), 284; vgl. HERMANN BRAUN, ›Materialismus‹, in: KOSELLECK, Bd. 3 (1982), 1013 f.
228 OTTOKAR STAUF VON DER MARCH, Die Neurotischen (1894), in: Stauf, Literarische Studien und Schattenrisse (Dresden 1903), 13, 17, 19.
229 MAX NORDAU, Die conventionellen Lügen der Kulturmenschheit (1883; Leipzig ¹⁵1893), 345 f.
230 NORDAU, Zeitgenössische Franzosen (Berlin 1901), 117.
231 NORDAU, Entartung, Bd. 2 (Berlin 1893), 504, 501.
232 Ebd., Bd. 1 (Berlin 1892), 67.
233 Ebd., Bd. 2, 296, 187, 221.

berühmten Irrenarzt Charcot hospitiert, praktizierte als Frauenarzt in Paris und schickte von dort jahrzehntelang politische Korrespondenzen an liberale deutschsprachige Blätter, er war Dreyfusard von Anfang an, Zionist noch vor der Jahrhundertwende und hoffte optimistisch, daß das Ende des 20. Jh. ein Geschlecht sehen werde, »dem es nicht schaden wird, täglich ein Dutzend Geviertmeter Zeitungen zu lesen, beständig an den Fernsprecher gerufen zu werden, an alle fünf Weltheile zugleich zu denken, halb im Bahnwagen oder Flugnachen zu wohnen und einem Kreise von zehntausend Bekannten, Genossen und Freunden gerecht zu werden.«[234] Bis heute gilt Nordau damit bisweilen als respektabel.[235] Lombroso, dem *Entartung* gewidmet war, vermochte ihm allerdings bereits zu entgegnen, er habe bei seiner Gleichsetzung von Schriftstellern und Künstlern mit Verbrechern, Prostituierten, Anarchisten und Wahnsinnigen »nicht empfunden, daß seine tarquinische Ausmerzung gerade die höchsten Spitzen trifft, von Wagner bis zu Ibsen und Tolstoi«[236]. Und daß von diesem »représentant du courant majoritaire de la bourgeoisie libérale [...], l'incarnation de la ›conscience morale‹ bourgeoise«[237] in der Hochzeit des Kapitalismus das Vokabular geliefert wurde, in das dann die Todfeinde der modernen Kunst im 20. Jh. ihre Ideen faßten, ist nicht zu vergessen. Auch wenn seine Nachfahren im Geiste den Aufklärer und Juden nicht mehr nannten, vielleicht nicht einmal mehr kannten – er hatte Anteil an deren Barbarei.

Dem »vulgarisateur«[238] Nordau folgten Ärzte, die nicht mehr als Problem sahen, sondern als »natürliches Gesetz« verkündeten: »Ist das Volksleben durchsetzt und durchseucht von kranken, moralisch oder physisch entarteten Elementen, so ist seine Widerstandskraft gegen äußere Feinde eine geringe.«[239] Ein »entarteter Mensch« galt zunehmend als »unzweckmäßig veranlagt«[240]. Krupp finanzierte und Haeckel (nebst anderen) formulierte 1903 eine Preisfrage nach den Lehren der »Deszendenztheorie« für die »innerpolitische Entwicklung und Gesetzgebung der Staaten«[241] und förderte so die Ausarbeitung einer »Nationalbiologie« (133), die in der »exzessiven intellektuellen Entwicklung des Menschengeschlechts« zuerst »Entartungsgefahr« (135) sah, da sie »die nötige Unterordnung des individuellen Interesses unter das generative« (137) zerstöre, und die mit praktischen Vorschlägen bei der Hand war: »amtliche Einführung obligatorischer Personalbögen [...], mittels deren für jede Person von ihrer Geburt an gewisse, zur Beurteilung ihrer Erbanlagen dienliche Beobachtungen durch zuständige Ärzte festgestellt werden sollten« (388 f.), »rassehygienische Eheverbote« (392), »rassehygienische Sterilisierung« (419), »Zwangsasylierung« (425). Alte Vorstellungen von Rassenentartung wurden zu Handlungsanweisungen aufgeladen[242], Teile der Psychiatrie »vorfaschistisch«[243]. »Strenge Erziehungsarbeit echter Führer«[244] nahm zu; »der völkische, erdverwurzelte Lebensstil, ein neuer deutscher Menschentyp, ›geradwinklig an Leib und Seele‹«[245], wurde entworfen.

Hatte Gobineau 1853/1855 in seiner – von Wagner hoch geschätzten – Apologie der »race blanche« das »génie artistique« vom Verbot der Rassenmischung noch ausgenommen und mit beachtlichem spekulativem Talent dem »hymen des blancs avec les nègres« ästhetische »raffinements de mœurs, d'idées, de croyances, surtout des adoucissements de passions et de penchants«[246] zugeordnet, so überantwortete Chamberlain an der Jahrhundertwende allein dem »Germanen« noch die Last wertvoller Kunst, ließ »Phantasterei, Allegorien, Ideenkryptographie« aber nicht mehr zu

---

234 Ebd., 477.
235 Vgl. DELPHINE BECHTEL/DOMINIQUE BOUREL/LE RIDER (Hg.), Max Nordau 1849–1923 (Paris 1996).
236 LOMBROSO (s. Anm. 194), 30.
237 CHRISTOPH SCHULTE, Dégénérescence et sionisme, in: Bechtel/Bourel/Le Rider (s. Anm. 235), 344.
238 MALLARMÉ, La musique et les lettres (1894), in: Mallarmé (s. Anm. 112), 651.
239 FRANZ KRAUSS, Der Völkertod. Eine Theorie der Dekadenz (Leipzig/Wien 1903), 1.
240 OSWALD BUMKE, Kultur und Entartung (1911; Berlin ²1922), 5.
241 WILHELM SCHALLMAYER, Vererbung und Auslese. Grundriß der Gesellschaftsbiologie und der Lehre vom Rassedienst (Jena ⁴1920), III.
242 Vgl. DEMANDT (s. Anm. 30), 368–393.
243 WOLFGANG FRITZ HAUG, Die Faschisierung des bürgerlichen Subjekts (Berlin 1986), 7.
244 EDGAR J. JUNG, Die Herrschaft der Minderwertigen (Berlin 1927), 341.
245 ALFRED ROSENBERG, Der Mythus des 20. Jahrhunderts (1930; München 1933), 531.
246 ARTHUR DE GOBINEAU, Essai sur l'inégalité des races humaines, Bd. 1 (Paris/Hannover 1853), 359, 356 f.

und legte fest: »Echte germanische Kunst ist naturalistisch.«[247] War Adolf Bartels' gleichzeitige Rubrizierung der Gegenwartsliteratur nach Früh-, Hoch- und Spätdécadence als verschiedener Grade, »das Gleißende und Lockende der Sünde« zu sehen[248], in ihrem denunziatorischen Gestus noch die Ausnahme, so stieg der durch Rassismus und Nationalismus aufgeladene medizinische Dekadenzdiskurs 1933 zum Herrschaftsinstrument ab: Bei der Bücherverbrennung in Berlin wurden die Schriften von Heinrich Mann, Ernst Glaeser und Erich Kästner, an zweiter Stelle bereits, ins Feuer geworfen mit dem Ruf: »Gegen Dekadenz und moralischen Verfall! Für Zucht und Sitte in Familie und Staat!«[249] Geistesgeschichtlich ging es krude zu, wenn Rosenberg – Nietzsche verkehrend – gerade in Wagner die Offenbarung des »Wesentlichen aller Kunst des Abendlandes« sah: »daß die nordische Seele [...] kosmisch-seelische Gesetze willenhaft erlebt und geistig-architektonisch gestaltet«. Was aber wiegt eine solche Anmerkung gegen die praktischen Folgen, die es hatte, »Idiotenkunst« neben »Syphilis« und »Elephantiasis-Kranken« als Ausgeburt von »Mestizentum«[250] zu verteufeln?

Im Katalog und in den Räumen der Ausstellung *Entartete Kunst*, die in München, Berlin, Düsseldorf und Frankfurt am Main 1937/1938 mehrere Millionen Menschen sahen (1938 folgte in Düsseldorf eine Ausstellung *Entartete Musik*), waren Bilder expressionistischer Maler und Fotografien von Patienten der Heidelberger Psychiatrischen Klinik nebeneinandergehängt. Der Präsident der Reichskammer der bildenden Künste Adolf Ziegler nannte die von ihm maßgeblich ausgewählten Werke »Ausgeburten des Wahnsinns, der Frechheit, des Nichtkönnens und der Entartung«[251]. »Versyphilitisierung des Volkskörpers«, »geistige Entartung« und »Bolschewismus der Kunst« kausal verknüpfend, suchte die »Staatsleitung« nun brutal zu verhindern, »daß ein Volk dem geistigen Wahnsinn in die Arme getrieben wird«: Für die »irrsinnigen oder verkommenen« Künstler der Moderne sollte »das Recht zum Leben in dieser Welt des Kampfes«[252] enden.

Die Vorstellungen der Psychopathologen des 19. Jh. über das Schaffen einer gesunden bürgerlichen Gesellschaft bleiben in den Taten der Nazis erkennbar; wie sie auch Nietzsche nutzten, ist bekannt. Daß Ästhetik und Dekadenz begriffsgeschichtlich verbunden waren, schlug beiden zusammen zum Verderben aus. »Der Begriff des Ästhetischen ist für uns mit der Vorstellung von etwas Angekränkeltem, Unmännlichem, Verweichlichtem verbunden. Man empfindet weithin das Wort ästhetisch als den denkbar schärfsten Gegensatz etwa zu kämpferisch, männlich, hart.«[253] Es blieben Schrumpfformen – oder Abstand und Widerstand.

V. Revolutionäre Arbeiterbewegung, staatlicher Sozialismus und ›dekadente‹ Künstler

Der Grundwiderspruch im Verhältnis von Arbeiterbewegung und staatlichem Sozialismus zur Dekadenz ist früh erkannt worden. Im Rahmen einer Beschreibung der *Psychologie des Dekadenten* widersprach der anarchische Schweizer Mediziner Fritz Brupbacher 1904 nicht nur nach außen jener »Vulgärpsychiatrie«, die »Genie als Irrsinn«[254] bewertete – er überlegte auch aus eigener Betroffenheit: »Wenn überhaupt der Dekadente ein Verhältnis zu einer der heutigen Parteien haben kann, so ist es zur sozialdemokratischen. Sein introjektionisti-

---

247 HOUSTON STEWART CHAMBERLAIN, Die Grundlagen des 19. Jahrhunderts (München 1899), 9, 998, 990.
248 ADOLF BARTELS, Die Deutsche Dichtung der Gegenwart. Die Alten und die Jungen (1897; Leipzig 1899), 121.
249 Zit. nach JOSEPH WULF (Hg.), Literatur und Dichtung im Dritten Reich. Eine Dokumentation (Gütersloh 1963), 45.
250 ROSENBERG (s. Anm. 245), 433, 299.
251 ADOLF ZIEGLER, Rede zur Eröffnung der Ausstellung ›Entartete Kunst‹ (1937), in: Wulf (Hg.), Die Bildenden Künste im Dritten Reich. Eine Dokumentation (Gütersloh 1963), 325, 323.
252 ADOLF HITLER, Mein Kampf (1925; München 1933), 272, 283, 282.
253 HANS ARNOLD, Voraussetzungen einer nationalsozialistischen Kunstkritik, in: Nationalsozialistische Monatshefte (1936), H. 78, 836.
254 FRITZ BRUPBACHER, Die Psychologie des Dekadenten (Zürich 1904), 38.

sches Wesen bestimmt, daß er Leiden und Wert der Nebenmenschen im höchsten Grade empfindet, daß sein Fühlen hochgradig sozial und demokratisch im ideologischen Sinne sei. Durch seinen moralischen Nihilismus ist er revolutionär, durch sein Kontrastempfindungsvermögen gesellschaftskritisch veranlagt.« (68) Andererseits: »Als aber die konsequente Willenskraft im Dienste der Taktik und Tagespolitik, Unterordnung und einsichtige Klugheit, Detailkenntnisse und Freude an den minutiösesten Verwaltungs- und Organisationsfragen die Haupterfordernisse der sozialdemokratischen Seele wurden, schwand rapid die Bedeutung und Nützlichkeit des Dekadenten.« (70) Denn der sei »undiszipliniert und maßlos, ultrasozial und ultrademokratisch« (71). Brupbacher flog noch vor dem 1. Weltkrieg aus der sozialdemokratischen, keine zwanzig Jahre später dann aus der kommunistischen Partei. Er hatte gemeint, eine »Menschheit voll lauter Dekadenten müßte zugrunde gehen«, eine voll lauter »Kontinuitätsmenschen« aber »zum Petrefakt« werden – seine Hoffnung auf einen dritten »Prometheustypus« (84) erfüllte sich nie. Jene soziale Bewegung, die sich seit dem Ende des 19. Jh. als wichtigste Fortschrittskraft verstand, hat unter den Möglichkeiten eines Verhältnisses zu Gedanken und Personen der Dekadenz die der Selbstversteinerung gewählt. In ihrer Geschichtsauffassung hat sie die Dekadenz ihres Gegners dogmatisiert und mit einem vulgären Widerspiegelungsbegriff auf alle gesellschaftlichen Bereiche übertragen. Kulturkritische und -revolutionäre Impulse hat sie als irrational verkannt und in dem Maße ausgeschlagen, in dem sie Gesellschaften in ihrem Sinn zu stabilisieren suchte. An den Tiefpunkten ihrer Geschichte als staatlicher Macht hat auch sie mit dem medizinischen Antidekadenz-Diskurs operiert. Es bleibt festzuhalten, daß Intellektuelle ihr bis an ihr Ende klarmachen zu können glaubten: eine Gesellschaft kann aus dem Untergang »Freiräume« gewinnen, aus dem Asozialen »Kraft ziehen«[255]. Das hatte, Brupbacher wußte es, Gründe in ihrem Programm. Was aber brachte dieser Unterschied zu den anderen Gegnern von Dekadenz dem Ästhetischen in der Wirklichkeit?

Die Nachrichten über eine positive Aufnahme dekadenter Gedanken durch Vertreter der aufkommenden Arbeiterbewegung sind schnell versam-

melt. Marxens Schwiegersohn Lafargue rief am Eingang des dekadenten Jahrzehnts das Proletariat auf, »toutes les passions de l'homme« und »ses instincts naturels« zu befreien und »les Droits de la paresse« zu genießen: »à ne travailler que trois heures par jour, à fainéanter et bombancer le reste de la journée et de la nuit«. Sein kommunistischer Herausgeber kommentierte kühl: »Ce n'est pas la meilleure œuvre de Lafargue.«[256] Louise Michel – nach der Pariser Commune nach Neukaledonien verbannt, wo sie u. a. Schulunterricht für die Eingeborenen organisiert hatte – sprach 1886 auf Einladung des *Décadent* über literarische Freiheit und rief dazu auf, den Kanaken nachzueifern, »qui sont moins instruits que nous, mais qui sont aussi moins barbares«[257]. Baju kandidierte am Ende seiner Zeit als décadent bei Parlamentswahlen für die Sozialisten, verkündete »l'Art social«[258], wandte sich ›A la jeunesse socialiste‹[259] und veröffentlichte ein spätes Gedicht Eugène Pottiers.[260] Der junge Gor'kij hatte Sinn dafür, daß diese »более честные, более чуткие люди [...] задыхались, искали выхода вон из буржуазной клоаки« (ehrlicheren, zarterfühlenden Leute erstickten, einen Ausweg hinaus aus der bourgeoisen Kloake suchten), auch wenn er feststellte: »У них есть желания, но нет энергии«[261] (sie haben Wünsche, aber keine Energie). In »seltenen Fällen«[262] wurden am Jahrhundertende Aspekte von Nietzsches Kulturkritik in der deutschen sozialdemokratischen Presse auf-

255 HEINER MÜLLER, Gesammelte Irrtümer (Frankfurt a. M. 1986), 169.
256 PAUL LAFARGUE, Le droit à la paresse. Réfutation du Droit au Travail de 1848 (1880), in: Lafargue, Textes choisis, hg. v. J. Girault (Paris 1970), 100, 120f., 99.
257 Zit. nach RICHARD (s. Anm. 120), 107–111.
258 ANATOLE BAJU, Orientation, in: Le Décadent, H. 31 (15. 3. 1889), 81.
259 Vgl. La Direction [BAJU], A la jeunesse socialiste, in: ebd., 91 f.
260 Vgl. EUGÈNE POTTIER, Les souliers qui prennent l'eau (1887), in: ebd., 93–95.
261 MAKSIM GOR'KIJ, Pol' Verlen i dekadenty (1896), in: Gor'kij, Sobranie sočinenij, Bd. 23 (Moskau 1953), 127, 136.
262 VIVETTA VIVARELLI, Das Nietzsche-Bild in der Presse der deutschen Sozialdemokratie um die Jahrhundertwende, in: Nietzsche-Studien, hg. v. W. Müller-Lauter u. J. Salaquarda, Bd. 13 (Berlin/New York 1984), 546.

gegriffen. Etwas größere Bedeutung hatten sie für die österreichische Sozialdemokratie jener Jahre.[263] In Frankreich würdigte Henri Lefebvre noch 1939 im Verlag der FKP Nietzsches Vorstellung des »homme total«: er »surmonte la situation actuelle de l'humain«[264]. Einige décadents nahmen ihrerseits stellenweise »Gewaltphantasien und Vernichtungsstrategien, in denen Wege [...] des Aktionsanarchismus aufscheinen«[265], literarisch auf; Erich Mühsam würdigte die »Begehung terroristischer Taten« als »Vollbringung eines künstlerischen Lebenswerks«[266]. Von mehr aber ist, zumindest aus den großen Arbeiterparteien, nicht zu berichten. Als Adorno auf einem altbundesdeutschen Philosophenkongreß 1962 die Dekadenz »die Fata Morgana jenes Fortschritts« nannte, »der noch nicht begonnen hat«, und die »Ahnung« formulierte, »daß extreme Individuation Platzhalter von Menschheit sei«[267], waren das den Beerbern der sozialistischen Arbeiterbewegung längst Worte aus einer anderen Welt.

Zwei jener Theoriekomponenten, die die Abwertung von Dekadenz im Umkreis der marxistischen Arbeiterbewegung fundierten, finden sich bei Marxisten der II. Internationale seit deren Gründung 1889: Zu der Annahme, daß der Kapitalismus eine sterbende Gesellschaftsordnung sei, trat die Auffassung, daß die soziale Basis geistige Gebilde umfassend determiniere. Einem solchen Verständnis »soziologischer Äquivalenz«[268] zufolge war es »gar nicht anders möglich, als daß die Poesie der absterbenden bürgerlichen Kultur eine decadente ist« und »die Werke der bürgerlichen Poeten den Verwesungsgeruch athmen, den das dargestellte Objekt ausströmt«[269]. Es liegen entsprechende Formulierungen u. a. von Franz Mehring und Wilhelm Liebknecht vor, und auch Georges Sorel fürchtete, in den Zeiten der bürgerlichen Dekadenz könnte das Proletariat »corrompu et abruti« werden, wenn es sich – wie die Merowinger auf »l'école des rhéteurs de la décadence latine« – darauf einlasse, im bürgerlichen Sinne »civilisé«[270] zu werden.

Die klassische Formulierung des Paradigmas stammt von Plechanov: »Искусство времен упадка ›должно‹ быть упадочным (декадентским). Это неизбежно.« (Die Kunst der Zeiten des Verfalls ›muß‹ eine Kunst des Verfalls [dekadent] sein. Das ist unvermeidlich.)[271] Die Anführungszeichen um das ›muß‹ deuteten auf Reste von Distanz zu mechanischer Determiniertheit, und ein anschließendes Zitat aus dem *Kommunistischen Manifest* erwog Möglichkeiten der Menschen, ihre gesellschaftliche Lage zu ändern. Plechanov sah auch durchaus, und seine Nachfolger vergaßen nie völlig, daß Neigung zu L'art pour l'art aus »безнадежного разлада с окружавшей [...] общественной средой« (hoffnungslosem Zwiespalt mit dem umgebenden gesellschaftlichen Milieu) (226; dt. 255) entstehen konnte; Gautiers Baudelaire-Würdigung wurde in diesem Zusammenhang zitiert.[272] Aber letztlich galten die direkten Ableitungen, und Personen wie Stilrichtungen wurden bereits verdächtigt: Nietzsche fordere Willenskraft nur zur »отстаиванию буржуазного порядка от революционных посягательств со стороны пролетариата« (Verteidigung der bürgerlichen Ordnung gegen den revolutionären Angriff seitens des Proletariats) (249; dt. 276); die russische Dekadenz, »занесенная к нам с Запада« (vom Westen her zu uns verweht) (256; dt. 286), trage nichts Fruchtbares (»ничего плодотворного«, 257) in sich; ihre Vertreter seien »проповедники порабощения народной массы« (Apostel der Versklavung der Volksmasse) (267; dt. 301) und der Kubismus nichts als »чепуха в кубе!« (Blödsinn

---

263 Vgl. DAVID BATHRICK/PAUL BREINES, Marx und/ oder Nietzsche. Anmerkungen zur Krise des Marxismus, in: R. Grimm/J. Hermand (Hg.), Karl Marx und Friedrich Nietzsche (Königstein 1978), 129 f.
264 HENRI LEFEBVRE, Nietzsche (Paris 1939), 164.
265 WALTER FÄHNDERS, Anarchismus und Literatur. Ein vergessenes Kapitel deutscher Literaturgeschichte zwischen 1890 und 1910 (Stuttgart 1987), 130.
266 Ebd., 167.
267 ADORNO (s. Anm. 53), 626.
268 DIETER SCHLENSTEDT, Literarische Widerspiegelung (Berlin/Weimar 1981), 50; vgl. auch 58 f.
269 HEINRICH STRÖBEL, Ein Poet der Decadence, in: Die Neue Zeit (17. 6. 1896), 402.
270 GEORGES SOREL, Réflexions sur la violence (1908; Paris 1921), 130, 52.
271 GEORGIJ PLECHANOV, Iskusstvo i obščestvennaja žizn' (1912/1913), in: Plechanov, Iskusstvo i literatura (Moskau 1948), 268; dt.: Kunst und gesellschaftliches Leben, übers. v. J. Harhammer (1955; Berlin 1975), 304.
272 Vgl. ebd., 222; dt. 251.

im Kubik) (262; dt. 294). Als Plechanov seine Gedanken in Paris vortrug, warf ihm der spätere erste sowjetische Volkskommissar für das Bildungswesen in der Diskussion eine zu schematische Einschätzung von Künstlern vor. Aber nach Lunačarskijs Ausschaltung 1929 wurden die von Plechanov formulierten Bestimmungen zu Verdikten. Die erste wurde jetzt aktualisiert durch die Dogmatisierung von Lenins Schrift über den *Imperialismus als höchstes Stadium des Kapitalismus* (Империализм, как высшая стадия капитализма, 1917), die zweite geadelt mit einer verabsolutierenden Lektüre von Marxens Bemerkungen, die kapitalistische Produktion sei »gewissen geistigen Produktionszweigen«[273] feindlich. All dies wirkte lange. Noch 1975 war keinem der Bearbeiter einer vom Wissenschaftlichen Rat für Kultur- und Kunstwissenschaften der DDR herausgegebenen Plechanov-Auswahl die Hauptfigur von Huysmans' wichtigstem Roman mehr ein Begriff: als »Desessent«[274] kam er aus dem Kyrillischen zurück.

Die dritte dekadenzdiskriminierende Theoriekomponente im Kreis des Marxismus arbeitete Georg Lukács aus. Lukács übernahm die Auffassungen zum stetigen Niedergang des Kapitalismus undiskutiert aus der II. Internationale. Neu war die ontologische Dimension, die er ihnen hinzufügte. Lukács' Versuch, gegen »das objektive gesellschaftliche Verhältnis der Entfremdung«[275] anzugehen, stellte das Dekadenzproblem innerhalb des Marxismus auf jene Ebene, auf der auch sein vermeintlicher Antipode Nietzsches es behandelt hatte: die des Verhältnisses von dekadenter Künstlichkeit und dem Bestehen auf Totalität. Denkstil, Problemkonkretisierungen und Problemlösungen allerdings waren so verschieden wie entschieden, und Lukács reduzierte Nietzsche, ihn verkennend, auf eine seiner Wirkungen. Ihm selbst sollte es, was das letztere betrifft, nicht anders gehen.

Geistesgeschichtlich vermittelte zwischen beiden die Lebensphilosophie (Georg Simmel); in Lukács' frühesten Texten ist auch der polemische Bezug zur »hysterischen [...] Energie eines kranken Nervensystems«[276] noch formuliert. Problemgeschichtlich entstand der Zusammenhang aus dem beiderseitigen Aufbegehren dagegen, daß in ihrer gesellschaftlichen Welt »die Subjekte [...] zerlegt« wurden. Von Nietzsches verzweifelter Ab-

wehr einer ontologischen Verallgemeinerung der Stilbeobachtungen Bourgets war die Rede. Lukács' These lautete, »daß im einzelnen Moment die Möglichkeit steckt, aus ihm heraus die ganze inhaltliche Fülle der Totalität zu entwickeln«[277]. Die »*gedankliche* Rettung des Menschen« konstatierte er früh bei Goethe und Hegel[278] [Hervorh. v. Verf.]; um die »Rettung des Menschen *in der Geschichte*«[279] ging es ihm selbst bis in die späte Ästhetik. Mit der Marxschen Analyse des Warenfetischismus sah er sich seit *Geschichte und Klassenbewußtsein* (1923) gerüstet und gefordert, vom gedanklichen Erstreben zum geschichtlichen Erzeugen der »organischen Einheit der Person« und der »Gesellschaft als Totalität« voranzukommen und jede »sich in der Form von Zweifel, Verzweiflung und so weiter ausdrückende *Dekadenzerscheinung*« zu überwinden. Als frischer Marxist traute er allein »dem Proletariate« (mit pathetischem Schlußvokal) diese »Tathandlung« zu; jede ästhetische Form galt vorerst als »Ausweichen vor dem eigentlichen Problem«[280], reine Kontemplation oder Mythologisierung. Seit zur Mitte der 1920er Jahre hin die Revolutionen erkennbar nicht recht vorankamen, setzte Lukács zunehmend auf eine »Tendenz der ästhetischen Widerspiegelung der Wirklichkeit [...], Fetische oder Fetischkomplexe [...] aufzulösen« und so die »Bedeutung des Menschen weltanschaulich wiederherzustellen« – »der echten Kunst« bald und ständig »eine defetischisierende Tendenz« vorschreibend, »auf die sie bei Strafe der Selbstauflösung nicht verzichten darf«[281].

---

273 KARL MARX, Theorien über den Mehrwert (1862/1863), in: MEW, Bd. 26/1 (1965), 257.
274 PLECHANOV, Kunst und gesellschaftliches Leben (s. Anm. 271), 264, 307.
275 GEORG LUKÁCS, Vorwort [zu: Geschichte und Klassenbewußtsein], in: LUKÁCS, Bd. 2 (1968), 27.
276 LUKÁCS, Die Seele und die Formen (Berlin 1911), 121 f.
277 LUKÁCS, Geschichte und Klassenbewußtsein (1923), in: Lukács (s. Anm. 275), 264, 354.
278 Ebd., 322.
279 LUKÁCS, Die Eigenart des Ästhetischen, Bd. 1 (1963; Berlin/Weimar 1981), 660.
280 LUKÁCS, Geschichte und Klassenbewußtsein (s. Anm. 277), 275, 299, 374, 331, 320 f.
281 LUKÁCS, Die Eigenart des Ästhetischen (s. Anm. 279), 663 f.

Als dann sogar – aller Defetischisierungshoffnung entgegenlaufend –»die Gefährdung der Weltzivilisation durch das organisierte Banditentum Hitlers überall die Frage entstehen ließ, wie der tiefe Verfall des deutschen Volkes zu erklären sei«, wurden als Menetekel alle Anzeichen der »ästhetisch-psychologischen Anziehungskraft« der »Faszination der Verwesung« in der deutschen Literatur- und Philosophiegeschichte aufgerichtet, die der »Entfesselung der unterirdischen Instinkte, dem Zerbrechen jener intellektuellen und moralischen Dämme, die ein jahrtausendlanger Zivilisationsvorgang aufgerichtet hat«, vorausgingen. Thomas Mann galt viel, weil sein Weg aus der Dekadenz heraus als »mikrokosmisch vorweggenommene Abkürzung des Gesundungsweges« gesehen wurde, »der dem deutschen Volk nötig ist«[282]. *Die Zerstörung der Vernunft* (1954) war nicht Monument rationalistischer Dumpfheit, sondern erschütterter Aufklärung über schlimmste Erfahrung. Nach 1945 kam diese große Konzeption durch viele Intellektuelle in Ostdeutschland zu breiter humanisierender Wirkung.

Zweierlei in diesem zähen Bemühen um Totalität war jedoch problematisch. Lukács fällte ein Negativurteil über alle Haltungen und darunter alle Literatur, die ihm von einem »›Übergewicht des Charakteristischen, Individuellen und Interessanten‹«[283] zu zeugen schienen, indem er eine generelle »gesellschaftliche Zusammengehörigkeit von Überfeinerung der entleerten Individualität und entfesselter Bestialität«[284] aus der geistigen Vorgeschichte des Faschismus – unbewiesen – verallgemeinerte. Dabei akzeptierte er fraglos die Okkupation seines ›Bruders im Streben‹ Nietzsche durch die Ideologen dieser Entfesselung und verkannte völlig, daß der (es wurde zitiert) gerade *nicht* »alle Instinkte heiliggesprochen« und die »unmittelbar erlebte Umwelt des Menschen als alleinige Realität« statuiert, sondern – wie er selbst, nur anderswo als der Marxist – nach neuen Haltepunkten für »die der Gesellschaft gegenübergestellte Persönlichkeit«[285] gesucht hatte. Die Verdammung aller modernen Kunst war in diesem Kurzschluß angelegt. Und Lukács meinte zweitens, nach alledem mit Nietzsches indirektem Bourget-Zitat aus *Der Fall Wagner* in den Literaturdebatten mit seinen Genossen operieren[286] und dennoch verhindern zu können, daß in den von ihm stigmatisierten Kunstrichtungen »direkt der Sowjetmacht feindliche politische Richtungen erblickt« wurden. Dies Ende 1936 in Moskau als »vulgarisierend« zu bezeichnen[287] erforderte Mut. Aber es bleibt festzuhalten, daß der Theoretiker des Kampfes gegen die Entfremdung zu Dimensionen der praktischen Entfremdung von sich schob, die um ihn herum bis zur Vernichtung von Menschen führte – jenen Künstlern schwer schadend, und er ebenso als ›dekadent‹ bezeichnete, wie die Träger der Entfremdung im Sozialismus taten.

»Franz Kafka oder Thomas Mann? artistisch interessante Dekadenz oder lebenswahrer kritischer Realismus?«[288] Auf dem skizzierten Unterbau des Lukácsschen Denkens erscheint die Frage als theoretische nicht übermäßig krude. Und auch Brecht hätte sich – wäre er mit dessen Dimensionen vertraut und sich zudem bewußt gewesen, daß sein Bestehen auf dem ›Proletariat‹ eine von Lukács schon überholte Position war – über seine vermutete Zuordnung zur Dekadenz 1938 nicht so zu erregen brauchen.[289] Schließlich war er sich mit Lukács einig im ganzheitlichen Anspruch und folglich z.B. in der Ablehnung Baudelaires, des »Flaneurs mit dem Inferno, das eine Weltanschauung ist«[290]. Aber die Probleme lagen nicht auf den

---

282 LUKÁCS, Über Preußentum (1943/48), in: Lukács, Über die Vernunft in der Kultur (Leipzig 1985), 406, 424 f.
283 LUKÁCS, Fortschritt und Reaktion in der deutschen Literatur (1944/45), in: Lukács, Skizze einer Geschichte der neueren deutschen Literatur (Berlin 1953), 46; das Zitat stammt von F. Schlegel.
284 LUKÁCS, Marx und das Problem des ideologischen Verfalls (1938), in: Lukács, Karl Marx und Friedrich Engels als Literaturhistoriker (Berlin 1952), 91.
285 LUKÁCS, Deutsche Literatur im Zeitalter des Imperialismus (1944/45), in: Lukács (s. Anm. 283), 110.
286 Vgl. LUKÁCS, Erzählen oder Beschreiben? (1936); Es geht um den Realismus (1938), beides in: LUKÁCS, Bd. 4 (1971), 218, 329.
287 LUKÁCS, Erzählen oder Beschreiben?, in: ebd., 234 f.
288 LUKÁCS, Die Gegenwartsbedeutung des kritischen Realismus (1957), in: ebd., 550.
289 Vgl. BERTOLT BRECHT, Journal (Juli – September 1938), in: BRECHT (BFA), Bd. 26 (1994), 312, 320, 322 f.
290 BRECHT, Notizen über Baudelaire, in: BRECHT (BFA), Bd. 22/1 (1994), 451.

V. Revolutionäre Arbeiterbewegung, staatlicher Sozialismus und ›dekadente‹ Künstler 35

Höhen der Geschichtsphilosophie. Brecht hatte schon im Exil gewußt, welche Macht es hatte, daß Lukács »von Moskau aus«[291] schrieb. Wo der direkte Zugriff möglich war, wuchs diese Macht wesentlich. Die Vulgarisierung von Plechanov und Lukács lieferte der sowjetischen Kulturpolitik seit Anfang der 30er Jahre wesentliche Bausteine. Nach dem 2. Weltkrieg griff diese Politik auf die Volksdemokratien über und wirkte in der kommunistischen Weltbewegung. Als einer der zentralen ideologischen Abgrenzungsbegriffe beim ›Aufbau‹ des Sozialismus‹ war ›Dekadenz‹ in der DDR noch bis in die 80er Jahre autoritativ verbreitet.[292]

Nur ausnahmsweise allerdings wurde ›Dekadenz‹ als Kampfkonzept im eigenen Land eingesetzt. Aus einem logischen Grund: Da künstlerische Dekadenz als Ausfluß einer dekadenten Gesellschaft definiert war, hätte dies der eigenen Entwicklung kein sehr erhebendes Zeugnis ausgestellt. ›Formalismus‹, ›Modernismus‹ oder ›Kosmopolitismus‹ waren zur »Disziplinierung der Künstler«[293] unbeschwerter verwendbar; dekadent waren vor allem die anderen. Auf dem 1. Sowjetischen Schriftstellerkongreß 1934 war von »упадок« (Verfall) und »разложение« (Zersetzung) nur im Bezug auf die bürgerliche Literatur und die »загнивание капиталистического строя«[294] (Fäulnis der kapitalistischen Ordnung) die Rede. In diesem Sinne, aber nicht zu unvermitteltem innerem Gebrauch, gab es 1939 für die Leitung des sowjetischen Schriftstellerverbandes die »реалистическая линия […] от которой мы идем и, во-вторых, линия декаданса, от которой мы идти не должны« (realistische Linie, von der wir ausgehen, und zweitens die Linie der Dekadenz, von der wir nicht ausgehen sollten) – selbst wenn von letzterer künstlerisch zu lernen sei[295]. In dem wüstesten kulturpolitischen Ordnungstext, Ždanovs Referat über die Zeitschriften ›Zvezda‹ und ›Leningrad‹ 1946, fungierte ›Dekadenz‹ als undifferenziertes Schimpfwort: »гнилые, пустые, безыдейные и пошлые произведения« (verfaulte – in der deutschen Ausgabe als ›dekadente‹ übersetzt –, nichtige, ideenlose und oberflächliche Werke)[296] oder in historischer Distanzierung: »Акмеисты, как и символисты, декаденты и прочие представители разлагающейся дворянско-буржуазной идеологии были проповедниками упадочничества, пессимизма, веры в потусторонний мир« (Die Akmeisten waren ebenso wie die Symbolisten, die Dekadenten und andere Vertreter der sich zersetzenden aristokratisch-bürgerlichen Ideologie Verkünder der Entartung, des Pessimismus und des Glaubens an ein Jenseits) (9; dt. 20). Die folgenreichen Vorwürfe gegen Zoščenko und Achmatova lauteten anders: »звериный страх перед грядущей пролетарской революцией« (tierische Angst vor der kommenden proletarischen Revolution) (9; dt. 19), Förderung von »уныние, упадок духа, пессимизм« (Mutlosigkeit, seelischer Depression und Pessimismus) (12; dt. 24) und damit Entfernung »от задач современности […] воспитывать молодежь в духе беззаветной преданности советскому строю« (von den Gegenwartsaufgaben […], unsere Jugend im Geiste einer grenzenlosen Ergebenheit für die Sowjetordnung […] zu erziehen) (29 f.; dt. 44). Ihnen sollte als »литературным проходимцам« (literarischen Gaunern) in Leningrad nunmehr kein »прибежище« (Unterschlupf) (25; dt. 39) gewährt werden; den Vernichtungsterminus ›Volksfeind‹ verwendete Ždanov hier nicht. Die *Große Sowjetenzyklopädie* definierte Dekadenz 1952 als »общее определение упадочного реакционного буржуазного искусства эпохи империализма« (allgemeine Bestimmung der verfallenden reaktionären bürgerlichen Kunst der Epoche des Imperialismus), behandelte deren Erscheinungen zwar breit – vom Impressionismus bis zum Existentialismus »и. т. д.« (usw.), von der Literatur über Malerei und Architektur bis zur Musik, von Frankreich

---

291 BRECHT, Journal, in: Brecht (s. Anm. 289), 320.
292 Vgl. Kulturpolitisches Wörterbuch, hg. v. H. Bühl u. a. (1970; Berlin ²1978), 130 f.
293 GERD DIETRICH, Politik und Kultur in der Sowjetischen Besatzungszone Deutschlands 1945–1949. Mit einem Dokumentenanhang (Bern u. a. 1993), 167.
294 ANDREJ ŽDANOV, in: Pervyj vsesojuznyj s''ezd sovetskich pisatelej 1934 (Moskau 1934), 2; vgl. KARL RADEK, Sovremennaja mirovaja literatura i zadači proletarskogo iskusstva, in: ebd., 308.
295 ALEKSANDR FADEEV, Pisatel' i kritik (1939), in: Fadeev, Sobranie sočinenij, Bd. 4 (Moskau 1960), 257.
296 ŽDANOV, Doklad o žurnalach ›Zvezda‹ i ›Leningrad‹. Sokraščennaja i obobščennaja stenogramma (1946; Moskau 1952), 8; dt.: Über Kunst und Wissenschaft (Berlin 1951), 18.

über das vorrevolutionäre Rußland bis zu den USA –, erwähnte die sowjetische Kunst aber nur kurz und unter dem Aspekt des Kampfes »против буржуазных влияний« (gegen bürgerliche Einflüsse).[297] Für die zur eigentlichen Dekadenz Gerechneten waren diese Bestimmungen nur selten so sinnlich erfahrbar wie auf dem Wrocławer Kongreß ›Die Intellektuellen der Welt für den Frieden‹ (August 1948), als Fadeev der »modernen imperialistischen Kultur« den »Geruch eines verwesten Kadavers«[298] so suggestiv zusprach, daß die aus Westeuropa Gekommenen sich direkt angegangen fühlten. In den Volksdemokratien dagegen gehörte der Abgrenzungsbegriff Dekadenz bald zum Alltag des kulturellen Lebens. Dabei wurde er politisiert und unspezifisch verwendet. Auf den Versuch, Amalgame wie die folgenden logisch und historisch im Rahmen der Geschichte des Begriffs zu analysieren, muß verzichtet werden – was kann man sagen zu solchen Sätzen: »Die Dekadenz in der Kunst [besteht] neben ihrer Abseitigkeit und leeren Abstraktheit oft gerade in einem schädlichen, falschen Neuerertum bei Verzicht auf das klassische Erbe und fehlendem fachlichem Können«[299], oder: »Die Erscheinungen des Neofaschismus, der Dekadenz und der formalistischen und naturalistischen Verzerrungen der Kunst, die nur den Zerfall des monopolkapitalistischen Systems widerspiegeln, sind unversöhnlich zu bekämpfen.«[300] Wohl nur eines: Sie hatten in einer bestimmten Phase eine bestimmte Funktion. Die konkreten Verläufe unterschieden sich zwischen den volksdemokratischen Ländern und nochmals in den westeuropäischen kommunistischen Parteien. In Italien z. B. veranstaltete das Gramsci-Institut der IKP 1959 eine sachliche Diskussion über die Differenzen zwischen *Avanguardia e decadentismo*[301]; in Frankreich war etwas später der eigene Dekadenzbegriff weit spannungsreicher zu diskutieren.[302] Die Grundbestimmungen und -veränderungen seien hier der DDR-Entwicklung abgelesen.

In der Sowjetischen Besatzungszone wurde Dekadenzfeindschaft seit Anfang 1948 von Vertretern und Publikationen der SMAD öffentlich artikuliert und von der Führung der SED, wie zitiert, umgehend aufgegriffen. Im beginnenden Kalten Krieg und mit dem Bewußtsein, in der schwächeren Position zu sein, griff die Führung nach allen Pflöken, die geeignet schienen, das eigene Lager zu befestigen. Einer wurde ›Kampf gegen die Dekadenz‹ genannt. Das Feld des offiziellen Denkens war bis zu dem sogenannten Formalismus-Plenum des ZK der SED (15.–17. 3. 1951) abgesteckt. Aus der Diskussion eines kleinen Kreises über Paul Dessaus Oper *Das Verhör des Lukullus* unmittelbar zuvor ist in der klassisch-naiven Fassung des Sektorenleiters für Kultur im FDJ-Zentralrat überliefert, was den antidekadenten Affekten der Herrschenden jener Jahre zugrunde lag (man ersetze nur »den Frieden« durch »die DDR«): »Wenn ich diese Oper betrachte, möchte ich sie nicht von der Musik her betrachten, weil ich davon nicht viel verstehe, sondern vom Standpunkt aus: Kampf um den Frieden. Denn, wenn es uns nicht gelingt, den Frieden zu erhalten, werden wir nicht lange hier sitzen. […] Die Oper ist kein Kraftquell für uns. […] Nein, wir wollen nicht abrutschen. Wir wollen aufwärts.«[303] Viele Künstler traf dieser Wille härter als den Kommunisten Dessau, der seine Oper ›nur‹ umzuarbeiten hatte.

Die primitiven Herrschaftsmuster der realsozialistischen Frühzeit wurden im Umkreis der Stalinkritik der XX. Parteitags der KPdSU (14.–26. 2. 1956) in Frage gestellt. Unter den Angezweifelten war der Umgang mit ›Dekadenz‹. Seit Ende 1955 schien es dem Aufbau-Verlag und Hans Mayer – zu optimistisch – möglich, durch schlichtes Unterbreiten von Anschauungsmaterial, nämlich Editionen von Musil, Kafka und Proust, das Dekadenzverdikt zu erschüttern[304]; im *Sonntag*, der

---

297 Bol'šaja sovetskaja ėnciklopedija, Bd. 13 (Moskau ²1952), 591 f.
298 Neues Deutschland (27. 8. 1948), 3.
299 ANTON ACKERMANN, Marxistische Kulturpolitik, in: Protokoll der Verhandlungen des Ersten Kulturtages der SED (Berlin 1948), 196.
300 Protokoll der Ersten Parteikonferenz der SED, 25. – 28. 1. 1949 (Berlin 1949), 533.
301 Vgl. Il Contemporaneo (1959), H. 18/19.
302 Vgl. La Nouvelle Critique (1964), H. 6/7.
303 RUDI RAUPACH, [Gesprächsbeitrag], in: J. Lucchesi (Hg.), Das Verhör in der Oper. Protokoll der Diskussion nach der Probe, 13. 3. 1951 (Berlin 1993), 92 f.
304 Vgl. WERNER MITTENZWEI, Geschichte des Aufbau-Verlages (Manuskript 1995), 202 f.

Wochenzeitung des Kulturbundes, schrieb Mayer in gleicher Richtung. Im Oktober 1956 fiel der zentrale Antimodernist durch sein demokratisches Engagement in Ungarn als offene Berufungsinstanz für den Kampf gegen die Dekadenz aus. 1957 erschienen Zeitschriftenaufsätze von alten tschechischen und jungen deutschen marxistischen Literaturhistorikern, die durch Analyse bestritten, daß Kafka der Dekadenz zuzurechnen sei. Da traf es sich für die SED-Führung gut, daß nach später Rückkehr aus sowjetischer Emigration der Sohn des Mannes zusätzlich zur Verfügung stand, der einst Lombroso in Deutschland eingeführt hatte. Alfred Kurella schrieb die antidekadenten Affekte der endvierziger Jahre keineswegs, wie oft vermutet, einfach fort: er suchte sie durch reaktiviertes Wissen zu kultivieren und so ihre soziale Wirksamkeit zu intensivieren.

Institutionalisiert wurde der Reaktions-Versuch im Zentrum der Macht: Als Kandidat des Politbüros der SED leitete Kurella von Oktober 1957 bis Ende 1962 dieses Büros neugebildete Kultur-Kommission.[305] Den dort Versammelten schien, bisher kaum je formuliert, ein »fürchterlicher Dogmatismus der Dekadenz«[306] nicht beim Gegner, sondern im eigenen Herrschaftsbereich zu drohen. Das Drängende der Feststellung mag mit fortgesetztem Vatermord zu tun haben: Immerhin veröffentlichte Kurella 1961 seine Austreibung des Expressionismus, dieser »Zersetzung einer Zersetzung«, unverändert wieder, in der er »ehrlicherweise« zugegeben hatte, »daß jedem von uns aus jener Zeit etwas in den Knochen steckengeblieben ist«[307], und schrieb der Spitzenfunktionär – als erneute Bestätigung? – »bezaubert« ein Nachwort zu Der Leopard: »Ja, Verfall! [...] Duft des Zerfalls liegt über dem Eingang in die Welt der Salina Lampedusa. Welkende Blumen. [...] Aus der Distanz verstehender Selbstironie ist dieses nach geregelten, ehrwürdigen Riten ablaufende Leben [...] doch schön, schön!«[308] Entscheidend aber für den Vorsatz, »über einige Fragen, die mit der Tatsache und mit dem Begriff der Dekadenz zusammenhängen, grundsätzliche Klarheit zu schaffen«[309], war ein Herrschaftsbemühen. In der theoretischen Zeitschrift der SED übermittelte Kurella, nach einigen Präludien anderswo, im Mai 1958 dem Parteifunktionär Merksätze, in denen er – ohne Veränderun-gen am überkommenen Wertungsbestand – das Dekadenz-Amalgam durch neue Scheidung wieder handhabbar zu machen suchte. Dekadenz als »Lebenstatsache« (740) in imperialistisch werdenden Ländern war klar getrennt von Dekadenz in den Künsten als »Bruch mit der Tradition des Realismus« (741). Merkmale der letzteren wurden benannt und als »Deformation des Menschenbildes in Richtung auf einen krankhaften, degenerierten Typus« (743) summiert. Die dem Sohn dieses Vaters wohlbekannte Arbeit von »Biologen, Philosophen, Soziologen und Psychoanalytikern« zu »Trieben, Komplexen, teuflischen Absichten, abgründigen Ängsten« (745) im Menschen war, wenn auch abwertend, erwähnt. Möglichkeiten der »immanenten Kritik« und der »Überwindung« (748) der Dekadenz räumte Kurella ein. Die vermutete politische Funktion von Dekadenz fand sich erst am Schluß, nach der Unterrichtung, hatte es allerdings noch einmal in sich: Dekadenz habe spontan begonnen, sei nach dem 2. Weltkrieg aber »von der herrschenden Klasse ganz planmäßig und bewußt [...] zur ideologischen Vorbereitung eines Atomkrieges verwandt« (749) worden.

Die Handreichung stand – trotz der abschließenden Ungeheuerlichkeit – mit ihrem weitgespannten Wissen intellektuell weit über dem, was Kurellas Vorgänger im Ausgrenzungsgeschäft angeboten hatten. Dennoch verfehlte sie ihr Ziel. Kulturelle Differenzierungsprozesse begannen zu greifen, die der Politisierung nicht nur nicht mehr das letzte, sondern überhaupt kein entscheidendes

---

305 Vgl. SIMONE BARCK, Das Dekadenz-Verdikt. Zur Konjunktur eines kulturpolitischen ›Kampfkonzepts‹ Ende der 1950er bis Mitte der 1960er Jahre, in: Historische DDR-Forschung (Berlin 1994), 331–337.
306 ALFRED KURELLA [in einer Kommissionsberatung am 5. 2. 1959] zit. nach ebd., 334.
307 BERNHARD ZIEGLER (d. i. KURELLA), »Nun ist dies Erbe zuende ...« (1937), in: F. Albrecht (Hg.), Zur Tradition der deutschen sozialistischen Literatur. Eine Auswahl von Dokumenten, Bd. 2 (Berlin/Weimar 1979), 398, 390; vgl. KURELLA, Zwischendurch. Verstreute Essays 1934–1940 (Berlin 1961).
308 KURELLA, Welkende Blumen (1961), in: Kurella, Wofür haben wir gekämpft? (Berlin/Weimar 1975), 333, 330 f.
309 KURELLA, Zum Problem der Dekadenz, in: Einheit 13 (1958), H. 5, 740.

Wort beim Urteilen über Kunst einräumten. Das Dekadenzverdikt wurde abgebaut, indem konkret betrachtet wurde, wovon eigentlich die Rede war.

Zwei Grund-Sätze der marxistischen Dekadenztheorien blieben im folgenden unbestritten: daß der Kapitalismus eine niedergehende Gesellschaft und daß Ganzheitlichkeit gegen alle durch diese Gesellschaft verursachten Auflösungserscheinungen zu erreichen sei. Es ging zuerst gegen den zweiten Plechanovschen Satz: das strikte Werten beim Rückführen geistiger Gebilde auf soziologische Voraussetzungen. Der österreichische Kommunist Ernst Fischer formulierte in der letzten von Peter Huchel verantworteten *Sinn und Form*-Nummer, »daß es auch im gesellschaftlichen Niedergang möglich ist, neue, für die Entwicklung der Kunst bedeutsame Ausdrucksmittel zu entdecken«. Dies war kundig ausgeführt und reaktivierte verhalten sogar die Gautiersche Tradition: Verfall, betonte Fischer mit Worten Thomas Manns, könne »auch Verfeinerung, Vertiefung, Veredelung bedeuten«[310]. Mit keinem Wort trat Fischer an dieser Stelle dem Sozialismus nahe, und der Ton war der essayistischer Erwägung: ein ästhetischerer Kunstbegriff wurde eingefordert. Zum Ort prinzipiellerer Feststellungen und beginnender Selbstbefragung wurde die gleichzeitige Auseinandersetzung mit dem Werk Kafkas, und dabei kam es zu den von den Herrschenden befürchteten sozialen Weiterungen des Denkens. In einer »in einem bewußten Sinne literarhistorischen« Arbeit beschrieb, nicht verurteilte Klaus Hermsdorf 1961 Kafkas Werk als »Roman der Dekadenz« und stellte weitergehend fest: »Das Ausgeliefertsein des Menschen an unbekannte Mächte« sei »von unbezweifelbarer Realität als Einzel- und Teilmoment jeder menschlichen Lebenserfahrung«[311]. Und auf einer Konferenz in Liblice bei Prag am 27./28. 5. 1963 formulierte schließlich Fischer klar und als Betroffener: »Kafka ist ein Dichter, der uns alle angeht. Die Entfremdung des Menschen, die er mit maximaler Intensität dargestellt hat, erreicht in der kapitalistischen Welt ein schauerliches Ausmaß. Sie ist aber auch in der sozialistischen Welt keineswegs überwunden.«[312]

Das traf aus entgegengesetzter Richtung: Kunst war hier wieder ganz Ausdruck von Gesellschaft, aber – Kurella hatte es geahnt – nicht mehr nur auf den Kapitalismus war die Niedergangsreflexion nun bezogen. Es spricht für die Intelligenz Kurellas, daß er von diesem Zeitpunkt an nicht mehr gegen Dekadenz zu Felde zog, sondern seine Arbeiten aus der Exilzeit über Humanismus und Entfremdung wieder aufnahm.[313] Es spricht für den Machtinstinkt von Walter Ulbricht und Kurt Hager, daß sie schon kurz vor Liblice die Dinge selbst in die Hand nahmen. Kurella hatte das Politbüro zu verlassen. Statt seiner Kultur- leitete nun Hager eine Ideologische Kommission. Ulbricht schoß bei einer Begegnung mit Schriftstellern und Künstlern am 25./26. 3. 1963 in einem einzigen Satz wieder gegen »Abstraktionismus und Formalismus«, »bürgerliche Dekadenz« und »die sogenannte Moderne« zugleich. Hager ließ – obwohl er bei Günter Kunert »Dämonisierung der Technik«, »Gefühl der völligen Vereinsamung des Menschen« und einen »auf die Atomkriegspsychose gegründeten Nihilismus bis zum Zweifel am Sinn des Lebens überhaupt« konstatierte – für die DDR nur »gewisse Nebentöne und Verirrungen, gewisse Einflüsse bürgerlich-dekadenter Lebensauffassungen« gelten, ohne in diesem Fall die materialistische Frage nach deren Gründen im gesellschaftlichen Sein zu stellen. Und Ulbricht sagte klar und ließ veröffentlichen: »Sprechen wir doch offen miteinander: Es ging nicht um Ästhetik. Es ging um die Arbeiter- und-Bauern-Macht.«[314]

Selbstbewußte kommunistische Künstler bestritten beide Sätze. Sie brachten ihre Erfahrungen in Kunst und Gesellschaft zur Sprache, und sie meinten, daß nicht *das* den Sozialismus gefährde. »Wir brauchen in der Kultur und Kunst die Beseitigung einer meiner Ansicht nach fiktiven Vorstellung, daß die Macht der herrschenden Arbeiterklasse

---

310 ERNST FISCHER, Entfremdung, Dekadenz, Realismus, in: Sinn und Form 14 (1962), H. 5/6, 822, 816.
311 KLAUS HERMSDORF, Kafka. Weltbild und Roman (Berlin 1961), 20, 242, 241.
312 FISCHER, Kafka-Konferenz, in: Franz Kafka aus Prager Sicht 1963 (Prag 1965), 157.
313 Vgl. KURELLA, Das Eigene und das Fremde. Neue Beiträge zum sozialistischen Humanismus (Berlin/Weimar 1968).
314 WALTER ULBRICHT/KURT HAGER, Parteilichkeit und Volksverbundenheit unserer Literatur und Kunst (Berlin 1963), 77, 38f., 70.

V. Revolutionäre Arbeiterbewegung, staatlicher Sozialismus und ›dekadente‹ Künstler

durch die unmittelbare und direkte Auseinandersetzung mit der spätbürgerlichen Kultur und Kunst geschwächt oder erschüttert wird.«[315] Unter dieser Prämisse nahm der Bildhauer Fritz Cremer auf einem Kongreß seines Verbandes im März 1964 den Gebrauch aufs Korn, den die Parteiideologen von ›Dekadenz‹ machten: Der sei von »Dummheit und Ungewißheit« gekennzeichnet, die »schlagwortartige Anwendung der Worte und Begriffe wie Abstraktionismus, Formalismus, Dekadenz, Meisterschaft, Schönheit usw., usf.« (278) sei durch »differenzierte Untersuchungen« zu ersetzen, und: »Wir benehmen uns unmenschlich, wenn wir uns über [...] Lebensangst lustig machen« (282). Ende 1965 setzte Cremer in einem Brief an einer der Gemeinten hinzu, daß »ein bestimmter Teil von Genossen die Infragestellung ihrer Allwissenheit« mit »Existenz oder Nichtexistenz« der DDR identifiziere, und machte darauf aufmerksam, daß so die intelligentesten und begabtesten Künstler »wie mit Knüppeln von der Partei weggetrieben«[316] würden. Zur gleichen Zeit schlug Hermlin, seigneurialer, vor, »überall den Gebrauch abstrakter Begriffe durch die vorurteilslose, kritische, ernste Untersuchung von Künstlern und Kunstwerken zu ersetzen« und Dekadenz nur dann festzustellen, »wenn barbarische Zustände apologetisch behandelt werden« (Beispiele waren Jünger und Benn); mit Blick auf Kurella nannte er es einen »tristen Anblick, wenn manche Vertreter der modernsten Gesellschaftsordnung bei dem Wort ›modern‹ zusammenfahren«[317]. Auch Fischer arbeitete parallel weiter, wenn er, begriffsgeschichtlich bewußt von Stil- bis zu Sozialcharakteristika ausgreifend, als Bestimmungen von Dekadenz »eine gespenstische Erstarrung und Verdüsterung, ein Überhandnehmen des Grellen, Gräßlichen und Grotesken, eine Tendenz zum Masken- und Fratzenhaften, die Wirklichkeit als Angsttraum ohne Sinn und Ziel, das Gefühl einer zufälligen, nicht kausalen Aufeinanderfolge der Ereignisse, das Auseinanderklaffen von Gesellschaft und Individuum, den Rückzug aus einer als Chaos empfundenen Welt ins Enge«[318] benannte. Hier wurde versucht, über einen neuen Umgang mit einem der Ästhetische überschreitenden Dekadenzbegriff Kulturpolitik zu verändern. Als Negativbestimmung blieb ›Dekadenz‹ dabei überall unangetastet.

Die Angesprochenen allerdings ließen sich auf nichts ein. Eine »vollständige Konzeption gegen die Kulturpolitik der Partei«[319], signalisierte Hager seinen Genossen im Politbüro intern nach der Rede Cremers. »Ich kann nicht zulassen, daß Skeptizismus propagiert wird«, sagte Ulbricht Schriftstellern und Künstlern im Staatsrat der DDR am 25. 11. 1965: »Die Entfremdungspropaganda hat die Bevölkerung in einigen Volksdemokratien so und soviel vom Lebensstandard gekostet. Das kann man in einzelnen Ländern genau berechnen.«[320] Das war das Niveau Ždanovs 1948: »Надо учитывать, что плохая, дисгармоническая музыка, несомненно, нарушает правильную психо-физиологическую деятельность человека.« (Man muß in Rechnung stellen, daß eine schlechte, disharmonische Musik zweifellos die richtige psycho-physiologische Tätigkeit des Menschen stört.)[321] Schließlich grüßte die Psychopathologie. »Wir haben nun keine Freiheit für Verrückte«[322], formulierte Ulbricht im Schlußwort des 11. Plenums des ZK der SED (Dezember 1965). Man weiß inzwischen, daß seine sowjetischen Genossen so auch handelten.

Das Mauern half nicht. Ernst Fischers Buch kam zwar nicht in die Buchläden der DDR, aber schnell in Bibliothek und Köpfe z. B. der Arbeitsstelle Literaturtheorie an der Deutschen Akademie der Wissenschaften, die von demselben Staat finanziert wurde. Ein dort arbeitender Romanist analysierte fast gleichzeitig *A la recherche du temps perdu* detailliert in einer wissenschaftlichen Zeitschrift,

---

315 FRITZ CREMER [Diskussionsbeitrag auf dem V. Kongreß des Verbandes Bildender Künstler Deutschlands] (1964), in: G. Agde (Hg.), Kahlschlag. Das 11. Plenum des ZK der SED 1965. Studien und Dokumente (Berlin 1991), 276 f.
316 CREMER an Hermann Axen (27. 12. 1965), in: ebd., 363.
317 STEPHAN HERMLIN, An ›Politikon‹ (1964), in: Hermlin, Lektüre (Berlin/Weimar ²1975), 236, 256.
318 FISCHER, Kunst und Koexistenz (Reinbek 1966), 159 f.
319 Zit. nach BARCK (s. Anm. 305), 337.
320 Zit. nach AGDE (s. Anm. 315), 140.
321 ŽDANOV, Vstupitel'naja reč' i vystuplenie na soveščanii dejatelej sovetskoj muzyki v CK VKP(B) v janvare 1948 (Moskau 1952), 28; dt.: Über Kunst und Wissenschaft (Berlin 1951), 76.
322 Zit. nach AGDE (s. Anm. 315), 350.

gab seinen Text dann 1974 – fast zwanzig Jahre nach den Versuchen des Aufbau-Verlags und Mayers – der DDR-Erstausgabe von Prousts Romanzyklus als Einleitung bei, wandelte die dort gestellte Frage, ob man eine solche Literatur der Dekadenz zurechnen solle, aber erst in einer bearbeiteten Fassung 1978 in die Feststellung um, dies habe sich »inzwischen« als »einseitig« und »unproduktiv« erwiesen.[323] Hermlin erläuterte 1966 den Lesern eines Reclam-Bändchens mit Gedichten Georg Heyms, daß dessen »Irre, Mörder und Revoltierende sich als Geschöpfe eines bei Verstande Gebliebenen«[324] erwiesen hatten. Ein pfiffiger Wirtschaftshistoriker nutzte sein Wissen, daß Polemiken gegen Fischer bei der Obrigkeit erwünscht waren, um diesem gerade die zitierten traditionell negativen Bestimmungen von Dekadenz zu verweisen und damit andere Adressaten »zur Überlegung, zur Differenzierung, zur Vorsicht im Urteil«[325] zu mahnen. Die Große Sowjetenzyklopädie beschrieb in ihrer 3. Auflage 1972 unter ›dekadentstvo‹ kurz und weitgehend sachlich eine Kunstströmung um 1900. Der Abgrenzungsbegriff ›Dekadenz‹ verblich zunehmend in der genauen Betrachtung der Gegenstände, die er bezeichnen sollte.

Franz Fühmann hat 1982 beschrieben, was es bedeutete, wenn jemanden der »Konflikt zwischen Dichtung und Doktrin« um das sozialistische Verhältnis zur Dekadenz »existentiell«[326] betraf, da er das Künstlersein – worin man »Menschentum Aller schärfer und gnadenloser sieht« (186) – ernst nahm. »Unlebbares Leben« (203) nannte er das Trakls – den er verstanden habe, als er »ihn wieder erfuhr« (204). Gegen Nietzsche sprach Fühmann für »die Kranken und die Schwachen, die Untypischen, die Unnormalen, die Homosexuellen, die Psychopathen, die Gescheiterten und Ruinierten« (126) – und für Fadeev, der sich 1956 das Leben genommen hatte: »Der Schuß schrieb ihn in seine eigene Liste.« (187)

Den sachlichen Nekrolog sprach der realsozialistischen Dekadenz-Abwehr 1995 Hans Mayer. »Der sich als Fortschritt deklarierende gesellschaftliche Zustand entwickelt eine Theorie, die alles, was ihn gefährden könnte, als Reaktion und Dekadenz bezeichnet, und eben dadurch [...] sich selbst als entartet, als Verfall, als Reaktion, als Inhumanität darstellt.«[327] Der Satz gilt auch für die nichtsozialistischen Gegner von ›Dekadenz‹.

Wolfgang Klein

Literatur

ASHOLT, WOLFGANG/FÄHNDERS, WALTER (Hg.), Fin de siècle. Erzählungen, Gedichte, Essays (Stuttgart 1993); BAUER, ROGER, Nero de inferno levatus, in: Euphorion 66 (1972), 238–257; BAUER, ROGER, ›Décadence‹. L'histoire d'un mot et d'une idée, in: Cahiers roumains d'études littéraires (1978), H. 1, 55–71; CALINESCU, MATEI, Five Faces of Modernity. Modernism, Avant-Garde, Decadence, Kitsch, Postmodernism (Durham 1987); CARTER, ALFRED EDWARD, The Idea of Decadence in French Literature 1830–1900 (Toronto 1958); CHAUNU, PIERRE, Histoire et décadence (Paris 1981); CURTIUS, ERNST ROBERT, Entstehung und Wandlungen des Dekadenzproblems in Frankreich, in: Internationale Monatsschrift für Wissenschaft, Kunst und Technik 15 (1920), H. 1–2, 147–166; DEMANDT, ALEXANDER, Der Fall Roms. Die Auflösung des römischen Reiches im Urteil der Nachwelt (München 1984); DROST, WOLFGANG (Hg.), Fortschrittsglaube und Dekadenzbewußtsein im Europa des 19. Jahrhunderts (Heidelberg 1986); ERBE, GÜNTER, Die verfemte Moderne. Die Auseinandersetzung mit dem ›Modernismus‹ in Kulturpolitik, Literaturwissenschaft und Literatur der DDR (Opladen 1993); L'esprit de décadence, 2 Bde. (Paris 1980/1984); FARMER, ALBERT J., Le mouvement esthétique et ›décadent‹ en Angleterre 1873–1900 (Paris 1931); FUCHS, STEFAN F.-J., Dekadenz. Versuch zur ästhetischen Negativität im industriellen Zeitalter anhand von Texten aus dem französischen und englischen Fin de siècle (Heidelberg 1992); GEMBICKI, DIETER, Corruption, Décadence, in: R. Reichardt/H.-J. Lüsebrink (Hg.), Handbuch politisch-sozialer Grundbegriffe in Frankreich 1680–1820, H. 14–15 (München 1993), 7–60; HORSTMANN, ULRICH, Ästhetizismus und Dekadenz. Zum Paradigmenkonflikt

---

323 MANFRED NAUMANN, Prosa in Frankreich (Berlin 1978), 233; vgl. NAUMANN, Studie über Proust, in: Weimarer Beiträge (1967), H. 6, 948; NAUMANN, Einleitung, in: M. Proust, Auf der Suche nach der verlorenen Zeit, übers. v. E. Rechel-Mertens, Bd. 1 (Berlin 1974), 53.
324 HERMLIN, Georg Heym (1966), in: Hermlin (s. Anm. 317), 16.
325 JÜRGEN KUCZYNSKI, Die Dekadenz in der französischen schönen Literatur von 1830 bis 1870, in: Kuczynski, Gestalten und Werke (Berlin/Weimar 1971), 336.
326 FRANZ FÜHMANN, Vor Feuerschlünden. Erfahrung mit Georg Trakls Gedicht (Rostock 1982), 209.
327 Neues Deutschland (18./19. 2. 1995), 13.

in der englischen Literaturtheorie des späten 19. Jahrhunderts (München 1983); KOPPEN, ERWIN, Dekadenter Wagnerismus. Studien zur europäischen Literatur des Fin de siècle (Berlin/New York 1973); KOSELLECK, REINHART/WIDMER, PAUL, Niedergang. Studien zu einem geschichtlichen Thema (Stuttgart 1980); LE RIDER, JACQUES, Modernité viennoise et crises de l'identité (1990; Paris ²1994); LETHÈVE, JACQUES, Le thème de la décadence dans les lettres françaises à la fin du XIXᵉ siècle, in: Revue d'histoire littéraire de la France (1963), H. 1, 46–61; NYE, ROBERT A., Crime, Madness, & Politics in Modern France. The Medical Concept of National Decline (Princeton 1984); PFISTER, MANFRED/SCHULTE-MIDDELICH, BERND (Hg.), Die ›Nineties‹. Das englische Fin de siècle zwischen Dekadenz und Sozialkritik (München 1983); PONNAU, GWENHAËL (Hg.), Fins de siècle. Terme – évolution – révolution? (Toulouse 1989); PRAZ, MARIO, La carne, la morte e il diavolo nella letteratura romantica (Mailand 1930), dt.: Liebe, Tod und Teufel. Die schwarze Romantik, übers. v. L. Ruedigerl (München 1988); PYNSENT, ROBERT B. (Hg.), Decadence and Innovation. Austro-Hungarian Life and Art at the Turn of the Century (London 1989); SCHLOBACH, JOCHEN, Zyklentheorie und Epochenmetaphorik. Studien zur bildlichen Sprache der Geschichtsreflexion in Frankreich von der Renaissance bis zur Frühaufklärung (München 1980); STIERLE, KARLHEINZ/WARNING, RAINER, Das Ende. Figuren einer Denkform (München 1996); SWART, KOENRAAD W., The Sense of Decadence in Nineteenth-Century France (Den Haag 1964); WIDMER, PAUL, Die unbequeme Realität. Studien zur Niedergangsthematik in der Antike (Stuttgart 1983); WUTHENOW, RALPH-RAINER, Muse, Maske, Meduse. Europäischer Ästhetizismus (Frankfurt a. M. 1978).

Design

(engl. design, industrial design; frz. design, esthétique industrielle; ital. design, disegno industriale; span. diseño, diseño industrial; russ. дизайн, художественное конструирование, техническая эстетика)

Einleitung; **I. 19. Jahrhundert: Dimensionen des Dekorativen;** 1. Angewandte Kunst; 2. Industriekunst; 3. Dekorative Kunst; **II. Von der Jahrhundertwende bis 1914: Zwischen Kunst und Industrie; III. Von 1919 bis zum 2. Weltkrieg: Die Utopie des Gestaltbaren, ihre Rezeption und Negation; IV. Von der Nachkriegszeit bis zum Ende der 60er Jahre: Vom Leitbild Kunst zum Leitbild Wissenschaft; V. Von den 70er Jahren bis zur Gegenwart: Am Ende ist alles Design**

Einleitung

Design geht auf das lat. designare zurück, das sich im Ital. zu disegnare verändert. Aus der ursprünglichen Bedeutung ›bezeichnen‹ wird dabei auch die von ›entwerfen‹ im unspezifischen Sinn von schöpferischer Arbeit, aus dem sich im 15. Jh. ein spezifischer herausschält: eine Vorlage für später Herzustellendes zu schaffen. Das heißt, der Entwurf trennt sich von der Herstellung und kann später und/oder woanders wiederverwendet werden.

In den Wörtern, mit denen in der geschichtlichen Entwicklung der Begriff Design belegt wird, spiegeln sich Prozesse gesellschaftlicher Arbeitsteilung und gleichzeitig Versuche, diese oder deren Folgen zugunsten einer Gestaltung aufzuheben, die sich nicht nur auf ein Objekt richtet. Mit »All men are designers. All that we do, almost all the time, is design, for design is basic to all human activity«[1] läßt Victor Papanek sein Buch *Design for the Real World* (1971) beginnen. In der Soziologie existiert das Wort Existenzdesign,»worunter letztlich die gesamte materielle Realität der Lebenswelt als

---

1 VICTOR PAPANEK, Design for the Real World. Human Ecology and Social Change (1971; London 1985), 3.

Konstruktionsaufgabe«² zu verstehen ist. Otl Aicher hat eines seiner Bücher *die welt als entwurf* (1991) genannt, dagegen dominiert das Inszenatorische den gegenwärtigen Designbegriff. Obgleich unterschiedlich motiviert, gehen damit Differenzen zu den Begriffen Kunst, Plan, Arbeit oder Machen verloren. Und umgekehrt löst die Reduktion des Ästhetischen auf das Inszenatorische im gängigen Designverständnis den Verzicht auf das Wort Design aus, das vor allem durch Gestaltung oder Entwurf und Entwerfen ersetzt wird.

Neben der Kunst spielen für den Designbegriff die Beziehungen des Entwurfs zu Handwerk, Industrie, Wissenschaft, Technik und Architektur eine wichtige Rolle. Im Gebrauch verschiedener Wörter zeigen sich Ferne oder Nähe zur Kunst, mitunter sogar Identität mit ihr. Im Ganzen der historischen Entwicklung überwiegt jedoch eine Entfernung von der Kunst. Design wird selbständig und damit begriffen als eine andere Art von Gestaltung – zum Teil der Kunst ähnlich in den Werkzeugen, anders in ihren Zielen und Funktionen: Der Autonomie von Kunst stehen die Abhängigkeiten des Designs gegenüber. Das Anerkennen oder Abweisen des Andersartigen spiegelt sich im Pendeln zwischen Ausdruck und praktischer Funktion als jeweils primären Entwurfszielen. Selten allerdings werden Genuß durch Ausdruck und Funktion zusammengedacht.

Als Disegno wird der Begriff, wie Wolfgang Kemp nachgewiesen hat, Gegenstand definitorischer Bemühungen während der zweiten Hälfte des 16. Jh. in Florenz. Nach Kemp war nur in dieser Zeit und nur an diesem Ort »das Prinzip Disegno substantieller Bestandteil der Kunsttheorie«³. Unter Kunst sind dabei Malerei, Plastik und Architektur, bei Benvenuto Cellini auch Goldschmiedekunst zu verstehen. Die Aufwertung von Kunst (gegenüber dem Handwerk) führt gleichzeitig zu einer Aufwertung des Disegno zu einem Prinzip des Kreativen, vergleichbar der göttlichen Schöpfung und Voraussetzung allen menschlichen Tuns (als Plan, als geistige Grundlage). Auf einer Ebene darunter ist damit das Prinzip der Naturnachahmung gemeint und auf der untersten Ebene schließlich ein formales Prinzip, das den Gebrauch der Linie bestimmt. Und in einer Nebenbedeutung ist bereits das Inszenatorische enthalten. Disegno ist mit wechselnder Bedeutung geistiges und formales Prinzip, Prinzip des Entwerfens und des Ausführens, Prinzip des Erfindens und der Naturnachahmung, der Ursprung von allem oder ein Ideal. Seine Funktion reicht von der Kommunikation zwischen Künstler und Auftraggeber über die Nobilitierung von Kunst (gegenüber dem Handwerk) bis zur Aufwertung des menschlichen Tuns durch ein allgemeines Prinzip – des bis zur Wissenschaftlichkeit reichenden Vordenkens für ein (gestaltendes) Tun. Es verbindet so die Natur mit dem Werk, durch Disegno lassen sich Teile zu einer Ganzheit verbinden, und als Wissenschaft – in Form eines Regelwerks – verbindet es sich mit der Kunst. Die Spanne von Bedeutungen und damit die Vieldeutigkeit des Begriffs sind bis heute geblieben.

Für die Aufwertung des Disegno hat offenbar die Gründung der *Accademia del Disegno*, die um 1563 unter Giorgio Vasaris Einfluß in Florenz erfolgte, eine entscheidende Rolle gespielt. Sie gilt als Zeichen der Loslösung der Kunst vom Handwerk. Disegno wird nobilitierte Vorarbeit für das eigene Werk, bis dahin war das Entwerfen offenbar eher eine Dienstleistung von Künstlern für Handwerker. Folgt man Bernd Meurer und Hartmut Vinçon, haben seit dem 15. Jh. Künstler exakt vermaßte Produktionsunterlagen für Handwerker angefertigt und sind seit dem 16. Jh. Musterbücher von Künstlern bekannt, die als Entwerfer arbeiteten, aber Künstler blieben.[4] Bis zum 19. Jh. entwickelt sich, wenn auch langsam, diese Vorarbeit für das fremde Werk. Sie erweitert das Funktionsspektrum des Gezeichneten und verengt es gleichzeitig auf ein Mittel der instrumentellen Kommunikation: Zeichnungen oder Ornamentstiche in Muster- oder Vorlagebüchern dienen, sobald dekorative Wirkungen erwartet werden, als Arbeits-

---

2 HERMANN KELLNER/FRIEDRICH HEUBERGER, Zur Rationalität der Postmoderne und ihrer Träger, in: H.-G. Soeffner (Hg.), Kultur und Alltag. Soziale Welt (Göttingen 1988), 234.
3 WOLFGANG KEMP, Disegno. Beiträge zur Geschichte des Begriffs zwischen 1547 und 1607, in: Marburger Jahrbuch f. Kunstwiss., Bd. 19 (Marburg 1974), 219.
4 Vgl. HARTMUT VINÇON/BERND MEURER, Industrielle Ästhetik. Zur Geschichte und Theorie der Gestaltung (Gießen 1983), 11 f.

grundlage für Handwerker, als Mittel der Kooperation zwischen ihnen, zur Verbreitung (höfischer) Vorbilder und als Mittel der Arbeitsorganisation in Manufakturen. Ihre Urheber sind, nach Regionen und Zeiten unterschiedlich, Handwerker, Architekten und Künstler, ehe durch die fortschreitende industrielle Revolution im 19. Jh. die räumliche, zeitliche und personale Trennung von Entwurf und Ausführung zusammenkommen. Die Etablierung des Entwurfs in einem besonderen Raum (den Ateliers als französisierenden Werkstätten), in einer besonderen Zeit (vor der Produktion) und durch besondere Entwerfer (Zeichner oder Musterzeichner) führt zur Thematisierung der damit verbundenen Probleme einerseits und der Hoffnungen andererseits. Dabei ist die erste Weltausstellung (London 1851) Dreh- und Angelpunkt.

Design verweist in der Regel auf eine Unterscheidung zur räumlichen Dimension von Architektur, zum Konstruieren technischer Gebilde und zum Entwerfen im vormodernen Handwerk, und es bezieht sich auf Entstehen und Existenz dreidimensionaler Gebrauchsgegenstände sowie – untergeordnet – zweidimensionaler Informationen, die mit (industrieller) Technik reproduzierbar sind. Im Entwerfen von (komplexen) Erscheinungsbildern (corporate identities) sind allerdings solche Unterscheidungen zwischen Räumlichem, Technischem und Handwerklichem zugunsten eines umfassenden Designs wieder verwischt.

Der Gebrauch des Anglizismus Design überdeckt seine romanische Wortgeschichte. *Der Duden. Das große Fremdwörterbuch* (1994) verfolgt den Weg über ähnliche Wörter im Frz. bis zum lat. Ursprung, nach *Le Grand Robert de la Langue Française* (1989) ist Design ein ›mot anglais‹, das zuerst (im 17. Jh.) einen ›plan d'ouvrage d'art‹ bezeichnete und dem franz. dessin entsprach. Nach der ital. *Enciclopedia del Novecento* (1977) ist ›disegno industriale‹ eine Übersetzung des angelsächsischen ›industrial design‹, das im Ital. ebenfalls benutzt wird.

1944 wurde in Großbritannien der *Council of Industrial Design* gegründet, 1951 veröffentlichte der Industriedesigner Raymond Loewy in den USA seine Autobiographie, die bald nach ihrem Erscheinen weltweit verbreitet worden ist.[5] Wohl im Kontext des globalen amerikanischen Einflusses in der Nachkriegszeit (Marshallplan), der medienwirksamen Arbeit der Londoner Institution und der Stilisierung von Loewys Buch zum Gestaltungsprogramm verbreiteten sich die Wörter Design und industrial design zunächst über die Industriestaaten und kehrten damit als latinisierte Anglizismen auch in ihr Ursprungsland zurück. Welche Konnotationen damit verbunden sein konnten, hat Shutaro Mukai für Japan beschrieben: »Als das Wort ›Design‹ (dezain) in dieser phonetischen Schreibweise auftauchte, war es auch insofern etwas völlig Neues, als es für Veränderung stand, für einen revolutionären und optimistischen Neubeginn nach dem Krieg.«[6] Gegenüber der weltweiten Verbreitung von Design und industrial design sowie deren angleichender Übersetzungen (z. B. dem lautsprachlichen ›dizain‹) sind Ausnahmen auffällig. Im Russ. alternativ gebräuchliche Begriffe weisen einmal auf die Praxis des Entwerfens (художественное конструирование; chudožestvennoe konstruirovanie), zum anderen auf dessen sprachlich vermittelte Grundlagen (техническая эстетика; techničeskaja estetika). Im Franz. existiert seit 1951 bereits das Wort esthétique industrielle.

Die allmähliche Verdrängung nationalsprachlicher Ausdrücke durch den nunmehrigen Internationalismus verdeckt auch Gründe für deren Bildung. Zumindest in den sozialistischen Ländern, und wahrscheinlich auch in Frankreich, beruhen sie auf Distanzierung zu einem (amerikanischen) Anglizismus.

Auch die im Dt. kurze Geschichte von Design beginnt nach dem 2. Weltkrieg und folgt auf eine längere Geschichte anderer Termini, in der sich fünf Phasen unterscheiden lassen, jeweils gekennzeichnet durch einen darzustellenden Paradigmenwechsel.

Die erste Phase liegt im 19. Jh. Eine noch vom Handwerk geprägte Industrie bedient sich jener Formen, die als Stilformen für die Kunst entwickelt

---

5 Vgl. RAYMOND LOEWY, Never leave well enough alone (New York 1951); dt.: Häßlichkeit verkauft sich schlecht, übers. v. H. A. Weseloh (Düsseldorf/New York/Wien 1953).
6 Zit. nach KATHRYN BLOOM HIESINGER/FELICE FISCHER, Japanisches Design seit 1950 [Ausst.-Kat.] (Tübingen/Berlin 1995), 26.

worden sind. Der neue Kontext reduziert die Formen aufs Dekorative.

Die zweite Phase liegt in der Zeit zwischen der Jahrhundertwende und dem 1. Weltkrieg. Je weiter die Integration von Kunst in die Industrie fortschreitet, desto mehr werden deren Funktionen und Resultate problematisiert.

Die dritte Phase liegt zwischen dem 1. und 2. Weltkrieg. Während der 20er Jahre vollzieht sich ein Paradigmenwechsel von Kunst zu Gestaltung im Entwerfen, von Ausdruck zu praktischer Funktion in den Entwurfszielen, von Intuition zu wissenschaftlicher Analyse in den Entwurfsgrundlagen. Diese Leistungen der gestaltenden Avantgarde werden im Art déco modisch rezipiert, ehe die Begrifflichkeit im deutschen Faschismus auf andere Prioritäten weist.

Nach dem 2. Weltkrieg beginnt eine vierte Phase. Zunächst bietet sich wieder Kunst, wenn sie nicht figurativ ist, als Leitbild an. Aber es dauert nicht lange, bis die Faszination von der wissenschaftlich-technischen Revolution zu einem Paradigmenwechsel führt. Neue Wissenschaften, wie Kybernetik, Semiotik, Konstruktionswissenschaft und von den älteren die Soziologie, werden zu Grundlagen des Entwerfens.

Eine fünfte und bislang letzte Phase beginnt während der 70er Jahre: Je mehr sich das Wort Design über die Fachsprache hinaus verbreitet, desto mehr lädt es sich mit immer neuen Bedeutungen auf. Dieser Vielfalt und definitorischen Unschärfe entspricht ein Verlust von allgemeiner Programmatik. Letztlich wird in der Spanne von Designeruhr bis Designerdroge ein Feld abgesteckt, das von der Mode bis zur Chemie reicht. Das Gemeinsame auf diesem Feld liegt im Künstlichen – künstlich sowohl im Sinne von gestylt, von chemischer Synthese oder kosmetischen Verfahren bis zur kosmetischen Chirurgie. Dies kann verallgemeinernd für eine zunehmende Ästhetisierung bzw. Künstlichkeit aller Lebenszusammenhänge stehen.

Während heute die Bedeutung von Design als Prozeß bis zum menschlichen Tun allgemein reichen kann und Design als Resultat auch auf Unikate von Kunst und Handwerk verweist, ist der Kern, um den sich Bedeutungen historisch angelagert haben, das ästhetisch bestimmte Entwerfen von industriell reproduzierbaren Gebrauchsgegenständen, die sich auch für symbolischen Gebrauch eignen. Die folgende Darstellung konzentriert sich deshalb auf die damit verbundenen Wortbildungen, vor deren Hintergrund die historischen Veränderungen besonders deutlich erscheinen.

I. 19. Jahrhundert: Dimensionen des Dekorativen

Auf Design verweisen bereits im England der 30er Jahre offizielle Dokumente, die Voraussetzungen für den Entwurf und die Produktion dekorativer Gegenstände betreffen, insbesondere die Ausbildung von Zeichnern. 1873 erscheinen die *Principles of Decorative Design* von Christopher Dresser, der als erster Designer gelten kann. Er entwarf für manufakturelle und industrielle Unternehmen der Glas-, Keramik-, Möbel-, Metall-, Textil-, Tapeten- und Linoleumindustrie. Die Gravur ›Designed by C. D.‹ (oder ähnlich) auf den von ihm entworfenen Serienerzeugnissen weist historisch zum ersten Mal eine Designleistung öffentlich aus.

Für die Geschichte des Begriffs im 19. Jh. sind aber andere Wörter entscheidend, die den Höhepunkt ihrer Verbreitung in der zweiten Hälfte des 19. Jh. haben und fast ohne Ausnahme mit ›Kunst‹ gebildet worden sind: angewandte Kunst (engl. applied art; frz. arts appliqués), decorative, dekorative Kunst (engl. decorative art; frz. art décoratif), praktische Kunst (engl. practical art), industrielle Kunst oder Industriekunst (engl. arts industrial or industrial art; frz. art industriel, arts industriels), Gewerb(e)kunst, Kunstgewerbe (engl. art manufactures), Werkkunst. Ihnen entsprechen als Pluralbildungen die niederen oder geringeren Künste (engl. lesser arts), die kleinen oder technischen Künste. Der Plural begründet sich durch die verschiedenen Zwecke (in der Bekleidung, im Wohnhaus, an Werkzeugen oder Transportmitteln) und durch die Unterschiede der verwendeten Materialien (z. B. Holz, Keramik, Metalle, Textilien). Die französischen Begriffe ›arts utiles‹ und ›arts sociales‹ im Sinne einer Kunst, die sozial wird, indem sie »als ›art dans tout et pour tous‹ – allen, wenn auch nicht für alle gleich (›s'ajuster à l'état des classes différentes‹) akzessibel gemacht werden«[7] soll, wie Georg Maag unter Berufung auf Roger Marx[8] schreibt, haben im Deutschen eine ungefähre Entsprechung in den ›nützlichen Künsten‹, ein Wort, das nicht nur für Träger ästhetischen, sondern auch für solche technischen Formierens verwendet wird. Gegenüber den genannten erscheinen Zierkunst und Werkkultur als seltener gebrauchte Wörter.

Das Durchgängige von Kunst in den Begriffen verweist in verschiedenen Mischungen auf emanzipatorische, demokratische, reformerische und nationalistische Intentionen, besonders aber auf Absatzstrategien in Richtung Weltmarkt.

Unabhängig von den Mischungen ist den Intentionen gemeinsam, daß arbeitsteilig Getrenntes wieder vereinigt werden soll. Seit Beginn des 19. Jh. wurden die Verluste nicht nur registriert, sondern heftig beklagt. Mit der Autonomie der freien Künste sei dem Handwerk die geistige Führung verlorengegangen, es sei ins Schlepptau der wechselnden Moden geraten und werde außerdem bedrängt durch niedrige Preise industrieller Massenprodukte, die sich als Schund herausstellen, aber dekoriert sind. Solche Klagen, in denen ansatzweise bereits die warenästhetische Funktionierung von Gestaltqualitäten reflektiert wird, kommen besonders aus England (Thomas Carlyle, John Ruskin, William Morris), aber auch aus Deutschland und Frankreich. Aus den Reihen der Klagenden kommen auch Vorschläge zur Rettung.

In Frankreich schlossen sich reformwillige Vertreter des Kunstgewerbes 1864 mit dem Ziel zusammen, im Nützlichen das Schöne zu verwirklichen.[9] 1856 betitelte Léon de Laborde sein Buch, in dem die Erfahrungen der Londoner Weltausstellung verarbeitet sind, mit *De l'union des arts et de l'industrie*. Karlheinz Barck sieht darin eine »Rehabilitierung des Zweckes und der Nützlichkeit« für die schönen Künste. Es »bedeutet so viel wie eine Wiedervereinigung von Ästhetik und Technik in der Kunsttheorie«[10].

Besonders im Zusammenhang mit den Weltausstellungen und mit nationalen Kunstgewerbeausstellungen gerät periodisch eine Kunst für den Alltag, und dabei besonders eine für die Unterprivilegierten, ins Blickfeld der Öffentlichkeit. Ein sehr spätes Zeugnis dafür liefert Heinrich Waentig. Auf der Suche nach Zeichen von Demokratisierung schien ihm in den Kunstgewerbeausstellungen 1897 in München und Dresden, »als wolle nach langer Trennung die hohe Kunst von ihrem Throne wieder zum Volke herabsteigen und wie ehemals auch das Alltagsleben bis in seine Tiefen durchdringen und befruchten«[11].

Dagegen sind Konkurrenzsituationen auf dem Weltmarkt Grundlage für eine andere, nämlich nationalistische Interpretation des Kunsthaften von praktisch brauchbaren Gegenständen. In dem 1875 erschienenen Buch zur Wiener Weltausstellung von 1873 urteilt Jacob von Falke nach drei Maßstäben: der Fähigkeit zur Dekoration und zum Vermitteln von Stimmungen, der Nähe zur Renaissance und drittens der Ferne zu französischen Vorbildern. Um vom französischen Modediktat unabhängig zu sein, müsse das Kunstgewerbe in den deutschen Ländern zur Renaissance zurück, was heiße, französische Moden durch deutsche Kunst zu ersetzen. Nach der Pariser Mode würden sich, so Falke, nur noch Neureiche einrichten, während die Wohnung künstlerisch geworden sei.[12] Die französische Mode bleibt für die Reformwilligen in England und Deutschland ein zentraler Bezugspunkt – sowohl als abzulehnendes Leitbild des Modischen wie auch als Verkörperung des Fremden, dem die eigene Geschichte gegenüberzustellen sei.

---

7 GEORG MAAG, Kunst und Industrie im Zeitalter der ersten Weltausstellungen. Synchronische Analyse einer Epochenschwelle (München 1986), 64.
8 Vgl. ROGER MARX, L'art social (Paris 1913).
9 Vgl. HEINRICH WAENTIG, Wirtschaft und Kunst. Eine Untersuchung über Geschichte und Theorie der modernen Kunstgewerbebewegung (Jena 1909), 155.
10 KARLHEINZ BARCK, Kunst und Industrie bei Léon de Laborde und Gottfried Semper. Differente Aspekte der Reflexion eines epochengeschichtlichen Funktionswandels der Kunst. In: H. Pfeiffer/H. R. Jauß/F. Gaillard (Hg.), Art social und art industriel. Funktionen der Kunst im Zeitalter des Industrialismus (München 1987), 246.
11 WAENTIG (s. Anm. 9), 3.
12 Vgl. JACOB VON FALKE, Das Kunstgewerbe, in: C. v. Lützow (Hg.), Kunst und Kunstgewerbe auf der Wiener Weltausstellung 1873 (Leipzig 1875), 42.

Auch unabhängig von nationalistischen Interpretationen artikuliert sich in der Verwendung von Kunst eine neue Erfahrung: Der schnelle Modewechsel wird, z. B. bei Ruskin, mit der Forderung beantwortet, zur Kunst zurückzukehren. Zur Kunstgewerbebewegung gehört nicht nur der Kampf gegen die Mode, sondern sie wird auch als Träger sozialer Reformen gesehen. Falke sieht im Kunstgewerbe »auch eine eminent sociale [Frage], insofern es sich bei ihr um Verschönerung unserer Umgebung, um Idealisierung des Lebens handelt« (41). Später argumentiert dann Friedrich Naumann, wer im Elend lebe, könne keine schönen Dinge produzieren. Dies sei aber notwendig, um die Konkurrenten auf dem Weltmarkt ausstechen zu können.[13] Das wirtschaftliche Ziel begründet den Ruf nach sozialen Reformen.

Absatzstrategisch hat die Kunst im 19. Jh. eine ähnliche Rolle gespielt wie heute Design oder Designer(möbel). Die Worte weisen auf die warenästhetische Funktionierung von seriellen Gebrauchsgegenständen. Die Industrie bewirkt, daß es zu viele davon gibt. Sie werden geschmückt und zu distinktiven Funktionen hergerichtet, weil sie abgesetzt werden sollen. »Schon zeigt es sich, daß die Erfindungen nicht mehr, wie früher, Mittel sind zur Abwehr der Not und zum Genusse; vielmehr sind die Not und der Genuß Absatzmittel für die Erfindungen. Die Ordnung der Dinge hat sich umgekehrt.«[14]

In der Betonung der Kunst liegt auch die Intention, industrielle Produkte durch Kunst aufzuwerten, die nicht auf Kunst, sondern auf Mechanisierung von Arbeit, Dequalifizierung der Arbeiter und dem Seriencharakter der Produkte beruhen. Es ist auffällig, daß die mit Kunst verbundenen Begriffe meist synonym gebraucht worden sind, obwohl sie Unterschiedliches akzentuieren.

Der Begriff ›angewandte Kunst‹ betont den künstlerischen Charakter des Entwurfs (Kunst anwenden, Kunst applizieren, Kunst praktisch werden lassen). – In ›Kunstgewerbe‹, ›Industriekunst‹ usw. wird die gewerbliche Ausführung eines künstlerischen Entwurfs betont, und es ist auffällig, daß in der Benennung von Institutionen das Kunstgewerbe dominiert (Kunstgewerbemuseum, Kunstgewerbeschule, Kunstgewerbeausstellung, Kunstgewerbeverein). – Mit ›dekorativer Kunst‹ werden Funktion bzw. Wirkung auf den Rezipienten akzentuiert (dekorativ, zierend, ornamental). Im folgenden zu diesen Differenzierungen.

1. Angewandte Kunst

Semper versteht darunter »Künste in ihrer Anwendung auf das praktische Wissen« (66) als Töpfern für Keramik, Flechten, Spinnen und Weben für Textilien, Zimmern für den Hausbau mit Holz, mit Stein das Mauern. Worauf Kunst angewandt wird, ist also die Verwandlung von Wissen in Technologie. Damit wird ein Zusammenhang zwischen Kunst und Gebrauchsgüterproduktion hergestellt, der nach den Proklamationen von Gewerbefreiheit zunehmend als gelöst beklagt worden ist. Gewerbefreiheit bedeutete objektiv Wahlfreiheit der Stile, subjektiv eine Verunsicherung für die Handwerker. Waren sie bisher höfischen Vorbildern und berufsständischen Regeln gefolgt, vergrößerten zunächst Archäologie und seit der Jahrhundertmitte auch Ethnographie das Formenrepertoire und verbreiteten neue Reproduktionstechniken dessen Kenntnis. Über das 19. Jh. hinweg nahmen Maß- und Maßstablosigkeit der Ornamentation in dem Maße zu, wie die Kenntnis ihrer ursprünglichen Bedeutung verlorenging. Um dem abzuhelfen, erschienen seit Beginn des 19. Jh. in England Vorbildsammlungen, in denen die historische Orientierung für die industrielle Fertigung übernommen wurde. Früheste Publikation solcher Art in Preußen sind die *Vorbilder für Fabrikanten und Handwerker* von Schinkel, die zwischen 1821 und 1837 von der *Königlich-technischen Deputation für Gewerbe* herausgegeben worden sind. Sie enthalten Vorbilder für Gebäude, Gerätschaften und Gefäße sowie für Textilien, denen die klassizistische Prägung gemeinsam ist. Indem Schinkel die Formen des Immobilen auf Mobiles übertrug, befestigte er die Abhängigkeit der neuen Produzen-

---

13 Vgl. FRIEDRICH NAUMANN, Deutsche Gewerbekunst (Berlin 1908), 31 ff. u. 46.
14 GOTTFRIED SEMPER, Wissenschaft, Industrie und Kunst. Vorschläge zur Anregung nationalen Kulturgefühls (1852), in: Semper, Wissenschaft, Industrie und Kunst und andere Schriften über Architektur, Kunsthandwerk und Kunstunterricht, hg. v. H. M. Wingler (Mainz/Berlin 1966), 31.

ten von der Architektur. Die Fabrikanten und Handwerker wurden in ihrem praktischen, d. h. hier funktionalen Denken delegitimiert und in ihrer stilistischen Ohnmacht bestärkt, während die Architekten in ebensolcher Kompetenz bestärkt wurden. Im Vorwort von Peter C. W. Beuth, dem entscheidenden Förderer des preußischen Gewerbes, heißt es 1830: »Der Fabrikant und Handwerker aber soll, wir wiederholen es, sich nicht verleiten lassen, selbst zu komponiren, sondern fleissig, treu und mit Geschmack nachahmen.«[15] Aus diesen didaktischen Werken wurden in der zweiten Jahrhunderthälfte die Ornamentsammlungen und Formenschätze aller Stile und Zeiten. Sie zeigten den Übergang von der (geforderten) Stileinheit zum Stilpluralismus bis zum Mischstil oder gemischten Stil in einem Werk: von jedem das (vermeintlich) Beste.

Versuche von Orientierungen und Reformen hatten schon in England des ausgehenden 18. Jh. begonnen. Aber sie blieben singulär, und den Schulgründungen, Kommissions- und Vereinsbildungen, der Integration des Kunstgewerbeunterrichts in die Berufsausbildung in England wie auf dem Kontinent war sämtlich kein dauerhafter Erfolg beschieden. Noch 1894 konstatierte Bertha Zuckerkandl für Österreich: »Eine moderne Literatur hätten wir; eine moderne Kunst auch; nur eine moderne Kunst-Industrie fehlt ganz.«[16]

Mit der ersten Weltausstellung von 1851 erhielten die singulären Bestrebungen eine neue Aktualität durch die globale Veranschaulichung babylonischer Stilverwirrung. Sempers Text *Wissenschaft, Industrie und Kunst*, für reformwillige Kräfte in England bestimmt, reagierte noch im gleichen Jahr darauf: Die Industrie steht im Zentrum, flankiert von Wissenschaft und Kunst, die sie integrieren soll. Semper schlägt darin vor, was Gegenstand der kunstgewerblichen Reformbewegung geworden ist: Museen und Schulen zu gründen, um durch Erziehung, Geschmacksbildung und Mustersammlung den Widerspruch zwischen der Fülle industrieller Möglichkeiten und dem Mangel an subjektivem Vermögen zu deren Aneignung zu lösen. Denn die Industrie hat, so Semper, einen seit Urzeiten wirksamen Zusammenhang zwischen wenigen Urformen und zahlreichen Modifikationen aufgelöst. Die Urformen bleiben nach Semper historisch weiterhin gültig, weil sich ihr Zweck nicht ändert, die Modifikationen ergeben sich durch regionale Unterschiede in Gestalt von Klima, Materialien, Fertigkeiten usw. Angewandte Kunst hat nun die Aufgabe, wieder zu den Urformen und ihren Modifikationen zurückzukehren, aber vorher ist Zersetzungsarbeit zu leisten. Noch das abgeschmackteste Kunstgewerbe erhält dabei seine historische Aufgabe mit der »Zersetzung traditioneller Typen durch ihre ornamentale Behandlung«[17].

2. Industriekunst

Industriekunst als Praxis des Entwerfens für die Industrie ist verbunden mit der Kunstindustrie (frz. industrie artistique) als Praxis des Ausführens von Entwürfen.

Wenn im Wort Industrie das Ausführen betont ist, muß im 19. Jh. damit noch nicht die maschinelle Herstellung einer Ware gemeint sein, und das einzelne Erzeugnis muß noch nicht Teil einer Serie sein. Industrie wird sowohl in herkömmlicher Bedeutung als Gewerbefleiß als auch bereits in neuer als Gewerbetätigkeit verstanden. Fleiß bezeichnet in diesem Sinne das Erzeugen von Gebrauchsgütern allgemein. Sie können in der sogenannten Hausindustrie sowohl für den Eigenbedarf hergestellt werden als auch für den Verkauf bestimmt sein. Gewerbetätigkeit dagegen ist Tätigkeit für den Markt und Industriekunst eine Kunst für den Markt.

Wenn Semper die Geschichte des Bauens nicht mit architektonischen, sondern kunstindustriellen Formen (dem Herd, der Umzäunung, dem Wetterschutz) beginnen läßt, ist das eine historische Aufwertung der Kunstindustrie gegenüber der ›Mutter der Künste‹. Diese Formen ermöglichten das Seßhaftwerden durch Bildung eines bewohn-

---

15 PETER C. W. BEUTH, Vorwort (1830), in: K. F. Schinkel, Vorbilder für Fabrikanten und Handwerker, hg. v. der Königl.-technischen Deputation für Gewerbe (Berlin ²1863), V.
16 BERTHA ZUCKERKANDL, Modernes Kunstgewerbe (1894), in: G. Wunberg (Hg.), Die Wiener Moderne. Literatur, Kunst und Musik zwischen 1890 und 1910 (Stuttgart 1984), 177.
17 SEMPER (s. Anm. 14), 42.

baren Raumes. Nach heutigem Sprachgebrauch könnte man sagen: Am Anfang war das Design. In ihrer Rolle zur Befriedigung praktischer Bedürfnisse begreift Semper Industriekunst als geschichtliches Phänomen. Weil diese Befriedigung über den Markt erfolgt, erwartet er von ihren Leistungen allgemein akzeptierbare, typische und nicht individuelle Formen: Sie haben einerseits der Anonymität der potentiellen Kunden zu entsprechen und sind andererseits begründet durch den Zweck, die Zweckbestimmung oder einfach die Bestimmung. Solche Wörter stehen für das später benutzte Wort von der ›(praktischen) Funktion‹ und sind in ihrer Betonung als Gegensätze zum Ornament, zu dessen nur dekorativer Funktion zu sehen. Ästhetik ist bei Semper unmittelbar mit Arbeit für Lebensnotwendiges verbunden. Das erklärt seinen neuen Begriff ›praktische Ästhetik‹[18].

3. Dekorative Kunst

Die Wortverbindung deutet auf das für den Gebrauch nicht Notwendige, das Freude an der Arbeit und einen Überschuß an Kraft Ausdrückende. Seine Orte hat es am Körper, in dessen Bekleidung und Schmuck, am Gerät (vom Eßbesteck über den ›beweglichen Hausrat‹ bis zu Fahrzeugen und Waffen), im Raum des Wohnens und der Repräsentation. Seinen Ausdruck findet es im Ornament. Das heißt, nicht der Zusammenhang von Funktion und Gestalt steht im Zentrum der Aufmerksamkeit, sondern der zwischen Gestalt und Ornament. Ziel der angewandten Kunst ist nicht ein Mehr an Komfort und Bequemlichkeit, sondern ein Mehr an Augenschmaus, das Auge – und nicht die Hand

als Organ von Werktätigkeit – ist Adressat der dekorativen Kunst. Nach Carl H. Terne ist der ›Zeichner‹ der erste, der als Entwerfer für die Industrie arbeitet, indem er Dessins entwirft, weshalb er auch im Deutschen Dessinateur genannt werde.[19] Später werden die Musterzeichner, die in Zeichen- und Kunstgewerbeschulen ausgebildet worden sind, mit Spott und Verachtung übergossen, weil sie dreifach abhängig sind – von der Geschichte, deren Stile sie kopieren, von den Künstlern, deren Entwürfe sie ausführen, und von den Fabrikanten, von denen sie als ornamentierende Lohnarbeiter bezahlt werden.[20]

Alle am Entwurf Beteiligten haben jedoch eine Gemeinsamkeit: Sie wissen wenig von den zu bearbeitenden Materialien sowie den möglichen Technologien, und sie reflektieren kaum die potentielle Funktion der zu entwerfenden Dinge. Diese Musterzeichner repräsentieren eine Auffassung, in der das Dekorative als Ziel gesehen wird.

Dem steht eine andere Auffassung gegenüber, in der das Dekorative als Folge gesehen wird. Bei William Morris kann die dekorative Wirkung nur Resultat einer Arbeit sein, die unabhängig geleistet wird, nicht in einen Prozeß der Profitmaximierung integriert und nicht arbeitsteilig organisiert ist. Die Freude, mit der sie getan wird, drückt sich im Dekorativen aus: »The decoration of workmanship, what is it but the expression of man's pleasure in successful labour?« Gleichzeitig soll das Dekorative auf die Geschichte und auf die Natur verweisen – auf die Geschichte, wenn das Dekorative nicht nur schmücken, sondern Kämpfe der Vergangenheit zeichenhaft in den Alltag holen soll: »For should not these memories also be a part of our daily life?«; auf die Natur durch »forms and intricacies that do not necessarily imitate nature, but in which the hand of the craftsman is guided to work in the way that she does, till the web, the cup, or the knife, look as natural, nay as lovely, as the green field, the river bank, or the mountain flint«[21].

Die ästhetische Sphäre wurde von Morris arbeitsorganisatorisch als ungeteilte Arbeit bestimmt. Diese war in Werkstätten auf dem Lande lokalisiert und zeigte sich stofflich in Produkten, deren Schmuck die Natur zum Vorbild hatte. In Relation zum Üblichen waren sie einfacher, aber ihre Preise entsprachen denen von Luxusprodukten. Die

---

18 Vgl. SEMPER, Der Stil in den technischen und tektonischen Künsten oder Praktische Ästhetik, 2 Bde. (München 1860/1863).
19 Vgl. CARL H. TERNE, Form und Farbe, ihre hohe Bedeutung für die Industrie (Chemnitz 1839).
20 Vgl. WERNER SOMBART, Probleme des Kunstgewerbes in der Gegenwart, in: Die neue Rundschau 18 (1907), 513–536.
21 WILLIAM MORRIS, The lesser Arts (1877), in: Morris, Collected Works, hg. v. M. Morris, Bd. 22 (London 1914), 23, 8 u. 5; dt.: Die geringeren Künste, in: Morris, Kunst und die Schönheit der Erde. Vier Vorträge über Ästhetik, übers. v. J. Pätzold (Berlin 1986), 7–43.

Würde des Arbeiters, die Freude an der Arbeit und die Wiederkehr des Handwerks waren also nur um den Preis von Luxusprodukten zu erhalten.

II. Von der Jahrhundertwende bis 1914: Zwischen Kunst und Industrie

Bei Morris gibt es schon den Entwerfer, der gleichzeitig auch Handwerker ist, nämlich ihn selbst; seine Handwerker sind – entgegen seiner Programmatik – Ausführende. Adolf Loos dagegen sieht vor der Jahrhundertwende Entwurfskompetenz weder bei den Vertretern der Kunstgewerbebewegung noch bei Künstlern und Architekten, von Musterzeichnern gar nicht zu reden, sondern ausschließlich bei den Handwerkern, die er auffordert, in einer jahrhundertelang geübten, aber im 19. Jh. ignorierten Praxis fortzufahren: nicht Ornamente und Formen zu erfinden, sondern Formen zu kopieren oder zu modifizieren, die sich seit vielen Generationen im Gebrauch bewähren. Die Beziehung zwischen wenigen Urformen und zahlreichen Modifikationen bei Semper ist von Loos in einen Angriff gegen die Kunstgewerbebewegung gewendet worden: Einen Sattlermeister läßt er zum akademisch gebildeten Vertreter des Kunstgewerbes sagen: »Wenn ich so wenig vom pferd, vom reiten, von der arbeit und vom leder verstünde wie sie, hätte ich auch ihre phantasie.«[22] Der Kompetenz aus praktischer und historischer Erfahrung steht die Formphantasie als bloß individuelle Erfindung, fern von Arbeit, Funktion und Material gegenüber. Loos lehnt nicht, wie immer wieder zu lesen ist, die Ornamente überhaupt ab, er lehnt nur das Erfinden neuer ab, nicht das Kopieren alter. Aber dennoch ist Geschichte für ihn kein Schatz an Ornamenten, sondern ein Reservoir überlieferter (auch vergessener) Archetypen des Gebrauchs. Das Ornament, bei ihm synonym für die Werke der Kunstgewerbebewegung, ist für Loos historisch funktionslos geworden. In der Kunst einerseits und im nicht mehr dekorierten (wertvollen) Material andererseits sieht er die Genußpotentiale seiner Zeit.

War die besonders im englischen *Arts and Crafts Movement* propagierte Rückkehr zum Handwerk durch die Aufhebung der Arbeitsteilung bestimmt und waren Bezugspunkte deshalb Romanik und Gotik, ist Loos an Geschichte allgemein interessiert, weil er in ihr eine jahrhundertelange Arbeit an Gebrauchstypen sah, die schon im alten Ägypten oder bei Chippendale im England des 18. Jh. abgeschlossen sein konnte. Den Umbruch durch die Industrie nahm er – bis auf Ausnahmen – kaum zur Kenntnis.

Die Betonung von Gebrauchsformen folgte aus der Betonung dekorierter Formen im Kunstgewerbe, was Karl Kraus zu der Bemerkung veranlaßte: »Der Verschweinung des praktischen Lebens durch das Ornament, wie sie der gute Amerikaner Adolf Loos nachweist, entspricht die Durchsetzung des Journalismus mit Geistelementen.«[23] Ein Spielraum, der durch die deutliche Trennung von Gegenständen symbolischen und praktischen Gebrauchs bezeichnet ist. Betonen Loos und Kraus den Gebrauchsgegenstand, verteidigt Georg Simmel die Automie der Kunst mit der Ablehnung des Kunsthaften im Gebrauchsgegenstand: »Auf einem Kunstwerk zu sitzen, mit einem Kunstwerk zu hantieren, ein Kunstwerk für die Bedürfnisse der Praxis zu gebrauchen – das ist wie Menschenfresserei, die Entwürdigung des Herrn zum Sklaven.«[24] Simmel beharrt nicht nur auf dem Selbstzweck der Kunst, sondern benennt im weiteren mit dem Individualismus eine Quelle für den Gebrauch des Begriffs Kunst. Dieser Gebrauch ist nicht nur im 19. Jh., sondern in wiederkehrenden Wellen bis zur Gegenwart zu beobachten, und dafür ist die Erklärung von Individualismus nicht ausreichend: Wenn in der medial vermittelten Hierarchie ästhetisch formierender Disziplinen Kunst an der Spitze steht, und das ist selten anders, drängt es auch Architekten als Baukünstler und ebenso Gestalter von Werkzeugen aller Art dorthin. Dagegen hatte Hermann Muthesius schon 1902 formuliert: »Das Heil und die Hoffnung der Zukunft liegt darin, in der

---

22 ADOLF LOOS, Josef Veillich (1929), in: Loos, Trotzdem. 1900–1930 (Wien 1982), 216.
23 KARL KRAUS, Heine und die Folgen (1911), in: Kraus, Ausgew. Werke, hg. v. K. Krolop, Bd. 1 (Berlin 1977), 293.
24 GEORG SIMMEL, Das Problem des Stiles (1908), in: Simmel, Gesamtausgabe, Bd. 8/2, hg. v. A. Cavalli/V. Krecht (Frankfurt a. M. 1993), 379.

Begriffsverbindung Kunstgewerbe die ›Kunst‹ zu überwinden und auf anständige gewerbliche Leistungen zu kommen.«[25]

Mit Loos, Kraus, Simmel, Muthesius und anderen exponierten Vertretern der Moderne ist das Trennende von Kunst und Gewerbe, Kunstobjekt und Werkzeug thematisiert worden. Das hieß die Absage an Autonomie im Namen des Dienenden und Zweckhaften, an Individuelles zugunsten des Allgemeinen, die Absage an Subjektives gegenüber dem Objektiven, an die Dominanz von ästhetischem Genuß, der durch praktischen Gebrauch ersetzt wird. Die Thematisierung solcher Polaritäten wird sich wiederholen.

Zwischen 1907 und 1914 ist der *Deutsche Werkbund* (DWB), auch international, das institutionelle Zentrum, in dem das Verhältnis von Kunst und Gewerbe diskutiert wird. Die Werkbundmitglieder – Architekten, Künstler, Unternehmen der Industrie, des Handwerks und des Handels, Publizisten, Museumsdirektoren – werden Träger eines Paradigmenwechsels: nicht mehr zurück zum Handwerk, sondern vorwärts zur Industrie. Historisch erstmalig ist das industriell Produzierte Gegenstand von Reformbemühungen, gefolgt von dessen Vermittlung durch Verpackungen, Schaufenster, Kaufhäuser usw. Werkbundstreit und der Ausbruch des 1. Weltkrieges beenden 1914 die erste Phase des Werkbundes und damit auch dessen internationale Vorreiterrolle.

Der Werkbundgründung war seit den Jahren um die Jahrhundertwende eine Fülle kunstgewerblicher Programme und Pamphlete – besonders von späteren Werkbundmitgliedern – vorausgegangen, in denen sich der Paradigmenwechsel abgezeichnet hatte. Damit kam nach industriellen Konzentrationsprozessen die Massenproduktion in der kunstgewerblichen Diskussion an. Gegenüber dem allgemeinen Sprachgebrauch (besonders im Kunstgewerbe) wurde im Werkbund deutlicher zwischen Kunsthandwerk (Unikat), Kunstgewerbe (hand-

werkliche Serie) und Industriekunst (industrielle Serie) unterschieden. Betont wurde in der Konsumtion die ›soziale Frage‹ und in der Produktion die Rolle des Ingenieurs. In ihm personifizierte sich sach- und nicht schmuckbezogenes Entwerfen. ›Sachlichkeit‹ wurde zu einem Gegenbegriff von Stil einerseits und Mode andererseits.

Der seit der Reichsgründung zunehmende Ekel des Bildungsbürgertums vor industriellem Kitsch und historischem Eklektizismus für die Bedürfnisse der Neureichen hatte Programme, Aufklärungsschriften und Ratgeber für das Wohnen hervorgebracht, die sich auf Semper stützten, in den ornamentlosen Werken der Ingenieure Vorbilder sahen und die Entleerung der Kunst im Ornament des industriellen Jugendstils beklagten. Der Architekt Muthesius gehörte zu den Protagonisten des Paradigmenwechsels. Er hatte die Entwicklung in England verfolgt, also dort, wo sie am fortgeschrittensten war, und er beschreibt sie gegensätzlich zum Kontinent als kontinuierliche Entwicklung bürgerlicher Gegenständlichkeit, bei Möbelentwerfern und Möbeltischlern im 18. Jh. (Chippendale, Hipplewhite, Sheraton) beginnend und sich bis zum *Arts and Crafts Movement* seit den 60er Jahren des 19. Jh. fortsetzend. Nach Muthesius erschöpft sich der industrielle Jugendstil im äußerlich Ornamentalen und ist das Werk der Musterzeichner, die Werke der Ingenieure dagegen – Maschinen, Ozeandampfer, Bahnhofshallen, Kraftwerke usw. – sind schmuck- und traditionslos, aber nicht sprachlos, denn sie »erzählen am deutlichsten von dem Zuge unserer Zeit«. Dies ist der zivilisatorische Zug zu größerer Einfachheit, die das Zeremonielle verdrängt. Im Wort Sachkunst ist diese Tendenz betont. Muthesius zufolge kursierte dieses Wort nach der Jahrhundertwende und verwies auf scheinbar objektive Formen als »sozusagen mathematische Verkörperung der Nützlichkeit«. Dagegen betont er, es sei weder möglich noch wünschenswert, das Individuelle beim »tektonischen Gestalten«[26] zu eliminieren.

Wort und Polemik belegen eine Thematisierung der Künstlerindividualität, die doppelt bedroht ist: durch die Entwicklung der Arbeitsteilung und durch die Aufwertung des Zwecks gegenüber dem Ausdruck in ästhetischem Formieren von Gegenständen des praktischen Gebrauchs.

---

25 HERMANN MUTHESIUS, Stilarchitektur und Baukunst. Wandlungen der Architektur und der gewerblichen Künste im neunzehnten Jahrhundert und ihr heutiger Standpunkt (Mülheim a. d. Ruhr ²1903), 64.
26 MUTHESIUS, Die moderne Umbildung unserer ästhetischen Anschauungen (1904), in: Muthesius, Kultur und Kunst (Jena 1909), 46 u. 73.

Die bedrohte Individualität des Künstlers führt 1914 zum sogenannten Typisierungsstreit. Er bringt die Entwicklung seit dem Ende der Stilsuche, ob historisch oder im Jugendstil, auf den Punkt. In dieser Entwicklung war der Begriff ›Kunstgewerbe‹ durch den übergeordneten ›Werkkunst‹ ersetzt worden. In ihm haben Raumkunst, Gerätekunst und Baukunst Platz. So betont dieser Begriff Gemeinsamkeiten im Gestalten von Raum und Gegenstand, Unikat und Serienprodukt, Handwerk und Industrie. ›Werkkunst‹ rettet das Kunstgewerbe in seiner Kleindimensioniertheit durch Integration in größere Zusammenhänge. In dieser Entwicklung wurde zuerst ›Qualität‹, später auch ›Form‹ zu Schlagwort und Ziel. Mit Qualität sind zwischen 1907 und 1911 vor allem Material, Technologie und Zweck als Potential für Formen betont worden, danach war es auch das individuelle Vermögen zur Formung. Man sprach zuerst von der ›Veredelung‹, später von der ›Duchgeistigung‹ der gewerblichen Arbeit. Wurden mit ›Veredelung‹ die objektiven, so mit ›Durchgeistigung‹ die subjektiven Formdeterminanten betont. In der Veredelung – und darin besteht die historische Leistung – tritt an die Stelle des Ornaments die Profanität von Materialien, Technologien und Zwecken. Sie werden nobilitiert, indem sie für den ästhetischen Genuß durch Anschauung als nicht mehr zu gering erachtet werden. Sie selbst müssen veredelt werden, aber bedürfen dazu weder der Ornamente noch der Stilformen. Im später verallgemeinernden Begriff ›Materialästhetik‹ ist die ästhetische Konzentration auf den Werkstoff und seine Verarbeitung zusammengefaßt: Sie ist nicht mehr eine Ästhetik des Stils (in seinen Schmuckformen) und noch nicht eine Ästhetik der Zwecke (Funktionen), selbst wenn zum Credo des Entwerfens auch Zweckgerechtheit gehört. Dagegen wendet sich die spätere Forderung nach Durchgeistigung der gewerblichen Arbeit prononciert gegen alles Mechanische und Aufgeklebte, denn das Geistige besteht in der Fähigkeit zu Formen, die nicht nur Oberfläche sind, sondern Wesentliches auszudrücken vermögen. Dazu ist nur der Künstler in der Lage. Mit der *Durchgeistigung der gewerblichen Arbeit* hatte selbst Muthesius 1912 noch dessen Individualität betont. 1914 steht er auf der anderen Seite. Sein Vortrag

löst den Typisierungsstreit aus, in dem zwei Fraktionen einander gegenüberstehen: die der sogenannten Künstler (Henri C. van de Velde) und die der sogenannten Industriellen (Muthesius). Nicht mehr Qualität oder Form, sondern Typ ist das Schlag- und Streitwort. Qualität richtete sich im Verständnis der Künstler zunächst an einen kleinen Kreis von Kennern und war damit exklusiv, ebenso die Form als Selbstausdruck des Künstlers; im Typ dagegen ist nicht individuelle Verschiedenheit in werkkünstlerischen Unikaten betont, sondern ›Stapelware‹ gemeint, die zur Einheitlichkeit ihrer Gestalt tendiert, weil sie praktische und ästhetische Bedürfnisse befriedigt, die international zunehmend gleichartig werden.

Muthesius reagierte damit auf die Entwicklung des Marktes zum Weltmarkt. Er begründete den Typ als deutsche Form von internationaler Wirkung mit dem nationalen Interesse am Export und provozierte so Ablehnung bei van de Velde und den anderen ›Künstlern‹. Gleichzeitig mit der Ablehnung jeglichen wirtschaftlichen Pragmatismus ignorierten diese eine historische Entwicklung: Sie sahen sich in der historischen Kontinuität des Erfindens von Formen, nicht in der Kontinuität der Mitarbeit an Formen, die arbeitsteilig entstehen – historisch in der Abfolge von Generationen, aktuell im kontinuierlichen Verbessern und Vervollkommnen von Industrieprodukten in ›Fabrik- und Konstruktionsbetrieben‹. Während im damaligen Verständnis eines Stils die Einheit der Formen betont ist, betont der Typ die Einheit von Funktionen, die den Formen zugrunde liegen. Muthesius beschrieb das am Beispiel der Architektur im Begriff der ›täglichen Lebensbedürfnisse‹, die ihrer Vervollkommnung zum Typ zugrunde liegen. Nach Muthesius besteht die Schwierigkeit darin, das ›Besondere, Persönliche und Aparte‹ nicht als das Außerordentliche, sondern als das Ordentliche, also innerhalb des Typs zu vergegenständlichen.

Muthesius und die ›Künstler‹ sahen jeweils anders auf die Dimension der Zeit: Für die Künstler ist sie eine Folge von Schöpfungen und Erfindungen, die unendlich ist und zu immer neuen Ganzheiten von Formen führt, für Muthesius ist sie endlich im Weg vom tastenden Entwürfen zu einem Typ als Inbegriff von Vollkommenheit. Das hatte schon Loos so gedacht.

Und beide Fraktionen sahen anders auf den Raum: Für die Künstler bleibt er noch ästhetisch konkret faßbar im räumlichen Gesamtkunstwerk aus der Hand eines Künstlers, bei Muthesius könnte man höchstens von einem globalen Raum sprechen – als einem Produktions-, Zirkulations- und Gebrauchsraum, der zur Einheitlichkeit tendiert. Und schließlich sahen sie anders auf die Teilung der Arbeit. Für die Künstler ist sie kein Thema, weil Vollendung der Form für sie Zeichen individueller Vollendung ist; für die ›Industriellen‹ beruht der Typ auf praktischer Erfahrung im Herstellen und Gebrauchen, die über die individuelle bis zu jener von Generationen reicht. Die Form in ihrer höchsten Ausprägung als Typ stellt sich durch praktische Erfahrung des Individuums und die soziale von Generationen her. Deshalb bleibt die Quelle des Typs anonym, während die Form einen Urheber hat. Der Typ hat neben sich verwandte Gestaltqualitäten, während die Form besonders und herausgehoben ist.

Muthesius zog seine Thesen zurück, und die ›Künstler‹ gewannen in diesem Streit. Ihr Verständnis reichte bis zur Verantwortung für die dienende Funktion alltäglich benutzter Dinge, aber sie bestanden gleichzeitig auf der Autonomie von Kunst und schufen so einen Konflikt zwischen Bedingungen des Entwerfens und Bedingungen des Benutzens, der innerhalb der Kunst nicht mehr auflösbar war, weil einmal das entwerfende und zum anderen das benutzende Subjekt akzentuiert wurde, einmal das Recht auf individuelle Formfindung und einmal der Bedarf an praktischer Funktionserfüllung durch Objekte. Im Typisierungsstreit konnte die praktische Funktion nicht mit dem ästhetischen Formieren als freier Tätigkeit vermittelt werden. Das Verhältnis von individueller Freiheit und sozialer Verantwortung hatte seine problematischen Seiten gezeigt.

III. Von 1919 bis zum 2. Weltkrieg: Die Utopie des Gestaltbaren, ihre Rezeption und Negation

Mit Muthesius und einigen wenigen anderen hatte den ›Künstlern‹ eine Haltung gegenübergestanden, für die es damals noch keinen bündigen Begriff gab. Mit ›Gestaltung‹ kann das Gemeinte erst in den 20er Jahren bezeichnet werden.

Wie es gleichzeitig üblich wird, nicht mehr von Architektur, sondern von Bauen zu sprechen, um das Organisieren von Grundrissen statt das Entwerfen von Fassaden zu betonen, werden mit Gestaltung jetzt Bedeutungen des Gesetzmäßigen, des Objektiven, Wissenschaftlichen, des Begründbaren allgemein, ebenso Bedeutungen des Kooperativen, des Prozeßhaften, der Aufhebung von Arbeitsteilung, der Abwendung von Individualismus und Autonomieanspruch sowie Ziele transportiert, die das einzelne in einen umfassenden Zusammenhang stellen: »So beginnt das Ringen einzelner um eine Gestaltung der Gesetzmässigkeit des Lebens aus elementaren Verhältnissen.«[27] Im Versuch, das Besondere von Gestaltung zu benennen, sind zum Teil solche Bedeutungen bereits 1921 bei Paul Klee angelegt: »Die Lehre von der Gestaltung befaßt sich mit den Wegen, die zur Gestalt (bzw. Form) führen. Es ist die Lehre von der Form, jedoch mit Betonung der dahin führenden Wege. Das Wort Gestaltung charakterisiert das eben Gesagte durch seine Endung. ›Formlehre‹, wie es meist heißt, berücksichtigt nicht die Betonung der Voraussetzungen und der Wege dahin. [...] Gestaltungslehre knüpft in ihrem weiten Sinne außerdem deutlich an den Begriff der zugrundeliegenden Voraussetzungen einer gewissen Beweglichkeit an und ist darum umso eher vorzuziehen. ›Gestalt‹ (gegenüber Form) besagt außerdem etwas Lebendigeres. Gestalt ist mehr eine Form mit zugrundeliegenden lebendigen Funktionen. Sozusagen Funktion aus Funktionen. Die Funktionen sind rein geistiger Natur. Bedarf nach Ausdruck liegt zugrunde. Jede Äußerung der Funktion muß zwingend begründet sein.«[28]

Was Klee hier für die Kunst begründet, kann Bedeutung für das Bauen und das Design durch die Betonung des Funktionalen und Begründba-

---

27 IVAN ČICHOLD, Die neue Gestaltung, in: Typographische Mitteilungen. Sonderheft ›Elementare Typographie‹ 22 (1925), 193.
28 PAUL KLEE, Der Begriff der Gestaltung (1921/22), in: M. Schneider (Hg.), Information über Gestalt (Braunschweig/Wiesbaden 1986), 29.

ren, des Prozeßhaften und Lebendigen erhalten, dabei werden die Funktionen praktisch.

Im Unterschied zu art décoratif und art industriel im Französischen wird ›Kunstgewerbe‹ in der Fachsprache nur noch untergeordnet oder pejorativ benutzt, nicht so allerdings im Alltag und in Lexika, wo es sich noch Jahrzehnte als Oberbegriff hält. Pejorativ erscheint das Wort, wenn im »architektonischen Kunstgewerbe […] alles Wesentliche, jede innere Sicherheit« aufgelöst ist, wenn für den Architekten »die persönliche Form Mittelpunkt der Arbeit – statt der Sache, Erscheinung [der Fassade – d. Verf.] – statt der Aufgabe«[29] ist. Und direkt auf das Kunstgewerbe bezogen, muß »diese nur zeichnende und malende Welt der Musterzeichner und Kunstgewerbler […] endlich wieder eine bauende werden«. Diese Forderung aus dem Bauhausprogramm steht in einem Kontext, der nicht nur das Kunstgewerbe der Werkkunst, sondern diese der Baukunst unterordnet. Baukunst wird durch Trennung von den Bereichen der Werkkunst, zu denen sie im Werkbundverständnis noch gehörte, diesen gegenüber herausgehoben. »Das letzte, wenn auch ferne Ziel des Bauhauses ist das Einheitskunstwerk – der große Bau –, in dem es keine Grenze gibt zwischen monumentaler und dekorativer Kunst.« Als Werk »organischen Gestaltens« entspringt dessen »vielgliedrige Gestalt« dem »Mit- und Ineinanderwirken aller Werkleute« in der Werkstatt. Hier ist bereits eine Bedeutung angelegt, in der dieser Bau Teil eines größeren ist: »Wollen, erdenken, erschaffen wir gemeinsam den neuen Bau der Zukunft, der alles in *einer Gestalt* sein wird: Architektur *und* Plastik *und* Malerei, der aus Millionen Händen der Handwerker einst in den Himmel steigen wird als kristallines Sinnbild eines neuen kommenden Glaubens.«[30] Hier verschwimmen die Grenzen zwischen dem Gebauten und der künstlichen Umwelt insgesamt.

Noch tastend entwickelt sich im Umkreis von Gestalt und Gestaltung ein übergreifendes Programm, dessen Bezugspunkt nicht kleiner als die Welt ist: »Das alte dualistische Weltbild, das Ich – im Gegensatz zum All – ist im Verblassen, die Gedanken an eine neue Welteinheit, den absoluten Ausgleich aller gegensätzlichen Spannungen in sich birgt, taucht an seiner Statt auf. Diese neu auf-

dämmernde Erkenntnis der Einheit aller Dinge und Erscheinungen bringt aller menschlichen Gestaltungsarbeit einen gemeinsamen, tief in uns selbst beruhenden Sinn. Nichts besteht mehr *an sich, jedes* Gebilde wird zum Gleichnis eines Gedankens, der aus uns zur Gestaltung drängt, *jede* Arbeit zur Manifestation unseres inneren Wesens.«[31]

Was Gropius in Weimar ausspricht, gehört – mit Modifikationen – zu den gemeinsamen Grundlagen der gestaltenden Avantgarde in Europa: die Einheit der Welt und damit ihre Gestaltbarkeit zu betonen und im Wechsel von Kunst zu Gestaltung die Autonomie zugunsten von Integration aufzugeben.

Ihre Zentren hat die Avantgarde in Deutschland am Bauhaus, das nach seinem Umzug ab 1925 in Dessau als *Hochschule für Gestaltung* firmiert, im Frankfurter und Berliner ›Neuen Bauen‹ in städtischer Regie, in Holland im Umkreis von *De Stijl*, in Frankreich um *L'Esprit Nouveau*, in Rußland am Moskauer *Institut chudožestvennoj kul'tury* (INCHUK) und an den dortigen *Vysšie chudožestvenno-techničeskie masterskie* (WCHUTEMAS).

Was an Gemeinsamkeiten zwischen den Trägern der Avantgarde besteht, drückt sich in einem besonderen Verständnis des Verhältnisses von Teil und Ganzem, Sichtbarem und Unsichtbarem, Subjektivem und Objektivem aus, was die Objekte der Gestaltung und, in einem Paradigmenwechsel, was die Aufgaben der Gestaltung betrifft.

Nach Piet Mondrian sind die Architekten auch Entwerfer von Gebrauchsgegenständen, denn Architektur umfaßt bei ihm »unsere gesamte, nicht natürliche Umgebung«[32]. Deren Objekte sind in ein ideelles und unendlich gedachtes Raumgitter

---

29 ADOLF BEHNE, Die deutsche Baukunst seit 1850 (1922), in: H. Ochs/A. Behne (Hg.), Architekturkritik in der Zeit und über die Zeit hinaus. Texte 1913–1948 (Basel/Berlin/Boston 1994), 100 u. 114.
30 WALTER GROPIUS, Programm des Staatlichen Bauhauses in Weimar (1919), in: H.M. Wingler, Das Bauhaus (Bramsche 1968), 39.
31 GROPIUS, Idee und Aufbau des Staatlichen Bauhauses, in: K. Nierendorf (Hg.), Staatliches Bauhaus Weimar 1919–1923 (Weimar/München 1923), 7.
32 PIET MONDRIAN, Neue Gestaltung. Neoplastizismus. Nieuwe Beelding, übers. v. M. Burchartz u. R. F. Hartogh (1925; Mainz/Berlin 1974), 54.

von horizontal-vertikaler Struktur einschreibbar. Wie bei Gropius sind die gegensätzlichen Spannungen in ihm harmonisch ausgeglichen. Der rechte Winkel ist also nicht stilistisch begründbar, sondern folgt aus dem universellen Anspruch der Gestaltenden und aus dem allgemeinen Geltungsanspruch von Architektur mit ihren horizontal-vertikalen Gebilden. Auf die Beziehung zwischen Subjekten und Objekten übertragen, heißt harmonischer Ausgleich nach Mondrian, der historischen Übermacht des Subjektiven, Individuellen und Natürlichen durch die Suche nach dem Objektiven, Universellen und Geistigen zu begegnen. So erklären sich Gestaltqualitäten, die typisch sowie zeitlos und auf elementare Formen rückführbar sein sollen.

Die ›elementare Gestaltung‹, das Entwerfen mit typografischem Material aus dem Setzkasten (und nur aus ihm), zeigt anschaulich, was allgemein für das Gestalten von der Fläche bis zum Raum gilt: die Suche nach Elementen, die, wie in der Medizin, ›reiner Wirkstoff‹ sind, die, wie in der Chemie, zu einem System gehören und deren Existenz das Wirken gleicher Gesetze zwischen Mikro- und Makrokosmos anzeigt. Um Kreis, Quadrat und Dreieck in ihrer allgemeinen Gestaltungspotenz zu begründen, zeigt Johannes Itten mikrofotografische Aufnahmen, und sein Kommentar verweist indirekt auf antike Quellen sowie auf Leonardo da Vinci.[33] An Elementarformen wird geschätzt, was man als dreifache Ökonomie des Erzeugens, Wahrnehmens und Wirkens bezeichnen kann.

Für den Entwurf von Gebrauchsgegenständen findet das allgemeine Programm der Avantgarde seinen konkreten Ausdruck in der Suche nach dem ›Typ‹. Er ist einfach, ihm liegen auf seiten der Konsumenten gleichartige Bedürfnisse zugrunde, denen auf seiten der Produktion die ›typenschaffende Maschine‹ entspricht.

Die Einfachheit des Typs korrespondiert dabei mit jener für das Selbstverständnis der Avantgarde

charakteristischen Auffassung von Komplexität, in der einzelne Gegenstände die Rolle von Elementen spielen, und dies in verschiedener Bedeutung: Ihnen liegen elementare Bedürfnisse zugrunde, als Objekte sind sie nicht weiter zu vereinfachen (um sie nicht nur rationell produzieren, sondern auch rationell benutzen zu können), in dieser Einfachheit sind sie leicht verstehbar, und schließlich sind sie Elemente in einer höheren Ordnung, die real beim Haus beginnt und im Geistigen wie Kosmischen endet.

Solche Prinzipien des Gestaltens konnten sich nur auf der Basis eines mehrfachen Paradigmenwechsels entwickeln: in den Entwurfszielen von der Form zur Funktion, in den Entwurfsgrundlagen von der Kunst zur Wissenschaft, in der Entwurfsarbeit vom individuellen Arbeiten zur Kooperation, in den Entwurfsaufgaben von der Villa zur Mietwohnung, vom ›Raumkunst‹ zur Rationalisierung der Hausarbeit, vom handwerklichen Unikat (oder der exklusiven Kleinserie) zum industriellen Massenprodukt, von der Buchkunst zur Reklame. Dafür im folgenden Belege.

Entwurfsziele: Die mit Kunst behafteten Wörter für Design verweisen sowohl auf den Ursprung eines Objekts (auf die ihr zugrundeliegende Künstlerindividualität und auf das Modell freier Arbeit) als auch auf das Ziel (in Gestalt einer individuellen und originellen Form). Gestaltung verweist im Verständnis der 20er Jahre vor allem auf das außerästhetische Ziel einer (praktischen) Funktion oder auf das Leben allgemein, denen die Form zu dienen hat. In diesem Sinne ist Adolf Behne zu verstehen, der den Ausgang des Typisierungsstreits im *Deutschen Werkbund* als einen – letzten – Sieg der Form über die Gestaltung bezeichnet hat.[34]

Und Ludwig Mies van der Rohe schrieb über Architektur:»Form als Ziel mündet immer in Formalismus. [...] Wir werten nicht das Resultat, sondern den Ansatz des Gestaltungsprozesses. Gerade dieser zeigt, ob vom Leben her die Form gefunden wurde oder um ihrer selbst willen.«[35]

Entwurfsgrundlagen: Von den Zielen werden die Grundlagen geprägt. Analyse ist an die Stelle von Intuition getreten, elementare und allgemeine Formen an die von Handschrift und stilistischen Mustern. Die Gründung des Gestaltens bei Gropius auf ›Wesensforschung‹ und bei Hannes Meyer

---

33 Vgl. JOHANNES ITTEN, Elemente der Bildenden Kunst (1930; Ravensburg 1980), 26f.
34 Vgl. BEHNE (s. Anm. 29), 118.
35 LUDWIG MIES VAN DER ROHE, Über die Form in der Architektur (1927), in: U. Conrads, Programme und Manifeste zur Architektur des 20. Jahrhunderts (Gütersloh/Berlin/München 1971), 96.

auf ›Funktionsanalysen‹ zeigt mit ›Forschung‹ und ›Analysen‹ eine Annäherung an wissenschaftliche Arbeitsmethoden, wie sie sich in den Naturwissenschaften entwickelt hatten. Dabei mag, wie der Gebrauch von ›Gestaltung‹ vermuten läßt, auch Christian von Ehrenfels eine Rolle gespielt haben: Innerhalb der von ihm so genannten ›Gestalttheorie‹ hatte er durch die Begriffe ›Gestalt‹, ›Gestaltqualitäten‹ und vor allem durch den Aufsatz *Höhe und Reinheit der Gestalt* (1916) schwer objektivierbare Qualitäten faßbar gemacht. So stellte er in diesem Aufsatz insbesondere die Beziehungen von Ordnungsgraden und Komplexität in der Gestalt dar.

Der Paradigmenwechsel von der Kunst zur Wissenschaft ist aber nicht nur über Einflüsse aus Geometrie, Gestaltpsychologie, Chemie, Physik und Biologie transportiert worden, sondern auch über rationelle Methoden in der industriellen Fertigung und ihren Vorstufen: Gestaltbarkeit hat Voraussetzungen in der Erkennbarkeit von Gesetzmäßigkeiten, die man im Konstruieren erfüllt sah.

Entwurfsarbeit: Es gab in den 20er Jahren noch keine verbreitete Bezeichnung für den späteren Designer, weil seine Gestaltungsaufgaben in Europa noch der Architektur angehörten, und Architekten entwarfen Gegenstände, weil die Arbeitsteilung noch nicht bis zur Trennung von Raum und Gegenstand fortgeschritten war. Gropius sprach 1925 einfach von einem »neuen, bisher nicht vorhandenen Typ von Mitarbeitern für Industrie und Handwerk« und im gleichen Text von »Modellkonstrukteuren«[36]. Bezeichnungen wie ›Modellkonstrukteur‹ oder auch ›Gestaltungsingenieur‹ blieben vereinzelt[37], ebenso die Bezeichnung ›inžener-chudožnik‹ auf Diplomen von 1929 der ersten ausgebildeten Designer in der Sowjetunion. Während in Europa die Nähe zu einer verwissenschaftlichten Vorarbeit in der Produktion betont wird, verweisen davon abweichende Bezeichnungen auf den Warencharakter von industriell reproduzierten Entwürfen. Zwar verwandte nach Richard G. Wilson der zur ersten Designergeneration in den USA gehörende Norman B. Geddes 1927 erstmals das Wort Industriedesigner (industrial designer), aber es wurde noch lange flankiert von den Synonymen ›Verpacker‹, ›Verkaufsingenieur‹ oder ›Werbeberater‹. Es wird damit jene Warenästhetik erkennbar, von der das frühe Design in den USA als Styling geprägt worden ist.[38]

Die Beziehung des Entwerfers von Gebrauchsgegenständen zum Ingenieur ist allerdings nicht nur eine der Verwandtschaft im Exakten und Objektivierbaren, sondern auch eine der Abgrenzung, weil dieser Ingenieur für arbeitsteilig begrenztes Entwerfen steht. Im Unterschied zum Ingenieur hat nach Mart Stam der (hier noch so bezeichnete) Künstler »den großen organischen Zusammenhang zu begreifen, der alle Dinge aus ihrem Zustand als Einzelobjekt löst und sie in jene Gesamtheit von Gesetzen ein- und unterordnet, die das Weltall beherrscht«[39]. Verläßt der Künstler auf diese Weise die arbeitsteilige Beschänkung, um sich einer universellen Gesetzmäßigkeit zu unterwerfen, betonte Laszlo Moholy-Nagy die Freiheit des Gestaltenden: »das gestalterische problem setzt erst da ein, wo die freiheit beginnt, wo die von uns übersehbare funktion nicht mehr oder noch nicht restlos die gestalt bestimmt.«[40] Objektiv ist dies ein gestaltloser Raum, subjektiv ein Spielraum, der die Existenz des Gestalters erst begründet.

Entwurfsaufgaben: Gestalten meint in einem übergreifenden Sinn das Leben selbst, sein Kern ist aber das Bauen. »bauen bedeutet gestalten von lebensvorgängen«[41], formuliert Gropius, und Hannes Meyer schreibt: »bauen heisst die überlegte organisation von lebensvorgängen«. Solcherart ›Organisation‹ hat einen Organismus (nicht eine Institution) zum Ziel, dessen Teile in einem reibungsarmen Spiel aufeinander bezogen sind: Organisation ist als Methode »soziale, technische, ökonomische, psy-

---

36 GROPIUS, Grundsätze der Bauhausproduktion (1925), in: Gropius, Neue Arbeiten der Bauhauswerkstätten, hg. v. H. M. Wingler (Mainz/Berlin 1981), 7.
37 Vgl. LASZLO MOHOLY-NAGY, fotografie ist lichtgestaltung, in: Bauhaus. Dessau 2 (1928), H. 4, 5.
38 Vgl. RICHARD GUY WILSON, ›Dynamos waren schöner als Perlen‹. Das Maschinenzeitalter in den USA 1910–1945, in: A. Schönberger (Hg.), Raymond Loewy. Pionier des Amerikanischen Industriedesigns (München 1990), 72.
39 MART STAM, Kollektive Gestaltung, in: ABC 1 (1924) [unpag.].
40 MOHOLY-NAGY, Von Material zu Architektur (1929; Mainz/Berlin 1968), 69.
41 GROPIUS, systematische vorarbeit für rationellen wohnungsbau, in: Bauhaus. Dessau 1 (1927), H. 2, 1 f.

chische organisation«[42]. ›Organisation‹ steht für das Funktionieren einer Gestalt in Lebensprozessen, nicht für den Ausdruck von entwerfender Subjektivität, und Organismus assoziiert gegenüber der Räumlichkeit eines Baues oder dem Inszenatorischen eines Gesamtkunstwerkes etwas Veränderbares, Lebendiges, das nicht der Spontaneität folgt, sondern naturgesetzlich determiniert ist. Mit ›Organisation‹ werden gleichzeitig die Beziehungen zum Ästhetischen gelöst, das im damaligen Verständnis als Formales gilt, und es werden damit auch jene Fäden zerschnitten, die wieder zur Kunst hätten hinführen können. Das Verständnis von Organisation zeigt sich besonders deutlich in der deutschen Übertragung eines russischen anonymen *Programms der Konstruktivisten* aus dem Jahre 1925, in der außerdem Konstruktion und Gestaltung gleichgesetzt sind: »Die *Konstruktion* (die Gestaltung) ist eine bis zum Äussersten gehende, formende Tätigkeit: die Organisation des Materials.«[43]

Die Komplexität eines Organismus war 1919 noch vorstellbar als Einheitskunstwerk, als Gesamtkunstwerk oder bloß als Bau. In den folgenden Jahren verflüchtigt sich die ›Kunst‹, es bleibt der Bau, während sich das Gesamtkunstwerk zum »Gesamtwerk (Leben)«[44] wandelt, wie es Moholy-Nagy ausdrückt.

Damit erweitert sich in den 20er Jahren die Bedeutung von ›Gestaltung‹ von einer zunächst räumlichen Dimension (dem Bau) zu einer raumzeitlichen Dimension von Funktion und von dieser zum Leben selbst. ›Gestaltung‹ wird also zu einem Begriff, der um so mehr einen utopischen Gehalt transportiert, je weiter das Feld des Gestaltbaren und dessen Kontext gesehen werden. Design ist diesen Dimensionen eingeordnet, solange es zum Programm der gestaltenden Avantgarde gehörte. Damit entfaltet sich Utopisches auch dort, wo es am wenigsten zu erwarten ist: in Gestaltungszielen,

die den Alltag der Lohnabhängigen betreffen. Wenn die Wohnung nicht mehr als Stilleben oder atmosphärisch gesehen und bis zum Gesamtkunstwerk gesteigert wird, sondern eine »mietbare Ration« sein soll, wenn das Hausgerät »seine Funktionen praktisch erfüllen, haltbar, billig und ›schön‹ sein«[45] soll, dann erklären sich deren Gestaltqualitäten nur aus einer Beziehung von Produktions- und Gebrauchsökonomie, nicht mehr aus den Bedingungen des symbolischen Konsums. Letztendlich besteht das Gestaltungsziel also darin, die Räume und Gegenstände von ihren Distinktionsfunktionen zu befreien. Nur innerhalb dieser utopischen Dimension ist auffindbar, was historisch früher mit Kunstgewerbe und später mit Design bezeichnet wird.

Nach Mitte der 20er Jahre vollzieht sich ein Prozeß der oberflächlichen, weil formalen Rezeption der Avantgarde, verbunden mit einer Dominanzverschiebung von praktischer Funktion zu technisch-moderner Erscheinung bei Gebrauchsgegenständen. Dieser Prozeß im Übergang von den 20er zu den 30er Jahren ist im Art déco vollendet. Gegenüber verbreiteten Auffassungen wird hier Art déco nicht als Mischstil aus wechselnden Anteilen von Versatzstücken moderner Kunst, reformierten Kunstgewerbes und archäologischen oder exotischen Fundstücken verstanden, sondern als formale Rezeptionsform der gestaltenden Avantgarde. Art déco beginnt demnach dort, wo man sich industrieller Formen und Materialien bedient, um deren dekoratives Potential auszuschöpfen. Dazu bedarf es der Avantgarde, deren Erfahrungen neu interpretiert werden: An den modernen Materialien interessiert weniger ihre potentielle Leistung als vielmehr ihre effektvolle Erscheinung. So wird Glas nicht wie bisher wegen seiner Transparenz geschätzt, sondern wegen seiner farbigen und plastischen Potenzen. Metall ist nicht mehr Werkstoff filigraner Konstruktionen, sondern glänzender Oberflächen, in denen sich die neuen Ströme künstlichen Lichts reflektieren. Und Geometrie ist kein Mittel des Ordnens, sondern des Inszenierens von Materialfülle und Expressivität.

Art déco begegnet dem utopischen Potential der Avantgarde mit einem Angebot an Distinktionsformen, verwandelt so Leistungen der Moderne in eine Mode und läßt sie damit dort ankommen, wo

---

42 HANNES MEYER, bauen, in: Bauhaus. Dessau 2 (1928), H. 4, 13.
43 Programm der Konstruktivisten, in: Čichold (s. Anm. 27), 197.
44 MOHOLY-NAGY, Malerei, Fotographie, Film (1927; Mainz/Berlin 1967), 15.
45 GROPIUS (s. Anm. 36), 5.

III. Von 1919 bis zum 2. Weltkrieg: Die Utopie des Gestaltbaren, ihre Rezeption und Negation 57

sich Traditionen am längsten zu halten pflegen: im Luxus oder in dessen Symbolformen.

Art déco, eine Wortschöpfung aus dem Jahre 1966, geht auf den Gattungsbegriff ›les arts décoratifs‹ zurück, weil dieser 1925 zum Titel einer Ausstellung in Paris gehörte (*Exposition internationale des arts décoratifs et industriels modernes*). Mit der wortwörtlichen und inhaltlichen Verkürzung zu Art déco verwandelt sich der Gattungsbegriff zu einem, der – je nach Standpunkt – einen dekorativen Stil oder auch eine (wiederkehrende) Mode bezeichnet. Historisch bedeutet Art déco eine Rückkehr zur Kontinuität seit dem 19. Jh. – sowohl mit der Betonung von Dekorativität und Form als auch mit der von Kunst und Handwerk –, inhaltlich signalisiert er, daß Formen des Rationalen und Rationellen so verändert werden, daß sie als Zeichen von Luxus und Verschwendung dienen können.

Das historische Zentrum des Art déco lag in Paris, demgegenüber gewann der von Le Corbusier inspirierte *Esprit Nouveau* in Frankreich nicht die Resonanz der gestaltenden Avantgarde in Deutschland, sondern wurde – was an gefällig vermittelnden Formen zu sehen ist – eher noch von Art déco beeinflußt. Die bauende Avantgarde hatte sich 1928 international im *Congrès International d'Architecture Moderne* (CIAM) zusammengeschlossen, die produktgestaltende schloß sich ein Jahr später national in Frankreich in der *Union des Artistes Modernes* zusammen. Hier ist also noch der Künstler mit dem Begriff ›modern‹ gekoppelt, der dem deutschen ›neu‹ im ›Neuen Gestalten‹ entspricht. Die in den 20er Jahren verbreitete Hinzufügung von ›neu‹ verweist verstärkend auf das Gestaltungskonzept der Avantgarde (Neues Bauen, Neues Frankfurt, Neues Berlin usw., aber auch Neuer Film oder ring neue werbegestalter). Dazu im Unterschied ist ›Neue Sachlichkeit‹, aus der bildenden Kunst kommend, ein stilistisch orientierter Begriff, mit dem sowohl funktional begründete als auch die nur formal begründete Sachlichkeit in Art-déco-Kreationen gemeint sein kann. Was der Begriff ›Neue Sachlichkeit‹ an stilistischer Bedeutung gewinnt, verliert er als Transportmittel sozialer Bedeutung.

Sowohl das ›Neue Gestalten‹ wie die ›Neue Sachlichkeit‹ gehören zu den kulturellen Erscheinungen, die der deutsche Faschismus vorfindet. Er kann beide nicht brauchen, die ›Neue Sachlichkeit‹ nicht wegen des Mangels an Heimatverbundenheit und Rassenzugehörigkeit, das ›Neue Bauen‹ und ›Neue Gestalten‹ nicht, weil bei beiden angeblich noch eine ›kulturbolschewistische‹ Orientierung hinzukommt.

Das Design stand gegenüber der Architektur nicht im Zentrum des ideologischen Interesses der deutschen Faschisten. Worte aus den Bereichen des Ethischen und Ästhetischen, die in seinem Kontext benutzt worden sind, zeigen aber, daß man sie mit neuen Bedeutungen aufgeladen oder zu neuen Wortgebilden kombiniert hat, um sie ideologisch umfunktionieren zu können. So sind die Worte Schönheit und Arbeit im Eigennamen *Amt Schönheit der Arbeit* miteinander verbunden. Das Wort Schönheit als Indiz für nicht entfremdete Verhältnisse suggeriert die Aufhebung der Entfremdung an ihrer Quelle durch Verschönerung der gegenständlichen und räumlichen Bedingungen von Arbeit. Nach Chup Friemert betrieben die Amtswalter der Schönheit eine Ästhetisierungspolitik, die auf ›betrieblicher Ebene die ›Gemeinschaftsarbeit‹ und auf gesamtstaatlicher Ebene die ›nationale Arbeit‹ erfahrbar und erlebbar«[46] machen sollte. Ähnlich integrierend sollten Begriffe wirken, die gleichzeitig durch das mitdenkbare Gegenteil zu drohen vermochten: Formen der Einfachheit, des Schlichten, des Zweckmäßigen und der Würde galten als deutsch, gesund, bodenständig, natürlich, sauber und ehrlich und wurden so mit völkischer Ideologie verbunden; modische oder – am vermeintlich unpassenden Ort – moderne Formen waren dagegen jüdisch, bolschewistisch oder volksfremd. Wenn Ingenieure Bestlösungen ›züchten‹ sollten, war ein rassistischer Zusammenhang hergestellt, in den diese Formen eingebunden werden sollten. Archetypische Gebrauchsformen, die den Angeboten der Industrie längst in Museum verdrängt, wurden als ›ewige Formen‹ oder als ›Werke völkischer Überlieferung‹ propagiert und so auf den Ewigkeitsanspruch des Dritten Reiches bezogen.

---

46 CHUP FRIEMERT, Produktionsästhetik im Faschismus. Das Amt ›Schönheit der Arbeit‹ von 1933 bis 1939 (München 1980), 8.

Mehr oder weniger direkt war damit eine polemische Abgrenzung zur Avantgarde der 20er Jahre verbunden: »Hinter dem Erlebnis des ständigen Wechsels und der Vorstellung eines geradlinigen technischen Fortschritts wurden die Ideen des ›Ewigen‹ und ›Ganzen‹ spürbar«. Statt eine »exakt funktionierende Wohnmaschine« zu schaffen, gehe es um Häuser und Räume, »die ein Stück Heimat bedeuten«. Statt zwischen Technik und Arbeit zu vermitteln, soll dem Industriearbeiter in Fabrikräumen und Werkstätten, Kantinen und Erholungsräumen »ein Stück echter Natur«[47] zurückgegeben werden. Dem steht gegenüber, was hier nicht weiter verfolgt werden kann: die Entwicklung technischer Formen nur unter dem Diktat der Effizienz und eine nischenartige Weiterexistenz von Spuren der 20er Jahre, z. B. in den Arbeiten von Wilhelm Wagenfeld für die Vereinigten Lausitzer Glaswerke in Weißwasser.

IV. Von der Nachkriegszeit bis zum Ende der 60er Jahre: Vom Leitbild Kunst zum Leitbild Wissenschaft

Nach dem 2. Weltkrieg reagiert man im wiedergegründeten *Deutschen Werkbund* und in Hochschulen mit einer tastenden Suche nach Alternativen auf die Flut von Kitsch, Provisorien und unreflektierter Kontinuität. Zunächst wird dazu noch einmal alles hervorgezogen, was zwischen der ›angewandten Kunst‹ des 19. Jh. und der ›Gestaltung‹ in den 20er Jahren an Begrifflichkeit entwickelt worden ist. Das geschah eher zufällig als programmatisch. So werden Kunst und Gestaltung zu ›künstlerischer Gestaltung‹ zusammengezogen, Formgebung und industrielle Gestaltung stehen nebeneinander, Designer werden in frühen Materialien des neu gegründeten *Deutschen Werkbundes*

einmal als Künstler bezeichnet und zum anderen deutlich von Künstlern und Architekten als ›Industriegestalter‹ getrennt, aber 1948 spricht Mart Stam in Dresden bereits vom industrial designer.[48] In den nach 1945 verbreiteten Begriffen, in denen Form, Gestalt, Kunst, Gestaltung und Industrie vorkommen und miteinander kombiniert sind, haben wir einen Begriffspluralismus vor uns, der von einem normativen Sprachgebrauch noch weit entfernt ist. Der Mangel an Werkzeugen zur elementaren Bewältigung des Alltags bremst die Entwicklung der Arbeitsteilung. Designer arbeiten für das Handwerk und Kunsthandwerk, Kunsthandwerker und Architekten auch für die Industrie.

Mit Beginn der 50er Jahre zeigen sich erste Zeichen einer begrifflichen Ausdifferenzierung zugunsten einer stärkeren Programmatik in der Bevorzugung von Begriffen, die mit ›Kunst‹ und ›Form‹ zusammengesetzt sind. Von besonderer Bedeutung ist dabei ›Formgebung‹ oder ›industrielle Formgebung‹.

Ehe Formgebung im Sinne von Design verwendet wurde, bezeichnete das Wort technologische Prozesse und ist noch heute Sammelbegriff für Verfahren des Gießens, Pressens, Blasens, Drehens usw. bei Metallen, Glas und Keramik. Eine folgenlose Ausnahme stellt allerdings Carl H. Terne dar. Er verwendete das Wort »industrielle Formengebung«[49] schon 1839 im Sinne von Design. Bei der Veränderung der Bedeutung von Technologie zu Ästhetik blieb als Gemeinsamkeit das industrielle Serienprodukt als Gegenstand des Formgebens. Mit dem Begriff ›Formgeber‹ aber sah sich der Designer im Osten bereits während der 50er Jahre von der Industrie in die Rolle eines Hüllenmachers gedrängt, gegen die er mit dem Ersetzen von ›Formgeber‹ durch ›Formgestalter‹ reagierte. Formgebung hatte bloß kosmetische Eingriffe in Industrieerzeugnisse assoziiert, deren Funktion und Struktur schon definiert waren und für den Designer nur die äußere Erscheinung oder das Finish übrigließen. Nach Max Bill war der Begriff »industrielle Formgebung« schon wegen seines ersten Teils eine »begriffliche Mißgeburt«, denn sie sei »weniger eine Folge der industriellen Herstellungsmethoden, als vielmehr das Resultat der Wandlung unseres Weltbildes«[50]. Die moderne Kunst spielt dabei eine primäre Rolle, denn sie ist

---

47 WALTER PASSARGE, Deutsche Werkkunst der Gegenwart (Berlin 1937), 5–9.
48 Vgl. HEINZ HIRDINA, Gestalten für die Serie (Dresden 1988), 16.
49 TERNE (s. Anm. 19), 45.
50 MAX BILL, Form. Eine Bilanz über die Formentwicklung um die Mitte des 20. Jahrhunderts (Basel 1952), 10.

nach Bill reinster sichtbarer Ausdruck der Zeit und kann deshalb (nicht wegen ihres Formenrepertoires) zum Maßstab im Design werden, der in der ›Guten Form‹ schließlich Modellcharakter erhält.

In der DDR-spezifischen Interpretation von Kunst zeigt sich historisch Besonderes. Zunächst wird in den frühen 50er Jahren Design in die angewandte Kunst zurückgeholt und ihr als Kunsthandwerk eingeordnet. Von da ist es ein kleiner Schritt zur bildenden Kunst: »Das Institut für angewandte Kunst hat die Aufgabe, das Kunsthandwerk der Deutschen Demokratischen Republik, als Teil der bildenden Kunst, zu entwickeln.«[51] Dieses 1950 unter Stam gegründete Institut hatte bis Anfang 1952 *Institut für industrielle Gestaltung* geheißen. Mit der Rückkehr zur Kunst wurden dem Design ideologische Funktionen des sozialistischen Realismus übertragen. Durch Komposition und Dekor sollte erreicht werden, was in Begriffen wie Möbelkunst, künstlerische Raumgestaltung oder künstlerisches Formen der Möbel ausgedrückt wird: der Stolz auf sozialistische Aufbauerfolge, die ›national in der Form und realistisch im Inhalt‹ sein sollten. Gegenüber der Kunsthaftigkeit war praktische Brauchbarkeit sekundär.

Die immer auch affirmative Funktion von Gegenständen liegt schon in ihrer Fähigkeit, Bedürfnisse zu befriedigen. Hier war diese Funktion zum Programm für Design geworden.

Mit der Veränderung von ›Formgebung‹ zu ›Formgestaltung‹, ›Industrieformgestaltung‹ oder ›industrieller Formgestaltung‹ im ost- und westdeutschen Sprachgebrauch der 50er Jahre gerät die neue Zusammensetzung in Tautologieverdacht. »Formgestalten«, schrieb Wilhelm Wagenfeld 1959, »ist ein zeitgemäßer Unfug. Schon das Wort sagt es: Formgestalten. Warum nicht Gestaltformen? Nicht Formformen? Gestaltgestalten?« Und: »So bin ich Mustermacher«[52]. Aus dem Dilemma führt sowohl das Ersetzen von Formgestaltung durch Industrie- als auch durch Produktgestaltung sowie die Reduktion auf Gestaltung.

In der Verallgemeinerung zu ›Gestaltung‹ ist die Begrifflichkeit wieder bei der gestaltenden Avantgarde der 20er Jahre angekommen. Dieser in den 60er Jahren am weitesten verbreitete Begriff geht auf die *Hochschule für Gestaltung* in Ulm (1953–1968) zurück. Ihren Namen hatte sie dem Dessauer *Bauhaus* entliehen, das selbst noch in heutigen Publikationen – gegenüber seiner Selbstbenennung verfälschend – als Kunst- oder Architekturschule bezeichnet wird. ›Gestaltung‹ akzentuiert jetzt gegenüber dem *Bauhaus* nicht mehr die Aufhebung von Arbeitsteilung, sondern das Gestalten von Umwelt. Aber auch in Ulm sind mit ›Gestaltung‹ Gemeinsamkeiten im Entwerfen auf der Fläche und im Raum betont, weil die Entwurfsresultate als Bildungselemente von Umwelt betrachtet worden sind, soweit diese – auch architektonisch – industriell produziert werden sollte. Gestaltung akzentuiert die Priorität des Raums als Umwelt. Aber Gemeinsamkeiten im Ziel heben die Arbeitsteilung nicht mehr auf. Mit ›Produktgestaltung‹ als Teil von ›Gestaltung‹ ist deren spezifischer Anteil an der Umwelt betont worden.

Der Begriff Gestaltung transportierte einen wiederum utopischen Gehalt. Konkurrierendem Verhalten von Objekten sollte durch Formverwandtschaften und Formbeziehungen deren Kohärenz in der Umwelt entgegengesetzt werden, um den Raum durch Reduzierung von Gegenständen, Formen und Zeichen zu entlasten, sowohl stofflich als auch semiotisch. Durch wiederkehrende Formelemente, modulare Ordnungen, Farbreihen und ihre Anwendungen in Baukästen verschiedener Dimension und Komplexität sollte das Rauschen durch Information mit hoher Redundanz ersetzt werden. Neu waren an dieser Auffassung von Gestaltung der Bezugspunkt Umwelt und die Konsequenz in der Verwissenschaftlichung des Entwurfs, geblieben waren aus den 20er Jahren das Prinzip der Aufklärung, die soziale Verantwortung und damit der kritische Gestus des utopischen Gehalts. Im Kern war es dieses Gestaltungskonzept, das 1968 zur unfreiwilligen Selbstauflösung der Schule führte.

Ein anderer Begriffsstrang entwickelt sich mit Design, wobei der erste internationale Kongreß für Design 1957 wesentlich zur internationalen Verbreitung des Begriffs beigetragen hat. Auch hier

---

51 MARTHA ENGEL, Vorwort, in: Deutsches Kunsthandwerk 1954, hg. vom Institut für angewandte Kunst (Dresden 1954), 5.
52 WILHELM WAGENFELD, Keine Schule, in: Form 6 (1959), 36.

wieder gab es Unterschiede in Ost und West: zeitlich extrem verschoben und im Anfang anders. In der DDR wurde 1978 zum ersten Mal ein Preis für ›Gutes Design‹ vergeben. Erst die Stiftung dieses Preises legitimierte Design für den offiziellen Sprachgebrauch. Die bis dahin üblichen Begriffe – Formgestaltung, industrielle Formgestaltung, Industrieformgestaltung oder auch Gestaltung in einem der Ulmer Hochschule ähnlichen Sinn – erhielten damit begriffliche Konkurrenz, aber hielten sich bis 1989. Mit ihnen erfolgte eine prononcierte Abgrenzung zum Design, in dem ein modischer Anglizismus und Opportunismus gegenüber dem westlichen Markt gesehen wurde. Besonders das Festhalten an ›Gestaltung‹ meinte dessen utopische Dimension, und als Besonderheit transportierte der Begriff auch das Verständnis von Gestaltung als Kunst in Opposition zu ihrer pragmatischen Indienstnahme durch die Wirtschaft.

In der BRD setzte sich der Begriff allmählich durch. 1954 hatte Wilhelm Braun-Feldweg bis dahin übliche Termini (Entwerfer, Formgestalter, Zeichner, Gestalter) auf Mängel hin abgetastet und schlug schließlich vor, ›Designer‹ zu übernehmen: »Das fremde Wort ›Designer‹ ist neu und unbelastet, es kommt außerdem aus den Gegenden, die den Typus geschaffen haben. So wie die römische Zivilisation unserer Sprache einst mit ›Fenster‹, ›Keller‹, ›Mauer‹ und ›Wein‹ neue Worte einverleibte, so könnten wir auch ohne weiteres ein neues Fremdwort aufnehmen für einen Begriff, der bisher in unserem Wortschatz fehlte.«[53]

Nach Christian Marquart implizierte die Institutionalisierung von Design im *Verband Deutscher Industrie-Designer* eine Opposition ihrer Gründer gegen das mächtige Erbe der deutschen – auch avantgardistischen – Traditionen und deren ebenso mächtige Träger, die sich wieder im *Deutschen Werkbund* zusammengeschlossen hatten.[54] Design dagegen bedeutete eine Orientierung an internationaler Kommunikation, getragen vom Dachverband der Designinstitutionen, dem *International Council of Industrial Design* (ICSID). Vom ICSID übernahm der westdeutsche Verband der Berufsdesigner (in der DDR wurde 1961 die Sektion Formgestaltung im *Verband Bildender Künstler Deutschlands* gegründet) das Verständnis des Berufsbildes ›Industrie-Designer‹. Es beschrieb pragmatisch berufliche Spezifika zur deutlichen Unterscheidung von Kunsthandwerk einerseits und Gebrauchsgrafik andererseits.

Die Verbreitung des Begriffs Design erhielt also einen Schub durch institutionalisierte Selbstverständigung auf dem Feld beruflicher Spezifika. Dafür hatte der Engländer Paul Reilly mit seiner Bestimmung des vom ICSID übernommenen Berufsbildes die definitorischen Grundlagen bereitgestellt.

Was im Englischen bereits üblich war, läßt sich seit den 70er Jahren auch im Deutschen beobachten: Arbeitsteilungen führen zu einem Zusatz konkretisierender Begriffe, z. B. in Informationsdesign, Kommunikationsdesign (engl. graphic design), Modedesign (engl. fashion design) und natürlich Industrie- oder Produktdesign. Diese Hinzufügungen werden nicht nur benutzt, um Mehrdeutigkeiten zu begegnen, sondern auch, um sich vom inflationären Gebrauch des Designbegriffs in der Alltagssprache durch Hinzufügungen in der Fachsprache zu unterscheiden. Aus Deutsch und Englisch gebildete Mischformen zeigen Unentschiedenheit zwischen nationalem und internationalem Sprachgebrauch.

V. Von den 70er Jahren bis zur Gegenwart: Am Ende ist alles Design

Vor allem aber ist Design in den letzten zwanzig Jahren einem Prozeß zunehmender Differenzierung ausgesetzt; eher peripher dabei, daß dies auch als Opposition zu definitorischen Versuchen mit Anspruch auf Verbindlichkeit gedeutet werden kann, wie sie bis in die 70er Jahre zahlreich waren. Entscheidender ist die Wanderung des Designs von der Fachsprache in die Alltagssprache, hervorgerufen durch die schon zu Anfang erwähnte allgemeine Ästhetisierung des Lebens, transportiert von den Medien und dabei nicht nur den Lifestyle-

---

53 WILHELM BRAUN-FELDWEG, Normen und Formen industrieller Produktion (Ravensburg 1954), 256.
54 Vgl. CHRISTIAN MARQUART, Industriekultur – Industriedesign. Ein Stück deutscher Wirtschafts- und Designgeschichte. Die Gründer des Verbandes Deutscher Industrie-Designer (Berlin o. J. [ca. 1993]), 36 ff.

Zeitschriften. Die Grenzen zwischen Fachsprache und Alltagssprache sind durchlässig geworden. In beiden lassen sich drei Tendenzen benennen: Inflationierung des Designbegriffs, Design als Inszenierung, Personalisierung von Design im Designer.

Inflation des Designbegriffs: 1991 erschien Band 106 des *Kursbuchs* unter dem Titel ›Alles Design‹. Das war symptomatisch – das Feld der Gebilde, die mit Design bezeichnet werden, erweitert sich, weil die Bedingung ihrer industriellen Reproduzierbarkeit und die ihrer Existenz als stofflicher Artefakte weggefallen sind. Designobjekte können auch Resultate des Handwerks oder Dienstleistungen sein, z. B. in Form medialer Inszenierungen oder von Eingriffen der kosmetischen Chirurgie. Vor der industriellen Revolution bezog sich ›disegno‹ als Entwurf auf die Kunst oder auf das Handwerk, seit den 80er Jahren kehrt es als Design wieder dorthin zurück, aber nicht als Entwurf, sondern als Tätigkeit oder als Endprodukt. Das Endprodukt kann dabei die Vorläufigkeit oder Flüchtigkeit eines Entwurfes annehmen: »The design is no longer a solution, but a hypothesis. It is not a definitive declaration, but a stage, a transitory moment, a container of possibilities«[55]. Nach dieser postmodernen, von der Gruppe *Memphis* kultivierten Auffassung ist Design nur noch von momentaner, situativer Bedeutung, weil die Wirklichkeit als das Erstarrte gesehen wird.

Weniger verbreitet, aber als Gegentendenz zum inflationären Gebrauch von Design bemerkbar, ist der Verzicht auf den Begriff, um falschen Deutungen zu entgehen, z. B. wenn Entwürfe und deren industrielle Reproduktionen auf funktionale oder funktionalistische Intentionen zurückgehen. Sie werden dann entweder in ihrer konkreten praktischen Funktion benannt, als Leistung von Gestaltung deklariert oder auf das Entwerfen allgemein zurückgeführt. Das Beharren auf ›Gestaltung‹ zeigt sich zum Teil auch in der Benennung von Institutionen, besonders Schulen.

Design als Inszenierung: Im heutigen Designverständnis dominieren, wenn es sich noch um stoffliche Gebilde handelt, Gegenstände für die individuelle Konsumtion, die der Mode unterworfen sind. Im Entwerfen liegt deshalb die Betonung nicht mehr in strukturellen Eingriffen, sondern auf der Variation von Oberflächen, als Haut, Outfit oder Verpackung, im Aufhübschen, Stylen, Vermoden. Eine Reaktion darauf ist die pejorative Verwendung von Design, z. B. im Wort ›Designarchitektur‹, mit dem das Aufhübschen von urbanen Strukturen beschrieben worden ist, in denen nichts mehr funktioniert.

Die Konzentration auf Oberflächen hat eine reale Grundlage in der Tendenz zu immer komplexeren Strukturen, angesichts derer sich die Verantwortung des Produktgestalters auf die Schnittstelle zwischen dem Benutzer und dem Objekt richtet, begrifflich präsent in sogenannten Benutzeroberflächen. Gegentendenz zu Oberflächen als Designaufgabe sind strukturelle Eingriffe in Objekte und Subjekte, Prozesse und Strukturen, die beim Ordnen enden oder bis zum Erfinden reichen. Damit sind Gegentendenzen zusammengefaßt, die untereinander wiederum Gegentendenzen repräsentieren. Manches an diesen Gegentendenzen ist neu: Die Devise ›Design ist unsichtbar‹[56] betont das Lösen von Problemen in einem raum-zeitlichen Kontext, sie akzentuiert gegenüber dem Objekt den Entwurf einer komplexen Situation, eines Ablaufs, eines Prozesses oder einer Tätigkeit und damit gleichzeitig die Ablehnung einer Gestalt als Ziel. ›Corporate design‹ ist ebenfalls komplex, aber es schillert zwischen der warenästhetischen Aufbereitung einer Institution (z. B. Unternehmen, Behörde, Olympiade und andere Ereignisse), ihrer Selbsterklärung und ihrer Strukturierung durch Gestaltung; ›Rahmendesign‹ meint das Schaffen von Bedingungen für selbstbestimmtes Gestalten; ›Theoriedesign‹ ist das Ordnen von Erkenntnissen, die nicht mehr überschaubar sind; ›Servicedesign‹ reflektiert die Bedeutung des tertiären Sektors und hebt sich betont vom Objektdesign ab; ›Informationsdesign‹ meint das Strukturieren von Informationen, die über elektronische Medien vermittelt werden. ›Bodydesign‹ ist eine jener Designvarianten, die sich auf die Gestaltung von Subjekten richtet, hier durch Training und Anabolica, mit

---

[55] BARBARA RADICE, Memphis. Research, Experiences, Results, Failures and Successes of New Design, übers. v. P. Blanchard (London 1985), 87.
[56] Vgl. LUCIUS BURCKHARDT, Design ist unsichtbar, in: H. Gsöllpointner/A. Hareiter/L. Ortner (Hg.), Design ist unsichtbar (Wien 1981), 13.

zeitweiliger Wirkung durch ›Designerdrogen‹, mit anhaltender durch die ›Designernase‹ (einem Implantat der kosmetischen Chirurgie). Und schließlich ist die ›Designerpsyche‹ ein Erzeugnis der ›kosmetischen Psychopharmakologie‹. Für die Zukunft wird Design in jenen implantierten Mikrorobotern gesehen, die als Umkehrung des Verhältnisses von Mensch und Umwelt reflektiert worden sind: »Der implementierbare Gegenstand führt weg von einem Design der Umwelten zu einem Design des planbaren Körpers, der für gegebene Umwelten konstruiert werden kann.«[57]

Personalisierung von Design im Designer: Wie schon zu sehen war, werden zusammen mit dem Hervorgebrachten die Art des Hervorbringens oder der Hervorbringende betont: Designerdrogen, die Designernase, die Designerpille und Designernahrung sind synthetischer Herkunft und entstehen nicht in Ateliers, sondern in Labors. Designerbrillen, Designeruhren, Designerjeans, Designermöbel usw. sind exklusiv, weit entfernt von Öko-, Bio-, oder Natur-, sie betonen Modernität und Künstlichkeit und akzentuieren die Ferne zum Kaufhaus. Der Zusatz ›Designer‹ macht das ästhetisch Besondere geeignet zur Distinktion.

Gegenläufig dazu erscheinen als Designer auch ›geniale Dilettanten‹ und professionelle Künstler. Sie verzichten auf Design als soziale Dienstleistung, betonen statt dessen Design als selbstbestimmte Tätigkeit im Sinne autonomer Kunst. Das von ihnen hervorgebrachte ›Autorendesign‹ muß einer Benutzung nicht im Wege stehen; sein primäres Ziel ist sie aber nicht, sondern Provokation, Kritik oder Vorschlag zur Diskussion (*Memphis*).

Herkömmliche Begriffsbedeutungen, wie sie beschrieben wurden, sind damit nicht verschwunden. Sie alle erscheinen in verschiedenen Kommunikationszusammenhängen, das heißt in fach- wie alltagssprachlichen und deren Mischungen. Als Kontinuität ist bei ihnen die ästhetische Dimension geblieben – in ihrer Verkürzung auf Dekoration, in ihrer Verflachung zu Harmonisierung und Anpassung sowie in ihrer Erweiterung auf praktische Aneignung.

Heinz Hirdina

57 BIRGIT RICHARD, Robot Wars, in: Kunstforum International 130 (1995), 208.

Literatur

AICHER, OTL, die welt als entwurf (Berlin 1991); BEGENAU, SIEGFRIED H., Funktion, Form, Qualität (Berlin 1967); BILL, MAX, Form. Eine Bilanz über die Formentwicklung um die Mitte des 20. Jahrhunderts (Basel 1952); BONSIEPE, GUI, Interface. Design neu begreifen (Mannheim 1996); BRAUN-FELDWEG, WILHELM, Normen und Formen industrieller Produktion (Ravensburg 1954); BRAUN-FELDWEG, WILHELM, Industrial Design heute (Reinbek 1966); BÜRDEK, BERNHARD E., Geschichte, Theorie und Praxis der Produktgestaltung (Köln 1991); BURCKHARDT, LUCIUS, Design ist unsichtbar (Ostfildern 1995); ECKSTEIN, HANS, Formgebung des Nützlichen (Düsseldorf 1985); FISCHER, VOLKER/HAMILTON, ANNE (Hg.), Theorien der Gestaltung. Grundlagentexte zum Design, Bd. 1 (Frankfurt a. M. 1999); FLUSSER, VILÉM, Vom Stand der Dinge. Eine kleine Philosophie des Design (Göttingen 1993); FORTY, ADRIAN, Objects of Desire (London 1986); FRIEMERT, CHUP, Produktionsästhetik im Faschismus. Das Amt ›Schönheit der Arbeit‹ von 1933 bis 1939 (München 1980); GSÖLLPOINTNER, HELMUTH/HAREITER, ANGELA/ORTNER, LAURIDS (Hg.), Design ist unsichtbar (Wien 1981); HAUG, WOLFGANG FRITZ, Kritik der Warenästhetik (Frankfurt a. M. 1971); HESKETT, JOHN, Industrial Design (London 1980); HIRDINA, HEINZ, Gestalten für die Serie (Dresden 1988); HÜTER, KARL-HEINZ, Das Bauhaus in Weimar (Berlin 1976); KELM, MARTIN, Produktgestaltung im Sozialismus (Berlin 1971); KEMP, WOLFGANG, Disegno. Beiträge zur Geschichte des Begriffs zwischen 1547 und 1607, in: Marburger Jahrbuch für Kunstwiss., Bd. 19 (Marburg 1974), 217–240; KÜHNE, LOTHAR, Gegenstand und Raum (Dresden 1981); LICHTENSTEIN, CLAUDE, Ferdinand Kramer (Gießen 1991); MAAG, GEORG, Kunst und Industrie im Zeitalter der ersten Weltausstellungen. Synchronische Analyse einer Epochenschwelle (München 1986); MARQUART, CHRISTIAN, Industriekultur – Industriedesign. Ein Stück deutscher Wirtschafts- und Designgeschichte: Die Gründer des Verbandes Deutscher Industrie-Designer (Berlin o. J. [ca. 1993]); MEURER, BERND/VINÇON, HARTMUT, Industrielle Ästhetik. Zur Geschichte und Theorie der Gestaltung (Gießen 1983); NOBLET, JOCELYN DE, design. Introduction à l'histoire de l'évolution des formes industrielles de 1820 à aujourd'hui (Paris 1974); PAPANEK, VICTOR, Design for the Real World. Human Ecology and Social Change (1971; London 1985); PEVSNER, NIKOLAUS, Pioneers of the Modern Movement (London 1936); PFEIFFER, HELMUT/JAUSS, HANS ROBERT/GAILLARD, FRANÇOIS (Hg.), Art social und art industriel. Funktionen der Kunst im Zeitalter des Industrialismus (München 1987); RADICE, BARBARA, Memphis. Research, Experiences, Results, Failures and Successes of New Design, übers. v. P. Blanchard (London 1985); SCHAEFER, HERWIN, The Roots of Modern Design (London 1970); SCHÖNBERGER, ARNOLD (Hg.), Raymond Loewy. Pionier des Amerikanischen Industriedesigns (München 1990); SELLE, GERT, Geschichte des Design in Deutschland (Frankfurt a. M./New York

1994); SPARKE, PENNY, Japanisches Design (Braunschweig 1988); SPRIGG, JUNE/LARKIN, DAVID (Hg.), Shaker. Life, Work, and Art (New York 1987); WICHMANN, HANS, Industrial Design, Unikate, Serienerzeugnisse (München 1985); WICHMANN, HANS, Italien. Design 1945 bis heute (München 1988); WINGLER, HANS M., Das Bauhaus (Bramsche 1962).

Dilettantismus
(engl. dilettantism; frz. dilettantisme; ital. dilettantismo; span. diletantismo; russ. дилетантство)

I. Einleitung; 1. Einführende Hauptaspekte der Darstellung; 2. Gegenwärtige Theorie und Reflexion; 3. Hinweise zur Wortgeschichte; **II. Anfänge dilettantischer Kunstpraxis;** 1. Nobilitierung der Kunsttätigkeit; 2. Standesideal und künstlerische Freiheit; 3. ›Professori‹ und ›Dilettanti‹; **III. Der Dilettantismusbegriff im 18. Jahrhundert in Deutschland;** 1. Kompetenzkonflikte und Ungleichzeitigkeiten; 2. Die Debatte über das Publikum; 3. Dilettantismus und das klassizistische Kunstideal; **IV. Dilettantismus als Ästhetisierungskonzept historischer Wissenschaften;** 1. Kunstgeschichte und Kulturgeschichte; 2. Ästhetische Historiographie; 3. Historismus und Hermeneutik; **V. Literarisierungen;** 1. Das moderne Ich im Roman des Fin de siècle; 2. Antiästhetische Konzeptionen in Literatur und Kunst

I. Einleitung

1. Einführende Hauptaspekte der Darstellung

Der Dilettantismusbegriff ist zwar nicht in erster Linie ein Theoriebegriff, aber die begriffsgeschichtlich bedeutsamen Dilettantismusauffassungen waren stets mit ästhetischen Fragestellungen verbunden. Auf der Ebene der Wortherkunft ist bereits angedeutet, welche Möglichkeiten der Dilettantismus hinsichtlich der Bewertung ästhetischer Praxis eröffnete: Von ›dilettare‹ (vergnügen, ergötzen; lat. delectare) abgeleitet, umschrieb man in der italienischen Renaissance die Beschäftigung mit Künsten und Wissenschaften als ein vom Motiv des ›diletto‹ oder ›piacere‹ getragenes Tun. Das damit implizierte Motiv der Neigung und des Zeitvertreibs ist die Grunddefinition der ›Liebhaberei‹, vor allem aber ist es ein in der Begriffsgeschichte äußerst wirkungsmächtiges Moment, da der Dilettantismus von dort aus Bewertungen im Rahmen unterschiedlichster Kontexte unterworfen wurde. Diese werden im gegenwärtigen Dilettantismusbegriff nur in ihrer pejorativen, nicht auf die Künste spezifizierten Brechung als Merkmale der ›Oberflächlichkeit‹ und ›Inkompetenz‹ deutlich. Die nur resümierten evaluativen Aspekte der Begriffsgeschichte werden aber mit zum Begriff gehörigen Worten wie ›Laie‹ oder ›Stümper‹ aufgedeckt. Die Komplexität des Dilettantismusbegriffs und sein Aufstieg zu einem ästhetischen Grundbegriff erwächst daher sowohl aus seiner Einbindung in jenen mit der Neuzeit einsetzenden Prozeß der diskursiven Bestimmung der Künste zur ›schönen Kunst‹ als auch an den Veränderungen der soziologischen und künstlerisch-praktischen Bedingungen, unter denen sich die Tätigkeit von Dilettanten realisiert. Dabei haben insbesondere die im 18. Jh. vorgenommenen Bestimmungen des Schöpferischen, aber auch die Abgrenzung der ästhetischen Wahrnehmung zu Alltagserfahrung und kritischer Erkenntnis jenen für das 19. Jh. charakteristischen Aspekt des Begriffs vorbereitet, der den Dilettantismus als rein ästhetische Haltung und die psychosoziale Disposition des dilettantischen Subjekts als subjektivistische Selbstbezogenheit begreift. Der Dilettantismusbegriff ist aber ebenso pragmatisch, jeweilige Kunstverhältnisse konkret reflektierend. Schon immer konnte er als Modell künstlerischen Selbstverständnisses dienen. Zugleich aber – und dies verdeutlicht die Verfügbarkeit des Begriffs für unterschiedliche Diskursebenen und historische Standpunkte – ist das Gegnerschaft von Künstlern und Intellektuellen zum Dilettantismus verantwortlich für die polemische Aufladung des Begriffs. Der Dilettantismusbegriff berührt zentrale Fragen der Geschichte ästhetischer Erfahrung. Die skizzierten Hinweise auf die wichtigsten Begriffsbestimmungen verdeutlichen, wie stark Reichweite, Vielschichtigkeit und konzeptuelle Wertigkeit des Dilettantismusbegriffs historisch variieren. Eine Systematisierung könnte ihn wie folgt aufschlüsseln:

1) Historisch gesehen ist der Dilettantismusbegriff an kulturelle Situationen gebunden, in denen eine Neubewertung künstlerischer Produktion hinsichtlich ihrer theoretisch-philosophischen oder gesellschaftlichen Funktion erfolgt.

2) Der Dilettantismusbegriff stellt sich als Wertungskategorie problematischer oder gescheiterter Künstlerschaft respektive einer verfehlten Haltung zu Kunst und Leben dar.

3) Der Dilettantismusbegriff fluktuiert innerhalb schöpferischer, kritischer und konsumtiver Kompetenzen, die modellhaft bestimmte Einstellungen und Verhaltensweisen zur Kunst umschreiben und/oder anderen gegenüber favorisieren.

2. Gegenwärtige Theorie und Reflexion

Der Dilettantismusbegriff scheint in der Gegenwart eine weniger zentrale Stellung in der Reflexion über Kunst und künstlerische Phänomene einzunehmen, als dies noch bis Anfang des 20. Jh. der Fall war. Andererseits ist die Historie des komplexen Begriffs in einigen Pointierungen der Gegenwart deutlich, die – teilweise explizit – tradierte Dilettantismusvorstellungen auf tatsächliche oder postulierte ästhetische Haltungen von Künstler und Publikum heute beziehen. Das seit dem 18. Jh. virulente Autonomietheorem der deutschen Klassizismus wirkt in diesen Reflexionen nach, insbesondere in seinen Konsequenzen für den Werkbegriff und die gesellschaftliche Position des Künstlers, und bringt damit den historisch wirkungsmächtigsten Dilettantismusbegriff erneut mit in die Diskussion.

Eine den klassizistischen Werkbegriff und dessen Rezeptionsvorgaben nicht nur revidierende, sondern umkehrende Werkauffassung formulierte

---

1 FRANZ ERHARD WALTHER, Der andere Werkbegriff, in: Walther, Ich bin die Skulptur. Wandformationen 1978–1985 und Zeichnungen (Braunschweig 1986), 169.
2 F. E. WALTHER, [ohne Titel], in: G. Celant (Hg.), Ars Povera (Tübingen 1969), 174.
3 MICHAEL LINGNER, Zwischen Kern und Mantel. Franz Erhard Walther und Michael Lingner im Gespräch über Kunst (Klagenfurt 1985), 87f.

Franz Erhard Walther mit seinem *Ersten Werksatz* (1963–1969). Der Künstler stellte Objekte aus textilen Materialien, Holz und Schaumstoff her, die, z.T. auf Gegenstände des Alltags verweisend, eine entscheidende Funktion für die neue ästhetische Praxis haben. Der Galerie- oder Museumsbesucher soll mit diesen Objekten Handlungen vollziehen, die Walther als werkschaffend definierte: »Handlung ist Werkform, Handlung ist Werk«[1].

Ein derartiges Werk ist wesentlich Idee, Vorstellung, Erfahrung, Projektion, Erlebnis. Traditionell dem Künstler zugeschriebene Fähigkeiten wie »Phantasie, Imaginationskraft, Urteilskraft, [...] bildnerische Kraft« fließen ebenso ein wie Kompetenzen unseres Alltagswissens und unserer Alltagserfahrungen: Auch »Improvisationsgabe, [...] Meditierenkönnen, Gefühl für Relationen, Erlebnisfähigkeit schlechthin«[2] gelten Walther als gleichrangige Bedingungen eines solchen Kunsterlebens. Aus dem konventionellen Betrachter wird ein dem Künstler gleichrangiger, am Schöpferischen Beteiligter, der aufgefordert ist, seine individuellen Fähigkeiten einzubringen.

Damit zerfällt die klassisch definierte Werkeinheit in einen vom Künstler hervorzubringenden, dinglich realisierten Werkanteil und einen vom Betrachter zu realisierenden, mentalen Werkanteil, ohne welchen das Werk unvollständig bliebe. Das vom Rezipienten aus der Handlung heraus entwickelte geistig-emotionale Erleben stellt die entscheidende, weil ästhetisch wirksame Erfahrung dar. »Was konkret werden kann, sind die Erfahrungen des Dilettanten [...] mit der Kunst«. Walther bezieht sich damit auf ein positiv besetztes, von ihm aber inhaltlich nicht näher bestimmtes Dilettantismuskonzept »im historischen, nicht abwertend gemeinten Sinne«. Er will durch sein neuartiges, durch den Dilettantismusbegriff vertretenes Rezeptionskonzept den Menschen befähigen, mittels der Kunst in umfassender Weise kulturell tätig sein zu können. Das Potential der künstlerischen Praxis soll, »auf alle Lebensbereiche und das Gesamtdenken«[3] ausgedehnt, Modell für die Schaffung von Werken in allen denkbaren Kontexten sein.

Dilettantismus als Modell schöpferischer Erfahrung wird von den Autoren Michael Lingner und Rainer Walther verworfen, obwohl auch sie »eine

Autorisierung des Rezipienten zum Produzenten«[4] vornehmen. Eine solche Rezeption denken die Autoren als notwendiges Pendant zu einer künstlerischen Produktion, die jenseits der ambivalenten Bestimmtheit der Kunst entweder als ›freie Form‹ oder ›funktionslos‹ hinsichtlich gesellschaftlicher Ansprüche läge, wie sie das ästhetische Denken seit Ende des 18. Jh. und Anfang des 19. Jh. geprägt hat, als die Autonomie der Kunst gegen klerikale und feudale Zweckbestimmungen philosophisch und gesellschaftlich durchgesetzt wurde.

Die Auflösung dieses historischen Kunstbegriffs und der mit ihm unter den kommerziellen, kulturpolitischen und emotionalen Bedingungen gegenwärtiger künstlerischer Produktion verquickten »Paradoxien« soll das Modell einer ästhetischen Praxis leisten, bei der Rezeption und Produktion künstlerischer Produkte sich »auf das allgemeingültige, allseitige Aneignungsprinzip der Arbeit« (63) gründen, d. h. mit einem Arbeitsbegriff faßbar wären, der gesellschaftliche und ästhetische Aspekte der Werkproduktion integriert. Die Möglichkeit, ästhetische Erfahrung jenseits der historischen Kategorien ›Genie‹ und ›Kontemplation‹ anzusiedeln, würde das idealistische Prinzip der Kongenialität von Produzent und Rezipient aufheben. Die ästhetische Praxis wäre vom Rezipienten gedanklich zu leisten »als gelungene Verdichtung verschiedenster Vorstellungen in der Totalität einer einzigen Anschauung« (70), existent ausschließlich in und durch die eigene ästhetische Erfahrung. Mit dieser Konstruktion, die die Objektgebundenheit ästhetischer Erfahrung aufrechterhielte, aber auch dem zeitgenössischen Anspruch der Verallgemeinerung des Ästhetischen entspräche, verwerfen die Autoren die tradierten Rezeptionsformen des »Spiels«, des »Genusses« (63) und des »Dilettantismus« (113). Der Dilettantismus sei im Moment seines historischen Auftretens von Goethe, Schiller und Heinrich Meyer hinreichend charakterisiert worden; die Autoren zitieren die Definition des ›Dilettanten‹ aus der Abhandlung *Über den Dilettantismus* aus dem Jahr 1799: »Das Wort Dilettante [...] bedeutet einen Liebhaber der Künste, der nicht allein betrachten und genießen, sondern auch an ihrer Ausübung Theil nehmen will.«[5] Für sie bleibt der Dilettantismus »eine der eigentlichen künstlerischen Produktion ›nachgeschaltete‹, ihr wesensfremde Vermittlungsabsicht«, eine unproduktive »laienhafte Nachahmung«. Sie zitieren sogar das wirkungsästhetische Verdikt der Dilettantismus-Abhandlung, daß der Dilettant »seinen Beruf zum Selbstproduzieren erst aus den Wirkungen der Kunstwerke auf sich empfängt«[6].

Ist Lingner und Walther die historische Dimension ihres Dilettantismusbegriffs bewußt, nutzt der Kritiker Walter Bachauer den Begriff zur Polemisierung seiner Argumentation, ohne die abschätzige Bedeutung, die den Dilettantismusbegriff seit dem 18. Jh. dominiert, als Ausdruck historischer Positionen zu reflektieren. Im Katalog zur Ausstellung *Zeitgeist*, die 1982 in Berlin stattfand und überwiegend Malerei und Bildhauerei aus dem Jahr der Ausstellung von Künstlern aus drei Generationen zeigte, erschien seine scharfe Abrechnung mit der damaligen Musik- und Kunstszene der ›Neuen Wilden‹ unter dem provozierenden Titel *Der Dilettant als Genie*. Der Verfasser erklärt die Wilden zu »Dilettanten«, bezeichnet den Dilettantismus als »die Urgewalt der Unkenntnis irgendwelcher medialen Gesetze«[7]. Die direkte Übertragung von Ideen in Produkte gehe nicht nur mit einem Mangel an handwerklichem Können, sondern auch einem Verlust an Reflexion auf den eigenen historischen Standort und auf künstlerische Traditionen einher, Elementen eines Künstlerselbstverständnisses, das bis zu Beuys und Cage galt. Mit dem willkürlichen Recycling der Vergangenen als Methode schaffe der ›Wilde‹ Stilfragen und Historie ab. »Der Dilettant als Genie reagiert nicht auf die Geschichte, es genügen ihm die Inventionen seiner spontanen Natur, die er verabsolutiert.« (24) Der nur sich selbst und der Gegenwart verpflichtete, schrankenlose Subjektivismus bringt Produkte der Selbstinszenierung, müheloser

---

4 LINGNER/RAINER WALTHER, Paradoxien künstlerischer Praxis. Die Aufhebung der Autonomie des Ästhetischen durch die Finalisierung der Kunst, in: Kunstforum 76 (1984), H. 8, 70.
5 JOHANN WOLFGANG GOETHE, Über den Dilettantismus (entst. 1799), in: GOETHE (WA), Abt. 1, Bd. 47 (1896), 321; vgl. LINGNER/WALTHER (s. Anm. 4), 113.
6 LINGNER/WALTHER (s. Anm. 4), 71, 113.
7 WALTER BACHAUER, Der Dilettant als Genie. Über wilde Musik und Malerei in der fortgeschrittenen Demokratie, in: Zeitgeist [Ausst.-Kat.] (Berlin 1982), 23.

Identifikation und Nachahmung hervor, die das Publikum, jene »Masse von Dilettanten« (23), der der Dilettantenkünstler selbst entstammt, ohne Aufwand an Bildung und Gelehrsamkeit konsumieren kann. Mehr noch in der Malerei als in der Musik könne der »Autodidakt [...] daher in der kühnen Rolle des Dilettanten verharren und den Orden der Professionalität durch Selbstverleihung erwerben« (20).

Der zeitgenössische Dilettantismus erscheint Bachauer aber nicht nur als künstlerisches »Markenzeichen der Gegenwart« (23), sondern als Symptom einer Krise. Die Art der Herstellung, der Verbreitung und die Form der ›wilden‹ Musik und Malerei seien der Beweis dafür, daß sich die jahrhundertelang bestehende »Sehnsucht des Amateurs«, am »Mechanismus der ›Moderne‹ teilzuhaben« (23), auf trivialste Weise erfüllt habe. Die Funktion gebildeter Eliten aus Auftraggebern und Künstlern, die Bedeutung der Avantgarde für die Moderne habe sich mit der den »Feldzug des Dilettantismus« organisierenden Kulturbürokratie der »fortgeschrittenen Demokratie« (20) erledigt. Seit der Geburtsstunde des ›Dilettanten-Genies‹ in der Ära von Andy Warhols ›Factory‹, in der die Verbindung von Kunst und industriellem Denken endgültig sanktioniert worden war und mit der Gleichstellung von Kunstwerk und Ware die Austauschbarkeit von Kunstprodukt und Marke ebenso vorbereitet wurde wie von Autorschaft und Image-Strategie, hat sich der Dilettantismus des Marktes und der Kommunikationsmittel bemächtigt. Der »Dilettant als Medienstar« (20) läßt bereits durch die rasante Verringerung des Zeitwerts seiner Künste Fragen des Könnens, der Qualität, der Bildung und des Kunstgenusses obsolet werden.

Die Kritik Bachauers an Trivialästhetik, Konsum, Unterhaltung und ›neuen Medien‹ erscheint wie eine – wenn auch entpolitisierte – Aktualisierung der mit dem Begriff der ›Kulturindustrie‹ von Theodor W. Adorno und Max Horkheimer um-

schriebenen Kulturkritik unter den postmodernen Bedingungen der ›fortgeschrittenen Demokratie‹. Die Ausrichtung auf den autonomieästhetischen Kunstbegriff bleibt auch für Bachauer verbindlich; zudem ist ihm dessen Zusammenhang mit dem Dilettantismusbegriff in seiner Bewertung des »fragmentierten Expressionismus« (23) der wilden Malerei nicht bewußt. Eine andere Perspektive auf ›expressive‹ Kunst in einer Situation des Umbruchs und der Neuorientierung eröffnet Ernst Blochs kulturphilosophischer Kommentar zur Moderne vom Anfang des Jahrhunderts. Blochs Vision einer neuen Kunst praktischer und ästhetischer Gestaltung – »zwischen Stuhl und Statue«, »Zweckform« und »reiner abstrakter Form«[8] – wertet die »unwerkhaften, stillosen, aber ausdruckshaften« Gebilde eines »von Lebensmühe bedrängten Dilettanten« als hohe Kunst »durch das darin symbolisch erfahrene Ich«, auch wenn sein Können nicht im mindesten den alten Meistern vergleichbar sei. Der Dilettantismusbegriff Blochs definiert sich im Kontext einer Kunst, die »Trostgesang einer um Häßlichkeit, Schönheit unbekümmerten Ichexpression« (20 f.) ist und deren aus »ausdrucksvollem Überschwang« (18) hervorgegangene Schöpfungen ihren Kunstwert neben meisterlichen Werken behaupten.

Positive Qualitäten des Dilettantismus für die eigene Kunst nutzbar zu machen ist ein Anliegen des Malers Markus Lüpertz. Lüpertz, in der genannten Ausstellung Zeitgeist mit 15 Bildern und einer Bronze vertreten, beurteilt die Lage in den vorangegangenen zwei Jahrzehnten aus der Sicht des Künstlers. Die Situation habe sich so zugespitzt, daß sie den Künstler gegenwärtig zum »totalen Verzicht auf Begreifen, Anerkennung und Liebe«[9] zwinge. Als schaffender Künstler benannte er sich Konsequenzen, die sich in der Wertung des Dilettantismusbegriffs als Gegenposition zu Bachauer lesen lassen. In seinem Essay Hommage à Prévost, Berthe Morisot und Trouillebert (1986) formuliert Lüpertz einen dialektischen Dilettantismusbegriff, der als ein wichtiger Teil seines Selbstverständnisses und seiner künstlerischen Praxis aufgefaßt werden muß. Lüpertz schildert seine Profession als ein Balancieren zwischen der Malerei, für ihn Akt von existenzieller »Sehnsucht des Findens, des Findenmüssens«, und den kommer-

---

8 ERNST BLOCH, Geist der Utopie (1918; Berlin 1923), 22 f.
9 Zit. nach ARMIN ZWEITE, ›Niemandsland, zurückgelassenes Handeln und herausgelöstes Gesicht‹. Stichworte zu Markus Lüpertz, in: Zweite (Hg.), Markus Lüpertz. Belebte Formen und kalte Malerei [Ausst.-Kat.] (München 1986), 26.

ziellen und kommunikativen Zwängen des Kunstbetriebs. Dem Geflecht aus Kunstkritik, Publikumsansprüchen und Marktmaximen stellt Lüpertz seinen Dilettantismusbegriff entgegen: »Einzige Form gegen Professionalismus ist Dilettantismus. Ihn erkennen, ihn, den Dilettantismus, kultivieren heißt die Kunst nicht verlieren.«[10] Der Dilettantismus verspricht für Lüpertz darüber hinaus innovatives Potential für seine Intention, eine nach-avantgardistische Malerei zu schaffen, die sich wieder am gemalten Tafelbild orientiert. Nach der Verabschiedung der Malerei durch die Künstler und nach dem Ende des Avantgardebegriffs müsse sich die Malerei von ihren eigenen Mitteln her, aus sich selbst heraus erneuern. Für die künstlerische Praxis dieses ›Anti-Professionalismus‹ heißt das, vermeintlich »gedankenlos« und »beliebig« mit den erworbenen Fähigkeiten umzugehen, um neue bildnerische Freiräume zu erwerben. Dieser Dilettantismus ist künstlerische Methode: »Unvermögen professionell erhalten, Gelerntes vergessen, nur ab und zu erinnern« (47). Denn ein Künstler, der sich stets innerhalb eines routinierten Könnens bewege, verzichte auf Erweiterung und Veränderung, »somit auf Kunst und Genie«, die »künstlerischen Urelemente«, verzichte »auf Kunst schlechthin«[11]. In der Zuspitzung lautet das bei Lüpertz: »Ich bin ein Mann ohne jedes handwerkliche Geschick, aber mit großer Begabung.«[12] Mit dieser Haltung steht Lüpertz in einer langen Tradition künstlerischer Topoi von Raffael bis zu Picasso – auf den Lüpertz kürzlich selbst verwies –, aber auch jüngerer Reflexionen zur Dichotomie des neuzeitlichen Kunstbegriffs.

Als einen Künstler, der das Malen als ständig wiederholten Neubeginn erlebte, sah sich auch Willi Baumeister, der deutsche Protagonist der abstrakten Malerei nach 1945. In seiner Schrift *Das Unbekannte in der Kunst* (1947) äußerte er: »Der originale Künstler verläßt das Bekannte und das Können. Er stößt bis zum Nullpunkt vor. Hier beginnt sein hoher Zustand. […] Das Genie ›kann‹ nichts und nur damit alles.« Baumeister verwies bezeichnenderweise im Kapitel ›Die Entdeckung der Kunst‹ auf die Kunst der Urvölker, der sogenannten Primitiven, der Kinder und der Geisteskranken. In solchen »Formkräften« waren seines Erachtens »das ewige Handwerk, der ewige Autodidakt, der ewige Dilettant und das Kollektiv-Anonyme«[13] am Werk.

Der Berliner Maler Ernst Wilhelm Nay, der sein ganzes Künstlerleben daran arbeitete, seine Art der absoluten Malerei mittels des ›Gestaltwerts der Farbe‹[14] zu entwickeln, sah für sich »die autodidaktische Erfindung«[15] seiner Kunst als methodische Möglichkeit für das Ziel einer neuen nicht-illusionistischen, einer »arithmetischen« Malerei. In einem Manuskript von 1965 umschrieb er die zurückliegenden Jahre seines Schaffens: »Immer ging ich seit 1950 davon aus, ›Dilettant meiner selbst zu sein‹ – ein Wort von mir aus jenem Jahr – also allgemeingültige Formulierungen des Malens zu negieren und eine eigene zu entwickeln.« (99) Auch bei Nay enstand das Bild erst beim Malen, und er betonte, daß gerade auch für die »autodidaktische dilettantische Betätigung von Kunst« die handwerklichen Grundlagen der jeweiligen Gattung verbindlich bleiben müßten, in der Malerei »Fläche, Farbe, gestalteter Formkomplex«: »Da herausgehen, heisst vor Kunst fliehen.« (100)

Verwandte Vorstellungen formulierte damals Karlheinz Stockhausen, der Musik als »erfinderisches Handwerk«[16] verstand, dessen Entdeckungen mit denen aller anderen Lebensbereiche zusammengefaßt werden müßten. Die wichtigste Voraussetzung dafür sah er in der Beurteilung schöpferischer Tätigkeit nicht nach der Zweckmäßigkeit oder Vollendung ihrer Produkte, sondern aus der Perspektive schöpferischen Wirkens.

Mit der rhetorischen Frage ›Muß man Kunst

---

10 MARKUS LÜPERTZ, Hommage à Prévost, Berthe Morisot und Trouillebert (1986), in: ebd., 53, 47.
11 LÜPERTZ, Muß man Kunst können?, in: Jahreshefte der Kunstakademie Düsseldorf 4 (1994), 21.
12 Neuerdings nur mit Signet. Markus Lüpertz im Gespräch mit Isabelle Graw, in: Artis 44 (Februar 1992), 40.
13 WILLI BAUMEISTER, Das Unbekannte in der Kunst (Stuttgart 1947), 155, 148.
14 Vgl. ERNST WILHELM NAY, Vom Gestaltwert der Farbe. Fläche, Zahl und Rhythmus (München 1955).
15 NAY, Aufzeichnungen (1965), in: Ernst Wilhelm Nay [Ausst.-Kat.] (Amsterdam 1998), 100.
16 KARLHEINZ STOCKHAUSEN, Erfindung und Entdeckung (1961), in: Stockhausen, Texte zur elektronischen und instrumentalen Musik, Bd. 1 (Köln 1963), 257.

können?«[17] stellt Lüpertz, Rektor der Düsseldorfer Kunstakademie und einer der erfolgreichsten Künstler der Gegenwart, die selbstgewählte Rolle des »professionellen Dilettanten«[18] zwischen sich und das bürgerliche Leistungsethos »Der kann was«[19]. Lüpertz' Selbstinszenierung als dilettierender Malerfürst ist denn auch mehr als nur Pose, sie ist Überlebensstrategie eines genialen ›Kunst-Könnens‹. Ein solch aristokratisch und individualistisch geprägter Dilettantismusbegriff hat an der Kunstakademie Düsseldorf offenbar Tradition. Alfred Mundhenk sprach sich in seiner Festrede vor der Akademie (1967) mit Rekurs auf die humanistische Tradition des Dilettantismus als eine »Lebenspraxis« begründende »tätige Muße« gegen den »Massendilettantismus«[20] aus, der ein Widerspruch in sich sei. In diesem Sinne kann Lüpertz seine Künstlerpersona selbst definieren und eine selbstbestimmte Qualifizierung seines künstlerischen Handelns vornehmen. »Der Dilettant braucht kein Engagement, er dilettiert, ist unverständlich, und welches Genie will schon verstanden werden.«[21] Die Metapher ›Dilettanten-Genie‹ verkehrt den Topos vom ›verkannten Künstler‹. Der extreme Individualismus eines solchen Künstlerkonzepts verweigert zudem die Erklärung von Kunst und ihre Einbindung in die Geschichte. Für Abfolge, Historie und Kausalität – mithin ›Verständlichkeit‹ – ist der Künstler respektive der Dilettant nach Lüpertz nicht mehr verantwortlich. Die Stilgeschichte überläßt er den – als Gegenbegriffe zu Künstler und Dilettant von ihm eingeführt – ›Professionellen‹ und den ›Amateuren‹.

Der Dilettantismusbegriff scheint außerdem im Umfeld der Philosophie einen neuen Bedeutungszusammenhang zu erhalten. In *Philosophy and the Mirror of Nature* (1979) versucht Richard Rorty, die scheinbar hermetisch abgeschlossene angelsächsische Tradition von Empirismus und Pragmatismus für kontinentaleuropäische Philosophien zu öffnen. Rorty zielt auf eine Neubestimmung der Philosophie jenseits erkenntnistheoretischer und neuerer analytischer Ansätze. Die Suche nach objektiver Erkenntnis als primäre Aufgabe der Philosophie gilt es ihm zufolge durch andere, als gleichrangig verstandene Dimensionen menschlichen Tuns abzulösen. Dies setzt einen Kulturbegriff voraus, der nicht mehr vom Ideal objektiver Kognition dominiert wird. In einer neuen Diskursgemeinschaft, in der Wissenschaften und Künste kommensurabel und philosophische Fragestellungen hinsichtlich ihrer Gemeinsamkeiten mit der Lebenspraxis befragbar sind, nimmt der Philosoph die Rolle des »informed dilettante« ein, »the polypragmatic, Sokratic intermediary between various discourses«[22]. Rorty denkt sich diesen Philosophen-Dilettanten nach dem Modell des zum Gespräch in seinen Salon ladenden Gebildeten, der die Wissenschaften mit der Politik, der Ethik und den Künsten ins Gespräch bringen soll und Meinungsverschiedenheiten der Disziplinen und Diskurse einem Kompromiß zuführt oder transzendiert. Diesen Dilettantismus verkörpert für Rorty ein Hermeutikbegriff im Sinne von Hans-Georg Gadamers *Wahrheit und Methode* (1960): ein forschendes Verstehen, das die Geisteswissenschaften mit dem Ganzen unserer Welterfahrung verbindet.

3. Hinweise zur Wortgeschichte

Die Bezeichnung ›Dilettantismus‹ erscheint erst im letzten Jahrzehnt des 18. Jh. Bis zu Johann Gottlieb Fichtes *Wissenschaftslehre* (1794/1795)[23] und Schillers Rezension *Über den Gartenkalender auf das Jahr 1795*, in dem er den englischen Landschaftsgarten als Spielerei des »Dilettantism«[24] verurteilt, scheint das Wort nicht bekannt gewesen zu sein. Noch Anfang der 1830er Jahre betitelte Eckermann Goethes Dilettantismus-Manuskripte *Über den sogenannten Dilettantismus oder Die practische Liebhaberey in den Künsten* (1833). Lexikographiert wird es damals als Ableitung von ›Dilettant‹: »Dilettant, eine

---

17 Vgl. LÜPERTZ (s. Anm. 11), 17.
18 LÜPERTZ (s. Anm. 10), 47.
19 LÜPERTZ (s. Anm. 11), 21.
20 ALFRED MUNDHENK, Über den Dilettantismus (Düsseldorf 1969), 27 ff.
21 LÜPERTZ (s. Anm. 10), 47.
22 RICHARD RORTY, Philosophy and the Mirror of Nature (Princeton 1979), 317.
23 Vgl. JOHANN GOTTLIEB FICHTE, Wissenschaftslehre (1794/1795), in: Fichte, Werke, hg. v. der Bayerischen Akademie der Wissenschaften, Abt. 1, Bd. 2 (Stuttgart-Bad Cannstatt 1978), 259.
24 FRIEDRICH SCHILLER, Über den Gartenkalender auf das Jahr 1795 (1794), in: SCHILLER, Bd. 22 (1958), 285.

Person, welche irgend eine Kunst betreibt, ohne daraus ihren Beruf oder ihren Erwerb zu machen. Daher Dilettantismus, das Betreiben irgend einer Kunst zum bloßen Vergnügen, aber mit einem gewissen Grade der Vollkommenheit ausgestattet, ohne die Kenntnisse zu besitzen, welche für diesen Zweck vollkommen hinreichen und den Künstler erst bilden.«[25] Mittels der damals aufblühenden Gattung des Konversationslexikons wurde die Verbreitung des Wortes befördert und mit ihm die aus dem Kunst- und Wissenschaftsbetrieb des 18. Jh. stammende Klassifizierung, daß der Dilettantismus – sowohl in den Künsten wie in den Wissenschaften – »der Meister- und Kennerschaft entgegengesetzt« sei, »obgleich er diese oft an Wärme übertrifft«[26]. ›Dilettant‹ und ›Dilettantismus‹ bezeichnen auf der wortgeschichtlichen Ebene die Ausbreitung des Dilettantismus im 18. Jh., einst wenigen Aristokraten und Wohlhabenden vorbehalten, zu einem Phänomen von solcher gesellschaftlicher Tragweite, daß Goethe 1799 verzweifelt feststellte, der gesamte Kunstbetrieb sei vom »Greuel des Dilettantism«[27] betroffen. Mit dem Wort ›Dilettantismus‹ stand außerdem eine Bezeichnung zur Verfügung, mit der die Verhaltensweisen von Dilettanten resümiert und terminologisch erfaßt werden konnten, so in der erwähnten Abhandlung *Über den Dilettantismus* (1799). Die Wortbildungen des 19. und 20. Jh. bezeichnen auch neue begriffliche Varianten des Dilettantismus, beispielsweise hinsichtlich seiner Ausdehnung auf die Sphäre ästhetizistischer Verfaßtheit (»Dilettantisieren«[28] bei Nietzsche) oder auf das Politische (»Dilettanterie«[29] bei Robert Walser). Die negativen Konnotationen dieser Wortbildungen liegen in der Linie des Adjektivs ›dilettantisch‹, wie es offenbar Mitte des 18. Jh. gebräuchlich wurde. Die ihm im Kontext seiner frühen Verwendung anhaftende negative Bedeutung hat sich gegenüber der bei Goethe und Schiller um das Jahr 1800 in Aufsätzen und im Briefwechsel belegten Verwendung durchgesetzt. Dort erhält es im Sinne der klassischen Kunstauffassung die Funktion eines Gegenbegriffs zu schulmäßigem und intellektuellem Künstlertum, z. B. in Goethes Propyläen-Aufsatz *Diderot's Versuch über die Mahlerei* (1799).[30]

Die vorästhetische Bedeutung des Dilettantismusbegriffs als umfassender Kunstgenuß rechnete das Deutsche im 18. Jh. zur Kernbedeutung von ›Dilettant‹: »In weiterer Bedeutung heißt derjenige ein Liebhaber, welcher einen vorzüglichen Grad des Vergnügens an Dingen gewisser Art und deren Besitz findet. Ein Liebhaber von der Jagd, von Pferden, von Hunden, von Landkarten, von Gemälden seyn. Eine Liebhaberinn vom Spiele, vom Putze u. s. f. [...] es kömmt darauf an, daß sich jemand findet, welcher eine vorzügliche Neigung zu dieser Sache trägt. Ebenso ist in den schönen Künsten der Liebhaber, ital. *Dilettante*, derjenige, welcher eine vorzügliche Neigung zu diesen Künsten und den Kunstwerken träget, ohne selbst ein Künstler zu seyn. Nicht alle Liebhaber sind zugleich Kenner.«[31] Johann Christian Adelung verzeichnet hier das italienische Fremdwort 1777 als Synonym für den ›Liebhaber der schönen Künste‹. In diesem Stadium der Begriffsgeschichte führt andererseits der ästhetische Diskurs zu einer Abgrenzung der Bezeichnungen ›Liebhaber‹ und ›Dilettant‹, eine der wichtigsten begriffsgeschichtlichen Zäsuren. Weiterhin ist das Wort zu diesem Zeitpunkt – sowohl in italienischer wie deutscher Form – so verbreitet, daß die Bemerkung in einem zeitgenössischen Roman, es sei ein »neumodisches« und »sehr entbehrliches italienisches Wort«[32] für reisende Musiker und Virtuosen aus Italien, als patriotische Geste zu nehmen ist. Seit Mitte des Jahrhunderts bereits kannte man das Wort im Deutschen. Die Bezeichnung ›Dilettant‹ ist sehr

---

25 ›Dilettant‹, in: Neuestes Conversationslexikon für alle Stände, Bd. 2 (Leipzig 1833), 364.
26 ›Dilettant‹, in: Allgemeine deutsche Real-Encyclopädie für die gebildeten Stände (Conversations-Lexikon), Bd. 3 (Leipzig ⁵1819), 194.
27 GOETHE an Schiller (20. 7. 1799), in: GOETHE (WA), Abt. 4, Bd. 14 (1893), 132.
28 FRIEDRICH NIETZSCHE, Richard Wagner in Bayreuth (1876), in: NIETZSCHE (SCHLECHTA), Bd. 1 (1994), 371.
29 ROBERT WALSER, Dilettanten (1908), in: Walser, Das Gesamtwerk, hg. v. J. Greven, Bd. 6 (Genf/Hamburg 1966), 54.
30 Vgl. GOETHE, Diderot's Versuch über die Mahlerei (1799), in: GOETHE (WA), Abt. 1, Bd. 45 (1900), 278.
31 ›Liebhaber‹, in: ADELUNG, Bd. 2 (1796), 2061.
32 JOHANN TIMOTHEUS HERMES, Sophiens Reise von Memel nach Sachsen (1769–1773), Bd. 3 (Leipzig ²1778), 52.

wahrscheinlich mit anderen Ausdrücken der italienischen Musiksprache nach Norden gedrungen.

II. Anfänge dilettantischer Kunstpraxis

1. Nobilitierung der Kunsttätigkeit

Im Kontext künstlerischer Theorie findet sich die erste neuzeitliche Äußerung zum Dilettantismus: Leone Battista Alberti, Florentiner Jurist, Humanist und Architekt, fügte in seinen Traktat *Della pittura* (1435), eine der ersten kunsttheoretischen Abhandlungen der Renaissance, einen Passus ein, in dem er von seinem eigenen Zeichnen berichtet: »io se mai per mio piacere mi do a dipigniere, qual cosa fo non raro quando dall'altre mie maggiori faccende io truovo otio, ivi con tanta voluptà sto fermo al lavoro che spesso mi maraviglio così avere passate tre o quattro ore.«[33] (Wenn ich mich, was nicht selten geschieht, daran begebe, etwas zu malen, falls ich neben meinen anderen Hauptbeschäftigungen dazu Muße finde, bin ich mit solcher Lust bei der Arbeit, daß ich mich häufig wundere, auf diese Weise drei oder vier Stunden verbracht zu haben.)

Mit dem Rückgriff auf das antike ›otium‹ – im Gegensatz zum lebenserwerblichen ›negotium‹ – stellte Alberti seine künstlerische Praxis als Tätigkeit außerhalb der Sphäre des Lebenserwerbs und als ›Vergnügen‹ in diesem Sinne dar. Bestärkend behauptete er, die damalige Wertschätzung der Malerei als Kunst sei so hoch gewesen, daß viele vornehme Bürger, auch Philosophen und nicht wenige Könige, nicht nur Gefallen an gemalten Sachen gehabt, sondern auch selbst zu ihrem Vergnügen gemalt hätten (»molti nobilissimi ciptadini, philosafi ancora et non pochi re, non solo di cose dipinte ma et di sua mano dipignierle assai si dilettavano« [79]).

Der im Kontext einer Kunsttheorie formulierte Bericht über seinen privaten Dilettantismus[34] konkretisiert die mit dem Traktat verfolgte Absicht Albertis, die Malerei aus der Zunftorganisation herauszulösen und sie in den Rang einer ›ars liberalis‹ zu erheben. Dieses erste Selbstbekenntnis eines Dilettanten begründet das künstlerische Tun als edlen und als gelehrten Zeitvertreib. In der Traktatliteratur wird dies offenbar recht schnell zu einem Topos.[35]

Künstlerischer Dilettantismus als eine dem Höfling angemessene Tätigkeit diskutiert Baldassare Castiglione in seinem *Libro del Cortegiano* (entst. 1508–1516). Aus der Notwendigkeit der Legitimation des eigenen Standes vor dem Hintergrund veränderter gesellschaftlicher Bedingungen wird humanistisches Bildungsgut in das fürstliche Leben integriert. In Dialogform entwirft der Autor ein neues Ideal höfischen Verhaltens: die traditionelle, an kriegerischen Elementen definierte ›virtù‹ soll mittels der Künste (insbesondere Musik, Literatur, Zeichnen und Malen) in eine verfeinerte Geselligkeit eingebunden werden. Die Erziehung zu feineren Umgangsformen, der ›gratia‹, beinhaltet, daß die angemessene Ausübung einer Kunst darin besteht, den Anschein von ›sprezzatura‹ (Mühelosigkeit) zu bewahren – ein von Castiglione eingeführter Gegenbegriff zur handwerklichen Arbeit. Die nachhaltige Wirkung des Buches zeigt sich in den adaptierten Leitbildern des ›gentleman‹ und des ›honnête homme‹.

Die von einem solchen Dilettantismusbegriff eröffnete Möglichkeit der sozialen Abgrenzung und Aufwertung machen sich die Künstler zunutze.

2. Standesideal und künstlerische Freiheit

Giorgio Vasari, Maler und Kunstschriftsteller, Verfasser der ersten umfangreichen Sammlung von Künstlerbiographien, der *Vite de' più eccellenti pittori, scultori e architettori* (1550), dienen Wendungen wie ›per piacere‹, ›per diletto‹ bzw. ›per dilettazione‹ dazu, die geistige Autonomie der Berufskünstler und den Rang ihrer künstlerischen Tätigkeit auszudrücken. Im Abschnitt über Michelangelo fällt – im Zusammenhang mit dessen Arbeit an der unvollendeten und von ihm zerstörten Florentiner *Pietà* – der Begriff des ›passar tempo‹: Mi-

---

33 LEON BATTISTA ALBERTI, Della pittura (1435), hg. v. L. Mallè (Florenz 1950), 81.
34 Vgl. JULIUS VON SCHLOSSER, Ein Künstlerproblem der Renaissance: L. B. Alberti (Wien/Leipzig 1929).
35 Vgl. MICHELANGELO BIONDO, Della nobilissima pittura (1549; Farnborough 1972), 6ff.

chelangelo habe dieses Werk »per dilettazione e passar tempo«[36] (zum Vergnügen und Zeitvertreib) in Angriff genommen. Möglicherweise bestehen Bezüge zu dem für Michelangelos Schaffen charakteristischen ›non finito‹; insofern läge hier der Ursprung eines Bedeutungsmusters für den Dilettantismus als eines rastlosen, sich selbst nicht genügenden Künstlertums. Jedenfalls begründet sich hier eine Tradition des Dilettantismusbegriffs, die bis zum Selbstverständnis des materiell und psychosozial unabhängigen Künstlerindividuums in der jüngsten Moderne reicht. Eine entsprechende Äußerung ist beispielsweise von dem Barockmaler Salvator Rosa überliefert, der an einen potentiellen Auftraggeber schrieb, daß er nicht male, um wohlhabend zu werden, sondern nur zur eigenen Genugtuung (»solamente per propria soddisfazione«[37]).

Ende des 16. Jh. bekamen die Künstler Konkurrenz von Aristokraten, die sich in den Malerwerkstätten – etwa in Venedig, Genua und Florenz – unterweisen ließen. Manche dieser Dilettanten-Maler strebten eine professionelle Künstlerlaufbahn an und kämpften gleichzeitig darum, die Zunftvorschriften zu beseitigen. Der Genueser Aristokrat Giovanni Battista Paggi begründete seinen Entschluß, nicht Kaufmann wie sein Vater, sondern Berufsmaler werden zu wollen, mit dem von Alberti etablierten Topos. Künstlerische Arbeit sei für den ›cavaliere‹ nicht ›schmutzig‹, da sie ›edle Effekte‹ verfolge.[38] Der im 16. Jh. verbreitete Gedanke einer Verbindung von freier Kunst, theoretischem Wissen und edler Abkunft zeigt sich auch in der Neuorganisation der künstlerischen Ausbildung durch die im Auftrag Cosimos I. von Vasari gegründete Florentiner *Accademia del Disegno*. Hier waren alle sozialen Stände zugelassen und jeder, ob Dilettant oder Berufskünstler, konnte den Titel eines Akademiemitgliedes erhalten.[39] Die erfolgreiche Verbindung von Dilettantismus und Akademie – eine Institution, die den Dilettanten wesentliche Mitsprache in Sachen Kunst erlaubte und ihnen mit der Einrichtung öffentlicher Kunstausstellungen ein Forum der Selbstdarstellung bot – wirkte sich förderlich auf das Kunstleben in allen Ländern aus.

Der Dilettantismus wurde bis ins 17. Jh. offenbar als ein Verhalten gewertet, das einerseits das Hand-

werkliche und Materielle der künstlerischen Arbeit zur Muße und spielerischen Leichtigkeit sublimierte, andererseits auch das Vergnügen und die Unabhängigkeit eines künstlerischen Daseins betonte.

3. ›Professori‹ und ›Dilettanti‹

1681 gibt der Kunsthistoriograph Filippo Baldinucci im Auftrag der Florentiner *Accademia della Crusca* ein neuartiges Fachbuch heraus, das *Vocabolario toscano dell'arte del disegno*. Hier ist zum ersten Mal im Italienischen das Wort ›dilettante‹ verzeichnet und zugleich als Terminus für alle Künste eingeführt (»ed è termine delle medesime Arti«). Der Terminus werde von den Berufskünstlern benutzt, um die nicht zum Metier Gehörigen zu bezeichnen: »tra' Professori del disegno si prende impropriamente per chi si diletta di quest'Arti, a distinzione de' Professori di esse.«[40]

Das Lexikon aller Künste und Gewerbe ist nun gerade für die Kunstinteressierten und Sammler bestimmt, und es markiert einen wichtigen Abschnitt der Begriffs- und Wortgeschichte: Die Aufwertung und das Interesse für die Künste im Humanismus, die gelehrte Konversation bei Hofe hatten zur Entstehung großer Sammlungen von Natur- und Kunstobjekten geführt. Was die reichen Bürger und die Aristokraten der Frühzeit des Sammelwesens zusammentrugen (»i quali molto si

---

36 GIORGIO VASARI, Le vite de' più eccellenti pittori, scultori e architettori (1550), hg. v. R. Bettarini/P. Barocchi, Bd. 6 [Text] (Florenz 1987), 77.
37 SALVATOR ROSA an Don Antonio Ruffo (1. 4. 1666), in: V. Ruffo, La galleria Ruffo nel secolo XVII in Messina, in: Bollettino d'Arte 10 (1916), 180.
38 Vgl. GIOVANNI BATTISTA PAGGI, Lettere al fratello Girolamo (1591), in: P. Barocchi (Hg.), Scritti d'arte del cinquecento, Bd. 1 (Mailand/Neapel 1971), 192, 200 f. ; PETER M. LUKEHART, Delineating the Genoese Studio. ›Giovani accartati‹ or ›sotto padre‹?, in: Studies in the History of Art 38 (1993), 37 f.
39 Vgl. NIKOLAUS PEVSNER, Academies of Art (New York 1973), 297 f.
40 ›Dilettante‹, in: FILIPPO BALDINUCCI, Vocabolario toscano dell'arte del disegno, Bd. 1 (1681; Mailand 1809), 176.

dilettano in adornare e polir i suoi palazzi«[41]), ist z. B. durch Sabba Castiglione, Mailänder Edelmann und selbst passionierter Sammler, überliefert.[42] In seinen vielgelesenen *Ricordi overo ammaestramenti* (1546) berichtete Castiglione von Musikinstrumenten, Antiken, Bronzestatuen, geschnittenen Steinen und Preziosen; zugleich würden aber auch Gemälde großer zeitgenössischer Meister – Leonardo da Vinci, Perugino, Raffael, Giulio Romano – erworben. Castiglione beklagt zugleich die mangelnde Kennerschaft der Sammler, die viel Aufhebens von ihrer Sammlung von Antiken, vor allem Münzen mit den Bildnissen würdiger und berühmter Männer, machten (»facevano gran professione di diletarse di antiquità e massimamente di medaglie di uomini stati al mondo degni e famosi«), weil sie damit Erfindungskraft und Geist demonstrieren wollten, jedoch keinerlei Geschmack oder Kenntnisse von solchen Dingen besäßen. Manche der Sammler seien auch selbst künstlerisch tätig: »li quali non solamente se sono dilettati della pittura, [...] ma in quella avere con loro mano operato«[43] (die sich an der Malerei nicht nur erfreut, sondern auch selbst darin gearbeitet haben). Auch andere Autoren berichteten von zeichnenden und malenden Edelleuten: »M. Giovan Mario Verdezotto, il quale, molto di pittura dilettandosi [...] alle volte ancora egli disegnando e dipingendo«[44] (M. Giovan Mario Verdezotto, der sich sehr an der Malerei erfreut, zeichnet und malt manchmal auch selbst).

---

41 SABBA CASTIGLIONE, Ricordi overo ammaestramenti (1546), in: P. Barocchi (Hg.), Scritti d'arte del cinquecento, Bd. 3 (Mailand/Neapel 1977), 2919.
42 Vgl. SCHLOSSER, Die Kunst- und Wunderkammern der Spätrenaissance. Ein Beitrag zur Geschichte des Sammelwesens (Leipzig 1908), 124.
43 CASTIGLIONE (s. Anm. 41), 2927.
44 LODOVICO DOLCE, Dialogo della Pittura, intitolato l'Aretino (1557), in: P. Barocchi (Hg.), Scritti d'arte del cinquecento, Bd. 1 (Mailand/Neapel 1971), 800.
45 Vgl. GIULIO MANCINI, Considerazioni sulla pittura, Bd. 1 (1617; Rom 1956).
46 Vgl. FEDERICO ZUCCARI, Lettera a prencipi e signori amatori del dissegno, pittura scultura et architettura (Mantua 1605).
47 CARLO CESARE MALVASIA, Felsina Pittrice. Vite de' Pittori Bolognesi, Bd. 1 (Bologna 1678), 216.

Seit dem späten 16. Jh. verfaßten die Sammler und Kunsthändler selbst vermehrt Handbücher für sammelnde Kunstliebhaber, die auf diesem Wege eine Anleitung für die Unterscheidung zwischen Original und Fälschung sowie Kenntnisse über einzelne Malerschulen und die Künstlerhistorie erhielten. Ein von dem Kunstagenten Giulio Mancini geschriebenes Handbuch (1617/1621) heißt bezeichnenderweise *Alcune Considerationi Appartenenti alla Pittura come di Diletto di un Gentilhuomo*[45]; und Federico Zuccari schreibt im Jahr 1605 für die Kunstliebhaber der verschiedenen Künste, die er im Titel spezifiziert: ›amatore di pittura‹, ’amatore di architettura‹ usw.[46]

Dieser neue Typus des sammelnden, kunstschriftstellerisch oder auch künstlerisch tätigen Kunstliebhabers wird offenbar seit der Mitte des 17. Jh. als ›dilettante‹ bezeichnet. Durch die Frage der Kennerschaft, die sich zu einer eigenen, theoretisch fundierten Lehre entwickelte, wurde die Dichotomie zwischen handwerklicher, manueller Arbeit und ›freier‹, gelehrter Künstlerschaft verschärft. Der Künstler, der bislang durch seine künstlerische Tätigkeit per se als Kunstagent und Kenner legitimiert war, bekam nun auch von dieser Seite Konkurrenz. Carlo Cesare Malvasia erwähnte in seiner *Felsina Pittrice. Vite de' Pittori Bolognesi* (1678) Streitigkeiten zwischen Künstlern und Dilettanten (»lite, e differenza frà Pittori, e Dilettanti«[47]).

Offenbar hat hier eine Umwertung des Dilettantismusbegriffs wie auch der Wendung ›dilettarsi‹ stattgefunden. Eine spätere Quelle aus dem deutschen 18. Jh. bestätigt dies: 1799 lieferte der Weimarer Hofbibliothekar und Italianist Johann Christian Jagemann, einer der bekanntesten Sprachforscher seiner Zeit, auf Nachfrage Goethes die folgende grammatikalisch vertiefte etymologische Erläuterung. »Dilettante, insofern es den Begriff eines *Kenners* der schönen Künste bezeichnet«, sei seit dem 17. Jh. gebräuchlich. Auf den »Liebhaber« würde bereits in älteren (von Jagemann nicht präzisierten) Schriften verwiesen, und zwar durch die Wendung sich vergnügen, »prender diletto«, gleichbedeutend mit »se dilettare/dilettarsi« oder sogar nur »dilettare«. Das zugehörige Partizip Präsens, »se dilettante/dilettanti si«, sei in der reduzierten Form »dilettante« nur in der Bedeutung von »Liebhaberey des Schönen«[48] gebräuchlich gewesen. Die Substantivierung des Verbs und der Kontext der Verwendung verweisen auf eine Entwicklung in Theorie und Praxis der Künste, die in Frankreich, England und schließlich auch in Deutschland zu einer pädagogischen und institutionellen Ausdifferenzierung der verschiedenen, die Künste betreffenden Kompetenzen führt.

III. Der Dilettantismusbegriff im 18. Jahrhundert in Deutschland

Zum gesellschaftlichen Gruppenphänomen und klassenspezifischen ›lifestyle‹-Syndrom wird das Dilettantismusideal erstmals im 18. Jh. in England. Die 1732 gegründete *Society of Dilettanti* vereinigte wohlhabende Männer aus Adel und gehobenem Bürgertum, die ihre Kavalierstour und Bildungsreise in Italien absolviert hatten und Geselligkeit mit der Förderung der schönen Künste und der gerade modisch gewordenen Archäologie zu verbinden suchten.[49] Im Vorwort der *Antiquities of Ionia* (1769) haben sich die englischen Dilettanti ein Denkmal gesetzt. Die Publikation ihrer Forschungen möge zeigen, »that they have not, for that Reason, abandoned the Cause of Virtu, in which they also are engaged, or forfeited the Pretensions to that Character which is implied in the Name they have assumed«[50]. Dieses – explizit mit der Bezeichnung Dilettant verknüpfte – Selbstverständnis tradiert das Privileg des Höflings, die entscheidende Instanz in Fragen von Kunst und Kultur zu sein. Das neue Ideal griff auf Westeuropa und besonders Deutschland über, wo der Begriff ungewöhnlich stark diskutiert wurde. Diese Entwicklung hatte ihre Ursachen sowohl in Diskurs wie Praxis der Künste. Zum einen führte der durch den Rationalismus und den Enzyklopädismus angestoßene kritische Diskurs zu einer Systematisierung und Neubestimmung der Künste. Zum anderen wandelte sich die Beziehung zwischen Auftraggeber und Künstler; es entstand ein vergleichsweise größeres, anonymes Publikum von ›Kunstliebhabern‹ mit neuartigen kulturellen Verhaltensmustern. Aber auch die Tatsache, daß durch die entstehenden Manufakturen die Künstlermaterialien preiswerter und zugänglicher wurden und sich in den Ausstellungen der neu gegründeten Kunstakademien dem bisher privat geübten Dilettantismus ein öffentliches Forum bot, trug dazu bei, Vorformen des modernen Kunstbetriebs zu entwickeln.

1. Kompetenzkonflikte und Ungleichzeitigkeiten

Im politisch und kulturell vergleichsweise retardierten Deutschland erprobte man seit der Wende zum 18. Jh. neue Formen sozialen und geistigen Lebens, insbesondere im Bereich der Musik. In den größeren Städten entstand eine musikinteressierte Öffentlichkeit aus Adligen und Bürgerlichen, die sich nach dem Vorbild englischer, französischer und italienischer Verhältnisse in musikalischen Zirkeln austauschten und einen öffentlichen Diskurs förderten.

In einem jahrelang privat wie publizistisch geführten Streit zwischen Johann Joachim Quantz, seit 1741 Hofmusiker und Flötenlehrer Friedrichs II., und dem dänischen Adligen Joachim von Moldenit ging es um die Fragen, wie Musik (ernsthaft) zu betreiben sei und wem das Recht zustehe, Musik fachmännisch zu beurteilen. Der sich selbst als ›Dilettante‹ bezeichnende Moldenit, ein ehemaliger Schüler von Quantz, der das Querflötenspiel liebhaberisch betrieb und nun behauptete, eine ganz neuartige, Quantz unbekannte Spieltechnik erfunden zu haben, reklamierte diese Fähigkeiten für sich, während Quantz sich als Kenner der Querflöte verstand, der vom zunftgebundenen Musikertum durch Fleiß und beständiges Nachforschen zum Hofmusiker und anerkannten Musik-

---

48 JOHANN CHRISTIAN JAGEMANN an Goethe (2. 6. 1799), zit. nach Jürgen Stenzel, Hochadelige dilettantische Richtersprüche – zur frühesten Verwendung des Wortes ›Dilettant‹ in Deutschland, in: Jahrbuch der dt. Schillergesellschaft 18 (1974), 237f.
49 Vgl. SHEARER WEST, Libertinism and the Ideology of Male Friendship in the Portraits of the Society of Dilettanti, in: Eighteenth-Century-Life, hg. v. R. P. Maccubbin, Bd. 16/2 (Baltimore 1992), 76–104.
50 Zit. nach LIONEL CUST, History of the Society of Dilettanti (London 1898), 7.

theoretiker aufgestiegen war.[51] Moldenit veröffentlichte 1753 im Selbstverlag eigene Flötenkompositionen nebst einer Spielanweisung für die Querflöte mit dem Titel *Sei Sonate da flauto traverso e Basso continuo, con un discorso sopra la maniera di sonar il flauto traverso. Composte da Giocchino Moldenit, Nobile Danese, da Glückstadt, Dilettante. In Hamburgo.* Der Rezensent in Friedrich Wilhelm Marpurgs eben begründeten *Historisch-Kritischen Beyträgen zur Aufnahme der Musik* übersetzte die Selbsttitulierung ›Dilettante‹ mit ›Liebhaber‹ (in der Bedeutung von Musikliebhaber).[52] Offensichtlich war das Wort weder im allgemeinen Sprachgebrauch noch als Terminus der Musikersprache im Deutschen eingeführt. Zu dieser Zeit spricht man vom ›puren‹ oder ›bloßen Liebhaber‹, wenn man das neue, zunehmend bürgerliche Publikum meint, das als Hörer und Musiker und in der Organisation von Konzerten nach ausländischem Vorbild ein öffentliches Musikleben organisiert.[53]

Quantz hatte 1752 sein richtungsweisendes Lehrbuch *Versuch einer Anweisung die Flöte traversière zu spielen* veröffentlicht, das – ganz nach dem eigenen Muster bürgerlichen Erfolgs – ein auf »Wissenschaft«, nicht nur bloßem Handwerk beruhendes Musikideal propagierte. Sein Rat an die Scholaren, »Müßiggang« und »Vergnügen« bei der Ausbildung zum »Tonkünstler« zu meiden und die Musik nicht als »Spielwerk« und »Zeitvertreib«[54]

zu betrachten, klingt wie ein direkter Angriff auf den Dilettantismus der vornehmen Musikliebhaber. Auch verwahrte er sich dagegen, daß »nichts leichter wäre, als dieselbe zu beurtheilen«. Nicht nur die Musiker selbst, »sondern auch jeder, der sich für einen Liebhaber derselben ausgiebt, will zugleich für einen Richter dessen, was er höret, angesehen seyn« (275).

Von Moldenits *Schreiben an Herrn Quantz* (1758) nun vollends provoziert, äußerte sich Quantz im gleichen Jahr mit einer Antwort, in der er gegen den adligen Musikliebhaber polemisiert, indem er sich auf dessen Selbsttitulierung als ›Dilettante‹ bezieht: Moldenit erwarte wohl, daß einer, »welcher durch die Musik sein ehrliches Brod zu verdienen suchet« – nämlich auch er selbst, Quantz – sich dessen »Hochadelichen *dilettantischen Richtersprüchen* [...] in Unterthänigkeit unterwirft«[55]. Quantz deutsche ›Dilettante‹ zu ›Dilettant‹ ein und legte damit das Fundament für die bis heute gültige abschätzige Konnotation des Adjektivs ›dilettantisch‹. Das Wort taucht hier vielleicht erstmals in der deutschen Sprache auf; es ist im Gegensatz zum Substantiv ›Dilettant‹ im 18. Jh. sehr selten. 1762 spricht ein Autor in der *Bibliothek der schönen Wissenschaften und der freyen Künste* mit Bezug auf einen »gewissen Herrn von Moldenit« von »dilettantischen Träumereyen«[56].

Ein weiterer handfester Interessenkonflikt ist bei der Neubesetzung eines öffentlichen Amtes dokumentiert, der die Problematik liebhaberischer Kunstpraxis im sozialen Kontext und die Art der Argumentation um den Dilettantismusbegriff beleuchtet. Christian Ludwig von Hagedorn, Diplomat, Zeichner und Kunstschriftsteller, ein vielfältig engagierter Kunstliebhaber, hatte 1766 das Amt des Oberaufsehers der kurfürstlichen Galerien und Kabinette in Dresden sowie des Direktors der auf sein Mitbetreiben hin neu eingerichteten Kunstakademie in Dresden erhalten. Die Polemik des früheren Amtsinhabers und Mitbewerbers Karl Heinrich von Heinecken, der sich Verdienste insbesondere beim Aufbau des Kupferstichkabinetts erworben hatte, entzündete sich an den Radierungen Hagedorns, die dieser 1752/1753 als *Versuche* und 1765/1766 als *Neue Versuche* veröffentlicht hatte. Die Blätter wurden 1764 in der *Bibliothek der schönen Wissenschaften und der freyen Künste* lobend

---

51 Vgl. STENZEL (s. Anm. 48), 235–244; HANS-PETER SCHMITZ, Querflöte und Querflötenspiel in Deutschland während des Barockzeitalters (Berlin 1952), 10 ff.
52 Vgl. [ANONYMUS], [Rez.] Sei Sonate etc. da Moldenit, in: F. W. Marpurg (Hg.), Historisch-Kritische Beyträge zur Aufnahme der Musik, Bd. 1, 1. Stück (Berlin 1754), 68.
53 Vgl. PETER SCHLEUNING, Das 18. Jahrhundert: Der Bürger erhebt sich (Reinbek 1984), 155 ff.
54 JOHANN JOACHIM QUANTZ, Versuch einer Anweisung die Flöte traversière zu spielen (1752; Kassel/Basel/London 1983), 9 f.
55 QUANTZ, Antwort auf des Herrn von Moldenit gedrucktes so genanntes Schreiben an Hrn. Quantz, in: Marpurg (Hg.), Historisch-Kritische Beyträge zur Aufnahme der Musik, Bd. 4, 3. Stück (Berlin 1759), 163, 158.
56 [ANONYMUS], [Rez.] Marpurgs Beytraege zur Aufnahme der Musik, des vierten Bandes erstes bis viertes Stück, in: Bibliothek der schönen Wissenschaften und der freyen Künste, Bd. 4, 2. Stück (1759), 821.

mit Arbeiten des bekannten Ehrenmitglieds der französischen Kunstakademie, Kunstschriftstellers und Radierers Claude-Henri Watelet verglichen[57] und 1763 wie auch 1767 in die Verzeichnisse des renommierten Graphikhändlers Pierre-François Basan aufgenommen. Nach seiner Niederlage ließ Heinecken in seinen *Nachrichten von Künstlern und Kunstsachen* (1768) verlauten: »Werke, die Liebhaber bloß als Liebhaber, ohne Künstler zu seyn, verfertigt haben, und deren Verdienste in weit wichtigeren Dingen als in der Kunst bestehen, werden zwar aus Neugierde gesammelt und ihres Standes halber beybehalten.«[58] Mit dieser Argumentation zielte Heinecken darauf ab, Hagedorn habe sich künstlerisch und sozial den Status eines Künstlers angemaßt, indem er seine liebhaberische Kunstpraxis nicht mehr privat geübt, sondern öffentlich gemacht und für den Anspruch auf ein traditionell von Künstlern besetztes öffentliches Amt funktionalisiert habe. Im Namen der Künstlerhistorie plädierte Heinecken des weiteren dafür, solche Namen aus den Künstlerverzeichnissen zu entfernen, die »das Beywort *Künstler* « nicht verdienten: Hagedorn habe nur, wie viele andere, »zu seinem Zeitvertreibe« (XIII) gestochen und geätzt. Die Tatsache, daß so bekannte und verdienstvolle Männer wie Comte de Caylus, Jean-Pierre Mariette, Graf Vitzthum in Dresden und der Venezianer Antonio Maria Zanetti, Kunstliebhaber ›von Amt und Stand‹, wie Heinecken sich ausdrückte, ihre kennerschaftlichen Kompetenzen gerade auch durch ihre künstlerische Praxis erwiesen, war in den Augen Heineckens insofern legitimiert, als diese bloß zum Vergnügen künstlerisch tätig gewesen seien.

Die Beurteilung der künstlerischen Qualität – bei professionellen Künstlern oder Liebhaberkünstlern – wird im Zuge systematischer Betrachtung der Kunst- und Künstlerhistorie strenger: Johann Heinrich Merck verbindet seine Rezension von Johann Caspar Füsslis *Verzeichniß der vornehmsten Kupferstecher und ihrer Werke* (1771) mit den Worten: »Mancher jetztlebender Dilettante und Meister wird es vielleicht nicht geneigt aufnehmen, seinen Namen entweder nicht in dem Verzeichniß der großen Männer zu finden, oder doch eine Auswahl unter seinen Werken wahrzunehmen, die er vielleicht so strenge nicht würde angestellt haben.«[59]

2. Die Debatte über das Publikum

Der Dilettantismusbegriff im deutschen 18. Jh. ist vom Dualismus der Berechtigung zu künstlerischer Praxis bzw. zu Kunstkritik geprägt. In den Diskursen der neu entstandenen Zeitschriften für Musik, für Literatur und – seit etwa 1780 – auch für die Bildkünste gehen die Meinungen auseinander, ob Kennerschaft mit Kunstausübung verbunden sein müsse, obwohl in der Praxis die Künstlerschaft des Sammlers häufig ist. Für den Dilettantismusbegriff ist es außerdem bedeutsam, daß sich in allen Ländern zu dieser Zeit eine professionelle Kritik etablierte. Eine heftige Grundsatzdiskussion wurde darüber geführt, ob der Künstler oder der Nichtkünstler im weitesten Sinne (Kritiker, Sammler, Kunstfreund) zum Kunsturteil berechtigt sei, d. h. eine qualifizierte Aussage über den ästhetischen Wert eines Kunstwerks treffen könne.

Dabei hatte die sogenannte ›Geschmacksdebatte‹, angestoßen von dem in der französischen Debatte begründeten gefühlsmäßigen Urteil in ›Geschmacksfragen‹, in ihren Anfängen dem Laienurteil zu seinem Recht verholfen. Im Zuge dieser ›Geschmackskritik‹ kam es unter dem Einfluß der an der *Académie française* von Roger de Piles gehaltenen Reden zur Zulassung des Laienurteils unter der Voraussetzung, daß es gefühlsmäßig erfolgte. Das Laienurteil galt gleichermaßen als Waffe gegen die akademische ›doctrine classique‹.

Das Anliegen der aufklärerischen Intellektuellen, die Erweiterung des Wissens und die Popularisierung der Kenntnisse auf dem Gebiet der Künste zu fördern, war jedoch sehr bald, nämlich in der ersten Hälfte des 18. Jh., ambivalent geworden. Die Trennung der aufklärerischen ›delectare et

---

57 Vgl. [ANONYMUS], [Rez.], Johann Rudolf Füssli, Allgemeines Künstlerlexicon, oder kurze Nachricht von dem Leben und den Werken der Maler, Bildhauer, Baumeister, Kupferstecher, Kunstgießer, Stahlschneider [...], in: Bibliothek der schönen Wissenschaften und der freyen Künste, Bd. 10, 2. Stück (1764), 315.
58 HEINRICH VON HEINECKEN, Nachrichten von Künstlern und Kunstsachen (Leipzig 1768), XV f.
59 JOHANN HEINRICH MERCK, Joh. Caspar Füeßlis Verzeichniß der vornehmsten Kupferstecher und ihrer Werke (1772), in: Merck, Werke, hg. v. A. Henkel (Frankfurt a. M. 1968), 548.

prodesse« mit der Konsequenz einer Verteilung der kunstkritischen Kompetenzen auf ›Liebhaber‹ und ›Kenner‹ etablierte eine Kompetenzhierarchie, die es ermöglichen sollte, das anonym gewordene Publikum hinsichtlich seines Bildungsstandes einschätzen und erziehen zu können. Wohl einzigartig bleibt der Versuch des Schweizer Theologen, Philosophen und Ästhetikers Johann Georg Sulzer, das Modell einer Kunstöffentlichkeit zu entwerfen, in der allen Kunstinteressierten einschließlich des Künstlers scharf umrissene Fähigkeiten und Kenntnisse zugedacht werden. Seine in zwei Bänden 1771 und 1774 erschienene *Allgemeine Theorie der Schönen Künste* gehört hinsichtlich ihrer Wirkungsgeschichte zu den ästhetischen Standardwerken nicht nur des deutschen 18. Jh. Sulzer stellte im deutschen Sprachraum zum ersten Mal ein umfassendes und theoretisch fundiertes System aller Künste vor. Seine *Allgemeine Theorie* war als alphabetisches Lexikon von ›Kunstwörtern‹ konzipiert, mit dem er die künstlerische Bildung der Künstler, aber vor allem auch des breiteren Publikums fördern wollte. Im *78. Brief, die neueste Litteratur betreffend* (1760) nannte es Sulzer eine seiner »Hauptabsichten […], den Künsten mehr Kenner, mehr wahre Liebhaber zu verschaffen«[60]. Daß es Sulzer mit der Verbreitung von Wissen um die Erziehung des Kunstpublikums zu idealen Rezipienten geht, spricht er im Vorwort zum ersten Band seiner *Allgemeinen Theorie* (1771) deutlich aus: Sein Werk ist gedacht »für den Liebhaber, nämlich nicht für den curiösen Liebhaber, oder Dilettante, der ein Spiel und einen Zeitvertreib aus den schönen Künsten macht, sondern für den, der den wahren Genuß von den Werken des Geschmaks haben soll«[61]. Mit dieser zusätzlichen Unterscheidung stellt er den Dilettanten ans unterste Ende seiner Kompetenzhierarchie. Auch hier werden also die bekannten negativen Attribute des Dilettanten verwendet, denn er degradiert Kunstwerke durch seine Art des Kunstvergnügens zu Gegenständen bloßer persönlicher Neigung, betreibt ›curiöse Liebhaberey‹. Der Dilettant kann den Weg des Geschmacks und Nachdenkens zur Kennerschaft nicht betreten, weil er – entgegen den Sulzerschen Postulaten – die formalen Aspekte eines Werks, etwa naturalistische Ähnlichkeit, über dessen wirkungsästhetische und damit sittliche Qualitäten stellt. Die künstlerische Behandlung darf nach Sulzer aber nie die Ursache des ›wahren Genusses‹ sein. Der Betrachter soll vergessen, daß er ›Kunst‹ vor sich hat: »darum sagt man, es sey die größte Kunst, die Kunst zu verbergen«[62].

Die markante Stelle des Sulzerschen Vorworts zum ersten Band, in dem er seine Leser und Kunstpublikum in Dilettanten und ernsthafte Kunstliebhaber aufteilt, veranlaßte Merck und Goethe zu einer Stellungnahme in ihren Rezensionen.

Goethe grenzt in seiner am 18. 12. 1772 in den *Frankfurter gelehrten Anzeigen* publizierten Rezension zu Sulzer zwar auch den »ganz leichten Dilettanten nach der Mode« vom »sogenannten Liebhaber, das einzige wahre Publicum des Künstlers«[63], ab. Merck dagegen befürwortet grundsätzlich die Idee Sulzers, eine Erklärung für das zu geben, was die Kunst praktisch umsetzt; ihm fehlt aber der pragmatische Ansatz des Philosophen Sulzer: »Wäre Herr S. selbst ein Dilettante, so würde sein Kunstsystem nicht *trübsinniger Eifer*, sondern *heitrer Glaube* seyn.«[64]

3. Dilettantismus und das klassizistische Kunstideal

Der große Erfolg des Sulzerschen Lexikons und die 1772 erschienenen Rezensionen Mercks und Goethes stellen einen Höhepunkt in der Debatte um das Kunstpublikum dar, die den Dilettantismusbegriff prägt. Die Bekanntheit des Wortes ›Dilettant‹ ist dadurch sicherlich entscheidend vorangetrieben worden. Insgesamt ist im letzten Drittel des 18. Jh. eine Tendenz erkennbar, den Dilettantismus mit Oberflächlichkeit und Inkompetenz zu assoziieren; hierfür gibt es vielfältige Belege, z. B.

---

60 JOHANN GEORG SULZER, Schreiben von dem Unterschiede seines Wörterbuchs der schönen Wissenschaften und des Gottschedischen Handlexicons, in: Briefe, die neueste Litteratur betreffend, 5. Theil (1760), 54 f.
61 SULZER, Bd. 1 (1792), XVI.
62 ›Kunst; künstlich‹, in: SULZER, Bd. 3 (1793), 98.
63 GOETHE, Die schönen Künste von Herrn Sulzer (1772), in: GOETHE (WA), Abt. 1, Bd. 37 (1896), 207, 213.
64 MERCK, Allgemeine Theorie der schönen Künste von Johann Georg Sulzer (1772), in: Merck (s. Anm. 59), 539.

III. Der Dilettantismusbegriff im 18. Jahrhundert in Deutschland 77

das 5. Kapitel in Adolph von Knigges *Über den Umgang mit Menschen* (1788), wo es heißt, daß »jeder seichte Kopf«, der »den edlen Müßiggang« liebt, »glaubt Beruf zum Künstler zu haben«[65].

Eine Intensivierung dieser Kritik, aber unter dem Vorzeichen eines veränderten Kunstverständnisses, erfolgt mit dem Fragment gebliebenen Projekt über den Dilettantismus, mit dem die Verfasser Schiller, Goethe und Heinrich Meyer dem Phänomen nun seinen Namen gaben. Die seit 1796 geplante Abhandlung *Über Dilettantism, seinen Nutzen und Schaden* wurde erst nach Goethes Tod herausgegeben. Diese Abhandlung war nicht nur das ehrgeizigste Projekt der kulturprogrammatischen Zeitschrift *Propyläen*, sie stellt zudem die einzige umfassende kunsttheoretische Auseinandersetzung mit dem Dilettantismus überhaupt dar. Die komplexe Studie zum Dilettantismus in allen Künsten – Malerei, Bildhauerei, Architektur, Gartenkunst, Dichtung, Musik, Tanz und Theater – richtet sich sowohl auf eine Bestandsaufnahme und eine Analyse des zeitgenössischen Phänomens als auch auf die Geschichte und eine Theorie des Dilettantismus. Dabei strebten die Verfasser jedoch keine ausgewogene Darstellung an. Vielmehr wurde der Dilettantismus als eine charakteristische Verfallserscheinung des zeitgenössischen Kunstlebens geschildert und der ›Dilettant‹ dem wahren Künstler gegenübergestellt. Bewertungsmaßstab für den Dilettantismus bildeten die Normen der klassizistischen Kunst- und Kulturtheorie, wie sie programmatisch in der Einleitung zum ersten Band der Zeitschrift *Propyläen* ex negativo dargelegt wurden: Vermischung der Künste, verfehlte Gegenstandswahl, Neigung zum naturalistischen Effekt oder zu einer allzu abstrakt bleibenden Darstellung.

Mit dem von Karl Philipp Moritz formulierten, von Schiller und Goethe übernommenen idealistischen Werkbegriff wurde der Übergang von einer Werk- zu einer Künstlerästhetik vollzogen. Diese Gestaltästhetik betont die Entstehungs-, nicht die Wirkungsbedingungen. Damit sind zusammen mit der – sogar auch vom Dilettanten – geforderten professionellen Ausbildung für jegliche künstlerische Tätigkeit Kriterien angelegt, die zur Abwertung des Dilettantismus führen müssen. Der Dilettant kann in den Konflikt zwischen subjektivem Ausdruck und objektiver Formgesetzlichkeit, zwischen der Individualität des Künstlers und den Anforderungen einer Kunst nicht bewältigen. Ein relativer Erfolg ist ihm beschieden in solchen Künsten, »wo das Subjektive für sich allein schon viel bedeutet«[66]. Die ›Weimarer Kunstfreunde‹ stellen hier ein System der Künste für den Dilettanten auf.

Andererseits stellt dieses Subjektive für den Dilettanten die Gefahr dar, daß er meint, durch den »Empfindungszustand«, in den ihn die Wirkung der Kunstwerke versetzt, selbst Künstlerisches hervorbringen zu können. Aus dieser »Selbstverkennung« des Dilettanten entsteht der »Beruf zum Selbstproduciren« (319). Damit ist ein völlig neuartiges, psychologisches Moment der Dilettantismuskonzeption angesprochen. Der Grundgedanke einer Psychologie des künstlerischen Mißlingens stammt von Karl Philipp Moritz, der in seinem Werk *Über die bildende Nachahmung des Schönen* (1788) die wesentlichen Züge der erst mit Kant bekannter gewordenen Ästhetik einer Autonomie des Schönen entwickelte. Die von Moritz benannten Ursachen für den »falschen Bildungstrieb«[67] sind der Anblick eines vollkommenen Kunstwerkes, Neid auf das künstlerische Genie, der Wunsch, sich selbst als Künstler zu fühlen und als Künstler erfolgreich zu sein. Letztlich handelt es sich bei dieser fehlgeleiteten Neigung zur Kunst nur um einen egoistischen Nachahmungstrieb, der – und dies ist einer der schwerwiegendsten und folgenreichsten Einwände gegen den Dilettantismus – das Werk fragmentarisch läßt.[68]

Mit der Figur des Dilettanten in der Dilettantismusabhandlung von 1799 ist ein Künstler-Liebhaber[69] konzipiert, der die Kritik der sich als Mahner und Pädagogen des zeitgenössischen deutschen Kunstlebens verstehenden Autoren am modernen Künstler wie am Betrachter für beide Seiten exemplarisch zum Ausdruck bringt. Durch diese Zwischenstellung verweist die Figur des Dilettanten

---

65 ADOLF VON KNIGGE, Über den Umgang mit Menschen (Hannover 1788), 319.
66 GOETHE (s. Anm. 5), 318.
67 KARL PHILIPP MORITZ, Über die bildende Nachahmung des Schönen (1788), in: Moritz, Werke, hg. v. J. Jahn, Bd. 2 (Berlin/Weimar 1973), 275.
68 Vgl. ebd., 274 f.
69 Vgl. GOETHE, Der Sammler und die Seinigen (1799), in: GOETHE (WA), Abt. 1, Bd. 47 (1896), 146–156.

ganz besonders auf die in der Moderne problematisch gewordene Beziehung zwischen Künstler und Publikum, die sich an dem nach Maßgabe der Autonomieästhetik geschaffenen Kunstwerk selbst festmacht. Die ›Weimarer Kunstfreunde‹ ergänzen das Autonomiekonzept jedoch um ein Erziehungsprogramm für Künstler und Kunstliebhaber. In dieser Betonung des Lehr- und Lernbaren in der Kunst liegt die positive Alternative des Dilettantismus: Als Kunstschüler hat der Dilettant die Möglichkeit zu lernen. Hier ist auch der Grund für die Ambivalenz des Dilettantismusbegriffs der Abhandlung und für ihr Scheitern zu suchen.

Mit der Dilettantismusabhandlung der Weimarer wird der Begriff schwerpunktmäßig auf die künstlerische Praxis bezogen. Durch die strengen Anforderungen an Ausbildung und Kenntnisse von Dilettanten, die »nicht allein betrachten und genießen sondern auch an ihrer [d.h. der Künste – d.Verf.] Ausübung Theil nehmen«[70] wollen, wird eine Spezies von Kunstfreund, die bisher durch Sammeln und Kennerschaft die Kunst förderte und sich auch durch künstlerische Praxis weiterbildete, verabschiedet. Die – insbesondere von Schiller geforderte – geistige und praktische Disziplin ist ein eminent bürgerliches, leistungsorientiertes Verhalten, das dem spielerischen Genuß des frühen Dilettantismus opponiert. Dessen Kunst und Leben verbindendes Tätigkeitsideal hat ausgedient mit der modernen Professionalisierung der Tätigkeiten zu Berufen und der Abspaltung der unabhängig von der Erwerbstätigkeit bestehenden Zeit, die mit ›Neigung‹, ›Muße‹, ja letztlich mit ›Sinn‹ gefüllt werden muß.

Die Diskreditierung einer spielerischen, ohne Normen oder Vorgaben geübten Kunstpraxis und einer genußvollen Aneignung von Kunst zum eigenen Vergnügen wirkt im modernen Dilettantismusbegriff nach. Sie ist besonders dort festzustellen, wo kulturelle Verhaltensmuster auftreten, die die Frage nach dem Verhältnis von Geschichte und Avantgarde neu stellen.

In der Figur des Dilettanten wird mit der Genielehre der Empfindsamkeit abgerechnet, deren programmatische Subjektivität die Autonomie des schaffenden Künstlers sichern sollte. Die Neubewertung des Dilettantismus entstammte den unterschiedlichsten Diskursen über die Zulässigkeit und die Bedingungen der ›liebhaberischen‹ Tätigkeit, wie sie das Propyläenprojekt einer Abhandlung über den Dilettantismus exemplarisch und exponiert nochmals zusammengefaßt hatte. Die Verfasser der Dilettantismusabhandlung ließen Dilettantismus nur noch zur Selbstbildung zu. Allerdings befürwortete Goethe im Bereich naturwissenschaftlichen Forschens den Dilettantismus als produktive Möglichkeit durchaus, war er doch selbst mit seiner Farbenlehre und seiner Theorie der Urpflanze das beste Beispiel dafür.

Eine späte Verlängerung dieser Linie kann man im ausgehenden 19. Jh. in den Bemühungen Alfred Lichtwarks, des Direktors der Hamburger Kunsthalle, erkennen, der den Dilettantismus einsetzen wollte, um eine Art Rekultivierung des seines Erachtens darniederliegenden deutschen Kulturlebens zu bewirken. Lichtwark schrieb 1894 über *Wege und Ziele des Dilettantismus* und versammelte im Jahr 1902 im 13. Band seiner Reihe *Die Grundlagen der künstlerischen Bildung* mehrere Aufsätze zum Thema unter dem Titel *Vom Arbeitsfeld des Dilettantismus*. So tatkräftig Lichtwark die Tätigkeiten der Dilettanten in Photographie und Zeichnung selbst förderte[71], so wenig positiv schätzte er den Dilettantismus ein, wenn er nicht reglementiert war. Im Rahmen der institutionellen Kunsterziehung, auch der Selbsterziehung zur Kunst, war für ihn der »ernste Dilettantismus« oder die Tätigkeit des Sammlers »der sicherste Weg, Kunst fühlen lernen«[72]. Durch dilettantische Praxis sollte Ganzheitlichkeit im Fühlen und Denken erzielt werden als Mittel gegen die technizistische Welt des vom rationalistischen Ökonomismus geprägten neuen Industriebürgertums: Wenn Bildung im klassi(zisti)schen Sinne schon nicht möglich sei, dann müsse wenigstens der Barbarei der Halbbildung gegengesteuert werden.

---

70 GOETHE (s. Anm. 5), 321.
71 Vgl. ALFRED LICHTWARK, Zur Organisation des Dilettantismus (1897), in: Lichtwark, Vom Arbeitsfeld des Dilettantismus (Berlin 1902), 27–47.
72 LICHTWARK, Selbsterziehung (1897), in: ebd., 15.

IV. Dilettantismus als Ästhetisierungskonzept historischer Wissenschaften

1. Kunstgeschichte und Kulturgeschichte

Galt der Dilettantismus zu Beginn des 19. Jh. als das Gegenteil echter Künstlerschaft oder fundierten Kennertums, wurde er in der zweiten Hälfte des 19. Jh. von einigen Kunsthistorikern rehabilitiert als Waffe gegen wissenschaftliches Spezialistentum, insbesondere positivistischer Spielart.

Der Kunst- und Kulturhistoriker Jacob Burckhardt, Hörer bei Ranke, Droysen und Böckh in Berlin, Verfasser berühmt gewordener kulturhistorischer Werke wie der *Kultur der Renaissance in Italien* (1860), stellte in seinen 1868/1869 und 1870/1871 gehaltenen Vorlesungen *Über das Studium der Geschichte* den Dilettantismus und das historische Studium »im gelehrten Sinne«[73] in einen Gegensatz. Mehrmals äußerte er, daß die Geschichte von allen Wissenschaften die unwissenschaftlichste sei, was Auswahl und Darstellung betrifft.[74] Burckhardt, der bei seinen Lehrern die kritische Behandlung der Quellen gelernt hatte, bekannte sich deshalb zur Unwissenschaftlichkeit seiner Arbeit, zu seinem Dilettantismus, um herauszustellen, daß er im Gegensatz zu den ›viri eruditissimi‹ eine kulturhistorische Überblicksschau, keine Ereignisgeschichte beabsichtigte. Bei der Auswertung und Darstellung des wissenschaftlich zusammengestellten Materials braucht man Intuition und Spürsinn, eine Art Bildsinn, der die »Teilhabe an wesentlichen Prozessen der Geschichte«[75] ermöglicht.

Hierfür bietet der Dilettantismus besondere methodologische Vorteile, da er »sich ein Vergnügen aus dem macht, woraus sich andere löblicherweise eine Qual machen«, nämlich einer detailverliebten Spezialistik. Allerdings sei das Wort Dilettantismus »von den Künsten her in Verruf, wo man freilich entweder nichts oder ein Meister sein und das Leben an die Sache wenden muß«[76].

1864 hatte Burckhardt in einem Brief auch noch für die Kunstgeschichte festgestellt, daß sie »nicht mehr dilettantisch, sondern nur noch mit Aufwendung des ganzen Lebens *betrieben* werden«[77] könne. Doch in Reaktion auf die Entwicklung der Kunstgeschichte zu einer aus seiner Sicht rein theoretisierenden Wissenschaft zog er sich später auf einen betrachtenden Dilettantismus zurück und verlangte den Mut, Dilettant zu sein: »Der Betrieb der Kunstgeschichte hat sich ja in's Ungeheure ausgedehnt, nur wird dabei nicht wesentlich für die Bedürfnisse« eines breiten Publikums gesorgt, das »eigentlich eine Anleitung zum Genuß der Kunstwerke«[78] sucht. In den Vorlesungen *Über das Studium der Geschichte* vermittelte Burckhardt zwischen beiden Positionen. Im Ganzen des Wissenschaftsbetriebs, so Burckhardt, nötige das enorme Fortschreiten dazu, als Spezialist in einem begrenzten Bereich Experte zu sein, was in den Wissenschaften durchaus möglich sei, solange man »noch an möglichst vielen anderen Stellen Dilettant« sei, der »die Dinge liebt«, bleibe, »sonst bleibt man in allem, was über die Spezialität hinausliegt, ein Ignorant«: »Irgendwo soll man zwar spezialisiert sein, doch in möglichst vielen Bereichen dilettiere man. Wer nur Spezialist bleibt, verfällt einer zivilisierten Barbarei.«[79]

Aus der Sicht des Kunsthistorikers, der sich als Empiriker mit Blick auf Qualität, das einzelne Meisterwerk und die Persönlichkeit des Künstlers versteht, forderte der unter Wilhelm von Bode groß gewordene Berliner Kunsthistoriker Max Jacob Friedländer gegen einseitiges Spezialistentum die positiven Qualitäten des Dilettantismus ein. Friedländer hat mehrfach die in der Frühzeit der Kunstgeschichte als wissenschaftliches Lehrfach bestehende Zweiteilung der Gemeinschaft der Kunstgelehrten sowie die mangelnde Annäherung beider Seiten beklagt: der Historiker auf den aka-

---

73 JACOB BURCKHARDT, Weltgeschichtliche Betrachtungen (1905), in: BURCKHARDT, Bd. 7 (1929), 1.
74 Vgl. PETER GANZ, Jacob Burckhardt: Wissenschaft – Geschichte – Literatur, in: H. R. Guggisberg (Hg.), Umgang mit Jacob Burckhardt. Zwölf Studien (Basel/München 1994), 19.
75 GOTTFRIED BOEHM, Genese und Geltung (1991), in: Guggisberg (s. Anm. 74), 82.
76 BURCKHARDT (s. Anm. 73), 16.
77 BURCKHARDT an Jacob Oeri, Sohn (30. 8. 1864), in: Burckhardt, Briefe, hg. v. M. Burckhardt, Bd. 4 (Frankfurt a. M. 1960), 156.
78 BURCKHARDT an Heinrich von Geymüller (8. 1. 1892), in: Burckhardt, Briefe, hg. v. M. Burckhardt, Bd. 10 (Basel/Stuttgart 1986), 20.
79 BURCKHARDT (s. Anm. 73), 16 f.

demischen Lehrstühlen einerseits und der Museumsleute und Kenner andererseits.

Der Kenner, der wie der Dilettant dem Künstler nahesteht – »ein platonisches Talent, etwa sogar ein Raphael, dem die Hände fehlen« –, teilt mit diesem eine ungewöhnlich sensible Aufnahmefähigkeit und ein durch »genießende Betrachtung«[80] geschultes Bildgedächtnis. Er soll zwar Spezialist sein, sich aber seine Fähigkeit zur intuitiven Urteilsfindung und zum gefühlsmäßigen Urteil durch Vergleichung nicht durch eine Form ›zünftischer‹ Professionalisierung, die ihn in die Nähe des Wissenschaftlers rückt, rauben lassen. Das Kunsturteil des Kenners soll zu einem guten Teil auf Eigenschaften des freien Dilettantismus beruhen.[81] Ein vorrangig intellektuelles, vom »Allgemeinen zum Speziellen«[82] gerichtetes Vorgehen, wie es der Historiker habe, gefährde die Unschuld der Beobachtung, die Fähigkeit, Kunsteindrücke vorurteilslos zu empfangen und damit letztlich das kennerschaftliche Urteil.

Burckhardts »Lob der dilettantischen Beschäftigung mit der Geschichte«[83] nahm uneingeschränkt auch der vielseitige Dichter und Feuilletonist Egon Friedell für die Abfassung seiner dreibändigen *Kulturgeschichte der Neuzeit* (1927–1932) in Anspruch. Mit direktem Bezug auf Goethe, Ranke u. a. legitimierte Friedell seine subjektive Stoffauswahl und die Form der Darstellung.

2. Ästhetische Historiographie

Die Formulierung eines Dilettantismusbegriffs in der europäischen Literatur des Fin de siècle wird durch Paul Bourgets in den 1880er Jahren verfaßte kulturkritische *Essais de psychologie contemporaine* (1881/1882) ausgelöst.

Die Werke bekannter zeitgenössischer Autoren wie Charles Baudelaire, Gustave Flaubert, die Brüder Goncourt oder Stendhal behandelt Bourget unter kulturkritischer Perspektive, um aus einzelnen, hervorgehobenen Werkaspekten ein Bild des gesellschaftlichen und geistigen Lebens der zweiten Jahrhunderthälfte entstehen zu lassen. Wesentliche Merkmale seiner Analyse des modernen Menschen faßt er mit einer Dilettantismuskonzeption[84], die er im *Essai* über den Religionshistoriker und Semitologen Ernest Renan darlegt und zum Teil bei den anderen Autoren mit zunehmender Schärfe vertieft. Renan hatte sich mit seiner großen vierbändigen *Histoire des Origines du Christianisme* (1863–1881), deren erster Band über das Leben Jesu sofort ein Bestseller wurde, als Hauptvertreter der ästhetischen Historiographie etabliert. Auf der Basis textkritischer Arbeit nutzte er auch Eingebungen und Vermutungen sowie eine tiefe Empfindung: »Dans un tel effort pour faire revivre les hautes âmes du passé, une part de divination et de conjecture doit être permise. Une grande vie est un tout organique qui ne peut se rendre par la simple agglomération de petits faits. Il faut qu'un sentiment profond embrasse l'ensemble et en fasse l'unité.«[85] Diesen künstlerischen Standpunkt, wie er selbst im Vorwort zur *Vie de Jésus* (1863) sagte, befolgt er auch in der Darstellung, mit der er sich dem psychologisierenden Roman annähert. In diesem Sinn unterstreicht er in seinem Werk mehrfach den Zusammenhang zwischen Geschichtswissenschaft und Ästhetik.

An diesem Punkt setzt Bourget an. Er konstatiert bei Renan eine seltene Ausgewogenheit zwischen Intelligenz und Sensibilität, die ihm ein sympathetisches Vordringen in die Gegenstände seiner wissenschaftlichen Arbeit ermögliche. Renan, Vertreter einer neuen, undogmatischen Religionshistoriographie, »une critique infiniment multiple«, sei ein Dilettant geworden, weil er alles genossen habe, was er verstandesmäßig erfaßt habe (»que,

---

80 MAX JACOB FRIEDLÄNDER, Von Kunst und Kennerschaft (1942; Leipzig 1992), 89, 108.
81 Vgl. FRIEDLÄNDER Der Kunstkenner (Berlin 1919), 11–13, 38.
82 FRIEDLÄNDER (s. Anm. 80), 92f.
83 BURCKHARDT (s. Anm. 73), 483.
84 Vgl. JEAN-FRANÇOIS HUGOT, Le Dilettantisme dans la littérature française de Renan à Ernest Psichari (Paris 1984); ULRICH SCHULZ-BUSCHHAUS, Bourget oder die Gefahren der Psychologie, des Historismus und der Literatur, in: Lendemains 8 (1983), H. 30, 36–45.
85 ERNEST RENAN, Introduction, in: Renan, Vie de Jésus (Paris 1863), LV.

d'autre part, il a tout goûté de ce qu'il a compris, Renan est devenu un dilettante«[86]). Vor der gewöhnlichen Spielart des Dilettantismus – Frivolität und Oberflächlichkeit – hätten Renan seine Herkunft, Erziehung und Gläubigkeit bewahrt.

Über den ›Dilettantisme‹, dem Bourget einen eigenen Abschnitt im Renan-Essai widmet, heißt es nun: »C'est beaucoup moins une doctrine qu'une disposition de l'esprit, très intelligente à la fois et très voluptueuse, qui nous incline tour à tour vers les formes diverses de la vie et nous conduit à nous prêter à toutes ces formes sans nous donner à aucune.« (36) Dieser Bourgetsche Dilettantismus als Fähigkeit, sich in jeden Lebensstil versetzen, sich vielerlei Neigungen widmen zu können, bedarf eines besonderen, verfeinerten und zugleich systematischen Skeptizismus, der – und hier wird eine in der Historie des Begriffs durchgängige Bedeutungskomponente einbezogen – zugleich dem Genuß dient (»avec un art de transformer ce scepticisme en instrument de jouissance« [ebd.]).

Der Unterschied zum historischen Dilettantismus eines Leonardo da Vinci, Shakespeare oder Montaigne liegt für Bourget vor allem darin, daß dort die kreative Kraft eines Zeitalters fließen konnte, das von Aktion gekennzeichnet war, während die Gegenwart zu den Spätzeiten der Geschichte gehört: »quand l'extrême civilisation a peu à peu aboli la faculté de créer, pour y substituer celle de comprendre, le dilettantisme révèle sa poésie«, und Bourget schließt den Kreis zum Zustand der Moderne mit einem Wort, das Vergil zugeschrieben wurde: »On se lasse de tout, excepté de comprendre ...« (37)

Die Kehrseite dieser bei Renan für seinen wissenschaftlichen Gegenstand nützlich eingesetzten Souveränität der Balance zwischen Verstehen und Genießen, eines »détachement sympathique à l'égard des objets de la passion humaine« (ebd.) ist in der Gegenwart ein Dilettantismus, der zu intellektueller und emotionaler Verwandlung verführt, weil er alle Facetten der Geschichte und des Lebens reflektieren will (»le rêve du dilettante serait d'avoir une âme à mille facettes pour réfléchir tous ces visages de l'insaisissable Isis« [38]). Für diese Zersplitterung seiner selbst in Hyperreflektiertheit bezahlt der einzelne, der sich so vom Leben entfernt, den Preis der Unbestimmtheit und Willenlosigkeit (»l'incapacité de vouloir« [44]).

Damit fügt Bourget den Charakteristika des Dilettantismus ein weiteres hinzu, das er zudem in die äußerst einflußreiche Opposition zur Aktion bringt: Willensschwäche (später, im *Amiel*-Aufsatz, als Krankheit bezeichnet[87]). Es ist ein Dilettantismus, der sich dadurch auch auf die Gesellschaft negativ auswirkt, daß er Zweifel und Unruhe sät. Der Dilettantismus selbst, so Bourget, ist ein Zeichen der Metamorphose und des Übergangs, eine möglicherweise gefährliche Geisteshaltung, die verbreitet wie ein Fieber, zugleich das Ergebnis des gegenwärtigen Zustands von Individuen und Gesellschaft sei (»avant d'être une cause, cette fièvre est un effet« [40]).

Zum Beweis, wie sehr der Dilettantismus eine konstante Versuchung der Epoche ist, verweist Bourget auf den multiplen Charakter von Sitten und Gesellschaft, Möbeln und Konversation: Alles lade dazu ein, aus der eigenen Seele ein Mosaik komplizierter Gefühlsregungen zu machen. Paris, von jeher Mikrokosmos der französischen Gesellschaft, wird als Hauptstadt der Multiplizität und des Dilettantismus beschrieben (»Respirer à Paris, c'est boire ces atomes, c'est devenir critique, c'est faire son éducation de dilettante« [43]).

Im Umherschweifen zwischen widersprüchlichen Standpunkten mangelt es dem Dilettantismus an Eindeutigkeit – es werden keine endgültigen Wahrheiten mehr verkündet nach dem Ende des Dogmatismus. So gesehen, sei der Dilettantismus »une sorte de dialectique d'un genre nouveau, grâce à laquelle l'intelligence participe à l'infinie fécondité des choses«. Der Dilettanten-Philosoph (»le dilettante philosophe«) bewirkt durch diese »curiosité« (39) eine Vermehrung der Phänomene, die die Systeme sprengt, ja eine Relativierung aller Ideen und Wertungen und somit der Systeme selbst.

---

86 PAUL BOURGET, Renan (1882), in: Bourget, Essais de psychologie contemporaine (1883/1885), hg. v. A. Guyaux (Paris 1993), 36.
87 Vgl. BOURGET, Amiel (1885), in: ebd., 405 ff.

3. Historismus und Hermeneutik

Der von Bourget konstatierte Dilettantismus in der zeitgenössischen Kultur, ausgehend von einer bei Ernest Renan festgestellten ›hermeneutischen Lust an der Geschichte‹, machte ein spezifisches Problem der ästhetischen Wendung der Hermeneutik des Historismus deutlich. Ähnliche Argumente finden sich in einer Diskussion über die Relativität historischer Werte, die von Friedrich Nietzsche bereits 1874 mit seinen *Unzeitgemäßen Betrachtungen* initiiert wurde.

Nietzsche sah die Ursache der modernen, desintegrativen Lebensweise in einem musealen Historismus, im Ausschlachten der Geschichte für eine Multiplizität der Stile und einer beziehungslosen Sammel- und Bildungswut. Das bloß antiquarische Interesse an der Geschichte überlagere die Gegenwart. Im zweiten Stück der Betrachtungen *Vom Nutzen und Nachteil der Historie für das Leben* (1874) legt Nietzsche dar, »daß ein Übermaß der Historie dem Lebendigen schade«[88], weil so die plastische Kraft des Lebens, sich der Vergangenheit wie einer kräftigen Natur zu bedienen, angegriffen werde.

Hier fällt die Bezeichnung Dilettantismus nicht, aber im vierten Stück über *Richard Wagner in Bayreuth* (1876) beschreibt Nietzsche die Wagnersche Persönlichkeit als von einer »unkräftigen Vielseitigkeit des modernen Lebens wie [von – d. Verf.] einer heftigen Kinder-Krankheit befallen«. Mit der neuen Wortbildung »Dilettantisieren« fällt Nietzsche dort das Urteil über Wagners frühen Bildungsweg, zu dem sowohl Künste als Gelehrsamkeit gehörten. Experimentierlust und ein gewisses Maß an Unfertigkeit, zusammen mit einer leicht erregbaren Empfindung und einem »Dünkel« des

»Vielerlei-Wissens« faßt Nietzsche prägnant als »gefährliche Lust an geistigem Anschmecken«. Eine Persönlichkeitsschilderung Wagners im Geist der Bourgetschen Modernitätskritik vertieft die Diagnose: Ein »Geist der Unruhe, der Reizbarkeit, eine nervöse Hast im Erfassen von hundert Dingen, ein leidenschaftliches Behagen an beinahe krankhaften hochgespannten Stimmungen, ein unvermitteltes Umschlagen«[89]. Dieses Verdikt verschärft Nietzsche in seiner 1888 erschienenen Schrift *Der Fall Wagner*. Wagner stellt sich Nietzsche dar als »Führer für das Labyrinth der modernen Seele«, ja »Wagner resümirt die Modernität«[90] mit all ihren zwiespältigen Tendenzen.

Hierzu klingen Gadamers Bemerkungen zur *Wahrheit in den Geisteswissenschaften* (1953) wie eine Paraphrase: »Der Historismus, der überall geschichtliche Bedingtheit sieht, hat den pragmatischen Sinn der geschichtlichen Studien zerstört. Seine verfeinerte Kunst des Verstehens schwächt die Kraft zu unbedingter Wertung, in der die sittliche Realität des Lebens besteht. Seine erkenntnistheoretische Zuspitzung ist der Relativismus, seine Konsequenz der Nihilismus.«[91]

Gadamer sieht die Hermeneutik als Theorie und Praxis der Auslegung eng mit der praktischen Philosophie verknüpft, ja setzt sie sogar an deren Stelle.[92] Hierin liegt ein Bezug zum bereits dargelegten Dilettantismusbegriff Rortys. Auch die neueste Historismusdebatte in der Hermeneutik führt mit ihrer Frage der Bewertung kultureller Pluralität und historischer Realität innerhalb wissenschaftlicher Systematik bestimmte, mit der Moderne verknüpfte Subjektivismen fort, die seit Ende des 18. Jh. in den Dilettantismusbegriff integriert wurden.

V. Literarisierungen

1. Das moderne Ich im Roman des Fin de siècle

Repräsentierte der Dilettantismus eines Ernest Renan nach Bourgets Worten eine der völlig neuartigen, ja wesentlichsten Weisen, zu denken und zu fühlen während dieser Epoche, so läßt sich dies ebenso von dem 1884 veröffentlichten Roman Jo-

---

88 FRIEDRICH NIETZSCHE, Vom Nutzen und Nachteil der Historie für das Leben (1874), in: NIETZSCHE (SCHLECHTA), Bd. 1 (1994), 219.
89 NIETZSCHE (s. Anm. 28).
90 NIETZSCHE, Der Fall Wagner (1888), in: NIETZSCHE (SCHLECHTA), Bd. 2 (1994), 904.
91 HANS-GEORG GADAMER, Wahrheit in den Geisteswissenschaften (1953), in: Gadamer, Kleine Schriften, Bd. 1 (Tübingen 1967), 40.
92 Vgl. GUNTER SCHOLTZ, Zum Historismusstreit in der Hermeneutik, in: Scholtz (Hg.), Historismus am Ende des 20. Jahrhunderts. Eine internationale Diskussion (Berlin 1997), 208.

ris Karl Huysmans sagen. *A rebours*, von dem Linzer Dichter Hermann Bahr als »Handbuch des Dilettantismus«[93] bezeichnet und zur Bibel der Décadents avanciert, stellt neben Bourgets *Essais* die entscheidende Formulierung der Figur des Romanhelden der Décadence dar. Huysmans schildert den mißlungenen Versuch des Duc des Esseintes, eines Aristokraten mit Dandy-Attitüde, dem gesellschaftlichen Leben in Paris zu entfliehen. In einem nach den eigenen Vorstellungen sorgfältig und äußerst luxuriös ausgestatteten Landhaus in Fontenay-aux-Roses geht der letzte Sproß eines alten Adelsgeschlechtes verschiedenen Liebhabereien nach. Der Autor läßt seinen Helden in der Abgeschlossenheit seines extravaganten Universums »les états morbides les plus fuyants, les plus tremblés« durchleben und die Erfahrung »des esprits épuisés et des âmes tristes«[94] machen (so Des Esseintes über seine Baudelaire-Lektüre), einerseits als Flucht vor Banalität und Mittelmäßigkeit, andererseits mit dem Ziel erlesener Genußempfindungen und eingebildeter Wonnen, die den wahren in jeder Hinsicht gleichkommen.

Des Esseintes, der sich sein Speisezimmer als Schiffskabine, sein Schlafzimmer als Mönchszelle eingerichtet hat, gibt sein ortsgebundenes Dasein nur in geistigen Reisen auf. Jeden gewünschten Ort und jede gewünschte Situation kann der an seiner Zeit und an sich selbst Leidende erreichen, ohne durch die damit verbundenen Unannehmlichkeiten eingeschränkt zu werden. Ganz im Sinne der Baudelaireschen modernité-Vorstellung verschafft er sich die rasch wechselnden, fast momenthaften Eindrücke einer Fernreise. Dieses Vergnügen an der Ortsveränderung, »qui n'existe, en somme, que par le souvenir et presque jamais dans le présent, à la minute même où il s'effectue«, wird durch die Vorstellungskraft ermöglicht, nämlich mittels »une approximative sophistication de l'objet poursuivi par ces désirs mêmes« (32 f.).

Unterstützt durch Lektüre, Düfte und ein dem ›Reiseziel‹ dienliches Ambiente, wird so eine Situation geschaffen, in der Sinnesreizungen zur halluzinativen Schöpfung der gewünschten Wirklichkeit führen. Wie bei Bourget ist auch hier die Voraussetzung für den Genuß eine Distanz zur Realität (hier auch der eigenen Historie), von Huysmans als »l'artifice [...] la marque distinctive du génie de l'homme« bezeichnet und als Fähigkeit umschrieben, »de savoir concentrer son esprit un seul point, de savoir s'abstraire suffisamment pour amener l'hallucination et pouvoir substituer le rêve de la réalité à la réalité même« (34 f.).

Die Realitätsbewältigung durch selbstinszenierte Illusionen degradiert die Natur zur Kulisse: »la nature a fait son temps«, so Huysmans' Protagonist, »la dégoûtante uniformité de ses paysages et de ses ciels« (35) hat die Geduld der Menschen mit verfeinertem Geschmack endgültig erschöpft. Die Künstlichkeit ist das Erkennungszeichen des menschlichen Genies.

Die Distanz des intellektuellen, spätzeitlichen Ichs zu sich selbst und zur Natur, welche ersetzt wird durch menschliches Gestaltungsvermögen, das extrem Artifizielles hervorbringt durch eine bis zum äußersten getriebene Virtuosität und Kostbarkeit der Materialien, sind die thematischen Schwerpunkte des zeitgenössischen Psychogramms, das durch den ersten und sehr erfolgreichen Roman des jungen Gabriele D'Annunzio, *Il Piacere* (1889), um weitere Facetten bereichert wird.

D'Annunzio zeigt seinen Helden in einem von zwei Seiten her betriebenen Selbstexperiment von Lustempfindungen. Eros und Kunst werden benutzt, um über ihre sinnliche und geistige Qualität selektive Welterfahrung zu ermöglichen. D'Annunzio stellt seinen Protagonisten explizit in den Deutungszusammenhang: Graf Sperelli-Fieschi d'Ugenta »era, in verità, l'ideal tipo del giovine signore italiano nel XIX secolo, il legittimo campione d'una stirpe di gentiluomini e di artisti eleganti, l'ultimo discendente d'una razza intellettuale« (Er war tatsächlich der ideale Typ des jungen italienischen Adligen im 19. Jahrhundert, ein wahres Musterexemplar eines Geschlechts von Edelleuten und eleganten Künstlern, der letzte Abkömmling einer durchgeistigten Rasse)[95]. Er ge-

---

93 HERMANN BAHR, Selbstbildnis (Berlin 1923), 232.
94 JORIS-KARL HUYSMANS, A rebours (1884), in: Huysmans, Œuvres complètes, hg. v. C. Grolleau, Bd. 7 (Paris 1929), 218.
95 GABRIELE D'ANNUNZIO, Il Piacere (1889), in: D'Annunzio, Prose di romanzi, hg. v. E. Bianchetti, Bd. 1 (Mailand 1968), 36; dt.: Lust, übers. v. C. Denzler (Stuttgart 1995), 40.

hörte »a questa classe, ch'io chiamerei arcadica perché rese appunto il suo più alto splendore dell'amabile vita del XVIII secolo« ([zu] jener Klasse, die man arkadisch nennen könnte, da sie ihren größten Glanz eben im liebenswert heiteren Leben des 18. Jahrhunderts entfaltete). Diese arkadische Klasse zeichnet sich darüber hinaus durch ästhetische Neugier (»curiosità estetica«) und archäologische Leidenschaft (»mania archeologica«) aus (35; dt. 39). Vom Vater stammt Sperellis Grundsatz, das eigene Leben wie ein Kunstwerk zu gestalten. Aber auch Sperellis doppelter Narzißmus erotischer und geistiger Genüsse stellt keine wirkliche Beziehung zu den Personen und Gegenständen seiner Lust her. »Dopo la resoluzione delle forze, prodotta dall'abuso dell'analisi e dall'azion *separata* di tutte le sfere interiori« (nach der Zersetzung seiner Kräfte durch übermäßiges Analysieren und maßloses Handeln ohne innere Beteiligung) (94; dt. 106) verlangt es Sperelli nach ›Idealen‹, nach ›Kunst‹: »L'Arte! L'Arte! – Ecco l'Amante fedele, sempre giovine, immortale; ecco la Fonte della gioia pura, vietata alle moltitudini, concessa agli eletti. [...] Come aveva egli potuto bevere ad altre coppe dopo avere accostate le labbra a quell'una? Come aveva egli potuto ricercare altri gaudii dopo aver gustato il supremo?« (Die Kunst! Die Kunst! – Hier war die treue Geliebte, ewig jung, unsterblich; hier war die Quelle der reinen Freude, verboten der Menge, vorbehalten den Auserwählten. [...] Wie hatte er aus anderen Kelchen trinken können, nachdem seine Lippen an diesen einen gerührt hatten? Wie hatte er andere Vergnügen suchen können, nachdem er von dem höchsten gekostet hatte?) (146; dt. 164) Er läßt sich für sein eigenes Zeichnen, Radieren und Dichten von anderen Werken inspirieren. Seit Ende des 18. Jh. unterliegt die Inspiration des Dilettanten dem Verdikt der unschöpferischen Nachahmung und eines Kunstschaffens aus zweiter Hand. Auch Sperelli wählt das technisch Schwierige, bevorzugt das For-

male, und »più che il pensiero, amava l'espressione« (mehr als den Gedanken liebte er den Ausdruck) (95; dt. 107): »Un pensiero esattamente espresso in un verso perfetto è un pensiero che già esisteva *preformato* nella oscura profondità della lingua.« (Ein genau ausgedrückter Gedanke in einem vollkommenen Vers ist ein Gedanke, der in der dunklen Tiefe der Sprache schon vorgeformt existierte.) (150; dt. 167) Sein Schaffen zeigt die ganze Breite dilettantischer Kunstpraxis, wie sie durch den klassizistischen Dilettantismusbegriff diskreditiert wurde: »esercizii, giuochi, studii, ricerche, esperimenti tecnici, curiosità« (Übungen, Spiele, Studien, Versuche, technische Experimente, Kuriositäten) (95; dt. 107). Zum eigenen Ansporn rezitiert D'Annunzios Protagonist an dieser Stelle Goethes Gedicht *An Kenner und Liebhaber* (1776), worin Goethe sich vom eigenen Zeichnen noch künstlerisches Gelingen versprach.[96]

Solches Verhalten entspricht letztlich einem Sammlertum im Geist der frühen Kunst- und Wunderkammern. Ein Gewährsmann dieses Typs, bei dem die Anhäufung der Objekte und die mangelnde Differenzierung von Kunst und Natur die Gegenstände des Genusses austauschbar werden läßt, ist der venezianische Lebemann Pococurante aus Voltaires *Candide* (1759). Hermann Bahr, der wesentlich dazu beitrug, im deutschsprachigen Raum auf Paul Bourget aufmerksam zu machen, bringt das Thema in seinem Aufsatz *Décadence* (1894) auf den Punkt: »So fühlen die Décadenten, daß Kunst nicht Natur, aber daß doch ohne Natur erst recht keine Kunst ist. [...] Es ist das Dilemma aller Dilettanten.«[97]

Bourget fand für die Folgen dieses spezifischen ›Historismus‹ das Bild des Salons, Treffpunkt der Kunstbeflissenen und Schöngeister, der – einem Museum vergleichbar – eine Schule eben dieses modernen ›multiplen‹ Geistes sei. Die reiche Kunstausstattung des Salons mit Gemälden, Bronzen, Goldschmiedearbeiten etc. bilde zusammen mit den Gefühlen und Interessen der anwesenden Personen »un fonds de conceptions analogues to les chapitres essentiels de la vie«. Jeder finde die Komplexität seiner Persönlichkeit wieder in der Vielfalt dieses »ameublement«[98].

Diese Mischung aus Schaubude und Kunstkabinett und ihre Funktion für den modernen Men-

---

96 Vgl. HANS RUDOLF VAGET, Dilettantismus und Meisterschaft. Zum Problem des Dilettantismus bei Goethe. Praxis, Theorie, Zeitkritik (München 1971), 222.
97 BAHR, Décadence (1894), in: Bahr, Zur Überwindung des Naturalismus – Theoretische Schriften 1887–1904, hg. v. G. Wunberg (Stuttgart 1968), 172.
98 BOURGET (s. Anm. 86), 43.

schen – letztendlich ist dies auch das Strukturprinzip von Huysmans *A rebours*, wo das Leben sich als eine Abfolge von artifiziellen Zuständen entrollt – paraphrasierte Hugo von Hofmannsthal in seinem ersten *D'Annunzio*-Aufsatz als »Triumph der Möbelpoesie«[99]. In seinem Stück *Der Tor und der Tod* (1893), das mit bemerkenswerter Konzentration zentrale Dilettantismusmotive der Bourgetschen *Essais* versammelt, spricht Hofmannsthal gar von einer »Rumpelkammer voller totem Tand«[100]. Hofmannsthal, der die Bourgetschen Ideologeme als Inbegriff der französischen Moderne aufgreift, nimmt innerhalb der Bourget-Rezeption insofern eine Sonderstellung ein, als er eine gewissermaßen integrale Aneignung des von Bourget in den *Essais* fixierten Gedankenguts vollzogen hat.[101] Die Verschärfung der Dilettantismusthematik, die Hofmannsthal ebenfalls analog vollzieht, mündet jedoch in den Monologen des Claudio in *Der Tor und der Tod* schließlich in eine wesentliche Differenz: Die Heterogenität der Überlieferung, versinnbildlicht im Bild des Musealen, wird von Hofmannsthal als Ort eher des Abgestorbenen denn der Multiplizität aufgefaßt. Der Tor beklagt das Unglück, die Bilder der Empfindungen und Gefühle vor den Empfindungen und Gefühlen gekannt zu haben. Der genießerische Skeptizismus wird als Unbehagen begriffen. War der Dilettantismus bei Bourget zudem mit der gesellschaftlichen ›unité‹ verbunden, beinhaltet er bei Hofmannsthal einen existentiellen, vom Individuum auf das Leben als solches gerichteten Blick.[102] Die Überwindung dieser ästhetizistischen Lebenshaltung findet bei Hofmannsthal knappen Ausdruck in der Sentenz: »Im Dilettantismus ist der Keim einer sittlichen Verderbnis.«[103]

Der Dilettantismus erscheint bei Heinrich Mann und Thomas Mann nicht nur in literarischer Verarbeitung, sondern auch als Reflexion auf das eigene Künstlertum. Der Begriff wird im Frühwerk mit je spezifischer Gewichtung entwickelt, etwa in Heinrich Manns erstem Roman *In einer Familie* (1894) und in Thomas Manns *Bajazzo* (1897). Die Erzählung über Schillers Leben *Schwere Stunde* (1905) von Thomas Mann nimmt sogar ausdrücklich Bezug auf den klassizistischen Dilettantismusbegriff, wenn es heißt: »Nur bei Stümpern und Dilettanten sprudelte es, bei den Schnellzu-

friedenen und Unwissenden, die nicht unter dem Druck und der Zucht des Talents lebten. Denn das Talent [...] ist nichts Leichtes, nichts Tändelndes, es ist nicht ohne weiteres ein Können. In der Wurzel ist es *Bedürfnis*, ein kritisches Wissen um das Ideal, eine Ungenügsamkeit, die sich ihr Können nicht ohne Qual erst schafft und steigert.«[104] Auch in *Lotte in Weimar* (1939) greift er die Dilettantismusthematik von verschiedenen Aspekten her auf. Neben der Schiller unterlegten negativen Konnotation des Dilettanten als eines oberflächlichen und undisziplinierten Stümpers und der Goethe-Reflexion, in der der Dilettantismus wieder positiver erscheint, verschiebt sich der Akzent auf die Verwandtschaft des Dilettantismus mit »dem Dämonischen und dem Genie«[105].

2. Antiästhetische Konzeptionen in Literatur und Kunst

Eine Reminiszenz an den ästhetizistischen Subjektbegriff, die das Motiv der Handlungsunfähigkeit nochmals vorführt, wie es etwa auch von Italo Svevo mit seinem Typus des ›inetto‹ zentral verar-

---

99 HUGO VON HOFMANNSTHAL, Gabriele D'Annunzio (I) (1893), in: Hofmannsthal, Gesammelte Werke in Einzelausgaben, hg. v. H. Steiner, Prosa I (Frankfurt a. M. 1950), 182.
100 HOFMANNSTHAL, Der Tor und der Tod (1893), in: Hofmannsthal, Gesammelte Werke in Einzelausgaben, hg. v. H. Steiner, Gedichte und lyrische Dramen (Frankfurt a. M. 1952), 202.
101 Vgl. SCHULZ-BUSCHHAUS, Der Tod des Dilettanten. Über Hofmannsthal und Bourget, in: M. Rössner/B. Wagner (Hg.), Aufstieg und Krise der Vernunft. Komparatistische Studien zur Literatur der Aufklärung und des Fin-de-siècle (Wien/Köln/Graz 1984), 188.
102 Vgl. HINRICH C. SEEBA, Kritik des ästhetischen Menschen – Hermeneutik und Moral in Hofmannsthals ›Der Tor und der Tod‹ (Bad Homburg u. a. 1970), 119 f.
103 HOFMANNSTHAL, Buch der Freunde (1922), in: Hofmannsthal, Gesammelte Werke in Einzelausgaben, hg. v. H. Steiner, Aufzeichnungen (Frankfurt a. M. 1959), 65.
104 THOMAS MANN, Schwere Stunde (1905), in: Mann, Gesammelte Werke, Bd. 8 (Frankfurt a. M. 1960), 375 f.
105 MANN, Lotte in Weimar (1939), in: Mann, ebd., Bd. 2 (Frankfurt a. M. 1960), 628.

beitet wird[106], liegt mit Carl Einsteins *Bebuquin oder die Dilettanten des Wunders* (1912) vor. Bereits zu Beginn ruft Bebuquin aus: »welch schlechter Romanstoff bin ich, da ich nie etwas tun werde, mich in mir drehe […]. Sicher ist mir, daß ich noch nie gehandelt oder erlebt habe.«[107] Der Text selbst aber, der die geltenden erzählerischen Konventionen sprachlich und strukturell radikal in Frage stellt, steht als Werk für eine völlig andere Ästhetik. Bereits der vielfach deutbare Name Bebuquin weist auf das Absurde.[108] Einsteins Textmontage, die an bildkünstlerische kubistische Aperspektivität und die (späteren!) Montagetechniken der Dadaisten erinnert, hebt Logik und Kausalität gewohnter Handlungsführung auf. Räumliche und zeitliche Kontinuität wird aufgebrochen durch die Orientierung an den kaleidoskopisch vorgeführten Bewußtseinsprozessen des Protagonisten. Über das auch explizit kenntlich gemachte Motiv der hyperreaktiven Befindlichkeit des Romanhelden der Décadence hinaus (z. B. mit dem Hinweis auf d'Annunzio) – »Viel stärker, reizvoller, gefährlicher sind die Empfindungen, die keines Erlebnisses bedürfen«[109] – wird die Selbstbespiegelung des Bebuquin als erkenntnistheoretisches Versagen des bürgerlichen Subjekts inszeniert. Das ›Wunder‹ des Dilettantismus wäre der Ausbruch aus den an der Objektwelt eingeübten Erfahrungsmustern und intellektuellen Wahrnehmungsweisen zu einer völlig neuen, nicht dualistisch geprägten Form der Imagination, einer bruchlosen Identität von Subjekt und Objekt. Das Scheitern des für diese Verwandlung zuständigen, konstitutiven Subjekts versinnbildlicht der Dilettant, dessen ausschweifende Phantasie der Stoff- und Formfrage nicht genügen kann und der daher »von allen Sachen und Dingen abgleiten« muß. »Mit der Unendlichkeit zu arbeiten, ist purer Dilettantismus.« (82) Bei Einstein steht die Spiegelmetapher, eine der ältesten Bildformeln für das Genie des Künstlers, für die unschöpferische Phantasterei des Dilettanten: »Ihre Sucht nach Originalität entspringt Ihrer beschämenden Leere; meine auch. […] Dann spiegeln Sie sich in sich selbst.« (76) Die Selbstbespiegelung, im Werk Karl Philipp Moritz' Ursache eines dilettantischen Ungenügens vor der Kunst und dem Leben, ist Ausdruck für die Krise eines Bewußtseins, das sich letztlich weder intellektuell noch sinnlich realisieren kann. Wie Hofmannsthals Claudio kann auch Bebuquin die ästhetische Metamorphose nur rigoros, mit dem Tod des empirischen Ich und seiner Fiktionen vollziehen.

Einsteins Werk hatte richtungsweisende Bedeutung für die Dadaisten.[110] Seine Sprache, die Textkonstruktion und die Idee der »Berechtigung alles Ästhetischen«[111] in der Vernichtung und im Wahnsinn konnten Impulse für die dadaistische Bewegung geben, die auf die materielle und psychische Zerstörung des Krieges und die aus ihr folgenden sozialen und politischen Umwälzungen mit einem neuartigen, ›unkünstlerischen‹ Handeln und Erleben reagierte. Es bedürfte nicht des Hinweises auf den dadaistischen Aufruf ›dilettanten erhebt euch […]. die alte kunst ist tot‹ des Kölner Dada-Kreises um Max Ernst und Johannes Baargeld, um Dada als größten und einzigen Triumph einer ›dilettantischen Ästhetik‹ zu begreifen. Dada macht das Triviale, das Banale, das Laute und das Häßliche, das Ambivalente und das Fragmentarische zum Programm. Das kultur- und gesellschaftskritische Moment des Dadaismus hinterfängt das ›Dilettantische‹ und wertet dessen Spontaneität und Autodidaktentum als Möglichkeit des umweglosen Neuanfangs ohne konventionalisierte Vorgaben. »mensch ist dilettant«[112], schrieb Heinrich Hoerle 1920 der Zeitschrift *Schammade*, die Höhepunkt des Kunstprogramms der ›rheinischen Dada-Dilet-

---

106 Vgl. RUDOLF BEHRENS, Metaphern des Ich. Romaneske Eingrenzungen des Subjekts bei D'Annunzio, Svevo und Pirandello, in: H. J. Piechotta (Hg.), Die literarische Moderne in Europa, Bd. 1 (Opladen 1994), 351.
107 CARL EINSTEIN, Bebuquin oder die Dilettanten des Wunders (entst. 1906/1909; ersch. 1912), in: Einstein, Werke, hg. v. R.-P. Baacke u. a., Bd. 1 (Berlin 1980), 78.
108 Vgl. SIBYLLE PENKERT, Carl Einstein. Beiträge zu einer Monographie (Göttingen 1969).
109 EINSTEIN (s. Anm. 107), 96.
110 Vgl. HANNE BERGIUS, Der Da-Dandy – das ›Narrenspiel aus dem Nichts‹, in: Tendenzen der Zwanziger Jahre [Ausst.-Kat.] (Berlin 1977), 3/12–3/27.
111 EINSTEIN (s. Anm. 107), 77.
112 Zit. nach Wulf Herzogenrath (Hg.), Max Ernst in Köln. Die rheinische Kunstszene bis 1922 [Ausst.-Kat.] (Köln 1980), 272.

tanten[113] und letztes aufsehenerregendes Ereignis von Dada Köln war, das damit Anschluß an die internationale Dada-Bewegung fand.

Simone Leistner

Literatur

ALTHAUS, GABRIELE u.a. (Hg.), Avanti Dilettanti: Über die Kunst, Experten zu widersprechen (Berlin 1992); BRIESE-NEUMANN, GISA, Ästhet – Dilettant – Narziß. Untersuchungen zur Reflexion der Fin-de-siècle-Phänomene im Frühwerk Hofmannsthals (Frankfurt a.M./ Bern/New York 1985); HESSE, HANS ALBRECHT, Experte, Laie, Dilettant: über Nutzen und Grenzen von Fachwissen (Opladen 1998); HOLTZHAUER, HELMUT, Goethe: Kunst und Dilettantismus. Probleme der Goethezeit und der Gegenwart, in: Weimarer Beiträge 9 (1963), 705–728; JOO, ILL-SUN, Goethes Dilettantismus-Kritik: Wilhelm Meisters Lehrjahre im Lichte einer ästhetischen Kategorie der Moderne (Frankfurt a.M. 1999); KAMMLER, EVA, Zwischen Professionalisierung und Dilettantismus: Romane und ihre Autorinnen um 1800 (Opladen 1992); LEISTNER, SIMONE, Der Dilettant. Studien zur Figur des Kunstliebhabers in Diskurs und Praxis der Künste (Diss. Bonn 1993); MATTENKLOTT, GERT, Das Ende des Dilettantismus, in: Merkur 41 (1987), 748–761; SAULNIER, CLAUDE, Le Dilettantisme. Essai de psychologie, de morale et d'esthétique (Paris 1940); STRAUSS, ELISABETH (Hg.), Dilettanten und Wissenschaft. Zur Geschichte und Aktualität eines wechselvollen Verhältnisses (Amsterdam 1996); VAGET, HANS RUDOLF, Dilettantismus und Meisterschaft (München 1971); WIELER, MICHAEL, Dilettantismus – Wesen und Geschichte (Würzburg 1996).

113 Vgl. Rheinische Zeitung (19. 2. 1920), zit. nach ULI BOHNEN/DIRK BACKES, Max Ernst und die Kölner Szene 1917–1920, in: Herzogenrath (s. Anm. 112), 140.

Einbildungskraft/Imagination

(griech. φαντασία; lat. imaginatio, phantasia; engl. imagination; frz. imagination; ital. immaginazione; span. imaginación; russ. сила воображения, воображение)

Einleitung; 1. Zur Aktualität des Begriffs; 2. Wortgeschichte; 3. Ein begriffsgeschichtlicher Einschnitt; 4. Mögliche Gründe für den Einschnitt; **I. Vorgeschichte;** 1. Phantasia, phantasmata und aisthēsis; 2. Einbildungskraft und Augenlust; 3. Die mütterlich-monströse Einbildungskraft; **II. Die Umdimensionierung der Einbildungskraft;** 1. Die Anfänge; 2. Die Einbildungskraft als Vermögen temporaler Sinnentwürfe; **III. Die dichterische Einbildungskraft;** 1. Die Einbildungskraft in der Mitleidsästhetik; 2. Ungeformte versus geformte Einbildungskraft; a) Die kulturkritische Polemik gegen die ›luxurierende‹ Einbildungskraft; b) Die formende und geformte Einbildungskraft; 3. Die Einbildungskraft des Genies und der moderne Subjektbegriff; 4. Ästhetischer Paradigmenwechsel: Der Gegensatz zwischen Kant und Hegel; **IV. Die romantisch-avantgardistische Einbildungskraft; V. Die Einbildungskraft im 20. Jahrhundert;** 1. Die Tradierung des aufklärerischklassischen Begriffs der Einbildungskraft; 2. Der psychoanalytisch inspirierte Begriff der Einbildungskraft

Einleitung

1. Zur Aktualität des Begriffs

Die Einbildungskraft oder Imagination war und ist im Kontext moderner Kunst- und Subjekttheorien bedeutsam. Die beiden Wortprägungen dienen seit rund 250 Jahren dazu, die Spontaneität des menschlichen Geistes bei der Konstruktion von Schein (ästhetische Variante) und Realität (erkenntnistheoretische Variante) auf den Begriff zu bringen. Die Varianten sind nicht unabhängig voneinander; denn auch der kunsttheoretischen Variante liegen seit dem späten 18. Jh. subjekt-

bzw. erkenntnistheoretische Prämissen zugrunde. Das ist ablesbar an der Beziehung zwischen romantischer Kunsttheorie und der Bewußtseinsphilosophie des deutschen Idealismus. So sind die beiden Begriffsvarianten in der Erstfassung von Fichtes *Wissenschaftslehre* (1794) ununterscheidbar; denn Fichte spricht von »dem wunderbaren Vermögen der produktiven Einbildungskraft [...], ohne welches gar nichts im menschlichen Geiste sich erklären läßt«[1]. Auf der Einbildungskraft gründet sich für Fichte nicht nur künstlerische Kreativität, sondern »die Möglichkeit unsers Bewußtseins, unsers Lebens, unsers Seins für uns, als Ich« (146).

Die Subjekt- bzw. Bewußtseinsphilosophie des deutschen Idealismus hat in den letzten Jahrzehnten, ob in kritischer Abgrenzung von ihr (Lacan) oder in dem Bemühen, ihre verschüttete Aktualität freizulegen (Castoriadis, Žižek, Frank u.a.), die zeitgenössische Diskussion ästhetischer, epistemologischer, ontologischer, repräsentationslogischer und psychologischer (psychoanalytischer) Fragen beeinflußt. So sieht Slavoj Žižek die Möglichkeit einer politischen Ontologie in der Gegenwart erst dann gegeben, wenn sie die Erkenntnisse moderner Subjekttheorien in sich aufnimmt. Zu diesem Zwecke greift er auf den vielfach abgeschriebenen Begriff des ›kartesischen Subjekts‹ zurück, »whose rejection forms the silent pact of all the struggling parties of today's academia«, allerdings nicht »to return to the cogito in the guise in which this notion has dominated modern thought (the self-transparent thinking subject), but to bring to light its forgotten obverse, the excessive, unacknowledged kernel of the cogito, which is far from the pacifying image of the transparent Self«. Die Kehrseite des kartesischen, sich selbst gegenwärtigen Subjekts sei die Einbildungskraft, deren »key dimension« schon bei Kant ihr »disruptive, anti-synthetic aspect« gewesen sei, »which is another name for the abyss of freedom«[2].

Ähnlich konzeptualisiert Cornelius Castoriadis eine ›radikale Imagination‹ als die psychische Vorbedingung und Grundlage eines gleichfalls ›radikalen Imaginären‹, das er in Abgrenzung von Lacan nicht als spiegelbildlich induzierte Beziehung zu einem Ähnlichen, sondern als »unaufhörliche und (gesellschaftlich-geschichtlich und psychisch) wesentlich indeterminierte Schöpfung von Gestalten/

---

1 JOHANN GOTTLIEB FICHTE, Grundlage der gesammten Wissenschaftslehre als Handschrift für seine Zuhörer (1794; Hamburg 1979), 128.
2 SLAVOJ ŽIŽEK, The Ticklish Subject. The Absent Center of Political Ontology (London/New York 1999), 2.

Formen/Bildern« begreift, »die jeder Rede von etwas zugrundeliegen«³.

2. Wortgeschichte

Das seit dem frühen 16. Jh. gebräuchliche ›Einbildungskraft‹ ist die dt. Entsprechung von griech. ›phantasia‹ und lat. ›imaginatio‹ oder ›phantasia‹. Die Wortprägung geht offensichtlich auf Paracelsus zurück, der sie als Übersetzung von lat. ›vis imaginationis‹ einführte. Bis ins 18. Jh. werden Einbildungskraft, Imagination und Phantasie meist als gleichbedeutend behandelt.

3. Ein begriffsgeschichtlicher Einschnitt

Kennzeichnend für die Begriffsgeschichte von Einbildungskraft, Imagination und Phantasie ist ein grundlegender, zeitlich relativ präzis angebbarer historischer Wandel: Der Begriff, der über rund 2200 Jahre hin eine in der Hierarchie der psychischen Vermögen niedrige Fähigkeit bezeichnete und aus ontologischen, erkenntnistheoretischen und moralischen Gründen skeptisch betrachtet wurde, wird im 18. Jh., etwa zwischen Joseph Addisons *On the Pleasures of the Imagination* (1712) und Alexander Gerards *Essay on Genius* (1774), gravierend umgewertet.

Aristoteles hatte die phantasia in *De anima* (428a) als einen von der Vernunft zu kontrollierenden psychischen Vorgang bestimmt, der als Wirkung der Sinneswahrnehmung auch in Tieren nachweisbar sei. Die phantasia oder imaginatio galt seither aus erkenntnistheoretischen wie moralischen Gründen als fragwürdig. Patristische und scholastische Autoren dehnten die Aristotelische Vermögensabstufung auf die ontologische und ethische Stufenfolge Gott – Materie aus. Die materielle Einbildungskraft stand der kognitiven und moralischen Vervollkommnung des Menschen im Wege. Auf Marsilio Ficinos geschichtlich ergebnislos gebliebenen Versuch einer Aufwertung der Imagination reagierend, schreibt Gianfrancesco Pico della Mirandola 1500 in seinem *Liber de imaginatione*, der ersten ausschließlich der Imagination gewidmeten und sie nicht mehr in ein Unterkapitel der Psychologie oder Erkenntnistheorie verweisenden Abhandlung, Menschenwürde zeige allein, wer seine Imagination, indem er sein geistiges Auge auf Gott richtet, im Zaum halte: »Qui enim phantasiae dominari contendit in ea persistit dignitate in qua creatus positusque est, a qua jugiter invitatur dirigendam esse mentis aciem in bonorum omnium parentem Deum«. Wer sich dem Gebot der Sinne und den Wirkungen der Einbildungskraft ausliefere, degeneriere zum Tier. (»Qui autem incurvi sensus fallacisque imaginationis dicto paret, [...] in bruta degenerat.«)⁴

Vor dem 18. Jh. haben Einbildungskraft und Imagination zu keiner Zeit im Zentrum ästhetischer Diskussionen gestanden. Im 18. Jh. schwingt sich der Begriff in seinen drei Wortformen (wobei Phantasie nun zunehmend von Einbildungskraft und Imagination abgespalten wird) rasch zum Gegenstand zahlreicher Bücher und Essays auf. Auch die meisten Abhandlungen zum Geniebegriff sind, James Engell zufolge⁵, seit William Duffs *Essay on Original Genius in Philosophy and the Fine Arts, Particularly in Poetry* (1767) und Alexander Gerards *Essay on Genius* (1774) Abhandlungen über die Imagination und ihren Anteil an künstlerischer Produktion.

Der Gegensatz der Bedeutungen von Einbildungskraft und Imagination vor und nach diesem Einschnitt läßt sich vorläufig so bestimmen: In der jahrtausendelang dominanten Denkfigur eines vertikalen Gegensatzes von (immaterieller) Transzendenz und Materialität wurde die Einbildungskraft als materiell und damit als unzuverlässiges, deshalb rationaler Kontrolle zu unterwerfendes psychisches Vermögen gedeutet. Nach dem Wandel wurde es ein unentbehrliches Vermögen, mit dem sich der Mensch kreativ auf Objekte in Raum und Zeit bezieht.

Eine Aussage Samuel Taylor Coleridges ist geeignet, den drastischen Wandel, dem der Begriff

---

3 CORNELIUS CASTORIADIS, Gesellschaft als imaginäre Institution. Entwurf einer politischen Philosophie (1975), übers. v. H. Brühmann (Frankfurt a. M. 1984), 12.
4 GIANFRANCESCO PICO DELLA MIRANDOLA, De imaginatione/Über die Vorstellung (1500), lat.-dt., hg. u. übers. v. E. Keßler (München 1984), 64/65.
5 Vgl. JAMES ENGELL, The Creative Imagination. Enlightenment to Romanticism (Cambridge/London 1981).

im 18. Jh. unterliegt, vorläufig und schematisch anzudeuten: Das künstlerische Genie sei abhängig von der »synthetic and magical power, to which we have exclusively appropriated the name of imagination«. Genialität, und damit Imagination, sei nicht allein Voraussetzung schöpferischer Ausnahmeleistungen, sondern menschlicher Größe schlechthin; mit Hilfe seiner imagination bringe der Dichter »the whole soul of man into activity, with the subordination of its faculties into each other, according to their relative worth of dignity«. Da der »spirit of unity, that blends, and (as it were) *fuses*, each into each«, Eigenschaft nicht nur des Werkes, sondern des sich als Einheit erfahrenden Subjekts sei, wird die Ausbildung der Imagination zur wichtigsten Voraussetzung des Charakters; als Kraft, die den Menschen von Fremdbestimmungen befreien kann, wirkt die Imagination persönlichkeitsbildend.[6]

Abgesehen von wenigen Ausnahmen wie Philostratos im 3. und Ficino im 15. Jh. gilt Picos negative Einschätzung der Einbildungskraft von der Antike bis ins 18. Jh.; Coleridges entschieden positive Beurteilung ist ebenso typisch für die letzten 250 Jahre. (Zu den wenigen Ausnahmen der jüngeren Geschichte zählen Anhänger der analytischen Philosophie, die die Einbildungskraft in der Tradition Platons und Aristoteles' als erkenntnistheoretisch bedenklich ansehen. Daniel Flory spricht mit Bezug auf diesen Traditionsstrang treffend von einem »epistemological hangover of some badly outmoded theory«[7].) Generell gilt: Begriffsgeschichtlicher Wandel ist selten so abrupt. Wenn Brüche so greifbar werden wie hier, dann verspricht ihre Erklärung weitreichende geschichtliche Einsichten.

---

6 SAMUEL TAYLOR COLERIDGE, Biographia Literaria or Biographical Sketches of my Literary Life and Opinions (1817), in: COLERIDGE, Bd. 7/2 (1983), 15–17.
7 DANIEL DEAN FLORY, Fear of Imagination in Western Philosophy and Ethics (Diss. University of Minnesota 1995), 8.
8 HORST-MICHAEL SCHMIDT, Sinnlichkeit und Verstand. Zur philosophischen und poetologischen Begründung von Erfahrung und Urteil in der deutschen Aufklärung (München 1982), 100.
9 Vgl. GERARD WATSON, ›Phantasia‹ in Classical Thought (Galway 1988).

4. Mögliche Gründe für den Einschnitt

In der einschlägigen Literatur wird der konstatierte Bruch selten zur Kenntnis genommen. Man geht mit Bezug auf die Wortgeschichte davon aus, daß ein ehemals vermögenspsychologischer, ontologischer und ethischer Ausdruck im 18. Jh. in den neuen Diskurs der Ästhetik übernommen wurde und der ›Bruch‹ nicht begriffsgeschichtlicher Natur sei; das Wort sei schlicht in einen anderen Begriffsbereich übernommen worden. Genauer: die Poetik habe »das Vermögen der Einbildungskraft [zunächst – d. Verf.] in seiner allgemeinen erkenntnispsychologischen Funktionsbestimmung, d. h. ohne spezifisch poetisch-›ästhetische‹ Modifikation« übernommen und dieses sich ursprünglich »auf alle möglichen Erkenntnisbereiche und Erkenntnisgegenstände, auf die Mathematik wie auf die verschiedenen ›Künste‹«[8] beziehende Vermögen erst spät ästhetisch-poetologisch eingeschränkt. Da es sich bei der *Wort*geschichte von Einbildungskraft nicht um eine zusammenhängende *Begriffs*geschichte handeln soll, sondern um die Übernahme einer Worthülse in einen anderen Begriffsbereich, wird die (ästhetisch belangvolle) Begriffsgeschichte der Einbildungskraft erst eine angeblich erst im 18. Jh. beginnende Geschichte der künstlerischen oder kreativen Einbildungskraft eingeschränkt.

Einbildungskraft bezeichnet jedoch seit der Antike auch ein künstlerisch-kreatives Vermögen. Der Begriff wird vor seiner ästhetischen Vereinnahmung im 18. Jh. in der Philosophiegeschichte zwar primär nicht poetologisch gebraucht, doch läßt sich ein kunsttheoretischer Gebrauch seit der Spätantike nachweisen. Bei Platon, Aristoteles, den Stoikern und den Epikuräern kommt er zwar nur als erkenntnistheoretischer vor, doch schließt seine Bedeutung spätestens seit dem 3. Jh. das ein, was seit dem 18. Jh. künstlerische Einbildungskraft heißt.[9] Flavius Philostratos etwa vergleicht in seinem *Leben des Apollonios von Tyana* (entst. um 217) den relativen Wert von phantasia und mimēsis als kreativen Vermögen und gibt ersterer den Vorzug. Die Phantasie sei eine größere Künstlerin als die Mimesis, weil sie nicht nur reproduziere, was sehe, sondern auch produziere, was sie nicht sehe, und somit Wirklichkeit nicht imitiere, sondern nachbilde. Ähnlich argumentiert Avicenna: Erst der Anteil der Phantasie an dichterischer Rede bewirke, daß die Seele sich ihr öffne. Er unterscheidet dabei sehr genau zwischen Rhetorik und Poesie und stuft nur das Poetische als imaginativ ein.[10] Äußerungen wie diese lassen sich seit Philostratos zur Genüge nachweisen. Behauptungen über die Modernität der künstlerischen Einbildungskraft gehen implizit oder explizit von einem modernen Begriff des Ästhetischen aus, der nicht in Rechnung stellt, daß Funktion und Bewertung der Kunst sich im 18. Jh. radikal ändern.

Schränkt man den Begriff der Einbildungskraft nicht auf einen modernen Begriff *kreativer* Einbildungskraft ein, dann gilt, daß phantasia und imaginatio als wortgeschichtliche Vorläufer der Einbildungskraft seit der Antike zur Erklärung künstlerischer Wirkungen herangezogen wurden. Allerdings wird dem Begriff *künstlerischer* Einbildungskraft selbst bei Autoren, die ihn gebrauchen, aus außerästhetischen Gründen nur untergeordnete Bedeutung zugesprochen. Ein die Natur nachahmender Diskurs wie der künstlerische, so heißt es in unzähligen Variationen, bleibe der ›Materie‹ verhaftet; er verleite zur Sünde, da er sich von Gott und der Vernunft entferne. Die Einbildungskraft könne aus eigener Kraft nur minderwertige Werke schaffen. Diese Einschätzung bestimmt auch noch das Urteil von Künstlern an der Schwelle zur Moderne. So schreibt John Dryden 1664: »imagination in a poet is a faculty so wild and lawless that like an high-ranging spaniel it must have clogs tied to it, lest it outrun the judgment«, weshalb er nach einem Mittel sucht, »that bounds and circumscribes the fancy«[11], wobei der rein stilistische Wechsel zwischen imagination und fancy, Einbildungskraft und Phantasie, zeittypisch ist.

Allgemein gilt, daß das ontologisch-ethische Gefälle vom Geist zur Sinnlichkeit den Poeten zwinge, der ›Vernunft‹ im Akt des Schreibens die Oberhand zu lassen und den Einfluß der ›Sinnlichkeit‹, zu der die Einbildungskraft gehört, möglichst weit zurückzudrängen. Sprache wird, vor allem als Schrift, aufgrund ihrer Materialität als sinnlich, und damit als ethisch fragwürdig, empfunden. Da die Frau der Natur (und damit der Materialität der Sprache) näher sei als der Mann, wird künstlerische Arbeit meist als ›weiblich‹ eingestuft; der

Mann ›verweichlicht‹ und ›verweiblicht‹ durch Kunst. Die Assoziation des Ästhetischen mit dem Weiblichen war vom Mittelalter bis ins 19. Jh. gängig.[12]

Die ursprüngliche Deutung der Einbildungskraft als sinnlich bzw. materiell legt es nahe, den Bruch mit der Aufwertung der Sinnlichkeit im 18. Jh. zu erklären. Denn die Entstehung der Ästhetik als Disziplin ist mehrfach mit einer »Emanzipation der Sinnlichkeit«[13] in Zusammenhang gebracht worden. Die Kunst, als Ausdrucksform der Sinnlichkeit, sei in der Mitte des 18. Jh. der Philosophie und »den rationalen Wissenschaften […] mit dem Anspruch einer ästhetischen, auf sinnliches Empfinden und Fühlen gegründeten Wahrheit (veritas aesthetica)« gegenübergestellt worden. Damit vollende sich die »Emanzipation der schönen Künste aus der 2000jährigen Tradition der Herrschaft der Vernunft, der Beschränkung auf die Nachahmung der Natur und der Anwendung technisch erlernbarer Regeln«[14].

Präziser und produktiver als die Charakterisierung dieses Prozesses als Emanzipation ist die von Erich Auerbach entwickelte These, der menschliche Blick sei von der Antike zur Moderne von der Vertikalen in die Horizontale umgepolt worden. Das trifft nicht nur für die von Auerbach untersuchten literarischen Darstellungsweisen zu, sondern läßt sich auf den Wandel ästhetischer Grundbegriffe ausdehnen. Auerbach hatte argumentiert, in der Literatur der Antike und des Mittelalters habe »ein vertikaler Zusammenhang, von allem Geschehen nach oben aufsteigend, in Gott konver-

---

10 Vgl. ISMAIL M. DAHIYAT, Avicenna's Commentary on the Poetics of Aristotle. A Critical Study with an Annotated Translation of the Text (Leiden 1974), 61 f.
11 JOHN DRYDEN, Of Dramatic Poesy. An Essay (1664), in: DRYDEN, Of Dramatic Poesy and Other Critical Essays, hg. v. G. Watson, Bd. 2 (London 1962), 8.
12 Vgl. HOWARD R. BLOCH, Medieval Misogyny and the Invention of Western Romantic Love (Chicago 1991), 44.
13 ERNST CASSIRER, Philosophie der Aufklärung (Tübingen 1932), 476.
14 JOACHIM RITTER, ›Genie III.‹, in: RITTER, Bd. 3 (1974), 285.

gierend, allein bedeutend«, bestanden.¹⁵ Aus der vertikalen Einordnung allen Geschehens sei die Notwendigkeit einer Figuraldeutung hervorgegangen, die »nicht wenig dazu beigetragen [habe], den horizontalen, geschichtsmäßigen Zusammenhang der Geschehnisse zu entwerten« (113). Er faßt den allmählichen Übergang von vertikaler zu horizontaler Kultur als Verlust von Transzendenz bzw. als Prozeß ihrer Substitution durch innerweltliche Sinnorientierungen. Montaigne sei der erste Autor, der auf Transzendenz als Sinnanker verzichtet habe; er habe »von allen Zeitgenossen am reinsten das Problem der Selbstorientierung des Menschen gesehen; die Aufgabe, sich ohne feste Stützpunkte in der Existenz Wohnlichkeit zu verschaffen« (296).

Die These einer vertikal-horizontalen Umpolung menschlicher Sinnorientierung stellt sich für ein Verständnis der Begriffsgeschichte von Einbildungskraft als erstaunlich fruchtbar heraus, was nicht weiter verwundern sollte; denn der Phantasie, Imagination oder Einbildungskraft wurde als Vor- und Darstellungsvermögen jahrhundertelang die Funktion zugeschrieben, den menschlichen Blick in den Koordinaten von Raum und Zeit zu orientieren. Wenn Adam Bergk am Ende des 18. Jh. über den Menschen sagt: »Durch die Versinnlichung des Abwesenden und Vergangenen übt und vervollkommt er die Phantasie«¹⁶, dann bedeutet Versinnlichung hier eine Verbildlichung von Vorstellungen, auf die sich handlungsmotivierte Menschen ausrichten.

Solange Erkenntnis, Sein und Gesellschaft als in Transzendenz verankert imaginiert wurden, konnte der phantasia bzw. imaginatio als sinnlicher Vorstellungskraft ebensowenig eine grundlegende Rolle zugeschrieben werden wie den übrigen sinnlichen Erkenntnisorganen. ›Erkenntnis‹ zielt in vertikalen Kulturen nicht auf eine Orientierung in der Wirklichkeit, sondern auf eine Stillstellung des

---

15 ERICH AUERBACH, Mimesis. Dargestellte Wirklichkeit in der abendländischen Literatur (1946; Bern/München ⁶1977), 75.
16 ADAM JOHANN BERGK, Die Kunst, Bücher zu lesen (Jena 1799), 125.
17 Vgl. THOMAS G. ROSENMEYER, Φαντασία und Einbildungskraft. Zur Vorgeschichte eines Leitbegriffs der europäischen Ästhetik, in: Poetica 18 (1986), 225.

forschenden Blicks, der sich in der Kontemplation des Ideellen oder Göttlichen zu immobilisieren sucht. Die Imagination motiviert die Seele, so Proklos im 5. Jh., sich in Raum und Zeit ausschweifend zu verlieren. Die in der Sozialhierarchie höher rangierenden Klassen, so bereits Platon¹⁷, sollen gleichzeitig eine besondere Disposition zu kontemplativer Erkenntnis haben. Ihre besinnliche Geisteshaltung verleiht ihnen Würde und grenzt sie von den nachfolgenden Klassen ab, die laut Platon Wirklichkeit primär mit Hilfe der phantasia angehen. Erst wenn die führenden Sozialklassen sich selbst als Handelnde definieren und ihren Blick von der Vertikalen in die Horizontale umpolen, ändert sich diese Einschätzung. Die Sozialgeschichte schlägt so in die Begriffe der Erkenntnistheorie und Ästhetik durch.

Um diesen Wandel und seine Bedeutung für die Neudefinition von Einbildungskraft in den Griff zu bekommen, muß eine Geschichte des Begriffs mit dem Gebrauch von phantasia und imaginatio in der Antike beginnen. Die These vom begriffsgeschichtlichen Neuanfang der Einbildungskraft im 18. Jh. blockiert wichtige Fragestellungen, denn die Geschichte des Begriffskomplexes Einbildungskraft, Imagination und Phantasie ist als Niederschlag wesentlicher Prozesse, die an den Spuren ihrer linguistischen Ausfällung sichtbar werden, eine analysierbare, allen Brüchen zum Trotz zusammengehörige Geschichte. Die begriffsgeschichtlichen Veränderungen des 18. Jh. weisen auf eine neue Bedeutung des Visuellen und der Perspektive hin, auf ein neues Verständnis von ›Auge‹ und ›Blick‹ und auf eine grundlegende Umorganisation der Art, wie Menschen sich als Subjekte begründen. Die Aufwertung der Einbildungskraft geht mit einer Aufwertung von Bildlichkeit einher. Beide zusammen indizieren eine neuartige, horizontale und textliche Organisation von Begehren und neue ›Technologien des Selbst‹ (Foucault), eine neue Art der Konstitution von Subjektivität im Medium von ›Bildern‹ bzw. Texten. Nach 1700 wird menschliches Begehren kulturell auf kanonisierte Texte ausgerichtet und dadurch nicht mehr vertikal und autoritativ, sondern horizontal und textkulturell organisiert. Das autonome Individuum der Moderne, dem die kreative Einbildungskraft zugeschrieben wird, stellt sich da-

I. Vorgeschichte

mit als ein sich auf imaginäre ›Bilder‹ beziehendes heraus.

1. Phantasia, phantasmata und aisthēsis

Von der Antike bis in die frühe Moderne werden in der Diskussion von Phantasie, Imagination und Einbildungskraft Aspekte räumlicher Ausdehnung und körperlicher Sensibilität mitdiskutiert. Platon führt den Begriff der phantasia in seinen mittleren Dialogen (*Politeia, Theaitetos, Sophistes*) als Ergänzung zu den Begriffen der aisthēsis (sinnlicher Eindruck; Empfindung) und doxa (Meinung, Urteil) bzw. dianoia (Denken) ein.[18] Die vorplatonische Philosophie hatte erkenntnistheoretisch nicht zwischen (passiver) Empfindung und (aktiver) Wahrnehmung, äußerem Sinneseindruck und innerem Bild dieses Sinneseindrucks unterschieden.[19] Platon sah hier ein Problem und definierte aisthēsis als den äußeren Sinneseindruck und phantasia als das innere Bild dieses Sinneseindrucks.[20] Schleiermachers Platon-Übersetzung verwischt diese klare Begriffsunterscheidung häufig, da sie in ihrer Übersetzung von phantasia und aisthēsis inkonsequent ist. Diese terminologische Inkonsequenz hat die noch Baumgarten bewußte Tatsache verstellt, daß phantasia für Platon durchwegs ein Vermögen der Vor- und Darstellung ist. Sie steht erkenntnistheoretisch und vermögenspsychologisch zwischen Sinneseindrücken und Verstand (nous) und wandelt erstere in phantasmata um, als die sie Denkmaterial des Verstandes werden. Gerade als Vor- und Darstellungsvermögen wird die phantasia bei Baumgarten und seinen Zeitgenossen zur Grundlage eines modernen Begriffs der Einbildungskraft.[21]

Aristoteles, der sich dem platonischen Sprachgebrauch im wesentlichen anschließt, hatte in *De anima* die phantasia als ein imaginäres Vor-Augen-Stellen definiert[22]; sie sei das, wonach in uns eine Erscheinung (phantasma) entstehe; die Seele denke niemals ohne phantasmata oder Bilder (vgl. 431a 17) und könne nur über diese, nicht über Wirklichkeit nachdenken (vgl. 432a 4–14). Sowohl bei Platon wie bei Aristoteles beziehen sich aisthēsis und phantasia auf das (ursprünglich primär dem Auge) Wahrnehmbare. Begriffsgeschichtlich bereiten sie damit nicht nur die spätere Diskussion einer visuellen Orientierung des menschlichen Blicks in den Koordinaten von Raum und Zeit vor, sie regen auch Baumgarten, der sich wiederholt auf diese Definitionen bezieht, zu dem vielleicht durchschlagendsten Neologismus der Kunstgeschichte, ›Aesthetica‹, an.

Auch in der christlichen Tradition spielt die Imagination in Fragen der Körperlichkeit bzw. -losigkeit von Erkenntnis eine Rolle. Augustinus' Traktat *De trinitate*, der die christliche Erkenntnistheorie und Psychologie bis ins Spätmittelater bestimmt hat, schreibt von der Imagination, daß Mensch mit ihrer Hilfe Dinge nur in Raum und Zeit denken könne. Gerade aufgrund des Gebrauchs der Imagination sei die Gewöhnung an die Körper so stark geworden, daß sich die Aufmerksamkeit immer mehr nach außen wende. Das Übersteigen der Bilder in Richtung eines (immateriellen) Geistigen soll Augustinus zufolge Spiegelbeziehungen im Sinne ästhetischer Kultur blockieren. Die Körperlichkeit der Imagination bedeute nicht nur kognitive Unzuverlässigkeit, sondern einen wuchernden, ausschweifenden Einfluß auf alles Seelische. Selbst »jene Formung des Sinnes [...], die Schau genannt wird«, werde »allein vom Körper, der geschaut wird, eingeprägt [...], das heißt von einem sichtbaren Ding«, was auf eine Zerstörung von ›Form‹ hinauslaufe. (illa tamen informatio sensus, quae visio dicitur, a solo imprimatur corpore quod videtur, id est, a re aliqua visibili: qua detracta, nulla remanet forma quae inerat sensui, dum adesset illud quod videbatur.)[23]

---

18 Vgl. WATSON (s. Anm. 9), 1–10.
19 Vgl. MURRAY WRIGHT BUNDY, The Theory of Imagination in Classical and Mediaeval Thought (Urbana 1927), 13.
20 Vgl. PLATON, Tht. 151e–152c.
21 Vgl. WATSON (s. Anm. 9), 27.
22 Vgl. ARISTOTELES, De anima 3, 3.
23 AUGUSTINUS, De trinitate, in: MIGNE (PL), Bd. 42 (1845), 986; dt.: Fünfzehn Bücher über die Dreieinigkeit, hg. u. übers. v. M. Schmaus, Bd. 2 (München 1936), 99.

2. Einbildungskraft und Augenlust

Aufgrund ihrer Materialität wird die Imagination über Jahrhunderte hin mit dem Motiv des körperlichen Sehens (im Gegensatz zur geistigen Schau) bzw. mit der Augenlust verbunden. Warnungen vor der Seh- und Augenlust und der Unzuverlässigkeit des Lichtes durchziehen die Schriften christlicher Philosophen von den Kirchenvätern bis ins theologische Schrifttum des 18. Jh. (für letzteres typisch ist John Henry Mauclercs Dr. Blondel Confuted; or, The Ladies Vindicated: with Regard to the Power of Imagination in Pregnant Women, 1747).

Für den Kirchenvater Valerianus ist »das Begehren der Augen« (cupiditas oculorum)[24] die größte Gefahr, die dem menschlichen Geist droht. Augustinus insistiert (*Confessiones* 3, 6, 10), daß körperliche Dinge in Wahrheit »phantastische Bilder von körperhaftem Anschein, bloß erdichtete Körpergebilde« (corporalia phantasmata, falsa corpora) sind, die unsere Seele durch das Auge berücken. Er klagt sich wiederholt an, daß seine Schau vor seiner Konversion beschränkt war auf Körper, »die wir mit dem leiblichen Auge sehen« (quae videmus visu carneo), und daß Gott »nicht die Körper da [ist], die wir sehen« (nec ista corpora es, quae videmus)[25]. Jedes Bild, jede Art von Repräsentation, selbst die Schrift, galt jahrhundertelang als ›sinnlich‹ und somit geistfern; Zeichen können Sinn niemals direkt erschließen. Sie sind ›idola‹, weshalb die Imagination seit der lateinischen Patristik mit dem Idol und der Idolatrie verbunden wird (das

aus griech. eidōlon abgeleitete lat. idolum bedeutet Bild, Gestalt). Die Imagination neigt als Organ der direkten, geist- oder gottfernen, unzuverlässigen Lektüre zur Idolatrie; die Einbildungskraft, so Thomas von Aquin, erschafft nichts als Bilder: »Alia operatio est formatio, secundum quod vis imaginativa format sibi aliquod idolum rei absentis, vel etiam numquam visae.« (Die andere Tätigkeit [gegenüber der bloßen Veränderung – d. Verf.] ist Formung, sofern sich die Einbildungskraft von einem abwesenden oder auch niemals gesehenen Ding ein Bild formt.)[26]

Idolatrie meint in diesem Kontext niemals einfach Götzendienst. Das wird besonders bei Paracelsus deutlich, der das Wort Einbildungskraft im Zuge seiner Kritik der Idolatrie prägt. Paracelsus schreibt in seinem *Liber de imaginibus idolatriae*: Es gebühre sich nicht, vor Bildern zu beten, die aus Holz oder Stein sind, weil dabei allein die Repräsentation als sinnliche Darstellung des Göttlichen der Seele eingeprägt werde, »und nit gott, der durch sie figurirt wird«; denn »was einem vor den augen ist, dasselbig laufft dem in sinn umb, also mag keiner vollkomben und rein sein in seinem gebett, der da vor den bildern bettet, dann das materialische laufft ihm vor und nit der geist«[27]. Durch Francis Bacons Idolenlehre wird der Begriff des idolum dann zwar für die Philosophie der Moderne untragbar, doch ändert sich an der alten Hierarchie und der Einschätzung von Imagination, Bild, Auge und Repräsentation als materiell zunächst nichts. Die Imagination wird gerade deshalb als negativ bewertet, weil sie ein Vermögen der Darstellung ist und diese grundsätzlich von den Sinnen abhängig bleibt. Das gilt bis über das 17. Jh. hinaus uneingeschränkt. So schreibt noch Descartes im *Discours de la méthode* (1637), viele hätten Schwierigkeiten, das Wesen des Geistes zu erfassen; »c'est qu'ils n'élèvent jamais leur esprit au delà des choses sensibles, et qu'ils sont tellement accoutumés à ne rien considérer qu'en l'imaginant, qui est une façon de penser particulière pour les choses matérielles, que tout ce qui n'est pas imaginable leur semble n'être pas intelligible.«[28]

---

24 VALERIANUS, Homiliae, in: MIGNE (PL), Bd. 52 (1845), 745.
25 AUGUSTINUS, Confessiones. Bekenntnisse, lat.-dt., übers. von Joseph Bernhart (Frankfurt a. M. 1987), 112/113.
26 THOMAS VON AQUIN, Summa theologica 1, q. 85, a. 2, ad 3; dt.: Summa theologica, lat.-dt., hg. v. d. Albertus-Magnus-Akademie, Bd. 6 (Salzburg/Leipzig 1937), 307.
27 PARACELSUS, Liber de imaginibus idolatriae, in: Paracelsus, Sämtliche Werke, 2. Abt., hg. v. K. Goldammer, Bd. 3 (Wiesbaden/Stuttgart 1986), 277.
28 RENÉ DESCARTES, Discours de la méthode pour bien conduire sa raison, et chercher la verité dans les sciences (1637)/Von der Methode des richtigen Vernunftgebrauchs und der wissenschaftlichen Forschung, frz.-dt., hg. u. übers. von L. Gäbe (Hamburg 1960), 60.

3. Die mütterlich-monströse Einbildungskraft

Als körperliche, d. h. dem eigentlichen Menschsein äußerlich bleibende, weil nicht geistige, nicht subjektivitätskonstitutive Kraft wurde die Einbildungskraft vor ihrer Umdeutung im 18. Jh. häufig in die Medizin verwiesen, wo sie als wuchernde, ›Form‹ zerstörende Kraft eine Rolle spielt. Pico spricht vom kontaminierenden Einfluß der Imagination; denn die Seele werde durch »Vermischung mit Körperlichem verunreinigt« (Unde animae periculum imminet semper, ne proprium ipsius opus praepediatur, neve contagiis eorum inquinetur)[29]. Paracelsus vertritt wenig später die Meinung, daß die Einbildungskraft in der Verbreitung der Pest eine Rolle gespielt habe; und noch Nicolas Malebranche hält sie für einen Ansteckungsherd.

Die Assoziation der Imagination mit Körperlichkeit erfolgt demnach nicht allein aus vermögenspsychologischen Gründen; in der Medizin ist sie eine organische lokalisierbare Kraft im menschlichen Körper, deren Defekte eine ganze Reihe von Krankheiten auslösen können. »Einbildung« wurde als »ein physiologisches Prinzip von erheblicher Bedeutung« betrachtet, das präzis meinte, was es sagte: das dem Körper Eingebildete, von seiner Umwelt Eingeschriebene.[30] Einbildungen Geistesgestörter etwa wurden als von der Einbildungskraft ausgelöste materiale Beschriftungen der Seele gedeutet, die sich aufgrund einer wuchernden Einbildungskraft nicht mehr vom Körperlichen lösen könne. Wenn Irre sich einbilden, jemand zu sein, der sie nicht sind, dann seien die Worte, mit denen sie ihre Überzeugung ausdrücken »alwaies accompanied with some strong Phantasme or full Imagination; the fulnesse and clearnesse whereof [...] does naturally bear down the Soul into a belief of the truth and existence of what she thus vigorously apprehends«[31]. Ähnlich stellte man sich vor, daß das »Bild einer Krankheit [...] ganz realiter zur Ursache eben dieser Krankheit werden«[32] kann. Johann Baptista van Helmont schreibt 1648 in seinem *Ortus medicinae*: »Ob gleich das eingebildete Dinge am Anfange nichts anders ist als ein blosses phantastisches Getichte, so bleib[t] es doch nit so; sintemal die Phantasie eine Siegel-mässige Krafft ist, welche deswegen die Einbildungs-Krafft genennet wird, weil sie von den eingebildeten Din-

gen Bilder oder Gestalten formieret« (Dein dixi, quod quanquam in principio imaginatum non sit nisi merum ens rationis: non tamen tale permaneat. Siquidem Phantasia est virtus sigillifera, vocaturque hactenus imaginativa, quod formet rerum conceptarum imagines, sive ideas, easque in spiritu suo vitali characterizet)[33]. Krankheit nehme ihren Anfang deshalb oft von einer unbändigen Einbildungskraft, die sich nicht unter die Macht des Willens zwingen lasse und ihren Sitz in der Milz habe. Letzteres gilt für den männlichen Körper; bei Frauen, so insistiert eine lange Tradition, ist die Einbildungskraft in der Gebärmutter lokalisiert. Der Uterus, »Inbegriff eines Organs der Einbildungen«, empfängt »das Bild des Mannes« als »Ein-Bildung«; da der Gebärmutter eine eigene »vis imaginativa« zugeschrieben wird, kann sie selbst »Ein-Bildungen« auslösen. So wurde die Einbildungskraft in der Gerichtsmedizin herangezogen, wenn es um die Frage ging, ob eine Frau »per imaginationem« schwanger werden könne. Das Parlament von Grenoble entschied 1637, »es könne eine Frau, die träumte, sie verkehre mit ihrem seit vier Jahren abwesenden Mann, sehr wohl durch diese Imagination geschwängert worden sein«[34].

Das »Verständnis der Schwängerung als Ein-Bildung« durch den Mann legte es nahe, bei Mißbildungen an eine »falsche, mutterinterne Zeugung oder Ein-Bildung« zu denken (116). Die »vis imaginativa« des Uterus entzieht sich in diesem Falle dem vom Manne ausgehenden formenden Prinzip und wird zur aktiv-wuchernden Materie. Der Ge-

---

29 PICO (s. Anm. 4), 94/95.
30 ESTHER FISCHER-HOMBERGER, Aus der Medizingeschichte der Einbildungen (1978), in: Fischer-Homberger, Krankheit Frau und andere Arbeiten zur Medizingeschichte der Frau (Bern/Stuttgart/Wien 1979), 108.
31 HENRY MORE, Enthusiasmus Triumphatus (1662), hg. v. M. V. DePorte (Los Angeles 1966), 4–7.
32 FISCHER-HOMBERGER (s. Anm. 30), 109.
33 JOHANN BAPTISTA VAN HELMONT, Ortus medicinae (1648; Amsterdam 1652), 431 f.; dt.: Aufgang der Artzney-Kunst, übers. v. C. Knorr von Rosenroth (Sulzbach 1683), 961 f.; vgl. FISCHER-HOMBERGER (s. Anm. 30), 109 f.
34 FISCHER-HOMBERGER (s. Anm. 30), 122.

danke einer sich der formenden Kraft bzw. dem Geiste *entziehenden* Materie liegt der zweitausendjährigen Begriffsgeschichte der mütterlichen oder monströsen Einbildungskraft zugrunde. Wo die mütterliche Einbildungskraft sich die Kraft der Formung anmaßt, wird dem Fötus nicht mehr das Bild des Vaters eingeprägt, sondern ein fremdes, von der Mutter angeschautes Bild, das im Uterus zu wuchern beginnt. Ärzte insistieren von der Antike bis ins 18. Jh. immer wieder, daß allein die mütterliche Einbildungskraft für Mißbildungen verantwortlich zu machen sei. Fortunio Liceto schreibt 1616: »Selbst wenn sowohl die Imagination des Vaters als auch der Mutter Mißbildungen bewirken kann, so ist die Ursache doch mehr der Imagination der Mutter als der des Vaters zuzuschreiben, [...] weil die weibliche Imagination auch nach dem Beischlaf in der ganzen Zeit von Empfängnis und Kindesbildung wirksam ist; da Frauen heftigere Imaginationen haben« (etsi vero utriusque parentis phantasia monstroso partui caussam exibere valet; hoc tamen magis maternae, quam paternae phantasiae adscribendum est, tum quia pater in actu Veneris id solum praestare potest; femina vero etiam post congressum toto conceptionis, & formationis tempore; tum quia mulieres vehementiores habent imaginationes[35]).

Malebranche versucht in *De la recherche de la verité* (1674–1678) eine systematische Darstellung der mütterlichen Einbildungskraft. Er sieht die Ursache von Mißbildungen in Wechselwirkungen zwischen dem mütterlichen Gehirn und dem Gehirn des Embryos und benutzt als Beispiel den Fall einer Schwangeren, die der Hinrichtung eines Kriminellen beiwohnte: Das Kind sei nicht nur mit denselben Brüchen zur Welt gekommen, die dem Hingerichteten während der Exekution beigefügt wurden, sondern soll aufgrund der Schockwirkung, die mittels der Einbildungskraft der Mutter auf das Kind übertragen wurde, geistesgestört gewesen sein. Auch der Anblick eines Gemäldes kann pathologische Wirkungen in dem Sinne haben, daß sich das Erblickte dem Kind material einschreibt: »Il n'y a pas un an qu'une femme ayant considéré avec trop d'application le tableau de S. Pie, dont on celebroit la feste de la Canonisation, accoucha d'un enfant qui ressembloit parfaitement à la représentation de ce Saint. Il avoit le visage d'un vieillard, autant qu'en est capable un enfant qui n'a point de barbe. Ses bras étoient croisez sur sa poitrine, ses yeux tournez vers le Ciel, & il avoit tres-peu de front, parce que l'image de ce Saint étant élevée vers la voute de l'Eglise en regardant le Ciel, n'avoit aussi presque point de front. [...] Enfin cet enfant ressembloit fort au tableau, sur lequel sa mère l'avoit formé par la force de son imagination.«[36] Die angeschauten Szenen prägen sich dem Subjekt ›material‹ ein. Schauen ist Teil eines osmotischen Austausches zwischen einer stofflichen Welt und einem ebenso stofflichen Subjekt. Erst auf der Basis eines nicht-osmotischen Körperbegriffs wird das Subjekt sich blickend als autonom empfinden und die Einbildungskraft als eine visuelle, sich schaffend und deutend auf Bilder beziehende, subjektkonstitutive Kraft begreifen.

Nun verläuft die Begriffsgeschichte von Einbildungskraft nicht, wie man meinen könnte, so, daß die Tradition der mütterlich-monströsen Einbildungskraft graduell, parallel zum vermeintlichen Siegeszug ›wissenschaftlichen‹ oder ›aufgeklärten‹ Denkens, ausläuft und von einem ›modernen‹ Begriff künstlerischer Einbildungskraft abgelöst wird. Im Gegenteil, die Diskussion der mütterlich-monströsen Einbildungskraft erreicht in der Mitte des 18. Jh., zur Zeit der Umdeutung des Begriffs, einen neuen Höhepunkt. Typisch hierfür ist ein 1756 in Straßburg publizierter, drei Übersetzungen aus dem Englischen und Französischen zusammenfassender Kompilationsband, *Drey merkwürdige Physikalische Abhandlungen von der Einbildungskraft der schwangern Weiber, und derselben Wirkung auf ihre Leibesfrucht*. Der Verleger betont in seinem Vorbericht, die »Materie von der Einbildungskraft der schwangern Weiber« sei so bekannt, »daß wir täglich mancherley seltsames davon urtheilen hören«. Er bedauert, daß dieses Thema, über welches »viele Gelehrten sich noch nicht aus dem Streit wikkeln wollen«, im deutschsprachigen Raum noch nicht »nach physikalischen [d. h. naturwissenschaft-

---

35 FORTUNIO LICETO, De monstrorum caussis, natura et differentiis libri duo (1616; Padua 1634), 211.
36 NICOLE MALEBRANCHE, De la recherche de la verité (1674–1678), in: MALEBRANCHE, Bd. 1 (1962), 240 f.

lichen – d. Verf.] Grundsätzen«[37] abgehandelt worden sei. Eine solche Diskussion war in England und Frankreich seit 1727 geführt worden, als der Arzt James Blondel *The Strength of Imagination in Pregnant Women Examin'd* veröffentlichte, ein Buch, das zum größten Teil aus der Kritik eines einzigen Kapitels in einem Buch über Hautkrankheiten, Daniel Turners *De Morbis Cutaneis. A Treatise of Diseases Incident to the Skin* von 1714, besteht.

Turner, ebenfalls Arzt, war Anhänger der alten physiologischen Theorie der Einbildungskraft; als solcher hatte er ein Kapitel seines Buches der mütterlichen Einbildungskraft als Ursache von Muttermalen gewidmet. Turner veröffentlichte unverzüglich eine polemische Antwort auf Blondels Kritik, *Defence of the Twelfth Chapter of the First Part of a Treatise De Morbis Cutaneis*, worauf Blondel eine zweite Kritik publizierte, der Turner mit zwei weiteren polemischen Verteidigungen seiner medizinischen Theorie begegnete.

Es geht bei dem Streit zwischen Turner und Blondel gleichzeitig um eine alte und eine neue Sicht der Einbildungskraft und um einen unterschiedlichen Körper- und Naturbegriff. In der Literatur zur Geschichte des Körperbegriffs wird allgemein angenommen, daß sich ein individuelles Körpergefühl erst im 18. Jh. durchgesetzt hat. Vor dieser Wende sei man von einer osmotischen Wechselbeziehung zwischen dem Körper und den Elementen ausgegangen: »Zwischen innen und außen findet ein beständiger Austausch statt [...] Wie hier die Haut das Innere nicht abschließt, so ist auch der Körper nie geschlossen, ›anderes‹, ›andere Materie‹ als die umgebende Welt.«[38] Diese Vorstellung einer Durchlässigkeit und Unabgeschlossenheit der Körper erlaubt es den Subjekten nicht, sich als leiblich konstituierte Individuen zu erleben. Der Gegensatz zwischen Turner (alter Körperbegriff) und Blondel (neuer Körperbegriff) ist präzis der von Barbara Duden beschriebene, wobei der Konflikt zwischen beiden bezeichnenderweise mittels einer Debatte über die Einbildungskraft ausgetragen wird.

Turner läßt die Einbildungskraft lediglich als physiologisch fundierte Vermittlungsinstanz eines materialen Austausches zwischen dem Körper und seinem Umfeld gelten; er nennt die »Phansy or Imagination« eine »Faculty of the sensitive Soul«;

»the Changes and Alterations wrought upon our Bodies especially the Fluids therin moving, by this Power of the Imagination are almost incredible«[39]. Sich auf Thomas Fienus berufend, vertritt er die Meinung, daß die Imagination, »by causing a Motion of the Humours and Spirits in the Bodies of Men, is capable of producing almost every Disease therein« (110); sie hole Äußeres ins Innere.

Blondel hält dem entgegen, es sei lächerlich, von der Einbildungskraft zu behaupten, sie könne Wirkungen »aller Arten an einen Körper hervorbringen«, Wirkungen, die mit der Einbildungskraft »nicht die geringste Gemeinschaft, oder in welchen sie nicht den geringsten Einfluß hat«[40]. Der menschliche Körper sei ein abgeschlossener Organismus, in dem die Einbildungskraft als blickendes Vermögen wirksam wird. Sobald der Körper als organischer gefaßt wird und sich damit zentriert, wird die Einbildungskraft von einer Relaisstation materialer Austauschprozesse zu einer sich visuell auf Welt beziehenden Kraft umgedeutet. Der französische Arzt Isaac Bellet führt 1745 die Entmaterialisierung (Entphysiologisierung) der Einbildungskraft konsequent zu Ende und beschränkt ihre Wirksamkeit auf ein blickendes und immaterielles, d. h. moralisches Verhältnis unter Mitmenschen. Der Begriff der monströsen Einbildungskraft, Musterfall einer physiologisch definierten Einbildungskraft, sei unsinnig, weil die Einbildungskraft ein rein seelisches Vermögen sei, während die »Vereinigung« zwischen Mutter und Fötus »eine blose körperliche« sei, »an welcher die Seele keinen Theil haben kan«, da man »nicht anneh-

---

37 AMAND KÖNIG, Vorbericht des Verlegers, in: J. BLONDEL/I. BELLET/J. H. MAUCLERC, Drey merkwürdige Physikalische Abhandlungen von der Einbildungskraft der schwangeren Weiber, und derselben Wirkung auf ihre Leibesfrucht (Straßburg 1756), [unpag.].
38 BARBARA DUDEN, Geschichte unter der Haut. Ein Eisenacher Arzt und seine Patientinnen um 1730 (Stuttgart 1987), 24.
39 DANIEL TURNER, De Morbis Cutaneis. A Treatise of Diseases Incident to the Skin (London 1714), 105–107.
40 JAMES BLONDEL, Erste Abhandlung über die Einbildungskraft der schwangern Weiber in ihrer Leibesfrucht (1729), in: BLONDEL/BELLET/MAUCLERC (s. Anm. 37), 10.

men« könne, »daß die Mutter von ihrem Kinde gesehen werde; daß sie es aufmerksam auf die Bewegungen machen könne, welche die Leidenschaften in ihrem Gesicht verursachen.«[41] Bellets Diskussion der Kommunikation von Leidenschaften zeigt, daß die Medizingeschichte hier sehr direkt mit der Ästhetikgeschichte verflochten ist: »Unsere Begierden, unsere Leidenschaften verbinden uns mit andern Menschen; daher entspringet diese Neigung ihnen nachzuahmen, und ihren Verdruß oder ihre Ergötzlichkeiten als unsere eigene anzusehen. Ihre Blicke, der Zustand ihres Angesichtes sind deutliche Zeichen ihrer Gedanken, uns sind diese Gedanken bekannt, wir vergleichen sie, ziehen mit einer Geschwindigkeit Schlüsse daraus, die uns zwingen, an derselben Leidenschaften, von welchen sie beunruhiget werden, Theil zu nehmen.« Für den zunehmend isolierten bürgerlichen Körper wird zwischenmenschliche Kommunikation von Blicken und der Deutung des Erblickten abhängig. Der sich in sich selbst zurückziehende Charakter läßt sein Wesen durch visuelle An-Zeichen erkennen; der ›Anblick‹ von Menschen und ihren Geschichten wird zum Medium eines moralisch relevanten Austausches von Gedanken und Gefühlen, weshalb Bellet in einem Traktat über die medizinische Bedeutung der Einbildungskraft immer wieder in einen Diskurs verfällt, der Literaturwissenschaftlern als ästhetischer Diskurs der Empfindsamkeit vertraut ist: »Wir werden durch die Gestalt, die Gesichtszüge, die Blicke einer Person, so bald wir dieselbige zum erstenmahl zu Gesichte bekommen, auf eine angenehme Art gerühret«; jede Rührung nehme »in dem Grunde unseres Auges ihren Anfang« und ende »in der Bewegung der Fasern unseres Hirnes«. Wenn Bellet insistiert, daß der »Eindruck der äußerlichen Gegenständen in unsere Seele mit denen übereinstimmenden Thönen, die auf einem Klavier gemachet werden, verglichen«[42] werden könne, so spielt er auf die im ästhetischen Diskurs des 18. Jh. weit verbreitete Saitenmetapher an. Der

abgeschlossene, nicht mehr osmotische Körper kann mit anderen Körpern allenfalls noch mitschwingen. (Die medizinische Diskussion der Einbildungskraft verstummt mit der zugunsten Blondels entschiedenen Londoner Debatte allerdings nicht. Sie lebt in Sozialisationsdebatten fort – vgl. die verbreiteten Lesesucht- und Onaniedebatten. Der französisch-holländische Arzt J. D. T. de Bienville etwa publiziert 1771 *La nymphomanie ou traité de la fureur utérine* mit einem Anhang über die Einbildungskraft, wobei er insistiert, daß die Wirkungen der Einbildungskraft auf den Körper eines der wichtigsten Studiengebiete des Arztes seien. Die Patientin müsse lernen, ihre Einbildungskraft zu beherrschen, damit die von ihr instigierten lüsternen Bilder sie nicht zur Masturbation verleiteten. Ärzte greifen häufiger in die Lesesucht-Debatten der Zeit ein; de Bienville geht so weit zu behaupten, daß die modischen Liebesromane ihre Leserinnen zur Nymphomanie verleiten.)

II. Die Umdimensionierung der Einbildungskraft

1. Die Anfänge

Der Modernisierungsprozeß veränderte den Habitus menschlicher Orientierung in Raum und Zeit; er verschob den kulturell privilegierten Blick von der Vertikalen (immaterielle Transzendenz) in die Horizontale (materielle Wirklichkeit). Im Zuge dieses Wandels wurde das Ideal körperloser Geistigkeit (mens, pneuma, intellectus intuitivus) durch die Anerkennung der Bedeutung körperlich gebundener Vorstellungen ersetzt; diese erkenntnistheoretischen Veränderungen finden ihre Entsprechung in lebenspraktischen Modifikationen. Eine vorschreibende, katechetische Moralität wird ersetzt durch eine Praxis anschaulicher Sittlichkeit, in der die literarische bzw. bildliche Darstellung moralischer Fragen an Geltung gewinnt. Die Begriffsgeschichte von Einbildungskraft und Imagination spiegelt diese Zusammenhänge nicht nur präzis wider; sie ist in sie aktiv vermittelnd eingebunden.

Bereits Pico della Mirandola wollte die Imagina-

---

41 [ISAAC BELLET], Dritte Abhandlung enthaltend physikalische Briefe von der Einbildungskraft der schwangern Frauen (1745), in: BLONDEL/BELLET/MAUCLERC (s. Anm. 37), 372.
42 Ebd., 371, 399.

II. Die Umdimensionierung der Einbildungskraft

tion um 1500 vermögenspsychologisch aufwerten, weil er mit ihr eine terminologische Möglichkeit gegeben sah, planendes, eingreifendes Handeln zu legitimieren. Doch die Aufwertung bereitete ihm Schwierigkeiten, da ihm eine positive Bewertung der Imagination als Erkenntnisvermögen zur Erforschung von Wirklichkeit zwar unabdingbar schien, er ihr aber aus ontologischen und ethischen bzw. ordnungspolitischen Gründen mißtraute. Seine positive Einschätzung kippt deshalb wiederholt in ihr Gegenteil um. Er entwickelt typische Übergangsargumente, die zwischen dem Alten und Neuen unentschlossen hin- und herschwanken. Immer dann, wenn er die bürgerliche Ordnung thematisiert, steckt er seine eigene Aufwertung der Imagination zurück: »Jam neque difficile probatu est errata universa, quae tam in civili quam philosophica et Christiana vita contingunt, ex imaginationis vitio principia sumere.« (Es ist auch nicht schwer zu zeigen, daß alle Irrtümer, die sowohl im gesellschaftlichen als auch im philosophischen und christlichen Leben vorkommen, einem Fehler der Vorstellung entspringen.) Der staatliche Frieden (»civitatis pax«) wird durch eine verkehrte Imagination (»imaginatio prava«) gestört. Charakteristischerweise fällt er, wenn es um ordnungspolitische Fragen geht, auch erkenntnistheoretisch in das Paradigma von Transzendenz und Materie zurück: »Qui enim phantasiae dominari contendit in ea persistit dignitate in qua creatus [...] est, a quo jugiter invitatur dirigendam esse mentis aciem in bonorum omnium parentem Deum.« (Denn wer die Phantasie zu beherrschen trachtet, bewahrt sich jene Würde, mit der er geschaffen und in die er hineinversetzt wurde und die ihn ständig auffordert, die Kraft des Geistes auf Gott, den Schöpfer alles Guten, zu richten.)[43]

Das positive Erkenntnispotential der Einbildungskraft ist die andere Seite ihres ordnungspolitischen Störpotentials, weshalb sie in der Renaissance, ihrem Störpotential zum Trotz, zum einem Vermögen der Planung wird, das für die instrumentelle Indienstnahme der Vernunft unabdingbar ist: »ea non modo quae fuere jam concipit, sed quae futura aut suspicatur, aut credit« (sie erfaßt nicht nur das Vergangene, sondern auch, was sie für die Zukunft vermutet oder glaubt; 52/53). Pico, die Einbildungskraft als Erkenntnisvermögen

benötigend, das der Natur den Status eines privilegierten Untersuchungsgegenstandes menschlichen Wissensdranges zu sichern vermag, versichert sich und seinen Lesern stets aufs neue, daß Gott dabei als Summum bonum, Ort einer transzendenten Verankerung menschlicher Existenz, erhalten bleibt. Er will beides: Immobilisierung des Bewußtseins in Fragen der Ordnungspolitik und Mobilisierung des Bewußtseins in Fragen der Wirklichkeitserforschung.

Doch schon bald erwies sich Picos Verbindung einer ›alten‹ Lösung in Fragen der Ordnungspolitik und einer ›neuen‹ in Fragen der Wirklichkeitserforschung als unpraktikabel. Die Einbildungskraft wurde generell als Vermögen, Zielvorstellungen zu entwerfen, aufgewertet; sie wurde zum Erkenntnisvermögen des Möglichen, zum Vermögen, nicht logisch ableitbare Zwecke zu setzen. Diese Entwicklung kulminiert bei Thomas Hobbes, der Begehren und Einbildungskraft in den Dienst eines auch politisch eingreifenden, in den Koordinaten von Raum und Zeit lokalisierbaren Handelns stellt. Im Leviathan (1651) geht es u. a. um eine Temporalisierung der Imagination im Dienste von Planung und Kalkül, die Hobbes ordnungspolitisch nicht mehr an Transzendenz rückbindet: »For there is no such Finis ultimus, (utmost ayme,) nor Summum bonum, (greatest Good,) as is spoken of in the Books of the old Morall Philosophers. Nor can a man any more live, whose Desires are at an end, than he, whose Senses and Imaginations are at a stand. [...] the object of mans desire, is not to enjoy once onely, and for one instant of time; but to assure for ever, the way of his future desire.«[44]

Die Bedeutsamkeit der Einbildungskraft für eine Theorie zweckrationalen Handelns und die ordnungspolitischen Implikationen dieser Bedeutung werden in einer Reihe von Polemiken gegen Hobbes deutlich; etwa in der John Bramhalls, des Bischofs von Derry: »Sometimes he [Hobbes] makes it [die philosophische Beweisführung – d. Verf.] to be a consideration, or an act of the understanding, sometimes an imagination, or an act of the fancy,

---

43 PICO (s. Anm. 4), 66/67, 64/65.
44 THOMAS HOBBES, Leviathan (1651), hg. v. C. B. Macpherson (Harmondsworth 1968), 160 f.

etc. So he makes it I know not what.«[45] Als Vertreter einer Institution, die Wahrheit als transzendente autoritativ vermitteln und soziale Ordnung als eine auf Transzendenz bezogene legitimieren will, spürt Bramhall das kulturrevolutionäre Potential einer nicht mehr hierarchisch (vertikal) eingebundenen Einbildungskraft. Hobbes antwortet mit einer gezielten Totalisierung des Begriffs der Einbildungskraft: »If the Bishop had observed what he does himself, when he deliberates, reasons, understands, or imagines, he would have known what to make of all that I have said in this Number. He would have known that consideration, understanding, reason, and all the passions of the mind, are imaginations. That to consider a thing, is to imagine it; that to understand a thing, is to imagine it; that to hope and fear, are to imagine the things hoped for and feared. [...] when we reason, we imagine the consequence of affirmations and negations joined together; and when we hope or fear, we imagine things good or hurtful to ourselves: insomuch as all these are but imaginations diversely named from different circumstances.«[46]

Die Produkte der Imagination sind Vorstellungen, die Verstand und Vernunft zu Entscheidungen motivieren. Auch darin deutet sich die Verlagerung des Fixpunktes menschlicher Orientierung von der Vertikalen in die Horizontale an. Indem Hobbes die antizipierende Kraft der Imagination betont, bekräftigt er die zeitliche und räumliche Dimension menschlicher Vorstellungen. Doch auch Hobbes' Lösungsvorschläge stellten sich bald als unzulänglich heraus, da sie allein Zweckrationalität als wichtiges gesellschaftliches Organisationsprinzip und als Prinzip menschlicher Erkenntnis anerkannten. Die dadurch begünstigte Linearität des Denkens schließt ein Denken aus, das sich nicht an die Regeln logisch-linearer Ordnungen halten will, etwa das ästhetische Denken, das, indem es der Imagination bzw. Einbildungskraft die Begabung zuspricht, logische Zusammenhänge produktiv und konstruktiv übersteigen zu können,

im 18. Jh. zunehmend an Geltung gewann. Hobbes blockiert mehrfach eine Anerkennung ästhetischen Denkens als ein dem rationalen Denken ebenbürtiges; so, wenn er zum Verhältnis von Imagination und Unendlichkeit sagt: »Whatsoever we imagine, is *Finite.* Therefore there is no Idea, or conception of anything we call *Infinite.*«[47] Imagination ist für ihn allein als Mittel der Planung und Organ der Herrschaft über Zeit legitim.

Hobbes, der das Ähnlichkeitsdenken der Vormoderne durch eine Logik von Differenz und Identität ersetzt, spannt den Begriff der Imagination in letztere ein. Dies führte zunächst dazu, daß die theoretische Bedeutung der Imagination eingeschränkt und sie als separates psychisches Vermögen in eine philosophische Teildisziplin, eine aus ihrer ontologischen Verankerung gelöste Vermögenspsychologie, verwiesen wurde. Mit anderen Worten: Das ontologische, ethische und vermögenspsychologische Gefälle vom Geistigen zum Körperlichen, das in einer Gegenbewegung als Geflecht von Ähnlichkeiten gleichzeitig relativiert wurde, wird auf ein vermögenspsychologisches Gefälle hin, das nicht relativiert wird, verengt. Da der vermögenspsychologische Begriff der Imagination zwischen der Mitte des 17. und der des 18. Jh. vorherrscht, ist die Behauptung, daß die »Poetik das Vermögen der Einbildungskraft in seiner allgemeinen erkenntnispsychologischen Funktionsbestimmung, d. h. ohne spezifisch poetisch->ästhetische< Modifikation übernimmt« und daß sich dieses Vermögen »auf alle möglichen Erkenntnisbereiche und Erkenntnisgegenstände, auf die Mathematik wie auf die verschiedenen >Künste<«[48] beziehe, sicher teilweise richtig. Dennoch ist diese Deutungsperspektive zu eng. Die Kunsttheorie übernimmt nicht einfach einen Begriff aus einem anderen Bereich, in dem er bereits ausgeprägt war. Zur Debatte steht eine Verschiebung oder Verstellung metaphysischer Transzendenz (Gott) in die körperliche Immanenz von >Bildern< oder Vorstellungen, zu denen bald auch künstlerische, besonders aber literarische Werke gezählt werden. Diese Transformation eines das Selbst übersteigenden Bezugspunktes von der Vertikalen in die Horizontale ist Voraussetzung einer ästhetisch begründeten (Raum und Zeit immanenten) >Transzendenz<. In ästhetischer Kultur ist Transzendenz

---

45 JOHN BRAMHALL, zit. nach Hobbes, The Questions Concerning Liberty, Necessity, and Chance (1656), in: HOBBES (ENGL), Bd. 5 (1841), 358.
46 HOBBES, ebd., 358 f.
47 HOBBES (s. Anm. 44), 99.
48 SCHMIDT (s. Anm. 8), 100.

nicht metaphysischer Anker, der Subjekten mit osmotischem Körpergefühl in einem von ›Ähnlichkeiten‹ durchzogenen Weltall ein Gefühl der Sicherheit gibt, sondern (ästhetischer) Spiegel eines körperlich abgegrenzten Individuums. Voraussetzung dieser Transformation ist eine vorübergehende vermögenspsychologische Verengung des Begriffs der Einbildungskraft.

Hobbes' Erörterung der Imagination im *Leviathan*, eine gegenüber der medizinischen Diskussion der Imagination in der Londoner Royal Academy rund 80 Jahre frühere Umbildung des Begriffs, ist ein wichtiger Wegbereiter dieser Entwicklung. Allerdings ist die Einbildungskraft bei ihm nie ein Vermögen, mit dem sich Subjekte blickend auf Welt beziehen. Anstatt sich sehend auf imaginierte oder reale Objekte zu beziehen, bezieht sich die Imagination auf verblassende Eindrücke in der Psyche von ehemals gesehenen Objekten. Hobbes insistiert, die Einbildungskraft sei »nothing but ›decaying sense,‹ and is found in men, and many other living creatures, as well sleeping as waking«[49]. Das durch die Einbildungskraft Vorgestellte, das bei ihm noch nicht als moralischer, narrativ entfalteter Fixpunkt eines handelnden Subjekts wichtig wird, hat für die Konstitution von Subjektivität noch keine Bedeutung. Hobbes muß, da er den subjektinternen Entwürfen der Einbildungskraft keine identitätsstiftende, moralisch-ästhetische Kraft zuschreibt, der Macht des Souveräns, äußerer Autorität, vertrauen. Die Umwandlung der Welt in ein Bild kommt erst bei Hume zum Abschluß und führt erst bei ihm zur Anerkennung der identitätskonstitutiven Leistungen der Einbildungskraft und Bild.

2. Die Einbildungskraft als Vermögen temporaler Sinnentwürfe

Die Einbildungskraft wurde im 18. Jh. nicht nur als instrumentelles, sondern auch als kreatives Vermögen zunächst auf die Zeitabläufe von Handlungen bezogen; es wurde weniger als Vermögen gedeutet, das Sinnentwürfe kreativ und zeitunabhängig aus sich herausstellt, sondern als eines, das dem Menschen ermöglicht, handelnd in Wirklichkeitsabläufe einzugreifen, d.h. die Diskrepanz von Wirklichkeit und imaginierter Möglichkeit zu überbrücken. Ihr wird die Kraft zugeschrieben, einen anderen, besseren Zustand in die Folgezeit projizieren zu können und Mittel und Wege zu ersinnen, diesen Zustand herbeizuführen. Dieses Vermögen ist Einbildungskraft im wörtlichen Sinne: eine Kraft, die dem Realen etwas einbildet; sie ist eine als ›Entwurfsvermögen‹ disziplinierte Phantasie, Kehrseite eines chronologischen Begriffs der Zeit.

Eingreifendes Handeln braucht den Begriff der (nicht oder noch nicht realisierten) Möglichkeit. Das antike und das patristisch-scholastische Denken blockte eine philosophische Legitimation eingreifenden Handelns dadurch ab, daß es Möglichkeit nicht denken konnte. Schon für Platon galt: »der Demiurg schöpft das Potential der Ideen aus, das Reale repräsentiert erschöpfend das Ideale«, woraus folgt: »Alles Mögliche ist schon da, und für das Werk des Menschen bleiben keine unverwirklichten Ideen übrig. [...] Die Idee der vollständigen Entsprechung von Möglichkeit und Wirklichkeit läßt nicht zu, daß der Mensch geistig originär wirken kann.«[50] In der Begriffsgeschichte von Einbildungskraft entspricht das der Einreihung der Imagination oder phantasia in die vertikal abgestufte Ontologie von Geist und Körper. Seit der Renaissance wurde die Legitimation eingreifenden Handelns zum Problem. In diesem Zusammenhang wurde die Einbildungskraft als zeitliches Vermögen diskutiert, d.h. graduell als Vermögen planender Vernunft umgedeutet. Doch erst im 18. Jh. wird die Einbildungskraft ohne Einschränkung als ein Vermögen zeitlicher Entwürfe gefaßt.

Vor dieser Umdeutung gilt allgemein, was Marie-Hélène Huet über die mütterliche vis imaginativa sagt: »the role of imagination is entirely devoid of intention – it has no teleology. [...] Imagination deals only with resemblances, and resemblances without interpretation.«[51] Zwar war der Einbildungskraft schon zuvor eine zeitliche Dimension zugeschrieben worden, doch stets in bezug auf

---
49 HOBBES (s. Anm. 44), 86.
50 HANS BLUMENBERG, ›Nachahmung der Natur‹. Zur Vorgeschichte der Idee des schöpferischen Menschen, in: Blumenberg, Wirklichkeiten, in denen wir leben (Stuttgart 1981), 70.
51 MARIE-HÉLÈNE HUET, Monstrous Imagination (Cambridge, Mass./London 1993), 52.

102 Einbildungskraft/Imagination

Vergangenheit. Die imaginatio war mit der memoria verwandt; sie blieb von Erinnerungsspuren abhängig. So hatte selbst Hobbes noch die Imagination meist auf vergangene Sinneswahrnehmungen bezogen. Ähnlich heißt es in Christian Wolffs *Deutscher Metaphysik* (1720), die »Einbildungs-Kraft bringet nichts hervor, als was wir vor diesem empfunden oder gedacht«[52]. Auch der junge Baumgarten folgt dem: »Die Vorstellung meines vergangenen Zustandes, folglich auch des vergangenen Zustandes der Welt, ist eine Einbildung (Phantasma, imaginatio, visum, visio). Folglich habe ich Einbildungen, und sie werden durch die Kraft der Seele gewürkt, wodurch sie sich [...] Welt nach der Lage ihres Körpers vorstellt. Folglich habe ich eine Einbildungskraft (phantasia), oder das Vermögen der Einbildungen. Und da nun meine Einbildungen Vorstellungen solcher Sachen sind, die vordem gegenwärtig waren, so stellen sie mir Sachen vor, die ich empfunden habe, welche aber zu der Zeit, da ich sie mir einbilde, abwesend sind«; denn durch die Einbildungskraft werden »Vorstellungen nur wiederholt, und es ist nichts in derselben, was nicht vorher in den Sinnen gewesen seyn sollte«. (Repraesentatio status mundi praeteriti, hinc status mei praeteriti, est *Phantasma* [imaginatio, visum, visio]. Ergo phantasmata formo seu imaginor, idque per vim animae repraesentativam universi pro positu corporis mei. / Habeo facultatem imaginandi seu *Phantasiam*. Cumque imaginationes meae sint perceptiones rerum, quae olim praesentes fuerunt, sunt sensorum, dum imaginor, absentium. / [...] Ergo phantasia perceptiones reprodu-

cuntur, et nihil est in phantasia, quod non ante fuerit in sensu.)[53]
In der *Aesthetica* (1750/1758) argumentiert Baumgarten ganz anders. Zur kreativen Fähigkeit gehört nunmehr die Vorstellung der Zukunft: Zum schönen Geist des Ästhetikers gehöre »die natürliche Fähigkeit, sich etwas vorzustellen, die dem schönen Geist die Begabung der Phantasie verleiht, und zwar weil [...] nicht nur aus dem gegenwärtigen Zustand, sondern auch aus der Vergangenheit die Zukunft im voraus erkannt wird«. (Ad ingenium venustum [...] dispositio naturalis ad imaginandum, qua ingenium venustum sit εὐφαντασίωτον, quia [...] non ex solis praesentibus, sed et praeteritis futura cognoscuntur.)[54] Zwar diskutiert Baumgarten auch die anderen Dimensionen der Zeit, aber er weist der Zukunft unter den drei Dimensionen die größere Bedeutung zu: »Der schöne Geist ist natürlicherweise so veranlagt, dass er im gegebenen Falle nicht nur von seinem eigenen vergangenen Zustand, was auch immer das Gedächtnis reproduziert, sondern auch von den äussern Wahrnehmungen selbst abstrahiert und sich auf einen erdachten Zustand, etwa einen zukünftigen, konzentriert, ihn, sei er nun gut oder schlecht, scharf ins Auge fasst und fähig wird, ihn mit angemessenen Ausdrucksmitteln, und zwar unter der Leitung des Verstandes und der Vernunft, vor die Augen zu stellen.« (Ingenium enim naturaliter dispositum est, vt aliquando, non a statu suo praeterito solum, quicquid memoria regerat, sed ab ipsis sensationibus externis abstrahendo, fictum aliquem statum, vt futurum, attendat, eundem, vt bonum, vel malum, perspicaciter intueatur, et signis conuenientibus ob oculos ponere possit, sub intellectus et rationis imperio.)[55]
Etwa zur gleichen Zeit erklärt Gottsched die »aus der vorstellenden Kraft der Welt herfließende« Einbildungskraft hin und wieder für fähig, »den künftigen, und bloß möglichen« Zustand der Welt vorzustellen, allerdings nur, »in so weit er aus Zusammensetzung alter Theile erwachsen kann«. Gerade weil Gottsched die Einbildungskraft nicht nur als Welt vorstellende, sondern auch als eine Zukunft entwerfende Kraft faßt, sind für ihn die von Pico bis Malebranche und Turner diskutierten »Fehlgeburten« der Einbildungskraft nur noch Folge »heftiger Verletzung des Gehirnes«, wodurch

---

52 CHRISTIAN WOLFF, Vernünfftige Gedanken von Gott, der Welt und der Seele des Menschen, auch allen Dingen überhaupt (1720), in: WOLFF, Abt. 1, Bd. 2 (1983), 500.
53 ALEXANDER GOTTLIEB BAUMGARTEN, Metaphysica (1739), in: Baumgarten, Texte zur Grundlegung der Ästhetik, lat.-dt., hg. u. übers. v. H. R. Schweizer (Hamburg 1983), 28; dt.: Metaphysik, hg. v. J. A. Eberhard, übers. v. G. F. Meier (Halle 1783), 191 f.
54 BAUMGARTEN, Bd. 1, 12; dt.: HANS RUDOLF SCHWEIZER, Ästhetik als Philosophie der sinnlichen Erkenntnis. Eine Interpretation der ›Aesthetica‹ A. G. Baumgartens mit teilweiser Wiedergabe des lateinischen Textes und deutscher Übersetzung (Basel/ Stuttgart 1973), 125.
55 Ebd., 16; dt. 129.

»die materialischen Bilder in demselben in Verwirrung gerathen«[56]. Er trennt die materielle Störung der Einbildungskraft deutlich von ihrer kulturellen Funktion als Kraft der Vorstellung und des Entwurfs. Der Geschichtsphilosoph Isaak Iselin, der »schmeichelhafte Aussichten in bessre Zeiten« eröffnen und »menschenfreundliche Seelen erquikken« will, schreibt wenig später: »Mit einer zauberischen Macht erweitert die Einbildungskraft dasselbe [das Gebiet der Sinne, das für sich nur ›Bilder der Gegenwart‹ darbiete – d. Verf.] zu gränzenlosen Aussichten. Sie rufet das Blosmögliche und das Abwesende, das Vergangene und das Zukünftige, aus den entferntesten und dunkelsten Gegenden hervor.«[57]

Seit der Mitte des Jahrhunderts wird die Einbildungskraft vorbehaltlos als Kraft anerkannt, die auch im handlungsanleitenden Entwurf von zukünftigen Zuständen (von Möglichkeiten) kreativ ist. Dabei wird sie in ihrer Eigenschaft als Entwurfsvermögen häufig als Vorbedingung der moralischen Handlungsfähigkeit von Menschen angesehen. So schreibt William Hazlitt um die Jahrhundertwende: »It is only from the interest excited in him by future objects that man becomes a moral agent«[58]. Der »moral agent«, der »rational or voluntary pursuits« verfolgt, ein selbstbewußter und seines Selbsts mächtiger Akteur, ist angewiesen auf eine gesunde Imagination, die ihm gleichzeitig das Sein von Mitmenschen erschließt: »The imagination, by means of which alone I can anticipate future objects, or be interested in them, must carry me out of myself into the feelings of others by one and the same process by which I am thrown forward as it were into my future being, and interested in it. I could not love myself, if I were not capable of loving others.« (3) Die Imagination wird bei Hazlitt geradezu zum allseitigen Grundvermögen der Menschheit: »without a power of willing a given *end* for itself, and of employing the means immediately necessary to the production of that end, […] there could be neither volition, nor action, neither rational fear nor steady pursuit of any object, neither wisdom nor folly, generosity, or selfishness.« (66)

Allerdings wird die Einbildungskraft als antizipierendes Vermögen nicht nur positiv auf Zukunft bezogen. Wenn etwa Johann Christoph Bährens schreibt: »Der Gedanke der Zukunft ist schon an sich selbst blos für die Phantasie«[59], dann geht es ihm um Kulturkritik. Die menschliche Phantasie werde eher von nebulösen Wünschen als von rationalen Zielsetzungen motiviert. Bährens zielt wie viele seiner Zeitgenossen auf eine Kritik kommerzieller Gesellschaften ab; der Zivilisationsprozeß habe einen neuen Menschentyp entstehen lassen, für den es wichtiger sei, »mehr zu wünschen und zu hoffen, als würklich zu geniessen« (108) zu haben. Die zeitliche Ausrichtung der Einbildungskraft auf Zukunft führe zu einem Begehren, für das typisch sei, daß es begehrt, ohne von der Verwirklichungsmöglichkeit des ersehnten Genusses beeinflußt zu werden.

III. Die dichterische Einbildungskraft

Im Laufe des 18. Jh. setzen sich Einbildungskraft und Imagination als Termini für ein kreatives, bilderschaffendes Vermögen durch. Dem Medientheoretiker Marshall McLuhan zufolge wurde die Imagination zwar schon im Zuge der Ausbreitung des Buchdrucks zu einer »power of visualization«[60], doch schlägt sich das begriffsgeschichtlich erst seit den 30er und 40er Jahren des 18. Jh. nieder, in denen sich, parallel zu den genannten Veränderungen in der Medizin, die Prämissen der philosophischen (und ästhetischen) Diskussion der Einbildungskraft ändern. Hume schreibt im *Enquiry Concerning Human Understanding* (1777): »The imagination has the command over all its ideas, and can join and

---

56 JOHANN CHRISTOPH GOTTSCHED, Erste Gründe der gesammten Weltweisheit (1736), in: Gottsched, Ausgewählte Werke, Bd. 5/1 (Berlin 1983), 568 f.
57 ISAAK ISELIN, Über die Geschichte der Menschheit, Bd. 1 (1764; Basel 1786), XXXII, 6.
58 WILLIAM HAZLITT, An Essay on the Principles of Human Action (1805), hg. v. J. R. Nabholtz (Gainesville 1969), 1 f.
59 JOHANN CHRISTOPH BÄHRENS, Ueber den Werth der Empfindsamkeit besonders in Rücksicht auf die Romane. Nebst einer Nachschrift über den sittlichen Werth der Empfindsamkeit von J. A. Eberhard (Halle 1786), 78.
60 MARSHALL MCLUHAN, The Gutenberg Galaxy (Toronto 1962), 123.

mix and vary them, in all the ways possible. It may conceive fictitious objects with all the circumstances of place and time. It may set them, in a manner, before our eyes, in their true colours, just as they might have existed.«[61] Während für Hobbes »Imagination and Memory« noch »but one thing« waren, »which for divers considerations has divers names«[62], ist für Hume die Imagination eine schöpferische Kraft, die mit dem eher mechanischen Gedächtnis wenig gemein hat.

Einbildungskraft, seit dem 18. Jh. nicht mehr Kraft der Rückerinnerung, sondern des Vor-Stellens und Vergegenwärtigens von Bildern, auf die das Ich sich als handelndes bezieht, wird in jenem historischen Moment zu einem wichtigen Begriff, in dem die Welt als Bild vorgestellt wird, d. h. vorstellendes Subjekt und vorgestelltes Objekt sich einander entfremden.[63] Die Visualisierung des Subjekt-Objekt-Verhältnisses, in die die Begriffsgeschichte von Einbildungskraft eingebunden ist, ist Teil eines *psychischen* Modernisierungsprozesses, in dessen Folge sich die körperliche in die blikkende Einbildungskraft transformiert; parallel dazu werden die menschlichen Sinne neu bewertet: das Ohr wird gegenüber dem Auge, Oralität gegenüber dem Text abgewertet.

Dabei wird die Dichtung als ein bildliches, vor den Rezipienten hingestelltes Ganzes gefaßt, in dem der Leser sich spiegelnd als Subjekt konstituieren kann; denn Einbildungskraft als kreative Fähigkeit, »fictitious objects with all the circumstances of place and time« zu erschaffen, bedeutet Hume zufolge gleichzeitig, fiktive Gegenstände »before our eyes« hinzustellen. Das klingt im deutschen ästhetischen Diskurs so nach: »Eine Erdichtung entsteht demnach, wenn wir einige Theile verschiedener Einbildungen nehmen, und sie in eine Vorstellung als in ein Ganzes zusammen verbinden.«[64] Gegen Ende des Jh. wird der von der Einbildungskraft eingeleitete blickende Bezug auf Dichtung immer stärker betont; so schreibt Schiller am 28. 2. 1793 an Christian Gottfried Körner: »Die Sprache stellt alles vor den *Verstand*, und der Dichter soll alles vor die *Einbildungskraft* bringen (darstellen) die Dichtkunst will *Anschauungen*, die Sprache gibt nur *Begriffe*.«[65] Die kreative Leistungsfähigkeit der Einbildungskraft hängt ebenso wie die des Verstandes von ihrer Distanzierungskraft ab, nur daß letztere im Falle der Einbildungskraft anschaulich, in dem des Verstandes begrifflich verfährt. Die Einbildungskraft ist nicht mehr Vermögen, das ›Ideen‹ bzw. mentale Abbildungen erinnert, sondern das Bilder vor sich hin- bzw. schöpferisch aus sich herausstellt. Auf die Vorstellung eines Ganzen (distanzierte Anschauungen) bezieht man sich außerdem reflexiv. Insofern wird in der Tat bereits am Anfang des 18. Jh. der Einbildungskraft »eine *reflexive* Qualität«[66] zugeschrieben. Die Einbildungskraft erblickt nicht nur; sie reflektiert, auf der Grundlage einer Distanzierung von Subjekt und (künstlerischem) Objekt, auf dieses Verhältnis.

Diese Umwandlung der Einbildungskraft in ein anschauendes und reflexives Vermögen führt im Laufe des 18. Jh. häufig zur begrifflichen Abspaltung der Einbildungskraft und Imagination von der Phantasie: Häufig wird nur die Einbildungskraft, nicht die Phantasie, als schöpferische Kraft bestimmt, sich visuell und reflexiv auf Gegenstände zu beziehen.

1. Die Einbildungskraft in der Mitleidsästhetik

Ihrer Distanzierungsleistung zum Trotz soll Einbildungskraft Distanz im Sinne von Entfremdung auch aufheben können. Dieser Aspekt wird in der Mitleidsästhetik wichtig. Hier soll sie dazu beitragen, die sich immer stärker durchsetzenden Ansprüche abstrakten, distanzierten Denkens und Handelns in ästhetischen Situationen zu entspannen: »All joy or sorrow for the happiness or calamities of others is produced by an act of the imagination, that realises the event however fictitious, or approximates it however remote, by placing us, for

---

61 DAVID HUME, An Enquiry Concerning Human Understanding (1777), in: HUME (ENQUIRIES), 49.
62 HOBBES (s. Anm. 44), 89.
63 Vgl. MARTIN HEIDEGGER, Die Zeit des Weltbildes (entst. 1938), in: Heidegger, Holzwege (Frankfurt a. M. 1957), 69–104.
64 GEORG FRIEDRICH MEIER, Anfangsgründe aller schönen Wissenschaften (1748/50), Bd. 2 (Halle ²1755), 485.
65 FRIEDRICH SCHILLER an Christian Gottfried Körner (1. 3. 1793), in: SCHILLER, Bd. 26 (1992), 228.
66 SILVIO VIETTA, Literarische Phantasie. Theorie und Geschichte: Barock und Aufklärung (Stuttgart 1986), 85.

a time, in the condition of him whose fortune we contemplate; so that we feel, while the deception lasts, whatever motions would be excited by the same good or evil happening to ourselves.« Die Imagination brauche »parallel circumstances, and kindred images, to which we readily conform our minds«[67]. Bei Adam Smith wird die Einbildungskraft als Mittel der Überwindung sozialer und körperlicher Isolation und, gemeinsam mit dem Mitleid, als Vorbedingung sozialer Gefühle konstitutiv; ihre Wirkungen sollen die Folgen wirtschaftlichen Eigennutzes ebenso wie die Abgesondertheit der Körper ausgleichen. Die körperlichen Sinne »never did, and never can, carry us beyond our own person, and it is by the imagination only that we can form any conception of what are his [our brother's – d. Verf.] sensations. [...] It is the impressions of our own senses only, not those of his, which our imaginations copy. By the imagination we place ourselves in his situation, we conceive ourselves enduring all the same torments, we enter as it were into his body, and become in some measure the same person with him.«[68] Smith kommt immer wieder auf das Wechselspiel von körperlicher Distanzierung und Distanz suspendierender Imagination zurück: »The frame of my body can be but little affected by the alterations which are brought about upon that of my companion: but my imagination is more ductile, and more readily assumes, if I may say so, the shape and configuration of the imaginations of those with whom I am familiar. [...] The person who has lost his whole fortune, if he is in health, feels nothing in his body. What he suffers is from the imagination only [...], our imaginations can more readily mould themselves upon his imagination, than our bodies can mould themselves upon his body.« (29) Bei Hazlitt, der Smiths Gedanken aufgreift, ist die Imagination das Vermögen, das der Mitleidsfähigkeit zugrunde liegt: »sympathy [...] is itself an act of the imagination«[69]. Letztlich garantiert nur die Imagination Mitmenschlichkeit; denn der Mitleidende »must believe to be endued with the same feelings, and with those feelings he must be capable of sympathizing in the same manner as with his own imaginary feelings« (62).

2. Ungeformte versus geformte Einbildungskraft

a) Die kulturkritische Polemik gegen die ›luxurierende‹ Einbildungskraft

Im 18. Jh. wird die Sozialisation handlungsmotivierter Subjekte zum kulturpolitischen Projekt erhoben; damit drängt sich die kulturkritische Frage auf, ob die Distanz aufhebende Erfahrung sozialer Gefühle, die die Mitleidsästhetik anstrebt, oder der Bezug von Subjekten auf von der Einbildungskraft generierte Wunschbilder Handlungsmotiviertheit zersetzen kann. Bürgerliche Intellektuelle der Zeit, die die kulturpolitische Funktion entgrenzender Erfahrung diskutieren, polemisieren gegen die Folgen einer »ausschweifenden« Einbildungskraft, die das menschliche Begehren nicht, wie sie sollte, auf einen Mittel- oder Zielpunkt bezieht, sondern es »in sanften Gefühlen« ausschweifen läßt. »Der zu sehr sinnlich gewordene Mensch, der keine Kraft zum Denken mehr übrig hat, der gern seine Phantasie in sanften Gefühlen wiegt, und der jede Selbstuntersuchung fliehet, weil sie ihm lästig und unbequem wird, ergreift am liebsten ein Religionssystem, welches ihn gleichsam mit einer neuen Art Wollust nährt, und sein Gewissen durch eine erträumte mystische Gnade beruhigt.«[70]

Auch der verbreitete Terminus einer ›luxurierenden‹ Einbildungskraft bezeichnet ein von der Kulturkritik der Zeit zunehmend als gesellschaftsschädlich angesehenes Verlangen nach Entdifferenzierungserfahrungen: »Many impose upon the world, and many upon themselves, by an appearance of severe and exemplary diligence, when they, in reality, give themselves up to the luxury of fancy, please their minds with regulating the past, or planning out the future; place themselves at will

---

67 SAMUEL JOHNSON, The Rambler 60 (13. 10. 1750), in: The Rambler, Bd. 2 (London 1809), 28.
68 ADAM SMITH, The Theory of Moral Sentiments (1759), hg. v. D. D. Raphael/A. L. Macfie (Oxford 1976), 9.
69 HAZLITT (s. Anm. 58), 74 f.
70 CARL FRIEDRICH POCKELS, Über religiöse Schwärmerei, in: Gnöthi sauton oder Magazin zur Erfahrungsseelenkunde als Lesebuch für Gelehrte und Ungelehrte, Bd. 5/3, hg. v. C. P. Moritz/C. F. Pockels (Berlin 1787), 44.

in varied situations of happiness, and slumber away their days in voluntary visions.«[71] Samuel Johnson deutet das Verlangen nach »airy gratifications« (ebd.) als ein neuartiges soziales Phänomen, das, weil es die Handlungsfähigkeit der Bürger zersetzt, kulturell entschärft und eingedämmt werden muß: »The dreamer [...] abandons himself to his own fancy; new worlds rise up before him, one image is followed by another, and a long succession of delights dances around him. [...] The infatuation strengthens by degrees, and, like the poisons of opiates, weakens his powers, without any external symptoms of malignity.«[72] Man fordert deshalb wiederholt eine »Theorie über die Disciplin der Einbildungskraft«[73], ein Vorschlag, der auch bei Kant anklingt: »Die Vergehungen (vitia) der Einbildungskraft sind: daß ihre Dichtungen entweder bloß *zügellos* oder gar *regellos* sind [...]. Der letztere Fehler ist der ärgste. [...] Die zügellose Phantasie kann immer noch einbeugen [...]; aber die regellose nähert sich dem Wahnsinn, wo die Phantasie gänzlich mit dem Menschen spielt, und der Unglückliche den Lauf seiner Vorstellungen gar nicht in seiner Gewalt hat.«[74]

Bezeichnenderweise wurde die zügellose Einbildungskraft traditionell als das eigentliche Übel angesehen. So schreibt noch Johann Georg Sulzer: »die Einbildungskraft ist an sich leichtsinnig, ausschweifend und abentheuerlich«[75]. Der Einbildungskraft sollen Zügel angelegt, d. h. sie soll externer Leitung, etwa der Vernunft, unterworfen werden. Indem er Regellosigkeit als schädlicher ansieht denn Zügellosigkeit, insistiert Kant auf der Notwendigkeit einer inneren Bildung der Einbildungskraft. Eine zügellose Einbildungskraft hat es noch nicht dazu gebracht, ›autonom‹ zu

agieren, bleibt aber formbar; die regellose Einbildungskraft hingegen hat sich von den internalisierten Normen befreit, zerstört also die Folgen erzieherischer Arbeit. Es geht Kant offensichtlich um eine Organisation von Subjektivität, in der die Einbildungskraft nicht unterdrückt, sondern produktiv integriert ist. Dazu bedarf es einer neuen Pathologie der Einbildungskraft. Während die abnorme Einbildungskraft ehemals wuchernde Körperlichkeit meinte (monströse Einbildungskraft), meint sie nun geistige Zerstreuung (Verrücktheit des Geistes). Denn die »Lebhaftigkeit der Bilder der Phantasie«, denen »Leidenschaft zum Grunde liegt«, kann »den Verstand verhindern, über dasjenige gehörig zu reflectiren, worauf die Aufmerksamkeit nicht durch die Leidenschaft selbst gelenkt wird [...]. Sie kann also Zerstreuung bewirken. Denn wenn der Verstand nicht auf dasjenige achtet, worauf er jetzt achten soll, so ist das ein Zustand der Zerstreuung.«[76] »Die nämlichen Gründe aber, welche die Aufmerksamkeit der Einbildungskraft in leidenschaftlichen Zuständen auf die zusammenstimmenden Bilder hinziehen, und sie dadurch [...] zur Klarheit bringen, haben auch zur Folge, daß die Aufmerksamkeit auf eben diese Bilder fixirt, und dadurch bewirkt wird, daß dieselben nicht allein einen höhern Grad von Lebhaftigkeit erhalten, sondern auch von der Phantasie, oft bis auf die kleinsten Züge, ausgemalt werden.« (159) Den Zustand einer durch Leidenschaft bewirkten ›Fixierung‹ der Einbildungskraft auf ihre Vorstellungen nennt Maaß Verrücktheit. Die (neue) Pathologie der Zerstreuung bildet das notwendige Negativ der kreativen Einbildungskraft; beide, Positiv und Negativ, konvergieren in einem neuen Subjektivitätsideal.

Der Gegensatz von alter und neuer Pathologie liegt auch dem Unterschied zugrunde, den Kant, im Kontext einer Diskussion der dichterischen Einbildungskraft, zwischen ›imaginatio affinitas‹ und ›imaginatio plastica‹ einführt. Er setzt und nutzt ihn, um gegen ein Denken in Affinitäten, ein assoziatives, durch logische Regeln nicht gebundenes Denken, zu polemisieren; er ist Ausdruck eines bewußt geführten kulturpolitischen Kampfes gegen einen herkömmlichen und für einen neuen Denktypus, gegen ein Denken in Ähnlichkeiten und für eines in Identitäten und Differenzen. Seine

---

71 JOHNSON, The Rambler 203 (25. 2. 1752), in: The Rambler, Bd. 4 (London 1809), 218.
72 JOHNSON, The Rambler 89 (22. 1. 1751), in: The Rambler, Bd. 2 (London 1809), 185 f.
73 JOHANN GEBHARD EHRENREICH MAASS, Versuch über die Einbildungskraft (1792; Halle/Leipzig ²1797), 115.
74 IMMANUEL KANT, Anthropologie in pragmatischer Hinsicht (1798), in: KANT (WA), Bd. 12 (1977), 484 f.
75 ›Einbildungskraft‹, in: SULZER, Bd. 2 (1792), 11.
76 MAASS, Versuch über die Leidenschaften, Bd. 1 (Halle 1805), 149.

kulturpolitische Indienstnahme zielt auf jene Modifikation von »toute l'*épistémè* de la culture occidentale [...] dans ses dispositions fondamentales«[77] ab, von der Foucault gehandelt hat. Kant war sich offenbar des Unterschiedes zwischen den beiden konkurrierenden Epistemen sehr klar bewußt. Zumindest legt das seine Polemik gegen die »imaginatio affinitas« als Dichtungsvermögen »der Verwandtschaft aus der gemeinschaftlichen Abstammung der Vorstellungen von einander«[78] nahe.

Kant benutzt in seiner Polemik ein Gleichnis, das die Disziplinierungsinteressen, die sich an der Bedeutungsgeschichte von Einbildungskraft ablesen lassen, schlaglichtartig beleuchtet: »In einer gesellschaftlichen Unterhaltung ist das Abspringen von einer Materie auf eine ganz ungleichartige, wozu die empirische Assoziation der Vorstellungen, deren Grund bloß subjektiv ist [...], verleitet, eine Art Unsinn der Form nach, welche alle Unterhaltung zerbricht und zerstört. – Nur wenn eine Materie erschöpft worden, und eine kleine Pause eintritt, kann jemand eine andere, die interessant ist, auf die Bahn bringen. Die regellos herumschweifende Einbildungskraft verwirrt, durch den Wechsel der Vorstellungen, die an nichts objektiv angeknüpft sind, den Kopf so, daß dem, der aus einer Gesellschaft dieser Art gekommen ist, zu Mute wird als ob er geträumt hätte.« (479) Kant plädiert für eine hörbare Zäsur in alltäglicher Konversation, um Gesprächssegmente thematisch voneinander abzugrenzen und eine logische Anbindung des ›Mannigfaltigen‹ zu erleichtern. Wichtig ist, daß er dieses die Reichweite des bürgerlichen Logifizierungsprojektes anzeigende Beispiel in einem Kapitel über das Dichtungsvermögen bzw. die ›dichtende Einbildungskraft‹ diskutiert. Denn auch er neigt wie so mancher Kunsttheoretiker des 18. Jh. dazu, in der dichterischen Einbildungskraft eine Lust am Werke zu sehen, die von einer vag empfundenen Ähnlichkeit unter Zeichen und Dingen (oder zwischen einem Kunstwerk und der nachgeahmten Wirklichkeit) ausgeht und u. U. das bürgerliche Logifizierungsprojekt gefährdet.

b) Die formende und geformte Einbildungskraft

Wenn Kant die »regellos herumschweifende Einbildungskraft« eine »Art Unsinn der Form nach« nennt, dann spielt »Form« auf die Notwendigkeit einer Formung des Subjekts im Medium oder Spiegel geformter Texte an (auch wenn letztere, wie in seinem Beispielfall, in geselliger Konversation hic et nunc erst produziert werden). Die menschlichen Vorstellungen sollen an einen geformten, kulturell hochgewerteten Gegenstand angebunden werden, damit der »Wechsel der Vorstellungen« nicht willkürlich geschieht. Ein fester Punkt für die Einbildungskraft ist das Kunstwerk, das Buch, der geschriebene Spiegel, die als Fixpunkte kultureller Aktivität bürgerliche Subjekte konzentrieren und sie als gebildete konsolidieren sollen.

Wie man sich das Verhältnis des Negativs der ›luxurierenden‹ zum Positiv der kreativen Einbildungskraft präzis vorzustellen hat und wie wichtig dafür die Kategorie der Form bzw. Formlosigkeit ist, wird bei Schiller deutlich, der an der frei herumschweifenden Einbildungskraft »ihre freye Bewegung und ihr materielles Spiel, in welchem sie, ohne alle Beziehung auf Gestalt, bloß ihrer Eigenmacht und Fessellosigkeit sich freut«, kritisiert: »Insofern sich noch gar nichts von Form in diese Phantasiespiele mischt, und eine ungezwungene Folge von Bildern den ganzen Reiz derselben ausmacht, gehören sie, obgleich sie dem Menschen allein zukommen können, bloß zu seinem animalischen Leben [...], ohne noch auf eine selbstständige bildende Kraft in ihm schließen zu lassen.«[79] Die Einbildungskraft müsse sich in eine solche Kraft verwandeln, die »in dem Versuch *einer freyen Form* den Sprung zum ästhetische Spiele« (407) macht, wozu es »Betrachtung (Reflexion)« (394) bedürfe. Der Bezug auf eine textliche Ordnung soll ein sentimentalisches Zerfließen ›selbständiger‹ Subjekte verhindern und eine Konzentration der Blicke auf klar angebbare und begrenzte Gegenstände begünstigen: »Die Einbildungskraft strebt, ihrer Natur gemäß, immer nach Anschauungen, d.h. nach ganzen und durchgängig be-

---

77 Vgl. MICHEL FOUCAULT, Les mots et les choses. Une archéologie des sciences humaines (Paris 1966), 68.
78 KANT (s. Anm. 74), 476.
79 SCHILLER, Ueber die ästhetische Erziehung des Menschen in einer Reihe von Briefen (1795), in: SCHILLER, Bd. 20 (1962), 406f.

stimmten Vorstellungen«; womit sie »dem Abstrakten einen Körper«[80] gibt.

Ähnlich hatte bereits Johnson behauptet, daß der kulturell nicht eingebundene, nicht an Kulturgüter angebundene menschliche Geist allzu leicht dazu neige, »from confinement to its stated task, into sudden excursions« auszubrechen. Er schlägt deshalb vor, daß ein leicht den Versuchungen des Phantasierens erliegender Mensch seine Aufmerksamkeit auf kulturelle Objekte richte, etwa in der Form eines konzentrierten Lesens von Literatur, damit die luxurierende Einbildungskraft durch »subjects for reflection«[81] gebändigt werde. Die kulturelle Aktivität des Lesens soll eine »unbridled fancy« an kulturell hochgewertete Gegenstände anbinden und damit verfeinern; Lektüre wird hier zum Mittel der diskursiven Bindung der Einbildungskraft und damit zum Mittel eines Phantasie- bzw. Gefühlsmanagements: »In order to regain liberty, he must [...] teach his desires to fix upon external things.«[82] Fiktive Erzählungen, so meint er im Stile Gottscheds, seien notwendig für Leser »not fixed by principles«, was präzis der Grund sei, weshalb sie »easily [...] the current of fancy«[83] folgen würden. Diese Einstellung hat Folgen für die Literatur der Zeit, etwa wenn Samuel Richardson in *Pamela* (1740), wie Nancy Armstrong schreibt, »eroticism away from the material body and onto writing« verschiebt und Bildung »as a process of reading«[84] darstellt. Die fiktive, nur als Schrift existierende Heldin avanciert zu einem Mittel, das männliche Begehren zu regulieren.

Wenn Johann Gebhard Maaß nachsinnt, wie durch eine ungeregelte Phantasie verwirrten Seelenvermögen wieder in eine regelgerechte Ordnung gebracht werden können, so fällt ihm Kunst als therapeutisches Mittel ein. Seine Beschreibung eines unverrückten Geistes und eines schönen Kunstwerks fällt dementsprechend sehr ähnlich aus; bei beiden gehe es um Konzentration, die sich sowohl subjekttheoretisch wie darstellungsästhetisch als ›Einheit in der Mannigfaltigkeit‹ kundtut. Kunst avanciert damit zum Mittel einer auf Subjektformation angelegten Kulturpolitik, zu einem Präventivmittel, das die geistige ›Gesundheit‹ eines Volkes als kulturelle Formation (Bildung) von Subjekten garantieren hilft. Sozialmedizin und Ästhetik etablieren sich mit Grund zur selben Zeit. Gerade dort, wo der ästhetische Diskurs sich mit dem sozialmedizinischen berührt, wird überdeutlich, was sich vom 16. zum 18. Jh. verändert hat. Die Einbildungskraft ist nicht mehr wuchernde stoffliche Kraft, die an die ›Zügel‹ des (immateriellen) Geistes gelegt werden muß; sie kann und muß selbst geformt, geregelt werden und wird als geformte zu einer Kraft der Formung, d.h. zu einer geistigen Kraft. Indem das Subjekt seine Einbildungskraft kultiviert, wird es nicht nur schöpferisch; es formt sich auch selbst.

Der Gedanke einer sich sowohl subjekttheoretisch als auch darstellungsästhetisch objektivierenden Einbildungskraft ist besonders wichtig für Herder. Der Mensch ist für ihn »ein Künstler«, sobald er »Configurationen« aus sich »herausdenkt«. Es sei »die nothwendige Regel unsrer Natur, aus allem, was wir erlebten und fühlen, sofort Configurationen uns zu erschaffen, d.i. nur durch Gestaltung zu denken. [...] Da bei den meisten Menschen das Gesicht der herrschende Sinn ist, was kann ihre Phantasie anders, als Bilder zurücknehmen und neu zusammensetzen [...]? Diese Phantasien folgen einander gewissermaßen leidend; erschaffen wir aber mit Selbstbewußtseyn Bilder, welches die Griechen Bildungskraft (Idolopöie) nannten, so geschiehets nie ohne Regel, die sich in schnellen Momenten selbst unser bedrohtes Auge nicht entziehet.«[85] Für die Anbindung der Einbildungskraft an Texte gelte, daß die »schaffende Einbildungskraft«, dieses »mächtige Vermögen der Seele«, zwar aus sich heraus regelmäßig wirke und eine textuelle Anbindung nicht nötig zu haben scheine. Doch ist sie nur dann ein uneingeschränkt positives Vermögen, wenn sie »mit Selbstbewußtseyn« Bil-

---

80 SCHILLER, Ueber die nothwendigen Grenzen beim Gebrauch schöner Formen (1795), in: SCHILLER, Bd. 21 (1963), 5.
81 JOHNSON, The Rambler 5 (3. 4. 1750), in: The Rambler, Bd. 1 (London 1809), 27.
82 JOHNSON, The Rambler 89 (22. 1. 1751), in: The Rambler, Bd. 2 (London 1809), 186f.
83 JOHNSON, The Rambler 4 (31. 3. 1750), in: The Rambler, Bd. 1 (London 1809), 20.
84 NANCY ARMSTRONG, Desire and Domestic Fiction. A Political History of the Novel (New York/Oxford 1987), 120.
85 JOHANN GOTTFRIED HERDER, Kalligone (1800), in: HERDER, Bd. 22 (1880), 119f.

der schafft; und das heißt, wenn sie bereits in eine Textkultur integriert ist. Selbstbewußtsein ist Bewußtsein, das in einem Selbst zentriert ist. Zur Zentrierung seiner selbst braucht es einen Spiegel. Es ist folglich ebenso wie die (gegenüber der ungebundenen Phantasie) geläuterte Einbildungskraft Ergebnis von Textkultur. Der Mangel an Textkultur führt zu »bloßen Ejakulationen der Einbildungskraft« (162). Erst Texte erlauben es Subjekten, sich als Selbst »einzufassen«: »was die darstellend-erzählende Poesie [...], um die Phantasie zu bändigen, und zu ordnen, um allen Kräften und Neigungen der menschlichen Natur Richtung zu geben, was sie hiezu für Hülfe geleistet, zeigt die Geschichte der Menschheit. [...] Sie zwang die ausgelassene Phantasie unwissender Menschen, die nirgend ein Ende findet, unter Gesetze, in Gränzen.« (149 f.) Die ›Aufwertung‹ der Imagination zur kreativen Einbildungskraft schloß paradoxerweise ihre Einfassung bzw. Zähmung ein: »Da unsre Seelenkräfte nur durch lehrhafte Muster und Uebungen cultivirt werden können: so sind der Einbildungskraft sowohl als dem Verstande, ja der Vernunft selbst schöne, d.i. bildende Wissenschaften und Künste unentbehrlich. Die Phantasie zu erwecken und in Schranken zu halten, ihr und der Bildungskraft menschlichere Gedanken über Maas und Gestalt einzuprägen, und sie zu gewöhnen, daß sie dem Verstande gehorche [...], dies Alles kann nur durch Wissenschaften und Künste bewirkt werden, die selbst Form, Vorbild, Muster gewähren, und durch solche eben so unvermerkt als angenehm bilden. [...] Cultur wird nur durch Cultur, Werk durch Werk: eine gebildete Natur nur durch edlere, glücklichere Naturen.« (311 f., 314) Zur Debatte steht ein Phantasiemanagement, auf dessen Grundlage das moderne Subjekt sich organisieren kann. Der Übergang von externen, autoritätsgestützten Disziplinierungsmaßnahmen zur panoptisch abgestützten Internalisierung der Disziplin (vgl. Foucault, *Les mots et les choses*) war nur auf der Grundlage einer Textkultur möglich, in der Spiegelungsverhältnisse eine sittlich-ästhetische Erfahrung von Identität ermöglichten.

Man hat die Entstehung eines reflexiven Textbegriffs, um den es bei der ›objektiven Anknüpfung‹ der Vorstellungen an Sprachordnungen letztlich geht, in der Forschungsliteratur mit einem langfristigen Übergang von mündlicher zu schriftlicher Kultur zwischen 1450 und 1750 in Zusammenhang gebracht: »Wenn sich die Struktur mündlichen Wissens als konservativ und identifikatorisch, personalistisch und situativ beschreiben läßt, dann gilt für die *schriftgestützte* und *interaktionsfreie* Prosa, daß die Objektivierung des Tradierten und die Ablösung seiner Geltung von der Glaubwürdigkeit des Sprechers die Entwicklung eines distanzierten und reflektierten Verhältnisses zu den kulturellen Wissensbeständen in Gang setzt.«[86] Erst durch die gegen Ende des 18. Jh. voll etablierte Lesekultur komme diese Entwicklung zur Reife. Die ästhetische Kultur der Moderne, für die ein distanziertes und reflektiertes Verhältnis zu Texten charakteristisch sei, sei also letztlich von der Erfindung des Buchdrucks und der Buchgeschichte abhängig. Es ist sicher richtig, daß sich ohne das gedruckte Buch ein reflexiver Bezug auf Texte nicht durchgesetzt hätte; Typographie ist unabdingbare Voraussetzung der Distanzierung und Visualisierung des Bezugs von Subjekten auf Welt und damit auch der modernen Bedeutung von Einbildungskraft und Imagination. Doch müssen Erklärungen dieser Art ergänzt werden durch Hinweise auf die Entstehung eines abgeschlossenen Körpergefühls und die sich zwischen 1650 und 1800 durchsetzende lebensweltliche Distanzierung von Subjekt und Objekt. Das kunsttheoretische Begriffssystem, das sich im 18. Jh. herausschält, ist wie dies es begleitende Kunstproduktion und -rezeption Ausdruck eines neuen, reflexiven Bezuges auf Welt.

3. Die Einbildungskraft des Genies und der moderne Subjektbegriff

Eine fast vitalistische Erfahrung von Subjektivität bildet seit Locke einen wichtigen Aspekt der Philosophie des Ich. Der englische Empirismus verlangt als Fundierung der Möglichkeit einer Hinwendung zum Objekt die Möglichkeit einer körperlichen Erfahrung von Subjektivität (einer

---

[86] ROBERT H. VELLUSIG, Mimesis von Mündlichkeit. Zum Stilwandel des Briefes im Zeitalter der technischen Reproduzierbarkeit der Schrift, in: T. Elm/ H. H. Hiebel (Hg.), Medien und Maschinen. Literatur im technischen Zeitalter (Freiburg 1991), 73.

körperlich fundierten personalen Einheitserfahrung) und prägt dafür den Begriff des ›internal sense‹ als sinnliche Erfahrung der eigenen Existenz. Letztendlich kann die empirische Erfahrung der eigenen Existenz aber nicht empiristisch, sondern nur ästhetisch abgestützt werden, weshalb sich der Empirismus mit Shaftesbury, einem Schüler Lockes, der ästhetischen Erfahrung zuwendet. Der das Schöne genießende Mensch ist bei sich, weil er sich als körperlich-geistige Einheit erfährt. Die Einbildungskraft, so der vom Empirismus beeinflußte Joseph Addison in seinem berühmten Essay *On the Pleasures of the Imagination* von 1712 (der häufig als der erste und wichtigste Versuch einer Neubestimmung von Imagination im 18. Jh. betrachtet wird), versetze »the Animal Spirits in pleasing and agreeable Motions«. In der begrifflichen Erkenntnis sei der Mensch ebensowenig bei sich wie im Sinnengenuß; sein Subjektsein lasse sich nur ästhetisch als ein nicht entfremdetes erfahren, weshalb er den »Pleasures of the Fancy« zuschreibt, »more conducive to Health«[87] zu sein. Der moderne Begriff der Einbildungskraft wird so von Anfang an auf eine leibliche Erfahrung von Identität bezogen, in der sich das Subjekt weder durch Verstandesarbeit noch durch sinnlichen Genuß verliert.

Reflexivität und vitalistische Erfahrung der eigenen Subjektivität schließen sich nicht aus. Der medizinische Begriff von Individualität (vgl. Théophile de Bordeu, *Recherches sur quelques points d'histoire de la médecine*, 1764; Albrecht von Haller, *Briefe über die wichtigsten Wahrheiten der Offenbarung*, 1772) schließt einen bewußten Rückbezug auf den eigenen Zustand ein, der in ein Bewußtsein der eigenen Einheit umschlagen soll. Auch der Begriff des internal sense, aus dem Shaftesburys Begriff des moral sense und damit der Begriff einer ästhetischen Erfahrung von Subjektivität hervorging,

schließt schon bei Locke einen reflexiven Selbstbezug ein. Locke schreibt: »the other fountain from which experience furnisheth the understanding with ideas is, – the perception of the operations of our own mind within us, as it is employed about the ideas it has got; – which operations, when the soul comes to reflect on and consider, do furnish the understanding with another set of ideas, which could not be had from things without. [...] This source of ideas every man has wholly in himself; and though it be not sense, as having nothing to do with external objects, yet it is very like it, and might properly enough be called *internal sense*. But as I call the other Sensation, so I call this *Reflection*, the ideas it affords being such only as the mind gets by reflecting on its own operations within itself.«[88] In dieser Textstelle kann man mit einigem Recht den historischen Ursprung der bewußtseinsphilosophischen Idee eines bei sich selbst seienden Bewußtseins, eines Selbstbewußtseins, sehen. »Internal sense« ist das Ergebnis der Erfahrung des eigenen Selbst durch »Reflection«. Die Reflexion auf die »operations of our own mind« schlägt in ein selbst nicht mehr reflexives Gefühl um, und die Einbildungskraft wird, wenn auch noch nicht bei Locke, zur Vermittlungsinstanz dieses Umschlags. Das wird am Ende des Jh. etwa bei Herder deutlich, für den die Einbildungskraft »nicht nur das Band und die Grundlage aller feinern Seelenkräfte sondern auch der Knote des Zusammenhanges zwischen Geist und Körper«[89] ist.

Ästhetische Theorien des 18. Jh. unterscheiden sich vor allem darin, welchen Aspekt von ästhetischer Reflexivität sie betonen. Denn Reflexivität kann sich grundsätzlich auf zwei verschiedene Dimensionen ästhetischer Erfahrung beziehen; erstens auf das Verhältnis von (rezipierendem) Subjekt und (ästhetischem) Objekt, wobei das Subjekt auf sein Verhältnis zu einem Gegenstand reflektiert, zweitens auf ein reflexives Verhältnis im Subjekt selbst, wobei das Subjekt auf seinen Gefühls- oder Gemütszustand reflektiert.

Das Denkmotiv einer Dualität von Gefühlserfahrung des Ich und einem auf diese Erfahrung reflektierenden Ich erreicht seinen Höhepunkt 1790 in Kants *Kritik der Urteilskraft*. Kant definiert dort das Schöne als ein Gefühl der Lust, das durch die Harmonie bzw. »Übereinstimmung« der Einbil-

---

87 JOSEPH ADDISON, [On the Pleasures of the Imagination], in: The Spectator 411, 21. 6. 1712, hg. v. D. F. Bond, Bd. 3 (Oxford 1965), 539.
88 JOHN LOCKE, An Essay Concerning Human Understanding (1690), hg. v. A. C. Fraser, Bd. 1 (New York 1959), 123 f.
89 HERDER, Ideen zu einer Philosophie der Geschichte der Menschheit (1784–1791), in: HERDER, Bd. 13 (1887), 307 f.

dungskraft« als Vermögen der Anschauungen a priori« mit dem Verstande »als Vermögen der Begriffe«[90] hervorgerufen wird (und das Erhabene analog als eine Übereinstimmung der Einbildungskraft mit der Vernunft). Hier interessiert vor allem das Schöne, da nur dieses jene vitalistische Erfahrung von Subjektivität, die Kant Lust nennt, ungebrochen auslöst.

»Lust« ist für Kant ein »Gemütszustand«, der Resultat »eines Gefühls des freien Spiels der Vorstellungskräfte« (132) ist und als »Bestimmungsgrund des [ästhetischen – d. Verf.] Urteils« (131) dient. Die lustvolle Erfahrung einer Übereinstimmung unserer Vermögen als (durchaus körperliche) Erfahrung von Subjektivität (die allerdings nicht eine bloß angenehme, ›privatgültige‹ Sinnesempfindung sein darf), nicht die Erfahrung eines objektiven Schönen, liegt der ästhetischen Erfahrung bei Kant zugrunde. Er spricht folglich von der »Lust im ästhetischen Urteile« und meint damit offensichtlich, daß Lust dem ästhetischen Urteil als Fundierungserlebnis inhärent bleibt. Sie garantiert als von einer Euphonie der psychischen Vermögen ausgelöstes Gefühl Individualität. Die »freie Thätigkeit der Einbildungskraft und des Verstandes«, so kann man auch bei anderen Zeitgenossen lesen, führe zu einem »Vergnügen, das dem Geiste ebenso wohl behagt als dem Körper«[91].

Das Subjekt darf bei dieser Gefühlserfahrung allerdings nicht stehenbleiben; es muß sich auf sie zurückbeugen. Kant bezeichnet das Vermögen, mit dem wir uns auf ein ästhetisches Gefühl zurückbeugen, als reflektierende Urteilskraft. Erst das ästhetische Urteil, das aus der Reflexion auf den eigenen Gemütszustand hervorgeht, sichert die Individualität des Subjekts.

Auch in der englischen Romantik findet sich ein vergleichbarer Begriff von Reflexivität. So greift Coleridge, der wichtigste Theoretiker der Einbildungskraft (und des ›Genies‹) in der englischen Romantik, zunächst den Aspekt einer Euphonie unserer Vermögen, d. h. einer vitalistischen Erfahrung von Subjektivität auf: Das Genie bringe durch sein Schaffen »the whole soul of man into activity, with the subordination of its faculties to each other, according to their relative worth or dignity. He diffuses a tone, and spirit of unity, that blends, and (as it were) *fuses*, each into each, by

that synthetic and magical power, to which we have exclusively appropriated the name of imagination.«[92] Die Imagination ist auch hier Vorbedingung einer Erfahrung der körperlich-geistigen Einheit des Individuums.

Doch darf das Genie nicht dabei stehenbleiben, sich selbst lustvoll zu erfahren. Es muß sich auch bei Coleridge auf seinen eigenen Gemütszustand zurückbeugen, um durch eine anschauliche Erfahrung seiner Einheit diese zu intensivieren. Denn auch das Reflexionsverhältnis, daß das Subjekt zu sich als Objekt erstellt, ist ein anschauendes. Coleridge insistiert: das Subjekt »becomes a subject by the act of constructing itself objectively to itself; but which never is an object except for itself, and only so far as by the very same act it becomes a subject«. Das Subjekt könne nur als gespaltenes und auf diese Spaltung reflektierendes überhaupt Subjekt werden; anders ausgedrückt: Subjektivität kann sich als Individualität nur auf der Basis eines Spiegelverhältnisses konstituieren. Ein Subjekt, das nur dadurch Subjekt wird, daß es sich selbst als Objekt setzt und dieses Setzen seiner selbst als Objekt als Voraussetzung seines Subjektseins erfährt, ist ein unaufhebbar gespaltenes Subjekt, selbst wenn es im nachhinein Strategien entwirft, die ihm die Illusion ungeteilter Individualität zurückerobern. Coleridge hat dieses Gespaltensein sehr genau als unabdingbare Voraussetzung menschlichen Bewußtseins gefaßt, weshalb er Selbstbewußtsein als Resultat einer »perpetual self-duplication of one and the same power into subject and object« ansieht; die interne Spaltung des Subjekts in ein Ich und seine Anschauung zieht nach sich, daß diese beiden »presuppose each other, and can exist only as antitheses«[93].

Der Gedanke einer Spaltung des Subjekts ist in der europäischen Romantik weit verbreitet. So schreibt Hazlitt: »the mind produces a *double* individual part real and part imaginary«[94]. Der »origin

---
90 KANT, Kritik der Urteilskraft (1790), in: KANT (WA), Bd. 10 (1974), 100 f.
91 BERGK (s. Anm. 16), 156.
92 COLERIDGE (s. Anm. 6), 15 f.
93 Ebd., Bd. 7/1 (1983), 273.
94 HAZLITT (s. Anm. 58), 97.

of our idea of self« sei die »relation of a thinking being to itself« (104). Subjektivität als »conscious individuality« folge nicht »from the identity of the thinking being with itself at different times or at the same time, or still less from being unlike others«, sondern »from the immediate reflection of the mind on it's own operations, sensations, or ideas« (104 f.). Es handelt sich dabei um ein subjekttheoretisches Theorem, das für den modernen Begriff der Einbildungskraft unabdingbar ist. Hazlitt führt den Begriff einer gespaltenen Subjektivität sowohl mit dem Begriff der Imagination als auch der Zeit eng: der Mensch »as it were *projects* himself forward into the future, and identifies himself with his future being. [...] this very circumstance of his identifying himself with his future being, of feeling for this imaginary self as if it were incorporated with his actual substance, and weighed upon the pulses of his blood is itself the strongest instance that can be given of the force of the imagination« (81, 84).

Erstaunlicherweise wird die Reflexion auf die eigene Erfahrung und das dadurch ausgelöste intensivierte Erlebnis von Individualität immer wieder mit der Reflexion auf den Kunst*gegenstand* zusammengedacht. Das wird am Ende des Jh. besonders deutlich in einem Buch, das wie kein anderes die pädagogischen und die subjekt- und sozialisationstheoretischen Implikationen moderner Text- und Lesekultur (und die Bedeutung der Einbildungskraft für diese) auf den Begriff bringt, Adam Bergks *Die Kunst, Bücher zu lesen*: »Das Erste, was man beim Lesen thun muß, ist, das Feuer der Einbildungskraft anzufachen, um den Vorstellungen Lebendigkeit einzuhauchen, und das Ganze sich anschaulich darstellen und es mit Reflexion überschauen zu können.« Bergk bindet die Distanzierungsleistung jedoch unmittelbar an eine individualistische Erfahrung zurück: »Nicht das Buch muß uns eine Erklärung von dieser oder jener Erscheinung zu geben scheinen, sondern die Bewegungen unsers eigenen Gemüthes müssen den Verstand zum Reflektiren über seine Thätigkeiten nöthigen, und ihm die erzählte Thatsache durch sich selbst erklären. Wir müsen das *in uns* lesen, worüber nachzudenken uns ein Buch Gelegenheit giebt. Wir müssen die Erklärung von der Erscheinung, die uns zum Betrachten dargehalten wird, *in uns* suchen, und nicht in dem geschriebenen Buchstaben [...]. Lesen heißt daher [...] die mancherlei Zustände des menschlichen Gemüths in sich selbst verstehen lernen; [...] alles unter einen Gesichtspunkt zusammenfassen; [...] das Ganze überschauen, und darüber Reflexionen anstellen. Das Buch, das wir lesen, darf uns nicht als Sklaven behandeln, sondern wir müsen als freie Wesen über seinen Inhalt herrschen.«[95] Besonders der Leser der schönen Literatur »muß den Hauptgedanken, den der Dichter verfolgt, aufsuchen [...] und durch seine Einbildungskraft in seinem Gedächtnisse abdrücken.« (109) Man könnte zwar argumentieren, daß die in einem Sinnzentrum verankerte Bedeutungstotalität des Textes reale Sinnautoritäten ersetzt (ein zentraler Aspekt des Modernisierungsprozesses). Wichtiger aber ist, daß die Bedeutungstotalität des Textes selbst wieder relativiert wird zugunsten eines Prozesses, in dem sich Sinn innerpsychisch erstellt. Der Anteil der Einbildungskraft an diesem Prozeß zeigt, wie wichtig er für die moderne Theorie autonomer (innengeleiteter) Subjektivität ist.

Dies ist der Grund, weshalb der Begriff der Einbildungskraft auch in der zeitgenössischen Anthropologie eine wesentliche Rolle spielt. Die sich am Jahrhundertende als Fachdisziplin etablierende Anthropologie hat im Interesse daran, eine Sicht des menschlichen Körpers als eines in sich strukturierten, einheitlichen Organismus durchzusetzen. Die vollständige Einheit des menschlichen Organismus ist Vorbedingung eines ästhetischen Bezugs auf Welt; die Erkenntnisinteressen von Anthropologie und Ästhetik überschneiden sich folglich.

Dies wird besonders deutlich an der *Anthropologie für Aerzte und Weltweise*, die Ernst Platner, Professor der Medizin an der Universität Leipzig, 1772 publizierte und die einen ebenso großen Einfluß auf die Geschichte der Ästhetik wie auf die Geschichte der Medizin hatte. Platner führt u. a. eine Unterscheidung zwischen Phantasie und Einbildungskraft ein, die einen Werk- bzw. Textbegriff vorbereitet, der gerade für die ästhetische Kultur der Moderne grundlegend werden sollte; dabei

---

95 BERGK (s. Anm. 16), 62 f.

bringt er Phantasie mit Willkürlichkeit in Zusammenhang und Einbildungskraft mit einem geordneten Ganzen. Für die Einbildungskraft gilt: »Wenn mehrere Impressionen zugleich erwachen, und nicht jede als einzeln von andern unterschieden werden kann, so entsteht daraus in der Seele die Idee eines neuen Ganzen.«[96] Dem Mediziner Platner geht es dabei nirgends um Kunsttheorie, sondern um Anthropologie, und das heißt um die »Vollständigkeit‹ und ›Selbstgenügsamkeit‹ des menschlichen Organismus«[97], also um die Möglichkeit eines autonomen, auf Reflexion und Kontemplation gegründeten Subjektbegriffs. Zu diesem Zwecke geht er von einem moralischen Zentrum im Subjekt aus. Die Grenzlinie zwischen Körperlichkeit und Geistigkeit, und das heißt zwischen materieller Fremdbestimmung und geistiger Eigenständigkeit, läuft mitten durch den alten Begriffskomplex Einbildungskraft/Phantasie, deren einer Teil, die Phantasie, negativ besetzt bleibt, während der andere, die Einbildungskraft, vergeistigt bzw. zum konstitutiven Bestandteil autonomer Subjektivität wird. Das rückt die Einbildungskraft in die Nähe der Vernunft: denn die »Ordnung der imaginarischen Ideen« ist »Werk der Vernunft«[98], die Einbildungskraft folglich »Geschäft der Vernunft« (186), wobei Vernunft nicht universales Prinzip, sondern eine subjektinterne Instanz meint, die Individualität zentriert. Ihr wichtigstes Werk ist die »Ordnung der imaginarischen Ideen«; als textliche Darstellung dient letztere dem Ich zur Begründung einer ebenso imaginären Einheit seines Selbsts, das sich in der Ordnung reflektiert. Ein Verlust von Vernunft und Einbildungskraft würde das Ich aufweichen, zerstreuen: »Wenn diese Wirksamkeit der Vernunft abläßt, und die mechanische Phantasie allein wirkt, so entsteht eine Verwirrung der Ideen, z. B. im Traume, in der Fieberhitze, Raserey, Melancholie u. s. f.« (219)

Auch für den Mediziner Platner formt die Einbildungskraft als Kraft der Ein-Bildung bzw. Gestaltung nicht nur Darstellungen, sondern Subjekte; sie ist Kraft, mit deren Hilfe das Ich sich objektiviert, um sich in seinen Objektivationen zu spiegeln und sich als mit sich selbst identisches, autonomes Subjekt zu begründen. Die Fähigkeit zur symbolischen Entäußerung ist für ihn Genie; aber nur wenn das »Orginalgenie« der »Ordnung der

imaginarischen Ideen« erlaubt, ordnend auf es selbst zurückzuwirken, vermeidet es die »Gefahr der Verstandesverwirrung«. Wie komplett die Einbildungskraft inzwischen begriffsgeschichtlich vom Gedächtnis abgekoppelt ist (eine Konsequenz der Deutung der Produkte der Einbildungskraft als visuell-symbolische Objektivationen des Genies), zeigt sich, wenn Platner insistiert: »Weil ein Mensch von Genie die Bilder der Einbildungskraft durch Zusatz und Weglassung verändert, so ist oft sein Gedächtnis im Einzelnen weniger getreu, als wo es nur darauf ankommt, das Ganze zu übersehen, und wo die Genauigkeit im Einzelnen unerheblich ist. [...] Das Genie in der Einbildungskraft zeigt sich in der lebhaften Vorstellung zusammengesetzter, oder großer Objekte.« Es sei folglich Genie, »ein aus mannichfaltigen Theilen zusammengesetztes Ganzes, mit den Eigenschaften aller einzelnen Theile und mit den gegenseitigen Verhältnissen der Größe und Eigenschaften, lebhaft zu denken.« (264)

Der für Einbildungskraft konstitutive Bezug von betrachtenden Subjekten auf zu deutende Kunstgegenstände veranlaßt Platner, literarische Erzählungen, ja selbst Romane ausdrücklich als Bilder zu bezeichnen (vgl. 279). Entscheidend ist nicht Bildlichkeit an sich, sondern geordnete Bildlichkeit als Richt- und Bezugspunkt einer ansonsten von Zerstreuung bedrohten Subjektivität. Wenige Jahre nach Platner schreibt Leonhard Meister in einer ausschließlich einer begrifflichen Bestimmung der kreativen Einbildungskraft gewidmeten Publikation (wobei er Einbildungskraft, Phantasie und Imagination als bedeutungsgleich behandelt): »Auch selbst bey allem Reichthum an Bildern wird statt harmonischer Weltbaus grauenvolles Chaos entstehen, so lang dieser Reichthum zweck- und regellos da ist. Ohne Ordnung und Ebenmaß fehlts der Imagination an festem Punkt, um den sich herumdreht. Gleichwie eine regelmäßige Bildung gefälliger und leichter als eine ungeheure ins Aug

---

96 ERNST PLATNER, Anthropologie für Aerzte und Weltweise (Leipzig 1772), 168.
97 CLAUDIA HONEGGER, Die Ordnung der Geschlechter. Die Wissenschaft vom Menschen und das Weib (Frankfurt a. M./New York 1991), 122.
98 PLATNER (s. Anm. 96), 177.

fällt, so wird sie auch leichter in die Phantasie aufgefaßt.«[99]

4. Ästhetischer Paradigmenwechsel: Der Gegensatz zwischen Kant und Hegel

In der *Kritik der reinen Vernunft* (1781) bestimmt Kant die Einbildungskraft zunächst traditionell als »das Vermögen, einen Gegenstand auch *ohne dessen Gegenwart* in der Anschauung vorzustellen«[100]. Doch dann erweitert er diese seit der Antike geläufige Definition durch den Begriff der produktiven Einbildungskraft: »Da nun alle unsere Anschauung sinnlich ist, so gehört die Einbildungskraft, der subjektiven Bedingung wegen, unter der sie allein den Verstandesbegriffen eine korrespondierende Anschauung geben kann, zur *Sinnlichkeit*; so fern aber doch ihre Synthesis eine Ausübung der Spontaneität ist, welche bestimmend, und nicht, wie der Sinn, bloß bestimmbar ist, mithin a priori den Sinn seiner Form nach der Einheit der Apperzeption gemäß bestimmen kann, so ist die Einbildungskraft so fern ein Vermögen, die Sinnlichkeit a priori zu bestimmen [...]. So fern die Einbildungskraft nun Spontaneität ist, nenne ich sie auch bisweilen die *produktive* Einbildungskraft, und unterscheide sie dadurch von der *reproduktiven*, deren Synthesis lediglich empirischen Gesetzen, nämlich denen der Assoziation, unterworfen ist« (148 f.). Den Gegensatz von reproduktiver und produktiver Einbildungskraft greift Kant im Gegensatz von ›imaginatio associans‹ und ›imaginatio plastica‹ wieder auf und verschärft ihn als kulturpolitischen.

Den Begriff der produktiven Einbildungskraft baut Kant in der *Kritik der Urteilskraft* aus; hier will er die Einbildungskraft als »nicht [bloß – d. Verf.] reproduktiv, wie sie den Assoziationsgesetzen unterworfen ist, sondern als produktiv und selbsttätig« nachweisen, als »Urheberin willkürlicher Formen möglicher Anschauungen«[101]. Die wichtigste trans-

---
99 LEONHARD MEISTER, Ueber die Einbildungskraft (Bern 1778), 104.
100 KANT (WA), Bd. 3 (1974), 148.
101 KANT (s. Anm. 90), 160.
102 MAASS (s. Anm. 76), Bd. 1, 142.

zendentale Funktion der produktiven Einbildungskraft ist es, eine Erfahrung des Schönen zu ermöglichen, die in einem »Gefühl der Lust« kulminiert: »Nur da, wo Einbildungskraft in ihrer Freiheit den Verstand erweckt, und dieser ohne Begriffe die Einbildungskraft in ein regelmäßiges Spiel *versetzt*, da teilt sich die Vorstellung, nicht als Gedanke, sondern als inneres Gefühl eines zweckmäßigen Zustandes des Gemüts, mit.« (228) Zwar ist der Begriff der Einbildungskraft als ästhetischer Grundbegriff bei Kant weniger fundamental als der der (reflektierenden) Urteilskraft, die sich im ästhetischen Urteil auf das Verhältnis ihrer Vermögen zurückbeugt, doch ohne die Einbildungskraft würde die Urteilskraft nicht tätig werden: »jene Auffassung der Formen in die Einbildungskraft kann niemals geschehen, ohne daß die reflektierende Urteilskraft, auch unabsichtlich, sie wenigstens mit ihrem Vermögen, Anschauungen auf Begriffe zu beziehen, vergliche. Wenn nun in dieser Vergleichung die Einbildungskraft (als Vermögen der Anschauungen a priori) zum Verstande (als Vermögen der Begriffe) durch eine gegebene Vorstellung unabsichtlich in Einstimmung versetzt und dadurch ein Gefühl der Lust erweckt wird, so muß der Gegenstand alsdann als zweckmäßig für die reflektierende Urteilskraft angesehen werden.« (100)

Selbst wenn Kants Bestimmung der Einbildungskraft den Akzent von dem gegenständlichen Verhältnis zwischen einem anschauenden Subjekt und einem angeschauten Objekt auf ein Verhältnis zwischen transzendentalen Vermögen hin verschiebt (im Falle des Schönen zwischen Einbildungskraft und Verstand), so bleibt seine Diskussion der Einbildungskraft doch im Rahmen einer seit dem frühen 18. Jh. beobachtbaren generellen Visualisierung dieses Vermögens. Denn auch das Reflexionsverhältnis, das die reflektierende Urteilskraft des Ichs zu sich als Objekt (Verhältnis zweier Vermögen) erstellt, ist ein anschauendes. Zeitgenossen, die Kant folgen, sehen zwischen den verschiedenen Formen reflexiver Anschauung keinen grundsätzlichen Gegensatz. Doch gilt, daß die Einbildungskraft nur insofern produktiv ist, sofern sie »bei den Anschauungen der Sinne« mitwirkt, »um das Mannichfaltige, was dieselben percipiren, in Ein Bild zu fassen«[102]; ihre Produktivität ist Vorbedingung von ästhetischer Lust und ästhetischem Urteil. Auf jeden Fall ist die ästhetische Erfahrung nicht darauf angelegt, Anschauungs- bzw. Reflexionsverhältnisse aufzuheben. Gerade weil dies so ist, wendet sich Hegel gegen jede Hochwertung der Kunst. Auch er geht davon aus, daß in der Phantasie oder Einbildungskraft »überhaupt das Prinzip des Herausstellens für die Anschauung«[103] liege. Doch gerade dieser Sachverhalt veranlaßt ihn, die Einbildungskraft (und mit ihr die Kunst) abzuwerten. Zwar »vollendet sich die vorstellende Tätigkeit in sich selber, insofern sie *produktive Einbildungskraft* ist«, indem sie im »Bild« der Kunst eine »vorhandene Totalität als eine bewährte wiederherstellt«; »denn die Kunst stellt das wahrhaft Allgemeine oder die Idee in der Form des sinnlichen Daseins, des Bildes, dar.«[104] Doch Hegel beurteilt das als negativ, da die produktive Einbildungskraft den Gegensatz von blickendem Subjekt und angeschautem Objekt festschreibe und damit deren Vermittlung verhindere. In der Sphäre der Einbildungskraft trete »der *Gegensatz* zwischen meinem *subjektiven* oder *vorgestellten* Inhalte und dem *angeschauten* Inhalte der *Sache* ein. Die Einbildungskraft erarbeitet sich einen *ihr eigentümlichen* Inhalt dadurch, daß sie sich gegen den angeschauten Gegenstand denkend verhält, das *Allgemeine* desselben heraushebt und ihm Bestimmungen gibt, die dem Ich zukommen.« Auf der Stufe der Einbildungskraft herrsche »der Gegensatz des Subjektiven und Objektiven«; »der *angeschaute äußerliche* Inhalt« werde dadurch »dem zur *Allgemeinheit* erhobenen, vorgestellten Inhalte unterworfen, zu einem *Zeichen* des letzteren herabgesetzt«, wodurch »dieser aber eben dadurch *objektiv, äußerlich* gemacht, *verbildlicht* wird« (258). Hegel beklagt dabei den epistemologischen Vorrang des vorstellenden Subjekts, das sich die Objektivität der Wirklichkeit in der Anschauung unterwerfe und damit subjektiv verforme. In der Kunst führt dies zu einer Privilegierung des Symbols auf Kosten der Allegorie.

Für Hegel ist, anders als etwa für Lessing und Herder, eine hohe Willkürlichkeit der Beziehung zwischen Signifikat und Signifikant, Symbol und Symbolisiertem Voraussetzung theoretischer Kultur und damit der begrifflichen Erschließung von Wirklichkeit. Hegels Kritik der Einbildungskraft

rückt ihre Abhängigkeit von visuellen Konstellationen in den Vordergrund. Da Ziel des Philosophierens für ihn eine »absolute Identität des Subjektiven und Objektiven«, eine Aufhebung des visuellen Verhältnisses von Subjekt und Objekt ist, kann »Kunst und Einbildungskraft [...] nicht das Höchste« sein: »Denn die Idee, der Geist kann nicht auf eine Weise wahrhaft ausgedrückt werden wie die, in der Kunst ihre Idee ausdrückt. Dies ist immer Weise der Anschauung; und wegen dieser Form der Existenz, dieser sinnlichen Weise kann das Kunstwerk nicht entsprechen dem Geiste.«[105]

Hegels Kritik der Einbildungskraft als Kritik von Anschauungsverhältnissen rückt ihn näher an die Romantik als seine bekannten Polemiken gegen diese vermuten lassen. Denn beiden geht es um eine Kritik der Einbildungskraft (im Sinne von Kant und Schiller) als Vermögen der Anschauung, insofern diese »das Mannichfaltige«, wie Maaß schrieb, »in Ein Bild zu fassen« bestrebt ist. Aus der Sicht des Kritikers der anschauenden Einbildungskraft unterdrückt das die Offenheit aller Darstellung, einer Offenheit, die der Literatur bereits von der Materialität ihres Mediums, der Sprache, aufgezwungen wird. Das hat Konsequenzen für den Begriff der Einbildungskraft in der Romantik, die mit Hegel eine Kritik ästhetischer Erfahrung als Ausdruck einer ersehnten Koinzidenz von Subjekt und Objekt anstrebt und gegen Hegel am epistemologischen Primat der Kunst festhält.

IV. Die romantisch-avantgardistische Einbildungskraft

Im 17. Jh., so Foucault, tritt die ›Ähnlichkeit‹ in ein Zeitalter ein, in dem sie entweder als unvernünftig oder zur Sache der Einbildungskraft erklärt wird. Zwischen dem Dichter und dem Irren sei

---

103 HEGEL (ÄSTH.), 869.
104 HEGEL, Enzyklopädie der philosophischen Wissenschaften (1830), in: HEGEL (TWA), Bd. 10 (1970), 267.
105 HEGEL, Vorlesungen über die Geschichte der Philosophie (1833–1836), in: HEGEL (TWA), Bd. 20 (1971), 433 f.

seither der »espace d'un savoir« entstanden, »où, par une rupture essentielle dans le monde occidental, il ne sera plus question des similitudes, mais des identités et des différences«[106]. Der Dichter sei seither »celui qui, au-dessous des différences nommées et quotidiennement prévues, retrouve les parentés enfouies des choses, leurs similitudes dispersées« (63). Muß diese Feststellung für die erste Phase der Umdeutung der Einbildungskraft zu einem produktiv-kreativen Vermögen auch relativiert werden (die disziplinierte Einbildungskraft paßte sich der epistēmē der Identitäten und Differenzen ein), so gilt Foucaults Feststellung für die Frühromantik und spätere, sich ihr anschließende (besonders avantgardistische) Kunstbewegungen uneingeschränkt. Gleichzeitig gilt, daß der Begriff einer anschauenden Einbildungskraft für Kunstrichtungen in der Tradition der Aufklärung (mit einem mehr oder weniger ausgeprägtem Anspruch realistischer Darstellung) nie an Bedeutung verloren hat.

Die Frühromantiker können als die frühesten Repräsentanten einer Gesellschafts- und Kulturkritik gelten, die ein von Kategorien der Identitäten und Unterschiede dominiertes (und andere Wissensformen erstickendes) Wissen einer scharfen Kritik unterzogen; sie polemisierten gegen eine alles umfassende Rationalisierung des Lebens, gegen eine Auf- und Einteilung von Wirklichkeit in Identitäten und Unterschiede: Politisch wendeten sie sich gegen den aufgeklärten, zentralistisch verwalteten Staat, dessen Privilegierung eines ökonomisch-kameralistischen Denkens sie als Bedrohung eines reflexiv-praktischen Gebrauchs der Vernunft erlebten. Sie diagnostizierten die moderne Gesellschaft als einen zunehmend durchrationalisierten Bedingungszusammenhang und schrieben der Kunst die dekonstruktiv-anarchistische Funktion zu, diesen Bedingungszusammenhang mindestens mental aufzulösen. Was der rationale Verstand aufgrund seiner Manie, Wirklichkeit in Kausalketten

bzw. ›Bedingungen‹ aufzulösen, nicht kategorisieren kann, erscheint ihm chaotisch. Für die Romantiker eröffnet das Chaotische jedoch einen Zugang zum Absoluten: »Durch die Anschauung des Chaos [...] geht der Verstand zu aller Erkenntnis des Absoluten, es sey in der Kunst oder in der Wissenschaft, über.« Als Folge entstehe eine »Unabhängigkeit jeder einzelnen Erscheinung, die dem nur auf Bedingungen gehenden Verstand ein Ende macht«, und erst dann könne er »die Welt als das wahre Sinnbild der Vernunft, in der alles unbedingt, und des Absoluten, in dem alles frei und ungezwungen ist, erkennen«[107].

Präzis das Programm, »dem nur auf Bedingungen gehenden Verstand ein Ende« zu machen, ist die Vorbedingung der romantischen (und idealistischen) Umdeutung der Einbildungskraft; Schelling deutet die Einbildungskraft dementsprechend von einem Anschauungsvermögen in ein Unterschiede aufhebendes Vermögen um: »Das treffliche deutsche Wort Einbildungskraft bedeutet eigentlich die Kraft der *Ineinsbildung*, auf welcher in der That alle Schöpfung beruht.« (386) Unter den Frühromantikern im engeren Sinne streben besonders Friedrich Schlegel und Novalis eine analoge Umdeutung der Einbildungskraft zu einem ungebundenen, nicht durch Verstand gezähmten kreativen Vermögen an. Während dem analytischen Verstand in der Aufklärung noch die Funktion zufiel, die negativen Auswirkungen des Gebrauchs von Imagination, »a licentious and vagrant faculty, unsusceptible of limitations, and impatient of restraint, [that] has always endeavoured to baffle the logician, to perplex the confines of distinction, and burst the inclosures of regularity«[108], abzuschwächen, preisen die Romantiker die Fähigkeit der Einbildungskraft, die »confines of distinction« aufzulösen. Die produktiv-störerischen Effekte der Einbildungskraft sollen die Nachteile der Rationalität ausgleichen: »Wir verlangen für die Vernunft sowohl als für die Einbildungskraft, daß nichts im Universum gedrückt, rein beschränkt und untergeordnet sey. Wir fordern für jedes Ding ein besonderes und freies Leben. Nur der Verstand ordnet unter, in der Vernunft und in der Einbildungskraft ist alles frei und bewegt sich in dem gleichen Aether, ohne sich zu drängen und zu reiben.«[109] Die Vernunft, vom Verstand als rationalem Unterscheidungsver-

---

106 FOUCAULT (s. Anm. 77), 64.
107 F. W. J. SCHELLING, Philosophie der Kunst (entst. 1802–1803), in: SCHELLING (SW), Abt. 1, Bd. 5 (1859), 466.
108 JOHNSON, The Rambler 125 (28. 5. 1751), in: The Rambler, Bd. 3 (London 1809), 77.
109 SCHELLING (s. Anm. 107), 393.

mögen abgekoppelt und als nicht an Regeln gebundene reflexive Kraft gedeutet, wird dabei in die Nähe der Einbildungskraft gerückt[110]; sie wird »directer Poët – direct produktive Imag[ination]«[111]. »Ichheit oder productive Imaginationskraft«[112] sind identisch. Für Novalis führt der schöpferische Gebrauch der Imagination zur »Annihilation des Jetzigen«[113], eines Jetzt, in dem Vernunft von Instrumentalisierung und reflexiver Atrophie bedroht ist, wobei er keinen Gegensatz mehr zwischen der produktiven Imagination und einem reflexiven Gebrauch der Vernunft sieht: »thät[ige] Vernunft ist prod[uctive] Imagination« (460). Allerdings führt das ästhetische Programm der Romantik wortgeschichtlich meist zu einer Privilegierung von ›Phantasie‹ gegenüber Einbildungskraft oder Imagination. So unterscheidet Jean Paul (der in dieser Hinsicht eindeutig zur Frühromantik zählt) folgendermaßen zwischen Einbildungskraft und Phantasie: »Einbildungskraft ist die Prose der Bildungskraft oder Phantasie.«[114] Sie rahme den ästhetischen Gegenstand ein und beziehe sich auf das, was sie sehe bzw. überschauen könne, während die Phantasie das Angeschaute kreativ ergänze. »Das Mißverhältnis zwischen Gestalt und Überkraft öffnet der Phantasie ein unermeßbares Feld des Schreckens« (96). Die Einbildungskraft wird damit implizit auf das Schöne, die Phantasie auf das Erhabene bezogen.

So sehr der romantische Begriff der Einbildungskraft sich durch eine Betonung ihres dekonstruktiv-anarchistischen Potentials vom Begriff der kreativen Einbildungskraft in Aufklärung und Klassik unterscheidet, er distanziert sich nicht völlig vom wesentlichsten Aspekt dieses Begriffs in Aufklärung und Klassik, dem der Anschauung: Teilweise geht auch er noch von einem blickenden, sich auf Gegenstände beziehenden Subjekt aus. Das wird an Schellings Begriff der intellektuellen Anschauung, der von einigen Romantikern (Novalis insbesondere) übernommen wird, deutlich. In diesem Sinne wirft Hegel Schelling (und der Romantik allgemein) vor: »Das Subjekt muß sich als intellektuelle Anschauung verhalten, wenn es philosophieren will.« Die »höchste Weise der Objektivierung der Vernunft, weil die sinnliche Vorstellung vereint ist mit Intellektualität«, werde deshalb das Kunstwerk; und die »höchste Objekti-

V. Die Einbildungskraft im 20. Jahrhundert 117

vität, die Ich, das Subjekt erlangt, die höchste Identität des Objektiven und Subjektiven ist nun das, was Schelling Einbildungskraft nennt; und das Objekt, die intelligente Anschauung derselben, ist die Kunst.« Doch indem »so der letzte Punkt als Einbildungskraft, als Kunst bezeichnet ist, so ist dies selbst im Subjekt ein untergeordneter Standpunkt.«[115] Zwar relativieren die Romantiker die Bedeutung des Einzelwerks, des eingerahmten Schönen als abgegrenzten Gegenstandes ästhetischer Anschauung, doch bleibt die Reflexion auf Kunst (Kunstgeschichte als die Summe aller großen Kunstwerke) der einzig gangbare Weg in der Annäherung ans Absolute. Die ästhetische Reflexion bricht zwar den Rahmen um das Einzelwerk auf, sie kann aber den Gegensatz von reflektierendem Subjekt und reflektiertem Objekt nicht völlig aufheben, da eine völlige Aufhebung dieses Unterschiedes ein Ende aller Reflexion, aller Erfahrung, alles Denkens, d. h. Tod bedeuten würde.

V. Die Einbildungskraft im 20. Jahrhundert

1. Die Tradierung des aufklärerisch-klassischen Begriffs der Einbildungskraft

Die Einbildungskraft ist seit dem Ende des 18. Jh. konstitutiv für den Begriff des Genies. Coleridge hatte Genialität als das Ergebnis einer »synthetic and magical power« beschrieben, »to which we have exclusively appropriated the name of imagination«. Dabei ist Imagination nicht nur Voraussetzung künstlerischer, sondern auch menschlicher Größe; denn sie bringe »the whole soul of man

---

110 Vgl. KARLHEINZ BARCK, Poesie und Imagination. Studien zu ihrer Reflexionsgeschichte zwischen Aufklärung und Moderne (Stuttgart/Weimar 1993), 79–115.
111 NOVALIS, Das Allgemeine Brouillon (1798–1799), in: NOVALIS, Bd. 3 (1981), 421.
112 NOVALIS, Fichte-Studien (1795–1796), in: NOVALIS, Bd. 2 (1981), 266.
113 NOVALIS (s. Anm. 111), 469.
114 JEAN PAUL, Vorschule der Ästhetik (1804), in: JEAN PAUL (MILLER), Abt. 1, Bd. 5 (1963), 47.
115 HEGEL (s. Anm. 105), 433 f.

into activity«. Sie wird zur elementaren Bedingung von Bildung; der »spirit of unity, that blends, and (as it were) *fuses*, each into each«[116] erweist sich als Voraussetzung der Einheit von Werken *und* der Identitätserfahrung von Subjekten. Die Imagination soll Subjekten helfen, sich von externen Abhängigkeiten zu befreien und sich selbst in autonome, in sich zentrierte Individuen zu transformieren.

Paul de Man hat ähnliche Engführungen von Kunst und Einbildungskraft als ideologielastig kritisiert; die Imagination werde hier zu einer »symbolic imagination«, in der »no disjunction of the constitutive faculties takes place«[117]. Der Begriff sei Ausdruck einer Einheitssehnsucht, die nicht nur unmöglich, sondern auch politisch gefährlich sei. Im Laufe des 19. und 20. Jh. wird der Begriff der Einbildungskraft vielfach in ähnlicher Weise ideologisch in Dienst genommen, zumal von einer bürgerlichen Bildungsideologie, in deren Zentrum ein Begriff autonomer Individualität steht; die Einbildungskraft fungiert hier nicht nur als Garant menschlicher Kreativität, sondern handlungsmächtiger Subjektivität. So insistiert ein angloamerikanischer Literaturwissenschaftler, »that the imagination is a free power [...]. The imagination is propelled by man's desire to create, to transcend himself, to surpass in his real experience that portion of it which is merely given [...]; as such, imagination is a function of man's spirituality.« Die Tatsache, daß die Imagination es dem Menschen gestatte, jedes Netzwerk externer Bestimmungen, jede Abhängigkeit hinter sich zu lassen, sei Bedingung seiner Freiheit. Denis Donoghue macht Theorien wie den Strukturalismus und den Marxismus als die eigentlichen Widersacher einer adäquaten Einschätzung der Einbildungskraft aus:

»The concept of imagination is under attack.«[118] Dem romantischen Begriff des Genies stehe der strukturalistische des Systems, dem des Dichters der der Sprache, dem des Subjekts der der Funktion, dem der Geschichte der der Struktur gegenüber. »The concept of imagination is secure in the first [context – d. Verf.], not at all secure in the second.« (8) Ein solcher Begriff der Einbildungskraft setzt, wie der Autor zugesteht, »the notion of a privileged consciousness« (11) voraus, ein Bewußtsein, dem sein eigenes Dasein grundsätzlich transparent erscheint; er fällt damit hinter den Begriff gespaltener Subjektivität (Identität als imaginär) zurück, den die europäische Romantik entwickelte.

Ähnlich wurde die Einbildungskraft in der deutschen Literaturwissenschaft der Nachkriegszeit mythisiert: »In der Einbildungskraft, in der die Grenzen der Sinneswahrnehmungen und die Grenzen der Anschauungsformen Raum und Zeit (und ebenso Kausalität) aufgehoben werden, erscheinen auch die verschiedenen Bedeutungen eines Wortes nicht eigentlich als Nacheinander und Nebeneinander, sondern als Ineinander. Der Dichter bringt den vielfältigen Sinn ein und desselben Wortes gleichzeitig oder doch wie symphonisch zum Klingen.«[119] Dank der »formalen« Seite der Dichtung [...] geht die äußere Form über in die Gestalt der inneren Vorstellung, der Phantasie, der schaffenden und nachschaffenden Einbildungskraft« (204 f.). Burger deutet die Einbildungskraft als ein Mittel, das den Gebildeten gestattet, sich gegen die Zivilisation der Moderne zu stellen und Welt zu erdulden: »In der Welt unserer Sinneswahrnehmungen, Anschauungsformen, Verstandeskategorien ist dieses Wesen [der Welt – d. Verf.] auseinandergefallen, die Einbildungskraft stellt die Einheit wieder her, gleichsam eine *restitutio in integrum*.« (203) Der »poetischen Schöpfung« wird ebenso wie ihrer Nachschöpfung im Akt der Interpretation ein »ausgezeichneter Seinsmodus« zugeschrieben, »in dem die menschliche Subjektivität ganz bei sich selbst ist«[120].

---

116 COLERIDGE (s. Anm. 6), 15 f.
117 PAUL DE MAN, The Rhetoric of Temporality (1969), in: de Man, Blindness and Insight. Essays in the Rhetoric of Contemporary Criticism (Minneapolis ²1983), 191.
118 DENIS DONOGHUE, Imagination (Glasgow 1974), 5.
119 HEINZ OTTO BURGER, Methodische Probleme der Interpretation (1950), in: H. Enders (Hg.), Die Werkinterpretation (Darmstadt 1967), 204.
120 ALFONS RECKERMANN, Sprache und Metaphysik (München 1979), 18.

2. Der psychoanalytisch inspirierte Begriff der Einbildungskraft

Anders als Phantasie spielt der Begriff der Einbildungskraft oder Imagination in der Psychoanalyse eine nur untergeordnete Rolle. Das hängt damit zusammen, daß die Begriffe Phantasie und Einbildungskraft oder Imagination in der Psychoanalyse gemeinhin auf zwei unterschiedliche Spaltungen des Subjekts bezogen werden. Freuds vertikale Topologie von bewußt, vorbewußt, unbewußt muß, um den Unterschied zwischen Phantasie und Einbildungskraft bzw. Imagination zu verstehen, um die horizontale Topologie von realem Ich und imaginärem Selbstbildnis ergänzt werden. Phantasie bezieht sich auf den Unterschied von Bewußtem und Unbewußtem, Einbildungskraft oder Imagination auf den Unterschied zwischen einem biologischen Ich und dem imaginären Selbstverständnis (Selbstbildnis) dieses Ich (›je‹ und ›moi‹ in der Terminologie Lacans). Das reale Ich illudiert sich mithilfe seiner Einbildungskraft spiegelbildlich als Einheit.

Wie oben gesehen, hatten bereits eine Reihe europäischer Romantiker (Novalis, Coleridge, Hazlitt u. a.) die spiegelbildliche Konstitution von Subjektivität mit dem Begriff der Imagination zusammengebracht. Für Coleridge wird das Subjekt »a subject by the act of constructing itself objectively to itself; but which never is an object except for itself, and only so far as by the very same act it becomes a subject«. Der moderne Subjektbegriff läuft darauf hinaus, daß erst die imaginäre Einheit des Spiegelbildes es dem Subjekt erlaubt, sich als mit sich selbst identisch zu erfahren. Die Imagination ist hauptsächliches Mittel des Subjekts, sich spiegelbildlich als (imaginäre) Einheit zu konstituieren. Selbstbewußtsein ist für Coleridge dementsprechend nur auf der Grundlage einer »perpetual self-duplication of one and the same power into subject and object«[121] möglich.

Dieser Strang eines psychoanalytisch inspirierten Begriffs der Einbildungskraft beeinflußt im 20. Jh. eine Reihe von Autoren; der bemerkenswerteste unter ihnen ist Rudolf Kassner, der in seinem Roman *Narziß oder Mythos und Einbildungskraft* von 1928 wie Coleridge von der Notwendigkeit eines spiegelbildlichen Gespaltenseins des Subjekts ausgeht: »Das Ich braucht […] zum Sein und damit zum Messen den Spiegel. Das ist so: Wenn sich der Mensch im Spiegel sieht, ist nur *ein* Wesen da, und also sagt er: Ich.«[122] Eben deshalb hält er den Narziß-Mythos für den aufschlußreichsten Mythos der Moderne. Kassner spricht von der »Flachheit« jener Deutungen, die in dem »schönen Knaben, der sich in sein eigenes Bild im Spiegel des Wassers verliebt, nichts anderes als ein Symbol der Selbstliebe und Eitelkeit finden« wollen. In dem Mythos sei etwas »unendlich Bedeutsames als dessen Kern verborgen«: »der Übergang vom magischen Menschen zum Ich-Menschen, der Übergang von der Magie zur Imagination« (219). Kassner sieht erstaunlich klar, daß der moderne Begriff der Einbildungskraft die Kehrseite des modernen Subjektbegriffs ist und daß beide parallel zueinander entstanden sind: Das »Andere, das Neue« sei »das Ich, die Bindung von Körper und Seele durch das Ich und zwischen diesem Körper und der Bildseele, zwischen Ich [›je‹ – d. Verf.] und Selbst [›moi‹ – d. Verf.] die Einbildungskraft« (219). Für Narziß sei »die Einbildungskraft oder der Spiegel Bindung«, weshalb »sein Wesen fort und fort in den Spiegel überströmt« (222). Für ihn bedeute »Sehen soviel wie Sein«; »in einer Welt ohne Bindungen« sei »der Spiegel des Narziß jetzt Bindung geworden« (225). Narziß brauche die Einbildungskraft, »um zu sehen, nur um zu sehen, wie er ist, nur um zu *sein*« (239), weshalb Narziß eher Symbol der Veränderung oder Verwandlung als der starren Selbstliebe oder Eitelkeit sei. »Der letzte Sinn der Imagination zwischen Narziß und dessen Bild, zwischen Mensch und Spiegel, zwischen Ich und Welt, zwischen Anfang und Ende ist Rektifizierung. Oder der: Korrektiv zu sein. Mit anderen Worten: ohne diese Imagination […] müßte alles entgleisen oder erstarren oder in einer Zwangsvorstellung ersticken, sich ausschütten oder leer werden.« (230) Die Einbildungskraft ersetzt in der Moderne Mythos (vgl. 231), sie orientiert in der Geschichte, sie situiert das Ich in den Koordinaten von Raum und

---

121 COLERIDGE (s. Anm. 6), Bd. 7/1 (1983), 273.
122 RUDOLF KASSNER, Narziß oder Mythos und Einbildungskraft (1928), in: Kassner, Sämtliche Werke, hg. v. E. Zinn/K. E. Bohnenkamp, Bd. 4 (Tübingen 1978), 218.

Zeit und in der permanenten Bewegung des Materiellen. Damit weist Kassner auf die Unterscheidung von imaginär und Imagination voraus, die als kulturkritische in den letzten Jahren wiederholt, vor allem im Werk von Dietmar Kamper, wichtig geworden ist. Durch den Begriff des Imaginären bei Lacan inspiriert, geht sie davon aus, daß die spezifische Weise, in der Subjekte sich spiegelbildlich als Einheit erfahren, Einheitssehnsüchte generiert, die sich nicht nur subjektkonstitutiv, sondern auch politisch bzw. massenpsychologisch ausdrücken können; das Imaginäre ist als subjektiver Erlebnismodus in den Organisationsmodus der Moderne verflochten (Nationalismus; Massenaufmärsche des Faschismus; Identifikation mit Medienstars; ethnische Einheit und Reinheit usw.). Ähnlich wie Kassner setzt Kamper den individuellen und kollektiven Einheitssehnsüchten des Ichs eine kritisch geläuterte Einbildungskraft entgegen: »Gegen das Imaginäre hilft nur eine über sich selbst aufgeklärte Imagination.«[123] Kamper spricht von einer »Sprengung des Kontinuums des Imaginären«, die »nur mittels einer körpernahen Einbildungskraft« gelingen könne. Das hat Folgen für literarisches Erzählen wie für Geschichtsschreibung allgemein; beide müssen nach einer Form streben, in der die Reflexion auf die Genealogie der Strukturen die Spaltungen sichtbar werden läßt, anstatt sie narrativ zu überspielen. »Nur wenn die imaginäre Obsession der Geschichte: der geschlossene Raum der Einen Geschichte des Wartens verlassen werden kann, gibt es noch Zukunft.« (66) Die häufig anzutreffende unkritische Feier der Imagination übersehe die Vergesellschaftung des Imaginären und die Implikation der Einbildungskraft in diese. »Zwar läßt sich die Übermacht imaginärer Obsessionen (vor allem der sexuellen) noch immer als ›Rache‹ für lang dauernde Einsperrung, Unterdrückung, Zurichtung, der Phantasie lesen, aber die Wiederkehr einer archaischen Logik in den Zwangsverhältnissen des beschleunigt fortschreitenden Kapitalismus verweist auf einen tiefliegenden Zusammenhang von Imagination und Abstraktion, von Mythos und Wissenschaft.« (99)

Jochen Schulte-Sasse

Literatur
ARMSTRONG, NANCY, Desire and Domestic Fiction. A Political History of the Novel (New York/Oxford 1987); BARCK, KARLHEINZ, Poesie und Imagination. Studien zu ihrer Reflexionsgeschichte zwischen Aufklärung und Moderne (Stuttgart/Weimar 1993); BLOCH, HOWARD R., Medieval Misogyny and the Invention of Western Romantic Love (Chicago 1991); BUNDY, MURRAY WRIGHT, The Theory of Imagination in Classical and Mediaeval Thought (Urbana 1927); DOD, ELMAR, Die Vernünftigkeit der Imagination in Aufklärung und Romantik. Eine komparatistische Studie zu Schillers und Shelleys ästhetischen Theorien in ihrem europäischen Kontext (Tübingen 1985); DONOGHUE, DENIS Imagination (Glasgow 1974); ENGELL, JAMES, The Creative Imagination: Enlightenment to Romanticism (Cambridge/London 1981); FLORY, DANIEL DEAN, Fear of Imagination in Western Philosophy and Ethics (Diss. University of Minnesota 1995); HUET, MARIE-HÉLÈNE, Monstrous Imagination (Cambridge, Mass./London 1993); KAMPER, DIETMAR, Zur Geschichte der Einbildungskraft (München 1981); KAMPER, DIETMAR, Zur Soziologie der Imagination (München 1986); KEARNEY, RICHARD, The Wake of the Imagination (Minneapolis 1988); KÜSTER, BERND, Transzendentale Einbildungskraft und ästhetische Phantasie. Zum Verhältnis von philosophischem Idealismus und Romantik (Meisenheim 1979); ROSENMEYER, THOMAS G., Φαντασία und Einbildungskraft. Zur Vorgeschichte eines Leitbegriffs der europäischen Ästhetik, in: Poetica 18 (1986), 197–248; SAUDER, GERHARD, Empfindsamkeit, 2 Bde. (Stuttgart 1974/1980); SCHMIDT, HORST-MICHAEL, Sinnlichkeit und Verstand. Zur philosophischen und poetologischen Begründung von Erfahrung und Urteil in der deutschen Aufklärung (München 1982); VIETTA, SILVIO, Literarische Phantasie – Theorie und Geschichte: Barock und Aufklärung (Stuttgart 1986); WATSON, GERARD, ›Phantasia‹ in Classical Thought (Galway 1988); WHITE, ALAN R., The Language of Imagination (Oxford 1990).

---

123 DIETMAR KAMPER, Zur Soziologie der Imagination (München 1986), 72.

Einfühlung/Empathie/ Identifikation
(engl. empathy; frz. identification; ital. empatia; span. empatía; russ. вчувствование)

Einleitung; I. Die Entwicklung seit 1960; 1. Empathie/Identifikation in der Soziologie; 2. Empathie/ Identifikation in der Psychoanalyse; 3. Empathie/Identifikation in der deutschen Literaturwissenschaft; **II. Aufklärung und Identifikation;** 1. Die Entdeckung der Identifikation durch die Theoretiker des bürgerlichen Dramas; 2. Rousseaus geschichtsphilosophische Interpretation; 3. Der Übergang zur Romantik; **III. Das naturwissenschaftliche Jahrhundert und die Einfühlung;** 1. Symbolik und Einfühlung; 2. Vom Objektivismus zum ästhetischen Subjektivismus: Theodor Lipps; 3. Die Partialität der Kategorie: Worringer; **IV. Einfühlung in Deutschland zwischen 1930 und 1967;** 1. Einfühlung als Leitwort geistesgeschichtlicher Methode; 2. Gegen die Einfühlung: Brecht und die marxistischen Theoretiker der Distanz; 3. Einfühlung und Sozialpsychologie

Einleitung

Die Zeit, als Theodor Lipps Einfühlung einen »Grundbegriff der heutigen Ästhetik«[1] nannte, liegt kaum 100 Jahre zurück. Seit der hermeneutischen Wende in der deutschen Philosophie, d. h. seit in der Nachfolge Husserls im Denken Heideggers und Gadamers die Begründbarkeit des Verstehens ins Zentrum trat und schließlich der Streit um ›Hermeneutik‹ und ›Ideologiekritik‹ entbrannte, ist Einfühlung dem Grundproblem der Hermeneutik zu- bzw. nachgeordnet, ob und wie es gelingt, »einen Sinnzusammenhang aus einer anderen ›Welt‹ in die eigene zu übertragen«[2].

Das *Wörterbuch der deutschen Gegenwartssprache* erläuterte 1967 das Verb ›einfühlen‹ mit »sich in jmds. Lage, in etw. hineinversetzen«[3], nannte als substantivische Wendungen »die Einfühlung in einen Dichter, in das vergangene Jahrhundert«[4] und dokumentierte damit die seit Lipps herrschende Unschärfe und Bedeutungsverwaschung. Das Substantiv Einfühlung wird heute in der Umgangssprache als altmodisch empfunden und selten gebraucht. So verurteilt Theo Sommer die Gedenkrede, mit der sich Philipp Jenninger 50 Jahre nach der ›Reichskristallnacht‹ am 10. 11. 1988 um das Amt des Bundestagspräsidenten brachte, mit den Sätzen:»Aber dann bitte die ganze Wahrheit – die Wahrheit der Opfer so eindringlich wie die Wahrheit der Mörder. Und das ganze Gefühl – die Erschütterung über das Schicksal der Gejagten so bewegend wie, nein bewegender als die Einfühlung in die Motive der Jäger.«[5] Nur das Adjektiv ›einfühlsam‹ begegnet auch ohne negative Färbung.

Der Phase der Kritik und der Tendenz eines rückläufigen theoretischen Interesses nach 1925 in Deutschland folgte im Ausland, vor allem in den angelsächsischen Ländern, eine Art von Revitalisierung in veränderter Gestalt. In gedruckter Form tritt das Kunstwort ›empathy‹ zuerst bei dem amerikanischen Psychologen Edward B. Titchener auf, der es als Äquivalent des deutschen Ausdrucks Einfühlung verstanden wissen will und zur Beschreibung kinästhetischer Phänomene einsetzt:»Not only do I see gravity and modesty and pride and courtesy and stateliness, but I feel or act them in the mind's muscles. This is, I suppose, a simple case of empathy, if we may coin that term as a rendering of *Einfühlung*«[6]. Titchener spricht dann auch direkt von »motor empathy«[7]. Mit dem Terminus arbeiten seither verschiedene wissenschaftliche Disziplinen. Das aus dem amerikanischen Englisch übernommene Lehnwort Empathie wird seit geraumer Zeit auch im Deutschen verwendet, ohne daß durch diesen doppelten Transfer über den Atlantik die logische Verfassung des Begriffs geschärft oder klarer geworden wäre und vielfach ohne daß die begriffsgeschichtlichen Zusammenhänge überhaupt noch bewußt wären.

---

1 THEODOR LIPPS, Einfühlung und ästhetischer Genuß (1906), in: E. Utitz (Hg.), Aesthetik (Berlin 1923), 152.
2 HANS-GEORG GADAMER, ›Hermeneutik‹, in: RITTER, Bd. 3 (1974), 1061.
3 ›Einfühlen‹, in: R. Klappenbach/W. Steinitz (Hg.), Wörterbuch der deutschen Gegenwartssprache, Bd. 2 (Berlin 1967), 945.
4 ›Einfühlung‹: ebd.
5 THEO SOMMER, Von der Last, Deutscher zu sein. Die braune Vergangenheit läßt uns noch lange nicht los, in: Die Zeit (18. 11. 1988), 1.
6 EDWARD B. TITCHENER, Lectures on the Experimental Psychology of the Thought-Processes (New York 1909), 21; vgl. OED, Bd. 5 (1989), 184.
7 TITCHENER (s. Anm. 6), 185.

So heißt es in der Einleitung zu einer deutschen Übersetzung: »In älteren Wörterbüchern ist der Begriff ›Empathie‹ oft gar nicht angeführt. Dafür findet man unter dem Wort ›Einfühlung‹ Definitionen, die bereits in die Richtung der Bedeutung weisen, in der der Begriff auch hier verwendet wird.«[8] Eine Enzyklopädie sanktioniert dieses problematische Verfahren: »Empathie, dt. Einfühlung, Mit-Leid«, beginnt der Artikel ›Empathie/Sympatie‹[9]; ein Artikel ›Einfühlung‹ fehlt. Der Leitartikel einer Berliner Tageszeitung schließlich beginnt mit folgenden Worten: »Empathie heißt die Fähigkeit, sich in andere Menschen hineinzudenken, hineinzufühlen. In der Politik ist sie nicht weniger wichtig als in der Psychologie, aus der dieser Begriff stammt«[10].

Die Lage ist zusätzlich schwerer durchschaubar geworden, seit der Begriff der Identifikation im literatur- und kunstgeschichtlichen Sprachgebrauch in den beiden deutschen Staaten fast wie ein Synonym zu Einfühlung verwendet wurde, obwohl die semantischen Zeiger von Identifikation (im Sinne einer engen Beziehung des Lesers zu einer literarischen Figur, die bis zur Verschmelzung gehen kann) und von Einfühlung (Hineinverlegen eigener Gefühle in leblose Gegenstände der Natur) in ganz verschiedene Richtungen weisen. Zunächst soll deshalb der aktuelle Begriffsgebrauch in einigen Wissenschaftsdisziplinen skizziert werden.

I. Die Entwicklung seit 1960

1. Empathie/Identifikation in der Soziologie

Zum Gegenstand sozialwissenschaftlicher Überlegungen ist Einfühlung erst in den letzten Jahren geworden, obwohl die Analyse von Beziehungen zu ihren ureigensten Aufgaben gehört. Seit 1970 erscheinen nach Auskunft von *Social Sciences Index*, *Social Sciences and Humanities Index*, *Sociological Abstracts* sowie *Psychological Abstracts* monatlich durchschnittlich 15 bis 20 Artikel, in deren Titel Einfühlung auftaucht. Als Grundbegriff der Sozialwissenschaft bleibe Einfühlung dessenungeachtet »an important neglected topic in social psychology and social science«[11]. Das spezifisch menschliche Vermögen, Hoffnungen und Enttäuschungen, Freude und Ängste, Schmerz und Hunger von anderen wie eigene Gefühle zu empfinden, wird dabei als entscheidendes Gegengewicht zum animalischen Hang des egozentrischen Verhaltens begriffen, das freilich nur partiell entwickelt sei und durch gezielte Maßnahmen gestärkt werden müsse. Der Kontext, in dem dieses intensive Interesse steht, ist der unübersehbare Zerfall des Leitbildes vom Schmelztiegel Amerika. Einfühlung avanciert zur Heilskategorie, um diesen Verlust zu kompensieren: »The survival of the human species now appears to depend upon a universal increase in functional empathy.« In extremer Idealisierung wird so das Fehlen »of simple expanded empathy […] the basis of social tensions, conflicts, violence, terrorism, and war«[12].

Während die soziologische Forschung für den Amerikaner Kenneth B. Clark keinesfalls auf die Wertfrage verzichten darf, hat sie für den französischen Soziologen Michel Maffesoli vor allem zur Gegenwartsdiagnose beizutragen. So beunruhigend die Phänomene auch scheinen mögen, es gelte, sie zu verstehen und aufzuhören, das Gegenwärtige zu hassen. Mit der Idee des bürgerlichen Individuums, der zufolge freie und unabhängige Menschen durch Verträge untereinander ihr soziales Leben regulieren und gestalten, sei der Prozeß des fortschreitenden Übergangs von der Identität zur Identifikation in modernen Großstadtkulturen nicht mehr zu erfassen. Dieser Prozeß der Entindividualisierung durch Identifikation mag nach den

---

8 WULF WEINMANN, Einleitung, in: K. Bullmer, Empathie. Ein programmierter Text zur Verbesserung der interpersonellen Wahrnehmungsfähigkeit, übers. v. Weinmann/U. Schwarz (München/Basel 1978), VIII.
9 HARTMUT BÖHM, ›Empathie/Sympathie‹, in: SAND-KÜHLER, Bd. 1 (1990), 682.
10 THOMAS KRÖTER, Taktik und Strategie, in: Der Tagesspiegel (29. 10. 1996), 1.
11 KENNETH B. CLARK, Empathy: A Neglected Topic in Psychological Research, in: American Psychologist 35 (1980), 187.
12 Ebd., 190.

Normen der überkommenen Moral verzweifelte Formen annehmen: »prendre la forme paroxystique de la transe (religieuse, musicale ...) ou celle plus adoucie du masque, sans oublier celle, tout aussi répandue, de l'indétermination sexuelle«. Im Vergleich mit den individuellen blieben auch diese »identifications contemporaines, publicitaires, télévisuelles, groupales, émotionnelles«[13] im Rahmen ganz normaler soziologischer Strukturen. Jede Gruppenbildung brauche einen idealisierten Pol: Ob politischer Häuptling eines Clans, Heiliger einer Kirche oder Guru einer Sekte, ob Modedenker akademischer Gruppen oder Star begeisterter Fangemeinden – auch die modernen Halbgötter erfüllten die Funktion, einen Anziehungsmechanismus auszulösen und durch Faszination soziale Bindungen hervorzurufen, deren Kennzeichen Flüchtigkeit sei. Für Maffesoli zeichnet sich das moderne Individuum immer stärker durch seine Sucht nach mannigfaltigen gemeinschaftlichen und emotionellen Identifikationen aus. Es zerfällt in eine Person mit unterschiedlichen Masken.[14] Die Identifikation bringe ans Licht, daß die Person aus einer Serie von Schichten besteht, die in Sequenzen gelebt werden.

Unverkennbar dient dieser Soziologie die »esthétisation galopante« (14) unserer Lebenswelt dazu, einen starken »hédonisme du quotidien« (13) zu postulieren, für dessen Existenz bereits der emotionale Charakter sozialer Beziehungen Beweischarakter hat. Von sozialen Spannungen, Konflikten und Gewalt ist diesem Beobachter der Metropole an der Seine nichts bekannt: »Faire de sa vie une œuvre d'art‹, n'est-ce pas devenu une injonction de masse?« (14) lautet die Parole. Der Begriff der Einfühlung steht auch hier zu Diensten: »toutes les notations faites autour de l'identification peuvent être résumées par la notion d'*Einfühlung*, d'origine esthétique ou philosophique, et dont on commence à voir l'actualité sociologique. L'*Einfühlung*, que l'on peut traduire par empathie, décrit bien d'une part la projection de moi vers un object extérieur, et d'autre part la confusion qui s'établit entre des sujets communiquant dans un même objet.« (266)

Die Möglichkeit des Bedeutungswechsels, das Pendeln von der Projektion des Ichs auf ein äußeres Objekt bis zur kommunikativen Verschmelzung mit anderen Subjekten verschafft dem Begriff Einfühlung seine Attraktivität, wenn es gilt, emotionale Phänomene zu beschreiben, die mit der Auflösung von traditionellen Wertbeziehungen – Identifikation mit Nation, mit Familie, mit einem gewohnten Lebensweg – vor allem in den modernen Metropolen in Zusammenhang stehen. Die Frage, wie diese eigentümliche Begriffsstruktur zu erklären, hat unsere historische Analyse zu leiten.

2. Empathie/Identifikation in der Psychoanalyse

Im Unterschied zum Auf und Ab in Disziplinen wie der Ästhetik oder Kunstpsychologie verfügt der Begriff Empathie in der Sozialpsychologie und im therapeutischen Kontext über eine stabile Tradition. Einfühlung gehört seit langem zum Berufsideal jedes Psychotherapeuten – »always kind, understanding, empathic and lucid listener«[15]. Und allgemeiner Konsens besteht auch darüber, daß der Prozeß der Einfühlung mit Identifikation verbunden ist, die sich vor anderen Formen hauptsächlich durch zwei Merkmale auszeichnet: Es handelt sich um »transient identification«[16], die den Therapeuten in die Lage versetzt, ein intuitives Verständnis seines Patienten zu erreichen. Zum Gefühl einer Verschmelzung gehört im therapeutischen Prozeß ferner »the capacity to separate self from nonself«[17], um der Wahrnehmung Platz zu machen, daß man nicht nur *mit* dem Patienten fühlt, sondern auch *über* ihn. Das Vermögen, das Ich vom Nicht-Ich zu trennen, geht dem Kleinkinde noch ab. Erst nach Vollendung des ersten Lebensjahres werden Kinder sich deutlicher bewußt, daß sie eigenständig existieren und von anderen unterschieden sind. »By

---

13 MICHEL MAFFESOLI, Aux creux des apparences. Pour une éthique de l'esthétique (Paris 1990), 242, 246.
14 Vgl. ebd., 266.
15 AMNON ISSACHAROFF, [Rez.] Michael J. Tansey/Walter F. Burke, Understanding Countertransference from Projective Identification to Empathy (Hillsdale, N.J. 1989), in: The Psychoanalytic Review 78 (1991), 474.
16 DAVID BERES/JACOB A. ARLOW, Fantasy and Identification in Empathy, in: The Psychoanalytic Quarterly 43 (1974), 33.
17 Ebd., 47.

late childhood the most advanced level of empathy emerges«[18]. Insofern kann man sagen: Die Fähigkeit, sich einzufühlen, erwirbt der Heranwachsende zusammen mit anderen Funktionen wie »memory, thought, comprehension and conceptualization«. Von dieser Einschränkung abgesehen gilt: »The empathic process which is central to the psychotherapeutic relationship [...] is also a basic element in all human interaction and finds its highest social expression in the shared aesthetic experience of the artist and his audience, as well as in religion and other group phenomena.«[19]

Obwohl ästhetische und therapeutische Einfühlung nicht einfach identisch sind, ist eine gemeinsame Grundlage mit Sicherheit anzunehmen. Denn Einfühlung wird im therapeutischen Kontext genau in jenem Sinne verwendet, in dem der Einfühlungsbegriff ursprünglich von Friedrich Theodor Vischer und seinem Sohn Robert entwickelt und verstanden wurde: Als ein Akt der Bedeutungsverleihung, mit dem die Suche nach einer Begründung des Naturschönen, das von Natur da ist und zugleich als schön auffällt, eine begriffliche Erklärung fand. Im therapeutischen Zusammenhang wird der Vischersche Lehrsatz »Das Schöne ist nicht ein Ding, sondern ein Akt«[20] allerdings umgekehrt: »Es gilt den vom Klienten vorgenommenen Bedeutungsverleihungen auf die Spur zu kommen, sie deutlicher werden zu lassen, sie dem Klienten selbst erfahrbar zu machen.«[21] In pädagogisch-medizinischen Ausbildungsprogrammen, die ohne einen Therapeuten gebraucht werden sollen, werden die Termini ›Identifikation‹, ›Projektion‹ und ›Reaktionsbildung‹ als psychologische Abwehrmechanismen begriffen, um unerwünschte Selbstwahrnehmungen zu zerstören, und daher negativ definiert. Identifikation bedeutet in solchen Texten »the ascribing to one's self of qualities and characteristics belonging actually to another person or object«[22].

Der Zeitpunkt, zu dem der Einfühlungsbegriff aus der Ästhetik in die empirische Psychologie übernommen wurde, läßt sich relativ genau bestimmen. 1948 fragte Rosalynd F. Dymond, ob Empathie die Grundlage bilden könne, um den Klienten durch therapeutische Interventionen zu mehr Einsicht zu verhelfen.[23] Seitdem wird der Terminus in der Sozial- und in der klinischen Psychologie angewandt, ohne daß von einer genaueren Bestimmung dieser Erlebenskategorie gesprochen werden kann. »Der Bereich der Wirksamkeit von Einfühlungs- oder Empathieprozessen reicht vom Verstehen anderer Personen über ›Gefühlsansteckung‹ [...] bis hin zu Altruismus und Philanthropie.« Aus pragmatischen Gründen gibt es Tendenzen, Empathie »zur Kennzeichnung des sozialen Aspektes der Einfühlung«[24] zu verwenden, den Terminus Einfühlung dagegen für den ästhetischen Aspekt zu reservieren.

3. Empathie/Identifikation
in der deutschen Literaturwissenschaft

Während das intensive psychotherapeutische Interesse an Empathie für die Psychologie der Kunst bislang nur vereinzelt programmatische Entwürfe gezeigt hat, in denen das Einfühlungsprinzip als Relationsbegriff bestimmt wird, mit dem die Interaktion zwischen Künstler, Kunstwerk und Betrachter als zusammengehöriger Prozeß beschrieben und jede isolierte Analyse überwunden werden könne[25], arbeitet die Literaturwissenschaft in Deutschland bereits seit Jahrzehnten wieder mit dem Begriff, verwendet dabei allerdings fast ausschließlich das Wort Identifikation.

Im Westen wie im Osten Deutschlands erfolgte

---

18 DANIEL GOLEMAN, Emotional Intelligence (1995; London 1996), 105.
19 BERES/ARLOW (s. Anm. 16), 47.
20 FRIEDRICH THEODOR VISCHER, Kritik meiner Ästhetik (1866), in: F. T. Vischer, Kritische Gänge, hg. v. R. Vischer, Bd. 4 (München 1922), 383.
21 HOLGER HÖGE, Emotionale Grundlagen ästhetischen Urteilens. Ein experimenteller Beitrag zur Psychologie der Ästhetik (Frankfurt a.M./Bern/New York 1984), 60.
22 KENNETH BULLMER, The Art of Empathy: A Manual for Improving Accuracy of Interpersonal Perception (New York/London 1975), 78.
23 Vgl. ROSALYND F. DYMOND, A Preliminary Investigation of the Relation of Insight and Empathy, in: Journal of Consulting Psychology 12 (1948), 228–233.
24 HÖGE (s. Anm. 21), 53 f., 65.
25 Vgl. W. RAY CROZIER/PAUL GREENHALGH, The Empathy Principle: Towards a Model for the Psychology of Art, in: Journal for the Theory of Social Behavior 22 (1992), 63–79.

die Begriffsaufnahme in deutlicher Abgrenzung gegenüber der Ästhetik der Distanz in der Moderne. Auf Grund der unterschiedlichen Voraussetzungen und Zielstellungen vollzog sich diese Abkehr allerdings mit stark voneinander abweichenden Zügen. Das seit dem 18. Jh. in Deutschland ausgebildete Zweischichtenschema literarischer Wertung, dem die ästhetische Wertung mit wechselnden Gegensatzpaaren folgte, hatte Verzicht auf Distanz stets als Zeichen von Inferiorität beurteilt. Unmittelbarkeit oder der vom Bedürfnis des Lesers nach Wunscherfüllung bestimmte Szenenaufbau im Roman galten bis weit über die Mitte des 20. Jh. hinaus als Markenzeichen für ›deutschen Kitsch‹. In der Tat bildet der sog. ›I-Wert‹ (Identifikationswert) im Kalkulationsgeschäft einschlägiger moderner Verlage eine feste Größe, die an Testlesern sog. Trivialliteratur überprüfen lassen, wieweit die Identifikation mit den Helden geht, um auf die Verkäuflichkeit ihrer Ware zu schließen. Die herablassende Haltung, mit der im Feuilleton bis heute von ›Identifikationsmustern‹ gesprochen werden kann, die sich unter den Indianern Karl Mays wie unter den Germanen Gustav Freytags für jugendliche Leser finden, bezeugt die unveränderte Geltung des überlieferten Wertungsschemas gegenüber einer als minderwertig klassifizierten Literatur.

Mit der Entwicklung der Rezeptionsästhetik zur literarischen Hermeneutik wurde Identifikation in der alten Bundesrepublik auch für Literatur von ästhetischem Rang verwendbar. Polemisch gegen Adorno gerichtet, eröffnet Hans Robert Jauß 1976 seine Theorie ästhetischer Erfahrung mit der These:»Ästhetische Erfahrung wird um ihre primäre gesellschaftliche Funktion verkürzt, solange sie im kategorialen Rahmen von Negation und Affirmation belassen und die konstitutive Negativität des Kunstwerks nicht mit Identifikation als ihrem rezeptionsästhetischen Gegenbegriff vermittelt wird.«[26] Der für alle ästhetische Erfahrung unentbehrliche Akt der Distanznahme wird so in den Begriff integriert und verleiht ihm den Charakter eines Prozesses:»Denn weder das bloße Aufgehen in einer Emotion, noch die völlig abgelöste Reflexion über sie, sondern erst die Hin-und-Her-Bewegung, das immer neue Sich-Abheben aus der fingierten Erfahrung, das Erproben seiner selbst am vorgestellten Schicksal des andern, macht das eigentümliche Vergnügen am Schwebezustand einer ästhetischen Identifikation aus.«[27] Im Zentrum eines Funktionskreises von fünf »Primäreinstellungen« (247) steht bei Jauß die auf Aristoteles zurückgeführte admirative und sympathetische Identifikation. Diese wird als »der ästhetische Affekt des Sich-Einfühlens in das fremde Ich« (271) bestimmt und als Teil der Katharsis verstanden, einer Kategorie, die bei Jauß im erweiterten Sinn den Prozeß der Rezeption bei der Lektüre und danach umfaßt.

In der DDR hatte die Abkehr von der Ästhetik der Distanz wesentlich früher eingesetzt. War sie doch unvereinbar mit dem Ziel einer sozialistischen Gesellschaft und der daraus abgeleiteten kulturpolitischen Grundorientierung, die extreme Spaltung zwischen Kunst und Leben zu überwinden, wofür seit 1959 der ›Bitterfelder Weg‹ Losung war.

Im *Kulturpolitischen Wörterbuch* von 1970 lautet deshalb im Stichwort ›Einfühlungstheorie‹ der Kommentar über deren aktuelle Bedeutung:»Für die gesellschaftliche Funktion der sozialistisch-realistischen Kunst besitzt die gefühlsmäßige Anteilnahme des rezipierenden Subjekts am Handeln der künstlerisch dargestellten Figuren große Bedeutung. Der Begriff der Einfühlung sollte dafür nicht verwandt werden, auch um Verwechslungen mit dem entsprechenden Begriff in der E. auszuschließen. Stattdessen hat sich dafür der Begriff der ästhetischen Identifizierung durchgesetzt, womit die Vorstellung des Rezipienten, sich selbst in den Gestalten des Kunstwerkes und seinen Handlungen zu erleben, bezeichnet wird«[28]. (Der Artikel dürfte Horst Redeker zum Verfasser haben, dessen Berliner Dissertationsschrift von 1963 *Über Wesen und Bedingungen der subjektiven Aktivität [besonders in Form der ästhetischen Identifikation im Prozeß der Re-*

---

26 HANS ROBERT JAUSS, Negativität und Identifikation. Versuch zur Theorie der ästhetischen Erfahrung, in: H. Weinrich (Hg.) Positionen der Negativität (München 1975), 268.
27 JAUSS, Ästhetische Erfahrung und literarische Hermeneutik (Frankfurt a. M. 1982), 254.
28 ›Einfühlungstheorie‹, in: H. Bühl u. a. (Hg.), Kulturpolitisches Wörterbuch (Berlin 1970), 117.

zeption der Kunst] in ihrer Bedeutung für die erzieherische Funktion der Kunst im Sozialismus 1969 in überarbeiteter Fassung unter dem Titel *Kunst und sozialistisches Menschenbild* im Druck erschien.) Rechnung getragen war mit dieser terminologischen Differenzierung dem großen Streit um die nichtaristotelische und die aristotelische Kunstauffassung, von dem die Diskussion in der DDR lange geprägt war und der erst durch Werner Mittenzweis 1975 geschriebene Neufassung seines 1967 erschienenen Aufsatzes *Die Brecht-Lukács-Debatte* als Gegensatz ästhetischer Positionen »innerhalb des Marxismus«[29] interpretiert und historisiert worden ist. Schon 1969 hatte Mittenzwei die ästhetische Position, die Brecht in seinen letzten Lebensjahren in der DDR entwickelte, als »neue Stufe der nichtaristotelischen Technik, die auf dem dialektischen Gebrauch von Einfühlung und Nichteinfühlung, von Identifizierung und Distanz beruht«[30], charakterisiert. Unter der Voraussetzung, daß sozialistische Literatur schließlich irgendwann einmal in einer nichtantagonistischen Gesellschaft wirken solle, erschien der Gebrauch von Einfühlung ›unbedenklicher‹. Daß sie gesellschaftlich aktivierend wirke, galt als evident.

Auffällig ist nicht nur die fast zeitgleiche Tendenz zur positiven Wiederaufnahme des Begriffs Einfühlung unter dem Titel Identifikation oder Identifizierung um 1970 in der Literaturwissenschaft der beiden deutschen Staaten. Auffällig ist ebenso das Festhalten an der Doppelbedeutung

---

29 WERNER MITTENZWEI, Die Brecht-Lukács-Debatte, in: Mittenzwei (Hg.), Wer war Brecht. Wandlung und Entwicklung der Ansichten über Brecht im Spiegel von ›Sinn und Form‹ (Berlin 1977), 399.
30 MITTENZWEI, Erprobung einer neuen Methode. Zur ästhetischen Position Bertolt Brechts, in: Mittenzwei (Hg.) Positionen. Beiträge zur marxistischen Literaturtheorie in der DDR (Leipzig 1969), 89.
31 MORITZ GEIGER, Über das Wesen und die Bedeutung der Einfühlung, in: F. Schumann (Hg.), Bericht über den 4. Kongreß für experimentelle Psychologie in Innsbruck (Leipzig 1911), 30.
32 DIETER HENRICH/WOLFGANG ISER, Bibliographie, in: Henrich/Iser (Hg.), Theorien der Kunst (Frankfurt a. M. 1982), 612.
33 ROBERT PETSCH, Einleitung, in: Petsch (Hg.), Lessings Briefwechsel mit Mendelssohn und Nicolai über das Trauerspiel (Leipzig 1910), LII.
34 Ebd., LIV.

von Einfühlung/Empathie in der Sprache der Soziologen und Psychologen im Sinne von Projektion des Ichs und transitorischer Identifikation. Wie und weshalb es zu dieser Kopplung zwischen aktiven und passiven Aspekten, zwischen dem Akt der Einfühlung und der auf Rezeption angewiesenen ästhetischen Identifikation kam, ist die Grundfrage, von der sich der begriffsgeschichtliche Rückblick leiten lassen muß.

II. Aufklärung und Identifikation

1. Die Entdeckung der Identifikation durch die Theoretiker des bürgerlichen Dramas

Die Überzeugung, daß die geistigen Wurzeln des Einfühlungsbegriffs in der deutschen Romantik liegen, begleitet den Begriff nahezu seit seiner Geburt. »Der Gedanke der Einfühlung ist aus den metaphysisch-ästhetischen Spekulationen der Romantik herausgewachsen«[31], berichtet 1910 Moritz Geiger vor dem 4. Kongreß für experimentelle Psychologie. Unverändert vertreten Dieter Henrich und Wolfgang Iser auch 1982 diese Ansicht vom Jahrhundertanfang, wenn sie das Spektrum der Einfühlungstheorie mit den Positionen »von romantischer Poetik über die Psychologie des Gefühls bis hin zu einer Philosophie der Symbole«[32] kennzeichnen.

An dem klassischen Ort, wo der Begriff zuerst vermutet und gesucht wurde, in Lessings Briefwechsel mit Mendelssohn und Nicolai, schien der »Begriff der Einfühlung [...] noch nicht entdeckt«[33]. Lessing hat das Wort Einfühlung zwar nicht verwendet, vom Begriff aber durchaus eine Vorstellung gehabt, wenn er dem »feinen Mitschwingen unserer Seele bei allem, was der tragische Held erlebt«[34], auch nur sekundäre Bedeutung beigemessen und es als »*zweyten* mitgeteilten Affekt« klassifiziert hat. »Dergleichen *zweyte* Affekten aber, die bey Erblickung solcher Affekten an andern, in mir entstehen, verdienen kaum den Namen der Affekten«. Wichtig waren Lessing die primären Affekte: »Denn diesen Affekt empfinden nicht die spielenden Personen und wir empfinden ihn nicht blos, weil sie ihn empfinden, sondern er entsteht in uns ursprünglich aus der Wirkung der Gegenstände auf uns«[35]. So bedeutsam nun vor allem die Herkunft von der Symbolik für die Einfühlungsästhetik gewesen ist, sie bildet nur die eine Wurzel des Begriffs. Die andere reicht zurück in die europäische Aufklärung und ist zunächst zu betrachten.

Lessing hatte seine Überlegungen noch in der Sprache der Schule, in der von Wolff geprägten philosophischen Tradition formuliert; und die Deutung der ›zweiten mitgeteilten Affekte‹ ist in der Lessingforschung bis heute umstritten. Das Identifikationsphänomen kommt dagegen prägnant bei Autoren zur Sprache, die das neuartige Äquivalenzverhältnis zwischen Zuschauer und dramatischem Personal in den Mittelpunkt rücken, das mit dem bürgerlichen Drama allererst möglich geworden ist. Die Tragödie hatte die Menschen stets größer, die Komödie sie kleiner vorgestellt, als sie wirklich waren. Wenn das bürgerliche Trauerspiel bzw. in Frankreich ›le genre dramatique sérieux‹ sie nun endlich unverzerrt zeige, müsse das Interesse, die Anteilnahme des Zuschauers notwendig stärker und intensiver ausfallen. Beaumarchais argumentiert 1767 in diesem Sinne und mit kritischem Blick auf die heroische Tragödie: »Que me font à moi, sujet paisible d'un État monarchique du dix-huitième siècle, les révolutions d'Athènes et de Rome? Quel véritable intérêt puis-je prendre à la mort d'un tyran du Péloponnèse? au sacrifice d'une jeune princesse en Aulide? Il n'y a dans tout cela rien à voir pour moi, aucune moralité qui me convienne. Car qu'est-ce que la moralité? C'est le résultat fructueux et l'application personnelle des réflexions qu'un événement nous arrache. Qu'est-ce que l'intérêt? C'est le sentiment involontaire par lequel nous nous adoptons cet événement, sentiment qui nous met en la place de celui qui souffre, au milieu de sa situation.«[36] Verstand und Reflexion des Zuschauers verarbeiten das Theatergeschehen auf ihre lebenspraktische Bedeutung hin, nachdem sich zuvor der Zuschauer durch ›spontane Gefühlsregung‹ ›an die Stelle des Leidenden versetzt‹, sich durch Identifikation das ›Geschehen zu eigen‹ gemacht hat.

In der Geschichte des europäischen Theaters war mit der Verbürgerlichung der Dramatik ein Wendepunkt erreicht: An Stelle von Figuren in Maske und Kothurn (wie in der Antike) oder Knaben als Frauendarstellern bzw. Ammen,»von einer Mannsperson gespielt« (wie in der Shakespeare-Zeit), agierten zum ersten Male Frauen und Männer auf der Bühne, die der Zuschauer als seinesgleichen ansehen konnte. Goethe hat 1816 »die Unvollkommenheit der englischen Bretterbühne« mit diesen für »unsere folgerechte, Übereinstimmung liebende Denkart« unerträglich und possenhaft wirkenden Zügen in Verbindung gebracht: »Es ist keine Spur von der Natürlichkeitsforderung, in die wir nach und nach durch Verbesserung der Maschinerie und der perspectivischen Kunst und der Garderobe hineingewachsen sind, und von wo man uns wohl schwerlich in jene Kindheit der Anfänge zurückführen dürfte: vor ein Gerüste, wo man wenig sah, wo alles nur *bedeutete* [...]. Wer will sich nun gegenwärtig so etwas zumuthen lassen?«[37]

2. Rousseaus geschichtsphilosophische Interpretation

Die neuartige Erfahrung der ästhetischen Identifikation, einmal gemacht, blieb naturgemäß nicht auf das Schauspiel beschränkt. Bei Diderot, der in seinen berühmten Theaterprogrammschriften der Tragödie und der Komödie neue Inhalte und Funktionen zugewiesen hatte, wird auch die Lektüre eines Romans aus der Perspektive eines sich identifizierenden Lesers beschrieben. Im Unterschied zu den allgemeinen und abstrakten Verhaltensmaximen der Moralphilosophie, die keinen sinnlichen Eindruck hinterlassen, zeige der Roman Richardsons handelnde Menschen, die der Stellungnahme des Lesers ganz andere Möglichkeiten bieten: »celui qui agit, on le voit, on se met à sa place ou à ses côtés; on se passionne pour ou contre

---

[35] GOTTHOLD EPHRAIM LESSING an Moses Mendelssohn (2. 2. 1757), in: LESSING (LACHMANN), Bd. 17 (1904), 92.
[36] PIERRE-AUGUSTIN CARON DE BEAUMARCHAIS, Essai sur le genre dramatique sérieux (1767), in: Beaumarchais, Œuvres, hg. v. P. u. J. Larthomas (Paris 1988), 125 f.
[37] JOHANN WOLFGANG GOETHE, Shakespeare als Theaterdichter (entst. 1816), in: GOETHE (WA), Abt. I, Bd. 41/1 (1902), 68 f.

lui; on s'unit à son rôle, s'il est vertueux«[38]. Im Ergebnis des Identifikationsprozesses, bei dem das Gefühl in ständiger Bewegung ist, vermag deshalb selbst fiktives gutes Handeln Befriedigung zu gewähren: »Combien j'étais bon! combien j'étais juste! que j'étais satisfait de moi! J'étais au sortir de ta lecture, ce qu'est un homme à la fin d'une journée qu'il a employée á faire le bien.«[39]

Bei Rousseau, der im Auftrag d'Alemberts für die *Encyclopédie* zahlreiche Musikartikel geschrieben und überdies ein erfolgreiches Singspiel komponiert hatte, ist erkennbar, daß der Identifikationsbazillus auch die Oper ergriff. In ihrer französischen Sonderform bildete sie eine eigentümliche Verbindung der Welt des Mythos mit Göttererscheinungen samt Wunderspektakeln und eingeschobenen Balletten, bei denen Tänzer und Hofgesellschaft zu ihrem Recht kamen. Über die Veränderungen des Librettos und der Musik urteilt Rousseau: »Aussi dès que la Musique eut appris à peindre et à parler, les charmes du sentiment firent-ils bien-tôt négliger ceux de la baguette, le Théâtre fut purgé du jargon de la Mythologie, l'intérêt fut substitué au merveilleux, [...] et le Drame lyrique prit une forme plus noble et moins gigantesque. Tout ce qui pouvoit émouvoir le cœur y fut employé avec succès, [...] et les Dieux furent chassés de la Scène quand on y sut représenter des hommes.«[40]

Das Stichwort für das veränderte Kunstempfinden und Kunsterleben ist bei den reflektierenden Köpfen immer wieder die Anteilnahme, ›l'intérêt‹. Wie Anteilnahme am Leiden eines anderen Menschen überhaupt zustande kommt, mußte vor allem die von sensualistischen Prämissen ausgehenden Denker Westeuropas veranlassen, intensiv nach Erklärungsmöglichkeiten zu suchen. Da unmittelbare Erfahrung von den Gefühlen anderer durch unsere Sinne ausgeschlossen war, kam nur die menschliche Vorstellungskraft als ›Quelle des Mitgefühls‹ in Betracht. Adam Smith hat seine *Theory of Moral Sentiments* mit einer eindringlichen Analyse der Bewußtseinsvorgänge eröffnet, die beim Anblick eines leidenden Mitmenschen ausgelöst werden: »By the imagination we place ourselves in his situation, we conceive ourselves enduring all the same torments, we enter as it were into his body, and become in some measure the same person with him, and thence form some idea of his sensations, and even feel something which, though weaker in degree, is not althogether unlike them.«[41]

Der ›mitgeteilte Affekt‹, für Lessing uninteressant, ist als »fellow-feeling« (10) für Smith philosophisch-systematisch von zentraler Bedeutung. Und seine ethische Theorie läßt keinen Zweifel daran, daß die ästhetische Erfahrung des Mitleidens oder Mitfühlens (»pity or compassion« [9]) mit den Helden im Trauerspiel und im Roman zu ihren Voraussetzungen gehört: »Whatever is the passion which arises from any object in the person principally concerned, an analogous emotion springs up, at the thought of his situation, in the breast of every attentive spectator. Our joy for the deliverance of those heroes of tragedy or romance who interest us, is as sincere as our grief for their distress, and our fellow-feeling with their misery is not more real than that with their happiness.« (10)

Das philosophische Jh. hat dem Mitleid, das von einigen Theatertheoretikern noch als angestammtes Vorrecht der Heldentragödie reklamiert wurde, bereits eine geschichtsphilosophische Deutung gegeben und es als ursprüngliche und auch von den ›verderbtesten Sitten‹ noch nicht erstickte ›natürliche Regung‹ gedeutet. Es ist Rousseau, der in seiner berühmten zweiten Preisschrift einen Zusammenhang zwischen der Rührung des Zuschauers im Theater und der menschlichen Frühzeit gesehen hat. Dem negativen Menschenbild La Rochefoucaulds, für den Mitleid mit dem Unglück anderer im Grunde nur antizipatorisches Mitleid mit unserem künftigen eigenen Unglück bedeutet, hält Rousseau das Argument entgegen: »Quand il seroit vrai que la commiseration ne seroit qu'un sentiment qui nous met à la place de celui qui souffre, sentiment obscur et vif dans l'homme Sauvage, développé, mais foible dans l'homme Civil, qu'importeroit cette idée à la vérité de ce que je dis, si-

---

38 DENIS DIDEROT, Éloge de Richardson (1762), in: DIDEROT (VARLOOT), Bd. 13 (1980), 192 f.
39 Ebd., 193.
40 JEAN-JACQUES ROUSSEAU, Dictionnaire de musique (1768), in: ROUSSEAU, Bd. 5 (1995), 953 f.
41 ADAM SMITH, The Theory of Moral Sentiments (1759), in: Smith, The Glasgow Edition of the Works and Correspondence, Bd. 1 (Oxford 1976), 9.

non de lui donner plus de force? En effet, la commiseration sera d'autant plus énergique que l'animal Spectateur s'identifiera plus intimement avec l'animal souffrant: Or il est évident que cette identification a dû être infiniment plus étroite dans l'état de la Nature que dans l'état de raisonnement.«[42] Mit dieser Theorie war den Tränen der Rührung die höchste philosophische Legitimation erteilt und die ästhetische Genußfähigkeit auf das Gattungsbewußtsein der Menschen erweitert. Während Mendelssohn in seiner Übersetzung von 1756 den entscheidenden Passus in betont fremdwortfreies Deutsch überträgt: »Unstreitig muß das Mitleiden desto heftiger seyn, je fähiger das zuschauende Thier ist, sich an die Stelle des Leidenden zu setzen«[43], steht in der neuen Übersetzung Brigitte Burmeisters »sich identifiziert« und »Identifikation«[44].

In der Aufklärung, so können wir zusammenfassen, mag das Wort Identifikation insgesamt relativ wenig im ästhetischen Sinne verwendet worden sein. Der Begriff und wesentliche seiner Aspekte lagen danach in der Kunsttheorie und der Ethik ausgearbeitet vor: der nicht zu übergehende Anteil der Imagination am emotionalen Geschehen einerseits und die fundamentale Bedeutung des ›Andie-Stelle-des-anderen-Tretens‹ andererseits, wofür Robert Vischer später unter ganz anderen Prämissen »zentrale Versetzung«[45] sagen wird.

3. Der Übergang zur Romantik

Die weitere Entwicklung zur romantischen Periode ist, entgegen der vorherrschenden Meinung, begriffsgeschichtlich nicht sehr ergiebig. Das Wort Einfühlung findet sich bei Herder, Novalis, den Schlegels und anderen; dem Begriff selbst wird jedoch trotz der romantischen Poetisierung der Welt keine wesentliche Funktion eingeräumt. Das besagt nicht, das Phänomen der Identifikation habe es am Jahrhundertausgang nicht mehr gegeben. Vielmehr ist es umgekehrt seine außerordentliche Verbreitung und Trivialisierung in Drama und Roman, die wohl als Ursache des abflauenden Interesses bzw. der Abwertung bei allen anspruchsvollen Köpfen gelten kann. Bezeichnend für die Art und Weise, wie das Phänomen Identifikation inzwischen im Theater erfahren und reflektiert wurde, ist eine Besprechung des Ifflandschen Rührstücks Die Jäger von 1790: »was Wunder, wenn vom Rhein bis zur Elbe, von der Spree bis zur Donau, und von der Newa bis zum Belt, eine Thräne der Rührung den Leiden der Warbergschen Familie fließt«. »Hier sind wir in einer Welt, die wir alle kennen, hier wird eine Menschheit entfaltet, in der wir alle zu Hause sind, die geradezu aus dem Kreise unsrer Erfahrung genommen ist, in dem wir uns selbst wiederfinden. Ganz natürlich, daß ihre Darstellung unserm Herzen und unserm Interesse am nächsten liegt. Die Menschen darin sind ganz eigentlich unsre Brüder, Freunde und Verwandten, wir schmiegen uns also auch um so inniger an ihre Schiksale, Leiden und Freuden. [...] Es ist uns, als ob wir zu der Familie gehörten, die vorgestellt wird, es ist, als träfe uns selbst, was sie trift; und so weinen und freuen wir uns über ihre Leiden und Freuden, als ob es unsre eigenen wären.«[46] Die entscheidenden Stichworte ›Menschheit‹, ›Interesse‹, ›Familie‹ sind vorhanden. Jede kritische Haltung aber erscheint aufgesogen von dem Anspruch, sich selbst im mitgefühlten Leiden zu genießen.

Auch der pantheistische Drang, mit dem die deutschen Frühromantiker eine Vereinigung mit der Welt als einer Allheit suchten, brachte zwar in ästhetischer Hinsicht die Zurückgewinnung poetischer Kraft für das dichterische Wort, aber wenig Klarheit für das mit dem Wort Einfühlung bezeichnete Phänomen. »So wird auch keiner die Natur begreifen, der kein Naturorgan [...] hat, der

---

42 ROUSSEAU, Discours sur l'origine et les fondemens de l'inégalité parmi les hommes (1755), in: ROUSSEAU, Bd. 3 (1964), 155 f.
43 ROUSSEAU, Abhandlung von dem Ursprunge der Ungleichheit unter den Menschen, und worauf sie sich gründe, übers. v. M. Mendelssohn (1756), in: MENDELSSOHN, Bd. 6/2 (1981), 116.
44 ROUSSEAU, Abhandlung über den Ursprung und die Grundlagen der Ungleichheit unter den Menschen, übers. v. B. Burmeister, in: Rousseau, Kulturkritische und politische Schriften, hg. v. M. Fontius, Bd. 1 (Berlin 1989), 232.
45 ROBERT VISCHER, Über das optische Formgefühl (1873), in: R. Vischer, Drei Schriften zum ästhetischen Formproblem (Halle 1927), 26.
46 JOHANN FRIEDRICH SCHINK, Dramaturgische Monate (Schwerin 1790), 224, 223 f.

nicht, wie von selbst, [...] durch das Medium der Empfindung, sich mit allen Naturwesen vermischt, sich gleichsam in sie hineinfühlt.«[47] Das von Novalis den Dichtern zugesprochene Vermögen, sich mystisch den Zugang zur Seele der Natur und ihren Erscheinungen zu erschließen, ist unter dem Terminus Identifikation auch beim späten Rousseau anzutreffen.»Je sens des extases, des ravissemens inexprimables à me fondre pour ainsi dire dans le système des êtres, à m'identifier avec la nature entiére.«[48] Was diese sog. romantische Gefühlsästhetik von der empfindsamen unterscheidet, ist ihr Verzicht auf Geselligkeit. Noch im Rührstück wurde durch Tränen ein ›sympathetisches Band‹ um Gleichgestimmte geschlungen. Der Rousseau der *Rêveries* ist mit sich allein, er vergißt sich selbst, wenn seine Seele ihre Flügel spannt, um sich mit der ganzen Natur zu vermischen. Nur metaphorisch (›gleichsam‹, ›pour ainsi dire‹) kann deshalb von Einfühlung/Identifikation die Rede sein.

III. Das naturwissenschaftliche Jahrhundert und die Einfühlung

1. Symbolik und Einfühlung

Die Konstellation, aus der heraus sich in der 2. Hälfte des 19. Jh. eine ganze neue Bedeutung von Einfühlung entwickelt hat, knüpft nicht an die deutsche Naturphilosophie an, sondern an das nach Hegels Tod dominierende naturwissenschaftliche Denken. Weshalb ein alltäglicher Vorgang wie ein Sonnenuntergang, dem modernen Be-

wußtsein vertraut als ein rein physikalisches Phänomen, in der künstlerischen Darstellung Goethes als ›ahnungsvolle Beleuchtung‹ bezeichnet werden dürfe, ohne beim gebildeten Leser Anstoß zu erregen[49], war die zu klärende Problemstellung, für die schließlich der Begriff der Einfühlung als Antwort gefunden wurde.

Friedrich Theodor Vischer, der als Hegelianer begann und zusammen mit seinem Sohn Robert Vischer zum Vater der Einfühlungstheorie wurde, hat dem Problem des Naturschönen, abweichend von Hegel, eine systematisch ganz neue Stellung gegeben. Sein entscheidender Gedanke, den alle späteren Einfühlungsästhetiker teilen, ist es, bei der Weltbetrachtung die Kategorie des Gegenstandes durch die des Tuns abzulösen:»Das Schöne ist nicht ein Ding, sondern ein Akt«[50] bzw.»ein Ineinander« von mehreren Akten«[51]. Unabhängig vom Bewußtsein eines Betrachters existiert es nicht. Wenn das Funkeln der Gestirne am Himmel als erhaben oder eine Landschaft als anmutig empfunden wird, dann ist diese ästhetische Wahrnehmung durch die aktive und umformende Bewußtseinstätigkeit des Menschen zu erklären. Diesen Vorgang hatte Vischer in seiner *Aesthetik* (1846–1858) als»leihendes Anschauen«[52] zu erfassen gesucht. In der für die Entwicklung der Einfühlungsästhetik epochemachenden Abhandlung über das Symbol lautet die Beschreibung»Eintragung der Menschenseele in Unpersönliches«[53], und die Ableitung des Begriffs Einfühlung erfolgt jetzt aus dem Mythos. In der menschlichen Frühzeit seien die rätselhaften Erscheinungen der Natur als Beseeltheit der Dinge aufgefaßt worden. Im Mythos suche das religiöse Bewußtsein nach einer Erklärung für das ganze Dasein. Das in die Naturerscheinung versetzte Ich werde dabei zum göttlichen Ich. Aus diesem Befund hat Vischer die weitreichende These entwickelt:»Der Akt der Seelenleihung bleibt aber als naturnotwendiger Zug der Menschheit eigen, auch wenn sie längst dem Mythus entwachsen ist; nur jetzt mit dem, was wir Vorbehalt nennen« (435). Vischer weitet damit den Symbolbegriff Hegels aus und entdeckt in der»dunklen [...] Symbolik« (431) des Gemüts »eine der Grundleistungen der Subjektivität«[54]. Im Unterschied zum mythisch-religiös gebundenen Bewußtsein, dem es mit der Verwechslung von

---

47 NOVALIS, Die Lehrlinge zu Saïs (1802), in: NOVALIS, Bd. 1 (1977), 105.
48 ROUSSEAU, Les rêveries du promeneur solitaire (1782), in: ROUSSEAU, Bd. 1 (1959), 1065 f.
49 Vgl. F. T. VISCHER, Das Symbol (1887), in: F. T. Vischer, Kritische Gänge, Bd. 4 (s. Anm. 20), 432.
50 F. T. VISCHER (s. Anm. 20).
51 F. T. VISCHER (s. Anm. 49), 438.
52 VISCHER, Bd. 2 (1922), 31.
53 F. T. VISCHER (s. Anm. 49), 434.
54 GADAMER, Wahrheit und Methode (1960), in: GADAMER, Bd. 1 (1986), 85.

Bild und Sinn ernst ist, kennzeichnet ein nur schwebender Ernst das moderne ästhetische Bewußtsein. Damit war die Gegenwart von Vischer als eine neue, selbständige Periode für die Ästhetik erschlossen und Hegels *Ästhetik* (1835–1838) in einem weiteren Punkt verändert. Die Freiheit der symbolisierenden Tätigkeit des Gemüts konnte zur Grundlage der Ästhetik des ausgehenden 19. Jh. werden.

Vischer hatte zunächst nach einem Terminus gesucht, der »die Innigkeit des Verhaltens« ausdrükken sollte, und »innige Symbolik« oder »intime Symbolik«[55] in Erwägung gezogen. In dem Aufsatz *Das Symbol* hat er »den Akt, durch welchen sich der Beschauer in das Unbeseelte so hineinversetzt, als ob er mit seiner Lebenskraft und Seele selbst darin sei«, mit dem von seinem Sohn 1872 vorgeschlagenen und von Johannes Volkelt in *Der Symbolbegriff in der neuesten Ästhetik* 1876 aufgegriffenen Begriff als »Akt der Einfühlung« (437) bezeichnet. Daß die Phantasie in alles den Menschen hineinschaut und »aus Luft, Wolke, Berg, Fels, Pflanze ein Mensch« uns scheinbar anblickt, deutet für ihn auf eine echte Einheit von Natur und Geist hin: »der starke Schein wäre nicht möglich, wenn nicht alles Unpersönliche, ja auch Unorganische eine wirkliche Vorstufe des Geistes wäre« (456).

Für Robert Vischer war der von seinem Vater 1866 entwickelte Gedanke entscheidend geworden, das »innige Ineinsfühlen des Bildes und des Inhalts« müsse wohl so erklärt werden, »daß jeder geistige Akt in bestimmten Schwingungen und [...] Modifikationen des Nervs sich in der Art vollzieht und zugleich reflektiert, daß diese sein Bild darstellen, daß also ein symbolisches Abbilden schon im verborgenen Innern des Organismus stattfindet«[56]. Seine Folgerung lautete: »Es ist also ein unbewußtes Versetzen der eigenen Leibform und hiemit auch der Seele in die Objektsform. Hieraus ergab sich mir der Begriff, den ich Einfühlung nenne.«[57] Der Vorzug des Begriffs war offenkundig, da er Tatsachen alltäglicher Beobachtung mit einem komplexen und kaum beachteten psychischen Geschehen verbinden konnte. Drei Arten des ästhetischen Verhaltens ließen sich unterscheiden: die ›sensitive‹ Gefühlsbeteiligung, die für das ruhende Auge besonders durch Licht und Farbe erzeugt wird, das ›motorische‹ Verhalten, bei dem

etwa der Blick den Umrissen der Berge folgt und durch sukzessive Anschauung die Lust des Bewegungsgefühls erregt; und schließlich die Funktion der »zentralen Versetzung«, die motorischer wie sensitiver Natur sein kann. »Mein geistig-sinnliches Ich transponiert sich in das *Innere* des Objektes und erfühlt seinen Formcharakter von innen heraus.«[58] Während die beiden ersten Einstellungen von außen nach innen gehen, erfaßt die Einfühlung das Objekt von innen und ist daher die intensivste Form.

Die außerordentliche Karriere, die der neu gefundene Begriff jetzt machen konnte, hing mit seiner Konstituierung auf einem Grenzgebiet zusammen: Der empirischen Psychologie bot er den Anreiz, die Teilnahme des Körpers bei den verschiedenen Phänomenen ästhetischer Aktivität genauer zu untersuchen. Auf dem Weg experimenteller Analyse und Beobachtung sollten Einsichten in elementare Bewußtseinsphänomene möglich sein. Für die philosophische Ästhetik deutscher Tradition kennzeichnet er eine entscheidende Etappe bei der radikalen Subjektivierung des Ästhetischen. Für das Postulat Friedrich Theodor Vischers von 1866: »Die Ästhetik muß den Schein, als gebe es ein Schönes ohne Zutun [...] des anschauenden Subjekts schon auf ihrem ersten Schritte vernichten; [...] das Schöne ist einfach eine bestimmte Art der Anschauung«[59], war eine konkrete Orientierung gefunden.

2. Vom Objektivismus zum ästhetischen Subjektivismus: Theodor Lipps

Der Versuch, die analysierende Psychologie zu einer Grundwissenschaft der gesamten Philosophie zu entwickeln, ist mit dem Namen von Theodor Lipps verknüpft. Bei ihm wird der aus dem Verhältnis des Menschen zur Natur entwickelte Begriff Einfühlung auf den kunstphilosophischen Werkbereich bezogen und damit sein Anwen-

---

55 F. T. VISCHER (s. Anm. 49), 435.
56 F. T. VISCHER (s. Anm. 20), 319, 320.
57 R. VISCHER (s. Anm. 45), 4.
58 R. VISCHER, Der ästhetische Akt und die reine Form (1874), in: R. Vischer (s. Anm. 45), 47 f.
59 F. T. VISCHER (s. Anm. 20), 224.

dungsbereich erheblich erweitert. Eine Ästhetik des Willens zum künstlerischen Schaffen, überprüfbar durch experimentelle Psychologie – in diesem Rahmen schien die Hypothese der Einfühlung den Zeitgenossen die Basis einer ganz neuen Philosophie des Schönen und der Kunst abzugeben. In dem Buch über Raumästhetik hatte Lipps an den sog. ›optischen Illusionen‹ nachgewiesen, wie reale geometrische Formen durch unser Urteil verfälscht werden. Die Engländerin Vernon Lee meinte in Lipps einen ›neuen Darwin‹ begrüßen zu können, dessen Idee der Einfühlung in ihrer Bedeutung mit der von der natürlichen Zuchtwahl zu vergleichen sei.[60] Und in der Tat ist der Begriff ›ästhetische Einfühlung‹ auch in das Gebiet der Biologie gewandert. Von Karl Möbius, dem Direktor des Berliner Zoologischen Museums, erschien in den Sitzungsberichten der Preußischen Akademie der Wissenschaften nicht nur eine Abhandlung über *Die ästhetische Betrachtung der Tiere* (1895), sondern auch eine über das diffizilere Problem: *Können die Tiere Schönheit wahrnehmen und empfinden?* (1906).[61]

Was mit der Expansion in neue Bereiche und Disziplinen verlorengehen mußte, war die semantische Einheit des Begriffs. Moritz Geiger hat schon 1910 nicht weniger als vier unterschiedliche Bedeutungen beobachtet. Neben Einfühlung als theoretischem Erklärungsmodell für das Entstehen unseres Wissens vom anderen Menschen steht Einfühlung als Nacherleben und als Mitgehen mit anderen Menschen, also als methodisches Erkenntnismittel der Psychologie. Daß die Einfühlungstheorie bei den Vischers als ›Beseelung des Untermenschlichen‹, also als seelische Funktion

entwickelt worden war, wollte allerdings zu Einfühlung als psychischem Erlebnis schlecht passen, wobei zwischen »Stimmungseinfühlung« und »Tätigkeitseinfühlung«[62] zu unterscheiden bleibe. Schließlich war der Begriff als eine der Quellen des ästhetischen Genusses gebräuchlich, und es fehlte nicht an besonnenen Stimmen, die vor den metaphysischen und verabsolutierenden Tendenzen warnten. »Die neuere Literatur über Einfühlung«, bilanzierte Max Dessoir, »hat uns mit einer Fülle von Redewendungen überschüttet und in ihnen unverkennbar das Verhalten der Seele gekennzeichnet, wie es in *manchen* Fällen dunkel gefühlt und instinktiv erfahren wird. Aber die Theorie droht zu einer schablonenhaften Versprachlichung sich auszuwachsen.«[63] Schon 1912 hatte Theodor A. Meyer in die gleiche Kerbe gehauen und betont, daß in größeren Kunstwerken mehrere Gefühlstypen gleichzeitig vorhanden sein und zu Bewußtsein kommen müßten, wenn das Ganze erfaßt werden sollte: »In der Tatsache [...], daß wir unter günstigen Bedingungen an bestimmten Höhepunkten des Kunstwerks mit unserer Seele ganz im Kunstwerk sind, liegt die Wahrheit der Einfühlungstheorie.« »Die vollständige Einfühlung ist ein Ausnahmezustand, und es ist gut, daß er nur in ästhetischen Feierstunden eintritt. Er steht an der Grenze des Ästhetischen.«[64]

Worum es bei diesen Auseinandersetzungen ging, war in philosophischer Hinsicht die Abwehr der Metaphysik des subjektiven Idealismus, zu dem sich Johannes Volkelt wie Lipps unverhohlen bekannten. »Es ist eine Grundthatsache«, schrieb Lipps, »daß ein ›sinnlich gegebenes Objekt‹, genau genommen, ein Unding ist, Etwas, das es nicht giebt und nicht geben kann. [...] Von meinem Leben [...] ist jedes Objekt, das für mich als dies bestimmte existirt – und andere Objekte existiren nun einmal für mich nicht –, nothwendig und selbstverständlich durchdrungen. Und Dies nun ist der allgemeinste Sinn der ›Einfühlung.‹«[65] Solange Freiheit als eigentliches Kennzeichen des ästhetischen Zustandes galt, wie die Tradition der deutschen Ästhetik lehrte, konnten aber auch forsche Formulierungen nicht darüber hinwegtäuschen, daß man das Phänomen auch ganz anders sehen konnte und Einfühlung jedenfalls nicht als Synonym für ›Sympathie‹ anzusehen war, wie Lipps

---

60 Vgl. VERNON LEE, La sympathie esthétique d'après Th. Lipps, in: Revue philosophique de la France et de l'Étranger 64 (1907), 615.
61 Vgl. KARL MÖBIUS, Ästhetik der Tierwelt (Jena 1908), III.
62 GEIGER (s. Anm. 31), 50, 51.
63 MAX DESSOIR, Ästhetik und allgemeine Kunstwissenschaft (1906; Stuttgart ²1923), 46.
64 THEODOR A. MEYER, Kritik der Einfühlungstheorie, in: Ztschr. f. Ästhetik u. allg. Kunstwiss. 7 (1912), 566, 567.
65 LIPPS (s. Anm. 1), 158.

das wollte.⁶⁶ Denn diese unterstellt ein freies inneres Mitmachen bzw. Einfühlung im positiven Sinn, was für die von Lipps zwar erwähnte, aber nie beschriebene ›negative Einfühlung‹ nicht gelten konnte. Was darunter zu verstehen sei, hat Lev Tolstoj 1889 in der *Kreutzersonate* gezeigt, wenn er im 23. Kapitel aus der Einfühlungstheorie verallgemeinernd radikal andere Konsequenzen zieht: »Музыка заставляет меня забывать себя, мое истинное положение, она переносит меня в какое-то другое, не свое положение: мне под влиянием музыки кажется, что я чувствую то, чего я, собственно, не чувствую, что я понимаю то, чего не понимаю, что могу то, чего не могу. […] Она, музыка, сразу, непосредственно переносит меня в то душевное состояние, в котором находился тот, кто писал музыку. Я сливаюсь с ним душою и вместе с ним переношусь из одного состояния в другое, но зачем я это делаю, я не знаю.« (Die Musik bewirkt Selbstvergessen, ich vergesse meine Lage und werde in eine andere Welt versetzt. Unter ihrem Einfluß glaube ich etwas zu fühlen, was ich in Wirklichkeit nicht empfinde, Dinge zu verstehen, die ich nicht begreife, Fähigkeiten und Kräfte zu besitzen, die mir fehlen. […] Nur die Musik vermag es, mich unvermittelt in die Stimmung zu versetzen, in der sich der Komponist befand, als er die betreffende Musik komponierte. Meine Seele geht in seiner auf und teilt ihre wechselnden Stimmungen, doch werde ich mir dessen nicht bewußt, weshalb.)⁶⁷ Offensichtlich wehrt sich Tolstoj gegen das von der Musik verursachte Aufreizen der Gefühle als Selbstzweck. Er hinkt mit dieser puritanischen Auffassung der längst herrschenden Ansicht von der Autonomie der Kunst weit hinterher. Man wird als Deutscher am Ausgang des 20. Jh., wenn man *Wagners Hitler* (1997) von Joachim Köhler gelesen hat, jedoch nachdenklich, wenn es bei Tolstoj weiterhin heißt: »Разве можно допустить, чтобы всякий, кто хочет, гипнотизировал бы один другого или многих и потом бы делал с ними что хочет.« (Ist es denn zulässig, daß jeder, dem es einfällt, die Macht erhält, den anderen oder sogar viele Menschen zu hypnotisieren, damit er mit ihnen tun kann, was er will?)⁶⁸ Verglichen

mit diesem Verdikt durch den großen Russen, nimmt sich die Formel:»der ästhetische Genuß wird […] in dem Einklang des Eigenen und des Fremden gefunden«⁶⁹, auf die Dessoir den Grundgedanken der Einfühlungstheorie brachte, akademisch und verharmlosend aus.

Eine wichtige Weiterentwicklung und Neuformulierung hat die Einfühlungstheorie in den 20er Jahren in Rußland durch Michail Bachtin erfahren. In dessen erst 1979 an die Öffentlichkeit gelangten Aufsatz *Autor und Held in der ästhetischen Tätigkeit* wird Einfühlung nur als Anfangsphase, nicht als Endzweck der ästhetischen Tätigkeit verstanden:»Первый момент эстетической деятельности – вживание: я должен пережить – увидеть и узнать – то, что он [герой] переживает, стать на его место, как бы совпасть с ним«⁷⁰. (Das erste Moment der ästhetischen Tätigkeit ist die Einfühlung: Ich muß erleben – erblicken und erfahren –, was er [der Held – d. Verf.] erlebt, seinen Platz einnehmen, gleichsam eins mit ihm werden.) Aber nicht schon in diesem Verschmelzungsvorgang, sondern erst in der Rückbesinnung auf das eigene Ich beginnt für Bachtin die entscheidende ästhetische Erfahrung:»Эстетическая деятельность […] начинается, собственно, тогда, когда мы возвращаемся в себя и на свое место вне страдающего, оформляем и завершаем материал вживания; и эти оформление и завершение происходят тем путем, что мы восполняем материал вживания«⁷¹. (Die ästhetische Tätigkeit beginnt eigentlich dann, wenn wir in uns selbst, auf einen Platz außerhalb des Leidenden zurückkehren und das Material der Einfühlung gestalten und vollenden;

---

66 Vgl. LIPPS, Ästhetik, Bd. 1 (Hamburg/Leipzig 1903), 139 f.
67 LEV TOLSTOJ, Krejcerova sonata (1891), in: Tolstoj, Polnoe sobranie sočinenij, hg. v. V. G. Čertkov, Bd. 27 (Moskau/Leningrad 1933), 61; dt.: Die Kreutzersonate, in: Tolstoj, Die Kreutzersonate und andere Erzählungen, übers. v. E. v. Baer (Leipzig 1954), 266.
68 Ebd.; dt. 267.
69 DESSOIR (s. Anm. 63), 42.
70 MICHAIL M. BACHTIN, Avtor i geroj v estetičeskoj dejatel'nosti (um 1920–1925), in: Bachtin, Estetika slovesnogo tvorčestva (Moskau 1979), 24 f.; vgl. JAUSS (s. Anm. 27), 68 f.
71 BACHTIN (s. Anm. 70), 26.

und diese Gestaltung und Vollendung vollzieht sich so, daß wir das Material der Einfühlung ergänzen«.) Wie der Therapeut nach der Identifikation mit den Gefühlen eines Patienten das Vermögen aufbringen muß, das Ich vom Nicht-Ich zu trennen, um sich ein Bild über den Patienten zu machen, so postuliert Bachtin die Distanznahme als unverzichtbares Moment, wenn ästhetische Erfahrung ihre Möglichkeiten ausschöpfen soll.

In Deutschland wurde dagegen mit der Abwehr gegenüber dem »maßlosen Subjektivismus« der Jahrhundertwende und mit dem Festhalten am Begriff der Kunst als »Anschauung«, die »uns einer objektiven Welt« gegenüberstellt, das Ästhetische gegen eine Instrumentalisierung verteidigt, bei der es nur dazu dienen soll, »uns den ganzen Umfang der erlebbaren Sensationen zu erschließen«[72]. Es ging den Kritikern bei alldem um eine Absicherung der geistesgeschichtlichen Disziplinen »gegen Übergriffe der naturwissenschaftlich arbeitenden Psychologie«[73].

In dieser Funktion hatte der Begriff bei Dilthey auch für seine Begründung einer Erkenntnistheorie der Geisteswissenschaften Verwendung gefunden. Mit der Grundthese, daß die Geisteswissenschaften im Zusammenhang von ›Erleben, Ausdruck und Verstehen‹ gründen, war der Prozeß der Selbstauslegung des Lebens gekennzeichnet. Weil Dilthey eine Philosophie des ganzen Menschen geben wollte, waren Psychologie, Entwicklungsgeschichte und Transzententalphilosophie eine eigentümliche Verbindung eingegangen.[74]

3. Die Partialität der Kategorie: Worringer

Daß Lipps im »Einfühlungsgedanken die alleinige prinzipielle Grundlage des Ästhetischen«[75] sah und diese Lösung mit dem Eifer des Neophyten unermüdlich in seinen Schriften propagierte, mußte vor allem auf jenem Gebiet zum Widerspruch reizen, von dem die Einfühlungstheorie ausgegangen war, dem des Sehens und des ›Anschauens‹. Es ist das Verdienst Wilhelm Perpeets, mit Nachdruck auf die allgemein verbreitete falsche Genealogie hingewiesen zu haben: Der Terminus »Einfühlungs-Ästhetiker«[76] ist zum ersten Mal 1894 gebraucht worden, nachdem die Einfühlungstheorie der beiden Vischers ausgearbeitet vorlag. Er signalisiert die nachträgliche Ausweitung der naturästhetischen Problemlösung auf den gesamten Bereich der Kunst. Eröffnet war damit die Amalgamierung mit dem im 18. Jh. entwickelten Einfühlungsbegriff, der ausschließlich auf Menschen bzw. literarische Figuren bezogen war. Weil das Wort Einfühlung bei Aufklärern wie bei Romantikern aber auch auf die zoomorph aufgefaßte Natur angewendet worden war, um die sympathetische Einfühlung des Menschen in den sinnreichen Kosmos der Natur auszudrücken, datierten fast alle Einfühlungstheoretiker – Friedrich Theodor Vischer ist die Ausnahme – die konzeptionelle Grundlegung der Einfühlungsästhetik irrtümlich in die Zeit der romantischen Naturphilosophie. Schon für den jungen Friedrich Theodor Vischer, betont demgegenüber Perpeet, hatte die Natur keinen Logos: »Nicht aus dem Staunen über die Befreundung mit der Natur, sondern über die Befremdung ihr gegenüber konzipiert die Einfühlungsästhetik ihre These. Nicht etwa Novalis, sondern Hegel, der mit der Phänomenologie des Geistes die Romantik beigesetzt hatte, ist ihr unfreiwilliger Pate.«[77]

Die 1906 von Lipps in einer Wochenschrift veröffentlichte Abhandlung *Einfühlung und ästhetischer Genuß*, in der er seine theoretischen Überlegungen zusammenfaßte, hat wie ein Manifest der Einfühlungsästhetik gewirkt. Bei künftigen Untersuchungen sollte »nicht mehr von der Form des ästhetischen Objektes, sondern vom Verhalten des betrachtenden Subjekts«[78] ausgegangen werden. Das Übertragen der aus der Ästhetik des Naturschönen

---

72 MEYER (s. Anm. 64), 552.
73 OSKAR WALZEL, Gehalt und Gestalt im Kunstwerk des Dichters (Berlin 1923), 9.
74 Vgl. HERBERT SCHNÄDELBACH, Philosophie in Deutschland 1831–1933 (Frankfurt a. M. 1983), 75.
75 GEIGER (s. Anm. 31), 59.
76 THEOBALD ZIEGLER, Zur Genesis eines ästhetischen Begriffs, in: Ztschr. f. vgl. Literaturgeschichte, N. F. 7 (1894), 115; vgl. WILHELM PERPEET, Historisches und Systematisches zur Einfühlungsästhetik, in: Ztschr. f. Ästhetik u. allg. Kunstwiss., N. F. 11 (1966), 196.
77 PERPEET (s. Anm. 76), 204.
78 WILHELM WORRINGER, Abstraktion und Einfühlung. Ein Beitrag zur Stilpsychologie (1908; Dresden 1996), 36.

gewonnenen Perspektive auf das Gebiet der Kunstgeschichte erwies sich jedoch als schwierig. Es zeigte sich, daß der postulierte sinnliche Selbstgenuß des bürgerlichen Individuums bei Kunstrichtungen, die die Natur in ihrem organischen Leben wiedergaben, besser anwendbar war als bei Kunstrichtungen, die Natur in ihrem anorganischen Leben darstellten. *Abstraktion und Einfühlung*. Ein Beitrag zur Stilpsychologie hieß das Gegenmanifest, in dem der junge Kunsthistoriker Wilhelm Worringer 1908 den Nachweis führte, daß die Einfühlung für Kunstwerke jenseits der griechisch-römischen und der modernen okzidentalen Kunst nicht anwendbar sei.[79] Für dieses weite Gebiet müsse vielmehr der nach anorganischer Gesetzmäßigkeit strebende »Abstraktionsdrang« als Schlüssel betrachtet werden, den Worringer als »Gegenpol« (48) zur Einfühlung versteht und »bei allen [...] Völkern am Anfange der Kunstübung« (119f.) erkennen will.

Damit war nicht nur der Absolutheitsanspruch der Einfühlungsästhetik erschüttert. Die gesamte von der Antike und Renaissance abstrahierte Kunstanschauung, deren Wertungskriterien das Organische und das Lebenswahre bildeten, war als »europazentrisch« (143 – als Neologismus gekennzeichnet) relativiert. Das »Kunstwollen« (48) ägyptischer Pyramiden oder sarazenischer Arabesken könne auf dieser Grundlage niemals angemessen analysiert werden. Zugleich hatte Worringer ein bemerkenswertes Plädoyer für die »zeitgenössischen Kunstkampfbewegungen« (8) – wie er im ›Vorwort zur Neuausgabe 1948‹ formuliert – und deren ›Abstraktionsdrang‹ geschrieben. Der stark durch die Arbeiten Alois Riegls geprägte Worringer wollte die unterschiedlichen Kunstäußerungen terminologisch scharf voneinander abgegrenzt sehen. Er hat die Amalgamierung der unterschiedlichen Typen von Einfühlung, wie sie die Einfühlungsästhetik am Ausgang des 19. Jh. bewirkt hatte, aber nicht grundsätzlich kritisiert. Immerhin war mit dieser Übertragung aus einer Erkenntnistheorie eine Handlungstheorie geworden, eine Wandlung, für die der 1901 von Riegl in die Kunstwissenschaft eingeführte Begriff des ›Kunstwollens‹ wichtig war, auch wenn er nur für Zeiten und Völker, nicht für Einzelpersonen angewendet werden sollte. Auf diese Weise rückte der Einfühlungs-

trieb bei den Schöpfern der Kunstwerke in den Mittelpunkt und verdrängte die Aneignung der Werke durch das ›betrachtende Subjekt‹. Die aus der Reflexion über das Naturschöne entwickelte Einfühlungstheorie ist bei ihrer Anwendung auf das Gebiet der bildenden Künste durch Worringer zweifellos erheblich eingeschränkt worden.

Schon bei ihm, dem im Grunde die Formel von Lipps »der ästhetische Genuß [...] ist objektivirter Selbstgenuß«[80] nur als Folie dient, wird Einfühlung formelhaft gebräuchlich. Als ›Schlagwort‹ stand Einfühlung seitdem auch für den allgemeinen Sprachgebrauch und für viele Zwecke zur Verfügung. Das Urteil, »daß der Verfasser sein Material durch seelische Einfühlung gar zu sehr erweicht und nach eigenem Sinne modelt hat«[81], ist ein kritisches, von dem Münchener Romanisten Karl Vossler auf die Montesquieu-Arbeit Victor Klemperers bezogen. Der Vorwurf, »bei sprachlichen Vorgängen Sinn und Entwicklung durch das Gefühl zu deuten, also durch Einfühlung zu erklären, warum irgendeine Sprachgemeinschaft oder irgendein Autor so spreche oder so schreibe«[82], wird von einem anderen Romanisten aber auch gegen Vossler selbst erhoben. Dagegen stand der Begriff in der nach der Niederlage im 1. Weltkrieg gepflegten Völkerpsychologie oder Wesenskunde in höchstem Ansehen: »Kein anderes Wort bezeichnet deutlicher das deutsche Art, Eindrücke aufzunehmen und zu verarbeiten, als der von Theodor Lipps geprägte Name ›Einfühlung‹. Der vortreffliche Gelehrte wollte mit diesem schon in der Romantik verbreiteten Wort einen Vorgang der allgemeinen Seelenkunde festhalten; aber gab uns damit, was schwerer wiegt, ein festes Kennzei-

---

79 Vgl. ebd.
80 LIPPS (s. Anm. 1), 152.
81 KARL VOSSLER, Französische Philologie (Gotha 1919), 60.
82 LEO JORDAN, Die verbale Negation bei Rabelais und die Methode psychologischer Einfühlung in der Sprachwissenschaft, in: W. Meyer-Lübke (Hg.), Hauptfragen der Romanistik (Heidelberg 1922), 75; vgl. FRANZ LEBSANFT, Ein deutsch-jüdisches Schicksal: Der Philologe und Linguist Leo Jordan (1874–1940), in: H. H. Christmann/F.-R. Hausmann (Hg.), Deutsche und österreichische Romanisten als Verfolgte des Nationalsozialismus (Tübingen 1989), 165–167.

136 Einfühlung/Empathie/Identifikation

chen unserer Wesensmitte an die Hand.«[83] Die Idee der Einfühlung wurde im Ausland zunächst als »formule bien tudesque et un peu bizarre«[84] empfunden und gilt Mikel Dufrenne sogar heute noch als unhaltbar: »Notion mal maîtrisée, parce que ce qu'elle veut dire est finalement impensable.«[85] In Deutschland ist der Begriff dagegen in den 20er Jahren zum Klischee einer Konfrontation von Völker- und Kulturkunde verkommen: ›Die deutsche Einfühlung‹ heißt ein Kapitel in dem Buch *Esprit und Geist* des Berliner Romanisten Eduard Wechssler, dem als Gegenstück ein Kapitel über ›Le besoin d'émotions et de sensations‹ bei den Franzosen vorangestellt ist.

Vor dem Wertmaßstab der Ideologen des Nationalsozialismus fand die gesamte Einfühlungsästhetik trotz solch völkischer Stilisierung keine Gnade. Alfred Rosenberg kritisiert die intensive Suche nach motorischen Korrelaten bei der Reaktion auf Formen als eine Unterschätzung des »Unbewußt-Irrationalen«[86], protestiert gegen die verabsolutierende Konzentration der neueren Ästhetiker »allein auf die Gefühle des Kunst*empfängers*« (414), wodurch »die Verhältnisse allen Ernstes auf den Kopf gestellt« (416f.) und »das objektiv im Kunstwerk Gegebene« (415) übersehen würden. Bei der »Wertung der seelisch-geistigen Gestaltenkämpfe unserer Zeit«, wie es im Untertitel heißt, erhält die Einfühlungsästhetik von Rosenberg das kritische Attribut »psychologistisch« (417). Nach ihrer Lehre laufe ästhetischer Genuß auf »seelische Selbstbefriedigung« (416) hinaus, die Bedeutung »des völkisch-rassisch-bedingten aesthetischen Willens« (417) dagegen komme nirgends zur Sprache.

---

83 EDUARD WECHSSLER, Esprit und Geist. Versuch einer Wesenskunde des Deutschen und des Franzosen (Bielefeld/Leipzig 1927), 51.
84 LEE (s. Anm. 60), 615.
85 MIKEL DUFRENNE, Textes & inédits. La vie, l'amour, la terre, in: Revue d'esthétique, N. S., H. 30 (1996), 120.
86 ALFRED ROSENBERG, Der Mythus des 20. Jahrhunderts. Eine Wertung der seelisch-geistigen Gestaltenkämpfe unserer Zeit (1930; München 1936), 415.
87 SIGMUND FREUD, Die Traumdeutung (1900), in: FREUD (GW), Bd. 2/3 (1942), 617.

IV. Einfühlung in Deutschland zwischen 1930 und 1967

Für die Entwicklung in der verhängnisvollsten Periode deutscher Geschichte ist charakteristisch, daß in verschiedenen Bereichen mit semantisch unterschiedlichen Einfühlungsbegriffen gearbeitet wird und der Terminus ›die deutsche Bewegung‹ und deren Herrschaft im Dritten Reich obendrein zu extrem gegensätzlichen Wertungen veranlaßt. Der radikalen Ablehnung der Einfühlung durch bedeutende Künstler wie Brecht und die Köpfe der kritischen Philosophie steht die durch Jahrzehnte unbeirrbar positive Wertung durch die deutsche Geisteswissenschaft Diltheyscher Prägung als dominante Position gegenüber. Die Überwindung dieser starren Fronten gelingt in der Bundesrepublik erst im Zeichen der Psychoanalyse, deren Repatriierung aus der angelsächsischen Welt nach 1950 eine ungeheure Wirkung auf das allgemeine Denken ausübt. Sigmund Freuds Strukturierung des Seelenlebens hatte dem Vorgang der Einfühlung in der Entwicklung des persönlichen Ichs einen festen Platz gegeben. Mit Hilfe der Begriffe Identifikation und Introjektion ließen sich Einsichten in die Grundlagen kollektiven Verhaltens gewinnen, konnte die Verschränkung und das Auseinandertreten des persönlichen und des sozialen Ichs dargestellt werden.

1. Einfühlung als Leitwort geistesgeschichtlicher Methode

Der hohe Stellenwert, den das Wort Einfühlung für die Geisteswissenschaft in Deutschland über Jahrzehnte innegehabt hat, scheint dabei im Rückblick am wenigsten verständlich. Was sich um die Jahrhundertwende vollzog, war die Abkehr von der Überschätzung des Bewußtseins und die Entdeckung der Dimension der unbewußten psychischen Vorgänge. »Das Unbewußte«, schrieb Freud 1900, »muß nach dem Ausdrucke von Lipps als allgemeine Basis des psychischen Lebens angenommen werden. Das Unbewußte ist der größere Kreis, der den kleineren des Bewußten in sich einschließt«[87]. Mit der Einfühlungsästhetik schien der Erkenntnisfortschritt verbunden, daß Wahrnehmungsprozesse von Gestalten und Formen mit wissenschaftlich meßbaren physiologischen Reaktionen in unserem Körper verknüpfbar würden. Erst in dieser Konstellation wird an der Pariser Sorbonne der erste Lehrstuhl für Ästhetik in Frankreich gegründet. Und Subordination der intellektuellen Aktivitäten unter die emotionellen ist auch bei Victor Basch, dem ersten Lehrstuhlinhaber, die Voraussetzung, unter der bei ästhetischer Betrachtung »le peuple des sentiments, serf dans l'état normal, qui est l'état de la connaissance, jaillit avec une énergie d'autant plus prodigieuse que le contemplateur est plus sensible, est plus vibrant. La nature tout entière se met à chanter, à se mouvoir, à danser. Tout en elle, tout en nous, *car elle est devenue nous*, n'est que source de sentiments, de joie ou de douleur, de tension ou de détente, d'excitation ou de dépression. / ›Tout en elle, tout en nous, car elle est devenue nous‹, qu'est-ce que cela veut dire? Cette phrase recèle l'acte esthétique par excellence, l'*Einfühlung*«[88].

Als wichtiger Theorieansatz für das eigene Fach bleibt die Einfühlung auch bei großen deutschen Emigranten nach 1945 in Erinnerung, wobei freilich über ganz verschiedene Phänomene gesprochen wird. »This doctrine«, heißt es 1972 bei dem Kunsthistoriker Ernst H. Gombrich, »relies on the traces of muscular response in our reaction to forms; it is not only the perception of music which makes us dance inwardly, but also the perception of shapes.«[89] Dagegen ist Leo Spitzer als Vertreter der Philologie, jener »Wissenschaft, die den Menschen zu verstehen sucht, soweit er sich im Worte (Sprache) und in Wortgebilden äußert«, 1946 von der Sorge erfüllt, daß in den Jahren des übersteigerten nationalistischen Wertgefühls in der deutschen Romantik entwickelte philologische Tugend des Vergleichens, »ein stetiges Näherücken des Fernen wie ein stetiges Fernerücken des Nahen«[90], nicht mehr gepflegt werden konnte und so keine neue Generation zu sehen sei, »die Einfühlung in Fremdes weiterführen« (578) könnte.

Unverkennbar verwendet der Kunsthistoriker Einfühlung als konkreten, von der Einfühlungsästhetik geprägten Begriff, während der Terminus bei Spitzer die von Dilthey befestigte vage Bedeutung des ›Verstehens‹ als ›Übertragung des eigenen Selbst in einen gegebenen Inbegriff von Lebensäußerungen‹ hat. Die irreführende Genealogie aus der deutschen romantischen Tradition hatten die Einfühlungsästhetiker selbst in die Welt gesetzt. Der Mythos von der Einfühlung als urdeutscher Geisteserrungenschaft steht bei der Germanistik, in der Spitzer zufolge »schon vor Hitler die Fähigkeit, das Eigene ›fern‹ zu sehen, gering war« (578), noch Jahrzehnte nach 1945 in ungebrochenem Ansehen. In dem repräsentativen *Reallexikon der deutschen Literaturgeschichte*, dessen Bände ab 1958 in 2. Auflage erscheinen, enthalten gerade methodologische Artikel eindrucksvolle Belege. Im Artikel ›Literatur und Geschichte‹ ist Einfühlung das Zauberwort, um die Revolution im Geschichtsverstehen um 1770 zu erklären: »Winckelmann wies den Weg mit der seelisch vertieften Einfühlung in die Vergangenheit«, während Herder, angeregt »von Aufklärung, Pietismus, Platonismus und Präromantik, von Rousseau und Hamann«, schließlich »die neue Methode der histor.-ästhet. Einfühlung« entwickelte, »die in Poesie und G[eschichte] die gleiche Notwendigkeit walten sieht«[91]. Im Zentrum der »geistesgeschichtl. Methode«, präzisiert der Artikel ›Literaturwissenschaft‹, steht »das relativistisch-einfühlende Verständnis der jeweiligen epochalen Einheit«[92]. Auch wenn eingeräumt wird, die Methode der Wesensschau biete Angriffsflächen für Kritik, fehlt von Selbstzweifel jede Spur. Über den in den beiden ersten Jahrzehnten des 20. Jh. in Deutschland erfolgten »Übergang von positivistisch-biographistischer zu idealistisch-ideengeschichtlicher L[iteraturwissenschaft]« heißt es lapidar, er sei »die größte und eindrucksvollste

---

88 VICTOR BASCH, Le maître-problème de l'esthétique (1921), in: Basch, Essais d'esthétique, de philosophie et de littérature (Paris 1934), 64.
89 ERNST H. GOMBRICH, The Mask and the Face: The Perception of Physiognomic Likeness in Life and in Art, in: Gombrich/J. Hochberg/M. Black, Art, Perception, and Reality (Baltimore/London 1972), 35.
90 LEO SPITZER, Das Eigene und das Fremde. Über Philologie und Nationalismus, in: Die Wandlung 1 (1945/46), 576.
91 BERTHOLD EMRICH, ›Literatur und Geschichte‹, in: W. Kohlschmidt/W. Mohr (Hg.), Reallexikon der deutschen Literaturgeschichte, Bd. 2 (Berlin ²1965), 132.
92 ERIK LUNDING, ›Literaturwissenschaft‹, in: ebd., 200.

Revolution in der Geschichte der L[iteraturwissenschaft]«[93].
Von semantischer Entwicklung kann bei solch leitmotivartiger Wiederholung keine Rede sein. Zu fragen ist deshalb, welche Positionen oder Grenzen damit verteidigt werden sollten. Schon Oskar Walzels 1921 im Manuskript fertiggestelltes Buch *Gehalt und Gestalt im Kunstwerk des Dichters*, das die verschiedenen vorhandenen Methoden und Verfahren integrativ zusammenführen sollte, hatte eine deutliche Antwort gegeben: Auf der einen Seite sind es die Begriffe des Kunstwerks und der Dichtungsgeschichte, die allein Einfühlung und ästhetische Würdigung verdienen, wohingegen die »Geschichte aller möglichen schriftlichen Aufzeichnungen«[94] nicht in die Zuständigkeit der Literaturwissenschaft, sondern der Soziologie gehöre.

Auf der anderen Seite geht es um die Abwehr von »Übergriffen der naturwissenschaftlich arbeitenden Psychologie« (9), die den Vorbedingungen gegensätzlicher Ausdrucksmöglichkeiten sogar »in der Urform am Kinde« (11) auf die Sprünge kommen wolle. Zu solcher Gebietsabgrenzung hatte Lipps selbst das Beispiel gegeben, als er 1906 jede Verbindung zwischen ästhetischem Erleben und dem Erleben »in der realen Welt« oder »im praktischen Leben« negierte. Grundbedingung für jeden, »der von Einfühlung redet und in der Einfühlungsfrage mitreden will«[95], ist Lipps zufolge die Einsicht in die kategoriale Differenz dieser Bereiche. Auch wenn Lipps die Ästhetik als psychologische Disziplin verstand, als Geisteswissenschaft hatte sie nicht Elemente oder Faktoren zu sammeln, sondern ein Prinzip zu entwickeln und dann nach all seinen Möglichkeiten zu verfolgen.

2. Gegen die Einfühlung: Brecht und die marxistischen Theoretiker der Distanz

Die Arbeit mit dem Begriff, die bei den Vertretern der Geistesgeschichte fehlt, ist bei den Kritikern der Einfühlung in reichem Maße vorhanden. Zu ihnen gehören bedeutende philosophische Köpfe, und ein ganzes Arsenal von Argumenten ist bei der Polemik aufgeboten worden.

Grundposition dieser kritischen Richtung, deren Repräsentanten Benjamin, Brecht und Adorno sind, ist die Überzeugung vom Geltungsverlust der klassischen Kunstphilosophie im 20. Jh. Eine materialistisch orientierte Theorie der Kunst und Literatur muß Einfühlung immer im Verhältnis zum gesellschaftlichen Handeln in weltgeschichtlicher Perspektive reflektieren. Aus dieser geschichtsphilosophischen Perspektive ist die Verwendung ästhetischen Begriffsmaterials, das in früheren Geschichtsperioden entwickelt wurde, grundsätzlich problematisch.

Walter Benjamin, um 1930 wohl der bedeutendste deutsche Literaturkritiker, hat in seinem Verriß der von Emil Ermatinger herausgegebenen *Philosophie der Literaturwissenschaft* (1930), eines Standardwerks der geistesgeschichtlichen Richtung, diese radikale Ablehnung brillant formuliert. Über die gebetsmühlenartige Berufung auf die »ewigen Werte« in der zeitgenössischen Literaturwissenschaft und -kritik wird das Urteil gefällt: »In diesem Sumpfe ist die Hydra der Schulästhetik mit ihren sieben Köpfen: Schöpfertum, Einfühlung, Zeitentbundenheit, Nachschöpfung, Miterleben, Illusion und Kunstgenuß zu Hause.«[96] Einfühlung erscheint als eines der »Ochsenaugen« im Hause der Dichtung, aus dem die Germanistik das Feuer auf alle soziologischen und sozialgeschichtlichen Ansätze »materialistischer Literarhistorie«[97] eröffne, seitdem sie, von positivistischer Sammelarbeit emanzipiert, sich geistesgeschichtlicher Deutung verschrieben habe. Die innere Zusammengehörigkeit der Einfühlung mit den Begriffen Nachschöpfung, Zeitentbundenheit, Miterleben und Kunstgenuß ist richtig herausgestellt.

Als ein »Grundpfeiler der herrschenden Ästhetik«[98] hat Einfühlung dagegen bei Brecht schlechthin überragende Stellung. Durch Brechts eigene ästhetische Theorie und deren paradigmati-

---
93 Ebd., 199.
94 WALZEL (s. Anm. 73), 8.
95 LIPPS (s. Anm. 1), 165.
96 WALTER BENJAMIN, Literaturgeschichte und Literaturwissenschaft (1931), in: BENJAMIN, Bd. 3 (1972), 286.
97 Ebd., 287.
98 BERTOLT BRECHT, Über experimentelles Theater (entst. 1939), in: BRECHT (BFA), Bd. 22/1 (1993), 551.

sche Umsetzung in eine Dramatik neuen Typs gelangt der Begriff erneut in eine Zentralstellung.

Die massive theoretische Polemik, verbunden mit struktureller Gattungsanalyse, verleiht der Position von Brecht ihren unvergleichbaren Rang. »Unsere dramatische Form beruht darauf, daß der Zuschauer mitgeht, sich einfühlt, verstehen kann, sich identifizieren kann.« Diese Feststellung ist für Brecht ein Todesurteil, weil für ihn die »großen modernen Stoffe«[99], die Konflikte zwischen großen Menschengruppen, in dieser Form nicht mehr darstellbar sind. Schon im *Dreigroschenprozeß* hatte Brecht am modernen Film und Roman das Zerschlagen der »introspektiven Psychologie« und den Verzicht auf »den Menschen als Maß aller Dinge«[100] als wichtigen Fortschritt begrüßt. Um auf der Höhe der Zeit zu sein und Phänomene wie »Weltkrieg oder Bürgerkrieg« auch auf dem Theater zu behandeln – der Faschismus war in der Tat eine unübersehbare Gefahr – schien die »alte Einfühlungsdramatik« mit ihrer Konzentration auf »häusliches Unglück plus Seelenschmerz«[101] nicht mehr brauchbar. Vom »Standpunkt der Einzelpersönlichkeiten aus« waren für Brecht schon strukturell »die entscheidenden Vorgänge unseres Zeitalters nicht mehr« zu begreifen, »durch Einzelpersönlichkeiten können sie nicht mehr beeinflußt werden«. Damit fallen die Vorteile der Einfühlungstechnik, jedoch fällt mit der Einfühlungstechnik keineswegs die Kunst.«[102] Für das »Publikum des wissenschaftlichen Zeitalters«[103] konzipierte und erprobte Brecht daher die ›episches Theater‹ genannte Dramenform, mit der dem Zuschauer die Haltung der Einfühlung, die Neigung zur Identifikation und zum rechtfertigenden Verstehen verwehrt werden sollte. Die epische Spielweise hatte demgegenüber eine Distanz zwischen Darstellung und Dargestelltem wie zwischen Zuschauer und Dargestelltem zu ermöglichen.

Wie stark eine gleichbleibende Wortgestalt dazu verleitet, ganz unterschiedliche Bedeutungsgehalte einfach vorauszusetzen, beleuchtet die Anfrage des amerikanischen Brecht-Übersetzers Eric Bentley im November 1949: »In the background of the idea ›Verfremdung‹ would you say the work of Lipps and Worringer was important? They elaborated the conception of ›Einfühlung‹, which is, in a way, your starting-point. I am interested in finding the broader setting of your dramaturgy«[104]. Die weltweite Bedeutung, die Brechts Dramatik seit der Jahrhundertmitte trotz des Kalten Krieges erlangte, ändert allerdings nichts daran, daß er den Einfühlungsbegriff gerade durch seine polemischstrategisch gedachte Fundamentalkritik historisch mystifizierte. Indem er den Vorgang der Einfühlung mit der Wirkung der Katharsis praktisch identifizierte und seine epische Dramatik als antiaristotelisches Modell bezeichnete, wurde der geschichtliche Einsatzpunkt der Einfühlungstechnik in der Epoche der Aufklärung verschüttet. Denn erst die mit dem bürgerlichen Drama erreichte Äquivalenz des Bühnenpersonals mit dem Publikum, die Überwindung von Maske und Kothurn auf der Bühne bzw. die Ablösung von Knaben als Frauendarstellern durch veritable Frauen in der Schauspielkunst, d. h. die Entfaltung des bürgerlichen Individualismus im 18. Jh., brachte die entscheidende Voraussetzung. Paradox genug, daß der auf Überwindung der Dramatik des Individualismus bedachte Brecht durch die Herausforderung der gesamten europäischen Theatertradition die Begriffsgeschichte so gründlich verwirrte.

Schon innerhalb der marxistisch orientierten Diskussion stieß Brechts Position früh auf Kritik. Der ungarische Philosoph Georg Lukács wurde hier sein größter theoretischer Antipode. Für ihn unterlag »Brechts erbittert-einseitige, historische Tatbestände und Zusammenhänge verdeckende Polemik gegen die ›Einfühlungstheorie‹« mit Worringers Polemik von rechts dem gleichen Trugschluß, nämlich eine letztlich oberflächliche Kunsttheorie »mit der Theorie und Praxis der großen realistischen Perioden der europäischen

---

99 BRECHT, Letzte Etappe: Ödipus (1929), in: BRECHT (BFA), Bd. 21 (1992), 279, 278.
100 BRECHT, Der Dreigroschenprozeß (1931), in: ebd., 477.
101 Ebd., 478.
102 BRECHT, Thesen über die Aufgabe der Einfühlung in den theatralischen Künsten (entst. um 1935), in: BRECHT (BFA), Bd. 22/1 (1993), 175.
103 BRECHT, Dialog über Schauspielkunst (1929), in: BRECHT (BFA), Bd. 21 (1992), 279.
104 ERIC BENTLEY an Brecht (19. 11. 1949) [Brecht-Archiv, Berlin, 782/35]; vgl. Bentley, The Brecht Memoir (New York 1985), 92.

Kunst«[105] zu verwechseln. Für Lukacs war nicht die Negation des Überkommenen, sondern der »Kampf um das Erbe [...] eine der wichtigsten ideologischen Aufgaben des Antifaschismus«[106]. Er verteidigte daher Mimesis und Katharsis in einem weit gefaßten Sinn als die seit Jahrtausenden lebendigen »zentralen Grundprinzipien der schöpferischen Arbeit«[107], nachdem er seine Auseinandersetzung mit der Einfühlungstheorie in dem großen Essay *Karl Marx und Friedrich Theodor Vischer* bereits 1934 abgeschlossen hatte. Was er ablehnte, war nicht nur die mit der Klassenkampftheorie unvereinbare Einfühlung als künstlerische Methode, durch die die Ausbeuter und Unterdrücker immer mehr als »Opfer der Notwendigkeit« dargestellt würden: »man ›fühlt sich in sie ein‹, ›versteht‹ ihre Lage und die Notwendigkeit ihres Handelns, umgibt sie mit der sympathischen Melancholie eines ›tragischen‹ Nicht-anders-handeln-Könnens«[108]. Es war ihre Entwicklung »zur Weltanschauung«[109], ihr religiöser Charakter[110], die die Einfühlungstheorie für den Philosophen unannehmbar machte.

Ein dezidierter Verächter der Einfühlung war auch Adorno, in dessen *Ästhetischer Theorie* die Grenzlinie zwischen authentischer Kunst und kapitalistischer Kulturvermarktung durch die negative bzw. affirmative Haltung zu ästhetischer Unmittelbarkeit gezogen wird. »Ästhetische Erfahrung legt zwischen den Betrachtenden und das Objekt zunächst Distanz. [...] Banausen sind solche, deren Verhältnis zum Kunstwerk davon beherrscht wird, ob und in welchem Maß sie sich etwa anstelle der Personen setzen können, die da vorkommen; alle Branchen der Kulturindustrie basieren darauf und befestigen ihre Kunden darin.« Die herrische Diktion muß hier das doppelte Dilemma Adornos kaschieren, daß er einerseits die von der klassischen deutschen Ästhetik befestigte illusionäre Linie der ›Freiheit‹ der Kunst vom Markt fortführt, zum anderen selbst aber über keine Begrifflichkeit verfügt, um dem massenhaften Umgang mit der ›Banausen‹ mit der Kunst eine positive Seite abzugewinnen. Diese Ohnmacht wird mit dem Geständnis eingeräumt: »Philosophisch ist der Verstehensbegriff durch die Diltheyschule und Kategorien wie Einfühlung kompromittiert. Setzt man selbst derlei Theoreme außer Aktion und fordert Verstehen von Kunstwerken als streng durch deren Objektivität determiniertes Erkennen, türmen sich Schwierigkeiten.«[111]

Die negative Wertung der Einfühlung hat in Deutschland über den Bereich von Theater und Film hinaus lange Zeit in der Kritik an Kitsch und Trivialliteratur ihre anhaltende Selbstbestätigung gefunden. Mit der Herablassung eines Beobachters, für den Kunst und ästhetische Distanz untrennbar sind, schreibt Karl Markus Michel 1959 über die subjektiven Anwandlungen bei Kunstbanausen: Im Kitschroman »ist der Stellenwert der einzelnen Szenen lediglich durch die Ökonomie des vom Roman betriebenen Wunscherfüllung bestimmt; alles erscheint eindeutig, durch sich selbst bedeutungsgeladen; der Leser darf sich unmittelbar identifizieren.«[112] Nun gehört der Kitschbegriff zu jenen Besonderheiten der deutschen Geistesentwicklung, denen Franzosen und Angelsachsen nichts Vergleichbares entgegenstellen können. Mit der These Jochen Schulte-Sasses, den modernen Kitschbegriff als »Funktion der klassisch-romantischen Kunsttheorie«[113] zu begreifen, ist 1971 in der bundesrepublikanischen Germanistik eine entscheidende Neubewertung eingeleitet worden. Als Ausgangspunkt wird auch von ihm der hochherzige Optimismus der Aufklärer festgestellt, aus dem allen Menschen gegebenen Empfindungsvermögen auf eine einheitliche Kunstwirkung zu schließen. Was in der sensualistischen Ästhetik als rührend und deshalb als künstlerisch

---

105 GEORG LUKÁCS, Die Eigenart des Ästhetischen, in: LUKÁCS, Bd. 12 (1963), 186, 187.
106 LUKÁCS, Thomas Mann über das literarische Erbe (1936), in: Lukács, Schicksalswende (Berlin 1956), 69.
107 LUKÁCS, Einführung in die ästhetischen Schriften von Marx und Engels (1945), in: LUKÁCS, Bd. 10 (1969), 218.
108 LUKÁCS, Karl Marx und Friedrich Theodor Vischer (1934), in: ebd., 301.
109 Ebd., 297.
110 Vgl. ebd., 296 f.
111 THEODOR W. ADORNO, Ästhetische Theorie (1970), in: ADORNO, Bd. 7 (²1972), 514, 513.
112 KARL MARKUS MICHEL, Gefühl als Ware. Zur Phänomenologie des Kitsches, in: Neue deutsche Hefte, H. 57 (April 1959), 47.
113 JOCHEN SCHULTE-SASSE, Die Kritik an der Trivialliteratur seit der Aufklärung (München 1971), 142.

wertvoll betrachtet wurde, erschien auf Grund der mit Klassik und Romantik einsetzenden Dichotomisierung der Literatur in eine hohe und eine niedere nur mehr als passive Bedürfnisbefriedigung. Die dem deutschen Kitschbegriff zugrunde liegenden ästhetischen Wertvorstellungen werden sichtbar, wenn sie so in ihrem historischen Ursprung hervortreten: in Umlauf gebracht in der Auseinandersetzung von Moritz, Schiller, Goethe und den Romantikern mit der ›Trivialliteratur‹ im Ringen um die Gunst des Publikums ihrer Zeit.

Im Vergleich zu der vom Naturschönen ausgehenden Einfühlungstheorie vom Jahrhundertbeginn im Sinne transitiver Ich-Ausweitung und dem auf Verstehen vergangener Kulturperioden orientierten Einfühlungsbegriff der deutschen Geistesgeschichte kennzeichnet die Diskussion der Einfühlung auf dem Gebiet der Kunstwirkung offensichtlich die inhaltliche Nähe zur Einfühlungsdebatte im 18. Jh. Auf dem Gebiet der Wirkung von Literatur und Kunst kann Einfühlung, wo immer ein Sichversetzen an die Stelle einer Figur stattzuhaben vermag, auch mit Identifikation, Identifizierung und ähnlichen Termini ausgedrückt werden, wie einige der zitierten Belege zeigen. Insofern ist es wohl legitim, in der theoretischen Verständigung über die individuelle Kunstrezeption die Hauptquelle der Einfühlung zu sehen.

3. Einfühlung und Sozialpsychologie

Eine besondere, mit der schrecklichen deutschen Geschichte im 20. Jh. verknüpfte Rolle erhält der Einfühlungsbegriff in der vor allem von Alexander und Margarete Mitscherlich seit den 60er Jahren entwickelten analytischen Sozialpsychologie. Als Signatur der Bundesrepublik der Ära Adenauer konstatieren beide 1967 die mangelnde Aufarbeitung des Nationalsozialismus und erklären die ›Unfähigkeit zu trauern‹ aus der vorausgegangenen narzißtischen Liebe zum Führer. Nach dem Untergang des ehemaligen Idols und dem Zusammenbruch erfolgte in Selbstschutzreaktion statt der eigentlich fälligen Selbstverachtung der Abbruch aller affektiven Brücken zum Dritten Reich. Damit verbunden war eine Gefühlsstarre, die »eine Einfühlung in die Verfolgten als Menschen« für lange Zeit verhinderte.

Nicht nur zwischen dieser sozialpsychologischen Diagnose und dem Identifikationsverbot in der Ästhetik der Distanz besteht eine auffällige Parallelität. Bemerkenswert ist ebenso eine durch das Postulat einer »Einfühlung Ereignissen gegenüber, die schon durch ihre quantitative Dimension Einfühlung unmöglich machen«[114], ausgelöste anhaltende Debatte, die in der Diskussion um das Berliner Mahnmal für die ermordeten Juden Europas nach der deutschen Wiedervereinigung eine gespenstische Fortsetzung gefunden zu haben scheint. Die These, daß der Massenmord undarstellbar sei, erlaubt unter der Perspektive emotionaler Einfühlung nur zwei Möglichkeiten: Identifikation mit den Opfern oder Identifikation mit den Tätern. Prinzipiell ausgeschlossen scheint Identifizierung mit »unmenschlichen, ja sogar antimenschlichen Worten und Taten, die beispiellos sind in der Geschichte« (parole ed opere non umane, anzi, contro-umane, senza precedenti storici[115]). Primo Levi ist überzeugt, kein normaler Mensch sei in der Lage, »sich mit Hitler, Himmler, Goebbels, Eichmann und zahllosen anderen zu identifizieren« (nessun uomo normale potrà mai identificarsi con Hitler, Himmler, Goebbels, Eichmann e infiniti altri), da ein »Verstehen« letztlich auf ein »Rechtfertigen« hinauslaufe (perché comprendere è quasi giustificare[116]). Identifikation mit den Tätern bedeutet daher Identifikation mit den Eltern oder Großeltern bzw. auch mit sich selbst, wozu Identifikation mit den Opfern als radikaler Gegensatz erscheint.

Auf fatale Weise bleibt bei dieser manichäischen Konstruktion ausgeschlossen, worauf es dem holländischen Publizisten Jan Buruma zufolge nachgerade doch ankäme: »to look back, from the point of view neither of the victim nor of the criminal, but of the critic«[117]. Nur so würde die Distanz des Zuschauers gegenüber dem grauenvollen Gesche-

---

114 ALEXANDER MITSCHERLICH/MARGARETE MITSCHERLICH, Die Unfähigkeit zu trauern (München 1967), 82, 83.
115 PRIMO LEVI, Appendice (1976) [zu: Se questo è un uomo (1958)], in: Levi, Opere, Bd. 1 (Turin 1987), 208 f.
116 Ebd., 208.
117 IAN BURUMA, The Wages of Guilt: Memories of War in Germany and Japan (London 1994), 249.

hen, seiner Fähigkeit zu eigener Reflexion und zu eigenem Urteil Rechnung getragen, die zum Akt der Einfühlung und des Mitleidens seit Lessing hinzugehört, so daß Emotion und Reflexion nicht auseinandergerissen würden. In der Tat ist die Gefühlsstarre gegenüber der Naziperiode schon 1979 durch den enormen Erfolg des amerikanischen Films *Holocaust* in der alten Bundesrepublik überwunden worden. »The soap opera form had such a powerful effect because it was the opposite of Brechtian alienation: emotions are boosted, identification is enforced. [...] Yet it is precisely that kind of identification that much postwar German art and literature has shied away from.«[118]

Daß die in den 60er Jahren beginnende Aufarbeitung der Geschichte des deutschen Nationalsozialismus den von ihm verwendeten Stilmitteln der Emotionalisierung, »der emphatischen Einfühlung und dem kathartischen Erlebnis«[119], eine Absage erteilte, dafür gab es, wie die Mitscherlichs zeigten, spezifische Gründe. Davon, daß die seelische oder moralische Erschütterung des Lesers oder Zuschauers im Sinne der aristotelischen Dramatik seither gründlich rehabilitiert worden sei, kann sicher keine Rede sein. Aber praktisch ist sie vollzogen: »Der höchste Grad von ›Verfremdungseffekt‹ ist eben die sogenannte ›Einfühlung‹. Einen höheren Kunstakt im Theater gibt es nicht«[120], bekennt 1998 der Regisseur Peter Stein. So spricht vieles dafür, daß die Kategorie der Einfühlung auf den Gebieten des Theaters und des Romans, ihren ursprünglichen Domänen, und vor allem bei den durch die modernen Medien ermöglichten synthetischen Genres auch im 21. Jh. eine Rolle spielen wird.

Martin Fontius

Literatur
BERES, DAVID/ARLOW, JACOB A., Fantasy and Identification in Empathy, in: The Psychoanalytic Quarterly 43 (1974), 26–50; CROZIER, W. RAY/GREENHALGH, PAUL,

---

118 Ebd., 90.
119 BERND F. LUNKEWITZ, Hinein ins Gefühl. Was fehlt, was frommt der deutschen Literatur? Eine Anwort an den Verleger Arnulf Conradi, in: Der Tagesspiegel (5. 3. 1999), 28.
120 PETER STEIN, ›Ich mag die Deutschen auch nicht‹ [Interview], in: Der Tagespiegel (6. 6. 1998), 25.

The Empathy Principle: Towards a Model for the Psychology of Art, in: Journal for the Theory of Social Behavior 22 (1992), 63–79; EISENBERG, NANCY/STRAYER, JANET (Hg.), Empathy and Its Development (Cambridge/New York 1987); FEAGIN, SUSAN L., Reading with Feeling: The Aesthetics of Appreciation (Ithaca 1996); JAUSS, HANS ROBERT, Negativität und Identifikation. Versuch zur Theorie der ästhetischen Erfahrung, in: H. Weinrich (Hg.) Positionen der Negativität (München 1975), 263–339; PERPEET, WILHELM, Historisches und Systematisches zur Einfühlungsästhetik, in: Ztschr. f. Ästhetik u. allg. Kunstwiss., N. F. 11 (1966), 193–216.

Ekel

(griech. δυσωδία, δυσχέρεια; lat. taedium, fastidium, nausea; engl. disgust; frz. dégoût, nausée; ital. schifo, disgusto, nausea; span. asco, náuseas; russ. тошнота, омерзение, отвращение)

Einleitung; I. Ekel und Ekelhaftes als anthropologisch-ästhetische Kategorie des 18. Jahrhunderts; II. Die romantische Ekel-Lizenz; III. Ekel in Rosenkranz' ›Ästhetik des Häßlichen‹; IV. Nietzsche; V. Evolutionstheoretische Deutungen des Ekels vor Freud; VI. Freud; VII. Kolnai, ›Der Ekel‹; VIII. Bataille; IX. Sartre; X. Kristeva; XI. Zur akademischen Konjunktur des ›Abjekten‹; XII. Abject Art

Einleitung

Traditionelle Ekel-Materien wie Exkremente, Blut, zerstückelte Körper oder schleimig-breiigsumpfige Viskosität (die einen ›Interkategorialitäts‹-Ekel an dem auslösen, was weder fest noch flüssig ist) begegnen vielfach in Kunst und Literatur des 20. Jh. Sie machen nicht allein ihren Gegenstand, sondern oft geradezu ihr Medium und die entscheidende Dimension ihrer provokativen Wirkung aus. Über das Arbeiten mit Exkrementen und körperlichen Entstellungen hinaus haben Künstler der 1990er Jahre auch erstmals ›echte‹ Leichenteile verwendet. Zwei Kunstausstellungen haben Tendenzen einer solchen Anti-Ästhetik nicht allein dokumentiert, sondern zugleich streitbar auf konkurrierende theoretische Schlüsselbegriffe bezogen. Die Ausstellung *l'informe. mode d'emploi* (1996) im Pariser Centre Pompidou nahm ihren Ausgang von Georges Batailles Kategorie des ›informe‹. Sie setzte sich ausdrücklich ab von der USamerikanischen Verbreitung der von Julia Kristeva etablierten Kategorie der ›abjection‹. Diese war 1993 in der Ausstellung *Abject Art* (Whitney Museum of Modern Art, New York) bereits museumsfähig geworden, nachdem sie in den voraufgehenden Jahren wesentlich die Reflexion auf die Werke Cindy Shermans, Robert Mapplethorpes u. a. geprägt hatte. Beide Kategorien, ›informe‹ und ›abject‹, implizieren ausdrückliche Annahmen über das Ekelhafte und seine Beziehungen zum Ästhetischen und Symbolischen.

Psychoanalyse und (anti-)ästhetische Theorie des 20. Jh. haben dem Gefühl des Ekels und der Arbeit am Ekelhaften durchweg eine zentrale Bedeutung zugesprochen. Freuds grundlegende ›Mythe‹ von ekellosem Paradies, ekelloser Kindheit, zivilisierend-neurotisierenden ›Ekelschranken‹ und untilgbarer Insistenz des Verekelten bringt den ›verbotenen‹ Kontinent des Ekelhaften in die Rolle einer transsymbolischen ›Wahrheit‹ über die polymorph-perverse Libido. Im Nein-Sagen des Ekels sind verschiedene Dimensionen einer geheimen bis offenen Bejahung entdeckt worden. Nicht die einfache Verwerfung, sondern die Verwerfung der Verwerfung, die Verwindung des Ekels, seine Integration in eine Ökonomie der Lust und der Erkenntnis machen den Kern des Ekel-Denkens seit Nietzsche aus. Gerade als das Skandalöse, Unassimilierbare, schlechthin Heterogene, als die Transgression der zivilisatorischen Verbote, als die (analsadistische) Destruktion der schönen Form und die lachende Transzendenz der symbolischen Ordnung avanciert das Ekelhafte in die Rolle eines unverfügbaren ›Realen‹ und einer verdrängten ›Wahrheit‹. Das Wahre ist das Ekelhafte, das Ekelhafte ist das Wahre, ja das ›Ding an sich‹: Auf diesen Satz läuft von Nietzsche über Freud, Kafka, Bataille und Sartre bis Kristeva unversehens eine gewichtige und weithin übersehene Bewegung modernen Denkens hinaus. Fast durchweg führt dieser Satz auf einen zweiten: Die Kunst ist die Praxis, die zuallererst dieser abjekten Wahrheit einen Ort und

eine alles Symbolische sprengende ›Realität‹ gibt. Sie gewinnt das Verworfene mittels komplexer Entekelungsweisen als emphatische Lust zurück. Diese Schnittstelle von Kunst und Ekel hat eine historische und (anti-)zivilisatorische Tiefendimension: Sie bricht nicht allein mit der genuinen Konstruktion des Ästhetischen, wie sie das 18. Jh. auf den Begriff gebracht hat, sie erinnert auch stets daran und bezieht aus dem relativ verschleißfesten Fortbestehen elementarer Tabus ihre Kraft.

I. Ekel und Ekelhaftes als anthropologisch-ästhetische Kategorie des 18. Jahrhunderts

›Ekel‹ wird erstmals im 18. Jh. ein ausdrücklicher Gegenstand der Philosophie. Selbst die Wörter dégoût, disgust und Ekel setzen sich erst seit dem 16. bzw. 17. Jh. im allgemeinen Sprachgebrauch durch und finden dann im 18. Jh. Eingang in theoretische Texte. Der französische Begriff verrät einen wesentlichen Zusammenhang: Die diskursive Karriere von ›dégoût‹ ist die weniger beachtete Kehrseite des seit dem späteren 17. Jh. stürmisch vermehrten Interesses am ›goût‹, am ästhetischen, teilweise auch moralischen ›Geschmack‹.[1] Die Emergenz der Ästhetik als einer eigenständigen Wissenschaft im 18. Jh. und die ersten Theorien des Ekels sind zwei Seiten derselben Entwicklung, und es sind weithin dieselben Autoren, welche die grundlegenden Bestimmungen des Ästhetischen einerseits, des Ekels andererseits geprägt haben.

Gewiß haben literarische Texte schon in der Antike vielfach ekelhafte Phänomene evoziert.[2] In Sophokles' *Philoktet* ist die Rede von der stinkenden, eiternden und regelmäßig neu aufbrechenden Wunde des ausgesetzten Helden; zu den Habseligkeiten in seiner elenden Höhle gehört ein trockener Lappen, »vom Eiter einer üblen Wunde ganz befleckt«. (ἰοὺ ἰού. καὶ ταῦτά γ' ἄλλα

---

1 Vgl. WILLIAM IAN MILLER, The Anatomy of Disgust (Cambridge/London 1997), 169.
2 Vgl. MANFRED FUHRMANN, Die Funktion grausiger und ekelhafter Motive in der lateinischen Dichtung, in: H. R. Jauß (Hg.), Die nicht mehr schönen Künste. Grenzphänomene des Ästhetischen (München 1968), 23–66.

θάλπεται / ῥάκη, βαρείας του νοσηλείας πλέα.)³ Revoltierender Anblick, übler Geruch (δυσοσμία, dysosmia) und akustischer Leidensausdruck konstituieren Philoktet als ein multisensorielles Beispiel für ›dyschereia‹ (δυσχέρεια, V. 900), für Ekel in der wörtlichen Bedeutung des äußerst schwierig zu Handhabenden, Widrigen. Das Ekelhafte der Wunde interessiert Sophokles nicht um seiner selbst willen; es ist ein Argument des Odysseus, um die schändliche Aussetzung Philoktets zu rechtfertigen: »weil vom zerfressenen Beine ihm der Eiter troff, / daß wir die Weihespenden und die Opfer nicht / mehr ungestört verrichten konnten« (νόσῳ καταστάζοντα διαβόρῳ πόδα. / ὅτῃ οὔτε λοιβῆς ἡμὶν οὔτε θυμάτων / παρῆν ἑκήλοις προσθιγεῖν; V. 7–9; dt. 479). Es steht zweitens unter dem Verdacht, von den Göttern verhängt zu sein, und untersteht insofern einer moralisch-religiösen Hermeneutik. Und es hat drittens den Charakter einer Probe: Edler Charakter bemißt sich, wie später in manchen Heiligenviten, an der Überwindung des physischen Ekels (vgl. V. 874–876).

Wenn nach Aristoteles die angeborene Lust des Menschen an mimetischen Darstellungen auch die Darstellung einer verwesten Leiche einschließt⁴, so impliziert dies keine Auseinandersetzung mit der genuinen Ekelqualität des dargestellten Objekts,

---

3 SOPHOKLES, Phil., V. 38 f.; dt.: Dramen, gr.-dt., hg. u. übers. v. W. Willige (München/Zürich ²1985), 481.
4 Vgl. ARISTOTELES, Poet. 1448b.
5 MILLER (s. Anm. 1), 154.
6 IMMANUEL KANT, Anthropologie in pragmatischer Hinsicht (1798), in: KANT (AA), Bd. 7 (1907), 157.
7 KANT, Reflexionen zur Anthropologie, in: KANT (AA), Bd. 15 (1913), 106, 804.
8 Vgl. ÉTIENNE BONNOT DE CONDILLAC, Traité des sensations (1754), in: CONDILLAC, Bd. 1 (1947), 301.
9 Vgl. HUME (ENQUIRIES), 289, 294; SAMUEL JOHNSON, The Rambler 4 (31. 3. 1750), hg. v. W. J. Bate/ A. B. Strauss, Bd. 1 (New Haven/London 1969), 24 f.; ADAM SMITH, The Theory of Moral Sentiments (1759), hg. v. D. D. Raphael/A. L. Macfie (Oxford 1976), 36.
10 KANT (s. Anm. 6), 157.
11 KANT, Die Metaphysik der Sitten (1797), in: KANT (AA), Bd. 6 (1907), 406.
12 KANT, Untersuchung über die Deutlichkeit der Grundsätze (1764), in: KANT (AA), Bd. 2 (1905), 280.

sondern behauptet eine intellektuelle Lust an unserer generellen Fertigkeit, Dinge und Vorgänge so darzustellen, daß sie in der Mimesis wiedererkennbar sind. Für das insgesamt seltene Vorkommen körperlicher Ekelerfahrungen in der Literatur des Mittelalters wurde eine analoge Fremddominanz bemerkt: Hier dienen sie zumeist der Darstellung eingetretener oder drohender Erniedrigung, sind also »subsumed into the moral and social economy of shame and honor«. Erst im 17. und 18. Jh. gewinnt dargestellter bzw. in Texten reflektierter Ekel »a life of its own«[5], wird zu einem Desiderat, das um seiner eigenen (anti-)ästhetischen und moralischen Qualitäten willen die Betrachtung lohnt.

Die Anthropologie des 18. Jh. hat die Empfindung des Ekels als elementares Reaktionsmuster von eminenter Bedeutung für das physische, geistig-moralische und soziale Leben angesehen. Kant definiert sowohl den physischen wie den moralischen und intellektuellen Ekel als einen »Anreiz, sich des Genossenen durch den kürzesten Weg des Speisecanals zu entledigen (sich zu erbrechen)«[6], als das »Bestreben [. .], eine Vorstellung, die zum Genuß dargeboten wird, von sich zu stoßen« (241). Die Unterscheidung, welche Geruch und Geschmack durch innerliche »Einnehmung«[7] ihres Objektes treffen, ist die von nicht bekömmlich vs. unbekömmlich, gesundheitsförderlich vs. gesundheitsschädlich bis tödlich. Die kulturalistische Deutung Condillacs sieht das Ekelgefühl dagegen vorsichtiger in der Gewöhnung an einen bestimmten Geschmack und mithin in der Unterscheidung von gewohnt vs. ungewohnt fundiert.[8] Hume, Adam Smith und Samuel Johnson hatten schon vor Kant dem Ekelurteil die Anleitungsfunktion für praktisch-moralisches Verhalten zugesprochen.[9] Für Kant gehört die »starke Vitalempfindung«[10] des Ekels in ihrer moralischen Dimension zur »Ästhetik der Sitten«: »wo die Gefühle, welche die nöthigende Kraft des moralischen Gesetzes begleiten, jener ihre Wirksamkeit empfindbar machen«[11]. Der Trias der »Gefühle des Erhabenen, des Schönen, des Ekelhaften«[12] kommt eine genau aufeinander abgestimmte philosophische Organonfunktion zu. Die Vitalempfindung des Ekels liefert negative Gegenstücke zu der die Philosophie supplementierenden Leistungen sowohl des Schönen als auch des Erha-

I. Ekel und Ekelhaftes als anthropologisch-ästhetische Kategorie des 18. Jahrhunderts

benen. Diese verschaffen der Zweckmäßigkeit der Natur und den Vernunftideen von Freiheit und Moralität eine Realität im Gefühl und stimmen uns dazu, diese unbeweisbaren Ideen zu denken. Ekel dagegen nötigt uns dazu, das Widermoralische, das Unfreie und das, was wider den ›bekömmlichen‹ und ›schönen‹ Zusammenhang der Natur zu streiten scheint, von uns zu stoßen. Er verschafft so ebenfalls – nur im Modus der Kritik – den Vernunftideen von Moralität und Freiheit eine Realität im Gefühl. Ekel ist derart »eine negative Bedingung des Wohlseins«[13]; ein negatives Erhabenes, ein Organon der ›besorgten‹ Vermeidung von Lastern, das dem erhaben-bewegten Gefühl der Überlegenheit unserer moralischen Bestimmung über alle Naturhindernisse am negativen Pol unserer Möglichkeiten zur Seite steht. In ihrer affektiven Organon-Funktion korreliert die Trias der »Gefühle des *Erhabenen*, des *Schönen*, des *Ekelhaften*« zugleich mit der Trias der drei ›oberen‹ Vermögen: Das Schöne erfüllt seine Organonfunktion zuallererst über den Verstand, das Erhabene über die Vernunft und das Ekelhafte über die Einbildungskraft.

Kants *Pädagogik* (1803) erklärt die Erziehung zum Ekel zu einem der höchsten Lehrziele: »Es beruht alles bei der Erziehung darauf, daß man überall die richtigen Gründe aufstelle und den Kindern begreiflich und annehmlich mache. Sie müssen lernen, die Verabscheuung des Ekels und der Ungereimtheit an die Stelle der des Hasses zu setzen; innern Abscheu statt des äußern vor Menschen und der göttlichen Strafen, Selbstschätzung und innere Würde statt der Meinung der Menschen.«[14] Das gemeinsame Merkmal dieser Lernziele ist die Tendenz zur Verinnerlichung und zur Vermeidung äußerer Gewalt. Eine Verabscheuung auf der Basis von Haß würde zu Gewalttaten, letztlich zu Mord führen, eine aus Ekel dagegen eher zur Meidung des Objekts oder zu seiner Entfernung aus unserer Nähe.[15] Condillacs *Traité des sensations* (1754) bestimmt das Verhältnis von Haß und Ekel als einen bloßen Gradunterschied: Ekel unterscheide sich von Haß nur durch den schwächeren Grad der Ablehnung. Doch auch bei Abstraktion von diesem Gradunterschied, so relativiert Condillac seine Definition, seien die Worte Haß und Ekel gleichwohl nicht durcheinander ersetzbar.[16] Kant, eher

die vitale Stärke der Ekelempfindung betont, unterscheidet Haß und Ekel von vornherein der Art nach. So heftig das Ablehnungsurteil des Ekels ist, so wenig befördert es doch die für den Haß typische Aggressions- und Vernichtungsintention gegen seinen Anlaß. Die ›Natur des Ekels‹ ist es insofern zu zivilisieren. Kant hat darauf eine Politik und Moral des Ekels errichtet. Deren Schema ist es, die dunkle Sinnesbasis des Ekels ›höheren‹ Zwecken dienstbar zu machen.

Die Grundlegung der modernen Ästhetik um die Mitte des 18. Jh. war ihre Grundlegung im Verbot des Ekelhaften. Das Ästhetische ist das Feld jenes Gefallens, dessen schlechthin Anderes der Ekel ist: So lautet seine kürzeste, einzig unumstrittene und dennoch fast vergessene Basisdefinition bei allen maßgeblichen deutschen Autoren. In der französischen und englischen Ästhetik gibt es dazu keine Äquivalente. Zwar sprechen auch Addison bzw. Diderot von ›disgust‹ bzw. ›dégout‹. Addison schreibt im *Spectator*: »There may, indeed, be something so terrible or offensive, that the Horrour or Loathsomness of an Object may over-bear the Pleasure which results from its *Greatness, Novelty*, or *Beauty*; but still there will be such a Mixture of Delight in the very Disgust it gives us, as any of these three Qualifications are most conspicuous and prevailing.«[17] Aber diese Begriffe besetzen weder die herausragende systematische Position, noch teilen sie die spezifisch philosophische Semantik, die Ekel in der deutschen ästhetischen Tradition zukommt. Erst im 20. Jh., erst nach Nietzsche und Freud gewinnen ›disgust‹ und ›dégoût‹ auch im französischen und englisch-amerikanischen Kulturraum prominenten Eingang in ästhetische und poetische Reflexionen. Die Ästhetik des 18. Jh. ließ andere ›unangenehme Empfindungen‹, wie das Schreckliche und das Bemitleidenswerte der Tragödie, in der Kunst nicht nur zu, sondern ver-

---

13 KANT (s. Anm. 6), 158.
14 KANT, Pädagogik (1803), in: KANT (AA), Bd. 9 (1923), 492 f.
15 Vgl. AUREL KOLNAI, Der Ekel, in: Jahrbuch für Philosophie und phänomenologische Forschung 10 (1929), 525 f.
16 Vgl. CONDILLAC (s. Anm. 8), 232.
17 JOSEPH ADDISON, The Spectator 412 (23. 6. 1712), hg. v. D. F. Bond, Bd. 3 (London 1965), 540.

langte sie ausdrücklich als Mittel der Reizsteigerung, der Intensivierung der ästhetischen Lust.[18] Gerade an diesen ›gemischten Empfindungen‹ sollte sich die Fähigkeit der Kunst zur Transformation von Unlust in Lust bewähren. Das Ekelhafte figuriert als der unassimilierbare Grenzwert, an dem das Ästhetische strandet: »Nur der Ekel«, so Johann Adolf Schlegel 1751 in den Fußnoten zu seiner Batteux-Übersetzung, »ist von denjenigen unangenehmen Empfindungen ausgeschlossen, die durch die Nachahmung ihre Natur verändern lassen.«[19] Die maßgebliche Ekel-Abhandlung des 18. Jh., zugleich das erste Ekel-Traktat überhaupt und der kardinale Referenztext für alle nachfolgenden Ekel-Reflexionen bei Lessing, Herder und Kant ist Moses Mendelssohns 82. *Literaturbrief* vom 14. Februar 1760. Geruch und Geschmack erscheinen darin als die kardinalen Ekel-Sinne. In der Kunst können diese Sinne nur durch eine assoziative Erinnerungsbrücke zu den ›höheren Sinnen‹ Gesicht und Gehör zur Geltung kommen. Diese Brücke ist die Einbildungskraft bzw. die Vorstellung. Auffällig ist, daß die Interferenz der ›bloßen Vorstellung‹ – und das gilt letztlich von Mendelssohn über Kant bis Freud – im Feld des Ekels keinerlei Abschwächung der unangenehmen Empfindung bewirkt. Der Ekel wird vielmehr geradezu als diejenige Empfindung definiert, deren Gewalt in Realität und Vorstellung stets gleich und ununterscheidbar ist: »Die Vorstellungen der Furcht, der Traurigkeit des Schreckens, des Mitleides u. s. w. können nur Unlust erregen, in so weit wir das Uebel für würcklich halten. Diese können also durch die Erinnerung, daß es ein künstlicher Betrug sey, in angenehme Empfindungen aufgelöset werden. Die widrige Empfindung des Eckels aber erfolgt, vermöge des Gesetzes der Einbildungskraft auf die blosse Vorstellung in der Seele, der Gegenstand mag für würklich gehalten werden, oder nicht. Was hilfts dem beleidigten Gemüthe also, wenn sich die Kunst der Nachahmung noch so sehr verräth? Ihre Unlust entsprang nicht aus der Voraussetzung, daß das Uebel wircklich sey, sondern aus der blossen Vorstellung desselben, und diese ist wirklich da. Die Empfindungen des Eckels sind also allezeit Natur, niemals Nachahmung.«[20]

Die genuinen Ekel-Sinne sind stumpf gegen die ästhetische Täuschung, weil sie die Unterscheidung gar nicht treffen, deren Suspens und Vertauschung – bei Aufrechterhaltung der Unterscheidung – von der rationalistischen bis zur Kantischen Ästhetik die Wirkungsweise der ästhetischen Erfahrung auszeichnet: Die Künste täuschen (illudieren), weil sie tauschen, weil sie das künstliche Zeichen wie die ›natürliche‹ Anwesenheit des Bezeichneten, weil ihre eigene Künstlichkeit wie Natur erscheinen lassen. All diesen Modellen von Täuschung durch (Ver-)Tauschen und damit formalen Struktur der ästhetischen Erfahrung entziehen die niederen Sinne die Voraussetzung. Denn sie besetzen die zu tauschenden Pole Natur und Kunst, Realität und Fiktion gar nicht mit einem Unterscheidungswert. Ästhetische Täuschung verwirrt die Unterscheidung von Kunst und Wirklichkeit, Ekel läßt sie kollabieren. »In dieser sonderbaren, auf lauter Einbildung beruhenden Empfindung« – so reformuliert Kant die Dreiheit von Ekelempfindung, ›bloßer Vorstellung‹ und widerstandslos schaltender Einbildungskraft – »wird die künstliche Vorstellung des Gegenstandes von der Natur dieses Gegenstandes selbst in unserer Empfindung nicht mehr unterschieden, und jene kann alsdann unmöglich für schön gehalten werden«[21] – sofern nämlich ›schön‹ gerade das komplexe Prozessieren der vom Ekel unterlaufenen Unterscheidung meint. ›Auf lauter Einbildung‹ zu beruhen impliziert hier keineswegs eine positive Behauptung von Irrealität oder Nicht-Existenz des Ekels. Angesichts des Zusammenbruchs der Natur-Kunst-Unterscheidung im Ekel konstatieren die von Mendelssohn parallel verwandten Formulierungen, Ekel seien ›allezeit Natur‹ und ›bloße Vorstellung‹, vielmehr die *gleiche* Suspension des Realitäts- und damit auch des Kunstzeichens, nur je-

---
18 Vgl. BATTEUX (1746), 94f.
19 JOHANN ADOLF SCHLEGEL, [Anmerkung], in: C. Batteux, Einschränkung der Schönen Künste auf einen einzigen Grundsatz, übers. v. J. A. Schlegel (1751), Bd. 1 (Leipzig ³1770), 111.
20 MOSES MENDELSSOHN, Briefe, die neueste Literatur betreffend (1759–1765), in: Mendelssohn, Gesammelte Schriften, Bd. 5/1 (Stuttgart-Bad Cannstatt 1991), 132.
21 KANT, Kritik der Urtheilskraft (1790), in: KANT (AA), Bd. 5 (1908), 312.

weils von der anderen Seite der kollabierten Unterscheidung aus.

Nur kraft dieser komplexen Logik kann der Ekel, dessen ›dunkle‹ Sinnesbasis mit den deutlicheren Sinnen der Kunstwahrnehmung »eigentlich zu reden«[22] gar nichts zu tun hat, gleichzeitig so sehr das Innere der ästhetischen Täuschung bedrohen, daß er als ihr negatives Definiens dienen kann.

Das Ästhetische wird aber nicht allein von außen durch den Einbruch des Ekelhaften bedroht. Es steht vielmehr auch von sich aus in Gefahr, in ein Ekelhaftes umzuschlagen. »Was blos angenehm ist, führet bald eine Sättigung, und zuletzt den Ekkel mit sich. [...] Hingegen fesselt das Unangenehme, das mit dem Angenehmen vermischt ist, unsere Aufmerksamkeit, und verhindert die allzu frühe Sättigung. Bey dem sinnlichen Geschmacke zeiget die tägliche Erfahrung, daß eine reine Süßigkeit bald den Eckel nach sich ziehet.«[23] Sättigungsekel gilt dem Maß an Süßigkeit, das die Grenze lustvoller Sättigung überschreitet, und ist daher wesentlich Übersättigungs-, Übermaß- oder Exzeßekel.

Andere Autoren haben eine solche immanente Verkehrung in Mißfallen und Ekel für alle ›gefallenden‹ Empfindungen einschließlich des Schönen diagnostiziert. Johann Karl Wezel schreibt in seinem *Versuch über die Kenntniß des Menschen* (1784/1785): »Der Schmerz, besonders der körperliche, spannt die Nerven an und erschlafft sie nur, wenn er zu einem sehr hohen Grade anwächst und zu lange dauert, hingegen können wir keine Art der angenehmen Empfindung lange genießen, ohne daß sie die Organe erschöpft: Ueberdruß und Ekel sind ihre beständigen Begleiter.«[24]

Schon Breitingers *Critische Dichtkunst* (1740) wendet die besondere Struktur quantitativen (Über-)Sättigungsekels auf die dichterische elocutio an: »Gleichwie die unmässige Verschwendung des Gewürtzes die Speisen nur verderbet und Ekkel erwecket; also erstecken die überhäuften Blumen und Zierrathen in einer Schrift die Schönheit der Materie.«[25] Neben den Sättigungswerten reiner Süßigkeit, ermüdender Wiederholung und allzu umständlicher Ausführlichkeit gewinnt im 18. Jh. vor allem ein traditionsreiches Ekel-Paradigma eine Leitfunktion: der Ekel an sexueller Erfüllung. Fortgesetzte sexuelle Ansinnen im Moment der gerade gestillten Begierde, so Spinoza, lassen Sättigungslust in Überdruß umschlagen: »Doch ist von der Liebe noch diess zu bemerken, dass es nämlich sehr häufig geschieht, wenn wir das, was wir begehrten, geniessen, dass der Körper durch diesen Genuss in eine neue Verfassung geräth, [...] und der Geist alsbald sich etwas Anderes in der Phantasie vorzustellen und etwas Anderes zu wünschen beginnt«. (Attamen de Amore hoc notandum restat, quòd scilicet saepissimé contingit, dum re, quam appetebamus, fruimur, ut Corpus ex eâ fruitione novam acquirat constitutionem, à quâ aliter determinatur, et aliae rerum imagines in eo excitantur, et simul Mens alia imaginari, aliaque cupere incipit.) Wenn sich ihm dann gleichwohl das ›alte‹ Objekt zu weiterer Befriedigung aufdrängt, ergibt sich ein Konflikt von vergangener und gegenwärtiger Begierde, der im Sexuellen wie beim Essen die Werte von Widerwillen und Ekel erreichen kann: »während wir es [...] geniessen, wird der Magen angefüllt, und der Körper in eine andere Verfassung gebracht. Wenn nun, während der Körper bereits in anderer Verfassung ist, das Bild dieser Speise, weil sie gegenwärtig ist, gehegt wird, und folglich auch das Bestreben oder die Begierde, sie zu essen, so wird jener neue Zustand dieser Begierde oder diesem Bestreben entgegen und folglich die Gegenwart der Speise, die wir begehrt hatten, unangenehm seyn, und das ist es, was man Widerwille und Ekel nennt.« (At quamdiu eodem sic fruimur, stomachus impletur, Corpusque aliter constituitur. Si igitur Corpore jam aliter disposito, ejusdem cibi imago, quia ipse praesens adest, fomentetur, et consequenter conatus etiam, sive Cupiditas eundem comedendi, huic Cupiditati, seu conatui nova illa constitutio repugnabit, et consequenter cibi, quem appetebamus, praesentia odiosa erit, et hoc est, quod Fastidium, et Taedium

---

22 MENDELSSOHN (s. Anm. 20), 132.
23 MENDELSSOHN, Rhapsodie oder Zusätze zu den Briefen über die Empfindungen (1761), in: Mendelssohn, Ästhetische Schriften in Auswahl, hg. v. O. F. Best (Darmstadt ²1986), 139f.
24 JOHANN KARL WEZEL, Versuch über die Kenntniß des Menschen, Bd. 2 (Leipzig 1785), 153.
25 BREITINGER, Bd. 1, 225.

vocamus.)²⁶ Condillac hat analog die Genese von Ekel gegenüber zuvor lustvoll genossenen Speisen einer Mischung aus Gewohnheitsabrieb und der Verteidigung einer genossenen Lusterfahrung zugeschrieben.²⁷ Nach Kant ist die »gemeine Bekanntschaft« mit sexueller Erfüllung generell von »Ekel«²⁸ bedroht. »Ekel macht satt«²⁹, lautet eine bündige Notiz Kants. Die Regel der Sättigungsvermeidung hat Kant daher zu einer ›Hauptmaxime‹ allen Verhaltens generalisiert: »Auf welchem Wege man aber auch immer Vergnügen suchen mag: so ist es, wie bereits oben gesagt, eine Hauptmaxime, es sich so zuzumessen, daß man noch immer damit steigen kann; denn damit gesättigt zu sein, bewirkt denjenigen ekelnden Zustand, der dem verwöhnten Menschen das Leben selbst zur Last macht und Weiber unter dem Namen der Vapeurs verzehrt.«³⁰ Nur eine solche Diätetik verhindert den immanenten Umschlag des Schönen in ein Vomitiv.

Lessings berühmte Regel des ›fruchtbaren Augenblicks‹ setzt dieses anthropologisch-ästhetische Gesetz der Sättigungsvermeidung aufs genaueste in einen künstlerischen Imperativ um. Sie schreibt vor, »in dem ganzen Verfolge eines Affects« stets seinen maximalen Sättigungswert, »die höchste Staffel desselben«, zu vermeiden, damit »der Einbildungskraft freies Spiel« bleibt und wir »desto mehr hinzu denken können«. Über den negativen Vermeidungswert dieser Regel läßt Lessing keinen Zweifel: »daß uns endlich vor dem ganzen Gegenstande ekelt«³¹.

Die Theorie der ästhetischen Lust verlangt daher, als Antidoton gegen deren immanente Ekelgefahr, eine potentiell unendliche Arbeit des Verstandes als Basis, Motor und mitlaufendes Ingrediens der ästhetischen Lusterfahrung. Ekel ist in diesem Modell zugleich Unter- und Obergrenze, Widerpart und eigene Tendenz des Schönen. Zwischen Kants kontradiktorischen Sätzen »die Sache selbst vereckelt die da schön ist«³² und »Dem Schönen ist nichts so sehr entgegengesetzt als der Ekel«³³ erschreibt sich die neue Wissenschaft der Ästhetik ihren Raum und ihr Ideal. Im Interesse der Sättigungs- und damit der Ekelvermeidung geht das Ästhetische von Beginn an eine enge Kooperation mit dem reflektierenden Verstand ein: Sinne und Verstand werden so konfiguriert, daß ein virtuell unabschließbarer Prozeß der ›Informationsanreicherung‹ sich eröffnet. Ästhetisch heißt für Kant eine Idee genau in dem Maß, in dem sie »die Aussicht in ein unabsehliches Feld verwandter Vorstellungen eröffnet«³⁴ und so die eigene Unerreichbarkeit für jede endliche Deutung behauptet. Wo sie dagegen »bloß auf einen sich selbst erschöpfenden »Genuß angelegt ist«, der »nichts in der Idee zurückläßt«, werde ihr »Gegenstand nach und nach anekelnd« (326).

Als durch und durch endliche, ebenso spontane wie kurze, ebenso heftige wie entschiedene Abwehrreaktion läßt Ekel keinerlei Raum für Reflexion – um so weniger für einen Typ von Reflexion, der seine eigene Unabschließbarkeit und Unentscheidbarkeit affirmiert. Ist die Einführung der unendlichen Reflexion in die ästhetische Erfahrung eine der kardinalen Innovationen von Baumgarten bis Kant und Friedrich Schlegel, figuriert das Erbrechen aus Ekel auch insofern als negatives Definitionsmodell: als unverdaulicher Block reflexionsloser Endlichkeit und Entscheidung. Ein Kernstück der neuen Wissenschaft der Ästhetik, die vielbeschworene Unendlichkeit und Unabschließbarkeit der ästhetischen Erfahrung, kann so als Gegenmittel gegen jene radikale Endlichkeit des Ekels gelesen werden, die das Feld des Ästhetischen nicht nur von außen definiert und bedroht, sondern stets schon von innen infiltriert hat. Nor-

---

26 BARUCH DE SPINOZA, Ethica/Ethik (1677), in: Spinoza, Opera/Werke, lat.-dt., hg. v. K. Blumenstock, übers. v. B. Auerbach, Bd. 2 (Darmstadt 1967), 350; dt. 351.
27 Vgl. CONDILLAC (s. Anm. 8), 300.
28 KANT, Beobachtungen über das Gefühl des Schönen und Erhabenen (1764), in: KANT (AA), Bd. 2 (1905), 234.
29 KANT (s. Anm. 7), 473.
30 KANT (s. Anm. 6), 237.
31 GOTTHOLD EPHRAIM LESSING, Laokoon: Oder über die Grenzen der Malerei und Poesie (1766), in: Lessing, Werke, hg. v. W. Barner, Bd. 5/2 (Frankfurt a. M. 1990), 32 f.
32 KANT, Bemerkungen zu den Beobachtungen über das Gefühl des Schönen und Erhabenen (entst. ca. 1765–1775; ersch. 1842), in: KANT (AA), Bd. 20 (1942), 61.
33 KANT (s. Anm. 28), 233.
34 KANT (s. Anm. 21), 315.

mative Unendlichkeit ist – auch – ein Anti-Vomitiv.

Das Ideal des Schönen, der klassische Statuenkörper und der menschliche Körper überhaupt, unterliegt vom Kopf bis zu den Füßen einer Topound einer Chronographie des »Ekels«. Taediogene Zonen und ekelhafte Zeiten sind die strategischen Einsatzstellen seiner Konstruktion. Falten, Runzeln, Warzen, »allzugrosse Weichkeit«[35], sichtbare oder zu große Körperöffnungen (Mund, Nase, Ohr, Brustwarzen, Genitalien, After), austretende Körperflüssigkeiten (Nasenschleim, Eiter, Blut, Exkremente) und Alter werden als ekelhaft auf den ästhetischen Index gesetzt. Die positiven Regeln des ›ästhetischen‹ Körpers sind Ekelvermeidungsregeln. Die kanonischen Plastiken Apollons und Aphrodites figurieren und funktionieren als förmliche Ekelvermeidungskörper. Sie produzieren eine schöne Sichtbarkeit, die des »sanft verblasenen […] Leibhaften«[36], indem sie die Phänomene unter der Haut und die Eingänge zum Körperinnern ganz unsichtbar machen oder »mit einem fühlbaren Gypse über[ziehen]«[37].

Außer der taediogenen Topographie regelt auch eine taediogene Chronographie die Konstruktion des ästhetischen Körpers: körperliche Krisen, Wunden, Entstellungen, Krankheit und Tod werden auf die mit ihnen verbundenen Ekelgefahren untersucht. Dabei geht es um die der Kunst eigenen Möglichkeiten der Entekelung dieser potentiellen Ekelgefühle durch Mischung mit und Funktionalisierung für andere Affekte. Die Laokoon-Gruppe ist bei Winckelmann, Lessing und Herder das leitende Beispiel für die Diskussion eines den Körper ekelhaft entstellenden Affektausdrucks, Sophokles' Philoktet und Ovids Marsyas für die Unterscheidung ›bloß ekelhafter‹ Wunden und Schindungen von legitimen Funktionalisierungen des potentiell Ekelhaften für andere Affekte (allen voran das Gräßliche, das Erhabene und das Komische). Auch Diderot hat den geschundenen Marsyas im Feld der schönen Künste unumwunden als eine »belle chose«[38] verteidigt (andernorts unterscheidet auch er zwischen ästhetisch produktivem ›horreur‹ und antiästhetischem ›dégoût‹ bei der Betrachtung blutiger Körperzerstückelungen[39], und verwirft entsprechend eine malerische Darstellung der Schindung des Marsyas[40]). Angesichts der Raie dépouillée (1728) von Jean-Baptiste Siméon Chardin hält Diderot das »dégoûtant«[41] für ästhetisch rettbar. Lessings Schrift Wie die Alten den Tod gebildet (1769) und Herders Reaktion darauf grenzen das Feld ästhetischer Todesdarstellung von jeder Nähe zu Würmern und Verwesungsgestank ab. Überall stellt sich heraus, daß die Kunst nicht nur Umwege um das Ekelhafte, sondern auch Wege seiner Einschließung mittels direkter Gegenbesetzung finden kann.

Der elaborierte Kampf um die Ekel-Grenze erhält so einen phantasmatischen Zug. »Eigentlich zu reden«, gibt es für die ästhetischen Sinne Gesicht und Gehör gar keinen genuinen Ekel, hat er also »überhaupt nicht den geringsten Antheil an den Werken der schönen Künste«[42]. Dennoch muß er mit aller Anstrengung ausgeschlossen werden. Wird er zugelassen, stellt sich heraus, daß es sich trotz täuschender phänomenaler Ähnlichkeit nur um einen domestizierten Doppelgänger ›kruden‹, ›wirklichen‹ oder ›wahren‹ Ekels handelt.

Für das komplexe Regime von Ekelvermeidungsregeln gebrauchen die ›Klassiker‹ wieder und wieder eine schon in der Antike traditionsmächtige Chiffre: diejenige der ekelhaften alten Frau. Sie ist im selben Maße die materia, Matrix, Marter, die verleugnete mater des Schönen, in dem sie der In-

---

35 MENDELSSOHN (s. Anm. 20), 131.
36 JOHANN GOTTFRIED HERDER, Plastik. Einige Wahrnehmungen über Form und Gestalt aus Pygmalions bildendem Traume (1778), in: HERDER, Bd. 8 (1892), 12; vgl. HERDER, Studien und Entwürfe zur Plastik (1769), in: ebd., 106.
37 HERDER, Studien (s. Anm. 36), 102.
38 DENIS DIDEROT, Sur la peinture. Poëme en trois chants par M. Le Mierre (1769), in: DIDEROT (ASSÉZAT), Bd. 13 (1876), 91; vgl. HERBERT DIECKMANN, Das Abscheuliche und Schreckliche in der Kunsttheorie des 18. Jahrhunderts, in: H. R. Jauß (Hg.), Die nicht mehr schönen Künste. Grenzphänomene des Ästhetischen (München 1968), 302–304; JEAN SEZNEC, Un Laocoon français, in: Seznec, Essais sur Diderot et l'Antiquité (Oxford 1957), 63–66.
39 Vgl. DIDEROT, Salon de 1761, in: DIDEROT (ASSÉZAT), Bd. 10 (1876), 115 f.
40 Vgl. [DIDEROT], Extrait d'un ouvrage anglais sur la peinture (1763), in: DIDEROT (ASSÉZAT), Bd. 13 (1876), 39.
41 DIDEROT, Salon de 1763, in: DIDEROT (ASSÉZAT), Bd. 10 (1876), 195.
42 MENDELSSOHN (s. Anm. 20), 131.

begriff alles Tabuierten ist: abstoßender Haut- und Formdefekte, ekelhafter Ausscheidungen und sogar sexueller Praktiken – ein obszöner, verwesender Leichnam schon zu Lebzeiten. Barthold Heinrich Brockes hat in seinem Neujahrsgedicht auf das Jahr 1722 ein Paradigma verwesend-alter Weiblichkeit geliefert, das bis Mendelssohn in keiner Reflexion über den wechselseitigen Ausschluß von Ekel und ästhetischer Lust fehlt.[43] Lessing hat danach die todbringende Ker mit ihren gräulichen Zähnen, eine lächerlich-ekelhafte Hottentotten-Geliebte mit »einem gequetschten Knorpel von Nase« und »schlappen bis auf den Nabel herabhangenden Brüsten«[44] und vor allem die finstere Achlys mit ihrer laufenden Nase zu negativen Erkennungsmarken des ästhetischen Diskurses erkoren. In Kants nachgelassenen Schriften finden sich Einträge wie »Warum ein altes Weib [...] ein Gegenstand des Ekels ist«[45] oder »Kuß ist Genuß. Alt Weib ekelt«[46]. Die ›unreinliche Alte‹, die – wie Mary Douglas sagt – »idea of woman as the Old Eve«[47], erfüllt damit eine negative Begründungsfunktion für fast den gesamten ästhetischen Diskurs. Dieser ›Joker‹ erlaubt all die Gesten der Ausschließung, die dem männlichen Ästhetiker die Subordination unter die junge und neue Eva erlauben. Kant hat es auf den Punkt gebracht: »Dem Schönen ist nichts so sehr entgegen gesetzt als der Ekel. [...] Daher kann [...] einem Frauenzimmer kein Schimpf empfindlicher sein, als daß sie *ekelhaft* genannt werde.«[48] Deshalb wird dieser Schimpf im System des Schönen so obstinat produziert. Der weibliche Körper, das Ideal des Schönen, bedarf einer pausenlosen Selbst-Idealisierung, um nicht seiner innersten Tendenz zum Ekelhaften zu erliegen: »Um von diesem Ekelhaften sich so weit als möglich zu entfernen, gehört die *Reinlichkeit*, die zwar einem jeden Menschen wohl ansteht, bei dem schönen Geschlechte unter die Tugenden vom ersten Range und kann schwerlich von demselben zu hoch getrieben werden.« (234)

II. Die romantische Ekel-Lizenz

Die gleiche Ästhetik, die sich im Ausschluß des Ekelhaften konstituiert, liefert mit der Lust am Schrecken ein Modell für alle späteren Theorien ästhetischer Affektverwandlung, der Transformation von Repulsion in Attraktion. Die Lust an Inzest, Gatten- und Muttermord auf der Schaubühne beruht danach wesentlich auf der Auslösung einer starken Selbstwahrnehmung des Zuschauers. Konfrontiert mit abscheulichen Taten, durchbricht die ›Seele‹ des Betrachters ihren anästhesierten Zustand in banalem Alltag oder trüber Langeweile und fühlt sich selbst ›lebendig‹, weil mit starken Empfindungen von hoher Reizamplitude agitiert.[49] Unangenehme Empfindungen sind also in dem Maß an sich selbst ›angenehm‹ und lustverschaffend, wie sie ›leidenschaftlich‹ und stark sind.[50] Diese Logik der lustvollen Aneignung des Unangenehmen über die bloße Stärke seiner Reizwirkung dehnt Friedrich Schlegel auf den zuvor ausgeschlossenen Ekelwert aus. Der Trend zum Ekelhaften wird von ihm als die naturwüchsige Tendenz der Kunst erkannt: »Geht die Richtung [...] auf ästhetische Energie, so wird der Geschmack, der alten Reize je mehr und mehr gewohnt, nur immer heftigere und schärfere begehren.« Als extreme Unterart einer modernen Ästhetik der »Choquanten«[51] wird das Ekelhafte als beinahe unvermeidlicher Fluchtpunkt, als negatives Eschaton eines beschleunigten Reizverbrauchs

---

43 Vgl. BARTHOLD HEINRICH BROCKES, Das durch die Betrachtung der Grösse Gottes verherrlichte Nichts der Menschen. In einem Gespräche auf das Neue Jahr, 1722, in: Brockes, Irdisches Vergnügen in Gott, bestehend in physicalisch- und moralischen Gedichten, Bd. 1 (Hamburg 1734), 441 f.
44 LESSING (s. Anm. 31), 175.
45 KANT (s. Anm. 32), 155.
46 KANT (s. Anm. 7), 804.
47 MARY DOUGLAS, Purity and Danger. An Analysis of Concepts of Pollution and Taboo (1966; London ²1969), 158.
48 KANT (s. Anm. 28), 233.
49 Vgl. CARSTEN ZELLE, ›Angenehmes Grauen‹. Literaturhistorische Beiträge zur Ästhetik des Schrecklichen im achtzehnten Jahrhundert (Hamburg 1987).
50 Vgl. LESSING an Mendelssohn (2. 2. 1757), in: Lessing/Mendelssohn/Friedrich Nicolai, Briefwechsel über das Trauerspiel, hg. v. J. Schulte-Sasse (München 1972), 101.
51 FRIEDRICH SCHLEGEL, Über das Studium der Griechischen Poesie (1795–1796), in: SCHLEGEL (KFSA), Bd. 1 (1979), 254.

des modernen Kunstsystems erkannt. Das 124. *Athenäums-Fragment* (1798) statuiert daher, es sei »sehr inkonsequent, und klein, auch die langsamste und ausführlichste Zergliederung unnatürlicher Lüste, gräßlicher Marter, empörender Infamie, ekelhafter sinnlicher oder geistiger Impotenz scheuen zu wollen«[52].

Die Kritik der romantischen Literatur im weitesten Sinne hat sich das Prädikat »ekelhaft« konsequenter zu eigen gemacht als die romantische Poetik selbst. Ausgerechnet der Proto-Romantiker Ludwig Tieck schreibt 1835: »Romantische Schule! Das ist ein Wort, vieldeutsam, unverständlich, nach Gelegenheit dumm. In Brandenburg, meinem Vaterlande, heißt *manschen* oder *mantschen* etwas Widriges und Ekelhaftes durcheinanderwerfen und mischen, wie im Blut des geschlachteten Viehes handtieren, mit Dem, was der Verwesung gehört, sich gemein machen [...] – O ihr zarten Geister [...], du in Gesellschaft aller Musen schalkhaft lächelnder Cervantes, du Calderon, mit dem Strauß der dunkeln Purpurblumen in der Hand, einziger W. Shakespeare, vor dem die Musen und Apollo selbst sich neigen, Du, deutscher Goethe, der als Glanzgestirn den ewigen Frühling die Sonnenbahn herafführst, – ihr Romantiker, ihr echten Romantischen seid also die Vorbilder und begeisternden Muster jener Schamlosen, die das Laster, die Verwesung, das Scheusal und die Werke der Finsternis singen [...] [und wie] Victor Hugo alles Edle mit Füßen treten, in der Verwesung des Lasters schwelgen und vom Ekelhaften trunken [sind].«[53]

Im Ekelhaften stehen also nicht länger, klassisch, die Unterscheidungen von ästhetisch und transästhetisch, von Kunst und Unmöglichkeit künstlerischer Illusion auf dem Spiel, sondern eine Unterscheidung zwischen zwei Arten der ›romantischen‹ Literatur. Zur literaturpolitischen Immanentisierung der Kategorie gehört, daß die ›gesunde‹ Romantik ihr Feld keineswegs einfach diesseits des Ekelhaften situiert. Sie erkennt vielmehr die Zeitgemäßheit des Ekelhaften an, reklamiert für sich aber zugleich einen Widerstand gegen die ungebrochene Komplizenschaft mit dieser Macht. Dieser Widerstand im Feld des Ekels gegen den Ekel gibt sich regelmäßig das Ansehen einer (konservativen) Treue zu einem ›wahren‹ Romantischen, das seinerseits dem klassischen Gesetz des Schönen verpflichtet sei. Die klassische Ausschließungsregel kehrt so als Binnendifferenzierung im Romantischen wieder und wahrt eben in dieser Metamorphose Tuchfühlung mit dem historischen Stand der Kunst.

Karl Rosenkranz diagnostiziert in seiner *Ästhetik des Häßlichen* (1853) später analog in »den unruhig ermatteten, genußgierig impotenten, übersättigt gelangweilten, vornehm cynischen, zwecklos gebildeten, jeder Schwäche willfahrenden, leichtsinnig lasterhaften, mit dem Schmerze kokettirenden« Bösewichtern der romantischen Literatur »eine scheußliche Verwesung« des ehemals ›gesunderen‹ negativen Prinzips. Er spricht gar von einem »schönen Ekel‹ in dieser Diabolik, die sich absichtlich in Sünde stürzt um nachher den süßen Schauder der Reue zu genießen«[54]. Zur Signatur von Romantik gehört demnach eine doppelte Transformation des Ekelhaften: Die außerästhetische Kategorie wird zu einer umkämpften Position im Feld des Ästhetischen selbst, und sie gewinnt eine Dimension der psychohistorischen Zeitdiagnose hinzu, die ihr im früheren System gänzlich fremd war. Drei Jahre nach Rosenkranz stellt Baudelaire sich mit seinem »semblable«, dem Leser der *Fleurs du mal* (1857), im Einleitungsgedicht *Au lecteur* die gleiche Diagnose. Als Tummelplatz ekelhafter Laster und Lüste erscheint darin »notre âme«; »nous rentrons gaiement dans le chemin bourbeux«, »nous alimentons nos aimables remords, / Comme les mendiants nourissent leur vermine« und befördern damit einen Parasitismus des Ekelhaften an sich selbst, einen geschlossenen Kreis des Ekels. Indem Baudelaire die Verlockungen (»appas«) des Widerwärtigen als den gemeinsamen Grund von Autor und Leser diagnostiziert, bestimmt er ihn zugleich als das Gradnetz seiner dichterischen Arbeit. »Un million d'helminthes« fehlen in dieser klinischen Zeitdiagnose ebensowenig wie die lü-

---

52 F. SCHLEGEL‹, 124. Athenäums-Fragment (1798), in: SCHLEGEL (KFSA), Bd. 2 (1967), 185.
53 LUDWIG TIECK, Das alte Buch und die Reise in's Blaue hinein. Eine Märchen-Novelle (1835), in: Tieck, Schriften 1834–1836, hg. v. U. Schweikert (Frankfurt a.M. 1988), 850f.
54 KARL ROSENKRANZ, Ästhetik des Häßlichen (Königsberg 1853), 382.

sterne Impotenz, die »baise et mange / Le sein martyrisé d'une antique catin« – die erste von zahlreichen vetula-Variationen in Baudelaires »fleurs maladives«. Nicht nur setzt sich der moderne Zeitgenosse unerschrocken (»sans horreur«) den abstoßendsten Objekten (»objets répugnants«[55]) aus, er vollbringt das Kunststück ihrer direkten libidinösen (Gegen-)Besetzung, einer affirmativen Ästhetik des Ekelhaften, die sich allein an der Langeweile den Appetit verdirbt. Von de Sade bis Baudelaire, im gesamten von Mario Praz (*La carne, la morte e il diavolo nella letteratura romantica*, 1930) als schwarze Romantik bezeichneten Feld, findet die Lust am Ekelhaften ein reiches Feld von Objekten und Darstellungsmodi.

III. Ekel in Rosenkranz' ›Ästhetik des Häßlichen‹

Etwa hundert Jahre nach Johann Adolf Schlegels Abhandlungen in Anmerkungsform und Mendelssohns Brief bietet der Abschnitt ›Das Ekelhafte‹ in Karl Rosenkranz' *Ästhetik des Häßlichen* eine zusammenhängende Erörterung des Themas. Die leitenden Begriffe und Thesen der früheren Debatte haben die Szene der Erörterung fast vollständig verlassen. Nichts erinnert mehr an die Lust-Unlust-Unterscheidung und ihre Mischungen, an das Theorem eines Ekels ›aus bloßer Vorstellung‹, an die Indifferenz gegen die Natur-Kunst-Unterscheidung und das damit verbundene Illusionsmodell oder an die Hyper-Realität des Ekelhaften. Nicht übermäßige Süßigkeit und Sättigung, nicht allzugroße Weichheit und Erbrechen leiten seine Erörterung des Ekelhaften, sondern schlechthin – Verwesung. Was bei Mendelssohn gar nicht, bei Lessing und Herder allein als spezielles Problem antiker Todesdarstellung in den Blick geriet, gewinnt bei Rosenkranz eine umfassende Signifikanz: »Das Ekelhafte ist die reelle Seite [des Scheußlichen – d. Verf.], die Negation der schönen Form der Erscheinung durch eine Unform, die aus der physischen oder moralischen Verwesung entspringt. Nach der alten Regel, a potiori fit denominatio, nennen wir auch niedrigere Stufen des Widrigen und Gemeinen ekelhaft, weil alles das uns Ekel einflößt, was durch die Auflösung der Form unser ästhetisches Gefühl verletzt. Für den Begriff des Ekelhaften im engern Sinn aber müssen wir die Bestimmung des Verwesens hinzufügen, weil dasselbe dasjenige Werden des Todes enthält, das nicht sowohl ein Welken und Sterben, als vielmehr das *Entwerden des schon Todten* ist. Der Schein des Lebens im an sich Todten ist das unendlich Widrige im Ekelhaften.«[56]

Erstaunlich genug, äfft diese hegelianische Definition des Ekelhaften auf neue Weise die Schönen selbst nach. Scheinhafte Lebendigkeit zeichnet nach dem pygmalionischen Modell Lessings und anderer die ästhetische Illusion aus; andererseits soll nun »der Schein des Lebens […] das unendlich Widrige im Ekelhaften« ausmachen. Die klassische Ästhetik richtete ihre Aufmerksamkeit im Negativen vor allem auf die Körperöffnungen und nur gelegentlich auf deren Ausscheidungen; der Nasenrotz der Achlys war hier das einzige einschlägige Beispiel. Rosenkranz dagegen erörtert ausschließlich die Materie der Ausscheidung selbst. Das ›Welken und Sterben‹ des Lebendigen, für die Klassiker eine Bedrohung der normativen Jugend, bereitet ihm keinerlei ästhetische Schmerzen. Das umgekehrte Welken, das widrige Wiederaufblühen des schon Toten in der Verwesung beschwört er daggegen als die große Ekelgefahr nicht so sehr des Leichnams als des Exkrements. Verwesung ist nicht die Fortsetzung von Sterben und Vergehen, sondern eine perverse Umkehrung, eine Umstülpung, eine Wende des Erbrechens und zum Erbrechen in der Zeitlichkeit von Leben und Tod, ein gespenstisches postmortales Leben.

Der Raum der Kultur, die Großstadt mit ihren »Culturverwesungsabschnitzeln« aller Art, verschafft selbst der natürlichen Exkretion allererst ihre ›entsetzliche‹ Steigerung: »Könnte man eine große Stadt, wie Paris, einmal umkehren, so daß das Unterste zu oberst käme und nun nicht blos die Jauche der Cloaken, sondern auch die lichtscheuen Thiere zum Vorschein gebracht würden, die Mäuse, Ratten, Kröten, Würmer, die von der Verwesung leben, so würde dies ein entsetzlich

---

55 CHARLES BAUDELAIRE, Les fleurs du mal (1857), in: BAUDELAIRE, Bd. I (1975), 3–6.
56 ROSENKRANZ (s. Anm. 54), 312f.

ekelhaftes Bild sein.« (314) Nicht allein siedelt dieses Bild, das bereits im 18. Jh. als kardinales Ekel-Paradigma im Diskurs öffentlicher Hygiene figurierte, die Verwesung in der Chiffre der Kultur par excellence, in Paris als der ›Hauptstadt des 19. Jh.‹ (Benjamin) an. Es gewinnt seine ästhetische und zeitdiagnostische Schärfe bei Rosenkranz erst dadurch, daß es auch in nochmaliger Umkehrung gelesen werden kann: als Bild nicht allein der Kehrseite der Kultur, sondern des oberirdischen Standes der Zivilisation selbst. Das »Ideal satanischer Blasirtheit« in zeitgenössischer Kunst und Wirklichkeit, das Schwelgen in »Verworfenheit« und »schönem Ekel« bereitet auf den Straßen und in den Salons das gleiche Bild »einer scheußlichen Verwesung«: einer Verwesung der »Menschen der heutigen Zeit« (382) bei lebendigem Leib. Die Aufwertung der Verwesung in den zeitgenössischen Theorien des Ekelhaften antwortet insofern einer Entwicklung der Kunst selbst.

»Die Aesthetik des Häßlichen macht die Beschäftigung auch mit solchen Begriffen zur Pflicht, deren Besprechung oder auch nur Erwähnung, sonst wohl als ein Verstoß gegen den guten Ton betrachtet werden kann. Wer eine Pathologie und Therapie der Krankheiten in die Hand nimmt, macht sich auch auf das Ekelhafteste gefaßt. Und so auch hier.« (6 f.) Die Perspektive auf ›Pathologie‹ färbt alle Beobachtungen und die eigene Sprache gemäß einer vorausgesetzten Differenz von gesund und krank ein; die Perspektive auf ›Therapie‹ kompromittiert den ›dialektischen‹ Anspruch auf umfassende Integration des Nicht-Schönen durch eine kunstrichterliche Geste normativer Poetik. Statt der Bewegung umfassender Integration behält das ältere Paradigma der Unverdaulichkeit und der ›gesunden‹ Verwerfung des Unbekömmlichen die Oberhand. Die Exorbitanz des Ekelhaften wird auf neuer Ebene bestätigt, indem sie auch die ›Zuversicht‹ (Hegel) des dialektischen Aneignungsappetits in entschiedenes Abstoßen verkehrt. »Ekelhafte Krankheiten, die auf einem unsittlichen Grunde beruhen, muß die Kunst von sich ausschließen. Die Poesie prostituiert sich selbst, wenn sie dergleichen schildert. [...] Das sind Verirrungen einer Zeit, welche aus ihrem krankhaft pathologischen Interesse an der Corruption das Elend der Demoralisation für poetisch hält« (317 f.). Verwesung und Korruption, beide als moralische Chiffren gelesen, verbinden sich im (Un-)Begriff des Ekelhaften zur Leitkategorie einer Pathologie der Moderne und der Dekadenz. Immer wieder ist es das Leben der Großstadt, das Rosenkranz einschlägige Beispiele ästhetischer Unmöglichkeit liefert: »Das Ekelhafte wird auch dadurch ästhetisch unmöglich gemacht, wenn es mit dem *Unnatürlichen* sich vermischt. Blasirte Epochen der Völker wie der Individuen kitzeln die erschlafften Nerven mit den heftigsten und daher nicht selten auch ekelhaftesten Reizmitteln auf. Wie scheußlich ist nicht das neueste fashionable Vergnügen der Londoner Müßiggänger, der Rattenkampf! Kann man sich etwas Ekelhafteres ersinnen, als einen Rattenhaufen, der sich in Todesangst gegen eine bestialischen Hund wehrt? Doch, könnte mancher sagen, die Wettenden, die mit der Uhr in der Hand, um die ausgemauerte Grube herumstehen. Allein *Pückler Muskau* in seinen ersten, unsterblichen Briefen eines Verstorbenen erzählt doch noch von etwas Ekelhafterem, daß er nämlich zu Paris auf dem Boulevard Mont Parnasse gesehen, wie die Spießbürger nach einer Ratte schossen, die sie auf einem schrägen Brett angebunden hatten, so daß sie auf dem engen Raum in Verzweiflung hin und her lief. Zum Vergnügen nach einer Ratte schießen! Infernalisch ekelhaft.«

So fortgeschritten scheinen die »genußgierig impotenten Menschen der heutigen Zeit« im Ausleben ihrer »kranken Gelüste« (321), daß gar die großstädtischen Rattenhaufen vor einer affirmativen Ästhetik des Ekelhaften in Schutz genommen werden müssen. Vor diesem Hintergrund begründet Rosenkranz' Ausschließungsgeste nicht mehr – klassisch – die fundamentalen Grenzen und Regeln ästhetischer Illusion; sie führt vielmehr einen verzweifelten und verlorenen Abwehrkampf gegen eine bereits erfolgte und auch erkannte Selbstauflösung des klassisch-ästhetischen Systems.

Die Resultante von dialektischem Projekt, Rekurs auf den alten Grenzziehungen und Diagnose der neuen historischen Koordinaten ist eine paradoxe. Einerseits gibt Rosenkranz im Modus der Pathologie, eine Phänomenologie auch des ›modernen‹ Ekelhaften. Andererseits faßt er die ästhetischen Ekel-Lizenzen keineswegs weiter, als etwa Lessing dies getan hat. Von Lessings Panorama der zulässigen Verstärkerfunktionen des Ekelhaften – für das Gräßliche, Scheußliche, Erhabene und Lächerliche – bleibt nur das Komische und ein erbauliches Erhabenes übrig. Von der das ganze Kapitel, ja die Definition des Ekelhaften selbst regierenden Kategorie der Verwesung wird allein ihre religiöse Überwindung »durch das von Christus ausgehende göttliche Leben« (316) ästhetisch lizensiert. Das Beispiel dafür, die Auferstehung des Lazarus, erörtert schon Lessing. Es ist vielleicht das einzige, bei dem der *Laokoon* illiberaler verfährt als die *Ästhetik des Häßlichen*. Anders als bei Christus' Leichnam spricht die Bibel bei Lazarus ausdrücklich von Verwesungsgeruch. Dennoch, so Lessing, sei die malerische Repräsentation des Gestanks durch das Nase-Zuhalten der Umstehenden »auch hier unerträglich; denn nicht bloß der wirkliche Gestank, auch schon die Idee des Gestanks erwecket Ekel«[57]. Rosenkranz erinnert dagegen an die antiillusionistische ›Wahrheit‹: »Vor allen Dingen vergesse man nicht, daß die Malerei diesen Geruch nicht darstellt«[58] – um dann in einem zweiten Schritt die todesüberwindende »Freiheit des Geistes« und mit ihr die ästhetische Nobilitierung der Verwesung zu feiern. Selbst massenhaftes Siechtum durch epidemische Krankheiten kann nach diesem Modell durch einen »Strahl des Lebens« einen »erhabenen Charakter annehmen«: »Aesthetisch genommen wird aber für alle solche Scenen die Auferweckung des Lazarus den kanonischen Typus abgeben und das Leben als die ewige Macht des Todes dem Sterben siegreich gegenübertreten müssen.« (318)

Die zeitgenössische Form einer ›Verwesung‹ des negativen Prinzips im ›schönen Ekel‹ – der ästhetische Satanismus der schwarzen Romantik – und die Beispiele ästhetisch erlaubter Verwesung – die religiöse Geschichte und große historische Gemälde – treten unversöhnlich auseinander. Im Kapitel über das Ekelhafte entsteht so ein Riß in jener Selbstbewegung des Häßlichen, die über maximale Steigerung zur Selbstvernichtung, zum freien Dementi ihrer Unfreiheit und damit zur Integration ins Schöne führen soll. Als dieser Riß figuriert die parallele Pathologie des modernen Lebens und der modernen Kunst. Erneut bestätigt sich, dieses Mal nicht auf den Gebieten der Anthropologie und der Transzendentalphilosophie, sondern auf dem der Geschichte, der skandalöse, unintegrierbare Charakter des Ekelhaften: Es ist dasjenige, was das dialektische System selbst zum Erbrechen, zum Aussetzen seiner alles einbeziehenden ›Zuversicht‹ bringt. Trotz seiner zeitgenössischen Omnipräsenz hört das Ekelhafte nicht auf, ›choquant‹ zu sein. Die Spuren dieses Schocks verzeichnet die ästhetische Reflexion, indem sie das eigene System beschädigt.

IV. Nietzsche

Kant hatte der ›Vitalempfindung‹ des Ekels die Funktion der Gesundheits- und Lebenserhaltung mittels der Unterscheidung von bekömmlich und unbekömmlich zugeordnet. Nietzsche bestimmt den ›binären Code‹ des Ekels als Ja-Sagen vs. Nein-Sagen. Das Objekt dieses Urteils verliert seine Kantische Abstraktheit: Es ist nicht irgendeine physische oder spirituelle ›Nahrung‹, sondern das Leben selbst – und zwar nicht das Leben in seiner Langeweile, sondern das Leben in seiner Ungerechtigkeit, seinem Leiden, seiner Lust, seiner Schönheit und seinem amoralischen ›Willen zur Macht‹. Sofern der Ekel nein sagt zum Leben selbst, verkehrt er die Kantische Funktion der Lebenserhaltung in ihr Gegenteil und wird zum Agenten eines »Willens zum Untergang‹, zum mindesten ein Zeichen tiefster Erkrankung, Müdigkeit, Missmuthigkeit, Erschöpfung, Verarmung an Leben«[59]. In dieser Funktion nimmt Ekel einen herausragenden Platz in der »Geschichte des europäischen Nihilismus« ein, der für Nietzsche »gerade das Leben, das Ekel, Mitleid und die Lust zur Zerstörung rege macht, als *absolut* und *ewig* lehrt«[60]. Wieder und wieder greift Nietzsche in seinen Schriften auf diese Konfiguration von Ekel,

---

57 LESSING (s. Anm. 31), 182.
58 ROSENKRANZ (s. Anm. 54), 316.
59 FRIEDRICH NIETZSCHE, Die Geburt der Tragödie aus dem Geiste der Musik (1872), in: Nietzsche, Sämtliche Werke. Kritische Studienausgabe, hg. v. G. Colli/ M. Montinari, Bd. 1 (München ²1988), 18 f.
60 NIETZSCHE, Nachgelassene Fragmente. November 1887-März 1888, in: ebd., Bd. 13 (München ²1988), 70 f.

Mitleid und Nihilismus zurück. Ekel besetzt damit eine zentrale Schnittstelle in Nietzsches Denken: Wie kann unter den Bedingungen des Nihilismus der überall lauernde Ekel am Leben in ein ›Ja-Sagen‹ neuen Typs verwunden werden? Nietzsches Genealogie des Nihilismus entdeckt einen radikal neuen Kreis von Agenten des Ekels: Platon und Jesus Christus, Metaphysik und Philosophie der Tugend und Erlösung. Ihr gemeinsames Projekt ist der »Hass auf die ›Welt‹«, ein »Fluch auf die Affekte«, eine »Furcht vor der Schönheit und Sinnlichkeit, [...] im Grunde ein Verlangen in's Nichts«[61]. Dieser Ekel vor dem diesseitigen Leben evoziert in ›vornehmeren‹ Beobachtern einen Ekel zweiter Ordnung, einen Ekel vor dem Ekel am Leben: »Alle tieferen Naturen des Alterthums haben Ekel an den *Philosophen der Tugend* gehabt.«[62] Auf dem Grund der Moral selbst entdeckt Nietzsches tiefenpsychologischer Blick eine systematische Verneinung, die sich als positive Lehre vom richtigen Leben verkleidet. Das Christentum »als die ausschweifendste Durchfigurirung des moralischen Thema's«[63] gerät in die Position einer Mastertrope des Ekels – während Dionysos eine Prosopopöie des Gegenpols, des Nicht-Ekels bzw. der Überwindung des Ekels darstellt.

Die Schrift *Zur Genealogie der Moral* (1887) ist die Haupturkunde für Nietzsches Ekel an all jenen Formen von Lebensekel, die er mit leidenschaftlichem Scharfsinn an seinen Zeitgenossen aufdeckt. Die zeitgenössische Kultur erscheint als ein Panorama ekelhafter Pathologien, die das urchristliche »Muckertum« mit seinen »schlechten Manieren«, seiner »schlechten Luft« und seinen »Ressentiments« an Verfeinerung im Negativen und an Unkenntnis über sich selbst weit überbieten. Angesichts etlicher Phänomene wird Ekel schlicht als ein sich selbst verstehendes Urteil ausgesprochen, das keiner näheren Begründung bedarf: »Es giebt viele Dinge, gegen welche ich nicht nöthig gefunden habe, zu reden: es versteht sich von selbst, daß mir der ›Litterat‹ widerlich ist, daß mir alle politischen Parteien von heute widerlich sind. [...] Mein duldsamer und milder Ekel vor der Selbstgenügsamkeit unserer mit Bildung sich putzenden Großstädter, unserer Gelehrten«[64]. Sumpfboden, Würmer, Gestank, Süßigkeiten (»süßlich«, »zuckrig«[65]), Schleim, Speichel: Nietzsche bietet das gesamte Arsenal der Ekel-Topik auf, um das Nein zu sich selbst und zum Leben vor den Blick zu zerren. »Ganze Epidemien dieses Satthabens«[66] macht er in der Geschichte aus.

Der »Verzärtlichung« und verlogenen Moralisierung in Denken und Handeln steht in Nietzsches Ekel-Diagnose die moderne Verwerfung des eigenen Körpers zur Seite. Die moralische Forderung spannt die ästhetischen Unterscheidungen in ein vermeintliches Wahrheitsspiel ein: »Das Schöne, das Ekelhafte u. s. w. ist das ältere Urtheil. Sobald es die *absolute Wahrheit* in Anspruch nimmt, schlägt das aesthetische Urtheil in die moralische *Forderung* um.«[67] Dann führt »das *aesthetisch*-Beleidigende am innerlichen Menschen ohne Haut – blutige Massen, Kothgedärme, Eingeweide« auf den Imperativ der Ausschließung: »Also *weggedacht!*« (460) Das ästhetische Urteil über den Körper geht in ein »Vorurtheil« gegen ihn über: »Alle Ausscheidungen ekelhaft – [...] Der Ekel mit der Verfeinerung zunehmend. Die Verrichtungen, die daran sich knüpfen, auch ekelhaft.« (602) Die moralische Forderung an den Körper instituiert Scham und Ekel vor der eigenen Physis: »Was davon doch heraustritt, erregt Scham (Koth Urin Speichel Same). [...] je unwissender der Mensch über den Organismus ist, um so mehr fällt ihm rohes Fleisch Verwesung Gestank Maden zusammen ein. Der Mensch, soweit er nicht Gestalt ist, sich selbst ekelhaft – er thut alles, um *nicht daran zu denken.* – Die *Lust*, die ersichtlich mit diesem innerlichen Menschen zusammenhängt, gilt als niedriger – Nachwirkung des aesthetischen Urtheils. Die Idealisten der Liebe sind Schwärmer der schönen *Formen*, sie wollen sich täuschen und sind oft empört bei der Vorstellung von Coitus und Samen. – Alles Peinliche Quälende Ueberheftige hat der

---

61 NIETZSCHE (s. Anm. 59), 18.
62 NIETZSCHE, Nachgelassene Fragmente. Frühjahr 1888, in: ebd., Bd. 13 (München ²1988), 312.
63 NIETZSCHE (s. Anm. 59), 18.
64 NIETZSCHE, Nachgelassene Fragmente. Herbst 1885-Herbst 1886, in: ebd., Bd. 12 (München ²1988), 156.
65 NIETZSCHE, Zur Genealogie der Moral (1887), in: ebd., Bd. 5 (München ²1988), 368-370.
66 Ebd., 367.
67 NIETZSCHE, Nachgelassene Fragmente. Frühjahr-Herbst 1881, in: ebd., Bd. 9 (München ²1988), 471.

Mensch diesem innerlichen Leibe zugeschrieben: um so höher hob er das Sehen Hören die Gestalt das Denken. Das *Ekelhafte* sollte die Quelle des *Unglücks* sein! *Wir lernen den Ekel um!*« (460 f.) Idealschöne Gestalten, so hatte Winckelmann geschrieben, haben »die zur Nahrung unseres Körpers bestimmeten Theile nicht von Nöthen«[68]. Nietzsches Diskurs über die Verdauung[69] bricht mit dieser Ekelvermeidungsregel. Nicht Körperausscheidungen, Sexualität, Erbrechen oder Verwesung stehen im Zentrum seines Umlernens des Körper-Ekels, sondern die Eingeweide in ihrer Funktion als Verdauungsorgane. Das Wiederkäuen avanciert zum Modell der Überwindung lebensverneinenden Ekels. Der Körper-Ekel wird in dieser ›physiologischen‹ Wende zur Zielscheibe eines Ekels zweiter Ordnung. »Strenge Geister«, so Nietzsches Umkehrung von Winckelmanns Ideal, zeichnen sich durch »einen ächten Ekel vor allem derartig Schwärmerischen, Idealistischen, Femininischen, Hermaphroditischen«[70] aus. Sie ziehen den Satyr dem Hermaphroditen vor. Lange vor der expliziten Einsicht in ›idealistischen‹ Körperekel präfiguriert Nietzsches Hervorhebung des Satyrchors für das Ja-Sagen der dionysischen Tragödie[71] die späte Philosophie der Eingeweide und des Glücks der Verdauung. Der Satyr ist *die* Trope für die Überwindung des Ekels im Felde des Körpers.

Der ›große Ekel‹, den die *Genealogie der Moral* als die abgründige Gefahr des Erkennenden beschwört, liegt ausdrücklich der Vita Zarathustras zugrunde. Vor seinem Aufstieg ins Gebirge »erstickte« Zarathustra fast am »Ekel«[72]. Dieser »grosse Ekel, die grosse See-Krankheit« erfasse den Menschen erst, wenn er die »falschen Küsten und falschen Sicherheiten«, wenn er die verlogenen »Tafeln der Guten« (267) zerbreche. Dann gelte: »Nicht mein Hass, sondern mein Ekel frass mir hungrig am Leben!« Zarathustra fährt fort mit einer Frage, die Nietzsches gesamtes Werk bewegt: »Was geschah mir doch? Wie erlöste ich mich vom Ekel?« (125) Nietzsches Antworten führen noch tiefer in ihn hinein. Denn zur Reaktion auf den verneinenden Ekel am Leben gehört selbst der Affekt des Ekels, ein Ekel zweiter Potenz, dessen kognitive Leistung Nietzsche beschwört und den er von den ›Bildungsanstalten‹ als das Hauptziel einer guten sprachlichen Erziehung einklagt.[73] Mendelssohn und Kant hatten die Empfindung des Ekels als eine dunkle Empfindung bestimmt, die − Bedingung ästhetischer Illusion − ein ›Wirkliches‹ indiziert. Nietzsches Tragödienschrift deutet Ekel in eine Signatur metaphysischer Erkenntnis um. Wer einmal im dionysischen Rausch durch den Schein hindurch geblickt habe, den ekele es fortan an der alltäglichen Wirklichkeit, denn er habe »die Wahrheit«, »das ewige Wesen der Dinge«[74] erkannt. Die Formel ›Es ekelt mich, also habe ich erkannt‹ hat durch Nietzsches gesamtes Werk vielfache Resonanzen. Ekel gerät so in eine doppelte Position. Einerseits diagnostiziert Ekel die Moderne geradezu als die Epoche der Vermehrung des Ekelhaften und damit als »Krankheit«, anderseits vermag nur der Ekel der »Vornehmen« dem allgemeinen »Ekel am Menschen« Widerstand zu leisten. Bei dieser homöopathischen Struktur bleibt es aber nicht, sieht Nietzsche doch den »grossen Ekel«[75] zugleich als die ›große Gefahr‹ seiner selbst und aller distinktionsfähigen Freigeister an. Daher seine Devise: ›Wir lernen den Ekel um.‹ *Die Geburt der Tragödie* gewinnt den gesuchten »metaphysischen Trost« aus der Selbstverdopplung der Kunst in eine dionysische und eine apollinische Tendenz. Bei der Rückkehr aus der »Verzückung des dionysischen Zustandes« wird »die alltägliche Wirklichkeit [...] mit Ekel als solche empfunden«, doch eben in dieser Gefahr erweist sich die Kunst als »heilkundige Zauberin«: »In der Bewusstheit der einmal geschauten Wahrheit sieht jetzt der Mensch überall nur das Entsetzliche oder Absurde des Seins, jetzt

---

68 JOHANN JOACHIM WINCKELMANN, Geschichte der Kunst des Altertums (1763-1768), in: WINCKELMANN, Bd. 4 (1825), 122.
69 Vgl. NIETZSCHE, Ecce homo (1888), in: Nietzsche, Sämtliche Werke. Kritische Studienausgabe, hg. v. G. Colli/M. Montinari, Bd. 6 (München ²1988), 279 f.
70 NIETZSCHE, Jenseits von Gut und Böse (1885), in: ebd., Bd. 5 (München ²1988), 143.
71 Vgl. NIETZSCHE (s. Anm. 59), 57.
72 NIETZSCHE, Also sprach Zarathustra (1883-1885), in: ebd., Bd. 4 (München ²1988), 125.
73 Vgl. NIETZSCHE, Ueber die Zukunft unserer Bildungsanstalten (entst. 1872), in: ebd., Bd. 1 (München ²1988), 683-685.
74 NIETZSCHE (s. Anm. 59), 56 f.
75 NIETZSCHE (s. Anm. 65), 385; vgl. NIETZSCHE (s. Anm. 72), 334.

versteht er das Symbolische im Schicksal der Ophelia, jetzt erkennt er die Weisheit des Waldgottes Silen: es ekelt ihn. / Hier, in dieser höchsten Gefahr des Willens, naht sich, als rettende, heilkundige Zauberin, die *Kunst*; sie allein vermag jene Ekelgedanken über das Entsetzliche oder Absurde des Daseins in Vorstellungen umzubiegen, mit denen sich leben lässt: diese sind das *Erhabene* als die künstlerische Bändigung des Entsetzlichen und das *Komische* als die künstlerische Entladung vom Ekel des Absurden.«[76]

Das Umbiegen des Ekels ins Erhabene und Komische entspricht den klassischen Ekel-Domestizierungsdevisen von Lessing bis Rosenkranz. Dennoch liegt ein grundverschiedenes Modell vor. Lessing und Rosenkranz wollen Ekel nur als Verstärker anderer ästhetischer Ziele im Feld der Kunst zulassen. Die dionysische Tragödie dagegen schafft geradezu das Gefühl eines genuinen Ekels an Handeln und Dasein; sie gibt der Verneinung als solcher einen intermediären Raum, in dem das Umbiegen erfolgt. Nietzsche verlegt den Prozeß des Ekels und gegen den Ekel in das Kunstwerk selbst; die Kunst inszeniert ein Drama des Ekels.

In der ›Umwertung aller Werte‹ fällt dem Ekel eine mithin entscheidende Rolle zu: Am Ende seiner Bahn heißt Zarathustra deshalb zugleich »der Mensch ohne Ekel, der Ueberwinder des grossen Ekel«. Diese Überwindung mündet in die Affirmation der Wiederholung, der ewigen Wiederkehr als eines unendlichen »Wiederkäuens« ohne Ekel: »So wir nicht umkehren und werden wie die Kühe, so kommen wir nicht in das Himmelreich. Wir sollten ihnen nämlich Eins ablernen: das Wiederkäuen. / Und wahrlich, wenn der Mensch auch die ganze Welt gewönne und lernte das Eine nicht, das Wiederkäuen: was hülfe es! Er würde nicht seine Trübsal los – seine grosse Trübsal: die aber heisst heute *Ekel*.«[77]

In der Vorrede zur *Genealogie der Moral* reklamiert Nietzsche das Wiederkäuen eines Aphorismus als das Muster einer »Kunst der Auslegung«: »Ich habe in der dritten Abhandlung dieses Buchs ein Muster von dem dargeboten, was ich in einem solchen Falle ›Auslegung‹ nenne: – dieser Abhandlung ist ein Aphorismus vorangestellt, sie selbst ist dessen Commentar. Freilich thut, um dergestalt das Lesen als *Kunst* zu üben, Eins vor Allem noth, was heutzutage gerade am besten verlernt worden ist – und darum hat es noch Zeit bis zur ›Lesbarkeit‹ meiner Schriften –, zu dem man beinahe Kuh und jedenfalls *nicht* ›moderner Mensch‹ sein muss: *das Wiederkäuen* ...«[78]

Das Wiederkäuen ist das extreme Gegenmodell zum Ekel: ein Genuß des (beinahe) Erbrochenen, Erbrechen und Nicht-Erbrechen in einem, ein virtuell unendliches Erbrechen und eine ebenso unendliche Lust am Erbrochenen. Diese Figur einer immanenten Transformation des Ekels in eine Quelle der Lust ist zugleich die physiologische Chiffre der ewigen Wiederkehr. Das Ästhetische gilt seit Baumgarten und Kant als der Modellfall einer Erfahrung, die unendlich der definitiven ›Verdauung‹ im Begriff widersteht und deren lustvolle Verdauungs-Wiederholung maximal ekelresistent ist. Dieses Immer-wieder-erleben-Wollen gegenüber dem Kunstwerk prägt ausdrücklich Nietzsches Projekt einer ekelfreien Wiederholung des Lebens: »Wir wollen ein Kunstwerk immer wieder erleben! So soll man sein Leben gestalten, daß man vor seinen einzelnen Theilen denselben Wunsch hat! Dies ist der Hauptgedanke!«[79]

V. Evolutionstheoretische Deutungen des Ekels vor Freud

Darwins *Expression of the Emotions in Man and Animals* (1872) gilt weithin als die Gründungsurkunde empirischer Erforschung des Ekels. Aus den Berichten einiger über alle Welt verstreuter Gewährsmänner zieht Darwin den Schluß, daß eine weite Mundöffnung – begleitet von anderen Zeichen im Mienenspiel, die auf Spucken, Herauswürgen und Erbrechen verweisen – ein universaler Indikator des Ekelgefühls ist. Die Definition des Ekels selbst fällt wenig spezifisch aus: »The term ›disgust‹ [...] means something offensive to the taste.« Während Erbrechen aufgrund der Unverdaulichkeit von zu viel oder verdorbener Nahrung erst einige Stun-

---

[76] NIETZSCHE (s. Anm. 59), 57.
[77] NIETZSCHE (s. Anm. 72), 334.
[78] NIETZSCHE (s. Anm. 65), 255f.
[79] NIETZSCHE (s. Anm. 67), 505.

den nach dem Verzehr erfolgt, kann Ekel sofort und schon bei der ›bloßen Idee‹ des Verzehrs bestimmter Nahrungsmittel Würgen und Erbrechen hervorrufen. Diese Nahrungsmittel brauchen physiologisch nichts Schädliches zu enthalten; Darwin definiert den Code der Ekelunterscheidung vielmehr schlicht als ungewohnt vs. gewohnt. Das seltsame Vermögen eines »vomiting being so quickly and so easily excited by [the] mere idea [of any unusual food – d. Verf.]« inspiriert Darwin zu einer kühnen entwicklungsgeschichtlichen Spekulation. Unsere Vorfahren, so Darwin, besaßen ein Vermögen der Unterscheidung bereits aufgenommener Nahrung, das die Fähigkeit willkürlich ausgelösten Erbrechens einschloß. Die Entwicklung der Sprache nun machte dieses Vermögen überflüssig; denn der Mensch konnte seitdem »communicate by language to his children and others, the knowledge of food to be avoided«. An der Stelle des Vermögens willkürlichen Erbrechens blieb ein unwillkürlich operierendes Gefühl zurück: »now, though this power has been lost, as far as the will is concerned, it is called into involuntarily action, through the force of a formerly well-established habit.«[80] Das Gefühl des Ekels ist das Relikt eines durch die Sprache entthronten Vermögens willkürlichen Erbrechens. Eine aktuelle Funktion dieses Überbleibsels vermag Darwin nicht anzugeben.

1884 veröffentlichte Charles Richet eine stärker physiologische Deutung von Evolution, Gegenstandsbereich und Zweckmäßigkeit der Ekelempfindung. Ekel ist danach ein unwillkürlicher, durch lange Erfahrung von unseren Vorfahren ausgebildeter, hereditär überlieferter und in vollem Wortsinn Instinkt gewordener Affekt der Selbsterhaltung, der Abwehr schädlicher Substanzen.[81] Reptilien, Frösche, Schlangen – für Richet die Auslöser unserer stärksten und unüberwindlichsten Ekelgefühle –, aber auch Spinnen und Insekten erwecken Ekel, weil sie giftig sind. Die Identifikation und Abwehr von Giftstoffen wird buchstäblich zur Hauptleistung des Ekels erklärt. Generell gelte, »que les animaux nuisibles et inutiles nous inspirent du dégoût« (56) und daß umgekehrt alle Tiere, die wir essen, uns nicht ekelhaft sein können.

Der ausgeprägte Ekel gegenüber dem Verzehr durchaus ungefährlicher und uns vielfach nützlicher Lebewesen – Katzen, Hunde, Pferde, Menschen – hat in Richets Überlegungen keinen Platz. Wo die Gesetze physiologischer »inutilité« und »nocivité« (83) die Kriterien des Ekel-Sensoriums bestimmen, sind auch Eiter, Körpersekretionen und sämtliche Verwesungsmaterien einfach deshalb ekelhaft, weil sie für den lebenden menschlichen Organismus erstens »inutile« und zweitens »nuisible« (68) sind. Richet räumt ein, daß ihm unter diesen Voraussetzungen etwa das Schnüffeln von Hunden an infektiösen Kadavern nicht erklärlich ist; auch standen ihm heutige Untersuchungen über die Nahrhaftigkeit von Exkrementen nicht zur Verfügung.[82]

VI. Freud

Nur 25 Jahre nach Darwin und 13 Jahre nach Richets Abhandlung formuliert Freud seine Theorie des engen Zusammenhangs von Ekel, Sexualität und menschlicher Kulturentwicklung. Der Unterschied zu seinen unmittelbaren evolutionstheoretischen Vorgängern ist gewaltig. 1897 schickt Freud Wilhelm Fließ eine förmliche ›Geburtsanzeige‹: Geboren wurde ein für Freuds gesamtes Werk zentrales »Stück Erkenntnis«, das nicht zuletzt eine Theorie des Ekels ist. Die »Quelle der Moral« und zugleich »das Wesentliche hinter der Verdrängung« und dem Kulturprozeß ist nach dieser Erkenntnis nichts anderes als der aufrechte Gang des Menschen. Denn er verändert in der Evolution des Menschen in einschneidender Weise die Beziehungen von Gesichts- und Geruchssinn zu den Organen der Exkretion, der Zeugung und der Geburt. Der aufrechte Gang durchbricht den »tierischen« Regelkreis von Geruch, Exkretion und Sexualität und verwandelt selbst die Erinnerung an die ehemals libidinöse Kopplung von Nase, Ge-

---

80 CHARLES DARWIN, The Expression of the Emotions in Man and Animals (1872; Chicago 1965), 256–258.
81 Vgl. CHARLES RICHET, Les causes du dégoût (1877), in: Richet, L'homme et l'intelligence. Fragments de physiologie et de psychologie (Paris 1884), 51–56, 83.
82 Vgl. RICHARD H. BARNES, Nutritional Implications of Coprophagy, in: Nutrition Reviews 20 (1962), 289–320.

sicht, Geschlecht und Anus in eine »Binnensensation«, »die analog ist dem Ekel«[83]. Die Geburt des Geruchsekels – »Die Ekelempfindung scheint ja ursprünglich die Reaktion auf den Geruch (später auch auf den Anblick) der Exkremente zu sein«[84] – ist die Geburt sowohl der Sexualverdrängung wie der ästhetischen und ethischen Ideale der Kulturentwicklung.[85] Freuds Erzählung von der Verekelung von Nase, Mund und Anus als ›Sexualzonen‹ arbeitet vielfach mit der gleichen Basisunterscheidung, der sich die Emergenz der Ästhetik verdankt: derjenigen von ekelhaft vs. ästhetisch. Die Gerüche, Auswölbungen und Ausscheidungen des Körpers sind »unverträglich mit unserer ästhetischen Kultur«. Wie Winckelmann und Lessing sieht Freud die Genitalien selbst als tendenzielle Verletzung des Gesetzes der Schönheit an: »Es sind vor allem die koprophilen Triebanteile, die sich als unverträglich mit unserer ästhetischen Kultur erwiesen, wahrscheinlich, seitdem wir durch den aufrechten Gang unser Riechorgan von der Erde abgehoben haben; ferner ein gutes Stück der sadistischen Antriebe, die zum Liebesleben gehören. Aber alle solche Entwicklungsvorgänge betreffen nur die oberen Schichten der komplizierten Struktur. Die fundamentellen Vorgänge, welche die Liebeserregung liefern, bleiben ungeändert. Das Exkrementelle ist allzu innig und untrennbar mit dem Sexuellen verwachsen, die Lage der Genitalien – inter urinas et faeces – bleibt das bestimmende unveränderliche Moment. Man könnte hier, ein bekanntes Wort des großen Napoleon variierend, sagen: die Anatomie ist das Schicksal. Die Genitalien selbst haben die Entwicklung der menschlichen Körperformen zur Schönheit nicht mitgemacht, sie sind tierisch geblieben, und so ist auch die Liebe im Grunde heute ebenso animalisch, wie sie es in jeher war.«[86]

Evolution des Ekels, der ästhetischen Kultur und der ethischen Ideale sind, wie bereits bei Nietzsche, wechselseitig ineinander fundiert. Die menschliche Anatomie selbst arbeitet der »Kulturverdrängung« zu. Deren Gesetz ist dasjenige der »Affektverwandlung«[87]: Wo orale und anale Libido war, soll Ekel werden. Das partielle Scheitern dieses Gesetzes hat zwei Abhänge: die Perversionen und die Neurosen als »das Negativ der Perversion«[88]. Die Möglichkeit des Scheiterns ergibt sich daraus, daß der aufrechte Gang – und mit ihm auch die kulturellen Ekel-Codes – von jedem Kind aufs neue gelernt werden muß. Zwar ist durch die genetische Programmierung das Erlernen des aufrechten Ganges erblich angelegt – und insofern ist selbst noch die Trajektorie von der kindlichen Ekellosigkeit zum Aufbau der triebsublimierenden Ekelschranken »eine organisch bedingte, hereditär fixierte und kann sich gelegentlich ganz ohne Mithilfe der Erziehung herstellen«. Aber die Erziehung »tut« selbst dann noch »viel dazu, [...] wenn sie sich darauf einschränkt, das organisch Vorgezeichnete nachzuziehen und es etwas sauberer und tiefer auszuprägen« (78).

Über die ontogenetische Wiederkehr prähistorischer Ekellosigkeit hinaus scheint Freud auch eine direkte menschheitsgeschichtliche Insistenz jener Trieborganisation anzunehmen, die mit dem aufrechten Gang verdrängt wurde. Die Erinnerung an die untergegangene Lust ist nicht ohne Rest zu tilgen: Wir hören nie ganz auf, schnüffelnde Vierbeiner zu sein. Per definitionem ist Verdrängung stets unvollkommen, lebt in den Abwehrbildungen das Abgewehrte weiter. Nicht ohne Pathos diagnostiziert Freud daher »die Fortdauer der primitiven, wahrhaft unausrottbaren, koprophilen Interessen«[89]. Die »schwer erziehbaren«[90] Regungen überleben als »Dämonen« ihre kulturelle Überwindung und werden wie diese mit dem »Tabu« belegt. Die »Scheu vor seiner Berührung« teilen das Dämonische und das Tabuierte mit dem Heiligen – für Freud ein Hinweis auf eine »ursprüngliche

---

83 SIGMUND FREUD an Wilhelm Fließ (14. 11. 1897), in: Freud, Briefe an Wilhelm Fließ 1887–1904, hg. v. J. M. Masson (Frankfurt a. M. 1986), 301–305.
84 FREUD, Bruchstück einer Hysterie-Analyse (1905), in: FREUD (GW), Bd. 5 (1942), 189.
85 Vgl. FREUD (s. Anm. 83), 302.
86 FREUD, Beiträge zur Psychologie des Liebeslebens (1909–1913), in: FREUD (GW), Bd. 8 (1945), 90.
87 FREUD, Die Traumdeutung (1900), in: FREUD (GW), Bd. 2–3 (1942), 609.
88 FREUD, Drei Abhandlungen zur Sexualtheorie (1905), in: FREUD (GW), Bd. 5 (1942), 64.
89 FREUD, Geleitwort zu: J. G. Bourke, Der Unrat in Sitte, Brauch, Glauben und Gewohnheitsrecht der Völker (1913), in: FREUD (GW), Bd. 10 (1946), 455.
90 FREUD (s. Anm. 86), 90f.

Übereinstimmung«[91]. Nicht nur in der Mythologie, sondern für den Kulturprozeß überhaupt gilt das »Gesetz, daß eine vorangegangene Stufe eben deshalb, weil sie von der höheren überwunden und zurückgedrängt wird, nun neben dieser in erniedrigter Form fortbesteht, so daß die Objekte ihrer Verehrung in solche des Abscheus sich umwandeln« (35). Kultur ist die permanente Erzeugung abjekter Gegen-, Neben- und Unterwelten, ein »ekelhaft, abscheulich und verwerflich machen«[92]; Ekel ist der Name dieser Affektverwandlung.

Wie etliche Autoren des 18. Jh. – und im Gegensatz zu seinen direkten Vorläufern Darwin und Richet – ordnet Freud den Ekel dem Geruchssinn zu, sieht in dessen Evolution aber gerade einen Bruch mit dem archaischen Haushalt des Riechens vollzogen. Ekel entsteht an der Bruchstelle, ja als die Bruchstelle von Natur und Kultur. Er ist ein »Abwehrsymptom« gegen die Natur, der er kraft seiner Zugehörigkeit zu den »niederen« und »dunklen Sinnen« vielfach zugerechnet wurde. Wie alle anderen Abwehrsymptome ist auch »das Abwehrsymptom des Ekels«[93] eine Kompromißbildung. Statt – wie bei Mendelssohn – die einzige unter den »unangenehmen Empfindungen« zu sein, die keine Verbindung mit (ästhetischer) Lust eingehen kann, ist Ekel an sich selbst zugleich verworfene und in der Form der »Konversion«[94] fortlebende Lust: »Libido und Ekel«, so der frühe Brief, »hängen einmal assoziativ aneinander.«[95] Unterlaufen die Effekte des Ekels nach der Ästhetik des 18. Jh. die (illusionäre) Prozessierung der Natur-Kunst-Differenz, so kann mit Freud modifiziert werden: Ekel ist mit der Unterscheidung von Natur und Kultur nicht zu fassen, weil er es ist, der sie begründet. Bis Kant beruhte nicht allein das ›Leben‹ der ästhetischen Illusion und der ästhetischen Ideale, sondern auch dasjenige des Körpers selbst auf der Verwerfung des Ekelhaften. Setzte der Vitalsinn des Ekels aus, so drohte die Inkorporation von Unbekömmlichen und letztlich der Tod. Freud hat seine Kehrseite dieser Erfolgsgeschichte geschrieben. Der Affekt des Ekels bedroht mit seiner Verwerfungsleistung am Ende die Grundlagen des Lebens selbst und damit auch der Kultur, der er zuarbeitet. Er ist Beförderer von Ordnung und Reinlichkeit, doch eben darin zugleich Motor einer Entropie, die Freud geradezu als säkulare Apokalypse, als »Gefahr des Erlöschens des Menschengeschlechts«[96] beschwört.

Freuds Erzählung von der Triebunterdrückung ist die Grundlage aller sexualpolitischen Rehabilitation verworfener Praktiken im Feld der Kultur selbst. Die Lehre von der anfänglich ekellosen kindlichen Sexualität zeichnet ontogenetisch die fortwährende Wiederholung der Verekelung oraler, analer und exkrementeller Lust nach. Die Lehre von den Perversionen beschreibt die Insistenz kulturell ›überwundener‹ Praktiken im Feld der voll entwickelten Ekelschranken. Die Lehre von den Neurosen zeigt, was aus den verworfenen Triebregungen werden kann, wenn der Weg der offenen Perversion nicht gegangen wird.

Die *Drei Abhandlungen zur Sexualtheorie* (1905) sprechen der Errichtung der Ekelschranke eine konstitutive Bedeutung für die ›normale‹ Sexualität zu: »Wer die anderen [oralen – d. Verf.] wohl seit den Urzeiten der Menschheit gebräuchlichen Praktiken als Perversionen verabscheut, der gibt dabei einem deutlichen *Ekelgefühl* nach [...]. Man wird hier auf das Moment des Ekels aufmerksam, welches der libidinösen Überschätzung des Sexualobjekts in den Weg tritt, seinerseits aber durch die Libido überwunden werden kann. [...] Die Stärke des Sexualtriebes liebt es, sich in der Überwindung dieses Ekels zu betätigen.«[97]

Vor einer »vorwurfsvollen Verwendung des Namens Perversion« warnt Freud da, wo »der Sexualtrieb in der Überwindung der Widerstände (Scham, Ekel, Grauen, Schmerz) erstaunliche Leistungen vollführt (Kotlecken, Leichenmißbrauch)« (60). Allein unter der seltenen Bedingung der »Ausschließlichkeit« solcher Sexualziele – zu denen

---

91 FREUD, Totem und Tabu (1912/1913), in: FREUD (GW), Bd. 9 (1940), 34 f.
92 FREUD, Das Unbehagen in der Kultur (1930), in: FREUD (GW), Bd. 14 (1948), 458 f.
93 FREUD, Hemmung, Symptom und Angst (1926), in: FREUD (GW), Bd. 14 (1948), 114.
94 FREUD, Hysterische Phantasien und ihre Beziehung zur Bisexualität (1908), in: FREUD (GW), Bd. 7 (1941), 191; vgl. FREUD (s. Anm. 88), 65.
95 FREUD (s. Anm. 83), 304.
96 FREUD (s. Anm. 86), 91.
97 FREUD (s. Anm. 88), 50 f.

auch das »Zuschauen bei den Exkretionsfunktionen« (56)[98] sowie »kannibalische Gelüste«[99] zählen – hält Freud das Wort »krankhaft« für legitim. »Vielleicht gerade bei den abscheulichsten Perversionen muß man die ausgiebigste psychische Beteiligung zur Umwandlung des Sexualtriebes anerkennen. Es ist hier ein Stück seelischer Arbeit geleistet, dem man trotz seines greulichen Erfolges den Wert einer Idealisierung des Triebes nicht absprechen kann.« (61) Angesichts von Freuds Kulturtheorie ist die Anerkennung der ›erstaunlichen Leistungen‹ perverser Libido kaum eine nur widerwillige. Es sind diese ›Leistungen‹, an deren Verdrängung Freud den »verhängnisvollen Kulturprozeß« mißt: »›Heilig‹ ist, was darauf beruht, daß die Menschen zugunsten der größeren Gemeinschaft ein Stück ihrer sexuellen und Perversionsfreiheit geopfert haben. […] Kultur besteht in diesem fortschreitenden Verzicht. Dagegen der ›Übermensch‹.«[100] Der lakonische Hinweis auf den ›Übermenschen‹ als Antidoton der Kulturverdrängung mag gar auf eine direkte Beschäftigung mit Nietzsches Projekt eines ›Menschen ohne Ekel‹ deuten.

»Die Liebestriebe sind schwer erziehbar, ihre Erziehung ergibt bald zu viel, bald zu wenig.«[101] Bei zu wenig kultureller Bändigung kommt es zum offenen Ausleben einer Vielzahl ›perverser‹ Regungen. Bei zu viel Verdrängung ergibt sich »eine beständige Gefährdung, welcher die Schwächeren gegenwärtig in der Form der Neurose erliegen« (91). Die Neurosen sind, wie Freud gern wiederholt hat, »das *Negativ* der Perversionen«[102]. Angesichts des heiklen, wenn nicht unmöglichen Balanceaktes zwischen diesen Forderungen geht ›normale‹ Sexualität pausenlos in die beiden Formen gescheiterten Ausgleichs über: in das Positiv und in das Negativ der Perversionen. Die neurotischen Symptome »stellen den konvertierten Ausdruck von Trieben dar, welche man als *perverse* (im weitesten Sinne) bezeichnen würde, wenn sie sich ohne Ablenkung vom Bewußtsein direkt in Phantasievorsätzen und Taten äußern könnten«[103]. Ein hysterischer Husten, so Freuds berühmtes Beispiel der Dora, kann dann als Abwehrsymptom gegen die Wunschvorstellung von oralem Verkehr mit dem Vater, Ekel gegen die sexuellen Avancen eines geliebten Mannes als nachträglicher Ekel an der eigenen Masturbationspraxis gelesen werden.[104] Im hysterischen Erbrechen entdeckt Freud regelmäßig den Wunsch, »fortwährend gravid zu sein«, und zwar »von möglichst vielen Männern«[105].

Für die Theorie des Ekels ergibt sich aus der mehrjährigen Verspätung, mit der er sich als neurotisches Symptom einstellt, eine doppelte Abweichung von naheliegenden anthropologischen Grundannahmen. Aufdringliche Nähe und physische Präsenz, ein ausgezeichneter ›Objektfall‹ also, galten der Anthropologie des 18. Jh. ebenso wie der Ekel-Phänomenologie Aurel Kolnais als kardinale Merkmale einer Affektion der Proto-Ekelsinne Geruch und Geschmack. Bei Freud dagegen entsteht Ekel im Virtuellen, als Erinnerungsbrücke zwischen zwei Daten, die beide für sich selbst des Ekelhaften entbehren. Das traumatische Erlebnis, der präsexuelle Sexualschreck, wird trotz seines Attentat-Charakters nicht aktuell als ekelhaft empfunden, weil für die Empfindung von Sexualekel nötige physische (und moralische) »Apparat«[106] noch gar nicht entwickelt ist. Und der spätere, faktische Auslöser von Ekel kann in seiner sinnlichen Präsenz jedes offenbaren Ekel-Merkmals völlig entbehren. Erst der Kurzschluß beider Ereignisse in der Erinnerung erzeugt an dem nicht-ekelhaften späteren Ereignis jenes Ekelgefühl, mit dem nachträglich das frühere Erlebnis verworfen wird. Abwehrsymptom zu sein bedeutet für den Ekel die radikale Konsequenz, »nur aus Erinnerungen hervorgehen [zu] können«, nur in der Erinnerung »aktuell stinken« zu können. Die ›realen‹ Ereignisse dagegen entbehren dieser Wirkung: »Alle die späteren Szenen, bei denen die Symptome entstehen, sind nicht die wirksamen, und die eigentlich wirksamen Erlebnisse erzeugen

---

98 Vgl. ROSENKRANZ (s. Anm. 54), 456.
99 FREUD (s. Anm. 88), 58.
100 FREUD (s. Anm. 83), 269.
101 FREUD (s. Anm. 86), 90.
102 FREUD (s. Anm. 84), 210; vgl. FREUD (s. Anm. 88), 65; FREUD (s. Anm. 83), 240.
103 FREUD (s. Anm. 88), 65.
104 Vgl. FREUD (s. Anm. 84), 222–229, 244–253.
105 FREUD (s. Anm. 87), 575.
106 FREUD (s. Anm. 83), 302 f.

zunächt keinen Effekt.«[107] Der Affekt des Ekels entsteht als Effekt im virtuellen Raum zwischen zwei Nicht-Wirksamkeiten. Er ist bereits bei seinem ersten Auftreten verspätet, ursprünglich nicht-ursprünglich; denn er gewinnt seine Aktualität als Gestank-Reaktion erst mit mehrjähriger Nachträglichkeit am ›falschen‹ Objekt.

Das Unbehagen in der Kultur ist das Unbehagen an der Härte des Konflikts, der ihr zugrunde liegt, und an dem Leiden, das dieser Konflikt für jeden einzelnen stets aufs neue mit sich bringt. Vor allem einer Form menschlicher Tätigkeit traut Freud es zu, diesen Konflikt anders, schmerzfreier, schuldloser, leichter zu prozessieren, als Neurose und Psychoanalyse es vermögen. Diese Form ist die Kunst. Sie allein erlaubt einen spielerischen, zugleich lustvollen und nicht sanktionsbedrohten Umgang mit dem dunklen Kontinent des Verworfenen und Verdrängten. »Die eigentliche *Ars poetica*« liegt für Freud »in der Technik der Überwindung jener Abstoßung«, welche der Dichter selbst und seine Leser angesichts einer planen »Enthüllung« seiner »Phantasien« empfinden würden; diese seien oft ›pervers‹ und böten für das zivilisierte Ich vielfache »Gründe, [...] sich ihrer zu schämen«. Die wundersame Transformation von bewußter Abstoßung in »Lustgewinn« befreie auch die Leser von Moral- und Ich-gestützten Vorstellungsschranken und setze uns »in den Stand, unsere eigenen Phantasien nunmehr ohne jeden Vorwurf und ohne Schämen zu genießen«[108]: Kunst ist eine Technik der Entekelung, der Transformation von Repulsion in Attraktion.

VII. Kolnai, ›Der Ekel‹

Aurel Kolnai hat 1929 in Husserls *Jahrbuch für Philosophie und phänomenologische Forschung* den scharfsinnigen und lange Zeit einzigen Versuch unternommen, das »merkwürdig breite Erstreckungsgebiet« der gleichzeitig höchst »zugespitzten«[109] Ekelreaktion umfassend zu kartographieren. Die 50 dichten, unerhört unterscheidungsreichen Seiten sind immer noch eine maßgebliche Fundgrube für jede Beschreibung des Ekels. Eine markante physiologische, (anti-)ästhetische oder psychoanalytische Theorie des Ekels hat Kolnai allerdings nicht formuliert. Die sehr besonderen von ihm ausgesprochenen Ekelurteile über bestimmte praktische Verhaltens- und intellektuelle sowie literarische Ausdrucksweisen zeugen zugleich von einer strikt anti-modernistischen Präferenz für das Gestalthafte, Feste, Zielgerichtete, Männliche und Autoritäre.

Die Unterscheidung des Ekels nicht nur vom Haß, sondern ebenso von der Angst gehört zu Kolnais wesentlichen Leistungen. Von anderen »Ablehnungstönungen« wie Angst, Haß, Verachtung, Mißfallen sieht Kolnai den Ekel generell durch seine stärkere Unmittelbarkeit und physiologische Färbung unterschieden. Anders als Angst und Mißfallen beziehe Ekel sich »niemals auf Anorganisches, Lebensfreies« (516). Während »die Angstintention vorwiegend auf eine Daseinslage« des Subjekts gerichtet ist, entzündet sich Ekel vorrangig an einer »Soseinsart« (528) des affizierenden Gegenstandes: »Es haftet der Angstintention das Abstraktes, Wesensgleichgültiges an: das Gefährliche wird da vornehmlich nur als ›Gefahr‹, die eigene Person vornehmlich nur als ›Daseins-Einheit‹ gemeint. Im Gegensatz zum Hasse ›verfolgt‹ Angst ihren Gegenstand nicht bis ins einzelne, wertet ihn nicht [...]. Das Gefühl wühlt sich in das eigene Selbst und seine Zustände, sein künftiges Schicksal hinein [...]. Umgekehrt im Fall des Ekels: [...] die Spitze der Intention verbohrt sich in den Gegenstand, analysiert ihn gleichsam. [...] Demgemäß kommt dem Ekel eine kognitive Rolle zu, die der Angst fehlt: Angst kann zum Erkennen des Gefährlichen anleiten, Ekel aber vermag unmittelbar eine Teilerkenntnis seines Gegenstandes − und, mag sein, eine recht anschauliche − zu vermitteln.« (523 f.) − »Das ist das Paradoxe des Ekels: er ist, gleichwie die Angst, eine echte passive Abwehrreaktion des Subjekts [...], und doch sucht er − einmal hervorgerufen − dem Hasse ähnlich den Gegenstand in seiner ganzen Wesenheit auf, statt sich nach seinem eigenen Personenzustand hin zu ent-

---

107 FREUD, Zur Ätiologie der Hysterie (1896), in: FREUD (GW), Bd. 1 (1952), 450.
108 FREUD, Der Dichter und das Phantasieren (1908), in: FREUD (GW), Bd. 7 (1941), 223.
109 KOLNAI (s. Anm. 15), 515.

falten. Bezweckt die Angst, von ihrem Gegenstand loszukommen, seiner ledig zu werden, der Haß aber, seinen Gegenstand zu vernichten [...], so nimmt der Ekel hier etwa eine Mittellage ein. [...] Als ekelhaft wird immer ein Ding empfunden, [...] das man weder vernichtet noch flieht, sondern vielmehr wegräumt.« (525 f.)

Das »makabre Anlocken«, die »Ambivalenz« des Ekels erklärt Kolnai schlicht aus dieser intimen Beziehung auf seinen Gegenstand: Wiewohl ungewollt, reihe die »Enge des Objektkreises« das Ekelhafte unter die Phänomene ein, »die ›sonst‹ eigentlich für einen positiven Gebrauch und Kontakt bestimmt« (527) seien; damit sei der Ekelreaktion immer schon »ein Schatten von Vereinigungsintention aufgepflanzt« (530). Sowenig diese Erklärung auch an Freuds Ausführungen heranreicht, so treffend ist doch die Beschreibung, die Kolnai für die Ambivalenz des Ekels gefunden hat: »Immerhin darf aber soviel festgehalten werden, daß der Gegenstand des Ekels ebenso einen Hang zum Versteckten, Verborgenen, Mehrschichtigen, Undurchdringlichen und Unheimlichen hat, wie andererseits zu Schamlosigkeit, Aufdringlichkeit und Anlockung der Versuchung. [...] Alles Ekelhafte hat etwas zugleich Auffallendes und Schleierhaftes, einer giftigen roten Beere oder einer grellen Schminke Ähnliches.« (531)

Darin der Anthropologie des 18. Jh. folgend und vielfach Rosenkranz' *Ästhetik des Häßlichen* ausschreibend, ordnet Kolnai den Ekel in absteigender Folge den Sinnen Geruch, Tasten und Sehen zu. Auch die Beispiele bieten keine Überraschungen: Zum olfaktorischen »Beziehungskreis Ekel-Geruch-Fäulnis-Verfall-Absonderung-Leben-Nahrung« (533) treten die haptischen Ekelsensationen »des Schwabbligen, Schleimigen, Breiigen« (534) sowie »des Klebrigen, Halbflüssigen, gleichsam zudringlich Anhaftenden« (537) und der – assoziativ an Geruch und Geschmack angeschlossene – »Sehekel« an Defigurationen des Körpers sowie an überlebendigem »Gekribbel und Gewimmel«. Alle diese Ekelsensationen vereinen sich am »Erscheinungskreis der Fäulnis«: Sie ist ein optisch-taktil-olfaktorisches Gesamtkunstwerk des Ekels und daher dessen »Urgegenstand« (536). Exkremente, sonstige Ausscheidungen und Schmutz stehen diesem Paradigma nahe, ebenso bestimmte Wunden, Krankheiten, angeborene »Verwachsenheit« (544) und natürlich der Leichnam »in seiner triefenden Verwesung«: »Die im Ekelhaften gegenwärtige Todesfratze mahnt uns an unsere eigene Todesaffinität, unsere Todesunterworfenheit, unsere Todeslust« (558 f.).

Während die ›Todeslust‹ eine der vielen vage freudianisierenden Leerstellen in Kolnais Text bleibt, erfährt die komplexe Beziehung des Ekels auf Tod und Leben noch weitere Differenzierungen. Die Ekelreaktion will uns vor Kontamination, Verunreinigung, Tod bewahren, ist aber immer schon deren direkter, »uns anspringender« Nähe ausgesetzt. Auch gibt es einen Ekel nicht nur vor dem verwesenden Leichnam, sondern ebenso »vor dem wuchernden Leben« selbst. So entspricht der generellen Unterscheidung zweier Ekeltypen: einem prohibitiven Ekel, der den Genuß von Speisen oder sexuellen Handlungen ausschließt oder abbricht, und einem »Überdrußekel« (545), der auf zu reichlichen Genuß von Süßigkeiten, Sex oder anderem folgt. Kolnais Bestimmungen des Überdrußekels an »Lebensüppigkeit« sind stark ideologisch gefärbt. Vom »mannhaften« Otto Weininger läßt der Husserl-Schüler sich den Satz »Alle *fécondité* ist nur ekelhaft« souffliieren und erläutert ihn eloquent mit »Ekel beim Anblick quellender Brüste, wimmelnder Brut«: »Man denke nur an die Beziehung zum Ungeziefer; oder an das Geistig-Ekelhafte der Idee schäumender Vitalität, qualitätsgleichgültiger Drauflosproduktion von Keimen und Brut« (544). Keinen Ekeltyp hat Kolnai so obsessiv so originell beschrieben wie den Ekel an »rohem, unvornehmem, gleichsam ›schwitzendem‹, ›rauchendem‹ Lebensdrang«, am *danse macabre* der Belebtheit bei Aufhören des eigentlichen ›person‹-mäßigen Lebens« (554). Nicht nur der Ekel vor Insekten und Ratten ist Kolnai wesentlich Ekel an einem »zusammenhängenden wimmelnden Gemisch (›Geschmeiß!)« (540 f.), ein übermäßiger sexueller Fruchtbarkeit und Beweglichkeit in Verbindung mit Schmutz, Abfall, Verwesungsmaterie und Berührungsangst (bei den Insekten kommt noch die Schleimspur ihres Kriechens dazu). Auch »Inzestekel« wird als Überdrußekel ausgelegt: »Es liegt etwas ungewöhnlich Schales, grauenvoll-süßlich Anödendes in dem Gedanken, daß die ursprünglich, kindheitlich (bei Mutter und Kind vorgeburtlich!) familiäre Gemeinschaft noch das Sexualleben in sich aufnehme, ein Vorbild einknikkender Lebensstrom-Verdickung« (546).

Selbst geistige Äußerungen und schriftstellerische Darstellungsformen lösen bei Kolnai einen solchen Ekel am »'nieder organisierten' Leben« in seinem »hemmungslosen, qualitätslos gleichgültigen Wuchern« (554) aus: »Das Lebensplus im ekelhaften Gebilde bedeutet: ›Unterstreichung‹, ›übertriebene Darstellung‹, ›überladene Ausprägung‹, ›aufgeschwollene Redundanz‹ der Lebendigkeit und Organizität – gegenüber Norm, Gerichtetheit, Plan des Lebens. [...] In diesem Mehrleben selber wohnt das Nichtleben, der Tod. Freilich kann diese Vertotung auf dem Weg der Lebens-Kumulierung [...] auch sehr ›interessant‹ anmuten.« (556)

Verlogenheit, Falschheit, Korruption und Heuchelei werden als die kardinalen »Typen des Moralisch-Ekelhaften« (545) ebenfalls durch Analogie zu ekelhafter haptischer »Weichheit« und zur korrupten Sumpfblüte »einer gestaltlos gewordenen, gleichförmig-breiigen, gleichsam ›kariösen‹ Masse« erläutert – einer Masse, »welche sich an Stelle des gesunden Gewebes mit seiner lebensvollen Mannigfaltigkeit als ein lebensnachahmendes Totes einfrißt« (551). Kolnai sichtet den Kontinent des Ekelhaften durchweg vom Ufer einer kulturkonservativen Präferenz für das Männliche, Feste, Maßvolle, Gestalthafte, Zielgerichtete. Darin folgt er, oft bis in einzelne Formulierungen, Karl Rosenkranz' Kritik an der romantischen Literatur des Ekelhaften. Kolnai steigert die Unterlegung seiner Analyse des Ekelhaften mit einer unbefragten Ideologie des ›Gesunden‹ und ›Richtigen‹ mehr als einmal bis in Setzungen der folgenden Art: »Wenn ein Soldat den Befehl seines Vorgesetzten zunächst mit einer Untersuchung über dessen Richtigkeit beantwortete oder andere solche Fälle übel angebrachter Kritik und geistiger Verweichlichung werden oft

wohl nicht nur als ungehörig, absurd, verderblich, sondern als irgendwie ›ekelhaft‹ empfunden. Ebenso eine zwecklos-subtile, subjektivistisch-schwelgerische [...] Überverfeinerung [...] der Denk- und Darstellungsweise.« (548)

Im politisch-sozialen Leben erscheint Kolnai die »Diktatur« als die quasi-natürliche Reaktion auf »fäulnismäßige Zersetzung« und »Desorganisierung«, eine, die das »Ende der Korruptionsepoche mit ihrer Sumpfblütenfülle« (556). Auch die Reaktion des »Gesunden« auf gleichgeschlechtliche Annäherungen heißt schlicht »Ekel« (543). Im Feld der Literatur bekennt der gleiche Ekelgeschmack sich zu folgendem Urteil: »Ekel empfinden manche (mich inbegriffen) über jene Anhimmelung der Seele und der Gefühlszustände, die namentlich einen Teil der russischen Literatur [...] auszeichnet. [...] Im tieferen Sinne ist all dies seelische Treiben natürlich auch falsch und verlogen, da echte Lebenskraft, Seelengröße usw. immer auch Härte, Festigkeit, Formwillen bekunden.« (553)

Letztlich, so Kolnai, stellen alle diese organischen, moralischen und künstlerischen Formen ekelhafter »Fülle« nichts anderes als »eine Desertion« dar – »eine Desertion aus dem Gesamtgefüge des Lebens« (555).

VIII. Bataille

»Je crois qu'il n'y a rien de plus important pour l'homme que de se reconnaître voué, lié [...] à ce qui provoque son dégoût le plus fort.«[110] Für dieses Credo hat Georges Bataille sehr verschiedene Formulierungen gefunden: in seiner (Anti-)Ästhetik aus den Jahren der Zeitschrift *Documents* (1929–1930), in seiner Soziologie der späteren 30er Jahre, insbesondere der Vorträge im Collège de Sociologie (1938–1939), und in den großen Büchern *L'érotisme* (1957) und *Souveraineté* (entst. 1950–1956).

Batailles kurze und unerhört dichte Beiträge in *Documents* liefern ebenso viele Bausteine einer affirmativen Ästhetik des Abstoßenden. Als der polemische Gegner dieser Texte werden stets aufs neue »la conception idéaliste des Grecs«[111], die »aspirations idéales humaines«[112], die Formvorstellungen der »hommes académiques«[113] benannt. ›Primitive‹

---

110 GEORGES BATAILLE, Collège de sociologie (entst. 1938–1939), in: Bataille, Œuvres complètes, Bd. 2 (Paris 1970), 320.
111 BATAILLE, Le cheval académique (1929), in: ebd., Bd. 1 (Paris 1970), 161.
112 BATAILLE, Le bas matérialisme et la gnose (1930), in: ebd., 225.
113 BATAILLE, Informe (1929), in: ebd., 217.

Kunst und zeitgenössische Malerei (Picasso, Dalí, Miró) figurieren als die Exponenten einer gewalttätigen »décomposition des formes«, die sich der »matière basse«[114] statt ästhetischer »élévation«[115] verschreibt. Bilder der Apokalypse, Fotografien aus dem Schlachthaus und zeitgenössische Malerei werden um diesen gemeinsamen Fluchtpunkt arrangiert: »C'est l'horreur – c'est à dire le sang, la tête coupée, la mort violente et tous les jeux bouleversants des viscères vivant tranchés – qui constitue apparamment l'élément même de ces peintures«. Bataille entdeckt darin eine ganz positive Faszination, die bis zur »béatitude«[116] reicht.

Die Leitkategorie dieser Anti-Ästhetik heißt nicht Form, sondern ›informe‹: »*informe* n'est pas seulement un adjectif ayant tel sens mais un terme servant à déclasser, exigeant généralement que chaque chose ait sa forme. Ce qu'il désigne n'a ses droits dans aucun sens et se fait écraser partout comme une araignée ou un ver de terre.«[117] ›Informe‹ heißt ein Bilderzeugungsmodus, der die beruhigenden Formen der »philosophie« nur voraussetzt, um sie durch Akte des »déclasser« in eine Behauptung zu überführen, die ihrerseits keine Legitimation durch einen »sens« reklamiert: daß nämlich »l'univers est quelque chose comme une araignée ou un crachat«[118].

Artikel und Bildmaterial der *Documents* lassen keinen Zweifel daran, daß Bataille der Welt der schönen Formen nicht einfach die (ekelhaften) Kruditäten der Exkremente, des Blutes und der geschundenen Körper entgegensetzt, sondern komplexe Bildererzeugungsmodi, die auf die Imagination der ›matière basse‹ vielfach beziehbar sind. Die Praktiken des ›informe‹ sind daher als Modell einer (Anti-)Ästhetik gelesen worden, deren Feld sich durch das gesamte 20. Jahrhundert erstreckt.[119] Die Selbstimplikation des ›informe‹ in der eigenen Arbeit der Dekomposition stößt allerdings schon in der Zeit der *Documents* auf recht eindeutige Widerlager einer durchaus ›sinnhaften‹ Begründung. Ein dreifacher »retour à la réalité«[120] steht am Horizont des ›informe‹: ästhetisch die Desublimierung der schönen Formen hin zu einem ›niedrigen Materialismus‹; psychologisch die ›Befreiung‹ gewaltsamer Sexualität; und historisch der Wiederanschluß an archaische Praktiken der Herstellung und Bekräftigung des gesellschaftlichen Lebens in

Gefühlen der Repulsion und in Akten des Opferns.

Das angelische Ideal der schönen Gestalt bezieht seinen Reiz für Bataille nur noch daraus, die Lust seiner Beschmutzung und Zerstörung zu erhöhen.[121] Zwar errichtet Schönheit – so bestätigt Bataille die klassischen Ekelvermeidungsregeln und die Diagnosen Nietzsches und Freuds über die der ästhetischen Kultur eingeschriebenen Tabus – ein Gestalt gewordenes Verbot des Animalischen.[122] Aber eben damit zieht sie die ›transgression‹ des ›désir‹ auf sich. Selbstverstümmelungen sind ein weiterer Kanal für die transgressive Gewalt des Begehrens. Bataille reiht Vincent van Goghs Abtrennung des eigenen Ohrs in rituelle Selbstverletzungen bei Opferungen und Initiationen ein und feiert die »*altération* radicale«, die mittels solcher Akte möglich werde, als das freie, kollektive oder individuelle »vomir«[123] eines Stücks von sich selbst.

Batailles soziologisches Denken erklärt die »séduction« oder »fascination« durch »ce qui dégoûte et déprime – comme je l'ai dit, le sang des règles, la putréfaction des corps«[124], im Lauf der 30er Jahre mit wachsender Entschiedenheit zum Kern des Sozialen selbst. Am Beispiel des französischen Dorfes demonstriert er, daß positive ›interattraction‹ allein kein soziales Leben begründet. Die Kirche in der Dorfmitte versammelt nicht nur die Bewohner zu

---

114 BATAILLE (s. Anm. 112), 225.
115 BATAILLE, Soleil pourri (1930), in: Bataille, Œuvres complètes, Bd. 1 (Paris 1970), 232.
116 BATAILLE, L'apocalypse de Saint-Sever (1929), in: ebd., 166 f.
117 BATAILLE (s. Anm. 113), 217.
118 Ebd.; vgl. MICHEL LEIRIS, Crachat. L' eau à la bouche, in: Documents 7 (1929), 381–382.
119 Vgl. YVE-ALAIN BOIS/ROSALIND E. KRAUSS, l'informe. mode d'emploi (Paris 1996); GEORGES DIDI-HUBERMAN, La ressemblace informe ou le gai savoir visuel selon Georges Bataille (Paris 1995).
120 BATAILLE, Le gros orteil (1929), in: Bataille, Œuvres complètes, Bd. 1 (Paris 1970), 204.
121 Vgl. BATAILLE, Le langage des fleurs (1929), in: ebd., 176 f.
122 Vgl. BATAILLE, L'érotisme (1957), in: Bataille, Œuvres complètes, Bd. 10 (Paris 1987), 142.
123 BATAILLE, La mutilation sacrificielle et l'oreille coupée de Vincent Van Gogh (1930), in: Bataille, Œuvres complètes, Bd. 1 (Paris 1970), 269 f.
124 BATAILLE (s. Anm. 110), 316.

regelmäßigen Riten und Festen, sie etabliert auch, indem sie die Differenz von heilig und profan artikuliert, Berührungsverbote und umgibt sich auf dem Friedhofsgrund mit den Leichen der Vorfahren.[125] Soziale Kommunikation transformiert insofern dasjenige, was wir nicht berühren wollen (die Leiche) oder dürfen (heilige Räume), in ein Medium und Band der Attraktion. Nach Durkheim prozessieren ›die elementaren Formen des religiösen Lebens‹ nichts anderes als die überindividuellen Kräfte der Gesellschaft selbst. Die Unterscheidung von heilig und profan ist der elementare Code der Erzeugung einer Heterogenität, die im Wechselspiel ihrer negativen und positiven Kommunikationsregeln der sozialen Gemeinschaft zur erneuernden Bestätigung ihrer eigenen Kräfte verhilft. Der negative Teil des Ritus besteht durchweg in elementaren Verboten der Nähe, der Berührung und der Konsumtion.[126] Der positive Ritus dagegen vollzieht oft gerade die tabuierten Handlungen. Im Opfer darf verbotene Nahrung gegessen, in vielen Kulturen sogar ein Mensch getötet werden. Freuds auf das Berührungsverbot gestützte Vermutung, das Reine und das Unreine, das Heilige und das am strengsten Tabuierte seien im Kern identisch[127], wird so auf dem Umweg über die »sociologie des primitives«[128] für Bataille zu einer positiven Gewißheit.

Das Sakrileg gehört damit zur Struktur des Heiligen selbst. Die periodische Überschreitung elementarer Verbote zerstört diese nicht, sondern erneuert sie und setzt im Wechselrhythmus von Repulsion und Attraktion, in der Transformation des Unreinen ins Reine, des Verworfenen ins Heilige starke affektive Energien frei. Bataille sieht darin nicht weniger als den Kern der sozialen, ja der menschlichen Existenz.[129] Der tonische Wechselrhythmus von »dégoût« und lustvollem »jaillissement« erlaubt es Bataille, die fundamentale »violence« und Perversität des menschlichen (genauer: männlichen) »désir«[130] nicht länger – wie Freud – als archaisches Antidoton der Zivilisation anzusetzen, sondern als das erste und positive Konstituens des sozialen Lebens. Über die Gedankenkette Heiliges – Opferhandlung – Veraugabung wendet Bataille sogar die Freudsche Bindung des Sadismus an die Phase der analen Erotik direkt auf die im Heiligen sich äußernde Gewalt an. Er behauptet eine »attitude identique à l'égard de la merde, des dieux et des cadavres«: »l'organisation religieuse [...] représente la voie la plus largement ouverte aux impulsions excrémentielles collectives (impulsions orgiaques) en opposition avec les institutions politiques, juridiques et économiques«[131]. »Agiologie« und »scatologie« sind daher austauschbare Doubletten des abstrakten Begriffs der »hétérologie«[132].

Die Tragödie, die eine um sie versammelte Menge regelmäßig mit Inzest, Mutter- und Gattenmord konfrontiert und Täter wie Opfer den Weg zur »mutilation« und zum »cadavre«[133] gehen läßt, erfüllt alle die Merkmale einer energetischen Auflaldung der sozialen und individuellen Existenz in der Transgression der am stärksten besetzten Verbote. Sie transformiert Abstoßendes und Deprimierendes in eine positive »excitation« dessen, was uns nach Bataille am stärksten antreibt: leidenschaftliche Gewalt, Veraugabung bis zum Tod, eine »destruction qui n'épargne rien«[134]. Bataille sieht darin, wie Nietzsche, eine tragische Affirmation des Daseins, die sich zugleich dem Ekel aussetzt und ihn überwindet: »La nausée, puis le dépassement de la nausée, qui suit le vertige, telles sont les phases de la danse paradoxale qu'ordonnent les attitudes religieuses«. Während aber Nietzsche die Verwindung des Ekels, der uns nach dem dionysischen Rausch angesichts der profanen Welt ergreift, an die apollinische Schönheit der Form delegiert, sieht Bataille in den Festen des Dionysos selbst die Transformation des Abstoßenden in den »sens tonique«[135] unserer Existenz vollzogen.

Die Liebe zwischen den Geschlechtern wird nach dem gleichen ›tragischen‹ Schema gelesen.

125 Vgl. ebd., 324.
126 Vgl. ÉMILE DURKHEIM, Les formes élémentaires de la vie religieuse. Le système totémique en Australie (1912; Paris ⁴1960), 427–441.
127 Vgl. FREUD (s. Anm. 91), 34f.
128 BATAILLE (s. Anm. 110), 329.
129 Vgl. ebd., 330.
130 Ebd., 361.
131 BATAILLE, La valeur d'usage de D. A. F. de Sade (I) (entst. ca. 1925–1929), in: Bataille, Œuvres complètes, Bd. 2 (Paris 1970), 58.
132 Ebd., 61f.
133 BATAILLE (s. Anm. 110), 331.
134 Ebd., 349.
135 BATAILLE (s. Anm. 122), 71f.

Auch diesem Akt einer sich selbst wegwerfenden »dépense violente«[136] liegen Verbote und Inhibitionen zugrunde, deren Gefühlswert bis zum Ekel reicht. Bataille braucht und affirmiert diese Ekelschranken, weil sich nur an ihnen die Macht der Transgression bekunden kann. Die Transgression als »déchaînement de la violence«[137] kann nur so intensiv sein wie das Gefühl ihres Verbotenseins: »Si l'interdit cesse de jouer, si nous ne croyons plus à l'interdit, la transgression est impossible« (139). Die elementaren Tabus sind demnach nicht erforderlich, um den Menschen zu bändigen, sondern – im Gegenteil – seiner ›violence‹ zu immer neuer Aufladung zu verhelfen. Nur in diesem Sinn gilt für Bataille: »La vérité des interdits est la clé de notre attitude humaine. Nous devons, nous pouvons savoir exactement que les interdits ne sont pas imposés du dehors.« (41) Nur in diesem Sinne sind es unsere »aversions qui nous constituent, qui firent de nous des êtres humains« (61). Nur in diesem Sinn ist alle soziale Kommunikation »fondée sur le dégoût«[138].

Freud hatte die Ekelschranken auf Prozesse organischer und kultureller Verdrängung zurückgeführt, die stets eine Lusteinbuße und eine tendenziell neurotisierende Wirkung implizieren, auch wenn die Sexualität es andererseits »liebt, sich in der Überwindung dieses Ekels zu betätigen«[139]. Bataille dagegen essentialisiert die Erziehung zum Ekel ohne jede Ambivalenz – und unter genauer Umkehrung der von Kant bis Norbert Elias behaupteten ›zivilisierenden‹ Funktion des Ekels – zu einer heiligen Unterweisung, die erst alle Erotik belebt und erhält.[140] Völlige Entekelung würde für Bataille bedeuten: keine Intensität und ›violence‹ der Transgression mehr, keine Heterogenität, kein Heiliges und kein Soziales. Das Schwinden (des Bewußtseins) der auf der Sexualität ruhenden Verbote wäre für ihn gleichbedeutend mit einem Schwinden der Sexualität selbst.[141] Es würde zugleich jenen »sommet de la transgression« (174) entwerten, dem Bataille den Namen ›Sade‹ gibt.

In seinen intensivsten Manifestationen – Opfer, Liebe, Orgie – bezieht das Leben sich auf den Tod. Dem Ekel und seiner transgressiven Durchquerung wächst daraus eine weitere Bedeutung zu. Einerseits konfrontiert er uns mit dem Schrecken des Todes, am heftigsten angesichts von ›pourriture‹ und ›décomposition‹. Andererseits erlaubt uns eben dieser Ekel ein Gefühl des Umschlags der Verwesung in neues wucherndes Leben. Statt mit Rosenkranz die Verwesung als perverses Leben des eigentlich Toten zu verdammen, sieht Bataille darin eine Erneuerung des Lebens, eine Rückkehr zu seiner immer schon vom Tod durchwalteten ›Gärung‹: »Ces matières mouvantes, fétides et tièdes, dont l'aspect est affreux, où la vie fermente, ces matières où grouillent les œufs, les germes et les vers sont à l'origine de ces réactions décisives que nous nommons *nausée, écœurement, dégoût*. Au-delà de l'anéantissement à venir, qui s'appesantira totalement sur l'être que je suis, [...] la mort annoncera mon retour à la purulence de la vie. Ainsi puis-je pressentir – et vivre dans l'attente – cette purulence multipliée qui par anticipation célèbre en moi le triomphe de la nausée.« (59 f.)

IX. Sartre

Während Bataille im Ekel den heilig-exkrementellen Kern, ja das ›Herz‹ unserer Existenz entdeckte, prägte Sartre in *La Nausée* (1938) ein scheinbar ähnliches Credo: »La Nausée [...] n'est plus une maladie ni une quinte passagère: c'est moi«[142]. Fortschritte im Bewußtsein der eigenen Existenz sind in Sartres Roman zugleich Fortschritte im Empfinden der ›nausée‹. Das gewöhnliche soziale Leben erscheint als ein einziges Spiel der Selbsttäuschung durch falsche Legitimationen und Sinngebungen. Nietzsches Zarathustra »schifft« im Zerbrechen der »falschen Küsten und falschen Sicherheiten« den Menschen »auf seine hohe See ein« und setzt ihn dem »grossen Ekel, der grossen See-

---

136 BATAILLE (s. Anm. 110), 369.
137 BATAILLE (s. Anm. 135), 70.
138 BATAILLE, Société de psychologie collective (entst. 1938), in: Bataille, Œuvres complètes, Bd. 2 (Paris 1970), 285.
139 FREUD (s. Anm. 88), 50 f.
140 Vgl. BATAILLE (s. Anm. 135), 61.
141 Vgl. ebd., 42, 53, 116.
142 JEAN-PAUL SARTRE, La nausée (1938; Paris 1995), 181.

Krankheit«[143] aus. Ähnlich eröffnet in Sartres Roman die Krise der ›nausée‹ einen Blick auf die ›Dinge selbst‹: »Tout est gratuit, ce jardin, cette ville et moi-même. Quand il arrive qu'on s'en rende compte, ça vous tourne le cœur et tout se met à flotter [...]: voilà la Nausée.«[144] Als existenzphilosophische Kategorie heißt der Ekel stets »nausée«[145]; die negativen Attribute der als nausée erfaßten Existenz – das übermäßig Dichte, Dicke, Weiche und Klebrige – erwecken dagegen Ekel im Sinne von ›dégoût‹. Roquentins nausée ist das Bewußtsein – in der Form eines körperlichen Gefühls und damit unter Umgehung theoretischer Vergegenständlichung – der völligen Kontingenz und sinnlosen Faktizität der eigenen Existenz. In L'être et le néant (1943) heißt es entsprechend: Ekel ist für den, der ihn fühlt, die »saisie non-positionnelle d'une contingence qu'il est, comme pure appréhension de soi en tant qu'existence de fait« (409). In einem frühen Text von 1935 hatte schon Emmanuel Lévinas das Moment gesteigerter Selbstwahrnehmung im heftigen Affekt der nausée als Indiz eines unabweisbaren »On est là«, als »expérience de l'être pur« gelesen: »La nausée comme telle ne découvre que la nudité de l'être dans sa plénitude et dans sa irrémissible pré sence«[146]. Bei beiden, Sartre wie Lévinas, hört der Ekel damit auf, zuallererst als psychischer Damm oder negatives Stimulans zu figurieren. Von der Nachwirkung des dionysischen Rausches (Nietzsche), dem neurotischen Symptom verdrängter Lüste (Freud) und dem unerläßlichen Verstärker transgressiver violence (Bataille) bleibt als Korrelat des Ekels nur mehr die prädikatslose Erfassung faktisch-zufälliger Existenz übrig.

Zufälligkeit, Sinnlosigkeit und leere Faktizität hören dabei auf, ein Grund melancholischer Verzweiflung zu sein. Sie schlagen um in durchaus positive Kategorien, die gerade in ihrem Bruch mit falschen Sinnangeboten und Legitimationen der »absurdité«[147] des Daseins gerecht werden. Die absurdité ist kein Mangel, sondern eine unableitbare Fülle, ein »être de trop« (174), ein Überflüssig- und Zuvielsein gemessen an jeder Logik sinnhafter Begründung. So mutiert die nausée an sich selbst zu eine eigentümliche Ekstase der Existenzerfahrung. Ambivalent wie aller Ekel des 20. Jh., ist Sartres Ekel zugleich er selbst und »juste le contraire« (84): nämlich »un petit bonheur« (40), wenn nicht gar »la cime de mon bonheur« (85). Denn Ekel ist die einzige Weise, in der ich einen authentischen Kontakt zu meiner Existenz herstellen kann: »La Nausée: [...] c'est moi« (181).

Nausée heißt die nicht-thetische Erfahrung zufällig-grundloser Existenz nicht allein, weil sie als ihre negative Kehrseite die ennui-Merkmale des sinnlosen Verstreichens und des leeren Daseins resorbiert hat. Auch die positive ›richesse‹ in der Umwertung der ennui-Merkmale erlaubt Zugänge zur Imagination des Ekelhaften. Das ›être de trop‹ aller Existenz ist ständig in Gefahr, aus einem süßen Glücksgefühl in quantitativen Fülle-Ekel umzuschlagen. Die philosophische Anerkennung der Kontingenz des ›être de trop‹ geht in Sartres Roman daher immer wieder in Bildfelder über, welche die Paradigmen des zu Süßen, zu Fetten, zu Feuchten und zu Weichen variieren. Mit der Kombination des zu Süßen und zu Weichen ist dabei jene Qualität des »visqueux«[148] gegeben, deren Ekelqualitäten Sartre in L'être et le néant als fundamentale ontologische Gegebenheit einer jeden objektiven Psychoanalyse der Dinge beschrieben hat.

Das zu Fette, zu Weiche, zu Süße, das Lauwarme und das Klebrige – alle diese Ekelabhänge des ›être de trop‹ der Existenz sind weiblich konnotiert und werden mehrfach ausdrücklich als weiblich bezeichnet: als eine »activité molle, baveuse et féminine«, als eine »revanche douceâtre et féminine« (700f.) des Ansich an jedem Aneignungsversuch.

Auch darin Nietzsche variierend, stellt Sartre von Beginn des Romans an der inneren Nobilitierung des Ekels zur Signatur einer reinen Existenzerfahrung als äußere Gegensetzung zur Seite: die Schönheit der Kunst. Schön, so Sartre in voller Übereinstimmung mit der klassischen Ästhetik, ist

---

143 NIETZSCHE (s. Anm. 72), 267.
144 SARTRE (s. Anm. 142), 186f.
145 SARTRE, L'être et le néant. Essai d'ontologie phénoménologique (Paris 1943), 410.
146 EMMANUEL LÉVINAS, De l'évasion, in: Recherches philosophiques 5 (1935/1936), 386f.; vgl. TILL R. KUHNLE, Der Ernst des Ekels. Ein Grenzfall von Begriffsgeschichte und Metaphorologie, in: Archiv für Begriffsgeschichte 39 (1996), 286–303.
147 SARTRE (s. Anm. 142), 183.
148 Vgl. SARTRE (s. Anm. 145), 695.

dasjenige, was aus sich heraus »inévitable«[149] scheint, was so zwingend geformt ist, als könne an ihm nichts anders sein. Schönheit ist, philosophisch gesprochen, die (scheinhafte) Verwindung von Kunst in Natur, von Kontingenz in Notwendigkeit. Um den Kontrast zur wesentlichen Zufälligkeit der Existenz und ihrem negativen Abhang des (zu) Weichen, Feuchten, Diffusen und Lauwarmen zu betonen, verbindet Sartre das Merkmal der Notwendigkeit der Kunst mit den Attributen der Härte, Transparenz, Trockenheit und klaren Kälte.[150] Der unerträglichen Hitze des New Yorker Sommers abgewonnen, dient eine alte Jazz-Platte als das einzige legitime Vorbild, die Zufälligkeit der Existenz in die Notwendigkeit eines emphatischen Seins transfigurieren zu können. Die in der Musikbox aufgelegte Lieblingsplatte durchschlägt inmitten von Ekelmaterien – warmes Bier, schmutzige Spiegel, Körper »avec trop de chair« – die »épaisseurs d'existence« (245) auf etwas hin, das diamanten bzw. »belle et dure comme de l'acier« (250) ist.

Die tapfere Bejahung der im Ekel erfahrenen reinen Faktizität der Existenz ist also nur der zweitbeste Modus der ennui-Verwindung. Neben dem »petit bonheur de Nausée« gibt es »un autre bonheur«, das einem »au-dehors« und einem »autre temps« (40 f.) zugehört. Wie schon in der älteren ennui-Diskussion figuriert die Kunst als das beste Antidoton gegen den Ekel an der eigenen Existenz, wie bei Schopenhauer und Nietzsche wird der Kunst sogar die Kraft metaphysischer Rettung (»sauvés«, 249) zugetraut.

Gemäßigte Echos der Ekel-Philosophie Nietzsches durchwalten Sartres Roman damit von Beginn bis Ende: Ekel als Signatur jener »Auserwählten der Erkenntniss«, die zur notorischen Selbsttäuschung des ›Herdenviehs‹ Distanz gewinnen; Ekel als Medium der Erkenntnis selbst, und zwar eines ›physiologisch‹ gestützten und unmittelbaren Typs von Erkenntnis; Ekel als Signum eines »Einblicks« ins wahre »Wesen der Dinge«[151], einer authentischen Erfahrung der Existenz; der schöne Schein der Kunst schließlich als ästhetische Legitimation und höchste Verwindung alles im Ekel enthaltenen Nein-Sagens. Die materiell-imaginative Einfärbung dieser Elemente konnte Sartre zugleich beinahe vollständig aus der Ekel-Phänomenologie des Husserl-Schülers Kolnai beziehen, die er sehr wahrscheinlich gekannt hat. Kolnais vergleichende Bestimmung von Angst und Ekel erhellt darüber hinaus eine innerphilosophische Dimension des französischen Ekel-Denkens der 30er Jahre: Es geht darin auch um eine supplementierende Bewegung zur Philosophie am Leitfaden der Angst (Kierkegaard, Heidegger).[152] Das genuin Sartresche Moment der nausée – die bejahende nicht-thetische Erfahrung ›reiner‹ Existenz in ihrer zufälligen Faktizität – scheint in Kultur und Kunst des 20. Jh. kaum eine tragende Wirkung entfaltet zu haben.

X. Kristeva

Seit Julia Kristevas *Pouvoirs de l'horreur. Essai sur l'abjection* (1980) geistert durch den kunstkritischen Diskurs eine neue Leitchiffre: ›abjection‹. Der zwischen Begriff und Nicht-Begriff oszillierende Term wird auch als Adjektiv – abject women, abject art – sowie als substantivische Absolutierung der Adjektivform benutzt: the abject. Mit ›abjection‹ umschreibt Kristeva einen Ablehnungstyp, der sowohl der Unterscheidung von Neurose und Psychose als auch den genuinen Bestimmungen von Freuds Ekel-Theorie etwas Neues zur Seite setzen soll.

Freuds selten benutzter Begriff der Verwerfung ist keineswegs auf die Mechanismen der Paranoia und der Psychose begrenzt, für die Lacan seinen Begriff der ›forclusion‹ entwickelt hat.[153] Das Ur-

---

149 SARTRE (s. Anm. 142), 41.
150 Vgl. ebd., 41 f., 244–250.
151 NIETZSCHE (s. Anm. 59), 57.
152 Vgl. KUHNLE (s. Anm. 146), 296.
153 Vgl. JACQUES LACAN, D'une question préliminaire à tout traitement possible de la psychose (1957/1958), in: Lacan, Ecrits (Paris 1966), 531–583; ›forclusion‹, in: JEAN LAPLANCHE/JEAN-BERTRAND PONTALIS, Vocabulaire de la psychanalyse (1967; Paris ²1968), 163–167; PIERRE KAUFMANN, Forclusion, in: Kaufmann (Hg.), L'apport freudien. Eléments pour une encyclopédie de la psychanalyse (Paris 1993), 139–140; MARTIN THOM, Verneinung, Verwerfung, Ausstossung. A Problem in the Interpretation of Freud, in: C. MacCabe (Hg.), The Talking Cure. Essays in Psychoanalysis and Language (London 1981), 162–187.

teil des Ekels gehört ins Feld der Neurose. ›Verwerfung‹ meint keine Leistung des Es wie in der Psychose, sondern stets eine des Ichs (oder Über-Ichs): wenn etwa von der »Überwindung und Verwerfung [...] inzestuöser Phantasien«[154] gesprochen wird oder wenn die exkrementelle Lust mit der Prädikatenserie »ekelhaft, abscheulich und verwerflich«[155] belegt wird. Die Verwerfung, um die es Kristeva geht, situiert sich weder im Feld der Neurosen noch der Psychosen. Das neue Wort will die Landkarte der Psychoanalyse um neue »existences«[156] und neue Ausgrenzungsmechanismen erweitern. Neurotische und psychotische Traumata, wie Freud sie als den Vorwurf psychischer Abwehrarbeit beschreibt, gehen in der Regel auf kulturell verbotene sexuelle Praktiken zurück: Entweder sind nur die Objekte verboten (Inzest mit Mutter, Tochter usw.), oder die Triebregungen verletzen normative Ekelschranken (Homosexualität, Koprophilie, Oralverkehr), oder es handelt sich um eine Kombination perverser Lüste mit verbotenen Objekten. Beide, Objekte und Lüste, können prinzipiell als solche imaginiert oder benannt werden. Anders das Abjekt: »L'abject n'est pas un objet en face de moi, que je nomme ou que j'imagine. [...] De l'objet, l'abject n'a qu'une qualité   celle de s'opposer à je« (9). Was ist das für ein seltsames Nicht-Objekt und Nicht-Subjekt, das der Unterscheidung von bewußt und unbewußt vorausgehen soll und immer schon abjiziert worden sein muß, damit irgendein ›sujet parlant‹ von sich selbst ›je‹ sagen kann? Kristevas Antwort lautet: der mütterliche Körper — nicht allein als Natur und biologische Substanz, sondern stets zugleich in seiner Relation zur symbolischen Ordnung und zur präödipalen Genese des Subjekts. Der mütterliche Körper wird auch »sémiotique« genannt, um seine Funktion als »la précondition du langage« (87), als das Feld des Übergangs von Nicht-Sinn in Sinn hervorzuheben und zugleich seine Differenz zur symbolischen Ordnung der diskreten linguistischen Zeichen zu markieren. Mit dem empirischen Subjekt der Mutter hat dieser mütterliche Körper so wenig zu tun wie sein Gegenspieler, die Vaterfunktion im Sinne Lacans, mit demjenigen des Vaters. In dieser unpersönlichen Rolle, Bedingung, Grenze und »dépositaire« (87) aller künftigen Einschreibungen zu sein, wird der mütterliche Körper auch mit dem Platonischen Begriff der ›chora‹ gleichgesetzt.[157]

In der Mutter-Kind-Dyade gibt es keine klaren Unterscheidungen von Subjekt und Objekt, Innen und Außen, Ich und Anderer, sondern nur fließende Heterogenitäten, rhythmische Ströme der Triebe und Materien.[158] Der schwangere weibliche Körper wird von Kristeva mit allen Prädikaten des idealistischen Absoluten belegt: Er ist prä-objektal, kein abgegrenztes Subjekt, prädifferentiell, namenlos, ja das Namenlose und Unbenennbare; seine Wahrnehmung ist athetisch, präreflexiv und transzendiert die Unterscheidung von bewußt und unbewußt. Er ist der »lieu absolu«[159]. Zugleich ist dieses Nicht-Objekt der unverfügbare Grund aller Unterscheidungen und die Quelle einer Lust (›jouissance‹), die alles Begehren (›désir‹) eines Objekts und jede Befriedigung daran übersteigt.

Freud, so Kristeva, hatte eine zu beruhigende Vorstellung von der präödipalen Mutter-Kind-Beziehung.[160] Einerseits reicht seine Rede von einer »ökonomischen Situation«, in der »alle Bedürfnisse ohne Verzug befriedigt«[161] werden, nicht an die dionysische Dimension der Lust heran, die Kristeva für das rhythmische Pulsieren der ungeschiedenen Körper annimmt. Andererseits sieht Freud nicht die »nécessité vitale« eines fundamentalen »matricide«[162], einer Verwerfung der Mutter, die ihrer Rolle als Objekt ödipalen Begehrens und der Verwerfung dieses Begehrens zugunsten des Inzesttabus vorausgeht. Um eine Ichvorstellung im Sinne von Freuds primärem Narzißmus oder Lacans Spiegelstadium entwickeln zu können, müsse das Kind das »corps à corps« mit der Mutter zugunsten einer Etablierung fester Körper- und Sub-

---

154 FREUD (s. Anm. 88), 128.
155 FREUD (s. Anm. 92), 459.
156 JULIA KRISTEVA, Pouvoirs de l'horreur. Essai sur l'abjection (Paris 1980), 14.
157 Vgl. KELLY OLIVER, Reading Kristeva. Unraveling the Double-bind (Bloomington 1993), 103–106.
158 Vgl. KRISTEVA, Maternité selon Giovanni Bellini, in: Kristeva, Polylogue (Paris 1977), 409.
159 KRISTEVA (s. Anm. 156), 30.
160 Vgl. ebd., 74; KRISTEVA, Stabat Mater (1976), in: Kristeva, Histoires d'amour (Paris 1983), 225–247.
161 FREUD (s. Anm. 93), 168.
162 KRISTEVA, Soleil noir. Dépression et mélancolie (Paris 1987), 38.

jektgrenzen verlassen. Ein (narzißtisches) »sujet« mit einem »corps propre«[163] entsteht erst, sobald der mütterliche Körper als das die eigenen Grenzen Bedrohende und Unreine verworfen wird. Diese Abstoßung, so Kristevas Basistheorie, ist »le refoulement originaire« (20); erst mit ihr und durch sie gibt es ein sprechendes Subjekt und die Möglichkeit von Objekten. Das Korrelat dieser Verdrängung, das Nicht-Objekt des mütterlichen Körpers, erhält den Unnamen des ›Abjekts‹, weil es in Phänomenen sekundärer Verdrängung, die sich auf (vermeintliche) Repräsentanten dieses Körpers richten, gelegentlich eine spürbare »position de défense« (15) aktiviert, deren stärkstes Körperzeichen der Affekt des Ekels ist. Freud hatte den Vatermord der Urhorde zur Urszene der notwendigen Überwindung väterlicher Autorität erklärt. Als der Mordende figurierte der Sohn; der Kampf um Autorität war ein männliches Geschehen. Kristeva bietet mit der Position einer »autorité maternelle« (87) der Tochter Motiv und Anlaß für einen virtuell unvermeidlichen Mord an der eigenen Mutter.

Das Erlernen der Sprache, die Integration in die symbolische Ordnung, ist für Kristeva koextensiv mit dem Werden des ›sprechenden Subjekts‹ und der Emergenz von Objekten. Alles Bezeichnen verlangt die Verwerfung des mütterlich Ungeschiedenen.[164] Das sprachliche Zeichen ist Instanz und Spur einer ursprünglichen Verdrängung des mütterlichen Körpers: »Le signe refoule la *chora*«[165]. Wie alles Verdrängte hört auch der mütterliche Körper nicht auf wiederzukehren und destabilisiert das Subjekt und die Ordnung, die auf seiner Abjektion beruhen. ›Désir‹ und ›affect‹ sind zwei Namen für die Insistenz verdrängter prädifferentieller ›jouissance‹.

Ebenso wie die kulturellen Ekelschranken werden die von Freud beschriebenen Neurosen und Psychosen erst nach der Phase des primären Narzißmus und des ersten Sprechenlernens erworben. Im Sinne Kristevas sind sie immer schon im Feld des sprechenden Subjekts, seiner ›désirs‹ und seiner möglichen Objekte angesiedelt. Die Abjektion dagegen konstituiert allererst dieses Feld. Von hysterischem (Sexual-)Ekel wird der Ekel im ›Gefühl der Abjektion‹ daher rigoros unterschieden: »Le dégoût qui s'y laisse entendre ne prend pas l'aspect

de la conversion hystérique: celle-ci est le symptôme d'un moi qui, excédé par un ›mauvais‹ object, s'en détourne, s'en expurge et le vomit. Dans l'abjection, la révolte est toute entière [...] dans l'être du langage. Contrairement à l'hystérie qui provoque, boude ou séduit le symbolique mais ne le produit pas, le sujet de l'abjection est éminemment productif de culture. Son symptôme est le rejet et la reconstruction des langages.« (57)
Der Kantische Vitalsinn des Ekels schützte ›nur‹ das Leben und sein Wohlbefinden, nicht aber eine wie immer geartete Ich-Identität des Subjekts; eine solche hielt Kant zwar für denknotwendig, zugleich aber für unerkennbar. Für Freud prozessieren wir im Gefühl des Ekels die polymorphperverse Erbschaft archaischer Triebregungen *und* ihre Verdrängung; als Symptom und mithin als Kompromißbildung indiziert es ebensosehr die Gespaltenheit unserer psychischen Systeme wie den Triumph des kulturellen Ichs. Kristeva nun geht es in der Abjektion um Wahrung und Erschütterung der Identität des ›Subjekts‹ – einer philosophischen Kategorie übrigens, die in Freuds Metapsychologie wohl nicht zufällig fehlt.

Instruktiv ist Kristevas Beispiel der Milchhaut: Sie stinkt nicht – wie Kristeva überhaupt an keiner Stelle ihres Buches die kardinale Ekelerfahrung des Gestanks erwähnt –, sie schmeckt vielleicht gar nicht schlecht, aber sie erschüttert, darin Sartres Klebrigem vergleichbar, höchst effektiv die Grenzen von innen und außen, von fest und flüssig, von ›propre‹ und ›impropre‹.[166] Sie erinnert damit die Abkunft aus der Ungeschiedenheit des mütterlichen Körpers und an die Instabilität der Abtrennungen, auf denen der eigene Körper beruht. Auch die Leiche ist nicht abjekt, weil sie stinkt, sondern weil sie »irrémédiablement«[167] aus der symbolischen Ordnung gefallen ist. Als »la pollution fondamentale« (127) ist die abjekte Leiche das objekthafte Äquivalent des mütterlichen Körpers: »La mère et la mort, abominées, abjectées, con-

---

163 KRISTEVA (s. Anm. 156), 121.
164 Vgl. FERDINAND DE SAUSSURE, Cours de linguistique générale (1916), hg. v. T. de Mauro (Paris 1976), 155–158.
165 KRISTEVA (s. Anm. 156), 20 f.
166 Vgl. MILLER (s. Anm. 1), 717.
167 KRISTEVA (s. Anm. 156), 11.

struisent en douce une machine victimaire et persécutoire au prise de laquelle Je deviens sujet du Symbolique comme Autre de l'Abject« (131).

Anders als bei Freud werden die »spasmes et vomissements qui me protègent« (10) ausschließlich durch Phänomene ausgelöst, die über das Paradigma Schmutz, Abfall, Ausscheidungen von sich aus die Möglichkeit der Ekelreaktion nahelegen. Der Ekel am zu Süßen oder an reiner Schönheit hat bei Kristeva keinen Ort. Vor allem aber scheint erratischer Ekel, wie der hysterische Ekel zur ›falschen‹ Zeit und am ›falschen‹ Objekt, für die Abjektion, die das ›sprechende Subjekt‹ gleichzeitig konstituiert und permanent bedroht, nicht in Betracht zu kommen. Dennoch ist das Gefühl der Abjektion/des Ekels auch bei Kristeva wesentlich eine Erinnerung. Wie es im Ästhetischen an Revolten des Geruchssinnes erinnert, wie es bei Freud an Traumata der Kindheit oder der Phylogenese gebunden ist, so sind auch bei Kristeva Ekelerfahrungen phobisch besetzt, weil sie an jenen ursprünglich verdrängten mütterlichen Körper erinnern. Diese Erinnerung schließt letztlich eine ›Selbstabjektion‹ ein. Denn das Subjekt verwirft nichts anderes als seinen Ursprung und sein eigenes (Nicht-)Sein im mütterlichen Körper.

Der ursprüngliche Verlust, die Erfahrung eines Mangels heißt ›abjection‹. Schon Freud hatte bündig erklärt, daß »die Mutter kein Objekt war und daß es damals keine Objekte gab«[168]. Objekte gibt es erst, so Freud weiter, seit dem ›Objektverlust‹ par excellence, der Trennung von der Mutter. Es ist dieser ursprüngliche Objektverlust, der den Säugling veranlaßt, Signale zu senden. Alle körperlich-seelischen Zustände, die an die Epoche vor diesem konstitutiven Mangel erinnern, stellen nach Kristeva Identität und Integrität des Selbst in Frage. In pathologischen Begriffen formuliert, neigt diese fundamentale Bedrohung sich zur Seite

der Psychose; doch bleibt die ›ursprüngliche‹ Abjektion von der psychotischen Verwerfung kategorial verschieden. Nicht die präödipale Abjektion, sondern die postödipalen Weisen, in denen das konstituierte Subjekt die es gründende Verwerfung verwirft und wieder einen Anschluß an den abjekten ›corps maternel‹ findet, werden von Kristeva mit der (Sprache der) Psychose gleichgesetzt.[169] Denn die ›jouissance‹ des Primärprozesses setzte sich gegen das Realitätsprinzip der symbolischen Ordnung durch und birgt so die Gefahr einer ›psychotischen‹ Desintegration von Ich und (väterlicher) Welt. Die Literatur des ›Abjekts‹, für Kristeva die kardinale Form einer solchen Verwerfung zweiter Ordnung, ist insofern strukturell psychotisch.

Freud hatte den im Ekel verworfenen ›perversen‹ Lüsten gelegentlich den höchsten Triumph der Libido zugesprochen.[170] Ähnlich bindet Kristeva alle emphatische ›jouissance‹ direkt an die Abjektion: »la jouissance seule fait exister l'abject comme tel. On ne le connaît pas, on ne le désire pas, on en jouit«[171]. Das »corps à corps« im mütterlichen Körper, die darin gegebene Nähe einer »face-à-face avec une altérité innommable« ist der »roc de la jouissance«, an dem sich »la fonction paternelle« (73) ebenso bricht wie bei Freud der lustverdrängende Kulturprozeß an archaischen und unzerstörbaren Regungen. Zur Insistenz der ›jouissance‹ gehört die Lust am eigenen Nicht-Sein. Das doppelte Register der Abjektion als notwendigem Muttermord und zugleich ›jouissance‹ des Selbstverlusts macht ihre fundamentale Ambiguität aus: »Frontière sans doute, l'abjection est surtout ambiguïté. Parce que, tout en démarquant, elle en détache pas radicalement le sujet de ce qui le menace, – au contraire, elle l'avoue en perpétuel danger. Mais aussi parce que l'abjection elle-même est un mixte de jugement et d'affect, de condamnation et d'effusion, de signes et de pulsions« (17).

Das Gefühl der Abjektion könnte uns nicht so stark affizieren, wenn eine väterliche Geste und die symbolische Ordnung über die Autorität des mütterlichen Körpers gesiegt hätten. Die Erschütterung der Körpergrenzen im ›Gefühl der Abjektion‹ bezeugt die Schwäche der Vaterfunktion, und es ist diese Schwäche des Über-Ichs, die den Weg in die

---

168 FREUD (s. Anm. 93), 169.
169 Vgl. KRISTEVA, Le vréel, in: J. Kristeva/J.-M. Ribettes, Folle vérité. Vérité et vraisemblance du texte psychotique (Paris 1979), 11–35; KRISTEVA, Women's Time, in: T. Moi (Hg.), The Kristeva Reader (Oxford 1986), 199; KRISTEVA (s. Anm. 158), 411, 413.
170 Vgl. FREUD (s. Anm. 88), 61.
171 KRISTEVA (s. Anm. 156), 17.

Perversion oder in die Psychose öffnet.[172] Die Abjektion ist insofern ein »carrefour de phobie, d'obsession et de perversion«. Kristeva legt gleichwohl Wert darauf, sie nicht mit einer »perversion véritable« (57) gleichzusetzen. Für Freud ist die exkrementelle Lust archaische Erbschaft und kindliche Praxis; nur im Feld der Kulturverdrängung neigt ihre Fixierung sich zur Perversion. Für Kristeva dagegen ist die Erotisierung der körperlichen Ausscheidungen nur eine weitere Funktion der Abjektion der Mutter, Symptom einer besonderen Weise, das Verhältnis zum mütterlichen Körper zu artikulieren.[173]

Die Literatur, so Kristeva, verwirft die Verwerfung, sie antwortet auf die ›ursprüngliche‹ Abjektion mit einem ›rejet‹[174] zweiter Ordnung – nicht indem sie die symbolische Ordnung ins ›Semiotische‹ verläßt, sondern indem sie die Bewegung der abjekten Körper und Triebe pervertierend und subversiv ins Symbolische einschreibt. Die ästhetische Anstrengung – ein Abstieg in die Fundamente, die das Gebäude des Symbolischen tragen – besteht darin, die labilen Grenzen des sprechenden Subjekts nachzuzeichnen und seiner Entstehung, jenem grundlosen Ursprung namens Urverdrängung, möglichst nahe zu kommen. In dieser Erfahrung stoßen Subjekt und Objekt einander nicht ab, sondern treffen aufeinander, stürzen ineinander und verteilen sich untrennbar an der Grenze des Assimilierbaren: abjekt. Auf diesem Terrain entfaltet sich die große moderne Literatur: Dostojewski, Lautréamont, Proust, Artaud, Kafka, Céline.[175]

Kristeva skizziert mehrere elementare Möglichkeiten, die Bahnen der »négation symbolique et névrotique« mit den Mitteln einer spezifischen »négativité poétique« in umgekehrter Richtung zu durchlaufen. Der meistgebrauchte Name für die Rückeroberung des Maternell-Materiellen ist derjenige des Rhythmus: »Ce ›matériel‹, repoussé par le signe et le jugement hors des premières symbolisations, est maintenant retiré de l'inconscient dans le langage, mais sans y être accepté sous forme de ›métalangue‹ ou de quelque intellection que ce soit. La pulsion (de mort: négativité, destruction) réitérée se retire de l'inconscient et *se place, comme déjà positivée et érotisée, dans un langage* qui, en son placement, s'organise en prosodie ou en timbres rythmés.«[176]

Die Trias »le rhythme, la pulsion, le féminin«[177] reaktiviert für die Seite des Rhythmus durchaus konventionelle Merkmale, wie sie Rhetorik und Poetik vielfach umkreist haben: Als rhythmisches Phänomen haben die Zeichen einen unmittelbaren Anschluß an die Dimension der Affekte. Kristeva greift emphatische Vorstellungen von »le rhythme et la musique comme […] sublimation ultime de l'insignifiable« auf und bildet sie auf den transzendentalen Referenten ihres Denkens, die »économie biopulsionelle« (31) des mütterlichen Körpers ab.

Darüber hinaus sieht Kristeva auch andere Muster für die literarische Wiedereroberung des Abjekts. Ihre Céline-Lektüre etwa beansprucht für die Themen des Schreckens, des Todes, des Wahnsinns, der Orgie, des Außergesetzlichen, des Kriegs, der weiblichen Bedrohung, der grauenvollen Wonnen der Liebe, des Ekels, des Grausens eine mehr als nur thematische Bedeutung: »Ce ne sera cependant pas une lecture thématique, en raison des thèmes eux-mêmes tout d'abord, mais surtout parce que ces thèmes ont toujours chez Céline une position au moins double, entre le dégoût et le rire, l'apocalypse et le carnaval.« (161) »L'apocalypse qui rit« (242) ist eine Grundfigur in der modernen literarischen Prozessierung des Abjekts. Der groteske Körper im Sinne Bachtins kehrt darin wieder – aber allein als ein stets zugleich widerwärtiger. Der Karneval von Bachtins Rabelais-Buch verliert dadurch seinen ideologischen Optimismus der noch in Exkretion und Tod fortzeugenden Materie und wird zu einem ›bitteren Karneval‹.[178]

Eine zweite Figur, die Kristeva in verschiedenen Symbolisierungsweisen des Abjekten wiedergefunden hat, hat ihr Modell in der Verinnerlichung der Sünde im christlichen Schuldbekenntnis. Das Be-

---

172 Vgl. ebd., 78 f.
173 Vgl. ebd., 66.
174 Vgl. KRISTEVA, La révolution du langage poétique. L'avant-garde à la fin du XIXe siècle: Lautréamont et Mallarmé (Paris 1974), 101–150.
175 Vgl. KRISTEVA (s. Anm. 156), 25.
176 KRISTEVA (s. Anm. 174), 149 f.
177 KRISTEVA (s. Anm. 156), 212.
178 Vgl. MICHAEL ANDRÉ BERNSTEIN, Bitter Carnival. Ressentiment and the Abject Hero (Princeton 1992), 23 f.

kenntnis begegnet dem Abjekten mittels der Differenz von rein und unrein. Aber es setzt das Unreine nicht mehr als von außen kommende Bedrohung an: »l'abjection [...] se résorbe dans la parole«[179]. Diese Absorption in die Sprache eröffnet die Möglichkeit einer ›glücklichen‹ Abjektion. Die römisch-katholische Osternachtsliturgie kennt im Exsultet eine Glücklichsprechung Adams und des sündigen Menschen (felix culpa) – weil erst die Sünde Christi Erlösungstat möglich gemacht habe. Diese – aus der Sicht des christlichen Glaubens höchst umstrittene – Theodizee der Überschreitung göttlicher Verbote als der Bahn des Heilsgeschehens hatte schon Bataille für seine Theorie souveräner Transgression wiederentdeckt.[180] Kristevas Theorie der Abjektion reinterpretiert Batailles ›interdit‹ als das Verbot, das vom (Lacanschen) Vater als dem Herrn der symbolischen Ordnung ausgeht; sie besetzt Batailles Position des Heiligen, der Verschwendung und des Selbstverlusts mit dem mütterlichen Körper; und sie findet Batailles Transgression in der Selbstüberschreitung der symbolischen Ordnung auf den verbotenen mütterlichen Körper hin wieder. Es liegt in der Logik dieser Neubesetzungen, daß es nicht die Sünde oder die rituelle Transgression selbst ist, welche den Weg zum Heil(igen) eröffnet, sondern das Sprache-Werden des Abjekten: »C'est de la parole, en tout cas, que la faute a une chance de devenir heureuse: la *félix culpa* n'est que phénomène d'énonciation«. Die Kunst, so Kristeva, findet in der felix culpa ein Modell, die Darstellung des Abjekten den Bedingungen ästhetischer Lust einzupassen: »C'est dans cette potentialité marginale du péché parlé comme péché heureux, que s'ancre l'art qui resplendira sous toutes les coupoles.«[181]

»Cette jouissance, cette vérité«[182] – mit dieser Gleichung schließt Kristeva auch an die Geschichte des philosophischen Wahrheitsbegriffs an. Mendelssohn hatte dem Ekel die Qualität einer unbedingten Wirklichkeitserfahrung und damit einen Bruch mit allen medialen Codierungen zugesprochen. Kant schrieb der lebenswichtigen Vitalempfindung des Ekels ein Vermögen zu, das die Grenzen unserer theoretischen Vernunft überschreitet: eine unmittelbare Erkenntnis der uns betreffenden Dinge. Nietzsche sah im Ekel sowohl das Zeichen einer dionysischen Einsicht ins ewige Wesen der Dinge als auch das privilegierte Organ einer Unterscheidung der zeitgenössisch-zeitlichen Dinge. Freud spürte im Abwehrsymptom des Ekels die Wahrheit verdrängter Lüste und ihrer Neurosen auf, Sartre im unabweisbaren Präsenzgefühl des Ekels den Zugang zur Existenz in ihrer zufälligen Faktizität. Ähnlich entdeckt Kristeva am Ort der abjekten Mutter eine ›autorité‹, die den arbiträr-repressiven Gesetzen der symbolischen Ordnung genau so transzendent ist wie das ›Reale‹ Lacans.

Freuds Entdeckung ist für Kristeva die entscheidende: Angesichts der Funktionsweise unbewußter Antriebe und verdrängter Lüste ist Wahrheit nicht von unseren Aussagen und gelingenden Sätzen, sondern von den Versprechern, Fehlleistungen und Abwehrhandlungen zu erwarten. »L'œuvre de Freud«, so Kristeva, »trace un processus de position et de déposition de la *vérité*, qui [...] la fait exploser comme *identité* (Être, adéquation à l'Être, etc.), pour n'en faire qu'un dispositif de passages, de plis, de seuils, de catastrophes.«[183] Wahrheit stellt sich im Scheitern der ›normalen‹ Symbolisierungsweisen in der intermittierenden Sprache der Symptome dar. Ekel ist ein Operator der Unterbrechung: Er unterbricht jede kontinuierliche Annäherung und Konsumption oder erbricht sie gar. Kristevas Prägung ›le vréel‹ besetzt diese seit längerem vorbereitete Überblendung von Ekel, Realem und Wahrheit mit einem frappierenden Neologismus.

XI. Zur akademischen Konjunktur des ›Abjekten‹

Die akademische und politische Rezeption von Kristevas Abjektions-Theorie befördert entschieden die Wiederkehr des ›Realen‹, die seit gut zehn Jahren unter verschiedenen Chiffren in den Literatur- und Kunstwissenschaften zu beobachten ist.

---

179 KRISTEVA (s. Anm. 156), 135.
180 Vgl. BATAILLE (s. Anm. 135), 91.
181 KRISTEVA (s. Anm. 156), 153.
182 KRISTEVA, Le vréel (s. Anm. 169), 30.
183 Ebd., 18.

Unter dem Schlagwort der Posthistoire war das Ende der Geschichte gedacht worden, unter dem der medialen Simulation und der technischen Simulakren das Ende der altgedienten Wirklichkeit, unter dem des unendlich aufschiebenden Spiels der Signifikanten die Unmöglichkeit jedes herkömmlichen Typs der Wahrheit. Als Gefühl des Ekels und Wiedereroberung des Ekelhaften kehren alle drei – Geschichte, das Reale, Wahrheit – auf emphatische, mit einer starken Affektqualität aufgeladene Weise wieder. Literatur-, kunst- und kulturwissenschaftliche Arbeiten auf den Spuren des ›Abjekts‹ gelten unerwartet direkt wieder der ›Wahrheit‹ des Subjekts, der Geschlechter und der Kultur. Als Operator der Wahrheit bzw. eines transsymbolischen Realen konvergiert die Exorbitanz des Ekels/der Abjektion mit der aktuellen Hochkonjunktur eines anderen älteren Begriffs: dem des Traumas.[184]

Auch im Trauma geht es um die Prozessierung einer unassimilierbaren Andersheit, eines Angriffs auf die eigene Identität, der oft buchstäblich die Gefahr des Todes impliziert: ob es sich dabei um sexuelle Traumen von Kindern, um Unfall- oder Kriegstraumen oder um die Judenverfolgung durch die Nationalsozialisten handelt. Anders als in der Ekelreaktion wird das Widerstandssystem in der traumatischen Erfahrung aber nicht nur bis an die Grenze seiner stärksten und entschiedensten Abwehrhandlung belastet; es wird vielmehr überwältigt. Die Inkorporation des Schädlichen findet statt. Statt einmal, definitiv und bewußt erbrochen zu werden, wird das Traumatisch-Schädliche fortan immer wieder (und tendenziell mit keiner dauerhaft erlösenden Wirkung) unbewußt exteriorisiert. Dennoch gibt es im Verhältnis des Abjekten und des Traumatischen zur symbolischen Ordnung eine auffällige Ähnlichkeit: Beide erscheinen darin nur als Störung oder Zerstörung. Auch das Trauma ist eine aus der Sprache verdrängte und insofern als Trauma niemals Aussageform annehmende ›Wahrheit‹.

In *Der Mann Moses und die monotheistische Religion* (1937/1939) hat Freud eine ähnlich enge Korrelation von Trauma und ›Charakter‹ behauptet[185], wie Kristeva sie später aus ganz anderen Gründen für die von Abjektion und Subjektbildung oder Sartre für die von ›nausée‹ und ›moi‹ formuliert hat. Während allerdings die Insistenz der Unfall-, Kriegs- und Verfolgungstraumen allein den Bannkreis einer überwältigenden Leidenserfahrung ausmacht, markiert die Insistenz abjekter Lust eine »tentative *salutaire* d'élaborer l'irruption du réel trouant la trame symbolique«[186]. Der Wiederanschluß an das Abjekte birgt zwar die Gefahr einer psychotischen Dissoziation des Subjekts; Kristeva begrüßt ihn aber zuallererst als Chance des »salut pour l'être parlant« (12). Als Grenzen sprengende ›jouissance‹ einerseits, als überwältigende Leidenserfahrung andererseits stellen das Abjekte und das Traumatische so zwei komplementäre Transzendenzen des Symbolischen und darin zugleich zwei Weisen der ›Wahrheit‹ und des ›Realen‹ dar.

XII. Abject Art

In der Kunstkritik und Kunstszene der späten 80er und frühen 90er Jahre hat Kristevas evokativer Un-Begriff die Etablierung eines neuen Labels ermöglicht: Abject Art. Cindy Sherman, Robert Mapplethorpe, Mike Kelley, Matthew Barney, John Miller, Gilbert & George, Kiki Smith, Sue Williams sind einige der zeitgenössischen Namen, an denen das Label Abject Art privilegiert diskutiert wurde. Post festum wurden auch etliche Künstler früherer Generationen – darunter Marcel Duchamp, Cy Twombly, Claes Oldenburg – der neuen Bezeichnung eingemeindet. Als erstes Erkennungszeichen von Abject Art scheint sich das Arbeiten mit ›niedrigen‹ Körpermaterien wie ›naked shit‹ (Mike Kelley, Gilbert & George) und mit Referenzen auf die anale Lust (Robert Mapplethorpes *Self-Portrait*, 1978) durchgesetzt zu haben. Cindy Sherman hat in einem ganzen Foto-Zyklus Stilleben aus Erbrochenem, farbigen Zuckermassen, Regenwürmern, Schimmel, Schleim, Körper-

---

184 Vgl. SUSAN B. MILLER, Disgust Reactions. Their Determinants and Manifestations in Treatment, in: Contemporary Psychoanalysis 29 (1993), 720–722.
185 Vgl. FREUD, Der Mann Moses und die monotheistische Religion (1937/1939), in: FREUD (GW), Bd. 16 (1950), 180.
186 KRISTEVA, Le vréel (s. Anm. 169), 24.

sekreten und infektiösen Hautpartien präsentiert.[187] Zuvor hatte sie in einer langen Reihe von Selbstaufnahmen verschiedenen Formen weiblicher ›looked-at-ness‹ ebenso anziehende wie verstörende Materialisationen zweiter Ordnung angeboten, die den Blick des Betrachters auf sich selbst zurückwerfen und kulturelle Fetischisierungsmuster von innen heraus aufbrechen. In den zwischen 1985 und 1989 entstandenen Arbeiten waren dann alle Anspielungen auf Mode- und erotische Fotografie oder auf die nostalgische Qualität weißer amerikanischer ›Fifty-ness‹ schlagartig verschwunden. Laura Mulvey konstatierte im radikalen Bruch mit allen Fetischisierungen das Auftreffen auf ein abjektes Inneres des weiblichen Körpers und sah damit in Shermans Fotos Bilder zu Kristevas Theorie.[188]

Die naheliegende Frage »Why do artists want to make objects that are abject?«[189] hat den Charakter des déja vu: Warum hat Baudelaire die Geliebte als Aas besungen? Warum hat die Romantik sich einer affirmativen Poetik ekelhafter Verwesung einschließlich der Lizenz ekelhafter Impotenz verschrieben? Auch die für Abject Art bislang gegebenen Antworten sind weithin alte Bekannte. Da ist zum einen der dem Kunstsystem eigene Innovationsdruck, auf den – mit Friedrich Schlegels Worten – die Ästhetik des ›Choquanten‹, der möglichst starken Reizmittel eine besonders probate und seit mindestens 200 Jahren vielfach variierte Antwort darstellt. Das Ekelhafte ist für den menschlichen Wahrnehmungsapparat das vielleicht stärkste Reizmittel überhaupt. Angesichts des häufigen Gebrauchs des Provokations- bzw. Schockmechanismus scheint Abject Art sich allerdings nicht mehr sicher, daß er noch ein zuverlässiges Mittel gegen

187 Vgl. CINDY SHERMAN, Arbeiten von 1975 bis 1993, hg. v. R. E. Krauss/N. Bryson (München u. a. 1993), 126–165.
188 LAURA MULVEY, A Phantasmagoria of the Female Body. The Work of Cindy Sherman, in: New Left Review 188 (1991), 146.
189 YVE-ALAIN BOIS u. a., The Politics of the Signifier II. A Conversation on the Informe and the Abject, in: October, H. 67 (1994), 21.
190 HAL FOSTER, Obscene, Abject, Traumatic, in: October, H. 78 (1996), 122.
191 DENIS HOLLIER, [Diskussionsbeitrag], in: Bois (s. Anm. 189), 20.

Wahrnehmungsautomatisierungen ist. Der ernsthafte Wille zu schockieren ist denn auch vielfach durch Signale augenzwinkernder Selbstironie gebrochen. Die gesuchte Stärke des Affekts kann beinahe nahtlos abwechseln mit der Evokation achselzuckender Indifferenz angesichts der ›lumpy things‹: »pure affect, no affect«[190].

Ebenso offenkundig wie der systemgeborene Wunsch des Anders-sein-Wollens sind die basalen zivilisatorischen Regeln, gegen die Abject Art aufzubegehren scheint: »the shit movement in contemporary art may intend a symbolic reversal of the first step into civilization, of the repression of the anal and the olfactory.« (118) Dieser symbolische Schritt zurück auf eine überwundene Kulturstufe ist zugleich mit dem Versprechen aufgeladen, »that art refuses the age-old mandate to pacify the gaze, to unite the imaginary and the symbolic against the real. It is as if this art wanted the gaze to shine, the object to stand, the real to exist, in all the glory (or the horror) of its pulsatile desire« (110). Kritische Theorie unterschiebt im klassischen Als-ob-Vorbehalt hier eine neue Variante einer altehrwürdigen rhetorischen wie ästhetischen These: Kunst habe die Kraft, die Mauer der kulturellen Formationen, auch die der eigenen Medialität, zugunsten einer Präsenz der ›Sache selbst‹ bzw. der ›Natur‹ zu durchbrechen. In der auf Ekelmotive gestützten Entsublimierung jenes Körpers, dessen totale Symbolisierung = Entekelung das System der Ästhetik begründet, sollen die Netze der Symbolisierung und ihrer Verknüpfung mit dem Imaginären zerrissen werden. Gestützt auf das Vokabular Lacans und Kristevas (das Symbolische, das Reale, le vréel), wiederholt und überblendet das Denken von Abject Art so die ästhetischen, erkenntnistheoretischen und psychoanalytischen Konfigurationen von Ekel, Wirklichkeit und Wahrheit.

Darin die Befunde Lessings und Herders bestätigend, bietet allerdings auch Abject Art keinen Anlaß für ›wirklichen Ekel‹. Denis Hollier hat lakonisch angemerkt: »when I saw the ›Abject Art‹ show at the Whitney, I thought, What is abject about it? Everything was very neat; the objects were clearly art works. They live on the side of the victor.«[191] Wie Shermans Ekel-Stilleben von einer eigenartigen Hochglanzschönheit sind, so wird die

»double defiance of visual sublimation and vertical form«[192] selbst in John Millers *Untitled* (1988) genannten ›pile of shit‹ wieder durch eine geometrische, geradezu pythagoreisch schöne Form resublimiert. Ähnliches gilt für das Arbeiten mit Leichenteilen und lebender Verwesungsmaterie. Damien Hirsts hinter Glas und Stahl präsentierter Bullenschädel in Formaldehyd oder sonstige Kadaverteile mit noch lebenden, sterbenden und sich weiter fortpflanzenden Insektenpopulationen distanzieren eher den Schrecken des Todes, als ihn hervorzuheben: »For all the weird stuff he uses, his work is meticulously well-made. It has an immaculate, trance-inducing presence about it. His compositions tend toward symmetry, and things are always placed just so.«[193] So wird das ästhetische und kulturelle Tabu der verwesenden Leiche noch in dem Moment bestätigt, wo es zum ersten Mal buchstäblich-materiell – statt nur in bildlicher Darstellung oder in literarischen Metaphern – durchbrochen wird. Und das heißt auch: Die klassische Grundlegung der Ästhetik in Ekel-Tabus und in der schönen Oberfläche eines ekellosen Idealkörpers lebt selbst noch in den drastischen Formen ihrer Transgression überraschend unverwüstlich weiter.

Winfried Menninghaus

Literatur

ANGYAL, ANDRAS, Disgust and Related Aversions, in: The Journal of Abnormal and Social Psychology 36 (1941), 393–412; BERGER, ANNE-EMMANUELLE, A vue de nez. Fragment d'une esthétique du dégoût, in: Europe 69 (1991), 111–119; BOIS, YVE-ALAIN/KRAUSS, ROSALIND E., l'informe. mode d'emploi (Paris 1996); CALABI, CLOTILDE, Le dégoûtant, in: Critique 625/626 (1999), 512–521; CHAOULI, MICHEL, Devouring Metaphor. Disgust and Taste in Kleist's ›Penthesilea‹, in: The German Quarterly 69 (1996), 125–143; CORBIN, ALAIN, Le miasme et la jonquille. L'odorat et l'imaginaire social XVIIIe – XIXe siècles (Paris 1982); DIDI-HUBERMANN, GEORGES, La ressemblace informe ou le gai savoir visuel selon Georges Bataille (Paris 1995); EGGEBRECHT, HARALD, Ekeltöne, in: Kursbuch, H. 129 (1997), 145–151; ENGEN, TRYGG, Remembering Odors and Their Names, in: American Scientist 75 (1987), 497–503; ENZENSBERGER, CHRISTIAN, Größerer Versuch über den Schmutz (München 1968); FOSTER, HAL, The Return of the Real. The Avant-Garde at the End of the Century (Cambridge/London 1996); GEYER-RYAN, HELGA, Abjection in the Texts of Walter Benjamin, in: Geyer-Ryan, Fables of Desire. Studies in the Ethics of Art and Gender (Cambridge 1994), 106–125; GUSTAFSON, SUSAN E., Absent Mothers and Orphaned Fathers. Narcissism and Abjection in Lessing's Aesthetic and Dramatic Production (Detroit 1995); HIRSCH, JULIAN, Ekel und Abscheu, in: Zeitschrift für angewandte Psychologie 34 (1930), 472–484; HOUSER, CRAIG, I, Abject, in: Abject Art. Repulsion and Desire in American Art [Ausst.-Kat.] (New York 1993), 59–84; JAUSS, HANS ROBERT (Hg.), Die nicht mehr schönen Künste. Grenzphänomene des Ästhetischen (München 1968); JEGGLE, UTZ, Runterschlucken. Ekel und Kultur, in: Kursbuch, H. 129 (1997), 12–26; KAFKA, GUSTAV, Zur Psychologie des Ekels, in: Zeitschrift für angewandte Psychologie 34 (1930), 1–46; KAHANE, CLAIRE, Freud's Sublimation. Disgust, Desire and the Female Body, in: American Imago 49 (1992), 411–425; KRAUSS, ROSALIND E., Informe without Conclusion, in: October, H. 78 (1996), 87–106; JULIUS KREBS, Ekellust, in: Kursbuch, H. 129 (1997), 88–99; LIU, CATHERINE/MARTIM, AVILLEZ, The Party for Affirmative Abjection, in: Lusitania. A Journal of Reflection and Oceanography 1 (o. J.), H. 4, 216–225; MENNINGHAUS, WINFRIED, Ekel. Theorie und Geschichte einer starken Empfindung (Frankfurt a. M. 1999); MILLER, SUSAN B., Disgust. Conceptualization, Development and Dynamics, in: International Review of Psychoanalysis 13 (1986), 295–307; RAULFF, ULRICH, Chemie des Ekels und des Genusses, in: D. Kamper/C. Wulf (Hg.), Die Wiederkehr des Körpers (Frankfurt a. M. 1982), 241–258; ROZIN, PAUL u. a., ›Disgust‹, in: M. Lewis/J. M. Haviland (Hg.), Handbook of Emotions (New York 1993), 575–594; ROZIN, PAUL/FALLON, APRIL E., A Perspective on Disgust, in: Psychological Review 94 (1987), 23–41; ROZIN, PAUL/LOWERY, LAURA/EBERT, RHONDA, Varieties of Disgust Faces and the Structure of Disgust, in: Journal of Personality and Social Psychology 66 (1994), 870–881; TAYLOR, SIMON: The Phobic Object. Abjection in Contemporary Art, in: Abject Art. Repulsion and Desire in American Art [Ausst.-Kat.] (New York 1993), 59–84.

192 FOSTER (s. Anm. 190), 118.
193 JERRY SALTZ, More Life. The Work of Damien Hirst, in: Art in America 83 (1995), H. 6, 83.

Engagement/Tendenz/ Parteilichkeit

(engl. commitment, tendency, bias, partisanship; frz. engagement, tendance, partialité; ital. impegno, tendenza, parzialità; span. compromiso, tendencia, partidismo; russ. ангажемент, тенденция, партийность)

Einleitung; 1. Etymologie; 2. Problematik; I. ›Tendenz‹ und die geschichtsphilosophische Wende der Ästhetik; 1. Die ins Werk stillgestellte Tendenz der Kunstperiode; 2. Tendenz als Übergangsperiode: Journalismus und Parteienbildung/Junges Deutschland und Vormärz – Tendenzgattungen; 3. Deutscher Realismus: Die Parteilichkeit des Historikers und die Objektivität des Poeten; 4. Naturwissenschaftliches Tendenzgesetz und Naturalismus: Die eine Richtung der Moderne in der Kunst der Gegenwart; 5. Historische Tendenz, Partei im großen historischen Sinne und doppelte ästhetische Buchführung von Marx/ Engels bis zur Zweiten Internationale; II. Kritik der Tendenz im Namen des ›Lebens‹, der ›Politisierung des Geistes‹, des Individuums oder des Volkhaften; 1. Lebensphilosophische Kritik des L'art pour l'art: Nietzsche und das Unzeitgemäße; 2. Das Eingreifen des Aktivismus: Politisierung des Geistes; 3. Der Schriftsteller zwischen den Parteien der Massen: Verdeckte Polarisierung in der Weimarer Republik; 4. Das Volkhafte in der faschistischen Ästhetik als Gegenbegriff zu Tendenz und Parteilichkeit; III. Von der Tendenz zu Parteilichkeit, Volksverbundenheit und Engagement; 1. Lukács' Umwertung der Tendenz: Von der bewußten Tendenz zur Parteilichkeit des großen Kunstwerks; 2. Benjamins Bindung der Revolte an die Revolution: Tendenz als Einheit von Politik und Technik im Engagement; 3. Der bündnispolitische Streit um die Volksverbundenheit in der Ästhetik der Kommunistischen Internationale; 4. Parteilichkeit als Administration der Literaturverhältnisse in der SBZ/DDR; IV. Sartres Engagement-Konzept und seine Rezeption; 1. Sartres Konzept einer littérature engagée: Veränderungen auf dem Dritten

---

1 JOACHIM G. BOECKH, Literaturfibel. Eine erste Anleitung zur Beschäftigung mit Theorie und Praxis der Dichtung (Berlin 1952), 62.
2 Vgl. ALAN MONTEFIORE (Hg.), Neutrality and Impartiality. The University and Political Commitment (Cambridge 1975), 1–33.
3 PAUL ROBERT, ›Tendance‹, in: Le Grand Robert de la langue française. Dictionnaire alphabétique et analogique de la langue française, hg. v. A. Rey, Bd. 9 (Paris ²1992), 223.
4 Vgl. THOMAS LAHUSEN/EVGENY DOBRENKO (Hg.), Socialist Realism Without Shores (Durham/London 1997), 51.

Weg im Kalten Krieg; 2. Westliches Verständnis von Engagement als sozialistischer Realismus, Tendenz- und Thesen-Literatur; 3. Das nachgeholte Engagement in der westdeutschen Literatur; 4. Von der neoavantgardistischen zur postmodernen Kritik des Engagements

Einleitung

1. Etymologie

»Strebung‹ und ›Spannung‹ [...] sind die wörtliche Übersetzung des aus dem Lateinischen kommenden Fremdwortes ›Tendenz«[1], dessen Entsprechung auch im Frz. eine affektive, intersubjektive Beziehung bezeichnen kann (inclination, pulsion, tension); im Engl. wird nur die gerichtete Bewegung (frz. direction, dynamisme, force, effort) als tendency bezeichnet; für die affektiv-subjektive Bedeutung des frz. und dt. Wortes gibt es ein stark negativ wertendes engl. tendentiousness, zu dem es eine Fülle von Synonymen gibt, die gleichfalls negativ, weil Antonyme zu Objektivität sind: partiality, bias, partisanship[2]; letzteres hat seine gleichfalls von party/Partei abgeleiteten Entsprechungen im Engl. und Dt.; »la tendance d'un livre« übersetzt Le Grand Robert mit »son intention, son orientation«[3]; der frz. Begriff engagement im Sinne von frei gewählter Verpflichtung des Individuums auf überindividuelle Ziele wurde erst 30 Jahre nach seiner Terminologisierung vor allem in der Rezeption von Sartres Literaturtheorie in den 60er Jahren ins Deutsche und weniger ins Britische (wo commitment als Äquivalent zu fungieren begann) als ins US-amerikanische Englisch eingeführt; alle drei Stichworte fehlen in englischen Literaturlexika, wie z.B. in Jeremy Hawthorns *A Glossary of Contemporary Literary Theory* (1992). Die russischen Entsprechungen sind направление, тенденция, партийность und идейность.[4]

2. Problematik

Buchtitel wie Perry Andersons *A Zone of Engagement* (1992) und Aktualisierungen von Sartres *Qu'est-ce que la littérature* (1948) wie Edward Saids *Representations of the Intellectual* (1994) belegen die Lebendigkeit des Begriffs Engagement im englischen Sprachraum: »In his credo as an intellectual [...] Sartre uses the word *writer* rather than intellectual, but it is clear that he is speaking about the role of the intellectual in society«[5]. In Post-colonial Studies sowie in feministischer und marxistischer Literaturwissenschaft und -kritik überlebte nur das jüngste der drei Konzepte die postmoderne Wende und wurde im Übergang vom New Historicism zu den Cultural Studies sogar breiter aktualisiert. Der internationalen Konstellation eignet ein aus den Begriffsgeschichten ererbter Literaturzentrismus, wie noch die Berufungen auf Sartre bei Mario Vargas Llosa und Yasar Kemal zeigen: »Die Welt wird vom Wort regiert. Wenn auch nicht unmittelbar«, erklärte Kemal, als er sich als »ein verpflichteter, ein ›engagierter‹ Schriftsteller« für den Friedenspreis des Deutschen Buchhandels bedankte: »Wer meine Romane und Erzählungen liest, [...] soll vor Kriegen Abscheu empfinden und sich stets für Frieden und Brüderlichkeit einsetzen. Und er soll die Ausbeutung des Menschen durch den Menschen nicht ertragen können.«[6] Ein Jahr zuvor hatte Vargas Llosa bei gleicher Gelegenheit daran erinnert, »daß der Schriftsteller mit der Überzeugung schreiben muß, sein Schreiben könne den anderen helfen, freier, sensibler und hellsichtiger zu werden«, ohne »zu behaupten, daß das gesellschaftliche und moralische ›Engagement‹ des Intellektuellen die richtige Wahl [...] garantiert«. Die Verpflichtung leitete er daraus ab, »daß das geschriebene Wort [...] Möglichkeiten besitzt, [...] in der Beschreibung der gesellschaftlichen, politischen und moralischen Wirklichkeit weiter zu gehen als die audiovisuellen Medien, in einem Wort: die Wahrheit zu sagen«[7]. Wenn es bei Kemal und Vargas Llosa um Moral und Politik geht, wird aber auch der Abstand zur geschichtsphilosophischen Ästhetik deutlich, die in der Geschichte der zeitweise mit Engagement verbundenen Begriffe Tendenz und Parteilichkeit dominiert hat. Die Distanz zu dieser Tradition prägt den gegenwärtigen Sprachgebrauch in der Bundesrepublik Deutschland, wo »sich [...] ein gemeindeutscher Ekel gegenüber der ›engagierten Literatur‹ breitgemacht«[8] hat.

An der Epochenschwelle des ausgehenden 18. und beginnenden 19. Jh. wurde mit Tendenz ein widersprüchlicher Bewegungsbegriff geprägt, der

Übereinstimmung und Gegensatz zwischen Subjektivität und Geschichte faßt: In der autonom werdenden Kunst artikuliert sich in der ›Tendenz‹ die Partei der Menschheit.[9] Die verschiedenen Ebenen des komplexen Problems werden in der Folgezeit zu unterschiedlichen Zeiten unterschiedlich akzentuiert. Dabei kommt es zwar zu einer Ausdifferenzierung der Begriffe Parteilichkeit und Engagement, aber weiterhin bestimmen Vernetzungen – nicht zuletzt der drei Begriffe – den Ein- und Ausschluß des Politischen im Ästhetischen. Alle drei Begriffe beziehen sich auf das Problem der Auswahl und Bewertung sowohl von Erscheinungen der historisch-gesellschaftlichen Wirklichkeit als auch von Produkten geistiger, insbesondere künstlerischer Tätigkeit; sie betreffen die Fragen des Standpunkts oder der Perspektive, von dem oder der produziert wie rezipiert wird, und fungieren deshalb als Identifikations- oder Ausgrenzungsbegriffe. Ihre Geschichten sind als nur relativ selbständig verlaufende rekonstruierbar, insofern sie zu bestimmten Zeitpunkten engstens miteinander verknüpft werden: Brüche einerseits und wiederkehrende Konstellationen anderseits kennzeichnen den Verlauf. Die Problematisierung gesellschaftlich dominanter Definitionen der Kunst und des Schönen bildet den Grund sowohl für gehäuftes und verbundenes Auftreten der Begriffe als auch für ihre vorherrschend negative Konnotierung. Die durch spezifische Verknüpfungen gebildeten Phasen der Begriffsgeschichte, in denen es zu einer positiven Verwendung der Begriffe kommt, werden von einer übergreifenden Kontinuität negativen Gebrauchs markiert. Wenn in diesem Sinne eingeräumt werden muß, daß sich die Begriffsgeschichte von Engagement, Tendenz und

---

5 EDWARD W. SAID, Representations of the Intellectual. The 1993 Reith Lecture (London 1994), 55.
6 YASAR KEMAL, Der Mensch ist worthaft, in: Frankfurter Allgemeine Zeitung (20. 10. 1997), 11.
7 MARIO VARGAS LLOSA, Dinosaurier in schwieriger Zeit. Die Literatur darf auf politisches Engagement nicht verzichten, in: Frankfurter Allgemeine Zeitung (7. 10. 1996), 14.
8 KLAUS WAGENBACH, Das Ende der engagierten Literatur?, in: Neue Deutsche Literatur 46 (1998), H. 4, 193.
9 Vgl. KLAUS VON BEYME, ›Partei‹, in: KOSELLECK, Bd. 4 (1978), 705.

Parteilichkeit, die nie zu voll akzeptierten ästhetischen Grundbegriffen wurden, auch als die Geschichte der heteronomen Einsprüche zum autonom gesetzten Bereich des Ästhetischen schreiben ließe, soll im folgenden der Akzent auf das Aufbrechen der Illusion von Autonomie gelegt werden, das phasenweise von der Erhebung der Begriffe zum Programm geleistet wurde. Es wird sich zeigen, wie in der Auseinandersetzung zwischen dominanten und oppositionellen Definitionen ›das Ästhetische‹ widersprüchlich funktioniert: einerseits als hegemoniale Scheinlösung gesellschaftlicher Widersprüche, anderseits als eine auf Hegemonie zielende Kritik. Gegen einen Schein, der den Teil für das Ganze positiv ausgab, wurde eine Kritik angemeldet, die ihrerseits nicht nur negierte, sondern letztlich auch auf den Anspruch von Totalität und Universalität nicht verzichtete.

In jeder Phase lassen sich einerseits spezifisch negativ wertende Synonyme zu den drei Begriffen nachweisen, deren jeweilige positive Version die negativen Konnotationen zu bewältigen sucht. Anderseits zeigen sich Kontinuitäten: erstens und vor allem in der Fixierung von Ebenen, auf denen die Problematik angesiedelt wird, zweitens in dem bewußten Rückgriff auf frühere Debatten, wobei es die Begriffsgeschichte insgesamt charakterisiert, daß die polemischen Bezugnahmen dominieren.

Bei der Diskussion des Problems von Subjektivität und Geschichte lassen sich folgende Ebenen unterscheiden: a) der Entwurf des historischen Subjekts (von Menschheit über Nation zu Klasse und politischer Partei); b) die Bestimmung der Spezifik der Literatur als Kunst (Poesie vs. Rhetorik, Didaktik, ›vierte Gattung‹, Dichtung vs. Literatur); c) das Konzept des Werks und seine Wertungs- (Satire, Pathos) und Darstellungsweise

(Objektivität) sowie seine Rezeptionsweise (Kontemplation); d) die Herausbildung konkurrierender Richtungen in der Literatur (von der Dichotomisierung zum Pluralismus); e) das Gedankenmaterial zur Verbindung von Kunst und Gesellschaft, das die geschichtsphilosophische Ästhetik vorfindet, ist und bleibt die Tradition der Rhetorik, die parteiliche utilitas als Moment der voluntas auctoris behandelt.[10]

I. ›Tendenz‹ und die geschichtsphilosophische Wende der Ästhetik

1. Die ins Werk stillgestellte Tendenz der Kunstperiode

Seit Friedrich Schlegels Zusammenstellung eines Romans, einer philosophischen Abhandlung und eines politischen Ereignisses unter dem Begriff ›Tendenz‹[11] ist dieser von der geschichtsphilosophischen Wende der Ästhetik markiert. In der Zuordnung der Kunst zu einem gerichteten Verlauf der menschlichen Geschichte stimmen die literarischen Strömungen der 90er Jahre des 18. Jh. überein. Der von Goethe im *Literarischen Sanculottismus* (1795) angegriffene Spätaufklärer Daniel Jenisch[12] brachte in einem auf den Kompromiß mit Weimarer Klassik wie Jenaer Romantik zielenden Aufsatz das Problem auf den Punkt der ›Publizität oder Oeffentlichkeit‹: »Vermittelst dieser Art von *öffentlicher Censur der Staatsverwaltung* bilden sich daher, in allen Europäischen Staaten, über jeden zur Sprache gebrachten Gegenstand, wie in Brittanien eine Ministerial- und eine Oppositions-Partey, zwey entgegengesetzte Partheyen, eine von Vertheidigern des Neuen, und eine von Vertheidigern des Alten, Fürsprecher der Fürsten und ihrer Diener von der einen, Fürsprecher des Volks von der andern Seite: aus beyden entgegengesetzten Partheyen erhebt sich eine Art von *Tribunal der Wahrheit* und des *Interesses der Menschheit*, dessen Aussprüche lauter, vielfacher und dauernder gehört werden, als die der römischen Tribune«. Der in der Formulierung »Bemerkungen über die besondere Tendenz des Ganzen der neu-europäischen gesellschaftlichen Verfassung [...] für Fortschritt

---

10 Vgl. MICHAEL FRANZ, Zur Genesis des Prinzips Parteilichkeit, in: Wissenschaftliche Zeitschrift der Humboldt-Universität zu Berlin, Gesellschaftswissenschaftliche Reihe 34 (1985), H. 1/2, 30.
11 Vgl. FRIEDRICH SCHLEGEL, Athenäums-Fragmente, Nr. 216 (1798), in: SCHLEGEL (KFSA), Bd. 2 (1967), 198 f.
12 Vgl. JOHANN WOLFGANG GOETHE, Literarischer Sanculottismus (1795), in: GOETHE (BA), Bd. 17 (1970), 320–326.

I. ›Tendenz‹ und die geschichtsphilosophische Wende der Ästhetik

oder Rückschritt unserer Gattung«[13] sichtbar die Tendenz-Definition bestimmende Widerspruch zwischen Besonderheit und Ganzheit kehrt wieder, wenn Jenisch den Werken der in den 90er Jahren etablierten sechs Klassiker der deutschen Literatur (Klopstock, Wieland, Lessing, Goethe, Herder, Schiller) zwar ›Strebkraft‹, aber nicht Klassizität zuspricht.[14] Die Anerkennung eines Widerspruchs zwischen geschichtlicher Entwicklung und künstlerischem Wert zeigt sich in der Ablösung des Singulars ›Tendenz‹ durch die Entgegensetzung von zwei ›Tendenzen‹ sowohl in einer ästhetisch dichotomisierenden als auch in einer Poesie und Öffentlichkeit zur Alternative erklärenden Version: Zur notwendigen »deutschen Kritik« am »versunkenen Jahrhundert« bemerkt Joseph Görres: »Es ist nicht zu tadeln, daß das Höhere sich auf einen Augenblick selbst übermütig erhebe und der hoffärtigen Gemeinheit ihre Nichtigkeit vorrücke und eine scharfe Opposition gegen sie bilde und eine sublimierende Tendenz ihrer präzipitierenden entgegensetze.«[15] Görres liest die ›höhere‹ Tendenz der Zeit dem Genie als ihrem Repräsentanten ab: »Was die Zeit und ihn über sich selbst erhebt, ist die Tendenz nach organischer, lebendiger Universalität«[16]. Carl Gustav Jochmanns Versuch dagegen, »die veränderte Richtung und Grenze irgend einer geistigen Wirksamkeit […] und deren Beziehung auf den ganzen Entwickelungsgang der Menschheit nachzuweisen«, sieht die unmittelbare Richtung zum Ziel des »öffentlichen Wohls« von den USA gewiesen: »dahin führen uns keine Handbücher der Geschmackslehre, sondern einzig und allein Entwickelungen unsrer gesellschaftlichen Formen«[17].

Der in den frühen Bestimmungen von ›Tendenz‹ und ›Richtung‹ grundlegenden Beziehung zwischen subjektiver Tendenz (des Künstlers oder des Werks) und objektiver Tendenz (der Geschichte) entzog ausgerechnet Hegel, der die geschichtsphilosophische Wende der Ästhetik verkörpert, den Boden. In Fortschreibung des dichotomisierenden Begriffs des autonomisierten Werks legte er die einflußreichen Gegenbegriffe zu Tendenz fest, ohne daß der Begriff anders als unter den Stichworten der »unfreien Endlichkeit« des praktischen Interesses und der »Partikularität«[18] verborgen in seiner *Ästhetik* (1835–1838) vorkäme.

In dieser implizit gehaltenen Entgegensetzung wurden mehrere Ebenen der Kunstverhältnisse normiert, ausgehend vom organischen Werk: Totalität und Ganzheit verlangten für Produktion wie Rezeption ein rein theoretisches Interesse, das Kunst als Selbstzweck hervorbringe und genieße, sowie Allgemeinmenschlichkeit der Darstellung, die mit Dauerhaftigkeit der Rezipierbarkeit gleichgesetzt werden konnte.[19] Die geschichtsphilosophische Verortung der Kunst in der Vergangenheit war zugleich die Absage an die Gegenwartsliteratur in Form einer Subjektivismuskritik, die von Hegels Schülern von der Romantik auf das Junge Deutschland wie den Vormärz fortgeschrieben werden konnte.

Im französischen utopischen Sozialismus und in der englischen Romantik wurde dagegen die Rolle der Kunst in der Gesellschaft entweder auf eine Zukunft bezogen, die den aufklärerisch begriffenen moralischen Nutzen der Kunst fortschreitend verallgemeinern würde, oder in der Gegenwart als gesellschaftliche Verantwortung des Künstlers konservativ bestimmt. Samuel Taylor Coleridge, der nicht nur das Wort ›organic‹ geläufig machte, sondern auch das als Interpretation von Hegels Autonomiebegriff geprägte Konzept ›l'art pour l'art‹ ins Englische übersetzte, definierte den Schriftsteller zugleich als »public moralist« und ordnete ihn der »clerisy« zu: »The clerisy of a nation, that is, its learned men, whether poets, or philosophers, or scholars, are these points of relative rest. There could be no order, no harmony of

---

13 DANIEL JENISCH, Geist und Charakter des achtzehnten Jahrhunderts (1800), in: Jenisch, Ausgewählte Texte, hg. v. G. Sauder (St. Ingbert 1996), 83, 92 f.
14 Vgl. JENISCH, Berichtigung eines auffallenden Mißverständnisses in den Horen (1795), in: Jenisch (s. Anm. 13), 58.
15 JOSEPH GÖRRES, Deutsche Kritik (1804), in: G. F. Hering (Hg.), Meister der deutschen Kritik, Bd. 1 (München 1961), 220 f.
16 GÖRRES, Über Jean Paul (1805), in: Hering (s. Anm. 15), 225.
17 CARL GUSTAV JOCHMANN, Die Rückschritte der Poesie (1828), in: Jochmann, Die Rückschritte der Poesie und andere Schriften, hg. v. W. Kraft (Frankfurt a. M. 1967), 163, 175 f.
18 HEGEL (ÄSTH.), 148, 201.
19 Vgl. ebd., 873.

the whole without them.«[20] Im Saint-Simonismus wurde die Kunst zwar auf den »développement des sociétés« bezogen, aber primär normativ psychologisch-moralisch begriffen. So ließ sie sich der Zukunftsgesellschaft zuordnen, wenn »die Erscheinungen mit wachsender Tendenz wie diejenigen mit schwindender Tendenz im Ganzen« unterschieden wurden, einerseits »das allmähliche Abflauen der Antagonismen und anderseits die allmähliche Vervollkommnung der Assoziation«. (»Il nous dit de nous transporter au point de vue le plus élevé, et d'examiner dans l'ensemble des faits ceux qui manifestent une tendance croissante, et ceux qui, au contraire, tendent à décroître: et, en effet, ce qui nous frappe d'abord, c'est l'affaiblissement graduel de l'état d'antagonisme; c'est d'une autre part le perfectionnement graduel de l'état d'association.«) Der durch Satire, Elegie und Zynismus gekennzeichneten Gegenwartskunst antagonistischer Tendenz wurde die wahre Kunst entgegengesetzt. Es sei schlüssig, »que c'est par le langage sympathique des beaux-arts que l'homme est déterminé aux actes sociaux, qu'il est entraîné à voir son intérêt privé dans l'interêt général; que les beaux arts, en un mot, qui comprennent tout le domaine de l'éloquence, de la poésie, de la peinture, de l'architecture, de la musique, sont la source du dévoûement, des affections vives et tendres, et non de simples jeux d'une habilité technique.«[21] Die Integration der Kunst in die Gesellschaft und die der Künstler in die priesterliche Avantgarde beschreibt Le Globe in den Begriffen von ›Bürgerrecht‹ und ›Allianz‹: »La fonction de l'art saintement entendu est d'accompagner, de devancer, d'exciter sans cesse, comme une musique harmonieuse, parfois comme une voix âpre et sévère, l'humanité qui marche à des destins de plus beaux.«[22]

2. Tendenz als Übergangsperiode: Journalismus und Parteienbildung/Junges Deutschland und Vormärz – Tendenzgattungen

Gegen den institutionalisierten Begriff von Literatur als autonomer Kunst suchen die Jungdeutschen die Impulse zweier gesellschaftlicher Prozesse zur Geltung zu bringen: der Parteienbildung einerseits, des Journalismus anderseits. Börne will die Schönheit durch Wahrheit ersetzen[23], und Heine proklamiert die Subjektivität als Ablösung der Kunstperiode[24]. Wiederum wird dadurch die Gegenwart der Kunst geschichtsphilosophisch bestimmt. So entsteht der Widerspruch, daß Tendenz nur als Erscheinung einer »Übergangsperiode«[25] legitimiert werden kann. Die Absicht, »mitten in den Strom der Welt«[26] in der Literatur für die »Bewegungspartei«[27] »Partei zu nehmen«[28], verwickelte die Jungdeutschen zum einen um die Probleme des entstehenden Liberalismus, der sich nicht zur Partei erklären wollte, lieferte sie zum anderen dem von der Zensur verschärften Mechanismen der Konkurrenz auf dem neuen Zeitschriftenmarkt aus, auf dem sich die Autoren als »Zeitschriftsteller«[29] zu behaupten suchten.

Das Abrücken aller Jungdeutschen von der zunächst proklamierten Tendenz erfolgte nicht erst unter dem Druck des Bundestagsbeschlusses, sondern wurde von ihm nur beschleunigt: »Die moderne Literatur hat keine Selbstzwecke mehr, sondern dienet den Interessen der Parteiung.«[30] Die Repression verschärfte eine Illusion, die der geschichtsphilosophischen Periodisierung der Tendenz als Übergang von vornherein zugrunde gele-

---

20 SAMUEL TAYLOR COLERIDGE, The Table Talk and Omniana of Samuel Taylor Coleridge, hg. v. H. N. Coleridge (London 1917), [Eintrag 10. 4. 1832].
21 LAZARE-HIPPOLYTE CARNOT, Doctrine Saint-Simonienne. Résumé général de l'exposition faite en 1829 et 1830 (Paris 1831), 18, 19, 13.
22 [ANONYMUS], Des Beaux Arts à l'époque actuelle, in: Le Globe (10. 3. 1831), 276.
23 Vgl. LUDWIG BÖRNE, Briefe aus Paris (1831–1833), in: Börne, Sämtliche Schriften, hg. v. I. Rippmann/P. Rippmann, Bd. 3 (Düsseldorf 1964).
24 Vgl. HEINRICH HEINE, [Rez.] Wolfgang Menzel, Die deutsche Literatur (1828), in: HEINE (DA), Bd. 10 (1993), 238–248.
25 KARL GUTZKOW, [Einführung zum ›Literaturblatt‹ des Phoenix] (1835), in: H. Steinecke (Hg.), Literaturkritik des Jungen Deutschland (Berlin 1982), 77.
26 LUDOLF WIENBARG, Ästhetische Feldzüge (1834), hg. v. W. Dietze (Berlin/Weimar 1964), 188.
27 THEODOR MUNDT, Ueber Bewegungsparteien in der Literatur (1835), in: Steinecke (s. Anm. 25), 233.
28 GUTZKOW (s. Anm. 25), 78.
29 WULF WÜLFING, Schlagworte des Jungen Deutschland (Berlin 1982), 279.
30 GUTZKOW, Zur Philosophie der Geschichte (Hamburg 1836), 172.

I. ›Tendenz‹ und die geschichtsphilosophische Wende der Ästhetik

gen hatte: Auf die zeitweise notwendige jakobinische Periode, die »Durchgangsepoche« »unseres Terrorismus«[31], die »zerrissene Subjectivität«[32] einer »Uebergangsliteratur«[33], sollte der Sieg gesellschaftlicher Befriedung folgen, deren Harmonie vollendete Kunst erlauben würde. Laube und Wienbarg brachten zwei antike Topoi in Umlauf, mit denen die Möglichkeit einer Übergangsperiode der Tendenz sogar ausgeschlossen werden konnte: »inter arma musae silent«[34] und: »die Muse nur als Begleiterin, nicht als Leiterin des Lebens«[35].

Außerdem förderte die Individualisierung der verfolgten Autoren eine Moralisierung der Konkurrenz, in der das Verhältnis von Charakter und Talent jeweils kontroverse Bewertungen erlaubte: Setzte Wienbarg zu Beginn der »eunuchischen Tendenz« der Kunstperiode die ›Vereinigung‹ von »Geist und Tat«[36] entgegen, so hat späterhin faktisch jeder Jungdeutsche jedem anderen wechselseitig einmal Mangel an Talent, dann Mangel an Charakter vorgeworfen. Wenn auch im Begriff des Charakters ein Moment von Tendenz subjektiviert überlebte, so kappte der Begriff des Talents die geschichtsphilosophische Beziehung von Kunst und Geschichte, sobald die Gegenwart nicht mehr als Übergang begriffen wurde.

Einzig Gutzkow kam noch nach der 1848er Revolution auf den positiven geschichtsphilosophischen Begriff von Tendenz zurück. Wenn er 1831 gefordert hatte, es werde »um so nothwendiger, seine Feder in den Strom des Lebens zu tauchen und das Interesse geschichtlicher Tendenzen gegen Alles, was der Einzelne Verkehrtheit hervorruft, sicher zu stellen«[37], so nannte er auch 1855 noch die Tendenzpoesie eine unerledigte Frage[38].

Gutzkows Position war um so bemerkenswerter, als in den 40er Jahren der Tendenzbegriff einerseits genremäßig spezifiziert, andererseits seine negative Wertung von den Junghegelianern verschärft worden war. Heines Gedicht *Tendenz* (1844) verweist auf beide Prozesse sowie auf die Differenzierung von Parteien im liberalen Lager. Der Vorwurf der Abstraktheit führt die Abgrenzung von der ›Doktrin‹ weiter, die in der jungdeutschen Programmatik gerade für die immer illusionärer werdende Einheit der liberalen Opposition gegenüber der servilen ›Partei‹ gesorgt hatte, wenn z. B. Wienbarg vom »bestimmten Parteinamen« einer »zu hastig und doctrinair strömenden Richtung«[39] sprach. Kühne sah Parteien für etwas Französisches an[40], während die deutsche Tendenz ganzheitlich national gefaßt wurde: Die »Richtungen der jetzigen deutschen Lyrik« seien »keine Partei, scheinbar keine neue Tendenz«, sondern »ein nie gesehener Strom voll deutscher Ewigkeit«[41]. Parteien wurden durch Doktrin (›Lehre‹) inhaltlich ebenso negativ definiert, wie in der Literatur die Form der Reflexion als Doktrin abgelehnt wurde. In diesem Sprachgebrauch stimmten die Jungdeutschen mit Menzel überein, der der Doktrin allerdings das Merkmal der Negativität, des Fremden, Französischen, als Negation des Eigenen, Nationalen zuschrieb. Er verurteilte die »einseitige Lehre oder Parteiansicht« wie die »Gedankenfülle«, die »gleichsam unwillkürlich das Gedicht in die Lehre« leite. Er akzeptierte allenfalls denjenigen »Tendenzroman«, in dem »weder die einseitige Tendenz allzu kraß, noch der Gedankenreichthum allzu üppig hervortritt«[42].

Heines Ironisierung des Tendenzgedichts, das sich zur Parteinahme bekannte, wendet die eine der beiden Wertungsweisen, die Vischer als Rhetorik aus der Poesie verbannte, gegen die andere: die Satire gegen das Pathos. Vischers Zugeständnis:

---

31 HEINRICH LAUBE, [Rez.] Nikolaus Lenau, Gedichte (1833), in: Steinecke (s. Anm. 25), 187.
32 MUNDT, [Rez.] Karl Gutzkow, Wally die Zweiflerin (1835), in: Steinecke (s. Anm. 25), 247.
33 FERDINAND GUSTAV KÜHNE, Zu Wienbargs Band ›Zur neuesten Literatur‹ (1835), in: Steinecke (s. Anm. 25), 268.
34 LAUBE, [Ludwig Börne] (1833), in: Steinecke (s. Anm. 25), 190.
35 WIENBARG (s. Anm. 26), 156.
36 Ebd., 109 f.
37 GUTZKOW, Emanation des Objects aus dem Subject (1831), in: Forum der Journal-Literatur 1 (1831), H. 1, 5.
38 Vgl. GUTZKOW, Tendenzpoesie (1855), in: Unterhaltungen am häuslichen Herd 3 (1855), 590 f.
39 WIENBARG, [Rez.] Heinrich Heine, Salon II (1835), in: Steinecke (s. Anm. 25), 145, 148.
40 Vgl. KÜHNE, Ein Beitrag zur Beurtheilung Börne's (1832), in: Steinecke (s. Anm. 25), 258.
41 KÜHNE, Die Richtungen der jetzigen deutschen Lyrik (1835), in: Steinecke (s. Anm. 25), 270.
42 WOLFGANG MENZEL, [Rez.] Paul Helmuth, Augustin (1830), zit. nach Werner Hahl, Reflexion und Erzählung (Stuttgart 1971), 229.

»Satire ist auch nicht echte Poesie, aber doch poetischer als rhetorisches Pathos, weil sie konkreter ist und immer bestimmte Gegenstände hat«[43], bekräftigt den Vergangenheitscharakter der Poesie, um Tendenz als Rhetorik und Reflexion zu verurteilen: »So muß denn auch die politische Idee ihren Körper dem Dichter schon entgegen bringen, d. h. sie muß schon zur Tat geworden, schon Geschichte sein, sonst wird sie unter seinen Händen nie etwas anderes werden als eine rhetorische, mithin nicht wahrhaft poetische Anmahnung an das Volk, sie erst zur Tat zu erheben.«[44]

Der Begriff des Rhetorischen als kategorischer Gegensatz des Poetischen wurde in der klassizistischen Absage an die Gegenwartsliteratur auch von den Linkshegelianern benutzt und über die Tendenzpoesie hinaus auch gegen andere Genres vorgebracht, die mit Tendenz spezifiziert wurden: »Tendenznovelle«[45] und »Tendenzroman«[46]. Vischer insistierte insbesondere auf der »Absichtslosigkeit« des Kunstwerks, das nicht »didaktisch, absichtlich stoffartig« sein dürfe. Dies richtete sich gegen Theodor Echtermeyer und Arnold Ruge, die »das Pathos der Kultur und des ethischen Fortschritts mit dem ästhetischen verwechselten«, wie gegen Eichendorff, der Poesie zum Mittel zum Zweck von »Katholizismus und Feudalstaat«[47] ma-

che. Daß es gerade Praktiker des Journalismus waren, die sich dem die Rhetorik ausgrenzenden Begriff von Literatur als Poesie, als autonome Kunst fügten, belegt das Beispiel Ferdinand Kürnbergers, der sich gegen die früher unbekannte kunstkritische »Phrase: *ein schönes Streben*« wandte: »Wir halten das für ein betrübendes Zeichen der Zeit [...], wenn in der Kunst, die vom *Können* sich nennt, das bloße *Streben* zugerechnet wird.«[48]

Die eingeforderte ästhetische Positivität hatte die Kehrseite, daß auch in Ruges Tendenz- und Parteibegriff das Ganze dominierte: Partei bestimmte Ruge als denjenigen, der »die allgemeine Sache der zu seinigen macht«, und Tendenz als den »Lebensprozeß des Geistes selbst«: »die Tendenz nach Umbildung und Neubildung«[49]. Die enge Entsprechung zwischen ästhetischer und politischer Utopie galt für die Jungdeutschen wie auch für die Junghegelianer. Im autonomen Kunstwerk wurde ein Bild der angestrebten Gesellschaft gesehen. Vom Ideal zur Wirklichkeit schien zunächst nur die philosophische Kritik, später die Politik zu führen. Folgerichtig verurteilte Prutz nach der Revolution die Tendenzliteratur als entbehrlich gewordenes Surrogat: »Der bekannte Ausspruch, den Goethe über Byrons Gedichte fällte, gilt auch von unserer gesamten Literatur von Anfang der dreißiger bis zu Ende der vierziger Jahre: verhaltene Parlamentsreden. Es ist Oppositionsliteratur durch und durch, so zwar, daß der Hauptakzent auf der Opposition liegt, und daß es nur die Schuld unserer anderweitigen öffentlichen Verhältnisse war, wenn diese Opposition zunächst und gerade als Literatur zur Erscheinung kam.«[50] Die hierin liegende Anerkennung der nachrevolutionären Konstitutionalisierungsprozesse als Revolutionsersatz kennzeichnet den Realismus, in dessen Namen seit den 50er Jahren mit der Tendenz abgerechnet wurde.

Zu einer abweichenden, positiven Zuordnung von Realismus und Tendenz kam es dagegen im ästhetischen Denken der russischen revolutionären Demokraten, obwohl auch bei ihnen die Hegelrezeption eine wichtige Rolle spielte. Belinskij bestimmte als Aufgabe der Kritik, »свобода творчества легко согласуется с служением современности« (die Freiheit des Schaffens mit dem Dienste am geschichtlichen Geist der Zeit zu ver-

---

43 FRIEDRICH THEODOR VISCHER, Georg Herwegh (1844), in: W. W. Behrens/G. Bott u. a. (Hg.), Der literarische Vormärz (München 1973), 118.
44 VISCHER, Shakespeare in seinem Verhältnis zur deutschen Poesie, insbesondere zur politischen (1844), in: Behrens/Bott (s. Anm. 43), 117.
45 ADOLF STAHR, [Rez.] Karl Gutzkow, Börne's Leben (1840), in: Behrens/Bott (s. Anm. 43), 84.
46 HERMANN MARGGRAFF, Die Entwicklung des deutschen Romans, besonders in der Gegenwart, in: Deutsche Monatsschrift für Literatur und öffentliches Leben 2 (1844), 103.
47 VISCHER, Ein literarischer Sonderbündler (1848), in: H. Mayer (Hg.), Deutsche Literaturkritik, Bd. 2 (Frankfurt a. M. 1978), 455 f., 460.
48 FERDINAND KÜRNBERGER, Sprache und Zeitungen (1878), in: Hering (s. Anm. 15), Bd. 2 (München 1963), 219.
49 ARNOLD RUGE, Wer ist und wer ist nicht Partei (1842), in: J. Hermand (Hg.), Der deutsche Vormärz. Texte und Dokumente (Stuttgart 1967), 32, 36.
50 ROBERT PRUTZ, Das Drama der Gegenwart (1851), in: G. Plumpe (Hg.), Theorie des bürgerlichen Realismus. Eine Textsammlung (Stuttgart 1985), 278.

söhnen)[51]. Wie Dobroljubov und Černyševskij wendet er sich gegen »искусство для искусства, красоту для красоты« (die Kunst um der Kunst und die Schönheit um der Schönheit willen)[52], aber auch gegen Lehrhaftigkeit, die die Selbständigkeit der Dichtung gefährde, indem er von der Kritik die ›Einheit‹ von »historischer« und »ästhetischer Kritik« fordert: »Критика историческая без эстетической, и наоборот, эстетическая без исторической, будет одностороння, а следовательно, и ложна«[53]. Das als Einheit von Zeitlosem und Zeitlichem begriffene Werk wird auf die Geschichte bezogen, die als »развитие общечеловеческой истины« (Entwicklung der allgemein-menschlichen Wahrheit) (285; dt. 62 f.) erscheint. In der Polemik gegen die Flucht in ›Innerlichkeit‹ und ›Dachstube‹ verlangt Belinskij vom Dichter, »быть гражданином, сыном своего общества и своей эпохи, усвоить себе его интересы, слить свои стремления с его стремлениями« (Bürger zu sein, Sohn seiner Gesellschaft und seiner Epoche, sich ihre Interessen anzueignen, sein Streben mit ihrem Streben zu verschmelzen) (286; dt. 64 f.).

Dobroljubov und Černyševskij haben mit dem Begriff der Objektivität die Spezifik des künstlerischen ›Denkens in Bildern‹ näher begründet, weshalb nämlich kritische Tendenz und Realismus zusammengehören. Aus Gončarovs Verzicht auf Kommentare, der den Lesern die Schlußfolgerungen überlasse, folgert Dobroljubov: »объективное творчество его не смущается никакими теоретическими предубеждениями и заданными идеями, не поддается никаким исключительным симпатиям. Оно спокойно, трезво, бесстрастно.« (Sein objektives Schaffen ist durch keine theoretischen Vorurteile und vorgefaßte Ideen getrübt, er gibt sich keinerlei ausschließlichen Sympathien hin. Sein Schaffen ist ruhig, nüchtern, leidenschaftslos.)[54]

Wenn Černyševskij das Kunstwerk als »объективное произведение« (objektive Schöpfung)[55] bestimmt, dann stellt er neben die Kategorie des Wesentlichen oder Typischen die Forderung »воспроизведения того, чем интересуется человек в действительности« (der Wiedergabe dessen, was den Menschen in der Wirklichkeit interessiert): »поэт или художник, не будучи в состоянии перестать быть человеком вообще, не может, если бы хотел, отказаться от произнесения своего приговора над изображаемыми явлениями; приговор этот выражается в его произведении, – вот новое значение произведений искусства, по которому икусство становится в число нравственных деятельностей человека.« (Ein Dichter oder ein Künstler kann nicht, ohne überhaupt aufzuhören, Mensch zu sein – selbst wenn er wollte –, darauf verzichten, sein Urteil über die darzustellenden Erscheinungen abzugeben. Dies Urteil drückt sich in seinen Werken aus. Das ist eine neue Bedeutung des Kunstwerks, derzufolge die Kunst in das sittliche Handeln des Menschen einbezogen wird.)[56]

3. Deutscher Realismus: Die Parteilichkeit des Historikers und die Objektivität des Poeten

Von Julian Schmidt und Otto Ludwig bis Theodor Fontane erschien ›Tendenz‹ primär als eine mangelhafte literarische Technik, enger noch: als fehlerhafte Figurendarstellung, die spezifisch literarische Qualität eines erzählenden Textes minderte: Tendenz wurde Synonym für Figuren, die »Abstraktionen«[57], »Träger« von »Interessen«[58] des

---

[51] VISSARION G. BELINSKIJ, Reč o kritike (1842), in: Belinskij, Polnoe sobranie sočinenij, Bd. 6 (Moskau 1955), 286; dt.: Rede über die Kritik, in: O. A. Bergelt (Hg.), Meister der Kritik. Belinski, Dobroljubow, Tschernyschewski (Berlin 1953), 63.
[52] Ebd., 277; dt. 51.
[53] Ebd., 284; dt. 61.
[54] NIKOLAJ ALEXANDROVIČ DOBROLJUBOV, Čto takoe oblomovščina? (1859), in: Dobroljubov, Sobranie sočinenij v devjati tomach, Bd. 4 (Moskau/Leningrad 1962), 312; dt.: Was ist Oblomowtum?, in: Dobroljubov, Ausgewählte philosophische Schriften (Moskau 1949), 232.
[55] NIKOLAJ ČERNYŠEVSKIJ, Ėstetičeskie otnošenija iskusstva k dejstvitel'nosti (1855), in: Černyševskij, Polnoe sobranie sočinenij, Bd. 2 (Moskau 1949), 88; dt.: Die ästhetischen Beziehungen der Kunst zur Wirklichkeit, in: Bergelt (s. Anm. 51), 366.
[56] Ebd., 86; dt. 365.
[57] RUDOLF GOTTSCHALL, Über die dramatische Diktion (1853), in: Plumpe (s. Anm. 50), 285.
[58] OTTO LUDWIG, Shakespeare und Schiller (entst. 1851–1865), in: Mayer (s. Anm. 47), 436.

Autors, ›hinübergetragene‹ »Neigungen und Gesinnungen«[59], »schema- und schemenhaft« und »typisch«[60] seien. Durch die Normierung der Menschendarstellung wurde, im Gegensatz zu den 40er Jahren, das Allgemeinmenschliche privatisiert und moralisch bewertet. Keller und Stifter stimmen als Rezensenten darin überein, daß das Menschliche als das Gegenteil des Einseitigen aufgefaßt werden muß. Die bezeichnende Differenz liegt darin, daß Keller Gotthelfs Tendenz als »konservative Partei«[61] namhaft macht, während Stifter nur die »selbstsüchtigen Zwecke« moralisch beklagt, die »das Einseitige« schildern lassen, »das nur von einem Standpunkt Gültige, dann das Zerfahrene, Unstimmende, Abenteuerliche, endlich das Sinnenreizende, Aufregende und zuletzt die Unsitte und das Laster«[62]. Dennoch folgte aus der Programmierung von Menschlichkeit als Tendenzlosigkeit auf beiden Seiten, daß nur noch die gegnerische Tendenz als solche erkennbar war; die eigene wurde allenfalls als »Humanitätstendenz«[63] oder »Grundgedanke«[64] als »Tendenz« »im guten Sinne«[65] beiläufig thematisiert.

Die darstellungsästhetische Bannung von Tendenz etablierte als dominanten Gegenbegriff Objektivität, der sich im Grunde auf das Verbot der Einmischung des Autor-Erzählers als ›prosaisch‹ und ›tendenziös‹[66] reduzierte. Spielhagen nennt als Fehler des modernen Dichters: »sobald er einem Objekte so nahe tritt, daß er dasselbe gar nicht von allen Seiten ruhig betrachten kann und [...] sich mit sich selbst und mit seinen Lesern in doktrinären Parabasen zu verständigen sucht [...]. Er kann aber das Schöne nicht schaffen und am wenigsten kann es der epische Künstler ohne die strikteste Observanz des Gesetzes der Objektivität.«[67] Die bereits seit Hegel negative Konnotation der Begriffe ›subjektiv‹, ›einseitig‹, ›abstrakt‹ wird durch die nach 1848 breit einsetzende Schopenhauer-Rezeption verstärkt, indem Schopenhauer den ästhetischen Genuß als Verneinung der Welt des Willens zum Inbegriff von Objektivität erklärt hatte: »Reines Subjekt des Erkennens werden, heißt, sich selbst loswerden: weil aber Dies die Menschen meistens nicht können, sind sie zur rein objektiven Auffassung der Dinge, welche die Begabung des Künstlers ausmacht, in der Regel unfähig.«[68] Unter dem Begriff der »Objectivität« – als »Beschauung« gleichgesetzt mit »Parteilosigkeit« – faßt Lotze 1868 »die deutsche Ästhetik des Jahrhunderts« zusammen: »das tiefe Bedürfnis des Geistes, Glück und Genuß in dieser allgemeinen, von jedem persönlichen Interesse befreiten unparteiischen und endlosen Versenkung in die objective Welt [...] zu suchen«[69]. Lotze grenzt nicht nur die Satire aus dem Bereich der Kunst aus, sondern auch den Roman – wegen der »widerwärtigen Geflissentlichkeit«, »mit welcher Widersprüche unsers socialen Lebens, die Zeitkrankheiten, ausführlich gemalt vor den wahrhaften und ewigen Inhalt der Gegenwart verdeckend vorgeschoben werden«[70].

Volkelt behandelt die Tendenz als eine der »Sünden wider die künstlerische Beschaulichkeit«, als eine der »typischen Verfehlungen gegen die ästhetische Norm der relativen Willenlosigkeit«: »Tendenz‹ ist in allen Fällen eine künstlerische Sünde, die auch durch ein *heilsames* sittliches Streben nicht ausgeglichen wird.«[71] Der prinzipielle Ausschluß wird allerdings durch eine Abgrenzung vom L'art pour l'art modifiziert, so daß Tendenz »unter bestimmten Umständen« und in bestimmter »Form« erlaubt wird. Als Beispiele für die Umstände und die Formen, die Tendenz erlauben, nennt Volkelt »Kriegs- und Vaterlands-, Freiheits- und Revolutionslyrik« (515) einerseits, »moderne Dramatiker«

---

59 LUDWIG, Objektivität der dramatischen Dichtung (1872), in: Plumpe (s. Anm. 50), 290.
60 THEODOR FONTANE, Alexis (1873), in: Mayer (s. Anm. 47), 791.
61 GOTTFRIED KELLER, Jeremias Gotthelf (1849), in: Mayer (s. Anm. 47), 522.
62 ADALBERT STIFTER, Vorrede zu ›Bunte Steine‹ (1853), in: Mayer (s. Anm. 47), 668, 669f.
63 MARGGRAFF, Neueste Phasen der modernen deutschen Lyrik (1859), in: Plumpe (s. Anm. 50), 310.
64 FONTANE (s. Anm. 60), 809.
65 FRIEDRICH SPIELHAGEN, Das Gebiet des Romans (1883), in: Plumpe (s. Anm. 50), 255.
66 Vgl. SPIELHAGEN, Die epische Poesie und Goethe (1898), in: W. Killy (Hg.), Die deutsche Literatur. Texte und Zeugnisse, Bd. 6 (München 1965), 389.
67 SPIELHAGEN (s. Anm. 65), 255.
68 ARTHUR SCHOPENHAUER, Parerga und Paralipomena (1851), in: SCHOPENHAUER, Bd. 6 (^{3}1972), 443.
69 HERMANN LOTZE, Geschichte der Ästhetik in Deutschland (München 1868), 622, 624f.
70 Ebd., 642.
71 JOHANNES VOLKELT, System der Ästhetik, Bd. 1 (München 1905), 517.

I. ›Tendenz‹ und die geschichtsphilosophische Wende der Ästhetik 187

(516) wie Ibsen, Tolstoj und Hauptmann anderseits. Bei diesen mache sich die »Störung« (516) »reiner Beschaulichkeit« (514) »durch Zumischung sittlicher Einwirkungen« »nur wenig fühlbar«, weil »die sittliche Einwirkung nicht in kahler, verstandesmäßiger, lehrhafter Form, nicht also als ›Tendenz‹ auftritt, sondern als ungesuchtes, sachliches Ergebnis der unbefangenen, natürlichen künstlerischen Darstellung vorhanden ist« (516).

Angesichts der Normierung von tendenzloser Objektivität als Darstellungsform ist im Vergleich mit der historiographischen Diskussion die Differenz in der Übereinstimmung auffällig. Hier zeigt sich nämlich, wie die Forderung von Objektivität der Darstellung mit der von Parteilichkeit verbunden werden konnte. Die Wende der nationalliberalen Historiographie, die als »Fortschritt« feierte, daß es »keine objectiven, unparteiischen, blut- und nervenlosen Historiker«[72] mehr gebe, ist auf einem doppelten Hintergrund bemerkenswert: einem aus der Antike tradierten Topos und seiner Bekräftigung durch Leopold Ranke. Die in der Tradition dominante Forderung »persönlicher Parteilosigkeit« des Geschichtsschreibers sah »historische Wahrheit« daran gebunden, »ohne vorgefaßte Meinung die Ereignisse dar[zu]stellen«: »Er muß mit Selbstverläugnung und strenger Neutralität bloß erzählen, was und wie es geschehn ist.«[73] Auch Chladenius' Entdeckung des »Sehepunckts« des Erzählers führte nicht zur Aufgabe des Postulats der Unparteilichkeit: »*Unpartheyisch* erzehlen kan daher nichts anders heissen, als die Sachen erzehlen, ohne daß man die geringste darin vorsetzlich verdrehet oder verdunkelt: oder sie nach dem besten Wissen und Gewissen erzehlen: so wie hingegen eine *partheyische* Erzehlung nichts anders als eine Verdrehung der Geschichte ist.«[74] Droysens Absage an Unparteilichkeit als eine »Art von eunuchischer Objektivität« bezog ihre Legitimation aus der besonderen Situation Deutschlands und führte zu einer darstellungsästhetischen Neubestimmung von Objektivität: »Anderen Nationen […] wird die erzählende Darstellung darum stets besser gelingen, weil sie ein für allemal diesen ihren nationalen Gesichtspunkt festhalten. […] Uns fehlt diese nationale Einseitigkeit und Härte, diese Selbstgewißheit; bei uns wird über Parteilichkeit geklagt, wenn jemand von den deutschen Dingen deutsch oder österreichisch oder preußisch denkend schreibt; und wir sind darüber in die unglückselige Art geraten, es für vortrefflich zu halten, wenn man gar keinen Standpunkt hat, sondern die Dinge, um ja für alle denselben Gesichtswinkel zu bekommen, aus der Vogelperspektive ansieht, was man dann objektiv nennt und als Unparteilichkeit rühmt. […] Die rechte *Objektivität* […] ist die, daß die Darlegung der Tatsächlichkeiten, und nur sie, den Gang der Dinge und des Gedankens ergibt; daß wie in einem Gemälde die Zusammenstellung und Bewegung der Figuren das ausspricht, was das Gemälde sagen will, nicht wie in alten Bildern Zettel aus dem Mund der Personen in die Luft gehen, auf denen geschrieben steht, was sie sagen.«[75]

In Otto Ludwigs Entgegensetzung von Parteilichkeit und Objektivität geht es um soziale und politische Auseinandersetzungen, wenn er beklagt, daß der Dichter »Advokat« und »Redner«[76] geworden sei. Droysen hingegen macht den Grund für die Vereinbarkeit von Parteilichkeit und Objektivität deutlich, wenn er zum Helden der von der Historiographie zu erzählenden Geschichte die Nation macht, für die der Erzähler »parteilich«[77] sein müsse. Die Identifikation des Erzählers mit der Nation erscheint als »höhere Parteilichkeit«, indem sie von einer niederen, bloß individuellen abgegrenzt wird, der Droysen nicht zufällig den Namen »individuelle […] Tendenz« (430) gibt. Bemerkenswert ist die Ausklammerung aller zwischen Individuum und Nation vermittelnden Instanzen: der sozialen Klassen und der politischen Parteien. Die nationalliberale Mystifikation der gesellschaft-

---

72 HEINRICH VON SYBEL, Über den Stand der neueren deutschen Geschichtsschreibung (1856), in: Sybel, Kleine historische Schriften, Bd. 1 (Stuttgart ³1880), 355.
73 KARL DIETRICH HÜLLMANN, Entwurf einer bessern Behandlung der Europäischen Staatengeschichte in akademischen Vorlesungen (Warschau 1796), 26.
74 JOHANN MARTIN CHLADENIUS, Allgemeine Geschichtswissenschaft (1752; Wien/Köln/Graz 1985), 152.
75 JOHANN GUSTAV DROYSEN, Historik (1857). Historisch-kritische Ausgabe, hg. v. P. Leyh (Stuttgart-Bad Cannstatt 1977), 235 f.
76 Vgl. LUDWIG, Shakespeare-Studien (1871), in: Killy (s. Anm. 66), 402.
77 DROYSEN (s. Anm. 75), 236.

lichen Auseinandersetzungen zur harmonischen Nation bedurfte des Scheins von Objektivität: »In dem Maße, als die Politik werdende Geschichte ist, sind die in derselben ringenden Parteien, Tendenzen und Charaktere nach gleicher Art zu behandeln.« (200) Als Droysen Objektivität zur Kaschierung von Parteilichkeit machte, legte er wider Willen die prekäre Schwäche eines Liberalismus dar, der seinem Anspruch auf Repräsentation der Nation nicht ganz traute. Auch bei den anderen liberalen Geschichtsschreibern blieb es bei der nationalistisch mystifizierten Parteilichkeit: von Gervinus' Formel vom Historiker als »Parteimann des Schicksals«[78] bis zu Treitschkes Vorwurf an Ranke, ihm fehle »Charakter«[79]. Gemeinsam war die Überzeugung, daß der Nationalstaat die ›Richtung‹ der Geschichte selbst wäre. Für jenen Partei zu nehmen hieße, diese objektiv zu erkennen, so bei Sybel: »Im Allgemeinen läßt sich sagen: es ist rathsam, in der Richtung der bisherigen historischen Entwicklung zu bleiben, sie nicht zu verlassen und nicht still darin zu stehen.«[80] Insofern war es nur konsequent, daß in der gleichzeitigen liberalen Erzählliteratur für die Darstellung innergesellschaftlicher Widersprüche das Etikett ›parteilich‹ vermieden wurde.

4. Naturwissenschaftliches Tendenzgesetz und Naturalismus: Die eine Richtung der Moderne in der Kunst der Gegenwart

Das Verbot der Autor-Einmischung überlebte den Poetischen Realismus. Noch der Naturalismus, der nicht umsonst den französischen Terminus oft genug abstritt, um sich als deutschen Realismus zu bezeichnen, verurteilte eine Figurendarstellung, die »an der Stirn die Marke raffiniert beabsichtigter Tendenz«[81] trage, weil den objektiven Standpunkt des Erzählers außerhalb der dargestellten Welt mit einem Autor-Standpunkt »über den Dingen«[82] gleichsetzte: »Die Moderne [...] steht über den Parteien, wie die Kunst über der Politik steht.«[83] Das Negative als Darstellungsgegenstand und Kritik als eine mögliche Wirkung waren es jedoch, die dem Naturalismus den Vorwurf der Tendenz einbrachten, von deren Konnotation sich seine Theoretiker zu distanzieren suchten. Emil Reichs Beschreibung der Wirkung des gesellschaftlich Negativen eröffnete: Die Absichtslosigkeit soll den Kunstcharakter beglaubigen, der seinerseits die soziale Frage als Gegenstand der Kunst legitimiert. Damit »ist keiner Tendenz das Wort geredet, freilich genügt es, solche Themen ruhig und unparteilich darzustellen, damit von selbst beim Zuschauer eine gewiße Empfindung sich einstelle, deren absichtliche Erzeugung mit verwerflichen Mitteln allerdings tendenziös genannt werden müßte«[84]. Arno Holz und Wilhelm Bölsche definierten in ähnlicher Weise den Naturalismus als Tendenz, wodurch sie dem Begriff auf einer neuen Ebene einen Sinn gaben. Sie bestimmten Tendenz als eine von mehreren konkurrierenden Richtungen, Strömungen oder Bewegungen der Gegenwartsliteratur. Diese Spezifizierung gewann ihre Pointe aus dem Anspruch, die einzige moderne unter den konkurrierenden Richtungen zu sein. Dieser Anspruch wurde von Bölsche wie Holz durch die Legitimation von Darstellungstechniken mittels der modernen Wissenschaft begründet: »Ich wahre durchaus den Standpunkt des Naturforschers«, der nach Bölsche in der Natur als »die einzige treibende Idee« »die ideale Richtung auf das Harmonische« entdecke: »Wenn aber derartiges ideales Prinzip sich von diesem aus für die ganze sichtbare Welt ergibt, so hat auch

---

78 GEORG GOTTFRIED GERVINUS, Grundzüge der Historik (1837), in: Gervinus, Schriften zur Literatur, hg. v. G. Erler (Berlin 1962), 102.
79 HEINRICH VON TREITSCHKE an Droysen (24. 12. 1872), in: Treitschke, Briefe, hg. v. M. Cornicelius, Bd. 3 (Leipzig 1920), 361.
80 SYBEL, Vorlesung über Politik [Nachlaß 1864/65], zit. nach M. Seier, Sybels Vorlesungen über Politik und die Kontinuität des ›staatsbildenden‹ Liberalismus, in: Historische Zeitschrift 187 (1959), 98.
81 HERMANN CONRADI, Die Mission des Dichters (1885), in: T. Meyer, Theorie des Naturalismus (Stuttgart 1974), 126.
82 KARL BLEIBTREU, Realismus und Naturwissenschaft (1888), in: Meyer (s. Anm. 81), 121.
83 MICHAEL GEORG CONRAD, Die Sozialdemokratie und die Moderne (1891), in: Meyer (s. Anm. 81), 64.
84 EMIL REICH, Die bürgerliche Kunst und die besitzlosen Volksklassen (1892), in: M. Brauneck, Literatur und Öffentlichkeit im ausgehenden 19. Jahrhundert (Stuttgart 1974), 103.

I. ›Tendenz‹ und die geschichtsphilosophische Wende der Ästhetik

der realistische Dichter ein Recht, sich seiner zu bemächtigen, es als ›Tendenz‹ in seinen Dichtungen erscheinen zu lassen. Tendenz zum Harmonischen, Gesunden, Glücklichen: – was will man mehr von der Kunst?«[85] Mehr noch als Bölsches kompromißhafte Verbindung von Wissenschaft und Idealismus in der Tendenz des Naturalismus setzte Holz' Definition des konsequenten Naturalismus auf die Autorität der Naturwissenschaft. Gerade die Gemeinsamkeit der positivistischen Berufungsinstanz vermag den Bruch mit dem geschichtsphilosophischen Tendenzbegriff deutlich zu machen, wenn Holz sein »Gesetz« so formuliert: »auf Grund der alten, weisen Regel Mills: ›Alle ursächlichen Gesetze müssen infolge der Möglichkeit, daß sie eine Gegenwirkung erleiden (und sie erleiden alle eine solche!), in Worten ausgesprochen werden, die nur *Tendenzen* und nicht wirkliche *Erfolge* behaupten‹, hielt ich es für das Beste, es zu formulieren wie folgt: ›*Die Kunst hat die Tendenz, wieder die Natur zu sein. Sie wird sie nach Maßgabe ihrer jeweiligen Reproduktionsbedingungen und deren Handhabung.*‹«[86] Wo bei Holz das individuelle Temperament als Störfaktor von Objektivität erscheint, geht es bei Marx um die Rolle von Klassen und Klassenkampf bei der Durchsetzung von Gesetzmäßigkeiten der gesellschaftlichen Entwicklung. Er schärft den deutschen Lesern ein: »De te fabula narratur! An und für sich handelt es sich nicht um den höheren oder niedrigeren Entwicklungsgrad der gesellschaftlichen Antagonismen, welche aus den Naturgesetzen der kapitalistischen Produktion entspringen. Es handelt sich um diese Gesetze selbst, um diese mit eherner Notwendigkeit wirkenden und sich durchsetzenden Tendenzen. Das industriell entwickeltere Land zeigt dem minder entwickelten nur das Bild der eignen Zukunft.«[87]

Angesichts der Arbeiterbewegung wurde in Frankreich durch Proudhon und in England durch Matthew Arnold das Verhältnis von Kunst und kapitalistischer Gesellschaft thematisiert. Während Proudhon Kritik als Kunstfunktion umfassend legitimierte, faßte Arnold die gesellschaftliche Verantwortung der Kunst als kompensatorische Harmonisierung. Mit Blick auf das Werk Gustave Courbets verallgemeinerte Proudhon für die »l'école dite réaliste« eine Theorie, in der die Kunst

der kapitalistischen Gesellschaft als »*critique*, c'est-à-dire humaine, philosophique, analytique, synthétique, démocratique, progressiste«[88] bestimmt wird. Für Proudhon geht die »école française [...] dans la même direction que Courbet, sans que ni lui ni elle, peut-être, l'aient su. [...] tous doivent aboutir au criticisme« (284 f.). Proudhon ist bemüht, diese kritische Kunst zweifach abzugrenzen: einmal von der Verkündung von ›Thesen‹, dann vom L'art pour l'art. Wenn die erste Abgrenzung die tendenzlose Darstellung normiert (vgl. 283), dann stehen die Moralität der Produzenten und Rezipienten von Kunst im Zentrum der Abgrenzung vom L'art pour l'art: Diese Kunst sei »débauche de cœur et dissolution d'esprit. Séparé du droit et du devoir, cultivé et recherché comme la plus haute pensée de l'âme et la suprême manifestation de l'humanité, l'art ou l'idéal, dépouillé de la meilleure partie de lui-même, réduit à n'être plus qu'une excitation de la fantaisie et des sens, est la principe du péché, l'origine de toute servitude, la source empoisonnée d'où coulent, selon la Bible, toutes les fornications et abominations de la terre.« (46) Proudhon nimmt aufklärerische und utopisch-sozialistische Bestimmungen der moralisch-erzieherischen Wirkung von Kunst auf, wenn er zwischen einer erst in der fortgeschrittenen Gesellschaft der Zukunft möglichen wahren Kunst und einer Kunst der Gegenwart, die für diesen Fortschritt notwendig sei, unterscheidet: »L'homme ne sera dans la plénitude de sa beauté que quand il existera dans la plénitude de son intelligence, de sa liberté et de sa justice: jusque-là nos œuvres, si elles ne sont pas des critiques, tombent dans la fantaisie, la contre-façon, le mensonge et la *pose*.« (306)

Wenn Matthew Arnold die Leistung der Literatur, deren Kern er in der Poesie sah, als »criticism

---

[85] WILHELM BÖLSCHE, Die naturwissenschaftlichen Grundlagen der Poesie. Prolegomena einer realistischen Ästhetik (1887), in: Meyer (s. Anm. 81), 133.
[86] ARNO HOLZ, Die Kunst. Ihr Wesen und ihre Gesetze (1891), in: Meyer (s. Anm. 81), 174.
[87] KARL MARX, Das Kapital [Vorwort zur 1. Auflage] (1867), in: MEW, Bd. 23 (1970), 12.
[88] PIERRE-JOSEPH PROUDHON, Du principe de l'art et de sa destination sociale (Paris 1865), 290.

of life«[89] bestimmte, wurde dieser Begriff durch die Unterordnung unter die »conditions fixed for such a criticism by the laws of poetic truth and poetic beauty«[90] erheblich eingeschränkt. Die Gleichsetzbarkeit von Schönheit und Wahrheit wurde gebunden an eine Emotionalität, die sowohl Harmonisierung der Klassengegensätze als auch Trost angesichts der gesellschaftlichen Wirklichkeit bot. Die Humanisierungsfunktion der Literatur, vor allem des nationalen Literaturunterrichts, wird mit dem Ziel identifiziert, den Massen »intellectual sympathy with the educated of the upper classes«[91] beizubringen: »Literature [...] is a powerful agency for benefiting the world and for civilising it [...]. Civilisation ist the humanisation of man in society.«[92] Die Harmonisierung wird zugleich als Trost angesichts der schlechten Wirklichkeit begriffen: »More and more mankind will discover that we have to turn to poetry to interpret life for us, to console us, to sustain us«. Arnold findet solche harmonisierende und tröstende Poesie, die an die Stelle der durch die kapitalistische Entwicklung erschütterten Religion und Tradition treten soll, vor allem in der eigenen Nationalliteratur der Vergangenheit, deren Kanon er dementsprechend unter Ausgrenzung aller ›tendentious poetry‹ neu bestimmt: »There is not a creed which is not shaken, not an accredited dogma which is not shown to be questionable, not a received tradition which does not threaten to dissolve.«[93]

5. Historische Tendenz, Partei im großen historischen Sinne und doppelte ästhetische Buchführung von Marx/Engels bis zur Zweiten Internationale

Während in den Schriften von Marx und Engels der Begriff der politischen Partei mit dem geschichtsphilosophischen der historischen Tendenz verbunden wurde (›Rolle‹, ›Mission‹), fehlte diese programmatische Verbindung in ihren brieflichen Äußerungen zu Fragen der Literatur und Kunst, die erst später und zu unterschiedlichen Zeitpunkten öffentlich zugänglich und dann kanonisiert wurden. Die sich herausbildenden marxistischen Traditionen konnten sich auf widersprüchliche Vorgaben berufen, so auf die Aussage zum Verhältnis der »literarischen Vertreter« einer Klasse zu der Klasse, die sie vertreten«[94], und zur Arbeit der »Priester der Muse«[95] als »Selbstzweck«[96].

Die Debatten innerhalb der SPD wurden durch das praktische Problem ausgelöst, für ihre Mitglieder »im Geiste und Interesse ihrer Partei« »eine eigene und eigentümliche Literatur [zu] schaffen«[97]. Damit entstand aber auch die Frage, welche Literatur soll man drucken und wie ist es mit den Schriftstellern umzugehen, die mit der Partei sympathisieren oder Mitglieder wurden. Auf der theoretischen Ebene entstand so das Problem, wie das Verhältnis von Klasseninteresse und Humanität zu bestimmen ist. Doch gerade aus der Einmütigkeit der verschiedenen Richtungen innerhalb der SPD über die Identität von proletarischem Klassen- und Menschheitsinteresse ergaben sich verschiedene Auffassungen über die Rolle der Literatur. Wenn diejenige Literatur nicht kontrovers zu sein schien, die »ihrer Aufgabe, die Arbeiterklasse aufzuklären, auch wirklich entspricht«[98], so folgten Differenzen daraus, daß deren Merkmale zugleich als solche des ›Unkünstlerischen‹ begriffen wurden. Dafür wurde von linken wie rechten Sozialdemokraten der Begriff Tendenz (»lehrhaft«[99], »[d]eklamato-

---

89 MATTHEW ARNOLD, Count Leo Tolstoi (1887), in: Arnold, Essays in Criticism (London 1964), 362.
90 ARNOLD, The Study of Poetry (1880), in: Arnold (s. Anm. 89), 240.
91 ARNOLD, General Report for the year 1852, in: F. Stanford (Hg.), Reports on Elementary Schools (1852–82) (London 1889), 19 f.
92 ARNOLD, Preface, in: Arnold, Mixed Essays (London 1921), VI.
93 ARNOLD (s. Anm. 90), 238.
94 MARX, Der achtzehnte Brumaire des Louis Bonaparte (1852), in: MEW, Bd. 8 (1969), 142.
95 MARX an Friedrich Engels (19. 11. 1859), in: MEW, Bd. 29 (1967), 513.
96 MARX, Debatten über Pressefreiheit und Publikation der Landständischen Verhandlungen (1842), in: MEW, Bd. 1 (1970), 71.
97 JOHANN PHILIPP BECKER, Offener Brief an die Arbeiter über Schultze-Delitzsch und Ferd. Lassalle (1863), in: H. Barth (Hg.), Zum Kulturprogramm des deutschen Proletariats im 19. Jahrhundert. Eine Sammlung kulturpolitischer und ästhetischer Dokumente (Dresden 1978), 169.
98 Resolution des St.-Gallener Parteitages gegen Auswüchse auf dem Gebiet der Arbeiterpresse (1887), in: Barth (s. Anm. 97), 199.
99 KURT EISNER, Zolas Werk (1902), in: M. Diersch (Hg.), Kritik in der Zeit. Fortschrittliche deutsche Literaturkritik 1890–1918 (Halle/Leipzig 1985), 198.

I. ›Tendenz‹ und die geschichtsphilosophische Wende der Ästhetik   191

risch«[100]) verwendet. Selbst diejenigen Sozialdemokraten, die den Begriff positiv benutzten, indem sie ihn – wie die Vormärzpoeten – genremäßig auf »Begeisterung und Leidenschaft« als »Ausdruck« des Kampfes[101], auf Pathos und Satire begrenzten, nahmen für das Tendenzgedicht keinen »sogenannten ästhetischen Wert«[102] in Anspruch. Die Sozialdemokraten waren der Meinung, daß die Kunst ihre Wiedergeburt erst von dem ökonomisch-politischen Siege des Proletariats erwarten darf; in seinem Befreiungskampf kann sie keine Rolle spielen. In diesem vor allem von Mehring ausgearbeiteten Konsens spielte nicht nur der historische Vergleich zwischen bürgerlichem und proletarischem Emanzipationskampf eine Rolle, sondern auch die implizite Gleichsetzung von Ästhetischem und Zukunftsgesellschaft. Während der Klassenkampf der bürgerlichen Klassen Deutschlands auf dem Feld von Kunst und Philosophie ausgetragen worden sei, müsse und könne der ökonomische und politische Kampf des Proletariats die Kunst entbehren. Mehring führt hierfür Schiller als Propheten an: »Je unmöglicher sich aber aus dem proletarischen Klassenkampfe ein neues Zeitalter der Kunst entwickeln kann, um so sicherer ist es, daß der Sieg des Proletariats eine neue Weltwende der Kunst herbeiführen wird, eine edlere, größere, herrlichere als Menschenaugen je gesehen haben.«[103]

Mehrings Herauspräparieren eines ›freudigen Kampfeslieds‹ aus den Werken vor allem Schillers entsprach so einerseits dem, was der rechte Sozialdemokrat Friedrich Stampfer als »menschlich-ästhetische« Entdeckung der »in sich geschlossenen Persönlichkeit« in der »Größe des Kunstwerkes«[104] feierte oder Heinrich Ströbel als Fähigkeit des Proletariats bezeichnete, »die dichterische Kraft von der unsympathischen Tendenz zu trennen [...] und sich seelisch nur das [zu] assimilier[en] [...], was seiner Weltanschauung entspricht«[105]. Anderseits war Mehrings Interpretationsweise dem nahe, wovor der linke Heinz Sperber als »blind gestarrt« warnte, wenn er von klassischen Dramen behauptete: »Die Tendenz dieser längst entschwundenen Zeit ist uns verlorengegangen. [...] *Es ist kein Theaterstück, kein Roman denkbar ohne Tendenz*. Nur beachten die meisten von uns die Tendenz nicht, weil uns die alte Tendenz als das allein Wahre schon mit der Muttermilch eingegeben ist. Die tendenziösen *Begriffe über Ehre, Mut, Vaterland, Tugend, Religion, Liebe, häuslichen Herd usw. umschweben* uns derartig, daß wir sie kaum noch bemerken.«[106]

Aus der bevorzugten Gleichsetzung von ästhetisch legitimer Tendenz mit dem Optimismus und Idealismus der Klassik ergaben sich auch die Fronten der Naturalismus-Debatte auf dem Parteitag von 1896. Auf der einen Seite, der minoritären, stand die Verteidigung des Naturalismus als der einzigen modernen Kunst, deren Modernität gerade nicht durch Tendenz, sondern durch Objektivität verbürgt sei. Edgar Steiger leitete auf dem Parteitag den Naturalismus aus der Naturwissenschaft ab, um ihn zu legitimieren: »Die Widerspiegelung der kleinsten Regung der Menschenseele basiert auf der großen Rolle der Naturwissenschaften in der Gegenwart. Das Mikroskop hat sozusagen [...] uns die moderne Kunst gegeben. [...] Heute haben wir tatsächlich keine andere Kunst als die moderne.«[107] Auf der anderen, der Mehrheitsseite wurde der Naturalismus wegen seiner Darstellung des Unmoralischen abgelehnt, so von Wil-

---

100 EDUARD BERNSTEIN, Inhalt und Tendenz von Lassalles ›Franz von Sickingen‹ (1897), in: W. Hinderer (Hg.), Sickingen-Debatte. Ein Beitrag zur materialistischen Literaturtheorie (Darmstadt/Neuwied 1974), 109.
101 RUDOLF LAVANT, Vorwort [zu der Gedichtsammlung ›Vorwärts!‹] (1884), in: Barth (s. Anm. 97), 188.
102 ROBERT SCHWEICHEL, Deutschlands jüngste Dichterschule (1891), in: Barth (s. Anm. 97), 235.
103 FRANZ MEHRING, Kunst und Proletariat (1896/1897), in: P. v. Rüden/K. Koszyk, Dokumente und Materialien zur Kulturgeschichte der deutschen Arbeiterbewegung 1848–1918 (Frankfurt a. M./Wien u. a. 1979), 174.
104 FRIEDRICH STAMPFER, Kunst und Klassenkampf (1911), in: Rüden/Koszyk (s. Anm. 103), 194.
105 HEINRICH STRÖBEL, Kunst und Proletariat (1912), in: T. Bürgel (Hg.), Tendenzkunst-Debatte 1910–1912 (Berlin 1987), 94.
106 HEINZ SPERBER, Tendenziöse Kunst (1910), in: Rüden/Koszyk (s. Anm. 103), 192.
107 EDGAR STEIGER, [Diskussionsrede auf dem Parteitag der Sozialdemokratischen Partei Deutschlands, Gotha 1896], in: Rüden/Koszyk (s. Anm. 103), 141 f.

helm Liebknecht.[108] Einig war man sich in der Verurteilung von Tendenz und somit auch in der Kritik an allen bürgerlichen Literaturbewegungen, in denen der Begriff der Tendenz eine Rolle gespielt hatte: Von der Romantik über das Junge Deutschland bis zum Naturalismus reichte der Vorwurf des Verfalls.[109]

Nur sehr wenige linke Sozialdemokraten dachten, und auch diese nur zeitweise, proletarisches Klassen- und Menschheitsinteresse auf eine Weise zusammen, die eine sozialistische Gegenwartsliteratur hätte legitimieren können. Henriette Roland-Holst bestimmte, ausgehend von der Übereinstimmung von Klasseninteresse und Humanität, die nur im Falle des Proletariats und seiner Partei gegebene Einheit von Idee und tätiger, eingreifender Literatur.[110]

In den Diskussionen der Zweiten Internationale über Tendenz standen sich – so wie in Deutschland mit Luxemburg und Zetkin – auch innerhalb der Linken Gegner und Befürworter von Tendenz gegenüber. Die Gegner setzten Tendenz mit publizistischer statt ästhetisch-künstlerischer Darstellung

der Wirklichkeit gleich, während es den Befürwortern auf die Beziehung zwischen Kunstwerk und gesellschaftlicher Tendenz ankam. Plechanov hielt Gor'kij vor, in seinem Roman *Mat'* (1907; *Die Mutter*) ›publizistisch‹ zu sein, d. h. die ›Sprache der Bilder‹ durch die ›Sprache der Logik‹ zu ersetzen[111], ebenso urteilte Vaclav V. Vorovskij: »художественная сторона здесь явно приносится в жертву публицистике.«[112] (Die künstlerische Seite wird hier der Publizistik zum Opfer gebracht.) Dagegen verbanden Constantin Dobrogeanu-Gherea und Dimiter Blagoev den von Belinskij geerbten Begriff des ›Denkens in Bildern‹ mit einem positiven Verständnis von Tendenz. Blagoev forderte, »in lebendigen Bildern und Gestalten die Tendenzen der Wirklichkeit, die Bewegungen und Erscheinungen«[113] darzustellen; Gherea grenzte ein solches Kunstwerk vom ›thésism‹ ab, einer Verallgemeinerung des in Frankreich geprägten Begriffs ›œuvre à thèse‹: »Die gesellschaftlichen Ideen und Tendenzen sind im Gegenteil das warme und aufbauende Blut, das den Kunst-Organismus nährt und lebensfähig macht.«[114] Im Sinne des darstellungsästhetischen Verständnisses von Tendenz kritisierte Paul Lafargue die Romane George Sands folgendermaßen: »L'*Autre* est une pièce idéaliste. Au lieu de faire jaillir sa thèse de caractères et de situations d'une vérité incontestable, George Sand la démontre avec des données et des personnages forgés par son imagination.«[115]

Auf der Rechten ergab sich in der Zweiten Internationale die strikte Ablehnung von Tendenz daraus, daß die Kunst der Zukunft mit der der Klassik identifiziert wurde. Jean Jaurès erkannte im »ruhevollen Licht, welches der sterbende Goethe begrüßte«, »eine Ankündigung der Morgenröte« hinter »den hohen sozialistischen Gipfeln«. Diese Verbindung von Sozialismus und klassischer Kunst führte dazu, daß gerade die Gegenwartskunst der bourgeoisen »Empörer« scharf verurteilt wurde: Es sei »eine aufgeregte, häufig verachtende oder hassende Kunst. Es ist im wahren Sinne des Wortes eher eine anarchistische als eine sozialistische Kunst, denn sie ist eher ein Ausdruck einer individuellen Empörung als einer organisierten Klassenerhebung. [...] Ebenso wie der Sozialismus die Harmonie der Produktion erstrebt, strebt er auch nach einer neuen klassischen, geregelten, ver-

---

108 Vgl. WILHELM LIEBKNECHT, [Diskussionsrede auf auf dem Parteitag der Sozialdemokratischen Partei Deutschlands, Gotha 1896], in: Rüden/Koszyk (s. Anm. 103), 150.
109 Vgl. SCHWEICHEL (s. Anm. 102), 235.
110 Vgl. HENRIETTE ROLAND-HOLST, Gorki als proletarischer Literaturkritiker (1906), in: Diersch (s. Anm. 99), 206.
111 Vgl. GEORGIJ V. PLECHANOV, ›Ispoved'‹. M. Gor'kogo kak propoved' ›novoj religii‹ (1908) [›Die Beichte‹. M. Gor'kij als Prediger der ›neuen Religion‹], in: Plechanov, Literaturnoe nasledije, hg. v. P. F. Judina u. a., Bd. 7 (Moskau 1939), 87–98.
112 VACLAV V. VOROVSKIJ, Maksim Gor'kij (1910), in: Vorovskij, Sočinenija, Bd. 2 (Leningrad 1931), 208.
113 DIMITER BLAGOEV, Unsere künstlerische Literatur (1898), nach D. Schlenstedt/K. Städtke (Hg.), Positionsbestimmungen. Zur Geschichte marxistischer Theorie von Literatur und Kultur am Ausgang des 19. und Beginn des 20. Jahrhunderts (Leipzig 1977), 212.
114 CONSTANTIN DOBROGEANU-GHEREA, Tendenz und ›thésism‹ in der Kunst (1887), zit. nach ebd., 183 f.
115 PAUL LAFARGUE, [Rez.] George Sand, L'autre, in: La libre pensée 1 (1870), H. 8 (12. 3. 1870), 2.

söhnten und lichtvollen Kunstform.«[116] Jaurès berief sich für seinen Begriff einer ewigen Kunst, die auf den Sozialismus verweise, nicht nur auf Saint-Simon und Wagner, sondern auch auf William Morris: »Civilization has reduced the workman to such a skinny and pitiful existence, that he scarcely knows how to frame a desire for any life better than that which he now endures perforce. It is the province of art to set the true ideal of a full and reasonable life before him, a life to which the perception and creation of beauty, the enjoyment of real pleasure that is, shall be felt to be as necessary to man as his daily bread, and that no man, and no set of men, can be deprived of this except by mere opposition, which should be resisted to the utmost.«[117]

II. Kritik der Tendenz im Namen des ›Lebens‹, der ›Politisierung des Geistes‹, des Individuums oder des Volkhaften

1. Lebensphilosophische Kritik des L'art pour l'art: Nietzsche und das Unzeitgemäße

Während der geschichtsphilosophische Begriff der Tendenz auf die Zeitgemäßheit gesetzt hatte, wurde in der Wendung gegen die eigene Gegenwart der Bezug auf soziale Klassen und politische Parteien pauschal ausgesetzt. Nietzsche benutzt den Begriff der Tendenz, um die Zeitgemäßheit des »ganzen modernen Literatenstands«, der »Feuilletonisten«, als »Partei-Sinn und Partei-Zucht«[118] zu bannen und sich gleichzeitig vom L'art pour l'art abzugrenzen. Ihm komme nur im »Kampf gegen die *moralisirende* Tendenz in der Kunst, gegen ihre Unterordnung unter die Moral« Bedeutung zu: »Die Kunst ist das grosse Stimulans zum Leben: wie könnte man sie als zwecklos, als zielllos, als l'art pour l'art verstehn?«[119] Er verglich den »jetzt im Dienste von Parteien« stehenden »modernen Literatenstand« der seit 1870/71 aufblühenden Druckmedien mit der »Unterthänigkeit« der »ehemals im Dienste der Fürsten und Adeligen« stehenden »Hofnarren«[120]. Der Vieldeutigkeit von Nietzsches Zeitkritik entsprechend beriefen sich die Programmatiker unterschiedlichster Tendenzen auf sein Diktum »Kunst ist wesentlich Bejahung, Segnung, Vergöttlichung des Daseins«[121], um eine dem erhöhten Leben dienende Literatur zu entwerfen: »Als ästhetisches Phänomen ist uns das Dasein immer noch erträglich, und durch die Kunst ist uns Auge und Hand und vor allem das gute Gewissen dazu gegeben, aus uns selber ein solches Phänomen machen zu können.«[122]

In der geistesaristokratischen Ausgliederung des Ästhetizismus, im Versprechen einer Synthese durch die Heimatkunst, in der dem Leben dienenden Kritik Thomas wie Heinrich Manns gewann der Begriff des Unzeitgemäßen unterschiedlichste Bedeutung. Stefan George grenzte die *Blätter für die Kunst* programmatisch von »bestrebungen« und der ihnen entsprechenden »Anwendekunst« ab: »Immer wieder muss es sich die Kunst gefallen lassen, auf werte geprüft zu werden die ausserhalb ihres lebensbereiches liegen. wie auch die tageslosungen lauten: Heimatkunst Anwendekunst Urlautkunst – alle verlangen was von keinem menschlichen tun sonst gefordert wird: noch ein andres zu leisten als in sich selbst vollkommen zu werden.«[123] Fritz Lienhard wollte das »aufgelöste Stildurcheinander«, den Gegensatz von Naturalismus und L'art pour l'art, in der als Synthese verstandenen Heimatkunst überwinden. In ihr setzte sich die »Tendenz des *Aufbauens*« gegen die »krankhafte

---

116 JEAN JAURÈS, [Zur Naturalismus-Debatte auf dem Gothaer Parteitag der SPD 1896], in: Vorwärts 13 (1896), (23. 10. 1896), 3.
117 WILLIAM MORRIS, Signs of change (1888), in: M. Solomon (Hg.), Marxism and Art (New York 1972), 89 f.
118 FRIEDRICH NIETZSCHE, Menschliches, Allzumenschliches I (1878), in: NIETZSCHE (KGA), Abt. 4, Bd. 2 (1967), 167.
119 NIETZSCHE, Götzendämmerung oder Wie man mit dem Hammer philosophirt (1889), in: NIETZSCHE (KGA), Abt. 6, Bd. 3 (1969), 121.
120 NIETZSCHE (s. Anm. 118), 167.
121 NIETZSCHE, Nachgelassene Fragmente (1888), in: NIETZSCHE (KGA), Abt. 8, Bd. 3 (1972), 33.
122 NIETZSCHE, Die fröhliche Wissenschaft (1882), in: NIETZSCHE (KGA), Abt. 5, Bd. 2 (1973), 140.
123 [STEFAN GEORGE], [›Blätter für die Kunst‹. Aus der Einleitung und den Merksprüchen der Folge VII], in: E. Ruprecht/D. Bänsch (Hg.), Jahrhundertwende. Manifeste und Dokumente zur deutschen Literatur 1890–1910 (Stuttgart 1981), 246, 248.

Tendenz [...] des analysierenden Auflösens«, des »Anklage- und Verneinungs-Chors« und des »Kritizismus«[124] durch. Thomas Mann sah in der »Unabhängigkeit« und »Ungebundenheit« des Künstlers die Voraussetzung von Kunst als »Kritik« des Lebens: »Es ist der Anschein einer *Feindseligkeit* des Dichters gegenüber der Wirklichkeit [...], der durch die Rücksichtslosigkeit der beobachtenden Erkenntnis und die kritische Prägnanz des Ausdrucks bewirkt wird. [...] die scheinbare Objektivität und Degagiertheit der Anschauung [...] ist es, was jenen Anschein von Feindseligkeit erweckt«[125]. Die Besonderheit der Position Heinrich Manns, seine antielitäre Wendung, die keine populistische war, deutete sich in der Aufwertung der Kategorie des Zeitgemäßen an: Er beschrieb an französischen Vorbildern die »Politisierung« von Literatur als einen Beitrag des Geistes zur Vergeistigung des Volkes nicht nur durch die Tat, sondern gerade durch große Werke: »Dauer ist gleich Zeitgemäßheit in Gestalt«[126].

2. Das Eingreifen des Aktivismus: Politisierung des Geistes

Was als antihistoristische Wende der Lebensphilosophie gefaßt worden ist[127], gewann aber sehr verschiedene Bedeutung, weil die negative Beziehung auf die Wirklichkeit mit unterschiedlichen Adressaten-Bezügen verbunden war. Im Rahmen des positiven Bekenntnisses zur Tendenz und des polemischen zur Einseitigkeit wurde die Revolution des Geistes einerseits als Produktion von Kunst, als »Schöpfung, die Chaos zur Form zwingt«[128] begriffen, anderseits in Beziehung zur Kunstrezeption gesetzt und als »Befreiung psychischer Kräfte«[129] verstanden. Kurt Hiller kritisiert die Kunst der Vorkriegszeit: »In seinem Elfenbeinturm stak man – und draußen blieb alles beim alten. Man war benervt, kompliziert und feinsinnig, furchtbar feinsinnig, – schließlich ließ man den Weltkrieg zu. (Nicht Minister, nicht Militärs, nicht Großfürsten: L'art pour l'art hat ihn verschuldet.) [...] Nichts war ja verrufener als alles Willensmäßige, Räsonnierende, Tendenziöse, Utopische [...]. Nie hat es eine Kultur gegeben, so rasend unpolitisch wie diese. Aber der Geistige von morgen muß ein Eingreifender sein«.[130] Wenn Geistes-Politik, als ›Formung‹ verstanden, materielle Interessen und Parteien, partielle und relative Tendenzen sowie vergängliche Richtungen negieren sollte, wie der negative Tendenzbegriff indiziert – schon auf das traditionelle Definition des Ästhetischen, des Werks als Totalität und Garant von Universalität bezogen. Gegen Einimpfung von »Tendenz«, die »Kunst an bestimmte gesellschaftliche Bewegungen binden und zum Agitationsmittel degradieren will«, setzt Reiter das Werk: »Das Kunstwerk ist eine revolutionäre Tat, die an kein Ziel gebunden ist. Es ist revolutionär, weil es existiert und weil seine Existenz das volle Leben dokumentiert«[131]. Hugo Ball beharrte auf einer Abgrenzung von Heinrich Manns ›Tendenz nach Frankreich‹[132], und Friedrich Koffka widersprach Hillers Bekenntnis zur Propaganda, das Kunst nur als ein rhetorisches Mittel bestimme: »Wer von den Künstler verlangt, [...] Propaganda zu treiben, sei es auch Propaganda nicht für besondere Ziele, sondern [...] für die Zerstörung der Ordnungen, für den

---

124 FRITZ LIENHARD, Wo stehen wir. Eine Entgegnung an Otto Julius Bierbaum (1902), in: B. Pinkerneil u. a. (Hg.), Literatur und Gesellschaft. Dokumentation zur Sozialgeschichte der deutschen Literatur seit der Jahrhundertwende (Frankfurt a. M. 1973), 59, 62.
125 THOMAS MANN, Bilse und ich (1906), in: T. Mann, Aufsätze, Reden, Essays, hg. v. H. Matter, Bd. 1 (Berlin/Weimar 1983), 80, 77.
126 HEINRICH MANN, Geistiges Gesellschaftskapital (1924), in: H. Mann, Sieben Jahre. Chronik der Gedanken und Vorgänge. 1921–1928 (Berlin/Wien/Leipzig 1929), 206, 208.
127 Vgl. DIETER MAYER, Linksbürgerliches Denken (München 1981), 12–14.
128 GEORG KAISER, Historientreue. Am Beispiel der ›Flucht nach Venedig‹ (1923), in: Mayer (s. Anm. 47), Bd. 3 (Frankfurt a. M. 1978), 371.
129 LUDWIG RUBINER, Der Dichter greift in die Politik, in: Rubiner, Ausgewählte Werke 1908–1919, hg. v. K. Schuhmann (Leipzig 1976), 255.
130 KURT HILLER, Philosophie des Ziels (1916), in: W. Rothe (Hg.), Der Aktivismus 1915–1920 (München 1969), 41.
131 ROBERT REITER, Abriss: Gesellschaft Künstler Kunstwerk (1924), in: Pinkerneil (s. Anm. 124), 116 f.
132 Vgl. HUGO BALL, Die junge Literatur in Deutschland (1915), in: Ball, Der Künstler und die Zeitkrankheit. Ausgewählte Schriften, hg. v. H. B. Schlichting (Frankfurt a. M. 1984), 33.

Neubau der Welt, der denkt vom Künstler gering, der weist ihm einen Platz an in der Reihe der Rhetoren.«[133] Damit Literatur zu einer Form des Eingreifens werden könne, erwartete Hans Natonek von der Revolution eine Ausschaltung des literarischen Marktes: »Bis jetzt wollte die Literatur nur Geld, oder sie wollte gar nichts, oder (was beinahe das Gleiche ist) sie wollte nichts als die schöne, äußerst vollendete Form. In Zukunft wird die Literatur mit Verantwortung allerhöchste Ziele wollen: Den Eingriff in diese Welt.«[134] Die Kritik an der Vorstellung eines von außen wie von oben in die Wirklichkeit formend eingreifenden Geistes wurde noch in der Novemberrevolution und vor der breiteren Desillusionierung der geistigen Arbeiter von Wieland Herzfelde in das Bild vom ›Schweben‹ gebracht: »Der Dadaismus war der mit Gröhlen und höhnischem Gelächter vollzogene Durchbruch aus einem engen, überheblichen und überschätzten Milieu, das, zwischen den Klassen in der Luft schwebend, keinerlei Mitverantwortlichkeit dem Leben der Allgemeinheit gegenüber kannte. Dem ›Schweben‹ setzte er die »bewußte« «Tendenz», die »Klassenkampfpropaganda«[135], mit folgender Begründung entgegen: »Auch vornehmes Sich-darüber-oder-außerhalb-Stellen heißt Partei ergreifen, denn solche Indifferenz und Jenseitigkeit ist automatisch eine Unterstützung der Klasse, die gerade die Macht hat« (130). Der Vorwurf verantwortungsloser »Indifferenz« richtete sich auch gegen das ›Brüten‹ über »›wirklich‹ revolutionären Form-, Farb- und Stilproblemen«: »Formale Revolution hat ihren Schreck natürlich längst verloren. Der moderne Bürger verdaut alles« (130).

3. Der Schriftsteller zwischen den Parteien der Massen: Verdeckte Polarisierung in der Weimarer Republik

In den Diskussionen der 20er Jahre war die Frage von »offener oder heimlicher«[136] Tendenz vielfach mit der Konstatierung einer allgemeinen »Politisierung der Literatur«[137] verbunden, wodurch neben die vertikale eine horizontale Metaphorik trat: Statt über befand man sich zwischen den Parteien. Hermann Kessers polemische Feststellung, wer die eigene Tendenz leugne, sei entweder angeführt oder wolle andere anführen, beinhaltete die Aufforderung, nicht nur den eigenen Standpunkt, sondern auch die Funktion des eigenen Werks – im Licht der Kriegserfahrung – zu reflektieren: »Die erbittertsten *Tendenzfeinde* sind heute: die *unbewußten Passivisten* mit den übernommenen Höllen-Tendenzen, die Angeführten, die niemals ihre Führer erkannt haben. [...] Viele, die da glauben, eigene Musik zu gestalten, haben längst erkannt, daß sie nur Grammophon und Orchestrion gewesen waren.«[138] Auf solchen Rechtfertigungsdruck reagierten die verschiedensten Gruppen von Autoren mit massiver Abwehr, indem gegen den Begriff der Literatur die Dichtung ins Feld geführt wurde. Gottfried Benn setzte der ›Tendenzen dienenden‹ Literatur die ›autonome‹ Dichtung entgegen;[139] Musil sah in der Politisierung eine Verpflichtung auf Ideologien als fertige Weltanschauungen, die der »Bewegtheit des Sinnes im Rilkeschen Vers« widerspricht. »Dieser Sinn entfaltet sich nicht gedeckten Rückens, an die Mauern irgendeiner Ideologie, Humanität, Weltmeinung gelehnt; sondern entsteht, von keiner Seite festgehalten oder gestützt, als in der geistigen Bewegung frei und schwebend Überlassenes.«[140] Hermann Hesse beanspruchte »übergeschichtliche [...] Zeitlosigkeit«

---

133 FRIEDRICH KOFFKA, Vom tätigen und vom lebendigen Geist, in: Das junge Deutschland 1 (1918), 156.
134 HANS NATONEK, Von einer kommenden Literatur (1918), in: F. Berger (Hg.), Thema, Stil, Gestalt 1917–1932. 15 Jahre Literatur und Kunst im Spiegel eines Verlages (Leipzig/Weimar 1984), 40.
135 GEORGE GROSZ/WIELAND HERZFELDE, Die Kunst ist in Gefahr. Ein Orientierungsversuch (1925), in: Pinkerneil (s. Anm. 124), 127, 129, 131.
136 FRANZ FRANKLIN, Vom bürgerlichen Literaturbetrieb (1925), in: M. Brauneck (Hg.), Die Rote Fahne. Kritik, Theorie, Feuilleton 1918–1933 (München 1973), 214.
137 HERMANN KESSER, Die deutsche Literatur zeigt ihr Gesicht (1929), in: Pinkerneil (s. Anm. 124), 169.
138 KESSER, Polemik gegen die Hölle (1918), in: Berger (s. Anm. 134), 37.
139 Vgl. GOTTFRIED BENN, Rundfunkdialog: Können Dichter die Welt ändern?, in: Die literarische Welt 6 (1930), H. 23, 3 f.
140 ROBERT MUSIL, Rede zur Rilke-Feier in Berlin am 16. Januar 1927, in: R. Musil, Gesammelte Werke, hg. v. A. Frisé, Bd. 8 (Reinbek 1978), 1241.

für die Dichtung im Gegensatz zu der von »Tendenz«, »Gesinnung« und »Partei«[141] bestimmten Literatur.

Eine Gemeinsamkeit der poetologischen Abwehr von Politisierung war die Orientierung am Individuum, dessen Geringschätzung den Parteien und insbesondere deren kollektivistischen Ideologien vorgeworfen wurde. Die Widersprüchlichkeit solcher Selbstbehauptung des Dichters gegen die linken wie rechten Massen zeigte sich, wenn Hermann Kasack vom jungen deutschen Dichter die poetische Wiederkehr der deutschen Götter erwartete,[142] oder Oskar Loerke der Dichtung das Ziel des Ausgleichs zwischen der zeitgemäßen und der unzeitgemäßen Tendenz setzte: »Es gibt eine Tendenz in die Zeit hinein und eine aus ihr hinaus. Beide vermindern den Baustoff der Form.«[143]

In die Bestimmung der Überparteilichkeit der ›freischwebenden Intelligenz‹ durch Karl Mannheim ging als ein wesentliches negatives Moment die Absage an ›Engagiertsein‹ ein, weil das Eingestelltsein für eine partikulare Tendenz der Totalität widersprach, die Mannheim als kritisch-utopische Leistung des Intellektuellen programmierte. Unter Berufung auf Alois Riegls und Erwin Panofskys Terminus des ›Kunstwollens‹ führte Karl Mannheim den Begriff ›engagiert‹ als Bezeichnung für eine »unbewußte latente Tendenz« ein und meinte

damit, »daß die sozialen Gruppen [...] jeweils verschiedene Grundrichtungen der ›tensio‹, aus denen heraus stets gelebt, gedacht, gehandelt wird, aus sich herauszustellen imstande sind«[144]. Dieselbe Ablehnung partikularer Perspektiven und Tendenzen charakterisierte Karl Jaspers' Diagnose der »geistigen Situation der Zeit«, deren Therapievorschlag aber aus der »Distanz« nicht Kritik und Utopie folgen ließ, sondern »geschichtliche Einsenkung«: »Nur wer frei sich bindet, ist dagegen gefeit, verzweifelt gegen sich selbst zu revoltieren. [...] Die *Distanz* zur Welt gibt ihm seine Freiheit, die *Einsenkung* sein Sein. [...] Die Distanz zur Welt gibt eine innere Vornehmheit; die Einsenkung [...] ist Liebe«. Mit aller Schärfe kritisiert Jaspers Marxismus und Soziologie überhaupt, Rassenlehre und Psychoanalyse als deterministische, objektivistische »Verschleierungen«[145] der Freiheit, ohne für die Bindung andere Kriterien als deren subjektive Ernsthaftigkeit geltend zu machen.

Eine 1930 von der Essener Theaterzeitschrift *Der Scheinwerfer* veranstaltete Umfrage ›Soll das Drama eine Tendenz haben?‹ brachte eine deutliche Mehrheit für ein eingeschränktes Ja. Unter Voraussetzung eines universalen und zugleich genremäßig spezifizierten Begriffs von Tendenz betonten die Befragten die Notwendigkeit der Gestaltung der Tendenz: »Die Tendenz eines Theaterstücks [...] muß so sein, daß man sie nicht merkt«. Bis ins Detail wiederholten die Autoren die darstellungsästhetischen Normen des Realismus, die Forderung, »allen seinen Figuren gerecht zu werden«[146], nicht »schwarz-weiß« zu malen (Hans Natonek, 114), das »erschütternd Menschliche« zu gestalten (Kurt Heynicke, 109), »kunstfremde Absichtlichkeit« zu vermeiden (Richard Dyschinsky, 104). Diese Normen seien jedoch, so die Dramatiker, mit ›Tendenz‹ vereinbar, da Tendenz und Partei strikt zu unterscheiden seien (vgl. Ludwig Fulda, 107). In der Zusammenfassung durch Mitglieder der Redaktion wurde die politische Implikation dieser Gegenüberstellung deutlicher: Positiv bewertet wurden Weltanschauung, glaubhafte Gestaltung, Erlebnis, Volk und menschliches Schicksal, negativ dagegen Parteigesinnung, einseitige Abstraktion, Rationalität, Klassenkampf und Tagesproblem. Das Menschliche erwies sich in dieser Abgrenzung von ästhetisch gestalteter Tendenz

---

141 HERMANN HESSE, Notizen zum Thema Dichtung und Kritik (1930), in: Mayer (s. Anm. 47), 634, 626.
142 Vgl. HERMANN KASACK/FRIEDRICH SEEBASS, Nachwort [zu Friedrich Hölderlin, Gesammelte Werke (1921)], in: Berger (s. Anm. 134), 54 f.
143 OSKAR LOERKE, Formprobleme der Lyrik (1929), in: Die Neue Rundschau 40 (1929), 117.
144 KARL MANNHEIM, Das Problem einer Soziologie des Wissens (1925), in: K. Lenk (Hg.), Ideologie. Ideologiekritik und Wissenssoziologie (Neuwied/Berlin ³1967), 262, 258, 261.
145 KARL JASPERS, Die geistige Situation der Zeit (1930; Berlin/Leipzig ⁵1932), 188, 158.
146 WALTER HASENCLEVER, [Stellungnahme zur Umfrage ›Soll das Drama eine Tendenz haben?‹], in: E. Schütz/J. Vogt (Hg.), Der Scheinwerfer. Ein Forum der Neuen Sachlichkeit 1927–1933 (Essen 1986), 108.

und Parteiideologie als das Nationalistische.[147] Auf die Anfrage der Redaktion bei den politischen Parteien nach ihrer Position zum Verhältnis von Kunst und Politik (1933) antworteten nur SPD und NSDAP. Während die Sozialdemokraten die Unvereinbarkeit von »politischer Absicht« und »Kunstwerk« betonten und sich damit gegen jede Tendenz aussprachen,[148] ging Joseph Goebbels von der Unmöglichkeit einer »tendenzlosen Kunst« aus, um dann »völkische« Kunst von einem »engen parteipolitischen Gesichtspunkt« abzugrenzen: »Das Nationale ist bei dieser Kunst selbstverständlich. Internationale Kunst, dieser Ausdruck ist *ein Widerspruch in sich.*«[149] Es waren die NSDAP-Mitglieder unter den Dramatikern, die am massivsten das Allgemeinmenschliche und Ewige ihrer Tendenz betont hatten (vgl. Hanns Johst, 109; Max Jungnickel, 109f.), während nur der KPD nahestehende oder angehörende Autoren »Überparteilichkeit« als »Deckmantel« anzweifelten (Natonek, 114).

4. Das Volkhafte in der faschistischen Ästhetik als Gegenbegriff zu Tendenz und Parteilichkeit

In der einzigen offiziellen Theoretisierung der Bücherverbrennung, in Werner Schlegels *Dichter auf dem Scheiterhaufen* (1934), wurde die Inszenierung als »das Symbol [...] des Sieges der neuen Wertlehre« gedeutet und polemisch gegen den Literaturbetrieb der Weimarer Republik abgehoben: »Die einzige und bekannte Macht in Deutschland war der Literaturerzeugungskonzern, der die öffentliche Meinung beherrschte. [...] Die parlamentarische Demokratie war verlegen genug, diese Zusammenhänge zu bestreiten. [...] Denn das ›Wer‹ ist von dem ›Wozu‹ und ›Wofür‹ nicht zu trennen.«[150] Die offizielle Interpretation entsprach hierin den ›Feuersprüchen‹, in denen die »Auswechslung der Literaturen«[151] als Ersetzung durch volkhafte Dichtung programmiert wurde, der Literaten durch Dichter[152], der ideologischen Zwecksetzung durch reine Gestaltung[153].

Daß es das vom antisemitischen Rassismus aus begründete Nationale der Revolutionsinszenierung war, das faschistische Politiker veranlaßte, in den ersten Jahren des Regimes den Begriff der Tendenz teilweise positiv zu verwenden, geht aus Hitlers kulturpolitischer Rede auf dem Parteitag von 1933 hervor. Wenn er Tendenz als das bewußte Unterlegen jeder alltäglichen Handlung mit weltanschaulicher Bedeutung definierte, so schien er zwar einzugestehen, daß die vom Rassismus gelehrte Determination durch den Instinkt des Blutes keine Realität habe. Für dieses Versagen der Natur aber wird die Zersetzung des deutschen Volkes durch die jüdische Rasse verantwortlich gemacht, was wiederum den politischen Eingriff rechtfertigt. Die »sichtbare Tendenz«[154] konnte so als Wiederherstellung der Natur, Politik als Mittel des Unpolitischen, Tendenz als Bedingung von Dichtung erscheinen. Insbesondere in den Reden des Propagandaministers Goebbels begegnete man dieser Gleichsetzung von Politisierung und Tendenz mit wahrer Dichtung, der nur die reine Gestaltung als eine kämpferische Waffe des Volkstums galt: »Wenn ich sage, Kunst hat Tendenz, dann soll das

---

147 Vgl. EBERHARD MOES, Tendenzdramen; ALFRED MÜHR, Bekenntnis zum politischen Theater; HERBERT FRANKENSTEIN, Der größte Fehler des Tendenztheaters, in: Schütz/Vogt (s. Anm. 146), 127–130.
148 [Reichstagsfraktion der SPD], [Antwort auf die Umfrage der Redaktion nach dem Verhältnis von Kunst und Politik], in: Schütz/Vogt (s. Anm. 146), 312.
149 JOSEPH GOEBBELS, [Antwort auf die Umfrage der Redaktion nach dem Verhältnis von Kunst und Politik], in: Schütz/Vogt (s. Anm. 146), 315 f.
150 WERNER SCHLEGEL, Dichter auf dem Scheiterhaufen (1934), in: Berger u. a. (Hg.), In jenen Tagen. Schriftsteller zwischen Reichstagsbrand und Bücherverbrennung. Eine Dokumentation (Leipzig/Weimar 1983), 311, 312 f.
151 PAUL FECHTER, Auswechslung der Literaturen (1933), in: Deutsche Rundschau 60 (1933), H. 1, 120.
152 Vgl. HANS NAUMANN, Kampf wider den undeutschen Geist (1933), in: G. Sauder (Hg.), Die Bücherverbrennung. 10. Mai 1933 (Frankfurt a. M./Berlin/Wien 1985), 252.
153 Vgl. EUGEN LÜTHGEN, [Rede bei der Bücherverbrennung im Mai 1933], in: H. Haarmann u. a. (Hg.), ›Das war ein Vorspiel nur ...‹. Bücherverbrennung Deutschland 1933: Voraussetzungen und Folgen (Berlin/Wien 1983), 204 f.
154 ADOLF HITLER, [Rede auf dem Parteitag in Nürnberg am 1. 9. 1933], in: J. Wulf (Hg.), Die bildenden Künste im Dritten Reich. Eine Dokumentation (Frankfurt a. M./Berlin 1989), 64.

heißen: [...] Sie hatte ja auch in der Vergangenheit eine Tendenz, nämlich eine Beziehung zum Individualismus. So wird sie auch jetzt eine Tendenz haben müssen, eine Beziehung zum Volk als dem Zentrum des öffentlichen Wirkens, Denkens und Handelns.«[155] Wenn Goebbels auf Eisensteins *Panzerkreuzer Potemkin* als Beispiel dafür verwies, daß ein wertvoller Film zugleich ein politischer Tendenzfilm sein könne[156], trat die entscheidende Bedeutung, die der rassistisch begründete Nationalismus für die Begrenzung des Rückgriffs aufs Allgemeinmenschliche haben mußte, zurück. Bei der Rechtfertigung der Bücherverbrennung in der *Berliner Börsenzeitung* wurde Bertolt Brecht zwar als »der einzige wirkliche Dichter des Marxismus« zur Ausnahme erklärt und scheinbar positiv gewertet, aber nur, um die besondere Gefährlichkeit der Unauffälligkeit der gestalteten Tendenz zu betonen: »Diese Annäherung an den Marxismus geht nur bis zur sozialen Anklage, die als solche nicht einmal beabsichtigt ist, sondern sich aus der Zustandsschilderung für den Betrachter mehr von selbst ergibt, wodurch sie allerdings viel packender und aufreizender wirkt als die Tiraden revolutionärer Agitationsstücke«[157].

Der kommunistische Kritiker Hans Günther versuchte sich seit Mitte der 30er Jahre über die Frage klarzuwerden, ob die faschistische Literatur Tendenzliteratur sei. Seine Aufmerksamkeit galt dabei besonders den pseudorevolutionären Elementen der faschistischen Ideologie. Als Hauptmerkmal der faschistischen Literatur sieht er zunächst die von ihr verfolgte ›offene Tendenz‹[158] an,

dann späterhin ihren »Schein-Realismus«[159]. In diesem Wandel der Einschätzung spiegelt sich nicht nur das kritische Interesse an der faschistischen Taktik der gestohlenen Losungen, sondern auch ein Abrücken von der illusionären Einschätzung, die unverhüllte Diktatur der reaktionärsten Kräfte des Monopolkapitals lasse ›unverhüllt‹ von den Klasseninteressen sprechen. Die Zuordnung von liberaler Demokratie und Autonomie einerseits, von faschistischer Diktatur und Tendenz andererseits hatte in dieser Weise Günthers anfängliche Analysen bestimmt: »Dem politischen Ruf nach der über den Klassen schwebenden reinen Demokratie entspricht im Literarischen die Forderung des reinen, neutralen Kunstwerks.« (413 f.) Später bahnte sich die Einsicht an, daß der Faschismus aber auch die ›reine Dichtung‹ in Dienst stellen konnte und – nach der Abschwächung seiner sozialen Demagogie 1934 – auch auf einen ›Schein-Realismus‹, der soziale Probleme ›zeitnah‹ behandelte, verzichten konnte.

III. Von der Tendenz zu Parteilichkeit, Volksverbundenheit und Engagement

1. Lukács' Umwertung der Tendenz: Von der bewußten Tendenz zur Parteilichkeit des großen Kunstwerks

Georg Lukács' erste literaturkritische Beiträge für das KPD-Zentralorgan *Rote Fahne* benutzten den Begriff Tendenz zur Charakterisierung einer mit der Arbeiterklasse und ihrer Partei verbundenen Literatur positiv. Lukács bestimmt diese Literatur als »ausgesprochene Klassenkunst, eine Tendenzkunst, eine Verkünderin der eigenen Klassenkampfziele«[160]. Indem er die Tendenz der Literatur der Arbeiterklasse in der bürgerlichen Gesellschaft als »Einsicht in jene gesellschaftlichen Tendenzen, die über sie hinausführen« (178), definierte, wurde die Einheit von proletarischem Klassen- und Menschheitsinteresse in der Kategorie »Perspektive« (190) gefaßt, die er scharf polemisch gegen Utopie abzugrenzen suchte. Hier zeigt sich Kontinuität rückwärts wie vorwärts: zu seinen kulturpolitischen Schriften aus der ungarischen Revolution

---

155 GOEBBELS, [Rede über ›Die Aufgaben des deutschen Theaters‹ am 8. 5. 1933], in: Berger (s. Anm. 150), 281.
156 Vgl. HANS GÜNTHER, Der Film im Dritten Reich (1934), in: Günther, Der Herren eigener Geist. Ausgewählte Schriften, hg. v. W. Röhr (Berlin/Weimar 1981), 564.
157 FRANK MARAUN, [Über Bertolt Brecht] (1933), in: Berger (s. Anm. 150), 396.
158 Vgl. GÜNTHER, Querschnitt durch den heutigen deutschen Kulturfaschismus (1933), in: Günther (s. Anm. 156), 518 f.
159 GÜNTHER, Faschistische Kriegsliteratur (1934), in: Günther (s. Anm. 156), 557.
160 GEORG LUKÁCS, Marxismus und Literaturgeschichte (1922), in: Brauneck (s. Anm. 136), 179.

III. Von der Tendenz zu Parteilichkeit, Volksverbundenheit und Engagement

einerseits, zu *Geschichte und Klassenbewußtsein* (1923) anderseits. Das aktivistische Erbe, das Wirklichkeit und Geist antagonistisch faßte, um sie in der Aktion zu verschmelzen, liegt in den Revolutionsschriften, wo Lukács »Enthüllung« als »wirkendes Handeln« bestimmte, weil im Kapitalismus Kultur nur als Kritik möglich sei. Tendenz wirke als Erkenntnis kraftvoller Realität: »›Geistige Führung‹ kann nichts anderes sein als Bewußtmachung der Entwicklung der Gesellschaft«[161]. Das aktivistische Erbe in *Geschichte und Klassenbewußtsein*, das im Theorem der Subjekt-Objekt-Identität des proletarischen Klassenbewußtseins als Revolution manifest wird, implizierte die Ablehnung der Abbildtheorie. Diese Subjekt-Objekt-Einheit war als Erkenntnis zugleich Realität und als Einsicht zugleich humanistische Entscheidung.[162] Für die Einheit des Subjektiven und des Objektiven benutzte Lukács auch den Begriff der Tendenz: »Jene Tendenz, die in ihm [dem erkannten Objekt – d. Verf.] schon früher vorhanden war, wird – bewirkt durch die Bewußtmachung – durch die Erkenntnis sicherer und kraftvollerer als sie zuvor war und ohne diese hätte sein können.«[163]

Solange von den Kommunisten unter der Losung ›Kunst als Waffe‹ Tendenz einerseits als Forderung, »Stellung zu nehmen«[164], der »Standpunktlosigkeit«[165] der Gegenwartsliteratur entgegengehalten, anderseits die angestrebte propagandistische Wirkung von Literatur als »eingreifend«[166] aufgefaßt wurde, ging es in den Debatten mit nichtkommunistischen Schriftstellern entweder um die Neutralität des Autors zwischen den politischen Parteien oder um seine Unabhängigkeit von der Tagespolitik.

Zur Debatte stand aber nicht nur die Seite des Klassenkampfes, auf der Partei genommen werden sollte, sondern auch die Qualität des Eingreifens. Max Hermann-Neiße, der 1919 die Frage des ästhetischen Werts der proletarischen Tendenzliteratur als Propaganda ausgeklammert hatte, gehörte im Streit um die *Neue Bücherschau* zu denen, die wie Willy Haas den »objektiven Qualitätsbegriff« der Tendenz schlicht entgegensetzten. Allerdings blieb bei Hermann-Neiße der ästhetische Wert gebunden an ein Bild von kommender proletarischer Kultur, während für Haas die gegenwärtige Gemeinsamkeit der literarisch Gebildeten und Produktiven, der »Talente«[167], den primären Bezugspunkt bildete. Demgegenüber kamen die kommunistischen Autoren und Kritiker kaum über die Gleichsetzung von Qualität und Wirksamkeit im Klassenkampf hinaus, eine Position, die auch die Maxime des oft in Gegensatz zur Diskussion des Bundes proletarisch-revolutionärer Schriftsteller (BPRS) gesetzten Brecht prägte: »Wir leiten unsere Ästhetik, wie unsere Sittlichkeit, von den Bedürfnissen unseres Kampfes ab.«[168] Die relative Offenheit dieser Bestimmung, die Raum für so unterschiedliche Autorenpoetiken der Tendenz als »Kampfwert« und »Kunstwert«[169] enthielt wie die Egon Erwin Kischs, F. C. Weiskopfs oder Brechts, schränkte sich mit der Etablierung der Kategorie Parteilichkeit ein.

Auch wenn die Durchsetzung des Begriffs Parteilichkeit kein unmittelbares Resultat der Rezeption von Lenins Aufsatz *Parteiorganisation und Parteiliteratur* (1905) war, so spielten doch die von Lenin darin exponierten Literaturverhältnisse der Partei und vor allem das von den Nachfolgern theoretisierte Konzept der bolschewistischen Partei eine entscheidende Rolle bei seiner Durchsetzung. Als Teil der *Internationalen Vereinigung revolutionärer Schriftsteller* (IVRS) war der BPRS einbezogen in die Entwicklung der sowjetischen Literaturpolitik, die 1934 zur Definition des sozialistischen Realismus als Schaffensmethode führte. Béla Balázs', Jo-

---

161 LUKÁCS, Taktik und Ethik (1919), in: LUKÁCS, Bd. 2 (1968), 57.
162 Vgl. LUKÁCS, Geschichte und Klassenbewußtsein (1923), in: LUKÁCS (s. Anm. 161), 257–397.
163 LUKÁCS (s. Anm. 161), 57.
164 BÉLA BALÁZS, Männlich oder kriegsblind? (1929), in: T. Rietzschel (Hg.), Kritik an der Zeit. Fortschrittliche deutsche Literaturkritik 1918–1933 (Halle/Leipzig 1983), 255.
165 JOHANNES R. BECHER, Der ›tote Punkt‹. Ein Beitrag zur deutschen Literatur der Gegenwart (1926), in: Becher, Gesammelte Werke, hg. v. Johannes-R.-Becher Archiv, Bd. 15 (Berlin/Weimar 1977), 113.
166 BALÁZS (s. Anm. 164), 256.
167 WILLY HAAS, Wir und die ›Radikalen‹ (1928), in: Die literarische Welt 4 (1928), H. 43, 1.
168 BERTOLT BRECHT, Weite und Vielfalt der realistischen Schreibweise (1938), in: BRECHT (BFA), Bd. 22 (1993), 433.
169 MAXIM VALLENTIN, Agitpropspiel und Kampfwert (1930), in: Die Linkskurve 2 (1930), H. 4, 15.

hannes R. Bechers und Lukács' Entwurf für die Charkower Konferenz nahm nicht nur die Definition von Parteilichkeit vorweg, die Lunačarskij 1932 auf der Basis von Michail Lifšic' Publikation der Äußerungen von Marx und Engels zur Literatur verfügte,[170] sondern auch die daraus auf der 1. Allunionskonferenz abgeleiteten Merkmale des sozialistischen Realismus, wie sie von Ždanov und Gor'kij erläutert wurden: Wahrheit als historischkonkrete Gestaltung der Perspektive, Erziehung, die den »allgemein menschlichen Sinn der heroischen Arbeit der Partei und der Sowjetmacht bestätigt«[171]. Obwohl der Resolutionsentwurf den Begriff der Parteilichkeit noch nicht verwendete, zeichnete sich in der Bestimmung des großen proletarischen Kunstwerks die Umwertung des Tendenzbegriffs ab, die Lukács' bekannter Aufsatz *Tendenz oder Parteilichkeit* (1932) durch eine Begriffsgeschichte abzusichern suchte, die Tendenz durchweg als subjektives ›Streben‹ und ›Bestrebung‹ negativ mit ›Gesinnung‹ und ›Moral‹[172] verknüpfte. In die darstellungsästhetische Definition des Terminus ›großes proletarisches Kunstwerk‹ gingen nämlich implizit und im Gegensatz zur Verwendung des Begriffs ›objektive Tendenz‹ alle Merkmale des negativen Tendenzbegriffs ein, wenn auch als negierte. Die traditionellen Vorwürfe der Einseitigkeit, Abstraktheit und Aktualität kehrten wieder und wurden durch Allseitigkeit, Konkretheit und Tiefe der Gestaltung der treibenden Kräfte an der Oberfläche ersetzt. Lukács' Polemik im Namen der Gestaltung erneuerte den Vorwurf des Subjektivismus, indem sie unter nicht gestalteter Tendenz nicht nur die Reflexion (Leitartikel), sondern auch die Reportage (Beschreibung als Gegensatz zu Erzählung) und die Montage als unorganisch subsumierte: »Parteilichkeit [...] ist [...] die *Voraussetzung zur wahren – dialektischen – Objektivität«*, der »Erkenntnis und [...] Gestaltung des *Gesamtprozesses* als zusammengefaßte Totalität seiner wahren treibenden Kräfte« (20). Ironischerweise galt der Vorwurf »bloß subjektiver (weil ungestalteter) [...] ›Tendenz‹« (21) gerade solchen Autoren, die der Wille zur Objektivität, der Wunsch, mit dem individualistischen Subjektivismus zu brechen, in die oder zur KPD geführt hatte, wie Kisch, Erwin Piscator oder Brecht.

2. Benjamins Bindung der Revolte an die Revolution: Tendenz als Einheit von Politik und Technik im Engagement

Walter Benjamin strebte die Zusammenführung von politischer und literarischer Tendenz über die Weiterentwicklung literarischer Technik an. Für diese Zielstellung lagen die Voraussetzungen in der sozialen Stellung des Schriftstellers und in der Möglichkeit proletarischer oder sozialistischer Kunst, aber auch in der Rezeption des sich in Frankreich herausbildenden Begriffs des ›Sich-Engagierens‹.

Benjamin verschärfte Lukács' Vorstellung vom individuellen Austritt aus dem Bürgertum zum Konzept des »Verräters an [seiner] Ursprungsklasse«[173], das er von Aragon bezogen hatte. Er hielt an der Mehringschen, von Trotzki in die III. Internationale tradierten These von der Unmöglichkeit sozialistischer Kunst vor dem Sieg der Revolution fest. Daraus folgte, daß der Schriftsteller die moralische Situation des Intellektuellen, sein Privileg als Schuld erfahre, zu bereinigen hatte, um nicht auf die Produktion von »Gesinnungsliteratur«[174], die nichts zur Änderung der Verhältnisse beitrage, zurückzufallen. Es bestand die Aufgabe, die eigene Produktion zu politisieren. Benjamin verstand diese Aufgabe als ein Schreiben, das dem Produzenten wie seinen Adressaten Einsicht in die eigene Stellung innerhalb der literarischen Produktionsverhältnisse vermittelt. Die Tendenz dieses Schreibens vereine mithin politische

---

170 Vgl. NYOTA THUN, Bestimmung der neuen literarischen Methode, in: Weimarer Beiträge 18 (1972), H. 4, 23.
171 MAKSIM GOR'KIJ, Rede auf dem 1. Unionskongreß der Sowjetschriftsteller (1934), in: F. J. Raddatz (Hg.), Marxismus und Literatur. Eine Dokumentation in drei Bänden, Bd. 1 (Reinbek 1969), 343 f.
172 Vgl. LUKÁCS, Tendenz oder Parteilichkeit, in: Die Linkskurve 4 (1932), H. 6, 13–21.
173 WALTER BENJAMIN, Zum gesellschaftlichen Standort des Schriftstellers (1934), in: BENJAMIN, Bd. 2/2 (1977), 802.
174 ROLAND JERZEWSKI, Zwischen anarchistischer Fronde und revolutionärer Disziplin. Zum Engagement-Begriff bei Walter Benjamin und Paul Nizan (Stuttgart 1991), 223.

Parteinahme für die Arbeiterklasse und Weiterentwicklung literarischer Technik:»Die beste Tendenz ist falsch, wenn sie die Haltung nicht vormacht, in der man ihr nachzukommen hat. Und diese Haltung kann der Schriftsteller nur da vormachen, wo er überhaupt etwas macht: nämlich schreibend.«[175] In seinem Essay über Karl Kraus benutzte Benjamin für diese Haltung den damals noch ungebräuchlichen Begriff ›sich engagieren‹, wie er ihn in den französischen Texten Pierre Navilles und Paul Nizans hatte finden können, die er für die Aufsätze über den Surrealismus und *Zum gesellschaftlichen Standort des Schriftstellers* (1934) verwertet hatte:»Nie hat Kraus eine Argumentation gegeben, die ihn nicht mit seiner ganzen Person engagiert hätte.«[176] Benjamin ging es aber nicht nur darum, zwischen zwei Seiten im Klassenkampf zu wählen, sondern auch um die menschliche Integrität des Individuums, die er von der ästhetischen Revolte der Avantgarde bewahrt sah. Sich-Engagieren wurde insofern zum Synonym von Tendenz in der Einheit von politischer Revolution und ästhetischer Revolte, oder wie Nizan formulierte:»le grand problème, qui consiste à faire passer la révolte dans l'art, sans détruire l'art«[177].

Eine entgegengesetzte Antwort auf diese Frage gab (gleichfalls im französischen Exil) Carl Einstein, der in der ästhetischen Revolte ausschließlich die tradierte Auffassung von Kunstautonomie wiedererkannte.[178] Einsteins politisch-moralisch motivierte Polemik gegen die Kunst der Moderne setzte Autonomie mit Idealismus und Ideologie gleich und konnte, weil sie letztlich mit wahrer Kunst identifizierte, den Künstlern keine andere politische Empfehlung geben, als die Kunst aufzugeben. Die Tatsache, daß es auch bei Benjamin die Empfehlung der »Unterbrechung [der] [...] ›Künstlerlaufbahn‹«[179] gab, verweist darauf, daß ihm die Spannung zwischen seinem Engagement und dem Postulat der Wahrung von individueller Unabhängigkeit als Problem bewußt war. Diese Position vertrat Jean-Richard Bloch in Frankreich unmittelbar vor dem Pariser Schriftstellerkongreß 1935. Der Kongreß solle nicht »d'un point de vue politique mais d'un point de vue culturel«[180] betrachtet werden. Jean Guéhenno dagegen mischte, durchaus repräsentativ für viele, aus gleichem Anlaß beide Aspekte enthusiastisch: Der Kongreß versammle Schriftsteller,»qui sont prêts à s'engager comme hommes et comme écrivains«[181]. Dabei blieb es für beide allerdings nicht. Keine drei Jahre, aber etliche desillusionierende politische Erfahrungen später justierte Guéhenno mit zunehmender Entsagung seine Polemik-Richtung im Geiste Blochs:»Nous sommes des hommes libres – non pas soumis, mais *engagés*.«[182] Bloch seinerseits hatte inzwischen seine frühere Position als unkämpferisch verlassen; der Beginn seines Buches aus dem Spanienkrieg nahm nun implizit Benjamins Empfehlung auf:»L'heure est aux correspondants de guerre, non aux écrivains. L'heure est aux combattants, non aux historiens. L'heure est aux actes, et non à la méditation sur les actes.«[183]

Der von Benjamin rezipierte Nizan lehnte in Auseinandersetzung mit Gides Auffassung, daß alle Literatur Opposition, weil das Gegenteil von Konformismus sei, diesen Nonkonformismus der Intellektuellen ausdrücklich ab:»Jeder von ihnen sieht sich vor die Aufgabe gestellt, zwischen Faschismus und Antifaschismus zu wählen, welch letzterer nicht bloß ein negatives Verhalten, sondern eine dringende *positive* Forderung ist, eine Haltung, die zu einem entschlossenen Jasagen verpflichtet.«[184] Schon in Benjamins früher Einbürgerung des Engagementbegriffs ins Deutsche zeichnete sich also die Spannung zwischen politischer Parteinahme

---

175 BENJAMIN, Der Autor als Produzent (1934), in: BENJAMIN, Bd. 2/2 (1977), 696.
176 BENJAMIN, Karl Kraus (1931), in: BENJAMIN, Bd. 2/1 (1977), 343.
177 PAUL NIZAN, [Rez.] L'œuvre d'Eugène Dabit. ›Train de vies‹ (1936), in: Nizan, Pour une nouvelle culture, hg. v. S. Suleiman (Paris 1971), 212.
178 Vgl. CARL EINSTEIN, Die Fabrikation der Fiktionen, hg. v. S. Penkert (Reinbek 1973), 35, 225, 84.
179 BENJAMIN, Der Sürrealismus (1929), in: BENJAMIN, Bd. 2/1 (1977), 309.
180 JEAN-RICHARD BLOCH, Vers le congrès international des écrivains, in: Monde, Nr. 338 (30. 5. 1935), 7.
181 JEAN GUÉHENNO, L'effort vers la communion, in: Monde, Nr. 341 (20. 6. 1935), 3.
182 GUÉHENNO, Journal d'une ›Révolution‹ I. 1937–1938 (Paris 1939), 224.
183 JEAN-RICHARD BLOCH, Espagne, Espagne! (1936; Paris 1996), 26.
184 NIZAN, Richtungen der französischen Literatur, in: Internationale Literatur 3 (1934), 98.

und individueller Unabhängigkeit ab, die nicht zuletzt daran sichtbar wurde, daß Benjamin den Begriff als spezifisch literarischen konzipierte.

Von Leningrad aus lieferte der Trotzkist Victor Serge einen wichtigen Beitrag zur französischen Diskussion über Engagement und Nonkonformismus, der zugleich in die Diskussion über die Entwicklung der sowjetischen Literaturpolitik eingriff. Wie Nizan und Benjamin polemisierte er gegen Bendas Konzept des autonomen Intellektuellen. Er insistierte auf der jeweils spezifischen »fonction idéologique« auch der Künste, die er als »mission« beschrieb. Für die proletarische Literatur war Serges scharfe Polemik gegen die »canonisation de la pièce à thèse«[185] bedeutsam: Er führte ihre »par définition [...] qualité inférieure« auf die »confusion entre l'agitation, la propagande et la littérature« zurück, aus der sich einerseits Anweisungen an den Schriftsteller und anderseits dessen eigene Fesselung seiner Fähigkeiten ergäben: »Il est lié par sa thèse, il sait où il doit vous mener (28). Serges Literaturbegriff stellte die »spontanéité« (29) des Schriftstellers, seine »sincérités passionées (33) ins Zentrum. Nicht nur die Betonung des Emotionalen – einschließlich des Unbewußten – ließ ihn gegen Lehre, Doktrin und Didaktik einer Thesenliteratur protestieren, sondern vor allem die von ihm formulierte »règle du double devoir« (77), die den Auftrag des proletarischen Schriftstellers präzisierte: »L'acceptation de toutes les responsabilités ne diminue jamais l'impérieuse obligation de combattre chaque jour les maux dont pâtit la révolution« (78). Indem er »la discipline« und »mon action critique« als »défense générale« und »incessant redressement intérieur« (78) einander zuordnete, wandte er sich sowohl gegen »une sorte de conformisme révolutionnaire« als auch gegen »un certain non-conformisme anarchisant, individualiste« (81). Nicht zufällig plädierte Serge für eine Wiederentdeckung Proudhons, der in der Kritik die Tendenz der modernen Kunst gefunden hatte (vgl. 84).

3. Der bündnispolitische Streit um die Volksverbundenheit in der Ästhetik der Kommunistischen Internationale

Georg Lukács und Johannes R. Becher brachten die ›volksverbundene Gestaltung‹ ins Spiel, um das Problem zu lösen, wie politisches Bündnis und literarische Arbeit ins Verhältnis zu setzen sind. Die Literatur als Kunst wird dabei deutlich von Agitation für Tagespolitik abgesetzt. Am schärfsten fiel die Absage an die im Umkreis der KPD vor 1933 entstandene Literatur bei Becher aus, der wie Lukács von dem sowjetischen Kritiker Michail Lifšic beeinflußt wurde. Becher verwendete 1938 den Begriff der »Verfalls- und Isolierungstendenz«[186], um die Literatur des BPRS in Gegensatz zur angestrebten Volksverbundenheit zu bringen. Schon im Bericht über seine Reise durch die westlichen Exilzentren hatte Becher 1934 die Orientierung auf einen ›hohen‹ Begriff von Literatur mit einer Kritik von Traditionen aus der Weimarer Zeit begründet.[187]

Mit dem Begriff des Volkes waren neue thematische und adressatenbezogene Aspekte gesetzt. Becher sieht den Dichter nicht mehr durch den Klassenstandpunkt definiert, sondern als »Knäuel der mannigfachen Tendenzen und Widersprüche«[188]. Die angestrebte Öffnung der linken Literatur über die kommunistisch organisierte Arbeiterbewegung hinaus geriet da an eine Grenze, wo nicht nur auf »ein langsameres, vorsichtigeres Tempo in der Politisierung«[189], und zwar sowohl der verbündeten Autoren wie ihrer Leser, gesetzt wurde, sondern wo es zugleich zum Vorschreiben von Techniken des Schreibens kam.

In der Expressionismusdebatte der Zeitschrift *Das Wort* normierte Lukács jene Erzählformen, die Objektivität gewährleisten sollten, ungeachtet der Weltanschauung und des politischen Standpunkts

---

185 VICTOR SERGE, Littérature et révolution (1932; Paris 1976), 27, 7, 28.
186 BECHER, Von den großen Prinzipien in unserer Literatur (1938), in: K. Jarmatz/S. Barck (Hg.), Kritik in der Zeit. Antifaschistische deutsche Literaturkritik 1933–1945 (Halle/Leipzig 1981), 159.
187 Vgl. BECHER, [Bericht über eine Reise nach Prag, Zürich und Paris] (1934), in: Becher (s. Anm. 165), 439 f.
188 BECHER, Aus der Welt des Gedichts (1936), in: Jarmatz/Barck (s. Anm. 186), 51.
189 BRUNO FREI, Menschlichkeit und Politik. Zu einem Vortrag Alfred Döblins (1938), in: Akademie der Künste der DDR (Hg.), Zur Tradition der deutschen sozialistischen Literatur, Bd. 4 (Berlin/Weimar 1979), 171.

III. Von der Tendenz zu Parteilichkeit, Volksverbundenheit und Engagement 203

des Autors. Wenn das Herunterspielen der Bedeutung der Meinungen des Autors, der subjektiven Tendenz, der Erweiterung des Bündnisses dienen sollte, so wirkte die Festschreibung bestimmter Erzählformen der Vergangenheit gerade trennend auf die im weiten Sinne antifaschistisch Gleichgesinnten. Der Impetus der meisten Autoren, die Lukács widersprachen, zielte auf die Infragestellung der Ableitung einer bestimmten Gestaltung aus der politischen Parteilichkeit, die jetzt zur Volksverbundenheit erweitert wurde. Lukács' Definition von Volksverbundenheit erschien als formalistisch, als bloßer Zwang zur Kontinuität bestimmter Formen der nationalen Kultur.

Auch außerhalb der Sowjetunion und des deutschen Exils kam es in der literaturtheoretischen Diskussion der Kommunisten zu einer Wende einerseits gegen ›Tendenz‹, anderseits zum Nationalen. Insbesondere bei Antonio Gramsci findet sich der Zusammenhang zwischen beiden Veränderungen. Wenn er sich scharf gegen Tendenz-Literatur (»letteratura ›secondo un piano‹«) wendet, so kritisiert er »letteratura ›funzionale‹, secondo un indirizzo sociale prestabilito« (›funktionelle‹ Literatur mit einer bewußten sozialen Orientierung), die nicht hegemonial wirke, sondern als »coercizione« (Zwang) wahrgenommen werde: »La coercizione è tale solo per chi non l'accetta, non per chi l'accetta: se la coercizione si sviluppa secondo lo sviluppo delle forze sociali non è coercizione, ma ›rivelazione‹ di verità culturale ottenuta con un metodo accelerato.« (Als Zwang empfindet ihn nur derjenige, der ihn nicht akzeptiert, und nicht derjenige, der ihn akzeptiert: Wenn der Zwang entsprechend der Entwicklung der sozialen Kräfte wirksam wird, ist er kein Zwang, sondern ›Aufdeckung‹ kultureller Wahrheiten, die beschleunigt wurde.)[190]

Als im ersten Jahrgang (1934) von *Partisan Review* Lukács' Aufsatz *Tendenz oder Parteilichkeit* in Übersetzung erschien, machte der Titel *Propaganda or Partisanship* schon das Problem des Tendenzbegriffs in der englischsprachigen Diskussion deutlich. Trotz der klaren Trennung von ausschließlich negativ verwendbarer subjektiver »tendentiousness« und historischer »tendency«[191] hat aber auch die marxistische Kritik in den USA und Großbritannien an dem Tendenzbegriff festgehalten und gleichzeitig den Versuch unternommen, das Na-

tionale der Kultur gegen den Faschismus zu mobilisieren und so die Tendenziosität zu überwinden. Aus der Geschichte des englischen Romans entwickelte Ralph Fox eine Konzeption des sozialistischen Realismus, die nicht nur mit den zentralen Begriffen von Objektivität und Typ Lukács sehr nahe war, sondern auch in der Ablehnung von ›description‹ und Reflexion (›subjective analysis‹).[192] Fox sprach von der echten tendenziösen Haltung des »party writer« (109), der den Roman als »weapon«, aber nicht als »political pamphlet« (57) benutze. So grenzte Fox den sozialistisch-realistischen Roman polemisch von der »political novel« (160), dem »scarcely disguised political tract« (107) ab, die »the real picture of the world« durch »the slogans of the party on this or that question of the day« (109) ersetzt. Fox berief sich hierfür auf die kanonisierten Engels-Zitate.

Raymond Williams verstand »tendency« als »political affiliation« oder »participation in a particular kind of social and political activity«[193]. Mit dieser Eingrenzung tilgte er aber auch die humanistischen Konnotationen, die für die Wirksamkeit dieses Tendenz-Konzepts im Antifaschismus der 30er Jahre bedeutsam waren. Solche Konnotationen kann Williams nur erkennen in »a distinct tendency, in English writers, to find ›the desired, the possible‹, in terms of the ›inner energy‹ of the individual, of which Caudwell wrote« (271). Dabei erweist etwa John Lehmanns programmatische Anthologie *New Writing in Europe* das schon in Großbritannien vorhandene Bewußtsein einer internationalen Gemeinsamkeit. Lehmann widmete seine Zeitschrift »the purely literary and artistic side of the [international anti-Fascist – d. Verf.] movement [...] without prejudice of party or fac-

190 ANTONIO GRAMSCI, Letteratura popolare (entst. 1932–1935), in: Gramsci, Quaderni del Carcere, hg. v. V. Gerratana, Bd. 3 (Turin ²1977), 1724f.; dt.: Volkstümliche Literatur [Funktionelle Literatur], übers. v. A. Mudry, in: Gramsci, Zu Politik, Geschichte und Kultur. Ausgewählte Schriften, hg. v. G. Zamis (Leipzig 1980), 242f.
191 LUKÁCS, Propaganda or Partisanship, übers. v. L. F. Mins, in: Partisan Review 1 (1934), H. 1, 36, 38.
192 Vgl. RALPH FOX, The Novel and the People (1937; London 1979), 102.
193 RAYMOND WILLIAMS, Culture and Society 1780–1950 (1958; Harmondsworth 1963), 63.

tion«; die Anthologie von 1940 präsentiert »a literature with specific qualities«: »a powerful realistic and human appeal«, von Hemingway und Orwell über André Malraux und Ignazio Silone bis zu Brecht und Anna Seghers, die gelobt wird als »never carried away by political partisanship«[194]. Bemerkenswert ist nicht die strikte Abgrenzung von »agitation«, »propaganda«, »dogma« (143) und »details in party programmes« (87), sondern die Benutzung des Begriffs »bias« in einem positiven Sinne, um das »moral and political« (13) als Besonderheit dieser Literatur und ihrer »idea of public writing« (141) zu bezeichnen.

Die im britischen Kontext entscheidende Gegenposition zum humanistischen Antifaschismus, der zum Bündnis mit den Kommunisten bereit war, wurde von Orwell bezogen. Indem er seine ›partisanship‹ als Ausgangspunkt und seinen ›bias‹ als bewußt deklariert, steht hinter den Abstrakta Wahrheit und Gerechtigkeit nur das Individuum, das beschließt, »to reveal an unjustice«: »It seems to me nonsense, in a period like our own, to think that one can avoid writing of such [political – d. Verf.] subjects. Everyone writes of them in one guise or another. It is simply a question of which side one takes and what approach one follows. And the more one is conscious of one's political bias, the more chance one has of acting politically without sacrificing one's aesthetic and intellectual integrity.«[195] Der Vorwurf, daß die künstlerische Integrität geopfert würde, bezieht sich auf alle, die ihr Schreiben mit sozialen Klassen und politischen Organisationen auf andere Weise als Orwell verbanden. Williams hat das Halbherzige von Orwells Engagement richtig erkannt, aber ins problematische Bild des Exilierten gebracht: »one part of himself uncommitted, the other part involved. [...] He could not believe [...] that *any* settled way of living exists in which a man's individuality can be socially confirmed«[196].

Bei der Verteidigung der Unabhängigkeit des Künstlers als zentralem Argument der kritischen Linken spielte neben Orwell Herbert Read eine wichtige Rolle. Gegen Fox' und Wests humanistischen Realismus des Antifaschismus beruft sich Read auf Engels, dessen Gebrauch von ›Tendenz‹ er anläßlich Balzacs mit »the more the (political) opinions remain hidden, the better for the work of art« wiedergibt, um zu verallgemeinern: »The poet and the artist is a creature of intuitions and sympathies and by his very nature shrinks from definiteness and doctrinaire attitudes [...]. The basis of the poet's activity is [...] an intuitive understanding of and projection of himself into the object of his contemplation. Intellectual attitudes, moral prejudice, political judgements – all alike destroy the operation of these universal sympathetic faculties.«[197] In der intuitiven Sympathie des künstlerischen Individuums mit der Menschheit findet Read nicht nur die Versöhnung sinnlich wahrgenommener und imaginierter Widersprüche, sondern eine Verkörperung von drei absoluten Werten, die auf die klassenlose Gesellschaft der Zukunft verweisen – Wahrheit, Schönheit und Gerechtigkeit: »It is on these absolutes that our finale vision of a classless society must rest, in which the free development of each is the condition for the free development of all.« (221) Gegen die »devotion to the dogmas of communism« (218) derer, die er als »conscripted« (212) in die Armee des sozialistischen Realismus beschreibt, setzt Read »devotion to the complex wholeness of humanity« (219). Er gesteht West zu, daß seine Lehre von der »individual intuition« (220) eine »doctrine of free personality« (218) sei, aber im Unterschied zu Orwell geht es dieser nicht nur um Wahrheit und Gerechtigkeit, sondern um Schönheit.

Ernst Bloch, einer von Lukács' Gegenspielern in der Expressionismus-Debatte, legte 1939 eine Bilanz der Exilliteratur vor, die bemerkenswerterweise auch an der Norm der Gestaltung maß und dabei zu einem negativen Ergebnis kam: Zwar sei die Moralität ein wichtiger Verbündeter im Kampf gegen den Faschismus, aber aus objektiven Gründen mache sie unfähig, die Epoche zu gestalten. Blochs Diagnose einer Vorherrschaft von Pathos und Satire in den Werken des antifaschistischen Exils erneuerte den negativen Begriff der Tendenz,

---

[194] JOHN LEHMANN, New Writing in Europe (Harmondsworth 1940), 76f., 108, 101.
[195] GEORGE ORWELL, Why I Write (1946) in: S. Orwell/I. Angus (Hg.), The Penguin Essays of George Orwell (London 1984), 11.
[196] WILLIAMS (s. Anm. 193), 179.
[197] HERBERT READ, Socialist Realism, in: Read, A Coat of Many Colours (London 1945), 213, 218 ff.

III. Von der Tendenz zu Parteilichkeit, Volksverbundenheit und Engagement 205

wenn er in Pathos und Satire nur das »subjektive Besserwissen« »des undialektisch an die Wirklichkeit herangebrachten Postulats« sah, und verband ihn zugleich mit dem positiven, den er mit Gestaltung identifizierte: »konkrete Utopie«[198]. In der Kontroverse mit Lukács griff Bloch auf Lukács' *Geschichte und Klassenbewußtsein* zurück, um in der Wiederaufnahme der Tendenz als Subjekt-Objekt-Identität auf die Wiedervereinigung politischer und ästhetischer Avantgarde zu zielen, die ihm durch die Orientierung auf die Tradition von Realismus akut gefährdet schien. Nicht nur hierin befindet sich Bloch in der Nähe zu Benjamins damals unwirksam gebliebenem Vorschlag, Tendenz und Technik zu verbinden, sondern auch in der schroffen Wendung gegen Moralismus, gegen die ›Gesinnung‹ des auf seine ›Autonomie‹ zwischen, über oder neben den Klassen setzenden Schriftstellers.[199]

Die Fragen von epochaler Gestaltung, antifaschistischer Moral und Agitation wurden von derjenigen Kommunistin, die sich am intensivsten mit Lukács auseinandersetzte, schon im Exil und noch in der Nachkriegszeit unter dem Stichwort Tendenz behandelt. Wenn Seghers den Begriff Tendenz durchgängig negativ verwendete, so bezog er sich zwar meist – darstellungsästhetisch – auf »Plakate«[200], die nicht nur eine Figur, sondern auch eine von der Handlung entworfene »Richtungs- oder Entwicklungslinie« (94) auf falsche, nämlich »abstrakte« (113), »didaktische«[201] oder aktualistische Weise typisierten; zugleich aber galt die begriffliche und metaphorische Abgrenzung von plakativer Tendenz der Zumutung, in Werken der Literatur »Meinungen zur Tagespolitik«[202] zu propagieren. Nicht nur mit ihrem Hinweis auf dem V. Schriftstellerkongreß von 1961, daß eine vergangene Tendenz nicht mehr als solche wahrgenommen werde,[203] bezog sie sich direkt auf die Diskussionen des Exils. Die Überzeugung, daß das, was heute noch als Parteilichkeit Leser zusammenzucken lasse, die tendenzlose Literatur verlangten, eines Tages »allgemeines Besitztum der Menschheit«[204] – also als »reines« oder »ewiges«[205] Kunstwerk wahrgenommen – werde, begründete sie mit dem Charakter des Autors, der Einheit von Denken und Sein.[206]

Mit der Absage an tagespolitische Agitation be-

fand sich Seghers in Übereinstimmung mit Lukács, dessen ungarische Nachkriegspublikationen zur literarischen Situation der Gegenwart zwar nicht in der SBZ/DDR gedruckt wurden, dessen frühere Arbeiten aber in schneller Folge erschienen und über das mit dem Jahre 1949 zu datierende Ende seiner öffentlichen Geltung in der ungarischen Kulturpolitik hinaus bis 1956 in der DDR kanonisch waren. In ihnen zeigt sich einerseits eine Kontinuität zurück bis zu den Revolutionsschriften von 1918/1919, anderseits setzt sich Lukács intensiv mit den Nachkriegsbedingungen auseinander: Der europäische Rahmen seiner Neudefinition von Tendenz im negativen Sinn als Parteidichtung wurde von der internationalen Debatte über das Engagement gebildet, insbesondere über Sartres Existenzialismus. Lukács benutzte die Metapher des Partisanen, um den Autor gegen »kleinliche Anpassung an die täglichen Bedürfnisse« abzugrenzen: »Der Parteidichter ist niemals Führer oder einfacher Soldat, sondern immer Partisan. Das heißt, wenn er ein wirklicher Parteidichter ist, dann besteht eine tiefe Einheit mit der geschichtlichen Berufung der Partei, mit der großen strategischen Linie, die von der Partei bestimmt wird. Innerhalb dieser Einheit muß er sich jedoch mit eigenen Mitteln auf eigene Verantwortung of-

---

198 ERNST BLOCH, Originalgeschichte des Dritten Reiches, in: Das Wort 2 (1937), H. 12, 72 f.
199 Vgl. BENJAMIN (s. Anm. 175), 683–701.
200 ANNA SEGHERS, Der Anteil der Literatur an der Bewußtseinsbildung des Volkes [Rede auf dem IV. Schriftstellerkongreß 1956], in: Seghers, Über Kunstwerk und Wirklichkeit, hg. v. S. Bock, Bd. 1 (Berlin 1970), 100.
201 SEGHERS, Die Aufgaben des Schriftstellers heute. Offene Fragen [Rede auf der I. Jahreskonferenz des Deutschen Schriftstellerverbandes 1966], in: Seghers (s. Anm. 200), 159.
202 SEGHERS, Die Tendenz in der reinen Kunst (1948), in: Seghers (s. Anm. 200), 211.
203 Vgl. SEGHERS, Die Tiefe und Breite in der Literatur [Rede auf dem V. Deutschen Schriftstellerkongreß 1961], in: Seghers (s. Anm. 200), 238.
204 SEGHERS, Die Tendenz in der reinen Kunst, in: Seghers (s. Anm. 200), 212.
205 SEGHERS, Inneres und äußeres Reich (1945), in: Seghers (s. Anm. 200), 202.
206 Vgl. SEGHERS, Beruf und Berufung des Schriftstellers (1946), in: Seghers (s. Anm. 200), 206.

fenbaren.«[207] Gegen Gides Gleichsetzung von Literatur und Opposition sowie Ortegas Bestimmung der Moderne als Dehumanisierung[208] bestand Lukács darauf, daß der Schriftsteller als Partisan zugleich »freier« und »tiefer gebunden« (118) sei, nämlich an die humanistische Tendenz der Epoche, wodurch Objektivität der Darstellung möglich werde.

Lukács hat seinem Festhalten an der Kategorie der Objektivität nachträglich einen kritischen Sinn zugeschrieben, der sich gegen den Subjektivismus der »Stalinschen Auffassung der *Parteilichkeit*« gerichtet habe: »ein *Verwerfen in Bausch und Bogen eines jeden Dranges nach Objektivität*« (181). In seinem Brief an eine italienische Zeitschrift berief sich Lukács auf Nadežda Krupskaja (die Frau Lenins), um zu betonen, daß Lenins Aufsatz *Parteiorganisation und Parteiliteratur* von 1905 »sich überhaupt nicht auf schöne Literatur bezieht« (182). Die Stalinsche Auslegung habe Objektivität und »selbständiges Erfassen und Bearbeiten der Wirklichkeit« (183) durch Agitation ersetzt, wodurch Wissenschaft und Kunst zur Illustration von Beschlüssen und Thesen geworden sei.

4. Parteilichkeit als Administration der Literaturverhältnisse in der SBZ/DDR

In den Diskussionskampagnen, die zur Durchsetzung des sozialistischen Realismus und zur Be-

kämpfung von Formalismus geführt wurden, war der Auftrag der Literatur vor allem als Einordnung der Schriftsteller in die Politik der Partei verstanden. Der bis zur Mitte der 50er Jahre noch ausgeprägt kontroverse Charakter dieser Diskussionen zeigt aber, daß die Orientierung auf aktuelle Agitation und popularisierende Propaganda nicht unumstritten war.

In der offiziellen Theorie des sozialistischen Realismus spielte der Begriff Parteilichkeit keine zentrale Rolle. Auch in der Sowjetunion stand er innerhalb der Trias Ideengehalt, Volksverbundenheit und Parteilichkeit[209] keineswegs an der Spitze. Die *Bol'šaja sovetskaja ėnciklopedija* setzte 1955 ›Ideengehalt‹ mit der ›politischen Tendenz‹ und ›Parteilichkeit‹ mit der ›bewußten sozialistischen Tendenz‹ gleich (»Партийность литературы и искусства – идейная направленность художественного творчества, выражение в произведениях искусства классового подхода к действительности, защита и отстаивание интересов определённого общественного класса«) und verband das Prinzip der Parteilichkeit (принцип партийности) mit der Volkstümlichkeit (народность)[210], um die Spitzenstellung der Volksverbundenheit historisch aus der Ästhetik der russischen revolutionären Demokraten abzuleiten. Schon vor dem 20. Parteitag wurden Versuche gemacht, die Volksverbundenheit als Basis der Definition des Realismus als Methode in Frage zu stellen. Solche Versuche konnten sich aber auch nach 1956 nicht durchsetzen.

1950 scheiterte Belik mit dem Vorschlag, Parteilichkeit zur einzigen Kategorie zu erheben.[211] Weder das Prinzip ›Aufrichtigkeit‹ (искренность), das Pomerancev 1953 vorschlug[212], noch der Begriff ›Ausrichtung‹ (направленность), den Bagrinskij 1969 ins Spiel brachte[213], ersetzten die bis zum Ende des realen Sozialismus in den offiziellen kulturpolitischen Dokumenten festgehaltene Bestimmung von sozialistischem Realismus als Methode. In ihm war die Volksverbundenheit der Parteilichkeit übergeordnet[214], weil sich aus der Volksverbundenheit ästhetische Normen der Gestaltung ableiten ließen.

Wie in der Sowjetunion war auch in der DDR die relativ schwache Konzeptualisierung des Begriffs Parteilichkeit nicht nur eine Folge der Bünd-

---

207 LUKÁCS, Freie oder gelenkte Kunst (1947), in: Lukács, Marxismus und Stalinismus. Politische Aufsätze, in: Ausgewählte Schriften Bd. 4 (Reinbek 1970), 91.
208 Vgl. LUKÁCS (s. Anm. 207), 123, 128.
209 Vgl. JOCHEN-ULRICH PETERS, Réalisme sans rivages? Zur Diskussion über den sozialistischen Realismus in der Sowjetunion seit 1956, in: Zeitschrift für Slawische Philologie 37 (1974), 300.
210 ›Partijnost' literatury i iskusstva‹, in: Bol'šaja sovetskaja ėnciklopedija, Bd. 32 (Moskau ²1955), 171.
211 Vgl. LAHUSEN/DOBRENKO (s. Anm. 4), 54.
212 Vgl. VLADIMIR POMERANCEV, Über die Aufrichtigkeit in der Literatur (1953), zit. nach Jens Stüben, Parteilichkeit. Zur Kritik der marxistischen Literaturtheorie (Bonn 1974), 101.
213 Vgl. PETERS (s. Anm. 209), 316.
214 Vgl. BORIS GROYS, The Total Art of Stalinism: Avant-Garde, Aesthetic Dictatorship, and Beyond (Princeton 1992), 47.

nispolitik und des bis in die 60er Jahre propagierten Ziels der Wiedervereinigung, sondern auch Folge der kulturpolitischen Betonung der Spezifik der Kunst. Der Kulturminister Becher forderte, daß »die Literatur auf eine ihr eigentümliche und selbständige Art politisch wird«[215]. Die Frage der Parteilichkeit wurde deshalb anhand spezifisch ästhetischer Kategorien gestellt: des Typischen in der ersten Hälfte, der Perspektive in der zweiten Häfte der 50er Jahre, des Menschenbilds in den 60er Jahren. Aber gerade aus der Spezifik ergab sich die strikte Regulierung nicht nur der Themen, sondern auch der Formen: Der positive Held galt als typisch, und der handlungstragende Koflikt sollte so gelöst werden, daß die Zukunft, als Gegenwart verstanden, der Darstellung die Perspektive gibt.

Von der Bitterfelder Konferenz ging die Forderung einer aktiven Teilnahme der Literatur an der sozialistischen Gesellschaft aus. Es wurde gegen eine Beobachterhaltung polemisiert und auch die Haltung kritischer Distanz abgelehnt.[216] Vom Schriftsteller wurde verlangt, den Blickwinkel des Planers und Leiters einzunehmen, um durch die Ausprägung des sozialistischen Menschenbildes den Sieg des sozialistischen Realismus in der DDR zu erreichen.[217] Der Perspektive von oben (Planer und Leiter) entsprach von unten ein Sich-in->Übereinstimmung‹-Bringen[218] mit dem gesellschaftlichen Status quo. Hierbei spielte das 11. Plenum der ZK der SED (1965) eine besonders restriktive Rolle. Eine offizielle Auswertung des Plenums stellte in den Vordergrund, daß die Literatur als Staatsphänomen kein »kritisches Element« als »besondere […] Kategorie (etwa ›neben‹ der Parteilichkeit)«[219] haben könne. Parteilichkeit sei eine der »wissenschaftlichen und moralischen Qualitäten eines Planers und Leiters der gesellschaftlichen Entwicklung«: »Parteilich sein bedeutet […], die Folgen jeder künstlerischen Äußerung, die gesellschaftliche Wirkung bereits in die Gestaltung ›einzukalulieren‹, um *sozialistische* Impulse zu erzeugen.« (1153) Dem wurde die vermeintlich negative Wirkung kritischer Distanz (vgl. 1166) entgegengesetzt: »Das ›kritische Prinzip‹ löst in der *Absolutheit* seines Anspruchs notwendig nur einseitige, und zwar pessimistische, niederdrückende, destruktive und demoralisierende Emotionen und Assoziationen aus.« (1165) So stand auch in der Polemik gegen Lukács dessen Bevorzugung des Kritischen Realimus vor dem sozialistischen Realismus im Mittelpunkt. Die Rehabilitierung der theoretischen Autorität Brechts war Mittel zum Zweck, um Lukács' Gestaltungsästhetik, in der das Demokratie-Konzept eine entscheidende Rolle spielte, außer Kraft zu setzen (vgl. 1170).

In den 60er Jahren wurde in der DDR versucht, den sich gleichzeitig in der BRD durchsetzenden Begriff des Engagements traditionellen marxistischen Begriffen zu- oder unterzuordnen: Werner Krauss übersetzte den »weiten« Begriff vom Engagement, das »Kennzeichen jeder Literaturübung« sei, ins Marxistische mit »Klassencharakter« und den engeren der »Verpflichtung zur Stellungnahme« mit »Parteilichkeit«[220]. Er integrierte die Fragen der Verneinung und der Bejahung ebenso wie die von Aktualität und Tiefendimension der Geschichte,[221] grenzte aber Sartres eigentlichen Begriff, den spezifischen Kampf für menschliche Integration, ab und verglich diesen mit Adornos Konzept der Negativität[222].

---

215 BECHER, Rede auf dem Ersten deutschen Schriftstellerkongreß in Berlin (1947), in: Becher, Gesammelte Werke, hg. v. Johannes-R.-Becher Archiv, Bd. 17 (Berlin/Weimar 1979), 170.
216 Vgl. KURT HAGER, [Rede auf der Beratung des Politbüros des ZK der SED und des Präsidiums des Ministerrats mit Schriftstellern und Künstlern, 25. 3. 1963], in: E. Schubbe (Hg.), Dokumente zur Kunst-, Literatur- und Kulturpolitik der SED 1949–1970 (Stuttgart 1972), 868.
217 Vgl. WALTER ULBRICHT, [Rede vor Schriftstellern, Brigaden der sozialistischen Arbeit und Kulturschaffenden in Bitterfeld, 24. 4. 1959], in: Schubbe (s. Anm. 216), 552–562.
218 Vgl. ULBRICHT, [Rede auf der 2. Bitterfelder Konferenz, 24. und 25. 4. 1964], in: Schubbe (s. Anm. 216), 975 f.
219 ERWIN PRACHT/WERNER NEUBERT, Zu aktuellen Grundfragen des Sozialismus in der DDR, in: Schubbe (s. Anm. 216), 1153, 1162.
220 WERNER KRAUSS, Grundprobleme der Literaturwissenschaft (1968), in: Krauss, Literaturtheorie, Philosophie und Politik, hg. v. M. Naumann (Berlin/Weimar 1984), 164, 166.
221 Vgl. ebd., 164.
222 Vgl. KRAUSS, Methodologische Glossen zur marxistischen Literaturtheorie, zum literaturwissenschaftlichen Strukturalismus und zur Rezeptionsästhetik (entst. ca. 1968; 1984), in: Krauss (s. Anm. 220), 323.

So muß auffallen, daß der Begriff Engagement vielfach die Parteilichkeit stillschweigend ersetzte, ohne daß das Verhältnis explizit bestimmt worden wäre. Gerade in der Auseinandersetzung mit den klassischen Texten des Marxismus zu Parteilichkeit und Tendenz[223] fungierte Engagement als ein Kompromiß zwischen den gegensätzlichen Entwicklungsrichtungen der Literaturwissenschaft, die 1985 als Autonomisierung einerseits und Öffentlichkeitsorientierung anderseits beschrieben wurden.[224] Beide Richtungen entwickelten sich um eine Leerstelle herum, die vormals von der offiziellen Theorie des sozialistischen Realismus eingenommen worden war. Seit 1975 hörte die Publikation von repräsentativen Sammelbänden auf, die Anfang der 70er Jahre in dichter Folge Parteilichkeit und Volksverbundenheit zu den zentralen Bestimmungen der formal nicht mehr normierten künstlerischen Methode des sozialistischen Realismus erhoben hatten.[225] Zwar wurden in der ›postkanonischen Phase‹[226] diese Merkmale auf den Parteitagen weiterhin proklamiert, wenn auch nun an das Bekenntnis zur Brechtschen Formel der ›Weite und Vielfalt‹ gebunden. In der wissenschaftlichen und literarischen Diskussion jedoch waren ›Parteilichkeit‹ und ›Volksverbundenheit‹ durch die Entgegensetzung von spezifisch Ästhetischem und Ideologie überholt: Die Gleichsetzung des Ästhetischen mit ›Erfahrung‹ und ›Kritik‹ einerseits ließ anderseits sozialistische Ideologie zu ›falschem Bewußtsein‹ werden. Zugleich wurde mit der Dekanonisierung Lenins Schrift *Parteiorganisation und Parteiliteratur* historisierbar. Wenn es 1970 noch geheißen hatte: »Lenin geht es prinzipiell um die größtmögliche ›Ausweitung‹ des Bereichs wie der Einflußnahme einer vom Geist der proletarischen Parteilichkeit durchdrungenen Literatur«[227], so sah man 1973 in diesem Leninschen Artikel einen »funktional verstandenen Literaturbegriff« begründet: »Die Frage kann sich also gar nicht auf den *Inhalt* des Literaturbegriffes beziehen, also darauf, was er einschließt oder ausschließt, sondern nur auf das *Prinzip*, nach dem dieser Literaturbegriff gebildet ist.«[228]

---

223 Vgl. PETER WEBER, Die Einheit von politischer und ästhetischer Kritik in Marx' und Engels' Stellungnahme zu Lassalles Drama ›Franz von Sickingen‹ (1966), in: Hinderer (s. Anm. 100), 310; UTA BURGGRAF, Kunst und Proletariat. Zur Differenzierung einiger theoretischer Positionen am Ende des 19. Jahrhunderts, in: Weimarer Beiträge 24 (1978), H. 8, 111.
224 Vgl. WOLFGANG THIERSE/DIETER KLICHE, DDR-Literaturwissenschaft in den 70er Jahren, in: Weimarer Beiträge 31 (1985), 267–308.
225 Vgl. PRACHT/NEUBERT (Hg.), Sozialistischer Realismus – Positionen, Probleme, Perspektiven (Berlin 1970); HANS KOCH (Hg.), Zur Theorie des sozialistischen Realismus (Berlin 1974); PRACHT u. a., Einführung in den sozialistischen Realismus (Berlin 1975).
226 Vgl. HANS GÜNTHER, Die Lebensphasen eines Kanons – am Beispiel des sozialistischen Realismus, in: A. Assman/J. Assmann (Hg.), Kanon und Zensur (München 1987), 148.
227 ERHARD JOHN, Die Aktualität von Lenins Schrift ›Parteiorganisation und Parteiliteratur‹ für die Kunst im entwickelten gesellschaftlichen System des Sozialismus (1970), in: Schubbe (s. Anm. 216), 1715.
228 MANFRED NAUMANN u. a., Gesellschaft, Literatur, Lesen. Literaturrezeption in theoretischer Sicht (Berlin/Weimar 1973), 248, 253.

IV. Sartres Engagement-Konzept und seine Rezeption

1. Sartres Konzept einer littérature engagée: Veränderungen auf dem Dritten Weg im Kalten Krieg

Jean Paul Sartres literaturtheoretische Programmschrift *Qu'est-ce que la littérature?* (1948) prägte zwar nicht den Begriff Engagement, der schon in den 30er Jahren breiter diskutiert worden war, führte ihn aber in der Literaturdiskussion zu terminologischer Festigkeit, von wo aus er in den 60er Jahren in die politische Alltagssprache eindrang.

In Sartres späterem Werk wird das Engagement auf der einen Seite immer weniger in der historisch-gesellschaftlichen Situation des Schriftstellers und immer mehr im Wesen der Literatur lokalisiert. Auf der anderen Seite wird das Schreiben von Literatur immer weniger mit Handeln gleichgesetzt und statt dessen als Alibi für Nicht-Handeln begriffen. Diese widersprüchliche Bewegung von Sartres Theoretisierung des Engagements läßt sich auf die Polyvalenz[229] des Begriffs in *Qu'est-ce que la littérature?* zurückführen. Die Polyvalenz liegt in der Sache, weil der Begriff des Engagements sich auf verschiedene Beziehungen orientiert: auf die Beziehung von Literatur und Gesellschaftsgeschichte und darin auf das Verhältnis von Schriftstellern als Intellektuelle zur Arbeiterbewegung, insbesondere zur revolutionären, und der KP. In der Programmschrift lassen sich wegen der Komplexität der Problematik vier Ebenen der Verwendung des Begriffs unterscheiden: zwei allgemeine, von denen eine deskriptiv, die andere normativ ist, sowie zwei spezifische, eher eingeschränkte: Sie betreffen eine gattungsmäßige und eine historische Begrenzung des Begriffs. Auf der deskriptiven Ebene ist alle Literatur immer schon engagiert – wie alles menschliche In-der-Welt-Sein situiert ist. Auf der normativen Ebene wird gefordert, Abhängigkeit durch bewußte Stellungnahme zu ersetzen und Verantwortung zu übernehmen.[230] Auf der Gattungsebene erscheint Prosaschreiben als ein Handeln, das im »pacte« (105) mit dem Leser durch Enthüllung die Welt verändert (vgl. 73). Als historisches Beispiel solcher Prosa wird die Literatur der extremen Situationen beschrieben, die im Widerstand gegen den deutschen Faschismus entstand. Sie brach mit der Romantechnik des Newtonschen Erzählers, dem Stil des kontemplativen Realismus, und wahrte in ihrer Verbundenheit mit dem Proletariat die Autonomie der Literatur, ohne formalistisch, ästhetizistisch oder L'art pour l'art zu werden. Statt einer bereits durchdachten Welt gibt der Situationsroman im ›Mittendrin‹ (vgl. 240) einen Appell, die Partikularität zu überschreiten. Seine universale Subjektivität (vgl. 182), die ins Historische das Absolute, ins Soziale das Metaphysische integriert, läßt ihn einerseits mit der Demokratie solidarisch sein (vgl. 187) und anderseits zum Bild permanenter Revolution (vgl. 196 f.) werden. *Qu'est-ce que la littérature?* lokalisiert jedoch auch den Schriftsteller soziologisch in der Geschichte. Die Angewiesenheit des Schreibens auf ein Lesen (das wiederum als gelenktes Schaffen erscheint) bildet die Brücke zwischen Literaturbegriff und Analyse der Publikumsbeziehungen. Von entscheidender Bedeutung ist dabei die Analogie zwischen der Aufstiegsphase des Bürgertums und der des Proletariats. Der Anspruch auf die Tradi-

tion der Aufklärung bildet den kritischen Maßstab einerseits gegenüber den Schriftstellergenerationen zwischen 1848 und 1940/45, anderseits gegenüber der KP. Wenn Ästhetizismus, humanistischer traditioneller Realismus und Surrealismus gleichermaßen kritisiert werden, weil sie ihrem bürgerlichen Publikum bloß ein »alibi«[231] für seine »conscience malheureuse« (129) geliefert hätten, so ergeht an die KP der Vorwurf, das proletarische Publikum von der Aufklärung durch den kritischen kleinbürgerlichen Schriftsteller abzusperren, um es im Glauben zu halten. Literatur erscheint als unvereinbar mit kommunistischer Organisation und Ideologie: Sie ist von ihrem Wesen her Häresie.[232]

In den 50er Jahren – zur Zeit von Sartres größter Nähe zur KP – wurden zunächst Albert Camus und später Roland Barthes französische Gegenautoritäten mit internationalem Einfluß. Wenn Camus die Unterscheidung von Autor als Schriftsteller und als Bürger folgenreich in die Debatte einführte: »Le seul artiste engagé est celui qui, sans rien refuser du combat, refuse du moins le rejoindre les armées régulières, je veux dire le franc-tireur«[233], so knüpfte Barthes' *Le degré zéro de l'écriture* (1953) an Sartres eigener Unterscheidung von Poesie und Prosa an, um das autonome Schreiben vom funktionalen Produkt des Schriftstellers abzugrenzen.[234] Sartres Antwort auf Camus verband die Abweisung der Rollentrennung mit der Zentrierung der Debatte auf die später dominante Opposition von Negation und Affirmation.[235] Sartre kritisierte Camus' »refus«[236] als illusionären Glauben, außerhalb der Geschichte zu sein, seine Vernei-

---

229 Vgl. CHARLES T. GLICKSBERG, The Literature of Commitment (Lewisberg/London 1976), 420.
230 Vgl. JEAN-PAUL SARTRE, Qu'est-ce que la littérature? (Paris 1948), 141 f., 266.
231 Ebd., 213.
232 Vgl. ebd., 150.
233 ALBERT CAMUS, Discours de Suède. Conférence du 14 décembre 1957, in: Camus, Œuvres complètes, Bd. 3 (Paris 1962), 461.
234 Vgl. ROLAND BARTHES, Le degré zéro de l'écriture (1953), in: Barthes, Œuvres complètes, hg. v. E. Marty, Bd. 1 (Paris 1993), 161–166.
235 Vgl. CAMUS, L'homme révolté (1951), in: Camus, Essais (Paris 1965), 1609–1716.
236 SARTRE, Réponse a Albert Camus (1952), in: Sartre, Situations, IV (Paris 1964), 112.

nung als Zustimmung, insofern die Situation des Bürgerkriegs, des Kalten Krieges, keine der Absurdität sei, sondern eine, die verlange, sie hinzunehmen, um sie zu ändern.[237] Eine andere Bedeutung erhielt Affirmation, als Sartre Claude Simons auf Barthes gestützten Spott über den Eigenkommentar zu *Les mots* (1963) zurückwies. Hatte Sartre gemeint: »En face d'un enfant qui meurt, *la Nausée* ne fait pas le poids«[238], so setzte er gegen das von Nouveau Roman und Strukturalismus favorisierte »Degagement«[239] die These vom Werk als ›Affirmation‹ des Sozialismus, als Vorwegnahme von Freiheit und Harmonie (vgl. 140). Sein Engagement liege in der wirkenden Überschreitung seiner Produktionsbedingungen (vgl. 135). Im *Plaidoyer pour les intellectuels* (1965) schließlich machte sich Sartre Barthes' Unterscheidung von Schreibendem und Schriftsteller (»écrivants et les écrivains«[240]) explizit zu eigen, um Engagement aus der Literatur selbst als dem singularen Universalen abzuleiten: aus der Bearbeitung der »matérialité des mots« (437). Wenn der Schriftsteller deshalb »n'est pas intellectuel *par accident* [...] mais *par essence*« sei (455), gelte für jedes literarische Kunstwerk die folgende, Negation und Affirmation in der ästhetischen Bearbeitung des Sprachmaterials vereinende Verpflichtung: »d'une part restitution – sur le plan non-savoir – de l'être dans un monde qui nous écrase et, de l'autre part, affirmation vécue de la vie comme valeur absolue et exigence d'une liberté qui s'adresse à toutes les autres« (ebd.).

Die Polyvalenz des Engagement-Begriffs von

---

237 Vgl. ebd., 124.
238 SARTRE, [Interview], in: Le monde (18. 4. 1964), 13.
239 SARTRE, [Interview], in: Clarté (März/April 1964), zit. nach Kursbuch, H. 1 (Juni 1965), 146.
240 SARTRE, Plaidoyer pour les intellectuels (1965), in: Sartre, Situations, VIII (Paris 1972), 436.
241 Vgl. JEAN SUR, Aragon, le réalisme de l'amour (Paris 1966), 140ff.
242 Vgl. ROGER GARAUDY, Une littérature de fossoyeurs (Paris 1947), 13, 22.
243 Ebd., 23.
244 Vgl. GARAUDY, D'un réalisme sans rivages (Paris 1963), 64, 267.
245 [Zentralkomitee der Französischen Kommunistischen Partei], Résolution sur les problèmes idéologiques et culturels, in: Cahiers du communisme 42 (1966), H. 5/6, 271.

Qu'est-ce que la littérature? bis zur Schrift *L'engagement de Mallarmé* (1979) ermöglichte seine internationale Rezeption, weil sie vielfache Anschließbarkeit erlaubte. Dabei zeigt sich aber eine bedeutsame Gemeinsamkeit in den westlichen Ländern ohne starke kommunistische Arbeiterbewegung. Sowohl in den USA und Großbritannien als auch in der BRD kam es zu einer umfassenden Rezeption erst in den 60er Jahren, als die Entspannung den Kalten Krieg relativierte.

In Italien und Frankreich setzten sich marxistische Theoretiker auf unterschiedliche Weise mit Sartres Engagement auseinander: In Frankreich wiederholte Aragon 1966 seine bereits 1946 formulierte Einschätzung, daß der Begriff ›engagierte Literatur‹ ein ganz unnötiger Neologismus sei.[241] War 1946 der sozialistische Realismus der Grund dieser Abweisung, so 1966 die inzwischen von der Französischen Kommunistischen Partei, nicht zuletzt unter Einfluß von Garaudy, erweiterte Realismusbegriff. 1948 hatte Garaudy noch Sartres Engagement wegen des implizierten Begriffs von Freiheit als Negation und Wahl scharf kritisiert[242]: »Rien dans sa philosophie n'ouvre ce voie vers l'action.«[243] Diese hatte er in der »double certitude contraignante« (82) von einerseits »vérités« (83) über die Widersprüche des Imperialismus, von anderseits »confiance dans le peuple« (82) begründet gesehen. Vom Künstler hatte Garaudy »une participation créatrice à la dialectique de la nécessité« (13) verlangt, die einerseits als »connaissance scientifique de l'histoire« (16), anderseits als »adhésion et construction« (13) erschien. Über Garaudys *D'un réalisme sans rivages* (1963), wo Kunst nicht mehr als Reproduktion und Erkenntnis, sondern als Ausdruck der »aspirations de l'homme« und das Werk als Mythos bestimmt wurde (»Le mythe porte témoignage de la présence active, créatrice, de l'homme dans un monde toujours en naissance et en croissance. Chaque grande œuvre d'art est l'un de ces mythes«[244]), ging das Zentralkomitee der Französischen Kommunistischen Partei noch hinaus, wenn es 1966 zum Bündnis der Intellektuellen mit der Arbeiterklasse grundsätzlich feststellte: »Les exigences expérimentales de la littérature et de l'art ne sauraient être niées ou entravées, sans que soit gravement porté atteinte au développement de la culture et de l'esprit humain lui-même.«[245] An seine Grenzen stieß das Bündnis dort, wo marxistische Kritiker »eine eigentümliche Nähe« zwischen »Sartres Theorie der ›engagierten Literatur‹ und Tel Quels Theorie der ›textuellen Produktivität‹« feststellten, »wo in einem Fall das Engagement der Schriftsteller (ihr Gewissen), im anderen die ›subversive Kraft des avantgardistischen Textes‹ zum Motor revolutionärer Veränderungen«[246] und damit zum Ersatz für Arbeiterklasse und kommunistische Partei würden.

In der trotzkistischen Tradition berief sich Victor Serge auf den Universalismus von Sartres Engagement-Humanismus, um die Notwendigkeit der Kritik an den kommunistischen Parteien zu begründen. Er betonte das Unzureichende einer »responsible literature««, die als »participation in action«« und »making up one's mind«« Unterordnung unter »directed thought«[247] darstellte und das Gewissen des Autors ersetzte.

Hiervon unterschied sich in Italien sowohl Galvano Della Volpes Zurückweisung des Engagements im Namen eines gnoseologischen Realismusmodells als auch Franco Fortinis Theorie des Mandats oder der Vollmacht der Literatur. Della Volpe berief sich auf Brechts gerade veröffentlichte Aufsätze *Weite und Vielfalt der realistischen Schreibweise* (1955) und *Volkstümlichkeit und Realismus* (1958), wenn er gegen Lukács eine Poetik des sozialistischen Realismus einforderte, und zwar »il principio che senza *idee in genere* [...] non c'è poesia e per il principio della *tendenziosità* ossia inevitabile *determinatezza* storica di ogni idea: di modo che – nel nostro tempo – non può esserci come *ideale artistico* pratico, da realizzare, che un realismo *socialista*« (gemäß dem Prinzip, daß es keine Deutung gibt ohne *Ideen ganz allgemein* [...], und gemäß dem Prinzip, daß alle Ideen stets *tendenziös* sind: unweigerlich historisch *determiniert*. Dies derart, daß es in unserer Zeit als praktisches, realisierbares *Kunstideal* nur den sozialistischen Realismus geben kann)[248]. Fortini wendete sich scharf gegen die Kontinuität scheinhafter Unabhängigkeit der Literatur von der Politik – eine Kontinuität, die er vom Faschismus bis in den Monopolkapitalismus der Gegenwart reichen sieht.[249] Von Sartre, dem er nicht nur terminologisch folgt, unterscheidet sich Fortini durch seine Auffassung der Partei. Sie ist durch ihr Bündnis mit anderen Organisationen Voraussetzung und Bedingung der Befreiung aus der Abhängigkeit von den kapitalistischen Organisationen des literarischen Lebens. Im Mittelpunkt seiner Theorie der antikapitalistischen Verpflichtung des Schriftstellers steht die innere Problematik des Antifaschismus der Italienischen Kommunistischen Partei: »Parliamo dei rapporti di proprietà‹ significa esattamente il contrario dell'*engagement*. (›Das Sprechen von den Eigentumsverhältnissen‹ bedeutet genau das Gegenteil von Engagement.)[250] In den Differenzen zwischen Brecht, Lukács und der Literaturpolitik der Funktionäre der KP sieht Fortini den vom Antifaschismus verdeckten realen Konflikt zwischen individuellem Schaffen und parteiförmiger Institutionalisierung aufbrechen. Avantgardistischer Bruch mit der Tradition aufklärerischer Humanität (Brecht), humanistische Kontinuität (Lukács) und Verwandlung von Literatur in Propaganda (Funktionäre) sind für Fortini gleichermaßen unzureichende Antworten auf das historische Faktum des Bruchs mit dem ›nationalen Pakt‹ von Literatur und Bürgertum in Gestalt von historischer Avantgarde-Literatur und Arbeiterbewegung.[251]

2. *Westliches Verständnis von Engagement als sozialistischer Realismus, Tendenz- und Thesen-Literatur*

In den USA und Großbritannien wurde die Rezeption von *Qu'est-ce que la littérature?* durch die

---

246 KARLHEINZ BARCK/BRIGITTE BURMEISTER, Einleitung, in: Barck/Burmeister (Hg.), Ideologie – Literatur – Kritik. Französische Beiträge zur marxistischen Literaturtheorie (Berlin 1977), 56.
247 SERGE, The Writer's Conscience, in: D. Craig (Hg.), Marxists on Literature. An Anthology (Harmondsworth 1975), 443.
248 GALVANO DELLA VOLPE, Critica del gusto (Mailand ²1964), 216; dt.: Kritik des Geschmacks, übers. v. B. Kroeber (Darmstadt/Neuwied 1978), 178.
249 Vgl. FRANCO FORTINI, Verifica dei poteri (1960), in: Fortini, Verifica dei poteri. Scritti di critica e di istituzioni letterarie (Mailand 1965), 41–46; dt.: Die Überprüfung der Vollmacht, in: Die Vollmacht. Literatur von heute und ihr sozialer Auftrag, übers. v. F. Kollmann (Wien/Frankfurt a. M./Zürich 1968), 31–36.
250 Ebd., 169; dt. 117.
251 Vgl. ebd., 143–149; dt. 93–99.

Zurückhaltung bestimmt, den Engagementbegriff zu übernehmen. Von der Rezension in *Partisan Review* bis zu Mary McCarthys Bericht über die Pariser Diskussion von 1965, an der Simone de Beauvoir, Michel Butor, Jean Ricardou, Sartre und Jorge Semprun teilnahmen, bleibt es bei der Gleichsetzung von »engaged« mit »enlisted in the service of the class struggle«[252]: »In fact«, faßt McCarthy die herrschende Meinung 1965 zusammen, »the term ›committed literature‹ is an antique, dating back to the post-war period and designating an alliance of certain writers with the then-Stalinist Party. [...] outside the Soviet Union, where a state literature, ›socialist realism‹, had to meet rather strict norms of commitment to official policy, the slogan never had much connection with actual novels and poems. Unlike, say, surrealism, it did not denote a school or ›way‹ of writing.«[253] Als Instanzen, vor denen sich der Schriftsteller verantworten müsse oder auf die er sich verpflichten dürfe, erscheinen in der negativen US-amerikanischen und britischen Sartre-Rezeption nur solche, die dem Wesen der Literatur angeblich entsprechen: der Mensch[254], die Wahrheit[255], die Freiheit[256], das Werk[257], die Moderne[258]. Solches »commitment« bedeute aber »artistic detachment«[259]: »To vow to tell the truth, whether pleasing to the authorities or to your readers, is genuine literary commitment.«[260]

Bei der Abweisung des Engagements spielten ehemalige Kommunisten und Marxisten wie Howard Fast und Irving Howe eine besondere Rolle. In seiner Rechtfertigungsschrift *The Naked God. The Writer and the Communist Party* (1957) benutzt Fast für seinen Irrtum das Verb »to engage«, um sein Motiv für die Wendung zum sozialistischen Realismus zu beschreiben: »to wed my principles to action«. Dem Engagement setzt er explizit »the responsibility imposed by the nature of our work«[261] als Begründung seines Abschieds vom Marxismus entgegen. Howe beschreibt 1957 die New York Critics als insgesamt »committed to link cultural modernism with radicalism«[262], wenn er eine ›radikale‹ Kontinuität in der Abwendung vom Marxismus konstruiert. Die New York Critics, die ihren Zugang zur Literatur – in Abgrenzung vom New Criticism – weiterhin historisch-soziologisch verstehen, werden von der politisch radikal gebliebenen Minderheit ihrer »highly tendentious« »snobbery«[263] wegen angegriffen. Am Beispiel einer Kurzgeschichte Lionel Trillings analysiert Farrell die »new tendency of stylized literary morality« (191): »This tendentiousness, expressed not by overt statement but in the selection of characters and incidents dictates [...] the structure of the story.« (192)

Während die späteren Deconstructionists als New Critics sich auf Maurice Blanchot berufen, um dem Engagement ein ›commitment‹ entweder auf das Scheitern der Kunst[264] oder die ›Affirmation‹ des Lebens[265] entgegenzusetzen, schlägt Howe vor, engagierte Literatur auf eine besondere Gattung, auf ›the political novel‹, einzugrenzen. Vom negativ wertenden Konzept des ›Thesenromans‹ ausgehend, bestimmt Howe den ›politischen Roman‹ zunächst neutral als »a novel in which political ideas play a dominant role or in which the

---

252 MARY MCCARTHY, Crushing a Butterfly (1969), in: McCarthy, The Writing on the Wall and other Literary Essays (Harmondsworth 1973), 99; vgl. WILLIAM BARRETT, The End of Modern Literature, in: Partisan Review 16 (1949), 945.
253 MCCARTHY (s. Anm. 252), 99.
254 Vgl. BARRETT (s. Anm. 252), 942–950.
255 Vgl. MCCARTHY (s. Anm. 252), 95.
256 Vgl. KONRAD BIEBER, ›Engagement‹ as a Professional Risk, in: Yale French Studies 16 (1955/1956), 38.
257 Vgl. HOWARD FAST, The Naked God. The Writer and the Communist Party (1957; London 1958), 135.
258 Vgl. IRVING HOWE, Politics and the Novel (1957; New York 1992), 5.
259 BARRETT (s. Anm. 252), 945.
260 MCCARTHY (s. Anm. 252), 95.
261 FAST (s. Anm. 257), 29, 135.
262 HOWE (s. Anm. 258), 5.
263 JAMES T. FARRELL, Literature and Morality. A Crucial Question of Our Time, in: B. S. Oldsey/A. O. Lewis (Hg.), Visions and Revisions in Modern American Literary Criticism (1945; New York 1962), 191, 186.
264 Vgl. GEOFFREY H. HARTMAN, The Fulness and Nothingness of Literature, in: Yale French Studies 16 (1955/1956), 66.
265 Vgl. PAUL DE MAN, Maurice Blanchot (1966), in: J. K. Simon (Hg.), Modern French Criticism. From Proust and Valery to Structuralism (Chicago/London 1972), 258.

political milieu is the dominant setting«²⁶⁶, um dann aus dem Konflikt zwischen Ideologie und Menschlichkeit in den dargestellten Charakteren abzuleiten, daß ein politischer Roman Kunst sein könne (vgl. 19).

Selbst bei denjenigen britischen Autoren, die sich mit der Entstehung der New Left am Ende der 50er Jahre positiv auf Sartres Konzept »about ten years after its original formulation«²⁶⁷ beziehen, wenn sie commitment als »a fairly precise, but not exact, translation of the French word ›engagement‹«²⁶⁸ benutzen, erweist sich die Macht nationaler Tradition. John Mander distanziert sich 1961: »Sartre's name acquired a fatal association with that of another would-be legislator of literature, Stalin's henchman Zhdanov«, was zur Folge gehabt habe, daß »Sartre's theory of commitment contributed very little to intellectual debate in this country«²⁶⁹. Er grenzt sich auch von Iris Murdochs Kritik des Sartreschen Konzepts ab, das »Englishness« mit »human individuality and freedom« (9) identifizierte: »Sartre's manipulation of the term liberte could not happen here« (10). Letztlich schlägt Mander vor, Engagement im Sinne der »Great Tradition of criticism« zu verstehen, »the tradition that runs from Johnson, through Coleridge and Arnold, to a critic like Dr. Leavis in our time«: »The basic moral concern, the implied valuation of human attitudes and activities, that gives life to a work of art« (23). Mander übersetzt Engagement zurück in Arnolds »sincerity« (12) als »responsibility« (15). John Bergers Rückgriff auf Edmund Wilsons Konzept der ›long-range literature‹ wird von Max Adereth²⁷⁰ und David Caute²⁷¹ benutzt, um das Engagement spezifisch englisch zu bestimmen. Adereth zitierte aus Aragons Rede auf dem 13. Parteitag der Französischen Kommunistischen Partei: »A great national art requires a long-term perspective, which is that of the nation«, um die englischen Schriftsteller aufzufordern, »[to] learn from the French example«: »It is as men of their time that Peguy, Aragon and Sartre achieved greatness, and all that one can hope for is that English writers in the second half of this century will also achieve greatness by being men of their land and their age.«²⁷² Caute, der sich breit mit marxistischen Diskussionen – auch außerhalb Großbritanniens – befaßt, gibt dem aus den 30er Jahren bezo-

genen Begriff des ›public writing‹ eine Wende ins Langfristige: »at a level which excavates our cultural conditioning deeper than political commitment, we demand of the novel an absolute affirmation of the value of the individual«²⁷³.

In den USA zeigte die Konfrontation zwischen Eric Bentley und Susan Sontag, daß Sartres Konzept auch hier eingebürgert ist. Während Sontag erklärt: »Sie schreibe [...] aus Freude an ästhetischen Formen«, und Peter Weiss entgegnet: »Engagement an nichts als die Kunst bedeute ein komplizenhaftes Einverständnis mit der Korruption der Gesellschaft«²⁷⁴, geht Bentley zurück zur doppelten Bedeutung von Engagement in Qu'est-ce que la littérature?: »first, that one is involved in politics willy-nilly; second, that one voluntarily accepts the consequences of a particular political stand«²⁷⁵. Lee Baxandalls Anthologie Radical Perspectives in the Arts hielt wenige Jahre später die Differenzierung der Engagement-Rezeption fest: die vom Herausgeber unterstützte Tendenz von »›committed‹ artworks« zur Aktion²⁷⁶, die Wendung kommunistischer Kritiker wie Arnold Kettle zur Öffnung des Begriffs Realismus für eine »utopian tendency ex-

---

266 HOWE (s. Anm. 258), 17.
267 JOHN MANDER, The Writer and Commitment (London 1961), 10.
268 DAVID CAUTE, On Commitment, in: Caute, The Illusion. An Essay on Politics, Theatre and the Novel (New York 1972), 41.
269 MANDER (s. Anm. 267), 8, 10.
270 Vgl. MAX ADERETH, Commitment in Modern French Literature. A Brief Study of ›Littérature engagée‹ in the Work of Peguy, Aragon, and Sartre (London 1967), 205.
271 Vgl. CAUTE (s. Anm. 268), 71.
272 ADERETH (s. Anm. 270), 205, 226.
273 CAUTE (s. Anm. 268), 85.
274 Zit. nach DIETER E. ZIMMER, Gruppe 47 in Princeton (1966), in: R. Lettau (Hg.), Die Gruppe 47. Bericht, Kritik, Polemik. Ein Handbuch (Neuwied/Berlin 1967), 234.
275 ERIC BENTLEY, The Theatre of Commitment (1966), in: Bentley, The Theatre of Commitment And Other Essays on Drama in Our Society (London 1968), 196.
276 LEE BAXANDALL, Foreword, in: Baxandall (Hg.), Radical Perspectives in the Arts (Harmondsworth 1972), 14.

pressed«[277] und die ehemaliger Kommunisten wie John Berger zum Modernismus: »We can now only construct an art of the future from what is best in our modern traditon, established between 1870 and 1920«[278]. In einer Diskussion mit Ernst Fischer, Eduard Goldstücker und Milan Kundera sagte Sartre 1965: »To accept the concept of decadence means in effect that our right to speak is taken away, or at least that we are not clearly committed to Marxism«[279], worauf Kundera auf die Beispielhaftigkeit von Sartres Literaturkritik verwies: »I think that Sartre helps us [...] to adopt a sufficiently sophisticated critical position in regard to all the ideas and works to which we now, after the era of dogmatism, want to open our doors.« (237) Auch in der BRD kam es erst in den 60er Jahren zu einer umfassenden Rezeption von Sartres Konzept Engagement. Als der Begriff in der Mitte der 60er Jahre hegemonial zu werden begann, gab es ein ausgeprägtes Bewußtsein der Verspätung.[280]

Noch zehn Jahre später sprach Heinz Abosch von einem bundesrepublikanischen »Nachholbedarf«, der sich aus der besonderen Situation der »Spaltung Deutschlands« und dem dadurch geprägten »Unverständnis«[281] für die Intellektuellen Frankreichs und Italiens ergeben habe, und Jean Améry wendete das Konzept des nachgeholten Antifaschismus auf den »bis zum Beginn des Krieges [...] wesentlich unpolitischen« Sartre selbst an: »Er wollte [...] einholen, was er als junger Mensch [...] versäumt hatte. Die vagen Sympathien für die französische Volksfront von 1936 gelangten nicht zur entschiedenen Manifestation, beziehungsweise, wie der spätere Sartre es so oft genannt hat, so daß das Wort heute bereits abgebraucht klingt: zum Engagement.«[282]

3. Das nachgeholte Engagement in der westdeutschen Literatur

Schon auf dem Frankfurter Schriftstellerkongreß (1948) wurde der Engagement-Begriff abgelehnt. In dieser Ablehnung bestand sogar Einigkeit zwischen dem später in der DDR tätigen Kritiker Hans Mayer und den westdeutschen Sprechern von Exil, innerer Emigration und junger Generation. Wenn Mayer »den Gegensatz zwischen einer Auffassung des Intellektuellen, die von seiner *Funktion* her bestimmt ist [...], und einer Auffassung vom Eigenwert der geistigen Leistung unabhängig von ihrer Wirkung, die von der individuellen *Substanz* her bestimmt ist«[283], betonte, schien ihm der Engagement-Begriff in dieser Hinsicht unzureichend: »Es wurde freilich doch erkannt, daß alle Literatur heute vor den Forderungen des Tages ›engagiert‹ erscheinen müsse, ob sie das nun wisse und wolle oder nicht. Auf dem berliner Kongreß hatte man das als Problem der ›Zeitnähe‹ formuliert: diesmal in Frankfurt gebrauchte man den französischen Ausdruck des ›Engagements‹. Die Sache selbst hat sich nicht geändert.«[284] Bis in die 60er Jahre war die Gleichsetzung von literarischem Engagement mit ›Tendenzliteratur‹[285] oder ›Literatur im Dienst‹[286] vorherrschend. Hans Magnus Enzensberger wies 1962 Sartres ›Engagement‹ mit drei Begriffen ab, in denen er die gesellschaftliche Funktion autonomer Poesie in der Moderne zu erfassen meinte: Verweigerung, anar-

---

277 ARNOLD KETTLE, The Progressive Tradition in Bourgeois Culture, in: BAXANDALL (s. Anm. 276), 167.
278 JOHN BERGER, Problems of Socialist Art (1961), in: BAXANDALL (s. Anm. 276), 224.
279 SARTRE/ERNST FISCHER/EDUARD GOLDSTÜCKER/ MILAN KUNDERA, Symposium on the Question of Decadence (1965), in: BAXANDALL (s. Anm. 276), 229.
280 Vgl. MARCEL REICH-RANICKI, Wer schreibt, provoziert. Kommentare und Pamphlete (München 1966), 152; KARL MARKUS MICHEL, Die sprachlose Intelligenz (Frankfurt a.M. 1968), 78.
281 HEINZ ABOSCH, Die politische Funktion des Intellektuellen, in: Die Neue Rundschau 86 (1975), 258.
282 JEAN AMÉRY, Sartre. Größe und Scheitern, in: Merkur 28 (1974), 1128.
283 HANS MAYER, Der Breslauer Weltkongreß, in: Frankfurter Hefte 3 (1948), 979.
284 MAYER, Vom ersten zum zweiten deutschen Schriftstellerkongreß, in: Frankfurter Hefte 3 (1948), 695.
285 Vgl. ARNOLD BAUER, Zwischen Gewissen und Dogma. Bemerkungen zum 4. Deutschen Schriftstellerkongreß in Ostberlin, in: Die Neue Gesellschaft (1956), 131–137.
286 Vgl. LOTHAR VON BALLUSECK, Dichter im Dienst (Wiesbaden ²1963), 128–136.

chisch-subversive Kritik, Antizipation im Modus der Verneinung.[287] Im selben Jahr wie Enzensberger bekräftigte Adorno seine autonomieästhetische Position, indem er inmitten einer neuen Debatte so tat, als handele es sich um »eine halbvergessene Kontroverse«[288]. Seinem Kunstbegriff zufolge mußte sich engagierte Literatur selbst »durchstreichen«, weil sie Negation der Autonomie der Kunst ist. Weil nur »in der Verselbständigung der Kunst gegen das Reale [...] ihr polemisches Apriori enthalten« sei, war Adorno bemüht, das Unkritische des Engagements massiv herauszustellen: Mit den Stichworten »Propaganda«, Reduktion aufs »begriffliche [...] Wesen« (410), Nähe zu konservativen »Lobrednern von Bindungen« (411), »Realismus« als »Konventionalismus«, der zur »Sozialpsychologie« des »autoritätsgebundenen Charakters«, ob faschistisch oder kommunistisch, gehöre (412), »abstrakte Autorität anbefohlener Wahl« (413); und »zurückgeblieben hinter der Evolution der ästhetischen Formen« sowie »der Kulturindustrie akzeptabel« (415) meint Adorno Sartres Theorie und Praxis als »geistige Regression« (423) erledigt zu haben, obwohl er sicherheitshalber noch die Kritik an Brecht als »Lobredner des Einverständnisses« (421) anschloß. Adorno meint: »Sartres Frage ›warum Schreiben?‹, und ihre Zurückführung auf eine ›tiefere Wahl‹, ist darum untriftig, weil fürs Geschriebene, das literarische Produkt, die Motivationen des Autors irrelevant sind.« (413 f.) Mit besonderer Schärfe wandte er sich gegen die Literatur der extremen Situationen (vgl. 423), von der er das über Auschwitz verhängte Darstellungsverbot verletzt sah. Wenn der Ausschluß jeder konkreten Beziehung zwischen Literatur und politischer Praxis einen leitenden Aspekt von Adornos Zurückweisung des Terminus bildet, so der Verdacht gegen den Autoritarismus des Konzepts einen weiteren, mit dem ersteren verbundenen. Zur selben Zeit wie der *Engagement*-Aufsatz entstand der *Jargon der Eigentlichkeit* (1964). Hier gilt die Ablehnung der autoritären Heroisierung des Opfers, die Adorno in all den deutschen Wörtern wie ›Bindung‹, ›Verpflichtung‹, ›Einsatz‹, ›Haltung‹ entdeckt, mit denen der Übersetzer der deutschen Erstausgabe von *Qu'est-ce que la littérature?* den Begriff Engagement wiedergegeben hatte: »Bindung ist die gängige Vokabel für die Zumutung von Zucht.«[289]

Während Adorno im Werk – insbesondere der klassischen Moderne – die kritische, negierende und antizipierende Funktion durch die Form vor Affirmation gesichert sah, betonte Marcuse gerade am Fall der Absorption der klassischen Moderne die Einebnung des Widerspruchs durch die Institutionalisierung als Kunst. Der kritische Impuls war seines Erachtens nur zu retten, wenn die Form der Kunst aufgehoben würde und damit ihr Privileg zur ungestraften Negation, also in einer Praxis, die als ästhetische politisch wäre.[290] Marcuses von Adorno entlehnter Begriff der »Großen Weigerung«[291] berief sich auf den Surrealisten als »den totalen Nonkonformisten«[292] nur, um das Ende der Kunst in und durch ihre Verwirklichung zu postulieren. In der ästhetischen Dimension der Praxis der Antiautoritären der 60er Jahre sah er die ›humanen Inhalte‹, die in der Form der Kunst immer zweideutig, zugleich Anklage und deren Aufhebung, geblieben waren, praktisch.[293] Hierfür benutzte er schließlich auch den Begriff »engagiert« (62). Gerade wegen seiner dem Marxismus geschuldeten Zurückhaltung hinsichtlich des Begriffs Engagement konnte Marcuse auf die Diskussion der 60er Jahre insofern Einfluß gewinnen, als er die Konzepte des Nonkonformismus und der Negation oder Weigerung geteilt hatte, aber mit der Beziehung auf Praxis zugleich ein neues Gedankenelement bereithielt. Nonkonformismus und Verweigerung von Politik unter dem Primat der

---

287 Vgl. HANS MAGNUS ENZENSBERGER, Poesie und Politik, in: Einzelheiten, Bd. 2 (Frankfurt a. M. 1964), 135 f.
288 THEODOR W. ADORNO, Engagement (1962), in: ADORNO, Bd. 11 (1974), 408.
289 ADORNO, Jargon der Eigentlichkeit (1964), in: ADORNO, Bd. 6 (1973), 459.
290 Vgl. HERBERT MARCUSE, Der eindimensionale Mensch. Studien zur Ideologie der fortgeschrittenen Industriegesellschaft, übers. v. A. Schmidt (Neuwied/Berlin ²1967), 83–90.
291 MARCUSE, Triebstruktur und Gesellschaft. Ein philosophischer Beitrag zu Sigmund Freud (1955), übers. v. M. von Eckardt-Jaffe (Frankfurt a. M. 1970), 149.
292 MARCUSE, Versuch über die Befreiung, übers. v. H. Reinicke/A. Schmidt (Frankfurt a. M. 1969), 56.
293 Vgl. ebd., 69–71.

»Negation«[294] gerieten unter den Druck der Forderung, das ›Unbehagen‹ – eine Formel, worin sich die unbestimmte Negation, Gesellschaftskritik und allgemein-oppositionelle Haltung als ›unklares Engagement‹ ausdrückte – zu konkretisieren.[295]

Aus der Kritik an der nonkonformistischen Verweigerung, die auf das autonome Werk beschränkt blieb, ergaben sich zwei Varianten der verspäteten, nachholenden Rezeption des Engagements, die die Autonomie des eigentlich Literarischen, dessen, was bei Sartre Poesie hieß, unangetastet ließen: einmal das Engagement des Schriftstellers als Bürger, dann der Verzicht auf die Literatur zugunsten der Aktion; nur in einer dritten Variante wurde der Literaturbegriff selbst verändert.

Paradigmatisch wurde die Position, daß Schreiben durch Handeln zu ersetzen sei, von Enzensberger und Karl Markus Michel als Herausgebern des *Kursbuch* vertreten. In Enzensbergers wandlungsreicher Bestimmung des Verhältnisses von Literatur und Politik bildet die kategorische Ablehnung engagierter Literatur einen Fixpunkt, der sich aus dem prinzipiellen Festhalten an der Autonomie der Literatur als Kunst ergibt. Was sich ändert, ist nur die gesellschaftliche Valenz, die dieser Autonomie zugeschrieben wird. Daß er sich auf Sartre beruft, folgt aus einem anderen Fixpunkt, den er im Unterschied zum Engagement-Begriff nun allerdings mit Sartre teilt. Diesem haben marxistische Kritiker – z.B. Christine Glucksmann

zur Zeit der Weiss-Enzensberger-Polemik – vorgeworfen, zwischen der Unter- und Überschätzung der Literatur zu pendeln.[296] Hatte bei Enzensberger die autonome Kunst 1962 als Kritik für alle Politik utopisch-negierend einzustehen, so war sie 1968, gleichgültig, ob Kritik oder Affirmation, nichts als Kompensation von Gesellschaftsveränderung: Als Kunst bleibe Kritik und Utopie »bloßer Schein«[297]. Was in den 60er Jahren wie ein Wechsel von Adorno zu Marcuse aussehen konnte, war jedoch vor allem eine Verteidigung der Autonomie gegen die Forderung von Engagement in der Literatur. In seinem Rückblick auf den Aufstieg der Nachkriegsliteratur zur »gesellschaftlichen Macht« – die er mit der Großen Koalition für gescheitert hielt, weshalb er die Revolution auf die Tagesordnung setzte – behandelte er das Engagement im Sinne Sartres und Majakovskijs als bereits in den 50ern »so gut wie tot«. Seine Begründung war innerliterarisch: »Je weiter die Differenzierung der literarischen Techniken fortschritt, desto prekärer wurde der Zusammenhang zwischen der politischen Rolle der deutschen Nachkriegsschriftsteller und ihrer eigenen Arbeit.«[298] Das 1967 gegen Weiss bekräftigte »alte Dilemma, der Zwiespalt zwischen den Forderungen des verblichenen ›Engagements‹ und denen der literarischen Kunst«, der »ungelöster denn je« (252) sei, fand ein Jahr später in den *Gemeinplätzen* eine Lösung, die die Autonomie wahrte. Die Anerkennung »einer triftigen sozialen Funktion«[299] von schriftstellerischen Beiträgen zur »politischen Alphabetisierung Deutschlands« (197) als Praxis schützte das poetische Reservat: »Wer Literatur als Kunst macht, ist damit nicht widerlegt, er kann aber auch nicht mehr gerechtfertigt werden.« (195)

Zur selben Zeit, als Michel unter Berufung auf das Kriterium der Praxis die westdeutschen literarischen Vergangenheitsbewältiger als Alibilieferanten angriff, wurden von diesen selbst in einer breit geführten Debatte ganz andere Bestimmungen der Inaktualität oder Aktualität des Begriffs gegeben. Dabei waren zwei Probleme zentral: einmal der Gegensatz von Verweigerung und Verpflichtung, dann das Verhältnis von Schriftsteller als Bürger und Werk oder die Frage nach dem direkten oder indirekten Bezug zur Praxis.

Die Legitimität des später ausdrücklich und ein-

---

294 MARCUSE, Das Individuum in der ›Great Society‹ (1966), in: Marcuse, Ideen zu einer kritischen Theorie der Gesellschaft (Frankfurt a.M. 1969), 180.
295 Vgl. WALTHER SCHMIEDING, Der lange Marsch. Aspekte der deutschen Kultur seit 1945, in: K.D. Bracher (Hg.), Nach 25 Jahren. Eine Deutschland-Bilanz (München 1970), 189 ff.
296 Vgl. ADERETH, What is ›Littérature engagée‹?, in: Craig (s. Anm. 247), 475.
297 ENZENSBERGER, Gemeinplätze, die Neueste Literatur betreffend, in: Kursbuch, H. 15 (November 1968), 194.
298 ENZENSBERGER, Klare Entscheidungen und trübe Aussichten (1967), in: Pinkerneil (s. Anm. 124), 247, 249.
299 ENZENSBERGER (s. Anm. 297), 195.

schränkend ›politisches Engagement‹[300] genannten publizistischen Eingreifens des Schriftstellers in die Tagespolitik hatte schon Walter Jens in seiner Formulierung des nonkonformistischen Konsenses begründet: In der programmatischen Beschreibung der ›jungen deutschen Literatur der Moderne‹ von 1961 dominierte das Bild des Schriftstellers zwischen den Stühlen. Als »Archetypus des Nonkonformisten«[301] zeichnete ihn die Verweigerung, die Negation aller Bindungen und Verpflichtungen aus. In *Literatur und Politik* (1963) beschrieb Jens ihn als den aus allen Bindungen Entlassenen im Hinblick auf Klasse, Nation und Macht im allgemeinen. Wegen der Absage an jede Möglichkeit, indirekt – im Werk – sich politisch Gehör zu verschaffen, sah Jens keine andere Wahl, »als sich [...] *unmittelbar*, mit Hilfe von Manifesten und Pamphleten«[302], zu engagieren: Der Schriftsteller wurde imaginiert als Partisan, Rebell oder Widerstandskämpfer (vgl. 16).

In den 60er Jahren drang der Terminus Engagement, auch bei Autoren, die sich der Politisierung widersetzten, in die literarischen Konzepte selbst ein. Der von Sartre in den Nachkriegsjahren in Frankreich propagierte Hans Erich Nossack erklärte: »Durch [...] ihr selbstverständliches Engagement [...] wirkt Literatur auch politisch revolutionär«. Als ›selbstverständlich‹ galt ihm ein subjektives, »ahistorisches«[303] Engagement für den Menschen gegen Abstraktion, Funktionalisierung, Konformismus »herkömmlicher Bindungen«[304] und »Wahrheiten«[305]. Nossacks Differenz zu Sartre wird nicht nur in der kategorischen Bannung von Geschichte als ›Tagesereignisse‹ und ›Tagesgespräch‹ deutlich, sondern vor allem in dem Insistieren auf Literatur als Monolog. Wenn er den Autor als »Widerstandskämpfer aus Instinkt«[306] bezeichnet, bezieht er sich auf Camus als Modell für des Partisanen Ausbruch aus der Herde und für jene spezifisch literarische Absage, deren Kritik in der Negation zugleich Utopie sei. Ein andere, von der Konkreten Poesie geprägte Variante der Literarisierung des Engagement-Begriffs vertrat 1966 Helmut Heißenbüttel, wenn er vom »Engagement der Erkenntnis« sprach. Er räumte einerseits ein, daß die autonome Literaturauffassung der 50er Jahre ihren »Sinn gegen die Gesellschaft gerichteten Distanzierung verloren«[307] habe, wollte aber

anderseits weder der »Aufwertung von realistischen Literaturauffassungen« sowie »außerliterarischer« Dokumentarliteratur noch der »Ablehnung literarischer Betätigung«[308] folgen. Max Bense ging davon aus, daß es »keine engagierte Literatur, nur engagierte Schriftsteller« gebe, um vier »Schreibweisen« aus »Aspekten« von verschiedenen Engagements abzuleiten. Nur das vom politischen, existentiellen und intellektuellen unterschiedene »artistische Engagement«, das »die Kategorie [...] des Experiments in das kreative Schema der geistigen Arbeit ›einführe‹ und dessen Stil »schreibend die Welt der Objekte« hervorrufe, sah er Literatur als Kunst hervorbringen: »Ein Doppelspiel der Poesie und Prosa [...] im actus purus der Verantwortung.«[309]

Mit radikaleren Schlußfolgerungen stellte zur gleichen Zeit Peter Weiss sowohl das allgemeine Unbehagen als auch die Künstler/Bürger-Arbeitsteilung in Frage: Er warf in den *Zehn Arbeitspunkten eines Autors in der geteilten Welt* (1965) sich und allen Nonkonformisten des »bequemen dritten Standpunkts« vor, »aus Mangel an Bindungen« »den Eigenwert der Kunst höher [zu] schätzen als ihren Zweck«. Um den kapitalistisch-demokratisch »Machthabenden« nicht länger durch alibihafte

---

300 Vgl. HANS WERNER RICHTER, Zum politischen Engagement deutscher Schriftsteller, in: Die Neue Rundschau 78 (1967), H. 1, 290–298.
301 WALTER JENS, Deutsche Literatur der Gegenwart (München 1964), 38, 34.
302 JENS, Literatur und Politik (Pfullingen 1963), 17.
303 HANS ERICH NOSSACK, Die schwache Position der Literatur, in: Nossack, Die schwache Position der Literatur. Reden und Aufsätze (Frankfurt a. M. 1967), 23, 14.
304 NOSSACK, Der Mensch in der heutigen Literatur, in: ebd., 74.
305 NOSSACK, So lebte er hin. . . Rede auf Georg Büchner, in: ebd., 60.
306 NOSSACK (s. Anm. 304), 73.
307 HELMUT HEISSENBÜTTEL, Spekulation über eine Literatur von übermorgen, in: H. L. Arnold (Hg.), Geschichte der deutschen Literatur aus Methoden. Westdeutsche Literatur von 1945–71, Bd. 3 (Frankfurt a. M. 1972), 315, 313.
308 HEISSENBÜTTEL, Neue Linke und die bundesdeutsche Literatur nach 1945. Ein Abriß, in: Arnold (s. Anm. 307), 5, 6.
309 MAX BENSE, Artistik und Engagement. Präsentation ästhetischer Objekte (Köln/Berlin 1970), 175 ff.

Kritik »nur den Beweis für ihre Freigebigkeit« zu »erstellen«, forderte er den passiven Kontakt des immer schon politischen Wortes mit der Bevölkerung durch einen »bewußten«[310] zu ersetzen. Ohne den Begriff Engagement zu verwenden, kam er bei der Bestimmung der literarischen Funktion Sartres Positionen in *Qu'est-ce que la littérature?* sehr nahe: Das künstlerische Werk sucht die Wahrheit unter ihren Entstellungen und trägt dadurch zu einem Sozialismus bei, der durch ständige Offenheit der Selbstkritik gekennzeichnet ist.[311]

Einer der einflußreichsten Texte zur Debatte um das Engagement der Schriftsteller stammt von dem konservativen Soziologen Arnold Gehlen.[312] Die dort vorgenommene Entgegensetzung von Gesinnungs- und Verantwortungsethik wurde zum zentralen Argument gegen die westdeutsche Literaturentwicklung wie auch gegen den sich Anfang der 60er Jahre durchsetzenden Typus des Intellektuellen. Helmut Schelsky erklärte das Engagement (nicht nur von Schriftstellern) als Kompensation der Frustrationen intellektueller Distanz: »Wir definieren ein ›Engagement‹ […] als den *Verrat der Sache zugunsten der Überzeugung*«: »Die französischen existentialistischen Schriftsteller verwarfen eine Literatur, die sich als Kunst oder Reflexion in sich absättigte, und suchten den Ausweg aus diesen Frustrationen der intellektuellen Distanz in der politischen Parteinahme.«[313] Aus der Einschätzung der Gegenwart als posthistoire, daß nämlich »die großen Aufklärungsideale die Zukunft nicht mehr für sich hätten«, wurde für die Künste gefolgert, »sich in einem Eigenreich der Phantasie abzukapseln, in das die Radikalisierung abgeschoben werden kann«[314]. Gehlen zielte auf eine Arbeitsteilung, für die er sich auf Webers Unterscheidung von Gesinnungs- und Verantwortungsethik[315] bezog. Die Begriffe leisteten nicht nur den Ausschluß der engagierten Schriftsteller als ›nicht-handelnd‹, ›nur aus zweiter Hand informiert‹ und ›unverantwortlich‹ aus der Politik, sondern auch aus der Literatur als Kunst: Die »engagierten Schriftsteller, die in ihre freie Schriftstellerei sozialkritische Tendenzen hineinnehmen«, entziehen »sich folglich damit rein künstlerischen Wertungen« (403). Gehlens Beschreibung der vom Christentum und der Aufklärung geprägten »progressiv philanthropischen« (407) und »humanitären Gesinnungsethik« (408) akzentuierte deren negative Folgen für das Kunstwerk: »Sie ist eine Ethik der Zuschauenden und Kritisierenden, sie kann nur als Rede, als Ausdruck, als Agitation, vor allem als Vorwurf und Beschuldigung gelebt werden.« (408)

In den späten 70er Jahren verlor ›Engagement‹ seine hegemoniale Position in der literarischen Diskussion. Hierbei spielten sowohl die Auseinandersetzung mit dem Terrorismus als auch die – im Zusammenhang mit der Ausbürgerung Biermanns – wirksam werdende internationale ›Krise des Marxismus‹ (von Dissidenz bis zum Eurokommunismus) eine Rolle. In den bundesrepublikanischen Medien wurde der Terrorismus als Folge des Engagements präsentiert, zugleich als Fortsetzung einer spezifisch deutschen Hitlerschen Verblendung, die mit der anderen totalitären, der kommunistischen, wesensgleich sei: »Wenn die deutschen Terroristen auch keine Kinder Hitlers sind […], so sind sie doch Kinder eines Hasses, einer Angst, einer Hysterie, die von damals stammt, und noch immer wie Mehltau auf dem Lande liegt.« »Der Surrealist und sein literarischer Nachfolger verarbeitet diesen Haß. Dem geistesmotivierten Terroristen hingegen fehlt diese Sublimierungsqualität.«[316] Nicht nur der konservative Literaturkritiker Hans Egon Holthusen sah ›Sartre in Stammheim‹[317].

---

310 PETER WEISS, Zehn Arbeitspunkte eines Autors in der geteilten Welt (1965), in: Weiss, Aufsätze, Journale, Arbeitspunkte. Schriften zu Kunst und Literatur, hg. v. M. Haiduk (Berlin 1979), 147 f.
311 Vgl. ebd., 150, 147.
312 Vgl. ARNOLD GEHLEN, Das Engagement der Intellektuellen gegenüber dem Staat, in: Merkur 18 (1964), 401–413.
313 HELMUT SCHELSKY, Die Arbeit tun die anderen. Klassenkampf und Priesterherrschaft der Intellektuellen (Opladen ²1975), 330.
314 GEHLEN (s. Anm. 312), 412 f.
315 Vgl. ebd., 401.
316 KARL HEINZ BOHRER, Die Kinder Hitlers? Eine englische Version der Baader-Meinhof-Geschichte, in: Frankfurter Allgemeine Zeitung (6. 9. 1977), 21.
317 Vgl. HANS EGON HOLTHUSEN, Sartre in Stammheim. Literatur und Terrorismus, in: Holthusen, Sartre in Stammheim. Zwei Themen aus den Jahren der großen Turbulenz (Stuttgart 1982), 101–239.

4. Von der neoavantgardistischen zur postmodernen Kritik des Engagements

Seit Mitte der 70er Jahre gewannen verschiedene Theorien der Literatur und des Intellektuellen in der BRD Einfluß, die jede außerliterarische oder außerwissenschaftliche Verpflichtung entlegitimierten. Insbesondere Michel Foucaults Lokalisierung und Spezifizierung des Intellektuellen richtete sich explizit gegen Sartre als Prototyp des universellen Intellektuellen. Voraussetzung von Foucaults Verabschiedung des universellen zugunsten des spezifischen Intellektuellen war die Autonomisierung der Literatur. Für die »importance de ce principe: l'intransitivité de la littérature« berief er sich auf Barthes und Blanchot. Mit der Spezialisierung des Schriftstellers auf die Literatur, deren Diskurse allenfalls in der Vergangenheit »comme substituts ou comme enveloppe générale de tous les autres discours«[318] funktionierten, wurde ihm die universelle Kompetenz entzogen. Alle Bestimmungen, die Foucault gab, waren direkte Negationen der einzelnen Momente von Sartres Konzept des Engagements: »Bisher war der Intellektuelle par excellence der Schriftsteller gewesen: als universelles Bewußtsein, als freies Subjekt stand er denen gegenüber, die nichts als *Kompetenzen* im Dienste des Staates oder des Kapitals waren«[319]. Der »Diskurs des Allgemeinen«, gebunden an einen »Träger von Bedeutungen und Werten, in dem sich jeder wiedererkennen kann«[320], wurde ebenso außer Kraft gesetzt wie die Beziehung auf eine zu enthüllende Wirklichkeit und einen Adressaten: »L'intellectuel disait le vrai à ceux qui ne le voyaient pas encore et au nom de ceux qui ne pouvaient pas le dire«[321]. Wenn Foucault den spezifischen lokalisierten Intellektuellen beschrieb, stellte sich jedoch ein reduzierender Rückgriff auf das Pathos des Engagements als unvermeidlich heraus: sei es, daß sich »der Eingriff des Wissenschaftlers in die politischen Kämpfe seiner Zeit im Namen einer ›lokalen‹ wissenschaftlichen Wahrheit vollzieht«[322], sei es, daß der Intellektuelle soll »lutter contre les formes de pouvoir où il en est à la fois l'objet et l'instrument«. »Une ›théorie‹, c'est le système régional de cette lutte«.[323] Trotz dieses Widerspruchs, der einmal nur den Bürger, dann aber den Theoretiker machtkritisch engagiert zeigte,

blieb in der Wirkung Foucaults die Denunziation des literarischen Engagements entscheidend.[324]

Die Rezeption Foucaults und anderer französischer Theoretiker unter dem Stichwort Poststrukturalismus, das für ein ›Ende‹ der Kategorien objektive Realität, Subjekt und Geschichte stehen sollte, konnte in der feministischen Literaturwissenschaft nicht verhindern, daß Engagement ein Thema blieb. Zwar wurde die Autorität der Erfahrung grundsätzlich erschüttert, aber nicht in jedem Falle die Absage an Ideologiekritik zugleich zu einer ans Engagement geführt: »Die Entgegensetzung von ›Sein‹ und ›Bewußtsein‹, von ›Sprache‹ (Literatur) und ›Wirklichkeit‹ war mit der Annahme verbunden, daß es einen Beobachtungsort außerhalb gäbe (der eigene), von dem aus ›herrschaftslegitimierende‹ Vorstellungen und Weltbilder von den ›richtigen‹ unterschieden werden könnten.«[325] Trotz der Neigung, ein Engagement innerhalb der Literaturwissenschaft als unwissenschaftlich und essentialistisch, weil universalistisch, abzulehnen,[326] verzichteten Vertreterinnen des Poststrukturalismus nicht darauf, ein spezifisches Engagement poststrukturalistischer Kritik zu begründen, z. B. wenn sie »die grundsätzliche Achtung vor dem Heterogenen [...] als Widerstand gegen totalisierendes Denken«[327] forderten. Inwie-

---

318 MICHEL FOUCAULT, [Interview mit Roger-Pol Droit] (entst. 20. 6. 1975), in: Le monde (6. 9. 1986), 12.
319 FOUCAULT, Wahrheit und Macht. Interview mit A. Fontana und P. Pasquino, aus dem Ital. übers. v. E. Wehr, in: Foucault, Dispositive der Macht. Michel Foucault über Sexualität, Wissen und Wahrheit (Berlin 1978), 45.
320 Ebd., 46, 47 f.
321 FOUCAULT, Les intellectuels et le pouvoir (1972), in: Foucault, Dits et écrits, hg. v. D. Defert/F. Ewald, Bd. 2 (Paris 1994), 308.
322 FOUCAULT (s. Anm. 319), 48.
323 FOUCAULT (s. Anm. 321), 308, 309.
324 Vgl. FOUCAULT (s. Anm. 319), 46.
325 DOROTHEA MEY, Was heißt Engagement in der feministischen Literaturwissenschaft?, in: M. Brügmann/M. Kublitz-Kramer (Hg.), Textdifferenzen und Engagement (Pfaffenweiler 1993), 62.
326 Vgl. ebd., 61.
327 GISELA ECKER, Postmoderne und feministisches Engagement, in: Brügmann/Kublitz-Kramer (s. Anm. 325), 68.

weit dieses allerdings über die Festschreibung der Offenheit jedes Textes oder zumindest der als ästhetisch kanonisierten oder kanonisierbaren Texte hinausgeht, bleibt die Frage: »Im Ziel der Dekonstruktion, ›[...] den Text als einen offenen, diskontinuierlichen zu erfahren, auch dann, wenn er sich als geschlossener anbietet‹ [...], ist ein Ansatzpunkt für Engagement.«[328] Bei dem Versuch, das poststrukturalistische oder postmoderne Engagement gegen den Vorwurf der Beliebigkeit zu verteidigen, bemühte man sich nachzuweisen, daß der Achtung vor dem Heterogenen eine ethische und damit letzten Endes politische Bedeutung zugeschrieben werden könne, die sie zu mehr mache als der kritiklosen Bejahung von pluralistischem Postmodernismus. Gefragt werden könnte aber auch, ob der Textualismus nicht nur eine Universalisierung der schon mit der Kanonisierung der klassischen Moderne in der Neo-Avantgarde der 50er Jahre zur Zentralkategorie gewordenen Offenheit ist, sei es in Jauß' rezeptionsästhetischer »Freigabe der Tendenz auf Vieldeutigkeit«[329] oder in Umberto Ecos strukturalistisch-semiotischem Konzept des offenen Werks.

Zu Beginn der 60er Jahre gab Eco die Parole ›Engagement als Form‹ aus, die wenig später von Alain Robbe-Grillet aufgegriffen und von Jorge Semprun und Juan Goytisolo energisch in Frage gestellt wurde.[330] Eco berief sich hierfür auf Brecht, insbesondere auf den Zusammenhang von Entfremdung und Verfremdung.[331] Ihm ging es durchaus um die Rolle der Literatur in der Veränderung und als Kritik. Er definierte, nicht nur von Literatur sprechend, Engagement als Negieren »nel

---

328 MEY (s. Anm. 325), 64.
329 GERHARD KURZ, Vieldeutigkeit. Überlegungen zu einem literaturwissenschaftlichen Paradigma, in: L. Danneberg u. a. (Hg.), Vom Umgang mit Literatur und Literaturgeschichte. Positionen und Perspektiven nach der Theoriedebatte (Stuttgart 1992), 315.
330 Vgl. BURMEISTER, Streit um den Nouveau Roman. Eine andere Literatur und ihre Leser (Berlin 1983), 69-74.
331 Vgl. UMBERTO ECO, Del modo di formare come impegno sulla realtà (1962), in: Eco, Opera aperta. Forma e indeterminazione nelle poetiche contemporanee (Mailand ³1971), 248; dt.: Form als Engagement, in: Eco, Das offene Kunstwerk, übers. v. G. Memmert (Frankfurt a. M. 1973), 255.

senso della trasformazione e non della nientificazione« (im Sinne einer Transformation, nicht einer Vernichtung). Seine Kritik daran, daß »l'intelletuale si senta istintivamente sempre dalla parte di chi protesta senza riserve e senza compromessi« (der Intellektuelle instinktiv stets für diejenigen Partei ergreift, die ohne Rückhalt und Kompromisse protestieren), betraf einerseits dessen Überzeugung von der Unveränderbarkeit der Situation, andererseits enthielt sie die Voraussetzung, daß Entfremdung in Kapitalismus wie Sozialismus – als Industriegesellschaften – nicht aufhebbar sei: »Infatti la protesta di molti tra costoro riduce la salvezza una sorta di contemplazione del proprio vuoto [...] poiché già il ricercare rimedi sarebbe una manifestazione di complicità con la situazione dalla quale non usciremo agendo.« (In der Tat reduziert der Protest vieler von ihnen das Heil auf eine Art Nabelschau [...], weil ein Suchen nach Auswegen angeblich schon ein Sicheinlassen mit der Situation zum Ausdruck bringt, die durch Handeln nicht zu ändern sei.) Der Mensch, so Eco, engagiere sich aber »conscio che ad ogni trasformazione si ritroverà di fronte [...] lo stesso rischio di una resa alla nuova e concreta realtà trasformata« (wohl wissend, daß er nach jeder Transformation [...] vor der gleichen Gefahr eines Sichverlierens an die neue und konkrete transformierte Realität stehen wird) (239 f.; dt. 247). Es war somit die Bejahung der ständig zu reformierenden Industriegesellschaft, die Eco die kritische Rolle der Literatur in deren Veränderung konzipieren ließ. Der humanistische Ausgangspunkt dieses reformerischen Engagements ist sehr deutlich im zugrunde gelegten Entfremdungsbegriff: »*Alienarsi-a-qualcosa* vuole dire [...] rinunciare a se stesso per consegnarsi a un potere estraneo, farsi altro in qualcosa, e quindi non più agire nei confronti di qualcosa, ma *essere-agitoda* qualcosa che non siamo più noi.« (Entfremdung bedeutet den Verzicht auf sich selbst, um sich einer fremden Macht zu überantworten; sich in irgendeiner Beziehung zu einem anderen zu machen und also gegenüber irgend etwas nicht mehr handeln, sondern von etwas, das nicht mehr wir sind, agiert werden.) (230; dt. 237) Bloßes Involviertsein und bewußte Stellungnahme werden implizit im Entfremdungsbegriff geschieden, so daß umgekehrt aber auch sichtbar wird, daß Engagement weiterhin nicht nur auf Handeln, sondern auf eine Veränderung der Gesellschaft bezogen bleibt, deren Richtung in Begriffen von Identität angespielt wird. Erst von hier aus gewinnt Ecos Schlagwort vom Engagement als Form seine Bedeutung. Es wurde 1962 keineswegs als ein gewissermaßen innerliterarisches präsentiert, sondern in Abgrenzung von ›Nabelschau‹ auf ein gesellschaftliches Projekt bezogen. Wenn Eco also »l'opera aperta«, das ›offene Kunstwerk‹ (259; dt. 266), als eines definierte, dessen ›Inhalt‹ (contenuto) seine ›Form‹ sei, sein »modo di formare« (Gestaltungsmodus) als »modo di vedere il mondo« (Art, die Welt zu sehen) (264; dt. 271), dann war diese Bestimmung an Voraussetzungen über die durch Engagement kritisch zu verändernde Wirklichkeit geknüpft. Eco beschrieb deren Struktur als »nodo di possibilità complementari« (Knoten komplementärer Möglichkeiten): »L'opera si propone come una struttura *aperta* che riproduce l'ambiguità dello stesso nostro esserenel-mondo« (Das Kunstwerk bietet sich dar als eine *offene* Struktur, die die Ambiguität unseres In-der-Welt-Seins reproduziert). Im Festhalten an der Erkenntnisleistung der Form schlug sich eine spezifische Sicht auf die als widersprüchlich bejahte industriegesellschaftliche Gegenwart nieder: »perché, nel momento che si entra dentro una situazione contraddittoria per capirla, le tendenze in questa situazione, oggi, non possono più assumere una sola linea di svolgimento, determinabile a priori, ma si offrono tutte come possibili, alcune positive altre negative, alcune linee di libertà, altre di alienazione alla crisi stessa« (weil, sobald man in eine widersprüchliche Situation eintritt, um sie zu begreifen, die sie beherrschenden Tendenzen heute nicht mehr einer einzigen a priori bestimmbaren Entwicklungslinie folgen können, sondern sich in ihren verschiedenen Richtungen als gleich möglich anbieten, einige in Richtung auf Freiheit, andere in die auf Entfremdung in die Krise selbst). Hieraus folgte Ecos Versuch, einem ›verwirrten‹ Sartre zu erklären, weshalb »letterati che si disinteressavano – narrando – ai problemi della storia, potessero poi essere con lui nell'impegnarsi di persona nella storia« (Literaten, die in ihren Werken kein Interesse an Problemen der Geschichte zeigen, sich dann mit ihm in die Geschichte engagieren könnten) (277 f.; dt. 286). Auf der Ebene der Literatur,

der Erzählstrukturen, seien auch sie unvermeidlich humanistisch engagiert. Eco begriff die Sprachspiele der ›Avantgarde‹ ausdrücklich als ›Demystifizieren‹ des Entfremdenden: »Di qui può avere inizio una operazione successiva.« (Das kann der Anfang des Handelns werden.) (272; dt. 281)

Für seinen Versuch, Offenheit, Ambiguität und Pluralismus als Engagement der Form zu begründen, verwies Eco auf Barthes, der bereits 1954 Brechts Theater als maßstabsetzende Revolution und den Autor als einen modernen Klassiker bezeichnet hatte.[332] Wie Eco benutzte Barthes für diese Erhebung zur Norm – vorbildliche moderne Poetik – den Begriff des Engagements, womit er allerdings erstens Intervention in die Geschichte und zweitens Freiheit des Zuschauers meinte.[333]

Helmut Peitsch

Literatur

ADERETH, MAX, Commitment in Modern French Literature. A Brief Study of ›Littérature engagée‹ in the Work of Péguy, Aragon, and Sartre (London 1967); ADLER, HANS/HERMAND, JOST (Hg.), Günter Grass. Ästhetik des Engagements (New York u. a. 1996); ANDERSON, PERRY, A Zone of Engagement (London/New York 1992); BALLUSECK, LOTHAR VON, Dichter im Dienst (Wiesbaden 1963); BAXANDALL, LEE (Hg.), Radical Perspectives in the Arts (Baltimore 1972); BEHREND, HANNA, An Intellectual Irrelevance? Marxist Literary Criticism in the 1930s, in: A. Croft (Hg.), A Weapon in the Struggle. The Cultural History of the Communist Party in Britain (London/Sterling 1998), 106–122; BERLIN, ISAIAH, Artistic Commitment. A Russian Legacy, in: Berlin, The Sense of Reality (London 1996), 194–231; BETZ, ALBRECHT, Exil und Engagement. Deutsche Schriftsteller im Frankreich der dreißiger Jahre (München 1986); BIEBER, KONRAD, ›Engagement‹ as a Professional Risk, in: Yale French Studies 16 (1955/56), 29–39; BOGDAL, KLAUS MICHAEL, Wer darf sprechen? Schriftsteller als moralische Instanz. Überlegungen zu einem Ende und einem Anfang, in: Weimarer Beiträge 37 (1991), 597–603; BOWRA, CECIL MAURICE, Poetry and Politics (Cambridge 1966); BRAUNECK, MANFRED, Literatur und Öffentlichkeit im ausgehenden 19. Jahrhundert (Stuttgart 1974); BRAUNECK, MANFRED (Hg.), Die Rote Fahne. Kritik, Theorie, Feuilleton 1918–1933 (München

---

[332] Vgl. BARTHES, La révolution brechtienne (1954), in: Barthes, Œuvres complètes, hg. v. E. Marty, Bd. 1 (Paris 1993), 1203 f.
[333] Vgl. AGNES HÜFNER, Brecht in Frankreich 1930–1963 (Stuttgart 1968), 54.

1973); BRÜGGEMANN, HEINZ, Literarische Technik und soziale Revolution. Versuche über das Verhältnis von Kunstproduktion, Marxismus und literarischer Tradition in den theoretischen Schriften Bertolt Brechts (Reinbek 1973); BRÜGMANN, MARGRET/KUBLITZ-KRAMER, MARIA (Hg.), Textdifferenzen und Engagement (Pfaffenweiler 1993); BRUNKHORST, HAUKE, Ohne Mandat – Sartres Theorie des Intellektuellen, in: Brunkhorst, Der entzauberte Intellektuelle. Über die neue Beliebigkeit des Denkens (Hamburg 1990), 99–125; BURMEISTER, BRIGITTE, Streit um den Nouveau Roman. Eine andere Literatur und ihre Leser (Berlin 1983); CHARLE, CHRISTOPHE, Vordenker der Moderne. Die Intellektuellen im 19. Jahrhundert (Frankfurt a.M. 1997); EAGLETON, TERRY, The Ideology of the Aesthetics (Oxford 1990); EAGLETON, TERRY, Marxism and Literary Criticism (London 1976); EGBERT, DAVID, Social Radicalism and the Arts: Western Europe. A Cultural History from the French Revolution to 1968 (New York 1970); FÄHNDERS, WALTER/RECTOR, MARTIN (Hg.), Literatur im Klassenkampf. Zur proletarisch-revolutionären Literaturtheorie 1919–1923. Eine Dokumentation (München 1971); FÄHNDERS, WALTER, Avantgarde und Moderne 1890–1933. Lehrbuch Germanistik (Stuttgart/Weimar 1998); FAHRENBACH, HELMUT, Ist ›politische Ästhetik‹ – im Sinne Brechts, Marcuses oder Sartres – heute noch relevant?, in: J. Wertheimer (Hg.), Von Poesie und Politik. Zur Geschichte einer dubiosen Beziehung (Tübingen 1994), 355–383; FARNER, KONRAD, Kunst als Engagement. 10 ausgewählte Essays (Darmstadt 1973); FORTINI, FRANCO, Die Vollmacht. Literatur von heute und ihr sozialer Auftrag, übers. v. F. Kollmann (Wien/Frankfurt a.M./Zürich 1968); FRANZ, MICHAEL, Zur Genesis des Prinzips Parteilichkeit, in: Wissenschaftliche Zeitschrift der Humboldt-Universität zu Berlin. Gesellschaftswissenschaftliche Reihe 34 (1985), H. 1/2, 27–33; FÜLBERTH, GEORG, Proletarische Partei und bürgerliche Literatur. Auseinandersetzungen in der deutschen Sozialdemokratie der II. Internationale über Möglichkeiten und Grenzen einer sozialistischen Literaturpolitik (Neuwied/Berlin 1972); GIPPER, ANDREAS, Der Intellektuelle. Konzeption und Selbstverständnis schriftstellerischer Intelligenz in Frankreich und Italien 1918–1930 (Stuttgart 1992); GLICKSBERG, CHARLES T., The Literature of Commitment (Lewisberg/London 1976); GOLDTHORPE, RHIANNON, Understanding the Committed Writer, in: Goldthorpe, Sartre: Literature and Theory (Cambridge 1984), 140–177; GROYS, BORIS, The Total Art of Stalinism: Avant-Garde, Aesthetic Dictatorship, and Beyond (Princeton 1992); HINDERER, WALTER (Hg.), Sickingen-Debatte. Ein Beitrag zur materialistischen Literaturtheorie (Darmstadt/Neuwied 1974); HOLZ, HANS HEINZ, Jean-Paul Sartre – der Umschlag von Philosophie in Politik, in: Holz, Die abenteuerliche Rebellion. Bürgerliche Protestbewegungen in der Philosophie. Stirner. Nietzsche. Sartre. Marcuse. Neue Linke (Darmstadt/Neuwied 1976); HOWE, IRVING, Politics and the Novel (1957; New York 1992); JERZEWSKI, ROLAND, Zwischen anarchistischer Fronde und revolutionärer Disziplin. Zum Engagement-Begriff bei Walter Benjamin und Paul Nizan (Stuttgart 1991); JODL, ANGELIKA, Der schöne Schein als Wahrheit und Parteilichkeit. Zur Kritik der marxistischen Ästhetik und ihres Realismusbegriffs (Frankfurt a.M. u.a. 1989); KLEIN, WOLFGANG, Schriftsteller in der französischen Volksfront. Die Zeitschrift ›Commune‹ (Berlin 1978); KÖNIG, TRAUGOTT, Sartres Begriff des Engagements, in: Neue Rundschau 91 (1980), H. 4, 39–62; KOHLHAASE, NORBERT, Dichtung und politische Moral. Eine Gegenüberstellung von Brecht und Camus (München 1967); KOHUT, KARL, Was ist Literatur? Die Theorie der ›littérature engagée‹ bei Jean-Paul Sartre (Marburg 1965); KOLINSKY, EVA, Engagierter Expressionismus. Politik und Literatur zwischen Weltkrieg und Weimarer Republik (Stuttgart 1969); KOSELLECK, REINHART u.a. (Hg.), Objektivität und Parteilichkeit in der Geschichtswissenschaft (München 1977); KRAUSS, HENNING, Die Praxis der ›littérature engagée‹ im Werk Jean-Paul Sartres 1938–1948 (Heidelberg 1970); KURSCHEIDT, GEORG, Engagement und Arrangement. Untersuchungen zur Roman- und Wirklichkeitsauffassung in der Literaturtheorie vom Jungen Deutschland zum poetischen Realismus Otto Ludwigs (Bonn 1980); MAYER, DIETER, Linksbürgerliches Denken (München 1981); MITTENZWEI, WERNER, Marxismus und Realismus. Die Brecht-Lukács-Debatte, in: Das Argument 10 (1968), 12–42; NAUMANN, MANFRED u.a., Gesellschaft – Literatur – Lesen. Literaturrezeption in theoretischer Sicht (Berlin/Weimar 1973); NELSON, BRIAN (Hg.), Forms of Commitment. Intellectuals in Contemporary France (Melbourne 1995); PEPPERLE, INGRID, Junghegelianische Geschichtsphilosophie und Kunsttheorie (Berlin 1978); ROBIN, RÉGINE, Socialist Realism: An Impossible Aesthetic (Stanford 1992); ROSHNOWSKI, STANISLAW, Die Dialektik von Parteilichkeit und Realismus. Über den Beitrag der proletarisch-revolutionären Schriftsteller Deutschlands zur Theorie des sozialistischen Realismus, in: Deutsche Akademie der Wissenschaften zu Berlin (Hg.), Literatur der Arbeiterklasse (Berlin/Weimar 1971), 442–540; SAID, EDWARD W., Representations of the Intellectual. The 1993 Reith Lecture (London 1994); SCHALK, DAVID L., The Spectrum of Political Engagement. Mounier, Benda, Nizan, Brasillach, Sartre (Princeton 1979); SCHLENSTEDT, DIETER/STÄDTKE, KLAUS (Hg.), Positionsbestimmungen. Zur Geschichte marxistischer Theorie von Literatur und Kultur am Ausgang des 19. und Beginn des 20. Jahrhunderts (Leipzig 1977); SCHLENSTEDT, SILVIA (Hg.), Wer schreibt, handelt. Strategien und Verfahren literarischer Arbeit vor und nach 1933 (Berlin/Weimar 1983); SCHUBBE, ELIMAR (Hg.), Dokumente zur Kunst-, Literatur- und Kulturpolitik der SED: 1949–1970 (Stuttgart 1972); STEIN, PETER (Hg.), Theorie der Politischen Dichtung (München 1973); STÜBEN, JENS, Parteilichkeit. Zur Kritik der marxistischen Literaturtheorie (Bonn 1974); WAGENBACH, KLAUS, Das Ende der engagierten Literatur?, in: Neue Deutsche Literatur 46 (1998), H. 4, 193–201; WEBER, PETER, Die Einheit von politischer und ästhetischer Kritik in Marx' und Engels' Stellungnahme zu Lassalles Drama ›Franz von Sickingen‹ (1966), in: W. Hinderer (Hg.), Sickingen-Debatte. Ein Beitrag zur materialistischen Literaturtheorie (Darmstadt/Neuwied 1974), 275–290; WROBLEWSKY, VINCENT VON, Jean-Paul Sartre. Theorie und Praxis eines Engagements (Berlin 1977); ZIMMERMANN, HANS DIETER, Der Wahnsinn des Jahrhunderts. Die Verantwortung des Schriftstellers in der Politik (Stuttgart u. a. 1992); Zur Tradition der deutschen sozialistischen Literatur. Eine Auswahl von Dokumenten, 4 Bde., hg. v. der Deutschen Akademie der Künste zu Berlin (Berlin/Weimar 1979).

Enthusiasmus

(griech. ἐνθουσιασμός; lat. enthusiasmus, inspiratio; engl. enthusiasm; frz. enthousiasme; ital. entusiasmo; span. entusiasmo; russ. энтузиазм)

I. Enthusiasmus und die Ästhetisierung des Politischen; II. Enthusiasmus als die ›Idee des Guten mit Affekt‹ (Kant); III. Kritik der Kantischen Theorie des Enthusiasmus (Hegel); IV. Enthusiasmus als ›Gottorfülltheit‹ und Inspiration; V. Enthusiasmus als Fanatismus; VI. ›Natürlicher Enthusiasmus‹; Ausblick

I. Enthusiasmus und die Ästhetisierung des Politischen

Seit Mitte des 19. Jh. erfährt der Begriff des Enthusiasmus einen Bedeutungsverlust, da er – in ›semantischer Abschwächung‹ – zunehmend gleichbedeutend mit ›Begeisterung‹ bzw. ›Leidenschaft‹ gebraucht wird.[1] Entgegen dieser Tendenz erinnert Jean-François Lyotard in *Le Différend* (1983) und in *L'enthousiasme. La critique kantienne de l'histoire* (1986) an die Verwendung des Begriffs durch Kant, der ihn in der *Kritik der Urteilskraft* (1790) im Zusammenhang der Analytik des Erhabenen reflektiert. Denn das Erhabene, nach Kant die »Darstellung eines unbestimmten […] Vernunftbegriffs«[2], und der Enthusiasmus, der als ästhetisch erhabener Gemütszustand eine Anspannung der Kräfte durch Ideen ist, welche dem »Gemüte einen

Schwung geben, der weit mächtiger und dauerhafter wirkt, als der Antrieb durch Sinnenvorstellungen« (199), eröffnen nach Lyotard die Möglichkeit »de trouver des ›passages‹« zwischen an sich inkommensurablen »familles de phrases en jeu dans les présentations de l'historico-politique«[3]. Solche »Übergänge« lassen für Lyotard – gegenüber dem das postmoderne Denken kennzeichnenden »›retrait‹ de la politique« – »une unité de l'historico-politique, mais indéterminée«, als wiederherstellbar erscheinen (13). Ein Beispiel dafür ist die Idee »d'une société cosmopolite […] parce qu'il y a un tel type de légalisation que la nature suprasensible non seulement est l'objet d'une Idée possible, mais qu'elle peut être présentée comme archétypale (*urbildliche*) pour une nature ectypale (*nachgebildete*), qui est une copie (*Gegenbild*) de la première dans le monde sensible« (40). Zugleich schließt dieser Gedanke die Überzeugung ein, daß die menschliche Gesellschaft sich im beständigen Fortschreiten zum Besseren befinde – eine Antizipation, bei der es sich um einen Satz handelt, »qui a pour référent une parti de l'histoire humaine qui est à venir« (54). Ein solcher ›Übergang‹ von Vernunftbegriffen (Ideen) zur sinnlichen Welt ist jedoch nach Lyotard durch bloß kognitive (deskriptive, explikative) Sätze nicht darstellbar, da sie auf Anschauung beruhen und Geschichte nur als Abfolge kontingenter Ereignisse, als Unordnung und Chaos, zu beschreiben vermögen. Gefordert ist vielmehr eine indirekte Darstellung des Historisch-Politischen durch Analogie, durch die zugleich die Verwendung dialektischer, deontischer und teleologischer Satzfamilien möglich wird: »on présente à la phrase non cognitive (descriptive, mais dialectique) un ›comme-si‹ référent, un référent qui serait le sien si la phrase était cognitive« (25). Darstellung durch Analogie aber ist die Darstellungsform des Erhabenen, von dem Kant sagt, daß es seinen Grund nicht »außer uns«, sondern allein »in uns und der Den-

---

1 Vgl. PETER SPOO, ›Enthusiasm‹, in: Europäische Schlüsselwörter, hg. v. Sprachwissenschaftlichen Kolloquium (Bonn), Bd. 2/1 (München 1964), 65.
2 IMMANUEL KANT, Kritik der Urteilskraft (1790), in: KANT (WA), Bd. 10 (1974), 165.
3 JEAN-FRANÇOIS LYOTARD, L'enthousiasme. La critique kantienne de l'histoire (Paris 1986), 32, 12.

kungsart«[4] habe. Nicht der historisch-politische Gegenstand selbst (wie die französische Revolution), der als solcher formlos und ungestalt ist, scheint deshalb »de fournir une présentation directe, sensible pour une Idée de la raison«[5]; vielmehr ist es – wie Lyotard im Anschluß an Kant erklärt – die ›Denkungsart‹ der unbeteiligten und unparteiischen Zuschauer, »welche sich [...] öffentlich verrät«[6], ihre Teilnehmung an dem Ereignis »dem Wunsche nach, die nahe an Enthusiasm grenzt« (358), und die die indirekte Darstellung des Historisch-Politischen durch Analogie ermöglicht. Dieser Enthusiasmus als »une modalité du sentiment«[7], als »un mode extrême du sublime« (239), bildet nach Lyotard zugleich jene »Begebenheit« (240) in der geschichtlichen Erfahrung der Menschheit, die als »signe d'histoire« Indiz für die Gültigkeit des Satzes ist, »que l'humanité est capable d'être et la cause (*Ursache*) et l'auteur (*Urheber*) de son progrès«[8]. Als »sentiment esthétique pure«[9] appelliert der Enthusiasmus daher nach Lyotard an den Konsensus einer sich bildenden Gemeinschaft, die sich – im »Enthusiasm der Rechtsbehauptung«[10] – »sans règle de présentation directe« beurteilt und sich »par la médiation d'un concept de la raison, l'Idée de liberté«[11], als eingefordert begreift. Lyotard nennt »l'enthousiasme historico-politique« (240) deshalb auch – und zwar durchaus im Sinne Kants – »une anticipation sentimentale de la république« (242). Der Enthusiasmus ist für ihn insofern »un analogue esthétique d'une ferveur républicaine pure, comme le sublime est un symbole du bien«[12].

Indem Lyotard den Enthusiasmus als eine »Spielart des Erhabenen« deutet und die geschichtsphilosophischen Schriften Kants »auf dem Hintergrund des Erhabenen aus der Kritik der Urteilskraft also gleichsam ästhetisch interpretiert«, gewinnen auch jene ›Übergänge‹ zwischen den Satzfamilien bei der Darstellung des Historisch-Politischen, insbesondere der Übergang zur indirekten Darstellung durch Analogie, »ästhetischen Charakter«[13]. Diese Ästhetisierung des Politischen bezieht bei Lyotard ihre Rechtfertigung aus dem Enthusiasmus als ›Geschichtszeichen‹, und sie zielt ab auf die Einheit des Historisch-Politischen. Die Gefährdung, die einer solchen Ästhetisierung des Politischen innewohnt, übersieht Lyotard jedoch. Sie zeigt sich, sobald Kants Unterscheidung zwischen Enthusiasmus und dem »Gefühl des Erhabenen in der Natur«[14] thematisch wird. Denn während der Enthusiasmus nach Kant »nur immer aufs *Idealische* und zwar rein Moralische geht, dergleichen der Rechtsbegriff ist«[15], legitimiert der Gedanke einer als (dynamisch-)erhaben beurteilten Natur für Kant zugleich die ästhetische Wertschätzung des Heroischen. Denn als dynamisch-erhaben wird die Natur als furchterregende Macht vorgestellt, die gleichwohl über uns keine Gewalt hat, vielmehr »unsere Kraft (die nicht Natur ist) in uns aufruft« und dem »Gemüt die eigene Erhabenheit seiner Bestimmung«[16] fühlbar macht. Es ist diese »Unbezwinglichkeit« (187) des Gemütes durch Gefahr, die die Empfindung »begeisternden Wohlgefallens« (186) veranlaßt und selbst »im allergesittetsten Zustande [...] diese vorzügliche Hochachtung für den Krieger« (187) begründet. Deshalb entscheidet auch bei der »Vergleichung des Staatsmanns mit dem Feldherrn über die Vorzüglichkeit der Achtung, die einer vor dem andern verdient« (187), das ästhetische Urteil für den letzteren. Zudem erklärt Kant, daß nicht der »edle Frieden«[17], sondern Krieg für das ästhetische Urteil etwas Erhabenes hat, »wenn er mit Ordnung und Heiligachtung der bürgerlichen Rechte geführt wird«, da er »die Denkungsart des Volks, welches ihn auf diese Art führt, [...] erhabener«[18] macht. Während der Ehrtrieb – den »Ehrbegriff des alten kriegerischen Adels« nennt Kant »ein Analogon des Enthu-

---

4 KANT (s. Anm. 2), 167.
5 LYOTARD, Le Différend (Paris 1983), 238.
6 KANT, Der Streit der Fakultäten (1798), in: KANT (WA), Bd. 11 (1977), 357.
7 LYOTARD (s. Anm. 5), 238.
8 LYOTARD (s. Anm. 3), 54, 55.
9 LYOTARD (s. Anm. 5), 241.
10 KANT (s. Anm. 6), 359.
11 LYOTARD (s. Anm. 5), 243.
12 LYOTARD (s. Anm. 3), 67.
13 CHRISTINE PRIES, Nachwort, in: Lyotard, Der Enthusiasmus (Wien 1988), 120.
14 KANT (s. Anm. 2), 180.
15 KANT (s. Anm. 6), 359.
16 KANT (s. Anm. 2), 186.
17 KANT, Zum ewigen Frieden (1795), in: KANT (WA), Bd. 11 (1977), 226.
18 KANT (s. Anm. 2), 187.

siasm«[19] – sogar den Krieg »als etwas Edles«[20] gelten läßt, pflegt ein längerer Friede »die Denkungsart des Volks zu erniedrigen«, indem er »den bloßen *Handlungsgeist*, mit ihm aber den niedrigen Eigennutz, Feigheit und Weichlichkeit«[21] befördert – jenen »Mechanism in den menschlichen Neigungen« also, von dem Kant in der Schrift *Zum ewigen Frieden* (1795) zugleich sagt, daß durch ihn »die Natur«[22] den ewigen Frieden garantiert.

II. Enthusiasmus als die ›Idee des Guten mit Affekt‹ (Kant)

Wenn Kant den Ehrbegriff als ein Analogon des Enthusiasmus bezeichnet, dann vermutlich deshalb, weil ihm der Affekt der »Ehrliebe« entspricht, d. i. »eine Hochschätzung, die der Mensch von anderen, wegen seines inneren (moralischen) Werts, erwarten darf«[23]. Auch der Enthusiasmus ist nach Kant ein Affekt, aber ein Affekt, der nicht nur die Hochschätzung eines (partikularen) Menschen wegen seines inneren Wertes zum Gegenstand hat, sondern durch den das Gute selbst »ästhetisch beurteilt«[24] und als erhaben vorgestellt wird. Kant definiert deshalb den Enthusiasmus als die »Idee des Guten mit Affekt« (198) oder auch als die »Teilnehmung am Guten mit Affekt«[25]. Ausdrücklich weist er darauf hin, daß Affekte sich bloß auf das Gefühl beziehen und darum eine ästhetische Beurteilung ermöglichen; sie dürfen nicht mit den Leidenschaften, die dem Begehrungsvermögen zuzuordnen und daher Meinungen sind, verwechselt werden. Kant schließt damit aus, daß der Enthusiasmus (wie etwa der Ehrtrieb) zur Triebfeder menschlichen Handelns werden kann.

Damit formuliert er eine Gegenposition zu Isaak Iselin[26], der in *Über die Geschichte der Menschheit* (1764) die These aufgestellt hatte, daß in Britannien die »wahre Freyheit, eine kostbare Frucht einer geläuterten Vernunft«[27], durch »eine besondere Gährung der Leidenschaften, einen Enthusiasmus, der sich nur bei großen Anläßen äussert« (335), errungen wurde; es brauchte dazu »eine Erschütterung, die alle Begriffe der Menschen zerrüttet, den gewohnten Lauf derselben gänzlich unterbricht, und demselben eine vollkommen neue Richtung giebt. Ohne eine solche glückliche Revolution bleiben die durch die Gewohnheit geheiligten Misbräuche unverletzlich und unzerstörbar.« (335 f.) Noch mehr allerdings hat nach Iselin der »Fanaticismus die wahre Freyheit in Engelland befördert« (336), ergänzt durch die noch »schönere Gluth« eines »glänzenden Enthusiasmus« der »philosophischen Köpfe« und der »Freunde der alten Gelehrsamkeit« (337). Kant selbst geht in seiner Schrift *Über das Gefühl des Schönen und Erhabenen* (1764) auf die Beziehung von Enthusiasmus und Fanatismus, den er auch »Schwärmerei« nennt, ein und erklärt, daß der »Fanatizismus […] am meisten in Deutschland und England anzutreffen gewesen« sei, aber zugleich vom Enthusiasmus »jederzeit unterschieden« werden müsse: Der Fanatismus glaubt »eine unmittelbare und außerordentliche Gemeinschaft mit einer höheren Natur zu fühlen, dieser [der Enthusiasmus – d. Verf.] bedeutet den Zustand des Gemüts, da dasselbe durch irgendeinen Grundsatz über den geziemenden Grad erhitzt worden, es sei nun durch die Maxime der patriotischen Tugend, oder der Freundschaft, oder der Religion, ohne daß hiebei die Einbildung einer übernatürlichen Gemeinschaft etwas zu schaffen hat«[28]. In der *Kritik der Urteilskraft* nimmt Kant die Unterscheidung zwischen Enthusiasmus und Schwärmerei erneut auf und erklärt, daß der Enthusiasmus mit dem *Wahnsinn*, die Schwärmerei aber mit dem *Wahnwitz* zu vergleichen sei: »Im Enthusiasm, als Affekt, ist die Einbildungskraft zügellos; in der Schwärmerei, als eingewurzelter brütender Leidenschaft, regellos. Der erstere ist ein vorübergehender Zufall, der den gesundesten Verstand bis-

---

19 KANT (s. Anm. 6), 359.
20 KANT (s. Anm. 17), 222.
21 KANT (s. Anm. 2), 187.
22 KANT (s. Anm. 17), 226.
23 KANT, Anthropologie in pragmatischer Hinsicht (1798), in: KANT (WA), Bd. 12 (1977), 609.
24 KANT (s. Anm. 2), 198.
25 KANT (s. Anm. 6), 359.
26 Vgl. ARSENIJ V. GULYGA, Immanuel Kant, übers. v. S. Bielfeldt (Frankfurt a. M. 1981), 163.
27 ISAAK ISELIN, Über die Geschichte der Menschheit (1764), Bd. 2 (Zürich 1768), 330.
28 KANT, Über das Gefühl des Schönen und Erhabenen (1764), in: KANT (WA), Bd. 2 (1977), 878.

weilen wohl betrifft; der zweite eine Krankheit, die ihn zerrüttet.«[29] Indem Kant den Enthusiasmus gegenüber der »Einbildung einer übernatürlichen Gemeinschaft«[30] abgrenzt, ihn vom Fanatismus sowie von der Iselinschen ›Gährung der Leidenschaften‹ unterscheidet, gewinnt er erst die Voraussetzung für die spätere, in der *Kritik der Urteilskraft* gegebene Bestimmung des Enthusiasmus als eines ästhetisch erhabenen Affekts, für den allein »das moralische Gesetz in seiner Macht« der Gegenstand eines »reinen und unbedingten intellektuellen Wohlgefallens« ist. Die Macht des moralischen Gesetzes wird nach Kant »nur durch Aufopferungen ästhetischkenntlich«[31], so daß das Wohlgefallen »von der ästhetischen Seite (in bezug auf Sittlichkeit) negativ«, von der intellektuellen Seite dagegen positiv ist und das Gefühl der Achtung vor dem als ästhetisch-erhaben vorgestellten Guten hervorruft. Zugleich aber ist der Enthusiasmus, d. i. die Teilnehmung an der »Idee des Guten mit Affekt« (198), wie jeder Affekt, blind, »denn er ist diejenige Bewegung des Gemüts, welche es unvermögend macht, *freie* Überlegung *der* Grundsätze *anzustellen, um* sich *darnach* zu bestimmen« (198 f.). Daher verdient der Enthusiasmus – obwohl ein »Affekt von der *wackern* Art«, der »das Bewußtsein unserer Kräfte, jeden Widerstand zu überwinden, (animi strenui) rege macht« und der daher ästhetisch erhaben ist – nach Kant »auf keinerlei Weise ein Wohlgefallen der Vernunft« (199).

Da das Erhabene nach Kant jederzeit »Beziehung auf die *Denkungsart* […], d. i. auf Maximen«, haben und »dem Intellektuellen und den Vernunftideen über die Sinnlichkeit Obermacht« verschaffen muß (201), können bloß »stürmische Gemütsbewegungen« auf die »Ehre einer *erhabenen* Darstellung« keinesfalls Anspruch machen, auch wenn sie, unter »dem Namen der Erbauung, mit Ideen

---

29 KANT (s. Anm. 2), 202.
30 KANT (s. Anm. 28), 878
31 KANT (s. Anm. 2), 197.
32 KANT (s. Anm. 23), 583.
33 KANT (s. Anm. 2), 201.
34 KANT (s. Anm. 6), 359.
35 KANT (s. Anm. 2), 201.
36 G. W. F. HEGEL, Vorlesungen über die Ästhetik (1835–1838), in: HEGEL (TWA), Bd. 13 (1970), 469.

der Religion, oder, als bloß zur Kultur gehörig, mit Ideen, die ein gesellschaftliches Interesse enthalten, verbunden werden« (200). So können geistliche oder politische Reden ans Volk zwar »als Ursache eines Affekts in Ansehung des Guten seelenbelebend sein« und einen »*Enthusiasm* des guten Vorsatzes«[32] bewirken, der aber – wie Kant hinzufügt – nicht eigentlich den Affekten, sondern dem Begehrungsvermögen zuzuschreiben ist. Als Beispiele für einen wahrhaften Enthusiasmus nennt Kant deshalb außer der das Gefühl des Erhabenen begründenden »Vorstellung des moralischen Gesetzes und der Anlage zur Moralität in uns«[33] vor allem den »Enthusiasm der Rechtsbehauptung«[34]; zudem verweist er auf den Enthusiasmus des jüdischen Volkes für seine Religion, der auf der erhabenen Stelle im »Gesetzbuche der Juden«, dem Gebot »Du sollst dir kein Bildnis machen, noch irgend ein Gleichnis« beruhe – ein Gebot, das nach Kant auch »denjenigen Stolz, den der Mohammedanism einflößt«[35], erklärt.

III. Kritik der Kantischen Theorie des Enthusiasmus (Hegel)

An diese Ausführungen Kants knüpft Hegel an, wenn er – im Zusammenhang seiner Darstellung der ›Symbolik der Erhabenheit‹ – das »Preisen der Macht und Herrlichkeit des *einen* Gottes […] als die eigentliche Erhabenheit in der hebräischen Poesie«[36] herausstellt. Aber nach Hegel liegt dieser »Kunstform des Erhabenen« nicht »das bloß Subjektive des Gemüts und seiner Vernunftideen« zugrunde; vielmehr muß für ihn – im Gegensatz zu Kant – die Erhabenheit als »in der einen absoluten Substanz als dem darzustellenden Inhalt« (468) begründet aufgefaßt werden. Da die Erhabenheit »das Absolute über jede unmittelbare Existenz hinaushebt« (466), ist deshalb nach Hegel bei der Erörterung des Begriffs des Erhabenen von einer »Reduktion aller Bestimmungen auf das Subjektive« (467) abzusehen: Indem das »Anundfürsichseiende« (das Absolute) von der »sinnlichen Gegenwart« (466) abgeschieden wird, erweist sich die Rede von einem ›*Gefühl* des Erhabenen‹ als inadäquat; in eins damit wird der Rekurs auf den Begriff des Enthusiasmus überflüssig. Darüber hinaus aber läßt die Argumentation Hegels ein Defizit in der Bestimmung des Begriffs des Enthusiasmus durch Kant deutlich werden, das in der Folgezeit der Rezeption seiner Enthusiasmuskonzeption nachhaltig entgegenwirkte. Bei Kant erfolgt nämlich mit der Rede von einem Gefühl des Erhabenen nicht nur die Reduktion aller Bestimmungen des Enthusiasmus auf das Subjektive; vielmehr löst er zugleich – da er Begriff und Funktion des Enthusiasmus allein im Hinblick auf die Idee des Guten bestimmt – den aus der Perspektive Hegels notwendigen Begründungszusammenhang von Erhabenheit und darzustellendem Inhalt, der die eine »absolute Substanz« (468) ist, auf. Dadurch gelingt es Kant zwar, Fanatismus und Enthusiasmus scharf gegeneinander abzugrenzen, zugleich aber wird die ursprüngliche Wortbedeutung von Enthusiasmus eingeengt: Der Gedanke einer im Enthusiasmus gegebenen Hinwendung zum Göttlichen (›Gotterfülltsein‹, ›Inspiration‹) geht im Kontext der Argumentation Kants verloren. Allerdings war es gerade dieser Gedanke, der im Kontext ästhetischer Fragestellung dem Begriff des Enthusiasmus seine Bedeutung sicherte und der – vor allem im 17. und 18. Jh. – Enthusiasmus und Fanatismus zu scheinbar synonymen Begriffen werden ließ. Nicht zuletzt läßt diese Gleichsetzung von Enthusiasmus und Fanatismus eine Ambilavenz in der Deutung dessen, was unter Enthusiasmus zu verstehen ist, deutlich werden, die nur im Rückgang auf die Geschichte des Begriffs aufzuklären ist.

rezitieren, nicht einer Kunst oder einem Wissen, sondern einer göttlichen Kraft verdankt, die ihn wie der Magnet das Eisen bewegt und durch die er zugleich sein Publikum in Begeisterung zu versetzen vermag: »Die dir innewohnende Fähigkeit nämlich, über den Homer trefflich zu reden, ist, wie vorhin schon bemerkt, keine eigentliche Kunst, sondern eine göttliche Kraft, die dich treibt, ganz ähnlich wie bei dem herakleiischen Steine, wie man ihn gewöhnlich nennt, während Euripides ihn Magneten nannte. [...] Ebenso erfüllt die Muse selbst zunächst die Dichter mit göttlicher Begeisterung, und indem durch diese Begeisterten wieder andere in Begeisterung versetzt werden, bildet sich eine ganze Kette. Denn alle guten epischen Dichter geben alle diese ihre schönen Dichtungen nicht als Werke überlegter Kunst von sich, sondern sie tun dies in einem Zustande der Begeisterung und Verzückung.« (ἔστι γὰρ τοῦτο τέχνη μὲν οὐκ ὂν παρὰ σοὶ περὶ Ὁμήρου εὖ λέγειν, ὃ νυνδὴ ἔλεγον, θεία δὲ δύναμις ἥ σε κινεῖ, ὥσπερ ἐν τῇ λίθῳ ἣν Εὐριπίδης μὲν Μαγνῆτιν ὠνόμασεν [...] οὕτω δὲ καὶ ἡ Μοῦσα ἐνθέους μὲν ποιεῖ αὐτή, διὰ δὲ τῶν ἐνθέων τούτων ἄλλων ἐνθουσιαζόντων ὁρμαθὸς ἐξαρτᾶται. πάντες γὰρ οἵ τε τῶν ἐπῶν ποιηταὶ οἱ ἀγαθοὶ οὐκ ἐκ τέχνης ἀλλ᾽ ἔνθεοι ὄντες καὶ κατεχόμενοι πάντα ταῦτα τὰ καλὰ λέγουσι ποιήματα)[40]. Die enthusiastische Ergriffenheit des Rhapsoden erweist sich jedoch imÊ Fortgang des Dialogs nicht als Ausdruck echter göttlicher Begeisterung, sondern als mitbestimmt durch den zu erwartenden (finanziellen) Gewinn seiner Rezitation.[41] Er ist »rhetorisierender Sophist«[42], der – in Übereinstimmung mit der Lehre des Gorgias – die »göttlichen Be-

IV. Enthusiasmus als ›Gotterfülltheit‹ und Inspiration

Der Ausdruck Enthusiasmus findet sich zuerst bei Demokrit[37]: »Ein Dichter aber, was immer er mit Verzückung und göttlichem Anhauch niederschreibt, das ist gewiß schön« (ποιητὴς δὲ ἄσσα μὲν ἂν γράφηι μετ᾽ ἐνθουσιασμοῦ καὶ ἱεροῦ πνεύματος, καλὰ κάρτα ἐστίν)[38]. Von Platon wird der Zusammenhang von Enthusiasmus und Dichtung erstmals in einem seiner frühesten Dialoge, dem *Ion*, angesprochen.[39] Hier zeigt Platon, daß Ion die Fähigkeit des Rhapsoden, Homer zu

---

37 Vgl. FRIEDRICH PFISTER, ›Enthusiasmos‹, in: RAC, Bd. 5 (1962), 456.
38 DEMOKRIT, Fr. 18, in: Die Fragmente der Vorsokratiker, u. übers. v. H. Diels/W. Kranz, Bd. 2 (Berlin ⁷1954), 146.
39 Vgl. HELLMUT FLASHAR, Der Dialog Ion als Zeugnis Platonischer Philosophie (Berlin 1958), 54–77.
40 PLATON, Ion 533d-e; dt.: Platon, Hippias I und II, Ion, übers. v. O. Apelt (Leipzig 1918), 112.
41 Vgl. ebd., 535e.
42 Flashar (s. Anm. 39), 70.

schwörungen durch Reden« (ἔνθεοι διὰ λόγων ἐπωιδαὶ)[43] zur berechnenden Steuerung der Affekte seiner Hörer gebraucht.[44] Mit Bezug auf die Ironie des Gorgias und auf Platons *Phaidros* erklärt Aristoteles in seiner *Rhetorik*, daß der Enthusiasmus eines Redners von ebenso gestimmten Hörern aufgenommen werde und auch gut zur Dichtung passe, da die Dichtung Begeisterung fordere (φθέγγονταί τε γὰρ τὰ τοιαῦτα ἐνθουσιάζοντες, ὥστε καὶ ἀποδέχονταί δῆλον ὅτι ὁμοίως ἔχοντες. διὸ καὶ τῇ ποιήσει ἥρμοσεν· ἔνθεον γὰρ ἡ ποίησις.)[45]. Gegenüber dem Rhapsoden gilt nach Platon für den ›guten‹ epischen und lyrischen Dichter, daß er nur als wahrhaft Begeisterter und auf Grund göttlicher Fügung vermögend ist zu dichten. Sein Werk ist nicht durch bewußte Kunst (τέχνη, technē), sondern durch göttliche Kraft hervorgebracht. So heißt es in den *Gesetzen*,»daß ein Dichter dann, wenn er auf dem Dreifuß der Muse sitzt, nicht recht bei Sinnen sei, sondern wie eine Quelle alles, was sich hervordrängt, willig hervorsprudeln läßt, und, da seine Kunst Nachahmung ist, sich gezwungen sieht, wenn er Menschen von einander entgegengesetzter Sinnesart darstellt, häufig mit sich selbst in Widerspruch zu geraten ohne zu wissen, ob die eine oder die andere Aufstellung wahr ist« (ὅτι ποιητής, ὁπόταν ἐν τῷ τρίποδι τῆς Μούσης καθίζηται, τότε οὐκ ἔμφρων ἐστίν, οἷον δὲ κρήνη τις τὸ ἐπιὸν ῥεῖν ἑτοίμως ἐᾷ, καὶ τῆς

τέχνης οὔσης μιμήσεως ἀνακάζεται, ἐναντίως ἀλλήλοις ἀνθρώπους ποιῶν διατιθεμένους, ἐναντία λέγειν αὐτῷ πολλάκις, οἶδεν δὲ οὔτ᾿ εἰ ταῦτα οὔτ᾿ εἰ θάτερα ἀληθῆ τῶν λεγομένων)[46]. Gleichwohl sind die Dichter, wie auch die Orakelsprecher und Wahrsager, nach Platon göttlich zu nennen, da sie von dem Gott angehaucht und ergriffen sind:»Ja, wenn einfach der Satz gälte, der Wahnsinn sei etwas Schlimmes, dann wäre jene Vorschrift richtig; in Wirklichkeit jedoch vermittelt uns Wahnsinn die wertvollsten unserer Güter: ein Wahnsinn eben, der als göttliches Geschenk uns verliehen wird.« (εἰ μὲν γὰρ ἦν ἁπλοῦν τὸ μανίαν κακὸν εἶναι, καλῶς ἂν ἐλέγετο· νῦν δὲ τὰ μέγιστα τῶν ἀγαθῶν ἡμῖν γίγνεται διὰ μανίας, θείᾳ μέντοι δόσει διδομένης.)[47] Als Sitz der gottbegeisterten Weissagung nennt Platon die Leber.[48] Gegenüber dem »göttlichen Wahnsinn« (θεία μανία)[49] der Dichter und Wahrsager gründet die durch Eros bewirkte Enthusiasmus des Philosophen in der »Wiedererinnerung« (ἀνάμνησις)[50] der Seele an das göttliche Seiende. Allein der Mann, der solche Erinnerung richtig gebraucht, kann wahrhaft vollkommen werden. Indem er bei den Göttlichen Aufenthalt nimmt, wird er, wie Platon sagt, von den Leuten gescholten als ein Verwirrter; daß er aber »gottbegeistert« (ἐνθουσιάζων)[51] ist, bleibt vielen verborgen.

Die Wertschätzung der bildenden Kunst, insbesondere der Plastik, führte in der Spätantike dazu, nicht nur den Dichtern, sondern auch den bildenden Künstlern, wie z. B. Phidias, ein inspiriertes Nachbilden eines Urbildes zuzuschreiben[52]: »Auch hat jener Künstler […] nicht irgendein Modell betrachtet, von dem er dann die Ähnlichkeit herleitete; ihm schwebte vielmehr im Geiste ein Bild außergewöhnlicher Schönheit vor, das er anschaute und das konzentriert er nach diesem Vorbild seine Künstlerhand lenkte.« (nec vero ille artifex […] contemplabatur aliquem, e quo similitudinem duceret, sed ipsius in mente insidebat species pulchritudinis eximia quaedam, quam intuens in eaque defixus ad illius similitudinem artem et manum dirigebat.)[53]

Nach Seneca ist das Nachbilden des Urbildes (exemplar) die Aufgabe des Künstlers (artifex). »Diese Urbilder aller Dinge trägt der Gott in sich« (Haec exemplaria rerum omnium deus intra se ha-

---

43 GORGIAS, Fr. 11, in: Diels/Kranz (s. Anm. 38), 290; dt.: Reden, Fragmente und Testimonien, griech.-dt., hg. u. übers. v. T. Buchheim (Hamburg 1989), 9.
44 Vgl. PLATON, Rep. 493d.
45 ARISTOTELES, Rhet. 1408b 17–19.
46 Vgl. PLATON, Leg. 719c; dt.: Gesetze, übers. v. O. Apelt, Bd. 1 (Leipzig 1916), 136.
47 PLATON, Phaidr. 244a; dt.: Phaidros, übers. v. C. Ritter (Leipzig 1922), 55.
48 Vgl. PLATON, Tim. 71d-e.
49 PLATON (s. Anm. 47), 256b; dt. 73.
50 Ebd., 249c; dt. 63.
51 Ebd., 249d; dt. 63.
52 Vgl. BERNHARD SCHWEITZER, Der bildende Künstler und der Begriff des Künstlerischen in der Antike, in: Neue Heidelberger Jahrbücher, N. F. (Heidelberg 1925), 116f.
53 CICERO, Or. 2, 9; dt.: Orator, lat.-dt., hg. v. B. Kytzler (München/Zürich 1988), 11.

bet)[54]. Ausdrücklich erinnert Seneca an Platon und Aristoteles, wenn er erklärt: »Nicht kann etwas Großes und über die übrigen hinaus sprechen die Seele, wenn sie nicht bewegt. Wenn sie das Gewöhnliche und Übliche verachtet und sich unter göttlicher Eingebung erhoben hat zu größerer Höhe, dann schließlich singt sie etwas Erhabeneres als ein sterblicher Mund.« (Non potest grande aliquid et super ceteros loqui nisi mota mens. Cum uulgaria et solita contempsit instinctuque sacro surrexit excelsior, tunc demum aliquid cecinit grandius ore mortali.)[55] Bei Horaz dagegen wird der Gedanke enthusiastischer Entrücktheit des Dichters eher beiläufig erwähnt.[56] Auf die Frage, ob ein Gedicht der Natur oder der Kunst Vollkommenheit verdanke (natura fieret laudabile carmen an arte[57]), verweist Horaz auf das dafür erforderliche »ingenium« (410); den Gedanken vom (göttlichen) Wahnsinn der Dichter nimmt er auf: »Alles flieht vor dem Bedauernswerten, den der Aussatz plagt oder die Gelbsucht oder Verzückungswahn und der Mondgöttin Jähzorn: so weicht, wer gescheit ist, dem wahnwitzigen Dichter aus und rettet sich; höchstens hänseln die Buben ihn und sind so unvorsichtig, ihm nachzulaufen.« (ut mala quem scabies aut morbus regius urget / aut fanaticus error et iracunda Diana, / vesanum tetigisse timent fugiuntque poetam / qui sapiunt, agitant pueri incautique sequuntur.)[58]

In *Über das Erhabene* nennt Pseudo-Longin enthusiastische Leidenschaft (ἐνθουσιαστικὸν πάθος[59]) und die Kraft zu bedeutenden Entwürfen die zwei Quellen des Erhabenen, die sich – im Gegensatz zur Bildung sprachlicher Formen, der Wortwahl und der Gedankenfügung – technischer Fertigkeit entziehen und die man durch Geburt erwirbt. Ausdrücklich weist er auch auf die rhetorische Funktion des Enthusiasmus hin, der durch Begeisterung (μανία[60]) das Wort zur göttlichen Offenbarung macht. Während das Ziel des dichterischen Enthusiasmus Erschütterung (ἔκπληξις) ist, erstrebt die durch Enthusiasmus geleitete rhetorische Vorstellung (ῥητορικὴ φαντασία) »eindringlich klare Darstellung« (ἐνάργεια)[61].

Im Mittelalter verliert der Begriff des Enthusiasmus seine rhetorische und poetologische Bedeutung, wenngleich die durch römische Autoren wie Horaz vermittelte Kenntnis des Gedankens vom (göttlichen) Wahnsinn der Dichter bzw. – in der vulgären Auffassung – von ihrer ›Verrücktheit‹ vereinzelt belegt ist.[62] Das künstlerische Werk selbst wird nicht länger als unmittelbarer Ausdruck eines Enthusiasmus gedeutet, sondern kann als eine Form der »invocatio scriptoris ad Deum«[63] begriffen werden. Zugleich erfährt der Begriff der göttlichen Eingebung (inspiratio) eine Transformation des Bedeutungsgehaltes. Nach Thomas von Aquin empfängt der Mensch »durch das übernatürliche Licht« (supernaturali lumine) die »Erkenntnis des Göttlichen« (cognitionem divinorum)[64]. Ausdrücklich nennt Thomas in diesem Zusammenhang das Pfingstereignis (Act. 2, 4), bei dem »durch göttliche Eingebung« (divinitus)[65] die im Namen Jesu Versammelten vom Heiligen Geist erfüllt wurden und in verschiedenen Sprachen die Wahrheit des Glaubens zu verkündigen begannen. Ebenso bezeichnen nach Thomas die Heiligen, die von Prophetie sprechen, diese als »eine Inspiration oder eine Berührung« (inspirationem vel tactum quemdam)[66], mit der der Heilige Geist auf das

---

54 SENECA, Epist. 65, 7; dt.: An Lucilius. Briefe über die Ethik, in: Seneca, Philosophische Schriften, lat.-dt., hg. u. übers. v. M. Rosenbach, Bd. 3 (Darmstadt ⁴1995), 541.
55 SENECA, De tranquillitate animi 17, 11; dt.: Seneca, Über die Seelenruhe, in: Seneca (s. Anm. 54), Bd. 2 (Darmstadt ⁴1993), 173.
56 Vgl. HORAZ, C. 3, 25; ebd., 3, 4.
57 HORAZ, Ars 408.
58 Ebd., 453–456; dt.: Das Buch von der Dichtkunst, übers. v. W. Schöne, in: Horaz, Sämtliche Werke, lat.-dt. (München/Zürich 1985), 573.
59 LONGIN, De Sublimitate 8, 1.
60 Ebd., 8, 4.
61 Ebd., 15, 2; dt.: Vom Erhabenen, griech.-dt., hg. u. übers. v. R. Brandt (Darmstadt 1966), 61.
62 Vgl. ERNST ROBERT CURTIUS, Europäische Literatur und lateinisches Mittelalter (1948; Bern/München 1965), 467 f.
63 OTFRID, Evangelienbuch, hg. v. O. Erdmann (Tübingen 1957), 14.
64 THOMAS VON AQUIN, Summae contra gentiles libri quattuor 3, 154; dt.: Summe gegen die Heiden, lat.-dt., hg. u. übers. v. K. Allgaier u. a., Bd. 3/2 (Darmstadt 1996), 343.
65 Ebd.; dt. 345.
66 THOMAS VON AQUIN, De Veritate 12, 1; dt.: Untersuchungen über die Wahrheit, übers. v. E. Stein, Bd. 1 (Louvain/Freiburg 1952), 297.

Herz des Propheten einwirkt. Durch diese Inspiration ist nicht nur die Irrtumslosigkeit der Heiligen Schrift verbürgt, auch die Auslegung (interpretatio) muß notwendig »aus göttlicher Gnade geschehen, so wie auch die Offenbarung selbst durch Gottes Gnade stattfand«. (Quod divina gratia esse oportet, sicut et ipsa revelatio per gratiam Dei fuit.)[67]

Die Rezeption der Schriften Platons, der Aristotelischen *Poetik* und der Werke von Horaz sowie die enge Verbindung von (normativer) Poetik und Rhetorik bestimmen in der Renaissance die Wiederaufnahme des Gedankens dichterischer Inspiration. Im 15. Jh. haben vor allem Cristoforo Landino (*Disputationes Camaldulenses*, 1475) und sein Schüler Angelo Poliziano (*Prose volgare e poesie latine e greche*, entst. ca. 1480) daran erinnert, daß der Dichter des naturgegebenen Talents und der dichterischen Inspiration bedarf. Von nachhaltiger Wirkung, insbesondere nach ihrer Übersetzung durch Nicolas Boileau, waren Julius Caesar Scaligers *Poetices libri septem* (1561). Unter Berufung auf Platons *Phaidros* weist Scaliger zunächst darauf hin, daß man der Forderung Platons nach Verbannung der Dichter aus dem Staat kein allzu großes Gewicht beimessen dürfe. Zugleich unterscheidet er mit Hinweis auf Platon zwischen dem bloßen »versificator« (Verseschmied) und dem Dichter, der – von den Musen inspiriert und mit Begeisterung erfüllt – das Werk vollendet, dessen »inventio« (Erfindung)[68] die Musen verleihen: »Idcirco igitur invocant poetae Musas, ut furore imbuti peragant quod opus est.« (Die Dichter rufen also deshalb die Musen an, damit sie von Raserei erfüllt vollbringen, was ihre Aufgabe ist.)[69] Die Begeisterung reißt

---

67 THOMAS VON AQUIN (s. Anm. 64), 3, 154; dt. 355.
68 JULIUS CAESAR SCALIGER, Poetices libri septem/Sieben Bücher über die Dichtkunst (1561), hg. u. übers. v. L. Deitz, Bd. 1 (Stuttgart-Bad Cannstatt 1994), 72/73.
69 Ebd., 82/83.
70 AUGUST BUCK, Einleitung, in: Scaliger, Poetices libri septem (Stuttgart-Bad Cannstatt 1964), XV.
71 GIORDANO BRUNO, De gl'heroici fvrori (1585), in Bruno, Le opere italiane, hg. v. P. de Lagarde, Bd. 2 (Göttingen 1888), 629; dt.: Von den heroischen Leidenschaften, hg. u. übers. v. C. Bacmeister (Hamburg 1989), 32.
72 Ebd., 640; dt. 49.

den Dichter von den gewöhnlichen Gegenständen fort, so daß er von ihnen abzusehen vermag. Für Scaliger ist ein gelungenes Kunstwerk sowohl von Inspiration als auch von erlernbarem, handwerklichem Können abhängig. »Das Werk des Dichters, der lediglich seinem ›ingenium‹ folgt, ohne die in der Dichtungslehre kodifizierte ›ars‹ zu beachten, gleicht einem wilden Feld [...], wohingegen der Idealtyp des Dichters, dessen ›iudicum‹ die Einhaltung der Regeln überwacht, mit seinem Werk dem wohl gepflügten und planmäßig bebauten Acker entspricht.«[70]

Auch Francesco Patrizi (*Della Diversità de' Furori Poetici*, 1553) anerkennt zwar die poetologische Funktion des ›iudicium‹, sieht aber unter dem Einfluß von Platon und Pseudo-Longin im Enthusiasmus die wichtigste Quelle dichterischer Produktion, da Dichtung für ihn nicht im Sinne der aristotelischen Poetik als Nachahmung (μίμησις, mimēsis), sondern als Darstellung des Wunderbaren (mirabile) zu begreifen ist. Gott, die Götter oder die Musen sind nach Patrizi die Urheber jenes Enthusiasmus, des göttlichen Wahnsinns, den der Dichter empfängt und der ihn befähigt, das Wunderbare zu schaffen und es in Versen darzustellen. Angerührt durch das Wunderbare der Dichtung, entsteht im Publikum Bewunderung für das Werk.

Giordano Bruno lehnt in *De gl'heroici fvrori* (1585) die im Anschluß an Aristoteles entwickelte Regelpoetik grundsätzlich ab und betont die Unableitbarkeit der Dichtung von vorgegebenen Maßstäben, da der Dichter selbst Urheber von Regeln sei und ebenso viele Gattungen des Poetischen wie Dichter gebe. Die Formen dichterischer Gestaltung sind Ausdruck der »Leidenschaft«, der »Begeisterung« (»il furore, [...] l'entusiasmo«[71]) des Dichters. Bruno unterscheidet mehrere Arten der Leidenschaft, die sich aber auf zwei Gattungen zurückführen lassen: Die einen sind gebunden an den unvernünftigen Trieb, die Sinnlichkeit, die anderen bestehen in einer gewissen »göttlichen Entrücktheit« (diuina abstrattione)[72], die nur einzelnen zuteil wird. In Übereinstimmung mit Platon charakterisiert Bruno diese Entrückung in doppelter Weise: Sie wird solchen zuteil, die als Inspirierte den Geist der Gottheit in sich haben, ohne daß sie den Grund für ihr Tun und Sagen erkennen können, wie den Dichtern und den Propheten; aber auch solchen, wie den Philosophen, die an geistige Betrachtung gewöhnt und daher nicht bloße Gefäße oder Werkzeuge sind, sondern selbst Anfang und Ursache ihrer Tätigkeit und somit etwas Heiligem gleich. Solche leidenschaftliche Entrücktheit ist nach Bruno kein Vergessen, sondern, wie er in Anlehnung an Platon sagt, ein Erinnern und in eins damit Liebe und Sehnsucht nach dem Schönen und Guten. Eine entschiedene Gegenposition zu Patrizi und Bruno bezieht Lorenzo Giacomini (*Del furor poetico* [1587] und *Orationi e discorsi* [1597]). Für ihn ist Begeisterung (furor) der Zustand der ausschließlichen Hinwendung der Seele auf ein Objekt, eine Idee, der sie alle anderen Objekte vergessen läßt; er ist eine natürliche Eigenschaft der Seele, aber er wird nicht ohne Grund göttlich genannt, da er durch die Natur bewirkt wird, die eine Tochter Gottes ist.

In ironischer Brechung, aber zugleich mit implizitem Bezug auf Scaliger, der in einem Gedicht den Wein als Mittel der Inspiration des Dichters gewürdigt hatte, reflektiert Montaigne in seinen *Essais* (1580) über Enthusiasmus und Manie, wenn er den durch diese Begriffe bezeichneten Problemzusammenhang in einem Essay mit dem Titel ›De l'yvrongnerie‹ behandelt. Nach Ausführungen über die Wirkung des Weines sagt Montaigne, daß Poeten – ebenso wie der Soldat nach der Hitze der Schlacht – über ihre eigenen Werke in Verwunderung geraten und sich auf Grund ihrer Hitze (»ardeur«) und Begeisterung (»manie«) nicht an die Spur erinnern, auf der sie die Bahn zurückgelegt haben: »les poëtes sont espris souvent d'admiration de leurs propres ouvrages et ne reconnoissoient plus la trace par où ils ont passé une si belle carriere«. Denn – so die an Senecca anschließende Begründung – unsere Seele kann sich von ihrem Sitz nicht so weit erheben, sie muß ihn verlassen und sich in die Höhe schwingen. Deshalb ist nach Montaigne Platons Beobachtung zutreffend, daß die Gabe der Weissagung ihren Ursprung »au dessus de nous« habe; weissagend sind wir durch himmlische Entzückung (»par un ravissement céleste«) außer uns gesetzt. Deshalb nennt man jede übertriebene Handlung eine Narrheit, weil die Weisheit eine ordentliche Führung der Seele nach Maß und Proportion ist: Aristoteles »a raison d'appeller folie tout eslancement, tant loüable soit-il,

qui surpasse nostre propre jugement et discours. D'autant que la sagesse c'est un maniment reglé de nostre ame, et qu'elle conduit avec mesure et proportion, et s'en respond.«[73] Auf Grund der Glaubensstreitigkeiten und Religionskriege des 17. Jh. wird der Bedeutungsgehalt von Enthusiasmus angereichert durch theologische Konnotationen; der Begriff selbst rückt in den Mittelpunkt politisch-religiöser Auseinandersetzungen. Die Verwendung des Begriffs Enthusiasmus im poetologischen Diskurs erscheint eher als ein Randphänomen, zumal seine Begründungsfunktion in zunehmendem Maße gattungsspezifisch eingeschränkt wird. Zugleich wird die Genese des Enthusiasmus naturalistisch gedeutet, so daß Enthusiasmus als ästhetischer Fachterminus den theologischen Streitigkeiten entzogen ist.[74] Bereits der Titel des einflußreichen Werkes von Meric Casaubon, *A Treatise Concerning Enthusiasm, as It is an Effect of Nature* (1655), zeigt an, daß sich die Abhandlung nicht gegen »Religious Enthusiasme, truly and really religious«[75], bezeugt durch die Autorität der Heiligen Schrift, sondern allein gegen jene »pretended inspirations« (1), »supposed raptures and Enthusiasms« (13) wendet, die ihren Ursprung in der Melancholie ihrer Urheber[76] haben. Casaubon unterscheidet zunächst zwischen natürlichem und übernatürlichem Enthusiasmus: »*Enthusiasme*, say I, is either naturall, or supernaturall.«[77] Den natürlichen Enthusiasmus unterteilt er sodann in acht Gattungen mit je verschiedenen natürlichen Ursachen: 1. »Contemplative and philosophical« (22), 2. »Rhetoricall«, 3. »Poeticall«, 4. »Precatorie, or Supplicatory«, 5. »Musicall«, 6. »Martiall«, 7. »Eroticall, or amatory« und schließlich 8. »Mechanical Enthusiasme« (23).

---

73 MICHEL DE MONTAIGNE, Essais (1580), in: Montaigne, Œuvres complètes, hg. v. A. Thibaudet/M. Rat (Paris 1962), 330.
74 Vgl. WILLIAM TEMPLE, Upon Poetry, in: Temple, Miscellanea. The Second Part: In Four Essays (London 1690).
75 MERIC CASAUBON, A Treatise Concerning Enthusiasme, as It is an Effect of Nature [...] (1655; London ²1656), 24.
76 Vgl. ROBERT BURTON, The Anatomy of Melancholy (1621), Bd. 3 (London 1949), 339 ff.
77 CASAUBON (s. Anm. 75), 22.

So beruht die durch Kontemplation und philosophischen Enthusiasmus hervorgerufene Ekstase auf »a totall suspension of all sensitive powers, the effect sometimes of contemplation, and earnest intention of the mind« (64). Durch Rhetorik dagegen wird oftmals »enthusiastick operation upon others. Demagogie« (177) bewirkt. Der poetische Enthusiasmus ist hinsichtlich seiner Ursachen und seiner Natur dem rhetorischen Enthusiasmus verwandt, obwohl er sich in der Wirkung – vor allem durch Stil und Sprache – von ihm unterscheidet. Mit Scaliger differenziert Casaubon zwischen dem von Natur aus (»by Nature, without Art or Study« [263]) begabten und dem durch Inspiration begeisterten Poeten, wobei er unmittelbare göttliche Inspiration im Anschluß an Platons *Ion* als Quelle wahrer Dichtung begreift.[78] Vehementen Widerspruch erfährt jedoch Scaligers These, daß der Wein eine Quelle der Inspiration für den Dichter sein könne.[79]

Zu Beginn des 18. Jh. erinnert John Dennis in seinem Werk *The Grounds of Criticism in Poetry* (1704) an die poetologische Funktion des Enthusiasmus. Sein Bezugspunkt ist allerdings nicht Platon, sondern Pseudo-Longins Schrift *Über das Erhabene*. In vergleichbarer Weise knüpft später auch Roger de Piles mit seinem *Cours de peinture par principes* (1708) an Longin an, wenn er das Erhabene als Wirkung und Werk des Enthusiasmus beschreibt. Dennis definiert Dichtung (Poetry) als die Kunst, durch die der Poet Leidenschaften (Passions) hervorruft zu dem Zweck, Vergnügen (Pleasure) und Belehrung (Instruction) zu bewirken[80]: »all Genius is Passion, because it moves, and all Passion is either Enthusiasm or ordinary Passion«[81]. Enthusiastische Leidenschaft wird hervorgerufen »by the Ideas in Contemplation, or the Meditation of things that belong not to common Life«[82]; der stärkste und in höchstem Grade bewegende Enthusiasmus richtet sich – wie Dennis in Anlehnung an Longin ausführt – auf das Erhabene, und er entsteht auf Grund von »religious ideas«[83]. Die Kunstform, in der das Erhabene zur Darstellung kommt, ist für Dennis »the greater Ode«: »the peculiar Province of Enthusiasm«[84], während die gewöhnlichen Leidenschaften ihren Ausdruck in epischen oder dramatischen Dichtungen finden, bei denen der Dichter »introduces Persons Holding Conversation together«[85]. Die Überzeugung, daß die Odendichtung den Enthusiasmus als innere Haltung des Dichters erfordere, bestimmt in England, aber auch auf dem Kontinent, die Odentheorie bis zum Ausgang des 19. Jh.[86]

V. Enthusiasmus als Fanatismus

Zu Beginn des 17. Jh. gewinnt der Begriff des Enthusiasmus auf Grund der Religionsstreitigkeiten und im Gefolge der Türkenkriege pejorative Bedeutung: Enthusiasmus wird zu einem Synonym für ›Fanatismus‹.[87] Bereits Martin Luther hatte die Schwärmerei als eine Form des Enthusiasmus charakterisiert und das Papsttum als »eitel Enthusiasmus«[88] bezeichnet. Gegenüber einer solchen Engführung der Wortbedeutung von Enthusiasmus verweist Heinrich Matthias Spielberg in seinem Werk *Confutatio enthusiasmi crassissimi, ab Orco revocati* (1710) zwar zunächst auf den wahren Enthusiasmus der Propheten und Apostel, grenzt aber davon – durchaus im Sinne Luthers – den nur scheinhaften, eingebildeten und angemaßten (»fictus vel praesumptus«[89]) Enthusiasmus ab, der auf Grund von Melancholie, willkürlichen Illusionen und falschen Bildern, scheinbar göttlichen Offenbarungen, entsteht und der die Menschen zu Fanatikern werden läßt: »Der Enthusiasmus ist heutigentags an und für sich verdammenswert […], das

---

78 Vgl. ebd., 263 f.
79 Vgl. ebd., 269–272.
80 Vgl. JOHN DENNIS, The Grounds of Criticism in Poetry (1704), in: Dennis, The Critical Works, hg. v. E. N. Hooker, Bd. 1 (Baltimore 1939), 336 f.
81 DENNIS, The Advancement and Reformation of Modern Poetry (1701), in: Dennis (s. Anm. 80), 229.
82 DENNIS (s. Anm. 80), 338 f.
83 Ebd., 339, 358 f.
84 DENNIS (s. Anm. 81), 229.
85 DENNIS (s. Anm. 80), 339.
86 Vgl. SPOO (s. Anm. 1), 52 f.
87 Vgl. ROBERT SPAEMANN, ›Fanatismus‹, in: RITTER, Bd. 2 (1972), 905.
88 MARTIN LUTHER, Schmalkaldische Artikel (1538), in: Luther, Werke, hg. v. O. Clemen, Bd. 4 (Berlin 1950), 316.
89 HEINRICH MATTHIAS SPIELBERG, Confutatio enthusiasmi crassissimi, ab Orco revocati (o. O. 1710), 11.

ist teuflisch« (Enthusiasmus hodierno seculo in et per se est damnabilis [...], illud est diabolicum [13]). Einen der wenigen frühen Versuche, angesichts dieser Unterscheidung zwischen göttlichem und diabolischem Enthusiasmus den natürlichen Enthusiasmus – in Anlehnung an antike Autoren (vor allem Platon) und an Casaubon – als Grundlage begeisterter Rede zu rechtfertigen, bildet Heinrich Gottlieb Wagners Schrift *Enthusiasmus oratorius* (1713). Repräsentativer als dieses Werk sind für die zeitgenössische Verwendung des Wortes allerdings die Schriften von Peter Zorn (*De philtris enthusiasticis Anglico Batavis*, 1707) und Christian Kortholt (*De enthusiasmo Mohammedis*, 1745), in denen der Begriff des Enthusiasmus zur Ausgrenzung von Schwärmern und nicht-christlichen Glaubensgemeinschaften gebraucht wird, die – wie es in 1. Kor. 2, 12 heißt – den Geist nicht aus Gott, sondern den Geist der Welt empfangen haben.[90] Zorns Argumentation ist paradigmatisch für die Folgezeit: Der Enthusiasmus der Quäker, der sich im Zustand der ›Entzückung‹ äußert, ist nach Zorn als Krankheit (morbus enthusiasticus) zu begreifen, die von Melancholie, Epilepsie und Begierdelosigkeit begleitet und durch fanatisierende materielle Mittel (Quäker-Pulver) induziert ist.

Auf die politischen Konsequenzen des Enthusiasmus macht Thomas Hobbes in seinem *Leviathan* (1651) aufmerksam: Obwohl die Wirkungen der Eingebungen (»inspiration«[91]) beruhenden Verrücktheit (»folly«) eines Einzelnen nicht immer durch ausgefallene Handlungen unmittelbar sichtbar werden, ergreift doch – sobald viele von ihnen zusammentreffen – eine Wut (»rage« [54]) die Menge, und die einzelnen Leidenschaften werden »parts of the Seditious roaring of a troubled Nation«. Der Glaube an Eingebungen (»opinion of Inspiration«) beginnt nach Hobbes häufig mit der glücklichen Entdeckung eines von allen für wahr gehaltenen Irrtums (»some lucky finding of an Errour generally held by others« [55]), und weil der Weg, der zu dieser Entdeckung geführt hat, im dunkeln bleibt, bewundert man sich selbst, da man scheinbar in der besonderen Gnade des allmächtigen Gottes steht, der einem diese Wahrheit durch seinen Geist auf übernatürliche Weise offenbart hat.

In seinem einflußreichen Werk *Enthusiasmus Tri-*

umphatus, or, a Brief Discourse of the Nature, Causes, Kinds and Cure of Enthusiasm (1662) unterscheidet der Neuplatoniker Henry More erstmals scharf zwischen Inspiration und Enthusiasmus: Durch Inspiration ist man auf besondere Weise durch die Kraft des Geistes oder durch Gott bewegt, zu handeln, zu sprechen oder zu denken, was heilig, gerecht und wahr ist, während der Enthusiasmus nach More in der vollen, aber falschen Überzeugung (»persuasion«[92]) besteht, daß man inspiriert sei. Während der Enthusiasmus durch Melancholie verursacht wird, so daß die Seele ihr Urteilsvermögen und ihre Freiheit verliert, ist echte religiöse Erfahrung nach More niemals irrational; Inspiration ist für ihn ein Prinzip der reinsten Vernunft (»Principle of the purest Reason«) und daher der menschlichen Natur angemessen (»communicable to human Nature«[93]). Im Gegensatz dazu beruht der Enthusiasmus auf den durch Einbildungskraft (»imagination«[94]) hervorgebrachten Vorstellungen, so daß das Londoner Irrenhaus Bedlam der geeignete Ort für fanatische Sektierer in ihrem Wahnsinn ist. Die Kritik Mores richtet sich dabei vor allem gegen die Quäker und Dissenters.

In grundsätzlich ähnlicher Weise wie More argumentiert Joseph Glanvill in seinem Essay *Anti-fanatical Religion, and Free Philosophy* (1676). Er weist zugleich darauf hin, daß auf Grund des wilden Enthusiasmus »In *this* Age, one Sect and Genius spreads like Infection, as if the publick Air were poisoned with it«[95]. Eine satirische Schilderung inspirierten Sektenwesens gibt Jonathan Swift in *A Tale of a Tub*, wo er auch Ursprung, Nutzen und Gebrauch des Wahnsinns im Staat reflektiert (›A Digression Concerning the Original, the Use and

---

90 Vgl. JOHANN KAHLER, De haeresi enthusiastorum abominabili (Rinteln 1703).
91 HOBBES (LEV), 55.
92 HENRY MORE, Enthusiasmus Triumphatus, or, a Brief Discourse of the Nature, Causes, Kinds and Cure of Enthusiasm (1662; Los Angeles 1966), Sect. 2.
93 Ebd., Sect. 54.
94 Ebd., Sect. 6.
95 JOSEPH GLANVILL, Anti-fanatical Religion, and Free Philosophy. In a Continuation of the New Atlantis (1676), in: Glanvill, Essays on Several Important Subjects in Philosophy and Religion (London 1676), 4 f.

Improvement of Madness in a Commonwealth«[96]). In einem Fragment am Ende des Buches (›A Discourse Concerning the Mechanical Operation of the Spirit‹) unterscheidet Swift vier Arten des Enthusiasmus, den er als Erhebung der Seele über die Materie (»A lifting up of the Soul or its Faculties above Matter«) bestimmt. Drei dieser Arten seien in der Literatur ausführlich behandelt worden: »Profecy or Inspiration« (174), »Possession« und die Erhebung der Seele als »the Product of natural Causes, the effect of strong Imagination, Spleen, violent Anger, Fear, Grief, Pain, and the like«. Als vierte »Method of Religious Enthusiasm« nennt er jene Form scheinbarer Inspiration, die auf dem Grundsatz beruht, daß der Untergang der Sinne den Aufstieg des Geistes bewirkt, aber allein durch Kunst oder technische Stimulierung (»as it is purely an Effect of Artifice and Mechanick Operation« [175]) des Geistes hervorgerufen wird (z. B. durch kunstgerecht verdrehte Augen, Heben und Senken der Körper, lautes Summen von Prediger und Gemeinde sowie durch manipulative Rhetorik der Prediger).

Während sich die Auseinandersetzung mit dem Phänomen des Enthusiasmus bei More, Glanvill und Swift zugleich mit einer Kritik des Sektenwesens verbindet, behandelt John Locke diese Thematik in seinem Essay Concerning Human Understanding (1690) erst in einem der 4. Auflage (1700) beigefügten Kapitel mit dem Titel ›Of Enthusiasm‹ unter ausschließlich epistemologischen Gesichtspunkten. Der Enthusiasmus »takes away both Reason and Revelation, and substitutes in the room of it, the ungrounded Fancies of a Man's own Brain, and assumes them for a Foundation both of Opinion and Conduct«[97]. Gegenüber dem Anspruch des Enthusiasmus, über unmittelbare Offenbarungen durch ein inneres Licht zu verfügen, zeigt Locke, daß Vernunft und Offenbarung nicht widerstreiten und die Vernunft zudem als oberster Richter und Führer in allen Dingen Maß und Regeln vorgibt, nach denen Inspiration und Illusion, Wahrheit und Unwahrheit zu unterscheiden sind.

Mit seinem Essay Of Superstition and Enthusiasm (1741) nimmt David Hume den vorgebenen Diskussionszusammenhang auf, verändert aber zugleich die Blickrichtung, indem er soziale und politische Konsequenzen der Problematik aufzeigt. »Hope, pride, presumption, a warm imagination, together with ignorance, are [...] the true sources of Enthusiasm.« »Weakness, fear, melancholy, together with ignorance, are [...] the true sources of Superstition.«[98] Enthusiasmus und Aberglaube bilden nach Hume die beiden wesentlichen Spielarten des Fanatismus. Während jedoch der Aberglaube die Menschen zahm und unterwürfig macht und die Autorität der Priesterschaft stärkt, fördert der Enthusiasmus die Unabhängigkeit der Gläubigen – als vorrangige Vertreter nennt Hume Quäker, Independenten und Presbyterianer[99] – und begründet die Verachtung für Formen, Traditionen und Autoritäten. Da zudem der Enthusiasmus auf heftigen Stimmungen und auf anmaßender Kühnheit des Charakters beruht, führt er leicht zu grausamsten Unruhen in der Gesellschaft; zugleich aber ist er – im Gegensatz zum Aberglauben – »naturally accompanied with a spirit of liberty«[100], der nach Hume letztlich auch die bürgerliche Freiheit fördert und zur Errichtung der Republik als Staatsform beiträgt.

Die von Hume unterstellte Bedeutungsgleichheit von Enthusiasmus und Fanatismus bestimmte auch in Neuengland von Beginn an die Auseinandersetzung mit dem Phänomen des Enthusiasmus bei Puritanern (beginnend mit der sog. Antinomierkrise 1636–1638[101]) und Unitariern[102]: Gerade weil beide Bewegungen gegenüber der etablierten Kirche die Erneuerung und Rückbesinnung auf das eigentliche Wesen des Christentums einforderten, mußte das wahrhafte Konversionserlebnis von bloß eingebildeter göttlicher Ergriffenheit unterschieden werden; statt auf dem subjektiven Sendungsbewußtsein des Enthusiasmus, der Unmittelbarkeit seiner inspirierten religiösen Erfahrung zu

---

96 JONATHAN SWIFT, A Tale of a Tub (1704), in: Swift, A Tale of a Tub. With Other Early Works, 1696–1707, hg. v. H. Davis (Oxford 1939), 102–114.
97 LOCKE (ESSAY), 698.
98 DAVID HUME, Of Superstition and Enthusiasm (1741), in: HUME, Bd. 3 (1875), 145.
99 Vgl. ebd., 148.
100 Ebd., 149.
101 Vgl. CHARLES FRANCIS ADAMS, The Antinomian Controversy (New York 1976).
102 Vgl. WILLIAM ELLERY CHANNING, Unitarien Christianity: Discourse at the Ordination of the Rev. Jared Sparks (Baltimore 1819).

beharren, wird die Kontrollfunktion des Verstandes betont, durch dessen Gebrauch die bloße Subjektivität des Gefühls zugunsten verantwortungsvoller Exegese der Heiligen Schrift überwunden wird. Mitte des 18. Jh. wird diese Position eindringlich von Charles Chauncy vertreten, der die Argumentation in seiner Schrift *Enthusiasm Described and Caution'd against* (1742) durch den Rückgriff auf Überlegungen von Swift und Locke abstützt. Die negativen Konnotationen, die der Begriff Enthusiasmus im Rahmen der religiös-theologischen Diskussionszusammenhänge gewinnt, schließen seinen Gebrauch als poetologische Kategorie aus. Die Bedeutung, die die Auseinandersetzung mit dem Phänomen des Enthusiasmus für das gesellschaftliche Leben hatte, spiegelt sich statt dessen in der Erzählliteratur, in der die in der Regel negativ gezeichnete Figur des Enthusiasten eigenständigen Rang gewinnt.[103] Erst durch den Tranzendentalismus Ralph Waldo Emersons verändert sich die Einschätzung des Enthusiasmus radikal. Nach Emerson ist die Seele des Menschen kein Vermögen, sondern ein Licht (»not a faculty, but a light«[104]), und ihre Manifestationen sind als Ausdruck eines Einströmens (»influx«) des göttlichen Geistes in unseren Geist Offenbarungen (»Revelation«), begleitet vom Gefühl des Erhabenen. Das Bewußtsein göttlicher Gegenwart bewirkt einen Enthusiasmus, dessen Erscheinungsformen bei den einzelnen Menschen unterschiedlich sind: der Enthusiasmus kann sich als Zustand der Ekstase und Trance, der prophetischen Inspiration oder auch als Wärme tugendhaften Gefühls äußern. Enthusiastisches Erleben – »as if they had been ›blasted with excess of light‹« (269) – findet sich nach Emerson deshalb nicht nur bei Sokrates, Plotin und dem Apostel Paulus, sondern ist gleichermaßen charakteristisch für den seelischen Zustand von George Fox und den Quäkern wie auch dem Geisterseher Swedenborg. Jene innere Erfahrung »makes what we call genius«, und auf Grund von Inspiration sind große Dichter (»great poets«) ausgezeichnet durch »a wisdom of humanity which is superior to any talents they exercise«, denn: »they are poets by the free course which they allow to the informing soul« (273). In einer Vorlesung aus dem gleichen Jahr (*Man the Reformer*) stellt Emerson grundsätzlich fest: »Every great and commanding moment in the annals of the world is the triumph of some enthusiasm.«[105]

VI. ›Natürlicher Enthusiasmus‹

Während die angelsächsische Enthusiasmus-Debatte im 18. und 19. Jh. weitgehend (ob zustimmend oder ablehnend) an Lockes Ausführungen im *Essay Concerning Human Understanding* angelehnt war, wird die Auseinandersetzung mit dem Phänomen des Enthusiasmus auf dem europäischen Kontinent im 18. Jh. durch Shaftesburys *Letter Concerning Enthusiasm* (1708) bestimmt. Den Anlaß des Briefes bildete das Auftreten der sog. ›Französischen Propheten‹ in England, deren exaltiertes Wesen zu Störungen des öffentlichen Lebens führte.[106] (Die aus gleichem Anlaß publizierte Schrift von Bischof George Hickes, *The Spirit of Enthusiasm exorcised* [1680], die aus einer gegen die Quäker gehaltenen Predigt hervorging, blieb dagegen ohne größere Wirkung.) Statt durch obrigkeitliche Maßnahmen gegen jene enthusiastischen Propheten die Ordnung wiederherzustellen, sollte man ihnen nach Shaftesbury die Ehre der Verfolgung versagen, durch die sie in Frankreich den Geist der Märtyrerschaft auf sich zogen. Nicht Strafe, sondern Spott ist für Shaftesbury das geeignete Mittel, den Fanatismus zu bekämpfen. Der Spott decouvriert nicht nur falsche Prätentionen, sondern er ist zugleich auch das Kriterium (»test of ridicule«[107]) für den Wahrheitsgehalt von Überzeu-

---

103 Vgl. HANS-JÜRGEN WECKERMANN, Die Figur des Enthusiasten in der amerikanischen Erzählliteratur (Berlin/New York 1988).
104 RALPH WALDO EMERSON, The Over-Soul (1841), in: Emerson, The Complete Essays and Other Writings, hg. v. B. Atkinson (New York 1950), 263.
105 EMERSON, Man the Reformer (1841), in: Emerson, The Collected Works, hg. v. A. R. Ferguson, Bd. 1 (Cambridge, Mass. 1971), 157.
106 Vgl. RONALD A. KNOX, Enthusiasm: A Chapter in the History of Religion (Oxford 1950), 356–371.
107 ANTHONY SHAFTESBURY, A Letter Concerning Enthusiasm (1708), in: Shaftesbury, Characteristics of Men, Manners, Opinions, Times, etc., hg. v. J. N. Robertson, Bd. 1 (London 1900), 10.

gungen, da vor der wahrhaften und deshalb zu rechtfertigenden Überzeugung der Spott selbst zuschanden wird.[108] Vom falschen Enthusiasmus, der stets von Melancholie begleitet ist, ist jedoch – wie Shaftesbury im Anschluß an Platon ausdrücklich erklärt – die Inspiration, das wahre Gefühl einer göttlichen Gegenwart, zu unterscheiden (»inspiration is a real feeling of the Divine presence, and enthusiasm a false one«[109]), und er selbst gibt im Naturhymnus des Theokles ein Beispiel inspirierter Rede[110], die auch skeptischen Einwürfen gegenüber standhält. Zudem nennt Shaftesbury sich selbst einen großen Enthusiasten. Dies könnte zugleich ein Grund dafür sein, daß Shaftesbury in der von Diderot herausgegebenen *Encyclopédie* – im Unterschied zu dem als durchdringend urteilenden Geist charakterisierten Locke – als ein außergewöhnliches Genie bezeichnet wird, dem wir glänzende, oft kaum begründete, aber an erhabenenen Wahrheiten reiche Systeme verdanken: »Il y a bien peu d'erreurs dans Locke & trop peu de vérités dans milord Shaftesbury: le premier cependant n'est qu'un esprit étendu, pénétrant, & juste; & le second est un *génie* du premier ordre. Locke a vû; Shaftesbury a créé, construit, édifié«[111]. Nachdrücklich wird der Zusammenhang von Enthusiasmus und Genie betont, und in dem Artikel ›Enthousiasme‹ heißt es: »Il n'est point d'*enthousiasme* sans génie«[112]. Der Enthusiasmus wird dort einleitend bestimmt als »une espece de fureur qui s'empare de l'esprit & qui le maîtrise, qui enflamme l'imagination, l'éleve, & la rend féconde«. Als »fureur poétique« ermöglicht und befördert er den Fortschritt der schönen Künste, und er ist nicht mit jenem Zustand des Menschen »hors de lui-

même«, wie es in Abgrenzung gegen Montaigne heißt, oder dem »fureur prophétique« (719), der leicht in Fanatismus abgleitet, zu verwechseln. Vielmehr wird ausdrücklich der Zusammenhang von Enthusiasmus und ratio hervorgehoben (»Il est [...] le chef-d'œuvre de la raison« [720]), so daß jener Enthusiasmus, dem wir »des belles productions des Arts« (721) verdanken, definiert werden kann als »une émotion vive de l'ame à l'aspect d'un tableau *neuf* & bien ordonné qui la frappe, & que la raison lui présente« (720). Zugleich gehört es zur Natur des Enthusiasmus, sich mitzuteilen und sich zu reproduzieren: »il passe de l'ame des acteurs dans celle des spectateurs«. Die Bilder, die die Vernunft der Seele im Zustand des Enthusiasmus vorstellt, sind »hardis, nobles, extraordinaires« (722).

Diese Wertschätzung des Enthusiasmus wird von Mme de Staël in ihrem erstmals 1810 erschienenen Werk *De l'Allemagne* nachdrücklich vertieft, indem sie ihn zum Prinzip gelingender Lebensführung erhebt. Der Enthusiasmus, heißt es dort, »se rallie à l'harmonie universelle«[113]; er ist Quelle der Inspiration und bezeichnet »Dieu en nous« (188). Während die egoistische Vernunft (»la raison egoiste« [188 f.]) dazu führt, sich selbst (»soi-même«) zum Zweck aller seiner Anstrengungen zu machen, ist es der Enthusiasmus, »qui nous porte à sacrifier notre propre bien-être ou notre propre vie« (188). Der Enthusiasmus ist von allen Gefühlen »celui qui donne le plus de bonheur« (213). Zugleich betont Mme de Staël den Einfluß des Enthusiasmus »sur les lumières«. Denn erst der Enthusiasmus, »la qualité vraiment distinctive de la langue allemande«, ermöglicht »la recherche de vérités abstraites« (200), und Philosophen, die der Enthusiasmus inspiriert, »sont peut-être ceux qui ont le plus d'exactitude et de patience dans leur travaux; ce sont en même temps ceux qui songent le moins à brilles; ils aiment la science pour elle-même« (201).

Shaftesburys Unterscheidung zwischen (wahrem) Enthusiasmus und Fanatismus nimmt Christoph Martin Wieland 1775 in seinem *Zusatz des Herausgebers* zu den im November-Heft des *Teutschen Merkur* anonym gedruckten *Auszügen aus einer Vorlesung über Schwärmerey* auf. Die Auszüge ließen deutlich werden, daß »viele Gelehrte [...] noch immer Schwärmerey und Enthusiasmus als

---

108 Vgl. FRANCIS HUTCHESON, Reflections upon Laughter (1725), in: Hutcheson, Collected Works, Bd. 7 (Hildesheim 1971), 120–131.
109 SHAFTESBURY (s. Anm. 107), 37.
110 Vgl. SHAFTESBURY, The Moralists (1709), in: Shaftesbury (s. Anm. 107), Bd. 2 (London 1900), 95 ff.
111 JEAN-FRANÇOIS DE SAINT-LAMBERT, ›Génie‹, in: DIDEROT (ENCYCLOPÉDIE), Bd. 7 (1757), 582 f.
112 ›Enthousiasme‹, in: DIDEROT (ENCYCLOPÉDIE), Bd. 5 (1755), 721.
113 MME DE STAËL, De l'Allemagne (1810), hg. v. J. de Pange/S. Balayé, Bd. 5 (Paris 1960), 187.

gleichbedeutende Wörter gebrauchen«[114]. Während Schwärmerei – ein Wort, dem nach Wieland das Wort Fanatizismus »ziemlich genau« entspricht – zurückgeht auf eine »Erhitzung der Seele von Gegenständen die entweder gar nicht in der Natur sind, oder wenigstens das nicht sind, wofür die berauschte Seele sie ansieht«, ist der Enthusiasmus eine »Würkung des unmittelbaren Anschauens des Schönen und Guten, vollkommenen und Göttlichen in der Natur, und unserm Innersten, ihrem Spiegel« (152).»Schwärmerey ist Krankheit der Seele, eigentliches Seelenfieber: Enthusiasmus ist ihr wahres Leben!« (153) Unstatthaft ist für Wieland die Übersetzung von Enthusiasmus durch Begeisterung, da dieses Wort eine weitere Bedeutung hat und den Ausdruck Schwärmerei mit umfaßt.»Der Schwärmer ist begeistert wie der Enthusiast; nur das diesen ein Gott begeistert und jenen ein Fetisch.« (154)

Johann Gottfried Herders Schrift *Philosophei und Schwärmerei, zwo Schwestern* (1776) steht in thematischem Zusammenhang mit der von Wieland 1776 im Januar-Heft des *Teutschen Merkur* gestellten Aufgabe:»Wird durch die Bemühungen kaltblütiger Philosophen und Lucianischer Geister gegen das was sie Enthusiasmus und Schwärmerey nennen, mehr Böses oder Gutes gestiftet? Und, in welchen Schranken müßten sich die Anti-Platoniker und Luciane halten, um nützlich zu seyn.«[115] Philosophie und Schwärmerei hassen sich, wie Herder eingangs feststellt, denn sie sind von »einerlei Natur«[116],»zu nah und zu entfernt gegen einander«. Beide nähren sich von Abstraktionen: »Jene zerfrißt das Blatt als Raupe, diese entsaugts als Schmetterling; durch beide wird das Blatt dürre.« (498) Der Schwärmer, für den Wahrheit allein in der Empfindung liegt, sieht nicht, daß Menschheit allein durch allgemeine Begriffe wird; der Spekulant dagegen,»der sich von aller *Menschenempfindung* lossagt, [...] ist offenbar ein Thor [...]. Ein Mensch, der allein Kopf seyn will, ist so ein Ungeheuer, als der allein Herz seyn will; der ganze gesunde Mensch ist beides.« Der Weise dagegen ist »weder Grübler noch Schwärmer, sieht beide Abwege, und nutzt beide« (504). Unter dem Titel *Enthusiasmus. Methodisten* nimmt Herder die Thematik 1803 erneut auf. Obwohl er davon ausgeht, daß man den »Zunder«[117] zum Enthusiasmus, Aber-

glauben oder zur Schwärmerei in der menschlichen Natur nie für ausgetilgt oder austilgbar halten darf, stellt er zugleich fest, »daß kein großes, überschwenglich-Gutes ohne Enthusiasmus bewirkt werde« (151). Deshalb ist die Einteilung der unterschiedlichen Formen des Enthusiasmus, die Casaubon vorstellt, nach Herder zu ergänzen durch »den *practischen*, den *Thaten-Enthusiasmus*«, denn: »Worinn lebt der Mensch am fröhlichsten als in Entwürfen und That?« (153)

Gotthold Ephraim Lessing hat in einer nachgelassenen Schrift (verfaßt gegen Ende 1776) direkt auf die von Wieland im *Teutschen Merkur* gestellte Aufgabe reagiert. Lessing löst zunächst die von Wieland nahegelegte Gleichsetzung von ›kaltblütigen Philosophen‹ und ›Lucianischen Geistern‹ auf, indem er feststellt, daß die Lucianischen Geister (zu denen er Shaftesbury, aber auch Wieland selbst zählt) – »nicht selten selbst Enthusiasten« – Spötter sind und die Spötterei zum Probierstein der Wahrheit machen, der Philosoph aber alle Spötterei verachtet. Den Enthusiasmus unterteilt Lessing in den »Enthusiasmus der *Darstellung*«, der »die Spitze, die Blüte aller schönen Künste und Wissenschaften ist« (so daß »einem Dichter, einem Maler, einem Tonkünstler den Enthusiasmus abraten, nichts anders ist, als ihm anraten, zeitlebens mittelmäßig zu bleiben«), und den »Enthusiasmus der *Spekulation*«. Aufgabe des Philosophen ist es, zu verhüten, daß er selbst zum Enthusiasten werde. »Er sucht sich die dunkeln lebhaften Empfindungen, die er während des Enthusiasmus gehabt hat, wenn er wieder kalt geworden, in deutliche Ideen aufzuklären.«[118] Schwärmerei dagegen »kommt von Schwarm, schwärmen«, und die »Begierde, Schwarm zu machen«, die das Kennzeichen des Schwärmers ist,

---

114 CHRISTOPH MARTIN WIELAND, Zusatz des Herausgebers, in: Der Teutsche Merkur (1775), Viertes Vierteljahr, 151.
115 WIELAND, Fragen, in: Der Teutsche Merkur (1776), Erstes Vierteljahr, 82.
116 JOHANN GOTTFRIED HERDER, Philosophei und Schwärmerei, zwo Schwestern (1776), in: HERDER, Bd. 9 (1893), 497.
117 HERDER, Enthusiasmus. Methodisten (1803), in: HERDER, Bd. 24 (1886), 149.
118 GOTTHOLD EPHRAIM LESSING, Über eine zeitige Aufgabe (1776), in: LESSING (GÖPFERT), Bd. 8 (1979), 552.

setzt nach Lessing auf »blinde Anhänglichkeit« und »verschreiet« (553) kalte Untersuchung.

Mit der Definition Kants, Enthusiasmus sei die ›Idee des Guten mit Affekt‹, und der strikten Abgrenzung von Enthusiasmus und Schwärmerei findet die an Shaftesburys *Letter Concerning Enthusiasm* anschließende Debatte um Bedeutung und Funktion des Enthusiasmus ein vorläufiges Ende. In ihrem Verlauf wird der Begriff des Enthusiasmus nicht nur von den ihm anhaftenden durchgängig negativen religiösen Konnotationen befreit, sondern in seiner Bedeutung säkularisiert. Damit verliert der Begriff zwar seine ursprüngliche Bestimmtheit, zugleich aber wird er als Kennzeichnung eines (auf das Erhabene gehenden) Affekts in unterschiedlichen Kontexten einsetzbar. Die Bedeutungsvielfalt, die der Begriff gewinnt, zeigt sein Gebrauch im Werk Goethes. Mit scheinbarem Anklang an die Gleichsetzung von Enthusiasmus und Fanatismus nennt Goethe Gerolamo Savonarola einen »unreinen Enthusiasten«[119]. Seine negative Bedeutung erhält der Begriff des Enthusiasmus im Sinne Goethes dabei durch die Entgegensetzung zum Natürlichen; Enthusiasmus ist hier »krasseste Unnatur und pure Pathologie«[120]. Dagegen entspricht die enthusiastische Rede (Predigt[121]) des Tierwärters in Goethes *Novelle* (1828) so sehr dem natürlichen Wesen des Redners, daß sie als Ausdruck eines »anständigen«, »natürlichen Enthusiasmus«[122] charakterisiert wird. Zudem gebraucht Goethe den Begriff des Enthusiasmus in poetologischem Kontext, wenn er erklärt: »Ein großer Theil des alten Testaments ist mit erhöhter Gesinnung, ist enthusiastisch geschrieben und gehört dem Felde der Dichtkunst an.«[123] Zugleich spricht er von einem »Enthusiasmus für die Kunst«[124]. Der Affekt-Charakter des Enthusiasmus wird dagegen nachhaltig betont, wenn Goethe in einer Bemerkung in *Wilhelm Meisters Wanderjahre* (1821) feststellt: »Den Enthusiasmus für irgend eine Frau muß man einer andern niemals anvertrauen; sie kennen sich unter einander zu gut um sich einer solchen ausschließlichen Verehrung würdig zu halten.«[125]

An Kants Bedeutung des Enthusiasmus erinnert die Aussage Johann Gottlieb Fichtes im *Versuch einer Critik aller Offenbarung* (1792), nur der des Enthusiasmus fähige Mann vermöge »Ideen der Vernunft durch ihre Darstellung vermittelst der Einbildungskraft zu beleben«[126]. Im Sinne einer affektiven Bezugnahme auf ein Unbedingtes wird der Begriff des Enthusiasmus gebraucht, wenn Fichte in einem Brief an Karl Leonhard Reinhold erklärt, Friedrich Heinrich Jacobi »verbittet von dem *logischen Enthusiasmus*; mit Recht […]. Aber es scheint ein entgegengesetzter Enthusiasmus, den ich des *wirklichen Lebens* nennen möchte, in ihm zu wohnen, der es ihm garnicht erlaubt, auch nur zum Versuche kalt u. gleichgültig von demselben (wirklichen Leben) zu abstrahieren«. In Übereinstimmung mit Lessings Darstellung der Aufgabe des ›kaltblütigen Philosophen‹ fügt Fichte hinzu: »Ich glaube gar keinen Enthusiasmus zu haben, weder den erstern, noch den zweiten, u. halte diese Apathie für schlechthin nothwendig«[127]. Ebenfalls auf Kant verweist Schellings Rede vom »Enthusiasmus zum Guten«, dem er aber zugleich »eine Begeisterung des Bösen«[128] entgegensetzt. An anderer Stelle spricht Schelling – in Anlehnung an antike Mythologie – von einem »trüben und wilden Enthusiasmus« (356), durch den in der Phi-

---

119 JOHANN WOLFGANG GOETHE, Benvenuto Cellini (1796/97), in: GOETHE (WA), Abt. 1, Bd. 44 (1890), 347.
120 HERMAN MEYER, Natürlicher Enthusiasmus. Das Morgenländische in Goethes ›Novelle‹ (Heidelberg 1973), 78.
121 Vgl. ERNST BEUTLER, Ursprung und Gehalt von Goethes ›Novelle‹, in: Dt. Vierteljahrsschr. f. Literaturwiss. u. Geistesgesch. 16 (1938), 324–352.
122 GOETHE, Novelle (1828), in: GOETHE (WA), Abt. 1, Bd. 18 (1895), 340, 342.
123 GOETHE, Noten und Abhandlungen zu besserem Verständnis des West-östlichen Divans (1819), in: GOETHE (WA), Abt. 1, Bd. 7 (1888), 7.
124 GOETHE an Christian Wilhelm Beuth (13. 6. 1827), in: GOETHE (WA), Abt. 4, Bd. 42 (1907), 221.
125 GOETHE, Wilhelm Meisters Wanderjahre (1821), in: GOETHE (WA), Abt. 1, Bd. 24 (1894), 301.
126 JOHANN GOTTLIEB FICHTE, Versuch einer Critik aller Offenbarung (1792), in: Fichte, Gesamtausgabe, hg. v. R. Lauth u.a., Abt. 1, Bd. 1 (Stuttgart-Bad Cannstatt 1964), 87.
127 FICHTE an Karl Leonhard Reinhold (22. 4. 1799), in: Fichte, Gesamtausgabe, Abt. 3, Bd. 3 (Stuttgart-Bad Cannstatt 1972), 326.
128 F. W. J. SCHELLING, Philosophische Untersuchungen über das Wesen der menschlichen Freiheit (1809), in: SCHELLING (SW), Abt. 1, Bd. 7 (1860), 372.

losophie das Aufgeben von Vernunft und Wissenschaft vollbracht wird und der entsteht, sobald das kräftig wirkende ideelle Prinzip die versöhnende und vermittelnde Basis, einen lebendigen Realismus, nicht findet.

Gegenüber solchen eher beiläufigen Erwähnungen wird der Begriff des Enthusiasmus in den *Athenäums-Fragmenten* (1798) und in den *Ideen* (1800) von Friedrich Schlegel wieder Gegenstand philosophischer, ästhetischer und moralischer Reflexion. In Abgrenzung gegen den »sophistischen Mißbrauch der Philosophie« stellt Schlegel fest: »Es gibt eine materiale, enthusiastische Rhetorik [...]. Ihre Bestimmung ist, die Philosophie praktisch zu realisieren, und die praktische Unphilosophie und Antiphilosophie nicht bloß dialektisch zu besiegen, sondern real zu vernichten.«[129] Der Überzeugung Schlegels, daß der Wert eines Menschen mit seiner Fähigkeit zum Enthusiasmus falle und steige, entspricht der Versuch, »das Wort Größe in sittlicher Bedeutung« zu bestimmen: »Groß ist was zugleich Enthusiasmus und Genialität hat, was zugleich göttlich und vollendet ist. Vollendet ist, was zugleich natürlich und künstlich ist. Göttlich ist was aus der Liebe zum reinen ewigen Sein und Werden quillt, die höher ist als alle Poesie und Philosophie.«[130] Der Enthusiasmus wird als Bedingung sowohl literarischer Produktion als auch der mathematischen Erkenntnis begriffen.[131] Der durch den Enthusiasmus begründete ›romantische Geist‹ findet seinen Ausdruck vor allem auch in literarischen Werken, wie z. B. in E. T. A. Hoffmanns 1814 erschienenem Buch *Phantasiestücke in Callots Manier. Blätter aus dem Tagebuch eines reisenden Enthusiasten.*

Ausblick

Angesichts des Bedeutungsverlustes, den der Begriff des Enthusiasmus im 19. Jh. erfährt, versucht Eugen Fink im Rückgang auf Platon und Friedrich Hölderlin einsichtig zu machen, daß im Enthusiasmus »die geschichtliche Stiftung von Religion, Kunst und Philosophie«[132] geschieht. Gegenüber der »modernen Situation der Selbstvergötzung des Menschen« (18), die dazu geführt habe, daß der Mensch »nicht nur das Maß, sondern das Ziel aller Dinge geworden« (19) sei, bedeute der Enthusiasmus als »Seinsweise« des Menschen »die endliche Selbstüberschreitung der Endlichkeit« (25), die »Exzentrizität des menschlichen Daseins« (27): Das Wesen des endlichen menschlichen Enthusiasmus sei »die Verähnlichung mit Gott in Religion, Kunst und Philosophie« (29). Gegenüber der von Fink erinnerten Ursprungsbedeutung von Enthusiasmus weist Karol Sauerland jedoch darauf hin, daß heute im enthusiastischen Erleben an die Stelle Gottes allenfalls »eine Idee, Zielvorstellung«[133] getreten ist, die den Enthusiasten veranlaßt, sich selbst, sein Ich, zu vergessen. Damit aber gewinnt die Nähe von Enthusiasmus und Fanatismus erneut Aktualität.[134]

Wolfgang H. Schrader

Literatur

BECQ, ANNIE, Genèse de l'esthétique française moderne. De la Raison classique à l'Imagination créatrice (Pisa 1984); BOLTERAUER, LAMBERT, Die Macht der Begeisterung. Fanatismus und Enthusiasmus in tiefenpsychologischer Sicht (Tübingen 1989); BORINSKI, KARL, Die Antike in Poetik und Kunsttheorie (Leipzig 1914–1924); FINK, EUGEN, Vom Wesen des Enthusiasmus (Essen 1947); GELLHAUS, AXEL, Enthusiasmos und Kalkül. Reflexionen über den Ursprung der Dichtung (München 1995); GREAN, STANLEY, Shaftesbury's Philosophy of Religion and Ethics: A Study in Enthusiasm (Athens, O. 1967); GUNDERT, HERMANN, Enthusiasmos und Logos bei Platon (1949), in: K. Gaiser (Hg.), Das Platonbild (Hildesheim 1969), 176–197; HAWES, CLEMENT, Mania and Literary Style: The Rhetoric of Enthusiasm from the Ranters to Christopher Smart (Cambridge 1996); HEYD, MICHAEL, ›Be Sober and Reasonable‹: The Critique of Enthusiasm in the Seventeenth and Early Eighteenth Centuries (Leiden/New York/Köln 1995); HOLLENWEGER, WALTER J., Enthusiastisches Christentum. Die

129 FRIEDRICH SCHLEGEL, Fragmente (1798), in: SCHLEGEL (KFSA), Bd. 2 (1967), 187.
130 Ebd., 245.
131 Vgl. ebd., 254.
132 EUGEN FINK, Vom Wesen des Enthusiasmus (Essen 1947), 17.
133 KAROL SAUERLAND, Einleitung, in: Sauerland (Hg.), Melancholie und Enthusiasmus. Studien zur Literatur- und Geistesgeschichte der Jahrhundertwende (Frankfurt a. M. u. a. 1988), 7.
134 Vgl. LAMBERT BOLTERAUER, Die Macht der Begeisterung. Fanatismus und Enthusiasmus in tiefenpsychologischer Sicht (Tübingen 1989).

Pfingstbewegung in Geschichte und Gegenwart (Wuppertal/Zürich 1969); HUTTEN, KURT, Seher, Grübler, Enthusiasten (1950; Stuttgart ¹²1982); KNOX, RONALD A., Enthusiasm: A Chapter in the History of Religion. With Special Reference to the XVII and XVIII Centuries (Oxford 1950); KRAUSS, WERNER, Über französisch ›enthousiasme‹ im 18. Jahrhundert, in: Krauss, Werk und Wort (Berlin/Weimar 1972), 178–204; KRISTELLER, PAUL OSKAR, The Modern System of the Arts. A Study in the History of Aesthetics II, in: Journal of the History of Ideas 13 (1952), 17–46; LESSENICH, ROLF P., Dichtungsgeschmack und althebräische Bibelpoesie im 18. Jahrhundert (Köln/Graz 1967); LYOTARD, JEAN-FRANÇOIS, L'enthousiasme. La critique kantienne de l'histoire (Paris 1986); MACCIANTELLI, MARCO, Shaftesbury e l'entusiasmo, in: Rivista di estetica 39 (1991), 79–87; MEE, JON, Dangerous Enthusiasm: William Blake and the Culture of Radicalism in the 1790s (Oxford 1992); MEISSNER, FRANZ-JOSEPH, Wortgeschichtliche Untersuchungen im Umkreis von französisch Enthousiasme und Genie (Genf 1979); PAULUS, JÖRG, Der Enthusiast und sein Schatten. Literarische Schwärmer und Philisterkritik um 1800 (Berlin/New York 1998); PIEPER, JOSEF, Begeisterung und göttlicher Wahnsinn. Über den platonischen Dialog ›Phaidros‹ (München 1962); RAHNER, KARL, Über die Schriftinspiration (Freiburg 1958); SAUERLAND, KAROL (Hg.), Melancholie und Enthusiasmus. Studien zur Literatur- und Geistesgeschichte der Jahrhundertwende (Frankfurt a. M. u. a. 1988); TUCKER, SUSIE I., Enthusiasm: A Study in Semantic Change (Cambridge 1972); WEINBERG, BERNARD, A History of Literary Criticism in the Italian Renaissance (Chicago 1961); WEINECK, SILKE-MARIA, Talking about Homer: Poetic Madness, Philosophy, and the Birth of Criticism in Plato's Ion, in: Arethusa 31 (1998), H. 1.

---

1 Vgl. ADELUNG, Bd. 1 (1793), 1845; Rheinisches Conversations-Lexicon oder encyclopädisches Handwörterbuch für gebildete Stände, hg. v. einer Gesellschaft rheinländischer Gelehrter, Bd. 4 (Köln ⁴1839), 508 f.; Universal-Lexikon der Gegenwart und Vergangenheit, hg. v. H. A. Pierer, Bd. 10 (Altenburg ³1842), 14.

Ephemer

(engl. ephemeral; frz. éphémère; ital. effimero; span. efimero; russ. эфемерное)

Vom Ephemeren zur Ephemerisierung – Fluchtlinien postmoderner Erfahrung; I. Die Wahrnehmung des Ephemeren; 1. Moderne Phänomene des Ephemeren; a) Krise von Raum und Zeit; b) Ephemeres und ›modernité‹; c) Der ephemere Blick und die Großstadt; d) Mythologie des Ephemeren; 2. Konstruktion und Dematerialisierung; 3. Das Ephemerisierungskonzept Richard Buckminster Fullers; **II. Ästhetik des Dauerhaften vs. Ästhetik des Ephemeren**; 1. Das Beständige des Kunstwerks; 2. Kunst als ›event‹; **Schluß: Gegenwartskunst und Zeitforschung**

Vom Ephemeren zur Ephemerisierung – Fluchtlinien postmoderner Erfahrung

Das Adjektiv ephemer (von kurzer Dauer, kurzlebig, vergänglich, ohne bleibende Bedeutung) ist eine Entlehnung aus dem griech. ἐφήμερος (ephēmeros; nur einen Tag lebend), das unter Verwendung des Präfix ἐπὶ (epi; darauf, darüber, hinzu, gegen, nach) exozentrisch zu griech. ἡμέρα (hēmera; Tag) gebildet wurde. Im Dt. ist das Wort seit dem 18. Jh. geläufig; bereits seit dem 16. Jh. wird es vereinzelt – als medizinischer bzw. zoologischer Fachterminus – substantivisch gebraucht: ›Ephemera, Ephemere‹ (eintägiges Fieber, Eintagsfliege).

Als Ephemeriden bezeichnete man die astronomischen Tafeln, die die täglichen Stellungen der Gestirne festhalten, um Auskunft über die wechselnden Konstellationen der Planeten im Tierkreis zu geben. Von diesen Tafeln leiteten sich die modernen Abreißkalender her, die im Frz. noch heute ›éphéméride‹ heißen. Auch Tagebücher und periodische Schriften bzw. Zeitschriften nannte man Ephemeriden (von ἐφημερίς, Tagebuch).[1]

Erst in neuerer Zeit – seit Louis Aragons Le paysan de Paris von 1926 – spricht man von ›dem Ephemeren‹, gebraucht also die substantivierte Form des Adjektivs, und dergestalt wird der Ausdruck seit den 80er Jahren des 20. Jh. ein vieldeutiger Begriff des Diskurses über die Moderne, die moderne Kunst und Ästhetik. So spricht etwa Josef Fürnkäs vom ›Ephemeren der Geschichte‹ bei Aragon und Walter Benjamin[2], Herbert Molderings vom ›Ephemeren‹ bei Duchamp[3] und Gernot Böhme von einer ›Ästhetik des Ephemeren‹[4]. Der Vorzug des Begriffs scheint darin zu liegen, daß die bezeichneten Phänomene einschließlich ihrer Wahrnehmungs- und Erkenntnismodalitäten behandelt werden können. Hervorgehoben wird dies, wenn etwa vom ›ephemeren Blick‹ (Christine Buci-Glucksmann)[5] oder von den ›ephemeren Wahrheiten‹ der Photographie (David Travis)[6] die Rede ist. Die stärkere Berücksichtigung des Ephemeren im theoretischen Diskurs des ausgehenden 20. Jh. verweist auf drei Aspekte der Gegenwartserfahrung, die, von zahlreichen Künstlern und Schriftstellern vorweggenommen, heute als weitgehend verbindlich gelten kann: 1. die Beschleunigung des Wandels und die Verzeitlichung des Räumlichen; 2. die Dematerialisierung und die Entwertung des Körperlichen; 3. die Medialisierung und kommunikative Vernetzung. Jeder dieser drei Aspekte differenziert sich seit Ende der 70er Jahre aus und verselbständigt sich in Diskursen, wie sie etwa von Paul Virilio über Geschwindigkeit und Verschwinden[7], von Jean-François Lyotard u.a. über die ›immatériaux‹[8] und von Vilém Flusser über die Medien und die ›Krise der Linearität‹[9] führen. Nicht ihre Konzepte, sondern eine mit der Revolution der neuen, elektronischen und digitalen Medien korrespondierende Phänomenologie sicherte diesen und zahlreichen anderen Autoren eine breite, über die Fachforen hinausreichende Rezeption.

Als zusammengehörige, wechselwirkende und einander bedingende Momente ein und desselben Prozesses werden Beschleunigung, Entmaterialisierung und Vernetzung erstmals im Konzept der ›ephemeralization‹ gedeutet, eines Begriffs, den der amerikanische Nonkonformist Richard Buckminster Fuller 1938 in seinem Buch *Nine Chains to the Moon* einführt.[10] Die Rezeptionsgeschichte des Ephemerisierungskonzepts, das Fuller zeitgleich mit Benjamins *Passagen-Werk* (1927–1940), aber weitgehend unabhängig von europäischen Denktraditionen entwickelt, setzt erst in den 60er Jahren ein und erstreckt sich zunächst auf die künstlerische Avantgarde in den USA, die – wie etwa John Cage[11] – Fuller als antizipatorischen Denker und Anreger anerkennt. Danach spielen Fullers Konzepte, zusammen mit denen Marshall McLuhans, eine Rolle bei der Entstehung einer jugendlichen Alternativkultur, in der die Keime sowohl der Umweltbewegung wie auch der populären Computerszene einschließlich der zivilen Vernetzungsprojekte liegen, die die Gebrauchsformen des späteren Internet experimentell erkunden.[12]

2 Vgl. JOSEF FÜRNKÄS, Das Ephemere der Geschichte. Louis Aragon und Walter Benjamin, in: O. Bätz (Hg.), Bucklicht Männlein und Engel der Geschichte. Walter Benjamin als Theoretiker der Moderne [Ausst.-Kat.] (Gießen 1990), 116–125.
3 Vgl. HERBERT MOLDERINGS, Marcel Duchamp. Parawissenschaft, das Ephemere und der Skeptizismus (Frankfurt a.M./Paris 1983).
4 Vgl. GERNOT BÖHME, Für eine ökologische Naturästhetik (Frankfurt a.M. 1989), 166 ff.
5 Vgl. CHRISTINE BUCI-GLUCKSMANN, L'œil cartographique de l'art (Paris 1996), 143–171; dt.: Der kartographische Blick in der Kunst, übers. v. A. Hiepko (Berlin 1997).
6 Vgl. DAVID TRAVIS, Ephemeral Truths, in: Sarah Greenough u.a., On the Art of Fixing a Shadow. One Hundred and Fifty Years of Photography (Boston/Toronto/London 1989), 223–261.
7 Vgl. PAUL VIRILIO, Vitesse et politique (Paris 1977); dt.: Geschwindigkeit und Politik, übers. v. R. Voullié (Berlin 1980); VIRILIO, Esthétique de la disparition (Paris 1980); dt.: Ästhetik des Verschwindens, übers. v. M. Karbe u. G. Rossler (Berlin 1986).
8 Vgl. Les immatériaux. Manifestation du Centre national d'art et de culture Georges Pompidou [Ausst.-Kat.] (Paris 1985); JEAN-FRANÇOIS LYOTARD u.a., Immaterialität und Postmoderne, übers. v. M. Karbe (Berlin 1985).
9 Vgl. VILÉM FLUSSER, Krise der Linearität (Bern 1988); FLUSSER, Ins Universum der technischen Bilder (Göttingen 1985); FLUSSER, Die Schrift: Hat Schreiben Zukunft? (Göttingen 1987).
10 Vgl. RICHARD BUCKMINSTER FULLER, Nine Chains to the Moon (Philadelphia u.a. 1938), 284 ff.
11 Vgl. JOHN CAGE, Pour les oiseaux. Entretiens avec Daniel Charles (Paris 1976), 102; dt.: Für die Vögel. Gespräche mit Daniel Charles, übers. v. B. Ollrogge (Berlin 1984).
12 Vgl. HOWARD RHEINGOLD, The Virtual Community. Homesteading on the Electronic Frontier (Reading, Mass. u.a. 1993); dt.: Virtuelle Gemeinschaft: soziale Beziehungen im Zeitalter des Computers, übers. v. D. Schulz/D. Strehle (Bonn u.a. 1994); JOACHIM KRAUSSE, Buckminster Fullers Vorschule der Synergetik, in: Fuller, Bedienungsanleitung für das Raumschiff Erde und andere Schriften, hg. u. übers. v. J. Krausse (Amsterdam/Dresden 1998), 213 ff.

I. Die Wahrnehmung des Ephemeren

1. Moderne Phänomene des Ephemeren

Obwohl das Ephemere in Kunst und Selbstwahrnehmung des Menschen seit der Antike ein fester Bestandteil abendländischer Kultur gewesen ist und das ephemere Kunstwerk, als vergängliches, in den Festen und Umzügen samt ihren Dekorationen, Kostümierungen und Feuerwerken immer den Triumph des Augenblicks über die Ewigkeit, des Lebendigen über das Tote gefeiert hat, ist es doch immer nur vor dem Hintergrund des Dauerhaften, nur als Ausnahme von der Regel, in Erscheinung getreten.

In der modernen Erfahrung des Ephemeren kommt es zu einer entscheidenden Veränderung, die schließlich konstitutiv für den Begriff des Modernen selbst wird: Der rasche Wechsel, das Neue, und dementsprechend das Veralten, die Ablösung von Konjunktur und Krise, die Ablösung der Moden, die Beschleunigung des Austauschs durch ›Kommunikationen‹, all das durchzieht und durchwirkt seit den 30er Jahren des 19. Jh. das alltägliche Leben. Die Alltagserfahrung des Ephemeren vermittelt sich in dem beispiellosen Aufschwung von Presse, Reklame, Unterhaltung. Auf diese Entwicklung der Medien nicht als Spiegel, sondern als Agent des Ephemeren bezieht sich der kanadische Wirtschaftshistoriker Harold Adams Innis, einer der Väter der modernen Medientheorie, wenn er in historischer Verlängerung bis zur Mitte des 20. Jh. die medialen Konsequenzen für den Zeitbegriff reflektiert: »The influence of mechanization on the printing industry had been evident in the increasing importance of the ephemeral. Superficiality became essential to meet the various demands of larger numbers of people and was developed as an art by those compelled to meet the demands. The radio accentuated the importance of the ephemeral and of the superficial. In the cinema and the broadcast it became necessary to search for entertainment and amusement. [...] The demands of the new media are imposed on the older media, the newspaper and the book. With these powerful developments time was destroyed and it became increasingly difficult to achieve continuity or to ask for a consideration of the future.«[13]

a) Krise von Raum und Zeit

Wie konnte im Zeichen der Prädominanz des Ephemeren und der Oberfläche überhaupt etwas entstehen, was von Dauer war? Rimbauds definitive Antwort lautet: »Il faut être absolument moderne«.[14] Aber noch ehe die Tür zur modernen Poetik und Kunstästhetik durch die Avantgarde aufgestoßen wird, sehen wir Poeten wie Denker in das Tagesgeschäft der Journale eintreten. Die Korrespondentenberichte, die Heinrich Heine aus Paris 1831–1832 und 1840–1843 regelmäßig für die damals größte deutsche Tageszeitung, die Augsburger *Allgemeine Zeitung*, schreibt, zeigen bereits exemplarisch den Versuch, der Tagesaktualität das Dauernde abzuringen. Das über den Tag hinaus Dauernde liegt zunächst in den Ereignissen, die – wie etwa die Juli-Revolution – Geschichte machen, oder in Anlässen wie der Eröffnung der Eisenbahnen nach Orléans und Rouen, über die Heine am 5. Mai 1843 in dem klaren Bewußtsein schreibt, daß hier etwas Epochales geschieht.

An der berühmten Stelle, die in dem 1854 gedruckten Buch *Lutezia* wiedergegeben wird, erscheint der Autor zunächst als Reporter, der das Faktum konstatiert, um dann seinen Blick der Menge zuzuwenden, auf die das Ereignis wirkt, um darauf das Ereignis für sich zu reflektieren und dessen Signifikanz in Begriffe zu fassen, um schließlich der abstrakten Erkenntnis des Denkers die konkrete Wahrheit des poetischen Bildes folgen zu lassen: »Die Eröffnung der beiden neuen Eisenbahnen [...] verursacht hier eine Erschütterung [...]. Während aber die große Menge verdutzt und betäubt die äußere Erscheinung der großen Bewegungsmächte anstarrt, erfaßt den Denker ein unheimliches Grauen [...]. Wir merken blos, daß unsre ganze Existenz in neue Gleise fortgerissen, fortgeschleudert wird, daß neue Verhältnisse, Freuden und Drangsale uns erwarten, und das Unbekannte übt seinen schauerlichen Reiz, verlockend und zugleich beängstigend. [...] Die Eisenbahnen

---

13 HAROLD A. INNIS, The Bias of Communication (1951; Toronto ³1968), 82f.
14 ARTHUR RIMBAUD, Une saison en enfer (1873), in: Rimbaud, Œuvres complètes, hg. v. A. Adam (Paris 1972), 116.

sind wieder ein solches providencielles Ereigniß [wie die Entdeckung Amerikas, die Erfindung des Pulvers und des Buchdrucks – d. Verf.], das der Menschheit einen neuen Umschwung giebt, das die Farbe und Gestalt des Lebens verändert; es beginnt ein neuer Abschnitt in der Weltgeschichte, und unsere Generation darf sich rühmen, daß sie dabei gewesen. Welche Veränderungen müssen jetzt eintreten in unsrer Anschauungsweise und in unsern Vorstellungen! Sogar die Elementarbegriffe von Raum und Zeit sind schwankend geworden. Durch die Eisenbahnen wird der Raum getödtet, und es bleibt uns nur noch die Zeit übrig. [...] Was wird das erst geben, wenn die Linien nach Belgien und Deutschland ausgeführt und mit den dortigen Bahnen verbunden sein werden! Mir ist als kämen die Berge und Wälder aller Länder auf Paris angerückt. Ich rieche schon den Duft der deutschen Linden; vor meiner Thüre brandet die Nordsee.«[15]

In Heines ›Tagesbericht‹ wird das Lokalereignis zum Initial einer Ereigniskette, die andere Orte, Länder, ja den Kontinent erfaßt; und ›providenciell‹ wird es hier jedenfalls in dem Sinne, daß die Weiterungen eine Herausforderung an das Vorstellungsvermögen darstellen. Der Denker ermittelt nun bei diesem Versuch, ins Unbekannte vorzudringen, daß nicht nur die Anschauungen und Vorstellungen der Menschen nicht länger bleiben, was sie waren, sondern daß sogar die Formen ihres Anschauens und Vorstellens, Kants eherne Kategorien, mit in den Strudel gerissen werden. Wenn Zeit und Raum sich ändern, und hier setzt der Autor mit der poetischen Bildproduktion ein, dann sind Dilatationen und Kontraktionen unvermeidlich, Maßstabsverzerrungen aller Art, zu denen die literarische Phantasie schon immer einen privilegierten Zugang hatte, die nun aber konstitutiv für das Alltagsleben werden. Heine nimmt hier vorweg, was die Medienwissenschaft dann ein Jahrhundert später bestätigt: daß die ›Kommunikationen‹, so der noch unspezialisierte Ausdruck des 19. Jh. für Transport- und Kommunikationsmittel[16], die menschliche Wahrnehmungsweise verändern. Das Bild, mit dem Heine die Passage abschließt, exemplifiziert diese Wahrnehmungsweise in der Vorwegnahme, indem er zwei Ansichten, ohne Bezug zusammengeschnitten, in einen Rahmen bringt: montiert wie die Klebebilder Max Ernsts, z. B. das Blatt *Seelenfrieden*, aus *La femme 100 têtes* (1930). Den Verfremdungseffekt, den solche Bildmontagen gemacht haben, nannten die Surrealisten ›dépaysement‹. Sie verstanden es als ein Herauslösen von Sprach- und Bildmaterial aus der gewohnten Umgebung.[17] Bei Heine handelte es sich um ein buchstäbliches ›dépaysement‹, eine Art Entlandschaftlichung der Orte, die – mehr oder weniger gewaltsam – zusammenrücken, so daß ihre Bilder unvermittelt aufeinander stoßen. Wenn sich die Orte von ihrer natürlichen Geographie ablösen, dann sind die Topoi allemal. Neu sind das Zusammentreffen des Heteronomen und die Energien und Synergien, die der Schnitt als etwas Trennendes und zugleich Verbindendes freisetzt.

Seinen ›Tagesnachrichten‹ verleiht Heine Gültigkeit über den Tag hinaus durch die historische Perspektive, unter der er die Tagespolitik, aber eben auch das gesellschaftliche Leben beschreibt. Sein Redakteur, der gleichzeitig sein Zensor ist, verlangt unverfängliche Genrebilder. Heine macht Zugeständnisse in Stoff und Form, vermag aber das Ganze, nämlich die später folgende Buchpublikation, dadurch zu retten, daß er sich dazu entschließt,»das Bild der Zeit selbst in seinen kleinsten Nüancen zu liefern«. Und hierbei beruft er sich auf das neueste technische Bildmedium, dessen Eigenart er so charakterisiert:»Ein ehrliches Daguerreotyp muß eine Fliege eben so gut wie das stolzeste Pferd treu wiedergeben, und meine Berichte sind ein daguerreotypisches Geschichtsbuch, worin jeder Tag sich selber abconterfeite, und

---

15 HEINRICH HEINE, Lutezia. Berichte über Politik, Kunst und Volksleben (1854), in: HEINE (HSA), Bd. 11 (1974), 181 f.
16 Vgl. KARL MARX/FRIEDRICH ENGELS, Die deutsche Ideologie (1845 f.), in: MEW, Bd. 3 (1969), 53; MARX/ENGELS, Manifest der Kommunistischen Partei (1848), in: MEW, Bd. 4 (1969), 466 ff.; ADOLPH WAGNER, Sozialökonomische Theorie des Kommunikations- und Transportwesens. Tunlichst in prinzipieller Behandlungsweise (Leipzig 1909).
17 Vgl. KARLHEINZ BARCK, Kontinente der Phantasie, in: Barck (Hg.), Surrealismus in Paris 1919–1939 (Leipzig 1986), 741; BARCK, Max Ernsts Ästhetik des ›Depaysement‹. Ein Beitrag zur Theorie und Praxis dialektischer Bilder, in: K. Discherl (Hg.), Bild und Text im Dialog (Passau 1993), 255–274.

durch die Zusammenstellung solcher Bilder hat der ordnende Geist des Künstlers ein Werk geliefert, worin das Dargestellte seine Treue authentisch durch sich selbst documentirt.« Damit könne es dem »späteren Historiographen als eine Geschichtsquelle dienen, die [...] die Bürgschaft ihrer Tageswahrheit in sich trägt«[18].

Das neue Medium, die beginnende Photographie, wird hier in seinem Potential als gesellschaftliches Wahrnehmungskorrektiv beschrieben, das keinen Gegenstand privilegiert und sich in der antihierarchischen Tendenz mit den Bestrebungen der demokratischen Bewegung trifft. Die Fliege, das Emblem des Ephemeren, steht auch für das ein, was in der Geschichte qua Geschichtsschreibung unter den Tisch gefallen ist. Erst das 20. Jh. kennt den neuen Typ des Historiographen, der sich, wie Walter Benjamin, zur Aufgabe macht, »das Bild der Geschichte in den unscheinbarsten Fixierungen des Daseins, seinen Abfällen gleichsam festzuhalten«[19].

b) Ephemeres und ›modernité‹
Die Identifizierung des Modernen mit dem Ephemeren, die sowohl für die Literatur als auch für die Theorie Schule gemacht hat[20], stammt von Charles Baudelaire. In seinem berühmten Essay *Le Peintre de la vie moderne* (1863) nimmt er eine Würdigung des Malers und Illustrators Constantin Guys zum Anlaß, um die klassische Ästhetik und ihr unwandelbares Schönheitsideal zu attackieren. Guys wird dem Leser nicht als überragender Künstler vorgestellt, sondern eher als neuer Typus, an dem Baudelaire schätzt, was später Bildjournalisten zu großen Photographen gemacht hat: die suggestive Aktualität, »un génie pour lequel aucun aspect de la vie n'est émoussé«[21]. Baudelaire argumentiert, daß

es eine reine Schönheit nicht geben könne; ohne die Schönheit der Zeit, die sich durch alle Lebensbereiche hindurchziehe und sich auch im Nebensächlichsten äußere, bleibe das Ideal reizlos und langweilig. Die Schönheit der Zeit ist eine vorübergehende. Daher studiert der Künstler die Passanten. Er ist dort, wo die Menge ist. »Ainsi il va, il court, il cherche. Que cherche-t-il? À coup sûr, cet homme [...], ce solitaire doué d'une imagination active, toujours voyageant à travers *le grand désert d'hommes*, a un but plus élevé que celui d'un pur flâneur, un but plus général, autre que le plaisir fugitive de la circonstance. Il cherche ce quelque chose qu'on nous permettra d'appeler la *modernité* [...]. Il s'agit, pour lui, de dégager de la mode ce qu'elle peut contenir de poétique dans l'historique, de tirer l'éternel du transitoire.« (694) Der Künstler habe vor allem die üblichen historischen Kostümierungen und Maskeraden zu vermeiden und sich dem Zeitgenössischen zuzuwenden, um »s'appliquer à en extraire la beauté mystérieuse qui y peut être contenue, si minime ou si légère qu'elle soit«. Und verallgemeinernd heißt es: »La modernité, c'est le transitoire, le fugitif, le contingent, la moitié de l'art, dont l'autre moitié est l'éternel et l'immuable« (695).

Diese Kunsttheorie des Ephemeren entwickelt Baudelaire nicht nur an der Arbeit des Bildkünstlers Guys, vielmehr adaptiert er, bis in Einzelheiten, einen Prosatext in theoretischer Absicht, nämlich Edgar Allen Poes *The Man of the Crowd* (1840).

c) Der ephemere Blick und die Großstadt
Poe thematisiert die Beobachtung der Menge, und die Beobachtung des Einzelnen in der Menge durch einen Einzelnen steigert er bis zur Verfolgung. Aus dem flüchtigen Blick des Kaffeehausbesuchers wird ein soziologisch musternder, analytisch taxierender und schließlich ein detektivischer. Das Wahrnehmungsdispositiv ist jenes Sehen-ohne-Gesehen-zu-Werden, das Michel Foucault als eines der Macht diagnostiziert[22], Poe aber aus dem Alltagsleben der Großstadt entstehen läßt. Mehr noch als das Beobachtete interessiert Poe der Beobachter, und er gibt eine genaue Beschreibung der Umstände, die an der Bildung des modernen ephemeren Blicks beteiligt sind. Zunächst beschreibt er ein Stadium der Indiffe-

---

18 HEINE (s. Anm. 15), 10.
19 WALTER BENJAMIN an Gerhard Scholem (9. 8. 1935), in: Benjamin, Briefe, hg. v. G. Scholem/T. Adorno, Bd. 2 (Frankfurt a. M. 1966), 685.
20 Vgl. GABRIELE BRUCKSCHLEGEL, L'éphémère. Eine französische Literaturzeitschrift und ihr poetisches Credo (Wilhelmsfeld 1990).
21 CHARLES BAUDELAIRE, Le Peintre de la vie moderne (1863), in: BAUDELAIRE, Bd. 2 (1976), 691.
22 Vgl. MICHEL FOUCAULT, Surveiller et punir. Naissance de la prison (Paris 1975), 173 ff., 203.

renz: »I felt a calm but inquisitive interest in everything. With a cigar in my mouth and a newspaper in my lap, I had been amusing myself for the greater part of the afternoon, now on poring over advertisements, now in observing the promiscuous company in the room, and now in peering through the smoky panes into the street.«[23] Die Eindrücke aus einem unmittelbaren Innenraum, einem mittelbaren, medialen, und einem indirekten, abgegrenzten Außenraum folgen in raschem Wechsel aufeinander und überlagern sich. Dann kommt das Stadium gesteigerter Aufmerksamkeit, das Poe in die Dämmerung verlegt und im Zwielicht von Tages- und Gasbeleuchtung sich erst richtig entfalten läßt: »The wild effects of the light enchained me to an examination of individual faces; and although the rapidity with which the world of light flitted before the window, prevented me from casting more than a glance upon each visage, still it seemed that, in my then peculiar mental state, I could frequently read, even in that brief interval of a glance, the history of long years.« (108 f.) Poe interessiert am Verhältnis von Dauer und Augenblick etwas anderes als Heine und Baudelaire; nicht Geschichte und nicht dauernde Schönheit sucht Poe im flüchtigen Augenblick, sondern Geschichten, von denen darin nur Rudimente aufscheinen. Sein Beobachter, ein Rekonvaleszent mit gesteigerter Aufmerksamkeit, fühlt den Anreiz, die wenigen Anzeichen eines verborgenen Textes zu entziffern, die diskreten Merkmale einer mehr vermuteten als gesehenen Gestalt zusammenzufügen, kurz, der Geschichte nachzugehen. Dieser Reiz, das offensichtlich Diskontinuierliche des Augenblicks als Einheit von Sehen und Geschehen in irgendeinen Zusammenhang zu bringen, ist nicht nur der Ausgangspunkt der von Poe begründeten Detektivgeschichte, sondern auch jener starken Strömung der Wahrnehmungspsychologie, die es seit Christian von Ehrenfels mit ›Gestaltqualitäten‹ zu tun hat.[24]

Erst die Großstadt liefert das Milieu, in dem der Blick sich als grundsätzlich diskontinuierlicher und diskreter erkennt, die Psyche aber um so nachhaltiger nach Kontinuierlichem, nach ›Gestalt‹ und nach ›Sinn‹ verlangt. Das hat zuerst Georg Simmel in einem Vortrag *Die Großstädte und das Geistesleben* (1903) deutlich gemacht: »Die psychologische Grundlage, auf der der Typus großstädtischer Individualitäten sich erhebt, ist die *Steigerung des Nervenlebens*, die aus dem raschen und ununterbrochenen Wechsel äußerer und innerer Eindrücke hervorgeht. Der Mensch ist ein Unterschiedswesen, d. h. sein Bewußtsein wird durch den Unterschied des augenblicklichen Eindrucks gegen den vorhergehenden angeregt; beharrende Eindrücke, Geringfügigkeit ihrer Differenzen, gewohnte Regelmäßigkeit ihres Ablaufs und ihrer Gegensätze verbrauchen sozusagen weniger Bewußtsein, als die rasche Zusammendrängung wechselnder Bilder, der schroffe Abstand innerhalb dessen, was man mit einem Blick umfaßt, die Unerwartetheit sich aufdrängender Impressionen. Indem die Großstadt gerade diese psychologischen Bedingungen schafft – mit jedem Gang über die Straße, mit dem Tempo und den Mannigfaltigkeiten des wirtschaftlichen, beruflichen, gesellschaftlichen Lebens –, stiftet sie schon in den sinnlichen Fundamenten des Seelenlebens, in dem Bewußtseinsquantum, das sie uns wegen unserer Organisation als Unterschiedswesen abfordert, einen tiefen Gegensatz gegen die Kleinstadt und das Landleben, mit dem langsameren, gewohnteren, gleichmäßigeren Rhythmus ihres sinnlich-geistigen Lebensbildes.«[25]

Der permanent gewordene Wechsel, zu dem das moderne Großstadtleben die Sinnestätigkeit herausfordert, stellt nun an das, was Simmel die »gefühlsmäßigen Beziehungen« des »Gemüts« (188) nennt, Anforderungen, denen dieses nicht gewachsen ist. »So schafft der Typus des Großstädters […] sich ein Schutzorgan gegen die Entwurzelung, mit der die Strömungen und Diskrepanzen seines äußeren Milieus ihn bedrohen: statt mit dem Gemüte reagiert er auf diese im wesentlichen mit dem Verstande. […] Diese Verstandesmäßigkeit, so als ein Präservativ des subjektiven Lebens gegen

---
23 EDGAR ALLEN POE, The Man of the Crowd (1840), in: Poe, Tales, Poems, Essays, eingel. v. L. Meynell (London/Glasgow 1952), 105.
24 Vgl. CHRISTIAN VON EHRENFELS, Über ›Gestaltqualitäten‹ (1890), in: F. Weinhandl (Hg.), Gestalthaftes Sehen. Ergebnisse und Aufgaben der Morphologie (Darmstadt 1960), 11–63.
25 GEORG SIMMEL, Die Großstädte und das Geistesleben, in: K. Bücher u. a., Die Großstadt. Vorträge und Aufsätze zur Städteausstellung, hg. v. T. Petermann (Dresden 1903), 188.

die Vergewaltigungen der Großstadt erkannt, verzweigt sich in und mit vielfachen Einzelerscheinungen.« (189) Den Ort des Verstandes bestimmt Simmel als die »durchsichtigen, bewußten, obersten Schichten unserer Seele, er ist die anpassungsfähigste unserer inneren Kräfte; er bedarf, um sich mit dem Wechsel und Gegensatz der Erscheinungen abzufinden, nicht der Erschütterungen und des inneren Umgrabens, wodurch allein das konservativere Gemüt sich in den gleichen Rhythmus der Erscheinungen zu schicken wüßte.« (188 f.)

d) Mythologie des Ephemeren
In gewisser Weise stellt die moderne Großstadt einen Zustand wieder her, in dem sich der Mensch gegen Wechselfälle zu behaupten hat – nicht, wie seit altersher, gegen die der Natur, sondern die der höchst entwickelten Zivilisation, die nun ebenso unberechenbar und gewalttätig in Erscheinung tritt wie die Naturgewalten. Auf diese Situation antwortet Louis Aragon mit seinem surrealistischen Roman *Le Paysan de Paris* (1926).

Aragons Dämmerstunde, in der geschärfte Beobachtung und ins Traumhafte gesteigerte Einbildungskraft in surrealistischen Bildern sich treffen, hat einen Ort: eine Lokalität, die dem Untergang geweiht ist. Am Vorabend ihres unabwendbaren, im Plan eines Finanzkonsortiums beschlossenen Abbruchs wird die Passage de l'Opéra zum Schauplatz eines Mikrokosmos ebenso realer wie imaginärer Existenzen, deren im Verschwinden begriffene Welt in Erinnerungsbilder der Zukunft gebracht wird. Benjamin, der Aragons Buch außerordentliche Anregungen verdankt, bemerkt im Hinblick auf den Präzedenzfall, den Abbruch ganzer Stadtviertel im Zuge der Haussmannschen Sanierungen zur Zeit Baudelaires: »Das, wovon man weiß, daß man es bald nicht mehr vor sich haben wird, das wird Bild.«[26] Während das Verschwinden die Bildproduktion allgemein und im besonderen die Photographie seit Eugène Atget (1857–1927) antreibt, sucht Aragon – und in seiner Nachfolge Benjamin – Bilder mit literarischen Mitteln zu evozieren, die nicht nur aufbewahren,

sondern im hegelschen Sinne ›aufheben‹. Die visionäre Macht des Bildes gewinnt Aragon aus der Kritik des cartesischen Rationalismus, der die Wahrheit auf Evidenz gründet. »Mais qui ne saisit que le visage de l'erreur et celui de la vérité ne sauraient avoir des traits différents? L'erreur s'accompagne de certitude. L'erreur s'impose par l'évidence. Et tout ce qui se dit de la vérité, qu'on le dise de l'erreur: on ne se trompera pas davantage. Il n'y aurait pas d'erreur sans le sentiment même de l'évidence. Sans lui on ne se'arrêterait jamais à l'erreur.«[27] Daher sind es Bilder, die dazu zwingen, »à réviser tout l'Univers« (81). Wie entsteht bildliches Denken? Aragon kommt selbstreflektierend zu dem Ergebnis, daß »le propre de l'évolution de ma pensée était un mécanisme en tout point analogue à la genèse mythique, et que sans doute je ne pensais rien que du coup mon esprit ne se formât un dieu, si éphémère, si peu conscient qu'il fût. Il m'apparut que l'homme est plein de dieux comme une éponge immergée en plein ciel. Ces dieux vivent, atteignent à l'apogée de leur force, puis meurent, laissant là d'autres dieux leurs autels parfumés. [...] Je me promenai donc avec ivresse au milieu de mille concrétions divines. Je me mis à concevoir une mythologie en marche. Elle méritait proprement le nom de mythologie moderne.« (143) Unter diesem Blickwinkel verwandeln sich die nützlichen Artefakte in Idole und Götzenbilder, die Plätze modernen Großstadtlebens in Kultstätten, die Gewohnheiten in Rituale usw. Die Passagen sind für Aragon ein Ort von besonderer Magie, weil in dieser Welt des Künstlichen Natur nicht anders als ein nach außen gekehrtes Seelenleben erfahren werden kann. Entsprechend wird die Passage de l'Opéra als großes »aquarium humain« (19) beschrieben und in submarines Licht getaucht. Drinnen gerät man in die Traumwelt tieferer Seelenschichten, auftauchend oder aufwachend zeigt sich die Passage als »un grand cercueil de verre« (42). Im Nekrolog auf die Passagen feiert Aragon sie als Zufluchtsorte moderner Mythen, »ces aquariums humains qui sont déjà morts à leur vie primitive, et qui méritent pourtant d'être regardés comme les recéleurs de plusieurs mythes modernes, car c'est aujourd'hui seulement que la pioche les menace, qu'ils sont effectivement devenus les sanctuaires d'un culte de

---

26 BENJAMIN, Das Paris des Second Empire bei Baudelaire (entst. 1938), in: BENJAMIN, Bd. I/2 (1974), 590.
27 LOUIS ARAGON, Le paysan de Paris (Paris 1926), 9.

l'éphémère, qu'ils sont devenus le paysage fantômatique des plaisirs et des professions maudites, incompréhensibles hier et que demain ne connaîtra jamais.« (19)

Die kurzen Vergnügungen, die kleinen Rauschmittel, das Gewerbe der Illusionen, die käufliche Liebe, alles findet seinen Platz im Kult des Ephemeren. Der Bauer von Paris, geführt vom Autor wie der Tourist vom Baedeker, kommt an eine Stelle, an der sein Führer das Schild ›Passage de l'Opéra onirique‹ aufstellt wie all die anderen versammelten Schilder und Tafeln unfreiwilliger Poesie, die die verschlossenen Türen zwischen Realität und Imagination ein wenig öffnen. Der Fremde wird sich mit einer ›Verkäuferin ihrer selbst‹ einig und imaginiert, einen »*complet*« (109) zu verlangen, vor dem er aber zurückschreckt. Seine Idealvorstellung von Liebe löst nun jenen Film des eigenen Lebens im Zeitraffer aus, der von Sterbenden bekannt ist. Das kleine Ersterben, ›la petite mort‹, wie es redensartlich vom Höhepunkt des Liebesaktes heißt, nimmt der Autor zum Angelpunkt einer parodistischen Apotheose des Ephemeren.»Ce saccage de ce qu'on respecte dans une ardeur qu'il se sent à l'instant aussi vive, cette basse recherche de l'éphémère sans illusion de durèe, cette absence de prétexte et jusqu'à l'anonymat, l'isolement du plaisir, tout cela l'excite au plus haut point, et il est un peu pressé de disparaître dans l'ombre [...] Suis bravement ton goût, étranger. Je t'approuve, et c'est beaucoup, crois moi. Il se raidit. Il se tord. Oh! il n'a pas été bien long, celui-là. [...] Je fais l'apologie de tous les penchants des hommes, et par exemple l'apologie du goût de l'éphémère. L'éphémère est une divinité polymorphe ainsi que son nom.« (108 f.)

Zur Demonstration dieser Polymorphie, die die Lautgestalt des Wortes anregt, aber erst die Schriftgestalt offenbaren kann, rückt der Autor ein Tableau in den Text, wie eine Anzeige oder die Schilder aus der Passage, das die Homonymien des Wortes ›éphémère‹ in einer Kaskade von Wortspielen auffächert, die das Wortbild typographisch mitteilen kann.

> ÉPHÉMÈRE
> **F. M. R.**
> *(folie - mort - rêverie)*
> *Les faits m'errent*
> LES FAIX, MÈRES
> Fernande aime Robert
> pour la vie !
> o ÉPHéMÈRe o
> ÉPHÉMÈRES

Vorgeblich auf der Suche nach dem Sinn »de ce mot fertile en mirages« zeigt Aragon ein kleines Glanzstück visueller Poesie, deren Tradition die Surrealisten von Mallarmée und Apollinaire aufgenommen haben; hier zu dem Zweck, uns die definitive, sphinxhafte Belehrung zuteil werden zu lassen: »Il y a des mots qui sont des miroirs, des lacs optiques vers lesquels les mains se tendent en vain.« (110 f.)

2. Konstruktion und Dematerialisierung

Das neue Verhältnis des Flüchtigen und des Dauerhaften, wie Baudelaire es im Begriff der ›modernité‹ faßt, stellt sich in der Zeit, in der er dies schreibt, bereits als ein typischer Konflikt in der Welt der Baukonstruktionen dar. Als etwas Charakteristisches dieser Zeit ist er an den gerade entstehenden großen transitorischen Bauten der Pariser Bahnhöfe abzulesen; in ihnen verbindet sich eine architektonische Hälfte, die sich mit der Fassade der Stadt zuwendet, mit einer reinen Ingenieurskonstruktion als der anderen Hälfte, die sich nach den Gleisen in die Ferne öffnet. 1852 wird Gare de l'Est fertiggestellt, 1863 Gare du Nord. Beide vom Typ des Kopfbahnhofs, verkörpern sie in ihrer Zusammensetzung aus Baukunst und Ingenieurskonstruktion eine janusköpfige Assemblage aus heterogenen Materialien und ihnen entsprechenden Konstruktionsprinzipien. Während Architektur, wo immer sie monumental sein will, ihre Form- und Bauprinzipien aus der Bearbeitung des Steins gewinnt, trägt die Ingenieurskonstruktion der raschen Entwicklung der Transportmittel und der für sie unerläßlichen Materialien Rechnung, und unter dem Einfluß des Schiffs- und Eisenbahnbaus wird die Eisenkonstruktion zur Domäne der Ingenieure. Es ist daher nicht verwunderlich, daß die großen transitorischen Räume der Metropolen des 19. Jh., die Bahnhöfe, Markthallen, Passagen, Ausstellungsgebäude etc., zunehmend als Ingenieurskonstruktionen aus Eisen und Glas ausgeführt worden sind.[28] Glas als Abdeckung hatte sich bereits in Gewächshäusern bewährt, und dort war noch vor der großen Eisenkonstruktion das Holz- durch ein Eisengerippe ersetzt worden. Mit solchen Erfahrungen konnte Joseph Paxton 1851 den Crystal Palace als reine Eisen-Glas-Konstruktion zur Behausung der ersten Weltausstellung in London bauen.[29] Es ist vor allem dieses spektakuläre Gebäude einschließlich seiner Nachahmungen gewesen, das einer gänzlich neuen Strukturwahrnehmung zum Durchbruch verholfen hat. Sie läßt sich als visuelle Erfahrung von Dematerialisierung beschreiben.

Obwohl weder Glas noch Eisen um 1850 gänzlich neue Baumaterialien sind, kann man dennoch von *den* neuen Materialien sprechen, hat man sie bis dahin doch nur für untergeordnete Einzelfunktionen verwendet. Erst mit den Gewächshäusern – lange Zeit Hybridkonstruktionen aus Holz, Glas, Metall und Mauerwerk – kommt es zu vollständigen Eisen-Glas-Konstruktionen. Die Massenproduktion beider Materialien bewirkt ihre umfassende Verwendung in der Bauproduktion bis etwa zum 1. Weltkrieg, mit dem sich das Bauen in Eisenbeton durchsetzt. Aber um 1850 sind Eisen und Glas neue Materialien mit neuen konstruktiven Anforderungen und Möglichkeiten, die im Kristallpalast wie in einem Treibhaus der Zivilisation zur Schau gestellt werden. Als reiner Nutzbau errichtet, ermangelt das Gebäude jeder stilistischen Ambition; das steht im Kontrast zu der heftigen Debatte, die sich 1850 an der Stilfrage der Architektur entzündet und die Architekten fragen läßt: »In welchem Style sollen wir bauen?«[30]

Einer der ersten Augenzeugen, die sich von der eigenartigen Wirkung der Eisen-Glas-Konstruktionen auf die Sinne Rechenschaft ablegen, ist Architekt Gottfried Semper. Vom Kristallpalast spricht er als von einem »glasbedeckten Vakuum«[31], das zu jedem Inhalt paßt. Sein Urteil über die neuen Konstruktionen hatte er sich bereits in Paris angesichts des neuen Jardin d'hiver mit seinem filigranen Eisengerippe gebildet: »Doch soviel steht fest«, schreibt Semper 1849, »daß das Eisen, und überhaupt jedes harte und zähe Metall, seiner Natur entsprechend in schwachen Stäben und zum Teil in Drähten angewendet, sich wegen der geringen Oberfläche, welche es in diesen Formen darbietet, dem Auge um so mehr entzieht, je vollkommener die Konstruktion ist, und daher die Baukunst, welche ihre Wirkungen auf das Gemüt durch das Organ des Gesichts bewerkstelligt, mit diesem gleichsam unsichtbaren Stoffe sich nicht einlassen darf, wenn es sich um Massenwirkungen und nicht bloß um leichtes Beiwerk handelt.«[32] Semper hat als erster festgestellt, daß die Vervollkommnung der Eisenkonstruktion mit der Verringerung der Stabquerschnitte einhergeht, und daß mit der Verminderung der Materialmasse die Tendenz zum visuellen Verschwinden der Konstruktion eingeleitet wird. Weil »die Stabmetallkonstruktion noch unendlich mehr von der monumentalen Kunst ent-

---

28 Vgl. ERICH SCHILD, Zwischen Glaspalast und Palais des Illusions. Form und Konstruktion im 19. Jahrhundert (Frankfurt a. M./Berlin 1967); JOHANN FRIEDRICH GEIST, Passagen, ein Bautyp des 19. Jahrhunderts (München 1969); BERNARD MARREY/PAUL CHEMETOV, Architectures, Paris 1848–1914 [Ausst.-Kat.] (Paris 1975).
29 Vgl. GEORGE F. CHADWICK, The Works of Sir Joseph Paxton 1803–1865 (London 1961); ROBERT THORNE, Paxton and Prefabrication, in: W. Derek (Hg.), The Great Engineers. The Art of British Engineers 1837–1987 (London 1987), 52 ff.; JOHN HIX, The Glass House (London 1974); GEORG KOHLMAIER/BARBARA VON SARTORY, Das Glashaus. Ein Bautyp des 19. Jahrhunderts (München 1981); JOHN MCKEAN, Crystal Palace (London 1994).
30 Vgl. KLAUS DÖHMER, ›In welchem Style sollen wir bauen?‹ Architekturtheorie zwischen Klassizismus und Jugendstil (München 1976).
31 GOTTFRIED SEMPER, Wissenschaft, Industrie und Kunst und andere Schriften über Architektur, Kunsthandwerk und Kunstunterricht (1852; Mainz/Berlin 1966), 68.
32 SEMPER, Der Wintergarten zu Paris (1849), in: Semper (s. Anm. 31), 22 f.

fernt liegt als die Holzkonstruktion«, warnt Semper die Architekten davor, sie anders denn als Beiwerk für die Baukunst zu verwenden. In seinem theoretischen Hauptwerk *Der Stil* (1860/1863) kommt er zu dem abschließenden Urteil: »Im Ganzen trifft man hier mageren Boden für die Kunst! Von einem eigenen monumentalen Stab- und Gußmetallstil kann nicht die Rede sein; das Ideal desselben ist *unsichtbare Architektur*! Denn je dünner das Metallgespinst, desto vollkommener in seiner Art.«[33]

Erst Jahrzehnte später, als die Ingenieurskonstruktionen aus Eisen und Glas als Bahnhofs- und Markthallen, Brücken und Viadukte der Hoch- und Untergrundbahnen, Galerien und Ausstellungshallen, als Treibhäuser Botanischer Gärten usw. selbstverständlicher Bestandteil der Großstädte geworden waren, wurden sie auch in ästhetischer Hinsicht – wenigstens durch die Reformer – rehabilitiert. Der Architekt und erste Programmatiker des *Deutschen Werkbundes* Hermann Muthesius wagte es, Sempers Verdikt zu widersprechen. »Die ästhetische Theorie«, schrieb Muthesius 1913, »trug zur Verstärkung des hier waltenden Irrtums bei, indem sie das Schicksal der Gitterstabbauten als künstlerisch hoffnungslos erklärte. Gottfried Semper sprach sich über Eisenkonstruktionen dahin aus, daß, wer sich ihrer annehmen wolle, ›einen mageren Boden für die Kunst antreffe‹. [...] Das, was Semper in dieser vernichtenden Form angesprochen hat, ist seitdem von vielen Theoretikern in Variationen wiederholt worden. Fast stets kam man darauf hinaus, daß das Eisen zu dünn sei, um ästhetische Wirkungen herbeizuführen, ein Urteil, das unter der Voraussetzung gefällt wird, daß zur ästhetischen Wirkung unbedingt die Massigkeit gehöre. Offenbar aber liegt hier ein Trugschluß vor, indem ein Gewohnheitsideal für ein absolutes Ideal gehalten wird. Das Gewohnheitsideal ist dadurch entstanden, daß die bisherigen Generationen in Materialien bauten, die massiv wirkten, nämlich in Stein und Holz; hätten ihnen dünngliedrige Metallstäbe zur Verfügung gestanden, so würde heute wahrscheinlich die Dünngliedrigkeit als das Normale und Ideale angesehen, die Massigkeit aber als unästhetisch verurteilt werden. Es ist nicht zu vergessen, daß in unseren ästhetischen Wertungen die Gewohnheit eine ungemein große Bedeutung hat.« Man möchte hinzufügen, daß gerade die Architektur einen gehörigen Anteil an der Bildung und Festigung von Gewohnheiten hat: Habituell kann nur werden, was das Habitat einräumt. Das Durchbrechen des Habituellen erläutert Muthesius nun bezeichnenderweise an einem seinerzeit populär gewordenen Fortbewegungsmittel. »Wie widersinnig erschien uns im Anfang das Zweirad mit den Drahtspeichen und dem Luftwulst. Niemand findet beides heute mehr als abnorm, und gerade die Dünngliedrigkeit der Drahtspeichen macht uns den Eindruck des Feinen und Eleganten. Es trifft überhaupt nicht zu, daß bisher nur die Massigkeit ästhetisch gute Wirkungen hervorgebracht hat. Auch bisher schon ist in den technischen Gestaltungen das Verhältnis von Stärke zu Länge dem Material entsprechend gewählt worden.«[34]

Aber während die Architektur dieses Verhältnis, das später von Buckminster Fuller »slenderness ratio«[35] genannt wird, durch Säulenordnungen und Proportionslehren kanonisiert hat, entwickelt der Ingenieur und Techniker das Schlankheitsverhältnis der Konstruktionsglieder streng aus dem Potential, das das Material zur Aufnahme von Spannungen besitzt. Hier trennen sich die Wege und die Auffassungen von Konstruktion, und die Resultate des Konstruierens scheinen zwei Welten des Ästhetischen anzugehören. Während für Semper das Monumentale ein absolutes Kriterium der Baukunst darstellt, führt Muthesius ein relatives Kriterium des Feinen und Eleganten ein, es fehlt aber noch dem Monumentalen komplementäre Begriff, für den Fuller in den 30er Jahren die Bezeichnungen ›ephemeral‹ und ›ephemeralization‹ vorschlägt. In Muthesius' Hinweis auf veränderte

---

33 SEMPER, Der Stil in den technischen und tektonischen Künsten oder praktische Ästhetik, Bd. 2 (1863; München ²1879), 251.
34 HERMANN MUTHESIUS, Das Formproblem im Ingenieurbau, in: Jahrbuch des Deutschen Werkbundes (Jena 1913), 25 f.; vgl. JOACHIM KRAUSSE, Das Fahrrad. Von der ›kindischen‹ Kombinatorik zur Montage, in: W. Ruppert (Hg.), Fahrrad, Auto, Fernsehschrank. Zur Kulturgeschichte der Alltagsdinge (Frankfurt a. M. 1993), 113 ff.
35 FULLER, Transegrity, in: Portfolio & Art News Annual, Nr. 4 (New York 1961), 117.

Gewohnheiten, die durch Konstruktionen mit neuen Materialien und deren allgemeinen Gebrauch entstehen und die ein neues ästhetisches Empfinden induzieren, bleibt ein für die öffentliche Meinungsbildung wichtiger Aspekt unerwähnt: das Auftreten dieser Konstruktionen als spektakuläre Attraktion. Als solche werden sie in zweierlei Hinsicht dem Monumentalbau eine gefährliche Konkurrenz: Sie überbieten den letzteren in Höhe, Spannweite, umbautem Raum, also dimensional, und indem sie das Neue verkörpern, können sie zum Symbol der neuen Zeit oder zum Wahrzeichen einer Metropole werden. Der grandiose Auftakt dieser Art von Attraktion ist der Kristallpalast; Symbol der Epoche und Wahrzeichen der Stadt Paris wird der Eiffelturm[36], und auch das Drahtspeichenrad wird als ›Ferris Wheel‹ oder Riesenrad eine Massenattraktion, zunächst anläßlich der Weltausstellung 1893 in Chicago, um schließlich 1897 dauerhaftes Wahrzeichen des Wiener Praters zu werden.[37]

Die Symbolik, die diesen Konstruktionen zufällt, selbst wo sie nur zweckmäßig geplant sind, hat mit der Zukunftserwartung, mit Aufstieg, Licht und Luftigkeit, vor allem aber mit Leichtigkeit zu tun. Die Kühnheit der Konstruktion besteht darin, »d'allier le gigantisme [...] de la forme à la légèreté du matériau«[38]. Man kann das noch zugespitzter formulieren: Das Gigantische wird erst möglich durch die Leichtigkeit des Materials. Die relative Leichtigkeit bei zunehmender Festigkeit wird ein ingenieurswissenschaftliches Kriterium in dem Moment, wo die größten Spannweiten zu überbrücken sind, und eine unabdingbare Voraussetzung für alle Konstruktionen, die es dem Menschen erlauben, vom Erdboden abzuheben. Die Eisenkonstruktionen des 19. Jh. bilden hier nur den Anfang einer Entwicklung, in der mit neuen Materialien ganz andere Räume erschlossen werden und mit deren Dematerialisierungseffekten ganz andere sensorische und aisthetische Herausforderungen verbunden sind.

Der erste Theoretiker, der auf diesen Zusammenhang aufmerksam gemacht hat, ist der Kunsthistoriker Alfred Gotthold Meyer (1864–1904), der an der Technischen Hochschule Charlottenburg unterrichtete und die einzige Ästhetik der Eisenkonstruktionen hinterlassen hat.[39] Um sein Vorhaben, die Eisenkonstruktionen einer ästhetischen Analyse zu unterziehen, gegenüber der Kunstphilosophie wie der Kunstgeschichte zu rechtfertigen, beruft sich Meyer darauf, daß es die Stilgeschichte nicht ausschließlich mit der stilbildenden Kraft des Formwillens, sondern ebenso mit der *Formengewöhnung* zu tun hat, ohne die ein Stil sich nicht herausbilden könne. Gegen die akademische Ästhetik, die entweder der Architektur insgesamt aus der Reihe der Künste ausgliedert (Eduard von Hartmann) oder dem Baukunst mit Hegel erst bei einem ›symbolischen‹ Zweck beginnen läßt oder der Konstruktion wegen des Mangels an geistiger Durchbildung abspricht, eine ›ästhetische Sprache‹ zu sein (Friedrich Theodor Vischer), führt Meyer ins Feld: »Sei es drum. Man wende auf diese statisch berechneten Eisenkonstruktionen das Wort ›Ästhetik‹ nur im unmittelbaren Sinn als ›Aisthesis‹ an, man frage nur, wie sie auf unsere sinnliche Wahrnehmung ›wirken‹! Die allgemeine Macht, die Stärke dieser Wirkung ist unbestreitbar. Sie spricht zu uns und in uns in jeder größeren Bahnhofs- und Ausstellungshalle, vor jeder größeren Eisenbrücke, in modernen Großstädten fast auf Schritt und Tritt.«[40]

Die Architektur als Raumgestaltung auffassend, fragt Meyer nach den typischen Raumwerten, die Eisenkonstruktionen im Verhältnis zu Stein- oder Holzarchitektur entstehen lassen; er fokussiert das Verhältnis von Masse und Öffnung, von Fläche und Linie, von Licht und Schatten, von Stütze und

---

36 Vgl. ROLAND BARTHES, La Tour Eiffel (1964), in: Barthes, Œuvres complètes, hg. v. E. Marty, Bd. 1 (Paris 1993), 1379–1400.
37 Vgl. MARREY, Vienne (grande roue du Prater de), in: A. Picon (Hg.), L'Art de l'ingénieur: constructeur, entrepreneur, inventeur (Paris 1997), 539.
38 BARTHES (s. Anm. 36), 1398.
39 Vgl. ALFRED GOTTHOLD MEYER, Eisenbauten: Ihre Geschichte und Ästhetik. Nach des Verfassers Tode zu Ende geführt von Wilhelm Freiherr von Tettau (Esslingen a. N. 1907); BENJAMIN, Bücher, die lebendig geblieben sind (1929), in: BENJAMIN, Bd. 3 (1972), 170; SIGFRIED GIEDION, Bauen in Frankreich. Eisen. Eisenbeton (Leipzig/Berlin 1928), 18.
40 MEYER (s. Anm. 39), 5.

Last und unterstreicht, daß die Statik des Eisenbaus mit anderen Größenordnungen rechnet als die Architektur aus Holz und Stein, denn: »Das Eisen ist an Festigkeit dem Stein vierzigfach, dem Holz zehnfach überlegen und hat jenem gegenüber trotzdem nur das vierfache, diesem gegenüber nur das achtfache Eigengewicht. [...] Diese statische Überlegenheit des Eisens vor allen anderen bisher verwandten Baumaterialien macht es zum besten Stoff jeder ›rationellen Konstruktion‹, die ein Höchstmaß von Tragfähigkeit mit einem Mindestmaß von Material erreichen will.« (11) Es ist dieses neue konstruktionsökonomische Verhältnis, das Raumgestaltungen von neuer Weite und neuer Höhe erlaubt. Zugleich verlangt dieses Verhältnis, das in dem »neuen Baustoff« angelegt ist, nach einer »neuen Baumethode« (5), die sich zuallererst auf das Rechnen stützt.[41] Erst mit den Eisenkonstruktionen entwickeln sich die modernen Methoden der statischen Berechnung, aber auch die komplexen Planungsinstrumente zur Koordinierung von industrieller Vorfertigung, Logistik und Montage. Nimmt man hinzu, daß die Großprojekte, wie sie Paxton und Eiffel ausführten, in Rekordzeiten errichtet wurden, der Kristallpalast nach dem Ende der Weltausstellung demontiert und 1852 in Sydenham wiederaufgebaut wurde, so läßt sich sagen, daß mit den ›rationellen Konstruktionen‹ auch ein neues Raum-Zeit-Schema in die Welt des Bauens eingeführt worden ist.

Über den konstruktionsökonomischen Aspekt hinaus will Meyer mit dem Begriff der Entmaterialisierung auch eine psychologische Dimension der Eisenkonstruktionen erfassen. Bereits in frühen Augenzeugenberichten, etwa von Richard Lucae und Lothar Bucher, die ihre Eindrücke vom Kristallpalast wiedergeben, finden sich Hinweise auf euphorisierende Effekte, die von der augenscheinlichen Entkörperung ausgehen. So schreibt etwa Bucher: »Wir sehen ein feines Netzwerk symmetrischer Linien, aber ohne irgendeinen Anhalt, um ein Urteil über die Entfernung desselben von dem Auge und über die wirkliche Größe seiner Maschen zu gewinnen; [...] denn es fehlt ganz an dem Schattenwurf, der sonst der Seele den Eindruck des Sehnervs verstehen hilft. [...] alles Körperhafte [...] verschwindet [...]. Es ist nüchterne Ökonomie der Sprache, wenn ich den Anblick desselben

[Raumes – d. Verf.] unvergleichlich, feenhaft nenne. Es ist ein Stück Sommernachtstraum in der Mittagssonne.«[42] Diesen ›Hellraum‹ ohne Schatten sieht Meyer als Höhepunkt einer langen baugeschichtlichen Entwicklung seit der Gotik, in der die Reduzierung von konstruktiver Masse mit der Öffnung des Gebäudes für das Licht einhergeht. »Für die Gotik ist das Problem der Masse das ihres Wesens; es umschließt dieses auch im psychologischen Sinn. Sie löst es durch ›Entmaterialisierung‹. Schon dadurch tritt sie unter allen bisherigen Stilen der Steinarchitektur den Grundbedingungen des Eisenbaues am nächsten.«[43] Durch die fortschreitende Öffnung der Wand kommt es zu einer »Entmaterialisierung durch Farbe« und »Entmaterialisierung durch das Licht«, wobei sich schließlich das Verhältnis von Wandfläche zu Lichtöffnung umkehrt und »nicht mehr das Licht die Fläche unterbricht, sondern die Fläche das Licht. Das ist also als Entwicklung des Raumwertes eine fortlaufende Reihe: an ihrem Ende stehen die Gewächshäuser und die Hallen des Londoner Kristallpalastes.« (66) Solcherart Raum bezeichnet Richard Lucae als »künstlich geschaffene Umgebung«, bei der es »kein eigentliches Innen und Außen« gebe. »Die Schranke, die sich zwischen uns und die Landschaft gestellt hat, ist eine fast wesenlose. [...] Wir sind in einem Stück herausgeschnittener Atmosphäre. [...] Außerordentlich schwer ist es nach meiner Meinung, sich hier bei der Körperlosigkeit des Raumes den Einfluß der Form und des Maßstabes zum klaren Bewußtsein zu bringen.«[44] Es ist dieser Entgrenzungseffekt des ›Hellraumes‹, der Meyer veranlaßt, vom »Empfinden einer neuen Schönheit« zu sprechen. »Noch heute klingt es aus den Schilderungen der ersten Eindrücke heraus. Dieser Riesenraum hatte etwas Befreiendes. Man fühlte sich in ihm geborgen und doch unge-

---

41 Vgl. ebd., 29 ff.
42 LOTHAR BUCHER, Kulturhistorische Skizzen aus der Industrieausstellung aller Völker (Frankfurt a. M. 1851), 10 f.; vgl. MEYER (s. Anm. 39), 67.
43 MEYER (s. Anm. 39), 12.
44 RICHARD LUCAE, Über die Macht des Raumes in der Architektur, in: Zeitschrift für Bauwesen 19 (1869), 303; vgl. MEYER (s. Anm. 39), 64.

hemmt. Man verlor das Bewußtsein der Schwere, der eigenen körperlichen Gebundenheit.«[45] Obwohl der Raum scheinbar nur visuell und akustisch wahrgenommen wird, betrifft die Empfindung ein weit darüber hinausgehendes Körpergefühl, das mit Gleichgewichts- und Gravitationssinn verbunden ist. Roland Barthes hat angesichts solcher Erscheinungen von »les grands archétypes de la sensation« gesprochen, »appartenant à cet ordre de sensations totales, à la fois puissantes et indistinctes, venues, non d'un sens déterminé, comme la vue ou l'ouïe, mais de la vie profonde du corps et que l'on appelle cénesthésiques.«[46] Von derartigen ›coenästhetischen‹ Wahrnehmungen hänge es schließlich ab, ob ein Objekt zu einem ›poetischen‹ werde. Barthes schreibt das im Hinblick auf den Eiffelturm; folgt man den jeweiligen Zeitgenossen, so kann das auch für die ›gläserne Arche‹[47] des Kristallpalasts gelten, oder im 20. Jh. für den Expo Dome von Buckminster Fuller in Montreal 1967, der schon bald nach der Weltausstellung den Namen ›the biosphere‹ erhielt.

3. Das Ephemerisierungskonzept Richard Buckminster Fullers

Susan Sontag konstatierte in ihrem Buch *Against Interpretation* (1966) eine »new sensibility«, die sich der Entwicklung einer »non-literary culture«[48] verdanke, von der die Literaten bis dahin kaum Notiz

genommen hätten und in der die alten Trennungen zwischen der literarisch-künstlerischen und der naturwissenschaftlich-technischen Kultur[49], aber auch zwischen Hoch- und Popularkultur durchbrochen oder überwunden worden seien. Zu den Autoren grundlegender Texte dieser neuen Richtung zählt Sontag neben Marshall McLuhan, John Cage u. a. auch Buckminster Fuller. Ihn zitiert sie, um die veränderten Wahrnehmungsbedingungen in einer von ›beispiellosem Wandel‹ erfaßten Umwelt zu erläutern, auf die die neue Erlebnisweise antwortet.[50] Fuller hatte 1962 geschrieben: »In World War I industry suddenly went from the visible to the invisible base, from the track to the trackless, from the wire to the wireless, from visible structuring to invisible structuring in alloys. The big thing about World War I is that man *went off the sensorial spectrum forever* as the prime criterion of accrediting initiations. All major advances since World War I have been in the *infra* and the *ultrasensorial* frequencies of the electromagnetic spectrum. All the important technical affairs of men today are invisible.«[51] Daraus erklärt sich für ihn, warum Innovationen von großer Tragweite die Gesellschaft unvorbereitet treffen und die Menschen nicht angemessen damit umgehen können. Das menschliche Sensorium erschließt nur noch eine winzige ökologische Nische in einem Spektrum und in einer Größenordnung, die als ganze das Vorstellbare übersteigen. Gleichzeitig entwickeln sich mit den Werkzeugen, Instrumenten und Medien jene Erweiterungen des Menschen (›extensions of man‹), die ihn zu einem Navigator und Operator in einer immer größer werdenden Domäne des Unsichtbaren werden lassen. Populär wurde dieses Theorem erst mit Marshall McLuhans Buch *Understanding Media. The Extensions of Man*, das 1965 erschien, als das Fernsehen bereits das dominante Massenmedium und die Entwicklung des Computers zum Leitmedium des späten 20. Jh. vorstellbar geworden war. Das Konzept geht jedoch auf Fuller zurück, der es – in der Denktradition des amerikanischen Transzendentalismus und inspiriert durch die Lektüre von Ralph Waldo Emersons Essays – zwischen 1928 und 1940 entwickelte. Bereits das 1938 veröffentlichte (und 1963 neu herausgegebene) Buch *Nine Chains to the Moon* enthält die wichtigsten Aspekte der wissenschaftlich-techno-

---

45 MEYER (s. Anm. 39), 63.
46 BARTHES (s. Anm. 36), 1397.
47 Vgl. CHUP FRIEMERT, Die gläserne Arche. Kristallpalast London 1851 und 1854 (Dresden 1984).
48 SUSAN SONTAG, One Culture and the New Sensibility (1965), in: Sontag, Against Interpretation and Other Essays (New York 1966); 298; dt.: Die Einheit der Kultur und die neue Erlebnisweise, in: Sontag, Geist als Leidenschaft. Ausgewählte Essays, hg. v. E. Manske, übers. v. G. Baruch/W. Fuld/M. W. Rien (Weimar 1989), 60–72.
49 Vgl. CHARLES PERCY SNOW, The Two Cultures and the Scientific Revolution (New York 1959).
50 Vgl. SONTAG (s. Anm. 48), 301.
51 FULLER, Education Automation. Freeing the Scholar to Return to his Studies (Carbondale, Ill. 1962), 62; dt.: Erziehungsindustrie. Prospekt universaler Planung und Instruktion, hg. v. J. Krausse, übers. v. L. M. Hohmann (Berlin 1970).

logischen Entwicklung, die Fuller eben als ›extension of man‹ und als ›ephemeralization‹ deutet.

»Man, living in shelters scattered over the earth's dust film and energized and nurtured by the stars, has evolved, through self-research and the comprehension of the dynamics of his own mechanism, the phantom captain's extension mechanisms. Through the leverage gained by his *inanimate instrument extensions of self*, he has attained and extended mechanical ability far in excess of his own integral mechanical and energy content ability.«[52]

Fullers ›phantom captain‹ ist eine Metapher für den menschlichen Geist, der – vergleichbar mit Emersons ›over-soul‹[53] – teilhat an einer großen ›intellectual integrity‹[54], sich aber andererseits in Technologien und Artefakten objektiviert, die in aufsteigender Linie von der mechanischen Motorik bis zur Neurophysiologie die Einzelfunktionen extrakorporieren.

›The phantom captain‹ heißt das vierte Kapitel des Buches; in einer ironischen Verfremdung wird hier der Mensch, sein Körper, seine Ernährung, seine Wahrnehmung, ja sogar der Tod und schließlich die Liebe in den gnadenlos sachlichen Kategorien seiner ›extensions‹ beschrieben. Fullers theoretischer Diskurs ist von solcherlei artistischen Einlagen, abrupten Wechseln der Tonlage, der Maßstäbe und Perspektiven durchzogen; so unvermittelt konnte er von der Prophetie zur Parodie wechseln, daß sich sein Publikum – mit Ausnahme der Künstler – nie sicher war, ob und inwieweit Fuller ernstzunehmen sei. Ein an Joyce und Pound geschulter Literaturwissenschaftler wie Hugh Kenner hat Fuller gerade wegen dieser poetischen Strategien verteidigt: »It is like the great description in *Nine Chains* of the phantom captains's courtship [...] If that is playfully satiric, it is also poetic. The poet's trade, in part, is finding unexpected reasons for unexpected categories. [...] They are also heuristic. We can never break out of habits till we see them recategorized.«[55] Die Schwierigkeiten, die Fullers Diskurs der Rezeption bereitet hat, dürften entsprechend gerade an der Tatsache liegen, daß er sich mit seinen Drahtseilakten immer über die Lücke zwischen ›science‹ und ›humanities‹ oder die Kluft zwischen Hoch- und Popkultur hinweggesetzt hat.

Evolutionär betrachtet, gehen Fullers ›extensions of man‹ nicht nur vom Einfachen zum Komplizierten, sondern auch vom Materiellen zum Intellektuellen. »Most extraordinary of all man's extension activities – and far superior to his extension physically into his physical universe by physical means – is his mental extension, on the basis of observations of the dynamic progressions involved in his tangible mechanisms, inferring progression continuity beyond the tangible bands, into an *awareness of* and *experience in* the *abstract*. [...] The phantom captain's extension into participation in events of exterior mechanism occurence has provided an ›actual‹ sense in the realm of radio in our younger men. In this sense-extension into radiation lies the promise of man's eventually understanding all the secrets of life-in-time, which, down through the ages, have evoked an intuitive, mystical and superstitious awe. Miracles, once irrational, will be continually rationalized and set under service to man by man.«[56]

Betrachtet man die technologische Entwicklung nicht im Bezugsrahmen anthropologischer Kategorien (als ›extensions of man‹), sondern als Manifestationen einer sehr großen Zahl von Schritten (und Rückschritten) beim Übergang von einer statischen zu einer dynamischen Weltauffassung, in Fullers Worten »from Newton's norm of changelessness to Einstein's norm of constant, disynchronous, evolutionary transformation«[57], so zeichnet sich in den praktischen Resultaten, den Artefakten, eine Tendenz ab, die Fuller ›ephemeralization‹ nennt. Das Ephemere zeigt sich in der Regel nicht als wahrnehmbare Eigenschaft des einzelnen Artefakts, sondern erschließt sich erst aus synchroni-

---

52 FULLER (s. Anm. 10), 68.
53 Vgl. RALPH WALDO EMERSON, The Over-Soul (1841), in: Emerson, The Works, hg. v. A. C. Hearn (Edinburgh 1907), 95–106.
54 Vgl. FULLER, No More Second Hand God (Carbondale, Ill. 1963), 3–36.
55 HUGH KENNER, Bucky. A Guided Tour of Buckminster Fuller (New York 1973), 267.
56 FULLER (s. Anm. 10), 68 f.
57 FULLER, The Prospect for Humanity (1964), in: Fuller, The World Game: Integrative Resource Utilization Planning Tool (Carbondale, Ill. 1971), 179; dt.: Die Aussichten der Menschheit 1965–1985, hg. v. C. Chruxin u. J. Krausse, übers. v. L. M. Hohmann (Frankfurt a. M./Berlin 1968).

schem Vergleich von Lösungen einer gegebenen Funktion, und zwar als Zugewinn von Effizienz. Fuller spricht von der Motivationskraft einer »necessity of progressively doing more with less through the agency of the selective mechanism, intellect.«[58] Dieses ›doing more with less and less‹ ist nicht zu verwechseln mit dem Mies van der Rohe zugeschriebenen ›less is more‹[59], das eher als Leitsatz eines ästhetischen Reduktionismus, wie ihn die Schule des *International Style* verstand, gewertet werden muß denn als technologische Quintessenz, wie sie sich bei Fuller durch zahlreiche Studien zu den Material-, Fertigungs- und Konstruktionstechniken in den Prioritätsindustrien wie Schiffs- und Flugzeugbau, Automobilproduktion, Elektronik und Chemie ergeben hatte.

Die Differenz zwischen dem stilbildenden Funktionalismus europäischer Provenienz und einem radikal technologisch orientierten Design einer amerikanischen Gruppierung um Fuller war 1932 Anlaß und Inhalt einer Kontroverse, deren Protagonisten vor allem Philip Johnson und Buckminster Fuller waren. Sie ist in drei Heften der kurzlebigen Zeitschrift *Shelter* aus demselben Jahr dokumentiert, Amerikas einziger Avantgardezeitschrift für Architektur vor dem 2. Weltkrieg.[60] Für eine Gruppierung, die sich *Structural Study Association* nennt, schreibt Fuller programmatisch: »Doing the most with the least – segregated compression and tension members, flexible joints, stabilized force triangles – net scientific structure in time annihilating transportation, communication, and power harnessing.«[61] Und an anderer Stelle: »Don't fight forces, use them.«[62] Die positiven

Bildbeispiele dazu sind aus den Anwendungsgebieten des Leichtbaus, sprechende Details sind flexible Knotenverbindungen und Zugspannglieder in den Fachwerken,»tension diagonals of ephemeral weight«[63].

Schon in diesen frühen Beiträgen in *Shelter* wird deutlich, daß in Fullers verallgemeinerten Ephemerisierungsbegriff Beschleunigung, Dematerialisierung und Vernetzung als Teilaspekte eingehen, die in konstruktiver Absicht geklärt werden und schließlich in seine eigenen ephemeren Konstruktionsbeispiele der geodätischen und den Zusammenhang eines Ganzen durch Zugspannung begründenden Tensegrity-Strukturen einfließen.[64] Weil er sich an die unscheinbaren, unsichtbaren und mathematisch-abstrakten Merkmale der Konstruktion und die Kriterien ihrer Effizienz gehalten hatte, konnte Fuller lapidarer formulieren:»The Stone Age logic said that the wider and heavier the walls, the more happily secure would be the inhabitants. The advent of metal alloys in the 20th century has brought an abrupt change from the advantage of ponderousness to the advantage of structural lightness. That is at the heart of all ephemeralization: that is the dymaxion principle of doing ever more with ever less weight, time, and energy per each given level of functional performance. With an average recycling rate of all metals of 22 years, and with comparable design improvements in performance per pound, ephemeralization means that ever more people are being served at ever higher standards with the same old materials.«[65]

1961 lud die Harvard University Fuller ein, die Charles Eliot Norton Lectures für Poesie zu halten. Am Ende geht er auf ästhetische Fragen ein und nennt als Beispiele einer ephemeren Ästhetik seine ›Geodesic Domes‹, »which are so relatively ephemeral as to weigh an average of only 3 per cent of the weight of the best alternate clearspan solutions of structural engineering. […] ›Beautiful‹ is probably ejaculated when my entire chromosomic neuron bank is momentarily in ›happy‹ correspondence with my entire experience (memory) neurons bank. I speak of my brain as if it were a computer. It is.«[66]

Als ein Vierteljahrhundert später Italo Calvino die Charles Eliot Norton Poetry Lectures halten

---

58 FULLER (s. Anm. 10), X.
59 Vgl. PHILIP JOHNSON, Mies van der Rohe (1947; New York ³1978), 49.
60 Vgl. JOACHIM KRAUSSE/CLAUDE LICHTENSTEIN (Hg.), Your Private Sky. R. Buckminster Fuller (Baden/Zürich 1999), 156 ff.
61 FULLER, Universal Architecture, Essay 3, in: Shelter 2 (1932), Nr. 4, 36.
62 FULLER, Teleology, in: Shelter 2 (1932), Nr. 5, 108.
63 FULLER, Universal Architecture, Essay 3, in: Shelter 2 (1932), Nr. 4, 36.
64 Vgl. KRAUSSE/LICHTENSTEIN (s. Anm. 60), 392 ff.
65 FULLER, Synergetics. Explorations in the Geometry of Thinking, Bd. 2 (New York 1979), 174 f.
66 FULLER (s. Anm. 57), 180.

II. Ästhetik des Dauerhaften vs. Ästhetik des Ephemeren

sollte, verstarb er kurz vor der Abreise, hinterließ aber das fast fertige Manuskript der Vorlesungen, in dem es eingangs heißt:»la mia operazione è stata il più delle volte una sottrazione di peso; ho cercato di togliere peso ora alle figure umane, ora ai corpi celesti, ora alle città; soprattutto ho cercato di togliere peso alla struttura del racconto e al linguaggio.« (Meine Tätigkeit hat vorwiegend darin bestanden, Gewicht wegzunehmen; ich habe bald den menschlichen Gestalten, bald den Himmelskörpern, bald den Städten Gewicht zu nehmen versucht; vor allem habe ich versucht, dem Bau der Erzählung und der Sprache Gewicht zu nehmen.)[67] Die fünf ästhetischen Tugenden, in die die Vorlesung sich gliedert, sind: 1. Leggerezza, 2. Rapidità, 3. Esattezza, 4. Visibilitá, 5. Molteplicità (1. Leichtigkeit, 2. Schnelligkeit, 3. Genauigkeit, 4. Sichtbarkeit, 5. Vielschichtigkeit). Punkt für Punkt hätte Fuller sie unterschreiben können, nur ›visibilità‹ hätte er vielleicht durch ›modelability‹ ersetzt.[68]

II. Ästhetik des Dauerhaften vs. Ästhetik des Ephemeren

1. Das Beständige des Kunstwerks

Es ist aufschlußreich, daß in der frühgriechischen Kultur die menschliche Daseinsweise selbst als ephemer charakterisiert wird:»ἐπάμεροι. τί δέ τις; τί δ' οὔ τις; σκιᾶς ὄναρ / ἄνθρωπος.« (Eintagswesen! Was ist einer, was ist einer nicht? Eines Schattens Traum / ist der Mensch.)[69] Den Menschen als ἐφήμερος (ephēmeros), als Tageswesen oder Eintagsgeschöpf, zu bezeichnen, geht in dieser Epoche auf die Grunderfahrung zurück,»daß der Mensch durch wechselnde Ereignisse und Umstände geformt und umgeformt wird«[70]. Angesichts dieser Ausgeliefertheit der menschlichen Existenz richtet sich nun, so argumentiert Gernot Böhme, die klassische abendländische Kultur darauf,»im Menschen eine unabhängige und stabile Instanz zu errichten. Sie sollte der Verfallenheit an den Augenblick enthoben sein und gegenüber den Affekten eine herrschende Instanz bilden. [...] Die frühe anthropologische Innovation (›Entdeckung

des Geistes‹, ›Erfindung der Seele‹), durch die der Mensch seinem ephemeren Dasein zu entkommen trachtete, ist für das Selbstverständnis des Menschen in Europa prägend geworden.«[71]

Wie immer man solche innere Verfaßtheit philosophisch, anthropologisch oder historisch bestimmt, die ihr entsprechenden Werte des Dauerhaften, des Konstanten und Verläßlichen, des Festen und Soliden, schließlich des Regelmäßigen und Berechenbaren erhalten Bedeutung für die Psyche und werden verbindlich für menschliches Verhalten in dem Maße, in dem sie in das externe System der vom Menschen hervorgebrachten und benutzten Artefakte eingehen. Alle elementaren Techniken einschließlich ihrer Hilfsmittel richten sich zunächst auf die Überwindung der Hilflosigkeit und des Ausgeliefertseins an die Wechselfälle des Augenblicks, gegen das, was man das prekär Ephemere nennen kann. Der Wertekanon, mit dessen Hilfe man sich des prekär Ephemeren erwehrt, ist in den primären Artefakten, die dem Lebenserhalt unmittelbar dienen, verkörpert.

Wir können sie als Mitglieder einer Gruppe identifizieren, auf deren Verwandtschaft untereinander die Etymologie hinweist: durch die indoeuropäische Wurzel *(s)teg* (›decken‹)[72] ist sowohl ›Technik‹ und ›Tektonik‹ sowie ›Architektur‹ mit ›Dach‹, ›Deckel‹, ›Decke‹, ›Ziegel‹, ›Tiegel‹ verbunden als auch ›Textur‹, ›Textil‹ mit ›Text‹. Die primäre Funktion der von τέχνη (technē) bezeichneten Tätigkeiten des geschickten und wohlüberlegten Fügens und Webens in Handwerk, Kunst und Wissenschaft wäre demnach eine protektive, eine dauerhaft Schutz gewährende. Kleidung, Ob-

---

67 ITALO CALVINO, Lezioni americane. Sei proposte per il prossimo millennio (Mailand 1988), 5; dt.: Sechs Vorschläge für das nächste Jahrtausend. Harvard-Vorlesungen, übers. v. B. Kroeber (München 1995), 7.
68 Vgl. FULLER, Synergetics. Explorations in the Geometry of Thinking (New York 1975), 480–612.
69 PINDAR, Pythische Ode 8, 95 f.; dt.: Oden, übers. u. hg. v. E. Dönt (Stuttgart 1986), 153.
70 HERMANN FRÄNKEL, Ephēmeros als Kennwort für die menschliche Natur, in: Fränkel, Wege und Formen frühgriechischen Denkens (München ²1960), 25.
71 BÖHME (s. Anm. 4), 188.
72 Vgl. JULIUS POKORNY, Indogermanisches etymologisches Wörterbuch, Bd. 1 (1959; Tübingen/Basel ³1994), 1013 f.

dach, Behältnis usw. sind durch die Alltagsverrichtungen in und mit ihnen an der Ausbildung von Gewohnheiten beteiligt, durch die das Wertesystem erst habituell werden kann.

Von den gewöhnlichen Artefakten gehen die Eigenschaften auf die Bestimmung mentaler Charakteristika über, wenn von einem ›festen Charakter‹, einem ›gewichtigen Einwand‹, einem ›soliden Wissen‹, einer ›ehernen Wahrheit‹ oder einem ›ewigen Glanz‹ die Rede ist.

Die Artefakte, die sich als kunstvolle aus dem Verband der nützlichen historisch herauslösen und als Kunstwerke verselbständigen, sind zwar gänzlich frei von solchen Zwecken, nicht aber frei von einem Wertesystem, das ihnen inhärent ist.

Das Dauerhafte, die dem Augenblick enthobene Beständigkeit des Kunstwerkes, kommt auch dort zur Geltung, wo die Zeitkünste, Theater und Musik – der Dichtkunst folgend – sich auf Skript, Notation und Aufzeichnung stützen, um Reproduktion ihrer Aufführung zu sichern. »Durchweg waren die Kunstwerke«, sagt Adorno, »auf Dauer angelegt; sie ist ihrem Begriff, dem der Objektivation verschwistert. Durch Dauer erhebt Kunst Einspruch gegen den Tod.« Aber gerade das, was mit den Attributen des Dauerhaften ausgestattet wird, erweist sich im Nachhinein oft als hinfällig, intendierte Klassizität als trügerisch. »Über ihrer Dauer haben die Werke keine Gewalt; am letzten ist sie garantiert, wo das vermeintlich Zeitgebundene zugunsten des Beständigen ausgemerzt wird. [...] Aus ephemer Intendiertem wie der Parodie der Ritterromane durch Cervantes wurde der Don Quixote. [...] Die Kategorie des Bleibenden klang von je, seit dem Selbstlob des Horaz für ein Denkmal, das beständiger sei als Erz, apologetisch; fremd solchen Kunstwerken, die nicht kraft augusteischer Gnadenerweise um einer Idee von Authentizität willen aufgerichtet wurden, der mehr als nur die Spur des Autoritären innewohnt.«[73]

Während die Kunst selber – wie verborgen auch immer – daran erinnert, daß ›auch das Schöne sterben muß‹ (Schiller)[74], speist sich das Interesse am Beständigen des Kunstwerks auch aus anderen Quellen, von denen Adorno das Besitzverhältnis anführt: »Offensichtlich ist die Dauer, welche die Kunstwerke begehren, auch nach dem festen überlieferten Besitz gemodelt; Geistiges soll Eigentum werden wie Materielles, Frevel des Geistes an sich selbst, ohne daß er doch dem zu entgehen vermöchte. Sobald die Kunstwerke die Hoffnung ihrer Dauer fetischisieren, leiden sie schon an ihrer Krankheit zum Tode: die Schicht des Unveräußerlichen, die sie überzieht, ist zugleich die, welche sie erstickt.«[75] Auch die Ästhetik hat ihren genuinen Anteil an der Wertschätzung der Dauerhaftigkeit, Gernot Böhme weist darauf hin: »Als Theorie des Geschmacksurteils handelte sie nicht eigentlich von der Erfahrung des Schönen, sondern von seiner Beurteilung, und das hieß letzten Endes von seiner Einschätzung als Gegenstand des Kunsthandels und der gebildeten Konversation. [...] Als Theorie des Kunstwerks orientierte sie sich am bleibenden Resultat künstlerischen Schaffens, quasi an dessen Ewigkeitswert, der alle Kontingenz zum Verschwinden bringen sollte.«[76] Demgegenüber fordert Böhme eine Rehabilitierung des Ephemeren als eines mit der Erfahrung des Schönen untrennbar verbundenen Phänomens, das aber aus systematischen Gründen in der klassischen Ästhetik nicht thematisiert werden konnte.

Der Keim zu einer solchen Ästhetik des Ephemeren geht auf Überlegungen Adornos zurück, der die durchgängige Herrschaft der Dauer unter zwei Aspekten in Frage gestellt sieht: einmal durch die Herausforderung, die die Kategorie des Neuen für die intendierte Überdauern darstellt, so daß sich ein Konflikt zwischen Neuem und Dauer ergibt – »nicht unähnlich der querelle des anciens et des modernes im siebzehnten Jahrhundert«. Zum anderen durch die Kunst, die sich dem Dauern entzieht: »Manche Kunstwerke höchster Art möchten sich gleichsam an die Zeit verlieren, um nicht ihre Beute zu werden; in unschlichtbarer Antinomie mit der Nötigung zur Objektivation. Ernst Schoen hat einmal von der unübertrefflichen noblesse des Feuerwerks gesprochen, das als einzige Kunst nicht dauern wolle, sondern einen Augenblick lang strahlen und verpuffen. [...] Entschlüge sich Kunst der einmal durchschauten Illu-

---

73 THEODOR W. ADORNO, Ästhetische Theorie, in: ADORNO, Bd. 7 (1970), 48 f.
74 Vgl. FRIEDRICH SCHILLER, Nänie (1800), in: SCHILLER, Bd. 2/1 (1983), 326.
75 ADORNO (s. Anm. 73), 50.
76 BÖHME (s. Anm. 4), 170 f.

sion des Dauerns; nähme sie die eigene Vergänglichkeit aus Sympathie mit dem ephemeren Lebendigen in sich hinein, so wäre das einer Konzeption von Wahrheit gemäß, welche diese nicht als abstrakt beharrend supponiert, sondern ihres Zeitkerns sich bewußt wird.« Es schließen sich Überlegungen an, wonach Kunst sich der Dialektik der Aufklärung, an der sie teilhat, durch die ästhetische Konzeption von Antikunst stellt: »Keine wohl ist mehr denkbar ohne dies Moment.«[77]

Als Adorno seine *Ästhetische Theorie* abfaßte, im wesentlichen in den Jahren 1967–68, bestand aktuelle Veranlassung, das ephemere Kunstwerk mit dem Konzept von Antikunst in Verbindung zu bringen. Wie solche Verbindung in der zeitgenössischen Kunst sich herstellte, zeigen seit den späten 50er Jahren Bestrebungen, das Werk in einen Prozeß aufzulösen, aus einem Objekt ein Ereignis zu machen.

2. Kunst als ›event‹

Am 17. März 1960 veranstaltete der Schweizer Künstler Jean Tinguely eine Schau im Skulpturengarten des *Museum of Modern Art*, die er *Hommage à New York* nannte. Sie bestand aus dem Akt der wohlkalkulierten Selbstzerstörung eines nur für diesen Zweck gebauten bizarren Ungetüms, das abstrakte Plastik und skurrile Maschine in einem war. In dem halbstündigen Spektakel mischten sich geplante kleinere Explosionen mit einem zufällig ausbrechenden Feuer, das die Feuerwehrleute auf den Plan rief, gegen die das Publikum revoltierte usw. Tinguely kam es in New York, dieser Stadt voller Unruhe, Kraft und Vitalität, darauf an, »gerade hier eine Maschine im Geiste völliger Anarchie und Freiheit zu bauen, nach Art eines chinesischen Feuerwerks«. Und er bestand darauf, daß sich das Ereignis vor der Kulisse des Kunsttempels vollzog, den der Künstler ablehnte. 1982 kommentierte er rückblickend: »Ich wollte etwas Ephemeres, das wie eine Sternschnuppe vorbeischweben sollte und – darauf kam es mir vor allem an – nicht von den Museen vereinnahmt, nicht ›musealisiert‹ werden konnte. Das Werk sollte vorbeiziehen, die Menschen träumen und sprechen lassen, und am nächsten Tag sollte nichts mehr

übriggeblieben sein, alles würde wieder im Mülleimer landen.«[78]

Die Negierung des Kunstwerks als Objekt, seine Realisierung als Zerstörungswerk, seine Verschwendung an die Zufälle des Ereignisses, all das war auf die Spitze getriebener poetischer Einspruch gegen den auferlegten letalen Wertekanon und durchaus in »Sympathie mit dem ephemeren Lebendigen«[79]. Darüber hinaus wird man in Tinguelys Arbeiten, auch den Gemeinschaftsarbeiten mit Niki de Saint Phalle, Spuren von Basler Fastnacht, Mummenschanz, Bricolage und Kinderspiel finden. *Hommage à New York* reihte sich in eine breite Strömung avantgardistischer Experimente mit dem Ereignischarakter des Kunstwerks ein. Unter den Wegbereitern waren John Cage, Yves Klein, Alan Kaprow u. a. Al Hansen hält fest, daß das Wort ›happening‹ 1957/1958 aufkommt, um eine neue Kunstform zu bezeichnen, die sich aktuell und authentisch in Raum und Zeit ereignet, Spontaneität und Zufall willkommen heißt. Das richtete sich auch gegen Konventionen des Publikums, das von Aufführungen Reproduktionen eines vorher festgelegten und Geübten erwartete. »Many people in the audience were always quite sure that the happening they have just seen was very carefully rehearsed. It is beyond their comprehension that some of the fancies and delights they have observed came about purely by chance, by the most random accidents. It is downright upsetting to some of them that it was unrehearsed and completely spontaneous.«[80] Im Zielen auf Präsenz und Kommunikation im Hier und Jetzt waren dies gewiß Versuche, des ›Zeitkerns‹ sich bewußt zu werden‹, des Zeitkerns nicht nur der Hervorbringung, sondern gleichermaßen der Rezeption. Die Überlappung von beidem brachte ja erst die gewünschte Interdependenz und Interaktion zuwege, in der des Geistes Gegenwart aufblitzen konnte.

Schon Anfang der 60er Jahre bildete sich aus den bis dahin vereinzelten Initiativen von Künst-

---

77 ADORNO (s. Anm. 73), 48, 50.
78 Zit. nach Heidi E. Violand-Hobi, Jean Tinguely. Biographie und Werk (München/New York 1995), 36.
79 ADORNO (s. Anm. 73), 48.
80 AL HANSEN, A Primer of Happenings & Time/Space Art (New York 1965), 88 f.

lern und wenigen Galeristen eine kräftige, internationale Strömung, in der von unterschiedlichen Ausgangspunkten mit Events, Aktionen, Happenings experimentiert wurde. New Yorks *Neo-Dadaisten* gehörten ebenso dazu wie die Künstler des *Nouveau Réalisme* in Paris, die *Gutai*-Gruppe in Japan, die zwischen Westeuropa und den USA kommunizierende *Fluxus*-Bewegung, die *Zero*-Gruppe in Düsseldorf, die *Wiener Gruppe*, die sich um den Dichter H. C. Artmann bildete, und später die *Wiener Aktionisten*, die *Gruppe Spur* aus München, die sich als deutsche Sektion der *Situationistischen Internationale* verstand und einen Anteil an der Übertragung der Aktionsformen in die Studentenbewegung und in die Politik hatte. Die Wegbereiter und Protagonisten dieser Gruppierungen hatten sich in den Anfängen direkt auf den Dadaismus oder Surrealismus bezogen. Robert Motherwells 1951 erschienenes Buch *The Dada Painters and Poets* war für die amerikanischen Künstler ähnlich einflußreich wie die Düsseldorfer Ausstellung *Dada – Dokumente einer Bewegung* 1958 für die Avantgarde in Deutschland. Die Wiener Nachkriegsavantgarde bildet sich 1951/1952 mit der Wiederentdeckung des Surrealismus und seiner geistigen Großväter Lautréamont und Mallarmé. Das Programm der Situationisten von 1958 trägt die Spuren intensiver Auseinandersetzung mit Surrealismus und Dada. Nimmt man die Rolle der damals noch lebenden informellen Lehrer und Mentoren hinzu, von denen Marcel Duchamp der prominenteste und einflußreichste war, so dürfte die erstaunliche Traditionsbindung dieser programmatisch aus dem Rahmen fallenden Kunst deutlich werden, die sich wieder und auf neue Weise mit dem Leben und dem Alltäglichen verbinden will.[81]

Allerdings ist es eine anti-institutionelle Tradition, die erst eine Generation später von den Kulturinstitutionen absorbiert wird. Mit dieser Absorption hängt die Etablierung neuer Kunstformen und -gattungen zusammen, die sich aus dem, was Kaprow und Hansen ›Time/Space Art‹ nannten, ausdifferenzierten. Kaprow unterscheidet bereits zwischen ›happening‹ und ›environment‹; letzteres ist für ihn »eine Kunstform, die einen geschlossenen oder Freiluftraum gänzlich füllt, die das Publikum umgibt und die aus beliebigem Material, darunter Licht, Klang und Farbe, besteht.« Trotz der Ähnlichkeit mit dem Theater ist die Kunstform ›happening‹ für Kaprow in Struktur und Gehalt »eine logische Ausweitung des ›environments‹«[82]. Charakteristisch an den Bezeichnungen ›happening‹ und ›environment‹ und den in den 60er Jahren folgenden ›performance‹ und ›installation‹ ist ihre ursprüngliche Neutralität und Distanz zur Kunst. Rosalind E. Krauss sprach von ›Regenschirm‹-Begriffen, die sich eignen, um völlig Heterogenes zu überspannen.[83] Der taktische Vorteil solcher Begriffe scheint in der freien Disposition zu liegen, mit der Räumliches und Zeitliches, Aktion und Rezeption, Determiniertes und Unbestimmtes aufeinander bezogen bzw. abgestimmt werden können.

Schluß: Gegenwartskunst als Zeitforschung

Zunächst scheint es so, als hätte eine Umkehrung zwischen dem Dauernden und dem Ephemeren stattgefunden. Nicht nur wird alles Gegenständliche temporalisiert, was die immer wiederkehrenden Destruktionsakte von Bildern, Objekten und Instrumenten, denen später Körper folgen, besonders akzentuieren; das Verflüssigen des Feststehenden wird Programm: ›fluxus‹ (lat. fließend) ist der Name, den George Maciunas für die Bewegung

---

81 Vgl. JÜRGEN BECKER/WOLF VOSTELL (Hg.), Happenings. Fluxus, Pop Art, Nouveau Réalisme (Reinbek 1965); 1960. Les Nouveaux Réalistes [Ausst.-Kat.], hg. v. Musée d'Art Moderne de la Ville de Paris (Paris 1986); MICHAEL KIRBY, Happenings. An Illustrated Anthology (New York 1965); Happening & Fluxus. Materialien, zus.gest. von H. Sohm [Ausst.-Kat.] (Köln 1970); OTTO BREICHA/HUBERT KLOKKER (Hg.), Miteinander, Zueinander, Gegeneinander. Gemeinschaftsarbeiten österreichischer Künstler und ihrer Freunde nach 1950 bis in die achtziger Jahre (Klagenfurt 1992); MARIA FIALIK, ›Strohkoffer‹ – Gespräche (Wien 1998); Internationale situationniste. 1958–1969, 2 Bde. (Paris 1975); dt.: Situationistische Internationale 1958–1969, 2 Bde., übers. v. P. Gallissaires (Hamburg 1976/1977); ›Übrigens sterben immer die anderen.‹ Marcel Duchamp und die Avantgarde seit 1950 [Ausst.-Kat.] (Köln 1988).
82 Zit. nach BECKER/VOSTELL (s. Anm. 81), 46.
83 Vgl. ROSALIND E. KRAUSS, Passages in Modern Sculpture (Cambridge, Mass. 1985), 204.

Schluß: Gegenwartskunst als Zeitforschung 259

oder Gruppe findet, die er initiierte und seit 1962 zu dirigieren versuchte.[84] Verflüssigung des Feststehenden in einem grundsätzlichen Sinne ist bereits drei Jahrzehnte vor Fluxus das Programm von R. Buckminster Fuller, der seinen Entwurf einer neuen Weltkarte 1944 durch den Essay *Fluid Geography* ergänzt.[85] Fuller hat sehr früh und radikal versucht, Strukturen von ›events‹ her zu verstehen und zu entwickeln. Über einen Einfluß auf Maciunas ist nichts bekannt, aber für John Cage ist Fuller, seit gemeinsamen Aufführungen am Black Mountain College 1948, einer der wichtigsten Anreger gewesen. Cages Bücher und Interviews sind durchsetzt mit Fuller-Zitaten und besonders Fullers Erklärung der Technologieentwicklung aus dem Verhalten zu den Windströmungen – ostwärts mit dem Winde: kontemplativ, westwärts gegen den Wind: aktiv kreuzend – gibt Cage verschiedentlich wieder.[86] Auch Fullers Begriff des ›environment‹ und ›environment controlling‹ dürfte der späteren Kunstform vorgearbeitet haben. Dasselbe gilt für Cages ›musicircus‹, dessen Raum-Zeitkonzept in Fullers Buch *Education Automation* vorgezeichnet ist.[87]

Wenn sich das Werk im ›event‹ realisiert, dann ist das Geschehen das Integral aller Bestandteile und aller Momente der Aktualisierung. Alle Versuche, das Event vollständig zu determinieren oder zu reproduzieren, müssen scheitern; sie verfehlen eben das, was Adorno ›Zeitkern‹ genannt hat. Es stellt sich aber die Frage, ob der ›Zeitkern‹ des Events noch derselbe ist wie vordem, ob er als etwas Gleichbleibendes, Unwandelbares, jeder künstlerischen Hervorbringung gleichermaßen Inhärentes verstanden werden kann. Würde man die Aktionskunst einschließlich ihrer Präludien und Epiloge als Experimente einer Zeitforschung verstehen, eine Auffassung, zu der Cage und auch Nam June Paik starke Neigungen hatten[88], so würde sich zeigen, daß im Event der Zeitkern in eine Pluralität von Eigenzeiten zerfällt, deren teilweise Überlappungen (Fuller) oder Verwischungen (Wolf Vostell) ein jeweiliges Resultat von Synchronisierungsbemühungen sind. Simultaneität wäre demnach eine lokale Überlappung in einem gegebenen Rahmen oder Ausschnitt, wie es jeder Blick in den Sternenhimmel zeigen mag, aber eben nicht zeigt: Wir sehen die Lichter gleichzeitig auf der

Netzhaut wie auf dem Terminal, auch wenn ihre Quelle erloschen, ihr Sendebetrieb längst eingestellt ist. Das Bild hat nicht etwa seinen Grund in Simultaneität, sondern Simultaneität ist das spezifische Produkt des Bildes. Übernimmt die Synchronisationsfunktion ein Environment anstelle eines Bildes oder Objektes, so wird sofort klar, daß es nur einander teilweise überlappende Bilder oder Klänge geben kann. Im Bereich der Ästhetik stoßen wir hier auf Entsprechungen zu Phänomenen, die die Physiker veranlaßten, den Terminus der Raum-Zeit einzuführen. Und im ›Zeitkern‹ der Physik hatte es sich ereignet, daß man zum Konzept der ›indeterminacy‹ überging, wie Cage in der Musik.[89]

Joachim Krause

Literatur
BARTHES, ROLAND/MARTIN, ANDRÉ, La Tour Eiffel (Paris 1964); FOUCAULT, MICHEL, Andere Räume, übers. v. W. Seitter, in: K. Barck u. a. (Hg.), Aisthesis. Wahrnehmung heute oder Perspektiven einer anderen Ästhetik (Leipzig 1990), 34–46; FULLER, RICHARD BUCKMINSTER, Critical Path (New York 1980); FÜRNKÄS, JOSEF, Surrealismus als Erkenntnis. Walter Benjamin, Weimarer Einbahnstraße und Pariser Passagen (Stuttgart 1988); FÜRNKÄS, JOSEF, Immaterialität und Übertragung. Medien(-)anästhetik im Widerstreit, in: Fürnkäs u. a. (Hg.), Das Verstehen von Hören und Sehen – Aspekte der Medienästhetik (Bielefeld 1993), 13–34; HARDISON, O. B., Disappearing through the Skylight. Culture and Technology

84 Vgl. UTE BERGER/MICHAEL BERGER (Hg.), Mr. Fluxus. Ein Gemeinschaftsporträt von George Maciunas 1931–1978 (Wiesbaden 1997).
85 Vgl. FULLER, Fluid Geography (1944), in: Fuller, Ideas and Integrities (Englewood Cliffs, N. J. 1963), 119–141; KRAUSSE, Bauen von Weltbildern. Die Dymaxion-World von R. Buckminster Fuller, in: ARCH +, Nr. 116 (1992), 50 ff.
86 Vgl. CAGE (s. Anm. 11), 212 f.; CAGE, Interview mit Roger Reynolds und Robert Ashley, in: Becker/Vostell (s. Anm. 81), 158.
87 Vgl. FULLER (s. Anm. 51), 85 ff.; CAGE, Re ›Musicircus‹ (1969), in: R. Kostelanetz (Hg.), John Cage (1970; London 1971), 171 f.; RICHARD KOSTELANETZ, Environmental Abundance (1969), in: ebd., 173–177; CAGE (s. Anm. 11), 127 f.
88 CAGE, Interview mit Roger Reynolds und Robert Ashley, in: Becker/Vostell (s. Anm. 81), 159; NAM JUNE PAIK, Input-Zeit und Output-Zeit, in: Paik [Ausst.-Kat.] (Köln 1977), 13.
89 Vgl. CAGE, Indeterminacy (1958), in: Cage, Silence (London 1980), 35–40.

in the Twentieth Century (New York 1989); KLOTZ, HEINRICH (Hg.), Vision der Moderne. Das Prinzip Konstruktion (München 1986); KRAUSSE, JOACHIM, Buckminster Fuller und die Ephemerisierung der Architektur, in: ARCH +, Nr. 113 (1992), 72–81; KRAUSSE, JOACHIM, Ephemerisierung. Wahrnehmung und Konstruktion, in: B. Dotzler/E. Müller (Hg.), Wahrnehmung und Geschichte. Markierungen zur Aisthesis materialis (Berlin 1995), 135–163; KUHNS, WILLIAM, The Post-Industrial Prophets. Interpretations of Technology (New York 1971); LIPPARD, LUCY/CHANDLER, JOHN, The Dematerialization of Art, in: Art International 12 (1968), H. 2, 31–36; LIPPARD, LUCY, Six Years: The Dematerialization of Art from 1966 to 1972 (New York 1973); MCLUHAN, MARSHALL, Notes on Media as Art Forms, in: Explorations, Nr. 2 (April 1954), 6–13; MOHOLY-NAGY, LASZLO, Vision in Motion (1947; Chicago ⁸1969); SCHIVELBUSCH, WOLFGANG, Geschichte der Eisenbahnreise. Zur Industrialisierung von Raum und Zeit im 19. Jahrhundert (München 1977); SONTAG, SUSAN, Against Interpretation and Other Essays (New York 1966); YOUNGBLOOD, GENE, Expanded Cinema, eingel. v. R. Buckminster Fuller (New York 1970).

---

1 HANS-GEORG GADAMER, Wahrheit und Methode. Grundzüge einer philosophischen Hermeneutik (1960; Tübingen 1975), 329.
2 Vgl. HANS ROBERT JAUSS, Kleine Apologie der ästhetischen Erfahrung (Konstanz 1972); JAUSS, Ästhetische Erfahrung und literarische Hermeneutik I (München 1977); JAUSS, Ästhetische Erfahrung und literarische Hermeneutik (Frankfurt a.M. 1982).
3 ULRICH SCHÖDLBAUER, Ästhetische Erfahrung, in: D. Harth/P. Gebhardt (Hg.), Erkenntnis der Literatur: Theorien, Konzepte, Methoden der Literaturwissenschaft (Stuttgart 1982), 33.
4 WILLI OELMÜLLER, Vorwort, in: Oelmüller (Hg.), Kolloquium Kunst und Philosophie 1 – Ästhetische Erfahrung (Paderborn 1981), 11.
5 Vgl. ULRICH SCHULZ-BUSCHHAUS, Benedetto Croce und die Krise der Literaturgeschichte, in: B. Cerquilini/H. Gumbrecht (Hg.), Der Diskurs der Literatur- und Sprachhistorie. Wissenschaftsgeschichte als Innovationsvorgabe (Frankfurt a.M. 1983), 280–302.

Erfahrung

(engl. experience; frz. expérience; ital. esperienza; span. experiencia; russ. опыт)

Zur schwierigen Geschichte eines schillernden Begriffs; I. Psychologische Ästhetik und Pragmatismus; II. Die Durchsetzung des Erfahrungsbegriffs in der Kunsttheorie; III. Ästhetische Erfahrung und lebensweltlicher Erfahrungsverlust; IV. Der Begriff im phänomenologischen Verständnishorizont; V. Ineinssetzung von ästhetischer Erfahrung und Alltagserfahrung bei Richards und Dewey; VI. Kontinuität des Erfahrungsbegriffs in Italien und Amerika; VII. Die rezeptionsästhetische Wende

Zur schwierigen Geschichte eines schillernden Begriffs

»Der Begriff der Erfahrung scheint mir – so paradox es klingt – zu den unaufgeklärtesten Begriffen zu gehören, die wir besitzen.«[1] Was Hans-Georg Gadamer 1960 im allgemeinen feststellt, kann erst recht vom Begriff der ästhetischen Erfahrung im besonderen gelten. So sieht sich noch 1982 Ulrich Schödlbauer, obwohl er bereits auf die Ergebnisse einer zehn Jahre zuvor von Hans Robert Jauß[2] initiierten historischen Reflexion des Begriffs zurückblicken konnte, im Zusammenhang mit seiner Frage nach der Theoriefähigkeit ästhetischer Erfahrung zu dem Hinweis veranlaßt: »Welche Fallgruben auf diesem Forschungsgebiet zu gewärtigen sind, erhellt die Tatsache, daß jene sich scheinbar mühelos zusammenfügenden Teile des Kompositums, die Termini ›Erfahrung‹ und ›ästhetisch‹, zu den schillerndsten der philosophischen Tradition gehören.«[3] Die Konjunktur, die der Begriff in der gegenwärtigen Diskussion genießt, bildet für Willi Oelmüller entsprechend »kein Zeichen für die Sicherheit, sondern für die Unsicherheit darüber, was dieser Begriff bezeichnen soll«[4]. Sie hat nicht zuletzt dazu beigetragen, daß eine stattliche Reihe von prominenten Ästhetikern vor dem neu eröffneten Horizont in Theorien der ästhetischen Erfahrung uminterpretiert worden sind, so etwa vor dem überfälligen Versuch einer Rehabilitierung Benedetto Croces, wie ihn 1983 Ulrich Schulz-Buschhaus unternahm[5] und zuletzt Peter Kuon fortführte: »In diesem Sinne identifiziert Ulrich Schulz-Buschhaus als eigentliches Anliegen Croces nicht die banale Bestimmung eines Textes als Dichtung oder Nicht-Dichtung, sondern die risikoreiche (in der Praxis freilich gescheiterte) Explikation ästhetischer Erfahrung. ›Um was es dieser Theorie mit Nachdruck geht, ist die kontinuierliche Gegenwart der Literatur, die im Prozeß ästhetischer Erfahrung aus der Vergangenheit immer wieder in lebendige Präsenz überführt werden soll.‹«[6] Diese legitime – von Jauß selbst durch seinen methodischen Einsatz bei der antiken Tradition nahegelegte – Erneuerung der Sicht hat indessen zum Revers, daß die Darstellung der Begriffsgeschichte von ästhetischer Erfahrung ins Uferlose auszuwuchern droht. Aus dem Umstand, daß seit den ersten Manifestationen von Kunst implizit immer schon ein Begriff von ästhetischer Erfahrung vorhanden war, auch wenn dafür zunächst noch keine ausdrückliche, ihre drei Vollzugsmodalitäten (Poiesis, Aisthesis, Katharsis)[7] übergreifende Bezeichnung zur Verfügung stand, resultiert hier unvermeidlich ein Dilemma: Der historiographische Nachvollzug sieht sich bei der Frage der Genese entweder auf die drei genannten Einzelbegriffe verwiesen – oder die Vorgeschichte der expliziten Bezeichnung fällt in der Form mit einem Grundriß der Ästhetikgeschichte schlechthin zusammen. Als Zeugnis für den Begriff würde dann noch jenes vereinnahmt werden, welches – in unbefangener Perspektive betrachtet – von etwas ganz anderem spricht als von ästhetischer Erfahrung. Zwar wäre F. von Kutschera (1988) zuzustimmen, wenn er bemerkt: »ästhetische Urteile stützen sich auf ästhetische Erfahrungen und beschreiben das, was sich in ihnen zeigt«[8]. Doch ändert dies wenig an dem Faktum, daß in Kants dritter Kritik das ästhetische Urteil – und eben nicht die vorgängige ästhetische Erfahrung – im Zentrum steht, daß, vor ihm, Baumgarten ›cognitio‹ statt ›experientia‹ verwendete und daß schließlich die Suche nach Epochenumbrüchen im semantischen Wandel der Begriffe und Prozeß ihrer Ablösung jeglichen Sinn verlöre, wollte man in der Retrospektive das eine mit dem anderen identifizieren. Entscheidend erscheint vielmehr die Frage, warum ab einem gewissen Moment der historischen Entwicklung gerade der Erfahrungsbegriff in der Theorie der Kunst an Aktualität gewinnt und ›ästhetische Erfahrung‹ analoge Zusammensetzungen wie ›ästhetisches Vergnügen‹, ›ästhetische Lust‹, ›ästhetisches Empfinden‹, ›ästhetische Bildung‹ usw. verdrängt und ersetzt.

Feststellen läßt sich, daß der Begriff ästhetische Erfahrung mit dem Auftreten der experimentellen Ästhetik einsetzt und durch die pragmatistische, phänomenologische und schließlich rezeptionsästhetische Wende schrittweise vor einen neuen Verständnishorizont gestellt wird.

Der geschichtliche Moment, in dem sich der Begriff allgemein durchzusetzen beginnt, koinzidiert dabei mit der von Walter Benjamin festgestellten Erfahrungskrise der Generation des 1. Weltkriegs, der ihrerseits Symptome einer Erfahrungskrise im Übergang vom 18. zum 19. Jh. vorausgingen. Zunächst galt es, die direkte Erfahrung vor ihrer ästhetischen Vermittlung zu bewahren (Rousseau), dann, den Realitäts- und Substanzverlust des Kunstwerks als Folge des praktischen Erfahrungsschwunds zu erkennen, schließlich – in der Moderne –, die verlorene Erfahrung kompensatorisch ins Ästhetische zu retten (so die These von O. Marquard).

I. Psychologische Ästhetik und Pragmatismus

Im Zusammenhang mit seiner Abgrenzung einer Ästhetik von ›oben‹ und einer Ästhetik von ›unten‹ gebrauchte wohl erstmals Gustav Theodor Fechner in seiner *Vorschule* von 1876 die Bezeichnung ›ästhetisches Erfahrungsgebiet‹: Man behandle die Ästhetik »*von Oben* herab, indem man von allgemeinsten Ideen und Begriffen ausgehend zum Einzelnen absteigt, *von Unten* herauf, indem man vom

---

6 PETER KUON, Gattungsgeschichte, Literaturgeschichte, ästhetische Erfahrung. Zur Aktualität Benedetto Croces in Deutschland (und anderswo), in: F. Baasner (Hg.), Literaturgeschichtsschreibung in Italien und Deutschland (Tübingen 1989), 100.
7 Vgl. JAUSS, Ästhetische Erfahrung und literarische Hermeneutik (Frankfurt a. M. 1982), 103–191.
8 FRANZ VON KUTSCHERA, Ästhetik (Berlin/New York 1988), 70.

Einzelnen zum Allgemeinen aufsteigt. *Dort* ordnet man das ästhetische Erfahrungsgebiet einem, von obersten Gesichtspunkten aus construirten, ideellen Rahmen nur ein und unter; *hier* baut man die ganze Ästhetik auf Grund ästhetischer Thatsachen und Gesetze von Unten auf. *Dort* handelt es sich in erster und zugleich höchster Instanz um die Ideen und Begriffe der Schönheit, der Kunst, des Stils, um ihre Stellung im System allgemeinster Begriffe, insbesondere ihre Beziehung zum Wahren und Guten; und gern steigt man damit bis zum Absoluten, zum Göttlichen [...] hinauf. [...] *Hier* geht man von Erfahrungen über das, was gefällt und missfällt, aus«[9]. Trotz allem spielt die nur an dieser Stelle der *Vorschule* belegbare Bezeichnung für Fechner, der stattdessen regelmäßig ›ästhetischer Eindruck‹, mitunter ›ästhetische Wirkung‹ gebraucht, keine konstitutive Rolle. Nichtsdestoweniger stellt er sich selbst in eine Tradition der Ästhetik, die – wie verlautbart – eben die ›Erfahrungen über das, was gefällt und missfällt‹, zu ihrem Ausgangspunkt gemacht hat. Einen ›ästhetischen Eindruck‹ *gewinnt* man, eine ›ästhetische Erfahrung‹ *macht* man. Zwar rekurriert Fechner, dessen einflußreiche Ästhetik Wesentliches der neuen Entwicklung der Psychologie im 19. Jh. verdankt, durchaus hie und da auf den Begriff ›Erfahrung‹ – hauptsächlich im Kontext seiner Assoziationstheorie –, dann aber als etwas dem ›ästhetischen Eindruck‹ Vorgängiges.

Einen vom empirischen Ansatz Fechners abweichenden, gleichwohl dessen Interesse an ästhetischen Gesetzmäßigkeiten teilenden Zugang versucht Wilhelm Dilthey bei seiner »psychologischen Grundlegung« der Poetik in *Die Einbildungskraft des Dichters* (1887), die das »Erlebnis, lebendige Erfahrung« zur »Unterlage aller wahren Poesie« macht: »In all diesen Zuständen entstehen Bilder, welche die Erfahrung überschreiten. Das ist das Merkmal des großen Dichters, daß seine konstruktive Phantasie aus Erfahrungselementen, getragen von Analogien der Erfahrung, einen Typus von Person oder Handlung hervorbringt, der über die Erfahrung hinausgeht und durch den wir diese doch besser begreifen.«[10] Die Bezeichnung ästhetische Erfahrung fällt bei Dilthey trotzdem nur bei der am Anfang der neunziger Jahre erfolgten ersten Umarbeitung der Schrift in einer Notiz des Handexemplars, die sich gegen die Zählebigkeit der metaphysischen Ästhetik wendet: »Durch die ganze Geschichte der neueren Literatur geht der Einfluß einer Ästhetik, welche für das ästhetische Erlebnis in Auffassung und Schaffen metaphysische Erklärungsgründe findet [...]. Letzte Gründe der gegebenen Wirklichkeit, die in der göttlichen Kraft, der wirkenden Natur, der menschlichen Seele aufgefunden wurden, sind benutzt worden, um die *ästhetischen Erfahrungen* [Hervorh. v. Verf.], die in der Auffassung von Kunstwerken oder in dem Schaffen derselben sich darbieten, erklärlich zu machen.«[11]

Bei Benedetto Croce ist erstmals für 1894 »esperienza dell'arte«[12] nachweisbar. Ansonsten bevorzugt Croce in den *Primi Saggi* wie auch in der *Estetica* von 1902, in der die Bezeichnung unauffindbar ist, mehr oder weniger eingebürgerte Termini wie: ›sentimento estetico‹, ›emozione estetica‹, ›attività estetica‹, ›fatto estetico‹ oder ›espressione estetica‹.[13]

Aufschlußreich als Zeugnis für den um sich greifenden Gebrauch des Begriffs in Italien erscheint hingegen Croces Auseinandersetzung mit Antonio Aliotta in dem Aufsatz *Conoscenza intuitiva e attività estetica*[14] von 1904. Dort zitiert Croce Aliottas Formulierung des Dilemmas, das dieser seiner Theorie unterstellt[15], und geht auf den ersten Aspekt der Kritik ausführlicher ein: Wenn alle psychischen Eigenschaften ein Produkt ästhetischer Intuition

---

9 GUSTAV THEODOR FECHNER, Vorschule der Ästhetik, Erster Teil (1876; Leipzig 1897), 1.
10 WILHELM DILTHEY, Die Einbildungskraft des Dichters. Bausteine für eine Poetik (1887), in: DILTHEY, Bd. 6 (1938), 164, 128, 139; vgl. auch DILTHEY, Dichterische Einbildungskraft und Wahnsinn (1886), in: ebd., 92.
11 Ebd., 308.
12 BENEDETTO CROCE, La critica letteraria. Questioni teoriche (1894), in: Croce, Primi Saggi (Bari 1951), 107.
13 Vgl. ebd.; CROCE, Estetica come scienza dell'espressione e linguistica generale (1902; Bari 1965).
14 Vgl. CROCE, Conoscenza intuitiva e attività estetica (1904), in: Croce, Problemi di estetica e contributi alla storia dell'estetica italiana (1910; Bari 1966), 478–486.
15 Vgl. ANTONIO ALIOTTA, La conoscenza intuitiva nell'›Estetica‹ del Croce (Piacenza 1904).

seien, dann müßten Empfindungen, Emotionen und Halluzinationen nicht weniger als Perzeptionen und Repräsentationen künstlerische Fakten darstellen, was – so Aliotta – unserer ästhetischen Erfahrung widerspreche: »il che *contraddice alla nostra esperienza estetica*«[16].

In seiner Entgegnung nimmt Croce diesem Einwand die Spitze, indem er die Kategorien der empirischen Psychologie aus dem Gebiet der philosophischen Ästhetik verbannt, die es einzig mit von praktischen und verstandesmäßigen Beimischungen gereinigten Empfindungen oder Gefühlszuständen zu tun habe. Nur die wirklich reine Empfindung besitze ästhetischen Charakter und könne als Intuition betrachtet werden.[17] Damit bleibt für Croce noch der Einwand zu entkräften, daß seine Auffassung »urti contro l'esperienza estetica. Contro quale esperienza? Osservo in me stesso […] che, dinanzi a una qualsiasi sensazione, se non mi abbandono alle attrattive e ripugnanze dell'impulso e del sentimento, se non mi lascio distrarre da riflessioni e sillogismi, se persisto nell'atteggiamento intuitivo, sono in quella disposizione medesima per la quale godo ciò che si suole chiamare opera d'arte. Vivo la sensazione, ma come *puro spirito* contemplatore.«[18] (gegen die ästhetische Erfahrung verstoße. Gegen welche Erfahrung? An mir selbst kann ich beobachten, daß ich jeder beliebigen Empfindung gegenüber die gleiche Einstellung, mit der ich ein Kunstwerk genieße, einnehmen kann, vorausgesetzt, ich widerstehe der Anziehungs- oder Abstoßungskraft des Triebs oder Gefühls, lasse mich nicht von Reflexionen und Syllogismen ablenken und verharre in der intuitiven Haltung. Dann erlebe ich die Empfindung, aber als reiner betrachtender Geist.)

In den zwanziger Jahren taucht der Begriff danach bei Antonio Banfi, dem Begründer der phänomenologischen Schule in Italien, auf. Durch ihn wird er in der Tradition der neueren italienischen Ästhetik zugleich heimisch. Sieht man von den ersten Ausformulierungen seiner Ästhetik in *Lo spirito estetico* (1920)[19] und *La filosofia e la vita spirituale* (1922)[20] ab, die das Eigentümliche der Kunsterfahrung bereits in Sich-Auflösen der besonderen Person in der Sphäre des reinen Geistes und im unmittelbaren Verschmelzen von Subjekt und Objekt durch Einfühlung suchen, so findet sich Banfis

Verständnis der »assoluta originalità dell'esperienza estetica« erstmals ausführlich in *Il principio trascendentale nell'autonomia dell'arte* (1924) dokumentiert: »Il valore catartico o purificatore della bellezza che Aristotele per il primo riconobbe […] non è che l'espressione più profondamente avvertita dall'assoluta superiorità della sfera estetica all'opposizione del soggetto e dell'oggetto, dell'io e del mondo, che, cessando di distanziarsi e determinarsi a vicenda, secondo relazioni finite, in un processo infinito del conoscere o dell'agire, sono qui raccolti e fusi in un atto d'individuale esperienza, in cui sembra affiorare tutto il regno dello spirito.«[21] (Der kathartische oder reinigende Wert der Schönheit, den Aristoteles als erster erkannte […], ist lediglich der Ausdruck tieferen Wissens um die absolute Überlegenheit der ästhetischen Sphäre gegenüber dem Gegensatz von Subjekt und Objekt, Ich und Welt, die hier nicht länger auseinanderstreben und sich gemäß endlichen Beziehungen in einem unendlichen Prozeß des Erkennens oder Handelns gegenseitig bestimmen, sondern sich in einem Akt individueller Erfahrung vereinigt und verschmolzen finden, für das ganze Reich des Geistes zum Vorschein kommen läßt.) Das Objekt der ästhetischen Kontemplation verliere seine natürliche Determination, das den im Anblick der Schönheit versunkene Subjekt andererseits vergesse sich selbst in seiner einzelnen Bestimmtheit. Da aber die Ästhetizität (esteticità) ein universaler Aspekt des Geisteslebens sei, gebe es kein Erfahrungsfeld, auf das sie sich nicht erstrecken könne: »Ciò appare chiaramente se si consideri il così detto bello natu-

---

16 CROCE (s. Anm. 14), 478.
17 Vgl. ebd., 480.
18 Ebd., 482.
19 Vgl. ANTONIO BANFI, Lo spirito estetico (1920), in: Banfi, Filosofia dell'arte (1920–1956), a cura di D. Formaggio (Rom 1962), 45–51.
20 Vgl. BANFI, La filosofia e la vita spirituale (1922), in: Banfi, Opere, Bd. 1, hg. v. L. Eletti/L. Sichirollo (Reggio Emilia 1986), 89–91; BANFI, I problemi di una estetica filosofica, hg. v. L. Anceschi (Mailand/Florenz 1961), 278, 284–6, 305 f.
21 BANFI, Il principio trascendentale nell'autonomia dell'arte (1924), in: Banfi, Opere, Bd. 5, hg. v. E. Mattioli/G. Scaramuzza (Reggio Emilia 1988), 174 f.

rale.«[22] (Das wird deutlich, wenn man das sogenannte Naturschöne betrachtet.) Im Bereich der amerikanischen Philosophie gilt als Ausgangspunkt von John Deweys späterer Theorie in *Art as Experience* (1934) die Schlußpassage seiner Rezension des zweiten Bandes von Josiah Royce' *The World and the Individual* (1901): »Either our experiences, yea, even the experiences of ›us men‹ have ultimate meaning and worth, and the ›Absolute‹ is only the most adequate possible construing of this meaning; or else, having it not, they are not available to give content to the Absolute. But a difference of form or type between our consciousness and the Absolute, simply once for all makes metaphysical method impossible.«[23]

Dennoch läßt sich der Begriff ›aesthetic experience‹ bei Dewey schon vorher, in dem 1897 veröffentlichten kurzen Text *The Aesthetic Element in Education*, nachweisen. Dort heißt es im Zusammenhang mit der Forderung nach einer ›Schulung der Emotionen‹: »The factors in aesthetic experience which are especially adapted to afford the right training are balance and rhythm. Balance implies control or inhibition which does not sacrifice a fullness and freedom of the experience. It is opposed both to random, undirected action and to repressed, or undeveloped, action. Rhythm involves regularity and economy in the sequence of actions. Both balance and rhythm are forms of variety in unity: rhythm being temporal, balance spatial.«[24]

Insofern Dewey seine folglich schon vor der Jahrhundertwende konzipierte Idee der ästhetischen Erfahrung erst 1934 ausformuliert hat, nimmt ihn Ivor Armstrong Richards mit seinen in England erschienenen *Principles of Literary Criticism* von 1924 gewissermaßen vorweg. Interessanterweise sieht René Wellek Richards' Begriff der ›aesthetic experience‹, auf den noch zurückzukommen sein wird, seinerseits von Fechner, Rudolf Hermann Lotze und zumal Dilthey vorgebildet, obwohl er es für unwahrscheinlich hält, daß Richards dessen einschlägige Texte gekannt hat.[25] Noch vor Richards bezieht in England T. S. Eliot 1917 – ein Jahr nach seiner Dissertation über *Knowledge and experience in the philosophy of F. H. Bradley* – den Terminus ›Erfahrung‹ auf die Kunst und weist die ästhetische Erfahrung als eine Erfahrung sui generis aus: »The effect of a work of art upon the person who enjoys it is an experience different from any experience not of art.«[26] Wie für den Prozeß der rezeptiven Aneignung ist – so T. S. Eliot 1921 – auch für die Disposition des Dichters selbst eine spezifische Erfahrungsstruktur anzunehmen: »When a poet's mind is perfectly equipped for its work, it is constantly amalgamating disparate experience; the ordinary man's experience is chaotic, irregular, fragmentary. The latter falls in love, or reads Spinoza, and these two experiences have nothing to do which each other [...]; in the mind of the poet these experiences are always forming new wholes.«[27]

In Frankreich wendet sich Paul Valéry 1937 gegen die deduktive Verfahrensweise der metaphysischen Ästhetik, die die unmittelbare Wirkung und besondere Resonanz des Kunstwerks ausklammere und uns damit von der »expérience du Beau«[28] dispensiere. Abgesehen von seinem essentiellen Beitrag zur Diskussion der poietischen Seite ästhetischer Erfahrung, der bereits von H. R. Jauß eingehend gewürdigt worden ist, erscheint hier ein anderes Zeugnis – *L'expérience poétique* (1938) von Rolland de Renéville – insofern relevanter, als es auf eine weitere Quelle des ästhetischen Erfahrungsbegriffs hindeutet. Renéville knüpft gelegentlich direkt an William James' *Religious Experience* (1902) an – diesem war auch die Vorlesungsreihe gewidmet, aus der Deweys *Art as experience* hervorging! –, am häufigsten jedoch an die mittel-

---

22 Ebd., 175.
23 JOHN DEWEY, [Rez.] Josiah Royce, The World and the Individual (1902), in: Dewey, The Middle Works, 1899–1924, Bd. 2 (Carbondale/Edwardsville 1976), 137.
24 DEWEY, The Aesthetic Element in Education (1897), in: Dewey, The Early Works, 1882–1898, Bd. 5 (Carbondale/Edwardsville 1972), 202.
25 Vgl. RENÉ WELLEK, A History of Modern Criticism: 1750–1950, Bd. 5 (New Haven/London 1986), 223; dt.: Geschichte der Literaturkritik. 1750–1950, Bd. 4/ 1, übers. v. A. u. M. Brunkhorst (Berlin/New York 1990), 265.
26 THOMAS STEARNS ELIOT, Tradition and the Individual Talent (1917), in: Eliot, Selected Essays. 1917–1932 (New York 1942), 8.
27 ELIOT, The Metaphysical Poets (1921), in: ebd., 287.
28 PAUL VALÉRY, Discours sur l'esthétique (1937), in: VALÉRY, Bd. 1 (1957), 1302.

alterlichen Mystiker, allen voran Saint Jean de la Croix, um von dort aus Parallelen zur ästhetischen Praxis der Moderne von der Romantik über Baudelaire und Mallarmé bis zum Surrealismus zu ziehen. Der Prozeß einer den Dichter überwältigenden oder gar von ihm willentlich herbeigeführten Inspiration kulminiere in der Schau der jenseits des diskursiven Universums, im *non-discours* angesiedelten absoluten Realität. Gleichwohl bleibt sich Renéville der Differenz zwischen mystischer und poetischer Erfahrung bewußt, die er im Verstummen des religiösen Visionärs einerseits und den Ausdrucksimpulsen des Dichters andererseits erblickt. In dieser Perspektive entzieht sich der Kern poetischer Erfahrung, da sie sich auf das Absolute richtet, in letzter Instanz der genaueren Bestimmung:»Avoir conscience de cette realité [absolue] signifie la vivre, et ne s'en distinguer en rien.«[29] Das von Renéville und anderen Exponenten dieser zum Pragmatismus radikal gegensätzlichen Richtung[30] immer wieder betonte Einzigartige, von der profanen Welt Abgehobene der ästhetischen Erfahrung belehnt sie mit jener Bedeutung des ›Unausschöpflichen der Schöpfung‹, die im emphatischen Erfahrungsbegriff der Theologie mitschwingt.

II. Die Durchsetzung des Erfahrungsbegriffs in der Kunsttheorie

Daß es – nach dem Anschein dieser Befunde zu urteilen – bis zum letzten Drittel des 19. Jh. gedauert hat, ehe der Begriff der Erfahrung mit dem des Ästhetischen kombiniert werden konnte, legt eine Schlußfolgerung besonders nahe: Er muß anderweitig besetzt gewesen sein. Die Konnotationen, die ihm seit Bacons Prägung der neuzeitlichen Bedeutung anhafteten (Experiment, Akkumulierbarkeit und technische Verfügbarkeit der Erfahrung), besiegelten seinen Ausschluß aus der sich im 18. Jh. als philosophische Disziplin etablierenden Ästhetik wohl ebenso, wie er sich später – umgekehrt – gerade wegen seiner Verquickung mit der Sphäre praktischer, lebensweltlicher Interessen für die ästhetischen Ansätze des Pragmatismus angeboten hat. Witterte die Autonomieästhetik im Gebrauch des Erfahrungsbegriffs eine Kontamination mit der technisch angeleiteten Praxis, so besetzten bei ihrer Abgrenzung gegen die Logik Begriffe wie Gefühl (frz. sentiment), ästhetisches Empfinden oder untere Erkenntnisvermögen die Stelle, die danach von ›Erfahrung‹ übernommen wurde. Dieser Wandel – so ließe sich Fechners Erstbeleg deuten – setzte in der zweiten Hälfte des 19. Jh. mit dem neuen Selbstverständnis der Ästhetik als empirisch-experimenteller Wissenschaft ein, bis dann, nach dem Überschreiten dieser ersten Schwelle, der Terminus auf dem Weg der Opposition gegen die psychologische Ästhetik sukzessive vor je neue Verständnishorizonte gestellt wurde.

Gleichwohl darf nicht übersehen werden, daß die Ästhetik bei ihrer Entstehung selbst eine genuine Erfahrung auf den Begriff zu bringen versucht hat, nämlich daß Kunstwerke sich der Subsumtion unter das logische Urteil entziehen und die sinnliche gegenüber der diskursiven Erkenntnis Eigenständigkeit beansprucht. So nimmt es nicht wunder, daß Adorno die ästhetische Erfahrung generell zum »Schauplatz«[31] der ästhetischen Theorie deklariert oder Banfi speziell Kants *Kritik der Urteilskraft* mit der größten Selbstverständlichkeit als eine Theorie der ästhetischen Erfahrung vereinnahmt.[32] Dergestalt findet mit der Durchsetzung des Terminus eine Art Rückübertragung auf die Ästhetik überhaupt oder einzelne ihrer Konzeptionen statt, deren Mechanismus sich besonders gut bei Renato Barilli in der folgenden Nuancierung der Position Baumgartens beobachten läßt: »*cognitiones sensitivae*; oggi diremmo: [...] esperienze estetiche«[33]. In der Tat wäre es für die Anfänge der Ästhetik nicht mehr als ein kleiner, wenn auch gravierender Schritt gewesen, den Begriff der Er-

---

[29] ROLLAND DE RENÉVILLE, L'expérience poétique (Paris 1938), 95.
[30] Vgl. JACQUES MARITAIN, Situation de la poésie (Paris 1938).
[31] Vgl. THEODOR W. ADORNO, Ästhetische Theorie, in: ADORNO, Bd. 7 (1970), 513.
[32] Vgl. BANFI, I problemi di un'estetica filosofica, in: Banfi (s. Anm. 21), 36.
[33] RENATO BARILLI, La rivincita dell'estetica (1971), in: L. Rossi (Hg.), Situazione dell'estetica in Italia. Una ipotesi sullo sviluppo dell'estetica italiana contemporanea (Turin 1976), 227.

fahrung von der Theorie der reinen Erkenntnis zu entlehnen und für die eigenen Zwecke fruchtbar zu machen: nicht minder beruht die cognitio sensitiva auf Erfahrung. Einem solchen Transfer aber dürfte nicht nur Kants exklusive Reservierung des Begriffs für die Naturwissenschaften im Wege gestanden haben, sondern auch das auf eine Wesensbestimmung des Schönen gerichtete Anliegen der spekulativen Ästhetik selbst: »Das Schöne« – so Schiller in seinem Brief vom 25. Oktober 1794 an Körner – »ist kein Erfahrungsbegriff, sondern vielmehr ein Imperativ.« Weil »das, was man gewöhnlich als schön empfindet, gar nicht das Schöne ist«, mußte »nothwendig jede unsrer Vorstellungen davon mit der Erfahrung im Widerstreite« liegen. Das Schöne sei »gewiß objektiv, aber bloß als eine nothwendige Aufgabe für die sinnlichvernünftige Natur; in der wirklichen Erfahrung aber bleibt sie gewöhnlich unerfüllt.«[34]

Hat die Erkenntnistheorie den Erfahrungsbegriff okkupiert gehalten, so daß er für die Ästhetik vorläufig unverfügbar bleiben mußte, wird er durch die spätere Auseinandersetzung von Charles Sanders Peirce mit Kant und Hegel in der Philosophie des amerikanischen Pragmatismus geradezu ins Zentrum gerückt.[35] Auf diesem Weg gerät er zwangsläufig ins Blickfeld Deweys, dessen 1903 erschienenen *Studies in Logical Theory*, vornehmlich eine Entgegnung auf Lotze, unter freilich seltener Bezugnahme auf das Ästhetische eine Logik der Erfahrung entwerfen, die alle Konstituentien der in *Art as Experience* gegebenen Definition von Erfahrung im wesentlichen bereits aufweist, z.B. »unity and wholeness in experience«[36]. Die Ästhe-

tisierung der Erfahrungsqualitäten bereitet die Einbürgerung des Erfahrungsterminus in die Ästhetik vor.

III. Ästhetische Erfahrung und lebensweltlicher Erfahrungsverlust

Erfahrung wird auch im Kontext ästhetischer Reflexion zunächst mit Wirklichkeitserfahrung gleichgesetzt. Die Kontinuität dieser Auffassung spiegelt sich in Zeugnissen, die zugleich die Fortune des mimetischen Ideals demonstrieren. Unter Berufung auf Horaz' *Ars poetica* fordert Johann Christoph Gottsched vom Dichter Erfahrung in bezug auf Welt und menschliche Handlungsweisen.[37] Dabei hat die von der rationalistischen Poetik postulierte Bindung der Dichtung an die Empirie zur Folge, daß Erfahrung ihrem Inhalt nach nur Erfahrung eines bereits Bekannten sein kann. Hält Gottsched an der »Ähnlichkeit des Erdichteten mit dem, was wirklich zu geschehen pflegt«[38], als Kriterium fest, sieht Johann Jakob Breitinger in kritischer Distanz dazu im Poeten den »Schöpfer einer neuen idealischen Welt oder eines neuen Zusammenhanges der Dinge«[39]. Erst die Öffnung der Einbildungskraft auf Vorstellungen, »deren Originale nicht in der gegenwärtigen Welt der würcklichen Dinge«[40] beheimatet sind, die Extension des Begriffs des Wahrscheinlichen auf die ›innere Widerspruchslosigkeit‹ und die damit einhergehende Nobilitierung des Möglichen leiten den epochalen Umbruch ein, der es der dichterischen Fiktion erlaubt, den Horizont empirischen Wissens hinter sich zu lassen und die Erfahrung eines ganz Neuen, noch Unvertrauten hervorzubringen. In diesem Sinne ist das ›Wunderbare‹ Breitingers »eine Potenzierung des Neuen, nämlich das Neue, das ›unseren gewöhnlichen Begriffen [...] von dem ordentlichen Lauf der Dinge [...] entgegen zu stehen scheinet«[41].

Bemerkenswert für den Zusammenhang von Erfahrung und Dichtung erscheint auch die Novalis' *Heinrich von Ofterdingen* (1802) nachzulesende Empfehlung: »Du wirst selbst sehen, welche Gesänge dir am besten geraten, gewiß die, deren Gegenstände dir am geläufigsten und gegenwärtigsten

---

34 SCHILLER an Körner (25.10.1794), in: SCHILLER, Bd. 27 (1958), 71.
35 Vgl. ACHIM ESCHBACH, Zur Entfaltung der Kategorie der Erfahrung [Vorwort], in: Charles W. Morris, Symbolik und Realität, übers. v. A. Eschbach (Frankfurt a. M. 1981), 7–22.
36 DEWEY, Studies in Logical Theory (1903), in: Dewey (s. Anm. 23), 347.
37 Vgl. GOTTSCHED (DICHTKUNST), 105.
38 Ebd., 198.
39 BREITINGER, Bd. 1 (1740), 426.
40 Ebd., 60.
41 ARMAND NIVELLE, Literarästhetik der europäischen Aufklärung (Wiesbaden 1977), 21; vgl. BREITINGER (s. Anm. 39), 129.

sind. Daher kann man sagen, daß die Poesie ganz auf Erfahrung beruht.«[42] Schon mit Blick auf Zeichen der Erfahrungsschrumpfung durch die abstrakte Informationswelt, aus der sich moderne Dichtung generiere, stellt hingegen Jean Paul in der *Vorschule der Ästhetik* (1804) fest: »Der Grieche sah selber und erlebte selber das Leben; er sah die Kriege, die Länder, die Jahreszeiten, und las sie nicht; daher sein scharfer Umriß der Wirklichkeit [...]. Die Neuern hingegen bekommen aus dem Buchladen die Dichtkunst samt den wenigen darin enthaltenen und vergrößerten Objekten.«[43] Mit einer grundsätzlichen Modifikation versehen, findet sich eine Spur dieses Gedankens in *Die Welt als Wille und Vorstellung* (1819), wo Schopenhauer die Erfahrung zum Korrelat der an sich auf einem Apriori, einer ›Antizipation‹ gründenden Erkenntnis von Schönheit macht und den ›plastischen Sinn‹ der griechischen Bildhauer damit erklärt, »daß Klima und Sitte des Landes ihnen den ganzen Tag Gelegenheit gaben, halb nackte Gestalten [...] zu sehn«. Erst die Erfahrung rufe aus der »dunkeln Anticipation die deutliche und bestimmte Erkenntniß des Ideals hervor«, und dementsprechend sei auch »dem Dichter, zur Darstellung der Charaktere, eigene Erfahrung nützlich und nöthig. Denn obgleich er nicht nach der Erfahrung und empirischen Notizen arbeitet, sondern nach dem klaren Bewußtseyn des Wesens der Menschheit, wie er solches in seinem eigenen Innern findet; so dient doch diesem Bewußtseyn die Erfahrung zum Schema, giebt ihm Anregung und Uebung.«[44] Komplementär dazu koppelt Schopenhauer die literarische und historische Hermeneutik an lebensweltliche Erfahrungsressourcen: »Unumgänglich ist die eigene Erfahrung Bedingung zum Verständniß der Dichtkunst, wie der Geschichte: denn sie ist gleichsam das Wörterbuch der Sprache, welche Beide reden.«[45]

Wie sehr noch die Ästhetik des frühen 20. Jh. von solchen Topoi zehrt, gibt Johannes Volkelts *System der Ästhetik* (1914) zu erkennen, das sich u. a. mit der ›Psychologie des künstlerischen Schaffens‹ befaßt, eine Klassifikation der Erfahrungsgrundlagen des Künstlers unternimmt und die mehr oder weniger anachronistisch gewordene Frage des ›Wunderbaren‹ erneut aufgreift: »Wird des Künstlers Phantasie nur knapp und spärlich von der Erfahrung gespeist, so wird seine Darstellung unsicher, ängstlich, dürftig, ja geradezu fehlerhaft.«[46] Für Volkelt kann zudem »auch die erfinderischste Phantasie nichts schlechtweg Neues ersinnen«: »ein gewisses und zwar nicht unerhebliches Maß der in der Welt nun einmal vorhandenen Grundeigenschaften und Grundgesetzmäßigkeiten muß auch von dem tollsten Genie unangetastet gelassen werden. Sonst hört die Möglichkeit des Verstehens und Genießens auf.« (110 f.) Der Scheincharakter der Kunst bringe dabei eine doppelte Leistung zuwege, indem er ebensowohl die Möglichkeit einer Abweichung von der Erfahrungswelt gewähre wie diese Möglichkeit ineins »durch die Bedingung der *Wirklichkeitsillusion*« (119) einschränke.

Erfahrung gilt in dieser Tradition demnach als etwas das Kunstwerk *Fundierendes* (bzw. in der Wirklichkeit Fundiertes), nicht als etwas am Kunstwerk erst zu *Machendes*. Dem Begriff eignet dann – auch da übrigens, wo er bei Fechner oder Theodor Lipps[47] auftaucht – die Nuance ›über Erfahrung verfügen, Erfahrung besitzen‹, im Gegensatz zu ›eine Erfahrung (im Umgang mit Kunst) gewinnen‹. Insofern wird Erfahrung als etwas der Kunst Vorgängiges und Vorgeordnetes, nicht erst durch sie Ermöglichtes und Eröffnetes gewertet. Demgegenüber verdankt sich die neuere Perspektive, daß Kunst Erfahrung auch bewahren kann – in einer Zeit, in der diese zunehmend ihre Selbstverständlichkeit einbüßt –, einer Reaktion der ästhetischen Theorie auf das Syndrom des Erfahrungsverlusts.

Erfahrungsverlust ist eine Folgeerscheinung der zunehmenden Innovationsbeschleunigung und,

---

42 NOVALIS, Heinrich von Ofterdingen (1802), in: Novalis, Werke, Tagebücher und Briefe Friedrich von Hardenbergs, hg. v. H.-J. Mähl, Bd. 1 (München 1978), 334 f.
43 JEAN PAUL, Vorschule der Ästhetik (1804) in: JEAN PAUL (MILLER), Abt. I, Bd. 5 (^{3}1973), 74.
44 ARTHUR SCHOPENHAUER, Die Welt als Wille und Vorstellung (1819), in: SCHOPENHAUER, Bd. 3 (^{2}1949), 479.
45 Ebd., Bd. 2 (Wiesbaden ^{2}1949), 288.
46 JOHANNES VOLKELT, System der Ästhetik, Bd. 3 (München 1914), 106.
47 Vgl. THEODOR LIPPS, Grundlegung der Ästhetik (Hamburg/Leipzig 1903).

aufs engste damit verflochten, Wissensspezialisierung moderner Gesellschaften; er kann – so die These von Odo Marquard – nurmehr kompensiert werden durch Rettung der Erfahrung ins Ästhetische: »Die Kunst kompensiert unsere Weltfremdheit, den modernen Realitätsverlust: Sie macht uns – wo die Realität dies zunehmend erschwert – kompensatorisch erfahren.«[48] Die wohl erste Diagnose kommt von keinem Geringeren als Jean-Jacques Rousseau, steht allerdings, insofern sie gerade die ästhetische Praxis zur Verantwortung heranzieht, in diesem Punkt der von Marquard vertretenen Auffassung diametral entgegen. Rousseaus Anliegen, wie man es im *Emile* (1762) nachdrücklich artikuliert findet, richtet sich zwar ebenfalls auf die Rettung der Erfahrung, jedoch aus der Position heraus, daß von deren Substanz in der bloßen Vermittlung der Literatur stets etwas verlorengeht. Erfahrungen kommen dem Individuum nur durch praktisches Verhalten zu, sie sind nicht ästhetisch substituierbar.[49] Zunächst also richtet sich der Verdacht unmittelbar *gegen* die ästhetische Erfahrung, ehe dann an der Kunst selbst Symptome einer Krise abgelesen werden, die bereits als Krise aufgrund mangelnder *lebensweltlicher* Erfahrung erscheint: In genauer Umkehrung, bei der dennoch etwas von Rousseaus kritischem Argument bewahrt bleibt, registriert Jean Paul in dem oben angeführten Beleg aus der *Vorschule* Erfahrungsschrumpfung als Verhängnis nicht *der*, sondern *für* die ästhetische Praxis. Die sich danach – um die Mitte des 19. Jh. – vollziehende Ablösung der erfahrungsgesättigten Form der Erzählung durch die modernen Informationsmedien spiegelt »die zunehmende Verkümmerung der Erfahrung wider«[50], die Walter Benjamin 1933 an einem Höhepunkt angelangt sieht: »Nein, soviel ist klar: die Erfahrung ist im Kurse gefallen und das in einer Generation, die 1914–1918 eine der ungeheuersten Erfahrungen der Weltgeschichte gemacht hat.«[51] Sinnvoll kann die Rede vom Erfahrungsverlust, die insgeheim auch vom Mythos des ganzheitlichen Menschen speist, freilich nur bedeuten, daß nicht – quantitativ betrachtet – die Möglichkeiten der Erfahrung sich verringern, sondern – qualitativ betrachtet – diese keine Möglichkeiten mehr hat, sich dauerhaft zu stabilisieren: im Unterschied zur relativen Geschichtsresistenz *ästhetischer* Erfahrung.

IV. Der Begriff im phänomenologischen Verständnishorizont

Die Überwindung der experimental- oder geistespsychologischen Ästhetik durch die Phänomenologie vollzieht sich nicht in Gestalt eines jähen Bruchs, sondern in mehr oder weniger gleitenden Übergängen. So verharrt Moritz Geiger in seiner wegweisenden Untersuchung des ästhetischen Genusses[52] von 1913 trotz aller programmatischen Vorsätze und gegen Fechner, Lipps und Volkelt gerichteten kritischen Vorbehalte zumindest noch in den Bahnen jener ›deskriptiven Psychologie‹, als die sich die frühe Phänomenologie verstanden hat. Abgesehen davon, daß Geiger, der den ästhetischen Genuß als »Genuß im uninteressierten Betrachten der Fülle des Gegenstandes«[53] bestimmt, nur einen partiellen Aspekt ästhetischer Erfahrung erfaßt, bleibt bei ihm die Frage nach der Konstitution des – vom Kunstwerk als realem Objekt abzugrenzenden – ästhetischen Gegenstands ausgespart, die erstmals bei Roman Ingarden eine zentrale Stellung einnimmt und die phänomenologische Ästhetik bis hin zu Sartre und Dufrenne fortan begleitet.[54] In strikter Abkehr vom Psychologismus

---

48 ODO MARQUARD, Krise der Erwartung – Stunde der Erfahrung. Zur ästhetischen Kompensation des modernen Erfahrungsverlustes (Konstanz 1982), 32.
49 Vgl. GEORG MAAG, Das Ästhetische als echte und scheinbare Negativgröße bei Rousseau, in: Romanistische Zeitschrift für Literaturgeschichte 5 (1981), 415–442.
50 WALTER BENJAMIN, Über einige Motive bei Baudelaire (1939), in: BENJAMIN, Bd. I/2 (1974), 611.
51 BENJAMIN, Erfahrung und Armut (1933), in: ebd., Bd. 2/1 (1977), 214.
52 MORITZ GEIGER, Beiträge zur Phänomenologie des ästhetischen Genusses, in: Jahrbuch für Philosophie und phänomenologische Forschung, Bd. 1/2 (Halle 1913), 567–684.
53 Ebd., 663.
54 Vgl. JEAN-PAUL SARTRE, L'imaginaire. Psychologie phénoménologique de l'imagination (Paris 1940); dt.: Das Imaginäre. Phänomenologische Psychologie der Einbildungskraft, übers. v. H. Schoeneberg (Reinbek b. Hamburg 1971); MIKEL DUFRENNE, Phénoménologie de l'expérience esthétique (Paris 1953).

verbannt Ingarden schon in *Das literarische Kunstwerk* (1931) das Erlebnis des Dichters aus dem Umfeld seiner primär an objektiven Strukturen interessierten Analyse, indem er erklärt, sich ausschließlich dem ›fertigen Werk‹ widmen zu wollen[55], des weiteren indes auch die Erlebnisse und psychischen Zustände des Lesers, insofern ihm eine solche Tendenz zur Subjektivierung mit den Eigenheiten genuinen ästhetischen Erlebens nicht vereinbar erscheint. Ex negativo gelangt in der folgenden Passage zum Ausdruck, was Ingarden bei ästhetischer Erfahrung vorschwebt und er in der als notwendiges Korrelat verstandenen späteren Studie *Vom Erkennen des literarischen Kunstwerks* detailliert darlegt: »Statt in den lebendigen geistigen Verkehr mit dem Kunstwerk [...] zu treten, sich ihm im unmittelbaren Schauen (das gar nicht mit dem theoretischen gegenständlichen Erfassen zu identifizieren ist!) hinzugeben, in einer charakteristischen Selbstvergessenheit es zu genießen und in diesem Genießen es schlicht zu bewerten, ohne eine Wertobjektivation zu vollziehen«, benutze der Leser das Kunstwerk häufig nur als Stimulans, um »sich seinen eigenen Erlebnissen«[56] hinzugeben. Demgegenüber profiliert sich die authentische ›ästhetische Einstellung‹ durch ein »Sich-Vertiefen ins Werk selbst, das uns nicht erlaubt, uns mit eigenen Erlebnissen zu beschäftigen« (22), mögen diese bei der Konkretisation des Kunstwerks[57] auch als unvermeidliche Vorstufe fungieren. Damit wird der Erlebnisbegriff, obgleich weiterhin in Anspruch genommen, von seinem psychologischen Substrat abgelöst und das, was unter der Bezeichnung ›ästhetisches Erlebnis‹ figuriert, nun mit einer deutlichen Verlagerung des Gewichts auf das Adjektiv, identisch mit ›ästhetischer Erfahrung‹. Dies geht eindringlich aus dem *Das ästhetische Erlebnis* betitelten deutschsprachigen Résumé seines zweiten Hauptwerks hervor, welches Ingarden für den *Congrès international d'esthétique et des sciences de l'art* 1937 in Paris verfaßt hat. Darin beschreibt Ingarden die spezifische Einstellungsveränderung, die mit der Konstitution des ästhetischen Gegenstands durch das aufnehmende, genießende und gestaltbildende Bewußtseinssubjekt einhergeht, ordnet dem ästhetischen Erlebnis als »einem von dem natürlichen Verlauf des täglichen Lebens abgehobenen Ganzen«[58] ein eigenes Objekt mit autonomer Sphäre zu und läßt es, ausgehend von einer ästhetischen ›Ursprungsemotion‹ und der sich anschließenden Veranschaulichung der erregenden Qualitäten, in der Kontemplation des ›ästhetisch Werthaften‹ und der Setzung der dargestellten Gegenständlichkeiten als Quasi-Realität kulminieren. Ästhetische Erfahrung, der eine kommunikative Struktur zugrunde liegt, die sich im spannungsvollen Verhältnis von Aufnahme des Gegenstands und Hingabe an ihn ebenso äußert wie in Form der erteilten Wertantwort, koinzidiert dabei keineswegs mit ästhetischer Erkenntnis, ist aber wohl für diese unabdingbar: In der letzten Phase des ästhetischen Erlebnisses »vollzieht sich das kontemplative, emotional durchsetzte Fühlen des konstituierten ästhetischen Gegenstandes. Dieses intentionale Fühlen bildet die eigentliche, ursprüngliche Erfahrung des ästhetisch Werthaften als solchem, obwohl es in ihr noch nicht zur Objektivierung des ästhetischen Gegenstandes gelangt, welche auf dem ästhetischen Erlebnis aufgebauten ästhetischen Erkenntnis vorbehalten bleibt. [...] Von der *ästhetischen Erfahrung* [Hervorh. v. Verf.] des werthaften Gegenstandes ist die Beurteilung seines Wertes zu unterscheiden, die auf Grund dieser Erfahrung in rein erkenntnismäßiger Einstellung vollzogen wird. Von beiden ist die Beurteilung des künstlerischen Wertes des Kunstwerks zu unterscheiden.«[59] Im Hinblick auf Ingardens Hermeneutik läßt sich mit Georg Bensch demnach die Schlußfolgerung ziehen: »eine Erkenntnis, die nicht auf diese ursprüngliche kontemplative Erfahrung des ästhetischen Wertes zurückgeht, ist entweder keine ästhetische Erkenntnis oder aber keine Erkenntnis an einem ästhetischen Gegenstand.«[60]

Zeitlich annähernd parallel zu Ingardens Pariser

---

55 Vgl. ROMAN INGARDEN, Das literarische Kunstwerk (1931; Tübingen 1972), 17 ff.
56 INGARDEN, Vom Erkennen des literarischen Kunstwerks (1937; Tübingen 1968), 21 f.
57 Vgl. ebd., 358.
58 INGARDEN, Das ästhetische Erlebnis (1937), in: Ingarden, Erlebnis, Kunstwerk und Wert. Vorträge zur Ästhetik 1937–1967 (Tübingen 1969), 4.
59 Ebd., 6 f.
60 GEORG BENSCH, Vom Kunstwerk zum ›ästhetischen Objekt‹. Zur Geschichte der phänomenologischen Ästhetik (München 1994), 92.

Kongreß-Beitrag konstatiert Emmanuel Lévinas in einer Rezension von Valentin Feldmans *L'esthétique française contemporaine*, wie sich in Frankreich eine neue Wende der Ästhetik hin zum Begriff der ästhetischen Erfahrung anbahnt: »L'acheminement de l'esthétique française vers la *notion d'expérience esthétique* [Hervorh. v. Verf.], que M. Feldman dégage avec tant de bonheur, constitue le point sur lequel l'esthétique française contemporaine se rencontre avec certaines tendances qui se font jour dans d'autres pays et tout spécialement chez les phénoménologues.«[61] Da kurioserweise weder »der Begriff der ästhetischen Erfahrung noch dessen Affinität zur Phänomenologie [...] in Feldmans Werk irgendeine Rolle«[62] spielen, scheint der von Lévinas vertretene Ansatz einer »description qui respecte tout ce qu'il y a de réceptivité dans l'appréhension d'une forme esthétique«[63] weniger einen in der ästhetischen Reflexion bereits eingetretenen Umbruch abzubilden als vielmehr ein Desiderat zu artikulieren, das erst von Sartre in *L'imaginaire* (1940) und vollends von Dufrenne in seiner als Gipfel- wie auch vorläufiger Endpunkt der phänomenologischen Ästhetik geltenden *Phénoménologie de l'expérience esthétique* (1953) eingelöst wird. Für Dufrenne vollendet sich die ästhetische Erfahrung im ›sentiment‹, mit dem der Rezipient die vom Kunstwerk als einem Quasi-Subjekt ausgehenden expressiven Bewegungen körperlich (»complicité corporelle«) und geistig (»réflexion sympathique«)[64] nachvollzieht, in die Tiefe seiner Welt vordringt und ihm zur Präsenz als ästhetischem Objekt verhilft: »il connaît l'objet esthétique [...] parce que l'objet se refait en lui« (428). Im Verständnis des Kunstwerks als »l'analogue d'une subjectivité« (510) ist nun allerdings eine Möglichkeit angelegt, deren konsequente Wahrnehmung schließlich H. R. Jauß über die pure Phänomenologie hinausführt: die Möglichkeit, ästhetische Erfahrung schlechthin nach dem Muster zwischenmenschlicher Kommunikation zu begreifen und sie in einer dialogischen Interaktion zu fundieren. In solcher Perspektive, die auch dem Horizontwandel Rechnung trägt, dem ästhetisches Sinnverstehen unterworfen ist, wächst die Schwierigkeit des unmittelbaren Zugangs zum ›andern‹ ineins mit dessen Entrückung in eine zeitliche Ferne. Die Prämisse einer in der ästhetischen Erfahrung realisierten Konsubstantialität von Subjekt und Objekt[65] sowie einer bloßen Zeugenfunktion des Rezipienten, der dem Werk allenfalls seine höhere Weihe erteilt[66], weicht bei Jauß deshalb zusammen mit anderen Momenten im Ansatz Dufrennes, die sich aus dem Prinzip der Einfühlung speisen, einem Denken in historischen, hermeneutisch zu überbrückenden Differenzen. Einfühlung stellt für Jauß nurmehr »die notwendige Durchgangsstufe, nicht das Ziel der ästhetischen Erfahrung« dar: »Die vorgängige Identifikation mit dem andern ist notwendig, um durch Zurücknahme seiner selbst in den Zustand einer ästhetischen Exzentrität [...] zu gelangen, die erlaubt, den andern in seiner Differenz und sich selbst in seiner Andersheit zu erfahren.« Die Einführung der Kategorie der Alterität eröffnet eine neue Sichtweise, die in die Definition einmündet: Ästhetische Erfahrung ist »Erfahrung seiner selbst in der Erfahrung des anderen«[67]. Daraus leitet sich auch der von Jauß zuletzt noch einmal in *Wege des Verstehens* ausführlich begründete moralische Anspruch des Ästhetischen her, der – im Sinne einer explorativen, nicht präskriptiven Moral des Ästhetischen – »im Akt des Verstehens selbst schon angelegt« erscheint, »sofern dieses in seiner Freiwilligkeit ein Moment der Billigung oder Zustimmung erfordert, die einem Kunstwerk erteilt, aber auch versagt werden kann.«[68]

---

61 EMMANUEL LÉVINAS, [Rez.] V. Feldman, L'esthétique française contemporaine, in: Recherches philosophiques 6 (1936/37), 409.
62 BENSCH (s. Anm. 60), 103.
63 LÉVINAS (s. Anm. 61), 409.
64 DUFRENNE (s. Anm. 54), 427, 488.
65 Vgl. ebd., 489 f.
66 Vgl. ebd., 91.
67 JAUSS (s. Anm. 7), 681.
68 JAUSS, Wege des Verstehens (München 1994), 34 f.

V. Ineinssetzung von ästhetischer Erfahrung und Alltagserfahrung bei Richards und Dewey

Wenn wir in einigen der vorstehenden Belege die Erfahrung zur Vorbedingung des Herstellens, Verstehens und Genießens von Kunst deklariert wird, so kommt diese Auffassung der von Richards oder Dewey vertretenen nahe, ohne völlig mit ihr zu kongruieren: Sie rüttelt nicht am Privileg der Kunst und redet daher auch nicht jener (potentiellen) Äquivalenz von Kunst- und Normalerfahrung das Wort, deren Behauptung für die handlungsorientierten Theorien Richards' oder Deweys charakteristisch ist. Diese nehmen insofern eine Umbesetzung des Begriffs vor, als sie die Möglichkeit ästhetischer Erfahrung – diesseits der Konkretisation durch das Kunstwerk – schon im Alltag gegeben sehen und ihr eine praktische Relevanz beimessen, die mit dem ›interesselosen Wohlgefallen‹ inkompatibel erscheint. In der Tat bereitet sich der Neueinsatz des Verständnisses von ästhetischer Erfahrung bei Richards dadurch vor, daß er jene idealistischen Rückstände zu tilgen trachtet, welche selbst noch der vermeintlich anti-idealistischen Ästhetik Fechners anhaften.

Ob Richards mit seinen literaturästhetischen Prinzipien jedoch wirklich das Fundament zu einer neuen Kritik gelegt hat, bezweifelt René Wellek – einer Reihe anderslautender Behauptungen entgegen – mit dem Argument, es handle sich um nichts anderes als um »a restatement of the affective theory of art which can be traced back to Aristotle's catharsis«[69]. Ungeachtet dessen kommt Richards' Theorie, die dem Ästhetischen eine integrative Funktion hinsichtlich unserer Impulse und Einstellungen zur Welt zuschreibt, durch die Leugnung einer ästhetischen Erfahrung sui generis und die Aufhebung der Dichotomie von Kunst und Leben ein besonderer Platz im geschichtlichen Wandel des Verständnisses von ästhetischer Erfahrung zu. Wie wenig seine Auffassung gleichwohl mit dem Ästhetizismus und der ihn begleitenden sublimen Lebensform gemein hat, gibt die radikale Zuspitzung der folgenden Formulierung zu erkennen: »When we look at a picture, or read a poem, or listen to music, we are not doing something quite unlike what we were doing on our way to the gallery or when we dressed in the morning.«[70] Das ästhetische Erfahrung auszeichnende »balanced poise« könne »be given by a carpet or a pot or by a gesture as unmistakably as by the Parthenon. [...] The balance is not in the structure of the stimulating object, it is in the response.«[71] Den neuralgischen Punkt dieser Theorie hat Wellek darin bloßgelegt, daß sich angesichts der von Richards behaupteten Indifferenz bzw. gleichen Effizienz der Mittel alle Mühen der Kunst erledigen würden.[72] Für Richards zeichnet sich ästhetische Erfahrung gegenüber der alltäglichen Erfahrung durch eine komplexere Organisation aus, ist mithin graduell, jedoch nicht prinzipiell von letzterer geschieden: Sie verlangt lediglich die Koordination, die ›Ausbalancierung‹ einer größeren Zahl von divergierenden Impulsen. Als Stütze für seine Argumentation zieht Richards – unbekümmert um die Angemessenheit seiner Deutung der aristotelischen Poetik – das Modell der Tragödie heran, in der »Pity, the impuls to approach, and Terror, the impulse to retreat, are brought [...] to a reconciliation« und zusammen mit weiteren widersprüchlichen Impulsen zu »an ordered single response«[73], nämlich der Katharsis, vereinigt würden. Die Synthesisleistung der Dichtung, ihre Potenz, eine Fülle auseinanderstrebender Einstellungen zu strukturieren und in eine organische Erfahrung zu integrieren, macht sie wiederum paradigmatisch für das kommunikative Handeln in der Gesellschaft überhaupt.

Auch für John Dewey gibt es keine Diskontinuität zwischen Alltags- und Kunsterfahrung; vielmehr ist letztere nur die erhöhte Verdichtung und Neuordnung einzelner Momente der ersteren: »Experience in the degree in which it *is* experience is heightened vitality. [...] Because experience is the fulfillment of an organism in its struggles and achievements in a world of things, it is art in germ. Even in its rudimentary forms, it contains the promise of that delightful perception which is esthetic experience.«[74] Während Deweys Begriff der ›ganzheitlichen‹, in ›Harmonie‹ und ›Ordnung‹ zur Ruhe kommenden Erfahrung in der Rückprojektion von Elementen der aristotelischen Poetik und

---

69 WELLEK (s. Anm. 25), 222.
70 IVOR A. RICHARDS, Principles of Literary Criticism (1924; New York 1961), 16; dt.: Prinzipien der Literaturkritik, übers. v. J. Schläger (Frankfurt a. M. 1972).
71 Ebd., 248.
72 Vgl. WELLEK (s. Anm. 25), 226.
73 RICHARDS (s. Anm. 70), 245.
74 DEWEY, Art as Experience (London 1934), 19; dt.: Kunst als Erfahrung, übers. v. C. Velten/G. vom Hofe/D. Sulzer (Frankfurt a. M. 1980).

klassizistischen Theorie des Kunstschönen gründet – und sich darin als ebenso konservativ wie der von Richards entpuppt –, rettet der Pragmatismus immerhin aus einer Verlegenheit, in die die phänomenologische Ästhetik zwangsläufig gerät, solange sie am Primat des Kunstwerks festhält: die Verlegenheit, feststellen zu müssen, daß unter den veränderten Bedingungen avantgardistischer Kunst selbst noch der banalste Gegenstand zum Vehikel ästhetischer Erfahrung zu avancieren vermag. Nur daß hier der Kunstanspruch provokativ aufrechterhalten bleibt und die ästhetische Erfahrung, welche der alltägliche Gegenstand durch seine Entpragmatisierung und De-Kontextualisierung zeitigt, von Momenten des Schocks und der Irritation geprägt ist! Sieht Dewey andererseits die Offenheit für Erfahrungen nur unter der Voraussetzung ihrer Positivität gewährleistet[75], so setzt nach ihm die historische Hermeneutik umgekehrt bei der Einsicht in die grundsätzlich negative Beschaffenheit der Erfahrung an, denn diese sei als Durchkreuzung einer Erwartung – so Gadamer –»zunächst immer Erfahrung der Nichtigkeit: es ist nicht so, wie wir annahmen«[76].

VI. Kontinuität des Erfahrungsbegriffs in Italien und Amerika

Daß die 1972 erschienene, in den Folgejahren konsequent ausgebaute *Apologie der ästhetischen Erfahrung* von Jauß in Deutschland zu Recht als eine Innovation aufgenommen worden ist, hat dort den Blick auf die überraschende Kontinuität der Auseinandersetzung mit ästhetischer Erfahrung in anderen Ländern eher verstellt.

In Italien war diese Kontinuität gesichert durch die langlebige Tradition der phänomenologischen Schule, deren Paradigma auch über den Einschnitt des Zweiten Weltkriegs hinaus wirksam blieb.[77] Banfi, ihr Begründer, stellte die ästhetische Erfahrung dezidiert in den Mittelpunkt der philosophischen Ästhetik: »Lasciar valere l'esperienza estetica in tutta la sua varietà, complessità, universalità, senza limitazione alcuna, è dunque la prima condizione di un'estetica filosofica.« (Die erste Voraussetzung einer philosophischen Ästhetik ist folglich, daß sie der ästhetischen Erfahrung in ihrer ganzen Vielfalt, Komplexität und Universalität uneingeschränkt Geltung verschafft.) Darüber hinaus verknüpfte er das Problem mit ideologiekritischen Gesichtspunkten: »L'esperienza immediata è non solo essa pure sempre parziale, [...] ma determinata a sua volta da una ideologia implicita«[78] (die unmittelbare Erfahrung ist nicht nur immer auch partial, sondern ihrerseits von einer impliziten Ideologie bestimmt). Nach dem Wechsel von einer ontologischen zu einer empirischen Phänomenologie, den Guido Morpurgo-Tagliabue bei seinem Versuch, die Kategorie der ästhetischen Erfahrung soziologisch fruchtbar zu machen, vollzogen hat[79], kommt die – Husserl durch Heidegger ersetzende – Theorie Gianni Vattimos eher einem Rückfall gleich: »una distinzione dell'esteticità e dell'arte dalle altre forme di esperienza è possibile in base al concetto di originarietà. Si può dire che è estetica ogni esperienza [Hervorh. v. Verf.] che non si limita ad articolare, sviluppare, modificare la nostra appartenenza a un determinato mondo, ma che mette in problema questo mondo nella sua totalità«[80] (eine Unterscheidung der Ästhetizität und der Kunst von anderen Formen der Erfahrung ist auf der Grundlage des Begriffs der Ursprünglichkeit möglich. Man könnte sagen, jede Erfahrung ist dann ästhetisch, wenn sie sich nicht darauf beschränkt, unsere Zugehörigkeit zu einer bestimmten Welt zu artikulieren, entfalten und modifizieren, sondern diese Welt in ihrer Totalität in Frage stellt). Vattimo geht von Heideggers Ontologie des Kunstwerks als Ereignis des Seins und Sich-ins-Werk-Setzen der Wahrheit aus und erweitert sie

---

75 Vgl. DEWEY, Experience and Education (1938), in: Dewey, The Later Works, 1925–1939, Bd. 13 (Carbondale/Edwardsville 1988), 11 f.; dt: Erfahrung und Erziehung, in: Dewey/Oscar Handlin/Werner Correll, Reform des Erziehungsdenkens, übers. v. W. Corell (Weinheim 1963), 27–98.
76 GADAMER (s. Anm. 1), 337.
77 Vgl. ENZO PACI, La mia prospettiva estetica (Padua 1952), u. Bibl. in ROSSI (s. Anm. 33), 63 f.
78 BANFI, I problemi di un'estetica filosofica, in: Banfi (s. Anm. 21), 9 f.
79 Vgl. GUIDO MORPURGO-TAGLIABUE, L'esthétique contemporaine (Mailand 1960); ROSSI (s. Anm. 33), 147 f.
80 GIANNI VATTIMO, Poesia e ontologia (1967; Mailand 1985), 89.

durch Einbeziehung der Produkte der Kulturindustrie, in denen die originäre Potenz der Kunst gewissermaßen nur noch als Abklatsch zur Erfahrung kommt. Für die ästhetische Erfahrung ließe sich daher eine Skala erstellen, deren Einteilung sich an der Nähe bzw. Entfernung zur Authentizität des Seinsursprungs bemißt. Die ›opere minori‹ der Kunst könnten solcherart als »analoghi della vera originarietà che appartiene alla grande opera d'arte« (Analoga der dem großen Kunstwerk eigenen wahren Ursprünglichkeit) eingestuft werden, während die ästhetische Massenkommunikation, der sich Vattimo am Beispiel eines James-Bond-Films zuwendet, einzig eine »esperienza dell'origine nella forma della massima distanza dall'autenticità«[81] (Erfahrung des Ursprungs in der Form der größten Entfernung von der Authentizität) zulasse. Eine Akzentuierung des Poiesis-Aspekts ästhetischer Erfahrung findet sich in der italienischen Theorie bei Luigi Pareyson.[82]

In Amerika war diese Kontinuität gesichert durch die aus dem Pragmatismus hervorgegangene Tradition der Semiotik, die sich in der Auseinandersetzung mit Dewey früh des Terminus bemächtigte und das von ihm bedeutete Phänomen sodann auf der Grundlage einer Theorie des Zeichenprozesses zu erhellen versuchte. Charles W. Morris leistete in seiner u. a. von Deweys *Essays in Experimental Logic* und *Experience and Nature* inspirierten Dissertation von 1925 zunächst schon die Anwendung seiner Theorie des Symbols als eines repräsentativ Gegebenen auf die Wert- und Tatsachenbereiche: »Art gives an environment to which a perfect, though temporary, adjustment is possible. For the moment [...] there arises the sharp thrill of fulfilled desires, harmonious functioning and resolved conflict, – this harmony after discord [...] generates the esthetic experience. Such an experience comes after any successful adjustment«[83]. 1939 merkt er, nun ohne Rekurs auf den Behaviorismus, in *Esthetics and the Theory of Signs* zum »character of esthetic experience« – allerdings favorisiert er im übrigen Text den Begriff ›esthetic perception‹ – an: »the work of art is apprehended as ›meaningful‹ or ›significant‹ and yet this character seems to be embodied in the work itself«[84]. Ästhetische Erfahrung basiert folglich auf der Autoreferentialität des zugleich ikonischen und einen Wert

designierenden ästhetischen Zeichens – eine Erklärung, die Kants Begriff des ›interesselosen Wohlgefallens‹ für Morris mehr oder weniger als richtige Intuition ausweist.

Geradezu frappieren muß einen im Kontext der deutschen Ästhetik beheimateten Leser schließlich das 1958 formulierte Statement Charles L. Stevensons, daß »›The Aesthetic Experience‹ is normally the title of the first chapter of a book on aesthetics«. Auch er fragt im übrigen in bezug auf die ästhetische Erfahrung nach der »qualitative difference that it is held to make to our experience« bzw. ob, »since signification involves a reference to something *else*, will not any experience that attends it be secretly tainted with a cue-value, as aesthetic experience must not be?«[85]

VII. Die rezeptionsästhetische Wende

Als es in den siebziger Jahren in Deutschland zu einer Wiederbelebung der Tradition der phänomenologischen Ästhetik durch die Rezeptionstheorie der ›Konstanzer Schule‹ – am intensivsten bei Wolfgang Iser[86] – kam, war das weitgehend in Vergessenheit geratene Konzept der ästhetischen Erfahrung nicht nur erneut ins Gedächtnis zu rufen, sondern gegenüber der negativen Ästhetik Ador-

---

81 Ebd., 91 f.
82 Vgl. LUIGI PAREYSON, Estetica. Teoria della formatività (Turin 1954); PAREYSON, Teoria dell'arte (Mailand 1965).
83 CHARLES W. MORRIS, Symbolism and Reality. A Study in the Nature of Mind (1925; Amsterdam/Philadelphia 1993), 85; dt.: Symbolik und Realität (s. Anm. 35).
84 MORRIS, Esthetics and the Theory of Signs (1939), in: The Journal of Unified Science 8 (1939), 136; dt.: Grundlagen der Zeichentheorie. Ästhetik und Zeichentheorie, übers. v. R. Posner (München 1972).
85 CHARLES L. STEVENSON, Symbolism and the Representational Arts, in: P. Henle (Ed.), Language, Thought, and Culture (Michigan 1958), 231, 232, 233; dt.: Symbolik in den darstellenden Künsten, in: Henle (Hg.), Sprache, Denken, Kultur, übers. v. F. Herborth (Frankfurt a. M. 1969).
86 Vgl. WOLFGANG ISER, Die Appellstruktur der Texte. Unbestimmtheit als Wirkungsbedingung literarischer Prosa (Konstanz 1970); ISER, Der Akt des Lesens. Theorie ästhetischer Wirkung (München 1976).

nos und seinem auf dem ›Kulinarischen‹ lastenden Verdikt zuallererst zu rehabilitieren. So hielt Jauß, dem das Verdienst eines Plädoyers für ästhetische Erfahrung gebührt, Adorno entgegen, er spiele »die Reinheit der Reflexion, zu der sich das einsame Subjekt vor dem Kunstwerk läutern und erheben soll, gegen alles genießende Verstehen der Kunst« aus,»in dem ihre kommunikativen Funktionen begründet sind«[87]. Freilich darf nicht übersehen werden, daß Adornos Ästhetik selbst in nuce eine Theorie ästhetischer Erfahrung enthält[88] und sie »Kants Begriff eines der Form nach Wohlgefälligen« (528) gerade unter Berufung auf die ästhetische Erfahrung und ihren geschichtlichen Wandel als anachronistisch verabschiedet. Ästhetische Erfahrung wird von Adorno nicht per se geleugnet, vielmehr selbst wiederum neu definiert als »Gegenbewegung zum Subjekt«, denn sie verlange »etwas wie Selbstverneinung des Betrachtenden« (514), mithin Distanz statt Identifikation. Nichtsdestoweniger tritt das Problematische an Adornos Sichtweise in der apodiktischen Formulierung zutage: »Ästhetische Erfahrung muß sich selbst überschreiten« (519), bzw.»genuine ästhetische Erfahrung muß Philosophie werden oder sie ist überhaupt nicht« (197). Damit aber wäre sie prinzipiell substituierbar und bliebe hinter der Konkurrenz des logischen Begriffs rettungslos zurück! In seiner Replik setzte Jauß infolgedessen mit dem Nachweis ein, daß das »genießende Verhalten, das Kunst auslöst und ermöglicht, [...] die ästhetische Erfahrung par excellence«[89] sei, ästhetisches Genießen zwar in einem Gegensatz zu *Arbeiten*, nicht aber zu *Erkennen* und *Handeln* stehe[90] und es sich vom einfachen Genießen – im Anschluß an Moritz Geiger und Ludwig Giesz, nun jedoch prägnanter bestimmt – als »Selbstgenuß im Fremdgenuß« (59) abhebe. Ästhetische Erfahrung als »eine Weise der Erfahrung seiner selbst im Andersseinkönnen« (56) bildet somit eine Sphäre eigenständiger, von der begrifflichen unterschiedener Erkenntnis.

---

[87] JAUSS (s. Anm. 7), 64.
[88] Vgl. ADORNO (s. Anm. 31), 513.
[89] JAUSS, Ästhetische Erfahrung und literarische Hermeneutik I (München 1977), 46.
[90] Vgl. ebd., 56.
[91] JAUSS, Kleine Apologie der ästhetischen Erfahrung (Konstanz 1972), 48.

Vor dem Hintergrund der Arbeiten von Dufrenne einerseits und Adorno andererseits läßt sich der entscheidende, von Jauß' *Apologie* eingeleitete Wandel im Verständnis von ästhetischer Erfahrung am deutlichsten profilieren.

Wohl hat Dufrenne in seiner *Phénoménologie* den Akzent verschoben von der herkömmlichen ›psychologie de la création‹ auf den konstitutiven Akt des Wahrnehmungssubjekts (›spectateur‹). Problematisch jedoch erscheint – alles in allem betrachtet –, daß er es beim Übergang vom Phänomenologischen zur Begründung der transzendentalen Aprioris ästhetischer Erfahrung keineswegs bewenden läßt, sondern vielmehr in die Perspektive einer Metaphysik des Kunstwerks einschwenkt, mit der das ursprüngliche Anliegen seiner Arbeit, die ästhetische Erfahrung auf die Einstellung des Betrachters zurückzubeziehen, völlig aus dem Blickfeld verschwindet: Die beiden letzten Kapitel seines Buches reden bezeichnenderweise nurmehr vom Künstler, davon, ob er es sei, der das Sein offenbare, oder ob sich das Sein durch ihn hindurch vielmehr selber offenbare.

Obgleich sich Dufrenne nicht der negativen Ontologie Maurice Blanchots verschreibt und stattdessen mit einem positiven Gegenmodell aufwartet, bleibt die Tatsache bestehen, daß er das Telos seines Ansatzes in einer Ontologie des Kunstwerks erblickt. Dies und zugleich die Absicht, die ›expérience esthétique‹ in ihrem zeitlosen Wesen zu erfassen, hat ihm den Weg zu einer *Geschichte* der ästhetischen Erfahrung versperrt, wie ihn erstmals Jauß beschritten hat.

Adorno seinerseits hat mit dem asketischen Ideal der Kunsterfahrung auf die Wirkungsmechanismen der Kulturindustrie reagiert, welche die Einfühlung allen anderen Funktionen der Kunst vorordnet. Demgegenüber macht die Wiederentdeckung der kommunikativen, mithin normenbildenden Funktion der Kunst den in einen Appell zur »neuen Aufklärung durch ästhetische Erfahrung«[91] mündenden Ansatz von Jauß zu einem markanten Wendepunkt in der Theoriebildung, insofern er den Blick auf die von der negativen Ästhetik verdeckten genuinen Leistungen der Kunst freigibt.

Georg Maag

Literatur
BENSCH, GEORG, Vom Kunstwerk zum ästhetischen Objekt. Zur Geschichte der phänomenologischen Ästhetik (München 1994); BRAINARD, SABINE, Das Konzept der ästhetischen Erfahrung bei I. A. Richards und T. S. Eliot (Magisterarbeit im Fach Neuere Englische Literatur, Stuttgart 1995); BUBNER, RÜDIGER, Ästhetische Erfahrung (Frankfurt a.M. 1989); DEMARCHI, SILVANO, L'esperienza estetica (Abano Terme 1983); JAUSS, HANS ROBERT, Ästhetische Erfahrung und literarische Hermeneutik I (München 1977); JAUSS, HANS ROBERT, Ästhetische Erfahrung und literarische Hermeneutik (Frankfurt a.M. 1982); JAUSS, HANS ROBERT, Wege des Verstehens (München 1994); KUON, PETER, Gattungsgeschichte, Literaturgeschichte, ästhetische Erfahrung. Zur Aktualität Benedetto Croces in Deutschland (und anderswo), in: F. Baasner (Hg.), Literaturgeschichtsschreibung in Italien und Deutschland (Tübingen 1989), 85–105; MARQUARD, ODO, Krise der Erwartung – Stunde der Erfahrung. Zur Ästhetischen Kompensation des modernen Erfahrungsverlustes (Konstanz 1982); MENKE, CHRISTOPH, Die Souveränität der Kunst. Ästhetische Erfahrung nach Adorno und Derrida (Frankfurt a.M. 1991); OELMÜLLER, WILLI (Hg.), Kolloquium Kunst und Philosophie 1. Ästhetische Erfahrung (Paderborn 1981); SCHÖDLBAUER, ULRICH, Ästhetische Erfahrung, in: D. Harth/P. Gebhardt (Hg.), Erkenntnis der Literatur: Theorien, Konzepte, Methoden der Literaturwissenschaft (Stuttgart 1982), 33–55; SCHULZ-BUSCHHAUS, ULRICH, Benedetto Croce und die Krise der Literaturgeschichte, in: B. Cerquilini/H. U. Gumbrecht (Hg.), Der Diskurs der Literatur- und Sprachhistorie. Wissenschaftsgeschichte als Innovationsvorgabe (Frankfurt a.M. 1983), 280–302; STÖHR, JÜRGEN (Hg.), Ästhetische Erfahrung heute (Köln 1996); TOWNSEND, DABNEY, From Shaftesbury to Kant. The Development of the Concept of Aesthetic Experience, in: Journal of the History of Ideas 48 (1987), 287–305.

Erhaben
(griech. ὕψος; lat. sublimis; engl. sublime; frz. sublime; ital. sublime; span. sublime; russ. возвышенное, высокое)

Einleitung; I. Zum 18. Jahrhundert; 1. Boileaus Longinus-Übertragung; 2. Übergang zur ästhetischen Reflexion des Sublimen in England; 3. Zu Bodmers Rezeption der englischen Tradition; 4. Themen sublimer Erfahrung; 5. ›Power‹ und ›sublime‹; **II. Französische Revolution;** 1. Sittlicherhabenes; 2. Konservatismus und das Sublime der Vision; 3. Gehemmte Dynamik des Erhabenen – Zu Kants ›Analytik‹; 4. ›Zeichen des Erhabenen‹; **III. Zum 19. Jahrhundert;** 1. Das ›Gemeine‹ als Gegensatz des Erhabenen; 2. Verlust der Natur; 3. Das Sublime als ›poetic principle‹; **IV. Zum 20. Jahrhundert;** 1. Politisierung des Erhaben – ›Recherche du sublime‹; 2. Klassizismus und ›Rehabilitierung des Erhabenen‹; 3. Lyotard – Darstellung des Nicht-Darstellbaren

Einleitung

Nach dem Aufstieg des Erhabenen/Sublimen im 18. Jh. und zu Beginn des 19. Jh. in der internationalen Romantik, dem Hin- und Herschieben des Begriffs in der akademischen Ästhetik von Christian Hermann Weiße bis Friedrich Theodor Vischer als leere Abstraktion zwischen dem Komischen, Häßlichen und Schönen[1], dem das der Tradition verpflichtete Überleben in Wörterbüchern und Lexika und die historisch orientierte Aufarbeitung folgte, die den Begriff für immer in die Vergangenheit zu verbannen schienen[2], erlebt das Sublime/Erhabene seit den 70er Jahren in den USA, Frankreich, Italien und mit einiger Verzöge-

---

1 Vgl. ARTHUR SEIDL, Zur Geschichte des Erhabenheitsbegriffs seit Kant (Leipzig 1889).
2 Vgl. SAMUEL H. MONK, The Sublime. A Study of Critical Theories in XVIII-Century England (1935; Ann Arbor 1960); KARL VIËTOR, Die Idee des Erhabenen in der deutschen Literatur, in: Viëtor, Geist und Form (Bern 1952), 234–266 u. 346–357; WALTER J. HIPPLE, The Beautiful, the Sublime and the Picturesque in 18th Century British Aesthetic Theory (Carbondale 1957); A. MÜLLER/GORGIO TONELLI/RENATE HOMANN, ›Erhaben, das Erhabene‹, in: RITTER, Bd. 2 (1972), 624–635.

rung auch in Deutschland eine Aktualisierung, wie sie kaum einem anderen traditionellen Begriff der Ästhetik widerfahren ist. Die Debatte sprengt den akademischen Rahmen, verläßt die historisierende philosophie-, literatur- und kunstgeschichtliche Darstellung, stellt das Sublime in den gegenwärtigen politisch-sozialen Kontext und verweist auf einen möglichen Neuansatz ästhetischer Reflexion. »Le sublime constitue proprement notre tradition (dans l'ordre esthétique tout au moins, mais cette restriction suscite à son tour une partie des questions liées aujourd'hui au sublime)«[3]. Das Erhabene soll der Leitbegriff einer ›anderen‹ Ästhetik sein, die allein auf die Realitäten am Ende des 20. Jh. angemessen reagieren könne. Wie bereits innerhalb des ästhetischen Denkens im 18. Jh. repräsentiert der Begriff des Erhabenen auch heute eine Art ›Gegenästhetik‹. Unsere Zeit sei deshalb so empfänglich für das Erhabene, weil sie »eine Rückbesinnung auf die aisthesis einfordert«[4]. Wir erlebten gegenwärtig einen »Übergang von der traditionellen Ästhetik zu einer neuen Aisthetik«, die ihren grundlegenden Bezugspunkt in der Wahrnehmung finde. »Eine Ästhetik, die sich im Zeichen des Erhabenen kunstimmanent dem Heterogenen zuwandte, führt in ihrem Wirklichkeitsbezug zu einer Aisthetik, die auf den pluralen Charakter und die einschneidenden Differenzen im Realen achtet«[5]. Damit ist der Versuch verbunden, ästhetische Reflexion auf eine Wirklichkeit einzustellen, »die – wie die unsrige – wesentlich ästhetisch konstituiert ist«[6]. Gefragt wird nach dem kritischen Potential des Erhabenen. Daher dürfe die »Stelle des Undarstellbaren« nicht besetzt, »das Erhabene‹ nicht real eingelöst werden«[7].

Das Sublime wird als ein Begriff angesehen, der die Praxis der Künste, das dort artikulierte Weltverhältnis der Moderne und der Avantgarden am genauesten erfaßt. Das Sublime Delauneys und Mondrians »est un sublime peu nostalgique, tourné vers l'infini des essais plastiques à faire plutôt que vers la représentation d'un absolu qui serait perdu. Leur œuvre est en cela accordée au monde contemporain des techno-sciences industrielles en même temps qu'elle le désavoue«[8]. Und Giovanni Lombardo skizzierte für die Moderne eine Ästhetik des urbanen Sublimen[9], die in der von Burke ausgehenden Tradition der Décadence stehe. Er verweist auf Leopardis Gedicht *La ginestra* (1836), Baudelaires *Tableaux parisiens*, insbesondere *Le cygne* (1852), und Benjamins *Berliner Kindheit um Neunzehnhundert* (entst. 1932–1933, ersch. 1970) als eine Phänomenologie des Hinfälligen, des Verschwindens, des Sichverlierens. »Non può sfuggirci l'affinità di questa definizione con la problematica dell' utopia. [...] Accontentiamoci di segnalare [...] mentre l'assenza del sublime urbano mira al passato, è l'assenza di una perfezione che non c'è più, l'assenza dell'utopia mira invece al futuro, è l'assenza di una perfezione che non c'è ancora«[10]. (Die Verwandtschaft dieser Definition mit der Problematik der Utopie können wir nicht übersehen. [...] Begnügen wir uns mit dem Hinweis, daß die Abwesenheit des urbanen Sublimen auf die Vergangenheit zielt und mithin die Abwesenheit einer nicht mehr vorhandenen Vollkommenheit ist, wohingegen die Abwesenheit der Utopie auf die Zukunft zielt, mithin die Abwesenheit einer noch nicht vorhandenen Vollkommenheit ist.)

Der Begriff, das mit ihm bezeichnete Problemfeld, ist heute wie zur Zeit seiner Entstehung und Entfaltung im 18. Jh. ein Begriff der Krise, der Grenzerfahrungen vermittelt. Seine Geschichte charakterisiert das Erhabene als einen Hybridbegriff, der von Beginn an auf diese besondere Weise

---

3 JEAN-LUC NANCY, Préface, in: M. Deguy (Hg.), Du sublime (Paris 1987), 7.
4 CHRISTINE PRIES, Einleitung, in: Pries (Hg.), Das Erhabene. Zwischen Grenzerfahrung und Größenwahn (Weinheim 1989), 29.
5 WOLFGANG WELSCH, Adornos Ästhetik: Eine implizite Ästhetik des Erhabenen (1989), in: Welsch, Ästhetisches Denken (Stuttgart 1991), 150.
6 WELSCH, Zur Aktualität ästhetischen Denkens, in: Kunstforum, H. 100 (1989), 140.
7 PRIES (s. Anm. 4), 29.
8 JEAN-FRANÇOIS LYOTARD, Représentation, présentation, imprésentable (1982), in: Lyotard, L'inhumain. Causeries sur le temps (Paris 1988), 139.
9 Vgl. NICHOLAS TAYLOR, The Awful Sublimity of the Victorian City, in: H. J. Dyos/M. Wolff (Hg.), The Victorian City. Images and Realities, Bd. 2 (London 1973), 431–447.
10 GIOVANNI LOMBARDO, La città come poema. Appunti per una fenomenologia del sublime urbano, in: Rivista di estetica 26/27 (1987), 76 f.

ästhetische Reflexion, religiöses Empfinden, Geschichtsphilosophie, Politik, Zivilisationskritik, moralische Wertung miteinander verbindet. Es geht beim Erhabenen um das Transzendieren von Realitäten und den nicht aufhebbaren Bruch zwischen Idee und Wirklichkeit. Das Erhabene verweist im 18. Jh. auf die Emotionalisierung und Historisierung ästhetischer Reflexion. Es erfaßt die nicht-geistige Natur des Menschen als einen Eigenwert, bezogen auf die Einbildungskraft, die Imagination, die großen Leidenschaften wie Enthusiasmus, Bewunderung, Überraschung, Furcht oder Schrecken. Es dient der Horizonterweiterung und der Überschreitung herkömmlicher Erfahrungsmuster. Es erzählt eine Geschichte der Gewalt, der Erniedrigung und Erhöhung, des Umschlags von Unlust in Lust, von Ordnung in Chaos und umgekehrt. Der Begriff kennzeichnet bis in die Gegenwart hinein auf historisch je unterschiedliche Weise Distanz, Fremdheit bis hin zu Ohnmacht gegenüber sozialen Wirklichkeiten und ihren geschichtlichen Bewegungen. »Il y a du sublime dans l'économie capitaliste. Elle n'est pas académique, elle n'est physiocratique, elle n'admet aucune nature. Elle est, en un sens, une économie réglée sur une Idée, la richesse ou la puissance infinie«[11]. Ausgangspunkt der von einer breiteren Öffentlichkeit in Frankreich und Deutschland zur Kenntnis genommenen Aktualisierung des Sublimen waren die Texte Lyotards. Sie stand im Kontext mit dem, was Lyotard als das ›Ende der großen Erzählungen‹[12] beschreibt: die Krise der universellen Systeme der europäischen Tradition wie der Aufklärung, der Ideen von Freiheit und Gleichheit und der Ideen des Marxismus vor dem Hintergrund einer neuerlichen Auseinandersetzung mit dem europäischen Faschismus und Auschwitz[13].

Mit dem Erhabenen ist die Suche nach kollektiven, über das Alltägliche hinausgehenden Orientierungen verbunden. Seine Renaissance wird identifiziert als das Zeichen einer sinnentleerten Welt: »Erhabenheit ist diejenige Kategorie geworden, an der sich die unübersehbaren Sinndefizite der modernen, banal gewordenen Gesellschaft ablesen lassen«[14]. Von dieser Empfindung des Verlusts, dieser Leerstelle, handelt die Debatte um das Erhabene am Ende des 20. Jh. »Die Projektion, die Vorstellung, die Idee einer anderen Realität als der gegebenen ist abhanden gekommen. Ob man diesen Bezugspunkt in der Zeit ansiedelt oder religiös betrachtet, ist ein relativ geringer Unterschied. Aber daß es noch etwas anderes gibt, ist die Voraussetzung von Kunst«[15]. Es geht in dieser Debatte nicht zuletzt um gesellschaftliche Wertorientierungen, auch als Erinnerung an vergangene Maßstäbe der Ordnung. Wir brauchen eine »Wertediskussion. Werte wie beispielsweise ›Gleichheit‹ oder ›Existenzrecht aller Menschen‹«[16] oder die Erhebung des Nationalen zu einem transzendentalen Wert. »Für mich gründet sich die Staatsräson der Bundesrepublik Deutschland auf die Idee der Nation, die den inneren Zusammenhalt sichert«[17].

Die Aktualisierung des Erhabenen ist Kritik und Ausdruck individueller wie kollektiver Überwältigung und Orientierungslosigkeit in einer vom technologischen Fortschritt beherrschten Welt. Es gelte angesichts der Bedrohung der Welt durch die Herrschaft der »instrumentellen Vernunft«[18], an das kritische Potential des Erhabenen anzuknüpfen. Die aktuelle Debatte erinnert an Adornos *Ästhetische Theorie* (1970), in der das Erhabene erstmalig nach Kant wieder eine aufs Gegenwärtige bezogene eigenständige Bedeutung in einer systematischen Ästhetik erlangt hatte. »Erbe des Erhabenen ist die ungemilderte Negativität, nackt und scheinlos wie einmal der Schein des Erhabenen es ver-

---

11 LYOTARD, Le sublime et l'avant-garde (1983), in: Lyotard (s. Anm. 8), 116.
12 Vgl. LYOTARD, Le différend (Paris 1983), 12.
13 Vgl. LYOTARD, Heidegger et ›les juifs‹ (Paris 1988).
14 KARL HEINZ BOHRER, [Vorbemerkung], in: Merkur 43 (1989), H. 9/10, [nicht pag.].
15 HEINER MÜLLER, Für immer in Hollywood oder: In Deutschland wird nicht mehr geblinzelt. H. M. im Gespräch mit Frank Raddatz, in: Lettre 24 (1994), 4.
16 BIRGIT HOGEFELD, Wir brauchen endlich eine Diskussion über Werte, in: die tageszeitung (16. 7. 1994), 13.
17 WOLFGANG SCHÄUBLE, Und die Zukunft zugewandt (Berlin 1994), 185.
18 PRIES (s. Anm. 4), 30.

hieß«[19]. Einher mit der Aktualisierung des Erhabenen geht die Wiederentdeckung der politischen Dimension dieses Begriffs.[20] Seine Politisierung bezieht sich vor allem auf die Niederlagen der linken Bewegungen seit 1968, das Verschwinden ihres geschichtlichen Horizonts. Die dem Begriff traditionell innewohnende Dynamik treibt die ästhetische Reflexion über sich selbst hinaus in die moralphilosophische, sozialgeschichtliche und politisch-soziale Reflexion. Hayden White vermerkte bereits 1982: »What must be recognized, however, is that for both the Left and the Right this same aesthetics of the beautiful presides over the process in which historical studies are constituted as an autonomous scholarly discipline. [...] Historical facts are politically domesticated insofar as they are effectively removed from displaying any aspect of the sublime«[21]. Und Terry Eagleton reagierte in *The Ideology of the Aesthetic* (1990) auf die gegenwärtige Debatte zum Erhabenen, indem er ein ›marxist sublime‹ einführte. Für Eagleton bleibt das Sublime an die Idee einer sozialistischen Emanzipation gebunden. »There is no way, then, in which the diverse uses to which men and women will turn their emancipated powers in a socialist future can now be imaged; such a process defies representation, and is in that sense sublime«[22].

Die seit Samuel H. Monks Standardwerk nicht abreißende Beschäftigung mit dem Sublimen in der angloamerikanischen Ästhetik und Literaturtheorie bzw. Kunst- und Literaturgeschichtsschreibung hat wesentlich die seit Mitte der 80er Jahre von einer breiteren Öffentlichkeit zur Kenntnis genommene Neuformulierung des Begriffs vorbereitet bzw. vorweggenommen. Anfang der 70er Jahre wird für Harold Bloom das Sublime zu einem Schlüsselbegriff seiner Literaturtheorie: »For every Counter-Sublime is purchased by a fresh and greater repression than the precursor's Sublime«[23]. Das ›Counter-Sublime‹ hat nach Bloom seinen Anfang bei Milton, dessen poetische Leistung zur Herausforderung für die Nachfolger in Romantik und Gegenwart wird. Mit Milton beginne seine moderne Geschichte. Auf dem Spiel stehe die Behauptung gegenüber dem ›mächtigen‹ Vorgänger, von Bloom in Anlehnung an Freud als ein psychologischer Prozeß des Über-Ich und der Verdrängung beschrieben. Ausgangspunkt dieses Prozesses ist die immer wieder aufs neue zu leistende Selbstbehauptung des Dichters gegenüber den Autoritäten der Vergangenheit oder Gegenwart. Das ›Counter-Sublime‹, am Modell des Dichters entwickelt, erzählt von dem Zwang der Bewahrung individueller Eigentümlichkeit gegen die Macht der Nivellierung von Differenzierungen. Das Eigene, das was unterscheidet von anderen, das ›autonome Individuum‹ kämpft gegen das Vergessenwerden. Der imaginierte ›ewige Kampf‹ der Dichter wird bei Bloom zum Bild für den erlebten Kampf der Akademiker. Es geht um das Sich-Behaupten in der Flut der Texte und Theorien: die Angst des Schreibenden vor den Schreibenden.[24] »Daemonization or the Counter-Sublime is a war between Pride and Pride, and momentarily the power of newness wins«[25]. Blooms zeitlos-abstraktes Bild, sein gleichsam naturhafter ›Krieg der Ehre‹, reflektiert den gesellschaftlichen Zwang der ständigen Überschreitung von Grenzen, der Erneuerung, der Verdrängung des Alten und der damit einhergehenden Verluste.

Bereits bei Bloom deutet sich der seit Mitte der 70er Jahre in den USA erfolgte Perspektivenwechsel an: ›Romanticism‹ tritt an die Stelle des bis da-

---

19 THEODOR W. ADORNO, Ästhetische Theorie (1970), hg. v. G. Adorno/R. Tiedemann (Frankfurt a. M. 1992), 296; vgl. ANNEMARIE GETHMANN-SIEFERT, ›Das Erhabene‹, in: MITTELSTRASS, Bd. 1 (1980), 571 f.; WELSCH (s. Anm. 5); ALBRECHT WELLMER, Adorno, die Moderne und das Erhabene, in: F. Koppe (Hg.), Perspektiven der Kunstphilosophie (Frankfurt a. M. 1991), 165–190.
20 Vgl. GARY SHAPIRO, From the Sublime to the Political: Some Historical Notes, in: Literary History 16 (1984/85), 213–235; SLAVOJ ŽIŽEK, The Sublime Objekt of Ideology (London 1989).
21 HAYDEN WHITE, The Politics of Historical Interpretation, in: Critical Inquiry 9 (1982), 127 f.
22 TERRY EAGLETON, The Marxist Sublime, in: Eagleton, The Ideology of the Aesthetic (Oxford/Cambridge, Mass. 1990), 216.
23 HAROLD BLOOM, The Anxiety of Influence (New York 1973), 106.
24 Vgl. NEIL HERTZ, The Notion of Blockage in the Literature of the Sublime, in: Hertz, The End of the Line (New York 1985), 40–60.
25 BLOOM (s. Anm. 23), 101.

hin dominierenden 17. und 18. Jh.²⁶ Ein zentrales Motiv der Ausstellungen und Texte ist die Erfahrung der Weite der nordamerikanischen Landschaft einerseits, die der Enge, Grenze, Abgeschlossenheit nach der Weite des landschaftlichen Raumes andererseits, auch als Bild für geschichtliche Räume, das Transzendieren bekannter Räume, die Auflösung oder das Verstellen von Horizonten. Es scheint, als ob an diesem besonderen historischen Material die Gegenwärtigkeit des Sublimen entdeckt wurde. Daneben blieben die Bezugspunkte des ›erhabenen Diskurses‹ – nun unter dem neuen Blickwinkel: Longinos, Burke – die Thematisierung des Schrecklichen oder die des ›natural sublime‹ in Verbindung mit der Physikotheologie. Thomas Weiskels einflußreiche Arbeit *The Romantic Sublime. Studies in the Structure and Psychology of Transcendence* von 1976 erinnerte nicht nur an einen theoretischen Zugang – Kants ›Analytik des Erhabenen‹ –, der bislang weitgehend unbeachtet geblieben war²⁷, sondern gab mit seiner Neuformulierung des ›romantic sublime‹ dem Kantschen Begriff eine aktuelle Wendung. Für Weiskel artikuliert das von Kant in seiner Struktur bestimmte und bis in die Gegenwart hineinwirkende ›romantic sublime‹ als ein spezifisches Problem der Moderne eine Erfahrung, in der das ›Bescheidwissen‹, die Autorität und die Sicherheit sozialer Selbstdarstellungen, die Bedeutung des Bekannten grundlegend und kontinuierlich in Frage gestellt sind. Darin liege angesichts des Zerfalls traditioneller Wertvorstellungen und eines außer Kontrolle geratenen technologischen Fortschritts die Aktualität des Sublimen. »The sublime dramatized the rhythm of transcendence in its extreme and purest form, for the sublime began where the conventional systems […] broke down«. Es imaginiert »unlike the beautiful« eine nie wirklich beschreibbare Ebene hinter, über dem Horizont möglicher Darstellung: »the sublime is cognate with the experiential structure of alienation, whose modern form is discovered and announced in the Romantic authors. Alienation also presupposes the bathetic collapse of signifying relations which make a social order«²⁸.

Die Ausstellung *The Natural Paradise. Painting in America, 1800–1950*²⁹ entwickelte eine Traditionslinie, die die Luminists, die englische Romantik in der Malerei und die amerikanische Avantgarde nach dem 2. Weltkrieg, den sog. Abstract Expressionism, miteinander vermittelte. Der Begriff ›Luminists‹ wurde in den frühen 50er Jahren geprägt, um eine Gruppe amerikanischer Landschaftsmaler des 19. Jh. zu charakterisieren, deren Bilder weiträumige, von besonderen Lichteffekten überflutete Landschaften zeigen, so daß gleichsam eine Atmosphäre der quasireligiösen Überhöhung und Erhöhung entsteht. Der Abstract Expressionism entstand Mitte der 40er Jahre in New York. Künstler wie Mark Rothko, Robert Motherwell, Clifford Still, Ad Reinhardt, Barnet Newman, Jackson Pollock u. a. begriffen ihre Bilder als vom Subjekt verlassene utopische Visionen oder schreckerfüllte Darstellungen des Chaos im postnuklearen Zeitalter. Ihre ›colorfield paintings‹ oder ›gesture-paintings‹ stellen keine konkreten Landschaften dar, sondern sind eher ins Bild gebrachte Seelenlandschaften als Reaktion auf äußerlich wahrgenommene Landschaften der US-amerikanischen Nachkriegsgesellschaft. Ähnlich wie in einem Gedicht von Wallace Stevens – »And the sublime comes down / To the spirit itself, / The spirit and space, / The empty spirit / In vacant space«³⁰ – bestimmte Motherwell das Sublime. Wenn der Künstler »transcends his personal anguish, when he projects in the midst of a shrieking world an expression of living and its end that is silent and ordered«³¹. Die Bilder sollten verstanden werden als

26 Vgl. ANDREW WILTON (Hg.), Turner and the Sublime [Ausst.-Kat.] (London 1980); JOHN WILMERDING (Hg.), American Light. The Luminist-Movement [Ausst.-Kat.] (New York 1981); JAMES B. TWITCHELL, Romantic Horizons. Aspects of the Sublime in English Poetry and Painting (Columbia 1983).
27 Vgl. PAUL CROWTHER, The Kantian Sublime. From Morality to Art (Oxford 1989), 1ff.
28 THOMAS WEISKEL, The Romantic Sublime: Studies in the Structure and Psychology of Transcendence (Baltimore/London 1976), 22, 36.
29 Vgl. KYNASTON MCSHINE (Hg.), The Natural Paradise. Painting in America, 1800–1950 [Ausst.-Kat.] (New York 1976).
30 WALLACE STEVENS, The American Sublime (1953), in: Stevens, The Collected Poems (London 1959), 130f.
31 ROBERT MOTHERWELL, A Tour of the Sublime in: The Tiger's Eye, H. 6 (1948), 48.

nicht-gegenständliche Zeichen der abstrakt gewordenen Welt, als »the expression of the neurosis which is our reality«[32]. Die Ursache dieser ›geistigen Krankheit‹ lag für die Vertreter des Abstract Expressionism vor allem in dem Widerstreit zwischen dem technologischen Fortschritt, der ungehemmten ökonomischen Prosperität der US-amerikanischen Gesellschaft nach 1945 und der vermißten geistig-moralischen Orientierung, der sozialen Alternativlosigkeit. Insbesondere Newman hat diesen Zusammenhang betont. »The question that now arises is how, if we are living in a time without a legend or mythos that can be called sublime, if we refuse to admit any exaltation in pure relations, if we refuse to live in the abstract, how can we be creating a sublime art?« Eine ›erhabene Kunst‹ könne nur in der Abgrenzung von den Traditionen der westeuropäischen Malerei entstehen, die sich von dem antiken Begriff des Schönen nie wirklich gelöst habe. »A concern with ›beauty‹ is a concern with what is ›known‹«[33]. Dagegen ist das Sublime die Suche nach dem Unbekannten, nach dem, was sich der Darstellung entzieht, nach dem, was nicht mehr oder noch nicht in der Geschichte ist. Bernhard Kerber kommentierte das Problem der ›Darstellung des Nicht-Darstellbaren‹ bei Newman als »Aufhebung des Zukunftshorizonts zur Geschichtslosigkeit«[34]. Das von Europa ausgehende utopische Potential hatte sich für Newman nach Faschismus und Holocaust und in der Zeit des andauernden Stalinismus verbraucht. 1962 beantwortete er die Frage nach dem verborgenen Sinn seiner ›colorfield paintings‹, nach dem Zusammenhang seiner Kunst mit den Realitäten des 20. Jh., mit dem Hinweis, daß er bereits vor fünfzehn Jahren auf eine ähnliche Frage geantwortet habe: »If [...] others could read it properly it would mean the end of all state capitalism and totalitarianism. That answer still goes.«[35] Lyotard hat mehrfach auf die Gemälde Newmans als einen Ausgangspunkt für sein Konzept des Sublimen hingewiesen. Sie seien ein ins Bild gebrachtes Staunen, eine Überraschung – ein Gefühl, das in der modernen ästhetischen Tradition das Sublime genannt wurde. Die Bilder verweisen für Lyotard in ihrer Kargheit auf keine andere Gegenständlichkeit oder Realität, sondern stehen als groß dimensionierte, in sich gegliederte Farbflächen für sich. Diese Kargheit läßt jede beschreibende Ausdeutung ins Leere laufen. Anderseits bildet die gleiche Kargheit den Ausgangspunkt einer möglichen unendlichen Reflexionskette. »L'œuvre newmanienne à partir de *Onement I* (1948) cesse de renvoyer, à travers un écran, à une histoire située de l'autre côté. [...] Je (le regardeur) ne suis qu'une oreille ouverte au son qui lui arrive du silence, le tableau est ce son, un accord. Se dresser, thème constant chez Newman, doit s'entendre comme: dresser l'oreille, écouter«[36]. Ähnlich sah schon Max Imdahl den Zusammenhang zwischen »Erhabenheitserlebnis und Moralität« und dem, was er als das eigentliche Problem der Malerei Newmans betrachtete: den Prozeß des Transformierens des Formats »in eine durch das Format nicht mehr eingeschränkte Totalität«. Das Ziel besteht nach Imdahl in der Freisetzung der inneren Reflexions- und Empfindungsfähigkeit des Betrachters von den gegebenen äußeren Konventionen: die Erhebung des Betrachters zur »moralischen Person«[37].

---

32 ADOLPH GOTTLIEB, The Ideas of Art, in: The Tiger's Eye, H. 2 (1947), 43.
33 BARNETT NEWMAN, The Sublime is Now, in: The Tiger's Eye, H. 6 (1948), 53.
34 BERNHARD KERBER, Der Ausdruck des Sublimen in der amerikanischen Kunst (1969), in: Kerber, Amerikanische Kunst seit 1945 (Stuttgart 1971), 40.
35 NEWMAN, [Gespräch mit Dorothy G. Seckler], zit. nach D. G. Seckler, Frontiers of Space, in: Art in America 2 (1962), 87.
36 LYOTARD, L'instant, Newman (1984), in: Lyotard (s. Anm. 8), 93 f.
37 MAX IMDAHL, Barnett Newman. Who's Afraid of Red, Yellow and Blue III (1970), in: Pries (s. Anm. 4), 249.

I. Zum 18. Jahrhundert

1. Boileaus Longinos-Übertragung

Der Begriff entsteht im Rahmen der ›Querelle des anciens et des modernes‹. Ausgangspunkt der Debatten um das Sublime/Erhabene ist die Übertragung der aus dem 1. Jh. überlieferten Schrift *Peri hypsous* (*Vom Erhabenen*) des Longinos durch Boileau unter dem Titel: *Traité du sublime, ou Du mer-*

veilleux dans le discours, Traduit du grec de Longin (1674). Boileaus Übertragung leitet die Entwicklung von ›sublimis‹ (frz. sublime, erhaben) hin zu einem ästhetischen Begriff ein. Obgleich *Peri hypsous* bereits in der Renaissance wiederentdeckt[38] und mehrfach ins Lateinische übertragen wurde, belegt seine Erwähnung in zeitgenössischen Quellen, daß er kaum mehr war als ein Text neben anderen[39]. Vor allem drei Gründe begründen die enorme Popularität des Longinos um 1700 und in den nachfolgenden Debatten: die Verteidigung der dichterischen Freiheit, das Argument, daß große Werke politische Freiheit und auf seiten der Bürger ein Bewußtsein für das Gemeinwesen erfordern, sowie der Glaube, daß der Mensch als ein bewundernder Beobachter der Schöpfung geschaffen wurde.[40]

Boileau, Parteigänger der ›anciens‹, dessen frühe Satiren nach antikem Vorbild den Sittenverfall der höfischen Gesellschaft kritisieren, verfolgt mit der den Ausgangstext umbildenden Übertragung das Ziel, mit Hilfe der antiken Autorität der Darstellung des wahren Sublimen eine Grundlage zu geben. Der Begriff bewegt sich bei ihm von der rhetorischen Tradition hin zur ästhetischen Reflexion. Damit verbunden ist die Einschränkung des bis dahin gültigen formalen Maßstabs. ›Sublimitas‹ verwies in der Rhetorik auf die höchste Form eines gehobenen Sprechens. Wesentlich für das Sublime wird jetzt nicht mehr der entsprechende Regelkanon oder der Reichtum der Sprache, die Vielzahl der sprachlichen Bilder, sondern der Inhalt und dessen Wirkung auf den Rezipienten. So verteidigt Boileau die ›Simplizität‹ der Sprache des Alten Testaments oder die der Tragödien Pierre Corneilles und die gerade dadurch erzielte Wirkung gegen die zeitgenössische Kritik als einen verbindlichen Maßstab sublimer Gestaltung. Das Sublime ist weder bei Longinos noch bei Boileau mit Vorstellungen wie Dunkelheit, Disharmonie, Schrecken oder Unendlichkeit verbunden. Dieser Bedeutungszuwachs erfolgt erst zu Beginn des 18. Jh. in England.

Boileau bestimmt das Sublime im ›Préface‹ des *Traité du Sublime* als »cet extraordinaire et ce merveilleux qui frape dans le discours, et qui fait qu'un ouvrage enleve, ravit, transporte«. Das besondere Interesse Boileaus an dieser die Seele erhebenden und mitreißenden Kraft gilt, wie bei Longinos vorgezeichnet, den wirkungsästhetischen Möglichkeiten, die sich mit diesem Begriff verbinden lassen. Hier wie dort erhält das Sublime sowohl eine zeitkritische als auch eine nach innen gewendete religiöse Ausrichtung. Daß nach Longinos die Dichtung mitreißend sein solle wie Feuer und Sturm, führt Boileau zum am Beispiel der Ode hervorgehobenen »beau désordre« – einer ›schönen Unordnung‹ des Gefühlsverhaltens, das ausklingt in ›wahrer Erhabenheit‹, in Größe und Simplizität. Boileau hat diese Kennzeichnung u. a. an dem bereits von Longinus vorgebrachten Genesis-Zitat exemplifiziert, um damit die wirkungsmächtige Einfachheit des Sublimen zu unterstreichen.

»Le souverain Arbitre de la nature d'une seule parole forma la lumiere. Voilà qui est dans le stile sublime: cela n'est pas neanmoins Sublime; parce qu'il n'y a rien là de fort merveilleux, et qu'on ne pût aisément trouver. Mais, Dieu dit: Que la lumière se fasse; et la lumière se fit. Ce tour extraordinaire d'expression [...] est veritablement sublime«[41].

Für Boileau zielt das Sublime auf eine andere, höhere Ordnung, die so nicht dargestellt, aber auf die angespielt werden kann, der der Seele in ihrem Aufschwung erlebbar wird. Dies korrespondiert mit der von ihm u. a. in der Epistel *L'amour de Dieu* (1698) vorgetragenen verinnerlichten Gottesauffassung. Der Begriff ›merveilleux‹, der bereits im Titel der Übertragung eingeführt wird, verweist polemisch auf die machtpolitisch geprägte, die eigene Gegenwart verherrlichende Vorstellung eines ›marveilleux chrétien‹, wie sie am Beispiel christlich-nationaler Epen von Vertretern der ›modernes‹ (u. a. von Desmarets de Saint-Sorlin) ent-

---

38 Vgl. KLAUS LEY, Die Wiederentdeckung des Longinos. Della Casa als Dichter, in: Ley, Die ›scienza civile‹ des Giovanni della Casa. Literatur als Gesellschaftskunst in der Gegenreformation (Heidelberg 1984), 240–286.
39 Vgl. JULES BRODY, Boileau und Longinus (Genf 1958), 7–30.
40 Vgl. PSEUDO-LONGINOS, Peri hypsous/Vom Erhabenen, griech.-dt., hg. v. R. Brandt (Darmstadt 1966), Kap. 24, 35 u. 36.
41 NICOLAS BOILEAU-DESPRÉAUX, Traité du sublime, ou Du merveilleux dans le discours, Traduit du grec de Longin, in: BOILEAU, 338.

wickelt worden war. Für Boileau liegt das eigentlich Wunderbare wie das wahre Sublime in seiner wahrhaftigen, immer wieder bewunderungswürdigen, gleichsam geschichtslosen Einfachheit.

So ist das Sublime Boileaus eine Alternative zur äußerlich ausgestellten Erhabenheit der barocken Macht- und Prachtentfaltung im absolutistischen Frankreich Ludwig XIV. Es bezieht seine Überzeugungskraft aus dem idealisierten, heroisch-abstrakten Wertgefühl einer vergehenden aristokratischen Elite. Mittels des Sublimen identifiziert Boileau den Fortschritt der Moderne als den Zerfall sittlicher Wertnormen. Ähnlich charakterisiert Jean de La Bruyère das Sublime. Er gehört als Sittenschilderer, Kritiker der höfischen Gesellschaft, der verbürgerlichenden absolutistischen Gesellschaft insgesamt wie Boileau zu den Anhängern der ›anciens‹. »Le sublime ne peint que la vérité, mais en un sujet noble; [...] il est l'expression ou l'image la plus digne de cette vérité.« Die Bestimmung folgt einem Vergleich der dramatischen Qualitäten Corneilles und Jean Baptiste Racines, der Kennzeichnung ihrer verschiedenen öffentlichen Wirkung. Corneilles ›erhabener Geist‹ gibt mehr das, »que l'on admire, et de ce que l'on doit même imiter«. Corneille »élève, étonne, maîtrise, instruit [...]. Ce qu'il y a de plus beau, de plus noble et de plus impérieux dans la raison, est manié par le premier«. Bei ihm finden wir »des maximes, des règles, des préceptes [...]. Corneille est plus moral«[42].

Neben Boileau trägt insbesondere René Rapin zur Popularisierung des Longinos und des Sublimen bei. In seiner Abhandlung *Du Grand ou du Sublime dans les mœurs et dans les différentes conditions des hommes* (1686) wird das Sublime zu einem Darstellungsmittel der Verherrlichung aristokratischer Lebensführung und absolutistischer Größe. Die in der Nachfolge Boileaus und Rapins entstehenden französischen Beiträge u. a. von Antoine Houdar

de la Motte (*Discours sur la poésie*, 1701), Bernard le Bouvier de Fontenelle (*Réflexions sur la poétique*, entst. 1691–1699) oder Pierre Carlet de Chamblain de Marivaux (*Sur la pensée sublime*, 1719) widmen sich vor allem der Gestaltung des Sublimen in literarischen Gattungen wie der Ode oder Tragödie. Silvains kaum rezipierter *Traité du sublime* (1732) setzt hier einen gewissen Schlußpunkt. Obgleich schon 1708 entstanden, kann er gleichsam die bisherige Diskussion zusammenfassen. Die akademisch-klassizierende Anlage der Schrift gibt zu erkennen, daß bereits 1708 in Hinsicht auf das Sublime, wie es Boileau entworfen hatte, ein Bedeutungsverlust eingetreten ist. Der von Jean-François Marmontel geschriebene Artikel *Sublime*[43] bringt nur noch eine Kurzfassung der Abhandlung Silvains. Zuvor hatte Louis de Jaucourt in seinem Artikel für die *Encyclopédie* neben Boileau und Silvain vor allem Charles Batteux als seinen Gewährsmann zitiert, dessen Definition des Sublimen er fast wörtlich übernimmt. »Je puis à présent me livrer à des observations particulieres sur le sublime; je crois d'abord qu'il faut distinguer, comme a fait M. le Batteux, entre le sublime du sentiment, & la vivacité du sentiment: voici ses preuves. Le sentiment peut être d'une extrême vivacité sans être sublime«[44]. Batteux' Bestimmung wiederum geht im wesentlichen auf Jean-Baptiste Du Bos' *Réflexions critiques sur la poësie et sur la peinture* (1719) zurück. Du Bos hatte als Schüler Lockes eine gegen die klassizistische Ästhetik gerichtete Neubewertung emotionalen Verhaltens vorgenommen. Die *Réflexions* betonen mit Blick auf höfische Gesellschaft und die mit ihr verbundene Salonkultur: Die Seele habe Bedürfnisse wie der Körper. Würden diese nicht befriedigt, entstehe Langeweile. Durch die Betonung der Emotionalität, der Ausbildung einer Kultur des Gefühlslebens auf dem Wege der Kunstrezeption entwickelte Du Bos einen Begriff von Kunst, die ihren eigenen künstlichen Regeln folgt. Ausgehend von diesem Ansatz, erscheint insbesondere das Sublime, die von ihm hervorgerufenen großen Leidenschaften wie Angst oder Schrecken, geeignet, der Langeweile zu begegnen. »Le sublime de la Poesie & de la Peinture est de toucher & de plaire«[45]. Neu, aber nur ein Zwischenspiel im Rahmen bürgerlicher Selbstverständigung um 1750 und von

---

42 Vgl. JEAN DE LA BRUYÈRE, Les Caractères ou Les mœurs de ce siècle (1688), in: La Bruyère, Œuvres complètes, hg. v. J. Benda (Paris 1951), 86 u. 84 f.
43 JEAN-FRANÇOIS MARMONTEL, ›Sublime‹, in: DIDEROT (ENCYCLOPÉDIE), Suppl.bd. 4 (1777), 833 f.
44 LOUIS DE JAUCOURT, ›Sublime‹, in: DIDEROT (ENCYCLOPÉDIE), Bd. 15 (1765), 568.
45 DU BOS, Bd. 2 (⁷1770), 1.

Bedeutung für die Charakterisierung des Erhabenen in Deutschland u. a. bei Christoph Martin Wieland oder Moses Mendelssohn ist die von Batteux in den *Principes de la littérature ou Cours des belles lettres* (1747–1748) vorgenommene Reproduktion und Umwertung sublimer Werte im Zeichen des Naiven. Batteux versammelt in den *Principes* wesentliche Merkmale, die Boileau der Simplizität des Erhabenen zugesprochen hatte, unter dem Begriff ›la naïveté‹, den er von ›une naïveté‹ in der Schäferpoesie des Rokoko strikt unterscheidet. »Die Naivität dagegen«, heißt es in einer zusammenfassenden Übertragung, »ist die Sprache der Freyheit, der Offenherzigkeit und edlen Einfalt. Arbeit und Fleiß haben sie hervorgebracht, aber sie sind nicht darinn zu sehen. Gedanke, Wendung, Worte, alles scheinet ohne Kunst aus der Materie entsprungen zu seyn.«[46] ›La naïveté‹ ist das Merkmal einer Kunst der Stärke, der großen und klaren Linie, der heroischen Selbstbestimmung, der edlen Gesinnung.[47] Batteux favorisiert im Rahmen seines bürgerlichen Klassizismus den neuen Begriff gegenüber dem alten, da das Sublime Boileaus die Vergangenheit repräsentierte – das heroisch-abstrakte Wertgefühl einer vergangenen aristokratischen Elite. Und mit ›la naïveté‹ als der gleichsam natürlichen ›Sprache der Freyheit‹ erhalten die neuen Inhalte einen Namen, der im Kontrast zur höfisch-aristokratischen Welt auf bürgerliche Wertvorstellungen verweist.

In Deutschland geht die von Boileau herkommende Bestimmung des Sublimen als ›simplicité‹ und ›grandeur‹ sowie Batteux Umwertung des Sublimen in die mit Winckelmann beginnende ästhetische Rezeption der (griechischen) Antike ein: die »edle Einfalt und stille Größe« der griechischen Kunst. »Die sinnliche Schönheit gab dem Künstler die schöne Natur; die idealische Schönheit die erhabenen Züge: von jener nahm er das Menschliche, von dieser das Göttliche«[48]. Daher bleibt für Winckelmann der Begriff einer Schönheit unbestimmt, die der wahrnehmbaren oder durch den Künstler hervorgebrachten besonderen Schönheit als ein Leitbild dienen könnte; und sie bildet in uns die Vorstellung höchster menschlicher Schönheit, »welche wir erhöhen, je mehr wir uns über die Materie erheben können«. Diese Schönheit sei Gott ähnlich, und ihr komme das Merkmal der »Unbezeichnung«[49] zu, d. h. sie ist eigentlich nicht darstellbar. Der Widerspruch zwischen Darstellbarkeit und Nicht-Darstellbarkeit bleibt für Winckelmann unlösbar.[50] In dem Widerstreit klingt die Programmatik seiner Rezeption der griechischen Antike an. Er entwirft für die deutsche Antike-Rezeption im 18. Jh. allgemein das Ideal republikanischer Freiheit am Bild der schönen Polis. Ähnlich, ebenfalls unter dem Eindruck des Studiums der Antike in Rom, wird sich noch Karl Philipp Moritz äußern, wenn er seinen Begriff des Schönen charakterisiert. »Und messen wir wieder das Große, Edle und Schöne nach der Höhe, in der es über uns, unsrer Fassungskraft kaum noch erreichbar ist, so geht der Begriff des Schönen in den Begriff des *Erhabnen* über«[51].

2. Übergang zur ästhetischen Reflexion des Sublimen in England

Sulzer unterscheidet – wie vor ihm de Jaucourt »le sublime des images« und »le sublime des sentimens«[52] – zwei Arten des Erhabenen, die beide unsere »Bewunderung« hervorrufen: ein Erhabenes der »Vorstellungskräfte« und ein Erhabenes der »Begehrungskräfte«. Die »Majestät der Natur«, u. a. die der Alpen, die erhabenen Begriffe vom »Weltgebäude«, die »Größe des göttlichen Verstandes«

---

46 CHARLES BATTEUX, Principien der schönen Litteratur (1747–1748), in: Critische Nachrichten aus dem Reiche der Gelehrsamkeit 26 (1750), 247.
47 Vgl. HELLA JÄGER, Naivität. Eine kritisch-utopische Kategorie in der bürgerlichen Literatur und Ästhetik des 18. Jahrhunderts (Kronberg 1975), 55–64.
48 JOHANN JOACHIM WINCKELMANN, Gedanken über die Nachahmung der griechischen Werke in der Malerei und der Bildhauerkunst (1755), in: Winckelmann, Werke, hg. v. d. Nationalen Forschungs- u. Gedenkstätten der klassischen deutschen Literatur in Weimar (Berlin/Weimar 1976), 20, 9.
49 WINCKELMANN, Geschichte der Kunst des Altertums (1764), in: ebd., 196 f.
50 SABINE HURSTEL, Zur Entstehung des Problems des Erhabenen in der Ästhetik des 18. Jahrhunderts, in: G. Raulet (Hg.), Von der Rhetorik zur Ästhetik (Rennes 1992), 20–32.
51 KARL PHILIPP MORITZ, Über den bildende Nachahmung des Schönen (1788), in: Moritz, Werke, hg. v. J. Jahn, Bd. 1 (Berlin/Weimar 1981), 256.
52 JAUCOURT (s. Anm. 44), 566.

wirken auf die »Vorstellungskräfte«. Die Größe hingegen, die ein Gegenstand durch »die besondere Weise, wie er vorgestellt wird«, erhält, seine rhetorische Darstellung, wirkt auf die »Begehrungskräfte«[53]. Sowohl de Jaucourt als auch Sulzer reflektieren einen Aspekt der Entwicklung des Erhabenen, der seinen Ursprung in der englischen Debatte zum Problemfeld des Sublimen am Ende des 17. und zu Beginn des 18. Jh. hat. »Unsere Zeiten sind durch sich selbst dem Erhabenen, in Absicht auf die Vorstellungskräfte, wegen der Cultur der speculativen Wissenschaften und der Naturlehre, ganz vortheilhaft«[54]. Verwiesen ist damit vor allem auf das durch die Astronomie vermittelte Weltbild, seine physikotheologische Einbindung, wie es ausgehend von England in Deutschland u. a. bei Barthold Heinrich Brockes (*Das Firmament*, 1721), Albrecht von Haller (*Die Alpen*, 1729) oder in Sulzers eigener Abhandlung *Untersuchung von dem Ursprung der Berge und anderer damit verknüpften Dinge* von 1746 zum Ausdruck kommt.

Bereits im 17. Jh., vor, neben und unabhängig von der Longinos-Übertragung Boileaus, entstand vor allem in England ein Bewußtsein für das Erhabene der Natur. Hier erfolgte die Sensibilisierung, die Ausprägung eines Gefühlsverhaltens, für das, was in der ästhetischen Reflexion des 18. Jh. bezogen auf die Natur der Begriff des Sublimen zum Ausdruck bringen wird. Die Grundlage dafür war neben den Spekulationen der Cambridge Platonists[55] insbesondere die Physikotheologie, die die kopernikanische Wende mit der Theologie zu vermitteln suchte[56].

Thomas Burnets *The Sacred Theory of the Earth* (1681) war neben dem Werk *Physicotheology* (1713)

von William Derham der Grundlagentext für die in der ersten Hälfte des 18. Jh. unternommenen Versuche einer Vermittlung von Theologie und neuem wissenschaftlichem Weltbild. Die *Theory* gab aus theologischer Sicht eine Zusammenfassung der Tendenzen des zu Ende gehenden Jh. und nahm vieles von dem vorweg, was unter dem neuen Begriff des Sublimen verhandelt werden wird: Die Größe, die Weite, Unendlichkeit der Natur, des Universums wurden für Burnet zum Sinnbild der unbegreiflichen Größe und Allmacht Gottes. Wie wenige Jahre später für John Dennis, Joseph Addison oder Shaftesbury bildete auch für Burnet die Landschaft der Alpen den natürlichen Hintergrund: Die empfundene Leere, Unfruchtbarkeit, Erstarrung dieser Landschaft zeugen ihm von der Allmacht und Anwesenheit Gottes. Und dies vollzieht sich nicht auf dem Wege der Erkenntnis, sondern in der Art einer emotionalen Antwort auf eine Erfahrung, die gleichsam eine Niederlage der Sinne anzeigt und in eine erhebende Ehrfurcht und Bewunderung übergeht. Bei der Betrachtung dieser Natur denken wir an »God and his greatness: and whatsoever hath but the shadow and appearance of *infinite*, as all things have that are too big for our comprehension, they fill and over-bear the mind with their Excess, and cast it into a pleasing kind of stupor and admiration«[57].

Einer der Ausgangspunkte für die ästhetischen Reflexionen im 18. Jh. über das Naturerhabene sind Addisons Essays aus dem *Spectator*, die unter dem Titel *The Pleasures of the Imagination* (1712) bekannt wurden. Sie schlagen eine Brücke von der Physikotheologie zur ästhetischen Reflexion. Addison verwendet in den Essays ›Greatness‹, um das zu beschreiben, was in der Nachfoge das Sublime genannt wird. ›Greatness‹ wird von ihm bevorzugt, weil dieser Begriff direkter die neue Naturerfahrung kennzeichnet und nicht wie das Sublime über die Rhetorik vermittelt ist. »Greatness« bezeichnet »the Largeness of a whole View, considered as one entire Piece. Such are the Prospects of an open Champaign Country, a vast uncultivated Desert, of huge Heaps of Mountains, high Rocks and Precipices, or a wide Expanse of Waters, where we are not struck with the Novelty or Beauty of the Sight, but with that rude kind of Magnificence which appears in many of these stupendous Works

---

53 ›Erhaben‹, in: SULZER, Bd. 2 (1792), 99, 102.
54 Ebd., 105.
55 Vgl. ERNEST TUVESON, Space, Deity, and the ›Natural Sublime‹, in: Modern Language Quarterly 12 (1951), 20–38.
56 Vgl. MARJORIE NICOLSON, Mountain Gloom and Mountain Glory. The Development of the Aesthetics of the Infinite (Ithaca/New York 1959); KARL RICHTER, Die hymnische Dichtung Klopstocks, in: Richter, Literatur und Naturwissenschaft. Eine Studie zur Lyrik der Aufklärung (München 1972), 131–146.
57 THOMAS BURNET, The Sacred Theory of the Earth (lat. 1681, engl. 1684), hg. v. J. M. Cohen (London 1965), 109 f.

of Nature«[58]. Sublime wird von Addison (u. a. in den Essays zu Miltons *Paradise Lost*) immer mit anderen Begriffen kombiniert: »sublime imagination«, »sublime genius« oder auch »sublime manner of thinking«[59].

Bei Shaftesbury ist das Problemfeld des Sublimen geprägt von der Spannung zwischen Nähe und Distanz: Der Stolz auf die politische Verfaßtheit der nachrevolutionären englischen Gesellschaft im Kontrast zum absolutistischen Frankreich, die Heimat des Clubs, der idealisierte Kreis gleichgesinnter aristokratischer Freunde als Distanz zur Realwelt bürgerlich-aristokratischen Lebens, die Nähe und die Entfernung zur Natur. Das Sublime steht zusammen mit dem Begriff vom Enthusiasmus und dem der Natur. Das Pathos des Naturhymnus in den *Moralists* (1709) versetzt den Betrachter in eine Stimmung heroischer Melancholie, in einen Zustand geistiger Schau der Idee des Schönen. »The Wildness pleases. We seem to live alone with Nature. [...] Unable to declare the use or service of all things in this universe, we are yet assured of the perfection of all, and of justice of that economy to which all things are subservient, and in respect of which things seemingly deformed are amiabel, disorder becomes regular, corruption wholesome, and poisons [...] prove healing and beneficial«[60]. Shaftesbury nennt diese ›Wildness‹, die von ihr ausgehende emotionale Erhöhung, diese »peculiar beauties«, »awful beauties« oder »mysterious beauty« auch »the Sublime«[61].

Mit dem hier aufbrechenden Gegensatz von Natur und Gesellschaft, der vermittelt wird durch die ästhetische Spekulation, nimmt Shaftesbury Rousseaus Zivilisationskritik vorweg. Dem Bild der Natur – der gleichwertigen Zusammenstimmung aller ihrer Erscheinungen, wo die ›awful beauties‹ und die kultivierte Landschaft, das individuelle und gemeinschaftliche Leben des Menschen einem nicht-hierarchischen Rhythmus folgen – entspricht, daß für Shaftesbury nicht erst der vernünftig-rational geprägte Mensch der wirkliche ist, sondern der ästhetisch anschauende, der im Zusammenspiel all seiner Tätigkeitsformen (Wissenschaft, Kunst, Moralität) das Bild der Natur, deren schöne Formen im moralischen Verhalten reproduziert. Der Naturbegriff, wie er im Naturhymnus der *Moralists* entworfen wird, ist gegen die Verbindung von Klassizismus und mechanischem Naturbegriff gerichtet, gegen die Anthropologie der rationalistischen Philosophie Descartes' und insbesondere Hobbes'.[62] Shaftesburys Begriff des Enthusiasmus, der sich einerseits abgrenzt vom religiösen Fanatismus bäuerlicher und plebejischer Schichten, andererseits vom Sensualismus eines Locke (vgl. *A Letter Concerning Enthusiasm*, 1708), steht in der Tradition des Cambridger Neuplatonismus, vermittelt Antike, Renaissance und Aufklärung. Der Enthusiasmus wird zu einer Form sozialer Phantasie und entwirft ein soziales Verhalten, dem die harmonisierende, freiwillige Sozialisierung eigennütziger Triebe gelungen ist.

1723 erscheint die dritte, stark erweiterte Auflage von Bernard de Mandevilles *The Fable of the Bees: Or private Vices, publick Benefits*, ein Sittenbild der prosperierenden englischen Gesellschaft nach der ›Glorious Revolution‹ von 1688. In Shaftesburys hochfliegendem Altruismus sieht Mandeville eine Haltung am Werk, die nicht weit entfernt ist von Heuchelei. Denn ein Mann, aufgewachsen »in Ease and Affluence«, der die Zeit findet, Metaphysik zu treiben, »may easily throw himself into an Enthusiasm«[63]. Die Triebfeder kultureller Entwicklung ist nicht die Würde ›erhabener Geschöpfe‹, die nach Höherem streben, wie »the Incomparable Sir Richard Steel, in the usual Elegance of his easy Style« meint, welcher »dwells on the Praises of his sublime Species, and with all the Embellishments of Rhetoric sets forth the Excellency of Human Nature«[64]. Die reale Triebfeder

---

58 JOSEPH ADDISON, The Pleasures of the Imagination (1712), in: Addison, The Works, Bd. 3, hg. v. R. Hurd (Oxford 1965), 540.
59 ADDISON, Criticism on Paradise Lost (1711), in: ebd., Bd. 2 (Oxford 1965), 286; vgl. MONK (s. Anm. 2), 56ff.
60 ANTHONY ASHLEY COOPER SHAFTESBURY, The Moralists (1709), in: Shaftesbury, Characteristics of Men, Manners, Opinions, Times etc., hg. v. J. M. Robertson, Bd. 2 (London 1900), 122.
61 Ebd., 122, 124, 125.
62 Vgl. GERD IRRLITZ, Shaftesbury. Die Ethik des ästhetischen Pantheismus, in: Wiss. Ztschr. d. Univ. Jena 26 (1980), 303–318.
63 BERNARD DE MANDEVILLE, The Fable of the Bees (1714; ³1723), hg. v. F. B. Kaye, Bd. 1 (Oxford 1957), 331 f.
64 Ebd., 52 f.

liegt in Not, Habgier und Selbstsucht. So kann die Rede von der sittlichen Erhabenheit für Mandeville nicht mehr sein als eitles, weltfremdes, manchmal amüsantes Geschwätz.

3. Zu Bodmers Rezeption der englischen Tradition

In Deutschland wird der Begriff des Erhabenen, die mit ihm verbundenen Problemfelder erstmalig auf eine systematische Weise durch Johann Jacob Bodmer und Johann Jakob Breitinger dem Publikum vorgestellt.[65] Neben Boileaus Longinos-Übertragung sind die Bezugspunkte Addisons Essays und Shaftesburys Textsammlung *Characteristics of Men, Manners, Opinions, Times* (1711), die die Schweizer in den 30er und 40er Jahren zu eigenen Überlegungen über den Begriff anregen. In der Vorrede zu seiner Übersetzung von Miltons *Paradise Lost* von 1732 weist Bodmer auf Addisons Milton-Essays hin, und der 1740 erschienenen *Critischen Abhandlung von dem Wunderbaren in der Poesie* sind diese als Anhang beigefügt. Eingeführt wird das Erhabene von Bodmer und Breitinger im Rahmen eines Begriffsfeldes, das die französische Linie des ›Sittlicherhabenen‹ berücksichtigt, aber der Intention nach seinen Schwerpunkt in der englischen Debatte zum ›Naturerhabenen‹, dem davon ausgelösten Gefühlsverhalten, findet. Das Kennzeichen wirklicher Dichtung ist das »Große, Wunderbare und Erhabene«[66]. Erhabene Eindrücke wie Erstaunen oder Erschrecken werden verursacht durch das »Grosse und Ungemeine [...] in den Werken der Natur«, oder es liege »in wunderbaren Handlungen der Menschen, als in heftigen und begeisterten Gemüthsbewegungen, hohen Proben der Großmuth und Dapferkeit, oder in Gesinnungen, welche sich über die gewöhnliche Beschaffenheit des menschlichen Gemüthes erheben«[67]. ›Schrecken‹ bedeutet hier keine negative Erfahrung, sondern eher eine plötzliche, begeisternde Erhöhung. Bodmer geht es im Zusammenhang mit dem Erhabenem sowohl um eine Subjektivierung der Dichtkunst entgegen der normgebundenen klassizistischen Poetik, wie sie von Johann Christoph Gottsched vertreten wird, als auch aus der Kritik der zeitgenössischen bürgerlichen Rührstücke heraus um die Bewahrung der heroischen, die Nation betreffenden Gegenstände der französischen Tragödie. Deshalb beschäftigt er sich intensiv mit Milton, dessen Epos die Erfahrungen der englischen Revolution nach dem Untergang der Republik, gebunden an die Schöpfungsgeschichte des *Alten Testaments*, übermittelt. An diesem Epos läßt sich für Bodmer beides – die Subjektivierung ästhetischer Erfahrung wie auch der große Gegenstand – auf eine für die Zeitgenossen vorbildliche Weise veranschaulichen. »Milton war der Anwalt von allen Arten der Freiheit, der Kirchenfreiheit, der häuslichen und der bürgerlichen Freiheit [...]. Er fürchtete vor allen Dingen die geistliche Sklaverei und trat darin zu Cromwell«[68].

In dem Aufsatz *Von der moralischen Sinnesart und der Tugend, die einem Poeten nöthig sind* (1749) zitiert er in eigener Übersetzung eine Passage aus Shaftesburys *Soliloquy or Advice to an Author* (1710), die die moralisch-ästhetische Ausrichtung des Erhabenen markiert. Der Poet »bemerket das Erhabene in den Empfindungen und der Handlung, und unterscheidet das Schöne von dem Ungestalten, das Liebenswürdige von dem Verhaßten. (He marks the Sublime of Sentiments and Action and distinguishes the Beautiful from the Deform'd.) [...] Die Unredlichkeit ist lauter Mißklang und Mangel des Ebenmasses«[69].

4. Themen sublimer Erfahrung

Aus der Kritik des fortwirkenden Klassizismus, des breiten Stroms der Geschmacksästhetik heraus ge-

---

65 Vgl. CARSTEN ZELLE, Angenehmes Grauen. Literaturhistorische Beiträge zur Ästhetik des Schrecklichen im 18. Jahrhundert (Hamburg 1987), 261–293.
66 BREITINGER, Bd. 2, 434.
67 JOHANN JACOB BODMER, Lehrsätze von dem Wesen der erhabenen Schreibart (1746), in: Bodmer/Breitinger, Schriften zur Literatur, hg. v. V. Meid (Stuttgart 1980), 215.
68 BODMER, Über Miltons ›Verlohrenes Paradies‹ (1727), zit. nach Leo Balet/E. Gerhard [d.i. Eberhard Rebling], Die Verbürgerlichung der deutschen Kunst, Literatur und Musik (1936; Dresden 1979), 35.
69 BODMER, Von der moralischen Sinnesart und der Tugend, die einem Poeten nöthig sind (1749), in: Bodmer/Breitinger (s. Anm. 67), 224f.; vgl. SHAFTESBURY, Soliloquy or Advice to an Author (1710), in: Shaftesbury (s. Anm. 60), Bd. 1 (1900), 136.

winnt in der englischen Ästhetik nach 1750 ein Neuansatz an Konturen, der den Horizont möglicher ästhetischer Erfahrung am Beispiel des geschichtlichen Gegenstandes aufreißt: den Epen Homers, der Bilderwelt biblischer Dichtung und der Besinnung auf die Traditionen überlieferter Volksdichtung. Die Entdeckung der geschichtlichen Einmaligkeit und Originalität Homers und seiner Welt in Robert Woods *Essay on the Original Genius of Homer* (1769) oder die Zeichnung heroischer Unmittelbarkeit der Beziehungen der Menschen untereinander und zur noch wilden Natur in James Macphersons *Ossian* (1760–1763) vermitteln eine Sicht auf die innere und äußere Natur des Menschen jenseits der etablierten bürgerlichen Zivilisation. Sie erhebt den Menschen über die Normalität des alltäglichen Opulenzbewußtseins. »The Sublime is the offspring of nature, not of art«[70]. *Ossian* wird zum Beispiel für die Erhabenheit eines ›barbarischen‹ Zeitalters. Denn »the early ages of the world, and the rude unimproved state of society, are peculiarly favorable to the strong emotions of Sublimity«[71]. Diese überkommenen Dichtungen sollen den Zeitgenossen eine Geschichte der Phantasie, des Gefühlsverhaltens vergegenwärtigen, »before those refinements of society had taken place, which enlarge indeed, and diversify the transactions, but disguise the manners of mankind«[72].

Robert Lowth begreift in seinen *Lectures* (1753/1787) die Texte des Alten Testaments explizit als Dichtung, die mit der klassizistischen Poetik nicht in Einklang zu bringen ist. Die *Lectures* sollen am Beispiel religiöser Poesie demonstrieren: Dichtung ist vor allem ein Ausdruck ursprünglicher Begeisterung des Menschen, seiner emotional-geistigen Erhöhung. Insofern gehört für Lowth jeder Dichtung ein religiöses Moment an. Enthusiasmus ist in »a style and expression directly prompted by nature itself, and exhibiting the true and express image of a mind violently agitated«. Daher der beständige Verweis auf das mit dem Enthusiasmus verbundene Sublime. Die dem Sublimen innewohnende Dynamik erweitert die Grenzen möglicher, aber tatsächlich nie wirklich erreichter Darstellung. Lowth beschreibt die Praxis sublimer Darstellung als einen Prozeß fortgesetzter Negation, der »sublime ideas« zusammenführt, die sich aber gegenüber dem bezeichneten, vorgestellten Gegenstand immer als unvollkommen erweisen. »Thus the boundaries are gradually extended on every side, and at length totally removed; the mind is insensibly led on towards infinity, and is struck with inexpressible admiration«[73].

Lowths Ausdeutung des Sublimen hatte bereits am Anfang des Jh. John Dennis vorweggenommen. Dennis' ›Ästhetik‹, die erstmals das Schöne und das Erhabene als kaum mehr vermittelbare Gegensätze auffaßt, ist implizit der Ausdruck einer alternativen Sicht auf die Geschichte. Der klassizistische Schönheitsbegriff zeugt von dem Wunsch, Geschichte ›anhalten zu können‹, sie gemäß von »Rule and Order«, »Beauty«, »Regularity« und »Reason«[74] auszugestalten. Dagegen bewahrt seine Ästhetik des Sublimen die geschichtliche Dimension christlicher Religion auf, zielt auf die Rettung des zu Gott hinführenden religiösen Empfindens vor dem Zugriff der Wissenschaft und dem deistischen Gottesbegriff. Dennis' Rhetorik des Sublimen erinnert an die Propheten des Alten Testaments. Ein für die englischen Zeitgenossen zumindest befremdlicher Vorgang, war doch das Alte Testament, seine prophetischen Bücher, die politisch-religiöse Grundlage der Puritaner in der Revolution um 1640 gewesen. »Cromwell und das englische Volk [hatten] dem Alten Testament Sprache, Leidenschaften und Illusionen für ihre bürgerliche Revolution entlehnt. Als das wirkliche Ziel erreicht, als die bürgerliche Umgestaltung der englischen Gesellschaft vollbracht war, verdrängte Locke den Habakuk.«[75]

---

70 HUGH BLAIR, A Critical Dissertation on the Poems of Ossian, the Son of Fingal (1763), Bd. 2 (New York 1970), 68.
71 BLAIR, Lectures on Rhetoric and Belles Lettres (1783), Bd. 1 (New York 1970), 76.
72 BLAIR (s. Anm. 70), 283.
73 ROBERT LOWTH, Lectures on the Sacred Poetry of the Hebrews (lat. 1753, engl. 1787), Bd. 1 (New York 1971), 79, 354.
74 JOHN DENNIS, The Grounds of Criticism in Poetry (1704), in: Dennis, The Critical Works, hg. v. E. N. Hooker, Bd. 1 (Baltimore 1939), 335.
75 KARL MARX, Der achtzehnte Brumaire des Louis Bonaparte (1852), in: MEW, Bd. 8 (1960), 116.

Dennis' Reflexion über das Sublime beschreibt die (poetische) Imagination als den Widerpart von ›Rule and Order‹, wie es die klassizistische Norm fordert. Das neue ästhetische Empfinden findet im Sensualismus Lockes seine theoretische Grundlage. Als Maßstab ästhetischen Urteilens tritt an die Stelle objektivierbarer, der Naturgesetzlichkeit nachfolgender Regelhaftigkeit der ›Standard of Taste‹. Im Umfeld des Geschmacksbegriffs artikuliert sich von Addison über David Hume, Alexander Gerard bis Henry Home der ›common sense‹ des gebildeten Bürgers als ein durch Sensualismus gedämpfter, liberal abgeklärter Klassizismus. Die Einschränkung der Möglichkeiten, der Reichweite der poetischen Inspiration und Imagination ist hier nicht weniger radikal als in der neoklassizistischen Kunstauffassung. Ähnlich wie Locke im *Essay Concerning Human Understanding*[76] (1690) wird noch Hume das Sublime in die vom Sensualismus gesetzten Grenzen einzuordnen versuchen: »When we analyze our thoughts or ideas, however compounded or sublime, we always find that they resolve themselves into such simple ideas as were copied from a precedent feeling or sentiment.« Auch für Hume bezeichnet das Sublime den Gegensatz zur angestrebten Ordnung der Ideen. Es ist gleichsam der Ausdruck einer ›wild‹ gewordenen Imagination. Das Reich der Imagination ist eine der »most distant regions of the universe, [...] the unbounded chaos, where nature is supposed to lie in total confusion«[77].

Wo aber liegt dann, so ließe sich bereits mit Dennis fragen, die unverwechselbare Besonderheit der (poetischen) Kunst? »There must be two sorts of Passion: First, That which we call Vulgar Passion; and Secondly, Enthusiasm«. Um die Abgrenzung der »Vulgar Passions« von den »Enthusiastick Passions« zu erklären, entwickelt Dennis eine Reihe von Differenzierungen. Die »Vulgar Passions« sind das Resultat unmittelbarer sinnlicher Wahrnehmung der Dinge oder werden hervorgerufen »by the Ideas in the ordinary Course of Life;

I mean, that common Society which we find in the World.« Dagegen resultieren »Enthusiastick Passions« immer aus einem Prozeß der »Contemplation, or the Meditation of things that belong not to common Life«. Die Ursache für die »ordinary passions« ist immer klar einsehbar, während die Ursache der »Enthusiastick Passions« einen Komplex ungewöhnlicher, verwirrender, bestürzender, begeisternder, erschreckender Ideen darstellt. Ausgehend von den »Enthusiastick Passions«, entwickelt Dennis eine Strategie des ›Denkens in Bildern‹. Seine ambivalente Ästhetik der Begeisterung, der Warnung und Verwirrung hat ihren Brennpunkt im zornigen Gott, der in den *Grounds of Criticism* explizit die nicht-christliche Gottheit ist, aber implizit auch auf den Gott des Alten Testaments verweist: »Terror«, gebunden an Vorstellungen wie »Gods«, »raging Seas«, »Earthquakes« oder »War«, ist neben »Admiration« die wirkungsmächtigste der »Enthusiastick Passions«. Aber keine Idee, keine Vorstellung kann so ›terrible‹ sein wie »the Wrath and Vengeance of an angry God«. Und sich auf die Autorität des Longinos berufend, schlußfolgert Dennis, »that this Enthusiastick Terror contributes extremely to the Sublime; and, secondly, that it is most produced by Religious Ideas«[78]. ›Enthusiastick Passions‹ vermitteln, ausgehend von der begeisternden Sprache der Propheten, ein visionäres Überschreiten der alltäglichen oder auch wissenschaftlich geprägten sinnlichen Wahrnehmung, ein Schauen nach dem Sehen.

5. ›Power‹ und ›sublime‹

Burkes *Enquiry into the Origin of our Ideas of the Sublime and the Beautiful* (1757) ist neben Kants ›Analytik des Erhabenen‹ der wirkungsmächtigste Beitrag zur Erhabenheitsdebatte im 18. Jh. Die zeitgenössische Kritik in England und Deutschland sah in dem Text eine Neubestimmung des Erhabenen. Sie fühlte sich provoziert. Die Reaktionen zielten vor allem auf Burkes weitgehend sensualistische Ableitung des Sublimen, die Verbindung von ›sublime‹ und ›terror‹, die Eliminierung des enthusiastischen Moments, die Betonung des zornigen Gottes des Alten Testaments gegen den Gott der Liebe des Neuen Testaments. Die Polemik in der englischen Öffentlichkeit, die an dem von Burke

---

76 Vgl. LOCKE (ESSAY), 118.
77 DAVID HUME, An Enquiry Concerning Human Understanding (1748), in: HUME (ENQUIRIES), 18 f.
78 DENNIS (s. Anm. 74), 338, 361.

entworfenen Bild vom zornigen Gott Anstoß nahm, veranlaßte Burke, den Abschnitt ›Power‹ in die zweite Auflage von 1759 neu aufzunehmen. Hier entwickelte Burke, ausführlicher begründet als in der ersten Auflage, seine Bestimmung vom sozialisierenden Charakter des Sublimen.

Burkes *Enquiry* markiert insofern einen Wendepunkt in der modernen Geschichte des Erhabenen, als Burke erstmalig explizit das Schöne vom Erhabenem trennt und beide als nicht vermittelbare Gegensätze auffaßt. Das Schöne zerfällt in viele schöne Dinge: das Schöne als das Interieur zeitgenössischer Salonkultur, als ein Raum angenehmer Empfindungen, der Ruhe, des Ausruhens, die weibliche Ordnung. Burkes Katalog der Phänomene, die eine Quelle des Erhabenen sein können, reicht von light, blackness, darkness, loudness über silence, vastness, vacuity, obscurity bis hin zu religion, magnificence, power, awe, admiration. Der Katalog faßt Momente der vorhergehenden Erhabenheitsdebatte zusammen, löst sie weitgehend aus ihrem religiösen, physikotheologischen Kontext und beschreibt sie als Phänomene subjektiver Wahrnehmung. Auf dieser Ebene der Beschreibung bezeichnet Burkes *Enquiry* den Übergang von einem ›discourse on the sublime‹ zu einem ›discourse of the sublime‹, d. h. einen Übergang, der bestimmt ist durch den Verlust eines ›übergeordneten Empfängers‹ für die Rede vom Sublimen, ein Empfinden von Subjektivität, die von keiner anderen Autorität weiß als der eigenen.[79] Hier wird ›delight‹, das nach Burke den mit dem Sublimen verbundenen Gemütszustand kennzeichnet, aus der Distanz der ästhetischen Reflexion heraus zum Ausdruck eines ›Konkurrenzkampfes‹ in einer als fremd erlebten Welt und seiner immer wieder neu ansetzenden Bewältigung. Im Unterschied zum Schönen bedeutet das Sublime keine »social quality«, sondern »self-preservation«[80]. Diese steuert die Beobachtung der Welt. Auf einer zweiten Ebene bleibt das Sublime in der Verbindung mit ›terror‹ und ›power‹ in den ›discourse on the sublime‹ eingebunden. Terror ist kein negativer, sondern ein positiver Wert, der zwar zuerst verunsichert, erschreckt, aber in einem zweiten Schritt soziale Hierarchien als Sicherheiten verdeutlicht. Dieser Terror diszipliniert und läßt teilhaben. Schrecken, Ehrfurcht, Bewunderung und Macht weisen über mehrere Stufen der Steigerung auf den zornigen Gott des *Alten Testaments* als eine übermächtige Vaterfigur hin, die dem subjektiven Empfinden Macht, orientierende Autorität, eine Ordnung der Dinge vermittelt: »his power is by far the most striking«. Jede Macht ist untrennbar mit Schrecken verbunden, der mit ihr zugleich wächst. Der Vorstellung von der Macht Gottes geht immer das Gefühl von »dread« voran. Auf diesem Gefühl beruht, »that true religion has, and must have, so large a mixture of salutary fear«. Vorangestellt sind der Beschreibung der Macht Gottes und der der Natur Ausführungen, die die Frage nach der sozialen Macht thematisieren. »The power which arises from institution in kings and commanders, has the same connection with terror.« Die erste Funktion sozialer Macht ist für Burke die der Herrschaft. Sie ist natürlicherweise mit Schrecken verbunden und wird von daher als ›erhaben‹ bewertet. Dem Souverän in Gestalt der ›gestrengen Majestät‹ nähern wir uns in Ehrfurcht: »dread majesty«[81].

Burkes Klassifizierung erhabener Phänomene, die Beobachtetes auf eine bislang nicht gegebene Weise präzise beschrieb, erweist sich in der Folge als produktiv für die Kunstrezeption. So übernimmt Diderot nach Einsicht in die französische Übersetzung des *Enquiry* bei der Beschreibung der emotionalen Wirkungen, die von den Bildern Joseph Vernets ausgehen, nicht nur Burkes Katalog, sondern auch dessen zusammenfassende Bestimmung des Sublimen. »Tout ce qui étonne l'âme, tout ce qui imprime un sentiment de terreur conduit au sublime«[82]. Zugleich führt Diderot im *Salon de 1767* eine Differenzierung des Sublimen ein, die im Vergleich zu Burke die Blickrichtung umkehrt. Er unterscheidet zwischen einem ›Erhabenen des Technischen‹ und einem ›Erhabenen des Ideellen‹. Das ›Ideelle‹ soll, ähnlich wie von Burke im Abschnitt ›Power‹ praktiziert, die subjektive

---

79 Vgl. PETER DE BOLLA, The Discourse of the Sublime. History, Aesthetics and Subject (Cambridge 1989).
80 BURKE, 42, 38.
81 Ebd., 68, 70, 67.
82 DENIS DIDEROT, Salon de 1767, in: DIDEROT (ASSÉZAT), Bd. 11 (1966), 146.

Wertung des Künstlers, die nicht nur das Objekt, sondern auch das Wie der Darstellung bestimmt, zum Ausdruck bringen. Diderot fragt, ob denn nicht auch die mit ihren Arbeiten beschäftigten Landbewohner Leiden, Freuden und Leidenschaften hätten, wie Liebe, Eifersucht, Ehrgeiz oder Plagen: »l'impôt qui déménage et vend leurs ustensiles; la corvée qui dispose de leurs bestiaux, et les emmène; l'indigence et la loi qui les conduisent dans les prisons? N'ont-ils pas aussi nos vices et nos vertus? Si, au sublime du technique, l'artiste flamand avait réuni le sublime de l'idéal, on lui éleverait des autels«[83].

Die von Lessing geplante, mehrmals als schon fast fertig angekündigte, von Mendelssohn immer wieder angemahnte Übersetzung von Burkes *Enquiry* ist ein Plan geblieben. Seine Haltung zum Gegenstand ist von zögerlichem Interesse. Schon das Wort scheint ihm suspekt zu sein. Die Religion Christi »ist diejenige Religion, die er als Mensch selbst erkannte und übte; die jeder Mensch mit ihm gemein haben kann; die jeder Mensch um so viel mehr mit ihm gemein zu haben wünschen muß, je erhabener und liebenswürdiger der Charakter ist, den er sich von Christo als bloßen Menschen macht«[84].

In den *Bemerkungen über Burkes Philosophische Untersuchungen* (1759) wird der Begriff des Erhabenen lediglich in dem einführenden Passus ›Was erhaben und schön heißt‹ verwendet und auch nur in einem Sinn, der Burkes Vorgaben so gut wie ignoriert. Dagegen enthält Lessings Auseinandersetzung mit dem Häßlichen, die im Schrecklichen ihren wesentlichen Bezugspunkt findet, implizit eine ›Ästhetik des Erhabenen‹. Der Begriff selbst bleibt bei Lessing eine Randbemerkung. Das Desinteresse Lessings reagiert auf die zeitgenössischen Konzeptionen, die das Erhabene an ein wie auch immer bestimmtes Übermächtig-Fremdes binden: neben dem heroischen Helden der französischen Tragödie insbesondere Burkes Schrecklich-Erhabenes. Wird der Name Burkes im *Laokoon* auch nicht erwähnt, so können doch die Passagen zum Schrecklichen wie eine indirekte Antwort auf den *Enquiry* gelesen werden. Allein in den *Entwürfen zum Laokoon* kommt Lessing explizit auf das Erhabene zu sprechen: »*Unschädliche Häßlichkeit ist lächerlich*. Erklärung des Aristoteles. / *Schädliche Häßlichkeit ist schrecklich*, folglich *erhaben*. / Beyde Mittel, daß Häßliche sonach gleichsam zu adouciren, fehlen dem Mahler«[85].

Im *Laokoon* unterscheidet Lessing nach den Paradigmen von Raum und Zeit die bildenden Künste von der Dichtung. Danach ist der eigentliche Gegenstand der Malerei die Welt in ihrem Sein oder, darauf zielt Lessing, in ihrem idealen Sein. Dagegen ist der Gegenstand der Dichtung das Handeln der Menschen, ihr einander widerstreitendes Miteinander. Daher ist für Lessing die Malerei die eingeschränktere und die Dichtung die weitere Kunst. Dem Dichter sei »mehr erlaubt«[86] als dem bildenden Künstler. Ihm kann die Darstellung des Häßlichen als Schreckliches gelingen. Die Poesie darf und soll sogar das Häßliche zum Gegenstand nehmen, da sie es nicht wie die bildende Kunst als eine stillstehende, sondern als eine vorübergehende Erscheinung zu gestalten vermöge. Das sich verselbständigende Häßliche, seine Steigerung zum Schrecklichen, das allein durch göttliche Allmacht legitimiert werden kann, lehnt Lessing ab. Es führe zur Lähmung des Zuschauers, zu seiner »Unterwerfung«. Am Beispiel *Richard III*. von Christian Felix Weiße veranschaulicht Lessing seine ablehnende Haltung gegenüber einem entgrenzten, in der Zeitfolge des Stückes nicht aufgehobenen Schrecken. Er argumentiert mit der *Poetik* des Aristoteles gegen die Dramaturgie Weißes und Prosper Jolyot de Crébillons. »Furcht« und »Mitleid« habe Aristoteles gemeint, nicht »Mitleid« und »Schrecken«. »Furcht ist das auf uns selbst bezogene Mitleid«. Dagegen ist Schrecken »eine plötzliche, überraschende Furcht«[87]. Sie überfällt uns, läßt uns erstarren, verwehrt den Eingriff, vermittelt Sinnlosigkeit: »Jammer« und »Schaudern«, »Murren wider die Vorsehung […], und Verzweiflung«. Das kann nicht die Aufgabe »nachahmender

---

83 Ebd., 281.
84 GOTTHOLD EPHRAIM LESSING, Die Religion Christi (1780), in: Lessing, Gesammelte Werke, hg. v. P. Rilla, Bd. 8 (Berlin/Weimar 1956), 538.
85 LESSING, [Entwürfe zum ›Laokoon‹] (1762–1763), in: ebd., Bd. 5 (1955), 232.
86 LESSING, Laokoon (1766), in: ebd., 79.
87 LESSING, Hamburgische Dramaturgie (1767–1768), in: ebd., Bd. 6 (1954), 402, 381, 377.

Kunst« sein. Und wenn gesagt werde: so ist die Geschichte – »es sei: so wird es seinen guten Grund in dem ewigen unendlichen Zusammenhange aller Dinge haben«. Könne der Dichter auch nur Fragmente dieses Ganzen darstellen, so sollte doch das Ganze dieses sterblichen Schöpfers »ein Schattenriß von dem Ganzen des ewigen Schöpfers sein; sollte uns an den Gedanken gewöhnen, wie sich in ihm alles zum besten auflöse, werde es auch in jenem geschehen«[88]. Furcht ist Mitleid mit uns selbst. Die Theodizee ist für Lessing an das Handeln gebunden. Lessings Festhalten an der Theodizee legt nahe: Bleibt das Handeln aus oder vollzieht sich unter Voraussetzungen, die das Häßliche zementieren, ist die Geschichte offen für das Chaos. Dieser Entwurf korrespondiert mit der Sicht auf die Geschichte, wie sie in den späten, anonym erschienenen Texten *Ernst und Falk. Gespräche für Freimäurer* (1778) und *Die Erziehung des Menschengeschlechts* (1780) entwickelt wird. Hier wird ›Chaos‹ unter dem Begriff der »bürgerlichen Gesellschaft« zum Geordneten und die christliche Offenbarung des Neuen Testaments zum Ausgangspunkt einer anderen, im Wort gegebenen Perspektive. »Es ist nicht wahr, daß Spekulationen über diese Dinge jemals Unheil gestiftet, und der bürgerlichen Gesellschaft nachteilig geworden«[89].

tion in der Malerei und in dramentheoretischen Reflexionen. So nimmt Louis-Sébastien Mercier, ein Schüler Rousseaus, dessen Gedanken zu einem nationalen Festspiel aus der *Lettre à d'Alembert* (1758) auf und beklagt bei aller Kritik des Klassizismus, seiner Verherrlichung der absoluten Monarchie, daß dem bürgerlichen Trauerspiel die großen Gegenstände eines Corneille, die die ganze Nation bewegen, erziehen und politisch aktivieren, abhanden gekommen sind.[94] Realisiert wird die Idee eines nationalen Festspiels dann in den ›Fêtes nationales‹ der Revolution: ›Fête de la liberté et de la raison‹ (1793). Und Jacques Louis David, Organisator der ›Fête‹, Maler der Revolution, später Hofmaler Napoleons I., knüpft wieder an den Klassizismus Nicolas Poussins an – *Le serment des Horaces* (1784): Es erhob sich ein Mitglied der Nationalversammlung und schlug vor, »daß der schöne Moment des ersten Schwurs durch ein Gemälde [...] von der Hand des größten französischen Meisters auf die Nachwelt gebracht und das Gemälde in dem Nationalversammlungssaale aufgehängt werden möge. ›Ich sage‹, fuhr er fort, ›von der Hand des größten Meisters; und wen anders könnt ich meinen als ihn, der (in so erhabenem Stil) Brutus malte und den Schwur der Horatier?‹ [...] David, der angedeutete Maler, war in der Versammlung. Alle schauten auf ihn, und blaß von Enthusiasmus, betrat der junge Mann die Rednertribüne«[95].

II. Französische Revolution

1. Sittlicherhabenes

Um und nach 1750 tritt in Deutschland und Frankreich neben die erhabene Natur das Erhabene des Charakters als das Ideal des bürgerlichen Sittlicherhabenen. Es ist auf je unterschiedene Weise bezogen auf die Vernunft und die Natur: »O vertu! Science sublime des ames simples«[90]; die »majestätische Schönheit«[91] der Tugend; das naiv Erhabene »des sittlichen Charakters«[92] und die »Erhabenheit«[93] des Sittengesetzes. Einen Ausdruck findet das Sittlicherhabene in der Neukonzeption einer klassizistischen Opernästhetik, der Herausbildung einer neuen Heldenoper, durch Christoph Willibald Gluck in Paris. Eine parallele Entwicklung erfolgt im Vorfeld der Französischen Revolu-

---

88 Ebd., 401, 402.
89 LESSING, Die Erziehung des Menschengeschlechts (1780), in: ebd., Bd. 8 (1956), 611.
90 JEAN-JACQUES ROUSSEAU, Discours sur les sciences et les arts (1750), in: ROUSSEAU, Bd. 3 (1964), 30.
91 CHRISTIAN NICOLAUS NAUMANN, Vom Erhabenen in den Sitten (Erfurt 1751), 31.
92 MOSES MENDELSSOHN, Über das Erhabene und Naive (1758), in: Mendelssohn, Ästhetische Schriften, hg. v. O. F. Best (Darmstadt 1974), 244 f.
93 IMMANUEL KANT, Kritik der praktischen Vernunft (1788), in: KANT (WA), Bd. 7 (1974), 301.
94 Vgl. LOUIS-SÉBASTIEN MERCIER, Du théâtre ou nouvel essai sur l'art dramatique (Amsterdam 1773).
95 GERHARD ANTON VON HALEM, Briefe (1790), in: G. Landauer (Hg.), Briefe aus der Französischen Revolution, Bd. 1 (Berlin 1985), 268 f.

2. Konservatismus und das Sublime der Vision

Die Londoner Revolten von 1780–1782 in den Armenvierteln noch vor Augen, publizierte Burke die *Reflections on the Revolution in France*. 1796 folgen kurz vor seinem Tod die *Letters on a Regicide Peace*, die direkt an die Londoner Ereignisse erinnern. Der Ausgangspunkt der Revolten waren religiöse Unruhen gewesen, die in der weiteren Entwicklung, entgegen den Intentionen der englischen Reformpartei, der Whigs, nicht nur und vor allem die politische, sondern die soziale Reform meinten. Wären die Absichten der Reformer verwirklicht worden, »not France, but England, would have had the honour of leading up the death dance of Democratick Revolution«[96]. Im gleichen Jahr oder wenig später entsteht nach einer Vorlage aus dem Jahr 1780 die Version eines Kupferstichs, unter die William Blake gleichsam als eine Antwort auf Burkes Bild vom ›Totentanz‹ die Verse setzte: »Albion rose from where he labour'd at the Mill with Slaves: / Giving himself for the Nations he danc'd the dance of Eternal Death«[97]. Der Stich zeigt in klaren Konturen, scharf umrissen, eine nackte, männliche Gestalt, sich erhebend. Blake hatte mit dem Stich auf ein Ereignis der Unruhen reagiert: Am 6. Juni 1780 war er an der Befreiung von Gefangenen aus dem Londoner Gefängnis Newgate beteiligt.

Als die Ursache für die Revolution in Frankreich benennen die *Reflections* vor allem die Aufklärung, die mit ihrer ungehemmten Religionskritik zur Zerstörung nicht nur der Autorität des christlichen Glaubens, seiner Werte, sondern von Autorität allgemein innerhalb sozialer Hierarchien, der Grundlage jeder Gesellschaftlichkeit, beigetragen habe: »Such sublime principles«[98]. Die Aufklärung hat für Burke die alten, gleichsam natürlichen Werte durch eine unrealisierbare Idee, eine metaphysische Spekulation ersetzt, die in einem abstrakten Tugendideal oder der Losung ›Liberté, Egalité, Fraternité‹ ihren Ausdruck finde. »The pretended rights of these theorists are all extremes; and in proportion as they are metaphysically true, they are morally and politically false.« (143) Die ›droits de l'homme‹ als das Resultat abstrakter, lebensfremder Theoriebildung versprechen eine soziale Neuordnung, die praktisch-politisch von den denkenden Köpfen unter den Akteuren nicht eingelöst, in ihren Folgen nicht übersehen und in ihrem eigenen Interesse nicht gewünscht werden könne: die ›Rechte‹ abstrahieren von den sozialen Unterschieden. Sie wecken bei der Masse der Akteure Hoffnungen, die die bestehende soziale Hierarchie und mit ihr die gegebene Verteilung der Güter in Frage stellen. Mit der Enteignung der Kirche hat für Burke die Revolutionsregierung nicht einfach nur die traditionelle Autorität entmachtet, sondern einen Präzedenzfall geschaffen. Die Angriffe auf die alten Autoritäten – Kirche, Adel, König – sind zugleich Angriffe auf die Ordnung, auch die des Eigentums, seine Neu- und Umverteilung. Ein Punkt, an dem die Revolution zum ›schrecklichen Ereignis‹ wird. Burke reproduziert in den *Reflections* die Strukturen, die im *Enquiry* von 1756 zur Bestimmung der Autorität des Sublimen dienten. »Were all these dreadful things necessary?« (112) Denn »good order« (90) ist die Grundlage »of all good things. [...] The magistrate must have his reverence, the laws their authority. [...] They [the people – d. Verf.] must respect that property of which they cannot partake. They must labour to obtain what by labour can be obtained; and when they find, as they commonly do, the success disproportioned to the endeavour, they must be taught their consolation in the final proportions of eternal justice.« (290)

Der Hintergrund, vor dem Blake sein Konzept eines visionären Erhabenen in Poesie und Malerei entwirft, ist der Alltag des entstehenden modernen Kapitalismus. »Allegory addressed to the Intellectual powers, while it is altogether hidden from the Corporal Understanding, is My Definition of the most sublime poetry«[99]. Im gleichzeitigen Rückgriff auf das klassizistische Formempfinden und die

---

[96] BURKE, Letter to a Noble Lord (1796), in: Burke, Writings and Speeches, Bd. 9, hg. v. P. Langford (Oxford 1991), 152.

[97] WILLIAM BLAKE, The Complete Writings, hg. v. G. Keynes (London/Oxford/New York 1966), 160.

[98] BURKE, Reflections on the Revolution in France (1790), in: Burke, Writings and Speeches, Bd. 8, hg. v. P. Langford (Oxford 1989), 143.

[99] BLAKE, [Letter to ...], in: Blake, The Complete Poetry and Prose, hg. v. D. V. Erdman (New York 1982), 660.

Propheten des Alten Testaments kann für Blake, wie Burke behauptete, ›obscurity‹ kein Merkmal des Sublimen sein. Die Vision kann und muß mit der reinen Linie, dem klaren Umriß der Formen dargestellt werden. Blakes Anmerkungen zu den *Discourses* von Joshua Reynolds skizzieren eine Strategie des Sublimen, die vor allem gegen Burkes *Enquiry* gerichtet ist. Zugleich sind sie eine Kritik der dominierenden philosophisch-ideologischen Grundlagen des aufgeklärten bürgerlichen Opulenzbewußtseins. Das Schlüsselwort der Kritik ist ›vision‹. »Burke's Treatise on the Sublime & Beautiful is founded on the Opinion of Newton & Locke. On this Treatise Reynolds has grounded many of his assertions. In all his Discourses I read Burkes Treatise when very Young at the same time I read Locke on Human Understanding & Bacons Advancement of Learning on Every one of these Books I wrote my Opinions & on looking them over find that my Notes on Reynolds in this Book are exactly Similar. I felt the Same Contempt & Abhorrence then; that I do now. They mock Inspiration and Vision«[100]. Blakes ›Abscheu‹ richtet sich gegen die empiristischen Grundlagen der englischen Tradition, die damit verbundene Reduktion der Imagination auf das sinnlich Gegebene bei gleichzeitiger Borniertheit gegenüber Inspiration und Vision.

3. Gehemmte Dynamik des Erhabenen – Zu Kants ›Analytik‹

Eine Antinomie der reinen spekulativen Vernunft ist nach Kant ein Widerstreit »zwischen Naturnotwendigkeit und Freiheit, in der Kausalität der Begebenheiten in der Welt«[101]. Kant glaubte, diesen Widerstreit in der Moralphilosophie beheben zu können, indem er annahm, daß der handelnde Mensch ein Bürger zweier Welten sei. Doch der Beweis war mißlungen, der Widerstreit lebte fort. Die Einsicht ist der Einsatz der *Kritik der Urteilskraft* (1790). Hier soll die Vermittlung mit Hilfe der reflektierenden ästhetischen Urteilskraft ohne Begriff gelingen, eine Brücke über den ›Abgrund‹, die ›Kluft‹ zwischen Naturkausalität und Kausalität aus Freiheit geschlagen werden. Diese Urteilskraft ist ein Urteilen ohne Begriff, sie spielt ›bloß‹ auf Begriffe an, nur ausgestattet mit dem subjektiven

Prinzip a priori der ›Zweckmäßigkeit‹: Nur subjektiv heißt, daß sie keine Erkenntnis vermittelt. Der Platz ist von der ›reinen Vernunft‹ besetzt. Und a priori heißt, daß das Prinzip der Zweckmäßigkeit oder auch ›Angemessenheit‹ nicht aus der Erfahrung erborgt werden kann. Es ist eine Hilfe – woher sie genau kommt, läßt Kant offen – für den Versuch, die Natur auch aus dem Blickwinkel, daß sie dem Menschen angemessen sei oder sein könnte, zu sehen. Ob das Prinzip trägt, muß die Erfahrung zeigen: neben der Analytik des Schönen die des Erhabenen.[102] Der Anhang zur »ästhetischen Beurteilung der Zweckmäßigkeit der Natur« erhält entgegen der ursprünglichen Intention eine Bedeutung, die über das Schöne hinausgeht. Das Urteil über das Erhabene bedarf mehr Kultur »als das über das Schöne«, weil es seinen Grund »in der Anlage zum Gefühl für (praktische) Ideen, d. i. zu dem moralischen« hat, in einem »Geistgefühl«[103].

Erhaben nennt Kant den Subjekt als einer idealen Abstraktion innewohnenden Vernunftideen von Freiheit und Sittlichkeit, jenseits realer Unfreiheit und bürgerlichem Eigennutz. Es ist ein Gefühlsverhalten, das im Gegensatz zur Reflexion über die schöne Form nicht auf Empfindungen reagiert, die eine uns mögliche angemessene Welt vorstellen, sondern diese als »formlos,« »zweckwidrig«, »unförmig«, als einen Gegenstand der »Furcht« und des Schreckens« empfinden. Dem auf die Ideen der Vernunft hinweisenden Gefühl des Erhabenen stellt sich die »Natur« als »Chaos«, »regelloseste Unordnung« dar. Erhaben kann für Kant nicht das Übermenschlich-Große und Übermächtige sein, kein transzendenter Gott, keine soziale Macht oder eine unbeherrscht übermächtige Natur. Erhaben ist allein eine Qualität des Menschen als eines moralischen Vernunftwesens. Die Erfahrung des Erhabenen läßt ›Unlust‹ in ›Lust‹ umschlagen. Es sei falsch, sagt Kant, den Gegenstand der

---

100 BLAKE, [Annotations to the ›Discourses‹ of Reynolds] (1803), in: ebd., 730.
101 KANT (s. Anm. 93), 243.
102 Vgl. KANT, Erste Fassung der Einleitung in die Kritik der Urteilskraft, in: KANT (WA), Bd. 10 (1974), 22 ff.
103 KANT, Kritik der Urteilskraft (1790): in: ebd., 166, 190.

Natur erhaben zu nennen. Denn es »trifft nur Ideen der Vernunft: welche, obgleich keine ihnen angemessene Darstellung möglich ist, eben durch diese Unangemessenheit, welche sich sinnlich darstellen läßt, rege gemacht und ins Gemüt gerufen werden«[104].

Wird das mit dem Erhabenen verbundene Gefühlsverhalten durch die Einbildungskraft auf das Erkenntnisvermögen bezogen, spricht Kant vom »Mathematisch-Erhabenen«, zielt die Einbildungskraft auf das Begehrungsvermögen, so kommt das »Dynamisch-Erhabene« (169) ins Spiel. Mathematisch-erhaben nennen wir das, »was *schlechthin groß* ist«. Die Schlußfolgerung: »Erhaben ist also die Natur in derjenigen ihrer Erscheinungen, deren Anschauung die Idee ihrer Unendlichkeit bei sich führt« (178). Entsprechend dieser Bestimmung kann das ›Absolut-Große‹ empirisch in der Natur nicht wahrgenommen werden. In der Natur als Erscheinung ist jedes ›Große‹ in der Beziehung auf Kleineres groß und erscheint wiederum klein gegenüber einem noch Größeren: Die Erde ist, bezogen auf das Planetensystem, klein, und dieses wird klein im Zusammenhang der Milchstraße usw. Die Idee der Unendlichkeit überfordert die Einbildungskraft und provoziert zugleich das unendliche Vermögen der Erkenntnis.

Im Unterschied zum Mathematisch-Erhabenen kennzeichnet Kant das Dynamisch-Erhabene der Natur als eine Macht, die »über uns keine Gewalt hat«, als einen »Gegenstand der Furcht«, der zwar die individuelle »physische Ohnmacht« betrifft, aber die »Menschheit in unserer Person« unerniedrigt läßt. (184 ff.) Die Voraussetzung sei, daß wir uns in sicherer Entfernung befinden, die eine derartige ästhetische Reflexion erst ermögliche. Das direkte Betroffensein von einer ›Naturkatastrophe‹ würde die notwendige Distanz aufheben. Die ›Entfernung‹ ist, wie die ›Natur‹, zweifach bestimmt, wobei die Bestimmungen ineinander übergehen und von Kant kaum gegeneinander abgegrenzt werden. Mit dem Begriff der Natur erfaßt

Kant alles Erscheinende, d.h. dieser Begriff umgreift die Natur als Gegenstand der Naturwissenschaften und die soziale Welt. Beides gehört für Kant unmittelbar zusammen: Die Erklärungen der Wissenschaft bezeugen einen Stand der Naturbeherrschung, von dem aus das Sittlicherhabene als eine Form der Selbstbestimmtheit, die über die individuelle ›physische Ohnmacht‹ hinausweist, erst gedacht werden kann. Das Urteil über das Erhabene bezieht sich – dies markiert im Fall des Dynamisch-Erhabenen den Umschlag von Unlust in Lust – auf die Ideen der praktischen Vernunft von Freiheit und Sittlichkeit: das Selbstbewußtsein des naturforschenden Citoyen als das dramatische Spiel transzendentaler Ideen. Es hat seine Grundlage in der Nachricht von der Revolution in Paris, die die »Anlage zum Gefühl für (praktische) Ideen, d.i. zu dem moralischen« zu bestätigen scheint. Mag sich der Mensch auch »seiner gegenwärtigen […] Ohnmacht« bewußt sein, so sei ihm doch überlassen, die »Erhabenheit des Geistesvermögens« (190) zu entwickeln und zu üben.

Schiller skizziert in der Abhandlung *Über das Erhabene* (1795-1796) neben dem »Ideal-schönen«, das sowohl das Schöne als auch das Erhabene umfaßt, einen Begriff des Erhabenen, der allen »wohlgemeynten Versuchen der Philosophie«, die eigenen eingeschlossen, die davon ausgehen, in der Geschichte einen der Vernunft zugänglichen Sinn zu sehen, die wohl deutlichste Absage erteilt. Er übernimmt von Kant die philosophisch-systematische Begründung des Begriffs und historisiert ihn zugleich. Die Historisierung läßt die Ideen von Freiheit und Sittlichkeit selbst zu historischen werden: nicht diese sind gemeint, sondern nur noch die Möglichkeit unbestimmter emotional-geistiger Distanzierung. Der in diesem Zusammenhang entwickelte Begriff der Geschichte greift Elemente der illusionslosen Sicht, wie sie bereits für Schiller vor 1789 charakteristisch war, wieder auf. Alle geschichtlichen Erfahrungen widerlegen, daß »das, was die moralische Welt *fordert*, mit dem, was die wirkliche *leistet*, in Uebereinstimmung zu bringen«[105] sei. Es entsteht der Eindruck, als ob noch einmal der Karl Moor aus der Szene ›Gegend an der Donau‹ zu Wort kommt.[106] In der Welt regiert nicht »ein weiser Plan«, sondern »mehr das tolle Zufall«. Die Geschichte ist ein »gesetzloses Chaos«.

---

104 Ebd., 166.
105 FRIEDRICH SCHILLER, Ueber das Erhabene (1795–1796), in: SCHILLER, Bd. 21 (1963), 43, 49.
106 Vgl. SCHILLER, Die Räuber (entst. 1777–1780), in: SCHILLER, Bd. 3 (1953), 77–86.

Das Bewußtsein von der Ohnmacht moralischer Idealität gegenüber dem realen Verlauf vergangener und erlebter sozialer Prozesse läßt die Geschichte zu einem »erhabenen Object« werden. Der Mensch wird aus der »Welt der Erscheinungen« in die »Ideenwelt, aus dem Bedingten ins Unbedingte« vertrieben. Ihm bleibt nichts anderes, »als sich in die heilige Freyheit der Geister zu flüchten«[107].

4. ›Zeichen des Erhabenen‹

Der Plan zu einem Denkmal für Friedrich den Großen: »Friedrich – in seiner gewöhnlichen Kleidung – sitzt auf einer Felsenmasse, gross wie der Fels unter ihm, mit entblösstem Haupt, ins Universum schauend. Der Fels ist sein Piedestal.« Mit erhabenem Blick, in Kolossalgröße, die schlechthin »Eindruck auf Aug und Herz« macht (»wie uns die Pyramiden lehren«), soll Friedrich gen Himmel blicken. »Er bittet den Gott, den Er erkannte, um Segen für sein Volk.« Der Plan stammt von dem »guten Atzel«[108], den ein anonymer Autor in einem Aufsatz unter dem Titel *Über das Maas der körperlichen Grösse in der bildenden Kunst* mitteilt. Der ›gute Atzel‹ nimmt die Idee des Nationaldenkmals für die Deutschen vorweg, wie sie dann im 19. Jh. mit dem Völkerschlachtdenkmal oder dem Kyffhäuserdenkmal realisiert worden ist.

Der König ohne Kopf hat Wackenroder nicht gegen die republikanischen Franzosen aufbringen können. »Die Hinrichtung des Königs von Frankreich«, schreibt Wackenroder in einem Brief an Tieck, »hat ganz Berlin von der Sache der Franzosen zurückgeschreckt; aber mich gerade nicht. Über ihre Sache denke ich wie sonst«[109]. Tieck hatte bei Wackenroder wegen dessen vermeintlichem Desinteresse an der ›französischen Sache‹ nachgefragt: »Ich will nicht hoffen, daß sie Dir gleichgültig geworden [...] sind. O, wenn ich itzt ein Franzose wäre! Dann wollt' ich nicht hier sitzen, dann – – – Doch leider, bin ich in einer Monarchie geboren, die gegen die Freiheit kämpfte«[110]. Gedanken, vermerkt er in einem Fragment gebliebenen Aufsatz aus dem gleichen Jahr, sind »das Zeichen des Erhabenen«. Bewußt ist auch ihm, daß das Erhabene, dort wo es ist, ohne Tat bleibt. Es sind ein vergebliches Warten in der preußischen Provinz auf die schöne Revolution. Doch er polarisiert anders als Wackenroder: Antike, aktualisiert durch die aus der Distanz wahrgenommene Revolution, gegen die erlebten deutschen Zustände. Das Erhabene gehört in »unserem schaalen Zeitalter« allein der Kultur der Reflexion an, »da seit unsrer Geburt tausend Armseligkeiten uns begleitet und sich tief in unsre Seele geprägt haben«[111].

Wackenroder, Jurist wider Willen, hat den Traum von Griechenland hinter sich zurückgelassen. Seine Utopie erzählt von der ›goldenen Zeit‹ des Mittelalters, dem Katholizismus als Kunstreligion, seinem Spiel der Farben, dem Klang und Glanz einer imaginierten anderen, schönen Existenz. »Wer vom Erhabenen gerührt wird, wem sich die Wunder des Schönen aufschließen, dessen ganze Seele wird durch den Enthusiasmus fest hineinverwachsen.«[112] Die preußische Gegenwart mit ihrem kargen und diensteifrigen, institutionalisierten Protestantismus des Verwaltens, sinnenfeindlich, nützlich und zweckmäßig, ohne die »erhaben-übermütige Pracht« (281) einer Peterskirche – »Erhabenes Wunder der Welt!« (285) –, diese preußische Gegenwart, erlebt als kleinliche Praxis bürgerlicher Gesellschaft, wird ihm zum beklemmenden Bild einer ewig andauernden Gegenwart. Die Kinder auf den Bildern Raffaels »sind so wahrhaft ernst und erhaben, weil sie den Ernst, die Erhabenheit noch nicht kennen, die wir Erwachsenen nur immer so zu nennen pflegen; weil sie dem Quell des Glanzes noch so nahestehn, der immer

---

107 SCHILLER (s. Anm. 105), 48–51.
108 JOHANN GOTTFRIED MEUSEL (Hg.), Über das Maas der körperlichen Grösse in der bildenden Kunst, in: Neue Miscellaneen artistischen Inhalts für Künstler und Kunstliebhaber, 1. Stück (1795), 10.
109 WILHELM HEINRICH WACKENRODER an Ludwig Tieck (5. 3. 1793), in: Wackenroder, Dichtung, Schriften, Briefe, hg. v. G. Heinrich (Berlin 1984), 434.
110 LUDWIG TIECK an Wackenroder (28. 12. 1792), in: ebd., 420.
111 TIECK, [Essay über das Erhabene] (1792), in: Publications of the Modern Language Association 2 (1935), 542, 541.
112 WACKENRODER, Phantasien über die Kunst für Freunde der Kunst (1797/98), in: Wackenroder (s. Anm. 109), 290.

dunkler sich entfernt, je mehr das Leben in die Jahre rückt« (289f.).

Wackenroders Musikästhetik, die ihr Pendant in einer ›Ästhetik der Farbklänge‹ findet, ist befreit vom Zwang der Abbildung, dem realen Bezug. »Denn es ist zum Lächeln, zum Beweinen wehmütig, und zur Anbetung erhaben, – daß unser Herz sich aus seiner irdischen Sphäre hebt, daß alle unsre Gedanken in ein feineres, edleres Element geraten.« (344f.) Das Modell ist die Symphonie. Mit seinen *Phantasien* markiert Wackenroder zentrale Positionen der romantischen Musiktheorie, wie sie nach 1800 u.a. von E. T. A. Hoffmann in dem Aufsatz *Beethoven, C moll-Sinfonie* beschrieben werden. Sie läßt uns »jene unendliche Sehnsucht« empfinden, »die das Wesen der Romantik ist«[113].

III. Zum 19. Jahrhundert

1. Das ›Gemeine‹ als Gegensatz des Erhabenen

Auch für Herder ist die Musik, die »Sprache der Schöpfung«, diejenige unter den Künsten, die wie keine andere das Erhabene zum Ausdruck bringen kann. In der ›Gegenstandslosigkeit‹ der Musik scheint für Herder darstellbar zu sein, was ansonsten der sinnlichen Natur des Menschen verwehrt bleibt. Im Absoluten, »außer und über der Natur«, haben weder Verstand noch Vernunft etwas zu ordnen. »Das ›kritisch Erhabne‹ ist hier allenhalben ein Ueberfliegen oder Ueberstürzen seiner selbst ins Grenzen- und Bodenlose, den Abgrund.« Für Herder ist Kants transzendentales Subjekt nicht mehr als eine Kopfgeburt, die ohne praktische Bedeutung bleibt: die Ohnmacht des Zuschauers. Die von Herder gegen Kant vollzogene Wiederannäherung der beiden Begriffe, die bis zur Verschmelzung im ›Erhabenschönen‹ geht, nimmt zentrale Tendenzen des 19. Jh. vorweg. Der Kern der Kant-Kritik Herders liegt in dem Vorwurf, daß die ›Analytik‹ einen Begriff des Erhabenen entwerfe, der den Menschen ins »Leere« führe. Ohne den Hintergrund der christlichen Offenbarung wird für Herder das Erhabene zum Inbegriff der Selbstüberhebung des Menschen ohne Maß und Ziel. »Wer mit erhabenen Gefühlen ewig und immer über dem Chaos brütete, ohne daß je eine Schöpfung würde, dessen Phantasie wäre das Thohu Vabohu selbst, für nichts, wider nichts, zu nichts, Zwecklos-erhaben, erhaben-Zwecklos«[114].

Herders ›Zwecklos-erhaben, erhaben-Zwecklos‹ beschreibt das Problem, um das sich wesentlich in der Nachfolge Kants die Debatte um das Erhabene in Deutschland dreht: den Verlust des Gegenstandes. Im 18. Jh. war das Erhabene vor allem ein Ausdruck moralisch-politischer Idealität. Diese Seite des Erhabenen brachte Kant auf den Begriff und wird von Hegel verabschiedet, indem er den Begriff als einen gegenwärtigen ignoriert. Bei Hegel wird zum erhabenen Subjekt die »absolute Substanz« als die »allgemeine, und für sich seiende Vernunft«[115] in der Geschichte. Der Begriff vom Erhabenen besitzt für ihn nur noch Bedeutung in bezug auf vergangene Epochen. Dies gilt sowohl für die *Ästhetik* (1835–1838; vgl. ›Die Symbolik der Erhabenheit‹) als auch für die *Philosophie der Religion* (1832). Dort bezieht sich das Erhabene auf die hebräische Poesie, die Kunst der Inder und Perser und die Erhabenheit griechischer Kunst. Indem das klassische Ideal zum Dasein, »das nur das seinige, das Dasein des Geistes selber ist, heraustritt, so zeigt sich auch die Erhabenheit desselben in die Schönheit verschmolzen«[116]. In der Religionsphilosophie kennzeichnet das Erhabene die jüdische Religion des Alten Testaments.

Für Schopenhauer, der den Begriff nicht historisiert, sondern als einen gegenwärtigen auffaßt, wird die bürgerliche Welt zu einem Gegenstand des sezierenden Blicks, wo sich der sittliche Enthusiasmus nicht mehr lohnt. Das Erhabene ist der Ausdruck eines Pathos der Resignation: »Die Erhebung zum reinen Erkennen geschieht mit ent-

---

113 E. T. A. HOFFMANN, Beethoven, C moll-Sinfonie (1810), in: Hoffmann, Dichtungen und Schriften, hg. v. W. Harich, Bd. 12 (Weimar 1924), 131; vgl. ALBRECHT RIETHMÜLLER, Aspekte des musikalisch Erhabenen im 19. Jahrhundert, in: Archiv für Musikwissenschaft 1 (1983), 38–49.
114 JOHANN GOTTFRIED HERDER, Kalligone (1800), hg. v. H. Begenau (Weimar 1955), 227, 238, 205.
115 G. W. F. HEGEL, Vorlesungen über die Geschichte der Philosophie (1833–1836), hg. v. J. Hoffmeister, Bd. 1 (Leipzig 1944), 168.
116 HEGEL (ÄSTH), 466.

schiedenerem Losreißen vom Interesse des Willens, und indem wir im Zustande des reinen Erkennens beharren, tritt das Gefühl des Erhabenen deutlich hervor«[117]. Karl Rosenkranz' Charakterisierung der Ethik Schopenhauers in seiner *Geschichte der Kant'schen Philosophie* (1840) läßt Bewunderung für eine Haltung der »weltverachtenden Bitterkeit«, eines »grandiosen, genuinen Mystizismus«, einer »klosterreifen Lebensmüdigkeit«, die sich verbindet mit einem »heroischen Leidensmut«, erkennen, die ihm selbst unmöglich ist: »ein erhabenes erschütterndes Gedicht«. Mit der von Schopenhauer vollzogenen Verabschiedung der sittlichen Vernunft als einer positiven Wertnorm für die Praxis hat für Rosenkranz die praktische Philosophie einen Punkt erreicht, über den nicht mehr hinausgegangen werden kann. »Sie ist ihm [Schopenhauer – d. Verf.] ein an sich indifferentes Werkzeug, das dem Verbrecher, dem Bösewicht so gut als dem Menschenfreund dienen kann«[118].

In der *Ästhetik des Häßlichen* (1853) zieht Rosenkranz zum einen das Erhabene und Schöne im »Erhabenschönen« zusammen, das, kaum voneinander geschieden, die klassizistische Tradition und die Macht der Religion erinnert. Die im Begriff eines Tempels liegende Erhabenheit, Ausdruck der »Einheit einer Volksgemeinde«, werde kleinlich und gemein, wenn Kirchen ihrem Äußerem nach auch »Fabrikgebäude« oder »Bahnhofgebäude«[119] sein könnten. Der Begriff des Erhabenschönen, der das Schöne als einen Gegenstand der Bewunderung, Verehrung auffaßt, tendiert zum Numinos-Religiösen. Zum anderen erhält das Erhabene mit den ›Gemeinen‹ einen Gegensatz, der die Verbindung zu sprengen droht. Der Grund liegt in der kaum mehr möglichen Darstellung des Erhabenschönen. Das Alltägliche ist »langweilig« und »gemein«. Und die »Vornehmheit des Erhabenen schließt alle Gemeinheit von sich aus«. Durch die universelle Verbreitung des Gemeinen in dieser ›verrückt‹ gewordenen Zeit der »superstitiösen und borniertien« Reaktion und der »atheistischen und libertinen« Revolution bleibt das Erhabene eingespannnt in abstrakte, formelhaft wirkende Charakterisierungen, die mit der alltäglichen, der von Rosenkranz beschriebenen wirklichen Welt nicht vermittelbar sind. »Das Erhabene verklärt das Endliche in die Idealität seiner Unendlichkeit«. Leben-

dig, bezogen auf konkrete Phänomene und Entwicklungen, getrieben von der eigenen Beobachtung, von der Dynamik der Sache selbst, wird Rosenkranz' Sprache dort, wo er den Gegensatz des Erhabenen beschreibt. »Das Proletariat [...] besteht fast nur aus Karikaturen, und diese Karikaturen bestehen fast nur aus Fratzen.«[120] Vor Rosenkranz hatte bereits Arnold Ruge in der *Neuen Vorschule der Aesthetik* (1836) das Gemeine als den ›wahren Gegensatz‹ des Erhabenen bestimmt. In Nordamerika regiere die Gemeinheit. Dieser »gemeine Menschenverstand« finde seinen »höchsten Ruhm im Gelderwerb [...] und in der Abwehrung der Naturnoth [...], wodurch der Mechanismus an die Stelle der Philosophie und Poesie gesetzt, und sogar das Predigen zum Handwerk wird«[121]. Der Ton der Enttäuschung ist bei Ruge unüberhörbar. Neben der Französischen Revolution war die Unabhängigkeitserklärung der Vereinigten Staaten das zweite große Ereignis bürgerlicher Emanzipation des 18. Jh. gewesen. Und die Staaten galten, ohne den Ballast der europäischen Tradition, als ein Beispiel gelungener Demokratie.

In der akademischen, systematischen Ästhetik wird das Erhabene zur Leerformel. Das Hin- und Herschieben des Begriffs bei Ästhetikern wie Karl Friedrich E. Trahndorf (*Ästhetik oder Lehre von der Weltanschauung und Kunst*, 1827), Christian Hermann Weiße (*System der Ästhetik als Wissenschaft von der Idee der Schönheit*, 1830) oder auch Friedrich Theodor Vischer (*Über das Erhabene und Komische*, 1837; *Ästhetik*, 1846–1858) als eine leere Abstraktion, hin- und herschwankend zwischen dem Komischen, Häßlichen und einem klassizistisch bestimmten Schönen sowie Kants ›Analytik‹ und Hegels ›System‹, zeugt von der nachwirkenden Tradition, dem Gefühl, daß diesem Begriff wohl Bedeutung zukomme, und zugleich davon, daß die

---

117 ARTHUR SCHOPENHAUER, Die Welt als Wille und Vorstellung (1819), in: SCHOPENHAUER, Bd. 2 (²1949), 241.
118 KARL ROSENKRANZ, Geschichte der Kant'schen Philosophie (1840), hg. v. S. Dietzsch (Berlin 1987), 400, 40.
119 ROSENKRANZ, 55, 154.
120 Ebd., 5, 166f., 230, 244, 230, 331.
121 RUGE, 69.

Frage, worin denn die Bedeutung liege, kaum mehr beantwortet werden kann. Eine Ausnahme bildet Kuno Fischer, der im Rahmen seiner Ästhetik des Schönen in der Revolutionszeit von 1848 noch einmal an die politische Implikation des Erhabenen erinnert: »Wir wollen den Kampf um die Freiheit, der die ganze Fülle der menschlichen Tugenden begreift, das Erhabene nennen«[122]. Erst um 1870/71 erhält die Idee des Erhabenen einen neuen, erfahrbaren Gegenstand der Identifikation mit deutlicher Affinität zu einem religiös verbrämten Nationalismus, das Politisch-Mächtige als ein Wunder verklärend. Wie die Verkörperung der preußisch-deutschen Geschichte des letzten Jahrhunderts habe die »Märchengestalt« Kaiser Wilhelms I. unter uns geweilt, »märchenhaft die fast ununterbrochene Reihe von Siegen, die er in zwei großen Kriegen errungen, märchenhaft das hohe Greisenalter, bis zu welchem er mit Festigkeit und Weisheit die Geschicke des Vaterlandes gelenkt hat«. Eine Illusion sei es, daß das Ziel, »der europäische Staatenbund, vor einer vollständigen Umgestaltung der Karte von Europa [...] verwirklicht werden könne«. Die Vorbedingung sind die Kriege der Zukunft, die »an Großartigkeit der aufeinander platzenden Gewalten alles in der Weltgeschichte bisher Dagewesene überragen dürften«[123]. Diese Geisteshaltung könne dem Alltagsmenschen »leicht unsittlich erscheinen«. Aber wenn »eine erhabene Idee mit ihrem Pathos den ganzen Menschen in Besitz genommen [...], dann handelt ein solcher Mensch [...] rücksichtslos gegen die niederen und gewöhnlichen Pflichten des Lebens«[124].

2. Verlust der Natur

Das Interesse am Erhabenen verlagert sich im Laufe des 19. Jh. von der Natur auf die soziale Welt. Die wilde Natur, die ›über uns keine Macht hat‹ (Kant), die Natur als Gegensatz, Ansporn, als ein Objekt des Kults, für das 18. Jh. eine verbindliche Norm, wird im 19. Jh. Vergangenheit. Paradigmatisch für dieses Verschwinden ist, daß Willliam Wordsworths einzige längere Anmerkung zum Sublimen, die das Sublime der Natur zum Gegenstand hat, in einen von ihm verfaßten Reiseführer eingebaut ist, der den beginnenden Massentourismus auf die bizarren Schönheiten unberührter Natur aufmerksam machen soll.[125] Das Erhabene der wilden Natur wird mit Beginn des 19. Jh. im Tourismus zur Alltagserfahrung. Einen Schwerpunkt touristischer Erfahrung bilden die Alpen, die durch die vorangegangene Erhabenheitsdebatte eine weit verbreitete Popularität genossen.[126] An die Stelle der wilden Natur treten die große Industrie und Städte wie Paris oder London[127]. Eine Ausnahme bildet die amerikanische Landschaft. Sowohl aus europäischer Sicht – »die Gattung des Erhabenen, welche dem Anblick der endlosen Prärien im Innern Nord-Amerikas nachgerühmt wird«[128] – als auch aus der Binnensicht der Transzendentalisten wie Ralph Waldo Emerson, Walt Whitman, Henry D. Thoreau oder der Maler der amerikanischen Romantik wie Thomas Cole und Frederick Church[129] erscheint die Natur Nordamerikas, insbesondere die des Westens, ihre scheinbare Unbegrenztheit, moralisch-geistig höherstehend als das ›enge‹ Europa mit seinen ungelösten sozialen und politischen Konflikten. »Indeed, through the whole of this journey, what most impressed me, and will longest remain with me, are these same prairies. Day after day and night after night, to my eyes, to all my senses – the es-

---

122 KUNO FISCHER, Diotima. Die Idee des Schönen (Pforzheim 1849), 204.
123 EDUARD VON HARTMANN, Zwei Jahrzehnte deutscher Politik (1888), in: Hartmann, Gedanken über Staat, Politik und Sozialismus (Leipzig 1923), 4, 11 f.
124 HARTMANN, Das sittliche Bewußtsein (1879), in: ebd., 93 f.
125 Vgl. WILLIAM WORDSWORTH, [The Sublime and the Beautiful], in: A Guide Through the District of the Lakes (1810), in: Wordsworth, The Prose Works, Bd. 2, hg. v. W. J. B. Owen/J. Worthington Smyser (Oxford 1974), 349–360.
126 Vgl. WOLFGANG KOS, Die Eroberung der Landschaft, in: Kos (Hg.), Die Eroberung der Landschaft. Semmering, Rax, Schneeberg (Wien 1992), 20–48.
127 Vgl. TAYLOR (s. Anm. 9); CAROL L. BERNSTEIN, The Celebration of Scandal. Toward the Sublime in Victorian Urban Fiction (Pennsylvania 1991).
128 SCHOPENHAUER (s. Anm. 117), 240 f.
129 Vgl. MARTIN CHRISTADLER, Heilsgeschichte und Offenbarung. Sinnzuschreibungen an Landschaft in der Malerei der amerikanischen Romantik, in: M. Smuda (Hg.), Landschaft (Frankfurt a.M. 1986), 135–158.

thetic one most of all – the silently and broadly unfolded. Even their simplest statistics are sublime.«[130] Die Nutzbarmachung der ›Macht der Natur‹ für menschliche Zwecke in Gestalt der »Maschinen« vermittelt nach Rosenkranz nur eine an das Erhabene grenzende Erfahrung, weil die Maschine »von einer anderen Macht, von der Intelligenz und dem Willen des Menschen, abhängig ist, also nicht, wie der Begriff des Erhabenen es verlangt, ihren Ursprung und den Anfang ihrer Bewegung aus sich nimmt«[131]. Rosenkranz überträgt die Struktur des Naturerhabenen, wie sie für das 18. Jh. typisch war, auf die Welt der Maschine. Daß die Ingenieurleistung einerseits und die Werke der großen Industrie andererseits als ein erhabenes Phänomen angesehen werden könnte, die gleichsam als eine neue Naturmacht auftreten, dazu fehlt ihm in Deutschland die lebendige Erfahrung von der industriellen Umgestaltung eines ganzen Landes und den damit verbundenen Folgen. Dagegen werden in England die Werke der großen Industrie bereits in den ersten Jahrzehnten des 19. Jh. zu modernen Monumenten, die sich die Ingenieure und Architekten selbst gesetzt haben. »But here we see the powers of nature brought to act upon a great scale, in subservience to the purposes of men; one river created, another (and that a large mountain-stream) shouldered out of its place, and art and order assuming a character of sublimity«[132]. Andererseits, vor dem Hintergrund der entstehenden industriellen Massengesellschaft, den sozialen Konflikten, der völligen Umwandlung und Zerstörung ganzer Landschaften, erscheinen die Werke der Industrie wie entfesselte Naturmächte. So zeigt John Martin, der als Ingenieur von den produktiven Möglichkeiten der Industrie fasziniert ist, in seinen Illustrationen zu Miltons *Paradise Lost* (1827) oder zum Alten Testament (1837) das Zeitalter der Maschinen als eine Hölle, die die klein gewordene menschliche Kreatur verschlingt.[133]

3. *Das Sublime als ›poetic principle‹*

In den Künstlerästhetiken bei Giacomo Leopardi, Victor Hugo oder Edgar Allan Poe wird das Sublime zur Sehnsucht nach dem ›Ganz Anderen‹. Hier erscheint es als ein Gegenbegriff, ein ›kritisch

Erhabenes‹, gegen das Neue, gegen die moderne bürgerliche Gesellschaft, den ökonomischen Liberalismus, der für Zeitgenossen wie Baudelaire, insbesondere nach der Poe-Lektüre, seine modellhafte, die europäische Zukunft vorwegnehmende Entsprechung in der amerikanischen Demokratie findet.

»Ogni sentimento o pensiero poetico *qualunque* è, in qualche modo, sublime. *Poetico* non *sublime* non si dà. Il bello, e il sentimento morale di esso, è sempre sublime.«[134] (Jede Empfindung oder jeder poetische Gedanke ist auf irgendeine Weise erhaben. Ein nicht erhabenes Poetisches gibt es nicht. Das Schöne und das moralische Empfinden des Schönen sind erhaben.) Für Leopardi werden Sublimes und Poetisches eins. Diese Gleichsetzung bezeichnet die Abgrenzung, die Abschirmung der eigenen, auf die Ebene des Poetischen gehobenen Gefühlswelt gegen den Eindruck, den ihm die erlebte Gegenwart aufdrängt. Das Ziel ist die Vermittlung subjektiv empfundener, im Realen nicht bestätigter Weite, Unbestimmtheit, Unbegrenztheit. Ist doch die häufigste Art, die Dinge zu sehen, die jener Menschen, »per cui le cose hanno corpo senza aver spirito, e voglio dire degli uomini volgari (volgari sotto il rapporto dell'immaginazione e del sentimento, e non riguardo a tutto il resto, per esempio alla scienza, alla politica ec. ec.)« (für welche die Dinge körperlich sind und nicht viel Geist haben, ich meine die Unbegnadeten [unbegnadet, was Einbildungskraft und Empfindung betrifft, nicht was das Übrige angeht, Wissenschaft, Politik usw.])[135].

---

130 WALT WHITMAN, Specimen Days (1882), hg. v. L. Hidy (Boston 1971), 94.
131 ROSENKRANZ, 156.
132 ROBERT SOUTHEY, The Life of Thomas Telford (1819; London 1867), 297f.; vgl. FRANCIS D. KLINGENDER, Art and the Industrial Revolution (1947; New York 1968), 121.
133 Vgl. KLINGENDER (s. Anm. 132), 83–103, 120–133; DAVID E. NYE, American Technological Sublime (Cambridge, Mass./London 1994).
134 GIACOMO LEOPARDI, Zibaldone di pensieri (1817–1832), in: Leopardi, Tutte le opere, hg. v. F. Flora, Bd. 4 (Mailand 1938), 1300.
135 Ebd., Bd. 3 (1937), 129; dt.: Das Gedankenbuch, übers. v. H. Helbling (München 1992), 43.

Hugos antiklassizistische Programmschrift *Préface de Cromwell* (1827), die Verabschiedung des klassizistischen, antikisierenden Schönheitsbegriffs, insbesondere desjenigen der Restaurationsperiode, gewinnt, wird sie im Zusammenhang des *Fragment d'histoire* (1827–1829) gelesen, eine Dimension zurück: »die Dimension der Zukunft. Das ästhetische Programm für eine neue Literatur ist Vorgriff dieses neuen Weltbildes«[136]. Die Texte bewegen sich in einem Kontext, in dem die verschiedensten geistigen Orientierungsversuche im nachrevolutionären Frankreich ineinander übergehen: die Utopien der frühen Sozialisten, die neokatholische Bewegung um Félicité Robert de Lamennais oder der politische Liberalismus. Das *Fragment* skizziert die Umrisse einer neuen Kultur, die nicht in Europa, sondern in Amerika entstehen werde.

Das Groteske ist für Hugo in seinen je unterschiedenen Ausprägungen und Mischformen, angesiedelt zwischen den Extremen, dem Lächerlichen und Schrecklichen, der Drehpunkt der neuen (dramatischen) Kunst. »La plus riche source que la nature puisse ouvrir à l'art«. In dieser Hinsicht ist das Groteske der Gegenbegriff zum einförmig wirkenden, in sich ruhenden Ideal- oder auch Erhabenschönen. Zugleich unternimmt Hugo den Versuch, das Sublime durch die Abtrennung vom Schönen und das Sich-Einlassen mit dem Grotesken als ein »sublime moderne« neu einzuführen. »En effet, dans la poésie nouvelle, tandis que le sublime représentera l'âme telle qu'elle est, épurée par la morale chrétienne, lui jouera le rôle de la bête humaine«[137]. Abgelöst vom klassizistischen Pathos, von der christlichen Moral markiert das Sublime die Erhebung der ›reinen Seele‹, eine Leerstelle, die noch besetzt werden muß.

Baudelaire charakterisierte Poes Ästhetik und Werk als die Reaktion auf eine ›gefräßige, nach Materiellem gierende Welt‹. »De tous les documents que j'ai lus est résultée pour moi la conviction que les États-Unis ne furent pour Poe qu'une vaste prison qu'il parcourait avec l'agitation fiévreuse d'un être fait pour respirer dans un monde plus amoral, – qu'une grande barbarie éclairée au gaz, – et que sa vie intérieure, spirituelle, de poète ou même d'ivrogne, n'était qu'un effort perpétuel pour échapper à l'influence de cette atmosphère antipatique«[138]. Diese Atmosphäre und die der industriellen Revolution, in der die exakte Naturwissenschaft des 19. Jh. ihre Erfüllung findet, ist in Poes Ästhetik der Konstruktion eingeschrieben: Zum einen in den Erzählungen als die Entfesselung elementarer Mächte, der Wirklichkeit des Irrationalen, Erschreckenden im Rationalen, als der ›Maelstrom‹ des Fortschritts, der die Akteure in seinen Bann zieht, zum anderen im *Poetic Principle* (1850) als eine beherrschte, kontrollierte, in diesem Sinne schöne Konstruktion poetischen Entwerfens und Machens. Neben der Musik, die nicht dem Gegenständlichen verpflichtet ist, kann für Poe nur noch die Lyrik, die Versdichtung, die dem Musikalischen, dem Rhythmus, der Melodie, nahekommt, dieses Ziel erreichen. »It is in Music, perhaps, that the soul most nearly attains the great end for which, when inspired by the Poetic Sentiment, it struggles – the creation of supernal Beauty. It may be, indeed, that here this sublime end is«[139]. Das Sublime bezeichnet für Poe eine Steigerung der Schönheit, die diese unwirklich werden läßt, sie der Darstellung entzieht – »pure beauty [...] has in it a foreshadowing of the future and spiritual life«[140]. Die Verbindung von ›beauty‹ und ›sublime‹ sucht die Wirkung des nicht darstellbaren, nur empfundenen, idealen Anderen festzuhalten. Das Sublime spürt den Formen der indirekten Darstellungen nach. Es ist das ›poetic principle‹ selbst, das, was die unüberbrückbare Distanz zum Realen betont.

---

136 JOCHEN SCHLOBACH, Motive und Folgen einer ästhetischen Revolution. Victor Hugos ›Préface de Cromwell‹, in: lendemains 21 (1981), 67.
137 VICTOR HUGO, Préface de Cromwell (1827), in: Hugo, Théâtre complet, hg. v. R. Purnal, Bd. 1 (Paris 1963), 419, 420.
138 CHARLES BAUDELAIRE, Edgar Allan Poe, sa vie et ses œuvres (1857), in: BAUDELAIRE, Bd. 2 (1976), 297.
139 EDGAR ALLAN POE, The Poetic Principle (1850), in: Poe, The Complete Works, hg. v. J. A. Harrison, Bd. 14 (New York 1902), 274.
140 POE, Orion (1845), in: ebd., Bd. 11 (1902), 255.

IV. Zum 20. Jahrhundert

1. Politisierung des Erhabenen – ›Recherche du sublime‹

Im Brockhaus von 1902 heißt es, daß ein Gegenstand erhaben genannt werde, wenn er durch seine Größe gefällt. Dann errege er durch seine Unermeßlichkeit in uns Gefühle,»die uns auf ein Übersinnliches (Vernunftidee) hinweisen, wodurch wir uns gehoben fühlen«[141]. Der Eintrag im *Meyer* fünf Jahre später beginnt mit der Feststellung:»Erhaben ist ein objektiver ästhetischer Begriff, d. h. ein solcher, durch den eine Eigenschaft des ästhetischen Objekts und nicht des auffassenden Subjekts bezeichnet wird«[142]. Die beiden Zitate beschreiben die wesentlichen Tendenzen der Bestimmung des Erhabenen in der ästhetischen Reflexion am Beginn des 20. Jh.: die abstrakte ideengeschichtliche, von Kant herkommende Fortschreibung des Überkommenen in der akademischen Ästhetik einerseits sowie dessen spezifische Umformung und Konkretisierung andererseits. Das Erhabene wird zu einem Wert des Objekts. Es geht nun nicht mehr schlechthin um ›Vernunftideen‹, sondern um konkrete, dem politischen Bewußtsein der Zeit verpflichtete Darstellungsformen, die an Vorgaben des 19. Jh. anknüpfen.»Ungewöhnliche Kraft des Intellekts und namentlich des Willens, wie etwa bei Friedrich d. Gr. und Bismarck sind e. […] Und nicht nur im Einzelbewußtsein, sondern auch im Gesamtbewußtsein macht sich das Erhabene geltend: so war etwa 1813 die deutsche Volksseele zu erhabener Kraftanstrengung gesteigert«. Das Wesentliche des erhabenen Gefühlseindrucks»besteht in der starken Erregung und Spannung, die eine ungewöhnliche und unerwartete Kraftäußerung erweckt« (39). In unzähligen Varianten wurde diese Seite der Ausdeutung des Erhabenen dargelegt, entwickelt und im Unterschied zum *Meyer* zumeist noch an einschlägigen Beispielen aus Literatur und Kunst exemplifiziert.[143] Bereits Herder hatte in seinen ›Worterklärungen des Erhabenen‹ die Umformung markiert. Das Gefühl des Erhabenen»heißt Elevation, Erhebung. Es erhebt zum erhabenen Gegenstande; über uns selbst gehoben, werden wir mit ihm höher, umfassender, weiter. Nicht Kampf ist dies Gefühl, sondern Erweiterung unsrer Brust, Aufblick und Aufstreben, Erhöhung unsres Daseyns«[144]. Diese quasireligiöse Bedeutung, die in dem Begriff vom Erhabenen immer mitschwang, konnte unter bestimmten Umständen aktiviert und metaphorisch aufgeladen werden. So wird ›Erhebung‹ zu einem Schlüsselbegriff in der politischen Sprache des deutschen Nationalismus nach 1914 und darauf zurückgreifend zu Beginn der ›nationalsozialistischen Revolution‹.[145]

In der Rede *Il Sublime e le aspirazioni morali contemporanee* zur Eröffnung des Akademischen Jahres 1906/1907 charakterisiert der italienische Moralphilosoph Giuseppe Tarozzi die eigene Gegenwart als eine Zeit der Krise, der fehlenden Orientierung. Dagegen setzt die Rede die enthusiastische Erwartung einer sozialen Neugestaltung, die Hoffnung auf die Ausbildung eines erneuerten, religiös motivierten Citoyen-Bewußtseins. Die Rede ist Rückblick und Vorausschau. Sie vermittelt den jugendlichen Zuhörern eine Art Bestandsaufnahme des 19. Jh.: dominierende naturwissenschaftlich-technische Denkungsart auf der Grundlage der exakten Einzelwissenschaften, Positivismus und Naturalismus, die Einbindung des Menschen in eine übergreifende Naturgesetzlichkeit von der Biologie über die Physik bis hin zur Ökonomie, die Ausbreitung des Marxismus und die damit verbundene soziale Frage. Tarozzi bestimmt die überkommene Erbschaft als eine Chance der Erneuerung, wenn es gelingt, diese mit einer Stimmung des Aufbruchs, einer neuen ethischen Orientierung zu vermitteln. Nicht mehr der Klassenkampf, sondern das Bedürfnis des perspektivisch mit sich selbst versöhnten zeitgenössischen Bewußtseins nach einer

---

141 ›Erhaben‹, in: BROCKHAUS, Bd. 6 ([14]1902), 159.
142 ›Erhaben‹, in: Meyer's Großes Konversations-Lexikon, Bd. 6 (Leipzig/Wien 1907), 39.
143 Vgl. JOHANNES VOLKELT, System der Ästhetik, Bd. 2 (München 1910), 104–187.
144 HERDER (s. Anm. 114), 220.
145 Vgl. GUSTAV FIEBIG/ERNST KOCH, ›Gott mit uns!‹ Dokumente religiöser Erhebung des deutschen Volkes im Kriegsjahr 1914 (Berlin 1914); WALTER DIBELIUS, Nationale Erhebung (Leipzig 1919); WILHELM PESCHEL, Die nationale Erhebung 1933 (Berlin 1933); ERNST CZECH-JOCHBERG, Vom 30. 1. zum 21. 3. Die Tage der Nationalen Erhebung (Berlin 1933).

›organischen Arbeitsteilung‹, die die Autonomie des einzelnen in der gemeinschaftlichen Anstrengung, eine stärkere und gerechtere Gesellschaft zu erreichen, harmonisieren und bündeln soll, wird die Zukunft prägen. Dieses Bedürfnis »caratterizza il sublime« (ist für das Erhabene kennzeichnend). Die so an ein gemeinschaftliches Werk gebundene Aktivität ist für Tarozzi das Resultat des neuen Subjektivismus, der im Gegensatz steht zum idealisierten ökonomischen, utilitaristischen Individualismus eines Stuart Mill. »Sarà la via maestra della sublimità naturale.« (Das wird der Königsweg der natürlichen Erhabenheit sein.) Der zentrale Bezugspunkt ist neben dem durch die Kant-Rezeption geprägten Begriff des Sublimen der Pessimismus des 19. Jh., wie er vor allem in Leopardis Lyrik deutlich werde. Die Vermittlung beider in einem modernisierten Begriff des Sublimen ist das Ziel der Rede. Die Einbindung des Menschen am Beginn des 20. Jh. in die Naturzusammenhänge, wie sie der Positivismus des 19. Jh. beschrieben habe, entziehe sowohl dem Kantschen transzendentalen Erhabenen als auch dem Pessimismus Leopardis die Grundlage. Was bleibt, ist die mit dem Sublimen bezeichnete moralische Integrität und der mit ihm verbundene soziale Gestaltungswille. »Il nome l'aveva assegnato Emanuele Kant trasferendolo dalla retorica all'estetica e nell'estetica differenziandolo come elemento di morale dignità: Il sublime.«[146] (Den Namen dafür hatte Immanuel Kant bestimmt, der es von der Rhetorik in die Ästhetik versetzte und es innerhalb der Ästhetik als Element sittlicher Würde unterschied: das Erhabene.)

Noch unbestimmt, was der konkrete Gegenstand sublimer Erfahrung sein werde, wie seine ästhetisch-politische Konkretion erfolgen könnte, und das Problemfeld des Sublimen harmonisierend, artikuliert Tarozzi in Verbindung mit dem Sublimen eine Stimmung der Erwartung. Ähnlich und zugleich radikalisiert oder auch konkretisiert bezeichnet das Sublime/Erhabene außerhalb der akademischen Traditionslinie bei Sorel, den Futu-

---

146 GIUSEPPE TAROZZI, Il Sublime e le aspirazioni morali contemporanee (Bologna 1907), 25, 30, 5, 6.
147 GEORGES SOREL, Réflexions sur la violence (1906; Paris 1990), 213, 177.

risten, Lukács, Bloch oder der deutschen Avantgarde eine Form der Rebellion gegen die Resultate des 19. Jh. Hier ist das Wort, der Begriff oder auch die Idee des Erhabenen in der Zeit vor und nach dem 1. Weltkrieg eine Spur, ein Zeichen der Suche nach alternativen Wertorientierungen. Im Namen des Erhabenen geht es, vom je unterschiedenen ethischen Rigorismus Kants, Fichtes und Nietzsches herkommend, um den Versuch der Vermittlung von ästhetischer Reflexion und Ethik.

1906 veröffentlichte Georges Sorel seine *Réflexions sur la violence* gegen die verwaltete Demokratie. Die Losung der Revolution von 1789 ist Sorel in der bürgerlichen Gesellschaft zur Leerformel verkommen, die noch immer auf ihre Einlösung warte. Sorels Begriff des Sublimen richtet sich gegen das Herunterbringen moralischer Werte auf das Niveau des Brauchbaren und Machbaren in den Gängen der Verwaltung und des Geschäfts. »Dans les milieux ouvriers qui sont raisonnables au gré des professionnels de la sociologie, lorsque les conflits se réduisent à des contestations d'intérêts matériels, il ne peut y avoir rien de plus sublime que lorsque des syndicats agricoles discutent avec des marchands d'engrais au sujet des prix du guano.« Sorels Rückgriff auf Kants ›Analytik des Erhabenen‹ erfolgt aus der Verachtung der real praktizierten parlamentarischen Demokratie heraus. Er ist bezogen auf die Achtung vor dem Wert der Revolution an sich, eine auf spezifische Weise ins Politische gewendete Kant-Rezeption: »Recherche du sublime dans la morale«[147]. An dieser Stelle erfolgt die Setzung des ›Mythos‹ vom proletarischen Generalstreik – eine politische Wirkungsästhetik, deren ethisches Zentrum der Begriff des Sublimen bezeichnet. Im Sublimen soll sich angestaute revolutionäre Energie bündeln, gleichsam in der Form ›reiner Energie‹, unbefleckt vom Gegenwärtigen, die ihren Wert in sich selbst trägt und die die ›ganz andere Gesellschaft‹ will.

Beginnend mit Marinettis *Fondazione e Manifesto del Futurismo* (1909), entwerfen die politischen und ästhetischen Manifeste der Futuristen eine Ästhetik der Geschwindigkeit, des Krieges, die die Einlösung des Sublimen durch einen Heroismus der Tat fordert. »Così, io ho ucciso l'amore, sostituendogli la sublime voluttà dell'eroismo.« (So habe ich die Liebe getötet und an ihre Stelle die erhabene Wollust des Heroismus gesetzt.)[148] Es ist eine Ästhetik der technischen Modernität, gebunden an den Glauben an die zukünftige imperiale Größe der italienischen Nation.»Sia cancellato il fastidioso ricordo della grandezza romana, con una italiana cento volte maggiore.« (Es sei das ärgerliche Gedenken an römische Größe ausgelöscht durch die hundert Mal erhabenere italienische Größe.)[149] Für die Futuristen ist ihre neue Kunst und Ästhetik immer auch eine gesamtgesellschaftliche Programmatik gewesen.»Se i nostri quadri sono futuristi, è perché essi rappresentano il risultato di concezioni etiche, estetiche, politiche, e sociali, assolutamente futuristi.« (Sind unsere Bilder futuristisch, so sind sie es einzig und allein, weil sie das Ergebnis ethischer, ästhetischer, politischer und sozialer, selbst vollkommen futuristischer Begriffe sind.)[150] Und insbesondere Marinetti begreift die Experimente, Aktionen und die Zerstörung des Alten im Binnenraum der neuen Ästhetik als Vorbereitung, Vorwegnahme, Begleitung, Zeichen einer neuen Politik.»Noi affermiamo che la magnificenca del mondo si è arricchita di una bellezza nuova: la bellezza velocità. [...] Non v'è più bellezza, se non nella lotta. Nessuna opera che non abbia un carattere aggressivo può essere un capolavoro. [...] Noi vogliamo glorificare la guerra – sola igiene del mondo.« (Wir erklären, daß sich die Herrlichkeit der Welt um eine neue Schönheit bereichert hat: die Schönheit der Geschwindigkeit. [...] Schönheit gibt es nur noch im Kampf. Ein Werk ohne aggressiven Charakter kann kein Meisterwerk sein. [...] Wir wollen den Krieg verherrlichen – diese einzige Hygiene der Welt.)[151] Der Futurismus thematisiert nicht schlechthin die Technik, die Welt der Maschinen, sondern gibt dieser Welt und der durch sie radikal veränderten Wahrnehmung entsprechende Ausdrucksformen in den Künsten: Die Welt der Technik und die ihr gemäße Kunst soll und wird die alte Ästhetik, die überkommene Lebenswelt insgesamt ersetzen. Die Futuristen verabschieden die traditionelle, museal gewordene Erhabenheit in den Künsten auf dem Wege ihrer komischen Vernichtung, um zugleich ein neues, aggressives Erhabenes zu etablieren.»Il Teatro di Varietà distrugge il Solenne, il Sacro, il Serio, il Sublime dell'Arte coll'A maiuscolo. Esso collabora alla distruzione futurista dei capolavori immortali,

plagiandoli, parodiandoli, presentandoli alla buona, senza apparato e senza compunzione, come un qualsiasi numero d'attrazione.« (Das Varieté zerstört das Feierliche, das Heilige, das Ernste und das Erhabene in ›der Kunst‹. Es wirkt bei der futuristischen Vernichtung der unsterblichen Meisterwerke mit, weil es sie plagiiert, parodiert, auf zwanglose Art präsentiert, ohne Apparat und ohne Zerknirschtheit, wie eine x-beliebige Attraktion.)[152] Sie verabschieden den akademischen Klassizismus und den rückwärtsgewandten ästhetisierenden Blick eines Gabriele d'Annunzio, der die zukünftigen Kriege und die gegenwärtige Technik noch im Bild der monumentalen Vergangenheit des römischen Imperiums und im Kostüm der sagenhaften Heroenkämpfe beschwor.

Unentschiedenheit prägt Lukács' *Theorie des Romans* (1916). Gefangen in der geschichtsphilosophischen Konstruktion, die vergangene lebendige Totalität der Griechen verklärend, auf der Suche nach dem »Ankunft des Neuen«, die erlebte Gegenwart nach einem Wort von Fichte als den »Stand der vollendeten Sündhaftigkeit« beschreibend, ist die *Theorie* eine Reaktion auf den Ausbruch des 1.

---

148 FILIPPO TOMMASO MARINETTI, Mafarka il Futurista (1910), in: Marinetti, Teoria e invenzione futurista, hg. v. L. de Maria (Mailand 1983), 262; dt.: Geschichte des Futurismus, übers. v. C. Baumgarth (Reinbek 1966), 248.
149 MARINETTI, Futurismo e Fascismo: L'Impero Italiano. A Benito Mussolini – Capo della nuova Italia (1924), in: ebd., 570; dt.: Das italienische Imperium. An Benito Mussolini – Oberhaupt des neuen Italien, übers. v. H.-G. Ortmanns, in: H. Schmidt-Bergmann (Hg.), Futurismus. Geschichte, Ästhetik, Dokumente (Reinbek 1993), 154.
150 UMBERTO BOCCIONI/CARLO D. CARRÀ/LUIGIO RUSSOLO u. a., Prefazione al Catalogo delle Esposizioni di Parigi, Londra, Berlino, Bruxelles, Monaco, Amburgo, Vienna, ecc. (1912), in: L. de Maria (Hg.), Marinetti e il Futurismo (Mailand 1981), 60; dt.: Futuristen. Die Aussteller an das Publikum, o. Übers., in: Schmidt-Bergmann (s. Anm. 149), 311.
151 MARINETTI, Fondazione e Manifesto del Futurismo (1909), in: Marinetti (s. Anm. 148), 6; dt.: Manifest des Futurismus, in: Marinetti, Geschichte des Futurismus (s. Anm. 148), 77.
152 MARINETTI, Teatro di Varietà (1913), in: Marinetti (s. Anm. 148), 115 f.; dt.: Das Varieté, übers. v. H.-G. Ortmanns, in: Schmidt-Bergmann (s. Anm. 149), 224.

Weltkriegs. »Kants Sternenhimmel glänzt nur mehr in der dunklen Nacht der reinen Erkenntnis und erhellt keinem der einsamen Wanderer [...] mehr die Pfade.« Das innerste, eigentliche Wesen des Menschen, sein Verlangen nach einer anderen Praxis ist als eine ohnmächtige Forderung »auf einem imaginären Himmel des Seinsollenden ihm entgegengestellt. [...] Die visionäre Wirklichkeit der uns angemessenen Welt, die Kunst, ist damit selbständig geworden: sie ist kein Abbild mehr«. Die Kunst wird zum Ort für uneingelöste Versprechen, Sehnsüchte und Erwartungen. Sie erscheint als eine in ihrem Kern dem geschichtlichen Wandel enthobene Macht, die die Vision des ›Anderen‹ festhält. Die *Theorie* vergegenwärtigt das Rousseauische und romantische Naturempfinden, zieht Aufklärung und Romantik zusammen, bezieht sich sowohl auf Kants Subjektbegriff als auch auf Hegels Idee, stellt dieses Empfinden gegen den Naturbegriff der Wissenschaften und identifiziert zugleich den einen als die Kehrseite des anderen. Ein Grundproblem der *Theorie* ist das der Zeit, direkt und indirekt: der historischen Zeit, der Zeit des Stillstands, die in der Katastrophe des Krieges kulminierte, und der Zeit unbestimmter Erwartung eines Wandels, die Zeit des Dauerns, die Idealität und Wirklichkeiten immer weiter auseinandertreibt. »Und die Erkenntnis der Macht, die sie knechtet, nennen die Menschen Gesetze, und die Trostlosigkeit ihrer Allmacht und ihres Allbereichs wird für die Erkenntnis im Begriff des Gesetzes zur erhabenen und erhebenden Logizität einer menschenfernen, ewigen und unwandelbaren Notwendigkeit.«[153]

Das Neue, zu dem der Text hinstrebt, ohne daß es beschreibbar wird, nahm sowohl für Lukács als auch für Aleksandr Blok in der revolutionären Zeit um 1918 einen Anfang: die Musik der Revolution hören. »Великое, музыкальное, синтетическое культурное движение гуманизма, изживая само себя, накануне XIX столетия встретилось на пути своем с новым движением, идущим ему на смену (движение массы); [...] – дух музыки.« (Die erhabene, musikalische, synthetische, kulturelle Bewegung des Humanismus trat am Ende des 18. Jh. auf ihrem Wege mit einer neuen Bewegung, welche sie ablösen kam [der Bewegung der Massen], zusammen und hob sich selbst auf [...] – der Geist der Musik.)[154] Ähnlich wie Blok beschreibt Bloch in *Geist der Utopie* (1918/1923) musikalische Erfahrung als eine Erfahrung, die auf den Klang und Rhythmus erlebter, erhoffter oder untergründiger, noch verborgener Weltgeschichte verweist; das Neue, im Begriff noch nicht faßbar, an konkreter Musik Mozarts, Beethovens, Bruckners oder Wagners wird es nachvollziehbar: Mit Wagner kam die »unendliche Melodie«[155]. Und bei Bach findet das »geistliche Ich« seinen Ausdruck, gerichtet aufs »Tunwollen«, innerhalb einer »erhabenen [...] religiösen Phänomenologie«: »die Stufen des Glaubens, der Erleuchtung und der Apokalypse« (75). Mit seiner Metaphysik der Musik veranschaulicht Bloch exemplarisch, was er den »geschichtlich-theologischen Hintergrund« nennt, der den Menschen, »hoch emporgehoben zu Gott«, Halt und Orientierung geben soll. »Den Ort einer anderen Probe, einer ruhelosen Mobilmachung, den Ort der echten sozialistischen Ideologie, den Ort des großen Feldzugsplans der Zivilisation und Kultur« (334). Die Lebendigkeit des Erhabenen, den »über den Wolken thronende Christus« oder als der »sublime [...] Zustand des Staunens, Ahnens«, liegt in der »Erhabenheit«, die »uns eine Ahnung unserer künftigen Freiheit übermittelt« (247).

Geist der Utopie ist dem expressionistischen Pathos der Rebellion verpflichtet. Es wird von Bloch gebündelt, historisch verankert und auf die sozialistische Perspektive gelenkt. In den kunsttheoretischen, sozialphilosophischen, politischen, utopischen Reflexionen und Entwürfen der Expressionisten um 1920, der Gründergeneration des Bauhauses oder von Künstlern wie Max Beckmann findet der Begriff des Erhabenen keine Verwendung. Zugleich aber ist offensichtlich, daß die ›Idee des Erhabenen‹ im Pathos des Aufbruchs, Erhebung, der Anklage und Rebellion und insbe-

---

153 GEORG LUKÁCS, Die Theorie des Romans (1916), in: Ztschr. f. Ästhetik u. allgem. Kunstwiss. 11 (1916), 431, 231 f., 251.
154 ALEKSANDR BLOK, Dnevnik 1919, hg. v. G. G. Fedorov (Moskau 1989), 295; dt.: Tagebuch 1919, übers. v. E. Erb, in: Blok, Ausgew. Werke, hg. v. F. Mierau, Bd. 3 (Berlin 1978), 339.
155 ERNST BLOCH, Geist der Utopie (1918/1923), in: BLOCH, Bd. 3 (1964), 98.

sondere in den utopisierenden architektonischen Visionen von gebauten Zeichen zukünftiger Gemeinschaftlichkeit ihre Darstellung findet: »Alpine Architektur«[156]. Gebunden ist diese Idee u. a. ‹an ein Schönes, ein Schönerhabenes, gleichsam ein dargestelltes Erhabenes, nicht-akademisch, sondern als Resultat des Durchgangs durch die Modernisierung, das das ethische Potential des Erhabenen in der Darstellung, im utopischen Entwurf enthält: als die Spannung, die Kluft zwischen der vom Weltkrieg gezeichneten revolutionären, nachrevolutionären Gesellschaft um 1920, empfunden als Chaos, und den Visionen, Entwürfen einer anderen Welt, in denen politische, ästhetische und religiöse Reflexion ineinander übergehen. Gefordert wird eine »transzendente Sachlichkeit«, ein »stärkeres kommunistisches Prinzip« als der Ausdruck »verringerter Geschäftstüchtigkeit« – »die Liebe zu den Dingen um ihrer selbst willen«[157]. Das Bauhaus soll der Sammelpunkt all derer sein, »die zukunftsgläubighimmelsstürmend die Kathedrale des Sozialismus bauen wollen«[158].

Nach der Machtübernahme der Nationalsozialisten drängt der Wunsch, dem Utopischen entgegen den realen Erfahrungen auf der Spur zu bleiben, die Sprache Blochs in eine Form des Pathetischen, die Hoffnung personifiziert und ihr eine überzeitliche Gültigkeit zuschreibt: Neben den »erhabenen Vätern des Marxismus« waren für Bloch Lenin und Stalin »wirkliche Führer zu Glück, Lichtgestalten der Liebe, des Vertrauens, der revolutionären Verehrung«[159]. Daß die Charakterisierung des geglaubten Sinns der Geschichte mit dem Begriff vom Erhabenen nicht nur dem Pathos der Zeit um 1918 oder der extremen historischen Situation geschuldet war, zeigt ein Zitat von Bloch nach 1945: »Wunschlandschaft der Schönheit, der Erhabenheit insgesamt bleibt im ästhetischen Vor-Schein und als dieser der Versuch, Welt zu vollenden, ohne daß sie untergeht«[160]. Diese Verbindung von Schönheit und Erhabenheit wird von Bloch in das Umfeld der ›konkreten Utopie‹ gestellt. Sie verweist auf die Vorstellung Blochs, daß der Kunst und der philosophisch-ästhetischen Reflexion traditional die Aufgabe zufällt, was theoretisch und praktisch noch nicht darstellbar ist, im Bild oder Hinweis als ein Ziel geschichtlicher Bewegung vorwegzunehmen.

2. Klassizismus und ›Rehabilitierung des Erhabenen‹

Für Ernst Jünger war die Zeit um 1930 eine Zeit des ›heroischen Realismus‹: »Nichts zwingt uns [...], an den Wörterbüchern festzuhalten«. Die Gestalt des Arbeiters ist die »Herrin der Enzyklopädie«. Es komme nicht darauf an, die »Lebensführung« des Arbeiters zu verbessern, sondern ein »höchster, entscheidender Sinn« ist ihr zu geben: der ›Arbeiter‹ als Material für zu schaffende Ordnungen, »die unerschütterlich sind«. Ihr Ruf ist das Kommando, »das unmittelbar aus der Quelle der Sinngebung schöpft«. So wird ein Raum entstehen, der den »Monumentalstil« als ein »Symbol der Ewigkeit« ermöglicht. Die Ordnung wird eine Ordnung der höchsten technischen Vollkommenheit sein. Denkbar ist dann eine Sprache, »in der von Kampfflugzeugen wie von angeschirrten homerischen Streitwagen gesprochen wird«. Das Recht auf Gestalt ist das »erhabenste und unverlierbare Lebensrecht« des einzelnen. Eingefügt in eine »große Rangordnung von Gestalten«, wird er »selbst zum Gleichnis, zum Vertreter«. Jüngers Buch *Der Arbeiter* (1932) ist eine Möglichkeit der modellhaften Beschreibung der sozialen Situation des Intellektuellen um 1930. In den Text ist eingeschrieben das Gefühl der sozialen Isolierung von einem sinnhaften ›Ganzen‹. Er gibt den politischen und ökonomischen Realproblemen der Zeit eine höhere Weihe, eine Bestimmung: »Sinngebung als Anspruch«[161]. Die sympathisierende Annäherung

---

156 BRUNO TAUT, Alpine Architektur in fünf Teilen und dreißig Zeichnungen (Hagen i. W. 1919).
157 MAX BECKMANN, Ein Bekenntnis. Beitrag zu: Schöpferische Konfession (1918), in: Beckmann, Schriften (Leipzig 1984), 91.
158 OSKAR SCHLEMMER, Das Staatliche Bauhaus in Weimar (1923), in: U. Schneede (Hg.), Die zwanziger Jahre. Manifeste und Dokumente deutscher Künstler (Köln 1979), 181.
159 BLOCH, Originalgeschichte des Dritten Reiches (1937), in: Bloch, Vom Hasard zur Katastrophe. Politische Aufsätze 1934–1939 (Frankfurt a. M. 1972), 146 f.
160 BLOCH, Ästhetik des Vorscheins, Bd. 2 (Frankfurt a. M. 1974), 292.
161 ERNST JÜNGER, Der Arbeiter. Herrschaft und Gestalt (1932; Stuttgart 1982), 139, 140, 211, 210, 154, 190, 188, 37, 38, 68.

an die aktive Unterstützung der ›nationalsozialistischen Revolution‹ in den ersten Jahren hat ihre Grundlage auch in dieser Erwartung einer Herauslösung aus der Isolierung durch die ideell-emotionale und praktische Teilhabe an einer ›sinnstiftenden‹ Bewegung.
»Die Gesichter, die unterm Stahlhelm auf den Kriegerdenkmälern hervorschauen, sie haben fast überall eine mystisch zu nennende Ähnlichkeit. Eine steile durchfurchte Stirn, eine starke Nase mit kantigem Gerüst, ein festgeschlossener schmaler Mund mit der tiefen Spalte eines angespannten Willens. Die weitgeöffneten Augen blicken geradeaus vor sich hin. Bewußt in die Ferne, in die Ewigkeit. Diese willenhafte Männlichkeit des Frontsoldaten unterscheidet sich merklich vom Schönheitsideal früherer Zeiten.«[162] Das Erhabene wird in der ästhetischen Reflexion nach 1933 zu einer Idee, die auf ihre umfassende Realisierung drängt. Der Begriff bezeichnet in der Verbindung mit dem ›Heroismus der Tat‹ oder als ein monumentales Erhabenschönes die grundlegende Wertorientierung politischer und ästhetisch-künstlerischer Praxis. »Die Kunst ist eine erhabene und zum Fanatismus verpflichtende Mission«[163]. Mögen die Künstler »alle zum Schönen und Erhabenen streben«[164]. Das Erhabene war für die dem Nationalsozialismus nahestehenden Intellektuellen weitgehend geprägt durch die abstrakt geistesgeschichtliche, der politischen Praxis abgewandte akademische Ästhetik. Daher wird der Begriff selbst eher selten verwendet. Bestimmend für äs-

thetische Reflexion, die sich als eine nicht-akademische, politisch verstand, ist aber die Darstellung des Erhabenen. Bislang fehlte »die Vorstellung eines Symbols als der jeweils erschöpfenden Darstellung einer Idee«. Aber mit Hitler und der von ihm geführten Bewegung habe sich die Situation grundlegend geändert. Denn »Hitler ist nicht weniger als die Idee – er ist mehr als die Idee, denn er ist wirklich«. Nationalsozialismus bedeute, den unpolitischen, der Realität fernstehenden Intellektuellen durch den »Typus des Soldaten«[165] zu ersetzen. Das Erhabene findet im ›Heroischen des Krieges‹, in Hitler, den Insignien der Macht wie der Hakenkreuzfahne, der als Revolution oder nationale Erhebung bezeichneten Machtübernahme, in der beschworenen ›Größe des deutschen Volkes‹ oder der ›deutschen Rasse‹ die konkreten Formen der Identifikation. In diesem Zusammenhang – der Politisierung der Ästhetik als einer Ästhetik des Erhabenen – ist es von untergeordneter Bedeutung, ob sich die ästhetische Reflexion auf die ›nordisch-abendländische Seele‹ beruft, wie etwa bei Rosenberg, oder auf eine klassizistische Tradition, die weitgehend das machttragende Kunstverständnis prägte. Typisch ist ein Neoklassizismus, der das Kriegerische, Gewalttätige, Heroische verherrlicht, neben der Architektur vor allem in den Darstellungen ›vollkommener Männlichkeit‹ eines Arno Breker oder Josef Thorak.
»Alles, was die Kulturvölker früherer Jahrhunderte als groß und erhaben empfanden, das schufen sie in Stein. [...] Wir sehen das ›Haus der Deutschen Kunst‹ in München entstehen, das den lichtgelben Kelheimer Donau-Kalkstein zeigen wird; den gleichen Stein, der bereits beim Bau der Walhalla und der Kelheimer Befreiungshalle verwendet wurde«[166]. Das Ziel war die Symbolisierung auf ›ewige Dauer‹ angelegten Macht, die Errichtung zeitloser Herrschaftssymbole. Das Volk soll »mit Andacht und Ehrfurcht vor diesen monumentalen Gemeinschaftsleistungen stehen«[167]. Unantastbare Ordnung und Macht, Ehrfurcht gebietend, Gewalt vorzeigend und ausübend, sich der eigenen Höhe versichernd, sollte die Architektur als die bevorzugte Darstellungsform des Erhabenen dem Beschauer vermitteln. »Denn es ist eines der Grundgesetze der Architektur, und eben eine Auswirkung der Macht: daß die gesetzte Ordnung

162 ALFRED ROSENBERG, Der Mythus des 20. Jahrhunderts (München 1930), 423 f.
163 ADOLF HITLER, Rede auf der Kulturtagung des Reichsparteitages in Nürnberg (1935), in: B. Hinz, Die Malerei im deutschen Faschismus. Kunst und Konterrevolution (München 1974), 141.
164 HITLER, Rede bei der Eröffnung der ›Zweiten Großen Deutschen Kunstausstellung‹ (1938), in: ebd., 176.
165 ALFRED BAEUMLER, Antrittsvorlesung in Berlin (1933), in: Baeumler, Männerbund und Wissenschaft (Berlin 1934), 126, 127, 129.
166 HANS VON OPPEN, Die Bedeutung des Natursteins im Dritten Reich, in: Der Baumeister [Beilage] 6 (1934), 384.
167 HITLER, Rede bei der Eröffnung der 2. deutschen Architektur- und Kunsthandwerkausstellung (1938), in: Hinz (s. Anm. 163), 178.

dauern soll.«[168] Das ist das Erhabene des Majestätischen, Prächtigen, Feierlichen, Ehrfurchtgebietenden, Monumentalen, Furchtbaren, das des Schönen als Ordnung und Maß, des Heiligen, Heroischen, Numinos-Religiösen – die »Stein gewordene Verkörperung eines Glaubens«[169].

Das Kolossale gehört zu einer Diktatur, »deren abstrakt-formales Dasein es unterstreicht, verfestigt, verewigt, nicht aber zu einer *proletarischen* Diktatur«, vermerkt Max Raphael 1934 und weist auf die Parallelen zwischen der faschistischen Architekturästhetik und der in der UdSSR der 30er Jahre sowie den dahinterstehenden Mechanismen der Machtausübung hin: Solche Monumentalität »finden wir häufig in Ländern mit faschistischer Diktatur«. Der Anlaß dieser Charakterisierung war der geplante Bau eines gigantischen Palasts der Sowjets nach Entwürfen des russischen Architekten Boris M. Jofan. Auf dem etwa 200 Meter hohen Bau sollte sich zusätzlich eine 50–70 Meter hohe Leninstatue erheben – ein »babylonischer Turm«[170]. Die monumentalen Bauten erfüllten hier wie dort sakrale, quasireligiöse Funktionen. Aber erst im Zusammenhang mit den inszenierten Massenveranstaltungen entfalteten sie ihre volle Wirksamkeit, entstand das Gesamtbild ästhetisierter Politik. »Ähnlich wie ein Gläubiger durch einen Dom, in dem er seinen Gottesdienst übt, beeindruckt wird, sollten auch die Bauten Hitlers, auf dem Parteitagsgelände z.B., dazu dienen, den Menschen in den Bann zu schlagen.«[171]

Wilhelm Weischedels Text *Rehabilitation des Erhabenen* von 1961 verweist, wird er im Zusammenhang mit der Arbeit *Wesen der Verantwortung* (1933) und der Fichte-Schrift *Der Aufbruch der Freiheit zur Gemeinschaft* (1939) gelesen, auf die Erfahrung des Nationalsozialismus. In der abstrakten Sprache liegt der Versuch der Verarbeitung, der Rechtfertigung, der Selbstvergewisserung. Der Text zieht eine Bilanz, die die eigene Verwicklung in das Citoyen-Bewußtsein der Zeit zu verarbeiten sucht. Die Rehabilitation, die Rekonstruktion des Erhabenen ist geprägt von dem Zusammenbruch der erlebten glückhaften Begeisterung. Wer heute, »in der Mitte des 20. Jahrhunderts«, das Wort »erhaben« ausspreche, »wird bestenfalls ein betretenes Lächeln stoßen«. Das Erhabene sei im Selbstverständnis der Zeit identisch geworden mit »leerer Pracht, falscher Feierlichkeit, Schreiten auf hohem Kothurn«. Vom einstigen Glanz des Begriffs ist nicht mehr geblieben als die leere Erinnerung. »Doch dieser Absturz bleibt befremdlich.« Wo könnte eine Rehabilitation des Erhabenen angesiedelt sein? Die Idee vom Menschen als einem »Bürger zweier Welten« ist im Lauf der Geschichte unwiderruflich versunken. Aber vom »Verfall« unberührt blieb das zweite Wesensmoment des Erhabenen: »Das, was Furcht und Schauder, Schrecken und Entsetzen erregt: das Dunkel, das Unheimliche, das Chaotische und Wilde, Vernichtung und Zerstörung, der Tod, der offene Abgrund.«

Die beiden letzten Abschnitte des Textes erinnern die Grundstrukturen der Philosophie Heideggers. Der beschwörend quasireligiöse Ton wendet sich an das von Gefühlen beherrschte erlebnishafte Subjekt. In den letzten zweihundert Jahren ist »die Sicherheit des Bezugs zum Absoluten« verlorengegangen. Geblieben ist die »Erfahrung des Nichts«: »Angst« und »Verzweiflung am Dasein«. Was, fragt Weischedel, verbindet dieses »Nichts« mit der Erfahrung der Erhabenheit? Wie das Erhabene könnte auch das Nichts durch ein »doppeltes Gesicht« gekennzeichnet sein: sowohl durch »Schrecken« und »Untergang« als auch durch die »Züge eines neuen Ursprungs«. Es könnte sein, »daß etwas in ihm in die Richtung deutet, in der das Erhabene sich aufhält«[172]. Der Begriff des Erhabenen wird zum Namen für eine Leerstelle. Es spielt auf ein ›Heilsgeschehen‹ an, von dem wir

---

168 HANS GEORG EVERS, Tod, Macht und Raum als Bereiche der Architektur (München 1939), 5f.
169 GERDY TROOST, Das Bauen im Neuen Reich (Bayreuth 1938), 10.
170 MAX RAPHAEL, Das Sowjetpalais – Eine marxistische Kritik einer reaktionären Architektur (1934), zit. nach H.-D. Sander, Marxistische Ideologie und allgemeine Kunsttheorie (Basel/Tübingen 1970), 206, 207; vgl. ISAAK EJGEL, Der Tyrann und der Baumeister, in: P. Noever (Hg.), Tyrannei des Schönen. Architektur der Stalin-Zeit (München/New York 1994), 192–196.
171 ALBERT SPEER, Über Architektur und Dramaturgie der nationalsozialistischen Selbstdarstellung (Göttingen 1970), 20.
172 WILHELM WEISCHEDEL, Rehabilitation des Erhabenen, in: J. Derbolav/F. Nicolin (Hg.), Erkenntnis und Verantwortung. Festschrift für Theodor Litt (Düsseldorf 1961), 335, 344, 345.

nicht wissen können, ob und wann es sich ereignet. Für den Begriff des ›Absoluten‹, im vorliegenden Text ein emotional aufgeladener, nicht bestimmbarer Erwartungshorizont, ließe sich unter Beachtung des hier zurückgenommenen heroischen Aktivismus der Begriff der ›Gemeinschaft‹ aus der Arbeit zu Fichtes Freiheitsbegriff einsetzen. Dieser ist der Verlust, das untergegangene andere ›Wesensmoment‹ des Erhabenen, von dem der Text handelt. Der emotional geprägte Begriff der Gemeinschaft bezeichnete ein Problemfeld, wo Sozialkritik im bejahten Lebenssinn aufgehoben war: »Innigkeit«, »Traulichkeit«, »Mitverschworensein«, »Geborgenheit«, »Freundschaft«, »Ehe«, »Staat«, »Gemeinnutz geht vor Eigennutz«. Die »Aktiengesellschaft« kann keine »Gemeinschaft« sein. Über die bestehende sozialökonomische Struktur sollte sich eine politisch-geistige Ebene erheben, getragen von einem Gemeinschaftsgefühl, das »als Kirche im engeren Sinne, als Weltanschauungsgemeinschaft, als Partei, als Sekte oder wie immer« auch eine »äußere Darstellung« findet, »die jedem Menschen im Blick auf das letzte Ziel als notwendige Gestalt seiner Existenz mit andern erscheint«[173].

3. Lyotard – Darstellung des Nicht-Darstellbaren

Die Kant-Interpretation Derridas und die ihr nachfolgende Lyotards zielt auf ein Nachdenken über politische Eingriffsmöglichkeiten, die der Subsumierung der Realitäten unter einen Zweck, z.B. den des ökonomischen Diskurses, widerstreiten. Derrida hat das Problem der Entgrenzung, der Grenzüberschreitung am Beispiel der Kantschen ›Analytik des Erhabenen‹ beschrieben. Das Erhabene erscheint als der Begriff, der zwischen den einzelnen Wissensgebieten vermittelt, der das Verlassen des Ästhetischen und den Übergang zum Historischen, Politischen und Ethischen anzeigt. Insofern liest Derrida Kants ›Analytik‹, den dort vollzogenen Übergang vom Ästhetischen zur praktischen Vernunft nicht als Inkonsequenz, sondern als eine Folge, die in der Logik der Sache selbst liegt: der Eigendynamik der mit dem Erhabenen bezeichneten Problemfelder.[174] Eingebunden in die Debatte zum Sublimen, bezeichnet das Problem der ›Übergänge‹, der Vernetzung von Diskursen gegenwärtiger politischer, ökonomischer oder philosophisch-ästhetischer Reflexionen sowohl bei Derrida als auch Lyotard die Suche nach Strategien der Kritik der sozialen Realitäten am Ende des 20. Jh.

Lyotards Begriff des Sublimen verweist auf zwei voneinander unterscheidbare und zugleich ineinander übergehende Ebenen. Zum einen charakterisiert er mit dem Sublimen das, was er in der ästhetischen, auf die Künste, insbesondere die Malerei der Avantgarde bezogenen Reflexion die ›Darstellung des Nicht-Darstellbaren‹ nennt. In diesem Zusammenhang beschreibt das Sublime die in den Künsten immer wieder neu ansetzenden Versuche, die ihnen gemäßen Ausdrucksformen zu finden. Das Exil des Experimentierens »est la force que j'invoque dans le post-moderne«[175]. Zum anderen tendiert der Begriff des Sublimen bei Lyotard dazu, entgegen der Intention Kants, ein Merkmal, eine Qualität sozialer Phänomene zu sein. Der damit verbundene quasireligiöse Tonfall, der sich in den Texten Lyotards auch ausmachen läßt – »le sublime comporte cette espèce de peine due à la finitude de la ›chair‹, cette mélancolie ontologique«[176] –, läßt das ›Kapital‹ zu einer kaum noch begreifbaren Wesenheit werden. »Le capital n'est pas un phénomène économique et social. Il est l'ombre que le principe de raison projette sur les relations humaines.«[177] Es ist in Lyotards Bestimmungen ein Gefühl der Trauer, der Ohnmacht, daß die Emanzipation, die die Moderne versprach, nicht gelungen ist: »l'incommensurabilité de la pensée avec le monde réel«[178]. Lyotards

---

173 WEISCHEDEL, Der Aufbruch der Freiheit zur Gemeinschaft (Leipzig 1939), XIV, 2, 166.
174 Vgl. JACQUES DERRIDA, Parergon, in: Derrida, La vérité en peinture (Paris 1978), 50 ff.
175 LYOTARD, Langage, temps, travail. Entretien avec Giairo Daghini, in: Change international 2 (1984), H. 2, 43.
176 LYOTARD, Quelque chose comme: ›communication … sans communication‹ (1985), in: Lyotard (s. Anm. 8), 129.
177 LYOTARD, Le temps, aujourd'hui (1987), in: ebd., 81.
178 LYOTARD, Le sublime et l'avant-garde (1983), in: ebd., 107.

Idee von der ›Darstellung des Nicht-Darstellbaren‹ verweist auf Adornos Konzept des Erhabenen als eines Merkmals der Kunst der Moderne. »Das Erhabene, das Kant der Natur vorbehielt, wurde nach ihm zum geschichtlichen Konstituens von Kunst selbst. Das Erhabene zieht die Demarkationslinie zu dem, was später Kunstgewerbe hieß.«[179] Adorno überträgt die Idee des Standhaltens vor der übermächtigen ›Natur‹ aus Kants ›Analytik des Erhabenen‹ auf die Darstellung der ästhetischen Idee in der Kunst gegenüber dem ›Chaos‹. Wie Adorno denkt Lyotard das Sublime von dem Trauma Auschwitz her. Aber im Gegensatz zu Adorno ist für Lyotard das Sublime nicht durch die Ausweglosigkeit der negativen Utopie geprägt. Spätestens seit *La condition postmoderne. Rapport sur le savoir* (1979) ist die Diskrepanz zwischen dem Geisteszustand gegenwärtiger Moderne, in ihrem wie auch immer je unterschiedenen Selbstverständnis, und dem, was Realgeschichte heißt, ein zentrales Thema Lyotards. Wie können die Antinomien der Moderne dargestellt werden, so daß sie auch als solche erscheinen? Der Bericht endet mit der offenen Frage nach einer ›Theorie der Gerechtigkeit‹. Lyotards Begriff der Postmoderne, ein Arbeitsbegriff, reflektiert das Scheitern der Ideale als einen nicht umkehrbaren Prozeß. »On ne peut certes pas dire, après Auschwitz, après stalinisme, que les espérances qui formaient la modernité aient été réalisées. Seulement elles n'ont pas été oubliées, elles ont été détruites.«[180]

Eingeschlossen in diese Bestandsaufnahme ist Lyotards Kritik, auch Selbstkritik, am sozialen Status des Intellektuellen, den dieser seit der Aufklärung als kritische Instanz besetzte. Die Zeit, in sich Intellektuelle mit einem Subjekt, einer Entität wie ›Menschheit‹, ›Nation‹, ›Proletariat‹, die einen universellen Wert darstellen, identifizieren konnten, sei vorbei.[181] Wo aber könnte ein kritisches, widerständiges Denken, dem der Emanzipationshorizont abhanden gekommen ist, ansetzen?

Die Verdunklung des Gesagten, Gemeinten, das Produzieren von scheinbar sinnentleerten Assoziationsketten, das Umherstreifen in Politik, Ästhetik, Ökonomie, Physik, die Versuche ihrer punktuellen Vermittlung kennzeichnen den experimentierenden Stil in der philosophischen Reflexion. Er findet seine Parallele in dem auf die Künste bezogenen Begriff des Experiments. Lyotard entwirft keine Katastrophen. Sie sind ihm ähnlich suspekt, wie es ihm die Utopien geworden sind. Die totalisierenden Beschreibungen führen in die Sackgasse. Sie verspielen Zeit. »Je n'aime pas cet empressement. Ce qu'il presse, qu'il écrase, c'est ce qu'après coup je constate avoir toujours tenté, sous des noms divers, travail, figural, hétérogénéité, dissentiment, événement, chose, de réserver: l'inaccordable.«[182] Lyotard sieht in diesen Beschreibungen die verbrauchte ›Sehnsucht der Romantik‹, die heute unmögliche Trauer der Moderne am Werk, die von der Frage nach positiven oder auch negativen Entitäten nicht lassen können. Seine Neuformulierung des Begriffs vom Sublimen vollzog sich in enger Anlehnung an Strukturen der Kantschen ›Analytik des Erhabenen‹. Lyotard liest den Text als einen historisch-gegenwärtigen. Für ihn hat Kant weitgehend der Versuchung widerstanden, eine Synthese im Gegensatz zum eigenen Erfahrungshorizont zu konstruieren. Insofern erweist sich Kants Bestimmung des ästhetischen Urteils, allgemein, ein ›Urteil ohne Begriff‹ zu sein, als ein Ausgangspunkt für den eigenen experimentierenden Stil. Lyotard erinnert mit dem ›Enthusiasmus‹ an die Französische Revolution als ein unabgegolten historisches Ereignis. Aus diesem Rückbezug heraus artikuliert sich die intellektuelle, politisch bestimmte Suchbewegung. Es geht beim Sublimen um das Wachhalten des Gefühls für mögliche Neuansätze, gegen die Festschreibung des gegebenen sozialen Zustands. Trotz Auschwitz (»la phrase de l'Idée des droits de l'homme«), Budapest 1956 (»la phrase de l'Idée du droit des peuples«), ›la Kolyma‹ (»la phrase du concept spéculatif [illusoire] de la dictature du prolétariat«), 1968 (»la phrase de l'illusion ›démocratique‹ qui cachait l'hétérogénéité du pouvoir et de la souveraineté«) sei über die politische Geschichte in Zukunft so zu urteilen, »*comme* si elle avait fait un pas de plus dans le progrès, c'est-à-dire dans la culture de l'habileté et de

---

179 ADORNO (s. Anm. 19), 293.
180 LYOTARD (s. Anm. 175), 43.
181 Vgl. LYOTARD, Tombeau de l'intellectuel et autres papiers (Paris 1984).
182 LYOTARD, Avant-propos: de l'humain (1988), in: Lyotard (s. Anm. 8), 12.

la volonté. Car ce n'est pas seulement l'Idée d'*une fin* qui s'indiquerait dans notre sentiment, mais déjà l'Idée que cette fin consiste dans la formation et l'exploration libre des Idées, que cette fin est le commencement de l'infini des finalités hétérogènes.« Alles, was dieser Spaltung des Zwecks widerstreite, die ›réalisation‹ eines einzigen Zwecks anstrebe – »ce qui est le cas de la phrase de la politique«[183] –, müsse als nicht angemessen empfunden werden.

Jörg Heininger

Literatur
ALLOWAY, LAWRENCE, The American Sublime (1963), in: Alloway, Topics in American Art since 1945 (New York 1975), 31–41; ARENSBERG, MARY (Hg.), The American Sublime (Albany/New York 1986); BOLLA, PETER DE, The Discourse of the Sublime: History, Aesthetics and Subject (Cambridge 1989); CARCHIA, GIANNI (Hg.), Retorica del sublime (Roma/Bari 1990); CARROLL, DAVID, Rephrasing the Political with Kant and Lyotard, in: Diacritics 14 (1984), H. 3, 74–87; DEGUY, MICHEL (Hg.), Du sublime (Paris 1988); FRANCI, GIOVANNA (Hg.), Il sublime. Atti del convegno su il sublime: Creazione e catastrofe nella poesia (Modena 1984); FREY, PAUL H. (Hg.), The Sublime: A Forum, in: Studies in Romanticism 26 (1987), 187–301; HANSEN-LÖVE, AAGE A., Zur Typologie des Erhabenen in der russischen Moderne, in: Poetica 23 (1991), 166–216; HIPPLE, JOHN W., The Beautiful, the Sublime, and the Picturesque in 18th Century British Aesthetic Theory (Carbondale 1957); HOMANN, RENATE, Zu neueren Versuchen einer Reaktualisierung des Erhabenen, in: Ztschr. f. philos. Forschung 48 (1994), H. 1, 43–68; LITMAN, THÉODORE, Le sublime en France (1660–1714) (Paris 1971); LYOTARD, JEAN-FRANÇOIS, L'inhumain. Causeries sur le temps (Paris 1988); LYOTARD JEAN-FRANÇOIS, Leçons sur l'analytique du sublime (Kant, Critique de la faculté de juger, §§ 23–29) (Paris 1991); Merkur 43 (1989) H.9/10 [Themenheft zum Erhabenen]; MONK, SAMUEL H., The Sublime. A Study of Critical Theories in XVIII-Century England (1936; Ann Arbor 1960); NANCY, JEAN-LUC, L'offrande sublime, in: Poesie, H. 30 (1984), 76–103; NICOLSON, MARJORIE, Mountain Gloom and Mountain Glory. The Development of the Aesthetics of the Infinite (Ithaca/New York 1959); NYE, DAVID E., American Technological Sublime (Cambridge, Mass./London 1994); PRIES, CHRISTINE (Hg.), Das Erhabene. Zwischen Grenzerfahrung und Größenwahn (Weinheim 1989); ROSENBLUM, ROBERT, The Abstract Sublime, in: Art News 59 (1961), H. 10, 39–45, 56–59; RUSSO, LUIGI (Hg.), Da Longino a Longino. I luoghi del sublime

---

183 LYOTARD, L'enthousiasme. La critique kantienne de l'histoire (Paris 1986), 109.

(Palermo 1987); SOURIAU, ÉTIENNE, Le sublime, in: Revue d'esthétique 19 (1966), 266–289; The Sublime and the Beautiful. Reconsiderations, in: New Literary History 16 (1985) [Themenheft zum Sublimen]; Sul Sublime, in: Rivista di estetica 27 (1987) [Themenheft zum Sublimen]; TUVESON, ERNEST, Space, Deity, and the ›Natural Sublime‹, in: Modern Language Quarterly 12 (1951), 20–38; TWITCHELL, JAMES B., Romantic Horizons. Aspects of the Sublime in English Poetry and Painting, 1770–1850 (Columbia 1983); VIËTOR, KARL, Die Idee des Erhabenen in der deutschen Literatur (1937), in: Viëtor, Geist und Form. Aufsätze zur deutschen Literaturgeschichte (Bern 1952), 234–266, 346–357; WEISKEL, THOMAS, The Romantic Sublime: Studies in the Structure and Psychology of Transcendence (Baltimore/London 1976); WELLMER, ALBRECHT, Adorno, die Moderne und das Erhabene, in: F. Koppe (Hg.), Perspektiven der Kunstphilosophie (Frankfurt a.M. 1991), 165–190; WELSCH, WOLFGANG, Adornos Ästhetik: Eine implizite Ästhetik des Erhabenen, in: Welsch, Ästhetisches Denken (Stuttgart 1991), 114–156; What is Sublime in Art?, in: The Tiger's Eye, H. 1 (1948), 46–57; WOOD, THEODORE B., The Word ›Sublime‹ and its Context 1650–1760 (Den Haag/Paris 1972).

Erotisch/Erotik/Erotismus
(engl. erotic, eroticism; frz. érotique, érotisme; ital. erotico, erotismo; span. erótico, erotismo; russ. эротическое, эротика, эротизм)

Einleitung; I. 18. Jahrhundert: Der Libertinismus; 1. Die Enzyklopädisten; 2. D'Argens und de Latouche; 3. Sade; **II. 19. Jahrhundert: Romantische und spätromantische Religion der Liebe;** 1. Friedrich Schlegel; 2. Sacher-Masoch; **III. 20. Jahrhundert: Inkommunikabilität (Bataille); IV. Ausblick**

Einleitung

Die drei Stichworte sind zwar etymologisch vom griech. ἔρως abgeleitet, scheinen aber wortgeschichtlich erst über Frankreich nach Deutschland gekommen zu sein. Im französischen Sprachraum tauchen sie jedenfalls früher auf. Das gilt besonders für den Erotismus, der eine direkte Übertragung des frz. érotisme darstellt.

Einleitung 311

Während die beiden ersten Stichworte erotisch und Erotik im Deutschen inzwischen eingebürgert sind, genießt das dritte noch kein Bürgerrecht und wird es vielleicht nie genießen, weder hier noch, um ein weiteres europäisches Land zu nennen, in England (keine Einträge in den einschlägigen nationalen Enzyklopädien) – so sehr scheint es an die Erfahrung, die es aufruft, gebunden: an den ›érotisme‹ Georges Batailles. Wesentlich vom wissenschaftlichen Werk des französischen Autors geprägt, ist ›érotisme‹ ein – was zunächst erstaunen muß – vorrangig ethnologisch geprägter Begriff, der darüber hinaus gewisse Impulse politisch-ästhetischer Natur vom Surrealismus empfangen hat. Da er nach dem Ende der surrealistischen Bewegung vorwiegend grenzüberschreitende (transgressive) Erfahrungen existenzieller Gefährdetheit repräsentiert, deckt er Dimensionen ab, die den Begriff der Erotik mindestens seit dem 18. Jh. geprägt haben.

In Johann Heinrich Zedlers *Universallexikon* (1732–1754) sind bereits bestimmte Grenzüberschreitungen angesprochen, ohne daß die Erotik als Stichwort extra ausgewiesen wäre. Vielmehr wird alles unter dem griechischen ›Eros‹ abgehandelt, dann jedoch zwischen ἔρος (mit Omikron) und ἔρως (mit Omega) unterschieden; ersterer bedeutet ›eine geziemende‹, letzterer ›eine ungeziemende Liebe‹. Die Grenzüberschreitung wird bei Zedler als Unsitte, als etwas, das sich nicht gehört, verstanden, nicht als Existenzgefährdung.[1] Das ist dagegen in Diderots und d'Alemberts gut zwanzig Jahre später erschienener *Encyclopédie* der Fall. Unter der Eintragung ›érotique‹ findet sich zum einen ein Verweis auf den Artikel über ›Melancholie‹, zum andern eine medizinische Ausführung über ungesunde Erscheinungen.[2] In beiden Fällen geht es um spezielle Arten des Wahns (délire), dessen Quellen denen der Melancholie gleichen. Meistens sind am Wahn die Leidenschaften schuld, darunter vor allem der unerfüllte ›appétit vénérien‹. Mit der Erotik ist eine Beziehung zwischen den Geschlechtern angesprochen, die nicht zur ›sympathischen Liebe‹, dem ›amour‹, führt, sondern zu einem exzessiv sinnlichen Verhältnis. Es durchbricht die Regeln der Liebe und endet im Delirium – ›eine wahrhafte Krankheit‹, auch ›éroto-manie‹ genannt.

Ehe die *Encyclopédie* die verschiedenen Grade des ›délire érotique‹ untersucht, erwähnt sie noch eine Steigerungsform der kranken Liebe, die Satyriasis. Bei der Satyriasis ist, anders als bei der normalen Krankhaftigkeit der Liebe, jegliches Schamgefühl verlorengegangen. Die Einhaltung des Schamgefühls ist demnach eine Grenzbestimmung für die Normierung erotischer Affektionen. Das erinnert an Zedlers Definitionen des Eros, nur daß die Grenze nicht wie bei ihm zwischen gesunden, sondern zwischen kranken Formen der Liebe verläuft. Darin mag man den unterschiedlichen erotischen Erfahrungshorizont der beiden nationalen Liebeskulturen erkennen.

Bezeichnend ist, daß in der *Encyclopédie* die nicht kranke Form der Erotik nur in der Poesie vorkommt, z.B. als Chanson.[3] Der gelungenen erotischen Chanson liefern allein Liebe und Galanterie das Material, sie darf weder von zu ausgesuchten Reflexionen noch von zu profunden oder weit hergeholten Ideen gekennzeichnet sein, sondern muß fein und delikat, vor allem von sanften Bildern durchwoben sein. Überdies darf die geforderte Leichtigkeit des Stils nicht die Kunstfertigkeit des Poeten erkennen lassen. Einzig das Herz soll sprechen dürfen. Durch diese Eingrenzung einer Poetik, die das Klassisch-Pittoreske mit romantischen Gefühlselementen verbindet, könnten die Enzyklopädisten dazu beigetragen haben, das Terrain für die folgenden Definitionen der Erotik zu ebnen. Knapp eineinhalb Jahrhunderte später wird, etwa in der *Grande Encyclopédie* von 1892, unter dem Stichwort ›érotique‹ bloß noch der Literatur gehandelt[4], und im *Larousse du XXe siècle* von 1930 findet sich nur noch ein lapidares, von jedem Exzeß gereinigtes »relatif à l'amour«, während die krankhafte Seite der Erotik nun unter ›érotisme‹ abgehandelt wird: »Amour maladif. Recherche de la sensualité«[5].

---

1 Vgl. ZEDLER, Bd. 8 (1734), 1742.
2 Vgl. ARNULPHE D'AUMONT, ›Érotique‹, in: DIDEROT (ENCYCLOPÉDIE), Bd. 5 (1755), 909f.
3 Vgl. LOUIS DE JAUCOURT, ›Érotique, chanson‹, in: ebd., 909.
4 Vgl. CHARLES LE GOFFIC, ›Érotique‹, in: Grande Encyclopédie, Bd. 16 (Paris 1892), 207ff.
5 *Larousse du XXe siècle*, hg. v. P. Augé, Bd. 3 (Paris 1930), 252.

Der Érotisme-Artikel von 1930 umfaßt allerdings lediglich das, was die *Encyclopédie* von 1755 unter dem die Schamgrenzen respektierenden Zweig der krankhaften Liebe versteht. Die Satyriasis erscheint nun unter einem eigenen Stichwort, der Erotomanie. Der Surrealismus und die mit ihm verwandte erotistische Expérience eines Bataille waren noch nicht genügend ins kulturelle Bewußtsein gedrungen, um den ganzen Komplex des früheren ›délire érotique‹ mit abdecken zu können. In der *Grande Encyclopédie Larousse* von 1973 ist schließlich nur noch ein einziges die Erotik betreffendes Stichwort aufgenommen worden, der ›érotisme‹: »Description et exaltation de l'amour sensuel, de la sexualité«[6]. Wohlweislich wird die Frage nach der Gesundheit des Phänomens vermieden. Das Problem des Wahns, der im 18. Jh. in den Verdacht der Krankheit geriet, scheint jetzt in der Exaltiertheit aufgehoben. Darin kommt eine größere Vorsicht zum Ausdruck, zu der die Erblast der totalitären Gesundheitsdefinitionen das 20. Jh. angehalten hat. Auch die Art der Exaltiertheit selber rät zu größerer Bedachtsamkeit im Umgang mit den tradierten Definitionen. Denn der ›érotisme‹ ist, wie Jacques Lempert im Anschluß an die allgemeine Definition sogleich einschränkend feststellt, nicht in erster Linie auf Sinnlichkeit und Sexualität, die alten Quellen des Wahns, bezogen. Der erotistische Liebhaber setzt sich nicht die Perfektionierung des Aktes, sondern die Aufrechterhaltung des Wunsches zum Ziel, und dies geschieht vorrangig auf dem Weg intellektueller Anstrengungen.[7]

Obwohl der ›érotisme‹ durch Bataille die deutlichste Kontur gewonnen hat, stammt weder der Begriff von ihm, noch ist er als Autor in seinen Erfahrungen ohne Vorläufer. Sein eigenes schriftstellerisches Werk möchte als eine große Auseinandersetzung mit dem Werk Sades verstanden werden. Damit wird klar, worauf die intellektuelle Anstrengung des ›érotisme‹ basiert. Wünsche können am ehesten durch die Lenkung auf Umwege größere Dauer gewinnen. Der Umweg, den Sade und Bataille eingeschlagen haben, – so Lempert in seinem bereits zitierten Beitrag zur *Grande Encyclopédie Larousse* –, ist der des Schreibens. Im Schreiben wird der Wunsch sublimiert, von aller Sinnlichkeit gereinigt. Wie treffend diese Feststellung auch ist, so hat Bataille doch einen über den ästhetischen Bereich hinauszielenden Ansatz des Erotismus verfolgt, der vor allem den ökonomischen Bereich mit einschloß – ein Hinausschießen, das er, so sehr es der allgemeinen Tendenz ästhetischer Begriffe, den spezialisierten Bereich der Künste zu überschreiten, entspricht, besser vermieden hätte.

Batailles Denken ist durch eine auffallende Hinwendung zum Religiösen charakterisiert. Die erste deutsche Ausgabe seines 1957 erschienenen und in unserem Zusammenhang wichtigsten Werkes, *L'Érotisme*, dokumentiert diesen Sachverhalt schon durch die Übersetzung des Titels: *Der heilige Eros*.[8] Das ist neu in der erotischen Erfahrung, die seit dem 18. Jh. eher vom Verlust dieser Hinwendung geprägt war. Um den Bogen begriffshistorisch bis zu Bataille zu spannen, muß daher das Verhältnis von Erotik und Religion genauer geklärt werden.

I. 18. Jahrhundert: Der Libertinismus

1. Die Enzyklopädisten

Für eine erste Anknüpfung im 18. Jh. sei noch einmal die *Encyclopédie* von 1755 zitiert. Bei exzessiven erotischen Delirien eines bestimmten Grades, heißt es da, blieben moralische Auskunftsmittel, die in minder schweren Fällen des Liebeswahns Hilfe brächten, wirkungslos.[9] Zu diesen ›remèdes moraux‹ wird zum einen die Vernunft, dann die ruhige Überlegung, ferner die Philosophie und schließlich die Religion gerechnet. Allenfalls einigen pharmazeutischen Produkten wie beruhigenden Essenzen o. ä. wird die, wenn auch schwache, Möglichkeit zugetraut, den venerischen Appetit zu zügeln, aber nur wenn gleichzeitig auf strenge Diät – begleitet von zeitweiligen Aderlässen und anderweitigen Reinigungsprozeduren – geachtet wird.

---

6 La Grande Encyclopédie Larousse, Bd. 8 (Paris 1973), 4465.
7 Vgl. JACQUES LEMPERT, ›Érotisme et littérature‹, in: ebd., 4465–4467.
8 Vgl. GEORGE BATAILLE, L'Érotisme (Paris 1957); dt.: Der heilige Eros, übers. v. M. Hölzer (Neuwied 1963).
9 Vgl. D'AUMONT (s. Anm. 2), 909.

Es ist nachvollziehbar, daß die Enzyklopädisten das erotische Element unter medizinischen Aspekten betrachten. Wo Worte, auch heilige, ihre lindernde Kraft einbüßen und nur noch Medikamente sprechen, hat das moralische Verständnis der Erotik jeglichen Anhaltspunkt verloren. Tatsächlich geht es bei den größten Exzessen um etwas anderes: um Liebende, die das geliebte Objekt nicht genießen können; sie verzehren sich zu Tode. Da, wo sie – umgekehrt – glauben, im Glück zu sein, werden sie so fröhlich, daß sie vor Lachen bersten, selbst wenn sie mit sich allein sind; sind andere zugegen, lassen sie sich durch ihre extravagante Haltung auf todesmutige Abenteuer ein, in der Hoffnung, ihr Liebesglück auf die Spitze zu treiben. All das sind Symptome einer ›maladie trèsdangereuse‹, die, wenn überhaupt, nur medikamentös behandelt werden kann.

Wo außer der Religion auch die Vernunft ihr Recht verloren hat, handelt es sich um aussichtslose Fälle von ›folies de l'amour‹. Weniger exzessive Exaltationen der Liebe, die der Vernunft, ja gerade ihr zugänglich sind, mögen das Verhältnis von Erotik und Religion besser beleuchten. Am besten läßt es sich am Phänomen der Libertinage erklären.

Robert Darnton hat in einem instruktiven Aufsatz über pornographische Romane des 17. und 18. Jh. versucht, diese Literaturspezies zu würdigen. Es ist eine Art Ehrenrettung. Sie läuft auf die begründete These hinaus, die beschriebenen Akte der Wollust hätten in den Akteuren aufklärerische Denkakte ausgelöst. Natürlich war alles auf die Bedürfnisse der Kundschaft zugeschnitten. »Um 1750«, so Darnton, »umfaßte der Libertinismus Körper und Geist, Pornographie und Philosophie. Die Leser konnten ein Sexbuch als solches erkennen, wenn sie eines erblickten, aber sie erwarteten, daß die Erotik darin als Vehikel für Angriffe auf die Kirche, die Krone und alle Formen sozialen Unrechts dienen werde.«[10] Die pornographischen Texte stellten also ein besonderes Stück politischer Aufklärungsliteratur dar. Das unterscheidet sie von der Pornographie heute.

Darnton erwähnt einige Beispiele, die seine These untermauern. Sie stammen allesamt aus einem Dossier, das zwischen 1834 und 1844 von Bibliothekaren der Bibliothèque Nationale unter dem Label ›Enfer‹ geschnürt und für verboten erklärt worden war. Bis 1980 blieb diese Hölle für den normalen Leser unzugänglich. Erst danach wurde ›L'Enfer‹ aufgelöst und für den Nachdruck freigegeben. Die größere Liberalität des ausgehenden 20. Jh. verschafft den Lesern nun Einblicke in das, was seit dem frühen 19. unter Verschluß gehalten wurde.

Den von Darnton aufgezeigten Zusammenhang zwischen praktizierter Sexualität und der Eroberung geistigen Freiraums veranschaulicht etwa Fanchon, ein Mädchen aus *L'École des filles ou la Philosophie des dames*, einem Roman des 17. Jh., wenn sie feststellt, daß sie, bevor sie mit der Tätigkeit der Liebe (im Französischen ›faire l'amour‹) begonnen habe, eigentlich nur nähen oder schweigen konnte, sie danach aber zu allen möglichen Dingen fähig geworden sei, vor allem zu verständiger Argumentation. Dem ängstlichen Schweigen, zu dem sie vor Beginn der Liebestätigkeit verdammt ist, folgt nun das unbesorgte ›den Mund aufmachen‹. (»Je n'étais bonne auparavant qu'à filer et taire, et à présent je suis bonne à tout ce que l'on voudra. Quand je parle maintenant avec ma mère, je me fonde en raisons et je discours comme si c'était une autre, au lieu qu'autrefois je n'osais desserrer les dents. Pour ce qui est de cela, l'esprit commence à me venir et je mets mon nez dans les affaires où à peine aurais-je pu rien connaître auparavant.«[11]) Der von Fanchon beschriebene Vorgang ähnelt dem kantischen ›sapere aude‹ – habe Mut, dich deines eigenen Verstandes zu bedienen – aufs Wort, nur daß Kant den Mut nicht durch ein erotisches Geschehen repräsentiert hätte.

In den seltensten Fällen wurden die Romane von Frauen geschrieben, so daß der Leser keine authentischen Erfahrungen geliefert bekommt. Es sind Aussagen von Männern. Immerhin zeigen sie, wie sich die Autoren die politische Aufklärung ih-

---

10 ROBERT DARNTON, Denkende Wollust oder Die sexuelle Aufklärung der Aufklärung, übers. v. J. Hagestedt, in: DARNTON/JEAN-CHARLES GERVAISE DE LATOUCHE/JEAN-BAPTISTE D'ARGENS, Denkende Wollust, übers. v. J. Hagestedt/E. Moldenhauer (Frankfurt a. M. 1996), 13.

11 [ANONYMUS], L'École des filles ou la Philosophie des dames (1655), in: M. Camus (Hg.), L'Enfer de la Bibliothèque Nationale, Bd. 7 (Paris 1988), 224.

rer weiblichen Kunden vorstellen; sie zeigen außerdem, daß die Politisierung schon im 17. Jh. begann. Ihm entstammt auch das nächste Beispiel Darntons. Er hat es dem Roman *L'Académie des dames* (1680) entnommen, in welchem eine gewisse Octavie die unschuldige Person (›l'ingénue‹) darzustellen hat. Sie gelangt »mit dem Verlust ihrer Jungfernschaft zur intellektuellen Reife; denn das Öffnen der Vulva entspricht, wie sie beobachtet, dem Öffnen des Geistes«[12]. Sogar die Zuspitzung der denkenden Wollust auf die Absage an alles Religiöse ist bereits im 17. Jh. angelegt. Der Titel des Romans *Vénus dans le cloître ou la Religieuse en chemise* (1672) deutet es an: Wir werden darin mit Schwester Dosithée, einer religiösen Fanatikerin, bekannt gemacht. Sie traktiert sich so sehr, daß ihr Jungfernhäutchen dabei zerreißt. Zeitgleich mit dem Riß lernt sie das abergläubische Wesen des Katholizismus erkennen und konvertiert zum Deismus.[13]

Geheimes Vorbild für die von Darnton herangezogenen Romane sind Pietro Aretinos *Ragionamenti* von 1534. Dem Nachweis dieses Vorbildcharakters hat Carolin Fischer eine eingehende Studie gewidmet. Im Unterschied zu Flauberts *Éducation sentimentale* spricht sie von einer ›Éducation érotique‹. Erotische Erziehung in Form schulischer Unterweisung war das Ziel, dem sich die französischen Romanciers gewidmet hatten. Darauf spielen Titel wie *Académie des dames* und *École des filles* wie selbstverständlich an.[14] Für Sentimentalitäten war darin wenig Platz. Es ging vorrangig um praktischen Unterricht in Techniken des Liebemachens. Der Unterrichtsstoff wurde jedoch alles andere als trocken dargeboten. Vielmehr brachte die lebendige Anwendung der literarischen Form des Dialogs die Sache so auf den Punkt, daß der Leser als Voyeur ins Geschehen mit hineingerissen wurde – ein entscheidender Unterschied zum Voyeurismus heute, der, wie schon angesichts heutiger Pornographie betont, ohne Verstandesakte auskommt.

In der Gattung des erotischen Dialogs erwiesen sich die italienischen Literaten bereits vor den Franzosen und den übrigen Europäern als Meister. Schließlich hat die antike Liebeskultur in Italien ihre früheste Renaissance erlebt. Aretino war nicht der erste. Er konnte auf Boccaccios *Decamerone* (entst. 1348–1353; ersch. 1470), obwohl der nicht auf Dialogen basiert, ebenso aufbauen wie auf Castigliones *Cortegiano*, der sechs Jahre vor den *Ragionamenti* veröffentlicht worden war. Aber im Gegensatz zum *Cortegiano* treten bei Aretino keine feinen Herrschaften des Hofes, die sich in gebildetem Italienisch über das Ideal des Hofmanns unterhalten, auf, sondern Kurtisanen mit derber Sprache. Gegenstand ihrer Erörterungen: das Lehren und Lernen von Liebespraktiken.[15]

Auch der Ort, an dem die Gespräche in der Regel stattfinden, das Kloster, ist bei den Italienern vorgebildet. Klöster galten als bessere Bordelle, in denen der Dienst am Glauben durch die erotischen Spiele der Mönche und Nonnen überlagert wurde.[16] Gewiß war das als ein deutliches Zeichen der Kritik an der Kirche zu werten. Doch anders als in Frankreich hat sich diese Kritik aufgrund des fehlenden zentralstaatlichen Gewaltmonopols nie so sehr verdichten können, daß mit den kirchlichen auch die politischen Institutionen Italiens in Verruf geraten wären. Die *Ragionamenti* haben keine Revolution vorbereitet.

2. D'Argens und de Latouche

Gleiches läßt sich vom libertinen Roman nicht so leicht behaupten, zumal die bereits erwähnten Texte aus dem 17. Jh. auf die Liste der beschlagnahmten Bücher kamen. Besonders die *École des filles* hatte es den Zensoren angetan. Deren Versuch, alle Erstexemplare von 1655 zu vernichten, mißlang. »Noch im vorrevolutionären Frankreich gehörte das Werk zu einem der Bestseller der verbotenen Literatur.«[17] Dem 1748 erschienenen Roman *Thérèse philosophe ou Mémoires pour servir à l'his-

---

12 DARNTON (s. Anm. 10), 23; vgl. [ANONYMUS], L'Académie des dames (1680), in: Camus (s. Anm. 11), 468 f.
13 Vgl. [ANONYMUS], Vénus dans le cloître ou la Religieuse en chemise (1672), in: Camus (s. Anm. 11), 382 ff.
14 Vgl. CAROLIN FISCHER, Éducation érotique. Pietro Aretinos ›Ragionamenti‹ im libertinen Roman Frankreichs (Stuttgart 1994), 229–257.
15 Vgl. ebd., 26–41.
16 Vgl. ebd., 46–49.
17 Ebd., 232.

toire du Père Dirrag et de Mademoiselle Éradice von Jean-Baptiste d'Argens kann es nicht viel besser ergangen sein, obwohl er mit einem Lob auf die oberen Stände ausklingt: Könige, Prinzen und die Magistrate, sie alle erfüllten ihre Pflicht und seien zu respektieren, da jeder von ihnen seinen Beitrag zum Wohl der Allgemeinheit leiste.[18] Indes: wie leicht waren diese Pflichten verletzt, so daß Liebe und Achtung gegenüber den ersten Personen des Staates aufgekündigt schienen. Der Roman besteht aus einem Bericht, den die Protagonistin Thérèse für ihren Geliebten, den Grafen von ***, verfaßt hat. Ein Text, der in einem Ruck verschlungen ist und den zeitgemäßen Wunsch von Autoren des 18. Jh., die Leser beim Verschlingen der Berichte in einen wollüstigen Zustand zu versetzen, sicher nicht enttäuscht hat, allein schon deshalb nicht, weil es sich um verbotene Lektüre handelte.

Was den Roman d'Argens' im Zusammenhang der Begriffsgeschichte der Erotik und des Erotismus interessant macht, ist zunächst die Tatsache, daß Arten der Erotik wie die Satyriasis, die in der *Encyclopédie* für krankhaft gehalten werden, hier als relativ normal gelten, ja zur Norm gesunder libertiner Äußerungen gehören. Den Satyr stellt Père Dirrag dar; eine Rolle, wie auf den Leib dieses Franziskaners geschneidert. Der heilige Franziskus ist tatsächlich meistens gegenwärtig, wenn auch in höchst ungeistlicher, materieller Weise: Ein Stück von der Kordel seiner Kutte, das mit Gips versteift worden ist und wie eine Reliquie, doch als eine Art Godemiché, in einer Schatulle verwahrt wird, soll, eingeführt in die für die Lust ausersehenen Organe, bei Mademoiselle Éradice die Erlösung des Geistes vom Körper bewirken.

Der Pater, der statt der versprochenen Kordel freilich sein eigenes Lustorgan gebraucht, wird von der die Szene beobachtenden und darüber berichtenden Thérèse ausdrücklich als Satyr dargestellt: offenstehender Mund, mit Schaum bedeckte Lippen, knirschende Zähne, aufgeblähte Nüstern. Seine Physiognomie scheint ihr einem schnaubenden Stier zu gleichen.[19]

Auf vielen Bildern, die den erotischen Romanen der Zeit beigefügt waren, ist ein Satyr mit Eselsohren und Bocksfüßen, wie aus der griechischen Mythologie, zu sehen, der die erotische Szene ebenso zierte wie der einhändige Schreiberling[20] und den Leser zur Nachahmung reizen sollte. Da es in Erkenntnis und Erotik auf die Sinneswahrnehmungen unbedingt ankam, waren erotische Bilder unabdingbar. Das Auge übernahm den Hauptpart, der Voyeur wurde zur Zentralfigur der erotischen Erzählung.

Der Zusammenhang zwischen der visuellen Spannkraft des szenischen Geschehens und dem animalisch-sakralen Charakter der Erotik wird durch Thérèse bestätigt, wenn sie das Gesicht des Père Dirrag mit den Satyr-Bildern aus der zeitgenössischen Malerei vergleicht. Im Zuge des sich ankündigenden Klassizismus belebte sich die Szene mit jenen lustvollen, heilig-profanen Zwitterwesen, die direkt der griechischen Mythologie zu entstammen schienen. Auch die Schamlosigkeit (l'impudicité) des Paters, die seine Physiognomie bestimmt, bezieht ihr Vorbild direkt aus der antiken Vergangenheit.[21] Zählt man die ›impudicité‹, den von den Enzyklopädisten in den Bereich der Krankhaftigkeit verwiesenen Verlust jeglichen Schamgefühls, zur Klassizität sinnlich aufführenden Geschehens, so liegt es mit etwas gutem Willen sogar nahe, Père Dirrags Verhalten als erotisch im Sinne des sich geziemenden Eros aus Zedlers Lexikon zu definieren: Die franziskanische Erotik bewegte sich in Grenzen, die von der Antike nobilitiert worden waren.

Auffällig ist noch ein weiterer Aspekt der mythologisch verbrämten und zugleich antik inspirierten Schamlosigkeit des Satyrs, von dem Thérèse berichtet. Sie bewundert das mechanische Hin und Her seiner brünstigen Bewegungen, die ja ausdrücklich zum Ziel haben, die Seele der Adeptin vom Körper loszulösen. Die durchs Zuschauen angesteckte Leidenschaft der Voyeuristin hätte sie nach eigenem Eingeständnis an die zwanzig Mal fast dazu verführt, das Versteck aufzugeben und sich dem Pater vor die Füße zu werfen, um von ihm die gleiche Behandlung zu verlangen wie

---

18 Vgl. JEAN-BAPTISTE D'ARGENS, Thérèse philosophe ou Mémoires pour servir à l'histoire du Père Dirrag et de Mademoiselle Éradice (1748), in: Camus (s. Anm. 11), Bd. 5 (Paris 1986), 190.
19 Vgl. ebd., 65.
20 Vgl. FISCHER (s. Anm. 14), 71.
21 Vgl. D'ARGENS (s. Anm. 18), 72.

die, die er seiner Zöglingin gerade vor ihren Augen angedeihen ließ. Das alles tut Thérèse, ohne genau zu wissen, ob es sich bei diesem Wunsch der Gleichbehandlung um einen Akt der Devotion oder um einen der Begierde handelt. »Était-ce mouvement de dévotion? Était-ce mouvement de concupiscence? C'est ce qu'il m'est encore impossible de pouvoir bien démêler.«[22] Die Beschreibung des Aktes als maschinelle Mechanik erinnert an den Sensualismus von La Mettries *L'Homme Machine* (1748). Sinnliche Eindrücke führen zu Leidenschaften, die ihrerseits zu Gedanken führen, nicht umgekehrt. Diese Reihenfolge konnte sich sogar auf die Lehre eines Mannes berufen, der der Vernunft wie der Religion gleich nahestand: Descartes. In seinen *Passions de l'âme* von 1649 hatte er ein philosophisches Modell der Verwandlung animalischer Geister (›esprits animaux‹) in Leidenschaften der Seele entworfen, das auf ganz ähnlichen Annahmen beruhte.[23] Daher die Verwirrung von Thérèse – drehte es sich um lüsterne oder fromme Regungen? So eindeutig wie bei Dosithée, die auf dem Höhepunkt ihrer Lust den Katholizismus durchschaut, mußte es durchaus nicht zugehen. Der sinnliche Rausch ließ offen, ob sich nicht auch religiöse Gefühle als Folge der erotischen Empfindung einstellten.

Diese Uneindeutigkeit zeichnet auch die Masturbation als ein weiteres der erotischen Delirien aus, die bei den Enzyklopädisten nur medikamentös zu beeinflussen sind, bei d'Argens aber ganz selbstverständlich zur Libertinage gehören. Da Thérèse während ihrer selbstbezüglichen Aktionen, zu denen sie durch das Erlebnis ihrer heimlichen Beobachtungen angeregt worden ist, so lange das Bild des Paters und der nach Heiligkeit strebenden Éradice vor Augen hat, bis es ihr vor lauter Lust entschwindet, kann ihr Entrücktsein einen doppelten Sinn annehmen: Es kann sakral und weltlich sein. Das gilt selbst für ›Verbrechen‹ der vom Pater begangenen Art; denn im Zustand der erotischen Raserei verliert Thérèse, wie sie schreibt, die Fähigkeit, Vorstellungen der Lust von denen des Verbrechens zu unterscheiden.[24] Eigentlich sind alle Elemente des libertinen Romans bis hin zu den Varianten Sades bereits im Keim vorhanden, und man möchte Darntons Ansicht zustimmen, Sades Steigerungen zeigten im Grunde nur, daß das Genre sich am Ende des 18. Jh. erschöpft hatte.[25]

Mag das an einem Roman wie dem von d'Argens noch nicht durchweg erkennbar werden, so beginnt es bei Jean-Charles Gervaise de Latouches *Histoire de Dom B…, portier des Chartreux, écrite par lui-même* von 1740 oder 1741. Darnton nennt, was sich darin ereignet, eine »sexuelle Eskalation«[26] – jede Episode überbietet die ihr vorangehende. Der Held, Saturnin, landet zum Schluß in einem verruchten Bordell, die Heldin, Suzon, zugleich vermeintliche Schwester Saturnins, wird von einem Priester verführt, dann im Stich gelassen. Eine Fehlgeburt endet beinahe tödlich. Weitere Stationen Suzons: ein von der Pest heimgesuchtes Armenhaus, schließlich der Abstieg zur Nutte, der ihr eine schwere Syphilis beschert.

Das überraschende Moment, mit dem der Roman aufwartet, liegt jedoch weder in einer von Boshaftigkeiten übersäten Entwicklungsgeschichte zweier Protagonisten der Libertinage, also einem Sadismus avant la lettre, noch in dem Inzesttabu, das halb gebrochen wird – nur halb, weil das Paar sich bloß eingebildet hat, Bruder und Schwester zu sein –, das überraschende Moment liegt in ihrer Liebe, die nicht vergehen will. Sie entlockt ihnen die zärtlichsten Töne selbst dort, wo der Leser sie nicht erwartet hätte: in dem zur finsteren Abstiege heruntergekommenen Freudenhaus, das Suzons letzte Zufluchtstätte wird. Auch wenn der stürmische Libertin nicht restlos im sanften Liebhaber aufgeht, schlagen die ›délires érotiques‹ doch nahezu in die Sympathien des auch nach der Auffassung der Enzyklopädisten gesunden ›amour‹ um, und die antireligiöse Haltung verliert ihren Stachel.

So wie Thérèse ihr Leben niederschreibt, so tut es Saturnin. Er ist der Ich-Erzähler. Aber anders als sie, die ihren Bericht an den von ihr geliebten Grafen *** schickt, hat Saturnin als Adressaten nur den Leser, weil seine geliebte Suzon kurz nach der

---

22 Ebd., 66.
23 Vgl. RENÉ DESCARTES, Les Passions de l'âme (1649; Paris 1988), 201 ff. u. FISCHER (s. Anm. 14), 238 f.
24 Vgl. D'ARGENS (s. Anm. 18), 76.
25 Vgl. DARNTON (s. Anm. 10), 111.
26 Ebd., 37.

geschilderten Begegnung ihrer Krankheit erliegt. Saturnin, der sich angesteckt hat, entgeht dem Tod vorerst nur dadurch, daß er gegen seinen Willen kastriert wird.

Der Geliebten verlustig und des stolzesten Körperteils eines Libertin beraubt, resigniert Saturnin und begibt sich in ein Kartäuserkloster, um als Dom Bougre (wobei ›bougre‹ Päderast heißt) seine Erzählung niederzuschreiben und als Pförtner der Kartause ein halbwegs gottgefälliges Leben zu führen. Halbwegs wiederum deshalb, weil sein letzter Wille ist, auf seinem Grabstein folgende Worte in goldenen Lettern gemeißelt zu sehen: »Hic situs est Dom Bougre, fututus, futuit.« (Hier ruht Dom Bougre, er fickte und wurde gefickt.)[27] Darnton zögert nicht, diesen Roman *Manon Lescaut* (1731) und *La Nouvelle Héloïse* (1761) an die Seite zu stellen. »Hier ist Erotik in Askese und Pornographie in Religiosität eingegangen.«[28] Dennoch sei wegen der skurrilen Grabinschrift, die alles offenlasse, das Zweideutige der Geschichte nicht zu übersehen. Ob man das Geschehen ernst nehmen solle oder nicht, bleibe ungeklärt, aber immerhin spielten Sex, Liebe und Erlösung eine überraschende Rolle. Wenn jedoch alles bloß ein Spaß sei, könne diesen dann, so Darnton, nur verstehen, wer einmal mit augustinischer Frömmigkeit, vor allem mit jener Form, die das 17. und 18. Jh. als Jansenismus kannte, in Berührung gekommen sei.[29]

Der Jansenismus nämlich wurde schon im 17. Jh. so einflußreich, daß sich selbst der souveränste der französischen Könige, Ludwig XIV., seinem Einfluß nicht entziehen konnte. Am eigenen Hof war die Lektüre libertiner Romane nicht geduldet. Die vehemente Kritik Blaise Pascals an den höfischen Vergnügungen[30] hatte ihre Wirkung getan, und wenn der König sich auch weiterhin als absoluter, den menschlichen Gesetzen enthobener Monarch fühlen mochte, so blieb er doch an die göttlichen Gesetze gebunden.

Im Jansenismus ist der Mensch nicht souverän, sondern ein kleines, auf die Rettung durch Christus angewiesenes Nichts, das wie ein Schilfrohr im Winde schwankt – Pascal hob diesen Umstand in seinen *Pensées* deutlich hervor. Wie der König zwischen politisch begründetem Souveränitätsanspruch und christologisch motivierter Hilflosigkeit hin- und herpendeln mochte, so auch der Libertin – eine Schwankung, die sich im 18. Jh. dahingehend glättete, daß der auf die revolutionären Aufklärer übergegangene Souveränitätsanspruch mit der Kirche auch deren existenzielle Verunsicherungen negierte und so der vorher noch möglichen Erlösungshoffnung nur mehr eine geringe Chance ließ.

Aus der Perspektive eines bis in die Mitte des Jh. wirksam gebliebenen Jansenismus konnte der libertine Roman noch zu »spektakulären Paradoxa« führen, wie sie Darnton in de Latouches *Dom Bougre* ausmacht. Zwar werde das Kloster von den libertinen Erotikern erst einmal zum Bordell gemacht, aber anschließend dürfe es wieder in die althergebrachten Funktionen eintreten, indem es den in seiner Sündhaftigkeit zu seliger Buße findenden Päderasten als Mönch in seine Arme schließe. »Ganz gleich aber«, so Darnton abschließend zu de Latouches Romanhelden, »ob seine Geschichte die Religion parodiert oder stützt, sie verdeutlicht, wie sehr das Ringen um einen verläßlichen Sinn des Lebens mit Anfechtungen zu kämpfen hat – Mitte des 18. Jahrhunderts, als Jansenismus und Aufklärung sich gegenseitig aufzuheben drohten, aber auch heute.«[31]

3. Sade

Was Darnton mit Blick auf d'Argens' Roman als Verhältnis der Gegenseitigkeit beschreibt – die gegenseitige Aufhebung von Jansenismus und Aufklärung –, war am Ende des 18. Jh. der Einseitigkeit gewichen. In den Romanen Sades gibt es keinen Platz mehr für jenes ›spektakuläre Paradox‹, das aus einem Bordell ein Kloster macht. Durch die Französische Revolution schien der Jansenismus erst einmal auf verlorenem Posten; die Aufklä-

---

27 JEAN-CHARLES GERVAISE DE LATOUCHE, Histoire de Dom B. . ., portier des Chartreux (1741), in: Camus (s. Anm. 11), Bd. 3 (Paris 1985), 236; dt. in: DARNTON (s. Anm. 10), 226.
28 DARNTON (s. Anm. 10), 38.
29 Vgl. ebd., 39.
30 Vgl. BLAISE PASCAL, Pensées (1670), in: Pascal, Œuvres complètes, hg. v. J. Chevalier (Paris 1991), 1137–1148.
31 DARNTON (s. Anm. 10), 39.

rung hatte sich schon genügend durchgesetzt. Auch die von Darnton beschriebenen Anfechtungen wurden davon in Mitleidenschaft gezogen: Sie blieben aus, wenn es zu keiner religiösen Verunsicherung kam. Die damit entstehende Leerstelle wurde durch eine nunmehr unangefochtene Radikalität des Denkens und Handelns ausgefüllt.

An einem Text wie der *Philosophie dans le boudoir* ist das gut zu erkennen. 1795 veröffentlicht, eignet er sich besonders zur Demonstration möglicher Entwicklungslinien der Erotik im späten 18. Jh. Zum einen, weil Sade darin der *Thérèse philosophe* seine Reverenz erweist, zum anderen, weil ein historischer Abschnitt überschaubar wurde: Der Terror der Revolution war mit der Guillotinierung Robespierres ein Jahr vor der Veröffentlichung des Romans zum Stillstand gekommen und Sade aus der Haft entlassen worden.

Das Herzstück des Textes ist die berühmte Aufforderung des Autors an seine Landsleute, sich noch einen Ruck zu geben, wenn sie gute Republikaner sein wollen: »Français, encore un effort si vous voulez être républicains«[32]. Die Aufforderung ist in zwei Abschnitte, die Religion und die Sitten, unterteilt, und einer ihrer ersten Kernsätze lautet, man müsse in Zukunft die Religion auf der Moral aufbauen, statt umgekehrt die Moral auf die Religion zu gründen. Da die Moral auf den Sitten beruhe, die Sitten aber inzwischen republikanisch geworden seien, müßten diese künftig der Religion den Weg vorschreiben.

Obwohl Sade der Guillotine nur knapp entkommen war, findet sich kein Wort des Bedauerns über die Vorfälle. Zwar laufen seine politischen Forderungen auf ein Verbot der Todesstrafe hinaus; jeder Libertin möge töten, wen er wolle: Der Starke werde sich schon erfolgreich dagegen zur Wehr setzen – um den Schwachen sei es sowieso nicht schade. Aber dieses Plädoyer für eine Entpolitisierung oder Privatisierung der Gewalt verleitet ihn nicht dazu, etwa die Hinrichtung Ludwigs XVI., die nicht auf eine libertine Privatinitiative zurückging, mit anderen Augen zu sehen. Im Gegenteil, er nennt ihn einen unverschämten Monarchen, einen »monarque impudent« (485), den die Franzosen zu Recht gestürzt und auf die Stufen des Schafotts geführt hätten. Ein Volk, das dieser Tat fähig sei, müsse nun auch noch das zu Fall bringen, was zu den wesensnotwendigen Attributen jeder Monarchie gehöre: die Religion. Also: »encore un effort«.

Republikanische Freiheit und Religion paßten für Sade nicht zusammen, er hielt sie für »incohérent«. Nachdem der französische Materialismus bewiesen hätte, daß der Natur die Bewegung »inhérent« sei, könne man auf Gott als den großen Beweger verzichten. Er war für ihn nichts weiter als eine »chimère« (482 f.), so illusionär wie der despotische, sich auf die Religion samt dem von ihr erzeugten Aberglauben stützende König.

Mit dem Aberglauben war nicht jede religiöse Richtung, sondern vornehmlich das Christentum und der Islam gemeint. Auch wenn ein kohärentes System der Freiheit eigentlich jeglicher Glaubenslehre entraten könnte, wären bestimmte historische Religionen durchaus mit der Freiheit einer Republik vereinbar. Dem Klassizismus seiner Epoche entsprechend, empfahl Sade den Franzosen die antiken Götter Roms und Griechenlands zur Nachahmung. Jupiter, Herkules oder Pallas Athene seien Republikanern willkommen; ebenso Venus, Hymen und Amor, deren Statuen, im Schutz ländlicher Tempel errichtet, von Liebenden am Rand einsamer Waldstücke verehrt würden.[33]

Sades erotische Philosophie führt den Leser an dieser Stelle in einem englischen Garten der Lüste spazieren. Mit den pittoresken kleinen Rundtempeln, die überraschend am Ende einer Blickachse auftauchen, erinnert diese Passage an die zeitgenössischen Landschaftsgärten, deren Schöpfer jedoch, anders als Sade, wußten, daß die vielen Wege, auf denen sich der Spaziergänger bewegte, nicht der Natur oder der Materie inhärent, sondern vom Gärtner eigens angelegt worden waren. Man mußte der Materie nachhelfen, um sie bewegt erscheinen zu lassen, sich dann allerdings geschickt zurückziehen, so daß keiner merkte, wer das Ganze inszeniert hatte. Einzige Ausnahme schienen die unbeweglichen Bäume; doch oft ge-

---

[32] DONATIEN ALPHONSE FRANÇOIS DE SADE, La Philosophie dans le boudoir ou les Instituteurs immoraux. Dialogues destinés à l'éducation des jeunes demoiselles (1795), in: Sade, Œuvres complètes, Bd. 3 (Paris 1973), 478.
[33] Vgl. ebd., 484.

nug handelte es sich dort, wo man ihrer ansichtig wurde, um – alte – Exemplare, die der Gärtner erst mühselig dorthin bewegt, d. h. verpflanzt hatte, um das Bild der Landschaft zu verschönern. Auch sie also wurden aus ihrer Ruhe gerissen. Die Rede von der den damaligen Gartenschöpfern heiligen Freiheit des Baumes war denn auch eher englisch-sarkastisch zu verstehen. Es hätte niemand gewundert, wenn auch noch von einer Republik der Bäume bzw. von einem republikanischen Garten gesprochen worden wäre.

Merkwürdig, daß bei Sade von diesem Sarkasmus nichts zu spüren ist, obwohl er einen inhärenten sadistischen Aspekt aufweist. Denn was Republik hätte genannt werden können – Feuerbach sprach später folgerichtig, aber genausowenig sarkastisch wie Sade, von der Republik der Natur[34] –, war nichts als ein verdeckter Despotismus: Der Baum, zumal als alter, konnte sich gegen seine Verpflanzung nicht zur Wehr setzen, er hatte sie still zu erdulden.

Revolutionärer Radikalismus versperrte Sade die Einsicht in seine eigene Textur. Wo er, außer bei Venustempeln, das Bild des Baumes gebrauchte, tat er es bezeichnenderweise nicht im englischen Sinn: er sprach nicht von der Freiheit des Baumes, sondern vom Baum der Freiheit, dem »arbre de la liberté«. Dieser solle wachsen und seine Zweige kräftig ausdehnen, um die Trümmer des römischen Katholizismus zu überwuchern; gleichzeitig müsse der Baum des Aberglaubens, »l'arbre de la superstition«[35], den letzten entscheidenden Schlag erhalten.

Selbst dort, wo es näher gelegen haben könnte, die mangelnde Idealität der Natur zu durchschauen, bleibt sie Sade verschlossen. Es geht um den Beweis der Grausamkeit als natürlicher Anlage des Menschen. Dolmancé, der Libertin, der seiner Schülerin Eugénie am Schluß des dritten Dialogs den Egoismus der Lüste beibringen möchte, versucht sie durch das Beispiel des Kindes, welches seine Rassel zerbricht, der Amme in die Brust beißt und den Vogel erwürgt, zu überreden. Ähnlich der instinktiven Grausamkeit der Tiere sei der Mensch um so animalischer, je näher er der Natur komme. Das könne man an den Wilden gut beobachten. Den Sittenverfall dafür haftbar zu machen sei unhaltbar. Wir würden ganz im Gegenteil allesamt mit einer Dosis Grausamkeit geboren, die durch Erziehung allenfalls gemildert werden könne: »nous naissons tous avec une dose de cruauté que la seule éducation modifie«. Am Ende sucht Dolmancé seine Zuflucht bei den geheiligten Wirkungen der Natur, die durch Erziehung ebenso geschädigt würden wie die Bäume durch ihre Kultivierung: »mais l'éducation n'est pas dans la nature, elle nuit autant aux effets sacrés de la nature que la culture nuit aux arbres«.

Aufgrund jahrhundertealter Erfahrung mit Zuchterfolgen ist man heute gewitzter als Sade, der seine These an den Obstbäumen demonstriert. Je weniger sich der Mensch um sie kümmere, desto schöner würden sie, desto reichhaltiger auch die Fruchtausbeute. Woraus sich für Sade die Grausamkeit gerade nicht als Laster, sondern als Tugend ergibt, sei sie doch nichts anderes als die von der Zivilisation noch nicht verdorbene Energie des Menschen. »La cruauté n'est autre chose que l'énergie de l'homme que la civilisation n'a point encore corrompue: elle est donc une vertu et non pas un vice.« (437) Es folgt der Vorschlag, die staatlichen Gesetze, besonders die Strafgesetze, so abzumildern, daß der natürlichen Grausamkeit des Menschen im Stand der Unschuld – »dans l'état d'incivilisation« (438) – freie Bahn gelassen werden kann.

Ganz ohne eine Instanz des Heiligen kommt auch Sade nicht aus. Selbst wenn es in seinem Aufruf an die Franzosen heißt, alle unsere Gedanken repräsentierten nur die Gegenstände, die unsere Sinne wahrnehmen, weshalb es keinen Gottesgedanken geben könne (wäre es doch ein Gedanke ohne Gegenstand)[36], selbst wenn es also keinen Glauben, schon gar keinen christlichen geben kann, so hat das materialistische Denken die Materie – aus lauter Begeisterung für sie – zu guter Letzt selbst zum Idol erhoben. Im Stil seines großen zivilisationskritischen Vorläufers Rousseau schwärmt Sade von dem geheiligten Rat, dem »saint conseil« (437), den die Natur uns gibt und

---
34 Vgl. LUDWIG FEUERBACH, Vorlesungen über das Wesen der Religion (1851), in: FEUERBACH, Bd. 6 (1981), 115, 155.
35 SADE (s. Anm. 32), 480, 479.
36 Vgl. ebd., 487.

den wir zu befolgen haben. Für Rousseau war es die Stimme der Natur, auf die es zu hören galt. Wie die nach ihm benannten künstlichen Inseln in den Landschaftsparks der Epoche schwimmt das rousseausche Eiland in den von Sade imaginierten Lustgärten der Grausamkeit.

Trotz der Radikalisierung des antichristlichen Gedankens bleibt also ein Rest von Heiligkeit bestehen, auch wenn es sich mehr um eine Naturvergötzung handelt. Gemessen an der Philosophie d'Argens', die sich paradoxerweise mit Gott und König zu arrangieren wußte, obgleich sie von den gleichen materialistischen Annahmen ausging, ist die Sades eindeutiger, ohne indes den theoretischen Rahmen zu sprengen.

Der französische Romanist Michel Delon geht sogar von einer starken Verwandtschaft der beiden Philosophien aus. In seinem beachtenswerten Aufsatz De ›Thérèse philosophe‹ à ›La Philosophie dans le boudoir‹, la place de la pilosophie nennt er Sades Eugénie eine »Sur-Thérèse«[37]. Diese Bezeichnung spielt auf einen 1750 herausgekommenen libertinen Roman an, der sich als Widerlegung der Thérèse philosophe verstand – sein Titel lautet: L'Anti-Thérèse ou Juliette philosophe, nouvelle messine véritable. Doch was sich als Widerlegung ankündigt, entfernt sich Delon zufolge nicht sehr weit vom d'Argensschen Ausgangstext. Juliette mag insgesamt etwas ›anständiger‹ als Thérèse sein, doch im Grunde folgt sie dem gleichen materialistischen Erziehungsprogramm, vor allem dem Kampf gegen die ›hégémonie religieuse‹.[38]

Der etwas anständigeren Juliette folgt die etwas unanständigere Eugénie als Protagonistin der Philosophie dans le boudoir auf dem Fuße, mit anderen Worten: Auf die ›Anti-Thérèse‹ folgt die ›Sur-Thérèse‹. Eugénie geht schneller zur Sache als ihre Vorgängerin, vor allem läßt sie sich von Dolmancé sehr gelehrig in die Tugendhaftigkeit der Verbrechen einweisen, ja, seine Rede darüber berauscht ihre Sinne.[39] Insgesamt ist eine Intensivierung der materialistischen Argumentation zu spüren, die kein paradoxes Zurück zu den Institutionen des Ancien régime mehr zuläßt. Der Respekt vor den politischen Autoritäten ist verlorengegangen. Die sinnlichen Exzesse triumphieren schließlich so, daß ein Paar wie Thérèse und der Graf *** undenkbar geworden ist. Thérèse kommt in einem heterosexuellen Verhältnis zu ihrem gräflichen Liebhaber zur Ruhe – Masturbation und feminine Homophilie bleiben durchaus erlaubt –, Eugénie dagegen wird von Dolmancé auf anale Sexualität eingeschworen, an den anderen Lustarten klebt zu sehr das Renommee der alten Institutionen wie der Ehe und der Kirche.

Übertreibung der Tradition wäre, nach Delon zu urteilen, das, was den sadeschen Text auszeichnete, nicht Neuerung. Weder von der Thérèse philosophe noch von der Philosophie dans le boudoir gingen originelle philosophische Impulse aus; materialistischen Annahmen blieben in beiden Romanen die gleichen. Was ihnen auf der einen Seite fehlt – die Neuerung –, wächst ihnen jedoch auf einer anderen zu. Die libertinen Romane besitzen Originalität darin, wie sie die schulphilosophischen Texte ›deplazieren‹, so der Ausdruck Delons.[40] Zum einen fügen sie den abgeschlossenen Räumen, in denen noch im 17. Jh. philosophiert wurde, andere Gemächer hinzu – bis hinunter zum Boudoir. Zum anderen erlauben sie Frauen den Zutritt zu philosophischen Debattierzirkeln, die zuvor nur Männern vorbehalten waren. Allerdings unterliegt die weibliche Sexualität weiterhin maskuliner Definitionsmacht.

Diese topo- und typologischen Veränderungen im Herzen des philosophischen Diskurses stellen für Delon ein Gemisch dar, das einerseits die Philosophie bereichert, andererseits die Libertinage von ihrer strikten Körperbezogenheit abbringt und dem Denken öffnet – eine Sicht, die wir bei Darnton wiederfinden. Nur rechtfertigten es diese ›Deplazierungen‹ nicht, den libertinen Texten eine Avantgardefunktion zuzusprechen: Sie seien weder als ›archaistisch‹ noch als ›modernistisch‹ einzustufen.[41]

Es überrascht nicht, daß Delon keinen Anhaltspunkt für einen Modernismus sieht; Sade kostete

---

37 MICHEL DELON, De ›Thérèse philosophe‹ à ›La Philosophie dans le boudoir‹, la place de la philosophie, in: Romanistische Zeitschrift für Literaturgeschichte/ Cahiers d'Histoire des Littératures Romanes 7 (1983), 84.
38 Vgl. ebd., 83 f.
39 Vgl. SADE (s. Anm. 32), 441.
40 Vgl. DELON (s. Anm. 37), 85 f.
41 Vgl. ebd., 88.

ein Genre nur bis an den Rand aus, das sich, um Darntons Worte noch einmal zu zitieren, bereits erschöpft hatte. Es überrascht dagegen, auch den Archaismus ausgeschlossen zu sehen. Denn der gute Wilde, mit dem Rousseau, und der böse, mit dem Sade argumentiert, boten der ethnologischen Forschung des 19. Jh. durchaus einen Anhaltspunkt; von der Ethnologie gingen starke Wirkungen auf die französische Soziologie bis in unsere Tage aus. Batailles Œuvre steht hier immer wieder an erster Stelle. Insofern wäre das modernistische Moment paradoxerweise im archaistischen verborgen.

II. 19. Jahrhundert: Romantische und spätromantische Religion der Liebe

Bevor wir uns moderneren Strömungen des 19. Jh. zuwenden, soll ein weiterer Roman, ein Schwellenroman, diesmal aus Deutschland, angesprochen werden. Noch am Ausgang des 18. Jh. geschrieben, gehört er zwar nicht ins libertine Genre, wurde aber von der Kritik in dieses Genre eingeordnet. Dafür übergehen wir John Clelands *Fanny Hill* (erstmals 1747/1748 in zwei Bänden erschienen unter dem Titel *Memoirs of a Woman of Pleasure*), einen Text, der wiederum unbedingt dazugehört, die Grenzen des Genres aber nicht sprengt und insofern von *Thérèse philosophe* und den anderen Beweisstücken sensualistisch begründeter Erotik würdig vertreten wird.[42]

1. Friedrich Schlegel

»Dieser Friedrich Schlegel wird als ein höchst hirnloser und unzüchtiger Skribler verdientermaßen der allgemeinen Verachtung preisgegeben. Denn er schrieb außer anderen Sinnlosigkeiten einen Roman Lucinde, welcher die unzüchtigen Schriften, welche sittenlose Franzosen vor der Revolution hervorgebracht hatten, an Ärgerlichkeit und Verworfenheit womöglich noch übertrifft.«[43] Durch solch eine protestierende Eingabe an die Oberste Polizei- und Zensurstelle in Wien vom 9. Januar 1816 sollte Schlegel diskreditiert werden. An diesem Tag war er zum österreichischen Lega-

tionssekretär am Bundestag in Frankfurt ernannt worden. Der Ort der Eingabe paßt zum tieferen Gehalt des von dem Eingeber inkriminierten Werkes. Schlegel »hatte sich, obwohl gebürtiger Hannoveraner (geb. 1772) und Protestant, Österreich zum Lebensbereich und den katholischen Glauben zum geistigen Bekenntnis erwählt«.

Der protestierende Kritiker blieb nicht allein. »Eine Flut von Schmähschriften« ergoß sich über den Roman. Zwar priesen ihn die Jungdeutschen als »Verkündung der Emanzipation des Fleisches«[44], aber sie taten es in politischer Absicht, während Kierkegaard *Lucinde* in seiner Dissertation *Über den Begriff der Ironie* (1841) als Ausdruck »nackter Sinnlichkeit«[45] verdammte. Wie hätte wohl Novalis, dessen Schriften man spontan sicher für weniger sinnlich hält als diejenigen Schlegels, bei einem Vergleich abgeschnitten?

Dem Germanisten Gerhard Schulz kommt das Verdienst zu, auf Bemerkungen im Werk des romantischen Poeten hingewiesen zu haben, die vorderhand an Sade gemahnen.[46] In Novalis' *Fragmenten und Studien 1799-1800* stößt man auf Sätze wie: »Sonderbar, daß der eigentliche Grund der Grausamkeit Wollust ist.« Erst auf den zweiten Blick ist zu erkennen, daß solche Bemerkungen nicht ohne eine romantische, schlegelnahe Religiosität zu verstehen sind: Es sei verwunderlich, »daß nicht längst die Association von Wollust, Religion und Grausamkeit die Leute aufmercksam auf ihre innige Verwandtschaft und ihre gemeinschaftliche Tendenz gemacht hat«[47]. Religiöser Sadismus – das wäre aus Sades Sicht ein Widerspruch, wie er krasser nicht ausgedrückt werden könnte.

Wahrscheinlich war das lesende Publikum zu Beginn des 19. Jh. den politischen Ereignissen in

---

42 Vgl. FISCHER (s. Anm. 14), 341 ff.
43 Zit. nach KARL KONRAD POLHEIM, Nachwort, in: Schlegel, Lucinde (1799; Stuttgart 1975), 110.
44 Ebd., 110, 116.
45 SØREN KIERKEGAARD, Über den Begriff der Ironie mit ständiger Rücksicht auf Sokrates (1841), übers. v. E. u. R. Hirsch, in: KIERKEGAARD, Abt. 31 (1961), 297.
46 Vgl. GERHARD SCHULZ, Novalis' Erotik. Zur Geschichte der Gefühle, in: H. Uerlings (Hg.), Novalis und die Wissenschaften (Tübingen 1997), 213–233.
47 NOVALIS, Fragmente und Studien 1799–1800, in: NOVALIS, Bd. 3 (³1983), 655, 568.

Frankreich noch zu sehr ausgeliefert, als daß es die entscheidenden Differenzen zwischen romanischer und romantischer Wollust bemerkt hätte. Im 20. Jh. war man gelassener. So würdigte etwa Hermann August Korff in seinem *Geist der Goethezeit* (1940) Schlegels Roman als »das Buch von der romantischen Ehe«[48]. Vermutlich hatten die Protestler, namentlich der erstgenannte Eingeber, die vorrevolutionären Texte nur vom Hörensagen gekannt – sie waren ja verboten –, sonst hätten sie sie nicht mit der *Lucinde* verwechseln können. Für außerfranzösische Ohren mochten bestimmte freimütige Abschnitte sich gar zu materialistisch anhören, doch, gemessen an den angeblichen Vorbildern aus Frankreich, gehen sie kaum über poetisch umschreibende Formulierungen hinaus. Selbst da, wo Julius, der Icherzähler des Romans, keine besonderen Umschweife macht, sind noch keine sensualistischen Ausschweifungen zu gewärtigen. Und selbst beim »schüchternen Kuß« ist Gesellschaft nicht erwünscht, ja wird ihr plötzliches Auftreten als »fatal«[49] empfunden. Anders als in den libertinen Texten, die ohne die Gegenwart einer zumindest kleinen Gesellschaft gar nicht auskommen und den Voyeur szenisch immer mit einplanen, erlaubt Schlegel nur dem Leser zuzuschauen. Lucinde ist auch keine ›Mademoiselle‹, schon gar keine ›Fille‹, sondern eine reife Frau, eine Mutter – ihr Sohn starb schon im Knabenalter. Ihr Mutterdasein ist sogar entscheidend für die Romanentwicklung. Das Motiv der Herrlichkeit der Frau erfüllt sich genau darin. »Du wirst Mutter sein!« (81) heißt es an einer Stelle, und bald darauf wird, als Höhepunkt der Entwicklung, das Bild der Mutter Maria heraufbeschworen. »Weißt du noch, wie ich dir schrieb, keine Erinnerung könne dich mir entweihen, du seist ewig rein wie die heilige Jungfrau von unbeflecktem Empfängnis, und nichts fehle dir zur Madonna wie das Kind? Nun hast du es, nun ist es da und wirklich.« (86)

An solchen Stellen wird deutlich, wieso Schlegel zum Katholizismus konvertierte und nach Österreich ging. Er hätte allerdings ebensogut Protestant bleiben können, ohne Deutschland zu verlassen, da der deutsche Protestantismus seinerzeit katholische Elemente in seine Konfession mit einbezog. Nicht ohne Grund trat etwa Schleiermacher »in moralischer und ästhetischer Hinsicht für den Roman ein«[50]. Jemandem, der die protestantische Frömmigkeit so weit trieb, daß bald jedes Neugeborene in den Stand eines Christusknäbleins erhoben wurde, konnten die Schlegelschen Erörterungen durchaus gefallen.

Infolge der Notwendigkeit einer nachrevolutionären Neubestimmung dessen, was christlich sei, hatte Chateaubriand zur gleichen Zeit das Werk *Génie du Christianisme* (1802) geschrieben und den französischen Katholizismus mit dem romantischen Geniekult in Verbindung gebracht. Im deutschen Sprachraum gab es analoge universalistische Bestrebungen, die gleichfalls eine Romantisierung des Glaubens zum Ziel hatten. Der Geniekult der Epoche, der eigentlich Raubbau am christlichen Glauben betrieb, indem er den Menschen als Künstler zum neuen Schöpfer erkor, bekam auf diese Weise ein religiöses Auffangbecken. Wie jedes Neugeborene potentiell ein Jesusknäblein, so war jede Mutter potentiell eine Madonna. Die *Lucinde* stellte diese neue Frömmigkeit ganz exemplarisch aus.

Im Unterschied zu den vorrevolutionären französischen Libertins, deren naturtheoretisch begründete Libertinage zwischen pornophiler Obszönität und jansenistischer Ergebenheit hin- und herschwankt, fehlt Julius das Alternieren zwischen Geist und Sinnlichkeit. Auch er beschäftigt sich mit Fragen der Materie, jedoch ohne daß sie ihn zu materialistischen Annahmen verführten. Er nähert sich ihnen nicht als Theoretiker, sondern als dichtender Mensch. »Ich glaubte einen tiefen Blick in das Verborgene der Natur zu tun; ich fühlte, daß alles ewig lebe und daß der Tod auch freundlich sei und nur eine Täuschung. Doch dachte ich daran eigentlich nicht sehr, wenigstens zum Zergliedern der Begriffe war ich nicht sonderlich gestimmt. Aber gern und tief verlor ich mich in alle die Vermischungen und Verschlingungen von Freude und Schmerz, aus denen die Würze des Lebens und die

---

48 HERMANN AUGUST KORFF, Geist der Goethezeit, Bd. 3 (1940; Leipzig ²1949), 88.
49 FRIEDRICH SCHLEGEL, Lucinde. Ein Roman (1799), hg. v. K. K. Polheim (Stuttgart 1975), 71.
50 POLHEIM (s. Anm. 43), 116.
51 SCHLEGEL (s. Anm. 49), 7.

Blüte der Empfindung hervorgeht, die geistige Wollust wie die sinnliche Seligkeit.«[51] Das ist keine denkende Wollust im Sinne Darntons, sondern eine Sinnlichkeit, die selber geistig im Sinne von Novalis, ja fast geistlich geworden ist. Der Schlegelsche Libertin, wenn er denn einer ist, liebt Lucinde nicht als Philosoph, sondern als Poet. Mit dieser poetischen Einheit von Geist und Sinnlichkeit hängt die für Julius typische Verwirrung zusammen. »Nicht nach deinen Lippen allein sehnte ich mich, oder nach deinen Augen, oder nach deinem Leibe: sondern es war eine romantische Verwirrung von allen diesen Dingen [...]; wir umarmten uns mit eben so viel Ausgelassenheit als Religion.« (8) Bei der Frage nach der Bestimmung dessen, was hier mit Religion gemeint ist, denkt man am besten an einen romantisch getönten Katholizismus, der, wie schon erwähnt, einem romantisch getönten Protestantismus fast zum Verwechseln ähnlich sah. Die mit Freude und Schmerz gemischte Empfindung verbindet die verschiedenen christlichen Konfessionen zu einer eigenen Glaubensrichtung: einer romantischen Liebesreligion.

Da der Poet die Hauptrolle spielt – jedenfalls ist er es, der die Liebe dichterisch darstellt –, haben wir es mit einer poetischen Religion zu tun, in der das Genie der Poesie mit dem christlichen Schöpfergott in Konkurrenz tritt. Zwar findet Julius die »volle Harmonie [...] allein in Lucindes Seele«, doch diese Seele muß erst durch den Akt eines Poeten entzündet werden, um harmonisch zu wirken. Sie wird als der Ort geschildert, »wo die Keime alles Herrlichen und alles Heiligen nur auf den Strahl seines Geistes warteten, um sich zur schönsten Religion zu entfalten« (77).

An solcher Vergöttlichung genialer Menschen ist der Tribut zu erkennen, den die romantische Liebe an die Zeit der Revolution und die philosophische Bloßstellung des Christentums zu zahlen hatte. Insofern liegt die Verwechslung der *Lucinde* mit einem libertinen Roman auch wieder nahe. In ihrer genialischen Bestimmung ähnelt Julius' Position der eines souveränen Libertins.

Andererseits wird die Aufmerksamkeit für das, was die Liebenden umgibt, durch die gegenseitige Liebe so gefördert, daß sich die Instanz einer höheren, außermenschlichen Souveränität abzeichnet. Vielleicht wäre sie durch den Pantheismus am ehesten umschrieben. »Alles, was wir sonst liebten, lieben wir nun noch wärmer. Der Sinn für die Welt ist uns erst recht aufgegangen. [...] Alles ist beseelt für mich, spricht zu mir und alles ist heilig«, schreibt Schlegel und fährt, indem er den pantheistischen Gedanken nun auf den Menschen rückbezieht, fort: »Wenn man sich so liebt wie wir, kehrt auch die Natur im Menschen zu ihrer ursprünglichen Göttlichkeit zurück.« (89)

Bei den Worten, die Wollust werde in der einsamen Umarmung der Liebenden wieder, was sie im großen ganzen sei: das heiligste Wunder der Natur[52], könnte man flüchtig an Saturnins Schicksal in de Latouches *Histoire de Dom Bougre* denken. Das Wörtchen ›wieder‹ mag den Leser an frühere Liebesgeschichten von Julius erinnern, die noch nicht ganz dem hohen Bildungsideal aus späteren Jahren gehorchten: z.B. sein Verhältnis zu einer sich halb öffentlich prostituierenden Person. Es fehlt dieser Episode aber das Ambiente der ›Verworfenheit‹ eines Bordellbetriebs; so kann sich das Bordell auch nicht zum Kloster mausern.[53] Jansenistisch inspirierte Institutionen fehlen ebenfalls. Dafür ist der romantische Liebhaber nicht hilflos genug.

Allenfalls dort, wo er seine Geliebte auffordert, sich einmal ganz der Wucht der Wollust zu überlassen, erinnert er von fern an einen sadeschen Libertin – etwa aus der Romanwelt von *Les 120 journées de Sodom*. »Ich bat sehr, Du möchtest Dich doch einmal der Wut ganz hingeben, und ich flehte dich an, du möchtest unersättlich sein« (8), heißt es bei Schlegel. Dennoch bleibt Julius besonnen und achtet auf die kleinsten Freuden, um nur die Harmonie nicht zu zerstören. Die Wut des Libertins sadescher Prägung tritt dagegen typischerweise erst nach einer Hingebung auf; sie ist Zeichen der Übersättigung und widerspricht eigentlich den libertinen Prinzipien, die auf der Kultivierung besonderer Gefühlsapathie basieren. So laufen die zeitgenössischen Kritiker der *Lucinde* ins Leere. Höchstens den Ehrentitel eines romantisch geläuterten Sadisten könnte man Schlegel verleihen. Doch auch dafür scheint seine Welt zu

---

[52] Vgl. ebd., 89.
[53] Vgl. ebd., 54–58.

verschieden von jener des Franzosen, der nur in libertiner Lust eine Möglichkeit sah, dem schwer erträglichen Dasein etwas Positives abzugewinnen.[54] Schlegel gibt dagegen am Ende seines Romans dem Leser so etwas wie eine romantische Liebesformel mit auf den Weg. »Der Mann vergöttert die Geliebte, die Mutter das Kind und alle den ewigen Menschen.«[55]

Niklas Luhmann sieht in seiner weitgreifenden Untersuchung über *Liebe als Passion* (1982) den strukturellen Übergang von der schichtenorientierten Galanterie zur individualorientierten romantischen Liebe mit einem semantischen Zuwachs an Welthaltigkeit der Liebenden verbunden. Diese Entwicklung wurde durch zuerst in England erhobene institutionelle Forderungen nach einem staatsferneren »intim-persönlichen Familienleben«[56] gefördert. Wo die dem alteuropäischen Hofstaat nahestehende Adelsschicht mit ihren galanten Umgangsformen an Bedeutung verlor und Adlige wie Bürger auf ihre je eigene Individualität verwiesen waren, um in zunehmend intimer werdenden Liebesbeziehungen Erfolg zu haben, ließ sich mit der Welthaltigkeit die Einzigartigkeit des liebenden Subjekts verbürgen.[57]

Selbst wenn, wie im Fall von *Lucinde*, die Welt durch die Gegenwart der geliebten Person erfahren wird, ist die verlangte Einzigartigkeit eine Bürde für jedes liebende Subjekt. Schlegel löst das Problem durch eine Art Bildungsprogramm. Er betont, daß Julius und Lucinde »ein gebildetes Leben [lebten]« und sich die große Familie, zu der auch die Freunde rechnaten, »durch ihre Bildung immer neu blieb«[58]. Was damit gemeint sein könnte, ließe sich durch das zeitgenössische Interesse für den Klassizismus klären. Der Bildungsbegriff selbst ist klassizistisch geprägt, er war daher für Schlegel neu. Kein Zweifel, daß seine Romanfiguren beim steten Versuch der Erneuerung der Liebe davon profitierten.

Wie das Wort Bildung sagt, handelt es sich um ein wesentlich an Bildern ausgerichtetes Verfahren. Zur besseren Veranschaulichung denke man wieder an jenen Landschaftsgarten mit den von Sade zitierten Venustempeln. Ihr malerischer Aspekt ist kaum zu überschätzen, wurde doch der englische Garten auch malerischer Garten genannt. Und das mit Recht, denn der Gärtner versuchte in der Regel, bestimmte Tableaus berühmter bildender Künstler in die Landschaft zu übertragen.

Ein großes Vorbild der zeitgenössischen Gartenkunst war Claude Lorrain, in dessen Bildwerken Goethe die Ewigkeit der Natur verkörpert sah.[59] Die romantische Liebe von Julius gehört in diesen Zusammenhang. Wie bei Sade finden wir auch bei Schlegel Hinweise auf die pagane antike Mythologie, jedoch mit dem Unterschied, daß die katholischen Bezüge umstandslos daneben Platz haben. »Wir sind dankbar und zufrieden«, sagt Julius über sich und seine Frau, »mit dem, was die Götter wollen und was sie in der heiligen Schrift der schönen Natur so klar angedeutet haben«[60] – in dieser Formulierung ist beides, das katholische und pagane Element, vertreten.

Unter den paganen Göttern ist auch jene Gestalt zu finden, die in den meisten Landschaftsparks der Zeit verehrt wurde. Das erfahren wir von Julius, der nach seiner Dankbarkeitsbezeugung fortfährt, über die Natur nachzudenken. Das bescheidene Gemüt erkenne, daß es seiner wie aller Dinge natürliche Bestimmung sei, zu blühen, zu reifen und zu welken. Aber es wisse, daß eines in ihm unvergänglich sei – die ewige Sehnsucht nach der ewigen Jugend, die immer da sei und immer entfliehe. »Noch klaget die zärtliche Venus um den Tod des holden Adonis in jeder schönen Seele.« (77 f.)

Venus und Madonna: beide Figuren können in Schlegels Roman nebeneinander bestehen, ohne sich zu bedrängen, so daß man die Religion der Liebe nicht nur als romantisch, sondern auch als klassizistisch bezeichnen müßte. Vielleicht wird die Sache am besten getroffen, wenn man von einem romantisch-klassizistischen Katholizismus Schlegels spricht.

---

54 Vgl. SADE (s. Anm. 32), 368.
55 SCHLEGEL (s. Anm. 49), 109.
56 NIKLAS LUHMANN, Liebe als Passion. Zur Codierung von Intimität (Frankfurt a. M. 1982), 165 f.
57 Vgl. ebd., 166–169.
58 SCHLEGEL (s. Anm. 49), 76.
59 Vgl. JOHANN WOLFGANG GOETHE, Künstlerische Behandlung landschaftlicher Gegenstände (1832), in: GOETHE (BA), Bd. 20 (1974), 457.
60 SCHLEGEL (s. Anm. 49), 77.

2. Sacher-Masoch

Von Wien nach Galizien, wo die Geschichten Leopold von Sacher-Masochs spielen, ist es nicht weit, aber die siebzig Jahre, die zwischen der Veröffentlichung der *Lucinde* und der *Venus im Pelz* liegen, stellen doch eine gewisse Entfernung dar. Gilles Deleuze gibt in seiner soliden Studie über den Masochismus einen Grund dafür an, wenn er sagt, daß Masoch aus der Verbindung seiner beiden Erbteile, Slawentum und deutsche Romantik, statt des romantischen Traums eher phantasmatische und phantastische literarische Kräfte ableite: »Âme slave, et qui recueille le romantisme allemand, Masoch utilise, non plus le rêve romantique, mais le phantasme et toutes les puissances du phantasme en littérature.«[61] Es ist bekannt, daß der vom Slawentum praktizierte Katholizismus sehr viel stärker ausgeprägt war als der im übrigen Europa. Für die von Deleuze hergestellte Verbindung mit der deutschen Romantik mußte das einschneidende Folgen haben.

Als erstes geht das bei Schlegel relativ ausgewogene Verhältnis zwischen klassizistischem Paganismus und Katholizismus verloren. Die *Venus im Pelz* von 1869 läßt schon vom Titel her erwarten, daß die paganen Momente überwiegen, obwohl dem Roman ein damit nicht unbedingt konformes Motto voransteht: »Gott hat ihn gestraft und hat ihn in eines Weibes Hände gegeben‹. Buch Judith 16. Kap. 7«[62]. Mit Judith werden wir in die Welt jener Frauen entführt, die Lust haben, Männern die Köpfe abzuschneiden. Es ist schwer zu sagen, warum gerade das 19. Jh. die männermordenden Mythen so anziehend fand. Auf literarischem Gebiet war dieser ästhetische Kitzel von Kleists *Penthesilea* (1808) bis zu Wildes *Salome* (1893), auf musikalischem sogar über die Grenzen des Jh. hinaus zu spüren (vgl. Richard Strauß). Der besondere Reiz, der davon ausging, dürfte mit der Erhöhung der Frau in der Romantik zusammenhängen. Bei Schlegel unterwirft sie sich noch freiwillig dem Bildungsprogramm als dem Garanten dauerhafter Liebe, später gebraucht sie es zu eigener Unabhängigkeit, ohne je eine gesellschaftliche Position zu erreichen, die den Mythos rechtfertigen würde.

Obgleich die paganen Momente bei Sacher-Masoch die Oberhand gewinnen, scheint die Intensität, mit der sie verehrt werden, wie vom Katholizismus des Autors entliehen. Der schlüpft in die Rolle Severins, des Liebhabers von Wanda, und beichtet ihr seine rätselhafte, schon im Knabenalter registrierte »Scheu vor Frauen«, hinter der »sich eigentlich nur ein unheimliches Interesse für dieselben ausdrückte« (39). Unmittelbar danach ist von Kirchgängen die Rede. Severin ängstigte sich vor glitzernden Altären und Heiligenbildern, deren er im Halbdunkel von Kirchen gewahr wurde; ganz anders wirkte dagegen eine Venus aus Gips im kleinen Bibliothekszimmer seines Vaters auf ihn ein. Vor ihr kniete er nieder, und an sie richtete er die Gebete, die man ihn gelehrt hatte, »das Vaterunser, das Gegrüßt seist du Maria und das Credo.« Eines Nachts sieht man ihn die kalten Füße der gipsernen Venus küssen, so wie er es bei seinen Landsleuten gesehen hatte, »wenn sie die Füße des toten Heilands küßten« (40).

Der Leser dieses Romans wird mit einer seltsamen Verwechslung konfrontiert. Zwar bekennt Severin an gleicher Stelle, schon sehr früh als Gymnasiast eine Leidenschaft für die antike Welt entwickelt zu haben – »ich war bald mit den Göttern Griechenlands vertrauter als mit der Religion Jesu« –; aber die Inbrunst, mit der er seine gipserne Statue anbetet, läßt einen Kern erkennen, der vielleicht erstmals – allerdings auf gänzlich andere Weise – wahr macht, was die Enzyklopädisten den erotischen Libertins unterstellt hatten: auch die Lust ist krank und irre. Während die Satyriasis unter zeitgenössischen Texten des 18. Jh. als eine recht gesunde, wenngleich den Anstand verletzende Form der Sinnlichkeit erschien, hält der Protagonist der *Venus im Pelz* seine Leidenschaft selber für nicht gesund. Er stellt sie als »krankhaft innig« (19) dar.

Mit der krankhaften Innigkeit tritt uns hier – allerdings nur halbwegs – neues Symptom in der Geschichte der Erotik entgegen. Nur halbwegs, weil in der deutschen Romantik vorgebildet ist.

---

61 GILLES DELEUZE, Présentation de Sacher-Masoch. Le Froid et le Cruel (Paris 1967), 114; dt.: Sacher-Masoch und der Masochismus (1968), übers. v. G. Müller, in: Leopold von Sacher-Masoch, Venus im Pelz (Frankfurt a. M. 1980), 167–295.
62 LEOPOLD VON SACHER-MASOCH, Venus im Pelz (1869; Frankfurt a. M. 1980), 9.

Vielleicht nicht so sehr bei Schlegel. Gegen die *Venus im Pelz* hätte ein Text wie die *Lucinde* in Übereinstimmung mit dem Urteil seiner zeitgenössischen Kritiker als geradezu extrem wollüstig zu gelten. Severin jedoch ist kein Julius. Jegliche Sinnlichkeit liegt ihm fern, so daß er über sich sagt: »Ich mied jede Berührung mit dem schönen Geschlechte, kurz ich war übersinnlich bis zur Verrücktheit.« (40)

Krankhaft innig, verrückt übersinnlich, an anderer Stelle heißt es: leidenschaftlich bis zum Wahnsinn – alle diese Bestimmungen erinnern weniger an Schlegel als an dessen Nahverwandten Novalis. Infolge seines ausgeprägten Willens zum romantischen Christentum, verstärkt noch durch den frühen Tod seiner geliebten Sophie, hat Novalis die Nachtseiten der Erotik poetisch besonders hervorgehoben. Es ist dieses Moment, welches flüchtig an Sade erinnert, mit größerem Recht indes auf Sacher-Masoch vorausweist. Wenn Novalis »alle Leidenschaften [sich] wie ein *Trauerspiel* [endigen]« sieht, wenn er aller Poesie einen »tragischen Zug«[63] zuerkennt oder die »Möglichkeit eines unendlich reitzenden Schmerzes«[64] erwägt, dann glaubt man, der Welt Severins schon etwas nähergerückt zu sein, sofern man von dieser Welt den Reiz novalisschlegelscher Wollust subtrahiert.

Dies ist nur eine Erklärungsmöglichkeit. Eine andere wäre in den sich wandelnden kulturellen Grundlagen der Epoche zu suchen. Hier sticht die im 19. Jh. abnehmende Balance zwischen Katholizismus und Klassizismus besonders hervor. Offenbar ist es Severin nicht mehr, wie noch vor ihm Julius, möglich, die religiöse Erziehung mit der klassischen Bildung zu versöhnen – und sei es durch die Heiterkeit romantischer Ironie, die es mit der Idealisierung der Geliebten nicht so genau nahm; einmal war sie eben die Madonna, das andere Mal die Venus. Im masochschen Wahnsinn ist für Ironie kein Platz, dagegen für Humor. Manchmal macht sich Severin über sich selber lustig, wissend, daß seine Leidenschaft jeglichen Maßstab sprengt. Allein das unterscheidet ihn von einer Figur wie Sades Dolmancé. Doch sein Abstand von der deutschen Frühromantik, zumindest der schlegelschen Richtung, ist ebenfalls nicht zu übersehen: Lucinde ist immerhin eine Frau aus Fleisch und Blut und nicht aus Stein, und einen Pygmalion hätte Julius nicht abgeben können.

Auch Severin liebt eine Frau aus Fleisch und Blut, Wanda, nur liebt er sie so, als wäre sie aus Stein. Sie ist weder so kalt wie Stein noch so grausam, wie er es wünscht. Sie muß von ihm erst per Vertrag dazu ermutigt, wenn nicht sogar gezwungen werden. Die vertragliche Absicherung zwingt ihrerseits den Liebhaber dazu, sich seiner Geliebten gegenüber nicht als Despot aufzuführen. Despot oder Sklave zu sein: diese beiden Möglichkeiten sieht Severin in der Liebe zur Frau gegeben, eine dritte sieht er nicht. Um den Despotismus zu vermeiden, verdingt er sich freiwillig als Sklave Wandas und nimmt überdies die Peitschenhiebe eines Nebenbuhlers hin, den er selber in seine Rechte einsetzt.

Im wirklichen Leben ist Sacher-Masoch von dem ›Griechen‹, wie er seinen Nebenbuhler nennt, nicht ausgepeitscht worden. Das sagt der Autor in seiner Autobiographie. Darin sagt er aber auch, daß er »in allem Ernste der Sklave des schönen, grausamen Weibes in der roten, mit Hermelin besetzten Kazabaika«[65] In jeder seiner Erzählungen gebe es einen solchen Nerv, der auf Wahrheit beruhe. Insofern darf man Severin ein Stück weit mit dem Autor identifizieren. Dessen leidenschaftliches Interesse für antike Mythologie dürfte in der Figur des Griechen zum Ausdruck kommen: Als peitschenknallender despotischer Liebhaber erinnert dieser allerdings weniger an das klassisch antike Griechenland, sondern mehr an das von Deleuze herangezogene Slawentum, mit seiner politischen Neigung zum Byzantinismus auf der einen, zur Unterwerfungshaltung auf der anderen Seite.

Die vertragliche Zusicherung, Severin werde freiwillig die Rolle des Sklaven, der seiner Herrin bei ihren erotischen Aktionen mit dem griechischen Liebhaber zuschaut, übernehmen, gibt der Figur des Voyeurs eine neue Tönung. Bislang begnügte der Voyeur sich nicht damit, nur zuzu-

---

63 NOVALIS, Das Allgemeine Brouillon (1798/1799), in: NOVALIS, Bd. 3 (³1983), 306.
64 NOVALIS (s. Anm. 47), 576.
65 SACHER-MASOCH, Eine Autobiographie (1879), in: Sacher-Masoch, Souvenirs. Autobiographische Prosa (München 1985), 74.

schauen; irgendwann wollte er das Geschaute selber umsetzen. Die reine erotische Passivität eines Severin war ihm fremd. An die Stelle sadistischer Sinnlichkeit tritt dagegen nun das keusche Erdulden von Qualen. Schon dieser Umstand berechtigte dazu, den Masochismus als eine – durch die Romantik vorbereitete – Zäsur in der Geschichte der Erotik zu begreifen.

Deleuze erinnert an den größeren Werkzusammenhang, in dem die Geschichten Sacher-Masochs gelesen werden wollen. Das *Vermächtnis Kains* – so der Titel des Hauptzyklus – sollte sechs Themen, von der Liebe über Eigentum, Geld, Staat und Krieg bis zum Tod, behandeln – alles Themen des 19. Jh., die durchaus ein Kainszeichen aufweisen. Die Frage, warum Sacher-Masoch sie zu einem Vermächtnis bündelt, beantwortet Deleuze mit dem Hinweis auf das von Verbrechen gekennzeichnete Erbe, unter dem die Menschheit leide. Das ›Vermächtnis Kains‹ sei ein Ausdruck dieses Erbes; von Kain über Christus reiche es bis zu jenem freiwillig sterbenden Menschen, der sich für eine Personifikation der Menschheitsidee halte.

An dieser Stelle wiederholt Deleuze seine Rede von den Kräften der deutschen Romantik, »les puissances du romantisme allemand«[66], im Werk Masochs; das Bild des freiwilligen Todes und der Personifikation der Menschheitsidee mag Spuren des hymnischen Denkens von Novalis aufweisen, es weist aber zugleich in die Zukunft – auf jene Künstler des frühen 20. Jh., die es auf sich nahmen, das Kreuz zu tragen, um den neuen Menschen zu formen. Masochs Erotosophie der Qual würde damit zum Vorläufer der Kunstchristologie eines Kandinsky. Aus dem religiös überhöhten romantischen Geniegedanken wäre eine Zwangsidee vom Künstler geworden, der den geschlagenen Christus am Kreuz nachahmt, um die Menschheit zu erlösen, während die Frau eher die Kälte einer zu Stein erstarrten Natur verkörpert. In beiderlei Hinsicht mögen sich spätromantisch-neuchristliche Bestrebungen aus der zweiten Hälfte des 19. Jh. mit Zeitströmungen gekreuzt haben, die das Ende des Klassizismus andeuteten.

Wenigstens die hier einschlägige *Venus im Pelz* steht an diesem Kreuzungspunkt. Ein eher chancenloses Neochristentum begegnet einem kraftlos gewordenen Klassizismus: Das führt zu Empfindungen transzendentaler Obdach- und kultureller Ortlosigkeit, die den Fond für die Verrücktheiten der Hauptfigur abgeben. Die Venus trägt den Pelz gewiß, weil er sie besonders reizvoll aussehen läßt, aber sie trägt ihn auch, weil sie in nördliche Breiten verschlagen wurde. Im Norden würde ihr zufolge die Liebe sowieso zu ernst genommen; statt von Vergnügen werde von Pflichten gesprochen. Hinter den tugendhaften Gefühlen, die Severin dagegen geltend mache, verberge sich nur die »ewig ungesättigte Sehnsucht nach dem nackten Heidentum«, aber jene Liebe, welche die höchste Freude, die göttliche Heiterkeit selbst sei, tauge nicht für die modernen Kinder der Reflexion. »Sie bringt euch Unheil. Sobald ihr natürlich sein wollt, werdet ihr gemein.«[67]

Masochs Venus scheint in ihrem Pelz wie aus einem der noch von Sade verehrten Gartentempel herausgetreten, um die Säulen, die den Tempel tragen, zu zerstören. Die heilige Schrift in der Natur, von Julius noch poetisch besungen, ist für Severin unleserlich geworden: die Natur, so der Vorwurf der Venus, erscheine ihm »als etwas Feindseliges«, die »lachenden Götter Griechenlands« als »Dämonen«, Venus selbst als »eine Teufelin« (11).

Tatsächlich geht Severin von einer natürlichen Feindschaft zwischen Mann und Frau aus: Ein masochscher Liebhaber, der auf Innigkeit hofft, wird von der Endlichkeit der Liebe eines besseren belehrt – kaum ist die erste Glut erloschen, macht sich das Herrschaftsdenken breit. Wer den anderen dann als erster unterjocht, hat gewonnen, wer nicht unterjochen will, muß die Konsequenzen tragen und willigt freiwillig in seine Unterwerfung ein.

Wie ein Seitenstück dazu wirkt die Beinahe-Affäre Masochs mit Ludwig II., dem König von Bayern, aus. Wanda v. Sacher-Masoch teilt sie in ihrer Lebensbeichte mit.[68] Die emphatische Feier platonischer Liebe, in deren Rahmen Sacher-Masoch sein unerkannt bleibendes Gegenüber vorzugsweise als Frau imaginiert, mag in un-

---

66 DELEUZE (s. Anm. 61), 9.
67 SACHER-MASOCH (s. Anm. 62), 10f.
68 Vgl. WANDA VON SACHER-MASOCH, Die Begegnung mit Ludwig II. (1869), in: Sacher-Masoch (s. Anm. 62), 142–61.

serem Zusammenhang als freundlicheres Spiegelbild für die von Severin behauptete Feindschaft zwischen den Geschlechtern dienen. Mit der übersinnlichen Homophilie zwischen König und Künstler tauchen wir in jene Sphäre ein, die von dem teilweise überschwenglichen Freundschaftsverhältnis zwischen Ludwig II. und Wagner her vertraut ist. Auch Wagners Venusfigur aus dem *Tannhäuser* (1845), die ›Venus von Eisenach‹, ist Frucht einer Dämonisierung und wird dem Titelhelden zum Verhängnis, obwohl es sich noch um eine romantische Oper handelt. Mit dem Ende der Romantik scheint auch der Flirt des christlichen Nordens mit der antiken südlichen Kultur beendet.

Eine andere Figur aus den Novellen von Masoch unterstreicht dieses Ende auf typische Weise. Es ist zugleich eine prominente, bislang nicht erwähnte Figur aus der Geschichte der Erotik: Don Juan. Der ursprüngliche Don Juan ist kein Held, der aus dem griechischen Götterhimmel zu uns herabgesandt worden wäre, um uns als erotischer Halbgott zu beglücken, er kommt nicht aus Griechenland, er kommt aus Spanien. Die erste dramatische Gestaltung des Stoffes geht auf Tirso de Molina zurück. Das 1624 uraufgeführte Schauspiel *El burlador de Sevilla y convidado de piedra* zeigt den romanischen Frauenliebhaber, von einem Abenteuer ins nächste stürzend und am Schluß bestraft mit dem Tod, den ihm der Komtur, der ›steinerne Gast‹, bereitet – eine gerechte Strafe, wenn man die Maßstäbe eines katholischen Spaniers aus dem 17. Jh. zugrunde legt.

Selbst aus der Sicht des an den *Ragionamenti* Aretinos geschulten Libertinismus des 18. Jh. wäre für Liebeshändel mit Todesfolge vermutlich der Kopf des Helden gefordert worden, zumindest bis zu jenem republikanisch inspirierten Einspruch Sades gegen die vom Staat verhängte Todesstrafe. Aber man hätte vielleicht hier und da ein Auge zugedrückt, so wie Mozart es im *Don Giovanni* (1787) tat – musikalisch gesehen wird die Hauptperson trotz oder gerade wegen des Operntodes freigesprochen; statt in der Bühnenversenkung hätte er ebensogut in der Verbannung oder auf einem Schloß sein Alter fristen können – das Los von Casanova. Der freidenkerische Impuls des libertinen Materialismus ließ das, wenigstens philosophisch, zu.

Mit Casanova befinden wir uns noch im romanischen Raum, d.h. der Mann verläßt die Frau, nicht umgekehrt. Es gibt keine Donna Giovanna, es gibt nur eine Donna Anna und eine Donna Elvira. Doch je mehr der Libertin seinen kulturell angestammten Wirkungskreis, den Süden, verläßt und sich in nördliche Gefilde begibt, desto schwächer wird seine erotische Überzeugungskraft – als bekäme er, wie die Venus im Pelz, einen Schnupfen. Das hat Casanova am eigenen Leib spüren müssen. In England wurde er von Miss Charpillon, einer mit allen libertinen Wassern gewaschenen Siebzehnjährigen, so vorgeführt, daß er sich fast in der Themse ertränkt hätte. Er hat diese und andere Episoden seines Lebens auf Schloß Dux in Böhmen niedergeschrieben.[69] Sie gehen ans Herz, weil der Leser aus erster Quelle erfährt, wie selbst geborene Libertins sich schwertun und ihre Souveränität verlieren, wenn sie ihr Terrain, den Süden, verlassen. Der Norden ist weder für die Venus noch für den Libertin gemacht.

Masochs Held ist weder in Spanien noch in Italien oder Frankreich geboren, es hat ihn auch nie nach England verschlagen; er stammt aus Galizien – er ist der ›Don Juan von Kolomea‹. Wo immer er eintritt, ob in eine russische Bauernschenke oder sonstwohin, er macht zunächst auf Frauen Eindruck. Aber der Eindruck täuscht, wie es die Geschichte mit seiner Ehefrau Nikolaja bestätigt. Ein Don Juan aus dem Süden hätte es bei einer Nikolaja so wenig ausgehalten wie bei einer anderen. Nicht so der Held Masochs. Noch in seiner Untreue ist er treu. »Oft lag ich in den Armen einer andern und schloß die Augen, und machte mir glauben, es sei ihr [Nikolajas – d. Verf.] langes feuchtes Haar, ihre wollustheiße, fiebertrockene Lippe.«[70] Auch er verläßt seine Frau, aber nicht, weil er sie zu wenig, sondern weil er sie zu sehr liebt. Er leidet an der typisch masochschen Innig-

---

69 Vgl. GIACOMO CASANOVA, Mémoires (entst. ab 1790), hg. v. R. Abirached, Bd. 3 (Paris 1960), 257–316.
70 SACHER-MASOCH, Don Juan von Kolomea. Galizische Geschichten (1870), hg. v. M. Farin (Bonn 1985), 55.

keit. Die Reaktion darauf seitens der Ehefrau ist Rache, Rache aus verschmähter Liebe.

Der Auslöser der Feindschaft zwischen Mann und Frau scheint das Übermaß der Liebe auf Seiten des Liebhabers zu sein. Dieser vergleicht sein Verlangen mit einem Schmerz; die Liebe sei ein Leiden und der Genuß eine Erlösung. »Man möchte sich vermählen für die Ewigkeit, für diese und eine andere Welt, man möchte nur ineinander fließen. Man taucht seine Seele in die fremde Seele, man steigt hinab in die fremde, feindliche Natur und empfängt ihre Taufe.« (43) Dann aber sei das Ende der Liebe gekommen; denn jeden Augenblick müsse man damit rechnen, daß die Frau den Mann verlasse. Da zeige sich die Grausamkeit des Weibes.

Der Don Juan von Kolomea kann im Unterschied zu seinem romanischen Vorbild die Frauen nicht herausfordern, weil er die Erlösung von seinen Qualen mit religiöser Inbrunst in ihrer Liebe sucht, statt in der Religion. Durch den Wunsch, von der fremden Seele die Taufe zu empfangen, belädt er das Liebesverhältnis mit ihm fremden Aufgaben und macht aus der ehelichen Wohnung eine Sakristei. Diese Haltung ist uns seit Schlegels *Lucinde*, wo sie sich jedoch noch in der Balance hielt, geläufig. Vielleicht kann man daher den Don Juan einen spätromantischen Irrläufer nennen, dessen tiefsitzende katholische Empfindungen in den dafür vorgesehenen Institutionen keinen Halt mehr finden und der sich deshalb einen Ausweg suchen muß, sei es durch den Beginn wechselnder Liebschaften, sei es durch freiwillige Opferung, um den neuen Menschen aus der Taufe zu heben. Don Juan, der Gekreuzigte – eine neuchristliche Figur.

Diesen Ausweg hat Masoch sich jedoch eher selber vorbehalten, nicht seinem Helden. Das Rätsel des masochschen Schmerzes ist damit nicht gelöst, höchstens der kulturelle Hintergrund angegeben, von dem eine Argumentation ausgehen könnte. Daß das Rätsel mehr mit dem (geographischen) Ort in Verbindung steht, als man – an psychoanalytische Denkmuster gewöhnt – zugestehen möchte, spricht Don Juan mit entwaffnender Klarheit aus. »Was macht unser Volk so melancholisch? Die Ebene.« (37) Möglicherweise ist das geographische Element auch eine Erklärung für die spätere Genesung Masochs. Zwar legen die letzten Worte Severins aus der *Venus im Pelz* nahe, die Erklärung in der heilenden Wucht der Peitschenhiebe zu suchen; sie hätten, sagt er zu Wanda, den »rosigen, übersinnlichen Nebel«[71] aufgelöst. Der Ortswechsel nach Lindheim, wohin er 1886 zog, mag indes zu seiner weiteren Gesundung beigetragen haben. Seine zweite Frau berichtet in ihren Erinnerungen, sie hätten dort »ein schlichtes Landhaus mit großem Garten und herrlicher Waldluft« bewohnt, wo ihr Mann sein Leben mit ihr in friedlicher Idylle wie ein guter Hausvater verbracht habe. Im übrigen sei er ein Mensch gewesen, von dem »das Wort Lears [gilt]: ›I am a man, more sinned against than sinning‹«[72].

Das Shakespeare-Zitat spitzt auf eine dramatische Weise zu, wie man Masoch verstehen kann: als einen reinen Helden, der ein bißchen Tannhäuser, sicher auch ein bißchen Parsifal in sich verkörpert. Die Lear-Rolle verankert seine Gestalt darüber hinaus in der Geschichte der europäischen Poetik, von der aus wiederum die romantische Poesie (Shakespeare!) als Quelle begreiflich wird. So befinden wir uns erneut am Ausgangspunkt des 19. Jh. Durch den Masochismus ist die Erotik um eine Dimension qualvoll passiver Leidenschaft bereichert worden. Die romantische Frau wird als Madonna/Venus wahnhaft überhöht, zugleich wird ihr alles Blut aus den Adern gesaugt, so daß sie zu Stein erstarrt. Unterdessen klingt mit der nunmehr zu Stein Erstarrten bereits jenes Thema an, welches die Auseinandersetzungen im 20. Jh. kennzeichnet: das Unverständnis zwischen den Geschlechtern.

III. 20. Jahrhundert: Inkommunikabilität (Bataille)

Die letzten Zeilen aus dem Lebensbericht der zweiten Ehefrau Masochs legen die Vermutung

---

[71] SACHER-MASOCH (s. Anm. 62), 138.
[72] HULDA VON SACHER-MASOCH, Erinnerungen an Sacher-Masoch (1910), in: Sacher-Masoch (s. Anm. 65), 11, 13.

nahe, daß die beschworene Idylle auch ihre Schattenseiten gehabt hat. Er hinterließ bei seinem Tod im Jahre 1895 ein Problem, das sie nicht lösen konnte: unvollständig gebliebene Erinnerungen, die noch so wenig vorangekommen waren, »daß es unmöglich ist, sie zu ergänzen«. Resignativ heißt es im Anschluß daran: »Im Grunde genommen, wissen wir alle doch so wenig voneinander; selbst im intimsten Zusammenleben haben wir Winkel in unserer Seele, die dem anderen verschlossen bleiben.«[73]

Zwei Jahre nach dem Tod Masochs wird Bataille geboren. Mit ihm kommen wir zu dem Mann zurück, der den Begriff des Erotismus wesentlich geprägt hat und dessen Grunderfahrung derjenigen ähnelt, von der am Ende des Berichts der Frau Masochs die Rede ist – der Erfahrung der Inkommunikabilität.

Für Bataille sind die Menschen vereinzelte, diskontinuierliche Wesen, die sich nach der verlorenen Kontinuität zurücksehnen. Das hat nichts mit dem aus der platonischen Philosophie vertrauten Wunsch zu tun, die verlorengegangene andere Hälfte wiederzufinden. Auf klassizistische Spuren, die noch das Werk Sacher-Masochs durchziehen, wird man in dem Batailles nicht allzu häufig treffen. Der Bildungshorizont ist ein anderer geworden. Die Ausgangsbasis scheint allerdings zum Verwechseln ähnlich. Das trifft nicht nur auf die Erfahrung der Inkommunikabilität, sondern auch auf die merkwürdige Angst zu, die von beiden Autoren thematisiert wird. Aber während bei Masoch die Angst des Liebhabers vor der geliebten Frau im Vordergrund steht, ist es bei Bataille eher die Angst vor der Überschreitung im erotischen Akt – eine Angst, die sich nur mittelbar auf das Liebesobjekt bezieht. Unmittelbar angstauslösend wirkt das Verbot. Es muß übertreten werden, um von der Vereinzelung zur Verschmelzung, zur ersehnten Kontinuität der menschlichen Wesen, zu gelangen.

Begriffe wie Verbotsübertretung und Verbotseinhaltung, so sehr Bataille sie an eine allgemeine religiöse Erfahrung, in der auch die christliche mitgemeint ist, zurückbindet, führen aus der ma-

sochschen Welt heraus und in die Welt der zeitgenössischen Ethnologie hinein. Gegen Ende des 19. Jh. hatte diese, den schon von Rousseau und Sade gesponnenen Faden von fern wieder aufgreifend, ihr forschendes Interesse besonders jenen Zivilisationen zugewandt, die als archaisch galten, ohne schon vergangen zu sein. Die antike griechische Kultur war zwar alt, aber unwiederholbar verloren. Es gab indes Kulturen wie die der Aborigines in Australien oder der Kwakiutl in Nordwestamerika, die noch älter waren als die griechische und dazu den Vorteil besaßen, mit der modernen Zivilisation des Westens zu koexistieren. Wenn es den Ethnologen gelänge, so der religionssoziologische Ansatz Émile Durkheims von 1912 (*Les formes élémentaires de la vie réligieuse*), Aussagen über das System dieser unter dem Evolutionsaspekt frühesten Gesellschaften zu machen, wäre man imstande zu erkennen, was das menschliche System vom Beginn aller historisch nachprüfbaren Gesellschaftlichkeit an ausmachte.

Die ethnologischen Erkenntnisse sind von den Sozialwissenschaftlern der Jahrhundertwende, besonders den französischen (Durkheim, Marcel Mauss), mit großer Neugier aufgegriffen worden. Besorgt um die Integrationsfähigkeit der fortgeschrittenen westlichen Gesellschaften, haben sie sich diesen Fragen zugewandt. Man wollte herausfinden, ob sich die Elemente des religiösen Systems der archaischen Zivilisationen als soziale Stabilisatoren in die modernen einbauen ließen. Damit folgte man einem Programm, das an den archaistischen Ansatz Sades und seine revolutionäre Umkehrung der Architektur von Religion und Moral erinnert.[74]

Bataille gehört in diesen Zusammenhang. Den Problemen der Erotik und des Erotismus nähert er sich gern als Soziologe, ähnlich gern allerdings als Schriftsteller – so, wie man es von den bislang genannten Autoren gewöhnt ist. Dieser Doppelrolle entspricht sein eigentümlicher szientifischer Anspruch. Er wendet sich gegen ein ausschließlich vernunftwissenschaftliches Vorgehen, da die besondere erotische Erfahrung auf diese Weise nicht zum Ausdruck kommen würde, gegen ein wissenschaftliches Procedere hat er jedoch prinzipiell nichts einzuwenden. Nur sollte es möglichst alle Disziplinen einbeziehen, die für die Erotik von

---

73 Ebd., 13.
74 Vgl. SADE (s. Anm. 32), 437f., 478.

Belang sind. Sie läßt sich Bataille zufolge ohne die Entwicklung der Arbeit und ohne die Religionsgeschichte nicht erörtern – ein relativ umfassender Ansatz, der mit dem neuen Bildungshorizont zusammenhängt. Bataille will mit seinem Buch *L'Érotisme* möglichst das gesamte menschliche Leben erfassen.[75]

Es erstaunt nicht, den Erotismus mit der Religionsgeschichte vereint zu sehen, ist er doch per definitionem eine Philosophie, die ohne den religiösen Bezug nicht denkbar sein soll. Zu Recht hat daher der deutsche Übersetzer Batailles *L'Érotisme* mit *Der heilige Eros* übersetzt.[76] Gleich im Vorwort gesteht der Autor, mit dem Buch eine allgemeine Perspektive verfolgt zu haben, in der er das Bild wiederzufinden hoffte, von dem seine Jugend besessen war: »l'image [...] de Dieu«. Er versichert zwar, daß eine Rückkehr zu seinem Jugendglauben ausgeschlossen sei; gleichwohl hält er es in dieser ›verlassenen Welt‹ (»dans ce monde abandonné«[77]) für unabdingbar, von einer einheitlichen energetischen Betrachtung des Christentums und der Erotik auszugehen.

›Dans ce monde abandonné‹ – das klingt, läßt man zunächst die energetische Sichtweise außer Betracht, ganz nach Sades trübsinnigem Vorwort zu *Les 120 journées de Sodom*.[78] Die Ähnlichkeit mag beabsichtigt sein, da Bataille im zweiten Teil von *L'Érotisme* Sade zwei kleinere Studien widmet.[79] Darin versucht er, das Nebeneinander von Barbarei und Zivilisiertheit in Sades Werken als eine dem normalen Menschen von heute innewohnende Gefühlsambivalenz zu deuten. Der Sadismus ist für Bataille nicht irgendein Auswuchs, den man, wie ein Chirurg den Blinddarm, einfach durch Askese im eigenen Innern bzw. durch Züchtigungen bei anderen beseitigen könnte. Er hält ihn im Gegenteil für eine nicht hintergehbare Größe, die in der Geschichte für Kriege und Gewalttätigkeiten aller Art gesorgt hat. Sie unterdrücken zu wollen hieße, dem Menschen die Souveränität zu nehmen. Etwas treibt unwiderstehlich zum Exzeß – ein verzehrendes, zerstörendes Verlangen. Nach Ansicht Batailles würde eine Menschheit, die sich nicht von Zeit zu Zeit solchen Exzessen hingibt, unweigerlich in einen greisenähnlichen Zustand verfallen. Er war überzeugt, daß die moderne Gesellschaft, falls sie ihren Trott beibehalte, diesen Zustand irgendwann erreichen werde. In der Tradition des französischen Freudomarxismus stehend, war ihm der Kapitalismus schon deshalb suspekt, weil er auf der Logik eines Nutzenkalküls basierte, das keinerlei Verschwendung zuließ. Daher die Kriege, die den aufgehäuften Reichtum, das überproduzierte Surplus, nutzlos vergeudeten. Wenn die Gesellschaft keine Vorsorge für weniger fatale Verschwendungsorgien treffe, müsse sie die Kriege hinnehmen.

Demgegenüber sei es allemal besser, dem normalen Menschen von heute seine ambivalenten Gefühlsregungen klarzumachen. Man müsse genau wissen, wohin ein souveränes Bewußtsein strebe, um seine verderblichen Wirkungen einzugrenzen. Das schloß ausdrücklich die Möglichkeit ein, den Bewußtseinswirkungen da, wo sie für den Willen unerträglich würden, beherzt entgegenzutreten, »s'y opposer résolument«[80].

Der Eindruck, den solche Erwägungen beim Leser hinterlassen, ist zwiespältig. Einerseits soll die aus der Freudlektüre Batailles stammende Gefühlsambivalenz unhintergehbar sein, andererseits wird das Bewußtsein mit der Fähigkeit ausgestattet, diese ambivalente Gefühlswelt, nachdem sie sich schon ausgebreitet hat, zu steuern. Es dürfte schwerfallen, sich dem Exzeß erst hinzugeben und ihn dann – im Fall negativer Konsequenzen – kraft eines Willensaktes zu durchkreuzen. Für Überschreitungen sei es wesentlich, daß sie ausgekostet sein wollen. Freud würde vermutlich für solche Vorgänge nicht den bewußten Willen, sondern einen vor- oder unbewußten Gegenwillen, der unverfügbar ist, namhaft gemacht haben.

Für jemanden, der wie Bataille diese Gefühlsambivalenz mit Blick auf den ubiquitären Sadismus ins Große überträgt und von den zwei Polen des menschlichen Lebens spricht, müßten die

---

75 Vgl. GEORGE BATAILLE, L'Érotisme (1957), in: Batailles, Œuvres complètes, Bd. 10 (Paris 1987), 12.
76 Vgl. BATAILLE (s. Anm. 8).
77 BATAILLE (s. Anm. 75), 12.
78 Vgl. SADE, Les 120 journées de Sodom ou L'École du libertinage (entst. 1785, ersch. 1904), in: Sade, Œuvres complètes, Bd. 13 (Paris 1973), 1–62.
79 Vgl. BATAILLE (s. Anm. 75), 164–195.
80 Ebd., 184.

Probleme ebenfalls vergrößern. Was im Kleinen die nützliche Vorsorge für den Alltag, ist im Großen die Leistung für das Fortschreiten der Zivilisation; entsprechend geht die exzessive Transgression des einzelnen in die Barbarei ganzer Nationen über.

Zivilisation und Barbarei sind die äußersten Gegensätze – Bataille zögert nicht, sie mit dem Naturzustand gleichzusetzen. Das erinnert erneut an Sade und damit an den Materialismus des 18. Jh., den Darnton und Delon im Visier haben. Doch beiden widerspricht die Deutung Batailles, für den sich exzessive Wollust und bewußtes Denken im Grunde gegenseitig ausschließen, mögen manche Formulierungen, wie die zuvor genannten, auch das Gegenteil behaupten.

Batailles Ansatz ist kein Versuch, sich in den Geist des 18. Jh. zu versetzen, vielmehr dient er dem Bestreben, anhand des Sadeschen Werkes den Menschen von heute mit der naturgegebenen Gewalttätigkeit vertraut zu machen. In der Charakterisierung dieser Naturgegebenheit geht Bataille gänzlich andere Wege als Darnton und Delon; er kommt deshalb auch zu gänzlich anderen Einschätzungen. Während Delons Urteil, Sades Romanwelt sei weder archaisch noch modern, auf einem cartesisch getönten Materiebegriff basiert, erinnert Batailles Deutung eher an moderne Energietheorien wie die des Orgons von Wilhelm Reich[81], allerdings ohne daß sie dessen Auffassung von genitaler Gesundheit teilen würde. Bei beiden muß jedoch Energie verausgabt werden, um die Kontinuität eines Ausgangszustands zu gewährleisten.

Anscheinend hat der physikalische Energieerhaltungssatz für solche Überlegungen Pate gestanden. Bataille zitiert in dem Zusammenhang die »matière universelle« – eine schwer zu begreifende Materie, die ihm zufolge wie eine Art Übertretung der Gesetze im Bereich der Universalökonomie fungiert. Sie ist wörtlich »la *différence non logique* qui représente par rapport à l'*économie* de l'univers ce que le *crime* représente par rapport à la loi«[82]. Will man diese Worte verstehen, so muß man die ethnologisch argumentierende Potlatschtheorie von Marcel Mauss hinzuziehen.[83]

Was Bataille am indianischen Potlatsch faszinierte, war der archaische Sadismus: Die Zerstörung eigener lebenswichtiger Güter (Herden, Schiffe, Waffen) durch den einen Tauschpartner zwang den anderen zur Überbietung des Zerstörungsopfers, um nicht als Gedemütigter dazustehen. Diese von Mauss dargestellten Formen primitiven Tausches ließen den Schluß zu, daß nicht der Nutzen, sondern die Verausgabung im Vordergrund stand; sie durchbrachen die Gesetze geregelten Austauschs, die von der Zunft der Ökonomen zum Ausgangspunkt ihres Räsonnements genommen wurden. Anders als die Wirtschaftswissenschaftler vermuteten, demonstrierten die unentwickelten Gesellschaften mit der Opferung nützlichster Dinge die universelle Logik der Transgression. Sowohl die Sphäre der Arbeit und des Tausches wie auch die der Religion waren von dieser Logik geprägt.

In der Religion geht es ebenfalls um transgressive Phänomene. Die Angst vor der Übertretung geheiligter Gesetze und die im Akt der Verausgabung gelingende Überwindung dieser Angst folgen der energetischen Prozedur indianischer Güterzerstörung. Damit wird offenbar, daß Bataille an eine ursprüngliche, aller Religionsgeschichte vorausliegende religiöse Spannung denkt, die sich in jeder Religion, sofern sie solche Phänomene zuließe, wiederfinden würde. Im Christentum verwiesen die Schwarzen Messen des Mittelalters auf diese Spannung. Die Ekstasen der frühen Christen wären dazuzurechnen; Bataille hält sie für so durchgängig existenziell, daß er die moderne Arbeiterbewegung als legitimen Erben der frühen Christen ansieht.[84]

Bei der Parallelisierung ökonomischer und religiöser Tatbestände kam Bataille neben dem For-

---

81 Vgl. WILHELM REICH, The Discovery of the Orgone (New York 1973); REICH, Selected Writings: An Introduction to Orgonomy (New York 1973).
82 BATAILLE, La Notion de dépense (1933), in: Bataille, Œuvres complètes, Bd. 1 (Paris 1970), 319; dt.: Der Begriff der Verausgabung, übers. v. T. König, in: Bataille, Das theoretische Werk, Bd. 1 (München 1975), 9–31.
83 Vgl. MARCEL MAUSS, Essai sur le don, in: L'Année Sociologique, N. S., Bd. 1 (1923/24), 30–186; dt.: Die Gabe. Form und Funktion des Austauschs in archaischen Gesellschaften, übers. v. E. Moldenhauer (Frankfurt a. M. 1968).
84 Vgl. BATAILLE (s. Anm. 82), 316 ff.

schungsschwerpunkt der Ethnologen seiner Zeit die Auseinandersetzung mit der eigenen Konfession zu Hilfe. Das verlorengegangene Gottesbild aus seinen Jugendtagen erstand in späteren Jahren neu, doch gleichsam durchwirkt von den wissenschaftlichen und politischen Interessen des Erwachsenen, der sich zwischenzeitlich der surrealistischen Revolution verschrieben hatte. So mochte sich die Faszination von archaischer Religiosität und antikapitalistischen Arbeiteraufständen zu einem modernen Bild des Potlatsch verklärt haben.

Heutige Gesellschaften, die, makroökonomisch gesehen, den ursprünglichen Formen der Verausgabung durch nutzlose Verschwendung produzierter Produkte entsprachen, würden fortbestehen und vielleicht ewig jung bleiben, vorausgesetzt, die Menschen vollzögen diese Schritte in ihrem privaten Bereich – quasi mikroökonomisch – nach.

In *La Part maudite* von 1949 hat Bataille diese Ansätze systematisiert. Er gebraucht darin den übergeordneten Begriff der »économie générale«, der beide Bereiche zusammenfaßt – den des Nutzens und den der Verschwendung. Gleich im ersten Abschnitt stellt er die ›Abhängigkeit der Ökonomie vom Energieumlauf auf dem Erdball‹ dar (›La dépendance de l'économie par rapport au parcours de l'énergie sur le globe terrestre‹[85]). Im zweiten versucht er die Notwendigkeit nachzuweisen, daß ein Energieüberschuß, der nicht einem Wachstumssystem zugeführt werden kann, ohne Gewinn zu verlieren sei. Bataille zog dabei nicht nur die Lehren aus dem Zweiten Weltkrieg, dessen Vernichtungskraft – samt Archipel Gulag und Konzentrationslagern – ihn in seinen theoretischen Annahmen bestärkt hatte, er bezog auch den gerade angelaufenen und von ihm sehr begrüßten Marshall-Plan in seinen Ansatz ein.

Entsprach dieser Plan nicht dem Prinzip der Verschwendung überschüssiger Ressourcen, die in den USA keine profitable Anlage fanden und deshalb an das daniederliegende Europa verausgabt werden konnten? Zwar wurden Kapitalkredite dafür vergeben, aber sie folgten nicht einem isolierten Nutzenkalkül, sie folgten einem allgemeinen ökonomischen Interesse und beugten so einem künftigen Krieg vor.[86]

Fraglos hatte Bataille im Marshall-Plan eine neue Qualität der Behandlung von Kriegsverlierern durch die führende Siegermacht erkannt. Im Unterschied zum Ersten Weltkrieg gab es im Zweiten keinen schmachvollen Frieden, wenigstens nicht für alle Verlierernationen, schon gar nicht für den westlichen Teil Deutschlands, der sich durch den Kalten Krieg auf der Seite der Gewinner wiederfand. Doch so anerkennenswert die Initiative des damaligen amerikanischen Außenministers war, sie hob das ökonomische System nicht aus den Angeln, sie machte sich eher ein dem Keynesschen Ingenium zu verdankendes politisches Instrument zur Fortsetzung der ökonomischen Logik in Krisenzeiten zunutze. Staatlich garantierte Kredite für Ausgaben, die unter Zugrundelegung privaten ökonomischen Kalküls nicht getätigt worden wären, halfen den einzelnen Nationen über die schwachen Konjunkturperioden hinweg.

Eine neue politische Ökonomie war an die Stelle der alten getreten. Man mochte sie mit Bataille eine Ökonomie der Verschwendung nennen, da sie dem Staat im Fall nicht vorhandener sinnvoller Projekte empfahl, Pyramiden zu bauen oder Löcher zu graben und wieder zuzuschütten.[87] Doch mußte man darin gleich eine moderne Form des archaischen Potlatsch vermuten? Es handelte sich lediglich um moderne Konjunkturpolitik. Niemand wurde sonderlich gedemütigt; höchstens mußten wegen der staatlicherseits aufgenommenen Kredite künftige Generationen die Zeche in Form von Zinsen bezahlen.

Pikanterweise hatte John M. Keynes seine Theorie, in der dem Staat jene neue Interventionssphäre erschlossen worden war, bei den deutschen Nationalsozialisten zuerst verwirklicht gefunden. Das hinderte ihn nicht daran, sie für allgemein verwendbar zu halten.[88] Aus der Sicht politischer

---

[85] BATAILLE, La Part maudite (1949), in: Bataille, Œuvres complètes, Bd. 7 (Paris 1976), 7, 27; dt.: Der verfemte Teil, übers. v. T. König, in: Bataille, Das theoretische Werk, Bd. 1 (München 1975), 35–237.
[86] Vgl. ebd., 159–179.
[87] Vgl. JOHN MAYNARD KEYNES, The General Theory of Employment, Interest and Money (1936), in: Keynes, The Collected Writings, hg. v. The Royal Economic Society, Bd. 7 (London 1973), 128–131.
[88] Vgl. KEYNES, Vorwort zur deutschen Ausgabe, in: Keynes, Allgemeine Theorie der Beschäftigung, des Zinses und des Geldes, übers. v. F. Wagner (Berlin 1936), IX.

Ökonomie war daran nichts Ehrenrühriges: Das Prinzip des Nutzens, auf dem die wirtschaftliche Prosperität, ob in England oder Deutschland, beruhte, blieb das nämliche. Weniger gleichmütig als der Angelsachse hat sich Marcel Mauss über die Nähe seines Entwurfs zu nazistischen Vorstellungen geäußert, namentlich über die Nähe seines Potlatschgedankens zu den Festvorstellungen der Nationalsozialisten. In einem Brief vom 8. Mai 1939 äußerte er eine Art Schuldbekenntnis: Man hätte die archaischen Riten nicht als etwas Positives, sondern als etwas Negatives ansehen müssen.[89] Von Bataille ist eine solche Distanzierung nicht bekannt. Sie ist angesichts seines Wunsches nach Eingrenzung gewalttätiger Transgressionen auch nicht unbedingt erforderlich. Allerdings gerät er wegen der Schwierigkeit, diese Eingrenzung bewußt zu steuern, leicht in den Verdacht, der Entfesselung von Gewalt das Wort zu reden. Dies betrifft einerseits seine Anschauungen zum Begriff des Erotismus im weiteren Sinne, der quasi ein ganzes Weltmodell darstellt, so daß die tradierten Vorstellungen des Erotischen ganz aus dem Blick geraten; andererseits geben auch Batailles Ausführungen zum Erotismus im engeren Sinn dem Verdacht der Gewaltentfesselung Nahrung – schon deshalb, weil sie ohne den größeren Rahmen gar nicht denkbar wären. Der Universalansatz wird durchgehalten.

Entsprechend wenig Gewicht mißt Bataille der ersten der drei von ihm abgeleiteten Formen des Erotismus, dem der Körper, bei. Der cartesianisch operierende Libertinismus des 17. und 18. Jh., der sich bis zu den Romanen Sades erstreckte, erscheint bei Bataille, wie schon betont, in umgekehrter Perspektive: Das alte, wollüstige Denken, gekrönt von einer Revitalisierung religiöser Empfindungen, ist bei ihm nicht Konsequenz körperlicher erotischer Akte, sondern Ausgangspunkt für das erotische Geschehen. Der ›érotisme sacré‹,

der ›heilige Eros‹, steht, als dritte und letzte Form, selbst noch über dem Erotismus der Herzen, der in der Hierarchie dieser Formen die zweite Stelle einnimmt.[90]

Nur auf diese Weise kann der archaische Religionsimpuls ethnologischer Provenienz mit all den ihm eigenen rituellen Gewaltförmigkeiten – Opfer, Vergewaltigung – zur Geltung kommen. In der Faszination des Todes, die den erotischen Akt der Übertretung durchwirkt, werden aztekische Riten virulent. Stets verbindet Bataille die archaische Religiosität seines Erotismus mit dem Gedanken an das von Sade propagierte Verbrechen, so daß auch an dieser Stelle der libertine Materialismus, aus dem die sadeschen Gewaltorgien resultieren, auf den Kopf gestellt wird. Und das in einer Zeit, die längst von der bereits bei Masoch sichtbar gewordenen transzendentalen Obdachlosigkeit geprägt war.

Schon Masoch trug das archaische Kainszeichen auf der Stirn, und der Künstler der Jahrhundertwende hatte bereits – in einem Anflug von ästhetischem Fundamentalismus – begonnen, das in Mißkredit geratene Kreuz auf sich zu nehmen. Bataille tut es ihm in gewisser Hinsicht nach. Sein Kreuz besteht aus heiligen Todesphantasien, die einen halb antichristlichen, halb katholischen Charakter haben; sie verfolgen ihn bis in seine mystischen Experienzen hinein.

An zwei typischen Arbeiten – einem künstlerischen und einem wissenschaftlichen Werk Batailles – soll diese atheistische Kreuzesmystik abschließend vorgestellt werden. Im Roman Le Bleu du ciel von 1936 wird die Faszination des Todes bald auf jeder Seite spürbar. Es ist die Zeit der Blüte nationalsozialistischer Bünde, der Ausbruch des spanischen Bürgerkriegs steht bevor – ein unbestimmtes Entsetzen macht sich breit. Der Erzähler wartet auf dem Flughafen von Barcelona auf die kranke Dorothea, Dirty genannt. Das Paar fliegt nach Trier, wo es unterwegs einer Gruppe von Hitlerjungen begegnet. In der Nacht gibt sich das Paar am Rande eines Friedhofs der Liebe hin – einer erotischen Liebe, bei die Körper ohne Herzensbewegungen aufeinanderprallen und die Inkommunikabilität ihrer Beziehung bezeugen. Der Sternenhimmel über ihnen ist so schwarz und leer wie die Erde unter ihnen. Die ganze Trostlosigkeit und

---

89 Vgl. W. PAUL VOGT, Über den Nutzen des Studiums primitiver Gesellschaften: Eine Anmerkung zur Durkheim-Schule 1890–1940, in: W. Lepenies (Hg.), Geschichte der Soziologie. Studien zur kognitiven, sozialen und historischen Identität einer Disziplin, Bd. 3 (Frankfurt a.M. 1981), 296f.
90 Vgl. BATAILLE (s. Anm. 75), 21–30.

Todesnähe des Erotismus wird durch die schwüle Szenerie bestürzend eingefangen.[91] *Le Bleu du ciel* gibt einen guten Einblick in die Substrukturen des Erotismus. Nicht die Angst vor dem Weib, sondern eine heilige Angst, die bei Verbrechen, ja, allgemein bei Übertretungen von anerkannten Normen auftritt, treibt das erotische Geschehen voran. Wenn die Angst aufhört, hört auch der heilige Eros auf. Die erste Form des Erotismus, die der Körper, erhält ihren Wert allein von dieser dritten, der heiligen Form; vom Erotismus der Herzen, der zweiten Form, ist, wie bereits angedeutet, dabei kaum etwas zu spüren. Wo, wie hier bei Bataille, die Kommunikation der Liebenden ausschließlich über den leeren Abgrund, der sich zwischen ihnen auftut, erfolgt, können sich die Herzen nicht entfalten.

Eine ganz ähnliche Atmosphäre wie in *Le Bleu du ciel* breitet sich in *Les Larmes d'Éros*, einem wissenschaftlichen Artikel von 1961 über die Lebensweise des prähistorischen Menschen, aus. Auch hier finden wir wieder den aus der Ethnologie vertrauten archaistischen Ansatz. Bataille interessieren diesmal die nur schwer zugänglichen Zeichnungen aus Kavernen vorgeschichtlicher Epochen. Tote Vogelmenschen mit erigiertem Geschlecht erscheinen in den Höhlenmalereien; sie finden sich neben verendeten Bisons abgebildet. Aus den Wunden der toten Tiere hängen Gedärme heraus. Vielleicht hat der Mensch ihnen die Wunden auf der Jagd zugefügt, vielleicht waren es größere Tiere. Keiner weiß es, halbwegs gewiß ist nur, daß solche bildnerischen Darstellungen zu Begräbniszeremonien gehörten.

Auch aus diesen frühen Kavernenkünsten liest Bataille das Schema des Erotismus heraus: Faszination des Todes und des Eros – die Verwandtschaft beider wird mit dem Orgasmus begründet, der den ›kleinen Tod‹ erzeugt. Das Ganze sei halb tragisch, halb komisch zu bewerten. Der tote Vogelmensch mit Erektion reize zu Tränen, aber auch zu irrem Gelächter. Jedenfalls findet Bataille in dieser Szene aus vorhistorischen Kunstepochen seine Sicht bestätigt, daß der Mensch bereits vor dem Christentum, ja vor aller nachweisbaren Religionsgeschichte überhaupt, ein erotisches Wesen war.[92]

IV. Ausblick

Mit diesem späten Artikel, der zwei Jahre vor seinem Tod erschien – eine Art erotisches Vermächtnis des Autors –, bekräftigt Bataille noch einmal seinen universalistischen Ansatz. Es ist ein Ansatz, der, wie eingangs betont, mit einem ästhetischen Interesse am Erotismus nicht hinreichend erklärt werden kann. In dem Wunsch, Sades Intentionen für den modernen Menschen als Warnsystem verfügbar zu halten, geht Bataille zwar weit über dessen materialistische Philosophie, die ja den Bereich der Ökonomie, um nur diesen zu nennen, ganz unberücksichtigt gelassen hatte, hinaus, teilt aber deren Vorliebe für das Archaische. Darin läßt sich, entgegen Delon, die Modernität Sades vermuten, darin trifft er sich mit Bataille.

Eher antiquiert scheint demgegenüber jene im Surrealismus beheimatete Haltung zu sein, die Sades Modernität in der integralen Darstellung des sexuellen Lebens sieht – integral in dem Sinn, daß Sexualität als Basis für Sinnlichkeit und Intellektualität verstanden wird. Prominenter Vertreter dieser Richtung ist Robert Desnos. Auch in literarischer Hinsicht beginnt für ihn mit dem Werk Sades die Moderne. Die Schwäche dieser Definition von Modernität liegt in der schlichten Wiederholung früherer materialistischer Positionen, die längst untergegangen sind. So kann für Desnos ein Schriftsteller wie Apollinaire zu einem Erneuerer Sades im 20. Jh. werden. Dessen Werk *Les Onze Mille Verges*[93] (1907) sieht er als einen gelungenen Versuch exakter Katalogisierung von sexuellen Praktiken (»des formes de l'amour«[94]).

Eine Sade-Idolatrie, wie sie bei Apollinaire zu finden ist, lag Bataille, der sich, wie schon angedeutet, der surrealistischen Bewegung selbst eine

---

91 Vgl. BATAILLE, Le Bleu du ciel (1936), in: Bataille, Œuvres complètes, Bd. 3 (Paris 1971), 479ff.
92 Vgl. BATAILLE, Les Larmes d'Éros (1961), in: Bataille, Œuvres complètes, Bd. 10 (Paris 1987), 581, 607f.
93 Vgl. GUILLAUME APOLLINAIRE, Les Onze Mille Verges ou Les Amours d'un Hospodar (1907), in: Apollinaire, Œuvres en prose complètes, hg. v. P. Caizergues/M. Décaudin, Bd. 3 (Paris 1993), 885–954.
94 ROBERT DESNOS, De l'Érotisme considéré dans ses manifestations écrites et du point de vue de l'esprit moderne (Paris o. J. [1953]), 109.

Zeitlang zugehörig gefühlt hatte, fern, dafür verstand er sich zu sehr als Warner vor dem sadistischen Potential des modernen Menschen. Zweifellos sind *Les Onze Mille Verges* aufgrund der drastischen Darstellung erotischer Aktionen lesenswert im Sinne libertiner Lektürevorstellungen. Indes gehen über den Praktiken der handelnden Personen die für die Libertinage so wichtigen philosophischen Reflexionen gänzlich verloren. Einige eingestreute Hinweise zur politischen Situation der Zeit können sie nicht ersetzen. Es handelt sich tatsächlich eher um einen Sexualkatalog, der *Les 120 Journées de Sodome* imitiert, ohne philosophisch zu ermüden. Seine größere Lesbarkeit ist jedoch ein starker Einwand gegen die Ansicht von Desnos, Apollinaire habe damit an das Werk Sades angeknüpft und ihn für uns heute wieder wichtig gemacht.

Solches Lob zollt man besser, wenn auch mit größter Vorsicht, Bataille, der – vermutlich wegen seiner Nähe zu nazistischen Gedankenströmungen – ohne Nachfolger geblieben ist. Die Studentenbewegung der 60er Jahre mit ihren zeitweilig surrealistischen Tendenzen hat mit den genitalfixierten Gesundheitsvorstellungen Wilhelm Reichs liebäugelt, nicht mit den Todesphantasien des Franzosen, dessen universalenergetischer Ansatz sie aufgrund der Verwandtschaft zu Reich eigentlich ebenfalls hätte verführen können. Den Studenten fehlte es jedoch an jenen heiligen Erschütterungen, denen Kriegs- und Zwischenkriegszeit noch so heftig ausgesetzt gewesen waren.

Während Bataille in der erotischen Erfahrung der Gegenwart vergessen scheint, werden Sade und Masoch um so häufiger genannt – bezeichnenderweise hinsichtlich sexueller Praktiken. Das entspricht der seit den 60er Jahren von der Jugendrevolte erneuerten Aufklärungskampagne, in der die Erotik auf eine spiritualitätsferne, d. h. um ihre spirituelle Sphäre betrogene Sexualität reduziert wurde. Rein auf körperliche Sensationen bezogen, wurde aus der Sexualität eine Art geschlechtlicher Auffangstellung für ein verbreitetes Körpergefühl, das in der momentan populären Fitneßbewegung seinen vorläufigen Höhepunkt findet.

Zusammen mit dem Plädoyer für mehr Sinnlichkeit in einer fälschlicherweise für abstrakt gehaltenen Warenwelt wird so ein neuer Experimentierbereich geschaffen, in dem sich Sinnlichkeit, Fitneß und Sexualität auf sportive Weise ergänzen. Ein Grund mehr anzunehmen, daß die eigentümliche ästhetisch-politische Erfahrung, die den ›érotisme‹ kennzeichnet, auf Frankreich beschränkt geblieben sein dürfte.

Sofern es überhaupt einen Export dieser französischen Erfahrung in andere europäische Länder gegeben hat (hier wäre wieder die Studentenbewegung zu nennen), wird in der Zwischenzeit nichts mehr davon übrig sein und die spezielle Erfahrung sinnlicheren Formen Platz gemacht haben. Das gilt auch für den Bereich der sogenannten Schwulenszene, die sich zwar – in ihrer Kritik an Verbot und Verfolgung der Homosexuellen im Nationalsozialismus – politisch versteht, deren erotischer Background aber zeitgemäß auf die sexuelle Komponente verkürzt ist. Ähnliches trifft für die neoromantischen Strömungen von heute zu, obwohl sie sich durch eine größere Beziehung zur Spiritualität auszeichnen; es mangelt allen diesen Strömungen an einer erotistischen Grunderfahrung: der Inkommunikabilität.

Eine Ausnahme bildet vielleicht das auffallendste Phänomen unter den aktuellen Formen der Erotik, der weibliche Masochismus. In seinem sakralen Ausdruck erinnert er, wenigstens von fern, an die religiöse Intensität des Erotismus von Bataille, obwohl er auf den ersten Blick bloß eine Reaktionsbildung auf den Feminismus und sein profanes Emanzipationsgebaren zu sein scheint. Der Titel eines Buches von Sina-Aline Geißler, das in diesem Kontext einen gewissen Bekanntheitsgrad erreicht hat, ist von wegweisender Bedeutung: *Mut zur Demut* (1992). Statt Masochs Angst vor der Frau kultiviert Geißler die Angst vor dem Mann – eine Angst, die durch liebevolle Unterwerfungshandlungen aufgefangen und zeremoniell gebändigt wird. Dieser freiwillige feminine Gehorsam in eroticis hat in einer ergreifenden ›fantaisie érotique‹ Gestalt angenommen, in der die Geliebte ihre präsumtiven Leiden durch den geliebten Peiniger mit poetisch-religiöser Ehrfurcht zelebriert.[95]

Ob sich dieser umgekehrte Masochismus nur als Gegenpol zur profanen Frauenemanzipationsbe-

---

95 Vgl. SINA-ALINE GEISSLER, Mut zur Demut. Erotische Phantasien von Frauen (München 1992), 45 ff.

wegung versteht oder eigenständige Macht gewinnt, ist noch nicht abzuschätzen; auch nicht, ob er nicht in dem neuen Romantismus untergeht, der sich am Ende des 20. Jh. abzuzeichnen beginnt. Mit der klassischen Romantik eines Schlegel hat der neue Romantismus wahrscheinlich wenig gemein, nachdem ihm mit der Emanzipationsdebatte jeder Zugang zur Geschichte libertiner Diskussion versperrt worden ist – es sei denn, der weibliche Masochismus hätte seine Spuren in ihm hinterlassen. Am zähesten hält sich heute wohl das Interesse am Sado-Masochismus, der beide, Sade und Masoch, mißverstehen muß, weil er sie weitgehend auf sexualmaterialistische Positionen festlegt.

Die Diskussion über die Libertinage mit der Erinnerung an die ›Wunde Sade‹ immerhin offengehalten zu haben ist kein geringes Verdienst Batailles. So wenig sein Erotismus selber libertinistisch ist und so wenig er als Konzeption innerer und äußerer Befriedung überzeugen mag, so richtig scheint die Forderung, den Zusammenhang von Zivilisation und Barbarei nicht aus den Augen zu verlieren. Ihn immer wieder neu zu bedenken, das ist die Hinterlassenschaft des ausgehenden Jahrhunderts. Angesichts jüngster ethnischer Konflikte, die das Konzentrationslager wieder salonfähig gemacht haben, ist höchste Aufmerksamkeit geboten.

Man kann sich indessen des Eindrucks nicht erwehren, daß der universelle Ansatz des Erotismus auf einem typisch europäischen Mißverständnis, oder besser Mißverhältnis, beruht: dem des Freudomarxismus, bei dem Erotik, Politik und Krieg in einem Atemzug genannt werden. Vielleicht geht das neue Millenium, das ein Europa in eigentümlicher Defensivposition antrifft, darüber hinweg und wendet sich anderen erotischen Haltungen und Konzeptionen zu. Die von Abraham H. Maslow erarbeitete Seinspsychologie, welche einer nicht triebgebundenen, mehr dem anderen zugewandten Erotik zum Ausdruck verhilft und dadurch für fernöstliche Liebesvorstellungen empfänglich wird[96], könnte einen Ausweg aus der beengenden europäischen Triebsphäre weisen.

Erik von Grawert-May

Literatur
BEILHARZ, ALEXANDRA, Die Décadence und Sade. Untersuchungen zu erzählenden Texten des französischen Fin de siècle (Stuttgart 1996); BERGFLETH, GERD, Leidenschaft und Weltinnigkeit. Zu Batailles Erotik der Entgrenzung, in: Bataille, Die Erotik, übers. v. G. Bergfleth (München 1994), 313–396; DARNTON, ROBERT, Denkende Wollust oder Die sexuelle Aufklärung der Aufklärung, übers. v. J. Hagestedt, in: DARNTON/JEAN-CHARLES GERVAISE DE LATOUCHE/JEAN-BAPTISTE D'ARGENS, Denkende Wollust, übers. v. J. Hagestedt/E. Moldenhauer (Frankfurt a. M. 1996), 5–44; DELEUZE, GILLES, Présentation de Sacher-Masoch. Le Froid et le Cruel (Paris 1967); dt.: Sacher-Masoch und der Masochismus, übers. v. G. Müller, in: Leopold von Sacher-Masoch, Venus im Pelz (Frankfurt a. M. 1968), 167–295; DELON, MICHEL, De ›Thérèse philosophe‹ à ›La Philosophie dans le boudoir‹, la place de la philosophie, in: Romanistische Zeitschrift für Literaturgeschichte/Cahiers d'Histoire des Littératures Romanes 7 (1983), 76–88; DION, MICHEL (Hg.), Madonna. Érotisme et pouvoir (Paris 1994); DUFRENNE, MIKEL, Esthétique, érotique, in: D. Noguez (Hg.), Mikel Dufrenne: La vie, l'amour, la terre (Paris 1996), 113–121; FISCHER, CAROLIN, Éducation érotique. Pietro Aretinos ›Ragionamenti‹ im libertinen Roman Frankreichs (Stuttgart 1994); LUHMANN, NIKLAS, Liebe als Passion. Zur Codierung von Intimität (Frankfurt a. M. 1982); POLHEIM, KARL KONRAD, Nachwort, in: Friedrich Schlegel, Lucinde (Stuttgart 1975), 110–116; ›Sade‹ [Themenheft], in: Europe. Revue littéraire mensuelle, Nr. 835/836 (1998), 3–97; SCHULZ, GERHARD, Novalis' Erotik. Zur Geschichte der Gefühle, in: H. Uerlings (Hg.), Novalis und die Wissenschaften (Tübingen 1997), 213–233; WAGNER, PETER, Eros Revived. Erotica of the Enlightenment in England and America (London 1988).

---

[96] Vgl. ABRAHAM H. MASLOW, Motivation and Personality (New York 1954); MASLOW, Toward a Psychology of Being (Princeton, N. J. 1962); TAKEO DOI, The Anatomy of Dependence, übers. v. J. Bester (Tokio 1973); dt.: Amae: Freiheit in Geborgenheit. Zur Struktur der japanischen Psyche, übers. v. H. Herborth (Frankfurt a. M. 1982).

Exotisch/Exotismus

(griech. ἐξωτικός; lat. exoticus; engl. exotic, exotism; frz. exotique, exotisme; ital. esotico, esotismo; span. exótico, exotismo; russ. экзотическое, экзотизм)

Einleitung; I. Herkunft des Terminus und Wörterbucheintragungen bis zum 19. Jahrhundert; II. Bedeutungswandel des Begriffs in der Geschichte der Exotismusforschung; 1. Positivistische und psycho-physiologische Bestimmungen; 2. Bestimmungen des Begriffs in den Kunst- und Literaturdebatten der 20er Jahre; 3. Geistesgeschichtliche Bestimmungen; 4. Strukturalistische Bestimmungen; 5. Vom Antikolonialismus zur Theorie des kolonialen Diskurses; III. Die Entwicklung zum ästhetischen Grundbegriff; 1. Die englische Romantik; 2. Von der ›Bohème dorée‹ zur Protesthaltung der ›grands écrivains élitistes‹; IV. Veränderungen der Bedeutungsstruktur; 1. Exotismus als koloniale Fremde; 2. Exotismus-Primitivismus-Konstellation in der modernen Kunst und Massenkultur; 3. Dekonstruktion des Exotismus

Einleitung

Der Exotismus ist seit Mitte des 19. Jh. einer der produktions-, darstellungs- und wirkungsästhetischen Begriffe, die grundlegende kulturelle Zusammenhänge der europäischen Geschichte konzeptualisieren und gleichzeitig immer ein Zeichen für konträre Sichtweisen und Erfahrungen darstellen. Sein Bedeutungskern verweist in der liberalen Romantik auf die kulturbedingten intensiveren emotionalen Wahrnehmungsvorgänge und Vorstellungsbildungen unbekannt-geheimnisvoller außereuropäischer und nicht-moderner Welten und auf die kulturellen Repräsentationen, die bei den kulturkonsumierenden Rezipienten ähnliche Gefühlsregungen auszulösen vermochten.

In seiner Bedeutungsgeschichte lassen sich im Beziehungsfeld von Gegenstand, begrifflicher Reflexion und Wertung zwei Umbrüche feststellen. Der erste vollzieht sich Ende des 19. Jh., als die Expansionspolitik der europäischen Imperien das kompensatorische Exotismusprojekt beendet: Die eskapistische Sehnsucht des Ichs, der einengenden Wirklichkeit der Moderne an geheimnisvollfremde Orte und in ferne Zeiten zu entfliehen, ist hier der zentrale Aspekt. Im gleichen Zug geben Händler, Sammler, ›marchands‹, Kunstkritiker, Avantgardekünstler und Ethnologen den Artefakten aus Afrika, Ozeanien und dem präkolumbischen Amerika einen neuen Status. Sie werden Anfang der 20er Jahre für die Ethnologen zur ›materiellen Kultur‹ und für die Verfechter der Moderne zu ›tribal art‹, ›exotischer Kunst‹, ›Kunst der Primitiven‹. Der ›Primitivismus‹ ist für die Moderne und die historische Avantgarde die spezifische Form des Exotismus, während das neue Massenmedium Film die Topoi des kolonialen Diskurses visualisiert. Der zweite Umbruch ist 1960 anzusetzen, als die Schauplätze der theoretischen Auseinandersetzung durch die Tatsache neu definiert werden, daß die ehemaligen Kolonialländer sowohl die epistemologischen Implikationen der ›wissenschaftlichen Neugierde‹ in der Anthropologie als auch die ästhetisierende Haltung der ›exotischen Inspiration‹ kategorisch zurückweisen.

Die kulturelle und wissenschaftliche Problemlage in der heutigen Definition des Begriffsinhalts ist gekennzeichnet durch zwei grundlegende Entwicklungsprozesse: die postmodernen Veränderungen im ästhetischen Alltagsverhalten der westeuropäischen und US-amerikanischen Gesellschaften und den Durchbruch einer postkolonialen Literatur und Theorie. Deshalb ist der aktuelle Wandel im Verhältnis von Begriff und Sache bei der Formulierung problemgeschichtlicher Hypothesen einzubeziehen. Entscheidend dabei ist die Konstruktion des Massenexotismus als Simulacrum in den europäischen Lebenswelten und als Produktion von materiellen Gütern mit symbolischen und ökonomischen Werten für den europäisch-nordamerikanischen Markt, die auch Anlaß zur Herstellung von Identitäten bieten. Gleichzeitig werden die Bezüge und Ebenen der Begriffsbestimmung vom Standpunkt der Beziehungen zwischen Repräsentation und Herrschaft, Kultur und Politik neu situiert.

Auf der Ebene der Lebenswelten und insbesonder der Prägung der Lebensstile durch die ›imagemaking industries‹ (TV, Film, Werbung, Kultur-Marketing, die Amüsier-Industrie (Videospiele, exotisch-künstliche Erlebniswelten) und vor allem durch die Mode gewinnen die massenmedial simulierten Zeichen des Exotischen eine strukturelle

Funktion bei den veränderten Konstruktionsformen von Welt. Die Mode erscheint in diesem Zusammenhang von besonderem Interesse, denn sie ist die am weitesten verbreitete Form ästhetischer Praktiken und der wichtigste Weg, auf dem die Ästhetik Bestandteil der Alltagskultur wird. Darüber hinaus tritt die Mode als ausgeprägteste Form marktwirtschaftlichen Denkens, das durch den Impuls des Innovativen und die Multiplikation der Wünsche bestimmt ist, in Erscheinung. Chiffren und Indikatoren der symbolischen Bedeutung des Exotismus sind integrale Bestandteile der Lebenswelten, so wie sie in der Hypertrophie der Modeschauen und Kollektionen als Apotheose der stilisierten Präsentation und als hyperreale Simulation des Alltagstheaters in Szene gesetzt werden. Der Modedesigner John Galliano bewirkte mit seiner ersten Kollektion für das Haus Dior 1997 eine spektakuläre Wiederbelebung der Haute Couture: »His tulle ball gowns outdid even his mammoth skirted efforts at Givenchy. There was plenty of exotica, the most arresting piece being a vivid bird of paradise cape made up of multicolored feathers. Several costumes inspired by the Masai tribe featured African artifacts [...] Also in the mix were delicate chinoiserie (Galliano picks up on this theme in his ready-to-wear collection), a tribute or two to the Belle Epoque [...] He shifted his focus constantly and kept the crowd mesmerized and guessing.«[1]

Das schillernde Spektrum an Bildern und Assoziationen reicht vom Spiel mit dem subjektiven Schock des ›Primitiven‹ (Suche nach dem Ursprung, die neben anderen Aspekten für den Exotismus der historischen Avantgarde konstitutiv war, Griff in den Fundus der ›ethnic-art‹) über die evozierte Passion für Chinoiserien (höfische Kleidung des 18. Jh., orientalistische Phantasien des Fin de siècle) bis hin zur Prachtentfaltung des Inbegriffs der Exoten, dem Paradiesvogel. *The bird of paradise* (1932) heißt King Vidors Film aus den Anfängen des Tonfilms, der die Gleichung Frau – Natur und die Assoziation Exotismus – Erotik als Begegnung des westlichen Helden mit den Südsee-Bewohnern im Rückgriff auf zwei Grundtropen des kolonialen Diskurses (Jungfräulichkeit und unkontrollierbare Wildnis) darstellt.

Die Artikel über den ›prêt-à-porter‹ 1997 feierten den in den Kollektionen kreierten Orient als einen Schauplatz aus *Tausend und eine Nacht* in feminisierter Form mit Haremsphantasien und den Klischeebildern der sexualisierten Repräsentationen der Orientalin, um phantasmatischen Projektionen Raum zu bieten. Das Szenarium der Modekreationen ließ – auch als ›vision of Japan‹ – eine ästhetisierte andere Welt an der Grenze der Welten des Surrealismus erstehen. Bedeutungen und Sinnzuschreibungen des Exotischen dienen dabei nicht zur exotistischen Konstruktion des Anderen, sondern werden in ihrer Emergenz als individuell verfügbar und formbar angeboten: »This spring, Galliano – and Dior – seem to have gone to the Orient – that is, the Orient of never-never land. [...] With deep décolletages and tiny skirts, the suggestion of a boudoir or a brothel was hard to miss. [...] But the strongest fantasy collection came from a vision of Japan that has preoccupied Issey Miyake throughout his career. He offers not just a take on a remote time or place, but a completely exotic world. This is one collection that is best seen in its entirety, and it is a privilege to see the show and be transported to private realms of the imagination. [...] Echoes of Miyake could be found in Dries van Notent's new clothes [...] As usual, this Belgian designer went in for layering in a big way-jacket over jacket over coat, with as many layers underneath. He also was true to his love for Indian cloth, sari silks in brilliant turquoises, oranges, pinks and gold.«[2]

Der zweite Aspekt der Konstruktion der postmodernen Massenexotismus verweist auf die Produktion und Vermarktung materieller Güter nach Kriterien der Wirtschaftlichkeit (Tourist Art, ›ethnische Objekte‹, Chinoiserie usw.), die sich an die Geschmacks- und ästhetischen Präferenzen der Konsumenten in Westeuropa und den USA orientieren. Das ›Authentische‹ und die Aporien dieses modernen Kulturwertes werden durch die Frage nach möglichen Kriterien der Authentifizierung ersetzt. Die Massenobjekte haben praktische Anwendungsmöglichkeiten oder dienen dem ästheti-

---

1 MARTHA DUFFY, The Romance is Back, in: Time 149 (1997), H. 12, 59.
2 DUFFY, A Fashion Fantasy, in: Time 149 (1997), H. 12, 68.

schen Selbstausdruck der Käufer und erzeugen ein diffuses Alteritätsgefühl. Unter den Bedingungen der Massenproduktion von Objekten, deren Gebrauchswert in dieser semiotischen Funktion besteht, bzw. hinsichtlich der massenmedialen Konstruktion des Exotismus als Simulacrum, gerät der Bedeutungskern des Begriffs in Gesellschaften, die sich als multikulturell verstehen, erneut unter Druck.

Eine Reihe großangelegter Ausstellungen in den 80er und 90er Jahren in Westeuropa und den USA rücken den Exotismus oder Themen aus seinem Bezugskreis (Encounter-Situation, Inszenierung der Völkerschauen, ›Affinitäten‹ primitiver und moderner Kunst, orientalistische Malerei, die eigene Kultur im fotografischen Abbild fremder Kulturen) ins Blickfeld. Sie können als Symptome eines gegenwartsbezogenen selbstkritischen Problembewußtseins gewertet werden. Dafür stehen die Leitlinien der Stuttgarter Ausstellung (1987) mit dem programmatischen Titel *Exotische Welten – Europäische Phantasien*: »Der Faszination des Exotischen nachzuspüren, wie sie auf dem Hintergrund abendländischer Neugier, aber auch Sendungsbewußtseins und imperialen Anspruchs entstand, und die sich in Sehnsüchten und Ängsten, in Utopien, schönen Illusionen und Weltfluchtgedanken niedergeschlagen hat, ist Ziel der gesamten Veranstaltung ›Exotische Welten – Europäische Phantasien‹. Zugleich soll in der Betrachtung des eurozentrisch geprägten Exotismus die erkenntniskritische Frage nach der eigenen emotionalen und geistigen Verfassung gestellt werden.«[3]

Hauptaustragungsorte der Exotismusdiskussion seit den 80er Jahren sind jedoch die postkoloniale Debatte und die ›cultural studies‹. Die postkoloniale Neulesung des Kolonialismus als Bestandteil eines globalen transnationalen und transkulturellen Prozesses ist dabei, die Geschichte der Moderne zu relativieren. Seit der Publikation von Edward Saids Buch *Orientalism* (1978) wird ›der Westen‹ theoretisiert und die Beziehungen zwischen Imperialismus und Kultur kritisch hinterfragt. Allgemeiner Nenner in der Analyse des kolonialen Diskurses ist die ›epistemic violence‹, die von den herrschenden Systemen gegenüber dem kolonialen Subjekt ausgeübt wird. Diese Gewalt konstituiert es überhaupt erst als den Anderen. Es wird deutlich gemacht, wie die europäische Kolonialherrschaft durch offene und verdeckte Gewaltanwendung und Schaffung eines dichten kulturellen, moralischen, erzieherischen und ästhetischen Netzes, das den Kolonialherren und den Kolonisierten bestimmte Subjektpositionen zuweist, durchgesetzt und gefestigt wurde. Ein komplexes Netz von kultureller Kontrolle, Prozessen der Produktion von Wissen und Praktiken von Kolonialbeamten, Händlern sowie Missionaren bildete sich im Laufe der Expansion heraus, »evidently the great fact of modern English history«[4], so der englische Theoretiker des Kolonialismus, John Robert Seeley. Die Fragestellungen richten sich jetzt darauf, wie sich die Elemente des Dispositivs von Macht und Wissen in der Produktion von Subjekteffekten und Vorstellungsbildern der nichteuropäischen Anderen und ihrer Kulturen auswirkten und wie sie funktionierten. Die Repräsentationen der ›colonial encounter‹, der ›traveling cultures‹, der kolonialen Welten sowie die Künstlerpoetiken geben Anlaß zu der Erörterung der Voraussetzungen und der Tragweite von ästhetischen Theorien und Begrifflichkeiten.

Auch die postkolonialen Literaturen gestalten sich zu Austragungsorten der Debatte. Die Trope der Ironie ist dabei auf strategischer oder rhetorischer Ebene ein gern verwendetes Mittel zur Parodierung kolonialer Schlüsseldiskurse. Im Zuge der kolonialen Expansion verlassen in einem noch nie dagewesenen Exodus zwischen 1820 und 1930 fünfzig Millionen Menschen Europa und siedeln sich in alle Welt verstreut an.[5] Heute, in der Zeit der postkolonialen Diaspora, formuliert das ironisch-satirische Ethos in Salman Rushdies Roman *The Satanic Verses* (1988) das Paradoxon, warum die Engländer so ›exotisch‹ sind: »Our neighbour Doctor Jorge Babington, she told Gibreel (Farishta), never liked me, you know, he would tell

---

3 TILMAN OSTERWOLD/HERMANN POLLIG, Vorwort, in: Exotische Welten – Europäische Phantasien [Ausst.-Kat.] (Stuttgart 1987), 10.
4 JOHN ROBERT SEELEY, The Expansion of England (1884; Chicago 1971), 16.
5 Vgl. ALFRED CROSBY, Ecological Imperialism: The Biological Expansion of Europe 900–1900 (Cambridge, Mass. 1986), 270.

me tales of the British in South America, always such gay blades, he said contemptuously, spies and brigands and looters. *Are you such exotic in your cold England?* he asked her, and answered his own question, *señora, I don't think so. Crammed into that coffin of an island, you must find wider horizons to express these secret selves.*«[6]

I. Herkunft des Terminus und Wörterbucheintragungen bis zum 19. Jahrhundert

Der griech. Terminus ἐξωτικός (ausländisch) leitet sich in der Antike von den Adverbien ἔξω (außen, außerhalb) und ἔξωθεν (von außen her, draußen) ab. Lateinische Autoren wie z. B. Plautus verwenden ihn in diesem Sinne: »Histros, Hispanos, Massiliensis, Hilurios, / mare superum omne Graeciamque exoticam / orasque Italicas omnis, qua adgreditur mare / sumus circumvecti.« (Massilier, Spanier, Histrer und Illyrer, / das ob're Meer dann und das ferne Griechenland. / Italiens Küsten alle, wo sie's Meer umspült, umschifften wir.)[7]

Bei François Rabelais findet sich im vierten der fünf Bücher seines Romans *Gargantua et Pantagruel* (1532–1564), der die kolonialen Unternehmungen François' I. preist, ein frühmoderner Beleg. Der Riese Pantagruel erreicht nach dreitägiger Reise die imaginäre Insel Madamothi in der Nähe von Kanada, die in den Vorstellungen der Zeit nur durch einen Meeresarm von Catay getrennt lag. Auf der Insel gerät er in den Trubel eines Marktes und kauft Tiere, die seit der Antike bis zum 17. Jh. als in der Natur vorkommend gelten: »[…] trois beaulx et jeunes unicornes […] Ensemble un tarande que luy vendit un Scythien de la contrée des Gelones.« Pantagruel zählt die aus Asien und Afrika herbeigeschafften und zum Verkauf dargebotenen Waren auf: »diverses tapisseries, divers animaulx, poissons, oizeaulx et aultres marchandises exotiques et peregrines, qui estoient en l'allée du mole et par les halles du port. Car c'estoit le tiers jour des grandes et solennes foires du lieu, es quelles annuellement convenoient tous les plus riches et fameux marchans d'Afrique et Asie.«[8] Der Bedeutungskern ›aus dem Ausland kommend‹ ist im Ausdruck ›exotiques et peregrines‹ beibehalten, seine Verwendung auf Tiere und Dinge bezogen, die in einer durch Geld vermittelten Warenzirkulation in Erscheinung treten. Ortsveränderung, Seltenheitswert und selbstevidente Schönheit fallen in der Bezeichnung dieser ›marchandises exotiques‹ zusammen.

Mitte des 18. Jh. belegt das *Dictionnaire de Trévoux* für Frankreich den Gebrauch des Attributs ›exotique‹ in der Bedeutung ›ausländisch, fremdländisch‹ in bezug auf Erscheinungen der Lexik und der Pflanzen: »Il ne se dit guère que dans le didactique, & signifie, étranger. *Extraneus, exoticus, adventitius*. Il ne se faut pas servir de termes *exotiques* & *barbares*. Il se dit aussi en Botanique: une plante *exotique*, est une plante étrangère, telles que celles qu'on apporte de l'Amérique, des Indes Orientales, & qui ne croissent point en Europe.«[9] ›Aus dem Ausland stammend‹ impliziert den Transport von fernen Herkunftsorten nach Europa und stattet die Dinge mit einer homogenisierenden Ähnlichkeit aus. Die empirische Vielfalt an Wesen und Dingen wird damit auf einen Nenner gebracht: Sie sind ›exotisch‹. Die statuierte Ähnlichkeit liefert die Grundlage für die spätere Ersetzung der außereuropäischen Wissensformen durch das Wissen der Naturgeschichte. Das *Universal-Lexikon* (1734) von Johann Heinrich Zedler erfaßt unter dem Stichwort »*Exotica Peregrina*, ausländische Dinge« eingeführte Waren sowie Dinge und Lebewesen, die die Naturgeschichte untersucht und klassifiziert, alles, »was bey uns ungemein seltsam, unbekannt [ist] oder von der Natur auf unsern Grund und Boden nicht hervorgebracht« wird. Er gruppiert sie dabei in drei Bereiche: Zum *Regno animali* gehören »ausländische Thiere [wie] Löwen, Tieger, Elephanten, das Rhinoceros«, zum *Regno vegetabili* »alle fremden Gewächse« wie beispielsweise die »Aloës Americana [und] Yucca gloriosa«,

---

6 SALMAN RUSHDIE, The Satanic Verses (London 1989), 145 f.
7 PLAUTUS, Men., 2, 1, 235–238; dt.: Plautus, Komödien, übers. v. A. Klotz (München 1948), 33.
8 FRANÇOIS RABELAIS, Le quart livre des faicts et dicts héroïques du bon Pantagruel (1552), in: Rabelais, Œuvres complètes, hg. v. P. Jourda, Bd. 2 (Paris 1962), 37 f.
9 TRÉVOUX, Bd. 3 (1771), 978.

zum *Regno minerali* die »orientalischen Edel-Gesteine, Borax etc.«[10]. In der ersten Hälfte des 18. Jh. ist der Terminus ›Exot, Exoten‹ registriert. Sein auf den Bereich der Pflanzen beschränkter Gebrauch manifestiert sich durch die Klassifizierungsversuche, die zwischen dem Erscheinen des Traktats *Isagoge in res herbarium* (1719) von Tournefort und der Herausbildung des Wissensgebietes, auf dem sich der ›naturaliste‹, der ›historien naturalis‹ profiliert, unternommen werden. Karl von Linné gibt den ›Exoten‹ in seinem *Système naturae* (1756) einen Platz in ›notre république botanique‹. Ihre Bestimmungsorte sind im Ancien régime die eigens angelegten Botanischen Gärten und im 19. Jh. die Palmenhäuser, wie das von Karl Friedrich Schinkel und Johann Gottfried Schadow 1830 für Wilhelm II. auf der Pfaueninsel bei Berlin errichtete ›irdische Paradies‹. In ihrer Architektur vermischen sich wissenschaftlicher Anspruch und ästhetisierende Repräsentation außereuropäischer Welten als ein Privileg politischer Selbstdarstellung. Mitte des 19. Jh. ersetzen aufwendige Konstruktionen aus Eisen und Glas die alten Orangerien. Ludwig Zanth entwarf für den gerade angelegten Magnolienhain in Stuttgart eine solche Illusion des Orients: ein im maurischen Stil gehaltener Garten, sarazenische Architektur und die Pracht exotischer Pflanzen.

Ende des 18. Jh., so hat Michel Foucault in seiner Archäologie der Humanwissenschaften aufgezeigt, setzt eine Subjektivierung und Historisierung des Wissens ein: »L'espace général du savoir n'est plus celui des identités et des différences, celui des ordres non quantitatifs, celui d'une caractérisation universelle, d'une *taxinomia* générale.«[11] In der Folge dieser epistemologischen Diskontinuität wird »l'homme et ses doubles« als Erkenntnisgenstand konstruiert. Zwei weitere tiefgreifende kulturelle und sozio-ökonomische Entwicklungsprozesse erweitern das Anwendungsfeld des Exotismusbegriffs. In einer Verbindung von imperialer Machtentfaltung, Kulturanspruch und Wissensproduktion gründet Napoleon vor dem Hintergrund seines Ägyptenfeldzugs das *Institut de l'Égypte* in Paris (1798) und läßt sich von einer Vielzahl von Botanikern, Anatomen, Geographen, Historikern, Architekten, Philologen und Musikwissenschaftlern begleiten. Diese leisten mit den 24 Bänden ihrer *Description de l'Égypte* (1809–1828) die kulturelle Übersetzung des Landes in ein Ensemble von europäischen Bildern und Vorstellungen, das eine Kultur außerhalb der Zeit statuiert. Die Entwicklung und Institutionalisierung der neuen Wissensdisziplinen hat die Disparität der Macht zwischen dem zu erobernden Land und dem expandierenden französischen Nationalstaat zur Voraussetzung. Den zweiten Prozeß stellen die umfassenden Veränderungen in der Lebenswelt dar, die sich nach der französischen Revolution und bis in die 30er Jahre des 19. Jh. in Frankreich vollziehen, als die Gilden und Zünfte des Ancien régime aufgelöst werden, die handwerkliche Produktion und Manufakturware einen letzten Aufschwung erleben, die Waren sich jedoch auf dem freien Markt mit den Auswirkungen der Handelsfreiheit konfrontiert sehen und die industrielle Warenproduktion schließlich die Oberhand gewinnt. Die Konsequenzen sind die Herausbildung eines durch Markt und Konsum bestimmten Subjekts, die Schaffung eines nationalen Marktes, die systematisierende Ordnung der wissenschaftlichen Disziplinen und die Etablierung von Kolonialsystemen, die sich von denen der Spanier und Portugiesen grundlegend unterscheiden. Bei der kollektiven Konstruktion der Kulturidentitäten, die auf Erfahrungen, Gedächtnis und Erfindung von Traditionen gründen, spielt das Konsumverhalten früh eine regulierende Rolle. Der starke Drang nach dem Besitz ›ausländischer Waren‹, insbesondere englischer oder von Engländern gehandelter Dinge, wird um 1815 als ›étrangomanie‹ getadelt. Eine französische Graphik aus der Zeit der Restauration hat den Titel: *L'Étrangomanie blamée ou d'être français il n'y a pas d'affront*. Das Fremdwörterbuch von Johann Christian August Heyse (1807) gibt für Exoteromanie oder Exotikomanie folgende Definition: »Auslandssucht, Ausländerei, Fremdsucht, Vorliebe für das Ausländische.« Das Antonym lautet Exotikudenie: »Geringschätzung des Ausländischen.«[12]

---

10 ›Exotica‹, in: ZEDLER, Bd. 8 (1734), 2342.
11 MICHEL FOUCAULT, Les mots et les choses. Une archéologie des sciences humaines (Paris 1966), 230.
12 JOHANN CHRISTIAN AUGUST HEYSE, Allgemeines verdeutschendes und erklärendes Fremdwörterbuch (1807; Hannover [12]1859), 337.

II. Bedeutungswandel des Begriffs in der Geschichte der Exotismusforschung 343

Mitte des 19. Jh. wächst bei breiten Bevölkerungsschichten Frankreichs das offensichtliche Interesse an der kolonialen Expansion. Nach den großen Wörterbüchern der Zeit zu urteilen, erstreckt sich der Gültigkeitsbereich des Exotismusbegriffs auf die Gebiete des Handels, der kommerziellen Transaktionen und der Wissenschaften. Der eurozentristische Blick bestimmt die Konstruktion der räumlichen Achse des Exotischen zwischen dem Hier und dem Dort: »Qui a été transporté des pays étrangers; qui n'est pas sur son sol naturel: *Oiseaux* exotiques. *Fleurs* exotiques. *Meubles* exotiques. *Modes* exotiques. *Drogues* exotiques. Il est difficile de résister à ce penchant qui place les agents pharmaceutiques composés avec des substances *exotiques* au-dessus de ceux qui croissent dans nos bois, dans nos prairies. […] – Par exp. Qui appartient aux pays étrangers, qui leur est propre: Des *mœurs* exotiques. Un *langage* exotique. – Fig.: *Plante* exotique, Objet étranger au pays, qui n'est pas naturel au pays: Le brillant honneur chevaleresque, sublime et sans raison, est une plante exotique importée seulement depuis peu d'années. […]– s. f. Sorcière chez les Grecs modernes.«[13] Noch im *Grand Dictionnaire Larousse* des 19. Jh. ist also eine ästhetische Bedeutung des Attributs ›exotisch‹ nicht belegt. Das französische Substantiv ›exotisme‹ findet sich am 20. 2. 1860 im *Journal* der Brüder Goncourt als erotisch konnotierte Anziehungskraft der Fremde vermerkt. Die erste Liebe Flauberts in Korsika wird wie folgt kommentiert: »Pour ce jeune Normand, qui n'avait été que de Normandie en Champagne et de Champagne en Normandie, c'était d'un exotisme bien tentant.« 1887 erfolgt der Zusatz: »Puis un patio, plein de fleurs exotiques, où chantait, au milieu, un jet d'eau.«[14]

II. Bedeutungswandel des Begriffs in der Geschichte der Exotismusforschung

1. Positivistische und psycho-physiologische Bestimmungen

Der französische literaturgeschichtliche Diskurs macht Ende des 19. Jh. den Exotismus zum Gegenstand der Forschung. Zu diesem Zeitpunkt wird in der literarischen Öffentlichkeit das ›Kosmopolitische‹ entsprechend den diesem Jh. eigenen Denkfiguren mit dem ›exotisme‹ als »goût de l'étranger« und »ouverture d'esprit à des façons de penser ou de sentir, différentes des façons traditionelles«[15] assimiliert und als psychologische und ästhetische Disposition und Haltung eines ›mondänen Snobismus‹ bewertet. Die moderne problematische Erfahrung des Nationalismus mit der Kontingenz und der Willkürlichkeit seiner Zeichen und Symbole in der Nationalkultur wird mit der Anerkennung und Substantialisierung der Besonderheiten kompensiert.[16] Diese Denkfiguren funktionieren als ausschließende Gegensatzkonstruktionen.

Die Genesis von Bildern – des Orients, Amerikas – wird zum problemgeschichtlichen Schwerpunkt. Pierre Martino versucht als erster, die historischen und poetologischen Voraussetzungen des Exotismus im Schema von Ursache und Wirkung zu erfassen sowie den Bedeutungskern des ästhetischen Begriffs zu bestimmen. Für seine Entstehungsgeschichte des französischen Orientbildes als »une manière de postulat de notre imagination, un préjugé artistique et littéraire, une habitude […] reçu de nos lectures, de nos conversations, de nos visites aux musées, d'ailleurs«[17] sammelt, beschreibt und klassifiziert er ein umfangreiches Quellenmaterial.

Die zunehmenden Reisen auf außereuropäische Territorien und in ihrer Folge die Fülle der Ende des 17. Jh. erscheinenden Reiseberichte liefern Martino die empirisch erfaßbaren Beweise für den ›goût naissant pour l'exotisme‹. Die kausale Verkettung von Beginn der Kolonisierung und Beginn des literarischen Exotismus kennzeichnet er als

---

13 ›Exotique‹, in: LAROUSSE, Bd. 7 (Paris 1870), 1199.
14 EDMOND DE GONCOURT/JULES DE GONCOURT, Journal. Mémoires de la vie littéraire (entst. 1851–1896; ersch. 1887–1896), hg. v. R. Ricatte, Bd. 3 (Monaco 1957), 227.
15 EMILIEN CARASSUS, Le snobisme et les lettres françaises de Paul Bourget à Marcel Proust 1884–1914 (Paris 1966), 326.
16 Vgl. BENEDICT ANDERSON, Imagined Communities: Reflections on the Origin and Spread of Nationalism (London/New York 1983), 28.
17 PIERRE MARTINO, L'Orient dans la littérature française au XVIIe et au XVIIIe siècle (Paris 1906), 6.

eine ›tiefe Einflußnahme‹ auf die Imagination der Franzosen: »Il est bien curieux de remarquer que l'histoire de la colonisation, sous l'ancien régime, commence prèsque au même moment que l'histoire de l'exotisme littéraire; il y a là une relation immédiate de cause à effet.«(43)

Martinos Auffassung zufolge ist in den Reiseberichten und in der Poesie ein literarischer Exotismus am Rande oder als Abweichung von der klassischen Doktrin zu finden. Literaturgeschichtlich verknüpft er den Bedeutungskern des Begriffs mit einem subjektzentrierten ›goût pour l'exotisme‹, der sich vom klassischen ›bon goût‹ unterscheide.

Antrieb sei die Neugierde, die Imagination als eine die Kreativität steigernde Kraft und ein ›sens de la diversité‹ (der Pluralität) als Konkretisierung der Idee der Differenz: »Il est surtout fait de ce sens de la diversité; il ne peut paraître que lorsque la pensée, enfin élargie, devient capable d'imaginer d'autres aspects que les aspects familiers et de se figurer sensations ou de raisonnements faites sur un autre modèle que les siens.«(14 f.)

Die Konstitution des Orients als Topos und die Veränderungen in den französischen Darstellungen des Orients als fiktive oder geographische Territorien, Imperien und Grenzziehungen erklärt Martino sowohl im Zusammenhang mit der französischen Kolonialgeschichte als auch mit der Befriedigung subjektiver Geschmacksbedürfnisse und Erwartungen. 1704 erscheint der erste Band von Antoine Gallands auf den exotistischen Geschmack der Zeit ausgerichteter Übersetzung von *Tausend und eine Nacht* als ›orientalische Erzählungen‹. Martino bezieht in seinen Überblick über die Entwicklung des ›goût pour l'exotisme‹ auch die Mode und die Veränderungen im Alltagsleben durch Konsumartikel und Möbel sowie ihre Auswirkungen auf die Inneneinrichtung und die Malerei mit ein: »Le bibelot est essentiellement quelque chose d'exotique. Aussi bien il a été une des premières manifestations de l'exotisme«.(340) Außerdem legt er eine kulturelle Hierarchie nach Wirkungsweise und Aneignungsformen der Objekte fest. Diese Hierarchie reicht von der Macht der Objekte, Symbole des absolut Anderen, des ontologisch-

exotistischen Andersseins, zu verkörpern, bis hin zu deren partieller ›Einbürgerung‹.

Gilbert Chinard verfolgt in seinen positivistischen Untersuchungen über den ›exotisme américain‹ und den amerikanischen ›rêve exotique‹ das Ziel, die neuen Wörter und Dinge, die nach den Fahrten Kolumbus' in die französische Literatur aufgenommen werden, zu bestimmen und die französischen Ursprünge des Themas vom ›guten Wilden‹ – die Begeisterung für den Naturmenschen und den Kult um die Natur – herauszuarbeiten. Der anfängliche ›enthousiasme naïf pour les sauvages‹ und der spätere ›rêve exotique‹ sind Chinard zufolge dadurch gekennzeichnet, daß »des préoccupations morales et politiques viendront [...] fausser dès l'origine la conception littéraire de l'Amérique. Au lieu de chercher à étudier les Indiens en eux-mêmes et par eux-mêmes, on voudra dès le début trouver dans leurs mœurs la confirmation ou la réfutation de théories déjà existantes.«[18]

Chinard stützt sich für den Nachweis eines latenten Exotismus (im 16. und 17. Jh.), eines theologischen und philosophischen Exotismus (im 18. Jh.) und mit Jacques-Henri Bernardin de Saint-Pierre (*Paul et Virginie* [1787]) und deutlicher noch bei Chateaubriand (*Atala* [1801] und *René* [1802]) eines sentimentalen Exotismus, den er als den Beginn einer neuen Epoche in der Geschichte des Exotismus bezeichnet, auf einen strukturellen Epochenbegriff. Die amerikanische Natur und das Thema des ›homme de la nature‹ böten dem romantischen Schriftsteller eine reiche Quelle anderer Ambientierungs- und Ausdrucksmöglichkeiten, als es der noch im 18. Jh. vorherrschende Klassizismus vermocht habe. Bemerkenswert ist, daß Chinard bereits auf eine Handhabung der Kategorien des Gleichen und des Anderen verweist und damit die Differenz zum einzigen Kriterium des Vergleichs erhebt.

Chinards Arbeiten tragen zur Spezifizierung des Exotismusbegriffs durch bestimmte semantische Merkmale bei. Der exotische Traum besitze als Erfahrungsprämisse die Konkretisierung der Grundstruktur ›Raum‹: den Bezug auf eine geheimnisvolle Ferne. Die Überwindung der Entfernung – oder die Erinnerung an Erfahrungen und Empfindungen, die mit dieser Ferne zusammenhängen – bewirkten intensive Emotionen, die aus

---

18 GILBERT CHINARD, L'exotisme américain dans la littérature française au XVIe siècle (Paris 1911), XVI.

der Neuigkeit des Unbekannten oder der Überraschung resultieren. Das Bild Amerikas perpetuiere so die Züge eines fernliegenden, geheimnisvollen Ortes, wie sie Indien im Mittelalter besessen habe. Neugierde, ein unbestimmtes Gefühl der Furcht und des Unheimlichen vermischten sich – Chinard kennzeichnet dies in seinem Ordnungsschema als erste Phase in einem langfristigen Zusammenhang – mit einem anderen Impuls, dem sinnlichen Glücksversprechen in einem räumlichen Jenseits, das die exotische Imagination erträumt: »A la curiosité craintive du moyen âge succédera un sentiment d'admiration et presque d'envie qui, après une évolution de près de deux siècles, deviendra l'exotisme moderne.« (XVI)

In seiner Darstellung der L'art-pour-l'art-Doktrin stellt Albert Cassagne die Gründe für deren Aufwertung des Exotismus in der bewußten Hinwendung zum Orient und zur Antike als Ausdruck der Etablierung der Dichtung als eigenständige poetische Erkenntnisform dar. Das Bedeutungsfeld des ›goût de l'exotisme‹ gewinne als Wirklichkeitsbezug eine semantische Präzisierung im Sinne des Fremden, Geheimnisvoll-Unheimlichen (goût de la étrangeté), des Lokalkolorits (goût du pittoresque) sowie des bewußten Kunstschaffens und der Suche nach Originalität und getreuer Detailwiedergabe: »L'exotisme est un moyen avantageux de donner satisfaction à la fois au goût de l'originalité, de l'outrance, de l'étrangeté, du pittoresque d'une part, et au besoin d'exactitude et de vérité d'autre part, qui sont les caractères importants, mais non toujours aisés à concilier, de l'art pour l'art.«[19] Bekenntnisse zugunsten des ›exotisme nouveau‹ fördern seit 1900 die Verdrängung des poetisch-subjektiven Exotischen durch die Kolonialliteratur. Für ihre Verfechter sind ebenfalls die Vorstellungen wichtig, die gerade etablierten literaturgeschichtlichen Exotismusbegriff zugrunde liegen. In *L'Exotisme. La littérature coloniale* (1911) koppeln Louis Cario und Charles Régismauset eine anthropologische Grundlegung des Begriffs und eine historische Entwicklung seit der Antike, eine These, die sie anhand von Reiseliteratur belegen. Sie polemisieren gegen die ästhetischen Unzulänglichkeiten und den obsoleten Charakter des im 19. Jh. dominierenden ›exotisme de parade‹, dessen Ende ante portas stehe.

Nach dem 1. Weltkrieg, der bereits als eine der Konsequenzen der Etablierung von Kolonialimperien als Form der Globalisierung betrachtet werden kann, gewinnen in der literaturwissenschaftlichen Forschung Fragen zum alltagsweltlichen Vorverständnis und zum künstlerisch artikulierten, kompensatorischen Selbst- und Weltverständnis von Romantikern und Symbolisten an Gewicht. In der Exotismusforschung verschiebt sich der Akzent auf den Überschwang der Emotionen, die den Exotismus prägen: »Avec une sorte d'exaltation qui recule toutes les limites où se heurte le rêve, on cherche la poésie dans l'éloignement des lieux comme dans la brume des siècles, on ressuscite le moyen âge, on découvre – ou l'on croit découvrir [...] les Espagnes et l'Italie, la Grèce et l'Orient.«[20] Die Intensität und Bewegtheit der ›sensation exotique‹ sowie die Ansprechbarkeit einer besonderen individuellen physischen und psychischen Veranlagung oder Disposition rücken ins Zentrum. Das Untersuchungsgebiet wird auf die ›Weltliteratur‹ ausgeweitet und der Exotismus als ausschließlich modernes Phänomen definiert.

In diesem Kontext ist Friedrich Bries Abhandlung *Exotismus der Sinne. Eine Studie zur Psychologie der Romantik* (1920) relevant. Er konzeptualisiert das Exotische als ästhetisches Phänomen, das mit dem begrifflichen Instrumentarium der Psychophysiologie des 19. Jh. erfaßt wird, und erkennt im ›ennui‹, dem Gefühl des Überdrusses mit sich und der bürgerlichen Welt, die Vorbedingung für die Herausbildung der ›Exotisten‹. Ihn kennzeichne eine bestimmte Veranlagung der Sinne und ein bestimmtes Maß an Bildung, er wende sich von der Gegenwart ab und verspüre einen starken Drang nach intensiven Sinnesempfindungen. Daraus resultiere seine Flucht in ›ferne Sinneswelten‹ auf der ›Jagd nach ungewöhnlichen Emotionen‹. ›Ennui‹, Überschwang der Empfindungen und Hang zum Wunderbaren und Schrecklich-Schönen bilden nach Brie die Grundelemente des Exotismus als eines ästhetischen Wahrnehmungs- und Ausdrucks-

---

[19] ALBERT CASSAGNE, La théorie de l'art pour l'art en France chez les derniers romantiques et les premiers réalistes (Paris 1906), 374.

[20] PIERRE TRAHARD, La jeunesse de Prosper Mérimée, Bd. 1 (Paris 1925), 259.

prozesses, der in den Sinnesempfindungen des modernen Individuums im Bruch mit den kulturellen Normen verankert ist. Beim Exotismus handle es sich »überhaupt weniger um eine besondere Veranlagung oder Richtung der Phantasie, sondern in erster Linie um ein angeborenes, in der Konstitution wurzelndes Bedürfnis der Sinne nach etwas Farbigerem, Duftenderem, Zügelloserem, Wilderem, Widerspruchsvollerem, Maßloserem, Übermenschlicherem und Schönerem, als die Gegenwart bieten kann«. Die Doppelempfindung der Sinne oder die Verschmelzung von Sinneseindrükken, die in der Poetik des Symbolismus zentral ist, komme hier deutlich zum Ausdruck: »In vielen Fällen ist bei den Exotisten mit Hyperästhesie eines oder mehrerer Sinne zu rechnen. [...] Die hohe Empfindlichkeit der Sinne bewirkt weiter, daß die meisten Exotisten in geringerem oder höherem Maße synästhetisch veranlagt sind und an den mannigfaltigen Vermischungen von Farbe, Ton und Geruch Wohlgefallen und Befriedigung empfinden.«[21]

Der Antike- und Orientkult der Exotisten reflektiere imaginäre Wunschbilder aus ausgewählten, ins Unermeßliche gesteigerten oder auch verabsolutierten Zügen der Zufluchtskulturen. Während für die angelsächsischen Exotisten der Orient ein phantastisches Wunschgebilde bleibe, äußere sich der französische Exotismus hingegen in seinem bis zum Haß gesteigerten Protest gegen die Bürgerwelt ›pathetisch und aggressiv‹. Den Klassiker des französischen Exotismus habe man, so Brie, in Théophile Gautier zu sehen. Der von Gautier stammenden und bereits allgemein akzeptierten Unterscheidung zwischen einem Exotismus des Raums und einem Exotismus der Zeit fügt Brie eine dritte Art des Exotismus hinzu: die Herbeiführung von Visionszuständen, den Rausch der Sinne und die Herauslösung des Bewußtseins aus den Alltagserfahrungen mit Hilfe eines Narkotikums, das dem Exotisten »die Gefühle und die Bilder von fremdartiger Schönheit, Wollust, Glück, Übermenschentum oder Gottähnlichkeit verschafft, die ihm die Wirklichkeit nicht geben kann, die aber vielfach sich berühren und auch vermischen mit seinen Wunschbildern von Antike und Orient« (12).

Auf diese Übersteigerung der Sinnesempfindungen und des Imaginären als spezifischen Zug im Bildrausch des Exotismus antwortet die implizite Forderung, die Gefühlsregungen des Exotismus von anderen wirkungsästhetischen Begriffen – Gefühl, Empfindung – zu differenzieren. »Alle drei Arten des Exotismus [...] laufen auf ein und dasselbe hinaus, auf den Wunsch, sich aus der Wirklichkeit zu flüchten in ein Reich fremdartiger, schrecklich-schöner, ungeheuerlicher, die Sinne befriedigender Emotionen.« (14) Es handle sich nicht um eine Versöhnung der Sinne in dem ästhetischen Gebilde, sondern um intensive Gefühlsbewegungen bzw. Gefühlsregungen. Die Sehnsüchte und Emotionen des Exotismus seien, weil sie letztlich nie zu stillen sind, gleichzeitig Bereicherung und Gefährdung. Aufgrund des für die Moderne so charakteristischen Zwiespalts des Ichs zwischen dem Gefühl des ›ennui‹ (der Melancholie, dem Spleen) und dem Ideal sei der Exotismus als ›dauerndes psychisches Phänomen‹ in ›früheren naiven Zeitaltern‹ nicht möglich gewesen, denn es »fehlte noch die Empfindung des ›ennui‹, es fehlte noch der Abscheu vor der Wirklichkeit und der Gegenwart, der zur Flucht in eine zweite Welt der Träume und Phantasievorstellungen gedrängt hätte« (16). Obwohl Brie Anzeichen des Exotismus bereits Ende des 18. Jh. in England bei einzelnen Autoren ausmacht, setzt er den eigentlichen Entwicklungsprozeß als normatives Gruppenphänomen erst in Frankreich nach 1840 an. Dann aber werden die ästhetischen Motive, in denen sich Grunderfahrungen und Situationen des Exotismus konsolidieren, als bedeutungstragende stoffliche und strukturelle Elemente auch in der »gesamten neueren Literatur Europas« (39) rezipiert.

In einer nationalistischen Variante der Linie Martinos und Chinards ist es das Ziel von Pierre Jourdas Gesamtdarstellung über den Exotismus in der französischen Literatur von der Romantik bis 1939, alles zu inventarisieren, was die französischen Schriftsteller in Landschaften, Sitten und Bräuchen anderer Länder (z.B. in England, Deutschland, Italien, Rußland, Spanien) gesehen haben, wie sie es sahen und welche Gefühle sie dabei empfanden. Exotisch und ›étranger‹ (fremd-, ausländisch) wer-

---

21 FRIEDRICH BRIE, Exotismus der Sinne. Eine Studie zur Psychologie der Romantik (Heidelberg 1920), 6.

den als Synonyme vorausgesetzt. Jourda verbindet den Exotismus mit einem Epochenbewußtsein, einem Bewußtsein der Moderne. Das einheitliche ›klassische‹ Konzept des Menschen wird durch das Konzept der ›infinie variété‹ an Rassen und der ›diversité‹ der Denk- und Lebensweisen ersetzt. Vom produktions- und darstellungsästhetischen Standpunkt wird die ›Technik des Exotischen‹ als sehr unterschiedlich je nach den Epochen, den Gattungen und den ›Temperamenten‹ erkannt, doch seien in der Literatur zwei Begriffsbedeutungen deutlich zu differenzieren. In der ersten sei der Exotismus »l'expression d'une documentation plus ou moins exacte appuyant une imagination plus ou moins heureuse, une intuition plus ou moins juste et qui permet d'atteindre un degré de réalisme et de pittoresque plus ou moins satisfaisant. Il peut être aussi une forme du rêve intérieur«. Die zweite Bedeutung sei von der Neugierde getragen, »un sens aigu de la diversité des hommes et des choses«[22]. Sie bringe Beschreibungsformen hervor, die sich bis ins Detail an die Realität halten, die Suche nach besonderen und starken Impressionen und die Verwandlung fremder Länder in »un moyen d'enrichir leur sensibilité et d'analyser leur moi«[23]. In der ersten Bedeutung liege, so Jourda, der exotische Traum der Generation von 1840, mit der zweiten erweitere sich der ›goût de l'exotique‹ und bestärkten sich die Dimensionen des ›goût de la précision‹.

2. Bestimmungen des Begriffs in den Kunst- und Literaturdebatten der 20er Jahre

1926 erreicht die Auseinandersetzung über ›primitive‹ Kunst und Kunst der Avantgarde ihren ersten internationalen Höhepunkt. Es entstehen zu diesem Zeitpunkt auch die ersten anti-exotistischen künstlerischen Manifestationen in einer kritischen Gegenströmung (Hannah Höchs Serie *Aus einem Ethnographischen Museum*, 1927, Bertolt Brechts *Mann ist Mann*, 1926, Oswald de Andrades *Manifesto antropófago*, 1928, Sergej Tretjakows ›Bio-Interview‹ *Den Schi-chua*, 1930). Das Standardwerk *Primitive Negro Sculpture* (1926) von Paul Guillaume und Thomas Munro versucht in der Linie des ›critique d'art‹ die historischen, religiösen und ökonomischen Hintergründe der afrikanischen Plastiken zu beschreiben sowie die Neubestimmung des Kunstbegriffs, des Kunstwerkes und des ›creative use‹ dieser Skulpturen in den ›modern versions‹ zu analysieren. Damit festigt sich in der gegebenen Konstellation in den USA ›the primitive‹ als selbständiger ästhetischer Begriff. In Deutschland geben Carl Einstein, Kenner der Entwicklung der Avantgarden und der deutschen Kunstwissenschaft, sowie der konservative Kunst- und Kulturkritiker Wilhelm Hausenstein dem Exotismusbegriff eine zentrale Rolle in der Kritik am Expressionismus. Am Vorabend der Überideologisierung und Politisierung der kulturellen Prozesse in Europa belegt Einstein die vollzogene Verzweigung der Bedeutungsstrukturen des Exotismusbegriffs. Er unterscheidet zwischen der ästhetischen Rolle der ›Negerplastik‹ im analytischen Kubismus und der ›primitiven Gesinnung‹ der *Brücke*-Künstler: Ursprünglichkeit, Primitivismus der ›Naturvölker‹ als Gegenwelt zur Gefühlsverarmung, Phantasielosigkeit der europäischen Zivilisation. Daraus resultiere, und hier setzt seine Kritik an, das Unvermögen der Expressionisten, den Mythos zu bewältigen und Transzendentales formal zu gestalten. Der Bedeutungsinhalt des Exotismusbegriffs wird, mit einem evolutionistischen ›Primitivismus‹ gekoppelt, zum ideologischen Januskopf: »In geographischer Exotik mag ein Stück des expansiven Imperialismus der Vorkriegszeit liegen. Gleichzeitig Protest gegen Überbildung, der höhnisch den Alexandrinismus am Gegensatz zeigt. Je mehr man die biologische Basis, die Weite menschlicher Existenz, vergrößerte, um so bedeutsamer wurde die Primitive, der vergessene Glieder und Stufen menschlicher Gesittung bewahrt hatte.«[24]

Wilhelm Hausenstein, der erst ein Verfechter moderner Kunst war, macht sich im letzten Kapitel seiner *Kunstgeschichte* (1927) unter der Überschrift ›Exotismus und Exoten‹ zum Fürsprecher der These, daß der »Exotismus unserer Expressionisten«[25] ein Ausdruck vom Niedergang des Abend-

---

22 PIERRE JOURDA, L'Exotisme dans la littérature française depuis Chateaubriand, Bd. 1 (Paris 1938), 11.
23 Ebd., Bd. 2 (Paris 1956), 279.
24 CARL EINSTEIN, Die Kunst des 20. Jahrhunderts (Berlin 1926), 117.
25 WILHELM HAUSENSTEIN, Kunstgeschichte (Berlin 1927), 507.

landes und der Niederlage der weißen Rasse in einem bereits begonnenen ›Rassenkrieg‹ sei. In der gleichen Linie der rassistisch beschränkten ästhetischen Kunstauffassungen wertet Alfred Rosenberg 1930, schon im Weltbild des ›kommenden Reiches‹, die moderne Kunst gegenüber dem arischen Schönheitsideal ab: »die heutigen letzten Sänger der Demokratie und des Marxismus haben weder Glauben an andere, noch tragen sie die Eigenwelt in sich selbst. Sie graben jetzt in chinesischer, griechischer, indischer Literatur nach Gestalten [...], putzen diese auf oder holen sich Nigger aus Timbuktu, um ihrem auserwählten Publikum eine ›neue Schönheit‹, ›neuen Lebensrhythmus‹ vorzusetzen.«[26]

In den 30er Jahren wird der Begriffskern des Exotischen als Fremdländischen in der Zuspitzung einer ›nationalen Fragestellung‹ zum negativen Genpol in der Beurteilung durch die nationalsozialistische Propaganda und Kunstgeschichte. Kurt Carl Eberlein grenzt in seinem Pamphlet *Was ist Deutsch in der Deutschen Kunst?* (1934) die exotische Haltung apodiktisch als nicht ›deutsch-heimisch‹ aus: »Exotisch ist vornehm, vom Chinesen bis zum Indianer, vom Neger bis zum Irren – man ›trägt‹ deshalb van Gogh; Heimisches ist unfein, es sei denn Salontirolei, Unterweltromantik, Kinderkunstschwindel. Zöllner, Holzhacker und Matrosen sind als Maler ›gefragt‹.«[27] 1938, nach der Ausstellung *Entartete Kunst* in München, konstruiert der Kunsthistoriker Wilhelm Pinder den essentialistischen Gegensatz zwischen ›europäisch‹ in der traditionsbeladenen Legitimierung durch das antike Kunstideal und ›exotisch-primitiv‹: »Der Europäer von heute, dem man die Antike ausreden will, darf sich getrost sagen, daß man ihm den Europäer selbst ausreden will und nichts anderes. Das Angebot exotischer und primitiver Formenwelten, das in einem kritischen Zeitpunkt überlaut und verräterisch erfolgt, will mit der Schmähung der Antike uns selbst treffen. Wir gehören zusammen.«[28]

Mitte der 20er Jahre verändert sich auch die Problemstellung in Frankreich. Die Zugänglichkeit zum Anderen und seinem Konsum vermittels von Fetischen und von ›objets sauvages‹ (aus Afrika, Ozeanien, Alaska und den präkolumbischen Kulturen), der Enthusiasmus für den Jazz und die ›performances‹ von Josephine Baker oder Al Brown, die Faszination für Rituale und Kannibalismus erweitern das für Exotismen empfängliche Publikum. Der in den Plural gesetzte Begriff soll insbesondere auf die Vielfältigkeit der exotischen Formgebungen hinweisen. Das Bemühen um einen veränderten Zugang zu den sichtbar gewordenen Problemen ist im Wandel der sozio-ästhetischen Blickrichtung konkret gestellt: Der Exotismus ist demnach ›réversible‹, umkehrbar, im Sinne der Umkehrung der Perspektiven, und es ist möglich, die poetische Praxis des Exotischen von territorialen Eroberungsdynamiken zu entbinden. Die Alternative ist dann ein Exotisches auf der Suche nach dem Selbst. Beides sind bereits Formen, die Position zu relativieren, die die Differenz als einziges Kriterium des Vergleichs zwischen dem Gleichen und dem Anderen betrachten. In diesem Ambiente erscheint die Zeitschrift *Documents* (1929–1930), in der Georges Bataille, Michel Leiris, Carl Einstein, Georges-Henri Rivière, Alejo Carpentier und Abtrünnige des Surrealismus sich zusammenfinden, um einen neuen epistemologischen Horizont für die Kulturstudien abzustecken.

Die veränderte Problemstellung ist auch in den Reihen der Propagandisten der Kolonialliteratur thematisiert. Die von der Insel La Réunion stammenden Literaten Georges Athénas und Aimé Merlo, die seit 1900 die Zeitschrift *La Grande France* herausgeben, publizieren unter dem Pseudonym Marius-Ary Leblond Manifeste, Romane und Essays. In dem Buch *L'Idéal du XIXe siècle* (1909) widmen sie ein Kapitel dem Exotismus und definieren ihn wie folgt: »L'exotisme est toujours une recherche du bonheur.«[29] 1926 erscheint ihr Pamphlet *Après l'Exotisme de Loti. Le roman colonial*, in dem sie Pierre Lotis Romanwerk als Drehpunkt ansetzen zwischen einem alten, auf *Paul et Virginie* zurückreichenden Exotismus und der Kolonialliteratur

---

26 ALFRED ROSENBERG, Der Mythos des 20. Jahrhunderts (1930; München 1932), 444.
27 CARL KURT EBERLEIN, Was ist Deutsch in der Deutschen Kunst? (Leipzig 1934), 19 f.
28 WILHELM PINDER, Antike Kampfmotive in neuerer Kunst (1928), in: Pinder, Gesammelte Aufsätze (Leipzig 1938), 140.
29 MARIUS-ARY LEBLOND [GEORGES ATHÉNAS/AIMÉ MERLO], L'Idéal du XIXe siècle (Paris 1909), 197.

ratur, deren literarische Praxis die Verpflichtung des Schreibens auf ein sozio-politisches Programm mit darwinistischen und rassistischen Implikationen beinhaltet.

3. Geistesgeschichtliche Bestimmungen von Exotismus

Der Erklärungs- und Beschreibungsrahmen des positivistischen Paradigmas umfaßt einen weitgesteckten Literaturbegriff. Die Literatur bestimmt auch das Forschungsfeld der geistesgeschichtlich orientierten Arbeiten auf dem Gebiet der ›History of Ideas‹ der 30er Jahre in den USA. Arthur Onkken Lovejoy unternimmt schon 1923 in einem vielbeachteten Aufsatz den Versuch, den vermeintlichen Primitivismus Jean Jacques Rousseaus in seinem historischen Kontext zu situieren. 1935 gibt Lovejoy zusammen mit George Boas ein Buch über den Primitivismus und andere ihm verwandte Begriffe und Bildvorstellungen (barbarisch, wild) in der klassischen Antike heraus. Von besonderem Interesse für die Geschichte des ästhetischen Exotismusbegriffs ist dabei die Relation zwischen Primitivismus und Exotismus. Boas und Lovejoy unterscheiden eine ›chronologische‹ und eine ›kulturelle‹ Form des Primitivismus, wobei sie unter kulturellem Primitivismus Folgendes verstehen: »The belief on men living in a relatively highly envolved and complex cultural condition that a life far simpler and less sophisticated in some or in all aspects is a more desirable life.«[30] Das zeitlose Ideal der dem Exotismus untergeordneten Form des ›cultural primitivism‹ beruhe »in the mode of life of existing primitive, or so called ›savage‹ peoples« und finde seinen Ausdruck in der ›literature of escape‹: »In so far as the love of strangeness and the revolt against the familiar is an element in cultural primitivism – whether or not combined with the chronological variety – the phenomena of which we are to examine the history are forms of what has been called exotism; and their literary expression is a phase of the ›literature of escape‹.« (8)

Die Rigorosität des primär unter onomasiologischen Aspekten entwickelten Forschungsansatzes von Lovejoy, seine Aufmerksamkeit für die wechselnden ›terminologischen Ideengewänder‹ bein-

haltet auch die Problematisierung der Übertragung moderner Wortbedeutungen auf frühere Epochen. Mit der anthropologischen Grundlegung und der Ausweitung der Gültigkeitsfelder des Exotismusbegriffs auf die Antike bekommt jedoch der Terminus einen transkulturellen und übergeschichtlichen Wert. Ähnliche Begriffsübertragungen werden die Regel. Sie erfolgen aus einer geistesgeschichtlichen Warte bis in die 70er Jahre. »Die exotische Tradition der Antike und des Mittelalters« sei, erklärt Götz Pochat 1970 in seiner kunstgeschichtlichen Untersuchung des Exotismus, »in paradoxaler Umkehrung der Lebenserfahrung auf das Unwirkliche, Märchenhafte und Unglaubliche ausgerichtet gewesen [...]. Die ›exotischen‹ Vorstellungen der Zeit entstammen hauptsächlich der hellenistischen Literaturgattung der Wundererzählungen, und als ein wichtiger Bestandteil ihres Erzählstoffes tritt der ›Primitivismus‹ hervor, der zugleich als ein ›Kultursymptom‹ der ganzen Zeit verstanden werden darf«[31]. Auf diesem Wege verwandelt sich der Exotismus als eine »romantische Erscheinungsform« der menschlichen Psyche und Kultur« (16) in eine ›immer wiederkehrende Erscheinung‹, deren Wurzeln, Voraussetzungen und Triebfedern ebenso wie des ›kulturellen Primitivismus‹ in dem »jugendlichen Drang zum Fremden, der Idealisierung der Vergangenheit des Älteren, dem Unbehagen an der überzüchteten eigenen Zivilisation« (45) zu suchen seien.

Chinard hat 1951 den Exotismus als »une des manifestations les plus générales de la sensibilité humaine [...] qui se rencontre en tous les temps et chez tous les peuples«[32] bewertet, Jourda definiert ihn als »une attitude normale de nos esprits«[33]. Pochat verbindet diese Bedeutungsmöglichkeit von

---

30 ARTHUR ONCKEN LOVEJOY/GEORGE BOAS (Hg.), Primitivism and Related Ideas in Antiquity. A Documentary History of Primitivism and Related Ideas, Bd. 1 (Baltimore 1935), 7.
31 GÖTZ POCHAT, Der Exotismus während des Mittelalters und der Renaissance. Voraussetzungen, Entwicklung und Wandel eines bildnerischen Vokabulars (Stockholm 1970), 45.
32 CHINARD, Exotisme et primitivisme, in: IXᵉ Congrès International des Sciences Historiques, Bd. 1 (Paris 1951), 632.
33 JOURDA (s. Anm. 22), Bd. 2 (Paris 1956), 276.

Exotismus mit dem künstlerischen Ausdruck: »Der Exotismus als Erscheinungsform in der Kunst und Literatur läßt sich kaum räumlich und zeitlich abgrenzen – stellt er doch im Grunde die künstlerische Ausdrucksform einer allgemeinen menschlichen Eigenschaft dar, dem Alltag durch die Darstellung des Fremdartigen, Fernliegenden und Wunderbaren zu entrinnen, sich von den Produkten und Berichten der fremden Länder anregen und seiner Phantasie freien Lauf zu lassen.«[34]

4. Strukturalistische Bestimmungen

Mitte der 50er Jahre treten der Bedeutungswandel im Exotismusbegriff und die Veränderung in den problemgeschichtlichen Schwerpunkten der Forschung deutlich hervor. Sie sind in einem unmittelbaren Zusammenhang mit den Befreiungsbewegungen in den Kolonien zu sehen. Der Existentialismus Jean-Paul Sartres hat mit der Radikalisierung der Hegelschen Dialektik von Herr und Knecht eine Phänomenologie des Anderen und der Alterität auf individueller Ebene konstituiert. Der Andere wird nicht nur als grundlegende Kategorie des menschlichen Bewußtseins begriffen. Er erhält bei Simone de Beauvoir auch eine kritisch-kulturelle Funktion bei der Untersuchung der Geschlechterontologie als eine der Formen von Unterdrückung und Machtausübung, was ausgeweitet auch für die Rassenbeziehungen gilt. Die ethische Warnung von Emmanuel Levinas zielt darauf, den Ganz-Anderen nicht zum Selben oder zum Eigenen zu machen. Frantz Fanon verbindet in seiner Analyse des kolonialen Subjekts existentielle und psychoanalytische Fragestellungen und lokalisiert Rasse und Kultur als von Gewalt bestimmte Orte. Militante Theoretiker der nationalen Befreiungsbewegungen formulieren Hypothesen über die kolonisierte Subjektivität, den politischen, militärischen und kulturellen Widerstand und essentialistische bzw. antiessentialistische Auffassungen von Kulturidentität. In diesem Rahmen wird Exotismus als eine Form kolonialistischer Ästhetisierung, die auf der Essentialisierung der anderen Kultur gründet, reflektiert. Im Bruch mit der existentialistischen Problematik oder Impulse von ihr erhaltend, entwickeln sich in Frankreich semiologische Formen der Kulturinterpretation und die Kritik an der Anthropologie als einer ›fille du colonialisme‹. Die Differenz als einziges Kriterium des Vergleichs der Kulturen, ihre Essentialisierung und die von der deutschen Romantik geprägten totalisierenden Visionen sind auf diese Weise in Frage gestellt. Dieser Prozeß bringt einen Bedeutungswandel im Sinne einer negativen Wertkonnotation mit sich.

Der Exotismus ist keine auf den ästhetischen Erfahrungsbereich im engeren Sinne von Kunst und Literatur verwiesene Erscheinung mehr, sondern wird auf die Alltagssphäre und ihre semiologische Analyse ausgeweitet. Bahnbrechend in dieser Umorientierung sind Roland Barthes kulturkritische Essays über die Rhetorik der Mythen der Massenkultur, die *Mythologies* (1957). Barthes arbeitet den sozialen und kulturellen Charakter des Exotischen als Massenphänomen heraus: »L'image que le sens commun se fait des arts et des coutumes exotiques« müsse als Bestandteil der »impuissance à imaginer«, die konstitutiv für die »mythes petits-bourgeois«[35] sei, verstanden werden. Unter Zuhilfenahme des linguistischen Paradigmas analysiert er kulturelle Phänomene als Zeichensysteme, die als Sprache funktionieren, wie beispielsweise das ›französische‹ Striptease: »On aura donc dans le strip-tease toute une série de couvertures apposées sur le corps de la femme, au fur et à mesure qu'elle feint de le dénuder. L'exotisme est la première de ces distances, car il s'agit toujours d'un exotisme figé qui éloigne le corps dans le fabuleux romanesque: Chinoise munie d'une pipe à opium (symbole obligé de la sinité), vamp onduleuse au fume-cigarette gigantesque [...], tout ceci vise à constituer au départ la femme comme un objet déguisé.« (147)

Die wissenschaftsgeschichtliche Attraktivität der frühen Semiologie Barthes erklärt sich u. a. daraus, daß er Beschreibungsgegenständen und Formen der diskursanalytischen Vorgehensweisen den Weg öffnet. Im systematisierenden Essay *Le mythe, aujourd'hui* (1957) weist Barthes den Mythos als eine Metasprache aus und stellt den Exotismus mit den zwei wichtigsten rhetorischen Figuren der Alltagsmythen in einen Zusammenhang: »Le mythe prive

---

34 POCHAT (s. Anm. 31), 15.
35 ROLAND BARTHES, Mythologies (1957; Paris 1970), 64.

II. Bedeutungswandel des Begriffs in der Geschichte der Exotismusforschung 351

l'objet dont il parle de toute Histoire. [...] Le petit-bourgeois est un homme impuissant à imaginer l'Autre. [...] Parfois – rarement – l'Autre se dévoile irréductible. Il y a ici une figure de secours: l'exotisme. L'Autre devient pur objet, spectacle, guignol: relégué aux confins de l'humanité, il n'attente plus à la sécurité du chez-soi.« (239 f.) Die Anthropologen, die an Projekten des *Musée de l'Homme* oder der UNESCO mitarbeiten, spielen in den 50er Jahren eine bestimmende Rolle in der Kritik an Rassismus und europäischem Ethnozentrismus als Erkenntnisstruktur und Unterdrückungsform. Auf diesem Wege leiten sie eine umfassende Revision ihrer eigenen Disziplin ein. In ihrem Wissens- und Erfahrungsbereich verwenden sie das Attribut ›exotique‹ im neutralen Sinn für ›fremdländisch‹ (›société exotique‹ anstatt ›société primitive‹), aber auch negativ konnotiert im Hinblick auf die ethnozentristische Beziehung zu den Gesellschaften, die den Untersuchungsgegenstand der Anthropologie darstellen. Claude Lévi-Strauss, die Leitfigur des Strukturalismus in der Anthropologie, untersucht mit Hilfe des linguistischen Modells die geistigen Organisationsprinzipien der Kulturen. Prämissen seiner Arbeit sind die semiotisch-universelle Gültigkeit dieser kulturellen Strukturinstanzen für die menschliche Gattung und die Sicherung der Verschiedenheit der Kulturen. Der narrative Anti-Reisebericht *Tristes tropiques* (1955) stellt sich schon im Titel und von der ersten Zeile an (»Je hais les voyages et les explorateurs.«[36]) als anti-exotisierendes Manifest dar. Ausgangspunkt ist die Kritik an der ›chasse de l'exotique‹ und die Feststellung, daß der Wert, den der Anthropologe den sogenannten exotischen Gesellschaften zuerkennt – je exotischer, desto höher die Wertschätzung – im Grunde auf der Geringschätzung der eigenen Zivilisation beruhe.

Das Postulat vom ›Ende der Reisen‹ greift in die Diskussion über den Exotismus als Faszinosum, als ›Fatalität‹, der alle modernen Reisenden auf nichteuropäischen Territorien unterliegen, ein und tangiert auch einen Tourismus, der sich als systematische Suche nach den Erfahrungen von Differenz und Neuheit in einer nach ästhetischen Kriterien konstruierten Welt versteht. Die enorme Resonanz der *Tristes tropiques* äußert sich u. a. in einer massiven Zunahme des Interesses für die Anthropologie, was wiederum auf die Veränderung der philosophischen Diskurse in Frankreich und auf die Kritik am Exotismus rückwirkt. Es steht in unmittelbarer Wechselwirkung, daß »la ›popularisation‹ de l'ethnologie [...] aussi une purification de ›la connaissance de l'exotisme‹«[37] zur Folge hat.

5. Vom Antikolonialismus zur Theorie des kolonialen Diskurses

Frantz Fanon formuliert seine Theorie des einzelnen kolonialen Subjekts im binären Gegensatz zum einzelnen Kolonialherrensubjekt, das sich seine Anderen in einer hierarchisch gestaffelten Beziehung zuordnet. Im Exotismusbegriff sieht Fanon ein Synonym für die ästhetisierende ›Vereinfachung‹, die den Kolonisierten gefangennimmt, ihn in einer Krypta einschließt, als den Anderen in ästhetisierenden Stereotypen fixiert. Unverkennbar ist, daß in der Phase der Entkolonisierung der 60er und 70er Jahre der Exotismusbegriff in der Auseinandersetzung über die Ästhetik der nationalen Befreiung (Fanon), die nationale Befreiung als Akt des kulturellen Widerstands (Amílcar Cabral), die Entkolonisierung des Bewußtseins (Ngugi wa Thiong'o) und die von der Aufklärung geprägten Geschichtsmodelle (Derek Walcott, Abdalrahman al-Jabarti, Chinweizu) negativ konnotiert bleibt. Dasselbe gilt für die Anfang der 70er Jahre von der Warte einer ›histoire de la sensibilité‹ einsetzende Erforschung der Kolonialliteratur.

»Le ›tourisme‹ serait l'appelation générale d'une mauvaise attitude exotique«[38], urteilt Victor Segalen 1911 in seinen Aufzeichnungen für den fragmentarisch gebliebenen *Essai sur l'exotisme*. Die akademischen oder kulturkritischen Diskurse über den Tourismus behandeln seit den 60er Jahren die Gegenüberstellung Reisender-Tourist und führen die Kategorie der ›Authentizität‹ ein. Übernommen vom Existentialismus begründet als Wert

---

36 CLAUDE LÉVI-STRAUSS, Tristes tropiques (Paris 1955), 13.
37 LOUIS PORCHER, Tristes tropiques. Analyse critique (Paris 1979), 68.
38 VICTOR SEGALEN, Essai sur l'exotisme. Notes (1978), in: Segalen, Œuvres complètes, hg. v. H. Bouillier, Bd. 1 (Paris 1995), 764.

der Hochkultur, wird sie anstelle von ›Exotismus‹ gebraucht, um den Tourismus als nicht-authentische Aktivität der Massenkultur und den Touristen als »faux voyageur«[39] zu entlarven. Später, unter positivem Vorzeichen, wird Tourismus als Suche nach der authentischen Welterfahrung, die für den Reisenden des 19. Jh. in einer vorindustriellen Zeit möglich war, betrachtet. Der Tourismus ist auf diesem Wege praktisch eine »ethnology«[40] der Moderne. In den semiotischen Fragestellungen wird die konstitutive Rolle der Repräsentation für das exotisch-touristische Objekt zentral: »The paradox, the dilemma of authenticity, is that to be experienced as authentic it is mediated, a sign of itself and hence not authentic in the sense of unpoiled.«[41]

Die enge Verbindung von Antiimperialismus, Kritik am Ethnozentrismus und Entlegitimierung der staatlichen Macht, die die Protest- und Alternativkultur der 68er Bewegungen charakterisieren, führt Ende der 70er Jahre in der italienischen Debatte über die Beziehungen zwischen Exotismus, Kolonialismus und europäischem Nationalstaat als Kulturmodell zur Umkehrung von Tropen und Ideologien des Exotismus. Dabei werden Lévi-Strauss' Bücher als entschiedene und klarste Beanstandung des Exotismus rezipiert. Die neu vorgeschlagenen kritischen Definitionen sind Ergebnis der Forschungen über die Psychologie der Kolonisierung und Entkolonisierung, den ›white man‹ als Reisenden, die exotische Territorialität, die Dilemmata der ethnographischen Situation, das sprachliche Zeichen und den Kolonialismus. Außerdem rezipieren sie die Theorien von Gilles Deleuze und Félix Guattari über das Oszillieren zwischen organisatorischer Paranoia und Schizophre-

nie nicht kodifizierbarer Ströme in der Axiomatik der modernen Gesellschaft.

Der koloniale Prozeß wird als Kontrollmechanismus und ›Territorialmaschinerie‹ mit ambivalenten Wirkungen auf die Gesamtheit der kolonialen Subjekte, der Exotismus als ›territorio deterritorializzante‹ (deterritorialisierendes Territorium) definiert. Modernes Subjekt, Rechtsstaat und exotische Deterritorialisierung bedingen sich wechselseitig auf symbolischer und materieller Ebene: »Così appare il soggetto moderno descritto da questo tipo di esotismo, da Poe, Baudelaire, Rimbaud, Loti fino a Conrad e Jack London: deterritorializzazione come scarto verso un margine di violenza non riassorbibile dalla legalità dello Stato.«[42] (So wird das moderne Subjekt durch diese Art Exotismus bei Poe, Baudelaire, Rimbaud, Conrad und Jack London beschrieben: Deterritorialisierung als Abweichung in Richtung einer Zone von Gewalt, wie sie für die Legalität des Staates nicht abzubauen ist.)

Der Exotismus »si regge sulla centralità del bianco e sull'invenzione europea del diverso« (stützt sich auf den Weißen als Zentrum und auf die europäische Erfindung des Anderen), was eine Erweiterung der Differenz hin zu Pluralität und Vielfältigkeit zur Folge hat. Der Exotismus fungiert als komplexe »macchina ›totalizzante‹, nella creazione della ›diversità‹ trasfonde l'antico sogno dell'unità onnicomprensiva ed onnisciente. La diversità diventa, così, il cardine intorno al quale ruota l'universo esotico, il punto di partenza dell'avventura in terre selvagge. Nell'atto di proclamare il diverso l'uomo occidentale annulla la reale ed oggettiva diversità: la valutazione come ›altro‹ è il primo passo verso una definitiva ed irreversibile svalutazione. L'etnocentrismo si fa, apparentemente, policentrismo, e dinanzi agli occhi fa balenare una ›pluralità illusoria‹: l'uomo di diverso colore, la meravigliosa varietà delle terre lontane, la selvaggia bellezza dei corpi, la foresta vergine, l'insolito, l'ignoto, l'imprevisto, l'inconsueto«[43]. ([Exotismus als] ›totalisierende‹ Maschine, die in die Schöpfung des ›Anderen‹ den alten Traum von der allumfassenden und allwissenden Einheit einfließen läßt. Das Andere wird auf diese Weise zum Dreh- und Angelpunkt, um den das exotische Universum kreist, und zum Ausgangspunkt für

---

39 JEAN-DIDIER URBAIN, Sémiotiques comparées du touriste et du voyageurs, in: Semiotica 58 (1986), H. 1/2, 269.
40 DEAN MACCANNELL, The Tourist: A New Theory of the Leisure Class (London 1976), 15.
41 JONATHAN CULLER, Semiotics of Tourism, in: American Journal of Semiotics 1 (1981), H. 1/2, 137.
42 GIANNI CELATI, Situazioni esotiche sul territorio, in: A. Licari/R. Maccagnani/L. Zecchi (Hg.), Letteratura Esotismo Coloniale (Bologna 1979), 15.
43 ENZO COCCO, Esotismo e crisi della civiltà, in: B. Capelli/E. Cocco (Hg.), Esotismo e crisi della civiltà (Neapel 1979), 28.

II. Bedeutungswandel des Begriffs in der Geschichte der Exotismusforschung 353

Abenteuer in der Wildnis. In dem Moment, wo der westliche Mensch das Andere proklamiert, macht er die wirkliche und objektive Andersartigkeit zunichte: Schon die Einschätzung als ›das Andere‹ ist der erste Schritt hin zu einer endgültigen und unwiderruflichen Abwertung. Der Ethnozentrismus gibt sich dem Anschein nach als Polyzentrismus und läßt eine Art illusorische Pluralität aufscheinen: der Mensch anderer Hautfarbe, die wunderbare Verschiedenartigkeit ferner Gegenden, die wilde Schönheit der Körper, der unberührte Wald, das Außergewöhnliche, das Unbekannte, das Unvorhergesehene, das Ungewohnte.) In Verbindung mit dem Thema der ›europäischen Zivilisationskrise‹ wird Exotismus als Diskurs zur Komponente einer ästhetisch-politischen Praxis: »L'esotismo è un universo di infiniti discorsi, parola che riempie di senso e di valore gli spazi sconfinati ed ›insignificanti‹ del deserto e della foresta africana, arte magica che ricrea il mondo nel momento in cui nomina gli oggetti, sistemandoli nella lunga ed inesauribile catena del discorso del bianco. L'esotismo è la faccia meno brutale e violenta dell'imperialismo, strumento ›indolore‹ di dominio: germe dissolutore, annuncio di morte, profezia dell'etnocidio.« (28) (Der Exotismus eröffnet ein Universum zahlloser Diskurse und ist ein Wort, das die grenzenlos weiten und ›bedeutungslosen‹ Bereiche der Wüste und des afrikanischen Buschs mit Sinn und Wert anfüllt; eine magische Kunst, die die Welt in dem Moment neu entstehen läßt, wo die Objekte benannt und systematisch in den Diskurs des Weißen eingereiht werden. Der Exotismus ist das weniger brutale und gewaltsame Antlitz des Imperialismus, ein ›schmerzloses‹ Herrschaftsinstrument: Keim der Zersetzung, Ankündigung des Todes, Prophezeiung des Völkermords.)

Ab 1978 wird der koloniale Diskurs international ein Feld der akademischen Forschung. Die Problemstellungen der Theorie der kolonialen Diskurse bewirken einen Perspektivenwechsel, und die ›westlichen‹ Erkenntniskategorien werden kritisch hinterfragt. Mit der Fragmentierung der ›großen historischen Metaerzählungen‹ setzt die Auflösung der epistemologischen Grenzen ein, die die »dissonant, even dissident histories and voices«[44] verdrängt bzw. negiert hatten. Zwei Typen des Ethnozentrismus, »an epistemological filiation and a ideological connection«[45], sollten unterschieden werden. Die Konstruktion von Repräsentation in den sozialen Systemen und deren Erhalt und Funktionieren durch Repräsentation sind Gegenstand der Analyse. Die Exotismusproblematik beinhaltet im Rahmen der postkolonialen Theorie Fragen der Repräsentation, Differenz, ›gender‹, Ort und Kontradiskurse gegen die wichtigsten europäischen hegemonialen Diskurse.

Obwohl Michail Bachtins Texte über die ästhetische Erfahrung erst sehr verspätet publiziert und international rezipiert werden, haben sie auch auf diesem Gebiet große Resonanz. Die Fähigkeit, Anderes aufzunehmen, um zu verstehen, hat nichts mit dem hermeneutischen Zirkel zu tun, sondern ist eine Art der Veränderung des Selbst und des Anderen durch die Erzeugung eines Raums, den Bachtin mit dem russischen Neologismus vnenachodimost' (das Sich-außerhalb-befinden) bezeichnet. Tzvetan Todorov übersetzt ihn ins Französische als »Exotopie«[46], als Raum, in dem das vermeintlich Eigene das vermeintlich Fremde gleichzeitig gegeben sind. Die Theorien Bachtins über die Aussage als doppelt kodifizierte ›hybride Wort‹ werden von Homi K. Bhabha im Zusammenhang mit der Frage der kulturellen Differenz (nicht mehr »One or the Other but *something else besides, in-between*«[47]) in seinen Analysen der ›hybridity‹ und der ›post-colonial condition‹ als Embleme der Heterogenität der zeitgenössischen Kultur neu behandelt.

Eine besondere Tragweite für die Bedeutungsgeschichte des Exotismusbegriffs bekommen die Veränderungen in den ›formal epistemologies‹ und ›patterns of subjectivity‹, als Ende des 19. Jh. das ›Age of Empire‹ beginnt: »A crisis of Enlightenment scientific-instrumental reasoning in which ends and means become indistinguishable, rational and ›mythic‹ thought interchangeable; imperialism as idealism/civilisation ideology becomes structurally conjoined with an imperialism articulates as

---

44 HOMI K. BHABHA, The Location of Culture (London/New York 1994), 5.
45 VUMBI Y. MUDIMBE, Gnosis, Philosophy, and the Order of Knowledge (Bloomington 1988), 19.
46 TZVETAN TODOROV, Mikhaïl Bakhtine. Le principe dialogique (Paris 1981), 153.
47 BHABHA (s. Anm. 44), 219.

primitivism and romantic anticapitalism.«[48] In diesem Zusammenhang werden ›the invention of primitive Society‹ als eine Reihe von ›transformations of an illusion‹ und der ›Primitivismus‹ zu neuen Schwerpunkten.
Der Versuch, systematische Aspekte der Exotismusproblematik am Anfang des 20. Jh. anhand paradigmatischer Fälle zu entwickeln, führt schon in der italienischen Debatte zur Unterscheidung zwischen einem eurozentrischen Exotismus und einem ›negativen Exotismus‹, der »ogni idea di salvazione o rigenerazione«[49] (jede Vorstellung von Rettung oder Wiedergeburt) durch das Exotische ablehne. In den 90er Jahren taucht in einer Variante diese Unterscheidung zwischen Texten vom Ende des 19. Jh. (Rudyard Kipling, Pierre Loti, Jules Verne, Henry Haggard), in denen »we discern a new narrative progression and triumphalism«, und Texten, die vor allem nach dem 1. Weltkrieg entstanden, wieder auf (»Conrad, Foster, Malraux, T. E. Lawrence take narrative from the triumphalist experience of imperialism into the extremes of self-consciousness, discontinuity, self-referentiality, and corrosive irony«[50]). Das ist die Grundlage für die Hypothese, daß »many of the most prominent characteristics of modernist culture, which we have tended to derive from purely internal dynamics in Western society and culture, include a response to the external pressures on culture from the imperium« (188).
In theoriegeschichtlicher Hinsicht ist von Bedeutung, daß die feministische Kritik, die Fragestellungen des ›new historicism‹ aufnimmt, dem »impact of gender and colonial politics on literary, anthropological and pictorial representation« eine konkrete Fundierung bietet und nachweist, daß

»the rhetoric of exotism is not only an outerdirected discourse aiming to control and dominate non-European peoples, but also an inner-directed discourse which masks the (male)controller's secret fears of losing power, as well as his sexual anxieties, self-loathing and apprehension of religion, class or national difference«[51]. Mit der Hervorhebung des Problemzusammenhangs zwischen Kultur und Politik werden vor allem die Elemente des Exotismusdispositivs untersucht.

III. Die Entwicklung zum ästhetischen Grundbegriff

1. Die englische Romantik

Die Anfänge des englischen Imperiums reichen bis ins 17. Jh. zurück. Als Grundzug der Englishness, des nationalen Identitätsgefühls, bildet sich ein geographisch umrissenes Selbstgefühl aus, in seinem Machtzentrum steht ein englischer bzw. europäischer sozial wünschenswerter Raum »and connects it by design, motive, and development to distant or peripheral worlds (Ireland, Venice, Africa, Jamaica), conceived of as desirable but subordinate«[52]. Die Haltung und die imperialen Referenzen, die das gesamte kulturelle Gefüge durchdringen, bestimmen den Ort des Engländers und den des ›Eingeborenen‹ in einer gleichsam naturgegebenen Hierarchie.

Doch innerhalb der »Imaginationsbewegung«[53] der englischen Romantik gewinnt der Exotismusbegriff Ende des 18. Jh. bereits eine ästhetische Qualität. So dokumentieren es Briefe und Texte des jungen englischen Aristokraten William Beckford, dessen Familie riesige Sklavenplantagen in Jamaika besaß. Gerade weil es sich um private Mitteilungen an Alters- und Standesgenossen handelt, bezeugen sie gut den ästhetischen Stellenwert, den der Begriff erhalten hat. Beckford bezieht den ästhetischen Ausdruck seiner eigenen Individualität aus Erfahrungen, die er metaphorisch ›Trances‹, ›Visions‹, ›Dreams‹ und ›magic Slumbers‹ nennt. Das Material der emotionsgeladenen halluzinatorischen Zustände sind ferne Länder, Meere, Landschaften, Rassen, immer wieder der Orient und

---

48 LAURA CHRISMANN, The Imperial Unconscious? Representations of Imperial Discourse, in: Critical Quaterly 32 (1990), H. 3, 58.
49 ANITA LICARI, Lo sguardo coloniale, in: Licari/Maccagnani/Zecchi (s. Anm. 42), 58.
50 EDWARD W. SAID, Culture and Imperialism (New York 1993), 187f.
51 JULIA V. DOUTWAITE, Exotic Woman. Literary Heroines and Cultural Strategies in Ancien Régime France (Philadelphia 1992), 3.
52 SAID (s. Anm. 50), 52.
53 ELMAR DODD, Die Vernünftigkeit der Imagination in Aufklärung und Romantik (Tübingen 1985), 141.

III. Die Entwicklung zum ästhetischen Grundbegriff

die Magie der Namen. Die poetische Imagination versetzt sich in projektive Wachträume in der Hoffnung, dem einengenden Hier und Jetzt, der ›adscription‹ durch Geburt und den Alltagskonventionen in Räume am Rande der Moderne zu entfliehen. Ende 1779, mit 19 Jahren, schreibt Beckford in einem Brief: »I have lately committed myself to the guidance of voyagers and followed them over vast oceans to distant climates where my exotic inclinations are satisfied.«[54] In einem anderen Brief aus dem Jahre 1780 heißt es: »My Imagination roams to other countries in search of pleasures it no longer finds at home. This evening it has been transported to those immense unfrequented plains of Tartary which are covered with herbs and flowers.« (81 f.) ›Orientalisierende‹ Formen der ästhetischen Raffinesse und des Luxus prägen den Lebensstil des jungen Aristokraten. Aus Neapel schreibt er 1780: »At night we will retire to the call and consult our Arabiens, penetrate into remote countries and fancy we discover the high Mountains of *Gabel al Comar*. It shall be my business to collect prints and drawings which illustrate our favorite ideas, and I flatter myself with the hopes of passing many of Evening with you in their contemplation. Every month we shall invent some new Ornament for our Apartments and add some exotic rarity to its treasures.« (96) Auch das Familienschloß Fonthill gestaltet Beckford mit orientalischen Gemächern und Gartenanlagen ganz nach seinen exotistischen Neigungen.

Beckford ordnet 1783 rationalistisch seine ›visions‹ zu einem Vermögen der Imagination bzw. der ›fancy‹: »Such are my phantastic visions and such thelfhights of my fancy when Reason has abandonet it.« (65) Es handelt sich jedoch weder, wie in den Konstruktionen, in denen Kant und Samuel Taylor Coleridge zwischen diesen beiden Begriffen Brücken schlagen, um die Phantasie als zügellosen Teil der Einbildungskraft noch um ›fancy‹ als eine Stufe der Imagination, die vorgefertigtes Material verarbeitet. Die ›visions‹ und die dabei entstehenden Emotionen siedeln in einem Zwischenbereich: Sie sind keine rein willkürlichen Erscheinungen des Traums, weil sie in der Nähe der Wahrnehmung und zu den Sinnesempfindungen bleiben. Allerdings sind sie auch kaum mitteilbar.

1782 schreibt Beckford im Zustand seiner Visionen in nur drei Tagen und Nächten den Roman *An Arabien Tale. The History of the Caliph Vathek*, dessen Seiten, so Jorge Luis Borges, man zum ersten Mal in der Weltliteratur das Attribut des ›uncanny‹, des Unheimlichen, zuordnen könne.[55]

2. Von der ›Bohème dorée‹ zur Protesthaltung der ›grands écrivains élitistes‹

In Frankreich interessiert sich bis 1830 nur ein relativ geringer Teil der Bevölkerung für die Expansionsbestrebungen. Die imperiale Kultur ist auf die Person Napoleons und die neugegründeten wissenschaftlichen Institutionen konzentriert. Eine kurze ›renaissance orientale‹ entfaltet sich, von der starke Impulse der Erneuerung für die eigene geistige und moralische Kultur erwartet werden. So sieht das auch Victor Hugo: »On s'occupe beaucoup plus de l'Orient qu'on ne l'a jamais fait. Les études orientales n'ont jamais été poussées si avant. Au siècle de Louis XIV on était helléniste, maintenant on est orientaliste. Il résulte de tout cela que l'Orient, soit comme image, soit comme pensées est devenu, pour les intelligences autant que pour les imaginations, une sorte de préoccupation générale.«[56] Mit der militärischen Eroberung Nordafrikas ab 1830 beginnt die imperiale Idee, die ihr eigenes Orientbild propagiert, allmählich Bestandteil der sozialen Phantasie zu werden. Eine selbstdefinierte kulturelle ›europäische‹ Identität konstituiert sich gleichzeitig mit der epistemologischen und ontologischen Schaffung des Orients, der geheimnisvoll, weiblich, sinnlich und despotisch ist und zum Anderen als es statuiert wird.

In der Zeit der Restauration, noch bevor die privaten Wohnräume im Zweiten Kaiserreich in deutlich unterschiedene Bereiche unterteilt werden (Wohnzimmer/Eßzimmer/Schlafzimmer),

---

54 Zit. nach LEWIA MELVILLE, The Life and Letters of William Beckford on Fonthill (Author of ›Vathek‹) (London 1910), 75 f.
55 Vgl. JORGE LUIS BORGES, Sobre el ›Vathek‹ de William Beckford (1943), in: Borges, Prosa completa, Bd. 2 (Barcelona 1980), 253.
56 VICTOR HUGO, Les Orientales (1829), in: Hugo, Œuvres poétiques complètes, hg. v. F. Bouvet, Bd. 1 (Paris 1961), 98.

halten orientalische Möbel – Divane, Ottomane, Causeuses – in die einfache Wohnungseinrichtung Einzug. Die Erneuerung der ersten Pariser Passage (der *Passage du Caire*), die Monumentalisierung der neueren Geschichte der französischen Nation (1836: Errichtung des Obelisken auf der Place de la Concorde) und die orientalische Ausstattung der Vergnügungslokale (1838: La Grande Chartreuse) verbinden in Paris die Erinnerung an Napoleons Ägyptenfeldzug mit der kolonialen Expansion in Nordafrika. Nachdem Chateaubriands Orientreisebericht durch seine große Resonanz bereits zu einem nachgeahmten Modell geworden war, erklärt die Kritik kaum zwei Jahre nach dem Einmarsch in Algerien den Beginn einer ›Ära der geographischen Poesie‹ für gekommen, deren metaphorische Dynamik – literarische Okkupation, Besitzanspruch, Besitzergreifung und Annexion – die Konturen der kolonialen Expansion abbildet: »M. de Chateaubriand me semble avoir ouvert une ère de poésie géographique [...]. Il reste à cette école de vastes domaines à s'inféoder. L'Inde, la Chine, l'Égypte, la Judée, mille et mille pays, très riches d'une poésie encore en friche sont au premier occupant. Voilà des empires à conquérir!«[57]

Die Entwicklung von ›Exotismus‹ zu einem ästhetischen Grundbegriff findet nicht in der englischen Romantik, sondern unter neuen sozio-kulturellen, politischen und epistemologischen Bedingungen in Frankreich im Laufe des 19. Jh. statt. Poesie und Literatur, Malerei und Musik sind Anfang der 30er Jahre mit einer Modernisierung konfrontiert, in der die Beziehungen von Macht, Eigentum, Rasse, Klasse und Geschlecht deutlicher denn je hervortreten. Allgemeiner poetologischer Nenner der jungen Romantiker ist die Ablehnung einer dem Nützlichkeitsprinzip unterstellten Verknüpfung von Moral und Poesie. Die auf den ›Petit Cénacle‹ folgende und von Gérard de Nerval porträtierte ›Bohème dorée‹ steht exemplarisch für die Suche nach einer Lebensart im offenen Bruch mit den konstitutiven Prinzipien der Moderne (instru-

mentelles Denken, Eigennutz), die als Denken und Handeln von ›Philistern‹ gebrandmarkt werden. Orientalische Kulturpraktiken (Kleidung, Tanz, Musik, Narkotika, Kaffee, Tee, Schminke) ziehen sie in ihren Bann: Sie bieten die sinnliche und sprachliche Fülle des ›ailleurs‹, ein Versprechen an Lebensintensität und das Verschmelzen von Sinnlich-Realem und Schönem. Im anarchischen Bruch mit dem Alltag im Frankreich des Bürgerkönigs lebt die ›Bohème dorée‹ die Sinnesreize ›à la turque‹ aus, trägt orientalische Gewänder als provokante Ablehnung des modernen Auftretens in dunklen Anzügen. Gleichzeitig ist die ›Verkleidung‹ mimetisches Spiel, imaginäre Teilnahme und Assimilierung der Alterität.

Gautier formuliert in seinen Vorworten zu *Albertus* (1833) und *Mademoiselle de Maupin* (1834) die Ästhetik des L'art pour l'art, die die Option für die künstlerisch-literarische Autonomie einfordert. Sinn- und Bedeutungssysteme werden in der individuellen Natur angesiedelt, die sensorielle Dimension der Wahrnehmung neu bewertet und das Zentrum der Persönlichkeit mit dem Begehren identifiziert. Nur in der Vernetzung mit der Ästhetik des L'art pour l'art wird die Spezifizierung des Exotismus als ästhetischer Begriff möglich. *Mademoiselle de Maupin* und *L'Eldorado ou Fortunio* (1837) geben dieses Zeitgefühl wieder. Auch wenn der Terminus Exotismus selbst noch nicht verwendet wird, so ist das Exotische in der poetischen Denkweise des Romantiker eine Metapher für das kulturell Unbekannte und die befreienden ästhetischen Erfahrungen, die mit ihm verbunden sind. Die ›Bohème dorée‹ verschiebt die Kriterien für eine legitime Gesellschaft zum Begehrenswerten hin, zum transgressiven ›Eldorado‹. Die exotisch-indische Welt Fortunios mitten in Paris verkörpert die mit fourieristischen Zügen behaftete Utopie einer anderen, sinnlich-erfüllten Lebenswelt. »Là, tout n'est qu'ordre et beauté. Luxe, calme et volupté«[58], vergegenwärtigt Charles Baudelaire in *L'Invitation au voyage* (1855) das irdische Paradiesversprechen.

Anfang des 19. Jh. stuft die aufkommende normalisierende Psychiatrie den Wahnsinn als eine nicht kontrollierbare Leidenschaft ein. Auf epistemologischer Ebene bildet damit nicht mehr die Theorie der Temperamente die etiologische

---

57 SCIPION MARIN, Histoire de la vie et des ouvrages de M. de Chateaubriand, Bd. 1 (Paris 1832), 228.
58 CHARLES BAUDELAIRE, L'Invitation au voyage (1855), in: BAUDELAIRE, Bd. 1 (1961), 52.

III. Die Entwicklung zum ästhetischen Grundbegriff 357

Grundlage des Wahnsinns. Die Melancholie wird aus den Manien, mit denen sich die medizinische Institution beschäftigt, herausgenommen und verwandelt sich für die französischen Romantiker in den geschützten Ort, an dem der Künstler sein Wesen als Negativität erkennen und sein Anderssein ausleben kann.[59] Jetzt wird die Melancholie zusammen mit ihren Abkömmlingen – von der Nostalgie bis zum Spleen und der ›épidémie de l'ennui‹ in den 40er Jahren – von der ›Bohème dorée‹ in eine unmittelbare Beziehung zur exotistischen Sehnsucht nach dem ›là-bas‹ gesetzt. Die unterscheidenden Merkmale der dort lebenden ›Rassen‹ sowie ihrer Ikonen (in der mythischen Vergangenheit Sardanapal, in der Gegenwart der Sultan Abdul-Medjia) erkennen sie in der instinktiven Würde, dem Gefühl des ›ennui‹ und der Melancholie.

Victor Hugos Gedichtsammlung *Les Orientales* (1829), Féliciens Davids Musikstück *Désert* (1844) und die ersten orientalischen Bilder der Maler Eugène Delacroix, Alexandre Gabriel Decamps und Prosper Marilhat stellen im Selbstverständnis der Zeitgenossen den Beginn des künstlerischen Interesses für den Orient dar. Die Romantiker prägen den Typ des modernen Reisenden und den Begriff der ›Orientreise‹. Chateaubriand ist »le premier voyageur-écrivain spécifiquement moderne; il est, pourrait-on dire, l'inventeur du voyage tel qu'il sera pratiqué au XIXème siècle; ses récits de voyage susciteront d'innombrables imitations et influenceront directement ou indirectement le genre entier, et, à travers lui, toute la perception européenne des ›autres‹«[60]. Die Reise in den Orient wird als exotistische Erfahrung zu einer wesentlichen Phase der Initiation der romantischen Literaten und Maler.

Poesie, Malerei, Opern und Reisen sind Teile eines Dispositivs von Wissen und Macht im Sinne Foucaults[61], das von 1830 bis 1880 in den Dienst eines strategischen Imperativs gestellt wird: die moderne Repräsentation der außereuropäischen Völker und ihres Brauchtums als Bestandteil der Produktion von Subjekten, Körpern, Gesten, Diskursen und Begierden. Es handelt sich um ein Ensemble heterogener Elemente mit wechselnden Positionen und Funktionen, welche die sich verändernden Kräfteverhältnisse gestalten und rational steuern. Das Dispositiv umfaßt nicht nur literarische Diskurse (Dichtung, Reiseberichte, Romane), nicht-diskursive künstlerische Praktiken (Malerei, Architektur, Oper, Musik), sondern auch Reisen als privilegierte moderne Realisierung des Verlangens nach Alterität, den Tourismus als Massenphänomen, die Botanischen und Zoologischen Gärten, Orte der Zerstreuung (Zirkus, Panoptikum, brasseries aux femmes, jardins d'hiver, bals publics), Medien mit ihren massenhaft wiederholbaren Reproduktionstechniken (Illustrierte, Fotografie, Postkarte) und ab 1851 in entscheidendem Maße die Weltausstellungen; außerdem geschichtsphilosophische Reflexionen, Aussagen der Evolutionstheorie und der sich herausbildenden Disziplinen wie die Anthropologie und die Theoriebildungen über Rasse, Geschlecht und Ungleichheit. Die Dynamik des makropolitischen Rahmens (Staat-Nation, Nationalismus, Imperialismus als Ausdehnung der Nationalität) und das Funktionieren des Dispositivs bestimmen die Herausbildung eines für solche intensive ästhetische Wahrnehmungsvorgänge, Vorstellungsbildungen und Repräsentationsweisen empfänglichen Subjekts.

Die Obsession des Orients als Inbegriff des Romantischen verleiht den darstellungs- und wirkungsästhetischen Bestimmungen des Exotismusbegriffs Konturen. Die Reise nach Nordafrika, die jetzt für Maler und Dichter so notwendig erscheint wie vorher die Reise nach Italien, unterscheidet sich interessanterweise dadurch, daß die Malerei der Einheimischen, der man sich hätte auseinandersetzen können, fehlt. Der Maler und Schriftsteller Eugène Fromentin äußert in dem Bericht über seine Reise nach Algerien seine Bedenken über Möglichkeiten und Grenzen von Repräsentation und Interpretation des Orients: »La question se réduit à savoir si l'Orient se prête à l'interprétation, dans quelle mesure il l'admet, et si l'interpre-

---

59 Vgl. ROSS CHAMBERS, Mélancolie et opposition. Les débuts du modernisme en France (Paris 1987), 41.
60 TODOROV, Nous et les autres. La réflexion française sur la diversité humaine (Paris 1989), 315.
61 Vgl. FOUCAULT, Le jeu de M. Foucault (1977), in: Foucault, Dits et écrits (1954–1988) hg. v. D. Defert/ F. Ewald, Bd. 3 (Paris 1994), 299–302; FOUCAULT, Le sujet et le pouvoir (1982), in: ebd., Bd. 4 (Paris 1994), 240–243.

ter n'est pas le détruire.«[62] Die künstlerische Lösung erfolgt in der intermedialen ›transposition d'art‹. Der Exotismusbegriff operationalisiert als Schaltstelle die Strategien und Mechanismen des Transponierens einer Kunst in die andere, um die Alterität der fremden Welten wiederzugeben.

Die Repräsentation des Orients nach den ästhetischen Idealen der europäischen Malerei, die Konventionen des Pittoresken und die Anwendung der Regeln der idealen Landschaft schaffen einen Grundkatalog von orientalistischen Motiven (Harem, Odaliske, Tänzerin, Sultan, türkisches Bad, Tempel, Sklavenmarkt) sowie die Attribute eines zeitlosen Orients (Farbigkeit, Fatalismus, Grausamkeit, Unterwerfung). Die Diskurse der Kunstinterpretation als Idealisierung, Auslegung und Mitteilung von ästhetischem Sinn lassen die orientalische Malerei zum Katalysator der Faszination des Orients werden. Die Kunstwerke werden wiederum durch die Kraft eines in Gedichten und fiktionalen Texten entworfenen imaginären und projizierten Orients inspiriert. Das Imaginarium der Reiseliteratur ihrerseits ist durch den Glauben an die Vorbestimmung des ewigen Orients, sich in eine Sammlung von Bildern oder Klischees zu verwandeln, bestimmt. Die Rhetorik dieser exotistischen transponierenden Repräsentationsformen erzeugt und stabilisiert die ontologische Illusion: Der Exotismus ist Teil der empirisch nachgewiesenen Realität und nicht ein Produkt der Imagination.

In der Spannung dieser neuen Konstitutions- und Gültigkeitsfelder werden die Gebrauchsregeln des Exotismus als ästhetischer Begriff definiert. Das Exotische ist ein ästhetisches Ideal, im Sinne der besonderen Abbildung des Möglichen, des Anreizes zur ästhetischen Gestaltung und der für die sinnliche Emotion gestalteten Idee des Exotisch-Schönen. Das ›sentiment de l'exotique‹ ist eine der Konvergenzzonen der ästhetischen Praxis sowie der Produktion, Rezeption und der Wandlungen der Kunstvorstellungen. Über das im Pariser Salon 1839 gezeigte Bild *Susanne dans le bain* von Théodore Chassériau schwärmt Gautier: »Jamais le peintre n'a réalisé plus complètement ce beau exotique qui était son ideal et dont il avait un sentiment si profond.«[63]

In der Kunstinterpretation ebenso wie in der Reiseliteratur wird der Begriff in einem semantischen Feld gebraucht, das vor allem die Differenz zur Ursprungskultur des Malers oder des Reisenden beurteilt. Daher Attribute wie ›bizarre‹, ›extraordinaire‹, ›différent‹, ›étrange‹, ›pittoresque‹ und, positiv wie negativ konnotiert, ›primitif‹ und ›barbare‹, die Alteritätsgefühle zum Ausdruck bringen. Die ästhetische Wirkung des im Salon von 1843 ausgestellten Bildes *Place de l'Esbekieh* von Marilhat beschreibt Gautier als »profonde et bizarre. Nous retournâmes au salon vingt fois pour le voir; nous ne pouvions en détacher nos yeux et elle exerçait sur nous une sorte de fascination nostalgique«[64].

Mit Gérard de Nervals *Voyage en Orient* (1851) wird die Reiseerzählung zur Herausforderung, eine reale und nie dagewesene Beziehung zur dargestellten Realität zu erfinden. Ihr Paradox besteht darin, daß sie in der eigenen Kultur mitzuteilen sucht, was exotisch – und letztlich nicht mitteilbar – bleibt. Der Erzähler-Protagonist bedient sich dem seinen fiktiven Charakter unterstreichenden Text eigener Strategien. Deshalb ersetzt er die Subjekt-Objekt-Beziehungen und die hermeneutische Topik von Oberfläche und Tiefe durch die Suche nach veränderten Identität mittels Assimilation und territorialer und symbolischer Integration: Die Alterität wird in Frage gestellt und kann Auslöser einer ›Neugeburt‹ werden.

Gautier radikalisiert in seinen Reisebüchern die sinnliche Wahrnehmung der Alterität, indem er ihren ›bizarren‹ und ›pittoresken‹ Charakter auf der Ebene der Komplexität der Empfindungen, Sinneswahrnehmungen und vor allem des Blicks akzentuiert, um die metaphorische Seele (âme) und das phantasmatische Geheimnis (secret) der gefährdeten örtlichen Individualität (individualité locale) herauszukristallisieren. Zu diesem Zweck löst er sie im Bildrausch der Beschreibungen auf. Das stilistische Prinzip, in einem Strom von Farben Metaphern zu verketten, führt dazu, daß das Gewebe von Bildern die berauschende Anziehungskraft

---

62 EUGÈNE FROMENTIN, Une Année dans le Sahel (1859), in: Fromentin, Œuvres complètes, hg. v. G. Sagnes (Paris 1984), 320.
63 Zit. nach PHILIPPE JULIEN, Les Orientalistes. La vision de l'Orient par les peintres européens au XIXe siècle (Fribourg/Paris 1977), 56.
64 GAUTIER, L'Orient, Bd. 2 (Paris 1882), 188.

dieser Alterität vervielfältigt. Gleichzeitig entsteht eine scheinbare Distanz, denn die andere Welt entfaltet sich als sinnliches Schauspiel. Eine ähnliche Metamorphose findet statt, wenn der Blick die andere Realität als ein schon seit je in der Wirklichkeit existierendes farbenprächtiges Bild wahrnimmt, das der Reisende identifizieren kann. Diese ästhetische Wahrnehmung als euphorisches Genießen der Phänomene der ›individualité locale‹ schafft die intensive Emotion des Exotischen. Gleichzeitig ist der Exotismus das künstlerische Ergebnis einer Schreib- und Diskursform: Die kaleidoskopischen Effekte der exotistischen Texte versuchen, diese Beziehung, d. h. die exotische Emotion, wiederherzustellen. In dem an Gautier gerichteten Vorwort zu *Le Nil, Égypte et Nubie* (1854) von Maxime Du Camp heißt es: »A cela, tu m'as repondu: Essaye de faire partager aux autres les jouissances que tu as éprouvées.«[65] Das in diesen ›jouissances‹ enthaltene Beunruhigende und Verwirrende läßt sich an einer Bemerkung Flauberts über den auf seiner Ägyptenreise 1849–1850 erlebten Anblick einer Karawane in der Wüste nahe den Pyramiden ermessen: »Je sens quelque chose comme un sentiment de terreur et d'admiration furieux me couler le long des vertèbres, je ricane nerveusement, je devais être très pâle et je jouissais d'une façon inouïe.«[66] Deutlich wird dies auch in dem Topos der exotischen Realität als ›wirkliche‹ (»que l'on doute de sa réalité«) und gleichzeitig ›irreale‹ geträumte Wirklichkeit (»ici le rêve était dépassé par la réalité«[67]) und in der wiederholten Parallele zwischen der ästhetischen Wirkung in der Wahrnehmung dieser Realität und den Bildern der artifiziellen Glücksversprechungen.

»Frères qui trouvez beau tout ce qui vient de loin«[68], distanziert sich Baudelaire 1859 in seinem Gedicht *Le Voyage* von seinen früheren Weggefährten, als er bereits ein Dichter des ›künstlichen Paradiese‹ geworden war. 1863 sind die Schriftsteller der ›Bohème dorée‹ bereits zu »grands écrivains élitistes«[69] avanciert. Gautier besucht die zweite Londoner Weltausstellung, deren künstlerische Attraktion die Zurschaustellung der von englischen und französischen Truppen geplünderten Kunstschätze aus dem niedergebrannten Kaiserpalast bei Peking ist. Er wohnt auch den Zeremonien zur Einweihung der algerischen Eisenbahn bei. Es ist die Zeit, da Flauberts *Salammbô* (1863) erscheint, Gautier öffentliche Anerkennung erfährt und die von Paul Gavarni, einem Freund der Goncourt, ausgerichteten Essen stattfinden. Gautier ist der erste, der die Ideen der Gruppe über den ›sens de l'exotique‹, den ›sens de l'exotisme‹ als eine mit nostalgischen Dimensionen ausgestattete ästhetische Erfahrung und über den exotistischen Diskurs als eine Form der ästhetischen Opposition zum Utilitarismus, der kolonialen Modernisierung und der Fortschrittsideologie, die sich nach dem Staatsstreich Napoleons III. durchgesetzt hatten, formuliert. Entsprechende Bemerkungen Gautiers sind im *Journal* der Brüder Goncourt in den Eintragungen vom 23. 8. 1862 und 23. 11. 1863 festgehalten, die aber erst 1887 mit dem Beginn der Publikation der Tagebücher bekannt werden: »Toi, dit-il en se tournant vers Claudin, tu es heureux, tu aimes tout cela, tu es un civilisé. Nous, nous trois, avec deux ou trois autres, sommes des malades… Nous ne sommes pas des décadents, nous sommes des primitifs… Non, encore non, mais des particuliers bizarres, indéfinis, exaltés. […] Tout cela tient à ce que tu n'as pas comme nous le sens de l'exotisme? As-tu le sens de l'exotisme? Non, voilà tout… Nous ne sommes pas Français, nous autres, nous tenons à d'autres races. Nous sommes pleins de nostalgie… Et puis, quand à la nostalgie d'un pays, on joint la nostalgie d'un temps, comme vous du XVIIIe siècle par exemple, comme moi de Venise, n'est-ce pas, avec embranchement sur Chypres, oh! alors, c'est complet…«[70]

Die zweite Eintragung enthält einen Kommentar Gautiers über sein Schreiben, das er in einem »emmerdement de mon temps, qui m'a fait chercher une espèce de dépaysement«[71] begründet

---

65 MAXIME DU CAMP, A Théophile Gautier [Vorwort], in: Du Camp, Le Nil. Égypte et Nubie (Paris 1854), 7.
66 GUSTAVE FLAUBERT, Voyages, hg. v. R. Dumesnil, Bd. 2 (Paris 1948), 156 f.
67 GAUTIER, Constantinople (1854; Paris 1856), 84, 92.
68 BAUDELAIRE, Le voyage (1859) in: BAUDELAIRE, Bd. 1 (1961), 132.
69 PIERRE BOURDIEU, Les règles de l'art. Genèse et structure du champ littéraire (Paris 1992), 82.
70 GONCOURT/GONCOURT (s. Anm. 14), Bd. 5 (Monaco 1957), 159.
71 Ebd., Bd. 6 (Monaco 1957), 154 f.

sieht. Gautier betont, daß gerade ›le sens de l'exotique‹ ihn, Flaubert und die Brüder Goncourt verbinde, der Sinn und der Geschmack für einen räumlichen wie auch zeitlichen Exotismus, der die Dimension der verschwundenen Welten mit beinhalte. Das sind die Koordinaten, die die Forschung Anfang des 20. Jh. aufgreift: »[...] nous sommes tous les quatre ici des malades: ce qui nous distingue, c'est *le sens de l'exotique*. Il y a deux *sens de l'exotique*. Le premier vous donne *le goût de l'exotique dans l'espace*, le goût de l'Amérique, de l'Inde, des femmes jaunes, vertes, etc. Le second, qui est le plus raffiné, une corruption plus suprême, c'est *le goût de l'exotique dans le temps*. Par exemple, voilà Flaubert, il voudrait baiser à Carthage; vous, vous voudriez la Parabère, et moi, rien ne m'exciterait comme une momie.« (155)

IV. Veränderungen der Bedeutungsstruktur

1. Exotismus als koloniale Fremde

Noch 1867 sind nach Gautiers Exotismusauffassung die erforderlichen Dimensionen von Ferne und Alterität, die den emotionalen Zustand des Exotismus hervorrufen, vorhanden: »Il n'y a pas de plaisir plus vif pour nous qui avons *le sentiment exotique* poussée au plus haut degré, que de voir au milieu de notre civilisation types lointains et bizarres appartenant à une autre branche de la race humaine et différent autant que possible.«[72] Die ab 1851 in London, Paris, Wien und Chicago stattfindenden Weltausstellungen sind aufwendige Inszenierungen, die die Leistungen des technischen Fortschritts Europas sowie die Rohstoffe und künstlerischen wie handwerklichen Produkte außereuropäischer Völker zur Schau stellen. In Paris bedeuten sie auch immer große gesellschaftliche Ereignisse. 1873 und 1878 steht Japan im Mittelpunkt. Die Ausstellungen geben Künstlern und Kunsthandwerkern die Gelegenheit, sich mit den Artefakten und Kunstwerken – einen großen Eindruck hinterläßt der japanische Holzschnitt – auseinanderzusetzen. Wahre Modeströmungen wie der ›japonisme‹ sind die Folge. Die Weltausstellungen ab 1867 sind Mikrokosmen, die im Zuge der Darstellung kolonialer Machtausdehnung die in zeitlichen und sozialen Begriffen von Rasse, Geschlecht und Nation hierarchisierte Ordnung eines topographischen Systems eigens nachgebauter Architekturen erschaffen. Allein die Bauweise der Pavillons bewirkt, daß die Wahrnehmung des Anderen zur Wahrnehmung des Unterschieds und der normativen Hierarchie wird. Die kolonialen Kulturen sind jetzt als ›tableaux vivants‹ des lokalen Alltagslebens künstlich in Szene gesetzt. Die ›villages indigènes‹, so etwa das ›Kanakendorf‹, als sogenannte authentische Repräsentationen des Lebens ›primitiver Völker‹ haben nicht nur Unterhaltungswert, sondern werden auch als der wissenschaftliche Aspekt der Ausstellungen durch die aufkommende Disziplin der Anthropologie legitimiert. Diese ist geprägt vom Darwinismus, dem Utilitarismus, dem Christentum und den Rassentheorien. Im Unterschied zu den Motivationen der Künstler, die von dem Interesse für das Außereuropäische geleitet sind, konstruiert die Anthropologie des Anderen und die anderen Kulturen in einer ›versteinerten Beziehung‹ zwischen den Anthropologen und den anderen Gesellschaften: »The absence of the Other from our Time has been his mode of presence in our discourse – as an object and victim.«[73] Die Disziplin und ihre Schreibweisen definieren sich als gedankliche Operation entschieden *gegen* die literarischen Formen des Exotismus.

2. Exotismus-Primitivismus-Konstellation in der modernen Kunst und Massenkultur

In seinem Buch über Konstantinopel (1854) bewundert Gautier die handwerkliche Produktion und die kommerziellen Transaktionen im Bazar. Er sieht in ihnen in erster Linie ästhetische Aktivitäten und begeistert sich für die ›délices de la consommation‹: »tout le luxe fabuleux, toute la richesse chimérique de ces pays de soleil que nous entrevoyons comme les mirages d'un rêve du fond de notre froide Europe.«[74] In Zolas Roman *Le*

---

72 GAUTIER, L'Orient, Bd. 1 (Paris 1877), 283.
73 JOHANNES FABIAN, Time and the Other. How Anthropology Makes its Object (New York 1983), 154.
74 GAUTIER (s. Anm. 67), 124f.

Bonheur des Dames (1888) füllt die Opulenz und Farbenpracht der Bazare bereits das gesamte Interieur der Warenhäuser, dieser ›Kolosse‹ der modernen Metropolen. Ende des 19. Jh., nach der Berliner Konferenz von 1884–1885 und der kolonialen Aufteilung Afrikas, erhält die kulturelle Differenz in der Sphäre des Marktes den vorfabrizierten Charakter einer rein ornamentalen Eigenschaft. In der florierenden Pariser Vergnügungsindustrie kopiert eine Wertehierarchie der Kulturen die soziale Hierarchie.[75] In den Romanen und Reiseberichten, die der Marineoffizier Loti ab 1879 veröffentlicht, sucht das Ich, dem es an Substanz mangelt und das geradezu süchtig nach der ›impression de dépaysement‹ ist, ein anderer Mensch in einer anderen Welt in einer vergangenen Zeit zu sein. Die Ablehnung der Moderne hat als Konstante, daß das Subjekt einen Machtwillen in sich trägt, der es auf die Suche nach dem absolut Archaischen treibt. Die Erweiterung des Raumes von Begehren und Lust über die verbotenen Grenzen hinaus ist seine grundlegende Strategie.

Als sich der kompensatorische romantische Exotismus als illusionär erweist, reduziert sich das Exotische auf die Erfahrung der Verfügbarkeit der kolonialen Fremde für das Streben nach Eroberung, Beherrschung und Aneignung. Bereits nach 1871 entsteht ein neuer Typ Abenteuerroman, der ›roman colonial‹. Nur die gewaltsame Einverleibung des ›barbarischen‹ in den ›zivilisatorischen‹ Raum, dem der Held, der Repräsentant der französischen Nation, entstammt, stattet ihn jetzt mit Wert aus. Daher die Notwendigkeit seiner Kontrolle, denn in ihm wird die Überlegenheit der weißen Rasse weiter unter Beweis gestellt.

Joseph Conrad, in dessen liberalem Denken die Kolonialherrschaft unausweichlich erscheint, stellt aus der Sicht des marginalen Schriftstellers und seiner eigenen Erfahrungen als Kapitän der Handelsmarine in seinen Fiktionen den Konflikt dar, in dem der romantische Exotismus versagte. Seine Romane zeigen parallel die Erfahrungen des destruktiven Charakters der Kolonisierung und die Zerstörung der Vorstellung vom autonomen Ich. Die Reise ins ›Herz Afrikas‹ ist das Ur-Szenario, auf dem sich die Mechanismen der kolonialen Expansion in Rauschphantasien von Vernichtung,

Macht und Männlichkeit entfalten, um schließlich in einer Tragödie die definitorischen Grenzen des zivilisierenden Ichs in Verkettungen von Leben-Tod, Freiheit-Sklaverei, Sinnlichem-Begrifflichem und in tabuisierten sexuellen Beziehungen aufzulösen.

Paul Gauguin sucht in seinem von einem antibürgerlichen Ethos getragenen Kunstentwurf erneuernde Impulse aus der Wirklichkeitserfahrung Tahitis. Mit dem Entschluß, bei den ›Wilden‹ zu leben und selbst ›ein Wilder‹ zu werden, überträgt er den Exotismus ins Konzept des Primitivismus. Victor Segalen, der kurz nach Gauguins Tod nach Hiva-Oa kommt, verfaßt die erste *Hommage à Gauguin* (1919). Zeit seines Lebens macht er sich Aufzeichnungen über den Exotismus für einen großangelegten Essay, den er jedoch nicht zu Ende führt. Ausgehend von kritischen Reflexionen über den romantischen, den symbolistischen und den im täglichen Gebrauch abgenutzten, ›vollgepackten‹ und geradezu sinnentleerten Exotismus, will er zwar nicht auf ihn verzichten, aber ihm doch »rendre sa valeur première, toute la primauté de cette valeur«[76] und ihn neu definieren. Erst 1955 wurden Teile der zwischen 1904 und 1918 entstandenen Aufzeichnungen als ›Notes sur l'exotisme‹ in der Zeitschrift *Mercure de France* publiziert, das ganze Material erschien 1978 als *Essai sur l'exotisme*. Anfangs geht es dem jungen Kolonialarzt Segalen darum, eine eigene Künstlerästhetik zu formulieren: »L'attitude ne pourra donc pas ces proses rythmées, denses, mesurées comme un sonnet, ne pourra donc pas être le *je* qui ressent […] mais au contraire l'apostrophe du milieu au voyageur, de l'Exotique à l'Exote que le pénètre, l'assaille, le réveille *et le trouble*. C'est le *tu* qui dominera.« (749) Das frühere Interesse für die Synästhesien und die Problematik der Wahrnehmung läßt ihn auf die ›sensation d'exotisme‹ zurückkommen, um sich in den Essayfragmenten mit den »sensations traitées en quelque sorte comme des entités irréductibles« (748) zu beschäftigen. Die ›sensation d'exotisme‹, so definiert sie Segalen 1908 in den Notaten wäh-

---

75 Vgl. LEILA KINNEY/ZEYNEP ÇELIK, Ethnography and Exhibitionism at the Expositions Universelles, in: Assemblages 13 (1990), 42.
76 SEGALEN (s. Anm. 38), 765.

rend seines längeren Aufenthaltes in China, seiner zweiten Heimat, »n'est autre que la notion du différent; la perception du Divers; la connaissance que quelque chose n'est pas soi-même; et le pouvoir d'exotisme, qui n'est que le pouvoir de concevoir autre.« (749) Der Exotismus ist ästhetische Kenntnis des Anderen und führt zur Kenntnis von sich selbst.

1908–1911 verknüpft Segalen seine eigene Interpretation der Subjektivierungsprozesse im Sinne Friedrich Nietzsches mit der Idee der ›diversité‹. Das bedeutet eine Erweiterung und prinzipielle Neubestimmung seines Projekts: »Ne peuvent sentir la Différence que ceux qui possèdent une Individualité forte […]. L'exotisme [est] la réaction vive et curieuse au choc d'une individualité forte contre une objectivité dont elle perçoit et déguste la distance (les sensations d'Exotisme et d'Individualisme sont complémentaires). L'Exotisme n'est donc une adaptation; n'est donc pas la compréhension parfaite d'un dehors soi-même qu'on éteindrait en soi, mais la perception aigüe et immédiate d'une incompréhensibilité éternelle. […] nous réservant ainsi la perdurabilité du plaisir de sentir le Divers.« (750f.) Bis 1918 rücken der fortschreitende Wertverlust des Exotischen und die Beziehungen zwischen Differenz und Alterität ins Zentrum des Interesses. Deshalb modifiziert er seine Definition in dem Sinne, daß er im Exotismus einen Ausdruck des ›Divers‹ sieht und ›le Divers‹ zu einer universalen philosophischen Kategorie erklärt: »Je conviens de nommer ›Divers‹ tout ce qui jusqu'aujourd'hui fut appelé étranger, insolite, inattendu, surprenant, mystérieux, amoureux, surhumain, héroique et divin même, tout ce qui est *Autre*; – c'est-à-dire, dans chacun de ces mots de mettre en valeur dominatrice la part du Divers *essentiel* que chacun de ces termes recèle.« (778)

Das Kino als ein Medium, bei dem Wahrnehmung und Erfahrung koinzidieren, visualisiert von seinen Anfängen an die Topoi des kolonialen Diskurses, indem es die Stereotypen von Geschlecht, Rasse und ethnischer Identität verwendet. In der Kombination von Schauspiel und Narrativem verbildlicht es aus einer eurozentristischen Perspektive die imperiale Expansion für ein Publikum, das sich in eine Art ›transzendentales Subjekt‹ verwandelt fühlt: überlegen, allgegenwärtig und unverletzlich.

Die Filme übernehmen ab 1900 die Repräsentation der Kulturen ferner Welten, versuchen durch ihre spezifischen Möglichkeiten aber auch, historiographisch und archäologisch Ereignisse vergangener Zeiten nachzuerschaffen. Der im Film zum Tragen kommende Exotismus prägt das Imaginäre und seine kinematographischen reduktiven Visualisierungen im Stummfilm. Thomas Alva Edison dreht 1898 einen ›Dokumentarfilm‹ in der Nähe von New Jersey über den Kampf nordamerikanischer Truppen gegen philippinische Guerilleros (dargestellt von afroamerikanischen Statisten). Georges Méliès Filme *Le Fakir-Mystère Indien* (1896), *Vente d'Esclaves au Harem* (1897), *Cléopatre* (1899), *La vengeance de Boudda* (1901), *Le Palais des Milles et une Nuits* (1905) leiten die Geschichte der heute sehr zahlreichen Untergattungen des orientalistischen Kinos ein. Der erste Tarzanfilm entsteht 1917 nach der Vorlage des Romans von Edgar Rice Burroughs *Tarzan of the Apes* (1912).

1928 ist Hollywood das beherrschende Zentrum der Weltfilmproduktion und der Film eine der vier Hauptindustriezweige der USA. In den 30er und 40er Jahren verändert sich das ›Starsystem‹, eines der wichtigsten Phänomene der Filmindustrie. Ein Star wird nicht mehr geschaffen, indem man dem anfänglichen Pin-up-Girl eine Persönlichkeit verleiht. Die Werbeindustrie, das kommt hinzu, wird in diesem Moment in den USA zu einer vitalen Komponente der modernen Organisation und Reproduktion des Kapitals. Das öffentliche Privatleben der Stars und ihr Sex-Appeal erlangen kommerzielle Wirksamkeit, der Star ist Ware und Vermarktungsträger. Die Werbeindustrie verwandelt die Ware in ›glamorous signifiers‹. So verändern sich Ende der 30er Jahre die Kohärenzen der Bedeutungsstruktur des Exotismusbegriffs außerhalb der Problem- und Theoriegeschichte der Künste. Die ›exotic beauty‹, ein visueller Archetyp, der von den Aura-Effekte hervorbringenden Technologien geschaffen wird und den Identifikationen und Projektionen der Zuschauer zur Verfügung steht, verkörpert eine spezifische Form des Glamour.

Noch vor der Gründung der Agentur Cook, d. h. sehr viel früher als die Erfindung der tragbaren Kodak, ist es ein Gemeinplatz der Künstler, ihre Erfahrungen mit der ›Kunst des Reisens‹ von denen der Touristen zu unterscheiden. Reisende

IV. Veränderungen der Bedeutungsstruktur   363

und Touristen stimmen jedoch darin überein, sich den auratischen Wert exotischer Orte, die Naturschönheiten, die ›Seele‹, das ›Geheimnis‹, die ›Individualität‹ und später die ›Authentizität‹ der fremden Kulturkreise anzueignen. Schon Ende des 19. Jh. führt der Tourismus zu dem Paradox, daß die ›Authentizität‹ des touristischen Objekts in dem Moment zerstört wird, wo sie als solche konsumiert wird. André Gides Beschreibung der ›exotischen Reise‹ ist von der Gegenüberstellung ›peu exotique‹ (häßlich) – ›l'étrange‹ (schön) – beherrscht.[77] In der Zeit der Kolonialkriege beschleunigen die technologischen Möglichkeiten neue sozio-kulturelle Praktiken des Massentourismus, und es werden ›paradiesische‹ exotische Orte geschaffen, die realer als das Reale sind: »Au même moment, les progrès de l'aéronautique civile mettent à la portée des touristes occidentaux les civilisations les plus lointaines. Une véritable frénésie d'exotisme s'empare du vieux monde. Les organismes de voyages offrent, chacun à sa manière, un dépaysement acclimaté à la sauce occidentale.«[78] So bahnt sich eine Mutation der Beziehungen zwischen Begriff und Sache an.

3. Dekonstruktion des Exotismus

Die Revision der ›axis of otherness‹ der Moderne hat zutage gebracht, daß »the prototipical paradigm of the Other in the late nineteenth century – in Zola's *La Débâcle* (1882), for example – is the other imperial nation-state: in this case, the Germans, who are the quintessential ogres and bogeymen of childhood nightmare, physically alien and terrifying, barbarous, uncivilized, and still not terribly remote, as stereotypes, from the archaic ›wild man of the Middle Ages‹, who incarnates everything fascinating and frightening about the uncridled id for an agricultural or village society«[79]. Die nationalistische rhetorische Emphase stempelt den Exotismus zu einem Laster ab. Thomas Mann vertritt die Auffassung: »Die großen Deutschen scheiden sich in Ästheten und Machtrüpel. [...] Eine Erscheinungsform des politischen Ästhetentums ist jener *Exotismus*, bestehen in einem schon physischen Ekel vor dem Nahen, dem Heimatlich-Wirklichen, und einem inbrünstigen, romantischen, schwärmerisch verschönernden Glauben an

die Überlegenheit, den Adel, die Schönheit des Fernen und Fremden.«[80] Erst nach dem 1. Weltkrieg wächst die Zahl der ›kolonisierten nativen‹ Protagonisten in den europäischen Erzählliteraturen.[81] Im gleichen Moment kommen Fragen von Grenzen, Territorien und Legitimität von kultursymbolischen Modellen und Selbstrepräsentationen auf die Tagesordnung, wie besonders markant in dem Roman *Batouala* des antillanischen Autors René Maran, der 1921 den Prix Goncourt erhält. Er gilt als der erste wirkliche ›roman nègre‹. Wieder einmal zeigt sich die Polyvalenz des Exotismus, die ein unaufhebbares Problem darstellt, überdeutlich.

In der Zeit zwischen den zwei Weltkriegen sind die ambivalenten literarischen Versuche von Schriftstellern wie André Malraux an das mögliche Gelingen oder Scheitern eines realen persönlichen Grenzübertritts auf der Suche nach einer Beziehung zu den Anderen jenseits der Verhältnisse von Identität und Differenz gebunden. Jean-François Lyotard zitiert aus Malraux' nicht beendeter Monographie über Thomas Edward Lawrence: »Dans toute société non choisie par lui, il se sentait – se savait – un étranger. Qu'il le fût donc totalement, qu'il eût le droit de l'être, qu'il devînt le passant, le chef de chantier chrétien, le voyageur, et son équilibre était retrouvé. Et plus que l'équilibre: la joie. Le droit qu'il avait cherché en Orient, sans en être tout à fait conscient, c'était le droit d'asile.« Lyotard deutet diese Beschreibung als eine ausgedehnte Metapher der eigenen Situation von Malraux: Die

---

77 Vgl. ANDRÉ GIDE, Voyage au Congo (1927), in: Gide, Œuvres complètes. Édition commentée de textes inédits, hg. v. L. Martin-Chauffier, Bd. 13 (Paris 1937), 89, 96.
78 FRANÇOISE DOSSE, Histoire du structuralisme, Bd. 1 (Paris 1991), 167.
79 FREDRIC JAMESON, Modernism and Imperialism, in: Terry Eagleton/Frederic Jameson/Edward W. Said, Nationalism, Colonialism, and Literature (Minneapolis 1990), 49.
80 THOMAS MANN, Ästhetizistische Politik (1918), in: Mann, Aufsätze, Reden, Essays, hg. v. H. Matter, Bd. 2 (Berlin 1983), 720.
81 Vgl. ABDELKABIR KHATIBI, Figures de l'étranger dans la littérature française (Paris 1987), 9f.

»joie exotique, mortifère«[82], die Malraux in der Résistence empfunden habe, sei die gleiche, wie er sie dem jungen Archäologen Lawrence, der zu Fuß und als Araber gekleidet Syrien durchquert, bescheinige. Für die Bestimmung der Bedeutungsstruktur des Exotismusbegriffs, aber vor allem für die Geschichte des Begriffs überhaupt, ist die Topographie des Hier-Dort-Schemas als Grundpfeiler der exotistischen Diskurse viel entscheidender als alle anderen dichotomischen Bilder. Schon Mitte des 20. Jh. wird dieses Schema und die Kartographie der kulturellen und politischen Beziehungen, die die Metaphernsysteme von Zentrum und Peripherie organisieren, dekonstruiert. Alejo Carpentiers Hauptangriffspunkt der ironischen Entlarvung des Exotismus – als Teil der Dekonstruktion der westlichen Repräsentationen der nicht-westlichen Welt – ist die Usurpation von Repräsentationsfunktionen durch den Exotismus. In seiner Glosse *Fin del exotismo americano* (1952) beschreibt er den Vorgang: »›Exótico‹, dice cualquier diccionario, es ›lo extranjero, lo peregrino‹: ›animal exótico, planta exótica‹ [...] ›Exótico‹ – no lo decía cualquier diccionario hace cincuenta años, porque los diccionarios observan una cierta política de urbanidad para con los consultantes – era el latinoamericano ante los ojos del europeo [...] fuimos generalmente, hasta hace muy poco, la ›planta exótica‹ de los Diccionarios.«[83] (›Exotisch‹ ist, wie in jedem Lexikon zu finden, das Fremde, das Seltsame: exotisches Tier, exotische Pflanze [...] ›Exotisch‹ – vor 50 Jahren definierte kein Lexikon den Begriff, da Wörterbücher einer gewissen Politik der Höflichkeit gegenüber den Benutzern folgen – war der Lateinamerikaner vor den Augen des Europäers [...] wir waren bis vor kurzem generell die ›exotische Pflanze‹ der Wörterbücher.) Mit den Übersetzungen des *Canto General* (1950) von Pablo Neruda und *El señor Presidente* (1946) von Miguel Angel Asturias, der Rezeption der Musik von Heitor Villa Lobos und des Films *Los olvidados* (1950) von Luis Buñuel habe sich jedoch die Situation geändert. Denn diese Selbstrepräsentationen seien, so Carpentier weiter, das Resultat einer ›lebendigen Imaginationskraft‹ und von einer solchen Qualität, daß sie eine Verlagerungsbewegung bewirken: »Lo exótico es, por definición, lo que está fuera. Aquello que los griegos llamaban ›los bárbaros‹. Gente del Ponto-Euxino, lestrigones, hiperbóreos [...]. Pero, en menos de diez años, los bárbaros, los garamantes, los lotófagos, presentaron sus tarjetas de visita. Y tan buenas eran esas tarjetas de visita, con sus caracteres en buenos relieves de celuloide, de música, de papel impreso, que hoy, en Alemania, en Francia, hay gente que hace – asómbrese! – *falsa literatura latinoamericana*.« (ebd.) (Das Exotische ist per definitionem das, was sich außerhalb befindet. Alles das, was die Griechen ›Barbaren‹ nannten. Anrainer des Pontos Euxeinos, Lestrigonen, Hyperboreer [...]. In weniger zehn Jahren jedoch hinterließen diese Barbaren, Garomanten, Lotophagen ihre Visitenkarten, die mit ihren Filmen, Musik und Printerzeugnissen einen so guten Eindruck machten, daß es heute in Deutschland, in Frankreich Leute gibt, die – man staune! – falsche lateinamerikanische Literatur produzieren.) Neueren Datums suchen sich diese Entlarvungen andere Zielscheiben. Ausgehend von der Hypothese, daß die chinesische Sprache und darum auch die Kultur weiblich seien (»China as a culture descending from a pre-oedipal matriarchal heritage«), entsteht das Bild Chinas als Paradies für Frauen. Diese chinesischen Utopien von Julia Kristeva, Barthes und *Tel Quel* werden als der »Desire of Postcolonial Orientalism«[84] dekonstruiert.

Carlos Rincón
(Übers. v. Gerda Schattenberg-Rincón)

Literatur

AFFERGAN, FRANCIS, Exotisme et altérité. Essai sur les fondements d'une critique de l'anthropologie (Paris 1987); AKASHE-BÖHME, FARIDEH, Das Exotische und die männliche Phantasie. Ausländerinnen zwischen Exotik und Diskriminierung, in: U. Konnertz (Hg.), Weibliche Ängste. Ansätze feministischer Vernunftkritik (Tübingen 1989), 163–197; AMUTA, CHIDI, A Dialectical Theory of African Literature. Categories and Springboards (London/New Jersey 1989); APPIAH, KWAME

---

82 JEAN-FRANÇOIS LYOTARD, Signé Malraux (Paris 1996), 286.
83 ALEJO CARPENTIER, Fin del exotismo americano, in: El Nacional, Caracas, 7. 9. 1952, 16.
84 LISA LOWE, Critical Terrains. French and British Orientalisms (Ithaca, N. Y. 1991), 137.

ANTHONY, In My Father's House. Africa in the Philosophy of Culture (London 1991); ASTIER LOUTFI, MARTINE, Littérature et colonialisme: L'expansion coloniale vue dans la littérature romanesque française, 1871–1914 (Paris/Den Haag 1971); BADER, WOLFGANG/RIESZ, JÁNOS (Hg.), Literatur und Kolonialismus. Die Verarbeitung der kolonialen Expansion in der europäischen Literatur (Frankfurt a. M. 1983); BARDON, GEOFF, Aboriginal Art of the Western Desert (Sydney 1979); BARKER, FRANCIS u. a. (Hg.), Europe and its Others, 2 Bde. (Colchester 1985); BENNINGHOFF-LÜHL, SIBYLLE, Deutsche Kolonialromane 1884–1914 in ihrem Entstehungs- und Wirkungszusammenhang (Bremen 1983); BERQUE, JACQUES, La dépossession du monde (Paris 1965); BEZOMES, ROBERT, L'Exotisme dans l'Art et la Pensée (Paris 1953); BONGIE, CHRIS, Exotic Memories. Literature, Colonialism, and the Fin de Siècle (Stanford 1991); BOWSER, PEARL (Hg.), In Color. Sixty Years of Images of Minority Woman in the Media 1921–1981 (New York 1983); BRANTLINGER, PATRICK, Rule of Darkness. British Literature and Imperialism 1830–1914 (Ithaca, N. Y. 1988); BUCH, HANS CHRISTOPH, Die Nähe und die Ferne. Bausteine zu einer Poetik des kolonialen Blicks (Frankfurt a. M. 1991); BUISINE, ALAIN u. a. (Hg.), L'Exotisme (Paris 1988); BUONAVENTURA, WENDY, Serpent of the Nile. Woman and Dance in the Arab World (New York 1989); ÇELIK, ZEYNEP, Displaying the Orient (Berkeley 1991); Centre National de la Photographie (Hg.), Etranges étrangers: Photographie et exotisme, 1850–1910 [Ausst.-Kat.] (Paris 1989); CERTEAU, MICHEL DE, Heterologies. Discourse on the Other (Minneapolis 1986); CHAMPION, CATHÉRINE/CHAMBERT-LOIR, HENRI (Hg.), Rêver l'Asie. Exotisme et littérature coloniale aux Indes, en Indochine et en Insulinde (Paris 1993); CHINWEIZU, The West and the Rest of Us. White Predators, Black Slaves and the African Elite (New York 1975); CLIFFORD, JAMES, The Predicament of Culture. Twentieth-Century Ethnography, Literature, and Art (Cambridge, Mass. 1988); CORBEY, RAYMOND, Ethnographic Showcases, 1870–1930, in: Cultural Anthropology 8 (1993), H. 3, 338–369; ETIENNE, MONA/LEACOCK, ELEANOR, Women and Colonization. Anthropological Perspectives (New York 1980); ETIEMBLE, RENÉ, Des Tarahumara aux Nambikwara ou Du Peyotl a la tendresse humaine, in: Etiemble, Le péché vraiment capital (Paris 1957), 121–166; FANON, FRANTZ, Peau noire, masques blancs (Paris 1952); FOSTER, STEPHEN WILLIAM, The Exotic as a Symbolic System, in: Dialectical Anthropology 7 (1982), H. 1, 21–30; FRY, TONY/WILLIS, ANNE-MARIE, Aboriginal Art: Symptom of Success?, in: Art in America 77 (1989), H. 7, 109–117, 159–160, 163; GIVOISET, MARIETTE, L'exotisme dans les récits de voyage de Théophile Gautier (Iowa 1973); GREENHAUGHL, RALPH, Ephemeral Vistas. The Expositions Universelles, Great Exhibitions, and World's Fairs 1851–1939 (Manchester 1988); GROSRICHARD, ALAIN, Structure du sérail (Paris 1979); HARGREAVES, ALEC G., The Colonial Experience in French Fiction (London 1981); KARP, IVAN/LAVINE, STEVE (Hg.), Exhibiting Cultures: The Politics and Poetics of Museum Display (Washington 1991); JANMOHAMED, ABDUL R., Manichean Aesthetics. The Politics of Literature in Colonial Africa (Amherst 1983); JULIEN, PHILIPPE, Les Orientalistes. La Vision de l'Orient par les peintres européens au XIXe siècle (Fribourg/Paris 1977); KABBANI, RANA, Europe's Myths of Orient (Bloomington 1986); KIERNAN, VICTOR G., The Lords of Human Kind (London 1972); KLEIN, RICHARD, Portrait of the White Man as a Traveller (Berkeley 1975); KOEBNER, THOMAS u. a. (Hg.), Die andere Welt. Studien zum Exotismus (Frankfurt a. M. 1987); LEPROHN, PIERRE, L'exotisme et le cinéma. Les chasseurs d'images à la conquête du monde (Paris 1945); LEPRUN, SYLVIANNE, Le théâtre des colonies. Scénographie, acteurs et discours de l'imaginaire dans les expositions 1855–1937 (Paris 1986); LÉVI-STRAUSS, MONIQUE, Cachemires (Paris 1987); LICARI, ANITA/MACCAGNANI, ROBERTA/ZECCHI, LINA (Hg.), Letteratura esotismo colonialismo (Bologna 1979); LORBEER, MARIE/WILD, BEATE (Hg.), Menschenfresser, Negerküsse. Das Bild vom Fremden im deutschen Alltag (Berlin 1991); MAGILL, DANIELA, Literarische Reisen in die exotische Fremde (Frankfurt a. M. 1989); MAIGNE, VINCENETTE, Exotisme. Evolution en diacronie du mot et de son champ sémantique, in: Exotisme et création. Actes du Colloque international, Lyon 1983 (Lyon 1985); MANNONI, OSVALD, Psychologie de la colonisation (Paris 1950); MCCLURE, JOHN, Late Imperial Romance: Literature and Globalisation from Conrad to Pynchon (London 1994); MEGHERBI, ABDELGHANI, Les Algériens au miroir du cinéma colonial (Algier 1982); MINH-HA, TRINH T., Woman, Native, Other. Writing Postcoloniality and Feminism (Bloomington 1989); MITCHELL, TIMOTHY, The World as Exhibition. Comparative Studies in Society and History 31 (1989), H. 2, 217–236; MOUSSA, SARGA, Constantinople de Théophile Gautier: un voyage vers le corps, in: Bulletin de la Société Théophile Gautier 11 (1989), 23–41; NAFICY, HAMID/GABRIEL, TESHOME, Otherness and the Media. Ethnography of the Imagined and the Imagined (Langhorne, Penn. 1993); PANOFF, MICHEL, Une valeur sûre: L'exotisme, in: L'homme 30 (1986), H. 1/2, 287–296; PAUDRAT, JEAN-LOUIS, The Arrival of Tribal Objects in the West: From Africa, in: W. Rubin (Hg.), ›Primitivism‹ in 20th Century Art. Affinity of the Tribal and the Modern, Bd. 1 (New York 1984), 125–176; PIETERSE, JAN NEDERVEEN, White on Black. Images of Africa and Blacks in Western Popular Culture (New Haven, Conn. 1992); PRATT, MARY LOUISE, Imperial Eyes. Travel Writing and Transculturation (London/New York 1992); REARICK, CHARLES, Pleasures of the Belle Époque. Entertainment and Festivity in Turn of the Century France (New Haven 1985); REIF, WOLFGANG, Zivilisationsflucht und literarische Wunschträume. Der exotische Roman im ersten Viertel des 20. Jahrhunderts (Stuttgart 1975);

SACCHI, SERGIO, Al di là della lettera. Femminile fantastico esotico da Carmen allo ›Horla‹ e al Buon Selvaggio (Rom 1994); SAID, EDWARD W., Culture and Imperialism (New York 1993); STAM, ROBERT/ SPENCE, JONATHAN D., Colonialism, Racism and Representation, in: Screen 24 (1983), H. 2, 2–20; STEVENS, MARYANNE (Hg.), The Orientalists. Delacroix to Matisse (London 1984); SUTTON, PETER (Hg.), Dreamings: The Art of Aboriginal Australia (New York 1988); THORNTON, LYNNE, Les Orientalistes, peintres voyageurs (Paris 1993); THUM, BERND/THUM-LAWN, ELIZABETH, ›Kultur-Programme‹ und ›Kulturthemen‹ im Umgang mit Fremdkulturen. Die Südsee in der deutschen Literatur, in: Jahrbuch Deutsch als Fremdsprache 8 (1982), 1–38; WARE, VRON, Beyond the Pale. White Woman, Racism and History (London 1992); WEGNER, REINHARD, Der Exotismus-Streit in Deutschland. Zur Auseinandersetzung mit ›primitiven‹ Formen in der Bildenden Kunst des 20. Jahrhunderts (Frankfurt a. M./Bern/New York 1983); WEST, CORNEL, Beyond Eurocentrism and Multiculturalism (Monroe, Maine 1993); VIET, WALTER, The Topoi of the European Imaging of the Non-European World, in: Arcadia 18 (1983), H. 1, 1–20; YOUNG, ROBERT J. C., Colonial Desire: Hybridity in Theory, Culture and Race (New York/London 1995); ZOLLA, ELÉMIRE (Hg.), L'esotismo nelle letterature moderne (Neapel 1987).

Fest/Feier

(griech. ἑορτή; lat. dies festus, feriae; engl. feast, festival; franz. fête, festivité; ital. festa, festività; span. fiesta, festividad; russ. праздник, празднество)

Einleitung; I. Versuch einer systematischen Begriffsbestimmung und historische Problematik; II. ›Schwache‹ Festtheorien von Rousseau bis Wagner; III. Dionysisches Fest und Kunst bei Nietzsche; IV. Karneval und Literatur bei Bachtin; V. Potlatsch, Transgression und Ästhetik bei den Autoren des Collège de Sociologie; Zusammenfassung und Ausblick

Einleitung

Allgegenwärtige Phänomene der populären und Freizeitkultur wie große Sportveranstaltungen, Massenspektakel, Festivals unterschiedlichster Art und selbst noch der weihnachtliche Konsumrausch oder die alljährlich wiederkehrende Love Parade in Berlin bekunden, daß Feste oder festähnliche Ereignisse in der Lebenswelt der (post-)modernen Gesellschaften weiterhin eine unangefochtene Rolle spielen. Zugleich aber macht der Eintrag des Gegenstands ›Fest/Feier‹ in diesem Wörterbuch unter zwei gleichberechtigt gebrauchten Lemmata, erst recht die schwierige Frage der passenden Entsprechungen in den antiken und modernen Fremdsprachen, deutlich, daß es sich hierbei um keine seit altersher eingebürgerten Termini der speziell ästhetischen oder generell philosophischen Diskurse handelt und daß in bezug auf das darunter Gemeinte begriffliche Eindeutigkeit nicht leicht herzustellen ist. So findet sich keine ausdrückliche Reflexion auf Festlichkeit in den ›kanonischen‹ Gründungsschriften der Ästhetik bei Alexander Gottlieb Baumgarten (*Aesthetica*, 1750/1758), Immanuel Kant (*Kritik der Urteilskraft*, 1790) oder auch noch Georg Wilhelm Friedrich Hegel (*Ästhetik*, 1835-1838). Gerechtfertigt erscheint es dagegen zweifellos, bei Friedrich Schiller (*Ueber die ästhetische Erziehung des Menschen*, 1795) am Konzept vom »Spieltrieb« des Menschen, in dem sich »Formtrieb« und »Stofftrieb« verbinden, eine sachliche Anspielung auf das Fest auszumachen, insofern im Spiel der paradoxale Ausstieg aus der Zeit in der Zeit angestrebt wird, wie er für die ›Festzeit‹ kennzeichnend ist: »Der Spieltrieb also würde dahin gerichtet seyn, die Zeit in der Zeit aufzuheben, Werden mit absolutem Seyn, Veränderung mit Identität zu vereinbaren.«[1] Nichtsdestoweniger enthält Schillers Auffassung vom Spiel allenfalls eine implizite Theorie des Festes. Die engen Parallelen zwischen dem Spiel und dem ›Wesen des Festes‹ werden nämlich im wesentlichen erst im 20. Jh. dank den kulturanthropologischen Arbeiten von Johan Huizinga und anderen deutlich gesehen.[2] So wird man insgesamt behaupten dürfen, daß im Denken des 18. Jh. Festlichkeit als eine ästhetische Kategorie wenig thematisch wird und auch dort, wo sie wie etwa bei Montesquieu im zweiten Teil von *De l'esprit des lois* (1748) der Sache nach in Erscheinung tritt, nicht explizit auf ihren Bezug zur Ästhetik befragt wird.

Gleichwohl verdient vor dem Hintergrund jüngerer Theorien des Festes, die sich auf Friedrich Nietzsches Kulturkritik, zum Teil auch auf Sigmund Freuds Psychoanalyse berufen und mit ästhetischen Implikationen eng verknüpft sind, der Begriff Fest/Feier aus heutiger Sicht einen unumstrittenen Platz in einem historischen Wörterbuch ästhetischer Grundbegriffe. Dabei ist allerdings zu beachten: 1. Zur Debatte steht nicht eine allgemein religionswissenschaftlich-theologische, anthropologisch-soziologische, philosophische oder historische Herleitung von Fest/Feier; vielmehr ist einleitend die all diesen Deutungsversuchen inhärente Problematik mit zu skizzieren. 2. Zu erörtern ist nicht das schwache Verhältnis von Fest/Feier zur Ästhetik in dem offenkundigen, aber trivialen Sinn, daß ästhetische Produktionen einerseits seit jeher als Ornamente von Fest und Festlichkeit, daß Fest und Festlichkeit andererseits seit jeher als thematische Referenzen von ästhetischen Produktionen fungieren. 3. Statt dessen sind vor dem Hinter-

---

1 FRIEDRICH SCHILLER, Ueber die ästhetische Erziehung des Menschen (1795), in: SCHILLER, Bd. 20 (1962), 353.
2 Vgl. JOHAN HUIZINGA, Homo ludens. Proeve eener bepaling van het spel-element der cultuur (Harlem 1938); dt.: Homo ludens. Vom Ursprung der Kultur im Spiel, übers. v. H. Nachod (1956; Reinbek b. Hamburg 1987), 30 f.

grund ›schwacher‹ Festtheorien einer sich formierenden Moderne jene spezifischen Ansätze ausführlicher zu behandeln, die seit dem ausgehenden 19. Jh. für die ästhetische Reflexion fruchtbar geworden sind, weil dort das Verhältnis von Fest/Feier zur Ästhetik als ein ›starkes‹ gefaßt ist und in je unterschiedlicher Weise eine strukturelle Homologie zwischen der festlichen und der ästhetischen Veranstaltung behauptet wird.

I. Versuch einer systematischen Begriffsbestimmung und historische Problematik

In ganz allgemeiner Form kann unter Fest/Feier zunächst folgendes verstanden werden: Aus dem üblichen, ›profanen‹ Zeitverlauf wird eine besondere Zeit ausgegrenzt. Zur Festzeit versammelt sich an einem hierfür vorgesehenen Festort die Festgemeinde. Diese repräsentiert sich im Fest selbst, insofern sie sich zumindest für die Festzeit als gleichberechtigte *communitas* konstituiert.[3] Einzelne Mitglieder oder die Festgemeinde als ganze performieren symbolische ›Akte des Feierns‹. Solche Festakte (man könnte geradewegs von ›Heortemen‹ sprechen, ähnlich wie Claude Lévi-Strauss von Mythemen gesprochen hat[4]) realisieren und verzehren sich demnach in ihrem Vollzug; sie bedienen sich konventionalisierter, oft hochgradig ritualisierter Handlungen (z.B. Festmahl, Festrede, Festmusik), die ihre jeweils vorgängige Funktion und Bedeutung durchaus behalten können, die aber aus der übergeordneten Sicht einer Analytik des Festes nunmehr autoreferentiellen Charakter tragen, insofern sie sich selbst bezeichnen: Signifikant und Signifikat des Festakts fallen in eins.

Die an der pragmatischen Linguistik ausgerichtete Bestimmung von Fest/Feier als performativem ›Festakt‹ hält eine Erklärung dafür bereit, warum tendenziell alle Feste nach dem Kriterium ihres Gelingens oder Mißlingens beurteilt werden können, wohingegen sich ihr eventueller Wahrheitswert grundsätzlich der Verifikation, ihre jeweilige Semantik einer allgemeingültigen Beschreibung entzieht und nur von Fall zu Fall zu klären ist. Das performative Verständnis der ›Festakte‹ erkennt weiterhin die immer schon konstatierte Nähe des Festes zu Ritus, Kultus und Religion, ohne jedoch die Zugehörigkeit von Fest/Feier zum weiten Bereich des Sakralen zu einer notwendigen Bedingung zu machen. Die kategoriale Offenheit gegenüber profanen Manifestationen von Festlichkeit ist inbesondere für eine Bestandsaufnahme der modernen Formen von Fest/Feier hilfreich, die sich abseits oder bewußt gegen eine überkommene religiöse Festkultur etabliert haben (z.B. höfische Feste, Revolutionsfeste sowie Feste der Republik in Frankreich; Feste des Stalinismus oder des Nationalsozialismus; Feste der Pop-Kultur wie das Woodstock Festival im August 1969). Profane Feste können wohl im Einzelfall, nicht aber schlechthin als Ergebnisse eines Prozesses der Säkularisierung gedeutet werden. Eher ist damit zu rechnen, daß profane und sakrale Feste gleichermaßen von deutlich ausgeprägten rituellen Gesten Gebrauch machen können, daß diese Ritualität aber auch stark reduziert sein kann. Genau aus diesem Grund ist es möglich, wichtige Feste vieler Kulturen als die bekannten ›rites de passage‹ zu beschreiben[5], ohne daß sich freilich jedes einzelne Fest als ein solcher Übergangsritus zu erweisen braucht. Vielmehr bietet das Fest einen willkommenen Rahmen, innerhalb dessen der Übergangsritus stattfinden kann; so braucht jeder Übergangsritus das Fest, nicht aber die Feier den ›rite de passage‹.

Vor dem Hintergrund seiner kultischen Verankerung in der traditionalen Gesellschaft wird das Fest von Walter Benjamin als zyklisch wiederkehrender Anlaß erfahrungsstiftenden »Eingedenkens« veranschlagt, bei dem die individuellen an die kollektiven Inhalte des Gedächtnisses vermittelt werden: »Die Kulte mit ihrem Zeremonial, ihren Festen [...] führten die Verschmelzung zwischen diesen beiden Materien des Gedächtnisses immer von neuem durch.«[6] Dagegen führe der Prozeß der

---

3 Vgl. VICTOR TURNER, The Ritual Process. Structure and Anti-Structure (Ithaca, N. Y. 1969).
4 Vgl. CLAUDE LÉVI-STRAUSS, Anthropologie structurale (Paris 1958), 233–236; dt.: Strukturale Anthropologie, übers. v. H. Naumann (Frankfurt a.M. 1967).
5 Vgl. ARNOLD VAN GENNEP, Les rites de passage. Etude systématique des rites (1909; Paris 1969).
6 WALTER BENJAMIN, Über einige Motive bei Baudelaire (1939/1940), in: BENJAMIN, Bd. I/2 (1974), 611.

Rationalisierung und der ›Verlust der Aura‹ in der modernen Warengesellschaft laut Benjamin notwendigerweise zu einem Verfall des Kultus und der Feste.

II. ›Schwache‹ Festtheorien von Rousseau bis Wagner

Im Gegensatz zu Schillers idealistischer Konzeption vom Spiel zeigt sich bei Jean-Jacques Rousseau eine zutiefst ambivalente Haltung zu Schauspiel und Fest: In seinem ersten *Discours sur les sciences et les arts* (1751) übt er harsche Kritik an Müßiggang und Luxus, aus denen ihm zufolge Wissenschaften und Künste überhaupt erst hervorgehen können; diese sind aber – andersherum betrachtet – recht eigentlich Voraussetzungen festlicher Verschwendung, die Rousseau unter allen Umständen ablehnt. Ebenso ist die ursprüngliche gesellschaftliche Ordnung, die im zweiten *Discours sur l'origine et les fondemens de l'inégalité parmi les hommes* (1755) beschworen wird und auf dem noch gänzlich ungeselligen, im »état de Nature« verharrenden »homme Sauvage«[7] beruht, ein von sozialer Festlichkeit freier Raum. Noch ausdrücklicher artikuliert sich Rousseaus Festkritik in seiner *Lettre à M. d'Alembert* (1758), wo die von D'Alembert vorgeschlagene Errichtung eines Theaters in Genf unter Hinweis auf die verderblichen Auswirkungen der Schauspiele im allgemeinen und des Theaters im besonderen abgelehnt wird. Dennoch akzeptiert und fördert Rousseau ›öffentliche Festbarkeiten‹ (»fêtes publiques«[8]), sofern sich diese strikt dem Primat des gesellschaftlichen Nutzens und der Entfaltung der kapitalistischen Produktivkraft unterwerfen; zu ihrem Inhalt sollen diese Feste nach dem Vorbild des alten Griechenland vorzugsweise Wettspiele haben, bei denen die Teilnehmer Zuschauer ihrer selbst sind, oder es sollen Bälle stattfinden, bei denen sich die Jugend beiderlei Geschlechts kennenlernen und den künftigen Ehepartner unter schicklichen Bedingungen auswählen kann. Erstrebenswert ist für Rousseau eine vollkommene Unmittelbarkeit oder ›Transparenz‹[9] des Festes, das zwar Musik als authentischen Ausdruck der Emotion enthalten darf, aber ohne jene künstlich-künstlerisch vermittelnde Symbolisierung auskommen muß, die sich in der theatralischen Mimesis zeigen würde. Am Extremfall der Weinlese im Roman *Julie ou la Nouvelle Héloïse* (1761) bekundet sich schließlich, daß in Rousseaus Welt die Arbeit selbst die Züge eines vom Bürgertum erfolgreich domestizierten und vom Alltag ununterscheidbar gewordenen Ersatz-Festes annehmen kann.

Wiewohl aus soziologischer Sicht der These vom Verfall des Festes in der Moderne mit plausiblen Gründen widersprochen werden darf, scheint die ästhetische Reflexion seit dem 19. Jh. eine Verfallsgeschichte des Festes im Grunde vorauszusetzen. So sind der Kultus und demzufolge auch das Fest bei Hegel, wie er am Beispiel der griechischen Religion erläutert, in einer frühen Phase mit der Kunst zwar eng verbunden, aber auf den höheren Stufen der christlichen Religion und der Wissenschaft erfolgt notwendig eine Dissoziation, dank deren sich das Kunstwerk von seiner Zugehörigkeit zum Kultischen erfolgreich zu emanzipieren vermag: »Mögen wir die griechischen Götterbilder noch so vortrefflich finden und Gottvater, Christus, Maria noch so würdig und vollendet dargestellt sehen – es hilft nichts, unser Knie beugen wir doch nicht mehr.«[10]

In Frankreich gibt es im frühen 19. Jh. von unterschiedlichen Seiten Einsprüche gegen die Abwertung des Festes: François-René de Chateaubriand behandelt innerhalb seiner romantischen Apologie der christlichen Religion *Génie du christianisme ou Beautés de la religion chrétienne* (1802) auch die traditionellen Feste der katholischen Kirche; dem ästhetisch-poetischen Potential dieser Feste schreibt er die erstaunliche Tatsache zu, daß sie die Französische Revolution letzten Endes sieg-

---

7 JEAN-JACQUES ROUSSEAU, Discours sur l'origine et les fondemens de l'inégalité parmi les hommes (1755), in: ROUSSEAU, Bd. 3 (1964), 133.
8 ROUSSEAU, Lettre à M. d'Alembert (1758), in: ROUSSEAU, Bd. 5 (1964), 116.
9 Vgl. JEAN STAROBINSKI, Jean-Jacques Rousseau. La transparence et l'obstacle. Suivi de sept essais sur Rousseau (Paris 1971).
10 GEORG WILHELM FRIEDRICH HEGEL, Vorlesungen über die Ästhetik (1835–1838), in: HEGEL (TWA), Bd. 13 (1970), 142.

reich überstanden.[11] Eine andere Akzentsetzung hinsichtlich des Festgedankens findet sich im utopischen Sozialismus von Charles Fourier. In Übereinstimmung mit Rousseau verwirft Fourier in *Le nouveau monde industriel et sociétaire* (1829) die negativen Seiten festlicher Verschwendung in der bestehenden Gesellschaft. Die Festlichkeit habe zum Ziel, die arme Bevölkerung von ihrem erbärmlichen Alltagsleben abzulenken, während für die Reichen alle Tage Festtag sei.[12] Demnach kommt es für Fourier darauf an, mit Hilfe der Utopie den Alltag des Volkes selbst zum Fest auszugestalten. Eine Möglichkeit hierzu bietet kurioserweise die Oper. In der herrschenden Klassengesellschaft sei die Oper zwar eine beliebte Kunstform, aber völlig unnütz, denn sie führe lediglich zu einer Verweichlichung des Publikums. Im utopischen ›état sociétaire‹ jedoch wird die Einrichtung einer ›harmonianischen Oper‹ (opéra harmonien) der Erziehung des kindlichen Gesichts- und Gehörsinns dienen. War das Fest in Gestalt der zahlreichen ›bacchanales joyeuses‹ des armen Volkes wegen seiner Nutz- und Konsequenzlosigkeit kritisiert worden, so soll sich Fouriers Ideal einer pädagogisch wertvollen Oper gerade umgekehrt als eine gesellschaftlich nützliche Festivität erweisen: »L'opéra, dans l'état sociétaire, va devenir une source de richesse et de moralité pour les individus de toutes les classes et de tous les âges, principalement pour l'enfant, en le formant à l'*unité-mesurée* qui est pour lui [un gage de santé et] une source de bénéfices en tous genres d'industrie.«[13]

11 Vgl. FRANÇOIS-RENÉ DE CHATEAUBRIAND, Génie du christianisme ou Beautés de la religion chrétienne (1802), in: Chateaubriand, Essai sur les révolutions. Génie du christianisme, hg. v. M. Regard (Paris 1978), 893–925.
12 Vgl. CHARLES FOURIER, Le nouveau monde industriel et sociétaire (1829), in: Fourier, Œuvres complètes, Bd. 6 (Paris 1966), 411 f.
13 FOURIER, Théorie de l'unité universelle (1822), in: ebd., Bd. 5 (Paris 1966), 75.
14 Vgl. CARL DAHLHAUS, Richard Wagners ›Bühnenfestspiel‹. Revolutionsfest und Kunstreligion, in: W. Haug/R. Warning (Hg.), Das Fest (München 1989), 593.
15 Vgl. RICHARD WAGNER, Das Bühnenweihfestspiel in Bayreuth (1882), in: Wagner, Gesammelte Schriften und Dichtungen, Bd. 10 (Leipzig 1888), 297–308.
16 WAGNER, Religion und Kunst (1880), in: ebd., 211.

Ansätze zu einer Domestizierung des Festes sind dem frühen Richard Wagner fremd, der auf der Suche nach einer für seine Zwecke adäquaten Form des ›dramatischen Festes‹ ist, das sich durch seine Einmaligkeit auszeichnen soll und dessen Gegenstand um 1848 nur die Revolution sein kann. Wagner denkt noch 1850 daran, nach der Aufführung von *Siegfrieds Tod* das eigens errichtete Holztheater wieder einzureißen und die Partitur zu verbrennen. Nach der Errichtung seines Festspielhauses in Bayreuth wird der Inhalt des Festes das musikalische Drama selbst sein.[14] Wagner entwickelt nun auch die Idee eines ›Bühnenweihfestspiels‹[15], als welches er seinen *Parsifal* (1882) komponiert und dort aufführen läßt. An die Stelle der Einmaligkeit eines ›dramatischen Festes‹ tritt die zyklische Wiederkehr des ›Festspiels‹. Damit ist der Schritt zu einer Kunstreligion nach Wagnerschem Verständnis getan: »Man könnte sagen, daß da wo die Religion künstlich wird, der Kunst es vorbehalten sei den Kern der Religion zu retten, indem sie die mythischen Symbole, welche die erstere im eigentlichen Sinne als wahr geglaubt wissen will, ihrem sinnbildlichen Werthe nach erfaßt, um durch ideale Darstellung derselben die in ihnen verborgene tiefe Wahrheit erkennen zu lassen.«[16] Der zentrale Ritus dieser Kunstreligion besteht hinfort in der Aufführung des »Bühnenweihfestspiels« mit dem Zweck, eine »Umkehr des Willens zum Leben« (214) zu befördern und die »Erkenntniß der Hinfälligkeit der Welt und der hieraus entnommenen Anweisung zur Befreiung von derselben« (212) zu vermitteln.

Die genannten Auffassungen des Festes von Rousseau bis hin zu Wagner sind im Hinblick auf die Ästhetik zweifelsohne ›schwache‹ Theorien, da das Zusammentreffen von Festlichkeit und Kunst letztlich kontingent bleibt: Die Ästhetik wird als grundsätzlich unabhängig von Festlichkeit begriffen. Darum können dann Rousseau und auch Fourier das ästhetische Moment des Festes überhaupt zugunsten seiner Integration in eine erst noch zu schaffende Gesellschaft beschneiden; bei Chateaubriand liegt die Ästhetik dem Fest immer schon voraus, um ihm von Fall zu Fall ihre Vorzüge mitzuteilen; bei Hegel kommt es so weit, daß die Kunst auf einer höheren Stufe des festlichen Kultus gar nicht mehr bedarf. Einen Grenzfall stellt

Wagner dar: In seinen frühen, dann wieder verworfenen Vorstellungen vom ›Bühnenfestspiel‹ verknüpfen sich Ästhetik und Festlichkeit unauflösbar miteinander. Im später projektierten ›Bühnenweihfestspiel‹ bleibt jedoch unklar, ob der Inhalt des Festes noch die Kunst oder ob nicht gerade umgekehrt das Fest zur Vermittlungsinstanz einer bürgerlichen Kunstreligion geworden ist.

III. Dionysisches Fest und Kunst bei Nietzsche

Vor der konzeptuellen Kontrastfolie von Wagners ›Bühnenweihfestspiel‹ mit seinen unbestreitbar orthodox-affirmativen Zügen lassen sich der Eigensinn und die Radikalität der Tragödientheorie Nietzsches ermessen. Gegen die Meinung seiner altertumskundlichen Fachgenossen will Nietzsche bekanntlich einen Niederschlag des Dionysischen in der Chorlyrik der attischen Tragödie erkennen. Die »Verzückung des dionysischen Zustandes« wird hierbei von Nietzsche über eine »Vernichtung der gewöhnlichen Schranken und Grenzen des Daseins« bestimmt, und weiterhin heißt es: »So scheidet sich durch diese Kluft der Vergessenheit die Welt der alltäglichen und der dionysischen Wirklichkeit von einander ab«[17]. Es liegt auf der Hand, daß Nietzsches Vorstellung vom Dionysischen, wie vage auch immer, auf die Tradition kultisch-ritueller Festlichkeit rekurriert, in deren Verlauf die ›Festgemeinde‹ mit dem von ihr verehrten Schutzgott Dionysos ekstatisch verschmilzt. Nietzsches polemische Aufwertung des Dionysischen gegenüber dem Apollinischen mit Hilfe der von ihm reklamierten ›genealogischen Methode‹ und die Interpretation der Tragödie überhaupt als greifbarste Instanz des festlich-orgiastischen Rausches hat das Problematischwerden, ja das vollkommene Vergessensein der dionysischen Festkultur beim Publikum des 19. Jh. zur logischen Prämisse. Darum gewinnt für Nietzsche die attische Tragödie ihre eigentliche Dignität gerade daraus, daß sie zum ästhetischen Monument wie auch zum Vorschein einer Festlichkeit wird, die es als rein lebensweltliche, außerästhetische Veranstaltung unter den Bedingungen der Moderne nicht mehr oder

noch nicht wieder zu geben vermag. In Gestalt des »tragischen Mythus« einerseits, der Musik andererseits ist die Kunst Nietzsche zufolge »metaphysisches Supplement der Naturwirklichkeit [...], zu deren Ueberwindung neben sie gestellt«(147). So gesehen, ist das Ästhetische dazu bestimmt, jenes unvordenkliche »Zerbrechen des Individuums und sein Einswerden mit dem Ursein« (58), wie es der banausischen ›Jetztzeit‹ zwar abhanden gekommen ist, wohl aber für die alten Griechen im Taumel des dionysischen Rausches erfahrbare Wirklichkeit war, im Fest wiederaufleben zu lassen.

IV. Karneval und Literatur bei Bachtin

Seit den späten 1960er Jahren hat die breite internationale Rezeption der Theorien des russischen Kultursemiotikers und Literaturwissenschaftlers Michail Bachtin dazu geführt, daß das Karnevalsfest zu einem ästhetischen Konzept avancieren konnte. Im unverkennbaren Ausgang von Nietzsche postuliert Bachtin eine Genealogie der neuzeitlichen Literatur aus dem Geist des Karnevals. In seinem frühen Buch über den französischen Renaissance-Autor Rabelais (geschrieben schon in den 1930er Jahren, erschienen 1965) kann Bachtin sich auf die thematische Nähe zwischen dessen Romanwerk und dem überkommenen Fastnachtsbrauchtum berufen. Rabelais nimmt Bachtin zufolge eine herausragende Position in der Geschichte des volkstümlichen Karnevalslachens ein. Im mittelalterlichen Narrenfest habe sich nämlich das ambivalente Gelächter des Karnevals dank seinen verbürgten Lizenzen als ein subversives Element gegen die einschüchternde Kultur des Ernstes behaupten können, der von seiten der staatlichen und kirchlichen Autoritäten verordnet wurde. Vom Marktplatz herkommend, habe das Karnevalslachen dann Eingang in zahlreiche literarische Gattungen des Spätmittelalters und der Renaissance gefunden; besonders deutlich manife-

---

[17] FRIEDRICH NIETZSCHE, Die Geburt der Tragödie aus dem Geiste der Musik (1872), in: NIETZSCHE (KGA), Abt. 3, Bd. 1 (1972), 52.

stiere es sich in Rabelais' Romanen.[18] Während Bachtin sich in seiner Deutung von Rabelais' literarischer Produktion auf weite Strecken damit begnügen kann, für diese einen karnevalistischen Sitz im Leben und enge inhaltliche Berührungspunkte nachzuweisen, formuliert er in der Zweitausgabe seines Buches über Dostoevskij (1963) das sehr viel radikalere und für die ästhetischen Debatten folgenreichere Konzept einer grundsätzlichen »карнавализация литературы« (Karnevalisierung der Literatur)[19], wodurch der ästhetische Text nicht mehr als Reflex respektive Ornament, sondern als eigenständiges Analogon respektive Supplement des außer- und vorliterarischen Karnevalsfestes erscheint.

Den Karnevalsbegriff verwendet Bachtin nicht im volkskundlichen Verständnis, wo darunter ausschließlich die Fastnacht verstanden wird, die der vorösterlichen Fastenzeit vorausgeht; vielmehr bezieht Bachtin den Begriff in einem weiten Sinn auf die »совокупность всех разнообразных празднеств карнавального типа« (Gesamtheit aller verschiedenartigen Feste, Riten des karnevalistischen Typs) (140; dt. 136), so daß er auf dieser Grundlage den folgenden Definitionsversuch unterbreiten kann:

»Сам карнавал […] это синкретическая зрелищная форма обрядового характера. Форма эта очень сложная, многообразная, имеющая, при общей карнавальной основе, различные вариации и оттенки в зависимости от различия эпох, народов и отдельных празднеств.« (Der Karneval selbst […] ist eine synkretistische Form des Schauspiels von rituellem Charakter. Diese Form ist sehr kompliziert und vielfältig, und hat, auf der gemeinsamen Grundlage des Karnevals, je nach Epoche, Volk und Art des Festes, unterschiedliche Varianten und Nuancen ausgebildet.) (140; dt. 136)

»Карнавал – это зрелище без рампы и без разделения на исполнителей и зрителей. В карнавале активные участники, все причащаются карнавальному действу. Карнавал не созерцают и, строго говоря, даже и не разыгрывают, а живут в нём, живут по его законам, пока эти законы действуют, т. е. живут карнавальной жизнью. Карнавальная же жизнь – это жизнь, выведенная из своей обычной колеи, в какой-то мере ›жизнь наизнанку‹, ›мир наоборот‹ (›monde à l'envers‹). Законы, запреты и ограничения, определявшие строй и порядок обычной, т. е. внекарнавальной, жизни, на время карнавала отменяются.« (Der Karneval ist ein Schauspiel ohne Rampe und ohne die Trennung in Darsteller und Zuschauer. Alle seine Teilnehmer sind aktiv, sie alle kommunizieren am karnevalistischen Akt. Der Karneval wird nicht angeschaut und strenggenommen auch nicht gespielt, sondern man lebt in ihm, lebt nach seinen Gesetzen, solange diese Gesetze gelten, d. h. man lebt ein karnevalistisches Leben. Das karnevalistische Leben ist ein Leben, das aus seinem gewöhnlichen Gleis geraten ist, in gewisser Weise ein ›verkehrtes Leben‹, ›eine auf den Kopf gestellte Welt‹ [›monde à l'envers‹]. Die Gesetze, Verbote und Beschränkungen, die die Struktur und Ordnung des gewöhnlichen Lebens, des Lebens außerhalb der Karnevalszeit bestimmen, werden für die Zeit des Karnevals aufgehoben.) (141; dt. 137) »Карнавал – праздник всеуничтожающего и всеобновляющего времени.« (Der Karneval ist ein Fest der alles vernichtenden und alles erneuernden Zeit.) (143; dt. 139). »Карнавал торжествует самую смену, самый процесс сменяемости, а не то, что именно сменяется. Карнавал, так сказать, функционален, а не субстанционален. Он ничего не абсолютизирует, а провозглашает весёлую относительность всего.« (Der Karneval feiert den Wechsel als solchen, den Prozeß der Ablösbarkeit selbst, und nicht das, was abgelöst wird. Der Karneval ist sozusagen funktional und nicht substantial. Er verabsolutiert nichts, er verkündet die fröhliche Relativität alles Bestehenden.) (144; dt. 140)

Charakteristisch für das »karnevalistische Weltempfinden« (карнавальное мироощущение)

---

18 Vgl. MICHAIL BACHTIN, Tvorčestvo Fransua Rable i narodnaja kul'tura srednevekov'ja i Rennessansa (Moskau 1965); dt.: Rabelais und seine Welt. Volkskultur als Gegenkultur, hg. v. R. Lachmann, übers. v. G. Leupold (Frankfurt a. M. 1987).

19 Vgl. BACHTIN, Problemy poėtiki Dostoevskogo (Moskau 1979), 123; dt.: Probleme der Poetik Dostoevskijs, übers. v. A. Schramm (München 1971), 120.

(143; dt. 139) sind insbesondere die Kategorien der »Familiarisierung« (фамильяризация), der »Exzentrizität« (эксцентричность), der »karnevalistischen Mesalliancen« (карнавальные мезальянсы), der »Profanierung« (профанация) (142; dt. 138). All dies gipfelt im »Karnevalsspiel«, der »närrischen Krönung und anschließenden Erniedrigung des Karnevalskönigs« (карнавальным действом является шутовское увенчание и последующее развенчание карнавального короля). In der Ambivalenz dieses Rituals bekundet sich »весёлая относительность всякого строя и порядка, всякой власти и всякого положения (иерархического)« (die *fröhliche Relativität* jeder Struktur und Ordnung, jeder Macht und jeder [hierarchischen] Position) (143; dt. 139). Ebenso ambivalent ist das Karnevalslachen, das genetisch mit den ältesten Formen rituellen Lachens verbunden und sowohl auf die höchste Gottheit als auch auf die Zeugungskraft gerichtet sei: »В акте карнавального смеха сочетаются смерть и возрождение, отрицание (насмешка) и утверждение (ликующий смех)« (Im Akt des Karnevalslachens verbinden sich Tod und Wiedergeburt, Verneinung [Spott] und Behauptung [triumphierendes Lachen].) (146; dt. 142). Zum Gegenstand des Karnevalslachens kann dann weiterhin der sogenannte »groteske Körper« (гротескное тело)[20] überhaupt werden, der durch seine Öffnungen und Ausstülpungen charakterisiert ist und Nahrung aufnimmt, ausscheidet oder mit anderen Körpern kopuliert.

Nach Bachtin prägen die »karnevalistische Folklore« (карнавальный фольклор) und das hiermit verbundene »karnevalistische Weltempfinden« (карнавальное мироощущение)[21] nachhaltig die Literatur. Besonders gilt dies für alle antiken Gattungen, in denen sich Ernst und Scherz nach dem Prinzip des ›σπουδογέλοιον‹ (des ›Ernsthaft-Lächerlichen‹)[22] mischen und wozu Bachtin den Sokratischen Dialog, den Mimus, das Symposion, die Diatribe, die bukolische Poesie und vor allem die Menippeische Satire rechnet. Allerdings stellen diese literarischen Formen nicht einfach eine Abbildung des Karnevals dar, sondern die Ritualien des Karnevals werden in die Sprache der Literatur eingetragen und dort ausgetragen: »Эту транспонировку карнавала на язык литературы мы и называем карнавализацией её.« (Diese Transposition des Karnevals in die Literatursprache nennen wir die Karnevalisierung der Literatur.) (141; dt. 137) Demzufolge heißt es auch: »Ту литературу, которая испытала на себе – прямо и непосредственно или косвенно, через ряд посредствующих звеньев, – влияние тех или иных видов карнавального фольклора (античного или средневекового), мы будем называть карнавализованной литературой. [...] Мы считаем, что проблема карнавализации литературы является одной из очень важных проблем исторической поэтики, преимущественно поэтики жанров.« (Die Literatur, die – direkt und unmittelbar oder indirekt, über eine Reihe vermittelnder Glieder – dem Einfluß der [antiken oder mittelalterlichen] karnevalistischen Folklore in der einen oder anderen Form unterlag, wollen wir *karnevalisierte Literatur* nennen. [...] Wir halten die Karnevalisierung der Literatur für eins der wichtigsten Probleme der historischen Poetik und der Gattungspoetik insbesondere.) (123; dt. 120)

Die vom Karneval beeinflußten Formen der Literatur werden für Bachtin zu einer karnevalistischen Veranstaltung sui generis, welche nunmehr selbst die Züge des Festes trägt. Merkmalhafte Elemente der Menippeischen Satire, die sich als das Musterbeispiel einer karnevalisierten Gattung erweist, sind hierbei: das Element des Lachens; die außerordentliche Freiheit in der Erfindung der Sujets und der philosophischen Idee; die Inszenierung von Ausnahmesituationen; der Naturalismus der Elendsviertel; die Behandlung letzter Fragen; der Schwellendialog; die experimentelle Phantastik; die Darstellung ungewöhnlicher Zustände einschließlich des Wahnsinns; die Einfügung von Skandalszenen, exzentrischem Verhalten, unpassenden Reden und Auftritten; die scharfen Kontraste und widersprüchlichen Verbindungen; die Tendenz zur sozialen Utopie; die Einbeziehung weiterer Gattungen wie Novelle, Brief, Rede, Symposion; die Vielfalt der Stile; die Aktualität,

---

20 BACHTIN (s. Anm. 18), 343; dt. 358; vgl. 341–399; dt. 357–412.
21 BACHTIN (s. Anm. 19), 122; dt. 119.
22 Vgl. ebd., 122; dt. 119.

der publizistische Charakter und die Nähe zum ideologischen Tagesgespräch. Aus der Menippeischen Satire entwickelt sich laut Bachtin über eine Reihe von Zwischenstufen die dialogische Variante des modernen Romans, die bei Dostoevskij ihren Höhepunkt erreicht.[23]

Der dialogische Roman ist »художественно организованное социальное разноречие« (künstlerisch organisierte Redevielfalt)[24], in der das »Wort des Autors« (авторское слово) und die »fremde Rede« (чужая речь) (115; dt. 193 f.) des Helden oder der anderen Figuren aufeinandertreffen und miteinander in Konflikt geraten. Hieraus ergeben sich zahlreiche Texteffekte wie etwa das »*zweistimmige* Wort« (двуголосое слово) (137; dt. 213), die »Redevielfalt« (разноречивость) (124; dt. 201), die »Stimmenvielfalt« (разноголосица) (142; dt. 217 die »Vielfalt von ›Sprachen‹« (многообразие ›языков‹ (125; dt. 201), die »Hybridisierung« (гибридизация) (133; dt. 209) oder die »vorbehaltliche, distanzierte Verwendung von Sprachen« (оговорочное дистанциированное пользование языками) (137; dt. 212). All diese Charakteristika begreift Bachtin als Derivate einer Rede- und Aktionsfreiheit, die ihren angestammten Platz in der karnevalistischen Festkultur gehabt habe und von dort in die Literatur hinübergewandert sei.

Bachtin verbindet das systematische Konzept einer »Karnevalisierung der Literatur« (карнавализация литературы) mit einer historischen These. Nach dem Ende des Mittelalters im Zeitalter der Renaissance – exemplarisch bei Rabelais, aber auch bei Cervantes – sei der Karneval ubiquitär geworden und habe nahezu alle Gattungen der Literatur in seinen Bann gezogen. Ab der zweiten Hälfte des 17. Jh. ändere sich jedoch die Situation grundlegend, da die Institution des Karnevals zunehmend verfalle:

»В результате всего этого произошло измельчание и распыление карнавала и карнавального мироощущения, утрата им подлинной площадной всенародности. Поэтому изменился и характер карнавализации литературы. До второй половины XVII века люди были *непосредственно причастны* к карнавальным действам и карнавальному мироощюнию, они ещё жили в карнавале, то есть карнавал был одной из форм самой жизни. Поэтому карнавализация носила непосредственный характер […]. *Источником карнавализации был сам карнавал.* Со второй половины XVII века карнавал почти полностью перестаёт быть непосредственным источником карнавализации, уступая своё место влиянию уже ранее карнавализованной литературы; таким образом, карнавализация становится чисто литературной традицией.« (Die Verflachung und Zersplitterung des Karnevals und des karnevalistischen Weltempfindens, der Verlust an Öffentlichkeit und Allgemeinheit waren die Folge. Auch die Karnevalisierung der Literatur verändert sich. Bis zur zweiten Hälfte des 17. Jahrhunderts *nahmen* die Menschen *unmittelbar* an den Karnevalsspielen und am karnevalistischen Weltempfinden *teil*, sie *lebten* noch im Karneval, d. h. der Karneval war eine Form des Lebens selbst. Deshalb erfolgte die Karnevalisierung noch unmittelbar. […] *Quelle der Karnevalisierung war der Karneval selbst.* […] Von der zweiten Hälfte des 17. Jahrhunderts an hört der Karneval fast völlig auf, unmittelbare Quelle der Karnevalisierung zu sein; an seine Stelle tritt der Einfluß bereits früher karnevalisierter Literatur; auf diese Weise wird die Karnevalisierung zu einer rein literarischen Tradition.)[25]

Bachtins Theorie der Karnevalisierung ist sehr viel folgenreicher für die ästhetische Reflexion als für die historische Karnevalsforschung, die mit seinen Hypothesen, wie zu erwarten war, wenig anzufangen wußte. Denn trotz zahlreicher gut belegter, aber durchaus diskussionswürdiger Bezugnahmen auf die antike wie mittelalterliche Volkskultur erscheint die Karnevalisierung bei Bachtin für die sich anbahnende wie auch für die vollendete Moderne im wesentlichen als ein innerliterarisches, innerästhetisches Phänomen. Am Paradigma des Karnevals, der ausdrücklich als ein subversives Fest der Gegenkultur verstanden ist, beschreibt Bachtin

---

23 Vgl. ebd., 159–182; dt. 154–176.
24 BACHTIN, Slovo v romane (1934–1935), in: Bachtin, Voprosy literatury i èstetiki (Moskau 1975), 76; dt.: Das Wort im Roman, in: Bachtin, Die Ästhetik des Wortes, hg. v. R. Grübel, übers. v. R. Grübel/S. Reese (Frankfurt a. M. 1979), 157.
25 BACHTIN (s. Anm. 19), 151; dt. 147.

das Modell einer literarischen Stillinie, die das karnevalistische Fest nicht nur begleitet, sondern die selbst zum karnevalistischen Gegenfest geworden ist.

V. Potlatsch, Transgression und Ästhetik bei den Autoren des Collège de Sociologie

Nicht am historisch belegten Karneval und vergleichbaren Ritualien, sondern am ekstatischen Fest archaischer Kulturen richtet sich der ästhetische Entwurf aus, den Georges Bataille und andere Autoren aus dem Umkreis des Collège de Sociologie formuliert haben. Gedanklicher Ausgangspunkt sind einerseits die soziologischen Arbeiten von Emile Durkheim und Marcel Mauss[26], andererseits aber auch und vor allem die Beschreibung und Deutung des Totemfestes bei Freud. Dem Letztgenannten zufolge steht für einen Clan das eigene Totemtier unter dem Tötungstabu, weshalb es nur anläßlich des Totemfestes erlegt werden darf und danach rituell zu betrauern ist:»Aber nach dieser Trauer folgt die lauteste Festfreude, die Entfesselung aller Triebe und Gestattung aller Befriedigungen. Die Einsicht in das Wesen des *Festes* fällt uns hier ohne jede Mühe zu. Ein Fest ist ein gestatteter, vielmehr ein gebotener Exzeß, ein feierlicher Durchbruch eines Verbotes. Nicht weil die Menschen infolge irgendeiner Vorschrift froh gestimmt sind, begehen sie die Ausschreitungen, sondern der Exzeß liegt im Wesen des Festes; die festliche Stimmung wird durch die Freigebung des sonst Verbotenen erzeugt.«[27]

In Anlehnung an Freud beschreibt auch Roger Caillois in einer ethnographischen Abhandlung über das Heilige ein von ihm so bezeichnetes ›sacré de transgression‹, das sich in den Ausschweifungen (débauche) des Festes realisiere. »Cet entracte d'universelle transgression que constitue la fête apparaît ainsi réellement comme la durée de la suspension de l'ordre du monde. C'est pourquoi les excès sont alors permis. Il importe d'agir à l'encontre des règles. Tout doit être effectué à l'envers.«[28]

Anders als Freud, der im Totemfest die Erinnerung an einen wirklich verübten oder auch nur imaginierten Vatermord am Werk zu sehen meint,

läßt Caillois die Frage nach der Herkunft des Festes offen. Vielmehr will er anhand der festlichen Transgression den von Grund auf ambivalenten Charakter des Heiligen aufzeigen, das sich in der notwendigen Überschreitung eines Verbotes manifestiere, welches außerhalb des Festes absolute Geltung beanspruchen dürfe. Während Caillois sich weitgehend auf die ethnographische Analyse beschränkt, verbindet Bataille in seinen analytischen Schriften das Konzept transgressiver Festlichkeit mit einer Theorie der Gesellschaft und der Ästhetik gleichermaßen. Wie Caillois geht auch Bataille von einer unaufhebbaren Koppelung von Verbot (interdit) und dessen bewußter Überschreitung (transgression) im rituellen Fest aus, die in voller Anerkennung der Gültigkeit des Verbots geschieht. Er glaubt aber, die strukturelle Ambivalenz des Festes auch in einer Reihe von weiteren sozialen Erscheinungen ausmachen zu können, die er aus einem menschlichen Hang zur unproduktiven ›Verausgabung‹ (dépense) abzuleiten sucht: »L'activité humaine n'est pas entièrement réductible à des processus de production et de conservation et la consommation doit être divisée en deux parts distinctes. La première, réductible, est représentée par l'usage du minimum nécessaire, pour les individus d'une société donnée, à la conservation de la vie et à la continuation de l'activité productive: il s'agit donc simplement de la condition fondamentale de cette dernière. La seconde part est représentée par les dépenses dites improductives: le luxe, les deuils, les guerres, les cultes, les constructions de monuments somptuaires, les jeux, les spectacles, les

---

[26] Vgl. EMILE DURKHEIM, Les formes élémentaires de la vie religieuse (Paris 1912); dt.: Die elementaren Formen des religiösen Lebens, übers. v. L. Schmidts (Frankfurt a. M. 1981); MARCEL MAUSS, Essai sur le don. Forme et raison de l'échange dans les sociétés archaïques (1923/1924), in: Mauss, Sociologie et anthropologie, hg. v. C. Lévi-Strauss (1950; Paris ³1989), 145–280; dt.: Die Gabe. Form und Funktion des Austausches in archaischen Gesellschaften, übers. v. E. Moldenhauer (Frankfurt a. M. 1968).

[27] SIGMUND FREUD, Totem und Tabu. Einige Übereinstimmungen im Seelenleben der Wilden und der Neurotiker (1913), in: FREUD (SA), Bd. 9 (1974), 424 f.

[28] ROGER CAILLOIS, L'homme et le sacré (1939); Paris ³1963), 151.

arts, l'activité sexuelle perverse (c'est-à-dire détournée de la finalité génitale) représentent autant d'activités qui, tout au moins dans les conditions primitives, ont leur fin en elles-mêmes. Or, il est nécessaire de réserver le nom de dépense à ces formes improductives, à l'exclusion de tous les modes de consommation qui servent de moyen terme à la production.«[29]

Gemeinsam ist allen hier aufgezählten Äußerungsformen menschlicher Kultur, zu denen die verschiedenen Arten des Festes wesentlich mitgehören, daß sie nicht auf die Produktion gesellschaftlich nützlicher Güter durch Arbeit, sondern auf deren Zerstörung gerichtet sind. Die Verbote und Gebote des gesellschaftlichen Zusammenlebens werden ebenso wie die Prinzipien der ökonomischen Rationalität im Gestus festlicher Verausgabung mißachtet und überschritten. Paradigma eines Rituals der unproduktiven Verschwendung ist für Bataille der Potlatsch, der von den Indianerstämmen an der Nordwestküste Amerikas geübt wird und den Mauss in seinem *Essai sur le don* bereits eingehend untersucht hatte. Bataille schreibt hierzu: »Les moins avancées de ces peuplades américaines pratiquent le *potlatch* à l'occasion des changements dans la situation des personnes – initiations, mariages, funérailles – et, même sous une forme plus évoluée, il ne peut jamais être disjoint d'une fête, soit qu'il occasionne cette fête, soit qu'il ait lieu à son occasion.«[30]

Der Potlatsch besteht Mauss zufolge in einer Gabe, die sich einer ›transitiven‹ Ökonomie des Tausches entzieht, da sie nicht zur Gegengabe verpflichtet, sondern grundsätzlich unerwidert bleibt. Sie besteht allein aus der ostentativen Zerstörung von eigenem Reichtum im Angesicht der Adressaten.[31] Für Bataille kann der Potlatsch hierbei die Züge des religiösen Opfers annehmen, das in aller Regel einer numinosen Instanz dargebracht wird: »Le potlatch rejoint le sacrifice religieux, les destructions étant théoriquement offertes à des ancê-
tres mythiques des donataires.«[32] Insofern Bataille den unerwiderten, selbstbezüglichen Potlatsch zur Grundform, das empfängerbezogene Opfer zu dessen Sonderfall macht, setzt er die Anwesenheit und Mitwirkung einer Adressateninstanz als fakultative Größe. Konstitutiv hingegen ist der ›intransitive‹ Gestus einer unproduktiven Verausgabung, die – zur ›allgemeinen Ökonomie‹ (économie générale) gehörig – den Verboten der produktionsorientierten ›beschränkten Ökonomie‹ (économie restreinte) zuwiderläuft. So erscheint der Potlatsch von Haus aus als Transgression wirtschaftlicher Ordnung, und er findet seine Verdoppelung in den Formen transgressiver Festlichkeit, die ihn begleiten.

Während bei Caillois die anthropologische Theorie des Festes im Dienst einer Soziologie des Heiligen steht, öffnet sich bei seinem Weggefährten Bataille und auch bei Michel Leiris die Reflexion des Festes hin auf den Bereich einer subversiven Ästhetik. Für Leiris erweist sich das blutige Ritual der spanischen Corrida als ein Akt der Transgression: Der Stierkämpfer, der zunächst als Repräsentant der ›rechten Seite‹ (élément droit), des Lichts und des Guten, fungiert, trifft auf den Stier, der die ›linke Seite‹ (élément gauche), die Dunkelheit und das Böse, symbolisiert, so daß beide in der Stierkampffigur des ›pase‹ sowie in der finalen ›estocada‹ einander tangentiell berühren. In der Konjunktion der bedrohlichen Bestie mit der Lichtgestalt des Stierkämpfers tritt dieser selbst auf die ›linke Seite‹ der Sünde, um sich ihr zumindest für einen Augenblick gleichzumachen. Die Tötung des Stiers betrachtet auch Leiris als eine Opferung, die konzeptuell Batailles ›intransitivem‹ Potlatsch entspricht, insofern auch hier kein regulärer Empfänger der Gabe auszumachen ist. Aus der transgressiven Konjunktion von ›linker‹ und ›rechter‹ Seite auf dem blutigen Höhepunkt des Stierkampfs leitet Leiris schließlich ein übergreifendes Modell des ästhetischen Vergnügens ab: »Il résulte de ceci que la tauromachie peut être prise pour exemple typique d'un art où la condition essentielle de beauté est un décalage, une déviation, une dissonance. Aucun plaisir esthétique ne serait donc possible sans qu'il y ait viol, transgression, dépassement, péché par rapport à un ordre idéal faisant fonction de règle; toutefois, une licence abso-

---

29 GEORGES BATAILLE, La notion de dépense, in: Bataille, La part maudite. Précédé de La notion de dépense, hg. v. J. Piel (Paris 1933), 28.
30 Ebd., 32.
31 Vgl. MAUSS (s. Anm. 26), 151 ff.
32 BATAILLE (s. Anm. 29), 33.

lue, comme un ordre absolu, ne saurait jamais être qu'une abstraction insipide et dépourvue de sens. De même que la mort sous-jacente donne couleur à la vie, le péché, la dissonance (qui contient en germe, et suggère, une destruction possible) confère beauté à la règle, la sort de son état de norme figée pour en faire un pôle actif et magnétique dont on s'écarte ou vers lequel on tend.«³³ Bataille, der seine Untersuchung *L'érotisme* (1957) ausdrücklich Leiris gewidmet hat, behandelt vorrangig in seiner Studie über die Höhlenmalerei von Lascaux die Kunst als Transgression: »La transgression que je désigne est la transgression religieuse, liée à la sensibilité extatique, qui est la source de l'extase et le fond de la religion. Elle se lie à la fête, dont le sacrifice est un moment de paroxysme. L'antiquité voyait dans le sacrifice le *crime* du sacrificateur qui, dans le silence angoissé des assistants, mettait la victime à mort, le crime où le sacrificateur, en connaissance de cause et lui-même angoissé violait l'interdit du meurtre. Il nous importe ici que, dans son essence, et dans la pratique, l'art exprime ce moment de transgression religieuse, qu'il l'exprime seul assez gravement et qu'il en soit la seule issue. [...] Toujours la transgression se traduisit en formes prodigieuses: telles les formes de la poésie et de la musique, de la danse, de la tragédie ou de la peinture. Les formes de l'art n'ont d'autre origine que la fête de tous les temps, et la fête, qui est religieuse, se lie au déploiement de toutes les ressources de l'art. Nous ne pouvons imaginer un art indépendant du mouvement qui engendre la fête. Le jeu est en un point la transgression de la loi du travail: l'art, le jeu et la transgression ne se rencontrent que liés, dans un mouvement unique de négation des principes présidant la régularité du travail. Ce fut apparemment le souci majeur des origines – comme il l'est encore des sociétés archaïques – d'accorder le travail et le jeu, l'interdit et la transgression, le temps profane et les déchaînements de la fête en une sorte d'équilibre léger, où sans cesse les contraires se composent, où le jeu lui-même prend l'apparence du travail, et où la transgression contribue à l'affirmation de l'interdit. Nous avançons avec une sorte d'assurance qu'au sens fort, la transgression n'existe qu'à partir du moment où l'art lui-même se manifeste et qu'à peu près, la naissance de l'art coïncide, à l'Age du renne, avec un tumulte de jeu et de fête, qu'annoncent au fond des cavernes ces figures où éclate la vie, qui toujours se dépasse et qui s'accomplit dans le jeu de la mort et de la naissance.«³⁴

In seiner Interpretation der Höhlenmalereien von Lascaux behauptet Bataille nicht nur den thematischen Bezug der Abbildungen zu transgressiven Akten wie der gewaltsamen Tötung der gejagten Tiere oder der obszönen Zurschaustellung des Ithyphallus, sondern der künstlerischen Aktivität gewinnt Bataille zufolge selbst die Merkmale der Ritualität, so daß sie Teil des Festes wird: »Nous ne connaissons pas ces rites, mais nous devons penser que l'exécution de ces peintures en constituait l'une des parties. Tracer une figure n'était peut-être pas, isolément, une cérémonie, mais c'en était l'un des éléments constitutifs. Il s'agissait d'une *opération*, religieuse ou magique.« (129)

Die zitierten Äußerungen zeigen, wie stark Bataille von der Vorstellung eines archaischen, religiös verankerten Festes geprägt zu sein scheint. Nichtsdestoweniger hat er an anderer Stelle darauf hingewiesen, daß im Verlauf der abendländischen Geschichte unter dem Einfluß der jüdischen und der christlichen Religion die archaische Transgression immer mehr zur moralisch verurteilten, blasphemischen Profanation umgedeutet wurde, die sich mit dem Bösen gemein mache und unter allen Umständen zu unterbleiben habe.³⁵ Das Unreine und Verfemte, dessen ambivalent sakraler Charakter in der archaischen Gesellschaft noch deutlich zu erkennen war, gerät zum sündhaft Bösen, welches das schiere Gegenteil des Heiligen und somit des Satans ist. Kunst, in der sich festliche Transgression vollzieht, muß sich darum in der christlichen und sozusagen nachchristlichen Ära dem immer schon moralisch gerichteten Bösen verschreiben, so jedenfalls Batailles These in *La littérature et le mal*, wo er die Werke ›verfemter‹ Autoren wie Sade, Blake, Baudelaire, Proust, Kafka und Genet kommentiert.

---

33 MICHEL LEIRIS, Miroir de la tauromachie (1938; Saint-Clément-la-Rivière 1989), 43; dt.: Spiegel der Tauromachie, übers. v. V. von der Heyden-Rynsch (München 1982).
34 BATAILLE, Lascaux ou la naissance de l'art, in: Bataille, Œuvres complètes, Bd. 9 (1979), 37 f.
35 Vgl. BATAILLE, L'érotisme (Paris 1957), 130–142.

Die Zugehörigkeit des ästhetischen Phänomens zum Fest manifestiert sich unter den Bedingungen der säkularen Moderne vorzugsweise in dessen Affinität zur dunklen Seite des Verfemten, das in der archaischen Transgression periodisch freigegeben war und das in der Neuzeit mehr und mehr zum Bösen umcodiert wird, woran sich die Literatur notgedrungen schuldig machen muß: »La littérature n'est pas innocente, et, coupable, elle devait à la fin s'avouer comme telle.«³⁶ Der offenkundige Hang zum Bösen und zur entartenden Festlichkeit eines Gutteils moderner Literatur beerbt mithin die archaische Lizenz zur festlichen Transgression und schreibt sie auf eigenwillige Weise fort. Als Schibboleth ›verfemter‹ Literatur erweist sich demzufolge weniger die platte Apologie des moralisch Verwerflichen denn der ›gebotene Exzeß‹ des Festes, der in der Moderne, bis zur Unkenntlichkeit verwandelt, als das Böse wiederkehrt.

Es stellt sich bei Bataille zweifelsohne die Frage, ob seine Theorie der festlichen Transgression, die sich zur Profanation transformiert, nicht trotz aller Subtilität die Verbindlichkeit eines substantiellen Heiligen voraussetzt, wie sie für die säkulare Moderne nicht mehr als maßgeblich erachtet werden kann. Aus diesem Grund hat Michel Foucault vorgeschlagen, die Notionen der Profanation und der Transgression zu entleeren, so daß er von einer »profanation sans objet, une profanation vide et repliée sur soi« sprechen kann, die er als charakteristisch für die Moderne betrachtet: »Or une profanation dans un monde qui ne reconnaît plus de sens positif au sacré, – n'est-ce pas à peu près cela qu'on pourrait appeler la transgression? Celle-ci, dans l'espace que notre culture donne à nos gestes et à notre langage, prescrit non pas la seule manière de trouver le sacré dans son contenu immédiat, mais de le recomposer dans sa forme vide, dans son absence rendue par là-même scintillante.«³⁷ Hatte Bataille der Sache nach einen ›intransitiven‹ Pot-

latsch und ein ›intransitives‹ Opfer ohne eigentliche Adressaten ins Spiel gebracht, so ›intransitiviert‹ Foucault folgerichtig auch noch die Gesten der Transgression und der Profanation, insofern diese keine ihnen voraufliegende Ordnung mehr überschreiten, sondern nurmehr auf sich selbst bezogen operieren: Unter solchen Umständen muß auch das Fest, das zuerst noch der archaischen Transgression, dann immerhin der blasphemischen Profanation Raum gegeben hatte, zu einer ästhetischen Veranstaltung implodieren, die an die Stelle des Festes tritt, um seiner Abwesenheit sichtbare Gestalt zu verleihen.

Zusammenfassung und Ausblick

Die vorgestellten – allesamt kulturkritischen – Ansätze einer ästhetischen Befragung des Festes bei Nietzsche, Bachtin und den Autoren des Collège de Sociologie bis hin zu Foucault besitzen ihre verborgene Gemeinsamkeit darin, daß ästhetische Phänomene nicht ausschließlich innerhalb des festlichen Rituals fungieren, sondern daß sie daneben oder schließlich gar an dessen Stelle in Aktion treten. Dennoch bleiben die zentralen ästhetischen Gesten identisch mit den performativen ›Festakten‹ des Rituals: Allein der Kunst, insbesondere dem musikalischen Kunstwerk der Zukunft, traut Nietzsche es zu, die rauschhafte »Verzückung des dionysischen Zustands«³⁸, die von der Tragödie bewahrt worden war, auch noch in der Gegenwart zu realisieren; bei Bachtin inszeniert die Literatur das synkretistische Schauspiel einer ›verkehrten Welt‹ aus den ihr eigenen Mitteln auch dann, wenn der Karneval längst schon vom Marktplatz vertrieben ist; für Bataille sind schließlich die Künste seit der Zeit der Höhlenmalerei Agentinnen der Transgression, und sie vollführen als solche einen permanenten Potlatsch unproduktiver Verausgabung, der jeder rationalistischen Ökonomie Hohn spricht.

Das Ästhetische wird in den genannten Vorgaben als ein Supplement des Festes bestimmt, wobei der Supplementbegriff im Sinn poststrukturalistischer Theoriebildung zu verstehen ist.³⁹ Das Ästhetische tritt im Laufe der Kulturentwicklung an

---

36 BATAILLE, La littérature et le mal (Paris 1957), 10.
37 MICHEL FOUCAULT, Préface à la transgression, in: Critique 195/196 (1963), 752.
38 NIETZSCHE (s. Anm. 17), 52.
39 Vgl. JACQUES DERRIDA, L'écriture et la différence (Paris 1967), 423 ff.; dt.: Die Schrift und die Differenz, übers. v. R. Gasché/U. Köppen (Frankfurt a. M. 1972).

die Stelle des Festes, um es zu ergänzen, letztendlich aber zu ersetzen. Unter diesem Gesichtspunkt erweist sich das Ästhetische als ein Platzhalter des Festes, der paradoxerweise in der Moderne gerade vom Verfall der traditionalen Festkultur zu zehren scheint.

In der Diskussion der letzten Jahrzehnte hat sich bezüglich des Zusammenhangs von Fest und Ästhetik auch eine andere – weniger pessimistische – Position zu Wort gemeldet. Gerade die angelsächsische Kulturanthropologie und daran anknüpfende literaturwissenschaftliche Modelle wie der New Historicism von Stephen J. Greenblatt[40] drehen den Spieß gewissermaßen um: Während kulturkritische Deutungen ästhetische Hervorbringungen als supplementären Restbestand festlicher Ritualität verstehen, hat Clifford Geertz mit großer Resonanz vorgeschlagen, festliche Ritualien ihrerseits sozusagen zu ›entritualisieren‹ und ganz einfach wie ästhetische Texte zu lesen, deren emotiver Appellcharakter auf eine kognitive Funktion abziele. In einem Meisterstück kulturanthropologischer Interpretation, das binnen kurzer Zeit schulbildend geworden ist, subsumiert Geertz beispielsweise die rituelle Festlichkeit des balinesischen Hahnenkampfes unter einen weitgefaßten Textbegriff, um auf dieser Grundlage ein generelles Programm für künftige Analysen zu formulieren: »The more profound corollary [...], that cultural forms can be treated as texts, as imaginative works built out of social materials, has yet to be systematically exploited. In the case at hand, to treat the cockfight as a text is to bring out a feature of it (in my opinion, the central feature of it) that treating it as a rite or a pastime, the two most obvious alternatives, would tend to obscure: its use of emotion for cognitive ends.«[41]

Was Geertz am Ritual des Hahnenkampfs herausarbeitet, ist dessen Potential, interne Konflikte der balinesischen Gesellschaft zur Darstellung zu bringen und immer wieder von neuem durchzuspielen – mit je unentschiedenem Ausgang. Die eminent ästhetische Qualität der Unbestimmtheit fiktionaler Texte wird von Geertz auf die Gesamtheit kultureller Praktiken übertragen, die demnach primär poetologischen, nicht mehr anthropologisch-soziologischen Gesetzmäßigkeiten zu gehorchen scheinen. Die Grenze zwischen ästhetischen und rituellen Gesten wird somit auf eine neue Weise durchlässig: Nicht länger erscheint das Ästhetische als Supplement von Festlichkeit, sondern das Fest wird nun seinerseits ›ästhetisiert‹, indem seine überkommen rituellen Geltungsansprüche eingeklammert, wo nicht kassiert, und in die vermeintlich ›postmoderne‹ Unverbindlichkeit ästhetischer Enthobenheit zurückgespielt werden.

Bernhard Teuber

Literatur
EHLICH, KONRAD, Fest und Kultur, Festkultur, in: S. Döpp (Hg.), Karnevaleske Phänomene in antiken und nachantiken Kulturen und Literaturen (Trier 1993), 287–305; GREENBLATT, STEPHEN, J., Towards a Poetics of Culture, in: Greenblatt, Learning to Curse. Essays in Early Modern Culture (1987; New York/London 1990), 146–160; dt. Grundzüge einer Poetik der Kultur, in: Schmutzige Riten. Betrachtungen zwischen Weltbildern, übers. v. J. Gaines (Berlin 1991), 107–122; HAUG, WALTER/WARNING, RAINER (Hg.), Das Fest. Poetik und Hermeneutik, Bd. 14 (München 1989); HEERS, JACQUES, Fêtes de fous et carnavals (Paris 1983); dt.: Vom Mummenschanz zum Machttheater. Europäische Festkultur im Mittelalter, übers. v. G. Osterwald (Frankfurt a. M. 1986); LACHMANN, RENATE, Vorwort, in: Bachtin, Rabelais und seine Welt. Volkskultur als Gegenkultur, hg. v. R. Lachmann, übers. v. G. Leupold (Frankfurt a. M. 1987), 7–46; MOSER, DIETZ-RÜDIGER, Fasching, Fastnacht, Karneval. Das Fest der ›Verkehrten Welt‹ (Graz/Wien/Köln 1986); MOSER, DIETZ-RÜDIGER, Lachkultur des Mittelalters? Michail Bachtin und die Folgen seiner Theorie, in: Euphorion. Zeitschrift für Literaturgeschichte 84 (1990), H. 1, 89–111; PIEPER, JOSEF,

---

40 Vgl. STEPHEN J. GREENBLATT, Towards a Poetics of Culture, in: Greenblatt, Learning to Curse. Essays in Early Modern Culture (New York/London 1987), 146–160; dt.: Grundzüge einer Poetik der Kultur, in: Schmutzige Riten. Betrachtungen zwischen Weltbildern, übers. v. J. Gaines (Berlin 1991), 107–122; GREENBLATT, Shakespearean Negotiations. The Circulation of Social Energy in Renaissance England (Oxford 1988); dt.: Verhandlungen mit Shakespeare. Innenansichten der englischen Renaissance, übers. v. R. Cacket (Berlin 1990).

41 CLIFFORD GEERTZ, Deep Play. Notes on the Balinese Cockfight, in: Geertz, The Interpretation of Cultures. Selected Essays (1972; New York 1993), 449; dt.: ›Deep Play‹. Bemerkungen zum balinesischen Hahnenkampf, in: Geertz, Dichte Beschreibung. Beiträge zum Verstehen kultureller Systeme, übers. v. B. Luchesi/R. Bindemann (Frankfurt a. M. 1987), 202–260.

Zustimmung zur Welt. Eine Theorie des Festes (München 1963); SCHULZ, UWE (Hg.), Das Fest. Eine Kulturgeschichte von der Antike bis zur Gegenwart (München 1988); TEUBER, BERNHARD, Sprache, Körper, Traum. Zur karnevalesken Tradition in der romanischen Literatur aus früher Neuzeit (Tübingen 1989).

Fiktion

(lat. fictio; engl. fiction; frz. fiction; ital. finzione; span. ficción; russ. фикция)

Einleitung; I. Die Unschuld der Fiktion; II. Die Fiktion im Anklagestand; III. Stationen der Rehabilitierung der Fiktion; IV. Die entfesselte Fiktion; V. Die Zähmung der Fiktion; VI. Die Pluralität der Fiktionen; VII. Fiktion aus dem Geist der Sprache. Mallarmé und die Moderne; VIII. Die Weltfiktion als Horizont der Fiktionen; IX. Literaturtheorie und die Theorie der Fiktion

Einleitung

Poiēsis und fictio sind die beiden griechischem und römischem Denken entsprungenen ästhetischen Leitbegriffe, deren Geltung in der Literatur des europäischen Kulturkreises bis heute ungebrochen ist.

Was ist Fiktion? Wolfgang Isers Buch *Das Fiktive und das Imaginäre. Perspektiven literarischer Anthropologie* (1991) hat darauf wohl am grundsätzlichsten geantwortet und das Fiktive zu einer Grundkategorie der anthropologischen Verfaßtheit des Menschen gemacht. Während aber in traditioneller Auffassung das Fiktive als Gegenbegriff zum Realen, die Fiktion als Gegenbegriff zur Realität aufgefaßt wird, sieht Iser das Fiktive in einem Gegenspiel zum Imaginären und versteht beide als Momente der Transgression des Wirklichen. Die Triade Wirklichkeit – Fiktives – Imaginäres besagt bei Iser, daß das Fiktive zu einem Relationsbegriff zwischen der Wirklichkeit und dem Imaginären wird. Während das Imaginäre, Heideggers Vorstellung vom Sein des Seienden vergleichbar, nur ein in sich selbst begrifflich nicht faßbarer Grund ist, dem die imaginären Konkretisationen entspringen, ist das Fiktive eine Instanz der Bearbeitung, die dem Imaginären seine Bestimmtheit gibt und es damit zugleich an das Reale heranführt. Das Fiktive ereignet sich im Akt des Fingierens, der zugleich der »Irrealisierung von Realem und [dem] Realwerden von Imaginärem«[1] dienstbar ist. Der Akt des Fingierens selbst aber geht hervor aus der vierfachen Tätigkeit der Selektion, der Kombination, der Relationierung und der ›Entblößung‹.

In Isers triadischem Modell treten das Fiktive und das Imaginäre auseinander, die in der traditionellen Fiktionstheorie aneinander gebunden waren. Wenn das Fiktive sich als Text organisiert, so bleibt in ihm das Imaginäre jene prinzipiell offene Stelle, die das Fiktive selbst niemals zu schließen vermag. »In der angezeigten Offenheit manifestiert sich in der versprachlichten Textgestalt die Gegenwart des Imaginären.« (51) Isers Rede vom Imaginären als dem Grund des Fiktiven sucht jeder Konkretisation zu entkommen. Das Imaginäre ist damit freilich in Gefahr, jenem Lichtenbergschen »Messer ohne Klinge« zu gleichen, »an welchem der Stiel fehlt«[2]. Denn ist ein Imaginäres abzüglich seiner imaginativen Figuration überhaupt denkbar? Gerade Lichtenbergs witzige, stupierende Formulierung weist darauf hin, daß das Imaginäre auch, um als Imaginäres sich zum Vorschein zu bringen, des Akts der Realisierung bedarf. Auch das Nichts bedarf der Figuration, um erfahrbar zu werden. Hier wird der Preis sichtbar, der für die Dissoziation von Fiktivem und Imaginärem zu entrichten ist, auch wenn deren Erkenntnisgewinn dennoch nicht in Frage steht. Daß es ein Zusammenspiel gibt zwischen passiv erfahrenem Imaginärem, von dem das Bewußtsein überflutet wird, und aktiver Fiktion, in der das Imaginäre erst seine Bearbeitung erfährt, ist eine wesentliche strukturelle Einsicht in ein zentrales anthropologisches Faktum. Dennoch ist die Frage nicht von der Hand zu wei-

---

[1] WOLFGANG ISER, Das Fiktive und das Imaginäre. Perspektiven literarischer Anthropologie (Frankfurt a. M 1991), 23.
[2] GEORG CHRISTOPH LICHTENBERG, Verzeichnis einer Sammlung von Gerätschaften [...] (1798), in: LICHTENBERG, Bd. 3 (München 1972), 452.

sen, ob dem Imaginären nicht seine Figuration wesentlich zugehört. »Doch der *Schein* selbst ist dem *Wesen* wesentlich, die Wahrheit wäre nicht, wenn sie nicht schiene und erschiene«³. Dieses Axiom von Hegels *Ästhetik* (1835–1838) scheint auch für das Imaginäre Gültigkeit zu besitzen. Dann hieße dies, daß das Imaginäre erst im Fiktiven zu sich selbst käme. Das Fiktive wäre dann nicht eine symbolische Ordnung, in deren Spalten und Rissen das Imaginäre als das Andere der Fiktion zur Erscheinung käme, sondern Fiktives und Imaginäres ließen sich gar nicht dissoziieren. Das Fiktive ist im Imaginären, das Imaginäre ist im Fiktiven aufgehoben. Das bedeutet auch, daß das zu sich selbst kommende Imaginäre immer schon konzeptuell vermittelt ist. Weder geht das Fiktive dem Imaginären, noch das Imaginäre dem Fiktiven voraus. Beide sind gleichursprünglich und nur Aspekte einer Einheit, die als diese jenseits der Entgegensetzung liegt. Wenn dies richtig ist, dann erhält das Imaginäre aber da erst seine höchste Form und zugleich seine höchste Bestimmtheit, wo es fiktiv bearbeitet ist und sich demgemäß auch unter die Bedingungen einer medialen Reduktion stellt. Erst im Werk erhält das Fiktive seine höchste Konzentration und Ausdrücklichkeit, aber dadurch auch das zu seiner Entäußerung, zu seiner Evidenz strebende Imaginäre.

Zweifellos kann Begriffsgeschichte systematische Begriffsklärung nicht ersetzen und nicht systematische Probleme, wie die Frage, ob Imaginäres ohne Bestimmtheit denkbar ist, zur Entscheidung bringen. Wohl aber kann Begriffsgeschichte die Komplexität mehrfacher Bedeutungen eines Begriffs historisch rekonstruieren und so einen anwachsenden Problemkontext durchsichtig machen. Was Fiktion ›ist‹, erfahren wir nur, wenn wir uns der Arbeit am Konzept des fingere vergewissern. Die folgende Geschichte von fingere und seinen Ableitungen und ihren Aktualisierungen in der Geschichte der Fiktion soll in diesem Sinne ein aktuelles Problem, die Frage nach dem Verhältnis von Fiktivem und Imaginärem, perspektivieren. Dabei wird sich zeigen, daß im Konzept der Fiktion selbst immer schon das Moment des Imaginären aufgehoben ist.

I. Die Unschuld der Fiktion

Das lateinische fictio ist dem griechischen poiēsis in vielem verwandt und von ihm doch zugleich in wesentlicher Hinsicht geschieden. Poiēsis meint die Hervorbringung eines Schöpfers, sei es die Hervorbringung der Urbilder selbst oder die Hervorbringung nach den Urbildern. Bei Aristoteles ist poiēsis erst dann ästhetische poiēsis, wenn sie in den Dienst der mimēsis, der Nachahmung, tritt. Poesie ist Nachahmung, aber Nachahmung selbst ist im Hinblick auf das Nachgeahmte etwas durchaus Originäres. Nicht Schöpfung selbst, sondern deren Nachahmung schafft den ästhetischen Genuß sowohl des Herstellenden wie des Aufnehmenden. Eine Dichtung ohne Nachahmung ist Aristoteles undenkbar. Insofern ist der Dichter Dichter überhaupt nur, sofern er sich unter das ästhetische Gesetz der nachahmenden Hervorbringung stellt. So wird der weitere Bereich der poiēsis eingegrenzt durch das Vermögen der mimēsis als einer Nachahmung insbesondere handelnder Menschen.[4]

Was im Griechischen als poiēsis und mimēsis auseinandergelegt ist, fällt im lateinischen Begriff des fingere und der fictio zusammen. Fictio ist aber nicht so sehr eine Synthese aus poiēsis und mimēsis als vielmehr eine Bezeichnung, die sowohl in einem weiteren Sinne der poiēsis als auch in einem engeren der mimēsis entsprechen kann, und sie ist schließlich eine Überlagerung beider Bedeutungen in der Weise, daß jeweils die eine im Horizont der anderen aktualisiert sein kann. Weder poiēsis noch mimēsis, sondern plasma ist die griechische Entsprechung zu fictio. Als solche findet sie in spätantiken und byzantinischen Texten Verwendung zur Gattungsbezeichnung des Romans.[5]

Für die Geschichte des Begriffs fingere und seiner Ableitungen ist das Werk Ovids, besonders

---

3 HEGEL (ÄSTH.), 55.
4 Vgl. ADA BABETTE NESCHKE, ›Poiēsis‹ et ›mimēsis‹ dans la Poétique d'Aristote, in: Poetica 29 (1997), 325–342.
5 Vgl. BERND ZIMMERMANN, Liebe und poetische Reflexion. Der Hirtenroman des Longos, in: Prometheus. Rivista quadrimestriale di studi classici 20 (1994), 193; HEINZ SCHLAFFER, Poesie und Wissen (Frankfurt a. M. 1990).

aber seine *Metamorphosen*, der eigentliche locus classicus, wo sich nicht nur die Ausdrücke fingere, fictio, fictus, figura in reicher Vielfalt finden, sondern wo zugleich ihre Bedeutungsvielfalt in fiktionalen Äquivalenten gespiegelt ist.[6] In den *Metamorphosen* wird das Bedeutungskontinuum von fingere poetisch dargestellt. Kein anderes Werk ist für die Herausbildung des Fiktionsbewußtseins in der neueren Literatur so wichtig geworden wie Ovids *Metamorphosen*, die als Werk selbst so etwas wie eine Fiktion der Fiktionen sind. Die Urszenen der Fiktion, die bis heute den global gewordenen Fiktionsbegriff bestimmen, werden alle zuerst im Theater der Ovidschen *Metamorphosen* gespielt. Ovid vereint in diesem Werk, von dessen unsterblichem Ruhm er selbst überzeugt war, die elementarsten Gesten des fingere mit seinen komplexesten und verknüpft sie zu einer ästhetischen Gesamtfiktion, die selbst ein imaginäres Äquivalent des Begriffs der Fiktion darstellt.

Das erste Buch der *Metamorphosen* beginnt mit einer Urgeste des fingere, der Erschaffung der schön geformten Welt aus der uranfänglichen Formlosigkeit. Der Schöpfer der Welt, »ille opifex rerum, mundi melioris origo« (der Meister der Dinge, / Er, der Ursprung der besseren Welt)[7], schöpft nicht aus dem Nichts, er gibt dem Chaos eine Form. Während am Ende der langen Begriffsgeschichte von Fiktion Isers Konzept einer Fiktion steht, die dem Imaginären als dem Offenen, Ungeformten zur Erscheinung verhilft, steht am Anfang die Fiktion als ein Akt der Formung. Aber erst die Erschaffung des Menschen ist die Vollendung der Schöpfung. Sie ist, wie der Mythos berichtet, das Werk des Prometheus, des Sohns des Titanen Japetus, der Göttersamen und Wasser mischte und aus ihnen den Menschen nach dem Bild der Götter erschuf: »quam satus Iapeto mixtam pluvialibus undis / finxit in effigiem moderantum cuncta deorum« (Erde, die dann des Iapetus Sohn, vermengt mit des Regens / Wassern, geformt nach dem Bild der alles lenkenden Götter) (1, 82 f.; dt. 11). Fingere heißt hier ein Erschaffen, dem gleichwohl ein Bild vorausliegt. Die Erde, eben noch formlos, wird zum Ort ihr bisher unbekannter Gestalten: »sic, modo quae fuerat rudis et sine imagine, tellus / induit ignotas hominum conversa figuras.« (So verwandelt, nahm da Erde, die eben noch roh und / ungestaltet gewesen, des Menschen neue Gestalt an.) (1, 87 f.; dt. 11) Auch figura, die Form oder Gestalt, ist eine Ableitung vom ursprünglichen fingere. Gottähnlich sind die neuen Wesen vor allem deshalb, weil ihr Schöpfer ihnen den aufrechten Gang verleiht, der es ihnen erlauben soll, sublime – erhaben – den Himmel zu sehen und das Gesicht zu den Sternen zu erheben. »os homini sublime dedit, caelumque videre / iussit et erectos ad sidera tollere vultus« (gab er dem Menschen ein aufrecht Gesicht und hieß ihn den Himmel / schauen, aufwärts den Blick empor zu den Sternen erheben) (1, 85 f.; dt. 11). Die Erde ist eine ›Fiktion‹ des um eine bessere Welt besorgten Gottes, der Mensch ist eine Fiktion des Halbgotts Prometheus. Fiktion heißt hier gerade unserem modernen Sprachgebrauch entgegen das Hineinziehen in die Wirklichkeit. Dem Ursprungsmythos antwortet der Künstlermythos des Pygmalion, der die Gestalt, für die er in leidenschaftlicher Liebe entbrennen wird, aus Stein schlägt und dem als Gnade der Venus zuteil wird, daß die Statue sich in die lebendige Galathea verwandelt. Der erste Akt des fingere ist es, dem Formlosen eine Form zu geben, aus gestaltlosem Lehm eine Figur zu bilden. Diese kann, aber sie muß nicht mimetisch sein. So heißt fictile aus Lehm gewonnene Gefäß, dessen Hohlraum geeignet ist, Flüssigkeit in sich aufzunehmen. »Hans Adam war ein Erdenkloß«, dichtet der Goethe des *West-östlichen Divans* ganz in diesem Sinne (*Erschaffen und Beleben*)[8], und in *Lied und Gebilde* verschmilzt er griechische poiēsis, lateinisches fingere und eine östlich-persische Idee des freien Strömens zu einer dichterischen, paradoxalen Einheit: »Schöpft des Dichters reine Hand / Wasser wird sich ballen« (16).

Eine Fiktion zweiten Grades ist es, wenn die dreidimensionale Gestalt, die eine bloße Formung

---

6 Vgl. dagegen WOLFGANG RÖSLER, Die Entdeckung der Fiktionalität in der Antike, in: Poetica 12 (1980), 283–319; HANS ROBERT JAUSS, Zur historischen Genese der Scheidung von Fiktion und Realität, in: D. Henrich/W. Iser (Hg.), Funktionen des Fiktiven (München 1983), 423–431.
7 OVID, Met. 1, 79; dt.: Metamorphosen, lat.-dt., hg. u. übers. v. E. Rösch (München/Zürich ¹¹1988), 11.
8 JOHANN WOLFGANG GOETHE, West-östlicher Divan (1819), in: GOETHE (HA), Bd. 2 (¹⁵1994), 12 f.

I. Die Unschuld der Fiktion 383

des Ungeformten, aber auch eine Ein-Bildung, ein simulacrum sein kann, sich aus der Dreidimensionalität an die Zweidimensionalität des auf die Fläche projizierten Bildes entäußert. Der sich selbst im Wasser entdeckende Narziß steht nicht wie Pygmalion einer von ihm selbst erschaffenen dreidimensionalen Gestalt gegenüber, er erfährt sich auf der Wasseroberfläche als ein erblicktes fremdes Bild, dessen bewegte Zweidimensionalität in ihm die doppelte Illusion der realen Gestalt und der realen Gestalt eines Anderen erzeugt. Die fictio ist hier eine unwillkürliche Sinnestäuschung, deren Medialität vom Erzähler reflektiert wird, vom wahrnehmenden Helden aber unbemerkt bleibt: »corpus putat esse, quod unda est« (was Welle ist, hält er für Körper)[9]. Das zentrale, poetisch realisierte Konzept der fictio bleibt hier ausgespart, doch ist sein Wortfeld besetzt von Ausdrücken wie »visae correptus imagine formae« (berückt von dem Reiz des erschauten / Bilds) (3, 416; dt. 109), »formatum marmore signum« (ein Standbild [...], das aus parischem Marmor gehauen) (3, 419; dt. 109), »simulacra« (3, 432) und »mendacem lumine formam« (schaut er mit unersättlichem Blick die Lügengestalt) (3, 439; dt. 109). Das bewegte zweidimensionale Medium der Wasseroberfläche erzeugt die illusionäre Bewegung der Gestalt als Echo der Zuwendung des Narziß zu sich selbst. Narziß besitzt sich selbst nur als visuelles Echo, dies ist die Strafe dafür, daß er die Nymphe Echo verschmähte, die den Geliebten gleichfalls nur im Echo besitzen konnte.

Das simulacrum des Spiegelbilds erzeugt in Narziß die unwillkürliche Täuschung. Unwillkürliche simulacra sind auch die Träume des Schlafenden, die ihm der Sohn des Schlafgotts, Morpheus, eingibt. Auch Morpheus ist ein Künstler, der aus dem gestaltlosen Schlaf Gestalten zu bilden versteht: »artificem simulatoremque figurae« (den Meister der Kunst, die Gestalten / nachzuahmen) (11, 634; dt. 427). So bittet Juno, daß Somnus Alkyone einen Traum schicke, der in der Seele der Schlafenden das Trugbild ihres ertrunkenen Gemahls erschaffen soll: »Alcyonen adeant simulacraque naufraga fingant« (laß [...] einen Traum Alcyonen nahen, / Der in des Königs Gestalt [...] / dort erschein' und den Gatten ihr zeige als Opfer des Schiffbruchs) (11, 628; dt. 427). Es kann aber das simulacrum als ein

simul, eine trügerische Verdoppelung, sich zugleich bewußt an die Stelle sei es eines vorhandenen Originals, sei es eines bloß fiktiven Originals setzen wollen. Die Kraft des fingere als eines Vermögens der Formung des Ungeformten kann sich dann bewußt in den Dienst der Täuschung stellen. Das simulacrum setzt sich an die Stelle seines gedoppelten Anderen. So erschafft die Zaubererin Circe, um sich an Picus, der sie verschmähte, zu rächen, das Trugbild eines Ebers, der Picus in einen Hinterhalt lockt: »Dixit et effigiem nullo cum corpore falsi / finxit apri praeterque oculos transcurrere regis / iussit« (spricht sie und bildet sogleich eines Ebers trügendes Bild, ein / körperloses, und läßt es vorbei vor den Augen des Königs / rennen) (14, 358–360; dt. 531). Willkürliche Fiktion ist es aber auch, wenn der von der Schönheit Philomelas entbrannte Tereus sie sich in seinem Gemach vorstellt und sie so imaginär zum Objekt seiner Begierde macht: »at rex Odrysius, quamvis secessit, in illa / aestuat et repetens faciem motusque manusque, / qualia vult fingit quae nondum vidit, et ignes / ipse suos nutrit« (Doch, obgleich nun allein, der Odrysenkönig, er brennt von / ihr noch; er ruft sich zurück ihr Gesicht, die Bewegung, die Hände, / denkt sich, wie er es wünscht, was noch nicht er gesehen, und nährt so / selbst seine Glut) (6, 490–494; dt. 221/223).

Zu Beginn des zweiten Buchs rühmt der Dichter das Schloß des Gottes Sol, dessen Silbertüren von Hephaistos, wie der Schild des Achilleus bei Homer, mit einer Bas-Relief-Darstellung des Erdkreises geschmückt sind: »Materiam superabat opus« (Und den Stoff übertraf das Werk) (2, 5; dt. 45). Die Kunst transzendiert ihr Medium und setzt sich so gleichsam absolut. Die entgegengesetzte Seite verkörpert Pygmalion, dessen vollkommene Kunst sich durch sich selbst zum Verschwinden bringt und das vollkommene simulacrum schafft: »sculpsit ebur formamque dedit, qua femina nasci / nulla potest, operisque sui concepit amorem. / virginis est verae facies, quam vivere credas, / et, si non obstet reverentia, velle moveri: / ars adeo latet arte sua.« (gab ihm die Gestalt, wie sie nie ein geborenes Weib kann / haben, und

---

9 OVID, Met. 3, 417; dt. 109.

ward von Liebe zum eigenen Werke ergriffen. / Wie einer wirklichen Jungfrau ihr Antlitz, du glaubtest, sie lebe / wolle sich regen, wenn die Scham es nicht ihr verböte. / So verbarg sein Können die Kunst.) (10, 248–252; dt. 371) Fictio vermag als Kunstwerk ganz auf sich selbst zu verweisen, als Trug sich ganz zu verbergen. Die Doppeldeutigkeit des Worts in seiner Bedeutungsschichtung erlaubt die Oszillation zwischen beidem. Dies wird insbesondere dann evident, wenn das Medium der Fiktion die Sprache wird. Die Sprache ist ebenso Medium der Kunst wie des Trugs wie auch der über dem Trug sich erhebenden und diesen dennoch nicht auslöschenden Kunst. ›Ficta loqui‹ (vgl. 1, 771) bedeutet, daß der Sprechende bewußt die Sprache in den Dienst der Täuschung stellt. »Quis se Caesaribus notus non fingit amicum« (Wer, der dem Caesar bekannt ist, wird nicht als sein Freund sich gebären)[10], sagt der Dichter voll Bitterkeit in den *Epistulae ex Ponte*. Aber die Trugrede kann zugleich schöne Rede sein oder durch ihre Schönheit die Dinge in ein trügerisches Licht stellen. Das große Beispiel dafür ist die Rede des Odysseus im Streit gegen Ajax um den Bogen des Achill. Während der Haudegen Ajax nur mit der Waffe umgehen kann, verwendet Odysseus gegen ihn die Waffe des schön geschliffenen Worts: »necque abest facundis gratia dictis« (Und er verstand, seine klugen Worte gefällig zu setzen)[11]. Das Ingenium des Wortmächtigen siegt über die bloße physische Kraft. Odysseus wird Achills Waffe zugesprochen, Ajax stürzt sich erbittert in sein Schwert und beendet so selbst sein Leben. Tummelplatz bewußter außersprachlicher und sprachlicher fictio ist schließlich die *Ars amatoria*, gleichsam eine ars fictionis, in der die Liebe zum höchsten Kunstwerk des Lebens wird.

Ein weiterer Schritt ist die im Medium der Sprache allein auf sich selbst verweisende Fiktion. Sie ist zugleich die höchste Steigerung des Imaginären, sofern das Imaginäre, um zu seiner intensivsten Entäußerung zu kommen, prinzipiell der kunstvollen Formung bedarf. Doch kommt die metasprachliche Verwendung von fictio und seinen Ableitungen in den *Metamorphosen* überhaupt nicht vor. Eine seltene Ausnahme ist die Stelle in den *Tristia*, wo der verbannte Ovid seine Werke im eigentlichen Sinne als Fiktionen rechtfertigt, die es keinesfalls erlaubten, auf seine eigene Moral Rückschlüsse zu ziehen: »crede mihi, distant mores a carmine nostri / vita verecunda est, Musa iocosa mea / magnaque pars mendax operum est et ficta meorum / plus sibi permisit compositore suo.« (Glaub mir, mein Lebenswandel hat mit meiner Dichtung nichts zu tun: mein Leben ist keusch, meine Muse locker; ein großer Teil meiner Werke ist erfunden und erdichtet und hat sich mehr herausgenommen als der Verfasser.)[12]

Obwohl Ovid seine *Metamorphosen* nicht eigens als Fiktionen bezeichnet, erlauben es doch seine massiven Verwendungen von fingere, die Vollzüge seines Dichtens in ihrem Licht zu sehen. Der Text ist gleichsam der Metatext des Metatexts, in ihm spiegelt sich das Bewußtsein eines Verfahrens. Ovid ist der erste, der es erlaubt, seine Fiktionen aus sich selbst zu erhellen. Wie in den dargestellten Metamorphosen immer wieder die Spannung von fingere als forma und fingere als ein trügerisches Vorspielen hervorkommt, so ist diese auch für Ovids *Metamorphosen* selbst konstitutiv. Seine Wiedererzählungen von Mythen geben diesen die höchste Plastizität im Sinne der gesteigerten Kunstfertigkeit wie im Sinne einer Maximierung des Imaginären. Daß Ovid zu seinem eigenen Werk ein bewußtes, reflexives Verhältnis hat, spiegelt sich in den zahllosen Künstlermythen, in denen immer wieder und in allen Medien das produktive Vermögen des fingere zur Darstellung kommt. Alle Künste sind mit eigenen Verwandlungsmythen bedacht: die Plastik aus Ton und Marmor, das flüchtige (Trug-)Bild, die Dichtung, der Gesang, die Kunst des Webens. So ist in Ovids *Metamorphosen* zuerst poetisch ein Zusammenhang, ein ›System‹ der schönen Künste vor Augen gestellt. Die Metamorphose, der Wandel von Form zu Form, ist Ovids eigentliche fiktionale Anschauungsform. Durch sie wird zugleich Mythos in Fiktion überführt. Das Urbild des fingere ist der schaffende Gott, der aus dem Chaos die Gestalt er-

---

10 OVID, Epistulae ex Ponte 1, 7, 21; dt.: Briefe aus der Verbannung, hg. u. übers. v. G. Luck (Zürich 1963), 335.
11 OVID, Met. 13, 127; dt. 473.
12 OVID, Tristia 353–356; dt.: Tristia, hg. u. übers. v. G. Luck, Bd. 1 (Heidelberg 1967), 88 f.

I. Die Unschuld der Fiktion

schafft. Ihm antwortet Prometheus, der Menschenerschaffer, der als ein erster Pygmalion die menschliche Gestalt aus Lehm formt. Von noch anderer Gestaltenmächtigkeit ist aber der Meeresgott Proteus, der sich von Gestalt zu Gestalt verwandelt und sich so in endlosen Metamorphosen gleichsam selbst fingiert: »sunt, o fortissime, quorum / forma semel mota est et in hoc renovamine mansit, / sunt, quibus in plures ius est transire figuras, / ut tibi, complexi terram maris incola, Proteu.«[13] (Manche, o Tapferster, sind, deren einmal verwandelter Leib in / dieser Veränderung blieb, und manche, denen das Recht ward, / überzugehen auch in mehrere Leibesgestalten. / Proteus, wie dir! du Bewohner des erdumfassenden Meeres.)

Ovids primäres Thema ist der durch göttliche Macht bewirkte Gestaltenwandel: »In nova fert animus mutatas dicere formas / corpora« (Singen heißt mich das Herz von Gestalten, verwandelt in neue / Leiber) (1, 1 f.). Vor allem ist dieser Gestaltwandel ein Übergang von belebter zu unbelebter, von bewegter zu unbewegter Form, von der einmaligen Spezies zum sich fortsetzenden Gattungswesen. Aber die Verwandlung endet nicht hier, sie kommt erst ganz zu sich selbst in der Fiktion des Dichters, der dem Übergang von Form zu Form erst seine übergängliche narrative Gestalt und sprachliche Plastizität gibt. Im Akt des Dichtens als dem eigentlichen Akt des Fingierens kommen alle Dimensionen des ästhetischen Erschaffens, Plastik, Bild, Gewebe, Musik, Sprache, zu einer gesteigerten Einheit zusammen. Der Übergang von Form zu Form, zum narrativen Übergang transponiert, wird in der Bewegung der Sprache zugleich auf Dauer gestellt. Die Dauer der Sprachform antwortet der zuständlichen Dauer der Metamorphose, die sie zugleich als Dauer der Bewegung übertrifft. Steht aber die narrative Ebene der histoire im Zeichen der elementaren Fiktion als Formung des formlosen Lehms, so die Ebene des discours, der sprachlichen Realisierung, im Zeichen des Webens und des Gewebes. Dafür steht die unglückliche Arachne, die geschickte Weberin, die es wagt, im Wettkampf Pallas herauszufordern, und von dieser zur Rache eine Spinne verwandelt wird, aber auch Philomela, die, vergewaltigt von Tereus, von diesem der Zunge beraubt wird und stumm das Verbrechen in ein Gewebe einwebt. Auch der Dichter ist ein Künstler des Webens und Verwebens, nicht zuletzt weil er kunstvoll die einzelnen Metamorphosen-Geschichten zu einem einzigen großen Metamorphosen-Teppich, einem Teppich der Fiktionen zusammenwebt. Mit Ovids Allegorie des Schreibens als einem Gewebe beginnt eine Metapherngeschichte, die insbesondere in der Geschichte des neuzeitlichen Romans eine wesentliche autoreferentielle Funktion gewinnen wird.[14]

Nach der Vollendung schaut Ovid im Triumph auf das Werk seiner Fiktionen zurück: »Iamque opus exegi, quod nec Iovis ira nec ignis / nec poterit ferrum nec edax abolere vetustas.« (Habe vollbracht nun ein Werk, das nicht Juppiters Zorn, das nicht Schwert noch Feuer wird können zerstören und nicht das gefräßige Alter.)[15] Auch in den *Amores* ist opus das letzte Wort, in dem sich die ganze stolze Hoffnung des Dichters im Exil zusammenfaßt.[16] Dem namenlosen Gott, der aus dem Ungeformten die Form schuf, wie er am Eingang des 1. Buchs vor Augen gerufen wird, antwortet am Ende der Dichter als neuer Schöpfer, dessen schönes, wohlgeordnetes Werk einen neuen Kosmos der Bilder und Fiktionen in sich birgt. Die Werkhaftigkeit des Imaginären, das der Dichter in seiner Sprache entbindet, ist diesem wesentlich, es allein ist die Bedingung dafür, daß das Imaginäre Dauer beanspruchen kann. Das Werk ist eine Metamorphose seines Materials, es macht die materia unsichtbar, in der es sich verwirklicht, aber es macht auch sich selbst unsichtbar in der Kraft seiner Evokation, und dennoch sind beide die Bedingung dafür, daß das Imaginäre in seiner gesteigertsten Form zur Erscheinung kommen kann. Fiktion ist beides: sie ist eine Leistung der Kunst und des Imaginären, das erst vermöge der Kunst aus dem Werk hervorgeht, es vergessen läßt und doch des reflexiven Rückbezugs auf seinen werkhaften Ursprung bedarf.

---

13 OVID, Met. 8, 728–731; dt. 311/313.
14 Vgl. KARLHEINZ STIERLE, Die Verwilderung des Romans als Ursprung seiner Möglichkeit, in: H. U. Gumbrecht (Hg.), Literatur in der Gesellschaft des Spätmittelalters (Heidelberg 1980), 253–313.
15 OVID, Met. 15, 871 f.; dt. 599.
16 Vgl. OVID, Am. 3, 15, 20.

Auch bei Horaz ist immer die Doppelnatur des fingere, ein Werk zu erschaffen und vermittels seiner ein Imaginäres freizusetzen, im Spiel, wenn er das Wort verwendet. In der *Ars poetica* ist das Urbild künstlerischer Herstellung die Töpferscheibe, auf der die Amphore zu ihrer Gestalt kommt. Rund und in sich geschlossen wie der Krug soll auch das Kunstwerk sein: »denique sit quodvis, simplex duntaxat et unum.« (Kurz, sei das Werk, wie es wolle, nur soll es geschlossen und einheitlich sein.)[17] Für Horaz ist die wesentliche Bedingung dieser Geschlossenheit Konsistenz in der Anlage der Person und ihrer Rede. Weicht der Dichter von den vorgegebenen Stoffen ab, wagt er es also, im eigentlichen Sinne zu fingieren, so ist Konsistenz, aber auch Nähe zur Erfahrungswirklichkeit eine wesentliche Bedingung: »aut famam sequere, aut sibi convenientia finge« (Entweder folge der Sage oder erdichte, was in sich übereinstimmt) (119; dt. 11/13). Wie Aristoteles den Spielraum der poiēsis durch das Prinzip der mimēsis streng eingrenzt, so ist auch bei Horaz Wahrscheinlichkeit eine wesentliche Bedingung des ästhetischen Genusses: »ficta voluptatis causa sint proxima veris: / ne quodcumque volet poscat sibi fabula credi« (Was man des Vergnügens wegen erfindet, sei dicht an der Wahrheit: daß nicht das Stück verlange, ihm alles, was ihm gefällt, auch zu glauben) (338 f.; dt. 25). Aber auch bei Horaz bedeutet fingere zugleich die konkrete Realisierung der poetischen Textur. Spöttisch setzt Horaz den Respekt vor Waffenkunst und Sport der Sorglosigkeit entgegen, mit der auch der Unberufene es wagt, sich an das Dichterhandwerk zu machen: »qui nescit versus, tamen audet fingere. quidni?« (wer sich nicht auf Verse versteht, wagt sie dennoch zu dichten. Warum nicht!) (382; dt. 29) In einem poetischen Brief an Augustus, in dem Horaz das Recht der gegenwärtigen Dichtung verteidigt, aber erneut auch die poetischen Dilettanten in ihre Schranken verweist, spricht er vom Nutzen des wahren Dichters für die Gemeinschaft. In diesem Zusammenhang heißt es: »Os tenerum pueri balbumque poeta figurat, / torquet ab obscaenis iam nunc sermonibus aurem, / mox etiam pectus praeceptis format amicis, / asperitatis et invidiae corrector et irae« (Den zarten, noch stammelnden Mund des Knaben formt der Dichter, lenkt sein Ohr schon jetzt fort von anstößigen Reden, bildet schon bald sein Gemüt mit freundlicher Vorschrift, bessert Eigensinn, Neid und Zorn)[18]. Auch hier bezeichnet fingere die Formung des Ungeformten. Der Dichter lehrt den ungeübten Mund, der Sprache eine Form zu geben, und formt damit gleichsam den noch formlosen Mund selbst. Aber der vollendete Dichter erweist sich weder allein in seiner formalen Meisterschaft noch darin, daß er einem rohen Publikum zu Diensten ist, das im Schauspiel nur die Sensation sucht, er muß befähigt sein, die Imagination des Lesers oder Zuschauers in Gang zu bringen und ihn aus seiner eigenen in fremde Welten zu versetzen. »ille per extentum funem mihi posse videtur / ire poeta meum qui pectus inaniter angit, / inritat, mulcet, falsis terroribus inplet, / ut magus, et modo me Thebis, modo ponit Athenis.« (Mir scheint, jener Dichter versteht auf ausgespanntem Seile zu schreiten, der allein mit seinen Phantasien mein Herz beängstigt, beunruhigt, besänftigt, es mit erfundenen Schrecken erfüllt wie ein Zauberer, der mich bald nach Theben, bald nach Athen entrückt ...) (2, 1, 210–213; dt. 97) Hier ist der Dichter der Zauberkünstler, der kraft seiner Fiktionen die Seelenregister seines Lesers, Zuhörers oder Zuschauers zu betätigen weiß und vermöge seiner Kunst ihn seiner eigenen Welt enthebt. Täuschung und Formung gehen hier eine unauflösbare Synthese ein, in der die Fiktion als ästhetische Realisierungsstruktur unter den Bedingungen eines Mediums die Fiktion als freigesetztes und gebundenes Imaginäres steigert.

In der *Ode an Pindar* vergleicht der Dichter den vom Enthusiasmus ergriffenen griechischen Hymnendichter mit der eigenen bescheidenen Dichtung, die die Frucht geduldiger Arbeit sei, dem Honig der Bienen vergleichbar, den sie aus den duftenden Blüten des Thymians gewinnen: »ego apis Matinae / more modoque, / grata carpentis thyma per laborem / plurimum, circa nemus uvidique / Tiburis ripas operosa parvos / carmina fingo.« (Ich aber, nach der Art und Weise der mati-

---

17 HORAZ, Ars 23; dt.: Ars Poetica/Die Dichtkunst, lat.-dt., hg. u. übers. v. E. Schäfer (Stuttgart 1984), 5.
18 HORAZ, Epistulae 2, 1, 126–129; dt.: Epistulae/Briefe, lat.-dt., hg. u. übers. v. B. Kytzler (Stuttgart 1986), 91.

I. Die Unschuld der Fiktion 387

nische Biene, // die mit unendlichem Fleiß den geliebten Thymian aberntet, forme, ein bescheidenes Wesen, im Wald und an den Ufern des quellenreichen Tibur mühsam meine Lieder.)[19] ›Carmina fingo‹ heißt hier keinesfalls, daß der Dichter vorgibt zu singen, sondern daß er seinem Gesang eine dauerhafte Form gibt. Den bescheidenen Dichtungen stehen die großen Gesänge entgegen, die Horaz zu Ehren des Caesar Augustus singen will, wenn er siegreich heimkehrt, doch die große poetische Geste wird ironisch zurückgenommen, wenn der Dichter des Opfers gedenkt, das er aus diesem Anlaß weihen will, ein zartes Kälbchen, das so mitfühlend vor Augen gestellt wird, daß die große Triumphgeste daran zunichte wird. Der Gesang »maiore […] plectro« (mit deinem mächtigeren Instrument) (4, 2, 33; dt. 159) bleibt ein leeres Versprechen.

Anders als Ovid und in gewisser Weise auch Horaz hat Vergil zum Eigenwert des Fiktiven skeptische Distanz. Für Vergil ist die Verkörperung der trügerischen Fiktion der verbrecherische, listenreiche, aber skrupellose Odysseus, den er in der langen Reihe der Odysseus-Beschimpfungen auch »fandi fictor«[20], den Künstler der Trugrede, nennt. Fingere, fictio ist in der *Aeneis* prinzipiell mit negativen Vorstellungen der Täuschung besetzt. Der Eigenwert des Imaginären spielt hier nur eine untergeordnete Rolle, da alles darauf angelegt ist, daß der epische Auftrag, die Gründung Roms, zu seiner Verwirklichung kommt. Dennoch ist Vergil ein Meister darin, dem Gestaltlosen, dem Numinosen, den psychischen Bewegungen und Kräften wie dem Abwesenden eine poetische Gestalt zu verleihen, das Unbestimmte in fiktionalen Verdichtungen zur Erscheinung zu bringen. So gewinnen Fama und die Furien als Gestalten poetische Lebendigkeit, erhalten die körperlosen Schatten des Hades, unter ihnen auch allegorische Gestalten der conditio humana, eine phantasmagorische Gestalt, so sieht Dido den fernen Aeneas vor ihren Augen, als sei er gegenwärtig: »illum absens absentem auditque videtque« (und mag sie ihm fern sein, stets hört sie und sieht den Entfernten) (4, 83; dt. 139). Doch gibt es in den *Georgica* auch wieder ein fingere von fast elementarer Art. Von den Bienen‹, die den Honig verfertigen und das Wachs zu Waben formen, heißt es: »hinc arte recentis / excudunt ceras et mella tenacia fingunt« (bilden auch kunstreich frisches Wachs und formen klebrigen Honig)[21]. Während die jüngeren Bienen in einer klugen Arbeitsteilung Honig und Wachs sammeln, ist Aufgabe der älteren die Sorge um den Bienenstock: »grandaevis oppida curae / et munire favos et daedala fingere tecta.« (Den Alten obliegt die Sorge um die Heimstätten, der Wabenbau und die Errichtung kunstreicher Häuser) (4, 178 f.; dt. 119). Aber dem steht erneut ein poetisches fingere entgegen, wenn in der Folge Vergil zur Erklärung des Bienenzaubers, der ein durch Krankheit vernichtetes Bienenvolk ersetzen soll, Proteus, den Gott der Fiktion von Gestalt zu Gestalt (»formas se vertet in omnis« [er wandelt sich in alle Formen] [4, 411; dt. 135]), die Geschichte des Orpheus erzählen läßt, der durch die Macht seines Gesanges Eurydike aus der Unterwelt befreit und durch seine Unbedachtsamkeit noch einmal verloren hat.

Als erster scheint Cicero pictor und fictor in einen engen Zusammenhang gebracht zu haben, bei dem wiederum die imaginäre Enthebung ausdrücklich wird. Bei Cicero, wie bei Varro, erscheint fictor in einem engen Sinne als Bildner von Opfertieren, die statt wirklicher Tiere Verwendung fanden; ebenso kommentiert Servius Aen. 8, 634: »fictores dicuntur qui imagines vel signa ex aere vel cera faciunt.«[22] (Fictores heißen die, welche Bilder oder Zeichen aus Bronze oder Wachs machen.) In *De natura deorum* wendet Cicero sich scharf gegen eine Idolatrie, die das zweier-dreidimensionale Bildnis der Gottheit mit dieser selbst ineins setzt, statt sich der bloßen Supplement-Funktion des Bildes bewußt zu sein. »deos ea facie novimus, qua pictores fictoresque voluerunt« (kennen wir […] die übrigen Gottheiten in dem Aussehen, das ihnen die Maler und

---

19 HORAZ, C. 4, 2, 27–32; dt.: Carmina (Oden) und Epoden, lat.-dt., übers. v. W. Richter (Frankfurt a. M./Hamburg 1964), 159.
20 VERGIL, Aen. 9, 602; dt.: Aeneis, lat.-dt., hg. u. übers. v. J. Götte (München/Zürich ⁷1988), 393.
21 VERGIL, Georg. 4, 56 f.; dt.: Georgica/Vom Landbau, lat.-dt., hg. u. übers. v. O. Schönberger (Stuttgart 1994), 111.
22 SERVIUS, [Vergil-Kommentar zu Aen. 8, 634], hg. v. G. Thilo/H. Hagen, Bd. 2 (Leipzig 1881).

Bildhauer haben geben wollen)²³. Pictor und fictor stehen sich hier in einer vom Wortlaut unterstrichenen Verwandtschaft als Maler und Bildhauer entgegen. In der neuzeitlichen Tradition dagegen werden pictor und fictor mehr und mehr bedeutungsgleich, und so kann schließlich auch der Maler für sein Sujet beanspruchen, es als fictor geformt zu haben. Ein Gott aus Fleisch und Blut ist Cicero unvorstellbar. Zwar könnte er die Ähnlichkeit zwischen einem nachgeahmten Körper und seiner Nachahmung verstehen, nicht aber eine Ähnlichkeit zwischen irdischen Körpern und dem ›Körper‹ eines Gottes: »Hoc intelligerem quale esset si in ceris fingeretur aut fictilibus figuris; in deo quid sit quasi corpus aut quid sit quasi sanguis intelligere usu possum.« (Ich könnte begreifen, was damit gemeint ist, wenn man so über Wachs- oder Tonfiguren spräche. Doch was bei einem Gott eine Art Körper oder eine Art Blut bedeuten soll, übersteigt mein Verständnis.) (1, 71; dt. 67)

Von vornherein ist das Bedeutungsfeld fingere, fictio, fictor, figmentum, figura verknüpft mit der Vorstellung eines planenden, konstruktiven Bewußtseins. Es unterscheidet sich darin wesentlich vom Bedeutungsfeld von fantasia, das prinzipiell auf ein subjektives Vermögen der Bilder zurückbezogen ist. Die konstruktive, auf Herstellung und Vollendung bezogene Vorstellung des fingere findet ihre Ausdrücklichkeit in der römischen Rhetorik, wie Quintilians *Institutio oratoria* sie zusammenfaßt. In Quintilians *Institutio*, einer Rhetorik, die in erster Linie die Gerichtsrede im Blick hat, aber auch auf die politische Rede und die schöne Literatur eingeht, wird die fictio gleichsam mit sachlicher Unschuld als eine besondere Weise der Redeverwendung erörtert. Fictio und figura werden zu zentralen Konzepten seiner Rhetorik. Die narratio oder narrandi ratio des Advokaten muß ein Ziel haben: die Überzeugung des Richters. Alle rhetorischen Verfahren und Kniffe sind diesem Ziel unterworfen. Insbesondere dann aber,

---

23 CICERO, Nat. I, 81; dt.: De natura deorum/Über das Wesen der Götter, lat.-dt., hg. u. übers. v. U. Blank-Sangmeister (Stuttgart 1995), 75.
24 QUINTILIAN, Inst. 4, 2, 89; dt.: Institutionis oratoriae libri 12. Ausbildung des Redners, zwölf Bücher, hg. u. übers. v. H. Rahn, Bd. 1 (1975; Darmstadt ²1988), 471.

führt Quintilian ungerührt durch moralische Skrupel aus, wenn die Darlegung des zu beurteilenden Geschehens so den Tatsachen nicht entspricht, müssen um so mehr die rhetorischen Verfahren so verwendet werden, daß sie den Eindruck der Wahrheit erzeugen. Der Lügner muß durch die Konsistenz seiner Darlegung, ihre Wahrscheinlichkeitsdichte, ihre diskrete ästhetische Verführung überzeugen. Die »falsae expositiones«, worunter schlicht Lügen vor Gericht gemeint sind, zerfallen in zwei Gruppen. Es gibt das falsche Zeugnis anderer und im engeren Sinne den eigenen Vortrag des Angeklagten oder seines Rechtsbeistands. Das erste beim Lügen ist die Beachtung der Wahrscheinlichkeit: »sed utrumcumque erit, prima sit curarum, ut id, quod fingemus, fieri possit« (Doch muß es, mag es sich um die eine oder andere Art zu fälschen handeln, die Hauptsorge sein, daß das, was wir uns ausdenken, auch wirklich möglich ist)²⁴. Dazu kommt die innere Konsistenz der Aussagen. Hilfreich ist es auch, die Fiktion mit unbestreitbar wahren Umständen zu verknüpfen, vor allem aber muß die Vorspiegelung falscher Tatsachen in sich widerspruchsfrei sein. Das bedeutet zuallererst, daß der Lügner die Details seiner Lüge nicht selbst vergessen darf: »utrubique autem orator meminisse debebit actione tota, quid finxerit, quoniam solent excidere quae falsa sunt: verumque est illud, quod vulgo dicitur, mendacem memorem esse oportere.« (In beiden Fällen aber wird der Redner während seines ganzen Vortrages dessen eingedenk sein müssen, was er erfunden hat, weil einem gern entfällt, was man gefälscht hat. Und es ist wahr, daß, wie man im Volke sagt, der Lügner ein gutes Gedächtnis haben müsse.) (4, 2, 91; dt. 473) Es hängt von der rhetorischen Geschicklichkeit ab, dem Gesagten Nachdruck und Überzeugungskraft zu verleihen. Gerade daß der Erfolg vor Gericht ebenso von der Redekunst wie von der Sachhaltigkeit der Darlegung abhängig ist, ergibt ein schlagendes Argument für den Nutzen der Rhetorik bei der Gerichtsverhandlung. Wer lügt, bedarf der Redekunst, um trotz mangelnder Gründe zum Erfolg zu kommen. Aus ebendiesem Grund aber muß auch der Redner vor Gericht, der die Wahrheit sagt, die Kunst der Rede beherrschen: »quare non minus laborandum est, ut iudex, quae vere dicimus quam quae fingimus credat.« (Deshalb gilt es, nicht minder sich anzustrengen, daß der Richter das glaubt, was wir der Wahrheit gemäß sagen, als auch das, was wir erfinden.) (4, 2, 34; dt. 451) Wer die Wahrheit sagt, muß reden, als wollte er lügen, um in einer Gesellschaft, in der die rhetorische Rede zur Norm geworden ist, noch Glauben zu finden. Die Wahrheit muß nicht nur wahrscheinlich sein, sondern nach den Regeln der Kunst entwickelt werden, um wirksam sein zu können. Im Grenzbereich zwischen Wahrheit und Lüge liegt es, zur Erhöhung der Wirkung fiktive Umstände oder Personen einzuführen.[25] In anderer Weise findet die Fiktion zur Ausbildung der jungen Rhetoren Verwendung, wenn sie fiktive Sprecherrollen in fiktiven Redesituationen übernehmen sollen. Quintilian verweist darauf, daß dies schon bei den Griechen üblich gewesen sei.[26] Aber auch die Geschichtsschreibung bedient sich der poetischen Lizenz, ihre Darstellungen zur Erhöhung der Wirkung fiktiv auszuschmücken.[27] Ebenso hätten Vergil und andere Abstrakta wie Ruhm, Lust oder Tugend belebt: »sed formas quoque fingimus saepe, ut Famam Vergilius, ut Voluptatem ac Virtutem, quem ad modum a Xenophonte traditur, Prodicus, ut Mortem ac Vitam, quas contendentes in satura tradit Ennius.« (Aber auch Gestalten erfinden wir oft, wie Vergil die Fama [das Gerede], wie Prodicus – nach Xenophons Bericht – Voluptas und Virtus [Lust und Tugend], wie Mors und Vita [Tod und Leben], von deren Wettstreit Ennius in einer Satire berichtet.)[28] Gestaltung und imaginäre Konkretisation sind hier unauflöslich vereint. Ein Sonderfall solcher imaginärer Verlebendigung ist die Prosopopöie als fiktives inneres Zwiegespräch, das den Leser oder Zuhörer in die Dramatik einer Entscheidungsfindung hineinführt.

Zu den Formen des Fingierens in praktischer Rede gehören aber auch die Redefiguren, seien es Figuren der Rede im engeren Sinne oder Gedankenfiguren. Figura ist eine Derivation von fingere, die das Moment der Formung akzentuiert, wobei die Figuren der Rede aber auch immer ein Moment des Imaginären ins Spiel bringen, das auf seinen sprachlichen Ursprung verweist. Figuren sind als solche wahrnehmbar. Quintilian unterscheidet zwischen Tropen und Figuren und bei diesen wiederum zwischen Gedankenfiguren und Redefiguren. Im einzelnen sind diese Unterscheidungen nicht immer stringent, besonders die Unterscheidung von Tropen und Figuren erscheint recht willkürlich. Im Bereich der sprachlichen fictio liegen schließlich nicht nur die einzelnen Figuren der Rede, sondern auf elementarer Ebene auch Verfahrensweisen wie die Verwendung des Plurals statt des Singulars, aber auch die eigene Wortschöpfung, die als diese noch auf einen voluntativen Sprechakt verweist.

Quintilians *Institutio oratoria* zeigt höchst eindrucksvoll die strategische Bewußtheit, mit der der rhetorisch Geschulte sich im öffentlichen Raum der Sprachverwendung behauptet. Dabei zeigen sich überraschende Affinitäten zwischen den Sinnwelten der Dichtung und des Rechts. Diese beziehen sich für Quintilian insbesondere auf die Kunst der Darstellung und Überzeugung, aber auch auf die Erlernung der Gerichtsrede am fiktiven Beispiel. Was Quintilian nicht reflektiert, ist ein anderes Moment der Fiktion im römischen Recht: daß nämlich die Gesetzgebung selbst für ihre Argumentation der Rechtsfiktion bedarf. Die Rechtsfiktion, die dem römischen Recht bereits geläufig ist[29], wird im neuzeitlichen Recht eine bedeutende Funktion gewinnen.

II. Die Fiktion im Anklagestand

Die Heraufkunft des Christentums bedeutet in der Geschichte des Fiktionsbegriffs einen Paradigmenwechsel von unabsehbarer Bedeutung. Der strenge Wahrheitsanspruch der in den Evangelien niedergelegten Geschichte der Menschwerdung des Gottessohns Christus bis zu seiner Kreuzigung und Auferstehung macht die Differenz von Wahrheit und Fiktion in ganz anderer Weise virulent, als dies je zuvor der Fall gewesen war. Für die Konzeption des Fiktiven hatte dies eine einschneidende Bedeu-

---

25 Vgl. ebd., 4, 2, 19.
26 Vgl. ebd., 2, 4, 41.
27 Vgl. ebd., 2, 4, 19.
28 Ebd., 9, 2, 36; dt.: Ausbildung des Redners (s. Anm. 24), Bd. 2 (1975; Darmstadt ²1988), 283/285.
29 Vgl. MANFRED FUHRMANN, Die Fiktion im römischen Recht, in: Henrich/Iser (s. Anm. 6), 413–415.

tung. Die Fiktion verliert angesichts eines neuen Wahrheits- und Ernsthaftigkeitspostulats ihre Unschuld, sie wird in den Anklagestand versetzt. Lediglich in der Geschichtsschreibung behält sie ihr Recht, soweit sie rhetorisch dienende Funktion hat. An ihre Stelle tritt die Allegorie, in der die Fiktion selbst zum Moment der Wahrheit wird, die Allegorese, die im fiktionalen Text ihren Wahrheitskern aufdeckt, und nicht zuletzt als Weiterentwicklung der rhetorischen Figurenlehre das hermeneutische Konzept der Figura als temporale Struktur von Verhüllung und Enthüllung, wie sie insbesondere zum Instrument wurde, um Altes und Neues Testament in Einklang zu bringen.[30]

Eine der frühesten christlichen Auseinandersetzungen mit den ›Fiktionen‹ der heidnischen Religion und Dichtung sind die an einen gebildeten heidnischen Leserkreis gerichteten *Divinae Institutiones* des Laktanz, die zwischen (christlicher) Wahrheit und (heidnischer) Fiktion noch keine Kluft aufreißen, sondern den Nachweis zu führen suchen, daß die Fiktionen der Dichter einem bunten Schleier vergleichbar sind, der eine Wahrheit oder Ahnung der Wahrheit verdeckt: »Nesciunt enim qui sit poeticae licentiae modus, quousque progredi fingendo liceat, cum officium poetae in eo sit, ut ea quae uere gesta sunt in alias species obliquis figurationibus cum decore aliquo conuersa traducat.«[31] ([Die Menschen] wissen überhaupt nicht, worin die Eigenheit der poetischen Lizenz liegt, bis wohin es erlaubt ist, in der Darstellung zu gehen; die Aufgabe des Dichters ist es doch, das, was wirklich geschehen ist, durch indirekte, figürliche Gestaltung mit einigen Ornamenten zu übersetzen, um ihm verändert einen anderen Aspekt abzugewinnen.) Damit sucht Laktanz auch die (noch) Ungläubigen auf den Weg des Christentums zu führen oder zu locken. Es ist die Lizenz des Dichters, die nackte Wahrheit zu bearbeiten, sie zu färben, poetisch faßbar zu machen. Dies bleibt auch die Aufgabe des christlichen Dichters. Nur wer allein um des schönen Scheins willen ›fingiert‹, ist unfähig und ein Lügner. Doch geht es Laktanz vor allem noch um die Vermittlung der neuen christlichen Botschaft, während diese selbst durchaus von anderer Natur ist.

Ein eindrucksvolles Zeugnis christlicher Fiktionskritik sind Augustinus' *Confessiones*, in denen er Sünden- und Glaubensbekenntnis mit der exemplarischen Darstellung seines Wegs zum Glauben verbindet. Augustinus' *Bekenntnisse* erheben den Anspruch, aus der trügerischen Welt der Fiktionen herausgetreten zu sein und sich zur Stimme der Wahrheit zu machen, die selbst in den Zeugnissen der Schrift Ereignis geworden ist. Sie sind eine Anti-Fiktion, die den Fallstricken der schönen Rede und der Rhetorik sich entwunden zu haben vorgibt und die doch in der Werbung um den Leser alle Mittel rhetorischer fictio aufbietet. Der Rückblickende sieht sich, wie er, fast noch ein Kind, den poetischen Verführungen von Vergils *Aeneis* erlag und den Irrfahrten eines Aeneas folgte, ohne der eigenen Irrwege innezusein. Verächtlich nennt er Vergils Werk »poetica illa figmenta« (Gefabel der Dichter) und beklagt, daß ihm mehr als an nützlichen Kenntnissen an leeren Schauspielen der Imagination gelegen war: »Iam vero ›unum et unum duo, duo et duo quattuor‹ odiosa cantio mihi erat et dulcissimum spectaculum vanitatis equus ligneus plenus armatis et Troiae incendium« (Wirklich, eine verhaßte Leier war mir dies ›eins und eins ist zwei, zwei und zwei ist vier‹, aber köstliches Schauspiel der Einbildung das hölzerne Pferd, vollgestopft mit Soldaten, und Trojas Brand)[32]. Gerade im Moment der Kunstfertigkeit, nicht nur in dem der leeren Täuschung, liegt für Augustinus die Provokation der Fiktion, weil es die menschliche Eitelkeit befriedigt und von der wahren menschlichen Bedürfnissen fortführt: »Quam innumerabilia variis artibus et opificiis in vestibus, calciamentis, vasis et cuiuscemodi fabricationibus, picturis etiam diversisque figmentis atque his usum necessarium atque moderatum et piam significationem longe transgredientibus addiderunt homines ad inlecebras oculorum, foras sequentes quod faciunt, intus relinquentes a quo facti sunt et exterminantes quod facti sunt.« (Um wie Vieles, Unzähliges haben doch die Menschen die Dinge

---

30 Vgl. ERICH AUERBACH, Figura (1939), in: Auerbach, Gesammelte Aufsätze zur Romanischen Philologie (Bern/München 1967), 55–92.
31 LAKTANZ, Divinae Institutiones I, 11, 24; vgl. REINHART HERZOG, Die Bibelepik der lateinischen Spätantike (München 1975).
32 AUGUSTINUS, Conf. I, 13, 22; dt.: Bekenntnisse, lat.-dt. übers. v. J. Bernhart (Frankfurt a. M. 1987), 47.

II. Die Fiktion im Anklagestand

der Augenlust durch allerlei Kunst und Handwerk vermehrt, so an Kleidern und Schuhzeug, Geschirr und Hausrat aller Art, auch an Malereien und Plastiken in reicher Abwechslung, und das alles weit hinaus über den notwendigen und maßvollen Bedarf und ohne jeden Sinnbezug auf Religion: ja draußen laufen sie dem nach, was sie selber sich schaffen, und drinnen geben sie Den auf, von dem sie geschaffen sind, und lassen das verkommen, als was sie geschaffen sind.) (10, 34, 53; dt. 571) Die Dichtung, aber auch alle anderen Formen der ›Fiktion‹ treten hier in den Anklagestand, weil sie vom Wesentlichen ablenken. Ebenso ergeht es allem, was die Augen reizt, sich der Welt zu öffnen. Die voluptas oculorum bringt die Gefahr, sich vom Wesentlichen abzuwenden, sich in der Vielfalt der Welt zu verlieren. Deren Abbild ist der Reiz des Theaters, dessen Schauspiel den Schauenden mit der Erregung falscher Leidenschaften an sich bindet. Augustinus lebt im Horizont der vielen Bücher, der vielen Schauspiele, die seine Leidenschaften kitzeln, bis ihn die Stimme des einen Buchs der Wahrheit trifft, das sein Leben wendet. In der Tiefe seiner Selbstverzweiflung hört er die Kinderstimme, die ihm ein geheimnisvolles »Tolle, lege; tolle, lege« (Nimm es, lies es, nimm es, lies es!) (8, 12, 29; dt. 415) zuruft. Das Buch, das er dem Anruf folgend öffnet, ist das Neue Testament, dessen zufällig aufgeschlagene Seite zu ihm selbst zu sprechen scheint. Es ist die Aufforderung zur Nachfolge Christi, die Augustinus als Wende seines Lebens erfährt. Das Buch der Wahrheit ist an die Stelle jener ›poetica illa figmenta‹ getreten, die einst das Entzücken des jungen Lesers waren. Dem Lesen als Zerstreuung antwortet nun das Lesen als höchste Konzentration auf die eine Wahrheit, die aus dem einen Buch spricht. Von jetzt ab wird die Fiktion sich über Jahrhunderte in den Dienst der einen Wahrheit begeben.

In *De vera religione* werden die Phantasmata, die der Geist sich zu ersinnen vermag, der einen wahren Religion entgegengesetzt. »Non sit nobis religio in phantasmatis nostris; melius est enim qualecumque verum quam omne quicquid pro arbitrio fingi potest«. (Unsere Religion sei nicht ein Haften an Phantasiebildern. Denn besser ist jedes beliebige Wahre als alles, was man sich willkürlich ausdenken kann.)[33] Zwischen dem vorgestellten, ›fingierten‹ und dem wahren Gott ist die Kluft inkommensurabel, wie zwischen dem vorgestellten Freund und dem in Wahrheit abwesenden: »Si unus est ille amicus meus, falsus est iste quem cogitans fingo; nam ille ubi sit nescio, iste ibi fingitur ubi volo.« (Wenn ich einen bestimmten Freund habe, dann ist der, welchen ich mir in Gedanken vorstelle, falsch. Denn wo jener sich aufhält, weiß ich nicht, diesen stelle ich mir vor, wo ich will.) (34, 63, 180; dt. 109) ›Cogitans fingo‹ heißt die innere, dem Willen folgende Vorstellung, die unendlich formbar ist, weil sie nicht den Widerstand eines Mediums hat. Diese innere Fiktion, die das Gegenteil eines Getroffenseins von der Wahrheit ist, ist noch arbiträrer als die Fiktion, die sich an ein Medium entäußert und Kunst wird. »Si una Roma est (…), falsa est ista quam cogitans fingo.« (Wenn es nur ein Rom gibt […], so ist dasjenige ein falsches, das ich mir in Gedanken vorstelle.) (ebd.) Aber auch Gestalten, die nie ein Auge gesehen hat, lassen sich leicht, wie im Traum bilden: »Formae corporum, quas numquam vidimus, vel cogitando apud nos vel somniando figurentur.« (körperliche Gestalten, die wir nie gesehen haben, [treten uns] in Gedanken oder in Träumen […] vor die Seele)[34]. Prinzipiell ist für Augustinus mit der Vorstellung des fingere der Trug verbunden. So erörtert er die Frage, ob am Anfang der *Genesis* der griechische Text mit ›Et formavit Deus hominem pulverem de terra‹ oder mit ›finxit‹ übersetzt werden sollte. ›Finxit‹ wäre, nach Augustinus, zunächst durchaus die passendere Übersetzung, aber zur Vermeidung einer Zweideutigkeit sei ›formavit‹ vorzuziehen: »Sed ambiguitas visa est devitanda eis, qui formavit dicere maluerunt, eo quod in Latina lingua illud magis obtinuit consuetudo, ut hi dicantur fingere, qui aliquid mendacio simulante componunt.« (Doch wählten manche lieber das Wort ›formte‹, um eine durch das Lateinische nahegelegte Zweideutigkeit zu vermeiden. Denn in dieser Sprache sagt man ›fingere‹ meist von denen, die etwas vortäuschen

---

[33] AUGUSTINUS, De vera religione 55, 108, 295; dt.: De vera religione/Über die wahre Religion, lat.-dt., übers. v. W. Thimme (Stuttgart 1983), 179.
[34] AUGUSTINUS an Nebridus (aus d. J. 389), in: Augustinus, Epistulae 9, 5; dt.: Ausgewählte Briefe, übers. v. A. Hoffmann, Bd. 1 (München 1917), 17.

wollen.)³⁵ Die *Enarratio in psalmum 138* vertritt dagegen die alte Bedeutung von fingere: »Non enim quisquam nascitur, nisi quem Deus finxerit in utero matris suae; aut ulla creatura est cuius non est ille plasmator.«³⁶ (Denn nichts wird geboren, was Gott nicht im Mutterleib vorgebildet hätte; und es gibt überhaupt kein Wesen, dessen Schöpfer er nicht wäre.) Der ästhetische Eigenwert der Fiktion, der im Mittelpunkt von Ovids poetischen Brechungen der *Metamorphosen* stand, verflüchtigt sich in der einsinnigen Entgegensetzung von Wahrheit und Lüge. Von dieser ausgenommen freilich bleibt die fiktionale Lizenz der Parabel. Zur Parabel vom Sämann bemerkt Augustin: »Si audis fictum, intellegis significative: fictum est. Si enim vere homo seminator exiret, et semina, sicut audivimus, per haec diversa jactaret, non erat fictum, sed nec mendacium. Nondum autem fictum, sed non mendacium. Quare? Quia significat aliquid, quod fictum est, non te decipit. Quaerit intellegentem, non facit errantem. Hoc volens commendare Christus, poma quaesivit, figuratam ibi, non fallacem commendabat fictionem; ac per hoc laudabilem, non criminosam fictionem; non qua discussa ea in falsitatem, sed perscrutata invenias veritatem.«³⁷ (Wenn du das Fiktive vernimmst, begreifst du, daß es etwas bedeutet und fiktiv ist. Ginge nämlich der Sämann tatsächlich hinaus und säte an diesen verschiedenen Stellen, wie wir es hören, dann wäre es nicht fiktiv und auch kein Trug. Hier nun ist es zwar fiktiv, doch kein Trug. Weshalb? Weil das Fiktive etwas anderes bedeutet und dich nicht täuscht. Es erfordert Einsicht und führt nicht in die Irre. Darum ging es Christus, als er die Früchte sammelte; es handelte sich um eine figurative, nicht um eine täuschende Fiktion und somit um eine lobenswerte, nicht um eine zu beanstandende Fiktion; eine Fiktion, deren Untersu-

chung dich nicht in die Irre, sondern, bei genauem Hinsehen, zur Wahrheit führt.) In einem wundervollen Bild hat Augustinus seine Rede, mit der er es wagt, die tiefsten Fragen von Zeit und Ewigkeit zu stellen, als »manus oris mei«³⁸, Hand meines Mundes, bezeichnet. Ist dann aber nicht insbesondere die als Schrift konzipierte eigene Rede grundsätzlich immer schon fictio? Augustinus bedenkt die Möglichkeit einer Fiktion, die vom Imaginären gereinigt wäre und ganz aus dem Geist der Wahrheit käme. Aber nur Gott selbst wäre noch Herr einer solchen absoluten Fiktion.

Auch in der *Consolatio philosophiae* des Boethius, dem Werk der Spätantike, das auf die mittelalterliche Literatur den größten Einfluß gewinnen sollte, werden Kunst und Dichtung als falsche Tröstung zurückgewiesen. Das über seinen bevorstehenden Tod verzweifelte Ich der *Consolatio philosophiae* – es ist Boethius selbst, der im Kerker die Todesstrafe erwartend in der sprachlichen Gestaltung und Objektivation seine Fassung zurückgewinnt – vergewissert sich seiner selbst im Anblick der alles überwölbenden kosmischen Ordnung. Die *Consolatio* folgt der inneren Befreiung aus der Unmittelbarkeit der bedrängenden Situation, bis der Punkt einer philosophischen, im Vertrauen auf das Ganze gegründeten Gelassenheit erreicht ist. Am Anfang der *Consolatio* steht ein klägliches, jammervolles Gedicht, in dem das Ich bei den Musen Zuflucht sucht, deren trügerischer Trost doch nur den Schmerz verschärft. Dem auf sein Lager Niedergeworfenen erscheint mitten in seinen poetischen Klagen die erhabene Gestalt der Philosophia und verscheucht die das Lager des Unglücklichen umstehenden Musen: »Quis, inquit, has scaenicas meretriculas ad hunc aegrum permisit accedere, quae dolores eius non modo nullis foverent remediis verum dulcibus insuper alerent venenis? Hae sunt enim, quae infructuosis affectuum spinis, uberem fructibus rationis segetem necant hominumque mentes assuefaciunt morbo, non liberant.« (Der ich Gesänge vordem in blühendem Eifer vollendet, wehe, wie drängt das Geschick traurige Weisen mir auf. Also schreiben mir vor voll Schmerz die verwundeten Musen, Tränen von echtestem Leid haben ihr Antlitz genetzt. Konnte doch sie allein der Schrecken nimmer besiegen, als Gefährten nur sie folgten allein meinem Pfad.)³⁹

---

35 AUGUSTINUS, Civ. 13, 24; dt.: Vom Gottesstaat, übers. v. W. Thimme (Düsseldorf/Zürich ⁴1997), 146.
36 AUGUSTINUS, Enarratio in psalmum 138 7, 19–20.
37 AUGUSTINUS, Sermones 89, 6.
38 AUGUSTINUS, Conf. 11, 11, 13; dt. 623.
39 BOETHIUS, Consolatio philosophiae, hg. v. E. Gegenschatz/O. Gigon (²Zürich/Stuttgart 1969), 4; dt.: Trost der Philosophie, übers. v. E. Gegenschatz/O. Gigon (Zürich/München 1990), 67.

Die Verabschiedung der Musen durch Philosophia wiederholt gleichsam ihre Verabschiedung durch Augustinus, aber wie bei diesem bleibt auch bei Boethius der Fiktion unter der Leitung der Philosophie ein relatives Recht gewahrt, verborgen vielleicht noch mehr als dieses. Wenn Philosophia die Musen des Affekts vertreibt, deren Imagination das Unglück des Ich nur tiefer aufrührt, so bedeutet dies nicht, daß im Fortgang Philosophia ganz auf den Beistand der Dichtung verzichten würde. Die Dichtung wird jetzt gleichsam zur Verlockungsprämie auf dem Weg zur philosophischen Einsicht und Gelassenheit. Immer wieder bedient Philosophia sich der Dichtung, ja sie greift selbst zur dichterischen Sprache, um das noch geschwächte Ich auf dem Weg der Philosophie weiterzuführen. Im 9. Gedicht des 3. Buchs wird, wie bei Ovid, Gott zum Schöpfer: »Quem non externae pepulerunt fingere causae / Materiae fluitantis opus« (keine äußere Macht trieb dich, aus wogenden Massen deine Schöpfung zu formen) (128; dt. 130). Diesen selbst bittet Philosophia um seinen Beistand, damit der Geist sich über die irdische Schwere erhebe. Wenn Boethius also die Dichtung in den Dienst der Philosophie nimmt, so scheint doch andererseits die Poesie der Ort zu sein, wo die Erhabenheit der göttlichen fictio des Universums vergegenwärtigt werden kann, die keine philosophische Sprache auszudrücken vermöchte. Erst durch die Poesie jenseits der Philosophie kann das Ich von den Künsten der süßen Sirenen befreit werden, die ihm seine jämmerliche Klagedichtung eingegeben hatten. Es ist auffällig, daß diese sich gegen die Philosophie behauptende Dichtung zugleich der Ort ist, wo die überkommenen Mythen immer noch als Bilder ihre Funktion haben, obwohl sie sich nicht mehr zu autonomen fiktiven Gebilden organisieren lassen.

III. Stationen der Rehabilitierung der Fiktion

Augustinus und Boethius sind mächtige Zeugen für den Anbruch dessen, was man die »christliche Gefangenschaft der Mythologie im Mittelalter«[40] genannt hat und was man mit noch größerem Recht die Gefangenschaft der Fiktion nennen könnte. Insbesondere Allegorie und Allegorese sind der Ort, wo die Fiktion als Figur einer Wahrheit sich ein relatives Eigenrecht bewahrte. Die Allegorie mehr als die Auslegungspraxis des figuralen Verstehens konnte zugleich der Ort werden, von wo sich die Fiktion ihr Eigenrecht zurückgewann. Der Wiedergeburt der Fiktion aus dem Geist der Allegorie geht aber eine andere, höchst erstaunliche neue Gestaltungsform der Fiktion voraus, die in der Neuzeit unabsehbare Bedeutung gewinnen und mehr und mehr zum eigentlichen Paradigma der Fiktion werden sollte: der Roman.

Roman, altfranzösisch romanz, und Fiktion sind zunächst keinesfalls gleichbedeutend. Das Substantiv romanz, aus dem gleichnamigen Adjektiv abgeleitet, das auf ein lateinisches romanice (loqui) zurückführt, bezeichnet zunächst Übersetzungen aus dem Lateinischen in die (französische) Volkssprache, dann aber auch (zum Lesen bestimmte) Texte, die keine lateinische Vorlage mehr haben. Am frühesten scheint romanz als Substantiv im Anglonormannischen, insbesondere am Londoner Hof, vorzukommen, wo das Französische, die Sprache der normannischen Eroberer, zur Sprache der herrschenden Oberschicht geworden war. Als romanz werden schon die volkssprachigen Bearbeitungen der *Historia regum Britanniae* von Geoffrey de Monmouth bezeichnet, in deren Mittelpunkt der Sagenkönig Artus steht. Vor allem den poetischen Bearbeitungen Waces haben in diesem Zusammenhang die Bezeichnung romanz bis an den Rand einer eigenständigen Gattung geführt. Als romanz verstehen sie aber auch die in der Mitte des 12. Jh. entstehenden Bearbeitungen antiker Epen oder Dramenstoffe, der *Roman de Troie*, der *Roman de Thèbes* sowie der altfranzösische *Aeneas*, die als Romane im Sinne der späteren Bedeutung des Wortes noch kaum aufzufassen sind. Der eigentliche Erfinder des Romans im neuzeitlichen Sinne ist Chrétien de Troyes, der aus der Geschichte des sagenhaften Königs Artus, wie sie von Geoffrey

---

[40] Vgl. JAUSS, Allegorese, Remythisierung und neuer Mythos. Bemerkungen zur christlichen Gefangenschaft der Mythologie im Mittelalter, in: M. Fuhrmann (Hg.), Terror und Spiel. Probleme der Mythenrezeption (München 1971), 187–209.

und Wace bezeugt ist, eine imaginäre Artuswelt erschafft, in der aber nicht der König Artus selbst, sondern die Ritter seiner Tafelrunde im Mittelpunkt stehen.[41] Während die altfranzösische chanson de geste den Helden zur idealen Verkörperung kollektiver Interessen macht und sich als mündlich vorgetragene Dichtung an ein zuhörendes, sich identifizierendes Publikum wendet, sind Chrétiens Ritter oft verstörte, auf ihr eigenes Geschick zurückgeworfene Einzelne, die in einer offenen Welt des Wunders und des Unvorhersehbaren das ihnen bestimmte Abenteuer verfolgen. Chrétiens ganz innerweltliche Romane scheinen sich wie selbstverständlich über das Fiktionsverbot hinwegzusetzen, das die christliche Theologie der Spätantike und des Mittelalters errichtet hatte. Erst in seinem letzten Roman, dem Perceval, kommt am Horizont der ritterlichen Welt die Welt christlicher Frömmigkeit wieder in Sicht.

Es ist faszinierend zu sehen, wie bei Chrétien der Inhalt des selbstreferentiell verwendeten ›romanz‹ sich verändert und seine Bedeutung immer mehr dem Konzept einer neu legitimierten Fiktion annähert. Während romanz zunächst noch durchaus traditionell die volkssprachige, genauer französische Übersetzung oder fiktive Übersetzung aus dem Lateinischen bezeichnet – es scheint, als sei die Bezeichnung romanz erst in dem Augenblick zur Geltung gekommen, wo sich sprachlich das romanz schon in einzelne romanische Sprachen und Dialekte ausdifferenziert hat –, wird der sich selbst

als romanz bezeichnende Text bei Chrétien mehr und mehr seiner eigenen Form und seiner generischen Potentialität als Paradigma eines neuen literarischen Genres bewußt. Es scheint kein Zufall, daß Chrétiens neues Fiktionsbewußtsein, das sich in dem neuen Inhalt von ›romanz‹ kristallisiert, seinen Ausgangspunkt bei Ovid nimmt. Im Cligès, seinem zweiten Roman nach Erec et Enide, stellt Chrétien sich zuerst als dessen Verfasser, dann als den Übersetzer der Ovidschen Ars amatoria vor: »Cil qui fist d'Erec et d'Enide, et les comandemanz d'Ovide et l'art d'amors en romans mist.«[42] Doch fügt er hinzu, daß er auch zwei Episoden aus den Metamorphosen übersetzt habe. Schon in seinem ersten Roman erhebt Chrétien, wie vor ihm Ovid, den Anspruch, ein Werk geschaffen zu haben, das bis ans Ende der Welt dauern wird: »Des or comancerai l'estoire qui toz jorz mes iert an mimoire tant con durra crestiantez; de ce s'est Crestïenz vantez.« (Nunmehr werde ich die Geschichte beginnen, die man hinfort immer im Gedächtnis behalten wird, solange wie die Christenheit dauern wird; dessen hat sich Chrétien gerühmt.)[43]

Den Grund für diese Dauer glaubt Chrétien durch das gelegt zu haben, was er selbst ›bele conjointure‹ nennt, eine subtile innere Verknüpfung des Handlungszusammenhangs, mit dem er sich qualitativ wesentlich von jenen Jongleurs zu unterscheiden glaubt, die ihre Geschichten am Hof vortragen und sie für den jeweiligen Bedarf zurichten, statt ihnen eine dauerhafte schriftliche Form zu geben. In der Tat liegt Chrétiens geniale Erfindung nicht einfach in der Schriftlichkeit seines ganz sich selbst lebenden Textes, sondern in einer zweifellos dem Medium Schrift verdankten narrativen Komplexität, deren imaginäres Potential von der Kommunikationssituation des Lesers selbst ihren Ausgang nimmt. Die Formel ›lire romanz‹ im Gegensatz zum Hören der chanson de geste ist für den romanz immer schon wesentlich, aber bei Chrétien wird diese Form der einsamen, mittelbaren Kommunikation zum Rezeptionsdispositiv für die Aufnahme komplexer innerlicher Prozesse von Erinnerung und Gedächtnis, von Identitätsverlust und Identitätsfindung.[44] Erst Chrétien macht die Lektüre zu einer spezifisch ästhetischen Form der Rezeption, die sich von allen Formen einer allego-

---

41 Vgl. BRIGITTE BURRICHTER, Wahrheit und Fiktion. Der Status der Fiktionalität in der Artusliteratur des 12. Jahrhunderts, in: Beihefte zur Poetica 21 (München 1996); VOLKER MERTENS/FRIEDRICH WOLFZETTEL (Hg.), Fiktionalität im Artusroman (Tübingen 1993); ALASTAIR J. MINNIS (Hg.), Medieval Literary Theory and Criticism c. 1100 – c. 1375 (Oxford 1988), 113-164.
42 CHRÉTIEN DE TROYES, Cligès, in: Chrétien, Les Romans, Bd. 2, hg. v. A. Micha (Paris 1982), V. 1-3.
43 CHRÉTIEN DE TROYES, Erec et Enide, in: Chrétien, Les Romans, Bd. 1, hg. v. M. Roques (Paris 1981), V. 23-26; dt.: Erec und Enide, übers. v. H. Klüppelholz ([Rheinfelden] 1977), 1.
44 Vgl. STIERLE (s. Anm. 14); STIERLE, Die Unverfügbarkeit der Erinnerung und das Gedächtnis der Schrift. Über den Ursprung des Romans bei Chrétien de Troyes, in: A. Haverkamp/R. Lachmann (Hg.), Vergessen und Erinnern (München 1993), 117-159.

rischen Lektüre von Fiktion radikal unterscheidet. Der einsame Leser wird ins einsame Bewußtsein des Helden gezogen und hat den ästhetischen Genuß dieser neuen Innerlichkeitsperspektive. Zugleich aber wird dem Leser das Fiktive der Fiktion durch Fiktionsironie gegenwärtig gehalten. Es gibt im Chrétienschen Roman ein Gegenspiel von histoire und discours, bei dem der discours mehr und mehr Licht auf das Fiktive der Fiktion wirft. Mit *Erec et Enide* erschließt Chrétien zugleich eine neue narrative Welt, die über ihre Bindung an die einzelne histoire prinzipiell hinausreicht. Die folgenden Romane sind immer neue Ausschöpfungen dieses narrativen Spielraums. Dieser erweitert sich nach Chrétien noch einmal unabsehbar, wenn jetzt die Artuswelt sich auf neue narrative Welten öffnet und die Prosaauflösungen des *Lancelot*, des *Perceval*, des *Tristan* zu gewaltigen narrativen Komplexen zusammenkommen, bei denen die Eigenbewegung der dynamisch sich ausbreitenden Fiktion schließlich jeden Rückbezug auf einen konkreten Autor sprengt. Aber schon bei Chrétien ist spezifisch für den Roman als neue Form der Fiktion die multidimensionale Pluralisierungstendenz, die fortan das wesentliche Merkmal der Großform des Romans im Vergleich zu den einfachen narrativen Formen sein wird.

Mit dem *Roman de la rose* des Guillaume de Lorris beginnt ein neues Kapitel in der Geschichte der Rehabilitation des seit der Spätantike unter Anklage gestellten Fiktionsbegriffs. Doch wäre es falsch, diesen Text, der sich selbst ausdrücklich als romanz bezeichnet (»E se nus ne nule demande / coment je vueil que li romanz / soit apelez que je comenz, / ce est li Romanz de la Rose, / ou l'Art d'Amors est toute enclose« [Und wenn jemand fragt, wie der Roman, den ich beginne, genannt werden soll, so ist es der Roman von der Rose, in dem die Kunst der Liebe ganz enthalten ist][45], derselben Gattung zuzuweisen, wie sie von Chrétien begründet wurde. Der *Rosenroman* ist romanz in einem älteren Sinn, weil er als Allegorie zum Lesen bestimmt ist. Denn die Allegorie als Darstellungsform geht hervor aus der Allegorese, die immer schon eine Praxis der Auslegung geschriebener Texte ist. Während aber in der ersten Phase ihrer christlichen Konjunktur die Allegorie einer literarischen Praxis der Entwicklung dient, folgt die allegorische Darstellung Guillaumes erstmals eine neue Praxis der Verweltlichung, der Rückkehr aus der konzeptuellen Sphäre in die Sphäre der sinnlichen Anschauung. Denn der *Rosenroman* ist eine Feier der Schönheit und der Liebe in einer nur diesen zugehörigen, wenngleich von gegenstrebigen Kräften immer wieder bedrohten Welt. Die Allegorie als eine Poesie der Begriffe hat einen konzeptuell-systematischen Grund. Hier ist es die ars amatoria im Sinne Ovids, die gleichwohl über Ovids sinnliche Verführungsstrategien hinausreicht, indem sie die höfische Liebesdoktrin in sich aufnimmt. Aber dieses systematische Wissen von der Liebe und den ihr förderlichen und widerstrebenden Gewalten wird bei Guillaume in die subjektive Perspektive einer Erfahrung gebracht.[46] Dem Amant träumt, noch bevor seine Liebe ein Objekt ihres Begehrens gefunden hat, wie er an einem schönen Frühlingstag die Stadt verläßt, hinausgeht in die offene Landschaft und dort auf das Reich Amors stößt, das umgeben ist von einer Mauer, an deren Außenseite die Bilder jener allegorischen Kräfte gebannt sind, die die vollkommene Liebeserfüllung zerstören. Von Oiseuse eingelassen, trifft der Amant hier auf die Rose, die er umwerben wird und die als eine promesse de bonheur verweist auf die Dame, der er jetzt zugetan ist und die seine Liebe (noch?) nicht erwidert. Der subjektive Perspektivismus der Guillaumeschen Liebesallegorie bedeutet einen folgenreichen Wechsel des Blicks auf die Fiktion. Während die antike Fiktion wesentlich im Zeichen ihrer Produktion stand und diese selbst zum primären Gegenstand der Aufmerksamkeit des Lesers gemacht wurde, etwa wenn bei Ovid von Narziß, Pygmalion, aber auch den schönen Pforten Sols die Rede ist, die Hephaistos erbaute, ist der Blick, der auf die Eingangsallegorien der Mauer und das Reich Amors fällt, ein subjektiver Blick, der das bloße

---

45 GUILLAUME DE LORRIS/JEAN DE MEUNG, Le Roman de la rose, hg. v. D. Poirion (Paris 1974), V. 34–38; dt.: Der Rosenroman, hg. u. übers. v. K. A. Ott, Bd. 1 (München 1976), 79 f.
46 Vgl. JAUSS, Form und Auffassung der Allegorie in der Tradition der Psychomachia, in: H. R. Jauss/D. Schaller (Hg.), Medium Aevum vivum. Festschrift für Walter Bulst (Heidelberg 1960), 202–206.

dargestellte Schema, das Resultat der künstlerischen Arbeit, erst mit Leben erfüllt.

Wie Chrétien schreckt auch Guillaume davor zurück, dem Wort Fiktion sein Recht zurückzugeben. Zu sehr war es wohl noch mit dem Anschein des bloß Trügerischen behaftet. Der allegorische songe ist zwar Fiktion, aber er bleibt unbewußte Fiktion oder Fiktion, die sich als Fiktion noch nicht ausdrücklich zu machen wagt. Wie schon bei Chrétien ist aber auch bei Guillaume ebenso wie bei seinem Fortsetzer Jean de Meung Ovid der Ausgangspunkt für die Erneuerung der Fiktion. Amant wird in dem Augenblick vom Pfeil Amors erreicht, wo er sich über das Wasser des Brunnens beugt, der einst Narziß zum Verhängnis wurde. Im zweiten Teil des *Rosenromans* ist es Pygmalion, der danach brennt, die von ihm geschaffene Gestalt lebendig zu besitzen. Pygmalion steht damit zugleich in Korrespondenz zum Narziß des ersten Teils, der sich nach dem ungewollt von ihm selbst erschaffenen Idealbild sehnt.

Auch Dantes *Divina Commedia* (1321), die alles Recht hätte, im Sinne der antiken Auffassung eine Fiktion zu heißen, vermeidet sorgfältig den Begriff. Weder findet er Verwendung, wo von der göttlichen Schöpfung, noch, wo vom eigenen Werk die Rede ist. Das Werk des Dichters ist nicht rationale Fiktion, sondern Inspiration, und der Gott, der im 10. Gesang des Purgatorio das Bas-Relief der Demütigen als sein absolutes Kunstwerk geschaffen hat, wird gleichfalls nicht als ein Meister des fingere, sondern als Erzeuger eines Kunstwerks verstanden, bei dem Virtualität bruchlos in ästhetische Aktualität übergeht: »Colui che mai non vide cosa nova / produsse esto visibile parlare« (Er, des-

sen Augen nimmer Neues sehen, / Er wars, der so zur Schau das Reden brachte)[47], heißt es von der höchsten Fiktion. Diese aber wird wie die Allegorie des *Rosenromans* gleichfalls nicht im Akt des Herstellens vergegenwärtigt, sondern in der subjektiven, belebenden, dem absoluten Kunstwerk antwortenden Perspektive des Betrachters Dante dargestellt.

Erneut ist auch in Dantes *Commedia* der Ovid der *Metamorphosen* allgegenwärtig. Und wie Ovid in den Metamorphosen macht auch Dante seine *Commedia* zum Ort eines Systems der schönen Künste.[48]

Mit Boccaccio kommt die Rehabilitation der Fiktion in ihre letzte, entscheidende Phase, in der auch das Konzept der Fiktion wieder eigene Bedeutung gewinnt. Boccaccio gibt in unmittelbarer Fortsetzung von Ovid der Fiktion ein neues Recht jenseits der unproduktiv gewordenen Alternative von Wahrheit und Lüge. Dabei experimentiert insbesondere der junge Boccaccio mit vielerlei Formen und Möglichkeiten, Ovid unter neuen Bedingungen fortzuschreiben, aber auch den Roman und die Liebesallegorie des *Roman de la Rose* sich verfügbar zu machen und so mit neuen Formen eines hybriden Mythenbricolage zu experimentieren.

Sein *Filocolo*, ein bunter Abenteuer- und Liebesroman in Prosa nach dem Vorbild des altfranzösischen *Fleure et Blanchefleure*, dem gefühlvollen Roman der Kinderliebe zwischen dem heidnisch-spanischen Königskind und dem Christenkind, die zu einer märchenhaft-vollkommenen Liebesgeschichte führt, ist eine Fiktion aus dem Geist des neuen Romans und der Fiktion Ovids. Schöpfungsgeschichte und christliche Heilsgeschichte werden in diesem Roman in die Sprache antiker Mythologien übersetzt. In einem kühnen Quiproquo wird der christliche Gott zum summo Jiove, der seinen Sohn Prometheus mit eigenen Händen formt, ehe dieser wiederum Adam und Eva mit seinen Händen nach dem göttlichen Urbild gestaltet. Mit der Bekehrung des Helden Florio zum Christentum kehrt die Fiktion am Ende gleichsam in eine normative christliche Welt zurück. Der neu aufgespannte antike Götterhimmel ist ineins damit selbst nur der Grund einer anagogischen, das heißt christlichen Lesbarkeit. Der *Filocolo* ist ein kühner Versuch, mittelalterlich-christliche und an-

---

[47] DANTE ALIGHIERI, La Divina Commedia, hg. v. F. Chiapelli (Mailand 1965), 205; dt.: Die Göttliche Komödie, übers. v. F. Freiherr v. Falkenhausen (Frankfurt a. M. 1974), 199.
[48] Vgl. STIERLE, Das System der schönen Künste im ›Purgatorio‹ von Dantes Commedia, in: Stierle, Ästhetische Rationalität. Kunstwerk und Werkbegriff (München 1997), 389–416; STIERLE, La fable du monde et le système des beaux-arts: Ovide, Dante, Proust, in: Rassegna europea di letteratura italiana 12 (1998), 9–35; RICHARD HAMILTON GREEN, Dante's ›Allegory of Poets‹ and the Medieval Theory of Poetic Fiction, in: Comparative Literature 9 (1957), 118–128.

tik-heidnische Erzählschicht zu amalgamieren. Während das *Ninfale fiesolano*, wie zuvor schon die *Comedia delle Ninfe fiorentine*, eine fiktive antikisierende Traumwelt in der konkreten toskanischen Landschaft errichtet, ist die *Amorosa visione* ein allegorischer Traum in der Nachfolge des *Rosenromans*, der sich nach Art der Danteschen *Commedia* auf eine Galerie heidnischer, jüdischer und neuzeitlicher Gestalten aus unterschiedlichen Wirklichkeitsbereichen öffnet. Geführt von einer ›donna gentil‹ kommt das Ich an eine breite Pforte, wo es, entgegen dem Rat der Donna, sich den in Giottos Manier an die Wand gemalten Gestalten zuwendet, die im Triumphzug an ihm vorbeizuschreiten scheinen. Das Ich vermag sich trotz aller Bemühungen der edlen Dame von seiner Weltverfallenheit nicht zu lösen. Die Verwandlung der irdischen in eine höhere Liebe mißlingt, auch wenn der Erzähler seine endgültige Konversion behauptet. Erneut ist es hier der subjektive Blick, der die Gestalten belebt, während der Aspekt des Herstellens wiederum ausgeblendet bleibt. In der ›Elegie‹ *Fiammetta*, wo Fiammetta, wie der Amant des *Rosenromans* in eine noch offene Liebesgeschichte verstrickt, den Freundinnen ihr trauriges Schicksal erzählt, das durch widersprüchliche Nachrichten von Florenz, dem Ort, wo der Geliebte lebt, ganz und gar unentwirrbar scheint, ist Ovid mit dem Brief der Phyllis an Demophoon[49] noch einmal das unmittelbare Vorbild. In allen diesen Werken verwirklicht Boccaccio, in der Tradition des altfranzösischen Romans, der Liebesallegorie und Dantes, eine neue, zugleich bewußt an die Antike anknüpfende Idee der Fiktion, die sich vor allem an Ovid inspiriert. Aber erst in den *Genealogie deorum gentilium*, Boccaccios Apologie der heidnischen Dichtung und zugleich der fiktionalen Dichtung überhaupt, erhält der Fiktionsbegriff selbst wieder seine Funktion und Bedeutung.

Das 14. Buch der *Genealogie* (entst. ca. 1360–1365), Höhepunkt des großen Versuchs, aus den Bruchstücken der Mythen der Antike ein großes Ganzes zusammenzufügen oder zu fingieren, dient der Verteidigung der Poesie gegen ihre christlichen Verächter. Dabei wird erstmals wieder die Fiktion vom Odium der Lüge befreit, rücken Dichtung und Fiktion in einen unauflösbaren Zusammenhang. Der Dichter ist ein Hersteller von Fiktionen, und zwar in zweifachem Sinn. Er schafft ein schönes Sprachwerk, aber zugleich auch die Illusion einer Welt, in die der Leser sich hineinbegeben kann. Dennoch ist die Dichtung als Fiktion kein Trug. Sie eröffnet die Teilhabe an einer Welt, die sonst verschlossen bleiben müßte, ohne daß damit aber schon eine Vorentscheidung über eine spezifische gattungsbezogene Prägung getroffen wäre. Epos, Roman, kurze Erzählung oder Lyrik sind gleichermaßen Dichtung. Das Vermögen der Dichtung wurde von Gott Heiden und Christen gleichermaßen geschenkt. Darum ist es nur billig, daß auch die Dichtung der heidnischen Antike ein Recht hat, gelesen zu werden. »Amplissima quidem fingendi est area, et pleno semper fictionum cornu poesis incedit; non ergo deficiebant quibuscunque sensibus honestissima tegumenta.« (Sehr weit freilich ist das Feld der poetischen Erfindung, und immer geht die Poesie mit einem Horn einher, voll von Fiktionen. Es fehlte also nicht an ehrenhaften und schicklichen Bedeckungen für jeden Tiefensinn.)[50] Noch nie sind Weite und Vielfalt der Fiktion so überschwenglich gepriesen worden wie bei Boccaccio. Der Dichter begibt sich damit in einen Wettstreit mit der Natur selbst: »quicquid eius opera ratione operantur perpetua, poeta celebri conatur describere carmine. Quod si intueri velint isti, videbunt formas, mores, sermones et actus quorumcunque animantium, celi syderumque meatus, ventorum fragores et impetus, flammarum crepitus, sonoros undarum rumores, montium celsitudines et nemorum umbras atque discursus fluminum adeo apte descriptos, ut ea ipsa parvis in licterulis carminum inesse arbitrentur.« (denn der Dichter versucht nach Kräften, in einem gefeierten Lied all das zu beschreiben, was die Natur selbst, was ihre Werke in unaufhörlicher Ordnung bewirken. Wenn die Gegner dies betrachten wollen, werden sie Formen, Sitten, Gespräche und Handlungen jeder Art von Lebewesen, die Bewegungen des Himmels und der Gestirne, das Tosen

---

49 Vgl. OVID, Heroides 2.
50 GIOVANNI BOCCACCIO, Genealogie deorum gentilium 14, 14, 3, in: Brigitte Hege, Boccaccios Apologie der heidnischen Dichtung in den ›Genealogie deorum gentilium‹. Buch XIV, Text, Übersetzung, Kommentar und Abhandlung (Tübingen 1997), 104; dt. 105.

und Stürmen der Winde, das Knistern der Flammen, das rauschende Lärmen der Wellen, die ragenden Höhen der Berge, die Schatten der Haine und den Lauf der Flüsse so gut beschrieben finden, daß man glauben könnte, sie seien selbst in den Buchstaben der Gedichte enthalten.) (14, 17, 5; 120; dt. 121)
Aber die Dichter sind nicht nur Nachahmer der Natur in der Fülle ihrer konkreten Erscheinungen. In ihren Werken sind sie den Philosophen, den Sehern, den Propheten und Theologen gleich. Doch haben sie eine ursprüngliche Einsicht und eine spezifische Weise, diese in Sprache zu übersetzen. Die Dichter sind weder der Philosophie noch der Theologie unterworfen. Ihre Fiktionen sind nicht nur ein leeres Sprachspiel, sondern ein Gewebe, hinter dem sich ein tieferer Sinn verbirgt. Die Fiktion selbst ist nur die schöne Oberfläche, unter der dieser erschließbar ist. Doch folgt sie nicht nur den Einsichten der Religion, Theologie und Philosophie nach, sie geht ihnen auch voraus. Und nicht zufällig greifen die Verkünder der Religion oft zu einer Sprache, die die Sprache der Dichtung ist. Für Boccaccio ist die Dichtung von anthropologischer Relevanz, aber es bekundet sich in ihr zugleich eine ursprüngliche, noch vorreligiöse Einsicht in die Erfahrung des Göttlichen. Boccaccio spricht hier ganz aus dem Geist Dantes, der sich zugleich als Philosoph und Theologe verstand und doch als Dichter an komplexer, ahnender, in die Bildlichkeit getriebener Einsicht seine philosophischen und theologischen Konzepte übertrifft. Wäre Dichtung also insgeheim philosophischer als die Philosophie, gar theologischer als die Theologie? So weit geht Boccaccio nicht, so weit kann er auch nicht gehen. Dennoch scheint dies durchaus der unausgesprochene Fluchtpunkt seiner Verteidigung der Dichtung gegen ihre Verächter zu sein. Wie poetisches, fiktionales Argumentieren sich konkret von der diskursiven Argumentation der

Philosophie unterscheidet, erläutert Boccaccio an einem Beispiel. Wenn Vergil die Verfallenheit des Menschen an seine Leidenschaft zeigen will, dann definiert er nicht, was Leidenschaft ist, er erfindet ein imaginäres Äquivalent des Konzepts, das es ihm erlaubt, dieses zugleich in seiner konzeptuellen Allgemeinheit und unendlich vielfältigen Nuancierung und Abschattung zur Anschauung zu bringen. Eben dadurch setzt die Poesie sich prinzipiell der Rhetorik entgegen, deren sie zur Einübung in sprachliche Gelenkigkeit, zur Entfaltung ihrer emotiven Register dennoch bedarf.

Francesco Petrarca hat zum Konzept der Fiktion ein sehr viel gebrocheneres Verhältnis als Boccaccio, der sein jüngerer Freund war und sich als seinen ›Schüler‹ betrachtete. In den Dichtungen seiner *Rerum vulgarium fragmenta* scheint er in einem spannungs- und konfliktreichen Verhältnis zwischen Ovid und Augustinus zu stehen. Petrarca ist wohl der erste, der erkannt hat, daß die Kunstmythen Ovids im wesentlichen Mythen oder Fiktionen über die Künste, ihren Ursprung und ihr Wesen sind. Solche Kunstmythen wie der Mythos von Apoll und Daphne, von Arachne, Narziß und Pygmalion spielen im *Canzoniere* eine tragende Rolle. Doch werden sie jetzt Momente eines grübelnden Reflexionszusammenhangs der Selbstentzweiung, die zwischen Weltfaszination und Weltabsage schwankt und dabei Augustinus und seine Weltverneinung zum Gegenpol des sinnenfreudigen Ovid macht. Ovids objektive Fiktionen werden bei Petrarca zu subjektiven Projektionen des in sich selbst zerfallenden Bewußtseins. In der sogenannten Canzone der Metamorphosen (Nr. 23) wird eine ganze Folge von Ovidschen Metamorphosen-Mythen aufgerufen, um den inneren Zustand des vergeblich Liebenden und seine Metamorphose in die Konkretheit des Gedichts bildhaft zu vergegenwärtigen.[51] Der in einsamer Landschaft Einhergehende glaubt, daß ihm das Erinnerungsbild der Geliebten von außen entgegentritt.[52] In den beiden Sonetten auf den Maler Simone Martini, der für Petrarca wohl eine (Ideal?-)Zeichnung Lauras angefertigt hatte[53], wird das Bild zur lebendigen Fiktion im Auge des Betrachters. Die Gegenwart des Bildes mit der abwesenden Laura gibt dieser selbst eine so intensive Präsenz, daß der Dichter zum neuen Pygmalion zu werden glaubt.

---

51 Vgl. STIERLE, Metamorphosen des Mythos. Petrarcas Canzone ›Nel dolce tempo‹, in: W. Haug/B. Wachinger (Hg.), Traditionswandel und Traditionsverhalten (Tübingen 1991), 24–45.
52 Vgl. FRANCESCO PETRARCA, Canzoniere, Nr. 127, 129; RINO CAPUTO, Cogitans fingo. Petrarca tra ›Secretum‹ e ›Canzoniere‹ (Rom 1987), 77–116.
53 Vgl. PETRARCA, Canzoniere, Nr. 77, 78.

III. Stationen der Rehabilitierung der Fiktion 399

Aber ist nicht Laura selbst, die Geliebte, die den Namen des vom Dichter erstrebten Lorbeers trägt, eine poetische Fiktion? Dies ist die Vermutung, die Petrarcas Studienfreund, Giacomo Colonna, Bischof von Lombez, geäußert zu haben scheint und auf die Petrarca in einem Brief vom 21. Dezember 1336 antwortet. In augenzwinkernder Entrüstung gegen den Verdacht, »manufacta esse omnia, ficta carmina, simulata suspiria« ([es] sei alles gemacht: erdichtet seien die Lieder, erheuchelt die Seufzer), schließt er mit der Bitte: »Hoc saltem oro, ne finxisse me fingas.« (Dies *eine* wenigstens, ich bitte dich, dichte mir nicht an, daß ich *dies* erdichtet hätte.)[54] Bleibt nur die Frage, ob dieser Brief nicht selbst eine Fiktion ist und Petrarca hier geistreich eine Mystifikation betreibt.

Im *Secretum*, Petrarcas imaginärem Zwiegespräch mit Augustinus, geißelt dieser Petrarcas Idolatrie, die er mit Laura treibt, indem er ihr Bild überallhin mitnimmt, aber auch seine Flucht in die Einsamkeit, die seine Sinne so aufreize, daß er die Abwesende gegenwärtig vor sich zu sehen scheint. Die fictio wird zum »infame privilegium«[55], das Augustinus ihm tadelnd mit den Worten entgegenhält, die Vergil für die Liebesverfallenheit Didos gefunden hatte: »illum absens absentem auditque videtque« (und mag sie ihm fern sein, stets hört sie und sieht den Entfernten)[56]. Augustinus macht daraus ein: »Illam absentem absens audies et videbis.«[57] Gerade Vergil ist andererseits der Dichter, dem Augustinus bereit ist zuzubilligen, daß seine Dichtung, die *Aeneis*, nicht einfach Lüge ist, sondern in der Verkleidung der Fiktion eine psychologisch relevante Einsicht formuliert. Dies gilt ebenso für die Darstellung des Erstaunens (»obstipuit«[58]), das Dido beim ersten Anblick des Aeneas empfindet: »Que quamvis, ut nosti optime, fabulosa narratio tota sit, ad nature tamen ordinem respexit ille, dum fingeret.«[59] (Was, wie du sehr gut weißt, eine erfundene Geschichte ist, auch wenn der Dichter, als er sie erfand, die Gesetze der Natur beachtete.) Gegen den Einwand, daß Vergil den Fiktionen allzu großen Raum gebe, ist Petrarca in seinem Brief an Federico Aretino ganz traditionell um den Nachweis bemüht, daß sich unter seinen Fiktionen kostbare allegorische Wahrheiten verbergen.[60]

Dagegen tritt im Eingang zu dem Traktat *De vita solitaria* (entst. 1346, erweitert bis 1371) die fictio wieder in eine eindimensionale Opposition zur veritas. Beide werden in einer eleganten Formulierung einander entgegengesetzt, die den temporalen Aspekt ins Spiel bringt: »Ut enim immortalis est veritas, sic fictio et mendacium non durant.«[61] (Ist aber die Wahrheit unsterblich, so haben Fiktion und Lüge keine Dauer.) Wenn aber Fiktion reine Zeitverfallenheit bedeutet, so heißt dies zugleich, daß hier der Aspekt der Werkhaftigkeit und ihrer eigenen Dauer ganz ausgeklammert ist. Die Fiktion ist hier kein Drittes mehr, sondern geht ganz in der Opposition zur Wahrheit auf, anders als in Petrarcas großem Brief an seinen Bruder Gherardo, wo er so weit geht, Theologie und Dichtung, wie Boccaccio, fast eins fallen zu lassen: »Parum abest quim dicam theologiam poeticam esse de deo.«[62] (Ich ginge jedenfalls kaum fehl, wenn ich die Theologie als von Gott handelnde Dichtung bezeichnete.) Petrarca schreibt dies insbesondere im Blick auf sein *Bucolicum carmen*, ein bukolisches Gedicht, das ganz auf allegorische Entzifferung des verborgenen Sinns angelegt ist. Schon vor Boccaccio greift Petrarca auf die Laktanzsche Rechtfertigung der Dichtung zurück, ja, Petrarca dürfte Boccaccio für das Konzept seiner *Genealogie deorum gentilium* wesentliche Anregungen gegeben haben. In seiner Dankrede bei der feierlichen Dichterkrönung in Rom 1341 führt er Laktanz ausdrücklich an, um das officium poetae in seinem eigenen Recht zu behaupten.[63] In seiner polemischen Auseinandersetzung mit einem Arzt, der sich über seine Dichtung lustig gemacht hatte, wird Laktanz erneut zum Kronzeugen für die Verteidigung der dichterischen Fiktion, jetzt aber ge-

---

54 PETRARCA an Giacomo Colonna (21. 12. 1336), in: Epistolae familiares 2, 9; dt.: Briefe, ausgew. u. übers. v. H. Nachod/P. Stern (Berlin 1931), 55, 58.
55 PETRARCA, Secretum, hg. v. E. Carrara (Turin 1977), 146.
56 VERGIL, Aen. 4, 83; dt. 139.
57 PETRARCA (s. Anm. 55), 146.
58 VERGIL, Aen. 1, 613.
59 PETRARCA (s. Anm. 55), 132.
60 Vgl. PETRARCA, Seniles 4, 5.
61 PETRARCA, De vita solitaria, in: Petrarca, Opere latine, hg. v. A. Bufano, Bd. 1 (Turin 1987), 262.
62 PETRARCA, Epistolae familiares 10, 4.
63 Vgl. PETRARCA, Collatio laureationis, in: Petrarca (s. Anm. 61), Bd. 2 (Turin 1987), 1270.

gen einen naturwissenschaftlich-averroistischen Wirklichkeitsbegriff.[64]

IV. Die entfesselte Fiktion

Der nächste Schritt in der Bedeutungsgeschichte von ›Fiktion‹ ist mit der Geschichte des Romans zwischen Mittelalter und Renaissance aufs engste verknüpft. Nach Chrétien erfährt die neue Gattung eine gewaltige strukturelle Potenzierung, die einhergeht mit einem neuen fiktiven Wahrheitsanspruch, der sich jetzt mit dem in Prosa aufgelösten Genre verbindet. Die Prosaromane nach Chrétien, der *Lancelot*, der Prosa-*Tristan* und vor allem der Zyklus des Prosa-*Artus*, sind gewaltige Kompilationen anonymer Autoren, die gleichsam die von Chrétien eröffnete Artus-Welt imaginär auszuschreiten suchen. Der Roman gerät so in eine prinzipiell unabschließbare Erzählbewegung. Dabei schieben sich unterschiedliche Erzählwelten so ineinander, daß der Leser von einer in die andere enthoben wird. Dazu verwenden diese Romane ein Erzählverfahren, das schon bei Chrétien eine wachsende Rolle spielte, das sogenannte entrelacement, die Verschlingung einzelner Erzählstränge, so daß der Leser die Erfahrung einer unabsehbaren Staffelung der Welten und der Helden und ihrer Schicksale macht. Der Erzähler, der über diese Welten frei und wie willkürlich verfügt, sinnt dem Leser das Bewußtsein einer überwältigenden, seinen Vorstellungsraum überfordernden Kopräsenz von Gestalten, Schicksalen und Räumen an, die ihn an die äußersten Grenzen seiner eigenen, auf das Wunderbare und das Andere porösen Erfahrung des In-der-Welt-Seins führen. Der Roman, von den Formzwängen und dem Ökonomiegesetz von Chrétiens ›conjointure‹ entbunden, wird zum Ort einer Dynamik, die ihn zum fiktionalen Kunstwerk der Pluralisierung macht.

Dieser neuen Tendenz folgen aber auch jene hybriden Vermischungen von mündlicher, im Zeichen heroischer Identität stehender chanson de geste und zum Lesen bestimmtem romanz mit seiner Welt subjektiver Erfahrung des einsamen, seine eigene Identität, sein eigenes Schicksal suchenden Ritters. Bei dieser Vermischung werden die formkonstitutiven Gesinnungen von chanson de geste und höfischem Roman außer Kraft gesetzt. Die epische Welt öffnet sich auf das Wunderbare und Märchenhafte, wie im *Huon de Bordeaux*, aber zugleich erhält das märchenhafte Nirgendwo des Romans einen Horizont der realen Welt. Christliche und heidnische Welt mit ihrer Grenze und ihren eigenen Gesetzen stehen einander gegenüber, werden jetzt aber auch imaginär geöffnet, so daß der christliche Held in der heidnischen Welt, der heidnische Held in der christlichen nach seiner Bestimmung suchen kann. Auch hier kommt oft dem entrelacement eine wesentliche Rolle zu, aber jetzt nicht mehr als Willkür des Erzählers, der einer Vielfalt von ›destini incrociati‹[65] (sich überkreuzender Schicksale) folgt, oder als epischer Objektivität der Ineinanderblendung antagonistischer Welten, sondern als Überlagerung beider Formen zu einer komplexen Weltdarstellung.[66]

Die Entgrenzung des Romans in seiner nachchrétienschen Phase, wie sie sich in wachsender Dynamik im französischen 13. und 14. Jh. entwickelt, ist die Voraussetzung dafür, daß im Italien des 15. Jh. eine neue Form entstehen konnte, die sich wesentlich im Zeichen der Fiktion und des freien und ironischen Umgangs mit den in Frankreich präformierten romanesken Erzählmaterialien verstand, der romanzo. Wenn romanzo zunächst nur die italianisierte Bezeichnung des französischen romanz ist, so prägt die Gattung doch in der zweiten Hälfte des 15. Jh. eine eigene italienische Gattungsperspektive aus, deren Höhepunkt in den ersten Jahrzehnten des 16. Jh. mit Ariosts *Orlando furioso* (1516) erreicht ist. Wesentlich für die Struktur des romanzo ist die Vermischung von Themen des Arturischen Romans mit solchen der chanson de geste und ihre ironische Brechung durch einen frei schaltenden und kommentierenden Erzähler, durch die Erfindung komischer Situationen, die Schaffung immer neuer Desillusionen des Lesers und vor allem die thematische Dominanz der

---

64 Vgl. PETRARCA, Invective contra Medicum, in: Petrarca, ebd., 842.
65 Vgl. ITALO CALVINO, Il castello dei destini incrociati (Mailand 1973).
66 Vgl. STIERLE (s. Anm. 14).

Liebe in all ihren Schattierungen. Hinzu kommt die geistreiche formale Ordnung der Erzählung in der Gestalt der ottava rima, der achtzeiligen Strophe mit sechs elfsilbigen, durch Kreuzreim verbundenen Versen und einem pointiert abschließenden Paarreim. Den Anfang der Gattung bildet vielleicht ein anonymer *Orlando*, der vermutlich schon dem frühen 15. Jh. entstammt. Doch erreicht die Gattung erst ganz den Spielraum ihrer Möglichkeiten mit Luigi Pulcis *Morgante* (1478) und Matteo Maria Boiardos unvollendet gebliebenem *Orlando innamorato* (1484), an den das unübertroffene Meisterwerk der Gattung, Ariosts *Orlando furioso*, zugleich als Fortsetzung und Überbietung anschließt.

Die Welt des *Orlando furioso* ist eine Welt der Fiktionen, des Trugs, des schönen Scheins, des Anscheins, des falschen Scheins, des Zaubers und Gegenzaubers, in der die Opposition von wahr und falsch in unentwirrbare, hintergründige Ambiguitäten aufgelöst wird. Fingere ist bei Ariost ein obstinat wiederkehrendes Leitthema. Die Welt ist nicht mehr, sie erscheint, für den Helden wie für den Leser, aber hinter dem Schein öffnet sich der Abgrund prinzipieller Ungewißheiten. Angelica, Inbegriff wirklicher Schönheit und Verführung, überlegt gleich im 1. Gesang, wie sie sich Sacripante, einen ihrer Verehrer, gefügig machen kann, ohne ihm zu Willen zu sein: »Ma alcuna finzione, alcuno inganno / di tenerlo in speranza ordisce e trama.« (Hinhalten ihn, mit seiner Hoffnung scherzen, / Das will sie jetzt durch List und Trügereien)⁶⁷. Der Schurke Brunello ist »tutto simulato e tutto finto« (durchaus verstellt [...] und durchtrieben) (4, 2; dt. 69) und »di finzione padre« (aller Lügen Vater) (4, 3; dt. 69). Vom Zauberpferd Ippogrifo sagt der Erzähler augenzwinkernd: »Non è finto il destrier, ma naturale« (Das Roß gehört nicht zu den Zauberdingen) (4, 18; dt. 74). Von seinem Besitzer, dem Magier Atlante, dagegen heißt es: »Del mago ogn'altra cosa era figmento« (Das andre war nur lügenhaft und nichtig) (4, 20; dt. 74). Wenn der Dichter von der schönen, bezaubernden Fee Alcina, der Herrin der glücklichen Inseln, die den Helden Ruggiero in ihren Bann zieht, sagt: »Di persona era tanta ben formata / quanto n'finger san pittori industri« (Was kunsterfahrne Maler je erfunden, / Reicht an die Schönheit ihrer Bildung nicht) (7, 11; dt. 137), so ver-

weist das fingere zwar hier auf die Kunst des Malers, aber zugleich wird dem Leser damit indirekt schon ein Signal gegeben, die Schönheit der Alcina könne selbst ›finta‹, zauberisch oder trügerisch, sein. Es bedarf in dieser Welt des Zauberrings, um die Welt vom Trug befreit als diese selbst zu sehen, aber wäre eben nicht dies selbst ein Trug?⁶⁸ Der aus dem Lateinischen überkommene Doppelsinn von fingere als Hervorbringung einer ästhetischen Form und Bewirkung eines Trugs wird geistreich inszeniert, wenn der von der auf einsamer Insel gefesselten nackten Angelica heißt: »Creduto avria che fosse statua finta / o d'alabastro o d'altri marmi illustri.« (Der Ritter würd ohn jeden Zweifel wähnen, / Ein Alabaster- oder Marmorbild) (10, 96; dt. 229).

Die statua finta ist zugleich eine finta statua, das heißt ein lebender Mensch. An einer Stelle, wo der Erzähler vorgeblich selbst davor zurückschreckt, das zu erzählen, wozu ›die Geschichte‹ ihn nötigt, wendet er sich an seine Leser, vor allem an seine Leserinnen, mit dem Vorschlag, die nächsten drei oder vier Kapitel zu überschlagen oder aber so skeptisch zu lesen, als seien sie nur Fiktion oder Fabel, womit geistreich eine Prätention auf Wahrheit erhoben wird, die doch selbst nur die Fiktion als Fiktion affirmiert: »Passi, chi vuol, tre carte o quattro, senza / leggerne verso, e chi pur legger vuole, / gli dia quella medesima credenza / che si suol dare a finzioni e a fole.« (Wer doch, mag drei, vier Blätter übergehen; / Wer aber dennoch sie zu lesen denkt, / Mag ihnen mehr nicht Glauben zugestehen, / Als man den Märchen und den Possen schenkt.)⁶⁹

Ariosts fiktive Welt, die sich in unabsehbare Tiefen narrativer Verschlingungen und perspektivischer Staffelungen öffnet, ist eine Welt des fingere, des durch trügerische Handlungen und Sprachhandlungen bewirkten Trugs der Sinne und des Urteils, aber sie ist auch eine Welt der optischen Täuschungen, der zauberischen Verwandlungen, denen die genarrten Helden und ebenso der Leser

---

67 LUDOVICO ARIOSTO, Orlando furioso 1, 51; dt.: Der rasende Roland, übers. v. J. D. Gries, Bd. 1 (München 1980), 18.
68 Vgl. ebd., 8, 2; dt. 156.
69 Ebd., 28, 3; dt.: Bd. 2 (München 1980), 77.

zum Opfer fallen. In dieser Welt prinzipieller Unvorhersehbarkeit gewinnen auch die Dinge, die in chanson de geste und romanz fest in eine erzählideologisch festgelegte Relevanzhierarchie eingebunden waren, ein unvorhersehbares Eigenleben. Sie werden zu Quasi-Subjekten, die die Helden immer wieder zu komischen Opfern der Tücke des Objekts machen. Doch gibt es in dieser Welt, in der jede Sicherheit der Erscheinung als Illusion zerrinnt, eine dem Schein selbst entspringende Gewißheit und Evidenz neuer Art, die Evidenz des Schönen, die als diese nicht durch das Bewußtsein des Trugs negierbar ist. Als Ruggiero sich dem Schloß der Fee Alcina nähert, sieht er eine Mauer, wie es scheint, aus Gold, aber wenn andere auch hier Zauber (alchimia) vermuten könnten, so affirmiert der Erzähler: »A me par oro, poi che sì risplende.« (Mir scheint es Gold, es funkelt gar zu prächtig.)[70] Und als Ruggiero vor dem diamantenbesetzten Tor des Palasts steht, wird die Autonomie und Realität des Schönen jenseits von Wahrheit und Falschheit in einer in der Geschichte des schönen Scheins denkwürdigen Formulierung festgehalten: »O vero o falso ch'all'occhio risponda, / non è cosa più bella o più gioconda.« (Sei dieses Wahrheit, sei es Augenblendung: / Nie war so schön, so freudig die Verschwendung) (6, 71; dt. 132).

Auch die dem Trug entsprungene Schönheit enthebt sich als diese nicht und tritt in eine neue Seinsordnung. Es steht in einem verborgenen Zusammenhang mit dieser Stelle, wenn die Schönheit Alcinas mit glänzendem Gold verglichen wird: »oro non è che più risplenda e lustri« (Die blonden Haare, [...] / Besiegen selbst des Goldes glänzend Licht) (7, 11; dt. 137). Auch nachdem sie, ihres Zaubers beraubt, sich schließlich als eine häßliche alte Vettel erweist, ist die Schönheit ihrer früheren Erscheinung nicht durchstreichbar.[71]

Die Gestalt des Zauberpferds Ippogrifo, von dem es heißt: »Volando, talor s'alza ne le stelle, / e poi quasi talor la terra rade« (Jetzt zu den Sternen hebt er sich im Fluge, / Jetzt streift er hin am Boden, fast im Staub)[72], ist ein Emblem der Freiheit und Unvorhersehbarkeit, mit der der Erzähler sich im Medium des Imaginären bewegt. Wenn aber auf der Ereignisebene finzione den generalisierten Trug bedeutet, so ist Fiktion auf der Ebene der literarischen Produktion die kunstvolle Verschlingung einer Erzählvielfalt, die immer neu wie spielerisch die Grenzen des Wahrscheinlichen überschreitet. Es ist die Ordnung des Autors, die dem Vielfältigen eine kunstvolle Figur gibt. Ariost versteht den Roman prinzipiell als ein kunstvolles Gewebe des Vielfältigen. Der Roman als Gewebe aktualisiert die eine der beiden Grundgesten des fingere, die schon bei Ovid für sein Verständnis der Fiktion grundlegend war. Die Kunst des Gewebes ist bei Ariost vor allem eine hohe Kunst des entrelacement, die den Leser nötigt, seine imaginäre Erfahrung der Welt ins Unabsehbare zu erweitern. Als ein solches auf sich selbst verweisendes Gewebe gewinnt Ariosts großes Erzählwerk eine Selbstbezüglichkeit, die wie bei den goldenen Mauern der Alcina und wie bei Alcina selbst die Frage nach Wahrheit und Falschheit hinfällig werden läßt. Zur mehrfachen Dimension der Fiktion gehört aber auch, daß der Autor seine Geschichte einer pluralen Erzählinstanz anheimgibt, der den schreibenden Erzähler in einen imaginären Sänger der chanson de geste verwandelt, der auf offenem Marktplatz singt und sich dabei der Erzählautorität Turpins anvertraut. Der Leser wird andererseits genötigt, imaginär die Rolle eines Zuhörers zu spielen, der dem Sänger lauscht. Je mehr der Erzähler auf der Wahrheit seiner Erzählung insistiert, die sich gleichwohl in eine Folge narrativer Brechungen auflöst, desto mehr wird diese zum Gegenstand einer sich selbst aufdeckenden Fiktionsironie. Hieß Ovids Devise noch ›arte celare artem‹, so ist die Aufdeckung der Fiktion in der Fiktionsironie ein neues Verfahren komplexer Narrativität, das von jetzt an mit der Geschichte des Begriffs Fiktion wesentlich verbunden bleiben wird. Aber die Fiktionsironie, aus der bei Friedrich Schlegel die romantische Ironie hervorgehen wird, löst so wenig die Fiktion auf, wie die Desillusion die Schönheit auslöschen kann. Es bleibt der eigene Raum der Dichtung, deren Schönheit als Fiktion, deren

---

70 Ebd., 6, 59; dt.: Bd. 1, 129.
71 Vgl. STIERLE, Der Schein der Schönheit und die Schönheit des Scheins in Ariosts Orlando furioso, in: Klaus W. Hempfer (Hg.), Ritterepik der Renaissance (Stuttgart 1989), 277-298.
72 ARIOSTO (s. Anm. 67), 4, 6; dt. 71.

sinnliche Präsenz in der Ordnung der stets überraschenden, geistreich pointierten ottava rima sich der Täuschung und ironischen Selbstinfragestellung enthebt.

V. Die Zähmung der Fiktion

Die durch die Zersetzung des Formethos von chanson de geste und höfischem Roman freigewordene narrative Dynamik hat in Ariosts *Orlando furioso* gleichsam den Punkt eines Furioso des an die Fiktion gebundenen Imaginären erreicht. Mit der (Wieder-)Entdeckung der Aristotelischen *Poetik*, ihrer Edition, Übersetzung und Kommentierung im Fortgang des 16. Jh. stellt sich der neuen italienischen Dichtungs- und Literaturtheorie immer dringlicher die Frage nach der ästhetischen Legitimität jener entfesselten Fiktion, die im romanzo Ariosts ihren bewunderten Höhepunkt fand. Bei allen divergenten Positionen in dieser Frage zeigt sich aber die durchgehende Tendenz, die entfesselte Fiktion Ariosts gleichsam aristotelisch unter Kontrolle zu bringen. Dabei stehen zwei Aspekte im Vordergrund: Einerseits geht es darum, den Ariostschen romanzo in Einklang mit der Aristotelischen Auffassung zu bringen, daß prinzipiell im Epos die Einheit der Narration ihre Vielheit zu dominieren habe und daß trotz zugestandener größerer Vielfalt das Epos strukturell unter denselben Bedingungen eines sich zwischen Anfang und Ende bewegenden Mythos stehen müsse wie die Tragödie. Andererseits müsse die Fiktion, wie nach Aristoteles auch Horaz gefordert hatte, unter dem Prinzip der Wahrscheinlichkeit stehen und damit zugleich dem aus Erfahrung gebildeten Allgemeinsinn korrespondieren. Der Streit um Ariost[73], der 1549 mit Simone Fornaris *Sposizione sopre l'Orlando furioso*, einer Parteinahme für Ariost gegen seine Kritiker, beginnt, ist ein Richtungskampf um den Fortgang und das Selbstverständnis der italienischen Dichtung, in dem es auch um die Frage der Kontinuität von Mittelalter und Renaissance oder der epochalen Diskontinuität und Wiedergeburt der Dichtung aus dem Geist der Antike geht. In dieser Auseinandersetzung entstehen zugleich die Umrisse einer ersten Romantheorie, in der der Roman als legitime Form neuzeitlicher Fiktion gegen die Aristotelische Konzeption des Epos abgesetzt wird. Die beiden 1554 erschienenen Rechtfertigungen des romanzo und insbesondere Ariosts von Giovanni Battista Pigna (*I romanzi*) und Giambattista Giraldi Cintio (*Discorsi intorno al comporre di romanzi*) gehen grundsätzlich von der Aristotelischen Poetik aus und suchen Ariost im Hinblick auf sie zu rechtfertigen. Dabei argumentieren sie mit der Differenz der Zeiten, die jeweils andere Formen der narrativen Komposition erfordere. So wird Ariosts neue Fiktion im Blick auf die Erwartungen seiner Leser als eine notwendige Modifikation der Aristotelischen Poetik erklärt. Dagegen hält Antonio Sebastiano Minturnos *De arte poetica* (1564) strikt an Aristoteles fest und sieht im romanzo nur eine illegitime Abweichung von der einzig gültigen Norm des Epos, wie Aristoteles sie aufgestellt hatte. Historischer Sinn ist Minturno fremd, für ihn kann Fiktion nur poetisch sein, wenn sie unter den Aristotelischen Postulaten der Einheit und des Wahrscheinlichen steht. Giuseppe Malatesta hingegen ist in seinem Traktat *Della nuova poesia overo della difesa del Furioso* (1589) ein ebenso radikaler Moderner, wie Minturno die Stimme der Anciens gewesen war. Malatesta ist ein glühender Anhänger der modernen Dichtung, deren höchste Verwirklichung er im *Orlando furioso* sieht. Die neue Dichtung ist wesentlich ›poesia romanzesca‹, als solche folgt sie den Erwartungen ihrer Zeit, wie Homer und Vergil einst ihrer Zeit geantwortet hatten. Nicht die zeitlose poetische Logik eines Aristoteles kann dem modernen Dichter seine Gesetze vorgeben, sondern allein die gegenwärtige ›usanza‹. So wird der romanzo zur dominanten epischen Form der modernen Welt, wie das Epos einst in der Antike die bestimmende Erzählform war. Die Theorie des romanzo als Theorie des Romans und damit zugleich als Paradigma der Fiktion ist nirgends im 16. Jh. mit solcher Entschiedenheit vertreten worden wie in Malatestas Poetik.

Zwischen den beiden Positionen von Minturnos bedingungsloser Anerkennung der normativen Geltung der Poetik des Aristoteles und Malatestas

---

73 Vgl. BERNHARD WEINBERG, A History of Literary Criticism in the Italian Renaissance (Chicago ²1963).

bedingungsloser Anerkennung Ariosts als des Vollenders der modernen Dichtung bewegt sich, um Differenzierungen und Synthesen bemüht, Torquato Tasso, der als Dichter der *Gerusalemme liberata* (1581) immer wieder die Grundlagen seiner eigenen Werke reflektiert. Tassos *Gerusalemme* ist ein romantisches Epos, dessen Struktur sich der Aristotelischen Forderung der Einheit des Mythos zwischen Anfang und Ende unterwirft und dennoch den romanesken Divagationen, Verirrungen und Gefährdungen der heroischen Identität ihr Eigenrecht beläßt.[74] Tasso befolgt die Aristotelische Forderung der Wahrscheinlichkeit und gibt dem Wunderbaren als christliches Wunderbares gleichwohl sein subjektiv perspektiviertes Eigenrecht. Tassos theoretische Äußerungen, insbesondere seine *Apologia del Signor Torquato Tasso in difesa della sua Gerusalemme liberata* (1585), seine *Discorsi dell'arte poetica* (1587, entstanden bereits 1565?) und seine *Discorsi del poema eroico* (1594), zeigen, wie sehr er seine poetische Produktion theoretisch reflektiert hat. Wenn er sich dabei im Prinzipiellen ganz auf den Boden von Aristoteles und Horaz stellt, so ist doch auch bei ihm die Erfahrung zeitlicher Differenz von Antike und Moderne unhintergehbar. Daher auch plädiert er für eine neue Vielfalt des modernen ›romantischen‹ Epos und zieht dabei einen strukturellen Vergleich zur Universalgeschichte: »Ma fra l'istorie universali, che s'assomigliano a' poemi di molte azioni, quelle meritano maggior lode, le quali contengono maggior notizia di cose e maggior copia d'avvenimenti: dunque nei poemi, nei quali si riceve la moltitudine, si deve lodar la copia.«[75] (Von den Universalgeschichten, die den handlungsreichen Gedichten ähneln, verdienen jedoch jene ein größeres Lob, die mehr von den Sachen berichten und mehr Ereignisse umfassen. Das heißt, an Gedichten, in die vieles eingeht, ist die Menge zu rühmen.) Der strukturelle Vergleich mit der Universalgeschichte – Friedrich Schlegel wird sich in seiner Definition der romantischen Poesie als ›progressive Universalpoesie‹ daran erinnern – verweist auf den Grund der Affinität: das Anwachsen des geschichtlichen Erfahrungsraums, der die Geschichte selbst immer komplexer werden läßt.

In den *Discorsi dell'arte poetica* (1587) geht Tasso der Frage nach, welchen Spielraum die Fiktion hat und welche Grenzen der Fiktion durch das Wahrscheinliche und die Geschichte gesetzt sind. Einerseits sind die niederen Handlungen der Komödie ein Gegenstand der Fiktion, andererseits alles Neue, das noch keine feste Form gefunden hat. Die Geschichte erlaubt keine Fiktion, sofern sie noch als tatsächlich vor Augen steht, je ferner sie aber gerückt ist, desto mehr bietet sie dem Dichter Stoff für seine Fiktion, da die überlieferten Kenntnisse so vage sind, daß die Dichtung hier nachhelfen kann. Im zweiten Discorso geht Tasso auf die Auffassung ein, der Roman sei im wesentlichen Fiktion im Gegensatz zum Epos, das aus der Geschichte genommen sei, doch zögert er, eine solche rigorose Trennung zu übernehmen, weil damit die Vielfalt zwischen den beiden Polen ausgeschlossen wäre. Dennoch bekommt die Fiktion bei Tasso nie einen Eigenwert zugesprochen.

In seiner letzten, kurz vor seinem Tod entstandenen Abhandlung *Discorsi del poema eroico* verschärft sich die Fiktionsskepsis Tassos, die mit wachsenden religiösen Skrupeln einhergeht, bis zur Dissoziation von Dichtung und Fiktion: »E ciò si potrebbe confermare con l'autorità d'Aristotele, perché, se i poeti sono imitatori, conviene che siano imitatori del vero, perché il falso non è; e qual che non è, non si può imitare; però quelli che scrivono cose in tutto false, se non sono imitatori, non sono poeti, e i suoi componimenti non sono poesie, ma finzioni più tosto; laonde non meritano il nome di poeta, o non tanto.«[76] (Und dies läßt sich mit der Autorität des Aristoteles bekräftigen, denn es versteht sich, daß die Dichter, wenn sie Nachahmer sind, Nachahmer des Wahren sind, weil es das Falsche ja nicht gibt; und was es nicht gibt, läßt sich auch nicht nachahmen; diejenigen hingegen, die vollkommen falsche Sachen schreiben, sind, da sie keine Nachahmer sind, auch keine Dichter, und ihre Schriften stellen keine Dichtun-

---

74 Vgl. STIERLE, Erschütterte und bewahrte Identität. Zur Neubegründung der epischen Form in Tassos Gerusalemme liberata, in: S. Knaller/E. Mara (Hg.), Das Epos in der Romania. Festschrift für Dieter Kremers zum 65. Geburtstag (Tübingen 1986), 383–414.
75 TORQUATO TASSO, Apologia della Gerusalemme liberata (1585), in: Tasso, Prose, hg. v. E. Mazzali (Mailand/Neapel 1959), 419.
76 TASSO, Discorsi del poema eroico (1594), in: Tasso, ebd., 522.

gen dar, sondern Fiktionen; deshalb verdienen sie den Namen des Dichters nicht oder nicht so sehr.) Der Dichter hat um so mehr Freiheit der Fiktion, je mehr das Dargestellte sich der Erfahrung und dem Wissen des vorausgesetzten Lesers entzieht: »Dee dunque il poeta schivar gli argomenti finti, massimamente se finge esser avvenuta alcuna cosa in paese vicino e conosciuto e fra nazione amica, perché fra popoli lontani e ne' paesi incogniti possiamo finger molte cose di leggeri, senza toglier autorità a la favola.« (552) (Der Dichter hat mithin fingierte Stoffe zu meiden und insbesondere keine Begebenheit in einem Nachbarland auszugestalten, mit der die befreundete Nation gut vertraut ist, denn über ferne Völker und unbekannte Länder läßt sich leicht vielerlei erdichten, ohne die Glaubwürdigkeit des Erzählten zu beeinträchtigen.) Schließlich läßt auch der späte Tasso der Fiktion als schöne Bearbeitung des Stoffs ihr Recht. Was sich ganz der poetischen Freiheit der Bearbeitung widersetzt, ist vom Dichter zu meiden, aber immer bleibt die Fiktion eine streng unter Kontrolle zu haltende Lizenz: »Ecco, illustrissimo signore, le condizioni che giudizioso poeta dee nella materia ricercare: le quali [...] sono queste: l'autorità dell'istoria, la verità de la religione, la licenza del fingere, la qualità dei tempi accommodati e la grandezza de gli avvenimenti.« (557) (Dies, Verehrtester, sind die Kriterien, nach denen sich ein verständiger Dichter in der Bearbeitung des Stoffes zu richten hat: [...] die Autorität der Geschichte, die Wahrheit der Religion, die Lizenz zum Gestalten, die Angemessenheit der Zeiten und die Größe der Ereignisse.)

Tasso hat in seinen theoretischen Reflexionen die Möglichkeiten eines modernen Epos erkundet, das die positiven Errungenschaften des romanzo in sich aufnehmen, das aber zugleich ein Ort sein soll, wo die Aristotelischen Forderungen an das Epos sich unter wesentlich modernen Bedingungen verwirklichen. Dies gilt insbesondere für die Artikulation des subjektiven ›romanhaften‹ Bewußtseins der Helden, das zum Zentrum der epischen Entscheidung wird.

Tassos ›neuem Epos‹ im Zeichen einer streng kontrollierten Fiktion steht Cervantes' neuer Roman entgegen, der auf dem Boden Ariosts und der an seinem Paradigma entfalteten Theorie des romanzo steht und sich diesem zugleich entgegensetzt. Auch im *Don Quijote* (1605/1615) ist das Fiktive in eigener Weise unter Aristotelischen Bedingungen unter Kontrolle gebracht. In der Gestalt des verarmten, seinen Lektüren verfallenen Don Quijote wird die Schwundstufe einer mechanisch gewordenen, endlos in sich selbst kreisenden Fiktion zum komischen Ereignis. Dem einsamen Romanleser Don Quijote lösen sich die Grenzen zwischen der armseligen Wirklichkeit und der imaginierten Welt seiner Ritterbücher auf. Die Phantastik des romanzo verliert ihren objektiven Status und erscheint als die bloße Phantasie eines verdrehten Kopfes. Der Leser tritt in eine doppelte Perspektive: Mit Don Quijote erfährt er die Überflutung der Wirklichkeit durch ein bloß reproduziertes Imaginäres, mit dem sich selbst als Historiker stilisierenden Erzähler sieht er von außen mit unerbittlicher, nüchterner Genauigkeit die Wirklichkeit, die sich im Kopf des verwirrten Don Quijote ins Phantastische verwandelt. Während Don Quijote als eingebildeter Ritter von Abenteuer zu Abenteuer eilt, behauptet die Wirklichkeit sich in ihrer nüchternen, (fast) ereignislosen Alltäglichkeit. Daß Cervantes den Roman des Don Quijote wie einen Schelmenroman in Episoden gliedert, ist schon formal ein Indiz für die Prädominanz der Außenperspektive. Die Fiktion ereignet sich nur noch im Kopf des Protagonisten, aber als fremde Fiktion, die von ihm Besitz ergriffen hat. So liegt sein wahres fiktionales Vermögen nicht in der Phantastik seines Kopfes, sondern darin, daß es ihm gelingt, sich selbst seine eigene Fiktion in einer Metafiktion unsichtbar zu machen. Das ingenio des Don Quijote besteht darin, Wirklichkeit so zu interpretieren, daß sie in den Kontext der Fiktion bruchlos eintritt, und so sich selbst zu einer reflexionslosen Unmittelbarkeit zu überlisten, während sein Gegenspieler, der Erzähler, eben diese verwandelte, angeeignete Wirklichkeit zurückübersetzt. Mit dem *Don Quijote* wird erstmals das Fiktive der Fiktion selbst zum Thema. Der Roman als zum Lesen bestimmte narrative Form macht sich zum Horizont des eigenen Lebens. Damit aber kann die Verschmelzung von Fiktion und Leben zum Thema einer Fiktion zweiten Grades werden, die den Ort der Fiktion im Leben selbst zum Gegenstand einer Fiktion macht. Die Spiegelung der Fiktion in sich selbst wird aber noch dadurch wesentlich gesteigert, daß Cervantes wie Ariost mit der Vervielfältigung der Erzählinstanzen spielt, die, statt das Erzählte zu verbürgen, es immer weiter ins Ungewisse seines Ursprungs verflüchtigen. Das endgültige Textgewebe erscheint schließlich als eine Sedimentation von immer hypothetischeren Erzählschichten. So gibt der Autor Cervantes einem Erzähler das Wort, der selbst die Übersetzung eines Akademikers referiert, der den arabischen Urtext des Sidi Hamid Ben Geli übersetzt hat, wobei dieser aber sich wiederum auf ins Ungewisse verschwimmende Erzählinstanzen beruft. Die Fiktion wird zur Multifiktion und überbietet damit Ariosts romanzo, indem sie auch noch die Anti-Fiktion zum Moment der Fiktion macht.

Im ersten Gespräch zwischen dem Dorfpfarrer und dem Barbier über die verderblichen Folgen der Romanlektüre nach Don Quijotes erstem närrischem Ausritt werden nur wenige Werke aus Don Quijotes Bibliothek nicht den Flammen überantwortet, darunter neben dem *Amadis* und Boiardos *Orlando innamorato* besonders der *Orlando furioso* Ariosts, bei dessen Beschreibung Cervantes die Metapher des Gewebes verwendet, die Ariost erstmals für die kunstvolle Fiktion seines Werks gebraucht hatte: »Mateo Boyardo, de donde también tejió su tela el cristiano poeta Ludovico Ariosto« (Mateo Bojardo [...], aus welcher [der Dichtung – d. Verf.] hierwiederum der christliche Dichter Ludovico Ariosto sein Gewebe entnommen habe)[77]. Im zweiten Gespräch über den Roman, dem Gespräch zwischen Dorfpfarrer und Kanonikus, während sie den unglücklichen Don Quijote heimbegleiten, steht erneut die Legitimität des Romans in Frage. Nachdem der Dorfpfarrer dem Kanonikus im Reiten die ganze Geschichte des unglücklichen Don Quijote erzählt hat, wendet das Gespräch sich den Romanen zu, die der Grund für Don Quijotes Unglück sind. Der Kanonikus, der doch selbst dem Laster der Romanlektüre im Zeitalter des Buchdrucks verfallen ist, nennt den Grund, weshalb er gleichwohl keinen von ihnen von Anfang bis zum Ende lesen konnte: »Todos ellos son una mesma cosa« (alle [sind] immer dasselbe) (358; dt. 609). Die Teile des Romans ähneln sich ebenso untereinander, wie die Romane im ganzen austauschbar sind. Die mechanischen Wunder des Romans gleichen den milesischen Fabeln: »Y según a mí me parece, este género de escritura y composición cae debajo de aquel de las fábulas que llaman milesias.« (Und wie mir deucht, gehört diese Art von Schriftstellerei oder Dichtung zur Art jener Milesischen Märchen.) (ebd.) Deren innere Beliebigkeit scheint eine Art von illegitimem, anarchischem Lesegenuß zu begünstigen, der sowohl der Horazischen Formel des prodesse et delectare widerspricht als auch einer klassizistischen Ästhetik der Geschlossenheit, die im folgenden in enger Anlehnung an Aristoteles entwickelt wird. Der Exzeß des Wunderbaren, den die Romane ohne Rücksicht auf kompositionelle Notwendigkeiten betreiben, ließe sich zwar intentional rechtfertigen als bewußte Lügengeschichten, aber dagegen wendet der Kanonikus mit Ernst ein, daß auch Lügen um so einnehmender sind, je wahrscheinlicher sie sich geben. Die erfundene Geschichte müsse den vernünftigen Erwartungen des Lesers entsprechen, so daß dessen Erstaunen in Suspens gehalten, nicht aber überstrapaziert wird und sich so Überraschung und identifikatorischer Genuß verbinden. Doch ist dies nur möglich durch die Verbindung der zwei Aristotelischen Prinzipien der Nachahmung und der Wahrscheinlichkeit: »No he visto ningún libro de caballerías que haga un cuerpo de fábula entero con todos sus miembros, de manera que el medio corresponda al principio, y el fin al principio y al medio; sino que los componen con tantos miembros, que más parece que llevan intención a formar una quimera o un monstruo que a hacer una figura proporcionada.« (Nie habe ich ein Ritterbuch gesehen, dessen Dichtung ein einiges Ganzes mit all seinen Gliedern gebildet hätte, so daß die Mitte dem Anfang entspräche und das Ende dem Anfang und der Mitte. Vielmehr setzen sie die Erzählung aus so viel Gliedern zusammen, daß es eher den Anschein hat, sie beabsichtigen eine Chimära oder sonst ein widernatürliches Ungetüm zu bilden, als eine Gestalt von richtigen Verhältnissen zu schaffen.) (359; dt. 610) Diesem Versuch, den Roman aus rezepti-

---

[77] MIGUEL DE CERVANTES, El ingenioso hidalgo Don Quijote de la Mancha (1605/1615), hg. v. J. G. Álvarez (Madrid 1967), 50; dt.: Don Quijote, übers. v. L. Braunfels, Bd. 1 (Augsburg 1996), 54.

onsästhetischer Perspektive aristotelisch unter Kontrolle zu bringen, fügt der Kanonikus nach einer kurzen Intervention des Dorfpfarrers aber eine andere Perspektive hinzu: So bedenklich die Lektüre der Romane ist, so genußreich ist doch ihre Produktion. Die Freiheit der Feder, die sich der reinen Fiktionalität bewußt ist und über sie verfügt, schafft den Genuß produktiver Entbindung des Imaginären. Der Romanautor verfügt im Imaginären über eine Welt, der er schreibend Gestalt und Gestalten verleiht. In der Perspektive der Produktion erfährt die enge Bindung an Aristoteles ihre Relativierung. Der Romanautor als Subjekt der Fiktion nimmt sich die Freiheit, über eine Welt im Zeichen der Vielfalt zu verfügen und dabei zugleich seine Rollen zu wechseln: »Ya puede mostrarse astrólogo, ya cosmógrafo excelente, ya músico, ya inteligente en las materias de estado, y tal vez le vendrá ocasión de mostrarse nigromante, si quisiere.« (Bald kann er sich als Sterndeuter zeigen, bald als Meister der Erdbeschreibung, bald als Musiker, bald als Kenner der Staatsangelegenheiten; ja, vielleicht kommt ihm einmal die Gelegenheit, sich, wenn er Lust hat, als Schwarzkünstler zu zeigen.) (359f., dt. 612) Auf diese Weise entsteht die Vision eines Romantyps aus dem Geist Ariosts, der mit Aristoteles kaum mehr etwas gemeinsam hat, sondern sehr viel eher das Programm des Romans als Paradigma einer romantischen ›progressiven Universalpoesie‹ im Sinne Friedrich Schlegels vorentwirft: »Y siendo esto hecho con apacibilidad de estilo y con ingeniosa invención, que tire lo más que fuere posible a la verdad, sin duda compondrá una tela de varios y hermosos lazos tejida, que después de acabada, tal perfeción y hermosura muestre, que consiga el fin mejor que se pretende en los escritos, que es enseñar y deleitar juntamente, como ya tengo dicho. Porque la escritura desatada destos libros da lugar a que el autor pueda mostrarse épico, lírico, trágico, cómico, con todas aquellas partes que encierran en sí las dulcísimas y agradables ciencias de la poesía y de la oratoria; que la épica también puede escrebirse en prosa como en verso.« (Und wenn dies mit gefälliger Anmut des Stils geschieht und mit sinnreicher Erfindung, die soviel als möglich das Aussehen der Wahrheit trägt, dann wird er ohne Zweifel ein Gewebe weben, aus mannigfachen und reizenden Verschlin-

gungen gebildet, das, wenn es erst zustande gebracht worden, eine solche Vollkommenheit und solchen Reiz der Gestaltung zeigt, daß es das schönste Ziel erreicht, das man in Büchern anstrebt, nämlich zugleich zu belehren und zu ergötzen, wie ich schon bemerkt habe. Denn die zwanglose Schreibart dieser Bücher gewährt dem Verfasser Freiheit und Raum, sich als epischen, lyrischen, tragischen, komischen Dichter zu zeigen, in der ganzen Vielseitigkeit, die in holden und heiteren Künsten der Poesie und Beredsamkeit enthalten ist − denn die epische Dichtung läßt sich ebensogut in Prosa als in Versen schreiben.) (360; dt. 612) Erneut erscheint hier der Roman im Ariostschen Bild des Gewebes. Erst im folgenden Kapitel enthüllt der Kanonikus, daß er von eigener Erfahrung spricht. Er habe selbst schon hundert Blätter eines neuen Romans geschrieben, er habe aber nicht weitergeschrieben, weil er befürchtete, das lesende Volk könnte seine Romane wie einen der trivialen Ritterromane verschlingen und die Zahl derer, die das Kunstwerk der Fiktion zu würdigen imstande seien, könnte verschwindend gering sein.

Erst Cervantes selbst gelingt es mit seinem *Don Quijote*, das lesende Volk und die Kenner gleichermaßen zu fesseln, aber nicht zuletzt den Leser der industriell fabrizierten Ritterromane in eine Schule des Lesens zu nehmen, die ihn zumindest tentativ zu einem neuen aufgeklärten Leser machen soll, der die Fiktionalität der Fiktion nicht aus den Augen verliert.

Cervantes' neuer Roman hat dem 17. Jh. das Konzept einer auf das Leben stoßenden Fiktion vorgegeben, das selbst zum Romanthema werden sollte wie in Charles Sorels *L'anti-roman* (1633) oder Antoine Furetières *Roman bourgeois* (1666). Das ›romanesque‹ als insbesondere im heroisch-galanten Roman verherrlichtes Verhaltensmuster wird, ins gewöhnliche Leben hineingetragen, zu einer konflikthaften Erfahrung, die selbst wieder Thema des Romans oder Anti-Romans werden kann. »J'écris romanesquement sur le bord de la rivière où est située notre hôtellerie«[78], schreibt Ma-

---

[78] MADAME DE SÉVIGNÉ an Françoise-Marguerite de Grignan (9. 5. 1680), in: de Sévigné, Lettres, hg. v. G. Gailly, Bd. 2 (Paris 1960), 695.

dame de Sévigné in einem Brief vom 9. Mai 1680.
Aus Frankreich stammt auch der gelehrteste und
differenzierteste Traktat über den Roman im
17. Jh., der *Traité de l'origine des romans* (1670) von
dem Bischof von Avranches, Pierre Daniel Huet.
Bei Huet wird der Roman ausdrücklich mit Fiktion gleichgesetzt: »ce que l'on appelle proprement
Romans sont des fictions d'aventures amoureuses,
écrites en Prose avec art, pour le plaisir et instruction des Lecteurs. Je dis des fictions, pour les distinguer des Histoires véritables.«[79] Andererseits
wird jetzt der Roman dem Epos in seiner klassischen Form entgegengestellt. Im Roman dominiert die freie Erfindung, während im Epos das
Fiktive dem historischen Element unterworfen
bleibt. Der Roman erfüllt als Form eine anthropologische Tendenz: »Cette inclination aux fables,
qui est commune à tous les hommes, ne leur vient
pas par raisonnement, par imitation ou par coustume: elle leur est naturelle, et a son amorce dans
la disposition mesme de leur esprit, et de leur
ame.« (82) Doch ist der Roman im Gattungssystem
des siècle classique von sekundärer Bedeutung. In
Boileaus *Art poétique* (1674), die zum poetologischen Manifest des klassischen Zeitalters wurde,
findet der Roman kaum Aufmerksamkeit. Boileau
spricht von dem »art confus de nos vieux Romanciers«[80] und setzt diese gegen die neue poetische
Kunst Villons ab. Der in Frankreich noch moderne
heroisch-galante Roman wird nur kritisch aufgeführt, um seinen Einfluß auf das moderne Theater
zurückzuweisen. Während der Roman die Freiheit
hat, sich ohne Regeln nach allen Richtungen weiterzubewegen (»Dans un roman frivole aisément
tout s'excuse. / C'est assez qu'un moment la fiction amuse« [243]), ist die Tragödie, das Paradigma
der französischen Klassik, einer strengen Ökonomie des Aufbaus unterworfen: »Mais la scènce demande une exacte raison« (ebd.). Für den Ancien
Boileau ist das Epos das eigentliche Paradigma der
»noble fiction«: »la poésie épique, / Dans le vaste

---

79 PIERRE DANIEL HUET, Traité de l'origine des romans (1670; Stuttgart 1966), 4 f.
80 NICOLAS BOILEAU, L'art poétique (1674), hg. v. J.-P. Collinet (Paris 1985), 230.
81 Vgl. BOILEAU, Dialogue des héros de roman (1688), in: BOILEAU, 441–489.

récit d'une longue action, / Se soutient par la fable,
et vit de fiction.« (244) Anders als der Roman bestimmt das Epos sich nach Aristoteles' *Poetik* durch
eine einheitliche, kunstvoll sich entfaltende Handlung, die hier fable genannt wird. Die Fabel als
kunstvolle narrative Struktur trägt, Chrétiens conjointure vergleichbar, den Fortgang der je einzelnen Begebenheiten. Dagegen bezeichnet fiction
hier das Insgesamt der Mittel, dem Abstrakten die
Unmittelbarkeit der Anschauung zu geben, vor allem aber den mythologischen Apparat, der schon
das antike Epos belebte. Der Epiker muß nicht nur
in sorgfältigem Aufbau erzählen, er muß das Erzählte auch schmücken, rhetorisch überhöhen,
veranschaulichen, die Tonalität des Dargestellten
steigern: »Ainsi dans cet amas de nobles fictions /
Le poète s'égaye en mille inventions.« (ebd.) Ausdrücklich wird das von Tasso inaugurierte christliche Epos ausgegrenzt, da es in Gefahr ist, die
Wahrheit des Glaubens zu ästhetisieren: »Et de vos
fictions le mélange coupable / Même à ses vérités
donne l'air de la fable.« (245) Daß die Fabel des
Epos trotz ihrer Einheit vielfältig sein soll (»De figures sans nombre égayez votre ouvrage« [247]),
führt, etwas erstaunlich, auf Ariost zurück: »J'aime
mieux Arioste, et ses fables comiques, / Que ces
auteurs toujours froids et mélancoliques.« (ebd.)
Dennoch bleibt Homer der unübertroffene Meister des Epos, der weder sich in Abschweifungen
ergeht noch andererseits einem langweiligen »ordre méthodique« (248) folgt.
Boileau weist den Roman als legitime Form der
Fiktion zurück.[81] Aber sein Wunsch nach einem
neuen Epos aus dem Geist des antiken Epos blieb
unerfüllt. Seine Hoffnung auf Wiederbelebung des
Epos gegen den Roman endet in einer Sackgasse.
Kein Dichter fand sich, um das zu leisten, wozu
Boileau selbst sich nicht berufen fühlte, die Heldentaten Ludwigs XIV. im Epos zu feiern.
Während Boileaus Theorie der Fiktion die
Kontrolle des Imaginären bis zu dem Punkt treibt,
wo der Produktivität des Imaginären kein Spielraum mehr verbleibt, hat ein anderer Ancien, der
Fabeldichter Jean de La Fontaine, in der programmatischen Einleitungsfabel des 3. Buchs seiner *Fables* (1668) der Auffassung einer in vorgegebenen
Grenzen verharrenden Fiktion eine Konzeption
der Fiktion der Fabel entgegengesetzt, wo der Vor-

rang der Anciens bewahrt bleibt und sich den Modernes dennoch ein unabsehbares Feld eigener Produktivität eröffnet: »L'invention des arts étant un droit d'aînesse, / Nous devons l'apologue à l'ancienne Grèce. / Mais ce champ ne se peut tellement moissoner / Que les derniers venus n'y trouvent à glaner. / La Feinte est un pays plein de terres désertes: / Tous les jours nos auteurs y font des découvertes.«[82]

Wie François de La Rochefoucauld (*Réflexions ou Sentences et Maximes morales*; 1665) den amour propre zu einem sich selbst verborgenen Prinzip der Unrast gemacht hatte, das unablässig am schönen Gewebe seiner Selbsttäuschungen arbeitet, so daß der Moralist als Entdecker die »terres inconnues« der in Figuren des schönen Scheins sich entwerfenden und verbergenden Selbstliebe freilegen kann (»Quelque découverte que l'on ait faite dans le pays de l'amour-propre, il y reste encore bien des terres inconnues«[83]), greift auch La Fontaine auf das aktuelle Bild der terrae incognitae zurück, um der Fiktion einen neuen Spielraum für ihre Entdeckungen zu geben. Zwar sucht der Fabulist in diesem Spielraum nur die Rechtfertigung für seine neue Form der poetischen Fabel, aber er läßt dahinter einen ganzen Horizont der Möglichkeiten einer Dynamik der Fiktion aufscheinen.

In anderer Weise gewinnt das Konzept der Fiktion neue Relevanz im Kontext des philosophischen Diskurses. Descartes' Lebensarbeit gilt der Errichtung eines neuen Fundaments für eine gewisse, vom Montaigneschen Skeptizismus nicht mehr erreichbare Philosophie, deren Objektivität gleichwohl über dem unerschütterlichen Grund des Selbstbewußtseins, dem »je pense donc je suis«[84], errichtet wird. Descartes ist bedrängt vom Verdacht der Irrtümer unseres Zugangs zur Welt. Die »fictions de mon esprit« sind bei Descartes keine produktiven Leistungen des menschlichen Bewußtseins, die über das Gegebene hinausführen, sondern leere Phantasmen einer müßig gehenden Vernunft, deren Proliferationen kein Eigenrecht beanspruchen können. Im radikalen Zweifel setzt Descartes den »fictions de mon esprit« deren Negation entgegen: »Je suppose donc que toutes les choses que je vois sont fausses; je me persuade que rien n'a jamais été de tout ce que ma mémoire remplie de mensonges me représente; je pense

n'avoir aucun sens, je crois que le corps, la figure, l'étendue, le mouvement et le lieu ne sont que des fictions de mon esprit.«[85] Bedrängender noch ist aber die Vorstellung, die Welt selbst könnte als Werk eines mauvais génie so eingerichtet sein, daß der Verblendungszusammenhang unentrinnbar wäre. Der genius malignus, als dessen Inbegriff der Jupiter von Plautus' *Amphitruo* gesehen werden könnte, wäre ein Gott der Fiktion, aber als solcher zugleich ein Gott, dessen Leistungen allein in einer fiktiven Gegenschöpfung aufgingen, die der radikalen Geltungslosigkeit verfallen müßten. Erst die Widerlegung des deus malignus als dem negativen Prinzip schöpferischer Kreativität schafft die Voraussetzung einer epistemologischen Nüchternheit, die Wahrheit und Lüge unvermittelbar entgegensetzt und die Fiktion allein in den leeren kombinatorischen Machinationen der Lüge begründet sein läßt.

Die Philosophie von G. W. Leibniz setzt hier an und macht Descartes' deus benignus zum Schöpfer der ›besten aller Welten‹, die den unnachsichtigen Spott Voltaires auf sich ziehen sollte. »Il suit de la Perfection Supreme de Dieu, qu'en produisant l'Univers il y choisi le meilleur Plan possible où il y ait la plus grande variété avec le plus grand ordre.«[86] Doch gibt Leibniz nicht nur der Descartes'schen Gottesauffassung damit eine emphatische Steigerung, er sucht auch den von Descartes aufgerissene Kluft zwischen res extensae und res cogitans wieder zu heilen, indem er in einer kühnen metaphysischen Spekulation Geist und Materie versöhnt, der Materie selbst ein Bewußtsein zuspricht, das freilich unendliche Graduierungen zuläßt, immer aber im konkreten Einen eine Ahnung des unendlichen Ganzen gegenwärtig sein läßt.

---

[82] JEAN DE LA FONTAINE, Fables (1668), in: La Fontaine, Œuvres complètes, hg. v. J.-P. Collinet, Bd. 1 (Paris 1991), 105.
[83] FRANÇOIS DE LA ROCHEFOUCAULD, Maximes (1665), hg. v. J. Truchet (Paris 1967), Nr. 3, 7.
[84] RENÉ DESCARTES, Discours de la méthode (1637), in: Descartes, Œuvres philosophiques, hg. v. F. Alquié, Bd. 1 (Paris 1963), 603.
[85] DESCARTES, Méditation (1641), in: Descartes, ebd., Bd. 2 (Paris 1967), 415.
[86] GOTTFRIED WILHELM LEIBNIZ, Principes de la Nature et de la Grace fondés en Raison (entst. 1714), hg. v. H. Herring (Hamburg 1956), 16.

Auch Leibniz hat für Kunst und Fiktion letzten Endes, wie Descartes, wenngleich aus anderem Grund, keine systematische Stelle. Die beste aller Welten ist als diese auch ästhetisch vollkommen und läßt für ästhetische Konkurrenz keinen Raum. Wohl aber konnte Leibniz eine Leerstelle möglicher Kunst vorbereiten. Denn nicht nur gibt seine Idee der besten aller Welten eine konkrete Idee dessen, was das Werk seiner ästhetischen Konzeption nach sein müßte, sie gibt auch die Möglichkeit frei, daß Kunst, wie Lessing sagen wird, als »Schattenriß des Unendlichen«[87] Zugang gewährt zu jenen Strukturen einer in sich unendlich gestuften, sich unendlich spiegelnden Totalität, von der das menschliche Bewußtsein in der Fiktion ein Abbild gewinnen kann.

VI. Die Pluralität der Fiktionen

Das 18. Jh., in dem der Begriff der Ästhetik entstand, ist zugleich das Jahrhundert der Ausarbeitung der seit der Antike ins Spiel gekommenen Fiktionsbegriffe. Die Geschichte des Fiktionsbegriffs erhält im Zeitalter der Aufklärung einen Reflexionsschub, der zugleich zu einem Diversifikationsschub koexistenter Fiktionsbegriffe wird. Dabei treten die drei Wurzeln des antiken Fiktionsbegriffs in neuem Licht hervor: Fiktion als geschaffene Form, Fiktion, die ihre Geschaffenheit verbirgt und zum Trug wird, Fiktion, die Form und Trugbild in sich vereint und jenseits der Alternative von wahr und falsch sich in ihrem Eigenrecht behauptet. Als fictor, als Weltenschöpfer, wurde im 1. Buch der *Metamorphosen* der unbekannte Gott gefeiert, der dem Chaos seine Form gab. In der *Oratio de hominis dignitate* (1486) läßt Pico della Mirandola zu Beginn den »summus pater architectus Deus« sich selbst den Menschen zuwenden. Der Mensch als Spätkömmling der Schöpfung betritt eine Welt, in der alle göttlichen Gaben bereits vergeben sind. Eben deshalb wird ihm die negative Gabe zuteil, den Mangel zum unendlichen Überschuß zu machen. »Nec te caelestem neque terrenum, neque mortalem neque immortalem fecimus, ut tui ipsius quasi arbitrarius honorariusque plastes et fictor, in quam malueris tute formam effingas.« (Weder haben wir dich himmlisch noch irdisch, weder sterblich noch unsterblich geschaffen, damit du wie dein eigener, in Ehre frei entscheidender, schöpferischer Bildhauer dich selbst zu der Gestalt ausformst, die du bevorzugst.)[88] Der von Gott geschaffene Mensch wird als Erschaffer seiner selbst in seine uneingeschränkte Würde eingesetzt. Historisch ist der Typus solcher Selbsterschaffung verkörpert in Francesco Petrarca, der als erster ›fictor et plastes sui ipsius‹ genannt werden dürfte und den Pico sicher mit im Auge hatte. Hinter ihm aber erscheint in noch weiterer Ferne die Gestalt des Danteschen Odysseus, der im vermessenen Mut zur Selbstbestimmung das unerhörte Projekt seines Lebens verwirklicht. Auch Erasmus vertritt die Auffassung: »Homines non nascuntur sed finguntur.«[89] (Die Menschen werden nicht geboren, sondern gestaltet.) Aber hier bedeutet die Formung noch die pädagogische Maßnahme, die den Menschen erst zum humanen Menschen macht. Bei Pico steht der Selbstentwurf des Menschen, sein Aufbruch ins Offene seiner Möglichkeiten im Mittelpunkt. Daß dies fingere nicht nur eine Freiheit ist, sondern eine Last sein kann, darauf verweist Montaigne in seiner *Apologie de Raimond Sebond*: »Qu'y a-t-il de plus malheureux que l'homme esclave de ses fictions?«[90] Eine negative Form der Selbsterfindung ist es auch, wenn bei La Rochefoucauld der amour propre zum unbewußten Fiktionskünstler des sich erfindenden Selbst wird.[91]

---

87 GOTTHOLD EPHRAIM LESSING, Hamburgische Dramaturgie (1767–1768), 79. Stück, in: LESSING (GÖPFERT), Bd. 4 (1973), 598.
88 GIOVANNI PICO DELLA MIRANDOLA, Oratio de hominis dignitate (1486); dt.: Über die Würde des Menschen, lat.-dt., hg. v. A. Buck, übers. v. N. Baumgarten (Hamburg 1990), 7; lat. 6.
89 ERASMUS, Opera omnia, Bd. 1 (Leiden 1703), 493 f.; vgl. WINFRIED WEHLE, Der Tod, das Leben und die Kunst, in: A. Borst/G. v. Graevenitz/A. Patschovsky/ K. Stierle (Hg.), Tod im Mittelalter (Konstanz 1993), 243.
90 MICHEL DE MONTAIGNE, Apologie de Raimond Sebond (1580), in: Montaigne, Essais, hg. v. M. Rat, Bd. 2 (Paris 1959), 226.
91 Vgl. LA ROCHEFOUCAULD (s. Anm. 83), 283–285.

Eine neue Qualität erreicht Picos Argument in der *Scienza nuova* (1725, ²1730, rev. 1744) Giambattista Vicos. Schon Bernard de Fontenelle hatte in seinem Essay *De l'origine des fables* (1724) die menschlichen Irrtümer nicht mehr einfach in ihrer Negativität als Verfehlungen der Wahrheit gesehen, sondern eine dynamische geschichtliche Perspektive eröffnet. Die Mythen der Frühzeit, auch noch die Mythen der Griechen, sind zwar einerseits, im Blick des Frühaufklärers Fontenelle, Ausdruck barbarischer Ignoranz. Selbst wenn jene, die einst die Mythen erfanden, darin ein Korn Wahrheit verbargen, so sei dies bei der Überlieferung von Mund zu Mund gänzlich verlorengegangen. Und dennoch ist für Fontenelle das Überraschendste, daß mit den Fabeln auch der Geist der Philosophie geboren wurde. Zwar sind die Fabeln törichte Antworten, aber Antworten auf kluge Fragen, in denen sich die Neugierde der Philosophie und Wissenschaft zuerst entzündete. »Il est assez curieux de voir comment l'imagination humaine a enfanté de fausses Divinités.«[92] Das Staunen vor der Welt gebiert die Imagination, die die Fabeln gebiert, in denen wir immer noch das früheste Staunen vor der Welt erkennen können. Mit der Erfindung der Schrift war gleichermaßen der Grund für die allgemeine Verbreitung der Fabeln gelegt wie für deren kritische Überwindung in einem unendlich langsamen, aber irreversiblen Prozeß der Aufklärung.

Vico stellt das Verständnis der Fabeln und Mythen und damit zugleich das Verständnis der menschlichen Frühkulturen auf eine ganz neue Grundlage, indem er gegen Descartes und mit und gegen Fontenelle den Gesichtspunkt der Geschichtlichkeit menschlicher Kultur radikalisiert. In seiner frühen Schrift *De antiquissima Italorum sapientia ex linguae latinae originibus eruenda* (1710) steht der fundamentale Satz einer ›Umwertung aller Werte‹: »Latinis *verum* et *factum* reciprocantur, seu, ut scholarum vulgus loquitur, convertuntur«[93] (Im Lateinischen steht das Wahre und das Geschehene in Wechselwirkung oder kann, wie die Gelehrten durchgehend sagen, füreinander stehen). Aus dieser zunächst nur etymologisch gemeinten Feststellung ergeben sich die weitreichendsten Folgen für das Verstehen spezifisch menschlicher ›Fakten‹. Alles vom menschlichen Geist Hergestellte hat einen Vorrang für das Verstehen des menschlichen Geistes, weil er hier gleichsam bei sich selbst ist. Gilt aber, über seine etymologische Richtigkeit hinaus, der Satz ›verum et factum convertuntur‹, so ist dieser sogleich die Grundlage einer anderen Gleichsetzung, die heißen könnte: ›factum et fictum convertuntur‹. Daß Vico diese Schlußfolgerung, die gleichermaßen sprachgeschichtlich naheliegt, nicht gezogen hat, mag mit dem Nachwirken des Verdachts zusammenhängen, in den die Fiktion im Kontext christlicher Wirklichkeitsauffassung und erneut der cartesianischen Konzeption der ›fictions de mon esprit‹ geraten ist. Vicos *Scienza nuova* arbeitet den Ansatz von *De antiquissima Italorum sapientia* zu einer großen Anthropologie menschlicher Frühkulturen aus, in der Phantasie und Fiktion erstmals uneingeschränkt ihr positives Eigenrecht erhalten. Auch hier ist es die menschliche Neugierde, die das Spiel der Phantasie in Gang setzt, die ihrerseits den Geist auf den Weg der Rationalität bringt. Im 39. Grundsatz der *Seconda Scienza nuova* heißt es: »La *Curiosità*, proprietà conaturale dell'uomo, *figliola dell'ignoranza*, che partorisce la *Scienza* all'aprire che fa della nostra mente la *Maraviglia*, porta questo costume, ch'ove osserva straordinario effetto in natura, come *cometa, parelio o stella di mezzodì*, subito domanda, *che tal cosa voglia dire o significare*.« (Die Neugier, eine Eigenschaft, die der Natur des Menschen entspricht, Tochter der Unwissenheit, die die Wissenschaft gebiert, indem das Staunen unseren Geist aufschließt, hat folgende Eigentümlichkeit: daß sie, wo sie eine außerbergewöhnliche Erscheinung in der Natur beobachtet, wie einen Kometen, eine Nebensonne oder einen Stern am hellen Tag, sofort fragt, was denn dieses Ding wohl sagen oder bedeuten

---

92 BERNARD DE FONTENELLE, De l'origine des fables (1724), in: Fontenelle, Œuvres complètes, hg. v. A. Niderst, Bd. 3 ([Paris] 1989), 190.

93 GIAMBATTISTA VICO, De antiquissima Italorum sapientia ex linguae latinae originibus eruenda libri tres (1710), in: Vico, Opere, Bd. 1 (Neapel 1858), 71; vgl. FERDINAND FELLMANN, Das Vico-Axiom. Der Mensch macht die Geschichte (Freiburg/München 1976).

möge.)⁹⁴ Dies scheint Fontenelle ganz nah zu sein, aber doch mit einem entscheidenden Unterschied: Während bei Fontenelle die vernünftige Frage, auf die der Mythos die unvernünftige Antwort ist, nach dem Grund einer überraschenden Erscheinung fragt und dafür eine Geschichte erzählt, richtet sich bei Vico die Frage auf Bedeutung und zeichenhafte Verweisung. Die Welt erscheint im Horizont des frühesten Wissens in poetischer, und das heißt menschlicher Gestalt. Aber zugleich wird auch die menschliche Gestalt selbst poetisch bearbeitet und erhöht. Die Auszeichnung der Heroen der frühesten kollektiven Erinnerung, ihre degnità, bewirkt ihre fabelhafte Überhöhung, die gleichwohl ihre Wahrheit artikuliert: »Questa Degnità a proposito delle *Favole* si conferma dal *costume* ch'ha il *Volgo*, il quale degli uomini nell'una o nell'altra parte famosi, posti in tali o tali circostanze per ciò che loro in tale stato conviene, ne finge *acconce favole*, le quali sono *verità d'idea* in conformità del merito di coloro de' quali il volgo le finge; e in tanto sono *false* talor *in fatti*, in quanto al merito di quelli non sia dato ciò di che essi son degni: talchè, se bene si rifletta, il *Vero Poetico* è un *Vero Metafisico*, a petto del quale il *Vero Fisico*, che non vi si conforma, dee tenersi a luogo di *Falso*.« (Dieser Grundsatz wird in bezug auf die Mythen durch die Sitte des gemeinen Volkes bestätigt, das von den Menschen, die auf die eine oder die andere Weise berühmt und in diese oder jene Lage versetzt sind, zu dem, was ihnen unter solchen Umständen zukommt, passende Geschichten erfindet. Diese sind *Wahrheiten der Idee nach*, in Übereinstimmung mit dem Verdienst derer, von denen das gemeine Volk sie erfindet; und sie sind manchmal in Wirklichkeit falsch, aber nur insofern, als dem Verdienst jener nicht zuerkannt wird, wessen sie würdig sind. So ist, wenn man es richtig bedenkt, das poetisch Wahre ein metaphysisch Wahres, verglichen mit

welchem das physisch Wahre, das nicht damit übereinstimmt, für falsch erachtet werden muß.) (64 f.; dt. 108 f.) Niemals zuvor ist eine solche Dialektik gewagt worden, die das fictum zum Boden des verum macht, dem verum die Rolle des falsum zuweist. Auf der Grundlage dieses Prinzips kommt Vico zu der genialen Einsicht, der größte Dichter Griechenlands, Homer, der große Erfinder der Fabeln Griechenlands, sei selbst eine kollektive fabelhafte Erfindung, in der das frühe Griechenland sich selbst poetisch betrachtete: »un'*Idea* o vero un *Carattere Eroico d'uomini greci, in quanto essi narravano cantando le loro storie*« (also, daß dieser Homer eine Idee sei *ein heroischer Charakter griechischer Menschen gewesen sei, insofern diese die Ereignisse ihrer Geschichte in Gesängen erzählten*) (266; dt.: Bd. 2, 478). Homer ist zugleich der Inbegriff aller poetischen Wissenschaften, aller Institutionen von der Sprache zum Recht, in denen der Mensch sich seiner selbst vergewissert und sich in seinen Fiktionen oder Faktionen seines natürlichen Ursprungs entschlägt.

Auch Rousseaus Kulturtheorie entspringt einer tiefdringenden, bohrenden Frage nach dem Strukturzusammenhang der Formen des objektiven Geistes, der in die natürliche Welt eine menschliche Welt hineingebildet hat. Wie für Pico und nach ihm Vico ist auch für Rousseau der Mensch ein ›plastes et fictor sui ipsius‹, der den Mangel seiner instinkthaften Ausstattung durch freie Aneignung instinkthafter Handlungsvollzüge kompensiert. Rousseaus zweiter Diskurs *Sur l'origine de l'inégalité* (1755) erfaßt die ursprüngliche minimale Differenz von Mensch und Tier in einer Negativität, die zum treibenden Moment einer unwiderruflichen, immer weiter sich verschärfenden Differenz von Natur und Kultur wird. Der Mensch erfindet Supplemente des Mangels und übertrifft damit unendlich den Mangel selbst. Die Sprache wird zur Möglichkeit, dem Nicht-Wirklichen Wirklichkeit zu geben. Die Sprache ist selbst Fiktion, die Bedingung immer neuer objektiver Fiktionen wird. Unter diesen kommt dem Eigentum eine zentrale Bedeutung zu. Rousseau ersinnt den ersten Menschen, der um ein Stück Land einen symbolischen Kreis zieht und eine neue sprachgeborene Wirklichkeit setzt: »Ceci est à moi.«⁹⁵ Dieser Satz ist primär in seiner originären Negativität zu lesen: ›Ceci n'est pas à vous.‹ Das Eigentum ist

---

94 VICO, Principi di una scienza nuova d'intorno alla comune natura delle nazioni (1725), in: Vico, Opere, Bd. 5 (Neapel 1859), 63; dt.: Prinzipien einer neuen Wissenschaft über die gemeinsame Natur der Völker, übers. v. V. Hösle/C. Jermann, Bd. 1 (Hamburg 1990), 105.
95 JEAN-JACQUES ROUSSEAU, Sur l'origine et les fondemens de l'inégalité parmi les hommes (1755), in: ROUSSEAU, Bd. 3 (1964), 164.

eine objektive Chimäre, die dennoch, wie Rousseau im *Emile* (1762) demonstriert, zur Grundlage der bürgerlichen Gesellschaft wird. Wenn der Riß zwischen Natur und Kultur irreversibel ist, dann bedeutet dies, daß die Dynamik der Kultur die Differenz unwiederbringlich verschärft. Da aber der konkrete Mensch nie aufhört, homme naturel zu sein, erfährt er in sich den Widerstreit von citoyen und homme naturel, der ihm die gebrochene Identität des Subjekts als unglücklichem Bewußtsein verleiht. Als eine Leistung dieses Bewußtseins erhält das in der Fiktion gebundene Imaginäre eine neue Qualität. Der Roman ist der Ort, wo diese Erfahrung primär zum Ausdruck kommt. Der Roman ist als Fiktion ein Mythos des modernen Bewußtseins, der zugleich die grundsätzliche Wertambiguität der Kultur zwischen Gewinn und Verlust zur Anschauung bringt. Denn die Freiheit, die der Ausgang aus der Natur dem Menschen verleiht, ist immer in Gefahr, zum gesellschaftlichen Zwang zu werden, die Wohltaten des Fortschritts schlagen in Mißbrauch um, und prinzipiell ist der Gewinn kultureller Autonomie immer zugleich ein Verlust an natürlicher Weltvertrautheit und Weltsicherheit. Während für Vico das poetische Weltverständnis den frühen Kulturen zugehört und sich im Zeitalter der vollendeten Rationalität aufhebt, ist für Rousseau die Moderne mit ihrem Mittelpunkt Paris der Ort eines Imaginären, das dem Widerspruch von Kultur und Natur entspringt. Die Erfahrung des Negativen kommt hier auf einer neuen Ebene der Reflexion zurück. Doch erst die Entzweiung im Subjekt ist die Bedingung einer Reizung des Bewußtseins, die das Imaginäre zu Formen der höchsten Intensität treibt. Jacques Derridas apodiktisch zugespitzte These im Blick auf Rousseaus eigene, von ihm ins Werk gesetzte Theorie der Schrift: »Il n'y a pas de hors-texte«[96] läuft angesichts dieses hypothetisch fundierenden Akts ins Leere, weil sie das Zusammenspiel verkennt von Sprache als Fiktion und sprachlicher Handlung als Setzung einer sprachlich vermittelten gesellschaftlichen Fiktion, die zugleich neue gesellschaftliche Wirklichkeit ist. Daß Sprache keine ›natürliche Präsenz‹ begründen kann, heißt nicht, daß sie nicht gesellschaftliche Präsenz stiften könnte. Die Dekonstruktion kommt zu spät, wenn sie eine sprachliche Fiktion

entlarven will, die eben als Fiktion überhaupt nur ihre Realität besitzt.

Rousseaus *Nouvelle Héloïse* (1761) ist der Roman eines romanesken Bewußtseins, das aus den Widersprüchen im Subjekt zwischen den Zwängen der bürgerlichen Ordnung und der ›natürlichen‹ Spontaneität der Empfindung hervorgeht. In den beiden Vorworten treten roman und fiction in eine so enge Verbindung, daß der Roman in der Tat als die Fiktion des modernen Bewußtseins erscheint, das in seiner Zerrissenheit notwendig ein romaneskes Bewußtsein sein muß, auch wenn es sich seiner historischen Signatur zu entwinden sucht. »Il faut des spectacles dans les grandes villes, et des Romans aux peuples corrompus.« Ist aber die *Nouvelle Héloïse* selbst eine Fiktion, die dem falschen Bewußtsein dient, oder sucht sie dieses zum Gegenstand einer Metafiktion oder eines Anti-Romans zu machen? Rousseau spielt mit dem Quiproquo von Roman und seiner anti-romanesken Inszenierung: »Ai-je fait le tout, la correspondance entière est-elle une fiction? Gens du monde, que vous importe? C'est sûrtout une fiction pour vous.«[97] Der ›Herausgeber‹ Rousseau prätendiert, die Bedingungen des esprit romanesque wahrhaft darzustellen. Seine jungen Briefschreiber sind »presque des enfants qui, dans leur imagination romanesque, prennent pour de la philosophie les honnêtes délires de leur cerveau« (6). Aber ist nicht die Welt, der sie sich in ihrer subjektiven Imagination entgegensetzen, selbst das Ergebnis sedimentierter Fiktionen? Läßt sich dem Strukturgesetz des Subjekts zwischen homme naturel und citoyen entrinnen? Ehe Julie sich den unerträglichen Spannungen ihres zwischen Leidenschaft und Pflicht stehenden Lebens entzieht, wird sie in ihrem letzten Brief an Saint-Preux bekennen: »Le pays des chimères est en ce monde le seul digne d'être habité, et tel est le néant des choses humaines, que hors l'Etre existant par lui-même, il n'y a rien de beau que ce qui n'est pas.« (693) Und doch, ist die Fiktion nicht von Anbeginn die einzige Wirklichkeit, die dem aus der

---

96 JACQUES DERRIDA, De la grammatologie (Paris 1967), 227.
97 ROUSSEAU, La nouvelle Héloïse (1761), in: ROUSSEAU, Bd. 2 (1964), 5.

Natur entwachsenen Menschen zukommen kann? Nur daß sie jetzt in der Steigerung des Imaginären eine Intensität gewinnt, die ohne die Bedingung der modernen Bewußtseinsstruktur undenkbar ist. Für Vico steht das Imaginäre und seine Fiktion am Anfang der neuzeitlichen Kulturentwicklung. Für Rousseau steht sie als eine progressive Universaldisposition des Menschen am Ende, wo sie die intensivste Form des Fiktiven aus dem Geist der Entfremdung hervorbringt.

Rousseau hat sich selbst in seinen *Confessions* (posth. 1781/1788) als ein acharnierter Romanleser vorgestellt, der dem Laster des imaginären Supplements schon in früher Jugend verfiel und der ihm sein Leben lang treu blieb. Schon das Kind, das früh seine Mutter verloren hatte, las aus der von ihr hinterlassenen Bibliothek zusammen mit dem Vater nächtelang einen Roman nach dem anderen. Die bei der Lektüre geweckten Passionen »me donnerent de la vie humaine des notions bizarres et romanesques, dont l'expérience et la réflection n'ont jamais bien pu me guérir«[98]. Die Intensität der Emotionen und des Glücksverlangens läßt in der Wirklichkeit keine Befriedigung mehr zu, treibt das Ich in die Welt der »douces chimères«. Auch Rousseaus große Autobiographie steht unter den Bedingungen eines esprit romanesque, der die prinzipielle Negativität menschlicher Ausstattung und deren Kompensation unter neuen subjektiven Voraussetzungen wiederholt. Die *Confessions* als Selbstdarstellung, in der ›Dichtung und Wahrheit‹ sich durchdringen, ist als diese Moment eines ›fiktiven‹ Lebensentwurfs, in dem ein neuer ›plastes et fictor sui ipsius‹ sich objektiviert. So kann Rousseau in den *Rêveries du promeneur solitaire* (posth. 1782), seiner letzten, zwischen Verzweiflung und Glück oszillierenden Selbstreflexion, den Augenblick auf der Petersinsel erinnern, wo sich ihm Fiktion und Wirklichkeit zu einer neuen Wirklichkeit vereinigten: »laissant errer mes yeux au loin sur les romanesques rivages qui bordoient une vaste étendue d'eau claire et cristalline, j'assimilois à mes fictions tous ces aimables objets et me trouvant enfin ramené par degrés à moi-même et à ce qui m'entourait, je ne pouvais marquer le point de séparation des fictions aux réalités.«[99]

Selbstschaffung als fictio ist bei Rousseau immer zugleich Selbstverlust und Selbstgewinn, der Ausgang des Menschen aus der Natur ist Freiheit und Verstrickung zugleich. Darin liegt die radikale Ambiguität von Rousseaus Kulturtheorie, die sich jeder Vereindeutigung verweigert. Höchste Steigerung dieser radikalen, unauflösbaren Ambiguität ist das Ich, das im Ausgang von der Gesellschaft zu sich selbst kommt und dessen Selbstverlust und Selbstgewinn als Einheit des état romanesque die höchste Steigerung der ursprünglichen Selbstschaffung des Menschen bedeutet. In Goethes *Prometheus* (entst. 1774) wird Rousseaus entzweites Ich sich in den Halbgott verwandeln, der in triumphaler Geste sich selbst feiert und der als ›fictor et plastes sui ipsius‹ den Menschen nach *seinem* Bilde schaffen wird, begabt mit der Freiheit, sich selbst zu bilden oder – zu fingieren: »Hier sitz' ich, forme Menschen / Nach meinem Bilde, / Ein Geschlecht, das mir gleich sei.«[100]

Wenn Nietzsche erneut die Welt als Fabel oder Fiktion entdeckt, so steht er hier ganz in der Folge von Vico und Rousseau, deren Namen bei ihm freilich ungenannt bleibt.

Leibniz' Theorie der besten aller Welten, die prinzipiell jede Fiktion der Welt übertrifft, ist Ausgangspunkt eines spezifisch deutschen Wegs zu einer Theorie des Fingierens und auf ihrer Grundlage dessen, was bei Baumgarten ›Ästhetik‹ heißen wird.

Erstmals wird in Christian Wolffs *Psychologia empirica* (1732) die ›facultas fingendi‹ zum Thema einer schulmäßigen philosophischen Behandlung gemacht, der eine Betrachtung der imaginatio als Einbildungskraft, als vis imaginationis, vorausgeht. Nicht ausgeschlossen scheint, daß Wolff sich dabei an der ersten großen Rehabilitation der Imagination, Muratoris *Della perfetta poesia* (1706), inspirierte, in der Muratori dem Rigorismus der französischen Klassizisten, besonders Bouhours, das poetische Eigenrecht der Imagination und damit zugleich eine spezifisch italienische poetische Tra-

---

98 ROUSSEAU, Les Confessions (1781/1788), in: ROUSSEAU, Bd. 1 (1959), 8.
99 ROUSSEAU, Les rêveries du promeneur solitaire (1782), in: ROUSSEAU, Bd. 1 (1959), 1048.
100 GOETHE, Prometheus (entst. 1774), in: GOETHE (HA), Bd. 1 ([16]1996), 46.

dition entgegensetzte.¹⁰¹ Wolffs Gedanken über Imagination und Fiktion betreffen die niederen, das heißt sinnlichen Erkenntnisvermögen, die durch Leibniz einen neuen theoretischen Status erhielten. Die Seele vermag es, einen Sinneseindruck auch bei Abwesenheit des Gegenstands, der ihn bewirkte, zu reproduzieren. Das gegenwärtige Bild des Abwesenden ist ein Phantasma. Wenn imaginatio das Vermögen bedeutet, von abwesenden Dingen ein Bild präsent zu halten, so ist fictio das Vermögen, solche Bilder zu Bildkomplexen zu kombinieren. »Facultas producendi perceptiones rerum sensibilium absentium Facultas imaginandi seu Imaginatio appellatur.« (Das Vermögen, Wahrnehmungen von abwesenden Sinnesgegenständen hervorzurufen, wird das Vermögen der Einbildung oder Imaginatio genannt.) In § 145 wird die facultas fingendi im Blick auf die phantasmata als eine aktive, bewußte Tätigkeit bestimmt: »Habet igitur anima facultatem phantasmatum divisione ac compositione producendi phantasma rei sensu antea nondum perceptae.«¹⁰² (Die Seele besitzt also die Fähigkeit, durch Teilung und Zusammensetzung Phantasmata zu erzeugen, die Vorstellung einer Sache, die die Sinne zuvor nicht wahrgenommen haben.) Die fictio oder facultas fingendi ist ein Vermögen der Rekomposition sinnlich gegebener Elemente zu neuen imaginären Einheiten. Die Frage nach deren spezifischer ästhetischer Qualität stellt sich dabei noch kaum. Wie auch immer aber der kombinierende Verstand die Elemente zu neuen Figuren und Fiktionen zusammenführt, diese stehen prinzipiell im Horizont von Leibniz' bester aller Welten, die keine ästhetische Konkurrenz zu fürchten hat.

Die Aufwertung der sinnlichen Erkenntnis und der sinnlichen, zu Figuren kombinierbaren Zeichen vollendet sich in Alexander Gottlieb Baumgartens *Aesthetica* (1750/1758). Bekanntlich hat Baumgarten den Begriff der Ästhetik selbst erst geprägt und darunter eine Wissenschaft von den ›niederen‹ Erkenntnisvermögen verstanden, denen die neue Ästhetik erstmals eine eigene Dignität zusprechen wollte. Auch Baumgarten steht, wie sein Lehrer Wolff, unter den Prämissen von Leibniz' Metaphysik der ›besten aller Welten‹. »Aesthetica (theoria liberalium artium, gnoseologia inferior, ars pulcre cogitandi, ars analogi rationis) est scientia cognitionis sensitivae«¹⁰³ (Die Ästhetik, die Theorie der freien Künste, eine untergeordnete Erkenntnistheorie, Kunst der schönen Reflexion, Kunst der Analogie rationis, ist die Wissenschaft von der sinnenhaften Erkenntnis), heißt der monumentale erste Satz, der die *Aesthetica* einleitet. Baumgartens Ästhetik ist, Pascals esprit de finesse vergleichbar, ein Erkenntnisvermögen eigenen Rechts. Wenn es der sinnlichen Erkenntnis obliegt, einen eigenen Zugang zur Harmonie der Welt zu finden, so ist die Fiktion eine Weise, diesen Zugang zu optimieren, das Bewußtsein zu steigern oder durch den Kontrast oder die Verfremdung einen tieferen Zugang zur Harmonie der Welt zu eröffnen. In einer Leibnizianischen Welt kann die Fiktion nicht die Aufgabe haben, einfach die wirkliche Welt zu idealisieren oder ihr eine ideale entgegenzusetzen, sie kann allein in der Steigerung der sinnlichen Erkenntnisvermögen ihre Rechtfertigung haben.¹⁰⁴ Baumgarten unterscheidet zwischen der fictio historica, die unter den Bedingungen unserer Welt steht, der fictio heterocosmica, die in eine andere Welt führt, und schließlich der fictio utopica, die gleichsam weltlos bleibt und daher keine ästhetische oder poetische Funktion gewinnen kann.¹⁰⁵ Hinzu kommen als eigene Klasse von fictiones die rhetorischen Figuren und die Fabeln und Exempla. Beide, fictio historica und fictio heterocosmica, können uns als Erdichtungen, in der Analogie zur Vollkommenheit der Welt stehen, eine Anschauung vom unfaßbaren Ganzen der Welt und seiner Ordnung geben.

Georg Friedrich Meier, ein Schüler Baumgartens, hat in seinen *Anfangsgründen aller schönen Wissenschaften* (1748–1750) Baumgartens Gedanken zur Ästhetik popularisiert und ihnen eine leichter

---

101 Vgl. ALFRED BAEUMLER, Das Irrationalismuproblem in der Ästhetik und Logik des 18. Jahrhunderts bis zur Kritik der Urteilskraft (1923; Darmstadt 1967), 142 f.
102 CHRISTIAN WOLFF, Psychologia empirica (1732), in: WOLFF, Abt. 2, Bd. 5 (1968), § 92, § 145.
103 BAUMGARTEN, Bd. 1 (1750), 1.
104 Vgl. FRIEDHELM SOLMS, Disciplina aesthetica. Zur Frühgeschichte der ästhetischen Theorie bei Baumgarten und Herder (Stuttgart 1980), 69 ff.
105 Vgl. BAUMGARTEN, Bd. 1 (1750), § 507, § 511, § 514.

zugängliche Form gegeben. Bei ihm wird erstmals die »facultas fingendi« als »Dichtungskraft« ausdrücklich eingedeutscht. Ihre Gegenstände (figmenta und fictiones) im weiteren Sinne heißen jetzt mit terminologischer Prägnanz »Erdichtungen«[106]. Neben die historischen Erdichtungen und Erdichtungen aus einer anderen Welt sowie die utopischen Dichtungen stellt Meier jetzt die poetischen Erdichtungen, in denen der Dichter als »Erfinder derselben eine neue Welt schaft« (227). Wahrscheinlichkeit erzeugt dieser vor allem durch innere Kohärenz kraft seines schöpferischen Ingeniums. Gerade die poetische Erdichtung ist darin eine Analogie zur Schöpfung selbst und eine Einübung in ihre unendliche Einheit und Vielfältigkeit. Lessing steht in dieser Linie, wenn er vom Drama verlangt, es müsse als Einheit in der Vielfalt ein »Schattenriß des Unendlichen«[107] sein.

Das 18. Jh. hat der Fiktion eine neue philosophische Dignität gegeben, sei es im Sinne der Selbstverwirklichung wie bei Vico oder Rousseau, sei es als Analogie zur besten aller Welten im Sinne von Leibniz. Aber es hat auch die Fiktion als Fiktion ins Licht der aufklärerischen Kritik gestellt. Aufklärung als Entmythisierung bedeutet in erster Linie, daß der Mythos als ›bloße Fiktion‹ oder Fabel durchschaut wird. So zeigt Fontenelle in seiner *Histoire des oracles* (1687) die Bestandlosigkeit der Orakel und ihren gemachten, fiktiven Charakter auf. Der Verstand lichtet die Dunkelheiten und den Nebel einer noch unvollständigen mythischen Phantasie oder ihre bewußte Täuschung. »Employons un peu notre raison, et ces fantômes disparaissent.«[108] Dieser Satz aus Fontenelles Betrachtung *Du bonheur* könnte das Axiom von Fontenelles Aufklärungsphilosophie sein. In *De l'origine des fables* (1724) wird der Ursprung der Mythen in Fiktionen gesehen, die selbst nichts anderes als Metaphern der Fragen sind, die den noch kindlichen Verstand bewegen. Aber zugleich sind die ersten Fiktionen Modelle einer Fabrikation der Fiktionen, die zu immer erstaunlicheren und absurderen Formen treibt. Wenn aber die Fiktion zum Mythos wird, der Mythos sich zur Religion verfestigt, so bleibt es das Privileg der Griechen, ihre Religion zu ästhetisieren und in Fiktionen neuer Art der Imagination als ein schönes Spiel darzubieten. Voltaire macht in seiner Version des *Œdipe* (1718) den blinden Orakelglauben selbst zum Grund des Verhängnisses, dem Ödipus entronnen wäre, hätte er nicht an Orakel geglaubt. In Condorcets *Esquisse d'un tableau historique du progrès de l'esprit humain* (1795) wird die Religion, der Mythos, als Machenschaft einer Priesterklasse entlarvt, die sich bewußt der Wirkung der Fiktion zur Irreführung des unwissenden Volks bedient.

Andererseits ist aber gerade das 18. Jh. das Zeitalter der Einsicht in die Unvermeidbarkeit der Fiktion, wenn es gilt, die Frage nach den Ursprüngen zu stellen, die denknotwendig sind und die sich doch aller schriftlichen Überlieferung entziehen. In seinem Aufsatz *Mythen des Anfangs. Eine geheime Sehnsucht der Aufklärung* hat Hans Robert Jauß im Interesse an der »Frage nach den Anfängen der Menschheitsgeschichte« einen »gegenläufigen Prozeß zur offiziellen Mythenkritik der Aufklärung« festgestellt und diesen zugleich mit einer neuen »Sehnsucht nach dem Anfänglichen«[109] in Verbindung gebracht. Was Jauß als ›Mythos des Anfangs‹ bezeichnet, ist aber vielleicht eher bewußte Anfangsfiktion als notwendige theoretische Ursprungshypothese. So kann Rousseau zu Beginn des *Discours sur l'origine de l'inégalité*, wo der Augenblick der ersten Differenz zwischen Tier und Mensch in Frage steht, in provozierender Rückweisung aller empirischer Hilfskonstruktionen sagen: »Commençons donc par écarter tous les faits, car ils ne touchent point à la question.« Seine Ursprungsgeschichte der Menschheit ist eine hypothetische Fiktion, sie entspringt »des raisonnements hypothétiques et conditionnels«[110]. Nicht um die mythische Beschwörung des Ursprungs geht es hier, sondern um eine theoretisch reflektierte Konstruktion in der Form eines fiktiven Zeitmodells. Auch die Vision der sich am Brunnen versammelnden Menschen, aus deren Begegnung sich der Funke der Sprache entzündet hätte, im *Essai sur*

---

106 MEIER, Bd. I (1754), 205.
107 LESSING (s. Anm. 87).
108 FONTENELLE, Histoire des oracles (1687; Paris 1966), 137.
109 JAUSS, Mythen des Anfangs. Eine geheime Sehnsucht der Aufklärung, in: Jauß, Studien zum Epochenwandel der ästhetischen Moderne (Frankfurt a. M. 1989), 23.
110 ROUSSEAU (s. Anm. 95), 132f.

l'origine des langues (entst. 1755, ersch. 1781) ist poetisch überhöhte Hypothese, nicht Beschwörung eines mythischen Ursprungs.[111] Die Ursprungsgeschichte als Form der Ursprungshypothese ist zu einer neuen Anschauungsform der Aufklärung geworden. Daneben steht als eine andere notwendige Fiktion die Rechtsfiktion, die ihren Ursprung bereits in der römischen Antike hat[112] und die sich im 18. Jh. insbesondere in England fortentwickelte. Die fictio iuris erlaubt es, Rechtsfälle dadurch elegant zu lösen, daß ein Fall fiktiv einer Klasse von Fällen zugeordnet wird, die unter eine bestimmte juristische Behandlung fällt. Daß auch die Mathematik und Naturwissenschaft der fiktiven Größen bedarf, ist von Kant nachdrücklich hervorgehoben worden. Die Verstandesbegriffe sind, da sie »keinen Gegenstand irgendeiner Erfahrung« haben, nichts als »heuristische Fiktionen« oder regulative Prinzipien. Der Verstand greift zur Fiktion, um mit seiner Hilfe zu Verstand zu kommen. Die Ansätze einer solchen Auffassung, die das 18. Jh. entfaltete, kamen bei Kant in der *Kritik der reinen Vernunft* (1781) zu ihrem Höhepunkt: »Die Vernunftbegriffe sind, wie gesagt, bloße Ideen, und haben freilich keinen Gegenstand in irgendeiner Erfahrung, aber bezeichnen darum doch nicht gedichtete und zugleich dabei für möglich angenommene Gegenstände. Sie sind bloß problematisch gedacht, um, in Beziehung auf sie (als heuristische Fiktionen), regulative Prinzipien des systematischen Verstandesgebrauchs im Felde der Erfahrung zu gründen.«[113] Mehr als ein Jahrhundert später hat diesen Ansatz Hans Vaihinger in seiner großen Synthese *Die Philosophie des Als ob. System der theoretischen, praktischen und religiösen Fiktionen der Menschheit aufgrund eines idealistischen Positivismus* (1911) zusammengefaßt. Die reine, von aller empirischen Notwendigkeit freie Setzung, die keine Ersetzung von was auch immer sein kann, wird hier zur praktischen Fiktion par excellence, die der ästhetischen Fiktion als eine Fiktion eigenen Rechts entgegensteht.

Auch im Zeitalter der Philosophie gibt es ein Fortschreiben spezifischer literarischer Reflexionen über die Fiktion, ihre literarischen Formen und Möglichkeiten. Ein klassizistisch domestiziertes Konzept der Fiktion findet sich im Artikel ›Fiction‹ in Marmontels *Eléments de littérature* (1787), einer Sammlung seiner literaturtheoretischen Beiträge zu Diderots und d'Alemberts *Encyclopédie*, die so etwas wie die Summe der Auffassungen des aufklärerischen Klassizismus in Frankreich zusammenfaßt. Für Marmontel ist die eigentliche Aufgabe der Fiktion die idealisierende Nachahmung des Wirklichen im Sinne einer durch Auswahl und Stilisierung bewirkten beauté idéale als Sinnbild der Perfektion. »La *fiction* qui tend au parfait, ou la *fiction* en beau, est l'assemblage régulier des plus belles parties dont un composé naturel est susceptible, & dans ce sens étendu, la *fiction* est essentielle à tous les arts d'imitation.«[114] Der Dichter oder Maler setzt die Natur ins Ideale fort, aber ist zugleich bestrebt, dabei im Rezipienten ein Maximum der Wirkung zu erreichen. Weniger glücklich operiert in den Augen Marmontels die ›fiction d'exagération‹, die vor allem durch quantitative Steigerung beeindrucken will, die ›fiction des monstrueux‹, die Unvereinbares zusammenzwingt, und schließlich die Form des »fantastique«, die nur noch negativ als ein »dérèglement de l'imagination« faßbar ist. So bleibt die »*fiction* qui se dirige au parfait, ou la *fiction* en beau« (682) die einzige, die Geschmack und Verstand anzusprechen vermag und die der Arbeit des Künstlers würdig ist.

Gegen den klassizistischen Literaturbegriff Marmontels, dem Roman keinen Raum bietet und der Fiktion enge Grenzen setzt, steht Diderots Reflexion über die Möglichkeiten narrativer Imagination, die sich bei ihm freilich nicht zu einer Theorie der Fiktion verdichten. Diderot entwickelt einen Begriff des Interessanten als Experimentierbegriff, um dem Ästhetischen neue Räume zu eröffnen. Sein *Jacques le fataliste* (posth. 1796) ist in diesem Sinne ein interessanter Roman, der den fiktionalen Kontrakt zwischen Romanautor und Romanleser in Frage stellt und im Spiel mit dem Leser das Arbiträre der romanesken Setzungen des Romans selbst zum Thema macht. So wird die

---

111 Vgl. ROUSSEAU, Essai sur l'origine des langues (entst. 1755, ersch. 1781), in: ROUSSEAU, Bd. 5 (1995), 405 f.
112 Vgl. FUHRMANN (s. Anm. 29).
113 IMMANUEL KANT, Kritik der reinen Vernunft (1781), in: KANT (WA), Bd. 4 (1974), 653.
114 JEAN-FRANÇOIS MARMONTEL, ›Fiction‹, in: DIDEROT (ENCYCLOPÉDIE), Bd. 6 (1756), 679.

Fiktionalität der Fiktion in allen ihren Momenten dem Leser immer wieder zu Bewußtsein gebracht.

Zu den Strategien des sich selbst in Frage stellenden Romans gehört auch, daß in ihm das pseudomündliche Erzählen sich gegenüber der romanesken Erzählerstimme in seiner Eigenständigkeit behauptet. In einer Nachbemerkung zu der Erzählung *Les deux amis de Bourbonne* (1773) unterscheidet Diderot zwischen conte merveilleux, conte plaisant und conte historique und fragt nach ihrer Gemeinsamkeit.[115] Sie liegt für Diderot einerseits in einer bestimmten ›entspannten‹ Erzählsituation[116], andererseits in einer Kunst des kleinen Details, die dem conte auch dann einen Realitätseffekt verleiht, wenn er sich in die »espaces imaginaires« hineinwagt: »Séduisez-moi par les détails; que le charme de la forme me dérobe toujours l'invraisemblance du fond.«[117] Diderot greift hier auf Quintilian zurück, der bereits die Kunst der Lüge als eine Kunst des Details beschrieben hatte.

Diderot führt den Roman an die Erfahrung einer durchschnittlichen Alltäglichkeit heran. Darin mag der Grund liegen, daß er für ihn die Bezeichnung fiction vermeidet. In der *Eloge de Richardson* (1762) wird die neue Form von Richardsons bürgerlich-realistischem Roman in einen engen Zusammenhang zur neuen Form des drame als einem Genre zwischen Komödie und Tragödie gebracht. Während der traditionelle Roman als fiction nichts anderes ist als ein »tissu d'événements chimériques et frivoles«[118], wird Richardson als Autor eines Romans vorgestellt, der es verdiente, einer ganz anderen Gattung zuzugehören, eben jener des drame, das seinen Rezipienten unmittelbar an-

spricht und in den Bann seiner Illusion zieht. Der Roman Richardsons ist gleichsam die Synthese einer ganzen Vielfalt dramatischer Situationen, die das drame auf der Bühne nie so erlauben würde. Die Welt unserer Alltagserfahrung wird zur Bühne der Welt, auf der alle Charaktere und gesellschaftlichen Stände spielen. Damit aber die Illusion der Teilhabe an der imaginären Wirklichkeit entstehen kann, bedarf es auch hier der Details: »C'est à cette multitude de petites choses que tient l'illusion.« (35) Durch die Kunst des Details entsteht eine lebendige Welt, in der sich Dramen »von dreißig oder vierzig Personen« (40) entfalten, die auf der wirklichen Bühne nicht aufführbar wären und für die das Medium des neuen Romans eine imaginäre Bühne bietet.

Der *Essai sur les fictions* (1795) der Madame de Staël, schon an der Schwelle zum 19. Jh., fragt noch einmal nach den Möglichkeiten der Fiktion und will dabei den Beweis führen, »que les romans qui prendraient la vie telle qu'elle est, avec finesse, éloquence, profondeur et moralité, seraient les plus utiles de tous les genres de fiction«. Damit wird erneut der Roman, nun aber wie bei Diderot als Form der »vie telle qu'elle est«, zum eigentlichen Paradigma der Fiktion. Einzig die »romans modernes« sind geeignet für das Thema, dem die Fiktion jetzt vorrangig dienen soll, »la peinture de nos sentiments habituels«[119].

VII. Fiktion aus dem Geist der Sprache. Mallarmé und die Moderne

Die Literaturtheorie des 19. Jh. hat das Problem der Fiktion nicht vorrangig bekümmert. Dies mag seinen Grund haben in einer Literaturauffassung, der die konstruktive Rationalität und rhetorische Vernünftigkeit der Fiktion fragwürdig geworden ist. Im Programm einer neuen romantischen oder postromantischen Literatur, die sich als Hervorbringung des Genies oder aber als Darstellung gesellschaftlicher Wirklichkeit verstand, hatte der Begriff der Fiktion keinen vorrangigen Ort. Doch ist im Blick auf die Bedeutungsgeschichte von fingere der Dichterphilologe Giacomo Leopardi von besonderem Interesse, dessen lyrische Dichtung auf

---

115 Vgl. DENIS DIDEROT, Les deux amis de Bourbonne (1773), in: Diderot, Œuvres romanesques, hg. v. H. Bénac (Paris 1959), 790–792.
116 Vgl. HARALD WEINRICH, Tempus. Besprochene und erzählte Welt (Stuttgart 1964).
117 DIDEROT (s. Anm. 115), 791; vgl. HERBERT DIECKMANN, Die Wandlung des Nachahmungsbegriffes in der französischen Ästhetik des 18. Jahrhunderts, in: H. R. Jauß (Hg.), Nachahmung und Illusion (München 1964), bes. 53 f.
118 DIDEROT, Eloge de Richardson (1762), in: Diderot, Œuvres esthétiques, hg. v. P. Vernière (Paris 1959), 29.
119 MME DE STAËL, Essai sur les fictions (1795), in: de Staël, Œuvres complètes, Bd. 1 (Paris 1836), 63.

dem Boden von Rousseaus Theorie des entfremdeten Bewußtseins von einem Bewußtsein der Bedeutungsschichtungen des Italienischen bis zu seinen lateinischen Ursprüngen getragen ist. In dem Canto *Alla primavera* steht der Satz: »quelle due varie note / Dolor non forma« (diese beiden Weisen / sind nicht von Schmerz geformt)[120]. Der Dichter sagt dies in einer Apostrophe an die Nachtigall, die den Frühling begrüßt und deren Klage das menschliche Schicksal nicht betrifft. In der ersten Fassung des Gedichts von 1824 steht an der Stelle von ›forma‹ noch ›finge‹. Leopardi hatte dem eine Anmerkung hinzugefügt, in der er an die ursprünglichen zwei Bedeutungen von fingere erinnert.[121] Er verweist hier darauf, daß fingere im Lateinischen noch primär die Bedeutung des Formgebens habe, die Leopardi selbst an der genannten Stelle in Anspruch nehmen will. Doch schließlich, um eine falsche Lesart zu vermeiden, zieht er es vor, wie vor ihm schon Augustinus und danach Petrarca, das eindeutigere ›formare‹ zu verwenden. In den beiden Canti *L'infinito* und *Le ricordanze* hingegen sucht Leopardi bewußt das vago, den poetischen Effekt der Oszillation, indem er konstruktives Moment und Moment der Wirkung ineinander übergehen läßt. So heißt es in *L'infinito*: »Ma sedendo e mirando, interminati / Spazi di là da quella, e sovrumani / Silenzi, e profondissima quiete / Io nel pensier mi fingo.« (Doch hinter ihr – wenn ich so sitze, schaue, / endlose Weiten formt sich dort mein Denken, / ein Schweigen, wie es Menschen nicht vermögen, / und tiefste Ruhe) (V. 4–7, 166f.).

Das reflexive ›io mi fingo‹ bedeutet hier, daß das Ich den Gestaltlosen, Grenzenlosen eine subjektive Gestalt gibt und sich zugleich diesen Akt der Fiktion bewußt hält. Das Ich an der Grenze zwischen Gestalthaftigkeit und dem Gestaltlosen, der absoluten Wirklichkeit und der imaginären Aneignung, macht die Erfahrung des Erhabenen, in dem das Übermächtig-Gestaltlose in die Gestaltung gezogen wird. Doch liegt die eigentliche Wirklichkeit des fingere nicht darin, es ist das Gedicht selbst, das den Schiffbruch des Bewußtseins zum poetischen Vollzug macht: »E naufragar m'è dolce in questo mare« (und süß ist's mir in diesem Meer zu scheitern) (V. 15, 168). In *Le ricordanze*, wo das späte Ich sich des imaginä-

nären Glücks der ersten Weltzuwendung erinnert, heißt es: »Il garzoncel, come inesperto amante, / La sua vita ingannevole vagheggia, / E celeste beltà fingendo ammira« (so malt sich, wie in unerfahrner Liebe, / der Bub sein trügerisches Leben aus, / staunt vor der Schönheit, die er selbst erdichtet) (V. 74–76, 297; dt. 159).

Auch hier ist die unauflösbare Einheit von Illusion, illusionssetzender Tätigkeit und poetischer Setzung der Gegenstand der poetischen Reflexion. Die ›celeste beltà‹, Metapher einer frühen erotischen Faszination des enthusiastischen Jünglings, ist das Werk des Imaginären, das seinerseits wiederum wie in *L'infinito* Gegenstand weiterer imaginärer Bearbeitung werden kann. Dem einstigen, illusionären, bestandlosen fingere des Glücks tritt jetzt das illusionslose poetische fingere entgegen, das aus sich das Gedicht hervorbringt.

Im Land der lingua romana ist das Bewußtsein der ursprünglichen Bedeutungsvielfalt des Worts fingere lebendig geblieben. Nie läßt hier die Metamorphose des Fiktionsbegriffs, die ihn zu immer neuen Gestalten weitertreibt, seine ursprüngliche Bedeutungsvielfalt ganz vergessen. Auch Giuseppe Ungaretti steht noch in der lateinischen Linie des fingere: »Quando erano giovani i tempi, quando si diceva ›fingere‹ alla latina, le illusioni si ›foggiavano‹, avevano materia per essere ›foggiati‹ e consistere, e si poteva credere vera la felicità.«[122] (Als die Zeiten jung waren, als man ›fingere‹ auf die lateinische Art sagte, ›formte‹ man die Illusionen, die aus formbarem Stoff waren und Bestand haben konnten. Damals konnte man das Glück für wahr halten.)

Erst in der elitären, dem Literaturbetrieb seiner Zeit entgegengesetzten Literatur- und Dichtungstheorie Stéphane Mallarmés kommt dem Konzept der Fiktion eine neue, für die literarische Avantgarde des 20. Jh. zukunftsweisende Bedeutung zu.

---

120 GIACOMO LEOPARDI, Canti (1835), hg. v. G. De Robertis/D. De Robertis (Florenz 1978), 107, V. 78f.; dt.: Gesänge, in: Leopardi, Gesänge. Dialoge und andere Lehrstücke. Zibaldone, übers. v. H. Helbling (Zürich/Düsseldorf 1998), 65.
121 Vgl. LEOPARDI, Canti (s. Anm. 120), 552.
122 GIUSEPPE UNGARETTI, Secondo discorso su Leopardi (1944), in: Per conoscere Ungaretti, hg. v. L. Piccioni (1971; Mailand ²1993), 424.

Mallarmés Poesie der Negation steht auf sprachphilosophischem Grund. Anders als die jubilatorische, vom Überschwang des Referentiellen getragene Dichtung Victor Hugos ist Mallarmés Dichtung in einem radikalen Sinne autoreferentiell, ja ihre Autoreferentialität ist der Grund der poetischen Fiktion. Für Mallarmé gibt es einen scharfen Konflikt zwischen der Fiktion im Zeitalter ihrer technischen Reproduzierbarkeit und massenhaften Konsumption und einer Fiktion neuer Art, deren Fokus nicht von sich fortweist auf einen referentiellen Kontext, sondern auf sich selbst zurückgelenkt ist. In Crise de vers (1886), Mallarmés Antwort auf das Phänomen der Massenpresse, gibt er seinem neuen Konzept der Fiktion programmatischen Ausdruck: »Au contraire d'une fonction de numéraire facile et représentatif, comme le traite d'abord la foule, le dire, avant tout, rêve et chant, retrouve chez le Poëte, par nécessité constitutive d'un art consacré aux fictions, sa virtualité.«[123] Dies ist der Grundsatz einer neuen Poetik, die den Begriff der Fiktion wieder in ihren engsten Bereich zurückholt. Mallarmés Dichtung will nicht als Illusion aus sich herausgehen, sie hält sich in ihrer Virtualität und macht diese zum Ort der Fiktion. Fiktion gewinnt hier ihren alten konkreten Sinn als poetische Formung zurück, wie sie in dem ›carmina fingo‹ bei Horaz zum Ausdruck kommt. Aber was heißt Fiktion oder Poesie als ›Virtualität‹? Die virtualité ist der Ort dessen, was in einer vorausliegenden Reflexion »notion pure« heißt: »À quoi bon la merveille de transposer un fait de nature en sa presque disparition vibratoire selon le jeu de la parole, cependant; si ce n'est pour qu'en émane, sans la gêne d'un proche ou concret rappel, la notion pure.« (ebd.) Das Buch wird zum Ort, wo sich die notion pure ereignet, aber das Buch ist zugleich in allen seinen Dimensionen die selbstbezügliche Fiktion, das fiktionale, fiktiv-reale Absolutum, wo zugleich die Konkretheit der Sprache in ihrer Klanglichkeit eine eigene Dimension des Poetischen ist. Die Poesie trifft in ihr Ziel, wenn sie sich in sich hält und der referentiellen Illusion des »universel reportage« widersteht. So wird die Blume, die Blume der Dichtung, zum reinen Ereignis: »Je dis: une fleur! Et, hors de l'oubli où ma voix relègue aucun contour, en tant que quelque chose d'autre que les calices sus, musicalement se lève, idée même et suave, l'absente de tous bouquets.« (ebd.) Ein solches referenzloses Erscheinen, in dem Mallarmé den Gipfelpunkt seiner poetischen Fiktion sieht, ist nur möglich im Medium der Negation, die das Negierte frei von jedem affirmativen Bezug zur Erscheinung bringt. Mallarmés Dichtung der notion pure ist eine Dichtung der Negation, in der die Sprache ihre Virtualität entfaltet. Es ist Mallarmés geniale Intuition, daß sich in der Negation die eigentümliche Leistung der Sprache verdichtet, dem Abwesenden eine Gestalt zu geben oder das Anwesende in eine Abwesenheit zu entheben.[124] Rousseau hatte im Nicht-Sein des Mangels an instinkthafter Ausstattung die Triebkraft entdeckt, die den Menschen nötigt, sich seine fiktive Welt in der Welt zu errichten. Schon bei Rousseau ist die Sprache als Fiktion und Medium der Produktion von Fiktion ein Zielpunkt des Menschen auf dem Weg zu sich selbst. In dieser Linie sieht Mallarmé die Negation als höchste Leistung der Sprache, sucht er eine Idee der poetischen Fiktion, in der die Negation sich in ihrer eigenen Spiegelung als Quelle eines neuen Imaginären zeigt, dessen syntaktische Realität gleichwohl an die Realität der Lautung und der Enthebung der Lautung in die Schrift gebunden ist.

Mallarmé ist zu seiner autoreferentiellen Konzeption der Dichtung als Fiktion im Medium der Negation, zu seinem frühen linguistic turn, durch lange sprachphilosophische Studien und Spekulationen gekommen, von denen sich Bruchstücke erhalten haben. In seinen Notes von 1869, wo er sich mit Descartes' Discours de la méthode kritisch auseinandersetzt, werden Fiktion und Methode, die Descartes absolut getrennt haben wollte, einander bis zur Identifikation angenähert und so dem poesielosen Descartes gleichsam ein poetischer Descartes entgegengesetzt. »Toute méthode est une fiction, et bonne pour la démonstration.«[125] Sprache und Fiktion erweisen sich in ihrer tiefen inne-

---

123 STÉPHANE MALLARMÉ, Crise de vers (1886), in: Mallarmé, Œuvres complètes, hg. v. H. Mondor/G. Jean-Aubry (Paris 1961), 368.
124 Vgl. STIERLE, Position and Negation in Mallarmé's ›Prose pour Des Esseintes‹, in: Yale French Studies 54 (1977) [Themenheft Mallarmé], 96–117.
125 MALLARMÉ, Notes (1869), in: Mallarmé (s. Anm. 123), 851.

VII. Fiktion aus dem Geist der Sprache. Mallarmé und die Moderne 421

ren Affinität und bedingen so den linguistic turn von Mallarmés zukunftsweisender Dichtung: »Le langage lui est apparu l'instrument de la fiction: il suivra la méthode du langage (la déterminer). Le langage se réfléchissant. Enfin la fiction lui semble être le procédé même de l'esprit humain«. In der Brechung der Negation wird die Sprache auf sich selbst zurückgeführt: »Le moment de la Notion d'un objet est donc le moment de la réflexion de son présent pur en lui-même ou sa pureté présente.« (853) Die Negation als Quelle der Fiktion macht besonders klar die Rolle der Konzeptualität für das Fiktive (›notion pure‹) deutlich. Mallarmé, der von der absoluten Fiktion, dem totalen Buch träumte, hat seinen Traum nur in der Form in sich gedrungener lyrischer Gedichte verwirklichen können, in denen der Zufall der Sprache zum Triumph der Überwindung des Zufalls durch den Zufall selbst wird. Dennoch wurden seine Gedanken von der Fiktion als Negation der referentiellen Illusion durch die Fiktion selbst zu einer mächtigen Herausforderung, auch dem Medium der Fiktion par excellence, dem Roman, in solcher Weise zu begegnen. Der moderne Roman des 20. Jh. ist modern in dem Maße, wie er sich dem Paradigma der Lyrik als ›Anti-Diskurs‹ öffnet und so zu Formen einer im Referentiellen nicht mehr aufgehenden, im radikalen Sinne fiktiven Konstruktion findet. Frühe Beispiele dafür sind Prousts *À la recherche du temps perdu* (1913–1927), wo Baudelaires Lyrik des Erinnerungspalimpsests zum ›Schreiben ohne Ende‹[126], zu einem wahrhaft unermeßlichen Erinnerungspalimpsest wird, und Gides neue Erzähltechnik der mise en abyme, der sich in sich wiederholenden und spiegelnden Narration, die als récit spéculaire zu einem der großen Paradigmen des französischen Nouveau roman werden sollte[127]. Der nicht mehr narrative, konstruktive, aus seinen eigene Prämissen hervorgehende Nouveau roman kehrt, nach einer eleganten Formulierung Jean Ricardous, das Gesetz des Romans, »l'écriture d'une aventure« zu sein, um und macht daraus »l'aventure d'une écriture«[128]. Dabei entsinnt er sich des exzentrischen Schriftstellers Raymond Roussel, der um die Jahrhundertwende seine phantastischen Reiseerzählungen aus dem Spiel mit den Zufällen und Mehrdeutigkeiten der Sprache gewonnen hatte.[129] Es ist kein Zufall, daß die Radikalisierung

der autoreferentiellen Tendenzen im Nouveau nouveau roman der späten 60er Jahre den Begriff der fiction zu neuer Aktualität brachte. War einst aus der Rehabilitierung der Fiktion der Roman hervorgegangen, so begreift sich jetzt der zum Bewußtsein seiner sprachlichen Natur gekommene Roman als fiction. Mit dem linguistic turn der 60er Jahre, der in Frankreich, vor allem im Umkreis der avantgardistischen Zeitschrift *Tel Quel*, eine neue strukturale, dann generative und schließlich dekonstruktive Literatur hervorbrachte, macht der Roman sich die Virtualität seiner sprach- und textgeborenen Strukturen zum Thema und entdeckt sich als Fiktion. Als Fiktion aber folgt er nicht mehr einer referentiellen Illusion, sondern begreift sich als écriture oder noch allgemeiner als Text im Sinne des von Ovid erstmals poetisch reflektierten elementaren Fiktionsmodells der textura, des Webens und Verwebens. So erhält in Jean Ricardous Reflexionen über die Dimensionen eines radikal neuen Romans der Begriff der Fiktion zentrale Bedeutung.[130] Ricardou selbst hat versucht, in seinem ›Roman‹ *La prise de Constantinople* (1965) die Autogenese einer radikalen, nunmehr ihren eigenen Gesetzen folgenden Fiktion exemplarisch zu vollziehen.[131] Aber auch Claude Simon lenkt, sicher nicht ohne den Einfluß Ricardous, in seinem Essay *La fiction mot à mot*[132] die Aufmerksamkeit auf den sprachimmanenten Entstehungsprozeß seiner Fiktionen jenseits der referentiellen

---

126 Vgl. RAINER WARNING (Hg.), Marcel Proust. Schreiben ohne Ende (Frankfurt a.M./Leipzig 1994).
127 Vgl. LUCIEN DÄLLENBACH, Le récit spéculaire. Essai sur la mise en abyme (Paris 1977).
128 JEAN RICARDOU (Hg.), Nouveau roman: hier, aujourd'hui, Bd. 1 (Paris 1972), 403.
129 Vgl. RAYMOND ROUSSEL, Comment j'ai écrit certains de mes livres (Paris 1963); RICARDOU, L'activité roussellienne, in: Ricardou, Pour une théorie du nouveau roman (Paris 1971), 91–117; MICHEL FOUCAULT, Raymond Roussel (Paris 1963).
130 Vgl. RICARDOU, Pour une théorie (s. Anm. 129); RICARDOU, Nouveaux problèmes du roman (Paris 1978), 244–351; RICARDOU, Le nouveau roman (Paris 1973).
131 Vgl. RICARDOU (s. Anm. 128), Bd. 2 (Paris 1972), 381–417.
132 Vgl. CLAUDE SIMON, La fiction mot à mot, in: Ricardou, ebd., 73–97.

Gebundenheit des Romans. Dabei zeigt sich in neuer Weise der nicht nur etymologische Zusammenhang von fiction und figure. Der neue Romancier, weit entfernt davon, dem Zusammenhang einer einfachen Geschichte zu folgen, bindet in seiner fiction mot à mot Figuren zusammen, die immer zugleich Sprachfiguren, Gedankenfiguren und Figuren möglicher Erfahrung, möglicher Aufmerksamkeitsdisposition sind. Simons Romane *La bataille de Pharsale* (1969) und *Les corps conducteurs* (1971) sind hierfür herausragende Beispiele.

Später Höhepunkt des selbstreflektiven, seine Fiktionalität ausstellenden Romans und zugleich dessen Überwindung ist der 1978 erschienene Roman *La vie. Mode d'emploi* von Georges Perec mit dem ironischen Untertitel ›Romans‹. Perec treibt in diesem Paris-Roman ein ironisches Spiel mit den fiktionalen Bauformen des Puzzle und bringt die fiktive Struktur zugleich in ein Gleichgewicht zu den sich vervielfältigenden imaginär-referentiellen Wirklichkeiten der Stadt, so daß zentripetale, autoreferentielle fiktive Struktur und zentrifugale referentielle Welt der Geschichten in der Stadt sich ausbalancieren. Held des Romans und Imago seines Autors ist der Puzzle-besessene Exzentriker und Millionär Barthlebooth, der auf seinen Reisen 500 See-Aquarelle malt, diese von dem Maler Gaspard Winckler aufziehen und in jeweils 750 Puzzle-Figuren zerschneiden läßt und diese dann, Jahrzehnte später, selbst wieder zusammensetzt, um sie danach am Ort ihres Entstehens wieder im Wasser auszulöschen. So entsteht im Kreislauf von Nichts zu Nichts ein ironisches Werk. Barthlebooth setzt im Augenblick seines Todes seinen letzten Puzzle-Stein, mit dem zugleich der Autor sein letztes narratives Element abschließt.

VIII. Die Weltfiktion als Horizont der Fiktionen

War der Versuch des Nouveau nouveau roman, die Fiktion zu sich selbst zurückzuführen und ihr zugleich neue Dimensionen ihrer Virtualität zu erschließen, vielleicht nur die heroische Episode einer Schreibart, die die Rechnung ohne den Leser gemacht hatte? Sind die im Überschwang eines neuen Bewußtseins der Sprach- und Textstruktur entstandenen Fiktionen vielleicht nur noch Ruinen eines verfehlten Projekts? Um das außerordentliche Abenteuer eines von den Zwängen der referentiellen Illusion entbundenen Fiktion ist es stumm geworden. Es dominiert erneut der Roman, dessen archetypisches Modell noch immer im Roman Chrétiens de Troyes gefunden werden kann.[133]

»Erst ein von Mythen umstellter Horizont schließt eine ganze Kulturbewegung ab«, bemerkt Friedrich Nietzsche im Blick auf den griechischen Mythos in seiner Abhandlung über *Die Geburt der Tragödie aus dem Geiste der Musik*.[134] Dagegen ließe sich in freier Variation des Nietzscheschen Diktums sagen: ›Erst ein von Fiktionen umstellter Horizont schließt die moderne Kulturbewegung ab.‹ Fiktion bedeutet im angelsächsischen Sprachraum mehr und mehr das Insgesamt der Romanproduktion unter Einschluß auch kürzerer Erzählformen, wobei im Gegensatz zu der Sparte, die in den großen Buchhandlungen ›literature‹ heißt, fiction immer einen wesentlichen Anteil von referentiell vermitteltem Imaginärem hat. So vermerkt das *Oxford English Dictionary* unter dem Stichwort ›fiction‹: »The species of literature which is concerned with a narration of imaginary events and the portraiture of imaginary characters; fictitious composition. Now usually, prose novels and stories collectively; the composition of works of this class.«[135]

Als Grundlage eines spezifisch englischen Fiktionsbegriffs könnte man das komplexe Modell der Interaktion von Autor und Leser ansehen, wie Samuel Taylor Coleridge es beschreibt. Coleridge gibt dem Konzept der Wahrscheinlichkeit eine neue subjektive Dimension, die der eigenen Rolle des Lesers Rechnung trägt, mit der der Dichter gleichwohl rechnet. Der Dichter muß bemüht

---

133 Vgl. ULRICH SCHULZ-BUSCHHAUS/STIERLE (Hg.), Projekte des Romans nach der Moderne (München 1997).
134 FRIEDRICH NIETZSCHE, Die Geburt der Tragödie aus dem Geiste der Musik (1872), in: NIETZSCHE (SCHLECHTA), Bd. 1 (München 1954), 125.
135 ›Fiction‹, in: Oxford English Dictionary, Bd. 4 (Oxford 1933), 187.

sein, »to transfer from our inward nature a human interest and a semblance of truth sufficient to procure for these shadows of imagination that willing suspension of disbelief for the moment, which constitutes poetic faith.«[136] Erst im Zeitalter der Printmedien ist der Roman zum Paradigma der Fiktion geworden, aber auch zum Paradigma dessen, was man die Unruhe der Fiktion nennen könnte. Mit dem Druck ist die Romansucht in die Welt gekommen. Jeder Roman hinterläßt die unerfüllte und unerfüllbare Sehnsucht nach dem Imaginären jenseits des Imaginären, das dem Romanleser in unendlicher Gestaltungsmannigfaltigkeit entgegentritt. Die Verläßlichkeit dieser nie zu befriedigenden Sehnsucht, die zu den anthropologischen Ausstattungen des homo modernus zu gehören scheint, setzt die Arbeiter am Weltroman, an der Weltfiktion als dem Horizont der Fiktionen, die unsere Welt umstellen, ins Brot. Der Weltfiktion aus unendlich vielen Fiktionen entspricht ein Weltmarkt der Fiktion. Daß der Roman als Fiktion dem referentiellen Imaginären bei aller Unterschiedlichkeit seiner diskursiven Strategien die Dominanz gibt, ist die Voraussetzung seiner Übersetzbarkeit und diese seiner die Sprachgrenzen überschreitenden Präsenz. Doch ist die eigentliche lingua franca der Weltfiktion das Englische und Angloamerikanische, nicht nur, weil es hier offensichtlich zwischen Sprache und ›fiction‹ einen idealen Zusammenhang gibt, sondern auch, weil das Englische als lingua franca der internationalen Kommunikation zugleich der Ort ist, wo die Imaginationen der Welt zusammenkommen.[137] Dies gilt sowohl für Amerika mit seiner ethnischen Multikulturalität, die sich die Sprachmächtigkeit errungen hat, wie für die postkoloniale Welt des ehemaligen britischen Commonwealth, dem als Erbe die englische Verkehrssprache blieb. Salman Rushdie hat in seinem Buch *Imaginary Homelands. Essays and Criticism 1981–1991* (1991) Zeugnis davon gegeben, welches scharfe Bewußtsein ein moderner Romancier davon haben kann, im Kontext des Weltromans zu stehen. In anderer Weise gilt dies früher schon für Milan Kunderas *L'art du roman* (1986) oder Mario Vargas Llosas *La verdad de las mentiras* (1990). Der Romancier, wo immer er seine Stimme erhebt, und sei es im entlegensten Winkel der Welt, hat die Chance, in den Weltroman einzugehen und am Weltmarkt der Fiktion zu partizipieren.

Die Gattung der sogenannten Science-fiction, die seit den 20er Jahren sich als eine eigene Form von fiction durchgesetzt hat, kann das englischamerikanische fiction noch einmal indirekt beleuchten. Sie macht besonders deutlich, daß abenteuerliche Referentialität, Imaginäres von referentieller Dichte der Fiktion wesentlich zugehört, aber sie verweist indirekt zugleich darauf, was Fiktion nicht ist. Wie der Kriminalroman ist die Science-fiction thematisch festgelegt, und zwar in doppelter Weise: als Vorgriff auf die noch offene Zukunft und durch die These, daß Zukunft wesentlich technische Zukunft sein muß, bei der es darum geht, das noch Unausdenkbare technisch oder vielmehr pseudotechnisch zu plausibilisieren. Dagegen liegt es in der Freiheit des Romans als Fiktion, gegenwärtige Erfahrung ins Imaginäre zu verlängern und dafür eine narrative Form zu finden.

Daß der schon totgesagte referentielle Roman den a-referentiellen überlebt hat, mag damit zusammenhängen, daß sein anthropologisches Potential noch nicht erschöpft ist, ja, daß dieses vielmehr selbst durch die imaginäre Produktivität des Romans immer noch anzuwachsen scheint. Doch ist es gerade die Fortdauer der Welt der Fiktionen, die es erlaubt, diese selbst zum Gegenstand einer Fiktion zweiten Grades zu machen. Dies ist die Prämisse, unter der die Metafiktion des Argentiniers Jorge Luis Borges steht. In Borges' *Ficciones* (1944) sind es imaginäre Bücher, aus denen der Erzähler schöpft. Dabei läßt er alltägliche Wirklichkeit so unvermittelt an die Welt der Fiktion und des Imaginären grenzen, daß beides an der Grenze der kategorialen Differenz in die andere Dimension hinüberzutreiben scheint: Das Phantastische wird real, das Reale wird phantastisch. Die Konfusion von Wirklichkeit und Fiktion erreicht ihren Höhepunkt in der Geschichte des Louis Ménard, der

---

136 SAMUEL TAYLOR COLERIDGE, Biographia Literaria or Biographical Sketches of my Literary Life and Opinions (entst. 1817; London 1971), Kap. 14, 168 f.
137 Vgl. ALEIDA ASSMANN, Die Legitimität der Fiktion. Ein Beitrag zur Geschichte der literarischen Kommunikation (München 1980), 108–155.

den phantastischen Plan faßt, den *Don Quijote* noch einmal zu erfinden, so daß jetzt der *Don Quijote* Cervantes' und der *Don Quijote* Ménards ununterscheidbar sind, die Realität von Cervantes' Fiktion selbst ihren Boden verliert und mit der imaginären ›Realität‹ von Ménards Fiktion zusammenfällt.[138] Die Metafiktion scheint zwischen ›fiction‹ und autoreferentieller Fiktion eine prekäre Balance herzustellen. Gerade deshalb scheint sie als dritter Weg eine neue Dimension des Fiktiven begründen zu können. Insbesondere Italo Calvino ist diesen Weg gegangen. Sein Roman *Se una notte d'inverno* (1979), gesättigt mit Borges-Referenzen, ist zugleich eine Demonstration der Unmöglichkeit des Romans wie – in ihrem Rücken – seine ironische Affirmation. Ebenso ist *Le città invisibili* (1972) eine Kombinatorik von ficciones der Stadt, deren Ausgangspunkt Marco Polos Reisebericht *Il milione* ist und die von Phantasma zu Phantasma immer abenteuerlichere und das Vorstellbare überflügelnde Konturen gewinnt.

1984 bereitete Calvino eine Reihe von Vorträgen für die Norton Poetry Lectures an der Harvard University vor, für die er den Arbeitstitel *Six memos for the next millenium* gefunden hatte. Fünf Vorträge über die Themen Lightness, Quickness, Exactitude, Visibility, Multiplicity kamen zustande, der sechste über Consistency blieb unvollendet. So wurden diese ›lezioni americane‹ Calvinos Vermächtnis an das nächste Jahrtausend, ein Plädoyer für eine leichte, schnelle, genaue und vielfältige Fiktion, für das der die Erinnerung an eine Weltfiktion aufbot, in der Roman und Dichtung sich begegnen. Im letzten Vortrag über ›Multiplicity‹ entwirft Calvino die Idee eines Hyperromans, der ein Netz der Virtualitäten sein sollte, »una rete crescente e vertiginosa di tempi divergenti, convergenti e paralleli« (ein wachsendes und schwindelerregendes Netz von auseinander- und zusammenstrebenden und parallelen Zeiten)[139] (»una red creciente y vertiginosa de tiempos divergentes, convergentes y paralelos«[140]), wie sie von Borges in seiner Erzählung *El jardín de las senderos que se bifurcan* aus den *Ficciones* als ein Netz von Möglichkeiten in einer unendlichen Vielfalt koexistierender Universen ersonnen worden war. Borges' *Ficciones* sind das Modell des Hyperromans. Doch an diesem Punkt kommen Ovids *Metamorphosen*, das Urbild aller Fiktionen, in den Blick, als Zielpunkt der Fiktion, der nicht nur zurück-, sondern noch immer vorausliegt. Am Ende seiner »apologia del romanzo come grande rete« (Apologie des Romans als großes Vernetzungswerk) steht die Frage, mit der Calvinos Text schließt:»Non era forse questo il punto d'arrivo cui tendeva Ovidio nel raccontare la continuità delle forme, il punto d'arrivo cui tendeva Lucrezio nell'identificarsi con la natura comune a tutte le cose?« (War dies nicht der Endpunkt, den Ovid anstrebte, als er über die Kontinuität der Formen schrieb, und den Lukrez im Auge hatte, als er sich gleichsetzte mit allen Dingen gemeinsamen Natur?)[141]

Ovid, der wahre Urheber des europäischen Fiktionsbegriffs, der zur Triebkraft einer globalen Weltfiktion werden sollte, kehrt schließlich zurück als Held einer ihm eigens gewidmeten Metafiktion. In Christoph Ransmayrs *Die letzte Welt* (1988) wird die anachronistische Überblendung des am Schwarzmeer im Exil lebenden Ovid mit den Visionen der ›letzten Welt‹ zur Grundlage einer Fiktion als imaginärer Synthese zwischen Biographie, Werk und einer auf eine unbestimmte Zukunft geöffneten modernen Gegenwart. So wird Ovid, der Begründer der ersten fiktiven Welt, die gleichsam die letzte mythische Welt in sich aufnahm, zum mythischen Helden einer fiktiven letzten Welt, die Ransmayer als postmoderne letzte Welt der Fiktion verstanden wissen will. Auch wenn der Autor diesem großen Thema in der Konkretheit seiner Fiktion vielleicht nicht ganz gewachsen ist, so markiert er doch einen Ort, der für die Geschichte des Fiktionsbegriffs erneut von grundlegender Bedeutung ist.

---

138 Vgl. JORGE LUIS BORGES, Pierre Ménard, autor del Quijote (1944), in: Borges, Obras completas. 1923–1972, hg. v. C. V. Frias (Buenos Aires [17]1989); HEINZ SCHLAFFER, Borges (Frankfurt a. M. 1993), 93–99.
139 CALVINO, Lezioni americane. Sei proposte per il prossimo millennio (Mailand 1988), 116; dt.: Sechs Vorschläge für das nächste Jahrtausend. Harvard-Vorlesungen, übers. v. B. Kroeber (München 1991), 160.
140 BORGES, El jardín de los senderos que se bifurcan (1944), in: Borges (s. Anm. 138), 479.
141 CALVINO (s. Anm. 139), 120; dt. 164f.

In seinen dem Andenken Italo Calvinos gewidmeten Norton Lectures von 1992–1993 mit dem Titel *Six Walks in the Fictional Woods* – auch diese Vorlesungen wurden zuerst in der Weltsprache der fiction gehalten – entwirft Umberto Eco, selbst ein Virtuose der Metafiktion, sein Bild vom Horizont der Fiktionen. Auch hier ist es eine alte Erinnerung, die »à plein souffle du cor«[142] in diese Überlegungen über die Weltfiktion hineintönt. Es ist die Erinnerung an jenen Wald, in den bei Chrétien zuerst der Ritter aufbrach, um in ihm sich zu verlieren und sich neu zu finden.[143]

IX. Literaturtheorie und die Theorie der Fiktion

In den im 19. Jh. aufblühenden Philologien ist der Fiktionsbegriff ohne Bedeutung. Auch die in Deutschland sich aus der Philologie emanzipierende Literaturwissenschaft hat für den Begriff kaum Verwendung. Weder in Ingardens *Das literarische Kunstwerk* (1931) noch später in Gadamers Grundlegung der Hermeneutik, in seinem Buch *Wahrheit und Methode* (1960), spielt der Fiktionsbegriff eine Rolle. Der Titel des (erst aus dem Nachlaß veröffentlichten) Buchs von Carl Einstein *Die Fabrikation der Fiktionen* (entst. 1935–1937 im Pariser Exil) bezieht sich noch ganz ideologiekritisch auf den bürgerlichen Kunst- und Literaturbetrieb der 20er und 30er Jahre.[144]

Am Anfang einer neuen theory of fiction, die vor allem in den Vereinigten Staaten wesentlicher Bestandteil der akademischen theory of literature werden sollte, steht der Essay eines Romanciers, der über seine eigene Tätigkeit reflektiert, *The Art of Fiction* des Angloamerikaners Henry James, der zuerst 1888 erschien. James weiß sich in seinen eigenen Reflexionen über den Roman besonders den französischen Romanciers verpflichtet, von denen er sagt: »the French, who have brought the theory of fiction to remarkable completeness«[145]. Während aber in Frankreich die theoretische Reflexion allein der Form des Romans zugewandt ist, will James in seinen Betrachtungen über ›the art of fiction‹ novel, romance und die kleineren Erzählformen umfassen, und zwar unter ausdrücklichem Ausschluß von Lyrik und Drama. Das 1921 erschienene Buch von Percy Lubbock, *The Craft of Fiction*, schließt an Henry James unmittelbar an. Wenn jetzt Literaturkritik und Literaturtheorie, dem kommerziellen Sprachgebrauch folgend, sich mehr und mehr den Begriff ›fiction‹ in seinem eingegrenzten Sinn zu eigen machen, so wurde die theory of fiction doch erst im Rahmen der an den amerikanischen Universitäten nach 1945 neu etablierten theory of literature zu einer dominierenden Forschungsrichtung.[146] Diese fand in Wayne C. Booth' *The Rhetoric of Fiction* (1961) ihre erste große Synthese. Frank Kermodes *The Sense of an Ending. Studies in the Theory of Fiction*, aus einer 1965 im Bryn Mawr College gehaltenen Vorlesung hervorgegangen, ist dagegen eine tiefdringende philosophische Spekulation über die notwendig fiktive Natur jeder narrativen Form und ihrer im Innersten apokalyptischen Tendenz. Kein anderes Buch zur Theorie der Fiktion hat seither die Intensität dieser Befragung der Formen des Fiktiven erreicht.

In Deutschland nimmt die literaturwissenschaftliche Fiktionstheorie ihren Ausgang von Käte Hamburgers *Die Logik der Dichtung* (1957), wo zuerst nach dem »Verhältnis der Dichtung zum allgemeinen Sprachsystem« gefragt wurde und in Absetzung gegen Vaihingers *Philosophie des Als ob* Differenz zwischen der »fiktionalen oder mimetischen Gattung« und »Aussagesystem der Sprache«[147] erschlossen werden sollte. Der Begriff der fiktionalen Gattung oder der literarischen Fiktion erhält hier sein besonderes Profil im Versuch, den Bereich der Fiktion als ein eigenes System der

---

142 CHARLES BAUDELAIRE, Le cygne (1860), in: BAUDELAIRE, Bd. 1 (1975), 87.
143 Vgl. UMBERTO ECO, Six Walks in the Fictional Woods (Cambridge, Mass. 1994).
144 Vgl. CARL EINSTEIN, Die Fabrikation der Fiktionen (entst. 1935–1937), hg. v. S. Penkert (Hamburg 1973).
145 HENRY JAMES, The Art of Fiction (1888), in: James, The Future of the Novel, hg. v. L. Edel (New York 1956), 17.
146 Vgl. SCHLAFFER, Poesie und Wissen. Die Entstehung des ästhetischen Bewußtseins und der philologischen Erkenntnis (Frankfurt a.M. 1990), 142–155.
147 KÄTE HAMBURGER, Die Logik der Dichtung (1957; Stuttgart ²1968), 56.

Sprachverwendung kategorial der Lyrik als der poetischen Artikulation des »Systems der Wirklichkeit« (49) entgegenzusetzen und das Tempus des Präteritums in fiktionaler Funktion als Tempus der Zeitlosigkeit oder vielmehr eines imaginären Jetzt zu erweisen. Diese ebenso scharfsinnige wie problematische These (Ist narrative Vergangenheit, sofern sie auf ein Vorher und Nachher hingespannt ist, nicht prinzipiell von ›bloßer‹ Vergangenheit unterschieden?) hat der literaturwissenschaftlichen Fiktionstheorie in Deutschland wesentliche Anstöße gegeben und ist durch die Übersetzung des Buchs auch in Frankreich (etwa bei Gérard Genette) fruchtbar geworden.

Seit den 60er Jahren findet der Begriff der Fiktion immer mehr Eingang in die deutsche literaturwissenschaftliche Diskussion, woran nun auch die Rezeption der amerikanischen theory of fiction wesentlichen Anteil hat. Eine Brücke zwischen deutscher und angelsächsischer Theoriebildung schlägt insbesondere Wolfgang Iser in seinem auch in englischer Sprache erschienenen Buch *Das Fiktive und das Imaginäre*, das die Grundfrage nach den anthropologischen Voraussetzungen unserer Disposition für das Fiktive und das Imaginäre stellt. Wie Kermode führt auch Iser die Theorie der Fiktion weit über das Gebiet der romanesken Fiktion hinaus und fragt nach ihrem anthropologischen Potential. Iser ist auch Herausgeber eines Bandes über *Funktionen des Fiktiven*[148], in dem die Frage nach der Fiktionalität in der ganzen Vielfalt ihrer Aspekte erörtert wird.

Auch in Frankreich hat die Rezeption der theory of fiction dem Fiktionsbegriff erst literaturwissenschaftliche Dignität gegeben, während er zuvor vor allem als Begriff einer Avantgarde-Poetik im Umlauf war. So greift Gérard Genettes Buch *Fiction et diction* (1991) auf den englischen Sprachgebrauch zurück (jedoch auch auf den Sprachgebrauch von Käte Hamburger), um auf diese Weise eine literarische ›Grundform‹ zu charakterisieren. Dagegen schließt der von Jean Bessière herausgegebene Band *Hybrides romanesques. Fiction (1960–1985)* (1988) sehr viel enger an den Fiktionsbegriff der französischen literarischen Avantgarde an und zeigt, wie gerade die hybriden Formen des postmodernen Romans ein neues Konzept von nicht mehr unmittelbar mimetischer Fiktion realisieren. In seinem Buch *Enigmaticité de la littérature. Pour une anatomie de la fiction au 20ᵉ siècle* (1993) wird der Fiktionsbegriff auf den Begriff der écriture bezogen, der selbst Ausdruck der Krise der Abbildbarkeit der modernen Welt war. Die Fiktion im Sinne Bessières schafft ein Werk, das in seiner Unauflösbarkeit und Rätselhaftigkeit seine eigene unhintergehbare Identität hat.

Ein neues Feld eröffnet im 20. Jh. auch die seit Wittgenstein immer wieder aufgeworfene Frage nach dem logischen Status der Fiktion. Sind fiktionale Sätze einfach sinnlos, oder haben sie einen eigenen Wahrheitswert? Welches Sprachspiel spielt die Fiktion? Auf der Grundlage von John L. Austins *How to do Things with Words* (1962), einer sprachanalytischen Untersuchung insbesondere nicht behauptender, damit der traditionellen Logik nicht zugänglicher Sätze, und Wittgensteins *Philosophischen Untersuchungen* (posth. 1953), die erstmals die »Praxis des Gebrauchs der Sprache« aufklären wollen, indem sie diese als »Sprachspiel«[149] bestimmen, fragt John Searle in einer berühmt gewordenen Abhandlung nach dem ›logical status of fictional discourse‹[150]. Daß freilich durch eine Klärung des logischen Status fiktionaler Texte das Wesen der literarischen Fiktion geklärt werden könnte, ist eine Überzeugung, die wohl nur Logikern einsichtig sein dürfte. Searle unterscheidet zwischen »fictional and serious utterances« (60) und legt dabei nahe, daß ›fictional speech‹ nichts anderes ist als eine Summe pseudo-assertorischer Sätze, denn nur Sätze oder vielmehr in Sätzen gebundene Propositionen können logisch analysiert werden. Dabei geht indes genau das verloren, was eine Fiktion zur Fiktion macht, die Gestaltung eines spezifischen *Zusammenhangs* von Sätzen.[151] Weil die analytische Diskussion des logischen Status der Fiktion die Be-

---

148 Vgl. HENRICH/ISER (s. Anm. 6).
149 LUDWIG WITTGENSTEIN, Philosophische Untersuchungen (posth. 1953), in: Wittgenstein, Schriften (Frankfurt a. M. 1963), 537.
150 Vgl. JOHN A. SEARLE, The Logical Status of Fictional Discourse, in: Searle, Expression and Meaning. Studies in the Theory of Speech Acts (Cambridge 1979), 58–75.
151 Vgl. GOTTFRIED GABRIEL, Fiktion und Wahrheit. Eine semantische Theorie der Literatur (Stuttgart-Bad Cannstatt 1975).

griffsgeschichte von Fiktion nicht beachtet, entgeht ihr, daß die Wahrheit der Fiktion ihre Form ist, nicht ihre wie auch immer seriöse oder ›unseriöse‹ Aussage. Es geht in der Fiktion nicht um den Wahrheitswert fiktionaler Sätze, sondern um komplexe Aufmerksamkeitsfiguren und den Appell, diese als Aufmerksamkeitsleistungen zu vollziehen. Daß das Imaginäre und seine Form unlösbar sind, schafft eben jene Verdichtung, die sich der analytischen Zerlegung in fiktionale Sätze oder Assertionen prinzipiell entzieht. Nicht minder problematisch ist aber auch der Versuch, der fiktionalen Rede dadurch eine neue Dignität zu gewinnen, daß sie einer jeweils in sich kohärenten ›anderen Welt‹ zugeordnet wird.[152] Denn die Sprache selbst ist der unhintergehbare Horizont ›unserer Welt‹, der alle anderen und möglichen Welten perspektiviert.

Wenn die Logik der Fiktion, die nach einzelnen fiktionalen Sätzen fragt, die eine Dimension des fingere, die Formung, ganz aus dem Auge verliert, so kehrt diese im Kontext einer neuen Theorie der Geschichtsschreibung überraschend wieder zurück. Hayden White hat die Theorie der Geschichtsschreibung um die provokante These bereichert, daß sie prinzipiell ohne Fiktion nicht auskommen kann. Sein Buch *Metahistory. The Historical Imagination in Nineteenth-Century Europe* (1973) zeigt am Beispiel der Geschichtsschreibung des 19. Jh., daß jeder historiographische Text an Grunddispositionen der Darstellung gebunden ist, die er mit Stephen Pepper als ›root-metaphors‹[153] bezeichnet. White folgt hier, wohl ohne es zu wissen, den grundlegenden Überlegungen Georg Simmels über die Unhintergehbarkeit der »historischen Formung«[154]. Geschichtsschreibung ist Fiktion, nicht im Sinne trügerischer, unkritisch verarbeiteter Information, sondern im anderen Sinne von fingere als notwendige, aber mehr oder weniger glückliche und sachgerechte, doch nie dem Gegenstand selbst inhärente Formung. In mehreren Aufsätzen, die White unter dem Titel *Tropics of Discourse* (1978) vereinigt hat, vertieft er seine Konzeption der ›figurativen Imagination‹ als notwendiger Bedingung jeder Historiographie und stellt pointiert den inneren Zusammenhang zwischen historischem Roman und Geschichtsschreibung heraus: »Rein als sprachliche Kunstwerke gesehen, sind Geschichtswerke und Romane nicht voneinander unterscheidbar.«[155] Wenn dies zweifellos eine mißverständliche Ineinssetzung ist, so steht doch außer Frage, daß unter dem Gesichtspunkt der unumgänglichen ›geschichtlichen Formung‹ beide strukturell unter vergleichbaren Bedingungen stehen.

Noch immer bleibt auch die avancierteste Theorie der Fiktion zurückbezogen auf die Bedeutungskomplementarität des lateinischen fingere und die geschichtlichen Konkretisationen, in denen diese sich seit ihren römischen Ursprüngen entfaltet hat.

Karlheinz Stierle

Literatur

ASSMANN, ALEIDA, Die Legitimität der Fiktion. Ein Beitrag zur Geschichte der literarischen Kommunikation (München 1980); AUERBACH, ERICH, Figura (1939), in: Auerbach, Gesammelte Aufsätze zur Romanischen Philologie (Bern/München 1967); BESSIÈRE, JEAN, Enigmaticité de la littérature (Paris 1993); BOOTH, WAYNE C., The Rhetoric of Fiction (1961; Chicago/London ⁷1967); DÄLLENBACH, LUCIEN, Le récit spéculaire. Essai sur la mise en abyme (Paris 1977); DERRIDA, JACQUES, De la grammatologie (Paris 1967); DIECKMANN, HERBERT, Die Wandlung des Nachahmungsbegriffes in der französischen Ästhetik des 18. Jahrhunderts, in: H.R. Jauß (Hg.), Nachahmung und Illusion (München 1964), 28–59; EINSTEIN, CARL, Die Fabrikation der Fiktionen (entst. 1935–1937; Hamburg 1973); FELLMANN, FERDINAND,

---

152 Vgl. NELSON GOODMAN, Ways of Worldmaking (Hassocks 1978); STIERLE, Die Fiktion als Vorstellung, als Werk und als Schema – eine Problemskizze, in: Henrich/Iser (s. Anm. 6), 173–182.
153 Vgl. STEPHEN PEPPER, World Hypotheses. A Study in Evidence (Berkeley/Los Angeles 1966).
154 GEORG SIMMEL, Die historische Formung, in: Simmel, Fragmente und Aufsätze aus dem Nachlaß und Veröffentlichungen der letzten Jahre (München 1923), 147–209; vgl. SIMMEL, Das Problem der historischen Zeit (1916), in: Simmel, Brücke und Tür, hg. v. M. Landmann/M. Susman (Stuttgart 1957), 43–58; STIERLE, Erfahrung und narrative Form. Bemerkungen zu ihrem Zusammenhang in Fiktion und Historiographie, in: J. Kocka/T. Nipperdey (Hg.), Theorie und Erzählung in der Geschichte (München 1979).
155 HAYDEN WHITE, Die Fiktionen der Darstellung des Faktischen, in: White, Auch Klio dichtet oder die Fiktion des Faktischen. Studien zur Tropologie des historischen Diskurses, übers. v. B. Brinkmann-Siepmann/T. Siepmann (Stuttgart 1986), 145.

Das Vico-Axiom. Der Mensch macht die Geschichte (Freiburg/München 1976); GABRIEL, GOTTFRIED, Fiktion und Wahrheit. Eine semantische Theorie der Literatur (Stuttgart-Bad Cannstatt 1975); GENETTE, GÉRARD, Fiction et diction (Paris 1991); GOODMAN, NELSON, Ways of Worldmaking (Hassocks 1978); HAMBURGER, KÄTE, Die Logik der Dichtung (1975; ²Stuttgart 1968); HENRICH, DIETER/ISER, WOLFGANG (Hg.), Funktionen des Fiktiven (München 1983); INGARDEN, ROMAN, Das literarische Kunstwerk (Halle a. d. S. 1931); ISER, WOLFGANG, Das Fiktive und das Imaginäre. Perspektiven literarischer Anthropologie (Frankfurt a. M. 1991); JAUSS, HANS ROBERT, Nachahmungsprinzip und Wirklichkeitsbegriff in der Theorie des Romans von Diderot bis Stendhal, in: Jauß (Hg.), Nachahmung und Illusion (München 1994), 157–178; JAUSS, HANS ROBERT, Studien zum Epochenwandel der ästhetischen Moderne (Frankfurt a. M. 1989); JAUSS, HANS ROBERT, Zur historischen Scheidung von Fiktion und Realität, in: D. Henrich/W. Iser (Hg.), Funktionen des Fiktiven (München 1983), 423–431; KERMODE, FRANK, The Sense of an Ending. Studies in the Theory of Fiction (New York 1967); KOCKA, JÜRGEN/NIPPERDEY, THOMAS (Hg.), Theorie und Erzählung in der Geschichte (München 1979); LUBBOCK, PERCY, The Craft of Fiction (London 1921); MERTENS, VOLKER/WOLFZETTEL, FRIEDRICH (Hg.), Fiktionalität im Artusroman (Tübingen 1993); NICKEL-BACON, IRMGARD/GROEBEN, NORBERT/SCHREIER, MARGRIT, Fiktionssignale pragmatisch. Ein medienübergreifendes Modell zur Unterscheidung von Fiktion(en) und Realität(en), demnächst in: Poetica 32 (2000); PEPPER, STEPHEN, World Hypotheses. A Study in Evidence (Berkeley/Los Angeles 1966); RICARDOU, JEAN (Hg.), Nouveau roman: hier, aujourd'hui, 2 Bde (Paris 1972); RICARDOU, JEAN, Pour une théorie du nouveau roman (Paris 1971); RICARDOU, JEAN, Nouveaux problèmes du roman (Paris 1978); RÖSLER, WOLFGANG, Die Entdeckung der Fiktionalität in der Antike, in: Poetica 12 (1980), 283–319; SCHLAFFER, HEINZ, Poesie und Wissen. Die Entstehung des ästhetischen Bewußtseins und der philosophischen Erkenntnis (Frankfurt a. M. 1990); SCHULZ-BUSCHHAUS, ULRICH/STIERLE, KARLHEINZ (Hg.), Projekte des Romans nach der Moderne (München 1997); SEARLE, JOHN F., The Logical Status of Fictional Discourse, in: Searle, Expression and Meaning. Studies in the Theory of Speech Acts (Cambridge 1979), 58–75; SOLMS, FRIEDHELM, Disciplina aesthetica. Zur Frühgeschichte der ästhetischen Theorie bei Baumgarten und Herder (Stuttgart 1980); STIERLE, KARLHEINZ, Das System der schönen Künste im ›Purgatorio‹ von Dantes Commedia, in: Stierle, Ästhetische Rationalität. Kunstwerk und Werkbegriff (München 1997), 389–416; STIERLE, KARLHEINZ, Der Schein der Schönheit und die Schönheit des Scheins in Ariosts Orlando Furioso, in: K. W. Hempfer (Hg.), Ritterepik der Renaissance (Stuttgart 1989), 277–298; STIERLE, KARLHEINZ, Die Unverfügbarkeit der Erinnerung und das Gedächtnis der Schrift. Über den Ursprung des Romans bei Chrétien de Troyes, in: A. Haverkamp/R. Lachmann (Hg.), Vergessen und Erinnern (München 1993), 117–159; STIERLE, KARLHEINZ, Die Verwilderung des Romans als Ursprung seiner Möglichkeit, in: H. U. Gumbrecht (Hg.), Literatur in der Gesellschaft des Spätmittelalters (Heidelberg 1980), 253–313; STIERLE, KARLHEINZ, Erschütterte und bewahrte Identität. Zur Neubegründung der epischen Form in Tassos Gerusalemme liberata, in: S. Knaller/E. Mara (Hg.), Das Epos in der Romania. Festschrift für Dieter Kremers zum 65. Geburtstag (Tübingen 1986), 383–414; STIERLE, KARLHEINZ, Metamorphosen des Mythos. Petrarcas Canzone Nel dolce tempo, in: W. Haug/B. Wachinger (Hg.), Traditionswandel und Traditionsverhalten (Tübingen 1991), 24–45; STIERLE, KARLHEINZ, Position und Negation in Mallarmé's ›Prose pour Des Esseintes‹, in: Yale French Studies 54 (1977) [Themenheft Mallarmé], 96–117; STIERLE, KARLHEINZ, Die Fiktion als Vorstellung, als Werk und als Schema – eine Problemskizze, in: D. Henrich/W. Iser (Hg.), Funktionen des Fiktiven (München 1983), 173–182; VAIHINGER, HANS, Die Philosophie des Als ob. System der theoretischen, praktischen und religiösen Fiktionen der Menschheit auf Grund eines idealistischen Positivismus (Berlin 1911); WALTON, KENDALL L., Mimesis as Make-Believe. On the Foundation of Representational Arts (Cambridge, Mass. 1990); WARNING, RAINER (Hg.), Marcel Proust. Schreiben ohne Ende (Frankfurt a. M./Leipzig 1994); WARNING, RAINER, Formen narrativer Identitätskonstruktion im höfischen Roman, in: O. Marquard/K. Stierle (Hg.), Identität (München 1979), 553–589; WEINRICH, HARALD, Tempus. Besprochene und erzählte Welt (Stuttgart 1964); WHITE, HAYDEN, Metahistory. The Historical Imagination in Nineteenth-Century Europe (Baltimore/London 1973); WHITE, HAYDEN, Tropics of Discourse. Essays in Cultural Criticism (Baltimore 1978); WOODS, JOHN, The Logic of Fiction. A Philosophical Founding of Deviant Logic (Den Haag 1974); ZIMMERMANN, BERND, Liebe und poetische Reflexion. Der Hirtenroman des Longos, in: Prometheus. Rivista quadrimestriale di studi classici 20 (1994), 193–210.

Film/filmisch

(engl. film, filmic; frz. film, filmique; ital. film, filmico; span. película, cine, cinematográfico; russ. фильм, кино, кинематографическое)

Einleitung: Begrifflicher Umkreis; I. Bestimmung des Films und des Filmischen über das Bild; 1. Die Sprache der Realität; 2. Mechanismen der Transformation der Realität in das Filmische; II. Bestimmung des Films und des Filmischen über Bewegungsillusion (Photogramm vs. Bewegungsbild); III. Bestimmung des Films und des Filmischen über Sprachlichkeit; IV. Der neue Synkretismus; V. Film und Reorganisation der Sinne; 1. Film als totales Sehen; 2. Film als psycho-soziale Desorientierung; 3. Film und die Semiotisierung der Lüste; 4. Film als Maschine des Imaginären; VI. Metaphorische Konnotationen des Begriffs ›filmisch‹

Einleitung: Begrifflicher Umkreis

Film kam an der Schwelle zum 20. Jh. auf – ein neues Phänomen, dessen begrifflicher Umkreis schillernd, heterogen und dynamisch war. Die technische Entwicklung, die zur Entstehung bewegter Bilder führte, offenbarte nicht sofort eine ästhetische Intention; das Weiterleben des Films war so sehr an die Industrie der Bilderproduktion gekoppelt, daß es sich zur spezifischen kulturellen Institution entwickelte, die in ökonomische, massenkommunikative, politische, ideologische u. a. Beziehungen eingebunden war. Christian Metz würdigte 1971 das Verdienst von Gilbert Cohen-Séat, der 1946 vorgeschlagen hatte, zwischen »fait cinématographique« und »fait filmique«[1] zu unterscheiden, und widmete dieser Arbeit selbst ein halbes Buch: *Langage et cinéma*.[2]

Zu Anfang des Jh. aber war es noch unmöglich, einen solchen ›discours signifiant localisable‹ (Metz) einzuführen, denn Film wurde als komplexes Kulturphänomen der Moderne, ja als deren Symbol betrachtet. Die Umbruchsituation zwischen dem 19. und 20. Jh. wurde insofern im Film fokussiert, als die paradigmatischen Oppositionen Ewiges – Flüchtiges, Original – Kopie, Genie bzw. individueller Wille – kollektives anonymes Schaffen, organische Einheit – Chaos, Komposition – Fragment, Organismus – Mechanismus, Moral – Amoralität, Tiefe – Oberfläche, Seele – Körper, Kultur – Barbarei an seinem Beispiel thematisiert wurden.

Das Wort ›Film‹ kommt aus dem Englischen und bedeutet in erster Linie Häutchen, Membrane, Trübheit, Belag, Nebelschleier. Damit wurde auch die Kombination des durchsichtigen biegsamen Materials (Zelluloid) mit einer dünnen Schicht Emulsion (Silbergelatine) bezeichnet, das zur Aufnahme der Bilder verwendet wurde. Während der Projektion des entwickelten Streifens auf die Leinwand bei einer Geschwindigkeit zwischen 16 und 24 Bildern pro Sekunde entstand die Illusion der Bewegung, was ebenfalls als Film bezeichnet wurde. Also war Film sowohl materieller Träger der Bilder, wie die Schallplatte Träger der Töne, als auch ein illusionistisches Ergebnis der Projektion, ein Produkt der Imagination. Die Bedeutungsverschiebung vom Material, dem Träger, auf die Illusion, das Produkt (Film als Gesamtheit der aufgenommenen und projizierten Bilder, später Film als Werk), hing mit der Neudefinierung der Funktion dieses Phänomens zusammen. Die Aufzeichnung und Demonstration bewegter Bilder wurde sofort mit einer pragmatischen Funktion (Forschung, Information, Unterhaltung, zunächst als Jahrmarktsattraktion) ausgestattet. In den verschiedenen europäischen Ländern zeitversetzt (zwischen 1907 und 1913), wurde diese pragmatische Funktion dann als ästhetische aufgefaßt.

Film wurde als Erweiterung der Fotografie gesehen. Deshalb kamen Begriffe auf, die in erster Linie die neue Zusatzeigenschaft beschrieben: lebende Bilder, moving picture bzw. movies, photographie animée usw. In allen Sprachen setzte sich zur Bezeichnung des Phänomens das vom Griechischen abgeleitete ›Kinematographie‹ (Aufzeichnung der Bewegung) durch: cinematography, cinématographie/cinégraphie, cinematografia, kinematograf. Die Bezeichnung wurde sprachlich spezifiziert und den existierenden Darstellungsformen (Theater, Laterna Magica, Panorama usw.) zugeordnet: Lichtspiel, Photoplay, théâtre muet

---

1 GILBERT COHEN-SÉAT, Essais sur les principes d'une philosophie du cinéma (1946; Paris 1958), 53.
2 Vgl. CHRISTIAN METZ, Langage et cinéma (Paris 1971).

oder kinematografičeskaja kartina (Bild). Seltener wurden Adjektive angeboten, die *eine* Eigenschaft des Phänomens für dessen Benennung benutzten: nemoj (der Stumme), le grand muet u. a. Interessant sind in diesem Kontext die ersten Umschreibungen des Kinos (»Arabian's cave of Ali Baba«; »Egyptian tomb«, in dem man »revere the unconscious memories«[3] kann) oder des Filmzuschauers als eines Reisenden und Träumenden.

Im Französischen und im Russischen bildete sich relativ schnell die Trennung zwischen dem Medium und dem Werk heraus: cinéma/film – kino/fil'm.[4] Im Deutschen und im Italienischen dagegen wurde viel länger in diesem Sinne ›Kino‹ synonymisch zu ›Film‹ benutzt.[5]

Im Laufe der Zeit wurde die sprachliche Differenzierung zwischen dem Träger (Rohfilm, pellicule, pellicola, plënka), dem Produkt (print, copie, kopija), dem Werk (Film, film) und dem Medium (cinematograph, cinéma, cinema, kinematografija) angestrebt, doch die oszillierende Bedeutungsvielfalt blieb dem Wort Film erhalten, denn das Adjektiv filmisch beschreibt nicht die Eigenschaften des Streifens oder eines Werks, sondern des Mediums. Noch heute finden sich in Filmlexika unter Film alle möglichen Bezeichnungen: »(1) A strip of thin, transparent and flexible material, composed of a base supporting a layer of emulsion in which a latent image is formed upon exposure to light through a camera's lens; (2) Any kind of motion picture, whether fictional, documentary, educational, experimental or animated [...]. (3) All motion pictures collectively; the entire medium. (4) The entire motion picture industry.«[6]

Die Facettierung des Begriffs wurde durch die Geschichte des technischen Phänomens befördert, denn die Sachgeschichte des Films teilte sich in die Geschichte der Aufzeichnungstechniken (Stumm-, Ton-, Farb-, Raumfilm) und verzweigte sich explosionsartig, als andere Träger und Übermittler der Bilder dazu kamen: Fernsehen, Video, Computer, Laserdisc, CD usw.

Am Ausgang des ersten Jh. Filmgeschichte wurde noch einmal der Versuch unternommen zu problematisieren, was Film eigentlich ist. Die Filmindustrie hatte erfolgreich die Vorstellung oktroyiert, Film sei eine Geschichte, erzählt in Bildern. Die Kunstavantgarde versuchte zu verschiedenen Zeiten in verschiedenen Ländern dieser Auffassung Film als Materialbegriff entgegenzustellen, wobei Rohfilm als Leinen, Licht und photochemischer Prozeß sowie die Veränderung der Geschwindigkeiten von Aufnahme und Projektion als formbildende Mittel betrachtet wurden. Jenes Konzept spezifizierte die Unterhaltungsform, dieses die Kunsttechnik. Die phänomenologische Ästhetik sah im Film in erster Linie einen Apparat, der durch die Aufzeichnung sichtbarer Vorgänge die optische Wahrnehmung entschieden beeinflußt. Henri Bergson und Hugo Münsterberg dagegen waren der Ansicht, Film widerspiegele in erstaunlicher Weise den Mechanismus des menschlichen Denkens. Gleichzeitig wurde Film als Medium und Träger der Information, des Gedächtnisses verstanden und ungeachtet seiner ästhetischen Funktion in das System der Massenkommunikationsmittel eingegliedert.

Bei allen Nuancierungen in den Reflexionen über ästhetische Eigenschaften des Films und des Filmischen scheint eine Verallgemeinerung zulässig zu sein: Film wurde auf zwei an seinem Entstehen beteiligte Grundprinzipien zurückgeführt, auf Bild und Bewegungsillusion. Auch nahezu alle Versuche, das Filmische zu definieren, waren mit diesen Prinzipien verbunden. Im Verlauf der 100jährigen Filmgeschichte wurde ›filmisch‹ (Synonyme: kinematographisch, cinematic, photogène usw.) von zwei verschiedenen Voraussetzungen aus bestimmt: einmal vom Standpunkt des im Film Darstellbaren, zum anderen vom Standpunkt der Filmtechnik,

---

3 VACHEL LINDSAY, The Art of the Moving Picture (1915; New York 1970), 282.
4 Vgl. JEAN EPSTEIN, Cinématographe vu de l'Etna (Paris 1926); JACQUES AUMONT/MICHEL MARIE, Analyse des films (Paris 1988); BORIS EJCHENBAUM (Hg.), Poètika kino (Leningrad 1927); SEMËN TIMOŠENKO, Montaž fil'ma (Moskau 1927).
5 Vgl. GEORG LUKÁCS, Gedanken zu einer Ästhetik des Kinos (1913) in: A. Kaes (Hg.), Kino-Debatte. Texte zum Verhältnis von Literatur und Film 1909–1921 (Tübingen 1978), 112–117; BÉLA BALÁZS, Der sichtbare Mensch, oder die Kultur des Films (Wien/Leipzig 1924); GUIDO ARISTARCO, Storia delle teoriche del film (Turin 1951); FRANCESCO CASSETTI, Teorie del cinema. Dal dopoguerra a oggi (Mailand 1978); u. a.
6 IRA KONIGSBERG (Hg.), The Complete Filmdictionary (New York/Scarborough, Ontario 1987), 115, 117.

die diese Darstellbarkeit sichert und beeinflußt. Die Polarisierung dieser Bestimmungen führte früh zur groben Teilung der gesamten Filmpraxis in zwei Richtungen, die den Namen der Filmpioniere bekamen: der Brüder Lumière und Georges Méliès'. Die Theoretiker und Praktiker, die zur ersten Richtung neigten, gingen bei ihrer Bestimmung von der Selektion des Materials aus, das geeignet war, im Film abgebildet zu werden (Ricciotto Canudo, Louis Delluc, Lev Kulešov, Siegfried Kracauer u. a.). Die Theoretiker der zweiten Richtung hierarchisierten die Filmverfahren, indem sie diese in filmische und unfilmische einteilten. Dabei änderten sich mit der Zeit die Vorstellungen, welche nun als ›filmische‹ oder ›literarische‹, ›malerische‹, ›theatralische‹ zu bestimmen seien. Besonders anschaulich trat diese Differenzierung in der Auseinandersetzung um die Montage während der 50er Jahre zutage, als André Bazin und Kracauer die Ontologie des Filmbildes herausarbeiteten und Montage dabei als unfilmische Technik einstuften – gerade jenes Verfahren, das von vielen Praktikern und Theoretikern (David W. Griffith, Kulešov, Sergej Ejzenštejn oder Gilles Deleuze) als Grundvoraussetzung des Filmischen favorisiert wurde. Solche innerhalb eines Konzepts durchaus begründeten, nach außen aber willkürlich wirkenden Definitionen können auch an vielen anderen Beispielen verfolgt werden: Stummvs. Tonfilm, Schwarzweiß vs. Farbe, Cinemascope vs. Normalformat (an den Umbruchpunkten der technischen Entwicklung); stilistische Eigenschaften einer Schule oder eines Regisseurs wie kurze Einstellungen oder lange plan-séquences, die im Rahmen der anderen Schule als unfilmisch gelten, usw.

Die Standpunkte bei der Bestimmung des Filmischen divergierten: Ein Teil der Forscher setzte bei dem materiellen Träger (Filmbild als Photogramm auf dem Streifen) und der Diskontinuität der filmischen Form an, ein anderer bei der erreichten Illusion (Filmbild als Produkt der Projektion) und der Kontinuität der filmischen Wahrnehmung. Der oszillierende Begriff Film produzierte ähnlich oszillierende Auffassungen im Diskurs über Film, der sich zum einen zwischen den Standpunkten Theorie des Films, Theorie des Kinos oder Theorie des Mediums, zum anderen in den Oppositionen mimetisch vs. diskursiv, Ontologie des Bildes vs. linguistische Theorie der sinntragenden Einheiten, Phänomenologie vs. Semiotik[7] usw. bewegt.

Hier wird angestrebt, diejenigen Qualitäten des Phänomens Film zu problematisieren, die an die Bestimmung von ›Film‹ und ›filmisch‹ gebunden sind. Das erforderte eine Abgrenzung von der Institution und dem konkreten Produkt, von Verallgemeinerungen (Kinokultur, Filmkultur, Filmkunst usw.), Spezifizierungen (Zeichentrickfilm, Lustspiel usw.), Subgattungen und Genres (Trickfilm oder Farbfilm) sowie von Fragen der Produktion und Verbreitung, also der Filmindustrie. Neben Bild und Bewegungsillusion bildeten die Überlegungen zu filmischer Sprachlichkeit, einem neuen Synkretismus und der Reorganisation der Sinne die zentralen Fäden in der widersprüchlichen Entwicklung der Diskussion über Film und Filmisches. Sie werden unsere Bezugspunkte in der konzeptualisierten historischen Darstellung sein. Verwirrend wird es, wenn man den Bereich der Filmtheorie verläßt und die Wortkonnotationen in den benachbarten Bereichen (Literatur, Publizistik, allgemeiner Sprachgebrauch) verfolgt, wo unter ›filmisch‹ Handlungs- und Verhaltensstereotype, bestimmte literarische Deskriptionstechniken oder der Grad der Wahrscheinlichkeit oder Unwahrscheinlichkeit eines Ereignisses beschrieben werden (›Das ist ja wie im Film!‹). Deshalb der Exkurs zur metaphorischen Definition des Begriffs ›filmisch‹ außerhalb der Filmtheorie, vornehmlich in der Literatur und im Theater.

I. Bestimmung des Films und Filmischen über das Bild

Die Bestimmung der Spezifik von Film und Filmischem über das Bild begründete die vielleicht mächtigste Richtung in den Diskursen über Film. Die Probleme der Abbildung/Darstellung (depiction, représentation, isobraženie) und Referentialität (Wirklichkeitseindruck) bestimmten deren theoretischen Kern. Die Überlegungen waren von

---

[7] Vgl. BRIAN HENDERSON, A Critique of Film Theory (New York 1980).

Widersprüchen gekennzeichnet, denn das Filmbild wurde auf zwei Gegenpole projiziert, auf Fotografie und Malerei (was schon in den Wortbildungen seinen Ausdruck fand: moving pictures, kinematografičeskaja kartina, Lichtbild).

Münsterberg widmete 1916 das erste Kapitel seines Buches, Georges Sadoul 1946 den ersten Band seiner Filmgeschichte den Vorfahren des Films – Platons Höhlengleichnis, Camera obscura, Panoramen, Dioramen, optischen mechanischen Spielzeugen. André Malraux' Überzeugung, »le cinéma n'est que l'aspect le plus évolué du réalisme plastique dont le principe est apparu avec la Renaissance, et a trouvé son expression limite dans la peinture baroque«[8], mag hier stellvertretend für die in verschiedenen europäischen Ländern ähnlich formulierten Gedanken stehen.

Der fotografische Ursprung des Filmbildes reaktualisierte die Diskussionen, die beim Aufkommen der Fotografie geführt wurden: über metaphysische Eigenschaften des Lichts und der Malerei mittels Licht, aber auch über den Konflikt zwischen der romantischen Imagination und der mechanischen, von einer Maschine ausgeführten Reproduktion der Natur. Einerseits wurde Film gerade deswegen als *die* Kunst der Moderne gepriesen, weil er sich auf Materialität und Maschinelles gründet (Filippo Tommaso Marinetti, 1916; Ivan Goll, 1920; u.v.a.). Andererseits diente der problematisierte Konflikt zwischen Imagination und mechanischer Reproduktion drei Jahrzehnte lang als Argument gegen den ästhetischen Status des Films. Der Widerspruch wurde teilweise aufgehoben, denn in der Wahrnehmung des Filmbildes (des Films) wurden von Anfang an zwei Gegenpole reflektiert: Das Filmbild wurde einerseits als objektiv, naturalistisch, authentisch betrachtet und andererseits als phantastisch, irreal, surreal wahrgenommen. Thomas Mann befand 1920: »Er [der Film] ist nicht Kunst, er ist Leben.«[9] Maksim Gor'kij dagegen sah in ihm kein Leben, nur dessen Schatten: »Воображение переносит вас в какую-то неестественно однотонную жизнь без красок и звуков [...] жизнь привидений«[10] (Die Imagination führt euch in ein unnatürlich eintöniges Leben ohne Klang und Farbe vor [...], ein Leben von Gespenstern). Viktor Klemperer umriß 1912 zwei Typen der Reaktion: »Denn während der naive Zuschauer mit unbefangener Illusionskraft die bewegten Bilder als etwas wahrhaft Körperliches nimmt [...], kann der bewußtere Betrachter keinen Augenblick das Gefühl dafür verlieren, daß er es nicht mit den realen Dingen, daß er es vielmehr mit ihren Schattenbildern zu tun hat« – was Klemperer als »befreites, unirdisch gewordenes Leben«[11], als einen neuen ästhetischen Genuß würdigte.

Genauso wie das Filmbild wurde die Kamera einerseits als objektiver mechanischer Fixierungsapparat gesehen, andererseits als deformierendes Instrument des Über-Sehens. Die Irrealität des Filmbildes wurde erreicht durch die gegebenen Deformationen der Natur (flach, zunächst ton- und farblos) und die Bedingungen der Projektion (illusionistisches Schattentheater). Dies wies Vertretern dieser Richtung (Gor'kij, Paul Wegener, Franz Werfel, Max Brod, Georg Lukács, Ernst Bloch, Rudolf Arnheim, Delluc, Jean Epstein, die französischen Surrealisten, Vachel Lindsay, Münsterberg, die russischen Formalisten u.v.a.) den Weg zur ästhetischen Transformation des Filmbildes. Die Mittel der Transformation wurden ähnlich bestimmt: Licht, deformierende Optik und Filmtechnik, die die reale Welt in das photogene (Epstein), poetische (russische Formalisten), phantastische (Wegener) und dadurch ästhetische Gebilde transformieren. Der Mechanismus der Transformation wurde jedoch verschieden erklärt.

Die andere Richtung übersah weitgehend die Differenz zwischen Realität und Deformation und damit den Grundwiderspruch in der Rezeption des Films, die bestimmt ist durch den Wunsch der Zuschauer, die Realität vor sich zu sehen, und das Wissen, daß dies doch nur ein Schattenspiel ist (ein Widerspruch, den die post-lacanianische psychoanalytische Filmtheorie aufgriff). Film wurde hier

---

8 Zit. nach ANDRÉ BAZIN, Ontologie de l'image photographique (1945), in: Bazin, Qu'est-ce que le cinéma (Paris 1958), 12.
9 THOMAS MANN, Über den Film (1920), in: Kaes (s. Anm. 5), 164.
10 MAKSIM GOR'KIJ, Sinematograf Lum'era (1896), in: Gor'kij, Sobranie sočinenij, Bd. 23 (Moskau 1958), 244.
11 VIKTOR KLEMPERER, Das Lichtspiel (1912), in: F. Güttinger (Hg.), Kein Tag ohne Kino. Schriftsteller über den Stummfilm (Frankfurt a.M. 1984), 83f., 84.

als mechanisches Bild aufgefaßt, als ein ohne menschliche Beteiligung vom Licht gemaltes und von einem Apparat aufgenommenes Bild, als ein Spiegel der ›sprechenden Natur‹. Der Wirklichkeitseindruck wurde hier zu einem festen Begriff. Thomas Mann, Kracauer, Bazin oder Pier Paolo Pasolini bedienten sich dabei ganz verschiedener Argumentationen, um die Ontologie des Filmbildes und des Films als ›Sprache der Realität‹ zu ergründen.

Die wechselnde Dominanz der einen oder anderen Richtung wurde in den 70er Jahren aufgehoben, da die Strukturalisten sie durch eine andere Fragestellung ersetzten, indem sie das Filmbild im Rahmen der Semiotik zu definieren und die Beziehung Realität-Film als Semiosis zu begreifen suchten. An die Stelle der Auseinandersetzung um die Spezifik des Filmbildes traten die Bestimmung bzw. Systematisierungsversuche der Filmzeichen, bis die Theoretiker der Postmoderne auch dieses nicht vollends gelöste Problem durch die Diskussion um die Simulationsmaschinerie und ›Agonie des Realen‹ ersetzten.

1. Die Sprache der Realität

Der Film wurde zunächst in noch höherem Maße als die Fotografie als Zerstörer des Ästhetischen verstanden, was sowohl negativ als auch positiv bewertet wurde. Die Opposition zwischen dem Schönen, Wahren, Idealen und dem Vulgären, Banalen, Unwahren, Zufälligen stützte diesen frühen Diskurs, der durch die zentrale Fragestellung geprägt war: Ist Film ein ästhetisches Phänomen oder nicht? Diejenigen, die diese Frage negativ beantworteten, bedienten sich des Arguments, Film sei eine Maschine zur Reproduktion. Es ging durch alle Kulturkreise und wurde in den 30er Jahren, bezogen auf den Tonfilm, neu belebt. Die mechanische Reproduktion sei reine Materie ohne Geist, deshalb könne Film eine ästhetische Angelegenheit nur als Übermittlungsmedium, als Vervielfältiger (des Theaters, der Literatur, der Musik usw.) werden: Diese Idee wurde auch international in die Praxis umgesetzt. Sie lag den französischen ›Films d'art‹ (1908) und der russischen ›Goldenen Serie‹ (1914) zugrunde, in denen Aufführungen der Comédie Française und russische Romane des 19. Jh. verfilmt wurden, aber auch der späteren Praxis des Abfilmens von Theateraufführungen, Opern und Konzerten im sowjetischen Film der Stalin-Zeit bis weit in die 50er Jahre. Öffentliche Umfragen zum Thema ›Ist Film Kunst?‹ wurden unter den Literaten, Politikern, Philosophen in Italien (*La Rivista Fono-Cinematografica*, 1907), Deutschland (*Erste Internationale Film-Zeitung*, 1912; *Frankfurter Zeitung*, 1912; u. a.) oder Rußland (*Vestnik kinematografii*, 1913) populär. Vladimir Majakovskij erklärte bei dieser Gelegenheit: »Искусство даёт высокие образы, кинематограф же, как типографский станок книгу, множит и раскидывает их в самые глухие и отдалённые части мира. Особым видом искусства он стать не может.« (Die Kunst bietet erhabene Bilder dar; der Kinematograph vervielfacht sie – wie die Druckpresse das Buch – und bewirkt ihre Streuung bis in die ödesten und fernsten Gegenden der Welt. Zu einer besonderen Kunstgattung kann das Kino nicht erwachsen.)[12] Marcel L'Herbier wiederholte den Gedanken drei Jahre später: »le cinématographe – cette subtile machine-à-imprimer-la-vie«[13]. Walter Benjamin summierte 1936 in seinem *Kunstwerk*-Aufsatz diese bereits abgestandene Diskussion und betrachtete Film als ein paradigmatisches Beispiel für die dominanten Entwicklungen der Moderne mit ihren Veränderungen in der materiellen und daher geistigen Kultur, die nicht mehr der Ästhetik, sondern auch der aisthesis.

Die Zerstörung des Ästhetischen durch (und im) Film wurde jedoch auch als Zerstörung der Lüge der Kunst, als Weg zur Wahrheit, zur Realität, die von der Kultur ›unberührt‹, nicht verklärt und deformiert ist, verstanden. 1911 drehte Louis Feuillade die Serie *La vie telle qu'elle est*. Diese Erfahrung des Realismus auf der Leinwand wurde in

---

[12] VLADIMIR MAJAKOVSKIJ, Otnošenie segodnjašnego teatra i kinematografa k iskusstvu (1913), in: Majakovskij, Teatr i kino (Moskau 1964), 368; dt.: Das Verhältnis des heutigen Theaters und des Kinematographen zur Kunst, übers. v. H. Huppert; in: Majakowski, Ausgewählte Werke, hg. v. L. Kossuth, Bd. 5 (Berlin 1973), 74.
[13] MARCEL L'HERBIER, Hermes et le silence (1917), in: N. Burch, Marcel L'Herbier. Cinéma d'aujourd'hui (Paris 1973), 45.

der Folge immer wieder neu belebt – von Dziga Vertovs Konzept des von der Kamera ›überrumpelten Lebens‹ (žizn' vrasploch) bis zur Praxis des Neorealismus im Nachkriegsitalien, des cinéma verité im Frankreich der 50er Jahre, des free cinema in England oder des direct cinema in den USA der 60er Jahre u.v.a. Die Praxis bekam eine theoretische Unterstützung, die eine Konstante im Filmdiskurs bildete.

1896 befand O. Winter, der erste englische Filmberichterstatter, über dieselben Lumière-Bilder, die Gor'kij beschrieb: »At last we have been permitted to see the wild hope of the realists accomplished. We may look upon life moving without purpose, without beauty.« Film folge der Poetik der modernen Malerei und Literatur und liefere eine häßliche und chaotische Version der Natur. Deshalb kommt Winter zu der Schlußfolgerung: »The dominant lesson of M Lumière's invention is this: the one real thing in life, art and literature, is unreality.«[14] Hier schlug, eingebettet in die Diskussionen um den Naturalismus und Impressionismus, die alte Überzeugung durch, daß die phänomenale Natur – ohne intellektuelle Synthese – den Status des Realen (parallel zum Status des Ästhetischen) nicht erreichen kann. Georg Kaiser führte 1922 in seiner Antwort auf die Umfrage der Zeitschrift *Das Kunstblatt* den Begriff ›Kinoismus‹ ein – die erfolgreichere Fortsetzung des Naturalismus, der sich im Gegensatz zum Expressionismus (Kunst, da Ausdruck der Idee) zu behaupten versuche.[15]

Diese Tatsache wurde allerdings von anderen Theoretikern in den Kontext der Naturphilosophie der Romantiker (Caspar David Friedrich, Novalis, Henry D. Thoreau oder Ralph W. Emerson) gestellt, in der jedes Phänomen der Natur als ein Symbol der Erscheinung des geistigen Lebens gesehen wurde, dessen Sinn nicht aus den Formen (Kunst), sondern aus der Realität selbst gewonnen wurde. Film wurde dann als »sprechende Natur«, als »Naturtheater«, »Naturschauspiel«[16] bewertet (Herbert Tannenbaum, Alfred Polgar). Die Kamera (das Objektiv) wurde zum Übersetzer der in einer unverständlichen Sprache sich artikulierenden Natur in die Sprache der Kunst. »Il cinematografo è composto di elementi significativi, ›rappresentativi‹, nel senso emersoniano«, schreibt ein anonymer Autor B.C.V. 1909 in dem Aufsatz *L'avvenire del cinematografo*[17] (Film besteht aus signifikanten, ›repräsentativen‹ Elementen, in der Emersonschen Bedeutung des Wortes). »La cinematografia, in quanto è riproduzione meccanica e dinamica della realtà [...] [può soddisfare] le superiori necessità dello spirito, le astratte e universali leggi dell'armonia e della bellezza?« – fragte 1909 der ebenfalls anonyme Autor des Aufsatzes *Estetica e cinematografia*[18] (Kann Kino, die mechanische und dynamische Reproduktion [...], die höheren Bedürfnisse des Geistes, die abstrakten und universellen Gesetze der Harmonie und Schönheit befriedigen?). Der Autor antwortete affirmativ, denn der Film fixiere die Universalien in der Oberfläche (›apparenza‹), im Flüchtigen (›fugacissimo‹), Nicht-Faßbaren. Das Flüchtige, Nicht-Faßbare, die Oberfläche waren Begriffe, die auch den frühen deutschen Diskurs zum Film und Filmischen bestimmten.

Die neue Philosophie, sowohl Positivismus als auch Phänomenologie, sah im Gegenstand nicht nur die Akzidenz des Wesens, sondern das Wesen selbst. Diese Tatsache lenkte die Aufmerksamkeit auf äußere Eigenschaften des Dings, was auch die Reflexion über den Film vorantrieb. Es ist bemerkenswert, in welch unterschiedlichen Richtungen – zwischen Physiognomie, Psychoanalyse, Gestaltpsychologie oder Kultursoziologie – die deutsche Filmtheorie die ›Oberfläche‹ für die Erklärung des Filmischen produktiv machte.

Georg Lukács schrieb 1911 die erste Fassung seiner *Gedanken zu einer Ästhetik des ›Kino'* und entdeckte in dem Medium die neue Schönheit, deren »Bestimmen und Bewerten der Ästhetik zukommt«. Das »principium stilisationis« des Kinos liege in der Absenz der Gegenwärtigkeit, es sei ein

---

14 O. WINTER, The Cinematograph (1896), zit. nach Sight and Sound, Bd. 51 (1982), H. 4, 296.
15 Vgl. GEORG KAISER, [Ein neuer Naturalismus?] (1922), in: Kaiser, Werke, hg. v. W. Huder, Bd. 4 (Frankfurt a.M. 1971), 571 f.
16 HERBERT TANNENBAUM, Film und Theater (München 1912), 26; ALFRED POLGAR, Das Drama im Kinematographen (1911), in: Güttinger (s. Anm. 11), 59.
17 B. C. V. [ANONYMUS], L'avvenire del cinematografo (1909), in: Tra una film e l'altra. Materiali sul cinema muto italiano, 1907–1920 (Venedig 1980), 66.
18 [ANONYMUS], Estetica e cinematografia (1909), in: ebd., 82.

I. Bestimmung des Films und des Filmischen über das Bild 435

Leben »ohne Hintergründe und Perspektive, ohne Unterschiede der Gewichte und der Quantitäten, [...] ein Leben ohne Maß und Ordnung, ohne Wesen und Wert; ein Leben ohne Seele, aus reiner Oberfläche«[19]. Die Formenschöpfung im Film erfolgt auf der Oberfläche, die verschieden konnotiert wurde – als Doppelgänger, Maske, Zeichen, Ornament oder das Unbewußte, wie es jene Psychoanalytiker taten, die auf die nicht registrierbaren, doch durch den Film fixierten Fehlhandlungen hinwiesen.[20]

In der Oberfläche entdeckte Carlo Mierendorff die Ontologie des Filmbildes, denn nur das Sichtbare sei hier von Bedeutung; es sei Bedeutung: »Dramatisches soll erscheinen. Sichtbar wird Oberfläche. Belangloses spielt sich breit aus. Kostüm trumpft als wesentlich auf.«[21] Von den Oppositionen Fläche vs. Tiefe, Körper vs. Innerlichkeit (»Der Mensch hatte seine Seele verloren, er gewinnt aber dafür seinen Körper«[22]) oder Chaos des Zufälligen, Banalen, Belanglosen vs. organische Einheit verlagert sich das Interesse zum Primat des Sichtbaren, Äußerlichen und von da aus zum Auge, denn die Oberfläche fordert das Sehen heraus. Die phänomenologische Betrachtung weicht jedoch bald der Frage, wie die Natur sprachliche Qualität erlangt, denn gerade daraus wird das Filmische abgeleitet. Die Kette der Überlegung wird so aufgebaut: Natur – fehlender Ton (Farbe, Tiefe) – Konzentration auf den Augensinn – Stilisierung (Ästhetisierung) der Natur – das Filmische, für das allerdings andere Begriffe angeboten werden: die des Symbolischen, Sinnbildlichen, Mystischen, Übernatürlichen, Phantastischen. Diese Logik findet man bei Hugo von Hofmannsthal, Egon Friedell, Ernst Bloch und Berthold Viertel. Viertel verglich das Kinoerlebnis mit den »schattenspielartigen« Erinnerungsleistungen, »die unser Dasein als abstrakt und [...] sinnbildlich erscheinen lassen«[23]. Hofmannsthal baute in seinem Essay *Der Ersatz für die Träume* (1921) den Gegensatz zwischen Sprache (als dem [Macht]»Werkzeug der Gesellschaft«) und dem Bild auf, das der »flimmernde Film« im kollektiven Unbewußten (von Hofmannsthal als »dunkelster Wurzelgrund des Lebens« umschrieben) in der sprachlosen Masse weckt. Von der Oberfläche des »tausendfältigen Bildes des Lebens« tauche die Masse in die Tiefe der unendlichen

Symbole ein, in das »sinnliche Bild für die geistige Wahrheit, die der ratio unerreichbar ist«[24]. Im Film wird die ideale Spiegelung der Moderne entdeckt, auch des Menschen der Moderne, der alle Sinnesorgane auf die Oberfläche verlagert. Der von Georg Simmel formulierte Gedanke vom Primat des Visuellen (*Die Großstädte und das Geistesleben*, 1903) wird in den sich herausbildenden Filmdiskurs übernommen. Alfred Baeumler und Friedell stellen den Film in den Kontext von Fernsprecher, Autobus, Grammophon, Untergrundbahn und nennen die gleichen Charakteristika des Phänomens: die Aufhebung der »Abgeschlossenheit der Einzelexistenz«[25] bzw. etwas »Skizzenhaftes, Abruptes, Lückenhaftes, Fragmentarisches«[26]. Die Verlagerung des Sinnes an die Oberfläche bewirkt, daß die Gebärde, die Körpersprache, die Sprache der stummen Dinge »gelesen« und verstanden werden muß, was eine neue, ›unartikulierbare‹, weil mehrdeutige Symbolik hervorbrachte – »schließlich ist jedes Ding ein Symbol, das über sich hinausweist in unberechenbare Möglichkeiten«[27].

Natürlich gab es in Deutschland auch Versuche, die Materialität des neuen Mediums mit dem Erbe des ästhetischen Idealismus zu versöhnen, was Rudolf Harms, ein Schüler von Johannes Volkelt, in *Philosophie des Films. Seine ästhetischen und metaphysischen Grundlagen* (Leipzig 1926) betrieb. Harms

19 GEORG LUKÁCS, Gedanken zu einer Ästhetik des ›Kino‹ (1911), in: J. Schweinitz (Hg.), Prolog vor dem Film. Nachdenken über ein neues Medium, 1909–1914 (Leipzig 1992), 301–302.
20 Vgl. HANNS SACHS, Zur Psychologie des Films, in: Psychoanalytische Bewegung 2 (1929), 123–129; RENÉ ALLENDY, La valeur psychologique de l'image, in: A. Beucler/C. Dullin/P. Mac-Orlan (Hg.), L'art cinématographique (Paris 1927), 75–103.
21 CARLO MIERENDORFF, Hätte in das Kino (1920), in: Güttinger (s. Anm. 11), 390.
22 LUKÁCS (s. Anm. 19), 304.
23 BERTHOLD VIERTEL, Im Kinematographentheater (1910), in: Güttinger: s. Anm. 11), 48.
24 HUGO VON HOFMANNSTHAL, Der Ersatz für die Träume (1921), in: Güttinger (s. Anm. 11), 447, 449.
25 ALFRED BAEUMLER, Die Wirkungen der Lichtbildbühne (1912), in: Güttinger (s. Anm. 11), 111.
26 EGON FRIEDELL, Prolog vor dem Film (1913), in: Schweinitz (s. Anm. 19), 204.
27 Ebd., 207.

negierte das ›Material‹ und konnte, indem er das psychische Erlebnis eines ästhetisch stilisierten Spiels hervorhob, den Sprung zur stilistischen Geschlossenheit der Form schaffen. Film entsprach in dieser Interpretation den ästhetischen Grundnormen Volkelts – Einheit von Gehalt und Form, Forderung nach Menschlich-Bedeutungsvollem: »*Die Herabsetzung des Wirklichkeitsgefühls* und die *Forderung nach der organischen Einheit* sind die beiden letzten Grundnormen.«[28] Auch der stark an Stilbegriff und Formgestaltung orientierte Rudolf Kurz konnte in *Expressionismus und Film* (1926) das neue Medium der alten Vorstellung von Kunst und Ästhetischem unterwerfen, doch dadurch wurde die Erschließung der Neuartigkeit des Filmischen (Diskontinuität, das untergrabene Totalitätsempfinden) übersehen bzw. unter tradierte Vorstellungen subsumiert.

Die Konzentration auf das Optische im Film zerstörte die Totalität der Wahrnehmung, und darin erblickten Baeumler, Friedell und später Kracauer die Entsprechung zur Zerstörung des Totalbildes der Welt. Die optische Konzentration hatte dafür neue Aspekte in der Oberfläche der Erscheinung akzentuiert: den neuen Symbolismus des Visuellen, gleichzeitig auch Banalen, Alltäglichen, Zufälligen, unbewußt Registrierten – im Unterschied zur selektierenden Malerei. Dies interpretierte Béla Balázs, ein Schüler von Bergson und Simmel, als Anzeichen des neuen Jh. mit der »Wendung unserer begrifflichen Kultur zu einer visuellen Kultur«[29]. Die Reflexionen über diesen grundlegenden kulturellen Umbruch und seinen Niederschlag im Film als *dem* Medium der Moderne führten Balázs zu einem in sich geschlossenen Verständnis des Filmischen. Er summierte die Gedanken der Vorgänger und stellte sie in den Kontext einer alten Tradition der Physiognomik,

die sehr breit, nicht nur in der Tradition Johann Kaspar Lavaters und Goethes, sondern auch Alexander von Humboldts, aufgefaßt wurde – als Physiognomik der Natur, Landschaft und Pflanzen. Der Gegensatz Oberfläche – Tiefe wurde hier in die Idee des mehrschichtigen Bildes transformiert, in dem die tiefen Schichten über der Oberfläche, der »gläsernen Maske« (206), allmählich hervortreten, wie »übereinandergetragene Gesichter« (207): »Da das Bild nicht durchblicken läßt wie das Wort, muß jenes zweite Geschehen [d. h. das Geschehen in den Tiefenschichten – d. Verf.] als Parallele auch auf die Oberfläche der Sichtbarkeit gebracht werden. Im Gemeinsamen ist das Gesetz und im Gesetz der tiefere Sinn, der sich wie die *eine* Wurzel vieler Zweige unter der Oberfläche verbirgt.« (62) Die Physiognomie einer Schauspielerin, der Masse, einer Maschine oder eines Wasserfalls bildete die essentielle Substanz des Films: »Die Physiognomie aus dem Vexierbild der Natur herauszufinden, zu umrahmen, zu betonen, ist die Sache der stilisierenden Kunst« (100). Die Physiognomie bedingte die grundlegende Doppeldeutigkeit: das ›Lesen im Gesicht‹ als Ausdruck des Inneren bei gleichzeitiger Artikulation der Natur selbst. Die Physiognomie wird als Ersatz der Schönheit im Film verstanden.[30] Das Gesicht in der Großaufnahme wird zum Modell des Filmischen, denn der Gesichtsausdruck ist »polyphoner als die Sprache« (79). Das Nacheinander (der Worte) wird durch die gleichzeitige Präsenz verschiedener Schichten in einer »visuellen Kontinuität« (63) ersetzt, die auf diese Weise Eigenschaften des Ganzen im Einzelnen behält. Auf den ersten Blick kann Balázs' Buch als eine gelungenere Synthese zwischen der Materialität des Mediums und der tradierten Vorstellung, Kunst lebe nur der symbolischen Repräsentation, deren Wirkung auf der Geschlossenheit des Werks beruhe, verstanden werden. Der theoretische Ansatz von Balázs, in den Psychoanalyse, Physiognomik wie auch Einflüsse von mystischen östlichen Lehren Eingang fanden, stellte eine höchst originäre Konzeption von antilinguistischem Film-Verständis dar.[31] Das Konzept wurde in den 20er Jahren von Ejzenštejn und den Formalisten, den Begründern der linguistischen Richtung, scharf angegriffen, doch hat Balázs auch in späteren Schriften der Tonfilm-Ära nicht aufgegeben. Balázs' Ansatz mar-

---

28 RUDOLF HARMS, Philosophie des Films. Seine ästhetischen und metaphysischen Grundlagen (Leipzig 1926), 167.
29 BÉLA BALÁZS, Der sichtbare Mensch oder die Kultur des Films (1924), in: Balázs, Schriften zum Film, hg. v. H. H. Diederichs/W. Gersch/M. Nagy, Bd. 1 (Berlin 1982), 135.
30 Vgl. ebd., 74.
31 Vgl. MICHAIL JAMPOL'SKIJ, Vidimyj mir. Očerki rannej kinofenomenologii (Moskau 1993), 179 ff.

kierte den Anfang der Überlegungen zum Charakter des Filmischen als bodenlosen Symbolismus des Realen (etwa wie bei Andrej Tarkovskij, der allerdings Balázs nicht erwähnt[32]).

Nicht nur der filmtheoretische Aspekt ist in diesem Buch von Bedeutung, sondern auch der von Balázs registrierte mediale Umbruch (der zweite nach Gutenberg) zu einer neuen Epoche. Die Qualitäten der neuen, den Menschen und die Umwelt verändernden visuellen Kultur, die Balázs durch den Film verwirklicht sah, beschrieb viele Jahre später ähnlich Marshall McLuhan, der jedoch nicht den Film, sondern das Fernsehen, und nicht den Augensinn, sondern den Tastsinn hervorhob.[33]

Musil schrieb 1924 eine Kritik zu dem Buch von Balázs, die er *Ansätze zu neuer Ästhetik* nannte. In einigen der von Balázs im neuen Medium beobachteten Aspekte sah er eine Unterscheidung zwischen begrifflichem und sinnlichem Kulturtyp, die der neue Symbolismus des Films (durch das Gesicht der Dinge) hervorhob. Diese Wirkung legte Musil noch im alten kantischen Verständnis der zwecklosen Schönheit aus.[34]

Den Oberfläche-Begriff, von Balázs als ›gläserne Maske‹ für den bodenlosen Symbolismus der zu entziffernden sichtbaren Realität verstanden, stellte Kracauer in den Kontext seiner Kultur- und Geschichtsphilosophie. Film wird nicht als Kunst-, sondern als ein Kulturphänomen betrachtet, deshalb ist seine Bestimmung an die neuen Formen visueller und sinnlicher Erfahrung oder sozialen Verhaltens gebunden. Film ist nur schlüssigster Ausdruck der Oberflächenäußerungen der Epoche, er krönt die Reihe der neuen visuellen Reize der Moderne, die Kracauer als Texte liest, denn aus der Analyse dieser Oberflächenäußerungen ist »der Ort, den eine Epoche im Geschichtsprozeß einnimmt«, eben »schlagender zu bestimmen«[35]. Film, der Zeit und Raum verfügbar macht, ist »Syntax der sichtbaren Weltbestandteile«[36]. In zwei Essays für die *Frankfurter Zeitung*, *Kult der Zerstreuung* (1926) und *Die Photographie* (1927), beide in *Das Ornament der Masse* aufgenommen[37], arbeitet Kracauer am Beispiel von Fotografie und Film die Grundzüge der neuen Etappe in der Kulturentwicklung heraus – Ahistorismus und Mosaikartigkeit. Film baut ihm zufolge auf das optische und akustische Kaleidoskop der Eindrücke, denen im theatralisierten Raum eines Filmpalastes eine pseudoorganische Einheit verliehen wurde. Die Fotografie, die jeden historischen Kontext tilgt, spiegelt die Tendenz der Massenkultur zum Ahistorismus wieder, auch wenn die Plazierung dieses Fragments in das pseudohistorische Zeit-Kontinuum dies zu vertuschen sucht. Film bringt die vernichtete Zeit zurück, ist es nicht die Restauration der Geschichte, sondern die Herstellung neuer surrealer Verbindungen, die eschatologische Wiederauferstehung der Natur bedeutet. Die Bedeutung des Films für die Gesellschaft besteht in der Behauptung der Oberfläche, Mosaikartigkeit, die dem idealisierenden und teleologischen bürgerlichen Bewußtsein entgegensteht. »Film und materialistisches Denken«, so referiert Klaus Michael die unveröffentlichten Notizen Kracauers zur *Encyclopaedie des Films* (1940), »seien nur verschiedene Ausdrücke einer und derselben neuen Etappe des großen welthistorischen Entmythologisierungsprozesses. Aber er [Kracauer – d. Verf.] legt den Film, im Gegensatz zu Benjamin, nicht auf eine teleologische Funktion fest.«[38] »Seine [des Films – d.Verf.] Mission ist allgemeiner und unterschiedlicher als die des materialistischen Denkens«[39], notiert Kracauer in dem Marseiller Manuskript, doch das Buch, als Fortsetzung von Benjamins Traktat

---

32 Vgl. ANDREJ TARKOVSKIJ, Zapečatlënnoe vremja (entst. 1976–1984), dt.: Die versiegelte Zeit, übers. v. H.-J. Schlegel (Berlin 1984).
33 Vgl. HERBERT MARSHALL MCLUHAN, Understanding Media (1964; London 1975), 284 ff., 308 ff.; dt.: Die magischen Kanäle, übers. v. M. Amann (Düsseldorf 1970).
34 Vgl. ROBERT MUSIL, Ansätze zu neuer Ästhetik. Bemerkungen über eine Dramaturgie des Films (1925), in: Musil, Gesammelte Werke, hg. v. A. Frisé, Bd. 8 (Reinbek 1978), 1137–1154.
35 SIEGFRIED KRACAUER, Das Ornament der Masse (1927), in: Kracauer, Das Ornament der Masse. Essays (Frankfurt a. M. 1963), 50.
36 KRACAUER, Der Mörder Dimitrij Karamasoff. Einige grundsätzliche Bemerkungen zum Tonfilm (1931), in: KRACAUER, Bd. 2 (1973), 483.
37 Vgl. KRACAUER (s. Anm. 35), 311–320, 21–39.
38 KLAUS MICHAEL, Vor dem Café. Walter Benjamin und Siegfried Kracauer in Marseille, in: M. Opitz/E. Wizisla (Hg.), Aber ein Sturm weht vom Paradiese her. Texte zu Walter Benjamin (Leipzig 1992), 213.
39 Zit. nach MICHAEL (s. Anm. 38), 213.

über das barocke Trauerspiel für das Kino gedacht und in drei dicken Notizheften erhalten, vollendete er nicht. Statt dessen beschäftigte sich Kracauer mit der Kollektivmentalität und den totalitären Strukturen in den sozial-psychologisch orientierten Studien *Propaganda and the Nazi War Films* (1942), *The Conquest of Europe on the Screen*. *The Nazi Newsreel 1939–1940* (1943) und *From Caligari to Hitler* (1942–1947), die Manipulationsmechanismen und »deep layers of collective mentality«, »psychological dispositions« analysierten, »die sich damals tief unter der Oberfläche divergierender Ideologien in Deutschland abspielten«[40]. Zwischen dieser frühen Auffassung des Films und dem späteren Buch *Theory of Film/Theorie des Films* (1960/1964) über filmische Affinitäten des Mediums liegt ein Bruch, und Kracauers Analyse der Wort-Bild-Propagandamaschinen kann diesen Bruch nur teilweise verständlich machen. Die Manipulationen, ausgelöst durch den Film, scheinen Kracauers Interesse an ›bedeutungslosen‹ Phänomenen (z. B. Geräusch statt Wort) geweckt zu haben, denn er erkundet in der *Theorie des Films* den »anonymen Zustand der Realität«, der aus den ›Großen Erzählungen‹ der Geschichtsphilosophie herausfällt«, er beschäftigt sich mit dem »Bedeutungsabfall‹, der vom Sinnsystem nicht mehr integriert wird«[41]. Das Buch ist als normative Ästhetik aufgebaut, nicht eines Phänomens der Kultur, sondern einer Kunst und deren neuer Art der Repräsentation, deshalb wurde *Theorie des Films* in erster Linie als Wiederkehr der Widerspiegelungstheorie gelesen. Film wird im wesentlichen als Erweiterung der Fotografie verstanden[42], was bestimmte Arten von Mitteilungen begünstigt und anderen widerstrebt. Die Affinitäten des Mediums seien 1) Natur im Rohzustand, die »ungestellte Realität«[43], 2) das Zufällige[44], 3) »Endlosigkeit«, denn »es ist, als sei das Medium vom chimärischen Wunsch beseelt, das Kontinuum physischer Existenz zu erstellen«[45]; 4) das »Unbestimmbare« (»Naturobjekte sind also von einer Vieldeutigkeit, die eine Fülle verschiedener Stimmungen, Emotionen, unartikulierter Gedankengänge auslösen kann; mit anderen Worten, sie haben eine theoretisch unbegrenzte Zahl psychischer und geistiger Entsprechungen«)[46]. Diese vier Affinitäten sind Fotografie und Film gemeinsam eigen, die fünfte bezieht sich nur auf den Film. Er wird als »Fluß des Lebens« (109) überschrieben. Die Oberfläche wird als Begriff nicht aufgegeben, nur das Geschichtskonzept und die Dialektik fallen weg – als ob die historische Zeit für Kracauer jetzt in Bergsons Kategorien existierte.

Die *Theorie des Films* tendiert zur Poetik und erklärt nur eine Richtung im Film für filmisch. Die ›Affinitäten‹ umreißen eine Norm für das Mediengemäße. Kracauer klassifiziert Inhalte, Techniken, Genres in filmische und unfilmische. Unter letztere fallen das Tragische und innere Visionen, die meisten Filme der formgebenden Tendenz (Experimentalfilme, deutscher Expressionismus, ›Opern‹ von Ejzenštejn), alle historischen und phantastischen Genres, bestimmte Verfahren wie Doppelbelichtung oder Geschwindigkeitsveränderung bis zur Montage, die das Kontinuum zerstört. Die Geschlossenheit dieser radikalen Auffassung verletzt der Autor selbst, indem er seine Lieblingsfilme (wie Musicals mit Fred Astaire oder Luis Buñuels/Salvador Dalìs *Un chien andalou*) in sein System einschreibt. Sein Buch verstand Kracauer als eine materielle Ästhetik »von unten« (400). Es wurde als ein Kasus in der Filmtheorie und -kritik behandelt, denn es fiel aus dem Diskurs. Die antihermeneutische Vehemenz, die Aufwertung des Bedeutungslosen wurde als anachronistisch und unter dem Niveau der Theoriebildung betrachtet, auch verspottet, denn im Erscheinungsjahr der *Theorie des Films* veröffentlichte Roland Barthes sein erstes semiotisches Essay zum Filmbild.[47] Noch schärfer waren die Vorwürfe seitens der Wahrnehmungstheoreti-

---

40 KRACAUER, From Caligari to Hitler (1947; New York 1959), 6; dt.: Von Caligari zu Hitler, übers. v. R. Baumgarten/K. Witte, in: KRACAUER, Bd. 2 (1973), 12; KRACAUER an Hesse (2. 2. 1947), zit. nach ebd., 607.
41 HELMUT LETHEN, Sichtbarkeit. Kracauers Liebeslehre, in: M. Kessler/T. Y. Levin (Hg.), Siegfried Kracauer. Neue Interpretationen (Tübingen 1990), 196.
42 Vgl. KRACAUER, Theorie des Films. Die Errettung der äußeren Wirklichkeit (1960/1964), in: KRACAUER, Bd. 3 (1973), 11.
43 Ebd., 95 f.
44 Vgl. ebd., 97 ff.
45 Ebd., 99.
46 Ebd., 105.
47 Vgl. ROLAND BARTHES, Le problème de la signification au cinéma, in: Revue internationale de filmologie, Nr. 32–33 (1960), 83–89.

ker (und Kracauer muß sie gekannt haben, denn das Buch diskutierte er mit Arnheim und Erwin Panofsky[48]). Kracauer setzte auf die Fähigkeit des Mediums (der Kamera), die Realität jenseits der sprachlichen Konventionen zu retten, ja zu ›erlösen‹, orientiert man sich am englischen Titel *The Redemption of Physical Reality*, dessen deutsche Übersetzung (›Errettung‹) auf einen Vorschlag Theodor W. Adornos zurückgeht. Kracauers ontologische Sicht unterschlägt gleichsam die gesellschaftliche wie historische Formierung, die das Auge wie den Aufnahmeapparat lenken. Gegen diese erstaunlich naiv wirkende Aufwertung der Fähigkeiten der sehenden »autonomen« Kamera argumentiert die Wahrnehmungsforschung: »Damit scheint Kracauer bewußt eine Erkenntnis auszulöschen, die er 1931 formuliert hatte. Damals wußte er, daß ohne Kenntnis eines kulturellen Codes die von der Kamera eingefangenen Bilder als ›nicht entwirrbare Chiffren‹ erscheinen.«[49]

Erst neuerdings lenkt die *Theorie des Films* erneut Aufmerksamkeit auf sich. Helmut Lethen beobachtet das Wirken von Kracauers Motiven im postmodernen Diskurs zum Bedeutungsabfall und Ahistorismus und sieht darin eine Auflehnung gegen die Konzeption der Geschichte als Konstruktion. Er schätzt das Buch als tiefe Polemik, die nur im amerikanischen Kontext von Susan Sontag (*Against Interpretation*, 1964) aufgenommen, im europäischen Raum jedoch mißverstanden worden sei.[50] Gertrud Koch zufolge bekommt das Buch unerwartet eine Aufwertung als Ausdruck einer ›Ästhetik nach Auschwitz‹[51].

Eine ›oberflächlich‹ nahe Verwandtschaft zu Kracauers Theorie weisen die Ansichten von Bazin auf. Doch im Unterschied zu Kracauer, der eine Theorie des Mediengemäßen entwickelt, verstehen sich die Arbeiten Bazins als Beitrag zur Herausarbeitung der Theorie eines *Stils*, des Realismus. Bazin betrachtete seine Ausführungen nie als geschlossenes Theoriewerk, das taten seine Schüler und Freunde, die postum die Essays zu den Filmen von William Wyler, Orson Welles, Jean Renoir und vor allem italienischer Neorealisten als Sammlung von geschlossenen Texten, unter der Frage *Qu'est-ce que le cinéma?* vereint, 1958 herausgaben. Einige Essays der Sammlung, wie *Ontologie de l'image photographique* (1946) und *L'évolution du langage cinématographique* (1950–1955), sind jedoch als ›esthétique du cinéma‹ konzipiert. »La genèse automatique [der Fotografie, des Filmbildes – d. Verf.] a bouleversé radicalement la psychologie de l'image, [...] nous sommes obligés de croire à l'existance de l'objet représenté, effectivement représenté – c'est à dire rendu présent dans le temps et dans l'espace.[...] L'image peut être floue, déformée, décolorée, sans valeur documentaire, elle procède par sa genèse de l'ontologie du modèle, elle est le modèle.« Die Fotografie kann für Bazin z. B. nie den Wert der Kunst erreichen, die auf Ewigkeit, auf Einbalsamierung der Zeit sich gründet (dafür führt er den Begriff ›Mumienkomplex‹ ein); sie vernichtet die Zeit. Erst im Film ist »l'image des choses [...] aussi celle de leur durée et comme la momie du changement«[52]. Diese ›durée‹ kann durch verschiedene Verfahren zerstört werden, allen voran die Montage, die außerdem auch die Vieldeutigkeit des Bildes zerstört, denn sie produziert »un sens que les images ne contiennent pas objectivement«[53]. Montage ist auf diese Weise ein »transformateur esthétique«, ein »relais supplementaire« und ein Mittel der Gewaltausübung – Gewalt über Realität, Zeit, Sinngebung, Zuschauer und das Medium. Nur eine »montage invisible«, die ins Innere der Einstellung verlagert ist, in »profondeur de champ«, ist filmisch. Die Tiefenschärfe betrachtet Bazin als eine stilistische Eigenschaft (›un mode d'operateur‹), sondern als »un progrès dialectique dans l'histoire du langage cinématographique«[54]. Erst die Tiefenschärfe ändert die Beziehungen zwischen Bild und Zuschauer, appelliert an seine intellektuelle Aktivität und gibt dem Bild die durch analytische Montage vernichtete Mehrdeutigkeit: »la profondeur de champ réintroduit l'am-

---

48 Vgl. LETHEN (s. Anm. 41), 224.
49 Ebd., 199.
50 Vgl. ebd., 196.
51 Vgl. GERTRUD KOCH, Die Einstellung ist die Einstellung: Visuelle Konstruktionen des Judentums (Frankfurt a. M. 1992), 127–142.
52 BAZIN, Ontologie de l'image photographique (1945), in: Bazin, Qu'est-ce que le cinéma (s. Anm. 8), 15 f.
53 BAZIN, L'évolution du langage cinématographique (1950–1955), in: Bazin, Qu'est-ce que le cinéma (s. Anm. 8), 133.
54 Ebd., 143.

biguïté dans la structure de l'image«, dadurch entsteht »un récit cinématographique capable de tout exprimer sans morceler le monde, de révéler le sens caché des êtres et des choses sans en briser l'unité naturelle«[55]. Bazin folgt der Bergsonschen Tradition, die den ›durée‹ zerstörenden Mechanismus des Denkens kinematografisch nennt.[56] Doch hier wird als ›cinématographique‹ nicht der Denkapparat bezeichnet, sondern die Art der Repräsentation, die die Realität nicht zerstückelt und den Zuschauer nicht der Gewalt einer oktroyierten Bedeutung (Manipulation) ausliefert.

Sowohl Kracauer als auch Bazin lassen sich bewußt auf eine Substituierung ein: Das filmische Bild ist gleich Realität. Diese Bücher (unabhängig von ihrer Rezeption) begleiteten die Wiederbelebung der physischen Realität, die sich in der internationalen Kinoentwicklung abspielte – in der französischen nouvelle vague (mit deren Vertretern war Bazin befreundet) und dem osteuropäischen Film der 60er Jahre, in Filmen von John Cassavetes, im kubanischen Film und brasilianischen cinema nuovo, die übereinstimmend gleiche stilistische Mittel als filmisch begriffen: lange, ›unkomponiert wirkende‹ Einstellungen, natürliches Sonnenlicht, Straßen und Originalinterieurs anstelle von Ateliers, Laiendarsteller, lose Dramaturgie, ungestaltete Dialoge, schwarzweiß im Gegensatz zu Technicolor usw.

2. *Mechanismen der Transformation der Realität in das Filmische*

Eine andere Richtung der Filmtheorie und -praxis befaßte sich bei der Bestimmung des Filmischen nicht mit der Realität ›im Rohzustand‹, sondern mit Mechanismen der Transformation, mit neuen Qualitäten, die ein Gegenstand, Mensch, Ereignis, aufgenommen von einer Filmkamera, auf der Leinwand bekamen.

Hugo Münsterberg, ein Harvard-Professor deutscher Abstammung, Schüler von Wilhelm Wundt, Mitarbeiter von William James und Begründer der Psychotechnik, veröffentlichte 1916 die Studie *The Photoplay: A psychological Study*, in der er als erster versuchte, Psychologie und Ästhetik auf das neue Medium anzuwenden. Ein Ziel von Münsterbergs Untersuchung war die Herausarbeitung von Analogien zwischen ›mental mechanism‹ und ›film forms‹: »The photoplay tells us the human story by overcoming the forms of the outer world, namely space, time, and causality, and by adjusting the events to the forms of the inner world, namely attention, memory, imagination, and emotion.«[57] Im Film wird ›objective reality‹ zum ›product of our mind‹, meint Münsterberg und zieht Parallelen zwischen ›attention‹ und ›close-up‹, ›memory‹ und ›cut-backs‹, ›imagination‹ und ›fancies, dreams‹, ›division of interests‹ und ›parallel actions‹.[58] Münsterberg analysiert die filmische Wahrnehmung (er beschreibt den stroboskopischen und den phi-Effekt, der die Grundlage der Bewegungsillusion bildete), doch ging es ihm in erster Linie um die Beweisführung, warum Film eine Angelegenheit der psychologischen Ästhetik ist. Aufgrund der besonderen Reproduktionstechnik kommt es im Film zu wesentlichen Transformationen der Natur: »The massive outer world has lost its weight, it has been freed from space, time, and causality, and it has been closed in the form of our consciousness.« Das begründet nach Münsterberg die Voraussetzung, warum Film eine psychologische und ästhetische Angelegenheit ist: »The mind has triumphed over matter and the pictures roll on with the ease of musical tones. It is a superb enjoyment which no other art can furnish us.«[59] Film verfügt nach Münsterberg über eigene Mechanismen, um die praktische Erfahrung auszusondern und in der Trennung der Erfahrung vom praktischen Leben die Empfindung der Harmonie zu ermöglichen[60], und so kann das neue Medium unproblematisch in das traditionelle Ästhetikverständnis eingliedern.

Dieselben Transformationen im neuen Medium zählt Arnheim auf, der am Berliner Psychologischen Institut promovierte und viele Jahre als

---

55 Ebd., 144, 146.
56 Vgl. HENRI BERGSON, L'évolution créatrice (1907), in: Bergson, Œuvres, hg. v. A. Robinet (Paris 1959), 753.
57 HUGO MÜNSTERBERG, The Film: A Psychological Study. The Silent Photoplay (1916; New York 1970), 74; dt.: Das Lichtspiel. Eine psychologische Studie (1916), hg. u. übers. v. J. Schweinitz (Wien 1996).
58 Vgl. ebd., 31–56.
59 Ebd., 95.
60 Vgl. ebd., 70 f.

I. Bestimmung des Films und des Filmischen über das Bild 441

Filmrezensent bei der *Weltbühne* tätig war. Arnheim, der lange nach der Einführung des Tons die einzige kinematographische Qualität im »Wegfall des Akustischen«[61] sah, reduzierte in seinem 1932 herausgegebenen Buch *Film als Kunst* das Filmbild – in der Tradition der gestaltpsychologischen Schule, aus der er stammte – auf optische Urphänomene: Schatten und Licht, Größe, Gleichgewicht, Ordnung, Chaos usw. Als Ästhetik versteht Arnheim den ersten Teil seiner Studie, in der die »Gesetze einer Kunst aus den Charaktereigenschaften ihres Materials«[62] abgeleitet werden. Im zweiten Teil geht es um die Abweichungen zwischen dem ›Weltbild‹ und dem Filmbild, im dritten um die Fähigkeiten, die Wirklichkeit zu formen und zu deuten. Bei der Analyse der Materialeigenschaften des Films widerlegt er (wie Münsterberg) die These, das Filmbild sei eine mechanische Reproduktion der Wirklichkeit. Durch die Deformationen (Verringerung der Tiefe; Bildbegrenzung, Wegfall der Farbe, der zeitlich-räumlichen Kontinuität und der nicht optischen Sinnenwelt) gewinnt das Material an anderer Wirklichkeit, die zu einer anderen Wahrnehmung und Beziehung zum Wahrgenommenen zwingt. Arnheim geht vorsichtig mit den Begriffen der Gestaltpsychologie um, doch was er liefert, ist ein psychologisch-ästhetisches Kunstkonzept. Interessant ist nur, daß die Prinzipien des Ganzheitsbegriffs bei ihm als Urform (Bild, Struktur) des *künstlerischen* Denkens aufgefaßt werden. Die Nähe zum Konzept und der Argumentationslogik von Münsterberg ist erstaunlich, um so mehr, da Arnheim aus der anderen Richtung kommt; verwunderlich wirkt allerdings, warum er 16 Jahre später noch einmal die abgestandene Diskussion (›Ist Film Kunst?‹) aufnimmt. Teilweise ist das durch das Aufkommen des Tonfilms gerechtfertigt, in dem Arnheim einen »Komplettfilm«, »die Krönung des jahrtausendlangen Strebens, die Kunst zu Panoptikumszwecken zu mißbrauchen«[63], erblickt. Aus dieser Perspektive ist es verständlich, daß Arnheim seine Filmstudien als Einzeldomäne aufgibt und sich der Erforschung visueller Wahrnehmung auf anderem Gebiet widmet (z. B. *Art and Visual Perception. A Psychology of the Creative Eye*, 1954).

Anders erklärten zwei profilierte Regisseure der französischen Avantgarde, Delluc und Epstein, die Transformationsmechanismen der Realität auf der Leinwand. Sie entwickelten das Konzept der photogénie, das den Begriff ›filmisch‹ substituierte. Mitunter ersetzte photogénie den Begriff des Schönen, manchmal des Wahren, doch insgesamt blieb die begriffliche Bestimmung vage. Photogénie figurierte als Wort bereits seit 1869, tauchte 1881 auch in Goncourts Roman *Faustin* auf und stand im Bereich des Photoporträts für das Schöne.[64] Bei Delluc, der 1920 das Buch *Photogénie* veröffentlichte (das Wort war in seinen Aufsätzen ab 1918 anzutreffen), wurde der Begriff zunächst gebraucht, um antitheatralische, filmische Eigenschaften des Gesichts auf der Leinwand zu beschreiben, doch bald schon wandelte er sich und bezeichnete die filmischen Eigenschaften der Dinge.

Die Differenz zwischen Film und den traditionellen Künsten liegt in der Beziehung zu den Dingen und im neuen Sehen, das Delluc vor allem im amerikanischen Film entdeckt. Aus dem Vergleich des amerikanischen Films mit dem französischen baut er die Opposition auf zwischen Wahrheit (die gleichzeitig als Leben, photogénie und das Schöne verstanden wird) und Kunst (die als Lüge und als unfilmisch konnotiert wird). »Notre art dramatique vieillissait doucement dans ses formules nationales. [...] Ce mensonge aimable va s'évanouir. Le cinéma nous a révélé – avec insistance – que cela ne suffit pas. Les metteurs en scène d'Amérique et leurs comédiens ont cherché à traduire tous les sentiments en un mode nouveau. Et [...] ce mode nouveau ne pouvait être fourni que par la réalité quotidienne de la vie.«[65] Ob es bei Delluc um die Verbindung zwischen dem Gegenstand und dem Mechanismus des Sehens (un mode nouveau) geht und an diesen Kreuzungspunkt photogénie, die natürliche Schönheit im Film, setzt, läßt sich nicht

---

61 RUDOLF ARNHEIM, Stil (1934), in: Arnheim, Kritiken und Aufsätze zum Film, hg. v. H. H. Diederichs (München 1977), 140.
62 ARNHEIM, Film als Kunst (Berlin 1932), 17 f.
63 Ebd., 323.
64 Vgl. PIERRE JEANNE/CHARLES FORD, Histoire encyclopédique du cinéma, Bd. 1 (Paris 1947), 246.
65 LOUIS DELLUC, Grâce Française (1918), in: Delluc, Ecrits cinématographiques, Bd. 2 (Paris 1986), 68 f.

eindeutig festlegen. Er bestimmt die maximalen photogenen Qualitäten einer Wand z. B. auch dadurch, daß sie keine ästhetische Zusatzkomponente hat und nicht analysierbar ist. (»C'est beau parce que c'est beau.«[66]) Delluc unternimmt zunächst auch eine Einteilung der Dinge in photogene und nicht photogene: Zu den ersten gehören alle Naturgewalten, »l'espace, la route [...], l'auto, le téléphone, les express, les navires, les tempêtes«[67], aber auch »le cirque, les corridas, la danse dans tous ses aspects, les chevaux, les félins, le vent et la mer«[68]. Hier scheint Delluc zunächst dieselbe Position zu vertreten wie Balázs oder später Kracauer und sich von den Phänomenen der Realität leiten zu lassen, doch er formuliert seine Vorstellungen immer präziser und stellt dabei fest, daß es nicht die Natur selbst ist, die für photogénie sorgt: »la photogénie est la science des plans lumineux pour l'œil enregistreur du cinéma [...], le secret de l'art muet consiste justement à [...] rendre [les choses] photogéniques, à nuancer, à développer, à mesurer leurs tonalités. [...] Les Américains [...] ont découvert, compris, réalisé la photogénie des choses: [...] le téléphone machinal et tragique des hommes d'affaires, [...] un auto, une fenêtre, une table dressée, sont devenus des personnages émouvants de par le jeu savant et spontané de la lumière.«[69] Hinter dem Begriff photogénie liegt die Idee des geheimnisvollen Sinns, der in den Dingen und Gesichtern versteckt ist und erst auf der Leinwand sich offenbart. Die Fixierung erfolgt automatisch, also wird zum Schöpfer des Photogenen (Filmischen, Ästhetischen) das Material selbst mit Hilfe des Lichts: Die beiden Elemente sind Stoff und Schöpfer der photogénie. Der Begriff bleibt in Dellucs Auslegung widersprüchlich, photogénie ist

einerseits die Eigenschaft der Dinge, andererseits die Eigenschaft, die diese nur auf der Leinwand äußern.

Epstein, zunächst Assistent bei Delluc, entwickelte diesen Begriff weiter, doch unter Betonung der kinematographischen Transformationen. In die Kultur, so Epstein, seien optische Geräte eingedrungen, die vielfältige optische Deformationen hervorgebracht und das objektive und das subjektive Sehen einander angenähert hätten. »Voir, c'est idéaliser, abstraire et extraire, lire et choisir, transformer. A l'écran nous revoyons ce que le ciné a déjà une fois vu: transformation double, ou plutôt parce qu'ainsi se multipliant, élevée au carré. [...] Il nous présente une quintessence, un produit deux fois distillé.«[70] Dieser Prozeß der Transformation produziert die photogénie: »J'appellerai photogénique tout aspect des choses, des êtres et des âmes qui accroît sa qualité morale par la reproduction cinématographique. Et tout aspect qui n'est pas majoré par la reproduction cinématographique n'est pas photogénique, ne fait pas partie de l'art cinématographique«[71], schreibt Epstein in seinem Buch *Le cinématographe vu de l'Etna* (1926). Eine Seite später präzisiert er, daß es nur um mobile Eigenschaften geht, die sich in »espace-temps« entwickeln, mit denen der Film frei umgeht (die er verkürzt, dehnt, transformiert, deformiert). Man erkennt hier eine Nähe zur ›Physiognomie‹ bei Balázs, zum Symbolismus der Dinge, doch im Unterschied zu den deutschen Theoretikern bestehen die Franzosen auf Zusatzeigenschaften, die erst durch die deformierende Filmtechnik entstehen, nicht ontologisch da sind. »D'autre part, le cinéma est une langue, et comme toutes les langues, il est animiste, c'est-à-dire qu'il prête une apparence de vie à tous les objets qu'il désigne. [...] Ces vies sont pareilles à la vie des amulettes, des grigris, des objets menaçants et tabou de certaines religions primitives.«[72] Photogénie ist für Epstein mit dieser Sprache verbunden, denn ist ihre Voraussetzung, denn die Sprache ist nicht verbalisierbar: »Le ciné nomme, mais visuellement, les choses.«[73]

Das Buch von Delluc wurde 1924 ins Russische übersetzt, der Begriff photogénie wurde von dem einflußreichen Theoretiker und Praktiker Lev Kulešov und den frühen Strukturalisten, den russischen Formalisten, aufgenommen, doch in einem

---

66 DELLUC, Lettre française à Thos.-H. Ince, compositeur de films (1918), in: ebd., 106.
67 DELLUC (s. Anm. 65), 69.
68 DELLUC, Les Cinéastes (entst. 1923), in: Ecrits cinématographiques, Bd. 1 (Paris 1985), 173.
69 DELLUC, Photogénie (1920), in: Ecrits cinématographiques, Bd. 2 (Paris 1986), 273–275.
70 EPSTEIN, Le sens 1 bis (1921), in: Epstein, Ecrits sur le cinéma, Bd. 1 (Paris 1974), 91.
71 EPSTEIN (s. Anm. 4), 137.
72 Ebd., 140.
73 EPSTEIN, Ciné Mystique (1921), in: ebd., 102.

anderen, konstruktivistischen und formalistischen Verständnis umgedeutet.

Kulešov, bekannt durch seine Montage-Experimente zur Schaffung von Raum, Handlung, Bedeutung aus disparaten und zufälligen Teilen, war der Auffassung, daß man im Film nicht mit der Realität zu tun hat, sondern mit ihrer medialen Vermittlung. Der russische Alltag ist nach Kulešov prinzipiell nicht photogen, in ihm gibt es keine photogenen Gegenstände (zu wenig Brücken, Eisenbahnlinien, konstruktivistische Gebäude).[74] Der einzige Ausweg daraus ist die Ausbildung der sich perfekt bewegenden Menschen, der Filmmodelle. Die rechteckige Fläche einer Leinwand diktiert Gesetze ihres Ausdrucks: Parallele und diagonale Bewegungen, keine Kurven, nur Achsen und Winkel; ein farblich neutraler Hintergrund, der richtige Kamerastandpunkt und das Licht arbeiten die Gestalt (des Gegenstandes, des Körpers) heraus.[75] Die wichtigste Komponente in dieser stark an gestaltpsychologischen Ansätzen orientierten Bildästhetik ist die Dynamik, die erst durch Schnitte erzielt werden kann. Kinematographisch (= filmisch) bedeutet nach Kulešov das Maximum an Bewegung. Damit arbeiten die amerikanischen Filme, deshalb wird bei Kulešov das Filmische oft mit dem Wort ›Amerikanismus‹ bezeichnet. ›Amerikanisch‹ bedeutet die Verkürzung der Bewegungsdarstellung durch das Schneiden der expressivsten Bewegungsphasen eines Vorgangs, ›filmisch‹ bedeutet die Schaffung des nicht existierenden Raums oder der Sinnverbindungen durch Montage, was Kulešov in seinen Experimenten und Filmen zu beweisen versuchte. »Подлинная кинематографичность есть монтаж американских планов« (Das wahre Filmische liegt in der Montage amerikanischer Einstellungen), doch die Essenz des Films liegt nicht innerhalb des aufgenommenen Bildes (das in der Aufnahme photogen gemacht werden muß), sondern im Bildwechsel: »сущность кино, его способ достижения художественного впечатления есть монтаж«[76] (die Essenz des Films, seine Methode, den künstlerischen Effekt zu erzielen, liegt in der Montage).

Boris Ejchenbaum, Herausgeber des programmatischen Bandes der russischen Formalisten *Poétika Kino* (1927), versucht den Begriff photogénie der formalistischen Theorie anzupassen: Er bestimmt die Beziehung zwischen Foto und Film als eine Beziehung zwischen praktischer und poetischer Rede; photogénie ist ›zaum‹ (ein Begriff der russischen Futuristen, mit dem eine transrationale, mit der Scheinbedeutung von Lauten arbeitende Sprache bezeichnet wird) des Films, die Selektion der Selbstzwecktendenzen (Energien), die im Alltagsgebrauch (in der prosaischen Rede) nicht eingesetzt werden, so daß daraus folgt: »фотогения – это и есть заумная сущность кино«[77] (photogénie ist die absolute poetische [eigentlich: die transrationale – d. Verf.] Essenz des Films). Natürlich hat man im Film nicht mit Gegenständen zu tun, sondern mit spezifischen Zeichen. Jurij Tynjanov versucht, die Qualitäten dieser Zeichen (dafür verwendete er den Begriff smyslovaja vešč [sinnträchtiger Gegenstand]) und die Technik der Transformation zu beschreiben (Zweidimensionalität, die die Simultaneität mehrerer optischer Reihen ermöglicht; Deformationen durch Optik und Licht, Farblosigkeit, monströse Nicht-Übereinstimmung der Perspektiven).[78] Tynjanov meidet den Begriff ›filmisch‹ und setzt statt dessen ›spezifisch‹ bzw. ›stilistisch‹ ein. In deutlicher Abgrenzung zu Balázs ist der Held des Films für ihn nicht der sichtbare Mensch (Ding), sondern der sinnträchtige, durch stilistische Mittel geschaffene – durch sinnträchtige Differenzqualitäten innerhalb des Bildes und zwischen den Bildern: »Видимый человек, видимая вещь только тогда являются элементом искусства, когда они даны в качестве смыслового знака.« (Der sichtbare Mensch und das sichtbare Ding sind Elemente der Filmkunst nur dann, wenn sie als sinnträchtige Zeichen figurieren.) Außerdem gilt: »Предметы не фотогеничны сами по себе, такими их делает ракурс и свет.«[79] (Es gibt keine photogenen

---

74 Vgl. LEV KULEŠOV, Naš byt i amerikanizm, in: Sobranie sočinenij v 3 tomach, Bd. 1 (Moskau 1987), 93.
75 Vgl. KULEŠOV, Iskusstvo kino. Moj opyt (1929), in: ebd., 181 ff.
76 KULEŠOV, Znamja kinematografii (1920), in: ebd., 69.
77 EJCHENBAUM, Osnovy kinostilistiki, in: Ejchenbaum (Hg.), Poétika kino (s. Anm. 4), 17.
78 Vgl. JURIJ TYNJANOV, Ob osnovach kino (1927), in: Tynjanov, Poétika. Literatura. Kino (Moskau 1977), 328 f.
79 Ebd., 330 f.

Dinge an sich, die Perspektive der Kamera und das Licht machen sie photogen.) Diese Auffassung folgt freilich der auch für die Literaturwissenschaft von Tynjanov herausgearbeiteten Definition, denn das Objekt des Studiums der Formalisten ist nicht Literatur, sondern ›literaturnost‹ (Literarizität), genauso hier nicht Film, sondern seine ›Sinnträchtigkeit‹, die ›Filmstilistik‹ (wie es Ejchenbaum nennt), die transformierte Natur. Mit dem Wort ›sinnträchtig‹ wird alles – Mensch, Gegenstand, Zeit, Raum und die Bewegungsdarstellung – beschrieben; Fotografie und Film unterscheiden sich gerade darin, daß im ersten Medium diese Qualitäten unbewußt bleiben, während sie der Film in ästhetische verwandelt.[80] Die Semiosis wird von den Formalisten als das zentrale Problem bei der Analyse des Filmischen herausgearbeitet; ihre Ansätze entwickelt Roman Jakobson in seinem Aufsatz *Upadek filmu?* (1933) weiter, indem er eine konkrete Technik der Filmsemiosis – pars pro toto – untersucht.[81] Vierzig Jahre später werden diese Gedanken, wenn auch in anderen begrifflichen Kategorien, von den französischen Semiotikern wieder aufgegriffen.

Das 900seitige Werk von Jean Mitry *Esthétique et psychologie du cinéma* beendete 1964/1968 eine Periode in der Entwicklung der Filmtheorie und leitete die neue, semiotische ein. Mitry führte die Unterscheidung der Filmzeichen in psychologische und linguistische, Analogone und Symbole, motivierte und arbiträre ein.[82] »La double implication de l'image« (78) nennt Mitry das, was bereits Klemperer beschrieb und Epstein als photogénie bezeichnete; sie liegt zwischen Realem und Imaginärem, Konkretem und Abstraktem. »L'image filmique est situé moins entre le réel et l'imaginaire qu'entre l'essence et l'existence. Elle en appelle à une essence à travers une existence concrète, tout comme elle en appelle à une présence à travers une absence.« (74) Die Realität ist zur Referentialitäts-größe geworden, die Differenz begründet nun das Filmische. Um dies zu bekräftigen, stützt sich Mitry auf Barthes: »La valeur esthétique d'un film est fonction de la distance que l'auteur sait introduire entre la forme du signe et son contenu, sans cependant quitter les limites de l'intelligible.« (71) Als die Hauptcharakteristik des Filmischen wird die Ambiguität des Filmbildes angeführt, ja »l'antagonisme constant entre l'unité de la chose [...] et les innombrables ›virtualités‹, [...] le concret et l'abstrait, entre l'immanent et le transcendant« (79). Bazins Ontologie kann hier nur als ›transcendental‹ aufgefaßt werden, die Dinge bedeuten im Film etwas anderes, als sie im Leben bedeuten; die Polysemie des Filmbildes (von Balázs, Bazin oder Kracauer so betont) ist bereits zum Gemeinplatz geworden, und es gilt zu verstehen, welche Art Sprache Film ist und inwieweit sich das Filmbild als ein Zeichen beschreiben läßt. Um die Qualitäten des filmischen Zeichens zu definieren – und hierher verlagern sich die Bemühungen um die Bestimmung des Filmischen –, werden verschiedene semiologische Modelle auf den Film appliziert (Peter Wollen z. B. übernimmt 1969 in *Signs and Meaning in the Cinema* die Trichotomie von Charles S. Peirce für die Systematisierung von Filmzeichen). Alle Semiotiker, die sich mit dem filmischen Zeichen oder dem Filmbild beschäftigten, machten darauf aufmerksam, daß Film mit heterogenen, polyvalenten und zusammengesetzten Zeichensystemen umgeht, was letztendlich die strenge Deskription nach dem Verfahren der Linguistik verhindert. Die filmischen Zeichen unterschiedlichen Typs (icon, index, symbol) schließen einander nicht aus, sondern wirken zusammen, überlagern sich, und aus den Dominanzverhältnissen lassen sich Charakteristika für Grundrichtungen des Filmischen herausfiltern.[83]

Während die eine Richtung in der Filmtheorie die Dominanz des Realen postulierte, die andere sich mit den ästhetischen Deformationen und der Semiotik sich mit den Definitionen und Klassifikationen des filmischen Zeichens, Codes und Subcodes befaßte, aktualisierte die Postmoderne andere Eigenschaften des Filmbildes: Virtualität, Absenz, Verflüchtigung des Realen, das nicht länger als Referenzgröße benötigt wird. Diese Problematik wurde jedoch nicht mehr am Material der Filmbilder analysiert, sondern an den neuen Medien.

---

80 Vgl. ebd., 335.
81 Vgl. ROMAN JAKOBSON, Upadek filmu?, in: Listy pro umění a kritiku 1 (Prag 1933), 45–49; dt.: Verfall des Films, übers. v. G. Just, in: Sprache im technischen Zeitalter, H. 29 (1968), 185–191.
82 Vgl. JEAN MITRY, Esthétique et psychologie du cinéma, Bd. 1 (1963; Paris 1990), 65.
83 Vgl. METZ (s. Anm. 2), 109 ff.

Eine der radikalsten Auffassungen zum Filmbild entwickelte Ejzenštejn, der sehr früh in diesem Zusammenhang die Opposition zwischen ›izobraženie‹ (Repräsentation, Darstellung, Abbildung) und ›obraz‹ (Bild) aufstellte, die sich für das Verständnis der Spezifik des ›Filmischen‹ als produktiv erwies und die Grundfrage nach dem ›Sichtbaren‹ und ›Unsichtbaren‹ im Filmbild stellte (Montage-Aufsätze aus dem Jahr 1929; *Montaž*, 1937). Anders als Noël Burch, ein bedeutender Theoretiker der 60er Jahre, der das Unsichtbare im Film im ›imaginären Raum‹ vor und hinter der Bildbegrenzung problematisierte[84], siedelte Ejzenštejn es zwischen den Bildern an. Er griff 1929 auf die japanische Hieroglyphik und die Dialektik zurück, um die Natur des Filmbildes zu erklären. Einerseits wird das Bild (obraz) im Film (und die Metapher als seine Spezifizierung) als ein sich zusammensetzendes Zeichen (eine Hieroglyphe) verstanden.[85] Andererseits nahm Ejzenštejn die Metaphorik von Engels und Lenin auf: Die Teilung der Zelle wurde von beiden als Modell für den dialektischen Sprung genommen, als Bild des Umschlags von Quantitäten in eine neue Qualität. Ejzenštejn benutzt diese Metapher zur Illustration des Gesetzes von der Einheit der Gegensätze in der Filmmontage. Denn die Einstellung (Zelle, auch als Abbildung, Darstellung begriffen) akkumuliert Konflikte (des Vorder- und Hintergrunds, der Linien, Konturen, Volumina, Lichtflecke, Massen, Bewegungsrichtungen, Beleuchtung, eines Vorgangs und seiner zeitlichen Darstellung in Zeitlupe oder Zeitraffer usw.), die Konflikte ›zerreißen‹ das Bild und werden durch die nächste Einstellung ab- bzw. aufgelöst. Das Nebeneinander der konfliktreichen Einstellungen kann (potentiell) einen Sprung in die neue Qualität bedeuten. Der Umschlag von Quantitäten in eine neue Qualität wird aber nicht über visuelle, sondern über psychische (Vorstellungen) oder semantische Parameter (Begriff, Bild) bestimmt.[86] Der dialektische Sprung am Schnittpunkt zweier materieller Bilder soll ins Nicht-Materielle erfolgen. Filmische Dynamik wird als Prozeß der ständigen dialektischen Aufhebung (von Photogramm zu Photogramm, von Einstellung zu Einstellung) begriffen. In der ersten Periode (Stummfilm) bildet sich das unsichtbare Bild (obraz) an der Grenze des Zusammenpralls zweier

Einstellungen, in den 30er Jahren kann dies zwischen der auditiven und der visuellen Reihe geschehen. Ejzenštejns Vorstellung vom unsichtbaren Filmischen beeindruckte Jean-Luc Godard stark. Ähnlich wie bei Ejzenštejn gilt seine Kritik an dem Medium, die er in mehreren Fernsehdiskussionen entwickelte, dem sklavischen Festhalten am Bild (›représentation‹), während man sich doch dem Unsichtbaren (›image‹) widmen sollte. Der absolute Traum des Regisseurs ist es, einen wahren, d. h. unsichtbaren Film zu drehen, was Godards Alter ego in dem filmischen Selbstporträt *JLG/ JLG* (1995) auch durchspielt.

II. Bestimmung des Films und des Filmischen über Bewegungsillusion (Photogramm vs. Bewegungsbild)

Bei den Wissenschaftlern, die sich für die Analyse der Bewegung interessierten, war deren illusionistische Synthese im Film überflüssig und sinnlos, ein Rückschritt in der Erkennung der Welt, wie Noël Burch bemerkte.[87] Dafür wurde die Bewegung als *ästhetische* Qualität in den frühen Reflexionen über Film favorisiert, denn sie wurde in die Tradition der Bewegungsdarstellung in den bildenden Künsten eingeschrieben, und so wurde der Film der Natur (und der Fotografie) abgehoben und der Kunst angenähert (etwa ›Sculpture-in-Motion‹, ›Painting-in-Motion‹, wie es in den gängigen, durch verschiedene Sprachen gehenden Bezeichnungen für das neue Medium hieß[88]). Die Verknüpfung der Bewegungsillusion im Film mit einer ästhetischen/künstlerischen Qualität geschah mit Hilfe verschiedener theoretischer Modelle

---

84 Vgl. BURCH, Praxis du cinéma (Paris 1968).
85 Vgl. EJZENŠTEJN, Za kadrom (1929), in: Ejzenštejn, Izbrannye proizvedenija v 6 tomach, Bd. 2 (Moskau 1964), 185; dt.: Jenseits der Einstellung, in: Eisenstein, Das dynamische Quadrat. Schriften zum Film, übers. u. hg. v. O. Bulgakova/D. Hochmuth (Leipzig 1988), 73 ff.
86 Vgl. ebd., 291 ff.; dt. 81 ff.
87 Vgl. BURCH, Charles Baudelaire versus Doctor Frankenstein, in: Afterimage 8–9 (Spring 1981), 9.
88 Vgl. LINDSAY (s. Anm. 3), 6.

(z. B. der Theorie Wilhelm Worringers), oft jedoch im Rahmen der Moderne-Diskussion. »Ein neues Element, wie Radium, Ozon, wirkt auf die gesamte Kunst: Die Bewegung«[89], schrieb Ivan Goll 1920, deshalb wurde Film von ihm, aber auch von den italienischen Futuristen als eine Überkunst bewertet.

Theodor Heinrich Mayer, Autor von ›Filmromanen‹ und ›Filmnovellen‹, in denen Film als Handlungsmilieu, als Terrain neuer dramatischer Konflikte vorkam (wie in *Ein Opfer seines Berufes* im Band *Von Maschinen und Menschen*, 1915; oder *Film*, 1921), setzte sich in seinem Essay *Lebende Photographien* (1912) mit der Kategorie der Bewegung in der Tradition Worringers (etwa der Beseelung und Abstraktion der Materie) auseinander, ohne sich dabei explizit auf diesen zu beziehen. Er arbeitete zwei Typen der Bewegung im Film heraus: mechanische (rhythmische Bewegung des Projektionsapparats, des flimmernden Lichtstrahls usw.), die den Zuschauer in den Zustand von Tagträumen versetzen, und die Bewegung der Körper und Gegenstände auf der Leinwand, die in erster Linie durch zeitliche Dehnung und Raffung charakterisiert ist und die eigentliche ästhetische Arbeit darstellt. Beide Arten erschaffen Mayer zufolge eine komplizierte dynamische Oberfläche des Films.[90] Dieses erstaunlich frühe Essay wurde vor den Experimenten deutscher Künstler zur Erschaffung der abstrakten Bewegung auf der Leinwand veröffentlicht. Die abstrakten Filme von Viking Eggeling, Hans Richter, Walter Ruttmann, später Oskar Fischinger entstanden parallel zu Studien und Experimenten von Ludwig Hirschfeld-Mack, Lázslo Moholy-Nagy und Werner Graeff im Bauhaus und fanden ihre theoretische Plattform in der Zeitschrift G (1923–1926). In Frankreich wurden vergleichbare Experimente von den Surrealisten nahestehenden Künstlern vorangetrieben (René Clair, Marcel Duchamps, Man Ray), aber auch von Léopold Survage und Fernand Léger. In Rußland stand Vertov diesem Gedanken am nächsten. Er forderte die Erschaffung eines ›reinen‹ Films ohne Beimengungen von Literatur, Malerei, Musik, Theater. Film wurde im ersten Manifest Vertovs, *My* (*Wir*, 1922), als »динамическая геометрия, пробеги точек, линий, плоскостей, объёмов«[91] (dynamische Geometrie, [als] Verlauf von Punkten, Linien, Flächen, Volumina) verstanden; der absolute filmische Ausdruck sei die Bewegung der (im geometrischen Sinne) genauen Form im organisierten Raum, mit bewußt eingesetztem Rhythmus. Doch ist es die Bewegung von materiellen Gegenständen (nicht von gemalten Linien und Figuren) mit betonter Oberflächenbeschaffenheit, die eine neue konstruktivistische Qualität (Textur, Faktur) sowie soziale Funktionalität erhält. Diese Linie modifizierte in der neuen Kunst die Bestrebungen der kubistischen und futuristischen Malerei zu Anfang des Jh., deshalb war auch Marinetti der Auffassung: »Il cinematografo, essendo essenzialmente visivo, deve compiere anzitutto l'evoluzione della pittura«[92] (Da das Kino wesentlich visuell ist, muß es vor allem die Malerei weiterentwickeln).

Einen Anstoß in den Überlegungen zum Filmspezifischen in der Bewegungsdarstellung lieferte Bergson. Er emanzipierte – ohne es beabsichtigt zu haben – die Filmdiskussion von den traditionellen Oppositionen (Schönes vs. Banales, Kunstwerk vs. mechanische Kopie usw.), in denen der Diskurs zum Filmischen sich anfänglich bewegte. Deleuze, der in seinem 1983 edierten Buch *L'image-mouvement* noch einmal die Überlegungen Bergsons zur Film-Bewegung problematisierte, wies darauf hin, daß Bergson seine Beschreibung des Bewegungsbildes zum ersten Mal schon vor dem Aufkommen des Kinos (im ersten Kapitel von *Matière et mémoire*, 1896) lieferte und erst in seinem 1907 publizierten *L'évolution créatrice* das Adjektiv ›cinématographique‹ benutzte, um den Vergleich zwischen dem »mécanisme [cinématographique] de notre connaissance usuelle«[93] und ›l'illusion mécanique‹ zu ziehen. Dieser Ausdruck bezeichnet den Mechanismus, durch welchen die natürliche Wahrneh-

---

89 IVAN GOLL, Das Kinodram (1920), zit. nach Kaes (s. Anm. 5), 137.
90 Vgl. THEODOR HEINRICH MAYER, Lebende Photographien (1912), in: Güttinger (s. Anm. 11), 119–129.
91 DZIGA VERTOV, My (1922), in: Vertov, Stat'i. Dnevniki. Zamysly, hg. v. S. Drobašenko (Moskau 1966), 49.
92 FILIPPO TOMMASO MARINETTI/BRUNO CORRA u. a., La cinematografia futurista (1916), in: L. De Maria (Hg.), Marinetti e il futurismo (Mailand 1973), 191.
93 BERGSON (s. Anm. 56), 753.

mung, die Erkenntnis, die Sprache (perception, intellection, langage) bewegungslose Momente im Raum (instantanées) herausschneidet, um sie dann durch die Projektion auf die Zeitachse zu beleben. Dasselbe macht der Filmprojektionsapparat mit einer Reihe unbeweglicher Photogramme (Filmbildchen). Bei Bergson tritt der Filmapparat als Modell zum Abstrahieren des Erlebens auf, der Film ist eine Art Reproduktion der konstanten und universellen Illusion; die Analogie Kinoapparat – Bewußtsein (»le cinématographe intérieur«[94]) ist metaphorisch gemeint; sie wird sich durchsetzen (etwa »Joyce has attempted [...] to show [...] the screen of consciousness«[95]). Bergsons Ansatz war in zwei Richtungen entwicklungsfähig, da er zum einen erlaubte, weitere Parallelen zwischen Film und Denkmechanismen zu erforschen, was Münsterberg 1916 und Ejzenštejn 1932–1948 unternahmen (dabei wurden Ejzenštejns Forschungen zeitweilig von den Psychologen Lev Vygotskij, Aleksandr Luria und dem Sprachforscher Nikolaj Marr unterstützt[96]); zum anderen, das Bewegungsbild zu untersuchen. In diesem Forschungsbereich entwickelten sich zwei entgegengesetzte Ansichten. Die Spaltung war dadurch verursacht, daß einige Theoretiker das Filmische und das Bewegungsphänomen am Photogramm (dem unbeweglichen Filmbildchen) problematisierten (Bergson folgend), die anderen jedoch an dem auf die Leinwand projizierten Bewegungs-Bild.

In Rußland kam Viktor Šklovskij auf Bergson zurück, doch er übertrug dessen Bestimmung des kinematographischen Mechanismus des Denkens auf die Art der filmischen Darstellung. Über die Repräsentation der Bewegung wird hier die Natur der filmischen Repräsentation erklärt: »Человеческое движение – величина непрерывная« (Menschliche Bewegung ist eine ununterbrochene Größe). Im Film wird die Bewegung zergliedert und eingefroren. »Мир непрерывный – мир видения. Мир прерывистый – мир узнавания. Кино дитя прерывного мира.«[97] (Die ununterbrochene Welt ist die Welt des Sehens. Die unterbrochene Welt des Erkennens. Film ist ein Kind der unterbrochenen Welt.) Projiziert auf Šklovskijs Verfremdungstheorie, bedeutete diese Feststellung allerdings, daß Film jenseits der Kunst lag, da die Kunst durch das Sehen und nicht das

Erkennen bestimmt wurde: »Кинематограф в своей основе вне искусства«[98] (Der Kinematograph liegt in seinem Wesen außerhalb der Kunst). Šklovskij konnte Film erst in den Bereich der ästhetischen Betrachtung einführen, als er in den Filmtechniken immer mehr innovative Möglichkeiten der Fabelführung im Vergleich zur modernen Literatur entdeckte. Doch die Anwendung der Bergsonschen Beschreibung brachte Šklovskij auf die erste Bestimmung der ideographischen Natur des Mediums: Film reproduziert die Bewegung nicht, er schafft statt dessen eine ideographische Vorstellung von Bewegung.[99] »Люди, движущиеся на экране, – своеобразные иероглифы. Это не кинообразы, а кинослова, кинопонятия.«[100] (Menschen, die sich auf der Leinwand bewegen, sind eigenartige Ideogramme. Keine Kino-Bilder, sondern Film-Worte, Film-Begriffe.) Die Aufzeichnung der Bewegung befördert die Transformation des Bildes in den Filmbegriff. Diesen Gedanken übernehmen die anderen Formalisten; Tynjanov zitiert ihn wörtlich: »Фильм далёк от материальной репродукции движения – он даёт смысловое представление движения«[101] (Film ist fern von der materiellen Reproduktion der Bewegung, er gibt eine sinnträchtige Vorstellung davon). Auf diese Weise bringt der Ansatz Bergsons die Formalisten zu der ersten theoretischen Hypothese über die semiotische, sprachliche Natur der Filmrepräsentation.

Die russische Filmavantgarde geht mit der filmischen Bewegungsillusion analytisch um: Nicht die Bewegungssynthese, sondern die Bewußtwerdung

---

94 Ebd.
95 RICHARD GRIFFITH, Foreword to the Dover Edition (1969), in: Münsterberg (s. Anm. 57), V.
96 Vgl. EJZENŠTEJN, Metod (entst. 1941–1946), in: Russkij Gosudarstvennyj Archiv Literatury i Iskusstva, fond 1923, opis' 1, edinicy chranenija, 231–270; vgl. OKSANA BULGAKOWA, Sergej Eisenstein – drei Utopien. Architekturentwürfe zur Filmtheorie (Berlin 1996), 189–223.
97 VIKTOR ŠKLOVSKIJ, Literatura i kinematograf (Berlin 1923), 24.
98 Ebd., 25.
99 Vgl. ŠKLOVSKIJ, Semantika kino (1925), in: Šklovskij, Za 60 let (Moskau 1985), 32.
100 ŠKLOVSKIJ, O kino-jazyke (1926), in: ebd., 34.
101 TYNJANOV (s. Anm. 78), 329.

des Intervalls, der Unterbrechung, des Risses zwischen den stillstehenden Bewegungsphasen wurde von Vertov und Ejzenštejn problematisiert. Sie begriffen sich als Beherrscher des ›Urphänomens‹ (Ejzenštejn) des Mediums (der Bewegungsreproduktion), indem sie mit eingefrorenen Bewegungsphasen, Rückwärtslauf des Apparats, Geschwindigkeitsveränderungen experimentierten oder mit Montageeffekten, die unbewegliche Gegenstände (wie z. B. Statuen) zur Bewegung zwangen. Ejzenštejn sah in den ›negativen‹ Eigenschaften des Films, die ›natürliche‹ Bewegung darzustellen, von Bergson aufgedeckt und durch Šklovskij in den russischen Kreis übertragen, die befreienden Möglichkeiten des Mediums, denn nicht auf der Abbildebene (der gegenständlichen Welt), wie es die deutschen Filmavantgardisten wie Eggeling oder Richter auffaßten, geschah hier die Befreiung vom Gegenständlichen im Film, sondern auf der Ebene der Bewegungsrepräsentation. Mit diesem Urphänomen des Films waren, wie Ejzenštejn bemerkte, besondere Prozesse der Bedeutungsbildung verbunden. In *Dramaturgie der Filmform* (1929) baut Ejzenštejn zwei hierarchische Taxonomien aus: die Montage zweier Photogramme, die a) für Bewegungsillusion im Film sorgen und so einen Sprung in die neue (kinetische) Qualität bedeuten (Unbeweglichkeit – Bewegung); und b) auf eine andere Emotions- bzw. Begriffsebene führen (von der Abbildung zum Bild [obraz]/Begriff).[102]

Warum der Intervalle, die Risse zwischen den Bildern, die Prozesse der Bedeutungsbildung fördern, erklärte Ejzenštejn aus der Analogie zum Vers. Die Betonung des semantischen Moments im Gedicht erfolgt durch den Rhythmus; im Film gibt es dafür eine Entsprechung: Rhythmus wird organisiert durch die Risse im visuellen Kontinuum, die genauso die semantischen Akzente betonen wie die Risse zwischen den Strophen, im Wechsel der betonten/unbetonten Silben usw.

Diese analytische Tendenz wurde von den Avantgardekünstlern der 30er und 60er Jahre – Charles Dekeukeleire, Paul Sharits, Holis Framton, Werner Nekes – aufgegriffen und fand ihren theoretischen Höhepunkt in dem bekannten Aufsatz von Barthes *Le troisième sens* (1970). Barthes analysiert hier einige Photogramme aus Ejzenštejns *Ivan Grosnyj* (Teil 1 von 1945) und entdeckt darin das eigentlich Filmische: »Si le propre filmique (le filmique d'avenir) n'est pas dans le mouvement, mais dans un troisième sens, inarticulable, [...] alors le ›mouvement‹ dont on fait l'essence du film n'est nullement animation, flux, ›vie‹, copie, mais seulement l'armature d'un déploiement permutatif et une théorie du photogramme est nécessaire«[103]. Nur am Photogramm, meint Barthes, kann man ablesen, was die Bewegungsillusion sonst verhüllt: den Sinn, den Barthes ›obtus‹ nennt, der die beiden Ebenen Denotation – Konnotation (hier umbenannt in informativ und symbolisch) überholt. ›Le sens obtus‹ ist unterbrochen, ahistorisch und dem Sinn, den Barthes ›obvis‹ nennt (symbolische Ebene, Bedeutung der Geschichte), entgegengesetzt, deshalb schafft er eine Distanz zum Referenzobjekt (zur ›Natur‹) und bildet nichts ab. »Le filmique commence seulement là où cessent le langage et le métalangage articulé. Le troisième sens [...] apparaît alors comme le *passage* du langage à la signifiance et l'acte fondateur du filmique même.«[104] Hier erfährt die sonst als Unterbau des Films gesehene Fotografie eine ungewöhnliche Aufwertung. Die Rückkehr zum bewegungslosen Bild wurde von Godard in der maoistischen Periode favorisiert – jedoch, wie ein Erforscher der Videoarbeiten Godards bemerkte, unter einem anderen Gesichtspunkt – als Verlagerung der Aufmerksamkeit von der ›image juste‹ auf ›juste une image‹[105], vom Bezug zum Referenzobjekt auf das Innere des Fragments, das für die Ideologieanalyse produktiver schien.

Gilles Deleuze' Ansichten bilden einen Gegenpol zu dieser Tendenz. Deleuze ignoriert die Diskontinuität des Films und hebt die von Bergson aufgestellte Opposition ›mouvement réel‹ → ›durée

---

102 Vgl. EJZENŠTEJN, Dramaturgie der Filmform (1929, dt. geschrieben), in: O. Bulgakowa (Hg.), Herausforderung Eisenstein (Berlin 1989), 29–38.
103 BARTHES, Le troisième sens, in: Cahiers du cinéma, Nr. 222 (1970), 19; dt.: Der dritte Sinn, übers. v. P. Nau, in: Filmkritik 18 (1974), 514–527.
104 Ebd., 18.
105 Vgl. FRANÇOIS ALBERA, Vom Standbild zum Bewegungsbild. Über einige neuere Theorien des Films, übers. v. E. Vuille-Mondada, in: Arbeitsgemeinschaft Cinema [Zürich] (Hg.), Bild für Bild (Frankfurt a. M./Basel 1984), 66.

concrète‹ und ›coupes immobiles + temps abstrait‹, mit der die Illusion der Bewegung im Film auch verurteilt wird, auf, denn er setzt nicht am Photogramm an, sondern am projizierten Bild, »là, l'illusion est corrigée en amont de la perception«. Es gibt, so Deleuze, eine Differenz zwischen »perception naturelle« und »perception cinématographique«, denn »le cinéma ne nous donne pas une image à laquelle il ajouterait du mouvement, il nous donne immédiatement une image-mouvement«[106]. Seine Interpretation ist die Korrektur von Bergsons Ansichten, denn bei diesem wird nur die Filmmaschine und nicht das projizierte Bild berücksichtigt, dabei ist die Reproduktion der Illusion bereits eine Korrektur.

Deleuze verweist auf die primitive Form des Films zur Zeit, als Bergson sein Werk schrieb, als die Kamera noch unbeweglich war, das Bild räumlich und bewegungslos, die Zeit gleichförmig und abstrakt. »Le cinéma à ses débuts n'est-il pas forcé d'imiter la perception naturelle? D'une part la prise de vue était fixe, le plan était donc spatial et formellement immobile, d'autre part l'appareil de prise de vue était confondu avec l'appareil de projection, doué d'un temps uniforme abstrait. L'évolution du cinéma, la conquête de sa propre essence ou nouveauté, se fera par le montage, la caméra mobile, et l'émancipation de la prise de vue qui se sépare de la projection. Alors le plan cessera d'être une catégorie spatiale pour devenir temporel; et la coupe sera une coupe mobile. Le cinéma retrouvera exactement l'image-mouvement du première chapitre de Matière et mémoire.«[107] Deleuze bezieht sich auf diese Ebene des Bildes und baut darauf sein theoretisches Modell auf, indem er die Wechsel der kinematographischen Schulen oder individuellen Stile beschreibt. In dieser Fragestellung ist das Postulat von der Differenz zwischen natürlicher und filmischer Wahrnehmung eine ungewöhnliche theoretische Herausforderung, die die frühere theoretische Entwicklung zu diesem Problem in Frage stellt. Der Film schafft nach Deleuze ein anderes Wahrnehmungsmodell, das dank der Variabilität der Bildausschnitte dazu führt, weite periphere und außerhalb des Bildausschnitts liegende Zonen zu restaurieren; er strebt danach, den ersten Modus des Bewegungsbildes, d. h. die universelle Illusion nach Bergson, durch die totale, objektive und un-

bestimmte Wahrnehmung einzuholen und alle intermediären Stellungen zwischen der objektiven und der subjektiven Wahrnehmung zu besetzen. Auf diese Weise nutzt Deleuze die Bergsonsche Verurteilung des Films für dessen Rehabilitierung im Sinne Bergsons.

Die Aufmerksamkeit für die Bewegungsillusion und damit die Diskontinuität des Films ermöglichte im Unterschied zur Favorisierung des Bildes den Übergang zur neuen Ebene der Reflexion: zur Segmentierung und Zusammensetzung, zur Montage, die die Grundlage der sprachlichen Konzepte des Films bildete.

III. Bestimmung des Films und des Filmischen über Sprachlichkeit

Anfang der 20er Jahre wurden einige Konzeptionen des Films als Sprache vorgestellt, der Vergleich war meist metaphorisch gemeint. Hans Richter nennt ihn eine absolute, Jean Epstein eine goldene, animistische, universelle Sprache. Die Vorstellung, er könne die Sprache der allen verständlichen Bilder sein, eine Art ideographisches Esperanto, nährt utopische Hoffnungen über die Einigung der Völker mittels Film. In diesem Kontext stehen auch die Vergleiche des Filmbildes mit dem Buchstaben und der Hieroglyphe (durch Lindsay, Kulešov, Šklovkij, Ejzenštejn) angesiedelt oder auch Alexandre Astrucs ›caméra-stylo‹ (1947).

Die erste fundierte Konzeption des Films als Sprache entwickelten Ejzenštejn und die russischen Formalisten: Film wurde von ihnen deshalb in Analogie zur Sprache verstanden, weil es hier diskrete, sinntragende Einheiten (Filmbilder) und ein System von Oppositionen (Montagestrukturen) gab. Wenn Ejzenštejn Film in Analogie zur Sprache interpretiert, geht es ihm nicht um die Äquivalenz zwischen Wort und Bild, sondern um die Analogie jener semantischen Prozesse, die mit der

---

106 GILLES DELEUZE, Cinéma 1. L'image-mouvement (Paris 1983), 11; dt.: Das Bewegungs-Bild. Kino 1, übers. v. U. Christians/U. Bokelmann (Frankfurt a. M. 1989).
107 Ebd., 12.

Montage zu tun haben, welche als Rekonstruktion der Denk- (und Sprach)mechanismen aufgefaßt wird: »Понимание кино сейчас вступает во ›второй литературный период‹. В фазу приближения к символике языка. Речи. Речи, придающей символический смысл [...] совершенно конкретному материальному обозначению – через несвойственное буквальному – контекстное сопоставление, то есть тоже монтажом.« (Das Filmverständnis tritt jetzt in seine zweite literarische Periode, in die Phase der Annäherung des Films an die Symbolik der Sprache. Der Rede. Der Rede, die der ganz konkret materiellen Bezeichnung einen symbolischen Sinn [...] verleiht, und zwar durch eine der buchstäblichen Bedeutung wesensfremde Kontext-Zusammenstellung, das heißt also auch durch die Montage.)[108] Die Funktion eines Filmbilds besteht nicht im Zeigen und Darstellen (показывать и представлять), sondern im Bedeuten, Bezeichnen (значить, означать, обозначать).[109]

Tynjanov entwickelte das Konzept des Films als Sprache, gestützt auf das in *Problemy stichotvornogo jazyka* (*Probleme der Verssprache*; 1924) dargelegte Verständnis des Textes als eines Systems der dynamischen Spannung zwischen den stärkeren (dominanten) und schwächeren Faktoren. Im Film beobachtet er ähnliche stilistische Elemente, die aufgrund der korrelativen Differenzqualitäten zur dynamischen Konfiguration in der Montagereihe fähig sind.[110] Ejchenbaum sah den Sprachcharakter darin begründet, daß Film sich in der Zeit entfalte und eine Gliederung aufweise – auf der Primärebene (der technisch-materiellen Ebene der Apparate) und auf der Sekundärebene (der psychophysiologischen Wahrnehmungsebene). Auf der Primärebene erfolgt die Gliederung der ununterbrochenen Realität in diskrete abstrakte Einheiten (Filmphotogramme), auf der Sekundärebene wird die Bewegung neu synthetisiert, es entsteht die Illusion der Ununterbrochenheit.[111] Grundlage für die Sprachlichkeit (Unterbrechung und Sukzessivität) sei die vom Film gebildete Zeit-Raum-Einheit. Ejchenbaum nannte dies ein System der Einstellungsführung oder der Filmstilistik[112] und arbeitete einige ihrer Strukturen heraus. Das Modell der inneren, vom Zuschauer gebildeten Rede hielt er für die Grundlage des Verstehens der Verbindungen zwischen den Einstellungen.

Die Ausdruckstheoretiker und die Verfechter des ontologischen Realismus orientierten sich am Kontinuum des Bildes, das sofort, nicht aufgespalten und zusammengesetzt, sondern ganzheitlich wahrgenommen und verstanden wird (Balázs, Kracauer, Bazin, auch die Theoretiker der photogénie). Mit der Akzentuierung der Diskretheit der Bilderreihe trat die grundlegende Differenzierung im Filmverständnis ein, welches fortan durch Korrelation und Differenzqualitäten bestimmt war.

Die Idee der Filmsprache nahm in den 30er und 40er Jahren die Form von Film-Grammatiken an (Raymond Spottiswood, *A Grammar of the Film*, 1935; Robert Bataille, *Grammaire cinématographique*, 1947 u.a.), in denen es um die Systematisierung der Ausdrucksmittel ging, um die Regel der filmischen Narration, gebunden an die normierten Montagekanons, wie sie im klassischen Erzählkino Hollywoods herausgearbeitet wurden. Diese Entwicklung kann als Periode der normativen Poetiken des Films aufgefaßt werden.

Die sprachliche Richtung bekam Mitte der 60er Jahre eine methodologische Grundlage im Strukturalismus. 1960 erschienen zwei Aufsätze von Barthes[113]; 1965 publizierte Mitry im zweiten Band *Les formes der Esthétique et psychologie du cinéma* das Kapitel über ›Structures visuelles et sémiologie du film‹; 1966 folgte der Aufsatz von Pasolini *Il cinema di poesia*; 1967 als Reaktion darauf die Studie von Umberto Eco *Sulle articolazioni del codice cinematografico* (*Die Gliederungen des filmischen Code*); dann Sal Worths *The Development of a Semi-*

---

108 EJZENŠTEJN, Béla zabyvaet nožnicy (1926), in: Ejzenštejn, Izbrannye proizvedenija (s. Anm. 85), Bd. 2, 277; dt.: Béla vergißt die Schere, in: Eisenstein, Schriften, hg. u. übers. v. H. J. Schlegel, Bd. 2 (München 1973), 138 f.
109 Vgl. EJZENŠTEJN, Dikkens, Griffit i my (1945), in: Ejzenštejn, Izbrannye proizvedenija (s. Anm. 85), Bd. 5, 166; dt.: Dickens, Griffith und wir (1945) in: Eisenstein, Ausgewählte Aufsätze, übers. v. L. Fahlbusch (Berlin 1960), 210.
110 Vgl. TYNJANOV (s. Anm. 78).
111 Vgl. EJCHENBAUM (s. Anm. 77), 38.
112 Vgl. ebd., 39.
113 Vgl. BARTHES (s. Anm. 47); BARTHES, Les ›unités traumatiques‹ au cinéma, in: Revue internationale de filmologie, Nr. 34 (1960), 13–21.

otic of Film[114] u. v. a. Die Bestimmung des Filmischen wurde hier problematisiert als Bestimmung des filmischen Textes bzw. Codes. Linguistische Modelle (Ferdinand de Saussure, Émile Benveniste, Louis Hjelmslev, André Martinet, Noam Chomsky) wurden auf den Film appliziert: So stützte sich Pasolini auf Martinet, und John M. Caroll (*A Programm for Film Theory*, 1977) wie auch Michel Colin (*Langue, film, discours: prolégomènes à une sémiologie generale*, 1985) auf die generative Grammatik von Chomsky. Die semiotische Richtung kam schnell ins Stocken, denn bereits Barthes und Mitry wiesen darauf hin, daß nicht nur heterogene, polyvalente und zusammengesetzte Filmzeichen die Deskription nach dem Verfahren der Linguistik verhindern, sondern die Einheiten (›unités‹) im Film sich nicht nach strengeren Kriterien bestimmen lassen. Pasolini war einer der ersten, der die Theorien des ›ontologischen Realismus‹ des Films im Rahmen der zu ergründenden Filmsemiotik einzulösen versuchte. Er definierte die audiovisuelle Reihe als ›la lingua scritta della realtà‹ oder ›dell'azione‹, gebildet durch die gestische Ursprache des Menschen, die sich vor der oralen und schriftlichen etabliert habe. Dieser Vorrat an Mimik und Gestik, der direkt aus der Realität übernommen wird, bildet die Grundlage der Filmsemantik.[115] Pasolini versuchte den Widerspruch zwischen dem Konzept des ontologischen Realismus, der Idee der ›Redemption of Physical Reality‹ (von ihm als eine Zeichenrealität begriffen), mit den Montageideen zusammenzubringen und meinte, daß letztendlich die Differenz zwischen Film und Realität vom Standpunkt des Semiotischen aus nicht relevant sei: Die allgemeine Semiotik könne auch die Filmphänomene beschreiben, wie sie es mit den Realitätsphänomenen tue. Eine Spezifizierung versuchte er in *Il cinema di poesia*[116] zu geben, in der Differenzierung zwischen linguistischen und ästhetischen Ebenen, die dann die doppelte Gliederung des filmischen Codes produzierten. Auf der Primärebene treten die abgebildeten Realgegenstände entsprechend als ›cineme‹ (ein Äquivalent zu Phonemen) auf, die Einstellungen selbst werden als Morpheme genommen. Eco wies in *Sulle articolazioni del codice cinematografico* auf die Unzulänglichkeit des Vorschlags hin: Pasolini habe ignoriert, daß kulturologische, ideologische und systematische Codes nicht nur im Film, sondern auch im Kommunikationsakt nicht zu trennen seien. Die Realobjekte sind in der Einstellung bereits auf mehreren Ebenen konventionalisiert und kommen nicht erst auf der Ebene der zweiten Gliederung zur Semiosis. Film vereinigt verschiedene Ebenen, die semiotisierten (visuelle Reihe, Tongestaltung, Musik, assoziative Montage) und die neutralen (automatische Fixierung der nicht semiotischen Realität). Eco schlug ein Modell der dreifachen Gliederung vor (Figuren – wie Lichtkontraste oder geometrische Proportionen; ikonische Zeichen; Einstellungen).[117]

Die zentrale Figur dieser Richtung war Christian Metz, der Begründer und gleichzeitig größte Skeptiker der Filmsemiotik. Er beschäftigte sich nicht so sehr mit Analogien, sondern mit Differenzqualitäten zwischen Einstellung und Wort, zwischen Strukturen der Sprache und des Films. Er wandelte die Frage, ob Film Sprache ist, in die ab, ob er nun ›langue‹ oder ›langage‹ sei, und entschied sich für das zweite, da er nicht wie etwa Sprache ein System von Zeichen besitze, sondern den eigenen filmischen Code jedesmal neu formiere. Metz wies darauf hin, daß es im Film kein Äquivalent für arbiträre linguistische Zeichen gibt, auch ›Analogonen‹ sind codiert. Auch das Paar Denotat/Konnotat erklärte er in bezug auf den Film für irrelevant:»au cinéma encore plus qu'ailleurs […] la connotation n'est rien d'autre que la forme de la dénotation, comme l'a remarqué l'esthéticien du cinéma, Jean Mitry.«[118] Auch die Suche nach den diskreten Einheiten wurde aufgegeben. Metz beschäftigte sich statt dessen mit der Zusammen-

---

114 SAL WORTH, The Development of a Semiotic of Film, in: Semiotica 1 (1969), H. 3, 282–321.
115 Vgl. PIER PAOLO PASOLINI, La lingua scritta dell'azione, in: Nuovi argomenti. N. S., Nr. 2 (1966), 67–103.
116 Vgl. PASOLINI, Il cinema di poesia, in: Uccellacci e uccellini, un film di P. P. Pasolini (Mailand 1966), 7–31.
117 Vgl. UMBERTO ECO, Sulle articolazioni del codice cinematografico (1967), in: Linguaggio e ideologia nel film (Novara 1968), 39–71; dt.: Die Gliederungen im filmischen Code, in: Sprache im technischen Zeitalter, H. 29 (1968), 230–252.
118 METZ, Essais sur la signification au cinéma (Paris 1968), 120.

setzung der Elemente zu komplexeren Figuren und arbeitete eine Systematisierung der Montagestrukturen aus, die er, dem Vorschlag Jakobsons folgend, die große Syntagmatik nannte.[119] Film ist ein komplexes Ensemble verschiedener Ebenen der Kodifizierung. Die Primärebene bestimmte Metz als Perzeption, als Identifizierung visueller und auditiver Objekte, die sekundäre als das Erkennen der mit den Objekten gegebenen Symbolismen und Konnotationen sowie der großen narrativen Strukturen. Filmische Texte sind ›pluricodiques‹: Metz erarbeitete ein System der Unterscheidung von codes singuliers, généraux und sous-codes, filmischen und außerfilmischen Codes, ›cinématographisation‹ von Codes und ihren Permutationen.[120] Der Film ist eine Kombination mehrerer Codes, d.h. zugleich, daß Film seinem Wesen nach aus einer Verschiebung (déplacement) besteht. Das, was das System eines Films im eigentlichen Sinne ausmacht, ist der Übergang von einem Code zum anderen; Film ist eher der Ort der »activité d'intégration«[121].

Der theoretische Diskurs über Film im Rahmen der Semiotik wanderte in den 70er Jahren von Frankreich aus in den Kreis der britischen Zeitschrift Screen und ging weiter in die USA. In Estland arbeitete Jurij Lotman an der Spezifizierung seines Modells der primären und sekundären modellierenden Systeme für den Film. Der linke Flügel der Semiotiker verstand seine Arbeit als subversive politische Tätigkeit der Denaturalisierung von Zeichen, der Entlarvung des ideologischen symbolischen Codes, was die praktische Bestätigung in den Videoarbeiten Godards in dessen maoistischer Periode fand. Doch Mitte der 70er Jahre war unter dem Einfluß von Lacans Psychoanalyse das Interesse nicht mehr auf die Beziehung zwischen filmischem Bild und Realität gerichtet, sondern verlagerte sich auf den kinematographischen ›Apparat‹, der von Adepten dieser Richtung (Jean-Louis Baudry, Jean-Pierre Oudart) als ein situationeller Komplex zwischen Projektionsapparat, Leinwand und Zuschauer begriffen wurde. Die Frage lautete nun nicht mehr, was filmische Zeichen und ihre Gesetze ihrer Kombination seien, und auch der Wirklichkeitseindruck stand nicht mehr im Zentrum des theoretischen Gebildes. Man analysierte den ›filmischen Effekt‹ nicht etwa als Wahrnehmungsakt, sondern als metapsychologische Dimension des Films, in dem Lust als aktivierendes und regulierendes Instrument die zentrale Rolle spielte. Von der ersten linguistischen Phase bewegte sich die Filmtheorie zur psychoanalytischen und dekonstruktivistischen Periode. Jacques Derridas Denkansatz wurde von Marie-Claire Ropars-Wuilleumier (Le texte divisé, 1981) oder Peter Brunette/David Wills (Screen/Play: Derrida and Film Theory, 1989) genauso auf den Film appliziert, wie dies zuvor mit Chomsky geschehen war.

IV. Der neue Synkretismus

Parallel zur Diskussion, ob Film Kunst sei oder nicht, von der die erste Periode des Filmdiskurses geprägt wird, kommt die These auf, Film sei eine Überkunst, denn er vereinige alles: Zeit und Raum, bildende Kunst, Theater, Literatur und Musik. »Aujourd'hui, le ›cercle en mouvement‹ de l'esthétique se clôt enfin triomphalement sur cette fusion totale des arts dite: Cinématographe«, sagte 1911 in einem Vortrag Ricciotto Canudo, der Herausgeber der ersten Filmzeitschrift in Frankreich. Kino wird von ihm gleichzeitig auch als Synthese der Wissenschaft und Kunst, »de la vie pratique et de la vie sentimentale«[122] gesehen. Guillaume Apollinaire, der seit 1914 in seiner Zeitschrift Les Soirées de Paris zusammen mit Maurice Raynal die ›chronique cinématographique‹ führte, erklärte 1916 in einem Interview für die Zeitschrift Sic, das Kino würde »une belle épopée où se rejoindront tous les arts«[123] werden. Diese neue Version des Gesamtkunstwerks, das im Theater nur ungenügend verwirklicht schien, setzte jedoch nicht auf das Ohr wie bei Wagner, sondern auf das Auge. Ejchenbaum schrieb: »Изобретение киноаппарата сделало возможным выключе-

---

119 Vgl. ebd., 111–146.
120 Vgl. METZ (s. Anm. 2), 117 ff.
121 Ebd., 75.
122 RICCIOTTO CANUDO, Manifeste des Sept Arts (1911), in: La Gazette des Sept Arts, Nr. 2, 25. 1. 1923, 2.
123 Zit. nach A. u. O. Virmaux (Hg.), Les surréalistes et le cinéma (Paris 1976), 17.

ние основной доминанты театрального синкретизма – слышимого слова и замену его другой доминантой видимым [...] движением«[124] (Die Erfindung des Filmapparats hat die Dominante des theatralischen Synkretismus ausgeschaltet – das hörbare Wort – und ersetzte es durch eine andere Dominante [...], die sichtbare Bewegung). Die neue synkretistische Form der Kunst war eine technisierte urbane Folklore, eine primitive Parallele zum Gesamtkunstwerk Wagners, die die Idee massenwirksam macht.[125] Die technische Entwicklung des Films (zu Ton-, Farb-, Raumfilm) hat die Vorstellung von synkretistischer, totaler Kunst auf den ersten Blick vervollkommnet. Dabei existieren in der Filmgeschichtsschreibung zwei polare Konzepte, die diese Sachgeschichte deuteten: das erste gelenkt von der technischen Entwicklung, die die Reproduktion der Realität allmählich vervollständigte[126]; das zweite ausgehend von der Vorstellung einer totalen Schau, die noch *vor* der Erfindung des Phänomens da war und die die technische Entwicklung nach und nach realisieren konnte.[127]

Das bekannteste Beispiel für das zweite Konzept lieferte der Roman von Villiers de l'Isle Adam *L'Ève future* (1886). Der Autor träumte zehn Jahre vor der Erfindung Edisons von der »photographie animée«: »la vision, chair transparente miraculeusement photochromée, dansait en costume pailleté une sorte de danse mexicaine populaire. Les mouvements s'accusaient avec le fondu de la vie elle-même, grâce au procédé de la photographie successive qui peut saisir dix minutes des mouvements sur des verres microscopiques reflétés ensuite par un puissant lampascope ... Soudain une voix plate et comme empesée, une voix sotte et dure se fit entendre. La danseuse chanta l'alza et le hole de son fandango.«[128] Film wird als ein Instrument gesehen, das eine Synthese der technischen Reproduktionsmittel (Fotografie und Grammophon) bewirkt; diese Entwicklung wird auf den Urtrieb zum ›réalisme intégral‹ (Bazin) zurückgeführt.

1932 veröffentlichte Aldous Huxley den utopischen Roman *Brave New World* mit der neuen Vision eines Gesamtkunstwerks, das alle Sinne beansprucht, sich jedoch nicht auf den Film gründet. Als Ergänzung zur Leinwand (in Farbe, mit Raum- und stereoskopischen Toneffekten) wirken ein

Aroma-Orgel und Metallkugeln an der Lehne des Sessels, die den Tastsinn stimulieren. Die neue Schau heißt ›feelies‹, und der Zuschauer sieht sich dort einen Sexfilm in Begleitung von Sexophonen an. Ejzenštejn verlachte diese Imitation in seinem Aufsatz *O stereokino* (*Über den Raumfilm*, 1947), denn es geht, nach seiner Meinung, letztendlich nicht darum, ob die Reize über den olfaktorischen oder akustischen Weg gehen. Die Arten der Erregung sind gleichberechtigt, und es spielt keine Rolle, über welchen Kanal der Rezipient angesprochen wird, was bedeutet, daß schwerer Rotwein denselben Effekt produzieren kann wie der dunkle Ton eines Cellos, d.h. die Assoziationen, die diese Reize auslösen, können absolut identisch sein.[129] Er kehrte damit zu dem alten Streitpunkt zurück, der noch im Diskurs zum Stummfilm aufkam: Werden nun im Kino alle Sinne angesprochen, oder bleibt es bei einem Sinn? Die Haut, die Nase, die Zunge sind ausgeschaltet, das Auge dafür überbelastet, schrieb Bloch, »so entsteht der unheimliche Schein [...] einer schweigenden und sinnlich verminderten Wirklichkeit«[130]. Er bemerkte zugleich, daß im Kino das Ohr die Vertretung aller übrigen Sinne leistet. Die Diskussion spitzte sich beim Aufkommen des Tons auf unerwartete Weise zu, denn Ton wurde nicht als komplementäres Element zur Vervollkommnung des Wirklichkeitseindrucks empfunden, sondern als dessen Zerstörer. Die Schwierigkeit bestand darin, daß die natürliche Wahrnehmung zwischen dem auditiven und visuellen Kanal wesentliche Funktionsunterschiede aufwies. Diese Differenzen könnten sich im Tonfilm zu einem Inkongruenzpro-

---

124 EJCHENBAUM (s. Anm. 77), 23.
125 Vgl. ebd., 22 f.
126 Vgl. GEORGES SADOUL, Histoire générale du cinéma, Bd. 1 (Paris 1946).
127 Vgl. BAZIN, Le mythe du cinéma total (1946), in: Bazin (s. Anm. 8), 21–26.
128 Zit. nach ebd., 25.
129 Vgl. EJZENŠTEJN, O stereokino (1947), in: Ejzenštejn, Izbrannye proizvedenija, Bd. 3 (Moskau 1964), 434–485; dt.: Über den Raumfilm (1947), in: Eisenstein, Das dynamische Quadrat (s. Anm. 85), 196–260.
130 ERNST BLOCH, Melodie im Kino oder immanente und transzendente Musik (1914), in: Güttinger (s. Anm. 11), 315.

blem der Realitätsadäquatheit von Bild und Ton potenzieren, wenn dieses nicht durch Konventionalisierung aufgefangen würde. Die Konventionalisierung wurde von mehreren Filmemachern auch befürchtet (Chaplin, Clair). Ejzenštejn, der den Ton nicht als Ergänzung des Realitätseindrucks auffaßte, sondern als einen Faktor der Maximierung der synästhetischen Wirkung beim Filmerleben, veröffentlichte 1928 zusammen mit Grigorij Aleksandrov und Vsevolod Pudovkin ein Manifest, das die prinzipielle Gleichberechtigung beider Reize voraussetzte, Ton als zusätzlichen Rhythmusfaktor auffaßte und den asynchronen Einsatz visueller und auditiver Reihen als möglichen Ausweg aus der Konventionalisierung vorschlug.[131]

Diese Ansichten werden zehn Jahre später durch Arnheim von den Positionen der Gestaltpsychologie aus bekräftigt. Arnheim zufolge hat das Aufkommen des Tons nicht zum Wirklichkeitseindruck beigetragen, sondern ihn zerstört, denn Ton und Bild befinden sich in antagonistischen Beziehungen. Seiner Auffassung nach wird dieser Antagonismus in der Realität nicht so genau beobachtet. Die ›realen‹ Klänge stören nicht das Sehen, und die visuellen Eindrücke unterdrücken nicht das Hören. Arnheim erklärte das Phänomen aus der Tatsache, daß in der empirischen Realität Menschen sich mit ungefähren Informationen zufriedengeben, die Dinge und Ereignisse als Gestalten wirken und in ungefähren Koordinationen, in unausgeglichenen Korrelationen auftreten. In der Kunst dagegen kann dieses Ungefähre alles zerstören. So schlägt Arnheim vor, zunächst die beiden Elemente zu trennen, um sie dann neu zu kombinieren, denn im Unterschied zum Alltag existiert jedes Element in der Kunst als eine selbständige und vollkommene Struktureinheit.[132]

Panofsky bemerkte in seiner einzigen Arbeit über Film (Vortrag On movies, 1934), daß Ton und Bild hier auf dem ›principle of coexpressibility‹ beruhen, was bedeutet, daß das Gehörte unlösbar an das Gesehene gebunden wird und der Ton, artikuliert oder nicht, nicht mehr ausdrücken kann als die gleichzeitig sichtbare Bewegung.[133] Deshalb hat das Aufkommen des Tons – so paradox es auf den ersten Blick erscheinen mag – wenig an den bereits erarbeiteten Konzepten des Films und des Filmischen verändert. Beim Aufkommen jeder weiteren technischen Vervollkommnung wurden ähnliche Diskussionen geführt, denn jede neue Erfindung wurde zunächst als Störung des etablierten Wirklichkeitseindrucks empfunden: Farbe, Raumfilm, Formate usw. Jedesmal mußte die technische Erfindung von neuem um den Status des Ästhetischen ringen. Ejzenštejn wußte dies in seinen Aufsätzen über die Leinwandformate, den Farb- und Raumfilm wie kein anderer zu reflektieren.[134]

Diese Auseinandersetzungen zeugen davon, daß der Film allen Phantasmen über die totale Kunst zum Trotz beim Primat des Visuellen und der Vernachlässigung des Auditiven blieb. Diese Tatsache ist in der Praxis, noch krasser jedoch in der Theorieentwicklung zu beobachten, denn fundierte Studien zum Ton im Film kamen erst in den 80er Jahren in Frankreich auf, im Umkreis der Beschäftigung mit Oralität und psychoanalytischen Studien zur Stimme.[135]

Film ist doch kein Gesamtkunstwerk, er bleibt auf das Auge fixiert, der Ton ist nur teilweise aufgewertet – wie durch Kracauers Aufmerksamkeit gegenüber dem Geräusch, der Ausnutzung der affektiven Wirkungen der Stimme in Horrorfilmen oder der Überlappung mehrerer Tonspuren in den Filmen von Godard oder Tarkovskij.

---

131 Vgl. EJZENŠTEJN, Buduščee zvukovoj fil'my. Zajavka (1928), in: Ejzenštejn, Izbrannye proizvedenija, Bd. 2 (Moskau 1964), 315 f.; dt.: Die Zukunft des Tonfilms. Ein Manifest, in: Das dynamische Quadrat (s. Anm. 85), 154 ff.

132 Vgl. ARNHEIM, Neuer Laokoon. Die Verkoppelung der künstlerischen Mittel, untersucht anläßlich des Sprechfilms (entst. 1938), in: Arnheim (s. Anm. 61), 82–83.

133 Vgl. ERWIN PANOFSKY, On movies (1936), in: Bulletin of the Department of Art and Archaeology, Princeton University (1936), 5–15; dt.: Stil und Medium im Film, in: Panofsky, Die ideologischen Vorläufer des Rolls-Royce-Kühlers, übers. v. H. Färber (Frankfurt a. M. 1993), 17–48.

134 Vgl. EJZENŠTEJN, Dinamičeskij kvadrat (1930), in: Ejzenštejn, Izbrannye proizvedenija, Bd. 2 (Moskau 1964), 318–328; mehrere Untersuchungen zum Farbfilm, in: ebd., Bd. 3 (Moskau 1964); dt. teilweise in: Eisenstein, Das dynamische Quadrat (s. Anm. 85), 157–196.

135 Vgl. MICHEL CHION, La voix au cinéma (Paris 1982); CHION, Le son au cinéma (Paris 1985); CHION, La toile trouée (Paris 1988).

V. Film und Reorganisation der Sinne

1. Film als totales Sehen

Die Vernichtung der Totalität in der Wahrnehmung im Kino provozierte entgegengesetzte Auffassungen zur Natur des Films: Einerseits nährte die Konzentration auf den Augensinn das Konzept des ›totalen Sehens‹ als eine neue Erkenntnismöglichkeit, andererseits wurde die Zersplitterung der Wahrnehmung als Spaltung der Persönlichkeit und somit als Gefahr gesehen. Film wird als Kunst eines Sinnes aufgefaßt, und gerade das Primat des Auges wird sozial utopisch bewertet: Das Auge wird dem beschränkten, ungebildeten,»von allen abgesperrten Menschen«, dem Proleten, durch Dynamik und ungeahnte Zusammenhänge das totale Sehen eröffnen:»Kino ist sein Pan-optikum«[136], formulierte Mierendorff. Vertovs Konzept des Film-Auges und Radio-Ohrs gehört auch zu dieser Richtung. Das ›Film-Auge‹ ist perfekter als das menschliche. Es installiert ein neues Sehen, das mit utopischen erkenntnistheoretischen Erwartungen verbunden ist: Film, ein mächtiges Wahrnehmungsinstrument, kann das Weltbild des Einzelnen durch analytische Präzision aufklären. Das ›Film-Auge‹ sollte das Chaos der visuellen Phänomene studieren, die den Raum füllen. Die ›Filmaugen‹ (Kinoki), das sind Vertovs Kameraleute, filterten aus diesem Chaos ein System von Gesetzmäßigkeiten, das die Phänomene analysiert und organisiert.[137] Das bezieht sich auf das Erfassen der Kategorien Zeit, Raum, Bewegung, aber auch auf die Durchdringung geschichtlicher Prozesse, die als kommunistische Dechiffrierung der Welt begriffen werden.

Mit diesen Aspekten des Films befaßt sich auch Benjamin in seinem *Kunstwerk*-Aufsatz. Das neue Medium, das die Re-Organisierung der Sinneswahrnehmung bewirkt, kann wie die Psychoanalyse Phänomene isolieren und ›analysierbar‹ machen:»Der Film hat in der ganzen Breite der optischen Merkwelt, und nun auch der akustischen, eine ähnliche Vertiefung der Apperzeption zur Folge gehabt.«[138] Benjamin geht in diesem Aufsatz auf die Historisierung der Wahrnehmung ein, die er bereits 1929 im *Sürrealismus*-Essay thematisierte.[139] Die Filmtechnik kann in viel größerem Maß als die surrealistischen Experimente Körper und Raum durchdringen, indem sie die natürlichen Phänomene aufhebt und tief in die Gegebenheiten eindringt – und nicht nur für eine kleine Gruppe avantgardistischer Künstler, sondern für ein Massenpublikum.»Unter den gesellschaftlichen Funktionen des Films ist die wichtigste, das Gleichgewicht zwischen dem Menschen und der Apparatur herzustellen«[140], denn Film löst die ›Chockwirkung‹ aus, die»wie jede Chockwirkung durch gesteigerte Geistesgegenwart aufgefangen sein will«[141].

In der zweiten Fassung seines Aufsatzes meinte Benjamin, Film könne, indem er die visuell-akustischen ›Chocks‹ organisiere, eine therapeutische kathartische Funktion für die technisch-industriell induzierte Massenpsychose haben, z. B. mit der »Schöpfung von Figuren des Kollektivtraums wie der erdumkreisenden Micky-Maus. Wenn man sich davon Rechenschaft gibt, welche gefährlichen Spannungen die Technisierung mit ihren Folgen in den großen Massen erzeugt hat […], so muß man zu der Erkenntnis kommen, daß diese selbe Technisierung gegen solche Massenpsychosen sich die Möglichkeit psychischer Impfung durch gewisse Filme geschaffen hat […]. Die amerikanischen Groteskfilme und die Filme von Disney bewirken eine therapeutische Sprengung des Unbewußten.«[142] Diese Position kritisierte Adorno in seinem Brief an Benjamin vom 18. 3. 1936; er versprach sich nichts von der durch mediale Wirkungsbesonderheiten erreichten Befähigung des Filmzuschauers zur dialektischen Denkweise.[143]

---

136 MIERENDORFF (s. Anm. 21), 384 f.
137 Vgl. VERTOV (s. Anm. 91), 53 ff.
138 WALTER BENJAMIN, Das Kunstwerk im Zeitalter seiner technischen Reproduzierbarkeit, 2. [recte 3.] Fassung (1936–1939), in: BENJAMIN, Bd. 1/2 (1989), 498.
139 Vgl. BENJAMIN, Der Sürrealismus: Die letzte Momentaufnahme der europäischen Intelligenz, in: BENJAMIN, Bd. 2/1 (1977), 295–310.
140 BENJAMIN, Das Kunstwerk, 2. Fassung (1935–1936), in: BENJAMIN, Bd. 7/1 (1989), 375.
141 BENJAMIN (s. Anm. 138), 503.
142 BENJAMIN (s. Anm. 140), 377.
143 Vgl. THEODOR W. ADORNO an Benjamin (18. 3. 1936), in: BENJAMIN, Bd. 1/3 (1974), 1003.

Unter den Phänomenen, die Benjamin als ›Chocks‹ definiert (und im Baudelaire-Aufsatz 1940 weiterentwickelt), fungieren im Kunstwerk-Aufsatz die Gefahren des großstädtischen Verkehrs parallel zur Arbeit am Fließband und zum Film. Benjamin entwickelt den Begriff ›Chock‹ in Anlehnung an Freuds Neurosen[144], die die reflexiven Fähigkeiten weitgehend lähmen, ja ›anästhesieren‹[145], was zur Selbstentfremdung, zur Spaltung zwischen Wahrnehmung und Subjekt führt. In bezug auf den Faschismus bedeutet das letztlich Akzeptanz der Massenvernichtung: »Fiat ars – pereat mundus‹, sagt der Faschismus und erwartet die künstlerische Befriedigung der von der Technik veränderten Sinneswahrnehmung, wie Marinetti bekennt, vom Kriege. [...] Die Menschheit, die einst bei Homer ein Schauobjekt für die olympischen Götter war, ist es nun für sich selbst geworden. Ihre Selbstentfremdung hat jenen Grad erreicht, der sie ihre eigene Vernichtung als ästhetischen Genuß ersten Ranges erleben läßt.«[146]

Benjamins Text wird oft als eine utopische Vision vom Film als dem »eigentlichen Übungsinstrument« (381) in der neuen, tiefgreifend veränderten ›Apperzeption‹ gedeutet. Dabei ist er höchst ambivalent und spiegelt damit die Ambivalenz des Mediums wider: Einerseits ist es befähigt, die Wirklichkeit darzustellen und zu durchdringen – dank der Apparate; andererseits produziert es Entfremdung von der Wirklichkeit; es kann den Rezipienten zum ›totalen Sehen‹ befähigen (das Optisch-Unbewußte erschließen, indem es isoliert, unterbricht, dehnt, rafft, vergrößert, verkleinert usw.) und gleichzeitig seine reflexiven Fähigkeiten hemmen. Benjamin hatte noch die Hoffnung, der Technikfortschritt werde den sozialen nach sich ziehen, auch das Verhältnis der Massen zur Kunst könne produktiv verändert werden. »Aus dem rückständigsten [...] schlägt es in das fortschrittlichste [...] um« (374); zum machtvollen Agenten dieser Transformation wird der Film – dank der Bedingungen kollektiver Rezeption, die das Publikum in einen ›zerstreuten Examinator‹ verwandeln. Kracauer schätzte diese Kollektivität bereits viel pessimistischer ein: Sie wirkt eher als Garant für die ideologische Manipulation und kann individuelle Urteile lähmen, wie er in den Studien zur Filmpropaganda analysierte. Auch die neuartige Wahrnehmung wird von ihm angezweifelt: »Das ›Ich‹ des dem Film zugewandten Menschen ist *in ständiger Auflösung begriffen*, wird unablässig von den materiellen Phänomenen gesprengt.«[147]

Diesem Postulat einer Sprengung der Totalität nicht nur der Wahrnehmung, sondern der Persönlichkeit durch das Kinoerlebnis steht ein anderer theoretischer Entwurf entgegen. Im März 1945 hielt Maurice Merleau-Ponty vor Pariser Filmstudenten einen Vortrag über das Kino und die neue Psychologie. Die natürliche, spontane, direkte Wahrnehmung im Film und in der neuen Psychologie, im Unterschied zur alten, analytischen, auf das Innenleben fixierten, richtet sich auf Gesamtstrukturen: Ich nehme auf ungeteilte Weise mit meinem ganzen Wesen, mit allen meinen Sinnen gleichzeitig wahr; wenn ich wahrnehme, denke nicht ich die Welt, sie organisiert sich vor mir. Das Kino sei ganz besonders in der Lage, die Einheit von Geist und Körper, von Geist und Welt und den Ausdruck von einem in dem anderen in Erscheinung treten zu lassen, so seine Thesen.[148] Deleuze negierte diese Erfahrung von neuem – in der postulierten Differenz zwischen der natürlichen Wahrnehmung und der Filmwahrnehmung. Paul Virilio dagegen beobachtete gerade an diesem Medium die Beschleunigung lateraler peripherer Wahrnehmungen, die für die Menschen der Moderne so prägend sind und am Film explizit erforscht werden können.[149]

---

144 Vgl. MIRIAM BRATZE-HANSEN, Dinosaurier sehen und nicht gefressen werden, in: G. Koch (Hg.), Auge und Affekt. Wahrnehmung und Interaktion (Frankfurt a. M. 1995), 258.
145 Vgl. SUSAN BUCK-MORSS, Aesthetics and Anaesthetics: Walter Benjamin's Artwork Essay Reconsidered, in: October, Nr. 62 (1992), 3–41.
146 BENJAMIN (s. Anm. 140), 383 f.
147 KRACAUER, Manuskript aus den Marseiller Notizheften (1940), zit. nach Bratze-Hansen (s. Anm. 144), 265.
148 Vgl. MAURICE MERLEAU-PONTY, Le cinéma et la nouvelle psychologie (1945), in: Merleau-Ponty, Sens et non sens (Paris 1948), 85–106; dt.: Das Kino und die neue Psychologie, übers. v. F. Grafe, in: Filmkritik 13 (1969), 695–702.
149 Vgl. PAUL VIRILIO, Guerre et cinéma I. Logistique de la perception (Paris 1984); dt.: Krieg und Kino. Logistik der Wahrnehmung, übers. v. F. Grafe/E. Patalas (München 1986).

2. Film als psycho-soziale Desorientierung

Gilbert Cohen-Séat, Begründer der neuen Disziplin Filmologie, Direktor des 1948 an der Sorbonne entstandenen Instituts für Filmologie und Herausgeber der *Revue internationale de filmologie,* strebte eine interdisziplinäre Erforschung des Films an, unter Einbeziehung von Ästhetik, Psychologie, Soziologie und Kulturanthropologie. Für ihn waren die Veränderungen, die Film und Fernsehen in den Kommunikationsbereich einbrachten, schon damals viel relevanter als die Analyse der ›faits filmiques‹. Er spannt von den ›faits cinématographiques‹ aus einen größeren Bogen zur visuellen Information, die grundsätzlich die Welt und das Subjekt verändert und eine Ikonosphäre beansprucht. Seine Studie *Problèmes actuels du cinéma et de l'information visuelle* (1959) sowie *L'action sur l'homme: cinéma et télévision* (1961, zus. mit Pierre Fougeyrollas)[150] nehmen viele Feststellungen der heutigen Zeit vorweg. Die Umstellung der Gesellschaft auf visuelle Information und Kommunikation bewertete Cohen-Séat als »perturbation fondamentale«, die zum Faktor von »déséquilibre psycho-social«, und »chaos culturel«[151] werden kann. Das hängt damit zusammen, daß die verbale Information eine Kommunikation von Materialien bestimmter Bedeutung bleibt, die visuelle dagegen ist ihrem Wesen nach eine Strukturierung der (Film-)Bilder durch das empfangende und teilnehmende Subjekt. Während das Subjekt die Botschaft anhört, lebt es weiterhin in einer Umwelt, in der die Botschaft auftaucht. In dem Augenblick, da das Subjekt eine visuelle Information erhält, wird die Welt von dieser neu strukturiert und bezieht von ihr eine eigene Realität. So erhält die visuelle Information eine Verfügungsgewalt über das Subjekt, das damit die Macht über seine Vorstellung und auch die kulturellen Mittel verliert, mit deren Hilfe es diese Vorstellung normalerweise beherrschen kann. Diese Art der affektiven Kommunikation appelliert »à l'archaïsme psycho-physiologique de la connaissance immédiate et intuitive«[152]. Cohen-Séat bezeichnet dies als großes Abenteuer der Kommunikation und Erziehung und fordert seine Erforschung, denn die Beeinflussung des Bewußtseins durch das Filmbild, das er als dynamischen Archetyp begreift, kann zur größeren ›Massifizierung‹ führen: Das Austauschen des Verbalen durch das Visuelle verwischt die Unterschiede zwischen den Individuen. »La suggestibilité du spectateur est aussi renforcée par le confusionnisme apparent du *discours filmique*. Ce dernier nous restitue certaines caractéristiques primitives de la pensée syncrétique ›où tout s'entremêle, se succède, alterne, fusionne ou se juxtapose‹«[153]. Diese Art der Integration beeinträchtigt die psychischen Funktionen des Individuums und kann zu Desorientierung, Beklemmung, ja Nachlassen der geistigen Synthese führen (»fléchissement des synthèses mentales«[154]). Die ästhetische Beschäftigung mit dem Film sei bis jetzt, meint Cohen-Séat, auf die Art der Darstellung der Realität reduziert worden, doch die filmische Realität sei nicht nur die Vertretung der anderen, sondern eine Aussage. Es geht ihm in dieser Studie nicht darum, das Filmbild als Zeichen oder als System von Zeichen zu definieren, für ihn ist Film ein Diskurs. Er zieht den Trennungsstrich nicht nur zwischen ›fait filmique‹ und ›fait cinématographique‹, sondern zwischen den Ebenen von ›filmique‹ als ›image‹ und als ›discours‹.[155] »Le film interpose entre le vécu et le discours verbal qui sert à l'appréhender son double caractère: de substitut du réel à la présentation d'un comportement qui dure, et de mise en forme discursive et démonstrative.«[156] Über das Diskurs-Konzept kann der Spalt geschlossen werden zwischen dem physiologischen Archaismus (Wirkung der Filmstimuli auf das senso-motorische System), der emphatischen Partizipation am Filmerleben und dem Verstehen des Filmtextes, das die Verarbeitung der visuellen In-

---

150 Vgl. GILBERT COHEN-SÉAT/PIERRE FOUGEYROLLAS, L'action sur l'homme: cinéma et télévision (Paris 1961); dt.: Wirkungen auf den Menschen durch Film und Fernsehen, übers. v. R. Heinemann (Köln/Opladen 1966).
151 COHEN-SÉAT, Problèmes actuels du cinéma et de l'information visuelle, in: Cahiers de filmologie, Sondernr. 1 (Paris 1959), 11.
152 Ebd., 12.
153 COHEN-SÉAT, Problèmes actuels du cinéma et de l'information visuelle, in: Cahiers de filmologie, Sondernr. 2 (Paris 1959), 34.
154 Ebd.
155 Vgl. ebd., 70
156 Ebd., 62.

formation herausfordert und von Cohen-Séat als Vorbote der Weltvernunft gesehen wird.

3. Film und die Semiotisierung der Lüste

Der von Cohen-Séat angesprochene archaische Charakter des Filmischen wurde auch als triebhaft ausgelegt. Diese Ansicht hat eine lange Tradition. Der expressionistische Dichter Rudolf Leonhard bemerkte bereits 1920: »Die Filmindustrie ist heute die drittgrößte Industrie Deutschlands. Das ist in ökonomischer Hinsicht phänomenal und in jeder anderen Beziehung erschütternd«, weil die Spieltriebe des Volkes eine industrielle Form angenommen haben, die »bergenden Instinkte« retten sich und uns in »unglaublich freiem Spiele«[157]. Diese Tatsache kündigte für ihn einerseits eine nachkapitalistische Gesellschaft an, andererseits war der kollektive Charakter des Spiels in der ontologischen Substanz des Films begründet. Er bemerkte auch, daß das Kino den früheren Denk- und Kommunikationsformen nahekommt, weil die Psychologie im Film zurück- und die Körperlichkeit in den Vordergrund tritt. Der Film aktiviert also einen non-verbalen Typ des Denkens, der Kommunikation und läßt zu, daß Spiel- und andere Triebe ausgelebt werden. Leonhard vertrat diese Überzeugung nicht allein – Therry Ramsay entwickelte in seiner Filmgeschichte (1926) aus einem ähnlichen Gedanken anthropologische Bestimmungen des Filmischen über die neuen Kommunikationsformen und die neue Ritualistik.[158]

Einerseits wurde Film mit der Großstadt und dem Amerikanismus verbunden, doch gleichzeitig wurde er als Träger des ursprünglichen ›élan vital‹ begriffen, der die moderne Zivilisation mit ursprünglicher, vorhistorischer ›mentalité primitive‹

vereinigt. Film gibt das Barbarische zurück, die Triebe, die die Zivilisation unterdrückt; sie werden hier in der Schaulust, die das Kino weckt, ausgelebt, aber auch in der elementaren triebhaften Energie: Erotik, Gewalt, Sadismus, Tod, wie Walter Serner in *Kino und Schaulust* (1913) feststellte.[159] Film ist von Tod, Erotik und Gewalt nicht zu lösen, er ist »une gigantesque machine à modeler le libido sociale«[160], ein Instrument zur Semiotisierung der Lüste und – ›le divan du pauvre‹, wie es 1973 Felix Guattari formuliert. Seine Ansichten revidieren die Vorstellung vom filmischen Diskurs im Sinne Cohen-Séats. Nicht die Differenz von Zeichen liege dem Film zugrunde, so Guattari, sondern eine Flut von Intensitäten, die Verflechtung vieler Codes ohne signifikante Substanz: »Il est fait de chaînons sémiotiques asignifiants, d'intensités, de mouvement, de multiplicité qui tendent fondamentalement à échapper au quadrillage signifiant. [...] Les composantes sémiotiques du film glissent les unes par rapport aux autres sans jamais se fixer et se stabiliser« (100). Hier liegt die Entsubjektivierung und Desindividuierung des Aussagens, die nichtkommunikative Situation im Kinoraum, was Guattari von Deterritorialisierung der »coordonnées perceptives et déictiques« (102) sprechen läßt. Film ist, wie er konstatiert, eine Droge. (Das wußten bereits Vertov, Majakovskij, Sergej Tretjakov, die diesem bürgerlichen opiatischen Kino das neue revolutionäre Sehen entgegenstellten.) »Le cinéma [...] ne se contente pas de rabattre les productions de désirs sur des chaînes signifiantes, il mène une psychanalyse de masse, il cherche à adapter les gens non pas aux modèles désuets, archaïques du freudisme, mais à ceux qui sont impliqués par la production capitaliste.« Die Filmmythen haben keinen Metamythos, keinen Referenzmythos (im Vergleich zur klassischen Psychoanalyse), der Filmmythos »entre en connection directe avec le processus de sémiotisation du spectateur« (103), und in diesem Sinne ist er eine lebende Sprache im Vergleich zur toten Psychoanalyse. Der negative Vergleich zwischen Psychoanalyse und Film mündet in die These, Film sei Psychoanalyse, wenn auch einer anderen Art.

---

[157] RUDOLF LEONHARD, Bemerkungen zur Ästhetik und Soziologie des Films (1920/1921), in: Güttinger (s. Anm. 11), 402 f.
[158] Vgl. THERRY RAMSAY, A Million and One Night. A History of the Motion Picture (New York 1926).
[159] Vgl. WALTER SERNER, Kino und Schaulust (1913), in: Güttinger (s. Anm. 11), 189–193.
[160] FELIX GUATTARI, Le divan du pauvre, in: Communications, Nr. 23 (1975), 96; dt.: Die Couch der Armen, in: Guattari, Mikro-Politik des Wunsches, übers. v. H.-J. Metzger (Berlin 1977), 82–99.

4. Film als Maschine des Imaginären

Film sei ein »miroir anthropologique«[161], schrieb Edgar Morin, der sich 1956 in seinem Buch *Le cinéma ou l'homme imaginaire* mit einigen fundamentalen Komplexen der Anthropologie des Imaginären beschäftigte. Einen relevanten Teil des Imaginären bildet die Magie, die nach Morin nicht aus dem Bereich der ästhetischen Reflexion über den Film ausgeschlossen werden darf. Morin untersucht »l'essence esthétique du cinéma, non pas comme une évidence transcendante, mais relative à la magie«[162]. Er untersucht die Entfremdung subjektiver Erfahrung in einem mentalen Bild (›projection‹) und die damit verbundene Figur des Doppelgängers in der Magie und im Film. Ihn interessieren Fetische, Affekte, der universelle Animismus des filmischen Tatbestandes, die Fluidität (die Metamorphosen) von Zeit, Raum, Geschwindigkeit, Formen usw., der Drang nach Unsterblichkeit und der Trieb zur Verdoppelung. Film nimmt in der Zivilisation des 20. Jh. den Platz ein, den früher die Magie besetzte; er ist die magische Drehscheibe, und die archaische Partizipation funktioniert im Kino als gültiges Wahrnehmungsmuster, bei totaler Ohnmacht zu handeln. Morin bemerkt, daß die Sprache der Psychologie und des Films sich einander immer mehr nähern: Beide sprechen von Projektion, Vorstellung, Feld, Bildern. Psychoanalytiker beobachteten z. B. an ihren Patienten, daß diese den Traum wie eine Filmprojektion beschreiben; das Phänomen wurde unter dem neuen Stichwort dream screen in die Wörterbücher psychoanalytischer Begriffe aufgenommen.

Der Film faßt ihm zufolge die objektive Erscheinung und den menschlichen Geist (Imagination) in einer Einheit zusammen. Mit der Durchsetzung des Imaginären, des Phantastischen wurde auch der Übergang vom Kinematographen zum Kino vollzogen, und Film war geradezu ein Synonym für Fiktion geworden. Morin analysierte den Film als eine ›Maschine des Imaginären‹, die im 20. Jh. parallel zu anderen Maschinen erfunden wurde.[163] »Il est la machine-mère, génitrice d'imaginaire, et réciproquement l'imaginaire déterminé par la machine«[164] – diese Tatsache wurde in verschiedenen metaphorischen Umschreibungen festgehalten, wie *L'usine aux images* von Canudo (1927), *Die Phantasiemaschine* von René Fülöp-Miller (1931) oder *Die Traumfabrik* von Ilja Ehrenburg (1930) bezeugen. Diese maschinenmäßige Produktion ist vom Drang zur Universalisierung des Imaginären gekennzeichnet, was letztendlich erlaubt hat, Träume zur zirkulierenden Ware zu machen.

VI. Metaphorische Konnotationen des Begriffes ›filmisch‹

Wie wir gesehen haben, läßt sich die Dynamik in der Bewertung des Films – von der Negation jeglicher ästhetischer Qualitäten bis zu seiner Bejahung als entwickeltste neue Kunstform – nur grob schematisieren, da es keine einheitlichen Rezeptionsmuster gibt. Das Jahr 1914 kann aber als erster Kristallisationspunkt der Diskussionen um den Wert des Films gesetzt werden – mit der skeptischen Dominanz (›Ist Film Kunst?‹) und der gewaltsamen Anpassung an die traditionellen Kunstwerte. Mitte der 20er Jahre läßt sich der Umbruch zur allgemeinen Anerkennung feststellen; mit dem Begriff des Filmischen werden jedoch gleichzeitig die Qualitäten der modernen Literatur (aber auch des Theaters oder der Malerei) beschrieben.

Jean Epstein schreibt das Buch *La poésie d'aujourd'hui. Un nouvel état d'intelligence* (1921), in dem er die neue Dichtung als eine Form des Filmischen charakterisiert. Filmisch steht hier als Synonym für die Eliminierung der traditionellen literarischen Verknüpfungen und Motivierungen, vereinfachte Handlung, Alogismus. Philippe Soupault verfaßt ›poèmes cinématographiques‹, Blaise Cendrars ›le roman cinématographique‹ *La Fin du monde filmée par l'Ange N. D.* (1919), Ivan Goll widmet sein Kino-Poem Chaplin. Die Surrealisten bemerken, daß Film viel einfacher mit der Brechung der Lo-

---

161 EDGAR MORIN, Le cinéma ou l'homme imaginaire. Essai d'Anthropologie sociologique (Paris 1956), 216; dt.: Der Mensch und das Kino. Eine anthropologische Untersuchung, übers. v. K. Leonhard (Stuttgart 1958).
162 Ebd., 214f.
163 Vgl. ebd., 205 ff.
164 Ebd., 217.

gik arbeitet als die Sprache. André Breton analysiert dies am Beispiel eines Bildes von Soupault »Une église se dressait, éclatante comme une cloche«[165]. Diese Metapher ist logisch schwer akzeptierbar, die ähnliche Bildfolge im Film wird ohne Widerspruch hingenommen – Film benötigt die Referenzen zu logischen Mechanismen nicht. Das bestätigt auch Jean Cocteau: »Si je raconte, qu'un homme entre dans un miroir, on hausse les épaules; mais si je le montre, alors on ne hausse plus les épaules.«[166] Dieselben Beobachtungen am Film und an der modernen Prosa macht Šklovskij. Er war begeistert von »поразительной стороной кинематографа – немотивированности связи частей«[167] (dem verblüffendsten Zug am Film, der Unmotiviertheit der Verbindung zwischen einzelnen Teilen). Dieses Charakteristikum bescheinigen er und Jakobson sonst nur noch der futuristischen Dichtung. Das erklärt teilweise, warum narrative Anomalien – Sprünge, Fehlen des Zentrums (oder einer wichtigen Szene), Chaos der Details, aufgegebene Geschlossenheit, Alogismen, Fehlen der Motivierungen usw. – in der Literatur als ›filmisch‹ verstanden werden. Der Symbolist Andrej Belyj bezeichnet das Stück von Aleksandr Blok *Balagančik* (*Die Schaubude*; 1906) als ›kinematografisch‹: Es ist ohne Verbindung, ohne Ziel, ohne dramatischen Sinn. Der ganze Symbolismus sei eine Reihe kinematographischer Assoziationen.[168]

Rückblickend wird der Film in Stücken, Literaturwerken oder Bildern erkannt, die lange vor dem Film entstanden sind – Film fungiert als Kriterium zur Typologisierung bestimmter literarischer, dramatischer und malerischer Stile. Konstantin Stanislavskij schreibt über die Rezeption des *Blauen Vogels*: »Конечно, хулиганы-рецензенты ничего, кроме синематографа, не видят в пьесе.«[169] (Die Rowdy-Kritiker sehen in dem Stück nichts außer dem Kinematographen.) Der avantgardistische Theaterregisseur Nikolaj Foregger erklärt 1922: »В противоположность прежнему драматическому характеру сюжета (мысль, слово, психология) современный сюжет кинематографичен (вещественность, пространство, время). Возможны различные и параллельные пути, обратные ходы и разрывы (синкопы) сюжета. [...] Правила Лессинга и Буало аннулированы правилами американского монтажа. Значительную роль в строении сюжета обретает иллогизм.«[170] (Im Gegensatz zum bisherigen Dramensujet [Idee, Wort, Psychologie] ist das moderne Sujet filmisch [Gegenständlichkeit, Raum, Zeit]. Möglich sind parallele Wege und Entzweiungen, rückwärtige Verläufe und Unterbrechungen. [...] Die Regeln Lessings und Boileaus wurden von den Gesetzen der amerikanischen Filmtechnik annulliert. Eine bedeutende Rolle beim Bau des Sujets kommt dem Allogismus zu.) Genauso werden die Innovationen im Mejerchold-Theater (Zerfall des traditionellen Dramas, Einsatz von Beleuchtungseffekten, Simultaneität in der Handlungsentwicklung, Schauspielertechnik) von den Kritikern einstimmig als ›кинофикация театра‹ (Kinofizierung des Theaters) bezeichnet.[171] Doch was Stanislavskij 1907, Foregger 1922 oder Mejerchol'd-Rezensenten gegen Ende der 20er Jahre mit ›filmisch‹ oder ›kinematographisch‹ umschreiben, sind eigentlich Qualitäten der radikalisierten Kunstpraxis mit prinzipieller Diskontinuität, die weder durch logische noch stilistische Übergänge kaschiert wird.

Was Theaterleute und Literaten in ihrer Domäne sehen, beschreibt Marinetti 1916 als filmische Qualitäten der modernen Malerei.[172]

Vor allem wird die Montage als filmisches Verfahren bezeichnet. John R. Dos Passos' Romane werden als filmische bewertet (besonders nachträglich, aus der zeitlichen Distanz[173]), dabei wird unterschlagen, daß diese Technik durch den Film nur

---

165 Zit. nach Virmaux (s. Anm. 123), 311.
166 JEAN COCTEAU, Portrait-souvenir (Paris 1964), 160.
167 ŠKLOVSKIJ, O kinematografe (1919), in: Šklovskij, Za 60 let (Moskau 1985), 17.
168 Vgl. ANDREJ BELYJ, Oblomki mirov, in: Vesy, Nr. 5 (1908), 66 f.
169 Zit. nach JURIJ CIVJAN, Kinematografičeskaja recepcija kino v Rossii 1896–1930 (Riga 1991), 205.
170 NIKOLAJ FOREGGER, P'esa. Sjužet. Trjuk, in: Zrelišča, Nr. 2 (1922), 10–11.
171 Vgl. ADRIAN PIOTROVSKIJ, Kinofikacija teatra, in: Žizn' iskusstva, Nr. 47 (22. 11. 1927), 4.
172 Vgl. MARINETTI/CORRA u. a. (s. Anm. 92), 191, 193.
173 Vgl. EDWARD D. LOWRY, Dos Passos Manhattan Transfer und die Technik des Films, in: E. Lohner (Hg.), Der amerikanische Roman im 19. und 20. Jahrhundert (Berlin 1974), 238–257.

popularisiert wurde; die Filmleute bewerteten sie als Übernahme aus Industrie, Theater und Literatur. Ejzenštejn führt die Genealogie der Montage auf die Romane von Charles Dickens und Lev Tolstoj oder die Poeme von Aleksandr Puškin zurück.[174] Brecht beschreibt diese Aberration treffend: »Der Filmsehende liest Erzählungen anders. Aber auch der Erzählungen schreibt, ist seinerseits ein Filmsehender.«[175] Noch ein Zug wird als filmisch in der literarischen Reflexion bezeichnet: Film codiert die Figur der Absenz in der Präsenz, der unbeteiligten Beteiligung, der unechten Echtheit, letztendlich der Entfremdung: »Всё, что [...] происходит, кажется мне не настоящим, а чем-то вроде развёртывающегося экрана кинематографа«[176] (Alles, was [...] geschieht, scheint mir unecht zu sein, als ob es sich auf der Filmleinwand entfaltet), schreibt Aleksander Kuprin an einen Freund. Das Kino liefert eine erlebte Gegenwärtigkeit von Abwesendem, ein Anwesend-Abwesendsein, auf das Benjamin und Morin aufmerksam machten und was Virginia Woolf in ihrem Essay *The Cinema* (1926) oder Thomas Mann in *Der Zauberberg* (1924/1926) beschrieben: »We see life as it is when we have no part in it. [...] The horse will not knock us down. The king will not grasp our hands. The wave will not wet our feet.« (Woolf); »der Raum war vernichtet, die Zeit zurückgestellt, das Dort und Damals in ein huschendes, gaukelndes, von Musik umspieltes Hier und Jetzt verwandelt. [...] Man starrte verlegen in das Gesicht des reizvollen Schattens, der zu sehen schien und nicht sah, der von den Blicken gar nicht berührt wurde [...], so daß es sinnlos gewesen wäre, es [sein Lachen – d. Verf.] zu erwidern. Dies mischte, wie gesagt, der Lust ein Gefühl der Ohnmacht bei.« (Mann)[177] Vladimir Nabokov entwickelte in seinen Filmromanen eine Konnotation des Films, die auf diese Figur baut; allein die Nähe zum Filmraum (einem Kinosaal oder einem Studiogelände) fördert in der Imagination seiner Helden die Entstehung von Trugbildern – falschen Identitäten, falschen Doppelgängern (*Camera obscura*, 1932); die Filmvorführung potenziert das Erleben der Kraftlosigkeit (*Invitation to a Beheading*, 1935–1936).

Während in den 10er oder 20er Jahren Eindeutigkeit herrschte, was mit der Metaphorik von ›filmisch‹ gemeint sein konnte (Diskontinuität der Erzählung, Montagetechniken), ist der Begriff des Filmischen in heutigen Bewertungen stark verwischt. Damit können montage- und collageartige Techniken gemeint sein oder die Visualisierung der Erlebnisse, aber auch das Phänomen des ›dream screen‹.

Heute haben die Überlegungen zum Film ihre Dynamik eingebüßt, da dieser in das System der Medien eingeschlossen wurde und seine ästhetische Unabhängigkeit somit wieder verloren hat. Film ist nun ein kaltes Medium geworden, ja ein museales Phänomen, das in Europa staatlich hoch subventioniert und in Opernhäusern, von großen Orchestern begleitet, vorgeführt wird. Einst sah Ejzenštejn den Film als ein grandioses Experiment, das die Ideen und Versuche der neuesten Kunst- und Theorieentwicklung – von der kubistischen Aufgliederung des Raums, Joyce' innerem Monolog bis hin zur Gehirnforschung – am perfektesten verkörpern konnte. Nun werden die Probleme der visuellen Information und Kommunikation, die zunächst am Film problematisiert wurden – Manipulationsmechanismen, Doppelung der Gesellschaft im geschaffenen Bild sowie digitale Simulationen, die mit dem Film auch die Idee des Subjekts und einer realen, objektiv erkennbaren und darstellbaren Welt als Referenz zum Verschwinden bringen – nicht mehr am Film analysiert, sondern in den neuen visuellen Medien.

Oksana Bulgakowa

Literatur

ADORNO, THEODOR W./EISLER, HANNS, Composing for the Films (1947; London 1994); dt.: Komposition für den

---

174 Vgl. EJZENŠTEJN (s. Anm. 109), 129–180; dt. 157–229; EJZENŠTEJN, Montaž (1937), in: Ejzenštejn, Izbrannye proizvedenija, Bd. 2 (Moskau 1964), 453 ff.
175 BERTOLT BRECHT, Der Dreigroschenprozeß. Ein soziologisches Experiment (1931), in: BRECHT, Bd. 18 (1967), 156.
176 Zit. nach CIVJAN (s. Anm. 169), 198.
177 VIRGINIA WOOLF, The Cinema (1926), in: Woolf, The Captain's Death Bed (London 1950), 167; THOMAS MANN, Der Zauberberg (1924/1926), in: Mann, Gesammelte Werke in 12 Bänden, Bd. 3 (Frankfurt a. M. 1960), 442.

Film (1949; Hamburg 1996); AUMONT, JACQUES u.a., Esthétique du film (Paris 1983); BAUDRY, JEAN-LOUIS, L'effet cinéma (Paris 1978); BELLOUR, RAYMOND, L'analyse du film (Paris 1979); BORDWELL, DAVID, Making Meaning: Inference and Rhetoric in the Interpretation of the Cinema (Cambridge, Mass. 1989); CARROL, NOEL E., Philosophical Problems of Classical Filmtheory (Princeton, N.J. 1988); CHARNEY, LEO/SCHWARTZ, VANESSA R. (Hg.), Cinema and the Invention of Modern Life (Berkeley 1995); CRARY, JONATHAN, Techniques of the Observer: On Vision and Modernity in the Nineteenth Century (Cambridge, Mass. 1990); ELSAESSER, THOMAS/HOFFMANN, KAY (Hg.), Cinema Futures: Cain, Abel or Cable: the Screen Arts in the Digital Age (Amsterdam 1998); FRIEDBERG, ANNE, Window Shopping: Cinema and the Postmodern (Berkeley 1993); HELLER, HEINZ B., Literarische Intelligenz und Film. Zu Veränderungen der ästhetischen Theorie und Praxis unter dem Eindruck des Films 1910–1930 in Deutschland (Tübingen 1985); INGARDEN, ROMAN, Das kinematographische Schauspiel, in: Ingarden, Das literarische Kunstwerk (Halle 1931), 333–338; IVANOV, VJAČESLAV VSEVOLODIVIČ, Očerki po istorii semiotiki v SSSR (Moskau 1976); dt.: Einführung in allgemeine Probleme der Semiotik, übers. v. B. Eidemüller/W. Eismann (Tübingen 1985); KITTLER, FRIEDRICH A., Grammophon, Film, Typewriter (Berlin 1986); LOTMAN, JURIJ M., Semiotika kino i problemy kinoėstetiki (Tallin 1973); dt.: Probleme der Kinoästhetik. Einführung in die Semiotik des Films, übers. v. C. Böhler-Auras (Frankfurt a.M. 1977); MÖLLER-NASS, KARL-DIETMAR, Die Film-Sprache. Eine kritische Theoriegeschichte (Münster 1986); MÜLDER-BACH, INKA, Der Umschlag der Negativität. Zur Verschränkung von Phänomenologie, Geschichtsphilosophie und Filmästhetik in Siegfried Kracauers Metaphorik der ›Oberfläche‹, in: Deutsche Vierteljahrsschrift für Literaturwissenschaft und Geistesgeschichte 61 (1987), 359–373; PAECH, JOACHIM, Film, Fernsehen, Video und die Künste. Strategien der Intermedialität (Stuttgart 1994); PEZZELLA, MARIO, Estetica del cinema (Bologna 1996); REETZE, JAN, Die Realität der Medien oder der Beginn der Illusionsgesellschaft. Die Synthese von Film, Musik, audiovisueller Kunst und elektronischen Informationsmedien (Hannover 1992); SALT, BARRY, Film Style and Technology (Bloomington 1978); TEITELBAUM, MATTHEW (Hg.), Montage and Modern Life. 1919–1942

(Cambridge, Mass. 1992); WORTH, SOL/ADAIR, JOHN, Through Navajo Eyes. An Exploration of Film Communication and Anthropology (Bloomington, Ind. 1972).

Form

(griech. εἶδος, μορφή; lat. forma; engl. form; frz. forme; ital. forma; span. forma; russ. форма)

Einleitung; I. Zur Vorgeschichte des ästhetischen Formbegriffs; 1. Antike und Mittelalter; 2. Von der Renaissance zum 18. Jahrhundert; II. Form im 18. und beginnenden 19. Jahrhundert; 1. ›Innere Form‹; 2. Philosophische Ästhetik; 3. Form in der Romantik; III. Differenzierungen des Formbegriffs seit dem 19. Jahrhundert; 1. Nachhegelsche Ästhetik; 2. Übergänge zur Moderne; 3. Versachlichung des Formbegriffs; IV. Form im 20. Jahrhundert; 1. Formalistische Kunsttheorie; 2. Kunstphilosophische Ästhetik; 3. Russischer Formalismus; 4. Übergänge: Form und Symbol; 5. Geschichtsphilosophische Ästhetik

Einleitung

Eine kurzgefaßte Geschichte von Form als einem ästhetischen Grundbegriff, die sich am Leitfaden repräsentativer Texte der Philosophie- und Ästhetikgeschichte orientiert, muß weitgehend auf eine Darstellung der Formierung des Begriffs, d.h. der die Begriffsbildung begleitenden Geschichte der Künste und der Medien, verzichten. Die Darstellung geriete sonst ins Uferlose. Die notwendigen Aussparungen bedeuten aber nicht, daß die ästhetische Relevanz künstlerischer Praxis in der Geschichte ausschließlich an einem entsprechenden Formbegriff zu messen wäre. Eingeräumt werden muß außerdem, daß die Geschichte des Formbegriffs den jeweiligen historischen Kontexten, aus denen sie herauspräpariert wird, sicher nicht in jedem Fall gerecht zu werden vermag.

Die Grenze der Darstellung ist auch dort erreicht, wo Form ohne Bezug auf die philosophische Ästhetik definiert wird, etwa in Kunsttheorien, die vorwiegend pragmatisch oder lebensphilosophisch argumentieren.[1]

---

1 Vgl. JOHN DEWEY, Art as Experience (London 1934); dt.: Kunst als Erfahrung, übers. v. C. Velten/G. vom Hofe/D. Sulzer (Frankfurt a.M. 1980); HENRI FOCILLON, Vie des Formes (Paris 1943); dt.: Das Leben der Formen, übers. v. G. Baerlocher (München 1954); vgl. auch ETIENNE SOURIAU/RAINER ROCHLITZ/ANNE SOURIAU, ›Forme‹, in: SOURIAU, 760–764; ROGER BASTIDE, Art et société (Paris 1977), 45–49; MICHEL MAFFESOLI, Le paradigme esthétique: la sociologie comme art, in: Sociologie et sociétés, Bd. 17 (1985), H. 2, 33–39.

Form erscheint heute in sehr verschiedenen Zusammenhängen (Alltag, Kunst, Wissenschaft, Technik u. a.), und die vielfältigen Bedeutungen von Wort und Begriff im Spektrum zwischen diffusem umgangssprachlichen Gebrauch und exakter Formelhaftigkeit in den Wissenschaften lassen sich kaum systematisch ordnen bzw. gegeneinander abgrenzen. Im Bereich der Ästhetik und Kunsttheorie wird Form verwendet, um allgemeine Unterscheidungen zu treffen (z. B. zwischen Form und Inhalt) oder konkrete Formen zu bezeichnen (z. B. in Poetik und Rhetorik). Außerdem steht Form mitunter analog oder synonym für ›Kunst‹[2], ›Symbol‹ bzw. kann ähnlich wie ›Stil‹ auch »für die Bezüge zwischen Sprache, Verhalten und Wirklichkeiten [...], die sich gegen eindeutige Zuordnungen sperren«[3], stehen.

Form ist also einerseits ein universaler ›Abstraktionsbegriff‹, bezieht sich aber zum anderen auch auf konkrete Eigenschaften und Merkmale: »In der ›Realität‹ kommt ›Form‹ nicht vor, doch der Begriff zielt genau auf das sichtbar Konkrete ab.«[4] Form ist, so könnte man sagen, eine abstrakte Kategorie für das Besondere. In diesem Sinne bedeutet Form in der Regel eine Unterscheidung: des Besonderen vom Allgemeinen, des konkret und sichtbar Erscheinenden von (s)einem unsichtbaren Wesen (= Form vs. Idee, Inhalt, Begriff), des Geformten von der Formlosigkeit (= Form vs. Materie, Stoff). Die konkrete Bedeutung wird aus den jeweiligen Kontexten ersichtlich.

Form als ästhetischer Grundbegriff hat eine lange, in der antiken Philosophie wurzelnde Vorgeschichte. Die eigentliche Geschichte des Begriffs beginnt mit der Entstehung der Ästhetik im 18. Jh. In der Gegenwart scheint sich in dieser Geschichte eine Wende anzubahnen: Wenn u. a. ein zentrales Bedeutungsmoment, die Relation von Form und Inhalt, gegenwärtig »in die Geschichte der Begleitsemantik moderner Kunst«[5] abgedrängt wird oder wenn die zu Form und Inhalt auf semiotischer Ebene analoge Relation von Zeichen und Referenz in Zweifel gezogen wird und ein Zeichen nur noch »zum Ausdruck bringt, daß es keine Zeichen gibt«[6], dann ist der ästhetische Formbegriff in seiner bisherigen Bedeutung zumindest in Frage gestellt.

Der deutsche Begriff ›Form‹ wird der lateinischen ›forma‹ entlehnt, welche möglicherweise auf die griechische 'morphè' (μορφή) zurückgeht. Ab der Mitte des 13. Jh. ist ›Form‹ zunächst in der Poesie (Konrad von Würzburg) nachweisbar, erst später in theoretischen Kontexten, wo das Lemma Begriffe wie ›bilde, gestalt, figure‹ ersetzt.[7]

Die Kunsttheorien der Antike, des Mittelalters und der frühen Neuzeit haben keinen allgemeinen Kunstbegriff entwickelt. Erst mit der Entstehung des auf ›Innovation‹ und ›Originalität‹ abgestellten Systems der Künste im 18. Jh., deren Produktion man grundsätzlich von anderen Produktionsarten unterscheidet, wird Form in der Kunst zu einem philosophischen Problem und deshalb als ästhetischer Begriff im engeren Sinn gebräuchlich. Kunstproduktion und Philosophie werden der entstehenden Ästhetik begrifflich zusammengeführt und ihr Zusammenhang letztlich auf die bereits erwähnte Relation von Form und Inhalt eines Kunstwerkes hin definiert.[8]

An den philosophischen Ursprüngen der Begriffsbildung in der Antike zeigt sich eine zweifache Bedeutungsrelation: Form steht in einer unaufhebbaren Relation zu ›Materie‹, ›Material‹, ›Stoff‹, d. h. zu einem Nicht-Geformten (bzw. Formlosen), und andererseits zu ›Zweck‹, ›Inhalt‹, ›Bedeutung‹, ›Idee‹, d. h. zu einem Geistigen, das die Formung verursacht, durch sie zur Existenz gebracht und durch die gestaltete (materialisierte)

---

2 Vgl. MARKUS SCHÄFER-WILLENBORG, Form und Rhetorik, in: J. Fohrmann/H. Müller (Hg.), Literaturwissenschaft (München 1995), 220.
3 KARL LUDWIG PFEIFFER, Produktive Labilität. Funktionen des Stilbegriffs, in: H. U. Gumbrecht/Pfeiffer (Hg.), Stil. Geschichten und Funktionen eines kulturwissenschaftlichen Diskurselements (Frankfurt a. M. 1986), 688.
4 SCHÄFER-WILLENBORG (s. Anm. 2), 218.
5 NIKLAS LUHMANN, Die Kunst der Gesellschaft (Frankfurt a. M. 1995), 110.
6 LUHMANN, Zeichen als Form, in: D. Baecker (Hg.), Probleme der Form (Frankfurt a. M. 1993), 46.
7 Vgl. WALTER JOHANN SCHRÖDER, 'Form', in: P. Merker/W. Stammler, Reallexikon der deutschen Literaturgeschichte, Bd. 1 (Berlin ²1958), 468; GRIMM, Bd. 3 (1862), 1897.
8 Vgl. PAUL OSKAR KRISTELLER, Humanismus und Renaissance, Bd. 2 (1951; München 1977), 164–171.

Form repräsentiert wird. So bedeutet attributivisch ›formal‹ in diesen Relationen das bestimmende Moment, ›material‹ hingegen das bestimmte Moment. Das Schema »entspringt der Arbeitswelt, in der eine Materie geformt wird. Das jeweils künstlerisch oder technisch Bearbeitete ist die Materie, die eine neue Form erhält.«[9] Die ästhetische Dimension des Formbegriffs erscheint zum einen auf der Ebene einer Metaphysik des Schönen, zum anderen in Anwendung auf einen noch nicht systematisch ausgegrenzten Bereich technisch-praktischer Tätigkeiten. Form entsteht ursprünglich im Rahmen philosophischer Bemühungen, die mythische Tradition auf vernünftige Orientierungen umzustellen. Als reflektierender bzw. als technischer Begriff hat Form – im Unterschied etwa zu ›Mythos‹ oder ›Symbol‹ – vor allem eine Bedeutung der Be- und Abgrenzung im kognitiven wie auch im praktischen Denken.

Bis ins 18. Jh. bleibt die antike, nicht primär ästhetische, sondern ontologische und ethisch-lebenspraktische Deutung des Schönen als im Erfahrungshorizont des Kosmos spezifisch geformter Materie durchaus lebendig. Eine spezielle ästhetische Bedeutung kann Form erst annehmen, nachdem im 18. Jh. die metaphysische Ideenlehre der Antike endgültig abgearbeitet wurde. Die systematische Vermittlung von Kunstpraxis und Kunstbegriff, die Verortung von Kunst im wissenschaftlichen Denken, erfolgt nun unter einem entsprechend erneuerten Rückbezug auf die antike Philosophie und Kunstauffassung.

9 RAINER WIEHL, ›Form‹, in: H. Krings u. a. (Hg.), Handbuch philosophischer Grundbegriffe (München 1973), 444; vgl. WILHELM G. JACOBS, ›Formal-material‹, in: ebd., 457–460.
10 GOTTFRIED BOEHM, Kunsterfahrung als Herausforderung der Ästhetik, in: W. Oelmüller (Hg.), Kolloquium Kunst und Philosophie, Bd. 1 (Paderborn 1981), 14.
11 ANNEMARIE GETHMANN-SIEFERT, Einführung in die Ästhetik (München 1995), 8.
12 JOHANN GOTTLIEB FICHTE, Beweis der Unrechtmäßigkeit des Büchernachdrucks (1793), in: Fichte, Werke, hg. v. der Bayerischen Akademie der Wissenschaften, Abt. 1, Bd. 1 (Stuttgart-Bad Cannstatt 1964), 412.
13 Vgl. REINHOLD SCHWINGER, ›Form, innere‹, in: RITTER, Bd. 2 (1972), 974.

Die philosophische Ästhetik des 18. Jh. behandelt den Zusammenhang von Kunst und Form unter zwei Voraussetzungen: Einmal wird Kunst als eine anschauliche Form der Welterkenntnis bestimmt: »Der Antagonismus zwischen Kunst und philosophischem Begriff soll […] behoben werden […] mit einer Idee von Wissenschaft, welche die Erfahrung von Kunst nicht mehr außer sich hat, einem Wissen, welches die spezifisch sinnliche Form künstlerischen Sinnes zu exponieren in der Lage wäre.«[10] Zum anderen erscheint Kunst in der Praxis als »besondere Form des Handelns, als spielerisch tentativer, poietischer Vernunftgebrauch in praktischer Absicht«[11].

Dieser praktische Vernunftgebrauch wird gedacht vom Standpunkt des individuellen Künstlers und Autors. »Da nun reine Ideen ohne sinnliche Bilder sich nicht einmal denken, vielweniger anderen darstellen lassen«, heißt es bei Fichte, »so muß freilich jeder Schriftsteller seinen Gedanken eine gewisse Form geben, und kann ihnen keine andere geben als die seinige, weil er keine andere hat«. Und niemand kann »seine [des Schriftstellers – d. Verf.] Gedanken sich zueignen, ohne dadurch daß er ihre Form verändere. Die letztere also bleibt auf immer sein *ausschließendes* Eigenthum.«[12] Der freien subjektiven Verwendung des Gedankens korrespondiert das individuelle Eigentum der Form.

Mit der Projektion von Form auf Subjektivität gewinnt (vor allem in der deutschen Ästhetik) Plotins Begriff der ›inneren Form‹ (endon eidos) wesentliche Bedeutung. Diese Kategorie, die in Schleiermachers ›innerem Kunstwerk‹ und Humboldts ›innerer Sprach-Form‹[13] nachwirkt, erlaubte es, den entstehenden Gegensatz von ursprünglich überindividuell gedachter Teilhabe des Autors wie des Künstlers am Logos und der Eigenständigkeit seiner individuellen Phantasie und Einbildungskraft aufzuheben.

Mit der Aufwertung der Sinneserfahrung als Erkenntnisform und der Ausbildung eines Kunstsystems, dessen Produktivität von einem individuellen Schöpfer abhängt, gelangte man zu der Einsicht, daß die Form der Kunst sich von den Formen der Natur und der handwerklichen Artefakte unterscheidet, Kunst somit generell durch Form spezifiziert wird. Die sich in Ästhetik und

Kunsttheorie einbürgernden Begriffspaare ›Form/ Inhalt‹, ›Form/Material‹, ›materialisierte Form‹ oder aber ›Sinn und Form‹, ›Gehalt und Gestalt‹ spiegeln auf unterschiedliche Weise eine spezifisch ästhetische, d. h. auf Kunst und im engeren Sinne auf das Kunstwerk bezogene Re-Interpretation des tradierten philosophischen Begriffs. Die Geschichte des ästhetischen Formbegriffs hat ihren Rahmen in der jeweils epochenspezifischen Ausprägung dieses Relationsgefüges und seiner Kontexte. Dazu gehören auch die versuchten Aufhebungen von Form in Begriffen wie ›Symbol‹ oder ›Struktur‹ sowie andererseits die Geschichte des Gegensatzes von Form und Formlosigkeit. Neben der spekulativen Bedeutung behält Form allerdings immer auch eine klassifikatorische Funktion. Seit der Antike werden für die einzelnen Künste bestimmte Normen künstlerischer Formierung (vgl. Kunstformen, Kunstgattungen) aufgestellt.

Die ästhetische Auffassung von einer individualisierten Form in der Kunst erfüllte offenbar eine Entlastungsfunktion: Das originell geformte Kunstwerk brachte »Zeitdruckersatz unter Mußebedingungen«, ermöglichte »Kontingenzbewältigung«[14], eine Reduktion von Komplexität, es vereinheitlichte die Perspektive anschaulicher Erkenntnis durch die Schaffung einer ›zweiten‹ Wirklichkeit – ob diese nun als Nachahmung der Wirklichkeit oder als eigenständige Wirklichkeit begriffen wurde – und erzeugte somit besonders kommunizierbare Sinneffekte.[15] Kunst sollte verstehbar, in ihrer Bedeutung möglichst auf die geschichtliche Existenz und Wahrnehmungsfähigkeit des einzelnen Menschen bezogen sein. Form und Inhalt des konkreten Kunstwerkes waren – etwa in der Gestaltung des »innern Ideals von Vollkommenheit«[16] – dem allgemein Menschlichen verbunden.

Eine plausible Erklärung für diese Konstruktion ergab sich jedoch weder auf der formalen noch auf der inhaltlichen Seite, da weder die Form auf eine eindeutige Regel noch der Inhalt auf einen Begriff zu bringen war und der Zusammenhang von Form und Inhalt sich als inkommensurabel erwies. Diese Erkenntnis führte letztlich zu dem bekannten Dualismus von Form- und Inhaltsästhetiken: Die formale Ästhetik bezog ihre Legitimation ursprünglich aus Kategorien wie ›Genie‹ (Produktion) und

›Geschmack‹ (Rezeption) und blieb entweder eine Ästhetik der Kennerschaft oder wurde zum Ausgangspunkt für utopische Kunstprojekte (vgl. die historischen Avantgarden). Andererseits geriet die Inhaltsästhetik, in deren Rahmen die berechtigte Frage nach dem Sinn von Kunst in Kultur und Gesellschaft und nach dem Verhältnis von Kunst- und Lebensform gestellt wurde, stets in die Gefahr, Kunst zum Vehikel von Ideologie zu machen.

Im Verlauf des 19. Jh. wurde der spekulative Charakter der philosophischen Ästhetik beklagt, ihr mangelndes Interesse für die Materialität der Form, für die technischen Verfahren künstlerischer Produktion und die neue soziale Funktion der Kunst. Schon Hegel hatte den Formbegriff historisiert: Das Kunstschöne, ausgedrückt in der idealen Übereinstimmung von Inhalt und Form des Kunstwerkes, ist für ihn bereits Vergangenheit. Mit seiner These vom Ende der Kunst – »ihre Form hat aufgehört, das höchste Bedürfnis des Geistes zu sein«[17] – beginnt eine Differenzierung der Geschichte des Formbegriffs. Dabei entstehen an der Peripherie der philosophischen Ästhetik eine Reihe von Kunsttheorien, die ästhetische Form vom Standpunkt ihrer psycho-physiologischen Wahrnehmung oder aber unter dem Aspekt ihres Sprach-, Symbol- oder Zeichencharakters betrachten. In der Vielfalt der unterschiedlichen Ansätze erreicht die ästhetische Formbegriff in der klassischen Moderne seine höchste Entfaltung und Autorität. Mit der Entwicklung der Avantgarden der 1910/30er Jahre und den sich gleichzeitig ausbildenden totalitären Regimen wird Form in der Kunst zeitweilig sogar zum politischen Kampfbegriff.

Ab der zweiten Hälfte unseres Jh. setzt sich aus dem Blickwinkel der postmodernen Ästhetik und Philosophie sowie unter dem Eindruck der elektronischen Massenmedien allmählich die Ansicht durch, daß Kunst ihren etablierten Status verliert.

---

14 ODO MARQUARD, Kunst als Kompensation ihres Endes, in: Oelmüller (s. Anm. 10), 193.
15 Vgl. SCHÄFER-WILLENBORG (s. Anm. 2), 222.
16 FRIEDRICH SCHILLER, Über Bürgers Gedichte (1791), in: SCHILLER, Bd. 22 (1958), 253.
17 G. W. F. HEGEL, Vorlesungen über die Ästhetik (1835–1838), in: HEGEL (TWA), Bd. 13 (1970), 142.

Im Zuge der Kritik am Anthropozentrismus, Logozentrismus, an der »Monokultur des Sinns« und am »Visualprimat«[18], unter technischen Bedingungen, in denen »die mediale Bildwelt zur eigentlichen Wirklichkeit aufsteigt« und das Medium zur Botschaft wird, in einer Zeit schließlich, in der die »Konjunktur des Ästhetischen« paradoxerweise mit einer allgemeinen »Desensibilisierung der ästhetischen Fakten« einhergeht, wird die Unterscheidung von Kunst und Nicht-Kunst und damit auch die Relevanz eines ästhetischen Formbegriffs fragwürdig. »Fast beziehungslos stehen jetzt die Werke der Pop Art neben denen Duchamps, deren Intention sich von der optischen Gegenwärtigkeit löste, um ein Lehrstück über die Wahrnehmung und den Affekt gegen die ästhetische Konvention der Kunst zu verkünden. Das Sichtbare und Denkbare ist in der Pop Art ein und dasselbe, kein Affront gegen Kunst oder Zivilisation«.[19]

Auch die tradierten Rahmenbedingungen künstlerischer Produktion und Rezeption verlieren ihre Geltung: »Die Dekonstruktion des Sinnzentrums ›Autorschaft‹, die Liquidation von Originalität, Identität, Kohärenz und Kontinuität, die Deformation des ›Werks‹ [...] unterläuft [...] strategisch das Kunstwerk als Werk und d. h. als Paradigma des Sinns in der Geschichte.«[20] Der Formbegriff gerät in die philosophische Kritik[21] oder wird wie in der Systemtheorie auf einer höheren Abstraktionsstufe als methodologisches Kalkül eingesetzt.[22] In der Praxis kultureller Kommunikation scheint sich die ästhetische Form in ein ebenso abstraktes wie austauschbares Medienzeichen zu verwandeln. Ob damit das Ende oder nur ein grundsätzlicher Wandel der Begriffsgeschichte angezeigt ist, wird sich noch zeigen.

I. Zur Vorgeschichte des ästhetischen Formbegriffs

1. Antike und Mittelalter

Bei Platon gehören Form und Formung wie das Schöne entweder der transzendenten Welt der Ideen an und sind daher implizit in idea (ἰδέα) bzw. eidos (εἶδος) mitgegeben, oder aber sie entstammen der irdisch-wirklichen Welt der Abbilder, die der Mensch allenfalls nachahmen kann[23], und haben daher keinen Eigenwert.

Erst durch Aristoteles gewinnt der Begriff eidos im Sinne von ›Form‹ an Bedeutung. Bei der von ihm zugrundegelegten Relation von ›Stoff/Materie‹ (ὕλη; hylē) und ›Form‹ (εἶδος, μόρφη; eidos, morphē), die einander bedingen, bezeichnet hylē die Voraussetzung des Entstehenden, die Grundlage, der die Möglichkeit oder Kraft (δύναμις; dynamis) innewohnt, konkretes Sein zu werden. Eidos (Form) meint als perfekte Realisation (ἐντελέχεια, ἐνέργεια; entelecheia, energeia) das Ziel jedes Werdens. Im Mittelalter, insbesondere bei Thomas von Aquin, wird die aristotelische Hylemorphismus aufgenommen und differenziert weiterentwickelt.[24] Als Nebenaspekt wird bei Aristoteles in diesem Zusammenhang auch künstlerische Gestaltung erwähnt: Die Werke der Kunst unterscheiden sich nicht von den Erzeugnissen der Natur nur dadurch, daß sich ihre Form vor der Realisation im Konkreten in der Seele des Kunstschaffenden befindet.[25]

In hellenistischer Zeit werden Synthesen der platonischen und aristotelischen Lehre gesucht, insbesondere um den Bereich der Kunst, der eine

---

18 Vgl. WOLFGANG WELSCH, Ästhetisches Denken (Stuttgart 1995), 82.
19 Vgl. JÜRGEN WISSMANN, Pop Art oder die Realität als Kunstwerk, in: H. R. Jauß (Hg.), Die nicht mehr schönen Künste. Grenzphänomene des Ästhetischen (München 1968), 522.
20 RAIMAR STEFAN ZONS, Über den Ursprung des literarischen Werks aus dem Geist der Autorschaft, in: Oelmüller (Hg.), Kolloquium Kunst und Philosophie, Bd. 3 (Paderborn 1983), 126.
21 Vgl. MARTIN HEIDEGGER, Der Ursprung des Kunstwerks (1935/36), in: Heidegger, Holzwege (Frankfurt a. M. ⁷1994), 11 f.; JACQUES DERRIDA, La forme et le vouloir-dire, in: Derrida, Marges à la philosophie (Paris 1972), 185–207; dt.: Die Form und das Bedeuten, übers. v. M. Fischer/K. Karabaczek-Schreiner, in: Derrida, Randgänge der Philosophie (Wien 1988), 159–174.
22 Vgl. BAECKER (s. Anm. 6).
23 Vgl. PLATON, Rep. 598b.
24 Vgl. ROLF P. SCHMITZ, ›Form/Materie‹, in: Lexikon des Mittelalters, Bd. 4 (München/Zürich 1989), 642 f.
25 Vgl. ARISTOTELES, An. 414a; Metaph. 1032b.

größere Wertschätzung erfährt, zu umreißen. Cicero zufolge bildet der Künstler keine realen, von daher mit Mängeln behaftete, Menschen und Gegenstände nach. Als Vorlage diene ihm vielmehr »ein Bild von außerordentlicher Schönheit«, welches »im Geist existiert« (in mente insidebat species pulchritudinis eximia quaedam)[26]. Somit identifiziert Cicero die platonische Idee (idea oder eidos) mit jener Form (eidos), die Aristoteles in der Vorstellung des Künstlers situiert: »has rerum formas appellat ἰδέας« (diese Formen der Dinge nennt er [d. h. Platon – d. Verf.] Ideen; 3, 10). Völlig anders stellt sich Senecas Verwendung platonischer und aristotelischer Begriffe im Bereich der Ästhetik dar. Die Form (forma), die mit dem aristotelischen eidos parallelisiert wird, erscheint erst bei der Herstellung des Kunstwerkes durch den Künstler; dieser schafft sie also. Dem Werk (damit auch der Form) vorgängig ist ein ›Urbild‹ oder besser ›Muster‹ (exemplar). Dieses Muster identifiziert Seneca mit der platonischen Idee, wobei er es für unerheblich hält, ob es sich beim ›exemplar‹ um ein Objekt der Außenwelt (d. h. der Natur) oder der Imagination des Künstlers handelt. (»Nihil autem ad rem pertinet, utrum foris habeat exemplar, ad quod referat oculos, an intus, quod ibi ipse concepit et posuit.« [Es macht aber für eine Sache nichts aus, ob dies Musterbild außer ihm ist, so daß er die Augen nach ihm hinrichtet, oder in ihm, so daß er es selbst mit seinem Geiste erfaßt und sich zum Ziel gesetzt hat.][27])
Während Seneca somit die Form eines Kunstwerkes wie dessen vorgängiges ›Urbild‹ diesseits – nicht im Transzendenten – bestimmen kann, sucht Plotin, ausdrücklicher noch als Cicero, die Vorstellung des Künstlers vom realen Kunstwerk wie von den materiellen Gegenständen überhaupt abzuheben. Plotin situiert zwar die ganze Fülle der Formen letztlich in der Gottheit, sieht aber im ›inneren Bild‹ (ἔνδον εἶδος; endon eidos)[28] des Künstlers durchaus einen metaphysischen Anspruch auf den Rang eines vollkommenen Urbildes. In einer hierarchisch organisierten Welt, in der Gott den Urquell bildet, aus dem alles andere herausfließt, die Welt der Ideen wie auch der Einzelseelen, die in den sichtbaren Dingen als Lebensgrund sich finden, erhält die Form als ›innere Form‹ eine für die Kunst entscheidende Bedeutung: »ἆρ᾽ οὐκ εἶδος

μὲν πανταχοῦ τοῦτο, ἧκον δὲ ἐπὶ τὸ γενόμενον ἐκ τοῦ ποιήσαντος, ὥσπερ ἐν ταῖς τέχναις ἐλέγετο ἐπὶ τὰ τεχνητὰ ἰέναι παρὰ τῶν τεχνῶν; [...] καλὰ μὲν τὰ ποιήματα καὶ ὁ ἐπὶ τῆς ὕλης λόγος, ὁ δὲ μὴ ἐν ὕλῃ, ἀλλ᾽ ἐν τῷ ποιοῦντι λόγος οὐ κάλλος, ὁ πρῶτος καὶ ἄυλος οὗτος« (Ist es nicht überall die Form, die freilich von dem Schöpfer her in das Geschöpf hineinkommt, so wie sie bei den Künsten [...] von der Kunst her in die Kunstwerke hineinkommt? [...] Die Erzeugnisse sind wohl schön und die rationale Form in der Materie, die Form aber, die nicht in der Materie ist, sondern im Schöpfer, soll nicht Schönheit sein, sie, die erste, die körperlose?)[29] Plotins Wesensschau bezieht sich auf das Schöne als geistigen Gehalt. Dieser Gehalt aber besteht nur durch die Form, die wiederum der von göttlichen Seele oder – von dorther vermittelt – von der Seele des Künstlers ausgeht.[30]

In der christlichen Welt der Kirchenväter und des Mittelalters, die allein in Gott ihren zentralen Flucht- und Ausgangspunkt hat, findet sich für eine eigenständige sprachliche oder künstlerische Gestaltung wenig Platz.[31] Die Frage nach der unvermittelten Beziehung der Kunst zum Künstler und zum natürlich Gegebenen stellt sich ebensowenig wie das Problem der Kunst im engeren Sinne. Zugleich genießen künstlerisch gefertigte Bilder spätestens seit dem 3. Jh. auch im Christentum kultische Wertschätzung[32], nicht zuletzt deshalb, weil sich mit ihrer Hilfe die Relationen von

---

26 CICERO, Or. 2, 9.
27 SENECA, Epist. 65, 7; dt.: Briefe an Lucilius, übers. v. O. Apelt, in: Seneca, Philosophische Schriften, Bd. 3 (Hamburg 1993), 232; vgl. ERWIN PANOFSKY, Idea. Ein Beitrag zur Begriffsgeschichte der älteren Kunsttheorie (1924; Berlin ³1975), 11.
28 Vgl. PLOTIN, Enneades 1, 6, 3.
29 PLOTIN, Enneades 5, 8, 2, in: Plotin, Schriften, Bd. 3, hg. u. übers. v. R. Beutler/W. Theiler (Stuttgart 1964), 39.
30 Vgl. ALFRED BAEUMLER, Ästhetik (1934; Darmstadt 1972), 24.
31 Vgl. ERNST ROBERT CURTIUS, Europäische Literatur und lateinisches Mittelalter (Bern/München 1948), 230 f.
32 Vgl. HANS GEORG THÜMMEL, ›Bilder IV‹, in: TRE, Bd. 6 (1980), 526.

Urbild und Abbild, Idee und Stoff, Inhalt und Form symbolisch darstellen lassen. Unter diesem Aspekt läßt sich der byzantinische Bilderstreit als eine erste, wenn auch indirekte Formästhetik deuten: Die grundsätzliche Gültigkeit des alttestamentlichen Bilderverbots[33] wird von den Ikonodulen, als deren prominentester Vertreter Johannes von Damaskus (8. Jh.) gilt, bestritten, wenn auch weiterhin für eine starke Reglementierung der bildhaften Darstellung biblischer Motive plädiert wird. Johannes von Damaskus, dessen Bilderlehre von der katholischen Kirche noch gegen die reformatorischen Bilderstürmer zitiert wird[34], begegnet dem Vorwurf der Idolatrie, der gegen die Bilder erhoben wird, durch die Feststellung, daß ein Abbild immer nur etwas dem Urbild Ähnliches (ὁμοίωμα; homoiōma) sei.[35] Thematisiert wird die *Differenz* des Abbildes zum Urbild, die Ähnlichkeit im Unähnlichen, die Möglichkeit der Annäherung an das Göttliche durch eine über das Bild vermittelte ›Wesensschau‹. Das Bild bietet keine unmittelbare Information über die Welt, sondern nur die Möglichkeit, das Göttliche zu erschauen und dabei den Seinsabstand zu Gott zu erfahren.[36] Dabei ist einerseits das Urbild im Abbild gegenwärtig, zum anderen aber ist das Bild keine Nachahmung, sondern nur eine Annäherung, und die Betrachtung der Form erfolgt als Ineinander von Glauben und Erleben, von geistiger Schau und sinnlicher Wahrnehmung. Das Schauen der Bilder »scheidet das Individuelle, Zeitgebundene, Organische, Gegenständlich-Zufällige aus der Darstellung aus, um das Allgemeine, Zeitlose, Ideelle und ewig Gültige zu suchen«[37]. Analogien zum Formverständnis der Moderne (Kandinsky, Malevič) drängen sich auf.

2. Von der Renaissance zum 18. Jahrhundert

Kunst und Kunstreflexion in der Renaissance thematisieren vor allem die Persönlichkeit des Künstlers, seine praktische Erfahrung und theoretische Kenntnis sowie die Anhebung der Malerei und bildenden Kunst auf das Niveau der ›freien Künste‹ Musik und Dichtung.[38] Natur bezeichnet von nun an die Wirklichkeit in ihrer Relation zur Sinnenwelt des Menschen, und sie existiert für die Kunst vor allem in bezug auf das visuell wahrnehmende Subjekt des Künstlers. Das Auge wird zum wichtigsten Vermittler zwischen Ich und Welt. Das Problem der Form ist dabei technischer Art: Es geht um die »rappresentazione dello spazio in senso illusionistico« (räumliche Darstellung in illusionistischem Sinn)[39]. Das malerische Verfahren bezieht sich nicht mehr auf vorgegebene innere und äußere Formen, sondern beruht auf theoriegeleiteter Tätigkeit. In seiner Abhandlung *Della Pittura* (1435/36) definiert Leon Battista Alberti: »Sara adunque pictura non altro che intersegatione della piramide visiva, secondo data distantia, posto il centro et constituti i lumi in una certa superficie con linee et colori artificioso rappresentata.« (Die Malerei wird also nichts anderes sein als die auf einer Fläche mittels Linien und Farben zustande gebrachte künstlerische Darstellung eines Querschnitts der Sehpyramide, gemäß einer bestimmten Entfernung, einem bestimmten Ausgangspunkte und einer bestimmten Beleuchtung.)[40] Die Aufmerksamkeit gilt der naturwissenschaftlichen (optischen, anatomischen usw.) Begründung malerischer Formen. Auch Giorgio Vasari betont in seinen *Vite de' più eccellenti pittori scultori e architetti* (1550; ²1568) mehrfach, daß die italienische Malerei des 14. und 15. Jh. sich von der »goffa maniera

---

33 Vgl. Ex. 20, 4–6.
34 Vgl. THÜMMEL/WALTHER VON LOEWENICH, ›Bilder V u. VI‹, in: TRE, Bd. 6 (1980), 532–557.
35 Vgl. JOHANNES VON DAMASKUS, Contra Imaginum calumniatores orationes tres 1, 9, hg. v. B. Kotter (Berlin/New York 1975); dt: Drei Verteidigungsschriften gegen diejenigen, welche die heiligen Bilder verwerfen, übers. v. W. Hradsky (Leipzig 1994), 33 f.
36 Vgl. HELMUT FISCHER, Die Welt der Ikonen. Das religiöse Bild in der Ostkirche und in der Bildkunst des Westens (Frankfurt a. M. 1996), 26.
37 KONRAD ONASCH, Die Ikonenmalerei (Leipzig 1968), 62.
38 Vgl. LEON BATTISTA ALBERTI, Della pittura/Über die Malerei (entst. 1435/36), in: Alberti, Kleine künstlerische Schriften, hg. u. übers. v. H. Janitschek (1877; Osnabrück 1970), 151.
39 LUCIANO BELLOSI, La rappresentazione dello spazio, in: G. Previtali/F. Zeri (Hg.), Storia dell'arte italiana, Bd. 4 (Turin 1980), 6; dt.: Die Darstellung des Raumes, übers. v. U. Hausmann, in: Italienische Kunst. Eine neue Sicht auf ihre Geschichte, Bd. 2 (Berlin 1987), 199.
40 ALBERTI (s. Anm. 38), 68 ff.

I. Zur Vorgeschichte des ästhetischen Formbegriffs

greca« (ungefügen Art der alten griechischen Malerei)[41] befreit habe und zur ›buona maniera‹, zur ›maniera moderna‹ gefunden habe, eine Ansicht, die die Ablösung vom mittelalterlichen (östlichen) Bildverständnis zum Ausdruck bringt. Es mutet wie eine moderne Formgeschichte an, wenn er sich in seinen *Vite* vornimmt, »di osservare il più che si possa l'ordine delle maniere [...] più che del tempo« ([sich] mehr an die Entwicklung des Stils als an die Zeitfolge zu halten)[42].

Während im Mittelalter das Bild in der Künstlerseele präexistierte, erhalten die dargestellten Objekte jetzt ihren Platz in einer festgegründeten Außenwelt, die der Betrachter als natürliche Ordnung wahrnehmen kann. Alberti statuiert: »pulchritudinem esse quendam consensum et conspirationem partium in eo, cuius sunt, ad certum numerum, finitionem collocationemque habitam, ita uti concinnitas, hoc est absoluta primariaque ratio naturae postularit.« (Die Schönheit ist eine Art Übereinstimmung und ein Zusammenklang der Teile zu einem Ganzen, das nach einer bestimmten Zahl, einer besonderen Beziehung und Anordnung ausgeführt wurde, wie es das Ebenmaß, das heißt das vollkommenste und oberste Naturgesetz fordert.)[43] Ähnlich urteilte Vasari in bezug auf Gebäude, Gemälde und Bildwerke über das Verhältnis des Ganzen zu den Teilen sowie die Teile zueinander und wieder zum Ganzen. Nach dieser frühen Kunsttheorie war die formale Richtigkeit der Kunst gewährleistet, sobald der Künstler die Gesetze der Perspektive, der Anatomie sowie der psychologischen und physiologischen Bewegungslehre beherrschte. Von der Form als solcher ist indes nicht direkt, wie man sieht, wenig die Rede, allenfalls von der ›künstlerischen Idee‹ und der Technik der Malweise (maniera).

In den nachfolgenden Stilrichtungen des Barock und Manierismus treten Natur und Kunst aus der in der Renaissance-Kunst praktizierten strengen gegenseitigen Zuordnung heraus. Bei der Auflehnung gegen alle starren (mathematischen, geometrischen usw.) Regeln kommt es zu einer Differenzierung der Stilarten, wobei die manieristische Kunst die klassischen Formen im Interesse eines intensiveren Ausdrucks verzerrt und verbiegt. Man denke z. B. an die S-Linie (figura serpentinata) zur Darstellung von Körperdrehung und perspektivischer Verkürzung.[44] Die formschaffende Tätigkeit des Künstlers kommt nun wieder aus dem Innern: Baukunst, Skulptur und Malerei realisieren nur, was, wie bei Aristoteles und Thomas v. Aquin, im Geiste des Künstlers vorgebildet ist. Nach Iulius Caesar Scaliger soll der Künstler (gemeint ist hier vor allem der Dichter) sein Werk besser machen als die Natur, soll er als ›alter deus‹ Schöpfer einer anderen Natur sein.[45] Die teilweise Entwertung der Sinnlichkeit in der Kunst führt denn auch zu einer erneuten Theologisierung: Der »disegno interno« (d. h. die künstlerische Idee) wird von Federico Zuccaro, dem Theoretiker des Manierismus, als »scintilla della divinità«[46] (Funke der Gottheit) gedeutet. Dabei entsteht das Bewußtsein einer Kluft zwischen der Idee und der Sinneserfahrung des Künstlers. Wenn die Kunst der Epoche zur Auflösung dieses Gegensatzes auch generell zu symbolischer und allegorischer Darstellung neigt, so verläuft doch ihre Entwicklung keineswegs einheitlich. Es zeigen sich konträre Tendenzen sowohl in Formauflösung und Formverzicht (Carpaccio, Tintoretto) als auch zu erneuter Formstrenge.[47] Daß in dieser Disparatheit der Formen die großen Spannungen im zeitgenössischen Weltgefühl zum

---

41 GIORGIO VASARI, Le vite de' più eccellenti pittori scultori e architettori (1550), hg. v. R. Bettarini/P. Barocchi, Bd. 2 (Testo) (Florenz 1967), 97; dt.: Die Lebensbeschreibungen der berühmtesten Architekten, Bildhauer und Maler, hg. v. A. Gottschewski/G. Gronau, übers. V. M. Wackernagl u.a., Bd. 1/1 (Straßburg 1916), 159.
42 Ebd., 32; dt. 41.
43 ALBERTI, DE RE aedificatoria (1485; München 1975), 165; dt.: Zehn Bücher über die Baukunst, übers. u. hg. v. M. Theuer (1912; Darmstadt 1975), 492.
44 Vgl. PANOFSKY (s. Anm. 27), 41 f.; LEV FEDOROVIČ SHEGIN, Jazyk živopisnogo proizvedenija (Uslovnost' drevnego iskusstva) (Moskau 1970), 102; dt.: Die Sprache des Bildes. Form und Konvention in der alten Kunst, übers. v. K. Städtke (Dresden 1982), 103.
45 Vgl. IULIUS CAESAR SCALIGER, Poetices libri septem/ Sieben Bücher über die Dichtkunst (1561), hg. u. übers. v. L. Deitz, Bd. 1 (Stuttgart-Bad Cannstatt 1994), 70 f.
46 FEDERICO ZUCCARO, L'idea de' scultori, pittori e architetti divisa in due libri (1607), in: Zuccaro, Scritti d'arte, hg. v. D. Heikamp (Florenz 1961), 152, 162.
47 Vgl. WERNER HOFMANN, Grundlagen der modernen Kunst (Stuttgart 1978), 130.

Ausdruck kommen, ist mehrfach betont worden.[48]

Die weitere Entwicklung wird vor allem bestimmt durch die sich nun anbahnende Unterscheidung zwischen Kunst und Wissenschaft, zwischen den ›artes liberales‹ und den ›beaux arts‹, die Batteux mit seiner Idee der ›imitation de la belle Nature‹ zum modernen System der schönen Künste auszubauen begann.[49] Im Zuge der Verselbständigung dieses Systems und der Ablösung vom Prinzip der Naturnachahmung setzte im 18. Jh. die eigentliche Debatte um den ästhetischen Formbegriff ein.

Wesentlich für die Begriffsgeschichte seit der Renaissance war die Entwicklung der experimentellen Naturwissenschaft, die das europäische Weltbild allmählich aus dem ontologischen und teleologischen Rahmen der antiken Form-Materie-Philosophie herauslöste.[50] Der Blick fiel damit immer stärker auf die Bedingungen menschlicher Erfahrung und Erkenntnis.

Das Formproblem schien mit seiner Verwissenschaftlichung gelöst. In den Vordergrund rückte die Frage nach der richtigen Anwendung. Das galt nicht nur für die Aufstellung von konkreten Regeln für Kunst und Dichtung, sondern zur gleichen Zeit auch für die Formen des gesellschaftlichen Umgangs innerhalb der vornehmen Adelsgesellschaft.[51] Unter dem gleichzeitigen Druck der mathematisch-naturwissenschaftlichen Entwicklung und der erhöhten Konventionalisierung kultureller Verhaltensweisen entwickelten sich formale Ordnungsmuster und Repräsentationsmodi in Sprache, Literatur und Kunst wie auch im geselligen Umgang. Der Formbegriff entfaltete sich auf der Ebene der Formen. Die dafür exemplarische Entwicklung in Frankreich breitete sich im 17. und 18. Jh. über die europäischen Hochkulturen aus. Mit diesem Übergang zu einer ›syntaktischen‹ Betrachtung der Welt[52] bzw. zum ›klassischen Zeitalter‹ der Repräsentation[53] endet die vormoderne Begriffsgeschichte, deren Spezifik darin zu bestehen scheint, daß Form in der Kunstreflexion seit der Renaissance seine Bedeutung als ursprünglich philosophischer Grundbegriff zunehmend verliert und es im Bereich der ästhetisch-künstlerischen Bedeutung vor allem um die Frage der ›Formung‹ und der dabei entstehenden ›Formen‹ geht.

---

48 Vgl. PIERRE CHAUNU, La civilisation de l'Europe classique (Paris 1966), 440 ff.; dt.: Europäische Kultur im Zeitalter des Barock, übers. v. A. P. Zeller (München/Zürich 1968).
49 Vgl. BATTEUX (1746), 76 ff.
50 Vgl. CLAUS VON BORMANN u. a., ›Form und Materie‹, in: RITTER, Bd. 2 (1972), 1013; MARTIN FONTIUS, Das Ende einer Denkform. Zur Ablösung des Nachahmungsprinzips im 18. Jahrhundert, in: D. Schlenstedt u. a. (Hg.), Literarische Widerspiegelung (Berlin/Weimar 1981), 228.
51 Vgl. WERNER KRAUSS, Über die Träger der klassischen Gesinnung im 17. Jahrhundert (1934), in: Krauss, Die Innenseite der Weltgeschichte. Essays (Leipzig 1983), 90.
52 Vgl. JURIJ M. LOTMAN, Problema znaka i znakovoj sistemy i tipologija russkoj kul'tury XI-XIX vekov, in: Lotman, Stat'i po tipologii kul'tury (Tartu 1970), 22; dt.: Zeichen und Zeichensystem in bezug auf die Typologie der russischen Kultur (11. bis 19. Jahrhundert), übers. v. K. Müller, in: Lotman, Kunst als Sprache, hg. v. K. Städtke (Leipzig 1981), 160.
53 Vgl. MICHEL FOUCAULT, Les mots et les choses (Paris 1966), 60 ff.; dt.: Die Ordnung der Dinge, übers. v. U. Köppen (Frankfurt a. M. 1974).
54 Vgl. HANS ULRICH GUMBRECHT, Schwindende Stabilität der Wirklichkeit. Eine Geschichte des Stilbegriffs, in: Gumbrecht/Pfeiffer (s. Anm. 3), 745–752.

II. Form im 18. und beginnenden 19. Jahrhundert

1. ›Innere Form‹

Im 17. und 18. Jh. wurden Kunst und Literatur zunehmend von traditionellen (religiösen, politischen u. ä.) Gebrauchsfunktionen der ständischen Repräsentationskultur entlastet. In der sich herausbildenden bürgerlichen Gesellschaft ermöglichte die Entstehung eines Ich/Welt-Gefühls die Darstellung von ›Wirklichkeit‹ nach den Maßstäben alltäglicher Wahrnehmung und führte weg von den ›klassischen‹ Regeln und überlieferten Stoffen und hin zu einem individuellen Formengebrauch[54], der in der Literatur den Aufstieg des Romans begünstigte und in der Kunstreflexion mit der These

II. Form im 18. und beginnenden 19. Jahrhundert

vom Originalgenie[55] legitimiert wurde. Unter diesem Aspekt erfolgt die Reformulierung des Formbegriffs mit Blick auf das einzelne Kunstwerk, das nun als Relationsgefüge im Schnittpunkt von Stoff (Natur und Überlieferung), Idee (Inhalt) und Künstlergenie (Originalität) verstanden wird. Vor allem Shaftesbury gibt den Anstoß zu einer subjektivierenden Betrachtung des Kunstschaffens und der ästhetischen Wahrnehmung. Im Rückgriff auf Plotins ›endon eidos‹ sieht er Form als eine schöpferisch wirkende Urkraft. Er besingt die formbildende Kraft des göttlichen Geistes, die in der Natur wie in der Kunst in Erscheinung tritt als »that third Order of Beauty, which forms not only such as we call mere Forms, but even the Forms which form«[56].

Die formbildende Kraft (›forming power‹), die den Künstler als ›inward form‹ inspiriert, bringt in Verbindung mit dem seiner Seele ebenfalls innewohnenden ›moral sense‹ die Form des Kunstwerkes hervor.[57] Im Anschluß daran betrachtet James Harris in seiner Schrift *Hermes* (1751) die vom Künstler nachvollzogene innere Form (›intelligible form‹) im Verhältnis zur äußeren, mit den Sinnen wahrnehmbaren Form (›sensible form‹) wie die Ursache in Verhältnis zur Wirkung. In seinen *Philological Inquiries* von 1781 wird dem Werk eines Autors aber bereits eine eigenständige Ganzheit (›totality‹) zugeschrieben.[58] Shaftesbury hat insbesondere die deutsche Entwicklung des Formbegriffs beeinflußt. So sieht auch Winckelmann die Umsetzung der Idee des Künstlers als Übertragung der ›inneren Form‹ in die äußere des Kunstwerkes und das Kunstschaffen als eine zur Natur analoge Schöpfung, exemplarisch verwirklicht vor allem in der Kunst der Antike. An den griechischen Skulpturen hebt er besonders den Ausdruck hervor: »Der Ausdruck ist eine Nachahmung des wirkenden und leidenden Zustands unserer Seele und unseres Körpers und der Leidenschaft sowohl als der Handlungen. In beiden Zuständen verändern sich die Züge des Gesichts und die Haltung des Körpers, folglich die Formen, welche die Schönheit bilden«.[59] Hinter dem verkörperten Ausdruck tritt der Künstler zurück. Die ›innere Form‹ verlagert sich aus dem Geist des Künstlers in das Kunstwerk. Herder spricht von den künstlerischen Ideen als der Seele der Kunstwerke.[60] Es ist das Kunstwerk selbst, das in seiner inneren Einheit und losgelöst vom Kontext seiner Entstehung dem Rezipienten dargeboten wird.

Auch Johann Georg Sulzer geht es um den »Begriff eines vollkommenen Werks der Kunst«. In seine Darstellung müssen sowohl der Stoff als auch die auf »Wahrheit, oder Realität« abzielende Absicht des Künstlers eingehen. Ansonsten würde er allenfalls die »äußere Form« eines »Werks von Geschmak« erreichen. Das vollkomme Werk aber muß ein »Ganzes ausmachen, dessen Teile natürlichen Zusammenhang und vollkommene Harmonie haben«. Die Form des Kunstwerkes, die sich durch »Ordnung, Richtigkeit, Klarheit, Lebhaftigkeit« auszeichnet, wird nicht an äußeren Regeln gemessen, sondern daran, inwieweit sie »inneres Leben und sittliche Würksamkeit«[61] ausdrückt.

In seinem berühmten *Laokoon*-Traktat stellt Lessing Poesie und Malerei nach spezifischen Darstellungsprinzipien (zeitlich/ räumlich, konsekutiv/simultan, Verwendung arbiträrer bzw. natürlicher

---

55 Vgl. EDWARD YOUNG, Conjectures upon Original Composition (1759; Hildesheim 1968); dt.: Gedanken über die Original-Werke, übers. v. H. E. v. Teubern (1760; Heidelberg 1977).
56 ANTHONY ASHLEY COOPER SHAFTESBURY, The Moralists (1709), in: SHAFTESBURY, Abt. 2, Bd. 1 (1987), 336.
57 Vgl. ebd., 332 ff.; SHAFTESBURY, An Inquiry concerning Virtue or Merit (1711), in: SHAFTESBURY, Abt. 2, Bd. 2 (1984), 86 ff.
58 Vgl. JAMES HARRIS, Hermes, or a philosophical inquiry concerning universal grammar (1751), in: Harris, The Works (Oxford 1841), 224 f.; HARRIS, Philological Inquiries (1781), in: ebd., 420–426, 432; LAWRENCE LIPKING, The Ordering of the Arts in Eighteenth-Century England (Princeton 1970), 86 ff.
59 JOHANN JOACHIM WINCKELMANN, Geschichte der Kunst des Altertums (1764), hg. v. W. Senff (Weimar 1964), 144.
60 Vgl. JOHANN GOTTFRIED HERDER, Die Plastik (1770), in: HERDER, Bd. 8 (1892), 129 f.; SCHWINGER, Innere Form. Ein Beitrag zur Definition des Begriffes auf Grund seiner Geschichte von Shaftesbury bis W. von Humboldt (München 1935), 20 f.
61 SULZER, Bd. 4 (1794), 727, 729; Bd. 2 (1792), 250; vgl. ARMAND NIVELLE, Kunst- und Dichtungstheorien zwischen Aufklärung und Klassik (Berlin/New York 1971), 53.

Zeichen usw.) einander gegenüber.[62] Seine Ästhetik, die man durchaus im Zeichen eines »Primats der Form«[63] deuten kann, wendet sich aber mit kritischem Blick auf Stilformen des Barock, des Rokoko und der französischen Tragödie. Die Kunst gründet nicht in der »strengen Regelmäßigkeit der äußeren Form«[64], sondern ist an die eigenständige Tätigkeit des Genies gebunden. Jede ›Nachäffung‹ wird von Lessing verfemt. Man darf zwar einen Stoff übernehmen, nie aber eine Form, die die Eigentümlichkeit eines Kunstwerks ausmacht.[65]

Gegenüber der Auffassung Shaftesburys, wonach die ›innere Form‹ noch ein allgemeines Regulativ des Handelns in der Gesellschaft bedeutete, gerät man in Deutschland im Zeichen einer primär auf die Kunst bezogenen Verinnerlichung in einen fatalen Zirkel: Form bestimmt den Inhalt bzw. Zweck der Kunst und umgekehrt. Diese Auffassung richtete sich gegen die äußere Kunstregel, das Erbe der ›doctrine classique‹ und der mit ihr verbundenen Nachahmungstheorie. »Äußere Gestalt des Kunstwerks als notwendiger Ausdruck des ihm innewohnenden geistigen Gesetzes und im Sinn solcher Gesetzlichkeit die volle persönliche Freiheit des Kunstwerks«[66] – so formuliert später Oskar Walzel das ›Bekenntnis‹ klassischer deutscher Ästhetik. Alle äußeren Formen, d. h. alle Technik und Kunstfertigkeit, so notwendig sie für die Existenz des Werkes sein mochten, hatten ihren Sinn allein in der Transparenz auf einen geistigen Inhalt. Herder schreibt in der Achten Sammlung der *Briefe zur Beförderung der Humanität* (1796): »Form ist vieles bei der Kunst, aber nicht alles; die schönsten Formen des Altertums belebet ein Geist, ein großer Gedanke, der die Form zur Form macht, und sich in ihr wie in seinem Körper offenbaret. Nehmt diese Seele hinweg; und die Form ist eine Larve.«[67] Welche Bedeutung aber kann Form jenseits ihrer Zuordnung zum konkreten Inhalt des Einzelwerkes dann noch haben? Goethe sah die überindividuellen Merkmale des Werkes einerseits in der Eigenart des Stoffes, ohne dessen vorherige Abschätzung durch den Künstler »Silbenfluß und Reimwort, Pinselstrich und Meißelhieb [...] umsonst verschwendet«[68] wären. Zum anderen betont er die Einbettung des Einzelwerkes in die jeweilige Gattung. Beides aber, die überlieferten oder auch naturhaften Stoffe sowie die Gattungen als Naturformen[69] sind letztlich der ›inneren Form‹ in der Vorstellung des Künstlers unterworfen und gehen daher notwendig im Einzelwerk auf.

Die harmonische Einheit von Form und Inhalt bzw. von innerer und äußerer Form wurde ›organisch‹ gedacht. Der letztlich auf Aristoteles und die Scholastik zurückgehende organische Formbegriff entwickelte sich wohl nicht zuletzt im Kontext mit jenem Paradigmenwechsel in den Wissenschaften, den Foucault (vor allem mit Blick auf die Biologie) für das beginnende 19. Jh. beschreibt.[70] Mit seiner Entfaltung aus der inneren zur äußeren Form erhält das Kunstwerk eine den natürlichen Organismen analoge Geschlossenheit, Eigenständigkeit und Dynamik. Den klassizistischen Regeln werden die Gesetze der formbildenden Natur gegenübergestellt, denen auch der Künstler gehorcht. Die (innere) Form wird zum Instrument der Vermittlung zwischen Geist und Natur: »Der Künstler, dankbar gegen die Natur, die auch ihn hervorbrachte«, gibt »ihr eine zweite Natur zurück«, und zwar »nach Regeln [...], die ihm die Natur selbst vorschrieb«[71]. Natur und Kunst werden nahezu austauschbar. Aber im Vergleich mit der Natur kann die Kunst nur eine Welt des Scheins hervorbringen, die allein im Geist bzw. in der Vorstellung wahrgenommen werden kann. Doch gerade dieser Schein, der nach Hegel »dem Wesen wesentlich

---

62 Vgl. GOTTHOLD EPHRAIM LESSING, Laokoon (1766), in: LESSING (LACHMANN), Bd. 9 (³1893), 94; NORBERT SCHNEIDER, Geschichte der Ästhetik von der Aufklärung bis zur Postmoderne (Stuttgart 1996), 38.
63 NIVELLE (s. Anm. 61), 89, 91.
64 Ebd., 128.
65 Vgl. ebd., 222.
66 OSKAR WALZEL, Gehalt und Gestalt im Kunstwerk des Dichters (Berlin 1923), 157.
67 HERDER, Briefe zur Beförderung der Humanität (1793–97), in: HERDER, Bd. 18 (1883), 121.
68 JOHANN WOLFGANG GOETHE, Naturphilosophie (1827), in: GOETHE (WA), Abt. 2, Bd. 11 (1893), 264.
69 Vgl. GOETHE, Noten und Abhandlungen zum besseren Verständnis des West-Östlichen Diwans (1819), in: GOETHE (WA), Abt. 1, Bd. 7 (1888), 118–120; ERNST CASSIRER, Freiheit und Form (1916; Darmstadt 1994), 203–206.
70 Vgl. FOUCAULT (s. Anm. 53), 241.
71 GOETHE, Diderot's Versuch über die Mahlerei (1799), in: GOETHE (WA), Abt. 1, Bd. 45 (1900), 261.

ist«[72], ermächtigt das Kunstwerk zu einer synthetischen Veranschaulichung von Wahrheit über das Ganze der Welt.

Eine besondere Deutung der vornehmlich an die räumlich/visuelle Vorstellungskraft des Künstlers gebundenen ›inneren Form‹ bietet Wilhelm von Humboldts Begriff der »inneren Sprachform«: Danach ist Sprache als Erscheinungsform des ewig tätigen Geistes weniger ein Werk (ergon) als eine Tätigkeit (energeia). Die innere Sprachform ist die Gesetzmäßigkeit des flüchtigen und zugleich sich wiederholenden Handelns: »Unter Form kann man hier nur Gesetz, Richtung, Verfahrungsweise verstehen«[73]. Durch sie verleiht die Sprache über die schöpferische Einbildungskraft des Menschen dem Gedanken einen Körper. In der gleichen Weise, wie sich die innere Form von der äußeren unterscheidet, so unterscheidet sich die innere Sprachform einerseits vom Inhalt, dem Denken und dessen Gesetzen, zum anderen von der sinnlichen Erscheinung, den Lauten und ihren gesetzmäßigen Zusammenhängen. Mittels der inneren Sprachform fügt die Einbildungskraft bei jeder einzelnen Sprachentstehung Inneres und Äußeres zusammen, wobei die äußeren Formen, die dabei entstehen, bis zu einem gewissen Grad variiert und abgewandelt werden können. Was Humboldt von den bisher geschilderten Auffassungen unterscheidet, ist der Umstand, daß die ›innere Form‹ der Sprache selbst zukommt und zudem als ein Geschehen in der Zeit gemeint ist. Der an der Sprache gewonnene Begriff der inneren Form läßt sich daher auch auf Dichtung und Musik anwenden. Als innere Sprachform betrachtet Humboldt außerdem die individuelle Form einer Einzelsprache, in der sich die Einheit eines Volkes, seiner Kultur und Sprache vom Alphabet bis zur Weltvorstellung ausdrückt.[74] Darüber hinaus ging es ihm um einen allgemeinen Sprachtypus, um den Begriff einer menschlichen Sprache schlechthin. So hat für ihn jede Sprache ihre individuelle Form, in der sich zugleich die allgemeine innere Form realisiert.

Die Übertragung des Plotinschen ›endon eidos‹ durch Vermittlung Shaftesburys hat in der deutschen Kunsttheorie und Ästhetik zu einer Theorie des autonomen und organisch gebildeten Kunstwerkes geführt, dessen ›innere Form‹ zwischen Geist und Natur, zwischen Ich und Welt, Allgemeinem und Besonderen usw. vermittelt bzw. als der Ort gelten kann, an dem diese Vermittlung erfolgt. Karl Philipp Moritz meint, »jedes schöne Ganze der Kunst« sei »im Kleinen ein Abdruck des höchsten Schönen im großen Ganzen der Natur«[75].

Die Paradoxie des klassischen Kunstbegriffs, von einem Kunstwerk Originalität und zugleich eine Spiegelung der Natur oder des Weltganzen zu verlangen, läßt einen Interpretationsbedarf entstehen, den letztlich ein auch auf die Werke zurückprojizierter Formbegriff nicht decken kann. Der mit dem Kunstwerk verbundene Totalitätsanspruch hat u. a. dazu geführt, daß Ästhetik und Kunsttheorie seither zwischen Form- und Gehaltsorientierungen hin und her schwanken.

Die ästhetischen Anschauungen des 18. Jh. mit ihrer Frontstellung gegen die ›doctrine classique‹ gingen vornehmlich von den bildenden Künsten und der Malerei aus. Auch literarische Texte wurden im Zuge dieser Tendenz als ganzheitliche Kunstwerke verstanden[76] und nach dem Prinzip der Anschaulichkeit interpretiert.

2. Philosophische Ästhetik

In der Ästhetik des deutschen Idealismus wird die künstlerische Form philosophisch verortet, d.h. unter dem Primat des ›Inhalts‹ festgeschrieben: »Trotz des Sinnes« für Form ist die Ästhetik des deutschen Idealismus wesentlich Gehaltsästhetik.«[77]

---

72 HEGEL (s. Anm. 17), 21.
73 WILHELM VON HUMBOLDT, Grundzüge des allgemeinen Sprachtypus (entst. 1824–26), in: HUMBOLDT, Bd. 5 (1906), 455.
74 Vgl. UMBERTO ECO, La ricerca della lingua perfetta nella cultura europea (Rom 1993), 121; dt.: Die Suche nach der vollkommenen Sprache, übers. v. B. Kroeber (München 1994), 120.
75 KARL PHILIPP MORITZ, Grundlinien zu einer vollständigen Theorie der schönen Künste (1789), in: Moritz, Schriften zur Ästhetik und Poetik, hg. v. H. J. Schrimpf (Tübingen 1962), 121.
76 Vgl. ANSELM HAVERKAMP, Einleitung, in: Haverkamp (Hg.), Theorie der Metapher (1983; Darmstadt ²1996), 23.
77 SCHWINGER, ›Form und Inhalt‹, in: RITTER, Bd. 2 (1972), 976.

Voraussetzung ist die Ausbildung der Ästhetik als einer philosophischen Disziplin, die den schönen Künsten generell eine eigene Wahrheit (›veritas aesthetica‹) zuordnet[78], die indes unterschiedlich ausgelegt wird. So begründet Kant die Eigenständigkeit des Schönen aus der Objektivität des Geschmacksurteils und entwickelt die Kategorie der ästhetischen Urteilskraft, die letztlich auf einem besonderen Begriff von Form beruht. Das Vermögen zum objektiven Geschmacksurteil erwächst aus dem Gefallen an der Form: »Die Materie der Sinnlichkeit ist Empfindung, die Form ist Erscheinung. Es kann eine Sache in der Erscheinung gefallen, wenn sie auch kein Gegenstand der Empfindung ist. Sie gefällt als denn wegen ihrer Form«[79]. Bei der Wahrnehmung bzw. Betrachtung eines (ästhetischen) Objekts wird unterschieden zwischen Zweckmäßigkeit/Zwecklosigkeit bzw. Interesse/Interesselosigkeit. Die Möglichkeit einer ästhetischen Anschauung und Urteilskraft ergibt sich erst, wenn der Gegenstand ohne alle Zwecke und ohne alles Interesse an ihm, d. h. allein durch seine Form gefällt. »Also kann nichts anders als die subjective Zweckmäßigkeit in der Vorstellung eines Gegenstandes ohne allen (weder objectiven noch subjectiven) Zweck, folglich die bloße Form der Zweckmäßigkeit in der Vorstellung, wodurch uns ein Gegenstand *gegeben* wird, sofern wir uns ihrer bewußt sind, das Wohlgefallen, welches wir ohne Begriff als allgemein mittheilbar beurtheilen, mithin den Bestimmungsgrund des Geschmacksurtheils ausmachen«.[80] Daraus ergibt sich: »Schönheit ist Form der Zweckmäßigkeit eines Gegenstandes, sofern sie ohne Vorstellung eines Zwecks an ihm wahrgenommen wird« (236). Und ein »Geschmacksurtheil, auf welches Reiz und Rührung keinen Einfluß haben […], welches also bloß die Zweckmäßigkeit der Form zum Bestimmungsgrunde hat, ist ein reines Geschmacksurtheil«(223).

Die Wahrnehmung eines Gegenstandes (in der Kunst wie in der Natur) unter dem Aspekt einer »bloßen Form der Zweckmäßigkeit in der Vorstellung« (221) setzt jedoch ein ästhetisches Urteilsvermögen bereits voraus.[81] Die Form des Schönen erhält ihren (zwecklosen) Zweck nur unter dem Aspekt ihrer spezifischen Funktion als Medium der Sinnvermittlung, erst dann wird »das freie Spiel der Einbildungskraft und des Verstandes«[82] belebt. Auch wenn Kant die formale Wirkungsweise von Kunst hervorhebt, lassen sich Regeln oder Kriterien für die Beurteilung künstlerischer Formen nicht abstrahieren. Das Kunstwerk, als »Vorstellung eines einzelnen als einer Idee adäquaten Wesens« kann zum »Ideal des Schönen« und »Urbild des Geschmacks« (232) werden.

In Schellings Identitätsphilosophie wird mit der letztendlichen Aufhebung der Differenz zwischen Kunstproduktion und Weltschöpfung die Besonderheit des Ästhetischen gleichsam re-ontologisiert. Das Kunstwerk avanciert zum Symbol des Absoluten, weil in ihm Natur und Geist, Schönheit und Wahrheit in eins gebildet werden. Dabei kommt der Form wiederum eine neuplatonische bzw. theologisch anmutende Bedeutung zu: Gott selbst wird zur »formalen und absoluten Ursache aller Kunst«, und die Kunst wiederum ist Darstellung der »Formen der Dinge […], wie sie in Gott sind«[83]. In dieser Ästhetik der mannigfachen Identitäten und Aufhebungen, zu denen das Kunstwerk befähigt wird, hat die konkrete künstlerische Form nur eine relationale Bedeutung: »Der positive Charakter des Kunstwerks ist, daß es ganz Form und ganz Stoff sey, auf gleiche Weise«[84].

Am Beginn der berühmten Rede *Über das Verhältnis der bildenden Künste zur Natur* (1807) heißt es: »Wenn wir die Dinge nicht auf das Wesen in ihnen ansehen, sondern nur auf die leere, abgezogene Form, so sagen sie auch unserem Innern nichts.«[85] Die Form müßte beschränkend für das Wesen sein, wäre sie unabhängig von ihm vorhanden. Nur die sich aus der Idee zur Schönheit entfaltende Form,

---

78 Vgl. BAUMGARTEN, Bd. 1 (1750), 1, 269 ff.
79 IMMANUEL KANT, Logik Philippi (1772), in: KANT (AA), Bd. 24/1 (1966), 348.
80 KANT, Kritik der Urtheilskraft (1790), in: KANT (AA), Bd. 5 (1908), 221.
81 Vgl. SCHÄFER-WILLENBORG (s. Anm. 2), 223.
82 KANT (s. Anm. 80), 218.
83 F. W. J. SCHELLING, Philosophie der Kunst (entst. 1802/03; ersch. 1859), in: SCHELLING (SW), Abt. 1, Bd. 5 (1859), 459, 486.
84 SCHELLING, Ästhetik in der Überlieferung von Henry Crabb Robinson (1802/03), hg. v. E. Behler, in: Philosophisches Jahrbuch 83 (1976), 157.
85 SCHELLING, Über das Verhältnis der bildenden Künste zur Natur (1807), in: SCHELLING (SW), Bd. 7 (1860), 294.

»jene erhabene Schönheit, wo die Fülle der Form die Form selbst aufhebt« (305 f.), kann als Maß gelten. Damit ist auch jede Nachahmung der Natur oder vergangener Kunst für Schelling nicht akzeptabel. Die Antike läßt sich – so Schelling mit kritischem Blick auf Winckelmann – nicht durch Nachahmung ihrer äußeren Formen wiederbeleben. Die Form ist mannigfaltig wie die Natur selbst, und in den Bildungen der Kunst entfaltet sich daher auch die unterschiedliche Natur der Kunstformen. Die Plastik stellt ihre Ideen durch körperliche Dinge dar, wodurch bei ihr das »Höchste eben in dem vollkommenen Gleichgewicht zwischen Seele und Materie« (316) zu bestehen scheint. Licht und Farbe in der Malerei sind dagegen eher ein unkörperliches und gewissermaßen geistiges Mittel der Darstellung, so daß hier mit größerer Befugnis ein deutliches Übergewicht in die Seele gelegt wird. Exemplarisch bezieht sich Schelling dabei auf die Renaissance und den »Nachsommer der Kunst am Ende des sechszehnten und Anfang des siebzehnten Jahrhunderts« (326). Hatte Kant die bewußte Wahrnehmung der Form zur Voraussetzung einer gelungenen ästhetischen Kommunikation gemacht, so wird mit der Konzentration auf das Kunstwerk in der Identitätsphilosophie Schellings die Form wieder verinnerlicht, d. h. »in dem vollkommenen Gleichgewicht zwischen Seele und Materie« (316) aufgehoben.

Hegel geht indessen von der Vorstellung einer (dialektischen) Differenz zwischen Form und Inhalt aus. Die Form selbst erscheint verdoppelt: als äußerliche und mit sich selbst identische Form sowie als Form eines bestimmten Inhalts. Sie ist, je nach Betrachterstandpunkt, zugleich Form und Inhalt. Form kann in Inhalt bzw. Inhalt in Form umschlagen.[86] In der »Form der Unmittelbarkeit«, die für die konkrete Anschauung ein »Zeichen der Idee« darstellt, aber auch »Inhaltsbestimmtheit« bedeutet, wird Kunst zum Medium, in dem Geistiges als »Ideal«[87] kommuniziert wird. Diese abstrakte und ziemlich vage Bestimmung wird einsichtiger mit Hegels Unterscheidung der Diskurse von Kunst, Religion und Philosophie, aus der sich für die Kunst eine besondere Form-Inhalt-Relation ergibt, die ihre eigene Geschichtlichkeit entfaltet. Seine *Ästhetik* läßt sich daher auch als eine Formgeschichte lesen. Hegel hat in seiner typologisch-historischen Abfolge der Kunstformen die jeweils dominierenden Künste hervorgehoben: in der symbolischen Kunst die Architektur, in der klassischen die Skulptur, in der romantischen die Malerei, Musik und Poesie. Je nach der Art, wie sich das Ideal mit dem Stoff verbindet, geht daraus die entsprechende Kunstform hervor.

Favorisiert wird die Poesie: »Die geistigen Formen sind es, die sich an die Stelle des Sinnlichen setzen und das zu gestaltende Material, wie früher Marmor, Erz, Farbe und die musikalischen Töne, abgeben.« Diese »geistigen Formen« sind der »Inhalt der Poesie«, und Hegel postuliert, »daß die Vorstellung, Anschauung, Empfindung usf. die spezifischen Formen seien, in denen von der Poesie jeder Inhalt gefaßt und zur Darstellung gebracht wird, so daß diese Formen [...] das eigentliche Material liefern, welches der Dichter künstlerisch zu behandeln hat«[88].

Die Hierarchie der Künste ergibt sich also aus dem Grad der Vergeistigung ihrer Formen. Für die zeitgenössische Kunst konstatiert Hegel überraschend modern die freie Verfügbarkeit der Formen: »Der Künstler steht damit über den bestimmten konsekrierten Formen und Gestaltungen und bewegt sich frei für sich, unabhängig von dem Gehalt und der Anschauungsweise [...]; jeder Stoff darf ihm gleichgültig sein, wenn er nur dem formellen Gesetz, überhaupt schön und einer künstlerischen Behandlung fähig zu sein, nicht widerspricht.« (235)

Der von Kant ausgehende Formbegriff Schillers ist reflexiv. Während die antike Kultur für ihn durch ›Anmut‹ die Gesetze ihres Handelns unbewußt/naturhaft realisiert, erscheint ihm die moderne Welt als eine auf ›Würde‹ basierende, durch Bewußtheit, d. h. durch die Einsicht in Vernunft und Freiheit getragene Kultur. Sie entwickelt das Vermögen, Realität und Schein zu unterscheiden, neben dem bloßen Stofftrieb einen Formtrieb und die Lust am ästhetischen Spiel walten zu lassen:

---

86 Vgl. HEGEL, Enzyklopädie der philosophischen Wissenschaften (1817), in: HEGEL (TWA), Bd. 8 (1970), 265.
87 Ebd., Bd. 10 (1970), 367.
88 HEGEL, Vorlesungen über die Ästhetik (1835–1838), in: HEGEL (TWA), Bd. 14 (1970), 229.

»Sobald der Mensch einmal so weit gekommen ist, den Schein von der Wirklichkeit, die Form von dem Körper zu unterscheiden, so ist er auch im Stande, sie von ihm abzusondern«[89]. Unter diesen Bedingungen »macht endlich die Einbildungskraft in dem Versuch einer freyen Form den Sprung zum ästhetischen Spiele. [...] zum erstenmal mischt sich der gesetzgebende Geist in die Handlungen eines blinden Instinktes« (407). Der Kunst fällt die Aufgabe zu, Werke im Sinne einer Schönheit nicht-korrumpierter Natur zu produzieren, um der bestehenden Welt der Entfremdung den Spiegel vorzuhalten. So bedeutet ein »Sieg der Form« die »simple Majestät des Gesetzes« (409) und eine Veredlung »auch der niedrigsten Naturen« (398). Form in der Kunst garantiert das freie Spiel zu einer wenigstens scheinhaften Aufhebung des realen Gegensatzes von Vernunft und Sinnlichkeit und damit die Möglichkeit zur Freiheit in nicht freien Verhältnissen: Kunst ist somit »Freiheit in der Erscheinung«[90].

Das »schöne Produkt« soll »regelmäßig« sein, aber zugleich »regelfrey erscheinen«[91]. Der ästhetische Schein wird zwar frei, aber aus der »innren Nothwendigkeit der Form«[92] heraus geschaffen. Alles, was im Kulturverhalten der Norm freien Menschseins bzw. der Harmonie in der Gesellschaft widerspricht, wie etwa rohe Gewalt oder bloße Affektiertheit, wird ebenso verworfen wie im ästhetischen Spieltrieb jede »eigensinnige Laune« oder »wilde Begierde«[93]. Nur so kann erreicht werden, daß die Kunst »den Stoff durch die Form vertilgt« (382). Der Formbegriff erreicht eine utopische Dimension.

3. Form in der Romantik

In der Romantik entbehrt Form offenbar der bisher beschriebenen differentiellen wie affirmativen Funktionen. Die Kunst avanciert zum Gegenpol rationalistischer Weltbetrachtung als das Andere der Vernunft und als Ausdruck einer spezifisch poetischen Weltsicht. Die Ästhetik der frühen Romantik beschreibt einerseits die Situation einer sich ausdifferenzierenden Literatur und Kunst, die keiner externen Begründung bedarf: »Poesie ist Poesie«[94]. Zum anderen erhält die Kunst den Status einer Universalform der Welterfassung.

»Die romantische Kunsttheorie«, so Walter Benjamin, »gipfelt im Begriff der Idee der Kunst [...]. Da das Organ der künstlerischen Reflexion Form ist, so ist die Idee der Kunst definiert als das Reflexionsmedium der Formen. In diesem hängen alle Darstellungsformen stetig zusammen, gehen ineinander über und vereinigen sich zur absoluten Kunstform, welche mit der Idee der Kunst identisch ist. Die romantische Idee der Einheit der Kunst liegt also in der Idee eines Kontinuums der Formen.«[95]

Form bedeutet in der Romantik mithin Entgrenzung von Kunst und Leben, Vermischung der Gattungen, Verlagerung des Interesses vom fertigen geschlossenen Werk auf den unendlichen Schaffensprozeß und zugleich eine – authentische Begrifflichkeit nicht zulassende – Ästhetisierung der theoretischen Reflexion. Die genannten Aspekte lassen sich kaum systematisch beschreiben. Zunächst liegt lediglich auf der Hand, daß Form in der Romantik im Widerspruch zum um dieselbe Zeit postulierten klassischen Formbegriff stehen muß. Romantische Formung intendiert nicht natürliche Ordnung, sondern künstliche Verwirrung, nicht Illusion der Notwendigkeit, sondern Darstellung des Zufälligen, nicht Geschlossenheit, sondern Fragment, nicht »Phantasie für die Wahrheit des Realen«[96], sondern unbedingte Willkür bei der Bearbeitung des Stoffes zur Form. Alle Aspekte finden sich versammelt in der romantischen Literatur, vor allem aber im Roman, der als ›universelle Mischpoesie‹ neben der Instrumentalmusik exem-

---

[89] SCHILLER, Über die ästhetische Erziehung des Menschen in einer Reihe von Briefen (1795), in: SCHILLER, Bd. 20 (1962), 400f.
[90] SCHILLER an Körner (23. 2. 1793), in: SCHILLER, Bd. 26 (1992), 199 ff.
[91] SCHILLER an Körner (18. 2. 1793), in: ebd., 193.
[92] SCHILLER an Körner (23. 2. 1793), in: ebd., 207.
[93] SCHILLER (s. Anm. 89), 408.
[94] NOVALIS, Fragmente und Studien (1800), in: NOVALIS, Bd. 3 (³1983), 685.
[95] WALTER BENJAMIN, Der Begriff der Kunstkritik in der deutschen Romantik (1920), in: BENJAMIN, Bd. 1/1 (1974), 87.
[96] JOHANN PETER ECKERMANN, Gespräche mit Goethe in den letzten Jahren seines Lebens (1836/1848; Berlin 1987), 144.

plarisch für den romantischen Kunst- und Dichtungsbegriff steht.

Die »progressive Universalpoesie« hat nach Friedrich Schlegel ihre Bestimmung darin, »alle getrennten Gattungen der Poesie wieder zu vereinigen, und die Poesie mit der Philosophie und Rhetorik in Berührung zu setzen. Sie will, und soll auch Poesie und Prosa, Genialität und Kritik, Kunstpoesie und Naturpoesie bald mischen, bald verschmelzen, die Poesie lebendig und gesellig, und das Leben und die Gesellschaft poetisch machen«[97]. Selbst eine Theorie des Romans würde für Schlegel »ein Roman sein müssen, der jeden Ton der Fantasie fantastisch wiedergäbe«[98]. Bemerkenswert ist die überraschende Verbindung von Roman und Musik. »Die Methode des Romanes ist die der Instrumentalmusik – Im Roman dürfen selbst die Charaktere so willkührlich behandelt werden, wie die Musik ihr Thema behandelt.«[99] Musik weist nicht über sich hinaus wie die Sprache. Sie bildet nicht ab, ist nicht Zeichen für etwas anderes. Das Spiel mit den Formen im Roman wie auch in der Musik macht nach F. Schlegel den eigentlichen ›Geist‹ der romantischen Kunst aus.

Die romantische Kunstauffassung bildet einschließlich ihrer Formvorstellungen eine Alternative zur philosophischen Ästhetik: »Wenn der Philosoph nur alles ordnet, alles stellt«, äußert Novalis, »so lößte der Dichter alle Bande auf. Seine Worte sind nicht allgemeine Zeichen – Töne sind es – Zauberworte, die schöne Gruppen um sich her bewegen«[100]. In diesem Zusammenhang favorisiert man gegen den überlieferten Form- und Gattungskanon ein komplementäres Formideal: neben dem Roman und der Instrumentalmusik die ›Witzlehre‹ mit Ironie, Parodie und Humor, die Formen der Allegorie, der Arabeske, des Ornaments und der Groteske. Während die philosophische Ästhetik vor allem die ordnende Funktion der Form betont, sieht F. Schlegel demgegenüber in der Arabeske und Groteske vornehmlich Ausdrucksformen einer willkürlichen oder zufälligen Verknüpfung von Form und Materie. Schließlich ging es den Romantikern darum, angesichts der Undurchschaubarkeit des Lebens die Gesetze der vernünftig denkenden Vernunft aufzuheben und in jeder Dichtung das Chaos durchschimmern zu lassen. Die ästhetische Repräsentation der Unwägbarkeit des Lebens scheint für die Romantiker der Sinn von Dichtung und Kunst überhaupt gewesen zu sein.

III. Differenzierungen des Formbegriffs seit dem 19. Jahrhundert

Ab der Mitte des 19. Jh. verstärkt sich das Interesse an der formalen Seite der Kunst. Die philosophische Begründung der Ganzheit des Kunstwerkes aus einer dialektischen Einheit von Form und Inhalt gerät in die Kritik.[101] Das neuerliche Nachdenken über die Form in der Kunst wird von verschiedenen Seiten angeregt: Neue Techniken der massenhaften Reproduktion von Kunstwerken machen auf die wachsende Verfügbarkeit der Kunstmittel aufmerksam, die andererseits auch zum Bewußtsein einer Übersättigung an tradierten Formen führt. Die Entdeckung formaler Qualitäten in der Kunst außereuropäischer Kulturen bewirkt eine Relativierung der antiken Schönheitsnorm.[102] Begriffe wie Stil und Form werden vornehmlich zur historischen und typologischen Klassifikation verwendet. In der Kunst selbst geraten naturalistische und symbolistische Darstellung immer mehr in einen Gegensatz.

---

97 FRIEDRICH SCHLEGEL, Athenäumsfragment 116 (1798), in: SCHLEGEL (KFSA), Bd. 2 (1967), 182.
98 F. SCHLEGEL, Gespräch über die Poesie (1800), in: ebd., 337.
99 F. SCHLEGEL, Ideen zu Gedichten (1798), in: SCHLEGEL (KFSA), Bd. 16 (1981), 208.
100 NOVALIS, Logologische Fragmente (entst. 1798), in: NOVALIS, Bd. 2 (²1965), 533.
101 Vgl. DIETER HENRICH, Kunst und Kunstphilosophie der Gegenwart (Überlegungen mit Rücksicht auf Hegel), in: W. Iser (Hg.), Immanente Ästhetik – Ästhetische Reflexion. Lyrik als Paradigma der Moderne (München 1966), 30 f.
102 Vgl. HELMUTH PLESSNER, Über die gesellschaftlichen Bedingungen der modernen Malerei, in: Plessner, Diesseits der Utopie (Düsseldorf/Köln 1974), 114, 118.

1. Nachhegelsche Ästhetik

Der nachhegelsche Formbegriff knüpft vor allem an Kants These vom ›interesselosen Wohlgefallen‹ an. Künstlerisches Schaffen und Kunstrezeption beruhen nach Arthur Schopenhauer gleichermaßen auf einer willensfreien und interesselosen Betrachtung der Welt. Um das Kunstwerk als eine Antwort auf die Frage nach dem Sinn des Lebens und Daseins wahrnehmen zu können, muß der Rezipient aus der Realität heraustreten, »sein Interesse, sein Wollen, seine Zwecke ganz aus den Augen [...] lassen, sonach seiner Persönlichkeit sich auf eine Zeit völlig [...] entäußern«[103] und sich dem Kunstwerk überlassen, weil es, wie es an anderer Stelle heißt, »uns *die Form* allein zeigt, welche schon, wenn nur vollkommen und allseitig gegeben, die Idee selbst wäre. Das Bild leitet uns mithin sogleich vom Individuo weg, auf die bloße Form. Schon dieses Absondern der Form von der Materie bringt solche der Idee um Vieles näher.«[104] Die ästhetische Wahrnehmung erfordert ein konsequent kontemplatives Verhalten, das uns – wenigstens zeitweilig – vom Leiden am eigenen Willen befreit. In Schopenhauers Form-Ästhetik gilt daher die Musik als die höchste Kunstgattung, weil sie unter Umgehung jeglicher Abbildung wie auch jeglichen Zweckes das Innerste der Welt, uns selbst und damit auch den Sinn unseres Daseins zur Sprache bringt.

Aus einer praktischen (ethischen, psychologischen und pädagogischen) Perspektive versucht Johann Friedrich Herbart, die Kunst aus ihrer philosophisch-apriorischen Verankerung herauszulösen: »Der Mensch, der unaufhörlich geformt wird von den Umständen [...] bedarf der Kunst, welche ihn erbaue, ihn construire, damit er die rechte Form bekomme.« Form bezieht sich hier aber eher nicht auf ästhetische Kontemplation, sondern auf die Fähigkeit des Menschen, »ein geselliges Ganzes«[105] zu bilden. Herbart interessiert vor allem der »psychische Mechanismus«, die »Erregung von Affekten« im Sinne von Lust/Unlust, Gefallen/Mißfallen, die ein Kunstwerk auslöst. Die psychologische Wahrnehmung der Form beschreibt Herbart anhand unterschiedlichster und sich wechselseitig durchdringender Gestaltungen von Raum und Zeit. Das Kunstwerk ist für ihn »weder eine Summe, noch ein System [...], sondern Figur in Figur. Schönheit im Ganzen, aber auch Schönheit in Teilen, und im Vehikel (z.B. Sprache, – Hintergrund etc.)«[106].

Daran anschließend entwickelt Robert Zimmermann eine *Allgemeine Aesthetik als Formwissenschaft* und begründet Form einerseits im »ästhetischen Urtheil«, das im Unterschied zu Herbart allein der »ästhetischen Contemplation«[107] entspringt: »Kein Einfaches gefällt oder missfällt ästhetisch. An dem Zusammengesetzten gefällt und missfällt nur die Form. Die Teile ausserhalb der Form, die Materie, sind ästhetisch gleichgiltig. In diesen drei Sätzen ruht die Grundlage einer Aesthetik als reiner Formwissenschaft« (21). Nur die Form kann ästhetische Urteile erzeugen. Andererseits entwirft Zimmermanns »reine Formwissenschaft« und »Morphologie des Schönen« (30) einen akademisch-normativen Formbegriff. Über Gefallen und Mißfallen entscheiden letztlich weder die Sinne noch die Erfahrung, sondern »das Denken allein« (31), und die »nothwendig und allgemein gefallenden Formen werden einmal gefunden ewig und allenthalben dieselben bleiben«. Die normativ gedachten ästhetischen Formen bilden somit die »Obersätze der Kunstlehren, der praktischen Aesthetik« (33).

Auf Herbart und Zimmermann beruft sich Eduard Hanslick in seiner Musikästhetik, die er auf den Satz bringt: »Die Musik besteht aus Tonreihen, Tonformen, diese haben keinen anderen Inhalt als sich selbst.«[108] Hanslick wendet sich sowohl gegen Wagners »zum Prinzip erhobene Formlosigkeit,

---

103 ARTHUR SCHOPENHAUER, Die Welt als Wille und Vorstellung (1819), in: SCHOPENHAUER, Bd. 2 (²1949), 219.
104 SCHOPENHAUER, Parerga und Paralipomena (1851), in: SCHOPENHAUER, Bd. 6 (²1947), 449.
105 JOHANN FRIEDRICH HERBART, Über den Standpunct der Beurtheilung der Pestalozzi'schen Unterrichtsmethode (1805), in: Herbart, Sämtl. Werke, hg. v. K. Kehrbach, Bd. 1 (Aalen 1964), 308.
106 HERBART, Einleitung in die Ästhetik (1813), in: ebd., Bd. 4 (Aalen 1964), 113, 284.
107 ROBERT ZIMMERMANN, Allgemeine Aesthetik als Formwissenschaft (Wien 1865), 18f.
108 EDUARD HANSLICK, Vom Musikalisch-Schönen. Ein Beitrag zur Revision der Ästhetik der Tonkunst (1854), hg. v. D. Strauß, Bd. 1 (Mainz 1990), 162.

III. Differenzierungen des Formbegriffs seit dem 19. Jahrhundert

den gesunden und gegeigten Opiumrausch« (17), als auch gegen die Anpassung jeder Einzelkunst an einen allgemeinen Schönheitsbegriff: Die Schönheitsgesetze jeder Kunst seien von den Eigentümlichkeiten ihres Materials und ihrer Technik nicht zu trennen. Gegen die bisherige Auffassung, daß Affekte die einzige ästhetische Grundlage der Tonkunst seien, behauptet er, die Schönheit eines Tonstücks sei spezifisch musikalisch, allein enthalten in den Tonverbindungen. Wenn von Tonkunst die Rede sei, dürfe nur von der reinen Instrumentalmusik ausgegangen werden. Unter diesem Aspekt werden alle Analogien verworfen, wonach Musik mit Sprache, Mathematik oder Dichtung verglichen wird.[109] Der »Inhalt« der Musik sind nur »tönend bewegte Formen« (75), entfernt verwandt der Ornamentik und Arabeske oder dem Kaleidoskop.

Wenn Hanslick einerseits die Musik als »in sich selbst befriedigte Formschönheit« (102) definiert und für ihn der »instrumentale Tonsetzer« nicht an die »Darstellung eines bestimmten Inhalts denkt« (86), so spricht er zugleich vom Komponieren als einem »Arbeiten des Geistes in geistfähigem Material« (79), denn jede Kunst trachte danach, »eine in der Phantasie des Künstlers lebendig gewordene Idee zur äußern Erscheinung zu bringen«(80), zudem habe die Musik gegenüber den anderen Künsten ihren Stoffquell nicht in der Natur, sondern allein im Geist. Form ist hier nicht so sehr Erscheinung als vielmehr Wesensform oder ›innere Form‹ im Sinne Shaftesburys, vergleichbar der inneren Sprachform Humboldts.[110]

Auch die technische Seite der musikalischen Kommunikation kommt zur Sprache: Der musikalische Stil liegt nicht im individuellen Temperament, sondern beruht auf der »vollendeten Technik, wie sie im Ausdruck des schöpferischen Gedankens als Gewöhnung erscheint«[111], und das »wirklich ästhetische Hören« (139) ist für Hanslick nicht Sache der Emotion, sondern der Kennerschaft, der musikalischen Geschultheit. Erstmals wird in diesem Zusammenhang hingewiesen auf den Formverschleiß in der modernen Musik: Es gebe keine Kunst, so Hanslick, »welche so bald und so viele Formen verbraucht, wie die Musik. Modulationen, Kadenzen, Intervallenfortschreitungen, Harmonienfolgen nutzen sich in fünfzig,

ja dreißig Jahren dergestalt ab, daß der geistvolle Komponist sich deren nicht mehr bedienen kann und fortwährend zur Erfindung neuer, rein musikalischer Züge gedrängt wird« (86).

Die Ästhetiken von Friedrich Theodor Vischer und Karl Rosenkranz modifizieren die Systematik Hegelschen Denkens, überschreiten sie auch stellenweise, ohne daß dabei ein neuer ästhetischer Ansatz sichtbar würde.[112] So rehabilitiert Vischer zwar im zweiten Teil seiner *Ästhetik* (1846–1858) das Naturschöne und klassifiziert die Schönheiten der anorganischen wie organischen Naturformen, doch ist die Natur auch für ihn nur eine zufällige und unbeabsichtigte Existenzform des Schönen, allenfalls Stoff für den Künstler, denn in Wahrheit »ist […] das Subjekt der Schöpfer des Schönen, und die gesamte Naturschönheit verhält sich zu dieser Schöpfung als Objekt in dem Sinne des Stoffs«[113]. Die Aufhebung des mangelhaften und zufälligen Naturschönen wie der Realität überhaupt in der Kunstschönheit wird bei Vischer zu einer subjektiven Stiftung des Künstlers. Das Schöne ist als »Idee in der Form begrenzter Erscheinung«[114] und im Kunstwerk als die »Einheit der Idee und des Bildes« (119) nur möglich durch eine subjektive Verklärung, und die ästhetische Schein, bei Hegel noch dem Wesen wesentlich, wird zur Illusion: »Das Schöne ist das in sich gespiegelte, im Spiegel verklärte Leben.«[115] Nur als reines Formwesen, als von aller Stofflichkeit, vom Einfluß des störenden Zufalls und der Brutalität des konkreten Lebens gereinigte »Oberfläche« könne das Kunstwerk als Gefäß der Idee dienen: Diese Idee ist aber nicht Stoff, ihrem Inhalt, gerade ist es, welche aus der zu solcher Durchsichtigkeit geläuterten Gestalt hervorleuchtet und ihr, indem sie selbst nur eine Stufe der absoluten

---

109 Vgl. ebd., 98ff.
110 Vgl. CARL DAHLHAUS, Die Idee der absoluten Musik (1978; Kassel ³1994), 112 f.
111 HANSLICK (s. Anm. 108), 108.
112 Vgl. WERNER JUNG, Von der Mimesis zur Simulation. Eine Einführung in die Geschichte der Ästhetik (Hamburg 1995), 106.
113 VISCHER, Bd. 2 (1922), 370.
114 VISCHER, Bd. 1 (1922), 52.
115 VISCHER, Kritische Gänge (1844–1873), Bd. 4 (München 1922), 295.

Idee ist, die Bedeutung eines Weltalls gibt«[116].

Diese Argumentation, die den Inhaltsbegriff weitgehend ins Symbolische wendet und sich gleichzeitig gegen jede formalistische Ästhetik richtet, verdeutlicht vor allem Vischers Übergangsposition zwischen klassisch-idealistischer Ästhetik und beginnender Moderne. Ähnliches gilt auch für die *Ästhetik des Häßlichen* (1853) von Karl Rosenkranz.

Der erste Abschnitt des Buches, vom Verfasser der ›Formlosigkeit‹ (Amorphie, Asymmetrie und Disharmonie) gewidmet, wirkt wie eine komplementäre Abhandlung zur tradierten Philosophie des Schönen: Rosenkranz ordnet das Häßliche systematisch in die philosophische Ästhetik ein als das Negativschöne, das – zumindest in der Kunst – immer nur in Relation zum Schönen, d. h. innerhalb der Einheit von Inhalt und Form, zulässig sei: Es muß sich »immer in das Schöne reflektieren, an welchem es die Bedingung seiner Existenz hat«[117]. Die von Rosenkranz problematisierte ›Formlosigkeit‹ signalisiert indes eine Zäsur in der Begriffsgeschichte: Form kann nicht mehr eindeutig als Medium eines ›sinnlichen Scheinens der Idee‹ gedacht werden. Die Bildung der Opposition Form/Formlosigkeit leitet sich aus der zeitgenössischen Kunst her: Die Wiedergabe der ›Wirklichkeit, wie sie ist‹, d. h. nach außerkünstlerischen Wahrnehmungskriterien, die damit verbundene Entdeckung neuer Stoffbereiche, die Verfahren der Stilmischung und Abkehr von tradierten Formkonventionen – all das ließ sich innerhalb der idealistischen Ästhetik nicht mehr fassen. Der Realismus in der Malerei und im Roman stellte nicht nur die ästhetische Einheit von Form und Inhalt als die Kunstwerkes in Frage, sondern darüber hinaus auch die sinnhafte Totalität der Welt, wie sie in der Kunst aufscheinen sollte.[118]

Aus einer anderen Perspektive bestätigt Gottfried Semper die veränderte Auffassung des Formbegriffs. Semper sieht die spekulative Ästhetik zunehmend anachronistisch werden angesichts der Entwicklung von Kunstindustrie und Kunstrefle-xion, d. h. der »erdrückenden Masse der Kunstästhetiken und Geschichten der Kunst«. Seine »empirische Kunstlehre« versucht, »die Bestandteile der Form, die nicht selbst Form sind, sondern Idee, Kraft, Stoff und Mittel, gleichsam die Vorbestandteile und Grundbedingungen der Form«, aus denen die aktuelle »fertige Formensprache«[119] ihre Anregungen erhält, zu beschreiben. Für Semper ist Form der Schnittpunkt von gleichbleibenden menschlichen Bedürfnissen und kulturhistorisch sich wandelnden Techniken der Formgebung. Aus einer positivistischen Grundhaltung, wonach die Kunst ihre »besondere Sprache« hat, »bestehend in formellen Typen und Formen«, richtet er seine Aufmerksamkeit (analog zur Sprachgeschichte) auf die historische Rekonstruktion der »Grundformen und Symbole« der Kunst, die das »innere Gesetz« aufzeigen, das in der »Welt der Kunstformen gleich wie in der Natur waltet« (VIII) und wonach das »freie Menschenwerk als Naturnotwendigkeit erscheint« (XIII): »denn obschon es die Kunst nur mit der Form und dem Scheine, nicht mit dem Wesen der Dinge zu tun hat, so kann sie dennoch nicht anders als nach dem, was die Naturerscheinung sie lehrt, ihre Form schaffen, sei es auch nur nach Befolgung des allgemeinen Gesetzes, welches durch alle Reiche der Natur waltet.« Unter diesem Gesetz ordnet sich die »Vielheit der Form« schließlich unter die Bedingungen der »Symmetrie«, »Proportionalität« und »Richtung« (XXIII f.). Diese Bedingungen werden aber nicht nur im Rückblick auf die Antike beschrieben, sondern unter Einbeziehung auch von Gestaltungsformen archaischer Kulturen. Die künstlerische Form hat hier ihr Korrelat weniger im Gehalt des Werkes, sondern in ihren materiellen Entstehungsbedingungen: im Stoff und seiner technisch-funktionalen Bearbeitung.

2. Übergänge zur Moderne

Um die Mitte des 19. Jh. kommt es in Kunst und Literatur zu einer Entgegensetzung von Realismus und Imagination, d. h. zu einer Wiedergabe der Wirklichkeit, wie sie ist bzw. wie sie wahrgenommen wird, und, auf der anderen Seite, zur Schaffung von Formen aus der Phantasie des Künstlers, wobei diese Formen der Kunst gegen alle Aus-

---

116 VISCHER, Bd. 1 (1922), 154.
117 ROSENKRANZ, 39.
118 Vgl. STEPHAN KOHL, Realismus. Theorie und Geschichte (München 1977), 104 f.
119 GOTTFRIED SEMPER, Der Stil in den technischen und tektonischen Künsten oder praktische Ästhetik (München 1878), XV, VIII, X.

drucks- und Abbildungsästhetik den Status einer eigenen Wirklichkeit verleihen. Dabei gewinnt der Stilbegriff eine zentrale Bedeutung.

Für Flaubert war der Stil »à lui seul une manière absolue de voir les choses«[120], eine Form, die selbst von der Notwendigkeit, die empirische Individualität eines Autors auszudrücken, entlastet wird. Anders heißt es bei Baudelaire: »Tout l'univers visible n'est qu'un magasin d'images et de signes auxquels l'imagination donnera une place et une valeur relative.« Verworfen wird von beiden der Gedanke einer durch Kunst und Erkenntnis vermittelten Beziehung zwischen Ich und Welt, Denken und Sein. Welt wird in der Kunst erst geschaffen. Der Dichter verknüpft in diesem Zusammenhang die Tradition der Regelpoetik und den Einsatz rationalen Kalküls: »Car il est évident que les rhétoriques et les prosodies ne sont pas des tyrannies inventés arbitrairement, mais une collection de règles réclamées par l'organisation même de l'être spirituel«, sie verhelfen zur »éclosion de l'originalité«[121], und Schönheit ist für Baudelaire »le résultat de la raison et du calcul«. Nach Baudelaire enthält das Schöne zwar ein »élément éternel, invariable«[122], unterliegt aber in seiner jeweiligen Verkörperung zugleich den Anschauungen der Epoche und der Auffassung des Künstlers. Dieser schafft nach Regeln, die allein seinem Innern entsprechen, eine neue Welt: »[L'imagination] décompose toute la création, et, avec les matériaux amassés et disposés suivant des règles dont on ne peut trouver l'origine que dans le plus profond de l'âme, elle crée un monde nouveau«[123]. Wenn es an einer Stelle der *Journaux Intimes* unter Hinweis auf Chateaubriand und Edgar Allan Poe heißt: »*Style*. La note éternelle, le style éternel et cosmopolite«[124], so könnte damit der Zusammenhang des ›Ewigen‹ mit dem Individuellen in der Kunst gemeint sein.

In Nietzsches Künstler-Ästhetik ist ›Stil‹ ebenfalls eine entscheidende Wertungskategorie: »Eins ist Noth. – Seinem Charakter ›Stil geben‹ – eine grosse und seltene Kunst!«[125] In diesem Sinne spricht er auch von seiner eigenen »Kunst des Stils«[126]. In bezug auf die Redekunst und die Architektur ist die Rede vom ›großen Stil‹, der dem Willen seinen Ausdruck verleiht, darüber hinaus Geist, Geschmack und Macht demonstriert.[127]

Nietzsches Formbegriff hingegen ist mehrdeutig: Gewöhnlich, d. h. außerhalb der Kunst, gleitet das Auge der Menschen »nur auf der Oberfläche der Dinge herum und sieht ›Formen‹, ihre Empfindung führt nirgends in die Wahrheit, sondern begnügt sich Reize zu empfangen und gleichsam ein tastendes Spiel auf dem Rücken der Dinge zu spielen«[128]. Unter dieser Bedingung erschaffen wir uns selbst die Dinge aufgrund der Begriffe und Formen, die wir ihnen zuordnen: »Die Welt erscheint uns logisch, weil wir sie erst logisirt haben«[129]. Die daraus entstandenen Wahrheiten sind für Nietzsche illusorisch, denn »wenn wir gezwungen sind, alle Dinge nur unter diesen Formen zu begreifen, so ist es [...] nicht mehr wunderbar, dass wir an allen Dingen eigentlich nur eben diese Formen begreifen«[130].

Aus einer ästhetischen Perspektive hingegen erscheint Form um ihrer selbst willen und auch als letztliches Ziel des Kunstschaffens. Nietzsche verweist auf den Künstler, »der keinem Dinge einen Werth zugesteht, es sei denn, daß es Form zu werden weiß«[131]. Deutlich spielt er hier auf den antiken Formbegriff an, den er in seine ästhetische

---

120 GUSTAVE FLAUBERT an Louise Colet (16. 1. 1852), in: Flaubert, Correspondance, hg. v. J. Bruneau, Bd. 2 (Paris 1980), 31.
121 CHARLES BAUDELAIRE, Salon de 1859, in: Baudelaire, Œuvres complètes, hg. v. J.-G. Le Dantec (Paris 1954), 779.
122 BAUDELAIRE, Le peintre de la vie moderne (1860), in: ebd., 912, 883.
123 BAUDELAIRE (s. Anm. 121), 773.
124 BAUDELAIRE, Fusées (entst. 1851, ersch. 1887), in: Baudelaire, Œuvres complètes (s. Anm. 121), 1200.
125 FRIEDRICH NIETZSCHE, Die fröhliche Wissenschaft (1882), in: NIETZSCHE (KGA), Abt. 5, Bd. 2 (1973), 210.
126 NIETZSCHE, Ecce Homo (1889), in: NIETZSCHE (KGA), Abt. 6, Bd. 3 (1969), 302.
127 Vgl. NIETZSCHE, Götzen-Dämmerung (1889), in: ebd., 112f.; NIETZSCHE, Nachgelassene Fragmente (Ende 1836 – Frühjahr 1837), in: NIETZSCHE (KGA), Abt. 8, Bd. 1 (1974), 311.
128 NIETZSCHE, Ueber Wahrheit und Lüge im aussermoralischen Sinn (entst. 1873), in: NIETZSCHE (KGA), Abt. 3, Bd. 2 (1973), 370.
129 NIETZSCHE, Nachgelassene Fragmente (Herbst 1887), in: NIETZSCHE (KGA), Abt. 8, Bd. 2 (1970), 82.
130 NIETZSCHE (s. Anm. 128), 379.
131 NIETZSCHE (s. Anm. 129), 141.

Weltanschauung überträgt.[132] Für den Künstler tauschen dabei Form und Inhalt ihre Stellung: »Man ist um den Preis Künstler, daß man das, was alle Nichtkünstler ›Form‹ nennen, als Inhalt, als ›die Sache selbst‹ empfindet. Damit gehört man freilich in eine verkehrte Welt: denn nunmehr wird einem der Inhalt zu etwas bloß Formalem, – unser Leben eingerechnet.«[133] Ähnlich wie schon vor ihm die Romantiker destruiert Nietzsche die primär vom Kunstwerk und seiner Rezeption ausgehende Ästhetik und deren wissenschaftlich intendierten Formbegriff: Form ist für ihn nicht abstrahierbar, sondern dem Leben inhärent. Diese Auffassung von Form, die sich aus einem emphatischen Kunstbegriff herleitet, läßt sich allerdings nicht systematisch darstellen.

Wenn am Schluß ausgewählter Hinweise auf die frühe Moderne Freud erwähnt wird, dann vor allem deshalb, weil auch er jenseits einer systematischen Ästhetik eher vom Standpunkt des Künstlers aus argumentiert. Auf indirekte Weise richtet sich auch Freud gegen den vor allem von der ästhetischen Rezeption her entwickelten Formbegriff des 19. Jh. mit psychoanalytischen Thesen zur Kunst, die analog zu seiner Theorie des Traumes und der Neurose entstehen. Der Künstler wird zum phantasierenden »Tagträumer«, der aus seiner spielerischen Phantasie eine künstlerische »Technik«[134] entwickelt. Die Verbindung zwischen dieser Technik und der Produktion eines Lusteffekts bildet den Leitfaden der ästhetischen Auffassungen Freuds.[135] Ihn interessiert vor allem die psychologische Funktion der Kunst, die er aus Trieb und Verdrängung erklärt und die vom Künstler und Autor in der sublimierten, sozial angemessenen Form des Kunstwerks zum Ausdruck gebracht wird.[136] So erhält bei Freud Kunst als »la forme non-obsessionnelle, non-névrotique de la satisfaction substituée«[137] wohl eher eine kompensatorische Funktion. In diesem Sinne dient die ›künstlerische Technik‹ der formalen Zurüstung von Phantasie- und Traumbildern für die ästhetische Kommunikation. In seinen späteren Schriften geht er über seinen bis dahin im wesentlichen biographischen Ansatz hinaus und schildert, ähnlich wie das einzelne Kunstwerk, nun auch die Kultur im Ganzen als Ausdruck von Symptomen ungelöster Konflikte und Neurosen[138], wobei es weniger um den Formbegriff in der Kunst, sondern vielmehr um eine Diagnose der zeitgenössischen Kulturentwicklung geht.

3. Versachlichung des Formbegriffs

Die Abkehr vom idealistischen Formbegriff erfolgt in Deutschland weniger über kunsttechnische Fragestellungen, sondern vor allem über wissenschaftliche Untersuchungen zur Kunstrezeption als einem psychophysischen Prozeß (vgl. Herbart, Zimmermann). Die Parameter dafür bilden die Empfindungen von Lust/Unlust und in bezug auf das Kunstwerk die Wahrnehmung der Relation Teil/Ganzes. Die Ästhetik erhält somit Züge einer empirisch vorgehenden Einzelwissenschaft. So stellt Gustav Theodor Fechner der »von Oben herab« philosophierenden Ästhetik eine Ästhetik »von Unten«[139] gegenüber, die empirisch vom einzelnen zum Allgemeinen aufsteigt und deren Grundthese lautet: »Die an das Kunstwerk gestellte Foderung eines einheitlichen Totaleindruckes coordinirt sich der Foderung, dass es einen möglichst starken und hohen Lusteindruck zu machen habe«[140]. Als Hauptkategorie seiner empirischen Kunstbetrachtung fungiert dabei das ›aesthetische Associationsprincip‹.[141]

Unter diesem Aspekt reflektiert Fechner ausführlich den im 19. Jh. aufkommenden »Streit der Form-Ästhetiker und Gehalts-Aesthetiker« als den

---

132 Vgl. HEIDEGGER, Nietzsche I (1961), in: HEIDEGGER, Bd. 6/1 (Frankfurt a.M. 1996), 118.
133 NIETZSCHE (s. Anm. 129), 251 f.
134 SIGMUND FREUD, Der Dichter und das Phantasieren (1908), in: FREUD (GW), Bd. 7 (1941), 223.
135 Vgl. PAUL RICŒUR, De l'interpretation. Essai sur Freud (Paris 1965), 166 f., 169; dt.: Die Interpretation. Ein Versuch über Freud, übers. v. E. Moldenhauer (Frankfurt a.M. 1974), 173 f., 177.
136 Vgl. GÖTZ POCHAT, Der Symbolbegriff in der Ästhetik und Kunstwissenschaft, übers. v. M. Pochat (Köln 1983), 95.
137 RICŒUR (s. Anm. 135), 165.
138 Vgl. FREUD, Das Unbehagen in der Kultur (1930), in: FREUD (GW), Bd. 14 (1948), 417–506.
139 GUSTAV THEODOR FECHNER, Vorschule der Aesthetik (1876), Bd. 1 (Hildesheim/New York 1978), 1.
140 Ebd., Bd. 2 (Hildesheim/New York 1978), 15.
141 Vgl. ebd., Bd. 1, 86 ff.

»Streit zweier Einseitigkeiten«[142], da sich nach seiner Ansicht in der ästhetischen Wahrnehmung des Kunstwerkes Form und Inhalt nicht trennen lassen. Form sei in »letzter logisch-metaphysischer Instanz« allenfalls »die Verbindungsweise des Einzelnen« und »Inhalt, Stoff das Einzelne, was verbunden ist«. Der »philosophischerseits darüber geführte Streit« (35) erscheint ihm eher müßig. Fechner äußert sich vom Standpunkt seiner empirischen Ästhetik erstmals überhaupt skeptisch hinsichtlich der Brauchbarkeit von Begriffen wie Form und Inhalt für die Kunstbetrachtung.

Gestützt auf Fechner und auf Wilhelm Diltheys Verstehenslehre, möchte Theodor Lipps die Wirkung von Kunstwerken »verständlich machen«. Er untersucht die »Bedingungen, die bei einem Objekt erfüllt sein müssen, wenn es diese Wirkung hervorzubringen fähig sein soll«. So wird die Ästhetik für ihn zu einer »Disziplin der angewandten Psychologie«[143]. Lipps unterscheidet die sinnlich wahrnehmbaren Formen von den ästhetisch relevanten, den Werkinhalt symbolisierenden Formen, die erst im Verlauf der ›ästhetischen Einfühlung‹ sich zeigen.

Von Interesse ist dabei nicht die schon bekannte Annahme, Inhalt und Form seien »korrelate Begriffe« und die künstlerische Form sei »nichts anderes als die Daseinsweise des Inhaltes«[144]. Bemerkenswerter ist in diesem Kontext die Unterscheidung des technischen Kunstwerks (der industriellen Künste oder des Kunsthandwerks) vom Bildkunstwerk, und in diesem Zusammenhang von ›Werkform‹ und ›Kunstform‹. Lipps macht hier auf die vom Standpunkt traditioneller Ästhetik eher ausgeklammerte Funktion von Technik und Material des Werkes für die ästhetische Rezeption aufmerksam.[145]

Auf dem Hintergrund positivistischer Traditionen und zugleich aufkommender (hermeneutischer, phänomenologischer neukantianischer) Gegenströmungen entwickelt sich gegen Ende des 19. Jh. in der Kunsttheorie ein eher formalistischer Formbegriff.[146] Andererseits entstehen auch nicht minder bedeutsame inhaltsästhetische Konzepte. In diesem Spektrum ästhetischen Denkens wird Form seit der Jahrhundertwende entweder (in der Avantgarde auch programmatisch) als emanzipatorischer Impuls aufgefaßt, eher traditionell als Werkgestalt

(ausgehend von Dilthey und Oskar Walzel) festgeschrieben oder aber (wie bei Adorno) kritisch umgewertet. Dabei wird das Bewußtsein der Kluft zwischen Form und Inhalt zum Dauerthema einer Diskussion, die sich sehr bald in Paradoxien und Widersprüche verirrt und seit der Mitte dieses Jh. allmählich zum Erliegen kommt: »Alle Versuche, die Korrelation von Form und Inhalt aufzuzeigen, sind heute als gescheitert anzusehen. ›Formalisten‹ und ›Gehaltsästhetiker‹ haben keine gemeinsame Basis gefunden [...]. Die alte Form-Inhalt-Problematik ist heute deswegen überwunden, weil beide Begriffe nicht mehr als Beziehungswerte zweier verschiedener Lebensbereiche (der Kunst und der Wirklichkeit) verstanden werden«.[147] Auf der formalen Seite erscheint das Moment der Reflexivität als eine »Anstrengung der Form gegen sich selbst: Formstrukturen sollen entstehen, welche die Bedeutungsassoziationen von Form zerstören und doch zugleich vollendete Form sind. Formbrüche werden so zum Kompositonsprinzip«[148]. Hiermit wird nicht nur die Form-Inhalt-Relation, sondern der Formbegriff selbst zum Problem.

IV. Form im 20. Jahrhundert

1. Formalistische Kunsttheorie

Schon 1876 fragt Conrad Fiedler nach der besonderen Sprachlichkeit von Kunstwerken und nach ihrer »Wahrheit im künstlerischen Sinne«. Für ihn beginnt das Interesse an der Kunst erst in dem Moment, »wo das an dem Gedankeninhalte des Kunstwerkes erlischt«[149]. Fiedler konzentriert sich auf die Fähigkeit des Sehens um seiner selbst willen,

---

142 Ebd., Bd. 2, 20 f.
143 THEODOR LIPPS, Ästhetik. Psychologie des Schönen und der Kunst, Bd. 1 (Hamburg/Leipzig 1903), 1.
144 Ebd., Bd. 2 (Hamburg/Leipzig 1906), 95 f.
145 Vgl. ebd., 483, 488, 492 f.
146 Vgl. JUNG (s. Anm. 112), 185 ff.
147 SCHRÖDER (s. Anm. 7), 470.
148 HENRICH (s. Anm. 101), 30.
149 CONRAD FIEDLER, Über die Beurteilung von Werken der bildenden Kunst (1876), in: Fiedler, Schriften über Kunst (Köln 1977), 31.

auf die Formen des Werkes, ihre aus der (optischen) Wirkung hervorgehende »künstlerische Bedeutung« (34). Die Bedeutung der Kunst ist »keine andere als eine bestimmte Form, in der der Mensch die Welt sich zum Bewußtsein zu bringen nicht nur bestrebt, sondern recht eigentlich durch seine Natur gezwungen ist« (52). Das gilt auch für die Sprache: »Nicht ein Ausdruck für ein Sein liegt in der Sprache vor, sondern eine Form des Seins.« (139) Daher ist die Sprache selbst ein Sein und kann »immer nur sich selbst bedeuten« (143). Fiedlers Ansatz, der sich gegen die Kunstgeschichte absetzt und sich primär auf die Form des Einzelwerkes bezieht, wirft die Frage auf, wie denn die Werkform in ihrer eigenen Bedeutung zu begründen sei, wenn einerseits ›Inhalt‹ und ›Zweck‹ des Werkes, andererseits die Formgeschichte, d. h. die überindividuellen Merkmale der Form in der Kunst und ihre Entwicklung weitgehend unberücksichtigt bleiben.

Auch Wilhelm Worringer betont mit Rückbezug auf Kant: »Es kann mit anderen Worten immer nur von einer Ästhetik der Form gesprochen werden.«[150] Ausgehend vom »Willen zur Form« in der Kunstproduktion (vgl. den Begriff des »Kunstwollens«[151] bei Alois Riegl), sieht er vom »Inhaltlichen als dem Sekundären jeder künstlerischen Darstellung«[152] ab. Andererseits stellt er jedoch im Unterschied zu Fiedler eine Beziehung her zwischen dem Formschaffen und dem Welt- und Lebensgefühl einer Epoche. Worringer relativiert die Einfühlung als den Zentralbegriff der psychologischen Ästhetik als zu einseitig auf die antike und moderne okzidentale Kunst orientiert und als hilflos gegenüber der Kunstentwicklung anderer Völker

und Zeiten. Dem Einfühlungsdrang, wonach der ästhetische Genuß als »objektivierter Selbstgenuß« erscheint, stellt er einen Abstraktionsdrang gegenüber, den er als »die Folge einer großen inneren Beunruhigung des Menschen durch die Erscheinungen der Außenwelt« und »in religiöser Beziehung« als korrespondierend »mit einer stark transzendentalen Färbung aller Vorstellungen« (14 f.) sieht. Mit dem Begriff der Abstraktion stellt Worringer einen Zusammenhang her zwischen der Archaik und der zeitgenössischen Kunst und eröffnet zugleich den Zugang zur modernen, ungegenständlichen Form.

In seinen *Kunstgeschichtlichen Grundbegriffen* (1915) untersucht Heinrich Wölfflin eher im Gegensatz zu Fiedler die »allgemeinsten Darstellungsformen«. Ihn interessiert »nicht die Schönheit Leonardos oder Dürers, wohl aber das Element, in dem diese Schönheit Gestalt gewonnen hat«[153]. Über das Einzelwerk hinaus wird dabei die Form in der Kunst mit den Begriffen der ›Stilentwicklung‹ und ›Stilgeschichte‹ verklammert. Wie Worringer geht auch Wölfflin antithetisch vor. Seine Formenanalyse basiert letztlich auf der Grundopposition zwischen ›imitativer‹ bzw. ›dekorativer‹ Bedeutung, aus immer neue Kombinationen hervorgehen: »Jede Art der Naturwiedergabe bewegt sich schon innerhalb eines bestimmten dekorativen Schemas« (17).

Wölfflin konzentriert sich ganz auf die Form als das allgemeine Merkmal der bildenden Künste und sieht weitgehend von biographischen und kulturhistorischen Interpretationen ab. Seine Quellen sind neben formaltheoretischen (Fiedler, Adolf von Hildebrand, Riegl) vor allem kunstpsychologische Überlegungen (Lipps, Johannes Volkelt). »Man kann erst da exakt arbeiten, wo es möglich ist, den Strom der Erscheinungen in festen Formen aufzufangen. Diese festen Formen liefert der Physik zum Beispiel die Mechanik. Die Geisteswissenschaften entbehren noch dieser Grundlage; sie kann allein in der Psychologie gesucht werden. Diese würde auch der Kunstgeschichte erlauben, das einzelne auf ein allgemeines, auf Gesetze zurückzuführen.«[154] Wölfflin wollte allgemeine »Sehformen« darstellen und damit den »optischen Nenner« in einer »Kunstgeschichte ohne Namen«[155] rekonstruieren. Zwar korrigiert er wenig später

---

150 WILHELM WORRINGER, Abstraktion und Einfühlung (1907; Leipzig/Weimar 1981), 27.
151 ALOIS RIEGL, Stilfragen. Grundlegung zu einer Geschichte der Ornamentik (Berlin 1893), VII; RIEGL, Spätrömische Kunstindustrie (1901; Darmstadt 1964), 9.
152 WORRINGER (s. Anm. 150), 25.
153 HEINRICH WÖLFFLIN, Kunstgeschichtliche Grundbegriffe. Das Problem der Stilentwickelung in der neueren Kunst (München 1915), 14.
154 WÖLFFLIN, Prolegomena zu einer Psychologie der Architektur (1886), in: Wölfflin, Kleine Schriften (Basel 1946), 45 f.
155 WÖLFFLIN (s. Anm. 153), VII, V.

»Sehformen« durch »Anschauungsformen«[156], um den Eindruck bloß sinnlicher bzw. mechanischer Wahrnehmung zu vermeiden, die Frage nach dem Verhältnis von Stilgeschichte und Einzelinterpretation läßt er indes offen. Darauf wird Erwin Panofsky später kritisch hinweisen.[157] Das Interesse Wölfflins gilt vor allem der Struktur des Wahrnehmungsapparats. Er fragt nach den ›inneren Formen‹, die jeder konkreten künstlerischen Anschauung, Vorstellung, Gestaltung immer schon zugrunde liegen, und sieht eine anthropomorphe Relation zwischen Körperform und Ausdrucksqualität. Seine Methodik situiert er zwischen Psychologie und Sprachforschung. Nach seiner Meinung werde sich die Kunstgeschichte »eine ähnliche Disziplin angliedern müssen, wie sie die Literaturgeschichte in der Sprachgeschichte schon lange besitzt«[158]. Die Analogie von Kunst und Sprache hat die Kunsttheorie schon seit Fiedler beschäftigt, und mit der Unterscheidung von innerer und äußerer Form gelangt Wölfflin in die Nähe der Sprachtheorie Humboldts und der Semiologie Ferdinand de Saussures.

Eine Theorie der künstlerischen Form, die die genannten psychologischen, kunstsprachlichen und stilgeschichtlichen Gesichtspunkte sinnvoll zusammenführt, hat Wölfflin indes nicht erreicht.

2. Kunstphilosophische Ästhetik

Die kunsttheoretischen Formdefinitionen des ausgehenden 19. und beginnenden 20. Jh. orientierten sich vor allem an Kunstwerken im Sinne formal abgeschlossener Verkörperungen, die es zu beschreiben und zu deuten galt. Exemplarisch stehen dafür nicht zufällig die Malerei und die bildenden Künste. Ungeklärt blieb dabei die Beziehung der unikalen Formen des Einzelwerkes zur überindividuellen Form- und Stilgeschichte. Im Gegensatz dazu entwickelte sich eine philosophische Hermeneutik, die den Sinn von Kunstwerken zu interpretieren suchte. Die Form als materielle Verkörperung hat dabei nur Mittlerfunktion: Sie wird im selben Maß transparent, wie im Verlauf der Interpretation der Sinn hervortritt. Das geeignete Medium ist hier die »Form der Schrift«[159], für die Kunstinterpretation vor allem der literarische Text. Im Spannungsfeld zwischen formalistischer Kunsttheorie und hermeneutischer Sinndeutung entwickeln sich am Beginn des 20. Jh. alternative Konzepte, die den Formbegriff noch einmal philosophisch zu definieren suchen. Da nach diesen Denkmustern die Erkenntnis vornehmlich vom Erzeugen des Objekts durch das erkennende Subjekt ausgeht[160], wird das Kunstwerk, für die äußere Wahrnehmung nur ein ›sinnlich Gegebenes‹, ästhetisch erst im vertiefenden Akt der inneren Verarbeitung und Wertung realisiert. In Broder Christiansens *Philosophie der Kunst* (1909) erfaßt der Rezipient am äußeren Kunstwerk nur dessen gegenständliche, technische und dekorative Seite. Das Objekt des ästhetischen Urteils hingegen liegt in der vom Subjekt zu leistenden »Synthese der Wahrnehmungen« begründet. Das äußere Kunstwerk bietet nur Material und Anweisung zum Aufbau des »ästhetischen Objekts«, das in seiner »teleologischen Struktur«[161] vom Rezipienten rekonstruiert werden muß. Das Verhältnis von Form und Inhalt ist nach Christiansen sinnlich nicht zu erfassen. Die Darstellung hat es auch gar nicht auf das »sinnliche Objektbild« abgesehen, sondern auf eine »unbildliche Gegenstandsimpression«, einen »Stimmungsgehalt«, der allein in der »teleologischen Verknüpfung« der Wahrnehmungen zutage tritt. Man könnte daher, wie Christiansen meint, von »unsinnlichen Formen« sprechen (116f.). Das sensualistische Dogma von der sinnlichen Anschauung als ästhetischem Erlebnis wird damit verworfen. Die eigentliche ästhetische Wahrnehmung erfolgt für Christiansen eher über nicht-sinnliche

---

156 WÖLFFLIN, In eigener Sache. Zur vierten Auflage meiner ›Kunstgeschichtlichen Grundbegriffe‹ (1920), in: Wölfflin, Gedanken zur Kunstgeschichte (Basel 1941), 16.
157 Vgl. PANOFSKY, Iconography and Iconology. An Introduction to the Study of Renaissance Art (1939), in: Panofsky, Meaning in the Visual Arts (Garden City, N. Y. 1955), 35; dt.: Ikonographie und Ikonologie, in: Panofsky, Sinn und Deutung in der bildenden Kunst, übers. v. W. Höck (Köln 1975), 63f.
158 WÖLFFLIN s. Anm. 156), 17.
159 HANS-GEORG GADAMER, Wahrheit und Methode (1960), in: GADAMER, Bd. 1 (1990), 393.
160 Vgl. WOLFGANG STEGMÜLLER, Hauptströmungen der Gegenwartsphilosophie, Bd. 1 (Stuttgart 1978), 245, 278.
161 BRODER CHRISTIANSEN, Philosophie der Kunst (Hanau 1909), 41, 50, 130.

Formen, etwa über Differenzempfindungen: »Eine für den dargestellten Gegenstand unwesentliche Formdifferenz kann also für das ästhetische Objekt wesentlich sein: darin zeigt sich aufs Klarste, daß Gegenstand und ästhetisches Objekt nicht völlig identisch sind.« (123) Das Erlebnis der ›Differenz‹ betrifft die Relationen Kunst/Wirklichkeit und Kunstwerk/Kunstsystem. Der Vergleichsgrund liegt im Werk selbst, in seinem Verhältnis zu anderen Werken, zur Tradition, in der Abweichung von festverwurzelten Kunstauffassungen usw.

Eine Revision des Formbegriffs unternimmt auch Nicolai Hartmann. Er weist die bisher in der Ästhetik übliche Gegenüberstellung von Form und Inhalt als »fast tautologisch« zurück, denn »der künstlerische Inhalt ist im Wesentlichen die Form selbst«. Form als »Schönheit im Erscheinungsverhältnis« steht für Hartmann vielmehr im Gegensatz zu »Materie«, die in jeder Kunstgattung nur eine bestimmte Formung zuläßt, und zu »Stoff« (Thema, Sujet). Daneben gibt es allenfalls noch »eine Schönheit im reinen Formenspiel«[162] (Ornamentik). Hartmann differenziert das Kunstwerk nach Schichten, wobei »jede Schicht ihre eigene [...] Formung hat«. Schließlich wird postuliert: »Die künstlerische Form selbst nämlich – und sei es auch nur in einer einzelnen Schicht – bleibt der Analyse unzugänglich. [...] Das eben gehört in das unaufdeckbare Geheimnis der Kunst« (222 f.). Was Hartmann letztlich anzweifelt, sind »die Versuche der Ästhetik, mit einer einheitlichen Formanalyse das Rätsel des Schönen zu lösen« (238). Die ästhetische Einheit des Werkes, eine »Einheit höheren Typs«, wird in der Rezeption erst geschaffen: »Sie muß im Gegensatz zum Gegebenen intuitiv erschaut werden, muß [...] in der inneren Schau erfunden (diviniert)« (224) werden.

Aus der Sicht des Künstlers ist »Formung« eine »Funktion des Weglassens und der Auslese« (226), aus der Sicht des Rezipienten eine Leistung des synthetischen (rekonstruierenden) Erschauens. Künstlerische Formung bedeutet für Hartmann vor allem »Umformung« im Sinne einer »Entwirklichung« (Herauslösung des Stoffes aus den realen Kontexten), aus der sich dann eine nur den Künsten eigene »Anschauung höherer Ordnung« (230) ergibt. Für ihn sind Formung und synthetisierendes Schauen, Produktion und Rezeption der Kunst nur aufeinander beziehbar, wenn man »vom ontischen Wesen des idealen Seins« (231) ausgeht, das in der Kunst erscheint.

Ästhetiken dieser Art haben vor allem in Osteuropa gewirkt. Begriffe wie ›Differenzempfinden‹ oder ›ästhetisches Objekt‹ (Christiansen) sowie die ›Schichtung‹ der Form im Kunstwerk (Hartmann) sind auf unterschiedliche Weise im Russischen Formalismus, bei Michail Bachtin, Jan Mukařovský und Roman Ingarden benutzt worden.

3. Russischer Formalismus

In der Kunst der Moderne wird die Form zunehmend ausgestellt, werden die künstlerischen Verfahren bloßgelegt. Die Form ist nicht mehr Ausdruck von etwas, sie wird nicht mehr mit ›Inhalt‹ korreliert, sondern entwickelt ihre eigene semantische Dimension.[163] Schon im Impressionismus hatte die Dominanz der Farbe und die Auflösung aller klaren Formzusammenhänge die Entwicklung moderner Bildkonzepte ermöglicht und zugleich die Vorstellung vom einheitlichen ›Bildleib‹ in Frage gestellt.[164] Die kubistische Collage bzw. Bildmontage zerstörte das in jedem Bild enthaltene illusionistische Moment, Realität abzubilden.[165] Die historischen Avantgarden brechen mit ihrer radikalen Wendung gegen die Institution Kunst in der bürgerlichen Gesellschaft auch mit den überlieferten Form- und Werkbegriffen.[166] Die künstlerische Form wird dabei mitunter gesellschaftsutopisch überinterpretiert: Man denke an den Zu-

---

162 NICOLAI HARTMANN, Ästhetik (Berlin 1953), 221.
163 Vgl. KARLHEINZ STIERLE, Möglichkeiten des dunklen Stils in den Anfängen moderner Lyrik in Frankreich, in: Iser (s. Anm. 101), 193.
164 Vgl. THEODOR HETZER, Das deutsche Element in der italienischen Malerei des 16. Jahrhunderts (Berlin 1929), 146; BERND GROWE, Modernität und Komposition. Zur Krise des Werkbegiffs in der französischen Malerei des 19. Jahrhunderts, in: W. Oelmüller (Hg.), Kolloquium Kunst und Philosophie, Bd. 3 (Paderborn 1983), 161.
165 Vgl. WOLFGANG ISER, Image und Montage. Zur Bildkonzeption in der imagistischen Lyrik und in T. S. Eliots ›Waste Land‹, in: Iser (s. Anm. 101), 390.
166 Vgl. PETER BÜRGER, Theorie der Avantgarde (Frankfurt a. M. 1974), 44.

sammenhang, der zwischen Form und Funktion etwa in der Architektur hergestellt wird.[167] Theoretisch zugespitzt wird der avantgardistische Formbegriff vor allem im Russischen Formalismus, der, 1915/16 von einer Gruppe junger Linguisten und Literaten in Moskau und Petrograd genialisch entworfen, am Beginn der 1920er Jahre zu einer akademischen Literaturtheorie tendiert, bis seine Entwicklung etwa 1928 aus unterschiedlichen Gründen abbricht. Für die Formalisten ist Form kein Repräsentationsmodus. Die Trias von Form, Stoff und Inhalt wird übersetzt in die Begriffe Form, Material und Verfahren. Die Eigenart des Kunstwerkes besteht danach in der Summe der verwendeten Verfahren zur Formung bzw. Deformation eines bestimmten Materials. Viktor Šklovskij entwickelt die These, daß Kunst und Literatur nicht das Ziel verfolgen, eine historisch vorgelagerte Wirklichkeit zum ›Inhalt‹ zu machen und diesen mitzuteilen, sondern darin, durch die Verfremdung der Wirklichkeit vermittels einer besonderen Form ein vorgelagertes (automatisiertes) Wirklichkeitsverständnis und damit bestimmte Rezeptionsgewohnheiten zu verändern. Form erfüllt bei ihm den doppelten Zweck a) einer ›Verfremdung‹ der Wirklichkeit, um sie ›neu‹ sehen zu können, und b) einer Deformation der Formtradition, um die ›neue‹ Form und den allein aus ihr hervorgehenden neuen Inhalt (»форма создает для себя содержание«; die Form schafft sich den Inhalt[168]) erleben zu können. Der anfangs noch emanzipatorisch aufgeladene Formbegriff, der an Brecht erinnert und von Herbert Marcuse noch einmal aufgenommen wird[169], wird später zunehmend auf die immanente Entwicklung von Sprache und Literatur bezogen, wahrscheinlich u.a. deshalb, weil nur im Rahmen eines bestimmten Kunstsystems die Grundopposition alt/neu (Šklovskij bezieht sich dabei auf Christiansens ›Differenzqualität‹) entsprechend begründet werden kann. Dazu dienten offenbar auch die Abgrenzung von poetischer und praktischer Sprache bzw. von Poesie und Prosa, zudem die Definition der Literatur als ›Literarität‹ (Jakobson) und schließlich die ›formale‹ Unterscheidung der Künste allein nach Material und Verfahren: »Если изобразительное искусство есть формовка само-

ценного материала наглядных представлений, если музыка есть формовка самоценного звукового материала, а хореография самоценного материала – жеста, то поэзия есть оформление самоценного, ›самовитого‹ […] слова« (Wenn die bildende Kunst die Formung des selbstwertigen Materials anschaulicher Vorstellungen ist, die Musik die Formung selbstwertigen Klangmaterials und die Choreographie die Formung des selbstwertigen Materials Gebärde, dann ist Poesie die Formung des selbstwertigen, ›selbstmächtigen‹ Wortes)[170].

In den frühformalistischen Aufsätzen wird Form einerseits dynamisch verstanden. So gilt für Šklovskij: »Искусство есть способ пережить деланные вещи, а сделанное в искусстве не важно« (Die Kunst ist ein Mittel, das Machen einer Sache zu erleben, das Gemachte hingegen ist in der Kunst unwichtig)[171]. Ähnlich heißt es bei Jakobson: »Форма существует для нас лишь до тех пор, пока нам трудно её воспринять« (Eine Form existiert für uns nur solange, als es uns schwerfällt, sie aufzunehmen)[172]. Kunst wird ins Prozeßhafte aufgelöst, in das ständige ›Machen‹ und ›Wahrnehmen‹ künstlerischer Formen, die nur im Prozeß ihrer Erneuerung wahrnehmbar sind: »Форма произведения искусства определяется отношением к другим, до чего существовавшим, формам […] Новая форма является не для

---

167 Vgl. OLAF WEBER, Die Funktion der Form. Architektur und Design im Wandel (Hamburg 1994), 20f.
168 VIKTOR ŠKLOVSKIJ, Svjaz' priëmov sjužetosloženija s obščimi priëmami stilja/Der Zusammenhang zwischen den Verfahren der Sujetfügung und den allgemeinen Stilverfahren (1919), übers. v. R. Fieguth, in: J. Striedter (Hg.), Texte der russischen Formalisten, Bd. 1 (München 1969), 58f.
169 Vgl. HERBERT MARCUSE, Versuch über die Befreiung (Frankfurt a.M. 1969), 65.
170 ROMAN JAKOBSON, Novejšaja russkaja poêzija. Nabrosok pervyj. Viktor Chlebnikov/Die neueste russische Poesie. Erster Entwurf. Viktor Chlebnikov (1921), übers. v. R. Fieguth, in: W.-D. Stempel (Hg.), Texte der russischen Formalisten, Bd. 2 (München 1972), 30f.
171 ŠKLOVSKIJ, Iskusstvo kak priëm/Kunst als Verfahren (1919), übers. v. R. Fieguth, in: Striedter (s. Anm. 168), 15.
172 JAKOBSON (s. Anm. 170), 20f.

того, чтобы выразить новое содержание, а для того, чтобы заменить старую форму, уже потерявшую свою художественность.« (Die Form des Kunstwerks bestimmt sich nach ihrem Verhältnis zu anderen, bereits vorhandenen Formen [...] Eine neue Form entsteht nicht, um einen neuen Inhalt auszudrücken, sondern um eine alte Form abzulösen, die ihren Charakter als künstlerische Form bereits verloren hat.)[173]

Andererseits hat Kunst Objektcharakter: Man denke an die Slogans vom ›selbstwertigen Material‹, vom ›Wort als solchem‹ (slovo kak takovoe) und vom ›Wort-Ding‹ (slovo-vešč') in der futuristischen Poesie oder an Šklovskijs Äußerung, Bilder seien durchaus keine Fenster in eine andere Welt, sondern eigenwertige Dinge.[174] Jakobson hat später die Kombination von zeitlicher Sukzession (Form als Prozeß) und räumlicher Koexistenz (Form als ›Ding‹) in seine strukturalistische Sprachtheorie integriert.[175] Hier werden wesentliche Aspekte des modernen Formbegriffs benannt: Form als Formbruch und als verdinglichte Form in der gegenstandslosen Kunst. Den letztgenannten Aspekt charakterisiert Werner Hofmann mit Hinweis auf Kandinsky und Piet Mondrian: »Ein Formkomplex, der keine Sachinhalte wiedergibt, stellt folglich keine zweitrangige, der Erfahrungswelt abgenommene und dadurch nachgeordnete Wirklichkeit dar, er wird zu einer Wirklichkeit erster Ordnung.«[176] Zur Bewußtmachung verdinglichter Wirklichkeit durch eine gegenstandslose und zugleich dinghafte Kunst äußert später Adorno: »nur als Dinge werden die Kunstwerke zur Antithesis des dinghaften Unwesens«[177].

Um die Mitte der 1920er Jahre wird das frühformalistische Konzept vor allem durch Jurij Tynjanov in eine Theorie des literarischen bzw. poetischen Textes umgesetzt und damit verengt. Statt von ›Verfahren‹ ist jetzt die Rede vom ›konstruktiven Prinzip der Dichtung‹:»Понятие ›материала‹ не выходит за пределы формы, – оно тоже формально; смешение его с внеконструктивными моментами ошибочно.« (Der Begriff ›Material‹ überschreitet nicht die Grenzen der Form – er ist selbst formal; und es ist falsch, ihn mit Momenten zu verwechseln, die außerhalb der [poetischen – d. Verf.] Konstruktion stehen.)[178] Die Literatur wird zu einer besonderen, aus ›literarischen Fakten‹ bestehenden ›Reihe‹. Der dynamische Formbegriff wird jetzt auf den poetischen Text bezogen. Wahrnehmung der Form bedeutet nun, am Kunstwerk die komplizierte und hierarchische Wechselwirkung der ›literarischen Fakten‹ zu erfassen:»Существование факта, как литературного, зависит от его дифференциального качества (т. е. от соотнесенности либо с литературным, либо с вне-литературным рядом), другими словами – от функции его.« (Daß ein literarisches Faktum als literarisches Faktum existiert, hängt von seiner Differenzqualität ab [d. h. von seiner Korrelation sei es zur literarischen, sei es zur außerliterarischen Reihe], mit anderen Worten, von seiner Funktion.) Daraus aber folgt: »Система литературного ряда есть прежде всего система функций литературного ряда, в непрерывной соотнесенности с другими рядами.« (Das System der literarischen Reihe ist vor allem ein System von Funktionen der literarischen Reihe, das in ständiger Korrelation zu anderen Reihen steht.)[179] Der Zusammenhang der unterschiedlichen ›Reihen‹ wird nach Tynjanov sprachlich vermittelt.

Daß Form in den 1920er/1930er Jahren zu einem politischen Kampfbegriff werden konnte, läßt sich vor allem aus der Konfrontation der Avantgarden mit der Kulturpolitik der sich etablierenden totalitären Regime in der Frage der Kunstfunktion erklären. War es in Deutschland die Frontstellung des Faschismus gegen die ›entartete Kunst‹, so bekämpfte man in der sowjetischen Kritik und Äs-

---

173 ŠKLOVSKIJ (s. Anm. 168), 50 f.
174 Vgl. ŠKLOVSKIJ, Literatura i kinematograf (Berlin 1923), 24 f.
175 Vgl. ROMAN JAKOBSON/KRYSTYNA POMORSKA, Dialogues (Paris 1980), 73; dt.: Poesie und Grammatik. Dialoge, übers. v. H. Brühmann (Frankfurt a. M. 1982).
176 HOFMANN (s. Anm. 47), 80.
177 THEODOR W. ADORNO, Ästhetische Theorie, in: ADORNO, Bd. 7 (1970), 250.
178 JURIJ TYNJANOV, Problema stichotvornogo jazyka (1924; Moskau 1965), 25; dt.: Das Problem der Verssprache, übers. v. I. Paulmann (München 1977), 38.
179 TYNJANOV, O literaturnoj ėvoljucii/Über die literarische Evolution (1929), übers. v. H. Imendörffer, in: Striedter (s. Anm. 168), 440 f., 448 f.

thetik zur gleichen Zeit den ›Formalismus‹, 1924 noch in öffentlichen Diskussionen[180], in den 1930er Jahren durch umfassende Verbote und Repressalien gegen die literarisch-künstlerische Moderne überhaupt.[181] Die Auseinandersetzung wird am Beginn des kalten Krieges noch einmal aufgenommen: Das sowjetische Plenum des Schriftstellerverbandes vom Dezember 1948 richtete sich gegen »Formalismus, Ästhetizismus und Gruppen bourgeoiser Kosmopoliten«[182]. Ähnliche Kampagnen folgten in den übrigen sozialistischen Ländern nach.

Die Entwicklung des Russischen Formalismus war vor allem an den anti-idealistischen Kunstbegriff der Avantgarden gebunden. Mit deren Scheitern zerfiel das Konzept, und die Protagonisten bewegten sich entweder in eine strukturalistische Richtung oder wandten sich literaturgeschichtlichen Arbeiten im traditionellen Sinne zu.

4. Übergänge: Form und Symbol

Während die Formalisten noch in positivistischer Emphase die ›Fakten‹ der Kunst und Literatur zugrunde legten, ging der nachfolgende Strukturalismus eher deduktiv von einem theoretisch erstellten System von Relationen aus, das auf einen faktisch erst zu ermittelnden Zusammenhang projiziert wurde. Die Form-Inhalt-Opposition wurde aufgehoben im Begriff der Struktur. Grundlage dieser Denkweise war die Betrachtung kultureller Phänomene mannigfaltigster Art vom Standpunkt einer strukturalen Sprach- und Zeichentheorie aus. Der formalistische Formbegriff hatte in der Strukturanalyse keinen Platz mehr.[183]

Die Kunsttheorie von Fiedler bis hin zum Russischen Formalismus hatte mit ihrer Wendung gegen die Inhaltsästhetik und auf dem Hintergrund der neuen Sprach- und Zeichentheorien versucht, die besondere Semantik künstlerischer Formen zu beschreiben.[184] Dabei war der Symbolbegriff als zu sehr auf Inhalt und Ausdruck gerichtet weitgehend ausgeklammert worden. Aber schon im 19. Jh. hatte Johannes Volkelt programmatisch erklärt: »Der Symbolbegriff ist es, wodurch der Gehaltsästhetik zum Siege über den ästhetischen Formalismus verholfen wird«.[185] Bereits für Vischer waren Symbol- und Einfühlungsbegriff geeignet gewesen, zwischen der Analyse der sichtbaren Form und der inhaltlichen Interpretation zu vermitteln.

Zur Tendenz einer neuen und ›offenen‹ Vermittlung von Form und Inhalt mit Hilfe des Symbolbegriffs trug auch die von Ivor Armstrong Richards am Begriff der Metapher entwickelte These von der Mehrdeutigkeit literarisch-stilistischer Formen bei.[186] Dem entsprach die eher weiträumige Semantik des Symbolbegriffs, die vom konventionellen Zeichen bis zur sinnbildlichen Bedeutung des einzelnen Kunstwerks reichte.

Im Rahmen seiner kulturwissenschaftlichen Theorie hat Ernst Cassirer das Konzept der ›symbolischen Form‹ entworfen: »Unter einer ›symbolischen Form‹ soll jede Energie des Geistes verstanden werden, durch welche ein geistiger Bedeutungsgehalt an ein konkretes sinnliches Zeichen geknüpft und diesem Zeichen innerlich zugeeignet wird. In diesem Sinne tritt uns die Sprache, tritt uns die mythisch-religiöse Welt und die Kunst als je eine symbolische Form entgegen.« Gefragt wird nicht nach dem einzelnen Symbol, sondern vielmehr danach, wie jeweils Sprache, Mythos oder Kunst »als Ganzes den allgemeinen Charakter sym-

---

180 Vgl. HANS GÜNTHER (Hg.), Marxismus und Formalismus. Dokumente einer theoretischen Kontroverse (München 1973).
181 Vgl. ULRICH DIERSE, ›Formalismus‹, in: RITTER, Bd. 2 (1972), 969–970.
182 Zit. nach MARC SLONIM, Die Sowjetliteratur, dt. bearb. v. H. Handke (Stuttgart 1972), 337.
183 Vgl. CLAUDE LÉVI-STRAUSS, Anthropologie structurale (Paris 1958), 37–67; LÉVI-STRAUSS, Anthropologie structurale deux (Paris 1973), 139–173; dt.: Strukturale Anthropologie, übers. v. H. Naumann (Frankfurt a.M. 1967); Strukturale Anthropologie, Bd. 2, übers. v. E. Moldenhauer/H. H. Ritter/T. König (Frankfurt a.M. 1973); TZVETAN TODOROV, L'héritage méthodologique du formalisme, in: L'Homme, Bd. 5 (1965), H. 1, 64–83.
184 Vgl. FOCILLON (s. Anm. 1), 5.
185 Vgl. JOHANNES VOLKELT, Der Symbolbegriff in der neuesten Ästhetik (Jena 1876), 1.
186 Vgl. IVOR ARMSTRONG RICHARDS, The Philosophy of Rhetoric (New York 1936), 94 ff.; dt.: Die Metapher, übers. v. M. Smuda, in: A. Haverkamp (Hg.), Theorie der Metapher (Darmstadt ²1996), 34 f.

bolischer Gestaltung in sich tragen«[187]. Für den Prozeß der »Bewußt-Werdung« und des Erkennens der Welt bilden die einzelnen symbolischen Formen eine notwendige Vorbedingung: »Sie sind die eigentümlichen Medien, die der Mensch sich erschafft, um sich kraft ihrer von der Welt zu trennen und sich in eben dieser Trennung um so fester mit ihr zu verbinden.«[188] Cassirer betont die Mannigfaltigkeit des Ausdrucks menschlicher Erkenntnis in der Entwicklung der Kultur, wobei die Kunst gegenüber Mythos und Religion ihre spezifische Funktion erhält: Das ästhetische Bewußtsein bildet eine besondere »Form des Schauens« aus, wonach die Bilder, die von diesem Bewußtsein entworfen werden, »eine rein immanente Bedeutsamkeit«[189] erhalten. Die symbolische Form der Kunst ist für Cassirer keine Abbildung der Wirklichkeit, sondern die spezifische Konstruktion des Geistes, der sich die Welt erkennend aneignet.

Die Autonomie der symbolischen Formen als Medien der erkennenden Tätigkeit des Geistes wird für Cassirer jedoch zunehmend problematisch: »Mehr und mehr zeigt er sich jetzt in seinen Schöpfungen – in den Worten der Sprache, in den Bildern des Mythos und der Kunst, in den intellektuellen Symbolen der Erkenntnis – befangen.«[190] Es entsteht offenbar eine Kluft zwischen der Symbolisierung des Wirklichen und den konkreten zeichenhaften Manifestationen.

Cassirer hat keinen genuin ästhetischen Formbegriff entworfen, wohl aber auf die Distanz hingewiesen zwischen dem ›klassischen Formprinzip‹, dem er sich vor allem mit Berufung auf Kant und Schiller selbst verpflichtet fühlte, und der Problematik des modernen Formbegriffs. Seine *Philosophie der symbolischen Formen* ist in unterschiedlichsten Bereichen der Geisteswissenschaften aktuell geblieben.[191]

In eine analogische Beziehung zu Cassirers Symboltheorie lassen sich so unterschiedliche Richtungen bringen wie die damals gerade aufkommende Semiotik, die strukturale Anthropologie, aber auch die aus hermeneutischen und lebensphilosophischen Thesen hervorgehenden Kultur- und Literaturtheorien (Georg Simmel, Fritz Strich, Oskar Walzel, Friedrich Gundolf u. a.). Auf die ›symbolischen Formen‹ Cassirers berufen sich Panofsky und z. T. die nachfolgende moderne Kunstgeschichte.[192]

5. Geschichtsphilosophische Ästhetik

Während Form einerseits in den Sprach- und Zeichentheorien gegenüber ›Symbol‹ und ›Struktur‹ an Bedeutung verliert oder in diesen Begriffen aufgeht, entsteht ein ganz anderer Formbegriff aus der Verknüpfung von Hegelscher Dialektik und Marxscher Gesellschaftstheorie. Aus Marx lassen sich in bezug auf Kunst und Ästhetik zwei Grundthesen herauslesen: 1) daß Kunst und Literatur als ideologische Bewußtseinsformen des ›Überbaus‹ keine eigene Geschichte haben[193]; 2) daß der Mensch dem Gegenstand seiner Aneignung überall das »inhärente Maß« anzulegen weiß und daher auch »nach den Gesetzen der Schönheit formiert«[194]. Auf den Umstand, daß beide Thesen sich nicht vermitteln lassen, hat Marx selbst hingewiesen, ohne jedoch das Problem aufzuklären: »Bei der Kunst bekannt, daß bestimmte Blütezeiten derselben keineswegs im Verhältnis zur allgemeinen Entwicklung der Gesellschaft [...] stehn. Z. B. die Griechen verglichen mit den modernen oder auch Shakespeare. Von gewissen Formen der Kunst, z. B. dem Epos, sogar anerkannt, daß sie, in ihrer Weltepoche machenden, klassischen Gestalt nie produziert werden können, sobald die Kunstproduktion als solche eintritt«[195]. Der Marxsche Formbegriff bezieht sich primär jedoch weder auf Wissenschaft noch auf Kunst,

---

187 ERNST CASSIRER, Der Begriff der symbolischen Form in Aufbau der Geisteswissenschaften, in: Vorträge der Bibliothek Warburg 1921–22, hg. v. F. Saxl (Leipzig 1923), 15, 14.
188 CASSIRER, Der Gegenstand der Kulturwissenschaft, in: Cassirer, Zur Logik der Kulturwissenschaften (1942; Darmstadt ⁶1994), 25.
189 CASSIRER, Philosophie der symbolischen Formen, Bd. 2 (1925; Darmstadt 1987), 311.
190 Ebd., Bd. 1 (1923; Darmstadt 1988), 51.
191 Vgl. POCHAT (s. Anm. 136), 134 f.
192 Vgl. HOFMANN (s. Anm. 47), 7 f.
193 Vgl. KARL MARX/FRIEDRICH ENGELS, Die Deutsche Ideologie (entst. 1845/46), in: MEW, Bd. 3 (1969), 26 f.
194 MARX, Ökonomisch-philosophische Manuskripte (entst. 1844), in: MEW, Erg.-Bd. 1 (1968), 517.
195 MARX, Einleitung zur Kritik der Politischen Ökonomie (entst. 1857), in: MEW, Bd. 13 (1969), 640.

sondern meint (zumindest in einer Frühphase) alle gesellschaftlichen ›Verkehrsformen‹, die sich jeweils als Reflex auf die jeweilige Entwicklung der menschlichen Produktivkräfte herausbilden.[196] Auch Kunst, so läßt sich folgern, ist eine solche ›Verkehrsform‹, d. h. eine Form gesellschaftlicher Praxis, in der sich »der Reichtum der subjektiven menschlichen Sinnlichkeit« entfaltet, das »musikalische Ohr, ein Auge für die Schönheit der Form, kurz, [...] erst menschlicher Genüsse fähige Sinne«[197] ausgebildet und erzeugt werden. Die modernen Abhängigkeiten zwischen materieller Produktion und gesellschaftlichen Verkehrsformen beschreibt Marx vor allem in der These vom ›Warenfetischismus‹, wonach – die Ausbildung der Sinne zeigt sich hier eher problematisch – die ästhetischen wie außerästhetischen Dinge im Bewußtsein zu einem ideologischen Ausdruck von Verhältnissen werden, dessen objektive Bedeutung erst dechiffriert werden muß. »Es ist nur das bestimmte gesellschaftliche Verhältnis der Menschen selbst, welches hier für sie die phantasmagorische Form eines Verhältnisses von Dingen annimmt.«[198] Eben diese These scheint in hohem Maße die spätere marxistische Ästhetik inspiriert zu haben. Im frühen Marxismus der II. Internationale wurde künstlerische Form zunächst vereinfacht als Ausdruck von Klassenideologie interpretiert. Dieser Auffassung bediente man sich später im Kampf gegen den Formalismus nur noch rhetorisch. Die in den 1920/30er Jahren in der Sowjetunion mit Rückgriff auf Hegel entstehende marxistisch-leninistische Ästhetik erklärte Form bereits weniger aus dem Modell von Basis und Überbau, sondern bezog sich im Rahmen einer allgemeinen Widerspiegelungstheorie auf die traditionelle Auffassung, wonach Form im Kunstwerk einer möglichst adäquaten (realistischen) Wiedergabe von ideologisch bereits vorformulierten Inhalten diente.

Während im Westen die Avantgarden und mit ihnen die marxistisch argumentierende Kunsttheorie sowie später die Kritische Theorie die Disparatheit von Form und Inhalt betonten und Form als den emanzipatorischen Aspekt moderner Kunst hervorhoben, entwickelte die marxistisch-leninistische Ästhetik im Osten ein Kunstmodell des ›sozialistischen Realismus‹, in dem Form und Inhalt des Kunstwerkes konvergierten, um die ›richtige‹

Weltanschauung zu symbolisieren bzw. die ›Wirklichkeit in ihrer revolutionären Entwicklung‹ widerzuspiegeln. Die dogmatisch geforderte Übereinstimmung von Form und Inhalt im sozialistischen Kunstwerk sollte einen geschichtlichen Fortschritt symbolisieren, der in der Sowjetunion angeblich bereits realisiert worden war.

Die Verknüpfung von Marxismus und Avantgarde mündete in die Bestrebung, durch neue Formen in der Kunst gesellschaftlich bedingte Wahrnehmungsstrukturen aufzubrechen bzw. die geschichtlichen Konstitutionsbedingungen von Form in der Kunst aufzudecken. In der materialistischen Widerspiegelungstheorie (etwa bei Lukács) wurde dagegen ein Realismuskonzept entwickelt, das auf ästhetische Einfühlung und ideologische Aufklärung gleichermaßen zielte. Auf der Ebene der Formdiskussion werden dabei Allegorie und Symbol, auf der Ebene der künstlerischen Verfahrensweise Konstruktion und Mimesis einander gegenübergestellt.[199]

Walter Benjamin formuliert das »Formproblem der neuen Kunst« in der Frage: »Wann und wie werden die Formenwelten, die in der Mechanik, im Film, im Maschinenbau, in der neuen Physik etc. ohne unser Zutun heraufgekommen sind und uns überwältigt haben, das was in ihnen Natur ist, uns deutlich machen?«[200] Benjamin interessierte sich für die technischen Voraussetzungen der Sinneswahrnehmung, d. h. für die historische Bedingtheit des Mediums, in dem sie erfolgt, andererseits für das Kunstwerk im Wandel der Kontexte, in denen es rezipiert wird. Die Entwicklung der modernen Reproduktionstechnik relativiert die Merkmale der Echtheit und Originalität des Werkes, nimmt ihm den Kultwert, löst es aus der Tradition heraus und macht es zu einem materiel-

---

196 Vgl. MARX/ENGELS (s. Anm. 193), 38, 62.
197 MARX (s. Anm. 194), 541.
198 MARX, Das Kapital, Bd. I (1867), in: MEW, Bd. 23 (1970), 86; vgl. GEORG LUKÁCS, Karl Marx und Friedrich Theodor Vischer (1934), in: LUKÁCS, Bd. 10 (1969), 246 f.
199 Vgl. PETER MATUSSEK, Naturbild und Diskursgeschichte. ›Faust‹-Studie zur Rekonstruktion ästhetischer Theorie (Stuttgart/Weimar 1992), 35 f.
200 BENJAMIN, Das Passagenwerk (entst. 1927–1940), in: BENJAMIN, Bd. 5/1 (1982), 500.

len Gebilde, das nicht mehr nur kontemplativ bzw. symbolisch wahrgenommen werden kann. Um in der Epoche des Hochkapitalismus und Warenfetischismus die neuen ›Formenwelten‹ dechiffrieren und die »Sprache der Dinge in die des Menschen«[201] übersetzen zu können, mobilisiert Benjamin die Allegorie. Die vor allem an Baudelaire exemplifizierte »allegorische Anschauungsweise«[202] schreibt der im Kapitalismus entwerteten Dingwelt Bedeutung zu, stiftet dort erneut Sinn, wo traditionelles Verständnis verloren scheint. Gemeint ist jedoch kein totalisierender Sinnzusammenhang. Benjamin rebelliert gegen das ganzheitliche, intakte Bild der Welt, das er in der »Lehre sowohl des deutschen Idealismus wie des französischen Eklektizismus« erkennt. »Die Allegorie«, notiert Benjamin, »sieht das Dasein im Zeichen der Zerbrochenheit und der Trümmer stehen wie die Kunst«. Sie hat mit dem L'art pour l'art den »Verzicht auf die Idee der harmonischen Totalität gemeinsam«[203]. Das unterscheidet die Allegorie vom Kunstsymbol, das im »Bilde der organischen Totalität«[204] nur falschen Schein erzeugt. Benjamins geschichtsphilosophisch angelegter Begriff der »allegorischen Anschauungsweise« entspricht auf anderer Ebene Šklovskijs formalistischer Verfremdungstheorie: Die allegorische Neudeutung der Dinge im Sinne ihrer »geschichtlichen Signatur«[205]

201 BENJAMIN, Über Sprache überhaupt und über die Sprache des Menschen (1916), in: BENJAMIN, Bd. 2/1 (1977), 151; vgl. SCHNEIDER (s. Anm. 62), 185.
202 BENJAMIN, [Konspekt zur Baudelaire-Arbeit] (entst. vor 1938), in: BENJAMIN, Bd. 1/3 (1974), 1151.
203 BENJAMIN (s. Anm. 200), 416.
204 BENJAMIN, Ursprung des deutschen Trauerspiels (1928), in: BENJAMIN, Bd. 1/1 (1974), 351 f.; vgl. RALPH KONERSMANN, Erstarrte Unruhe. Walter Benjamins Begriff der Geschichte (Frankfurt a. M. 1991), 76.
205 BENJAMIN (s. Anm. 202), 1152.
206 LUKÁCS, Die Seele und die Formen (1911; Neuwied 1971), 44.
207 LUKÁCS, Die Theorie des Romans. Ein geschichtsphilosophischer Versuch über die Formen der großen Epik (1916; Darmstadt/Neuwied 1971), 24.
208 LUKÁCS, Heidelberger Philosophie der Kunst (entst. 1912–1914), in: LUKÁCS, Bd. 16 (1974), 159.
209 LUKÁCS, Heidelberger Ästhetik (entst. 1916–1918), in: LUKÁCS, Bd. 17 (1975), 60.

erinnert an die These von der Verfremdung der dinglichen Formen zum Zweck einer neuen, veränderten Wahrnehmung.

In der Ästhetik des frühen Lukács ist Form ein Zentralbegriff und Kunst eine »Suggestion mit Hilfe der Form«[206]. Der Begriff wird in der *Theorie des Romans* (1916) in ein geschichtsphilosophisches Konzept eingebettet, das auf der Entgegensetzung von Antike und Moderne aufbaut: Gegenüber der Antike, in der für Lukács die »Welt des Sinnes […] greifbar und übersichtlich«[207] war im Rahmen einer homogenen »Totalität des Seins […], wo die Formen kein Zwang sind, sondern nur das Bewußtwerden, nur das Auf-die-Oberfläche-Treten von allem, was im Inneren des zu Formenden als unklare Sehnsucht geschlummert hat« (26), zeigt sich die Gegenwart in der »Verlassenheit der Welt von Gott […], in der Unangemessenheit von Seele und Werk, […] in dem Fehlen des transzendentalen Zugeordnetseins für die menschlichen Bestrebungen« (83). Diese grundsätzliche Veränderung der »transzendentalen Orientierungspunkte unterwirft die Kunstformen einer geschichtsphilosophischen Dialektik« (31). Für die Moderne ist nach Lukács der Roman »Ausdruck der transzendentalen Obdachlosigkeit« (32) und erscheint »im Gegensatz zu dem in der fertigen Form ruhenden Sein anderer Gattungen als etwas Werdendes, ein Prozeß« (62), als »Epopöe eines Zeitalters, für das die extensive Totalität des Lebens nicht mehr sinnfällig gegeben ist, für das die Lebensimmanenz des Sinnes zum Problem geworden ist, und das dennoch die Gesinnung zur Totalität hat« (47).

Daraus ergibt sich »Form als utopische Erfüllung, als Bejahung und Aufhebung eines bestimmten Widersinnes« am »Ende der Verlängerungslinie von konkreten Leiden und Freuden an der konkreten Wirklichkeit«[208]. Voraussetzung dafür aber ist die »Homogeneität der Form und des Geformten« im Kunstwerk. Form »muß die Unmittelbarkeit des sinnlichen hic et nunc in ihr eigenes Wesen aufnehmen; sie muß, dem Wesen nach, zur Form des bestimmten Inhalts werden«[209].

Die frühen Kriterien der ›Totalität‹ in bezug auf die Epoche und der ›Homogeneität‹ der Form-Inhalt-Relation in der Kunst finden wenig später ihr Fundament in der marxistischen Gesellschaftstheorie. Am realistischen Roman entwickelt Lukács nun ein Kunst- und Widerspiegelungskonzept, das die ganzheitliche Anschauung der Welt per Kunstwerk unter den Bedingungen gesellschaftlicher Entfremdung ermöglicht. Dabei entsteht jene eigentümliche Paradoxie, daß die Originalität des Kunstwerkes der in ihm geleisteten Widerspiegelung der objektiven Wirklichkeit entspricht.[210] Originell ist derjenige Künstler, »dem es gelingt, das in seiner Periode auftretende wesentlich Neue [...] richtig zu ergreifen, der imstande ist, eine dem neuen Gehalt organisch angemessene, aus ihm neugeborene Formgebung herauszubilden« (709). Zu dieser Übertragung der ästhetischen Form-Inhalt-Beziehung in die geschichtsphilosophische Teleologie des Marxismus-Leninismus meint Brecht, über literarische Formen müsse man die Realität befragen, nicht die Ästhetik, auch nicht die des Realismus.[211]

In den Auffassungen von Benjamin und Lukács wird Form geschichtsphilosophisch entweder im Begriff der Allegorie überhöht oder aber auf die Tradition des ästhetischen Holismus zurückbezogen. Bei Theodor W. Adorno wird der Formbegriff in das Konzept einer negativen Dialektik eingebaut. Durch die eigentümliche »Doppelschlächtigkeit der Kunstwerke als autonomer Gebilde und gesellschaftlicher Phänomene«, die, wie Adorno zugibt, die Kriterien ihrer Beurteilung »leicht oszillieren läßt«[212], zeigt Kunst gerade durch die Form ihre kritische Intention: »Indem sie angreift, was die gesamte Tradition hindurch als ihre Grundschicht garantiert dünkte, verändert sie sich qualitativ, wird ihrerseits zu einem Anderen. Sie vermag es, weil sie die Zeiten hindurch vermöge ihrer Form ebenso gegen das bloß Daseiende, Bestehende sich wendete, wie als Formung der Elemente des Bestehenden diesem zu Hilfe kam.« (10f.) Form verschafft so der Kunst ihre Balance zwischen Autonomie und gesellschaftlicher Bedingtheit.

Ähnlich wie bei Benjamin ist Form auch für Adorno ein Ausdruck unbewußter Geschichtsschreibung, werden die Formen der Kunstwerke – ebenso wie Technik und Material als Bedeutungselemente im ästhetischen Formbegriff – als historische Quellen gelesen. Dabei bestimmt die Dialektik des Nicht-Identischen das Verhältnis von Form und Inhalt: »Kunst negiert die Empirie kategorial aufgeprägten Bestimmungen und birgt doch empirisch Seiendes in der eigenen Substanz. Opponiert sie der Empirie durchs Moment der Form – und die Vermittlung von Form und Inhalt ist nicht zu fassen ohne deren Unterscheidung –, so ist die Vermittlung einigermaßen allgemein darin zu suchen, daß ästhetische Form sedimentierter Inhalt sei« (15).

Der idealistischen Inhaltsästhetik wirft Adorno eine »banausische Blindheit« vor für das »in Kunst zentrale Moment der Form« (129). Form erscheint ihm als der »blinde Fleck« im ästhetischen Denken: »Erstaunlich, wie wenig diese Kategorie von der Ästhetik reflektiert ward, wie sehr sie ihr, als das Unterscheidende der Kunst, unproblematisch gegeben dünkte« (211). In diesem Zusammenhang beklagt er auch die Festschreibung der Form-Inhalt-Relation bei Lukács und vor allem in der sozialistisch-realistischen Ästhetik. Die Polarität von Mimetischem und Konstruktivem in der Kunst läßt sich nach seiner Ansicht nicht vermitteln. Der »Anspruch auf Wahrheit« in der Kunst »ist unvereinbar mit purer Anschaulichkeit« (149).

Seit dem 19. Jh. hat nach Adorno die Kunst bis tief in die Moderne hinein die Spuren ihrer Produktion verwischt, die »Illusion des Ansichseins« der Werke aufrecht zu erhalten versucht. Gegen diesen »Schein des Scheins« protestierte die Moderne, um die »Produktion im Produkt« (157) wieder freizugeben.

Diese Freigabe erfolgt durch die moderne Form. Sie durchbricht die Wahrheitsfunktion der Kunst gefährdenden Illusionismus und wird dabei selbst zum Inhalt: »Das den Kunstwerken Spezifische, ihre Form, kann als sedimentierter und modifizierter Inhalt nie ganz verleugnen, woher sie kam« (210). Daß Form »selber sedimentierter Inhalt« ist, macht Kunst aus, nicht der Rückbezug »auf vorkünstlerische Inhaltlichkeit« (217). Bildet für Lukács die Transparenz der Form für einen bestimmten Inhalt den Seinsgrund des Kunstwer-

---

210 Vgl. LUKÁCS, Über die Besonderheit als Kategorie der Ästhetik (1967), in: LUKÁCS, Bd. 10 (1969), 706.
211 Vgl. BERTOLT BRECHT, Notizen über realistische Schreibweise (1940), in: BRECHT, Bd. 19 (1967), 349.
212 ADORNO (s. Anm. 177), 368.

kes, so erhält Form bei Adorno als moderne Form in der Funktion kritischer Negation ihren eigenen Inhalt. Aber ähnlich wie im linguistisch begründeten Strukturalismus gelangt hier auch in den gegensätzlichen Konzepten geschichtsphilosophischer Ästhetik die Diskussion über das Form-Inhalt-Problem an ihr Ende.

Klaus Städtke

Literatur
BOEHMER, KONRAD, Zur Theorie der offenen Form in der neuen Musik (Darmstadt 1989); CHARTIER, ROGER, Forms and Meanings (Philadelphia 1995); DERRIDA, JACQUES, La forme et le vouloir-dire, in: Derrida, Marges de la philosophie (Paris 1972), 185–207; dt.: Die Form und das Bedeuten, übers. v. M. Fischer/K. Karabaczek-Schreiner, in: Randgänge der Philosophie (Wien 1988), 159–174; ECO, UMBERTO, Opera aperta. Forma e indeterminazione nelle poetiche contemporanee (Mailand 1962); dt.: Das offene Kunstwerk, übers. v. G. Memmert (Frankfurt a. M. 1977); HANSEN-LÖVE, AAGE A., Der russische Formalismus (Wien 1978); JORN, ASGER, Plädoyer für die Form. Entwurf einer Methodologie der Kunst (München 1990); LOHMANN, JOHANNES, Was ist Sprache als ›innere Form‹?, in: Archiv für Begriffsgeschichte, Bd. 9 (1964), 173–182; LUHMANN, NIKLAS, Zeichen als Form, in: D. Baecker (Hg.), Probleme der Form (Frankfurt a. M. 1993), 45–69; NEUMANN, MICHAEL, Unterwegs zu den Inseln des Scheins. Kunstbegriff und literarische Form in der Romantik von Novalis bis Nietzsche (Frankfurt a. M. 1991); SCHNAIDT, CLAUDE, Form – Formalismus, Funktion – Funktionalismus (Zürich 1984); SPECK, STEFAN, Von Šklovskij zu de Man. Zur Aktualität formalistischer Literaturtheorie (München 1997); SPIELMANN, YVONNE, Intermedialität als symbolische Form, in: Ästhetik und Kommunikation, H. 88 (1995), 112–117.

Fotografie/fotografisch
(engl. photography, photographic; frz. photographie, photographique; ital. fotografia, fotografico; span. fotografia, fotográfico; russ. фотография, фотографическое)

Einleitung: Fotografiegeschichte als Begriffsgeschichte; I. Arbeit am Begriff: anfängliche Benennungen der fotografischen Verfahren (19. Jahrhundert); 1. Die sogenannten Entdecker; a) Niépce und Daguerre; b) Talbot und Bayard; 2. Fürsprecher und Zeugen; a) Arago; b) Morse; c) Janin; d) Kolloff und Schorn; e) Holmes; **II. Statusfragen und Geschäftsbetrieb;** 1. Fabrikation der Ähnlichkeit; 2. Kunst – Fotografie; 3. Zweierlei Amateure; a) Kunstfotografen; b) Knipser; **III. Maßverhältnisse des Fotografischen; IV. Fotografie im Umbruch: Neubegründung des Mediums, Paradigmenwechsel der Bildmedien (20. Jahrhundert);** 1. Wahrnehmung der Moderne; a) Dynamismus; b) Transparenz, Durchdringung, Simultaneität; c) Technische Reproduzierbarkeit; d) Mobilisierung; 2. Konzepte der Wirklichkeit; a) Straight Photography und Dokumentarismus; b) Reformulierung des Realismusproblems; **V. Das Fotografische in der Literatur;** 1. Fotografie als Vision oder als Mimesis: Das Fotografische zwischen Romantik und Realismus; a) Kunst und Technik; b) Sonnenbilder; c) Divination; d) ›A wonderful insight‹; e) Entzauberung, f) ›Réalisme‹: Assimilation und Kritik; g) Fotografie + x; h) Vom Realismus zum Naturalismus; 2. Fotografie als Materialisierung des Unsichtbaren: Das Fotografische in der phantastischen Literatur; a) ›Gedankenfotografien‹ und ›Optogramme‹; b) Mortifikation und Wiederbelebung; 3. Fotografie als Gedächtnismedium; a) Von der Mimesis zur Mnemonik; b) Die ›innere Dunkelkammer‹; c) Momentaufnahmen; 4. Fotografie als Text und als Spur; a) ›Description‹ vs. ›inscription‹, Sprache vs. Fotografie; b) Beschreibung als Entwicklung; c) Fotozauber

Einleitung: Fotografiegeschichte als Begriffsgeschichte

1922 veröffentlichten Alfred Stieglitz und Paul Strand in der Zeitschrift *MSS* die Ergebnisse ihrer Umfrage, ob Fotografie in den letzten Jahren eine neue Bedeutung gewonnen habe, die dem gleichkomme, was einmal Kunst genannt worden sei. Marcel Duchamp antwortete damals: »You know exactly what I think about photography. I would like to see it make people despise painting until something else will make photography unbearable.«¹ Der provokatorische Gestus könnte täuschen: An dieser Antwort ist bemerkenswert, wie Fotografie von Duchamp als Gegenstand des Denkens ausgewiesen wird. Die Fotografie denken – den Begriff des Fotografischen nicht nur als Ausdruck bestimmter Verfahrensweisen und Strategien, sondern als theoretische Kategorie zu nehmen – heißt gerade nicht, das Medium zu enthistorisieren. Die Geschichte der Fotografie ebenso wie ihre Begriffsgeschichte sind vielmehr sowohl von inneren Diskontinuitäten geprägt, auf einen derartigen Umbruch zielt die Frage von Strand und Stieglitz, wie sie auch selbst eine historische Zäsur markieren, deren gesellschaftlicher Bedeutungsgehalt wiederum überholt werden kann – und gegenwärtig auch wird. Darauf zielt Duchamps Antwort.

Der Begriff Fotografie hat sich unter dem Eindruck medientechnischer ebensowohl wie ästhetischer oder auch sozialer Direktiven immer wieder geformt und umgeformt. An den jeweils verhandelten Themen und ihrer Gewichtung ist die sich wandelnde Kontextualisierung des Mediums ablesbar, seine Einbindung zwischen Verfahrenstechnik, Gebrauchsweisen bzw. Anwendungsfeldern, auch wissenschaftlichen, und Kunst.²

Zwei bemerkenswerte Schwellen werden dabei offenkundig: In den ersten Jahrzehnten der Fotografiegeschichte scheint das anfänglich noch problematisierte Verhältnis des Mediums zu den traditionellen Künsten immer mehr gegenüber der Entfaltung der technischen Möglichkeiten und ihres Anwendungsrepertoires zurückzutreten. Dies steht in einem aufschlußreichen Kontrast zur Heftigkeit der im 19. Jh. immer wieder aufflammenden Debatte um die Kunstwürdigkeit der Fotografie, dokumentiert jedoch die Etablierung einer fotografischen Praxis, die sich vorrangig über die Zweckmäßigkeit ihres technischen Verfahrens für bestimmte Aufgaben legitimiert. Am Übergang vom 19. ins 20. Jh. scheint der Horizont fotografischer Möglichkeiten umrissen, die Fotografie als ein komplexes System sozialer Praktiken institutionalisiert. Trotzdem bleibt die Frage der kulturellen Bewertung des Mediums virulent.

Erst in den letzten Jahrzehnten scheint die Fotografie offiziell in die künstlerische Praxis und den Kunstmarkt Eingang gefunden zu haben – im Rahmen weitergehender Transformationen der Kunstpraxis. Nicht zufällig taucht in den 70er Jahren auch in den Lexika die ›künstlerische Fotografie‹ in größerer Ausführlichkeit wieder auf. Eine zweite Schwelle wird dort in der jüngsten Vergangenheit erkennbar, wenn die über Jahrzehnte hinweg gültige Charakterisierung des Verfahrens als chemo-physikalische Bilderzeugung einer weitaus komplexeren Bestimmung weicht und die Fotografie im engeren Sinne sich umgeben findet von zahlreichen anderen, elektronischen Verfahren.³

Diese beiden Konstellationen bilden gewissermaßen den Spannungsbogen in der Geschichte des Mediums, und sie bestimmen gleichfalls die Geschichte des Begriffs Fotografie. Fotografie tritt uns heute als eine ›alte‹ Bildtechnik entgegen, zumal dann, wenn sie an ihrem emphatischen, noch eng am wortgeschichtlichen Ursprung verbundenen Begriff bemessen wird: Photo-graphie (von griech. φῶς, Genitiv φωτός, d.h. Licht, und γραφή, d.h. Schreibung, Schrift). Trotz ihrer Omnipräsenz ist sie letztlich ein historischer Gegenstand, dessen paradigmatische Rolle in der Mediengeschichte seit Anfang des 20. Jh. vom Bewegungsbild allmählich abgelöst wird. Die Bestimmung des Fotografischen kommt insofern einer Rekonstruktion der eigentümlichen Materialität des Verfahrens und seiner Deutungsmuster gleich, die zwar das sogenannte Immaterialität der bildgenerierenden Verfahren vorbereitet haben, sich von diesen jedoch sowohl technologisch als auch kategorial unterscheiden.

---

1 MARCEL DUCHAMP, [Antwort auf eine Umfrage], in: Manuscripts, Nr. 4 (Dez. 1922), 2.
2 Vgl. ›Daguerreotypie‹, in: JOSEF MEYER, Das große Conversations-Lexicon für die gebildeten Stände, Abt. 1, Bd. 7/3 (Hildburghausen 1846), 699–712; ›Daguerreotypie‹, in: MEYER, Bd. 4 (⁶1907), 415; ›Photographie‹, in: MEYER, Bd. 15 (⁶1909), 823–834; ›Photographie‹, in: MEYER, Bd. 9 (⁷1928), 820–828; ›Daguerreotypie‹, in: MEYER, Bd. 6 (⁹1972), 172 f.; ›Photographie‹, in: MEYER, Bd. 18 (⁹1972), 615–625.
3 Vgl. ›Fotografie‹, in: BROCKHAUS, Bd. 7 (²⁰1996), 504–510; ALAN TRACHTENBERG u.a., ›Photography‹, in: Encyclopedia of Aesthetics, hg. v. M. Kelly, Bd. 3 (New York/Oxford 1998), 489–506.

Viele zeitgenössische Theorien des Fotografischen können deshalb auch als die Verarbeitung eines mediengeschichtlichen Abschieds gelesen werden. Fotografie ist nicht nur aufgegangen in der Gleichzeitigkeit der verschiedenen Bildformen – fotografisch, filmisch, elektronisch. Mehr noch: Der Unterschied ist substantiell. Mit den elektronischen Verfahren kann das fotografische Bild als ein Effekt der Programme verarbeitet und ›zur Erscheinung gebracht‹ werden, ohne daß es noch mehr bezeugen könnte als die prozessierenden Codes. Fotografie, wie alle anderen analogen Medien, verliert mit der Integration in den digitalen Code zumindest potentiell ihre Eigenständigkeit – dies ist ein schleichender Prozeß, der sowohl innerhalb der Fototechnik als auch in der Bildverarbeitung längst eingesetzt hat. Begriffsgeschichtlich deutet sich darin eine Zäsur an, die jener aus der Anfangszeit vergleichbar ist. Hatte sich im 19. Jh. das neuartige Bild der Fotografie in Absetzung von den traditionellen Künsten begründet, war der Begriff der Fotografie auch als ein Gegenentwurf zu den handwerklichen künstlerischen Produktionsweisen konturiert worden, jetzt wird das fotografische Bild von den neuen elektronischen Medien aufgehoben. Und damit werden ›Kernelemente‹ des Begriffs Fotografie obsolet bzw. müssen gegenüber dem elektronischen Bild erneut als etwas Inkommensurables ausgewiesen werden. Aus diesem Grund konzentrieren sich theoretische Anstrengungen, aber auch künstlerische Arbeiten mittlerweile verstärkt auf die Herausarbeitung der fundamentalen Differenz zwischen dem analogen, fotografischen Bild und dem gerechneten der Elektronik – soweit sie nicht die Neubewertung der fotografischen Informationsfläche als direkter Vorläuferin der neuen computergenerierten Bildwelten versuchen. Geradezu symptomatisch für diese Differenzierungsarbeit steht der Titel einer Ausstellung aus den Jahren 1996/1997: *Fotografie nach der Fotografie*.

Die folgenden Ausführungen werden anhand eines – notwendig verkürzten – Durchgangs durch die Fotografiegeschichte einzelne, exemplarische Konstellationen vorstellen, sowohl anhand von thematischen Fokussierungen wie auch an einigen ausgewählten Repräsentanten der Theoriegeschichte des Mediums. Zwei Einschränkungen waren dabei unumgänglich. Zunächst konzentriert sich die Darstellung auf die Phase, in der die Fotografie gewissermaßen als Leitmedium die Debatten bestimmt hat. Die medientheoretischen Studien der letzten Jahrzehnte, insbesondere seit den 70er Jahren, bilden gleichwohl das Fundament dieser Untersuchung. Die zweite Einschränkung betrifft die Begrenzung des untersuchten Gebiets, denn die außereuropäische Entwicklung, beispielsweise in den afrikanischen, lateinamerikanischen oder asiatischen Ländern, wurde nicht berücksichtigt. Dies spiegelt leider eine Verengung unseres Blicks auf die Fotohistorie, die erst allmählich durchbrochen wird.

I. Arbeit am Begriff: anfängliche Benennungen der fotografischen Verfahren (19. Jahrhundert)

Die erste und grundlegende Phase in der Verständigung über die Besonderheiten der Fotografie war die Epoche der Entdeckung und öffentlichen Einführung des Mediums in der Mitte des 19. Jh. In diesen Jahren bildete sich nicht nur der Begriff der Fotografie und entstand eine erste Terminologie des Mediums, dies geschah auch in immer neuten Anstrengungen, seine Eigenständigkeit und zugleich historische Signifikanz zu begründen. So gewann bereits in den ersten zwei Jahrzehnten eine Theorie des Fotografischen Konturen, die den Horizont der Möglichkeiten erkundete und Allianzen mit anderen – technischen, wissenschaftlichen, ästhetischen, politischen u. a. – Diskursen erprobte. Daraus erklärt sich nicht nur die teilweise frappierende Beharrlichkeit der Arbeit am Begriff, sondern ebenso dessen oszillierende Grenzen. Die Gründungserklärungen schufen Distanz zu jenen zeitgenössischen Bildpraktiken, die mit der Erfindung in eine historische Perspektive des Veraltens rückten, und schlossen die Fotografie in einer charakteristischen Bewegung an eine Zukunft an, die sich ihre eigene Vorgeschichte, insbesondere in der Antike, erschloß.

1. Die sogenannten Entdecker

a) Niépce und Daguerre

Die vermutlich erste Umschreibung des fotografischen Projekts stammt von Joseph Nicéphore Niépce, der für die Fotohistorie gemeinhin als »Erfinder der Photographie in der Camera obscura«[4] gilt. Niépce berichtete seinem Bruder Claude regelmäßig von seinen Arbeiten. Im April und Mai 1816 schreibt er von einer »chambre obscure« und einem »œil artificiel«[5]. Das Verfahren selbst wird von ihm wiederholt mittels der Analogie zum künstlerischen Handwerk (›peindre‹) charakterisiert; von den Aufnahmen spricht er als ›gravures‹ (19. Mai 1816). Er nennt sie aber auch ›rétines‹ (19. Mai 1816) oder ›épreuves‹ (28. Mai 1816) – und jede dieser Bezeichnungen ruft andere Deutungsmodelle zur Hilfe, um die Hervorbringungen der von ihm ausgelösten Produktivität zu begreifen.

Von seiner ersten Aufnahme (›point de vue‹) teilte er am 16. September 1824 mit, das Bild der Gegenstände erscheine jetzt mit erstaunlicher Schärfe und Genauigkeit bis zu den kleinsten Einzelheiten und mit den feinsten Tonwerten. Doch weiterhin stand der für ihn entscheidende Erfolg, nämlich von derartigen Aufnahmen druckfähige Platten herstellen zu können, noch aus. In dieser Phase spricht er von »copie des points de vue d'après nature« und von »procédés héliographiques«[6]. Der hier erstmals attributiv auftauchenden Bezeichnung ›héliographie‹ (das Bestimmungswort dieser Zusammensetzung stammt vom griech. ἥλιος, d.h. Sonne) gab Niépce dann schließlich den Vorzug.

Im Herbst 1827 verfaßte Niépce die erste zur Publikation bestimmte Information über seine fotografischen Versuche, mit der er bei der Royal Society in London für seine Forschungen werben wollte. Niépce gab seinem Resümee den Titel *Héliographie: Dessins & Gravures* und fügte direkt die Anmerkung an, »j'ai era pouvoir donner ce nom à l'objet de mes recherches en attendant une dénomination plus exacte«[7].

Niépces – erfolgloser – Versuch, mit diesem Bericht die Rechte an seiner Entdeckung anzumelden, stand unter dem erklärten Vorbehalt, daß das Verfahren ebenso wie seine Bezeichnung noch unausgereift seien. Gleichwohl läßt sich an dem für die Royal Society programmatisch zusammengefaßten Forschungsstand die Besonderheit seines Zugangs zum fotografischen Projekt verdeutlichen.

Denn zu dieser Zeit war die Entscheidung, in welche Richtung das Verfahren weiterentwickelt werden sollte, noch offen. Der Grafiker Frédéric Lemaître, den Niépce seit 1827 mehrfach konsultierte, um die Tauglichkeit seiner Ergebnisse für die drucktechnische Auswertung zu prüfen, und sein künftiger Partner Louis Jacques Mandé Daguerre, mit dem er ebenfalls damals in Kontakt trat, repräsentieren gewissermaßen die gegensätzlichen Prioritäten, die zur Wahl standen: Reproduktionstechnik oder Illusionstechnik. Dabei waren Niépces Beweggründe offenkundig. Seine Aufmerksamkeit war durch das Bekanntwerden der Lithographie geweckt worden, und diese hatte ihren Einfluß als Orientierungsmodell seiner fotografischen Versuche bis jetzt behauptet. Im Grunde plante Niépce die Kombination dreier Verfahrensweisen: erstens die Darstellung der Objekte in der Camera obscura, zweitens die Möglichkeit, dieses vom Licht projizierte Bild mit der Kraft des Lichts auf einem sensibilisierten Stoff aufzufangen, drittens die Präparierung des aufgefangenen Bildes zum Zweck seiner Vervielfältigung.

Die Verknüpfung dieser drei Faktoren birgt freilich eine kennzeichnende Ambivalenz. Wenn Niépce bezüglich der Camera obscura vom Bild der dort dargestellten Objekte spricht, bezeichnet er es als das schöne Ideal einer Zeichnung: nicht als die Natur selbst, sondern als das Produkt einer neuartigen Form des Zeichnens, des ›reproduire spontanément‹, das sich durch die Einwirkung der Naturkräfte selbsttätig vollzieht. Darin liegt der eigenartige Charakter der ›rétines‹,

---

[4] JOSEF MARIA EDER, Ausführliches Handbuch der Photographie, Bd. 1/1 (Halle ⁴1932), 246.

[5] JOSEPH NICÉPHORE NIÉPCE an Claude Niépce (5. 5. 1816), in: J. N. Niépce, Lettres 1816–1817 (Chalon-sur-Saône 1973), 23.

[6] J. N. NIÉPCE an Louis Jacques Mandé Daguerre (4. 6. 1827), in: Niépce, Correspondances 1925–1829 (Chalon-sur-Saône 1974), 55.

[7] J. N. NIÉPCE, Héliographie: Dessins & Gravures (1827), zit. nach Helmut Gernsheim, Geschichte der Photographie. Die ersten hundert Jahre, übers. v. M. Fienbork (Frankfurt a.M./Berlin/Wien 1983), 49.

der Netzhautbilder (so die unter Berufung auf das Konzept eines apparativen Gesichtssinns der Camera obscura gewählte Bezeichnung), die zugleich ›gravures‹ (bezogen auf ihre weitere Bestimmung und ihre grafische Anmutung) sind. Die ›genaue und unveränderliche Kopie der Natur‹ ist zunächst deren technische Darstellung. Die merkwürdige Gebrochenheit der ›représentés‹, der fotografischen Herstellung des Bildes als einer Darstellung der Natur, ist in Niépces Hinweis auf die ›Zeichnung‹ angedeutet und gleichzeitig, aufgrund der Produktivität des Verfahrens, von der zeichnerischen Wiedergabe unterschieden. Niépce ringt um eine begriffliche Bestimmung der von ihm projektierten Entdeckung. Und indem er versucht, die Besonderheiten des ›künstlichen Auges‹ und der Aufzeichnungsarbeit des Lichts festzuhalten, vollzieht er zugleich einen wesentlichen Schritt über das im Vergleich zur herkömmlichen künstlerischen Arbeit gedachte Bildkonzept hinaus. Noch bevor die fotografische Form der Abbildung auch nur in Ansätzen bestimmt ist, macht der Zwang sich geltend, die eine ›Kopie‹ der Natur in eine potentiell unendliche Serie zu überführen. Damit sprengt das Bild, fotografische Form der ›Abbildung‹, die Einmaligkeit und Besonderheit der ›Repräsentation‹ und wird Reproduktion. Die Absicht der Reproduktion transformiert das Bild, aufgrund seiner geplanten Verwertung als Druckplatte, zur ›Informationsfläche‹.

In der 1829 sich intensivierenden Zusammenarbeit mit Daguerre sollte die produktive Ambivalenz, die Niépces Forschungen zur ›Heliographie‹ geprägt hatte, zugunsten des Vorhabens einer präzisen Darstellung der Natur entschieden werden. Während Niépce an der Mechanisierung eines grafischen Verfahrens, eher an einer ›Heliogravure‹ denn an einer ›Heliographie‹ gearbeitet hatte, ordnete Daguerres Interesse an den sensationellen Abbildungsmöglichkeiten, am Illusionismus des fotografischen Verfahrens, die neue Entdeckung von nun an in den Kontext der von der Malerei präfigurierten Frage nach Mimesis und Ähnlichkeit ein. Daguerre war ursprünglich bemüht gewesen,

die mangelnde Lichtintensität in der Camera obscura durch einen phosphoreszierenden Aufnahmeträger auszugleichen, und hatte für die spätere Reproduktion eine Bildvorlage vorgesehen, die aufgrund der Leuchtstoffe selbst als Lichtquelle fungiert. Diese frühen fotografischen Mutmaßungen Daguerres wirken im Kontext der damaligen wissenschaftlichen Forschungen vielleicht kurios, stützten sie sich doch auf Verfahrensbestandteile, die mitsamt ihrer spekulativen Bedeutsamkeit aus der exakten Forschungspraxis längst ausgegrenzt worden waren. Seine Überlegungen werden jedoch verständlich, wenn man sie im Rahmen seines beruflichen Betätigungsfeldes bedenkt – jener Täuschungskünste des Dioramas, in denen das Licht in der Bildoberfläche sein illusionistisches Spiel entfaltete. Die Absicht, das Bild zum täuschenden Realitätseffekt zu vervollkommnen, blieb für ihn auch bei seinen fotografischen Experimenten leitend. Im Sommer 1835, zwei Jahre nach Niépces Tod, gelang ihm die Erfindung der Fotografie auf Jodsilberplatten durch Entwicklung des latenten Bildes mittels Quecksilberdämpfen; über eine Fixierungstechnik verfügte er aber erst 1837.

Entscheidend für den öffentlichen Erfolg Daguerres, der beizeiten dafür gesorgt hatte, daß die Erfindung seinen Namen trug[8], wurde vor allem, daß es ihm gelang, den Ankauf der Erfindung durch den französischen Staat zu betreiben. In dem Physiker Dominique François Arago, dem einflußreichen ständigen Sekretär der Académie des Sciences und Mitglied der Deputiertenkammer, fand er einen entschiedenen Fürsprecher. Am 19. August 1839 wurde das Verfahren der Daguerreotypie feierlich veröffentlicht. Damit hatte Daguerre nicht nur den Sieg im Wettstreit der fotografischen Erfindungen und Erfinder davongetragen, es war ihm auch gelungen, die Definitionsmacht der Namensgebung für seine Interessen zu nutzen. Fotografie war für einige Jahre nahezu gleichbedeutend mit ›Daguerreotypie‹.

b) Talbot und Bayard
Die für die Entwicklung der Fotografie im heutigen Verständnis entscheidenden Anstöße gingen allerdings weniger von der Daguerreotypie als vielmehr von den Arbeiten des Engländers William

---

8 Vgl. WOLFGANG BAIER, Quellendarstellungen zur Geschichte der Fotografie (Leipzig 1965), 74.

Henry Fox Talbot aus.[9] Dessen Forschungen begründeten das fotografische Negativ-Positiv-Verfahren. Bereits 1835 hielt Talbot in seinem Notizbuch zentrale Bestimmungen des künftigen Verfahrens fest: »In the Photogenic or Sciagraphic process, if the paper is transparent, the first drawing may serve as an object to produce a second drawing, in which the lights and shadows would be reversed.«[10]

Aufgeschreckt durch Nachrichten aus Paris über die bevorstehende Publikation von Daguerres fotografischem Verfahren, machte Talbot hastig seine Prioritätsansprüche geltend und stellte sein Verfahren und Proben seiner ›Photogenic Drawings‹ dem Publikum der Royal Institution vor.[11] Am 31. Januar 1839 übergab er ein Memorandum unter dem Titel *Some Account of the Art of Photogenic Drawing, or, The Process by Which Natural Objects May Be Made to Delineate Themselves without the Aid of the Artist's Pencil* an die Royal Society, das dort verlesen wurde. Talbot hob darin seine eigene Leistung gegenüber früheren Forschungen hervor und suchte die Bedeutung seiner Erfindung und ihre Anwendungsmöglichkeiten namhaft zu machen. »The phaenomenon [...] appears to me to partake of the character of the *marvellous*, almost as much as any fact which physical investigation has yet brought to our knowledge. The most transitory of things, a shadow, the proverbial emblem of all that is fleeting and momentary, may be fettered by the spells of our ›natural magic‹, and may be fixed for ever in the position which it seemed only destined for a single instant to occupy.«[12]

Auch in Frankreich tauchte der Begriff bald auf, so gaben die Berichte der Académie des Sciences in Paris 1839 im Band VIII das Registerstichwort ›Photogénie‹[13], und in deutschen Zeitschriften findet sich die Bezeichnung ›photogenische Bilder‹[14]. Die Resultate, die Talbot mit seinem Verfahren erzielte, waren allerdings, verglichen mit den Daguerreotypien, recht unbefriedigend. Selbst sein Freund Sir John Herschel, der ebenfalls fotografische Experimente anstellte, schrieb ihm voller Überschwang aus Paris, daß Daguerres Bilder besser seien als alles, was er sich erwartet habe. Bemessen daran seien ihre eigenen Versuche nur ein Kinderspiel. In der damaligen Korrespondenz zwischen Talbot und Herschel taucht auch die Bezeichnung ›photography‹ auf, und zwar im Sinne einer allgemeinen Bestimmung der verschiedenartigen, damals diskutierten Verfahren.[15] Auch in Talbots Notizbüchern ist seit Februar 1839, neben anderen Bezeichnungen wie ›photogenic‹, auch von »photograph«[16], »to photograph«[17] und »photography«[18] die Rede. Im Januar 1840 findet sich allerdings auch erstmals als Notiz der Name ›calotype‹, den er vermutlich in Anlehnung an ähnliche Neologismen aus dem griech. καλός (kalos) gebildet hat, was sowohl schön als auch nützlich meint: »I have named the paper thus prepared Calotype paper on account of its great utility in obtaining the pictures of objects with the camera obscura«, erinnerte Talbot kurz vor seinem Tod an die erste Darstellung des »Calotype Process«[19], die er am 10. Juni 1841 der Royal Society gegeben hatte.

Der von Talbot gewählte Name bezeugt, daß er die neue Bildpraktik deutlich im Kontext seines klassischen Bildungshorizonts verankern wollte – eine Haltung, die von wohlmeinenden Freunden kritisiert wurde, die Talbot rieten, mit Rücksicht

9 Vgl. HUBERTUS VON AMELUNXEN, Die aufgehobene Zeit. Die Erfindung der Fotografie durch William Henry Fox Talbot (Berlin 1988).
10 WILLIAM HENRY FOX TALBOT, Notebook [Eintragung vom 28. 2. 1835], zit. nach Gail Buckland, Fox Talbot and the Invention of Photography (London 1980), 30.
11 Vgl. LARRY J. SCHAAF, Out of the Shadows: Herschel, Talbot and the Invention of Photography (London 1992), 51; ROGER TAYLOR, The Graphic Society and Photography, 1839: Priority and Precedence, in: History of Photography 23 (1999), H. 1, 59 ff.
12 TALBOT, Some Account of the Art of Photogenic Drawing (1839), in: V. Goldberg (Hg.), Photography in Print. Writings from 1816 to the Present (New York 1981), 40.
13 Vgl. Comptes rendus hebdomadaires des séances de l'Académie des Sciences, Bd. 8 (1839), 1047.
14 Vgl. BAIER (s. Anm. 8), 119.
15 Vgl. TALBOT an Sir John Herschel (7. 12. 1839), in: Buckland (s. Anm. 10), 59.
16 TALBOT, Notebook, P 25 (27. 2. 1839), in: Records of the Dawn of Photography. Talbot's Notebooks P & Q, hg. v. L. J. Schaaf (Cambridge 1996).
17 TALBOT, Notebook, P 179 (3. 5. 1840), in: ebd.
18 TALBOT, Notebook, Q 25 (30. 8. 1840), in: ebd.
19 TALBOT, Appendix A, in: Gaston Tissandier, A History and Handbook of Photography, übers. u. hg. v. J. Thomson (London ²1878), 362.

auf weniger gebildete Zeitgenossen doch das Verfahren nach sich selbst zu benennen: Talbotypie. Dieser Name, der durchaus auch in Gebrauch kam, entsprach der von Daguerre und der Daguerreotypie vertretenen, popularisierenden und auf ein urbanes Massenpublikum ausgerichteten Vermarktungsstrategie der Erfindung.[20]

Bei der öffentlichen Präsentation seiner Erfindung in der *Literary Gazette* und vor der Royal Society am 10. Juni 1841 sah Talbot sich übrigens wiederum in Prioritätskonflikte verstrickt, diesmal mit dem Franzosen Hippolyte Bayard, der bereits 1839 in Konkurrenz zu Daguerre eine weitere fotografische Option vorgestellt hatte: Unikate auf Papier, die weicher wirkten als Daguerreotypien und eine feinere Tonabstufung sowie eine deutliche Textur aufwiesen.[21] Dadurch ähnelten sie den Bildern Talbots, eröffneten allerdings, da sie wie die Daguerreotypien direkt als positives Bild entstanden, keine Reproduktionsmöglichkeiten durch ein Negativ. Da Bayard keine Unterstützung von der Académie des Sciences erwartete, wandte er sich an die Académie des Beaux-Arts. War die Daguerreotypie in ihrer materialen Besonderheit als Instrument und Gegenstand der Wissenschaften und der exakten Wahrnehmung ausgezeichnet worden, fand sich die Papierfotografie damit in der Nähe zur Kunst wieder. Bayard, der mit Vorliebe Statuen für die Kamera arrangierte, überzeugte die Académie des Beaux-Arts offenbar mit »une vue de Paris, qui réunit presque toutes les conditions de la perfection, quant à la vérité perspective et à l'effet pittoresque«[22]. Die langen Belichtungszeiten und die einer Zeichnung ähnliche Anmutung ließen Bayards Bilder im Wahrnehmungskontext der Malerei, wiesen sie noch nicht als einen vom Sekundentakt des ›reproduire spontanément‹ bestimmten Widerpart des künstlerischen Hand-Werks aus. Die Académie des Beaux-Arts erklärte 1839 dementsprechend, daß vom künstlerischen Standpunkt aus Papier für die Fotografie besser sei als Metall.

Ähnliche Annäherungen des fotografischen Bildes an tradierte künstlerische Techniken lassen sich zeitgleich in England beobachten in dem Prioritätsstreit zwischen Talbot und einer Gruppe von Künstlern, die ein dem Cliché verre[23] ähnliches Verfahren präsentierten, worüber sich beispielsweise in der Graphic Society ein grundlegender Konflikt über das Verständnis der Fotografie entzündete: War diese als Effekt des »pencil of nature« – »it is not the artist who makes the picture, but the picture which makes *itself*«[24] – oder »as an art, in the hands of its professors«[25] zu werten? Auch Talbot selbst hatte schon früh die malerischen Wirkungen seiner Bilder vermerkt: »I have found that the camera pictures transfer very well, & the resulting effect is altogether Rembrandtish.«[26]

Talbot ist von den bislang erwähnten Vertretern der Erfindergeneration sicherlich derjenige, der am konsequentesten den Eigentümlichkeiten seiner Entdeckung nachzuspüren versucht hat. Seine gesamte Forschungstätigkeit ist geprägt von der Auseinandersetzung mit dem fotografischen Bild, und das erste fotografisch illustrierte Buch, sein *The Pencil of Nature* (1844 ff.), kann, neben der Präsentation des Reichtums fotografischer Anwendungsmöglichkeiten, auch als programmatisches Unternehmen gewertet werden. In seinem einführenden Text weist Talbot darauf hin, daß der Begriff Fotografie (photography) mittlerweile so gut bekannt sei, daß seine Erklärung sich möglicherweise erübrige – »yet, as some persons may still be unacquainted with the art, even by name, its discovery being still of very recent date, a few words may be looked for of general explanation«. Es genüge eigentlich schon zu sagen, »that the plates of this work have been obtained by the mere action of Light upon sensitive paper«; deshalb sei die Serie von Tafeln (plates) und Bildern (pictures) aus-

---

20 Vgl. BUCKLAND (s. Anm. 10), 42 f.
21 Vgl. JEAN-CLAUDE GAUTRAND/MICHEL FRIZOT, Hippolyte Bayard. Naissance de l'image photographique (Nemours 1986).
22 R. ROCHETTE, Rapport sur les dessins produits par le procédé de M. Bayard (2. 11. 1839), zit. nach M. Frizot (Hg.), Nouvelle histoire de la photographie (Paris 1995), 29.
23 Vgl. ELIZABETH GLASSMAN/MARILYN F. SYMMES, Cliché Verre: Hand Drawn, Light Printed (Detroit 1980).
24 TALBOT an ›The Literary Gazette‹ (2. 2. 1839), zit. nach Buckland (s. Anm. 10), 43.
25 J. T. WILLMORE u. a. (23. 3. 1839), zit. nach TAYLOR (s. Anm. 11), 63.
26 TALBOT an Herschel (27. 4. 1839), zit. nach Buckland (s. Anm. 10), 53.

I. Arbeit am Begriff: anfängliche Benennungen der fotografischen Verfahren (19. Jahrhundert)

schließlich mit Hilfe optischer und chemischer Mittel, ohne die Mitwirkung des vereinten Geschicks von Künstler und Graveur entstanden. Sie sind »impressed by Nature's hand«. Getragen von dem Wunsch, Gebrauchsweisen des fotografischen Bildes zu klären und zu erklären, Annäherungsmöglichkeiten an die Aufnahmen zu erproben, vermitteln die Texte und Bilder dieser Veröffentlichung einen beredten Eindruck von Talbots Verständnis seiner »new art of Photogenic Drawing«[27]. Talbots Beschreibungskünste umgeben Fotografien wie *View of the Boulevards at Paris (Plate II)* gleichsam mit einem Gewebe sprachlicher Information. Die Wahrnehmung des Betrachters, sein Verständnis, wird vom Text geradezu hergestellt. Die Perspektive der Kamera und der Anblick des Bildes werden gleichzeitig in ihren Raum-Zeit-Koordinaten lokalisiert und um all jene Geschehnisse erweitert, die von der gezeigten Ansicht nur spurenhaft überliefert sind.

Talbot hat damit auch eine erste, weitreichende Theorie des Fotografischen entworfen, sie aus der Spannung zwischen Bildern und Texten entwickelt. Der Zwang zur sprachlichen Verarbeitung gründet geradezu in der aufgebrochenen Kluft zwischen der fotografischen Zeit der Fixierung und der Zeit der Wahrnehmung, der vergangenen des Motivs wie der nachträglichen des Bildes. Als Gegenstand des Wahrnehmungssinns bedarf die Evidenz des Bildes der Beschreibung, um sich aus der Ferne, in der sie versunken ist, zu lösen. Das Bild ruht gleichsam auf einem vergangenen Geschehen, in dessen Verlauf es eingebrochen ist und das im Augenblick der Aufnahme abreißt. Die im Bild angehaltene und aufgehobene Zeit soll nun durch den Text der Wahrnehmung zurückgegeben werden – die Worte betten die Anschauung der ›Ansichten‹ auf die Reformulierung ihrer Geschichten.

zentralen Bestimmungen seines Plädoyers für das Fortschrittszeichen Fotografie nachzeichnen. Er skizziert die von der Erfindung zu erhoffenden Wirkungen exemplarisch an vier Bereichen: den neuen Möglichkeiten bei der Dokumentation kultureller Monumente, den Folgen für die Künste, aber auch den Konsequenzen für die alltäglichen Bildpraktiken und dem Nutzen für die Wissenschaften. Dabei betont er jeweils bestimmte Merkmale der Fotografie und schließt diese an gebräuchliche Bildkonzepte und deren Terminologie in einem potentiellen Anwendungsgebiet des Mediums an. Unverkennbar ist, wie Arago dabei das Bedeutungsgefüge des Wortes ›photographie‹ geradezu strategisch zu modellieren sucht. Wenn er sich den immensen Erleichterungen bei der Dokumentationsarbeit zuwendet, ist die Rede von der »photographie« als »un moyen de reproduction si exacte et si prompt«[28], und anläßlich der Möglichkeit einer lithographischen Vervielfältigung der Fotografie von »la reproduction, la multiplication des dessins photographiques par des reports lithographiques«. Hier geht es um die Integration des neuen Mediums in die bekannten, künstlerischen Reproduktionsverfahren, und so verwendet er auch den alten Begriff ›dessin‹, setzt ihn jedoch durch den Zusatz ›photographique‹ von den anderen Verfahren ab.

Um hingegen die »utilité scientifique de l'invention« aufzuzeigen, stellt er das Medium als ein Instrument der Lichtmessung vor und löst die fotografische Empfindlichkeit aus dem Verständnishorizont einer am Kunstbild orientierten Lektüre gänzlich heraus, wertet es zur Informationsfläche um: »La préparation sur laquelle M. Daguerre opère, est un réactif beaucoup plus sensible à l'action de la lumière que tous ceux dont on s'était servi jusqu'ici.« (216) In diesen Passagen deutet sich, gleichsam verschlüsselt, das radikal neuartige

2. Fürsprecher und Zeugen

a) Arago

An der Rede, die Dominique François Arago am 3. Juli 1839 vor der Deputiertenkammer und bei der feierlichen Sitzung der Académie des Sciences zur öffentlichen Bekanntgabe von Daguerres Erfindung am 19. August 1839 hielt, lassen sich die

---

27 TALBOT, The Pencil of Nature, 1. Lfg. (1844; New York 1968), o. S.

28 DOMINIQUE FRANÇOIS ARAGO, Rapport sur le Daguerréotype. Lu à la séance de la Chambre des Députés le 3 juillet 1839, et à l'Académie des Sciences, séance du 19 août (1839), zit. nach Heinz Buddemeier, Panorama, Diorama, Photographie. Entstehung und Wirkung neuer Medien im 19. Jahrhundert (München 1970), 213.

Verständnis der Fotografie an, das sich auf die Materialität der Lichtzeichnung beruft. Und so ist es vielleicht auch kein Zufall, daß Arago gerade anläßlich der verschiedenen, von ihm skizzierten wissenschaftlichen Anwendungen schließlich den offenen Horizont künftiger fotografischer Möglichkeiten hervorhebt. Er benutzt hierzu den im Zusammenhang des neuen Mediums durchaus vieldeutigen, schönen Begriff des ›Unvorhergesehenen‹ – »l'imprévu« (217) – mit dem man in der Dynamik des Fortschritts zu rechnen habe.

b) Morse
Auch Samuel Finley Breese Morse zeigte sich, vor dem Hintergrund eigener unzulänglicher protofotografischer Versuche, nach seinen Begegnungen mit Daguerre in Paris im Frühjahr 1839 beeindruckt von »one of the most beautiful discoveries of the age«[29]. An der Daguerreotypie lobte er die Detailgenauigkeit, deren Reichtum sich allererst der technisch geschärften Wahrnehmungskraft des Gesichtssinns enthülle: »The effect of the lens upon the picture was in a great degree like that of the telescope in nature.« (ebd.) An derartigen, damals immer wiederkehrenden Argumentationsfiguren läßt sich die Entstehung einer fotografischen Rhetorik beobachten.

Mit Daguerre und Morse waren sich zwei wichtige Repräsentanten der entstehenden Medientechnik begegnet – eine sich abzeichnende Allianz technischer Kommunikation, die bereits im März 1839 in einem Artikel des *New Yorker* angeklungen war: »the whole universal nature beeing nothing more than phonetic and photogenic structures«[30]. Der elektrische Telegraph, der schließlich in Serie ging, basierte auf der Codierung von Sprache in Punkt-Strich-Kombinationen und deren Übersetzung in elektrische Signale. Und so wie in der Telegraphie sich Schrift aufgrund elektromagnetischer Induktion durch Apparate gleichsam automatisch schreibt, so basiert Fotografie auf der automatischen Selbstabbildung der Natur durch einen physikalischen und chemischen Prozeß – in beiden Fällen folgt die medientechnische Datenverarbeitung letztlich einem binären Code: ein/aus, hell/dunkel. Entscheidend für diese Entwicklungen war die Beherrschung der beiden Agentien, des Lichts in der Fotografie und der Elektrizität in der elektrischen Telegraphie, und deren technische Prozessualisierung in Information. Bis Anfang der 80er Jahre des 19. Jh. waren dann die Grundzüge der von Morse und Daguerre vorgezeichneten Medienapparaturen und die von ihnen strukturierten Datenströme ausgearbeitet. Friedrich Kittler hat wiederholt auf die Bedeutung dieser »technischen Ausdifferenzierung von Optik, Akustik und Schrift, wie sie um 1880 Gutenbergs Speichermonopol sprengte«, hingewiesen: »Der sogenannte Mensch zerfällt in Physiologie und Nachrichtentechnik«[31].

c) Janin
Noch erfüllt vom irritierenden Eindruck, den die ersten Daguerreotypien bei ihm hinterlassen hatten, bemühte sich im Januar 1839 der Journalist Jules Janin, seinen Zeitgenossen eine Beschreibung der Erfindung Daguerres zu geben. Janin skizziert den geschichtlichen Status der neuen Errungenschaft: Es galt, so erklärt er in seinem Artikel *Le Daguerotype*, die Kräfte der Natur dem Menschen dienstbar zu machen, »forcer le soleil, cet œil du monde, à n'être plus qu'un ingénieux ouvrier sous les ordres d'un maître!« Das Licht arbeite, doch der Mensch bleibe der Meister dieses Prozesses. Aus der kontrollierten Anwendung der Naturprozesse auf die gegenständliche Welt erwächst die Macht der Abbildung, das Instrument läßt bearbeitete Natur die Natur bearbeiten. »Il y a un beau passage dans la *Bible*«, so Janin, »Dieu dit: *Que la lumière soit, la lumière fut*. A cette heure, vous direz aux tours de Notre-Dame: Placez-vous là, et les tours obéiront; et c'est ainsi qu'elles ont obéi à Daguerre, qui, un beau jour, les a rapportées chez lui tout entières.«[32]

---

29 SAMUEL FINLEY BREESE MORSE, Brief an den New York Observer (20. 4. 1839), zit. nach Helmut u. Alison Gernsheim, L. J. M. Daguerre. The History of the Diorama and the Daguerreotype (1956; New York ²1968), 89.
30 ANONYMOUS, New Discovery in the Fine Arts (13. 4. 1839), zit. nach Merry A. Foresta/John Wood, Secrets of the Dark Chamber. The Art of the American Daguerreotype (Washington 1995), 224.
31 FRIEDRICH KITTLER, Grammophon. Film. Typewriter (Berlin 1986), 29.
32 JULES JANIN, Le Daguerotype (1839), in: Buddemeier (s. Anm. 28), 205.

I. Arbeit am Begriff: anfängliche Benennungen der fotografischen Verfahren (19. Jahrhundert) 503

Die vollständige und exakte Wiedergabe der Realität suggerierte, die Sache selbst in den Händen zu halten. Die Entstehung des Bildes war nicht nur von den Unsicherheiten des Blicks und der Unzulänglichkeit der Hand entlastet, sie geschah auch gleichsam im Augenblick. Und die Welt, die dem Bannspruch der Fotografie unterlag und von dieser übermittelt wurde, hatte den unschätzbaren Vorzug der Unvergänglichkeit. Bereits beim Anblick der ersten Aufnahmen prophezeit Janin: »Paris, qui, cette fois, va devenir véritablement la ville éternelle.« Die ›Ewige Stadt‹, auf diesen Titel konnte bislang nur Rom Anspruch erheben – als Sinnbild des himmlischen Jerusalems, als ein Ort jenseits der Zeit. Der Mensch, der sich der idealen Stadt selbst nähern wollte, hatte einst die strahlende Kraft der göttlichen Wahrheit zu erkennen, in seinen Blick zu nehmen. Janin bemüht hier, um die geschichtliche Gewalt der Daguerreschen Entdeckung namhaft zu machen, ein ehrwürdiges Modell: die Vorstellung eines ›geistigen Auges‹, das sich der überbordenden Totalität seines Gegenstandes einbildet. Denn welche Wahrnehmung vermöchte die Großstadt Paris, diese enorme soziale Maschinerie, zur ›Ewigen Stadt‹ zu erheben? »Nul regard humain ne pourrait plonger aussi avant dans ces flots de lumière, dans ces ténèbres profondes« (206) wie der Blick der Maschine, der dem Licht und den Dingen gebietet: ›Bis hierhin und nicht weiter!‹ (»Tu n'iras pas plus loin!«)

Janin fährt fort, der Daguerreotyp sei »une gravure à la portée de tous et de chacun«, »c'est la mémoire fidèle de tous les monuments, de tous les paysages de l'univers; c'est la reproduction incessante, spontanée, infatigable, de cent mille chefs-d'œuvre que le temps a renversés ou construits sur la surface du globe« (207). Er werde die Kunst popularisieren, das Ferne in die Nähe holen und alle Launen des Lebens erfüllen. Aus der Gleichheit aller Dinge vor der Kamera, die sich auch den alltäglichsten Gegenständen zuwendet, entfaltet Janin die Hoffnung auf eine Generalinventur der sichtbaren Welt, auf die allmähliche Errichtung eines riesigen Bildarchivs und die totale Kommunizierbarkeit von Erlebnissen mittels der technischen Apparatur. Prägnant erfaßt er den epochalen Charakter des medientechnischen Fortschritts: »nous recherchons avec une persévérance sans égale les moyens de faire reproduire pour nous et à notre place« (208).

In einem zweiten Artikel in L'Artiste bemühte sich Janin kurz nach der Sitzung der Académie des Sciences, die einzelnen Schritte des fotografischen Prozesses vorzustellen. Besonderes Augenmerk seiner Description du Daguérotype galt dabei der schwierigen Operation des Entwicklungsvorgangs, bei dessen Darstellung Janin allmählich aus der gleichsam exakten Benennung des Geschehens in eine eigentümliche Poetisierung hinüberdriftet – das ›dunkle Geschehen‹ der Bildentstehung wird von ihm in phantastischen Bildern ausgemalt. Er spricht vom »merveilleux instinct de cette vapeur«, der Licht und Dunkel einer erträumten Szenerie wie durch Zauberei hervorbringe: »A mesure que la vapeur se dégage et qu'elle éclaire les parties bitumineuses de votre planche restée dans l'ombre, vous voyez apparaître enfin, et comme par enchantement, le paysage que vous aviez rêvé. Souvent dans vos songes d'été, et dans un lointain lumineux, vous ont apparu quelques-unes de ces scènes riantes toutes remplies de jeunes femmes, de verdure, et de cygnes blancs sur les ondes, les scènes du Tasse dans les jardins d'Armide: à cet instant de l'opération, si vous regardez d'un œil attentif, au milieu de cette heureuse vapeur, l'effet est le même; la planche s'illumine d'une douce clarté; les jours se détachent de l'ombre; la vie se montre dans ces lignes encore incertaines; toutes les profondeurs de la lumière se révèlent une à une.«[33]

In der zitierten Passage entwirft Janin eine auf den verfügbaren Informationen aufbauende technische Phantasie, erfüllt von den Versatzstücken der konventionalisierten poetischen Imagination.[34] Überraschend ist dabei nicht allein die Metaphorik, derer er sich bedient, die Auszeichnung der Fotografie als Schöpferin einer geradezu vollkommenen Welt. Die fotografisch erschaffene Welt wird von Janin mit einer Kette von Adjektiven charakterisiert, die das Medium im Spannungsfeld

---

33 JANIN, La Description du Daguérotype (1839), in: Buddemeier (s. Anm. 28), 224.
34 Vgl. ERWIN KOPPEN, Literatur und Photographie. Über Geschichte und Thematik einer Medienentdeckung (Stuttgart 1987), 48 f.

zwischen Sinnlichkeit und Abstraktion ansiedeln – die süße Klarheit, in der die lieblichen Szenen aus dem Chaos hervortreten, faltet sich auf zu einer Abbreviatur der menschlichen Zivilisation: »Vous assistez, à proprement dire, à une création véritable, c'est une monde qui sort du chaos, monde charmant, accompli, cultivé, construit, chargé d'habitations autant que de fleurs.«[35] In diesem Zusammenhang ist bemerkenswert, daß Janin das fotografische Bild derart offenkundig als Gegenstand des Begehrens vorstellt: einer von Traumbildern befeuerten Augenlust. Als ob er, der doch die Signaturen des technischen Fortschritts an der Daguerreotypie klar erkannt hatte, auf den phantasmagorischen Qualitäten der vom Menschen ins Werk gesetzten ›Selbsttätigkeit‹ der technischen Reproduktion bestehen wollte. Zumindest läßt sich vermuten, daß die von Janin vorgenommene Durchdringung von fotografischer Bildentstehung und der Produktivität der Einbildungskraft nicht nur der Ausdruck von Begeisterung, sondern auch von höchster Irritation über das zu beobachtende, neue Verhältnis zwischen Technik und Anschauung gewesen ist: »Oui, c'est là un solennel instant de poésie et de magie, auquel on ne peut rien comparer dans les arts.« Janins Beschreibung des fotografischen Entwicklungsvorgangs oszilliert zwischen einem Verständnis der Fotografie als »portrait spontané de la nature vivante«[36] und ihrer Poetisierung als Schöpfungsakt.

d) Kolloff und Schorn
Für andere Beobachter war die Neuartigkeit der Fotografie als Reproduktionstechnik ein Anlaß, ihren wissenschaftlichen Wert zwar zu würdigen, zugleich jedoch auf ihrem vollständig unkünstlerischen Charakter zu bestehen. Eduard Kolloff beispielsweise, Kunstkritiker und Pariser Korrespondent des *Kunstblatts*, der Beilage zu *Cottas Morgenblatt für gebildete Stände*, argumentierte in seinem Bericht über den Daguerreotyp 1839 bereits vor

dem Hintergrund des anhebenden Streits um den Kunstcharakter der neuen Bilder. Zwar erfülle das Verfahren Daguerres gewisse Ansprüche der Kunst, so daß es auch für die Künstler »Veranlassung zu neuen Studien und Beobachtungen wird«[37]. Als eigentliche Kunstgegenstände freilich ließen diese »bewunderungswürdigen Abbildungen [...] in Absicht auf Wirkung etwas zu wünschen übrig [...]. Die Macht, welche diese Zeichnungen geschaffen, scheint sich in sonderbarer Weise sogleich wieder von ihnen zurückgezogen zu haben: jene Werke des Lichts ermangeln des Lichts, wie wenn ihr großer Urheber uns seinen Namen hätte verbergen wollen, oder als ob er besorgt gewesen wäre, in Folge einer stärkeren Beleuchtung unsere Augen durch eine allzugroße Fülle von Wundern zu verblenden. [...] bei aller Harmonie der entzückendsten Vollendung erscheinen diese Ansichten doch zu sehr in den blassen, bleiernen Tinten unserer traurigen nördlichen Himmelsgegenden; es dünkt einem, als wenn sie beim Durchgange durch die gläserne Mitte des optischen Apparats von Daguerre das gleichförmig schwermütige Ansehen bekommen hätten, welches der Horizont gegen Abend annimmt.« (ebd.) Aus diesem Grund habe, so folgert der Herausgeber Ludwig Schorn im Anschluß an seinen Korrespondenten, die Erfindung Daguerres zwar »einen sehr hohen szientifischen, aber nur einen bedingten künstlerischen Wert« (58).

Mit ihrem Versuch, zwischen den von der Daguerreotypie bereitgestellten neuartigen Möglichkeiten und dem Vermögen der Künste, das in Phantasie und Gemüt gegründet sei, Unterschiede und Grenzen festzulegen, gerieten Schorn und Kolloff mitten in den Kampf um die Kunstwürdigkeit der Fotografie. Sie berührten aber auch einen Grundzug der fotografischen Produktivität, der in der Euphorie, die Paris ergriffen hatte, zunächst in den Hintergrund getreten war: die eigentümliche fotografische Konstellation von Licht und Schatten. Das Erstaunen über die ›natürliche Magie‹ (Talbot) der Lichtzeichnung, den Zauber einer selbsttätigen Bildentstehung, durchzog den gesamten fotografischen Diskurs der Anfangszeit – und oftmals wurden dabei die Abschattungen dieses Zaubers übersehen. Autoren wie Kolloff ahnten, daß die gegenständliche Welt nur noch als Roh-

---
35 JANIN (s. Anm. 33), 224.
36 Ebd., 224, 222.
37 EDUARD KOLLOFF/LUDWIG SCHORN, Der Daguerreotyp (1839), in: W. Kemp (Hg.), Theorie der Fotografie I. 1839–1912 (München 1980), 57.

I. Arbeit am Begriff: anfängliche Benennungen der fotografischen Verfahren (19. Jahrhundert)

stoff ihres fotografischen Abzugs dienen könnte, eines technischen Lichtverkehrs.[38]

e) Holmes

Die erste Emphase fotografischer Begründungsarbeit scheint in den 50er Jahren allmählich zu versiegen. Einen letzten Höhepunkt markiert ein 1859 von dem Amerikaner Oliver Wendell Holmes skizzierter Zukunftsprospekt, der die anbrechende ubiquitäre Zirkulation der Bilder zum Motor der Reflexion macht. Noch heute ist die Entschiedenheit bemerkenswert, mit der Holmes in *The Stereoscope and the Stereograph* das umstrittene Fortschrittsdatum Fotografie zum Garanten einer neuen Wahrnehmungsordnung erklärt – genauer: das einen dreidimensionalen Eindruck vermittelnde Doppelbild der Stereoskopie, also bereits eine neue fototechnische Errungenschaft. Auch Holmes' Interesse nahm seinen Ausgang von den Schwierigkeiten, die die Flüchtigkeit der Wahrnehmungseindrücke der genauen Beobachtung bereitet. Unter Bezug auf die von Lukrez überlieferte Gestalt der epikureischen Lehre charakterisiert Holmes Wahrnehmung als einen Zustrom von Bildern, in denen die Dinge sich uns zeigen. Die ›simulacra‹ (Lukrez) sind gleichsam Enttäußerungen der Dinge, sie sind die ›Medien‹ der Wahrnehmung. Holmes spricht von »forms, effigies, membranes, or films«[39], und »these evanescent films may be seen in one of their aspects in any clear, calm sheet of water, in a mirror, in the eye of an animal by one who looks at it in front, but better still by the consciousness behind the eye in the ordinary act of vision.« Und er stellt fest: »But remove the cause – the body itself – and the effect is removed« (101). Hierin liegt für ihn, folgerichtig, die wahre Bedeutung der fotografischen Verfahren: Die Daguerreotypie habe, in einem ersten Schritt, mit Hilfe der glänzenden Silberplatten die flüchtigen Spiegelbilder fixiert; die Fotografie habe dann das Papier zu einem dauerhaften künstlichen Spiegel gemacht, und schließlich sei die Stereoskopie gar in die dritte Dimension vorgedrungen. Holmes wird nicht müde, gerade den Raum-Eindruck dieses letzten Verfahrens auszumalen. In den von ihm entworfenen Bild-Welten könne der Betrachter endlose Exkursionen unternehmen: »Oh, infinite volumes of poems that I treasure in this small library of glass and pasteboard! [...] I pass, in a moment, from the banks of the River Charleston the ford of the Jordan, and leave my outward frame in the arm-chair at my table, while in spirit I am looking down upon Jerusalem from the Mount of Olives.« (109f.)

Für Holmes taugt die fotografische Selbstaufzeichnung der Dinge so zur Grundlage eines großangelegten Projekts der Speicherung der Welt. Und wenn der Dialog zwischen der Wahrnehmung und ihren Gegenständen nirgends besser in Szene gesetzt werden kann als im Medium der Fotografie, warum sollten dann nicht die einmal gewonnenen Zeugnisse dieses Austauschs, die der unerschöpfliche Gegenstand erneuter Begegnungen sein können, gänzlich an die Stelle der Dinge treten? Holmes entwirft eine künftige Welt der Bilder: »Form is henceforth divorced from matter. In fact, matter as a visible object is of no great use any longer, except as the mould on which form is shaped. Give us a few negatives of a thing worth seeing, taken from different points of view, and that is all we want of it.« (112)

Dieses Programm einer radikalen Emanzipation des Bildes von seinen gegenständlichen Ursprüngen tritt auf als plausible Folgerung aus der Vergesellschaftung der Wahrnehmungsvermögen, die sich ihrer Bestände in exakt verzeichneten fotografischen Bild versichern können. Holmes hofft darauf, an der endlos reproduzierbaren Miniatur der fotografischen Bilder einen reflexiven Anblick entwickeln zu können, der dem Betrachter seine Identität als etwas Anderes, Unterschiedenes wiedergibt. Die fotografische Aufnahme gewährleistet die beliebig wiederholbare nachträgliche Begegnung mit der zudringlichen Welt im schützenden Gehäuse privaten Lebens. Was einmal dort war, kann nun später, jetzt und hier, betrachtet werden: das Privileg des Subjekts schien durch die Mobilisierung des Wahrnehmungseindrucks befestigt – unter der Voraussetzung, daß der fotografisch ver-

---

38 Vgl. BERND BUSCH, Belichtete Welt. Eine Wahrnehmungsgeschichte der Fotografie (München 1989), 213 ff., 229 ff.

39 OLIVER WENDELL HOLMES, The Stereoscope and the Stereograph (1859), zit. nach Goldberg (s. Anm. 12), 100.

zeichnete Gegenstand und sein Bild miteinander notwendig verbunden und ebenso notwendig voneinander unterschieden sind. Auf dieser Grundlage kann Holmes die Fotografie nunmehr zum Gegenstand der intensiven Betrachtung aufschließen, einer Lektüre, die an den im Bild festgehaltenen Spuren die unüberbrückbare Differenz zwischen einer in der Aufnahme aufgehobenen Zeit und dem Augenblick ihrer Wahrnehmung entwickelt. Letztlich stellt Fotografie die unendlich wiederholbare Kreuzung zweier Blicke her: der eine, der aus dem Bild heraus insistiert, ist in die raum-zeitliche Ferne der Aufnahme verschlossen, der andere, der Einsicht fordert, richtet sich auf das Bild als eine gegenwärtige Vergangenheit. Die von der Fotografie ausgelöste endlose Auslegungsarbeit des Wirklichen setzt jedoch die freie Verfügbarkeit der Welt in ihrem Register voraus. Holmes' fotografisches Wahrnehmungsprojekt versetzt die Ordnung der Dinge ins Archiv der Bilder, ihr spektakulärer Schauplatz wird der Tauschverkehr der ›simulacra‹. »And as a means of facilitating the formation of public and private stereographic collections«, fordert er folgerichtig, »there must be arranged a comprehensive system of exchanges, so that there may grow up something like a universal currency of these banknotes, or promises to pay in solid substance, which the sun has engraved for the great Bank of Nature.« (113) Diese 1859 entworfene emphatische Allianz zwischen der Ökonomie der fotografischen Bilder und einem auf seinen Wahrnehmungskörper zurückverwiesenen Subjekt resümiert die Entwicklungsperspektiven, in denen das Medium die allgemeine Transformation der modernen Welt begleiten und beschleunigen sollte.

40 Vgl. WOLFGANG HESSE, Die Re-Produktion der Welt [Vorwort], in: Hermann Krone, Historisches Lehrmuseum für Photographie. Experiment. Kunst. Massenmedium (entst. Ende des 19. Jh.), hg. v. W. Hesse (Dresden 1998), 7–11; TIMM STARL, Bilderatlas und Handbuch. Zu einigen Aspekten der fotogeschichtlichen Darstellungen bei Josef Maria Eder und Hermann Krone, in: Hesse/Starl (Hg.), Der Photopionier Hermann Krone (Marburg 1998), 215–224.
41 GISÈLE FREUND, La photographie en France au dix-neuvième siècle. Essai de sociologie et d'esthétique (Paris 1936); dt. zit. nach Freund, Photographie und Gesellschaft, übers. v. D. Leube (Reinbek 1997), 68.

II. Statusfragen und Geschäftsbetrieb

Die zweite Hälfte des 19. Jh. gilt allgemein als ›Verfallszeit‹, in der der emphatische Zugang der ersten Jahre einem geschäftsmäßigen Gebrauch der Fotografie wich. Gleichwohl waren diese Jahrzehnte auch von einer rapiden Entfaltung fotografischer Möglichkeiten geprägt, vor allem jedoch von einer beharrlichen Institutionalisierung und Kanonisierung der Fotografie. Eine Lehre begann zu entstehen, eine Ordnung des Wissens wurde definiert und sowohl historisch, im Rahmen einer entstehenden Fotografiegeschichtsschreibung, als auch systematisch, beispielsweise in Lehrsammlungen, ausgebildet. Zu nennen sind in diesem Zusammenhang etwa Hermann Krones Ende des 19. Jh. begründetes *Lehrmuseum für Photographie* sowie Josef Maria Eders *Ausführliches Handbuch der Photographie* (1905).[40] Im Zuge dieser verschiedenen Bemühungen begann auch der Begriff Fotografie seine unterschiedlichen Bedeutungen zu entfalten.

1. Fabrikation der Ähnlichkeit

In ihrer Studie über *La photographie en France au dix-neuvième siècle. Essai de sociologie et d'esthétique* (1936) hat Gisèle Freund die hervorragende Rolle der Portraitindustrie für die Entfaltung der Fotografie hervorgehoben: Diese verdanke ihre schnelle technische Entwicklung und Ausbreitung »einer wahren Mode des photographischen Porträts«[41]. Die Zunahme der Portraitdarstellungen habe, so Freund, das neue Selbstbewußtsein der bürgerlichen Klasse offenbart, in einem quasi symbolischen Akt den Eintritt der Portraitierten in die Reihen derjenigen besiegelt, die Respekt und gesellschaftliches Prestige genossen. Aufgrund der Ökonomie des neuen Mediums schien der kulturelle Einspruch gegen den Tod, der Versuch, das befristete Leben im Bildnis zu überdauern, der seriellen Produktivität der technischen Aufnahme zugänglich geworden zu sein. So entwickelte sich das fotografische Atelier des 19. Jh. zu einem bevorzugten Ort, an dem die bürgerliche Gesellschaft die Welt nach ihren Wünschen bestimmte, an dem das fotografische Inszenierungsgebaren vehement und mit klarem ökonomischen Kalkül seine Möglichkeiten erprobte und entfaltete. Im Fotoatelier vollzog sich aber auch die Initiation immer neuer Bevölkerungsgruppen in die fotografische Praxis, womit die mit dem Begriff des Mediums verknüpften Vorstellungen des Gewerbes wie seiner Kundschaft ihre für die zweite Hälfte des 19. Jh. wichtigste populäre Ausprägung gewannen. Das Atelier, das charakteristische Geschäftslokal der aufblühenden gewerblichen Fotografie, war für eine Weile der privilegierte Kristallisationspunkt fotografischer Diskurse und Praktiken, in denen der Begriff der Ähnlichkeit im Zeichen der technischen Reproduzierbarkeit seine bislang geläufigen Konturen wandelte.

Das seit der Jahrhundertmitte sich entwickelnde Atelier mit seinen Requisiten und ritualisierten Operationen glich einer Versuchsanordnung gesellschaftlicher Identitätsproduktion und Habitualisierung. Die Inszenierungskünste des Fotografen garantierten gewissermaßen den Zusammenhalt der versammelten Requisiten, Kulissen und Zeichen, in die das Modell mit Hilfe einer Typologie der Posen hineinkomponiert wurde. Die Gegenstände, die damals die Ateliers füllten, entsprachen weitgehend dem Inventar der großbürgerlichen Salons der Zeit: der unersättlichen Häufung von Exotika. Im Atelier freilich befreite sich dieses Schauspiel des Interieurs aus der Bindung an die praktische Erfordernisse eines Wohn- und Lebensraumes und wurde fungibel. Die Staffage kam zu sich selbst, indem sie den Menschen vollends zum Requisit stempelte. Das Atelier zielte auf die Hervorbringung des wahren und bedeutsamen Ausdrucks als gesellschaftliches Persönlichkeitstheater – ein allmählich perfektioniertes Zusammenwirken der Beteiligten, die fotografische Synchronisation von gesellschaftlichen Idealbildern, tradierten Konventionen, individueller Physiognomie, technischem Verfahren und künstlerischer Ambition. Dieses komplizierte Geflecht von Interessen und Akteuren, in dem das ›Lichtbild-Portrait‹ im Idealfall gewissermaßen als Ausgleichserzeugnis entstand, war seit den 1840er Jahren Gegenstand einer Flut von Karikaturen und satirischen Texten.[42]

Die brutale Exaktheit der fotografischen Schwarz-Weiß-Registratur wirkte jedoch, gerade in den ersten Jahren, auf viele Kunden erschreckend. So wurde die Forderung, das »kalte, tote und starre, weil durch Naturnotwendigkeit entstandene photographische Typenprodukt«[43] den Interessen der Kundschaft anzuverwandeln, insbesondere in der Portraitfotografie laut, bei der Darstellung eines Sujets, das über Ähnlichkeit und ›Wahrheit‹ der Abbildung und somit über den kommerziellen Erfolg des Fotografen selbst entschied. Es entwickelten sich zwei bevorzugte Strategien, mit deren Hilfe die Fotografen die Befremdlichkeit ihrer Aufnahmen zu mildern suchten: die vorsorgliche Inszenierung für die Kamera, der die wuchernden Arrangements des Ateliers dienen sollten, und die nachträgliche Bearbeitung des Bildes, der Gebrauch von Retusche, Kolorierung und Übermalung – zunächst an der Daguerreotypie erprobt, dann bei den Negativ-Positiv-Verfahren allgemein verbreitet. Zunächst ging es bei diesen Praktiken darum, dem Grau in Grau des Bildes die farbigen Insignien der Lebendigkeit einzutragen sowie störende Unzulänglichkeiten der Darstellung nachträglich zu beheben. Die fotografische Abbreviatur des Körpers wurde gleichsam verpackt, seine exakte Verzeichnung in den Schein des Lebens und die Anmutung der Wohlgefälligkeit gekleidet.

Bald aber drängte das entfesselte Zeichen- und Bezeichnungszeremoniell, das die Figur zu überziehen begann, auf mehr: auf die Konstruktion einer einheitlichen Erscheinung der Oberfläche, die vollständige Schadensabdeckung durch Übermalung. Eine weitere Haut, die aufgetragene Farbe, legte sich über die Haut des Abzugs, die den Aufgenommenen festgehalten hatte – und modellierte seinen fotografischen Anblick. Im Alltag des Gewerbes war die Unterscheidung zwischen dem Automatismus fotografischer Exaktheit und der nach-

---

42 Vgl. u. a. CEPHIR, Der Daguerreotypenkrieg in Hamburg, oder Saphir, der Humorist, und Biow, der Daguerreotypist, vor dem Richterstuhl des Momus (1843), in: R. Sobieszek (Hg.), The Daguerreotype in Germany. Three Accounts (New York 1979), 1–16; CHAMPFLEURY [JULES FRANÇOIS FÉLIX HUSSON], La Légende du daguerréotype, in: Champfleury, Les bons contes font les bons amis (Paris 1863), 55–64; ROLF H. KRAUSS, Die Fotografie in der Karikatur (Seebruck a. Chiemsee 1978).

43 JOHANN BAPTIST ISENRING, [Vorwort zum Katalog der Münchner Ausstellung von Daguerreotypien] (1840), zit. nach Baier (s. Anm. 8), 492.

träglichen, handwerklichen Überarbeitung freilich weitaus weniger bedeutsam als die Frage, welche Maßnahmen der charakterisierenden ›Ähnlichkeit‹ förderlich oder hinderlich waren. Dadurch erschien die schmeichelnde Korrektur des Bildnisses gar nicht mehr notwendig als ein Angriff auf die Wahrhaftigkeit des fotografisch verzeichneten Sujets und den legitimatorischen Kunstanspruch, vielmehr beanspruchten richtig, nämlich künstlerisch eingesetzte Retuschen, der Wahrheit wie dem Kunstcharakter des fotografischen Portraits zu dienen.

Die Wendung, die das Verständnis der Fotografie als exaktes und wahrhaftiges Aufzeichnungsverfahren hier nimmt, ist von herausragender Bedeutung für die zweite Hälfte des 19. Jh. Fotografie verwandelt sich zum Produktionsverhältnis von Bedeutsamkeit, das Modell der mimetischen Reproduktion des Wirklichen verliert an Gewicht, an seine Stelle tritt das Bild als Effekt von Gestaltungsstrategien. In zeichentheoretischer Terminologie könnte dies auch als Wechsel von der legitimatorischen Wertung der Fotografie als Ikon zu ihrem Verständnis als Symbol beschrieben werden. Das sich damit abzeichnende Fotografieverständnis hängt zusammen mit einer Zunahme und Aufwertung von Operationen, die in die unterschiedlichen Stadien der Lichtzeichnung eingreifen und die Differenz von Vorbild und Abbild elaborieren. Es hat zudem einen wichtigen materialen Grund: Denn die Anstrengungen der Retusche und Übermalung waren auch eine Antwort auf die neuartige Oberfläche der fotografischen Bilder, die sich deutlich von dem vertrauten Bildeindruck der Gemälde unterschied. Daß sie keine Textur, keine Merkzeichen künstlerischer Arbeit anboten, schien anzudeuten, daß die Fotografien durch einen selbsttätigen Automatismus hervorgebracht worden waren: Spur eines einsamen Zusammenspiels des Aufgenommenen mit der technischen Apparatur, umgeben von einer Leere, die der Ausfall des einstigen Dialogs zwischen Sehen und Gesehen-

werden hinterlassen hatte. Die Bearbeitung der Aufnahme war also mehr als nur eine Anpassung an den Publikumsgeschmack; sie war der Versuch, die Gegenwart dessen, der sieht, dem Bild nachträglich einzutragen. Das Bild wurde so erklärtermaßen zum Schauplatz der Vermittlung zweier Schichten: Der zum ›Hintergrund‹ erklärten fotografischen Aufnahme, der Spur des technifizierten Licht-Blicks, trat der ›Vordergrund‹ menschlicher Darstellung entgegen. Zwischen beiden entstand eine imaginäre Tiefe, welche die ›words of light‹ (Talbot) auf das Maß des Menschen begrenzte und den Anblick des Bildes befriedete und konventionalisierte. Damit trat aber auch erstmalig neben der Debatte um die Legitimität der Fotografie als Kunst ein zweites Terrain hervor, auf dem der anfängliche, eher am wissenschaftlichen Exaktheitspostulat oder an Dokumentations- und Beobachtungswünschen orientierte Fotografiebegriff unter dem Ansturm ganz anders gelagerter Interessen ins Wanken geriet: Die ›sozialen Gebrauchsweisen‹[44] ergriffen Besitz von der Fotografie. Die Fotografiegeschichte des 19. Jh. ist vor diesem Hintergrund immer wieder als eine Gemengelage aus dem Fortwirken des ehrwürdigen fotografischen Wahrnehmungsethos der Pioniergeneration, der von Kunstambitionen angestachelten Fotografenkreise und dem aufblühenden Gewerbe, das die ökonomischen Möglichkeiten des Mediums insbesondere im Portraitgeschäft rapide erschloß, gedeutet worden. Mit diesen Diversifikationsprozessen begannen die unterschiedlichen Vorstellungen des Fotografischen ihre gesellschaftlichen Wirkungen zu entfalten. Dies gilt gerade auch für die fotografische Fabrikation der Ähnlichkeit.

2. Kunst – Fotografie

Schon nach kurzer Zeit verstärkten sich Anstrengungen, die Fotografie nicht nur als Abbildungsmittel, sondern über ihre ästhetischen Qualitäten zu rechtfertigen. In den aufkeimenden Auseinandersetzungen wurde oft zwischen der Realität, dem Vorstellungsbild und dem Abbild unterschieden. Kunst, im Gegensatz zur Fotografie, bringe Vorstellungsbilder zum Ausdruck und damit eine verwandelte Wirklichkeit hervor; sie erzeuge wahre Ähnlichkeit. Fotografie hingegen sei, so

---

44 Vgl. PIERRE BOURDIEU u. a., Un art moyen. Essai sur les usages sociaux de la photographie (Paris ²1965); dt.: Eine illegitime Kunst. Die sozialen Gebrauchsweisen der Photographie, übers. v. U. Rennert (Frankfurt a. M. 1981).

hieß es, zweite Natur, ihr sei einzig die zwar exakte, aber geistlose Identität erreichbar. Daher könne sie allenfalls Vorbild für den Künstler, jedoch nicht selbst Kunst sein, denn ihr fehle der Vorrang der Gesamtwirkung, der ›Massen‹, vor den Details, die sie freilich in unvergleichlicher Genauigkeit abbilde: »Mais au delà, la machine est impuissante, et voici son œuvre finie, au moment où celle de l'artiste commence.«[45] Die hier zitierte Reaktion des Schweizers Rodolphe Töpffer auf das Erscheinen der *Excursions Daguerriennes* griff 1841 auf zentrale Elemente der romantischen Ästhetik zurück und verband sie zu einer umfassenden kunsttheoretischen Absage an das neue Medium. Die nach Daguerreotypien entstandenen Ansichten der *Excursions* gäben, so Töpffer, »une reproduction du site, fidèle sans doute, mais froide et muette, et dont la fidélité même, toute physique et matérielle, se réduit à une simple identité perçue par nos organes, bien plus qu'elle n'est une ressemblance sentie par l'esprit«[46].

In einer nächsten Phase der Debatte, deren Auslöser die Papierfotografie war, verschoben sich die Fronten – die bislang gegen die Daguerreotypie eingesetzten Argumente wurden nun zugunsten der neuen fotografischen Bilder angeführt. 1851 hieß es in dem von Francis Wey verfaßten Programm der Zeitschrift *La Lumière*, die Heliographie sei das Bindeglied zwischen Kunst und Wissenschaft. In Anbetracht der Papierfotografie Le Grays, die Wey »dessins sur le papier« nennt, ergänzte er dann diese These noch im selben Jahr in einem Artikel: diese Fotografien Le Grays seien das Bindeglied zwischen dem Daguerreotyp und der eigentlichen Kunst. Wey reagierte damit auf die Haltung der Jury des Salons von 1850, die nach längeren Diskussionen die von Le Gray eingereichten Fotografien zurückgewiesen und damit auch die Frage, ob neben Malerei und Grafik auch Fotografien ausgestellt werden sollten, negativ entschieden hatte. Weys Haltung gegenüber der Juryentscheidung ist vorsichtig. Sie markiert jedoch zugleich eine neue Phase der Diskussion, denn Wey nimmt die Leistungen, die für Töpffer noch die Unterscheidung zwischen Fotografie und Malerei begründet hatten, für die Fotografien Le Grays in Anspruch: »Il semble qu'en passant sur le papier, le mécanisme se soit animé; que l'appareil se soit élevé à l'intelligence qui combine les effets, simplifie l'exécution, interprète la nature et ajoute à la reproduction des plans et des lignes, l'expression du sentiment ou des physionomies.«[47]

An Weys Legitimationsversuch der Fotografie als einer Form künstlerischer Praxis wird ein Grundmuster der fotoästhetischen Debatten zur Jahrhundertmitte erkennbar: Diese wurden in ihren wechselnden Einstellungen erheblich von den verfahrenstechnischen Fortschritten des Mediums bestimmt, sie reagierten mit ihren begrifflich-interpretatorischen Anstrengungen auf immer neue Verwandlungen ihres Gegenstands, insbesondere der Materialität der fotografischen Bilder.

In Frankreich erreichten die Debatten um den künstlerischen Rang der Fotografie eine Ausführlichkeit und Vehemenz, die sich vom deutschsprachigen Raum, aber auch – in anderer Weise – von England unterschied.[48] Allianzen und Gegensätze formierten sich und wurden wieder aufgehoben: Bald wurden die Leistungen der Fotografie im Realismusstreit zum Stigma der Aufmerksamkeit für die Wirklichkeit umgemünzt, bald wurde das Medium als Verbündeter der Künste gewürdigt. In gewisser Weise ließe sich sogar davon sprechen, daß die herkömmlichen Künste wie Malerei oder Literatur sich in der Auseinandersetzung mit dem neuen Medium ihrer eigenen Stellung vergewisserten. Dies gilt keineswegs nur im Sinne von Statusfragen, vielmehr wirkte die Fotografie oftmals wie der Hintergrund, vor dem sich die jeweils eigene Produktivität deutlicher konturieren ließ. 1859 errang dabei die Fotografie in Frankreich einen ersten kleinen Sieg, denn eine von der *Société Française de Photographie* organisierte Ausstellung wurde im Salon von 1859 zugelassen, gleich neben der Malerei und der Grafik, aber mit einem eigenen Eingang. Diese Entscheidung und die damit

---

45 RODOLPHE TÖPFFER, De la Plaque Daguerre (1841), zit. nach Buddemeier (s. Anm. 28), 238.
46 Ebd., 237.
47 FRANCIS WEY, De l'Influence de l'Héliographie sur les Beaux-Arts (1851), zit. nach Buddemeier (s. Anm. 28), 258.
48 Vgl. BUDDEMEIER (s. Anm. 28); GERHARD PLUMPE, Der tote Blick. Zum Diskurs der Photographie im Zeitalter des Realismus (München 1990).

unübersehbare Präsenz der fotografischen Bilder bildeten den Anstoß für die vehemente Kritik Baudelaires in einem ›Le public moderne et la photographie‹ überschriebenen Abschnitt seiner Besprechung des Salons von 1859: Der an dieser Entwicklung ablesbare »goût exclusif du Vrai«[49] war ihm unerträglich.

Jeder Versuch, nicht nur die Wiedergabetreue, sondern auch die künstlerische Qualität der Fotografie über ihren Wirklichkeitsausschnitt zu legitimieren, traf auf den zentralen Vorbehalt aller Kritiker des Mediums: seine Momentaneität. Tiefes Mißtrauen gegenüber dem fotografischen Akt als versteinernder Zäsur in der Zeit kennzeichnete deshalb das Verhältnis vieler Künstler und Kunsttheoretiker gegenüber dem neuen Medium. In der augenblicklichen Speicherung der Fotografie war der zentrale Legitimationsgrund künstlerischer Arbeit schlicht ausgefallen, die Zeit, um die Gestalt des Bildes zu formen. Jeder Kunstanspruch der Fotografie schien somit auf Operationen vorher und nachher verwiesen, die dem Automatismus der Verzeichnung jedoch letztlich äußerlich blieben. Fotografen wie André Adolphe Eugène Disderi reagierten auf dieses Dilemma, indem sie die Produktivität der Wahrnehmung im Begriff der ›Wahl‹ (choix), der entscheidenden Intervention des Fotografen, zur zentralen Rechtfertigungsfigur entwickelten.[50] Folgenreicher als die Rückbindung dieses Begriffs der Wahl an das Modell tradierter künstlerischer Arbeitsprozesse war aber letztlich seine Zuspitzung zur Entscheidung über den richtig gewählten Ausschnitt des bewegten Lebens. Nur die entschiedene Berufung auf die Augenblicklichkeit des fotografischen Akts, die sich im Zusammenhang der Momentfotografie entwickelte, schien sich aus dem Dilemma befreien zu können. Eine Notiz des Berliner Tageblatts aus dem Jahr 1888 veranschaulicht die in diesem Sinne wirkende Mobilisierung des Fotografen:»Ein fliegendes photographisches Atelier, das mit allen Waffen des beutesuchenden, neckischen Momentphotographen ausgerüstet im Berliner bunten Straßentrubel auf die Stoffjagd ausgeht, ist die neueste Erscheinung im dortigen Friedrichstraßenviertel. Das wandelnde Lausch- und Porträtierungs-Institut [...] hält bald an frequenten Ecken, bald da, wo sich ein interessantes Bild in dem kaleidoskopisch wechselnden Conglomerat des Straßenverkehrs bietet; es ist ein wachsamer, lauschender, seine klugen scharfen Augen überall habender Reporter, der statt mit Tinte, mit salpetersaurem Silber, statt mit der Feder mit den Lichtstrahlen Lokalnotizen niederschreibt und seine Genrebilder statt in Worten und Zeilen in Porträts und Naturgemälden wiedergibt.«[51]

Im Zuge dieser Mobilisierung entwickelte sich auch verstärkt eine Terminologie, die den Fotografen als Jäger, die Kamera als Waffe und das Bild als Beute, die geschossen wird, charakterisiert. Seit den 1860er Jahren läßt sich das Aufkommen von Bezeichnungen bestimmter Kameras als ›Pistolen-Camera‹, ›Photo-Revolver‹ oder ›Pistolograph‹ beobachten. Die technische Analogie zum Trommelrevolver spielt dabei selbstverständlich eine wichtige Rolle, mindestens ebenso bestimmend dürften aber auch die Formen der Handhabung sein. In der neuen Wortwahl wird auf die zunehmende Beweglichkeit des fotografischen Bildjägers angespielt: »man zielt auf das Object, drückt ab und hui!«[52] Am Anfang dieses Teils der Begriffsgeschichte des Mediums steht u. a. die 1860 von Sir John Herschel geprägte Formulierung vom ›snapshot‹: »The possibility of taking a photograph, as it were by a snap-shot – of serving a picture in a tenth of a second of time.«[53] Ausgehend davon entwickelte sich ein umfangreiches Wortfeld zwi-

---

49 BAUDELAIRE, Salon de 1859, in: BAUDELAIRE, Bd. 2 (1976), 616.
50 Vgl. ANDRÉ ADOLPHE EUGÈNE DISDERI, L'art de la photographie (1862), zit. nach Buddemeier (s. Anm. 28), 135.
51 Zit. nach ERICH STENGER, Die beginnende Photographie im Spiegel von Tageszeitungen und Tagebüchern. Ein Beitrag zum hundertjährigen Bestehen der Lichtbildnerei 1839–1939, nach hauptsächlich in der Schweiz durchgeführten Forschungen (1940; New York 1979), 103.
52 HERRMANN VOGEL, Bericht über den photographischen Theil der Weltausstellung des Jahres 1862, in: Fr. Bollmann's Photographische Monatshefte, Nr. 9 (Februar 1863), 490.
53 Zit. nach THILO KOENIG, ›Die Kamera muß wie eine nimmer fehlende Büchse in der Hand ihres Herrn liegen.‹ Gedanken zu einem medienspezifischen Sprachgebrauch, in: Fotogeschichte. Beiträge zur Geschichte und Ästhetik der Fotografie, H. 30 (1988), 5.

schen Waffen- und Fototechnik, das bis in die Gegenwart hinein die Fotopraxis begleitet.[54]

Allerdings dürfen die Auseinandersetzungen um den Stellenwert des fotografischen Bildes nicht darüber hinwegtäuschen, daß der pragmatisch-geschäftstüchtige Umgang mit dem Medium in der zweiten Jahrhunderthälfte weithin vorherrschend war, ebenso wie ein auf Kategorien traditioneller Handwerklichkeit fußendes Kunstverständnis der Fotografen.[55] Darin gründete geradezu die gesellschaftliche Machtentfaltung des Mediums.

3. Zweierlei Amateure

Mit der allmählichen Verbreitung der handlichen Kompaktkameras setzte gegen Ende des 19. Jh. eine Entwicklung ein, welche die Existenzgrundlagen des fotografischen Gewerbes, aber auch die etablierten Typologien fotografischer Praxis im Zeichen einer Mobilisierung der Bilder und Verhältnisse in Frage zu stellen begann: der Siegeszug der Amateurfotografie. Von Anfang an wurden die neuen ›Amateurphotographen‹ differenziert betrachtet: Einigen sei mehr an künstlerischer Vervollkommnung gelegen, anderen komme es vorrangig auf das Vergnügen an. Nach Gründung der ersten Amateurfotografenvereine wurden dann deutlichere Abgrenzungen vorgenommen: Es galt »diejenigen, welche ohne einen höher oder tiefer gehenden Zweck, blos zum Zeitvertreib« fotografierten, von jenen abzuheben, die durch »künstlerische Befähigung« ausgezeichnet seien und deshalb die »edelste Gruppe der Amateure« bildeten. Letztere willkommene Teilnehmer der fotografischen Fachausstellungen, während die »harmlose Ausübung« sich auf den »geschlossenen Kreis des Hauses«[56] beschränken sollte.

Diese seit den 1880er Jahren sich herausbildenden Strömungen setzten eine einschneidende Neuorientierung innerhalb des mittlerweile etablierten Feldes fotografischer Diskurse und Praktiken in Gang. Die Bewegung der Amateurfotografie betrieb die Reformulierung des Fotografischen als künstlerische Ausdrucksmöglichkeit, während die ›Knipser‹ einen streng von sozialen Funktionen bestimmten Gebrauch der Fotografie forcierten – zwei in ihren Zielen nahezu gegensätzliche Haltungen, die gleichwohl in der Distanz zum Professionalismus übereinstimmten. Beide Entwicklungen haben einen zweiten, markanten und markierenden Umbruch in der Geschichte des Mediums eingeleitet.

a) Kunstfotografen

Die Bewegung der Amateurfotografie, versteht man hierunter einmal die im 19. Jh. namengebende Fraktion der künstlerisch ambitionierten Dilettanten, entwickelte sich zunächst als eine Antwort auf die fotografische und künstlerische Anspruchslosigkeit des fotografischen Gewerbes. »Die Photographie ist, gleich anderen komplizierten Errungenschaften der Technik, heute noch weit mehr ein Mittel, die Menschen zu verderben, als ihr Leben zu reinigen und zu erhöhen. Der Photograph verdirbt um des Gewinnes willen mit schlechtem Angebot das Publikum, und das Publikum fordert nun natürlich wieder solche Bilder von ihm.«[57] Gegen diese »respektlose Verderbnis um des Gewinnes willen«, so resümierte Fritz Loescher zu Beginn des 20. Jh. den Auslöser der Bewegung, begehrten die Amateure auf, »unbeengt durch geschäftliche Rücksichten, unbeeinflußt aber auch durch die Traditionen des Fachs«. So sei es dazu gekommen, daß »der gebildete Dilettant, der in anderen Tätigkeiten neben dem Fachmann kaum eine Rolle zu spielen vermag, in der Photographie an neuartiger, geistreicher und geschmackvoller Anwendung der Mittel die Leute vom Fach bei weitem überflügelte«[58]. In Anlehnung an sezessionistische Bestrebungen in der Malerei schlossen sich diese Kunstfotografen, wie sie sich bald nannten, in eigenen Vereinen zusammen. Seit 1886/

---

54 Vgl. ebd., 3 ff.
55 Vgl. LUDWIG HOERNER, Das photographische Gewerbe in Deutschland 1839–1914 (Düsseldorf 1989); BODO VON DEWITZ/REINHARD MATZ (Hg.), Silber und Salz: Zur Frühzeit der Photographie im deutschen Sprachraum (1839–1860) [Ausst.-Kat.] (Köln 1989).
56 [BR./EIS.], Die Aufgabe der photographischen Amateure, in: Deutsche Photographen-Zeitung. Organ des Deutschen Photographen-Vereins 9 (1888), Nr. 26, 196.
57 FRITZ LOESCHER, Die Bildnisphotographie. Ein Wegweiser für Fachmänner und Liebhaber (1904; Berlin ³1910), 22 f.
58 Ebd., 41.

1887, dem Jahr der Gründung des *Clubs der Amateur-Photographen* in Wien, entwickelten sich diese Verbände zu organisatorischen Zentren der Bewegung, die in Ausstellungen und einschlägigen Zeitschriften wie der *Photographischen Rundschau* die Verbreitung der Fotografie als einer ausschließlich künstlerischen Praxis propagierten und förderten.

Es gab freilich noch eine zweite Frontstellung, in der sich das Selbstverständnis der Kunstfotografie bildete: die rapiden Fortschritte in der Fototechnik hatten zum Ende des 19. Jh. dem Medium immer neue Anwendungsgebiete eröffnet, in den Wissenschaften, auf Reisen, bei der Berichterstattung, im privaten Gebrauch. Auch gegen diese fotografische Welteroberung grenzten sich die kunstsinnigen Amateure ab, sie setzten der Entgrenzung des modernen Subjekts das Projekt einer kulturellen Sinnstiftung entgegen. In Deutschland, so im 1891 gegründeten *Hamburger Amateur-Photographen Verein*, trat die geforderte Kunstsinnigkeit der Fotografen zuweilen geradezu als Baustein einer ›künstlerischen Erziehung der Bevölkerung‹ auf, wie sie beispielsweise Alfred Lichtwark im Rahmen seiner Tätigkeit als Direktor der Hamburger Kunsthalle immer wieder propagiert hatte[59] – ein deutsch-national inspiriertes Bildungsprojekt, das die Fotografie, die ›Amateur-Photographie‹, einbezog.

Enno Kaufhold hat in seiner Untersuchung über die Mediengeschichte von Fotografie und Malerei um 1900 die Entwicklung rekonstruiert, in der allmählich das kunstfotografische Selbstverständnis heranwuchs.[60] Die Amateure wollten sich nicht länger – beispielsweise im beliebten Genre der Landschaftsfotografie – mit der Beschränkung »auf die Wiedergabe des Gesehenen« abfinden und beanspruchten für sich, »das als schön erkannte Bild in der Weise wieder zu geben, dass dasselbe in dem Beschauer die Idee des Schönen wach zu rufen vermag«[61]. Damit ist die entscheidende Umwidmung der fotografischen Reproduktion zum Ausdruck künstlerischer Produktion offen ausgesprochen.

Anfänglich stand dabei oftmals der Appell im Vordergrund, die Aufmerksamkeit durch Studien neu zu schulen und sich in der Beschränkung auf das Wesentliche und einfache Motive zu versuchen. Die Fotografen rezipierten dabei aufmerksam zeitgleiche Entwicklungen in der Malerei, assimilierten ästhetische Standards und sanktionierte Bildthemen und Motive – Kaufhold spricht von einem medienübergreifenden Konsens zwischen den fotografierten und gemalten Naturdarstellungen um 1900. In den ersten Jahren der Kunstfotografie rückten dabei die Forderung nach ›Stimmung‹ und bald schon die Frage der künstlerischen ›Empfindung‹ in den Mittelpunkt des Interesses und der Erörterungen. Der kunstfotografische Diskurs schloß sich dabei offen an kunsttheoretische Traditionen und ihre Begrifflichkeiten an. 1894 übersetzten die Wiener Amateure einen Text von Horsley Hinton, dem es hieß: »Die Künstler wollen keine frappante Ähnlichkeit, sondern eine ausdrucksvolle Scene haben. Die Sprache der Kunst, unserer Bilder, unserer Photographien soll der poetische Ausdruck irgend einer aus der Natur genommenen Stimmung sein; von der treuen Wiedergabe und Naturalistik der Handlungen und Dinge – diesen Begleiterinnen der Photographie – müssen wir uns unabhängig machen«[62]. Es ging zunehmend darum, die »Gemüthsstimmung«, die »Vorstellung der Phantasie oder Empfindung sinnlich wahrnehmbar zu machen«[63], das individuelle, künstlerische Reagieren auf die in der Natur geborgenen Reize produktiv zu machen. »Der Künstlerphotograph will nicht inhaltlich Interessantes in mehr oder weniger geschmackvoll abgerundeter, aber objektiv wahrer Form, wie es der Apparat sich selbst überlassen hergibt, reproduzieren, er will uns das vielmehr vor Augen führen, was selbst, nicht was sein Apparat gesehen hat. Er will durch sein Bild in uns dieselbe Empfin-

---

59 Vgl. ALFRED LICHTWARK, Die Bedeutung der Amateur-Photographie [Ausst.-Kat.] (Halle a. d. S. 1894), 3 ff.
60 Vgl. ENNO KAUFHOLD, Bilder des Übergangs. Zur Mediengeschichte von Fotografie und Malerei um 1900 (Marburg 1986).
61 ALOIS BRUNNER, Die Photographie als Kunst – Kunst in der Photographie (1891), zit. nach Kaufhold (s. Anm. 60), 30.
62 A. HORSLEY HINTON, Künstlerische Landschafts-Photographie. Auszugsweise übers. (1894), zit. nach ebd., 46.
63 ANTON EINSLE, Kunst oder Handwerk. 2. Teil, in: Photographische Correspondenz 28 (1891), Nr. 371, 355.

dung auslösen, die er selbst vor dem Objekte gehabt hat.«[64]

Verschiedentlich ist darauf hingewiesen worden, daß Begriffe wie ›Empfindung‹ und ›Gefühl‹, die in den 1890er Jahren zur Legitimationsbasis fotografischen Kunstwollens avancierten, nicht nur im Kontext damaliger kunsttheoretischer Debatten zu werten sind, sondern zugleich auch eng mit den wissenschaftlichen Positionen der Psychologie und Psychophysik verbunden waren. Durch Arbeiten von Gustav Theodor Fechner oder Wilhelm Wundt (z. B. in dessen *Grundriss der Psychologie* von 1896) waren diese Begriffe in eine experimentelle, mit technisch-naturwissenschaftlichem Instrumentarium operierende Psychologie integriert worden. An dieser Erfassung von Apperzeptionsprozessen knüpfte der kunstfotografische Diskurs an, um den fotografischen Automatismus zu einem Medium zu nobilitieren, in dem sich Erfahrungsgehalte artikulieren können. Die enge Verbindung zwischen Fotografie und Psychologie in dieser Zeit offenbart dabei eine Art Umkehrung, denn während insbesondere die Psychophysik an der naturwissenschaftlichen Operationalisierung psychischer Vorgänge arbeitete, also die sogenannte Sphäre des ›Geistigen‹ technisch dekonstruierte, begann die Fototheorie die psychologischen Begriffe als Legitimationsgrund für die ästhetische Qualifizierung des geistlosen technischen Mediums sich anzueignen.

Vergleichbar der Rolle, die der Begriff der Empfindung in der Landschaftsfotografie gespielt hat, arbeitete sich die Debatte um das kunstfotografische Portrait am dem Problem der Ähnlichkeit und des charakteristischen Moments ab. Wenn die Berufsfotografen von Ähnlichkeit und Charakter sprachen, dann war damit letztlich der im Atelier geprägte ästhetische Kanon gemeint. Die Amateure beriefen sich demgegenüber auf die Kenntnis und Erkenntnis des zu portraitierenden Menschen, wobei alles dem Gebot der Einfachheit unterzuordnen war, demzufolge das Antlitz des Menschen und die Wahrhaftigkeit der Beziehung von allem unnötigen Zierat freigestellt werden sollten. Diese Diskussion war zwar keineswegs neu, sie war jedoch gegen Ende des 19. Jh. zunehmend unter den Eindruck der technisch-wissenschaftlichen Erkennungsverfahren geraten, wie sie beispielsweise im kriminologischen und psychiatrischen Gebrauch der Fotografie sich entwickelt hatten. Die in den 80er Jahren des 19. Jh. von Alphonse Bertillon, Chef des polizeilichen Identifizierungsdienstes in Paris und einer der Pioniere der anthropometrischen Klassifikation, entwickelte erkennungsdienstliche Fotografie markiert den historischen Zusammenbruch der mit dem Portrait verknüpften Allüren; hier hat der Abgebildete jeden Rechtsanspruch auf sein Bildnis verloren. Die Annäherung an die ›Mitte‹ des charakterisierenden Ausdrucks ist einer identifizierenden Mechanik der Einkreisung gewichen. Die psychiatrische Fotografie, z. B. von Jean-Martin Charcot, ging noch einen Schritt weiter, indem das Innere des Menschen auf fotografisch verzeichnete körperliche Merkmale verpflichtet wurde. In ihr erkundete das Medium seine Macht über den physiognomischen Ausdruck, der gleichsam als Reflex der therapeutischen Apparaturen erzeugt wurde – der Mensch begann sich in einem von den Signalen und Impulsen technischer Dispositive durchzogenen Raum zu bewegen. Demgegenüber insistierte die Kunstfotografie auf der Bedeutsamkeit, auf dem ›Charakteristischen‹ des Menschen. »Er beobachtet die Menschen«, hieß es anläßlich einer Ausstellung des Photographen Dührkoop, und »läßt den Apparat arbeiten im Augenblick, wo ein Charakterzug, der ihm bezeichnend erscheint, sich ausprägt.«[65]

Die Aufmerksamkeit für den Dynamismus der Wirklichkeit, die hier erkennbar wird, zwang den Fotografen zu einer Haltung, in der er eine Geistesgegenwart einzuüben hatte, die Benjamin später zur Signatur der Wahrnehmung der Großstadt erklärt hat. Durch Übung vermag er den »fruchtbaren Moment« zu treffen, nicht mehr als Spiel des Zufalls, sondern als »das planmäßige erstrebte und erreichte Ziel einer Persönlichkeit, die mit allen ihren Sinnen und voll ästhetischen Interesses an der Wirklichkeit hängt, sich über die äs-

---

64 FRANZ GOERKE/RICHARD STETTINER, Nach der Natur (Berlin 1897), unpag.
65 FRITZ HANSEN, Ausstellung der Dührkoop-Bilder im Berliner Kupferstichkabinett, in: Photographische Rundschau und photographisches Centralblatt. Zeitschrift für Freunde der Photographie 21 (1907), 138.

thetische und künstlerische Bedeutung jedes Moments in der Wirklichkeit klar ist und die deshalb imstande ist, mit Blitzesschnelle, aber dennoch nicht blind ihre Wahl zu treffen. Eine solche künstlerische Persönlichkeit ist Herr des blinden Zufalls geworden, ihre Erfolge sind der Lohn ehrlicher künstlerischer Arbeit, die Frucht einer künstlerischen Selbsterziehung«[66]. Diese Sätze stammen aus einer späten Programmschrift der Bewegung, aus Willi Warstats 1913 veröffentlichter Arbeit *Die künstlerische Photographie. Ihre Entwicklung, ihre Probleme, ihre Bedeutung*.

Warstat argumentiert vor dem Hintergrund einer bereits etablierten kunstfotografischen Bewegung und rekonstruiert deren Geschichte, ausgehend von dem »Hauptproblem der künstlerischen Photographie«, dem Konflikt zwischen »unkünstlerischer Technik« und »künstlerischem Persönlichkeitsausdruck« (6). Er siedelt die »Blütezeit der künstlerischen Photographie« um 1900 an und verknüpft diese zunächst mit der »Eroberung des Gummidrucks für die Photographie«, »einer ausgezeichneten Waffe gegen die naturalistische Treue des photographischen Verfahrens«. Die damit eingeleitete Abkehr von der »gegenständlichen Richtung«, einem »Realismus«, zu »einer rein persönlichen Wiedergabe der Natur, zum Impressionismus«, der keine bloße Nachahmung der impressionistischen Malerei sei, habe einschneidende Folgen gehabt, da »eine derartige Technik [...] eine Revolution herbeiführen mußte in bezug darauf, was man bisher für ›photographisch‹ gehalten hatte und was man noch für ›photographisch‹ halten zu können glaubte.« (21)

Warstat knüpft seine Überlegungen immer wieder an einzelne »Probleme der künstlerischen Photographie«, beispielsweise an die Frage der »Unschärfe«. Diese sei nicht nur ein Mittel gegen die »naturalistische Treue der Platte«, sie mache das Bild auch »impressionistischer, d.h. sie stellt auch die wesentlichen Einzelheiten, etwa die Kontur, in einer Weise dar, die dem unmittelbaren Natureindruck besser entspricht« (36). Diese Argumentation gehört zu den zentralen Denkfiguren der Kunstfotografie, die etwa seit 1889/1890 unter Berufung auf die Erkenntnisse der Sinnesphysiologie den fotografischen Impressionismus legitimierte. Auslöser waren u. a. die Arbeiten des englischen Arztes und Fotografen Peter Henry Emerson, vor allem sein 1889 veröffentlichtes Buch *Naturalistic Photography for Students of the Art* gewesen, das mit einer Bestimmung fotografischer Begrifflichkeiten und Praktiken in den »Art«, »Science« und »Industrial Divisions« anhob und dann die Devisen der künstlerischen Wahrheit ausgehend von den »phenomena of sight« entwickelte: »the photographer must so use his technique as to render a true impression of the scene«[67]. Dabei sind damals die physiologische Legitimation der Unschärfe und ihre Affinität zur Wahrheit des Augeneindrucks, übrigens durchaus vergleichbar zu Emersons Überlegungen, bald durch die Betonung der Aktivität der aufmerksamen Verarbeitung ergänzt worden – fototheoretisch hieß dies beispielsweise dann ›subjektives Bild‹, kunsttheoretisch ›Einfühlung‹ (Theodor Lipps u. a.). Auch wenn Warstat sich 1909 in seiner *Allgemeinen Ästhetik der photographischen Kunst auf psychologischer Grundlage* auf dieses Modell der Einfühlung berief, verwendete er noch 1913 fast identische Wendungen zur Rechtfertigung der Unschärfe wie Emerson 1889: »a picture should not be quite sharply focussed in any part, for then it becomes false; it should be made just as sharp as the eye sees it and no sharper, for it must be remembered the eye does not see things as sharply as the photographic lens«[68]. Dieses ›slightly out of focus‹ gehörte zum internationalen Standardrepertoire kunstfotografischer Begrifflichkeiten.

Weil Warstat und einige andere Theoretiker der Kunstfotografie auf der Kraft der künstlerischen Individualität programmatisch insistierten, entfalteten sie zugleich eine Vielzahl an Einsichten in die Besonderheiten des Mediums. Denn das Unternehmen, die künstlerische Wahrnehmung gegenüber der Technizität des Verfahrens zu stärken, forderte eine hohe Aufmerksamkeit gegenüber dem Wahrnehmungshabitus, der sich im Kontakt mit dem Medium bildete. So mündete der kunstfotografische Einspruch gegen die fotografische Exakt-

---

66 WILLI WARSTAT, Die künstlerische Photographie. Ihre Entwicklung, ihre Probleme, ihre Bedeutung (Leipzig/Berlin 1913), 67 f.
67 PETER HENRY EMERSON, Naturalistic Photography for Students of the Art (London 1889), 114.
68 Ebd., 119.

heit in einer Qualifizierung der Wahrnehmungskräfte des Fotografen. Die Arbeit an der Begründung der Subjektivität des Betrachters in der Produktivität des Mediums hat ihre Entsprechungen in den psychophysiologischen Entschlüsselungen von Wahrnehmen und Erkennen, sie korrespondiert aber auch mit der Suche nach einer Reinheit der Wahrnehmung. Im Verhältnis von Rezeptivität und Produktivität der technisch vermittelten Wahrnehmung, von Realismus und Impressionismus als Prinzipien fotografischen ›Kunstwollens‹, von ›Abstraktion und Einfühlung‹, um die Formulierung Wilhelm Worringers aufzugreifen, bereiteten sich die modernen Techniken des Sehens vor. So weisen manche Passagen in Warstats Buch bereits entschieden auf den Emanzipationsprozeß voraus, in dem die Fotografie sich einige Jahre später mit der Moderne verbünden sollte. »Die Photographie zwingt den Photographen also zu einer außerordentlich energischen Durchdringung der Natur, zu Gegenständlichkeit und Sachlichkeit, sie zwingt ihm eine Kultur des Auges auf, die im besten Sinne eine realistische Kultur ist. Und selbst im photographischen Impressionismus verliert sich der realistische Charakter der künstlerischen Photographie nicht« – vielmehr liefere »gerade er eine ausgesprochen realistische Gegenwartskunst«[69]. Alle technischen oder künstlerischen Detailfragen hinter sich lassend, sollte – so das kunstfotografische Bildungsprojekt – die neue Wahrheit der fotografischen Gegenwartskunst ihre Verwirklichung in einer ›realistischen Kultur‹ des Auges finden. Diese war keineswegs mehr im Sinne einer sensiblen Näherung an die gegenständliche Welt zu verstehen; der machtvolle Zugriff künstlerischer Ambition war vielmehr eine formgebende Kraft, war Ausdruck von ›Willen‹ und ›Wollen‹, so wie diese Begriffe in der zeitgenössischen Philosophie um 1900 als Parolen der Erneuerung kursierten.

b) Knipser

Während die anspruchsvolleren ›Amateurphotographen‹ oder ›Liebhaberphotographen‹ sich in Vereinen zusammenschlossen, Ausstellungen organisierten und eine rege publizistische Aktivität entfalteten, blieb die andere private Fotografie gleichsam sprachlos. Selbst die Genese ihrer bis heute gebräuchlichen Bezeichnung ist unbekannt: »Um

1890, also mitten im Zuge der Spaltung der Amateurfotografie, taucht das Wort ›Knipser‹ bzw. ›Knipsen‹ auf – wer es aufgebracht hat, ist nicht bekannt. Eigentlich drückt Knipsen nichts anderes aus als das Geräusch beim Auslösen des Verschlusses. Der Knipser ist eine fotografierende Person, deren Nähe durch ein akustisches Signal offenkundig wird.«[70] Anders als die namentliche Auszeichnung der fotografischen Liebhaberei als ›Amateurphotographie‹ wird dem ›Knipser‹ gewissermaßen nur der lautmalerische Reflex des von ihm betätigten Auslösers zugestanden. Er trägt das Stigma der Industrialisierung der Bildproduktion offen an sich, einer reflektorischen Aktivität, von der es hieß, sie sei »das planlose Losdrücken auf alles, was nur vor's Rohr kommt«[71].

Im Gegensatz zur Geringschätzung, die den Knipsern von nahezu allen anderen Fotografen lange entgegengebracht wurde, nahm sich die fotografische Industrie dieser Kundschaft bald mit immer stärker vereinfachten Kameramodellen und Ausrüstungen an. Diese Entwicklung, die jedoch erst zu Beginn des 20. Jh. wirklich breitenwirksam wurde, ist in der Kodak-Box bereits 1888 exemplarisch vorgezeichnet worden. »To-day photography has been reduced to a cycle of three operations: 1 – Pull the String. 2 – Turn the Key. 3 – Press the Button.«, hatte George Eastman in der Gebrauchsanleitung zu der von ihm in den USA vorgestellten Kodak-Box erklärt – »This is the essence of photography, and the greatest improvement of all; for where the practice of the art was formerly confined to those who could give it study and time and room, it is now feasible for *everybody*«[72]. Die Mühelosigkeit, mit der man jetzt fotografieren sollte, ist ein populistischer Gegenentwurf zu den handwerklichen Mühen und oftmals auch den gestalterischen oder gar künstlerischen Anforderun-

---

69 WARSTAT (s. Anm. 66), 76.
70 STARL, Knipser. Die Bildgeschichte der privaten Fotografie in Deutschland und Österreich von 1880 bis 1980 (München 1995), 14.
71 K. SCHWARZER, Die Knipserei. Epistel eines Amateurs an seine Kunstgenossen, in: Photographischer Almanach und Kalender für das Jahr 1894 (Düsseldorf 1894), 54.
72 Zit. nach CARL WILLIAM ACKERMAN, George Eastman (London 1930), 78.

gen, mit denen sich bislang selbst noch die profanste Geschäftsroutine auseinanderzusetzen hatte. Die Arbeit des neuen Fotografentypus beschränkte sich auf die Betätigung des Auslösers. In einem qualitativen Sprung emanzipierte sich die handlich gewordene mediale Bildpraxis vollends von den Fesseln des handwerklichen Geschicks und setzte damit zugleich den Fotografen aus dem Zwang frei, über ›Zeit und Ruhe und Raum‹ verfügen zu müssen. Eastmans Strategie war ein perfekter Geschwindigkeitsgenerator. Die Kodak-Box wurde zum Baustein eines industriellen Systems, als dessen weitere Agenten die Produktionsstätten, die zirkulierenden Bilder und, schließlich, die Knipser fungierten. Der Fotograf lieferte von nun an nur noch den Rohstoff des latenten Bildes, der, ebenso wie sein Bilderwunsch, industriell verarbeitet und verwertet wurde.

III. Maßverhältnisse des Fotografischen

Verfolgt man die Geschichte der Momentaufnahme von ihren Anfängen bis zum Beginn des 20. Jh., dann werden verschiedene signifikante Veränderungen in den technischen und gesellschaftlichen Bedingungen der Bildproduktion erkennbar. Sie verweisen darauf, daß der fotografische Prozeß auch eine Meßapparatur gesellschaftlicher Beschleunigungsprozesse gewesen ist. Denn selbst wenn technische Neuerungen oder veränderte Produktions- und Distributionsstrukturen zunächst nur als Versuche gewertet wurden, die Kapazitäten der Fotografie den Anforderungen der zu verzeichnenden Gegenständlichkeit oder den Wünschen potentieller Kundenkreise anzunähern, setzten sie zugleich doch die Zeitfenster der Aufzeichnung neu fest: Sie definierten jeweils neu die Parameter der fotografischen ›Maß-nahme‹.

Bereits in den ersten Jahrzehnten der Fotografiegeschichte hatte sich eine Ahnung von dieser medientechnischen Versuchsanordnung abgezeichnet,

sie ist den fotografischen Diskursen und Praktiken des 19. Jh. wie ihr latenter Inhalt geradezu eingebildet. Nimmt man beispielsweise die Metaphorik der frühen Debatten beim Wort, dann erschien die Fotografie anfänglich wie eine Nachfolgerin der »fenestra aperta«[73] (Leon Battista Alberti) früherer Bildpraktiken der Malerei. Sie war freilich ein merkwürdiges Fenster, das sich nicht nur auf die Fülle des Wirklichen öffnete, sondern durch dessen Verschlußmechanismus den Gegenständen der Eintritt ins Bild, in die ›selbsttätige Reproduktion‹ der Lichtzeichnung gewährt oder verwehrt wurde. Mithin, so stellte sich bald heraus, war das zeitweilig geöffnete Fenster des optischen Verfahrens, also der Kameraverschluß, nur eine Zugangsbedingung zum Chemismus der Lichtinformation, in dem die ›Photo-graphie‹ sich durch ein komplexes Zusammenspiel verschiedener Faktoren als Speicher der in einer bestimmten Belichtungszeit verzeichneten Spur eines bestimmten Ausschnitts einer räumlichen Konstellation herstellte. Durch ein komplexes Gefüge von räumlichen und zeitlichen Ausschnitten, die Aspekte des Gegenstandes ebenso einschließen wie ausschließen konnten, warf sich die Fotografie auf zum Bezugssystem der durch sie hergestellten Welt. Insofern ließe sich auch das Problem des zeitlichen Ausschnitts, der Moment-Aufnahme, in Anlehnung an die Begrifflichkeit der späteren Relativitätstheorie als eines der ›relativen Geschwindigkeit‹ beschreiben. Denn die Momentaufnahme arretiert nicht nur den zeitlichen Zug der Bewegung, stellt ihn still, sondern sie löst die Integrität zeitlicher Verläufe auch entsprechend bestimmter Parameter auf: in das, was das Verfahren aufhebt, was sich seiner Empfindlichkeit einzuschreiben vermag, und in das, was mehr oder weniger in schemenhaften Spuren vergeht oder gänzlich aus der Aufzeichnung verschwindet. So entsteht das Feld des Fotografierbaren jeweils neu aus den technischen Bedingungen der Belichtungszeit, den gegenständlichen Bedingungen der Lichtverhältnisse und der Geschwindigkeit des Motivs. Indem jede Fotografie den Effekt einer Synchronisierung dieser Bedingungen darstellte, hinterließen Veränderungen im technisch-gesellschaftlichen Bedingungsgefüge dieser fotografischen Praxis ihre direkten Spuren im Bild – so konnten beispielsweise Fortschritte des Ver-

---

73 LEON BATTISTA ALBERTI, Della pictura libri tre (1435)/Drei Bücher über die Malerei, in: Alberti, Kleinere kunsttheoretische Schriften, ital.-dt., hg. u. übers. v. H. Janitschek (Wien 1877), 79; dt. 78.

kehrswesens das technisch verfügbare Zeitfenster der Aufnahme durchschlagen. Diese Einsicht setzte den unter allen ambitionierten Deutungsaufgeboten beharrlich sich fortschreibenden Subtext der Mediengeschichte in Gang, der von der ›Schnelligkeit‹, ›Sensibilität‹ und ›Intelligenz‹ der aufnehmenden Schicht handelt. Und dieser Subtext vermag dann auch die Wertung der ersten 100 Jahre der Fotografiegeschichte als Versuchsanordnung zu begründen, in der drei Beschleunigungsfaktoren miteinander verknüpft worden sind: die durch technische Parameter festgelegte Schnelligkeit des Abbildungsverfahrens, die zunehmende Beweglichkeit des Fotografen und der Ausbau der Zirkulationskanäle des Bildverkehrs.

In der makrotechnologischen Versuchsanordnung der Fotografie als Bezugssystem gesellschaftlicher Beschleunigung, die sich in der zweiten Hälfte des 19. Jh. entwickelt hat, kam Experimenten wie denen von Eadweard Muybridge oder Etienne-Jules Marey[74] ein zentraler Stellenwert zu. Sie bereiteten ein Verständnis der Momentaufnahme vor, das sich von dem Modell der exakten Reproduktion des Sichtbaren ablöste und gerade die Differenz zur Gesichtswahrnehmung betonte. Die technische Bestimmung des Moments als Belichtungszeit wurde damit, jenseits einer bestimmten Schwelle der Verkürzung, zur Wahrnehmungsherausforderung – was sich in den bald anbrechenden Kontroversen um die Wahrheit und den künstlerischen Stellenwert der fotografischen Bewegungsstudien deutlich zeigte und als Problemfigur die gesamte Herausbildung der kunstfotografischen Ästhetik begleitete.

Muybridge war 1872 mit der Untersuchung des Pferdegalopps beauftragt worden. Er sollte einen bestimmten, von künstlerischer Überlieferung und Wahrnehmungskonvention gesetzten, hypothetischen Moment überprüfen: jenen Zeitpunkt, an dem das Pferd, wie man meinte, seine vier Beine gleichzeitig vom Boden gelöst habe. Technische Neuerungen – ein schneller Lamellenverschluß, die Automatisierung des Auslösemechanismus und des Aufnahmeprozesses unter Einbeziehung der sich bewegenden Pferde als kalkulierbares Moment der Wahrnehmungsapparatur – erlaubten ihm die Zerlegung des Bewegungsablaufs in eine nur durch technische Parameter begrenzte Folge von Einzelmomenten[75] – und aus diesem Grund wirkten sie damals als Sensation. Sie zerrütteten die Posen der Kunst, in denen diese die Bewegung zum Bild verdichtet hatte, sie verunsicherten aber gleichzeitig auch die Vorstellungskräfte der Anschauung. Muybridge suchte, um dem Vorwurf der Unglaublichkeit seiner fotografischen Versuchsergebnisse zu entgehen, die Rekonstruktion der Bewegungsevidenz. In seinen öffentlichen Auftritten wurde die durch Bildmontagen oder durch Betrachtungsgeräte wie das Zootrop rekonstruierte Anschaulichkeit geradezu strategisch eingesetzt, um den »Effect des sich bewegenden Originals«[76] herzustellen.

Muybridge verstand seine Arbeit auch als Kritik an der Dominanz künstlerischer Konventionen: »we think the representation to be unimpeachable, until we throw all our preconceived impressions on one side, and seek the truth by independent observations from Nature herself«[77]. Einen seiner Vorträge nannte er *The Romance and Realities of Animal Locomotion* (1883).[78] Dieses kritische Projekt wollte weit in die Kunst- und Wahrnehmungsgeschichte ausgreifen. Folgt man den – leider nicht realisierten – Plänen, die er gemeinsam mit E.-J. Marey und dem Maler Ernest Meissonier während seines ersten Aufenthalts in Paris 1881 geschmiedet hatte, so sollte in einem umfangreichen Werk die Darstellung von sich bewegenden Tieren in der gesamten Kunstgeschichte rekonstruiert werden. Dem Projekt lag die Annahme einer Historizität der Bewegungsvorstellungen zugrunde, deren sich geschichtlich wandelnde Konventionen von jeweils anderen ›Fehlern‹ und Verkennungen bestimmt gewesen seien. Alle könnten sich freilich jetzt durch »the sun's written confirmation« beleh-

---

74 Vgl. MARLENE SCHNELLE-SCHNEYDER, Photographie und Wahrnehmung am Beispiel der Bewegungsdarstellung im 19. Jahrhundert (Marburg 1990).
75 Vgl. WERNER OEDER, Momentbilder. Über die fotografische Synchronisation von Zeit, Bild und Geschwindigkeit, in: B. Busch/U. Liebelt/W. Oeder (Hg.), Fotovision. Projekt Fotografie nach 150 Jahren [Ausst.-Kat.] (Hannover 1988), 204 ff.
76 ANONYMUS, Muybridge's Momentbilder, in: Photographische Mitteilungen 18 (1881/1882), 260.
77 EADWEARD MUYBRIDGE, Animals in Motion (1899), hg. v. L. S. Brown (New York 1957), 57.
78 Vgl. ROBERT BARTLETT HAAS, Muybridge. Man in Motion (Berkeley/Los Angeles/London 1976), 143.

ren lassen und ›richtig sehen‹ lernen. Der Leitgedanke einer Wahrheit der Wahrnehmung wurde übrigens gleichfalls von Kritikern Muybridges bemüht, und zwar nicht nur im Sinne der Berufung auf die Eigengesetzlichkeit der Kunst. Vielmehr verweisen einige auch auf die neuen wahrnehmungsphysiologischen Befunde und hoben die ›Wahrscheinlichkeit‹ der sinnlichen Wahrnehmung als Maßstab hervor. »Oculairement parlant, si l'on peut s'exprimer ainsi, les photographies Eadweard Muybridge sont fausses, car elles nous donnent une image nette, au moment où, par suite de sa vitesse et de la persistence des impressions de notre rétine, nous n'en pourrions voir qu'une image confuse, dont la forme participe à la fois de la position précédente et de la position suivante.«[79] Während sich die Momentfotografie bei Muybridge noch in der Tradition einer Verbesserung des Gesichtssinns verstand, durch deren Erkenntnisse die Irrtümer der Konvention ausgeräumt werden könnten, wurde von den Vertretern einer sinnesphysiologisch beeinflußten Ästhetik – gegen die Fotografie – die Differenz zwischen körperlichem Sehen und apparativem Sehen radikalisiert.[80]

In Anknüpfung an eigene graphische Verfahren der Bewegungsanalyse und in grundlegender Neuorientierung gegenüber Muybridges Verfahrensweise begründete Marey[81] einen eigenen Ansatz: »Il fallait donc modifier la méthode et construire un appareil simple, portatif, au moyen duquel on pût, sur un oiseau volant en liberté, prendre un série d'images photographiques instantanées, à des intervalles de temps assez courts pour que plusieurs images consécutives correspondissent aux phases successives d'un même battement de l'aile.«[82] Aber erst die ›photographies successives‹ der ›photochronographie‹, wie er das seit dem Sommer 1882 entwickelte Verfahren zunächst nannte, sollte ihm die Möglichkeit einer umfassenden Darstellung der Bewegung eröffnen.[83]

Die Chronophotographie trat zu den zahllosen anderen Analyse- und Aufschreibsystemen hinzu, mit deren Hilfe Marey die Bewegungsabläufe zu erforschen trachtete. Sie war ein Teil jener Forschungsmaschinerie »reproduisant la vie en dehors de la vie«, deren »inépuisable imaginative«[84] Felix Tournachon, genannt Nadar, schon 1863 bei einem Besuch beeindruckt hatte. Der erbarmungslose Zug dieser fotografischen Dekonstruktion des ›Lebens‹ ist später insbesondere an der Reduktion der bewegten Körper auf den reinen Graphismus abgelesen worden.[85] Die abstrahierten Bewegungsspuren sind freilich in ihrer Rezeption durch die ›Wahrnehmung der Moderne‹ auch in eine spezifische Form moderner Schönheit umgeschlagen. Für Marey allerdings handelte es sich primär um funktionale Optionen einer experimentellen wissenschaftlichen Praxis. Die Erkundung der Grenzen des fotografischen Dispositivs gegenüber dem ›Bewegungsbild‹ war für Marey nur von Interesse, soweit sie zur Schärfung der Erkenntnisprozeduren beitrug, die die unmittelbare Allianz von Sehen und Wissen schon längst verlassen hatten. Die anschauliche Rekonstruktion der Bewegung als Wahrnehmungsgegenstand war kein vordringliches Problem für ihn, anders als für Muybridge, der seine Forschungen nicht zuletzt als eine Kritik an Wahrnehmungs- und Bildkonventionen und somit im Kontext einer dem Gesichtssinn zugänglichen analytischen Kompetenz verstanden hatte. Beide jedoch antizipierten sie ein Modell der Abgrenzung zwischen Momentaufnahme und ›Bewegungsbild‹, das zumindest bis zum Aufkommen des Tonfilms wirksam bleiben sollte. Die technische Installation der produktiven Verkennung, die auf der Negation der Differenz zwischen den Einzelbildern die halluzinierende Vorstellung des Bewe-

---

79 GEORGES GUÉROULT, Formes, couleurs et mouvements, in: Gazette des Beaux-Arts, Bd. 25 (1882), 179.
80 Vgl. JENS RUCHATZ, Momentaufnahme und Kunst: eine historische Begegnung, in: Fotogeschichte. Beiträge zur Geschichte und Ästhetik der Fotografie, H. 66 (1997), 3–22.
81 Vgl. LAURENT MANNONI, Etienne-Jules Marey. La mémoire de l'œil (Paris/Mailand 1999).
82 ETIENNE-JULES MAREY, Physiologie du mouvement. Le vol des oiseaux (Paris 1890), 132.
83 Vgl. MAREY, La Chronophotographie (Paris 1891); dt.: Die Chronophotographie (1893; Frankfurt 1985).
84 NADAR, Le nouveau président, in: Nadar, Quand j'étais photographe (1900; Paris 1989), 211.
85 Vgl. SIGFRIED GIEDION, Mechanization Takes Command. A Contribution to Anonymous History (Oxford 1948); dt.: Die Herrschaft der Mechanisierung. Ein Beitrag zur anonymen Geschichte, hg. v. H. Ritter (1982; Hamburg ²1994), 44 ff.

gungsbildes aufbaute, wurde jedoch von anderen vorangetrieben und hieß bald: Kinematographie.

IV. Fotografie im Umbruch: Neubegründung des Mediums, Paradigmenwechsel der Bildmedien (20. Jahrhundert)

Wolfgang Kemp hat die seit dem zweiten Jahrzehnt des 20. Jh. aufkommende Begründungsstrategie der Fotografie als die ›zweite glückliche Konstellation‹ in der Geschichte des Mediums bezeichnet[86] – neben der Phase, die unmittelbar auf die Erfindung gefolgt ist. Die nun eingeschlagene Legitimationsstrategie habe den Übergang von einer normativen, an der Kunst orientierten Erfassung des Fotografischen zu einem kategorialen Zugang eingeleitet: der Wertung der Fotografie als eines ›Mediums sui generis‹.

Diese Umorientierung war in eine radikale Neubestimmung künstlerischer Praxis eingebunden, gerade die Selbstbegründung einer avantgardistischen Modernität wirkte wie ein Motor auch für die Wiederentdeckung der ästhetischen ebenso wie technischen Potentiale des Mediums. Bei aller Diversität der Programmatiken und Kunstpraktiken, gemeinsam war diesen nicht nur die Entkleidung des Kameragebrauchs von den herrschenden Konventionen und eine entschiedene Neugier gegenüber den Wahrnehmungsherausforderungen der Moderne, vielmehr entwarfen die in die Reformulierung der Fotopraxis eingetragenen Orientierungsmarken auch einen neuartigen Verständigungshorizont. Allerdings waren die Devisen einer absoluten Modernität zunächst nur in einem deutlich begrenzten Terrain wirksam, das sich von den anderen Gebrauchsweisen mittlerweile entschieden abgekoppelt hatte, in die erst allmählich und auch nur punktuell die Parolen einer neuen Fotografie – verkürzt zum Stilmittel – eindrangen.

Gleichwohl haben die in diesen Jahren entwickelten Konzepte eine grundlegende Wirkung entfaltet. Sie haben in der Beantwortung historisch-sozialer Transformationen den Begriff des Fotografischen in seinen Konnotationen und Zuspitzungen umgeprägt und ihm Merkmale (wie-der)eingefügt, die sich der Unversöhnlichkeit von Kunst und Technik entzogen. Daher rührt ihr Nachhall in den vielfältigen Aneignungsbewegungen, mit denen die neuere theoretische Debatte Positionen dieser Zeit als Vorzeichen eigener Problemstellungen entdeckt hat. Geradezu exemplarisch hat Rosalind Krauss dies 1981 in ihrer Analyse von Marcel Duchamps *Grand Verre* (entst. ab 1912) vorgeführt, das von ihr wie eine große und komplexe Fotografie gelesen wird – ausgehend von Charles Sanders Peirce' Begriff des Index und indem sie die Einführung der Referenz als Spur zwischen der Fotografie und dem ›Großen Glas‹ gleichsam oszillieren läßt.[87]

Die folgenden zwei Abschnitte sollen beispielhaft vorstellen, wie der Begriff der Fotografie sich in den ersten Jahrzehnten des 20. Jh. noch einmal zu einem Schauplatz theoretischer und praktischer Kontroversen entwickelt hat – wohl zum letzten Mal in einer mit diesem Medium verbündeten Emphase des Neuen. Dies geschieht ausgehend von zwei Problemkonstellationen, deren Verknüpfung mit dem Begriff Fotografie sowohl spezifische Bedeutungsfacetten und Formierungen des Gegenstands reflektiert wie auch die vielfältigen Übergänge zwischen unterschiedlichen Praxisfeldern.

1. Wahrnehmung der Moderne

a) Dynamismus
An einigen Überlegungen von Laszlo Moholy-Nagy läßt sich exemplarisch verdeutlichen, welche Rolle den technisch erzeugten Lichtbildern im Zusammenhang einer umfassenden Beschleunigung der Wahrnehmung und ihrer künstlerischen Verarbeitung zugedacht wurde: Die Medien, so erklärte er[88], eröffneten die Möglichkeit, eine »sinn-

---

86 Vgl. WOLFGANG KEMP (Hg.), Theorie der Fotografie II. 1912–1945 (München 1979), 36.
87 Vgl. ROSALIND KRAUSS, Marcel Duchamp, ou le champ de l'imaginaire, übers. v. M. Jeunehomme, in: Degrés, Nr. 26–27 (1981), e1-e20.
88 Vgl. LASZLO MOHOLY-NAGY, Malerei Fotografie Film (1925/1927; Mainz 1967).

liche Brücke zur Begriffsbildung unserer Zeit zu schlagen«[89].

1927 erschien im ersten Jahrgang von *Das Deutsche Lichtbild* sein programmatischer Text *Die beispiellose Fotografie*, in dem er die Eigengesetzlichkeit der fotografischen Mittel hervorhebt: »Die Tatsache *Fotografie* erfährt […] keine Wertung, indem sie entweder als Notierverfahren der Realität oder als Mittel wissenschaftlicher Forschung oder als Fixierung entschwindender Begebnisse, oder als Basis von Reproduktionsverfahren, oder als ›Kunst‹ klassifiziert wird. Das fotografische Verfahren ist beispiellos gegenüber den bisher bekannten optischen Ausdrucksmitteln. Es ist auch beispiellos in seinen Ergebnissen: da, wo es sich auf die eigenen Möglichkeiten stützt.«[90] Erst dann, wenn es gelungen sei, auf der Basis dieser Möglichkeiten »eine einigermaßen exakte Sprache des Fotografischen« zu entwickeln, sei es sinnvoll, über »Kunst« im Zusammenhang der Fotografie nachzudenken. Moholy-Nagy skizziert einige Elemente, denen nachgeforscht werden müsse und aus deren Synthese »die richtige Fotografie« entstehen werde: beispielsweise bewußte Verwertung der Hell-Dunkel-Verhältnisse, Verwertung der Struktur (Faktur) verschiedener Materien, ungewohnte Sichten, Experimente mit Linsensystemen, Umklammerung des Objekts (Weiterführung des Raumeindrucks der Stereoskopie auf einer Platte), Übernahme der Röntgen-Erfahrungen in die Fotografie, kameralose Aufnahmen, wahre Farbenempfindlichkeit etc. Erkennbar wird an solchen Feldern einer fotografischen Grundlagenforschung, daß Moholy-Nagy Fotografie als eine Art Wahrnehmungslaboratorium verstanden hat, in dem verfahrenstechnische Erweiterungen, neuartige Darstellungsweisen und mediale Eigenheiten sich verbünden könnten.

Eine zentrale Rolle spielte für ihn dabei die Fotografie als Lichttechnik, als »erste Form der Lichtgestaltung«, die im Film ihre potenzierte Weiterentwicklung gefunden habe, ohne selbst dadurch zu veralten. Es gelte die Unterschiede beider Medien zu entfalten und zu stärken: bei der Fotografie vorrangig die Arbeit der lichtempfindlichen Schicht, beim Film die Bewegungsdarstellung. Film und Fotografie beförderten sich dann gegenseitig: »ein reziprokes Laboratorium« (73).

Moholy-Nagy entfaltete sein Fotografieverständnis im Zusammenhang eines umfassenderen Programms der Qualifizierung des menschlichen Wahrnehmungsapparates – der Suche nach einer der ›heutigen‹ Lebensweise angemessenen ästhetischen Praxis, die ein wichtiges Produktionsmittel in den Medien findet. In seinem Aufsatz *Space-Time and the Photographer*, der 1943 in *The American Annual of Photography* erschienen ist, resümiert er noch einmal zentrale Gedanken zur Fotografie, die er seit Anfang der 1920er Jahre entwickelt hat. Die Wahrnehmung in der Geschwindigkeit, so schreibt er dort, bringe eine neue »Sprache der räumlichen Orientierung und Kommunikation« hervor, »in der die Fotografie eine aktive Rolle spielt«[91]. Die Geschwindigkeit könne dabei selbst zum Gegenstand visueller Analyse werden: und hier trete »die Kamera in den Vordergrund«. Er geht kurz auf die verschiedenartigen Bewegungsfotografien ein und weist sodann auf die Ähnlichkeit der stroboskopischen Geschwindigkeitsaufnahmen mit futuristischen Gemälden hin. »Die Futuristen wollten Bewegung darstellen, und einige ihrer Erklärungen aus dem Jahre 1912 erscheinen auch heute noch frisch und zum Denken anregend«[92], erinnert Moholy-Nagy an die Geschichte des Interesses für Raum-Zeit.

Moholy-Nagys Berufung auf den Futurismus ist folgerichtig. Schon in ihren ersten Manifesten hatten die Futuristen die Aufhebung des perspektivisch geordneten Raums in die »sensazione dinamica« (dynamische Empfindung) gefordert – als die künstlerische Antwort auf Gegenstände, die »in dem Raum, den sie durcheilen« beständig »wie Vibrationen« ihre Gestalt verändern (le cose in movimento si moltiplicano, si deformano, susseguendosi, come vibrazioni, nello spazio che percorrono)[93]. Die innovatorische Selbstbegründung der

---

89 MOHOLY-NAGY, Lichtspiel-Film (1931), in: Krisztina Passuth, Moholy-Nagy (Weingarten 1986), 329.
90 MOHOLY-NAGY, Die beispiellose Fotografie (1927), in: Kemp (s. Anm. 86), 72.
91 MOHOLY-NAGY, Space-Time and the Photographer (1943); dt.: Raum-Zeit und der Fotograf, übers. v. H. Thierry, zit. nach Passuth (s. Anm. 89), 362.
92 Ebd., 362 f.
93 UMBERTO BOCCIONI u. a., La pittura futurista. Manifesto tecnico (11. 4. 1910), in: L. De Maria (Hg.), Marinetti e il futurismo (Mailand [4]1981), 23.

›modernen Sensibilität‹ erwuchs aus dem rauschhaften Einklang mit den Bewegungsformen des modernen Lebens – unter gleichzeitiger Aufgabe der Integrität des wahrnehmenden Selbst und seiner Gegenstände. Beide gehen auf in einer energetischen Vernetzung durch die medialisierten Sinne.

Damit war freilich jeder Versuch, das futuristische Programm für die Fotografie fruchtbar zu machen, mit dem Problem konfrontiert, die fotografische Referenz neu bestimmen zu müssen – unabhängig von jener offensichtlichen Spur des Realen in der fotografischen Oberfläche, die im 19. Jh. weitgehend die Wahrheit des Mediums legitimiert hatte. Deutlich wird dies an den wenigen Texten zur futuristischen Fotografie. 1911 hat Anton Giulio Bragaglia die erste Fassung seines Manifests *Fotodinamismo futurista* veröffentlicht und dort die radikale Steigerung der technischen Kapazitäten des Mediums, aber auch der Wahrnehmungskräfte des Menschen gefordert. Die Fotografie solle zu einer »wirklichen Kunst« erhoben werden (per [...] elevarla veramente ad arte), um jenseits der »eingefahrenen Vorstellungen« (la solita fotografia)[94] das »Leben als reine Bewegung« (la vita quale puro movimento) erfassen zu können. Im Interesse des simultaneistischen Wahrnehmungsprogramms sollte die Statik der Fotografie überwunden werden – mit Hilfe einer Synthese, welche die Bewegung, anders als die Chronofotografie, nicht »für die Beobachtung auseinanderreißen muß, sondern die Kraft besitzt, die Kontinuität eines Gestus im Raum festzuhalten« (non deve ricorrere allo spezzamento per l'osservazione, ma possiede la forza di ricordare la continuità del gesto nello spazio)[95]. Indem Bragaglias Fotodynamismus den Automatismus fotografischer Verzeichnung aufhob, entstand gewissermaßen ein medialer Körper, transparent und ubiquitär, dessen Referenz nicht mehr an der einmaligen räumlichen Gegenwärtigkeit im Augenblick der Aufnahme hängt. In den Fotografien erscheint vielmehr eine eigentümliche Luminosität des Physischen: die Bewegung der Körper spannt einen Geschwindigkeitsraum auf, in dem die Figuren und Gegenstände ihre Schwere und Materialität abstreifen und durchlässig, transparent werden. Die entmaterialisierte Bewegungsspur hat Bragaglia »traiettoria« genannt, sie war für ihn die »sintesi di tutto il gesto«[96] (Syn-these der gesamten Geste). Weil sie die unsichtbare Dynamik sichtbar macht, ist diese ›traiettoria‹ nicht nur Ausdruck des modernen Lebens, sondern auch Ursprung und Gegenstand einer erneuten dynamischen Erfindung – die Spuren, die die Bewegung in unserer Wahrnehmung hinterläßt, und die fotografischen Bewegungsspuren korrespondieren miteinander. Die ›traiettorie‹ bringen den vierdimensionalen Körper der Raum-Zeit in der zweidimensionalen Fotografie zur Erscheinung – so hat Moholy-Nagy das futuristische Projekt aufgefaßt.

Moholy-Nagy hat sich immer wieder mit Apparaturen und Gestaltungsmöglichkeiten befaßt, die neue Anforderungen an die Leistungsfähigkeit der menschlichen Aufnahmeorgane und Verarbeitungskapazitäten stellen und eben darin auch den neuen Formen der Orientierung und Kommunikation in der urbanen Umwelt entsprechen, z. B. in seinem Entwurf für einen *Raum der Gegenwart* (1930). Dieser nur in seinen Grundzügen überlieferte Entwurf für das Provinzialmuseum Hannover hätte das Medial-Imaginäre an der Wahrnehmung in der Geschwindigkeit hervorgetrieben, den ästhetischen Überschuß jener Raum-Zeit moderner Wahrnehmung, die unter dem Eindruck des Lichts entfesselt wird.[97]

Das eigentliche Laboratorium des großangelegten ästhetischen Experiments, in dem ein gesellschaftlicher Prozeß der Transformation von Wahrnehmungsweisen zum Motor der künstlerischen Selbstvergewisserung werden konnte, war freilich die moderne Großstadt selbst. Dies läßt sich bis in einzelne Formulierungen der zeitgenössischen Diskussionen hinein verfolgen: Die neuen Begrifflichkeiten waren geradezu von der Erfahrung der

---

94 ANTON GIULIO BRAGAGLIA, Fotodinamismo futurista (1911; Turin 1970), 13; dt. zit. nach Kemp (s. Anm. 86), 50.
95 Ebd. 15, 29; dt. 51, 53.
96 Ebd., 26; vgl. 45 f.; MARTA BRAUN, Anton Giulio Bragaglia und die Fotografie des Unsichtbaren, in: E. Bracke (Hg.), Im Reich der Phantome. Fotografie des Unsichtbaren [Ausst.-Kat.] (Mönchengladbach/ Krems/Winterthur 1997), 112.
97 Vgl. VEIT LOERS, Moholy-Nagys ›Raum der Gegenwart‹ und die Utopie vom dynamisch-konstruktiven Lichtraum (1991), in: R. Rüdiger/M. Göbel/V. Loers (Hg.), László Moholy-Nagy [Ausst.-Kat.] (Stuttgart 1991), 37 f.

Urbanität durchdrungen. »Der heutige, von städtischer Konstruktion erfüllte Mensch«[98], so hat beispielsweise Carl Einstein einmal anläßlich des Kubismus formuliert, suche aus der Richtungsmannigfaltigkeit des bewegten Sehens, aus der Durchdringung von Innen und Außen, von Räumen und Zeiten, die Bedingungen der Möglichkeit einer aktiven, mobilisierten Wahrnehmung im entfesselten urbanen Raum zu entwickeln. Vergleichbar konstatierte Moholy-Nagy am Ende seines kurzen Textes über das simultane oder Polykino in *Malerei Fotografie Film*: »Durch die Riesenentwicklung der Technik und der Großstädte haben unsere Aufnahmeorgane ihre Fähigkeit einer simultanen akustischen und optischen Funktion erweitert.«[99]

b) Transparenz, Durchdringung, Simultaneität
Transparenz, Durchdringung, Simultaneität entwickelten sich am Beginn des 20. Jh. zu Leitbegriffen der Debatten um die Modernität von Architektur, bildender Kunst und Literatur. Sie reflektierten eine historische Einsicht und wirkten zugleich als programmatische Forderung, sie fungierten sowohl als Prinzipien des ästhetischen Diskurses der Moderne, der sich wiederum auf die Umbrüche im naturwissenschaftlichen Weltbild berief, wie sie auch zum Verweis auf kollektive psychische Dispositionen dienten, die, wie man erwartete, die gesellschaftliche Wirklichkeit zunehmend bestimmen würden. Als künstlerische Wahrnehmungsformen schienen Begriffe wie Durchdringung oder Simultaneität damit die geschichtliche Tendenz zu reflektieren. Und sie ga-

ben auch den Horizont für die Formulierung der Fotoprogrammatiken ab.

Vor diesem Hintergrund sind die Parolen eines befreiten und befreienden Gebrauchs der Kamera, der sich aus seiner Bindung an die eine codifizierte Perspektivität herauslöst und die unterschiedlichsten Sichten erobert, zu verstehen. Zwar waren Grundzüge der ›neuen Optik‹ bereits früher entwickelt worden, und ihre Ausbildung blieb in den fotografischen Debatten der 1920er Jahre häufig beschränkt auf eine Fotografie der ungewöhnlichen Perspektiven.[100] Es ging jedoch um mehr, wie Aleksandr M. Rodčenko 1928 diese Forderung nach neuen Aufnahmestandorten in der russischen Kulturzeitschrift *Novyj LEF* gegen den Vorwurf des Formalismus verteidigte: um die Forderung nach einer Fotografie, die den Wahrnehmungsherausforderungen der modernen Welt entspricht: »Казалось бы, что только фотоаппарат в состоянии отобразить современную жизнь« (Es sieht so aus, als könne nur der Foto-Apparat das moderne Leben abbilden) – und zwar dann, wenn er sich von dem Diktat der »vorsintflutlichen Betrachtungsweisen« (допотопные законы зрительного мышления)[101] befreie.

Derartige Argumente hatte auch Moholy-Nagy in *Malerei Fotografie Film* exemplarisch an Fotografien entwickelt: »Was früher als Verzeichnung galt, ist heute verblüffendes Erlebnis! Aufforderung zur Umwertung des Sehens. Dieses Bild ist drehbar. Es ergibt immer neue Sichten.«[102] In *von material zu architektur* (1929) erläutert er allgemeiner, daß dem Menschen der Raum, »die lagebeziehung der körper«[103], zuerst mittels des Gesichtssinns bewußt werde und durch Bewegung, durch den Tastsinn kontrolliert werden könne, wobei auch akustische oder Gleichgewichtswahrnehmungen eine Rolle spielten. Für die in Bewegung versetzte Kameraperspektive bedeutete dies im Grunde die Konstruktion einer virtuellen Bewegung des Betrachters angesichts der fotografischen Aufnahme. Die neuen Sichten suggerierten eine Souveränität der Betrachtung. Es ging, in Moholy-Nagys Terminologie, um die Einführung des Haptischen ins Optische – die er nicht zufällig eng mit der neuen Raumgestaltung der Architektur verbunden hat. So fand beispielsweise der Kontakt zwischen Sigfried Giedion und Moholy-Nagy in den 1920er

---

98 CARL EINSTEIN, Der Kubismus (1931), in: Einstein, Sterben des Komis Meyers. Prosa und Schriften (München 1993), 105.
99 MOHOLY-NAGY (s. Anm. 88), 41.
100 Vgl. KEMP, Foto-Essays zur Geschichte und Theorie der Fotografie (München 1978), 83.
101 ALEKSANDR M. RODČENKO, Puti sovremennoj fotografii, in: Novyj LEF, H. 9 (1928), 34; dt.: Wege der zeitgenössischen Fotografie, übers. v. G. Hanne/J. v. Oppenheim/M. Szyrocki, in: Kemp (s. Anm. 86), 88.
102 MOHOLY-NAGY (s. Anm. 88), 58 f.
103 MOHOLY-NAGY, von material zu architektur (1929; Mainz/Berlin 1968), 195.

Jahren seinen Niederschlag in *Bauen in Frankreich – Bauen in Eisen – Bauen in Eisenbeton* (1928), zu dem Moholy-Nagy eindringliche Gegenüberstellungen von Fotografien beigesteuert hat, um das neue Raumgefühl – schwebende Transparenz, Beziehung und Durchdringung – zu charakterisieren. Auch Giedion tastet die Architektur wie mit Hilfe eines »kinematographischen Sehapparates«[104] ab, der das Gebäude in ein vielschichtiges Wahrnehmungsobjekt verwandelt. Diese Form der Wahrnehmungsverfügung hatte ein erstes, wirkungsvolles Instrument in der Fotografie gefunden, mehr noch freilich vermochte der Film den Forderungen einer Mobilisierung des Blicks zu genügen. So sind Moholy-Nagys Aufnahmen wie auch die Fotografien, die Giedion selbst gemacht hat[105], insofern Dokumente der ›Raum-Zeit‹, als sie einen an diesem Modell gebildeten medialen Wahrnehmungsstil artikulieren.

Es ist aufschlußreich, daß jene fundamentale Scheidung von Seh- und Tastsinn, die Jonathan Crary als Urgeschichte des Betrachters in der Moderne diagnostiziert hat, hier in der Mobilisierung des Wahrnehmungskörpers geradezu aufgehoben erscheint. »The loss of touch as a conceptual component of vision«, beschreibt Crary die Modernisierung und Neubewertung des Sehens im 19. Jh., »meant the unloosening of the eye from the network of referentiality incarnated in tactility and its subjective relation to perceived space. This autonomization of sight, occuring in many different domains, was a historical condition for the rebuilding of an observer fitted for the tasks of ›spectacular‹ consumption.«[106] Die für die ersten Jahrzehnte des 20. Jh. fotografisch erstellte ›Ikonographie des Auges‹ (Kemp)[107] wendete nun das in der Subjektivität des Betrachters neu verortete Sehen auf sich selbst. Sie bezeugte und befragte die Produktivität eines Betrachters, dessen Wahrnehmungen nicht mehr einem objektiven Gesetz der Referentialität gehorchen, sondern im Zusammenspiel, in der ›Durchdringung‹ von Innerem und Äußerem sich als veränderliche Konstellationen herausbilden. In der Begründung des neuen Sehens wird dabei häufiger das Taktile, Haptische als eine Art Pathosformel erkennbar[108], nicht mehr in der Bindung an eine unmittelbare Allianz von Sehen und Berühren, sondern geleitet von einem Verständnis der

Wahrnehmung als Aktion, als raum-zeitliche, künstlerische, soziale Praxis.

Die Neufassung des Fotografischen implizierte aber auch eine Besinnung auf die Eigengesetzlichkeit der Fotografie als Lichttechnik, verbunden mit einem konsequenten Ausbau der fotografischen Materialtechnologie – und mit der beharrlichen Befragung der Materialität des fotografischen Bildes. Insofern kehrte der Aufbruch in die Fotografie in den 1920er Jahren implizit wieder zu älteren Problemstellungen aus der Mitte des 19. Jh. zurück, die ihr Verständnis des Fotografischen nicht zuletzt aus den jeweils leitenden Modellen der Bildoberfläche heraus begründet hatten. Charakteristisch für diese Rückbesinnung ist eine Diskussion, die von dem ungarischen Kunstkritiker Ernst Kallai, damals Redakteur der Zeitschrift des Bauhauses, mit einem Artikel über die Materialität der Artefakte von *Malerei und Fotografie* (1927) entfacht wurde.

»Die Faktur einer Zeichnung oder eines Gemäldes mag noch so verrieben und geglättet sein, sie bewirkt trotzdem, daß die Gestaltung nicht nur als Einheit formaler und farbiger Beziehungen und gegebenenfalls als räumliche Illusion, sondern zugleich als spannungsvoll konsistente Stofflichkeit empfunden wird. [...] Die Fotografie ist zu diesem eindringlichen Grade der Materialisation und Verdinglichung unfähig. Gewiß, sie schafft Nachbildungen der Wirklichkeit, die blendend klar und deutlich sein können. Aber das real-stofflich bedingte Empfindungssubstrat dieser reichen Sinnes-

---

104 SOKRATIS GEORGIADIS, Von der Malerei zur Architektur. Sigfried Giedions ›Raum-Zeit-Konzeption‹, in: Sigfried Giedion 1888–1968. Der Entwurf einer modernen Tradition (Zürich 1989), 105.
105 Vgl. GEORGIADIS, Sigfried Giedion. Eine intellektuelle Biographie (Zürich 1989), 69.
106 JONATHAN CRARY, Techniques of the Observer: On Vision and Modernity in the Nineteenth Century (Cambridge, Mass. 1990), 19; dt.: Techniken des Betrachters: Sehen und Moderne im 19. Jahrhundert, übers. v. A. Vonderstein (Dresden/Basel 1996).
107 Vgl. KEMP (s. Anm. 100), 86 ff.
108 Vgl. HEINZ BRÜGGEMANN, Diskurs des Urbanismus und die literarische Figuration der Sinne in der Moderne, in: Kunst- und Ausstellungshalle der Bundesrepublik Deutschland (Hg.), Der Sinn der Sinne (Göttingen 1998), 362 ff.

täuschungen ist äußerst arm, fast wesenlos. [...] Das Antlitz der Natur wird auf eine Formel allergeringster stofflicher Konsistenz gebracht, zum Licht-Bild sublimiert.«[109]

Kallai arbeitete mit dem Begriff der Faktur, der ihm aus der osteuropäischen Kunsttheorie und den Debatten der ungarischen Konstruktivisten vertraut war. Die Aktualisierung dieses Begriffs für die Klärung der Besonderheiten des technischen Bildes löste eine rege Diskussion aus, zumal Kallai dieses entschieden auf Technizität verpflichtete. Seine Bildfläche sei gleichsam gestaltlos, habe nur »die eine Verwendung, widerstandsloser Durchblick auf räumliche Lichtemanationen zu sein. Ihre eigene optische Erscheinung ist aus unüberwindlichen Gründen konsistenz- und spannungslos.« (118) Auf die Überlegungen Kallais antworteten verschiedene Protagonisten der damaligen künstlerischen Debatte, beispielsweise Adolf Behne, Max Burchartz oder Wassily Kandinsky. Moholy-Nagy verwahrte sich ausdrücklich gegen Kallais Gleichsetzung von Faktur und Tastwert sowie seine Entgegensetzung von Fotografie bzw. Film und Malerei, und er insistierte auf den produktiven Leistungen und der gesellschaftlichen Bedeutung der Fotografie. Zudem reklamierte er für die Fotografie differenzierte Prozesse in der fotografischen Schicht: »durch einen chemischen prozess bilden sich die feinsten tonabstufungen in einer homogenen schicht. das grobkörnige pigment verschwindet, es entsteht die *lichtfaktur*.«[110]

Bedenkt man die unterschiedlichen Auffassungen, welche der Materialität der fotografischen Oberfläche im Zuge ihrer bisherigen Geschichte zugeschrieben worden waren, dann gewinnt das neuerliche Problembewußtsein seine historische Bedeutsamkeit. Das fotografische Bild, verstanden als das der ›Lichtfaktur‹, wird zum Schauplatz eines geradezu dioramatischen Spiels: Transparenz, Durchdringung, Simultaneität gewinnen ihren materialen Rückhalt in der Beschaffenheit der ›Photo-graphie‹.

c) Technische Reproduzierbarkeit
In den 1930er Jahren ist Walter Benjamin mehrmals der Fotografie im Kontext der Reproduktionstechniken und der durch diese bewirkten Umwälzungen der Apperzeptionsweisen nachgegangen. Im Unterschied zu vielen Theoretikern der neuen Fotografie führt ihn sein Interesse an der Urgeschichte der Moderne zurück bis auf die Gründungserklärungen des neuen Mediums. Er nimmt die frühe Fotografie zum Anlaß, das Verhältnis zwischen Kunst und Technik neu zu begründen.

In seiner *Kleinen Geschichte der Photographie* (1931) erläutert Benjamin am Beispiel der frühen Portraitfotografie die Besonderheit der Fotografie gegenüber allen früheren Bildtechniken: »Hat man sich lange genug in so ein Bild vertieft, erkennt man, wie sehr auch hier die Gegensätze sich berühren: die exakteste Technik kann ihren Hervorbringungen einen magischen Wert geben, wie für uns ihn ein gemaltes Bild nie mehr besitzen kann. Aller Kunstfertigkeit des Photographen und aller Planmäßigkeit in der Haltung seines Modells zum Trotz fühlt der Betrachter unwiderstehlich den Zwang, in solchem Bild das winzige Fünkchen Zufall, Hier und Jetzt, zu suchen, mit dem die Wirklichkeit den Bildcharakter gleichsam durchgesengt hat, die unscheinbare Stelle zu finden, in welcher, im Sosein jener längstvergangenen Minute das Künftige noch heut und so beredt nistet, daß wir, rückblickend, es entdecken können.«[111] Ihn fesselt die Zeitstruktur, die sich zwischen dem Augenblick der Aufnahme und der Zeit der Wahrnehmung, der vergangenen des Motivs wie der nachträglichen des fotografischen Bildes, entfaltet.

Die hier vorgestellte Wahrnehmungskonstellation ist untrennbar mit Benjamins Begriff der Aura verbunden, die er anläßlich seiner Drogenversuche seit 1927 zunächst als eine Art Ausstrahlungssphäre gefaßt, dann aber von allen theosophischen, spiritualistischen Vorstellungen deutlich abgegrenzt hatte. Die echte Aura, schrieb er 1930, sei vielmehr zu verstehen als »eine ornamentale Umzirkung, in der das Ding oder Wesen fest wie in ei-

---

109 ERNST KALLAI, Malerei und Fotografie (1927), in: Kemp (s. Anm. 86), 115.
110 MOHOLY-NAGY, [Diskussionsbeitrag zu E. Kallais Artikel] (1927), in: Kemp (s. Anm. 86), 126.
111 WALTER BENJAMIN, Kleine Geschichte der Photographie (1931), in: BENJAMIN, Bd. 2/1 (1977), 371.

nem Futteral eingesenkt liegt«[112]. Anläßlich der Fotografie von Aura zu sprechen, dies war seit dem Ende des 19. Jh. sowohl in theosophisch-spiritistischen Zirkeln wie auch beispielsweise in der sogenannten ›Geisterfotografie‹ geläufig. Benjamin knüpft letztlich an diese mediumnistische Übernahme esoterischer Gehalte an, gibt diesen jedoch eine neue Wendung.

Wichtig ist, daß Benjamin vom »technischen Bedingtsein der auratischen Erscheinung«[113] spricht: In jener Frühzeit hätten sich »Objekt und Technik genau so scharf« entsprochen, »wie sie in der anschließenden Verfallsperiode auseinandertreten« (376). Der »jähe Verfall des Geschmacks« (385) im aufblühenden Gewerbe habe darin gegipfelt, daß eine durch technische Fortschritte und soziale Veränderungen aus dem Bild ausgetriebene Aura diesem künstlich wieder angetragen worden sei. Benjamin hat in der damit verknüpften Propagierung des Kunstanspruchs später, anläßlich Gisèle Freunds Studie, eine »dialektische Ironie« gesehen, da das Verfahren, das den Begriff des Kunstwerks selbst in Frage stellte, »indem es durch dessen Reproduktion seinen Warencharakter forciert«[114], sich als künstlerisches tituliert. Dabei sei gerade die Fotografie aufgrund ihrer Ambivalenz ein entscheidender Motor der Umwälzung der Wahrnehmungsweisen und ihrer Gegenstände gewesen: »Die Entschälung des Gegenstands aus seiner Hülle, die Zertrümmerung der Aura ist die Signatur einer Wahrnehmung, deren Sinn für das Gleichartige auf der Welt so gewachsen ist, daß sie es mittels der Reproduktion auch dem Einmaligen abgewinnt.«[115]

In seinem Aufsatz *Das Kunstwerk im Zeitalter seiner technischen Reproduzierbarkeit* (1935) folgt Benjamin einem noch entschiedener an der Gegenwart ausgerichteten Erkenntnisinteresse. Im Zentrum stehen für ihn dabei die »gegenwärtige Krise und Erneuerung der Menschheit« und die damit verbundenen Umwälzungen der Lebensweisen und Wahrnehmungsformen. Prägend für diesen Umwälzungsprozeß sind die neuen Reproduktionsmedien, insbesondere der Film: »Die ungeheure technische Apparatur unserer Zeit zum Gegenstande der menschlichen Innervation zu machen – das ist die geschichtliche Aufgabe, in deren Dienst der Film seinen wahren Sinn hat.«[116]

Am Übergang von der manuellen zur technischen Reproduktion, und damit am Beispiel der Fotografie, entwickelt der Kunstwerkaufsatz die Folgen dieser Veränderung für die Einmaligkeit, die Echtheit eines Werks. Die erste Neuerung sei, daß die technische Reproduktion Ansichten zugänglich machen könne, die dem menschlichen Auge bislang verschlossen geblieben seien. Fotografie und Film erschlössen das ›Optisch-Unbewußte‹: mit Zeitlupen, Vergrößerungen, der erhellenden Kraft des Details. Dies ist die strenge Bestimmung des Mediums als Instrument der Wahrnehmungserweiterung, der Aufklärung, die sich beinahe bruchlos an den Erwartungshorizont anschließt, den Arago 1839 entworfen hatte. Eine zweite Veränderung, so Benjamin, sei symptomatisch und weise über den Bereich der Kunst weit hinaus: »Die Reproduktionstechnik […] löst das Reproduzierte aus dem Bereich der Tradition ab.«[117] Als eine Technik der Verkleinerung und Vervielfältigung liefere sie die Werke der Herrschaft des Menschen aus und erschüttere das Tradierte in seinen Grundfesten.

Benjamins Fotografiestudie und der Kunstwerkaufsatz sind insbesondere seit den 1970er Jahren als ein Zugang zum Begriff des Fotografischen gelesen worden, der diesen wahrnehmungs- und mediengeschichtlich öffnet und Fotografie gleichermaßen als Aufzeichnungs- und Reproduktionsmedium begründet. Anregend wirkte dabei insbesondere, daß Benjamin Einsichten in die Entwicklung der Medientechnik und deren gesellschaftliche Folgen mit gedanklichen Miniaturen verbunden hat, die zentrale Fragen der fotografischen Aufzeichnung berühren. Er hat an der Fotografie eine fundamentale Gebrochenheit ausgemacht, die in der Anfangszeit des Mediums bereits angesprochen worden war und erst wieder seit der Mitte des

---

112 BENJAMIN, Haschisch Anfang März 1930 (entst. 1930), in: BENJAMIN, Bd. 6 (1985), 588.
113 BENJAMIN (s. Anm. 111), 376.
114 BENJAMIN, Pariser Brief 2. Malerei und Photographie (entst. 1936), in: BENJAMIN, Bd. 3 (1972), 501.
115 BENJAMIN (s. Anm. 111), 379.
116 BENJAMIN, Das Kunstwerk im Zeitalter seiner technischen Reproduzierbarkeit, 1. Fassung (entst. 1935), in: BENJAMIN, Bd. I/2 (1974), 445.
117 Ebd., 438 f.

20. Jh. das Nachdenken beschäftigt hat. Denn Benjamins Verwendung des Begriffs Aura im Zusammenhang der Fotografie verweist letztlich auf ein medientechnisches Dispositiv. Die fotografische ›Aura‹ ist gebunden an ein sich durch die aufgehobene Zeit hindurch entfaltendes Produktionsverhältnis der Wahrnehmung, selbst noch in der Kraft des Authentischen ist diese Konstellation wirksam, sie ist Resultat des Nachtrags, der Einstellung, der Konstruktion. Fotografie ist die Aufhebung der Präsenz. Benjamin hat, zunächst nur implizit, Aspekte der zeitgenössischen Diskussion zu einem Verständnis der Fotografie als einem technischen Register des ›Dagewesenseins‹ verdichtet – ein spezifisch fotografisches Erzeugnis, das der beliebigen technischen Reproduzierbarkeit übertragen ist. Auf diese Herausforderung der fotografisch aufgehobenen Zeit richten sich alle Bildpraktiken, die Auslegungsarbeit am Bild. Damit hat er eine Diskussion antizipiert, die heute die Wiederkehr des Referenten, die Fragen des Fotografischen unter Begriffen wie ›Spur‹, ›Index‹ oder ›punctum‹ verhandelt. Und Benjamin kontrastiert – auch dies führt in die aktuellen Debatten – die irritierende Gewalt, den Chock dieser neuen Form der »Wahrhaftigkeit« fotografischer Authentizität, der kulturellen Codierung der Bilder: sei es im »jähen Verfall des Geschmacks«[118] und seiner ›künstlerischen‹ Befriedung der Aufnahme, sei es in den Klischees der illustrierten Presse, sei es in den erhellenden Direktiven der Beschriftung. Im Passagen-Werk findet sich eine Notiz, die diesen, für die heutige Diskussion zentralen Zusammenhang prägnant resümiert: »Spur und Aura. Die Spur ist Erscheinung einer Nähe, so fern das sein mag, was sie hinterließ. Die Aura ist Erscheinung einer Ferne, so nah das sein mag, was sie hervorruft. In der Spur werden wir der Sache habhaft; in der Aura bemächtigt sie sich unser.«[119] Das ist im Kern die Formulierung des Fotografischen als besondere erkenntnistheoretische Kategorie, wie sie seit der Mitte des 20. Jh. ausgebildet worden ist.

d) Mobilisierung
Das Pathos der Modernität war freilich nicht nur eine Antwort auf die radikale Umwälzung der Lebensverhältnisse, sondern stand auch im Schatten der Katastrophe. Bereits 1930 hatte Benjamin in einer Rezension der von Ernst Jünger herausgegebenen Sammlung *Krieg und Krieger* die Apotheose des Krieges und der totalen Mobilmachung kritisiert und eine merkwürdige »Übertragung der Thesen des L'Art pour l'Art auf den Krieg«[120] konstatiert. Ernst Jünger hatte, ausgehend von dem am 1. Weltkrieg entwickelten Begriff der ›totalen Mobilmachung‹ das Bild der Moderne als eines gigantischen Arbeitsprozesses entworfen, der ein technisches Regime und den neuen Typus des ›Arbeiters‹ hervorbringe.[121] Das im Zusammenhang dieses ›Typus‹ skizzierte Verhältnis von Körper und Technik ist von zentraler Bedeutung für Jüngers Beurteilung der historischen Rolle der technischen Medien.

In einem Aufsatz, dessen Wirkung er als die eines »Geschosses mit Verzögerung« annonciert, hat Jünger 1934 Merkmale eines »neuartigen und eigentümlichen Verhältnisses zum Schmerz«[122] beschrieben. Diese neue Haltung setze sich von der Empfindsamkeit ab, die den Schmerz im Interesse eines durchschnittlichen Behagens aus dem Leben auszuschließen suche; der Leib wird vielmehr zum Vorposten im Kampf und einer Disziplin unterworfen, die den Schmerz bestehen will. In einem »zweiten und kälteren Bewußtsein« (200) gebe sich die intelligente Steuerung des hochgerüsteten Körpers zu erkennen, der ohne Störungen in größere Formationen integriert werden kann. »Wir arbeiten nicht nur, wie kein anderes Leben vor uns, mit künstlichen Gliedern, sondern wir stehen auch mitten im Aufbau seltsamer Bereiche, in denen durch die Anwendung künstlicher Sinnesorgane ein hoher Grad der typischen Übereinstimmung geschaffen wird. Diese Tatsache aber steht mit der Vergegenständlichung unseres Weltbildes, und da-

---

118 BENJAMIN (s. Anm. 111), 385.
119 BENJAMIN, Das Passagen-Werk (entst. 1927–1940), in: BENJAMIN, Bd. 5/1 (1982), 560.
120 BENJAMIN, [Rez.] Theorien des deutschen Faschismus. Zu der Sammelschrift ›Krieg und Krieger‹. Herausgegeben von Ernst Jünger, in: BENJAMIN, Bd. 3 (1972), 240.
121 Vgl. ERNST JÜNGER, Die Totale Mobilmachung, in: Jünger, Blätter und Steine (Hamburg 1934), 128; JÜNGER, Der Arbeiter. Herrschaft und Gestalt (Hamburg 1932).
122 JÜNGER, Über den Schmerz, in: Jünger, Blätter und Steine (Hamburg 1934), 155.

mit mit unserem Verhältnis zum Schmerz in engem Zusammenhang.« So werde das Sehen durch das »unempfindliche und unverletzliche Auge« (200f.) der optischen Medien dem Einfluß der Empfindsamkeit entzogen.

Im Zusammenhang dieses »zweiten Bewußtseins« wird von Jünger auch die »revolutionäre Tatsache der Photographie« (201) bewertet, die zu den »Symbolen« gehört, »die das zweite Bewußtsein aus sich heraus zu stellen sucht« (200). Die »Lichtschrift« als eine »Art der Feststellung« gewinnt »in unserem Raume Urkundencharakter« (201). Erstmalig gelte dies im Rahmen des 1. Weltkrieges, der sich durch seine hohe »technische Präzision« ausgezeichnet habe und der »erste große Vorgang« gewesen sei, der durch das »künstliche Auge« festgehalten wurde: »Neben den Mündungen der Gewehre und Geschütze waren Tag für Tag die optischen Linsen auf das Kampfgelände gerichtet; sie bewahrten als die Instrumente eines technischen Bewußtseins das Bild dieser verwüsteten Landschaften auf.« Die dabei entstandenen fotografischen Dokumente, so schrieb er 1930 in *Krieg und Lichtbild*, eröffneten den Zugang zur »Wertung des Krieges sowohl in seiner Eigenschaft als Arbeits- wie als Kampfprozeß«[123]. Daraus folgt der Stellenwert der Fotografie als Paradigma einer spezifischen Wahrnehmungseinstellung: »Die Aufnahme steht außerhalb der Zone der Empfindsamkeit. Es haftet ihr ein teleskopischer Charakter an; man merkt sehr deutlich, daß der Vorgang von einem unempfindlichen und unverletzlichen Auge gesehen ist. Sie hält ebensowohl die Kugel im Fluge fest wie den Menschen im Augenblicke, in dem er von einer Explosion zerrissen wird. Dies aber ist die uns eigentümliche Weise, zu sehen; und die Photographie ist nichts anderes als ein Werkzeug dieser, unserer Eigenart.« Werkzeug meint nicht ein gleichsam äußerliches Hilfsmittel dieser eigentümlichen, »grausamen« Weise zu sehen, sondern ist Teil einer hybriden Struktur, in der Technik und Körper sich verbünden. »Wir wiesen bereits im ›Arbeiter‹ darauf hin«, erinnert Jünger 1934, »daß die Photographie eine Waffe ist, deren der Typus sich bedient. Das Sehen ist in unserem Raume ein Angriffsakt«. Und er fährt fort: »heute gibt es bereits Schußwaffen, die mit optischen Zellen gekoppelt sind, ja selbst fliegende und schwimmende Angriffsmaschinen mit optischer Steuerung«[124]. Für den fotografischen Wahrnehmungshabitus impliziert diese an der Kriegsfotografie exemplarisch entwickelte distanzierte und disziplinierte Wachsamkeit eine einschneidende Umwertung: An die Stelle des charakteristischen Moments, auf den die fotografische Geistesgegenwärtigkeit zu antworten habe, tritt *Der gefährliche Augenblick* als Urkunde einer neuen, grausamen Einstellung des ›zweiten Bewußtseins‹. In *Die veränderte Welt. Eine Bilderfibel unserer Zeit* ist Jünger zusammen mit Edmund Schultz 1933 dem fotografischen Ausdruck der neuen technisch-militärischen Formierung des Menschen nachgegangen und hat folgerichtig betont, daß auch nur eine bestimmte »Haltung dieser Inanspruchnahme, dieser Prüfung oder diesem Angriffe durch optische Mittel, denn um einen solchen handelt es sich hier, gewachsen ist«[125].

Die Wendung, die Jünger und andere dem Projekt einer Wahrnehmung der Moderne gegeben haben, indem sie diese von ihrem emanzipatorischen Impetus entkleideten und zur totalen Mobilmachung des technologisch vergesellschafteten Menschen verschärften, hat die neuere Rezeption der damaligen Fotodebatten deutlich beeinflußt. Die Allianz von Krieg und Medien hat sich seit einiger Zeit zu einem wichtigen Forschungsgebiet der Fotogeschichte und Fototheorie entwickelt. Dies gilt für die Untersuchung der ›kriegerischen Geschäfte der Fotografie‹ (Timm Starl) ebenso wie für die Rekonstruktion der Mediengeschichte als Technikgeschichte.[126] Ein wichtiges Ergebnis dieser Forschungen war, daß der enge Zusammenhang zwischen fotografischer, bzw. allgemeiner: ästhetischer, Moderne und Krieg ins Blickfeld geriet. Paul Virilio gehört zu den wichtigsten Vertretern dieser neuen Aufmerksamkeit für die ge-

---

123 JÜNGER, Krieg und Lichtbild, in: Jünger (Hg.), Das Antlitz des Weltkrieges. Fronterlebnisse deutscher Soldaten (Berlin 1930), 10 f.
124 JÜNGER (s. Anm. 122), 201 f.
125 JÜNGER, Einleitung, in: E. Schultz (Hg.), Die veränderte Welt. Eine Bilderfibel unserer Zeit (Breslau 1933), 8.
126 Vgl. STARL, Die kriegerischen Geschäfte der Fotografie, in: Fotogeschichte. Beiträge zur Geschichte und Ästhetik der Fotografie, H. 43 (1992), 5–16;

meinsame Geschichte von Krieg und Medien. In seinem Nachwort zu *Bunker archéologie*, das Virilio 1991 anläßlich des Neuerscheinens dieser erstmals 1975 veröffentlichten Arbeit über den Atlantikwall verfaßt hat, resümiert er diese Entwicklung vor dem aktuellen Hintergrund des Golfkrieges und der dort eingesetzten intelligenten Waffen, die aus der peripheren Perspektive globaler Überwachung und Information gesteuert wurden. Die traditionellen Formen der territorialen Kontrolle und militärischen Bewegung seien in eine historische Perspektive eingerückt: Kommunikationswaffen ersetzen zunehmend die Zerstörungswaffen.[127] Diese Entwicklung der Kriegstechnik ist auch als eine der Mediengeschichte nachzuzeichnen, von der Fotografie zum Film, zu Fernsehen und Video und schließlich dem System der automatischen Aufklärung und Ortung durch die Informatik – »der Krieg hat sich vom militärischen Gegenstand zum Objekt des Bildes verschoben, zum Objekt reiner Information«. Mit diesem Wechsel vom Objekt zum Bild, der mit der Verlagerung der Kriegführung in das mikrophysikalische Feld der elektromagnetischen Wellen und Strahlungen und der Möglichkeit einer »Repräsentation in Echtzeit« einhergeht, einer »téléscopage«[128], beginne die Echtzeit den realen Raum zu überschatten. Als Fluchtpunkt des Pathos der Geschwindigkeit und der Mobilisierung des medial zugerüsteten Auges, wie sie das Verständnis der Fotografie in der ersten Hälfte des 20. Jh. geprägt haben, zeichnet sich eine Form des Präsentismus ab, die gleichsam selbstreferentiell funktioniert. Damit scheinen das fotografische Problem der Referenz und die Frage nach der Modernität des Mediums technologisch aufgehoben zu sein: in einer orbitalen Kommunikationstechnologie, deren Wahrnehmungslogistik die militärischen wie die sogenannten friedlichen Operationen bestimmt.

2. Konzepte der Wirklichkeit

a) Straight Photography und Dokumentarismus

1913 veröffentlichte Marius de Zayas in *Camera Work*, der legendären Zeitschrift der amerikanischen *Photo-Secession*, einen Beitrag unter dem Titel *Photography*. Der Text beginnt mit einer Klarstellung: »Photography is not Art. It is not even an art. Art is the expression of the conception of an idea. Photography is the plastic verification of a fact. The difference between Art and Photography is the essential difference which exists between Idea and Nature.«[129]

De Zayas war seit 1907 in die Diskussionen des Kreises um Alfred Stieglitz und Edward Steichen in New York eingebunden gewesen und hatte die Entwicklung der Galerie *291* der *Photo-Secession* begleitet. *291* bildete nicht nur das Forum des amerikanischen Piktorialismus, sondern hatte sich allmählich zu einem ausgewiesenen Ort für die Präsentation zeitgenössischer Kunst entwickelt. De Zayas' Artikel folgt dieser doppelten Aufmerksamkeit. Er reflektiert die Umbrüche der Kunstproduktion, die gerade auch im Vorfeld der als *Armory Show* berühmt gewordenen *International Exhibition of Modern Art* (1913) erkennbar wurden. Und er versucht die Fotografie von dem Druck des Kunstwollens der Piktorialisten zu befreien und auf die »material truth of Form« (266) zu verpflichten: »The photographer – the true photographer – is he who has become able, through a perfect consciousness, to possess such a clear view of things as to enable him to understand and feel the beauty of the reality of Form.« (265 f.)

Auch wenn De Zayas diese strikte Haltung kurz darauf modifizierte und die Unterscheidung zwischen *Photography and Artistic Photography* einführte, sein Interesse galt der ›pure photography‹, die Alfred Stieglitz für ihn geradezu idealtypisch repräsentierte. De Zayas radikalisierte das alte Pro-

---

PAUL VIRILIO, Guerre et cinéma I. Logistique de la perception (Paris 1984); dt.: Krieg und Kino. Logistik der Wahrnehmung, übers. v. F. Grafe/E. Patalas (München 1986); MARTIN STINGELIN/WOLFGANG SCHERER, Hard War/Soft War. Krieg und Medien 1914 bis 1945 (München 1991); KITTLER, Aufschreibesysteme 1800–1900 (München 1985).
127 Vgl. VIRILIO, Bunker archéologie (1975; Paris 1991), 202; dt.: Bunker ... Archäologie, übers. v. B. Wilczek (München/Wien 1992).
128 VIRILIO/AMELUNXEN, ›Töten heißt, erst den Blick rüsten, ins Auge fassen‹, in: Fotogeschichte. Beiträge zur Geschichte und Ästhetik der Fotografie, H. 43 (1992), 95, 98.
129 MARIUS DE ZAYAS, Photography (1913), zit. nach J. Green (Hg.), Camera Work. A Critical Anthology (New York 1973), 263.

gramm des Piktorialismus, indem er die Aufzeichnungsqualitäten des Mediums und die Auffassungskraft des Fotografen von aller Kunstsinnigkeit entkleidete und auf die Gegebenheit der Dinge ausrichtete. Bedeutsam wurde dabei insbesondere sein eigenwilliger Formbegriff, der Anregungen aus der aufflackernden Debatte über die Abstraktion verarbeitete. De Zayas' intellektuelles Umfeld war damals von einer charakteristischen Mischung aus mathematisch-naturwissenschaftlichem Denken, künstlerischen Konzepten, Elementen des amerikanischen Transzendentalismus und spiritistisch-irrationalistischen Haltungen geprägt.[130] Vor diesem Hintergrund sind auch seine Ausführungen über das Fotografische zu lesen, über jene »experimental science of Form«[131]. Fotografie erschien als ein nahezu wissenschaftliches Instrument, mit dessen Hilfe die Objektivität der Form entziffert werden sollte - und zwar durchaus im Sinne des platonischen Verdikts über das Sensuelle, in ›völliger Bewußtheit‹. Dabei ging es um Naturformen ebenso wie um solche der technischen Zivilisation: um ein Verständnis der Abstraktion, das sich aus der Form der Dinge selbst begründen sollte, und in diesem Verständnis war Fotografie ein Medium des Realismus, der Erkundung der Wahrheit der Sache selbst, ihrer Evidenz.

Das von De Zayas formulierte Verständnis der ›pure photography‹ sollte zum Leitgedanken der amerikanischen Fotografie der 1920er und -30er Jahre werden, eines realistischen Pathos der reinen Fotografie als Instrument des Aufzeigens. Durch die Aufmerksamkeit für die Dinge, die Stieglitz, Paul Strand, Edward Weston und andere mit ihrer ›straight photography‹ entfalteten, schien dem Medium eine neue Glaubwürdigkeit zuzuwachsen. Die von Strand 1917 gepriesene Ehrlichkeit des Mediengebrauchs, die Intensität der Wahrnehmung und Ehrfurcht vor den Objekten[132] durchzog wie eine innere Klammer die Praxis der ›straight photography‹ jener Zeit und war getragen von einem spezifischen Verständnis der Wirklichkeit, der Wahrnehmung begegnet, ihr entgegentritt, sich darbietet - und derart erst eine Fotografie ermöglicht, die nicht interpretieren, sondern präsentieren wollte. Sie war in einer spezifisch amerikanische Fundierung der Modernität geschult - erkennbar beispielsweise an dem Einfluß von Walt Whitman auf Strand und andere. Darin lagen deutliche Unterschiede zu den realistischen Strömungen in Europa, wie sie beispielsweise im Umfeld der Neuen Sachlichkeit propagiert wurden.

Bei einigen Fotografen war die häufig streng formale Orientierung dieses Programms von einem entschieden sozialen Engagement durchdrungen. Der gegen Ende der 1920er Jahre sich durchsetzende Begriff des ›documentary‹ entwickelte sich zum Markenzeichen dieser Tendenz. Mit ›documentary‹ war lange Zeit die schlichte Aufzeichnungspraxis bezeichnet worden, die nach der ästhetischen Qualifizierung verlangte - nun beanspruchte der Begriff selbst eine Leitfunktion und begann die realistische Rhetorik der 1930er Jahre in den USA zu prägen.

An der Praxis staatlich initiierter fotografischer Dokumentationsprojekte läßt sich der enge Zusammenhang der Reformulierung einer realistischen Rhetorik der Fotografie mit sozialen und politischen Strategien beobachten[133] - wie auch übrigens in der europäischen Fotografie seit den 1920er Jahren zu beobachten ist, freilich anders gefaßte, Politisierung des Kameragebrauchs zu beobachten ist, in der sich die Parteilichkeit der Perspektive mit der Berufung auf die Wirklichkeitsreferenz des Mediums verbündete. Beispielhaft für die Entwicklung in den USA der 1930er Jahre war die Tätigkeit der 1935 gegründeten Historical Section der Farm Security Administration, geleitet und geprägt von Roy Stryker. Dieser hatte seine Arbeit mit dem Ziel aufgenommen, eine fotografische Enzyklopädie, ein umfangreiches Bildarchiv über die Situation der Landbevölkerung zu erstellen und hierfür einige der wichtigsten Fotografinnen und Fotogra-

---

130 Vgl. DE ZAYAS, How, When and Why Modern Art Came to New York (ca. 1940; Cambridge/London 1996), 21 ff.; LINDA DALRYMPLE HENDERSON, The Fourth Dimension and Non-Euclidian Geometry in Modern Art (Princeton 1983), 214 ff.
131 DE ZAYAS (s. Anm. 129), 267.
132 Vgl. PAUL STRAND, Photography (1917), zit. nach Green (s. Anm. 129), 326.
133 Vgl. JOHN TAGG, The Burden of Representation. Essays on Photographies and Histories (Amherst 1988).

fen der Zeit gewonnen, darunter Dorothea Lange, Margret Bourke-White und Walker Evans. Der fotografische Stil, der sich im Umfeld der Bildpropaganda der FSA-Fotografie entwickelte, beeinflußte bald die gesamte zeitgenössische Fotopraxis. Eines der herausragenden Beispiele hierfür ist die 1938 von Evans begonnene Aufnahmeserie in der New Yorker Subway, mit Hilfe einer verborgenen Kamera. Das gewählte Verfahren sollte vor allem »unposed records« erreichen: »Theorists claim almost everything for the camera except the negation that it can be made not to think and not to translate its operator's emotion. This collection is at least an impure chance-average lottery selection of its subjects – human beeings in a certain established time and place. [...] I do claim that this series of pictures is the nearest to such a pure record that the tools and supplies and the practical intelligence at my disposal could accomplish.«[134] Evans erläutert die ›ultimate purity‹ der ›record method‹ als eine Strategie, um die Beziehung zwischen dem Fotografen und den aufgenommenen Menschen zu neutralisieren.

Im Umfeld der dokumentarischen Fotografie wurde auch die Programmatik des Fotojournalismus, wie er sich insbesondere seit den 1920er Jahren entwickelt hatte, noch einmal aktualisiert. In den USA steht beispielhaft hierfür das Erscheinen der ersten Ausgabe von *Life* im Jahr 1936. Sie war kurz zuvor von Henry R. Luce in einem Prospekt angekündigt worden: »Das Leben sehen; die Welt sehen; Augenzeuge großer Ereignisse sein; die Ge-

sichter der Armen und die Gebärden der Stolzen beobachten; merkwürdige Dinge sehen – Maschinen, Armeen, Massen, Schatten im Dschungel und auf dem Mond –; die Werke des Menschen sehen – seine Gemälde, Türme und Entdeckungen; Dinge über Tausende von Kilometern hinweg sehen, Dinge hinter Mauern und in Zimmern verborgen, gefährliche Dinge, die auf uns zukommen; Frauen, die von Männern geliebt werden, und viele Kinder; sehen und sich am Sehen freuen; sehen und staunen; sehen und informiert werden.«[135] Dies umreißt das Projekt des allumfassenden Dabeiseins mit Hilfe des großen Kommunikators Fotografie. Sehen, alles sehen, das waren die alten Leitlinien des fotografischen Panoptismus, die ihre neue Macht in der illustrierten Massenpresse nun selbstbewußt erklärten. Diese Programmatik war bis weit über die Jahrhundertmitte hinaus höchst wirkungsvoll. In Mitteleuropa wurde sie nach dem Ende des 2. Weltkriegs zum Fundament einer aufklärerischen Bildpolitik. Beispielhaft hierfür sind die Bücher von Karl Pawek[136], dem langjährigen Herausgeber der Zeitschrift *Magnum*, und das dort vorgetragene Plädoyer für das ›realistische Interesse‹ der Life-Fotografie, eine Bezeichnung, die mittlerweile eine fotografische Haltung charakterisierte.

Der Siegeszug des fotografischen Bildes in der Presse hatte jedoch schon bald auch kritische Bedenken wachgerufen. Bereits 1927 hatte beispielsweise Siegfried Kracauer in einem Beitrag für *Frankfurter Zeitung* die einsetzende fotografische Massenproduktion zum Anlaß einer grundsätzlichen Überlegung über *Die Photographie* genommen. Das fotografische Generalinventar der zerstückelten räumlichen Konfigurationen des Augenblicks stehe, so schrieb er, der Arbeitsweise von Erinnerung und Erkenntnis geradezu diametral entgegen: »In den Illustrierten sieht das Publikum die Welt, an deren Wahrnehmung es die Illustrierten hindern. [...] Die Einrichtung der Illustrierten ist in der Hand der herrschenden Gesellschaft eines der mächtigsten Streikmittel gegen die Erkenntnis.«[137] Derartige Einwände gegen die von der massenhaften Verbreitung der technischen Bilder bewirkten Prägung, ja letztlich Zersetzung der Wahrnehmungsfähigkeit sind in der Folge immer wieder – mit unterschiedlichen Akzenten – vorgetragen worden: von Lewis Mumford oder Günther

---

134 WALKER EVANS, Unposed Photographic Records of People [unveröffentl. Entwurf für einen Begleittext zu ›Subway Portraits‹], in: Estate of Walker Evans (Hg.), Walker Evans at Work. 745 Photographs together with Documents Selected from Letters, Memoranda, Interviews, Notes (New York u.a. 1982), 160.
135 Zit. nach H. H. Wellmann (Hg.), Die besten Photos aus ›Life‹, übers. v. M. Schraps-Poelchau (1974; Eltville am Rhein 1986), 2.
136 Vgl. KARL PAWEK, Totale Photographie (1960); PAWEK, Das optische Zeitalter. Grundzüge einer neuen Epoche (Olten/Freiburg 1963).
137 SIEGFRIED KRACAUER, Die Photographie (1927), in: Kracauer, Das Ornament der Masse (Frankfurt a.M. 1963), 34.

Anders, der 1956 von ›Ikonomanie‹ sprach[138], von Roland Barthes oder Susan Sontag.

b) Reformulierung des Realismusproblems
Die fotografische Diskussion in den 30er und 40er Jahren des 20. Jh. hatte vielfach die Rückgewinnung der Erkenntnispotentiale des Mediums proklamiert und sich der Nützlichkeit, um nicht zu sagen: Verwertbarkeit der spezifischen fotografischen Beziehung zur Wirklichkeit zugewandt. Die Besonderheit dieser Abbildungsleistung schien dabei zweitrangig zu sein. 1945 rückte André Bazin in einem Text über die Ontologie de l'image photographique diesen Aspekt der Wirklichkeitshaltigkeit der Fotografie erneut ins Zentrum der Aufmerksamkeit. Die Objektivität ihrer Entstehung erkläre die Glaubwürdigkeit der Fotografie: Damit greift Bazin erneut auf Grundzüge einer älteren Wertung des Mediums zurück, nämlich die emphatischen Gründungserklärungen der fotografischen Wahrhaftigkeit, die die Anfangsjahre bestimmt hatten. Er gibt diesen allerdings eine Wendung, welche die Blessuren erkennen läßt, die eine über hundertjährige Geschichte diesem Legitimationsgrund der fotografischen Aufzeichnungskraft zugefügt haben. Nicht nur die ambitionierte Modellierung der fotografisch verzeichneten Dinge, sondern ebenso der fortschreitende Verschleiß des Wirklichkeitspathos in der massenhaften Verbreitung und Abnutzung der Bilder hatten dieses epochale Bewußtsein der Entdeckergeneration zerrüttet. Die Mitte des 20. Jh. war von kulturkritischen Vorbehalten gegenüber dem Medium geprägt, von Hinweisen auf die fortschreitende Substitution der realen Welt durch ihr Abbild, einer Welt aus zweiter Hand. Ganz anders als Holmes es 1859 erhofft hatte, standen nicht mehr die Emanzipationschancen der technisch legitimierten Abzüge der gegenständlichen Welt auf der Tagesordnung, sondern die Erlösung des Wirklichen von seinem Bilde – nicht überleben, sondern sterben zu können erschien nunmehr als das dringlichste Gebot. Bazin löst die Fotografie aus dieser Perspektive ihrer gesellschaftlichen Effekte und geht zurück auf die Besonderheit des Verfahrens, er erinnert daran, daß von diesem Medium auch weiterhin eine fundamentale Irritation auszugehen vermag, in der der Entstehungsprozeß des Bildes eine eigentümliche fotografische Erfahrung herstellt. »Quelles que soient les objections de notre esprit critique nous sommes obligés de croire à l'existence de l'objet représenté, effectivement re-présenté, c'est-à-dire rendu présent dans le temps et dans l'espace. La photographie bénéficie d'un transfert de réalité de la chose sur sa reproduction. […] L'image peut être floue, déformée, décolorée, sans valeur documentaire, elle procède par sa genèse de l'ontologie du modèle; elle est le modèle.«[139]
Zur ›Ontologie des Modells‹ im Gegensatz zur Malerei führt er näher aus:»L'existence de l'objet photographique participe au contraire de l'existence du modèle comme une empreinte digitale. Par là, elle s'ajoute réellement à la création naturelle au lieu de lui en substituer une autre.« (18) Offenkundig ist hier nicht eine Beziehung der Identität gemeint, sondern das, was später einmal unter Indexikalität diskutiert werden sollte. Der Realismus der Fotografie wird von Bazin, und darin liegt die Bedeutung seines Texts, verschoben. Er beginnt die Theorie der Fotografie aus der Klammer der alten Debatte über Ähnlichkeit und Genauigkeit der Abbildung zu lösen und diese nicht mehr unter Gesichtspunkten der Mimesis, sondern der Referenz zu diskutieren. Einige Jahre später wird Bazin noch deutlicher: »Non point l'image d'un objet ou d'un être, mais bien plus exactement sa trace. Sa genèse automatique la distingue radicalement des autres techniques de reproduction. Le photographe procède, par l'intermédiaire de l'objectif, à une véritable prise d'empreinte lumineuse: à un moulage.«[140] Der Begriff der Spur (trace) sollte sich in der zweiten Hälfte des Jh. zu einem zentralen Ausgangspunkt der Theorie des Fotografischen entwickeln.

Roland Barthes hat diesen Zugang weitergetrieben. Bereits 1956 hatte er in Mythologies die duale Struktur zwischen einem gleichsam unschuldigen Bild und seiner Aneignung durch die Botschaft des

---

138 Vgl. GÜNTHER ANDERS, Die Antiquiertheit des Menschen (München 1956), 56 ff.; LEWIS MUMFORD, Art and Technics (New York 1952); SUSAN SONTAG, On Photography (New York 1977).
139 ANDRÉ BAZIN, Ontologie de l'image photographique (1945), in: Bazin, Qu'est-ce que le Cinéma?, Bd. 1 (Paris 1958), 15 f.
140 BAZIN, Théâtre et cinéma (1951), in: ebd., 91.

Mythos, der Ideologie hervorgehoben. In seinen für die semiotische Analyse der Fotografie grundlegenden Aufsätzen *Le message photographique* (1961) und *Rhétorique de l'image* (1964) wies er am Beispiel der Pressefotografie und einer Zeitschriftenreklame darauf hin, daß die Fotografie sich durch eine doppelte Botschaft auszeichne, eine denotierte, das Analogon, und eine konnotierte, die von der gesellschaftlichen Symbolik oder Rhetorik einer Zeit bestimmt sei. Er bestand jedoch auf der strukturellen Autonomie der Fotografie und fragte nach der Besonderheit der fotografischen Evidenz, die wie ein Rest nach Abzug aller konnotierenden Elemente zurückbleibe und die symbolische Nachricht gleichsam naturalisiere, unschuldig mache. Barthes hält fest: »Seule l'opposition du code culturel [d. h. auch der Eingriffe des Fotografen – d.Verf.] et du non-code naturel peut [...] rendre compte du caractère spécifique de la photographie [...]; la photographie installe [...] non pas une conscience de l'*être-là* de la chose (que toute copie pourrait provoquer), mais une conscience de l'*avoir-été-là*. Il s'agit donc d'une catégorie nouvelle de l'espace-temps: locale immédiate et temporelle antérieure«[141].

1980 hat sich Barthes in *La chambre claire. Note sur la photographie* noch einmal ausdrücklich auf seine früheren Überlegungen bezogen und zugleich seine Vorbehalte gegenüber den damaligen Debatten zur Fotografie artikuliert: »Les réalistes, dont je suis, et dont j'étais déjà lorsque j'affirmais que la Photographie était une image sans code – même si, c'est évident, des codes viennent en infléchir la lecture – ne prennent pas du tout la photo pour une ›copie‹ du réel – mais pour une émanation du *réel passé*: une *magie*, non un art.«[142] Die hier sich gegenüber 1964 ankündigende Neubewertung der Magie des Mediums verdankt wesentliche Anregungen der Phänomenologie – nicht zufällig trägt sein Text die Widmung: »En hommage à *L'Imaginaire* de Sartre«. Er reflektiert allerdings noch eine andere Verlagerung des Interesses, hin zu einer entschieden persönlichen Beschäftigung mit der Fotografie.

Das entscheidende Argument Barthes' lautet: Die Fotografie ist keine Erfindung der Maler, der Zentralperspektive und der Camera obscura, sondern der Chemiker. »Car le noème ›Ça a été‹ n'a été possible que du jour où une circonstance scientifique (la découverte de la sensibilité à la lumière des halogénures d'argent) a permis de capter et d'imprimer directement les rayons lumineux émis par une objet diversement éclairé. La photo est littéralement une émanation du référent. D'un corps réel, qui était là, sont parties des radiations qui viennent me toucher, moi qui suis ici« (1165 f.). Dieser Gedanke bildet das innere Zentrum von Barthes' Annäherungen an fotografische Bilder. Er fragt nach der verstörenden Kraft bestimmter Aufnahmen und reformuliert dabei auch seine früheren Überlegungen zur Wirkung der Fotografie. Das gesamte Buch ist geradezu von der Eindringlichkeit, dem Eigensinn des Referenten in der Wahrnehmung der Fotografien bestimmt: »Ce que j'intentionnalise dans une photo [...], ce n'est ni l'Art, ni la Communication, c'est la Référence, qui est l'ordre fondateur de la Photographie. Le nom du noème de la Photographie sera donc: ›Ça-a-été‹, ou encore: l'Intraitable.« (1163)

Barthes macht die Anziehungskraft einzelner Fotografien, die Unterscheidung zwischen ›Photographie‹ und ›photo‹ ist wesentlich für ihn, zum Ausgangspunkt seiner Untersuchung und kehrt immer wieder zur Selbst-Befragung als ›spectator‹ zurück. Er unterscheidet dabei in seiner Aufmerksamkeit zwei Elemente, die das Interesse an einer Fotografie strukturieren: den durchschnittlichen Affekt des ›studium‹, eine Art allgemeiner Beteiligung, und ein zweites Element, welches das ›studium‹ durchbricht, das ›punctum‹. »Le *punctum* d'une photo, c'est ce hasard qui, en elle, *me point* (mais aussi me meurtrit, me poigne).« (1126) Zwischen ›studium‹ und ›punctum‹ besteht gleichsam Koexistenz; die Kraft des nicht-codierten ›punctum‹ nistet im codierten Feld fotografischen Wissens, einer Ordnung der Wahrnehmung, die es blitzartig durchstoßen kann. Die Zeit ist für Barthes das eigentliche ›punctum‹ der Fotografie, der Tod das Signum der Zeit, die reine Abbildung des ›Es-ist-gewesen‹. Der Fotografie haftet eine

---

141 ROLAND BARTHES, Rhétorique de l'image (1964), in: Barthes, Œuvres complètes, hg. v. E. Marty, Bd. 1 (Paris 1993), 1424 f.
142 BARTHES, La chambre claire. Note sur la photographie (1980), in: ebd., Bd. 3 (Paris 1995), 1170.

IV. Fotografie im Umbruch: Neubegründung des Mediums

Gewißheit an, die gerade vermittels der Evidenz eine Sperre aufrichtet, die das Eindringen in die Fotografie unmöglich macht: Sie ist die überzeugende Anwesenheit des Objekts in seiner unabwendbaren Abwesenheit – ein ›Stillstand der Zeit‹, der die bezähmte Ordnung der Wahrnehmung aus dem Gleichgewicht bringt: »*La Vie/la Mort*: le paradigme se réduit à un simple déclic, celui qui sépare la pose initiale du papier final.«[143]

Folgt man Barthes' Überlegungen, so vermag das ›punctum‹ die Eindeutigkeit des Sehens und der Fotografie zu zersetzen. Das in der fotografischen Oberfläche geborgene Detail kann die Ordnung des Sehens umkehren: der Betrachter wird getroffen. Das ›punctum‹ ist die Herausforderung des Anblicks, ein Mal, das aus der Haut des Abzugs der Wahrnehmung entgegentritt. Die Wirklichkeit der Fotografie verfängt sich in der eigentümlichen Beschaffenheit des fotografischen Bildes, dessen Oberfläche ist Falle des Lichts und des Subjekts. So verdichten sich in Barthes' Theorie des Fotografischen noch einmal die vielfältigen Untersuchungen zur Materialität dieses Verfahrens. Allerdings spricht er gerade nicht von einer »unbestimmten Tiefe«[144] (Kallai) des Bildes, sondern von der Flachheit der Fotografie. Das Noema der Fotografie hat keine Tiefe, man kann ihr nicht auf den Grund kommen: »*La Photographie est plate*, dans tous les sens du mot, voilà ce qu'il me faut admettre.«[145]

Die fotografische Schicht hat sich seit den 1980er Jahren zu einem zentralen Gegenstand der theoretischen Auseinandersetzung entwickelt: nicht nur im Sinn einer erneuten historischen Aufmerksamkeit für diese einstmals neue Form der Oberfläche und die charakteristische diskontinuierliche Struktur der Lichtzeichnung. Sie erschien auch in den nahezu omnipotenten Emulsionen der avancierten Fototechnik an eine Grenze getrieben, jenseits deren die analoge Lichtinformation durch die elektronischen Medien abgelöst wird.

Zu den Autoren, die das Fotografische aus dem Programm der technischen Bilder und ihrer Apparate heraus untersucht haben, gehört Vilém Flusser. Das fotografische Bild steht für ihn an der Schwelle zu den elektromagnetischen Bildern, ist ein Bindeglied zwischen den industriellen Gegenständen und den nachindustriellen der reinen Information: »Obwohl ihm letzte Reste der Dinglichkeit anhaften, liegt sein Wert nicht im Ding, sondern in der Information an seiner Oberfläche. […] Im Foto […] sitzt die Information lose auf einer Oberfläche und kann leicht auf eine andere Oberfläche übertragen werden.«[146] Im Gegensatz zu den meisten Theorien des Fotografischen, die auf der Differenz von fotografischem und elektronischem Bild insistieren und das Fotografische als Kategorie gleichsam retrospektiv entwickeln, liefert Flusser eine eher optimistische Prognostik der ›telematischen Informationsgesellschaft‹, in der das fotografische Bild aufgeht. Die von ihm skizzierte Einbildungskraft beruft sich auf ein Verständnis der Medientechnik, in dem die Informationsverarbeitung der technischen Bilder ausgehend vom Computerbild untersucht wird. Dadurch erscheint die Fotografie als Vorwegnahme des ›Punktuniversums‹, freilich ohne daß noch die Frage der Referenz, die Unterscheidung von Reales und Eingebildetes von Bedeutung wäre. Für Flusser bleibt nur noch der Index im Sinne einer chemischen Reaktion zurück, der zum Gegenstand von oberflächlichen Konkretisierungsstrategien wird. Damit ist freilich gerade das verabschiedet, woran die Kategorie des Fotografischen in vielen neueren Theorien wieder befestigt wird.

Dies führt noch einmal zurück zu Barthes. Sein Interesse war, so könnte man sagen, auf den erkenntnistheoretischen Status der Fotografie gerichtet, auf die ›Interpretationssperre‹ der fotografischen Evidenz. Diese Sperre trennt die Spur des Referenten vom Aufgenommenen, ein zeitlicher wie räumlicher Abgrund innerhalb des fotografischen Index – Auslöser einer Bewegung, einer »confusion inouïe de la réalité (›*Cela a été*‹) et de la vérité (›*C'est ça!*‹)«[147], des ›Fort/da‹, die der von Jacques Lacan in Anlehnung an Sigmund Freud entfaltete Kluft zwischen Anwesenheit und Abwesenheit auftritt: »*La* Photographie devient alors pour moi un *medium* bizarre, une nouvelle forme

---

143 BARTHES (s. Anm. 142), 1173 f..
144 KALLAI (s. Anm. 109), 115, 118.
145 BARTHES (s. Anm. 142), 1183.
146 VILÉM FLUSSER, Für eine Philosophie der Fotografie (Göttingen 1983), 36 f.
147 BARTHES (s. Anm. 142), 1188.

d'hallucination: fausse au niveau de la perception, vraie au niveau du temps: une hallucination tempérée, en quelque sorte, modeste, *partagée* (d'un côté ›ce n'est pas là‹, de l'autre ›mais cela a bien été‹): image folle, *frottée* de réel.« (1188) Aus der Plattheit und Stummheit der fotografischen Oberfläche saugt er gleichsam die metonymische Kraft des ›punctum‹.

In seiner Besprechung der englischsprachigen Ausgabe von *La chambre claire*, die 1982 unter dem Titel *Re-reading* ›*Camera Lucida*‹ erschienen ist, hat Victor Burgin auf die Bedeutung dieses Buches für die neueren Verständigungsversuche über die Fotografie hingewiesen. Sein Stellenwert liege in dem Gewicht, das Barthes der aktiven Teilhabe des Betrachters an der Bedeutungsproduktion der Fotografie zuerkenne. »The theoretical perspectives this entails«, vermerkt er, »are those centred on the notions of intertextuality and *signifiance*«[148], so wie dieser Begriff von Julia Kristeva im Sinne einer vorsprachlichen Bedeutung des Semiotischen verwendet worden sei. Burgin gehört selbst zu denjenigen, die diesen Ansatz einer psychoanalytisch-intertextuell ausgerichteten Theorie der Fotografie auch außerhalb Frankreichs befördert haben.

Der spezifischen Fassung, die der ›Realismus‹ des Mediums – genauer: der von ihm automatisch vollzogene Realitätstransfer – im ›Diskurs der Referenz‹ angenommen hat, wohnt jedoch die Tendenz inne, Existenz und Sinn radikal zu entkoppeln. Philippe Dubois hat auf dieses, bereits bei Barthes erkennbare theoretische Risiko hingewiesen und dafür plädiert, den fotografischen Akt ins Zentrum der Überlegungen zu rücken.[149] Denn das Fotografische wird durch die spezifisch indexikalische Wiedergabe des Referenten begründet, durch den singulären Akt, der es hervorbringt – und erst sekundär kann es unter Gesichtspunkten der Ähnlichkeit und des Sinns verstanden werden. Andererseits gilt ebenso, daß der Moment der Lichtzeichnung innerhalb des fotografischen Prozesses gewissermaßen nur einen strahlenden Kern bildet, der zwar in allen Stadien durchscheint, gleichwohl umgeben ist von einem Netz vorheriger und nachträglicher Praktiken, die die Einschreibung des Lichts steuern und zutiefst kulturell, gesellschaftlich geprägt sind.

Damit tritt bei Dubois und anderen neueren Positionen das im Zusammenhang der Fotografie immer wieder verhandelte Verhältnis zwischen Realismus und künstlerischer Gestaltung, zwischen der Ontologie des Bildes und seinen Transformationen oder auch zwischen Denotation und Konnotation in einen neuen Horizont. Die Beziehung des Mediums zur Wirklichkeit ebenso wie seine spezifische raum-zeitliche Struktur, und damit auch der Charakter des fotografischen Ausschnitts, werden in eine Theorie des fotografischen Akts aufgehoben. Und dieser schließt nicht nur die Geste des Auslösens, sondern ebenso den Akt der Rezeption ein. Eine auf der Grundlage der Semiotik aufbauende Wiedereinführung des Performativen rettet gewissermaßen jene Erfahrungsgehalte für das Verständnis der Fotografie, die sich in den vielfältigen Diskursen und Praktiken entfaltet und im historisch gewandelten Begriff des Fotografischen sedimentiert haben. Mit derartigen theoretischen Rekonstruktionen des fotografischen Dispositivs scheint ein Verständnis des Mediums sich zu entwickeln, das sich von der alten Hypothek eines falsch formulierten Realismusproblems in der Fotografie verabschiedet.

Bernd Busch

---

148 VICTOR BURGIN, Re-reading ›Camera Lucida‹ (1982), in: Burgin, The End of Art Theory. Criticism and Postmodernity (1986; Atlantic Highlands, N. J. 1987), 88; dt.: Beim Wiederlesen der ›Hellen Kammer‹, übers. v. S. Wohlfeil, in: Fotogeschichte. Beiträge zur Geschichte und Ästhetik der Fotografie, H. 23 (1987), 63–74.
149 Vgl. PHILIPPE DUBOIS, L'acte photographique (1983), in: Dubois, L'acte photographique et autres essais (Paris 1990), 40 ff., 57 ff.; dt.: Der fotografische Akt. Versuch über ein theoretisches Dispositiv, hg. v. H. Wolf, übers. v. D. Hornig (Amsterdam/Dresden 1998).

V. Das Fotografische in der Literatur

Begegnungen zwischen Literatur und Fotografie sind häufiger, als man auf den ersten Blick vermuten würde. So wenig eigenständige Texte über Fotografie es von Schriftstellern gibt, so omnipräsent sind die verstreuten und impliziten Verweise auf Fotografien, Fotografen und Fotografisches in der

Literatur: kaum ein Autor des 19. oder 20. Jh., bei dem die Untersuchung dieses Feldes nicht vielversprechend wäre.[150] Das gegenwärtige Interesse an intermedialen Beziehungen zwischen Literatur und Fotografie gehört zu den neuen Forschungsfeldern ›Bild und Text‹ und ›Literatur und technische Medien‹. Anregungen kamen einerseits aus der jüngeren interdisziplinär ausgerichteten fotohistorischen Forschung. Andererseits hat sich auch die Theorie der Fotografie als anschlußfähig erwiesen. Insbesondere Roland Barthes' zwischen Fototheorie und Literatur anzusiedelnder Essay *La chambre claire* (1980) hat vielfach Literaturwissenschaftler herausgefordert, nach der Bedeutung des Verweises auf Fotografie oder Fotografisches im Kontext von literarischen Werken zu fragen. Dabei prägt Barthes' semiotischer wie auch phänomenologischer und psychoanalytischer Ansatz diese Arbeiten insofern, als hier nicht Motivgeschichte betrieben wird, sondern die literarische Rede über das Fotografische auf Fragen der Poetik und der Ästhetik bezogen wird. Das Fotografische erscheint mithin als eine Ebene der Selbstreflexion literarischer Medialität, als ein Gegenüber der Literatur, an dem sie sich abarbeitet, um ihre eigenen Grenzen und Möglichkeiten zu bestimmen. Damit wird anders als in der früheren Forschung zu Literatur und Fotografie, wo unter dem Vorwand einer Medienwissenschaft der Literatur letztlich ein abbildungsästhetisches Mißverständnis von ›Realismus‹ reproduziert und eine vor allem von Literaturkritikern des 19. Jh. gerne polemisch gebrauchte Metapher übernommen wurde[151], nicht nach einem vermeintlich ›fotografischen‹ Charakter literarischer Texte gefragt. Denn ein Text ist ein Text und keine Fotografie. Die metaphorische Übertragung von Eigenschaften des technischen Bildmediums auf das ästhetische Textmedium muß selbst Gegenstand der Analyse sein. Warum werden im 19. und 20. Jh. Texte so häufig mit Fotografien verglichen oder davon abgesetzt? Was heißt hier ›fotografisch‹? Genauso wie die Kunsttheorie des 19. Jh. werden auch die poetologischen Diskurse von der Existenz des neuen technischen Abbildungsmediums dezentriert und herausgefordert, den Begriff von Literatur zu redefinieren.[152] Die semantisch vielschichtige metaphorische Rede vom ›Fotografischen‹ in literarischen Kontexten,

die sich bis in zeitgenössische Werke fortsetzt, kann daher als eine poetologische und ästhetische Leitbegrifflichkeit seit dem Realismus – wenn nicht seit der Romantik – verstanden werden. Die unterschiedlichen negativen und positiven, kritischen und affirmativen Semantisierungen des Fotografischen durch Literatur und Literaturkritik in Form einer Begriffsgeschichte zu rekonstruieren erlaubt daher Aufschlüsse über das Verhältnis von literarischer und technischer Medialität, ästhetischer und technischer Moderne.

1. Fotografie als Vision oder als Mimesis: Das Fotografische zwischen Romantik und Realismus

a) Kunst und Technik

Schon kurz nach Bekanntgabe von Daguerres Erfindung begann die Literaturkritik damit, meistens in polemischer Absicht literarische und fotografische Verfahren zu vergleichen. Die Mediendifferenz zwischen Literatur und Fotografie wird hier im wesentlichen zu einer Unterscheidung zwischen einer ›guten‹ (›künstlerischen‹) und einer ›schlechten‹ (›fotografischen‹) Mimesis. Bis zum Naturalismus, wenn nicht bis zum Nouveau Roman, gehört dieser Vorwurf des Fotografismus zum festen Bestandteil der Polemik gegen Formen von Literatur, die im Namen einer Ästhetik der Wirklichkeitsdarstellung antreten und zum Teil ihre literarischen Verfahren selbst in ihrem Verhältnis zur Fotografie erörtern. Ein Blick auf die Entstehung dieses Topos der Literaturkritik zeigt, daß hier – das gilt analog auch für die bereits erwähnte Debatte über den Kunstwert der Fotografie (z. B. bei Rodolphe Töpffer) – eine Unterscheidung zwischen zwei Typen von Darstellung (Ähnlichkeit

---

150 Vgl. KOPPEN (s. Anm. 34); JANE M. RABB, Literature & Photography, Interactions 1840–1990 (Albuquerque 1995).
151 Vgl. FRANZ-JOSEF ALBERSMEIER, ›Enfin Daguerre vint …‹ Die Herausforderung der Photographie an die französische Literatur des 19. Jahrhunderts, in: Lendemains 9 (1984), H. 34, 4.
152 Vgl. AMELUNXEN, Photographie und Literatur. Prolegomena zu einer Theoriegeschichte der Photographie, in: P. v. Zima (Hg.), Literatur intermedial. Musik – Malerei – Photographie – Film (Darmstadt 1995), 212.

und Identität) greift, welche im ästhetischen Diskurs der Epoche bereits vorher bestand.

1841 wurde Balzacs Beschreibungstechnik zum ersten Mal zu dem neuen Bildtyp in Beziehung gesetzt.[153] Das kategoriale Muster, das von nun an immer wieder appliziert wird, hatte sich auch hier längst etabliert. Vor 1839 lautete die Kritik an Balzac, er würde »imagination« und »invention« zugunsten einer bloßen »observation« und einer »reproduction« oder eines »calque« der Realität aufgeben: »M. de Balzac n'imagine pas, n'invente pas; il observe [...] et reproduit la réalité [...]. La fidélité du calque, voilà son mérite et toute la portée de son talent.«[154] 1846 dann heißt es: »Chez M. de Balzac, la réalité occupe une grande place au point de vue matériel; il décrit un intérieur avec autant d'exactitude que le daguerréotype.«[155] ›Daguerreotypisch‹ meint hier eine scheinbar nicht nach Bedeutungsgesichtspunkten ausgewählte Fülle an Details. Die Kritiken operieren insofern mit Stereotypen, als sich die jeweils verwendeten Kategorien auf ein identisches Oppositionsraster zurückführen lassen: calque, copie, reproduction, imitation, photographie vs. imagination, invention, fantaisie, idéal, poésie.[156] Die Grundoppositionen, welche die Rezeption der Fotografie prägt, lautet: ›Kunst‹ vs. ›Technik‹ und ›Künstler‹ vs. ›Maschine‹. Daraus werden weitere semantische Gegensatzpaare abgeleitet, welche im Rahmen der Ästhetik des 19. Jh. immer wieder definiert haben, was ›fotografisch‹ bedeutet: Kunst (d. h. Mensch, Schöpfung, Leben, Aktivität, Wesen, Tiefe, Ganzheit, Notwendigkeit, Wahrheit, Reinheit, Idealität) vs. Fotografie (d. h. Maschine, Kopie, Tod, Passivität, Erscheinung, Oberfläche, Detail/Fragment, Kontingenz, Lüge, Unreinheit, Materialität).[157]

b) Sonnenbilder

Lange sah es so aus, als wären dieses Verdikt des ästhetischen Diskurses über das technische Abbildungsmedium so wie auch Baudelaires Polemik gegen die »triviale image sur le métal«[158] aus dem *Salon de 1859* repräsentativ für die kritische Einstellung der Autoren des 19. Jh. zur Fotografie. Von Flaubert bis zur Thomas Bernhard reicht seitdem eine Front ›fotophober‹ Autoren und explizit antifotografischer Ästhetiken.[159] Aber die Daguerreotypie, welche vielen Zeitgenossen spätestens im Zuge der ›bataille réaliste‹ der 1850er Jahre als eine Erfindung im Zeichen des Realismus und als Inbegriff der neuen Kunstrichtung erschien, war mindestens genauso eine Erfindung aus dem Geist romantischen Denkens. Die Forschungen von Niépce und Daguerre waren zeitgleich mit den Werken Lamartines, Hugos oder Edgar Allan Poes. Was für die kunsttheoretische Kritik und den ästhetischen Diskurs die unkünstlerische, da allein automatische Wiedergabe des Sichtbaren impliziert, ist zur gleichen Zeit aus der Sicht der romantischer Naturphilosophie und Poetik die Realisierung des Ideals einer Selbstabbildung der Natur. Bis zu Roland Barthes wird diese Interpretation der Fotografie in der Tradition der Bildtheorien des ›nicht von Menschenhand gemachten Bildes‹ (acheiropoietos eikōn) und der ›vera icon‹ fortgeschrieben.[160] So ist es immer wieder das indexikalische Moment, das unterschiedlich gedeutet wird, einmal als Ausdruck rein ›mechanischer‹ und unkünstlerischer Reproduktion, einmal als der Kunst überlegenes wahres Bild des ›Pencil of Nature‹ (Talbot).

An den widersprüchlichen Aussagen von Lamartine wird die Gleichzeitigkeit und Konkurrenz romantischer und realistischer Diskursivierungen der Fotografie deutlich. Einerseits verurteilt der

---

153 Vgl. BERNARD WEINBERG, French Realism – The Critical Reaction 1830–1870 (1937; New York 1971), 65.
154 EUGÈNE D'IZALGUIER, La Vieille Fille (1836), zit. nach ebd., 38 f.
155 HIPPOLYTE CASTILLE (1846), zit. nach Jill Kelly, Photography, Reality and French Literary Realism. Nineteenth-Century Synchronism and Symbiosis, in: The French Review, Bd. 655, Nr. 2 (1991), 199.
156 Vgl. UDO SCHÖNING, Literatur als Spiegel. Zur Geschichte eines kunsttheoretischen Topos in Frankreich von 1800 bis 1860 (Heidelberg 1984), 231–236.
157 Vgl. PLUMPE (s. Anm. 48), 48.
158 BAUDELAIRE (s. Anm. 49), 617.
159 Vgl. MARIANNE KESTING, Die Diktatur der Photographie. Von der Nachahmung der Kunst bis zu ihrer Überwältigung (München/Zürich 1980); THOMAS BERNHARD, Auslöschung (1986; Frankfurt a.M. 1988), 30.
160 Vgl. BARTHES (s. Anm. 142), 1167; EWA KURYLUK, Veronica and Her Cloth. History, Symbolism, and Structure of a ›True‹ Image (Cambridge, Mass. 1991).

Autor den mechanischen Abbildungsvorgang als das Gegenteil künstlerischer Darstellung. Die Daguerreotypie »ne serait jamais un art«, denn sie würde bloß einen Abklatsch der Wirklichkeit zustande bringen, lediglich »calquer la nature sans la choisir, sans la sentir, sans l'animer, sans l'embellir«[161]. Andererseits schreibt Lamartine über Aufnahmen des Fotografen Antoine-Samuel Adam-Salomon, sie seien »mieux qu'un art«, da sie einem natürlichen Phänomen gleichkämen: »c'est un phénomène solaire où l'artiste collabore avec le soleil!«[162] Während im Kontext der Kritik am Realismus des technischen Bildes Kunst und Technik, Mensch und Maschine als unversöhnlicher Gegensatz gesehen werden, betrachten die romantischen Autoren die Fotografie als Verwirklichung einer zugleich innerhalb der Literatur auf die poetische Sprache und das lyrische Subjekt bezogenen Utopie der Darstellung, der Aufhebung der Grenze zwischen Repräsentation und Natur.[163] Théophile Gautier, der sich selbst als »daguerréotype littéraire« bezeichnet hat, spricht von der Dichtung als »mots de lumière«[164], als könne die Literatur mit den Sonnenbildern konkurrieren. Auch eine Ode an Daguerre von Théodore de Banville thematisiert nicht den technischen Aspekt der Abbildung, sondern interpretiert das Sonnenlicht als Agens und Künstler einer allumfassenden Abbildung der Natur: »Que le spectre entrevu dans une chambre obscure / Se fixe sous mes mains et, de la terre au ciel, / Prenant tous ses aspects à l'immense nature, / La lumière sera le peintre universel!«[165] Dort wo der literaturkritische Diskurs eine seelenlose Maschine am Werk sieht, reiht sich hier Daguerres Erfindung in eine vorgängige Metapher für den poetischen Schaffensprozeß ein, das lyrische Subjekt als ›Dunkelkammer‹, wie sie zum Beispiel Hugo in *La Pente de la rêverie* (1830) verwendet.[166]

c) Divination

Innerhalb des romantischen Paradigmas wird die Fotografie nicht als Wiedergabe der Realität verstanden, sondern analog zur Literatur als Medium einer Visualisierung des Geistigen und Unsichtbaren. Wenn Balzac im Vorwort zu den *Splendeurs et misères des courtisanes* (1845) davon spricht, er wolle die zeitgenössische französische Gesellschaft »daguerréotyper«[167], impliziert er deshalb ein anderes Verständnis des Mediums als die Literaturkritik, die diesen Begriff auf ihn anwendet. So wie dort auf bereits vor der Erfindung der Daguerreotypie etablierte Unterscheidungen zurückgegriffen wird, ist auch bei Balzac selbst die Metapher eines ›daguerreotypierenden Autors‹ in einer Kontinuität zu sehen. Sie tritt an die Stelle, die etwa in dem 1831 verfaßten Vorwort zu *La peau de chagrin* die Metapher vom Hohlspiegel einnimmt. Der »miroir concentrique« meint eine Form des verdichteten Sehens, die Balzac im gleichen Vorwort mit dem Phänomen der »seconde vue« vergleicht, welche es dem Autor erlaube, »de deviner la vérité dans toutes les situations possibles«[168]. Die ›Beobachtung‹ der Realität durch den Schriftsteller soll eine Wahrheit erfassen, die nicht unmittelbar sichtbar ist, sondern Objekt der ›divinatorischen‹ Schau einer als Zeichenzusammenhang verstandenen Wirklichkeit zu sein hat.

Das zeigt sich in *Le cousin Pons*, wo sich Balzac am ausführlichsten über die Daguerreotypie geäußert hat. In dem in der Erstausgabe von 1847 mit ›Traité des sciences occultes‹ überschriebenen 32. Kapitel geht es um die Tätigkeit der Wahrsagerin Madame Fontaine. Die grundsätzlichen Reflexionen über das Wahrsagen beginnen mit der Entgegensetzung von Wissenschaft und ›sciences occultes‹. Wer es für ›absurd‹ halte, daß jemand die Zukunft vorhersagen könne, werde von neueren technischen Erfindungen eines Besseren belehrt.

---

161 ALPHONSE DE LAMARTINE, Cours familier de littérature, Bd. 6 (Paris 1858), 410.
162 Ebd., Bd. 7 (Paris 1859), 43.
163 Vgl. PHILIPPE ORTEL, Les doubles imaginaires de la photographie, in: Romantisme, Nr. 105 (1999), H. 3, 5–15.
164 Zit. nach BERND STIEGLER, La surface du monde: note sur Théophile Gautier, in: ebd., 91.
165 THÉODORE DE BANVILLE, [Puisque l'invention est encore une guerre ...] (1839), zit. nach Raymond Lacroix, Théodore de Banville. Une famille pour un poète (Paris 1990), 158.
166 Vgl. VICTOR HUGO, La Pente de la rêverie (1830), in: Hugo, Œuvres poétiques, hg. v. P. Albouy, Bd. 1 (Paris 1964), 772.
167 HONORÉ DE BALZAC, Splendeurs et misères des courtisanes (1845), in: Balzac, La comédie humaine, hg. v. P.-G. Castex u. a., Bd. 7 (Paris 1977), 426.
168 BALZAC, La peau de chagrin (1831), in: ebd., Bd. 10 (Paris 1979), 51 f.

Zu diesen Erfindungen, die man auch noch vor kurzem für ›absurd‹ gehalten habe, gehöre die Daguerreotypie: »Si quelqu'un fût venu dire à Napoléon qu'un édifice et qu'un homme sont incessament et à toute heure représentés par une image dans l'atmosphère, que tous les objets existants y ont un spectre saisissable, perceptible, il aurait logé cet homme à Charenton [...]. Et c'est là cependant ce que Daguerre a prouvé par sa découverte«[169]. Wie in den späteren spiritistischen Experimenten mit der Fotografie materialisiert die Daguerreotypie die unsichtbaren ›spectres‹, die von den Menschen und Gegenständen ›emanieren‹ und eigentlich nur vom geistigen Auge (etwa der Wahrsagerin) wahrgenommen werden können.[170] Mit ›spectre‹ ist eine Existenzform bezeichnet, die zugleich geistig und materiell ist, die Kommunikation zwischen beiden Sphären herstellt. Der Exkurs fährt damit fort, diese Tätigkeit mit derjenigen des Physiognomikers zu vergleichen, der aus den sichtbaren Elementen, den Gesichtszügen oder dem Gang einer Person, ihren Charakter erschließt. Was Balzac beschreibt, sind daher zugleich seine Verfahren als Autor und Erzähler.[171] Dieses Repräsentationsmodell hat nichts mit realistischer Mimesis zu tun, vielmehr stellt es die Daguerreotypie in einen Zusammenhang mit Techniken, die das Sichtbare als umfassenden Ausdruck eines Nicht-Sichtbaren entziffern.

d) ›A wonderful insight‹
Auf der Schwelle zwischen Romantik und Realismus entfaltet die amerikanische Literatur eine parallele Semantik des Fotografischen, welche zugleich bereits die unheimlichen und phantastischen Implikationen des Mediums hervortreibt. Der Protagonist von Nathaniel Hawthornes *The House of the Seven Gables*, 1851, im Todesjahr von Daguerre, erschienen, ist der Daguerreotypist Holgrave. Als letzter Nachfahre des als Hexer verbrannten Matthew Maule kehrt er zu dem Anwesen der Familie Pyncheon zurück, um den alten Familienfluch (Richter Pyncheon nahm Maule sein Land und brachte ihn auf den Scheiterhaufen) zu vollstrecken und zu überwinden. Hawthorne bezeichnet ihn zwar durchgängig als »artist«, präsentiert ihn aber vor allem als »wizard«[172] und als Erben des bösen Blicks[173] seines Vorfahren. Auf der Daguerreotypie lastet der Verdacht, sie sei eine »Black Art« (84), und nicht von ungefähr arbeitete Holgrave, bevor er Daguerreotypist wurde, als »public lecturer on Mesmerism« (176). Fotografieren sieht er als ›Mißbrauch‹ des Sonnenlichtes: »I misuse Heaven's blessed sunshine by tracing out human features, through its agency.« (46) Die Daguerreotypie steht für einen Blick, der eine verborgene innere Wahrheit der Person aufdeckt, als Medium eines »insight« fungiert, das zugleich mit magischen und mesmeristischen Praktiken und einer mystischen Theorie des Lichts korreliert wird: »There is a wonderful insight in heaven's broad and simple sunshine. While we give it [the daguerreotype portrait – d. Verf.] credit only for depicting the merest surface, it actually brings out the secret character with a truth that no painter would ever venture upon, even could he detect it.« (91) So bringt seine Aufnahme des Richters Pyncheon dessen Ähnlichkeit mit dem gemalten Porträt seines für den Familienfluch verantwortlichen Vorfahren zum Vorschein, macht den Fluch erst sichtbar. Eben unter diesem gemalten Porträt wird Pyncheon dann auf rätselhafte Weise sterben. »Die Ähnlichkeit der Daguerreotypie hat hier also keinen realistischen, sondern einen magischen Charakter: sie bindet das Schicksal der einen Romanfigur an das ihrer Vorfahren.«[174] Dabei hat auch hier die Thematisierung der Daguerreotypie eine poetologische Pointe. Die Daguerreotypie repräsentiert für Hawthorne nicht die »Novel«, die realistische Reproduktion und »the very minute fidelity« der Realität, sondern die magischen Bilder und die

---

169 BALZAC, Le cousin Pons (1847), in: ebd., Bd. 7 (Paris 1977), 585.
170 Vgl. ebd., 586f.; AMELUNXEN, Die Erfindung der Photographie aus dem Geist des Äthers, in: Charles Grivel (Hg.), Appareils et machines de représentation (Mannheim 1988), 35–50.
171 Vgl. WOLFRAM NITSCH, Balzac und die Medien, in: Nitsch/B. Teuber (Hg.), Vom Flugblatt zum Feuilleton. Mediengebrauch und ästhetische Anthropologie in historischer Perspektive (ersch. Tübingen 2001); KRAUSS, Tracing Nadar, in: October 5 (1978), 29–47.
172 NATHANIEL HAWTHORNE, The House of the Seven Gables (1851; Harmondsworth 1986), 8.
173 Vgl. ebd., 26.
174 KOPPEN (s. Anm. 34), 130.

»revelations« der »Romance«, die Darstellung einer nicht-sichtbaren »truth«[175] aus der Imagination.[176]

e) Entzauberung

Im Frankreich der 1850er Jahre meint ›Fotografisch‹ immer mehr die Privilegierung des ›Sehens‹ vor dem ›Träumen‹ und romantischen Idealisieren. Die Fotografie zerstöre die ›Illusionen‹, indem sie der Wirklichkeit den »miroir de la vérité«[177] vorhalte, schreibt Nerval. Die Rezeption der Daguerreotypie in seiner *Voyage en Orient* (1851) steht im Zeichen seiner Auseinandersetzung mit dieser neuen Bedeutung des Fotografischen im Kontext der Entstehung des Realismus. Zunächst äußerte Nerval sich wie so viele Schriftsteller und Kunstschaffende kritisch zu Daguerres Erfindung.[178] Dennoch nimmt er (wie auch Gautier auf seinen Reisen), als er 1843 zu seiner Orientreise aufbricht, eine schwere und teure Daguerreotypausrüstung mit, bleibt damit allerdings erfolglos. Vielleicht sind deshalb Nervals Beobachtungen über die Tätigkeit anderer Fotografen, denen er auf seiner Reise begegnet, so distanziert. Der »appareil où le dieu du jour s'exerce si agréablement au métier du paysagiste«[179] und die ›Arbeit der Sonne‹ interessieren ihn weniger als die Einwohner von Kairo, denen er unterstellt, sie wären von den »opérations magiques« (175) des fotografischen Verfahrens angezogen, was auf ihn nicht zuzutreffen scheint. Seiner Suche nach der »géographie magique« (72), in der sich Gegenwart und Vergangenheit, Erinnerung und Erleben überlagern, ist die fotografische Abbildung nicht dienlich. Die ›Nuits du Ramazan‹, die Darstellung seines Aufenthaltes in Konstantinopel, enthalten eine satirische Episode über einen Franzosen, der dort hinkam, »pour faire fortune, au moyen d'un daguerréotype«, und sein »instrument reproducteur«[180] vor allem an belebten Plätzen aufbaut. Als es ihm gelingt, ein Kind aufzunehmen, wird er von einer Frau verfolgt, die ebenfalls ihr Porträt haben will, aber immer wieder im entscheidenden Moment Besucher empfängt, vor denen der Fotograf sich stundenlang verstecken muß, bis schließlich die Polizei vor der Tür steht, er die Flucht ergreifen und seinen unersetzbaren Apparat zurücklassen muß. Die Ironie Nervals bezieht sich auf ein Medium, das die Realität in gleicher Weise entzaubert

wie seine Reise den Orient. Auf diese Erfahrung geht wahrscheinlich auch Gustave Flauberts Widerstand gegen die Fotografie zurück. Bei ihm steht die Fotografie für eine zum Klischee erstarrte Ansicht. Das literarische Äquivalent der mechanischen, industriellen Reproduktion ist der Kopist (*Bouvard et Pécuchet*, entst. 1872–1880, ersch. 1881) oder der Papagei (*Un cœur simple*, 1877): »Aux clichés du photographe semblent correspondre les clichés linguistiques que collectionne Flaubert dans son sottisier et que recopieront peut-être ses deux bonshommes.«[181] Während der gemeinsam mit Maxime du Camp unternommenen Reise war Flaubert bemüht, seinen Blick auf den Orient von du Camps ›fotografischem‹ Blick abzusetzen, in seinen Notizen gerade das zu erfassen, was sich nicht fotografieren läßt.[182] Die Ablehnung ist auch hier ambivalent: Die neue Konkurrenz zwischen Reiseschriftstellern und -fotografen ist einer der Gründe für die Ablösung der romantischen durch die realistische Reisebeschreibung, die nicht mehr die ›rêverie‹ in den Vordergrund stellt, sondern das ›bien voir‹.[183]

175 HAWTHORNE (s. Anm. 172), 20, 1.
176 Vgl. CATHY N. DAVIDSON, Photographs of the Dead: Sherman, Daguerre, Hawthorne, in: The South Atlantic Quarterly 89 (Fall 1990), 667–701; CAROL SHLOSS, In Visible Light. Photography and the American Writer: 1840–1940 (New York/Oxford 1987), 25–50.
177 GÉRARD DE NERVAL, Les nuits d'octobre (1852), in: Nerval, Aurélia, hg. v. J. Bony (Paris 1990), 88.
178 Vgl. PAUL-LOUIS ROUBERT, Nerval et l'expérience du daguerréotype, in: Etudes photographiques 4 (Mai 1998), 7–26.
179 NERVAL, Voyage en Orient (1851), hg. v. M. Jeanneret, Bd. 1 (Paris 1980), 174.
180 Ebd., Bd. 2 (Paris 1980), 349.
181 HELENA SHILLONY, L'Art dans ›L'Education sentimentale‹ et ›L'Œuvre‹: (Re)production et originalité, in: Australian Review of French Studies 19 (1982), H. 1, 45.
182 Vgl. YVAN LECLERC, Portraits de Flaubert et de Maupassant en photobes: in: Romantisme (s. Anm. 163), 97–106.
183 Vgl. FRIEDRICH WOLFZETTEL, Ce désir de vagabondage cosmopolite. Wege und Entwicklung des französischen Reiseberichts im 19. Jahrhundert (Tübingen 1986), 323 ff.

f) ›Réalisme‹: Assimilation und Kritik
In den 50er Jahren des 19. Jh. wird die Fotografie immer mehr zum Maßstab für die ›realistische‹ Darstellung und spielt schließlich in den Texten des sog. ›programmatischen Realismus‹ der ›bataille réaliste‹[184] im Anschluß an die Courbet-Ausstellung von 1855 die Rolle eines Katalysators für die ästhetische und poetologische Diskussion. Vor allem die Gegner des Realismus stellen den Zusammenhang mit der Verbreitung des neuen Bildtyps her, um der neuen Stilrichtung jegliche ästhetische Legitimation abzusprechen. So sieht der Kunstkritiker Étienne-Jean Délécluze einen Druck auf den Künsten lasten, der aus der Existenz des neuen Abbildungsmediums resultiert.[185] Francis Wey konstatiert in seiner Antwort, daß die Konjunktur der Begriffe Realismus und Naturalismus sich dem Einfluß der Fotografie verdanke.[186] Baudelaire polemisiert schließlich in ›Le public moderne et la photographie‹ (1859) gegen das neue ›Credo‹ des Publikums, das Kunst mit ›exakter Reproduktion‹ und ›exakte Reproduktion‹ mit Fotografie gleichsetzt, um daraus zu schließen: »l'art, c'est la photographie.«[187] So hat man auch im literarischen Feld um 1850 den Zusammenhang von literarischem Realismus und Fotografie sehr deutlich wahrgenommen. In diesem Sinn äußern sich etwa die Brüder Goncourt in einem Tagebucheintrag vom 30. Oktober 1856: »Le réalisme naît et éclate alors que le daguerréotype et la photographie démontrent combien l'art diffère du vrai.«[188] Auch wenn sie die Differenz zwischen der (idealisierenden) ›Kunst‹ und dem ›vrai‹ als gleichsam ungestellter (und nicht mehr als ›Tiefendimension‹ verstandener) Realität unterstreichen, suggerieren sie, daß Realismus und Fotografie sich gegenseitig bedingen. Diese Koinzidenz manifestiert sich vor allem darin, daß es um 1850 kaum einen Text zum Thema Realismus gibt, in dem nicht auf die Komplizität oder Konkurrenz zwischen Kunst (Literatur, Malerei) und Fotografie eingegangen wurde.

g) Fotografie + x
Mit seiner Forderung, der realistische Autor solle seinen Text nicht aus der Imagination, sondern aus der beobachteten Wirklichkeit gewinnen, nährte der Verfasser der Hauptstreitschrift des programmatischen Realismus (Le réalisme, 1857), Champfleury, den Verdacht, »l'école du daguerréotype«[189] strebe eine Exaktheit der Wiedergabe an, welche das neue Abbildungsmedium im Grunde viel besser verwirklichen könne: »Qu'un écrivain étudie sérieusement la nature et s'essaye à faire entrer le plus de Vrai possible dans une création, on le compare à un daguerréotypeur.«[190] Die Tatsache, daß Realismus und Fotografie auf den Feld der ›exakten Reproduktion‹ konkurrierten, verlangte daher auch eine eindeutige Abgrenzung des literarischen vom fotografischen Realismus. Die Fotografie bedeutet für die Poetik des Realismus offensichtlich in dem Maß eine Bedrohung, wie sie ein Ideal darstellt; sie ist immer zugleich Modell und Gegenmodell.[191] Daß die Daguerreotypie auch als Modell fungieren kann, zeigt sich an einem Brief, in dem George Sand Champfleury den Rat gibt, gegenüber den Kritikern des Realismus gerade mit dem Verweis auf den Vorbildcharakter des neuen Mediums zu verteidigen: »Je n'analyse pas, je montre [...]. Enfin, je fais de la nature aussi belle que la nature, et il n'y a encore que le daguerréotype qui l'ait faite ainsi.«[192] Andererseits verwehrt sich Champfleury in Le réalisme gegen die »injure à la mode« die darin besteht, den realistischen Autor

---

184 Vgl. EMILE BOUVIER, La bataille réaliste (1844–1857) (1913; Genf 1973).
185 Vgl. ÉTIENNE-JEAN DÉLÉCLUZE, Feuilleton sur l'Exposition de 1850 (21 3. 1851), in: André Rouillé, La photographie en France, textes et controverses (1816–1871) (Paris 1989), 114.
186 Vgl. WEY, Du naturalisme dans l'art, de son principe et de ses conséquences (à propos d'un article de M. Délécluze) (1851), in: Buddemeier (s. Anm. 28), 267.
187 BAUDELAIRE (s. Anm. 49), 617.
188 EDMOND DE GONCOURT/JULES DE GONCOURT, Journal. Mémoires de la vie littéraire (entst. 1851–1896; ersch. 1887–1896), hg. v. R. Ricatte, Bd. 1 (Monaco 1956), 212.
189 PIERRE MARTINO, Le Naturalisme français (1870–1895) (Paris 1930), 12.
190 CHAMPFLEURY, Le réalisme (1857; Genf 1967), 91; vgl. BUDDEMEIER (s. Anm. 28), 118–121.
191 Vgl. ORTEL, Réalisme photographique, réalisme littéraire. Un nouveau cadre de référence, in: M.-D. Garnier (Hg.), Jardins d'hiver. Littérature et photographie (Paris 1997), 58.
192 GEORGE SAND an Champfleury (30. 6. 1854), in: Champfleury/Sand, Du réalisme. Correspondance, hg. v. L. Abélès (Paris 1991), 34.

oder Maler als »daguerréotypiste«[193] zu apostrophieren. Gerade 1857 nach der Veröffentlichung von Flauberts *Madame Bovary* war diese Kritik wieder häufiger geäußert worden: »Dans le roman tel qu'on l'écrit aujourd'hui«, ist in einer Flaubert-Rezension zu lesen, »avec les procédés de la reproduction photographique, l'homme disparaît dans le peintre: il ne reste qu'une plaque d'acier.«[194] Das künstlerische Subjekt scheint in einem subjektlosen Medium aufzugehen. So rechtfertigt Champfleury den Realismus, indem er auf die im künstlerischen Schaffensprozeß notwendige Rolle des subjektiven »tempérament«[195] verweist. Es verleihe erst der Darstellung die individuelle Prägung und den Details die Sinnhaftigkeit, welche die bloß mechanische Wiedergabe der Realität durch die Fotokamera nicht zu leisten imstande sei. Um seine Behauptung zu belegen, imaginiert er ein Experiment: Wenn zehn Fotografen und zehn Landschaftsmaler die gleiche Landschaft abbildeten, seien hinterher die zehn Fotografien vollkommen identisch, während die zehn gemalten Bilder auch dann noch voneinander abwichen, wenn alle Maler explizit versucht hätten, das Gesehene so ›exakt‹ wie nur möglich abzubilden.[196] Der Zweck dieser Beweisführung ist klar: Malerei sei notwendig ›Interpretation‹, Fotografie ›Reproduktion‹. Was für die bildliche Wiedergabe von Wirklichkeit gelte, gelte erst recht für die literarische Darstellung, sie beruhe auf der subjektiven Auswahl zwischen »faits insignifiants« und »faits saisissants« (96). Champfleury verteidigt den Realismus gegen die Fotografie im Namen eines Sinns, den ein souveränes Autorsubjekt garantieren soll. Dabei rehabilitiert er genau die Konventionen, die Nerval in seinen *Nuits d'octobre* (1852) ironisch im Namen eines daguerreotypischen Realismus verabschiedet. Auf diese Weise wird die Referenz des Mediums auf einen technischen Prozeß und seine sinnindifferente Form der Aufzeichnung einerseits in Anspruch genommen und andererseits das Subjekt und sein ›tempérament‹ wieder an die Stelle des Apparates gesetzt. Die Charakterisierung des literarischen Realismus (und dann auch des Naturalismus) verfährt in der Folge daher häufig nach dem Schema ›Realismus = Fotografie + x‹. So heißt es bei Maupassant im Vorwort zu *Pierre et Jean* (1888): »Le réaliste, s'il est un artiste, cherchera, non pas à nous montrer la photographie banale de la vie, mais à nous en donner la vision plus complète, plus saisissante, plus probante que la réalité même.«[197] ›Vollständiger‹ ist die Darstellung dann, wenn sie über die fotografische Wiedergabe hinaus ›mehr‹ leistet. Daß hier immer wieder zwei im Grunde unvereinbare Ansprüche gegeneinandergeführt werden, zeigt eine Äußerung des Zola-Schülers Paul Alexis im Vorwort zu seiner Novellensammlung *La fin de Lucie Pellegrin* (1880): »L'entreprise littéraire de celui qui prétendrait tout tirer de son propre fond paraît aussi incomplète, mais plus dénudée d'intérêt, que la tentative de celui qui se bornerait à ›photographier‹ du réel sans y mettre du sien, sans rendre l'impression personnelle et unique de cette réalité vue à travers un tempérament.«[198] Der literarische Text darf sich weder allein dem Subjekt verdanken noch allein einer ›fotografischen‹ Wiedergabe der Wirklichkeit. Er soll zugleich auf das ›Temperament‹ eines Autors und auf unmediatisierte Wirklichkeit verweisen.

h) Vom Realismus zum Naturalismus
Im Anschluß an den Realismus assoziieren auch die Autoren des französischen Naturalismus ihren Wirklichkeits- und Wahrheitsbegriff mit der Fotografie. Die Tatsache, daß Zola am Ende seines Lebens selbst fotografiert hat und wie August Strindberg, Lewis Carroll, Anton Čechov oder Giovanni Verga zu den fotografierenden Schriftstellern des 19. Jh. gerechnet werden kann[199], belegt sein Interesse an dem Medium, läßt allerdings kaum

---

193 CHAMPFLEURY (s. Anm. 190), 91.
194 ALFRED AUGUSTE CUVILLIER-FLEURY, M. Gustave Flaubert, ou le roman réaliste (26. 5. 1857), in: Cuvillier-Fleury, Dernières études historiques et littéraires, Bd. 1 (Paris 1859), 364.
195 CHAMPFLEURY (s. Anm. 190), 92.
196 Vgl. ebd., 92 f.
197 GUY DE MAUPASSANT, Pierre et Jean (1888), in: Maupassant, Romans, hg. v. L. Forestier (Paris 1987), 708.
198 PAUL ALEXIS, La fin de Lucie Pellegrin (Paris 1880), 2.
199 Vgl. FRANÇOIS-ÉMILE ZOLA (Hg.), Zola photographe. 480 documents choisis et présentés (Paris 1979); JEAN MITRY, Schriftsteller als Photographen 1860–1910, übers. v. G. Strub (Luzern/Frankfurt a. M. 1975).

Rückschlüsse auf die spezifisch literarästhetische Semantisierung des Fotografischen in seinen vorher entstandenen Werken zu. Wie bei Champfleury, dessen Vorträge über den ›Realismus‹ Zola verfolgte, ist auch für Zola die ›schöpferische Subjektivität‹ das Distinktionsmerkmal der Kunst gegenüber der ›mechanischen Kopie‹ durch den Fotoapparat: »si le tempérament n'existait pas«, schreibt Zola in einer Salonkritik, »tous les tableaux devraient être forcément de simples photographies«[200]. Zola selbst war immer wieder vorgeworfen worden, er reduziere Literatur auf eine rein fotografische Wiedergabe der Realität.[201] Zola hat diese Kritik schließlich als »reproche bête« bezeichnet.[202] Aber zentrale Konzepte seiner Programmschrift Le roman expérimental (1880) wie ›observation‹, ›documentation‹, ›description‹ sind zugleich semantische Merkmale des Fotografischen. In den wissenschaftlichen Diskursen, auf die Zola sich beruft, wird die Fotografie als »véritable rétine du savant«[203] mit einer von verfälschender Vermittlung durch Subjektivität und Sprache unbeeinflußten neutralen und transparenten Aufzeichnung des Sichtbaren gleichgesetzt. Auf diese Weise konnten schließlich ganze Theoriegebäude mit dem Argument verteidigt werden, man habe ja bloß die Wirklichkeit ›fotografiert‹.[204] Zola adaptiert diese Denkfiguren, wenn er in Anlehnung an Claude Bernard seine Theorie des Romans als wissenschaftliche Form der »observation et expérimentation« zu begründen sucht. Er zitiert den Mediziner Claude Bernard: »L'observateur constate purement et simplement les phénomènes qu'il a sous les yeux … Il doit être le photographe des phénomènes; son observation doit représenter exactement la nature …«[205] Zola referiert daher immer dann auf die fotografischen Qualitäten seiner ›Beobachtung‹, wenn es darum geht, den Erkenntnisanspruch seines ›Experimentalromans‹ über den einer bloßen literarischen Fiktion zu stellen. Die literarische Zeichenpraxis konstruiert sich eine ihr selbst unmögliche Garantie der Darstellung. Auch Zolas Präsentation seiner Arbeitsmethode, bei der er sich jeweils ausführlich vor Ort über das Milieu der projektierten Romans ›dokumentierte‹, sucht diesen Anspruch einzulösen. Der Akt des Beschreibens wird an einen Akt des Sehens und der Aufzeichnung zurückgebunden: »il expose simplement ce qu'il a vu« (1240). Dem Anspruch nach wird das Subjekt der Beobachtung zu einem rein technischen Aufzeichnungsgerät neutralisiert und zugleich die Medialität der Sprache negiert. Das suggeriert auch Zolas Redeweise von den »faits scrupuleusement pris dans la réalité« (1326) oder den »portraits pris sur nature«[206], die an entsprechende auf die fotografische Aufnahme bezogene Wendungen erinnern (vgl. den Ausdruck ›prendre‹ une photographie‹ – Hervorh. v. d. Verf.). Das Modell der Repräsentation ist ein Modell von Kontiguität und Kontakt statt von Darstellung oder zeichenhafter Verweisung. Zola betreibt damit auf der Ebene seiner Poetik die gleiche Invisibilisierung der spezifischen Medialität seines Mediums (der Sprache) wie die Wissenschaftler, die auf die Transparenz und Neutralität der Fotografie setzen. Sosehr Zola Claude Bernards Charakterisierung des Beobachters als ›photographe des phénomènes‹ zustimmt, sosehr ist er allerdings gleichzeitig bemüht, sie allein als Basis hinzustellen.[207] Für Zola ist die fotografische ›observation‹ nur ein Teil des Experimentalromans, die notwendige Ausgangsbasis für die vom Autor aktiv gestaltete ›expérimentation‹: »Balzac ne s'en tient pas strictement en photographe aux faits recueillis par lui, […] il intervient d'une façon directe pour placer son personnage dans des conditions dont il reste le maître.« Außerdem gelte es mittels des »style per-

---

200 ÉMILE ZOLA, Le moment artistique (1866), in: Zola, Œuvres complètes, hg. v. H. Mitterand, Bd. 12 (Paris 1969), 797.
201 Vgl. RUDOLF GOTTSCHALL, Der photographische Zeitroman in Frankreich, in: Unsere Zeit, N. F., 18 (1882), 824–852.
202 ZOLA, Le roman expérimental (1880), in: Zola, Œuvres complètes, Bd. 10 (Paris 1968), 1180.
203 JULES JANSSEN, Les méthodes en astronomie physique, in: Le Moniteur de la photographie 22 (1882), H. 3, 23.
204 Vgl. GEORGES DIDI-HUBERMAN, L'invention de l'hystérie. Charcot et l'iconographie photographique de la Salpêtrière (Paris 1982), 32.
205 ZOLA (s. Anm. 202), 1178.
206 ZOLA, Les romanciers naturalistes (1881), in: Zola, Œuvres complètes, Bd. 11 (Paris 1968), 171.
207 Vgl. IRENE ALBERS, Medien und Diskurse der Reproduktion im französischen Naturalismus: Photographie, Literatur, Vererbung bei Emile Zola, in: Arcadia 35 (2000), H. 1, 81–116.

sonnel«[208] den toten und seelenlosen Reproduktionen aus der mechanisch arbeitenden Kamera ›Leben‹ einzuhauchen.

2. Fotografie als Materialisierung des Unsichtbaren: Das Fotografische in der phantastischen Literatur

a) ›Gedankenfotografien‹ und ›Optogramme‹

Parallel zur Gleichsetzung der Fotografie mit einer besonders treuen Mimesis des Sichtbaren bildet sich vor allem in der phantastischen Literatur eine Gegen-Semantik des Fotografischen heraus. Wie schon im Kontext der romantischen Rezeption steht die Fotografie hier für ein Medium, das Unsichtbares sichtbar machen und immateriellen Visionen, Halluzinationen, Geistererscheinungen eine materielle Gestalt geben kann: »Depuis vingt-six ans, que de progrès accomplis en photographie! Quelle marche en avant! Quelles projections violentes sur l'infini, sur l'inconnaissable, sur le mystère.«[209] Die Fotografie als Requisit phantastischer Texte ist im Zusammenhang einer ›optique fantastique‹ (Max Milner) zu sehen, in der wie bei E. T. A. Hoffmann Brillen, Spiegel, Ferngläser und andere optische Geräte Einsichten in die andere Welt des Phantastischen und Phantasmatischen erlauben. In einer Erzählung von Émile Erckmann/ Alexandre Chatrian La Lunette de Hans Schnaps (1860) geht es um einen Apotheker, der eine ›Gedankenlesebrille‹ erfunden hat. Während seiner nächtlichen Experimente mit lichtempfindlich beschichteten Platten ist er über der Platte eingeschlafen. Am nächsten Tag findet er die Details seines Traumes auf der Platte aufgezeichnet.[210] Was so aussieht wie eine literarische Phantasie, ist in der zweiten Hälfte des 19. Jh. zugleich Gegenstand wissenschaftlicher und parawissenschaftlicher Bemühungen.[211] Während Louis Darget ›Gedankenfotografien‹ produzierte, etwa indem er sich während eines Wutanfalls eine Fotoplatte vor die Stirn hielt, zeichnete der Psychiater Hippolyte Baraduc mit Hilfe fotografischer Verfahren die psychischen Strahlungen der von ihm behandelten Hysterikerinnen auf.[212] In spiritistischen Kreisen setzte man auf die Objektivierung der subjektiven Geistererscheinungen mittels der »transcendentalen Photographie«[213]. Daß sich nicht nur Künstler wie Kandinsky, sondern auch Fotografen wie Moholy-Nagy und

Man Ray für diese Fotografie des Unsichtbaren interessiert haben, sondern auch Schriftsteller, zeigt der Fall August Strindberg. Er experimentierte mit kameraloser Fotografie und baute eine ›Wunderkamera‹, die psychische Energien abbilden sollte. Als Schriftsteller wollte er zugleich den Naturalismus zu einem ›Naturalismus des Unsichtbaren‹ erweitern.[214] Und als ›Gedankenfotografie‹ wird schließlich André Breton den unbewußten Automatismus der surrealistischen ›écriture automatique‹ definieren. Er schreibt 1921: »L'écriture automatique [...] est une véritable photographie de la pensée.«[215]

Auch bei der post-naturalistischen Generation dienten die neuen Möglichkeiten der Fotografie, ob imaginär oder wie im Fall der Röntgenfotografie wissenschaftliche Realität, als Argument für die Notwendigkeit einer Überwindung der naturalistischen Gleichsetzung von Sichtbarkeit und Wirklichkeit. So referiert Huysmans in seinem Kompendium der Kultur des Symbolismus und der Dekadenz, A rebours (1884), den Schluß von Villiers

---

208 ZOLA (s. Anm. 202), 1178f., 1310.
209 JULES CLARETIE, L'accusateur (1897), zit. nach Max Milner, La fantasmagorie. Essai sur l'optique fantastique (Paris 1982), 194.
210 Vgl. ÉMILE ERCKMANN/ALEXANDRE CHATRIAN, La lunette de Hans Schnaps, in: Erckmann/Chatrian, Contes fantastiques (1860; Paris 1978), 59–76.
211 Vgl. DUBOIS, Le corps et ses fantômes. Notes sur quelques fictions photographiques dans l'iconographie scientifique de la seconde moitié du XIXe siècle, in: Dubois (s. Anm. 149), 207–224; BRACKE (s. Anm. 96).
212 Vgl. DIDI-HUBERMAN (s. Anm. 204), 90–97.
213 ALEKSANDR N. AKSAKOV, Animismus und Spiritismus. Versuch einer kritischen Prüfung der mediumistischen Phänomene mit besonderer Berücksichtigung der Hypothesen der Hallucination und des Unbewußten, übers. v. G. C. Wittig, Bd. 1 (Leipzig 1890), 48f.; vgl. AMELUNXEN, Prolegomena zu einer Phänomenologie der Geister, in: Kunst- und Ausstellungshalle der Bundesrepublik Deutschland (Hg.), Sehsucht. Über die Veränderung der visuellen Wahrnehmung [Ausst.-Kat.] (Göttingen 1995), 210–220.
214 Vgl. CLÉMENT CHÉROUX, L'expérience photographique d'August Strindberg. Du naturalisme au surnaturalisme (Arles 1994), 77.
215 ANDRÉ BRETON, Préface au catalogue ›Max Ernst‹ (1921), zit. nach Michel Poivert, Politique de l'éclair. André Breton et la photographie, in: Études photographiques 7 (Mai 2000), 87.

de l'Isle-Adams Erzählung *Claire Lenoir* (1867). Die positivistischen Ansichten des Arztes Tribulat Bonhomet werden widerlegt, als er nach dem Tod seiner blinden Patientin Claire Lenoir deren Augen seziert und dort das Bild ihrer Vision findet. Villiers Widerlegung des Positivisten beruht auf der in wissenschaftlichen Kreisen diskutierten Theorie der ›Optogramme‹ oder ›Netzhautfotografien‹. Huysmans schreibt: »Basé sur cette observation plus ou moins juste que les yeux de certains animaux [...] conservent [...] de même que des plaques photographiques, l'image des êtres et des choses situés, au moment où ils expiraient, sous leur dernier regard«[216]. Die metaphorische Analogie von Auge und Kamera wird hier wörtlich genommen. Das Auge des Toten wird behandelt wie eine Fotokamera, die Netzhaut wie eine belichtete Platte. Was die Schriftsteller fasziniert, ist die Idee, daß sich die inneren Bilder in Fotografien übertragen lassen: und was fotografierbar ist, der letztlich positivistische Umkehrschluß, ist wirklich. Mit Hilfe der ›Netzhautfotografie‹ schien es somit möglich, die subjektiven Visionen und Halluzinationen den Status einer ›realistischen‹ Repräsentation des Gesehenen zu verleihen.

b) Mortifikation und Wiederbelebung
Während im Kontext realistischer und naturalistischer Diskursivierungen der Fotografie die fotografische Abbildung auf ihre ästhetischen Eigenschaften reduziert und im wesentlichen als Kopie, Repräsentation, exakte Darstellung verstanden wurde, beruht die phantastische Literatur auf einem Begriff von Fotografie als Spurmedium. Die Mischung aus Faszination und Angst, die in romantischen Texten (wie Poes *The Oval Portrait*, 1842, Gogols *Portret*, 1835/1842, Balzacs *Le chef-d'œuvre inconnu*, 1831, oder Wildes *The Picture of Dorian Gray*, 1890/1891) häufig von besonders ›lebensecht‹ gemalten Porträts ausgehen, werden auf das fotografische Porträt übertragen: Die Fotografie scheint geradezu die mediale Voraussetzung dieser Angst zu sein. Viele Rezeptionsdokumente belegen bei den ersten Betrachtern von Porträtfotografien ein Gefühl des Nicht-Geheuren. Man fragte sich, ob bei der frappierenden Übereinstimmung von Bild und Abgebildetem nicht über die abstrakte Übertragung hinaus mehr »mitkomme«[217]. Als unheimlich empfunden wird die Gleichzeitigkeit von An- und Abwesenheit, Wirklichkeit und Unwirklichkeit. Nadar hat Balzacs »terreur [...] devant le Daguerréotype« überliefert. Balzac glaubte, daß dem Menschen durch jede Aufnahme eine Schicht seiner ›spektralen Existenz‹ genommen werde: »selon Balzac [...] chaque opération daguerrienne [...] détachait et retenait en se l'appliquant une des couches du corps objecté. De là pour ledit corps, [...] perte évidente d'un de ses spectres, c'est-à-dire d'une part de son essence constitutive.«[218] In jede Fotografie geht demzufolge etwas von der Substanz des Fotografierten ein. 1863 veröffentlichte Champfleury in einer Sammlung mit Erzählungen für Kinder eine *Légende du daguerréotype*, in welcher der Vorgang der Aufnahme eines Porträts eine Art Entleibung des Modells zur Folge hat, die Physis des Porträtierten von der Kamera vernichtet wird: »Cinquante essais successifs annihilèrent peu à peu la personne du modèle. De M. Balandard, il ne restait qu'une voix!«[219] In dem Maß, in dem Körperteil für Körperteil auf der Platte erscheint, verschwindet der Mann, so daß der Fotograf schließlich nicht nur des Mordes angeklagt wird, sondern auch von dem Geist des beim Fotografieren vernichteten Mannes heimgesucht wird.

Neben diesem Begriff einer mortifizierenden Fotografie gibt es in der phantastischen Literatur das komplementäre Phantasma, daß das Leben aus dem Bild wieder heraustreten kann, daß das Tote und Vergangene in der Fotografie nicht nur auf magische Weise präsent ist, sondern tatsächlich re-

---

216 JORIS-KARL HUYSMANS, A Rebours (1884; Paris 1978), 217; vgl. PHILIPPE BONNEFIS, Clair-obscur, in: Littérature, Nr. 26 (1977), 10–23; CHARLES GRIVEL, Der siderale Körper. Zum Prinzip der Kommunikation, in: J. Hörisch (Hg.), Armaturen der Sinne. Literarische und technische Medien 1870 bis 1920 (München 1990), 196.
217 KEMP (s. Anm. 37), 31.
218 NADAR, Balzac et le Daguerréotype, in: Nadar (s. Anm. 84), 7.
219 CHAMPFLEURY (s. Anm. 42), 63; vgl. ALBERS, Die Entleibung der Wirklichkeit. Anmerkungen zu Jules Champfleurys ›La Légende du daguerréotype‹, in: Fotogeschichte. Beiträge zur Geschichte und Ästhetik der Fotografie, H. 70 (1998), 21–30.

stituiert wird. In einem Spätwerk von Turgenev, der 1882 entstandenen »полуфантастический рассказ в роде Эдгара По«[220] (halbphantastischen Geschichte in der Art Edgar Poes) *Klara Milič. Posle smerti* (*Nach dem Tode [Klara Militsch]*)[221], geht es um eine Verliebtheit nach dem Tod: Jakov Aratov hat Klara, eine berühmte Schauspielerin und Opernsängerin, vor ihrem Selbstmord auf offener Bühne nur einmal als Lebende im Theater gesehen. Aratov wird als Nachfahr eines Schwarzkünstlers geschildert, als Mann, der sowohl an die Wissenschaft wie an unsichtbare Kräfte glaubt und leidenschaftlich der Fotografie zugetan ist. Er hat sich nach ihrem Tod von ihrer Schwester ein Tagebuch und eine Fotografie geben lassen, mit der er anschließend experimentiert: Er vergrößert sie, betrachtet sie im Stereoskop und projiziert sie an die Wand. Die Fotografie wird dabei zum Medium der Auferstehung der toten Frau. Sie tritt gleichsam aus dem Bild heraus, erwidert Aratovs Blick, spricht mit ihm und sitzt schließlich als eine Art virtueller Realität in seinem Sessel, wo sie sich von ihm küssen läßt. Vom Bild wird die Fotografie zur greifbaren Realität. Wenn sich am Ende der Erzählung eine reale Locke in Aratovs Hand findet, wird der Rahmen des Realismus überschritten. Als materielle Spur beglaubigt die Locke die tatsächliche physische Anwesenheit Klaras. Die realistische Mimesis wird zur medialen Simulation. Die poetologische Pointe liegt hier in der Inszenierung einer Medienkonkurrenz zwischen der literarisch-sprachlichen und der technisch-medialen Produktion der zwischen Halluzination und Realität schwankenden Erscheinung. Literatur und Fotografie konkurrieren um die Erzeugung einer virtuellen Realität, transgredieren die realistisch-naturalistische Mimesis zu einem ›transrealistischen‹ Phantastischen. Das findet eine Fortsetzung vor allem in denjenigen Texten, in denen fotografische Medientechniken der Erzeugung einer virtuellen Realität dienen. Hier konvergieren Schöpfungs- und Pygmalionmythen, medientechnische und poetologische Reflexionen. In diesen Kontext gehört, neben Villiers de l'Isle-Adams lebendig gewordene Fotografie (Fotoskulptur), die unsterbliche Androide Hadaly (*L'Eve future*, 1886), auch *La invención de Morel* von Adolfo Bioy Casares (1940). Wie in der phantastischen Literatur des 19. Jh.

geht es um die mediale Ermöglichung von Unsterblichkeit und ihren Preis.

3. Fotografie als Gedächtnismedium

a) Von der Mimesis zur Mnemonik
Im Zuge der Abkehr vom Naturalismus entsteht eine neue Semantisierung des Fotografischen. Sie entwirft das Subjekt und seine psychischen Prozesse nach dem Modell des fotografischen Prozesses als ›chambre noire‹, als Dunkelkammer. Charakteristisch für den Diskurs über Gedächtnis um die Jahrhundertwende ist außerdem, daß auch die indexikalisch-spurhafte Referentialität der Fotografie (und anderer analoger Medien) auf das Gedächtnis übertragen wird. Theorien wie diejenige von Richard Semon, derzufolge jeder Reiz ein ›Engramm‹ hinterläßt, interpretieren das Gedächtnis als den Prozeß einer körperlich-physischen Spurenbildung, konstituieren den Körper als analoges Aufzeichnungsgerät.[222] Die Umbesetzung der Semantik des Fotografischen geschieht im wesentlichen durch die Verlagerung des Modellcharakters der Fotografie vom Produkt, dem fotografischen Bild und seinen mimetischen Qualitäten, zum Apparat, zur Dunkelkammer und zu der Entstehung der (latenten) Bilder im Innern des Apparates. An die Stelle der Reflexion über die ›Fotomimesis‹, die mimetischen Qualitäten des Bildes und die Beziehung zwischen Bild und Abgebildetem, tritt jetzt eine ›Fotomnemonik‹[223], die Reflexion über die Beziehung zwischen mentalen ›inne-

---

[220] IVAN S. TURGENEV an Ž. A. Polonskaja (20. 12. 1881/1. 1. 1882), in: Turgenev, Pis'ma v trinadcati tomach, Bd. 13 (Leningrad 1968), 168.
[221] Vgl. TURGENEV, Klara Milič. Posle smerti (entst. 1882), in: Turgenev, Polnoe sobranie sočinenij v pjatnadcati tomach, Bd. 13 (Moskau/Leningrad 1967), 76–134; dt.: Nach dem Tode (Klara Militsch), übers. v. E. v. Baer, in: Turgenev, Erzählungen 1857–1883 (München 1967), 803–856; RENATE LACHMANN, Phantomlust und Stereoskopie. Zu einer Erzählung aus dem Spätwerk Ivan Turgenevs, in: A. Kablitz/G. Neumann (Hg.), Mimesis und Simulation (Freiburg 1998), 479–514.
[222] Vgl. HEIKE KLIPPEL, Gedächtnis und Kino (Frankfurt a. M. 1997), 35 f.
[223] Vgl. SCOTT MCQUIRE, Visions of Modernity. Representation, Memory, Time and Space in the Age of the Camera (London 1998).

ren‹ Bildern und fotografischen Aufnahmen, in den Mittelpunkt der intermedialen Reflexionen über Literatur und Fotografie. Wahrnehmung, Zeitbewußtsein, Imagination, Gedächtnis werden dabei nach dem Modell des fotografischen Prozesses von Aufnahme, Entwicklung, Speicherung konzipiert, das Subjekt als Foto-Medium entworfen. Dabei ist es nicht das Bewußtsein, das ›fotografiert‹, sondern das Unbewußte: »La faculté de photographie mentale [...] appartient plutôt à la subconscience qu'à la conscience.«[224] In diesem Sinn wird sich auch Freud auf die Fotografie beziehen: Denn die fotografische Metaphorik eignet sich besonders, um die Funktionsweise der zwei getrennten Systeme, das reizaufnehmende Bewußtsein auf der einen Seite (Objektiv, Sucher) und das reizbewahrende Gedächtnis auf der anderen Seite (fotografische Platte) sowie die Latenzphase zwischen Aufnahme und Entwicklung zu veranschaulichen.[225] Wie verbreitet diese metaphorische Übertragung um die Jahrhundertwende ist, zeigt ein Tagebucheintrag von Léon Bloy: »les images qu'on croit oubliées demeurent au plus profond des magasins de l'esprit, comme des clichés photographiques tenus en réserve«[226].

b) Die ›innere Dunkelkammer‹

Auch Marcel Proust benutzt in *A la recherche du temps perdu* (1913–1927) das fotografische Verfahren als Metapher für mnemonische Prozesse. Die Rede von der ›inneren Dunkelkammer‹ findet sich in der Erinnerung an die erste Begegnung mit Albertine: »Il en est des plaisirs comme des photographies. Ce qu'on prend en présence de l'être aimé n'est qu'un cliché négatif, on le développe plus tard, une fois chez soi, quand on a retrouvé à sa disposition cette chambre noire intérieure dont l'entrée est ›condamnée‹ tant qu'on voit du monde.«[227] Diese Ungleichzeitigkeit von Erfahrung und Verarbeitung ist für Proust ein Charakteristikum allen Erlebens. Erst die mémoire involontaire vermag sie aufzuheben. Solange sie ausbleibt, ruht die ungelebte (›verlorene‹) Vergangenheit im Gedächtnis wie unentwickelte Filme. Der fotografische Prozeß wird hier zum Modell eines sowohl dem Vergessen als auch der bewußten Erinnerung entgegengesetzten Zustandes von Latenz. Es handelt sich, wie sich Benjamin in seiner *Kleinen Rede über Proust* ausdrückt, »um Bilder, die wir nie sahen, ehe wir uns ihrer erinnerten«[228]. Eine der frühesten Formulierungen überhaupt der ›mémoire involontaire‹ enthält diesen Gedanken bereits: »Et la photographie de tout cela avait pris place dans les archives de sa mémoire, des archives si vastes que dans la plupart des cas il n'irait jamais regarder, à moins d'un hasard qui les fît rouvrir«[229]. Die Möglichkeit einer dauerhaften Speicherung durch die Fotografie wird hier interpretiert als ›Gedächtnisarchiv‹, das so unabsehbar groß ist, daß nur wenige der gespeicherten latenten Bilder von dem Zufall einer unwillkürlichen Erinnerung aus den unzugänglichen Bereichen des Bewußtseins wieder ans Licht geholt und schließlich durch Schreiben ›entwickelt‹ werden. Das Medium der *Entwicklung* der Bilder ist hier allerdings die Sprache, die anders als das Bild eine zeitliche Dimension besitzt, die Darstellung der Schichtung der Zeit in der Erinnerung erlaubt.

c) Momentaufnahmen

Eine weitere für die literarische Rezeption der Fotografie im 20. Jh. zentrale Bedeutungsdimension des Fotografischen entfaltet sich mit dem Begriff des ›instantané‹, der Momentaufnahme. Sie steht

---

224 HENRI BERGSON, Matière et mémoire. Essai sur la relation du corps à l'esprit (1896; Paris 1982), 94.
225 Vgl. SIGMUND FREUD, Traumdeutung (1900), in: FREUD (SA), Bd. 2 (1972), 514; DUBOIS, Palimpsestes. La photographie comme appareil psychique, in: Dubois (s. Anm. 149), 261–283; SERGE TISSERON, Le mystère de la chambre claire. Photographie et inconscient (Paris 1996).
226 LÉON BLOY, Journal, Bd. 1 (Paris 1900), 41.
227 MARCEL PROUST, A la recherche du temps perdu, hg. v. J.-Y. Tadié, Bd. 2 (Paris 1987), 227.
228 BENJAMIN, Aus einer kleinen Rede über Proust, an meinem vierzigsten Geburtstag gehalten, in: BENJAMIN, Bd. 2/3 (1977), 1064; vgl. BENJAMIN, [Skizzen zu ›Über den Begriff der Geschichte‹], in: BENJAMIN, Bd. 1/3 (1974), 1238; EDUARDO CADAVA, Words of Light. Theses on the Photography of History (Princeton 1997), 75–78, 87–100.
229 PROUST, Jean Santeuil, hg. v. P. Clarac/Y. Sandre (Paris 1971), 898; vgl. JEAN-FRANÇOIS CHEVRIER, Proust et la photographie (Paris 1982); BRASSAÏ, Marcel Proust sous l'emprise de la photographie (Paris 1997).

im Gegensatz zum ›prägnanten Moment‹ im Sinne von Lessings *Laokoon*[230], nicht für eine bedeutungsgeladene Synthese der Anschauung, sondern für den kontingenten, aus dem Zeitkontinuum isolierten Augenblick, den das Auge ohne die Hilfe der kurzen Belichtungszeiten der Fotografie gar nicht wahrnehmen könnte. Bereits die Naturalisten hatten diesen medial geprägten Augenblicksbegriff für sich reklamiert. Vor allem die Brüder Goncourt bezeichnen das Verfahren ihrer Tagebuchnotizen als »instantanés«, sie wollen den »accent fugitif et instantané des hommes et des choses«[231] wiedergeben. Obwohl Prousts Werk gegen diese impressionistische ›Literatur der Momentaufnahme‹[232] geschrieben ist, räumt er der spezifischen Zeiterfahrung des ›instantané‹ eine wichtige Rolle ein: die Rolle eines Widerparts zur ›mémoire involontaire‹. Die Metaphorik der Momentaufnahme beschreibt vor allem die schmerzhafte und unabgegoltene Erinnerung an Albertine. Denn an sie kann der Erzähler sich nur in ›Serien‹ genauso flüchtiger wie unverbundener Momentaufnahmen erinnern.[233] Gleichzeitig flüchtig und fixiert können diese vielgestaltigen Bilder weder von der Imagination noch von der Erinnerung je zu einem Bild synthetisiert werden, sie bleiben kontingent und vorläufig.

Bei William Faulkner ist diese, aus Prousts Sicht defizitäre, Erinnerung in fotografischen Momentbildern die Norm. Die Erzählerfiguren von *The Sound and the Fury* (1929) und *Absalom, Absalom!* (1936) erinnern sich in statischen und tableauartigen Bildern. Die Diskontinuität der ›frozen moments‹ läßt sich nicht mehr in eine kohärente Narration überführen.[234] Das Bewußtsein erscheint als belichteter Film: »the exposures brief, so brief as to be cryptic, almost staccato, the plate unaware of what the complete picture would show, scarceseen yet ineradicable«[235]. Die ›staccato‹-artige Folge von Einzelbildern sind wie bewußtlose Einprägungen, ›kaum gesehen‹ und unentzifferbar, aber ›unauslöschlich‹. Statt eine ›richtige‹ Version des Vergangenen Geschehens zu authentifizieren, haben diese ›frozen moments‹ eine immer größere Zahl möglicher Versionen zur Folge.[236]

4. Fotografie als Text und als Spur

a) ›Description‹ vs. ›inscription‹, Sprache vs. Fotografie

Dort wo die Theorie einer modernen, autonomen und antimimetischen Literatur sich auf Fotografie bezieht, fungiert wie in der bildenden Kunst das Fotografische häufig als Negativfolie des Literarischen. Paul Valéry bringt in seiner Rede zum hundertsten Geburtstag von Daguerres Erfindung (1939) diese Bedeutung der Fotografie für die Literatur auf folgende Formel: »Ainsi l'existence de la photographie nous engagerait plutôt à cesser de vouloir *décrire* ce qui peut de soi-même *s'inscrire*.«[237] Fotografische ›Selbstinschreibung‹ dispensiere die Literatur endgültig von der Notwendigkeit sprachlicher Beschreibung, denn was sich selbst auf der fotografischen Platte als Bild von der Wirklichkeit einzeichne, mache eine beschreibende Darstellung, die ohnehin immer nur ein ungenaues und ungefähres ›Bild‹ geben könne, endgültig überflüssig. Das habe für die Literatur den Vorteil, daß sie sich auf ihre eigenen Möglichkeiten besinnen müsse und anders als der Realismus und Naturalismus des 19. Jh. nicht länger versucht sei, die Grenzen der Sprache zu überschreiten. Die Existenz eines Mediums, das Realität direkt und quasi selbsttätig abbildet, müsse zwar die Literatur von ihrem

---

230 Vgl. GOTTHOLD EPHRAIM LESSING, Laokoon oder über die Grenzen der Malerei und Poesie (1766), in: LESSING (GÖPFERT), Bd. 6 (1974), 103, 124.
231 GONCOURT (s. Anm. 188), 1170.
232 Vgl. JACQUES DUBOIS, Romanciers français de l'instantané au XIXe siècle (Brüssel 1963).
233 Vgl. PROUST (s. Anm. 227), 213, u. ebd., Bd. 4 (Paris 1991), 655.
234 Vgl. KARL E. ZINK, Flux and the Frozen Moment: The Imagery of Stasis in Faulkner's Prose, in: Publications of the Modern Language Association of America 71 (1956), H. 3, 285-301.
235 WILLIAM FAULKNER, Absalom, Absalom! (New York 1964), 111.
236 Vgl. DIETER POLLOCZEK, Gedächtnissimulationen in Faulkners ›Absalom, Absalom!‹, in: A. Haverkamp/Lachmann (Hg.), Gedächtniskunst. Raum – Bild – Schrift (Frankfurt a. M. 1991), 409-443.
237 PAUL VALÉRY, Discours sur la photographie (1939), zit. nach Philippe Hamon, La description littéraire. De l'antiquité à Roland Barthes: une anthologie (Paris 1991), 171.

Anspruch auf Realismus entmutigen, aber sie gleichzeitig beflügeln, eine »littérature pure« voranzubringen, also nicht sprachexterne Wirklichkeitsbilder zu beschreiben, sondern sprachinterne Relationen zu privilegieren, sich auf die »variété des combinaisons et des résonnances poétiques« (172) zu konzentrieren. Die Forderung nach der Selbstbezüglichkeit und Autonomie der Medien wird hier also nicht mehr wie bei Lessing durch den Verweis auf den Gegensatz von Raumkunst und Zeitkunst, Simultaneität und Linearität motiviert, sondern durch die Entgegensetzung von zwei grundsätzlich verschiedenen Formen der Repräsentation, Sprache und Fotografie, *description* und *inscription*. Dabei ist die Literatur des 20. Jh. Valérys Vorschlag einer solchen Arbeitsteilung zwischen Fotografie und Literatur nicht gefolgt, vielmehr zeigt sich dort, wo Fotografien beschrieben werden – ein extremes Beispiel ist Raymond Roussels *La vue* (1904) mit ihren 2000 Versen Schilderung einer Miniaturfotografie –, wie sich inscription und description gegenseitig steigern können. Dabei entsteht auch eine neue Form von Intermedialität zwischen Texten und Fotos: Sie bringt nicht mehr nur die unterschiedlichen mimetischen oder mnemonischen Qualitäten, sondern auch die konträren semiotischen Qualitäten der beiden Medien ins Spiel.

Um die irreduzible Differenz von Sprache und Fotografie geht es insbesondere bei Barthes. In seinen Antinomien ist die Fotografie jeweils das Andere der Sprache (dénotation vs. connotation, punctum vs. studium) oder besetzt als »message sans code«[238] eine semiologische Paradoxie. Diese spezifisch spurhafte Referentialität der Fotografie ist nicht in die Sprache übertragbar: »La description d'une photographie est à la lettre impossible.«[239] Zugleich braucht die Fotografie den Text, so wie der Text die Fotografie braucht. Während die Fotografie nicht sagen kann, was sie zeigt, in der semantisch leeren Indexikalität des ›ça-a-été‹ befangen bleibt, etwas beweist, aber nicht preisgibt, was, ist die Sprache für Barthes mit dem komplementären Mangel behaftet. Sie kann nicht beweisen oder zeigen, was sie sagt, sie kann keinerlei Gewißheit über die Realität vermitteln: »C'est le malheur (mais aussi peut-être la volupté) du langage, de ne pouvoir s'authentifier lui-même.«[240] In Texten, die sich wie Uwe Johnsons *Jahrestage* (1970–1983) intensiv auf (zum Teil zeithistorische) Fotografien beziehen, werden ›Unglück‹ und ›Lust‹ der Sprache angesichts der Fotografie in eine spannungsreiche Konstellation von Fiktion und Faktizität gebracht.[241] Und als Prinzip einer sich ergänzenden »doppelten Dokumentation«[242] reflektiert der Schriftsteller und Ethnologe Hubert Fichte das Verhältnis seiner Texte zu den auf den gemeinsamen Reisen parallel entstandenen Aufnahmen von Leonore Mau.

b) Beschreibung als Entwicklung
So wie im 19. Jh. literarische Wahrheits-, Wirklichkeits- und Subjektbegriffe auf die Fotografie bezogen werden, so werden im 20. Jh. Text- und Schriftbegriffe mit dem Medium und seinem Modus einer ›einschreibenden‹ Aufzeichnung assoziiert. Der Text bzw. die Schrift selbst wären gerne spurhaft. Claude Simon entwickelt in seinen Romanen, vor allem in den langen Fotografiebeschreibungen von *Histoire* (1967), eine Lektüretechnik, welche die (fiktive) Aufnahme gewissermaßen ein zweiten Mal entwickelt, »qui déploie (ou développe) l'image simultanée en récit«[243]. Dabei werden zunächst unbestimmten Bildelementen Bedeutungen zugeordnet, welche sich allein aus der internen Dynamik der Sprache ergeben. Diese Bedeutungszuschreibungen (etwa die Benennung einer Figur) werden anschließend durch Wiederholung fixiert. Der Text eignet sich also weniger die Fotografie als Bild an, als daß er ihr Verfahren der ›inscription‹ zu simulieren sucht, Wörter ›be-

---

238 BARTHES (s. Anm. 141), 1419.
239 BARTHES, Le message photographique (1961), in: Barthes, Œuvres complètes, hg. v. E. Marty, Bd. 1 (Paris 1993), 940.
240 BARTHES (s. Anm. 142), 1169.
241 Vgl. JÜRGEN ZETZSCHE, Die Erfindung photographischer Bilder im zeitgenössischen Erzählen. Zum Werk von Uwe Johnson und Jürgen Becker (Heidelberg 1994), 135–281.
242 RÜDIGER WISCHENBART, ›Ich schreibe, was mir die Wahrheit zu sein scheint‹. Ein Gespräch mit Hubert Fichte, in: Text und Kritik, H. 72 (1981), 81.
243 LUCIEN DÄLLENBACH, L'archive simonienne, in: Modern Language Notes (French Issue) 103 (1988), H. 4, 740.

lichtet.«[244] Am Ende ist das »énigme«, das der Erzähler in der fotografischen Spur vermutet, längst nicht offengelegt, das Bild nicht abgearbeitet. Der Erzähler nimmt dabei die Fotografie noch einmal in die Hand mit dem Ergebnis, daß das auf zu hartem Papier abgezogene und daher kontrastarme Bild immer irrealer wird: »l'œil s'acharnant à scruter pour la millième fois la mauvaise photographie«. Damit hat sich der Status des Bildes durch die Beschreibung verändert, es ist nicht mehr das untrügliche Indiz, das sich der Erzähler erhofft hatte, sondern wie jedes Erinnerungsbild in der Ambivalenz von Trugbild und Referenz verfangen: »irréel«, »fantomatique« – »et pourtant irrécusable«[245]. Dadurch nämlich, daß er immer mehr Bewegungen der Personen imaginiert und die Beschreibung immer mehr Kontexte und Zeitschichten überlagert, wird das Bild schließlich ausgelöscht. Wie in *Blow-up* (1966), Antonionis Verfilmung der Erzählung von Julio Cortázar (*Las babas del diablo*, 1958), muß Simons Erzähler sich am Ende fragen, ob das Verbrechen, das er aus den Bildern herausgelesen hat, nicht ebensogut allein seiner Phantasie entsprungen sein könnte, statt von seinen hundertfach vergrößerten Aufnahmen ›bewiesen‹ worden zu sein.

c) Fotozauber

Auffällig in vielen Texten über Fotografie aus der 2. Hälfte des 20. Jh. ist die Kontinuität zu den Diskursivierungen des Fotografischen in Phantastik und okkultistischen Strömungen. Barthes spricht in *La chambre claire* von der Fotografie als »résurrection«, »émanation«, »magie«[246], und Derrida bezeichnet in *Droit de regards* (1985) das ›Gespenstische‹ als das Wesen des Mediums: »J'aime ici le mot de médium, comme ces images il me parle de spectres, de fantômes et de revenants. Tout y décrit, en noir et blanc, le retour des revenants, on peut le vérifier après coup de la première ›apparition‹. C'est l'essence de la photographie, le spectral.«[247] Das aktuelle Interesse an Geisterfotografie verweist auf die Virulenz dieses ›gespenstischen‹ Wesens‹ des Mediums, auf die auch (gerade?) im Zeitalter digital-spurloser Fotografie anhaltende Beunruhigung durch das Spiel von Bild und Spur, An- und Abwesenheit, Erscheinen und Verschwinden, die Belichtung von Vergänglichkeit,

das schattenhafte Überleben im Bild, die Kommunikation zwischen Lebenden und Toten. Darum kreist ein Tagebucheintrag von Jünger kurz nach dem Tod seines Sohnes: »In diesen Tagen betrachte ich oft Bilder von Ernstel mit neuen Gedanken über Photographie. Kein Lichtbild kann mit einem guten Gemälde wetteifern in der Domäne, in der die Kunst regiert, und wo Ideen und Bewußtsein herrschend sind, doch ist den Photographien eine andere, dunklere Qualität zu eigen – das Lichtbild ist ja eigentlich ein Schattenbild. Es gibt etwas von der Substanz des Menschen, ist ein Abdruck von ihm.«[248] Die Überlegenheit der Fotografie über ästhetische Artefakte liegt auch hier in der als ›Abdruck‹ verstandenen Beziehung zwischen Bild und Verstorbenem. Sowohl im 19. als auch im 20. Jh. werden der Fotografie von vielen Autoren Eigenschaften und Fähigkeiten zugeschrieben, welche in den Bereich vormoderner religiöser Objekte (Reliquien, Heiligenbilder) und Praktiken (Heil- und Schadenszauber) gehören. Ohne Ironie, eher selbst verunsichert, erzählt Hervé Guibert in *L'image fantôme* (1990) von einem erfolgreichen Fotozauber und seiner Therapie: »Voilà la preuve que les photos ne sont pas innocentes, qu'elles ne sont pas lettres mortes, objets inanimés, embaumés par le fixateur. Voilà la preuve qu'elles agissent et qu'elles trahissent ce qui se cache derrière la peau.«[249] Die Fotografie fungiert hier insofern als Gegenüber der Literatur, an dem sie ihre eigenen Grenzen und Möglichkeiten reflektiert, als sie weniger in der Sphäre einer ausdifferenzierten Kunst und Ästhetik zu gehören scheint als vielmehr in einen Bereich, in dem Kunst und Magie noch verbunden sind. Sosehr die Fotografie zur Moderne und ihrer Kultur des Positivismus und Realismus beiträgt, sosehr

---

244 Vgl. ALBERS, ›The Shock of the Photographs, the Weight of the Words‹: Photographic War Memories in Claude Simon's ›La Route des Flandres‹, in: T. Wägenbaur (Hg.), The Poetics of Memory (Tübingen 1998), 231–248.
245 Vgl. CLAUDE SIMON, Histoire (Paris 1967), 283.
246 BARTHES (s. Anm. 142), 1167, 1170.
247 MARIE-FRANÇOISE PLISSART/JACQUES DERRIDA, Droit de regards (Paris 1985), VI.
248 JÜNGER, [Tagebucheintrag vom 24. 1. 1945], in: Jünger, Werke, Bd. 3 (Stuttgart 1963), 376 f.
249 HERVÉ GUIBERT, L'image fantôme (Paris 1990), 157.

ist sie bis in die Gegenwart Teil der ›Nachtseiten‹ dieser Moderne, verweist auf religiöse Erfahrungen mit Bildern zurück. Darum geht es auch in Michel Tourniers *Le roi des aulnes* (1970). Die Fotografie wird als »pratique d'envoûtement qui vise à s'assurer la possession de l'être photographié« beschrieben, welche aufgrund ihrer magischen Fähigkeiten eine ›poetische‹ Zeugungskraft zukomme: »L'image photographique, cette émanation indicutable du réel, est en même temps consubstantielle à mes fantasmes, elle est de plain-pied avec mon univers imaginaire. La photographie promeut le réel au niveau du rêve, elle métamorphose un objet réel en son propre mythe.«[250] Die Fotografie ist alles andere als eine reine ›Reproduktion‹ der Wirklichkeit, vielmehr verwandelt sie das Abgebildete in ein Produkt der Phantasie, in ein Kunstwerk. Die Magie der Fotografie wird bemüht, um die Magie der künstlerischen Kreation zu formulieren: Die Literatur orientiert sich nicht mehr primär am mimetischen und mnemonischen Potential der Fotografie, sondern am mit vormodernen und religiösen Attributen aufgeladenen performativen Moment des ›fotografischen Aktes‹.

Ob die digitale Fotografie die gleiche Vielfalt an literarischen Semantisierungen hervorbringt, wie es die analoge Fotografie getan hat, wird erst die Zukunft erweisen. Aber so wie lange vor Daguerre ein literarischer Text, der utopische Roman *Giphantie* von Tiphaigne de la Roche (1760)[251], die Erfindung der Fotografie antizipierte, so gibt es auch literarische Werke wie Vladimir Nabokovs *Invitation to a Beheading* (New York 1959), wo mit dem auf Retusche beruhenden ›Fotohoroskop‹ zwar nicht die Technik, aber doch die ambivalenten Eigenschaften digitaler Bilder bereits reflektiert sind.

Irene Albers

(Hg.), Photo-Textualities. Reading Photographs and Literature (Newark 1996); BUDDEMEIER, HEINZ, Panorama, Diorama, Photographie. Entstehung und Wirkung neuer Medien im 19. Jahrhundert (München 1970); BUSCH, BERND/LIEBELT, UDO/OEDER, WERNER (Hg.), Fotovision: Projekt Fotografie nach 150 Jahren [Ausst.-Kat.] (Hannover 1988); BURGIN, VICTOR (Hg.), Thinking Photography (London 1982); CRIMP, DOUGLAS, On the Museum's Ruins (Cambridge, Mass. 1993); dt.: Über die Ruinen des Museums, übers. v. R. Braumeis (Dresden/Basel 1996); DUBOIS, PHILIPPE, L'acte photographique et autres essais (Paris 1990); dt.: Der fotografische Akt. Versuch über ein theoretisches Dispositiv, übers. v. D. Hornig (Amsterdam/Dresden 1998); FRIZOT, MICHEL (Hg.), Nouvelle histoire de la photographie (Paris 1995); GARNIER, MARIE-DOMINIQUE (Hg.), Jardins d'hiver. Littérature et photographie (Paris 1997); KAUFHOLD, ENNO, Bilder des Übergangs. Zur Mediengeschichte von Fotografie und Malerei um 1900 (Marburg 1986); KOPPEN, ERWIN, Literatur und Photographie. Über Geschichte und Thematik einer Medienentdeckung (Stuttgart 1987); KEMP, WOLFGANG, Theorie der Fotografie, 3. Bde (München 1979–1983); KRAUSS, ROSALIND, Le photographique: pour une théorie des écarts (Paris 1990); dt.: Das Photographische. Eine Theorie der Abstände, übers. v. H. Schmidgen (München 1998); MAYNARD, PATRICK, The Engine of Visualization. Thinking Through Photography (Ithaca u. a. 1997); ORTEL, PHILIPPE, La littérature à l'ère de la photographie (ersch. Nîmes 2001); PLUMPE, GERHARD, Der tote Blick. Zum Diskurs der Photographie in der Zeit des Realismus (München 1990); PRICE, MARY, The Photograph. A Strange Confined Space (Stanford 1994); ROUILLÉ, ANDRÉ, La photographie en France. Textes et controverses: une anthologie 1816–1871 (Paris 1989); SOLOMON-GODEAU, ABIGAIL, Photography at the Dock: Essays on Photographic History, Institutions, and Practices (Minneapolis 1991); SCHAAF, LARRY J., Out of the Shadows. Herschel, Talbot and the Invention of Photography (London 1992); SHLOSS, CAROL, In Visible Light. Photography and the American Writer 1840–1940 (New York/Oxford 1987); TAGG, JOHN, The Burden of Representation: Essays on Photographies and Histories (Amherst 1988); WETZEL, MICHAEL, Die Enden des Buches oder die Wiederkehr der Schrift. Von den literarischen zu den technischen Medien (Weinheim 1991).

Literatur

AMELUNXEN, HUBERTUS VON, Allegorie und Photographie. Untersuchungen zur französischen Literatur des 19. Jahrhunderts (Diss. Mannheim 1992); BRYANT, MARSHA

---

250 MICHEL TOURNIER, Le roi des aulnes (1970; Paris 1977), 167 ff.; vgl. KOPPEN (Anm. 34), 138.
251 Vgl. TIPHAIGNE DE LA ROCHE, Giphantie (1760), in: F. Lacassin (Hg.), Voyages au pays de nulle part (Paris 1990), 1019–1085.

Fragment

(lat. fragmentum; engl. fragment; frz. fragment; ital. frammento; span. fragmento; russ. фрагмент)

Einleitung: Fragmente und Fraktale; I. 17. und 18. Jahrhundert; 1. Legitimationen des Fragmentarischen in der frühen Neuzeit; 2. Theologie der fragmentarischen Entzifferung bei Hamann, Herder und Lavater; 3. Lessing als Herausgeber des Reimarus: Der Fragmentenstreit; **II. Romantik;** 1. Auf dem Weg zum frühromantischen Fragment: Schlegels Lessing; 2. Momente der Erhabenheitsästhetik im frühromantischen Fragmentarismus; 3. Anspruch und Ausgriff des frühromantischen Fragments; 4. Chronologie des frühromantischen Fragmentprogramms 1796–1800; 5. Produktion als zerstückelnde Mitteilung: Tieck und Kleist; 6. Das lyrische Fragment der englischen Romantik; 7. Restauration als Schmerz: Die Zerrissenen (Hölderlin, Byron, Heine); 8. Fragmentaristische Momente der französischen Romantik; **III. 19. und 20. Jahrhundert;** 1. Durchbruch der modernen Skulptur als Bruchstück: Rodin; 2. Die Kontexte ausräumen: Mallarmés Poetik des Fragmentierens; 3. Nach Mallarmé: Fragmentierung als Verfahrensprinzip der modernen Dichtung; 4. Im Zeichen der Zerreißung: Selbstdiagnosen der Moderne um 1900 (Nietzsche, Hofmannsthal, Simmel); 5. Fragmentarische Werke für eine unfertige Welt: Brecht, Bloch, Heiner Müller; 6. Konstruktionen des Abbaus: Benjamin; 7. Zerfall als Entfaltung: Adorno; 8. Den Kanon herunterbrechen: Harold Bloom und Thomas Bernhard

Einleitung: Fragmente und Fraktale

Fragmentarismus ist ein oft erteiltes Stichwort und Aufbruchssignal der ästhetischen Moderne. Es wird laut, wenn die Vorstellung einer mimetischen Repräsentation der Natur im Werk eine Absage erfährt. »Mit dem Ende der Mimesiskonzeption bricht das Ende der werkorientierten Produktion an. [...] Wo die althergebrachte Bezugnahme der Kunst aufs Werk abbricht, beginnt die Karriere des Fragments als bevorzugter Ausdrucksform.«[1] Der von der Frühromantik bis zum Poststrukturalismus begegnende »Gedanke einer notwendig fragmentarischen Gestalt des Ästhetischen [...] signalisiert«, so sein Historiograph Eberhard Ostermann, »daß die Kunst nicht mehr auf das Ideal eines anschaulichen und geschlossenen Ganzen, also auf das Paradigma der idealistischen Identitätsästhetik, verpflichtet wird.«[2] Ex negativo hält dieser Gedanke dennoch Verbindung zur Identitätsästhetik, indem die »Metapher des Fragments [...] als verdeckte Totalitätskategorie« fungiert, »da sie die Vorstellung des Ganzen auf latente Weise mitreflektiert«[3].

Umgekehrt heißt das, daß jeder Text signalisiert, ob er sich als Teil oder Ganzes versteht, wie seine Partialität oder Integrität zu bedenken und was seiner impliziten Poetik zufolge unter Werk und Fragment zu verstehen sei. Werk heißt vorerst einmal Nicht-Fragment, Fragment Nicht-Werk. Die andauernde, von Lessing vorbereitete Verunsicherung dieser Opposition durch Friedrich Schlegel und Novalis verschränkt die Kategorien: Jedes Werk ist wesentlich Fragment, jedes Fragment Werk, nämlich paradoxe Einheit von Begrenztem und Unbegrenztem, da Unbegrenzbarem. Unbegrenzbar ist alles Geschriebene, weil es nicht alles sagen, geschweige denn mitteilen kann, und weil es in einem fortdauernden Prozeß der Geschichte, der Literatur und beider Interpretation steht. Eingehend in das ästhetische Denken sowohl der französischen Moderne (Mallarmé, Valéry) wie der Frankfurter Schule und ihres Umkreises (Bloch, Benjamin, Adorno), umgesetzt in theoretische Konzepte von Nietzsche (Dionysisches/Apollinisches) bis Derrida (Supplementarität aller Aussage), setzt sich seit der Romantik der Begriff ›Fragment‹ als Beschreibungskategorie und Darstellungsform durch.

Ein programmatisches Wort Friedrich Schlegels aufgreifend, könnte man die neuere Geschichte der ästhetischen Idee Fragment bezeichnen als Entwicklung vom ›Fragment aus der Vergangenheit‹ (vom 16. zum 18. Jh.) über das ›Fragment aus der Zukunft‹ (bei der Frühromantik und ihren Fortwirkungen) zum ›Fragment aus der Gegen-

---

1 RÜDIGER BUBNER, Gedanken über das Fragment. Anaximander, Schlegel und die Moderne, in: Merkur 47 (1993), 296.
2 EBERHARD OSTERMANN, Der Begriff des Fragments als Leitmetapher der ästhetischen Moderne, in: Athenäum. Jahrbuch für Romantik 1 (1991), 190; vgl. OSTERMANN, Das Fragment. Geschichte einer ästhetischen Idee (München 1991).
3 OSTERMANN, Begriff des Fragments (wie Anm. 2), 190; vgl. LUCIEN DÄLLENBACH/CHRISTIAN L. HART NIBBRIG (Hg.), Fragment und Totalität (Frankfurt a. M. 1984).

wart‹ (in der literarischen Moderne seit Hölderlin). Mit Fragmentierung war zuerst der Selektionsprozeß aller Erinnerung und Überlieferung gemeint. Nachdrücklich erfuhr ihn die Renaissance an der Lückenhaftigkeit des antiken Erbes. Darauf zielt Goethes Wort: »Literatur ist das Fragment der Fragmente; das Wenigste dessen, was geschah und gesprochen worden, ward geschrieben, vom Geschriebenen ist das Wenigste übrig geblieben.«[4]

Als Treibstoff der Progression verstehen Schlegel und Novalis das Fragment. Es provoziert Kritik, die ihm seine Fortverwandlung in der Zukunft sichert, damit diese selbst heranbringt. Die Idee der Dignität des Unvollendet-Unvollendbaren macht Rodin ab 1875 für die moderne Bildhauerei fruchtbar, indem er die Torsi der Antike zum Vorbild für seine Skulpturen nimmt, die er selbst fragmentiert und schließlich in nie endgültig zu konfigurierenden Assemblagen ausstellt. Die Modernen positivieren das scheinbar ex negativo definierte Fragment als Inbild ästhetischer Autonomisierung: als agens der Befreiung vom Kanon der Überlieferung und des herrschenden Publikumsgeschmacks, vom Wirkungs- und Sinnzusammenhang einer (dem Kunstwerk abgeforderten) Ganzheit. Die Emanzipation der Elementarteile eines Kunstwerks (der Farbe, des Klangs, des Morphems oder des Buchstabens) mündet darin, dieses Partielle, Einzelne zu dessen Signum und Definiens zu erheben.

Fragmente aus der Gegenwart kann man alle Kunstwerke des 19. und 20. Jh. nennen, die ihre Imperfektibilität weniger der frühromantischen Emphatisierung des Fragmentarischen verdanken als vielmehr den Atomisierungstendenzen der Moderne, den Kollisionen von Kunst und Gesellschaft im Kunstwerk schulden. Hierin äußern sich Erfahrungen einer Geschichte, die sich nicht bruchlos ins Werk setzen lassen. In Hölderlin haben sie ihren ersten Exponenten, im ›Zerrissenen‹ der 1820er Jahre ihren Typus; aber auch ein erheblicher Anteil dessen, was als Fragment- und Montagestruktur der modernen Literatur beschrieben wird, geht auf ihre Rechnung. Im meist eher impliziten Anschluß an das Konzept der Frühromantiker versuchen Schriftsteller und Theoretiker des 20. Jh., den Fragmentierungen der Moderne durch Aufwertung des Fragmentarischen in den Kunstwerken zu begegnen (Hofmannsthal). Als Selbstkritik der Kunst weist es negierend auf die Kultur zurück, der es sich als Autonomes entrungen hat (Adorno). Die Ubiquität des Fragments in der Kunst der Gegenwart verlangt nach einer Alternative zu den Polen Partialität und Totalität, unter denen es von der Werkästhetik gefaßt wurde. Nancy versteht Wahrnehmung als fragmentierende, da sie den (mit dem Ende der Metaphysik negierten) *einen* Sinn in die Vielzahl der Sinne, nämlich der sinnlichen Eindrücke aufbricht. Ästhetisch-künstlerisch macht sich diese Struktur der Aisthesis geltend, indem sie die (nur in ihrer Verteilung gegebene) symbolische Ordnung suspendiert: »Das Fragment (die Kunst) ist also das Symbolische selbst im Augenblick seiner Unterbrechung.«[5] Nancy definiert solche Augenblicke existenzphilosophisch als Repräsentanten des endlichen menschlichen Seins.

Der Begriff des Fraktalen, den eine frondierende Gruppe von Mathematikern zu Beginn des 20. Jh. erfand, erschien seinerzeit noch nicht als Anbruch einer Entwicklung, die heute naturwissenschaftliches, phänomenologisches und künstlerisches Denken in seinem Zeichen zusammenführt. »Historically, the revolution was forced by the discovery of mathematical structures that did not fit the patterns of Euclid and Newton. These new structures were regarded [...] as ›pathological‹, as a ›gallery of monsters‹, kin to the cubist painting and atonal music that were upsetting established standards of taste in the arts at the same time. [...] Now, [...] [t]he same pathological structures that the mathematicians invented to break loose from 19th-century naturalism [in der Mathematik – d. Verf.] turn out to be inherent in familiar objects all around us.«[6] Mit der Sprache veränderten die Mathematiker auch das Naturmodell der Naturwissenschaften. Zu Anfang des Jahrhunderts ver-

---

4 JOHANN WOLFGANG GOETHE, Maximen und Reflexionen über Literatur und Ethik, in: GOETHE (WA), Abt. 1, Bd. 42/2 (1907), 176f.
5 JEAN-LUC NANCY, Die Kunst – Ein Fragment, übers. v. J.-P. Dubost, in: Dubost (Hg.), Bildstörung. Gedanken zu einer Ethik der Wahrnehmung (Leipzig 1994), 183.
6 FREEMAN DYSON, Characterizing Irregularity, in: Science 200 (12. 5. 1978), H. 4342, 677f.

suchte etwa der französische Mathematiker Henri Poincaré die Bewegungsgesetze dreier gegeneinander gravitierender Himmelskörper durchzurechnen: »Poincaré soon discovered that chaos is present in the very celestial mechanics that linear science had long trumpeted as the model of nature's simple laws.«[7] Tatsächlich scheinen diese Gesetze heute so kompliziert, daß ihnen nur die komplexen, nichtlinearen Gleichungen der Mathematik entsprechen. Diese Gleichungen, bei denen die Resultate iterativ in ihre Aufgabenstellung wiedereingespeist werden, konnte erst der Computer durchrechnen und graphisch illustrieren. Die Figuren, die dabei entstehen, entwickelte zuerst Benoît Mandelbrot: »Mandelbrot's ingenuity was to look at complex numbers instead of real numbers, to follow the process $x_0 \to x_1 \to x_2 \ldots$ on a plane rather than on a line.«[8] Was Mandelbrot entdeckte, wurde ihm die Formsprache zum posteuklidischen Verständnis der Natur: »that many patterns of Nature are so irregular and fragmented, that, compared with Euclid [...] Nature exhibits [...] an altogether different level of complexity«[9]. Ob ihrer irregulären, sprunghaften Resultate, die die so verfolgten nichtlinearen Gleichungen produzierten, gab Mandelbrot diesen den Namen Fraktale: »I coined *fractal* from the Latin adjective *fractus*. The corresponding Latin verb *frangere* means ›to break‹: to create irregular fragments. It is therefore sensible – and how appropriate for our needs! – that, in addition to ›fragmented‹ (as in *fraction* or *refraction*), *fractus* should also mean ›irregular‹, both meanings are preserved in *fragment*.«[10]

Seit etwa 1980 dient die fraktale Mathematik zur Darstellung einer Natur, die mit den Mandelbrotschen Termini scaling shapes, self-similarity und randomness beschrieben wird. Mit scaling shapes ist gemeint, daß die Naturobjekte makro- wie mikroskopisch gesehen unendlich untergliedert sind, mit self-similarity, daß sich das Muster dieser Untergliederung in jeder Dimension (von der Totalen bis zum Detail des Details des Details usw.) ähnlich bleibt, mit randomness die Eignung der ›Mandelbrot sets‹ zur computergraphischen Simulation derjenigen Übergangsprozesse, bei denen geschlossene Systeme sich ins Chaos auflösen. Die Chaostheorie macht die Erkenntnis, die an den nichtli-

nearen Gleichungen abzulesen war, daß nämlich die Naturprozesse unvorhersehbar und nicht kontrollierbar sind, zum heuristischen Prinzip und findet fraktale Strukturen unkalkulierbarer Abweichungen in allen Gebieten der Physik wie der Physis. Zwar haben die ›Mandelbrot sets‹ Strukturen, deren Muster von sogenannten strange attractors bestimmt werden, aber diese sind nicht nur befremdlich, sondern auch instabil: »Climatologists worry these days that the weather's strange attractor (the climate) may one day change its shape as a result of the industrial perturbations caused by human beings.«[11]

Kultur- und wissenssoziologisch läßt sich der Aufstieg der Chaostheorie mit dem gegenwärtigen Stand des Unbehagens an der szientifischen Naturbeherrschung erklären. Die Erkenntnis, daß, wer Natur beobachtet, sie beeinflußt und Teil der Gleichung wird, die er von ihr aufstellt, amalgamiert sich dabei mit der Verunsicherung des modernen Projekts, daß Natur beherrscht werden solle. Bildende Künstler, die die Computergraphiken der fraktalen Mathematik aufnehmen, suchen in ihr das Grundmuster, in dem die Natur sich, heutigem Verständnis zufolge, darstellt: »Fractalist artists«, so der Kurator Klaus Ottmann, »no longer concern themselves with the mere manufacturing of objects but with the experience of fractalization. [...] Today's artists are excited by the recognition that fractalization [...] is art.«[12] Briggs argumentiert, daß Kunst immer schon insofern fraktal war, als sie (nach dem Prinzip des scaling und der self-similarity) Welten in die Welt hineinsetzte.[13] Zudem läßt sich das Gesetz der self-similarity leicht auf postmoderne und Selbstreferentialitätsmodelle der Äs-

---

7 JOHN BRIGGS, Fractals: The Patterns of Chaos. Discovering a New Aesthetic of Art, Science, and Nature (New York 1992), 47.
8 HEINZ-OTTO PEITGEN/PETER H. RICHTER, The Beauty of Fractals: Images of Complex Dynamical Systems (Berlin u. a. 1986), 8.
9 BENOÎT MANDELBROT, The Fractal Geometry of Nature (New York 1982), 1.
10 Ebd., 4.
11 BRIGGS (s. Anm. 7), 140.
12 Zit. nach ebd., 166.
13 Vgl. ebd., 28.

thetik übertragen: »Are we in a condition of infinite repetition? Infinite self-similarity?« fragt der mit graphischen Darstellungen fraktaler Strukturen arbeitende Künstler Edward Berko und fährt fort: »Just as the creation of a fractal structure involves the process of iteration, so the production of artistic works involves iteration. The creative process is a system wherein the output becomes part of the input. In this way, the process of making art becomes self-similar, self-referential and an iteration of itself.«[14]

Mit der prominentesten Theorie des Fragments, der der deutschen Frühromantik, berührt sich die Mandelbrotsche Idee der Fraktale nicht nur durch den Gestus des strukturbildenden Unterbrechens. Die Chaostheorie hat zu den nichtlinearen Gleichungen Analoga und Analoga dieser Analoga gesucht in einer Weise, die an den kombinatorischen Witz erinnert, der eines der Produktionszentren des frühromantischen Fragments gewesen ist. Sie lenkt den Blick auf »the self-similarity seen when we compare a human hand to a hummingbird's wing, to a shark's fin, and to a branch of a tree«. Fraktale Modelle der Natur verlangen nach einem expansiven Rahmen, der jedes mit jedem zu vernetzen erlaubt: »an essential feature of life-forms is that each in its own fractal way reflects the dynamical system of nature as a whole«[15]. So aber verstanden die Frühromantiker — Ferdinand de Saussure vorwegnehmend — den differentiellen, auf das Strukturgesetz der Sprache als ganzer verweisenden Koeffizienten jeder Äußerung.

Mandelbrot hat zur ideenhistorischen Herleitung der Fraktale auf Leibniz' *Monadologie* (entst. 1714) verwiesen.[16] Tatsächlich ist die (idealtypische) Symmetrie der Strukturen von self-similarity eher das Gegenteil des ästhetischen Ideals, das Schlegel als fragmentaristisches Chaos beschwor. Historisch gemeinsam ist beiden Vorstellungen, daß sie durch die Erhabenheitstheorien des 17. und 18. Jh. hindurchgegangen sind. Die Wellenbewegungen des Ozeans, die Gebirgsformationen der Alpen oder das plötzliche Kalben eines Eisbergs lassen sich als fraktal strukturiert beschreiben[17], und Mandelbrot zitiert, um die spezifische Schönheit der beiden ersten Phänomene zu belegen, Sätze eines englischen Altphilologen aus der Zeit um 1700[18], die an John Dennis' Theorie des ›sublime‹ erinnern. Auch die gerade von Mathematikern gepriesene Schönheit der Fraktale (»Perhaps the most convincing argument in favor of fractals is their sheer beauty«[19], schreiben Heinz-Otto Peitgen und Peter H. Richter; Mandelbrot spricht von der »plastic beauty«[20] der Fraktale), die sich einem computergraphisch vertieften Zusammenspiel von Form- und Farbwirkungen verdankt, empfiehlt die Übertragung dieser Ästhetik auf die Strukturen gegenwärtiger beschleunigt-partialisierter Wahrnehmungen (etwa im Videoclip[21]) wie auf die Künste und die Literatur. So läßt sich Mandelbrots Theorie zur Beschreibung der Strukturen nutzen, die im Werk Ezra Pounds begegnen. »History«, resümiert Hugh Kenner seine Mandelbrotsche Interpretation, »works towards no finale: analogously, self-similarity imposes no norm of completeness. The Alps [...] are self-similar, from skyline down to the boulder; and had a few mountains never been formed, we'd not deem the Alps ›incomplete‹. [...] A *Draft Of XXX Cantos*, while explicitly part of something larger, could be read as a complete poem, and so could any of its constituent Cantos. [...] Self-similarity in general confers the liberty to stop without incompleteness.«[22] Eben das scheint das Selbstbewußtsein gegenwärtiger Wahrnehmung und Kunstproduktion zu sein.

---

14 Zit. nach ebd., 168.
15 Ebd., 30.
16 Vgl. MANDELBROT (s. Anm. 9), 419.
17 Vgl. ebd., 6; BRIGGS (s. Anm. 7), 47.
18 Vgl. MANDELBROT (s. Anm. 9), 6.
19 PEITGEN/RICHTER (s. Anm. 8), VI; vgl. ebd., 8 f.
20 MANDELBROT (s. Anm. 9), 2; vgl. BRIGGS (s. Anm. 7), passim.
21 Vgl. INGA LEMKE, Video als Fragment. Zu neuen Formen medial vermittelter Welt-Anschauung, in: A. Camion u. a. (Hg.), Über das Fragment/Du fragment (Heidelberg 1999), 276–286.
22 HUGH KENNER, Self-Similarity, Fractals, Cantos, in: English Literary History 55 (1988), 729.

I. 17. und 18. Jahrhundert

1. Legitimationen des Fragmentarischen in der frühen Neuzeit

Das Verbot, morphologisch heterogene Glieder zusammenzusetzen, mit dem die Horazsche *Ars poetica* anhebt, erleidet in der frühen Neuzeit einen doppelten Bruch. Ästhetisch ist er dadurch bestimmt, daß Humanismus und Renaissance die Antike nur bruchstückhaft wiederentdecken konnten: in den Fragmenten von Textkorpora und in den Torsi von Statuen – etwa dem kurz vor 1432 entdeckten sogenannten *Apoll vom Belvedere*, den zu vollenden Michelangelo sich für unwürdig erklärte. Der hier ansetzenden, bei Leonardo da Vinci begegnenden Ästhetik des non-finito konvergiert die neuzeitliche Anatomie, an der sich die Portraitmaler der Renaissance zu schulen beginnen.[23] Erst die humanistische Philologie überträgt angesichts der prekären Überlieferungslage die antike Vokabel ›fragmentum‹, die bisher Restbestände und Absplitterungen von Material, etwa Brot, Stein oder Holz, bezeichnet hatte, auf unvollständig erhaltene Texte.[24] Als das 17. Jh. Ausdrucksformen für die historische Erfahrung der Konfessionsspaltung und der mit ihr begründeten Religionskriege suchte, erfand es Bedeutungslandschaften der Trümmer und Zerstörungen. Die neue Optik des Mikroskops und des Teleskops begünstigte ein vorszientifisch intensiviertes ausschnitthaftes Sehen, die Anschauungsform des Welt-Theaters eine szenische Einfassung des Blicks, die noch für die literarische Landschaftsdarstellung des 18. Jh. als Prinzip der ›Rahmenschau‹ fortwirkt.

Die moderne Ausdifferenzierung und zivilisatorische Verfeinerung der Verhaltenscodices, wie sie zuerst der Höfling des 17. Jh. befolgt, läßt sich als »durchgehende Fragmentierung von Sprache, Wahrnehmung und Verhalten«[25] beschreiben. In der Verteidigung seines Repräsentationsprestiges wie seiner von allen Seiten beobachteten und bedrängten Position am Hof bildet er, den Darlegungen Baltasar Graciáns, François de La Rochefoucaulds und Jean de La Bruyères zufolge, eine Schule der Aufmerksamkeit und opportunistischen Verstellung aus. Wer in der höfischen Gesellschaft bestehen oder avancieren will, muß ein proteushafter Schauspieler sein, immer auf der Höhe der gegenwärtigen Situation und der neuesten Mode hörig, ohne ihr je zu verfallen. Freundschaftsbeziehungen sind hier, wie alles soziale Agieren, bloße Bekundungen, gegenseitige Täuschungen zum gegenseitigen Nutzen.

Im Kontext dieser sozialisierten Anthropologie wird das Ideal des wahren (ganzen) Menschen verunsichert von der auf die Entfremdungen der arbeitsteiligen Gesellschaft vorausweisenden Erfahrung negativer Spezialisierung. Fragmentierte Organisation des Wissens bietet dem einzelnen, schon in der Programmatik Bacons, direkten (systemungebundenen) Zugriff auf praktisch Verwertbares. Gegentendenzen überdauerten im geschichtsphilosophischen Menschheitsprojekt der Aufklärung wie schon im Stilideal der Moralisten. Das im »prägnanten fragmentarischen Stil«[26] von Graciáns *Oráculo manual* (1647) Gelehrte empfiehlt dem zoon politikon Mensch, die embryonalen Stadien und die Segmentierungen des eigenen Tuns zu verbergen, um sie der Einsicht und Verachtung der anderen zu entziehen. Das gilt auch für die (als Werbung für ihre Urheber intendierten) Werke der Kunst und Literatur.

In seine Park-Landschafts-Areale stellt das Jahrhundert der Aufklärung vereinzelte künstliche Ruinen. Sie sind als zerstörte gebaut im Vorgriff auf die Arbeit der Zeit. Die nun Mode werdenden Ruinenbauten verwischen die Grenze zwischen natürlicher (dem Verfall geschuldeter) und artistisch gesetzter Fragmentstruktur. Darin verrät sich eine durch die ›Querelle des anciens et des modernes‹ hindurchgegangene Historisierung und Distanzierung des Tradierten, zugleich auch die Ten-

---

23 Vgl. DAVID ROSAND, Composition/Decomposition/Recomposition: Notes on the Fragmentary and the Artistic Process, in: L. D. Kritzman/J. P. Plottel (Hg.), Fragments: Incompletion and Discontinuity (New York 1981), 18–27.
24 Vgl. ERNST ZINN, Fragment über Fragmente, in: J. A. Schmoll, gen. Eisenwerth (Hg.), Das Unvollendete als künstlerische Form. Ein Symposion (Bern/München 1959), 164f., 162.
25 Vgl. HELMAR SCHRAMM, Karneval des Denkens. Theatralität im Spiegel philosophischer Texte des 16. und 17. Jahrhunderts (Berlin 1996), 184.
26 Ebd., 189.

denz zur Antizipation einer Zukunft, da die Monumente der Gegenwart Ruinen sein werden.[27] Diderots Wort »Nous anticipons sur les ravages du temps, et notre imagination disperse sur la terre les édifices mêmes que nous habitons« formuliert nicht nur einen Indikativ, sondern auch einen Imperativ: »Il faut ruiner un palais pour en faire un objet d'interêt«[28]. Diese Maxime politisiert die zunächst, in der Renaissance, an den Torsi antiker Statuen entwickelte Ästhetik des non-finito, die seit dem frühen 18. Jh. insbesondere auch in der (Ruinen-)Baukunst sich manifestiert hatte. Nicht nur ist jedem Werk der Kultur sein endliches Zurücksinken in die Naturgeschichte einzufügen, nämlich als konzeptionelle Antizipation seiner Verwitterung und Dekomposition, sondern auch die Gebilde institutioneller Herrschaft müssen auf ihre Vorläufigkeit hin betrachtet werden – noch während sie stehen. Am Palast belegt diese Ästhetik in der Größe des Zerstörungswerks von Geschichte die Hinfälligkeit der Monarchie. Ihre Repräsentationsbauten nivelliert die Französische Revolution. Louis Sébastien Mercier konstatiert es angesichts des revolutionären Musée des Monuments français mit einer Mischung von Befriedigung und Melancholie[29], die auch Constantin-François Volneys berühmte *Ruines ou méditations sur les révolutions des empires* (1791) ausgezeichnet hatte.

Fragmentierung charakterisiert zudem ein literarisches Verfahren des 18. Jh. Samuel Richardson präsentiert in seinen Briefromanen zerfetzte Schreiben, die den Zustand einer verstörten Person verraten. Mit ihren Herausgeberfiktionen erklären auch Jonathan Swift und Laurence Sterne augenzwinkernd, das in ihren Romanen Publizierte sei unvollständig auf sie gekommen oder bedürfe keiner Ausführung. So wird im Sinne der Affektästhetik die Imagination des Publikums angeregt. Aber auch der Autor selbst erhält sich seine Produktivkraft Imagination durch gezielte Auslassung aus der Gesamtheit des Denkbar-Sagbaren: »no author«, schreibt Sterne, »would presume to think all: The truest respect which you can pay to the reader's understanding, is to halve this matter amicably, and leave him something to imagine, in his turn, as well as yourself.«[30] Dieses nicht einfach, wie Sterne es hier ausgibt, rücksichtsvoll-diskrete, sondern erheiternd-anspannende Spiel mit der Vorstellung und Erwartung der Leserschaft strukturiert Diderots *Jacques le fataliste et son maître* (entst. 1773–1775, ersch. dt. 1792, frz. 1796) und äußert sich noch in den anonymen, wohl von Isaac Brandon oder William Combe stammenden *Fragments, in the Manner of Sterne* (1797), die alsbald von August Wilhelm Meyer ins Deutsche übertragen werden (*Fragmente in Sterne's Manier: ein Seitenstück zu Yoricks empfindsamen Reisen*, 1800). Ihr Motto ist Joshua Reynolds' Devise: »the imagination supplies the rest«[31].

2. Theologie der fragmentarischen Entzifferung bei Hamann, Herder und Lavater

Mit *Faust. Ein Fragment* eröffnet Goethe 1790 das Jahrzehnt ästhetischer Fragmentaristik, indem er ein aufklärerisches Genre poetisiert, das Mode geworden war. Im deutschsprachigen Raum erschienen in der ersten Hälfte des 18. Jh. kaum mehr als vier anonyme Publikationen, die sich Fragmente nennen. Johann Jacob Bodmers und Christoph Martin Wielands *Fragmente in der erzählenden Dichtart: von verschiedenem Innhalte* (1755) sind nicht nur unter den Pionieren solcher Titel, sondern sie bleiben auch eines der wenigen Fragmente ankündigenden Bücher literarischer Art im Umkreis der deutschen Aufklärung. Raisonnierende, kompilierende, für das Publikum zugeschnittene wie es belehrende und unterhaltende ›Fragmente‹ aus allen Bereichen des Wissens und des öffentlichen Interesses erscheinen dann zwischen 1767 und 1806

---

27 Vgl. ELIZABETH WANNING HARRIES, The Unfinished Manner: Essays on the Fragment in the Later Eighteenth Century (Charlottesville/London 1994), 84 ff.
28 DENIS DIDEROT, Salon de 1767, in: DIDEROT (VARLOOT), Bd. 16 (1990), 335, 348.
29 Vgl. LOUIS SÉBASTIEN MERCIER, Sur l'arrangement du dépôt des Petits-Augustins, dit le Musée des Monuments français, in: Journal de Paris (16. 6. 1798); dt.: Über die Niederlage der Kunstwerke bei den Petits-Augustins, in: Eunomia 3 (1803), 392–399.
30 LAURENCE STERNE, Tristram Shandy (1759–1767; London/New York 1950), 79.
31 JOSHUA REYNOLDS, Discourse XIV (10. 12. 1788), in: Reynolds, The Works, hg. v. E. Malone, Bd. 1 (London 1797), 309; vgl. ERIC ROTHSTEIN, ›Ideal Presence‹ and the ›Non-Finito‹ in Eighteenth-Century Aesthetics, in: Eighteenth-Century Studies 9 (1975/76), 326.

zuhauf. Etwa 100 Titel dieser Art verzeichnen die Kataloge für die Jahre von 1778 bis 1788. Carl Heinrich Thalbitzers *Fragmente von politischen, economischen und moralischen Betrachtungen* (1784) mögen hier für viele Werke stehen, die Unterrichtung und Anstöße zum Selbstdenken versprechen. Die aufklärerische Fragmentierung überkommener Texte und Wissensbestände zielte darauf, das, was zu kennen nützlich wäre, zu sortieren und zu didaktisieren, es so zu verbreiten.[32] Als seinem gegenwärtigen Publikum zugewandter Historiker veröffentlichte auch Voltaire *Fragments pour servir à l'histoire de la guerre présente en Amérique* (1777).

Eine zukunftsträchtige Unterströmung dieser modischen ›Fragmentenflut‹ begründete Johann Georg Hamann, als er 1758 im ›Brocken‹ genannten Abschnitt seines Londoner *Tagebuchs* die biblische Verwendung dieser Vokabel, das ›fragmentum‹ der Vulgata[33], umprägte zum schreibpraktischen, exegetischen und eschatologischen Prinzip der Sammlung des Zerstreuten für den Tag der Erlösung.[34] Neben der protestantischen Ethik tagtäglicher Mehrung bediente Hamann damit eine Grundfigur christlicher Figuration: die Idee, das Defiziente, Abgesprengte, die Wundmale Christi etwa oder die Splitter vom Heiligen Kreuz, in der Überlieferung akut zu halten als Versprechen jenseitig-endzeitlicher Restitution und Reintegration. Von Hamann übernimmt Herder den Begriff nicht nur mit seiner Schrift *Ueber die neuere Deutsche Litteratur. Erste Sammlung von Fragmenten* (1767).

Bezeichnung eines dichterischen Genres und Losungswort wird der Titel ›Fragmente‹ durch James Macphersons Lancierung der europäischen Ossian-Mode. Seine *Fragments of Ancient Poetry, Collected in the Highlands of Scotland, and Translated from the Galic or Erse Language* (1760) nutzen die Anciennität, den antiken Klang des Titels *Fragmenta*, um den pseudo-archaischen Versen ›Ossians‹ die Dignität der Alten zuzueignen, jener antiken Autoren, die schon zur Zeit der Inkunabeln in Ausgaben wie Gaius Cornelius Gallus' *Fragmenta* (Venedig 1501) ediert worden waren. Im anhaltenden Streit um die Vorbildlichkeit der antiken Autoren zog Macpherson Aufmerksamkeit auf sich, indem er eine alternative, keltische Antike gegen die griechisch-römische konstruierte. Vorerst triumphierten die Macphersonschen *Fragments*, die mit diesem Stichwort auch in die deutsche Ossian-Rezeption eingingen.[35]

Herder rühmt im – angemessenerweise fragmentarischen – *Auszug aus einem Briefwechsel über Oßian und die Lieder alter Völker* (1773), dieser Dichter sei »kurz, stark, männlich, abgebrochen in Bildern und Empfindungen«. Er gewinnt daraus die Eigenart aller Lieder der »wilden Völker«[36]. Ihre Mimesis richtet sich aufs Evokativ-Expressive. Sie reproduzieren das Empfundene und sind daher voller »Sprünge und Würfe«[37]. In diesen Liedern »ist kein anderer Zusammenhang unter den Theilen des Gesanges, als unter den Bäumen und Gebüschen im Walde, unter den Felsen und Grotten in der Einöde, als unter den Scenen der Begebenheiten selbst« (197). Nicht nach dem Regelwerk der Schulpoetik, »wo ja keine Zwischenpartikel und Zwischengedanken« (201) auszulassen sind, wird hier gesungen, sondern nach dem Gesetz einer chaotischen Natur um den Menschen herum und in ihm. »Ich entbreche mich nicht ein Fragment der Art hieher zu setzen« (197), schreibt Herder. Die Lieder der alten Völker werden im Zuge ihrer mündlichen Überlieferung zerrissen, entstellt, ausgelückt. Aus ihren archaischen Sprachen in die gegenwärtige der Aufklärungszeit übersetzt, werden sie noch einmal gleichsam abgerieben. Vom Lied eines Lappländers bietet Herders Briefschreiber seinem fiktiven Adressaten »doch nur die stammelndsten, zerrißensten Reste« (172).

Fragment als Medium der Kritik, des Nach-

---

32 Vgl. DIRK SCHRÖDER, Fragmentpoetologie im 18. Jahrhundert und bei Friedrich von Hardenberg. Untersuchungen zur vergleichenden Rekonstruktion der impliziten Poetologie von Aphorismus und Fragment im ausgehenden 18. Jahrhundert (Diss. Kiel 1976).
33 Vgl. Mt. 14, 20; 15, 37; Mk. 6, 43; 8, 8; 8, 19; Lk. 9, 17; Joh. 6, 12 f.
34 Vgl. ZINN (s. Anm. 24), 161–171.
35 Vgl. *Fragmente der alten hochschottländischen Dichtkunst: Nebst einigen andern Gedichten Oßians, eines schottischen Barden, aus dem Englischen übersetzt* [v. J. A. Engelbrecht] (Hamburg 1764); *Fragmente der alten Dichtkunst im Hochländern von Schotland, gesammelt und aus dem Englischen übersetzt* (Bremen 1766).
36 JOHANN GOTTFRIED HERDER, *Auszug aus einem Briefwechsel über Oßian und die Lieder alter Völker* (1773), in: HERDER, Bd. 5 (1891), 160, 196.
37 Ebd., 197; vgl. ebd., 185 f.

buchstabierens natürlicher Sprachen – dieses Konzept steht auch am Anfang von Johann Kaspar Lavaters Physiognomik. Sein Vorsatz, die Sprache der menschlichen Gesichtszüge zu entschlüsseln, bescheidet sich angesichts der Vielzahl dieser Ideogramme mit Elementarlektionen: »Ich verspreche nicht«, so Lavater am Ende der ›Vorrede‹, »das tausendbuchstäbige Alphabeth zur Entzieferung der unwillkührlichen Natursprache im Antlitze, und dem ganzen Aeußerlichen des Menschen [...] zu liefern; aber doch einige Buchstaben dieses göttlichen Alphabeths so leserlich vorzuzeichnen, daß jedes gesunde Auge dieselbe wird finden und erkennen können«[38]. Deutlicher als Herder faßt Lavater seine deutende Übersetzung als staunendes Nachstammeln. Es markiert den sprachlichen Duktus seiner Kommentare. Deshalb ist es der unerschöpflichen Größe ihres Gegenstands angemessen, daß Lavater seine Arbeit *Physiognomische Fragmente, zur Beförderung der Menschenkenntniß und Menschenliebe* (1775–1778) nennt. Sie sind vorläufige Beiträge im Stand der Unmündigkeit vor dem göttlichen Weltenrichter: »weg mit diesen Fragmenten, wenn die Vollkommenheit kömmt! [...] Denn jetzt sehn wir die Herrlichkeit des Menschen nur durch ein düster Glas – bald von Angesicht zu Angesicht – Itzt fragmentsweise; dann werd ich's durch und durch erkennen – wie ich – von dem erkannt bin, aus dem und durch den und in dem alle Dinge sind!«[39]

3. Lessing als Herausgeber des Reimarus: Der Fragmentenstreit

Im Streit um die Gültigkeit der Lavaterschen Physiognomik erscheint die Fragmentform, in der der Prediger sein Nicht-System vorgestellt hat, als polemische. Weil sie als genial integriertes Lappenwerk auftritt, kann man ihr auch am Zeug flicken. 1777 schreibt Lichtenberg eine Entgegnung auf Lavater, die er später als *Fragment von Schwänzen, ein Beytrag zu den Physiognomischen Fragmenten* (1783) veröffentlicht. Die Strategie, Fragmente zu publizieren, um Ärgernis zu erregen, Desorientierung, Klärung und Scheidung der Geister, war inzwischen Tagesparole. Lessing hat diese entscheidende Umakzentuierung der Praxis, Fragmente zu veröffentlichen, vorgenommen. Seit seinem ›Fragmentenstreit‹ mit Johann Melchior Goeze (1777 ff.) werden Fragment und Dissens in der deutschen Leserschaft zusammengedacht, und in dieser Verbindung wird sich Friedrich Schlegel Begriff und Form des Fragments aneignen.

Fester und strenger bindet Lessing das Publizieren von Fragmenten an die Anonymisierung ihres Autors. Das Erste, was der fragmentierende Herausgeber des Hermann Samuel Reimarus wegläßt, ist der Autorname. Er soll nichts zur Sache tun. Reimarus wird so ein ›Ungenannter‹ oder schlicht der ›Fragmentist‹, als Person, wie ein mittelalterlicher Maler, allein durch sein Werk identifiziert. Lessing schützt damit nicht nur die Erben von Reimarus, er fördert auch die Verwirrung. Der Leserschaft der *Fragmente* mußte ungewiß bleiben, aus welchem Text- wie auch aus welchem bio-bibliographischen Zusammenhang sie stammen, Teil welchen Œuvres sie sind. Das hätte sie schon unduldsam machen können gegen die Schrift *Von der Duldung der Deisten. Fragment eines Ungenannten*, die Lessing 1774 im 3. Heft von *Zur Geschichte und Litteratur. Aus den Schätzen der Herzoglichen Bibliothek Wolfenbüttel* herausgab.

Widerspruch weckten aber erst die sechs weiteren Fragmente, die 1777 in dieser Zeitschrift erschienen. Lessing nutzt die Gelegenheit, der erste zu sein, der ihnen widerspricht, und fügt den Fragmenten ›Gegensätze des Herausgebers‹ an. Damit begründet er eine Dialektik des Publizierens von Fragmenten, die auch die Struktur wie Gruppierung der romantischen Fragmente bestimmen wird. Diejenigen, die Lessing entgegentraten mit Schriften wie *Fragmente und Antifragmente* (Teil 1: *Zwey Fragmente eines Ungenannten aus Herrn Lessings Beyträgen zur Litteratur abgedruckt mit Betrachtungen darüber*, 1778; Teil 2: *Einige von Herrn Lessing herausgegebene Fragmente abgedruckt mit Betrachtungen darüber*, 1779 – die *Antifragmente* stammen von Johann Christoph Döderlein), handelten in der Nachfolge

---

38 JOHANN KASPAR LAVATER, Physiognomische Fragmente, zur Beförderung der Menschenkenntniß und Menschenliebe, Bd. 1 (Leipzig/Winterthur 1775), [Vorrede, nicht pag.].
39 Ebd., 56; vgl. ERNST BEHLER, Das Fragment, in: K. Weissenberger (Hg.), Prosakunst ohne Erzählen. Die Gattungen der nicht-fiktionalen Kunstprosa (Tübingen 1985), 129; ZINN (s. Anm. 24).

Lessings. Irritation der institutionalisierten Meinungen und Dogmen, diese für einen Teil der aufklärerischen Fragmentpublizistik charakteristische Tendenz, die in Novalis' Vorstellung vom Fragment als »Incitation«[40] aufgenommen werden wird, hatte am Lessing des Fragmentenstreits ihren ersten Meister. Was Lessings fleißigster Gegner, der Hamburger Hauptpastor Goeze, die Theaterrhetorik des Wolfenbütteler Dramatikers nennt, verdankt sich dessen Spiel der Positionssprünge, der planvoll erregten Unsicherheit darüber, wer in den Fragmenten und ihren Kommentaren von wo aus spricht: »das Fragmentarische selbst« kann nämlich, wie Lars Gustafsson feststellt, »nie beweisen, daß es diesen größeren Zusammenhang«, dem es entnommen zu sein behauptet, »wirklich gibt«. Die daraus entstehende »grundlegende Unsicherheit, die für Fragmente charakteristisch ist«[41], macht sich Lessing zunutze.

In seiner Herausgeber-Vorrede zum letzten und dogmatisch kühnsten Fragment treibt Lessing 1778 dieses Spiel mit dem geäfften Zuordnungssinn seiner Opponenten auf die Spitze. Die meisten bisherigen Angriffe hätten die Positionen des Ungenannten verfehlt: »der Gegner steht nicht da, wo er ihnen in seiner Wolke zu stehen scheinet«. Lessing bezeichnet das als beklagenswerten Nebeneffekt der Editionsarbeit, mit der er das Theoriegebäude des Ungenannten spoliiert hatte: »Man konnte es dem Bruchstücke nicht ansehen, welche Stelle es in dem Gebäude behauptet, oder behaupten sollen. Ich gab desfalls keinen Wink: und es ist ganz begreiflich, wenn sonach die Schnauze einer Renne für einen Kragstein, das Gesimse einer Feuermauer für ein Stück des Architrabs genommen, und als solches behandelt worden.« Doch wer mit diesen Trümmern selbstbauherrlich verfahren sei, habe, so Lessing, außer acht gelassen, daß »ich [...] vor der Klippe gewarnet [...], indem ich Fragmente für nichts als Fragmente ausgegeben«[42].

Der Fragmentenstreit etabliert das Fragment als Medium der Kritik, der Positionsnahme im exegetischen Streit darüber, wie das Christentum zu verstehen, wie die Bibel zu lesen sei. Die Textkritik der Aufklärung entdeckte vor allem im Pentateuch zu differenzierende historische und theologische Schichten. Was Hobbes und Spinoza hierzu aufstellten, erhält um 1780 neue Plausibilität durch Johann Gottfried Eichhorns These zweier separater Textebenen in der Genesis.[43] Interpretieren ist auftrennen und weglassen, Aufgetrenntes und Weggelassenes stimuliert Interpretation: Diese beiden Erfahrungen der zeitgenössischen Exegese werden im Streit um die Fragmente des Reimarus bewährt.

Lessing treibt die gängige aufklärerische Theologie auch dadurch voran, daß er aus der Geschichte vom Sündenfall die Gewalt der Sinne zu lernen empfiehlt, sei es als »Factum oder Allegorie«. Diese Lehre diene als anthropologische Einsicht oder mahnende Fabel: »die Macht unsrer sinnlichen Begierden, unsrer dunkeln Vorstellungen über alle noch so deutliche Erkenntniß ist es, welche zur kräftigsten Anschauung darinn gebracht wird«[44]. In den ›Gegensätzen‹ Reimarus' Fragmenten rehabilitiert Lessing die Geltung des Ästhetisch-Persuasiven und der mystischen Introspektion. Gleich hierauf rückt er mit den ersten 53 Artikeln seiner *Erziehung des Menschengeschlechts* heraus. Diese Geschichtsphilosophie eines neuen Evangeliums, die sich auf die Mystiker des christlichen Mittelalters beruft, veröffentlicht Lessing 1780 in ganzer Länge. Zusammen mit der *Duplik* (1778), den *Freimaurergesprächen* (1778–1780) und dem *Nathan* (1779) ist sie sein letztes Wort im Fragmentenstreit.

---

40 NOVALIS, Vermischte Bemerkungen (entst. 1797–1798), in: NOVALIS, Bd. 2 (³1981), 450.
41 LARS GUSTAFSSON, Über die Liebe zu Fragmenten (1985), übers. v. H. Grössel; in: Gustafsson, Die Bilder an den Mauern der Sonnenstadt. Essays über Gut und Böse (München/Wien 1987), 86f.
42 GOTTHOLD EPHRAIM LESSING, Von dem Zwecke Jesu und seiner Jünger. Noch ein Fragment des Wolfenbüttelschen Ungenannten (1778), in: LESSING (LACHMANN), Bd. 13 (1897), 218.
43 Vgl. JOHANN GOTTFRIED EICHHORN, Einleitung ins Alte Testament (Leipzig 1780–1783); HARRIES (s. Anm. 27), 39f.
44 LESSING, Zur Geschichte und Litteratur. Aus den Schätzen der Herzoglichen Bibliothek zu Wolfenbüttel. Vierter Beytrag (1777), in: LESSING (LACHMANN), Bd. 12 (1897), 433.

II. Romantik

1. Auf dem Weg zum frühromantischen Fragment: Schlegels Lessing

In Schlegels *Über Lessing* (1797) erfährt die frühromantische Hochschätzung des Fragmentarischen ihre implizite Begründung.[45] Das »Reifste und Vollendetste« in Lessings Schriften seien »Bruchstücke von Bruchstücken«[46], sein bestes Werk der aus dem Fragmentenstreit hervorgegangene *Anti-Goeze* (1778).[47] Schlegels Lob gilt den »Fragmenten und Fermenten«[48] des Ästhetikers, aber auch dem Herausgeber des Reimarus. Folgerichtig fragmentierte Schlegel seinen Vorgänger noch einmal editorisch, als er eine dreibändige Sammlung von *Lessings Gedanken und Meinungen aus dessen Schriften zusammengestellt und erläutert* (1804) herausbrachte. Außer dem *Nathan* enthalten diese Bände keine einzige vollständige Schrift Lessings.[49] Schlegel rechtfertigt dieses Verfahren damit, daß er Lessings Werk auf diese Weise restituiert, weil aktualisiert habe: »Indem nun [...] alles, was sich auf die Gedanken andrer bezieht, [...] weggestrichen werden mußte, blieben von einem großen Teil der Lessingschen Schriften nur Fragmente zurück, die es also ganz ohne unser Zutun geworden sind, oder vielmehr es gleich von Anfange an waren, und erst jetzt nachdem die störenden Zwischendinge weggenommen worden, in ihrer ursprünglichen Gestalt erscheinen können.«[50]

Seit dem Fragmentenstreit konnte Schlegel die Einsicht als etabliert ansehen, daß Edieren, Rezensieren und Fragmentieren ebenso genau verbunden sind wie das Veröffentlichen von Fragmenten mit der publizistischen Polemik. Daß man Schriften fragmentweise veröffentlicht, kannte er aus der Textkritik der Altphilologen. Schlegels Textkritik wurde nun zugleich Literaturkritik in der Nachfolge Herders und Lessings. Vielleicht hat der Kritiker und Reimarus-Editor Lessing den Publizisten Schlegel auch darauf gebracht, daß, wer am Zustand seiner Zeit arbeiten will, das Forum der Zeitschrift dazu wählen sollte. Die Zeitschrift ist das korrelative Medium der Publikation von Fragmenten. Wielands *Teutscher Merkur*, Schillers *Thalia* veröffentlichten Fragmente, Lavater hatte seine *Physiognomischen Fragmente* zuerst in Form eines Wochenblatts herausgeben wollen. Johann Friedrich Reichardts *Lyceum der schönen Künste* und das *Athenaeum* der Brüder Schlegel werden zu den Programmzeitschriften des frühromantischen Fragmentarismus. Das hat den publikationspraktischen Grund, daß sich durch kurzentschlossenes Einschalten oder Wegstreichen von Fragmenten der durch die Bogenzahl vorgegebene Umfang der einzelnen Nummer genau füllen ließ. Vor allem aber entspricht die Zeitschriftenfragmentaristik dem Schlegelschen Anspruch auf eingreifende Gegenwartsdiagnostik, Niederschrift (dadurch Konstitution und Verstärkung) der Tendenzen der Zeit. Ihrer Form wie Publikationsadresse nach eignen sich die in Zeitschriften veröffentlichten Fragmente als flüchtige, schnelle, transitorische Impulse, immer schon angelegt auf ihr Überholtwerden in der nächsten Nummer. Was Schlegel fordert und erhofft: das Publikum in »Motion«, »Agilität«[51], Aktion zu versetzen, sollen Fragmente leisten, die ihrerseits, so Novalis, »nur einen transi-

---

45 Vgl. BEHLER (s. Anm. 39), 129f.; THOMAS HÖHLE, Friedrich Schlegels Auseinandersetzungen mit Lessing. Zum Problem des Verhältnisses zwischen Romantik und Aufklärung, in: Weimarer Beiträge 23 (1977), H. 2, 121–135; ANNE LAGNY/DENIS THOUARD, Schlegel, lecteur de Lessing. Réflexions sur la construction d'un classique, in: Études germaniques 52 (1997), 617–619; FRANZ NORBERT MENNEMEIER, Fragment und Ironie beim jungen Friedrich Schlegel. Versuch der Rekonstruktion einer nicht geschriebenen Theorie, in: Poetica 2 (1968), 359f.; OSTERMANN, Das Fragment (s. Anm. 2), 116; MARGRET PÖTSCH, Das Fragment als literarische Form, in: Pötsch, Zur Rezeption Friedrich Schlegels in der Literaturwissenschaft der DDR (Frankfurt a. M. u. a. 1996), 62f.
46 FRIEDRICH SCHLEGEL, Über Lessing (1797), in: SCHLEGEL (KFSA), Bd. 2 (1967), 112.
47 Vgl. ebd., 106.
48 Ebd., 107f.
49 Vgl. HÖHLE (s. Anm. 45), 127f.; FRIEDRICH STRACK, Romantische Fragmentkunst und modernes Fragmentbewußtsein, in: B. Bräutigam/B. Damerau (Hg.), Offene Formen. Beiträge zur Literatur, Philosophie und Wissenschaft im 18. Jahrhundert (Frankfurt a. M. 1997), 340.
50 SCHLEGEL, Lessings Gedanken und Meinungen (1804), in: SCHLEGEL (KFSA), Bd. 3 (1975), 79.
51 SCHLEGEL, Philosophische Fragmente. Zweite Epoche. I. (entst. 1798–1799), in: SCHLEGEL (KFSA), Bd. 18 (1963), 221.

torischen Werth«[52] haben und sich eben dadurch zu erschüttern und erschütternden Seismographen der Gegenwart eignen.

Das Avantgardistische der frühromantischen Fragmente liegt daher in ihrer Bestimmung zur ›schnellen Eingreiftruppe‹. Sofort und überall markieren sie Schlegels diktatorischen Anspruch, seine Zeit zu deuten und zu bestimmen. Sie sollen, so Friedrich Schlegel, »in Rücksicht der litterarischen Beziehungen on the top of the fashion«[53] sein. Auch für Novalis bestand das Exoterische und Populäre an dieser Avantgarde in ihrer marktschreierischen, grell-deutlich-kurzen Plakativität. »Deine Fragmente«, schreibt er an Friedrich Schlegel, »sind durchaus neu – ächte, revolutionaire Affichen.«[54] Wie bei seinem Lob von Edmund Burkes *Reflections on the Revolution in France* (1790) versetzt Novalis das Revolutionäre vom Konstitutionellen ins Rhetorische.

2. Momente der Erhabenheitsästhetik im frühromantischen Fragmentarismus

Das Stilideal der frühromantischen Fragmente war die erhabene Frechheit. Sie äußert sich darin, daß sie sich selbst ins Wort fällt. Der Fragmentautor spricht aus einer Stimmung der Erhabenheit, indem er, so Friedrich Schlegel, »sich über alles Bedingte unendlich erhebt«[55], auch über die eben noch eingenommenen eigenen Positionen, die er in sterker Unberechenbarkeit fallen läßt. Hieraus erklärt sich Schlegels Parteinahme für den »état d'épigramme«[56] des französischen Moralisten Sébastien-Roch-Nicolas de Chamfort, der die geistige Freiheit des asozialen »homme sans état«[57] als Lebensform des Aphoristikers pries.

Die Erhabenheit der Fragmente äußert sich zudem in deren Teilhabe an den Attributen des Dynamisch-Erhabenen. Sie sind Blitze, agil, schnell, energisch, zielen aufs Unendliche. Als Methode, das Erhabene künstlerisch umzusetzen, wählen sie die, das Undarstellbare als Unvollendbares zu akzentuieren: »Unvollendung giebt dem Erhabenen für mich einen höhern Reiz«[58], schrieb Schlegel. Wie das in der Natur Unbegrenzte dazu bewegt, daß ihm »doch Totalität [...] hinzugedacht wird«[59], wie das Undarstellbare der Idee, der noumenalen Welt doch dargestellt wird durch den Kollaps des physischen Selbstbehauptungs- und phänomenalen Zusammenfassungsvermögens angesichts der erhabenen Naturgegenstände, so verweisen die Fragmente aufs Unendliche (Unbegrenzte) durch die Unvollendetheit des Endlichen (Begrenzten), ihrer endlichen Form.

Zum Vorbild des Fragmentarismus eignet sich die Erhabenheitsästhetik aufgrund der Disparität ihrer Momente. Anders als das Gefühl des Schönen, zu dem Einbildungskraft und Verstand zusammenfinden, wird das des Erhabenen bei Kant aus einem Antagonismus, dem von Einbildungskraft und Vernunft, erklärt. Quasi-physiologisch versteht Kant dieses Widerspiel als Prozeß von »Hemmung« und »Ergießung« der »Lebenskräfte«[60]. Diese versagen vor dem absolut Großen des Mathematisch-, dem überwältigend Mächtigen des Dynamisch-Erhabenen – allerdings nur, um den Menschen an seiner Zugehörigkeit zur übersinnlichen Welt seine Vernunftbegabung bewußt werden zu lassen. Die Frühromantiker betonen statt der Sequenz die Simultanität dieser Vorgänge, die allerdings schon Kant mit einer »Erschütterung« der Gemütskräfte, »d.i. mit einem schnellwechselnden Abstoßen und Anziehen eben desselben Objekts«[61] verglichen hatte. Bei Novalis wird diese Erschütterung zur »Hin und her« verlaufenden

---

52 NOVALIS an Kreisamtmann Just (26. 12. 1798), in: NOVALIS, Bd. 4 (²1975), 270 f.
53 SCHLEGEL an A. W. Schlegel (25. 3. 1798), in: SCHLEGEL (KFSA), Bd. 24 (1985), 113.
54 NOVALIS an F. Schlegel (26. 12. 1797), in: NOVALIS, Bd. 4 (²1975), 241.
55 SCHLEGEL, Kritische Fragmente (1797), in: SCHLEGEL (KFSA), Bd. 2 (1967), 152.
56 SÉBASTIEN-ROCH-NICOLAS DE CHAMFORT, Maximes et pensées (1795), in: Chamfort, Maximes et pensées. Caractères et anecdotes, hg. v. J. Dagen (Paris 1968), 127; vgl. SCHLEGEL an Novalis (26. 9. 1797), in: SCHLEGEL (KFSA), Bd. 24 (1985), 21; NOVALIS, Vorarbeiten zu verschiedenen Fragmentsammlungen (entst. 1798), in: NOVALIS, Bd. 2 (³1981), 627.
57 CHAMORT (s. Anm. 56), 111.
58 SCHLEGEL, Über die Philosophie. An Dorothea (1799), in: SCHLEGEL (KFSA), Bd. 8 (1975), 53.
59 KANT, Kritik der Urteilskraft (1790), in: KANT (WA), Bd. 10 (1974), 165.
60 Ebd.
61 Ebd., 181; vgl. ebd., 165.

»Direction«[62] des Empfindungsdenkens so beschleunigt, daß über Priorität und Sekundarität, Ursache- und Wirkungsqualität der einzelnen Bewegungen nicht mehr entschieden werden kann. Was Novalis als Oszillation faßt, stellt Schlegel unter das Gesetz der zermalmenden Zäsur, des kritischen Einspruchs: »Die besten Einfälle machen durch ihre zermalmende Kraft, ihren unendlichen Gehalt und ihre klassische Form oft einen unangenehmen Stillstand im Gespräch«[63]. Auch Schlegel geht es darum, diesen Stillstand zum Grund einer Bewegung zu machen, zum Punkt, an dem sich die Kräfte des unendlichen symphilosophischen Gesprächs neu sammeln und erheben – so, wie der Erfahrende aus der Hemmung seiner Lebenskräfte angesichts des Erhabenen den Anlaß für ihre Ergießung gewinnt. Gemeinsam ist beiden Figuren zudem, daß die durch Abbruch bewirkte Anknüpfung das Erfahrungssubjekt bzw. den Leser auf eine höhere Ebene der Idealität, von der Passivität in die Aktivität versetzt.

Das durch Kant moralisierte Erhabene gleicht dem von den Frühromantikern visierten Höchsten (Unendlichen) darin, daß es nur ex negativo in Erscheinung treten kann. Es »kann in keiner sinnlichen Form enthalten sein, sondern trifft nur Ideen der Vernunft: welche, obgleich keine ihnen angemessene Darstellung möglich ist, eben durch diese Unangemessenheit, welche sich sinnlich darstellen läßt, rege gemacht und ins Gemüt gerufen werden«[64]. Als »negative Darstellung« des Unendlichen leistete die »abgezogene Darstellungsart«[65] des Erhabenen bei Kant das, was die Frühromantiker mit der abgebrochenen Form des Fragments im Sinn haben. Was dort Reflexion in der Urteilskraft ist[66], wird nun Refraktion in der Sprache – aus welcher Brechung das Fragment entsteht. Nicht das Beschränkte der Einbildungskraft, die vor dem erhabenen Naturgegenstand versagt, sondern das temporal und material Beschränkende der Sprache, die nicht alles zugleich, jedenfalls das »Höchste […] weil es unaussprechlich ist, nur allegorisch sagen«[67] kann, begründet den Bruch, der den Fragmentarismus ebenso charakterisiert wie die Erhabenheitsästhetik. Die Momenthaftigkeit sowohl des Zeitalters (nach 1789) als auch der eigenen zerspringenden Subjektivität (»Auch das Leben ist Fr[agmentarisch] ραψ[rhapsodisch]«[68], so Schlegel) vermitteln die frühromantischen Fragmente auch im Widerspruch ihrer je und je variierenden Positionen zur translogischen Idee des Absoluten. Nur die alles durchwaltende Ironie rettet, als Allegorie und Fragment zusammenspannende und beide über sich hinausführende Denk- und Stilhaltung, die Hoffnung auf unendliche Annäherung an dieses Absolute.[69]

3. Anspruch und Ausgriff des frühromantischen Fragments

Eine geometrische Fassung dieser Fragmentfigur sind die Hyperbeln mit ihren »krummen Linien, die mit sichtbarer Stetigkeit und Gesetzmäßigkeit forteilend immer nur im Bruchstück erscheinen können, weil ihr eines Zentrum in der Unendlichkeit liegt«[70]. Die Figur erscheint als gesprengte Ellipse, deren im Unendlichen liegender zweiter Brennpunkt zwar graphisch nicht darstellbar ist, aber an der Form, wie die Linie abbricht, sich gel-

---

62 NOVALIS, Philosophische Studien der Jahre 1795–96, in: NOVALIS, Bd. 2 (^{3}1981), 117.
63 SCHLEGEL, Fragmente (1798), in: SCHLEGEL (KFSA), Bd. 2 (1967), 239.
64 KANT (s. Anm. 59), 166.
65 Ebd., 201.
66 Vgl. ebd., 164; THOMAS MCFARLAND, Romanticism and the Forms of Ruin: Wordsworth, Coleridge, and Modalities of Fragmentation (Princeton 1981), 27–30.
67 SCHLEGEL, Gespräch über die Poesie (1800), in: SCHLEGEL (KFSA), Bd. 2 (1967), 324.
68 SCHLEGEL, Philosophische Fragmente. Erste Epoche. II. (entst. 1796–1798), in: SCHLEGEL (KFSA), Bd. 18 (1963), 109.
69 Vgl. MANFRED FRANK, Allegorie, Witz, Fragment, Ironie. Friedrich Schlegel und die Idee des zerrissenen Selbst, in: W. van Reijen (Hg.), Allegorie und Melancholie (Frankfurt a. M. 1992), 132–140; FRANK, Einführung in die frühromantische Ästhetik (Frankfurt a. M. 1989), 293–297.
70 SCHLEGEL, Abschluß des Lessing-Aufsatzes (1801), in: SCHLEGEL (KFSA), Bd. 2 (1967), 415; vgl. HÖHLE (s. Anm. 45), 125 f.; MENNEMEIER (s. Anm. 45), 360; WINFRIED MENNINGHAUS, Unendliche Verdopplung. Die frühromantische Grundlegung der Kunsttheorie im Begriff absoluter Selbstreflexion (Frankfurt a. M. 1987), 165; OSTERMANN, Das Fragment (s. Anm. 2), 117.

tend macht. Die fragmentaristische Positivierung des Bruchs übernimmt daher – bei Schlegel, aber noch bei Hofmannsthal und Benjamin – von der Erhabenheitstheorie die Vorstellung, daß Hemmung förderlich, ja korrektiv steigernd wirke: »wie das *Leben* nur durch eine beständig gewaltsame *Störung* erhalten wird, so auch das *Bewußtseyn*«[71]. Die grammatische Form dieser Störung ist das Anakoluth[72], die intellektuelle der zermalmende Einspruch, die generische das Fragment.

Dieser Effekt, Anregung durch Arretierung, das Denkbelebungsverfahren schon des Sokratischen Zitterrochens, impliziert die Forderung nach seiner Verstetigung. Philosophiehistorisch äußert sich dieser Imperativ in der frühromantischen Verabsolutierung des Fichteschen Reflexionsbegriffs. Aus der von der *Wissenschaftslehre* (1794) vorgeführten selbsttätigen Potenzierung der Reflexion ins Unendliche folgt für Schlegel »die Unmöglichkeit eines anderen als fragmentarischen oder vorläufigen reflexiven Selbstbewußtseins«[73]. So formuliert Schlegel in einer philosophischen Vorlesung: »Diejenige Tätigkeit [...], wodurch das Bewußtsein sich am meisten als Bruchstück kundgibt, ist der *Witz*«[74]. Den Übergang der ihrer immanenten Logik nach unabschließbaren Reflexionsbewegung in die »intellectuelle Anschauung«[75] haben Schlegel und Novalis nicht ein für allemal mitvollziehen wollen, sondern »vielmehr an den Ansprüchen der Reflexion festgehalten und Überlegungen angestellt, wie die Unangemessenheit der Reflexion gegenüber der Darstellung des Absoluten durch einen bewußten Umgang mit dieser Unangemessenheit zumindest relativiert werden könnte«[76].

Fichtesches Erbe der in den Fragmenten zum Zwecke der Selbstdefinition dieser Form betriebenen Begriffsbildung ist das Wort vom »Schweben«[77] der Einbildungskraft. Die virtuelle Unendlichkeit des Schwebens der Anschauung und der Einbildungskraft bei Fichte übersetzen die Frühromantiker ins Projekt eines unaufhörlichen Intermittierens der Gedanken, das sich fragmentarisch im Um- und Umbrechen ihrer sprachlichen Form äußert. Die romantische Poesie, so Schlegel im berühmten 116. Fragment im *Athenaeum*, könne »am meisten zwischen dem Dargestellten und dem Darstellenden, frei von allem realen und idealen Interesse auf den Flügeln der poetischen Reflexion in der Mitte schweben, diese Reflexion immer wieder potenzieren und wie in einer endlosen Reihe von Spiegeln vervielfachen«[78].

Unendlichkeit dachten die Frühromantiker nicht nur räumlich, sondern vor allem zeitlich und ästhetisch-semantisch. Geschult an der Neufassung der ›Querelle‹-Frage durch die Schillersche Opposition naiver und sentimentalischer Dichtung und vorbereitet durch die Historisierung der Kunsttheorie in Friedrich Schlegels *Studium*-Aufsatz von 1797, wird das Absolute bei den Frühromantikern seinem Realisierungsanspruch nach temporalisiert – und damit zugleich eternalisiert.[79] Seine Schriftform scheint es vorerst nur in den größten Büchern der ältesten Heils- wie der jüngstvergangenen Säkularisationsgeschichte finden zu können. Schlegel und Novalis planten gegen 1798 eine neue Bibel, Novalis zudem eine neue Enzyklopädie.[80] Letztere dachte er sich beiläufig auch als

71 SCHLEGEL, Philosophische Fragmente. Zweyte Epoche. II. (1798–1801), in: SCHLEGEL (KFSA), Bd. 18 (1963), 386.
72 Vgl. MENNINGHAUS (s. Anm. 70), 147.
73 Ebd., 36.
74 SCHLEGEL, Die Entwicklung der Philosophie in zwölf Büchern (gehalten 1804–1805), in: SCHLEGEL (KFSA), Bd. 12 (1964), 392.
75 JOHANN GOTTLIEB FICHTE, Versuch einer neuen Darstellung der Wissenschaftslehre (1797/1798), in: Fichte, Gesamtausgabe, hg. v. R. Lauth u.a., Abt. 1, Bd. 4 (Stuttgart-Bad Cannstatt 1970), 216f. u. ö.; vgl. FICHTE, [Rez.] Ohne Druckort: Aenesidemus, oder über die Fundamente der von den Hrn. Prof. Reinhold in Jena gelieferten Elementar-Philosophie [...] (1794), in: ebd., Abt. 1, Bd. 2 (Stuttgart-Bad Cannstatt 1965), 48, 57, 65.
76 MENNINGHAUS (s. Anm. 70), 78; vgl. BEHLER (s. Anm. 39), 138; HEINZ GOCKEL, Friedrich Schlegels Theorie des Fragments, in: E. Ribbat (Hg.), Romantik. Ein literaturwissenschaftliches Studienbuch (Königstein i. Ts. 1979), 23f.; STRACK (s. Anm. 49), 346f.
77 FICHTE, Grundlage der gesammten Wissenschaftslehre als Handschrift für seine Zuhörer (1794), in: FICHTE, Gesamtausgabe, hg. v. R. Lauth u.a., Abt. 1, Bd. 2 (Stuttgart-Bad Cannstatt 1965), 374.
78 SCHLEGEL (s. Anm. 63), 182f.
79 Vgl. OSTERMANN, Das Fragment (s. Anm. 2), 113.
80 Vgl. LOTHAR PIKULIK, Zu Form und Funktion des Fragments, in: Pikulik, Frühromantik. Epoche – Werk – Wirkung (München 1992), 119–123.

»eine Sammlung Fragmente«[81]. Im Sinne der patristischen Typologie legte er schließlich auch seinen *Ofterdingen*-Roman (1802) als doppelzeitliche Korrespondenz zweier Geschehensebenen an. 1. und 2. Teil des Buches sollten, ausweislich ihrer Überschriften, einander als ›Erwartung‹ und ›Erfüllung‹ so entsprechen wie *Altes* und *Neues Testament*. Bezeichnenderweise beruft sich der Pilger zu Beginn des 2. Teils auf die christliche Symbolik der wunderwirkenden Splitter vom Heiligen Kreuz. Romantisieren hieß für Novalis Resakralisieren des Profanen: »dem Bekannten die Würde des Unbekannten, dem Endlichen einen unendlichen Schein«[82] zu geben. Die prominenteste Behauptung des Entworfenseins der romantischen Literatur auf ihre unabschließbare Vervollkommnung in der Zukunft begegnet im 116. *Athenaeum*-Fragment: Romantische Literatur sei »noch im Werden; ja das ist ihr eigentliches Wesen, daß sie ewig nur werden, nie vollendet sein kann«[83]. Ihr Fragmentarisches ist also als Werdendes, Unvollendetes, weil Unvollendbares angelegt. Nur wer dieses nie erreichbare Ganze antizipiert, versteht die frühromantischen Fragmente, nämlich als dessen Teile, beweist den von Schlegel im 22. *Athenaeum*-Fragment geforderten »Sinn für Projekte, die man Fragmente aus der Zukunft nennen könnte« (168).

Zu den Gegensätzen, die das Fragment dialektisch verschränken muß, gehört der auch von System und Fragment: »Es ist gleich tödlich für den Geist, ein System zu haben, und keins zu haben. Er wird sich also wohl entschließen müssen, beides zu verbinden.« (173) Nicht nur öffnet sich also das einzelne Fragment kraft der Ostentation seiner Abgebrochenheit zum Ganzen, nicht nur inhäriert ihm die Anweisung seiner künftigen Fortschreibung in der produktiven Rezeption der Leser, der romantische Universalismus entwarf Vollständigkeit auch im paradoxen Bild eines »Systems von Fragmenten«[84], eines Dialogs, der wie der für Schlegel vorbildliche Platonische die gegeneinander spielenden Doxai zur Episteme zu läutern anhebt.

Im Versprechen einer – freilich im Zuge ihrer Annäherung unendlich hinausgeschobenen – Totalität aus einander ergänzenden und umbrechenden Fragmenten ist allerdings der Geschlossenheit der philosophischen Systeme das Urteil gesprochen. Das Fragmentschreiben der Frühromantiker verquickt die Fragmente zum »gebildeten Chaos«[85] als der poetischen (Anti-)Form entgrenzender Synthese, oder es reduziert sie zu Prinzipien, Kernsätzen, kristallhaft verdichteten zentralen Termini. »Auch das größte System ist doch nur Fragment«[86], notiert Schlegel 1797/98. Das suggeriert im Umkehrschluß, daß auch das kleinste Fragment immer schon System ist. Tatsächlich verfolgte Schlegel das Projekt, philosophische Systeme auf einen einzigen Begriff zusammenzudrängen: »der Terminus [...] enthielt für ihn den Keim des Systems, war im Grunde nichts anderes als ein präformiertes System selbst«[87]. Durch ihre Isolation zum Fragment erhalten die philosophischen Sätze und Begriffe ein Verallgemeinerungspotential zurück, das ihnen der Kontext des Systems genommen hätte. Daher hat Schlegel das Fragment als versuchshafte theoretische Generalisierung gedacht[88], als nicht definitive, sondern indefinite Definition. Auch für Novalis bestand die richtige »Darst[ellung] der Philosophie [...] aus lauter Themen, Anfangssätzen«[89].

Aufgabe des Fragments ist die Kritik – beide Begriffe waren für Friedrich Schlegel synonym. Der Kantische Kritikbegriff wird hierbei übernom-

---

81 NOVALIS, Das Allgemeine Brouillon (entst. 1798–1799), in: NOVALIS, Bd. 3 (³1983), 278.
82 NOVALIS (s. Anm. 56), 545.
83 SCHLEGEL (s. Anm. 63), 183.
84 SCHLEGEL an A. W. Schlegel (18. 12. 1797) in: SCHLEGEL (KFSA), Bd. 24 (1985), 67; vgl. ANDREAS HUYSSEN, Republikanismus und ästhetische Revolution beim jungen Friedrich Schlegel, in: F. Schlegel, Kritische und theoretische Schriften, hg. v. Huyssen (1978; Stuttgart 1994), 239; MENNEMEIER (s. Anm. 45), 349.
85 SCHLEGEL (s. Anm. 71), 326.
86 SCHLEGEL, Fragmente zur Litteratur und Poesie (entst. 1797–1798), in: SCHLEGEL (KFSA), Bd. 16 (1981), 163; vgl. ebd., 126, 165, 171.
87 WALTER BENJAMIN, Der Begriff der Kunstkritik in der deutschen Romantik (1920), in: BENJAMIN, Bd. 1/1 (1974), 47; vgl. MENNINGHAUS (s. Anm. 70), 57 f.
88 Vgl. SCHLEGEL (s. Anm 63), 201.
89 NOVALIS, Philosophische Studien des Jahres 1797, in: NOVALIS, Bd. 2 (³1981), 374.

men[90] und überformt von dem der Zeitdiagnostik (Kritik als Deutung der symbolischen Tendenzen der Gegenwart[91]), zuallererst aber von dem der Editoren, Literaturtheoretiker und Rezensenten.

Im Strudel der Fragmentenflut waren seit den späten 1770er Jahren einige Werke aufgetaucht, die die Fragmentform für das Gebiet der philosophische Ästhetik zu nutzen behaupteten, so Klopstocks *Fragmente über Sprache und Dichtkunst* (1779), die anonymen *Fragmente zur Encyclopädie des Schönen, als ein Hülfsbuch des Elementarwerks, aus den Winckelmannschen Grundsätzen gezogen* (1780) und die gleichfalls anonymen *Aesthetischen Fragmente über das Schöne, besonders in den bildenden Künsten* (1794). Die für das *Athenaeum* Schreibenden machen mit diesem Titelstichwort ernst. Mit ihrem Anspruch, Theorie und Darstellung dieser Theorie, (Kunst-)Kritik und (Vorform künftiger) Dichtung selbst zu sein und dabei Bedingtes und Unbedingtes, Begrenzung und unendliche Entgrenzung zusammenzuhalten, fassen Friedrich Schlegel und Novalis das Fragment als Medium und Ausdruck ihres kunsttheoretischen und geschichtsphilosophischen Programms. Das im Fragment Verhandelte wird durch seine Reflexion im Bewußtsein allererst produziert und dabei, als Kritisiertes, einem Steigerungsprozeß zugeführt, den künftige Leser fortzuführen haben. Solches erfahren im romantischen Fragment die Werke (namentlich der Literatur), die Erkenntnisse und Systeme der zeitgenössischen Wissenschaften (v. a. der Naturwissenschaften, der Philologie und der Staatskunst) und die Lehren der Philosophie.

Das frühromantische Fragment ist daher 1. prosaisch – aus dem Gebot der nüchternen Reflexion heraus; 2. ein dynamisches Kondensat – weil es auf die Potenzierung und damit Fortbewegung, Beschleunigung des Vorfindlichen zielt; 3. eine textliche Einheit sui generis – indem es romantisiert, d. h. poetisiert und die Grenze zwischen diskursivem und dichterischem, philosophischem, literaturkritischem und literarischem Sprechen aufhebt zur Synthese einer autonomen (»selbstbestimmten und selbstbestimmenden«[92]) Form des sprachlichen Denkens; und 4. gesprächshaft – weil es angelegt ist auf eine enzyklopädische, in sich durchstrukturierte Erweiterung durch einen unendlichen (dialektischen) Dialog mit seiner Mit- und Nachwelt.

In »logischer Insurrektion«[93] gegen den Totalitätsanspruch der Systeme zollte es der »Unmöglichkeit […] einer vollständigen Mitteilung«[94] Tribut, ohne den Anspruch auf Mitteilung, ihre Notwendigkeit preiszugeben. Dadurch, daß es zugleich offen und geschlossen, eingängig und paradox ist, reizt das Fragment zum Widerspruch dort, wo es sich gegen die on-dits der allgemeinen Meinung abschottet. Schlegels Definition »Ein Fragment muß gleich einem kleinen Kunstwerke von der umgebenden Welt ganz abgesondert und in sich selbst vollendet sein wie ein Igel.«[95] hat daher, neben der Organizität[96] und der dialektischen Verschränkung von Gebrochenem (den fraktalen Strukturen der Igelborsten) und Geschlossenem (der umfassenden Panzerung der Igelgestalt), die Resistenz dieser Form zur Pointe.

Weil dieses Tier elliptisch rund, in sich zurückgezogen, verletzlich und gefährlich, ausgesetzt, aushäusig, stumm und blind ist, wird Derrida den (Schlegelschen) Igel zum Wappentier der Literatur machen. Die Begegnung mit dem Gedicht-Igel steht im Zeichen des Einschnitts, der Unterbrechung, (Mallarméschen) Sistierung der Zeit zum Raum: »Le don du poème […] survient sans que tu t'y attendes, coupant le souffle, coupant avec la poésie discursive, et surtout littéraire.«[97] »Son événement interrompt toujours ou dévoie le savoir absolu« ([15]); »le poème […] scelle ensemble le sens et la lettre, comme un rythme espaçant le temps« ([12]). Die Kontexte zerreißend, ist das so gefaßte Gedicht seinerseits bereit, zerrissen zu

---

90 Vgl. GERHARD NEUMANN, Ideenparadiese. Untersuchungen zur Aphoristik von Lichtenberg, Novalis, Friedrich Schlegel und Goethe (München 1976), 58.
91 Vgl. GOCKEL (s. Anm. 76), 34.
92 SCHLEGEL (s. Anm. 51), 305.
93 SCHLEGEL (s. Anm. 63), 179.
94 SCHLEGEL, Über die Unverständlichkeit (1800), in: SCHLEGEL (KFSA), Bd. 2 (1967), 368.
95 SCHLEGEL (s. Anm. 63), 197.
96 Vgl. PHILIPPE LACOUE-LABARTHE/JEAN-LUC NANCY, L'exigence fragmentaire, in: Lacoue-Labarthe/Nancy (Hg.), L'Absolu littéraire. Théorie de la littérature du romantisme allemand (Paris 1978), 65–70.
97 Vgl. JACQUES DERRIDA, Was ist Dichtung?/Qu'est-ce que la poésie? (1988), übers. v. A. G. Düttmann (Berlin 1990), [nicht pag., 14].

werden, ein virtuell zerrissenes: »Ce ›démon du cœur‹ jamais ne se rassemble, il s'égare plutôt (délire ou manie), il s'expose à la chance, il se laisserait plutôt déchiqueter par ce qui vient sur lui.« ([15]) Das Fragment wird den Frühromantikern zum Ort einer Reflexion, deren Medium nicht, wie bei Fichte, das Ich, sondern die Kunst ist.[98] Was Schlegel die schriftstellerische Dialektik von »Selbstschöpfung und Selbstvernichtung« in der ironischen künstlerischen »Selbstbeschränkung«[99] nennt, erscheint als Selbstreflexion, die sich Eintrag tut; dieser Eintrag ist das Fragment. Brechung, Potenzierung der vorfindlichen Diskurse im Fragment fällt bei Schlegel in eins mit der Begründung einer neuen Dichtung aus Fragmenten, in der Kritik und Poiesis synonym werden. Demgegenüber wahrt Novalis zunächst, in seinen zu Lebzeiten unveröffentlichten Fragmenten, den Anschluß an den aufklärerischen Fragmentbegriff. Zunehmend tritt bei diesem Autor eine Art Übergängigkeit des Fragmenteschreibens zur epischen und lyrischen Produktion hervor.[100]

Witz und Ironie bringen das Fragment hervor. Ironisierung erfährt das kritisierte Werk durch seine Potenzierung in der Reflexion: indem die Kritik, »je geschlossener die Reflexion, die Form des Werkes ist, desto vielfacher und intensiver diese aus sich heraustreibt, die ursprüngliche [d.h. im Werk selbst als Selbstreflexion angelegte – d. Verf.] Reflexion in einer höheren auflöst«[101]. Witz erschien Schlegel als »fragmentarische Genialität«[102]. Die »Erfindsamkeit« des Witzes, sein kombinatorischer Geist und Ähnlichkeitssinn, vereinigt die Potenzen der Wissenschaft, der Künste, des unbewußten Sprachgeistes und der Mystik. Im »negativen Rahmen«[103] der traditionellen systematischen Philosophie zieht das im Witz geborene Fragment deren Synthesekraft der absoluten Einheit auf eine blitzhaft erkannte Einzelheit zusammen.

4. Chronologie des frühromantischen Fragmentprogramms 1796–1800

Sein fragmentaristisches Programm, das jedes, auch das vollendetste Poem zum Teilstück der Poesie erklärt, hat Schlegel erst im *Athenaeum* ausgebildet. Nicht zufällig war es die erste Zeitschrift, in der er nicht nur als Beitragender, sondern auch Herausgeber auftrat – zusammen mit seinem Bruder August Wilhelm. In seiner Korrespondenz mit diesem diskutiert Friedrich Schlegel die Literaturpolitik der Zeitschrift auch unter dem Aspekt, daß die dort zu veröffentlichenden Fragmente in einer neuen universellen ›Mischung‹ erscheinen sollten: »Ferner kann ich an die 6 Bogen voll *Fragmente* geben, die noch ein wenig aus anderm Auge sehn sollen, als die im Lyc.[eum]. – Doch eigentlich wirds eine ganz neue Gattung seyn 1) denke ich größten Theils <(nicht einzelne Sentenzen und Einfälle)> kondensirte Abhandlung und Charakteristik, Recensionen [zu] geben 2) werde ich dabei Universalität ordentlich suchen, nicht philos.[ophische] und krit.[ische] Frag.[mente] trennen, wie im Lyc.[eum] […], sondern mischen«[104].

Mit dieser Mischung zielen Schlegels Fragmente nicht nur auf die ihrem Anspruch eigene Ubiquität, ihr Expansionismus soll sich darin auch als ein liberaler beweisen, der gleichfalls fragmentarischen Widerspruch verlangt und verträgt: »was thuts«, schreibt er seinem Bruder drei Monate später, »daß wir über die Fr.[agmente] sehr verschieden denken, wenn nur unsre beyderseitigen <Fr.[agmente]> gut zusammen ausnehmen und die Mischung ihnen vortheilhaft <ist>«[105]. Ins Spiel kommt hierbei ein Genre antiker (lyrischer) Poesie, dem das moderne des romantischen Fragments entsprechen will: die Horazischen *Epistulae* und *Sermones*. Indem diese Texte gnomische Markanz

---

98 Vgl. BENJAMIN (s. Anm. 87), 39; OSTERMANN, Das Fragment (s. Anm. 2), 113.
99 SCHLEGEL (s. Anm. 55), 151.
100 Vgl. JURIJ STRIEDTER, Die Fragmente des Novalis als ›Präfigurationen‹ seiner Dichtung (München 1985); PIKULIK (s. Anm. 80), 120; STRACK (s. Anm. 49), 350.
101 BENJAMIN (s. Anm. 87), 73.
102 SCHLEGEL (s. Anm. 55), 148; vgl. BEHLER (s. Anm. 39), 138 f.; GOCKEL (s. Anm. 76), 26–28; LACOUE-LABARTHE/NANCY (s. Anm. 96), 74–77; MENNINGHAUS (s. Anm. 70), 243.
103 Vgl. FRANK, Das ›fragmentarische Universum‹ der Romantik, in: Dällenbach/Hart Nibbrig (s. Anm. 3), 219.
104 SCHLEGEL an A. W. Schlegel (ca. 1. 12. 1797), in: SCHLEGEL (KFSA), Bd. 24 (1985), 51; vgl. MENNEMEIER (s. Anm. 45), 350.
105 SCHLEGEL an A. W. Schlegel (6. 3. 1798), in: SCHLEGEL (KFSA), Bd. 24 (1985), 97.

mit Zeitkritik, poetische Form – zumal in jenem Brief an die Pisonen, der später als *Ars Poetica* bekannt wurde – mit Dichtungstheorie in eins setzten, konnten sie den für das *Athenaeum* Schreibenden als vorbildlich gelten. Novalis verdankt das Verständnis dieser Gattung und ihrer Aktualität seinem Korrespondenten Friedrich Schlegel: »Für Einen Begriff weis ich Dir noch insonders Dank, der bey mir schön ausgeschlagen ist – das ist Dein Begriff von der römischen Satyre«[106]. Schlegel mußte in diesem Terminus die Bedeutung Gemengsel impliziert finden, also ein Synonym dessen, was er Mischung nannte; Novalis bezieht ihn auch auf das Sprunghaft-Mutwillige der Fragmente, ihrer Formen und Positionen: »Wer Fragmente dieser Art beym Worte halten will der mag ein ehrenvester Mann seyn – nur soll er sich nicht für einen Dichter ausgeben. [...] Jezt sind litterairische Saturnalien – Je bunteres Leben, desto besser.«[107] Schlegel redefiniert den Fragmentbegriff durch Universalisierung, auch Entdifferenzierung des alten der Philologie. Dieser neue Terminus gehört dem Theoretiker und Redakteur Friedrich Schlegel. Die übrigen Mitarbeiter am *Athenaeum*, sein älterer Bruder, Novalis und Schleiermacher, sind daher vorsichtig, ihn sich anzuzeigen. Der Altphilologe Schlegel, der den Titel seiner im *Lyceum* veröffentlichen *Kritischen Fragmente* nunmehr als Tautologie versteht und daher zu Fragmenten tout court reduziert, denkt – so meine Auslegung – sowohl systematisch wie etymologisch: Das Fragment sei sowohl abgebrochen, also ›fragmentum‹, wie, an seinen Bruchstellen, offen zum Weitergedachtwerden, mithin philosophisch. Den Abbruch leistet die interpretatorische Unterscheidung: das kritein des Kritikers und die recensio des Editors, der Implizites von Explizitem, zu Sagendes von Unsäglichem, zu Konstituierendes von Korruptem trennt.

Novalis denkt das Differenzieren und Identifizieren, das im Fragment zu verwirklichen ist, naturphilosophisch, nämlich chemisch-mystisch, als Werk poetisierter Scheide- und Verbindungskunst sowie meditativer Absonderung vom Gewöhnlichen durch die Vereinigung von Gott und Welt im Ich. Obwohl auch Friedrich Schlegel das gleichsam selbsttätige chemische Verbindungspotential des Fragments kennt und schätzt[108], bleibt er als Redakteur derjenige, der seine und seiner Mitarbeiter Fragmente zurechtschneidet und damit sowohl die Erscheinungsform wie die implizite Theorie des Fragments in der Hand hält. So folgt er zum Beispiel der Versuchung, mehrere Fragmente des Novalis »zu dividiren«[109]. Daher erscheint der Fragmentautor Novalis vor dem Redakteur Schlegel zunächst als Supplikant und Adept. Seine briefliche Ankündigung, was er einschicken werde, seien »Bruchstücke des fortlaufenden Selbstgesprächs in mir – Senker«[110], verspricht Resultate seiner mystischen Versenkung in Gott und Natur: »Früchte einzelner Augenblicke – unter andern Titel eurer Fragmente«[111], so knapp, aber doch wohl distanzierend Novalis an Friedrich Schlegel. Diese Selbstgespräche sind Platonische Monologe. Ihr Dialogisches stellt ein Dialektisches eigener (privater) Fassung dar: Als ›Senker‹ sind sie auch erkenntnisfördernde »Steiger«, ihre beschränkenden Abbrüche auch »reiche Anbrüche«[112] im Sinne der Bergwerkswelt, wie sie im 5. Kapitel des *Ofterdingen*-Romans poetisiert wird. Die Vokabel Fragment blieb für Novalis im Besitz Friedrich Schlegels. Am 24. Februar 1798 schreibt er August Wilhelm Schlegel von »meinen seynsollenden Fragmenten – ich weis ja noch nicht, ob F[riedrich] sie, als Fragmente, anerkennt«[113].

Das Erstellen von Fragmenten ist für Novalis die zweite Stufe eines Prozesses von Textarbeit, im glossierenden Notat anhebt und in der allegorischen Erzählung terminiert: »Beykommende Fragmente«, schreibt er im selben Brief, »sind ältern Ursprungs und abgekehrt.«[114] Deutlich wird hier die Herkunft der Novalisschen Fragmente aus

---

106 NOVALIS an F. Schlegel (11. 5. 1798), in: NOVALIS, Bd. 4 (²1975), 254.
107 NOVALIS (s. Anm. 40), 466.
108 Vgl. SCHLEGEL (s. Anm. 63), 243, 248f., 364; SCHLEGEL (s. Anm. 50), 83f.
109 SCHLEGEL an A. W. Schlegel (Mitte März 1798), in: SCHLEGEL (KFSA), Bd. 24 (1985), 103.
110 NOVALIS an F. Schlegel (26. 12. 1797), in: NOVALIS, Bd. 4 (²1975), 242.
111 NOVALIS an F. Schlegel (20. 7. 1798), in: ebd., 255.
112 NOVALIS, Heinrich von Ofterdingen (entst. 1799–1800), in: NOVALIS, Bd. 1 (³1977), 240, 241.
113 NOVALIS an A. W. Schlegel (24. 2. 1798), in: ebd., 252.
114 Ebd., 251.

der Studien- und Exzerpierpraxis des philosophischen Autodidakten. Wie sie von da her monologischer wirken, sind sie zugleich auch umfassender in ihrem Ausgriff auf alle Bereiche der zeitgenössischen Naturwissenschaft und Staatskunst. Diese dialektische Bewegung – expansive Introversion, willkürliche Bescheidenheit, gleichzeitig Versenkung ins Ich und ins Wesen der Dinge – bestimmt Novalis' Philosophieren in Fragmenten. Zurückhaltend nennt er sie »Anfänge interessanter Gedankenfolgen – Texte zum Denken«[115]. Novalis' Fragmentschreiben isoliert dabei diskursive Argumentationen zu »Philosophemen«, um sie als »Aufgaben«[116] ihrem Autor wie ihren Lesern zum Weiterdenken zu übergeben.

Solcherart selbstlose »Annihilation«[117] erstreckt sich für Hardenberg bis zum Lobpreis der Selbsttötung. Form und Inhalt zur Kongruenz bringend, wählt er zum Vehikel dieser Direktive das Fragment. Er versteht es, einer topischen Entsprechung folgend, als Scherbe, nämlich als Ostrakon, mit dem sich der Denker aus der irdischen Republik herauswählt: »Alles Absolute muß aus der Welt hinaus ostraciren.«[118] Zunehmend verschiebt sich diese transzendentale Potenz bei Novalis von der Idealität des Bewußtseins ins dichterische Produzieren. Schlegels Witz übersetzt sich in Novalis' figürliches Verhältnis zu Gedanken und Dingen. Im Sinne der christlichen Figura-Tropik behalten die Elemente seiner literarischen Werke einen auf Erweiterung durch den Leser und auf das Ende der Geschichte zielenden Verweisungscharakter. Sie leiten sich aus seinem Philosophieren in Fragmenten ab, indem sie, nach Auerbachs Definition der Figura, in der erdichteten Welt eine »vorläufig-fragmentarische [...] Wirklichkeit«[119] vorstellen.

Im Mai 1798 spricht August Wilhelm Schlegel, wie sein Bruder an Novalis berichtet, ein Machtwort gegen das Fragment, wie es im ersten Heft des *Athenaeum* erschienen war: »Mein Bruder wünscht daß vors erste keine Fragmente wieder ins Athen.[aeum] <kommen>, und ich wüßte nicht daß Du Dich einer Form ausschließend bedientest, die [...] besonders bey einem begeisterten Dilettanten der Schriftstellerey leicht zu lax werden, und sich der Formlosigkeit nähern kann.«[120] Solche Bedenken hatte Friedrich Schlegel beschwichtigt mit dem Satz: »Ich schriebe Dir gern eine recht umständliche Theorie der Fragmente, um Dir wenigstens den *Begriff* des Ganzen zu geben, da *Du* ihn Dir <freylich> aus den bisherigen Theilen noch nicht hast nehmen können.«[121] Dieses vor Erscheinen des ersten *Athenaeum*-Heftes gegebene Versprechen hat er erst in der letzten Nummer ersatzweise eingelöst. Friedrich Schlegels *Über die Unverständlichkeit* (1800) ist Parodie einer Selbstauslegung und bietet statt einer Theorie des Fragments (als des »Ursymbols«[122] der Unverständlichkeit) eine allenfalls semi-diskursive Fortschreibung des Vorherigen »in dem Dialekt der *Fragmente*«[123]. Weder dieser Dialekt noch seine Dialektik wird hier dem verständlich werden, dem schon die vorherigen Beiträge zum *Athenaeum* unverständlich waren. Schlegel verteidigt und demonstriert sein Programm, »einen andern neuen Leser nach meinem Sinne zu [...] deduziren« (363), der sich dem dynamischen Verständigungsgespräch der Worte selbst öffnet, von ihren »geheimen Ordensverbindungen« (364) führen läßt. *Über die Unverständlichkeit* zeigt den Historiker Schlegel als Propheten des anbrechenden 19. Jh., in dem die Schriften der zum *Athenaeum* Beitragenden verständlich sein werden. Am Ende des *Athenaeum* verweigert sich damit Schlegels sprachverzückte, sprachgeleitete Glossolalie der für dieses Zeitschriften-Projekt konstitutiven Hoffnung, in epigrammatisch-exoterischen Fragmenten populär zu wirken. Die literarischen Saturnalien, der fragmentaristische Kehraus des Aufklärungsjahrhunderts ist vorbei.

---

115 NOVALIS (s. Anm. 52), 270.
116 NOVALIS (s. Anm. 82), 540.
117 NOVALIS an F. Schlegel (20. 1. 1799), in: NOVALIS, Bd. 4 (²1975), 274.
118 NOVALIS (s. Anm. 89), 395.
119 ERICH AUERBACH, Figura (1939), in: Auerbach, Ges. Aufsätze zur romanischen Philologie (Bern/München 1967), 81; vgl. STRIEDTER (s. Anm. 100), 200, 239.
120 SCHLEGEL an Novalis (28. 5. 1798), in: SCHLEGEL (KFSA), Bd. 24 (1985), 134.
121 SCHLEGEL (s. Anm. 105), 97.
122 BUBNER (s. Anm. 1), 298.
123 SCHLEGEL (s. Anm. 94), 367.

5. Produktion als zerstückelnde Mitteilung: Tieck und Kleist

Daß Sprechen ein Trennungsprozeß ist, in dem der Sprechende Worte absondert, mußte der romantischen Generation von Schriftstellern, die künstlerische Produktion im Leiden begründete, schmerzhaft bewußt werden. Heinrich von Kleist hat die Dynamik literarischer Schöpfung im Beschränkenden der Sprache wie der menschlichen Sprachwerkzeuge begründet. Was zwischen den Zähnen an Gesprochenem herauskomme, sei immer schon von ihnen zerrissen: »Daher habe ich jedesmal eine Empfindung, wie ein Grauen, wenn ich jemandem mein Innerstes aufdecken soll; nicht eben weil es sich vor der Blöße scheut, aber weil ich ihm nicht *alles* zeigen kann, nicht *kann*, und daher fürchten muß, aus den Bruchstücken falsch verstanden zu werden.« Die Unzulänglichkeit des Instruments Sprache demonstrierte der Briefschreiber, als er scheinbar tautologisch und harmlos beklagte, »daß es uns an einem Mittel zur Mitteilung fehlt«. Denn sprachliche Mitteilung ist ihm Teilung durch Vermittlung, Fragmentierung. Diesen Effekt des Sprechens überträgt Kleist auf das Schreiben und auf die psychosomatische Welt, wenn er von der Sprache behauptet, sie könne »die Seele nicht malen«, und was sie uns gebe, seien nur »zerrissene Bruchstücke«[124].

Daß sich die menschliche Sprache fragmentierend verspricht, verbeißt, vergreift, ist das linguistische wie dramaturgische Programm der *Penthesilea* (1808). Diese Tragödie der Zerstückelung hat Kleist zuerst stückweise im ersten Heft seiner Zeitschrift *Phöbus* publiziert, und zwar in Form eines *Organischen Fragments aus dem Trauerspiel Penthesilea*. Kleist scheint hier Kants Begriff des Organismus mit Schlegels Begriff des Fragments zu verschränken. Wie der Organismus lebensregulierend die Summe seiner Teile übersteigt, so übersteigt das Fragment reflexiv die Summe seiner Auslassungen.

Kleists merkwürdigen Begriff hat 1820 Goethe aufgenommen. Was er plane, sei, so Goethe, »ein implicites Ganze [...]; was man in unserer ästhetischen Literatur vor einigen Jahren ein organisches Fragment nannte«[125]. Vom abschlägigen Urteil des Weimarers über die *Penthesilea* des kranken Romantikers Kleist ist diese Bemerkung insofern getrübt, als Goethe hiermit eine Arbeit über entoptische, durch Dysfunktionen des Auges entstellte Farben in Aussicht stellt. Doch ist die Formel vom impliziten Ganzen übertragbar auf Goethes Spätwerk, auf dessen Techniken der Entsagung, Explikationsverweigerung, des ironischen und esoterischen Redens.

6. Das lyrische Fragment der englischen Romantik

Die unübersehbare, häufig durch die Genrebezeichnung ›A Fragment‹ belegte Bedeutung, welche die Kategorie des Fragments in der englischen Romantik hatte, kann man zunächst als die Signatur der europäischen Romantik verstehen: erklärt durch die Ruinen-Sentimentalität und die ihr korrelierte Melancholie, die unendlich fortschweifende Sehnsucht und ihr Sich-Brechen an den historisch-gesellschaftlichen Erfahrungen der Arbeitsteilung und der Zerstörung von Herrschaftsformen, die Implikation des Fragmentarischen in der romantischen Definition des Symbols, der Synekdoche, ja selbst des (unabschließbar-expansiv gedachten) Organischen, die Rousseausche Figur, daß die Sprache das ursprünglich Intuierte nie einholen kann.[126] So gestand Coleridge, die von ihm gegebene Definition der Imagination und Phantasie gleiche »the fragments« of the winding steps of an old ruined tower«[127].

Coleridges fragmentarische Gedichte sind nur die bekanntesten Beispiele für diejenige Lyrik der englischen Romantik, die die Forschung kurzerhand mit dem Terminus des Romantic Fragment Poem belegt. Vorbereitet wurde dieses Genre dadurch, daß man, vereinzelt in der elisabethanischen Zeit und verstärkt im 18. Jh., die nachgelassenen Fragmente englischer Dichter ediert hatte.[128] Sie rückten damit an die Autorität der antiken Künst-

---

124 HEINRICH VON KLEIST an Ulrike von Kleist (5. 2. 1801), in: KLEIST, Bd. 2 (⁷1984), 626.
125 GOETHE an C. L. F. Schultz (27. 8. 1820), in: GOETHE (WA), Abt. 4, Bd. 33 (1905), 174.
126 Vgl. MCFARLAND (s. Anm. 66), 3–55.
127 COLERIDGE, Biographia Literaria (1817), in: COLERIDGE, Bd. 7/1 (1983), 303.
128 Vgl. MARJORIE LEVINSON, The Romantic Fragment Poem: A Critique of a Form (Chapel Hill/London 1986), 50–59.

ler heran, deren Werken Shelley mal Unübertrefflichkeit (»those faultless productions, whose very fragments are the despair of modern art«[129]), mal Wiederholbarkeit durch den sie reflektierenden Geist prädizierte: »The wrecks and fragments of those subtle and profound minds, like the ruins of a fine statue, obscurely suggest to us the grandeur and perfection of the whole.«[130] Shelley perspektiviert die Sternesche Poetik, daß die Imagination des Lesers das Suggerierte sich ausmalen möge, durch eine rhetorisch-eschatologische, die das Bruchstück der Überlieferung auf seine künftige Erfüllung angelegt sieht.[131]

Zu sich fand die fragmentaristische Lyrik der englischen Romantik in ihrer Bewunderung der in den 1760er Jahren veröffentlichten pseudo-archaischen und pseudo-mittelalterlichen Fragmente. Die Entdeckung, daß sowohl der von Macpherson präsentierte Ossian wie der (1768–1769) von Thomas Chatterton ins 15. Jh. hineinkopierte Thomas Rowley nicht existiert haben, die ihnen unterschobenen (angeblich fragmenthaft überlieferten) Verse aber dennoch weiterhin begeistern, legitimierte den Gegenwarts- und Eigenwert solchen Dichtens. »Those Romantics who read Chatterton's Rowley poems as the finished (that is, intentionally unfinished) productions of a near-contemporary approved the poems not as imitations of fifteenth-century verse but as a modern expression of the sensibility which engendered and informed the prototypical verse.«[132] Wordsworth und Coleridge, Shelley, Charles Lamb, de Quincey und Keats haben der Legende des jungverstorbenen Chatterton angehangen und in ihrem Schreiben ein Echo gegeben: »For Wordsworth and Coleridge the major form of the unfinished is the entire individual literary endeavour, as it is for Shelley when he invites us to think of literary history as a continuing poem of consciousness.«[133] Durch das mit den Romantikern gesetzte Paradigma wird es möglich, eine Traditionslinie derjenigen englischen Dichtungen zu konstruieren, die sich, von Spenser zu Pound, als »poetry of contestation« fragmentarisch in der Mitte gehalten haben »between the closural forces in a work and forces resisting closure that are equally grounded in the work's identity«[134].

7. *Restauration als Schmerz:*
Die Zerrissenen (Hölderlin, Byron, Heine)

Goethe hat Eckermann gegenüber am 5. Juli 1827 Lord Byron ob seines »unbefriedigten Naturells« als »Repräsentanten der neuesten poetischen Zeit«[135] charakterisiert. Die Zeitgenossen nannten Byron den Zerrissenen und wandten auf ihn jenen Zerrissenheitstopos an, der seinen frühen spektakulären Auftritt in Kleists *Penthesilea* gehabt hatte. Nun dominierte er eine Hauptströmung der europäischen Spät- und Nachromantik der 1820er bis 1840er Jahre. Zerrissenheit, diese Signatur der Zeit, sollte bald als Weltschmerz kritisiert werden. Immer wieder, bis hin zu Nietzsche, beruft sich die Moderne auf die Zerreißungsmomente der griechischen Mythologie, die Schicksale von Adonis, Pentheus und Orpheus, auf die Taten der Medea oder auf die Zeuxis-Anekdote. In *Dantons Tod* formuliert Büchner auf sentenzhafte Weise eine geschichtsphilosophische Erfahrung, die statt des Schönen oder Schönheitsförderlichen im Fragment nurmehr die Fragmentierung der Schönheit begreift. »Es ist ein Jammer«, sagt Dantons Parteigänger Lacroix, »daß die Natur die Schönheit, wie Medea ihren Bruder, zerstückt und sie so in Fragmenten in die Körper gesenkt hat.«[136]

Der emphatische Begriff des Fragments, den die Frühromantik propagierte, rettete sich ins 19. Jh. in der Form des notwendigen, daher tröstlichen Scheiterns am großen Wurf. Die monumentalen Fragmentwerke Hölderlins und Coleridges ent-

---

129 PERCY BYSSHE SHELLEY, Hellas (1822), in: Shelley, The Complete Works, hg. v. R. Ingpen/W. E. Peck, Bd. 3 (New York 1965), 8.
130 SHELLEY, A Discourse on the Manners of the Ancients Relative to the Subject of Love (1840), in: ebd., Bd. 7 (New York 1965), 223.
131 Vgl. LEVINSON (s. Anm. 128), 31 f.
132 Ebd., 43; vgl. ebd., 34–50.
133 BALANCHANDRA RAJAN, The Form of the Unfinished: English Poetics from Spenser to Pound (Princeton 1985), 15 f.
134 Ebd., 7; vgl. ebd., 3–23.
135 JOHANN PETER ECKERMANN, Gespräche mit Goethe in den letzten Jahren seines Lebens (1836/1848), hg. v. H. H. Houben (Leipzig 1948), 203.
136 GEORG BÜCHNER, Dantons Tod (1835), in: Büchner, Dichtungen, hg. v. H. R. u. R. Poschmann (Frankfurt a. M. 1992), 26.

stehen – beide bevorzugen die Ode.[137] Das Schlegelsche Konzept des Fragments wirkt auch in der polnischen und russischen Romantik fort.[138] Zunehmend versteht die Nachromantik ihre Fragmentiertheit als Verlusterfahrung. Nicht mehr der romantische progressive, sondern ein konservativelegischer Fragmentbegriff dominiert. Diese Auffassung ereilt die Romantiker selbst. Als Friedrich Schlegel »1822 seine *Sämtlichen Werke* zusammenzustellen begann, nahm er nicht ein einziges seiner Fragmente darin auf«[139]. 1820 begrüßt er im Werk Alphonse de Lamartines die Synthese der französischen mit einer deutschen Literatur, die »mehrenteils nur in Fragmenten und halbvollendeten Gebilden sich rätselhaft kundgibt«[140].

Dieser Wechsel des Werkbegriffs erklärt sich auch aus einem Wandel des Verhältnisses zwischen Schriftsteller und Öffentlichkeit. Daß die Texte eines Autors Fragmente seien, entspricht nicht mehr der Schnelligkeit der weltordnenden Ideen, sondern der Flüchtigkeit der Eindrücke, die der Schriftsteller in der Realität, der Leser bei der zerstreuten Lektüre hat. In der Gesellschaft schlägt das frühromantische Programm einer extrem-elastischen Individuation qua fragmentarisches Sprechen um ins Bewußtsein von der Fragmentiertheit des eigenen – individuell sein sollenden – Selbst. Der repräsentative Autor dieser dichterischen Zerrissenheit ist Heinrich Heine. Viele seiner Texte sind literarische Momentaufnahmen diskontinuierlicher Impressionen, Bruchstücke autobiographischer Bekenntnisse. Explizit wird das bei seinen *Reisebildern*, und zwar schon in der *Harzreise* (entst. 1824, ersch. 1826). »Die ›Harzreise‹«, schreibt er gegen Ende dieses Buches, »ist und bleibt Fragment«[141]. Im Rückgriff auf die Metaphorik des Text-Gewebes beklagt Heine, daß »die bunten Fäden« – seines Textes wie seiner Biographie – wie von der Schere einer Parze »abgeschnitten« (134) worden sind, verspricht aber, das hier Zertrennte nächstens wieder anzuknüpfen: »Mögen die einzelnen Werke immerhin Fragmente bleiben, wenn sie nur in ihrer Vereinigung ein Ganzes bilden.« (135)

Doch vergleicht er hier sein »Herz« – und implizit auch sein Schreiben über dieses Herz – einem »niedrigen, harten Gewächs, mit [...] närrisch breiten, scharfgezackten Blättern, woran man sich leicht verletzen konnte« (137). Diese Figurenrede liest sich zuallererst als Erinnerung an die politische Zensur, den äußeren Grund von Heines Fragment-Publikationen. Sie schneidet sich selbst ins Fleisch. Indem sie den Autor zwingt, seine Texte zu beschneiden, verleiht sie ihnen eine schnittige, scharfgezackte Form, an der sich verletzen wird, wer sich darüber beugen muß. Durch ihre fragmentierenden Eingriffe glättet die Zensur die Texte nicht, sondern rauht sie auf zu satirischer Schärfe. So schreibt Heine das Defizient-Fragmentarische seinen Gegnern zu, wie er 1833 den Eklektizimus des romantischen Denkens, zumal der Schlegels, auf den »Einfluß einiger Fichteschen und Schellingschen Gedankenfragmente«[142] zurückführen wird.

Wenn Heine seit den 1820er Jahren immer wieder die Form des Fragments wählt oder als ihm aufgedrängte übernimmt, wenn Kierkegaard mit seinen *Philosophiske Smuler* (*Philosophische Brocken*, 1844; vgl. auch *Enten – Eller. Et Livs-Fragment, Entweder/Oder. Ein Lebensfragment*, 1843) zu Hamanns Begriff der fragmentarischen Behandlung theologisch-ästhetischer Fragen zurückkehrt, dann kritisieren sie aus der Nähe diejenige Philosophie und Ästhetik, die der frühromantische Fragmentarismus ante festum desavouieren zu wollen schien: das System- und Totalitätsdenken Hegels. Ostermann erklärt die Aufwertung und Wertschätzung des Fragments von der Frühromantik bis zu den heutigen poststrukturalistischen Theorien damit,

---

137 Vgl. TIMOTHY BATHI, Coleridge's ›Kubla Khan‹ and the Fragment of Romanticism, in: Modern Language Notes 96 (1981), 1035–1050; dt.: Coleridges ›Kubla Khan‹ und das Fragment der Romantik, übers. v. Bathi, in: DÄLLENBACH/HART NIBBRIG (s. Anm. 3), 182–199; RAINER NÄGELE, Friedrich Hölderlin: Die F(V)erse des Achilles, in: ebd., 200–211; MCFARLAND (s. Anm. 66), 54.
138 Vgl. ANNA KURSKA, Fragment romantyczny (Wrocław/Warschau 1989); MONIKA GREENLEAF, Pushkin and Romantic Fashion: Fragment, Elegy, Orient, Irony (Stanford 1994), 38–55.
139 BEHLER (s. Anm. 39), 140.
140 SCHLEGEL, Über Lamartines religiöse Gedichte (1820), in: SCHLEGEL (KFSA), Bd. 3 (1975), 309.
141 HEINRICH HEINE, Die Harzreise (1826), in: HEINE (DA), Bd. 6 (1973), 134.
142 HEINE, Die romantische Schule (1835), in: HEINE (DA), Bd. 8/1 (1979), 137.

daß es sich eignet, die Hegelsche Befestigung des Ganzen ans Wahre aufzusprengen.[143]

Im Zeitalter der Presse wird das Fragment nunmehr zum Präsentationsmodus sowohl der feuilletonistischen Beobachtungen, die schon auf ›Blättchen‹, wie der epischen Großformen, die nur in einer Serie von Fortsetzungen in der Zeitung Platz finden. Im 4. Jahrzehnt des 19. Jh. beginnt die Epoche fragmentarischer Präsentation von Literatur in der Form des Zeitungsromans. Zwar waren schon Wielands *Geschichte der Abderiten* (1774–1780) und Schillers *Geisterseher* (1787–1789) fortsetzungsweise in Zeitschriften erschienen, zwar hatte Schiller seinen Roman mit der Veröffentlichung von *Der Abschied. Ein Fragment aus dem zweiten Bande des Geistersehers* im 8. Heft der *Thalia* abgebrochen, doch erst die großen Erzählwerke von Charles Dickens und Eugène Sue bürgerten den Fortsetzungsroman in den 1830er und 1840er Jahren bei einem Massenpublikum ein. Die privatzirkelhafte Esoterik der frühromantischen Fragment-Publikationen war damit durchbrochen.

8. Fragmentaristische Momente der französischen Romantik

In mehrerlei Hinsicht hält die französische Romantik das Fragmentbewußtsein der deutschen latent. Rousseau hatte ihr das Stichwort von Paris als modernem Babylon vermacht.[144] Nicht allein ob ihrer Sündhaftigkeit, sondern auch durch die unendliche Zahl ihrer Soziolekte spottete diese Kapitale jeder Beschreibung und schien gleichzeitig zu ihr aufzufordern. Von Merciers *Tableau de Paris* (1781–1788) und *Le Paris nouveau* (1798–1800) bis zu Zolas *Les Rougon-Macquart* (1871–1893) wird über ein Jahrhundert lang ein großer Teil der französischen Epik von dem Projekt bestimmt, das Gewimmel der hauptstädtischen Bevölkerung in einem Zyklus erzählerischer Studien zu erfassen. So versucht der Romancier Balzac eine Zoologie der zeitgenössischen französischen Gesellschaft, ein Unternehmen, das durch die Dynamisierung der naturgeschichtlichen Modelle unabschließbar geworden war.

Doch nicht nur von ihrem Vergleichsmodell her holen Balzacs Romane nicht ein, was sie sich vornehmen. Eine ihrer Grundkonstellationen ist die der Unangemessenheit zwischen Protagonist und Gesellschaft. Dieses Unzulänglichkeitsverhältnis bestimmt auch das Streben nach dem absoluten Kunstwerk. Der Maler Frenhofer, die Zentralgestalt von Balzacs Erzählung *Le Chef-d'œuvre inconnu* (1831–1837), »s'était purement et simplement fatigué à parachever son mystérieux tableau«[145]. Wo der Kunstwille sich verselbständigt und über das kunstimmanente Vollenden (›achever‹) ein höheres ›parachever‹ erstrebt, zerstört er seine eigene Arbeit. Das ein Jahrzehnt lang retouchierte unvollendbare Meisterwerk stellt sich, da Frenhofer es seinen Malerfreunden enthüllt, als Werk der Zerstörung heraus. Der verzeichnenden Überarbeitung des schönsten Frauenbildnisses ist nur ein einzelnes Fußende – entsprungen wie entgangen: »ils aperçurent dans un coin de la toile le bout d'un pied nu qui sortait de ce chaos de couleurs, de tons, de nuances indécises, espèce de brouillard sans forme; mais un pied délicieux, un pied vivant! Ils restèrent pétrifiés d'admiration devant ce fragment échappé à une incroyable, à une lente et progressive destruction.« In diesem Fußstück, das »comme le torse de quelque Vénus en marbre de Paros«[146] erschien, hat Frenhofer seinen Vorsatz verwirklicht, der Malerei die lebensechte Plastizität der Statuen zu geben und also die antike Kunst zu erreichen. Prompt wirkt es sympathetisch und versteinert seine Betrachter. Zugleich bezeugt es das Zerrüttungspotential eines fetischisierten Schönheitsideals, das in seinem Objekt das Lebensganze spaltet und mortifiziert.

Solche Konfrontation mit Entstellungen, Umstellungen, Desillusionen ist korreliert mit der Erfahrung einer seit der Französischen Revolution akzelerierten, Reiche und Hoffnungen zertrümmernden Geschichte. Victor Hugos *Préface de Cromwell* (1827) rehabilitiert das Groteske als Har-

---

143 Vgl. OSTERMANN, Das Fragment (s. Anm. 2), 48 u. ö.
144 Vgl. JEAN-JACQUES ROUSSEAU, Les Confessions (1782), in: ROUSSEAU, Bd. 1 (1959), 159; ROUSSEAU, Julie, ou la Nouvelle Héloïse (1761), in: ROUSSEAU, Bd. 2 (1964), 231–236, 245–256, 265–278, 294–297.
145 HONORÉ DE BALZAC, Le Chef-d'œuvre inconnu (1831), in: Balzac, La Comédie humaine, hg. v. P.-G. Castex u. a., Bd. 10 (Paris 1979), 430.
146 Ebd., 436.

monie sui generis. Schließt er hier das Häßliche mit einem Epitheton des Schönen zusammen, so begründet er an anderer Stelle die Perfektion des Schönen in den Verlusten, die es erlitt. In der Nachfolge Volneys anerkennt sein Gedicht À l'Arc de triomphe (1837) die Macht der Vergänglichkeit. Pathetisch fordert es dazu auf, alle Statuen der Zeit, diesem großen Bildhauer, auszusetzen. Durch diesen Umwandlungsprozeß, Desintegration, Verwitterung und Anlagerung von Alterungsschichten, entstehe im Nachhinein eine paradoxe Schönheit und Vollendung.

III. 19. und 20. Jahrhundert

1. Durchbruch der modernen Skulptur als Bruchstück: Rodin

Vorbereitet durch die bruchstückhaften Überreste, die Lord Elgin ins British Museum bringen läßt und die seit den 1810er Jahren die Phantasie der europäischen Künstler beschäftigen, vollzieht sich dann im Bereich der Skulptur bei Auguste Rodin, was drei Generationen zuvor Friedrich Schlegel der Literatur erobern wollte: eine positive Modernisierung der Antike. Post festum erscheint ihre monolithische Kanonizität vervielfältigt und verteilt in die Bruchstücke, in denen sie auf die Neuzeit gekommen ist. Gemahnten diese Torsi und Fragmente seit der Renaissance an die Keule des Herkules, deren kleinster Splitter noch ausreicht, den Mut der Modernen niederzuschlagen, dann – bei den ›modernes‹ – an eine abgelebte Kultur, deren Relikte durch die neueren Errungenschaften von Kunst und Wissenschaft überboten worden seien, so adaptiert nun Rodin die Schlegelsche Vorstellung, daß die Antike gerade in der bruchstückhaften Form ihrer Tradierung nachzuahmen und zu übertreffen sei. Schlegels Fragmente beerbten Formen antiker Verskunst, Dithyrambus, Hymne, Xenie und Epigramm, und verwandelten sie in Prosa; Rodin beginnt um 1875–1877, seine Skulpturen zu fragmentieren. Beider Vorsatz ist, die Antike mit ihren eigenen Waffen zu schlagen.

Rodin entwickelt dieses Programm unter dem Eindruck der antiken Torsi. Durch den Historismus der europäischen Museumskultur befestigte sich für seine Zeitgenossen die Einsicht in ihre Vollendung. 1874 karikiert das Journal illustré die Vorschläge eines fiktiven Wettbewerbs zur Ergänzung der Venus von Milo. Eine Mehrheit im imaginären Geschmacksparlament favorisierte die »Conservation du statu quo«[147] – genauso hatte schon Antonio Canova optiert, als er beauftragt worden war, die Elgin Marbles zu komplettieren. Doch Rodins Fassung dieser Präferenz ist nicht konservatorisch, sondern geradezu bildwerkstürmerisch. Wenn die antiken Skulpturen als fragmentierte vollendet sind, dann können sich auch die gegenwärtigen im Zustand der Fragmenthaftigkeit mit ihnen messen. Unter dem Eindruck seiner Italienreise von 1875 und des Apolls vom Belvedere, den er bei seinem Romaufenthalt vermutlich gesehen hat, erstellt Rodin gegen 1877 seinen Torso des Ugolino, mit dem er seine erste unvollständige Figur realisiert.[148] Nicht nur sein vielbestauntes Atelier, sondern auch die Ensembles seiner Ausstellungen erscheinen fortan als Kompositionen von disiecta membra, als Dispositive unzähliger Körper-Teil-Torsi, die immer neu, aber niemals endgültig konfiguriert werden können.

Indem er sich den Apoll vom Belvedere zum Vorbild nimmt, geht Rodin arbeitspraktisch den Weg der Fragmentierung. Er erscheint als konsequente Fortsetzung des bildhauerischen Verfahrens, vom (aus einem Steinbruch herausgebrochenen) zu bearbeitenden Material so viel abzuschlagen, daß eine Gestalt aus ihm heraustritt. Nun aber zerschlägt Rodin auch die von der modernen Skulptur erwartete Ganzheit und Rundheit der Gestalt – im prototypischen Fall: des menschlichen Körpers. So ist auf »diesem Weg zurück, vom Ganzen zum Teil, [...] die Verstümmelung eine Vollendung.

---

147 BERTALL, Revue d'actualité [Zeichnung und Bildunterschrift], in: Le journal illustré (5. 7. 1874), 216, zit. nach ANNE PINGEOT, Einleitung, in: Pingeot u.a. (Hg.), Le corps en morceaux [Ausst.-Kat.] (Paris 1990); dt.: Das Fragment. Der Körper in Stücken, übers. v. M. Looser (Bern 1990), 20, Abb. 13.
148 Vgl. ALBERT E. ELSEN, Dans l'atelier de Rodin. Le sculpteur et les photographes (Oxford/Paris 1980), 159; ANTOINETTE LE NORMAND-ROMAIN, Der Torso vom Belvedere, in: Pingeot u.a. (s. Anm. 147), 111.

Der partielle Körper ist keine Etappe, sondern ein Endpunkt.«[149] Zugleich gelang es Rodin auf diese Weise, die Arbeit des Bildhauers selbst ins Bildwerk einzutragen und die an ihn herangetragene Publikumserwartung, sie müsse abschließbar sein und als abgeschlossene präsentiert werden, zu suspendieren. »In den Marmorplastiken [...] befinden wir uns« häufig »in dem unentschiedenen Augenblick, da die unvollständige Form sich eben aus dem Rohmaterial herauslöst, in dem das Vollendete dabei ist, sich aus der Roheit zu befreien, in die es eingehüllt ist.«[150] Der philologische Begriff des Fragments kennt also im bildhauerischen Werk Rodins zwei Entsprechungen: den Torso und das Halbrelief.

2. Die Kontexte ausräumen: Mallarmés Poetik des Fragmentierens

Der Rodin-Bewunderer Rilke wird dem fehlenden »unerhörten Haupt«[151] des *Archaïschen Torsos Apollos* (1908) im Gedicht seine Stimme geben. Mallarmé war, als er den Eigenwert von Fragmenten postulierte, den umgekehrten Weg gegangen, den der Stillstellung von Literatur in Musik und Bild. Auf ihn führen die Praktiken von Evokation und Symbolisierung, Schweigen und Ausbleichung. Um die Dichtung, ihren Symbolisierungsakt, zu perfektionieren, erklärte Mallarmé 1891 in einer exoterischen Darlegung seiner Poetik, muß das Gedicht seinen Gegenstand partialisieren, ihn stückweise hervorrufen: »évoquer petit à petit«, auf daß er ebenso stückweise erahnt werden kann – man solle ihn »deviner peu à peu«. Auch da, wo ein Gegenstand als ganzen hinzustellen scheint, verwendet ihn das Poem nur als Zeichen, bricht ihn durch eine Sequenz von Umbedeutungen herunter zu einem immateriellen Denotat. Objekt dieses Dichtens ist der Seelenzustand, der »état d'âme«[152]; das Gedicht zeigt ihn, indem es ihn hervorruft, und umgekehrt.

Durch grammatisch-syntaktische Äquivokationen, verdunkelnde Assonanzen, generalisierende Auslassungen, Verweigerung von Benennung und Detaillierung bringt Mallarmés Sprache ins Schweben, was den Zeichen an Gegenständlichem anhaftet. Komposita etwa werden halbiert. Vom erwarteten und klärenden Begriff ›battement d'ailes‹ bleibt nur noch ›battement‹ zurück – »ein Wort«, so Hugo Friedrich, »das jedoch selbst schon Fragment ist«[153]. Fragmentierung auf der Ebene der Komposition von und mit Worten versprach für Mallarmé deren Befreiung aus logischen, idiomatischen und diskursiven Kontexten, poetische Vollendung durch Leugnung, Verneinung der arbiträren Konventionen, die sich an die Vokabeln geheftet hatten: »Le vers qui de plusieurs vocables refait un mot total, neuf, étranger à la langue et comme incantatoire, achève cet isolement de la parole; niant, d'un trait souverain, le hasard demeuré aux termes malgré l'artifice souverain de leur retrempe alternée en le sens et la sonorité, et vous cause cette surprise de n'avoir ouï jamais tel fragment ordinaire d'élocution«[154].

Kompression der Worte bis zur Neuprägung, dieses Programm enthob Mallarmé indes nicht der Aufgabe, solche punktualisierten Worte zu placieren. Was dem einzelnen Wort versagt bleibt, weil es das Ganze der Sprache, die durch die Mehrzahl der Worte definiert ist, nicht repräsentieren kann, muß deren Zusammenspiel vorstellen: die Selbstaufhebung der Sprache. Daher Mallarmés Zögern bei der »ordonnance du livre« (366). Wenn jeder Text, jedes Wort, jeder Buchstabe nur einen richtigen, endgültigen, aber vermutlich unerfindlichen Platz hat, muß jede Setzung von Schrift hypothetisch sein, sich als transitorische, unvollständige und im Bewußtsein der Leserschaft bewegliche und verlöschende ausweisen: »Tout devient suspens, disposition fragmentaire avec alternance et

---

149 ROLAND SCHAER, Rodin / Fragmente, in: ebd., 260.
150 Ebd., 262.
151 RAINER MARIA RILKE, Archaïscher Torso Apollos (1908), in: Rilke, Werke. Kommentierte Ausgabe in vier Bänden, hg. v. M. Engel/U. Fülleborn, Bd. 1 (Frankfurt a. M. 1996), 513.
152 STÉPHANE MALLARMÉ, Sur l'Évolution littéraire (1891), in: Mallarmé, Œuvres complètes, hg. v. H. Mondor/G. Jean-Aubry (Paris 1945), 869.
153 HUGO FRIEDRICH, Die Struktur der modernen Lyrik. Von der Mitte des neunzehnten bis zur Mitte des zwanzigsten Jahrhunderts (1956; Hamburg 1967), 101 f.
154 MALLARMÉ, Crise de vers (1892), in: Mallarmé (s. Anm. 152), 368.

vis-à-vis, concourant au rythme total, lequel serait le poëme tu, aux blancs« (367). So greift Mallarmé die Sprache von beiden Seiten an. Ihre lautliche Dimension will er in Musik überführen, diese Musik zum Schweigen bringen in einer Art Notenschrift, deren Schriftbild er schließlich auszulücken strebt, um den rekonstellierten stehengebliebenen Worten Entfaltungsraum zu schaffen. In Mallarmés *Un coup des dés jamais n'abolira le hasard* ist diese Tendenz radikalisiert. Aus den Spatien, die die Worte trennen, ist ein »espacement«[155] geworden, aus ihrer Isolation die Trennweite kosmischer Konstellationen und Sphären, bezeichnet und voneinander abgesetzt durch verschiedene Drucktypen. Darin verschwindet jegliches erzählbare lyrische Objekt. An seine Stelle tritt eine poetologisch-sprachphilosophische Hypothese über die These der Welt. Kosmos (Ordnung) kommt in die Bewegungen dieser Hypothese durch die wie Fixsterne über das Papier verteilten, wie Synkopen gesetzten, deshalb als »arrêts« (Verfügungen und Halte-, Anhaltspunkte) bezeichneten wenigen Worten: »La fiction affleurera et se dissipera, vite, d'après la mobilité de l'écrit, autour des arrêts fragmentaires d'une phrase capitale dès le titre introduite et continuée.«[156]

Die souveräne, peremptorische Isolation der Worte – ›arrêts‹ spricht oder erläßt die verfassungsmäßige Autorität – macht diese ihrerseits eigenmächtig, oder sie exekutiert vielmehr ihre Befehle: »disparition […] du poëte, qui cède l'initiative aux mots«[157]. Wie Mallarmés Poetik sich hier berührt mit Schlegels Konzept einer Sprache, in der sich die Termini untereinander verständigen, wie sie Dichtung von den Normen der Erlebnislyrik abrückt und dem nähert, was bei Novalis »Gemütherregungskunst«[158] hieß, so kehrt bei ihr auch das Enzyklopädie-Projekt der Frühromantik wieder als Aspiration auf ›le livre‹, ›l'œuvre‹, das eine zu schreibende Buch der Welt, für das alle Schriften Mallarmés nur Vorarbeiten waren. Gegenüber der Einheit, Einsamkeit und Einzigartigkeit dieses absoluten Singulären wird alles einzelne Bestimmte zu sekundärem Stückwerk, das seine Existenzberechtigung aus seinem Anteil am zu restituierenden Ganzen bezieht. In einer kryptischen Reflexion scheint Mallarmé dieses Verhältnis auszulegen als das einer Jungfrau zur Paarung, in die sie sich verliert und rettet: »Virginité qui solitairement, devant une transparence du régard adéquat, elle-même s'est comme divisée en ses fragments de candeur, l'un et l'autre, preuves nuptiales de l'Idée.«[159]

Hugo Friedrich hat das zu der Sentenz »Fragmente sind die Hochzeitszeichen der Idee.« zusammengeschoben und als »Fundamentalsatz moderner Ästhetik«[160] apostrophiert. Doch suggeriert Mallarmé etwas Komplexeres. Ein Zustand der Ursprünglichkeit und Reinheit findet seine Entsprechung in einem Blick, wird diesem durchsichtig und beweist sich darin ex post als angelegt aufs Angeschautwerden: Virginität als Monstranz. Hierbei teilt sich die Jungfräulichkeit, oder sie scheint sich zu teilen (›comme divisée‹) in ihre Fragmente. Von den Fragmenten verrät der Text zweierlei: daß es zwei (›l'un et l'autre‹) und daß sie ›de candeur‹ sind. Mit dieser Vokabel leitet Mallarmé von der Jungfräulichkeit zur Hochzeit über. Zwischen beiden Stadien steht der Brautschleier in seiner Weiße. Sie wirft ein Licht zurück auf das Transparentwerden der Virginität: Es trat ein, weil der Schleier der Braut zerriß. ›Preuves nuptiales de l'idée‹ – der Idee im absoluten Singular – sind die Fragmente auch aufgrund dieser natürlich-klugen Weißheit. Denn weiß, unterschiedslos, makellos erträumte sich Mallarmé die Seiten der vollendeten Dichtung: ›Preuves‹ hat die Nebenbedeutung von Druckfahnen. Doch mag auch hier seine Poetik an eine Art höherer literarischer Mathematik auftreten. Dann wären ›preuves nuptiales‹ wirklich ›Hochzeitszeichen‹, nämlich jene graphischen Symbole, mit welchen auf genealogischen Tafeln

---

155 MALLARMÉ, Un coup des dés jamais n'abolira le hasard (1897), in: ebd., 455.
156 Ebd.
157 MALLARMÉ (s. Anm. 154), 366; vgl. SHOSHANA FELMAN/DORI LAUB, Testimony: Crises of Witnessing in Literature, Psychoanalysis, and History (New York 1992), 18–24.
158 NOVALIS, Fragmente und Studien 1799–1800, in: NOVALIS, Bd. 3 (^{3}1983), 639.
159 MALLARMÉ, Quant au livre (1895), in: MALLARMÉ (s. Anm. 152), 387.
160 FRIEDRICH (s. Anm. 153), 117; vgl. GERT UEDING, Fragment und Utopie. Zur Theorie des literarischen Bruchstücks, in: Der Monat 20 (1968), H. 238, 66; UEDING, Das Fragment als literarische Form der Utopie, in: Études germaniques 41 (1986), 355.

Eheschließungen markiert werden, als schwebende Acht ( ), die zugleich das Unendlichkeitszeichen der Algebra ist. In der Vermählung der Fragmente läge dann auch ihre Verunendlichung; und erst in diesem Modus der Verknüpfung, die die Fragmente durch Unendliches sowohl trennt als vermählt, addierten sie sich zum großen Einen der Idee.

3. Nach Mallarmé: Fragmentierung als Verfahrensprinzip der modernen Dichtung

Friedrich konstatiert, daß seit Mallarmé die Technik der Fragmentierung zu einem Stilprinzip der modernen Dichtung geworden ist: so bei Rimbaud, bei Benn, Ungaretti, Guillén und T. S. Eliot.[161] »Das ›Waste Land‹ Eliots war nicht nur eine Apotheose des Fragmentarischen, eine Zusammensetzung der heterogensten Bruchstücke, sondern wurde auch noch von Ezra Pound so drastisch gekürzt, daß die autorisierte Fassung zu einem Fragment des Originals wurde«[162], schrieb Michael Hamburger, der in Eliots Zeile »These fragments I have shored against my ruins«[163] den Schlüssel zum Kompositionsprinzip des Gedichts sah.

Als einer der ersten hat Paul Valéry die Fragmentierung der poetischen Sprache an Mallarmé bewundert und studiert. In einem kurzen Essay beschrieb er 1923 die der Literatur gewidmete Biographie seines Meisters als Abarbeitung der Idee der Perfektion: »Le choix impitoyable lui dé-

---

161 Vgl. FRIEDRICH (s. Anm. 153), 32–34, 153, 155, 195 u. ö.
162 MICHAEL HAMBURGER, Das Fragment: ein Kunstwerk?, in: Hofmannsthal. Jahrbuch. Zur europäischen Moderne 3 (1995), 316.
163 THOMAS STEARNS ELIOT, The Waste Land (1922), V. 430, in: Eliot, Collected Poems 1909–1962 (London 1974), 82; vgl. HAMBURGER (s. Anm. 162), 316f.
164 PAUL VALÉRY, Stéphane Mallarmé (1923), in: VALÉRY, Bd. 1 (1957), 622.
165 VALÉRY, Degas Danse Dessein (1936), in: VALÉRY, Bd. 2 (1960), 1190.
166 VALÉRY, Fragments des mémoires d'un poème (1937), in: VALÉRY, Bd. 1 (1957), 1490.

vore ses années, et le mot *achever* n'a plus de sens, car l'esprit n'achève rien par soi-même.«[164] Valérys eigene Arbeit an einer »poésie pure« intendierte die Schaffung einer selbständigen Sprache nach dichterischen Kriterien, entlastet von allen historischen und Kommunikationskontexten. Neben Mallarmé fand er für dieses Ideal ein zweites Vorbild in Edgar Degas. Im – durch E. T. A. Hoffmanns Cardillac-Figur vorgezeichneten – Motiv des Künstlers, der unendliche Mühe hat, ein eigenes Werk als abgeschlossenes zu verstehen und aus der Hand zu geben, trifft der Maler Degas mit dem Dichter Mallarmé zusammen – und mit dem Essayisten Valéry, der beide beschreibt: »Comme un écrivain qui veut atteindre la dernière précision de sa forme multiplie les brouillons, rature; avance par reprises, et ne se concède jamais qu'il ait rejoint l'état *posthume* de son morceau, tel Degas.«[165] Der Widersinn des Unternehmens verrät sich in Valérys Wortwahl. Solange der Künstler sich und sein Arbeiten als lebendig empfinden möchte, wird er sich vor dem postumen Zustand seines Werks hüten wie vor einer Antizipation seines Todes. Zudem verbietet ihm die Ehrlichkeit, dem, was immer ›morceau‹, Stück, auch Stückwerk, bleibt, letzte Genauigkeit der Form zuzusprechen. So gilt dem Essayisten Valéry das Gedicht als »un fragment parfaitement exécuté d'un édifice inexistant«[166].

Nicht alle modernen Autoren operieren auf derselben Ebene des zu fragmentierenden Materials. Diejenigen, die den konventionellen Satzbau zertrümmern, sperren sich nicht immer dem Gebrauch des gewöhnlichen Vokabulars, den andere durch Umstellungen und Neologismen ad absurdum führen. Jene, die idiomatische Formulierungen verkürzen, verfahren nicht jedesmal ebenso mit den Phonemen und Semen der einzelnen Vokabeln. Fließend, aber typologisch wichtig für die moderne Literatur ist der Übergang von Texturen, die Zwischenglieder der diskursiv-logischen Verknüpfung von Gedanken und Sätzen auslassen, zu solchen, die sprunghaft assoziativ oder kontrastiv Disparates zusammenstellen – wie in der surrealen Begegnung eines Regenschirms mit einer Nähmaschine auf einem Operationstisch. Letztere verwenden eine Technik, die den Verfahren von Schnitt, Blende, Collage und Montage, kurz: der verselbständigten Formelemente[167], in benachbarten Bereichen der modernen Kunst ab ca. 1890 (Fotografie, Film und Hörspiel; in der impressionistischen Malerei schon seit der Jahrhundertmitte[168]) genauer entspricht. Synchron wie diachron kommunizieren literarische Texte schließlich mit den nach Genres geordneten Traditionen und Leseerwartungen. Sie zu verweigern heißt, mit überlieferten Vorstellungen von Dichtertum, Autorschaft, Werkganzheit und Gattungsidentität zu brechen. Radikal demonstriert findet sich dieses Vorgehen in der Reduktion der Erwartungen an Dramatik und Theatralität durch das szenische Werk Samuel Becketts.

4. Im Zeichen der Zerreißung: Selbstdiagnosen der Moderne um 1900 (Nietzsche, Hofmannsthal, Simmel)

In Zeitgenossenschaft zu dieser Entwicklung der künstlerischen und literarischen Techniken bildet sich seit der Jahrhundertwende vor allem in den deutschsprachigen Ländern eine soziologisch, kulturtheoretisch, geschichts- und kunstphilosophisch angelegte Zeitdiagnostik heraus, welche die Moderne im engeren Sinn als Epoche der Fragmentierung auffaßt.

Gegen 1900 kommt, in der Nachfolge von Schopenhauers *Parerga und Paralipomena* (1851), das Philosophieren in Sentenzen und verknappten, abgebrochenen Reflexionen wieder auf. ›Fragmente‹ heißen solche Bände auch deshalb nicht, weil dieser Titel in der deutschen Buchproduktion zunehmend unüblich geworden war. Lassen sich für das erste Jahrzehnt des 19. Jh. noch mindestens 39 Titel nachweisen, die sich so nennen, findet man in den 1870er Jahren kaum mehr als sechs solche Titel. Wiederbelebt wird derweil die Tradition altphilologischer und bibelkritischer Editionen von *Fragmenta*, etwa durch August Meinecks *Fragmenta Comicorum Graecorum* (1839–1857). Während diese Bände nur ein Fachpublikum erreichen, wirken zwei zu Anfang des 20. Jh. erscheinende Sammlungen auf die deutschsprachigen Intellektuellen insgesamt: Hermann Diels' zweisprachige Ausgabe der *Fragmente der Vorsokratiker* (1903) und Max Heckers Präsentation von Goethes *Maximen und Reflexionen* (1907).

Die Generation der Schriftsteller, die um die Jahrhundertwende auftrat, schätzte als Muster einer fragmentarischen Engführung von Philologie, Interpretation und Philosophie die »aphoristische, mehrdeutige und zerbrochene Redeweise«[169] der Texte Friedrich Nietzsches. Nietzsche rehabilitiert die Form des Fragments durch drei Figuren seiner Ästhetik und Kulturtheorie: den Gestaltwandel des Dionysos, die spielerische Rekonstruktion der Sprache durch den freien Geist und die Zurückführung der Werke auf prozeßhaft-konfligierende Einzelbehauptungen des ›Willens zur Macht‹. Die *Geburt der Tragödie* (1872) hebt die Überlieferung hervor, nach der der mythische Dionysos von den Titanen in Stücke gerissen und schließlich als restituierter »kommender dritter Dionysos« verehrt und erwartet wurde. Beide Verwandlungen des Gottes sind also Prozesse des Zerbrechens. Die Zerstückelung, die Nietzsche als gewaltsame Abdrängung in eine als Leiden erlebte Individuation faßt, wird rückgängig gemacht durch das Fadenscheinigwerden und Platzen der apollinischen Umschleierung, die »Zerreissung des principii individuationis«[170]. Hatte allein der apollinische Schleier die Gestalten und Wirkungen der Tragödie erkennbar und erträglich gemacht, so zerstört im Moment, da er transparent wird, eine transsubjektive Macht des ›Lebens‹, der ›Natur‹ die künstlerische Form, ihren Ganzheits- und Scheincharakter.

---

167 Vgl. OSTERMANN, Rückblick auf das fragmentarische Universum der modernen Poesie, in: Akzente 39 (1992), 144–187; VOLKER ROLOFF, Fragmentierung und Montage: Intermediale Aspekte (am Beispiel surrealistischer Texte, Bilder, Filme), in: Camion u. a. (s. Anm. 21), 239–256.
168 Vgl. LINDA NOCHLIN, The Body in Pieces: The Fragment as a Metaphor of Modernity (London 1994); WOLFGANG DROST, Fragmentarische Strukturen in der französischen Malerei des 19. Jahrhunderts. Von Manet und Degas zu Flaubert, in: Camion u. a. (s. Anm. 21), 145–164; UWE BENNERT, Bemerkungen zur Problematik des Fragmentarischen im ›musealen‹ Kontext von Rodin, in: ebd., 301–315.
169 OSTERMANN, Das Fragment (s. Anm. 2), 186.
170 NIETZSCHE, Die Geburt der Tragödie (1872), in: NIETZSCHE (KGA), Abt. 3, Bd. 1 (1972), 68, 29.

Während in dieser Schrift das Potential zur Selbstauflösung des dichterischen Kunstwerks der Musik zugesprochen wird, hat sich der sprach- und metaphysikkritische Nietzsche mit der Inkonsistenz und Unzulänglichkeit aller diskursiven Akte beschäftigt. Wenn Sprache ein Heer von Metaphern, ihr Wahrheitsanspruch Effekt rhetorischer Operationen, gelungener Täuschung ist, setzt diese Ansicht den Intellekt frei, jenes »ungeheure Gebälk und Bretterwerk der Begriffe« nur noch als »ein Gerüst und ein Spielzeug für seine verwegensten Kunststücke« anzusehen. Sie sind intuitiv-irrational verfahrende Kunststücke der Fragmentierung von Sinnzusammenhängen und ihrer entstellenden Remontage. Der Autor bemeistert sich dieses Gerüstes, »wenn er es zerschlägt, durcheinanderwirft, ironisch wieder zusammensetzt, das Fremdeste paarend und das Nächste trennend«[171].

Das Werk Hugo von Hofmannsthals ist Fragment geblieben, vermutlich das umfänglichste in der deutschen Literatur des 20. Jh. Noch einmal bestätigt es den Zusammenhang von Fragmentarismus und extensiver Lektüre. Lesen ging ihm ins Entwerfen über, Relektüre unausgeführter Entwürfe in Neuansätze eines anders zu schreibenden Werks – kaum kann man noch von demselben Werk sprechen. Da Hofmannsthals Versuch, Tradition und Moderne zusammenzufügen, nicht bruchlos aufgehen konnte, erhob er den Fragmentarismus zum ästhetischen Programm.[172] Er findet Zugang zu den Texttraditionen, indem er sie fragmentiert, den Charakter des Fragmentarischen in sie hineinliest: »Künstler lieben vollendete Kunstwerke nicht so sehr wie Fragmente, Skizzen, Entwürfe und Studien, weil sie aus solchen am meisten fürs Handwerk lernen können«[173], notiert er schon 1891.

Hofmannsthal streift auch die frühromantische Idee einer Strukturaffinität zwischen Fragment und Roman. Tatsächlich ist sein größtes episches Projekt, der *Andreas*-Roman, Fragment geblieben, und zwar aus Unvollendbarkeit.[174] Einer der ersten Kommentatoren des postum veröffentlichten Textes nannte ihn 1935 ein »frammento interno«[175]. Seiner intertextuellen Vernetzung nach bezieht sich der Roman wesentlich auf drei fragmentarische erzählerische Werke der deutschen Literatur: Goethes erst kurz zuvor entdeckte *Theatralische Sendung* (1911), Schillers *Geisterseher* (1787–1789) und Novalis' *Ofterdingen* (1802).[176] Aus Fragmenten erstellt Hofmannsthal ein neues Fragment, dessen verwirrende Unübersichtlichkeit erzähltechnisch wie wahrnehmungspsychologisch der vorherrschenden Innenperspektive der Titelfigur geschuldet ist, ihren Blickbeschränkungen und Identitätskrisen.[177]

Doch schon die Gedichte und lyrischen Dramen des jungen Hofmannsthal, von der Kritik sogleich als vollendete angesehen, hat der Autor zu Fragmenten erklärt. Den *Tod des Tizian* nannte er erst ein *Bruchstück*, dann, 1901, *Ein dramatisches Fragment*. Im Rückblick hat er sein Frühwerk unter das Zeichen der Präexistenz gestellt und seinen Ästhetizismus mit einem Begriff des Defizienten kritisiert, mit dem ästhetische wie ethische Insuffizienz, weil Nicht-Plastizität, Mangel an dreidimensionaler Lebensfülle gemeint ist.[178] Konstruktiv aufgeladen hat Hofmannsthal diese Diagnose, indem er das Fragmentarische der Kunst sowohl ästhetisch wie ethisch rehabilitierte. Das »Fragment als Existenzform und Möglichkeit des Kunstwerks«[179] begründete sich für ihn in dem Gesetz,

---

171 NIETZSCHE, Ueber Wahrheit und Lüge im aussermoralischen Sinne (entst. 1873), in: NIETZSCHE (KGA), Abt. 3, Bd. 2 (1973), 382.
172 Vgl. MATHIAS MAYER, Zwischen Ethik und Ästhetik. Zum Fragmentarischen im Werk Hugo von Hofmannsthals, in: Hofmannsthal. Jahrbuch. Zur europäischen Moderne 3 (1995), 263–272.
173 HUGO VON HOFMANNSTHAL, Aufzeichnungen aus dem Nachlaß. 1891, in: Hofmannsthal, Ges. Werke in zehn Einzelbänden, hg. v. B. Schoeller, Bd. 10 (Frankfurt a. M. 1980), 331.
174 Vgl. ACHIM AURNHAMMER, Hofmannsthals ›Andreas‹. Das Fragment als Erzählform zwischen Tradition und Moderne, in: Hofmannsthal. Jahrbuch. Zur europäischen Moderne 3 (1995), 283.
175 FELIX BRAUN, [Rez.] Hugo von Hofmannsthal, Andreas, in: Studi Germanici (1935), 119, zit. nach MAYER (s. Anm. 172), 252.
176 Vgl. AURNHAMMER (s. Anm. 174), 290; HOFMANNSTHAL, ›Wilhelm Meister‹ in der Urform (1911), in: Hofmannsthal (s. Anm. 173), Bd. 8 (Frankfurt a. M. 1979), 403–411.
177 Vgl. AURNHAMMER (s. Anm. 174), 285 f.
178 Vgl. MAYER (s. Anm. 172), 259–263.
179 Ebd., 263.

wonach der Betrachter und Künstler sein Werk aus dem Lebensstrom ausgrenzt. Er hat das »Schöne / Herauszureißen« aus der Natur«[180]. Diese Wendung definiert das Schöne paradox mit dem Hemmenden des Erhabenheitserlebnisses im Sinne Kants. Noch einmal überführt sie, in der Nachfolge der Frühromantiker, die Wirkung des Erhabenen in die des Fragments. Die Goethe nachempfundene Formel von der »Pflicht sich zu beschränken, im Schaffen und Denken mit dem Fragmentarischen sich zu begnügen, auch das Gefühl zu begrenzen«[181], selbsterzieherische Parole des 17jährigen, charakterisiert später das Programm einer Darstellung der Kunst wie des Lebens durch spontane Unterbrechung: »alles Gute ist die Ausgeburt eines Moments, und mehr oder weniger improvisiert und fragmentarisch ist alles, was wir von uns geben, das ist das Lebendige daran«[182]. Hofmannsthal verbindet den vitalistischen Begriff des strömenden Lebens mit der Kantischen Figur einer steigernden Hemmung des physischen Empfindens, durch die der Mensch die Ergießung seiner Lebenskräfte erfährt: »Der Berg dräuend, aber kräftigend. Überall der partielle Tod die Wurzel des Lebens. Aus Hindernissen Belebung«[183], notiert er 1911.

Selbstbehauptung ersteht für Kant aus der Anregung einer »Kraft […], um das, wofür wir besorgt sind (Güter, Gesundheit und Leben), als klein, und daher ihre [der Natur – d. Verf.] Macht […] für uns und unsere Persönlichkeit […] für keine *solche* Gewalt ansehen, unter die wir uns zu beugen hätten, wenn es auf unsre höchste Grundsätze […] ankäme«[184]. Hingegen setzt Hofmannsthals Behauptung »Das Halbe, Fragmentarische aber, ist eigentlich menschliches Gebiet«[185] den Wert der Hemmung der physischen Lebenskräfte in die Bildung des Selbst aus der Erfahrung seiner begrenzten natürlichen Zeit. Gerade die Abgeschlossenheit des Kunstwerks, seine Gestaltwerdung durch willkürliche Stockung des Lebensflusses, seine apollinisch abblendende Umschleierung eines überwältigend brennenden dionysischen Lichts macht es zur Entsprechung des endlichen Lebens. Hofmannsthal denkt diese Einblendung des Todes ins Leben als Antizipation der Lebenssteigerung, die der Sterbende erfährt. Fragmentarische Kunst simuliert dann eine Öffnung zum Unendlichen,

die die Begrenzung der irdischen Individuation aufhöbe.

Eine konstruktive Verschränkung der Ganzheitsentwürfe und Fragmentierungserfahrungen der modernen Welt versuchte auch Georg Simmel. Ein Stichwort des Wagnerianismus aufgreifend, macht er in einem Essay als positive Seite der Dekadenz deren Rezeptivität und Friedfertigkeit aus.[186] Simmel sucht Bedeutung in den Zerstörungen der Zeit als der materiellen Gegenkraft menschlicher Gestaltung, solange sie ihr Werk noch nicht vollendet haben. Denn zwar »erscheint der Verfall« eines Bauwerks »als die Rache der Natur für die Vergewaltigung, die der Geist ihr durch die Formung nach seinem Bilde angetan hat«. Doch »wird dennoch die Ruine zu einer sinnvolleren, bedeutenderen Erscheinung, als es die Fragmente andrer zerstörter Kunstwerke sind«[187], weil in ihr »aus dem, was noch von Kunst in ihr lebt, und dem, was schon von Natur in ihr lebt, ein neues Ganzes, eine charakteristische Einheit geworden ist« (139). Als Sinnbild des zeitgenössischen Geschmacks steht die Ruine dort, wo der Archäologe eine Spolie oder Scherbe findet, an der Grenze von Kultur- und Naturgeschichte. Sie vermittelt Gegenwart und Vergangenheit, Geist und Natur, Sichherausheben (Existenz) des Geisteswerks und Rückkehr« zur »guten Mutter« (121) Natur. Als »Einheitsform« spricht die Ruine zu einer »seelischen Ganzheit« und »Einheit ästhetischen Genießens« (145), das seinerseits ästhetische Vollendung mit der Unablässigkeit ethischen Bedenkens zusammenfaßt. Simmels klassizistisches

---

180 HOFMANNSTHAL, Ad me ipsum (entst. 1916–1929, ersch. 1930), in: Hofmannsthal (s. Anm. 173), 613.
181 HOFMANNSTHAL (s. Anm. 173), 321.
182 HOFMANNSTHAL an Hugo Heller (1906), in: Hofmannsthal (s. Anm. 176), 377.
183 HOFMANNSTHAL, Aufzeichnungen aus dem Nachlaß. 1911, in: Hofmannsthal (s. Anm. 173), 509.
184 KANT (s. Anm. 59), 186.
185 HOFMANNSTHAL (s. Anm. 173), 321 f.
186 Vgl. BRYAN S. TURNER, Ruine und Fragment. Anmerkungen zum Barockstil, in: W. van Reijen (Hg.), Allegorie und Melancholie (Frankfurt a.M. 1992), 204–207.
187 GEORG SIMMEL, Die Ruine, in: Simmel, Philosophische Kultur. Gesammelte Essais (Leipzig 1911), 138.

Ideal einer »plastischen Ruhe« und »festen Umgrenztheit des Kunstwerks« (144) dynamisiert sich bei der Konfrontation mit der Flüchtigkeit modernen Wertempfindens und findet von da her zur gebrochenen Ikone der Ruine. In der Form eines Essays, der in der Rhetorik der Ganzheit von Widersprüchen handelt, wählt Simmel das adäquate Medium für die Erkenntnis eines Antagonismus, der nur figürlich zu fixieren ist. Insofern erweist er sich auch hier als der philosophische Vorgänger einer von Kracauer und Benjamin fortgeführten modernen zeitgeschichtlichen Kultursoziologie, deren Aufmerksamkeit wie Darstellungsformen fragmentaristisch sind.[188]

5. Fragmentarische Werke für eine unfertige Welt: Brecht, Bloch, Heiner Müller

Bertolt Brecht verstand sich und sein Werk nicht nur als unterwegs zur Klassizität, sondern auch als vorläufig und den Nachgeborenen überantwortet. Das Voranschreiten der Geschichte zehrt an den Werken, solange sie aufgegeben sind. Aufgegeben im doppelten Sinne von unfertig zurückgelassen vor dem Ziel und verpflichtend auf ihre Vollendung, damit Aufzehrung durch die gesellschaftliche Wirklichkeit. In einem Gedicht schreibt Brecht: »Wie lange / Dauern die Werke? So lange / Als bis sie fertig sind. / Solange sie nämlich Mühe machen / Verfallen sie nicht. [...] // Die zur Vollständigkeit bestimmten / Weisen Lücken auf / Die langdauernden / Sind ständig am Einfallen. / Die wirklich groß geplanten / Sind unfertig.«[189]

Diese Dialektik von Intention auf Vollständigkeit und notwendiger Partialität, von Restitution und Parteilichkeit, Dauer und Verfall vergleicht Brecht mit zwei Prozeßstrukturen, deren erste der Ruinenästhetik des 18. Jh. und deren zweite dem technologischen Fortschrittsbegriff des 19. Jh. und noch der Russischen Revolution entspricht: »Unvollkommen noch / Wie die Mauer, die den Efeu erwartet [...] // Unhaltbar noch / Wie die Maschine, die gebraucht wird / Aber nicht ausreicht / Aber eine bessere verspricht / So gebaut sein muß / Das Werk für die Dauer«. Das avantgardistische Programm, nach dem das Kunstwerk ins soziale Leben übergreifen soll, faßt Brecht operativ als Aufforderung, es habe sich im menschlichen, es verformenden Gebrauch und also in der Spurempfänglichkeit für diesen Gebrauch zu bewähren: »Und die Geräte, die zum Spielen dienen / Was sind sie ohne die Einbuchtungen, die / Von vielen Fingern stammen«? (35) Wenn die Bedeutung nicht nur (wie in der neueren Sprachwissenschaft) eines Worts, sondern auch eines Werks sein Gebrauch ist, dann sind die bedeutendsten und brauchbarsten die aus Lückenhaftigkeit griffigen, aus Langlebigkeit nachgiebigen, aus Ambition unfertigen Werke. Zur Vollständigkeit bestimmt werden sie durch die Menschen, die »noch nicht« (36) da sind.

Über den Philosophen des Noch-Nicht schrieb Gert Ueding: »Niemand in unseren Tagen hat die romantisch-ästhetische Idee des Fragments so entschieden ergriffen und radikal durchdacht wie Ernst Bloch.«[190] In der einschlägigen Passage von *Das Prinzip Hoffnung* kommt dem künstlerischen »Vor-Schein als realem Fragment«[191] die Position der Antithese zu, umschlagend, aber auch überleitend von klassizistischen zu realistischen Normen. Diese schließen jenes Fragmentarische ein, das bei Bloch in der Korrespondenz der Epochen Gotik, Reformation, Barock, Expressionismus zu suchen ist und von dort her die Definition der Kunst überhaupt affiziert. Zuerst jedoch spricht ihr der Geschichtsphilosoph einen »Schein des Rundens, Überrundens« (246), idealisierender Mimesis zu. Kunst sei »Ausfabelung«, »Metier *des Ans-Ende-Treibens*« (247), »humanisierte Natur« als »zugleich [...] in sich selbst vollendetere« (249). In Absetzung sowohl von der mangelhaften zeitgeschichtlichen Realität wie von der dogmatischen Eschatologie präsentiert Kunst konkrete Utopie, beantwortet die Frage: »wie könnte die *Welt vollendet*

---

188 Vgl. DAVID FRISBY, Fragments of Modernity: Theories of Modernity in the Works of Simmel, Kracauer and Benjamin (Cambridge 1985).
189 BERTOLT BRECHT, Über die Bauart langdauernder Werke (entst. 1929), in: BRECHT (BFA), Bd. 14 (1993), 34 f.
190 UEDING, Das Fragment (s. Anm. 160), 351; vgl. UEDING, Fragment und Utopie (s. Anm. 160), 70–72.
191 ERNST BLOCH, Das Prinzip Hoffnung (1954–1959), in: BLOCH, Bd. 5 (1959), 250.

werden, ohne daß diese Welt, wie im christlich-religiösen Vor-Schein, gesprengt wird und apokalyptisch verschwindet« (248)? Antiklassizistisch dynamisiert erscheint diese Vorstellung von Kunst dort, wo deren »Ruf nach Vollendung« die Gesellschaft ereilt als Appell, es ihr nachzutun: »nicht als Vernichtung der Kunstbilder, doch als Einbruch in sie« (249). Nicht zersprengend, sondern antreibend verfährt und wirkt Kunst nach der Maxime: »Oft gerundet, nie geschlossen« (250).

Bloch beschwört nun die Erfahrung, daß das »Zertrümmern der Oberfläche wie weiter auch des bloß kulturhaft-ideologischen Zusammenhanges, worin die Werke gestanden haben, [...] Tiefe« (252 f.) freilege. Er beeilt sich aber, die Torsi antiker Statuen aus dieser Schicht des Fragmentarischen auszuschließen. Nicht auf »Formverbesserung« komme es an, sondern auf »Chifferverstärkung« (253). Potenzierung jener Chiffer, die Bloch als Gemeinsames des Zeichenhaft-Realen von Allegorie und Symbol postuliert hatte.[192] Chifferverstärkung »geschieht [...] durch die Risse des Zerfalls [...]. Es entsteht auf diese Weise statt Ruine und Torso ein *nachträgliches* Fragment [...]. Ein nachträgliches Fragment wird dergestalt, im Zerfall zur Verwesentlichung, jede große Kunst [...]; denn der utopische Grund geht auf, in den das Kunstwerk eingetragen war. Wenn die Aneignung des Kulturerbes immer kritisch zu sein hat, so enthält diese Aneignung [...] die Selbstauflösung des zum musealen Objet d'art Gemachten, aber auch der falschen Abgeschlossenheit, die das Kunstwerk an Ort und Stelle haben mochte« (253).

Das Transhistorische versteht Bloch als das Innerzeitlich-Transzendente des geborenen Fragments: »wenn sich das Phänomen des nachträglichen Fragments mit dem *im Kunstwerk selbst geschaffenen* verbindet: [...] im konkreten Sinn des bei höchster Meisterschaft Ungeschlossenen, des *durch utopischen Druck Transformierten*« (253). Hier kommt Blochs Ideal des Fragments zu sich: »im unüblichen, obzwar einzig legitimen Sinn eines nur angedeutet erscheinenden Ultimum« (253 f.). Dieses »sachlich Fragmentarische an allen Werken dieser ultimativen Art« bringt Bloch auf eine Formel aus Goethes *West-östlichem Divan* (1819). Es begegne, »wo das Nichtendenkönnen im Enden groß macht«[193]. Der »Grund für solch inneren Bildersturm« liege »im Weg- und Prozeßpathos, im eschatologischen Gewissen, das durch die Bibel in die Welt kam«. Mit dem Lutherischen Wort, das schon Hamann zur Übersetzung und religiösen Moralisierung der Vokabel *fragmentum* verwendet hatte, resümiert Bloch: »vor dieser Totalität erscheint dann [...] das gesamte bisherige Gewordensein, worauf unser Gewissen sich bezieht, als Stückwerk«. Als »Stückwerk oder objektives Fragment« (254) partizipiert auch das künstlerische an der Wirklichkeit der Welt: »Ohne solche Potenz zum Fragment hätte die ästhetische Phantasie [...] kein reales Korrelat.« Denn die Signale, die die Geschichte hervorbringt, sind ihrerseits »allesamt selber noch Fragmente, Realfragmente, durch die der Prozeß ungeschlossen strömt und zu weiteren Fragmentformen dialektisch vorangeht«. Bloch konstatiert abschließend: »Konkrete Utopie als Objektbestimmtheit setzt konkretes Fragment als Objektbestimmtheit voraus« (255). An der Korrelation dieser beiden Konkretionen erweist die fragmentarische Kunst ihren realistischen Charakter.[194]

Transformation zum Unabgeschlossenen unter dem Druck der Utopie – mit dieser Blochschen Formel ließe sich der Fragmentarismus der Dramen Heiner Müllers erklären. Die Verschränkung seiner Texte *Traktor* (1974) und *Die Schlacht* (1975) hat Müller als Versuch bezeichnet, »ein Fragment synthetisch herzustellen«[195]. Durch die Montage kritisieren die beiden aus zwei verschiedenen Phasen von Müllers Produktion hervorgegangenen Stücke einander.[196] Daraus entstehe ein neues, offenes Schauspiel. Blochisch und Benjaminisch spricht das Klaffen der dramatischen Faktur von der Unabgegoltenheit geschichtlichen Unrechts, der homogen über es hinweggleitenden Zeit: »Der Riß zwischen Text und Autor, Situation und Figur, provoziert/zeigt an die Sprengung der Konti-

---

192 Vgl. ebd., 201.
193 Ebd., 254; vgl. ebd., 253.
194 Vgl. ebd., 256–258.
195 HEINER MÜLLER, Ein Brief (1975), in: Müller, Texte, Bd. 4: Theater-Arbeit (Berlin 1975), 125.
196 Vgl. BARBARA CHRIST, Die Splitter des Scheins. Friedrich Schiller und Heiner Müller. Zur Geschichte und Ästhetik des dramatischen Fragments (Paderborn 1996), 206.

nuität«[197]. So kollidieren Zeiten, deren Zusammenprall das Publikum zum Koproduzenten des dramatischen Geschehens macht: »Die Poren des Teils zum Ganzen sollen nicht verstopft werden, das Fragmentarische hält sie offen, der Augenblick reißt Epochen zusammen, das wirkliche Gesamtkunstwerk kann nur aus der wie immer widersprüchlichen Einheit von Bühne und Publikum entstehen, auch der Zuschauer ist ein Fragment, einbezogen in das Spiel der Fragmente.«[198] Auf die Erfahrung und Wahrnehmung einer Geschichte als Trümmerfeld antwortet der Dramatiker Müller mit dramatischen Fragmenten. Er weiß sich darin einig mit der Theatergeschichte seines Landes: »Keine dramatische Literatur ist an Fragmenten so reich wie die deutsche. Das hat mit dem Fragmentarischen unserer (Theater-)Geschichte zu tun, mit der immer wieder abgerissenen Verbindung Literatur-Publikum (Gesellschaft)«[199]. Daher knüpft Müller emphatisch an die großen Fragmente der deutschen Dramatik an:

Lessings *Spartacus* (entst. 1770–1771), Hölderlins *Empedokles* (entst. 1797–1800, ersch. 1826), Kleists *Guiskard* (1808), Büchners *Woyzeck* (entst. 1836, ersch. 1878) – und vor allem Brechts *Fatzer* (1930).[200] Tatsächlich läßt sich auch der von Brecht aufgewertete mimische Gestus – mit Benjamin – als Unterbrechung der Handlung beschreiben.[201] Im *Fatzer* mag Müller das Fragment gefunden haben, das den »Fragment-Charakter der deutschen Geschichte«[202] und den Widerstand des einzelnen gegen die totalisierende Sinngebungsgewalt der Welthistorie repräsentiert.[203] Deren Beschleunigung erlaubt keine andere Wahrnehmung als eine flüchtige, fragmentarische. Diesen Wahrnehmungswirbel nur noch als Durcheinander zu fassender Erlebnisse will der Dramatiker seinem Publikum vermitteln.[204]

6. Konstruktionen des Abbaus: Benjamin

Montage und Collage adaptieren die neuen Verfahren selektiven Zeigens und Sehens. Maschinisierung und Mobilisierung der Lebensabläufe, der Arbeit, des Reisens, der Kriegführung wie auch der Informations- und Signalsysteme, Großaufnahme und Schnittechnik im Film gewöhnten die Zeitgenossen daran, in Sekundenbruchteilen und fragmentiert wahrzunehmen. Diese Veränderung der Erlebnisstruktur hat Walter Benjamin vor allem in den 30er Jahren beschäftigt. Dabei geht seine Befassung mit dem Montierten aus dem Interesse am Fragmentarischen hervor, das seine Abhandlungen im vorangegangenen Jahrzehnt durchzog.

In *Der Begriff der Kunstkritik in der deutschen Romantik* restituiert Benjamin den Begriff des Fragments nur implizit. Wenn romantische Kritik »das Medium« ist, »in dem sich die Begrenztheit des einzelnen Werkes methodisch auf die Unendlichkeit der Kunst bezieht und endlich in sie übergeführt wird«[205], hätte es nahegelegen zu sagen: Sie bricht das geschlossene Werk auf ins Unendliche, indem sie es zum Fragment übersetzt. Benjamin bevorzugt statt dessen die Rede von einer paradoxen architektonisch-syntaktischen Konstruktion. Die formale Ironie, mit der Tiecks Literaturkomödien und Jean Pauls »zerfetzte Romane« den Schein der illusionären Ganzheit von Drama und

---

197 MÜLLER (s. Anm. 195), 126; vgl. FRANCINE MAIER-SCHAEFFER, Utopie et fragment. Heiner Müller et Walter Benjamin, in: Études germaniques 48 (1993), 53–57.
198 Ein Gespräch zwischen Wolfgang Heise und Heiner Müller (1988), in: Müller, Gesammelte Irrtümer, Bd. 2: Interviews und Gespräche, hg. v. G. Edelmann/R. Ziemer (Frankfurt a. M. 1990), 67.
199 MÜLLER (s. Anm. 195), 125.
200 Vgl. CHRIST (s. Anm. 196), 201; FRANCINE MAIER-SCHAEFFER, ›Noch mehr Fragment als das Fragment‹. Zur Fragmentarisierung in Heiner Müllers Theaterarbeit, in: H. Turk/J.-M. Valentin (Hg.), Aspekte des politischen Theaters von Calderón bis Georg Seidel. Deutsch-französische Perspektiven (Bern u. a. 1996), 368 f., 372–374; PETER SEIBERT, Theater und Fragment. Notizen zu Heiner Müllers Dramaturgie, in: Camion u. a. (s. Anm. 21), 289–292.
201 Vgl. CHRIST (s. Anm. 196), 165.
202 MÜLLER, Notate zu Fatzer. Einige Überlegungen zu meiner Brecht-Bearbeitung, in: Die Zeit 33 (17. 3. 1978), Nr. 12, 49.
203 Vgl CHRIST (s. Anm. 196), 191.
204 Vgl. BURKHARD SCHMIESTER, Ein Fragment gegen Strohköpfe. Oder was die ›Hamletmaschine‹ bewirken kann, in: T. Girshausen (Hg.), Die Hamletmaschine. Heiner Müllers Endspiel (Köln 1978), 158–162.
205 BENJAMIN (s. Anm. 87), 67.

Narration angreifen, stelle »den [...] Versuch dar, am Gebilde noch durch Abbruch zu bauen« (87).

Die kritische Intention im *Ursprung des deutschen Trauerspiels* destruiert nicht die endliche Form, sondern den Sachgehalt der Werke. Er erliegt der Hinfälligkeit der Natur-Geschichte. Ihren Ausdruck findet diese Geschichte im Trauerspiel als der Negation der Tragödie. Die antike Tragödie wurde nach innen strukturiert durch das »tragische Schweigen« des Helden, das sich zum »Hort einer Erfahrung vom Erhabnen des sprachlichen Ausdrucks«[206] gestaltete, und durch den »dionysischen Durchschlag« (295) des formalisierten Agon, einen Durchschlag, in dem das ekstatische Wort des urteilenden Chors neues Recht setzt. So trägt die Tragödie die unvollständigen Aussagen und unbefriedigten Ansprüche der Antagonisten zu einem Ganzen zusammen: »Es restauriert [...] die chorische Diktion die Trümmer des tragischen Dialogs zu einem diesseits wie jenseits des Konflikts [...] gefestigten Sprachbau.« (300)

Dagegen charakterisiert es das barocke Trauerspiel, daß in ihm der Zusammenhang von Welt, Gott und Mensch zu Trümmern zerfallen ist. Im Zeitalter der Konfessionsspaltung durch die Lutherische Entwertung der bis dato gottgewinnenden guten Werke sahen sich »die tiefer Schürfenden [...] in das Dasein als in ein Trümmerfeld halber, unechter Handlungen hineingestellt« (318). Hier erst vermittelt Benjamin das architektonische Vokabular mit dem romantischen Begriff: »Was da in Trümmern abgeschlagen liegt, das hochbedeutende Fragment, das Bruchstück: es ist das edelste Material der barocken Schöpfung. [...] Was die Antike hinterlassen hat, sind [...] Stück für Stück die Elemente, aus welchen sich das neue Ganze mischt. Nein: baut.« (354) Der Satz-, Wort- und dramaturgische Aufbau der Trauerspiele und der figurale und Bildaufbau der barocken Allegorien fügen das Vorgefunden-Gewesene zur paradoxen Einheit der Ruine zusammen: »Sein Kombinieren darf der Dichter nicht vertuschen, wenn anders nicht sowohl das bloße Ganze, denn dessen offenbare Konstruktion das Zentrum aller intentionierten Wirkungen war. Daher die Ostentation der Faktur, die [...] hervorbricht wie die aufgemauerte Wand am Gebäude, dessen Verputz sich gelöst hat.« (355) Durch Versenkung in »Struktur und Detail« erschließt sich der Kritiker die »historischen Sachgehalte« des Werks, um diese »zu philosophischen Wahrheitsgehalten zu machen« (358). Analog dazu umgab sich der grübelnde Allegoriker mit »amorphen Einzelheiten« (361), die an das »Bruchstückhafte, Ungeordnete und Überhäufte von Zauberstuben oder alchimistischen Laboratorien« (363) erinnern. Dieses Bild aufnehmend, reduziert Benjamin schließlich den romantischen Begriff des Fragments zum Derivat der barocken Allegorie und entwindet ihn dem Kritiker und Fragmentautor Friedrich Schlegel, um ihn dem Romancier Jean Paul zuzusprechen.[207]

Das allegorische Verfahren, das Organische zu zerschlagen, um in seinen Bruchstücken die schriftgemäße Bedeutung aufzulesen, fand Benjamin bei Baudelaire wieder, indem er dessen Werk ins Barocke hineinlas.[208] Den utopischen Anspruch des Schönen, den das Trauerspielbuch noch als vermittelten rettet, ersetzt in den 30er Jahren »Benjamins [...] geschichtsphilosophisches Denken, in dem sich ein katastrophischer Blick auf den geschichtlichen Verfallsprozeß mit der Intention, ihm messianische Splitter zu entreißen, die auf dessen Vollendung verweisen, verbindet«[209]. Die tödliche Gewalt, die zum Stückwerk herabgesunkenen Dinge der barocken Kunst ausüben, liest der marxistische Benjamin als die Verdinglichung. Dabei wechselt er Blick und Darstellungsweise. Waren sie bisher von der Figur des einrenkenden Umbrechens geprägt, so bestimmt sie nun die Montage. Wenn dieses »Montageprinzip [...] eine entästhetisierte Fragmentarizität«[210] erzeugt, so verselbständigen sich dazu Techniken einer kunstvollen Prosa, die schon bei dem Kritiker der 20er Jahre angelegt waren: Auslassung von verknüpfenden Bezügen zwischen Satz und Satz, Abschnitt und Abschnitt, darstellende Vermittlung des Bewußtseins, daß die Sprache mit jedem Satz neu an-

---

206 BENJAMIN, Ursprung des deutschen Trauerspiels (1928), in: BENJAMIN, Bd. 1/1 (1974), 288.
207 Vgl. ebd., 363 f.
208 Vgl. KARLHEINZ STIERLE, Walter Benjamin: Der innehaltende Leser, in: Dällenbach/Hart Nibbrig (s. Anm. 3), 344.
209 OSTERMANN, Das Fragment (s. Anm. 2), 151.
210 Ebd., 155.

hebt, eingreifende Zitierung als Unterbrechung, Zurichtung des Zitats als Herausgebrochenes.[211]

7. Zerfall als Entfaltung: Adorno

Auch als Kunsttheoretiker opponiert Adorno dem Geschlossenheitsideal der Hegelschen Philosophie, hier zumal ihrer Werkästhetik, deren antizipierte Kritik er im frühromantischen Fragmentbegriff findet. Ein Fragment Friedrich Schlegels sollte der *Ästhetischen Theorie* (1970) als Motto voranstehen[212]; Fragment ist sie selbst geblieben. »Adornos Metapher für Werke der Kunst«, schreiben die Herausgeber der *Ästhetischen Theorie*, »gilt buchstäblich für das letzte philosophische, an dem er arbeitete: ›Das Fragment ist der Eingriff des Todes ins Werk. Indem er es zerstört, nimmt er den Makel des Scheins von ihm.‹« (537) Fragment habe für Adorno ein Produktives bedeutet: »daß Theorien, die systematisch intendiert sind, in Fragmente zerfallen müssen, um ihren Wahrheitsgehalt freizugeben« (538).

Für Adorno sind die authentischen Werke moderner Kunst so sehr von einem Unbehagen an sich selbst, vom Bewußtsein, ihrem Wahrheitsanspruch nicht zu genügen, gezeichnet, daß sie den versöhnenden Schein ihrer Geschlossenheit abwerfen und zum Fragment zerfallen: »Die Kategorie des Fragmentarischen, die hier ihre Stätte hat, ist nicht die der kontingenten Einzelheit: das Bruchstück ist der Teil der Totalität des Werkes, welcher ihr widersteht.«[213] Von dem romantischen Konzept, daß Kritik die implizite Selbstbeurteilung eines Werkes entbindet, bleibt hier die negativierte Sentenz, daß es sich selbst kritisch richtet, nämlich in sich eine Richtstätte aufschlägt, auf der es sich zerstört. Als Stückwerk entzieht es sich dem Identifizierungszwang des Hegelschen Systems, dem »Geist eins« ward »mit der Totalität, auch der ästhetischen«[214].

Was Friedrich Schlegel als Progression der Kunst und ihres Verständnisses entwarf, kehrt Adorno in eine Figur der Rückbildung um. Er beschreibt »den Vorgang, in dem das authentische Werk seinen Zeitkern entfaltet, als einen Zerfall zum Fragment«[215]. Zeitgenossenschaft heißt für die Künstler, spätestens seit Beethoven, Konditionierung durch die »mörderisch geschichtliche Kraft der Moderne«[216]. Die Kunstidiome der Tradition sind zerfallen, ihre Muster depotenziert, ihre Konventionen verendet, die Gattungen untergegangen, ihr Kanon ist demontiert, alle künstlerische Ontologie gestürzt.[217] Als egalisierte Erfahrungen macht der Historismus im 19. Jh. die Kunstwerke verfügbar, »ihre spannungslose Zugänglichkeit ist ihr Ende« (273). Der Bruch mit diesen Kontexten reicht in die Faktur der modernen Kunstwerke hinein. Sie dissoziieren ihr Material zu abstrakten Formen, Details; die bildende Kunst zerbricht die Gegenstände, die Musik die Tonalität.[218] Irreversibel wie in einem berühmten Kafkaschen Satz verdammt die Entwertung der traditionellen Formsprachen die Werke zu schlechter Unendlichkeit: »Einmal der Konvention ledig, vermag offenbar kein Kunstwerk mehr überzeugend zu schließen« (221).

Das im Kunstwerk Verbundene zerfällt, sowie die gegenstrebige Fügung seiner fixierenden mit seinen dynamischen Elementen haltlos wird. Indem Adorno die Einheit des Sinnes im Kunstwerk als »prozessuale« bestimmt, als »Austrag der Antagonismen, die ein jegliches Werk notwendig in sich hat«[219], temporalisiert er Kunst in einer Weise, die ihr sowohl Historizität als auch Endlichkeit zumißt. Ähnlich wie der Benjamin des *Wahlverwandtschaften*-Essays definiert Adorno Kunst als Ineins von Statik und Dynamik: »Ihr paradoxes Wesen, der Einstand, negiert sich selber. Ihre Bewegung muß stillstehen und durch ihren Stillstand sichtbar werden.« In der Moderne hat sich der »Spannungscharakter des Kunstwerks« (264) verschärft, so daß der Zeitkern der Kunst nach außen tritt und ihren

---

211 Vgl. DETLEV SCHÖTTKER, Konstruktiver Fragmentarismus. Form und Rezeption der Schriften Walter Benjamins (Frankfurt a. M. 1999).
212 Vgl. GRETEL ADORNO/ROLF TIEDEMANN, Editorisches Nachwort (1970), in: ADORNO, Bd. 7 (1972), 544.
213 THEODOR W. ADORNO, Ästhetische Theorie (1970), in: ADORNO, Bd. 7 (1972), 74.
214 Ebd., 138.
215 OSTERMANN, Das Fragment (s. Anm. 2), 160; vgl. OSTERMANN, Begriff des Fragments (s. Anm. 2), 200.
216 ADORNO (s. Anm. 213), 58.
217 Vgl. ebd., 205, 402, 221, 302, 296, 306, 223.
218 Vgl. ebd., 275, 251.
219 Ebd., 262; vgl. ebd., 479.

Begriff sprengt. Die Teile können nun ihren Bezug auf das Ganze aufkündigen. Gesellschaftliche, in die Geschichte gestellte Produkte, werden die Werke auf die Dauer dekomponiert: »Am Ende ist ihre Entfaltung eins mit ihrem Zerfall.« (266) Doch die Zerstörung des Überlieferten durch die zweite Natur, Geschichte und Gesellschaft, soll nicht das letzte Wort behalten. Dieses kommt bei Adorno dem mehrfach zitierten Benjaminschen Versprechen zu, daß erst der befreiten Menschheit jeder Augenblick ihrer Historie zitierbar werde. »Nichts ist [...] erledigt, weil es verging«: »Die großen Werke warten« (67) – nämlich auf ihre restitutio ad integrum, darauf, daß sie wieder groß werden und wieder Werke im Sinne von Ganzheiten. Ihre derzeitige Zerfallenheit harrt selbst der Versöhnung. »Nirgendwo deutlicher als bei Adorno spielt die Kategorie des Fragments ihre Rolle als eine verdeckte Totalitätskategorie.«[220] Die Selbstwidersprüche Adornos, die ihn Begriffe wie Totalität und Synthese des Kunstwerks mal verwerfen, mal advozieren lassen, neigen sich wohl auf die Seite seines Klassizismus. Dafür spräche seine Zurückweisung von performativen Aspekten der Kunst, etwa des Improvisatorischen[221], wie auch das peremptorische Wort, mit dem er beiläufig sein wiederholtes Plädoyer für unvollendete, in sich gebrochene Werkstrukturen zurücknehmen scheint, das von der »Insuffizienz der offenen Formen«[222].

8. Den Kanon herunterbrechen: Harold Bloom und Thomas Bernhard

Daß die Kunst heute von ihrem Ende bedroht ist, begründet Harold Bloom nicht mit der Obsoleszenz, sondern mit der Autorität der Tradition. Seine Produktionspoetik verschränkt rhetorische mit psychodynamischen und exegetischen Kategorien. Den Schriftsteller, der nach der Kanonisierung der Klassiker geboren wurde, bedränge deren platzgreifende Stellung im literarischen Bewußtsein seiner Zeitgenossen. Ist schon Kanonisierung die Verfälschung, weil Bemächtigung eines Werks, so versuche der verspätete Dichter, die Texttradition durch Revision außer Kraft zu setzen. Im Prozeß solcher Revision berührt sich Relektüre als nietzscheanische Interpretation im Modus des Willens zur Macht über Texte mit Umschreibung, Überschreibung der Vorschriften durch Entstellung. Wie bei Friedrich Schlegel Dichtung und Kritik in eins fallen, so bei Bloom poetry und criticism.[223] Seit den frühesten Formen der Beredung und Auslegung heiliger Schriften tendierten die Kommentare dazu, sich an die Stelle des kanonischen Textes zu setzen. Zu Beginn einer der klarsten Darlegungen seiner Theorie zitiert Bloom die Frage des Novalis, ob nicht die Bibel noch immer im Wachsen begriffen sei, verschiebt die Irritation über die Abschließbarkeit des Verhältnisses zwischen Kanon und Apokryphen aber sogleich auf das Gebiet von poetry.[224] Wie in der typologischen Lektüre behauptet sich für ihn neuere Dichtung als substitutive Einlösung ihrer Vorgänger.

Doch Bloom versteht das Fragmentierende aller Literatur nicht nach dem Muster der christlichen Figura-Lehre. Texte figurieren für ihn aufgrund ihrer Sprachlichkeit – nämlich im Sinne der antiken Rhetorik. Sie übersetzen, transformulieren einen vorgängigen Wortlaut, den der Tradition. Dabei wird das zuvor Geschriebene umbrochen, seine Elemente finden Wiederverwendung als isolierte, re-zentrierte, zitathaft herausgebrochene: »every trope burns away context« (120), so Bloom mit Ralph Waldo Emerson. Darwinistisch faßt er die Literatur oder jedenfalls das literarische Gedächtnis als übervölkerten Raum, in dem das Gesetz des survival of the fittest herrscht. Nur »strong poets«, nur ihre stärksten Gedichte bestehen, lösen das vorgegebene Problem jeder Dichtung: »to [...] clear some space for it« (121), nämlich für sich selbst.

Die rhetorischen Tropen hat Bloom schematisch in »tropes of contraction or limitation« und »tropes of restitution or representation«[225] geschieden, um zu zeigen, wie sie im literarischen Text einander zuarbeiten und ersetzen. Vor allem der der ersten

---

220 OSTERMANN, Das Fragment (s. Anm. 2), 164; vgl. OSTERMANN, Begriff des Fragments (s. Anm. 2), 200.
221 Vgl. ADORNO (s. Anm. 213), 274, 413, 416.
222 Ebd., 327.
223 Vgl. HAROLD BLOOM, Kabbalah and Criticism (New York 1975), 124; BUBNER (s. Anm. 1), 296f.
224 Vgl. BLOOM (s. Anm. 223), 98.
225 BLOOM, A Map of Misreading (New York 1975), 95.

Gruppe (Ironie, Metonymie und Metapher) beschreibt er als Operationen der Fragmentierung. Durch Ironie etwa kämpft der dichtende Ödipus mit seinem Vater: »the latecomer swerves [...] from his poetic father, he brings about a contraction or withdrawal of meaning from the father, and makes/breaks his own false creation« (97). Die idiomatische Alternative ›make or break‹ fällt hier ebenso in sich zusammen wie die zwischen wahrer und falscher literarischer Schöpfung. Jedes Gedicht ist hergestellt durch Herunterbrechen (Entmächtigung, Reduktion, entstellende Integration) eines vorherigen, jedes ist wahr allein kraft tropologischer Falsifikation eines ihm vorgegebenen kanonischen Wortlauts.

Daß alle Tropen verfälschen, ist Blooms dekonstruktionistische Prämisse. Verfälschen sollen sie wesentlich durch Beschränken: Ironie durch Kontraktion, Metonymie durch Ungeschehen-Machen und Unterbrechung (»undoing as discontinuity«), Metapher durch Selbstbeschneidung (»self-curtailment« [97]). Das gilt auch für die »tropes of restitution or representation«, die den Platz besetzen sollen, welchen die »tropes of contradiction or limitation« (95) freigeräumt haben. Die Synekdoche zum Beispiel wirkt, indem sie bricht, sobald sie nicht als Figur des »Whole for Part«, sondern als eine des »Part for Whole« (84) fungiert. Wenn Texte darauf angelegt sind, in anderen Texten aufzugehen, kommentiert, um- und überschrieben zu werden, dann ist jeder Text Fragment, nämlich Synekdoche: »A single text has only part of a meaning: it is itself a synecdoche for a larger whole including other texts.«[226] Da der Text aus Tropen zusammengesetzt ist, gibt er sich, sofern stark und selbstbewußt, als Produkt rhetorischer Verkürzungen zu erkennen, als »part of a mutilated whole« (110). Zu den Illusionen über Dichtung, die Blooms Theorie entzaubern will, gehört »the *organic* illusion, that a poem possesses or creates a kind of unity« (122). Vielmehr bestehe das Gedicht aus einer Ballung rhetorischer Suggestionen, die ihre Kohärenz der Gutwilligkeit der Leser verdanken, ihrer Bereitschaft, getäuscht zu werden. Bloom versteht alle Schöpfung nach dem Muster der Kabbala als Entfaltung qua Kontraktion. Wie Gott sich zusammenzog, um der Welt Raum zu geben und sie aus sich zu entlassen, so schränkt das später kommende Gedicht Bedeutung und Autorität seines kanonischen Vorgängers ein, um dessen Platz zu behaupten – solange die Leser so gut und schwach sind, ihm diesen einzuräumen. Unverkennbar wird hier die Zeitgenossenschaft von Blooms Poetik mit Foucaults Konzept der das Autorsubjekt auflösenden Intertextualität wie vor allem mit Derridas Vorstellung der Supplementarität und also Fragmenthaftigkeit aller Schrift, die sich vom impliziten Totalitätsstreben Novalis' lossagt.[227]

Lastende Übermacht der Tradition vollendeter Werke, Unzulänglichkeit der künstlerischen Überlieferung gegenüber den Aufgaben der Lebenskunst seit dem Zivilisationsbruch der Shoah – zwischen diesen Polen entfaltet sich das Schreiben Thomas Bernhards. Die Figuren, die in ihm sprechen, verstehen ihre Existenz als Verdammung zur Imperfektion. »Das Bewußtsein, daß du nichts bist als Fragmente, daß kurze und längere und längste Zeiten nichts als Fragment sind«[228], bedrückt bereits den Ich-Erzähler von *Amras* (1964). Durch familiäre Prägung geübt in der Beobachtung des Scheiternden, protokolliert er seine und seines Bruders »Sätzezerbröckelungen« und »Sinnverkrüppelung«[229]. Das projektierte quasi-Mallarmésche »Buch über *Alles*«[230] verfällt zum Stenogramm einer Allverfinsterung. Es folgt einem Motto des Novalis, wonach »Kranckheiten [...] Lehrjahre der Lebenskunst und der Gemüthsbildung«[231] sind.

Verharren im Reproduktiven, Mißglücken des Experiments Kunst, diese Gefährdungen bewegen Reger, die Hauptperson in Bernhards Roman *Alte Meister* (1985). Musik, Philosophie und Literatur gehören für den Konzertkritiker zusammen, doch nur in Novalis findet er den liebenswerten »Dich-

---

226 BLOOM (s. Anm. 223), 106.
227 Vgl. OSTERMANN, Das Fragment (s. Anm. 2), 192–213; CHRIST (s. Anm. 196), 171 f.
228 THOMAS BERNHARD, Amras (1964; Frankfurt a. M. ⁴1996), 78; vgl. STRACK (s. Anm. 49), 330 f.; SILVIO VIETTA, Fragmentarismus, in: Vietta, Die literarische Moderne. Eine problemgeschichtliche Darstellung der deutschsprachigen Literatur von Hölderlin bis Thomas Bernhard (Stuttgart 1992), 239.
229 BERNHARD (s. Anm. 228), 22.
230 Ebd., 55.
231 NOVALIS (s. Anm. 158), 686.

ter, der zugleich auch Philosoph ist«[232]. Die poetische Dignität seines eigenen Schreibens vindiziert sich Reger, schlegelisch, in der Behauptung:»als kritischer Künstler bin ich naturgemäß auch ein […] ausübender und schöpferischer kritischer Künstler« (107). Diese Idealtypologie läßt sich als Programm lesen, jede Kunstübung zum bruchstückhaften Beitrag der vom Kritiker zu integrierenden Kunst schlechthin aufzufassen. Daß alles, worin er studierend eindringt, sich lächerlich und ruiniert ausnimmt, bewirkt Reger mit Hilfe des »Zerstörungs- und Zersetzungsmechanismus« (226), den er sich angewöhnt hat. Doch statt mit den alten Meistern zugrunde zu gehen, erwehrt er sich ihrer damit. Die Verzweiflung über ihre vermeintliche Vollkommenheit ist unerträglicher als die Verzweiflung über ihre vermeintliche Unvollkommenheit. In euphorisch-offensiven Momenten bejaht Reger daher sein kritisches Verfahren, die Meisterwerke zu fragmentieren.»Die höchste Lust haben wir ja an den Fragmenten […]. Erst wenn wir das Glück haben, ein Fertiges, ja ein Vollendetes zum Fragment zu machen, wenn wir daran gehen, es zu lesen, haben wir den Hoch-, ja unter Umständen den Höchstgenuß daran. Unser Zeitalter ist als Ganzes ja schon lange Zeit nicht mehr auszuhalten, sagte er, nur da, wo wir das Fragment sehen, ist es uns erträglich.« (41)

Was Lessing im Laokoon (1766) der ›fruchtbare Augenblick‹[233], an dem die Komposition, ist Bernhards Reger der ›gravierende Fehler‹, an dem die Deklassierung der Bilder ansetzen muß:»Um sie zu ertragen, suche ich in und an jedem einzelnen einen sogenannten gravierenden Fehler, eine Vorgangsweise, die bis jetzt immer zum Ziel geführt hat, nämlich aus jedem dieser sogenannten vollendeten Kunstwerke ein Fragment zu machen« (41 f.). Durch diese Zersetzungsarbeit verschafft er sich Platz zum Atmen:»Erst wenn wir immer wieder darauf gekommen sind, daß es das Ganze und Vollkommene nicht gibt, haben wir die Möglichkeit des Weiterlebens.« (42 f.) Die Kunst hört auf, die der alten Meister zu sein, und wird zu der ihres nachgeborenen Kritikers, der sie in ihrer Unzulänglichkeit verurteilt, versteht und sich aneignet:»Die Kunst insgesamt ist ja auch nichts anderes als Überlebenskunst« (302). Krankheit gegen Krankheit, Kunst gegen Kunst

bietet Bernhards literarische Homöopathie auf. Sie gelingt, wo ihr Mißlingen virtuos, ihre Verzweiflung komisch wird. Selbst das allerdings nur auf der Folie ihres Versagens im Leben:»wir können uns […] noch so viele alte Meister als Gefährten genommen haben, sie ersetzen keinen Menschen« (291). Die ihrer Erträglichkeit halber kritisch fragmentierte Kunst taugt noch nicht einmal als Substitut. Bernhards abwinkender Befund distanziert sich von der konformistischen »Geste des Fragments«[234], die in der Postmoderne zur wohlfeilen Erkennungsmarke arriviert ist. Zitieren, ausstellen, inszenieren als präsentierende Attitüde, die Handeln erübrigt, das zapping mit der Fernbedienung als Überbietung aller Konzepte, die je für die Emanzipation des Rezipienten plädierten – solche Selbstinterpretationen der Gegenwartskultur haben das Erbe des frühromantischen Fragmentarismus im Griff. Sie provozieren – Zustimmung. Ihr Dialekt ist zur globalisierten Sprache des heutigen Kunstbetriebs geworden. Unübersetzbar, sagt er auch nichts mehr.

Justus Fetscher

Literatur
BEHLER, ERNST, Das Fragment, in: K. Weissenberger (Hg.), Prosakunst ohne Erzählen. Die Gattungen der nicht-fiktionalen Kunstprosa (Tübingen 1985), 125–143; BUBNER, RÜDIGER, Gedanken über das Fragment. Anaximander, Schlegel und die Moderne, in: Merkur 47 (1993), 290–299; CAMION, ARLETTE u. a. (Hg.), Über das Fragment/Du fragment (Heidelberg 1999); DÄLLENBACH, LUCIEN/HART NIBBRIG, CHRISTIAAN L. (Hg.), Fragment und Totalität (Frankfurt a.M. 1984); FRANK, MANFRED, Allegorie, Witz, Fragment, Ironie. Friedrich Schlegel und die Idee des zerrissenen Selbst, in: W. van Reijen (Hg.), Allegorie und Melancholie (Frankfurt a. M. 1992), 124–146; FRISBY, DAVID, Fragments of Modernity: Theories of Modernity in the Works of Simmel, Kracauer and Benjamin (Cambridge 1985); HARRIES, ELIZABETH WANNING, The Unfinished Manner: Essays on the Fragment in the Later Eighteenth Century (Charlottesville/London 1994); HEINRICH, GERDA, Das Fragment als Form frühromantischen Philosophierens, in:

---
232 BERNHARD, Alter Meister (1985; Frankfurt a.M. ⁶1996), 263; vgl. ebd., 257.
233 Vgl. LESSING, Laokoon: oder über die Grenzen der Mahlerey und Poesie (1766), in: LESSING (LACHMANN), Bd. 9 (1893), 19.
234 BENJAMIN (s. Anm. 206), 212; vgl. OSTERMANN, Das Fragment (s. Anm. 2), 153.

Heinrich, Geschichtsphilosophische Positionen der Frühromantik (Friedrich Schlegel und Novalis) (Kronberg i. Ts. 1977), 158–172, 244–248; KRITZMAN, LAWRENCE D./PLOTTEL, JEANINE PARISIER (Hg.), Fragments: Incompletion and Discontinuity (New York 1981); KURSKA, ANNA, Fragment romantyczny (Wrocław/Warschau 1989); LACOUE-LABARTHE, PHILIPPE/NANCY, JEAN-LUC, L'exigence fragmentaire, in: Lacoue-Labarthe/Nancy (Hg.), L'Absolu littéraire. Théorie de la littérature du romantisme allemand (Paris 1978), 57–80; LEVINSON, MARJORIE, The Romantic Fragment Poem: A Critique of a Form (Chapel Hill/London 1986); MCFARLAND, THOMAS, Romanticism and the Forms of Ruin: Wordsworth, Coleridge and Modalities of Fragmentation (Princeton 1981); MECKEL, CHRISTOPH, Über das Fragmentarische (Wiesbaden 1978); MENNINGHAUS, WINFRIED, Unendliche Verdopplung. Die frühromantische Grundlegung der Kunsttheorie im Begriff absoluter Selbstreflexion (Frankfurt a.M. 1987); MONTANDON, ALAIN, Le fragment est-il une forme brève?, in: B. Pelegrin (Hg.), Fragments et formes brèves (Aix-en-Provence/Marseille 1990), 117–129; NANCY, JEAN-LUC, Die Kunst – Ein Fragment, übers. v. J.-P. Dubost, in: Dubost (Hg.), Bildstörung. Gedanken zu einer Ethik der Wahrnehmung (Leipzig 1994), 170–184; NEUMANN, GERHARD, Ideenparadiese. Untersuchungen zur Aphoristik von Lichtenberg, Novalis, Friedrich Schlegel und Goethe (München 1976); NOCHLIN, LINDA, The Body in Pieces: The Fragment as a Metaphor of Modernity (London 1994); OSTERMANN, EBERHARD, Das Fragment. Geschichte einer ästhetischen Idee (München 1991); OSTERMANN, EBERHARD, Rückblick auf das fragmentarische Universum der modernen Poesie, in: Akzente 39 (1992), 144–187; PETER, KLAUS, Schlegel contra Hegel. Zur Philosophie des Fragments, in: Peter, Idealismus als Kritik. Friedrich Schlegels Philosophie der unvollendeten Welt (Stuttgart 1973), 59–78; PIKULIK, LOTHAR, Zu Form und Funktion des Fragments, in: Pikulik, Frühromantik. Epoche – Werk – Wirkung (München 1992), 123–137; PINGEOT, ANNE u.a. (Hg.), Le corps en morceaux [Ausst.-Kat.] (Paris 1990); dt.: Das Fragment. Der Körper in Stücken, übers. v. M. Looser (Bern 1990); ROTHSTEIN, ERIC, ›Ideal Presence‹ and the ›Non-Finito‹ in Eighteenth-Century Aesthetics, in: Eighteenth-Century Studies 9 (1975/76), 307–332; SCHÖTTKER, DETLEV, Konstruktiver Fragmentarismus. Form und Rezeption der Schriften Walter Benjamins (Frankfurt a.M. 1999); SCHRÖDER, DIRK, Fragmentpoetologie im 18. Jahrhundert und bei Friedrich von Hardenberg. Untersuchungen zur vergleichenden Rekonstruktion der impliziten Poetologie von Aphorismus und Fragment im ausgehenden 18. Jahrhundert (Diss. Kiel 1976); STRACK, FRIEDRICH, Romantische Fragmentkunst und modernes Fragmentbewußtsein, in: B. Bräutigam/B. Damerau (Hg.), Offene Formen. Beiträge zur Literatur, Philosophie und Wissenschaft im 18. Jahrhundert (Frankfurt a.M. 1997), 322–351; STRIEDTER, JURIJ, Die Fragmente des Novalis als ›Präfigurationen‹ seiner Dichtung (München 1985).

ULKE, KARL-DIETER, Das Fragment. Meditationen über Mensch und Sprache (Wien 1997); VIETTA, SILVIO, Fragmentarismus, in: Vietta, Die literarische Moderne. Eine problemgeschichtliche Darstellung der deutschsprachigen Literatur von Hölderlin bis Thomas Bernhard (Stuttgart 1992), 235–240; WÜGER, HANS JÖRG, Teile und Fragmente unter verschiedenen Ganzheitsaspekten in der bildenden Kunst. Versuch eines Überblicks über die Erscheinungsformen des Fragmentarismus (Zürich 1969); ZIMMERMANN, RAINER, Zur Erkenntnistheorie des Fragments. Friedrich Schlegel und Novalis, in: Zeitschrift für Ästhetik und allgemeine Kunstwissenschaft 31 (1986), H. 1, 30–43; ZINN, ERNST, Fragment über Fragmente, in: J. A. Schmoll, gen. Eisenwerth (Hg.), Das Unvollendete als künstlerische Form. Ein Symposion (Bern/München 1959), 161–171.

Funktionalismus

(engl. functionalism; frz. fonctionnalisme; ital. funzionalismo; span. funcionalismo; russ. функционализм)

I. Einleitung; II. Von utilitas zu Funktion; III. Das funktionalistische Programm; IV. Der Funktionalismus in der Rezeption

I. Einleitung

Als Begriffe der Ästhetik werden Funktionalismus, funktionalistisch, funktional (seltener funktionell) auf außerkünstlerisches Gestalten bezogen. Sie bezeichnen mit wechselnden Akzenten Programme, Methode und Resultate räumlichen (Städtebau, Architektur) und gegenständlichen (Design), peripher auch kommunikativen Gestaltens (Medien). Neu sind nicht Gehalte des Funktionalismus, seit der Antike als Notwendiges und Nützliches reflektiert und im Bild der Urhütte als Bild vom Wohnen gefaßt sind, sondern der Ismus als Programm von Gestaltung. Im Unterschied zu den Ismen der Kunst im 20. Jh. reflektiert Funktionalismus nicht primär veränderte individuelle Bedingungen für das Hervorbringen von Kunstwerken, sondern gesellschaftliche Bedingungen für das Benutzen und Herstellen praktisch brauchbarer

Räume und Gegenstände. Akzentuiert sind damit nicht Individuen als Autoren von Werken, sondern Adressaten als Nutzer von (industriell) realisierten Entwürfen.

Funktionalismus in einem außerkünstlerischen, aber ästhetischen Kontext verweist auf Verschiebungen innerhalb ästhetischer Konzepte seit der industriellen Revolution. Wurden sie bis dahin durch Wahrheit als Erkenntnisurteil und Geschmack als Sinnenurteil beherrscht, treten Vorläufer des Funktionsbegriffs und schließlich dieser selbst hinzu. Der an der industriellen Revolution orientierte Modernebegriff ist vom Entstehen der sog. Industriekunst und Kunstindustrie mitbestimmt. Mit dem Funktionsbegriff treten räumliche und gegenständliche Lebensbedingungen in den Problemhorizont ästhetisch Reflektierender, der sich bis dahin vorwiegend auf den Lebensausdruck bezogen hatte. Bezugspunkt bleibt im historischen Prozeß die Kunst – als Maßstab wie als das definitorisch Andere.

Adolf Loos verglich die Kunst mit dem Haus: »Das haus hat allen zu gefallen.« Es »deckt ein bedürfnis«, ist jedem verantwortlich, »hat der bequemlichkeit zu dienen«, ist »konservativ« und »denkt an die gegenwart«. Weil von der Kunst das Gegenteil zu sagen sei, liebe der Mensch »das haus und haßt die kunst«[1]. Theodor W. Adorno maß den Funktionalismus an der Kunst und befand ihn einerseits als zu affirmativ, andererseits als zu utopisch und deshalb lebensfremd, weil in entfremdeten Verhältnissen etwas erbarmungslos Praktisches zu einem Belastenden werde.[2] Für Clauss Dietel ist Kunst die Basis des Funktionalismus. Er relativiert die Bedeutung der ›Entwicklung der Produktivkräfte‹ und betont etwa die französische Revolutionsarchitektur und den Konstruktivismus für die Herausbildung des Funktionalismus.[3]

Zusammen mit der ihnen zugrundeliegenden ›Funktion‹ befinden sich System, Struktur, Form, Formales oder Formalistisches auf der anderen Seite einer Relation oder sind das Andere in seiner Autonomie, Freiheit oder Ungebundenheit (objektiv beziehbar auf ein Werk, eine Form, ein Objekt; subjektiv auf einen Autor).

Gegenüber dem Autonomen verweisen Termini im Umfeld von Funktion – unabhängig davon, ob sie in ästhetischem oder nichtästhetischem Kontext stehen – immer auf eine Abhängigkeit: von einem Ziel in der Spanne zwischen pragmatisch und teleologisch; von einer Aufgabe zwischen technologisch und sozial; von einem Problem, das zu lösen ist; von einer Struktur, die Träger von Funktionen ist; von einer Konstanten, die den Spielraum der Variablen bestimmt; von Bedingungen, die gegeben sein müssen, um das Potentielle einer Funktion in einer Aktion, einer Tätigkeit, einem Prozeß realisieren zu können. Wohl am häufigsten aber kommt das Verhältnis von Teil und Ganzem ins Spiel: mit Funktionen, die auf ein Ganzes bezogen sind. Entweder sind mit Funktion Teil und Arbeitsteilung so betont, daß der Blick auf ein Ganzes verstellt wird, oder es ist umgekehrt ein Ganzes betont, in dem Teile funktionieren sollen. Dementsprechend ist Funktionalismus einerseits als Ausdruck entfremdeter, andererseits nichtentfremdeter Verhältnisse interpretiert worden.

Außerhalb des Ästhetischen werden als funktionalistisch Wissenschaftsrichtungen in der Biologie, Physiologie, Psychologie, Soziologie, Philosophie, Sprachwissenschaft, Völkerkunde usw. bezeichnet, die sinnlich wahrnehmbare Phänomene in Abhängigkeit von ihnen sinnlich nicht wahrnehmbaren Funktionen erklären. Historisch entwickelte sich der Funktionsbegriff in Abgrenzung zu Form (in der Morphologie), Substanz (in der Philosophie) und zu jenen Richtungen, die von Strukturen ausgehen. In ästhetischen Kontexten nimmt vor Funktion über Funktionalität zu Funktionalismus die programmatische Bedeutung zu, während der bloß beschreibende abnimmt.

Funktion meint allgemein Beziehungen zwischen einem Resultat und seinen Voraussetzungen. Gottfried Semper schrieb über keramische Gefäßteile: »Jeder dieser Teile hat seine eigene Bedeutung und Funktion. Ihre Formen und Ornamente beziehen sich hauptsächlich auf materiellen oder

---

1 ADOLF LOOS, Architektur (1910), in: Loos, Sämtliche Schriften in zwei Bänden, hg. v. F. Glück, Bd. 1 (Wien/München 1962), 314 f.
2 Vgl. THEODOR W. ADORNO, Funktionalismus heute (1966), in: Adorno, Ohne Leitbild. Parva Aesthetica (Frankfurt a. M. 1967), 104 ff.
3 Vgl. CLAUSS DIETEL, Funktionalismus entstand und lebt nur mit der Kunst, in: Form und Zweck (1982), H. 6, 33.

symbolischen Gebrauch«[4]. Dieser Satz ist mehrdeutig lesbar: Es können Funktion, Formen und materieller Gebrauch zueinander gehören. Es ist aber auch möglich, daß sich Funktion ebenso auf Ornamente und ebenso auf symbolischen Gebrauch bezieht. Funktionen (und nicht nur Funktion) wären in diesem Sinne die Voraussetzungen für einen Gebrauch, der sowohl materiell als auch symbolisch bestimmt wird. In der weiteren historischen Entwicklung dominiert die Eingrenzung von Funktion auf jenen Gebrauch, den Semper als materiell bestimmt, der später als praktisch begriffen wird und dessen Gegenteil der symbolische Gebrauch wäre. Dem praktischen Gebrauch entspricht die praktische Funktion – im Unterschied zur symbolischen, dekorativen und zur Ausdrucks- oder Unterhaltungsfunktion von Artefakten.

In einer neueren Rezeptionslinie wird nicht das Praktische, sondern der Rationalisierungseffekt durch Arbeitsteilung gefaßt, die voneinander als unabhängig erfahrene Funktionen und Prozesse hervorbringt. In diesem Sinne verfolgt Adolf Max Vogt den geschichtlichen Weg des Funktionsbegriffes von der Wissenschaft (Medizin, Mathematik) über die Organisation von Arbeit und Produktion (Taylorismus, Fließband) zur Architektur.[5] Ähnlich die Bedeutung von funktional, nur daß jetzt das Erreichbare oder das bereits Erreichte betont wird. Beschrieben als Leistung (z. B. eines technischen Gebildes), als Brauchbares, Utilitäres, Nützliches (zum Beispiel eines Produkttyps), als Effektivität (z. B. einer Organisationsstruktur), auch als beabsichtigte Wirkung (z. B. eines sog. funktionalen Schreibstils) oder als Angemessenheit (z. B. einer körperlichen Dimension in einer räumlichen), als Rationales (z. B. eines Entwurfskonzeptes), vor allem aber als Zweckmäßiges oder Zweckvolles (z. B. eines Werkzeuges oder als Be-

ziehung von Zweck und Vernunft:»wenn es eine vernunft der welt gibt, ist es die ihrer funktionalität. sie zeigt sich daran, wie zwecke erfüllt werden.«[6]

Die Akzentverschiebungen im Gebrauch solcher Termini verweisen auf eine weite Spanne von Intentionen: In der Betonung von Leistung kann die Intention technokratisch, in der Betonung von Nützlichkeit kann sie affirmativ und pragmatisch und in der Betonung von Effektivität kann sie ökonomisch sein. Im Rationalen liegt nicht nur der Verweis auf Ratio, sondern ebenso die Konnotation des Rationellen, die sich wiederum spaltet: Gemeint sein können Rationalisierungseffekte in der Produktion oder eine Ökonomie des Gebrauchs. Nur selten wird man davon ausgehen können, daß den Varianten Begriffsarbeit, beispielsweise zur Differenz von Zweck und Nutzen, zugrunde liegt. Ebenso unscharf ist die Grenze zwischen funktional und funktionalistisch. Man wird funktional eher im Zusammenhang objektiver Qualitäten, funktionalistisch eher im Zusammenhang subjektiver Haltungen finden, aber die Unterscheidung ist nicht streng. So erweisen sich »Leonardos gedankliche Prämissen […] als eindeutig funktionale«, aber ihre Notierung könnte dazu dienen, ihn verkürzend zu »einem Funktionalisten ante litteram zu machen«[7].

In den 20er Jahren gewinnt die praktische Funktion jene programmatische Bedeutung, die erst danach im Funktionalismus ihren sprachlichen Ausdruck findet. Protagonisten wie Gegner des Funktionalismus unterscheiden sich durch das Verständnis von Funktion: Eng gesehen, besteht sie in reibungsarmen Funktionieren von etwas, dessen Ziele nicht befragt werden; weit gesehen, wird Funktion von Zielen her bestimmt, die über das Entwurfsobjekt hinausgehen und Gegenstand analytischen Reflektierens werden. Gleichzeitig beginnt die Rezeptionsphase, in der die Erfahrungen mit dem funktionalistischen Programm als Bestätigung, Relativierung, Weiterentwicklung oder – dazu gegensätzlich – in Musealisierung, Distanzierung und Ablehnung verarbeitet werden. Beide Linien entwickeln sich weitgehend in bezug aufeinander und reichen bis zur Gegenwart.

Innerhalb der historischen Entwicklung verlagern sich die jeweiligen Zentren. In Chicago prägt

---

4 GOTTFRIED SEMPER, Ueber die Gefäßteile (entst. 1852–1855), in: Semper, Kleine Schriften, hg. v. M. Semper/H. Semper (Berlin/Stuttgart 1884), 35.
5 Vgl. ADOLF MAX VOGT, Woher kommt Funktionalismus?, in: Werk/Archithese 3 (1977), 23 ff.
6 OTL AICHER, die welt als entwurf, in: Aicher, die welt als entwurf (Berlin 1991), 187.
7 HANNO-WALTER KRUFT, Geschichte der Architekturtheorie. Von der Antike bis zur Gegenwart (1985, München ⁴1995), 66.

Louis H. Sullivan 1896 die Formel ›Form follows function‹. Sie verweist dominant auf Natur- und Demokratievorstellungen in den USA sowie auf Wissenschaftsentwicklungen im 19. Jh., peripher auf ästhetische Reformbewegungen in Europa. Vor allem aber ist sie polemische Formel gegenüber urbaner und architektonischer Verkunstung als Folge ökonomischer Konzentrationsprozesse in den USA und ihnen folgender Prachtentfaltung, mit der nüchternes und pragmatisches Kalkulieren im Technischen wie Wirtschaftlichen überformt worden ist. Die ›Weiße Stadt‹ der Chicagoer Weltausstellung 1893 mit ihren Stilreminiszenzen lieferte dafür das Modell.

Nach Jahren des Übergangs von einem traditionalistischen zu einem modernen Bauen und Gestalten etabliert sich das programmatische Zentrum nach dem Ersten Weltkrieg in Deutschland, wo es mit Unterbrechungen bis zu den 60er Jahren bleibt. Seit den 20er Jahren begleitet den Funktionalismus internationale Kritik, die in den 70er Jahren ihren Höhepunkt erreicht und in den USA (Architektur) sowie Italien (Design) ihre Zentren hat. Die ursprüngliche Formel wird nun vielfach ironisiert und dabei in ihr Gegenteil verkehrt: ›Form follows emotion‹, ›Form follows fiction‹, ›Form follows fantasy‹, ›Form follows fashion‹, ›Form follows fiasco‹ oder auch ›Function follows form‹. Weitere Varianten dieses Spiels mit Worten gestalten den Einband des von Franz Schneider herausgegebenen Buches *Vom Mythos des Funktionalismus* (1997).

Die heutige Rezeption reicht unterschiedlich weit zurück und läßt sich in vier Linien unterscheiden: erstens eine fortgesetzte Reibung am und Ablehnung des Funktionalismus; zweitens ein Differenzieren des Funktionalismus, z. B. in eine »Würdeform« (Architektur, die dauern kann und auf den ganzen Menschen gerichtet ist) und eine »Leerform«[8] (ausbeuterisch-kommerziell); drittens ein Relativieren in anderer Begrifflichkeit (Gui Bonsiepe ersetzt den Begriff Funktion im Design durch den der »effektiven Handlung« im »Interfacedesign«, das sich »auf die Interaktion zwischen Benutzer und Artefakt« richtet und an der »soziokulturellen Effizienz«[9] gemessen werden soll); viertens eine reduziertes Verständnis von Funktionalität als Perfektion (von Militärtechnik) sowie dessen Kritik – z. B. in der Vorstellung einer »kritischen Rationalität«[10].

Emmanuelle Gallo und Claude Schnaidt haben 18 Lesarten des Funktionalismus ermittelt, die aus deutschen sowie französischen Texten stammen (Lexika und Enzyklopädien, Werke zu Theorie und Geschichte von Design und Architektur, Zeitschriften seit 1945) und den schwierigen Umgang mit ihm zeigen.[11]

II. Von utilitas zu Funktion

Vitruv bescheibt die von einem öffentlichen Bauwerk zu fordernden Eigenschaften mit firmitas (Festigkeit), utilitas (Zweckmäßigkeit) und venustas (Anmut). Sie werden bei ihm zu Grundkategorien des Bauens überhaupt: firmitas unabhängig von den Bauaufgaben in seiner Bedeutung gleichbleibend; venustas wachsend mit der öffentlichen Wirkung von Bauwerken und damit abhängig von ihrem Ort, von der sozialen Stellung des Bauherrn und der symbolischen Funktion des Bauwerks; utilitas besonders dort betont, wo es um praktische Bedürfnisse geht, die sich – wie in der Landwirtschaft – aus notwendigen und nützlichen Tätigkeiten ergeben. Utilitas ist obligatorisch, venustas wird fakultativ: »Wenn etwas geschmackvoller auf den Meierhöfen zu bauen ist, soll das […] so gebaut werden, daß es ohne Beeinträchtigung der landwirtschaftlichen Bedürfnisse gebaut wird« (Si quid delicatius in villis faciundum fuerit, […] ita struantur, uti sine inpeditione rusticae utilitatis aedificentur)[12].

---

8 VOGT (s. Anm. 5), 26.
9 GUI BONSIEPE, Design. Von Material zu Digital – und zurück, in: Bonsiepe, Interface. Design neu begreifen (Mannheim 1996), 25 ff.
10 TOMAS MALDONADO, Die gute Form und der Krieg, in: Design Report 18/19 (1991), 58.
11 Vgl. EMMANUELLE GALLO/CLAUDE SCHNAIDT, Was ist Funktionalismus?, übers. v. L. Judt, in: Form und Zweck (1989), H. 4, 26–29.
12 VITRUV, De architectura libri decem. Zehn Bücher über Architektur, lat.-dt., übers. v. C. Fensterbusch (Berlin 1964), 6, 6, 148; 288; dt. 287/289.

Nach Hanno-Walter Kruft hätte »die Architektur von der Renaissance bis zum Klassizismus ohne die Kenntnis Vitruvs anders ausgesehen«[13], und so lassen sich in der Geschichte der Architekturtheorie drei Linien von utilitas erkennen: erstens eine Differenzierung der drei Kategorien auf Basis ihrer Einheit, zweitens eine Betonung von utilitas als Grundlage von venustas (weil utilitas die Quelle allen Bauens ist) und drittens utilitas als venustas. Daß drei gleichartige Linien erkennbar sind, die von firmitas ausgehen, zeigt die Offenheit der Begriffe. In der Reflexion über handhabbare Gegenstände zeigt sich eine ähnliche Differenzierung.

Utilitas behält zwar in der Rezeptionsgeschichte von Vitruv seine Hauptbedeutung als Zweckmäßigkeit; aber sie kann sich eher auf das Bauwerk oder deren Benutzer beziehen, sie kann näher an firmitas und damit an Material und Konstruktion rücken, oder sie kann eher auf Lebensprozesse bezogen sein: das Zweckmäßige als das, was dem Wohlbefinden und der Bequemlichkeit von Benutzern eines Bauwerks dient – in der Rezeptionslinie von commodità in Italien, von commodité in Frankreich. Zwischen der Betonung von Bequemlichkeit und der zunehmenden Reflexion über Wohnhäuser als Bauaufgabe besteht ein Zusammenhang. Kruft qualifiziert die unter zweitens und drittens genannten Linien als funktionalistisch, ihre Vertreter als Proto-Funktionalisten gegenüber einem ›modernen Funktionalismus‹.

Es sind also die Zwecke, deren Verständnis über den Gehalt dessen entscheidet, was als funktionalistisch etikettiert wird: Mit der Betonung von Material und Konstruktion sind es Zwecke von Mitteln, mit der Nutzungsart eines Produkt- oder Gebäudetyps ist es ein Zweck, mit Bestimmung praktischer Funktionen, die einander auch widersprechen können, ist es ein Komplex von Zwecken, und schließlich können Zwecke so weit gefaßt sein, daß der Funktionalismus durch Überfülle entleert wird. Der entscheidende Gegensatz liegt zwischen der Mittel- und Zweckbetonung. Adolf Behne verband 1927 Phantasie nicht mit Formen, sondern mit Zwecken: »Denn es gehört Phantasie dazu, den Zweck dort zu fassen, wo er seinen revolutionären Sinn enthüllt.«[14]

Innerhalb der Vitruv-Rezeption ist die Reduktion des Funktionalen auf physikalisches, technisches und höchstens physiologisches Funktionieren ebenso vorweggenommen wie andererseits die Verselbständigung des Ästhetischen in applizierten Ornamenten. Und mit ihnen ist auch die Frage in den Funktionalismus-Diskussionen bis heute angelegt: ob sich ästhetischer Genuß bei nichtkünstlerischen Artefakten erst beim Absehen von ihrem praktischen Gebrauch herstellt, ob er ihn zur Voraussetzung hat oder ästhetischer Genuß gar im praktischen Gebrauch selbst liegt.

Zur Formel ›Form follows function‹ führen verschiedene Wege philosophischen Denkens: über die neoplatonische Einheit des Guten, Wahren und Schönen, über die sensualistische Betonung von praktischer Erfahrung und über die Aufklärungsphilosophie mit einem aus Natur und Natürlichem abgeleiteten Vernunftbegriff. Francis Bacon bestimmt den Zweck des Hauses als lebenspraktisch: »Houses are built to live in, and not to look on«[15]. – »The observation of convenience gives pleasure, since convenience is a beauty«, schreibt David Hume, »it must delight us merely by communication. [...] This observation extends to tables, chairs, scritoires, chimneys, coaches, saddles, ploughs, and indeed to every work of art; it being an universal rule, that their beauty is chiefly deriv'd from their utility, and from their fitness for that purpose, to which they are destin'd.«[16] Bei Hume finden sich drei wesentliche Aspekte: Schönheit als Zweckmäßigkeit, Schönheit als mitgeteilte Zweckmäßigkeit und Zweckmäßigkeit als Quelle von Schönheit. – Bei Adam Smith kommt mit der Vorstellung von Nützlichkeit, die durch Schönheit hervorgerufen wird, ein Gesichtspunkt des Erwartens auf seiten des Rezipienten und des Versprechens auf seiten des Objektes hinzu: »The utility of any object [...] pleases the master by perpetually suggesting to him the pleasure or conveniency

---

13 KRUFT (s. Anm. 7), 15.
14 ADOLF BEHNE, Einige Bemerkungen zum Thema: Moderne Baukunst (1927), in: M. Taut, Bauten und Pläne (Berlin 1966), 21.
15 FRANCIS BACON, Essays (1597), in: BACON, Bd. 6 (1861), 481.
16 DAVID HUME, A Treatise of Human Nature (1739), in: HUME, Bd. 2 (1874), 151.

which it is fitted to promote.«[17] Genuß ergibt sich bei Smith aus dem Anschauen, aber es ist das mit der Vorstellung von Gebrauch gesättigte Anschauen eines Benutzers. – Und schließlich schreibt William Hogarth:»When a vessel sails well, the sailors call her *a beauty;* the two ideas [Tauglichkeit und Schönheit – d. Verf.] have such a connection!«[18] Eine weitere Linie kommt von den Ingenieuren her. Über Werkzeuge, die James Nasmyth, Erfinder von Dampfhammer und -ramme, bei seinem Lehrer William Maudslay, Erfinder von Gewindeschneidbank und Werkzeugschlitten, gesehen hatte, schrieb er:»They were very simple, and quite free from mere traditional forms and arrangements. At the same time they were perfect for the special purposes for which they has been designed.«[19] Hier ist eine Beziehung zwischen Einfachheit und bester Eignung für einen Zweck betont, die konventioneller Formen nicht mehr bedarf. Als Nasmyth 1836 in einem Ausschuß des englischen Parlaments die Frage»How would you carry into effect the combination of beauty of design with machinery?« beantwortet, bezieht er sich auf Wissenschaft und Ökonomie als Quellen für Schönheit:»I would show the means of combining the most beautiful forms and the most scientific application of the materials employed in the formation of machinery with the greatest economy. In the majority of instances, the most economical disposition of materials coincides with such a form as presents the most elegant appearance to the eye.«[20]

Ab 1851 werden die Weltausstellungen zum Stimulus von Reflexionen für Architekten, Ingenieure, Publizisten und Vertreter kunstgewerblicher Institutionen. Semper schreibt über die erste Weltausstellung im Londoner Kristallpalast:»Höchstens an Gegenständen, bei denen der Ernst des Gebrauches nichts Unnützes gestattet, als bei Wagen, Waffen, musikalischen Instrumenten und dergleichen, zeigt sich zuweilen mehr Gesundheit in der Ausstattung und Veredelung der durch ihre Bestimmung streng vorgezeichneten Formen.«[21] Im Markt sieht Semper dagegen die Notwendigkeit eines rein zweckhaften Gestaltens, denn dessen Anonymität gestatte nur den Ausdruck allgemeiner Zwecke, nicht aber besonderer Schöpferindividualitäten:»Eine Marktware muß nun aber möglichst allgemeine Anwendung gestatten und darf keine anderen Beziehungen ausdrücken als solche, die der Zweck und der Stoff des Gegenstandes gestattet.« (40) Der Direktor des Berliner Kunstgewerbemuseums Julius Lessing verglich nach seinem Besuch der Pariser Weltausstellung 1878 steinerne und bronzene Werkzeuge aus vorgeschichtlicher Zeit mit dem Gesehenen:»Es war mir im höchsten Grade erstaunlich, wie hier aus den einfachsten Grundbedingungen der leichten Handhabung heraus, aus der verwandtschaftlichen Verbindung, welche das Geräth mit der menschlichen Hand und dem menschlichen Körper eingeht, eine hohe Linienschönheit ohne den geringsten Zusatz eines ornamentalen Schmuckes entstanden ist.«[22]

Zur Architektur sind mobile Gegenstände gekommen; die Reflexion ist damit auf alle praktisch brauchbaren Dinge ausgedehnt, welche als Speicher technologischer Erfahrungen, als Resultate reflektierter intellektueller Anstrengung oder naiven funktionalen Gestaltens und alternativ zu jenen Artefakten gesehen werden, die von dekorativen Distinktionselementen überformt sind. Termini im Umkreis von Zweck haben verschiedene Aufgaben zu erfüllen: In der architektonischen Programmatik sind sie Gegenbegriffe zu Stil, zu Willkür (gegenüber Vernunft), zur Normsetzung durch Formen der Antike, und sie relativieren Schönheitsnormen, die nur auf einen Betrachter gerichtet sind.

---

17 ADAM SMITH, The Theory of Moral Sentiments (1759), in: Smith, The Glasgow Edition of the Works and Correspondance, Bd. 1 (Oxford 1976), 179.
18 WILLIAM HOGARTH, The Analysis of Beauty (1753; Oxford 1955), 33.
19 JAMES NASMYTH, An Autobiography (New York 1883), 132.
20 Report from the Select Committee of Arts and their Connexion with Manufactures (1836), in: Parliamentary Papers of the House of Commons [Great Britain], Bd. 9 (London 1836), Teil 2, 28 f.
21 SEMPER, Wissenschaft, Industrie und Kunst. Vorschläge zur Anregung nationalen Kulturgefühls (1852), in: Semper, Wissenschaft, Industrie und Kunst und andere Schriften über Architektur, Kunsthandwerk und Kunstunterricht, hg. v. H. M. Wingler (Mainz/Berlin 1966), 32 f.
22 JULIUS LESSING, Berichte von der Pariser Weltausstellung 1878 (Berlin o. J.), 99.

Bleibt der Sprachgebrauch in Europa bis auf Ausnahmen (z. B. bei Semper) in Termini der Alltagssprache, denen die potentielle Alltäglichkeit der reflektierten Sachverhalte entspricht, so ändert sich das vor der Jahrhundertmitte in den USA. Der Bildhauer Horatio Greenough entwickelte in den 40er Jahren des 19. Jh. ein Programm für (amerikanische) Architektur, das um den Begriff der Funktion zentriert und aus der (gottgeschaffenen) Natur abgeleitet ist: »If there be any principle of structure more plainly inculcated in the works of the Creator than all others, it is the principle of unflinching adaption of forms to functions.«[23]

Indem Greenough dieses Strukturprinzip auf das Bauen überträgt, erhält Schönheit wie in der Warenästhetik die Rolle eines Versprechens: »When I define Beauty as the promise of Function; Action as the presence of Function; Character as the record of Function; I arbitrarily divide that which is essentially one.« (71)

Für die Rezeption dieses Funktionsbegriffs ist bemerkenswert, daß an die Stelle einer (pragmatischen) Zweck-Mittel-Relation das Verhältnis von Teil und Ganzem tritt, in dem die Funktion auf das Ganze eines Raumes, Bauwerks, Nutzungsprozesses, Organismus, des Lebens oder der Natur bezogen wird. Dabei läuft die Rezeption nicht über Greenough, sondern schließt an Sullivans Formel ›Form follows function‹ an. Auch Sullivan zentriert die Schöpfung um die Funktion: »Whether it be the sweeping eagle in his flight or the open appleblossom, the toiling work-horse, the blithe swan, the branching oak, the winding stream at its base, the drifting clouds, over all the coursing sun, form ever follows function, and this is the law. Where function does not change form does not change. The granit rocks, the ever-brooding hills, remain for ages; the lightning lives, comes into shape, and dies in a twinkling. / It is the pervading law of all things organic, and inorganic, of all things physical and metaphysical, of all things human and all things superhuman, of all true manifestations of the head, of the heart, of the soul, that the life is recognizable in its expression, that form ever follows function. This is the law.«[24] Die Naturbeispiele verweisen auf ›Leistungsformen‹ (Zugpferd), vor allem aber auf Reproduktionsbedingungen des Lebens als Form-Funktions-Beziehungen. In ihrer Herleitung aus der Natur reflektiert die Formel – wie bei Greenough – einen universellen Maßstab für das Hervorbringen von Kultur.

Indem Sullivan die Formel auf das Bauen überträgt, setzt er gegenüber Greenough andere Akzente. Der Text, aus dem die bekannte Formel stammt, beschäftigt sich mit der künstlerischen Betrachtung von Bürohochhäusern. Sullivan beschreibt sie als eine neuartige Bauaufgabe; seine Sicht ist dabei naturgesetzlich: »It is my belief that it is the very essence of every problem that it contains and suggests its own solution. This I believe to be natural law.« (105) Das Problem liegt in der Aufgabe, die Dreiteilung des Bürohauses als gestalthafte Einheit von Erdgeschoß, Dachgeschoß und beliebig vielen Etagen dazwischen nicht mehr stilistisch, sondern funktional zu begründen: Die unteren beiden Etagen und die Dachzone haben im Gebäude besondere Funktionen (urbane, kommerzielle, technische) und sollen deshalb gestalthaft betont sein; sie begründen das Ornament im unteren Bereich, während die Büroetagen darüber für gleichartige Tätigkeiten in gleichartigen Räumen eingerichtet sind, was den Ausdruck von Gleichartigkeit in einer gerasterten Fassade begründet. Das Ornament wird hier durch den Ausdruck des Seriellen in einem strukturellen Raster ersetzt. Aber auch das Ornament hat seinen funktional begründeten Ort; Sullivans Funktionsbegriff schließt das Ornament ein. In der verkürzenden Rezeption seiner Formel wird ignoriert, daß sein Funktionsbegriff auf eine Synthese von rationalen und emotionalen Elementen und im Ausdruck auf ein geometrisches System zielt, das bei ihm zum Gerüst für organische, quasi gewachsene Ornamente wird, die ihr Vorbild wiederum in der Natur haben.

Als Urheber der Formel ›Form follows function‹ steht Sullivan zwischen den Jahrhunderten. Durch seine Überzeugung von der Möglichkeit distinktionsloser Formen ist er Vordenker für das funktio-

---

23 HORATIO GREENOUGH, American Architecture (1843), in: Greenough, Form and Function. Remarks on Art, Design, and Architecture, hg. v. H. A. Small (Berkeley/Los Angeles/London 1947), 118.
24 LOUIS H. SULLIVAN, The Tall Office Building Artistically Considered (1896), in: Sullivan, The Public Papers, hg. v. R. Twombly (Chicago/London 1988), 111.

III. Das funktionalistische Programm   595

nalistische Programm im 20. Jh. Vom 19. Jh. prägen ihn das Bauen der Chicagoer Schule, zu der er gehörte, die Philosophie des Transzendentalismus, die Vorstellungen einer amerikanischen Demokratie, das Ornament, das er funktional begründet, sowie die Rezeption eines funktionalistischen Wissenschaftskonzepts. Nach Sherman Paul ist William James' funktionalistische Psychologie bis in sprachliche Analogien bei Sullivan nachweisbar: Der Druck, der bei James den Kanal schafft, ist bei Sullivan der Druck von Funktionen, die nach Ausdruck suchen.[25] Sullivan steht in einer Denktradition, die über Leon Battista Alberti (*De re aedificatoria*, 1443–1452) bis auf Vitruv zurückgeht. Bei Vitruv sind Mechanismen von der Natur präformiert und können deshalb als Lehrstücke dienen: »Alle mechanischen Einrichtungen aber sind von der Schöpferkraft der Natur vorgeschaffen, und sie sind von ihr als der Lehrerin und Lehrmeisterin durch die Umdrehung des Weltalls gelehrt« (Omnis autem est machinatio rerum natura procreata ac praeceptrice et magistra mundi versatione instituta)[26].

Wohl weil Sullivan sein Credo in eine griffige Formel brachte, greift die Funktionalismus-Rezeption auf ihn zurück. Aber die Formel steht in der Tradition architektonischen Denkens in den USA des 19. Jh., so daß man sie als ›architektonische Unabhängigkeitserklärung‹ (Hanno-Walter Kruft) gegenüber den abendländischen Vorbildern und zugleich als Programm für eine Architektur bezeichnen könnte, die durch Analogie zur Natur, durch Wissenschaftlichkeit sowie durch neue Bauaufgaben in den Städten des Kommerzes und der Industrie dreifach fundiert ist. Der Sullivansche Funktionsbegriff ist auch geschichtlich begründet als Programm für Formen, die der amerikanischen Demokratie entsprechen sollen.

Der Rückgriff auf Natur als sichtbarer Zusammenhang von Funktion und Form soll einerseits vor demokratiefremden Formen schützen, andererseits steht er konträr zu einem kulturellen Regelwerk: Während dieses über Kompositionen zu einem Stil führt, soll Natur über ihre Beobachtung zu Funktionen eines lebenden Organismus führen. Der Zusammenhang von Funktion und Organismus kehrt in den 20er Jahren wieder: zum Teil verbunden mit Organisation als einer voraussetzenden Tätigkeit (Hannes Meyer: »bauen heißt die überlegte organisation von lebensvorgängen«[27]). Losgelöst von seinen Kontexten, ist der Terminus ›Organisation‹ polemisch gegen den Funktionalismus eingesetzt worden: Dieser wurde interpretiert als Mechanisierung von Lebensprozessen, als bloß Technisches oder Institutionelles.

Für eine derart verkürzende Interpretation von Sullivans Formel als technizistisch, rationalistisch und mechanistisch mag ihre späte Rezeption in Europa verantwortlich sein, die sie von den Kontexten gelöst hat: Nach dem Zweiten Weltkrieg erst wird sie kritisch rezipiert.

III. Das funktionalistische Programm

Die Entwicklung von Funktionalismus zu einem Programm ist eine deutsche Erscheinung. International wird dieses Programm zusammen mit verwandten Entwurfshaltungen außerhalb von Deutschland als Funktionalismus rezipiert; englische und amerikanische Einflüsse bereiten es vor: das Bauen in Chicago, die anonyme Architektur sogenannter Zweckbauten, die englische Reformbewegung, das bürgerliche Wohnen in England. Dominiert diese Rezeption vor dem Ersten Weltkrieg, wird das USA-Bild danach von der Rationalisierung der Produktion, von Taylorismus und Fordismus, bestimmt. Noch vor dieser Rezeption führen die Herrschaft des Dekorativen, der Verlust von Raum durch die Zunahme von Gegenständen sowie die Kunstgewerbebewegung zu kritischen Haltungen, die das funktionale Entwerfen vorbereiten und begleiten. Die Polemik gegen eine Trennung von Form und Zweck im Dekorieren hatte schon Semper veranlaßt, die Geschichte der Gebrauchsgegenstände in *Der Stil in den technischen und tektonischen Künsten* (1861/63) als einen Zusammenhang von Material, Technologie und Gebrauch zu untersuchen.

---

25 Vgl. SHERMAN PAUL, Louis Sullivan. An Architect in American Thought (Englewood Cliffs 1962).
26 VITRUV (s. Anm. 12), 10, 1, 244; 460; dt. 461.
27 HANNES MEYER, bauen, in: bauhaus. Dessau 4 (1928), 13.

Aus räumlicher Nähe, aber programmatischer Ferne zur Wiener Werkstätte ironisierte Adolf Loos eine Phantasie, die sich auf Formen statt auf Zwecke richtete und wieder Stilformen hervorbrachte, während er in der Kenntnis von Material, Technologie und Gebrauch die Grundlagen für die Reproduktion von Formen sah, die sich in der Nutzung bewährt hatten. 1924 veranstaltete der Deutsche Werkbund die Ausstellung *Form ohne Ornament*, die gegenüber dem Dekorativen das Einfache betonte. Im gleichen Jahr attackierte Bruno Taut Unnützes und Überflüssiges: »Wenn aus einer Wohnung nach strengster und rücksichtslosester Auswahl alles, aber auch alles, was nicht direkt zum Leben notwendig ist, herausfliegt, so wird nicht bloß Ihre [der Hausfrau – d. Verf.] Arbeit erleichtert, sondern es stellt sich von selbst eine neue Schönheit ein.«[28] Der Ton wird in dem Maße polemischer und programmatischer, wie den Erfahrungen nicht nur die Werke der industriellen Revolution allgemein, sondern die mit ihnen verbundene Verbreitung der Neostile bis in die 20er Jahre zugrunde liegen.

Aber zwischen der Jahrhundertwende und 1914 verdichten sich Termini wie Funktion, funktional und Funktionalismus nicht zu einem Programm, sondern erscheinen vereinzelt und noch nicht in ihrer späteren Bedeutung. 1908 schreibt Oscar Bie: »So spaltet sich das dekorative Empfinden hier [in der Kleidung – d. Verf.] nach den Gesetzen der Natur: seine Schmuckfreude, die große Zärtlichkeit der Verhüllung, betätigt es am Weibe, seine Konstruktionsfreude, die große Ehrlichkeit des Funktionalismus, am Manne.«[29] 1909 unterscheidet Adolf Hildebrand nichtarchitektonische Formen, »welche Funktionen ausdrücken«, von architektonischen Formen, für welche »im Großen entstandene konstruktive Bauglieder«[30] stehen.

Näher am späteren Verständnis von funktional und funktionalistisch liegen Forderungen nach Logik (statt Willkür oder Phantasie), nach Wahrheit und Vernunft, vor allem aber Sachlichkeit (dessen Bedeutungsgehalt dem späteren Funktionalismus nahekommt) statt Stil. Die dreistellige Relation des material-, werk- und zweckgerechten Gestaltens als Credo des Deutschen Werkbundes geht auf Hermann Muthesius zurück. Er begründete sie 1907 in einem Vortrag, der den Protest des institutionalisierten Kunstgewerbes hervorrief, andererseits unmittelbarer Anlaß zur Gründung des Werkbundes wurde. Historisch neu am Werkbund war seine Orientierung an der Industrie. Mit ihr verlagerte sich das Zentrum funktionalen Gestaltens von der seit Vitruv dominanten Architektur auf mobile Objekte der Serienproduktion. Muthesius ging von einem zweckgerechten Gestalten aus, um »den Bedingungen der Zeit gerecht werden«[31] zu können, und begründete mit dem Zweck Material und Konstruktion als Gestaltungsdeterminanten. Im Werkbund wird aus Konstruktion das umfassendere ›Werk‹ als technologisch und konstruktiv fundiertes Hervorbringen. Werkgerechtes Gestalten soll dessen Spuren nicht durch Imitation oder Stilform kaschieren. Muthesius sieht »in der Befolgung der eisernen Grundsätze der Gestaltung nach dem Zweck, dem Material und der Konstruktion ein Bollwerk gegeben, das davor behütet, in historische Sentimentalität und damit in Unsachlichkeit zu verfallen« (42 f.). Er gesteht jedoch zu, daß die Form des Gegenstandes damit nicht immer restlos bestimmt sei; besonders, wenn die Werke »gefällig wirken« sollen, »tritt zwischen den Verstand und die Hand des Bildners das menschliche Gefühl« (42). Diese Einschränkung nimmt Muthesius schon 1914 beim Werkbundstreit zurück.

Die 20er Jahre sind Höhepunkt in der Entwicklung des Funktionalismus zum Programm, aber als Programmbegriff verbreitet sich Funktionalismus erst nach dem Ende des Jahrzehnts. Die Diskurse zwischen West-, Mittel- und Osteuropa wurden 1928 mit der Gründung des *Congrès International d'Architecture Moderne* (CIAM) im schweizerischen La Sarraz institutionalisiert. Die deutschen Repräsentanten des Neuen Bauens und Neuen Gestal-

---

28 BRUNO TAUT, Die neue Wohnung. Die Frau als Schöpferin (1924; Leipzig ⁵1928), 31.
29 OSCAR BIE, Das Kunstgewerbe (Frankfurt a.M. 1908), 25.
30 ADOLF HILDEBRAND, Einiges über die Bedeutung von Größenverhältnissen in der Architektur (1899), in: Hildebrand, Gesammelte Aufsätze (Straßburg 1909), 12.
31 HERMANN MUTHESIUS, Die Bedeutung des Kunstgewerbes (1907), in: Zwischen Kunst und Industrie. Der Deutsche Werkbund (München 1975), 42.

III. Das funktionalistische Programm   597

tens spielten auf den Gebieten Siedlungsbau, Architektur, Produktgestaltung, Medien (Zeitschriften, Bücher, Ausstellungen, Reklame) und Ausbildung eine besondere Rolle. Mehr als anderswo in der Welt konnte ›modern‹ (d. h. nicht in Fortsetzung des historisierenden Eklektizismus) gebaut werden, weil sich Gewerkschaften, Genossenschaften und (sozialdemokratisch regierte) Kommunen als Träger des modernen Bauens verstanden. Dem folgte ein höherer Institutionalisierungsgrad mit dem Bauhaus, den Ausstellungen des Deutschen Werkbundes, der Besetzung kommunaler Funktionen mit Martin Wagner als Stadtbaurat in Berlin, Ernst May in Frankfurt am Main, mit der Rolle von Walter Gropius als Bauhausdirektor und in der Reichsforschungsgesellschaft für Wirtschaftlichkeit im Bau- und Wohnungswesen.[32] Der Funktionalismus hatte sein Zentrum im Siedlungsbau, an das sich Produktgestaltung und Medien anlagerten.

Waren mit dem Deutschen Werkbund Industrieerzeugnisse zum Anlaß zweckgerechten Gestaltens geworden, wurden in den 20er Jahren die Zwecke selbst neu bestimmt: Ein höherer Organisations- und Standardisierungsgrad sowie eine längere Lebensdauer von Gebrauchsgegenständen unter knappen finanziellen Bedingungen sollten erreicht werden. Die Forderung Behnes, den ›revolutionären Sinn des Zwecks zu fassen‹, erkannte als Adressaten von Bau- und Gestaltungsaufgaben die elementaren Bedürfnisse der Lohnabhängigen und richtete sich auf die Gestaltung von Serienprodukten sowie die Einrichtung von Mietverhältnissen und Dienstleistungen. Es machte den utopischen Gehalt des Funktionalismus aus, soziale Ziele mit ästhetischen Mitteln erreichen zu wollen. Eine Programmschrift von Le Corbusier endete: »Architecture ou révolution. / On peut éviter la révolution.«[33]

1925 formulierte Walter Gropius die Gestaltungsaufgaben des Bauhauses: »Ein Ding ist bestimmt durch sein Wesen. Um es so zu gestalten, daß es richtig funktioniert – ein Gefäß, ein Stuhl, ein Haus –, muß sein Wesen zuerst erforscht werden; denn es soll *seinem Zweck vollendet dienen, d. h. seine Funktionen praktisch erfüllen, haltbar, billig und ›schön‹ sein.*« Für die 20er Jahre ist dies die bündigste Formulierung für einen auf (Gebrauchs-)Gegenstände bezogenen Funktionalismus. Der so begriffene Gegenstand setzt eine Analyse, nicht nur eine Idee, voraus, verstanden als »systematische Versuchsarbeit in Theorie und Praxis – auf *formalem, technischem und wirtschaftlichem* Gebiete – [um] die Gestalt jedes Gegenstandes aus seinen natürlichen Funktionen und Bedingtheiten heraus zu finden«[34].

In der Rückkehr zum Natürlichen über eine rationale Analyse der Zwecke liegt der Anspruch begründet, Typen und Standards der industriellen Produktion zu schaffen, die Bedürfnisse in ihrer Gleichartigkeit befriedigen können. Als vollendete Nutzungsformen sollten sie historischen Veränderungen nicht mehr unterworfen sein. Bei Gegenständen waren Volumen und Masse zugunsten des frei werdenden Raumes reduziert, bei Baukörpern das Prozeßhafte in der Nutzung gegenüber dem Statischen und das Räumliche gegenüber dem Stofflichen betont.

Wie aus damals entstandenen Entwürfen und Texten zu erkennen ist, findet Zweckmäßigkeit ihr Ziel nicht in Gebrauchsgegenständen, sondern in deren Gebrauch: »Der Mensch wird dann ein *freier* Mensch sein. Anstrengung erzeugt Sklaven.«[35] »4 Stunden Gewinn an Freiheit durch ökonomische Hausgestaltung bedeuten eine wesentliche Änderung des jetzigen Lebensbildes«[36], hieß es 1924 zu Zielen des Bauhauses. 1926 ließ Marcel Breuer in einem Film die Geschichte des Stuhls in einer Luftsäule enden, die einen Menschen trägt.[37]

---

32 Vgl. THILO HILPERT, Die funktionelle Stadt. Le Corbusiers Stadtvisison – Bedingungen, Motive, Hintergründe (Braunschweig 1978), 69.

33 LE CORBUSIER, Vers une architecture (1923; Paris 1958), 243.

34 WALTER GROPIUS, Grundsätze der Bauhausproduktion (1925), in: Gropius, Neue Arbeiten der Bauhauswerkstätten, hg. v. H. M. Wingler (Mainz/Berlin 1981), 5.

35 PIET MONDRIAN, Die Verwirklichung der Neuen Gestaltung in weiter Zukunft und in der heutigen Architektur (1921), übers. v. R. F. Hartogh, in: Mondrian, Neue Gestaltung. Neoplastizismus. Nieuwe Beelding, hg. v. H. M. Wingler (Mainz/Berlin 1974), 56.

36 ANNELISE FLEISCHMANN, Wohnökonomie (1924), in: Form und Zweck (1979), H. 3, 11.

37 Vgl. MARCEL BREUER, ein bauhaus-film, in: bauhaus. Dessau I (1926), 3.

Begriffsgeschichtlich nimmt der Gebrauch von Zweck, Zweckmäßigkeit und anderen in der Frühphase des Werkbundes gebräuchlichen Termini ab, die seit Mitte der 20er Jahre durch Funktion, funktional, funktionell und – seltener – funktionalistisch ersetzt werden. Da allerdings mit ihnen sprachlich nicht fixiert ist, ob sie sich auf Objekte (deren reibungsloses Funktionieren), auf Objekt-Subjekt-Beziehungen (als Entlastung in der gegenständlichen Besetzung von Lebensräumen und in der Verausgabung von Zeit und Energie), auf Subjekte (als deren Emanzipation oder Erziehung) oder auf eine Beziehung zwischen allen drei Bedeutungen beziehen, eröffnet sich ein Interpretationsspielraum.

Bei Hannes Meyer ergibt sich aus der Untersuchung des »ablaufs des tageslebens jedes hausbewohners [...] das funktionsdiagramm für vater, mutter, kind, kleinkind und mitmenschen«. Funktion meint hier den Vollzug von Lebensprozessen, wobei schließlich Leben überhaupt mit Funktion gleichgesetzt wird: »alles leben ist funktion und daher unkünstlerisch.« Leben ist bei Meyer Gegenbegriff zu Kunst und Funktion Gegenbegriff zu einer als ›zweckwidrig‹ bezeichneten Kunst. Dem Funktionellen wird nicht die künstlerische Komposition, sondern nur die Konstruktion gerecht: »diese funktionell-biologische auffassung des bauens als einer gestaltung des lebensprozesses führt mit folgerichtigkeit zur reinen konstruktion.« Meyers Text beginnt: »alle dinge dieser welt sind ein produkt der formel: (funktion mal ökonomie).«[38] Nur die Kunst folge nicht der Ökonomie, sie verfolge keinen Zweck und führe zur Komposition.

Laszlo Moholy-Nagy sieht Funktionen, die einerseits an Subjekte, andererseits an Objekte gebunden sind, in einer Korrespondenzbeziehung. Neben Kunst ist die »sicherstellung der organischen, biologisch bedingten funktionen« durch Wissenschaft, Pädagogik und Politik das Mittel zur Bekämpfung der Schäden einer »technischen Zivilisation«[39], in der »alles funktioniert [...] auf der basis des heutigen produktionssystems, das nur äußerliche anlässe der gütererzeugung kennt« (11). Kriterium für das Schaffen soll die »gestaltung der notwendigen funktionsabläufe« (71) sein, denn »der mensch soll in seiner funktionsbereitschaft gepflegt – aber nicht nur gepflegt werden, sondern zu ihrer erfüllung [!] müssen ihm auch die äußeren bedingungen zur verfügung stehen. hier stößt das erzieherische problem ins politische; und es wird als solches fühlbar, sowie der mensch ins leben tritt und sich mit der bestehenden ordnung auseinander setzen muß.« (16) Funktionsbereitschaft als Bereitschaft, »das lebensganze zu fassen« (17), ist für Moholy-Nagy »das recht auf eine befriedigende beschäftigung, innerlich ausfüllende arbeit, gesunde lebensführung und erlösende kräfte-auswirkung« (16). Wie Meyer geht Moholy-Nagy von einem biologischen Funktionsbegriff aus: Funktionen sind organisch bedingt, durch Arbeitsteilung und Profitinteresse auf technisches Funktionieren reduziert und müssen als organische durch Formen von Erziehung, Arbeit und Gestaltung wiedergewonnen werden: »das gesamtziel: der totale mensch« (18). Reformschulen und die Bauhauswerkstätten sind Modelle dafür. Weil die Funktionen der Objekte Mittel zur Wiedergewinnung der organischen Funktionen der Subjekte sind, formuliert Moholy-Nagy unter der Überschrift »das grundsetz«: »auf allen gebieten des schaffens bemüht man sich heute, reine funktionelle lösungen technischbiologischer art zu finden.« Aber »das gestalterische problem setzt erst da ein, wo die freiheit beginnt, wo die von uns übersehbare funktion nicht mehr oder noch nicht restlos die gestalt bestimmt« (69).

Für Moisej J. Ginzburg ist Architektur »eine Funktion der Epoche« (функция эпохи), die zweifach konstruktiv ist: »Auf der Basis des sozialen Revolution [...] und auf der Basis eines nie dagewesenen Wachstums der Technik« (на базе социальной революции [...] и на базе небывалого роста техники). Sie brachte den Konstruktivismus hervor, der mit der funktionalen Methode identisch ist: »Der Konstruktivismus oder die funktionale Methode ist ein Kind unserer Epoche« (Конструктивизм, или функциональный метод, рождён нашей эпохой). Diese Methode soll den Dualismus zwischen »Gebrauchsweisen des Objekts und seiner Gestaltung« (дуализм проти-

---
38 MEYER (s. Anm. 27), 12.
39 LASZLO MOHOLY-NAGY, Von Material zu Architektur (1929), hg. v. H. M. Wingler (Mainz/Berlin 1968), 15.

вопоставления утилитарной сущности объекта и его оформления) zugunsten eines ›absoluten Monismus‹ beseitigen. Der Monismus besteht in drei Punkten: Bei der Gestaltung werden keine arbeitsfremden, zusätzlichen Elemente zugelassen, emotionale Beeinflussung soll »schon auf dem Wege der Organisation der utilitär-konstruktiven Erscheinung« erfolgen, jedes Detail ist funktional zu lösen, das heißt, »das Material des Gegenstands ausschließlich in den Grenzen seiner Nutzfunktion« zu organisieren (конструктивизм […] стремится […] к абсолютному монизму тем, что 1) […]; 2) разрешает основные вопросы эмоционального воздействия самим способом организации утилитарно-конструктивного становления; 3) оформляет каждую деталь функционально, т. е. организуя материал вещи исключительно в пределах ее полезного действия). Der Konstruktivismus begreift Wahrnehmungsprozesse weniger als biologische denn als soziale Prozesse. »So zeigt sich die *Ganzheitlichkeit der monistischen Tendenz des Konstruktivismus nicht in einer Leugnung der emotionalen Einflußwirkung materieller Objekte* (wie man das dem Konstruktivismus gewöhnlich vorwirft), *sondern in der Organisation dieser Einflußwirkung durch den Prozeß der utilitär-konstruktiven Entstehung dieser Gegenstände selbst«* (Таким образом, целостность монистического устремления конструктивизма сказывается не в отрицании эмоционального воздействия материальных объектов [как это обычно принято инкриминировать конструктивизму], а *в организации этого воздействия в самом процессе утилитарно-конструктивного становления их*)[40]. Ginzburg kommt hier dem Verständnis von ästhetischem Genuß als einem nahe, der sich primär in praktischen Gebrauch von Gegenständen und im praktischen Nutzen von Architektur herstellt.

Den Funktionsbegriff im Plural zu verwenden veweist entweder auf die Intention, Gestalt als Summe von Funktionen zu begreifen, oder zwischen Funktionen potentielle Widersprüche zu betonen, die durch Gestaltung vermittelt werden müssen. 1932 schrieb Le Corbusier an Alberto Sartoris: »L'armonia è il segreto del processo vitale, il miracolo della vita. Senza armonia le funzioni entrano in conflitto, subiscono una perturbazione, e ben presto si arriva alla morte. […] I nostri cenacoli razionalisti negano, in verità solo teoricamente, la funzione fondamentale, umana della bellezza, cioè l'azione benefica e tonificante che l'armonia ha sopra di noi.«[41] (Die Harmonie ist das Geheimnis des vitalen Prozesses, das Wunder des Lebens. Ohne Harmonie geraten die Funktionen in Konflikt miteinander, ihnen widerfährt eine Störung, und bald schon ist man beim Tod angelangt. […] Unsere rationalistischen Kreise verleugnen, freilich nur theoretisch, die grundlegende, menschliche Funktion der Schönheit, das heißt die wohltuende, stärkende Wirkung, welche die Harmonie auf uns ausübt.)

Le Corbusier betont mit Harmonie stärker als andere die Rolle des harmonieschaffenden Subjekts. Er benennt zugleich eine Diskrepanz zwischen Texten und Gebrauchsentwürfen, die weitreichende Folgen für das Verständnis von Funktionalismus seit den 20er Jahren hat: Weil ein Text leichter verfügbar ist als der Gebrauch von Gegenständen nachvollziehbar, weil gegenüber einer Entwurfsgeschichte eine Geschichte des Gebrauchs nicht existiert, reproduzieren sich bis heute Vereinfachungen, Fehl- und Vorurteile. Davon ist besonders das Werk von Hannes Meyer betroffen. Seine Texte legen nahe, einen Automatismus zwischen Funktion und Form anzunehmen, den seine Entwürfe und Bauten nicht bestätigen. Der Mehrdeutigkeit des Funktionsbegriffs entspricht schon in den 20er Jahren die Mehrdeutigkeit der Funktionalismuskritik.

---

40 MOISEJ J. GINZBURG, Konstruktivizm kak metod laboratornoj i pedagogičeskoj raboty, in: Sovremennaja architektura 6 (1927), 160; dt.: Der Konstruktivismus als Methode der pädagogischen und Laboratoriumsarbeit, übers. v. H. Gaßner u. a., in: H. Gaßner/E. Gillen (Hg.), Zwischen Revolutionskunst und Sozialistischem Realismus. Dokumente und Kommentare. Kunstdebatten in der Sowjetunion von 1917 bis 1934 (Köln 1979), 207 f.

41 LE CORBUSIER, Prefazione alla prima edizione (1932), in: A. Sartoris, Gli elementi dell'architettura funzionale (Mailand ³1940), 9.

IV. Der Funktionalismus in der Rezeption

In den 20er Jahren beginnend, zeigen sich mehrere Rezeptionslinien: Identifikation, Differenzierung und Relativierung, Ablehnung in einer kontinuierlichen Rezeption, Ablehnung sowie Politisierung im Abbruch von Kontinuität. Diese vier Linien wechseln örtlich, zeitlich und im Verhältnis von theoretischer und praktischer Rezeption, wobei die folgende Darstellung der Geschichte folgt.

Karel Teige versteht Funktionalismus 1925 noch als allgemeines Kunstprogramm: »*Die Funktionalität der Kunst* (keineswegs irgendeine Form, ein Inhalt, eine Tendenz, der Aberglaube der deutschen Inhaltsästhetik) ist das erste und wichtigste Kriterium. [...] die richtig gestellte Frage zielt auf die Funktion. Anstelle des bisherigen Kunstformalismus – alle Kunst war formalistisch – stellt die konstruktivistische Zeit den *Funktionalismus*.«[42] Teige hat hier offenbar das Programm des russischen Konstruktivismus, durch Kunst das Leben zu gestalten und nicht zu schmücken, im Funktionalismus zusammengefaßt. Vor allem aber sind die beiden Wege aus der Autonomieästhetik – in die Politisierung einerseits, in die Gestaltung praktischer Objekte andererseits – im Funktionsbegriff noch ungetrennt beieinander.

Adolf Behne unterscheidet in *Der moderne Zweckbau* (entst. 1923; ersch. 1926) zwischen Utilitarismus, Rationalismus und Funktionalismus. Der begrifflichen Differenzierung liegt weniger begriffsgeschichtliche Arbeit als vielmehr der Versuch zugrunde, verschiedene Entwurfsansätze in der Architektur zu differenzieren, die zwischen 1900 und 1923 entwickelt worden waren (Alfred Messel, Otto Wagner, Hendrik P. Berlage, Le Corbusier, Hugo Häring, Hans Scharoun). Sein Verständnis des Zweckmäßigen vermittelt Behne im Bild einer ökonomischen Mensch-Maschine-Beziehung: »Wenn der Utilitarist sich auf die Maschine beruft, so sieht er in ihr das ökonomische Prinzip: Arbeits-, Kraft- und Zeitersparnis.«[43] Dabei denkt der Utilitarist pragmatisch, denn er »ordnet sich den Zwecken unter, wie sie der gesunde Menschenverstand, wie sie der Bürger eben heute kennt und anerkennt, und wird dadurch leicht zum Materialisten«. Sein normgerechter Opportunismus gegenüber dem verbreiteten Verständnis von Zwecken unterscheidet den Utilitaristen vom Funktionalisten: »Der Funktionalist bejaht die Zwecke nicht weniger entschlossen, aber er sieht sie nicht als etwas Fertiges, Unabänderliches, starr Gegebenes, sondern als ein Mittel, durch ihre Erweiterung und Verfeinerung, ihre Intensivierung und Sublimierung den Menschen zu ergreifen und zu formen.«

Zweckvolles Entwerfen hat sein Ziel in der Menschenbildung. In diesem Sinne würde das entworfene Haus »zu einem reinen Werkzeug« (44). Grundzug des funktionalistischen Entwerfens ist das empfindsame Eingehen auf die Einmaligkeit konkreter Individuen, die dadurch die Ausdifferenziertheit und Komplexität der intendierten Funktionen bestimmen. Je genauer der Funktionalist die Bedürfnisse des einzelnen trifft, um so gewisser verfehlt er die Bedürfnisse der Gesellschaft. Funktion ist nach Behne individuell, abgesondert oder sogar isoliert, Form dagegen sozial, integriert und umweltbezogen. Funktion bezieht sich auf einen isolierten, aber lebenden Organismus, weshalb Behne im Funktionalismus das Zeitliche von Lebensprozessen betont und in der Maschine ein bewegtes technisches Gebilde sieht: »Wenn der Funktionalist sich auf die Maschine beruft, so sieht er in ihr das bewegliche Werkzeug, die vollkommene Annäherung an das Organische.«

Während der Funktionalist von der organischen Verfaßtheit des vereinzelten Individuums ausgeht, sieht der Rationalist dessen soziale Situation. So kommt der Funktionalist zu einer perfekten Funktions-Form-Beziehung in geschlossenen Formen. Dagegen kommt der Rationalist zu Formen, die gegenüber Raum und Zeit offen sind, aber dafür Kompromisse in der Funktions-Form-Relation darstellen. Die organische Kurve als individuelle und isolierte Form steht für Funktionalismus, während der rechte Winkel als mechanische Form für Rationalismus steht. Erst der rechte Winkel ermöglicht ein Zusammen der Formen und damit

---

42 KAREL TEIGE, Der Konstruktivismus und die Liquidierung der ›Kunst‹ (1925), in: Teige, Liquidierung der ›Kunst‹. Analysen, Manifeste, übers. v. P. Kruntorad (Frankfurt a. M. 1968), 60.
43 BEHNE, Der moderne Zweckbau (1926; Berlin/Frankfurt a. M./Wien 1964), 51.

überhaupt Formen des Typischen oder Genormten: »Wenn der Rationalist sich auf die Maschine beruft, so sieht er in ihr die Vertreterin und Förderin der Normung und Typisierung.« Nur bei den Rationalisten sieht Behne eine Beziehung zwischen dem Praktischen und dem Ästhetischen, denn nur sie haben eine Form zum Ziel – nicht nur Ökonomie wie der Utilitarist, nicht nur Annäherung an das naturhaft Organische (was für Behne Entmenschlichung ist) wie der Funktionalist: »Wenn der Rationalist sich auf die Maschine beruft, so sieht er in ihr die schmucke, knappe, moderne und elegante Form.« (51) Während sich also der Funktionalist durch sein Streben zum Natürlichen vom Ästhetischen entfernt, kommt der Rationalist durch seine Betonung des Sozialen zum Ästhetischen.

Die Behnesche Differenzierung hat sich in der folgenden Begriffsgeschichte nicht bestätigt, sondern der Funktionalismus erscheint wie ein Gefäß, das sein Volumen je nach historischem Kontext vergrößert, verkleinert oder alle drei Behneschen Kategorien aufnimmt: Es vermischen sich Akzentuierungen des Ökonomischen, Sozialen und vor allem naturwissenschaftlich Begründeten im Verständnis von funktional und funktionalistisch.

Il'ja Ėrenburg schrieb 1922: »Die Utilität folgt auf die Zweckmäßigkeit« (утилитарность идёт за целесообразностью)[44]. Gemeint war damit das Verhältnis einer Kunst des Zweckmäßigen zu einer Produktion des Utilitären, das Verhältnis von Innovation und Erfindung: Die Formen der Kunst »sind zweckmäßig, denn die von neuem entstandene Form – durchdacht und makellos – ist ein schöpferischer Akt, ein *Hebel* des Lebens« (Они целесообразны, ибо рождённая вновь форма, осмысленная и безупречная, является творческим актом, рычагом жизни) (91; dt. 73). Im Bild des Hebels liegt die spätere Nutzanwendung: »Zuerst wurde der Scheiterhaufen ›entdeckt‹, erst darauf hat man ihn benutzt« (сначала ›открыт‹ был костёр, потом его уж использовали) (91; dt. 73 f.). Bei Nikolaj Punin ist die Trennung zwischen Zweckmäßigem und Utilitärem unscharf; das liegt an der intendierten Aufhebung der Trennung zwischen Entwerfendem und Ausführendem, zwischen Entwurf und Produktion: »Diejenigen, die für den neuen Staat arbeiten

wollen und können, sollten in die Möbel-, Textilund Porzellanfabriken, auf Zimmerplätzen [!] usw. gehen«[45]. »Künstler-Konstrukteure« (конструкторы-художники)[46] folgen nach Ivan Albert Puni der »Einheit des Konstruktionsprinzips [...]: die Utilität und das Prinzip werden die Schönheit bewirken« (И вот это единство принципа конструкции, утилитарность создадут красоту)[47].

Im Sinne der Identifikation mit einer Haltung ist der Begriff Funktionalismus zum ersten Mal systematisch von Alberto Sartoris entwickelt worden. Der mit ›Gli elementi dell'architettura funzionale‹ überschriebene programmatische erste Teil des gleichnamigen Buches von 1932 endet mit dem Kapitel ›Die Formeln des Funktionalismus‹. Sartoris betont mit Funktionalismus das Dienende: Er ist nach ihm Dienst an der Kunst und am Massenmenschen. Indem Architektur wie Kunst einfache, variable und dynamische Gestalten hervorbrächten, seien beide Instrumente zur Überwindung der Klassengesellschaft.

Zeitgleich wird Funktionalismus in den USA Gegenstand kunstwissenschaftlicher Polemik. Ebenfalls 1932 erscheint *The International Style* von Henry-Russell Hitchcock und Philip Johnson. Sowohl dem Funktionalismus wie dem ›International Style‹ lägen danach Strukturen und Zwecke des Bauens zugrunde, aber sie würden durch die Persönlichkeit der Architekten verschieden gesehen: Funktionalismus sei kein Stil und damit antiästhetisch: »All aesthetic principles of style are to them [den Vertretern des Funktionalismus – d. Verf.] meaningless and unreal.«[48]

Während dem Funktionalismus in diesem Sinne Ausdrucksintentionen fehlen, stützt sich der International Style auf drei Stilprinzipien und vor allem

---

44 IL'JA ĖRENBURG, A vsë-taki ona vertitsja! (Moskau/Berlin 1922), 91; dt.: Und sie bewegt sich doch!, übers. v. H. Siegel (Leipzig 1989), 74.
45 Zit. nach Gaßner/Gillen (s. Anm. 40), 82.
46 ĖRENBURG (s. Anm. 44), 88; dt. 71.
47 IVAN ALBERT PUNI, Tvorčestvo žizni, in: Iskusstvo kommuny (5. 1. 1919), 1; dt.: Die Erschaffung des Lebens, übers. v. J. Jordan, in: Gaßner/Gillen (s. Anm. 40), 83.
48 HENRY-RUSSELL HITCHCOCK/PHILIP JOHNSON, The International Style. Architecture since 1922 (1932; New York/London 1995), 50.

auf den Ausdruckswillen des Architekten. Noch vor modularer Regelmäßigkeit und Vermeidung von Dekoration gehört dazu das Verstehen von »Architecture as Volume« (55). Raum ist für die Vertreter funktionalistischen Bauens Gefäß für den Vollzug praktischer Lebensprozesse. 1951, in einem Artikel für den *Architectural Record*, präzisiert Hitchcock korrigierend, was er und Johnson 1932 darunter verstanden hatten: den Ausdruck von Raum, seine Wirkung vor allem nach außen durch Raumbegrenzung mittels dünner Flächen, die einander überschneiden und durchdringen und so dem Ausdruck des Massiven konträr gegenüberstehen. Die Unterschiede zwischen Funktionalismus und International Style liegen in der Akzentverschiebung von sozial orientierter Funktionalität zu individuellem Ausdruck bei gleicher Grundlage: »The architect who builds in the international style seeks to display the true character of his construction and to express clearly his provision for function. He prefers such an organization of his general composition, such a use of available surface materials, and such a handling of detail as will increase rather than contradict the prime effect of surface as volume.« (59)

Die besten Werke des europäischen Funktionalismus repräsentieren nach Hitchcock und Johnson quasi einen Stil wider Willen, weil sie die Höhe stilistisch bestimmter Architektur im Sinne des International Style erreichen, den Hitchcock 1951 als wahrscheinlich letztmöglichen Stil von internationaler Verbindlichkeit interpretiert sowie auf die 20er und 30er Jahre begrenzt. Rezeptionsgeschichtlich ist am Verhältnis von Funktionalismus und International Style interessant, daß der amerikanische Begriff zu einem Internationalismus geworden und ins Deutsche eingewandert ist; mit ihm wird heute noch die funktionalistische Architektur der 20er Jahre bzw. die Architektur von Nachfolgern der damaligen Funktionalisten bezeichnet; d.h., der Begriff faßt selbst ein nichtstilistisches Programm begrifflich als Stil.

Noch Mitte der 30er Jahre scheint der Begriff Funktionalismus wenig verbreitet zu sein. Sartoris verwendete Funktionalismus synonym mit Rationalismus. Alvar Aalto spricht 1935 von Rationalismus, wenn er Funktionalismus meint. Am Rationalismus akzeptiert er – vor allem am Beispiel der Stahlrohrstühle von Marcel Breuer dargestellt – die Suche nach leichterer Struktur, Hygiene und Bequemlichkeit, sieht aber die Form letztendlich produktionstechnisch begründet. Aalto arbeitete seit seinem Entwurf für das Tbc-Sanatorium von Paimio (1928) an einem »erweiterten Rationalismus«: Er suchte nach physiologisch angenehmen Materialien, nach psychisch wirksamen Qualitäten von Tageslicht und Kunstlicht (nicht nur mehr Licht), nach Befriedigung psychischer Bedürfnisse in der Weise, »daß das Milieu die Ansprüche der Psychologie an stete Erneuerung, an stetes Wachstum«[49] durch die Möglichkeit des Variierens durch den Nutzer befriedigen sollte. Während seine Vorgänger von der sozialen Situation ihrer Adressaten ausgingen, akzentuiert Aalto die biologische Verfaßtheit. Sein Bemühen gilt der differenzierten Befriedigung der Bedürfnisse nach Licht, Luft und Ruhe. Utopische Intentionen sind ihm fremd.

In den USA erfolgt die Rezeption des Funktionalismus mit Sullivan. Frank Lloyd Wright gründet seinen Terminus ›organische Architektur‹ auf den Sullivanschen Funktionsbegriff, aber Form und Funktion bilden eine Einheit. Wie in der Natur wird die Einheit durch einen Wachstumsvorgang geschaffen. Seine Architektur ist in ihrem Hineinwachsen in die Landschaft nie fertig. Die Sullivansche Formel verwandelt Wright zu ›form and function are one‹. Richard Neutra geht noch darüber hinaus. Wie Wright betont er die Naturbeziehungen der Architektur und die Natürlichkeit des Menschen. Formen sind für ihn die Voraussetzungen für die Erfüllung von Funktionen. Deshalb verändert er die Sullivansche Formel zu ›function may itself be a follower of form‹[50].

Bestimmend für den Funktionalismus und seine differenzierende Rezeption blieb bis in die 30er Jahre der biologische oder zumindest von Natur und Natürlichkeit bestimmte Diskurs, dessen Wurzeln bis zu Vitruv zurückgehen. In seiner geschichtlichen Entwicklung werden zunächst die Göttlichkeit der Natur und der Naturbeobach-

---

49 ALVAR AALTO, Rationalismus und Mensch (1935), in: Aalto, Skizzen und Essays, übers. v. A. Miekk-Oja/A. Somersalo, hg. v. der Akademie der Bildenden Künste Wien (Wien 1985), 50.
50 Vgl. KRUFT (s. Anm. 7), 501.

IV. Der Funktionalismus in der Rezeption   603

tung, zuletzt die analytische Naturwissenschaft betont. Der deutsche Faschismus integriert den Funktionalismus in ein politisches Programm. Die Integration ist doppelt bestimmt: Einmal dienen verschiedene Begriffe, die den Funktionalismus meinen, zur terminologischen Herstellung eines Feindbildes: »Die Bauunkultur, die mit dem Schlagwort ›Neue Sachlichkeit‹ propagiert und trotz der eindeutigen Ablehnung durch das Volk doch ausgeführt wurde, war nichts als ein Versuch, dem deutschen Volk den Kulturwert der arteigenen Heimat zu nehmen und ihm den jüdischen Kulturbolschewismus aufzunötigen. Bauten wurden damit zum Kampfmittel der bolschewistischen Weltrevolution.«[51] Daneben existiert eine zweite Rezeptionslinie: Zur architektonischen Normsetzung dienen dem Faschismus Qualitäten, die aus den 20er Jahren kommen und nun nicht nur propagiert, sondern – zumindest im Industriebau, den »technischen Bauten der Gemeinschaft« – gebaut werden: »Sie ergeben eine schöne Gesamtwirkung. Beton, Stahl und Glas treten offen hervor. Wie hell, wie ideenreich, wie großzügig sind diese technischen Bauten!« Sie haben »den eindeutigen Beweis erbracht, daß aus der klaren technischen Zweckbestimmung schöne Bauformen etwickelt werden können« (73). Auffällig ist die Reduktion des Zwecks auf technische Zweckbestimmung, eine Rezeption, die Kontinuität hat und es – ablehnend oder bejahend – gestattet, funktionales Bauen instrumentell zu interpretieren.

Die Nachkriegsrezeption des Funktionalismus in Deutschland ist durch das Verhältnis der beiden deutschen Staaten zueinander beeinflußt. Das Bild vom jeweils anderen bestimmt die Argumente oder färbt sie ein. Fast zeitgleich verlaufen die Formalismusdiskussion in der DDR 1951–1953 und die Bauhaus-Debatte in der westdeutschen Zeitschrift *Baukunst und Werkform* 1953. Letztere löst der Architekt Rudolf Schwarz als Vertreter einer anderen als der Bauhausmoderne aus; Schwarz bleibt innerhalb der Diskussion weitgehend allein. Dagegen ist die Formalismusdiskussion eine politische Kampagne, deren Wurzeln bis zum Ždanovschen Realismusprogramm von 1934 zurückgehen. In beiden Fällen sind geometrisierende Formen, industrielle Materialien und rationale Entwurfsme-

thoden, nicht Bau- und Gestaltungsaufgaben, Gegenstand der Rezeption. Deshalb wird der Funktionalismus in der westdeutschen Debatte als »Irrlehre«[52] bezeichnet, in der ostdeutschen Kampagne als ›Formalismus‹.

Der Präsident der Deutschen Bauakademie Kurt Liebknecht nennt den Funktionalismus volksfeindlich, da er nicht den Werktätigen in einer neuen Gesellschaft auf deutschem Boden, sondern dem Imperialismus diene. »Die formalistische Architektur, die leugnete, daß in der Architektur Ideen gestaltet werden können, setzte an Stelle der Idee den Zweck im Bauwerk oder die Verwendung verschiedenster Baustoffe und Baukonstruktionen. Diese formalistischen Tendenzen nennen wir Funktionalismus und Konstruktivismus. [...] Besonders muß hervorgehoben werden, daß die formalistische Architektur, wie dies beim Bauhausstil besonders kraß zum Ausdruck kommt, die Notwendigkeit der schöpferischen Anwendung der fortschrittlichen Elemente des nationalen Kulturerbes leugnet. Hier zeigt sich offen der Ausdruck des räuberischen Imperialismus, der in seinen kosmopolitischen Bestrebungen die nationale Würde der Völker zu vernichten trachtet, um ihre Widerstandskraft im Kampf um ihre nationale Unabhängigkeit zu schwächen.«[53] – Schwarz kritisiert die Zweckbetonung, die zu einem Materialismus führe, der die Architektur als Kunst zerstöre: »Sehr früh war ihnen dort [am Bauhaus – d. Verf.] die Theorie vom Zweck in den falschen Hals gekommen, und dann bekannten sich [...] feierlich zum historischen Materialismus. Ein Künstler kann beinahe alles tun, ohne daß darum seine Kunst kaputtgehen muß [...]. Wenn er sich aber

---

51 GERDY TROOST (Hg.), Das Bauen im neuen Reich (Bayreuth 1938), 9.
52 RUDOLF SCHWARZ, Was dennoch besprochen werden muß (1953), in: U. Conrads u. a. (Hg.), Die Bauhaus-Debatte 1953. Dokumente einer verdrängten Kontroverse (Braunschweig u. a. 1994), 166.
53 KURT LIEBKNECHT, Die Erfahrungen der Sowjetunion bei der kritischen Verarbeitung und Entwicklung des kulturellen Erbes auf dem Gebiete der Architektur, in: Das große Vorbild des sozialistischen Realismus in der Architektur und in der Malerei, hg. v. Haus der Kultur der Sowjetunion (Berlin 1952), 7.

zum Materialismus bekehrt, dann verschluckt er ein Gift, das mit absoluter Notwendigkeit zum Tode führt.«[54] Liebknecht und Schwarz konfrontieren den Reichtum des Lebens und der Formen mit einer Armut der Funktionen, beide beschwören Geschichte gegenüber dem funktionalistischen Traditionsbruch; aber Liebknecht meint die Geschichte vor dem Übergang des Kapitalismus zum Imperialismus, Schwarz meint die Architekturgeschichte seit der Mitte des 18. Jh. Beide berufen sich auf das Volk; bei Schwarz ist es Gegenbegriff zu Masse und Kollektiv, bei Liebknecht ist es ein Nationalvolk von Werktätigen mit einem »leidenschaftlichen Bedürfnis nach dem Schönen«[55]. An die Stelle einer ursprünglich sozialen Orientierung des Funktionalismus war eine politische Konnotation getreten: im Osten mit dem Imperialismus und dem amerikanisierten Kosmopolitismus, im Westen mit Vermassung, Kollektivierung und Materialismus.

Funktionalismus wird synonym mit ›Bauhaus‹ verwendet; die Bedeutung des Begriffs verkürzt sich von einem komplexen Programm zu einem Schlagwort zur Etikettierung von Gegnern; als Maßstab dient autonome Kunst. Bei Schwarz sollen wir »wieder begreifen, daß Baukunst nicht Funktion ist, sondern daß sie im Geheimnis wurzelt, nicht in der Rechnung«[56]; in der DDR wird das Gestalten von Gebrauchsgegenständen dem sozialistischen Realismus subsumiert. Nach einem Text von 1959 betone der Formalismus allein die Form, der Funktionalismus allein die Funktion; erlöst würden beide im Realismus: »Realismus in der angewandten Kunst möchten wir dann als gegeben erachten, wenn Form und Zweck gut ausgewogen [...] sind.«[57] Funktionalismus und Formalismus werden hier voneinander unterschieden, aber sie bezeichnen gleichermaßen inakzeptable Entwurfskonzepte.

Unabhängig von der politischen Funktionalisierung vollzieht Ludwig Mies van der Rohe 1958 eine architekturtheoretische Revision der Sullivanschen Formel in dem Sinn, daß Raum Funktionen ermögliche. Er verallgemeinert damit sein eigenes Entwurfskonzept, das von neutralen Räumen für sich wandelnde Funktionen und auf diese Weise von Beziehungen zwischen Raum und Zeit bestimmt ist: »Wie Sie sehen, ist der ganze Bau [das nicht realisierte Mannheimer Theater – d. Verf.] ein einziger großer Raum. Wir glauben, daß das der wirtschaftlichste und praktischste Weg heutigen Bauens ist. Die Zwecke, denen das Gebäude dient, wechseln ständig, und wir können es uns nicht leisten, das Gebäude jedesmal abzureißen. Daher haben wir Sullivans Formel ›Form follows function‹ revidiert und konstruierten einen praktischen und wirtschaftlichen Raum, in den wir die Funktionen einpaßten.«[58]

Wird in einer kritischen Rezeptionslinie (Aalto, Sigfried Giedion, Mies van der Rohe) die zeitliche Dimension von Funktionen betont, so sieht eine andere Linie im Selbstverständnis des Funktionalismus einen originären Mangel an Geschichte, Differenz und Genußpotential. Für letztere kann eine 1968/69 in der Zeitschrift Form geführte Diskussion stehen, die der Architekt Werner Nehls auslöste. Seine Thesen lesen sich wie Katalog aller bis dato erhobenen Vorwürfe und Entgegensetzungen: nicht Rationalismus, sondern Emotionales und Irrationales, nicht Konstruktivismus, sondern Organisches, Feminines und das Ornament, nicht Objektivismus, sondern Subjektivismus, nicht Sterilität, Akademismus, Mangel an Wärme, nivellierende Anonymität, technischer Perfektionismus, optische Glätte, Raumlosigkeit, Purismus und Utilitarismus, Klarheit und Transparenz, sondern Atmosphäre, Romantik, Poesie. Nehls endet mit dem Appell: »Der fundamentale Wandel in der Formgestaltung in Richtung einer anti-rationalistischen, anti-funktionalistischen, anti-konstruktivistischen und anti-strukturalisti-

---

54 SCHWARZ, ›Bilde Künstler, rede nicht‹. Eine (weitere) Betrachtung zum Thema ›Bauen und Schreiben‹ (1993), in: Conrads (s. Anm. 52), 45.
55 LIEBKNECHT (s. Anm. 53), 7.
56 SCHWARZ, zit. nach Alfons Leitl, Anmerkungen zur Zeit. Mies van der Rohe in Deutschland, in: Conrads (s. Anm. 52), 189.
57 HANS W. AUST, Über guten und schlechten Geschmack in der angewandten Kunst, in: Form und Zweck. Jahrbuch 1959, 14.
58 CHRISTIAN NORBERG-SCHULZ, Ein Gespräch mit Mies van der Rohe, in: Baukunst und Werkform 11 (1958), 616.

IV. Der Funktionalismus in der Rezeption 605

schen Form ist dringend notwendig.«[59] In der darauffolgenden Diskussion lassen sich zwei Forderungen unterscheiden: die nach Überwindung des Funktionalismus und die nach seiner Erweiterung um das von Nehls Vermißte.

In Italien zeigten sich Mitte der 60er Jahre im Design erste Zeichen der kritischen Auseinandersetzung mit dem vermarkteten Funktionalismus in postmodernen Objekten; in London erscheint 1977 mit *The Languages of Post-Modern Architecture* von Charles Jencks die Programmschrift der postmodernen Architektur, die mit dem Funktionalismus abrechnet.

In Zusammenhängen postmodernen Gestaltens gewinnt die Sullivansche Formel neue Aktualität durch die Möglichkeit, den Terminus Funktion durch die Vielheit verschiedener Entwurfsansätze zu ersetzen. Parallel zu dieser distanzierenden Aktualisierung erfolgt mit verschiedenen Argumenten die Musealisierung des Funktionalismus: Gerda Müller-Krauspe kennzeichnet ihn 1969 als altmodisch, weil zu rationalistisch.[60] »Decoration belongs to the world of electronics just as functionalism belonged to that of the machine«[61], schreibt George J. Sowden 1984 über das postmoderne Gestalten der Gruppe ›Memphis‹ in Mailand. Elektronische Strukturen und Funktionen sind nicht sinnlich vermittelbar, sondern können beliebig ummantelt werden. In der Folge solcher Erfahrungen tritt an die Stelle von Funktionalismus eine produktsprachliche Dimension, als Semantisierung oder Produktsemantik bezeichnet.

Wie einerseits die Postmoderne nicht ohne Opposition zu einer mehr oder weniger marktgängigen Funktionalität auf unterstem Niveau der Bedürfnisbefriedigung (›Bauunternehmerfunktionalismus‹) zu erklären ist, so ist andererseits das Beharren auf dem Funktionalismus nicht erklärbar ohne die Kritik an warenästhetischen Strategien in Marktwirtschaft und Planwirtschaft. Abraham Moles brachte die Ablehnung des Funktionalismus in einen Zusammenhang mit der Entwicklung zur Konsumgesellschaft: »Der Funktionalismus widersetzt sich notwendig der Philosophie der Überflußgesellschaft, die rücksichtslos produzieren und verkaufen will. Schließlich geht der Funktionalismus darauf aus, die Zahl der Gegenstände zu reduzieren. Der Produktionsapparat der Überflußgesellschaft jedoch verfolgt eine entgegengesetzte Richtung. Er schafft ein System von Neokitsch, indem Gegenstände bei den Menschen angehäuft werden.«[62] Im Design zeugte die sogenannte Krise des Funktionalismus seit Ende der 60er Jahre nicht nur von einem zunehmenden Angebot von – im Sinne des Funktionalismus – Überflüssigem und Unnützem, sondern auch von Gegenständen, die in ihrem Kern und einzeln jeweils brauchbar sind, jedoch in ihrer Diversifikation und Erneuerungsrate auf symbolischen Konsum zielen und auf der Grenzlinie zwischen Funktionalität und Dysfunktionalität angesiedelt sein können.

Gegenüber dem Unterhaltungspotential postmodernen Gestaltens und seiner Medienmächtigkeit sind Versuche relativ unbeachtet geblieben, den Funktionalismus zu differenzieren, zu historisieren, zu problematisieren. In den 70er und 80er Jahren geschieht das 1973 mit der Diskussion um Form und Zweck in der Zeitschrift *Archithese*, 1974 mit dem Symposium ›Pathos des Funktionalismus‹ des Internationalen Design Zentrums, Berlin, und – außerhalb der Marktwirtschaft – 1972/73 mit der Diskussion um Gebrauchspatina in der Zeitschrift *Form und Zweck*, 1983 mit dem internationalen Seminar zum Funktionalismus in Berlin und mit Veranstaltungen, die seit 1976 auf die Rekonstruktion des Bauhausgebäudes in Dessau folgen, besonders den Bauhauskolloquien in Weimar.

In der theoretischen Rezeption des Funktionalismus in den USA unterscheidet Herwin Schaefer (*The Roots of Modern Design. Functional Tradition in the 19th Century*, 1970) zwischen funktionalistischer Tradition und funktionalistischem Stil. Stil ist für ihn das von prominenten Architekten in den 20er Jahren Geschaffene. Unter funktionalistischer Tradition versteht er dagegen ein anonymes Bauen

---
59 WERNER NEHLS, Die Heiligen Kühe des Funktionalismus müssen geopfert werden, in: Form. Opladen 43 (1968), 4.
60 Vgl. GERDA MÜLLER-KRAUSPE, Opas Funktionalismus ist tot. Der Standort des Industrial Design heute und morgen, in: Form. Opladen 46 (1969), 29.
61 Zit. nach BARBARA RADICE, Memphis. Research, Experiences, Results, Failures and Successes of New Design, übers. v. P. Blanchard (London 1985), 88.
62 ABRAHAM A. MOLES, Die Krise des Funktionalismus, in: Ulm 19/20 (1967), 24.

und Gestalten, das nicht an die 20er Jahre gebunden ist, sondern sich als Prinzip durch die Geschichte zieht. Schaefers Sicht reagiert auf Funktionalismusinterpretationen der 30er Jahre. Sie hatten mit Hitchcock und Johnson, Herbert Edward Read (der 1935 in *Art and Industry* die Produktgestaltung theoretisch und historisch fundierte), Nikolaus Pevsner, Reyner Banham und Edward Robert De Zurko ihr Zentrum in den angelsächsischen Ländern. Schaefer kritisiert, wenn sich diese Autoren auf Prominente konzentrierten, und nutzt sie dort, wo sie anonymes Gestalten berücksichtigten.

Der angelsächsichen Rezeptionslinie vergleichbar sind im deutschsprachigen Raum Texte von Hans Eckstein, dem Polen Edmund Goldzamt, Karin Hirdina, Karl-Heinz Hüter, Jürgen Joedicke, Kurt Junghanns, Lothar Lang, Herbert Lindinger und Julius Posener. – Claude Schnaidt vertritt die Ansicht, der Funktionalismus werde auf den Bauplätzen überleben. Bauplätze sind anonym und alltäglich. Sie stehen für Bauprozesse und das Mögliche im noch Unfertigen.[63] Vilém Flusser zufolge liegt im Funktionalen die unaufhebbare Ambivalenz der Zwecke: Zwischen einem Flaschenöffner und einer Rakete bestehe nur ein gradueller Unterschied: »In beiden lauert der Teufel. Weil beide funktionell sind.«[64] So gefaßte Funktionalität ist letztendlich mit Perfektion identisch. Nach Tadao Ando liegt die »significance of architecture […] in the distance between it and function«. Der japanische Architekt will deshalb erkunden, »how far architecture can pursue function and then after the pursuit has been made, to see how far architecture can be removed from function«[65]. Wie Le Corbusier betont Ando die Subjektivität des Architekten.

Praktisch bleibt die funktionale Methode (selbst bei Integration postmoderner Elemente) bei einer Reihe individueller Entwurfsansätze stehen, die jedoch selten kommunikativ vermittelt werden; theoretisch vollziehen sich Funktionalismuskritik (dominant) und Funktionalismusaneignung (peripher) weitestgehend in voneinander getrennten Diskursen.

Praktisch sind in der Architektur, im Design, in den Medien Entwurfskonzepte entwickelt worden, die sich entweder von Sullivans Formel oder vom (realen oder vermeintlichen) Funktionalismus der 20er Jahre abstoßen:

– als Reaktion auf den Traditionsbruch die Betonung von Geschichte als Rückkehr zum Klassizismus, zu Geschichte als Symbol, Zitat, (architektonischer) Inszenierung und als Stabilität von Ritualen als Gestaltungsgrundlage;

– als Reaktion auf Industrie, Serie, Standard, modulare Ordnungen die Diversifikation von Formen und deren Interpretation als Zeichen von Individualität;

– als Reaktion auf Rationalität die Betonung von Emotionalität und Irrationalität, das Mischen von Elementen aus unterschiedlichen kulturellen Ebenen und Sprachen, das Abweisen rationaler Nachvollziehbarkeit von Intentionen und Entwurfsprozessen;

– in der Reaktion auf Professionalität und Hochkultur die Betonung von Dilettantismus in Formen von Kitsch, Trivialem und Banalem;

– in Reaktion auf funktionsentsprechende Strukturierungen und Transparenz das Akzentuieren von Fülle und Kompliziertheit in Überlagerungen, Konglomeraten und scheinbar zufälligen wie chaotischen Formen;

– als Reaktion auf die Bindung des Ästhetischen an die Funktion die Befreiung von dieser Bindung in der These, daß es zwischen Funktion, Material und Form keinen Zusammenhang gibt;

– als Reaktion auf den Verlust formbildender Funktionen und Strukturen die Ersetzung von Funktion durch Sprache (Produktsemantik) sowie Trennung von Praktischem und Kommunikativem.

Die Kritiker des Funktionalismus reagieren auf verschiedene seiner Aspekte, darüber hinaus aber auch auf ein divergentes Funktionalismusverständnis, das sich insgesamt wie folgt unterscheiden läßt:

---

63 Vgl. SCHNAIDT, Die Hemmnisse des Funktionalismus, übers. v. L. Judt, in: Form und Zweck (1983), H. 2, 48.

64 VILÉM FLUSSER, Der Krieg und der Stand der Dinge, in: Flusser, Vom Stand der Dinge (Göttingen 1993), 39.

65 TADAO ANDO, The Emotionally Made Architectural Spaces of Tadao Ando (1980), zit. nach Kenneth Frampton, The Work of Tadao Ando, in: Y. Futagawa (Hg.), GA Architect. Tadao Ando (Tokyo 1992), 11.

- Akzentuierung von Konstruktion und Material, d. h. von stofflichen Qualitäten und Leistungen;
- Akzentuierung der Nutzung von Architektur, des Gebrauchs von Gegenständen und des Erschließens von Informationen, d. h. eine Betonung praktischen bzw. kommunikativen Verhaltens in einem aufklärerischen Sinn;
- Akzentuierung von Natur und Natürlichkeit in kulturellen Zusammenhängen, d. h. eine biologische Begründung des Vernünftigen;
- Akzentuierung des Elementaren in seiner ökonomischen Dimension als Entlastendes, in seiner moralischen Dimension als Bescheidenheit, in seiner ästhetischen Dimension als Ungeschmücktes, in seiner erkenntnistheoretischen Dimension als rational Verstehbares;
- Akzentuierung des Minimalen als Optimierungsverhältnis zwischen Aufwand und Ergebnis, Masse und Leistung.

Dieser Versuch einer systematischen Gliederung ist mit der Begriffsgeschichte nicht identisch, in der jeweils verschiedene Prioritäten gesetzt worden sind; aber es zeigt sich ein roter Faden: Am weitesten verbreitet ist das Verständnis von Funktionalismus als Darstellung von Material und Konstruktion, und von daher ist auch seine anhaltende Krise begründet: Mit der Elektronik und der ihr folgenden Mediatisierung verschwindet die Grundlage eines so gefaßten Funktionalismus.

Sowohl gegenüber der Kritik am Funktionalismus als auch gegenüber seiner Entwicklung in Entwurfskonzepten stellt das Funktionalismuskonzept Lothar Kühnes eine Ausnahme dar. Als neben Wolfgang Heise bekanntester Vertreter der Berliner Ästhetik entwickelte er zentriert um *Gegenstand und Raum* (1981) sowie *Haus und Landschaft* (1985) ein kommunistisches Gesellschaftsmodell. In den Relationen von Ökonomie, Ästhetik und Politik konkretisierte er es mit einem Funktionalismuskonzept bis zum räumlichen und gegenständlichen Verhalten der Individuen. Kühne unterschied »zwischen einer auf die Gegenständlichkeit fixierten und einer auf den Raum orientierten Sinnlichkeit«, in der er den »Antagonismus von bürgerlicher und kommunistischer Funktionalität des Funktionalismus« sah. Für ihn war deshalb Funktionalismus »kein im Wesen sachliches, sondern ein

humanistisches und poetisches Gestaltungsprinzip«: humanistisch durch den ästhetischen Ausdruck »der Unterordnung der Produktionsökonomie unter die Lebenserfordernisse des Menschen«, poetisch (gefaßt im Terminus »Perspektive«) durch »die Resurrektion der Natur für den Menschen und vor allem harmonischer, solidarischer Zusammenschluß des Menschen mit der Menschheit«[66].

Aus seiner Orientierung auf Raum, Natur und Menschheit folgt ein Programm, in dem Beziehungsqualitäten gegenüber Gestaltqualitäten dominieren: gegenüber der Natur ein (fast religiöses) Staunen, das ihre Nutzung erlauben, den Raubbau an ihr verhindern sollte, zwischen den Individuen ein Verhalten von Solidarität, mit dem das neidvolle Vergleichen über Dinge und Räume gegenstandslos würde, gegenüber den Gegenständen ein Verhalten von Behutsamkeit, durch das sie dauern könnten.

Als Gegenbegriffe zum Funktionalismus fungierten bei ihm für die Gegenwart das Modische und bis ins erste Drittel unseres Jh. das Dekorative des Ornaments. Herstellungsökonomie war ihm ein wesentliches sozial und ökologisch begründetes Anliegen, das auf Einsparung an Arbeit wie an Ressourcen zielt; aber gleichzeitig hat er sich am weitesten von einer technisch oder ökonomisch pragmatischen Interpretation des Funktionalismus entfernt. Das im Begriff Funktionalismus Denkmögliche hat Kühne bis zu einer sozialen Utopie ausgeschritten, deren Anfänge er im Bauen und Gestalten der 20er Jahre sah. Außerhalb seines Denkens sind keine Diskurse zu erkennen, in denen der Funktionalismus seine programmatische Bedeutung zurückgewinnen könnte; aber dieser ist offenbar noch so mächtig, daß er als Hintergrund, als Reibefläche und als Vehikel der Abstoßung wirksam bleibt.

Heinz Hirdina

Literatur
AICHER, OTL, die welt als entwurf (Berlin 1991); BANHAM, REYNER, Theory and Design in the First Machine Age (London 1960); CONRADS, ULRICH u. a. (Hg.), Die Bauhaus-Debatte 1953. Dokumente einer verdrängten

---

[66] LOTHAR KÜHNE, Funktionalismus als zukunftsorientierte Gestaltungskonzeption, in: Form und Zweck (1982), H. 5, 41.

Kontroverse (Braunschweig u. a. 1994); DE ZURKO, EDWARD ROBERT, Origins of Functionalist Theory (New York 1957); Die verborgene Vernunft, hg. v. Die Neue Sammlung (München 1971); ECKSTEIN, HANS, Formgebung des Nützlichen. Marginalien zur Geschichte und Theorie des Design (Düsseldorf 1985); GIEDION, SIGFRIED, Space, Time and Architecture (Cambridge 1941); GIEDION, SIGFRIED, Mechanization Takes Command (Oxford 1948); HILPERT, THILO, Die funktionelle Stadt. Le Corbusiers Stadtvision – Bedingungen, Motive, Hintergründe (Braunschweig 1978); HIRDINA, KARIN, Pathos der Sachlichkeit. Tendenzen materialistischer Ästhetik in den zwanziger Jahren (Berlin 1981); HITCHCOCK, HENRY-RUSSELL/JOHNSON, PHILIP, The International Style. Architecture since 1922 (New York 1932); HÜTER, KARL-HEINZ, Das Bauhaus in Weimar. Studie zur gesellschaftspolitischen Geschichte einer deutschen Kunstschule (Berlin 1976); KOPP, ANATOLE, Ville et révolution. Architecture et urbanisme soviétique des années vingt (Paris 1967); KRUFT, HANNO-WALTER, Geschichte der Architekturtheorie. Von der Antike bis zur Gegenwart (München 1985); KÜHNE, LOTHAR, Gegenstand und Raum. Über die Historizität des Ästhetischen (Dresden 1981); KÜHNE, LOTHAR, Haus und Landschaft. Aufsätze (Dresden 1985); MEURER, BERND/VINÇON, HELMUT, Industrielle Ästhetik. Zur Geschichte und Theorie der Gestaltung (Gießen 1983); MUMFORD, LEWIS, Technics and Civilization (1934); PAUL, SHERMAN, Louis Sullivan. An Architect in American Thought (Englewood Cliffs 1962); PEVSNER, NIKOLAUS, Pioneers of the Modern Movement from William Morris to Walter Gropius (London 1936); POSENER, JULIUS, Anfänge des Funktionalismus. Von Arts and Crafts zum Deutschen Werkbund (Frankfurt a. M./Berlin 1964); READ, HERBERT EDWARD, Art and Industry. The Principles of Industrial Design (London 1935); SARTORIS, ALBERTO, Gli elementi dell'architettura funzionale (Milano 1932); SCHAEFER, HERWIN, The Roots of Modern Design. Functional Tradition in the 19th Century (London 1970); SCHNAIDT, CLAUDE, Umweltbürger und Umweltmacher. Schriften 1964–1980, übers. v. L. Judt (Dresden 1982); SCHNAIDT, CLAUDE, Form/Formalismus, Funktion/Funktionalismus (Zürich 1985); SELLE, GERT, Ideologie und Utopie des Design. Zur gesellschaftlichen Theorie der industriellen Formgebung (Köln 1973).

Gedächtnis/Erinnerung

(griech. μνήμη, ἀνάμνησις; lat. memoria, recordatio; engl. memory, remembrance; frz. mémoire, souvenir; ital. memoria, ricordo; span. memoria, recuerdo; russ. память, воспоминание)

Semiotik, Hermeneutik und Gedächtnis: Eine Einleitung; I. **Gedächtnis und Erkenntnis: Das 17. Jahrhundert**; 1. Gedächtnis als Wiedererinnerung; 2. Gedächtnis als Wahrnehmungsinstanz; II. **Gedächtnis als Technik der Vernunft: Das 18. Jahrhundert**; 1. Die Privilegierung der Vernunft in der Aufklärung; 2. Rousseaus Grund der Subjektivität; III. **Erinnerung als ästhetisches Prinzip: Die Romantik**; 1. Die Privilegierung der Erinnerung in der Romantik; 2. Hegels Aufhebung der Erinnerung im Gedächtnis; IV. **Gedächtnissturz, der Körper und das Vergessen: Die Moderne**; 1. Das Gedächtnis der Gegenwart; 2. Das Gedächtnis und die schmerzliche Gewohnheit; **Freud und kein Ende: Eine Zusammenfassung**

Semiotik, Hermeneutik und Gedächtnis: Eine Einleitung

Die zahlreichen Bemühungen der letzten Jahre, Gedächtnis zum zentralen Begriff der Ästhetik zu erklären, stellen selbst einen Akt der Erinnerung dar: Das Gedächtnis als ästhetische Kategorie soll dem Vergessen entrissen werden. Dabei geht es um die Neuinterpretation eines wichtigen Teils der antiken Rhetorik und deren Einschreibung in das seit dem 18. Jh. geltende Wahrnehmungsparadigma in der Kunst. Das Gedächtnis wurde schon in der Antike mit der Einbildungskraft gleichgesetzt und mit Kunst und Poetik in eine enge Beziehung gebracht. Bereits in Hesiods *Theogonie* galt Mnemosyne als Mutter der Musen. Als vierter Teil der Rhetorik stellt ›memoria‹ dem Redner Techniken zum Memorieren seiner Gedanken und Wörter zur Verfügung. In den drei Quellen der antiken Gedächtniskunst – der anonymen Rhetorik *Ad Herennium*, Ciceros *De oratore* und Quintilians *Institutio oratoria* – erscheint im Gegensatz zum natürlichen Gedächtnis das künstliche als Ordnungskunst des Geistes. Der Redner verwandelt die Abfolge seiner Gedanken in eine Reihe lebhafter Bilder, die er an bestimmten Plätzen deponiert. Im Geiste schreitet er die Orte (loci) ab und entnimmt ihnen der Reihe nach die Bilder (imagines) und ihre Gehalte. Er kann entweder die Sachverhalte erinnern oder die Abfolge der einzelnen Wörter der Rede. Ersteres erhält die Bezeichnung Sachgedächtnis, letzteres Wortgedächtnis.[1] Als die beiden zentralen Metaphern, in denen seit Platon und Aristoteles das Gedächtnis immer wieder gedacht wird, erscheinen der Raum (das Magazin, der Speicher) und die Wachstafel als Aufnahmegerät für die Schrift, zu der in diesem Falle auch die Bilder zählen, werden sie doch gelesen wie Schriftzeichen.[2] Aus dieser Differenz leitet sich die Grundopposition zwischen Gedächtnis als Aufbewahrungsort von Eindrücken und Erfahrungen einerseits und andererseits Erinnerung als Arbeit am Speicher ab, dessen Eintragungen in zeitlichen Prozeß der Schriftlektüre der Interpretation zugänglich werden. Diese Zweiteilung führt zu einer ersten Perspektive auf das historische Material, in dem die Dualität von Inaktivität/Speicher und Prozeß/Arbeit je unterschiedlich gewichtet ist. In ästhetischer Hinsicht spitzt sich dieses Verhältnis in der Moderne zu, wenn, wie abschließend bei Sigmund Freud zu zeigen sein wird, auch der Speicher zunehmend an Stabilität verliert und die in ihm deponierten Erfahrungen nicht mehr bewußt reaktiviert werden können. Als Beginn der modernen Gedächtnispoetik gilt für Renate Lachmann der Zeichenwechsel vom Wort zum Bild, der, Dargestelltes und Darstellendes enthänlicht und so ein Simulacrum erzeugt, das in der Verdopplung des Gegenstands im Bild seinen Referenten verliert und selbstbezüglich auf sich zurückweist. Die imaginativen Verfahren der Mnemotechnik stellen damit lediglich popularisierte und pragmatisierte Verfahren der Kunst im allgemeinen dar.[3]

---

1 Vgl. FRANCES A. YATES, The Art of Memory (London 1966), 1–26; dt.: Gedächtnis und Erinnern. Mnemonik von Aristoteles bis Shakespeare (Weinheim 1990).
2 Vgl. HARALD WEINRICH, Typen der Gedächtnismetaphorik, in: Archiv für Begriffsgeschichte 9 (1964), 23–26.
3 Vgl. RENATE LACHMANN, Gedächtnis und Literatur. Intertextualität in der russischen Moderne (Frankfurt a. M. 1990), 34.

Das Begriffspaar Gedächtnis/Erinnerung erfährt damit eine dem Konzept der künstlerischen Einbildungskraft analoge Umwertung, deren letzte und in diesem Zusammenhang wichtigste die von der literarischen Dekonstruktion in den Texten Jacques Derridas und Paul de Mans vorgenommene Engführung von Gedächtnis und Ästhetik darstellt.[4] Das zentrale Theorem der Dekonstruktion bezeichnet die Subversion der Semantik eines Textes durch dessen Rhetorik, die seinen Sinn unaufhörlich verschiebt und ihn der Unlesbarkeit anheimgibt.[5] Aus diesem semiotischen Grundbefund ergeben sich für die Hermeneutik der Texte Konsequenzen, die Anselm Haverkamp formuliert hat. Das subversive Einschreiben der Rhetorik in die Ästhetik wirkt mit den Verfahren des Zitats[6], des Anagramms und der Wiederholung einer »Trivialisierung der *memoria* und Verflachung der Schrift zum Abbildmechanismus von Repräsentation und Darstellung«[7] entgegen. Die Verstellung der Buchstaben rückt einen Raum hinter dem Gesagten ins Blickfeld, eine Krypta, die an das Vergessen und die Stummheit der Texte angesichts der Unverrechenbarkeit der Opfer der Geschichte erinnert, die in keinem transzendenten Jenseits aufgehoben werden können. Das Schweigen der Texte läßt ihnen Gerechtigkeit widerfahren, indem es, ohne Antwort zu erhalten, insistiert und andauert. Die Mnemonik erweist sich dergestalt als Gedächtnis der Semiotik und der Hermeneutik, insofern sie ihnen ihre Grundlosigkeit nachträgt.

4 Vgl. JACQUES DERRIDA, Mémoires pour Paul de Man (Paris 1988); dt: Mémoires. Für Paul de Man, übers. v. H.-D. Gondek (Wien 1988).
5 Vgl. WERNER HAMACHER, Unlesbarkeit [Vorwort], in: Paul de Man, Allegorien des Lesens (Frankfurt a. M. 1988), 7–26.
6 Vgl. BETTINE MENKE, Das Nach-Leben im Zitat. Benjamins Gedächtnis der Texte, in: A. Haverkamp/R. Lachmann (Hg.), Gedächtniskunst. Raum-Bild-Schrift. Studien zur Mnemotechnik (Frankfurt a. M. 1991), 74–110.
7 ANSELM HAVERKAMP, Die Gerechtigkeit der Texte, in: Haverkamp/R. Lachmann (Hg.), Memoria. Vergessen und Erinnern (München 1993), 19.

Aus dem bisher Gesagten lassen sich zwei ästhetische Verfahren als genuine Gedächtnisverfahren extrapolieren. Die Intertextualität produziert einen Gedächtnisraum zwischen Texten, die sich ineinander verschieben und umschreiben. Ihr Referent entstellt und verliert sich dabei in Spuren anderer Texte. Die Allegorie als Textprinzip fungiert als Vexierbild zwischen zwei diskontinuierlichen Erfahrungen, wobei die eine nachträglich und damit immer uneigentlich durch die andere mit Bedeutung belegt wird. Der Begriff Gedächtnis bietet sich geradezu an, zwei erkenntnistheoretische Positionen in bezug auf Kunst zusammenzudenken: zum einen das Verständnis von Kunst als prozessualen Vollzug, als Auf- und Abbau von Sinn, und zum anderen die Vorstellung eines blitzartigen Erkennens ihres Wahrheitsgehalts im Bild. Die beiden Positionen differieren in ihren Zeitkonzepten. Impliziert die Vorstellung von Kunst als Prozeß einen kontinuierlichen Zeitfluß, in dem die Gegenwart durch permanente Rückerinnerung erweitert, umgestaltet und auf eine Zukunft hin entworfen wird, sprengt die Vorstellung der Erkenntnis im Bild das Zeitkontinuum. Das Erinnern suspendiert die Zeit, indem es alle drei Zeitebenen simultan füreinander durchlässig macht. Das Gedächtnis wird so zum ästhetischen Phänomen schlechthin. Handelt Kunst vom Verstehen des Nichtverstehens, vom Undarstellbaren und den Distanzen zwischen Worten und Dingen, so können die Gehalte der Kunst vom Rezipienten immer nur erinnert werden im Sinne einer Transkription, als Umschrift einer verlorenen Vorschrift, die das Subjekt als Gedächtnis dessen, was sich ihm entzieht, immer schon impliziert: als Gedächtnis seines uneinholbaren Selbst. Das Gedächtnis spitzt den paradoxen Erkenntnisprozeß im Bild, der Erzeugung des Dargestellten im Moment der Darstellung, wirkungsästhetisch zu.

Von daher erscheint das Theater mit seiner ästhetischen Eigenheit, den Produktionsprozeß theatraler Zeichen gleichzeitig mit deren Rezeption im Theaterraum ablaufen zu lassen, als bevorzugtes Paradigma des ästhetischen Gedächtnisses im Rahmen eines institutionellen, kollektiven Gedächtnisses. Das ästhetische Gedächtnis im Anschluß an die Erinnerungsarbeit kann von diesem Punkt aus auch als Gegen-Gedächtnis[8] zum institutionellen Gedenken einer Gemeinschaft, wie es etwa Maurice Halbwachs oder Jan Assmann beschrieben haben[9], verstanden werden. Gedächtnis und Erinnerung erscheinen vielmehr in vielfältiger Weise mit der poetischen Imagination verstrickt. An der Schnittstelle zwischen subjektivem und kollektivem Gedächtnis rücken plötzlich ›inoffizielle‹ Diskurse ins Blickfeld, die im autobiographischen oder biographischen Schreiben und in im engeren Sinne fiktionalen Texten gesellschaftlich marginalisierte oder ausgegrenzte Erfahrungen von Frauen, Homosexuellen, Gefangenen oder ethnischen Minderheiten als Teil einer Kultur oder als eigenständige Kultur in Erinnerung rufen wollen. Die Artikulation von alternativem Wissen im Gegen-Gedächtnis führt zur Herausbildung von neuen Wissenschaftsfeldern wie etwa den ›gender studies‹ oder der ›post-colonial theory‹.

In diesem Spannungsfeld von einer Ästhetik im emphatischen Sinne, die es mit der Konstruktion von Erinnerung zu tun hat und gleichzeitig an die Konstruktion und damit an die prinzipielle Veränderbarkeit von herrschenden Diskursen erinnert, und einer allgemeinen Kulturwissenschaft, die das Gedächtnis als Organisationsform kulturellen Wissens versteht[10], läßt sich auch die aktuelle Diskussion des Gedächtnisphänomens in einer von zunehmender Individualisierung gekennzeichneten ›Multioptionsgesellschaft‹ (Peter Gross) begreifen, die die Entscheidungsfreiheit des einzelnen mit neuen Entscheidungszwängen konfrontiert. Es scheint, als führe das kollektive, kulturelle Gedächtnis ein entlastendes Regulativ ein, das sich dem Aufheben der Zeit auf den Datenautobahnen der postindustriellen Gesellschaften widersetzt und diesen Gesellschaften Tradition und Überlieferung vermittelt.

Der französische Soziologe Maurice Halbwachs spricht von einem kollektiven Gedächtnis, »quand nous évoquons un événement qui tenait une place dans la vie de notre groupe et que nous avons envisagé, que nous envisageons maintenant encore au moment où nous nous le rappelons, du point de vue de ce groupe«[11]. Jeder Mensch steht demnach in zwei nicht aufeinander reduzierbaren, aber dennoch interdependenten Gedächtnisräumen: dem subjektiven Raum der Erinnerung und dem kollektiven Gedächtnisraum, in dessen Horizont er sich immer schon befindet und der die Grenze der subjektiven Erinnerung markiert, weil er das Individuelle stets übersteigt.

Für André Leroi-Gourhan ist das kollektive Gedächtnis die Bedingung für die menschliche Fähigkeit »d'accumuler les innovations techniques et de les conserver«[12]. »Comme l'outil, la mémoire de l'homme est extériorisée« (64) im Laufe der Entwicklungsgeschichte des Menschen, d. h. es verlagert sich aus dem menschlichen Gehirn, das orales Kulturen als Träger und Speicherinstanz ihrer Überlieferungen unabdingbar war, und wird auf mediale Vermittler wie Stein, Papier, Buchdruck bis hin zu Lochkarten und Computerchips übertragen. Diese Überlegung führt auf das Projekt einer Archäologie der Aufzeichnungsgeräte und -praktiken, eine Kulturgeschichte als Mediengeschichte, die von der Materialität der Kommunikation, einer Arbeit am stofflichen Träger der Kulturgüter diesseits ihrer Semantik, und an ihren Wechselwirkungen in und mit der Literatur handelt.[13]

Und doch scheint diese perspektivische Abschattung von individuellem und kollektivem Gedächtnis durch die schrittweise Exteriorisierung des individuellen Gedächtnisses mit der immensen Beschleunigung und universellen Vernetzung der

---

8 Vgl. MICHEL FOUCAULT, Nietzsche, la généalogie, l'histoire, in: SUZANNE BACHELARD u. a., Hommage à Jean Hyppolite (Paris 1971), 145–172; dt.: Nietzsche, die Genealogie, die Historie, in: Foucault, Von der Subversion des Wissens, hg. u. übers. v. W. Seitter (München 1974), 83–109.
9 Vgl. MAURICE HALBWACHS, La mémoire collective (Paris 1950); dt.: Das kollektive Gedächtnis, übers. v. H. Lhoest-Offermann (Stuttgart 1967); JAN ASSMANN/TONIO HÖLSCHER (Hg.), Kultur und Gedächtnis (Frankfurt a. M. 1988).
10 Vgl. RENATE LACHMANN, Kultursemiotischer Prospekt, in: Haverkamp/Lachmann (s. Anm. 7), XVII–XXVII.
11 HALBWACHS (s. Anm. 9), 15.
12 ANDRÉ LEROI-GOURHAN, Le geste et la parole, Bd. 2: La mémoire et les rythmes (Paris 1965), 31; dt.: Hand und Wort. Die Evolution von Technik, Sprache und Kunst, übers. v. M. Bischoff (Frankfurt a. M. 1980).
13 Vgl. HANS ULRICH GUMBRECHT/K. LUDWIG PFEIFFER (Hg.), Materialität der Kommunikation (Frankfurt a. M. 1988).

immateriellen Bild-Simulacra immer mehr dem Vergessen anheimzufallen. Im Kurzschluß der Bildschirme kollabieren kollektive Erfahrungen auf der Netzhaut des Betrachters. Was sich zwischen Mensch, Maschine und Umwelt ereignet, ist eine Reduktion der Erfahrung aufs Auge als Ermächtigungsinstanz, als narzißtische Ausdehnung von Innenwelt, die eine Begegnung mit dem Anderen, wie sie etwa das Theater als Ort geschichtlicher Wiedergänger ermöglicht, mehr und mehr auszuschließen droht. Die »reproduction d'actes mécaniques enchaînés«[14] durch das künstliche Gedächtnis erfolgt ohne Instinkt und Reflexion und droht so zum bloßen Reflex zu werden. Denn für das alles sehende Auge ist das andere stets nur zu den Bedingungen des eigenen Ichs im absoluten Hier und Jetzt unmittelbar und universell zugänglich und verfügbar.

Von hier aus ergibt sich eine zweite Perspektive auf die historischen Quellen, die sich auf der einen Seite von der Entdeckung der individuellen Wahrnehmung bis hin zu Rousseaus radikal subjektivistischem Entwurf seiner Autobiographie erstreckt. Auf der anderen Seite wird mit Gedächtnis und Erinnerung wie im Falle von Friedrich Schlegels ›neuer Mythologie‹ eine Sehnsucht nach einer kollektiven Verbindlichkeit im kulturellen Gedächtnisraum geweckt, die das Individuelle ins Korrektiv und in die historische Verantwortlichkeit des Allgemeinen überführt, vor dem eine Auseinandersetzung mit der Vergangenheit jenseits eines Solipsismus überhaupt erst stattfinden kann.

Und doch ist diese Verbindlichkeit des auf Institutionen oder rituellen Praktiken basierenden Gedächtnisspeichers wiederum nur Erinnerung, im ästhetischen wie im autobiographischen Text also unentwirrbar mit der Einbildungskraft und der konstruierenden Erinnerungsarbeit einzelner Subjekte verwoben. Die Philosophie hat sich stets bemüht, die Grenzen zwischen Gedächtnis und Einbildungskraft scharf zu ziehen, ohne daß ihr das

14 LEROI-GOURHAN (s. Anm. 12), 269.
15 FRANCIS BACON, The Advancement of Learning (1605), in: Bacon, ›The Advancement of Learning‹ and ›New Atlantis‹, hg. v. A. Johnston (Oxford 1974), 130.
16 Vgl. ebd., 67.

befriedigend gelungen wäre. Mit dem 17. Jh. hört das Gedächtnis auf, eine auf antiker Rhetorik basierende Kunst zu sein. Vom Leistungsvermögen wird es zu einem psychologisch-physiologischen Erkenntnisvermögen, das allen Aktivitäten des Geistes zugrunde liegt. Ziel dieses Artikels wird es daher nicht sein, die Abgrenzung zwischen psychologischem Gedächtnis und poetischer Einbildungskraft in den Vordergrund zu stellen, sondern deren zum Teil verborgene, zum Teil aber auch offensichtliche Verbindungslinien herauszustellen, um jenen zentralen Ort zu markieren, den das Gedächtnis innerhalb der Ästhetik auch nach Ende des rhetorischen Paradigmas von ›loci‹ und ›imagines‹ besetzt.

I. Gedächtnis und Erkenntnis: Das 17. Jahrhundert

1. Gedächtnis als Wiedererinnerung

Im Zuge der Herausbildung der wissenschaftlichen Methode durch Francis Bacon (*The Advancement of Learning*, 1605; *Novum Organum*, 1620) und René Descartes (*Discours de la méthode*, 1637; *Meditationes de prima philosophia*, 1641) fällt auch die antike Mnemotechnik universellen Zweifeln zum Opfer. Bacon erklärt sie in zweitem Buch seiner Bestandsaufnahme der zeitgenössischen Wissenschaften für »barren, that is, not dexterous to be applied to the serious use of business and occasions«[15]. In seinem dreigeteilten Wissenschaftssystem, dessen Oberbegriffe Historie, Poesie und Philosophie mit den jeweiligen Fähigkeiten des menschlichen Geistes korrespondieren, ist die Geschichte dem Gedächtnis zugeordnet. Dichtung bezieht sich dagegen auf die Einbildungskraft des Menschen, Philosophie, d. h. die Naturwissenschaften, auf seinen Verstand.[16] In Bacons anschließender Auffächerung der verschiedenen Dichtungsarten jedoch erfährt die Trennung von Gedächtnis und Einbildungskraft bereits ihre erste Umdeutung. Denn die erzählende Prosa, die »poesy narrative«, heißt es da, »is a mere imitation of history« und damit eine Domäne des Gedächtnisses: »choosing for subject commonly wars and love, rarely state, and sometimes pleasure or mirth.« Das Drama (poesy representative), Bacons zweite Unterteilung der Dichtkunst, »is as a visible history; and is an image of actions as if they were present, as history is of actions in nature as they are, (that is) past«. (81) Indem die Dichtung für ihre Handlung auf Geschichte(n) zurückgreift, ist auch sie eine Fähigkeit des Gedächtnisses: eine lebendige Wiedererinnerung an geschichtliche Abläufe, die dem Dichter mithin auch die Funktion eines Chronisten zuspricht.

In Descartes' strenger Dichotomie von Leib und Seele wird das Gedächtnis dem Körper des Menschen zugerechnet, von wo es als materielle Spur dem Bewußtsein Signale senden kann. Vom mechanischen Körper ausgehend, sind diese für Erkenntnisgewinn aber prinzipiell unbrauchbar. Erkenntnis kommt durch Ideen zustande, deren sich der Geist beim Denken wiedererinnert, um sich im Zuge dessen seiner selbst zu vergewissern. Bei Gottfried Wilhelm Leibniz erscheint das Erinnern dagegen auch möglich, wenn dem Geist die Ideen vorher noch nicht bewußt waren. Leibniz begreift die ›ideae innatae‹ als Anlagen, die durch Sinneseindrücke aktiviert werden können. In seiner *Monadologie* (1714) stellt sich das Gedächtnis als die Verbindung der selbstbezüglichen Monade zur Außenwelt dar.[17]

Descartes steht mit diesem Sich-Erinnern von schon Gewußtem in der Tradition Platons, der seine Anamnesis-Lehre im *Menon* zur Widerlegung des Sophisten einführt. Die Philosophie ruft Erinnerungen an die in der Seele liegenden Ideen wach, die als metaphysische Urgestalten jeder individuellen Ausprägung vorausgehen. Im *Philebos* bezeichnet ἀνάμνησις (anamnēsis) den Akt der Wiedererinnerung und Hervorbringung dieser Ideen, die die Seele »rein in sich selbst wieder zurückruft« (ἀναπολήση πάλιν αὐτὴ ἐν ἑαυτῇ). Μνήμη (mnēmē) bedeutet das »Festhalten der Wahrnehmung« (σωτηρίαν […] αἰσθήσεως)[18], die sowohl den Körper als auch die Seele berührt hat, und damit das Verinnerlichen der zum Zeichen gewordenen Wahrnehmung. Ähnlich sieht Aristoteles die Unterscheidung zwischen Gedächtnis und Erinnerung in *De memoria et reminiscentia*. Erinnerung ist der bewußte Akt der Wiedererlangung schon einmal erlebter Empfindungen oder Erkenntnisse. Gedächtnis bezeichnet dagegen die zu erinnernden Inhalte am Ort ihrer Aufbewahrung. Durch die Ablehnung der platonischen Ideenlehre entsteht neues Wissen für ihn aber allein durch assoziative Ableitung von Sinneseindrücken.[19]

2. Gedächtnis als Wahrnehmungsinstanz

Mit dem englischen Empirismus avanciert das Gedächtnis in Anlehnung an Aristoteles zum grundlegenden Erkenntnisvermögen. Mit der Abwertung der antiken Mnemotechnik als Gedächtniskunst geht die Aufwertung des natürlichen Gedächtnisses einher, das seine grundlegende Beteiligung an imaginativen und ästhetischen Prozessen nun über die Wahrnehmung begründen muß. Der ›res cogitans‹ der rationalistischen Innenwelt wird hier die ›res extensa‹ der Außenwelt entgegengesetzt. Diese wirkt auf die ›tabula rasa‹ des menschlichen Bewußtseins sinnlich ein. Verschwinden die äußeren Wahrnehmungsgegenstände, bleiben im Bewußtsein Bilder von ihnen zurück, die nach Thomas Hobbes (*Leviathan*, 1651) jedoch blasser und dunkler sind als die eigentlichen Gegenstände. »*Imagination* therefore is nothing but *decaying sense* […]. This *decaying sense*, when we would express the thing it self, (I mean *fancy* it selfe,) we call *Imagination*. […] But when we would express the *decay*, and signifie that the Sense is fading, old, and past, it is called *Memory*. So that *Imagination* and *Memory*, are but one thing, which for divers considerations hath divers names.«[20] Wenn wir Imagination sagen, betonen wir damit den vorgestellten Gegenstand. Richten wir unser Augenmerk auf den unterschiedlichen Intensitätsgrad der Sinneseindrücke, betonen wir das Gedächtnis.

Das Gedächtnis wird damit zur gedanklichen Widerspiegelung der Außenwelt im Bewußtsein.

---

17 Vgl. REGINA FREUDENFELD, Gedächtnis-Zeichen. Mnemologie in der französischen und deutschen Aufklärung (Tübingen 1996), 14–18, 25–28, 117–125.
18 PLATON, Phil. 34b, 34a; dt.: Platon, Philebos, übers. v. O. Apelt, in: Platon, Sämtliche Dialoge, hg. v. O. Apelt, Bd. 4 (Hamburg 1988), 75, 74.
19 Vgl. YATES (s. Anm. 1), 33 f.
20 HOBBES (LEV), 15 f.; dt.: Leviathan, übers. v. J. Schlösser (Hamburg 1996).

Doch die Repräsentation kann nur gelingen, wenn die Identität des Gegenstands im Bild gewahrt bleibt, d. h. wenn ersterer sich in letzterem verdoppelt. Auf der Grundlage dieser Verdoppelung operiert die Einbildungskraft, indem sie aus ›simple imaginations‹ ›compound imaginations‹ zusammensetzt, um dadurch fiktive Dinge wie etwa Zentauren als Überblendung von Mensch und Pferd entstehen zu lassen. Durch Subtraktion der Einzelteile wird der imaginierte Gegenstand wieder auf seine ursprünglichen Bilder reduziert.

Auch für John Locke (*An Essay Concerning Human Understanding*, 1690) ist das Gedächtnis »as it were the Store-house of our *Ideas*«, das die Wahrnehmung unter dem Vorzeichen der Vergangenheit wieder aufrufen kann. »This *laying up* of our *Ideas* in the Repository of the Memory signifies no more but this, that the Mind has a Power, in many cases, to revive Perceptions, which it has once had, with this additional Perception annexed to them, that it has had them before.«[21] An dieser Unterscheidung hält auch Immanuel Kant 1781 in seiner *Kritik der reinen Vernunft* noch fest, wenn er die Erinnerung in zwei Stufen als »Reproduktion in der Einbildung« und »Rekognition im Begriff«[22] thematisiert. Doch dieser zeitliche Index ist für David Hume fünfzig Jahre nach Locke bereits kein Garant mehr für die Unterscheidung von Gedächtnis und Einbildungskraft. Ähnlich wie für Locke bleiben auch für Hume Stärke und Lebhaftigkeit des Eindrucks das Unterscheidungskriterium zwischen Gedächtnis und Imagination, doch wird in seinem Werk *A Treatise of Human Nature* (1739/40) bereits der Weg geebnet für eine Dissoziation der Erfahrung von dem sie repräsentierenden Bild. Die Umwandlung von sinnlichen Eindrücken in Ideen erfolgt in verschiedenen Graden der Lebhaftigkeit. Die Idee ist eine Kopie des Eindrucks, nachdem letzterer verblaßt ist. Kommt die Idee auf den gleichen Eindruck zurück, löst sie Gefühle aus. »We find by experience, that when any impression has been present with the mind, it again makes its appearance there as an idea; and this it may do after two different ways: either when in its new appearance it retains a considerable degree of its first vivacity, and is somewhat intermediate betwixt an impression and an idea; or when it intirely loses that vivacity, and is a perfect idea. The faculty, by which we repeat our impressions in the first manner, is called the *Memory*, and the other the *Imagination*.«[23] Das Gedächtnis repräsentiert die Bilder in der gleichen Reihenfolge wie die sinnlichen Eindrücke, die Einbildungskraft vermag die Ordnung zu variieren. Doch wie die ursprüngliche Ordnung ausgesehen hat, ist für Hume letztlich nicht nachprüfbar: »it being impossible to recall the past impressions, in order to compare them with our present ideas, and see whether their arrangement be exactly similar.« (85)

Verliert das Gedächtnis auf diese Weise seinen Referenzpol, kann es analog zur Einbildungskraft Ereignisse und die dazugehörigen Gefühle frei modellieren. Aus einer wahrhaftigen Erinnerung würde dann nach Gesichtspunkten der Logik eine vermeintliche, deren Grenze zur Imagination aber nicht weniger problematisch ist.[24] Weil wir nur Repräsentationen von Dingen besitzen und nie diese selbst, gerät auch Humes Differenzkriterium der Lebhaftigkeit ins Wanken. Auch eine erfundene Erinnerung kann sinnlich stark wirken. Bezeichnenderweise ist für Hume das Gedächtnis mit den lebhaften sinnlichen Eindrücken verbunden, während die Imagination es nur mit Ideen, also mit Zeichen der Dinge zu tun hat – eine Unterscheidung, die sich in der französischen und deutschen Aufklärung umkehrt.

Für den Empirismus liegt die poetologische Dimension des Gedächtnisses sowohl auf produktions- als auch auf rezeptionsästhetischer Seite in der Fähigkeit, durch Assoziation Ähnlichkeiten zwischen Dingen zu stiften, um sie in unvorhergesehene Relationen zu setzen. Locke bezeichnet das Vermögen, das Gedächtnis und Einbildungskraft gleichermaßem aktiviert, als ›wit‹: »For *Wit* lying most in the assemblage of *Ideas*, and putting those together with quickness and variety, wherein can

---

21 LOCKE (ESSAY), 150; dt.: Versuch über den menschlichen Verstand, Bearb. d. Übers. v. C. Winckler (Hamburg 1981/1988).
22 IMMANUEL KANT, Kritik der reinen Vernunft (1781), in: KANT (AA), Bd. 4 (1911), 77–79.
23 HUME (TREATISE), 8f.; dt.: Ein Traktat über die menschliche Natur, übers. u. hg. v. T. Lipps (Hamburg 1978/1989).
24 Vgl. SYDNEY SHOEMAKER, ›Memory‹, in: EDWARDS, Bd. 5 (1967), 267.

be found any resemblance or congruity, thereby to make up pleasant Pictures and agreeable Visions in the fancy.«[25] Durch das so definierte Gedächtnis stellen sich Wahrheit und Vernunft durch Schönheit ohne den Umweg über den Verstand sofort und unwillkürlich ein. In der Dichtung offenbart sich das Gedächtnis als Erkenntnisvermögen. Es wird zu ihrer grundlegenden Struktur, die immer auch dann wirksam ist, wenn nicht explizit vom Gedächtnis gehandelt wird.

Der Dichter und Dramatiker John Dryden setzte bereits 1667 im Vorwort zu seinem Gedicht *Annus Mirabilis* in Nachfolge von Hobbes' Materialismus ›wit‹ mit der Einbildungskraft gleich, »which, like a nimble Spaniel, beats over and ranges through the field of Memory, till it springs the Quarry it hunted after; or, without metaphor, which searches over all the memory for the species of Idea's of those things which it designs to represent.«[26] Dryden ruft damit das alte rhetorische Paradigma Ciceros auf, um es an entscheidender Stelle von einem Leistungs- in ein Erkenntnisvermögen abzuwandeln. So bleiben zunächst ›inventio‹ (das Auffinden des Gedankens), ›dispositio‹ (die Variation oder das alte Sachgedächtnis) und ›elocutio‹ (die Einkleidung der Gedanken in Worte, das Wortgedächtnis) die drei Teile seiner Poetik, nur die für den Redner wichtigen Teile vier und fünf, die eigentliche ›memoria‹ und die ›pronuntiatio‹, nimmt er nicht mit auf. Das Gedächtnis erscheint nicht mehr als spezifischer vierter Teil der Rhetorik, deren Anordnung von Bildern in einer logischen Abfolge von Räumen bis in die Renaissance hinein synonym mit der Gedächtniskunst war. Das Gedächtnis wird statt dessen zur Grundlage jeglicher psychischer Leistung und überschreitet damit die Grenze zur poetischen Einbildungskraft, ohne freilich die rhetorische Gedächtniskunst vollkommen aufzugeben.

Sollen die Bilder als schöne unmittelbar der Vernunft zugänglich sein, muß es jedoch eine Instanz geben, die den wilden Spaniel der Einbildungskraft (fancy) im Zaum hält. Das Wuchern von Assoziationen und Ähnlichkeiten, das ins Phantastische (ingenium) abgleiten kann, soll durch die Urteilskraft, ›judgement‹ (iudicium), eingegrenzt werden, um die Repräsentation der Dingwelt in der Vorstellungswelt nicht zu gefährden. Die Vorstellung einer ›poetic diction‹, einer regelhaften Sprachverwendung, die den Gedächtnisfunden der Einbildungskraft ihren unüberbietbaren sprachlichen Ausdruck verleiht, wird damit zum Garanten der Vernunft in der Poetik, als deren andere Seite das zügellose Gedächtnis erscheint.

II. Gedächtnis als Technik der Vernunft: Das 18. Jahrhundert

1. Die Privilegierung der Vernunft in der Aufklärung

Drydens Poetologie auf der Basis empiristischer Vermögenspsychologie fand auf dem europäischen Kontinent bei Denkern wie Étienne Bonnot de Condillac, Julien Offray de La Mettrie oder Johann Christoph Gottsched und Christian Wolff erst rund sechzig Jahre später Nachhall. Thematisierte der Empirismus Gedächtnis und Einbildungskraft als zwei unterschiedliche Modi des gleichen Bewußtseinsvorgangs und damit auch als Pole ästhetischer Produktion und Rezeption, versuchen die französische und die deutsche Aufklärung die beiden unter dem Primat von Vernunft und wissenschaftlicher Methode sauber zu trennen. Das empiristische Paradigma bleibt zwar weiterhin bestimmend; was nun aber zum ersten Mal in Frage gestellt wird, ist die über die Repräsentation gestiftete Identität des Vorstellungs- und Wahrnehmungsobjekt, die auch Hume innerhalb der empiristischen Tradition an ihre Grenze führt. Aus dem Ähnlichkeitsverhältnis von Bild und Abbild wird nun primär ein Assoziationsverhältnis, das der Phantasie größere Freiheiten in der Selektion und Kombination von Zeichen gewährt. Damit ist zunächst wie bei Denis Diderot die weitere Infragestellung und Abwertung des alten rhetorischen Wortgedächtnisses aus Auswendiglernen verbunden, eine Kritik, die Michel de Montaigne zum

---

25 LOCKE (s. Anm. 21), 156.
26 JOHN DRYDEN, An account of the ensuing Poem (1667), in: Dryden, The Works, hg. v. E. N. Hooker u. a., Bd. 1 (Berkeley/Los Angeles 1956), 53.

ersten Mal in seinen *Essais* (1580) vorbrachte.[27] »La mémoire est des signes, l'imagination des objets«[28], heißt es in Diderots Notizensammlung *Éléments de physiologie* (1774–1780). »La mémoire est verbeuse, méthodique et monotone. L'imagination aussi abondante, [est] irrégulière [et] variée.« (480) Wort- und Sachgedächtnis werden unterschiedlich bewertet, wobei die Kreativität der Einbildungskraft und ihren Objekten zugesprochen wird. Das eigentliche, höher zu bewertende Gedächtnis ist kein Wissensspeicher mehr, sondern eine Tätigkeit zum Erkenntnisgewinn. Doch die klare Opposition, die Diderot zwischen den Zeichen des Gedächtnisses und den Objekten der Einbildungskraft zu etablieren versucht, beginnt sich sofort wieder zu verwischen, wenn es einerseits vom Gedächtnis heißt: »Doux au goût, agréable à l'odorat, bon à manger; cela s'enchaîne dans la mémoire« (474), und andererseits die Einbildungskraft als Hervorbringung von »les voix, les sons, tous les accidents de la nature, les images qui deviennent autant d'occasions de s'égarer« (475) beschrieben wird. Das Gedächtnis erscheint hier nicht nur als Wortgedächtnis, sondern besteht auch aus einem der Imagination zugewandten sinnlichen Teil, der affektiv wirkt und Unvorhergesehenes zu produzieren vermag.

Verstand La Mettrie 1745 in seiner Schrift *Traité de l'âme* das Gedächtnis noch als seelischen Vorgang, der auf die Physiologie der »esprits animaux« wirkt, damit diese der Seele wieder »les mêmes sensations avec les mêmes circonstances de lieu, de tems, etc. qui les ont accompagnées, au moment qu'elle les a reçuës par les organes qui sentent«[29] präsentieren, war für Condillac in seinem *Essai sur l'origine des connoissances humaines* von 1746 die direkte Verbindung zwischen Gedächtnis und Empfindung bereits gekappt. Vor diesem Hintergrund unternimmt Condillac eine begriffliche und inhaltliche Differenzierung von Imagination (imagination), Gedächtnis (mémoire) und Wiedererkennen (réminiscence), wobei er der Einbildungskraft das Aufrufen der Wahrnehmung an sich zuschreibt, dem Gedächtnis das Abrufen von Zeichen und dem Wiedererkennen das passive Moment des Registrierens, daß wir diese Empfindung bereits gehabt haben. Nicolas Beauzée hat in seinem Eintrag *Mémoire* in der von Denis Diderot und Jean le Rond d'Alembert herausgegebenen *Encyclopédie* Condillacs Vorstellungen im Wortlaut übernommen: »Voici donc en quoi different l'imagination, la *mémoire* & la réminiscence; trois choses que l'on confond assez ordinairement. La premiere réveille les perceptions mêmes; la seconde n'en rappelle que les signes & les circonstances; & la derniere fait reconnoître celles qu'on a déja eues.«[30] Demnach hat es das Gedächtnis nur noch mit äußerlichen Zeichen zu tun, die von der Erfahrung der Imagination abgeschnitten sind. Die Identität des Objekts im Spiegel der Repräsentation von Original und Kopie, die Locke noch behauptete, ist damit hinfällig. Das Zeichen ersetzt die Empfindung, vermag so aber auch das für Locke problematische Verhältnis von Sinneswahrnehmung und Reflexion zu überbrücken. Das Gedächtnis ruft nicht mehr länger dieselbe Empfindung hervor. Bei Condillac und im Anschluß an ihn bei Beauzée heißt es daher: »Tous les philosophes sont ici tombés dans l'erreur de Locke. [...] La méprise, en cette occasion, vient de ce que, faute d'avoir assez considéré la chose, on a pris, pour la perception même de l'objet, quelques circonstances, ou quelque idée générale, qui en effet se réveillent.«[31]

Für Condillac ist, wie schon für Dryden und Locke, das Prinzip der »liaison des idées«, der Ideenassoziation, das grundlegende Prinzip menschlichen Bewußtseins, auf das alle Erkenntnis zurückzuführen ist. Damit ist der Assoziationskette

27 Vgl. MONTAIGNE, Bd. 1, 176; dt.: Essais, übers. v. J. D. Tietz (Zürich 1992).
28 DENIS DIDEROT, Éléments de physiologie (entst. 1774–1780), in: DIDEROT (VARLOOT), Bd. 17 (1987), 475; dt.: Elemente der Physiologie, in: Diderot, Philosophische Schriften, hg. u. übers. v. T. Lücke, Bd. 1 (Berlin 1961), 589–771.
29 JULIEN OFFRAY DE LA METTRIE, Traité de l'âme (1745), in: LA METTRIE, Bd. 1 (1987), 174.
30 NICOLAS BEAUZÉE, ›Mémoire‹, in: DIDEROT (ENCYCLOPÉDIE), Bd. 10 (1765), 327; vgl. ÉTIENNE BONNOT DE CONDILLAC, Essai sur l'origine des connoissances humaines (1746), in: CONDILLAC, Bd. 1 (1947), 16; dt.: Essai über den Ursprung der menschlichen Erkenntnisse, hg. u. übers. v. U. Ricken (Leipzig 1977).
31 CONDILLAC (s. Anm. 30), 15; vgl. BEAUZÉE (s. Anm. 30), 327.

ein stark mnemonischer Charakter eigen:»Détruisez cette liaison, vous détruisez l'imagination et la mémoire.«[32] Ist die a priori angenommene Stabilität des Objekts im Bewußtsein nicht mehr gegeben und erfolgt dessen Erinnern über Nebensächlichkeiten, öffnet sich ein Raum für subjektive Konstruktionen, die von der Vernunft nicht mehr abgesichert sind. Potentiell kann nun alles mit allem in Verbindung gebracht werden. Dem schiebt Condillac einen theoretischen Riegel vor, indem er die Assoziationskette vorwärts gerichtet auf die Abstraktion zulaufen sieht. Rückwärts gewandt kann man aus ihren beweglichen, abstrakten und allgemeinen Gedächtnis-Zeichen die zugrundeliegende Erfahrung wieder bloßlegen. Das Gedächtnis wird damit zu einer Technik des Geistes. Die Zeichen bleiben nicht mehr direkt, dafür aber weiterhin über Abstufungen mit der Erfahrung verbunden, die ihre Wahrscheinlichkeit garantiert und sie, wie das Wissensgebäude der Enzyklopädie, unter die Vernunft subsumiert.

In ähnlicher Weise wird in der deutschen Frühaufklärung das Verhältnis von Gedächtnis und Einbildungskraft thematisiert. In Abgrenzung vom alten Wissensspeicher der Memoria, dem »Behältniß alter Begriffe, und vormaliger Empfindungen«[33], wird das Wiedererkennen unter dem Lockeschen Index des Vergangenen sowohl bei Christian Wolff als auch bei Johann Christoph Gottsched zum Gedächtnis, während der produktive Teil des Hervorbringens von Vorstellungen als Einbildungskraft bezeichnet wird. Für Wolff ist das wiedererkennende Gedächtnis eine aktive Tätigkeit, die vom passiven Verwahren von Eindrücken und Gedanken zu unterscheiden ist.[34] Auf der Grundlage von Gedächtnis und Einbildungskraft bildet sich der Witz als Technik des Bewußtseins,»welche die Aehnlichkeiten der Dinge leicht wahrnehmen, und also eine Vergleichung zwischen ihnen anstellen kann«[35]. Auf dieser Grundlage vermag der Geist Schlußfolgerungen zu ziehen und klare Begiffe zu gewinnen. Gegenstandswahrnehmung und Repräsentation sind durch die zeitliche Differenz nicht identisch, werden aber in ein Ähnlichkeitsverhältnis gesetzt, so daß die Klarheit der Gedanken aus der Analogie zwischen Gedächtnis und Einbildungskraft resultiert.»Daher treffen wir bey denjenigen Witz an, die viel behalten, und sich

leicht darauf besinnen, oder, wie man zu reden pfleget, ein gutes Gedächtniß haben.«[36] Alexander Gottlieb Baumgarten siedelt das Gedächtnis zwischen der Phantasie (Einbildungskraft) und dem Dichtungsvermögen an, wobei es dem Gedächtnis auf die Identität der eingebildeten Empfindungen ankommt[37], während das Dichtungsvermögen mehrere solcher erinnerter Empfindungen miteinander kombinieren, zerlegen und neu ordnen kann.[38] Das Gedächtnis hat sowohl eine kognitive als auch eine sinnliche Seite, indem es sowohl das Bewußtsein als auch die Erfahrung strukturiert.[39]

Aufgrund einer im Vergleich zu Condillac schwach ausgebildeten Assoziationstheorie ist bei Wolff und Gottsched noch die Quantität der Eintragungen im Gedächtnis für die Klarheit des Denkens verantwortlich. Qualitative Unterschiede, die aus der Deckungsungleichheit von Gegenstand und Erinnerung eine Öffnung der Vorstellung auf Unvorhergesehenes und Neues ermöglichen, mithin aus der Technik eine Ästhetik machen, werden von dem Schweizer Pädagogen Johann Jakob Breitinger ins Feld geführt. Doch bindet auch er den »angenehmen Betrug« des Neuen an eine objektivierbare, vernünftige Wirklichkeit zurück, die die Emanzipation des ästhetischen Gedächtnisses verhindert: Das Neue »verkleidet die Wahrheit in eine gantz fremde aber durchsichtige Maßke, sie den achtlosen Menschen desto beliebter und angenehmer zu machen.«[40]

Die Funktion des Gedächtnisses, das die Einbildungskraft kontrolliert und sie an die Wahrschein-

---

32 CONDILLAC (s. Anm. 30), 18.
33 JOHANN CHRISTOPH GOTTSCHED, Erste Gründe der gesammten Weltweisheit (1733/34), in: Gottsched, Ausgew. Werke, hg. v. J. Birke/P. M. Mitchell, Bd. 5/1 (Berlin/New York 1983), 521.
34 Vgl. CHRISTIAN WOLFF, Vernünfftige Gedancken von Gott, der Welt und der Seele des Menschen [Deutsche Metaphysik] (1720; Halle [11]1751), 139 f.
35 GOTTSCHED (DICHTKUNST), 102.
36 WOLFF (s. Anm. 34), 532.
37 Vgl. ALEXANDER GOTTLIEB BAUMGARTEN, Metaphysica (1739; Halle [7]1779), 207; dt. in: Baumgarten, Texte zur Grundlegung der Ästhetik, lat.-dt., übers. u. hg. v. H. R. Schweizer (Hamburg 1983).
38 Vgl. ebd., 211.
39 Vgl. ebd.
40 BREITINGER, Bd. 1 (1740), 130.

lichkeit ihrer Vorstellungen gemahnt, ließe sich für die Literatur, die auf diese Weise die Welt nachahmt, als Herstellen einer lebensweltlichen Vertrautheit bei den Lesern beschreiben, als Erinnern an ihre eigene Erfahrungswelt, die sie verstandesmäßig beim Lesen wieder einholt. Die poetischen Verfahren Metapher und Metonymie erscheinen in der gedächtnispsychologischen Teilkomponente der Einbildungskraft, die durch Assoziationen sowohl Vertrautes als auch Neues, Ungesehenes hervorbringt, als universalisierbare Verfahren, die der Kunst und der Literatur daher auch Gültigkeitsanspruch in allen lebensweltlichen Bereichen zusprechen.

2. Rousseaus Grund der Subjektivität

Ein Kristallisationspunkt der im 18. Jh. zunehmenden Spannung zwischen dem subjektiven Hervorbringen von Erinnerungen (anamnēsis) und den allgemeinen Zeichen, die diese Erinnerungen als Gedächtnis intersubjektiv zugänglich machen und bewahren (mnēmē), sind Jean-Jacques Rousseaus *Confessions* (entst. 1770). Rousseau entwirft darin ein Modell der Erinnerung, die das reflektierende Ich mit dem reflektierten Ich, das erinnert wird, unmittelbar in Beziehung setzt, ohne daß sich die feindliche Gesellschaft in den Spalt drängt, um so das Selbstverhältnis zu unterbrechen. Rousseau verschiebt daher den Akzent von Gedächtnis und Erinnerung fort von einem Wortgedächtnis, das Fakten und Daten reproduziert, hin zum Problemfeld der Subjektivität. »La mémoire constitue le soi«[41], bringt Diderot den Gedanken wenig später auf den Punkt.

Das Problemfeld der Subjektivität hatte in der lateinischen Patristik, im Übergang der antiken Vernunftlehre zum Christentum, Augustinus in seinen *Confessiones* mit der Erinnerung in Verbindung gebracht. Im Gegensatz zu Platon, der in seiner Anamnesis-Lehre das Hauptaugenmerk auf die Abfolge der wiedererinnerten Ideen, Inhalte und Bilder richtete, zielen die Bekenntnisse auf das Erinnern als persönlichen Bezug des Ichs auf Gott. Erinnern wird damit zur an ein Subjekt gebundenen Aktivität, ein Unterschied, den Hans-Georg Gadamer bereits zwischen dem griechischen und dem lateinischen Begriff für das Gedächtnis (mnēmē und memoria) angelegt sieht.[42]

An diese Verschiebung anknüpfend, hört das Gedächtnis im Mittelalter bei Thomas von Aquin auf, Teil der Rhetorik zu sein. Durch Ciceros erste Rhetorik, *De inventione*, vermittelt, geht es in den Bereich der Ethik über. Als Teil einer der vier Kardinaltugenden, der ›prudentia‹, benutzt das Gedächtnis nun »experience of the past in providing for the future«. Obwohl das Gedächtnis wie die Einbildungskraft zum sinnlichen Teil des Menschen gehört, erfährt es keine Abwertung, weil seine Bilder auf die Ratio einwirken, indem sie den Menschen zur Umsicht ermahnen.[43]

Für Rousseau liegt der Garant der Identität in einem wahren Kern der Erinnerungen, den er in Empfindungen und Stimmungen eines vergangenen Lebensabschnitts garantiert sieht. Was vermittelt werden soll, sind affektive Erinnerungen, die niemals allgemeingültig reflektiert worden sind.

»Cependant je ne sais rien voir de ce que je vois; je ne vois bien que ce que je me rappelle, et je n'ai de l'esprit que dans mes souvenirs. De tout ce qu'on dit, de tout ce qu'on fait, de tout ce qui se passe en ma présence, je ne sens rien, je ne pénètre rien. Le signe extérieur est tout ce qui me frappe. Mais ensuite tout cela me revient: je me rappelle le lieu, le tems, le ton, le regard, le geste, la circonstance, rien ne m'échappe. Alors sur ce qu'on a fait ou dit je trouve ce qu'on a pensé, et il est rare que je me trompe.«[44]

Die Gedächtniszeichen, die ›signes mémoratifs‹[45], wie optische und akustische Reize oder idiosynkratische Details, sind für Rousseau der eigentliche Zugang zur Wahrhaftigkeit. Sie versetzen zurück in die Zeit, in der sie zum ersten Mal wahrgenommen wurden. Durch das Sammeln und Auf-

---

41 DIDEROT (s. Anm. 28), 471.
42 Vgl. HANS-GEORG GADAMER, Memoria, in: Archiv für Begriffsgeschichte 9 (1964), 16.
43 Vgl. YATES (s. Anm. 1), 57, 74.
44 JEAN-JACQUES ROUSSEAU, Les Confessions (1782/89), in: ROUSSEAU, Bd. 1 (1959), 114 f.; dt.: Bekenntnisse, übers. v. E. Hardt (Frankfurt a. M. 1985).
45 Vgl. MANFRED KOCH, ›Mnemotechnik des Schönen‹. Studien zur poetischen Erinnerung in Romantik und Symbolismus (Tübingen 1988), 29–44.

schreiben solcher affektiver Momente werden sie jederzeit verfügbar gemacht, was eine ungebrochene, irrtumsfreie Verfügbarkeit des Ichs über sich selbst einschließt.

Angestrebt wird von Rousseau also eine anamnēsis ohne mnēmē, und doch muß er, in dem Moment, wo er Erinnerung im allgemein verfügbaren Medium Sprache niederlegt, mit dem Entzug des Selbst rechnen. Rousseaus *Confessions* treiben die Aporien, die im Verhältnis von Gedächtnis und Erinnerung im 18. Jh. impliziert sind, auf die Spitze, ohne jedoch den Wechsel des Paradigmas zu vollziehen. Mit der Betonung des subjektiven Raums und des Unreflektierten, Affektiven markieren sie, wie Hans Robert Jauß gezeigt hat, einen Wendepunkt im Gedächtnisverständnis, der auf Romantik und Moderne vorausdeutet.[46]

III. Erinnerung als ästhetisches Prinzip: Die Romantik

1. Die Privilegierung der Erinnerung in der Romantik

Der subjektive Raum, der sich bei Rousseau zu öffnen begann, führt in der Romantik zu einer Trennung der Begriffe Erinnerung und Gedächtnis, wobei das Konzept eines sinnlichen, erkenntnispsychologischen Teils des Gedächtnisses, das die Aufklärung postuliert hatte, jetzt von der Erinnerung übernommen wird. Damit wird sie gleichbedeutend mit der synthetisierenden Einbildungskraft. Dem Gedächtnis widerfährt interessanterweise zweierlei: Auf der einen Seite wird es zum Reservoir der Zeichen und der Sprache. Zum anderen wird es in dem Maße, in dem die von Rousseau postulierte Verfügbarkeit des Ichs in der subjektiven Erinnerung in Frage gestellt wird, zu einem transzendentalen Gedächtnis des unvordenklichen Grundes der Subjektivität. Das Phänomen der Zeit, das mit der Nicht-Identität des Objekts im empiristischen Bewußtsein noch eine rein quantitative Marke war, rückt hier zum ersten Mal als qualitatives, die Erinnerung veränderndes Prinzip in den Mittelpunkt der Gedächtnisproblematik.[47]

Friedrich Schlegel schreibt in seinem *Gespräch über die Poesie* (1800) im Abschnitt ›Rede über die Mythologie‹ der Poesie die Aufgabe einer Erinnerung zu, einer »leisen Sehnsucht« nach »dem allgemeinen Grund und Boden, auf dem Euer Einzelnes ruht«[48]. Die Dichtung soll in das Andenken jenes ungeteilten Grundes hineinziehen, ihn »sinnlich geistig zu schauen« machen, weil er sich der philosophischen Reflexion entzieht, niemals zu vergegenständlichen ist und das Bewußtsein »ewig flieht« (318). Nur als »Duft«, der »unsichtbar sichtbar über dem Ganzen« (317) schwebt, ist jenes mystische »erste Ursprüngliche« (319) in Erinnerung zu rufen. Bewußtsein und damit auch Gedächtnis und Erinnerung hören auf, bloße verstandesgeleitete Ordnungskategorien zu sein und übersteigen sich, wie Schlegel in der vierten Vorlesung über die *Philosophie der Sprache und des Wortes* (1828/29) schreibt, zur »transcendentalen Erinnerung des Ewigen im menschlichen Geiste«[49]. Gedächtnis und Erinnerung werden damit zu zentralen poetologischen Theoremen.

Bereits 1791 hatte Friedrich Schiller in seiner Rezension *Über Bürgers Gedichte* die »fernende Erinnerung« als Haltung des Dichters beschrieben, die es ihm ermöglicht, Affekte »schön« und damit allgemeingültig zu versinnlichen. »Das Idealschöne wird schlechterdings nur durch eine Freiheit des Geistes, durch die Selbsttätigkeit möglich, welche die Übermacht der Leidenschaft aufhebt.«[50] Der ganze Mensch, der in der Dichtung angesprochen wird, vermag einzig in der Erinnerung zu erscheinen, die aus der Ferne auf den Menschen zukommt, um ihm seine Zukunft nachzutragen. Die Erinnerung, so formuliert 1798/99 Novalis, Schü-

---

46 Vgl. HANS ROBERT JAUSS, Ästhetische Erfahrung und literarische Hermeneutik (München 1977), 124.
47 Vgl. ALEIDA ASSMANN, Zur Metaphorik der Erinnerung, in: Assmann/D. Harth (Hg.), Mnemosyne. Formen und Funktionen der kulturellen Erinnerung (Frankfurt a. M. 1991), 13–35.
48 FRIEDRICH SCHLEGEL, Gespräch über die Poesie (1800), in: SCHLEGEL (KFSA), Bd. 2 (1967), 316f.
49 SCHLEGEL, Philosophische Vorlesungen insbesondere über Philosophie der Sprache und des Wortes (1828/29), in: SCHLEGEL (KFSA), Bd. 10 (1969), 399.
50 FRIEDRICH SCHILLER, Über Bürgers Gedichte (1791), in: SCHILLER, Bd. 22 (1958), 256.

ler Schillers in Jena und mit Schlegel befreundet, habe »Beziehung auf die Fernsichtigkeit«[51].

Schlegels Forderungen an die Kunst, als lebendiger Geist die Verbindlichkeit einer ›neuen Mythologie‹ herzustellen, um damit die Isolation des modernen Menschen in einer Gemeinschaft aufzuheben, läßt sich vor dem Hintergrund des Problems des Selbstbewußtseins verstehen: des Problems eines Subjekts, das sich seiner selbst in der Erinnerung nicht mehr innehaben kann und Gewißheit im von der Kunst zu stiftenden kollektiven Gedächtnis sucht. Gedächtnis und Erinnerung rücken in den Horizont der Frage, wie dieses sich seiner selbst bewußte Subjekt zu denken sei. Im Anschluß an die Aporie seiner philosophischen Bestimmung bei Kant in der *Kritik der reinen Vernunft* (1781), der das Bewußtsein des Selbst in der Reflexion nur als infiniten Regreß bestimmen konnte, setzten Johann Gottlieb Fichte in seiner *Grundlage der gesamten Wissenschaftslehre* (1794) und Novalis in seinen Fichte-Studien *Philosophische Studien der Jahre 1795/96* die Vorstellung eines Ichs, das sich unmittelbar selbst evident und spontan vertraut ist. Ohne Reflexion setzt sich das Ich in einem Akt der Freiheit als »Selbstgefühl«[52], als ein unreflektiertes selbstloses »Urseyn« (142), und erlangt gleichzeitig durch die »Urhandlung«, die die »Reflexion mit dem Gefühle« (116) verknüpft, in der »Selbstbetrachtung« (113) einen Begriff von sich selbst.

Doch auch hier bleibt das Problem der Simultanität von Vollzugsanschauung und Begriffsauffassung, also von einem Handeln, das das Ich erst hervorbringt, obwohl es sich immer schon auf ein Ich richtet, das ihm theoretisch schon bekannt sein muß. Novalis überführt dieses Paradox von Identität des Ichs im Gefühl und Abspaltung des Ichs in der Reflexion in einen zeitlichen Prozeß, »dessen Kontinuität die Einheit von Identitäts- und Differenzmoment darstellt«[53].

---

51 NOVALIS, Das allgemeine Brouillon (1798/99), in: NOVALIS, Bd. 3 (^{3}1983), 355.
52 NOVALIS, Philosophische Studien der Jahre 1795/96, in: NOVALIS, Bd. 2 (^{3}1981), 113.
53 KOCH (s. Anm. 45), 82.
54 NOVALIS (s. Anm. 51), 298.
55 NOVALIS, Blüthenstaub (1798), in: NOVALIS, Bd. 2 (^{3}1981), 461.

Die an diesem komplexen Bildungsprozeß beteiligten grundlegenden Prinzipien sind Gedächtnis, Erinnerung und Einbildungskraft. »Die Einb[ildungs]Kr[aft] ist das würckende Princip – Sie h[eißt] Fantasie indem sie auf das Gedächtniß wirckt – und Denkkraft indem sie auf den Verstand wirckt.«[54] Gedächtnis und Erinnerung sind also zwei voneinander getrennte Phänomene: Das Gedächtnis bezeichnet jene unvordenkliche Erfahrung des Gemüts, in der noch keine Teilung der Welt vorgenommen worden ist, von der wir aber nur wissen können durch eine erste Reflexion, die das Gedächtnis als Einheit immer schon gespalten hat. Diese Spaltung gilt es zu überwinden in der Negation der zweiten Reflexion, die dem Ich ein Bewußtsein davon vermittelt, was es gerade in seiner reflektierenden Bestimmtheit nicht ist. Die Erinnerung, die hier einsetzt, ist transzendentale Erinnerung an das Absolute, die im nicht repräsentierbaren Gedächtnis bewahrte verlorene Einheit, die man nie ganz besessen hat.

Die Erinnerung bezeichnet demnach eine synthetisierende Kraft, die in einem erweiterten Gegenwartsmoment, der der Ort der Dichtung ist, die Grenzen zwischen Zukunft und Vergangenheit verflüssigt, um das Nahe in der Entfernung und die Ferne in der Nähe zu suchen. In den *Blüthenstaub*-Fragmenten (1798) heißt es: »Nichts ist poetischer, als Erinnerung und Ahndung oder Vorstellung der Zukunft. [...] Die gewöhnliche Gegenwart verknüpft Vergangenheit und Zukunft durch Beschränkung. Es entsteht Kontiguität, durch Erstarrung Krystallisazion. Es giebt aber eine geistige Gegenwart, die beyde durch Auflösung identifizirt, und diese Mischung ist das Element, die Atmosphäre des Dichters.«[55]

Als derartige geistige Gegenwart trägt die Erinnerung zwei Vorzeichen: Zum einen ist sie gleichbedeutend mit der transzendentalen Einbildungskraft, wenn sie der Vergangenheit des absoluten Gedächtnisses zugewandt ist; zum anderen ist sie identisch mit der Denkkraft, wenn sie der Zukunft und der wiederherzustellenden Einheit zugewandt ist. In dieser Gestalt führt sie zu den abstrakten Begriffen des Gedächtnisses.

In Friedrich Hölderlins Fragment *Das Werden im Vergehen* (entst. 1798–1800) wird dieser ausgedehnte, überzeitliche Gegenwartsmoment als ein

»Zustand zwischen Seyn und Nichtseyn«[56] auf geschichtsphilosophische Prozesse bezogen. Ein solcher Zwischenzustand des Vollzugs, »wodurch das Leben alle seine Puncte durchläuft, [...] auf keinem verweilt, auf jedem sich auflöst« (284), ist für Hölderlin die Tragödie, die demnach weniger Handlungsanleitung ist, sondern die Herausbildung eines Subjekts-im-Prozeß artikuliert. Erst durch einen Akt der Erinnerung emanzipiert sich das sich bildende Ich vom Schmerz durch Symbolisierung in Zeichen, um so die Furcht vor dem unbestimmten Neuentstehenden in der Erinnerung (einem »reproductiven Act«) an die »idealische Auflösung« (284) zu überwinden. Die Tragödiendichtung als Erinnerungsdichtung, die geschichtliche Veränderungen und Prozesse zum Thema hat, ist ein Zwischenreich, in dem Bedeutungszuschreibungen sistiert sind. Erinnerung bedeutet so nicht nur volle Ausprägung des Ichs, sondern auch und gerade dessen Auflösung und – im doppelten Wortsinn – Zerstreuung in der Dichtung.

Durch diese veränderte Gedächtnisauffassung ergeben sich im Gegensatz zur Aufklärung auch andere poetologische Forderungen: Ähnlich wie bei Rousseau liegt der Schlüssel zur Identität des Subjekts in der Vergangenheit, was einen sorgsamen Umgang mit der Erinnerung impliziert. Vergessen bedeutet eine Gefahr für die Komplettierung des Ichs. Und doch legt das Erinnerungsverständnis von Novalis und Hölderlin nahe, daß die Einheit nicht durch bewußte Rückkehr in eine Vergangenheit erreicht werden kann, weil das sich erinnernde Subjekt immer schon mit auf dem Spiel steht. Wichtig wird für die Dichtung daher eine freischwebende Aufmerksamkeit und keine einseitige Fixierung auf Details, die bereits für sich genommen eine Wertigkeit besäßen. Vieles soll gleichzeitig in den Blick rücken, was auch die Aufnahme von Fremdem, Entlegenem, Phantastischem und kulturell Anderem impliziert, um die Verknüpfung von allem mit allem im Gemüt zur Erinnerung an das Absolute zu ermöglichen.

Im Anschluß an Samuel Taylor Coleridges Deutschlandaufenthalt 1798/99 fließen Ideen der deutschen Romantik auch in die englischen Diskussionen ein. Das ursprünglich aus England stammende Verständnis von Gedächtnis als Produktivkraft des Geistes erfährt so über den Umweg des deutschen Idealismus in seinem Herkunftsland eine Neubewertung. Zentral wird jetzt die Unterscheidung des bislang nahezu synonym verwendeten Begriffspaars ›fancy‹ und ›imagination‹ und mit ihr auch die Unterscheidung von Gedächtnis und Erinnerung In seiner *Biographia Literaria* (konzipiert 1814, ersch. 1817) bestimmt Coleridge »fancy« als »mode of Memory emancipated from the order of time and space; and blended with, and modified by the empirical phenomenon of that will, which we express by the word choice«. Diesem niederen Dichtungsvermögen, das als Gedächtnis zweiten Grades zwar bereits vom alltäglichen Gedächtnis zu unterscheiden, aber immer noch der alten empiristischen Assoziationslehre von distinkten, gegebenen Einheiten zuzurechnen ist, stellt er die Einbildungskraft gegenüber: Imagination »dissolves, dissipates, in order to re-create, or where this process is rendered impossible, yet still at all events it struggles to idealize and to unify.«[57]

Wenn aber das poetische Gedächtnis der fancy die Erinnerungen bereits von der raum-zeitlichen Ordnung suspendiert, ist die Unterscheidung zwischen fancy und imagination nur noch graduell, nicht mehr substantiell. William Wordsworth hat dies erkannt, wenn er seinem ehemaligen Freund und Weggefährten Coleridge 1815 im Vorwort zu *The Excursion* vorhält: »To aggregate and to associate, to evoke and to combine, belong as well to the Imagination as to the Fancy«. Dagegen setzt er die Geschwindigkeit, mit der die Assoziationsfülle auf unser Gemüt wirkt, als Differenzierungskriterium an, stößt damit aber selbst wieder an Grenzen. »Fancy is given to quicken and to beguile the temporal part of our nature, Imagination to incite and to support the eternal.«[58] Bereits im Vorwort

---

[56] FRIEDRICH HÖLDERLIN, Das Werden im Vergehen (entst. 1798–1800), in: HÖLDERLIN (GSA), Bd. 4/1 (1961), 283.
[57] SAMUEL TAYLOR COLERIDGE, Biographia Literaria (1817), in: COLERIDGE, Bd. 7 (1983), 304–306.
[58] WILLIAM WORDSWORTH, Preface to the Edition of 1815 [of: The Excursion], in: Wordsworth, The Prose Works, hg. v. W. J. B. Owen/J. W. Smyser, Bd. 3 (Oxford 1974), 36, 37.

zur zweiten Auflage der *Lyrical Ballads* von 1800 hat Wordsworth Dichtung als »spontaneous overflow of powerful feelings« bezeichnet, deren Ursprung in »emotion recollected in tranquillity« liegt. Die erinnerten Gefühle werden durch Versenkung und Kontemplation hervorgerufen, bis sie tatsächlich im Geiste existieren. Der dichterischen Form kommt hierbei die Aufgabe zu, Genuß hervorzurufen, um »the painful feeling«[59] zu mildern, das mit der Beschreibung von tiefen Gefühlen einhergeht. Damit dies gelingt, muß der Dichter auch, weit davon entfernt, sich seinen überwältigenden Gefühlen zu überlassen, seinen Verstand bemühen.

Die über die Erinnerung in der poetischen Sprache wieder zugänglich gemachte Erfahrung wird hier auf zweifache Weise distanziert, uneigentlich gemacht und in die Ferne gerückt. Zum einen wird ihre Unmittelbarkeit durch ›thought‹, der mit Gedächtnis-Zeichen operiert, vermittelt. Zum anderen wird der Dichter, der die Leidenschaften, wie es im erweiterten Vorwort von 1850 heißt, nicht nur beschreibt, sondern sie sogar nachahmt (»he describes and imitates passions«), zum Schauspieler, der durch Einfühlung in Gefahr ist, seine Identität zu verlieren. »So that it will be the wish of the Poet to bring his feelings near to those of the persons whose feelings he describes, nay, for short spaces of time, perhaps, to let himself slip into an entire delusion, and even confound and identify his own feelings with theirs«[60]. Es ist daher mehr als eine kleine ironische Wendung, wenn Coleridge fancy als Einbildungskraft beschreibt, die ausgerechnet im Drama und im Theater waltet. Eins sein mit der Natur über die einfühlende Erinnerung in der Poesie heißt immer schon entzweit sein über das Gedächtnis im Theater, das die Erfahrung der Identität aufschiebt.

2. Hegels *Aufhebung der Erinnerung im Gedächtnis*

Als Kristallisationspunkt, der das neu entstandene problematische Verhältnis von Gedächtnis, Erinnerung und Einbildungskraft in einer Systematik zusammenfaßt, erscheinen Hegels Ausführungen im dritten Teil seiner *Enzyklopädie der philosophischen Wissenschaften im Grundrisse* aus dem Jahr 1830. Hegel definiert darin die Erinnerung als Verinnerlichung der Anschauungsbilder in der Vorstellung und die Einbildungskraft als deren Allgemeinwerden. Die Wahrnehmungsbilder lösen sich von ihrem Gegenstand und versinken in »diesen nächtlichen Schacht« des Ichs, in dem sie »bewußtlos aufbewahrt«[61] werden. Die Bilder bilden dort ein Kontinuum und verdichten sich, da in ihm »das Verschiedene noch nicht diskret gesetzt ist« (260). Diese Unterteilungsfunktion, die die Bilder in einem Prozeß der anamnēsis wieder hervorholt, bezeichnet Hegel als die »eigentliche sogenannte Erinnerung« (261), die Einbildungskraft. Das einzelne, erinnernd hervorgebrachte Bild wird unter das Allgemeine der Anschauung subsumiert. Dabei wird seine Konkretheit in der Gegenwart bewußt. Jene produktive Einbildungskraft bildet »das Formelle der *Kunst*; denn die Kunst stellt das wahrhaft Allgemeine oder die *Idee* in der Form des *sinnlichen Daseins*, des *Bildes*, dar« (267). Das Gedächtnis als dritter Schritt der Dialektik hebt das Besondere der Erinnerung im Allgemeinen der rein äußerlichen Wort-Zeichen auf, die das Gedächtnis als mnēmē erinnert.[62] Das »*produktive* Gedächtnis«, das, »es überhaupt nur mit Zeichen zu tun hat«[63], macht die Erinnerungsbilder zum beweglichen Material und damit das Denken frei: Es »erkennt im Namen die Sache und mit der Sache den Namen, ohne Anschauung und Bild« (278).

In der Kunst findet sich nach Hegel das Besondere der Erinnerung in Form des Symbols im Allgemeinen des Gedächtnisses aufgehoben. Das Symbol stiftet Identität zwischen Gedanken und Geist auf der einen und natürlicher Welt und Erfahrung auf der anderen Seite. Sofern die Kunst aber allgemein-sprachlich und damit gedanklich

---

59 WORDSWORTH, Preface to ›Lyrical Ballads‹ (1800), in: Wordsworth, The Prose Works, Bd. 1 (Oxford 1974), 149, 150.
60 WORDSWORTH, Preface to ›Lyrical Ballads‹ (1850), in: ebd., 138.
61 G. W. F. HEGEL, Enzyklopädie der philosophischen Wissenschaften im Grundrisse (^{3}1830), in: HEGEL (TWA), Bd. 10 (1970), 260.
62 Vgl. HERMANN SCHMITZ, Hegels Begriff der Erinnerung, in: Archiv für Begriffsgeschichte 9 (1964), 37–44.
63 HEGEL (s. Anm. 61), 271.

ist, kann sich in ihren Zeichen das Besondere der erinnerten Anschauung nicht ausdrücken. Daraus folgert Paul de Man: »Art is ›of the past‹ in a radical sense, in that, like memorization, it leaves the interiorization of experience forever behind. It is of the past to the extent that it materially inscribes, and thus forever forgets, its ideal content.«⁶⁴

Das (Zeichen-)Gedächtnis als Erinnerung an das (absolute) Gedächtnis ist die Nachträglichkeit der Dichtung, die qua sprachliche Verfaßtheit keinen unmittelbaren Zugang zur Erfahrung haben kann. Bedeutung und Erfahrung stehen in keinem durch Zeichen zu symbolisierenden Verhältnis mehr. Soll das Zeichengedächtnis den Schmerz der Erfahrung durch Ermöglichung einer freischwebenden Einbildungskraft lindern, worauf sowohl Schiller als auch Wordsworth und Novalis hingewiesen haben, entsteht nach de Man aber eine andere Form von Schmerz: einer der Melancholie des Ichs, das sich in der ästhetischen Erfahrung als Nicht-Ich erkennt und dessen Grund im absoluten Gedächtnis ihm auch in der Literatur ewig unzugänglich bleiben muß. Es handelt sich um eine mit Ironie gesättigte Melancholie als Erinnerung an das Unabgeschlossensein des Subjekts im allegorischen Doppel. Das Symbol ist die Travestie einer Allegorie, das einfühlende Dichtersubjekt ein Schauspieler der Gefühle, dessen spontane Erinnerung das Gedächtnis von Zeichen ist.

Erinnerungsmoment in der Kunst, das in ekstatischen, das Bewußtsein übersteigenden Augenblicken die Wahrheit des Subjekts offenbart. Figuren wie ›Chok‹, ›Tigersprung‹, ›Rausch‹, ›Epiphanie‹, ›mémoire involontaire‹ oder das ›Unbewußte‹ sind die Mnemotechniken der Moderne, deren Erinnerungen jedoch im Gegensatz zu Rousseaus affektiven Erinnerungen nicht selbstevident und verfügbar, sondern stets gefährdet und instabil sind. Die Welt, die in der Erinnerung plötzlich aufscheint, muß durch die Kunst erst zugänglich gemacht werden. Die Erfahrung des Weltverlusts in der Sprache, auf die Hugo von Hofmannsthal sich im *Lord-Chandos-Brief* bezieht, wenn er schreibt, daß die Worte »im Munde wie modrige Pilze«⁶⁵ zerfallen, führt zu einer Hinwendung zu nonverbalen Künsten, zur Musik oder zum Tanz und mithin zum Körper, der für den Gedächtnisverlust der Sprachzeichen und des Bewußtseins einsteht.

Am Anfang dieser Entwicklung steht Charles Baudelaire, dessen Werk zentrale Themen und Figuren (Vergessen, Körper, Gewalt) des modernen Gedächtnisverständnisses vorwegnimmt. Bereits im *Salon de 1846* räumt er der Erinnerung als »le grand criterium de l'art« eine zentrale Stellung ein: »l'art est une mnémotechnie du beau: ou, l'imitation exacte gâte le souvenir«⁶⁶. Im Zuge seiner Definition der Moderne als »le transitoire, le fugitif, le contingent«, das sich immer von sich selbst abspalten muß, um modern zu bleiben, sich dadurch aber als

IV. Gedächtnissturz, der Körper und das Vergessen: Die Moderne

1. Das Gedächtnis der Gegenwart

Vor dem Hintergrund einer vom Zeichen-Gedächtnis nicht zu symbolisierenden Erfahrung erscheint das Gedächtnisproblem der Moderne als das Problem des Vergessens und Nicht-Mehr-Erinnern-Könnens. An die Stelle der erinnernden Einbildungskraft als Vermittlerin zum Absoluten rückt die Verlusterfahrung und deren mögliche Kompensation in den Mittelpunkt der Gedächtnisproblematik. Das möglicherweise für immer Verlorene, nicht zu Erinnernde, die Lücke in der Gedächtniskette, wird zum eigentlich produktiven

---

64 PAUL DE MAN, Sign and Symbol in Hegel's ›Aesthetics‹, in: Critical Inquiry, Bd. 8, H. 4 (Summer 1982), 773 f.; dt.: Zeichen und Symbol in Hegels ›Ästhetik‹, in: de Man, Die Ideologie des Ästhetischen, hg. v. C. Menke, übers. v. J. Blasius (Frankfurt a. M. 1993), 39–58.
65 HUGO VON HOFMANNSTHAL, Ein Brief (1902), in: Hofmannsthal, Ges. Werke, hg. v. B. Schoeller, Bd. 7 (Frankfurt a. M. 1979), 465.
66 CHARLES BAUDELAIRE, Salon de 1846, in: BAUDELAIRE, Bd. 2 (1976), 455; dt.: Der Salon 1846, übers. v. W. Drost, in: Baudelaire, Sämtl. Werke/Briefe, hg. v. F. Kemp/C. Pichois, Bd. 1 (München 1977), 193–283.

»l'éternel et l'immuable«[67] entpuppt, belegt er die moderne Gedächtniskunst in *Le Peintre de la vie moderne* (1859/60) mit dem Oxymoron »la mémoire du présent« (696). Der Maler muß, um den Erinnerungsprozeß in Gang zu setzen, vergessen. Er darf sich nicht länger der Natur zuwenden, um sie nachzuahmen, sondern er muß sich auf sein Gedächtnis und seine Phantasie einstellen, um zu jenem geheimnisvollen Anblick der Dinge vorzustoßen, der allein es wert ist, gemalt zu werden. Doch dieser Erinnerungsprozeß zerstört und opfert zunächst »toute harmonie« zwischen den Dingen. Er löst sie in ihre Bestandteile auf, zersetzt sie in Farben und Gerüche, die sich in Synästhesien zu einem völlig neuen Kunstwerk verbinden. Dieser Akt genuiner Neuschöpfung ist geprägt von einer großen Destruktionskraft. Baudelaire spricht von »une ivresse de crayon, de pinceau, ressemblant presque à une fureur. C'est [...] cette terrible peur qui possède tous les grands artistes et qui leur fait désirer si ardemment de s'approprier tous les moyens d'expression, pour que jamais les ordres de l'esprit ne soient altérés par les hésitations de la main; pour que finalement l'exécution, l'exécution idéale, devienne aussi inconsciente, aussi *coulante* que l'est la digestion pour le cerveau de l'homme bien portant qui a dîné.« (699)

Die Erinnerung und das Gedächtnis des Künstlers werden hier begriffen als Geste der körperlichen Überwältigung. Der Pinselstrich trägt die Erinnerung seines Entstehungsprozesses; er wird zu einer körperlichen Spur, die das Zitat als Ausscheidung, die durch den Körper hindurchgegangen ist, ausweist. Das Gedächtnis, auf das Baudelaire abzielt, hört auf, die Kunst als Abbild der Welt zu bestimmen. Gedächtnis wird zur einer Kategorie der Wirkung, das beim Rezipienten Erinnerungen auslöst, die sich im Bild als Kristallisationspunkt artikulieren.

Zu Beginn des ersten Teiles seines Romans *À la recherche du temps perdu* (*Du côté de chez Swann*, 1913) entwirft Marcel Proust das Bild des sich zwischen Wachsein und Schlaf befindenden Ich-Erzählers, dessen Körper ihm je nach Lage Erinnerungen an Räume aus seiner Vergangenheit wachruft. Er entwirft mithin ein Körpergedächtnis (»et mon corps [...], gardiens fidèles d'un passé que mon esprit n'aurait jamais dû oublier«[68]), das durch das bewußte Sicherinnern nicht einzuholen ist. Die Unterscheidung zwischen »la mémoire volontaire, la mémoire de l'intelligence« (56) und »mémoire involontaire« oder, wie es in *Sodom et Gomorrhe* (1921/22) heißt, »souvenir involontaire«[69], die die vergessene Kindheitswelt des Erzählers durch das Eintauchen eines Madeleine-Gebäcks in eine Tasse Tee in einer ungeahnten Intensität wiedererstehen läßt, ist die zentrale poetologische Unterscheidung des Romans.

Bewahrt die bewußte Erinnerung nichts von der Vergangenheit außer Daten und abrufbare Informationen, wird diese in der unvorhergesehenen Erinnerung dem Gedächtnis in ihrer sonst nicht zugänglichen sinnlichen Fülle präsent. Verbunden mit einem Glücksgefühl, das das ursprüngliche Ereignis von sich aus nicht auszulösen vermochte, bricht die ›mémoire involontaire‹ durch sinnliche Eindrücke plötzlich einer Epiphanie gleich in die Gegenwart ein. Ob jemand ein intensives Bild seiner Vergangenheit erhält, bleibt somit dem Zufall überlassen. Was den Erzähler am Ende in *Le Temps retrouvé* (1927) den Zugang zu seiner Vergangenheit in einer ganzen Kette von Erinnerungsmomenten ermöglicht[70], ist das Stolpern über zwei ungleiche Pflastersteine, das ein regelrechtes Hineinfallen des Erzählers in seine Vergangenheit und in sein Dichtersein darstellt, ein Beinahe-Sturz ins Bodenlose, der die Kunstproduktion erst ermöglicht, die der Roman bereits vorher ausgebreitet hat. Erst durch die Kunst, die das Subjekt vor dem Fall rettet, er-

---

67 BAUDELAIRE, Le Peintre de la vie moderne (1859/60), in: BAUDELAIRE, Bd. 2 (1976), 695; dt.: Der Maler des modernen Lebens, übers. v. F. Kemp/B. Streiff, in: Baudelaire, Sämtl. Werke/Briefe, Bd. 5 (München 1989), 213–258; vgl. auch Hans Robert Jauß, Literaturgeschichte als Provokation (Frankfurt a. M. 1970), 11–66.
68 MARCEL PROUST, À la recherche du temps perdu (1913–1927), Bd. 1 (Paris 1987), 27; dt.: Auf der Suche nach der verlorenen Zeit, übers. v. E. Rechel-Mertens (Frankfurt a. M. 1967).
69 Ebd., Bd. 2 (Paris 1987), 618.
70 Vgl. GERHARD GOEBEL, Die ›Mémoire involontaire‹, die fünf Sinne und das verlorene Paradies in Prousts ›À la Recherche du temps perdu‹, in: Das romanist. Jahrb. 20 (1969), 113–129.

scheinen die Erinnerungen in all ihrer Fülle so, wie sie niemals gelebt wurden.[71] Einer ähnlichen Geste des körperlichen Weggerissenseins, die eine vergangene Erfahrungswelt unwillkürlich (wieder) eröffnet, begegnen wir in Hugo von Hofmannsthals *Augenblicke in Griechenland* (1908). Ausgangspunkt für die Erinnerung an die Welt der Griechen, mit der sich der Reisende vor dem Horizont der Moderne in Beziehung setzen will, ist die Einsicht in die Unmöglichkeit der Vermittlung. »Diese Griechen, fragte ich in mir, wo sind sie? Ich versuchte mich zu erinnern, aber ich erinnerte mich nur an Erinnerungen, wie wenn Spiegel einander widerspiegeln, endlos«[72]. »Unmögliche Antike« (621), stellt der Reisende resigniert fest, nachdem seine Aneignungsversuche durch Tragödien und antike Trümmer, deren Präsenz für ihn nur ein »unaufhaltsam lautloser Dahinsturz« (618) in die Vergänglichkeit bedeutete, gescheitert waren. Aus dieser bodenlosen Erinnerung, dem Sturz des Gedächtnisses, wird erst eine lebendige Erfahrung buchstäblich ›ohne Grund‹, nachdem der Reisende die Schwelle zu einem Museum überschritten hat, wo ihn eine Reihe von Statuen in »ein namenloses Erschrecken« versetzt. Im »Augenblick« blicken ihn ihre Augen »plötzlich« an, reißen ihn in eine »unhörbare rhythmische Bewegung« (624) hinein und machen seinen Körper damit selbst zu einem tanzenden.[73] Hofmannsthal betont den performativ-theatralen Aspekt der Erinnerung als absoluter Gegenwart, der das Subjekt paradoxerweise über den Auslöser eines zum Kunstwerk mortifizierten, ›toten‹, weil statuarischen Zeichen-Gedächtnisses in Bewegung setzt, dadurch dissoziiert und mit der Welt verbindet. Das körperliche Paradigma der modernen Gedächtniserfahrung erscheint dergestalt angesiedelt *in der Lücke*, die das romantische Denken über das Gedächtnis als Erinnerung an das absolute Gedächtnis aufgerissen hatte.

In Zuspitzung von Hölderlins Zeitkontinuum, das die Gegenwart zur Vergangenheit der Zukunft macht, denkt Walter Benjamin das Verhältnis von Geschichte und Gegenwart aus dem Spalt heraus als diskontinuierlich und disjunkt. Vergangenheit und Erinnerung stehen nicht zur Verfügung. Sie stoßen dem Geschichtsschreiber zu wie dem Sammler ein Gegenstand, dem Flaneur die Eindrücke der Stadt: zufällig, en passant und aus der unablässigen Bewegung heraus. Die Verbindung von Geschichte und Gegenwart kann nur in einer besonderen Situation, wie es in *Über den Begriff der Geschichte* (entst. 1940) heißt, als »Tigersprung ins Vergangene«[74], hergestellt werden. »Vergangenes historisch artikulieren heißt nicht, es erkennen ›wie es denn eigentlich gewesen ist‹. Es heißt, sich einer Erinnerung bemächtigen, wie sie im Augenblick einer Gefahr aufblitzt.« (695) An die Stelle des Flusses tritt die Erstarrung im allegorischen Bild, »worin das Gewesene mit dem Jetzt blitzhaft zu einer Konstellation zusammentritt.«[75] Das Bild fungiert als Fragment der Geschichte, in dem sich die Gegenwart nachträglich als »in ihm gemeint«[76] erkennt. Mit messianisch-jüdischen Anklängen bezeichnet Benjamin diesen Erkenntnismoment als Moment des »Erwachens«. »Den Blick aufschlagen« bezeichnet er in *Über einige Motive bei Baudelaire* im Hinblick auf Prousts erwachenden Helden explizit als »Quellpunkt der Poesie«[77]. Das Gedächtnisbild ist ein montiertes Bild, ein Vexierbild, das aus These und Antithese zuammengesetzt ist. Die erkenntnisreiche Synthese liegt im Punkt des erstarrten Umschlagens selbst: »Bild ist die Dialektik im Stillstand.«[78] Der Allegorie als Gedächtnisverfahren par excellence kommt ein Moment der Erlösung zu, das die katastrophische Vergangenheit rettet und im geglückten, richtigen Moment erhebt und öffnet.[79]

---

71 Vgl. HANS ROBERT JAUSS, Zeit und Erinnerung in Marcel Prousts ›À la recherche du temps perdu‹ (1955; Frankfurt a.M. 1986).
72 HOFMANNSTHAL, Augenblicke in Griechenland (1908), in: Hofmannsthal (s. Anm. 65), 618.
73 Vgl. GABRIELE BRANDSTETTER, Tanz-Lektüren. Körperbilder und Raumfiguren der Avantgarde (Frankfurt a.M. 1995), 98–117.
74 WALTER BENJAMIN, Über den Begriff der Geschichte (1942), in: BENJAMIN, Bd. I/2 (1974), 701.
75 BENJAMIN, Das Passagen-Werk (entst. 1927–1940), in: BENJAMIN, Bd. 5/1 (1982), 576.
76 BENJAMIN (s. Anm. 74), 695.
77 BENJAMIN, Charles Baudelaire. Ein Lyriker im Zeitalter des Hochkapitalismus (entst. 1938–1940), in: BENJAMIN, Bd. I/2 (1974), 647.
78 BENJAMIN (s. Anm. 75), 577.
79 Vgl. GERALD SIEGMUND, Theater als Gedächtnis. Semiotische und psychoanalytische Untersuchungen zur Funktion des Dramas (Tübingen 1996), 188–201.

2. Das Gedächtnis und die schmerzliche Gewohnheit

Wendet sich Benjamin mit seinem Denken des aus dem Kontinuum herausgesprengten Moments gegen den Historismus des 19. Jh., kann er sich hierbei auf Friedrich Nietzsche berufen. Nietzsche hat Baudelaires moderne, als Naturkraft verstandene »mémoire résurrectioniste, évocatrice«[80] 1874 in seiner zweiten unzeitgemäßen Betrachtung *Vom Nutzen und Nachteil der Historie für das Leben* mit der Notwendigkeit des Vergessens begründet. Nur wer vergißt, vermag zu handeln; ohne Vergessen sei es »ganz und gar unmöglich, […] überhaupt zu leben«[81]. Unaufhörliches Erinnern lähmt die Vitalität und verhindert das Neue. Doch erst »durch die Kraft, das Vergangene zum Leben zu gebrauchen […], wird der Mensch zum Menschen«, aber »ohne jene Hülle des Unhistorischen würde er nie angefangen haben und anzufangen wagen« (249). Die richtige Balance zwischen Erinnern und Vergessen erlaubt es dem Menschen, aus dem jeweiligen Moment sich und seine Tat unvorbelastet zu setzen. In *Zur Genealogie der Moral* (1887) wird das Gedächtnis zum Ursprung der Vernunft, einer Vernunft jedoch, die unter Gewalt, Schmerzen und Unterdrückung geboren wurde. »Vielleicht ist sogar nichts furchtbarer und unheimlicher an der ganzen Vorgeschichte des Menschen, als seine *Mnemotechnik*. ›Man brennt Etwas ein, damit es im Gedächtniss bleibt: nur was nicht aufhört, *weh zu thun*, bleibt im Gedächtniss‹ – das ist ein Hauptsatz aus der allerältesten (leider auch allerlängsten) Psychologie auf Erden.« Nietzsche erinnert mit dieser Gedächtnisvorstellung an die Subjektwerdung als Unterwerfung. Das Gedächtnis fungiert als Erinnerung an die andere Seite des Zivilisationsprozesses – die unterdrückten Triebe und Affekte –, von der der körperliche Schmerz, die Narbenschrift des Körpers, als »das mächtigste Hülfsmitel der Mnemonik«[82] zeugt. »Und wirklich! mit Hülfe dieser Art von Gedächtniss kam man endlich ›zur Vernunft‹! – Ah, die Vernunft, der Ernst, die Herrschaft über die Affekte, diese ganze düstere Sache, welche Nachdenken heisst, alle diese Vorrechte und Prunkstücke der Menschen: wie theuer haben sie sich bezahlt gemacht! wie viel Blut und Grausen ist auf dem Grunde aller ›guten Dinge‹!« (313)

Das Gedächtnis als Körpergedächtnis steht damit an der Nahtstelle zwischen Affekt, Trieb und Vernunft. Zum anderen ist in Nietzsches Mnemotechnik des Schmerzes als Schrift, die er anthropologisch in den Ritualen religiöser Kulte und den Straftechniken von Staaten beobachtet, die Vorstellung eines Gewohnheitsgedächtnisses impliziert, einer Art reflexartigen Funktionierens von bestimmten Abläufen, die unter dem formenden Schmerz zum vernünftigen, produktiven Funktionieren des Menschen beitragen. Das Gedächtnis erscheint als instrumentalisiertes im Sinne Benjamins, als aus der Reizüberflutung der Moderne geborene Schutzhaltung, die den Schock der Reize abschwächt und motorisch ableitet.

In Henri Bergsons dualistischem System in *Matière et Mémoire* (1896), dessen beide Stränge sich energetisch verbinden, steht die Wahrnehmung, die für ihn zur Materie und damit zur objektiven Welt gehört, dem Geist und damit der Dauer und dem Gedächtnis gegenüber. Die Vergangenheit, die kontinuierlich vergeht, aber alles kumulierend bewahrt, verdoppelt die Gegenwart, die ganz auf Handlung ausgerichtet ist, in absentia. »Le passé survit sous deux formes distinctes: 1° Dans des mécanismes moteurs; 2° Dans des souvenirs indépendants.«[83] Ersteres bezeichnet Bergson als Gewohnheit, letzteres als eigentliches Gedächtnis, das vorstellt.[84] Um die Verbindung zwischen der zeit- und ortlosen Dauer und der spezifischen Gegenwart herzustellen, muß das Subjekt völlig in die Vergangenheit eintauchen, ein Zustand, den Bergson mit dem des Traumes vergleicht. Der Körper ist auch für ihn der privilegierte Ort zwischen Außen- und Innenwelt, »une fissure« (241), wo das Gedächtnis seine sinnlich reichen Bilder denen der Wahrneh-

---

80 BAUDELAIRE (s. Anm. 67), 699.
81 FRIEDRICH NIETZSCHE, Unzeitgemäße Betrachtungen II. Vom Nutzen und Nachteil der Historie für das Leben (1874), in: NIETZSCHE (KGA), Abt. 3, Bd. 1 (1972), 246.
82 NIETZSCHE, Zur Genealogie der Moral (1887), in: NIETZSCHE (KGA), Abt. 6, Bd. 2 (1968), 311.
83 HENRI BERGSON, Matière et mémoire (1896), in: Bergson, Œuvres, hg. v. A. Robinet (Paris 1959), 224; dt.: Materie und Gedächtnis, übers. v. J. Frankenberger (Hamburg 1991).
84 Vgl. ebd., 228 f.

mung und der Handlungspraxis unterschieben kann.

Bergsons Gedächtnisphilosophie erscheint wie die Überwindung des Descartesschen Dualismus von Leib und Seele, wobei er wahrnehmungspsychologisch im Gegensatz zu den Empiristen des 17. und 18. Jh. nicht von einer punktuellen Verbindung zwischen den Bildern der Gegenwart und der Vergangenheit ausgeht. Die Vergangenheit erscheint als Nebel (›une nébulosité‹, ›les ténèbres‹) der Gegenwart mitgegeben. Edmund Husserl bezeichnet in *Zur Phänomenologie des inneren Zeitbewußtseins* das vollständige Durchdrungensein der Gegenwart von der Vergangenheit als »doppelte Intentionalität der Bewußtseinsflüsse«[85]. Nicht nur ein vergangener Inhalt wird in der Wiedererinnerung reaktiviert, sondern »das Ganze ist Reproduktion. Es wird nicht nur die damalige Bewußtseinsgegenwart mit ihrem Fluß ›reproduziert‹, sondern ›implicite‹ der ganze Strom des Bewußtseins bis zur lebendigen Gegenwart.« (303) Die Reproduktion erhält durch den Erwartungshorizont, auf den sie notwendigerweise bezogen ist, eine ›bestimmte Färbung‹, die die ›Umgebung‹ des aktuell Wiedererinnerten ausmacht. Dadurch entstehen Felder und Höfe um die Erinnerungen, die potentiell ein Netzwerk von Verbindungen im Bewußtsein herstellen können. Als grundlegende automatische Bewußtseinsleistung kann die Erinnerung als Wirkungskategorie, als die sie seit Baudelaire ausgelegt war, im Akt der Kunstrezeption durch Textstrategien gestört, entautomatisiert, und dadurch einsichtig gemacht und in ihrer Möglichkeitsbedingung reflektiert werden. In der Wiederholung wird die Erinnerung damit auch zur zentralen poetologischen Verfahrensweise.[86]

der Erinnerung«[87], das Aufheben der verdrängten, ungelösten Konflikte der Patienten, die sie, ohne es zu wissen, ständig wiederholen. Das Verdrängen ist eine Art Vergessen, das im Grunde ein Erinnern, ein Ewig-Nicht-Vergessen-Können ist und das eine Spaltung im Subjekt erzeugt. Der psychische Apparat funktioniert wie ein Wunderblock, der die Spuren gleichzeitig löscht und präsent hält[88], als ein Palimpsest – eine Vorstellung, die der englische Spätromantiker Thomas de Quincey in seinen *Confessions of an English Opium-Eater* (1821) bereits entwickelt hatte. Die Wiederholung produziert sprachliche wie köperliche Symptome, die der Analytiker lesen und dechiffrieren muß. In der ständigen Umschrift der Spuren, die keinen stabilen Prätext aufweisen, in der Reduktion auf ödipale Inhalte, liegt die Brisanz des Freudschen Erinnerungsparadigmas für die Ästhetik.[89]

Freuds Erinnerungsarbeit am an sich unzugänglichen und undarstellbaren Speicher des Unbewußten, dessen Spuren individueller wie gesellschaftlicher Verdrängung in Sprache artikuliert und intersubjektiv zugänglich, damit ›austauschbar‹, einsichtig und möglicherweise veränderbar werden, steht mithin im Gegensatz zu den Archetypen im kollektiven Unbewußten, die für Carl Gustav Jung im ›schöpferischen Prozeß‹ aktiviert werden. Der schöpferische Prozeß übersteigt die Individualität des Autors auf jene ›mnemischen Bilder‹ hin, die dem Menschen in der Gehirnstruktur vererbt sind. In der Werkexegese soll, so Jung, damit auch die Reduktion des künstlerischen Gehalts auf die ästhetische Form auf biographische Details aus dem Leben des Autors verhindert werden. »Aus der Unbefriedigung der Gegenwart zieht sich die Sehnsucht des Künstlers zurück, bis sie jenes Ur-

Freud und kein Ende: Eine Zusammenfassung

Am Ende und am Ausgang dieses Überblicks über die Veränderungen des Gedächtnisbegriffs und seine Implikationen für die Ästhetik steht das Werk Sigmund Freuds. In *Erinnern, Wiederholen und Durcharbeiten* (1914) definiert er als Ziel der psychoanalytischen Kur »die Ausfüllung der Lücken

85 EDMUND HUSSERL, Zur Phänomenologie des inneren Zeitbewußtseins (1893–1917), in: HUSSERL, Bd. 10 (1966), 300.
86 Vgl. ECKHARD LOBSIEN, Wörtlichkeit und Wiederholung. Phänomenologie poetischer Sprache (München 1995).
87 SIGMUND FREUD, Erinnern, Wiederholen und Durcharbeiten (1914), in: FREUD (SA), Ergänzungsbd. (1975), 207.
88 Vgl. FREUD, Notiz über den ›Wunderblock‹ (1925), in: FREUD (SA), Bd. 3 (1975), 363–369.
89 Vgl. SIEGMUND (s. Anm. 79), 137f.

bild im Unbewußten erreicht hat, welches geeignet ist, die Mangelhaftigkeit und Einseitigkeit des Zeitgeistes am wirksamsten zu kompensieren.«[90] Bei Jung erlangt der Gedächtnisspeicher vor der Erinnerungsarbeit, das Kollektive vor dem Individuellen, das ewig Wahre und Verfügbare vor der Wahrnehmung und ihrer Veränderung den Vorrang. Die Kunst stellt mit ihrem Rückgriff auf ›mnemische‹ Archetypen »einen Prozeß der geistigen Selbstregulierung im Leben der Nationen und Zeiten dar«. (96) Überraschenderweise kehrt die seit dem 17. Jh. in Mißkredit geratene antike Mnemotechnik in Freuds Modell des menschlichen Seelenlebens und seiner Techniken wie Ersatzbildungen, Witze und Träume zurück.[91] In der *Traumdeutung* (1900)[92] wird die Traumarbeit durch die Verfahrensweisen der Verschiebung und Verdichtung charakterisiert, die der Linguist Roman Jakobson als die beiden grundlegenden poetischen Prinzipien Metonymie und Metapher identifiziert hat.[93] So wie das Wortgedächtnis antiker Rhetoriken Buchstaben und Silben ungeachtet ihrer Semantik in buchstäblich zu lesende Merk-Bilder verwandelt, nimmt die Traumarbeit die Wortvorstellungen und Wünsche, bricht sie auf und verwandelt sie in rebusartige Bilder und Figuren. Freud widersetzt sich damit der historischen Entwicklungslinie, die das rhetorische, auswendige Gedächtnis mit dem Paradigmenwechsel hin zur Wahrnehmung und verinnerlichten Erinnerung in Vergessenheit geraten sieht. Die Psychoanalyse erinnert an die vergessene Rhetorik innerhalb der Ästhetik, indem sie sie als Störung ins Wahrnehmungsparadigma zurückholt. Gleichzeitg eröffnet sich hier eine Vorstellung von Gedächtnis, die Erinnern als Produktion von Neuem begreift. Das Begriffspaar Gedächtnis/Erinnerung stellt sich in Freuds Schriften wie folgt dar: Gedächtnis bezeichnet die Urschrift, die nicht wiederzugewinnen ist, die aber Spuren im Material hinterläßt. Erinnerung dagegen bezeichnet das Umschreiben und die Textproduktion als Akte nachträglicher Sinnkonstitution. Freuds Texte verfahren dabei selbst wie ästhetische Gedächtnistexte, indem sie zwar das Erinnern thematisieren, das Gedächtnis als das ihm Unzugängliche aber ausblenden müssen, um sich überhaupt als Texte konstituieren zu können. Freuds Schriften sind so selbst zeitlose Meta-Gedächtnistexte, die palimpsestartig alle Traditionen des Nachdenkens über Gedächtnis in sich vereinen. Die Freudsche Psychoanalyse fungiert dergestalt als Deckerinnerung für die vielfältigen neueren Auseinandersetzungen mit dem Thema Gedächtnis und Erinnerung.

Gerald Siegmund

Literatur
ANTOINE, JEAN-PHILIPPE, The Art of Memory and its Relation to the Unconscious, in: Comparative Civilizations Revue 18 (1988), 1–21; ASSMANN, ALEIDA/ASSMANN, JAN/HARDMEIER, CHRISTOF, Schrift und Gedächtnis. Beiträge zur Archäologie der literarischen Kommunikation (München 1983); ASSMANN, ALEIDA/HARTH, DIETRICH (Hg.), Mnemosyne. Formen und Funktionen der kulturellen Erinnerung (Frankfurt a. M. 1991); ASSMANN, JAN, Das kulturelle Gedächtnis. Schrift, Erinnerung und politische Identität in frühen Hochkulturen (München 1992); ASSMANN, JAN/HÖLSCHER, TONIO (Hg.), Kultur und Gedächtnis (Frankfurt a. M. 1988); BLUM, HERWIG, Die antike Mnemotechnik (Hildesheim/New York 1969); CARRUTHERS, MARY J., The Book of Memory: A Study of Memory in Medieval Culture (Cambridge 1990); DERRIDA, JACQUES, Mémoires pour Paul de Man (Paris 1988); dt.: Mémoires. Für Paul de Man, übers. v. H.-D. Gondek (Wien 1988); DOCKHORN, KLAUS, ›Memoria‹ in der Rhetorik, in: Archiv für Begriffsgeschichte 9 (1964), 27–35; FLECHTNER, HANS-JOACHIM, Memoria und Mneme (Stuttgart 1974); FOUCAULT, MICHEL, Nietzsche, la généalogie, l'histoire, in: SUZANNE BACHELARD u. a., Hommage à Jean Hyppolite (Paris 1971); dt.: Nietzsche, die Genealogie, die Historie, in: Foucault, Von der Subversion des Wissens, hg. u. übers. v. W. Seitter (München 1974), 83–109;

---
90 CARL GUSTAV JUNG, Über die Beziehungen der analytischen Psychologie zum dichterischen Kunstwerk (1922), in: JUNG, Bd. 15 (1971), 95.
91 Vgl. PATRICK H. HUTTON, The Art of Memory Reconceived: From Rhetoric to Psychoanalysis, in: Journal of the History of Ideas 18 (1987), 371–392; JEAN-PHILIPPE ANTOINE, The Art of Memory and its Relation to the Unconscious, in: Comparative Civilizations Revue 18 (1988), 1–21.
92 Vgl. FREUD, Die Traumdeutung (1900), in: FREUD (SA), Bd. 2 (1972), 280 f.
93 Vgl. ROMAN JAKOBSON, Two Aspects of Language and Two Types of Aphasic Disturbances, in: Jakobson/M. Halle, Fundamentals of Language (Den Haag 1956), 76–82.; dt.: Zwei Seiten der Sprache und zwei Typen aphatischer Störungen, in: Jakobson, Aufsätze zur Linguistik und Poetik (Berlin/Wien/Frankfurt a. M. 1979), 117–141.

FREUDENFELD, REGINA, Gedächtnis-Zeichen. Mnemologie in der französischen und deutschen Aufklärung (Tübingen 1996); GADAMER, HANS-GEORG, Memoria, in: Archiv für Begriffsgeschichte 9 (1964), 15–18; GAWOLL, HANS-JÜRGEN, Spur: Gedächtnis und Andersheit, Teil I: Geschichte des Aufbewahrens, in: Archiv für Begriffsgeschichte 30 (1986/87), 44–69; GAWOLL, HANS-JÜRGEN, Spur: Gedächtnis und Andersheit, Teil II: Das Sein und die Differenzen – Heidegger, Lévinas und Derrida, in: Archiv für Begriffsgeschichte 32 (1989), 269–296; GOLDMANN, STEFAN, Statt Totenklage Gedächtnis. Zur Erfindung der Mnemotechnik durch Simonides von Keos, in: Poetica 21 (1989), 43–66; GRÄTZEL, STEPHAN, Organische Zeit. Zur Einheit von Erinnerung und Vergessen (Freiburg/München 1993); HALBWACHS, MAURICE, Les cadres sociaux de la mémoire (Paris 1925); dt.: Das Gedächtnis und seine sozialen Bedingungen, übers. v. L. Geldsetzer (Neuwied/Berlin 1966); HALBWACHS, MAURICE, La mémoire collective (Paris 1950); dt.: Das kollektive Gedächtnis, übers. v. H. Lhoest-Offermann (Stuttgart 1967); HAVERKAMP, ANSELM/LACHMANN, RENATE (Hg.), Gedächtniskunst. Raum-Bild-Schrift. Studien zur Mnemotechnik (Frankfurt a. M. 1991); HAVERKAMP, ANSELM/LACHMANN, RENATE (Hg.), Memoria. Vergessen und Erinnern (München 1993); HEMKEN, KAI-UWE (Hg.), Gedächtnisbilder. Vergessen und Erinnern in der Gegenwartskunst (Leipzig 1996); HUTTON, PATRICK H., The Art of Memory Reconceived: From Rhetoric to Psychoanalysis, in: Journal of the History of Ideas 48 (1987), 371–392; JAUSS, HANS ROBERT, Zeit und Erinnerung in Marcel Prousts ›À la recherche du temps perdu‹ (1955; Frankfurt a. M. 1986); KOCH, MANFRED, Mnemotechnik des Schönen. Studien zur poetischen Erinnerung in Romantik und Symbolismus (Tübingen 1988); LACHMANN, RENATE, Gedächtnis und Literatur. Intertextualität in der russischen Moderne (Frankfurt a. M. 1990); SCHMIDT, SIEGFRIED J. (Hg.), Gedächtnis. Probleme und Perspektiven der interdisziplinären Gedächtnisforschung (Frankfurt a. M. 1991); SCHMITZ, HERMANN, Hegels Begriff der Erinnerung, in: Archiv für Begriffsgeschichte 9 (1964), 37–44; SIEGMUND, GERALD, Theater als Gedächtnis. Semiotische und psychoanalytische Untersuchungen zur Funktion des Dramas (Tübingen 1996); SMITH, GARY/EMRICH, HINDERK M. (Hg.), Vom Nutzen des Vergessens (Berlin 1996); SNELL, BRUNO, Mnemosyne in der frühgriechischen Dichtung, in: Archiv für Begriffsgeschichte 9 (1964), 19–21; WEINRICH, HARALD, Typen der Gedächtnismetaphorik, in: Archiv für Begriffsgeschichte 9 (1964), 23–26; WEINRICH, HARALD, Lethe. Kunst und Kritik des Vergessens (München 1997); YATES, FRANCES A., The Art of Memory (London 1966); dt.: Gedächtnis und Erinnern. Mnemonik von Aristoteles bis Shakespeare (Weinheim 1990).

Gefühl

(engl. feeling, sentiment; frz. sentiment; ital. sentimento; span. sentimiento; russ. чувство)

Einleitung; 1. Das Verhältnis der philosophischen Tradition zu den Gefühlen. Neuorientierung in der Gegenwart; 2. Gefühl als ästhetisch qualifizierter Begriff; **I. Gefühl als ästhetischer Zentralbegriff in der Epoche der europäischen Aufklärung;** 1. Auslösende Faktoren für die Aufwertung des Affektiven; 2. England; 3. Frankreich; 4. Deutschland; **II. Gefühl in der Romantik und im deutschen Idealismus;** **III. Psychologisierung des Gefühls im 19. Jahrhundert; IV. Randständigkeit des ästhetischen Gefühls im 20. Jahrhundert**

Einleitung

1. Das Verhältnis der philosophischen Tradition zu den Gefühlen. Neuorientierung in der Gegenwart

Seit ihren Anfängen bis in die Gegenwart hinein beschäftigt sich die abendländische Philosophie mit wechselnder Intensität und Motivation mit dem Problem der Gefühle. In der Antike und später in den lateinischen Gelehrtenkreisen geschieht dies unter den Leitbegriffen griech. πάθος (pathos) bzw. lat. affectus und passio. Diese Begriffe gehören nicht zur unmittelbaren Vorgeschichte des neuzeitlichen Begriffspaares Gefühl/Emotion, weil in ihnen allein die passive Komponente des menschlichen Gefühlslebens zum Ausdruck kommt: das Erleiden von etwas, das Betroffensein bzw. die Besetzung von einer Leidenschaft. Die Nähe dieser Vorstellungen zu Schmerz, Krankheit und mangelnder Kontrolle über sich selbst bildet nur mehr ein zurücktretendes Moment der neuzeitlichen Konzeption des Gefühls. Gleichwohl ist die überwiegend abwertende Stellungnahme der antiken Denker zu den leibgebundenen Zuständen der Seele paradigmatisch für die Einschätzung der Gefühle in der Haupttradition der abendländischen Philosophie.

Das Wort ›Gefühl‹ ist eine relativ junge Bildung. Der Ausdruck taucht am Ende des 17. Jh. auf und dient zunächst – wie die Begriffe Gesicht, Gehör und Geschmack – zur Bezeichnung des Inbegriffs *einer* Sinnesleistung, nämlich des Tastsinnes. Bis zur

Mitte des 18 Jh. bildet sich auch die übertragene Bedeutung von Gefühl als innerer Empfindung heraus. Daneben bleibt aber die Bedeutung von äußerer Sinnesempfindung erhalten.[1] Das Changieren des Wortes ›Gefühl‹ zwischen diesen beiden Bedeutungen zeigt sich auch noch, als es zum philosophischen Begriff vor allem in der Ästhetik und Ethik des 18 Jh. geworden ist, wo man vom ästhetischen oder moralischen Gefühl handelt. Die gleiche Bedeutungsunschärfe des philosophischen Begriffs, die aber ihren Grund in der Sache hat, ist im englischen und französischen Sprachraum bei den Begriffen ›feeling‹ und ›sentiment‹ zu beobachten.

Die abendländische Tradition ist gekennzeichnet durch die fundamentale Opposition von Körper und Geist, Sinnlichkeit und Vernunft, Gefühl und Intellekt. Schon im Denken der Antike ist dieser Antagonismus mit hierarchischen Vorstellungen verbunden. Das Gefühlsleben bzw. die Affekte werden dem Animalisch-Körperlichen zugeordnet; die spezifisch menschliche Auszeichnung liegt dagegen in der Vernunft (im oberen Seelenteil). Ihr obliegt es, die unberechenbaren und womöglich maßlosen Affekte und Leidenschaften zu zügeln, zu beherrschen oder wenigstens im Sinne des logos zu modifizieren (Chrysippos).[2]

Das Prinzip der Nachordnung und Geringbewertung des menschlichen Gefühlslebens im Vergleich mit der Rationalität der Vernunft bleibt bis in das 18. Jh. vorherrschend. Vor allem in den Epochen rationalistischer Voreingenommenheit galten Gefühle und Emotionen als fraglos irrational. Gegenüber dieser starken Tradition abendländischen Denkens konnten sich andersartige Auffassungen stets nur reaktiv zur Geltung bringen. Das trifft sogar auf die ganze von Baumgarten inaugurierte neue Disziplin der philosophischen Ästhetik zu, die sich die Rehabilitierung der Gefühle zum Ziel gesteckt hat: sie ist wesentlich eine *reaktive* Disziplin.[3] Die Denker, die zu einer Neubewertung der Gefühle kommen wollten, haben die tradierten Antagonismen zu versöhnen oder zu harmonisieren versucht; den Gegensatz als solchen haben sie nicht aufheben können. Das gilt auch für den kühnen Einspruch, den schon Blaise Pascal in seinen *Pensées* (ersch. 1670) gemacht hat, wenn er erklärt: »Le cœur a ses raisons, que la raison ne connaît point.«[4] Das Herz ist ihm das Organ des »sentiment« oder des »esprit de finesse«, des intuitiven, heuristischen Vorgehens und des Erkennens des Individuellen im Unterschied zum »esprit de géométrie«, des abstraktiven Verfahrens zur Ermittlung des Allgemeinen. Pascal setzt zwar dazu an, den »esprit de finesse« als den Ort des Hervorgangs selbst von »raison« und »volonté« anzunehmen, aber schließlich bleibt der Mensch für ihn ein »sujet de contradiction«[5]. Ähnliches gilt für spätere Denker, die den Dualismus von Gefühl und Vernunft als unwahr empfinden; unter ihnen Shaftesbury, Rousseau und Schiller.

Für die Haupttradition abendländischen Denkens läßt sich jedoch feststellen, daß in der abstrakten Entgegensetzung von Vernunft und Leiblichkeit, von Denken und Fühlen das unaufhebbare Moment der Sinnlichkeit, und das heißt der Individualität, in der konkreten menschlichen Vernunft geleugnet wird. Das sogenannte postmoderne Denken – vor allem der neuen Philosophen Frankreichs – versucht jene metaphysischen Entgegensetzungen zu dekonstruieren und sie als Befangenheit eines subjektzentrierten, totalitären Denkens auszuweisen. Gab es bei den Kritikern des abstrakten Antagonismus bislang eher den Kampf um den Erweis der kognitiven Bedeutung auch der Gefühle (insbesondere in der Ethik und Ästhetik), so verkehrt sich dieses Bestreben in der postmodernen Philosophie hin zum Aufweis der unabdingbaren Gefühlskomponenten der Kognition bzw. Vernunft. Die Philosophie wird in diesem Sinne ›ästhetisch‹, das heißt sinnen- und gefühlsbewußt.[6] Diese Entwicklung erlaubt ihr nicht länger die

---

1 Vgl. ›Gefühl‹, in: GRIMM, Bd. 4/1/2 (1897), 2167.
2 Vgl. INGRID CRAEMER-RUEGENBERG, Begrifflich-systematische Bestimmung von Gefühlen. Beiträge aus der antiken Tradition, in: H. Fink-Eitel/G. Lohmann (Hg.), Zur Philosophie der Gefühle (Frankfurt a.M. 1993), 20–32.
3 Vgl. BRIGITTE SCHEER, Einführung in die philosophische Ästhetik (Darmstadt 1997).
4 BLAISE PASCAL, Pensées (1670), in: Pascal, Œuvres complètes, hg. v. J. Chevalier (Paris 1954), 1221.
5 Ebd., 1206.
6 Vgl. WOLFGANG WELSCH, Die Geburt der postmodernen Philosophie aus dem Geiste der modernen Kunst, in: Welsch, Ästhetisches Denken (Stuttgart 1990), 78–113.

eine ›große Erzählung‹ (Lyotard) über die Vernunft, sondern verweist sie auf plurale Zugangsweisen zu konkreten, zeitbedingten Formen der Vernünftigkeit. Ästhetische Gefühle sind dabei eine Ausprägung von Vernunft und können nicht länger dichotomisch von der vermeintlich eigentlichen Vernunft abgespalten werden.

Dieses postmoderne Verständnis innervernünftiger Gefühle trifft sich wohl nicht zufällig mit neuesten Erkenntnissen der Neurophysiologie. Diese Einzelwissenschaft stand bislang bei ihrer Hypothesenbildung eingestandenermaßen unter dem Bann geisteswissenschaftlicher Vorurteile: So wie die Philosophie zwischen höheren Bewußtseinsfunktionen in den Erkenntnisleistungen (Vernunft, Verstand) und niederen Funktionen in den Gemütszuständen und Gemütsbewegungen (Gefühlen, Emotionen) des Menschen streng unterschieden hatte, so galt in der Erforschung des menschlichen Gehirns die Annahme, daß sich in der Evolution zunächst der niedere Funktionsbereich (das limbische System) entwickelt habe und danach erst die Großhirnrinde als Bedingung höherer logisch-rationaler Fähigkeiten des Menschen. Diese Vorstellung der Hirnevolution wurde aber in jüngster Zeit widerlegt, und es wurde hinsichtlich der Funktionen des Gehirns nachgewiesen, »daß Großhirnrinde und limbisches System eine unauflösliche Einheit bilden, und daß Kognition nicht möglich ist ohne Emotion, den erlebnismäßigen Ausdruck des Prozesses der Selbstbewertung des Gehirns«[7]. Hier wird kein reduktionistischer Physikalismus zur Erklärung von Vernunft und Gefühl angestrebt, wohl aber »eine sehr enge Parallelität zwischen Hirnprozessen und kognitiven Prozessen« (301) behauptet, die Anlaß dazu geben kann, das Verhältnis von Vernunft und Gefühl neu zu bestimmen.

Die Entwicklung der Philosophie in der Gegenwart zeigt, daß logische Analyse und hermeneutische Arbeitsweise sich nach einer längeren Periode getrennter Bestrebungen nun wieder stärker vereinen. Diese Entwicklung scheint günstig zu sein, um das Phänomen der Gefühle und die ›Logik der Gefühle‹ philosophisch aufzuklären. Tatsächlich wendet sich auch die analytische und postanalytische Philosophie den Gefühlen zu, ist aber meistens allein mit der Bedeutung der Gefühle für die Begründung der Ethik befaßt. Die analytische Philosophie ist bestrebt, die Rationalität und die axiologische Bedeutung der Gefühle zu erweisen.[8] Sie kann in dieser Absicht an die angelsächsische moral-sense-philosophy anknüpfen, die das moralische Gefühl als ein Beurteilungsorgan einführte. Die Tendenz zur Intellektualisierung des Gefühls in der analytischen Philosophie der Gegenwart verhält sich komplementär zur Emotionalisierung des Intellekts im postmodernen Denken.

2. Gefühl als ästhetisch qualifizierter Begriff

Das Begriffspaar Gefühl/Emotion verweist nicht von sich aus auf seinen terminologischen Status in einer besonderen Disziplin. Vor allem das Wort Gefühl ist alltagssprachlich in vielfältigem Gebrauch. Die Bedeutung von Gefühl ist hier besonders schwankend und umfaßt auch Vorstellungen von Empfindung (innere wie äußere), Stimmung, Affekt, Leidenschaft, Sensibilität, Sinn für etwas, usw. Da neben der Ästhetik auch andere Spezialdisziplinen wie Anthropologie, Soziologie, Psychologie und weitere Humanwissenschaften den Terminus Gefühl verwenden, kommt es darauf an, die spezifischen Begriffscharaktere von Gefühl im ästhetischen Diskurs zu explizieren.

Kennzeichnend für die Behandlung von Gefühl/Emotion in der Ästhetik ist es, daß zwar Wissenselemente aus den genannten Teildisziplinen vom Menschen des öfteren integriert werden (z. B. wechselnde Vermutungen über den ›Sitz‹ der Gefühle, Versuche zur Meßbarkeit der Intensität von Gefühlen usw.), daß aber dennoch die Eigentümlichkeit ästhetischer Gefühle dabei erschlossen werden soll. Der Begriff des Gefühls läßt sich aber auch auf dem Boden der Ästhetik nicht streng definieren. Die schwachen Konturen des Begriffs

---

7 GERHARD ROTH, Das Gehirn und seine Wirklichkeit. Kognitive Neurobiologie und ihre philosophischen Konsequenzen (1994; Frankfurt a. M. ⁵1996), 178.
8 Vgl. RONALD DE SOUSA, The Rationality of Emotion (Cambridge, Mass./London 1987); dt.: Die Rationalität des Gefühls, übers. v. H. Pape (Frankfurt a. M. 1997); AMÉLIE OKSENBERG RORTY (Hg.), Explaining Emotions (Berkeley/Los Angeles 1980); ROBERT C. SOLOMON, The Passions (New York 1976).

hängen mit der herkömmlichen Skepsis hinsichtlich der Theoriefähigkeit des Gefühlsphänomens zusammen. Soviel nur drückt der Begriff Gefühl deutlich aus, daß es sich hier um eine besondere Form des Selbst- und Weltverhältnisses des Menschen handelt, nämlich des emotiven, im Unterschied zum kognitiven und volitiven. Die entsprechenden Begriffe der englischen und französischen Sprache (feeling/sentiment bzw. sentiment) weisen im ästhetischen Diskurs die gleiche Unschärfe ihrer Bedeutungsgrenzen auf.

Ein Gefühl kann zunächst als innere Bewegtheit angesetzt werden und gehört dann quasi einem ›natürlichen‹ Kontext an: es ist ein seelisches Vorkommnis. Entscheidend für die begriffliche Bearbeitung des Gefühls durch die Ästhetik ist es, welchen symbolischen Ausdruck (Gesten, Namen, Urteile, Ausrufe, künstlerische Produktionen) das Gefühl findet, das damit Teil des kulturellen und geschichtlichen Kontextes wird. Das Fungieren des Gefühlsbegriffs in den jeweiligen Lebensformen und zugehörigen ›Sprachspielen‹ (Ludwig Wittgenstein) gibt diesem Begriff seine spezifische ›Färbung‹ (Gottlob Frege). Es geht um die Artikulation und Deutung des Gefühls, durch die es von unklarer Innenwahrnehmung zum bewußten Erlebnisprozeß werden kann. Diese Bewußtheit im Erleben des Gefühls ermöglicht (bis zu gewissen Grenzen) seine Darstellung und Mitteilung. Sie macht es auch möglich, ein Gefühl zu simulieren, indem die entsprechenden Ausdrucksformen vom tatsächlichen Haben des Gefühls abgekoppelt werden. Dies ist von hoher Bedeutung für die künstlerische Gestaltung von Gefühlen, z. B. für die Darstellungskunst des Schauspielers im Drama.[9]

Die Begriffe Gefühl und Emotion können in der ästhetischen Theorie bei produktionsästhetischen, werkästhetischen und rezeptionsästhetischen Untersuchungen fungieren, wobei der enge Zusammenhang dieser Perspektiven gewahrt bleiben muß. Für die Geschichte des ästhetischen Grundbegriffs Gefühl ist es allerdings bedeutsam, welcher der drei Aspekte im Vordergrund des Interesses steht.

I. Gefühl als ästhetischer Zentralbegriff in der Epoche der europäischen Aufklärung

1. Auslösende Faktoren für die Aufwertung des Affektiven

Der ästhetische Gefühlsbegriff entsteht und hat zugleich seine unumstrittene Blütezeit in der Epoche der europäischen Aufklärung. Die Korrelation von Aufklärungsbestrebung und theoretischer Befassung mit dem Gefühl ergibt sich nicht zufällig. Mehrere Faktoren, die entscheidende Anstöße für die Aufklärung gegeben haben, waren auch für das Interesse an den Gefühlen (vor allem moralischen und ästhetischen) ausschlaggebend.

Zu den Faktoren, die, noch aus dem 17. Jh. stammend, weitere Wirkungen für die Aufklärung besitzen, gehört die Bemühung der Philosophie um die Erfassung und Würdigung des Individuellen, wie sie vor allem von Leibniz vorgenommen wurde. Ist sie dort aber noch eingebunden in die rationale Metaphysik der Monadenlehre, so eröffnet die Aufklärung auch Wege zur empirischen Bewährung des Individuellen. Ein maßgeblicher Weg hierzu ist die Ausbildung der Ästhetik als selbständiger Disziplin. Da die verallgemeinernde Vernunft vor dem Individuellen (der Kunst) *als* Individuellem versagen muß, wie es sich in der Poetik des französischen Klassizismus zeigte, weist die neue Disziplin ein ›analogon rationis‹ aus, das der Logik des Individuellen gerecht werden soll. Ihm gehört als Teilfunktion auch das ästhetische Gefühl an. Das Beispiel zeigt, daß die Philosophie der Aufklärung zur Relativierung ihres vermeintlich einzigen Maßstabs, nämlich der Vernunft, durchaus bereit sein kann, wenn es die Sache (hier das Individuelle) erfordert.

Neuere Forschungen zur Epoche der Aufklärung üben mit Recht Kritik an der bisweilen einsinnigen Charakterisierung der geistigen Entwick-

---

9 Vgl. DENIS DIDEROT, Paradoxe sur le comédien (entst. 1769–1773), in: Diderot, Œuvres esthétiques, hg. v. P. Vernière (Paris 1965), 299–381; HELMUTH PLESSNER, Zur Anthropologie des Schauspielers (1948), in: Plessner, Gesammelte Schriften, hg. v. G. Dux u. a., Bd. 7 (Frankfurt a. M. 1982), 399–418.

I. Gefühl als ästhetischer Zentralbegriff in der Epoche der europäischen Aufklärung 633

lungsprozesse in diesem Zeitraum.[10] Die Absolutsetzung der Vernunft oder enger noch der ›instrumentellen Vernunft‹[11] kann nicht wesentliches Kennzeichen der Aufklärungsbewegung des 18. Jh. sein. Neben anderen Phänomenen wäre unter dieser Prämisse nicht zu verstehen, wie es in dieser Zeit zu einer massiven Aufwertung des Gefühlslebens kommen konnte; und dies in allen drei Kernländern der europäischen Aufklärung. Der Begriff Gefühl konnte nämlich innerhalb des ästhetischen Diskurses bzw. innerhalb der von Alexander Gottlieb Baumgarten begründeten eigenen Disziplin der Ästhetik nur deshalb eine Schlüsselstellung einnehmen, weil neben der Vernunft auch die übrigen ›Vermögen‹ des Gemüts intensiv erforscht wurden. Ehe das spezifisch ästhetische Gefühl entdeckt und expliziert werden konnte, ist das Gefühl Gegenstand der Psychologie und Anthropologie (zunächst als äußere, dann auch als innere Empfindung).

Statt einer Fixierung auf den Vernunftbegriff bedarf es bei einer Analyse der Geisteshaltung der Aufklärung der Beachtung eines umfänglicheren Paradigmas, nämlich der allgemeinen Zuwendung zum Subjekt, erkenntnistheoretisch formuliert: der weitgehenden Ablösung der intentio recta durch die intentio obliqua. Das zunehmend säkularisierte Verständnis des Menschen, dessen Intellekt nicht mehr zwingend als schwaches Ebenbild des göttlichen Intellekts aufgefaßt wird, eröffnet den Weg zu einer eigenen Exploration der menschlichen Subjektivität. Das entsprechende Selbstbewußtsein für dieses Unternehmen kommt aber nicht so sehr aus der Philosophie oder Psychologie als vielmehr aus den neuen Naturwissenschaften. Ihr Erfolg beruht auf der Ersetzung der scholastisch geprägten, spekulativ ausgerichteten Naturforschung durch induktiv organisiertes Forschen, bei dem auf die menschlichen Sinne bezogene Erkenntnisse als Grundlage der Wissenschaft dienen. In England hatte Francis Bacon diese Neuorientierung, vor allem in seinem *Novum Organum* (1620), bereits eingeleitet. Unmittelbar wirksam für das Wissenschaftsverständnis und den Wissenschaftsoptimismus der gesamten Aufklärung wurde Isaac Newtons *Philosophiae naturalis principia mathematica* (1687), in denen das von Bacon vorgezeichnete Programm durchgeführt wird. Der Hauptgedanke Bacons lautet, daß Sätze der Wissenschaft nur aus Erscheinungen abzuleiten und durch Induktion zu verallgemeinern seien. Dagegen bekräftigt Newton: »hypotheses non fingo«[12] (ich erdichte keine Hypothesen); hinter den Erscheinungen werden keine verborgenen Kräfte oder Wesen angenommen. Das unbedingte Vertrauen in die Beobachtung und das Experiment als Schlüssel zur Naturerkenntnis ist zugleich Ausdruck des Vertrauens in die menschlichen Sinne und den selbständig die Naturerscheinungen organisierenden Verstand. Durch die Aufwertung des Zeugnisses der Sinne wird auch der Gefühlsbegriff tangiert: Sowohl im Englischen wie im Französischen und Deutschen ist zunächst mit feeling, sentiment (sentir) oder Gefühl die äußere Sinnesempfindung gemeint, also ein passives Fühlen; erst nach und nach wächst dem Wort Gefühl die Bedeutung eines Reflexes, eines nur mittelbaren Bezogenseins auf innere und äußere Eindrücke zu. Das aktivische Moment des Gefühls (im Englischen eher sentiment als feeling) wird hierbei hervorgehoben. Die Nachbarschaft des Gefühls zu den sinnlichen, unmittelbaren Empfindungen hängt den entsprechenden Begriffen für Gefühl in den erwähnten Sprachen an. Eine Aufwertung des Sinnlichen im Rahmen der Wissenschaft mußte sich auch in die Begriffsbildung hineinwirken. Der Begriff Gefühl signalisierte so nicht eo ipso etwas Irrationales wie meistens bei der Behandlung der Affekte in der Tradition.

Die hohe Anerkennung, die Newtons Wissenschaftskonzept in der Aufklärung genoß, macht deutlich, daß die Tauglichkeit des Menschen für die Wissenschaft nicht mehr – wie noch bei Descartes – einseitig im Denken, in der Vernunft (raison), vermutet wurde, sondern sich nun auch auf einen Bereich des ›Anderen der Vernunft‹ er-

---

10 Vgl. WOLFGANG RÖD, Der Weg der Philosophie. Von den Anfängen bis ins 20. Jahrhundert, Bd. 2 (München 1996), 80; RUDOLF VIERHAUS, Was war Aufklärung? (Göttingen 1995), 6; WERNER SCHNEIDERS, Das Zeitalter der Aufklärung (München 1997), 7.
11 Vgl. MAX HORKHEIMER/THEODOR W. ARORNO, Dialektik der Aufklärung (1947), in: ADORNO, Bd. 3 (1981).
12 Zit. nach DADLEY SHAPERE, ›Isaac Newton‹, in: EDWARDS, Bd. 5 (1967), 490.

streckte, die sinnliche Auffassung der Erscheinungen. Dieser Schritt hat fraglos die Bereitschaft erhöht, auch die Bedeutung der emotiven Fähigkeiten des Menschen zu erkunden und deren Beitrag zur erkennenden Weltaneignung zu befragen.

Viele Denker der Aufklärung haben ein neues Vertrauen in die Wissenschaftlichkeit der Philosophie gewonnen, indem sie den »sicheren Gang«[13] der Naturwissenschaft analogisch in ihrer Disziplin verfolgt haben. Für John Locke und David Hume bedeutete das, empirische Methoden in die Philosophie der menschlichen Natur einzuführen; für Kant bedeutete es, die ›Kopernikanische Revolution‹ in der Erkenntnislehre zu vollziehen, d. h. den ›sicheren Gang‹ der Philosophie durch die Einsicht zu befördern, daß nur dann notwendiges Wissen erreicht werden kann, wenn dies in den a priori zu ermittelnden Konstitutionsleistungen des Subjekts verankert ist.[14]

John Lockes *Essay Concerning Human Understanding* (1690), in dem eingeborene Ideen bestritten werden, schlägt konsequent den in den Naturwissenschaften vorgezeichneten Weg der Empirie ein. Damit wird die subjektive Selbst- und Weltwahrnehmung entscheidend aufgewertet. Dies um so mehr, als Locke zwischen primären und sekundären Qualitäten der Gegenstände der Erkenntnis unterscheidet und letztere als Wirkungen auf den menschlichen Organismus auffaßt, die keine direkten Entsprechungen in den Dingen nach Maßgabe unserer Vorstellungen haben. Die von Locke auf diese Weise initiierte Subjektivierung der Wahrnehmung bereitet, systematisch betrachtet, den Ort vor, an dem das ästhetische Gefühl seine Aktivität entfalten kann.[15]

2. England

Nur wenige Jahre nach der Veröffentlichung von John Lockes folgenreichem Essay erscheint Shaftesburys Schrift *An Inquiry Concerning Virtue, or Merit* (1699), in der dem Gefühl (sense) für das Schöne und Angemessene eine eigenständige Funktion zugesprochen wird. Die Schrift ist eine Reaktion auf die antimetaphysische Konzepte eines Hobbes und Locke mit ihrer subjektivistischen Vorstellung vom Erkenntnisprozeß. Sie ist vor allem gegen Hobbes' mechanistische Auffassung von der menschlichen Seele und gegen die Annahme vom Egoismus als dem Fundament der Moral gerichtet. Shaftesbury steht den Platonisten der Schule von Cambridge nahe und war für die europäische Geistesgeschichte einer der wirkungsmächtigsten Vermittler des Neuplatonismus.[16]

Platonische Vorstellungen vom Weltganzen sind die Grundlage für Shaftesburys Denken. Gemäß Platons Dialog *Timaios* wird die Welt als wohlgeordnete, harmonische, zur Einheit gebrachte Vielheit des Seienden verstanden, die sich zugleich als schön und gut qualifiziert. Diese Wahrheit in allen Bereichen ist in einer Auffassung, Anerkennung und Herstellung der ursprünglich bestehenden Ordnung und ihrer Grundlage in den Ideen zu finden. Dies gilt für die Schönheitslehre ebenso wie für die Ethik, die nach platonischer Vorstellung durch die Identität des Schönen und Guten aufs engste verknüpft sind. Über platonische Vorstellungen hinausgehend, konzipiert Shaftesbury eine Vermittlungsinstanz der menschlichen Seele, die die werthaften Qualitäten am gegebenen Erfahrungsmaterial auffaßt und dem Geist (mind) als dem eigentlichen Organ für die Ideen des Guten und Schönen weitervermittelt. Shaftesbury nennt diese Vermittlungsinstanz Gefühl (sense). Das Gefühl zeigt an, *daß* etwas schön oder gut oder auf andere Weise werthaft besetzt ist; der Geist allein erkennt, *warum* etwas schön usw. ist, d. h. er erkennt die zugrundeliegenden Ideen, die zugleich Seins- und Erkenntnisgrund sind. In dieser Konstellation ist unschwer der Stufenweg des Eros von den Erscheinungen zu den Ideen in Platons *Symposion* wiederzuerkennen: So wie der Platonische Eros als Mittler zwischen dem sinnlichen und dem geistigen Schönen fungiert, so ist für Shaftesbury das äs-

---

13 IMMANUEL KANT, Vorrede (1787) [zur 2. Auflage der ›Kritik der reinen Vernunft‹], in: KANT (AA), Bd. 3 (1904), 10.
14 Vgl. ebd., 26 f.
15 Vgl. CHRISTIAN G. ALLESCH, Geschichte der psychologischen Ästhetik (Göttingen/Toronto/Zürich 1987), 131.
16 Vgl. ERNST CASSIRER, Die Platonische Renaissance in England und die Schule von Cambridge (Leipzig 1932), 115; OSKAR F. WALZEL, Shaftesbury und das deutsche Geistesleben im 18. Jh., in: Germanisch-Romanische Monatsschrift 1 (1909), 416–437.

I. Gefühl als ästhetischer Zentralbegriff in der Epoche der europäischen Aufklärung

thetische Gefühl in eine solche Mittlerfunktion eingesetzt.

Damit der Gehalt dieses neu bestimmten Begriffs Gefühl einleuchten kann, bedarf es vor allem der Abgrenzung gegenüber der bis dahin geltenden Bedeutung von Gefühl als Sinnesempfindung. Im 1. Buch seiner *Inquiry* spricht Shaftesbury vom »reflected Sense«, einem Gefühl, das nicht – wie die Sinnesempfindung – unmittelbar auf die Wahrnehmung von Objekten reagiert, sondern sich auf das richtet, was durch Reflexion in das Bewußtsein eintritt. Shaftesbury nennt das Bewußtsein von Handlungsweisen und Gemütsbewegungen als Beispiele. Das Gefühl richtet sich auf Objekte, »which have been already felt, and are now become the Subject of a new Liking or Dislike«[17]. Das wertempfindliche Gefühl ist also auf einer Metaebene des Fühlens angesiedelt, es baut sich auf dem Fühlen durch die Sinne auf, es ist deren Rückempfindung, wobei nun erst gegenüber den bloßen Neigungen der Sinne ein Wertempfinden bewußt wird. Das Gefühl für Schönes und Gutes ist somit ein Reflexionsgefühl. Shaftesbury betont, daß es sich hier um ein ›natürliches‹ Gefühl handle, also nicht um das Resultat kulturell bedingter Verfeinerung der Wahrnehmung, sondern um ein Gefühl, das den Menschen als solchen auszeichnet und dessen man sich auch gar nicht entschlagen könne. Auch könne bei der Frage der Zustimmung oder Ablehnung (›Liking or Dislike‹) gegenüber Handlungen oder Gemütsbewegungen, die reflektiert werden, das Herz unmöglich neutral bleiben (vgl. 68). Es wird also als ›Sitz‹ des Gefühls nach traditioneller Vorstellung der Affektenlehre das Herz angenommen, und es wird die Unwillkürlichkeit der Zustimmungs- oder Ablehnungsreaktion des Gefühls betont. Das Gefühl für das Schöne ist zwar ein natürliches Organ des Menschen und als solches Shaftesbury zufolge auf die Gesamtordnung der Natur ausgerichtet, aber das sichert ihm noch nicht ein täuschungsfreies Wertempfinden. An dieser Stelle kommt ein empiristisches Moment in Shaftesburys Gefühlstheorie hinein, denn er faßt das Gefühl für das Schöne und Angemessene als ein natürliches Talent auf, das geübt werden will, und identifiziert es in seinen späteren Schriften zunehmend mit dem Geschmack (taste), der ebenfalls solcher Übung bedarf. Der Geschmack hatte zuvor bei seinen wichtigsten Theoretikern (Baltasar Gracián und Baldassare Castiglione) noch nicht die Bedeutung eines ästhetischen Beurteilungsgefühls, sondern diente der lebensklugen und politisch wirksamen Verhaltensweise des Hofmannes. Die politische Implikation des Geschmacks tritt bei Shaftesbury zurück; statt dessen erweitert sich der Begriff um die ästhetische Dimension, die von der ethischen nicht zu trennen ist. Eine Äußerung Shaftesburys aus *The Moralists* (1709) zeigt, daß Gefühl (sense) und Geschmack (taste) synonym verwendet werden und daß das Wertbewußtsein von Gefühl und Geschmack durch Erfahrung geübt werden muß, um das Schöne tatsächlich auch entdecken zu können: »How long e'er a true *Taste* is gain'd! How many things shocking, how many offensive at first, which afterwards are known and ackknowledg'd the highest *Beautys*! For 'tis not instantly we acquire the *Sense* by which these Beautys are discoverable.« Shaftesbury spricht in diesem Zusammenhang von »Labour«, »Pains« und »Time«[18], die zur Ausbildung des Gefühls für Schönheit aufgebracht werden müßten. Das stellt an jeden Künstler besonders hohe Anforderungen, wenn er Vollkommenheit (»Perfection«) in sein Werk bringen will, denn einerseits muß er danach streben, »to please the World«, andererseits muß er sich aber auch *über* dieses Interesse stellen (»in a manner, *above it*«) und sein Auge auf die Anmut und Schönheit der Natur sowie auf die durch die rechten Maßverhältnisse (»*Perfection* of Numbers«) erzeugte Harmonie richten. Letztere als Fundament von Schönem bleibt der ästhetisch urteilenden Masse der Menschheit verborgen, ihr Schönheitsgefühl bleibt oberflächlich am bloßen Effekt hängen: »the rest of Mankind, feeling only by the Effect, whilst ignorant of the Cause, term the *Je-ne-sçay-quoy*, the unintelligible, or the I know not what«[19].

---

17 SHAFTESBURY, An Inquiry Concerning Virtue, or Merit (1699), in: SHAFTESBURY, Abt. 2, Bd. 2 (1984), 66.
18 SHAFTESBURY, The Moralists (1709), in: SHAFTESBURY, Abt. 2, Bd. 1 (1987), 326.
19 Vgl. SHAFTESBURY, Soliloquy: or, Advice to an Author (1710), in: SHAFTESBURY, Abt. 1, Bd. 1 (1981), 264.

Es ist auffällig, daß Shaftesbury den auf Ciceros ›nescio quid‹ zurückgehenden Topos des ›je ne sais quoi‹ des ästhetischen Erlebnisses[20] polemisch auswertet. Er sieht – anders als die Neuplatoniker der italienischen Renaissance – in dem ›je ne sais quoi‹ eine Alibi-Behauptung derer, die dem wahren Grund des Wohlgefallens am Schönen (dem »Universal Mind«[21]) nicht nachgehen wollen. Der Grund und die Ursache alles wahrhaft Schönen ist die Gottheit, daher ist das Irrationale weder für das vielfältige Schöne in den Dingen, Handlungen und Emotionen anzusetzen noch für das Gefühl, das mit Sympathie und Wohlgefallen sich dem Schönen zuneigt.

In Shaftesburys Konzeption tritt das ästhetische Gefühl an der Nahtstelle von platonischer Metaphysik und empirischem Weltverständnis auf. Shaftesbury naturalisiert den mythischen Eros Platons im *Symposion* und wandelt ihn zu einem natürlichen, wertempfindlichen Organ der menschlichen Seele. Das Gefühl im Sinne des ›reflected sense‹, das sein Gefallen oder Mißfallen an den im Bewußtsein rekapitulierten Vorstellungen kundgibt, ist ein unabdingbares – und, wenn es geübt ist, auch zuverlässiges – Organ, mit dem sich der Mensch der ästhetischen und moralischen Wertigkeit der Vorstellungen vergewissern kann. Das ›sentiment‹, wie es Shaftesbury auch nennt, ist aber kein selbständiges Erkenntnisorgan für die Werte, denn zu deren Erkenntnis bedarf es der Einsicht in Gründe und Herkunft, die nur dem menschlichen Geist zugänglich sind. In logischer Hinsicht könnte man sagen: das Gefühl kommt zu intuitiv gewonnenen Schlüssen, ohne aber im propositionalen Sinne urteilen zu können. Das Gefühl verknüpft die Vernunft mit den werthaften Zügen der Wirklichkeit, ist quasi ein Organ dieser Vernunft selbst. Der gesamte Vorgang der ästhetischen oder moralischen Erfahrung ist Shaftesbury zufolge sowohl emotional wie intellektuell bestimmt. Eine Trennung von Geist bzw. Vernunft und Gefühl würde die Gesamterfahrung zunichte machen.

Shaftesburys Ansatz zur Rehabilitierung des Gefühls durch Einsicht in seine unabdingbare Funktion in allen Akten der Wertschätzung wird im englischen Sprachraum vor allem von den Vertretern der ›Schottischen Schule‹ unmittelbar aufgenommen und zu weiterer Differenzierung gebracht. Der Begründer dieser Schule, Francis Hutcheson, veröffentlicht schon 1725 *An Inquiry into the Original of our Ideas of Beauty and Virtue*, dessen Absicht er im Untertitel u. a. als Erläuterung und Verteidigung der Prinzipien Shaftesburys bezeichnet. Gleichwohl geht Hutcheson einen Schritt weiter in der Annahme der Autonomie des Gefühls.[22] Er findet eine eigene Benennung für dasjenige Gefühl, dem die ästhetische Wertwahrnehmung obliegt und spricht von einem »sense of beauty«[23], einem »internal sense« (88) im Unterschied zu den »external senses« (87), den Sinneswahrnehmungen. Die Sinneswahrnehmungen, die Locke als ›simple ideas‹ bezeichnet hatte, nehmen wir passiv auf, während der innere Sinn bzw. das Gefühl für Schönheit ein aktivisches Fühlen ist, welches sich auf ›complex ideas‹ bezieht. Hutcheson beklagt die Undifferenziertheit, mit der die Philosophie bisher von dem Vergnügen durch die Sinne gehandelt habe: »The only pleasure of sense which many philosophers seem to consider is that which accompanies the simple ideas of sensation. But there are far greater pleasures in those complex ideas of objects, which obtain the Names of *beautiful, regular, harmonious*.« (33) Die Berechtigung, das Schätzungsvermögen für das Schöne Gefühl (sense) zu nennen, leitet Hutcheson u. a. aus der Beobachtung ab, daß unsere Überzeugung von Schönheit ebensowenig aus einem Wissen aus Begriffen herrührt wie die Wahrnehmungen der äußeren Sinne. Auch könne unser Wissen das Vergnügen am Schönen nicht steigern (vgl. 36). Hutcheson betont den unbedingten Evidenzcharakter dessen, was der sense of beauty wahrnimmt, wenn er die Notwendigkeit und Plötzlichkeit der Einschätzung durch das Gefühl hervorhebt. Es sei auch nicht möglich, daß irgendein Interessenaspekt diese Einschätzung verändern oder stören könne (vgl. 36 f.). Der Gedanke, daß das Gefühl für das

---

20 Vgl. ERICH KÖHLER, ›Je ne sais quoi‹, in: RITTER, Bd. 4 (1976), 640–644.
21 SHAFTESBURY (s. Anm. 18), 172.
22 Vgl. URSULA FRANKE, Ein Komplement der Vernunft. Zur Bestimmung des Gefühls im 18. Jahrhundert, in: I. Craemer-Ruegenberg (Hg.), Pathos, Affekt, Gefühl. Philosophische Beiträge (Freiburg/ München 1981), 131–148.
23 HUTCHESON (INQUIRY), 90.

Schöne und Angemessene einer ›uninterested attention‹ fähig sei, findet sich aber auch schon bei Shaftesbury.[24]

Wenn das Gefühl für Schönheit den Eindruck eines Schönen empfängt, so liegt dem (Hutcheson zufolge) stets eine Struktur zugrunde, die er mit der Formel »uniformity amidst variety« charakterisiert. Dies soll jedoch nicht die Vorstellung erzeugen, die Dinge an sich selbst seien schön. Es gilt vielmehr: »All beauty is relative to the sense of some mind perceiving it«[25]. So ist die genannte Struktur zwar eine Vorbedingung dafür, daß das Gefühl die Schönheit anzeigt, aber dies nur, weil der ›sense of beauty‹ die gegebene Struktur in der Erscheinung als schönheitlich deutet und erlebt. Gegenüber Kritikern, die an der Spontaneität und Begriffslosigkeit des Gefühls für Schönheit zweifeln und dieses Gefühl eher als Produkt von Gewohnheit und Erziehung sehen wollen, macht Hutcheson geltend, daß Übung und Erziehung keinen ›sense of beauty‹ produzieren, wohl aber ein natürliches Gefühl sensibilisieren können (vgl. 82–85). Hutcheson hat in Analogie zum ästhetischen Gefühl auch ein Konzept des moralischen Gefühls vorgetragen, und so wie der Geschmack oder das Gefühl für Schönheit zur ästhetischen Mündigkeit des Individuums führt, so soll auch der moralische Sinn oder das moralische Gefühl zur entsprechenden Mündigkeit führen.[26] Ob auf der Grundlage eines natürlichen Gefühls eine Verbindlichkeit der Anerkennung von Normen gewonnen werden kann, wird von Hutcheson noch nicht zum Problem gemacht, was Kant ihm später vorwerfen wird.

David Hume hingegen hat sich diesem Problem ausdrücklich gestellt. Hume, der in seinem Frühwerk *A Treatise of Human Nature* (1739–40) entschieden dafür eintrat, das Erkenntnisproblem durch empirische Erforschung des menschlichen Geistes auf ein neues Fundament zu stellen[27], nimmt das Interesse der Schottischen Schule an der introspektiven Aufschlüsselung des Gefühls auf, denn Morallehre und ästhetische Theorie sind nach Humes Einschätzung »not so properly objects of the understanding as of taste and sentiment. Beauty, whether moral or natural, is felt, more properly than perceived.« Wenn über das Schöne philosophiert werden soll, liegt daher für Hume die angemessene Methode nicht in einer unmittelbaren Definition des Schönen, denn es ist keine durch den Verstand zu bestimmende Tatsache. Statt dessen muß es um die Erforschung des »general taste of mankind«[28] gehen, also um die zum Ausdruck gebrachte Wirkung des Schönen im Subjekt und die daraus möglicherweise zu gewinnenden Standards der Schätzung.

Diese programmatischen Gedanken aus dem Schlußkapitel von Humes *Enquiry Concerning Human Understanding* (1748) werden in seiner Schrift *Of the Standard of Taste* (1757) theoretisch weiterverfolgt. Hume verweist zunächst auf die Unterschiedlichkeit des Geschmacks sowohl im Kulturenvergleich wie auch innerhalb einer einzigen Kultur: »The sentiments of men often differ with regard to beauty and deformity of all kinds.« Unterschiede des Geschmacks weisen auf Unterschiede im Erfassen des Ästhetischen durch das Gefühl hin. Es entsteht ein »contest of sentiment«[29], in dem sogar ein Mensch von starkem Selbstbewußtsein zögert, sein Gefühl als wahre Urteilsinstanz anzusehen.

Hume erkennt die Gefahr des völligen Relativismus, falls man in Sachen des Kunsturteils darauf besteht, daß das Zeugnis des je eigenen Gefühls unbedingt im Recht sein müsse, und beschreibt das Dilemma, vor dem jede ästhetische Theorie als Theorie über Gefühle steht: Das Gefühl jedes einzelnen, das sich ja als ästhetisches Gefühl nur mittelbar auf Äußeres bezieht, also ein inneres Gefühl darstellt, besitzt in diesem Selbstbezug unbedingte Evidenz. Man kann niemandem das Haben seines Gefühls bestreiten. »All sentiment is right.« (268) Diese einzelne Wahrheit ist zwar unantastbar, aber zugleich auch nicht zu vermitteln bzw. zu verallge-

---

24 Vgl. JEROME STOLNITZ, On the Origins of ›Aesthetic Disinterestedness‹, in: Journal of Aesthetics and Art Criticism 20 (1961), 131–143.
25 HUTCHESON (INQUIRY), 54.
26 Vgl. HUTCHESON, An Inquiry Concerning Moral Good and Evil (1726), in: Hutcheson, An Inquiry Into The Original of our Ideas of Beauty an Virtue. In Two Treatises (1726; New York 1971), 111–303.
27 Vgl. HUME (TREATISE), XIII–XIX.
28 DAVID HUME, An Enquiry Concerning Human Understanding (1748), in: HUME (ENQUIRIES), 165.
29 HUME, Of the Standard of Taste (1757), in: HUME, Bd. 3 (London 1875), 266.

meinern, was jedoch dem Interesse der Gesellschaft widerspricht und auch de facto nicht praktiziert wird. Die Frage kommt also auf, ob es gleichwohl gute Gründe geben kann, das Gefühl in Ausnahmefällen mit einer gewissen Verbindlichkeit auszustatten. Die andere Seite des Dilemmas ist nämlich noch aussichtsloser. Wenn das Verstandesurteil über das Ästhetische befinden soll, so könnte man zwar im Falle der Richtigkeit der Urteile Verallgemeinerungsfähigkeit erreichen, aber man träfe in diesen Urteilen nicht wirklich das Schönheitliche oder andere ästhetische Qualitäten, denn sie sind nicht ohne die Relation zum Gefühl: »Beauty is no quality in things themselves: It exists merely in the mind which contemplates them; and each mind perceives a different beauty.« (268)

Der krasse Individualismus der Gefühle scheint jede Bildung von Geschmacksregeln verhindern zu müssen, obgleich Hume betont: »It is natural for us to seek a *Standard of Taste*.« (268) Gegen die Gefahr der völligen Regellosigkeit, die im Hinblick auf die tatsächliche ästhetische Urteilsbildung in der Gesellschaft kontra-intuitiv ist, bringt Hume verschiedene Argumente und Beobachtungen ins Spiel: Selbst wenn zuzugeben ist, daß Schönheit und Häßlichkeit keine Prädikate der Dinge selbst sind, »but belong entirely to the sentiment«, so muß doch auch eingeräumt werden, »that there are certain qualities in objects, which are fitted by nature to produce those particular feelings.« (273) Hume verfällt hinsichtlich des Schönen nicht in den Subjektivismus und Relativismus. Das Schöne ist nicht bloße Projektion, vielmehr bringen die Dinge selbst Voraussetzungen mit, durch die unser Gefühl sie als schön empfindet. Das obige Zitat ist auch geeignet, den Unterschied wahrzunehmen, den Hume zwischen sentiment und feeling macht: Bei dem Begriff ›feeling‹ wird durchaus noch auf den gegenständlichen Auslöser des Gefühls reflektiert, während mit ›sentiment‹ das innere, ganz und

gar dem Subjekt angehörende Reflexionsgefühl gemeint ist.

Einen Schritt hin zu möglichen Geschmacksregeln geht Hume mit dem Argument, daß der Geschmack, dem das Gefühl zuarbeitet, durch Erfahrung, d. h. durch fortgesetzte Übung außerordentlich verbessert werden könne. Hume setzt auf eine selbsttätig zu erwerbende Kennerschaft, deren Vertreter vorurteilsfrei allein durch Erfahrung und Vergleich zur angemessenen Bewertung der Erscheinungen des Schönen, vor allem der Kunst, gelangen könnten. Dabei betont er, daß die idealen Bedingungen für diese Urteilsbildung nur abseits vom unruhigen Alltagsgeschehen gegeben seien und antizipiert damit die wenig später in den europäischen Museumsgründungen tatsächlich eingeräumten Verhältnisse.

Hume vertraut bei den möglichen Prinzipien der Geschmacksbildung, wie sie vor allem Kunstrichter beherzigen müssen, ganz der Erfahrung und dem induktiven Vorgehen. Daß auch bei Beachtung dieser Prinzipien oft voneinander abweichende Kunsturteile gefällt werden, erklärt Hume mit der Störbarkeit des inneren Gefühls. Es kann vor allem durch Vorurteile in seiner Empfindungsfähigkeit verändert werden, genauso wie der Verstand durch Vorurteil beeinträchtigt wird. »It belongs to *good sense* to check its influence in both cases; and in this respect, as well as in many others, reason, if not an essential part of taste, is at least requisite to the operations of this latter faculty.« (277) Die Geschmacksbildung kann also nicht allein dem Gefühl überlassen werden, obgleich es die originäre Quelle für den Geschmack darstellt. Sie bedarf auch des Schutzes und der Kontrolle durch die Vernunft.

Einen philosophiehistorisch besonders wirkungsvollen Beitrag zur Theorie der ästhetischen Gefühle hat Edmund Burke geliefert. Vor allem im deutschen Sprachraum wurde sein *Philosophical Enquiry into the Origin of Our Ideas of the Sublime and Beautiful* (1757) sehr intensiv und mit unterschiedlicher Bewertung rezipiert[30], u. a. durch Mendelssohn, Hamann, Herder und Schiller. Kant wird schon früh durch Mendelssohns Burke-Rezension (1758)[31] auf die Gedanken des *Enquiry* aufmerksam und findet in seiner *Kritik der Urteilskraft* (1790) zwar lobende Worte für die feine psychologische

---

30 Vgl. CARSTEN ZELLE, ›Angenehmes Grauen‹. Literaturhistorische Beiträge zur Ästhetik des Schrecklichen im 18. Jh. (Hamburg 1987), 186–202.

31 Vgl. MOSES MENDELSSOHN, Philosophische Untersuchung des Ursprungs unserer Ideen vom Erhabenen und Schönen (1758), in: Mendelssohn, Ästhetische Schriften in Auswahl, hg. v. O. F. Best (Darmstadt ²1974), 247–265.

Analyse und den Beitrag Burkes zur empirischen Anthropologie, betont aber, daß die rein sensualistische Begründung des Wohlgefallens oder Mißfallens aufgrund von Reiz oder Rührung in der Privatheit dieser Gefühle ende und daher den Begriff eines verbindlich zu machenden Geschmacks auflöse.[32] Ganz anders reagiert Herder auf die psychologisch-physiologische Studie Burkes. Er begrüßt die Theorie einer ganzheitlichen Wirkung der Gefühle des Schönen und Erhabenen, bei der auch die leibliche Betroffenheit beachtet wird. So groß ist Herders Bewunderung für diesen pionierhaften Versuch, daß er sein Neidgefühl bekennt, eine solche Untersuchung nicht selbst vorgelegt zu haben.[33] Burke unterwirft die beiden in der ästhetischen Literatur des 18. Jh. bereits geläufigen Kardinalgefühle des Schönen (beauty) und des Erhabenen (sublime) einer strikt dichotomischen Systematik und einer vorrangig physiologisch wie psychologisch orientierten Theorie, wobei er in der Einleitung zu seiner Untersuchung betont, daß es sich nicht um eine exakte Theorie handle.[34] Burkes Methoden sind Beobachtung, Introspektion und Induktion. Die Dichotomie der Gefühle des Schönen und des Erhabenen wird durch die Bindung an zwei menschliche Grundtriebe, den Sozialtrieb (»the passions which belong to *Society*«, 40) und den Selbsterhaltungstrieb (»the passions which belong to *Self-Preservation*«, 38), zwischen denen ebenfalls eine Spannung besteht, begründet. Das Schöne erzeugt Freude (joy, delight, pleasure), Sympathie (sympathy) und Zuwendung (affection), das Erhabene dagegen Furcht (fear) und Einsamkeit (solitude). Burke verfaßt umfangreiche Kataloge über diejenigen Erscheinungen, die das eine oder das gegenteilige Gefühl auslösen. Dabei ist es ihm wichtig zu betonen, daß die Gefühlsauslösung völlig unmittelbar ohne jedes dazwischentretende Raisonnement geschieht. Sie bewegt sich zwischen den Polen von »pleasure« und »pain«, wobei Burke Vergnügen und Schmerz im Lockeschen Sinne als ›simple ideas‹ versteht, »incapable of definition« (32). Burke bezeichnet die Gefühle (feelings) meistens als ›passions‹ (vgl. 22 f.), gelegentlich als ›emotions‹ (vgl. 39). Es wird durch diesen Sprachgebrauch eher das passivische Moment des Gefühls, das Einem-Einfluß-unterworfen-Sein betont, wie es nach dem physiologischen Erklärungsmuster (Reiz-Reaktion) naheliegt. Als Quelle für das Gefühl des Erhabenen, das Burke »the strongest emotion which the mind is capable of feeling« nennt, kommt in Frage: »Whatever is fitted in any sort to excite the ideas of pain, and danger, [...] whatever is in any sort terrible, or is conversant about terrible objects, or operates in a manner analogous to terror« (39). Um den Schrecken (terror), der stets mit dem Erhabenen einhergeht, überhaupt zum möglichen Gegenstand ästhetischer Rezeption machen zu können, muß eine Bedingung erfüllt sein, die sich auf folgende Beobachtung stützt: »terror is a passion which always produces delight when it does not press too close« (46). Nur wenn eine ästhetische Distanz zum Schrecklichen gewahrt werden kann, ist das Erlebnis des Erhabenen möglich. Wenn nach anfänglich aufkommender Furcht die mögliche Distanznahme bewußt wird, folgt eine gewisse Lösung der durch Furcht bedingten Starre, und das Gefühl des Frohseins (delight) stellt sich ein. Burke will dieses Nachgefühl sorgsam von dem Gefühl des Vergnügens (pleasure) unterschieden wissen, denn es mischt sich im delight auch ein Moment der Unlust mit ein. Kant wird in diesem Zusammenhang von ›positiver‹ und ›negativer Lust‹ sprechen.

Nicht nur durch den generell antimetaphysischen Ansatz seiner Theorie ästhetischer Gefühle, sondern auch durch die starke Gegenstellung zum Erhabenen, die in die Burke das Schöne bringt, verliert es an Bedeutsamkeit und nähert sich dem Idyllisch-Trivialen. Lebewesen und Objekte, als schön empfunden werden, wecken Burke zufolge unmittelbar Gefühle der Zuneigung und Liebe. Es ist der Sozialtrieb des Menschen, der bei dieser Erfahrung angesprochen wird. Die auslösenden Eigenschaften für das Schönheitsempfinden sind: eher kleine Abmessungen der Körper (small), Glätte (smoothness) ihrer Oberfläche, Zartheit (de-

---

32 Vgl. KANT, Kritik der Urteilskraft (1790), in: KANT (AA), Bd. 5 (1905), 277 f.
33 Vgl. JOHANN GOTTFRIED HERDER, Vom Erkennen und Empfinden der menschlichen Seele. Bemerkungen und Träume (1778), in: HERDER, Bd. 8 (1892), 186.
34 Vgl. BURKE, 12 f.

licacy), Sanftheit der Farben (beauty in colour). Diese gegenüber den Auslösern für das Gefühl des Erhabenen abgemilderten Eigenschaften entsprechen der weniger starken Emotion der Zuneigung (»sense of joy and pleasure«, 43) angesichts des Schönen im Unterschied zur besonders heftigen Emotion im Erlebnis des Erhabenen. Der Katalog der Eigenschaften, die das Empfinden von Schönheit bewirken sollen, zeigt deutlich seinen Bezug zum vorherrschenden Geschmack des Rokoko.

Burke, der seiner ersten Profession nach Politiker ist, interessiert sich offensichtlich für das Gefühlsleben der Menschen nicht allein unter ästhetischem Aspekt. Seine Einsichten hierüber werden vielmehr im Verfolg eines umfänglicheren Unternehmens, nämlich der Erforschung des menschlichen Antriebs- und Gefühlslebens und dessen politischer Bedeutung, gewonnen. Beide Gefühlslagen, das Erhabene wie auch das Schöne, werden unter politischen Aspekten bewertet. Etwa bei der Feststellung: »I know of nothing sublime which is not some modification of power.« (64) Das Gefühl des Erhabenen, ob angesichts gewaltiger Naturerscheinungen oder gegenüber groß dimensionierten Artefakten, ist für Burke immer auch eine Erfahrung der Macht, die unwillkürlich Bewunderung erregt. Der nach außen gerichtete Affekt der Bewunderung schwächt zugleich das Selbstgefühl, wie Burke am Beispiel des Verhältnisses des endlichen Menschen zur Gottheit demonstriert. – Schönheit gewinnt für Burke insofern eine politische Bedeutung als er in ihr »a social quality« (42) entdeckt. Da das Schöne Zuneigung und Liebe weckt, fördert es die sozialen Bindungen. – Wenn es im *Enquiry* auch nicht ausdrücklich gemacht wird, so schwingt bei allen Beschreibungen der Gefühlswirkung des Schönen und Erhabenen merklich das Bewußtsein der möglichen Instrumentalisierung der Gefühle für außerästhetische Zwecke mit.

3. Frankreich

Eine auf die einzelnen Länder bezogene Erörterung der Begriffe und Theorien ästhetischer Gefühle zur Zeit der Aufklärung scheint insofern sinnvoll, als es eine Ungleichzeitigkeit der politischen Entwicklung und des Aufklärungsprozesses im Europa dieser Epoche gibt. Die Rehabilitierung des Gefühls ist jedoch ein Bewußtseinsphänomen, das die zunehmende – auch politische – Emanzipation der Menschen als Individuen anzeigt und ihr zunehmendes Freiheitsbedürfnis zum Ausdruck bringt. Hier bedeutet das liberale politische Klima in England nach der ›glorreichen Revolution‹ von 1688 eine ganz andere Voraussetzung, als sie im vorrevolutionären Frankreich gegeben ist, wo die Aufklärung gegen den Absolutheitsanspruch von Staat und katholischer Kirche kämpft. Dieser Kampf um neue Freiheiten des Individuums spiegelt sich auch in den ästhetischen Diskursen des 18. Jh. in Frankreich wider.

Schon zu der Zeit, als das klassizistische Paradigma in der Kunsttheorie Frankreichs noch weitgehend unbestritten war, veröffentlicht der Abbé Jean-Baptiste Du Bos ein kunstkritisches Werk mit sensualistisch-psychologischer Ausrichtung, in dem das Gefühl zur führenden Kategorie erhoben wird. In seinen *Réflexions critiques sur la poësie et sur la peinture* (1719) setzt Du Bos einen wirkungsästhetischen und einen produktionsästhetischen Schwerpunkt. In beiden Bereichen spielen der sentiment und die passions die führenden Rollen.

Du Bos leitet seine Untersuchung mit der These ein: »L'ame a ses besoins comme le corps; & l'un des plus grands besoins de l'homme, est celui d'avoir l'esprit occupé.«[35] Ein nicht beschäftigter Geist, eine inaktive Seele, werde sehr schmerzlich als Langeweile (ennui) empfinden, und der Mensch versuche auf alle Weise, ihr zu entkommen (vgl. ebd.). Auffällig ist in Du Bos These die Analogisierung von Seele und Körper, was ihre Bedürftigkeit anbelangt. Hier zeigt sich der naturwissenschaftlich-empirische Ansatz von Du Bos, der im folgenden darlegt, daß die künstlerische Produktion wie auch ihre Rezeption vorrangig den Zweck verfolgen müsse, Gefühle in der menschlichen Seele auszulösen (passions, emotions, sentiments). Hinsichtlich der Gefühle erreicht Du Bos eine wichtige begriffliche Unterscheidung zweier Klassen von Gefühlen: »Les Peintres & les Poëtes excitent en nous ces passions artificielles, en

---

35 DU BOS, Bd. 1 (1770), 6.

I. Gefühl als ästhetischer Zentralbegriff in der Epoche der europäischen Aufklärung

présentant les imitations des objets capables d'exciter en nous des passions véritables.« (27) Diese Unterscheidung von realen und artifiziell erzeugten Gefühlen ist weit vorausweisend bis zur psychologisierenden Ästhetik des 19. Jh. Du Bos macht bewußt, daß die in der Kunst dargestellten Gefühle vom Rezipienten nicht auf gleiche Weise erlebt werden wie in der Realität. Im 19. Jh. wird auf die differente Erlebnisweise in ästhetischer Einstellung vielfach hingewiesen werden. Etwa durch Eduard von Hartmann, der ›Real-Gefühle‹ und ›Schein-Gefühle‹[36] unterscheidet, und – in Anlehnung an Hartmann – Johannes Volkelt, der dem Erleben der Gefühle in ästhetischer Einstellung die »Ich-Zugehörigkeit«[37] abspricht.

Du Bos argumentiert, das Vergnügen, das uns die Nachahmung der Objekte bereite, die uns in der Realität zu starken Gemütsbewegungen veranlassen, sei »un plaisir pur«. Il n'est pas suivi des inconvéniens dont les émotions sérieuses qui auroient été causées par l'objet même, seroient accompagnées«[38]; und das gilt sogar für die stärksten Unlustgefühle wie Furcht, Enttäuschung usw. Sie werden als künstliche Gefühle, d. h. aus der Distanz ästhetischer Rezeption, mit ›plaisir‹ erlebt. In den ästhetischen Diskurs der Folgezeit ist diese Beobachtung als ›Du Bossches Problem‹ eingegangen. Sie findet sich aber auch schon in voller Ausprägung bei Augustinus.[39]

Der Du Bossche ›plaisir pur‹, der nicht unmittelbar von den Objekten, sondern von deren künstlerischen Nachahmungen herzuleiten ist, hat eine große Nähe zum Begriff der ›intellektuellen Freude‹, von der Descartes in *Les Passions de l'Ame* (1649) handelt, wenn er die seelischen Reaktionen des Romanlesers oder Theaterbesuchers analysiert: »lors que nous lisons des avantures estranges dans un livre, ou que nous les voyons representer sur un theatre, cela excite quelquefois en nous la Tristesse, quelquefois la Ioye, ou l'Amour, ou la Haine, & generalement toutes les Passions, selon la diversité des objets qui s'offrent à nostre imagination; mais avec cela nous avons du plaisir, de les sentir exciter en nous, & ce plaisir est un Ioye intellectuelle, qui peut aussi bien naistre de la Tristesse, que de toutes les autres Passions.«[40] Es gibt für Descartes einen Selbstgenuß des Gefühlslebens (der Leidenschaften), den er intellektuellen Genuß nennt. Zunächst entstehen die passions, indem die Einbildungskraft durch bestimmte Objekte beeindruckt wird (gegenstandsgebundene passions), aber diese passions werden auch rückempfunden und erzeugen in dieser Rückempfindung den intellektuellen Genuß (reflektierte passions). Die Nähe zu den ›reflected sentiments‹ der Engländer ist ebenfalls festzustellen.

Schon Descartes bahnt durch seine Psychologie eine Entwicklung an, die das Sich-selbst-Fühlen im ästhetischen Erleben aufwertet. Bis dahin kam es eher darauf an, dem ästhetischen Gegenstand im Verhalten auch gerecht zu werden. Die für die Erkenntnis geforderte adaequatio rei et intellectus erstreckte sich analogisch auch auf das Gefühlsleben. Descartes' Betonung der Intellektualität des Vergnügens am Fühlen der Leidenschaften im Sinne von Reflexionsgefühlen antizipiert Kants Konzept ›geistiger Gefühle‹. – Fast gleichzeitig mit der Begriffsbildung ›Gefühl‹ wird auch der Begriff ›Selbstgefühl‹ geschaffen und erhält in der Anthropologie und Psychologie des 18. Jh. besonderes Gewicht.[41]

Für Du Bos ist der Sitz der Emotionen die »sensibilité naturelle du cœur humain«[42]. Im Unterschied zur realen Situation bleiben wir bei den Emotionen, die durch die Kunstwerke ausgelöst werden, »maîtres à la mesure de nos sentiments« (31). Diese Formulierung erinnert an Descartes' berühmt gewordenen Ausspruch, die Menschen könnten sich durch eine streng methodisch betriebene Wissenschaft zu »maîtres et possesseurs de la nature«[43] machen. Für Du Bos ist eine gewisse Kontrolle über die sentiments, ein Begleiten der

---

36 Vgl. EDUARD VON HARTMANN, Philosophie des Schönen (1887), hg. v. R. Müller-Freienfels (Berlin 1924), 37–61.
37 JOHANNES VOLKELT, System der Ästhetik, Bd. 1 (1905; München ²1927), 146.
38 DU BOS, Bd. 1 (1770), 29.
39 Vgl. AUGUSTINUS, Conf. 3, 2, 2.
40 RENÉ DESCARTES, Les Passions de l'Ame (1649), in: DESCARTES, Bd. 11 (1909), 441.
41 Vgl. HERMANN DRÜE, Die Entwicklung des Begriffs Selbstgefühl in Philosophie und Psychologie, in: Archiv für Begriffsgeschichte 37 (1994), 285–305.
42 DU BOS, Bd. 1 (1770), 39.
43 DESCARTES, Discours de la méthode (1637), hg. u. übers. v. L. Gäbe (Hamburg 1960), 100.

sentiments durch die raison wichtig, und damit drückt er eine typische Auffassung der französischen Aufklärungsphilosophen aus, die sich mit ästhetischen Fragen beschäftigt haben.

Die Malerei übertrifft Du Bos zufolge die Dichtung in ihrer Fähigkeit, das Gemüt der Menschen zu bewegen, denn: »La vue a plus d'empire sur l'ame que les autres sens«[44]. Die Seele hat das stärkste Vertrauen in den Gesichtssinn. Auch bedient sich die Malerei, wie Du Bos betont, keiner künstlichen, arbiträren Zeichen, sondern der natürlichen Zeichen und stellt so zwischen den Objekten und den menschlichen Organen die gleiche Beziehung her, wie die Natur selbst sie vorsieht (vgl. 414f.). Die Vollkommenheit der Kunstwerke liegt für Du Bos jedoch nicht so sehr in der Abbildleistung als vielmehr darin, daß sie in den Menschen die gleichen Gefühlsbewegungen auslösen können wie das Original: »La copie de l'objet doit, pour ainsi dire, exciter en nous une copie de la passion que l'objet y auroit excitée.« (27f.) Ob und wie sehr eine Kunst gefällt, entscheidet das ›sentiment‹ – und das heißt hier, die Fähigkeit, sich fühlend zu den Objekten zu verhalten. Das sentiment kann nach Auffassung von Du Bos den Geschmack (goût) ganz und gar vertreten. Die entscheidende Wende hin zur Eigenbedeutung des Ästhetischen wird deutlich am Vergleich mit Boileau. War in seinem Werk *L'art poètique* (1674) die höchste Instanz zur Beurteilung der Kunst noch die raison, so ist es bei Du Bos das sentiment.

Diese Auffassung hat die entsprechenden Folgen für die Erwartungen an das künstlerische Genie. Du Bos erinnert an die Mahnung des Horaz, daß es nicht genüge, ein Gedicht schön zu verfassen. Es müsse auch das Gemüt bewegen. Du Bos erklärt: »Horace auroit dit le même chose aux Peintres« und argumentiert, daß Gedicht wie Gemälde diese Wirkung nicht erzielen können, wenn sie kein anderes Verdienst »que la régularité & l'élégance de l'exécution«[45]. besitzen. Hierin drückt sich deutlich die Ablehnung der klassizistischen Regelästhetik aus, wie sie Boileau in *L'art poètique*

vertrat. Du Bos spielt auf die Horazische Forderung des ›movere‹ an und betont das Defizitäre der Kunst, sofern sie sich allein der Regelbefolgung verschreibt. Daher gilt für ihn: »Les plus grands Versificateurs ne sont pas les plus grands Poëtes, comme les Dessinateurs les plus *reguliers* ne sont pas les plus grands Peintres.« (4) Maler und Poeten »ne peuvent inventer de sang-froid« (14), vielmehr geraten sie in eine Art Enthusiasmus. Für den Dichter gilt: »il faut être inspiré d'une espéce de fureur, pour faire de beaux vers.« (15)

Auch in Du Bos' Urteil über den genialen Maler oder Poeten zeigt sich die gegenüber dem Klassizismus deutliche Verschiebung des Interesses: Stand bis dahin das *Werk* des Genies im Vordergrund, so ist jetzt die allgemeine Hinwendung zum *Subjekt* für die Genielehre ebenfalls bestimmend und erteilt produktionsästhetischen Gesichtspunkten den Vorrang. Dabei ist aus obigem Zitat unschwer die entscheidende Quelle zu erkennen, aus der zur Unterstützung dieser Neuorientierung geschöpft werden soll. Es handelt sich um Platons Mania-Lehre aus dem Dialog *Phaidros*. Dem vermeintlichen Schaffen aus dem ›sang froid‹ bzw. der bloßen Regelbefolgung wird bei Du Bos der dichterische Furor – bei Platon die dichterische Mania oder der Enthusiasmus[46] – als die eigentliche Schaffensquelle gegenübergestellt. Dem Vernünftigen wird der Verzückte, von starken Emotionen Erfaßte entgegengehalten.

Mit Du Bos' Bevorzugung des sentiment gegenüber der raison sowohl für die Produktion wie die Rezeption von Kunst ist nicht nur eine Entscheidung für die individuelle Schöpferkraft auf der einen Seite und für die individuelle Kritikfähigkeit auf der anderen gefallen. Es führt dies auch zu einer Neubewertung von ›le public‹ und ›le peuple bas‹ als mündigen Kunstrichtern, zu einer Entwicklung mit deutlich politischer Implikation.

Weder die Zeitgenossen noch die französischen Theoretiker der folgenden Generation haben jene Vorrangstellung des sentiment im Sinne Du Bos' bestätigt. Zwar wird die besondere Funktion des sentiment für das Erfassen und Bewerten des Sinnlich-Individuellen zugestanden, doch wird ebenso eine Ausgewogenheit von sentiment und raison gesucht. Außerdem gibt es das Bedenken, daß der sentiment bzw. der goût, dem der sentiment zuar-

---

44 DU BOS, Bd. 1 (1770), 414.
45 DU BOS, Bd. 2 (1770), 2.
46 Vgl. PLATON, Phaidr., 245a.

I. Gefühl als ästhetischer Zentralbegriff in der Epoche der europäischen Aufklärung

beitet, korrumpierbar sei und einige Zuverlässigkeit im Bewerten nur durch stete Übung erreiche.

Den Gedanken der notwendigen Ausgewogenheit von Gefühl und Verstand, Geschmack und Vernunft trägt auch Charles Batteux in seiner Schrift *Les beaux Arts réduits à un même Principe* (1746) vor: »Il ne peut y avoir de bonheur pour l'homme, qu'autant que ses goûts sont conformes à sa raison. Un cœur qui se révolte contre les lumieres de l'esprit, un esprit qui condamne les mouvemens du cœur, ne peuvent produire qu'une sorte de guerre intestine, qui empoisonne tous les instans de la vie.«[47] Die Harmoniebestrebung für die innere Verfassung des Menschen bleibt in dieser Äußerung jedoch recht unverbindlich und vage. Klarer begründet Batteux diese innere Harmonie an anderer Stelle, indem er intelligence und goût in ein Verhältnis der »grande analogie« (56) bringt, so daß hier Baumgartens Begriff des ›analogon rationis‹ vorgeprägt scheint. Die Überlegungen Batteux' führen schließlich zu einem Definitionsversuch hinsichtlich der beiden als analog erkannten Prinzipien von intelligence und goût. »Je puis donc définir l'Intelligence: la facilité de connoître le vrai & le faux, & de les distinguer l'un de l'autre. Et le Goût: la facilité de sentir le bon, le mauvais, le médiocre, & de les distinguer avec certitude.« (57) Dem Gefühl (sentir) wird auf seinem Gebiet immerhin die gleiche sichere Unterscheidungsfähigkeit – und das heißt Bewertungsfähigkeit – zugestanden wie dem Intellekt für sein Gebiet des Logischen. Trotz dieser scheinbaren Gerechtigkeit in der Kompetenzverteilung verrät allein die Wortwahl doch eine stärkere Verpflichtung gegenüber dem Intellektualismus (distinguer, certitude).

Obgleich Denis Diderot die ästhetischen Schriften der Engländer früh und intensiv kennenlernte und schätzte (er übersetzt Shaftesburys *Inquiry Concerning Virtue, or Merit*), so ist deren z. T. extremer Sensualismus (Burke) ihm fremd geblieben. Diderot ist über viele Jahre Kunstkritiker gewesen (vgl. *Les Salons*) und war wohl nicht zuletzt durch diese Funktion stärker an der Analyse der Werke interessiert als an der Gefühlsreaktion der Rezipienten oder Produzenten der Kunst. Eine Ausnahme bildet der *Enzyklopädie*-Artikel über das Genie, der wahrscheinlich zwar nicht von Diderot geschrieben, aber sicher von ihm redigiert und autorisiert wurde: Vom Genie wird dort behauptet, daß seine Seele sich durch große Weite auszeichne (»l'ame plus étendue«), sich allem in der Natur öffne und alle Vorstellungen mit einem lebhaften Gefühl (»sentiment«) verbinde. Für die Menschen im allgemeinen gilt, »lorsque l'ame a été affectée par l'objet même, elle l'est encore par le souvenir«, beim Genie dagegen leistet die Einbildungskraft, die das früher Wahrgenommene vergegenwärtigt, daß »il se rappelle des idées avec un sentiment plus vif qu'il ne les a reçûes«[48]. In diesem Zustand des Genies wird das Vergangene nicht einfach erinnert, sondern geschaut. Entscheidend aber ist: »il ne se borne pas à voir, il est ému.« Das außerordentliche Maß von sentiment und émotion gehört also wesentlich zur Produktivität des Genies – »le mouvement [...] est son état naturel« (583) –, wie überhaupt das Genie »un pur don de la nature« (582) ist. Die reiche und fruchtbare Emotionalität des Genies ist nicht kalkulierbar, bindet es in geheimnisvolle Naturprozesse ein und bringt es in Gegensatz zu aller regelkonformen Kunstproduktion, zuweilen auch zum Geschmack. In den traditionellen topoi zu sprechen, wird hier also das ›ingenium‹ gegen das ›studium‹ ausgespielt. Erst Kant wird diese Dichotomien im Verständnis des Genies zum Ausgleich bringen, wenn er erklärt: »*Genie* ist das Talent (Naturgabe), welches der Kunst die Regel gibt«[49], und: »Der Geschmack ist, so wie die Urteilskraft überhaupt, die Disziplin (oder Zucht) des Genies.« (257)

Für den ästhetischen Diskurs der Franzosen des 18. Jh. gilt, daß die sensibilité, die Disposition der menschlichen Seele, Gefühle und Emotionen zu haben, überwiegend als Gegeninstanz zum jugement und zur raison verstanden wird. Eine Ausnahme bildet Rousseau, der in seinem *Émile ou de l'éducation* (1762) erklärt: »Il ne nous reste plus pour achever l'homme, que de faire un être aimant et sensible; c'est-à-dire de perfectionner la raison par le sentiment.«[50]

---

47 BATTEUX (1746), 122 f.
48 JEAN-FRANÇOIS DE SAINT-LAMBERT, ›Génie‹, in: DIDEROT (ENCYCLOPÉDIE), Bd. 7 (1757), 582.
49 KANT (s. Anm. 32), 241.
50 JEAN-JACQUES ROUSSEAU, Émile ou de l'éducation (1762), in: ROUSSEAU, Bd. 4 (1969), 481.

4. Deutschland

Hatte sich in England und Frankreich gezeigt, daß die Aufklärung neben den sich durchhaltenden Hauptmotiven überdies auf dem Boden nationaler Besonderheit auch spezifische Ausprägungen erfährt, so gilt dies ebenfalls für den deutschen Sprachraum, in dem die Aufklärungsbewegung erst später einsetzt. Diese relative ›Verspätung‹ hat hier eine Besonderheit bewirkt, auf die immer wieder hingewiesen wurde[51], nämlich eine Reflexion der Aufklärung auf sich selbst.

Was die Theorie ästhetischer Gefühle angeht, so ist im deutschen Sprachraum weder die sensualistisch-deskriptive Methode eines Hutcheson und Burke noch der psychologistische Ansatz eines Du Bos in gleicher Intensität ausgebildet worden, obgleich deren Schriften durch Übersetzungen und Rezensionen bekannt wurden und Impulse gaben. Auch gibt es nicht das starke Schwanken zwischen der jeweiligen Vorrangstellung von Vernunft und Gefühl wie bei den französischen Autoren. Statt eines solchen strikten Antagonismus wird vielmehr das Gefühl als das ›Andere der Vernunft‹ im Sinne des Supplements oder der Analogie zur Vernunft entwickelt. Mit der selbstreflektierten Form der deutschen Aufklärung ist auch eine andersartige Motivation zur Rehabilitierung der Gefühle verbunden: Die empirische Intention tritt gegenüber der rationalitätskritischen zurück. Die Rehabilitierung der Gefühle ist aber auch unter diesem Gesichtspunkt nicht erst Sache der Gegenaufklärung, sondern eigenste Ambition der Aufklärung. Der Betonung der Vernunft und des ›Selbstdenkens‹ (Kant) wird ein Anrecht auf das eigene Gefühl zur Seite gestellt.

Im Vergleich zu England und Frankreich bleiben im deutschen Sprachraum die ästhetischen Theorieversuche der Aufklärungsepoche stärker an die philosophische Tradition zurückgebunden. Sie entwickeln sich im Ausgang von der damals führenden philosophischen Orientierung, der Leibniz-Wolffschen Schule, und erreichen vor allem in der Weiterentwicklung von Leibniz' Konzept der verschiedenen Klassen von Vorstellungen (perceptions) einen Ansatz zur Bestimmung der spezifisch ästhetischen Weltwahrnehmung.

Noch ehe eine umfängliche Systematisierung der Gedanken über das Ästhetische erfolgt, wie sie in Alexander Gottlieb Baumgartens Schriften vorliegt, kommt es zu einer Belebung von Kunstkritik und poetischer Theorie durch die Auseinandersetzung der Schweizer Johann Jacob Bodmer und Johann Jakob Breitinger mit dem doktrinären Schriftsteller und Gelehrten Johann Christoph Gottsched. Gottsched dringt auf Klarheit und Verständlichkeit in der Dichtung, auf Vermeidung von Schwärmerei und Schwulst. Seine Maßstäbe bezieht er aus der Philosophie Christian Wolffs und aus den Poetikregeln des französischen Klassizismus. Die fortschrittliche deutsche Dichtung eines Lessing oder Klopstock setzt sich über solche formalen Kriterien hinweg. Die Literaturkritik von Bodmer und Breitinger gewinnt ihre Vorstellungen von der möglichen Qualität der Dichtung aus der Bewunderung von John Miltons *Paradise Lost* (1667) und der Dramen Shakespeares. Aus diesen Beispielen wird die Überzeugung gewonnen, daß sich die Poesie in erster Linie auf eine starke Einbildungskraft gründen muß. In seiner *Critischen Dichtkunst* (1740) vertritt Breitinger die Ansicht, daß sich die poetische Nachahmung eher auf mögliche Welten (Leibniz) als auf die wirkliche Welt stütze. Im Anschluß an die *Poetik* des Aristoteles unterscheidet er die unterschiedlichen Verpflichtungen von Geschichtsschreibung und Dichtung: Ist die Historie auf die Wahrheit des Wirklichen verpflichtet, so ist die Dichtung frei, von der Wahrheit des Möglichen zu handeln. Der Poet hat »zur Absicht, durch wohlerfundene und lehrreiche Schildereyen die Phantasie des Lesers angenehm einzunehmen, und sich seines Gemüthes zu bemächtigen«[52].

Diese Absicht des ›movere‹ rückt sowohl bei Breitinger wie bei Bodmer in den Vordergrund poetologischer Überlegungen. Die Emotion ist beim Produzenten ebenso wie beim Rezipienten Mittel der Überzeugungskraft und Lebendigkeit

---

51 Vgl. LOTHAR KREIMENDAHL, Einleitung, in: Kreimendahl (Hg.), Philosophen des 18. Jahrhunderts (Darmstadt 2000), 11f.; MANFRED FRANK, Aufklärung als analytische und synthetische Vernunft, in: J. Schmidt (Hg.), Aufklärung und Gegenaufklärung in der europäischen Literatur, Philosophie und Politik (Darmstadt 1989), 381f.
52 BREITINGER, Bd. 1, 58.

I. Gefühl als ästhetischer Zentralbegriff in der Epoche der europäischen Aufklärung

der dichterischen Vorstellungen. Beim Dichter bewirkt eine starke Imagination, daß bei dem innerlich Vorgestellten auch die gleichen Gefühle und Emotionen geweckt werden, wie sie in wirklicher Gegenwart der entsprechenden Dinge aufgetreten wären.[53] Diese Gemütsbewegung ist ein Antrieb seiner Produktivität. Für den Rezipienten gilt, daß »die Nachahmungen uns nur in dem Maasse rühren, als die nachgeahmete Sache selbst thun würde, wenn wir sie wahrhaftig vor Augen sähen«[54]. Bei diesem Gedanken bezieht sich Breitinger unter Namensnennung auf Du Bos, der ausdrücklich davor gewarnt hatte, daß der Künstler den Fehler begehen könnte, einen Gegenstand darzustellen, dem wir im normalen Leben mit Gleichgültigkeit, also einer Indifferenz der Gefühle gegenüberstehen. – Wenn wir Dinge der Natur ohne spürbare Gemütsbewegung wahrnehmen, so ist dies Breitinger zufolge das Resultat einer Abstumpfung durch Gewohnheit. »Die Macht dieser Gewohnheit ist so groß, daß sie die Sinnen bindet, uns aller Empfindung beraubet, und in eine achtlose Dummheit versenket« (109). Das Mittel, die Menschen aus dieser Lethargie und Beschränktheit zu befreien, ist Breitinger zufolge das ›Neue‹ in der Poesie. Es kommt darauf an, der selber unerschöpflichen Produktivität der Natur neue Entwicklungen und Konstellationen abzugewinnen und so das Gemüt der Menschen durch Verwunderung in Bewegung zu setzen. Emphatisch nennt Breitinger das Neue die »Urquelle aller poetischen Schönheit« (129). Das Neue hat Steigerungsmöglichkeiten bis hin zum »Wunderbaren« (130), je nachdem, wie weit es sich vom Gewohnten entfernt: »Nach dem Grade dieser Entfernung wächßt und verstärcket sich die Verwunderung, die durch das Gefühl dieser Neuheit in uns entsteht; wenn denn die Entfernung so weit fortgehet, biß eine Vorstellung unsern gewöhnlichen Begriffen, die wir von dem ordentlichen Laufe der Dinge haben, entgegen zu stehen scheinet, so verliehret sie an dem Nahmen des Neuen, und erhält an dessen statt den Nahmen des Wunderbaren.« (129)

Auch bei Bodmer, z.B. in seiner Schrift *Lehrsätze von dem Wesen der erhabenen Schreibart* (1746), werden die Emotionen von Verwunderung, Erstaunen, Hochachtung, Schrecken usw. zu Zielvorstellungen der dichterischen Produktion, sofern sie erhabene Gegenstände, etwa Menschen von geradezu übermenschlicher Verfassung, darstellen.[55]

Die deutliche Aufwertung der Gefühle, die Bodmer und Breitinger im poetologischen Kontext vornehmen, bleibt methodisch gesehen stark deskriptiv und kaum gestützt durch systematische Voraussetzungen, aber sie ist ein geschichtlich wirksam gewordener Einspruch gegen die einseitige Intellektualisierung der Dichtung, wie sie in den Theorien des französischen Klassizismus und bei Gottsched vorherrschend war.

Einen systematisch wohlbegründeten Versuch zur Aufwertung der Sinnlichkeit im allgemeinen, des Gefühls im besonderen unternimmt dagegen Alexander Gottlieb Baumgarten, der Begründer der Ästhetik als eigenständiger Disziplin der Philosophie. Baumgarten ist ein Schüler Christian Wolffs, durch den er mit Leibniz' Philosophie vertraut wird. Baumgarten weicht dann aber in einem entscheidenden Punkt von Leibniz' Erkenntnislehre ab und gewinnt genau dadurch den originellen Ansatzpunkt für seine Ästhetik.

Sowohl Leibniz wie – ihm folgend – auch Wolff und Baumgarten definieren die Seele als eine »vis repraesentativa«, die sich selbst und die Welt gemäß ihrem besonderen Standpunkt auffaßt und darstellt. Leibniz hatte in seiner *Monadologie* (1714) die durchgängige Individualisierung der Substanzen – und damit auch der Seelen – behauptet, die sich durch jeweils unterschiedliche Perspektiven auf das Weltganze bzw. unterschiedliche Perzeptionsleistungen ergibt. Die in der Seele gebildeten Vorstellungen erlangen Leibniz zufolge verschiedene Grade der Deutlichkeit, von der klaren Apperzeption bis herab zu den unmerklichen »petites perceptions«[56], die wir etwa im Schlaf, in Benommen-

---

53 Vgl. JOHANN JACOB BODMER/JOHANN JAKOB BREITINGER, Von dem Einfluß und Gebrauche Der Einbildungs-Krafft (1727), in: Bodmer/Breitinger, Schriften zur Literatur, hg. v. V. Meid (Stuttgart 1980), 32.
54 BREITINGER, Bd. 1, 81.
55 Vgl. BODMER, Lehrsätze vom dem Wesen der erhabenen Schreibart (1746), in: Bodmer/Breitinger (s. Anm. 53), 219ff.
56 GOTTFRIED WILHELM LEIBNIZ, Monadologie (1714), in: G.W. Leibniz, Die philosophischen Schriften, hg. v. C.I. Gerhardt, Bd. 6 (Berlin 1885), 610.

heit oder anläßlich bloßer Ahnungen und Gefühle erleben. Es gibt für Leibniz also sehr verschiedene Grade von Bewußtsein und Erkenntnis. In diesem Punkt berichtigt er die Doktrin des Descartes, wonach wir nur dann erkennen, wenn unsere Vorstellungen ›clare et distincte‹ konzipiert werden können. Leibniz dagegen unterscheidet klare (clara) und dunkle (obscura) Vorstellungen.[57] Letztere erlauben jedoch das Wiedererkennen der dunkel vorgestellten Sache nicht und folglich auch nicht die Unterscheidung dieser Sache von einer anderen ähnlichen. Die klaren Vorstellungen dagegen garantieren das Wiedererkennen. Sie werden nochmals unterteilt in deutliche und komplexe Vorstellungen. Die deutliche Vorstellung läßt sich durch angebbare Merkmale analysieren. Die vorgestellte Sache kann so von anderen ähnlichen Dingen unterschieden, d.h. genau definiert werden. Die komplexe Vorstellung (idea confusa) dagegen erlaubt nicht, die Merkmale der vorgestellten Sache einzeln aufzuzählen, wenngleich in der Sache selbst prinzipiell eine solche Unterscheidungsmöglichkeit vorliegt. Daher ist die strikte Unterscheidung der Sache von ihr ähnlichen Sachen nicht möglich, sofern sie nur in komplexer Weise vorgestellt wird.

Leibniz macht nun die Vergegenwärtigung dessen, was der Mensch lustvoll als schön oder künstlerisch auffaßt, abhängig von dieser komplex bleibenden Vorstellungsweise. Die Vorstellungsmodi bilden Leibniz zufolge jedoch keine streng voneinander gesonderten Klassen, vielmehr kann sich das zunächst komplex Vorgestellte zum klar und deutlich Vorgestellten läutern. In dieser Auffassung wird die ästhetische Wahrnehmung und die Erfahrung des ästhetisch Werthaften zum bloßen Noch-

nicht der deutlichen, begrifflich-rationalen Vergegenwärtigung, wie es Leibniz am Beispiel der Musik erläutert, wo eine vorbegriffliche Einsicht, ein ›je ne sais quoi‹, zwar zur lustvollen Rezeption führt, eine genaue Analyse der Musik durch den Verstand jedoch die in der Ordnung liegenden Gründe für das Wohlgefallen aufdeckt.[58]

Diese durch Leibniz begründete Unselbständigkeit ästhetischer Wahrnehmung wird von Baumgarten als unangemessen erfahren. Er erwirkt eine Umwertung des Status komplexer Vorstellungen, indem er in ihnen einen eigenständigen Modus der Vergegenwärtigung von Welt erblickt, wobei die Komplexität der Vorstellungen im angemessenen Verhältnis zum sinnlichen Reichtum der Wirklichkeit steht. Gleichwohl sind die hier gemeinten Vorstellungen nicht sensueller Natur, es sind keine unmittelbaren Sinnesempfindungen, sondern sensitiv, also fühlend gewonnene Eindrücke von der Wirklichkeit durch das Mittel der Sinneswahrnehmung. Baumgarten, der seine Abhandlungen noch in lateinischer Sprache schreibt, unterscheidet in seiner *Metaphysica* (1739) einen »sensus externus«, der das Körperempfinden anzeigt, von einem »sensus internus«, der den innerseelischen Zustand wahrnimmt. Baumgarten gibt dem »sensus internus« bei späteren Auflagen seiner *Metaphysica* die deutsche Übersetzung »innere Empfindung«[59] bei. Den Ausdruck ›Gefühl‹ verwendet Baumgarten noch vornehmlich zur Bezeichnung des Tastsinnes (tactus).

In der inneren Empfindung werden Vorstellungen von extensiver Klarheit gewonnen im Unterschied zur intensiven Klarheit diskursiver Begriffe des Verstandes. Auf dieses Analogieverhältnis gründet Baumgarten den Anspruch einer eigentümlichen ästhetischen Erkenntnisweise, die nicht abstrahierend verfährt, sondern ganzheitlich-sensitiv, indem sie den Reichtum (ubertas) und die Vollkommenheit (perfectio) der Phänomene in ihren Vorstellungen bewahrt. Solche Vorstellungen nennt Baumgarten ›poetisch‹. Sie begründen die spezifische veritas aesthetica, die ein Komplement der veritas logica bildet.[60]

Baumgarten konzipiert die ›innere Empfindung‹ (sensus internus; vgl. 12) oder das Gefühl als Quelle einer Reihe von sensitiven Funktionen, die nach Maßgabe einer Logik der Empfindung ope-

---

57 Vgl. LEIBNIZ, Meditationes de Cognitione, Veritate et Ideis (1684), in: Leibniz (s. Anm. 56), Bd. 4 (Berlin 1880), 422; dt.: Betrachtungen über die Erkenntnis, die Wahrheit und die Ideen, übers. v. A. Buchenau, in: Leibniz, Hauptschriften zur Grundlegung der Philosophie, hg. v. E. Cassirer, Bd. 1 (Leipzig 1904), 22–30.
58 Vgl. LEIBNIZ, Von der Weisheit, in: Leibniz, Hauptschriften (s. Anm. 57), Bd. 2 (Leipzig 1906), 492.
59 ALEXANDER GOTTLIEB BAUMGARTEN, Metaphysica (Halle ⁷1779), 188.
60 Vgl. BAUMGARTEN, Bd. 1 (1750), 269.

rieren und die, in ihrer Gesamtheit gefaßt, als »analogon rationis« (1), als Vernunftähnliches, bezeichnet werden. Zu ihnen gehören ›memoria‹ (Gedächtnis), ›imaginatio‹ (Einbildungskraft), ›dispositio poetica‹ (Dichtungskraft), ›facultas sentiendi‹ (sensitives Beurteilungsvermögen), ›ingenium‹ (Scharfsinn/Witz) usw. (vgl. 12–14).

Baumgartens Fundierung der Ästhetik durch eine im Gefühl und seinen Teilfunktionen verankerte Weltaneignung ist eine Reaktion auf die Gefahr der Verabsolutierung eines mathematisierten Wissenschaftsbegriffs cartesianischer Prägung. Dabei entwickelt Baumgarten keine Polemik gegenüber den exakten Wissenschaften, sondern mahnt ihre Ergänzungsbedürftigkeit durch sensitive Formen der Welterfahrung an. Diese sind jedoch weit davon entfernt, in die Irrationalität zu führen. Die ›innere Empfindung‹ oder das Gefühl ist als weltverstehendes Organ ein vernunftorientiertes, weil vernunftanaloges. Dies gibt Baumgarten die Möglichkeit, die Ästhetik als eine Wissenschaft (als »ars analogi rationis« bzw. »scientia cognitionis sensitivae«; 1) zu reklamieren, wobei der Wissensanspruch der Ästhetik zuletzt auf dem vorkritischen Begriff der Erkenntnis im Sinne der Repräsentation von Welt beruht. Diese metaphysische Voraussetzung ermöglicht auch die eigentliche Zielbestimmung der Ästhetik als eigenständige Wissenschaft. Baumgarten erklärt: »Aesthetices finis est perfectio cognitionis sensitivae, qua talis. Haec autem est pulchritudo« (6). (Das Ziel der Ästhetik ist die Vollkommenheit [Vervollkommnung] der sinnlichen Erkenntnis als solcher. Damit aber ist die Schönheit gemeint.) Im Begriff der ›perfectio cognitionis‹ spiegelt sich Baumgartens ambivalente, sowohl subjektive wie objektive Position hinsichtlich des Schönen: Einerseits ist das Schöne abhängig von den sensitiven, gefühlsmäßigen Funktionen der Seele, die sich vervollkommnet, andererseits repräsentiert diese Seele durch innere Empfindung und mittels sensitiver, poetischer Vorstellungen eine Vollkommenheit, wie sie ontisch vorgegeben ist.

Baumgartens *Aesthetica* wird im Hinblick auf die in ihr versuchte Rehabilitierung der Gefühle von der Kritik völlig unterschiedlich bewertet. Während einige Autoren in Baumgartens Ästhetik den Aufweis einer gelungenen Emanzipation des Gefühls oder des ›unteren Erkenntnisvermögens‹ und damit eine aktuell gebliebene Rationalitätskritik[61] sehen, wird aus der Perspektive eines Historikers der ›Ästhetik als Ideologie‹ festgestellt:»If his *Aesthetica* (1750) opens up in an innovative gesture the whole terrain of sensation, what it opens it up to is in effect the colonization of reason.«[62] Philologische Forschungen zur Ästhetik Baumgartens, die vor allem dessen Verpflichtung gegenüber der antiken Rhetorik herausstellen, erkennen in ihm einen Autor des Übergangs, bei dem einerseits die Nachklänge der Regelpoetik bzw. Regelästhetik zu bemerken seien, andererseits sich aber auch das Moment des Irrationalismus ankündige.[63]

Die Thematisierung des Gefühls im Rahmen ästhetischer Zusammenhänge bleibt um die Mitte des 18. Jh. nicht der akademischen, schulphilosophischen Erörterung vorbehalten, wie sie von Baumgarten und seinem Schüler Georg Friedrich Meier vorgetragen wird. Das allgemein zunehmende Interesse an der Erkundung der Gefühle und der Ausdrucksmöglichkeiten der Individualität spiegelt sich auch in den eher popularphilosophischen Publikationen der Zeit. Beispielhaft hierfür sind die ästhetischen Schriften von Moses Mendelssohn, allen voran seine in Briefform verfaßten Gedanken *Über die Empfindungen* (1755). Nach dem Vorbild von Shaftesburys *The Moralists* tauschen zwei Freunde ihre Gedanken über den wahren Grund angenehmer Empfindungen aus – über die »Natur des Vergnügens«[64], wie Mendelssohn auch formuliert. Dabei sucht Theokles eine

---

61 Vgl. HANS RUDOLF SCHWEIZER, Ästhetik als Philosophie der sinnlichen Erkenntnis (Basel/Stuttgart 1973); URSULA FRANKE, Kunst als Erkenntnis. Die Rolle der Sinnlichkeit in der Ästhetik des Alexander Gottlieb Baumgarten (Wiesbaden 1972); HEINZ PAETZOLD, Einleitung, in: Baumgarten, Philosophische Betrachtungen über einige Bedingungen des Gedichtes, hg. v. H. Paetzold (Hamburg 1983), LI.
62 TERRY EAGLETON, The Ideology of the Aesthetic (Oxford/Cambridge, Mass. 1990), 15.
63 Vgl. MARIE-LUISE LINN, A. G. Baumgartens ›Aesthetica‹ und die antike Rhetorik, in: Deutsche Vierteljahrsschrift für Literaturwissenschaft und Geistesgeschichte 41 (1967), 424–443.
64 Vgl. MOSES MENDELSSOHN, Über die Empfindungen (1755), in: Mendelssohn, Ästhetische Schriften in Auswahl, hg. v. O. F. Best (Darmstadt 1974), 31.

objektive Begründung, indem er die Vollkommenheit des Weltganzen als die letzte Ursache für die lustvollen Empfindungen der Seele annimmt. Die Vollkommenheit der Welt begründet zugleich ihre Schönheit, weil das Strukturmerkmal der Einheit in der Mannigfaltigkeit in ihr realisiert ist. Diese Einheit in der Mannigfaltigkeit ist jedoch die Struktur, die einzig den endlichen, auf äußere Sinne angewiesenen Menschenwesen jenes Vergnügen bereitet, das vom Schönen in ihrer Seele erweckt wird. Ein nicht-endliches Wesen, also Gott, kennt kein Gefallen dieser Art, er nimmt nicht ästhetisch wahr (vgl. 43). Das Schöne beruht auf einer klaren, aber undeutlichen Vorstellung einer Vollkommenheit. Die durch Vernunft erkannte Vollkommenheit ist dagegen nicht auf ein Unvermögen, sondern auf die positiven Kräfte der Seele zurückzuführen und bewirkt die »reine Seelenlust« (41). Mendelssohn läßt seinen Briefschreiber Theokles hier zum knappen Vortrag der rationalistischen Deutung des Schönen kommen, wie sie Leibniz gelehrt hat.

Es ist offensichtlich, daß Mendelssohn die Figur des Theokles nicht zum unmittelbaren Sprachrohr seiner eigenen Ansicht macht, denn die besagt nicht, daß das Gefühl oder die innere Empfindung nur eine unvollkommene Form, ein Noch-nicht der Erkenntnis ist. Mendelssohn ist – nicht zuletzt durch das Studium von Du Bos' Schriften und denen der Engländer – von dem Selbstwert der Empfindungen überzeugt. – Der fiktive Briefschreiber Euphranor bildet daher auch einen Widerpart zu den Ansichten seines Freundes und betont die subjektive Erlebnisform der angenehmen Gefühle. Für ihn ist das Lustempfinden am Schönen mit dem Moment des Irrationalen verknüpft. So erklärt er in seinem ersten Brief: »Die Lust verschwindet, wenn wir unsre Empfindung allzusorgfältig aufzuklären suchen.« (33) Sie wird also nicht, wie Theokles meint, in eine rein geistige Lust transformiert, wenn die Erkenntnis der wahren Gründe der Empfindung einsetzt. Die verständliche Vollkommenheit triumphiert nicht über die undeutlich empfundene, vielmehr sind dies zwei eigenständige Formen der Vollkommenheitswahrnehmung, die sich nicht nur durch die beiden fiktiven Briefschreiber differenzieren, sondern offensichtlich auch für Mendelssohn selbst divergent bleiben. Im 11. Brief läßt Mendelssohn den Theokles ein vorläufiges Ergebnis der Untersuchung über die angenehmen Empfindungen vortragen. Dabei werden drei Quellen des Vergnügens benannt: einmal das »*Einerley im Mannigfaltigen*, oder die Schönheit, die *Einhelligkeit des Mannigfaltigen*, oder die verständliche Vollkommenheit, und endlich der *verbesserte Zustand unserer Leibesbeschaffenheit*, oder die sinnliche Lust« (66). Den schönen Künsten wird attestiert, daß sie aus allen drei Quellen schöpfen, um das Bedürfnis der Seele nach angenehmen Empfindungen zu befriedigen.

Mendelssohns Briefe *Über die Empfindungen* weisen den eklektischen Charakter auf, der auch die übrigen Schriften zur Ästhetik kennzeichnet. Die Einzelbeobachtungen und Motive werden nicht aus einer übergeordneten systematischen Denkkraft heraus organisiert. Der Gewinn liegt aber darin, daß sie überhaupt benannt und unterschieden werden. So werden philosophische Aufgaben hinsichtlich einer Theorie ästhetischer Gefühle erkennbar, die schließlich Kant systematisch zu bewältigen versucht.

Noch bevor dieser Kantische Versuch im Rahmen der *Kritik der Urteilskraft* (1790) realisiert wird, liefert Johann Gottfried Herder wesentliche Beiträge zu einer Theorie des Gefühls, die sich vor allem gegen die schulphilosophische abstrakte Trennung der verschiedenen seelischen Vermögen (facultates) des Menschen richten. In seiner Schrift *Vom Erkennen und Empfinden der menschlichen Seele* (1778) bemüht sich Herder auf jede Weise, die Einheit und Ganzheitlichkeit der leib-seelischen Organisation des Menschen aufzuweisen und sie als Ausdruck der umfassenden Zweckhaftigkeit der Schöpfung zu verstehen, die sich ihm – hierin Goethe verwandt – in Evidenzerlebnissen erschließt. So zeigen ihm das die »geistigen Empfindungen«[65], d.h. die Gefühle, daß bei ihnen die gleichen Phänomene und Gesetze anzutreffen sind, die auch die Reaktionen der menschlichen Sinne (die Nervenreaktionen) kennzeichnen. Die sinnliche Natur setzt sich Herder zufolge ebenso in seinem Empfindungs- oder Gefühlsleben fort, wie sich umgekehrt in der Sinnestätigkeit schon die

---

65 HERDER (s. Anm. 33), 186.

I. Gefühl als ästhetischer Zentralbegriff in der Epoche der europäischen Aufklärung

Empfindsamkeit der Seele ausdrückt. Die Gefühlsreaktion beim Schönen und Erhabenen ist für ihn ein überzeugendes Beispiel hierfür. Herder beschreibt die gegenläufigen Reaktionen bei angenehmen und unangenehmen sinnlichen Eindrükken, das Sich-zurück-Ziehen bei widrigen Sinneseindrücken, dagegen das Dahinschmelzen und Sich-mitteilen-Wollen bei angenehmen sinnlichen Zuständen. So findet er in den Untersuchungen von Edmund Burke eine Bestätigung dafür, »daß auch noch bei den geistigen Empfindungen des *Schönen* und des *Erhabnen* jenes Gesetz statt finde, daß jedes Gefühl des Erhabnen nähmlich mit einem *Zurücktritt* auf sich, mit *Selbstgefühl*, und jede Empfindung des Schönen mit *Hinwallen* aus sich, mit *Mitgefühl* und *Mittheilung* verbunden sei« (186).

Von der Ganzheitlichkeit der menschlichen Natur wurde Herder auch schon zuvor im Verlauf seiner Forschungen zur Sprache überzeugt. Sie ist ihm Beweis für die innige Interaktion von Sprache, Vernunft, Gefühl und Sinnentätigkeit. In seiner von der Berliner Akademie preisgekrönten Schrift *Abhandlung über den Ursprung der Sprache* (1770) erklärt Herder: »So, wie die Menschliche Seele sich keiner Abstraktion aus dem Reiche der Geister erinnern kann, zu der sie nicht durch Gelegenheiten und Erweckungen der Sinne gelangte: so hat auch keine Sprache ein Abstraktum, zu dem sie nicht durch Ton und Gefühl gelangt wäre.«[66] – Herder gebraucht den Ausdruck ›Gefühl‹ allerdings noch überwiegend für den Tastsinn, jenen bislang vernachlässigten unter den fünf Sinnen, den Herder in seiner projektierten Schrift über *Plastik* (1778) intensiv würdigen wollte. Statt des modernen Begriffs ›Gefühl‹ verwendet er meist den Begriff ›Empfindung‹. So heißt es in seiner Studie *Uebers Erkennen und Empfinden in der Menschlichen Seele* (1774): »Kein Erkennen ist ohne Empfindung, d. i. ohne Gefühl des Guten und Bösen, der Bejahung und Verneinung, des Vergnügens und Schmerzes: sonst könnte die Neugierde, erkennen, sehen zu wollen, weder daseyn noch reizen. Sie Seele muß fühlen daß, indem sie erkennet, sie Wahrheit sehe, mithin sich geniesse.«[67] Diese Äußerung, in der Herder ›Gefühl‹ und ›Empfindung‹ synonym verwendet, macht deutlich, wie illusorisch und abstrakt eine theoretische Aufspaltung der verschiedenen Seelenvermögen des Menschen für Herder

sein mußte, eine Aufspaltung, wie sie bald darauf von dem empirischen Psychologen Johann Nicolaus Tetens vorgenommen wurde. Er unterscheidet drei Seelenvermögen, nämlich »Gefühl«, »vorstellende Kraft« und »Denkkraft«[68], gemäß den Funktionen von Fühlen, Wollen und Erkennen. Tetens führt Beschwerde über den geradezu inflationären Gebrauch des Begriffs ›Gefühl‹ und seine mangelnde Unterscheidung vom Begriff ›Empfindung‹. Tetens führt zwischen diesen Begriffen als erster eine genaue Unterscheidung ein, die auch Kant übernehmen wird: Gefühl bedeutet für ihn einen Zustand innerer Affizierung, ohne daß ein Erkenntnisbezug zum Affizierenden besteht. Empfindung dagegen verweist auf den Auslöser (Gegenstand) der Affektion.

Wenn Tetens vom übermäßigen Gebrauch des Begriffs Gefühl in seiner Zeit spricht, so bezieht er sich auf das Phänomen einer damals aufkommenden gemeinsamen Gefühlskultur, die vom Pietismus mit seiner Konzentration auf die Innerlichkeit vorbereitet und durch die englische (Richardson, Sterne u. a.) und französische (Rousseau) sentimentale Literatur verstärkt wurde. Lessing, der für die Kultivierung des Mitleids als kathartischer Wirkung des Dramas eintritt, prägt für das englische ›sentimental‹ das deutsche Wort ›empfindsam‹[69], das der entsprechenden Epoche ab den 70er Jahren des 18. Jh. den Namen gegeben hat. Klopstocks Gesänge und Goethes *Die Leiden des jungen Werthers* (1774) wurden als Inbegriff empfindsamer Literatur verstanden. Nach heutigem Sprachgebrauch wurde Goethes *Werther* zum ›Kultbuch‹ der Epoche der Empfindsamkeit. Das Epochenphänomen ist ein nachdrücklicher Beweis für die Kulturabhängigkeit nicht nur des wechselnden Zeichen-

---

66 HERDER, Abhandlung über den Ursprung der Sprache (1770), in: HERDER, Bd. 5 (1891), 78.
67 HERDER, Uebers Erkennen und Empfinden in der Menschlichen Seele (1774), in: HERDER, Bd. 8 (1892), 236.
68 JOHANN NICOLAUS TETENS, Philosophische Versuche über die menschliche Natur, Bd. 1 (Leipzig 1777), 590; vgl. ALLESCH (s. Anm. 15), 188.
69 Vgl. GOTTHOLD EPHRAIM LESSING an Johann Joachim Christoph Bode (Sommer 1768), in: Lessing, Gesammelte Werke, hg. v. P. Rilla, Bd. 9 (Berlin/Weimar 1968), 282.

gebrauchs für das menschliche Gefühlsleben, sondern auch für die Kulturabhängigkeit von Gefühlsdispositionen überhaupt.

Die Philosophie der ästhetischen Gefühle erreicht in der Epoche der deutschen Aufklärung ihren unbestrittenen Höhepunkt in Kants *Kritik der Urteilskraft* (1790). Welch großer Fortschritt in der Lösung theoretischer Probleme des Ästhetischen durch die Kritik der (ästhetischen) Urteilskraft erreicht wird, kann nicht nur durch den Vergleich mit den Werken anderer Autoren der Zeit, sondern auch durch den Vergleich mit Kants eigener vorkritischer Schrift *Beobachtungen über das Gefühl des Schönen und Erhabenen* (1764) ermessen werden. Kant selbst gesteht sich ein, daß er bei dieser Untersuchung mehr als bloßer Beobachter denn als Philosoph engagiert ist.[70] Und so bleibt diese Studie auch sehr stark im Deskriptiven stecken und ist nicht frei von unbegründeten, dogmatischen Annahmen über das ästhetisch Wirkende. Die Beispiele für das Schöne und das Erhabene entsprechen der Konvention; sie sind nicht zurückgebunden an eigene philosophische Einsichten. In vielen Wendungen sind unschwer die Gedanken Mendelssohns oder Burkes wiederzuerkennen. Kant kündigt an, daß er vom Gefühl des Erhabenen und Schönen im Sinne eines ›feineren Gefühls‹ handeln will. Dieses feinere Gefühl wird wohl schon vom bloß kulinarischen Vergnügen oder anderen vergnüglichen Idiosynkrasien unterschieden (vgl. 208), aber es wird in seinem besonderen Anspruch noch nicht begründet und wird zu anderen Funktionen der Seele noch nicht deutlich in Beziehung gebracht. Bis zur Veröffentlichung der *Kritik der Urteilskraft* vergeht noch ein Vierteljahrhundert, das für Kant ganz andere Voraussetzungen für die Behandlung des Ästhetischen schafft. Inzwischen hat Kant seine Philosophie kritisch gewendet bzw. in ihr eine Kopernikanische Revolution im Verhältnis zu den Dingen vollzogen, und er hat die transzendentale Fragestellung als richtunggebend eingeführt.[71] Es sind dies Prämissen, die Kant zunächst für seine Kritik der theoretischen Vernunft bzw. für seine Erkenntnistheorie veranschlagt hat, aber sie werden nun ebenso für eine metaphysikkritische Neuorientierung der Ästhetik wirksam. Kant, der am Ende eines Jahrhunderts des intensivierten ästhetischen Diskurses und der Bemühung um die Aufwertung des Individuellen[72] zu solcher Neuorientierung ausholt, hat unbezweifelbare Vorteile gegenüber den frühen Versuchen der anderen Autoren, denn was sie ihm überliefern, ist bereits eine reiche Problementfaltung, wenn auch die meisten Probleme ungelöst geblieben sind. Kants Verdienst besteht darin, daß er die Problemgehalte in systematischer Weise entwickeln kann und auch einen systemgestützten Vorschlag zu ihrer Lösung unterbreitet, nämlich eine Kritik des Geschmacks bzw. der ästhetischen Urteilskraft.

Die bis dahin liegengebliebenen oder für Kant unbefriedigend gelösten Probleme der Ästhetik lassen sich, was das ästhetische Gefühl betrifft, in folgende Fragestellungen fassen: Wie läßt sich der Unterschied zwischen dem unmittelbaren Sinnengenuß und dem Gefühl der Lust am Schönen nicht nur behaupten (was alle Ästhetiker der Aufklärung taten), sondern auch systematisch begründen? Angenommen, der Unterschied läßt sich begründen, gibt dies Aussicht auf die Verbindlichkeit der Urteile, die dem Gefühl der Lust am Schönen Ausdruck geben? Kann ein solches Gefühl überhaupt mitgeteilt werden? Unter welchen Bedingungen kann überhaupt ein Gefühl für eine ästhetische Wertfeststellung zuständig sein? Wie verhält sich ein solches Gefühl zu den anderen Funktionen der Seele?

Zur letzten Frage verhält sich Kant, indem er drei originäre »Seelenvermögen« ausmacht, »welche sich nicht ferner aus einem gemeinschaftlichen Grunde ableiten lassen: das *Erkenntnißvermögen*, das *Gefühl der Lust und Unlust*, und das *Begehrungsvermögen*«[73]. Die Einteilung der Fähigkeiten der Seele nach den drei Funktionen Erkennen, Fühlen und Wollen ist keineswegs neu – schon Tetens hatte sie propagiert; neu ist allerdings die Folgerung, die Kant aus der – gegenüber der Tradition – klaren Abkopplung des Gefühls der Lust und Unlust vom Begehrungsvermögen zieht. Sie ist für ihn

---

70 Vgl. KANT, Beobachtungen über das Gefühl des Schönen und Erhabenen (1764), in: KANT (AA), Bd. 2 (1905), 207.
71 Vgl. KANT (s. Anm. 13), 12.
72 Vgl. ALFRED BAEUMLER, Das Irrationalitätsproblem in der Ästhetik und Logik des 18. Jahrhunderts bis zur Kritik der Urteilskraft (1923; Darmstadt 1967), 1 ff.
73 KANT (s. Anm. 32), 177.

I. Gefühl als ästhetischer Zentralbegriff in der Epoche der europäischen Aufklärung

fundierend für die Möglichkeit eines interesselosen Wohlgefallens, wie Kant es für das reine Geschmacksurteil unterstellt. Kant hält am Begriff des Geschmacks zur Bezeichnung des Organs fest, das über die ästhetische Qualität gegebener Erscheinungen entscheidet, aber die Urteile des Geschmacks werden genauso der ›Kopernikanischen Wende‹ unterzogen wie die Erkenntnisurteile, um unkritische Behauptungen über Qualitäten der Dinge an sich auszuschließen. Wie radikal diese Wende ist, zeigt folgende Äußerung: »Denn darin besteht eben das Geschmacksurtheil, daß es eine Sache nur nach derjenigen Beschaffenheit schön nennt, in welcher sie sich nach unserer Art sie aufzunehmen richtet.« (282) Das Schöne wird also durch einen subjektiven Modus der Weltwahrnehmung, nämlich durch das Gefühl, ästhetisch qualifiziert und nicht durch bestimmte, ihm vorab unterstellte Prädikate, wie etwa das der Vollkommenheit (Leibniz und die Nachfolger). Das Gefühl ist hier in hohem Maße emanzipiert, denn es allein leistet die ästhetische Einschätzung, ohne daß bestimmte Begriffe dafür zur Verfügung stünden. Es scheint, als ob Kant sich hiermit dem Subjektivismus und Irrationalismus gefährlich nähere und an die Stelle eines dogmatisch bestimmten Schönen nun ein gänzlich unbestimmbares setze. Doch Kant hat diese Gefahr bemerkt und Vorkehrungen dagegen getroffen, die ihm aus der genauen Analyse des ästhetischen Urteils deutlich werden.

Der tatsächliche Umgang mit ästhetischen Urteilen zeigt, daß im allgemeinen der Anspruch auf Zustimmungsfähigkeit damit verbunden wird (vgl. 213 ff.). Das Lösungsangebot für die Verbindlichkeit ästhetischer Schätzungen, wie David Hume es vorgetragen hatte, nämlich entweder – statistisch betrachtet – das Urteil der meisten anzuerkennen oder aber das der wenigen Kritikerexperten, kann für eine aufgeklärte Ästhetik nicht befriedigen. Dem für das Erkennen geforderten ›Selbstdenken‹ setzt Kant quasi ein ›Selbstfühlen‹ für das Geschmacksurteil an die Seite (vgl. 204). Das Geschmacksurteil unterscheidet sich strukturell wesentlich vom Erkenntnisurteil durch die andersartige Bearbeitung gegebener Vorstellungen. Werden beim Erkenntnisprozeß gegebene Anschauungsvorstellungen durch bereitgehaltene Begriffe auf ein Objekt bezogen, um Gegenständlichkeit der Erkenntnis zu erzielen, so werden im Geschmacksurteil, wo keine Begriffe für die ästhetische Einschätzung vorgegeben sind, die Anschauungsvorstellungen nicht auf ein mögliches Objekt, sondern auf das Subjekt rückbezogen. Kant nennt diese Urteilsform reflektierend im Unterschied zum bestimmenden Urteil der Erkenntnis (vgl. 179 ff.). Daß das ästhetische Gefühl kein unmittelbares, sondern ein Reflexionsgefühl sei, hatten auch die englischen Ästhetiker vor Kant behauptet, aber sie hatten dies nicht anders als durch eine Art von doppeltem Fühlen von ein und derselben Sache – zunächst durch den äußeren, dann durch einen inneren Sinn – zu erklären versucht. Kant dagegen erläutert das Reflexionsgefühl durch eine andere Form des Bezogenseins gegebener Vorstellungen, so daß kein Wechsel zwischen einem Objekt- und einem Subjektbezug eintritt. Das Ästhetische ist vielmehr das, was eo ipso nur subjektiv bestimmt ist. Kant gebraucht die Termini ästhetisch und subjektiv daher auch oft synonym (vgl. 188). Gegenläufig zur scheinbaren Einschränkung des Ästhetischen auf das nur Subjektive, vom Gefühl Einzuschätzende, weitet sich aber zugleich das mögliche Bereich für die ästhetische Beurteilung auf schlechthin alle gegebenen Erscheinungen, denn das Ästhetische wird nicht länger durch einen vorgegebenen Gegenstandsbereich (Kunst, schöne Natur) begrenzt, sondern durch einen subjektiven Umgang mit Vorstellungen aller Art bestimmt. Kant nennt das, »was jederzeit blos subjectiv bleiben muß und schlechterdings keine Vorstellung eines Gegenstandes ausmachen kann« (206), Gefühl.

Es stellt sich also das Problem, wie ästhetische Urteile ohne den Bezug auf allgemein zu machende Objektivität oder Gegenständlichkeit, d. h. ohne Begriff, und nur gestützt auf das Gefühl der Lust und Unlust irgendeine Verbindlichkeit erlangen können. Die Analytik des ästhetischen Urteils erweist das in ihm ausgedrückte Wohlgefallen Kant zufolge als ›interesselos‹ (vgl. 204 f.). Diese Qualität des Urteils ist unabdingbare Voraussetzung für die wenigstens subjektive Allgemeinheit ästhetischer Urteile, denn es gilt als ausgemacht, daß sie nicht unmittelbar auf die Existenz einer Sache abstellen, sondern mittelbar auf die Vorstellung von ihr, auf das Wie der Wahrnehmung oder auf seine Form, wie Kant auch sagen kann. Diese Eigentümlichkeit des ästhetischen Urteils läßt es auch vom Urteil über das Angenehme bzw. von der Lust am Angenehmen unterscheiden, denn dort kann vom Was der Sache, von seiner Existenz, nicht abgesehen werden. Die Lust am Materialen einer Sache läßt sich nicht verallgemeinern (vgl. 204–207).

Um das Problem zu lösen, wie Geschmacksurteile, obgleich sie sich auf ein Gefühl der Lust berufen, dennoch Verbindlichkeit erlangen können, kommt Kant zufolge alles darauf an, ob dieses Gefühl schon der Beurteilung des Gegenstandes vorangeht, ob ich ihn also nur schön nenne, weil er mir Lust bereitet, oder ob umgekehrt das Gefühl der Lust eine Folge des spezifischen Urteilsmodus ästhetischer Beurteilung ist. In der befriedigenden Lösung dieses Problems liegt Kant zufolge »der Schlüssel zur Kritik des Geschmacks« (216). Kant hat eine solche Lösungsmöglichkeit schon vorbereitet, indem er unterstellt, daß der ästhetisch Urteilende sich von aller Privatbedingung bei seinem Urteil freihalten kann, d. h. daß er nur das Wie des Gegebenseins der Anschauung in seinem Urteil berücksichtigt, was gleichbedeutend ist mit dessen Form, daß er aber nicht unmittelbar auf das Materiale dieser Anschauung reagiert. Wäre das so, so wäre sein Gefühl ein passives, also genauer gefaßt eine Empfindung oder ein pathologisches Gefühl, das niemals Allgemeinheit beanspruchen kann (vgl. 209). – Kant ist folglich gehalten, das ästhetische Gefühl der Lust als eine subjektive Erlebnisweise darzustellen, die aus dem ästhetischen Beurteilungsprozeß erst resultiert. Diesen Prozeß beschreibt Kant als ein freies Spiel der Erkenntniskräfte (Einbildungskraft und Verstand), in dem kein Subsumtionsverfahren stattfindet, weil eine Finalisierung des Urteils hinsichtlich der Gegenständlichkeit des Gegebenen nicht verlangt ist. Statt dessen wird in der ›ästhetischen Erfahrung‹ des freien Spiels der Erkenntnisvermögen deren als zweckmäßig empfundene gegenseitige Belebung und damit eine Steigerung des Lebensgefühls erreicht (vgl. 203 f.). Dieses innere Erleben stellt sich

als Gefühl der Lust dar und kann Kant zufolge einen Anspruch auf Verallgemeinerbarkeit machen, weil es allein durch das Zusammenspiel jener Erkenntnisvermögen erreicht wird, die in anderer Proportion, nämlich in Subsumtionsprozessen, für verallgemeinerbare Objektivität sorgen.

Das Gefühl der Lust ist also nur mehr mittelbar auf die spezifische Anschauung und Sinnlichkeit dessen bezogen, was da als schön beurteilt wird. Der schöne Gegenstand wird dadurch aber nicht beliebig oder völlig vernachlässigt. Kant erklärt: »Das *Schöne* erfordert […] die Vorstellung einer gewissen *Qualität* des Objects, die sich auch verständlich machen, und auf Begriffe bringen läßt (wiewohl es im ästhetischen Urtheile darauf nicht gebracht wird)« (266). Das Urteil über das Schöne ist also kein Expertenurteil, sondern die allgemeinmenschliche Möglichkeit der vorbegrifflichen, d. h. fühlenden Vergegenwärtigung von Welt, bei der es zum Erleben der eigenen zweckmäßigen Disposition für das ästhetische Verhalten kommt. Der humane Aspekt und zugleich auch der moralische sind für Kant dabei wichtig, wie die Fortsetzung des obigen Zitats zeigt: Kant betont, daß das Schöne »cultivirt, indem es zugleich auf Zweckmäßigkeit im Gefühl der Lust Acht zu haben lehrt« (266). Hier deutet sich eine mittelbare Verbindung zwischen dem Gefühl der Lust und dem moralischen Gefühl an. Kant hat die Begründung des Ästhetischen und seiner Beurteilung zwar – anders als die meisten Aufklärungsphilosophen – unabhängig von Moralvorstellungen geleistet, aber das Schöne zeigt Analogieverhältnisse zum Sittlichen, so sehr, daß Kant die Schönheit auch als »Symbol der Sittlichkeit« (351) ansehen kann.

Durch seinen Bezug zu den Erkenntnisvermögen in ihrer Aktion, zur »Erkenntniß überhaupt« (181), ist das ästhetische Gefühl subjektiv allgemein und daher auch mitteilbar geworden. Die Mitteilbarkeit sogar dessen, was auf Sinnlichkeit und Gefühl des Menschen beruht, wird von Kant vor allem in ihrem hohen Wert für die Förderung der Humanität gesehen. Die Humanität bedeutet aus seiner Sicht vor allem »*Theilnehmungsgefühl*« und »das Vermögen, sich innigst und allgemein *mittheilen* zu können« (355)[74].

Friedrich Schiller hat bei seiner Kantrezeption vor allem diesen Gedanken von der Schönheit als

---

74 Vgl. BRIGITTE SCHEER, Mitteilsamkeit ohne Mitteilung. Zu einem weiteren Paradoxon der Kantischen Ästhetik, in: Forum für Philosophie Bad Homburg (Hg.), Ästhetische Reflexion und kommunikative Vernunft (Bad Homburg 1993), 41–53.

Symbol der Sittlichkeit für sich fruchtbar gemacht. Auch teilt er Kants Erwartung einer Förderung der Humanität durch eine »Cultur der Gemüthskräfte«[75]. Schiller erkennt in diesen Gedanken Kants seine eigenen ästhetisch-moralischen Zielvorstellungen für seine dichterische Produktion und zugleich auch den möglichen Weg zu einer humanitären Bildung des Menschen. Hierbei möchte Schiller die Kantischen Dichotomien von Pflicht und Neigung, von Grundsatz und Gefühl, d. h. auch den Dualismus von Vernunft und Sinnenwesen in der Auffassung des Menschen, überwinden. Im Begriff des Ideals der ›schönen Seele‹ bildet Schiller die Vorstellung eines derart gereiften ›sittlichen Gefühls‹, »daß es dem Affekt die Leitung des Willens ohne Scheu überlassen darf«[76], die Harmonisierung der Antagonismen also erreicht und die Anmut der unwillkürliche Ausdruck dieser Harmonie ist.

Schiller gehört mit seinen philosophischen Schriften – ähnlich wie Herder – bereits zu den Autoren, die am Ende des 18. Jh. eine kritische Bilanz der Aufklärung ziehen und neben den erreichten Fortschritten auch die Verluste und die nicht eingelösten Versprechen beklagen. Diesem Kontext entstammt Schillers kulturkritische Schrift *Ueber die ästhetische Erziehung des Menschen in einer Reihe von Briefen* (1795). Mit Blick auf die Greuel im Gefolge der französischen Revolution ist Schiller davon überzeugt, daß es darum gehen muß, die Freiheit nicht durch Änderung und Abschaffung der Institutionen zu realisieren, sondern in erster Linie durch die Erneuerung des Menschen: »Ich hoffe, Sie zu überzeugen, […] daß man, um jenes politische Problem in der Erfahrung zu lösen, durch das ästhetische den Weg nehmen muß, weil es die Schönheit ist, durch welche man zu der Freyheit wandert.«[77] Aus Schillers Sicht hat eine nur partiell vollzogene Aufklärung, nämlich die des Verstandes, zu Zerrissenheit und abstrakter Einseitigkeit der Menschen (»als Wilder, wenn seine Gefühle über seine Grundsätze herrschen; oder als Barbar, wenn seine Grundsätze seine Gefühle zerstören«[78]) geführt, zu einer Einseitigkeit, die durch Spezialistentum und Arbeitsteiligkeit der modernen Zivilisation noch befördert wird.[79] Es müsse zu einer Aufklärung über die notwendige Ganzheitlichkeit des Menschen als Vorbedingung seiner Freiheit kommen, um der Vorstellung von Humanität gerecht zu werden. Von der ästhetischen Erziehung des Menschen durch Kunst und Schönheit erhofft sich Schiller die konkrete Vorbereitung für die Realisierung der politischen Freiheit, weil sich hier der Mensch zunächst der Totalität seines Charakters und der zwangfreien Übereinstimmung von Sinnlichkeit und Vernunft bewußt werden kann. Diese Befreiung des Menschen in sich selbst ist Schiller zufolge die Voraussetzung für freiheitliche Verhältnisse des Staates.[80]

Das wichtigste Lehrstück für die Programmatik der ästhetischen Erziehung ist das Konzept der »Schönheit als Freiheit in der Erscheinung« (386), in dem Schiller versucht, die Ungreifbarkeit und Nichtdarstellbarkeit des Kantischen Freiheitsbegriffs, der in Gegenstellung zur Welt der Erscheinungen verbleibt, zu überwinden. In diesem ästhetisch-ethischen Zusammenhang spielt das Gefühl eine entscheidende Rolle. Schiller konfrontiert das Gefühl in allgemeiner Bedeutung mit dem Verstand oder der Vernunft. Sind letztere auf die Einheit des Gegebenen aus, so bleibt das Gefühl der Mannigfaltigkeit der Erscheinungen verpflichtet. Es ist in diesem Sinne das seelische Organ einer ganzheitlichen Vergegenwärtigung von Selbst und Welt. Genau diese Funktion qualifiziert das Gefühl zur Wahrnehmung jener Ungetrenntheit von Sinnlichkeit und Vernunft, von »sinnlichem Trieb« (344) und »Formtrieb« (345), die Schillers Idee der Schönheit beinhaltet. Das Gefühl wird hierbei in seiner Besonderung zum »Gefühl für Schönheit« (337) oder zum »ästhetischen Gefühl« (462).

Schiller nimmt gegenüber Kant eine entscheidende Modifikation des ästhetischen Gefühls vor:

---

75 KANT (s. Anm. 32), 306.
76 FRIEDRICH SCHILLER, Ueber Anmuth und Würde (1793), in: SCHILLER, Bd. 20 (1962), 287.
77 SCHILLER, Ueber die ästhetische Erziehung des Menschen in einer Reihe von Briefen (1795), in SCHILLER, Bd. 20 (1962), 312; vgl. BENNO VON WIESE, Friedrich Schiller (Stuttgart 1959), 446–506; KLAUS L. BERGHAHN, Ästhetische Reflexion als Utopie des Ästhetischen, in: W. Voßkamp (Hg.), Utopieforschung, Bd. 3 (Frankfurt a. M. 1982), 146–171.
78 SCHILLER (s. Anm. 77), 318.
79 Vgl. JÜRGEN HABERMAS, Der philosophische Diskurs der Moderne (Frankfurt a. M. 1985), 59–64.
80 Vgl. SCHILLER (s. Anm. 77), 328 f.

War das Gefühl der Lust bei Kant ganz und gar Anzeige der Befindlichkeit des Subjekts als ein Reflex seiner harmonisierten Erkenntniskräfte aus Anlaß des als schön empfundenen Dinges, so wird dem Gefühl bei Schiller in seiner Wahrnehmung der ›Schönheit als Freiheit in der Erscheinung‹ statt dessen mehr Fühlung mit dem Objekt zugesprochen. Es empfindet zwar im Objekt etwas von sich selbst, nämlich die strukturelle Realisation seiner eigenen potentiellen Freiheit, aber die Freiheit, die eine Vernunftkonzeption ist, kommt doch zugleich als »lebende Gestalt« (355), als Hinzunehmendes und Sinnliches auch entgegen. Das, was eigentlich als Spontaneität nur zu denken ist, eröffnet sich hier dem ästhetischen Gefühl im Modus der Rezeptivität. Das ästhetische Gefühl wird zum ›Vorgefühl‹ (in Analogie zu Ernst Blochs ›Vorschein‹) der möglichen Freiheit des Menschen. Dieses eher Unwahrscheinliche und Paradoxe in der Wahrnehmung der Schönheit betrifft das Subjekt in einer tieferen Schicht seiner Existenz, als dies bei der Kantischen Rückempfindung der freien Interaktion der Erkenntniskräfte zum Ausdruck kommt[81], denn der Mensch ist angesichts der Empfindung der realisierten Schönheit des Kunstwerks konfrontiert mit einer Art Vergegenständlichung seiner eigenen höchsten Existenzform, der Freiheit.

II. Gefühl in der Romantik und im deutschen Idealismus

Wilhelm von Humboldt, der in den Jahren 1794–1796 regen Briefwechsel mit Schiller unterhielt, versteht sich als Kantianer und nimmt die Kantische Vorstellung vom Gefühl (der Lust und Unlust) als einem dritten originären Gemütsvermögen auf, das eine Vermittlung zwischen dem Erkenntnisvermögen und dem Begehrungsvermögen leisten könne. Schon vor dem Erscheinen der Kantischen *Kritik der Urteilskraft* hat Humboldt in seiner Schrift *Über Religion* (1787) vom »aesthetischen Gefühl«[82] als einem Dritten neben Sinnlichkeit und Vernunft gehandelt, das die Beziehung zwischen ihnen herstelle. Humboldts eigene Auffassungen von der notwendigen Vermittlung von Sinnlichem und Geistigem haben sich vor allem durch seine Forschungen über die Sprache gebildet. In ihr ist der artikulierte Laut diese Vermittlung und appelliert als solches Drittes wiederum an das vermittelnde ganzheitliche Aufnehmen durch das Gefühl. Humboldt zufolge erschließt sich z.B. der Gesamteindruck einer Sprache »durch das klarste und überzeugendste Gefühl«[83]. Zahlreich sind bei Humboldt die Hinweise auf die kunstanaloge Verfassung der sinnlichen Sprachgebilde und deren intensive Wirkung auf die Emotionalität: »Durch den Laute in seinen Verknüpfungen eigenthümliche rhythmische und musikalische Form erhöht die Sprache, ihn in ein andres Gebiet versetzend, den Schönheitseindruck der Natur, wirkt aber, auch unabhängig von ihm, durch den blossen Fall der Rede auf die Stimmung der Seele ein.« (436) – Mit Bezug auf die von Humboldt bewunderten konsequenten philosophischen Systeme, in denen die »Sinnlichkeit« und die »Unsinnlichkeit« in ihrem notwendigen Verbundensein dargestellt werden, äußert er: »Unverkennbar ist überall diess ästhetische Gefühl, mit dem uns die Sinnlichkeit Hülle des Geistigen, und das Geistige belebendes Princip der Sinnenwelt ist.«[84] Nicht zuletzt sind die Gefühle für Humboldt die angemessenen Organe der Rezeption von Kunstwerken. Im Hinblick auf die Wirkung vollendeter Kunstwerke sagt Humboldt in seiner Schrift *Ueber Göthes Herrmann und Dorothea* (1797–1798): »Alle Fäden menschlicher Gefühle sind alsdann in uns aufgezogen; wir

---

81 Vgl. DIETER HENRICH, Der Begriff der Schönheit in Schillers Ästhetik, in: Zeitschrift für philosophische Forschung 11 (1957), 527–547.
82 WILHELM VON HUMBOLDT, Über Religion (1787), in: Humboldt, Werke, hg. v. A. Flitner/K. Giel, Bd. I (Darmstadt 1960), 10.
83 HUMBOLDT, Ueber die Verschiedenheit des menschlichen Sprachbaues und ihren Einfluss auf die geistige Entwicklung des Menschengeschlechts (1835), in: ebd., Bd. 3 (Darmstadt 1963), 420.
84 HUMBOLDT, Ideen zu einem Versuch, die Gränzen der Wirksamkeit des Staates zu bestimmen (1792), in: ebd., Bd. I (Darmstadt 1960), 136.

empfinden die menschliche Natur zugleich in allen ihren Berührungspunkten.«[85] Friedrich Hölderlin gibt ein Beispiel für die hoch reflektierte Verwendung des Begriffs Gefühl in produktionsästhetischen Überlegungen. In einem Theoriefragment von 1798–1799 mit dem Titel *Reflexion* ist von den Graden der Begeisterung die Rede, zwischen denen sich zu bewegen »Beruf und Wonne des Dichters« sei, doch komme alles darauf an, hierbei die Besonnenheit zu bewahren. Die besondere Form der Selbstbeherrschung, die Hölderlin hier voraussetzt, kann er nur in paradoxen Wendungen charakterisieren: »Da wo die Nüchternheit dich verläßt, da ist die Gränze deiner Begeisterung. Der große Dichter ist niemals von sich selbst verlassen, er mag sich so weit über sich selbst erheben als er will. [...] Das Gefühl ist aber wohl die beste Nüchternheit und Besinnung des Dichters, wenn es richtig und warm und klar und kräftig ist. Es ist Zügel und Sporn dem Geist. Durch Wärme treibt es den Geist weiter, durch Zartheit und Richtigkeit und Klarheit schreibt es ihm die Gränze vor und hält ihn, daß er sich nicht verliert; und so ist es Verstand und Wille zugleich.«[86]

Hölderlin ist fern von einer Anlehnung an Platons Äußerung über die dichterische Mania. Vielmehr geht es hier um den modernen, aufgeklärten Dichter, der die Spannung aushält, auch in der Begeisterung sich selbst zu beobachten, seiner bewußt zu bleiben. Dabei hilft ihm die seelische Kraft, die Hölderlin ›Gefühl‹ nennt. Das Gefühl bringt den Dichter ganzheitlich vor sich selbst, wenn es in seiner Natürlichkeit agiert, wenn es ›richtig‹ ist; darum ist es die ›beste Nüchternheit‹. Es läßt den Dichter seine Möglichkeiten erkennen und treibt ihn dazu an, sie zu verfolgen. Zugleich zeigt es ihm mit den Tugenden des Verstandes (›Richtigkeit und Klarheit‹) die Grenzen seiner dichterischen Produktivität auf. Daher ist es konsequent, wenn Hölderlin die übliche vermögenstheoretische Sonderung der Gemütskräfte suspendiert und das solchermaßen wirkende Gefühl nicht nur als Mittler zwischen Verstand und Begehrungsvermögen (Wille) ansieht, sondern als ›Verstand und Wille‹ zugleich.

Hölderlin kennt aber auch Krisen des Gefühls, wenn nämlich die natürliche Ausgewogenheit zwischen Geist und Gefühl gestört ist, wenn die »natürliche Sicherheit und Konsistenz« des Gefühls verlorenging, wenn es »krank« (244) ist. In diesem Fall muß der Verstand behutsam korrigierend eingreifen, bis das Gefühl wieder in die fraglose Sicherheit seines Agierens zurückkehrt. Damit wird das Gefühl quasi zu einem kontrollierbaren Unbewußten, das der Dichter solange gewähren läßt, wie es die gelingende Produktion garantiert, aber immer dann vorsichtig lenkt, wenn das dichterische Schaffen unsicher wird. Gegen alle schwärmerischen Vorstellungen vom Genie erklärt Hölderlin: »ohne Verstand, oder ohne ein durch und durch organisiertes Gefühl keine Vortrefflichkeit, kein Leben« (245).

Für die philosophischen Systeme des deutschen Idealismus ist es bezeichnend, daß der Begriff des Gefühls in ihnen keine Schlüsselstellung mehr einnehmen kann. In den entwicklungslogisch angelegten Systemen wird das Gefühl als noch unmittelbare, wenig reflektierte Form des Welt- und Selbstbezugs verstanden, der von höher entwickelten Bewußtseinslagen überholt oder aufgehoben wird. – So kritisiert Hegel in seinen *Vorlesungen über die Ästhetik* (1835–1838) das Unvollkommene der »gewöhnlichen Meinung«, daß es die Aufgabe und Zweck der Kunst sei, [...] die schlummernden Gefühle, Neigungen und Leidenschaften *aller Art* zu wecken und zu beleben, das Herz zu *erfüllen* und den Menschen, entwickelt oder noch unentwickelt, alles durchfühlen zu lassen«[87]. Hegel erkennt in dieser Bestimmung der Kunst nur erst »eine ganz formelle Aufgabe« (89), die zur Beliebigkeit ihrer Inhalte führen könnte. Denn zunächst ist für ihn eine Trivialität, daß der Mensch in seiner endlichen Verfassung durch Anschauung und Vorstellung beeindruckt werden muß, um seine innere und äußere Wirklichkeit zu gewinnen. Es kann aber nicht die Aufgabe der Kunst sein, diese anthropologische Konstante zu bekräftigen. Statt dessen benötigt die Kunst einen »für sich

---

85 HUMBOLDT, Ueber Göthes Herrmann und Dorothea (1797–1798), in: ebd., Bd. 2 (Darmstadt 1961), 154; vgl. TILMAN BORSCHE, Sprachansichten (Stuttgart 1981), 170–200.
86 FRIEDRICH HÖLDERLIN, Reflexion (entst. 1798–1799), in: HÖLDERLIN (GSA), Bd. 4/1 (1961), 243 f.
87 HEGEL (ÄSTH), 88.

festen Zweck«, wenn sie nicht »nur die leere Form für jede mögliche Art des Inhalts und Gehalts« (89) abgeben will. Den substantiellen Zweck der Kunst aber sieht Hegel in der sinnlichen Darstellung der Wahrheit oder der Idee als der geschichtlichen Wahrheit aller Wirklichkeit. Es ist hier die Frage nach der Wahrheit der Kunst, die alles Selbstzweckliche der Gefühle zunichte macht. In Hegels emphatischer Inhaltsästhetik gibt es einen klaren Vorrang des Kunstobjekts vor seiner Rezeption und auch vor seinen subjektiven Produktionsbedingungen. »Die Kunst ladet uns« aufgrund ihres Wahrheitsbezugs »zur denkenden Betrachtung ein« (58). Das Gefühl – so wie es Hegel versteht – kann ihrem Anspruch nicht gerecht werden.

Ebenso wie bei Hegel verlagert sich auch in Schellings *Philosophie der Kunst* (entst. 1802–1803) das theoretische Interesse aus systematischen Gründen vom Künstler hinüber auf das Kunstwerk, denn ihm wird die Darstellung des Absoluten zugetraut. Das Kunstwerk leistet die endliche Darstellung des Unendlichen, d. h. es bringt die Schönheit hervor. Fragen der Rezeption von Kunst, und damit auch Konzepte des ästhetischen Gefühls, treten hinter der hohen Bedeutung des Status der Kunst, die ihrerseits zum Organon der Philosophie wird, völlig zurück. Diese Organonfunktion, die Schelling der Kunst in seinem *System des transzendentalen Idealismus* (1800) einräumt, intellektualisiert die Kunst und unterschlägt das Moment ihrer Affinität zum Gefühl.

In Ferdinand Solgers Ästhetik (*Erwin. Vier Gespräche über die Kunst*; 1815) zeigt sich, in Anlehnung an Schelling, eine Neufassung des Gefühls des Erhabenen, die für die Romantik charakteristisch ist: Das Erhabene verdankt sich nicht länger dem gesteigerten Sich-selbst-Fühlen angesichts einer übermächtigen oder übergroßen Naturerscheinung, sondern wird als Ahnung des göttlichen Ursprungs dieser Erscheinungen gedeutet. Daher verbindet sich das Erhabene stets mit einem religiösen Gefühl.[88] Auch Schleiermacher teilt diese Auffassung des Erhabenen.[89]

Fichtes Thematisierung des Unendlichen war nicht nur für die Philosophen, sondern auch für die Poeten und Künstler der Romantik Herausforderung zur Darstellung des Unendlichen geworden, auf das sie zugleich mit dem Kardinalgefühl der Sehnsucht bezogen bleiben. Jean Paul kennzeichnet diese Stimmung der Entgrenzung und sehnsuchtsvollen Ausrichtung auf das Unendliche paradigmatisch durch einen Natureindruck in seinen Ausführungen über die romantische Dichtkunst: »Dem Auge erscheint das Schöne ohne Begrenzung am meisten als *Mondschein*; dieses wunderbare, weder dem Erhabenen noch dem Schönen verwandte Geisterlicht, das uns mit schmerzlicher Sehnsucht durchdringt, gleichsam die Morgendämmerung einer Ewigkeit, die auf der Erde niemals aufgehen kann.«[90]

III. Psychologisierung des Gefühls im 19. Jahrhundert

Die Bezugnahmen auf die Begriffe Gefühl und Emotion sind in den ästhetischen Theorien des 19. Jh. sehr uneinheitlich. Es gibt eine größere Zahl von Hegel-Epigonen, die im Rahmen idealistischer Theorien von den Genußformen des Schönen und Erhabenen mit unglaubwürdiger Emphase handeln und wohl zu Recht heute weitgehend in Vergessenheit geraten sind, wie etwa Christian Hermann Weisse, Moriz Carrière oder Arnold Ruge.[91] In ihren Schriften deutet sich die Funktion der Ästhetik als einer Ersatzreligion für das Bildungsbürgertum an.

Von größerer Bedeutung unter den Spätidealisten ist Karl Rosenkranz mit seiner 1853 publizierten *Ästhetik des Häßlichen*, in der, in Korrektur der Hegelschen Philosophie der Kunst, dem Häßlichen ein originärer Status zugestanden und so

---

88 Vgl. KARL WILHELM FERDINAND SOLGER, Erwin. Vier Gespräche über das Schöne und die Kunst (1815), hg. v. W. Henckmann (München 1971), 170 f.
89 Vgl. FRIEDRICH SCHLEIERMACHER, Ästhetik (gehalten 1819, 1825), hg. v. R. Odebrecht (Berlin/Leipzig 1931), 304 f.
90 JEAN PAUL, Vorschule der Ästhetik (1804), hg. v. J. Müller (Leipzig 1923), 491.
91 Vgl. CHRISTIAN HERMANN WEISSE, System der Aesthetik als Wissenschaft von der Idee der Schönheit (Leipzig 1830); MORIZ CARRIÈRE, Aesthetik. Die Idee des Schönen und ihre Verwirklichung im Leben und in der Kunst (Leipzig 1859); ARNOLD RUGE, Neue Vorschule der Aesthetik (Halle 1836).

auch die für die Ästhetik belangvolle Skala der Gefühle erweitert wird.[92] – Geschichtlich wirksam wurde v. a. **Friedrich Theodor Vischers** mehrbändige *Aesthetik oder Wissenschaft des Schönen* (1846–1858), in der sich, neben der erklärten Anlehnung an das Hegelsche System, auch die Absicht findet, die Vernachlässigung des Naturschönen bei Hegel durch eine eigene entsprechende Theorie zu beheben.[93] Vischer hat in einer späten Selbstkorrektur zu dieser Theorie des Naturschönen kritisch Stellung bezogen und erklärt, man dürfe nicht, wie er selbst es in seiner Ästhetik getan habe, das Naturschöne »als eine gegebene Existenz« abhandeln, »als wüßte die Aesthetik noch von keiner Phantasie«. Das Naturschöne ist »nicht einfach ein Gegenstand, das Schöne wird erst im Anschauen, es ist Contact eines Gegenstands und eines auffassenden Subjects und, da das wahrhaft Thätige in diesem Contacte das Subject ist, so ist es ein Act«[94]. Was Vischer zunächst als Rehabilitierung des Naturschönen geplant hatte, gerät ihm bei seiner Berichtigung zur bloßen Bewußtseinserscheinung. Das Schöne ist Produkt des Anschauungsaktes und wird einem Ding nur zugesprochen. Mit diesen Vorstellungen wird Vischer zum Inspirator der sogenannten ›Einfühlungsästhetik‹[95], die in den 90er Jahren des 19. Jh. aufkommt und vor allem unter der Führung von Theodor Lipps bis in die 20er Jahre des folgenden Jh. maßgeblich geblieben ist. Die Theorie ist relativ zur Vorstellung von Natur als einem qualitätslosen Kausalnexus und insofern Ausdruck des positivistischen Gesinnung des späten 19. Jh. Das ästhetische Gefühl unterliegt hier einer völligen Psychologisierung; das Schöne wird bewußtseinsimmanent und verliert so alle grundlegenden aisthetischen Bezüge.

Für Friedrich Nietzsche sind die ästhetischen Gefühle des Schönen und Erhabenen in ihrer doktrinären Fassung Bestandstücke einer undurchschauten Metaphysik. Er selbst deutet das Auftreten dieser Gefühle mit den Mitteln der Physiologie oder mit Bezug auf seine Vorstellung vom Willen zur Macht. In einer kritischen Äußerung über Richard Wagners dramatischen Stil, aus Nietzsches Nachlaß stammend, heißt es ironisch: »er hat an die ›schönen Gefühle‹ und ›gehobenen Busen‹ appellirt gleich allen Theaterkünstlern«[96]. – Daß Nietzsche selbst durchaus Interesse an der psycho-logischen, lebensphilosophischen Deutung ästhetischer Gefühle gehabt hat, beweist seine Erörterung des »tragischen Gefühls«: Nietzsche nimmt für sich in Anspruch, nach vielen historischen Fehldeutungen der tragischen Kunst der Griechen das wahre Verständnis des »tragischen Gefühls« auszusprechen, das sich in den antiken Tragödien beweist. Schon die Deutung des Aristoteles mit ihrer therapeutischen, kathartischen Vorstellung von den Gefühlen (Furcht und Mitleid), die durch die Tragödie erweckt und zugleich gemäßigt und gereinigt werden, ist Nietzsche zufolge vom wahren Geist dieser Dramenkunst abgewichen. Nietzsche, der von sich glaubt, daß er als »der Lehrer der ewigen Wiederkunft« in sich das tragische, dionysische Lebensgefühl erneuert hat, erkennt darin zugleich »die Brücke zur Psychologie des *tragischen* Dichters«. Dem tragischen Gefühl entspricht aus Nietzsches Sicht das absolute »Jasagen zum Leben«, »die ewige Lust des Werdens *selbst zu sein* – jene Lust, die auch noch die *Lust* am Vernichten in sich schließt«[97].

IV. Randständigkeit des ästhetischen Gefühls im 20. Jahrhundert

Im 1. Drittel des 20. Jh. wird die Erforschung der ästhetischen Gefühle, nicht zuletzt aufgrund eines antimetaphysischen Impulses, vor allem ein Gegenstand der Psychologie. Als Begründer der ästhetischen Psychologie gilt häufig Gustav Theodor

---

92 Vgl. ROSENKRANZ, 5–9.
93 Vgl. FRIEDRICH THEODOR VISCHER, Aesthetik oder Wissenschaft des Schönen (1846–1858), Bd. 2 (Reutlingen/Leipzig 1847), 3–156.
94 FRIEDRICH THEODOR VISCHER, Kritik meiner Aesthetik, in: Vischer, Kritische Gänge, Neue Folge, Heft 5 (Stuttgart 1866), 6.
95 Vgl. WILHELM PERPEET, Ursprung und Probleme der Einfühlungsästhetik, in: Perpeet, Vom Schönen und von der Kunst (Bonn 1997), 85–111.
96 FRIEDRICH NIETZSCHE, Nachgelassene Fragmente (1887/89), in: NIETZSCHE (KGA), Abt. 8, Bd. 3 (1972), 286.
97 NIETZSCHE, Götzendämmerung oder Wie man mit dem Hammer philosophiert (1889), in: NIETZSCHE (KGA), Abt. 6, Bd. 3 (1969), 154.

Fechner, der in seiner *Vorschule der Ästhetik* die methodische Anleitung für eine »Ästhetik von unten«[98] gab, die auch bei der späteren empirischen Psychologie weiterhin Beachtung fand. Wichtige Vertreter der psychologischen Ästhetik sind Wilhelm Wundt, Johannes Ziegler, Friedrich Jodl, Theodor Lipps, Johannes Volkelt und andere. Es gibt verschiedene methodische Ausrichtungen dieser Psychologie: neben der schon erwähnten Einfühlungsästhetik auch Gestaltpsychologie, Anthropologie und Kulturanthropologie sowie physiologische Psychologie. Mit dieser letzteren Methode forschte u. a. Wilhelm Wundt, der herausfand, daß ästhetische Gefühle keine eigenständige Klasse von Gefühlen ausmachen, sondern »zusammengesetzte Resultanten« anderer Gefühlsformen darstellen. Sie sind Wundt zufolge »Produkte der Verbindung ästhetischer Elementargefühle mit intellektuellen Gefühlsformen, logischen, ethischen und religiösen Gefühlen, während ausserdem als bedeutsame Elemente sinnliche Gefühle und Affekte in sie eingehen. Indem auf diese Weise das ästhetische Gefühl alle anderen Gefühle in sich schliesst, ergreift es unser ganzes Gemütsleben.«[99]

Der reichen psychologischen Forschung zu den ästhetischen Gefühlen steht eine ärmliche Zahl an philosophischen Versuchen gegenüber. In dem Maße, in dem die klassischen Gegenstände des ästhetischen Gefühls, also das Schöne und das Erhabene, den Charakter des Obsoleten, Unglaubwürdigen – vor allem in den modernen Künsten – angenommen haben, sind auch die entsprechenden Gefühle aus dem Zentrum des Interesses der philosophischen Ästhetik herausgerückt. Von wenigen Ausnahmen abgesehen, ist der Begriff des Gefühls oder der Emotion vor allem in den philosophischen Ästhetiken der 2. Hälfte des 20. Jh. nicht mehr zentral. Das rationalitätskritische Potential, das sich ehedem mit dem Konzept des ästhetischen Gefühls verband, ist zwar auch heute noch ein Motor der philosophischen Ästhetik, aber Rationalitätskritik (wie etwa bei Adorno) wird eher unter dem Leitbegriff der ›ästhetischen Erfahrung‹ betrieben. Die Form einer reichen, selbstzweckhaften, selbstreflexiven ästhetischen Erfahrung wird dabei einem fremdbestimmten, abstrahierenden Erfahrungsmodus entgegengesetzt.

Zum Zentralbegriff einer bedeutenden ästhetischen Theorie wird das Gefühl ausnahmsweise nochmals in der 2. Hälfte des 20. Jh. bei der amerikanischen Philosophin Susanne K. Langer. In ihrem Buch *Philosophy in a New Key* (1942) entwickelt Langer eine Theorie der Musik als einer symbolische Form.[100] Sie zeigt auf, daß die tonalen Strukturen der Musik eine logische Verwandtschaft mit den Formen des menschlichen Gefühlslebens haben. Sie erkennt hier Muster (patterns) oder logische Formen der Empfindung. Für Langer ist Musik »a tonal analogue of emotive life«[101]. Die formalen Analogien zwischen tonalen Strukturen der Musik und Gefühlsentwicklungen sind für Langer die Basis für den Symbolstatus der musikalischen Formen. Die Funktion der Musik liegt nicht darin, Gefühle zu wecken, sondern den Gefühlen Ausdruck zu verleihen. Es geht dabei nicht um die Gefühle, die den Komponisten ergreifen, sondern um den symbolischen Ausdruck von Formen der Empfindung, wie der Komponist sie versteht. Er bemüht sich um die Sensibilisierung seiner Einbildungskraft für Gefühle und drückt das aus, was er über das innere Gefühlsleben weiß. Die Musik als symbolische Form vermittelt ihm ebenso ein Wissen über das Gefühlsleben, wie sie ihm auch gestattet, Gefühlen Ausdruck zu geben. Langer betont, daß die Musik keine Art von Sprache sei, wie oft behauptet wird. Der Bedeutungsbegriff, den wir üblicherweise für sprachliche Symbole verwenden, ist hier nicht einzusetzen, denn es gibt kein Vokabular der Musik. Es gibt keine willkürlich zu bestimmende Referenz ihrer Elemente. Daher auch bleibt die Musik trotz ihrer Artikuliertheit eine nichtdiskursive symbolische Form.

Nicht zuletzt dieser Status der Musik läßt wiederum Analogien zu den anderen Künsten erkennen und veranlaßt Langer, eine breit ausgeführte allgemeine Kunsttheorie auf den Einsichten über die Musik fußen zu lassen. Hierbei weiß sie sich der *Philosophie der symbolischen Formen* (1923–1929)

---

98 GUSTAV THEODOR FECHNER, Vorschule der Ästhetik (1876), Bd. 1 (Leipzig ³1925), 3.
99 WILHELM WUNDT, Grundzüge der physiologischen Psychologie (1874), Bd. 3 (Leipzig ⁵1902), 626.
100 Vgl. SUSANNE K. LANGER, Philosophy in a New Key. A Study in the Symbolism of Reason, Rite, and Art (1942; Cambridge, Mass. ³1957), 204–245.
101 LANGER, Feeling and Form (New York 1953), 27.

IV. Randständigkeit des ästhetischen Gefühls im 20. Jahrhundert

Ernst Cassirers verpflichtet, dessen Gedächtnis sie ihr Buch *Feeling and Form. A Theory of Art* (1953) auch widmet. Kunstwerke überhaupt sind Langer zufolge Ausdrucksformen. Sie drücken die spezifische Natur des menschlichen Gefühlslebens aus, das außerhalb der Kunst meist namenlos und ungestaltet bleibt. »Works of art are projections of ›felt life‹, as Henry James called it, into spatial, temporal, and poetic structures. They are images of feeling, that formulate it for our cognition.«[102] Der Begriff ›feeling‹ (Gefühl) ist bei Langer in weitester Bedeutung gemeint; er umfaßt ebenso emotive wie kognitive und volitive Momente. ›Feeling‹ ist das prinzipiell diskursiv nicht ausschöpfbare, ganzheitliche Welt- und Selbstverhältnis des Menschen im Modus des inneren Erlebens.

Theodor W. Adorno steht der Antwort des Gefühls auf Werke der Kunst – wie auch rezeptionsästhetischen Ansätzen insgesamt – skeptisch gegenüber. Für alle Erkenntnis, und daher auch für die angemessene Bemühung um das Kunstwerk, gilt ihm der »Vorrang des Objekts«[103]. Die ästhetische Erfahrung ist keine Selbsterfahrung, sondern Erfahrung an den Werken. Sie ist Adorno zufolge nicht in Unmittelbarkeit, sondern nur in begrifflicher Auseinandersetzung zu gewinnen. Allerdings mit solchen Begriffen, die nicht subsumtionslogisch verfahren, d. h. »deren Telos das Besondere ist«[104]. Damit ist das Gefühl als Reaktion auf die künstlerische Produktion nicht als solches, sondern nur in seinem möglichen Wahrheitsbezug ästhetisch bedeutsam.

Um den möglichen Wahrheitsbezug von Gefühlen geht es auch Nelson Goodman, der in *Languages of Art* (1968) durch seine Exemplifikationstheorie das Verhältnis von Ausdruck und Gefühl auf neue Weise bestimmt und betont, »that in aesthetic experience the emotions function cognitively«[105]. Emotionale Empfänglichkeit wird zur Voraussetzung für die Erkenntnismöglichkeit an Kunstwerken: »The work of art is apprehended through the feelings as well as through the senses. Emotional numbness disables here as definitely if not as completely as blindness or deafness. Nor are the feelings used exclusively for exploring the emotional content of a work. To some extent, we may feel how a painting looks as we may see how it feels [...]. Emotion in aesthetic experience is a means of discerning what properties a work has and expresses.« (248) Nelson Goodmans Einsichten über Gefühl und Emotion sind Hinweise auf das in neuerer Zeit rege Forschungsinteresse der angelsächsischen analytischen Philosophie an der Emotionalität, die jedoch meistens im Kontext ethischer Fragen erörtert wird.

Ein origineller Beitrag zur Konzeption des Gefühls kommt aus dem Umkreis der neuen Phänomenologie und wird von Hermann Schmitz in seinem umfangreichen *System der Philosophie* (1964–1980) entwickelt: Schmitz versteht unter Gefühlen keine Seelenzustände, sondern »Atmosphären« als ergreifende Mächte. Atmosphären können auch kollektive Gefühle sein wie die ausgelassene Freude bei einem Fest. Auf das Betroffensein (z. B. durch Eindrücke und Atmosphären) antwortet der Mensch durch Vergegenständlichung. Eine solche Antwort (neben Theorie und Dichtung) ist die bildende Kunst. Kunstwerke sind für Schmitz daher präsentierte Atmosphären in ästhetischen Gebilden.[106]

Im Anschluß an diese Theorie des Emotionalen versucht Gernot Böhme das Konzept einer ökologischen Naturästhetik zu entwickeln. Es geht ihm darum, »die emotionalen Anteile, d. h. die affektive Teilnahme am Wahrgenommenen [...] wieder in den Wahrnehmungsbegriff zu integrieren«[107] und die Menschen durch eine »neue ästhetische Erziehung« für die »Erfahrung von Atmosphären und im Umgang mit ihnen kompetent zu machen« (15), um eine human gestaltete Umwelt zu ermöglichen.

Einen interessanten Versuch zur Wiederbelebung und Fortentwicklung des ästhetischen Begriffs des Erhabenen macht Jean-François Lyotard,

---

102 LANGER, Problems of Art (New York 1957), 25.
103 Vgl. THEODOR W. ADORNO, Negative Dialektik (1966), in: ADORNO, Bd. 6 (1973), 185.
104 ADORNO, Ästhetische Theorie (1970), in: ADORNO, Bd. 7 (1970), 521.
105 NELSON GOODMAN, Languages of Art. An Approach to a Theory of Symbols (1968; Indianapolis ²1985), 247f.
106 Vgl. HERMANN SCHMITZ, System der Philosophie, Bd. 2/2: Der Leib im Spiegel der Kunst (Bonn 1966).
107 GERNOT BÖHME, Für eine ökologische Naturästhetik (Frankfurt a. M. 1989), 10.

der sich dabei auf Kants Konzeption des Erhabenen stützt, diese Konzeption jedoch auf charakteristische Weise postmodern, nämlich vernunftkritisch verwandelt. Gemeinsamer Anknüpfungspunkt ist dabei das Problem der Darstellung eines Nichtdarstellbaren. Für Kant liegt das Problem in einer Überforderung der Einbildungskraft (des sinnlichen Vermögens), das Übermächtige oder Übergroße in eine überschaubare Gestalt zu bringen. Die Nichtdarstellbarkeit im Sinnlichen (Unlust) wird jedoch durch die souveräne Darstellungsfähigkeit der Vernunft mit Hilfe der Ideen überwunden (Lust). Diese logozentrische Lösung mit dem Triumph der Vernunft über die Einschüchterung der menschlichen Sinnlichkeit ist für Lyotard obsolet geworden. Er läßt sich aber gleichwohl von der Idee der Darstellung des Nichtdarstellbaren inspirieren und weitet die Erfahrung des Erhabenen aus zu einer Vergegenwärtigung des Unverfügbaren schlechthin. Dieses liegt darin, daß überhaupt etwas geschieht, etwas gegeben ist, im Ereignischarakter des Seienden.[108]

Lyotards Reaktivierungsversuch des Erhabenen ist isoliert geblieben, wie überhaupt die Thematisierung ästhetischer Gefühle in der Philosophie der Gegenwart nur sporadisch anzutreffen ist. Der Grund hierfür liegt wohl nicht zuletzt in der zunehmenden Reflektiertheit der Künste (Hegel), die eher an begriffliche Anstrengung denn an das Gefühl appelliert.

Brigitte Scheer

Literatur
ALLESCH, CHRISTIAN G., Geschichte der psychologischen Ästhetik (Göttingen/Toronto/Zürich 1987); BAEUMLER, ALFRED, Das Irrationalitätsproblem in der Ästhetik und Logik des 18. Jahrhunderts (1923; Darmstadt 1967); BAASNER, FRANK, Der Begriff ›sensibilité‹ im 18. Jahrhundert. Aufstieg und Niedergang eines Ideals (Heidelberg 1988); BUDD, MALCOLM, Music and the Emotions: The Philosophical Theories (Boston/London 1985); CASSIRER, ERNST, Die Philosophie der Aufklärung (Tübingen 1932); CRAEMER-RUEGENBERG, INGRID (Hg.), Pathos, Affekt, Gefühl. Philosophische Beiträge (Freiburg/München 1981); DAHLHAUS, CARL, Klassische und romantische Musikästhetik (Laaber 1988); DRÜE, HERMANN, Die Entwicklung des Selbstgefühls in der Philosophie und Psychologie, in: Archiv für Begriffsgeschichte 37 (1994), 285–305; FINK-EITEL, HINRICH/ LOHMANN, GEORG (Hg.), Zur Philosophie der Gefühle (Frankfurt a. M. 1993); FRANKE, URSULA, Kunst als Erkenntnis. Die Rolle der Sinnlichkeit in der Ästhetik des Alexander Gottlieb Baumgarten (Wiesbaden 1972); GOMBRICH, ERNST H., Art and the Language of the Emotions, in: Proceedings of the Aristotelian Society, Suppl. Vol. 36 (1962); GROSSHEIM, MICHAEL (Hg.), Leib und Gefühl. Beiträge zur Anthropologie (Berlin 1995); GUYER, PAUL, Kant and the Claims of Taste (Cambridge, Mass. 1979); HORN, ANDRÁS, Geschichte der anthropologischen Fragestellung in der englischen Ästhetik von Bacon bis Alison (Frankfurt a. M./München 1976); JAUSS, HANS ROBERT, Diderots Paradox über das Schauspiel, in: Germanisch-romanische Monatsschrift 11 (1961), 380–413; JONES, PETER, Hume's Sentiments (Edinburgh 1982); KAHLE, GERD (Hg.), Logik des Herzens. Die soziale Dimension der Gefühle (Frankfurt a. M. 1981); KÜHNEMANN, EUGEN, Kants und Schillers Begründung der Ästhetik (München 1985); KULENKAMPFF, JENS, Kants Logik des ästhetischen Urteils (Frankfurt a. M. 1978); MARX, WOLFGANG, Das Wortfeld der Gefühlsbegriffe, in: Zeitschrift für experimentelle und angewandte Psychologie 29 (1982), 137–146; MENKE, CHRISTOPH, Der ästhetische Blick: Affekt und Gewalt, Lust und Katharsis, in: G. Koch (Hg.), Auge und Affekt (Frankfurt a. M. 1995), 230–246; PAETZOLD, HEINZ, Ästhetik des deutschen Idealismus. Zur Idee ästhetischer Rationalität bei Baumgarten, Kant, Schelling und Schopenhauer (Wiesbaden 1983); PIKULIK, LOTHAR, Leistungsethik contra Gefühlskult. Über das Verhältnis von Bürgerlichkeit und Empfindsamkeit in Deutschland (Göttingen 1984); SCHEUER, HELMUT/GRISKO, MICHAEL (Hg.), Liebe, Lust und Leid. Zur Gefühlskultur um 1900 (Kassel 1999); SCHINGS, HANS-JÜRGEN (Hg.), Der ganze Mensch. Anthropologie und Literatur im 18. Jahrhundert (Stuttgart 1994); WITTE, EGBERT, Logik ohne Dornen. Die Rezeption von A. G. Baumgartens Ästhetik im Spannungsfeld von logischem Begriff und ästhetischer Anschauung (Hildesheim 2000); WOLFF, ERWIN, Shaftesbury und seine Bedeutung für die englische Literatur des 18. Jahrhunderts. Der Moralist und die literarische Form (Tübingen 1960); ZELLE, CARSTEN, ›Angenehmes Grauen‹. Literaturhistorische Beiträge zur Ästhetik des Schrecklichen im achtzehnten Jahrhundert (Hamburg 1987).

---

108 Vgl. JEAN-FRANÇOIS LYOTARD, Le sublime et l'avant-garde (1983), in: Poesie 34 (1985), 97–109; dt.: Das Erhabene und die Avantgarde, übers. v. H. Rutke/C.-C. Härle, in: Merkur 38 (1984), 151–164; LYOTARD/CHRISTINE PRIES, Das Undarstellbare – wider das Vergessen. Ein Gespräch, in: Pries (Hg.), Das Erhabene. Zwischen Grenzerfahrung und Größenwahn (Weinheim 1989), 319–347; LYOTARD, L'intérêt du sublime, in: J.-L. Nancy/M. Deguy (Hg.), Du sublime (Paris 1988), 149–177; dt. Das Interesse des Erhabenen, übers. v. C. Pries, in: Pries (Hg.), Das Erhabene, 91–118.

Genie

(lat. genius, ingenium; engl. genius; frz. génie; ital. genio, ingegno; span. genio, ingenio; russ. гений)

Einleitung; 1. Exposition; 2. Vorverständnis; 3. Wortgeschichte; **I. Antike;** 1. Genius, Daimon, Engel; 2. Enthusiasmus, Inspiration, Manie; 3. Ingenium; 4. Prometheus; **II. Renaissance;** 1. Individualität des Künstlers; 2. Invention des Neuen; 3. Psychologie des Ingeniums; 4. Wirkung des Genius; **III. Barock und Klassizismus;** 1. Rationalismus und délicatesse, anciens et modernes; 2. Kreativität, Inspiration, Originalität; **IV. Aufklärung;** 1. Erklärungs- und Disziplinierungsversuche; 2. Poetische Phantasie, erhabener Ausdruck; 3. Ingenium venustum, felix aestheticus; 4. Materialistischer Reduktionismus; 5. Genie und goût; 6. Popularphilosophie; **V. ›Genieperiode‹;** 1. Geisteshelden, Kraftgenies; 2. God within; 3. Individualität und Autonomie; **VI. Klassik und Romantik;** 1. Musterhafte Originalität; 2. Verwirklichung des Absoluten; 3. Bildungsideal, Lebenskunst; 4. Unbewußtes; **VII. Moderne;** 1. Held, Führer, self-made man; 2. Ästhetische Existenz, verkanntes Genie; 3. Pathos der Distanz; 4. Psychopathologie des Außerordentlichen, Primitivismus und Ideologiekritik; **VIII. Gegenwart;** 1. Trivialisierung und Tabuisierung des Genies; 2. Wiederkehr und Uminterpretation; 3. Distanzstrategien in der postavantgardistischen Kunst

Einleitung

1. Exposition

Vom Geniegedanken bleibt die Ästhetik (und nicht nur die Ästhetik) auch dann noch bestimmt, wenn ihre Theoretiker darauf verzichten, über seinen Stellenwert im Gefüge ihrer Begriffe Rechenschaft zu geben.[1] Neben und in mancher Hinsicht noch vor ›Geschmack‹ ist ›Genie‹ einer der Grundbegriffe, unter denen in der Neuzeit ästhetische Subjektivität entfaltet wurde.[2] Weit über den Bereich der Produktions-[3] oder Künstlerästhetiken[4] hinaus und lange vor den Absetzungsbestrebungen der modernen Avantgarden[5] prägt die Geniebegriff das ästhetische Denken, von der Werkkategorie bis zur Verständigung über ›ästhetische‹ Qualitäten. Im Spannungsfeld zwischen den Regeln der Kunst und unreglementiertem Gelingen, gesellschaftlicher Konvention und göttlicher Inspiration, Nachahmung des Vorbildlichen und individueller Spontanität bilden sich die für die moderne Lebensform charakteristischen Vorstellungen von ›schöner‹ Kunst und ästhetischer Erfahrung. Der Geniebegriff spielt eine zentrale Rolle in der Gestaltung der Verhältnisse zwischen Kunst und Leben, Natur und Kultur. Gegenüber dem Gegebenen und Hinzunehmenden wird nach dem Spielraum des Herzustellenden und Machbaren, nach der Möglichkeit des Neuen gefragt. Die Debatten über das Genie, die insbesondere im 18. Jh. mit großer Intensität geführt wurden[6], loten die Potentiale ästhetischer Autonomie und die Reichweite der daran geknüpften Souveränitätsansprüche aus.

Bereits im späten 19. Jh. notiert Flauberts Spießbürger zum Stichwort ›Génie‹: »Inutile de l'admirer, c'est une névrose.«[7] An die Funktion des Geniebegriffs für die Ästhetik wie an die Zusammenhänge von Genie und Gesellschaft muß erst wieder erinnert werden in einer Zeit, die den oft neurotische Züge ausbildenden Kult der ›schöpferischen Persönlichkeit‹[8] glücklich hinter sich gelassen zu haben meint. Das Verschwinden der Rede vom Genie aus den ästhetischen Diskursen wie aus den Versuchen zur Verständigung über das Bewundernswerte an den Menschen, die uns nach wie vor Bewunderung abnötigen, ist seinerseits ein erklärungsbedürftiges Phänomen. Die gegenwärtige

---

1 Vgl. RAINER ROCHLITZ/ANNE SOURIAU, ›Genie‹, in: SOURIAU, 785–788.
2 Vgl. JOACHIM RITTER, ›Genie III.‹, in: RITTER, Bd. 3 (1974), 285, 294 f.
3 Vgl. HOLGER RUDLOFF, Produktionsästhetik und Produktionsdidaktik. Kunsttheoretische Voraussetzungen literarischer Produktion (Opladen 1991).
4 Vgl. WASSILY KANDINSKY, Über das Geistige in der Kunst, insbesondere in der Malerei (München 1912); ANTONI TÀPIES, L'art contra l'estètica (Barcelona 1974); dt.: Kunst kontra Ästhetik, übers. v. E. Geisler (St. Gallen 1983).
5 Vgl. PETER BÜRGER, Theorie der Avantgarde (Frankfurt a. M. 1974).
6 Vgl. BALDINE SAINT GIRONS, Génie; in: M. Delon (Hg.), Dictionnaire européen des Lumières (Paris 1997), 496–499.
7 GUSTAVE FLAUBERT, Le Dictionnaire des Idées reçues (1881), in: Flaubert, Œuvres, hg. v. A. Thibaudet/R. Dumesnil, Bd. 2 (Paris 1952), 1011.
8 Vgl. EDGAR ZILSEL, Die Geniereligion. Ein kritischer Versuch über das moderne Persönlichkeitsideal, mit einer historischen Begründung (1918; Frankfurt a. M. 1990).

Genieabstinenz stellt kaum schon einen Zustand souveräner Indifferenz gegenüber den Konflikten dar, die sich in den Auseinandersetzungen über den Geniebegriff und über die Anerkennung des Genies einzelner Personen niederschlugen. Im Tabu über dem Genie setzt sich das Genieproblem fort, in gewissem Sinn radikalisiert es sich sogar. Nicht vom Genie zu sprechen könnte eine der möglichen – unter bestimmten Umständen unausweichlich werdenden – Formen sein, das Verhältnis zu den sprachlos machenden Mächten zu gestalten, das vormals in die Form der Rede vom Genie gebracht worden war.

2. Vorverständnis

Der Geniebegriff bezieht sich im modernen Verständnis auf das innovative Potential des Künstlers oder des Denkers.[9] Der auf das Problem der Kreativität fokussierte engere Sinn des Begriffs ist allerdings im Deutschen in jüngerer Zeit in den Hintergrund getreten und wird eher durch Ausdrücke wie ›Begabung‹, ›Talent‹ oder ›Originalität‹ abgedeckt. In erweitertem, seit dem 19. Jh. vorherrschendem Gebrauch bezeichnet Genie auch die Person, der dieses Vermögen nachgesagt wird. Man sagt kaum mehr, jemand habe Genie, sondern eher, jemand sei ein Genie.

Mit dem Titel des Genies wird die Vorstellung von einem Ausnahmemenschen verbunden, der sich dadurch auszeichnet, daß er – vor allem in künstlerischen, wissenschaftlichen oder technischen Disziplinen – Bahnbrechendes geleistet hat. Der Begriff dient dazu, den Abstand des als vorzüglich bewerteten Außerordentlichen vom Üblichen zu markieren. Die Rede vom Genie ist Ausdruck eines »Unzulänglichkeitsbewusstseins«[10] – nicht nur auf Seiten derjenigen, die eine Person, mit der sie nicht konkurrieren können, ein Genie nennen[11], sondern auch bei denen, die selbst nicht recht verstehen, wie ihre eigene Leistung ihnen möglich gewesen sein sollte. Genie ist ursprünglich nicht, was man ist, insofern man etwas kann, sondern eine eigentümliche Macht, an die man sich hält, wenn man nicht weiter weiß. Es wird zu fragen sein, inwiefern der Begriff an der Aufgabe gescheitert ist, Ungleichheit in einer für alle Beteiligten akzeptablen Weise zu legitimieren – und was an seine Stelle getreten ist, wenn er sie nicht mehr ausfüllen kann. Zunächst ist festzustellen, daß das Wort sich noch in diesem Feld bewegt, wenn es zur Charakterisierung von Personen verwendet wird, die (noch) nichts Bemerkenswertes geleistet haben, deren Auftreten aber den Eindruck erweckt, sie hielten sich für fähig zu unvergleichlichen Geistestaten und reklamierten Beachtung für ihre Person um dieses bisher uneingelösten Potentials willen. Bei aller Zurückhaltung gegen den Geniebegriff ist es noch immer möglich, von ›genialen‹ Erfindern, Strategen oder Spekulanten zu sprechen. Hervorragende Wissenschaftler genießen den Ruhm des Genies ebenso wie Schachgroßmeister. Unter den Künstlern fällt das Prädikat schnell und viel produzierenden Malern oder Musikern sowie charismatischen Performern zu. Lebende Künstler genial zu nennen wirkt allerdings leicht anrüchig. Bei toten Zentralfiguren des Kanons der bei uns geschätzten Künste ist die Scheu geringer.

Unüblich geworden ist ein lange Zeit gebräuchlicher Sinn von Genie, der sich auf ›persönliche Eigenart‹ oder ›Charakter‹ bezog.[12] Vor der Frage nach den besonderen Gaben und Vorzügen der Ausnahmemenschen betraf der Begriff die jeweilige Besonderheit, das Temperament oder auch spezielle Neigungen jedes einzelnen.[13] Dieser Gebrauch stellt eine Voraussetzung für die Ausbildung des modernen Geniebegriffs und damit auch des ästhetischen Denkens dar, wenn er auch durch die Fixierung des Geniebegriffs auf die überragende Begabung im 19. Jh. verdrängt werden mußte.

---

9 Vgl. ROCHLITZ, ›Genie‹, in: JACOB, Abt. 2, Bd. 1 (1990), 1057 f.
10 JACOB CAHAN, Zur Kritik des Geniebegriffs (Diss. Bern 1911), 18.
11 Vgl. MARK D. ALICKE/FRANK M. LOSCHIAVO/JENNIFER ZERBST/SHAOBO ZHANG, The Person Who Outperforms Me Is a Genius: Maintaining Perceived Competence in Upward Social Comparison, in: Journal of Personality and Social Psychology 73 (1997), 781–789.
12 Vgl. RUDOLF HILDEBRAND, ›Genie‹, in: GRIMM, Bd. 4/1/2 (1897), 3411.
13 Vgl. ROCHLITZ/SOURIAU (s. Anm. 1), 786; ›genius‹, in: OED, Bd. 6 (1989), 444 f.

3. Wortgeschichte

Das Wort ›Genie‹ ist im Deutschen seit dem frühen 18. Jh. belegt. Es bezieht sich zunächst auf geistige Anlagen oder Fähigkeiten.[14] In einem *Fremdwörterbüchlein* von 1726 wird es erklärt als Ausdruck für »lebhafte Arth«[15]. Der Latinismus ›Genius‹ wurde vor allem für dämonologische oder pneumatologische Zwecke gebraucht. Im späten 18. Jh. erfährt das Geniusmythologem eine bemerkenswerte Renaissance in der deutschen Literatursprache, die nur partiell mit der Konjunktur des Geniebegriffs zusammenfällt.[16] Im Unterschied zum Latinismus besetzt der Gallizismus ›Genie‹ zunächst die psychologische und charakterologische Dimension, für die traditionell der Terminus ›Ingenium‹ oder auch das deutsche Wort ›Geist‹ einstand. In Johann Heinrich Zedlers *Universal-Lexicon* wird ›Genie‹ als »Trieb oder Wesen des dem Menschen beywohnenden Verstandes« interpretiert und die Verbindung sowohl zu ›Genius‹ als auch zu ›Ingenium‹ hergestellt. Schon im frühen 18. Jh. wird das Wort ›Genie‹ mithin vor allem in der Beurteilung von »Künstlern« gebraucht, was im damaligen Verständnis »Mahler« ebenso umfaßte wie »Mechanici«[17]. Wenn auch die Verwendung des Wortes bis ins 19. Jh. hinein Gegenstand sprachpolitischer Kontroversen bleibt, ist der Gallizismus – anders, als Rudolf Hildebrand annimmt[18] – spätestens um die Mitte des 18. Jh. im Deutschen etabliert. Die ›Geniebewegung‹ der 70er Jahre des 18. Jh. gibt unter dem Eindruck aktueller englischer Debatten dem Wort partiell einen neuen Sinn, aber sie führt es nicht neu ein.

Auch im Englischen finden sich seit dem 17. Jh. gelegentlich Verwendungen des Gallizismus.[19] Dessen Bedeutung verengt sich dort aber im frühen 18. Jh. auf ›dienstbarer Geist‹. Die englische Aussprache des französischen Lehnwortes génie (wie auch seines spezifisch dämonologischen Sinn behaltenden lateinischen Plurals genii) legt einen Bezug zu dem (durch Übersetzungen der *Märchen aus 1001 Nacht* populären) arabischen ›djinn‹ nahe.[20] Die zunächst frappierende Verknüpfung, die auch zur orientalistisch-märchenhaften Verfremdung der römischen Geniuskonzeption ausgebeutet wurde[21], ist gestützt durch eine gemeinsame indogermanische Wurzel, wie auch ein gewisser Einfluß der römischen Geniusmythologie auf die arabischen Geistervorstellungen anzunehmen ist.[22] Der für ästhetische Fragen maßgebliche Geniebegriff entwickelt sich unter dem im Englischen seit dem 14. Jh. eingebürgerten Latinismus genius, der seit dem 16. Jh. auch für das ingenium des Poeten stehen kann.

Die Aufnahme des französischen Wortes im 18. Jh. in die deutsche Bildungssprache ist vorbereitet durch langwierige Debatten über die Natur und die Leistungen des ›Ingeniums‹ sowie durch eine erhöhte Aufmerksamkeit für Unterschiede zwischen den geistigen Kapazitäten der Menschen. Breit erörtert wurde die Frage, ob die besonderen Fähgkeiten der hervorragenden Köpfe auf erlernbarer Kunstfertigkeit beruhten, ob sie als schicksalhafte Naturgegebenheit hinzunehmen oder einem unverfügbaren göttlichen Einfluß zuzuschreiben seien. Seit dem 16. Jh. war unter den Humanisten auf den ›Genius‹ als Verkörperung dieses transzendenten Einflusses rekurriert worden. Grundlegend blieb der Bezug zu den Theorien des Inge-

---

14 Vgl. FRANZ-JOSEPH MEISSNER, Wortgeschichtliche Untersuchungen im Umkreis von französisch Enthousiasme und Genie (Genf 1979), 288.
15 GOTTFRIED SCHMOTTHER, Fremdwörterbüchlein, in: Schmotther, Der Dreßdnisch-Cantzleymäßig wie auch zu Rechnungs-Sachen sich anschickende Schreiber und Rechner, Bd. 2 (Dresden/Leipzig 1726), 637, zit. nach HILDEBRAND (s. Anm. 12), 3411.
16 Vgl. WENDELIN SCHMIDT-DENGLER, Genius. Zur Wirkungsgeschichte antiker Mythologeme in der Goethezeit (München 1978).
17 ›Genie‹, in: ZEDLER, Bd. 10 (1735), 871.
18 Vgl. HILDEBRAND (s. Anm. 12), 3416.
19 Vgl. ZILSEL, Die Entstehung des Geniebegriffes. Ein Beitrag zur Ideengeschichte der Antike und des Frühkapitalismus (Tübingen 1926), 299.
20 Vgl. ›genius‹, in: OED, Bd. 6 (1989), 444.
21 Vgl. ERNST THEODOR AMADEUS HOFFMANN, Der goldene Topf (1814), in: Hoffmann, Dichtungen und Schriften sowie Briefe und Tagebücher, hg. v. W. Harich, Bd. 3 (Weimar 1924), 1–118; CARL DAHLHAUS, ›Dschinnistan‹ oder das Reich der absoluten Musik (1972–1985), in: Dahlhaus, Klassische und romantische Musikästhetik (Laaber 1988), 86–166.
22 Vgl. MEISSNER (s. Anm. 14), 189f.

niums.²³ Zum lexikalischen Kontext, in den das Wort eingebunden bleibt, gehört die italienische Kunstliteratur der Renaissance und des Barock mit ihren breiten Erörterungen über ingegno und genio.²⁴ In ganz Europa fanden auch die mit dem Problem des ingenio befaßten Autoren des spanischen siglo de oro Beachtung.

In den ›Kultismus‹²⁵ sind im jahrhundertelangen Hin und Her der europäischen Gelehrtensprachen vielfältige Traditionen eingegangen. Teilweise lassen diese sich bis zur antiken Lehre vom ingenium sowie zur römischen Geniusmythologie zurückverfolgen. Doch erschöpfen sie sich keineswegs in diesen klassischen Vorgaben. Beide lateinischen Wörter werden aus der Wurzel ›gen‹ gebildet, die sich in griechisch γίγνομαι (gignomai) und in lateinisch gignere zu Ausdrücken des Werdens, Hervorbringens, besonders Erzeugens und Gebärens ausprägt. Ingenium ist ingenitum: das Angeborene, die Naturanlage, φύσις (physis), durchaus mit dem für die antiken Adelskulturen maßgeblichen wertenden Sinn der edlen Geburt: εὐφυία (euphyia). Der römische genius ist die Personifikation der angeborenen Wesensart des einzelnen, die Geburtsgottheit, als deren Fest der Geburtstag gefeiert wird.

Das lexikalische Feld um ingenium und genius wird ferner durch das Adjektiv ingenuus (frei, edel) und dessen Substantivierung ingenuitas (vor allem die freie Geburt der römischen Vollbürger) akzentuiert. Über genuinus wird die Vorstellung des Natürlichen in Richtung auf das Unverfälschte, Ursprüngliche ausgebaut. Spätestens im Mittelalter kommt es zu Überschneidungen und Vermischungen im Sprachgebrauch zwischen ingenitum und ingenuum.²⁶ Die Spannung zwischen dem anthropologischen Allgemeinheitsanspruch der Ingeniumtheorien und dem Sinn für Distinktion und Privileg, der mit der ingenuitas oder εὐφυία ins Spiel kommt, wird ihre Brisanz in den modernen Geniedebatten erweisen. Die Polyvalenz des ingenium zeigt sich im Spektrum seiner Transformationen im mittelalterlichen Latein und in den romanischen Sprachen. Neben der (vor allem kriegstechnischen) machinatio des ingeniarius (italienisch ingegnere, französisch ingénieur, englisch engineer) – seinem ingenium, altfranzösisch engin – findet sich die geradewegs trügerische List: italienisch inganno, spanisch engaño.²⁷ In die zweideutige Sphäre des unheimlich Geschickten führt das Wort ingeniosus bereits in der Antike.²⁸

Der wortgeschichtliche Vorläufer des zuerst 1532 bei Rabelais belegten²⁹ französischen Wortes liegt in der Form genium, die im Mittellateinischen partiell für ingenium, vor allem im Sinn der Verstandesfähigkeiten, eintritt und dann auch das Ansehen (honor) bezeichnet, das den damit gesegneten Personen gebührt.³⁰ Unterschied Rabelais noch zwischen Genie und Genius, so übernimmt das von ihm geprägte Wort alsbald auch die Vertretung für lateinisch genius und die damit verbundenen mythologischen Vorstellungen.³¹ Wo, wie im Französischen und parallel auch im Englischen, die morphologische Unterscheidung von genius und ingenium aufgegeben wird, kommt es zu innigeren Vermischungen zwischen den verschiedenen Begriffssträngen als in den Sprachen, die an der Differenz festhalten. Der semantische Kurzschluß zündet insbesondere im Bereich der inventio, nach rhetorischer Lehre der vornehmsten Leistung des ingenium, das nicht nur den analytischen und zusammenfassenden Verstand im eigentlichen Sinne umfaßte, sondern ebenso das intuitive Vermögen der Einbildungskraft (imaginatio). Sobald zwischen

23 Vgl. HUBERT SOMMER, Génie. Zur Bedeutungsgeschichte des Wortes von der Renaissance zur Aufklärung [Diss. Marburg 1943] (Frankfurt a. M. u. a. 1998), 49–52; HANS THÜME, Beiträge zur Geschichte des Geniebegriffs in England (Halle 1927).
24 Vgl. ›Genio‹, in: Grande dizionario della lingua italiana, Bd. 6 (Turin 1970), 665–667; ›Ingegno‹, in: ebd., Bd. 7 (Turin 1972), 1019–1023.
25 Vgl. MEISSNER (s. Anm. 14), I-V, 81 f., 156–159, 288–291.
26 Vgl. ›3. ingenitus‹, in: CHARLES DUFRESNE SIEUR DU CANGE, Glossarium mediae et infimae Latinitatis, Bd. 4 (Niart 1885), 360.
27 Vgl. ›1. ingenium‹, in: ebd., 360.
28 Vgl. OVID, Met. 11, 313.
29 FRANÇOIS RABELAIS, Le tiers livre des faicts et dicts héroïques du bon Pantagruel, in: Rabelais, Œuvres complètes, hg. v. J. Boulenger/L. Scheler (Paris 1955), 332, 341; vgl. PAUL ZUMTHOR/SOMMER, A propos du mot ›génie‹, in: Zeitschrift für romanische Philologie 66 (1950), 172.
30 Vgl. ›genium‹, in: DU CANGE (s. Anm. 26), 55; MEISSNER (s. Anm. 14), 63 ff.
31 Vgl. MEISSNER (s. Anm. 14), 146 f.

ingenium und genius nicht mehr unterschieden wird, drängt es sich geradezu auf, die ›Inspiration‹, den spirituellen Funken, der seit altersher als entscheidend für das Zustandekommen der ingeniösen Leistungen angesehen wurde, als Einfluß des guten Genius zu deuten – und in einer zweiten Wendung diesen Einfluß und die Instanz, von der er ausgeht, gar nicht mehr als eine äußere Macht anzusehen, sondern mit dem (psychologisch verstandenen) ingenium zu identifizieren. Der Genius wird introjiziert.[32] Der Genie, dessen Eingebungen man braucht, ist das Genie, das man hat (wenn man es hat). Die Schwärmer sind weiter enthusiastisch. Doch begeistert sie nicht länger eine fremde Macht, die sie manisch entrückt und sich selbst entfremdet, sondern nur mehr ihr eigener Witz. Zugleich führt die Verknüpfung der eigenen geistigen Fähigkeiten mit dem (hoffentlich) guten Geist, auf dessen Beistand man sich angewiesen weiß, zu einer Vertiefung des Sinns für die Fremdheit des eigenen Geistes. Präzise spricht Zedler von dem Verstand, der dem jeweiligen Menschen ›beiwohnt‹, und unterscheidet zwischen diesem Verstand selbst und einem »Trieb«[33], der ihn anstachelt.

Im Verlauf der Begriffsgeschichte kommt es zu tiefgreifenden Umbesetzungen in der Konstellation der Synonyme, Äquivalenz- und Oppositionsbeziehungen sowie der elementaren werthaften Besetzungen, in die das Wort eingebettet ist. So führt die Zusammenstellung von französisch génie und esprit im 18. Jh. zu einer Vereindeutigung des Geniebegriffs in Richtung auf die ›höheren‹, inspirationstheoretisch aufgeladenen und (besonders im 19. Jh.) idealistisch gedeuteten Vorstellungen, während in esprit eher das alte ingenium wieder zum Tragen kommt, durch die Kontrastierung allerdings charakteristisch abgewertet.[34] Im Deutschen wird seit der Mitte des 18. Jh. das ›Genie‹ zunehmend gegen den ›Witz‹ ausgespielt, der in der Terminologie der Schule für das ingenium einstand.[35] Die antiintellektuelle Spitze des Geniebegriffs regiert bereits im 17. Jh. die Opposition von italienisch ingegno und intelletto.[36] Zumindest in England ist die Opposition von genius und bel esprit im frühen 18. Jh. auch politisch überdeterminiert: Der bel esprit, als welchen die Académiciens des 17. Jh. den homme de génie darstellen, ist ein Versailler Höfling; der true genius dagegen empfängt seine Inspiration eher in der freien Natur und kann sich besser auf den Landsitzen der englischen Gentry entfalten.[37] Ähnlich komplexe Verhältnisse teilweiser Identifikation oder wechselseitiger Erläuterung und vereindeutigender Kontrastierung binden das Wort Genie insbesondere an ›Talent‹ sowie an ›Geschmack‹.

I. Antike

Die Grenzerfahrungen und Distinktionsbedürfnisse, die der Geniebegriff anspricht, haben in der Antike vielfältigen Ausdruck gefunden. Aber die verschiedenen Aspekte wurden nicht in der Weise aufeinander bezogen, wie es für das neuzeitliche Denken entscheidend werden sollte. Wiederholt wurde in der modernen Auseinandersetzung über das Genie auf die klassischen Quellen zurückgegriffen. Gegen die Versuchung zu vorschnellen Identifikationen ist jedoch das Originalitätsbewußtsein der Genietheoretiker des 18. Jh. ernst zu nehmen, die darauf bestehen, daß es für das, worum es ihnen geht, keine antike Vorlage gebe.[38]

1. Genius, Daimon, Engel

Lange Zeit ist der Genius ein Gegenstand der poetischen Imagination und der bildnerischen Darstellung – somit ein Produkt der Kunst –, ehe er zur

---

32 Vgl. KEN FRIEDEN, Genius and Monologue (Ithaca 1985), 79–83.
33 ›Genie‹, in: ZEDLER, Bd. 10 (1735), 871.
34 Vgl. LOUIS GABRIEL AMBROISE DE BONALD, Réflexions sur l'esprit et le génie (1806), in: Bonald, Œuvres complètes, Bd. 10 (Paris 1858), 164–175.
35 Vgl. JOCHEN SCHMIDT, Die Geschichte des Genie-Gedankens in der deutschen Literatur, Philosophie und Politik 1750–1945, Bd. 1 (Darmstadt 1985), 32 f.
36 Vgl. BENEDETTO CROCE, Estetica come scienza dell' espressione e linguistica generale. Teoria e storia (1902; Bari ⁹1950), 206 f.
37 Vgl. JOSEPH ADDISON, The Spectator, No. 160 (3. 9. 1711), in: Addison u.a., The Spectator, hg. v. G. G. Smith, Bd. 1 (London/New York 1958), 482–485.
38 Vgl. MOSES MENDELSSOHN, Zwey und neunzigster Brief (3. 4. 1760), in: MENDELSSOHN, Bd. 5/1 (1991), 166–171.

Erklärung des Zustandekommens der Kunstgegenstände selbst in Anspruch genommen wird. Als Mythologen und Ruhmverleiher bekamen die Dichter zuerst mit dem Genius (und mit seinem Pendant in griechischen Vorstellungen vom δαίμων [daimōn]) zu tun – nicht mit ihrem eigenen, sondern mit dem des zu Preisenden.[39] Der Dichter tritt als Chorführer der Verehrergemeinde auf, die dem Helden und der hinter ihm stehenden Macht huldigt. Gegenüber seinen Mitmenschen wird er auch zum Repräsentanten der übermenschlichen Macht, mit der er in engerem Kontakt steht. Von Orakelpriestern und Propheten wird sogar geglaubt, daß durch ihren Mund die Gottheit selbst spreche. Diese Dimension liegt jenseits der Rolle, die die Dichter ausfüllen, wenn sie auch später als Vergleichsmaßstab herangezogen wird, um die Vorstellung von der poetischen Inspiration zu erläutern.

In der römischen Religion ist der Genius eine dem einzelnen Bürger beigesellte, mit seiner Geburt ins Dasein tretende und bis zu seinem Tode über ihn wachende, ihn am Leben haltende Schutzgottheit.[40] Er wirkt als Lebenskraft, insbesondere als sexuelle Potenz, und wird auch in Schlangengestalt dargestellt. Anders als die Seele (anima) wohnt er dem Leib nicht direkt inne. Er wird als Personifikation der angeborenen Eigenschaften des einzelnen, als vergöttlichte individuelle Persönlichkeit sowie als generationenübergreifender Familiengeist verehrt. Auch Kollektive, Institutionen und andere individuierte Gegebenheiten wie Orte können einen Genius haben, in dem ihre jeweilige Identität Gestalt gewinnt. Hierauf griffen moderne Ideologien des ›Volksgeistes‹ (le génie de la France) oder des ›Zeitgeistes‹ zurück. Das polytheistische Mythologem ist nicht gefeit gegen totalisierende Überhöhung zum »Geist der Welt« (mundi animum)[41] oder (modern) ›Genius der Menschheit‹[42]. In der individuierenden Funktion des Genius als göttlicher Entäußerung der angeborenen Eigenart (natura) liegt eine Brücke zum ingenium, die in der Renaissance aktiviert wird. Der Genius ist ein göttliches Wesen, dem man opfert, bei dem man schwört und zu dem man betet.[43] Er ist ein Beisitzer und Ratgeber, an den man sich wendet, wo schwierige Entscheidungen zu fällen sind. Der »Faustus genius«[44] wird sich – nicht nur onomastisch – als enorm ansteckend für die moderne Genievorstellung erweisen. Als Schicksalsmacht[45] ist der Genius nicht frei von Ambiguitäten. Sie können zum Dualismus von genius bonus und genius malignus[46], weißem und schwarzem Genius[47] auseinandertreten. Das Hin und Her der zum Guten oder zum Bösen führenden Mächte erklärt, wie Menschen schlecht und sogar böse sein können. Prinzipiell geht es jedoch um das erhoffte Gute. Das Adjektiv genialis hat einen freundlich-hochgestimmten Sinn und läßt nichts von der Ambivalenz erkennen, mit der etwa ›dämonisch‹ behaftet ist.

Die Forschung ist uneins, ob nur männlichen Römern ein Genius zur Seite stand[48] oder Mann und Frau gleichermaßen[49] und wie das Verhältnis zwischen den genii genannten Schutzgeistern und den Junones natales oder auch der Fortuna, die für Frauen eine dem Genius entsprechende Funktion ausfüllten, gedacht wurde.[50] Der ursprüngliche Zusammenhang des Genius mit Zeugungskraft und Fruchtbarkeit steht außer Zweifel. Dieser wird bedeutsam, wenn in neuzeitlichen Adaptionen des Genius Kreativität in den Mittelpunkt des Interes-

---

39 Vgl. ZILSEL (s. Anm. 19) 52 ff.
40 Vgl. HILLE KUNCKEL, Der römische Genius (Heidelberg 1974), 10–13.
41 MARCUS TERENTIUS VARRO, zit. nach AUGUSTINUS, Civ. 7, 13.
42 Vgl. SCHMIDT-DENGLER (s. Anm. 16), 173 f., 233.
43 Vgl. WALTER F. OTTO, ›Genius‹, in: PAULY, Reihe I, Bd. 7/1 (1910), 1155, 1161.
44 ›Genie‹, in: PHILIBERT MONET, Invantaire des deus langues, Françoise, et Latine […] (Lyon 1636), 413.
45 Vgl. PUBLIUS PAPINIUS STATIUS, Silvae 4, 6, 18 ff.; MEISSNER (s. Anm. 14), 36.
46 Vgl. SERVIUS, Aen. 6, 743; JOHANN HEINRICH KRAUSE, ›Genius‹, in: ERSCH/GRUBER, Abt. I, Bd. 58 (1854), 170.
47 Vgl. HORAZ, Epist. 2, 2, 187–189; KRAUSE (s. Anm. 46), 170.
48 Vgl. THEODOR BIRT, ›Genius‹, in: ROSCHER, Bd. I (1884–1890), 1614 f.; CHRISTINE BATTERSBY, Gender and Genius: Towards a Feminist Aesthetics (London 1989), 52–60; JANE CHANCE NITZSCHE, The Genius Figure in Antiquity and the Middle Ages (New York 1975).
49 Vgl. WOLFRAM-ASLAN MAHARAM, ›Genius‹, in: PAULY (NEU), Bd. 4 (1998), 915; OTTO (s. Anm. 43), 1157.
50 Vgl. KRAUSE (s. Anm. 46), 164 f.

ses rückt. Entscheidend für die Attraktion, die der Topos auf das neuzeitliche Bewußtsein ausübte, ist nicht allein das Faszinosum der Produktion, sondern insbesondere die Apotheose der individuellen Eigenart. Im Unterschied zur modernen Auffassung, die im Genie nur die besondere, auch als ›göttlich‹ gepriesene Begabung weniger Ausnahmemenschen sieht, war die römische Vorstellung vom Genius zumindest in dem formalen Sinn egalitär, daß jedem einzelnen Bürger ein Schutzgeist zugeschrieben wurde. Die qualitativen Unterschiede, auf die im Leben der Menschen so viel ankommt, wurden auf die Unterschiede zwischen ihren Genien zurückgeführt. Ein ›illustrer Mann‹ kann nur werden, wer einen glänzenden Genius abbekommen hat und sich mit diesem gutzustellen versteht.

Vor der neuzeitlichen Transformation des Genius ins Genie steht seine Überformung in die Figur des Engels[51], die – partiell schon im hellenistischen Judentum zu finden[52] – für die Präsenz des Schutzgeistes im christlichen Mittelalter entscheidend ist. Während der Name als Bestandteil der römischen Kaiserreligion zurückgewiesen wird[53], übernimmt die Vorstellung vom persönlichen Schutzengel, den manche bei sich zu wissen glücklich sind, wesentliche Funktionen, die von den Römern ihrem Genius zugeschrieben wurden. Nicht zuletzt erbt der christliche Engel vom heidnischen Genius auch die Ikonographie der geflügelten Gestalt.

2. *Enthusiasmus, Inspiration, Manie*

Weniger der persönliche Genius als die Anwesenheit anderer Mächte im Künstler in einem Zustand der ›Begeisterung‹ oder gar Besessenheit wurde als ausschlaggebend angesehen für das Zustandekommen ihrerseits begeisternd wirkender Kunstwerke. So lehrt Demokrit: »Ein Dichter aber, was immer er mit Verzückung und göttlichem Anhauch niederschreibt, das ist gewiß schön« (ποιητὴς δὲ ἄσσα μὲν ἂν γράφηι μετ᾽ ἐνθουσιασμοῦ καὶ ἱεροῦ πνεύματος, καλὰ κάρτα ἐστίν)[54]. Klassisch wurde die Aufnahme der in kultischer Praxis ebenso wie im Epos verankerten Enthusiasmusvorstellungen[55] zur Erklärung künstlerischer Leistungen spätestens durch Platon.[56] Im *Ion* beweist Sokrates dem Rhapsoden, daß für dessen eigene Kompetenz im Vortrag und der Auslegung der homerischen Epen nicht souveräne Kenntnis und Materialbeherrschung,»keine eigentliche Kunst« (τέχνη), sondern nur eine den Menschen ergreifende »göttliche Kraft« (θεία […] δύναμις)[57] verantwortlich sein könne. Dasselbe sei erst recht für den dichterischen Schaffensvorgang anzunehmen.[58] Neben dem Zeugnis der Dichter, die selbst auf die ihnen widerfahrene Inspiration durch die Musen hinweisen, gilt dabei als ausschlaggebend, daß die Menschen, die zu Autoren bewundernswürdiger Werke geworden sind, dazu nach allem, was von ihrem eigenen Können sonst bekannt war, beim besten Willen nicht fähig gewesen wären. Unterfüttert wird dieses Argument durch den Hinweis darauf, daß alles kunstreich hergestellte Menschenwerk nicht mithalten könne mit den durch göttlich induzierten Wahnsinn entstehenden Werken: »Denn mit dem Dichter ist es ein eigen Ding: leichtbeschwingt und gottgeweiht wirft er die irdische Schwere von sich und ist nicht eher imstande zu dichten, als bis er von Begeisterung ergriffen und von Sinnen ist und aller ruhigen Vernunft bar; so lange er aber noch im Besitze dieses Gutes (der ruhigen Vernunft) ist, ist er so gut wie alle Menschen außerstande zu dichten und zu weissagen.« (κοῦφον γὰρ χρῆμα ποιητής ἐστιν καὶ πτηνὸν καὶ ἱερόν, καὶ οὐ πρότερον οἷός τε ποιεῖν πρὶν ἂν ἔνθεός τε γένηται καὶ ἔκφρων καὶ ὁ νοῦς μηκέτι ἐν αὐτῷ ἐνῇ ἕως δ᾽ ἂν τουτὶ ἔχῃ τὸ

---

51 Vgl. NITZSCHE (s. Anm. 48), 38ff.; CAHAN (s. Anm. 10), 26.
52 Vgl. FRIEDEN (s. Anm. 32), 48–65; ›Angel and Angelology‹, in: Encyclopaedia Judaica, hg. v. C. Roth u.a., Bd. 2 (Jerusalem 1971), 956–977.
53 Vgl. MEISSNER (s. Anm. 14), 81.
54 DEMOKRIT, Fr. 18, in: Die Fragmente der Vorsokratiker, hg. u. übers. v. H. Diels/W. Kranz, Bd. 2 (Berlin ⁷1954), 146; vgl. ARMAND DELATTE, Les conceptions de l'enthousiasme chez les philosophes présocratiques (Paris 1934).
55 Vgl. HOMER, Od. 22, 347f.; ZILSEL (s. Anm. 19), 101 f.
56 Vgl. TIMOTHY GOULD, ›Genius‹, in: M. Kelly (Hg.), Encyclopedia of Aesthetics, Bd. 2 (New York/Oxford 1998), 288.
57 PLATON, Ion, 533d; dt.: Hippias I und II, Ion, übers. v. O. Apelt (Leipzig 1918), 112.
58 Vgl. ebd., 533d–534a.

κτῆμα, ἀδύνατος πᾶς ποιεῖν ἄνθρωπός ἐστιν καὶ χρησμῳδεῖν.)⁵⁹ Der Anfall des ἐνθουσιασμός (enthousiasmos) wird unter Rückgriff auf die Ekstasetechnik der Korybanten beschrieben, die sich durch Tanzen zur Raserei brachten und diese Zustände als Erfahrung der Anwesenheit eines Gottes feierten.⁶⁰

Im *Phaidros* entwickelt Sokrates die These, daß die größten Güter uns durch den Wahnsinn zuteil werden – allerdings nur durch besondere Formen der Manie, die als göttliche Gabe verliehen werden.⁶¹ Auch zum Dichter kann man nur durch göttlichen Einfluß werden, der den Verstand und alles Können durchkreuzt und nach traditioneller Auffassung⁶² von den Musen ausgehen muß: »Eine dritte Form der Besessenheit und des Wahnsinns ist [die,] die von den Musen kommt: wenn sie eine zarte und verschlossene Seele ergreift, weckt sie diese auf und versetzt sie in schwärmerische Erregung, und indem sie in Liedern und den anderen Arten der Dichtkunst tausend Taten der Alten verherrlicht, bildet sie die nachwachsenden Geschlechter. Wer aber ohne den Wahnsinn der Musen den Toren der Dichtkunst sich naht, in der Einbildung, seine Fertigkeit werde ja hinreichen ihn zum Dichter zu machen, der bleibt ein Stümper und seine verstandesmäßige Kunst wird völlig verdunkelt von der des in Wahnsinn Verzückten.«

(τρίτη δὲ ἀπὸ Μουσῶν κατοκωχή τε καὶ μανία, λαβοῦσα ἁπαλὴν καὶ ἄβατον ψυχήν, ἐγείρουσα καὶ ἐκβακχεύουσα κατά τε ᾠδὰς καὶ κατὰ τὴν ἄλλην ποίησιν, μυρία τῶν παλαιῶν ἔργα κοσμοῦσα τοὺς ἐπιγιγνομένους παιδεύει· ὃς δ'

---

59 Ebd., 534b; dt. 113.
60 Vgl. ebd., 533e-534a.
61 Vgl. PLATON, Phaidr., 244a.
62 Vgl. HESIOD, Theog. 22–44; HESIOD, Erg. 662.
63 PLATON, Phaidr., 245a; dt.: Phaidros, übers. v. C. Ritter (Leipzig ²1922), 56.
64 Vgl. ZILSEL (s. Anm. 19), 15f.
65 Vgl. RAYMOND KLIBANSKY/ERWIN PANOFSKY/ FRITZ SAXL, Saturn and Melancholy: Studies in the History of Natural Philosophy, Religion and Art (London u.a. 1964), 249f.; ARISTOTELES, Probl. 30, 1, 953a8–955a40.
66 ARISTOTELES, Poet., 1447a20.
67 Vgl. ebd., 1448b12–19.
68 Ebd., 1448b8.

ἂν ἄνευ μανίας Μουσῶν ἐπὶ ποιητικὰς θύρας ἀφίκηται, πεισθεὶς ὡς ἄρα ἐκ τέχνης ἱκανὸς ποιητὴς ἐσόμενος, ἀτελὴς αὐτός τε καὶ ἡ ποίησις ὑπὸ τῆς τῶν μαινομένων ἡ τοῦ σωφρονοῦντος ἠφανίσθη.)⁶³

Diese Stelle wurde zum Anknüpfungspunkt der Lehre von der dichterischen Inspiration, einem Herzstück des Geniegedankens. Die Verbindung zwischen Enthusiasmus- und Manietheorie liegt allen späteren psychopathologischen Ansätzen zur Erfassung der Besonderheit des Genies zugrunde. Zum Geniebegriff führt die Enthusiasmuslehre jedoch erst in der Renaissance. Im Altertum ist die Verehrung des Künstlers als Genie unvorstellbar. Verehrt werden die Werke, nicht der Meister, der sie verfertigt hat. Die Enthusiasmusvorstellung sucht das Verehrungswürdige an den Werken auf eine irgend plausible Ursache zurückzuführen, da es von vornherein als ausgeschlossen gilt, daß diese in der Arbeit eines Menschen liegen könnte.⁶⁴ Erwin Panofsky, Fritz Saxl und Raymond Klibansky haben gezeigt, daß die Lehre vom furor divinus erst durch ihre Engführung mit einem weiteren Strang der Psychopathologie, von dem sie in der Antike getrennt blieb, in der italienischen Renaissance zur Genietheorie führt, nämlich mit der (pseudo-)Aristotelischen Theorie der Melancholie des überragenden Menschen.⁶⁵

In der Antike konnte dieser Zusammenhang nicht hergestellt werden, weil Aristoteles in der Dichtungstheorie der stärkste Opponent der Inspirationsdoktrin war. Seine *Poetik* geht von dem Gedanken aus, Dichtung sei Kunst (τέχνη⁶⁶, technē), mithin lehrbar.⁶⁷ Sie bestehe in der Nachahmung (μίμησις⁶⁸, mimēsis) und müsse durch Imitation von Vorbildern – aus der maßgeblichen Tradition oder aus der vorgegebenen Natur – geübt werden. Die Opposition von Imitations- und Inspirationslehre ist eine der Grundspannungen der europäischen Kultur, vielfach überformt und verstärkt durch Generationenkonflikte und politische Grabenkämpfe, wie sie in der ›Querelle des anciens et des modernes‹ in der französischen Akademie im 17. Jh. oder in der deutschen ›Genieperiode‹ im späten 18. Jh. eskalierten. Der Geniebegriff ist primär eine Parole der Inspirationspartei – wenn auch der größte Teil der Literatur über das Genie von Autoren geschrieben worden ist, die daran interessiert waren, den Genieenthusiasten ihr Losungswort zu entwinden und die Vernunft zu retten.

3. Ingenium

Ein zweiter Kristallisationspunkt der Opposition gegen die Imitationsdoktrin, der ebenfalls auf die Entstehung des Eigenartigen abhebt, sich aber auf Inspiration nicht reduzieren läßt, liegt im Begriff des Ingeniums. Traditionsbestimmend findet er sich in einer das Angeborene mit ›Natur‹ assoziierenden Linie kontrastiert gegen ›studium‹ und ›ars‹. Die Frage, »ob Naturgabe oder Kunst zu den Höhen der Poesie« führe, beantwortet Horaz zunächst mit einer Kritik der schlechten Alternative von bloßem »Bemühen [...] ohne die Ader inneren Reichtums« oder Talent »ohne Ausbildung«, um dann für eine die Vorzüge von Talent und Fleiß verbindende Strategie zu votieren (natura fieret laudabile carmen an arte, / quaesitum est; ego nec studium sine divite vena / nec rude quid prosit video ingenium: alterius sic / altera poscit opem res et coniurat amice)[69]. Die Verbindung von ingenium und studium, die Horaz empfiehlt, ist eine kunstvolle Synthese. Horaz ist ebensowenig ein Genietheoretiker avant la lettre wie zwei Jahrhunderte nach ihm der anonyme Autor der Schrift *Vom Erhabenen*, der sich mit dem Einwand auseinandersetzen muß, eine »Kunstlehre« (τέχνη) des Erhabenen oder Tiefen, die er sich vorgenommen hat, sei ein selbstwidersprüchliches Unternehmen. »Die große Art nämlich, heißt es, wird geboren, nicht durch Lehren beigebracht, und es gebe nur einen Weg zu ihr, die Naturanlage« (γεννᾶται γάρ, φησί, τὰ μεγαλοφυῆ καὶ οὐ διδακτὰ παραγίνεται, καὶ μία τέχνη πρὸς αὐτὰ τὸ πεφυκέναι)[70]. Gegen den Begriff der angeborenen ›großen Natur‹ muß der Rhetoriklehrer die Vorzüge seiner Kunst geltend machen. Die Qualität des Rohen und von Natur Großartigen, die hier auf Seiten des Ingeniums der Rhetorik entgegengestellt wird, stellt gerade für den Versuch zur Kultivierung des ›erhabenen‹ Stils nicht bloß eine äußerlich der Kunst entgegengesetzte Präferenz dar, sondern betrifft den Kern dessen, was in diesem genus dicendi als Wirkungsideal angestrebt wird. Die Antwort des Pseudo-Longin ist klar: Es bedarf sublimer, ingeniöser Kunst, damit das Erhabene als Wirkung der Redekunst selbst erreicht wird und nicht bloß in abstrakter Negativität als das ihr Äußerliche, von ihr nie Erreichbare ihr gegenüberstehen bleibt.

Wenn auch die Opposition gegen ars und studium dem Begriff die entscheidende Bestimmung gibt, kann das ingenium doch zumindest teilweise in dieser grundlegenden Polarität die Seiten wechseln: Zwar wird es niemals mit studium gleichbedeutend, wohl aber mit ars. Gegenüber der Faszination für die bestenfalls zu erhoffende, aber unerklärlich bleibende Intervention eines Genius halten die Autoren, die vom ingenium sprechen, sich eher an das, was der Mensch selber kann. Auf die hieran anschließende Bedeutungsdimension von ›List‹, ›Kriegsgerät‹ und ›Ingenieurskunst‹ wurde bereits hingewiesen.

Als anthropologischer Grundbegriff bezeichnet ingenium ursprünglich die Eigenart eines Menschen.[71] Es bezieht sich auf seine Kraft und angeborenen Fähigkeiten.[72] Insbesondere wird es im Hinblick auf geistige Kapazitäten verwendet.[73] Die psychologische Theorie des Ingeniums erörtert die Bestandteile, Funktionsweise und wesentlichen Leistungen des menschlichen Geistes. Überlagert wird diese Theorie von einem charakterologischen Interesse, das nicht nach dem für alle gleichermaßen Gültigen fragt, sondern die Verschiedenheit der Menschen durch quantitative und qualitative Unterschiede ihres Ingeniums zu erfassen sucht.[74]

In einem anspruchsvolleren Sinn wird ingenium nur den durch besondere Leistungen ausgezeichneten Menschen nachgesagt. Es heißt nun: eine große Begabung, ein herausragender Geist. Ingenium in diesem normativ aufgeladenen Sinn besteht im wesentlichen in der Fähigkeit des flüssi-

---

69 HORAZ, Ars 408–411; dt.: Das Buch von der Dichtkunst, übers. v. H. Färber, in: Horaz, Sämtl. Werke, lat.-dt., hg. v. H. Färber/W. Schöne (München/Zürich ¹⁰1985), 569.
70 LONGIN, De Sublimitate 2, 1 ; dt.: Vom Erhabenen, griech.-dt., hg. u. übers. v. O. Schönberger (Stuttgart 1988), 7.
71 Vgl. OVID, Met. 14, 26.
72 Vgl. OVID, Met. 13, 137.
73 Vgl. CICERO, Tusc. 5, 11; ebd., 1, 61 f.; OVID, Met. 13, 362.
74 Vgl. OVID, Met. 8, 254; ebd., 13, 188.

gen, schnellen, leichten Denkens (ἀγχίνοια, anchinoia) und Urteilens (iudicium), und zwar sowohl in analytischer Funktion (facultas diiudicandi) als auch in synthetischem Gebrauch, indem es vieles und zunächst fern voneinander Liegendes aufeinander zu beziehen versteht. Letztlich bewährt es sich aber erst als Erfindungsgabe (inventio) und Schöpfergeist.[75] Zentral unter den Vermögen des ingenium ist die Einbildungskraft (imaginatio, phantasia). Das Potential eines Ingeniums erweist sich in seiner Betätigung. Gegenüber der allzu schnell vergänglichen Gegebenheit des Körpers gewinnen die dem Ingenium zugeschriebenen Taten eine beachtliche Selbständigkeit. Sallust nennt die Ruhmestaten des Ingeniums »unsterblich wie die Seele« (ingeni egregia facinora sicuti anima immortalia sunt)[76]. Kunstwerke können Geist exemplifizieren, indem sie Spuren davon aufweisen: Das Ingenium des Autors zeigt sich an ihnen in dem Maße, wie die Erschließungskraft des scharfsinnigen Lesers gefordert ist, um die im Kunstwerk objektiv hergestellten Zusammenhänge zwischen verschiedenen Vorstellungen nachzuvollziehen. Dies begründet die Wertschätzung für den ›dunklen‹ Stil, die in der weiteren Geschichte des Geniegedankens eine erhebliche Rolle spielen wird. Als Spur von ingenium wird an Gedichten aber nicht nur das Schwerverständliche, Komplizierte geschätzt, sondern auch eine eher primitiv anmutende Qualität des Ursprünglichen, Ungekünstelten, Einfachen.

Wenn Seneca unter Berufung auf Aristoteles bemerkt: »Keine hohe Begabung gibt es ohne eine Beimischung von Wahnsinn« (nullum magnum ingenium sine mixtura dementiae fuit)[77], beutet er nicht nur den Reiz des Widerspruchs zwischen dem Ideal des maximal gesunden, fähigen Geistes und seinem irregehenden Gegenpol aus, um die Abweichung von der Orientierung an konformistischen Normen zu akzentuieren, die für bemerkenswerte Leistungen den Ausschlag gibt. Mit dem Einbezug der Psychopathologie schlägt er auch eine Verbindung zwischen der Theorie des Exzellenz verbürgenden Ingeniums und der Lehre vom furor divinus.

4. Prometheus

Die Ambivalenz schöpferischer Weltaneignung und das Risiko der Geschichte machenden Tat wurde mythologisch in der Figur des Prometheus entfaltet. Der ›Vordenker‹, der nach antiker Überlieferung die Menschen aus Wasser und Erde geschaffen haben soll, ist zugleich der Kulturbringer und Erzieher der Menschen[78], Prototyp des ingeniös die Naturkräfte in den Dienst des Menschen stellenden Technikers[79] und des heroisch leidenden Dulders. Für den Transfer des den Himmlischen vorbehaltenen Feuers an die Menschen wurde er auf Zeus' Befehl von Hephaistos an den Kaukasus geschmiedet und unaufhörlich von einem Adler an der Leber gezwickt.[80] Sein einsames Leiden erscheint bereits als Präfiguration des modernen ›verkannten Genies‹.[81] Prometheus wurde für die neuzeitliche Selbstverständigung des schöpferischen Menschen zur Orientierungsfigur[82] und zum bevorzugten Symbol des Geniemotivs von der Renaissance über Francis Bacons *Instauratio magna* (1623), Charles Perraults Legitimation moderner Eigenständigkeit und Shaftesburys Bild des Poeten bis zum Sturm und Drang und darüber hinaus.[83]

---

75 Vgl. ebd., 3, 159.
76 SALLUST, Iug. 2, 2.
77 SENECA, De tranquillitate animi 17, 10; dt.: Über die Seelenruhe, in: Seneca, Philosophische Schriften, lat.-dt., hg. u. übers. v. M. Rosenbach, Bd. 2 (Darmstadt ⁴1993), 167.
78 Vgl. J. SCHMIDT (s. Anm. 35), 255–261.
79 Vgl. D. J. CONACHER, Prometheus as a Founder of the Arts, in: Greek, Roman and Byzantine Studies 18 (1977), 189–206.
80 Vgl. HESIOD, Theog., 565 ff.; AISCHYLOS, Prom.
81 Vgl. ZILSEL (s. Anm. 8), 78.
82 Vgl. RUDOLF SCHOTTLAENDER, Ursprung – Ursache – Urheber und andere Themen in philosophischer Neubefragung (Würzburg 1989), 72.
83 Vgl. JOHANN WOLFGANG GOETHE, Prometheus (1785), in: GOETHE (WA), Abt. 1, Bd. 2 (1888), 76–78; MARY SHELLEY, Frankenstein: or The Modern Prometheus (London 1818); FRANZ KAFKA, Oktavheft G (1917–1918), in: Kafka, Nachgelassene Schriften und Fragmente, Bd. 2, hg. v. J. Schillemeit (Frankfurt a.M. 1992), 69 f.; LUIGI NONO, Prometeo. Tragedia dell'ascolto (Mailand 1984).

II. Renaissance

1. Individualität des Künstlers

Die Künstler der italienischen Renaissance galten seit den Tagen ihres Wirkens als paradigmatische Verkörperungen des bewundernswürdigsten Genies, wenn auch zunächst die Geniekategorie zur Charakterisierung ihrer Besonderheit noch nicht zur Verfügung stand. In Legenden über das Leben und Schaffen dieser vielseitigen Könner gewann die Typologie des später so genannten ›Renaissancegenies‹ ihr Profil.[84] Die Vielfalt je für sich unvergleichlich vollendeter Künstlerindividuen korrespondiert der Vielfalt mehr oder weniger souverän koexistierender, in ständiger Rivalität einander herausfordernder politischer Einheiten bzw. dem Eigensinn und Geltungsdrang ihrer Fürsten. So verschieden wie die Werke der einzelnen Meister in den verschiedenen Künsten sind, die je auf ihre Weise als hervorragend, die Arbeit anderer Meister in der einen oder anderen Hinsicht übertreffend geschätzt werden können, so verschieden sind die Charaktere der Künstler, in denen angeborene Eigenheiten und lebensgeschichtlich erworbene Fertigkeiten zusammenwirken.

In der Charakteristik der Künstlerindividuen bleibt die Ingeniumskonzeption im Sinne der angeborenen Eigenart jedes einzelnen in Kraft. Aber es geht um mehr als bloß um die Verschiedenheit unter den Menschen. Unvergleichlichkeit des Einzigartigen und Vorzüglichkeit (die doch den Vergleich voraussetzt), Unvertretbarkeit des Einmaligen und Pluralität der verschiedenen, jeweils singulären Formen des (nach allgemein anzuerkennenden Maßstäben) Gelungenen spielen in der exemplarischen Individualität des Künstlers unauflösbar ineinander. In dieser Koexistenz erlaubenden und doch dem Bedürfnis nach höchster (streng genommen: absoluter) Anerkennung entgegenkommenden Struktur des Individuellen liegt eine grundlegende Ambivalenz des Geniebegriffs. Anders als die nach Privileg und Unterordnung des einzelnen unter fremde Zwecke gegliederte Gesellschaft verspricht der Geniegedanke die Anerkennung der Eigenart eines jeden – unter der Bedingung, daß diese Anerkennung nicht in den Bereichen erworben wird und gilt, wo eindeutige Funktionskriterien den Wert einer Handlung, ihres Produkts und mittelbar auch des ausführenden Menschen festzustellen erlauben. Diese Ambivalenz macht das Modell des schönen und sinnreichen Kunstwerks sowie die Persönlichkeit des Künstlers anziehend für diffuse Repräsentations- und Identifikationsbedürfnisse, die sich gerade nicht in einer schlagkräftigen Armee, in technischer Überlegenheit oder in einer Reichtümer anhäufenden Ökonomie eines Vorrangs vor den anderen politischen Größen versichern konnten.

2. Invention des Neuen

Dem Relativismus der so unvergleichlich wie unabänderlich verschiedenen Ingenien, der zur Attraktivität des Geniegedankens nicht wenig beitrug, traten konservative Humanisten im Interesse an der Universalität und Verbindlichkeit des für wahr Gehaltenen entgegen und insistierten auf dem ›zeitlosen‹ Ideal, das aus den klassischen Vorbildern abgeleitet wurde.[85] Tatsächlich ging es den Advokaten des ingenio im frühen 16. Jh. nicht bloß um ein indifferentes Nebeneinander des Verschiedenen, sondern um einen Spielraum für die schöpferische Entwicklung von Neuem, das den Bestand der Natur sollte ergänzen und auch die antiken Vorbilder übertreffen können, statt sich auf ihre Nachahmung zu beschränken. Im theoretischen Rahmen der Rhetorik wurde im 15. Jh. z. B. bei Francesco Filelfo die Bedeutung der inventio gegenüber den Leistungen der dispositio gegebener Versatzstücke und der virtuosen elocutio hervorgehoben.[86] Für die bildende Kunst erhob schon Leon Battista Alberti in seinen *De pictura praestantissima et nunquam satis laudata arte libri tres absolutissimi* (entst. 1435, ersch. 1540) entsprechende Forderungen.[87]

---

84 Vgl. GIORGIO VASARI, Le vite de' più eccellenti architetti, pittori et sculptori italiani da Cimabue insino a' tempi nostri (Florenz 1550); ERNST KRIS/OTTO KURZ, Die Legende vom Künstler. Ein geschichtlicher Versuch (1934; Frankfurt a. M. 1980); ARNOLD HAUSER, Sozialgeschichte der Kunst und Literatur, Bd. 1 (München 1953), 346f.
85 Vgl. ZILSEL (s. Anm. 19), 219ff.
86 Vgl. ebd., 213, 273.
87 Vgl. ZILSEL (s. Anm. 19), 274.

Im Namen der ›Nachahmung der Natur‹, wie sie sich dem Künstler zeigt und wie sie vielleicht noch nie gesehen wurde, bzw. der Darstellung der ›wahren‹ Natur, die sich nicht einfach zeigt, sondern als das den Naturerscheinungen zugrunde liegende Prinzip gegen den Augenschein erst freigelegt und eingesehen werden muß, wird die klassische Lehre relativiert, die alles Heil in der Imitation der antiken Vorbilder sah. »Der Topos der Naturnachahmung ist«, wie Hans Blumenberg gezeigt hat, »eine Deckung gegenüber dem Unverstandenen der menschlichen Ursprünglichkeit, die als metaphysische Gewaltsamkeit vermeint ist.«[88]

Eine zweite, die Imitationsbehauptung ergänzende und hinterfangende Deckung sucht die als Übertretung der Schöpfungsordnung beargwöhnte menschliche Kreativität in der Lehre von der göttlichen Inspiration der Künstler. Diese wird im 15. Jh. unter Rückgriff auf die neuplatonische Variante der Enthusiasmuskonzeption wiederbelebt.[89] Weil nichts Neues durch menschliche Hybris in die Welt kommen soll, muß der Künstler, wenn er Neues schafft, als Instrument eines göttlichen Einflusses agieren. Als göttlich Begeisterter untersteht er Gesetzen, die für ihn allein gelten und die auch nur ihm allein offenbart werden. Damit ist nicht nur ›dichterische Freiheit‹ im Sinne des Dispenses von allgemeingültigen Regeln behauptet, sondern zugleich ein privilegierter Offenbarungsanspruch erhoben.[90] Verständlicherweise haben die Dichter und ihre Verehrer ein Interesse daran, die poetische Begeisterung als göttlich auszugeben. Ob man ihnen aber glauben darf? Die *Historia von D. Johann Fausten* (1587) zeigt, wie tief die Fragwürdigkeit der besonderen Fähigkeiten in der Renaissance empfunden wurde.

Durch das Inspirationstheorem wird es möglich, von der traditionellen Charakterisierung des Weltschöpfers nach dem Modell des produktiven Handwerkers zurückzuschließen auf den menschlichen Künstler selbst. Dieser kann nun – was im Ordo der ein für allemal perfekt erschaffenen Welt ausgeschlossen war – als ein ›zweiter Schöpfer‹ angesprochen werden.[91] Der kunstreiche ›Macher‹ (ποιητής als »factor«[92]) erscheint als ein alter deus.[93] Wirkmächtig eröffnet Julius Caesar Scaliger seine *Poetik* mit dieser Originalitätsbehauptung.[94] Als Vermittlungsinstanz des zur Kreativität befähigenden göttlichen Geistes wird die Geniusvorstellung aktiviert.[95] Schon in Marsilio Ficinos *Theologia Platonica* (1474) wird ein Genius als Überbringer der energia angerufen, die der Dichter braucht und die seine Schriften atmen.[96] Das Selbstbewußtsein des unvorgreiflich Neues schaffenden Künstlers braucht sich nicht länger in der Nachahmungsdoktrin zu verstecken. Dabei sind die Kreativen keineswegs auf die schönen Künste festgelegt, wie überhaupt zwischen den Betätigungsfeldern des bildenden Künstlers, Erfinders und Ingenieurs noch keine festen Grenzen gezogen sind.[97] Nicht von ungefähr kam die Reflexion auf das schöpferische Vermögen des Menschen bei Cusanus um 1450 am Beispiel des Löffelschnitzers in Gang.[98]

Sobald die Erfindung des Neuen nicht mehr als Verfehlung angegriffen wird, gerät die kunstgerechte Nachahmung (copia) in die Defensive. Edgar Zilsel hat darauf aufmerksam gemacht, welche Rolle die Entwicklung der Reproduktionstechniken, vor allem des Buchdrucks, und die damit einhergehenden gesellschaftlichen Umwälzungen[99]

---

88 HANS BLUMENBERG, ›Nachahmung der Natur‹. Zur Vorgeschichte des schöpferischen Menschen (1957), in: Blumenberg, Wirklichkeiten, in denen wir leben (Stuttgart 1981), 61.
89 Vgl. MEISSNER (s. Anm. 14), 87 ff., 91 ff., 151–155.
90 Vgl. THÜME (s. Anm. 23), 7.
91 Vgl. MILTON C. NAHM, The Artist as Creator: An Essay of Human Freedom (Baltimore 1956), 55 f., 64, 125–128.
92 ANGELO DECEMBRIO, De politia literaria libri VII (Augsburg 1540), fol. V, zit. nach THÜME (s. Anm. 23), 8 f.
93 Vgl. ERWIN PANOFSKY, Idea. Ein Beitrag zur Begriffsgeschichte der älteren Kunsttheorie (1924; Berlin ²1960), 71, 121.
94 Vgl. JULIUS CAESAR SCALIGER, Poetices libri septem (o. O. 1561), 1–3.
95 Vgl. ebd., 116; ZILSEL, (s. Anm. 19), 283–287.
96 Vgl. MEISSNER (s. Anm. 14), 133.
97 Vgl. ZILSEL (s. Anm. 19), 144–150.
98 Vgl. NIKOLAUS VON KUES, Idiota de mente/Der Laie über den Geist, lat.-dt., hg. v. R. Steiger (Hamburg 1995), 10–23; BLUMENBERG (s. Anm. 88), 59 f.; BLUMENBERG, Aspekte der Epochenschwelle: Cusaner und Nolaner (Frankfurt a. M. 1976), 92 f.
99 Vgl. JÜRGEN HABERMAS, Strukturwandel der Öffentlichkeit. Untersuchungen zu einer Kategorie der bürgerlichen Gesellschaft (1962; Frankfurt a. M. 1990).

für die Abwertung der Imitation und die Durchsetzung der Originalitätsforderung spielten.¹⁰⁰ Seit dem 16. Jh. trägt die Verbreitung der Bücher und berühmter Bilder in gedruckter Form zum Ruhm der Werke und ihrer Urheber wie zur beispiellosen Ausweitung ihres Publikums bei. Mit dem Adressatenkreis wächst die Zahl der miteinander konkurrierenden Künstler. Die Seltenheit eigenständiger Gedanken oder formaler Lösungen fällt nun erst ins Gewicht. Die Unterschiede zwischen originellen Erfindern und bloßen Imitatoren sind nicht länger durch die noch im Zunftsystem verwurzelten Kennzeichnungen der künstlerischen Tätigkeiten zu erfassen.

3. Psychologie des Ingeniums

Mehr im Sinne des Geistes, den einer hat, als des Geistes, den er bei sich hat und der für das ihm mögliche Geschick verantwortlich ist, wird die Ambivalenz des Außerordentlichen ausgelotet, wenn im Rahmen der Theorie des Ingeniums der für poetische Leistungen ausschlaggebende furor divinus einer psychologischen Reinterpretation unterzogen wird, die auf die humoralpathologische Theorie der Melancholie rekurriert. Für die Bedürfnisse der Renaissance macht die ›naturalistische‹ Vertiefung der Vorstellung von der poetischen Begeisterung die Psychologie der abnormen Zustände und Persönlichkeiten zugleich dadurch passend, daß diese auf einen äußeren – stellaren oder unmittelbar göttlichen – Einfluß zurückgeführt werden.¹⁰¹ Maßgeblich betrieben wird diese für die Geschichte des Geniebegriffs folgenreiche Verklammerung von Psychopathologie und Inspirationslehre im 15. Jh. durch Ficino an der Florentinischen Akademie (De vita, 1489). Die Verbreitung des Topos zeigt sich nicht zuletzt in der souveränen Ironie, mit der Erasmus von Rotterdam die »holde Täuschung« des Geistes (iucundus quidam mentis error)¹⁰² preist. Allerdings wird die Melancholie nicht nur als der Gemütszustand der Menschen von erhabenem Ingenium, als Voraussetzung oder auch Preis der Exzellenz angesehen. Erasmus, Cervantes oder auch Shakespeare arbeiten an der Problembeschreibung des melancholischen Genies und suchen ihm mit Vernunft und Lachen entgegenzuwirken.¹⁰³

Gegen astrologische und inspirationstheoretische Erklärungen der kreativ machenden Begeisterung betont Giordano Bruno die Bedeutung des überlegenen Verstandes und des bewußten Schaffens des »Künstlers« (artefice)¹⁰⁴. Der »göttliche Impuls, der ihn beflügelt« (impeto divino che gl'impronta l'ali), ist »von der Sonne der Vernunft in der Seele entfacht worden« (acceso dal sole intelligenziale ne l'anima)¹⁰⁵. Etwa zur selben Zeit führt das viel gelesene Examen de los ingenios para las ciencias (1566) des andalusischen Arztes Juan Huarte de San Juan das kreative Potential und die Unterschiede in seiner Ausprägung bei verschiedenen Menschen streng immanent auf natürliche Faktoren zurück. Das Buch bietet eine auf Physiologie, Psychologie und Charaktertypologie gestützte Berufsberatung für die gebildeten Stände.¹⁰⁶ Mit seinem Augenmerk auf Verstand und Vernunft wendet es sich gegen die allzusehr auf die Leistungen der memoria fixierte, den lebendigen Geist hemmende philologische Ausbildung.¹⁰⁷

So bemerkenswert die protoaufklärerischen Versuche zur Aufwertung des je eigenen Verstandes und zur Naturalisierung des Geistes im späten 16. Jh. sind und so wirkungsvoll diese Bestimmung des Ingeniums gerade im Zusammenhang mit dem

---

100 ZILSEL (s. Anm. 19), 104, 192, 210 f.
101 Vgl. KLIBANSKY/PANOFSKY/SAXL (s. Anm. 65), 249 f.; RUDOLF WITTKOWER/MARGOT WITTKOWER, Born under Saturn: The Character and Conduct of Artists: A Documented History from Antiquity to the French Revolution (London 1963), 98–132.
102 ERASMUS VON ROTTERDAM, Mōrias enkōmion sive laus stultitiae/Das Lob der Torheit (1511), in: Erasmus von Rotterdam, Ausgewählte Schriften, lat.-dt., hg. v. W. Welzig, übers. v. A. Hartmann, Bd. 2 (Darmstadt 1975), 86/87.
103 Vgl. WINFRIED SCHLEINER, Melancholy, Genius, and Utopia in the Renaissance (Wiesbaden 1991), 143–169, 233–309.
104 GIORDANO BRUNO, De gli eroici furori (1585), in: Bruno, Dialoghi filosofici italiani, hg. v. M. Ciliberto (Mailand 2000), 805; dt.: Von den heroischen Leidenschaften, hg. u. übers. v. C. Bacmeister (Hamburg 1989), 49.
105 Ebd., 807, 806; dt. 51.
106 Vgl. ZILSEL (s. Anm. 19), 192; MEISSNER (s. Anm. 14), 128 ff.; SCHLEINER (s. Anm. 103), 36.
107 Vgl. WERNER KRAUSS, Graciáns Lebenslehre (Frankfurt a. M. 1947), 53 f.

neuzeitlich an Selbstbewußtsein gewinnenden technischen Können wird, bleibt die Grundtendenz des Begriffs doch beherrscht von der Opposition gegen kluge Umsicht (prudentia), wohlerwogenes Urteil (iudicium), schlußfolgernden Verstand (intellectus) ebenso wie gegen das bloße Gedächtnis (memoria). In der vermögenspsychologischen Tradition wird das ingenium vor allem als Einbildungskraft (imaginatio) verstanden. Es zeichnet sich aus durch die Fähigkeit zum instantanen Erfassen komplexer Situationen sowie durch lebhafte Vorstellungen der Phantasie. Schon Dante ruft in der *Divina Commedia* in einem Atemzug die Musen und das »hohe Ingenium« (alto ingegno)[108] an. Die höhere Potenz des Geistes ist für die poetische Vision zuständig, der der Dichter mit seinem »Verstand« (mente)[109] und der Schreibfertigkeit seiner Hand gewachsen sein muß.

Wenn der spanische Jesuit Baltasar Gracián um die Mitte des 17. Jh. seine Lehren zur Lebensklugheit unter den Titel *Agudeza y arte de ingenio* (1648) stellt, so geht er von der Erfahrung aus, daß mit Vernunft und Verstand allein der Erfolg in der undurchschaubar gewordenen modernen Welt ebensowenig gesichert werden kann wie durch Fleiß und Beständigkeit. Daher rät er zur Kultivierung einer der allgemeinen Bestimmung konstitutiv entzogenen Fähigkeit, im rechten Augenblick das Richtige zu tun.[110]

---

108 DANTE ALIGHIERI, La Divina Commedia (entst. um 1307–1321), Inf. 2, 7.
109 Ebd., 2, 8.
110 Vgl. KRAUSS (s. Anm. 107); GERHART SCHRÖDER, Logos und List. Zur Entwicklung der Ästhetik in der frühen Neuzeit (Königstein/Ts. 1985), 112–128.
111 FRANCISCO DE HOLLANDA, Quatro dialogos da pintura antigua (entst. 1538), in: Hollanda, Vier Gespräche über die Malerei, geführt zu Rom 1538, port.-dt., hg. v. J. de Vasconcellos (Wien 1899), 32/33.
112 Vgl. MEISSNER (s. Anm. 14), 100.
113 GIROLAMO CARDANO, De prudentia civili 128, in: Cardano, Opera, Bd. 1 (Leiden 1663), 469, zit. nach THÜME (s. Anm. 23), 19; dt. nach ZILSEL (s. Anm. 19), 292.
114 MEISSNER (s. Anm. 14), 156; vgl. ebd., 104.
115 JOACHIM DU BELLAY, La Deffence et Illustration de la Langue Francoyse (1549), hg. v. H. Chamard (Paris 1948), 40.

4. Wirkung des Genius

Gegenüber den im Namen des zeitlos gültigen Kunstideals bzw. der antiken Vorbilder verfochtenen Normen betont der portugiesische Maler Francisco de Hollanda die individuelle Eigenart eines jeden Künstlers. Der Schüler Michelangelos nennt als vorzügliche Qualitäten des von Geburt zur Kunst befähigenden Ingeniums, wie es ihm besonders in Italien eindrucksvoll begegnete, »Arbeitslust, Geschmack und Eifer für das, wozu sie veranlagt sind und was ihrem Genius entspricht« (trabalho, gosto e amor áquillo que são inclinados e que lhes pede o seu genio)[111]. Die aufschlußreiche Schrift dokumentiert die Einsatzstelle der Geniusvorstellung in der Theorie des Ingeniums[112], wobei sowohl genio als auch engenho noch nicht als Sonderbegabung von Ausnahmemenschen, wohl aber als verschieden gestaltete Aspekte der Natur eines jeden angesehen werden.

Ein neuer Ton kommt in die Debatte, als um 1550 der Mailänder Arzt Girolamo Cardano die Frage aufwirft, ob alle Menschen einen Genius haben oder ob er nur den großen Männern zukomme: »An omnibus sit, dubium est: sicut et illud, an magnis solum viris adveniat, an, ubi advenit, eos eminere faciat super alios.« (Ob ihn alle Menschen haben, oder ob er nur den großen Männern zukommt, ist zweifelhaft, ebenso, ob er jene über die anderen hervorragen macht, zu denen er kommt.)[113] Sokrates und Plotin hatten ihn zweifellos. Auch für sich selbst ist Cardano sicher, daß ein Genius über ihn wache, ihn belehre und anstachle. Ebenfalls um die Mitte des 16. Jh. verbindet Francesco Patrizzi »bei der Beschreibung jener [...] Energie, die den zur Kunst Berufenen ausfüllt, die Begriffe *genio* und *entusiasmo*. Genio heißt der Dämon, der dem Auserwählten« den geheimnisvollen »*entusiasmo* überbringt; er wird [...] aus dem bedeutsamen Werk strahlen und den Rezipienten in der Anschauung des Ungeheuren überwältigen.«[114] Im Frankreich der *Pléiade* spricht Joachim Du Bellay die Kraft in den geistvollen Schriften der berufenen Dichter als Genius an: »ceste energie, & ne scay quel esprit, qui est en leurs ecriz, que les Latins appelleroient *genius*«[115].

Bei Gracián stehen ein Jahrhundert später genio und ingenio in einer psychologischen Formel komplementär zueinander wie Herz (corazón) und Kopf (cabeza).[116] Zugleich wird ein Abhängigkeitsverhältnis zwischen ihnen konstruiert: »*Genio* bezeichnet jene geheimnisvolle Kraft, die als Wesensmerkmal eines umfassenden Schöpfungswillens hinter den Erscheinungen einer wahrnehmbaren Welt steht«[117] und auch über das individuelle ingenio bestimmt. Die Assoziation mit dem Herzen profiliert das Genie zum Gegenpol der rationalistischen Hauptströmung des 17. Jh. Die Anbindung der unerklärlichen Eigenart und Neigung an transzendente Mächte verleiht dem Gegensatz metaphysisches Gewicht.

III. Barock und Klassizismus

Barock und Klassizismus stimmen darin überein, daß Kunst sich durch Beachtung anspruchsvoller Regeln zu qualifizieren habe und dem Zweck der Darstellung eines objektiv vorgegebenen Ideals unterstehe. Von daher ist der Euphorie für das nur sich selbst verpflichtete Genie noch eine Grenze gesetzt, die erst im 18. Jh. durchbrochen wird. Der Geniebegriff, der an der Überwindung des Klassizismus maßgeblich beteiligt ist, entwickelt sich im Zentrum der klassischen Doktrin selbst. Entscheidend ist zunächst die Übertragung des Genies von einem äußerlichen Einfluß auf eine innere Kraft im Menschen.

1. *Rationalismus und délicatesse, anciens et modernes*

In seiner Leichenrede auf Pierre de Ronsard nennt Jacques Davy Du Perron 1586 den Dichter »le Genie et l'Oracle de la Poësie françoise«[118]. Ronsard war demnach nicht bloß ein von einem guten Genius inspirierter Poet, sondern selbst ein Mittlerwesen, durch das die göttliche französische Poesie rein und begeisternd sich ausspräch. Damit hat sich die Richtung des unter dem Geniebegriff thematisierten Einflusses umgekehrt. Seit dem 17. Jh. kann man von einem Menschen nicht nur, wie zuvor, sagen, er habe einen Genius, sondern er selbst sei ein Genie. Schon 1635 nennt Honorat de Bueil Racan die Mitglieder der Académie Française »une compagnie de grands génies«[119]. Im 17. Jh. über-nimmt das französische ›génie‹ alle Bedeutungen des Ingeniums. Die Skala der Bezeichnungen erstreckt sich von der Begabung, der Anlage und dem Talent über die bloße Neigung, die man zu einer Sache verspürt, bis hin zum Charakter. Génie kann den Geist überhaupt bezeichnen, daneben den Menschen als Träger dieses Geistes und schließlich die Größe des Menschen, die sich in der Größe seines Geistes ausdrückt.[120] Génie tritt auf mit Attributen wie ›lâche génie‹, ›bon génie‹, ›beau génie‹ und ist der graduellen Abstufung fähig: Man kann von einem ›petit génie‹ oder gar ›pauvre génie‹ ebensogut sprechen wie von einem ›grand génie‹ oder ›génie vaste‹. Erst im späteren 17. Jh. wird das Wort abgelöst von spezifizierenden Epitheta verwendet, um eine große ›schöpferische Kraft‹ zu bezeichnen. Doch ist es schon früher möglich, jemanden einen ›homme de génie‹ zu nennen oder einem ansonsten gescheiten Menschen das Genie abzusprechen, wie man andererseits einer Person Genie nachsagen kann, an der man gleichwohl die Urteilskraft vermißt.[121]

Dominique Bouhours, der Prediger der délicatesse, definiert das Genie als »une habilité particulière, et un talent que la nature donne à quelques hommes pour de certaines choses«[122]. Anders als der esprit – das Ideal des honnête homme im französischen Barock[123] – ist das Talent beschränkt auf eine spezielle Begabung zu einer einzigen Sache. Die Frage nach dem Talent, das einer hat, ordnet

---

116 Vgl. BALTASAR GRACIÁN, El Héroe (1637), in: Gracián, Obras completas, hg. v. M. Battlori/C. Peralta (Madrid 1969), 255; GRACIÁN, Oráculo manual (1647), in: ebd., 375.
117 MEISSNER (s. Anm. 14), 159.
118 JACQUES DAVY DU PERRON, Oraison funèbre sur la mort de Monsieur de Ronsard (1586), zit. nach ZUMTHOR/SOMMER (s. Anm. 29), 174.
119 HONORAT DE BUEIL DE RACAN, Harangue prononcée en l'Académie le 9 juillet 1635, in: Racan, Œuvres complètes, hg. v. Tenant de Latour, Bd. 1 (Paris 1857), 246.
120 ZUMTHOR/SOMMER (s. Anm. 29), 178.
121 Vgl. ebd., 176, 179, 188; MEISSNER (s. Anm. 14), 172; ›génie‹, in: Le grand Robert de la langue française, Bd. 4 (Paris 1989), 877f.
122 DOMINIQUE BOUHOURS, Entretiens d'Ariste et d'Eugène (1671), zit. nach ZUMTHOR/SOMMER (s. Anm. 29), 192.
123 Vgl. ZUMTHOR/SOMMER (s. Anm. 29), 183.

seine persönliche Eigenart den je spezifischen Aufgaben zu, die verschiedene Berufe einem Menschen abverlangen. Das *Dictionaire universel* von Antoine Furetière vermerkt: »*Genie*, se dit aussi du talent naturel, & de la disposition qu'on a à une chose plûtost qu'à une autre.« Mit dem Satz »Il faut que chacun suive son *genie*, son inclination«[124] ist allerdings kaum die generelle Forderung freier Berufswahl erhoben. Eher ging es um ein Ideal des Ungezwungenseins in der höfischen Kultur, wobei die Reichweite der mit ›chacun‹ einbezogenen Allgemeinheit notwendig im unklaren bleiben mußte. Die Poesie, zu der einer ein Genie hat und der andere nicht, ist hier nur ein Beispiel; andere Berufe als der des Dichters werden ein anderes Genie erfordern. Immerhin darf im Rahmen der prästabilierten Harmonie darauf gehofft werden, daß sich für jeden Menschen eine seiner Eigenart gemäße Verwendung findet. Bouhours' Neubestimmung des bel esprit greift das Ideal des honnête homme nicht nur von unten an, indem er das Genie als eigentümliches talent bestimmt; das entscheidende Moment muß von oben kommen: »c'est un don du ciel où la terre n'a point de part, c'est je ne sçay quoi de divin, qui rend un bel esprit [...] naturellement droit et juste«[125].

René Rapin nimmt die Vorgaben von Bouhours auf und fordert für den Dichter: »Il faut un genie extraordinaire, un grand naturel, un esprit juste, fertile, penetrant, solide, universel, une intelligence droite & pure, une imagination nette & agréable. Cette élevation de genie qui ne dépend ny de l'art, ny de l'étude, & qui est un don purement du Ciel,

doit estre soûtenuë d'un grand sens & d'une grande vivacité: il faut du jugement pour penser sagement les choses: il faut de la vivacité pour les exprimer avec cette grace & cette abondance qui en fait la beauté.«[126] Gemäß dem Horazischen Topos ›orator fit, poeta nascitur‹ schreibt Rapin: »On peut devenir Orateur, sans avoir de naturel à l'éloquence: parce que l'art peut suppléer au défaut de la nature. Mais on ne peut estre Poëte sans genie, dont rien ne peut tenir la place, & au défaut duquel tout l'art n'est pas capable de suppléer.« (11)

Im Kontrast zur Kunst und zum Studium, die durch Vernunft und autoritative Tradition begründet sind, steht Genie bei den französischen Poetikern des 17. Jh. für Kräfte des Gefühls, der Begabung, der Natur und der Erfindung (invention). Die Polarität von génie und art wird als Verhältnis der notwendigen wechselseitigen Ergänzung gedacht, wenn auch die Akzente zwischen aristotelischer Imitationsforderung und platonischem Inspirationskult variieren. Selbst der in vielem bereits als Genietheoretiker erscheinende Rapin achtet darauf, die Spontaneität des Genies an die Urteile der Vernunft zu binden: »comme le jugement sans genie est froid & languissant, le genie sans jugement est extravagant et aveugle« (3).

Auch Boileau, der Praeceptor des französischen Klassizismus, kennt das Genie im Sinne der persönlichen Eigenart und akzeptiert die Forderung[127], daß die Verse den »cœur«[127] des Dichters zum Ausdruck zu bringen haben. Doch kann nach seiner Auffassung das bloße Genie für die Eignung zum Poeten nicht viel austragen. Wer »ne sent point du Ciel l'influende secrete«, bleibt in seinem leerlaufenden Eigensinn befangen. »Raison« und »Bon sens«[128] sind die Instanzen, an die der Dichter sich halten muß, um sein Genie nicht zu verkennen, wie die verständige Einsicht in die Vorbildlichkeit der klassischen Autoritäten ihn auch zur Meisterschaft in der Beachtung der Regeln seiner Kunst führen soll, damit er schließlich dem »vrai genie de la Langue Françoise«[129] entsprechend zu dichten verstehe. Der vom bon sens des erfahrenen Kritikers zu bestimmende Sprachgeist wird als normative Instanz gegen das je eigentümliche Genie des Dichters angerufen, wie auch die Inspiration den Anspruch des Genies in Boileaus Lehre begrenzt und nicht, wie bei Bouhours, überhöht.

---

124 ›Genie‹, in: ANTOINE FURETIÈRE, Le Dictionaire Universel [...], Bd. 1 (1690; Den Haag/Rotterdam 1694), 670.
125 BOUHOURS (s. Anm. 122), 192.
126 RENÉ RAPIN, Reflexions sur la Poëtique d'Aristote, et sur les ouvrages des Poëtes anciens & modernes (Paris 1674), 2 f.
127 Vgl. NICOLAS BOILEAU-DESPRÉAUX, Discours au Roy (1665), in: BOILEAU, 11.
128 BOILEAU-DESPRÉAUX, L'Art poétique (1674), in: ebd., 157.
129 BOILEAU-DESPRÉAUX, Réflexions critiques sur quelques passages du Rheteur Longin (1694), in: ebd., 524; vgl. ZUMTHOR/SOMMER (s. Anm. 29), 197.

III. Barock und Klassizismus

Seinen profiliertesten Gegenspieler fand Boileau in Charles Perrault. Dieser hatte die Mustergültigkeit der antiken Vorbilder gleich aus zwei Gründen in Frage gestellt: Einerseits berief er sich auf den Fortschritt der Wissenschaften und technischen Künste, der seine Zeit den Alten überlegen mache, zum anderen auf die Unwandelbarkeit der ewigen Natur, die zu jeder Zeit gleichwertige Genies hervorbringe.[130] Im Anhang zum ersten Band seiner *Parallele des Anciens et des Modernes* (1688) publizierte Perrault eine ›Epistre‹ in Versen an Fontenelle über das Genie. Darin wird die Unterscheidung zwischen Menschen, die Genie haben und daher Genies sind, und anderen, denen »cette divine flamme« abgeht, radikalisiert. Wem diese himmlische Gabe zuteil wurde, der ist »Éclairé par luy-même & sans estude, habile«[131]. Mühelos erhellt das Genie die dunkelsten Geheimnisse der Natur. Ohne Übung oder Anleitung hat es Zugang zu allen Künsten. Ihre Schwierigkeit ist keine für den begnadeten Geist. Für ihn gilt auch die Bedingung der Spezialisierung nicht: daß, wer es in einer Kunst zu etwas bringen will, eben deswegen darauf verzichten muß, in allen anderen Künsten mehr als ein bloßer Dilettant zu sein. Das Genie braucht sich sein Wissen nicht zu erarbeiten, es genießt ungehinderten Zugriff auf die nach der platonischen Anamnesislehre in allen Menschen schlummernden – in ihm aber wachen – Erinnerungen. Ein Genie nimmt Phänomene wahr, die sich den Sinnen der gewöhnlichen Sterblichen entziehen, wie tanzende Nymphen im Walde oder musikalische Harmonien. Die besondere Qualität des Genies besteht nach Perrault in einem glühenden Eifer (ardeur) oder heiliger Wut (sainte fureur), die sich zum gebändigten Wahn einer sage manie steigern kann. Zur Erklärung der schöpferischen Fähigkeit des Genies, die sogar die Gegebenheiten der Natur zu übertreffen imstande ist, rekurriert er auf Platons *Phaidros*. Zu dem überhimmlischen Palast der Ideen finden nur diejenigen Zugang, die von der göttlichen Flamme beseelt sind. Große Künstler können die dort geschauten Fülle die bewundernswerten Züge entnehmen, mit denen sie nicht nur die von mittelmäßigen Künstlern hergestellten Bilder übertreffen, sondern auch die Abbilder der Ideen in den Schatten stellen, denen wir in der Natur begegnen.[132] In bezug auf die Polarität von génie und art meint der Vertreter der ›Modernen‹ in der *Parallele*, daß das Entscheidende dem Genie zuzuschreiben sei, und sät Mißtrauen gegen diejenigen, die sich allzu eifrig um die Regeln der Kunst bemühen: »Il y a deux choses dans tout Artisan qui contribuent à la beauté de son ouvrage; la connoissance des regles de son Art & la force de son genie, delà il peut arriver, & souvent il arrive que l'ouvrage de celuy qui est le moins sçavant, mais qui a le plus de genie est meilleur que l'ouvrage de celuy qui sçait mieux les regles de son Art & dont le genie a moins de force.«[133]

In der ›Querelle des anciens et des modernes‹ gewinnt der Geniebegriff die für die ästhetischen Debatten bis ins 20. Jh. hinein gültig bleibende Bestimmung[134], wenn er sich auch nicht sofort allgemein durchsetzt. Noch in Leibniz' *Nouveaux essais* steht génie ausschließlich für die höheren Geister im Unterschied zum esprit der leibhaftigen Menschen.[135]

2. Kreativität, Inspiration, Originalität

Parallel zum französischen âge classique, teilweise auch im Austausch mit kontinentalen Strömungen vollzieht sich in Großbritannien eine Entwicklung, die zur Ausbildung des Geniebegriffs maßgeblich beiträgt. Das seit dem späten Mittelalter im Engli-

---

130 Vgl. CHARLES PERRAULT, Le Siecle de Louis le Grand. Poëme, in: Perrault, Parallele des Anciens et des Modernes, en ce qui regarde les arts et les sciences, Bd. 1 (Paris 1688), 21 f. [Anhang].
131 PERRAULT, Le Genie. Épistre à Monsieur de Fontenelle, in: ebd., 29 [Anhang]; vgl. HERMAN WOLF, Versuch einer Geschichte des Geniebegriffs in der deutschen Ästhetik des 18. Jahrhunderts (Heidelberg 1923), II; ZUMTHOR/SOMMER (s. Anm. 29), 197 f.
132 Vgl. PERRAULT (s. Anm. 131), 31 [Anhang].
133 PERRAULT, Parallele (s. Anm. 130), Bd. 3 (Paris 1692), 154.
134 Vgl. CHRISTOPH HUBIG, ›Genie‹ – Typus oder Original? Vom Paradigma der Kreativität zum Kult des Individuums, in: Propyläen-Geschichte der Literatur, hg. v. E. Wischer, Bd. 4 (Berlin 1983), 191 f.
135 Vgl. GOTTFRIED WILHELM LEIBNIZ, Nouveaux essais sur l'entendement humain (entst. 1704, ersch. 1765), in: Leibniz, Die philosophischen Schriften, hg. v. C. I. Gerhardt, Bd. 5 (Berlin 1882), 472 f., 479.

schen eingebürgerte ›genius‹ übernimmt im 16. Jh. das Erbe des ›ingenium‹, das sonst auch durch ›wit‹ vertreten war.[136] In seiner *Apology for Poetrie* schreibt Sir Philipp Sidney: »A Poet, no industrie can make, if his owne Genius bee not carry vnto it.«[137] Der Zusammenhang der angeborenen Eigenart mit dem Inspirationstheorem zur Erklärung des Zustandekommens von Poesie wird ebenfalls hergestellt.[138] Sidney vergleicht »the highest poynt of mans wit«[139] – das kreative Vermögen des Poeten – mit dem Schöpfungsprozeß selbst. Er begründet die Analogie zwischen Neues schaffendem Menschen und dem Schöpfer der Welt damit, daß dieser den Menschen eben auch in der Eigenschaft, durch den Hauch seines göttlichen Atems schöpferisch tätig werden zu können, als sein ihm ähnliches Abbild geschaffen und ausgestattet habe. Unter dem Einfluß der italienischen Neuplatoniker, von Erasmus, Scaliger und dem in Italien verfemten Bruno dringen die elisabethanischen Kritiker zur Hochschätzung des Neuen, Wunderbaren, Unerhörten vor. Sir William Alexander betont

1634: »That every Author hath his own Genius, directing him by a secret Inspiration to that wherein he may most excell«[140]. Eine Generation später verwendet John Dryden den Geniebegriff äquivalent zu talent oder character und meint: »A happy genius is the gift of nature«[141].

Die paradigmatische Verkörperung des modernen Genies wird im 17. Jh. in Shakespeare entdeckt. Neben John Milton ist es vor allem Dryden, der die Fundamente zu dem Shakespearekult legt, der im 18. Jh. die Briten vielleicht am tiefsten von der französischen Kultur trennt. In seinem Essay *Of Dramatick Poesie* sieht Dryden Shakespeares Genie besonders durch seine »masculine fancy«[142] ausgezeichnet. Systematisch wird der durch keinerlei künstlerische Vorbilder verstellte Zugriff Shakespeares auf die ›Natur‹ hervorgehoben. Weder in mühevoller Beobachtung noch durch gelehrte Kenntnis muß er die Natur studieren, um sie erst nachahmen zu lernen. Es ist die innere Natur, zu der Shakespeare mehr als alle anderen Zugang gehabt hat und deren lebendige Gestalten seinen Dramen ihren Reichtum schenken. Shakespeares Exzellenz liegt in der poetischen invention. Wenn seine Figuren – und spätestens seit Alexander Popes Vorwort zu seiner Ausgabe von Shakespeares Werken (1715) auch der Autor selbst[143] – als ›original‹ gerühmt werden, heißt das im späten 17. und noch im 18. Jh. ›ursprünglich‹, nahe an der Quelle, im Rahmen der Imitatio-naturae-Doktrin also: ›naturnah‹, ›lebensecht‹.[144]

Shakespeare und Milton gelten in der britischen Version der ›Querelle‹ als Verkörperungen des modernen Genies, wobei Shakespeare mit Homer – »the vastest [...] and the most wonderful *Genius*«[145] – verglichen wird, Milton als poeta doctus eher mit Vergil. Es kennzeichnet den englischen Geniebegriff in dieser formativen Phase, daß er – im Unterschied zu den im späteren 18. Jh. vorherrschenden Konzeptionen – die Möglichkeit des gebildeten, kunstreich verfeinerten Genies nicht prinzipiell ausschließt. Wenn aber Shakespeare, der keine Vorbilder nachahmte, nun selbst zum Vorbild ausgerufen wird, dem nachgeeifert werden soll, so ist damit nicht gemeint, man solle so zu schreiben versuchen, daß es klingt wie von Shakespeare. Shakespeares Frische der Erfindung, seine alle äußerlichen Vorbilder ignorierende Originali-

---

136 Vgl. z. B. George Lily, Euphues, or Anatomy of Wit (London 1580).
137 PHILIPP SIDNEY, Apology for Poetrie (London 1595), 62, zit. nach ›genius‹, in: OED, Bd. 6 (1989), 444.
138 Vgl. THOMAS LODGE, Defence of Poetrie (1579), in: G. G. Smith (Hg.), Elisabethan Critical Essays, Bd. 1 (Oxford 1904), 72; Thüme (s. Anm. 23), 31.
139 SIDNEY (s. Anm. 137), zit. nach Thüme (s. Anm. 23), 36.
140 WILLIAM ALEXANDER, Anacrisis, or a Censure of Some Poets Ancient and Modern (1634?), in: J. E. Spingarn (Hg.), Critical Essays of the Seventeeth Century, Bd. 1 (London u. a. 1908), 185; vgl. LOGAN PEARSALL SMITH, Four Romantic Words (1924), in: Smith, Words and Idioms. Studies in the English Language (London 1925), 98.
141 JOHN DRYDEN, A Parallel of Poetry and Painting, Prefixed to the Version of Du Fresnoy ›De arte graphica‹ (1695), in: Dryden, Essays, hg. v. W. P. Ker, Bd. 2 (Oxford 1900), 138; vgl. L. P. SMITH (s. Anm. 140), 96.
142 DRYDEN, Of Dramatick Poesie, an Essay(1668), in: Dryden, Essays, hg. v. W. P. Ker, Bd. 1 (Oxford 1900), 79; vgl. THÜME (s. Anm. 23), 58.
143 Vgl. WOLF (s. Anm. 131), 15.
144 Vgl. L. P. SMITH (s. Anm. 140), 87 f.
145 Vgl. WILLIAM TEMPLE, Of Poetry (1690), in: Spingarn (s. Anm. 140), Bd. 3 (London u. a. 1908), 83; THÜME (s. Anm. 23), 62.

tät stellt an jeden späteren Schriftsteller die Forderung, in seiner Weise ebenso ursprüngliche Werke zu schaffen. Wie anders sollte er das angehen, als indem er sich ganz seinem Genie überläßt? 1685 seufzt Robert Wolseley: »every Ass that's Romantick believes he's inspir'd«[146]. Der Kritiker wendet sich nicht prinzipiell gegen die Geniekonzeption, nur gegen ihren Mißbrauch durch geltungssüchtige Nichtskönner. Er gibt seinerseits der »Negligence of a great Genius« den Vorzug vor den »labour'd Ornaments of little Pretenders«[147]. Genius wird hier bereits für den Künstler selbst verwendet, nicht bloß, wie noch im früheren 17. Jh., für die besondere Fähigkeit, über die er verfügt.

Der englische Geniebegriff ist nicht nur durch den Versuch bestimmt, den disziplinierenden Zugriff vorgegebener Normen unter Berufung auf die vom Poeten reklamierte Inspiration abzuweisen. In einer Situation, wo begeisterte Prediger ihr Publikum ermutigen, den durch den Heiligen Geist persönlich ihnen zuteil werdenden Offenbarungen mehr zu glauben als den kirchlichen und weltlichen Autoritäten, suchen naturalistische bzw. humoralpathologische Theorien zu zeigen, daß in den Leistungen des Genies der Mensch selbst sich äußert und nicht etwa eine himmlische Macht.[148] Noch Locke ergänzt seinen *Essay Concerning Human Understanding* (1690) in der 4. Auflage (1700) um ein Kapitel ›Of Enthusiasm‹, in dem vor behaupteten oder intensiv gefühlten, aber durch keinerlei Beweis gestützten Offenbarungen gewarnt wird.[149]

Lockes Schüler Shaftesbury antwortete in seinem *Letter Concerning Enthusiasm* an den Lordkanzler Sommers mit einem Versuch, den ›falschen‹, fanatischen und pathologischen Enthusiasmus zu scheiden von der ›edlen‹ Begeisterung (»noble enthusiasm«[150]), getragen vom wahren Gefühl göttlicher Gegenwart. Ungeachtet aller Kauteln wurde Shaftesbury als Anwalt der Inspiration gelesen. In diesem Zusammenhang ist auch sein Beitrag zur Ausbildung des Geniebegriffs zu sehen.[151] Shaftesbury kann bereits auf eine etablierte Redeweise zurückgreifen, die einem Künstler Genie im Sinne der zu seiner Kunst erforderten Begabung nachsagt und die geniale Qualität des ›Natürlichen‹ eher in der Äußerung seiner eigenen inneren Natur sieht

als in einer allzu treuen Nachbildung des Vorfindlichen.[152] Die imitation, die der wahre Künstler erstellt, ist nicht einfach eine Replik des einzelnen Gegebenen, sondern idealisierende Mimesis.[153] Eine Einheit und Wahrheit, die sich in der bloßen Natur zunächst nicht zeigt, soll zur Erscheinung gebracht werden. Nur wer mit dem dazu erforderlichen Sinn für Proportion ausgestattet ist, verdient den Namen eines Poeten.[154] Die Dimension des Schöpfungsprozesses, in der der Poet es dem Schöpfer gleichtun und gute Ordnung des zusammengehörigen Verschiedenen herstellen kann, wird qualifiziert als die Arbeit eines »moral artist«[155]. Ein solcher Künstler erscheint als Stifter einer Ordnung des Lebens in den gesellschaftlichen Verhältnissen wie im Verhältnis des einzelnen zu seinem Gott und zu sich selbst. Es geht ihm nicht etwa darum, bestimmte Artefakte herzustellen, die unter Umständen als ›ästhetische Objekte‹ behandelt werden können. Der moral artist sucht Schönheit zu verwirklichen, die nach Shaftesburys neuplatonisch grundierter Überzeugung nichts anderes sein kann als die aktuelle Erscheinung der metaphysischen Wahrheit, vorzüglich in Belangen des menschlichen Lebens. Dazu kann er allenfalls befä-

---

146 ROBERT WOLSELEY, Preface to ›Valentinian, a Tragedy, as 'tis Alter'd by the Late Earl of Rochester‹ (1685), in: Spingarn (s. Anm. 145), 12; vgl. L. P. SMITH (s. Anm. 140), 98.
147 WOLSELEY (s. Anm. 146), 1; vgl. THÜME (s. Anm. 23), 62.
148 Vgl. MERIC CASAUBON, A Treatise Concerning Enthusiasme, as It Is an Effect of Nature: but Is Mistaken by Many for either Divine Inspiration or Diabolical Possession (London 1655).
149 Vgl. LOCKE (ESSAY), 697–706.
150 SHAFTESBURY, A Letter Concerning Enthusiasm (1708), in: Shaftesbury, Characteristics of Men, Manners, Opinions, Times, etc., hg. v. J. M. Robertson, Bd. 1 (London 1900), 39.
151 Vgl. WOLF (s. Anm. 131), 16–24; ERNST CASSIRER, Die Philosophie der Aufklärung (Tübingen 1932), 425–428.
152 Vgl. SHAFTESBURY, Sensus communis; An Essay on the Freedom of Wit and Humour (1709), in: Shaftesbury (s. Anm. 150), 94.
153 Vgl. ebd., 96; WOLF (s. Anm. 131), 20–22.
154 Vgl. SHAFTESBURY, Soliloquy or Advice to an Author (1710), in: Shaftesbury (s. Anm. 150), 135 f.
155 Ebd., 136.

higt werden durch den Einfluß des Weltgeistes (»mighty Genius«) selbst, der einzig belebenden und begeisternden Kraft (»sole animating and inspiring power«[156]), die allem, was da ist, zugrunde liegt. Der Künstler ist ein Genie nur, weil er sich vom kosmischen Genius inspiriert glauben darf. Einzig dank göttlichen Einflusses kann er das Göttliche denken und anrufen. Die Aktualisierung des Schönen, die Verwirklichung von Wahrheit und Einheit im Leben ist ihm dank dieser Inspiration überantwortet. Diese mystisch hochgestimmte Geniekonzeption wird im späteren 18. Jh. insbesondere in Deutschland als Zündkerze der Geniebewegung wirken. Shaftesbury selbst redet keineswegs der blinden Selbstbehauptung unverbildeter Kraftgenies das Wort. In den *Miscellaneous Reflections* distanziert er sich bereits von den Schriftstellern, die nichts als Genie sein wollen: »An English author would be all genius. He would reap the fruits of art, but without study, pains, or application. He thinks it necessary [...] to show the world that he errs knowingly against the rules of art.«[157]

Im selben Jahr, in dem Shaftesbury seine *Charakteristiken* veröffentlichte, erschien Alexander Popes *Essay on Criticism*. Im Katalog der zur Kritik erforderlichen Vermögen bezeichnet das Genie eine irreduzible Dimension neben Geschmack (»Taste«) und Kennerschaft (»Learning«[158]). Darüber hinaus kann Pope in einem exklusiveren Sinn von ›true genius‹ sprechen. So selten wie ›wahres Genie‹ unter Dichtern finde sich ›true taste‹ unter Kritikern. Im englischen Klassizismus markiert der *Essay on Criticism* die Anerkennung der unhintergehbaren Subjektivität des Geschmacksurteils nach dem Modell der Inkommensurabilität des künstlerischen Genies.

156 SHAFTESBURY, The Moralists, A Philosophical Rhapsody (1709), in: Shaftesbury (s. Anm. 150), Bd. 2 (London 1900), 110.
157 SHAFTESBURY, Miscellaneous Reflections on the Preceeding Treatises, etc. (1711), in: Shaftesbury (s. Anm. 156), 316f.
158 ALEXANDER POPE, An Essay on Criticism (1711), V. 48f., in: Pope, The Twickenham Edition of the Poems, hg. v. J. Butt, Bd. 1 (London 1961), 244.
159 BERNHARD FABIAN, ›Genie II.‹, in: RITTER, Bd. 3 (1974), 283.
160 ADDISON (s. Anm. 37), 482.
161 J. SCHMIDT (s. Anm. 35), XIII.

Die bereits weit gediehene Debatte faßte Joseph Addison noch 1711 in einem Essay zusammen, der als »erste englische Abhandlung über das G.[enie]«[159] in die Geschichte eingegangen ist: »There is no Character more frequently given to a Writer, than that of being a Genius. I have heard many a little Sonneteer called a *fine Genius*. There is not an Heroick Scribler in the Nation, that has not his Admirers who think him a *great Genius*; and as for your Smatterers in Tragedy, there is scarce a Man among them who is not cried up by one or other for a *prodigious Genius*.« Addison unterscheidet zwischen zwei Klassen von Genies: »Among great Genius's, those few draw the Admiration of all the World upon them, and stand up as the Prodigies of Mankind, who by the mere Strength of natural Parts, and without any Assistance of Art or Learning, have produced Works that were the Delight of their own Times and the Wonder of Posterity. There appears something nobly wild and extravagant in these great natural Genius's, that is infinitely more beautiful than all the Turn and Polishing of what the *French* call a *Bel esprit*«[160].

Trotz des Vorzugs, den der edlen Wilden zugestanden wird, möchte Addison seine zweite Klasse derjenigen Genies, »that have formed themselves by Rules, and submitted the Greatness of their natural Talents to the Corrections and Restraints of Art« (484), der ersten der »great natural Genius's« (482) nicht unterordnen, sondern sie ihr als ein seinerseits bewundernswertes Phänomen anderer Ordnung zur Seite stellen. Addison warnt davor, daß Köpfe, die diesen zweiten Weg einschlagen, ihr Talent durch Nachahmung fremder Vorbilder verbiegen und so das versäumen, was ihnen von ihren Naturanlagen her hätte möglich sein können. Er ist durchaus nicht gegen Bildung und Ausbildung. Sein Schreckbild sind die modernen »Pindarick Writers« (484), die vom Naturgenie träumen und im Versuch, etwas Unnachahmliches zu imitieren, die in ihnen selbst schlummernden Möglichkeiten ebenso verfehlen wie ihr heillos verehrtes Vorbild.

Zur »Magna Charta der Genie-Bewegung«[161] wurde Addisons Essay weniger durch eigene Originalität als durch die zugkräftigen Formulierungen, in denen er den Typus der Naturgenies abhebt von allem, was durch Kunst erreicht werden kann.¹⁶² Die Verknüpfung des dank seiner Natur unübertrefflichen, durch Kunst allenfalls behinderten Genies mit der Topik des Erhabenen bestimmt die Genievorstellung weit über das 18. Jh. hinaus.

In Addisons zweiter Klasse der gebildeten Genies, die als bloße Rücksicht auf seine intellektuellen Freunde erscheinen mag, kündigt sich bereits ein Gebrauch an, der die Bindung an ein spezifisches Ingenium oder eine Qualität des Genialen ebenso hinter sich gelassen hat wie die Behauptung göttlicher Inspiration. In Verlängerung dieser Linie wird der Begriff sich reduzieren auf den Ausdruck höchster Anerkennung für eine geistige Überlegenheit, worin immer sie bestehen mag, wenn nicht für schiere Prominenz.

Sir Francis Bacon gelangt im 17. Jh. als Naturwissenschaftler zum Ruhm des Genies. Daß er bei Addison unter den gelehrten Genies genannt wird, entspricht nicht ganz der Verehrung, die innovative Forscher in scharfem Kontrast gegen dogmatische Buchgelehrsamkeit¹⁶³ gerade für die Neuheit ihrer Entdeckungen genießen. Entscheidende Attribute des Genies werden zuerst am Leitbild des Naturwissenschaftlers formuliert.¹⁶⁴ Für das 18. Jh. wird der Typus des Genies eindrucksvoller als durch irgendeinen Künstler verkörpert durch Isaac Newton.¹⁶⁵ Experimentelle Naturwissenschaft ist auch im Selbstverständnis der Forscher nicht prinzipiell verschieden von den Künsten. Wie schon der Versuchsaufbau technisches Geschick erfordert, um eine künstliche Situation herzustellen, die Einblick in die verborgenen Potentiale der Natur gewährt, so werden die experimentellen Demonstrationen bewußt als theatralische Kunst begriffen, die einem Publikum oft verblüffende Einsichten sinnfällig veranschaulichen soll.¹⁶⁶ Erst Kant wird gegen Ende des 18. Jh. versuchen, eine kategoriale Differenz zwischen der Kapazität des Wissenschaftlers und dem Genie zu den schönen Künsten einzuschärfen.

IV. Aufklärung

Das 18. Jh. gilt als die Epoche, in der der Geniegedanke am weitesten entwickelt und mit den höchsten Ansprüchen befrachtet wurde. Als typologischer Entwurf der menschlichen Freiheit ist der Geniebegriff ein zentrales Moment der Aufklärung. Das erwachende Selbstbewußtsein des Menschen, seiner Produktivität und seines Innovationspotentials, streift die Vorstellungen ab, die im Rahmen der christlichen Religion von seiner Stellung im Ordo der Schöpfung geglaubt worden waren. Auch im Verhältnis zu den gesellschaftlichen Restriktionen, die seine Mitmenschen ihm auferlegen, erschließt das Genie exemplarisch die moderne Erfahrung der Freiheit des einzelnen. Zugleich ist der Geniegedanke aber der Aufklärung, zumindest ihren reduktionistischen Versionen, auch polemisch entgegengesetzt, indem er die Irrationalität, das Wunderbare des unableitbar Neuen und den ›dunklen Grund‹ der Subjektivität, die konstitutiv dem Bewußtsein entzogenen Dimensionen der Psyche betont.

Den in Renaissance, Barock und Klassizismus entwickelten Zügen des Geniebegriffs fügt das 18. Jh. zunächst wenig Neues hinzu. Was sich aber radikal wandelt gegenüber dem 17. Jh., ist der Stellenwert, der dem Geniegedanken in der Selbstverständigung der gebildeten Stände, in den Vorstellungen vom Fortschritt in den Wissenschaften und Technologien sowie von den hervorragenden Leistungen in den Künsten und schließlich auch vom Erfolg im Umgang mit Menschen eingeräumt wird. Aus einer dem Individuum von außen zu Hilfe kommenden oder von Geburt an ihm innewohnenden Kraft wird das Genie zu einer sozialen Rolle und Lebensform. Es bezieht eine schillernde Position auf der Grenze der noch ständisch gegliederten, zunehmend nach Maßgabe der Arbeitsteilung sich organisierenden Gesellschaft: Einerseits behauptet es eine Distanz zur Ausdifferenzierung

---

162 Vgl. THUME (s. Anm. 23), 79.
163 Vgl. JOSEPH GLANVILL, The Vanity of Dogmatizing (London 1661).
164 Vgl. FABIAN, Der Naturwissenschaftler als Originalgenie, in: H. Friedrich/F. Schalk (Hg.), Europäische Aufklärung (München 1967), 47–68.
165 Vgl. PATRICIA FARA, Catch a Falling Apple: Isaac Newton and Myths of Genius, in: Endeavour, N. S. 23 (1999), H. 4, 167–170.
166 Vgl. STEPHEN SHAPIR/SIMON SCHAFFER, Leviathan and the Air Pump: Hobbes, Boyle, and the Experimental Life (Princeton 1985).

der Berufe und Fähigkeiten, reklamiert pauschale Überlegenheit über alle mühevoll erworbene Fachkompetenz und sucht eine ›wilde‹ Freiheit gegen die mit dem Manufakturwesen verstärkt in das Leben der einzelnen eingreifende Arbeitsdisziplin zu verteidigen. Andererseits beansprucht es höchste Anerkennung innerhalb der Gesellschaft und muß sich dafür zumindest in der Form einer konsistenten Weise des Andersseins wiedererkennbar machen. Eine Vielzahl von Erklärungsversuchen wendet sich diesem so faszinierenden wie verunsichernden Phänomen zu. Die neuen Wissenschaften vom Menschen (physiologische und pragmatische Anthropologie, empirische Psychologie, Physiognomik, Geschichte, Ästhetik) erproben die Erschließungskraft ihrer Zugänge. Den Analysen und Klassifikationen des Genies antwortet eine Kritik, die im Genie gerade das sieht, was sich dem nachvollziehenden Verstehen ebenso entzieht wie jedem Versuch, es systematisch zu kontrollieren und zu perfektionieren. Der Streit zwischen dem Anspruch auf das Privileg der Freiheit von den Zumutungen der Gesellschaft, der von den Fürsprechern des Genies an die Masse ihrer Mitmenschen gerichtet wird, und einem Autonomieverständnis, das Freiheit für alle an die Bedingungen der ausnahmslosen Unterwerfung unter die auf vernünftiger Einsicht gründenden Gesetze bindet, muß in der Moderne mit jeder Generation aufs neue ausgetragen werden. Der Geniegedanke ist dabei nicht einfach der Partei der Individualisten zugeordnet. Er wird gleichermaßen für die Infragestellung lediglich auf Tradition beruhender Privilegien wie für die Legitimation etablierter Eliten im Feld geführt.

1. Erklärungs- und Disziplinierungsversuche

Der erste, der eine naturwissenschaftliche Erklärung des Genies versucht, ist Jean-Baptiste Du Bos.[167] Der von Locke und Bayle beeinflußte Abbé ist überzeugt, »que le génie [...] consiste dans un arrangement heureux des organes du cerveau, dans la bonne conformation de chacun de ces organes, comme dans la qualité du sang, laquelle le dispose à fermenter durant le travail, de maniere qu'il fournisse en abondance des esprits aux ressorts qui servent aux fonctions de l'imagination«[168]. Neben dieser physiologischen Theorie bezieht Du Bos auch klimatheoretische Ansätze zur Erklärung der ungleichen Verteilung der Genies unter den Völkern ein. Wenn die *Réflexions critiques* sich auch im wesentlichen auf Probleme der Dichtung, der Malerei und des Theaters konzentrieren, begründet Du Bos seine Theorie des zur Exzellenz in den schönen Künsten befähigenden Genies doch in einer allgemeinen Theorie des Genies. Dieses wird bestimmt als die Begabung zu einem bestimmten Beruf – sei es zur Kunst des Feldherrn, des Arztes, des Wissenschaftlers oder auch des Dichters.[169] »On appelle génie, l'aptitude qu'un homme a reçu de la nature, pour faire bien & facilement certaines choses, que les autres ne sçauroient faire que très-mal, même en prenant beaucoup de peine.« (7) Das Genie ist höchst spezifisch auf eine einzige Anforderung festgelegt: »Les hommes qui sont nés avec un génie déterminé pour un certain art, ou pour une certaine profession, sont les seuls qui puissent y réussir éminemment; mais aussi ces professions & ces arts sont les seuls où ils puissent réussir. Ils deviennent des hommes au-dessous du médiocre, aussi-tôt qu'ils sortent de leur sphére.« (70)

Die Notwendigkeit der Spezialisierung, die dem Ideal vom génie vaste und gar vom uomo universale der Renaissance strikt entgegensteht, hält Du Bos für unausweichlich. Ein Anzeichen des Genies sieht er darin, daß die jungen Leute, die damit begabt sind, nur in einer einzigen Richtung erstaunliche Fortschritte machen, während sie zu allen übrigen Aufgaben kaum zu brauchen sind.[170] Für Du Bos besteht das Genie in der Fähigkeit zur mühelos sich einstellenden Meisterschaft in einer Kunst. Es ist nicht – wie es später im Sturm und Drang aufgefaßt wird – das Gegenteil der Kunst. Das Genie bedarf der Ausbildung und muß mit den Möglichkeiten seines Metiers vertraut werden. Sein Vorzug liegt darin, daß ein mit einem be-

---

167 Vgl. WOLF (s. Anm. 131), 53; THÜME (s. Anm. 23), 98; MEISSNER (s. Anm. 14), 176.
168 DU BOS, Bd. 2 (1770), 14; vgl. PETER-ECKHARD KNABE, Schlüsselbegriffe des kunsttheoretischen Denkens in Frankreich vom Spätklassik bis zum Ende der Aufklärung (Düsseldorf 1972), 213 f.
169 Vgl. ebd., 587 f.
170 Vgl. ebd., 59.

stimmten Genie gesegneter Mensch das Fach, zu dem er geboren ist, leicht erlernt – nicht aus allgemeinen Regeln, sondern aus den Beispielen der großen Meister. Die Kritischen Betrachtungen des Abbé Du Bos wurden im 18. Jh. viel gelesen; noch Johann Georg Sulzer macht sie zur Grundlage seiner *Analyse du Génie*[171], Moses Mendelssohn und auch Johann Gottfried Herder haben bedeutende Anregungen daraus empfangen. Der Anstoß zur deutschen Geniediskussion ging jedoch um die Mitte des 18. Jh. stärker noch als von Du Bos von Charles Batteux' Buch *Les beaux Arts réduits à un même Principe* (1746) aus, das 1751 gleich zweimal übersetzt wurde.[172] Der späte Klassizist schreibt bereits gegen die überhandnehmende Geniebegeisterung, wie sie in Frankreich nicht zuletzt durch den Abbé Trublet[173] verbreitet wurde. In seinem *Cours de belles-lettres* (1747–1748) führt Batteux seine Definition des Genies ausdrücklich als Korrektur einer gängigen Auffassung ein: »Le Génie n'est pas, comme on le croit communément, [...] un feu violent qui emporte l'âme, & la mène au hasard. Ce n'est point une force aveugle qui opere machinalement, une source qui jette ses flots & qui les abandonne. C'est une raison active qui s'exerce avec art sur un objet, qui en recherche industrieusement toutes les faces réelles, toutes les possibles, qui en disseque méthodiquement les parties les plus fines, en mesure les rapports les plus éloignez: c'est un instrument éclairé qui fouille, qui creuse, qui perce sourdement. Sa fonction consiste, non à imaginer ce qui ne peut être, mais à trouver ce qui est.«[174] Für Batteux ist das Genie weniger eine Fähigkeit, Neues zu erschaffen, als vielmehr ein Wahrnehmungsvermögen: die Aufmerksamkeit für bisher nicht gewahrte Züge in der Natur und die Fähigkeit, Ähnlichkeiten und Verwandtschaften in ihr zu entdecken, die Wirklichkeit aus Perspektiven zu sehen, die noch aller Welt entgangen sind.[175]

Johann Adolf Schlegel übernahm das französische Wort unverändert, weil keiner der in Frage kommenden deutschen Ausdrücke ihm geeignet schien, den in der neueren französischen Diskussion ausgebildeten Begriff des Genies wiederzugeben.[176] Noch im Erscheinungsjahr seiner Übersetzung wird das Genie in der Leipziger Antrittsvorlesung von Christian Fürchtegott Gellert an prominenter Stelle in die ›schönen Wissenschaften‹ eingeführt.[177] Batteux' Warnungen vor eitlem Originalitätsstreben konnten die Attraktion des Genies ebensowenig mindern wie die wissenschaftlichen Nachweise, daß es eigentlich nichts anderes sei als die eifrig der Naturerkenntnis zugewandte und kunstvoll geübte menschliche Vernunft. Schon 1748 hielt der Schweizer Dichter und Professor für Physiologie in Göttingen Albrecht von Haller es für geboten, die Verwendung des Begriffs an eine doppelte Bedingung zu knüpfen: »Der Mann, dem man Genie zuschreibt, muß durch die Natur zu einer gewissen Wissenschaft vorzüglich tüchtig gemacht sein, und er muß seine Mühe und Fleiß eben auf diesen Vorwurf gewendet haben, den ihm die Natur zugedacht hat.«[178]

---

171 Vgl. JOHANN GEORG SULZER, Entwickelung des Begriffs vom Genie (1757), in: Sulzer, Vermischte philosophische Schriften (Leipzig 1773), 307–322.
172 Vgl. CHARLES BATTEUX, Einschränkung der Schönen Künste auf einen einzigen Grundsatz, übers. v. J. A. Schlegel (1751; Leipzig ³1770); BATTEUX, Die schönen Künste, aus einem Grundsatz hergeleitet, übers. v. P. E. Bertram (Gotha 1751); IRMELA VON DER LÜHE, Natur und Nachahmung. Untersuchungen zur Batteux-Rezeption in Deutschland (Bonn 1979).
173 Vgl. NICOLAS-CHARLES-JOSEPH TRUBLET, Essais sur divers sujets de littérature et de morale (1735; Paris ⁶1768).
174 BATTEUX, Cours de belles-lettres, ou Principes de la littérature (1747–1748), Bd. 1 (Paris 1753), 10f., zit. nach KNABE (s. Anm. 168), 219.
175 Vgl. ROCHLITZ/SOURIAU (s. Anm. 1), 786.
176 Vgl. GOTTHOLD EPHRAIM LESSING, Das Neueste aus dem Reiche des Witzes, als Beylage zu den Berlinischen Staats- und Gelehrten Zeitungen. Monat Junius 1751, in: LESSING (LACHMANN), Bd. 4 (1889), 414–422.
177 Vgl. CHRISTIAN FÜRCHTEGOTT GELLERT, Von dem Einflusse der schönen Wissenschaften auf das Herz und die Sitten (1751), in: Gellert, Sämtl. Schriften, Bd. 5 (Leipzig 1769), 76–95; HILDEBRAND (s. Anm. 12), 3412, 3416.
178 ALBRECHT VON HALLER, in: Göttingische gelehrte Zeitungen (1748), 724, zit. nach KARL HERMANN SCHEIDLER, ›Genie‹, in: ERSCH/GRUBER, Abt. 1, Bd. 58 (1854), 79.

2. Poetische Phantasie, erhabener Ausdruck

Die Opposition, die sich seit den 40er Jahren unter Führung der durchaus rationalistisch gesonnenen Schweizer Johann Jacob Bodmer und Johann Jakob Breitinger[179] gegen die klassizistische Poetik der Gottschedschule formierte, wandte sich gleichermaßen gegen einen sensualistischen Reduktionismus à la Du Bos wie gegen die ›Tändeleyen‹ der anakreontischen Dichter.[180] Die Schweizer traten keineswegs für die unreglementierte Freiheit des Genies ein; der Begriff wird von ihnen gar nicht verwendet. Ihnen ging es um das emphatische Potential des ›Wunderbaren‹ in der Dichtung.[181] Der Streit entzündete sich an Miltons *Paradise Lost* (1667), das Bodmer 1732 dem deutschsprachigen Publikum vorstellte. Bodmer rechtfertigt die Möglichkeit, ja Notwendigkeit der Erdichtung von neuen Versionen der biblischen Erzählungen mit dem Argument, daß die ewigen Wahrheiten uns nur dann bewegen können, wenn sie uns zugleich als neu erscheinen.[182] In den zunächst bloß negativ durch das Kriterium des Unerwarteten qualifizierten Wendungen der dichterischen Sprache sehen die Schweizer das wirksamste Mittel, die Bewunderung für die Verheißungen der Religion zu stärken. Die Macht der Dichtung beruht nach Breitinger auf ihrer kunstvollen Vereinigung des Wunderbaren mit dem Wahrscheinlichen.[183] Gerade was auf den ersten Blick unwahrscheinlich erscheint, wird dem in das rätselhafte Bild eindringenden Verstand schließlich um so intensiver einleuchten. Das Vermögen zu einer starke Erregungen weckenden Einkleidung des Wahren ist die poetische Phantasie. Diese kann und darf mögliche Welten jenseits der wirklichen schaffen, sofern sie sich nicht vermißt, wirkliche und bloß mögliche Dinge miteinander zu vergleichen, noch sich gar zu dem Anspruch versteigt, Gottes Schöpfung eigenmächtig Verbesserungen hinzufügen zu wollen.[184] Das Ingenium, das zur Ausgestaltung der Vorstellung von Geschöpfen und Vorgängen einer anderen Welt jenseits des Horizonts unserer Erfahrungen imstande sein sollte, ist selten. Über die gewöhnlichen Sterblichen erhoben, steht es »auf der Leiter der Wesen zu oberst unter den Menschen« und hat »gleich über sich diejenigen Geister [...], die zuerst vom Cörper frey sind«[185]. Der poetische Einsatz des Wunderbaren zum Zweck der Rührung durch erhabene Vorstellungen bewegt sich per definitionem jenseits der Regeln, die den Erwartungshorizont des Üblichen und Schicklichen beschreiben. Dennoch kann es sich bei den Wunderbaren nicht um etwas völlig Ungeregeltes handeln, wird es doch, wo es seine Leser beeindruckt und ergötzt, als trefflich anerkannt. An Milton demonstriert Bodmer, daß das *Verlorene Paradies* keineswegs regellos gebaut sei, sondern nach Regeln geordnet, die vor der Erstellung dieses Werks noch niemandem bekannt und gewiß nicht in einem Poetiklehrbuch zu finden waren. Der Leipziger Gellert schließt sich den Schweizern an und führt ebenfalls die Regeln auf das Genie zurück.[186]

Selbst Samuel Johnson, der englische Kritiker, der 1751 im Kult des inspirierten Genies ›the mental disease of the present generation‹[187] wittert, erkennt das revisionäre Geschehen als unhintergehbar an, in dem nichts als Verstöße und Abweichungen, die Beifall finden, immer aufs Neue zur Etablierung der von anderen wiederum zu überwindenden Normen führen: »Every new Genius produces some innovation, which, when invented and approved, subverts the rules, which the prac-

---

179 Vgl. PIERRE GRAPPIN, La théorie du génie dans le préclassicisme allemand (Paris 1952), 23–63; HORST-MICHAEL SCHMIDT, Sinnlichkeit und Verstand. Zur philosophischen und poetologischen Begründung von Erfahrung und Urteil in der deutschen Aufklärung (München 1982), 124–176; J. SCHMIDT (s. Anm. 35), 47–60.
180 Vgl. [ANONYMUS, d. i.] HEINRICH WILHELM VON GERSTENBERG, Tändeleyen (Leipzig 1759).
181 Vgl. KARL-HEINZ STAHL, Das Wunderbare als Problem und Gegenstand der deutschen Poetik des 17. und 18. Jh. (Frankfurt a. M. 1975).
182 Vgl. JOHANN JACOB BODMER, Critische Abhandlung von dem Wunderbaren in der Poesie und dessen Verbindung mit dem Wahrscheinlichen (Zürich 1740), 20f.
183 Vgl. BREITINGER, Bd. 1 (1740), 141.
184 Vgl. ebd., 262 ff.; H.-M. SCHMIDT (s. Anm. 179), 131 f.
185 BODMER (s. Anm. 182), 11; vgl. HUBIG (s. Anm. 134), 196.
186 Vgl. GELLERT, Wie weit sich der Nutzen der Regeln in der Beredsamkeit und Poesie erstrecke, in: Gellert (s. Anm. 177), 156.
187 SAMUEL JOHNSON in: The Rambler, Nr. 154 (7. 9. 1751).

tice of foregoing authors had established«[188]. Die radikale Konsequenz, daß die ›Regel‹ keine Geltung für irgendeinen anderen Versuch mehr beanspruchen kann als für das individuelle Werk, durch das und für das allein sie jeweils gesetzt worden ist, wird freilich erst in der romantischen Autonomieästhetik affirmiert werden.[189]

Mit der Empfänglichkeit für das Wunderbare und Erhabene, mit dem Akzent auf der ›herzrührenden‹ Wirkung der Dichtung statt auf ihrer didaktischen Funktion sowie mit der Ableitung der Regel zur Beurteilung des poetisch Gelungenen allein aus dem Beispiel des überragenden Dichters bereiten die Schweizer den Boden für die Geniebegeisterung der 60er und 70er Jahre. Unter ihrem Einfluß führte Friedrich Gottlieb Klopstock einen neuen Stil des Genialseins in Deutschland ein[190], wenn er auch selbst das Wort Genie mied und sich von der Genieversessenheit der ihm folgenden Schriftstellergeneration distanzierte.[191]

Der junge Lessing setzt der Doktrin, ›die Schule‹ mache den Dichter, die Vorstellung vom Genie entgegen, das von der ›Natur‹ selbst ›erwählt‹ sei, die Arbeit der Naturnachahmung zu leisten, und von ihr allein mit dem Feuer ›beseelt‹ werde, »ein mehr als Mensch zu seyn«[192]. Über die wesentlichen Elemente des Geniebegriffs (Inspiration, ›Schöpfergeist‹, Übermensch) verfügt Lessing bereits, ehe er sich – zuerst 1751 in seiner Batteux-Besprechung[193] – des Wortes bedient. Neben Lehrgedichten[194] dokumentiert auch seine Übersetzung von Huartes *Prüfung der Köpfe zu den Wissenschaften* (1752) Lessings frühe intensive Auseinandersetzung mit dem Genieproblem. Ehe er im *Laokoon* (1766) und in der *Hamburgischen Dramaturgie* (1767–1768) der das Denken der Zeit beherrschenden Geniekonzeption entgegenkommt[195], unternimmt Lessing in seinen Abhandlungen über die Fabel (1759) und in den *Briefen, die neueste Litteratur betreffend* (1759–1765) noch einen u. a. an Addison orientierten Versuch zur Lenkung der aufkommenden Geniebegeisterung, indem er die Fabel als Mittel zum Erlernen der ars inveniendi empfiehlt. »Gott giebt uns die Seele; aber das *Genie* müssen wir durch die Erziehung bekommen.«[196]

3. Ingenium venustum, felix aestheticus

Das Werk, mit dem um 1750 die Ästhetik aus der Taufe gehoben wird, Alexander Gottlieb Baumgartens *Aesthetica* (1750–1758), ist alles andere als eine Genietheorie, wenngleich es sich auf eine psychologische Theorie der »schönen Begabung« (ingenium venustum) stützt und mit einer Charakteristik des schönen Geistes (»felix aestheticus«[197]) beginnt. Das ingenium im umfassenden Sinn von »Kopf, Gemüths-Fähigkeit«[198] definiert Baumgarten als ein bestimmtes Verhältnis der Erkenntnisvermögen zueinander; es ist kein eigenes Vermögen neben den anderen. Das ingenium im engeren Sinn, den »Witz«[199], erklärt er – gut wolffianisch[200] – als eine Übung im Bemerken des Gleichen in verschiedenen Dingen. Der Geniebegriff wird nicht für die ›schönen‹ oder künstlerisch tätigen

---

188 JOHNSON in: The Rambler, Nr. 125 (28. 5. 1751), zit. nach THÜME (s. Anm. 23), 92.
189 Vgl. HERBERT MAINUSCH, Romantische Ästhetik. Untersuchungen zur englischen Kunstlehre des späten 18. und frühen 19. Jahrhunderts (Bad Homburg u. a. 1969), 259–289.
190 Vgl. Günter Peters, Der zerrissene Engel. Genieästhetik und literarische Selbstdarstellung im 18. Jahrhundert (Stuttgart 1982), 50f., 175.
191 Vgl. FRIEDRICH GOTTLIEB KLOPSTOCK, Genie (1771), in: Klopstock, Werke und Briefe. Hist.-krit. Ausg., hg. v. H. Gronemeyer u. a., Abt. Werke, Bd. 2 (Berlin/New York 1982), 25.
192 LESSING, Aus einem Gedichte an Herrn Baron von Sp**. (1749), in: LESSING (LACHMANN), Bd. 1 (1886), 241.
193 Vgl. LESSING (s. Anm. 176), 413.
194 Vgl. LESSING, An den Herrn Marpurg, über die Regeln der Wissenschaften zum Vergnügen, besonders der Poesie und Tonkunst (1749), in: LESSING (LACHMANN), Bd. 1 (1886), 248–255.
195 LESSING, Hamburgische Dramaturgie (1767–1768), in: LESSING (LACHMANN), Bd. 9 (1893), 324–328.
196 LESSING, Von einem besondern Nutzen der Fabeln in den Schulen (1759), in: LESSING (LACHMANN), Bd. 7 (1891), 475.
197 BAUMGARTEN, Bd. 1 (1750), 12, 11.
198 ALEXANDER GOTTLIEB BAUMGARTEN, Metaphysica (1739; Halle ⁷1779), 239.
199 Ebd., 204.
200 Vgl. ALFRED BAEUMLER, Das Irrationalitätsproblem in der Aesthetik und Logik des 18. Jahrhunderts bis zur Kritik der Urteilskraft (Halle 1923), 146f.

Geister verwendet, sondern bleibt reserviert für die »höheren Geister« (ingenia [...] superiora)[201]. Die Psychopathologie des Enthusiasmus spielt, wenn sie auch nicht in die Theorie des Ingeniums integriert wird, eine grundlegende Rolle in der Theorie des impetus aestheticus.[202] In der Heuristik oder Lehre von der inventio, dem einzig ausgeführten Teil der *Aesthetica*, nimmt Baumgarten die in der französischen und englischen Diskussion gegen rationalistische Beschränkungen geltend gemachten Vorzüge des kreativen und feinsinnigen Genies zum Ausgangspunkt für seinen Versuch einer ›ästhetischen‹ Reform der Schulphilosophie. Als Wolffianer traut er aber der rohen Naturanlage des bloßen Genies nicht. Baumgartens Ästhetik ist getragen von der Überzeugung, daß die vorzüglichste Begabung zum schönen Denken wie zur Hervorbringung schöner Gegenstände nicht hinreicht. Die ›natürliche Ästhetik‹, die zur sinnlichen Erkenntnis befähigende Anlage des ingenium, bedarf der Vervollkommnung durch die ästhetische Kunstlehre (ars aesthetica) bzw. durch die kunstreich ausgebildete Fähigkeit zur sinnlichen Erkenntnis (aesthetica artificialis). »Die Kunst ist eine Führerin und Begleiterin der Natur. Sie erhält dieselbe auf dem rechten Wege, indem sie ihr die Abwege entdeckt, und für denselben nachdrücklich warnet«[203], schreibt Baumgartens Schüler Georg Friedrich Meier. Zwar ist nicht jeder fähig, die Kunst zu erlernen; insofern ist ein gewisses ingenium zur Kunst erforderlich.[204] Aber diese besteht nicht in einer dem Genie von Natur eigentümlichen Fähigkeit, sondern in der Kenntnis und Anwendung der Regeln, die erst den aestheticus dazu geschickt machen, wirklich ›schön zu denken‹ und seine schönen Gedanken auch in angemessener Weise zu kommunizieren. Mit seinem denkbar fundamentalen erkenntnispsychologischen und semiotischen Ansatz steht Baumgarten auf der Seite derjenigen, die die ästhetischen Fähigkeiten als anthropologisches Gemeingut sichern und nach Möglichkeit kultivieren möchten. Doch die Spannung zwischen dem Allgemeinheitsanspruch der psychologischen Beschreibung unserer sinnlichen Erkenntnisvermögen und dem normativ gehaltvolleren Zielbegriff des schönen Denkens, der ästhetischen ›Vollkommenheit‹ wird nicht gelöst. Weder den Begriff des Geschmacks noch den des Genies konnte Baumgarten überzeugend in seine Lehre von der Wahrnehmung integrieren.

4. Materialistischer Reduktionismus

Mit den Ansätzen zur rationalistischen Appropriation des Geniebegriffs konkurrieren empiristische Versuche, es auf hard facts und einfache Empfindungen zurückzuführen. Als Vorkämpfer dieses dezidiert antielitistischen Reduktionsprogramms profilierte sich der französische Materialist Claude Adrien Helvétius mit seinem Buch *De l'esprit* (1758). Das Hauptmerkmal des Geistes und somit sein vordringliches Erklärungsziel sieht Helvétius in der ›Fähigkeit zu erfinden‹. Das Genie ist für ihn eine gesteigerte Form der invention, die unter Umständen weiter greifen und mehr umfassen kann als der gewöhnliche Geist, von diesem aber nicht prinzipiell geschieden ist.[205] Die Qualität des Neuen kann nur in der neuen Verbindung zwischen bestimmten Gegebenheiten oder Vorstellungen liegen. Der Kombinationsgedanke ist aufklärerisches Gemeingut; bereits Gottsched erklärt den ›Witz‹ (ingenium) als reines Kombinationsvermögen.[206] Den größten Anteil bei allen Erfindungen und auch beim Zustandekommen des glücklichen Genies müssen wir nach Helvétius dem Zufall zuschreiben. ›Hasard‹ ist die materialistische Ernüchterungsformel für das, was vordem ›don du Ciel‹ oder ›grâce de la Nature‹ genannt worden war. Man kann nichts dafür tun, wo es einfach darauf ankommt, ob man zufällig zur richtigen Zeit geboren, am rechten Augenblick zur Stelle ist, wo bestimmte Entdeckungen nur auf den Mann warten, der verschiedene Momente – er weiß oft selbst nicht, wie – zusammenbringt und weitreichende Einsichten gewinnt.[207] Ob eine Erfindung ihrem Urheber den gesellschaftlichen Rang des Genies

---

201 BAUMGARTEN (s. Anm. 198), 240.
202 Vgl. BAUMGARTEN, Bd. 1 (1750), 35–44.
203 MEIER, Bd. 1 (1754), 539f.
204 Vgl. BAUMGARTEN, Bd. 1 (1750), 11f.
205 Vgl. CLAUDE ADRIEN HELVÉTIUS, De l'esprit (1758; Paris ²1759), 356.
206 Vgl. GOTTSCHED (DICHTKUNST), 102f.; J. SCHMIDT (s. Anm. 35), 32f.
207 Vgl. WOLF (s. Anm. 131), 61f.; Knabe (s. Anm. 168), 222–224.

einträgt, hängt nach Helvétius nicht allein von ihrer Neuheit und ihrer sachlichen Reichweite ab, sondern ganz entscheidend auch davon, ob sie auf ein verbreitetes Interesse der Zeitgenossen stößt und in der gelehrten Welt ›Epoche zu machen‹ vermag. Letztlich ist Helvétius Genieskeptiker. Er weist darauf hin, wie wenig erklärt ist, wenn jemandes Überlegenheit auf sein Genie zurückgeführt wird. Von Diderot muß der Materialist sich sagen lassen, daß er – bei allem esprit – vom Genie so viel verstehe wie ein Blinder von Farben.[208]

5. Genie und goût

Die getrennt verlaufenen Theoriestränge der auf Locke zurückgehenden sensualistischen und der durch Leibniz dynamisierten rationalistischen Aufklärung, der psychologischen Empirie und des von Shaftesbury geschärften Sinnes für die metaphysische Bedeutung des künstlerischen Schaffens werden im Kreis der *Encyclopédie* um Diderot und d'Alembert in einer protoromantischen Reinterpretation zusammengeführt. Der *Encyclopédie*-Artikel über das Genie (von Jean-François de Saint-Lambert) enthält die wohl früheste französische Anerkennung Shakespeares und verrät auch in der Topik des Erhabenen englischen Einfluß:»Le goût est souvent séparé du *génie*. Le *génie* est un pur don de la nature; ce qu'il produit est l'ouvrage d'un moment; le goût est l'ouvrage de l'étude & du tems; il tient à la connoissance d'une multitude de regles […]; il fait produire des beautés qui ne sont que de convention. Pour qu'une chose soit belle selon les regles du goût, il faut qu'elle soit élégante, finie, travaillée sans le paroître: pour être de *génie* il faut quelquefois qu'elle soit négligée; qu'elle ait l'air irrégulier, escarpé, sauvage. Le sublime & le *génie* brillent dans Shakespear comme des éclairs dans une longue nuit, & Racine est toûjours beau: Homere est plein de *génie*, & Virgile d'élégance.«

Der Autor sieht das Genie vor allem bestimmt durch ›geistige Weite, Einbildungskraft und seelische Regsamkeit‹. In der Betonung der Weite spricht sich das Wissenschaftsideal der Enzyklopädisten und der Versuch zur quantitativen Erfassung der Überlegenheit des Genies aus. Durch die Intensität der Einbildungen, ›Begeisterungsfähigkeit‹ und ›Kraft‹ hebt sich das Genie jedoch qualitativ ab

von dem, der bloß ›an allem Anteil nimmt‹.»Enfin la force & l'abondance, je ne sais quelle rudesse, l'irrégularité, le sublime, le pathétique, voilà dans les arts le caractere du *génie*; il ne touche pas foiblement, il ne plaît pas sans étonner, il étonne encore par ses fautes.«[209]

Ein eigener Artikel über das Genie des Musikers wurde aus Rousseaus *Dictionnaire de Musique* (1768) in die *Encyclopédie* übernommen. Wortgewandt werden darin die Grenzen der Kommunizierbarkeit des Außerordentlichen umspielt.»Genie ist für Rousseau etwas Unerklärbares, Unerlernbares, eine Kraft, die den schöpferischen Menschen zu einem Gott erhöht.«[210]»Le *génie* du musicien soumet l'univers entier à son art.« Doch ist seine Macht empfindlich eingeschränkt:»il ne fait rien dire à ceux où son germe n'est pas, & ses prodiges sont peu sensibles à qui ne les peut imiter.«[211] Die gängige Verknüpfung des Genies mit dem prometheischen Feuer amplifiziert Rousseau unter Rückgriff auf Heraklits »ewig lebendiges Feuer« (πῦρ ἀείζωον)[212], wenn er vom Genie sagt: »il brûle sans cesse & ne se consume jamais.«[213] Ganz von selbst geht es freilich nicht. Dem jungen Menschen, der dieses Feuer in sich zu verspüren meint, rät Rousseau, sich der besten italienischen Musik auszusetzen und sich umgehend an die Arbeit zu begeben.

Diderot nimmt die Unterschiede zwischen den Menschen ernst als eine Tatsache, die der Untersuchung bedarf, um das Erklärliche daran aufzuklären, ohne das Unerklärliche wegzuerklären.[214] »Il y

---

208 Vgl. DENIS DIDEROT, Réfutation suivie de l'ouvrage d'Helvétius intitulé l'homme (entst. 1773–1774), in: DIDEROT (ASSÉZAT), Bd. 2 (1875), 341.
209 JEAN-FRANÇOIS DE SAINT-LAMBERT, ›Génie, (Philosophie & Littér.)‹, in: DIDEROT (ENCYCLOPÉDIE), Bd. 7 (1757), 582, 583.
210 KNABE (s. Anm. 168), 237.
211 Vgl. JEAN JACQUES ROUSSEAU, ›Génie, (Musiq.)‹, in: DIDEROT (ENCYCLOPÉDIE), Supplément, Bd. 3 (1777), 204.
212 HERAKLIT, Fr. 30, in: Die Fragmente der Vorsokratiker, hg. u. übers. v. H. Diels/W. Kranz, Bd. 1 (Berlin ⁷1954), 158.
213 ROUSSEAU (s. Anm. 211), 204.
214 Vgl. HERBERT DIECKMANN, Diderot's Conception of Genius, in: Journal of the History of Ideas 2 (1941), 151–182.

a dans les hommes de génie, poëtes, philosophes, peintres, orateurs, musiciens, je ne sais quelle qualité d'âme particulière, secrète, indéfinissable, sans laquelle on n'exécute rien de très-grand et de beau.«[215] Gegenüber dem von ihm durchaus geschätzten esprit betont Diderot die Irrationalität des Genies.[216] Im Genie ist etwas der gesellschaftlichen Ordnung der Menschen radikal Fremdes, naturhaft Instinktives und zugleich Dämonisches am Werk. Seine Energie bezieht es aus dem unmittelbaren Kontakt zur ›Natur‹. Die Regeln der Kunst, die zur Anleitung der ›normalen Menschen‹ aus den Werken der originellen Künstler abgezogen worden sind, kann das Genie entbehren, sie wären ihm sogar schädlich.[217] Das Genie will nicht imitieren und kann sich keiner fremden Regel unterwerfen. Es ist sich selbst Gesetzgeber und begründet durch seine freie Setzung Normen, an denen andere sich orientieren müssen, die nicht ihrerseits autonom etwas Neues etablieren. In dem Dialog *Rameaus Neffe* (entst. 1760, zuerst ersch. in Goethes Übersetzung 1805) entfaltet Diderot ein facettenreiches Bild des Genies, seiner besonderen Natur und seiner Stellung zu der Gesellschaft, in der es sich findet. Den Abhandlungen, die sich auf eine Analyse des Genies – als eines Gegebenen – beschränken, ist das Gespräch nicht zuletzt dadurch überlegen, daß seine Figuren über die in je verschiedener Weise heikle Rolle reflektieren, die Selbst- und Fremdzuschreibung des Genieprädikats für die Verhaltensoptionen und das Glück eines Individuums spielen. *Le neveu de Rameau* blieb jedoch wegen mancher Äußerungen über lebende Personen ungedruckt und konnte auf die Entwicklung des Geniebegriffs im 18. Jh. keinen Einfluß ausüben. In seinen späteren Schriften betont Diderot gegenüber der ›Hitze‹ des enthousiasme eher die ›Kaltblütigkeit‹ des Genies und den »esprit observateur«[218]. Damit weist er dem modernen Genietyp des coolen urbanen Beobachters den Weg.[219]

6. Popularphilosophie

Seit der Mitte des 18. Jh. erscheinen auch in Deutschland Abhandlungen über das Genie. Geht es anfänglich vor allem entweder um die persönliche Bestimmung und ›Lebensart‹, die ›Trieb‹ und die Fähigkeit des einzelnen zur Bewältigung bestimmter Anforderungen, das Problem der Berufswahl sowie die gesellschaftliche Verteilung der Arbeiten bzw. die Konstitution des Sozialen durch die Verschiedenheit der Mitglieder der Gesellschaft[220] oder um psychologische Untersuchungen der geistigen und seelischen Vermögen des Menschen[221], so rücken zunehmend Wunschvorstellungen vom Übermenschlichen und Untersuchungen des Verhältnisses zwischen dem Geist des Menschen und seinem peinlichen Erdenrest in den Mittelpunkt des Interesses. Eine erste Zusammenfassung der deutschen Geniediskussion bietet der *Versuch über das Genie* des Baumgartenschülers Carl Friedrich Flögel.[222]

Der Berliner Pädagoge Friedrich Gabriel Resewitz führt 1760 den Vorzug des Genies, »eine Sache leicht und geschwind zu fassen und auszuarbeiten«, zurück auf die ihm eigentümliche »Fähigkeit zu der anschauenden Erkenntniß«[223]. Darunter versteht er »nicht bloß eine sinnliche, oder durch die Sinne erlangte Erkenntniß, sondern eine *jede Erkenntniß, die uns die Sache selbst darstellt*, welche nicht durch Worte bezeichnet wird […]; es ist diejenige Erkenntniß, vermöge welcher wir die Sache

---

215 DIDEROT, Sur le génie (1773), in: DIDEROT (ASSÉZAT), Bd. 4 (1875), 26.
216 Vgl. DIDEROT, Salon de 1765, in: DIDEROT (ASSÉZAT), Bd. 10 (1876), 251; WOLF (s. Anm. 131), 63–68.
217 Vgl. DIDEROT, Pensées détachées sur la peinture, la sculpture, l'architecture et la poésie, pour servir de suite aux Salons (1798), in: DIDEROT (ASSÉZAT), Bd. 12 (1876), 76 f.
218 DIDEROT (s. Anm. 215), 27.
219 Vgl. KEITH TESTER (Hg.), The Flâneur (London 1994).
220 Vgl. SEBASTIAN FRIEDRICH TRESCHO, Betrachtung über das Genie [zuerst in: Wöchentliche Königsbergsche Frag- und Anzeigungsnachrichten (1754), Nr. 51 u. 52], in: WOLF (s. Anm. 131), 159–171.
221 Vgl. SULZER (s. Anm. 171).
222 Vgl. CARL FRIEDRICH FLÖGEL, Versuch über das Genie, in: Vermischte Beyträge zur Philosophie und den schönen Wissenschaften, Bd. 1, 1. Stück (Breslau 1762).
223 FRIEDRICH GABRIEL RESEWITZ, Versuch über das Genie (Forts.), in: Sammlung vermischter Schriften zur Beförderung der schönen Wissenschaften und der freyen Künste, Bd. 3, 1. Stück (Berlin 1760), 1–69, zit. nach WOLF (s. Anm. 131), 121 f.; vgl. PETERS (s. Anm. 190), 168–174.

in concreto erblicken, mit ihren Wirkungen, Zufälligkeiten und Veränderungen, die in derselben aus dem Verhältniß mit anderen zu entstehen pflegen« (122).

Anders als die cognitio confusa, in der Baumgarten das proprium des Ästhetischen sah, kann die cognitio intuitiva, die Resewitz dem Genie nachsagt, höchst deutlich sein, »wie es an dem vollkommensten Urbilde derselben unwidersprechlich ist, denn Gott muß alles in allen Dingen anschauend sehen« (123). Die Schrift des aufklärerischen Pädagogen verdient Beachtung, weil hier zum ersten Mal das Vermögen zur ›intellektuellen Anschauung‹ als diejenige Kapazität vorgestellt wird, die das Genie vor seinen Mitmenschen auszeichnet. In der romantischen Metaphysik des Genies wird diese Vorstellung eine Schlüsselposition einnehmen. Mendelssohn kritisiert an dieser Erklärung nicht nur, daß sie dem schöpferischen Menschen ein Attribut beilegt, dessen einzig legitimer Sinn darin liegt, die alles unmittelbar enthaltende Weisheit Gottes abzuheben gegen den endlichen Verstand der Sterblichen. Unzufrieden ist er mit der Rückführung des Genies auf einen wie auch immer als vollkommen vorgestellten Verstand vor allem aus dem Grund, daß das eigentliche Explanandum von ihr überhaupt nicht berührt werde, das Mendelssohn selbst in der außerordentlichen Fruchtbarkeit des Genies, seinem besonderen Trieb zum Schaffen sieht.[224] Das dynamische Moment der »thätigen Kraft der Seele« und der »Lebhaftigkeit des Geistes«[225], das Mendelssohn an Resewitz vermißt, hatte Sulzer zur Grundlage seiner Erklärung des Genies gemacht. Die Konsequenz der darin sich ankündigenden Zuwendung zum Unbewußten – zu dem nach Leibnizscher Lehre unterhalb der Aufmerksamkeitsschwelle des Bewußtseins liegenden fundus animae – sollte freilich den theoretischen Rahmen sprengen, an den Sulzer sich auch in seiner *Allgemeinen Theorie der schönen Künste* (1771–1774) noch hielt.

Die rationalistische Theorie des Ingeniums genügt den Erklärungsansprüchen der Aufklärer selbst nicht mehr. In ihren Versuchen zur Erweiterung und Vertiefung des Zugriffs auf die Kraft, die in der Eigenart des überragenden einzelnen am Werk ist, sehen sie sich auf Theorien des ›Genius‹ angewiesen, wie sie in Großbritannien in der Nachfolge Shaftesburys und Addisons florierten.

Zu nennen ist hier u. a. der *Essay on the Writings and Genius of Pope* von Joseph Warton (1756), in dem der Sinn für lebendige Individualität gegen die klassizistische Privilegierung der Verbindlichkeit des Allgemeinen geltend gemacht wird.[226] William Duff veröffentlichte 1770 *Critical Remarks on the Writings of the Most Celebrated Original Geniuses* und schon drei Jahre zuvor anonym einen Essay, der den Begriff des ›Originalgenies‹ etabliert.[227] Erst auf dem Höhepunkt der Geniebewegung erschien der umfangreiche *Essay on Genius* von Alexander Gerard. Der Schotte betont, daß er sein Werk bereits 1758 geschrieben habe, und reklamiert somit Priorität vor Edward Young, Duff und anderen. Den Ursprung des Genies sieht Gerard im Assoziationsvermögen der »imagination«[228]; zu seiner Vervollkommnung fordert er aber Fleiß, Ordnung und vor allem »a sound and piercing judgment«[229].

V. ›Genieperiode‹

Die deutsche Jugendbewegung der 70er Jahre des 18. Jh., die unter dem Titel ›Sturm und Drang‹ in die Geschichte eingegangen ist, galt bei ihren Zeitgenossen als Aufstand des Genies – oder im Namen des Genies – gegen die Normen der Gesellschaft. Die in der Polemik der Zeit wurzelnde Kennzeichnung der treibenden Kräfte als ›antisozial‹ wird freilich dem Konflikt nicht gerecht, der im Medium literarischer Programmschriften, hitziger Theaterstücke und mitunter ehrabschneidender Kritiken ausgetragen wurde. Die Attraktion, welche die am Beispiel Shakespeares wirkungsvoll

---

224 Vgl. MENDELSSOHN (s. Anm. 38), 168–171; GRAPPIN (s. Anm. 179), 161.
225 SULZER (s. Anm. 171), 310, 309; vgl. GRAPPIN (s. Anm. 179), 140 f.
226 Vgl. THÜME (s. Anm. 23), 85 ff.
227 Vgl. WILLIAM DUFF, An Essay on Original Genius and Its Various Modes of Exertion in Philosophy and the Fine Arts, Particularly in Poetry (London ²1767).
228 ALEXANDER GERARD, An Essay on Genius (London 1774), 41.
229 Ebd., 71.

von Herder[230] formulierte Genievorstellung auf ungeduldig junge Männer ausübte, ist Symptom einer tiefer liegenden Krise, die mit der Distanzierung der erwachsen gewordenen Überlebenden von den Verirrungen ihrer Jugend keineswegs erledigt war. Das Wunschbild absoluter Selbständigkeit zog die in den deutschen Ständestaaten uneingelöst bleibenden Emanzipationsbestrebungen des Bürgertums an.[231] Der gesellschaftliche Kampf um Entfaltungsmöglichkeiten wurde vielfach überlagert durch den als Auseinandersetzung zwischen ›Vätern‹ und ›Söhnen‹ dramatisierten Sozialisationskonflikt, durch Oppositionen des ›Herzens‹ gegen den ›Kopf‹, der ›organischen‹ Natur gegen ›mechanische‹ Konstrukte und starre Institutionen, der phantasievollen Spontaneität gegen einschränkende Zweckrationalität sowie durch die aufklärerische Religionskritik und nicht zuletzt bereits durch eine nationale Frontstellung, die den ›germanischen‹ Volksgeist gegen die französische Kultur des Absolutismus zu mobilisieren suchte.

1. Geisteshelden, Kraftgenies

Der Begriff des ›Original-‹ oder ›Kraftgenies‹, in dem der Eigensinn der Jugend sein Ideal artikuliert, ist primär autoritätsfeindlich. Er wird als Identifikationsangebot verstanden: als Möglichkeit, sich selbst als Originalgenie durchzusetzen.[232] Noch geht es nicht darum, den Abstand zwischen der eigenen bescheidenen Wirklichkeit und den unerreichbar überlegenen ›Geisteshelden‹ zu markieren. Doch der Umschlag, der nur zu bald einsetzt und für das 19. Jh. bestimmend bleibt, ist in dem Begriff bereits angelegt. Exemplarisch durchlaufen und maßgeblich betrieben wird diese Bewegung im Leben, Werk und der Rezeptionsgeschichte Goethes.

Historisch nicht ganz gerecht, dafür um so aufschlußreicher bringt der Olympier, der ›Genieperiode‹ gedenkend, den Geniebegriff, zu dem er in seinen reifen Jahren vorgedrungen ist, gegen das Motiv in Stellung, das ihn selbst und seine Freunde in ihrer Jugend umgetrieben hatte: »Es war noch lange hin bis zu der Zeit wo ausgesprochen werden konnte: daß Genie diejenige Kraft des Menschen sei, welche, durch Handeln und Thun, Gesetz und Regel gibt. Damals manifestirte sich's nur indem es die vorhandenen Gesetze überschritt, die eingeführten Regeln umwarf und sich für gränzenlos erklärte.« »Wenn einer zu Fuße, ohne recht zu wissen warum und wohin, in die Welt lief, so hieß dieß eine Geniereise, und wenn einer etwas Verkehrtes ohne Zweck und Nutzen unternahm, ein Geniestreich.«[233]

Die Topoi, in denen die Sturm-und-Drang-Bewegung sich ihr Bild vom Genie ausmalt, sind alles andere als originell. Zu einer gewissen Intensität verhalf ihnen eine bis zur Atemlosigkeit beschleunigte Syntax, z.B. in Johann Kaspar Lavaters hymnischer Apostrophe: »*Geniëen – Lichter der Welt! Salz der Erde! Substantife* in der Grammatik der Menschheit! ›Ebenbilder der Gottheit – an Ordnung, Schönheit und unsichtbaren Schöpferskräften! *Schätze eures Zeitalters!* Sterne im Dunkeln, die durch ihr Wesen erleuchten und scheinen, so viel es die Finsterniß aufnimmt!‹ *Menschengötter! Schöpfer! Zerstörer! Offenbarer der Geheimnisse Gottes und der Menschen! Dollmetscher der Natur! Aussprecher unaussprechlicher Dinge! Propheten! Priester! Könige der Welt*«[234].

Die Physiognomik stellt einen der unter dem Genieparadigma interessant werdenden, unvermeidlich auch umstrittenen Versuche dar, die individuelle Eigenart und die verborgenen Anzeichen des Außerordentlichen, durch die die Menschen sich unterscheiden, zu erfassen. Freilich braucht es zur Erkenntnis des wahren Wesens unserer Mitmenschen aus den ihnen Gesichtszügen eingeschriebenen Zeichen selbst »physiognomisches Genie«[235]. Das Wissen um diese Anforderung reizt die Amateure der im späten 18. Jh. zur Mode werdenden Physiognomik eher, als daß es sie verzagen

---

230 Vgl. JOHANN GOTTFRIED HERDER, Shakespeare (1773), in: HERDER, Bd. 5 (1891), 208–231.
231 Vgl. GERHARD SAUDER, Geniekult im Sturm und Drang, in: R. Grimminger (Hg.), Hansers Sozialgeschichte der deutschen Literatur, Bd. 3 (München 1980), 327–340.
232 Vgl. ZILSEL (s. Anm. 8), 180.
233 GOETHE, Dichtung und Wahrheit (1811–1833), in: GOETHE (WA), Abt. 1, Bd. 29 (1891), 146.
234 JOHANN KASPAR LAVATER, Physiognomische Fragmente zur Beförderung der Menschenkenntnis und Menschenliebe (1775–1778), hg. v. C. Siegrist (Stuttgart 1984), 297.
235 Ebd., 122; vgl. ebd., 40f., 122ff.

ließe. Die Suche nach Zeichen des Genies in den Gesichtszügen dokumentiert bereits den Umschlag der Geniekategorie in den Kult der Prominenz.

Die Kupferstiche, mit denen Lavaters Werk reichhaltig ausgestattet ist, bieten nicht nur typologische Mustertafeln für die Übung im vergleichenden Sehen; in Porträts und Silhouetten präsentieren sie ein Album verewigter sowie aktueller Zelebritäten.

Bereits in den frühen 60er Jahren sah der Salzburger Vizekapellmeister Leopold Mozart in der Bereitschaft höfischer Kreise, sich von der Brillanz jugendlicher Genies beeindrucken zu lassen, die Chance für seine musikalischen Kinder. Die Erfolge und Mißerfolge von Wolfgang Amadeus Mozart, dessen eigene Vorstellungen von dem, was ihm möglich und wie es zu erreichen sei, korrespondieren aufs engste mit den Genievorstellungen seiner Zeit.[236] Mozart wächst in die Genieperiode hinein, entnimmt ihr den Schwung zu seinen Höhenflügen und erfährt die abkühlende Geniebegeisterung der späten 80er Jahre als persönlichen Niedergang. Zur Geschichte seines Ruhmes im 19. und 20. Jh. trägt dies exemplarische Leiden nicht wenig bei: Das nachgeborene Publikum, das zur Verehrung Mozarts in unvergleichlich höherem Maß bereit ist als dessen Zeitgenossen, genießt in der Trauer um das Genie, das darben mußte, die eigene Überlegenheit über die Banausen, die Mozart nicht gehörig zu würdigen verstanden. Darüber hinaus mag die einfühlsamere Nachwelt einen gewissen Trost für selbst erlittene Kränkungen darin finden, daß auch ein Mozart gegen dergleichen nicht gefeit war.

2. God within

Richtungsweisend für die Genievorstellung der Sturm-und-Drang-Bewegung wirkten englische Impulse, u. a. von Shaftesbury, Addison und insbesondere aus den *Conjectures on Original Composition* (1759) von Edward Young. Der anglikanische Reverend hebt das Genie als Gabe des Himmels gegen alle menschliche Gelehrsamkeit ab.[237] Mit Bezug auf Senecas ›sacer nobis inest Deus‹ nennt er das Genie den »God within«[238]. Damit ist eine unveräußerliche Dimension der Innerlichkeit auf den höchstmöglichen Begriff gebracht. Young fordert seinen Leser auf: »Dive deep into thy bosom, learn the depth, extent, biass, and full fort of thy mind; contract full intimacy with the Stranger within thee; excite, and cherish every spark of Intellectual light and heat, however smothered under former negligence, or scattered through the dull dark mass of common thoughts; and collecting them into a body, let thy Genius rise (if a Genius thou hast) as the sun from Chaos.«[239]

Dem erlernten Wissen, das uns von anderen abhängig bleiben läßt, setzt Young das ›angeborene‹ und ›eigentümliche‹ Wissen des Genies entgegen.[240] Zur Popularität von Youngs Geniekonzeption dürfte nicht wenig beigetragen haben, daß sie ausdrücklich nicht exklusiv angelegt ist, sondern für die Individualität eines jeden Platz hat und der Angst vor dem Selbstverlust in der Gesellschaft zum Ausdruck verhilft.[241] Doch das prinzipiell indifferente Anerkennen der Eigenart eines jeden als ›original‹ ist nur die eine Seite des Youngschen Originalitätsbegriffs. Seine Faszination beruht zugleich darauf, daß dem Genie eine geheimnisvolle und höchst wünschenswerte Macht nachgesagt wird, die es vor der Masse seiner Mitmenschen auszeichnet: »A Genius differs from a good *Understanding*, as a Magician from a good Architect; That raised his structure by means invisible; This by the skilful use of common tools« (26 f.). Wer Genie hat, erfreut sich einer »Power of accomplishing great things without the means generally reputed necessary to that end« (26). Ein Genie muß sich nicht anstrengen und braucht auch keine Geschicklichkeit in der Handhabung mechanischer Werkzeuge, um seine Ziele zu erreichen.

---

236 Vgl. NORBERT ELIAS, Mozart. Zur Soziologie eines Genies (Frankfurt a. M. 1991).
237 Vgl. EDWARD YOUNG, Conjectures on Original Composition, in a Letter to the Author of Sir Charles Grandison (London 1759), 36.
238 Ebd., 31.
239 Ebd., 52 f., zit. nach THÜME (s. Anm. 23), 89.
240 Vgl. ebd., 37.
241 Vgl. ebd., 42 f.; NIKLAS LUHMANN, Individuum, Individualität, Individualismus, in: Luhmann, Gesellschaftsstruktur und Semantik, Bd. 3 (Frankfurt a. M. 1989), 222.

3. Individualität und Autonomie

Weithin bleibt die Genievorstellung des Sturm und Drang fixiert auf eine rousseauistisch der Zivilisation entgegengesetzte ›Natur‹ oder auf den Inspirationstopos, der das Bewußtsein einer Transzendenz gegenüber allem gesellschaftlich-geschichtlich Vermittelten und Vermittelbaren artikuliert. Doch zeigen sich auch schon Ansätze zu einer diese starren Gegensätze überwindenden Konzeption. So geht Herders *Shakespear*-Aufsatz (1773) aus von der Einsicht in die historische Verschiedenheit der Situation, aus der und für die der moderne Dramatiker schreibt, gegenüber den Bedingungen, unter denen die attische Tragödie allein entstehen und wirken konnte. Wenn die Geschichte ein Prozeß des Übergangs aus einer historischen Welt in eine andere ist – wie es dem aufkommenden Historismus erscheint – und kein teleologisch verfaßter Akkumulations- oder Verfallsprozeß, dann hat auch das Genie seinen jeweiligen historischen Ort und seine jeweils neuartige, freilich auch vergängliche historische Chance.[242]

Die im Namen der individuellen Wahrheit des ›Lebens‹ geführte Kritik an der abstrakten Allgemeinheit der von der Regelpoetik geforderten Idealisierungen vertieft Jakob Michael Reinhold Lenz.[243] Er strebt eine durch keinerlei Scheuklappen mehr eingeschränkte Darstellung des menschlichen Lebens in all seinen Aspekten an, unter ausdrücklicher Einbeziehung des Schrecklichen. Gestützt wird diese Forderung durch ein heroisches Konzept des Genies, das fähig sein müsse, all dem ins Auge zu sehen. Lenz' individualistischer Realismus verzichtet um der Authentizität willen auf jede harmonisierende Leistung des Genies, wie Herder sie noch im Ausgriff auf eine spinozistische All-Einheits-Konzeption verfolgt und wie sie auch die Genievorstellungen der Romantik und des deutschen Idealismus prägen sollte. So wegweisend die von Lenz geforderte Umorientierung für die Poetik des Naturalismus und das moderne Theater von Büchner bis Brecht wurde, blieb sie doch in ihrer Zeit marginal. Mehr durch sein Schicksal als durch seine poetologischen Vorschläge wurde Lenz eine exemplarische Figur in der Geschichte des Geniegedankens.

Die Genievorstellung des Sturm und Drang legt den Grund zur Konzeption ›ästhetischer Autonomie‹ zunächst im Sinn einer absoluten Willkür-Freiheit des Künstlers durch Zurückweisung aller Einmischungen Dritter in das Verhältnis zwischen dem Künstler und seinem Werk bzw. dem Stoff, aus dem er sein Werk erst zu schaffen gedenkt. Abgewiesen werden religiöse und moralische Einwände, Rücksicht auf gesellschaftliche Konventionen wie auch die rein ›technisch‹ oder durch die Erfahrung vorhergehender Generationen begründeten Regeln der Kunst. Daß die Autonomie der Kunst dann auch gegen den Eigensinn der Prätendenten auf Autorschaft geltend gemacht wird, ist ein notwendiger zweiter Schritt, der aber das Problembewußtsein der Genieperiode zunächst noch übersteigt. Im Kern ist er jedoch angelegt in der Rede vom ›Werk‹ und seiner ›Vollendung‹ als einem prinzipiell dem Können des Menschen entzogenen Gelingen. In Kants *Kritik der Urteilskraft* (1790) wird die Autonomie des Ästhetischen schließlich drittens im Sinn einer prinzipiellen Unterscheidung zwischen rein ästhetisch-subjektiv und theoretisch-objektiv oder praktisch-intersubjektiv relevanten Urteilen, Gegenständen und Verhaltensweisen begründet.

VI. Klassik und Romantik

1. Musterhafte Originalität

Kant verfolgt mit seiner die Geniedebatten des 18. Jh. zusammenfassenden Revision des Begriffs in der *Kritik der Urteilskraft* eine Doppelstrategie, indem er einerseits den Unterschied zwischen der Ausnahmekapazität des Genies und den jedem Menschen zu unterstellenden Vermögen anerkennt, andererseits aber den Wert der durch das Genie allein zu erreichenden Leistungen konsequent einschränkt.[244] Er erklärt das Genie als »an-

---

[242] Vgl. J. SCHMIDT (s. Anm. 35), 170 f.
[243] Vgl. JAKOB MICHAEL REINHOLD LENZ, Anmerkungen übers Theater (Leipzig 1774); J. SCHMIDT (s. Anm. 35), 175–178.
[244] Vgl. DANIEL DUMOUCHEL, Kant et la genèse de la subjectivité esthétique (Paris 1999), 212–254.

geborne Gemütsanlage (ingenium), *durch welche* die Natur der Kunst die Regel gibt« bzw. »musterhafte Originalität der Naturgabe eines Subjekts im *freien* Gebrauche seiner Erkenntnisvermögen«[245] (»in Ansehung dieser oder jener Art von Kunstprodukten«[246]). Gegen die anomische Tendenz der Geniebewegung betont er die Forderung regelbegründender Verbindlichkeit. Nicht jeder ›originale Unsinn‹ ist schon eine Tat des Genies. Das Produkt des Genies muß eine »exemplarische« Qualität aufweisen, die sich daran zeigt, daß andere es als »Richtmaße« anerkennen. Kants Bestimmung der »schönen Kunst« als »Kunst des Genies«[247] grenzt diese von allen nützlichen (›mechanischen‹) Künsten und Wissenschaften ab. Im Unterschied zu praktischen Anweisungen oder theoretisch relevanten Argumenten sollen die Regeln, die durch das Genie von der Natur ausschließlich der schönen Kunst gegeben werden, keinerlei »*Begriff* zum Bestimmungsgrunde« haben. Doch ist die Regel, die durch das Genie gesetzt wird, keine völlig ›unbestimmte‹ Norm, was paradox wäre. Obwohl weder der Künstler imstande ist, die Regel zu nennen, an die er sich in der Hervorbringung dieses Gegenstandes gehalten hat, noch der scharfsinnigste Analytiker im Nachhinein aufdecken könnte, welche Anforderungen dabei eine Rolle spielten, zeigt sich an den ›musterhaften‹ Produkten des Genies immerhin, daß sie offenbar einer Regel verpflichtet sind und daß etwas zur Beurteilung auch weiterer Fälle Maßgebliches an ihnen erkennbar wird. Die der begrifflichen Bestimmung entzogene Regel, die durch das Genie die originelle Tat des Genies zur Geltung kommt, geht Kant zufolge aus von der »Natur im Subjekte«[248]. ›Natur‹ ist in diesem Kontext nicht etwa »der Zusammenhang nach allgemeinen Gesetzen sich einander notwendig bestimmender Erscheinungen«[249] oder der »Inbegriff der Regeln, unter denen alle Erscheinungen stehen müssen«[250], sondern »das übersinnliche Substrat aller seiner Vermögen«[251]. Dieses jede begriffliche Bestimmung übersteigende Substrat ist es, das durch das Genie der Kunst die Regel gibt und das zur Beurteilung der Produkte des Genies als Richtmaß ins Auge gefaßt werden soll. Die Beurteilung von Werken der schönen Kunst erweist sich damit in gewissem Sinn als eine ›unendliche Aufgabe‹. Unendlich ist die Aufgabe, zu sagen,

woran wir sind mit einem Kunstwerk, nicht allein, weil die Regel, nach der es zu beurteilen ist, die Begriffe unseres Verstandes übersteigt, sondern auch im Hinblick auf den Inhalt, den es darstellt. Denn die Werke der schönen Kunst sind – sofern sie Produkte des Genies sind – Darstellungen »ästhetischer Ideen«, d.h. von einer »Vorstellung der Einbildungskraft, die viel zu denken veranlaßt, ohne daß ihr doch irgend ein bestimmter Gedanke, d.i. Begriff adäquat sein kann, die folglich keine Sprache völlig erreicht und verständlich machen kann.«[252] Kant erklärt nicht, wie der Geschmack – die für die »*Beurteilung* schöner Gegenstände«[253] zuständige Instanz – diese Aufgabe bewältigen sollte. Er unterstellt jedoch, daß dies prinzipiell gelingt und wir im allgemeinen zur Unterscheidung zwischen Produkten des Genies und geistlosen Imitationen oder eitlen Verschrobenheiten fähig sind.

Genie und Geschmack verhalten sich nicht äußerlich zueinander wie produzierender Künstler und beurteilender Kunstrichter. Schon in die Produktion der Kunstwerke muß außer dem Originalität oder ›Geist‹ verbürgenden Vermögen des Genies in seiner eigenartigen und höchst fragilen Vereinigung von Einbildungskraft und Verstand auch Geschmack eingehen. »Der Geschmack ist, so wie die Urteilskraft überhaupt, die Disziplin (oder Zucht) des Genies, beschneidet diesem sehr die Flügel und macht es gesittet oder geschliffen; zugleich aber gibt er diesem eine Leitung, worüber und bis wie weit *es* sich verbreiten soll, um zweck-

---

245 IMMANUEL KANT, Kritik der Urteilskraft (1790), in: KANT (WA), Bd. 10 (1974), 241 f., 255.
246 KANT, Anthropologie in pragmatischer Hinsicht (1798), in: KANT (WA), Bd. 12 (1977), 543.
247 Vgl. KANT (s. Anm. 245), 241.
248 KANT (s. Anm. 245), 242.
249 KANT, Kritik der reinen Vernunft (1781), in: KANT (WA), Bd. 4 (1974), 433.
250 KANT, Prolegomena zu einer jeden künftigen Metaphysik, die als Wissenschaft wird auftreten können (1783), in: KANT (WA), Bd. 5 (1977), 187.
251 KANT (s. Anm. 245), 286.
252 Ebd., 249 f.; vgl. RUDOLF A. MAKKREEL, On Sublimity, Genius, and the Explication of Aesthetic Ideas, in: H. Parret (Hg.), Kants Ästhetik (Berlin u. a. 1998), 615–629.
253 KANT (s. Anm. 245), 246.

mäßig zu bleiben; und, indem er Klarheit und Ordnung in die Gedankenfülle hineinbringt, macht er die Ideen haltbar, eines daurenden zugleich auch allgemeinen Beifalls, der Nachfolge anderer, und einer immer fortschreitenden Kultur, fähig.« (257) Trotz oder gerade wegen der verschiedenen Anläufe, die Kant zur harmonisierenden ›Verbindung‹ der beiden normbegründenden Vermögen unternimmt, bleibt die Spannung zwischen der genie- und der geschmackstheoretischen Bestimmung der schönen Kunst ungelöst.

Von ›Autonomie der Kunst‹ spricht Kant nicht, sondern nur von der Autonomie des Geschmacks[254] bzw. der »reflektierenden Urteilskraft« (339). Nichtsdestoweniger begründet die *Kritik der Urteilskraft* einen besonderen, auch gegenüber der Beurteilung durch den Geschmack unabhängigen Status für die schönen Künste durch die – wie immer spekulative – Annahme einer unmittelbar auf das übersinnliche Substrat der ›Natur im Subjekt‹ zurückgehenden Norm, die einzig durch das Produkt des Genies zur Geltung kommen kann, ohne daß irgendwelche anderen Bestimmungen dazu etwas beitragen.[255] Die Autonomieästhetik zielt in dieser Kantischen Version weniger auf die Legitimation eines den schönen Künsten – oder manchen Kunstwerken – zugeschriebenen intrinsischen Werts, noch sucht sie etwa die Normen positiv zu begründen, die in der kritischen Beurteilung von Kunstwerken in Anschlag kommen. Kant geht es vor allem darum, den Bereich, in dem der unhintergehbar subjektiven, wenn auch auf allgemeine Zustimmung ausgreifenden Autorität des Geschmacksurteils und den unkontrollierbaren Eingebungen des Genies das letzte Wort überlassen werden muß, abzusondern von den Geltungssphären der praktischen oder theoretischen Urteile. Daß Kant den Titel des Genies ausschließlich für die mit einem »Talent für die schöne Kunst« begabten »Günstlinge der Natur«[256] reservieren möchte, ist nichts weniger als eine Herabsetzung der in seiner Zeit oft ebenfalls als ›Genies‹ verehrten Wissenschaftler.[257] Dadurch sollen die Bereiche, in denen von den Beiträgen und Verhaltensweisen der Teilnehmer für andere etwas abhängt, geschützt werden vor der Willkür des Genies. Kants Argument, man könne (mit dem nötigen Verstand und Fleiß) alles, was Newton in den *Prinzipien der Naturphilosophie* (1687) vorgetragen hat, aus eigener Einsicht zu rekonstruieren lernen, aber niemand könne lernen, geistreich zu dichten[258], hat allerdings seine Zeitgenossen nicht unbedingt überzeugt. Herder akzeptiert weder die Beschränkung des wissenschaftlicher Verbindlichkeit Fähigen auf das Lehr- und Lernbare noch die Karikatur des Künstlers, der selbst nicht verstehe, wie seine Kunst sich einfindet.[259] Und Jean Paul fragt im *Kampaner Tal*: »Warum kann denn Kant nur Kantianer, keine Kante machen? Werden denn neue Systeme durch Syllogismen erfunden, ob man sie gleich dadurch beweiset und erprobt? Kann denn der Zusammenhang einer neuen philosophischen Idee mit den alten ihre Empfängnis besser erklären oder erleichtern als derselbe Zusammenhang, den jede neue dichterische mit alten haben muß, deren Schöpfung *vermittelt*?«[260]

2. *Verwirklichung des Absoluten*

Wenn sich auch Kant nicht durchgesetzt hat mit seinem Versuch, die Anwendung der Geniekategorie zu limitieren auf die Sphäre der schönen Künste, so hat er doch dem ästhetischen Denken des 19. und 20. Jh. entscheidende Impulse gegeben. Stärker als die heute im Mittelpunkt des Interesses stehende Theorie des Geschmacksurteils wurde im späten 18. Jh. zunächst die Kantische Theorie des Genies aufgegriffen und zur Grundlage einer mit den höchsten Hoffnungen befrachteten Philosophie der schönen Kunst gemacht. Nach Vorgaben von Schiller und den Jenenser Frühromantikern ist es vor allem Schelling, der die Bestimmung der schönen Kunst als Kunst des Genies sowie die Kantischen Überlegungen über eine durch die

---

254 Vgl. ebd., 211.
255 Vgl. ANDREA ESSER (Hg.), Autonomie der Kunst? Zur Aktualität von Kants Ästhetik (Berlin 1995).
256 KANT (s. Anm. 245), 244.
257 Vgl. PIERO GIORDANETTI, Das Verhältnis von Genie, Künstler und Wissenschaftler in der kantischen Philosophie, in: Kant-Studien 86 (1995), 406–430.
258 Vgl. KANT (s. Anm. 245), 243 f.
259 Vgl. HERDER, Kalligone (1800), in: HERDER, Bd. 22 (1880), 198 f.
260 JEAN PAUL, Das Kampaner Tal (1797), in: JEAN PAUL (MILLER), Abt. 1, Bd. 4 (1962), 588 f.

Kunst zur Darstellung gelangende Vereinigung der getrennten Sphären von Natur und Freiheit zum Ausgangspunkt nimmt für eine spekulativ idealistische Konzeption, die in ›der Kunst‹ »das einzige wahre und ewige Organon zugleich und Document der Philosophie«[261] erblickt, weil die Kunst des Genies – und nur diese – »das Bewußtlose im Handeln und Produciren und seine ursprüngliche Identität mit dem Bewußten« (627f.) erfahrbar mache. Unter Genie versteht Schelling weder das ›Bewußte‹ an der Kunst, was gelernt und gekonnt werden kann, noch das völlig ›Bewußtlose‹, was »nicht durch Uebung, noch auf andere Art erlangt werden, sondern allein durch freie Gunst der Natur angeboren seyn kann« (618). Es soll vielmehr das beide Pole Vereinigende sein. Die diese Vereinigung darstellende Kunst wird für Schelling und die romantisch-idealistische Kunstphilosophie zur einzigen Offenbarung des Absoluten.

In seinen Vorlesungen über die *Philosophie der Kunst* erkennt Schelling im Genie »das inwohnende Göttliche im Menschen« bzw. »die Idee des Menschen in Gott, der mit der Seele selbst eins und mit ihr verbunden ist«[262]. Im Anschluß an Schelling erklärt Karl Wilhelm Ferdinand Solger in seinen 1819 gehaltenen *Vorlesungen über Aesthetik* das »künstlerische Handeln« als »die Thätigkeit der Idee, wodurch diese sich selbst bewirkt, das Leben der Idee selbst«[263]. Für Solger ist Genie eine Eigenschaft, die »das ganze Bewußtsein des Künstlers« durch den es bewegenden absoluten Prozeß der sich selbst offenbarenden »Idee« (119) annimmt. »Offenbarung der Idee in der Individualität des einzelnen Menschen ist nothwendige Bedingung für die Möglichkeit der Kunst. Sie ist das, was in der Religion der Glaube, vermöge dessen die Individualität ganz in die göttliche Persönlichkeit aufgeht.« (118)

Die theologisch-identitätsphilosophische Interpretation des Geschehens, das als im Genie sich verwirklichend angenommen werden muß, schreibt nicht bloß Restbestände einer vormodernen Religiosität fort, die sich noch nicht damit abfinden kann, daß dem Menschen nichts bleiben sollte als die ernüchterte Sorge um sich selbst. Die bis ins 20. Jh. hinein wirkende ›Geniereligion‹ und die auch nach dem Ende des Geniekultes in vielfältigen Formen weiterhin lebendige Kunstreligion sind – so neuheidnisch-antichristlich sie sich letztlich darstellen – zunächst genuin moderne Versionen des christlichen Motivs von der Menschwerdung Gottes.

Hegel wird sich in seinen *Vorlesungen über die Ästhetik* (1835–1838) reservierter gegenüber der Geniekonzeption und der in ihr gründenden Verabsolutierung der Kunst verhalten.[264] Er sucht zu zeigen, daß das Wahrheitsmoment der Kunst in der systematischen und geschichtlichen Durchführung des philosophischen Gedankens besser aufgehoben ist, als wenn man es den Künstlern und ihrem die Werke unphilosophisch interpretierenden Publikum überließe. Doch bleibt Hegels These vom (Kunst-)Schönen als dem »sinnlichen *Scheinen* der Idee«[265] – sosehr die Abgrenzung gegen die romantische Tendenz in der Kunst seiner Zeit und noch gegen die Genierevolte des Sturm und Drang den Kurs seiner Vorlesungen bestimmt – im Kern abhängig von dem Modell der Kunst als ›Offenbarung‹ und damit auch von der Genietheorie auf dem von Schelling etablierten Niveau.

Anders als in neueren Theorien der autonomen Kunst wird in der idealistischen Ästhetik nicht die Bereichsontologie der Kunstwerke um ihrer selbst willen oder zur Vervollständigung des Katalogs unserer Vorstellungen von den innerweltlich begegnenden Gegebenheiten betrieben. Die Leistung des Genies in seiner Funktion als ›Urheber‹ eines Kunstwerks, das Erfordernis von Genie zur Interpretation sowie die Charakterisierung des Kunstwerks als ›Genieprodukt‹ dienen vielmehr dazu, am Phänomen der schönen Kunst Fragen von allgemeiner Relevanz zu klären. Sie betreffen die Bedingungen der Möglichkeit der Erkenntnis von objektiven Gegebenheiten durch endliche Sub-

---

261 FRIEDRICH WILHELM JOSEPH SCHELLING, System des transscendentalen Idealismus (1800), in: SCHELLING (sw), Abt. 1, Bd. 3 (1858), 627.
262 SCHELLING, Philosophie der Kunst (entst. 1802–1803), in: SCHELLING (sw), Abt. 1, Bd. 5 (1859), 459, 460.
263 SOLGER, 112; vgl. BÜRGER, Zur Kritik der idealistischen Ästhetik (Frankfurt a.M. 1983), 107f.
264 Vgl. GEORG WILHELM FRIEDRICH HEGEL, Vorlesungen über die Ästhetik (1835–1838), in: HEGEL (TWA), Bd. 13 (1970), 45f.
265 Ebd., 151.

jekte, die Verhältnisse zwischen Handelnden, ihren Handlungen, den Voraussetzungen, Gegenständen und Produkten dieser Handlungen und nicht zuletzt das Problem der menschlichen Freiheit. Bevor der Geniegedanke zur Begründung der Kunstphilosophie in Anspruch genommen wird, entwickelt Fichte in der *Grundlage der gesammten Wissenschaftslehre* aus dem Modell des Genies sowie aus der Lehre von der transzendentalen Einbildungskraft, die er von Kant aufnimmt, das Prinzip der idealistischen Philosophie: Die Selbstsetzung des ›Ichs‹ ist eine absolute »Thathandlung«[266], die sich aus keiner Voraussetzung ableiten läßt. Damit wird der Standpunkt des Genies und der genialen Produktion zum universalen transzendentalen Standpunkt erklärt, wie Hans-Georg Gadamer gestützt auf Luigi Pareyson hervorhebt.[267]

Die Jenenser Romantiker haben daraus die Konsequenz gezogen, die Unterscheidung zwischen Genie oder Künstler und Normalmenschen aufzuheben. Novalis sieht »Leben und genialisches Princip oder Genie«[268] als ein und dasselbe an.

266 JOHANN GOTTLIEB FICHTE, Grundlage der gesammten Wissenschaftslehre (1794–1795), in: Fichte, Sämmtl. Werke, hg. v. I. H. Fichte, Bd. 1 (Berlin 1845), 97; vgl. J. SCHMIDT (s. Anm. 35), 381–385.
267 Vgl. HANS-GEORG GADAMER, Wahrheit und Methode (1960), in: GADAMER, Bd. 1 (1986) 65 f.
268 NOVALIS, Freiberger naturwissenschaftliche Studien 1798/99, in: NOVALIS, Bd. 3 (³1983), 168.
269 FRIEDRICH DANIEL ERNST SCHLEIERMACHER, Entwurf eines Systems der Sittenlehre, hg. v. A. Schweizer, in: Schleiermacher, Sämmtl. Werke, Abt. 3, Bd. 5 (Berlin 1835), 253 f.
270 NOVALIS, Vorarbeiten zu verschiedenen Fragmentsammlungen (entst. 1798), in: NOVALIS, Bd. 2 (³1981), 584.
271 FRIEDRICH SCHLEGEL, Kritische Fragmente (1797), in: SCHLEGEL (KFSA), Bd. 2 (1967), 148.
272 Vgl. HUBIG (s. Anm. 134), 207–210.
273 FRIEDRICH SCHILLER, Ueber die ästhetische Erziehung des Menschen (1795), in: SCHILLER, Bd. 20 (1962), 376.
274 Ebd., 359.
275 WILHELM VON HUMBOLDT, Geschichte des Verfalls und Unterganges der griechischen Freistaaten (entst. 1807, ersch. 1896), in: Humboldt, Werke in fünf Bänden, hg. v. A. Flitner/K. Giel, Bd. 2 (Darmstadt 1961), 103.
276 HUMBOLDT, Ideen zu einem Versuch, die Gränzen der Wirksamkeit des Staats zu bestimmen (entst. 1792, ersch. 1851), in: ebd., Bd. 1 (1960), 67.

Schleiermacher meint: »Alle Menschen sind Künstler.«[269] Die Pointe der Totalisierung liegt in der Spannung zwischen dem besonderen Gehalt, der dem Begriff aus seiner Verwendung als Distinktionsprädikat anhaftet, und der Behauptung seiner ausnahmslosen Geltung. Novalis postuliert: »Genie ist nichts, als Geist in diesem thätigen Gebrauch der Organe – Bisher haben wir nur einzelnes *Genie gehabt* – der Geist soll aber total *Genie* werden.«[270] Friedrich Schlegel stellt einen »kategorischen Imperativ der Genialität« auf: »Man soll von jedermann Genie fordern, aber ohne es zu erwarten.«[271]

3. Bildungsideal, Lebenskunst

Das Genie, das ursprünglich gegen alles in Erziehung und Ausbildung Erreichbare die Unverfügbarkeit des Außerordentlichen markierte, wird im späten 18. Jh. zum Bildungsideal.[272] Der Unterschied zwischen den gewöhnlichen Sterblichen und dem Ausnahmemenschen wird als Differenz von Sein und Sollen interpretiert. Die Annäherung an das Vorbild des Genies gilt als pädagogische Herausforderung. Schillers ›ästhetische Erziehung‹ sucht »das Ganze unsrer sinnlichen und geistigen Kräfte in möglichster Harmonie auszubilden«[273]. Sie soll dem nur potentiell in uns angelegten, von den Umständen zumeist verhinderten ›idealischen‹ Menschen zur Verwirklichung seiner selbst verhelfen. Schillers Projekt richtet sich nicht allein auf die »ästhetische Kunst«, es gilt der »noch schwürigern Lebenskunst«[274].

Dementsprechend stellt Wilhelm von Humboldt dem »Kunstgenie« ein »Genie im Leben«[275] gegenüber. Was wir über das Genie in seinem Verhältnis zur partikulären Praxis der schönen Künste zu wissen glauben, sucht er auf die Anforderungen einer gelingenden Lebensführung zu übertragen. Humboldt entnimmt der Beobachtung bewundernswerter Genies die Einsicht, daß jedes menschliche Wesen »nur aus sich selbst, und um seiner selbst willen sich entwickelte«[276]. Das Ideal individueller Vollkommenheit, das uns im Genie begegnet, wirkt auf diejenigen, die sich von der Realisierung ihrer besseren Möglichkeiten noch entfernt wissen, als Ansporn zur Entwicklung der eigenen Individualität – ganz im Sinn von Lessings

Vorstellung, daß »ein *Genie* [...] nur von einem *Genie* entzündet werden«[277] könne. Die Begegnung zwischen dem Geist, der sich erst bilden soll, und dem vorbildlichen Genie findet primär im Akt der Lektüre statt – schon weil selten ein Genie bereit ist, sich als Pädagoge an wenige Zöglinge zu verschwenden. Die Grenzen zwischen den literarischen Genres der Geniebiographie, ›Selberlebensbeschreibung‹ anerkannter Größen, Künstlernovelle und Bildungsroman sind so fließend, wie der Gebrauch, den das bildungseifrige Publikum von den Texten macht, zwischen Identifikation und Distanzerfahrung changiert.

In der pädagogischen Literatur ist umstritten, ob es ein ›Universalgenie‹ geben könne oder ob der Traum von der allseitig entwickelten, harmonischen Persönlichkeit dem Erfolg im wirklichen Leben gerade im Wege stehe.[278] Selbst wenn die Pädagogen die Fähigkeit des Genies zur Konzentration auf eine einzige Herausforderung betonen, bleibt die Faszination für die ›großen Köpfe‹ ungebrochen.[279] Der Wunsch nach ›umfassender‹ Bildung protestiert gegen die Begrenztheit der eigenen Kräfte und die Disziplin, die man sich in der modernen Zivilisation antun muß. Im Streit um Weite oder Enge der wünschenswerten persönlichen Kapazität schlägt sich nicht zuletzt auch der Kampf um entscheidende oder ausführende Positionen im Gefüge der arbeitsteiligen Gesellschaft nieder.

4. Unbewußtes

Der idealistischen Universalisierung von vormals exklusiv dem Genie zugeschriebenen Leistungen zu transzendentalen Funktionen des Subjekts und der Etablierung des Genies als Bildungsideal korrespondiert eine dritte Bewegung, die ebenfalls einen wesentlichen Aspekt genialen Produzierens und Handelns verallgemeinert, allerdings einen Aspekt, der eher zur Subversion denn zur Selbstkonstitution von Subjektivität tendiert: Die Theorie des Genies wendet sich dem ichfremden Moment im erkennenden und handelnden Weltverhältnis zu und wird so zum Wegbereiter der modernen Philosophie des Unbewußten und der Psychoanalyse.[280] Sigmund Freud wird in der *Traumdeutung* (1900) und in der Abhandlung über den *Witz und seine Beziehung zum Unbewußten* (1905) diese Generalisierung des Geniegedankens vertiefen, wenn auch mit dem erklärten Ziel, das Unbewußte der Anamnese zugänglich zu machen und den Mystifikationen des Genies entgegenzutreten. Der Versuch der Surrealisten, mit Hilfe der Psychoanalyse den Schlüssel zum Geheimnis des Genies zu erobern, nimmt diese Spur auf. Auch bei ihnen schillert die Utopie des Genies zwischen dem Wunsch nach unvergleichlicher (künstlerischer) Potenz und unterschiedslos garantiertem Erfolg: ›chaque coup gagne‹.

VII. Moderne

In vielfältigen Transformationen, Totalisierungen und Radikalisierungen wurde der Geniegedanke bestimmend für die Moderne. Zwischen Identifikationswunsch und Distanzierungsbedürfnis oszillierend, ergreift die Genieverehrung das Bürgertum und die erlösungsbedürftigen Massen. Im 19. Jh. organisiert sie sich zunehmend in Vereinen. Das rein ›Ästhetische‹ erweist sich dabei als untrennbar verknüpft mit Interessen der sozialen Bindung und der Stabilisierung des Sinns für nationale Tugenden. So heißt es 1855 in einem *Gedenkbuch* des Leipziger Schiller-Vereins: Der »Kultus des Genies, bereits von mystischen Naturkindern enthusiastisch vollzogen, von tiefen Denkern in seiner Berechtigung anerkannt, wird immer mehr eine Sache der Nation, eine Angelegenheit des öffentlichen Interesses«[281]. Den Stellenwert der Genievere-

---

277 LESSING, Briefe, die neueste Litteratur betreffend (1759–1765), in: LESSING (LACHMANN), Bd. 8 (1892), 43.
278 Vgl. MICHAEL ENGEL, Ueber Genie und Studium (Mainz 1784), 7f.; DU BOS, Bd. 2 (1770), 70.
279 Vgl. BAUMGARTEN, Bd. 1 (1750), 17.
280 Vgl. ODO MARQUARD, Transzendentaler Idealismus, romantische Naturphilosophie, Psychoanalyse (Köln 1987), 168f.
281 RUDOLF GOTTSCHALL, Über die Bedeutung des Schillerkultus, in: Gedenkbuch an Friedrich Schiller, hg. v. Schiller-Verein zu Leipzig (Leipzig 1855), 246, zit. nach AXEL GEHRING, Genie und Verehrergemeinde. Eine soziologische Analyse des Genieproblems (Bonn 1968), 42.

ehrung im 19. Jh. unterstreicht David Friedrich Strauss: »Der einzige Cultus [...], welcher den Gebildeten dieser Zeit aus dem religiösen Zerfalle der letzten übriggeblieben, ist der Cultus des Genius.«[282] Für Nietzsche ist der »Aberglaube vom Genie« schlicht »die Superstition unseres Jahrhunderts«[283].

1. Held, Führer, self-made man

Was im späteren 19. Jh. konservativ wirkt, begann revolutionär. Das Ungenügen an tradierten Ordnungen, die Hoffnung auf die Vorzüge des Neuen und die Sehnsucht nach der ausstehenden Verwirklichung der eigenen besseren Möglichkeiten entzünden sich am Genieideal. Das Genie wird als »Wecker der schlafenden Jahrhunderte«[284] wahrgenommen oder ersehnt. Die Vorstellung von der sich selbst legitimierenden, grundlos das Neue begründenden Tat des Genies ermöglicht das Aufkommen charismatischer Herrscherfiguren wie Napoleon.[285] An der Napoleonverherrlichung beteiligen sich die bedeutendsten Dichter, Musiker und Maler des frühen 19. Jh., wie Byron, Beethoven und Jacques Louis David. Die auf Massenwirksamkeit angelegte Huldigungskunst der Bonapartisten ist nicht nur ein Dokument der noch oder wieder ›feudalen‹ Zeit, die für autonome, in sich selbst ihre Vollendung findende Werke des einzig seinem Genie verpflichteten Künstlers weder Verwendung noch Sinn hat. In der Figur des genialen Feldherrn, Baumeisters der Hauptstadt und Erneuerers der staatlichen Institutionen gestalten der Künstler das Rollenvorbild des Genies, dem sie in ihrer eigenen, von politischem Druck vergleichsweise entlasteten Praxis anhängen. Es ist der Traum von der voraussetzungslosen und alle Voraussetzungen außer Kraft setzenden weltgeschichtlichen Leistung des als ganz groß sich erweisenden kleinen Mannes.

Unter dem Modell des Genies werden die Kriterien des Heldenhaften neu gefaßt.[286] Dies betrifft ›Geisteshelden‹ ebenso wie militärische Strategen und Unternehmensgründer.[287] Wenn Anführer revolutionärer Bewegungen und Inhaber höchster Entscheidungspositionen Genies sein sollen, so wird ihnen damit eine prometheische Kapazität und unwiderstehliche Durchsetzungsfähigkeit zugeschrieben. Neben der Loyalitätsbezeugung geht es bei der Beschwörung übermenschlicher Qualitäten in den über das Schicksal vieler anderer entscheidenden Personen auch um die Stabilisierung der Hoffnung, daß diese fähig sein möchten, zum Besten der Betroffenen unfehlbar das Richtige zu tun. Führungsqualität bewährt sich nicht allein in herkulischen Anstrengungen, sondern wesentlich in der Fähigkeit, die Untergebenen zu beflügeln, so daß diese über sich selbst hinauswachsen.

Das Genie soll die Wertvorstellungen verkörpern und beglaubigen, denen die Leute anhängen, die gerade dieser Person das Genie erkennen und aus der Masse herausheben.[288] Besser noch als Zeitgenossen eignen sich für die Repräsentation von Werten legendäre Helden der Vorzeit. Dead white European males von Platon bis Goethe und Napoleon werden bevorzugt in Geniekataloge wie Ralph Waldo Emersons *Representative Men* (1850) aufgenommen. So berechtigt die Vorbehalte von Kritikern wie Zilsel gegen die unterschiedslose Verehrungsbereitschaft der autoritätshungrigen Kleinbürger gewesen sein mögen, ist der Titel des Genies doch nicht völlig indifferent gegen die Tugenden, die durch es verkörpert werden. Zentral unter ihnen ist der Wunsch nach Selbständigkeit.[289]

---

282 DAVID FRIEDRICH STRAUSS, Vergängliches und Bleibendes im Christenthum (1838), in: Strauß, Zwei friedliche Blätter (Altona 1839), 101.
283 FRIEDRICH NIETZSCHE, Nachgelassene Fragmente Herbst 1887 bis März 1888, in: NIETZSCHE (KGA), Abt. 8, Bd. 2 (1970), 100.
284 JEAN PAUL, Vorschule der Ästhetik (1804), in: JEAN PAUL (MILLER), Abt. 1, Bd. 5 (1963), 56.
285 Vgl. JOHANN PETER ECKERMANN, Gespräche mit Goethe in den letzten Jahren seines Lebens (1836/1848), hg. v. H. H. Houben, (Leipzig 1948), 535 [11. 3. 1828]; J. SCHMIDT (s. Anm. 35), Bd. 2 (Darmstadt 1985), 68–74.
286 Vgl. THOMAS CARLYLE, On Heroes, Hero-Worship, & the Heroic in History (London 1841).
287 Vgl. JEAN-JACQUES LANGENDORF, Genie und Fleiß. Unternehmergestalten der Monarchie 1600–1918, übers. v. C. Langendorf (Wien 1998).
288 Vgl. GEHRING (s. Anm. 281), 3, 21 ff., 70–93.
289 Vgl. RALPH WALDO EMERSON, Self-Reliance (1841), in: Emerson, The Collected Works, hg. v. A. R. Ferguson u. a., Bd. 2 (Cambridge, Mass./London 1979), 25–51.

Nicht nur romantische Heldenverehrung und exzentrischer Eskapismus berufen sich auf das Genieideal. Auch der bürgerliche Typus des self-made man stellt eine Version des Genies dar. Der Liberale John Stuart Mill, der sich gegen die Bewunderung despotischer Helden verwahrt[290], nennt nichtsdestotrotz die Genies »the salt of the earth« (64) und verteidigt die zivile Freiheit um der Chance zur Entfaltung des Genies willen: »Genius can only breathe freely in an *atmosphere* of freedom. Persons of genius are, *ex vi termini*, *more* individual than any other people – less capable, consequently, of fitting themselves, without hurtful compression, into any of the small number of moulds which society provides in order to save its members the trouble of forming their own character.« (65) Die Faszination, die die Vorstellung vom mühelosen, ›genialischen‹ Erfolg auf die bürgerliche Jugend ausübt, macht als Korrektiv Erklärungen erforderlich wie die sprichwörtlich gewordene Formel ›Genius is 10% inspiration and 90% transpiration‹.

2. *Ästhetische Existenz, verkanntes Genie*

Auch wo er sich nicht auf Helden und ›Führer‹, sondern auf scheinbar weltabgewandt ein in sich vollendetes Werk schaffende Künstler bezieht, ist der Kult des Genies eine Bewegung von hoher Mobilisierungskraft, so uneindeutig und sogar widersprüchlich seine Zuordnung zu den politischen Fronten oft sein mag. Die in der Autorität des Genies begründete ›Autonomie der Kunst‹ bedeutet – allen Kantischen Einhegungsbestrebungen zum Trotz und noch im demonstrativen Rückzug auf l'art pour l'art – mehr als bloße »Heautonomie«[291] (Bestimmung über sich selbst). Die arbiträre Setzung des Genies wird als exemplarische Selbstverwirklichung eines radikal fremd dem Bestehenden sich entgegensetzenden Willens bewundert. Seine Selbstverwirklichung ist immer schon mehr als nur die Verwirklichung seiner selbst. Das schöpferische Genie in den schönen Künsten ist welterschließend, wenn nicht gar welterzeugend tätig. Es stellt nicht diesen oder jenen, im Sinnzusammenhang der von uns gemeinsam bewohnten Welt brauchbaren Gegenstand her, wie Techniker und Handwerker in den nützlichen Künsten, sondern arbeitet an der Ausgestaltung und Umgestaltung der Formen, in denen überhaupt erst etwas als etwas erscheinen und zum Gegenstand werden kann. Im 19. Jh. wird vor allem die normative Relevanz derartiger Formen betont. Künstler sind Gestalter der gültigen Formen des ›Wahren, Schönen, Guten‹.

Selbst das Ideal der ›freien Arbeit‹, von dem ausgehend die frühe Marx die unter kapitalistischen Produktionsverhältnissen ›entfremdete‹ kritisiert[292], orientiert sich an dem Kontrast zwischen der dem Genie möglichen Selbstverwirklichung und dem Zwang, der für die anderen, die vom Privileg des Genies ausgeschlossen bleiben, in den Anforderungen ihrer Arbeit liegt. Nach dem Modell des künstlerischen Genies (Marx' Beispiel ist der Komponist[293]) soll die ›freie Arbeit‹ bewußte und unbewußte Momente der Produktion in sich vermitteln und in einem harmonischen Zusammenspiel entfalten.[294] Marx macht Ernst mit der Forderung der Frühromantiker nach allgemeiner Genialität und stellt die Frage nach den gesellschaftlichen Antagonismen, die die Selbstverwirklichung der meisten Menschen verhindern.

Mit der Ausdifferenzierung einer Sphäre der ›autonomen‹ Kunst und der Rolle des ›genialen‹ Künstlers entsteht die Vorstellung von einer ›ästhetischen Existenz‹. Diese konkretisiert sich exemplarisch in der Biographie beeindruckender Künstlerpersönlichkeiten. Doch soll sie prinzipiell auch gegenüber der Bedingung des Werke-Schaffens und der Anerkennung durch ein breites Publikum unabhängig sein und sich rein im Verhältnis des ästhetischen Subjekts zu sich selbst entfalten können. Romantiker und Nachromantiker spielen den Konflikt zwischen innerer Berufungsgewißheit und nur zu oft scheiterndem Anspruch auf Anerkennung durch die Umwelt in zahllosen Variatio-

---

290 Vgl. JOHN STUART MILL, On Liberty (1859), in: Mill, On Liberty, The Subjection of Women, Chapters on Socialism, hg. v. S. Collini (Cambridge u. a. 1989), 66 f.
291 KANT (s. Anm. 245), 95; vgl. ebd., 244 f.
292 Vgl. KARL MARX, Ökonomisch-philosophische Manuskripte (entst. 1844), in: MEW, Ergänzungsbd. 1 (1968), 510–522.
293 Vgl. MARX, Grundrisse der Kritik der politischen Ökonomie (entst. 1857–1858), in: MEW, Bd. 42 (1983), 512.
294 Vgl. BÜRGER (s. Anm. 263), 110–112.

nen sowohl literarisch als auch biographisch durch.[295] Die Vorstellung eines »Raphaels [...] ohne Hände«[296], die die Romantiker fasziniert, trennt das Ingenium von der körperlichen Fähigkeit, sich seinen Mitmenschen bemerkbar zu machen: Hätte Raffael aufgehört, Raffael zu sein, wenn er durch einen unglücklichen Zufall seine Hände eingebüßt hätte und dadurch verhindert worden wäre, seine Werke zu schaffen? Wer zur negativen Antwort neigt, muß damit rechnen, daß mancher, der durch keinerlei bemerkenswerte Leistungen auf sich aufmerksam gemacht hat, in seinem inkommunikablen Innern ein Genie sein mag, dem bloß die für die Entäußerung seiner Gaben erforderliche körperliche Disposition oder ein anderes äußerliches Mittel fehlt. Allerdings gilt das Fehlen eines Werks – bei unvermindertem Anspruch auf Anerkennung der rein ›subjektiven‹ Genialität – noch immer als das, was im Unterschied zum Genie den Wahnsinn ausmacht.[297]

Die Ideologie des ästhetischen Subjekts wird bei Schopenhauer auf die Spitze getrieben. Nietzsche und die Avantgardebewegungen der modernen Kunst werden sich emphatisch darauf beziehen. Nach Schopenhauer besteht Genialität in der Fähigkeit zu einer »im Objekt ganz aufgehenden, reinen Kontemplation«, die »ein gänzliches Vergessen der eigenen Person und ihrer Beziehungen verlangt«: »sich in die Anschauung zu verlieren«[298], »seiner Persönlichkeit sich auf eine Zeit völlig zu entäußern, um als *rein erkennendes Subjekt*, klares Weltauge, übrig zu bleiben« (219). Das in interesseloser Kontemplation der ›platonischen Ideen‹ versunkene Genie zeigt sich bei Schopenhauer allerdings als interessiert an seiner Distinktion gegenüber den gewöhnlichen Menschen, der »Fabrikwaare der Natur« (220). »Der Geniale [...], dessen Erkenntnißkraft, durch ihr Uebergewicht, sich dem Dienste seines Willens, auf einen Theil seiner Zeit, entzieht, verweilt bei der Betrachtung des Lebens selbst, strebt die Idee jedes Dinges zu erfassen [...]: darüber vernachlässigt er häufig die Betrachtung seines eigenen Weges im Leben, und geht solchen daher meistens ungeschickt genug.« (221)

Das Verhältnis zwischen dem sich als Genie verstehenden ›einzelnen‹ und der ›Masse‹ seiner ihm als ›Philister‹ erscheinenden Mitmenschen erweist sich aus beiderlei Perspektive als problematisch. Der Hochmut des Genieprätendenten ist nur zu oft eine hilflose Reaktion auf das Scheitern seiner Ansprüche auf Anerkennung durch die Zeitgenossen. Das Genie, das auf den Reichtum seiner originellen Produktion als Ausweis seiner Unabhängigkeit pocht, braucht die Masse der Anderen, denen es nichts schuldig sein will, nicht allein als Kontrastfolie, um sich von ihr abzuheben, sondern stärker noch als Verehrergemeinde, die es in seinem Wert bestätigen muß. Scheitert dieser Anspruch auf Anerkennung – was notwendig fast alle um die Position des allein als maßgeblich angesehen Formgebers Konkurrierenden betrifft –, so bleibt nur noch die undankbare Rolle des ›verkannten Genies‹.[299] Diese Kategorie ist nicht bloß in der trotzigen Verweigerung des einzelnen, der Realität seines mediokren Daseins ins Auge zu sehen, begründet. Wie Niklas Luhmann bemerkt hat, »gehört es zum Genie (im Unterschied zum ›Esprit‹), sich nicht sofort kommunizieren zu können, sondern auf Entdeckung warten zu müssen«[300]. Wer von sich sagt, er sei ein Genie, der gibt seinen Mitmenschen zu verstehen, daß er mit Sicherheit keines ist. Das verkannte Genie ist nicht die bedauerliche Ausnahme im Kreis der Begünstigten, sondern die Regel unter denen, die etwas Besonderes sind. Die Hoffnung darauf, mit der Zeit, sei es auch erst durch die Nachwelt, doch noch entdeckt, verstanden und ernst genommen zu werden, kompensiert das Ausbleiben der Bestätigung durch die an anderen Interessen befangenen Zeitgenossen. Sie wird genährt durch Geschichten wie die von Vincent van Gogh, dessen überwältigender Erfolg im 20. Jh. in krassem Gegensatz zu der völligen Mißachtung steht, die er zeit seines Lebens

---

295 Vgl. J. SCHMIDT (s. Anm. 35), 430–450; J. SCHMIDT (s. Anm. 285), 1–62.
296 LESSING, Emilia Galotti (1772), in: LESSING (LACHMANN), Bd. 2 (1886), 384.
297 Vgl. MICHEL FOUCAULT, La folie, l'absence d'œuvre (1964), in: Foucault, Dits et écrits, Bd. 1 (Paris 1994), 412–420.
298 ARTHUR SCHOPENHAUER, Die Welt als Wille und Vorstellung (1819), in: SCHOPENHAUER, Bd. 2 (1949), 218.
299 Vgl. ZILSEL (s. Anm. 8), 60f., 78f.
300 LUHMANN (s. Anm. 241), 183.

erfuhr. Der Traum davon, später noch ›angemessen‹ gewürdigt zu werden, ist für viele, die im Gefüge der arbeitsteiligen Gesellschaft keine befriedigende Position erreicht haben, die einzige Möglichkeit, ihre Selbstachtung zu stabilisieren. Wie aussichtsreich oder verzweifelt dieser Traum im einzelnen auch immer erscheinen mag – er tritt das Erbe der Vorstellung von der abschließenden Wiederherstellung der in der Welt nur zu häufig verletzten Gerechtigkeit durch den höchsten Richter am Ende aller Tage an. Auch darin erweist sich die ›Geniereligion‹ als eine moderne Version des religiösen Verhältnisses des einzelnen zu sich selbst und zur Welt. Die massenhaft reproduzierten Bilder van Goghs sind wie die Poster der Filmstars die Ikonen dieses modernen Kultes.

Von Jean Paul, Ludwig Tieck und E. T. A. Hoffmann bis Nietzsche und Musil erscheinen die Genieideologie sowie ihre Parodie und Kritik eng ineinander verschränkt. Sören Kierkegaard stellt in *Entweder/Oder* (1843) das Modell der ›ästhetischen‹ Existenz in beispielloser Kühnheit und Konsequenz dar, um die Faszination, die die Vorstellung des Genies auf die gebildete Jugend Europas ausübte, in aller Radikalität kritisieren zu können.[301] Das Genie bestimmt Kierkegaard in Hegelschen Kategorien als »Subjektivität«[302] bzw. als »Unmittelbarkeit«[303]. Aus der Perspektive des religiösen Bewußtseins ist die »geniale Existenz«[304] Sünde. Dem Genie selbst ist das freilich um keinen Preis einsichtig zu machen, da es den Begriff der Sünde ebensowenig versteht wie den der Vorsehung. Deshalb bleibt es gegenüber dem äußerlich ihm begegnenden Schicksal im Verhältnis der Angst befangen.[305]

3. *Pathos der Distanz*

Nietzsche geht ähnlich wie Kierkegaard aus von der Unvereinbarkeit zwischen dem Genie und der christlichen Vorstellung vom gelingenden Leben. Gerade wegen ihres Gegensatzes gegen die Ideale des Frommen, des Heiligen oder des Apostels schätzt Nietzsche allerdings die Lebensform des Genies, die vom christlichen Standpunkt aus Sünde ist, und entnimmt ihr das Modell des ›freien Geistes‹. Aus der romantischen Literatur greift er die Opposition von Genie und ›Dutzendmensch‹

auf, die – bei allem Widerstand gegen das Genieideal – auch für Kierkegaard wegweisend war zur Markierung der vom Christentum ausgehenden Herausforderung aller bürgerlichen Wohlanständigkeit. Nietzsches Abgrenzung des ›Übermenschen‹ vom ›letzten Menschen‹[306], die oft als plakative Version des Geniekultes, wenn nicht als Verherrlichung der nackten Gewalt gelesen wird, gründet in einer denkbar scharfen Kritik an der Genieideologie der »Bildungsphilister«[307] seiner Zeit. In *Menschliches, Allzumenschliches* analysiert er die Mystifikationen des Geniedenkens vom »Glauben an Inspiration«[308] über das »Verhängniss der Grösse« (150), die Melancholie des Künstlers, bis hin zu den Bedingungen des Eindrucks, den die Hervorbringungen der Künstler auf ihr Publikum machen. Als wesentliche Triebkraft im Kult des Genies entdeckt er die »Eitelkeit« (153), wo die rohe Verehrung brutaler »Kraft«[309] oder schlicht ein Symptom der »Müdigkeit« (314) des alternden Geistes. Gegen die Rede von einer ›angeborenen Begabung‹ betont Nietzsche in der Tradition von Helvétius bis Goethe als Voraussetzung aller großen Leistungen den »tüchtigen Handwerker-Ernst«[310], Fleiß und Übung. Vorurteilslos rechnet er »*Gefahr und Gewinn im Cultus des Genius*« (156)

301 Vgl. HIROSHI FUJINO, Kierkegaards ›Entweder/Oder‹: Ein ›Entweder ästhetisch/Oder existentiell‹ (Würzburg 1994).
302 SØREN KIERKEGAARD, Der Begriff Angst (1844), übers. v. E. Hirsch, in: KIERKEGAARD, Abt. 11/12 (1952), 101.
303 KIERKEGAARD, Über den Unterschied zwischen einem Genie und einem Apostel (1849), übers. v. E. u. R. Hirsch, in: KIERKEGAARD, Abt. 21/22/23 (1960), 119.
304 KIERKEGAARD (s. Anm. 302), 104; vgl. KIERKEGAARD, Die Krankheit zum Tode (1849), übers. v. E. Hirsch, in: KIERKEGAARD. Abt. 24/25 (1954), 75.
305 Vgl. KIERKEGAARD (s. Anm. 302), 103.
306 Vgl. NIETZSCHE, Also sprach Zarathustra (1883), in: NIETZSCHE (KGA), Abt. 6, Bd. 1 (1968), 10–14.
307 NIETZSCHE, David Strauss, der Bekenner und der Schriftsteller (1873), in: NIETZSCHE (KGA), Abt. 3, Bd. 1 (1972), 161.
308 NIETZSCHE, Menschliches, Allzumenschliches (1878), in: NIETZSCHE (KGA), Abt. 4, Bd. 2 (1967), 148.
309 NIETZSCHE, Morgenröthe (1881), in: NIETZSCHE (KGA), Abt. 5, Bd. 1 (1971), 322.
310 NIETZSCHE (s. Anm. 308), 155.

gegeneinander auf und kommt zu dem Schluß: »Für grosse Geister [...] ist es [...] nützlicher, wenn sie über ihre Kraft und deren Herkunft zur Einsicht kommen, wenn sie also begreifen, welche rein menschlichen Eigenschaften in ihnen zusammengeflossen sind, welche Glücksumstände hinzutraten: also einmal anhaltende Energie, entschlossene Hinwendung zu einzelnen Zielen, grosser persönlicher Muth, sodann das Glück einer Erziehung, welche die besten Lehrer, Vorbilder, Methoden frühzeitig darbot.« (157)

In der *Götzen-Dämmerung* wird die Analyse des Genies zu einer fast systemtheoretisch anmutenden genealogischen Perspektive entwickelt: Weniger dank ihrer persönlichen Eigenart seien die »grossen Männer« groß als aufgrund äußerer Umstände. Voraussetzung ihrer Größe sei, »dass lange auf sie hin gesammelt, gehäuft, gespart und bewahrt worden ist, – dass lange keine Explosion stattfand. Ist die Spannung in der Masse zu gross geworden, so genügt der zufälligste Reiz, das ›Genie‹, die ›That‹, das grosse Schicksaal in die Welt zu rufen.«[311]

Ungeachtet seiner Vorbehalte gegen das Geniestereotyp zeigt Nietzsche sich vital interessiert an den Bedingungen, unter denen der ›freie Geist‹ allein eine Chance erhält, sich gegen den Konformitätsdruck der »gebundenen Geister«[312] zu behaupten und den Keim zu neuartigen Entwicklungen in die strukturell konservativen, einzig deshalb auch geschichtsbildenden Traditionszusammenhänge einzuschleusen. Nietzsche denkt nicht zu-

---

311 NIETZSCHE, Götzen-Dämmerung (1889), in NIETZSCHE (KGA), Abt. 6, Bd. 3 (1969), 139.
312 NIETZSCHE (s. Anm. 308), 193.
313 Vgl. NIETZSCHE, Ecce homo (1889), in: NIETZSCHE (KGA), Abt. 6, Bd. 3 (1969), 363.
314 NIETZSCHE (s. Anm. 311), 139.
315 Vgl. NIETZSCHE, Zur Genealogie der Moral (1887), in: NIETZSCHE (KGA), Abt. 6, Bd. 2 (1968), 389.
316 Vgl. GEORGES CANGUILHEM, Le normal et le pathologique (Paris 1966).
317 Vgl. CESARE LOMBROSO, Genio e degenerazione (Palermo 1894); WILLIAM HIRSCH, Genie und Entartung (Berlin/Leipzig 1894).
318 Vgl. POUL BJERRE, Der geniale Wahnsinn. Eine Studie zum Gedächtnisse Nietzsches (Leipzig 1904).
319 Vgl. LOMBROSO, Genio e follia (Pavia 1864); LOUIS-FRANCISQUE LÉLUT, Le génie, la raison et la folie, le démon de Socrate, application de la science psychologique à l'histoire (Paris o. J.); JOHN FERGUSON

letzt an sich selbst[313], wenn er schreibt: »Grosse Männer sind wie grosse Zeiten Explosiv-Stoffe, in denen eine ungeheure Kraft aufgehäuft ist«[314].

An den Genieverehrern kritisiert Nietzsche, daß sie durch ihr eigenes Verhalten zu den von ihnen als Genie verehrten Personen die in ihren Vorstellungen vom Genie verkörperten Werte Lügen strafen. Durch ihre Neigung, sich dem Genie zu unterwerfen oder auch schwärmerisch sich mit ihm zu identifizieren, zeigen sie allemal, daß sie kein Genie sind. Tatsächlich orientieren sie sich an ganz anderen Tugenden als den von ihnen am Genie bewunderten Vorzügen. Der Maßstab von Nietzsches Kritik entstammt seinerseits dem Gedankenkreis, gegen den er in Anschlag gebracht wird. Das gilt insbesondere für das »Pathos der Distanz« zwischen »Gesunden« und »Kranken«[315], ›Starken‹ und ›Schwachen‹ – das ›pathologische‹ Dispositiv der Moderne.[316] Anders als die im 19. Jh. verbreiteten psychopathologischen Theorien, die das Genie als ›Entartung‹ zu erfassen suchen[317] und schließlich auch den Fall Nietzsche zu einem ihrer bevorzugten Gegenstände gemacht haben[318], richtet Nietzsche seinen psychologischen Scharfsinn allerdings nicht auf die Spuren des Wahns in den großen Männern, sondern auf Symptome des Verfalls, der Ermattung und des Ressentiments in den vorgeblich Normalen.

4. Psychopathologie des Außerordentlichen, Primitivismus und Ideologiekritik

Seit der Mitte des 19. Jh. stoßen populärwissenschaftliche, insbesondere psychopathologische Beiträge zur Erklärung des Genies in breiten Leserschichten auf großes Interesse. Mit seinem Bestseller *Genio e follia* gibt der italienische Psychiater Cesare Lombroso die Parole aus, der von Louis-Francisque Lélut (1804–1877) und John Ferguson Nisbet über Wilhelm Lange-Eichbaum bis hin zu Gerhard Venzmer zahlreiche Ärzte und Wissenschaftler folgen; ein psychoanalytisch orientierter Nachzügler ist Johannes Cremerius.[319] Mag der Wert dieser Publikationen auch oft umgekehrt proportional zu ihrem szientistischen Auftreten sein, die Begriffsgeschichte kann das Faktum nicht ignorieren, daß der Geniebegriff im späteren 19. Jh. überwiegend durch dieses Genre bestimmt wird. Die Kompilationen von Geschichten über Auffälligkeiten an berühmt gewordenen Leuten[320] tragen wesentlich dazu bei, daß der Geniebegriff etwa seit der Mitte des 20. Jh. zunehmend fragwürdig erscheint. Die Etablierung quasi naturgesetzlicher Regelmäßigkeiten, denen die je im einzelnen von ihren Mitmenschen als radikal anders sich abhebenden Genies aus der sammelnden Perspektive der Naturgeschichte[321] bzw. der mit statistischem Instrumentarium operierenden Wissenschaft unterworfen scheinen, führt zur Auflösung der Kategorie des ›Ausnahmemenschen‹. Es wäre jedoch verfehlt, die Psychologie des Genies im ganzen als ein vom Ressentiment motiviertes Projekt zur ›Abschaffung des Genies‹[322] anzusehen. In der »Geniebündelliteratur«[323] erscheinen die religionsgeschichtlichen Paradigmata der Heiligenlegende und der Leben-Jesu-Forschung auf eigenartige Weise ineinander verquickt. Entscheidend für die Popularität der psychopathologischen Studien über das Genie bleibt die Faszination des Außerordentlichen. Auch eine Figur wie Dostojewskijs *Idiot* (1869) ist unabhängig von diesem Interesse an den abgründigen Kräften im Genie nicht zu denken. Die Frage nach den Schattenseiten des Genies und dem Preis der Exzellenz ist indirekt auch eine Selbstverständigung über den Preis der Normalität.

Geht es der Genieliteratur des späteren 19. Jh. primär um die Artikulation des bürgerlichen Persönlichkeitsideals, so ist doch die zivilisationskritische Sehnsucht nach dem ›Ursprünglichen‹, dem Prozeß der Moderne entscheidende Impulse gegeben hat, nicht minder im Geniegedanken verankert. Primitivistische Strömungen suchen in archaischen Relikten sowie in Kultobjekten aus Afrika, Asien und Ozeanien Spuren einer ›Lebenskraft‹, die sich noch nicht zur Einheit einer ›Persönlichkeit‹ individuiert und verfestigt hat.[324]

VIII. Gegenwart

»Wir philosophieren nicht mehr übers geniale Subjekt«[325], bemerkt Jean-François Lyotard 1984. Gleichzeitig meint Ken Frieden: »Genius is the intellectual obsession of our time«[326]. Nur teilweise ist die Diskrepanz zwischen diesen beiden Zeitdiagnosen auf die Differenz der Orte, an denen sie erhoben wurden, und der Gesellschaften, für die sie gelten sollen, zurückzuführen. Tatsächlich wird der Begriff ›genius‹ im heutigen Englischen mit einem weiteren Bedeutungsspektrum gebraucht als ›Genie‹ in den kontinentaleuropäischen Sprachen, sofern er hier überhaupt noch Verwendung findet. In den USA gibt es eine Akzeptanz für Unterschiede zwischen den Menschen und ein verbreitetes Interesse an den Möglichkeiten, sich hervorzutun, in einem Maß, das in den west- und mitteleuropäischen Gesellschaften des späten 20. Jh. kaum vorstellbar scheint. Biographien von berühmten Wissenschaftlern, Musikern oder auch besonders erfolgreichen Erfindern und Geschäftsleuten finden nach wie vor reißenden Absatz. Die moderne Kreativitätspsychologie operiert mit dem Leitbegriff genius.[327]

So gewichtig die Unterschiede in der Akzentuierung des Geniebegriffs zwischen seiner aktuellen angelsächsischen Variante und der deutschen Schwundstufe sein mögen, genügt es kaum zu sagen, daß der englische Geniebegriff, der im 19. Jh. stark von Theorien der deutschen Romantik geprägt war, sich von diesem Einfluß unabhängig gemacht habe in einer Zeit, in der der kontinentaleuropäische Geniegedanke aus verschiedenen Grün-

---

NISBET, The Insanity of Genius and the General Inequality of Human Faculty, Physiologically Considered (London 1891); WILHELM LANGE-EICHBAUM, Genie, Irrsinn und Ruhm (München 1928); GERHARD VENZMER, Genius und Wahn (Stuttgart 1964); JOHANNES CREMERIUS (Hg.), Neurose und Genialität (Frankfurt a. M. 1971).
320 Vgl. HERMANN TÜRCK, Der geniale Mensch (1877; Berlin ¹¹1920).
321 Vgl. EMIL HORST, Zur Naturgeschichte des Genies (Brackwede i. W. 1913).
322 Vgl. EGON FRIEDELL, Abschaffung des Genies (1917), in: Friedell, Abschaffung des Genies. Essays bis 1918 (München 1982), 224–229.
323 ZILSEL (s. Anm. 8), 83.
324 Vgl. PIERRI CITTI, La figure du primitif dans les années 1890, in: Revue des sciences humaines, H. 227 (Juli-Sept. 1992), 67–78.
325 JEAN-FRANÇOIS LYOTARD u. a., Immaterialität und Postmoderne, übers. v. M. Karbe (Berlin 1985), 63.
326 FRIEDEN (s. Anm. 32), 7.
327 Vgl. HANS JÜRGEN EYSENCK, Genius: The Natural History of Creativity (Cambridge 1995).

den in die Krise kam. Auch an dem amerikanischen Begriff ist die Inflation im 19. und frühen 20. Jh. nicht spurlos vorübergegangen. Die verbesserte Teilhabe breiterer Bevölkerungsanteile an höheren Ausbildungsgängen führt in allen hochindustrialisierten Staaten seit den 60er Jahren des 20. Jh. zur Relativierung des Eindrucks unvergleichlicher Überlegenheit, den Wissenschaftler oder Künstler auf ihre weniger gut ausgebildeten Zeitgenossen machten. Wichtiger als die Frage nach verschiedenen Nuancen in der Einstellung zum Genieproblem in Amerika und Europa ist die Anforderung, zu verstehen, inwiefern die beiden konträren Einschätzungen des Stellenwerts, den das Genie im Bewußtsein der Gegenwart einnimmt, jeweils relevante Aspekte der Bedingungen des Umgangs mit dem Geniebegriff zutreffend erfassen. Was hat es zu bedeuten, daß wir nicht mehr über das Genie philosophieren, wenn wir nach wie vor, ja vielleicht mehr denn je ›besessen‹ sind von der Vorstellung vom genialen Individuum, von genialer Produktivität, Originalität und unvergleichlichen Erfolgen?

1. Trivialisierung und Tabuisierung des Genies

Mit unüberbotener lexikographischer Prägnanz hat Robert Musils *Mann ohne Eigenschaften* die Inflation des Geniebegriffs in den Jahren vor dem ersten Weltkrieg festgehalten: »Es hatte damals schon die Zeit begonnen, wo man von Genies des Fußballrasens oder des Boxrings zu sprechen anhub, aber auf mindestens zehn geniale Entdecker, Tenöre oder Schriftsteller entfiel in den Zeitungsberichten noch nicht mehr als höchstens ein genialer Centrehalf oder großer Taktiker des Tennissports.«

Der neue Geist fühlte sich noch nicht ganz sicher. Aber gerade da las Ulrich irgendwo, wie eine vorverwehte Sommerreife, plötzlich das Wort ›geniale Rennpferd‹.«[328] Der Held des Romans muß sich auf die Verweigerung jeder positiven Bestimmung seiner Qualitäten zurückziehen, weil seine ›Versuche, ein bedeutender Mann zu werden‹, sich nicht länger an der Kategorie des Genies orientieren können, wo der Geniebegriff derart auf den Hund gekommen ist. Dabei geht es ihm nicht nur darum, seine Distanz zu wahren gegenüber den fragwürdigen Größen, die im frühen 20. Jh. als Genie tituliert werden. Ulrich, der für alle Genieprätendenten seiner Zeit nur Spott übrig hat, verfolgt seinerseits das Projekt, sich die im eigentlichen Sinn genialische Fülle der Möglichkeiten frei zu halten von der Festlegung auf irgendwelche bestimmten Eigenschaften, und muß deshalb auch die Charakterzüge der genialen Persönlichkeit vermeiden.

Das Tabu, mit dem der Geniebegriff weithin belegt erscheint und das bei Lyotard zur Sprache kommt, wird nicht selten erklärt mit der Diskreditierung des Begriffs durch die Rolle, die er in der Führerideologie des Nationalsozialismus gespielt habe. Die Quellen stützen diese Annahme allenfalls partiell. Die Distanzierung vom Geniebegriff setzt bei Autoren wie Zilsel, Musil oder Lukács bereits seit dem ersten Weltkrieg ein. Walter Benjamin, der 1936 dafür plädierte, Begriffe wie »Schöpfertum und Genialität, Ewigkeitswert und Geheimnis« aus der Ästhetik zu eliminieren, weil deren »unkontrollierte […] Anwendung zur Verarbeitung des Tatsachenmaterials in faschistischem Sinn«[329] führe, kann für die tatsächlich erfolgte Aussonderung von ›Schöpfertum‹ und ›Ewigkeitswert‹ schon deshalb kaum verantwortlich sein, weil sein Aufsatz in der diese Sätze enthaltenden Fassung erst 1955 gedruckt wurde. Allgemein erweist sich das Jahr 1945 zwar als deutlicher Einschnitt, doch markiert das Ende des Nationalsozialismus keineswegs das Ende öffentlicher Akzeptanz für Titel wie *Talent und Genie* oder *Tragödie des Genius*.[330] Schließlich wäre es auch eine grobe Verkürzung, in Thomas Manns Roman *Doktor Faustus* (1947), der sich intensiv mit dem Genieproblem auseinandersetzt, lediglich den Kehraus einer untergegangenen Epoche zu sehen.

---

328 ROBERT MUSIL, Der Mann ohne Eigenschaften (1930–1933), in: Musil, Ges. Werke, hg. v. A. Frisé, Bd. 1 (Reinbek 1978), 44.
329 WALTER BENJAMIN, Das Kunstwerk im Zeitalter seiner technischen Reproduzierbarkeit (3. Fassung, entst. 1936–1939), in: BENJAMIN, Bd. 1/2 (1974), 473.
330 Vgl. GEZA RÉVÉSZ, Talent und Genie. Grundzüge einer Begabungspsychologie (Bern 1952); DEMETRIUS ANATOLI KOTSOVSKY, Tragödie des Genius (München 1959).

Wichtiger als die Frage, wie lange genau es dauerte, bis der Geniebegriff aus dem Sprachgebrauch verschwand, ist die Beobachtung, daß die Versuche, die politische Katastrophe des 3. Reichs zu bewältigen, sich in Deutschland zunächst weiter in den durch die Genietopik vorgegebenen Bahnen bewegen: Die Konzentration auf die Persönlichkeit Hitlers läßt auch in der Umdeutung vom ›Genie‹ zum ›Verbrecher‹ oder ›Wahnsinnigen‹ das zugrundeliegende Schema mit der Leitdifferenz zwischen dem ›Führer‹ als Ausnahmemenschen und seinem mehr oder weniger willenlos (›irre‹-)geführten Volk intakt. Gerade die Dämonisierung der Hauptkriegsverbrecher setzt die Externalisierung der für das eigene Handeln entscheidenden Macht fort, die schon vor 1933 sich in dem auch von nicht nationalsozialistischen Positionen verbreiteten Wunsch nach einem ›Genie als Führer‹[331] äußerte und dem die Propaganda für den ›Führer als Genie‹ entgegenkam.[332] Die vor kurzem noch vom Genie ihres Führers begeisterten und zu übermenschlichen Anstrengungen motivierten Deutschen können sich nach dem Krieg ihre eigene Geschichte nicht anders erklären, als indem sie sich sagen: Ein böser Genius hat mit uns ein schreckliches Spiel getrieben.

Der Vergleich mit anderen europäischen Gesellschaften legt nahe, daß das moderne Genietabu kaum zur Gänze zurückzuführen ist auf die Verdrängung der traumatischen Erfahrungen mit dem bösen Genie, an der die Deutschen so schwer zu tragen hatten. Eher handelt es sich um eine weitere Verschärfung des Genieproblems, das schon in der Genieverehrung und in den Versuchen zur naturalistischen Entzauberung des Genies im späten 19. Jh. sich zunehmend krisenhaft entwickelt hatte. Norbert Elias hat geltend gemacht, daß das Genieproblem sowohl die Schwierigkeiten der Gesellschaft mit den in ihr lebenden Sonderlingen als auch die intrapsychischen Konflikte von ›Phantasieströmen‹ und ›Gewissensimpulsen‹, ›Leiblichkeit‹ und ›Geistigkeit‹, ›animalischen Regungen‹ und zivilisatorischen Notwendigkeiten umfaßt.[333]

Spätestens in den 60er Jahren verebbt bis weit in konservative Kreise die Akzeptanz für den Geniebegriff. So konstatiert Hans-Georg Gadamer 1960 »eine Art Geniedämmerung«: »Die Vorstellung von der nachtwandlerischen Unbewußtheit, mit der das Genie schafft [...] erscheint uns heute als eine falsche Romantik.« Dabei ist er sich allerdings darüber klar, daß das ›allgemeine Bewußtsein‹ seiner Zeit »von den Wirkungen des Geniekultes des 18. Jahrhunderts und der Sakralisierung des Künstlertums, die wir für die bürgerliche Gesellschaft des 19. Jahrhunderts charakteristisch gefunden hatten, noch heute bestimmt«[334] bleibt. Arnold Gehlen trägt zur Verdrängung des Genies aus dem Vokabular der Nachkriegszeit bei, indem er anstelle der Rede vom Genie Ausdrücke wie »Persönlichkeit«, speziell »Künstlerpersönlichkeit«[335], empfiehlt. Die Schicht, der Gadamer sich selbst zurechnet, vermeidet seit der Mitte des 20. Jh. den Geniebegriff, während sie sich zugleich darüber im klaren ist, daß das ›allgemeine Bewußtsein‹, von dem sie sich distanziert, für diese falsche Romantik nach wie vor anfällig scheint. Spätestens seit den 70er Jahren fungiert die Empfindlichkeit gegen das Wort ›Genie‹ als Schibboleth, das Zugehörigkeit zur akademisch gebildeten Mittelschicht markiert.

Als drittes Moment im Verschwinden des Genies ist neben der Trivialisierung und der partiell auf sie reagierenden Tabuisierung die zunehmende Ausdifferenzierung und Integration arbeitsteiliger Forschungs- und Entwicklungsprozesse zu nennen. Im modernen Wissenschaftsbetrieb erweisen sich ebenso wie in der Produktion oft andere Organisationsformen und Zurechnungsgrößen als die durch einen Eigennamen identifizierte individuelle Persönlichkeit als entscheidend – seien es Arbeitsgruppen, Institute oder Firmen. Seit den 30er Jahren tritt die Figur des genialen Erfinders zurück hinter der Bedeutung von mehr oder weniger kooperativ erarbeiteten Betriebserfindungen. Im Bereich der Literatur und der schönen Künste macht die strukturalistische Poetik und Kunstwissenschaft etwa zur gleichen Zeit geltend, daß die ›Urheber‹ der ›Werke‹ die Dispositive nicht unter Kontrolle

---

331 Vgl. RICHARD VON LAMOEN, Genie als Führer (Düsseldorf 1930).
332 Vgl. J. SCHMIDT (s. Anm. 285), 194–212.
333 Vgl. ELIAS (s. Anm. 236), 70 ff., 179.
334 GADAMER (s. Anm. 267), 98 f.
335 Vgl. ARNOLD GEHLEN, Über Kultur, Natur und Natürlichkeit (1958), in: Gehlen, Anthropologische Forschung (Reinbek 1961), 85; vgl. GEHRING (s. Anm. 281), 18.

haben, auf die sie angewiesen sind, um die Formzusammenhänge konstruieren zu können, mit denen sie Eindruck machen. Dementsprechend orientieren sich neuere psychologische Ansätze zur Erklärung des Genies an systemtheoretischen Modellen: »The location of genius is not in any particular individual's mind, but in a virtual space, or system, where an individual interacts with a cultural domain and with a social field. It's only in the relation of these three separate entities that creativity, or the work of genius, manifests itself.«[336]

Wichtige Bereiche, aus denen der Geniebegriff seine Evidenz bezogen hatte, werden in einer Weise umorganisiert, die tatsächlich für das Genie keine funktionale Stelle mehr vorsieht. Hinzu kommt die Ausweitung des Zugangs zu höheren Ausbildungen, die mit einer zunehmenden Spezialisierung der beruflich relevanten Kenntnisse und in der Folge auch mit einer anderen Souveränität des Umgangs mit dem Nichtgewußten oder -gekonnten einhergeht. Die Bereitschaft, sich beeindrucken zu lassen durch eine Person, die die eine oder andere Kulturtechnik in außergewöhnlichem Grad beherrscht, geht zurück.

Auch die politische Funktion des Genies als soziale Integrationsfigur verliert an Bedeutung in einer Gesellschaft, in der es nicht mehr möglich scheint, einzelne sterbliche, fehlbare Individuen auszumachen, die unter den verschärften Bedingungen moderner massenmedialer Dauerbeobachtung als hinreichend ideal erscheinen, um glaubwürdig die Werte einer Gruppe verkörpern zu können.[337] Diese Aufgabe tritt das Genie an unverhüllt fiktive, mythische Figuren aus Kino und Fernsehen ab.

So entscheidend die Ernüchterung gegenüber den in der Neuzeit als Genie angesprochenen erstaunlichen einzelnen im 20. Jh. ist, bleibt immerhin bemerkenswert, daß in der Beschreibung der industriellen Produktionsweise des Studiosystems von Hollywood doch wieder auf den Geniebegriff zurückgegriffen wird.[338]

2. Wiederkehr und Uminterpretation

Zweifel an der Erledigung des Genieproblems durch Ernüchterung oder Ermüdung sind gleichwohl angebracht. Das ›Drama des begabten Kindes‹[339] ist ebensowenig passé wie die Begierde stolzer Eltern, daß ihr Sprößling sich als Wunderkind erweisen möge. Die Konflikte um das differenzierte Schulsystem, Effizienz und Lernfortschritt sind nicht schon dadurch entschärft, daß der Charme der integrierten Gesamtschule sich in den Erfahrungen, die man mit ihr sammeln konnte, merklich verbraucht hat. Begabtenförderung und Elitenbildung sind notwendig umstritten auch in einer Gesellschaft, die Statusneid dadurch zu entschärfen sucht, daß sie sich als rein ›funktional differenziert‹ darstellt. Ungeachtet einer prinzipiellen Akzeptanz dafür, daß es für alle von Vorteil sei, wenn einzelne Arbeitsgruppen im internationalen Wettbewerb um die Forschungsfront mithalten und sogar Akzente setzen können, und der Vereinnahmung von Nobelpreisträgern als nationalen Repräsentanten, wird das Verhältnis zwischen Wissenschaft und Gesellschaft niemals dauerhaft frei sein können von dem Gefühl des Unheimlichen, mit dem die sich für normal Haltenden und von ihnen für Genies Gehaltenen gegenübertraten. Artikuliert finden sich diese Spannungen im Kino, wo die Figur des mad scientist dem Typ des von seiner Vision getriebenen amoralischen Künstlers den Rang abgelaufen hat. Head-Hunter wissen, welche Qualitäten gefordert sind für hochdotierte Führungspositionen: vor allem Originalität, Kreativität und Kommunikationsgeschick (esprit) sowie Durchsetzungsfähigkeit (ἐπικρατεῖν δύνασθαι). Spekulanten rühmen sich ihrer ›Nase‹, d. h. eines schlechterdings unerklärlichen Sinns für das Richtige (je ne sais quoi), den man entweder hat oder eben nicht. Als Prometheus des Informationszeitalters läßt sich Bill Gates feiern. Die Nachahmung der göttlichen Schöpfermacht scheint im genetic engineering des 21. Jh. ein nicht minder verlok-

---

336 MIHALY CSIKSZENTMIHALYI, Creativity and Genius: A Systems Perspective, in: A. Steptoe (Hg.), Genius and the Mind: Studies of Creativity and Temperament (Oxford 1998), 39.
337 Vgl. GEHRING (s. Anm. 281), 144–146.
338 Vgl. THOMAS SCHATZ, The Genius of the System: Hollywood Filmmaking in the Studio Era (New York u. a. 1989).
339 Vgl. ALICE MILLER, Das Drama des begabten Kindes (Frankfurt a. M. 1979).

kendes Motiv zu sein als in der handwerklichen Kunst der Renaissance.

Ob die Unterscheidung zwischen dem Normalen und dem Außerordentlichen im täglichen Leben die Dimension ist, in der die Nachfolger des Geniebegriffs am nachhaltigsten ihre Unentbehrlichkeit erweisen, sei dahingestellt. Wolfgang Hildesheimer operiert in seinem vielbeachteten *Mozart*-Buch mit einer Definition des Genies, die gegenüber den Niederungen des alltäglichen Distinktionskampfes und dem Anschluß an gesellschaftliche Bedingungen noch einmal die überzeitliche Bedeutung des Genies geltend macht. Bei aller Kritik an der Genieidolatrie der Mozart-Biographien folgt er darin dem Geniekonzept des 19. Jh., daß die kulturprägende, ja weltbildende Leistung des Genies vom Erfolg in der aktuellen gesellschaftlichen Umgebung grundsätzlich zu unterscheiden sei. Für Hildesheimer ist das Genie der »selten und unabhängig von gesellschaftlichen Gegebenheiten vorkommende, von Soziologie und Anthropologie nicht erfaßte, von der Psychologie zwar erkannte, doch anscheinend ungenügend erfaßbare Vollbringer immergültiger Hochleistungen; jener Werke nämlich, die zu unserer Prägung beigetragen haben und ohne deren Besitz wir uns heute nicht mehr vorstellbar sind«[340].

Aus feministischer Perspektive ist die Vorstellung vom uneinholbar überlegenen, in der kulturstiftenden Tat seine Unsterblichkeit sichernden Genie als patriarchale Ideologie angegriffen worden. Eine Kontroverse entstand darüber, ob es sinnvoll und möglich sei, das Leitbild des Genies so aufzugreifen, daß es als Artikulationsform auch für die Bewunderung überragender Künstlerinnen, Wissenschaftlerinnen oder anderweitig bedeutender Frauen auf hoffnungsfrohe Nachfolgerinnen motivierend wirken könne, oder ob der Versuch zur Übernahme der traditionell auf den Ausschluß von Frauen aus dem gesellschaftlichen Leben zielenden Geniekategorie nur zur Reproduktion einer prinzipiell fragwürdigen, patriarchalen Dominanzstruktur führen könne. Gegen die poststrukturalistische Verdrängung des Individuums in der feministischen Theorie wendet Christine Battersby ein: »The concept of genius is too deeply embedded in our conceptual scheme for us to solve our aesthetic problems by simply amputating all talk of genius, or by refusing to evaluate individual authors and artists.«[341] Gerade weil es sich bei der Genieideologie um ein nach wie vor höchst wirksames Dispositiv zur Errichtung und Stabilisierung asymmetrischer Geschlechterverhältnisse in den modernen Gesellschaften handele, wäre die Frauenbewegung nach Battersbys Einschätzung schlecht beraten, wenn sie nicht versuchte, den Geniebegriff anzueignen, um so einen entscheidenden Schritt in der feministischen Revision unserer kulturellen Überlieferung voranzukommen. Den bisher substantiellsten Vorstoß in diese Richtung präsentiert Julia Kristeva mit ihrem dreibändigen Werk über das weibliche Genie, das in Abteilungen über ›Leben‹, ›Wahnsinn‹ und ›Wörter‹ den Identifikationsfiguren Hannah Arendt, Melanie Klein und Colette gewidmet ist.[342]

3. Distanzstrategien in der postavantgardistischen Kunst

Auch wo sie sich von der »falschen Romantik«[343] der Genievorstellung frei gemacht und den Geniebegriff von der »plumpen Gleichsetzung mit dem kreativen Subjekt«[344] gelöst hat, kommt die Ästhetik nicht umhin, in der einen oder anderen Form den Derivaten der »forcierten Unwahrscheinlichkeit«[345] Rechnung zu tragen, die vordem in der Mythologie von der göttlichen Inspiration angesprochen wurde. An Komponisten der Moderne von Arnold Schönberg und Igor Strawinsky bis John Cage und Karl Heinz Stockhausen zeigt Christoph Schmidt, inwiefern die traditionskritische Avantgarde und auch noch die auf deren Kunst reflektierende ästhetische Theorie Adornos und Lyotards gerade in ihrer Fixierung auf den permanenten Aufstand gegen die Konvention dem

---

340 WOLFGANG HILDESHEIMER, Mozart (1977; Frankfurt a. M. ⁹1987), 61.
341 BATTERSBY (s. Anm. 48), 15.
342 Vgl. JULIA KRISTEVA, Le génie féminin. La vie, la folie, les mots (Hannah Arendt, Melanie Klein, Colette) (Paris 1999).
343 GADAMER (s. Anm. 267), 98.
344 THEODOR W. ADORNO, Ästhetische Theorie (1970), in: ADORNO, Bd. 7 (1972), 254.
345 LUHMANN, Die Kunst der Gesellschaft (Frankfurt a. M. 1995), 204.

romantischen Geniegedanken verhaftet bleibt: »Die verzweifelt lustvolle Flucht der modernen Avantgarde vor Regel und Begriff [...] ist ohne die spezifische ästhetische Subjektivität des Genies [...] nicht vorstellbar.«[346] Exemplarisch ausgelotet werden die Schwierigkeiten des Genies unter Bedingungen der Genieverachtung und Genieverdrängung bei John Cage.[347] Gegen alle Regeln der Kunst wie gegen alle persönliche Meisterschaft überantwortet Cage die Entscheidung über die Form seiner Musikstücke unberechenbaren Faktoren oder auch dem puren Zufall.[348] Sein Klavierstück *4.33* präsentiert sich als totale Negation aller bisherigen Vorstellung von Musik, indem es dem Pianisten vorschreibt, während der angegebenen Dauer keinen einzigen Ton anzuschlagen, um dem Publikum die Ohren zu öffnen für den von der Musik sonst verdeckten Reichtum seiner akustischen Umwelt noch in der artifiziellen Situation der Stille im Konzertsaal. Cage sucht – wie vor ihm in der bildenden Kunst etwa Marcel Duchamp – maximale Originalität zu beweisen gerade in der Vermeidung der Züge, in denen Originalität sich herkömmlicherweise niederzuschlagen hatte. In einer Situation, wo durch permanenten Regelverstoß die Verbindlichkeit der Erwartungen in den Künsten sich auf die eine Erwartung des Unerwarteten reduziert hat, tun sich die Künstler zunehmend schwer, die Souveränität des Regelverstoßes unter Beweis zu stellen. Auch wo es längst als selbstverständlich gilt, daß der Geniebegriff abgewirtschaftet hat, scheinen allerdings Künstler mit Avantgardeanspruch wie die *Einstürzenden Neubauten* oder *Die tödliche Doris* nicht darauf verzichten zu können, sich mit verzweifelter Selbstironie als ›geniale Dilettanten‹ zu präsentieren.[349]

So rettungslos die ›idealistische Hybris‹ der romantischen Genievorstellung der Kritik verfällt, so unentbehrlich bleibt nach Adorno die Differenzqualität des ›Genialen‹ – wo immer es sich zeigt. »Geniales ist ein dialektischer Knoten: das Schablonenlose, nicht Repetierte, Freie, das zugleich das Gefühl des Notwendigen mit sich führt [...]. Genial heißt soviel wie eine Konstellation treffen, subjektiv ein Objektives, der Augenblick, da die Methexis des Kunstwerks an der Sprache die Konvention als zufällig unter sich läßt.«[350]

Eberhard Ortland

Literatur
BATTERSBY, CHRISTINE, Gender and Genius: Towards a Feminist Aesthetics (London 1989); CAHAN, JACOB, Zur Kritik des Geniebegriffs (Diss. Bern 1911); CLEGG, JERRY S., On Genius: Affirmation and Denial from Schopenhauer to Wittgenstein (New York u. a. 1994); CSIKSZENTMIHALYI, MIHALY, Creativity and Genius: a Systems Perspective, in: A. Steptoe (Hg.), Genius and the Mind: Studies of Creativity and Temperament (Oxford 1998), 39–64; FRIEDEN, KEN, Genius and Monologue (Ithaca 1985); GEHRING, AXEL, Genie und Verehrergemeinde. Eine soziologische Analyse des Genieproblems (Bonn 1968); GRAPPIN, PIERRE, La théorie du génie dans le préclassicisme allemand (Paris 1952); HOHL, HANNA, Saturn, Melancholie, Genie (Stuttgart 1992); KRISTEVA, JULIA, Le génie féminin. La vie, la folie, les mots (Hannah Arendt, Melanie Klein, Colette) (Paris 1999); MASON, JOHN HOPE, Thinking about Genius in the Eighteenth Century, in: P. Mattick, Jr. (Hg.), Eighteenth-Century Aesthetics and the Reconstitution of Art (Cambridge 1993), 210–229; MEISSNER, FRANZ-JOSEPH, Wortgeschichtliche Untersuchungen im Umkreis von französisch Enthousiasme und Genie (Genf 1979); MILLER, ARTHUR I., Insights of Genius: Imagery and Creativity in Science and Art (New York 1996); MURRAY, PENELOPE (Hg.), Genius: The History of an Idea (Oxford/ New York 1989); NAHM, MILTON C., The Artist as Creator: An Essay of Human Freedom (Baltimore 1956); SCHLEINER, WINFRIED, Melancholy, Genius, and Utopia in the Renaissance (Wiesbaden 1991); SCHMIDT, CHRISTOPH, Die Endzeit des Genies. Zur Problematik des ästhetischen Subjekts in der (Post-)Moderne, in: Deutsche Vierteljahrsschrift f. Literaturwiss. u. Geistesgesch. 69 (1995), 172–195; SCHMIDT, JOCHEN, Die Geschichte des Genie-Gedankens in der deutschen Literatur, Philosophie und Politik 1750–1945 (Darmstadt 1985); SCHMIDT-DENGLER, WENDELIN, Genius. Zur Wirkungsgeschichte antiker Mythologeme im der Goethezeit (München 1978); SIMONTON, DEAN KEITH, Origins of Genius: Darwinian Perspectives on Creativity (Oxford 1999); SOMMER, HUBERT, Génie. Zur Bedeutungsge-

---

346 CHRISTOPH SCHMIDT, Die Endzeit des Genies. Zur Problematik des ästhetischen Subjekts in der (Post-)Moderne, Deutsche Vierteljahrsschrift f. Literaturwiss. u. Geistesgesch. 69 (1995), 173.
347 Vgl. JOHN CAGE, Pour les oiseaux. Entretiens avec Daniel Charles (Paris 1976).
348 Vgl. HERMANN DANUSER, Die Musik des 20. Jahrhunderts (Laaber 1984), 328–349.
349 Vgl. WOLFGANG MÜLLER (Hg.), Geniale Dillettanten (Berlin 1982).
350 ADORNO (s. Anm. 344), 256.

schichte des Wortes von der Renaissance zur Aufklärung [Diss. Marburg 1943], hg. v. M. Nerlich (Frankfurt a. M. u. a. 1998); STILLINGER, JACK, Multiple Authorship and the Myth of Solitary Genius (New York/Oxford 1991); ZILSEL, EDGAR, Die Geniereligion. Ein kritischer Versuch über das moderne Persönlichkeitsideal, mit einer historischen Begründung (1918; Frankfurt a. M. 1990); ZILSEL, EDGAR, Die Entstehung des Geniebegriffes. Ein Beitrag zur Ideengeschichte der Antike und des Frühkapitalismus (Tübingen 1926).

Genuß/Vergnügen

(griech. ἀπόλαυσις, ἡδονή; lat. delectatio, voluptas, fruitio; engl. pleasure, enjoyment; frz. jouissance, plaisir; ital. piacere, godimento, fruizione; span. placer, goce, disfrute; russ. наслаждение, удовольствие)

Einleitung; I. Voraussetzungen; II. ›Französisches Glück‹; III. Begründungsversuche; IV. Mystik des Begehrens; V. Autonomiesetzung; VI. ›Ästhetischer Genuß‹; VII. Genuß als Negativität; VIII. Psychologisierung; IX. Psychologische Ästhetik; X. Nießrecht versus Mystik; XI. Ästhetischer Genuß – rezeptiv; XII. Ästhetischer Genuß – produktiv

Einleitung

»Ohne Genuß ist der Mensch nicht lebensfähig.«[1] Banal? Vielleicht, aber wie jede Banalität so verflochten, daß sie vom Denken nicht eingeholt werden kann. Ganz oben und ganz unten: Jeder Genuß ist Privileg. Fließend ist der Übergang von den ›niederen‹ zu den ›höheren‹ Genüssen, von der Lebensnotwendigkeit zum Luxus. Begriffsgeschichtlich voreilig, Wortgeschichte unterschlagend ist der neuerliche Versuch einer Trennung zwischen ›tierischen‹ und ›menschlichen‹ Genüssen bzw. einer physiologisch-juridischen und einer psychologischen Bedeutung des Begriffs. Gegen diese Trennung, in der sich Adornos Ablehnung jeden ästhetischen Genießens[2] mit der Propaganda für eine neue Genußästhetik trifft[3], müssen die Ebenen zusammengehalten, muß nicht nur betont werden, daß die ›höheren Genüsse‹ als Genüsse sinnlich sind, daß sie an einen Gegenstand gebunden und abhängig von ihm sind, sondern auch, daß sie die ›niederen Genüsse‹ und ihre angehende Befriedigung zur Voraussetzung haben. Der Ausdruck ›in den Genuß von etwas kommen‹ meint wohl auch das Vergnügen, das daraus folgen möchte, aber zunächst bedeutet er Besitz, Erhalt, Gegenwart, Zugesprochenwerden eines Etwas zu Gebrauch und Verfügung: Genuß von Fleisch und Käse, Genuß des täglichen Brots, Genuß einer Bleibe, in den Genuß von Hilfe kommen, Genuß von Freunden. Oder: Der Genuß, in den Genuß von Kunst zu kommen, ist Voraussetzung des Kunstgenusses. Genuß als Bedingung von Genuß, wiederum Banalität, ›realpolitisch‹, wenn der Genuß der staatsbürgerlichen Rechte manch einem nicht zuerkannt, anderen ganz einfach abgesprochen wird, das Recht, der Genuß des Lebens, oder aber, ›kulturpolitisch‹, sozusagen ins Kleine gewendet, wenn gegen die »Begehrlichkeit des Pöbels« eine »natürliche Aristokratie« behauptet wird, der allein »die höchsten Arbeiten und Genüsse der Cultur«[4] vorbehalten seien.

Jeder Genuß ein Privileg. Und ist nicht schon die mindeste Voraussetzung allen Genießens, ›Genuß des Lebens‹, eine Gabe? Luxus, der Dankbarkeit erheischt? Daß sich hier aber, beim ›Genuß des Lebens‹, bereits sowohl die objektive und die subjektive Seite des Genusses wie auch eine ›sinnliche‹ und ›geistige‹ Ebene so mischen, daß ein Auseinanderreißen Stillstand brächte, Nicht-Exi-

---

1 HEINER MÜLLER, Ich wünsche mir Brecht in der Peep-Show, in: Transatlantik (Sommer 1988), 34.
2 Vgl. THEODOR W. ADORNO, Ästhetische Theorie, in: ADORNO, Bd. 7 (1970), 26–31.
3 Vgl. BAZON BROCK, Tischkultur heute (1981), in: Brock, Ästhetik gegen erzwungene Unmittelbarkeit. Die Gottsucherbande. Schriften 1978–1986 (Köln 1986), 381–387; MICHEL ONFRAY, L'art de jouir. Pour un matérialisme hédoniste (Paris 1991); dt.: Der sinnliche Philosoph. Über die Kunst des Genießens, übers. v. E. Moldenhauer (Frankfurt a. M./New York 1992); ›Genießen‹ [Themenheft], in: Die neue Gesellschaft. Frankfurter Hefte 44 (1997), H. 7; WILHELM SCHMID, Philosophie der Lebenskunst. Eine Grundlegung (Frankfurt a. M. 1998), 333 ff.
4 HEINRICH VON TREITSCHKE, Der Sozialismus und seine Gönner, in: Preußische Jahrbücher 34 (1874), 67.

stenz, hat Samuel Beckett immer wieder durchgespielt. Weiterleben heißt weitermachen. Weiterreden. Sich im Leben den Genuß verschaffen, durch den es weitergeht. ›Glückliche Tage‹, schöne Tage erlebt Winnie, und je mehr der Genuß des Lebens objektiv eingeschränkt wird, desto mehr muß sie sich der Gnade, die ihr zugeteilt ist, versichern, muß sie subjektiv Genuß empfinden und diesen damit zugleich erst herstellen, objektiv das Weiterleben sichernd, das sie sich im Genußempfinden erst herstellt, sich einer ›Gnade‹ versichernd, die sie sich im Wort erschafft. Glückliche Tage, das sind die Tage, an denen Genuß sich einstellt, »ein Übermaß an Gnaden« (abounding mercies)[5], das sind alle Tage, denn ohne den sich selbst erschaffenden Genuß wäre Schweigen, versteinertes Absterben. ›Ohne Genuß ist der Mensch nicht lebensfähig‹, sich selbst schaffendes Leben, hergestellter Genuß, das Leben, der Mensch als Kunstwerk. Ist das ›ästhetischer Genuß‹? Ohne auf die Frage an dieser Stelle schon näher einzugehen, möchte ich nur eine weitere Komplikation benennen. Genuß, so stellt es sich dar, ist mit Lebenssteigerung verbunden, ist Befriedigung eines Bedürfnisses. Der Genuß, den sich Becketts Winnie verschafft, unterscheidet sich darin nicht von anderen Genüssen. Er macht lebensfähig, ist lebensnotwendig und unterscheidet sich darin nicht von anderen Genüssen, anderen Bedürfnisbefriedigungen, anderen Versuchen, Unlust und Schmerz aufzuheben, ein kleines Glück zu empfinden. Becketts Texte verweisen auf die Untrennbarkeit von ›passivem‹ und ›aktivem‹ Genuß, mehr jedoch darauf, daß beide auseinanderzuhalten sind. Ein Auseinanderhalten dessen, was doch zusammengehört, ist notwendig, um der Rede vom ›ästhetischen Genuß‹ überhaupt erst einen Sinn zu verleihen, das Beiwort ›ästhetisch‹ zu rechtfertigen und es von anderen Genüssen abzusetzen, denn: Wäre der Genuß von Kunst gleichzusetzen mit anderen Genüssen, so wäre der Zusatz ›ästhetisch‹ ein schmückendes und unnützes Beiwerk, das den Begriff als überflüssig entlarvte und Adornos Verteidigung der Kunst gegen ihre Konsumierung im Banausentum des Kunstgenusses rechtfertigte. Auf den Punkt gebracht: Läßt sich der Genuß von Opium und Kunst unterscheiden? Auf welcher Grundlage? Ist denn nicht Zweck und Sinn allen Genusses die Vermittlung von Glück, Lust, ist nicht Ziel die Befriedung von Schmerz, Abschaffung eines existentiell vorgegebenen Mangels, ein wie auch immer subjektiv definiertes und empfundenes Gefühl von Glückseligkeit, und ist Genuß denn keine körperliche Angelegenheit, Anregung gewisser Säfte, Zufriedenstellung gewisser physiologisch bedingter Schemata?

I. Voraussetzungen

Bis Ende des 17. Jh. waren die Begriffe Genuß, Lust, Vergnügen, Freude, Liebe eindeutig bezogen, erhielten Stand und Berechtigung aus dem letzten Ziel des Menschen, der Glückseligkeit. Diese kann nur im summum bonum gefunden werden, nur im höchsten Gut, das eben darum das höchste ist, weil es nur um seiner selbst willen erstrebt und geliebt wird, niemals als Mittel und Zweck für anderes einsetzbar ist, denn es ist final, Ende allen Strebens, Begehrens, des Handelns. Darin sind sich Aristoteles, Stoa, Epikur und Augustinus einig, trotz und gerade der Differenzen wegen, die um die Bestimmung des höchsten Gutes und um das Wie seiner Erreichbarkeit herrschen. Genuß, Lust, Liebe, Freude und Vergnügen – jedes nur vorstellbare positive Empfinden – sind integraler Bestandteil des Glücks. Da Aristoteles die eudaimonia (felicitas) theoretisch in einem mit sich selbst ganz zufriedenen Leben findet[6], unterscheidet er nach der Gerichtetheit der Aktivität auf Vollendung der menschlichen Natur gute und schlechte Formen der Lust (hēdonē); dabei ist die Lust, die der in seiner Natur korrumpierte bzw. philosophisch und politisch nicht ausgebildete Mensch (idiota) empfindet, keine wirkliche, sondern nur scheinbare Lust. Gegen die bei Aristoteles gegebene Möglichkeit, das Glück in der Welt finden zu können, sprechen vor allem die spätere Stoa und das Chri-

---

5 SAMUEL BECKETT, Happy days (1961), in: Beckett, Glückliche Tage/Happy Days/Oh les beaux jours, übers. v. E. Tophoven/E. Tophoven (1975; Frankfurt a. M. 2000), 94, dt. 95.
6 Vgl. JOHN L. ACKRILL, Aristotle on Eudaimonia (1974), in: O. Höffe (Hg.), Aristoteles: Die Nikomachische Ethik (Berlin 1995), 39–62.

stentum. Nicht cupiditas, sondern caritas (von griech. chara, Freude), körperlich-seelische Erregtheit auf Gott hin als das summum bonum, ist für Augustinus eigentlicher Antrieb der Sittlichkeit und Weg zur Glückseligkeit (beatitudo). Ihr stehen unvereinbar entgegen Weltzugewandtheit und jede Art von weltlichem Genuß, der das Irdische um seiner selbst willen sucht und bei ihm verweilt, statt es als Mittel zur Erreichung des einzigen Ziels zu gebrauchen. Nur in Hinsicht auf das höchste Gut und verbunden mit ihm ist die natürliche Lust zuzulassen – »uti ad Deum«, der Genuß (fruitio) selbst ist Gott vorbehalten – »frui in Deo«[7]. Essen und Trinken muß der Mensch – um den Körper gesund zu erhalten, nicht jedoch, um Genuß zu empfinden: »Das hast Du mich gelehrt, Nahrung so zu gebrauchen, wie man Heilmittel einnimmt. Aber indem ich von der Beschwer des Bedürfnisses übergehe zum Behagen der Stillung, ist es dieser Übergang, in dem die Schlinge der Begier auf mich lauert. Denn der Übergang selbst ist Lust [...]. Auch wenn man nur des Lebens wegen ißt und trinkt, gesellt sich doch als Begleiterin eine gefährliche Wohlempfindung bei [...], und oft kann man sich fragen, ob noch die notwendige Sorge für den Leib um Hilfe bittet, oder schon die lüstern heuchelnde Genüßlichkeit bedient sein will.« (Hoc me docuisti, ut quemadmodum medicamenta sic alimenta sumpturus accedam. Sed dum ad quietem satietatis ex indigentiae molestia transeo, in ipso transitu mihi insidiatur laqueus concupiscentiae. Ipse enim transitus voluptas est [...]. Et cum salus sit causa edendi ac bibendi, adiungit se tamquam pedisequa periculosa iucunditas [...], et saepe incertum fit, utrum adhuc necessaria corporis cura subsidium petat an voluptaria cupiditatis fallacia ministerium suppetat.)[8] Was fürs Essen gilt, gilt auch für die »voluptates aurium« (10, 33, 49) und die »voluptates oculorum« (10, 34, 51), für Musik und bildende Kunst. Zwar meint Augustinus, daß Musik und Gesang in der Kirche unverzichtbar seien, weil durch sie eine ›schwache Seele‹ sich zu innigerer Frömmigkeit erheben könne, lehnt aber auch hier die eigenständige Sinnesfreude ab, den Genuß, der auf einem vulgären Verständnis von Musik beruht, das sich kaum vom tierischen unterscheiden läßt.[9] Die überragende Bedeutung, die Augustinus jedoch der Musik auch

später nicht abspricht – obgleich er deren Gefahren betont: »Die Freuden des Gehörs hatten mich fester umstrickt und ins Joch gebeugt« (Voluptates aurium tenecius me implicaverant et subiugaverant), beginnt das 33. Kapitel der *Confessiones* (10, 33, 49; dt. 563) –, leitet er nicht aus den ästhetischen Eigenschaften der Musik ab – diese sind sekundär –, sondern aus den arithmetischen Verhältnissen der Intervalle, die ein vernehmliches Echo der metaphysischen Vollkommenheit sind, die die pythagoreische Spekulation den Zahlen zuschreibt. Über ihr Verhältnis zur Mathematik ist die Musik fähig, den Intellekt vom Begreifen des Geschaffenen zur unsichtbaren Wahrheit in Gott zu führen.[10]

Die Gleichsetzung von Kunstgenuß mit anderen möglichen Genüssen blieb ebenso wie die Bezogenheit von Glück und höchstem Gut – vor allem über die Kompilation von Aristoteles und Augustinus in Thomas von Aquins *Summa theologica* – bis in die Neuzeit bestimmend. Kunst blieb Magd des höchsten Guts, der Glückseligkeit. Das konnte sich erst unter zwei Voraussetzungen ändern. Erstens mußten im Rückgriff auf die Antike Begehren und Genuß naturalisiert und die Wesenheit des Menschen als Begierde, cupiditas, bestimmt werden. Zwar blieb dabei Lust auf das summum bonum bezogen – Spinozas »amor Dei intellectualis« als die höchste dem Menschen erreichbare Lust, alle Lust jedoch als bonum: »Da also diejenigen Dinge gut sind, welche die Theile des Körpers unterstützen, ihren Verrichtungen obzuliegen, und die Lust darin besteht, daß das Vermögen des Menschen, insofern es aus Geist und Körper besteht, erhöht oder vermehrt wird, so ist Alles, was Lust verschafft, gut.« (Cùm igitur res illae sint bonae, quae Corporis partes juvant, et suo officio fungantur, et Laetitia in eo consistat, quòd hominis potentia, quatenus Mente et Corpore constat, juvatur, vel augetur; sunt ergo illa omnia, quae Laeti-

---

7 AUGUSTINUS, De trinitate 9, 8, 13; vgl. R. HAUSER, ›Lust, Freude‹, in: RITTER, Bd. 5 (1980), 556.
8 AUGUSTINUS, Conf. 10, 31, 44; dt.: Bekenntnisse, lat.-dt., übers. v. J. Bernhart (1955; Frankfurt a. M. 1987), 555-557.
9 Vgl. AUGUSTINUS, De musica 2, 19, in: MIGNE (PL), Bd. 32 (1877), 1111.
10 Vgl. AUGUSTINUS, Retractiones 1, 2, in: ebd., 600ff.

tiam afferunt, bona.)[11] Doch konnten nun wieder schlechte und gute Genüsse unterschieden und dem Genuß selbst ein eigenständiger Wert von Glück eingeräumt werden. Zweitens mußte auf dieser Grundlage das Glück selbst profanisiert und individualisiert, d. h. von einer als objektiv angesehenen, im Christentum dazu jenseitigen Glückseligkeit gelöst werden. »So that in the first place, I put for a generall inclination of all mankind, a perpetuall and restlesse desire of Power after power, that ceaseth onely in Death«, schreibt Hobbes. »And the cause of this, is not alwayes that a man hopes for a more intensive delight, than he has already attained to; or that he cannot be content with a moderate power: but because he cannot assure the power and means to live well, which he hath present, without the acquisition of more.«[12] »For there is no such *Finis ultimus*, (utmost ayme,) nor *Summum Bonum*, (greatest Good,) [...]. Felicity is a continuall progresse of the desire, from one object to another« (55).

Der Prozeß der Individualisierung geht einher mit einer Ablösung vom Lateinischen, Hinwendung zu den Nationalsprachen, in deren Folge sich länder- und sprachspezifische Differenzierungen der Begriffe herausbilden. Nur im Französischen jedoch kommt es dabei zum Ansatz einer begrifflichen Unterscheidung zwischen plaisir und jouissance – jouissance wird sexuell konnotiert[13]. Im Deutschen dagegen wie im Englischen bleiben Genuß und Vergnügen, enjoyment und pleasure begrifflich austauschbar – sieht man von der allem Genuß inhärenten juridischen Basis des Besitzens ab, die vor allem in der Rede vom ›ästhetischen Genuß‹ meist unterschlagen wird. Nicht nur umgangssprachlich sind so in Beziehung auf Kunst die Ausdrücke Genuß, Vergnügen, Lust, Freude austauschbar. Auch die Kunsttheorie und die neueren Texte über Lust und Genuß sind gekennzeichnet durch einen unreflektierten Wortgebrauch, der die dem 19. Jh. noch bekannten auch negativen Konnotationen unterschlägt und ›Genuß‹ – ›Kunstgenuß‹ – ins biedermeierlich Behagliche des Bildungsvergnügens abgleiten läßt.

II. ›Französisches Glück‹[14]

Gegen theologische und philosophische Theorien: immer gab es auch das Glück als irdisches, in Momenten als präsent empfundenes Gefühl, gab es Genuß des Augenblicks, Genuß des Daseins. Vor allem die deutsche Barockdichtung durchzieht trotz oder gerade wegen aller Fragwürdigkeiten der Zeit der Aufruf zum Genuß: »Geniesset was die Zeit beschert, / Wer sichert uns wie lang es wehrt?«[15]; »Drumb laß uns jetzt genießen / Der Jugend Frucht, / Eh dann wir folgen müssen / Der Jahre Flucht.«[16] In Frankreich dann folgt dem durch Kunst und Literatur Angebahnten im 18. Jh. auch die Theorie. Unmengen von Schriften befassen sich mit Glück und Vergnügen, mit der praktischen Gestaltung eines Lebens, das auf die unmittelbare Gegenwart, auf weltlichen Genuß und weltliche Interessen, auf die irdische Welt gerichtet ist.[17] Allen vorausgreifend Malebranche, wenn er sinnliche Vergnügen nicht nur als legitimes Ziel des Lebens gelten läßt, sondern gegen alle philosophische Tradition sagt, »que les plaisirs des sens rendent heureux tous ceux qui en jouissent, pendant qu'ils en jouissent, & d'autant plus heureux

---

11 BARUCH DE SPINOZA, Ethica ordine geometrico demonstrata (1677)/Die Ethik mit geometrischer Methode begründet, in: Spinoza, Opera/Werke, lat.-dt., hg. v. K. Blumenstock, übers. v. B. Auerbach, Bd. 2 (Darmstadt ²1978), 4. Teil, § 30, 500/501.
12 THOMAS HOBBES, Leviathan, or The Matter, Forme, & Power of a Common-Wealth Ecclesiasticall and civill (1651) I, 11, hg. v. R. E. Flathman/D. Johnston (New York/London 1997), 55 f.
13 Vgl. DENIS DIDEROT, ›Jouissance‹, in: DIDEROT (ENCYCLOPÉDIE), Bd. 8 (1765), 889.
14 Vgl. ERNST BLOCH, Das Prinzip Hoffnung (1954–1959), in: BLOCH, Bd. 5 (Frankfurt a. M. 1959), 1100.
15 ROBERT ROBERTHIN, Vivam dum mihi vita datur (1638), in: L. H. Fischer (Hg.), Gedichte des Königsberger Dichterkreises, Bd. 1 (Halle 1883), 16; vgl. WOLFGANG BINDER, ›Genuß‹ in Dichtung und Philosophie des 17. und 18. Jahrhunderts, in: Archiv für Begriffsgeschichte 17 (1973), H. 1, 70.
16 MARTIN OPITZ, Lied im Ton, in: Opitz, Teutsche poemata (1624), hg. v. G. Witkowski (Halle 1902), Nr. 141; vgl. BINDER (s. Anm. 15), 71.
17 Vgl. ROBERT MAUZI, L'idée du bonheur dans la littérature et la pensée françaises au XVIIIᵉ siècle (1960; Paris 1994).

qu'ils sont plus grands«[18]. Gegen Arnaulds ›konservative‹ Einwürfe tritt Bayle auf die Seite Malebranches, erklärend, daß man ein physisches und ein metaphysisches Glück unterscheiden, dabei aber doch wohl zugeben müsse, daß jedes empfundene Glück auch ein solches sei; »tout plaisir [...] est un bonheur«[19], auch das des Wollüstigen und das des Verbrechers, ein vielleicht falsches, aber reelles. Entsprechend heißt es in der *Encyclopédie* unter dem Stichwort ›Plaisir, délice, volupté‹: »Le plaisir est un sentiment de l'âme qui nous rend heureux du-moins pendant tout le temps que nous le goûtons.«[20] Wenn La Mettries *Anti-Sénèque* 1750 sogleich verboten worden ist, von Friedrich II. gar eigenhändig verbrannt worden sein soll, so lag das wohl kaum an seiner, wie es heißt, ›skandaleusen‹ Konzeption des Glücks. La Mettries Begriff des Glücks geht über das von Malebranche und Bayle Gedachte kaum hinaus. Auch Tiere genießen und empfinden Glück, auch der Ungebildete kann glücklich sein, Glück als organischer Zustand, hervorrufbar zum Beispiel durch den Genuß von Opium, Glück des Verbrechers und Perversen, der – hier lag das Skandalon – von Natur aus bösen und determinierten, durch Anerziehung von Tugend und Schuldgefühlen nicht verbesserbaren Maschine Mensch. Wenn La Mettrie für die natürlichen Bedürfnisse spricht, so doch nicht für die alles einverleibende Genußsucht des Zeitalters; er spottet über die enchantierten Kunstliebenden: »Tantôt c'est la Poësie ou la Peinture; tantôt c'est la Musique ou l'Architecture, le Chant, la Danse etc. qui font quater aux connoisseurs des plaisirs ravissans. Voiez la Delbar (femme de Piron) dans une loge d'Opera; pâle et rouge tour-à-tour, elle bat la mesure avec Rebel; s'attendrit avec Iphigénie, entre en fureur avec Roland etc. Toutes les impressions de l'Orchestre passent sur son visage, comme sur une toile. Ses yeux s'adoucissent, se pâment, rient, ou s'arment d'un courage guerrier. On la prend pour une folle. Elle ne l'est point, à moins qu'il n'y ait de la folie à sentir le plaisir. Elle n'est que pénétrée de mille beautés qui m'échappent.«[21] Das Glück des Kunstliebhabers wird durch das desjenigen übertroffen, dem das Studium ein Vergnügen und eigenes Denken ein Genuß ist: »on joüit ici, dès qu'on cherche à joüir« (8). Trotz der Ansätze, ›höhere‹ von ›niedrigen‹ Genüssen zu unterscheiden, gibt es auch bei La Mettrie keine Reflexionen zu einem eigenständigen ästhetischen Genuß. Kunst bleibt Mittel zum Glück wie jeder andere Genuß auch, ist dazu da, Vergnügen zu erregen. Alle ›Schönheit‹, aller Luxus, mit dem man sich umgibt, sind moyens d'être heureux. Deutlich ist das besonders in der Literatur und Kunst des 18. Jh. selbst, einer Fixierung auf erotische Sujets. Ist das Glück als sentiment individualisiert und interiorisiert, so ist es doch zugleich ein völlig äußeres, abhängig von Objekten, abhängig von einer eigens zum Vergnügen automatisierten Umgebung, ist es inszeniertes Glück. Wenig bedarf es, und die Werkzeuge der Lust verwandeln sich in solche der Qual, der eigenen und fremden: Genuß, der sich selbst nie genug sein kann, ständig übersteigert werden muß, weil Begierde (nach Hobbes) Wesenheit des Menschen ist; Vergnügen, das im extensiven Genuß zur Tortur wird – wie schon der harmlose Geruch eines Parfums, Berieselung durch Musik etc. –, in die auch der sonst der Übersättigung nicht geneigte Genuß von Kunst hineingezogen wird. Gegen die Gefahren der Übersättigung wie auch in Absetzung von gewöhnlichen Genüssen wird gegen den jedem Wesen zugänglichen plaisir der Begriff der volupté eingeführt, eines plaisir réfléchi, einer durch den Geist transfigurierten und verfeinerten Lust. Diese ›Freuden der Einbildungskraft‹ kommen weder Tieren noch vulgären Seelen zu, sondern nur den Menschen, die mit Delikatesse, Geschmack und Gefühl zu genießen wissen. In ihnen begegnen die intimsten Ergötzungen des Absoluten, dem Schönen und Guten.

---

18 NICOLAS DE MALEBRANCHE, Traité de la nature et de la grâce (1680), zit. nach Antoine Arnauld, Réflexions Philosophiques & Théologiques sur le nouveau Système de la Nature & de la Grâce (1685), in: Arnauld, Œuvres, Bd. 39 (Paris 1781), 366.
19 PIERRE BAYLE, Nouvelles de la République des Lettres (August 1685), zit. nach Arnauld, Dissertation sur le prétendu bonheur des plaisirs des sens [...] (1687), in: Arnauld, Œuvres, Bd. 40 (Paris 1780), 38.
20 LOUIS DE JAUCOURT, ›Plaisir, délice, volupté‹, in: DIDEROT (ENCYCLOPÉDIE), Bd. 12 (1765), 689.
21 JULIEN OFFRAY DE LA METTRIE, L'homme machine (1748)/Die Maschine Mensch, hg.-dt., übers. v. C. Becker (Hamburg 1990), 8–10.

»L'homme parfait est voluptueux«[22], heißt es 1736 bei Thémiseul de Saint-Hyacinthe: die Imagination, das Phantasma als das Kennzeichen menschlichen Genusses, das ihn von den tierischen Genüssen unterscheidet, vom einfachen Glück körperlichen Wohlseins, mit dem sich der Mensch nicht zufriedengibt. La Mettrie und de Sade zogen – gegen die zeitgemäße Oberflächlichkeit – die Konsequenzen aus der gängigen Theorie und Praxis, alles Begegnende im Hinblick auf das eigene Glück zu sehen und diesem unterzuordnen. ›Plaisir noir‹, ›Glückseligkeit im Bösen‹ als die Übersteigerung des Genußstrebens, in der sich einerseits die sexuelle Befriedigung als der Bodensatz jeden Genusses erweist, andererseits die Notwendigkeit zeigt, auf der Suche nach stärkeren Reizen die Sexualität von erogenen Zonen und taktilen Empfindungen loszulösen und in die Imaginatio hinein zu emanzipieren, die sich gleichwohl im Versuch ihrer realen Umsetzung jeweils wieder als ungenügend erweist, als ephemer nicht nur im Hinblick auf die Stärke des Genusses, sondern auch hinsichtlich seiner Dauer. »Et comment est-il que vous puissiez être heureux, dès que vous pouvez vous satisfaire à tout instant? Ce n'est pas dans la jouissance que consiste le bonheur, c'est dans le désir, c'est à briser les freins qu'on oppose à ce désir. Or, tout cela se trouve-t-il ici, où je n'ai qu'à souhaiter pour avoir? Je fais serment, dit-il, que, depuis que j'y suis, mon foutre n'a pas coulé une seule fois pour les objets qui y sont; il ne s'est jamais répandu que pour ceux qui n'y sont pas. [...] de là naît la certitude du plus grand plaisir à la chose la plus infâme et le système dont ne se doit point s'écarter, qui est que plus l'on voudra faire naître le plaisir dans le crime et plus il faudra que le crime soit affreux.« ([Wie] könnt Ihr überhaupt glücklich sein, da die Möglichkeit gegeben ist, Euch in jedem Augenblick zu befriedigen? Nicht im Genuß besteht das Glück, sondern im Verlangen, im Zerbrechen der Schranken, die man gegen dies Verlangen errichtet. Gibt es dies alles etwa hier, wo ich nur etwas zu wünschen brauche, um es schon zu haben? Ich schwöre, [...] daß, seitdem ich hier bin, mein Samen nicht ein einziges Mal um der anwesenden Objekte willen geflossen ist. Nie habe ich ihn anders vergossen als wegen derer, die nicht zugegen sind [...]. Die Lehre [...] besteht darin, daß, je mehr man die Lust dem Verbrechen entspringen lassen möchte, auch das Verbrechen desto abscheulicher sein muß.)[23] Gerade die propagierte Identität von höchstem Genuß und größtem Schmerz weist auf die Grenze, darauf, daß selbst die Bataille so faszinierende »supplice [...] des *Cent morceaux*« (Folter der hundert Teile)[24] irgendwann enden muß. Bleibt die Leere, die Michel Houellebecq – resümierend – als Ende und Ziel materialistischen Genußstrebens beschreibt: »Après avoir épuisé les jouissances sexuelles, il était normal que les individus libérés des contraintes morales ordinaires se tournent vers les jouissances plus larges de la cruauté; deux siècles auparavant, Sade avait suivi un parcours analogue. En ce sens, les *serial killers* des années 90 étaient les enfants naturels des *hippies* des années 60 [...]. Actionnistes viennois, beatniks, hippies et tueurs en série se rejoignaient en ce qu'ils étaient des libertaires intégraux, qu'ils prônaient l'affirmation intégrale des droits de l'individu face à toutes les normes sociales, à toutes les hypocrisies que constituaient selon eux la morale, le sentiment, la justice et la pitié.« (Nachdem sie die Möglichkeiten der sexuellen Befriedigung ausgeschöpft hatten, war es völlig normal, daß die Individuen, die sich von den üblichen moralischen Zwängen befreit hatten, sich der umfassenderen Befriedigung grausamer Instinkte zuwandten; zweihundert Jahre zuvor hatte de Sade einen ähnlichen Weg beschritten. In dieser Hinsicht waren die *serial killers* der 90er Jahre die Nachfahren der Hippies der 60er Jahre. [...] Den Wiener Aktionisten, den beatniks, den Hippies und den Serienkillern war gemein, daß sie zutiefst libertäre Hedoni-

---

22 THÉMISEUL DE SAINT-HYACINTHE, Agathon. Dialogue sur la volupté, in: Saint-Hyacinthe, Recueil de divers écrits (Paris 1736), 126; vgl. MAUZI (s. Anm. 17), 417.
23 DONATIEN ALPHONSE FRANÇOIS DE SADE, Les cent vingt journées de Sodome (entst. 1785, ersch. 1904), in: Sade, Œuvres complètes, hg. v. A. Le Brun/J.-J. Pauvert, Bd. 1 ([Paris] 1986), 181, 182f.; dt.: Die hundertzwanzig Tage von Sodom oder die Schule der Ausschweifung, übers. v. K. von Haverland (Dortmund 1990), 65, 68f.
24 GEORGES BATAILLE, Les larmes d'Eros (1961), in: Bataille, Œuvres complètes, Bd. 10 (Paris 1987), 626; dt.: Die Tränen des Eros, übers. v. G. Bergfleth (München 1981), 246; vgl. ebd., 245 [Abb.].

sten waren und die Rechte des Individuums gegenüber allen sozialen Normen und Heucheleien, die ihnen zufolge Moral, Gefühl, Gerechtigkeit und Mitleid darstellten, in letzter Konsequenz propagierten und für sich in Anspruch nahmen.)[25]

III. Begründungsversuche

Kunst bedeutet Vergnügen, darin ist man einig. Und: Nach dem Maß, in dem Kunst ihrer Aufgabe, Genuß und Vergnügen hervorzurufen, gerecht wird, ist sie als ›bessere‹ oder ›schlechtere‹ einzustufen – Beginn einer, wie Luhmann sagt, »funktionalen Differenzierung«, einer »funktionsbezogenen Rollenkomplementarität«[26] zwischen Kunst und Publikum. Aber wie ruft Kunst Vergnügen hervor und warum? Das sind Fragen, mit denen sich einerseits psychologisierend (im Anschluß an Locke) Addison und Du Bos befaßt haben, andererseits objektivierend (im Anschluß an Descartes und Leibniz) Christian Wolff und seine Nachfolger.

Mit der Ablösung des Glücks vom höchsten Gut, seiner Erdung, erfolgt gleichzeitig die Abwendung von ›eingeborenen Ideen‹ und die Hinwendung zur Erfahrung, zur Untersuchung der bei einer ›Erkenntnis‹ stattfindenden Vorgänge im Menschen. Von Lockes Unterscheidung zwischen äußerer und innerer Wahrnehmung, sensation and reflection, aus weiterdenkend, bestimmt Joseph Addison 1712 Kunstwahrnehmungen als ›secondary pleasures of imagination‹ und als ›actions of the mind‹. Durch Kunst werden die Ideen real abwesender Gegenstände im Geist hervorgerufen, jedoch so, daß sie zu angenehmen Vorstellungen umgeformt sind. Weil das Vergnügen an der Kunst bereits reflexiv ist, abgehoben von der Wirklichkeit, kann auch die Darstellung von Schrecken und Leid angenehm sein. »The pleasures of these secondary views of the imagination«, are of a wider and more universal nature than those it has when joined with sight; for not only what is great, strange, or beautiful, but anything that is disagreeable when looked upon, pleases us in an apt description. Here, therefore, we must inquire after a new principle of pleasure, which is nothing else

but the action of the mind, which compares the ideas that arise from words, with the ideas that arise from the objects themselves. […] In the like manner, when we read of torments, wounds, deaths, and like dismal accidents, our pleasure does not flow so properly from the grief which such melancholy descriptions give us, as from the secret comparison which we make between ourselves and the person who suffers. Such representations teach us to set a just value upon our own condition, and make us prize our good fortune which exempts us from the like calamities. This is, however, such a kind of pleasure as we are not capable of receiving, when we see a person actually lying under the tortures that we meet with in a description; because, in this case, the object presses too close upon our senses«[27]. In Frankreich schließt Jean-Baptiste Du Bos in seinen *Réflexions critiques sur la poësie et sur la peinture* (1719) an Locke und Addison an. »Les hommes n'ont aucun plaisir naturel qui ne soit le fruit du besoin […]; & l'un des plus grands besoins de l'homme, c'est celui d'avoir l'esprit occupé.« »Puisque le premier but de la Poësie & de la Peinture est de nous toucher, les poëmes & les tableaux ne sont de bons ouvrages qu'à proportion qu'ils nous émeuvent & qu'ils nous attachent.«[28] Ästhetische Affekte sind der Lebenswirklichkeit entpflichtet, sind reines Vergnügen (plaisir pur) und führen zum ›interesselosen‹ Genuß für den Betrachter, dessen seelische Kräfte sie stärken. Rührung, Bewegung der Seelenkräfte in ästhetischer Distanz als allgemeine Aufgabe von Kunst und als Kriterium ihrer Wertung – darunter fallen jedoch alle möglichen Spektakel, von artistischen Darstellungen und Wunderkammern bis zu Gladiatorenkämpfen, Hexenverbrennungen und Hinrichtungen. Das Vergnügen ist eins, und Du Bos muß auf ein nicht definierbares inneres Gefühl, einen ›sechsten Sinn‹

---

25 MICHEL HOUELLEBECQ, Les particules élémentaires (Paris 1998), 261; dt.: Elementarteilchen, übers. v. U. Wittmann (Köln 1999), 238f.
26 NIKLAS LUHMANN, Die Kunst der Gesellschaft (Frankfurt a.M. 1995), 325.
27 JOSEPH ADDISON, Essays on the Pleasures of Imagination (1712), in: Addison, The Works, hg. v. H. G. Bohn, Bd. 3 (1856; London 1893), 418, 420.
28 DU BOS, Bd. 1, 5f.; Bd. 2, 339.

zurückgreifen, der das ›gebildete Publikum‹ befähigen soll, Kunst nach ihrem Wert einzuschätzen.

Aus diesem Grund kritisch gegenüber Du Bos, verweist Moses Mendelssohn wieder auf die Notwendigkeit, daß im Zusammenhang mit dem Genuß, den Kunst bereite, der Begriff der Vollkommenheit, und damit indirekt der des höchsten Guts bzw. der Glückseligkeit, unverzichtbar sei. Kunst bereite Lust, weil sie als »Einheit des Mannigfaltigen« eine anschauende Erkenntnis der Vollkommenheit gewähre. Diese sei allerdings durch die Sinne eingeschränkt, so daß sowohl gesagt werden müsse, die Lust der Erkenntnis sei größer als jede durch die Sinne vermittelte, als auch, daß »das Gefühl der sinnlichen Schönheit blos unserm Unvermögen« zuzuschreiben sei, eine allzu verwickelte Ordnung sinnlich als Einheit erkennen zu können. »Nun denke an die wahre Vollkommenheit der Bäume. Die Schönheit kann durch die Kunst in Bildern vortreflich nachgeahmt werden; aber die Vollkommenheit; wie klein und unvermögend ist hierinn die Kunst! Erwege diese Blätter, diese Zweige, diese Knospen hier, jene Blüthen dort, was für ein gemeinschaftlicher *Endzweck* verbindet sie? [...] Hier wird deine Seele von Wollust trunken, hier erlangst du das anschauende Erkenntniß einer ächten Vollkommenheit; ein Vergnügen, das sich nicht auf deine Schwachheit, das sich auf das vernünftige Bestreben nach ineinander gegründeten Vorstellungen stützt.«[29] Was von der Natur gilt: daß es keine eigentliche Häßlichkeit gebe, gilt indes nicht in gleicher Weise von der Kunst, deren Aufgabe ›Schönheit‹ sei: der »Gothische Geschmack« ist wie ein »allzu sehr durch einander geschlungener Tanz« (58 f.) verwerflich. Hinter Mendelssohns Gedanken steht Christian Wolffs die deutsche Ästhetik prägende und noch Goethes Rede vom »vollkommenen Kunstwerk«[30] bestimmende Definition: »Pulchritudo consistit in perfectione rei«[31], Schönheit bestehe in der Vollkommenheit einer Sache; Lust (voluptas) entstehe in der Wahrnehmung ebendieser Vollkommenheit. Was für Descartes kein Problem war – da er Vollkommenheit ganz verinnerlichte und die durch diese bedingte Lust nur als eine durch die ratio hervorgerufene bestimmt wissen wollte, so daß auch alles Negative, bis hin zum körperlichen Schmerz, der eigenen Vervollkommnung dienen und damit als lustvoll empfunden werden kann –, wird nun eines der Hauptprobleme der Ästhetik: Warum gibt es ein Vergnügen an ›häßlichen‹ Gegenständen, wie ist (auch für Aristoteles schon ein Problem) das Vergnügen an Tragödien zu verstehen, und, damit zusammenhängend, ist Schönheit tatsächlich mit Vollkommenheit verbunden bzw. unterscheidet sich das Vergnügen am Nützlichen von dem am Schönen?

Genuß und Vergnügen ganz ohne Nutzen für die moralische Ausrichtung des Menschen, das bleibt im protestantischen Deutschland verpönt, auch wenn es immer wieder zu Versuchen kam, ›Luxus‹ zu verteidigen.[32] Im ganzen blieb man asketisch, und alles Vergnügen, sinnlich oder geistig, war nur soweit berechtigt, als es sich dabei um wohlverdiente Ruhe nach der Arbeit handelte oder eben um ein belehrendes, erzieherisch eingesetztes Vergnügen. Hintergrund sind einerseits Ansätze zur kapitalistischen Askese – Akkumulation des Geldes als ein dem Genußtrieb Entsagen[33] – »Tagtäglich wiederhole ich meinen Kindern, daß der Titel eines Abiturienten ihnen nie ein Stück Brot zum Beißen einbringen wird; daß ich sie aufs Collège geschickt habe, damit sie die Vergnügen des Verstandes kosten können [...]. Aber ich füge hinzu, daß es für sie eine große Gefahr wäre, würden sie sich zu sehr den Vergnügungen des Geistes hingeben.« (Je répète chaque jour à mes enfants que le titre de bachelier ne leur donnera pas un morceau de pain à croquer; que je les ai mis au collège pour leur permettre de goûter les plaisirs de l'intelligence [...]. Mais j'ajoute qu'il y aurait pour

---

29 MOSES MENDELSSOHN, Über die Empfindungen (1755), in: MENDELSSOHN, Bd. 1 (1971), 60.
30 JOHANN WOLFGANG GOETHE, Über Laokoon (1797), in: GOETHE (WA), Abt. 1, Bd. 47 (1896), 102.
31 CHRISTIAN WOLFF, Psychologia empirica (1732/²1738), in: WOLFF, Abt. 2, Bd. 5 (1968), 420.
32 Vgl. JUSTUS MÖSER, Ueber die Sittlichkeit der Vergnügungen, in: Berlinische Monatsschrift, Nr. 2 (1783), 484–488; CHRISTOPH MEINERS, Ueber die Rechtmässigkeit des Negern-Handels, in: Meiners/L. T. Spittler, Göttingisches Historisches Magazin, Bd. 2 (Hannover 1788), 398 ff.
33 Vgl. KARL MARX, Grundrisse der Kritik der politischen Ökonomie (1857–1858; Berlin 1953), 915; MARX, Das Kapital. Kritik der politischen Ökonomie (1867–1894), in: MEW, Bd. 23 (1962), 623.

eux grand danger à trop s'adonner aux plaisirs de l'esprit.)³⁴ Andererseits gab es religiöse Vorbehalte gegenüber irdischen Vergnügungen – auch dem Vergnügen des Kunstgenusses gegenüber, das zur Nachahmung verderblicher Leidenschaftlichkeit auffordere und von der Pflicht zur Tätigkeit abhalte, als Vergnügen der Einbildungskraft die »Seuche unthätiger Empfindsamkeit«³⁵ fördere.

IV. Mystik des Begehrens

Glück als Befriedigung des Begehrens im Genuß, der doch, wie Hobbes und Leibniz bemerkten, nie ein irdisches Ende erreichen kann, sondern von einem Begehren zum nächsten fortschreitet, bis er im höchsten Gut – ästhetisch gewendet im ›vollkommenen Kunstwerk‹ – Ziel und Erfüllung findet: Das ist der Hintergrund der Metaphysik des Genusses in christlicher Mystik und Pietismus. Genuß bedeutet völlige Selbstaufgabe, Aufgehen im Objekt, ein Sich-Verlieren, wie von Goethe säkularisiert im *Werther* (1774) beschrieben. Im deutschen Sprachraum zumindest werden ›Genuß‹ und ›genießen‹ schon im 17. Jh. geläufige Version der lateinischen Unio mystica. ›Genuß Gottes‹, das ist ganz real die Handlung des Abendmahls, die Verschlingung von Christi Leib und Blut in der Hostie. Gott kann geschmeckt, getrunken und gegessen, in Christi Blut, im »Teich der Gnaden«, kann ein Bad genommen werden. »Und wer noch heute will / in Jesu blut'ger füll / schwimmen, baden, trincken, / und hier genießen viel«³⁶, schreibt Zinzendorf, in dessen Liedern die pietistische Genuß-metaphorik als Blut- und Wundenkult ihren Höhepunkt erreicht.

Von den pietistischen Strömungen abgesetzt, ersteht im 18. Jh. allgemein wieder eine Philosophie der Liebe, eine Metaphysik des Begehrens, die das irdische Verlangen nach Vereinigung als notwendige Vorstufe und Ausdruck der Sehnsucht nach dem Absoluten begreift. Friedrich Schleiermachers und Wilhelm von Humboldts Brautbriefe, Novalis, Franz von Baader, die frühen Schriften Hegels sind Beispiele der neuen Erotisierung des Denkens, unter der auch die Kunst einen anderen Stellenwert erhält. Schon Du Bos hatte seine *Réflexions*

critiques mit einem Hinweis auf Platon begonnen³⁷, mit der Geschichte von Eros als Kind der Armut und des Überflusses, ohne jedoch systemische Konsequenzen zu ziehen. Mittelpunkt wird die Liebe als Begehren bei Frans Hemsterhuis – und damit eine Metaphysik des Genusses, die den Begriff vom bloßen Vergnügen trennt und als den Zentralbegriff einsetzt, aus dem jedes Leben sich erklären läßt. Begierde (désir) ist die erste Sensation des tierischen Lebens, ist erste und letzte Sensation der menschlichen Seele, die auf der Welt kein Genügen finden kann. Genuß (jouissance) setzt ein, wenn zwei verschiedene Empfindungen sich vereinigen: »Einmal die Sensation eines Bedürfnisses und dann die eines Dinges, das dieses Bedürfnis befriedigt. Wenn diese beiden Sensationen in ihrer ganzen Stärke zugleich da sind und sich vermischen, genießt man.« (Celle [la sensation – d. Verf.] d'un besoin, et celle d'une chose qui satisfait à ce besoin. Lorsque ces deux sensations coëxistent dans toute leur force et se confondent, il y a jouissance.)³⁸ Im Gegensatz zu den Tieren gehe das menschliche Bedürfnis über die Befriedigung der Sinne, das ›goldene Zeitalter der Tiere‹, hinaus auf eine Einheit, in der jede Spur einer Dualität von Körper und Geist, Natur und Seele überwunden ist: Der Mensch erstrebt den »vollkommenen Ge-

---

34 Zit. nach LOUIS BERGERON (Hg.), Les capitalistes en France 1780–1914 (Paris 1978), 195; vgl. PIERRE BOURDIEU, Les règles de l'art. Genèse et structure du champ littéraire (Paris 1992), 77; dt.: Die Regeln der Kunst. Genese und Struktur des literarischen Feldes, übers. v. B. Schwibs/A. Russer (Frankfurt a.M. 1999), 85.
35 MARTIN EHLERS, Betrachtungen über die Sittlichkeit der Vergnügungen in zween Theilen, Bd. 2 (Flensburg/Leipzig 1779), 314.
36 NIKOLAUS LUDWIG VON ZINZENDORF, Zwey und Dreyßig einzelne Homiliä oder Gemein-Reden in den Jahren 1744, 1745, 1746, zit. nach August Langen, Der Wortschatz des Pietismus (Tübingen 1954), 288.
37 Vgl. DU BOS, Bd. 1, 5.
38 FRANS HEMSTERHUIS, Alexis, ou de l'âge d'or (entst. 1787), in: Hemsterhuis, Œuvres philosophiques, hg. v. L. S. P. Meyboom, Bd. 2 (Leeuwarden 1846), 152; dt.: Alexis oder über das Goldene Zeitalter, in: Hemsterhuis, Philosophische Schriften, hg. von J. Hilsz, Bd. 2 (Karlsruhe/Leipzig 1912), 231.

nuß« (la jouissance parfaite)[39]. Daß dieser in der Welt nicht erreichbar ist, sei der Grund für die Unersättlichkeit des Menschen und das dauernde Mißverhältnis zwischen den menschlichen Begierden und allem irdischen Genuß. Indirekt nur, doch auf den deutschen Idealismus vorausweisend, geht Hemsterhuis auf die Kunst ein. Auch sie sei Ausdruck des Begehrens als Grundverfassung des Menschen, sei der Versuch, Welt und Seele einander anzunähern, sei das Streben »à rendre l'objet désiré plus homogène [...], c'est-à-dire, à augmenter la possibilité de l'union desirée« (61).

Der ideale, perfekte Genuß ist, wie Novalis im Anschluß an Hemsterhuis sagt, »ewiger Reitz«, die ewige Sehnsucht, die »nie aufhören [kann] Reitz zu seyn – ohne daß wir selbst aufhörten – sowohl der Sache, als der Idee nach«[40]. Durch Philosophie wird, weltgeschichtlich gesehen, der Totalgenuß einer Harmonie von Intelligenz und Welt ermöglicht. Jedoch nur in der Kunst, in der Poesie wird »die höchste Sympathie und Coactivitaet – die innigste, herrlichste Gemeinschaft wircklich« (373), wird die »Ehe von Natur und Geist« vollzogen, »Liebe«, der »Endzweck der Weltgeschichte – das Unum des Universums«[41]. Solange jedoch dieses Ziel, das den Menschen Gott gleich machen würde, nicht erreicht ist, »ewiges« bleibt und innerhalb dieser Welt bleiben muß, sind Intelligenz und Welt entgegengesetzt als »Factur« und »Natur«. Sie stehen – und damit geht Novalis über Hemsterhuis' Euphemismus des »rendre l'objet désirée plus homogène« hinaus – in einem Verhältnis, das Gewaltsamkeit impliziert, die Gewalt der Bezwingung der Natur durch den ›Geist als Künstler‹ (vgl. 247): »N[atur]L[ehre]. Je lebhafter das zu Fressende widersteht, desto lebhafter wird die Flamme des Genußmoments seyn. Anwendung aufs Oxigène. / Nothzucht ist der stärkste Genuß. / Das Weib ist unser Oxigène –.« (262)

---

39 HEMSTERHUIS, Lettre sur les désirs (1770), in: Hemsterhuis, Œuvres philosophiques (s. Anm. 38), Bd. 1 (Leeuwarden 1846), 54.
40 NOVALIS, [Hemsterhuis-Studien] (1797), in: NOVALIS, Bd. 2 (²1965), 361 f.
41 NOVALIS, Das Allgemeine Brouillon (1798–1799), in: NOVALIS, Bd. 3 (²1968), 247 f.
42 IMMANUEL KANT, Kritik der Urteilskraft (1790), in: KANT (WA), Bd. 10 (1974), 121.

V. Autonomiesetzung

Gegen alle vorgebrachten Argumente – gegen Aristoteles', Descartes' und Leibniz' Begriffe der Glückseligkeit – zieht Kant eine scharfe Trennung zwischen der Vernunft und dem Glück als der größten Summe der Annehmlichkeiten. Vergnügen und Genuß können nicht die Verbindlichkeit eines höchsten Guts aufweisen, einen Zwang zum Genießen anzunehmen sei ungereimt, »und wenn es auch ein mystischer sogenannter himmlischer Genuß wäre«[42]. Weder das Gute, das durch den bloßen Begriff, noch das Schöne, das in der Reflexion über einen Gegenstand gefalle, können im Angenehmen aufgehen, d. h. im Subjektiv-Sinnlichen, in der Empfindung. Genuß jedoch sei immer nur Annehmlichkeit, ein Gefallen, das nicht kultiviere, sondern ein Wohlbehagen ausdrücke, das für Tiere ebenso wie für Menschen gelte. Solle der Begriff des Schönen jedoch überhaupt eine Berechtigung für sich haben, so könne es nicht mit dem Angenehmen gleichgesetzt werden, mit dem Nutzen der Hervorrufung wohliger körperlicher Empfindung. Die Musik allerdings ist Kant »mehr Genuß als Kultur (das Gedankenspiel, was nebenbei dadurch erregt wird, ist bloß die Wirkung einer gleichsam mechanischen Assoziation); und hat, durch Vernunft beurteilt, weniger Wert, als jede andere der schönen Künste. Daher verlangt sie, wie jeder Genuß, öftern Wechsel, und hält die mehrmalige Wiederholung nicht aus, ohne Überdruß zu erzeugen.« (267 f.) Das Schöne könne auch nicht mit dem Vollkommenen gleichgesetzt werden. Denn dieses bedeute die Zweckmäßigkeit des Gebrauchgeräts, Nützlichkeit, so daß nicht das Schöne, sondern der objektive Zweck, zu dem es nütze und zu dessen Erreichung es eingesetzt werde, gefalle, das Schöne mithin wieder mit dem Angenehmen identifiziert werde. Andererseits könne, gegen Wolff und Baumgarten, das Schöne jedoch auch nicht mit dem Guten, der begrifflich objektiven Vollkommenheit gleichgesetzt werden, denn das hieße, für ›Geschmack‹ objektive Kriterien angeben zu können, hieße, ihn zu objektivieren und ›ästhetisches Urteil‹ mit ›Erkenntnisurteil‹ gleichzusetzen, das Schöne als minderwertige, weil verworrene, d.h. begrifflich nicht klärbare, Erkenntnis zu setzen und damit im Grunde auch überflüssig zu machen.⁴³ Gegen alle Vereinnahmung besteht Kant auf der eigenständigen Mittelstellung des Schönen zwischen Sinnlichkeit und Vernunft, zwischen dem Angenehmen und dem Guten, es sei eine »Zweckmäßigkeit […] ohne Zweck« (135), die »ohne alles Interesse« (124) gefalle.

Vor Kant hatte schon Karl Philipp Moritz einen in Vergnügen oder Belehrung gesetzten Zweck der Kunst verworfen und sie vom Nützlichen getrennt. Im Gegensatz zum bloß nützlichen Gegenstand, der seinen Zweck erst im Gebrauch zu einem außer ihm liegenden Zweck erreiche, sei das Schöne in sich selbst vollendet. »Bei der Betrachtung des Schönen […] wälze ich den Zweck aus mir in den Gegenstand selbst zurück: ich betrachte ihn als etwas nicht in mir, sondern in sich selbst Vollendetes, das also in sich ein Ganzes ausmacht und mir um sein selbst willen Vergnügen gewährt; indem ich dem schönen Gegenstande nicht sowohl Beziehung auf mich, als mir vielmehr eine Beziehung auf ihn gebe. Da mir nun das Schöne mehr um sein selbst willen, das Nützliche aber bloß um meinetwillen lieb ist, so gewährt mir das Schöne ein höheres und uneigennützigeres Vergnügen als das bloß Nützliche.«⁴⁴ Dieses höhere Vergnügen sei aber nicht als Zweck anzusetzen, fließe vielmehr sekundär aus der eigentlichen Wirkung der Kunst, dem Sich-selbst-Vergessen des Menschen beim Anblick des Schönen. Größer jedoch als das »höhere Vergnügen« bei der Betrachtung der Kunstwerke sei der Genuß des Schaffenden, des Genies, beim Hervorbringen des Werks. Gegen den Genuß der Kraft, die stark genug war, das Schöne aus sich selbst hervorzubringen, bleibe der empfindenden Betrachtung nur der »Nachgenuß«, der sich im Bewußtsein seiner Minderwertigkeit zu einem Haß auf alles Schöne verdrehen kann. Denn gerade im Wunsch und Streben, »des ihr versagten, höhern Genusses […] teilhaftig zu werden: in einem schönen Werke, das ihr sein Dasein verdankt, mit dem Bewußtsein von eigner Bildungskraft sich selbst zu spiegeln«, verschließe der Genuß sich der Empfindung: »weil Eigennutz ihn erzeugte und das Schöne sich nur um seiner selbst willen […] bilden läßt«⁴⁵. Nicht Vergnügen und Genuß selbst, wohl aber das Machwerk zum Zweck der Erregung sei es fremden Vergnügens

oder eigenen Genusses ist damit aus dem Begriff der Kunst bei Moritz ausgeschlossen.

VI. ›Ästhetischer Genuß‹

Moritz' Bestimmung des Schönen als eines In-sich-selbst-Vollendeten ist vorkantisch, hängt an einem schulphilosophischen Begriff der Vollkommenheit, der durch Moritz' Überlegungen nicht neu definiert wird und von Kant dadurch ad acta gelegt wird, daß er das ästhetische Wohlgefallen als nur subjektiv begründbares bestimmt. Andererseits jedoch weist Moritz' Überlegung von der Auflösung der Beziehungen des betrachtenden Subjekts und aller seiner Zwecke in das Kunstwerk hinein auf eine Überwindung der kantisch nur subjektiven Begründbarkeit des Gefallens am Schönen voraus, an der vor allem Schiller und Kleist scheiterten. Der Genuß an der Kunst selbst, der nur entsteht, wenn das Subjekt – sei es der Künstler selbst oder der Betrachter – sich in das Werk verliert, die Selbstpreisgabe, die bei Moritz nur angedeutet ist, wird bei Schopenhauer explizit ausgebaut zu einer metaphysischen Theorie des Schönen, dem Versuch, ästhetischen Genuß objektiv und doch unabhängig von allen Zwecken zu bestimmen. Ein kompliziertes Unternehmen. Denn das Gefallen am Schönen darf nun einerseits nicht als verworrene Vorstellung oder Empfindung definiert werden, sondern muß – nur dies ist ›objektiv‹ – Erkenntnis sein. Eine Erkenntnis, die jedoch keine begriffliche sein darf, denn als solche unterläge sie wieder dem Denken nach Ursache und Wirkung, einer nach Zwecken und Zielen verknüpfenden Erkenntnis, die dem Lebenswillen, dem Begehren dient, einem Bedürfnis, kurz: dem ›Satz vom Grunde‹. Den Begriff »ästhetischer Ge-

---

43 Vgl. ebd., 142–146.
44 KARL PHILIPP MORITZ, Über den Begriff des in sich selbst Vollendeten (1785), in: Moritz, Werke in zwei Bänden, hg. v. J. Jahn, Bd. 1 (Berlin/Weimar 1976), 204.
45 MORITZ, Über die bildende Nachahmung des Schönen (1788), in: ebd., 271, 274.

nuß«[46] gebraucht Schopenhauer meines Wissens zum ersten Mal in systematischer, auf Kunst beschränkter Absicht; changierend zwar mit dem des ästhetischen Wohlgefallens, denn »der Genuß des Schönen ist von allen übrigen Genüssen [...] sehr weit verschieden, ja gleichsam nur metaphorisch oder tropisch ein Genuß zu nennen«[47] – ästhetischer Genuß hat so für Schopenhauer eine doppelte Grundlage. Erstens eine subjektive, für welche die von Kant herausgearbeitete Interesselosigkeit einsteht, zweitens eine objektive, erkenntnistheoretische, für die sich Schopenhauer, gegen Kants Unerkennbarkeit des ›Dinges an sich‹, auf Platons Ideenlehre beruft.

Einen »kastrierten Hedonismus«, Erzeugung von »Lust ohne Lust«[48], nennt Adorno Kants Theorie des interesselosen Wohlgefallens. Teleologie folgt der Ästhetik, hinter und vor ihr steht das Interesse an der richtigen Einrichtung des Ganzen, Lust an der Ordnung, für die das Schöne einstehen soll. Vor die interessierte Interesselosigkeit Kants gestellt, von der sie doch ausgeht, erweist sich Schopenhauers Ästhetik als die Radikalisierung, die Interesselosigkeit ernst nimmt und Kunst aus jedem praktischen Zusammenhang mit dem Leben heraushebt – um den Preis allerdings der Entäußerung des Individuums in das Werk hinein, Selbstauflösung und Selbstvergessenheit des schaffenden und betrachtenden Subjekts, weltverneinender Wendung zur Mystik. Die »Seligkeit des willenlosen Anschauens« ist die »subjektive Bedingung«[49] des ästhetischen Genusses, nämlich die »Befreiung des Erkennens vom Dienste des Willens, das Vergessen seines Selbst als Individuums und die Erhöhung des Bewußtseins zum reinen, willenlosen, zeitlosen, von allen Relationen unabhängigen Subjekt des Erkennens« (283 f.). »Objektive Seite« des ästhetischen Wohlgefallens ist die der Kunst eigene Fähigkeit zur Erkenntnis der »Ideen« (284), des Wesentlichen und Bleibenden hinter den wechselnden Erscheinungsformen der Welt, die Fähigkeit zur Vorstellung der Dinge unabhängig von Wollen und Bedürfnis. Folgerichtig ist Musik die höchste aller Künste und gewährt als solche den höchsten ästhetischen Genuß. Nur sie ist ganz frei vom Zwang der Nachbildung der einzelnen Konkretisierungen des Willens, ist »Abbild des Willens selbst« (359), da sie »nie die Erscheinung, sondern allein das innere Wesen, das An-sich aller Erscheinung, den Willen selbst ausspricht« (364). Da Musik »von jedem augenblicklich verstanden« (358) wird, kann ihre von der Musiktheorie des 17. und 18. Jh. betonte Verbindung zur Mathematik – man denke etwa an Eulers Ableitung des Vergnügens an der Musik aus der Wahrnehmung ihrer numerischen Verhältnisse[50] – nur ihre physische, äußere Bedeutung begreifen. Das Vergnügen an der Musik ist jedoch nicht vergleichbar mit der Befriedigung, »die wir beim richtigen Aufgehn eines Rechenexempels empfinden«[51]. Nicht, wie Leibniz meint, ein »exercitium arithmeticae occultum nescientis se numerare animi« (eine geheime arithmetische Übung des unbewußt zählenden Geistes) sei die Musik, sondern ein »exercitium metaphysices occultum nescientis se philosophari animi«[52] (eine geheime metaphysische Übung des unbewußt philosophierenden Geistes).

Jedoch, der »Genuß alles Schönen, der Trost, den die Kunst gewährt«, indem sie das Schreckliche in die Imagination verschiebt und dadurch genießbar macht, kann vom Leben immer nur für kurze Zeit erlösen. Für Augenblicke, nicht bleibend, können Künstler und Betrachter in reiner Kontemplation ihre Erkenntnis vom Willen lösen. Daher ist Kunst nicht wie beim »Heiligen [...] Quietiv des Willens«, sondern vorstellendes »Spiel«, das durch nochmalige Kraftanstrengung zum »Ernst«[53] der Resignation des Heiligen erst gesteigert werden muß.

---

46 ARTHUR SCHOPENHAUER, Die Welt als Wille und Vorstellung (1819), in: Schopenhauer, Sämtl. Werke, hg. v. W. v. Löhneysen, Bd. 1 (Stuttgart/Frankfurt a. M. 1960), 285.
47 SCHOPENHAUER, Philosophische Vorlesungen, hg. v. V. Spierling, Bd. 3: Metaphysik des Schönen (geh. 1820) (München 1985), 38.
48 ADORNO (s. Anm. 2), 25.
49 SCHOPENHAUER (s. Anm. 46), 283.
50 Vgl. LEONHARD EULER, Tentamen novae theoriae musicae (Sankt Petersburg 1739); JACQUES CHOUILLET, L'esthétique des lumières (Paris 1974), 98 ff.
51 SCHOPENHAUER (s. Anm. 46), 357.
52 Ebd., 357, 369; vgl. GOTTFRIED WILHELM LEIBNIZ, [Brief vom 17. 4. 1712], in: Leibniz, Epistolae ad diversos, hg. v. C. Kortholt, Bd. 1 (Leipzig 1734), 240 f.
53 SCHOPENHAUER (s. Anm. 46), 372.

VII. Genuß als Negativität

Post Kant ist es obsolet, ›Glückseligkeit‹ zum Thema der Philosophie zu machen. Unschicklich, nach dem Glück zu fragen, das ja immer nur das eigene sein kann. Der Traum aber ist geblieben und wird unter der Frage nach der Möglichkeit von Einheit, nach Überwindung der Dualität, der Zweiheit zwischen Natur und Geist, Objekt und Subjekt aufgegriffen.

Ging es dabei indirekt noch immer um ›Glück‹ – »sein *Glück zu suchen*« werde der Mensch »von seinem Geiste in die Welt hinausgeschickt«[54], schreibt Hegel etwas ironisch –, so doch in einer revidierten Form, die sich vor allem gegen einen unbefangenen Umgang mit den im Glück implizierten Begriffen des Vergnügens und des Genusses richtet. Herder hatte bereits an Hemsterhuis kritisiert, daß hinter dem Genuß in der Vereinigung nichts stehe als Selbstliebe, Verschlingung und Zerstörung des Objekts, hat dann aber wieder einen »schöneren« Genuß zu konstruieren versucht, der ein »Nebeneinandersein vieler Geschöpfe«[55] zulassen kann. Im Grunde jedoch verunklart Herder nur Hemsterhuis, ohne daß es ihm über dessen Überlegungen hinaus gelungen wäre, die Unterscheidung eines höheren und eines niedrigeren Genusses vom Begriff selbst her zu klären. Unter die Diskussionen über die Möglichkeit, Genüsse nach ihrem Wert hierarchisch abzustufen, zieht Hegel zunächst den Schlußstrich. Genuß ist »reine Negation«, ist das zerstörerische Verhalten gegenüber einer immer auch als bedrohlich empfundenen Realität, das dieser keine außerhalb des Subjekts stehende, keine unabhängige Daseinsberechtigung zubilligen kann. Das Objekt ist dem Genießenden ein zu Nichtendes, »nur Aufzuhebendes und zu Verzehrendes«[56]. Die Einheit von Subjekt und Objekt, Geist und Natur, die der Genuß vollzieht, ist nicht Synthese, sondern die negative Aufhebung des Objekts, die Ausdruck des unglücklichen Bewußtseins ist, Bewegung einer unendlichen Sehnsucht, der Begierde nach Vereinigung, die sich in die Negation rettet und hier ohne die erhoffte Erfüllung bleibt. Erfüllt werden kann die Sehnsucht nach Einheit nur durch ihre Erarbeitung, Hinaustreten des Geistes in seine äußere Existenz, wie sie in der Dialektik von Herrschaft und Knechtschaft durch die Arbeit des Knechts begonnen und vom Geist als dem »Werkmeister« (508) fortgeführt wird, der in Kunst, Religion und Philosophie die Wirklichkeit zu sich heranbildet und in ihr nun seine eigenen Bestimmungen wiederfindet. Das denkbar Naheliegende, hier, auf der Ebene des absoluten Geistes, von der Begriff eines ›höheren Genusses‹, etwa auch den des ›Kunstgenusses‹ – besteht doch in der Kunst, traditionell, eine der ausgezeichneten Möglichkeiten, Realität zu fassen und trotzdem als äußere bestehen zu lassen – einzuführen, wird nicht vollzogen: Genuß bleibt Negativität, Verbrauch, bleibt verzehrende Aneignung der Wirklichkeit.

Was aber bleibt, wenn die intendierte Einheit, das ›Reich Gottes‹, weder kommen mag noch herstellbar ist? Genuß als Negativität gegen die Lebenshoffnung und ihre Sehnsucht: »Ich hab' Mein Sach' auf Nichts gestellt«, so Max Stirners Konsequenz. Auf Selbstgenuß, Genießen des Lebens zu seinem Verbrauch: »Man nutzt das Leben und mithin sich, den Lebendigen, indem man es und sich *verzehrt. Lebensgenuß* ist Verbrauch des Lebens.«[57] Negativität, verzehrender Verbrauch, ist Genuß auch bei Karl Marx. Doch er zieht den Begriff nun in die Dialektik der Arbeit hinein – ganz im Sinne von Schillers Bedauern über eine Mechanisierung der Welt und des menschlichen Zusammenlebens, in der Genuß und Arbeit auseinandergerissen werden.[58] Neben dem unmittelbaren Genuß steht bei Marx der vermittelte, so daß nun die Arbeit selbst – die nicht entfremdete, in der Menschsein tätig ist, wie in der Kunst – als ›Genuß‹ bezeichnet werden kann: Genuß der Macht über die Natur, Spiegelung des Menschen in einer von ihm geschaffenen Welt: »der *menschliche* Sinn,

---

[54] GEORG WILHELM FRIEDRICH HEGEL, Phänomenologie des Geistes (1807), in: HEGEL (TWA), Bd. 3 (1970), 268.
[55] JOHANN GOTTFRIED HERDER, Liebe und Selbstheit. Ein Nachtrag zum Briefe des Herrn Hemsterhuis (1781), in: Herder, Werke, hg. v. J. Brummack/M. Bollacher, Bd. 4 (Frankfurt a. M. 1994), 420.
[56] HEGEL (s. Anm. 54), 151, 170.
[57] MAX STIRNER, Der Einzige und sein Eigentum (1845; Stuttgart 1981), 3, 359.
[58] Vgl. FRIEDRICH SCHILLER, Über die ästhetische Erziehung des Menschen in einer Reihe von Briefen (1795), in: SCHILLER, Bd. 20 (1962), 323.

die Menschlichkeit der Sinne, wird erst durch das Dasein *seines* Gegenstandes, durch die *vermenschlichte* Natur. *Die Bildung* der 5 Sinne ist eine Arbeit der ganzen bisherigen Weltgeschichte.«[59] »[...] erst durch den gegenständlich entfalteten Reichtum des menschlichen Wesens wird der Reichtum der subjektiven *menschlichen* Sinnlichkeit, wird ein musikalisches Ohr, ein Auge für die Schönheit der Form, kurz, werden erst menschlicher Genüsse fähige *Sinne* [...] teils erst ausgebildet, teils erst erzeugt.« (541) In der Arbeit für die Gattung hat der Genuß seine »*egoistische* Natur« (540) verloren, ist selbst Teil des Fortschritts geworden, Teil der Bildung menschlichen Selbstbewußtseins. Den Fortschritt aufhaltend, macht der Kapitalismus »den Arbeiter zu einem unsinnlichen und bedürfnislosen Wesen«, sagend, dieser habe »kein andres Bedürfnis weder der Tätigkeit noch des Genusses« (549) als den Unterhalt des physischen Lebens.

Mehr oder weniger, Genuß, und sei es der von Kunst – davon zeugt noch Treitschkes Verbot ›höherer Genüsse‹ für die arbeitende Masse[60] –, Genuß gefährdet den Status quo der Gesellschaft, gefährdet auch die Gesellschaft selbst durch passiven oder aktiven Rückzug aus ihr in das zumindest für den Moment absolut gesetzte Ich – daher Marx' Invektiven gegen Stirner –, in dem sich ungeachtet der zerstörerischen Konsequenzen der Genuß in den Rausch hinein steigern mag, in eine Verausgabung, wie sie Georges Bataille zum Programm erhoben hat.

VIII. Psychologisierung

Die Ansicht von Kunst als Erkenntnis konnte sich gegen die leichter eingängige von Kunst als Empfindung nie durchsetzen. Adornos *Ästhetische Theorie* in ihrer Ablehnung des Genusses als konstituti-ven Moments der Ästhetik ist von diesem Widerstreit her der verzweifelte Kampf gegen die Simplifizierung der Kunstwahrnehmung durch ihre Psychologisierung, gegen eine Rezeptionsästhetik, die nur von der Wirkung her denkt und darüber die Kunst selbst, den Versuch, zu sagen, was das sein könnte, vergißt. Was Kunst sei, darauf kommt es nicht an, sondern auf die Wirkung, die Erregung einer spezifischen Empfindung, die mit ›Kunst‹ aber, das haben bereits Addison und Du Bos gezeigt, nichts zu tun haben muß.

Andererseits, auf ›Empfindung‹ als Konstituens der Wahrnehmung und der Herstellung von Kunst kann nicht verzichtet werden, ohne den Begriff von Kunst selbst zu kappen: Empfindung ist Voraussetzung von Kunst, sie geht aber darin nicht auf. Sie einzufordern bedeutet noch nicht, Kunst auf die Gefühlsebene zu beschränken bzw., wie es Baudelaire vorgeworfen worden ist, Nachzügler der Empfindsamkeit zu sein. Was Baudelaire einfordert, ist das Ideal vom ›ganzen Menschen‹, des ›natürlichen Gleichgewichts‹ zwischen Tat und Wissen und Gefühl, das nur durch die Fähigkeit und das Recht, zu genießen und zu empfinden, durch Kunst hergestellt werden könne. »Jouir est une science, et l'exercice des cinq sens veut une initiation particulière, qui ne se fait que par la bonne volonté et le besoin. / Or vous avez besoin d'art. / L'art est un bien infiniment précieux, un breuvage rafraîchissant et réchauffant, qui rétablit l'estomac et l'esprit dans l'équilibre naturel de l'idéal.«[61]

Wird nun aber, gegen jede Einseitigkeit, daran festgehalten, daß es auch ›sinnliche Erkenntnis‹ gebe, Kunst darunter zu subsumieren sei, so ergibt sich von neuem sowohl das Problem einer Ausweitung des Begriffs des Ästhetischen, in dem Kunst unkenntlich wird, als auch das, daß Kunst wieder von ihrem Nutzen her gesehen und nach ihrer Funktion innerhalb von Subjekt und Gesellschaft befragt wird. In dem Versuch jedoch, gegen die idealistische Kunsttheorie eine »Ästhetik von unten«[62] zu begründen, erhält die ›Sinnlichkeit‹ – von der, entsprechend dem Weg ›von unten nach oben‹, dann ausgegangen werden muß – ein Übergewicht, das ästhetischen Genuß wieder auf Glücksempfindung reduziert, auf ein sinnliches Vergnügen, dessen Bedingungen austauschbar, nicht kunstspezifisch sind. Unter dem Titel ›Lust-

---

59 MARX, Ökonomisch-philosophische Manuskripte (1844), in: MEW, Ergänzungsbd. 1 (1968), 541 f.
60 Vgl. TREITSCHKE (s. Anm. 4).
61 CHARLES BAUDELAIRE, Salon de 1846. Aux bourgeois (1846), in: BAUDELAIRE, Bd. 2 (1976), 413 f.
62 GUSTAV THEODOR FECHNER, Vorschule der Aesthetik, Bd. 1 (Leipzig 1876), 3.

prinzip‹⁶³ kommt es zu einer psychologisierten, d.h. in das einzelne Subjekt zurückgebogenen Neuauflage der Bestimmung der Wesenheit des Menschen als Begierde und seines daraus resultierenden Strebens nach Glück: »Lust«, so Fechner, sei den Begriffen »Wohl, Wohlgefühl, Glück, Glückseligkeit« wegen seiner breiteren Verwendbarkeit vorzuziehen. »Lust« sei »Hauptgesichtspunkt der Aesthetik«, weil sich auf Gefallen und Mißfallen alle Gefühle zurückführen lassen, das Schöne aber bestimmt sei durch seine Leistung, Lust zu erwecken. All das sei schön, erwecke die »ästhetische Lust«, »woran sich die Eigenschaft findet, unmittelbar, nicht erst durch Überlegung oder durch seine Folgen, Gefallen zu erwecken«⁶⁴.

Das »Programm des Lustprinzips«⁶⁵ – Streben nach Glück, Vermeidung von Unglück – als ›Lebenszweck‹ des Menschen ist post Fechner Ausgangspunkt der Psychologie Sigmund Freuds. Eine Möglichkeit, einen in Konfrontation mit dem ›Realitätsprinzip‹ allerdings schon ermäßigten Anspruch auf Glück einzufordern, ist Kunst als Ersatz der real nicht durchsetzbaren Triebbefriedigung in der Phantasie.⁶⁶ Der Ersatzcharakter ist dabei ein doppelter. Die Realität wird durch in der Phantasie Imaginiertes ersetzt, das selbst schon Ersatz ist für die gegen das Realitätsprinzip verstoßende offene und direkte Triebbefriedigung. Diese »Libidoverschiebung«, »Sublimierung der Triebe«, »Befriedigung [...] aus Illusionen«⁶⁷, durch die Freud die Funktion von Kunst und den durch sie erfahrbaren Genuß charakterisiert, ist jedoch für ihn nichts Kunstspezifisches, sondern gilt ebenso für Sublimierungen, die außerhalb der Kunst stehen, vor allem für den Traum und die Neurose, den Rückzug des Eremiten und den wahnhaften Versuch der Umbildung der Wirklichkeit, für Techniken also, die eine dauerhaftere Enthebung vom Leidensdruck der Realität gestatten. »Obenan unter diesen Phantasiebefriedigungen steht der Genuß an Werken der Kunst, der auch dem nicht selbst Schöpferischen durch die Vermittlung des Künstlers zugänglich gemacht wird. Wer für den Einfluß der Kunst empfänglich ist, weiß ihn als Lustquelle und Lebenströstung nicht hoch genug einzuschätzen. Doch vermag die milde Narkose, in die uns die Kunst versetzt, nicht mehr als eine flüchtige Entrückung aus den Nöten des Lebens herbeizuführen und ist nicht stark genug, um reales Elend vergessen zu machen.« (212) Entgegen diesen Sätzen und ihrer vielleicht bewußten Anspielung: Freuds ›Entrückung‹ ist nicht Schopenhauers ›ästhetischer Genuß‹, ist vielmehr auf Bewältigung der Wirklichkeit gerichtet, steht in ihrem Dienst. Kunst ist nicht Verneinung der Realität, ist vielmehr mit bisher nicht dagewesener Genauigkeit funktionalisiert, untergeordnet dem Glück als Lebenszweck, einer ›Hauptlust‹, über und hinter der keine ›Wahrheit‹, keine ›Schönheit‹, die über die des Sexualobjekts hinausginge, ausmachbar ist.

IX. Psychologische Ästhetik

Bedingt dadurch, daß Fechner zur Belegung seines Begriffs der ›ästhetischen Lust‹ vor allem Beispiele aus kunstfremden Bereichen heranzieht, das spezifisch Ästhetische unerklärt bleibt, schließen sich an seine *Vorschule der Aesthetik* direkt oder indirekt unzählige Versuche an, ästhetischen Genuß als spezifisches Lustempfinden näher zu bestimmen. Ein kunsttheoretischer Entwurf provoziert den nächsten, weil jeder sich als ungenügend erweist, unfähig, die Ursachen einer vorausgesetzten ›ästhetischen Lust‹ zu ergründen, sie in ihrer Besonderheit als ästhetische gegenüber anderen Arten der Lust abzugrenzen. Konrad Langes Hypothese der »bewußten Selbsttäuschung als Kern des künstlerischen Genusses«⁶⁸ wird von Reinhard Strecker verworfen, ohne daß dieser jedoch eine überzeugende eigene Alternative dagegensetzen kann. »K. Lange definiert das ästhetische Vergnügen als ein von praktischen Interessen freies auf bewußter

---

63 Vgl. FECHNER, Über das Lustprinzip des Handelns, in: Zeitschrift für Philosophie und philosophische Kritik, N. F. 19 (1848), 1–30, 163–194.
64 FECHNER (s. Anm. 62), 11, 15.
65 SIGMUND FREUD, Das Unbehagen in der Kultur (1930), in: FREUD (SA), Bd. 9 (1974), 208.
66 Vgl. FRANZ KOPPE, Freud und die Freudianer, in: Koppe, Grundbegriffe der Ästhetik (Frankfurt a.M. 1983), 90–103.
67 FREUD (s. Anm. 65), 211 f.
68 Vgl. KONRAD LANGE, Die bewußte Selbsttäuschung als Kern des künstlerischen Genusses (Leipzig 1895).

Selbsttäuschung beruhendes. Er findet diese Merkmale besonders im Hinblick auf unser Verhalten gegenüber architektonischen Werken. Er erinnert daran, wie wir z. B. in eine Säule das Aufstreben, Wachsen, Heben hineinschauen, trotzdem wir wissen, daß in ihr ebenso wie in allen andern Teilen des Gebäudes nur die Schwerkraft und zwar gerade in entgegengesetztem Sinne wirke. Dagegen ist doch zu bemerken, daß wir im Augenblick des ästhetischen Genießens an die Schwerkraft eben nicht denken, daß vielmehr der ästhetische Genuß sofort aufhören und die Reflexion an seine Stelle treten würde, wenn es uns zum Bewußtsein käme, daß unsre Beseelung der Wirklichkeit nicht entspräche.«[69] Max Dessoir meint, den ästhetischen Genuß als »Erhöhung des Lebensgefühls«[70] fassen zu können – aber die gilt für noch jeden Genuß, selbst den narkotisierenden. Johannes Volkelt gilt die ästhetische Lust als die »allerzusammengesetzteste«[71] überhaupt: Über dem aufzählenden Auseinandernehmen ihrer Komplexität jedoch verschwindet auch ihm das spezifisch Ästhetische. Emil Utitz unterscheidet zwischen einfachem »ästhetischem Genuß« und »angemessenem Kunstgenuß«[72], betont, daß bei jedem ästhetischen Genuß auch außerästhetische Faktoren zu berücksichtigen seien, etwa ein Wissen über das Dargestellte oder über den Künstler, wobei aber, und ohne Auflösung des Widerspruchs, ästhetischer Genuß gleichzeitig »völlige Versenkung in das Kunstwerk« (60) sein soll.

Etwas Klarheit bringt Moritz Geigers ›phänomenologische‹ Analyse des Genusses, die sich gegen Volkelts Unbestimmtheit der ästhetischen Lust, vor allem aber gegen »die Unmethodik Fechners«[73] und gegen Karl Groos'[74] und Richard Müller-Freienfels'[75] Versuch, den ästhetischen Genuß im Anschluß an Schiller in »Spiel«[76] zu verankern, wendet. Geiger macht zunächst den Unterschied zwischen ›Lust‹ und ›Genuß‹ deutlich: Nicht jede Lust sei, wie am Beispiel der ›Freude‹ zu sehen, auch schon Genuß. Genuß sei zwar, genau wie das Spiel, ohne Motiv, doch das heiße nicht, daß auch das Streben nach Genuß motivlos sein muß. Im Gegensatz jedoch zum Spiel sei der ästhetische Genuß ›Betrachtungsgenuß‹, ein Genuß, der das Genießen der eigenen Tätigkeit (= Spiel) genauso ausschließe wie die Verschlingung des Genußobjekts in »Innenkonzentration« des Genusses. Ästhetischer Genuß sei Hingabe an das Objekt (Kontemplation), Verschwinden des Ichs im Gegenstand. Da bei der »Innenkonzentration kein Genießen des *Gegenstandes*, sondern nur ein Genießen der *Stimmung* vorhanden ist, so wird diese phänomenologische Scheidung von Innenkonzentration und Außenkonzentration für die Ästhetik des Gegenstandes wichtig: Innenkonzentration ergibt nie echten künstlerischen Genuß, niemals Genuß, der sich auf den speziellen Eigenheiten des Kunstwerkes aufbaut, sondern er benutzt das Kunstwerk nur als Anregung, eigene Stimmungen genießen zu können. […] nur so viel betone ich, daß die populäre Kunstgenießen zum großen Teile gar nicht Genießen der Kunstwerke ist. Es stammt aus der Bereitschaft, sich zu Stimmungen anregen zu lassen […]. Mit Vorliebe pflegt die Musik in solcher Einstellung genossen zu werden.«[77]

Theodor Lipps unterscheidet drei Richtungen des Genusses: Fremdgenuß, Selbstgenuß und, als Verbindung beider, »objektivirten Selbstgenuß«. Dieser, in welchem ich »mich selbst in einem von mir unterschiedenen sinnlichen Gegenstand« genieße, mich in ihn »einfühle«[78], ist ästhetischer Ge-

---

69 REINHARD STRECKER, Der ästhetische Genuß auf Grund der ästhetischen Apperzeption (Gießen 1901), 28.
70 MAX DESSOIR, Ästhetik und allgemeine Kunstwissenschaft (Stuttgart 1906), 163.
71 JOHANNES VOLKELT, System der Ästhetik, Bd. 1 (München 1905), 357.
72 EMIL UTITZ, Grundlegung der allgemeinen Kunstwissenschaft, Bd. 1 (Stuttgart 1914), 29; vgl. ebd., 59, 133.
73 Vgl. MORITZ GEIGER, Beiträge zur Phänomenologie des ästhetischen Genusses, in: Jahrbuch für Philosophie und phänomenologische Forschung, hg. v. E. Husserl, Bd. 1 (Halle 1913), 575.
74 Vgl. KARL GROOS, Der ästhetische Genuß (Gießen 1902).
75 Vgl. RICHARD MÜLLER-FREIENFELS, Psychologie der Kunst (Berlin 1912).
76 GEIGER (s. Anm. 73), 595.
77 Ebd., 638.
78 THEODOR LIPPS, Einfühlung und ästhetischer Genuß (1906), in: E. Utitz (Hg.), Aesthetik (Berlin 1923), 152; vgl. LIPPS, Ästhetik. Psychologie des Schönen und der Kunst, Bd. 2: Die ästhetische Betrachtung und die bildende Kunst (Hamburg/Leipzig 1906), 20ff., 102f.

nuß. Hängt nun die Bestimmung eines ästhetischen Genusses bei Lipps am Begriff der ›Einfühlung‹ – die in diesem Zusammenhang problematisiert werden muß zu der Frage, ob hinter ihr nicht bloße Nutzung der Kunst wie auch kunstunabhängiger Gegenstände, Begebenheiten zum Genuß der eigenen Stimmung stehen –, so wird das Ungenügen von Lipps' Bestimmung des ästhetischen Genusses als objektivierten Selbstgenusses noch einmal deutlich in ihrer Neufassung durch Hans Robert Jauß, seinem Versuch einer Rehabilitation des Begriffs des ästhetischen Genießens durch dessen Bestimmung als »Selbstgenuß im Fremdgenuß«[79]. Lipps wie auch Jauß unterschlagen, daß eine Scheidung des Genusses in ›Selbst‹- und ›Fremdgenuß‹ eine theoretische Abstraktion ohne reale Grundlage ist. Menschlich, weltlich, ist jeder Genuß ›Selbstgenuß im Fremdgenuß‹. Man genießt immer ›etwas‹, durch dieses Etwas aber immer schon sich selbst: psychisches oder physisches Wohlbefinden, Zunahme des ›Glücks‹, des Gefühls der psychischen oder körperlichen Macht, das von einem Außen abhängig ist. Kein Selbstgenuß ohne Fremdgenuß, kein Fremdgenuß ohne gleichzeitigen Selbstgenuß in einer Welt der Bedürfnisse, in der der Mensch weder die Selbstgenügsamkeit eines Gottes erreichen noch als Perpetuum mobile existieren kann.

X. Nießrecht versus Mystik

Vor aller Trennung des Genusses in ›hoch‹ und ›niedrig‹, ›geistig‹ und ›sinnlich‹ steht mithin die Frage nach ihm selbst. Die Frage danach, was allem Genießen gemein ist. Dazu ist vielleicht nützlich, auf den Nießbrauch (auch: Nutznießung, Fruchtnießung) als die Rechtsformel zurückzukommen, aus der sich, im Deutschen auch wörtlich, der Begriff ›Genuß‹ (von mhd. ›der genieß‹) als eigenständiger erst im 18. Jh. emanzipiert hat. Ursprung ist das lateinische Recht des ›ususfructus‹ (zusammengesetzt aus frui, genießen, und uti, gebrauchen), das sich im Engl. als ›usufruct‹ und im Frz. als ›usufruit‹ erhalten hat – ohne Verbindung zu ›enjoyment‹ und ›jouissance‹. Erhalten blieb – auch in enjoy und in jouir – die zweifache, doppelte Be-

deutung des Begriffs ›genießen‹: erstens eine Sache (Ding, Recht, Vermögen) besitzen, gebrauchen, nützen; zweitens sich an ihr erfreuen, an ihr Vergnügen finden.[80] ›Genuß‹ ist also spezifische Verquickung von Objekt und Subjekt, spezifisch, weil das Objekt ver- bzw. gebraucht wird für das Subjekt, seinen Nutzen, in den es hineinverschlungen wird – daher die Notwendigkeit der Einrichtung des Nießbrauchs, der Rechtsformel, die besagt, daß man die Mittel zwar gebrauchen, aber nicht vergeuden darf. Nicht ›verbrauchen‹ bis zur Neige: Genuß als die negative Instanz, die der rechtlichen Beschränkung bedarf, des Rechts, dessen Wesen ist, der Begierde und dem Genuß Grenzen zu setzen. Wie und was genießt man aber? Was passiert im Vollzug des Genusses? Vom Nießbrauch her ist klar: Man gebraucht, besitzt, genießt ein Ding und findet dabei Lust, Genuß: Die Sache ist Werkzeug, das ihres Statut, Funktion eines ›höheren‹ Zwecks, des Vergnügens, Wohlbefindens, des Glücks. Wenn nun die Liebe, Eros, das Begehren nach Einssein ist, nach der Einheit, das Thema von Theologie und Philosophie, so könnte es aussehen, als sei im Genuß diese Einswerdung vollzogen: Thema und These jeder Mystik. Daß dies Täuschung sei – Phantasma –, ist oft gesagt und wohl am eindrücklichsten in Hegels Reflexionen dargestellt worden: Genuß nichtet das Objekt, narzißtisch. Zudem erreicht Genuß nie das, auf das er aus ist, das Genießen des Objekts. Dieses bleibt, als das Andere, dem Genuß unerreichbar. Einem Genuß, der, vom Nießbrauch, von seiner Gedoppeltheit aus gesehen, immer im Benutzen steckenbleibt.

Von hier aus: Jeder Genuß ist, wie Jacques Lacan sagt, ›phallisch‹. Nicht nur der geschlechtliche, wenn hier auch anschaulich wird, was für Genuß allgemein gilt: »ce qu'on appelle la jouissance sexuelle est marqué, dominé, par l'impossibilité d'établir comme tel, nulle part dans l'énoncable, ce seul Un qui nous intéresse, l'un de la relation *rapport sexuel*. [...] la jouissance phallique est l'obstacle par

---

79 HANS ROBERT JAUSS, Der ästhetische Genuß und die Grunderfahrung der Poiesis, Aisthesis und Katharsis (1977), in: Jauß, Ästhetische Erfahrung und literarische Hermeneutik (Frankfurt a. M. 1982), 84.
80 Vgl. BINDER (s. Anm. 15); ›Genusz‹, in: GRIMM, Bd. 4/1/2 (1897), 3518–3524.

quoi l'homme n'arrive pas, dirai-je, à jouir du corps de la femme, précisément parce que ce dont il jouit, c'est de la jouissance de l'organe.« (das, was man Geschlechtsgenuß nennt, ist gezeichnet, beherrscht von der Unmöglichkeit, als solches herzustellen, nirgendwo im Aussagbaren, dieses alleinige Ein, das uns interessiert, das Ein der Beziehung *Geschlechtsverhältnis*. [...] der phallische Genuß ist das Hindernis, wodurch der Mann nicht hinkommt, würde ich sagen, des Körpers der Frau zu genießen, präzise weil das, dessen er genießt, vom Genuß des Organs ist.)[81] Gibt es denn aber einen anderen als den ›phallischen‹ Genuß? Lacan geht es um das ›Ein‹[82], um das Unerreichbare, um dessentwillen es »une jouissance [...] *au-delà du phallus*« (69) (ein Genießen jenseits des Phallus) geben muß. Für Lacan ist es das ›mystische‹ oder ›weibliche Genießen‹, ein Genuß ohne Gegenstand, Ekstase in doppelter Weise, Verlorengehen von Subjekt und Objekt, Genuß über den Nießbrauch hinaus. »Pour la Hadewijch [d'Anvers – d. Verf.] en question, c'est comme pour Sainte Thérèse – [...] elle jouit, ça ne fait pas de doute. Et de quoi jouit-elle? Il est clair que le témoignage essentiel des mystiques, c'est justement de dire qu'ils l'éprouvent, mais qu'ils n'en savent rien. Ces jaculations mystiques, ce n'est ni du bavardage, ni du verbiage, c'est en somme ce qu'on peut lire de mieux [...]. Cette jouissance qu'on éprouve et dont on ne sait rien, n'est-ce pas ce qui nous met sur la voie de l'ex-sistence? Et pourquoi ne pas interpréter une face de l'Autre, la face Dieu, comme supportée par la jouissance féminine?« (Für die fragliche Hadewych ist das wie für die heilige Theresa – [...] sie genießt, da gibt es keinen Zweifel. Und wessen genießt sie? Es ist klar, daß das wesentliche Zeugnis der Mystiker, das ist justament zu sagen, daß sie es

empfinden, aber daß sie nichts davon wissen. Diese mystischen Ergüsse, das ist weder Geschwätz noch Wortmacherei, das ist in summa, was man lesen kann vom Besten. [...] Dieser Genuß, den man empfindet und von dem man nichts weiß, ist es nicht das, was uns bringt auf den Weg der Ex-sistenz? Und warum nicht interpretieren eine Seite des Anderen, die Seite Gott, als getragen durch den weiblichen Genuß?) (70 f.; dt. 83)

XI. Ästhetischer Genuß – rezeptiv

Freilich, so ganz ohne Assoziationen zur Gewalt ist auch der Genuß der Mystikerinnen nicht, auf die sich Lacan bezieht. Daß er ins ›Phallische‹ umschlagen kann, daß das ›Schwimmen im Blut‹ Phantasma einer Gewalt sein kann, die höchste Stufe, ekstatische Nutzung des Anderen ist, hat post de Sade Batailles Propaganda einer Literatur des Darüberhinaus gezeigt, einer Poesie, die sich – Struktur des Atheismus – jenseits der Gesetze glaubt bereits dadurch, daß sie sie übertritt. »Dieses Buch ist vor fünfzehn Jahren zum erstenmal erschienen. Es trug damals den unverständlichen Titel *Der Haß auf die Poesie*. Zu wirklicher Poesie konnte meines Erachtens nur der Haß vorstoßen. Die Poesie verdankte ihre überwältigende Bedeutung einzig und allein der Heftigkeit ihrer Revolte.« (Il y a quinze ans j'ai publié une première fois ce livre. Je lui donnai alors un titre obscur: La *Haine de la poésie*. Il me semblait qu'à la poésie véritable accédait seule la haine. La poésie n'avait de sens puissant que dans la violence de la révolte.)[83] »Der Dichter rechtfertigt – anerkennt – die Natur nicht gänzlich. Wahre Poesie steht außerhalb der Gesetze.« (Un poète ne justifie pas – il n'accepte pas – tout à fait la nature. La vraie poésie est en dehors des lois.)[84] Überbetont ist von Bataille, was in Lacans Konzeption des mystischen Genusses unterschlagen wird: seine Gewaltsamkeit, die in der ihm notwendigen Negativität besteht. Einer Negativität, die den mystischen Genuß mit dem ästhetischen verbindet. Mit einem ästhetischen Genuß, der über sein immer Banausisches hinaus ist durch seine Negativität, d. h. durch das Genießen eines Etwas, das sich nicht benennen läßt (Lacan), das

---

81 JACQUES LACAN, Le séminaire. Livre XX: Encore (1972–1973), hg. v. J.-A. Miller (Paris 1975), 13; dt.: Das Seminar, Buch XX: Encore, übers. v. N. Haas/V. Haas/H.-J. Metzger (Weinheim/Berlin 1986), 11 f.
82 Vgl. LACAN, Le séminaire (s. Anm. 81), 12, 15, 116.
83 BATAILLE, L'impossible. Préface de la deuxième édition (1962), in: Bataille, Œuvres complètes, Bd. 3 (Paris 1971), 101; dt.: Das Unmögliche, übers. v. B. Weidmann (München/Wien 1987), 7.
84 BATAILLE, L'impossible (1947), in: ebd., 218; dt. 120.

gar nicht existiert, wie das ›Glück‹, das nach Adorno beim Anblick der Natur aufscheinen mag, das unfaßbar ist – »Feuerwerk«[85], Genuß eines Nichtseienden, des ›Unmöglichen‹, des ›Ein‹, auf das alles Begehren zielt, in seiner Nichtvorhandenheit, in der es doch positiv aufzuscheinen vermag. »Das Glück an den Kunstwerken ist jähes Entronnensein« (30), so Adorno, ein Entronnensein, das, solange der Zusammenhang mit der Welt besteht, nur mystisch denkbar ist. Weltverneinung gehört so unweigerlich zum ästhetischen Genuß, der über Schmaus hinausgeht – Schopenhauer dürfte zuerst darauf aufmerksam gemacht haben.

Geprägt von dieser Verneinung ist auch Mallarmé – »Artifice que la réalité, bon à fixer l'intellect moyen entre les mirages d'un fait« (Was für eine Täuschung ist die Realität, höchstens befähigt, einen mittelmäßigen Verstand mit den Trugbildern einer Tatsache festzuhalten)[86] –, dessen ganzes Schreiben sich um die Schwierigkeit dreht, wie mit den Mitteln der Kunst, mit ›realen‹ Mitteln, an das Ideal heranzukommen ist, das nicht existiert, und wenn, dann in einem unerreichbaren Jenseits. »Réjouissance idéale«[87], das ist der ästhetische Genuß, der um seinen Widerspruch weiß: »Nous savons, captifs d'une formule absolue que, certes, n'est que ce qui est. Incontinent écarter cependant, sous un prétexte, le leurre, accuserait notre inconséquence, niant le plaisir que nous voulons prendre: car cet au-delà en est l'agent, et le moteur dirais-je si je ne répugnais à opérer, en public, le démontage impie de la fiction et conséquemment du mécanisme littéraire, pour étaler la pièce principale ou rien. Mais, je vénère comment, par une supercherie, on projette, à quelque élévation défendue et de foudre! le conscient manque chez nous de ce qui là-haut éclate.«[88] (Wir wissen, Gefangene einer absoluten Formel, daß, sicherlich, nur ist, was ist. Sofort indessen unter einem Vorwand den Köder aus dem Weg zu schaffen bezichtigte uns der Inkonsequenz, indem wir den Genuß verleugneten, auf den wir aus sind: denn dieses Jenseits ist sein Agens und der Motor, möchte ich sagen, wenn mir nicht widerstünde, es öffentlich zu unternehmen, ruchlos die Fiktion zu demontieren und folglich den Mechanismus der Literatur, um das Kernstück auszubreiten oder nichts. Doch ich verehre es, wie man durch List und Schwindel in irgend-eine verbotene Höhe des Blitzes den bewußten Mangel bei uns an dem, was da oben erstrahlt, hinaufprojiziert.)

XII. Ästhetischer Genuß – produktiv

Die Kunst erreicht nicht, wonach sie strebt, das ›Jenseits‹, und ist doch in jedem Augenblick über das Diesseitige hinaus. ›Un coup de dés jamais n'abolira le hasard‹[89] (ein Würfelwurf wird niemals den Zufall auslöschen) – doch jedes Werk, jeder Wurf versucht aufs neue, eine absolute Präsenz herzustellen. Das hat der Kunst den Vorwurf eingetragen, Stillstellung des Werdens zu sein, Anti-Eschatologie par excellence. »Was in der Natur vorübereilt, befestigt die Kunst zur Dauer.« Ist Kunst für Hegel damit »wahrhaftigeres Dasein«[90] als Natur, so folgt für manch Monotheisten daraus ihr Heidnischsein.[91] Franz Rosenzweig: »Die Kunst ist heidnisch, weil sie die Gegenwart verewigt. [...] Mephisto versucht das ›Verweile doch‹ zu erfüllen.«[92] Geerdeter Nunc stans, dessen Affirmativität Adorno herausgearbeitet hat. Aus ihm eine Positivität ästhetischen Genießens, Postulat eines Sinnzusammenhangs, die der weltverneinenden Tendenz ästhetischen Genießens entgegensteht. Dieses Zugleich von begrifflich Gegensätzlichem prägt die Produktion, die Arbeit des Künstlers und ihren ästhetischen Genuß, der zum ersten Mal explizit von

---

85 ADORNO (s. Anm. 2), 125.
86 STÉPHANE MALLARMÉ, Un spectacle interrompu (1875); in: Mallarmé, Œuvres complètes, hg. v. H. Mondor/G. Jean-Aubry (Paris 1945), 276; dt.: Eine abgebrochene Schaustellung, in: Mallarmé, Sämtliche Dichtungen, übers. v. C. Fischer (München/Wien 1992), 143.
87 MALLARMÉ, La musique et les lettres (1895), in: Mallarmé (s. Anm. 86), 655.
88 Ebd., 647.
89 Vgl. MALLARMÉ, Un coup de dés jamais n'abolira le hasard (1897), in: Mallarmé (s. Anm. 86), 453–477.
90 HEGEL, Vorlesungen über die Ästhetik (1835–1838), in: HEGEL (TWA), Bd. 13 (1970), 216.
91 Vgl. KARL BARTH, Die kirchliche Dogmatik, Bd. 4 (Zürich 1953), 465.
92 FRANZ ROSENZWEIG, Paralipomena (1916), in: Rosenzweig, Gesammelte Schriften, Bd. 3 (Dordrecht/Boston/Lancaster 1984), 80.

Karl Philipp Moritz dem rezeptiven ästhetischen Genießen entgegengestellt worden ist.

Roland Barthes hat das Zugleich von Positivität und Negativität, wie es nach meiner Ansicht jeder Produktion eigen ist, in die Rezeption übertragen. Er unterscheidet zwei einander entgegenstehende Verhaltensweisen literarischen Texten gegenüber, zwei Arten der Lust am Text, plaisir und jouissance. Diese stehen sich nicht nur als affirmative und negative gegenüber, ohne mögliche Gleichzeitigkeit, sondern sind zudem auf zwei verschiedene Arten von Text selbst bezogen: plaisir, Vergnügen, auf das mehr oder weniger traditionelle Erzählen, das Lust erregt in seiner Geordnetheit, Übereinkunft mit ›Kultur‹; jouissance, Genuß, auf den modernen Text, auf eine Gebrochenheit, in welcher ›Sinn‹ sich in die Sprache selbst zurückgezogen hat, in unaussagbare, ›asoziale‹ Brechungen. »Text der Lust: der befriedigt, erfüllt, Euphorie erregt; der von der Kultur herkommt, nicht mit ihr bricht, an eine *behagliche* Praxis der Lektüre gebunden ist. Text der Wollust: der in den Zustand des Sichverlierens versetzt, der Unbehagen erregt [...], die historischen, kulturellen, psychologischen Grundlagen des Lesers [...] erschüttert, sein Verhältnis zur Sprache in eine Krise bringt.« (Texte de plaisir: celui qui contente, emplit, donne de l'euphorie; celui qui vient de la culture, ne rompt pas avec elle, est lié à une pratique *confortable* de la lecture. Texte de jouissance: celui qui met en état de perte, celui qui déconforte [...], fait vaciller les assises historiques, culturelles, psychologiques, du lecteur [...], met en crise son rapport au langage.)[93] »*Lust am Text*. Klassiker. Kultur (je mehr Kultur, desto größer, diverser die Lust). Intelligenz, Ironie. Raffinesse. Euphorie. Meisterschaft. Sicherheit: Lebenskunst. [...] *Texte der Wollust*. Die Lust in Stücken; die Sprache in Stücken; die Kultur in Stücken.« (Plaisir du texte. Classiques. Culture

[plus il y aura de culture, plus le plaisir sera grand, divers]. Intelligence. Ironie. Délicatesse. Euphorie. Maîtrise. Sécurité: art de vivre. [...] Textes de jouissance. Le plaisir en pièces; la langue en pièces; la culture en pièces.) (82; dt. 77) (Der Einfachheit halber behalte ich die Übersetzung von plaisir als Lust, von jouissance als Wollust bei – eine mögliche, begrifflich jedoch ungenaue Übersetzung. Denn Lacan, durch den jouissance als Begriff erst wieder aktuell geworden zu sein scheint[94], auf den sich auch Barthes bezieht, wenn er auf das Kernstück der jouissance, ihre Atopie und Unsagbarkeit zu sprechen kommt[95], Lacan verweist auf usufruit, auf das Nießrecht, darauf, daß Genuß damit im Gegensatz zum Begehren der Wollust [volupté] jeweils schon den Vollzug eines Inter impliziert.[96]) Die Dichotomie wird von Barthes allerdings immer wieder unterbrochen:»Lust/Wollust: terminologisch schwankt das noch [...]; die Unterscheidung wird nicht zu sicheren Klassifizierungen führen, das Paradigma wird knirschen, der Sinn wird prekär, revozierbar, reversibel, der Diskurs wird unvollständig sein.« (Plaisir/Jouissance: terminologiquement, cela vacille encore [...]; la distinction ne sera pas source de classements sûrs, le paradigme grincera, le sens sera précaire, révocable, réversible, le discours sera incomplet.)[97] »Ist die Lust nur eine kleine Wollust? Ist die Wollust nur eine extreme Lust? Ist die Lust nur eine verminderte, akzeptierte – und über eine ganze Staffelung von Kompromissen umgeleitete Wollust? ist die Wollust nur eine brutale, unmittelbare Lust (ohne Vermittlung)?« (Le plaisir n'est-il qu'une petite jouissance? La jouissance n'est-elle qu'un plaisir extrême? Le plaisir n'est-il qu'une jouissance affaiblie, acceptée et déviée à travers un échelonnement de conciliations? La jouissance n'est-elle qu'un plaisir brutal, immédiat [sans médiation]?) (34f.; dt. 31) Die Dichotomie wird durchbrochen durch sein Anliegen, Lust (beides: Vergnügen und Genuß) an der Kunst, an der Literatur zu retten gegen ihre Vereinnahmung durch die Rechte, gegen den Verdacht, es gehe in ihr um bloße (affirmativ beruhigende) Delektation durch die Linke. Von diesem seinem Anliegen aus gesehen ist Barthes jede Lust an der Kunst »révolutionnaire et asocial« und »scandaleux«[98], ein Ausklinken aus sozialen Zusammenhängen.

---

93 ROLAND BARTHES, Le plaisir du texte (Paris 1973), 25 f.; dt.: Die Lust am Text, übers. v. T. König (Frankfurt a. M. 1974), 22.
94 Vgl. FRANÇOIS PERALDI, ›Jouissance‹, in: JACOB, Abt. 2, Bd. 1 (1990), 1398.
95 Vgl. BARTHES (s. Anm. 93), 36f.; dt. 32f.
96 Vgl. LACAN (s. Anm. 81), 10; dt. 8 f.
97 BARTHES (s. Anm. 93), 10; dt. 8 f.
98 Ebd., 39; dt. 34 f.

So kommt auch Barthes dazu, vor allem die Negativität des ästhetischen Genießens zu betonen. Gleichwohl gilt: wenn auch, zumindest im plaisir, ein Gefallen, ein Sich-Zufriedengeben mit Seiendem, dem im Werk vorgelegten Sinnzusammenhang, eine Affirmation also, immer mitgegeben ist, sein muß, handelt Kunst mit sinnlichen Gegebenheiten. Daß es sich bei dieser in Kunst immer gleichzeitigen Weltverneinung und Weltbejahung keineswegs um einen inneren Widerspruch oder Zwiespalt handelt, wird einsehbar, wenn die Bedingungen der ›ästhetischen‹ Produktion geklärt werden – und der Genuß, das Vergnügen (hier nun fallen beide wohl zusammen), das der Künstler dabei empfinden mag. Sehr viel Explizites gibt es dazu nicht – oder doch nur, wenn man den Genuß des Schaffenden mit dem gleichsetzt, den Erkenntnis vermittelt, und damit, auf Umwegen, wieder indirekt mit dem rezeptiven ästhetischen Genuß. ›Erkenntnis als Kunst‹, als Herstellung von Sinn, dafür ist hier kein Raum; man denke aber an Hegels ›Geist als Werkmeister‹, Marx' durch Arbeit vermittelten Genuß, an Mircea Eliade (»Ein unbekanntes, fremdes, unbesetztes [vielfach zu verstehen als: von den ›Unseren‹ noch nicht besetztes] Gebiet hat noch an dem flüssigen, larvenhaften Zustand des ›Chaos‹ teil. Indem der Mensch es besetzt, vor allem, indem er sich dort niederläßt, verwandelt er es symbolisch – durch die rituelle Wiederholung der Kosmogonie – in Kosmos. Was ›unsere Welt‹ werden soll, muß zuvor ›geschaffen‹ werden« – »Un territoire inconnu, étranger, inoccupé [ce qui veut dire souvent: inoccupé par les ›nôtres‹] participe encore à la modalité fluide et larvaire du ›Chaos‹. En l'occupant et surtout en s'installant, l'homme le transforme symboliquement en Cosmos par une répétition rituelle de la cosmogonie. Ce qui doit devenir ›notre monde‹ doit être préalablement ›créé«)⁹⁹, an Nietzsches Glück des (perspektivisch) Erkennenden, an Moritz' Bezeichnung des rezeptiven ästhetischen Genießens als ›Nachgenuß‹, der den ›höheren‹ des schaffenden Genies nicht erreichen könne, an La Mettries Rede, der größte Genuß liege im eigenen Denken, von ihm könne man nie genug bekommen. Der »Schreibprozeß ist mein größtes Vergnügen«¹⁰⁰, sagt Ulla Hahn – deshalb, weil man beim Schreiben nie auslerne. Was aber ist, noch einmal nachgefragt, der Grund dafür, daß Schreiben, Denken, Malen usw. so großes Vergnügen bereitet, was wird dabei genossen? Es ist, wie bei jedem anderen Genuß – Kant bereits hat darauf hingewiesen: Lust, Vergnügen, Genuß befördern das »Lebensgeschäft im Körper«, »das Gefühl der Gesundheit«¹⁰¹ –, eine ›Lebenssteigerung‹, ein, wie Nietzsche sagen würde, Mehr an Macht, psychisch und physisch zugleich. »Gedichteschreiben ist eine Arbeit, die immer zu mir hinführt, mich vermehrt, das Gegenteil von entfremdeter, den Menschen verzehrender Arbeit.« »Ich genieße diesen Zustand der wachen Selbstversunkenheit wie keinen anderen, wenn ich die Welt wechsele, um eine andere zu schaffen, wenn ich meinen Körper vergesse, um einen anderen hervorzubringen.«¹⁰²

Nun könnte es scheinen, als ließen sich auf der Grundlage einer Unterteilung in ›passiv‹ und ›aktiv‹ Genüsse wieder in ›nieder‹ und ›höher‹ scheiden – der Genuß von Opium sich auf diese Weise von einem ästhetischen Genuß trennen. Nietzsche hat das für sich versucht, indem er das ›kleine Glück‹ der ›letzten Menschen‹, die behagliche, gedankenlose Selbstzufriedenheit vom wahren Glück, dem Glück des Schaffenden, zu trennen versuchte. »Philosophie des Dionysos: eine Betrachtung, welche im Schaffen Umgestalten des Menschen wie der Dinge den höchsten Genuß des Daseins erkennt«¹⁰³. »Die Lust am Gestalten und Umgestalten – eine Urlust! Wir können nur eine Welt *begreifen*, die wir selber *gemacht* haben.«¹⁰⁴ Sicher, begreifende Anverwandlung, ›Vermenschlichung‹ des Fremden, Anderen, der Natur ist eine der Voraussetzungen jeden Genusses. Daß diese aber, wie auch Nietzsche weiß, Phantasma ist, war vor Freud schon die Schwierigkeit, die vor allem

---

99 MIRCEA ELIADE, Das Heilige und das Profane (Hamburg 1957), 19; frz.: Le sacré et le profane (Paris 1965), 29 f.
100 ULLA HAHN, Poesie und Vergnügen – Poesie und Verantwortung (Heidelberg 1994), 6 f.
101 KANT (s. Anm. 42), 272.
102 HAHN (s. Anm. 100), 3, 8.
103 FRIEDRICH NIETZSCHE, Nachgelassene Fragmente (1884–1885), in: NIETZSCHE (KGA), Abt. 7, Bd. 3 (1974), 200.
104 NIETZSCHE, Nachgelassene Fragmente (1884), in: NIETZSCHE (KGA), Abt. 7, Bd. 2 (1974), 134.

Kleist und Schiller mit Kants Konzeption von der Unerkennbarkeit des Dings an sich hatten. ›Opium‹ unterscheidet sich in seiner Wirkung insofern nicht vom Genuß der Kunst: Vermittlung von Lebenssteigerung, einer Zunahme an Macht – Genuß, der als *Gefühl* nicht weniger real ist als jeder andere Genuß, eben auch der von Kunst. Das ›Glück‹ der Figuren Becketts: ein reales oder imaginiertes? – das ist keine Frage mehr. ›Jenseits des Lustprinzips‹ steht nicht die Realität, vielmehr der Genuß selbst, der sich aus einem ganz anderen ›Jenseits‹ speist, einem Unbenannten und Unbenennbaren – eine ›promesse de bonheur‹ (Stendhal), immer wieder gebrochen und immer neu versprochen: von daher die Unersättlichkeit des Begehrens, das Ungenügen jeden Genusses. »Die Welt des Glücklichen ist eine andere als die des Unglücklichen«[105], es gibt sie nicht, es sei denn in dem Nunc stans, von dem ein jeder Genuß eine kleine Ahnung vermittelt.

Cordula Hufnagel

Literatur

ACKRILL, JOHN L., Aristotle on Eudaimonia (1974), in: O. Höffe (Hg.), Aristoteles: Die Nikomachische Ethik (Berlin 1995), 39–62; ADORNO, THEODOR W., Ästhetische Theorie, in: Adorno, Gesammelte Schriften, Bd. 7 (Frankfurt a. M. 1970); BINDER, WOLFGANG, ›Genuß‹ in Dichtung und Philosophie des 17. und 18. Jahrhunderts, in: Archiv für Begriffsgeschichte 17 (1973), H. 1, 66–92; BURGER, HEINZ OTTO, Vergnügen. Vorläufiges zur Geschichte von Wort und Wert im 18. Jahrhundert, in: M. Pensa/H. Rüdiger (Hg.), Studi in onore di Lorenzo Bianchi (Bologna 1960), 13–28; GEIGER, MORITZ, Beiträge zur Phänomenologie des ästhetischen Genusses, in: Jahrbuch für Philosophie und phänomenologische Forschung, hg. v. E. Husserl, Bd. 1 (Halle 1913), 567–684; JAUSS, HANS ROBERT, Der ästhetische Genuß und die Grunderfahrung der Poiesis, Aisthesis und Katharsis (1977), in: Jauß, Ästhetische Erfahrung und literarische Hermeneutik (Frankfurt a. M. 1982), 71–90; KOPPE, FRANZ, Grundbegriffe der Ästhetik (Frankfurt a. M. 1983); MAUZI, ROBERT, L'idée du bonheur dans la littérature et la pensée françaises au XVIIIe siècle (1960; Paris 1994); NAVILLE, PIERRE, De l'aliénation à la jouissance. La genèse de la sociologie du travail chez Marx et Engels (Paris 1974).

---

105 LUDWIG WITTGENSTEIN, Tractatus logico-philosophicus. Logisch-philosophische Abhandlung (1921; Frankfurt a. M. 1964), 113.

Gesamtkunstwerk

(engl. gesamtkunstwerk, total work of art; frz. gesamtkunstwerk, œuvre d'art totale; ital. gesamtkunstwerk, opera d'arte totale; span. gesamtkunstwerk, obra de arte total; russ. гезамткунстверк, синтез искусств)

Einführung: Das Gesamtkunstwerk als Transformation der Künste und der Gesellschaft; **I. Der Aufbruch in Deutschland nach der Französischen Revolution;** 1. Friedrich Hölderlins ›Transsubstantiation des Griechentums‹; 2. Schellings Kommentare zu Shakespeare, Calderón und Dante; 3. A. W. Schlegels Aufforderung, das ›Nibelungenlied‹ wiederzugewinnen; 4. Friedrich Schlegels Vorstellung einer progressiven Universalpoesie; 5. Der Wachtraum von Novalis; 6. Philipp Otto Runges Neuschöpfung der Kunst aus der Landschaft; 7. Der gotische Dom – Caspar David Friedrichs Landschaft; 8. Karl Friedrich Schinkel: ›Der Freiheitsdom‹; 9. Ludwig van Beethoven; 10. Carl Maria von Weber: ›Der Freischütz‹; 11. Arthur Schopenhauer: Das Kunstwerk als die Vertikale, die Musik gleich der Natur Abbild des Willens selbst; 12. Georg Büchner. Die Stimme der Kreatur; **II. Richard Wagners Antwort auf die Revolution von 1848/49;** 1. Wagners Konzept vom ›Kunstwerk der Zukunft‹ als einem ›Gesamtkunstwerk‹; 2. Die Arbeit am ›Ring des Nibelungen‹; 3. Nietzsches Antwort auf den ›Ring des Nibelungen‹; 4. Die Uraufführung des ›Ring des Nibelungen‹; 5. ›Parsifal‹; **III. Antworten auf die Folgen der Industrialisierung, Arbeiten nach Wagner;** 1. Charles Baudelaire: ›Les correspondances‹; 2. Arthur Rimbaud: ›Je devins un opéra fabuleux‹; 3 Stéphane Mallarmé: ›Le Livre‹; 4. Nietzsches ›Zarathustra‹; 5. Adolphe Appia: ›Die Musik und die Inszenierung‹; 6. Arnold Schönberg: Die ›Wiedergabe des innerlich Geschauten‹ – Das alttestamentarische Bilderverbot; 7. Wassily Kandinsky: ›Über Bühnenkomposition‹; 8. Hugo Ball: ›Producere heißt herausführen, ins Dasein rufen‹; **IV. Antworten auf die Revolutionen in Rußland 1905 und 1917;** 1. Vsevolod É. Mejerchol'd: ›Der Zuschauer – der vierte Schöpfer‹; 2. Aleksandr Skrjabin: ›Le mystère‹; 3. Kasimir Malewitsch: ›Der Rhythmus der kosmischen Erregung‹; 4. Vladimir Tatlin: Das Denkmal für die 3. Internationale; 5. Sergej Ejzenštejn: ›Der Kinematograph der Begriffe‹; **V. Arbeiten gegenüber den Systemen des 20. Jahrhunderts;** 1. Kurt Schwitters: ›Der Merzbau. Die Kathedrale des erotischen Elends‹; 2. Laszlo Moholy-Nagy: ›Die sich selbstaufbauende Synthese aller Lebensmomente zu einem alles umfassenden Gesamtkunstwerk (Leben)‹; 3. Bertolt Brecht: Das Lehrstück; 4. Antonin Artaud; 5. John Cage: ›Das Theater ist nur ein anderes Wort, um das Leben zu bezeichnen‹; 6. Joseph Beuys: ›Die soziale Plastik‹; 7. Luigi Nono: ›Das Unhörbare wird zum unendlich Hörbaren‹

Einführung: Das Gesamtkunstwerk als Transformation der Künste und der Gesellschaft

Richard Wagner kündigte nach dem Scheitern der Revolution von 1848/49 im Züricher Exil das Kunstwerk der Zukunft als Gesamtkunstwerk an. Er suchte ein Werk zu schaffen, in dem sich das deutsche Volk, wie die Athener in der griechischen Tragödie, als eine Gemeinschaft freier Bürger manifestiert sehen konnte. Wie in den Aufführungen in Athen die einzelnen Künste zusammenwirkten, wie sie in der musikē eins gewesen waren, so sollten sie wieder zusammenfinden in einem Gesamtkunstwerk als einem Festspiel, in dem die Zuschauer durch die Erzählform des Mythos von Herkunft und Zukunft erfahren. Das Wort ›Gesamtkunstwerk‹ hat Wagner als Bezeichnung für sein Werk abgelehnt, ebenso wie die Bezeichnung ›Musikdrama‹. Sein Gegenstand war die Tragödie, die er durch den Mythos, das Festspiel und die musikē bestimmt sah.

In diesem Sinn formuliert das Wort Gesamtkunstwerk die Aufgabe, mit den Mitteln der Kunst für eine Regeneration der Gesellschaft zu arbeiten. Gegenüber der Renaissance im 15. Jh. eine Kunst, die den Neubeginn aus der Revolution begreift.

Gesamtkunstwerk will daher nicht als Bezeichnung, sondern aus der Intention nach einer Umgestaltung der Gesellschaft verstanden sein, um derentwillen die Künste zusammengeführt werden. Diese Intention formulierte sich zum ersten Mal bei den Brüdern Schlegel, bei Novalis, Tieck, Runge, bei Schelling und Hölderlin, in ihren Gesprächen, Notizen und theoretischen Überlegungen, in ihren Arbeiten. »Ich glaube an eine künftige Revolution der Gesinnungen und Vorstellungsarten, die alles bisherige schaamroth machen wird«, schrieb Friedrich Hölderlin 1797 an Johann Gottfried Ebel nach Paris. »Und dazu kann Deutschland vielleicht sehr viel beitragen.«[1] Die Idee, die sich dann im Gesamtkunstwerk manifestiert, ist deutschen Ursprungs, eine Antwort auf die Französische Revolution, erwächst aus einem Land, bedürftig einer grundlegenden Neugestaltung, wie es hundert Jahre später Rußland war. Die Kunst gleichrangig der Philosophie in ihrem Erkenntnisvermögen, vorausgehend aber in ihrer seherischen Kraft, ein Werkzeug, einzuwirken auf die Menschen, fähig, sie zusammenzuführen.

Der Grundgedanke des Gesamtkunstwerkes ist Transformation, das heißt Übersetzung und Umwandlung. Ein Kunstwerk als Neuschöpfung gegenüber der Natur, organisch wie sie, ihre Gesetze und Strukturen erforschend und in die künstlerische Arbeit übertragend. Teil eines Prozesses und selbst ein Prozeß, das Ganze, einen neuen Prozeß auslösend. Damit wurde der Religion ein neuer Raum geschaffen. Es ist ein orphisches Denken, das sich im Gesamtkunstwerk offenbart. Ein Denken des hen kai pan, des Ein und Alles, beglaubigt als ägyptische Geheimlehre, das von Orpheus und Pythagoras, von Heraklit und Platon, von Spinoza und Giordano Bruno weitergetragen wurde. Ein Denken, das nun zu Beginn des 19. Jh. seine Quellen im Osten sucht, sich gegenüber den Lehren des Buddhismus und durch sie neu formuliert.

Transformation als Übertragung der alten Werke in Gegenwärtiges, um aus dem noch und wieder zu Verarbeitenden Zukünftiges zu denken. Als Entdecken, Lesenlernen fremder Kulturen, darin ein Erkennen des Vermögens des anderen und des Eigenen.

Transformation als Übergabe an den Betrachter/Zuhörer/Zuschauer als denjenigen, in dem die Kunst zu einer Erfahrung werden und weiterwirken soll. Um diesen Prozeß der Sprachfindung auszulösen, sind die einzelnen Künste zu erproben, zusammenzuführen und gegeneinander zu setzen. Indem die Künste in ein neues Verhältnis zueinander treten, werden sie aus ihrem alten Kanon herausgelöst, auf ihre Grundelemente zurückgeführt, medialisiert und, ihr Material auslotend, in Bereiche des Noch-nicht-Gesehenen, Noch-nicht-Gehörten geführt. Eine Arbeit, mit immer neuen Formen, mit dem Einsatz der neuen Techniken einzudringen in das verfestigte Gefüge der Gesellschaft. Ein Versuch, gegen sich beschleunigenden Prozeß, den Selbstlauf zu steuern, der die Gesellschaft im Namen des technischen Fortschritts ergriffen hat. Formen, um der Kunst Raum zu

---

[1] FRIEDRICH HÖLDERLIN an Johann Gottfried Ebel (10. 1. 1797), in: HÖLDERLIN (GSA), Bd. 6/1 (1954), 229, Nr. 132.

schaffen, eine andere Zeit, ein anderes Zeitmaß zu setzen.

Ein Finden der eigenen Stimme – aus dem Vermögen, Stimme zu sein für den anderen, der nicht gehört wird, den einzelnen in seinem Leid. Die Kunst erwächst aus dem Leid, aus der Leidensfähigkeit. Daß die Kreatur Kreator wird, ist ihr Ziel, ihre Bestimmung. In ihrer Sprachfindung sucht sie ein Instrumentarium zu liefern, das den einzelnen befähigt, aus den Abhängigkeiten herauszutreten als Produzent seines eigenen Lebens.

»Der Mensch soll ein *vollkommenes* und Totales *Selbstwerckzeug* seyn«, notierte Novalis als »Menschen[en]L[ehre]«[2]. In der Setzung von Beuys: »Ich schreie sogar: es wird keine brauchbare Plastik mehr hinieden geben, wenn dieser *soziale Organismus als Lebewesen* nicht da ist. Das ist die Idee des Gesamtkunstwerkes in dem *jeder Mensch ein Künstler* ist.«[3]

Die Arbeit der Kunst durch die zurückliegenden zweihundert Jahre war ein ständiger Reinigungsprozeß. Das Erreichte, da es Konvention wird, ist das zu Bekämpfende. Im Erreichten zeigt sich das Zuviel. Der Spiegel der Entwicklung des Gesamtkunstwerkes, in seiner Öffnung hin auf die Gesellschaft, ist seiner Natur nach die Oper, das Theater. Die Kunst der Inszenierung erwächst aus der Aufgabe, die Handlung durch die Einforderung der verschiedenen Künste für die Situation heute als Beschreibung eines Kampfes, als eine wieder zu bestehende Auseinandersetzung zu organisieren. Die hier zu erarbeitende Sprache wendet sich gegen jede Form von Theatralisierung. Und das heißt gegen jede Form von Stillstand, Arretierung.

Wie Hölderlin das Theater befreien wollte von dem Pathos Schillers, den er liebte, den er an *Die Räuber* gemahnte, wie Nietzsche Wagner bekämpfte, da dieser die ›großen Wände und die verwegene Wandmalerei‹ brauchte, um ihn zugleich als »Orpheus alles heimlichen Elends«, als den »*Meister* des ganz Kleinen«[4] zu rühmen, wie Rimbaud Baudelaire als »le premier voyant, roi des poètes, *un vrai Dieu*« feierte und doch befand: »Encore a-t-il vécu dans un milieu trop artiste; et la forme si vantée en lui est mesquine: les inventions d'inconnu réclament des formes nouvelles«[5] – so braucht es diese Liebe, Verbundenheit, um aufzubrechen zu können.

Das Gesamtkunstwerk weist die Künste, die durch die Zusammenführung eine Erweiterung ihrer Mittel und Techniken erfahren haben, wiederum auf sich selbst zurück. Medialisiert, zum Instrument geworden, vermag nun jede einzelne Kunst, sich selbst den Raum zu schaffen, sich selbst zu inszenieren: Die einzelne Kunst kann zu einem Haus werden und entfaltet sich darin als ein Gesamtkunstwerk. Sie kann es, denn die Künste sind, wie Novalis notierte, ineinander vorhanden.

Das Gesamtkunstwerk als die Kunst, ein Haus zu schaffen, fähig, sich auf das Ganze zu öffnen, die Natur wie die Gemeinschaft/Gesellschaft/Gattung, einen Raum, in den sich der Betrachter/Zuhörer/Zuschauer begeben kann, das Kunstwerk als eine Passage zu erleben, teilzunehmen an einem Prozeß, sich ihm auszusetzen, sich selbst dadurch zum Gegenstand zu werden. Das Gesamtkunstwerk erfüllt sich, wenn der einzelne sich selbst als diesen Raum begreift, sich selbst zum Instrument wird, und das, was er in der Auseinandersetzung mit dem Kunstwerk erfahren hat, einzusetzen für die anderen, aus dieser Bewußtheit heraus selber Räume zu schaffen.

I. Der Aufbruch in Deutschland nach der Französischen Revolution

Der Aufbruch der Künste ereignete sich in Deutschland, als mit der Französischen Revolution die Antwort auf die Verhältnisse im eigenen Land gegeben schien – mit einer Revolution, die sich aber von Jahr zu Jahr selbst entstellte, von der Einführung der Guillotine bis zur Selbstkrönung Na-

---

2 NOVALIS, Das Allgemeine Brouillon (1798–1799), in: Novalis, Werke, Tagebücher und Briefe, hg. v. H.-J. Mähl/R. Samuel, Bd. 2 (München/Wien 1978), 531.
3 JOSEPH BEUYS, [Zur Installation ›Hirschdenkmäler‹], in: Zeitgeist, hg. v. C. M. Joachimides [Ausst.-Kat.] (Berlin 1982), Abb. 16 [unpag.].
4 FRIEDRICH NIETZSCHE, Nietzsche contra Wagner. Aktenstücke eines Psychologen (1889), in: NIETZSCHE (KGA), Abt. 6, Bd. 3 (1969), 416.
5 ARTHUR RIMBAUD an Paul Demeny (15. 5. 1871), in: Rimbaud, Œuvres complètes, hg. v. A. Adam (Paris 1972), 253 f.

I. Der Aufbruch in Deutschland nach der Französischen Revolution

poleons. Doch bedeutete sie die Voraussetzung für eine neue Zeit. Alles war jetzt zu denken: ein Heraustreten aus dem Gegebenen.

Friedrich Schiller hatte die Frage nach dem Raum der Kunst und nach dem, was sie zu leisten hat, mit dem ersten seiner philosophischen Gedichte, *Die Götter Griechenlandes*, formuliert – ein Jahr vor dem Ausbruch der Französischen Revolution. Die Götter haben die Welt verlassen. Entgöttert ist die Natur: »Morgen wieder neu sich zu entbinden, / Wühlt sie heute sich ihr Grab«[6]. Die christliche Zeit, die in diesen Zustand geführt hat, verlangt nach Ablösung. In diese Not, die Schiller so grundsätzlich nannte, daß keine Lösung möglich schien, in dies Warten auf eine Wiedergeburt der Natur, also der Gesellschaft, brach die Französische Revolution ein. Seine Forderung, die antike Mythologie wiederzugewinnen, die den Raum der Kunst, der Metamorphosen, der Verwandlungen geschaffen hatte, um jetzt aus der Erstarrung des Christentums herauszuführen, was vierhundert Jahre zuvor in Italien geleistet worden war, ging der Revolution voraus. Es blieb die Arbeit der Künstler, das Verhältnis des Menschen zur Natur, also die Religion, neu zu bestimmen. Griechenland war Vermächtnis und Auftrag. »Da die Götter menschlicher noch waren, / Waren Menschen göttlicher.« (169)

Das Denken richtete sich nun, da keine Bezugssysteme mehr galten, auf die Kunstproduktion selbst: In ihr mußte sich zeigen, bewähren, was dieses Denken bewirken konnte. Es ging nicht um Erklärungen, sondern um ein Erkennen, das zum Handeln befähigte. Die Künstler waren in ihrem Bedürfnis nach einem Neubeginn aufeinander verwiesen. In einigen wenigen Zentren wie Jena, Dresden und Berlin suchten sie gemeinsam, wie sehr sie doch als Künstler einsam waren, nach Formen, nach einer neuen Sprache – damit in Deutschland eine neue Kultur entstehen konnte. Was Goethe und dann mit ihm Schiller in Weimar geschaffen hatten und über Jahre behaupten konnten, war ein Maßstab, was die Geltung der Künste betraf, war, was Deutschland der Französischen Revolution als eigenen Ort entgegensetzen konnte, forderte Bewunderung ein und blieb doch eingebunden in das höfische Leben, eine Machtposition, die das Neue sah und nicht sehen wollte,

die die Kräfte des Aufbruchs einbinden wollte in einen philosophisch-rhetorischen Raum. Schiller formulierte in der zweiten Fassung seines Gedichtes *Die Götter Griechenlandes* für die Ausgabe seiner Gedichte 1800 die Zurücknahme. Gestrichen ist die prometheisch klingende Einforderung am Ende des Gedichtes. Der Schluß jetzt will die Scheidung: »Was unsterblich im Gesang soll leben, / Muß im Leben untergehn« (173) – die Trennung von Revolution und Kunst, Rückkehr des Kanons. An einer Antwort auf Schillers Einforderung, die er selbst jetzt nicht mehr stellte, arbeiteten andere: Novalis mit *Hymnen an die Nacht* (1800), Hölderlin mit *Brod und Wein* (entst. 1803–1804), mit seinem ganzen Werk.

1. Friedrich Hölderlins ›Transsubstantiation des Griechentums‹[7]

1790 lasen die Tübinger Studenten Hölderlin, Hegel und Schelling die *Antigone* des Sophokles. Eine Lektüre, die bestimmend für die Arbeit eines jeden von ihnen wurde. Entscheidend dann für die künstlerische Arbeit der letzten beiden Jahrhunderte. Ein zweiter Text, an dem sie sich orientierten, war ein *Auszug aus Jordan Bruno von Nola, Von der Ursache, dem Princip und dem Einen*, den Friedrich Heinrich Jacobi der zweiten Auflage seines Spinoza-Buches 1789 (*Ueber die Lehre des Spinoza, in Briefen an Herrn Moses Mendelssohn*) beigegeben hatte. Was sie in den Jahren von der Erstürmung der Bastille bis zur Kaiserkrönung Napoleons in gegenseitigem Austausch erarbeiteten, eröffnete durch Hölderlins Insistenz einen Raum für die Wiedergewinnung der Tragödie. Ihm war alles zur Werkstatt geworden – nicht nur seine eigene Arbeit, sondern auch die der anderen, die Zeit selbst: »In des bildenden Geists werdender Werkstatt hier«[8]. In der Radikalität seiner Wegfindung, in seinen Dichtungen wie in seinen theoretischen Verständigungen, fand er die Elemente, die dann

---

6 FRIEDRICH SCHILLER, Die Götter Griechenlandes (1788), in: Schiller, Sämtliche Werke, Bd. 1 (München 1958), 168.
7 Vgl. WALTER BENJAMIN, Deutsche Menschen (1931–1932), in: BENJAMIN, Bd. 4/1 (1981), 172.
8 HÖLDERLIN, An die Deutschen (1799), in: HÖLDERLIN (FA), Bd. 5 (1984), 535.

konstitutiv geworden sind für die Tragödie als ein Gesamtkunstwerk.

1794 war Hölderlin nach Jena gekommen, um dort in den philosophischen Diskurs einzugreifen. Er suchte in der Auseinandersetzung mit Kants Philosophie, in der Begegnung mit Fichte, einen Weg zu finden, der ein Wiederaufnehmen der Ideen von Platon, Spinoza und Giordano Bruno ermöglichte. Die Kunst war in Jena ein Gegenstand philosophisch-moralischer Auseinandersetzung. Schillers Antwort auf Kant, *Über die ästhetische Erziehung des Menschen in einer Reihe von Briefen* (1795), verblieb in diesem Rahmen. Hölderlin dagegen wollte die Kunstproduktion selbst zum Gegenstand machen, die Kunst in ihren Erkenntnismöglichkeiten der Philosophie vorausgehend darstellen.

Er verließ Jena 1795 und suchte im Austausch mit Schelling diesen Weg weiterzuverfolgen. Er brauchte Schelling, um auch durch ihn auf Hegel einwirken zu können. Es entstand ein Text, den Franz Rosenzweig als ›Ältestes Systemprogramm des deutschen Idealismus‹ bezeichnete. »Die Poesie [...] wird am Ende wieder, was sie am Anfang war – *Lehrerin der Menschheit*; denn es gibt keine Philosophie, keine Geschichte mehr, die Dichtkunst allein wird alle übrigen Wissenschaften und Künste überleben. [...] wir müssen eine neue Mythologie haben, diese Mythologie aber muß im Dienste der Ideen stehen, sie muß eine Mythologie der *Vernunft* werden. [...] So müssen endlich Aufgeklärte und Unaufgeklärte sich die Hand reichen, die Mythologie muß philosophisch werden, um das Volk vernünftig, und die Philosophie muß mythologisch werden, um die Philosophen sinnlich zu machen. [...] Dann erst erwartet uns *gleiche* Ausbildung *aller* Kräfte, des einzelnen sowohl als aller Individuen. Keine Kraft wird mehr unterdrückt werden, dann herrscht allgemeine Freiheit und Gleichheit der Geister! – Ein höherer Geist, vom Himmel gesandt, muß diese neue Religion unter uns stiften, sie wird das letzte, größte Werk der Menschheit sein.«[9]

Eine Mythologie der Vernunft: Es ist die Frage, ob mit Vernunft die Aufklärung gemeint ist oder die Vernunft als der ›innere Künstler‹, wie sie Giordano Bruno in *De la causa, principio e uno* (1584) beschrieben hat: »L'intelletto universale è l'intima, piú reale e propria facultà e parte potenziale de l'anima del mondo.« (Die universelle Vernunft ist das innerste, wirklichste und eigenste Vermögen und der Theil der Weltseele, der ihre Macht bildet.)[10] »Da noi si chiama *artefice interno*, perché forma la materia e la figura da dentro« (Wir nennen sie den inneren Künstler, weil sie die Materie formt und von innen heraus gestaltet) (233; dt. 30). »Or, se credemo non essere senza discorso e intelletto prodotta quell'opra come morta, che noi sappiamo fengere con certo ordine e imitazione ne la superficie della materia, quando, scorticando e scalpellando un legno, facciamo apparir l'effige d'un cavallo; quanto credere dobbiamo esser maggior quel intelletto artefice, che da l'intrinseco della seminal materia risalda l'ossa, stende le cartilagini, incava le arterie, inspira i pori, intesse le fibre, ramifica gli nervi, e con sí mirabile magistero dispone il tutto? Quanto, dico, piú grande artefice è questo, il quale non è attaccato ad una sola parte de la materia, ma opra continuamente tutto in tutto?« (Wenn wir nun glauben, dass das tote Gebilde nicht ohne Einsicht und Vernunft hervorgebracht wird, welches wir nach bestimmtem Plane nachahmend auf der Oberfläche der Materie hervorzubringen verstehen, indem wir etwa ein Holz schälend und schnitzend das Bild eines Pferdes zu Stande bringen: wie viel grösser müssen wir uns die Vernunft desjenigen Künstlers vorstellen, der aus dem Innern der samenartigen Materie heraus das Knochengerüste aufbaut, die Knorpel spannt, die Röhrchen der Adern aushöhlt, die Poren mit Luft füllt, das Gewebe der Fasern, die Verzweigung der Nerven herstellt und mit so bewundernswürdiger Meisterschaft das Ganze ordnet? Ein wie viel grösserer Künstler, sage ich, ist der, welcher nicht an einen einzelnen Theil der Materie gebunden ist, sondern fortwährend alles in allem wirkt?) (233 f.; dt. 30 f.) »Son tre sorte de intelletto; il di-

---

9 [HÖLDERLIN/F. W. J. SCHELLING/G. W. F. HEGEL], Das älteste Systemprogramm des Deutschen Idealismus (entst. 1796–1797), in: HEGEL (TWA), Bd. 1 (1971), 235 f.
10 GIORDANO BRUNO, De la causa, principio e uno (1584), in: Bruno, Dialoghi Italiani, hg. v. G. Gentile/ G. Aquilecchia (Florenz ³1958), 232; dt.: Von der Ursache, dem Prinzip und dem Einen, übers. v. A. Lasson (1872; Hamburg ⁵1977), 29.

I. Der Aufbruch in Deutschland nach der Französischen Revolution

vino che è tutto, questo mundano che fa tutto, gli altri particolari che si fanno tutto; perché bisogna che tra gli estremi se ritrove questo mezzo, il quale è vera causa efficiente, non tanto estrinseca come anco intrinseca, de tutte cose naturali.« (Es giebt drei Arten der Vernunft: die göttliche Vernunft, welche alles *ist*; die eben besprochene Vernunft, welche alles *macht*; die Vernunft der einzelnen Dinge, welche alles *wird*. Denn zwischen den Extremen muss es dieses Mittlere geben, welches aller Dinge in der Natur wahre bewirkende Ursache und nicht bloss äusserliche, sondern auch innerliche Ursache ist.) (234; dt. 31) Geschrieben 1584 in London, das zu einem geistigen Zentrum geworden war. Hier war für einige Jahre eine Freiheit der Auseinandersetzung erreicht, getragen von der Hoffnung, daß es England gelänge, einen Wandel in Europa zu bewirken. Das Bild von dem ›inneren Künstler‹ bestätigt das Vermögen zu einer Neugestaltung der Gesellschaft.

Im *Spaccio della bestia trionfante* (1584) läßt Bruno Jupiter die Einzigartigkeit des Menschen mit der Fähigkeit begründen,»daß er nicht bloß nach der Natur und deren gewöhnlichen Regeln handeln kann, sondern auch über die Gesetze der Natur hinaus. So gestalten die Menschen oder können wenigstens gestalten eine zweite Natur, andere Ereignisse und neue Ordnungen vermöge der Geisteskraft und der Willensfreiheit, ohne welche der Mensch nicht so zu sagen der Gott der Erde im Sinne der erwähnten Ebenbildlichkeit zu sein vermöchte« (la qual consiste non solo in poter operar secondo la natura ed ordinario, ma, ed oltre, fuor le leggi di quella; acciò, formando o possendo formar altre nature, altri corsi, altri ordini con l'ingegno, con quella libertade, senza la quale non arrebe detta similitudine, venesse ad serbarsi dio de la terra)[11]. Hier findet sich die Keimzelle für ein Gesamtkunstwerk. Die Kunst macht die Gesetzmäßigkeiten in der Natur sichtbar und ebenso die Gesetzmäßigkeit, die die menschliche Gesellschaft bestimmen. Daß diese nun aber ihren Weg findet, heraustritt aus den Abhängigkeiten, darin liegt das Ziel der Arbeit des Menschen, das Ziel der Kunst: in dem Sich-Klarwerden über den stattfindenden Prozeß, ihn aufbrechen zu können, eine Transformation des Bestehenden in einen neuen

Zusammenhang leisten zu können – mit dem Ziel einer freien Gesellschaft.

Der Gegenstand des ›Systemprogramms‹ war die Unabhängigkeit der Menschen:»Nur was Gegenstand der *Freiheit* ist, heißt *Idee*.« Aus diesem Wissen heraus argumentierend:»jeder Staat muß freie Menschen als mechanisches Räderwerk behandeln; und das soll er nicht; also soll er *aufhören*.«[12] Eine ›neue Mythologie‹ bedeutet das Fruchtbarmachen, das Reinigen des mythologischen Materials. Giordano Bruno hat das im *Spaccio della bestia trionfante* vorgeführt. Der Himmel wird reformiert, indem die Götter den Sternbildern ihre mythologischen Namen nehmen und sie nach den Tugenden benennen. Die Mythologie ist ein Instrument, um die Welt aus dem Widerstreit, aus dem Kampf zu erfassen. Wie ein Instrument ist sie immer wieder neu zu reinigen. So bleibt sie, also die Kunst, eine Übung, eine Kontrolle, um Intellekt und Wille selbst zu reinigen, zu erneuern. Kunst und Philosophie sind Arbeit an einer neuen Religion. Einer Religion, die fähig ist, die Konfrontation der bestehenden monotheistischen Religionen zu überwinden, jede Form von Ideologisierung.

»Profonda magia è saper trar il contrario dopo aver trovato il punto de l'unione.« (Den Punct der *Vereinigung* zu finden, ist nicht das Größte; sondern, aus demselben *auch sein Entgegengesetztes zu entwickeln*; dieses ist das eigentliche und tiefste Geheimniß der Kunst.)[13] Diesen Satz von Bruno hatte so Jacobi übersetzt. Hölderlin suchte ihn in seiner Arbeit nachzukommen. Jacobis erklärter »Hauptzweck« war es gewesen,»durch die Zusammenstellung des Bruno mit Spinoza, gleichsam die *Summa der Philosophie des* Ἐν καὶ Πᾶν [...] darzulegen«[14].

---

11 BRUNO, Spaccio della bestia trionfante (1584), in: Bruno, Dialoghi Italiani (s. Anm. 10), 732; dt.: Die Vertreibung der triumphierenden Bestie, übers. v. L. Kuhlenbeck (Leipzig 1904), 181.
12 [HÖLDERLIN/SCHELLING/HEGEL] (s. Anm. 9), 234 f.
13 BRUNO (s. Anm. 10), 340; dt.: Auszug aus Jordan Bruno von Nola, Von der Ursache, dem Princip und dem Einen, übers. v. F. H. Jacobi, in: Jacobi, Werke, hg. v. F. Roth/F. Köppen, Bd. 4/2 (Leipzig 1819), 45.
14 FRIEDRICH HEINRICH JACOBI: Ueber die Lehre des Spinoza, in Briefen an Herrn Moses Mendelssohn (1785), in: Jacobi (s. Anm. 13), Bd. 4/1 (Leipzig 1819), 10.

So gelangte Hölderlin zu Heraklit. Und weiter zu der ägyptischen Geheimtheologie, als deren Quintessenz Ralph Cudworth das hen kai pan benannt hatte. Sein Buch *The True Intellectual System of the Universe* (1678) war 1737 in Göttingen lateinisch erschienen.[15]

»Ich hab' es Einmal gesehn, das Einzige, das meine Seele suchte, und die Vollendung, die wir über die Sterne hinauf entfernen, die wir hinausschieben bis an's Ende der Zeit, die hab' ich gegenwärtig gefühlt. Es war da, das Höchste, in diesem Kreise der Menschennatur und der Dinge war es da!« Hyperions Eröffnung an Bellarmin sind die Worte eines Dichters, der, was er als Ganzes geschaut hat, durch sein Werk gewinnen und übermitteln will. Hyperion: »wißt ihr seinen Nahmen? Den Namen deß, das Eins ist und Alles? Sein Nahme ist Schönheit.«[16] Und er erklärt Diotima; »Das große Wort, das εν διαφερον εαυτω (das Eine in sich selber unterschiedne) des Heraklit, das konnte nur ein Grieche finden, denn es ist das Wesen der Schönheit, und ehe das gefunden war, gabs keine Philosophie. Nun konnte man bestimmen, das ganze war da. Die Blume war gereift; man konnte nun zergliedern. Der Moment der Schönheit war nun kund geworden unter den Menschen, war da im Leben und Geiste, das Unendlicheinige war.« (681) Die Schönheit verstanden als diesen einen Moment der Vereinigung der widerstreitenden Kräfte, als Durchgang – um neu den Kampf auszutragen: verstanden als das, was die Kunst herstellen kann, um darin Herkunft und Werden gegenwärtig zu machen.

Von Napoleon, gleich alt wie er, schrieb Hölderlin in dem Entwurf einer Ode *Buonaparte* 1797:

»Er kann im Gedichte / nicht leben und bleiben / Er lebt und bleibt / in der Welt.«[17] Hölderlin suchte gegenüber Napoleons Geschichtsschreibung einen poetischen Raum zu schaffen: um zu begreifen und begreifbar zu machen, wie eine Umkehr der Verhältnisse in Deutschland zu bewirken ist.

Empedokles hatte die ihm vom Volk angebotene Königswürde als freier und jeder Herrschaft abgeneigter Mann abgelehnt.[18] Hölderlins Empedokles antwortet auf das Angebot: »Menschen ist die große Lust / Gegeben, daß sie selber sich verjüngen. / Und aus dem reinigenden Tode, den / Sie selber sich zu rechter Zeit gewählt, / Erstehn, wie aus dem Styx Achill, die Völker. / O gebt euch der Natur, eh sie euch nimmt! – / Ihr dürstet längst nach Ungewöhnlichem, / Und wie aus krankem Körper sehnt der Geist / Von Agrigent sich aus dem alten Gleise.«[19] Dies war der orphisch-pythagorische Grund, dies Hölderlins Aufruf zu einer Wiedergeburt, einer Renaissance, die allein das Ziel der Revolution sein kann.

Das Trauerspiel *Empedokles* war konzipiert als Festspiel zur Konstituierung einer Schwäbischen Republik nach Schweizer Vorbild. Hölderlin hat die Feier immer gesucht, erwartet, beschworen: als den Moment der Übergabe. Seine Gesänge verstand er als Vorgaben. Dies ist ein Grundgedanke des Gesamtkunstwerkes. Geschaffen für die Gemeinschaft, soll sich vor der Gemeinschaft manifestieren: Die Gegenwart, die es herstellen will in der Präsentation des Werkes, als ein Akt, verlangt die Gegenwart der Gemeinschaft. In den Moment der Übergabe ist Ankunft und Abschied einbeschlossen: Daß der Moment erreicht ist, heißt Abschied. Jetzt ist es an den anderen, das Werk als ihr eigenes Lebenswerk weiterzutragen.

In Württemberg wurde der Aufstand vorbereitet, Kokarden und Flugblätter verteilt. Voraussetzung für sein Gelingen war die Unterstützung durch die französische Armee im Land. Doch 1799 erklärte General Jourdan in Stuttgart, daß er gegen Aufstände vorgehen werde. Für das Trauerspiel *Empedokles* war kein Raum mehr. Hölderlin wußte, daß sich die Verhältnisse in Deutschland – solange er lebt – nicht mehr ändern werden.

»Im Zustande zwischen Seyn und Nichtseyn wird [...] überall das Mögliche real und das wirkli-

---

15 Vgl. UVO HÖLSCHER, Empedokles und Hölderlin (Frankfurt a. M. 1965), 49; JAN ASSMANN, Moses the Egyptian. The Memory of Egypt in Western Monotheism (Cambridge 1997).
16 HÖLDERLIN, Hyperion (1797/1799), in: HÖLDERLIN (FA), Bd. 11 (1982), 644.
17 HÖLDERLIN, Buonaparte (entst. 1797), in: HÖLDERLIN (FA), Bd. 5 (1984), 418.
18 Vgl. ARISTOTELES, Fr. 66, in: H. Diels, Die Fragmente der Vorsokratiker, griech.-dt., Bd. 1 (Berlin ⁴1922), 196.
19 HÖLDERLIN, Empedokles. Erster Entwurf (entst. 1798/1799), in: HÖLDERLIN (FA), Bd. 13 (1985), 744 f., V. 1395–1403.

I. Der Aufbruch in Deutschland nach der Französischen Revolution 737

che ideal, und diß ist in der freien Kunstnachahmung ein furchtbarer aber göttlicher Traum«[20], notierte Hölderlin 1799. Man kann den Satz lesen als Beschreibung des Raumes, in dem sich das Trauerspiel, die Tragödie ereignet – das Theater als eine Eröffnung an den Zuschauer, diesen ›göttlichen Traum‹ für sich selbst zu realisieren, die Wirklichkeit in einen neuen Zustand zu transformieren. So verstanden formuliert der Satz den Raum für ein Gesamtkunstwerk: Das Ganze erscheint in seiner Transformation.

Um *Empedokles* schreiben zu können, hatte Hölderlin die Tragödien des Sophokles studiert, insbesondere *Ödipus auf Kolonos*. Dadurch lernte er, die Tragödien in ihrem Entstehen zu begreifen. Sophokles war ihm nicht das hohe, gleichsam naturgegebene klassische Maß, wie es in Weimar verstanden wurde, sondern ein Arbeitsfeld. Da kein Raum mehr für ein Festspiel gegeben war, blieben die Tragödien selbst zu gewinnen, Bilder für den Kampf, der weiter auszutragen war. Hölderlin begann, *Antigone* und *Ödipus* zu übersetzen.

Die Arbeit an den griechischen Texten eröffnete Hölderlin ein Verstehen im anderen, ein Aneignen des anderen, um das Eigene zu gewinnen. Dieses Verfahren, glaubte er zu erkennen, war die Methode der Griechen selbst:»Wir lernen nichts schwerer als das Nationelle frei gebrauchen.« Schrieb er an Böhlendorff.»Und wie ich glaube, ist gerade die Klarheit der Darstellung uns ursprünglich so natürlich wie den Griechen das Feuer vom Himmel. Eben deßwegen werden diese eher in schöner Leidenschaft, die Du Dir auch erhalten hast, als in jener homerischen Geistesgegenwart und Darstellungsgaabe zu *übertreffen* sein. Es klingt paradox. [...] das eigentlich nationelle wird im Fortschritt der Bildung immer der geringere Vorzug werden. Deßwegen sind die Griechen des heiligen Pathos weniger Meister, weil es ihnen angeboren war, hingegen sind sie vorzüglich in Darstellungsgaabe, von Homer an, weil dieser außerordentliche Mensch seelenvoll genug war, um das abendländische *Junonische Nüchternheit* für sein Apollonsreich zu erbeuten, und so wahrhaft das fremde sich anzueignen. Bei uns ists umgekehrt. Deßwegen ists auch so gefährlich sich die Kunstregeln einzig und allein von griechischer Vortreflichkeit zu abstrahiren. Ich habe lange daran laborirt und weiß nun daß außer dem, was bei den Griechen und uns das höchste seyn muß, nemlich dem lebendigen Verhältniß und Geschik, wir nicht wohl etwas gleich mit ihnen haben dürfen.« Um dies ›lebendige Verhältnis‹ geht es, die Entdeckung, die Offenlegung der Leidenschaft, das schutzlos Neue – und dies in eine Form zu bringen, die die Menschen erreicht, ist das ›Geschik‹.»Aber das eigene muß so gut gelernt seyn wie das Fremde. Deßwegen sind uns die Griechen unentbehrlich. Nur werden wir ihnen gerade in unserm Eigenen, Nationellen nicht nachkommen, weil, wie gesagt, der *freie* Gebrauch des *Eigenen* das schwerste ist.«[21]

Ein Jahr später berichtete Hölderlin Böhlendorff, wie er im Süden Frankreichs die Antike begreifen gelernt habe:»Das Athletische der südlichen Menschen, in den Ruinen des antiquen Geistes, machte mich mit dem eigentlichen Wesen der Griechen bekannter; ich lernte ihre Natur und ihre Weisheit kennen, ihren Körper, die Art, wie sie ›ihrem Klima wuchsen, und die Regel, womit sie den übermüthigen Genius vor dem Elements Gewalt behüteten. Diß bestimmte ihre Popularität, ihre Art, fremde Naturen anzunehmen und sich ihnen mitzutheilen, darum haben sie ihr Eigentümlichindividuelles, das lebendig erscheint, so fern die höchste Verstand im griechischen Sinne Reflexionskraft ist, und diß wird uns begreiflich, wenn wir den heroischen Körper der Griechen begreifen; sie ist Zärtlichkeit, wie unsere Popularität.«[22] Was er im Gegenüber der Menschen im Süden erfahren hatte, bestätigte sich beim Besuch der neueingerichteten Antikensammlung im Louvre.»Der Anblick der Antiquen hat mir einen Eindruck gegeben, der mir nicht allein die Griechen verständlicher macht, sondern überhaupt das Höchste der Kunst, die auch in der höchsten Bewegung und Phänomenalisirung der Begriffe und alles Ernstlichgemeinten dennoch alles stehend und sie selbst erhält, so daß die Sicherheit in

---

20 HÖLDERLIN, Das Werden im Vergehen (entst. 1799), in: HÖLDERLIN (GSA), Bd. 4/1 (1961), 283.
21 HÖLDERLIN an Casimir Ulrich Böhlendorff (4. 12. 1801), in: HÖLDERLIN (GSA), Bd. 6/1 (1954), 425f., Nr. 236.
22 HÖLDERLIN an Böhlendorff (Nov. 1802), in: ebd., 432, Nr. 240.

diesem Sinne die höchste Art des Zeichens ist.« (432 f.)

Die alten Werke so zu erkennen heißt für die eigene Arbeit, ein poetisches Werk zu schaffen, das in sich ruhend alles austrägt, ein Werk, in das man sich begeben kann wie in eine Landschaft, in dem die Reflexionskraft die auf verschiedenen Ebenen sich ereignenden Prozesse durchdrungen hat, damit sie sichtbar, nicht zurechtgemacht, erneut stattfinden, zum Ereignis werden, das wieder bewältigt werden muß.

Was Hölderlin im südlichen Frankreich erfahren hatte, verlieh ihm eine Bewußtheit, die heimatliche Landschaft darin zu erkennen, wie sie ihn selbst und das eigene Volk geformt hat. Dadurch fand er den Ansatz, um die Tragödien des Sophokles in einer dritten Arbeitsphase fruchtbar zu machen für Deutschland. Der Gegenstand ist der Aufruhr, die »vaterländische Umkehr«. Sie ist die »Umkehr aller Vorstellungsarten und Formen«[23]. Das hieß aber auch durch die Übersetzung ein Theater einzufordern, das den gegebenen rhetorischen Rahmen sprengen mußte. Er suchte durch die Konfrontation der deutschen Sprache mit dem griechischen Text eine Unmittelbarkeit zu gewinnen. »Alles ist Rede gegen Rede, die sich gegenseitig aufhebt. So in den Chören des Oedipus das Jammernde und Friedliche und Religiose, die fromme Lüge [...] und das Mitleid bis zur gänzlichen Erschöpfung gegen einen Dialog, der die Seele eben dieser Hörer zerreißen will, in seiner zornigen Empfindlichkeit«[24]. Eine körperliche Unbedingtheit der Rede, »so daß *das Wort* aus begeistertem Munde schreklich ist, und tödtet, nicht griechisch faßlich, in athletischem und plastischem Geiste, wo das Wort den Körper ergreift, daß dieser tödtet.«[25]

Er suchte Sophokles' Text aus seiner formalen Eingebundenheit zu befreien, seine Ausgewogenheit, die zum klassischen Maß geworden war, zu durchbrechen. Er schaute hinter Sophokles, um den Konfliktstoff für seine Zeit neu zu fügen, und entdeckte, was er den ›orientalischen Grund der Tragödie‹ nannte. »Ich hoffe, die griechische Kunst, die uns fremd ist, durch Nationalkonvenienz und Fehler, mit denen sie sich immer herum beholfen hat, dadurch lebendiger, als gewöhnlich dem Publikum darzustellen, daß ich das Orientalische, das sie verläugnet hat, mehr heraushebe, und ihren Kunstfehler, wo er vorkommt, verbessere.«[26] Den Kunstfehler verbessern heißt: reinigen, den Punkt, wo sich das Entgegengesetzte trifft, scharfstellen.

Das Wissen von der Fremdheit, das Bewußtmachen des ganz anderen ist der Weg zur eigenen Form, zur eigenen Geschichte. Hölderlins Antigone, befand Georges Steiner, »is compounded of native earth«[27].

Hölderlins *Anmerkungen zu Antigonä* (1804) können als sein Vermächtnis bezeichnet werden. »So wie nemlich immer die Philosophie nur ein Vermögen der Seele behandelt, so daß die Darstellung dieses Einen Vermögens ein Ganzes macht, und das blose Zusammenhängen *der Glieder* dieses Einen Vermögens Logik genannt wird; so behandelt die Poësie die verschiedenen Vermögen des Menschen, so daß die Darstellung dieser verschiedenen Vermögen ein Ganzes macht, und das Zusammenhängen der *selbstständigeren Theile* der verschiedenen Vermögen der Rhythmus, im höhern Sinne, oder das kalkulable Gesez genannt werden kann.«[28] Die verschiedenen Vermögen des Menschen gegenwärtig zu machen, dafür die Formen zu finden und sie in einem Rhythmus zusammenzuführen, ist die Eröffnung des Gesamtkunstwerkes.

Wo bei Sophokles Zeus steht, setzte Hölderlin »Vater der Zeit oder: Vater der Erde, weil sein Karakter ist, der ewigen Tendenz entgegen, *das Streben aus dieser Welt in die andre zu kehren zu einem Streben aus einer andern Welt in diese.* Wir müssen die Mythe nemlich überall beweisbarer darstellen.« (415) Im Leiden, im Mitleiden erfährt der Mensch dieses Wirken des Gottes, »weil dann das Gemüth viel mehr dem Wandel der Zeit mitfühlend folget,

---

23 HÖLDERLIN, Anmerkungen zur Antigonä (1804), in: HÖLDERLIN (FA), Bd. 16 (1988), 419.
24 HÖLDERLIN, Anmerkungen zum Oedipus (1804), in: HÖLDERLIN (FA), Bd. 16 (1988), 257.
25 HÖLDERLIN (s. Anm. 23), 419.
26 HÖLDERLIN an Friedrich Wilmans (28. 9. 1803), in: Hölderlin (s. Anm. 21), 434, Nr. 241.
27 GEORGE STEINER, Antigones. The Antigone Myth in Western Literature, Art and Thought (1984; Oxford u. a. 1986), 87.
28 HÖLDERLIN (s. Anm. 23), 411.

und so den einfachen Stundengang begreift, nicht aber der Verstand von Gegenwart auf die Zukunft schließt« (416).

Das Vermögen, das Wirken Gottes zu erkennen, ihm in der Welt den Weg zu bereiten, – es ist »dieses vesteste Bleiben vor der wandelnden Zeit, diß heroische Eremitenleben«, das »das höchste Bewußtseyn wirklich ist«. Der Antitheos – als solchen versteht Hölderlin Antigone – verhält sich »in Gottes Sinne, wie *gegen* Gott« und erkennt »den Geist des Höchsten gesezlos« (416). Dies Handeln offenbart im Leiden Gottes Wirken.

Das Werden zu begreifen aus einem Einwirken des Göttlichen, daß die Kämpfe für eine freie Gesellschaft der Menschen aufgehoben sind in einem Kontinuum, das sichtbar, erfahrbar, erlebt wird im Leiden des Einzelnen, dies führt die griechische Welt und die christliche zusammen, führt über sie hinaus. »Die Vernunftform, die hier tragisch sich bildet, ist politisch und zwar republikanisch, weil zwischen Kreon und Antigonä, förmlichem und gegenförmlichem, das Gleichgewicht zu gleich gehalten ist.« (421)

Für die Aufgabe, die sich Hölderlin gestellt hatte, fehlte der politische Raum, die Öffentlichkeit und eine sie mitschaffende Theaterform. Seine Übersetzungen suchten sie einzufordern. Sie wurden nicht verstanden. Entstellt durch einige offensichtliche Übersetzungsfehler, durch eine Fülle von Druckfehlern, verlor sich in der Buchausgabe der Wille zur Fremdheit, zu dem, was im Prozeß der Konfrontation erst gewonnen werden kann, ins Unverständliche.

Als Hölderlin an den Übersetzungen arbeitete, hielt Schelling Vorlesungen über die *Philosophie der Kunst* (1802/03) in Jena. Er schloß sie mit einer Bemerkung, die – ohne sich auf Hölderlin zu beziehen – benannte, was Hölderlin als öffentlicher Raum für seine Arbeit fehlte. Eine Bemerkung, die später – nach Wagner – als Ankündigung eines Gesamtkunstwerkes verstanden worden ist. Es ist die Beschreibung eines Verlustes, eine Hoffnung auf Wiedergewinnung: »Ich bemerke nur noch, daß die vollkommenste Zusammensetzung aller Künste, die Vereinigung von Poesie und Musik durch Gesang, von Poesie und Malerei durch Tanz, selbst wieder synthesirt die componirteste Theatererscheinung ist, dergleichen das Drama des Alterthums war, wovon uns nur eine Karikatur, die *Oper*, geblieben ist, die in höherem und edlerem Styl von Seiten der Poesie sowohl als der übrigen concurrirenden Künste uns am ehesten zur Aufführung des alten mit Musik und Gesang verbundenen Dramas zurückführen könnte. Musik, Gesang, Tanz, wie alle Arten des Drama leben selbst nur im öffentlichen Leben und verbünden sich in diesem. Wo dieses verschwindet, kann statt des realen und äußerlichen Dramas, an dem, in allen seinen Formen, das ganze Volk, als politische oder sittliche Totalität, Theil nimmt, ein *innerliches*, ideales Drama allein noch das Volk vereinen. Dieses ideale Drama ist der Gottesdienst, die einzige Art *wahrhaft* öffentlicher Handlung, die der neueren Zeit, und auch dieser späterhin nur sehr geschmälert und beengt geblieben ist.«[29]

Die Dialoge von Bruno hatten den Raum für die Kunstproduktion geöffnet: »formar altre nature«[30]. Die Freiheit, die er gab, sie operativ einzusetzen, die Kunstproduktion selbst als Form zu begreifen, um das eigene Handeln zu bestimmen, war zu gewinnen. In den unterschiedlichen gesellschaftlichen Situationen. Das ist im Durchgang durch die zweihundert Jahre zu verfolgen: Wie war es möglich, mit welchen Mitteln, mit welcher Sprache, ein Werk zu schaffen, das eine Gemeinschaft konstituiert, und ein Werk zu schaffen, das operativ den einzelnen mit der Freiheit konfrontiert, die ihm gegeben ist. Das ist der Raum des Gesamtkunstwerkes.

2. Schellings Kommentare zu Shakespeare, Calderón und Dante

Shakespeare ist das Gegenbild zu der Arbeit, die Hölderlin zu leisten suchte – gerade in einem gemeinsamen Bezug zu Giordano Bruno. Shakespeare hatte offensichtlich in Bruno den Philosophen gefunden, der ihm zu der Freiheit verhalf, die seine Dramaturgie eröffnete: das Schauspiel als ein organisches Ganzes, als wäre das Leben selbst. Mit einem Reichtum, der August Wilhelm Schlegel und Ludwig Tieck, die nun die Stücke übersetzten, einen deutschen Shakespeare schufen,

---

29 SCHELLING, Philosophie der Kunst (entst. 1802–1803), in: SCHELLING (SW), Abt. 1, Bd. 5 (1859), 736.
30 BRUNO (s. Anm. 11), 732.

blendete. Eine eigene ferne Welt für Tieck, eine Traumwelt: Shakespeare spannt die Phantasie, »daß wir die Regeln der Aesthetik, mit allen Begriffen unsers aufgeklärteren Jahrhunderts vergessen, und uns ganz dem schönen Wahnsinn des Dichters überlassen; daß sich die Seele, nach dem Rausch, willig der Bezauberung von neuem hingibt und die spielende Phantasie durch keine plötzliche und widrige Ueberraschung aus ihren Träumen geweckt wird«[31]. Für A. W. Schlegel war er »in Absicht auf Verschiedenheit des Tons und der Farbe nach Beschaffenheit der Gegenstände ein wahrer Proteus«[32]. Die Stücke sind frei von einer Beweisführung, Behauptung, Ideologie.[33]

Schelling, der sich doch selbst an Bruno orientierte, war irritiert. In seinen Vorlesungen über die *Philosophie der Kunst* (1802–1803) operierte er, um die Tragödie zu beschreiben, mit dem Gegensatz von Freiheit und Notwendigkeit. Shakespeare konnte er damit nicht fassen. Er sah eine Nemesis wirken, »die auch in der Geschichte waltet, und Shakespeare hat sie, wie seinen ganzen Stoff, auch in *dieser* aufgefunden. Es ist *Freiheit mit Freiheit* streitend, was sie herbeiführt; [...] Er *kennt* die höchste Schönheit nur als einzelnen Charakter. Er hat ihr nicht alles unterordnen können, weil er als Moderner, *als* der das Ewige nicht in der Begrenzung, sondern im Unbegrenzten auffaßt, zu ausgedehnt ist in der Universalität. Die Alten hatten eine concentrirte Universalität, die Allheit nicht in der Vielheit, sondern in der Einheit. Es ist *nichts* im Menschen, das Shakespeare nicht berührte, aber er berührt dieß einzeln, da, die Griechen es in der Totalität berühren.«[34] So verwies Schelling bei den Griechen auf das hen kai pan, entdeckte aber nicht Bruno bei Shakespeare: »Shakespeare läßt sich in seiner Unbeschränkung mit keinem der alten Tragiker vergleichen, wir müssen aber auf ei-

nen Sophokles der differenziirten Welt hoffen; in der gleichsam *sündlichen* Kunst auf eine Versöhnung.« (725 f.) Die erste Aufgabe der Tragödie blieb für Schelling, das Schuldig-geworden-Sein des Menschen aufzufangen. Das Bedürfnis nach Versöhnung war bestimmend. Sie erst konnte eine Grundlage für eine verlorengegangene Gemeinschaft schaffen: eine Versöhnung, die die Menschen in dem, was ihnen widerfahren ist, was sie nicht bewältigt haben, zusammenführt. Die operative Dramaturgie von Shakespeare war in Deutschland um 1800 nicht zu lesen, nicht einzusetzen. Ihn aber in seinen Charakteren, die die eigene Zeit nicht kannte, einzuholen, mußte ins Leere laufen, wie es Kleist und Grabbe widerfuhr. Shakespeares Stücke blieben der Traum von einem organischen Ganzen, dem Leben selbst.

Schelling stellte Shakespeare Calderón gegenüber. »Wenn wir daher in Shakespeare eigentlich nur den unendlichen *Verstand*, der dadurch, daß er unendlich ist, als Vernunft erscheint, bewundern, so müssen wir in Calderon die *Vernunft* erkennen. Es sind nicht rein wirkliche Verhältnisse, in die ein unergründlicher Verstand den Widerschein einer absoluten Welt legt, es sind absolute Verhältnisse, es ist die absolute Welt selbst.« (729) So bedürftig war die Zeit damals in Deutschland. Bedürftig nach einem Absoluten. Bedürftig nach einem Kunstwerk, das einen Gesamtzusammenhang herstellen kann. Als Bruno in London seine sechs großen italienischen Dialoge schrieb, 1583–1585, war er mitten in der politischen Auseinandersetzung, im Zentrum der Macht, die die katholische Welt herausforderte. Die Welt war zu reformieren. Als Shakespeare seine Stücke schrieb, war der Zeitpunkt der öffentlichen Debatte überschritten, die Herrschaft suchte sich abzusichern. In diesem Klima operierte Shakespeare mit einer Dramaturgie, die er aus Brunos Dialogen entwickeln konnte: Zufall und Notwendigkeit als eines verstanden. Deutschland befand sich zu Beginn des 19. Jh. auf der anderen Seite der Geschichte. Hier war erst ein gemeinsamer Boden zu schaffen, ein Land zu konstituieren, ein Haushalt herzustellen, in dem sich der einzelne einfinden konnte.

Was Schelling mit der Tragödie nur als Verlust und Aufgabe beschreiben konnte, das suchte er noch einmal gegenwärtig zu machen mit dem, was

---

31 TIECK, Shakspeare's Behandlung des Wunderbaren (1793), in: Tieck, Kritische Schriften, hg. v. L. Tieck, Bd. 1 (Leipzig 1848), 37 f.
32 AUGUST WILHELM SCHLEGEL, Vorlesungen über dramatische Kunst und Literatur (1809). Zweiter Teil, in: Schlegel, Kritische Schriften und Briefe, hg. v. E. Lohner, Bd. 6 (Stuttgart u. a. 1967), 144.
33 Vgl. KLAUS REICHERT, Fortuna oder die Beständigkeit des Wechsels (Frankfurt a. M. 1985), 115.
34 SCHELLING (s. Anm. 29), 722 f.

ihm die *Divina Commedia* bedeutete. Während er seine Vorlesungen hielt, erschien im *Kritischen Journal der Philosophie* 1802–1803 der Aufsatz *Über Dante in philosophischer Beziehung*: »Im Allerheiligsten, wo Religion und Poesie verbündet, steht Dante als Hohepriester und weiht die ganze moderne Kunst für ihre Bestimmung ein. Nicht ein einzelnes Gedicht, sondern die ganze Gattung der neueren Poesie repräsentirend und selbst eine Gattung für sich, steht die göttliche Komödie so ganz abgeschlossen, daß die von einzelneren Formen abstrahirte Theorie für sie ganz unzureichend ist und sie als eine eigne Welt auch ihre eigne Theorie fordert. [...] Der Stoff des Gedichts ist im Allgemeinen die ausgesprochene Identität der ganzen Zeit des Dichters, die Durchdringung der Begebenheiten derselben mit den Ideen der Religion, der Wissenschaft und der Poesie in dem überlegensten Geist jenes Jahrhunderts. Unsere Absicht ist nicht, es in seiner unmittelbaren Zeitbeziehung, sondern vielmehr in seiner Allgemeingültigkeit und Urbildlichkeit für die ganze moderne Poesie zu fassen. Das nothwendige Gesetz derselben bis zu dem in noch unbestimmbarer Ferne liegenden Punkt, wo das große Epos der neuen Zeit, das bis jetzt nur rhapsodisch und in einzelnen Erscheinungen sich verkündet, als beschlossene Totalität hervortritt, ist daß das Individuum den ihm offenbaren Theil der Welt zu einem Ganzen bilde und aus dem Stoff seiner Zeit, ihrer Geschichte und ihrer Wissenschaft sich seine Mythologie erschaffe.«[35] »Dieses göttliche Werk ist nicht plastisch, nicht pittoresk, nicht musikalisch, sondern dies alles zugleich und in zusammenstimmender Harmonie: es ist nicht dramatisch, nicht episch, nicht lyrisch, sondern auch von diesem eine ganz eigne, einzige, beispiellose Mischung.« (163)

Dante schuf einen Kosmos, der die theologischen und philosophischen Diskussionen seiner Zeit auffängt, im Grunde das Mittelalter, die Zeit von Augustinus bis zu der Herausforderung durch die arabischen Philosophen beschließt, gleichsam eine Renaissance erwartet, zwischen Vergangenheit und Zukunft, herausgefordert durch die politischen Kämpfe in Florenz, die er zu bestimmen suchte und als Verbannter, zum Tode Verurteilter nun vor das Jüngste Gericht führt. Entscheidend war, daß er sich selbst zum Gegenstand machte:

»Seinen Hörern gegenüber ist also Dante nicht nur der Bote mit dem bedeutendsten Bericht: sondern der Bericht handelt von ihm selbst. Der Wanderer durch die jenseitigen Reiche trat seinen Weg an, weil kein anderes Mittel blieb ihn zu retten«, erläuterte Erich Auerbach. »Qual und Entzücken des eigenen Erlebnisses, *la guerra si del cammin e si della pietate* (Inf. 2, 5), bilden seine Sprache; er ist nicht von anderen gesandt, um zu erfahren, sondern er erfährt für sich selbst, und mit allen Fibern klammert er sich an das, was ihm gezeigt wird; alles was er sieht, geschieht ihm.«[36] Er ist der Verbannte, dessen Denken der Gemeinschaft gilt, aus der er ausgestoßen wurde. »Городолюбие, городострастие, городоненавистничество« (Die Liebe zur Stadt, die Leidenschaft für die Stadt, der Haß auf die Stadt), sagte Osip Mandel'štam, »вот материя инферно« (das ist die Materie des *Inferno*)[37]. Und der Gemeinschaft führt er das Jenseits vor: »In die neue Welt, deren Fremdheit so sehr durchtränkt ist von der Erinnerung des Wirklichen, daß sie als die eigentliche, das Leben aber als Fragment und als Traum erscheint, bannt Dante seine Hörer, und in dieser Einheit aus Wirklichkeit und Entrückung liegen die Wurzeln seiner psychagogischen Macht.«[38]

So läßt sich die *Divina Commedia* als ein Gesamtkunstwerk beschreiben, das auf unterschiedliche Weise die Künstler geleitet hat. Gegenüber der Französischen Revolution wurde Dante zur Herausforderung – bis hin zu Peter Weiss und Pier Paolo Pasolini. Mit Rainer Maria Rilkes Versicherung: »daß in dem Vorbilde des hohen Florentiners für jeden Schaffenden die Gewähr liegt, ein ahnenloser Erster zu sein, wenn er nur tief genug in sich

---

35 SCHELLING, Über Dante in philosophischer Beziehung (1802–1803), in: SCHELLING (SW), Abt. I, Bd. 5 (1859), 152–154.
36 ERICH AUERBACH, Dante als Dichter der irdischen Welt (1929; Berlin 1969), 210.
37 OSIP MANDEL'ŠTAM, Razgovor o Dante (1933; Moskau 1967), 47; dt.: Gespräch über Dante, übers. v. W. Beilenhoff/G. Leupold (Berlin 1984), 56.
38 AUERBACH (s. Anm. 36), 211 f.

hineinhorcht bis zu jenem Nochniegesagten und Neuen, welches mit ihm beginnt.«[39]

3. A. W. Schlegels Aufforderung, das ›Nibelungenlied‹ wiederzugewinnen

Wiederaufgefunden wurde das *Nibelungenlied* 1755, doch in Deutschland erkannt erst am Ende des Jahrhunderts – aus dem Bedürfnis, gleich der *Ilias* ein Nationalepos zu besitzen. »Das Heldenbuch und das Nibelungenlied«, schrieb Runge, »ist gewiß das Reinste und Größte, was geschrieben ist, wo die reine Musik darin zu finden ist.«[40]
A. W. Schlegel erklärte in seinen Vorlesungen 1803: »Wenn das Epos die umfassendste Gattung ist, welche eine aus ihrem Gesichtspunkt vollständige Weltanschauung fordert, so scheint man diesen Namen dem *Liede der Nibelungen* nicht versagen zu können. Auf der anderen Seite hat es in der Verknüpfung viel von der dramatischen Art an sich. Wir sehen dies zwar auch an der *Ilias* und *Odyssee*, daß anfangs die Erzählung ruhig in die Breite schweift, nachher aber ein Punkt kommt, wo sich alles zu einer dramatischen Wirkung konzentriert. Indessen sind beide bekanntlich ohne einen rechten Schluß, unser Gedicht hingegen ist vollkommen abgeschlossen. Diese kolossale Tragödie endigt mit dem Untergang einer Welt, es sucht die letzten Dinge des Heldenzeitalters, und zwar so, daß man sich nach den *Nibelungen* weiter kein mythisches Epos aus diesem Zyklus denken kann,

die übrigen Heldengedichte müssen frühere Vorfälle behandelt haben. Die griechische Tragödie hat ihre Stoffe vielfältig aus dem Homer genommen: wenn es überhaupt noch gelingen mag, unsere Nationalmythologie zu erneuern, können aus dieser einen epischen Tragödie eine Menge enger beschränkte dramatische entwickelt werden. Nachdem wir lange genug in allen Weltteilen umhergeschweift, sollten wir endlich einmal anfangen, einheimische Dichtung zu benutzen.«[41]
Vergegenwärtigte das *Nibelungenlied* als Geschichte aus der Völkerwanderung in seinem Geist die hohe Zeit des Mittelalters, so eröffneten die *Lieder der Edda* und die *Völsungasaga* die germanische Kosmogonie, ihre Mythologie, gaben den Blick frei für das, was unter der Oberfläche des Epos lag. Tieck war es, berichtete A. W. Schlegel, der »die Verwandtschaft mit den Mythen der Edda entdeckt«[42] hatte.
A. W. Schlegel ging nicht davon aus, daß das Theater ›diese eine epische Tragödie‹ in einer großen Form gewinnen kann. Die Tragödie war aber nicht aufteilbar, einzelne Tragödien waren nicht herauszulösen, sie konnte nur in ihrer Gesamtheit konzipiert werden. Das erfuhren die Dramatiker, die sich dieser Aufgabe stellten. Das *Nibelungenlied* selbst war noch durch die *Völsungasaga* zu ergänzen. Oder man beschränkte sich auf die *Völsungasaga*, wie Friedrich de la Motte-Fouqué, der mit der Trilogie *Der Held des Nordens* (1810) den ersten Versuch unternahm. 1817/18 konzipierte Ludwig Uhland ein *Nibelungendrama* in zwei Teilen.
Als Karl Wilhelm Ferdinand Solger 1803 A. W. Schlegels Vorlesungen hörte, war er gegen eine Umformung des *Nibelungenliedes*. Er fand darin »den deutschen Originalhomer«[43] und verglich das Epos mit dem Straßburger Münster.[44] Beides Denkmale, die direkt erfahren werden sollten in ihrer Gesamtheit, damit sie aus der Vergangenheit heraustreten und wieder prägend werden können. Auch die Entdeckung wurde als Arbeit begriffen, war Teil des neu zu Schaffenden.
Als am 10. Oktober 1806 eine preußische Vorhut bei Saalfeld in Thüringen auf das französische Heer traf, fiel Prinz Louis Ferdinand von Preußen. Auf ihn, einen Freund der Reformer, hatten die Patrioten gehofft. Daß er im Kampf Mann gegen Mann starb, 33 Jahre alt, wurde als Opfertod ver-

---

39 RAINER MARIA RILKE, Moderne Lyrik (entst. 1898), in: Rilke, Sämtliche Werke, hg. v. E. Zinn, Bd. 10 (Frankfurt a. M. 1975), 361.
40 PHILIPP OTTO RUNGE an Daniel Runge (6. 4. 1803), in: Runge, Briefe und Schriften, hg. v. P. Betthausen (Berlin 1983), 133 f.
41 A. W. SCHLEGEL, Geschichte der romantischen Literatur (entst. 1802–1803), in: Schlegel, Kritische Schriften und Briefe, hg. v. E. Lohner, Bd. 4 (Stuttgart u. a. 1965), 113 f.
42 A. W. SCHLEGEL, Geschichte der klassischen Literatur (1803), in: Schlegel, ebd., Bd. 3 (Stuttgart u. a. 1964), 186.
43 KARL WILHELM FERDINAND SOLGER, Tagebuchnotizen (April 1803), in: Solger, Nachgelassene Schriften und Briefwechsel, hg. v. L. Tieck/F. v. Raumer, Bd. 1 (Leipzig 1826), 97.
44 Vgl. ebd., 124.

standen. Am 26. Oktober zog Napoleon durch das Brandenburger Tor. Drei Tage später annoncierte Beethoven in Wien seine *Sinfonia eroica*: »composta per festeggiare il sovvenire di un grand Uomo«. Ausgekratzt war: »intitolata Bonaparte«[45]. An die Stelle dessen, der ein Prometheus hätte sein sollen, ein Neugestalter des Menschengeschlechts, doch sich als Kaiser selbst krönte, an seine Stelle trat der Held, der sich opfert. Eine Figur, die nun in Siegfried gefunden wurde: die andere Seite der Christus-Gestalt.

4. Friedrich Schlegels Vorstellung einer progressiven Universalpoesie

Friedrich Schlegel gab der Poesie die Aufgabe, einen Raum herzustellen, in dem alles Werden in seinem Prozeß zur Darstellung kommen sollte. Er nannte sie die romantische Poesie und verstand sie als progressive Universalpoesie. Sie vereint die getrennten Gattungen und ist der Philosophie verbunden. Sie erkennt und benennt die Poesie in der Wirklichkeit. Und was die romantische Poesie berührt, soll selbst Darstellung werden, selbst Poesie. Eine Transformation des Lebens in einen poetischen Zustand – als ein unendlicher Prozeß.

Eine Übergabe des Lebens an die »romantische Dichtart«, deren »eigentliches Wesen« es ist, »daß sie ewig nur werden, nie vollendet sein kann. [...] durch keine Theorie erschöpft [...] unendlich, wie sie allein frei ist«[46]. So schrieb er im 116. Athenäums-Fragment. Das war seine Antwort auf die Französische Revolution.

In der ›Rede über die Mythologie‹, Teil seines *Gesprächs über die Poesie* (1800), suchte er der romantischen Dichtung den Mittelpunkt zu schaffen in einer »neuen Mythologie«: »aus der tiefsten Tiefe des Geistes herausgebildet [...] das künstlichste aller Kunstwerke [...], denn es soll alle andern umfassen, ein neues Bette und Gefäß für den alten Urquell der Poesie und selbst das unendliche Gedicht, welches die Keime aller andern Gedichte verhüllt«[47]. Um gegenüber dem Idealismus der Philosophie den Realismus der Poesie zu bestimmen, gewonnen aus der Natur. Spinoza hatte ihm den Weg gewiesen. Den Philosophen erkannte er als einen Dichter, gleich Homer und Dante. »Im Spinoza aber findet Ihr den Anfang und das Ende aller Fantasie [...]. Es wird euch ein tiefer Blick in die innerste Werkstätte der Poesie gegönnt. [...] ein klarer Duft schwebt unsichtbar sichtbar über dem Ganzen, überall findet die ewige Sehnsucht einen Anklang aus den Tiefen des einfachen Werks, welches in stiller Größe den Geist der ursprünglichen Liebe atmet. Und ist nicht dieser milde Widerschein der Gottheit im Menschen die eigentliche Seele, der zündende Funken aller Poesie? – [...] Und was ist jede schöne Mythologie anders als ein hieroglyphischer Ausdruck der umgebenden Natur in dieser Verklärung von Fantasie und Liebe? [...] Was sonst das Bewußtsein ewig flieht, ist hier dennoch sinnlich geistig zu schauen, und festgehalten, wie der Seele in dem umgebenden Leibe, durch den sie in unser Auge schimmert, zu unserm Ohre spricht.« (317f.) Ein orphisches Denken, erfüllt von »Wert und Würde der Mystik« (321).

Entscheidend war die Aufforderung, die Natur zu studieren, in ihrem Wirken die Strukturen für die poetische Arbeit zu entdecken: »Ich kann nicht schließen, ohne noch einmal zum Studium der Physik aufzufordern, aus deren dynamischen Paradoxien jetzt die heiligsten Offenbarungen der Natur von allen Seiten ausbrechen.« (321 f.)

5. Der Wachtraum von Novalis

Die Dichtungen von Novalis, sein *Blüthenstaub*, die erste Sammlung von Fragmenten im ersten Heft des *Athenäum*, erschienen Ostern 1798, seine Notizen und Vorarbeiten träumen den Raum für die Kunst und der Religion, der Philosophie und der Wissenschaften. Hier finden sich Spuren, die zu Wagner, zu Beuys führen, Samen, die bei Nietzsche, bei Brecht aufgehen. Ein Anfang, der alles in sich birgt, durchdacht mit der Hellsichtigkeit eines Mystikers.

---

[45] LUDWIG VAN BEETHOVEN, zit. nach Peter Schlenning, 3. Symphonie Es-Dur Eroica op. 55, in: A. Riethmüller (Hg.), Beethoven, Interpretationen seiner Werke, Bd. 1 (Laaber ²1996), 399, 396.
[46] FRIEDRICH SCHLEGEL, Athenäums-Fragment 116 (1798), in: SCHLEGEL (KFSA), Bd. 2 (1967), 182.
[47] F. SCHLEGEL, Gespräch über die Poesie (1800), in: SCHLEGEL (KFSA), Abt. 1, Bd. 2 (1967), 312.

»Außer den Römern sind wir die einzige Nation«, schrieb Novalis an A. W. Schlegel, auf dessen Shakespeare-Übersetzungen antwortend, »die den Trieb des Übersetzens so unwiederstehlich gefühlt, und ihm so unendlich viel Bildung schuldig sind. [...] Am Ende ist alle Poësie Übersetzung.«[48] Poesie als Übergang, als Transition, ein Hinübertragen aus einer Zeit in eine andere, aus einem Zustand in einen anderen. Poesie ist Übergabe, denn ihr Zentrum, ihr Ursprung ist Übermittlung des Geschauten, ist Offenbarung. »Und eben in dieser Freude, das, was außer der Welt ist, in ihr zu offenbaren, das thun zu können, was eigentlich der ursprüngliche Trieb unsers Daseyns ist, liegt der Ursprung der Poesie«[49], erklärt Heinrich von Ofterdingen. Die so die Vermittlung herstellende Poesie erlaubt dem einzelnen, das Universum in sich zu spüren, sich mit der Gesamtheit in eins zu erfahren. »Das Individuum lebt im Ganzen und das Ganze im Individuum. Durch Poësie entsteht die höchste Sympathie und Coactivität, die innigste Gemeinschaft des Endlichen und Unendlichen.«[50] So verwandelt die Poesie die Gegenwart in einen Raum, in dem sich Vergangenheit und Zukunft austragen. »Nichts ist poetischer, als Erinnerung und Ahndung oder Vorstellung der Zukunft. [...] Es giebt aber eine geistige Gegenwart, die beyde durch Auflösung identifizirt, und diese Mischung ist das Element, die Atmosphäre des Dichters.«[51] Was der Mystiker in der ›Jetztzeit‹ (Meister Eckhart) schaut, muß er als Dichter in eine Form übersetzen, in eine Aktion transformieren, die den Leser selbst befähigt, dies Schauen als ein Wissen für sein Leben fruchtbar zu machen. »Die Poësie ist die große Kunst der Construction der transscendentalen Gesundheit. Der Poët ist also der transscendentale Arzt. Die Poësie schaltet und waltet mit Schmerz und Kitzel – und Lust und Unlust – Irrthum und Wahrheit – Gesundheit und Franckheit – Sie mischt alles zu ihrem großen Zweck der Zwecke – der *Erhebung des Menschen über sich selbst.*«[52]

Um dies Ziel zu erreichen, sind also die Künste geschaffen. Sie sind Instrumente, die bereitstehen, alle jederzeit vorhanden, ineinander vorhanden. »Plastik, Musik und Poësie verhalten sich wie Epos, Lyra und Drama. Es sind unzertrennliche Elemente, die in jedem freyen Kunstwesen zusammen, und nur, nach Beschaffenheit, in verschiednen Verhältnissen geeinigt sind.«[53] Die Poësie schafft die Disposition, eröffnet das Feld, auf dem sich die Künste begegnen und herausfordern: »Die *Poësie* [...] scheint fast die Mittelkunst zwischen den bildenden und tönenden Künsten zu seyn. [...] Sollte der Tact der Figur – und der Ton der Farbe entsprechen? rythmische und melodische Musik – Skulptur und Mahlerey.«[54] In dem Prozeß, der nun einsetzt, ist es die Musik, ist es der vom Dichter aufzufindende und festzulegende Rhythmus, der bewirkt, daß die Bilder, die Gedanken sich realisieren, zur Gestalt werden, in der Rezeption des Werkes neu gewonnen, mit eigenen Assoziationen beantwortet werden können. Der Rhythmus ist der Vermittler: »(Malerey) Plastik also nichts anders, als Figuristik der Musik. [...] Worte und acustische Configurationen der Gedanken. [...] Alle Methode ist *Rythmus*. Hat man den Rytmus der Welt weg – so hat man auch die Welt weg. Jeder Mensch hat seinen individuellen Rythmus. Die Algeber ist die *Poësie*.« (544) Wer den Rhythmus gefunden hat, wie die Griechen im Hexameter, »schreibt ohne sein absichtliches Mitwircken, bezaubernd schön und es erscheint, indem sich die höchsten Gedanken von selbst diesen sonderbaren Schwingungen zugesellen und in die reichsten mannichfaltigsten Ordnungen zusammentreten, der tiefe Sinn sowohl der alten orphischen Sage von den Wundern der Tonkunst, als der geheimnißvollen Lehre von der Musik, als Bildnerinn und Besänftigerinn des Weltalls.« (543)

So ist das, was der Arzt-Poet-Künstler in seinem Werk geschaffen hat, eine Vorgabe für ein neues Schaffen. »Der wahre Leser muß der erweiterte Autor seyn. Er ist die höhere Instanz, die die Sache von der niedern Instanz schon vorgearbeitet erhält.

---

48 NOVALIS an August Wilhelm Schlegel (30. 11. 1797), in: Novalis (s. Anm. 2), Bd. 1 (München/Wien 1978), 648.
49 NOVALIS, Heinrich von Ofterdingen (1802), in: ebd., 335.
50 NOVALIS, Poësie (1798), in: ebd., Bd. 2, 322.
51 NOVALIS, Blüthenstaub (1798), in: ebd., 283.
52 NOVALIS (s. Anm. 50), 324.
53 NOVALIS, Fragmente oder Denkaufgaben (1798), in: ebd., 354.
54 NOVALIS (s. Anm. 2), 531.

Das Gefühl, vermittelst dessen der Autor die Materialien seiner Schrift geschieden hat, scheidet beim Lesen wieder das Rohe und Gebildete des Buchs – und wenn der Leser das Buch nach seiner Idee bearbeiten würde, so würde ein 2ter Leser noch mehr läutern, und so wird dadurch daß die bearbeitete Masse immer wieder in frischthätige Gefäße kömmt die Masse endlich wesentlicher Bestandtheil – Glied des wircksamen Geistes.«[55] Alles zielt darauf hin, den entscheidenden Moment zu erreichen: »Der Act des sich selbst Überspringens ist überall der höchste – der Urpunct – die *Genesis des Lebens*. So ist die Flamme nichts, als ein solcher Act«[56].

6. Philipp Otto Runges Neuschöpfung der Kunst aus der Landschaft

»Ich fragte mich: sind wir jetzt wohl wieder daran, ein Zeitalter zu Grabe zu tragen?« schrieb Philipp Otto Runge 1802. Ein tiefes Gefühl, daß die Kunst neu ansetzen, einen neuen Ort finden müsse, erfüllte ihn. »Ich glaube schwerlich, daß so etwas Schönes, wie der höchste Punkt der historischen Kunst war, wieder entstehen wird, bis alle verderblichen neueren Kunstwerke einmal zugrunde gegangen sind, es müßte denn auf einem ganz neuen Wege geschehen, und dieser liegt auch schon ziemlich klar da, und vielleicht käme bald die Zeit, wo eine recht schöne Kunst wiedererstehen könnte, *das ist in der Landschaft*.«[57]

Und ein halbes Jahr später: »Ich fühle es ganz bestimmt, daß die Elemente der Kunst in den Elementen selbst nur zu finden sind und daß sie da wieder müssen gesucht werden; die ›Elemente selbst‹ aber sind in uns, und aus unserm Innersten also soll und muß alles wieder hervorgehen. Zuerst bannten die Menschen die Elemente und die Naturkräfte in die menschliche Gestalt hinein, sie sahen nur immer im Menschen sich die Natur regen; das ist das eigentliche historische Fach, daß sie in der Historie selbst nur wieder jene mächtigen Kräfte sahen: das war die *Historie*; das größte Bild, was daraus entstand, war das Jüngste Gericht [von Michelangelo – d. Verf.]; alle Felsen sind zur menschlichen Natur geworden, und die Bäume, Blumen und Gewässer stürzen zusammen. Jetzt fällt der Sinn mehr auf das Gegenteil. Wie selbst die Philosophen dahin kommen, daß man alles nur aus sich heraus imaginiert, so sehen wir oder sollen wir sehen in jeder Blume den lebendigen Geist, den der Mensch hineinlegt, und dadurch wird die *Landschaft* entstehen, denn alle Tiere und die Blumen sind nur halb da, sobald der Mensch nicht das Beste dabei tut; so dringt der Mensch seine eignen Gefühle den Gegenständen um sich her auf, und dadurch erlangt alles Bedeutung und Sprache. [...] Die Freude, die wir an den Blumen haben, das ist noch ordentlich vom Paradiese her. So verbinden wir innerlich immer einen Sinn mit der Blume, also eine menschliche Gestalt, und das ist erst die rechte Blume, die wir mit unsrer Freude meinen. Wenn wir so in der ganzen Natur nur unser Leben sehen, so ist es klar, daß dann erst die rechte Landschaft entstehen muß, als völlig entgegengesetzt der menschlichen oder historischen Komposition.«[58]

So beschrieb Runge den Unterschied zwischen dem Aufbruch in der Toskana im 14. und 15. Jh. und dem Aufbruch in Deutschland nach der Französischen Revolution. Verstanden als eine Rückgabe an die Natur, an die Schöpfung, was der Mensch sich aus der Natur genommen hat, um sich ihr gegenüber zu behaupten, so verstanden als ein Sich-selbst-Zurückgeben an die Natur. Durchdrungen von der Lektüre der Bibel, eröffnete Runge ein Verhältnis zur Natur, das alles neu entstehen ließ. Nichts existierte, was nicht erkannt ist. Die Erkenntnis als Rückkehr ins Paradies, aus der dieselbe einst herausgeführt hat. So leitete Runge seinen Auftrag aus der Schöpfungsgeschichte ab: »Als Gott der Herr gemacht hatte von der Erden allerlei Tier auf dem Felde und allerlei Vögel unter dem Himmel, brachte er sie zu dem Menschen, daß er sehe, wie er sie nennete, denn wie der Mensch allerlei lebendige Tier nennen würde, so sollten sie heißen.‹ – Ich meine, daß man sich so nehmen könnte: welchen Geist der

---

55 NOVALIS, Vermischte Bemerkungen (entst. 1797), in: Novalis (s. Anm. 2), 282.
56 NOVALIS, Vorarbeiten zu verschiedenen Fragmentsammlungen (entst. 1798), in: Novalis (s. Anm. 2), 345.
57 RUNGE an D. Runge (9. 3. 1802), in: Runge (s. Anm. 40), 72, 76.
58 RUNGE an D. Runge (7. 11. 1802), in: ebd., 97 f.

Mensch in sie legte, den sollten sie haben.«[59] Diese Umkehrung, nicht die Natur für sich zu beanspruchen, sondern dazusein für die Natur – sich in ihr zu erkennen, sich darzustellen durch sie, durch ihre Elemente, würde ein neues Zeitalter eröffnen.

»Ich will hier also die Erfordernisse eines Kunstwerks, wie sie, nicht allein in Hinsicht der Wichtigkeit, sondern auch in Hinsicht, wie sie ausgebildet werden sollen, aufeinander folgen, noch einmal hersetzen: 1) Unsre Ahnung von Gott; 2) die Empfindung unsrer selbst im Zusammenhange mit dem Ganzen, und aus diesen beiden: 3) die Religion und die Kunst; das ist, unsre höchsten Empfindungen durch Worte, Töne oder Bilder auszudrücken; und da sucht denn die bildende Kunst zuerst: 4) den Gegenstand; dann 5) die Komposition, 6) die Zeichnung, 7) die Farbengebung, 8) die Haltung, 9) das Kolorit, 10) den Ton.«[60]

Indem der Künstler die Sprache der Kreatur zu gewinnen sucht, läßt er die ›historische Kunst‹ hinter sich und arbeitet unmittelbar mit dem Element: die Malerei wird zur Farbe, die Musik zum Klang. »Die Blumen, Bäume und Gestalten werden uns dann aufgehen, und wir haben einen Schritt näher zur *Farbe* getan! Die Farbe ist die letzte Kunst und die uns noch immer mystisch ist und bleiben muß, die wir auf eine wunderlich ahnende Weise wieder nur in den Blumen verstehen.«[61]

Was die anderen Künste leisten können, suchte er in Gesprächen mit dem Architekten Schäfer und dem Musiker Ludwig Berger zu erfahren. Zwei *Gespräche über Analogie der Farben und Töne* schrieb er auf. Sie gehören zu seiner Farbenlehre, die er 1810 veröffentlichte, dargestellt als *Farbenkugel*.[62] Zur gleichen Zeit erschien Goethes *Farbenlehre*.

---

59 RUNGE an Ludwig Tieck (1. 12. 1802), in: Runge, ebd., 107.
60 RUNGE (s. Anm. 57), 75.
61 RUNGE (s. Anm. 58), 98.
62 Vgl. RUNGE, Farbenkugel (1810), in: ebd., 245–257; RUNGE, Gespräche über Analogie der Farben und Töne (entst. ca. 1804–1805), in: ebd., 262 f.
63 RUNGE (s. Anm. 40), 133.
64 LUDWIG TIECK, Franz Sternbald's Wanderungen. Eine altdeutsche Geschichte (1798), in: Tieck, Schriften, Bd. 16 (Berlin 1843), 205.
65 RUNGE (s. Anm. 40), 134.

Den gemeinsamen Grund der Künste, das, was sie durchwirkt, nannte er »die innere Musik«. »Die Musik ist doch immer das, was wir Harmonie und Ruhe in allen drei andern Künsten nennen. So muß in einer schönen Dichtung durch Worte Musik sein, wie auch Musik sein muß in einem schönen Bilde und in einem schönen Gebäude oder in irgendwelchen Ideen, die durch Linien ausgedrückt sind.«[63] Die ›innere Musik‹ als eine Durchdringung der Menschen in einem Akt der Wiedergewinnung der Elemente in der Natur als Teile des Menschen selbst. Ein Akt, durch den sich der Mensch in der Natur erkennt.

In *Franz Sternbald's Wanderungen* (1798) seines Freundes Tieck hatte Runge gelesen: »Ich fühle es jedesmal, wie Musik die Seele erhebt, und die jauchzenden Klänge wie Engel mit himmlischer Unschuld alle irdischen Begierden und Wünsche fern abhalten. Wenn man ein Fegfeuer glauben will, wo die Seele durch Schmerzen geläutert und gereinigt wird, so ist im Gegentheil die Musik ein Vorhimmel, wo diese Läuterung durch wehmüthige Wonne geschieht.«[64]

Für Runge ist die Kunst ein Fegfeuer. Sie transformiert den Zustand des Betrachters, des Zuhörers in einen neuen: eine zweite Geburt. Sie konfrontiert ihn mit der Sprache der Kreatur und so mit sich selbst. Die ›innere Musik‹, die alle Künste erfaßt, durchdringt, zusammenführt in einem Raum, in einem Prozeß, trägt ihn, hilft ihm, diese Konfrontation zu bestehen. »Diese Geburt ist die neue Musik, die neue Liebe der Welt, in der Materie ausgeführter und inniger damit verbunden. Die Welt sondert sich so durch die seelenvolle Materie immer mehr von dem Geist, und sie wird einst ebenso erlöst. Diese durch die Liebe mit dem Geist verbundene Materie ist *der* Körper, der auferstehen wird am Jüngsten Tage.«[65]

7. Der gotische Dom – Caspar David Friedrichs Landschaft

Eine Gemeinschaft, wie sie wiedergewonnen werden sollte, war gegenwärtig in den Domen des Mittelalters. Gebaut, um allen Seelen der Gemeinde, wenn sie am Jüngsten Tag wieder auferstehen, Raum für ihre Rückkehr zu geben. Der gotische Dom war ein lebendiger, gewachsener und wachsender Raum, zu begehen wie eine Landschaft. »La gothique est du ›produire‹ autant que le faire puisse imiter le ›produire‹«⁶⁶, notierte Paul Valéry 1942.

»Wir gingen in den Dom und blieben darin, bis wir im tiefen Dunkel nichts mehr unterscheiden konnten«, berichtete Georg Forster aus Köln 1790. »Läßt sich auch schon das Unermeßliche des Weltalls nicht im beschränkten Raume versinnlichen, so liegt gleichwohl in diesem kühnen Emporstreben der Pfeiler und Mauern das Unaufhaltsame, welches die Einbildungskraft so leicht in das Grenzenlose verlängert. Die griechische Baukunst ist unstreitig der Inbegriff des Vollendeten, Übereinstimmenden, Beziehungsvollen, Erlesenen, mit einem Worte: des Schönen. Hier indessen an den gotischen Säulen, die, einzeln genommen, wie Rohrhalme schwanken würden, und nur in großer Anzahl zu einem Schafte vereinigt, Masse machen und ihren geraden Wuchs behalten können, unter ihren Bogen, die gleichsam auf nichts ruhen, luftig schweben, wie die schattenreichen Wipfelgewölbe des Waldes – hier schwelgt der Sinn im Übermut des künstlerischen Beginnens.«⁶⁷

Die gotischen Ruinen in der Natur, die Natur selbst sich formierend in kirchlichen Strukturen, die Durchblendung von Kirche und Natur, als etwas Verlorenem in der Natur sich Findenden – dies Gegenüber verfolgte Caspar David Friedrich in seinen Landschaftskompositionen. Bis er den Punkt erreicht hatte, an dem er alle Vermittlungen aufgab. Das geschah, als er an dem Bild *Mönch am Meer* (ca. 1808–1809) arbeitete.

Heinrich von Kleist sah das Bild 1810 in einer Ausstellung in Berlin. Clemens Brentano schrieb darüber einen Text, den Kleist überarbeitete und unter dem Titel *Empfindungen vor Friedrichs Seelandschaft* veröffentlichte. »Herrlich ist es, in einer unendlichen Einsamkeit am Meeresufer, unter trübem Himmel, auf eine unbegrenzte Wasserwüste, hinauszuschauen. Dazu gehört gleichwohl, daß man dahin gegangen sei, daß man zurück muß, daß man hinüber möchte, daß man es nicht kann, daß man alles zum Leben vermißt, und die Stimme des Lebens dennoch im Rauschen der Flut, im Wehen der Luft, im Ziehen der Wolken, dem einsamen Geschrei der Vögel vernimmt. Dazu gehört ein Anspruch, den das Herz macht, und ein Abbruch, um mich so auszudrücken, den einem die Natur tut. Dies aber ist vor dem Bilde unmöglich, und das, was ich in dem Bilde selbst finden sollte, fand ich erst zwischen mir und dem Bilde, nämlich einen Anspruch, den mein Herz an das Bild machte, und einen Abbruch, den mir das Bild tat; und so ward ich selbst der Kapuziner, das Bild ward die Düne, das aber, wo hinaus ich mit Sehnsucht blicken sollte, die See, fehlte ganz. Nichts kann trauriger und unbehaglicher sein, als diese Stellung in der Welt: der einzige Lebensfunke im weiten Reiche des Todes, der einsame Mittelpunkt im einsamen Kreis.«⁶⁸

Ein Bild ohne Vermittlung. Es fehlt die sonst eingeschriebene Figur der Religion, der Filter zwischen dem Universum und dem Menschen, die Kirchenruine, die Formation einer Trinität, die den Rhythmus der Natur auffängt, Bild dessen, aus dem er kommt, dem er dient. Der Maler selbst ist der Mönch. Er läßt den Betrachter allein. Er setzt ihn in die Leere aus. In der Natur kann der Betrachter sich finden, nicht aber gegenüber diesem Bild, das die Natur zur Erscheinung macht: ›zum weiten Reich des Todes‹. Apokalyptisch: ein Raum, der keine Zukunft mehr hat, keine Geschichte. Verbraucht alle Vorstellungen und Erwartungen. Die Schiffe am Horizont hat Friedrich übermalt. Es ist nichts mehr zu vermitteln als die Arbeit selbst.

8. Karl Friedrich Schinkel: ›Der Freiheitsdom‹

Was Forster als ›künstlerisches Beginnen‹ empfunden hatte, das wurde Schinkel zum Inhalt seiner Architektur: »Das Werk der Baukunst muß dastehn als ein abgeschlossener Gegenstand, die echte wahre Imagination, die einmal in den Strom der in ihm ausgesprochenen Idee hineingeraten ist, muß ewig von diesem Werk aus weiter fortgestalten und ins Unendliche hinausführen. Es muß dasselbe als den Punkt betrachten, von welchem aus ganz in der Ordnung ausgegangen werden kann in

---

66 PAUL VALÉRY, [Art et esthétique] (entst. 1942), in: VALÉRY (CAHIERS), Bd. 2 (1974), 981 (Nr. 25, 610).
67 GEORG FORSTER, Ansichten vom Niederrhein (1790), in: Forster, Werke, hg. v. G. Steiner, Bd. 2 (Berlin/Weimar 1986), 44 f.
68 HEINRICH VON KLEIST, Empfindungen vor Friedrichs Seelandschaft (1810), in: KLEIST, Bd. 2 (⁷1984), 327.

die unzertrennliche Kette des ganzen Universums. Ein Streben, ein Sprossen, ein Kristallisieren, ein Aufschießen, ein Drängen, ein Spalten, ein Fügen, ein Drücken, Biegen, Tragen, Setzen, Schmiegen, Verbinden, Halten, ein Liegen und Ruhn, welches letztere aber hier im Gegensatz mit den bewegenden Eigenschaften auch absichtlich sichtbarlich angeordnet und in so fern auch als lebendiges Handeln gedacht werden muß, dies sind die Leben andeutenden Erfordernisse der Architektur.«[69]

Während der Freiheitskriege arbeitete Schinkel 1814–1815 an seinem Projekt eines ›Freiheitsdoms‹. »Dies Monument habe ich als ein Dreifaches angesehen: 1. als ein religiöses Monument, 2. als ein historisches Monument, 3. als ein lebendiges Monument in dem Volke, indem unmittelbar durch die Art der Errichtung desselben etwas in dem Volke begründet werden soll, welches fortlebt und Früchte trägt.« »Der Staat müßte dies Monument als den Mittelpunkt ansehen, wo alles, was er sonst für Gewerbe und Künste thun wollte, concentrirt würde, damit es auch der Mittelpunkt würde für die Bildung eines ganz neuen Geistes in dem Gebiete dieser, und wodurch ganz besonders der völlig erloschene alte werkmeisterliche Sinn wieder geweckt würde. Zu diesem Ende müßte nie danach gefragt werden: wann das Werk fertig werden würde, sondern es wäre allein darauf zu achten, daß alles, was daran gemacht wird, vollendet und untadelig sei, denn es wird ehrenvoller sein, wenn ein solches Werk, sollte das Schicksal auch seine Vollendung stören, halb auf die Nachwelt kommt, als wenn es als ein ganzes dasteht, welchem die Gebrechen der Zeit den Charakter eines Denkmals nehmen und der Verachtung unserer Nachkommen preisgeben.«[70]

Das waren die zwei Pole, zwischen denen sich die Kunst in Deutschland entwickelte: die Einsamkeit, Leere, Illusionslosigkeit über den Weg, den Deutschland nimmt, und die Hoffnung, das Aufzeigen dessen, was in einigen Momenten so nah schien – ein gemeinsames Werk zu beginnen, eine Vorgabe für eine neue Gesellschaft zu realisieren. Das war die Spannung, die sich ausdrückte in dem Bedürfnis, ein Gesamtes, ein die Gesamtheit erfassendes Werk zu schaffen.

9. Ludwig van Beethoven

Beethoven suchte die Ideale der Französischen Revolution in seinen Kompositionen zu bewahren. Mit dem Vermögen zu einer leidenschaftlichen Sprache, gewonnen aus seiner Leidensfähigkeit, eruptiv und behauptend. Die Kraft, sich der Gesellschaft entgegenzustellen, begründet in der republikanischen Gesinnung, bewirkte, daß Beethoven für sein Werk einen Rahmen schaffen konnte, um darin von sich, von einem anderen Leben zu erzählen, seine eigene Sprache zu entfalten. Eine Notwendigkeit, die den Weg zu einem Gesamtkunstwerk bedingt: als dem Raum der erklärten Unabhängigkeit gegenüber der Gesellschaft, um von ihm aus auf die Gesellschaft einzuwirken. Für jede Komposition errichtete er ein neues Gebäude, eigen und unverwechselbar, darin der Zuhörer der Selbstbehauptung in der Auseinandersetzung folgen, den Schmerz annehmen kann. Die Erinnerung als die Kraft zur Zukunft. Goethes Gedicht *Prometheus* die Grunddisposition. Napoleons Gegenwart die Herausforderung, als Verrat erfahren. Der Dulder Odysseus das andere Bild der eigenen Gestalt.

Die Kunst und die Natur waren für Beethoven eines ins andere gegründet. In der Zeit der Suche, der Vergewisserung blieb der Gang aufs Land, die Begegnung mit der Natur: Gegenstand der *Pastorale* (1807/1808) als ›Erinnerungen an das Landleben‹. »Mehr Ausdruck der Empfindung als Malerei«[71], erklärte Beethoven. Was er mit Malerei bezeichnete und in der Komposition zurückhalten wollte, schafft den Raum, das Äußere als Vorgabe, um darin den Empfindungen zu folgen. Der Raum selbst ein Lebendiges, nicht ausgemalt, darin die Erinnerungen sich austragen. Wagner er-

---

69 KARL FRIEDRICH SCHINKEL, Das Architektonische Lehrbuch (entst. 1804–1835), hg. v. G. Peschken (München 1979), 32.
70 SCHINKEL, Ueber das Projekt des Baus einer Cathedrale auf dem Leipziger Platz zu Berlin, als Denkmals für die Befreiungskriege (entst. 1819), in: Schinkel, Nachlaß. Reisetagebücher, Briefe und Aphorismen, hg. v. A. Freiherr von Wolzogen, Bd. 3 (Berlin 1863), 192 f., 200.
71 Zit. nach WOLFRAM STEINBECK, 6. Symphonie F-Dur Pastorale op. 68, in: Riethmüller (s. Anm. 45), 504.

innerte an die Taubheit, die die äußere Welt »seinem Ohr fernhielt«: »Jetzt warf er den Blick auch auf die Erscheinung, die durch sein inneres Licht beschienen, in wundervollem Reflexe sich wieder seinem Innern mittheilte. Jetzt spricht wiederum nur das Wesen der Dinge zu ihm und zeigt ihm diese in dem ruhigen Lichte der Schönheit.«[72] Die Symphonien sind als Dramen beschrieben worden. Wagner verglich die »Gestaltenwelt« bei Shakespeare mit der »Motivenwelt« (107) bei Beethoven. Bei Shakespeare trägt sich der Kampf zwischen den Gestalten aus. Bei Beethoven ist es ein einzelnes Leben, ein Raum, in dem sich die Motive entfalten, ein Prozeß, in dem sich die Energien gegeneinander austragen.

Beethovens Werk war Sprachsuche. Es drängte ihn zum Wort, zur Erklärung. In der *Neunten Symphonie* (1822–1824) öffnete er den musikalischen Raum der Sprache, kündigte mit seinen Worten Schillers Ode *An die Freude* an und führte mit ihr die Symphonie zu einer Feier. So hat Wagner ihn verstanden. Paul Claudel beschrieb Beethoven: »c'est quelqu'un de toutes ses forces et de toute son attention qui écoute, et non pas toujours une seule âme, mais un peuple conscient de sa solidarité qui chante, les yeux fermés, qui chante, quoi? qui chante son attention à une révélation ineffable, qui en suit le fil et qui lui invente à travers toutes sortes d'échos et de contradictions réponse.«[73]

E. T. A. Hoffmann bat in seiner Rezension der *Fünften Symphonie* 1810 um Nachsicht, »wenn er, die Grenzen der gewöhnlichen Beurteilung überschreitend, alles das in Worte zu fassen strebt, was er bei jener Komposition tief im Gemüte empfand«[74]. Diese Wirkung war allgemein. Beethovens Musik brachte die Zuhörer dazu, von ihren Erfahrungen zu berichten. Sie führte sie zu ihrer eigenen Sprache. Sie vermochte dadurch, die verschiedenen Schichten und Klassen übergreifend, Verbindungen, Einverständnisse herzustellen, gleichsam, wie es der Kunst möglich ist, eine Gemeinschaft zu begründen.

Mit seinen Kompositionen begann die Kunst der Interpretation: Die Werke sind nicht mehr aus einem Kanon heraus zu spielen, sie verlangen ein eigenes Geben, Von-sich-Erzählen, ein Antworten auf das, was man entdeckt. Ein Dialog mit einem anderen Leben, dessen Einsatz einzulösen bleibt.

Die schöpferische Arbeit ist übertragen – auf den Interpreten, auf den Zuhörer.

Wagner hat Beethovens Symphonien kopiert, um das Komponieren zu lernen. Er hat die Kompositionen beschrieben, in Sprache übersetzt. Er hat sie mit größtem Erfolg dirigiert. Seine eigenen Werke verstand er als deren Fortsetzung, deren Vollendung.

10. Carl Maria von Weber: ›Der Freischütz‹

In den Jahren nach den Freiheitskriegen war es Carl Maria von Weber, der durch seine Musik die deutschen Sagen und Märchen, wie sie damals gesammelt wurden, gegenwärtig machen konnte, sie selbst ein Teil der Natur, die durch sie inspirierte Musik selbst eine zweite Natur. Als Weber im Winter 1816/1817 mit dem Dichter Johann Friedrich Kind die Gespenstererzählung vom Freischütz für eine Oper einrichtete, schrieb er eine Besprechung der Oper *Undine* (1816) seines Freundes E. T. A. Hoffmann und formulierte hier, was eine Oper zu leisten habe, »die der Deutsche will: ein in sich abgeschlossenes Kunstwerk, wo alle Teile und Beiträge der verwandten und benutzten Künste ineinanderschmelzend verschwinden und auf gewisse Weise untergehend – eine neue Welt bilden«[75]. Eine Formulierung, die zusammenfaßt, was in Deutschland seit zwanzig Jahren gedacht und entwickelt worden war. Mit dieser Entschlossenheit konzipierte und komponierte er den *Freischütz*. Als die Oper 1821 in Berlin uraufgeführt wurde, erfüllte sie, was als eine ›deutsche Kunst‹ erwartet worden war.

---

72 RICHARD WAGNER, Beethoven (1870), in: Wagner, Sämtliche Schriften und Dichtungen, Bd. 9 (Leipzig 1911), 92.
73 PAUL CLAUDEL, Le ›Beethoven‹ de Romain Rolland (1946), in: Claudel, Œuvres en prose, hg. v. J. Petit/ C. Galpérine (Paris 1965), 363.
74 E. T. A. HOFFMANN, [Rez.] Beethoven, Fünfte Symphonie (1810), in: Hoffmann, Schriften zur Musik. Nachlese, hg. v. F. Schnapp (München 1963), 34.
75 CARL MARIA VON WEBER, Über die Oper ›Undine‹ (1817), in: Weber, Kunstansichten. Ausgewählte Schriften, hg. v. K. Laux (Leipzig 1969), 134 f.

11. Arthur Schopenhauer: Das Kunstwerk als die Vertikale, die Musik gleich der Natur Abbild des Willens selbst

Als Weber in Dresden den *Freischütz* komponierte, schrieb dort Schopenhauer *Die Welt als Wille und Vorstellung* (1819). Er beschrieb das Kunstwerk als die Vertikale im Kontinuum der Zeit, der Erfahrung, der Forschung. Die Kunst »reißt das Objekt ihrer Kontemplation heraus aus dem Strome des Weltlaufs und hat es isoliert vor sich: und dieses Einzelne, was in jenem Strom ein verschwindend kleiner Theil war, wird ihr ein Repräsentant des Ganzen, ein Aequivalent des in Raum und Zeit unendlich Vielen: sie bleibt daher bei diesem Einzelnen stehen: das Rad der Zeit hält sie an: die Relationen verschwinden ihr: nur das Wesentliche, die Idee ist ihr Objekt.« Das Ganze enthaltend, herstellend in einem Akt: die unbedingte Setzung. Die Wissenschaft, ihre »Art der Betrachtung ist einer unendlichen, horizontal laufenden Linie zu vergleichen«, die Kunst aber »der sie in jedem beliebigen Punkte schneidenden senkrechten«. Die Vertikale, die Setzung, das Anhalten: um das Ganze erfassen zu können. Wissenschaft und Kunst sind so einander entgegengesetzt: der »gewaltige Sturm« und der »Sonnenstrahl, der den Weg dieses Sturmes durchschneidet«. Oder: die »unzähligen, gewaltsam bewegten Tropfen des Wasserfalls« und der »auf diesem tobenden Gewühle stille ruhende Regenbogen«[76]. Hier ergibt sich der Raum für ein Gesamtkunstwerk.

Aus den Künsten hat Schopenhauer die Musik herausgehoben und der Natur gleichgestellt: als das Abbild des Willens selbst. Die anderen Künste verstand er als Abbilder der Ideen, in denen sich der Wille objektiviert. Er betrachtete »die erscheinende Welt, oder die Natur, und die Musik als zwei verschiedene Ausdrücke derselben Sache […], welche selbst daher das allein Vermittelnde der Analogie Beider ist, dessen Erkenntnis gefordert wird, um jene Analogie einzusehen« (346). Die Musik ist »zu allem Physischen der Welt das Metaphysische, zu aller Erscheinung das Ding an sich« (347). Schopenhauer zeigt sich hier passioniert. Durchdrungen von dem Bedürfnis, daß die Musik einen eigenen Raum gegenüber der Welt schafft. Ihn wollte er rein erhalten. Der Gesang mit Worten und die Oper sollten ihre »untergeordnete Stellung nie verlassen«. So entschieden war er auch gegen jede Form von »nachbildender Musik«. Er suchte die Musik als Gegenwelt. »Das unaussprechlich Innige aller Musik, vermöge dessen sie als ein so ganz vertrautes und doch ewig fernes Paradies an uns vorüberzieht, so ganz verständlich und doch so unerklärlich ist, beruht darauf, daß sie alle Regungen unseres innersten Wesens wiedergibt, aber ganz ohne die Wirklichkeit und fern von ihrer Quaal.« (346)

12. Georg Büchner. Die Stimme der Kreatur

Georg Büchner schrieb *Dantons Tod* im Februar/März 1835 – in fünf Wochen, Zeit, die ihm noch im elterlichen Darmstädter Haus verblieb, die Flucht nach Straßburg schon vorbereitet, den letzten Augenblick vor seiner Verhaftung abwartend. Das Ende Dantons reflektierend, wie eine Versuchsanordnung gegen sich selbst gerichtet, Geschichte als Prüfung der Gegenwart und Gegenwart als Prüfung der Geschichte, als Endpunkt der eigenen revolutionären Tätigkeit, Teil dieser Tätigkeit, wie die Gründung der *Gesellschaft der Menschenrechte*, die Flugschrift *Der hessische Landbote* waren, jetzt gefangen im Schutz des nichts wissenden Vaters. Vermächtnis eines 21jährigen, der wußte, daß die Folterungen im neuerrichteten Arresthaus, an dem er vorbeiging, das auf ihn wartete, sein Leben ruinieren würden. Dann nicht mehr zu schreiben, als Gebrochener, und auch nicht im Exil als Rückblick. Er stellte die Frage nach der Schuld. »Wir schlugen sie, das war kein Mord, das war Krieg nach innen. […] Es war Notwehr, wir mußten. Der Mann am Kreuze hat sich's bequem gemacht: es muß ja Ärgernis kommen; doch wehe dem, durch welchen Ärgernis kommt. Es muß, war dies Muß!«[77] Keine Revolution danach – wie jede verhaftet blieb dem Vorbild der Französischen

---

[76] ARTHUR SCHOPENHAUER, Die Welt als Wille und Vorstellung (1819), hg. v. Lütkehaus, Bd. 1 (Zürich 1988), 252.

[77] GEORG BÜCHNER, Dantons Tod (1835), in: Büchner, Werke und Briefe (München 1980), 37.

Revolution – hat den Text eingeholt.⁷⁸ Bis heute blieb er ein Instrument der Prüfung, der Selbstprüfung. Die Not der Armen aber – das worum es geht – machte Büchner zum Gegenstand mit *Woyzeck* (entst. 1836–1837, ersch. 1879, uraufgeführt 1913): Er suchte dem die Stimme zu geben, auf dessen Kosten die Gesellschaft lebt und der sich nicht anders Stimme verschaffen kann als durch Mord. Danton und Robespierre können die Morde nicht rechtfertigen mit ›Es war dies Muß‹. Darum ist der Text geschrieben. Die Gesellschaft kann sich nicht rechtfertigen gegenüber dem ›Muß‹, das Woyzeck in den Mord treibt. Hier war der Kreatur ihre Stimme gegeben. Mit einer Dramaturgie, die die einzelnen Szenen in eine immer neue Versuchsanordnung brachte, damit nichts geschieht, was sich vor die Untersuchung schiebt, den Blick trübt und in eine Ideologie mündet. Shakespeares Historiendramaturgie war eine Vorgabe, um die Fakten, die Protokolle sprechen zu lassen. Die Dramaturgie des *Woyzeck* ist operativ: Sie gibt die Frage nach der Schuld an das Publikum.

Als Paul Celan 1960 den Büchner-Preis erhielt, fragte er: »Gibt es nicht [...] bei Georg Büchner, bei dem Dichter der Kreatur, eine vielleicht nur halblaute, vielleicht nur halbbewußte, aber darum nicht minder radikale – oder gerade deshalb im eigentlichsten Sinne radikale In-Frage-Stellung der Kunst [...]? Eine In-Frage-Stellung, zu der alle heutige Dichtung zurück muß, wenn sie weiterfragen will?«⁷⁹ Rainer Nägele führte den Gedanken aus: »Le poète de la créature met l'art en question; c'est de la créature que vient la mise en question. Ce n'est pas une negation de l'art, mais une mise en question radicale afin de retrouver la possibilité d'une poésie qui viendrait du côté de la créature, qui serait peut-être la langue de la créature. Donc la créature parle. C'est le corps parlant entre la conscience et la souffrance.«⁸⁰

II. Richard Wagners Antwort auf die Revolution von 1848/49

Der Begriff Gesamtkunstwerk wurde von Richard Wagner eingesetzt, um nach der Niederschlagung der Revolution 1849 im Exil sein Arbeitskonzept zu klären. Um in seinem Werk zu bewahren, was das Ziel der Revolution war. Seine Schriften erschienen in Leipzig, wo er steckbrieflich gesucht wurde. Er bekundete in Deutschland, wie er als Künstler im Exil weiterarbeitete für eine neue Gesellschaft. Er bekundete aber ebenso sein Programm gegenüber dem internationalen Opernbetrieb, dessen Zentrum Paris war. Es war die Zeit, ein Konzept zu entwickeln ohne Rücksicht auf gegebene, eben nicht gegebene Möglichkeiten. »Ich mag und kann jetzt nicht mehr die marter des *Halben* durchmachen.«⁸¹

Wagners Schriften erschienen zu einem Zeitpunkt, als sich bedingt durch die industrielle Revolution das Leben in Europa neu strukturierte. Auf der Rückseite des Titelblattes seines Manuskriptes von *Die Kunst und die Revolution* bat Wagner die Fürsten, den Künstlern zu helfen, die Kunst zu »befrein aus den schmachvollsten Banden, in denen sie jetzt schmachtet: aus dem Dienste der Industrie«⁸². Die Städte wurden Ballungszentren der Industrieproduktion. London und Paris waren die ersten, die die Umgestaltung durchlebten. Shelley beschrieb London, Nerval Paris als Dantes Inferno. London organisierte, um seinen Vorsprung gegenüber Frankreich zu demonstrieren, 1851 die erste Weltausstellung. New York folgte. Dann kam Paris 1855. Frankreich hatte bereits unter Napoleon begonnen, Industrieausstellungen zu veranstalten. Nun wurden aber auch die bildenden Künste integriert. »Die Her-

---

78 Vgl. ADRIANO SOFRI, Dopo le rivoluzioni. Nach den Revolutionen, in: Drucksache, N. F. 2 [Themenheft Jannis Kounellis], ital.-dt., hg. v. W. Storch i. A. der Int. Heiner Müller Gesellschaft, übers. v. A. Kopetzki (Düsseldorf 2000), 33–59.
79 PAUL CELAN, Der Meridian. Rede anläßlich der Verleihung des Georg-Büchner-Preises 1960 (Frankfurt a. M. 1961), 11.
80 RAINER NÄGELE, Prométhée-créature. Vortrag in der Maison Heinrich Heine, Paris, 24. 3. 2000. Symposion ›Heiner Müller‹. Œuvre à venir‹ [Ms., unpag.].
81 WAGNER an Theodor Uhlig (12. 11. 1851), in: Wagner, Sämtliche Briefe, Bd. 4, hg. v. G. Strobel/W. Wolf (Leipzig 1979), 175.
82 WAGNER, Die Kunst und die Revolution, in: Wagner, Dichtungen und Schriften, hg. v. D. Borchmeyer, Bd. 5 (Frankfurt a. M. 1983), 310.

ausforderung der industriellen Produktion«, bemerkte Hans Robert Jauß, »lag ja nicht nur darin, daß sie ihre Produkte mit der Aura des Schönen umhüllen und sich zur ›industriellen Kunst‹ erheben konnte, sondern daß sie mit dem Anspruch auftrat, die avancierteste Kunst im Sinne ihrer Bestimmung als *Poiesis* (*construire et connaître*, mit Valéry zu sprechen) zu sein.«[83] Aber die Poiesis blieb die Arbeit der Künstler. Die Kunst selber verstanden als ein aktives, den Menschen ergreifendes, in ihn eingreifendes, produzierendes Wesen. Wagner erkannte sie darin in ihrem Ursprung, als er die zweite seiner Züricher Schriften *Das Kunstwerk der Zukunft* (1849) eröffnete: »Wie der Mensch sich zur Natur verhält, so verhält die Kunst sich zum Menschen. Als die Natur sich zu der Fähigkeit entwickelt hatte, welche die Bedingungen für das Dasein des Menschen in sich schloß, entstand auch ganz von selbst der Mensch: sobald das menschliche Leben aus sich die Bedingungen für das Erscheinen des Kunstwerkes erzeugt, tritt dieses auch von selbst in das Leben.«[84]

Gegenüber der Veränderung der Lebensbedingungen, die durch die Industrialisierung, die durch sie bewirkte neue Phase der Kolonisierung der Welt, ihrer endgültigen Erschließung bestimmt war, blieb es den Künstlern, ihr Wissen von der Vergangenheit, ihr Bild von der Zukunft, ihre Ahnungen, ihre Utopien, ihre Visionen einzusetzen, damit, was der Betrachter im Leben erfährt, im Gegenbild sichtbar wird. »Alle unsere Wünsche und heißen Triebe, die in Wahrheit uns in die *Zukunft* hinübertragen, suchen wir aus den Bildern der Vergangenheit zu sinnlicher Erkennbarkeit zu gestalten, um so für sie die Form zu gewinnen, die ihnen die moderne Gegenwart nicht verschaffen kann.«[85] Gegenüber einer Entwicklung, die sich loslöst von der Vergangenheit, in der die Vergangenheit als vergangen beschrieben wird, als zu Überwindendes, war es notwendig, das Vergangene als ein Aktives, als ein die Kräfte Bergendes, als Uneingelöstes zu erkennen, aus ihr die Kraft für die Zukunft zu gewinnen, Ursprung immer verstanden als Versprechen in das Werden, in ein Bewußtsein von der Zukunft.

1. Wagners Konzept vom ›Kunstwerk der Zukunft‹ als einem ›Gesamtkunstwerk‹

Die Gegenwart beschrieb Wagner in *Das Kunstwerk der Zukunft* als von der Mode beherrscht, von der Maschine. »Hier sieht denn der Geist, in seinem künstlerischen Streben nach Wiedervereinigung mit der Natur im Kunstwerke, sich zu der einzigen Hoffnung auf die Zukunft hingewiesen, oder zur traurigen Kraftübung der Resignation gedrängt. Er begreift, daß er seine Erlösung nur im sinnlich gegenwärtigen Kunstwerke, daher also nur in einer wahrhaft kunstbedürftigen, d. h. kunstbedingenden, aus eigener Naturwahrheit und Schönheit kunstzeugenden Gegenwart zu gewinnen hat, und hofft daher auf die Zukunft, d. h. er glaubt an die Macht der Notwendigkeit, der das Werk der Zukunft vorbehalten ist. Der Gegenwart gegenüber aber verzichtet er auf das Erscheinen des Kunstwerkes an der Oberfläche der Gegenwart, der Öffentlichkeit, folglich auf die Öffentlichkeit selbst, soweit sie der Mode gehört. Das große Gesamtkunstwerk, das alle Gattungen der Kunst zu umfassen hat, um jede einzelne dieser Gattungen als Mittel gewissermaßen zu verbrauchen, zu vernichten zu gunsten der Erreichung des Gesamtzwecks *aller*, nämlich der unbedingten, unmittelbaren Darstellung der vollendeten menschlichen Natur, – dieses große Gesamtkunstwerk erkennt er nicht als die willkürliche mögliche Tat des Einzelnen, sondern als das notwendig denkbare gemeinsame Werk der Menschen der Zukunft. Der Trieb, der sich als einen nur in der Gemeinsamkeit zu befriedigenden erkennt, entsagt der modernen Gemeinsamkeit, diesem Zusammenhange willkürlicher Eigensucht, um in einsamer Gemeinsamkeit mit sich und der Menschheit der Zukunft sich Befriedigung zu gewähren, so gut der Einsame es kann.«[86]

In diesem Sinne manifestierte sich die Forderung nach einem ›Kunstwerk der Zukunft‹ in der

---

83 HANS ROBERT JAUSS, Art social und art industriel. Funktionen der Kunst im Zeitalter des Industrialismus, hg. v. H. Pfeiffer/H. R. Jauss/F. Gaillard (München 1987), 13.
84 WAGNER, Das Kunstwerk der Zukunft (1849), in: Wagner (s. Anm. 72), Bd. 3 (Leipzig 1911), 42.
85 WAGNER, Eine Mitteilung an meine Freunde (1851), in: Wagner, ebd., Bd. 4 (Leipzig 1911), 311.
86 WAGNER (s. Anm. 84), 60f.

Form eines Gesamtkunstwerks als ein für alle Künste geltenden Einspruch der Kunst im Namen der Zukunft gegen die propagierte Idee des Fortschritts, von der Charles Baudelaire anläßlich der Pariser Weltausstellung 1855 sagte: »cette lanterne moderne jette des ténèbres sur tous les objets de la connaissance; la liberté s'évanouit, le châtiment disparaît.«[87]

Die Synthese der Künste, die Wagner entwarf, hatte ihre durch das Drama vorgegebene Struktur: »*Tanzkunst, Tonkunst* und *Dichtkunst* heißen die drei urgeborenen Schwestern, die wir sogleich da ihren Reigen schlingen sehen, wo die Bedingungen für die Erscheinung der Kunst überhaupt entstanden waren.«[88] Die Architektur, die Bildhauerei, die Malerei sind Künste, die – zurückgekehrt zu ihrem Ursprung – sich erneut einbringen werden. »Auf die Bühne des Architekten und Malers tritt nun der *künstlerische Mensch*, wie der natürliche Mensch auf den Schauplatz der Natur tritt. Was *Bildhauer* und *Historienmaler in Stein* und auf *Leinwand* zu bilden sich mühten, das bilden sie nun an sich, an ihrer Gestalt, den Gliedern ihres Leibes, den Zügen ihres Antlitzes, zu bewußtem, künstlerischen Leben.« (155) »Das Kunstwerk der Zukunft ist ein gemeinsames, und nur aus einem gemeinsamen Verlangen kann es hervorgehen. Dieses Verlangen, das wir bisher nur, als der Wesenheit der einzelnen Kunstarten notwendig eigen, *theoretisch* dargestellt haben, ist *praktisch* nur in der *Genossenschaft aller Künstler* denkbar, und die *Vereinigung aller Künstler* nach Zeit und Ort und *zu einem bestimmten Zwecke*, bildet diese Genossenschaft. Dieser bestimmte Zweck ist das *Drama*, zu dem sich alle vereinigen, um in der Beteiligung an ihm ihre besondere Kunstart zu der höchsten Fülle ihres Wesens zu entfalten, in dieser Entfaltung sich gemeinschaftlich alle zu durchdringen, und als Frucht dieser Durchdringung eben das lebendige, sinnlich gegenwärtige Drama erzeugen. Das, was allen ihre Teilnahme ermöglicht, ja was sie notwendig macht und was ohne diese Teilnahme gar nicht zur Erscheinung gelangen könnte, ist aber der eigentliche Kern des Dramas, *die dramatische Handlung*.« (162) »Wer wird demnach aber der *Künstler der Zukunft* sein? Der Dichter? Der Darsteller? Der Musiker? Der Plastiker? – Sagen wir es kurz: das *Volk*. Das selbige *Volk, dem wir selbst heutzutage dan in unserer*

Erinnerung lebende, von uns mit Entstellung nur nachgebildete, einzig wahre Kunstwerk, dem wir die Kunst überhaupt verdanken.« (169f.)

2. Die Arbeit am ›Ring des Nibelungen‹

Während der Revolution 1848 schrieb Wagner das Buch zu einer ›Heldenoper‹ *Siegfrieds Tod*. Siegfried »war mir der männlich verkörperte Geist der ewig und einzig zeugenden Unwillkür, des Wirkens wirklicher Taten, *des Menschen* in der Fülle höchster, unmittelbarster Kraft und zweifellosester Liebenswürdigkeit«[89], teilte Wagner später mit. »Wie ich mit dem ›Siegfried‹ durch die Kraft meiner Sehnsucht auf den Urquell des ewig Reinmenschlichen gelangt war, so kam ich jetzt, wo ich diese Sehnsucht dem modernen Leben gegenüber durchaus unstillbar, und von neuem nur die Flucht vor diesem Leben, mit Aufhebung seiner Forderungen an mich durch Selbstvernichtung, als Erlösung erkennen mußte, auch an den Urquell aller modernen Vorstellungen von diesem Verhältnisse an, nämlich dem menschlichen *Jesus von Nazareth*.« (331) Wagner begann im Januar 1849 ein Drama über ihn zu schreiben, um zu zeigen, »daß das Selbstopfer Jesus nur die unvollkommene Äußerung desjenigen menschlichen Triebes sei, der das Individuum zur Empörung gegen eine lieblose Allgemeinheit drängt, zu einer Empörung, die der durchaus Einzelne allerdings nur durch Selbstvernichtung beschließen kann, die gerade aus dieser Selbstvernichtung heraus aber noch ihre wahre Natur dahin kundgibt, daß sie wirklich nicht auf den eigenen Tod, sondern auf die Verneinung der lieblosen Allgemeinheit ausging«.

Als Wagner nun im Züricher Exil die Form für das Nibelungendrama finden will, wird es Brünnhilde, die er einbringen kann, was er in dem Fragment gebliebenen Drama *Jesus von Nazareth* gesucht hat: die Kraft zur »wirklichen Vernichtung der äußeren, wahrnehmbaren Bande« (332), den »Zerstörungsakt [...] an den schlechtesten Zuständen

---

[87] CHARLES BAUDELAIRE, Exposition universelle 1855. Beaux-Arts (1855), in: BAUDELAIRE, Bd. 2 (1976), 580.
[88] WAGNER (s. Anm. 84), 67.
[89] WAGNER (s. Anm. 85), 328.

der uns zwingenden Welt« auszuüben. »Auch Siegfried allein (der Mann allein)«, erklärte er August Röckel, »ist nicht der vollkommene ›Mensch‹: er ist nur die Hälfte, erst mit *Brünnhilde* wird er zum Erlöser; nicht *Einer* kann Alles; es bedarf Vieler, und das leidende, sich opfernde Weib wird endlich die wahre wissende Erlöserin: denn die Liebe ist eigentlich ›das ewig Weibliche‹ selbst.«[90] Brünnhilde wurde das Zentrum in der Konzeption für den sich zur Tetralogie erweiternden *Ring des Nibelungen*. Ihr Bild gewann er aus der Antigone, dem Antitheos, und ebenso aus dem anderen Antitheos Prometheus.

Über Antigone schrieb er einen Hymnus in *Oper und Drama* (1851): »In diesem Staate gab es nur ein einsam trauerndes Herz, in das sich die Menschlichkeit noch geflüchtet hatte [...]. *Antigone* verstand nichts von der Politik: – *sie liebte*. [...] Aus den Trümmern der Geschlechts-, Eltern- und Geschwisterliebe, welche die Gesellschaft verleugnet und der Staat verneint hatte, wuchs, von den unvertilgbaren Keimen aller jener Liebe genährt, die reichste Blume *reiner Menschenliebe* hervor. Antigones Liebe war eine *vollbewußte*. Sie wußte, was sie tat, – sie wußte aber auch, daß sie es tun mußte, daß sie keine Wahl hatte und nach der Notwendigkeit der Liebe handeln mußte, sie wußte, daß sie dieser unbewußten zwingenden Notwendigkeit *der Selbstvernichtung aus Sympathie* zu gehorchen hatte; und in diesem Bewußtsein des Unbewußten war sie der vollendete Mensch, die Liebe in ihrer höchsten Fülle und Allmacht. [...] *der Liebesfluch Antigones vernichtete den Staat!* – [...] *Heilige Antigone! Dich rufe ich nun an!*«[91]

Dies ist, was Wagner darstellen wollte: die Vernichtung des Staates. Dazu benutzte er die Nibelungensage und verwendete als Werkzeug die griechische Tragödie. Es ist die Kraft Antigones, wie sie Hölderlin verstanden hat. Dieses Handeln im Sinne des Gottes gegen den Gott kann Wagner nun in der Auseinandersetzung zwischen Wotan und Brünnhilde durchführen.

Antigone zitierte Wagner in *Oper und Drama* auch, um in der Konstellation von Ödipus, Jokaste und Antigone das Verhältnis von Wortsprache, Tonsprache und Worttonsprache anzudeuten: »Sollte es mir trivial ausgelegt werden können, wenn ich hier – mit Bezug auf meine Darstellung des betreffenden Mythos – an Oidipus erinnere, der von Jokaste geboren war und mit Jokaste die Erlöserin Antigone erzeugte?«[92] Das ist die Grundkonstruktion seiner Theorie, die er Theodor Uhlig mit einer Skizze deutlich machte: Ein Dreieck: »Gefühl«, das ist: »Tonsprache, Lyrik, Mythos«, »Verstand«: »Wortsprache, Literatur, Geschichte«, und »Vernunft«: »Worttonsprache, vollendetes Drama, dramatischer Mythos«[93]. Vernunft ist verstanden wie bei Giordano Bruno, als der ›innere Künstler‹. D. h., daß Wagner nun das Werden selbst im Austrag zeigt: Das Orchester schafft den Raum, in dem die Gestalten zur Erscheinung kommen, schafft die Kondition, in der die Konfrontation den Weg findet, der in einen neuen Zustand führt: ›Erlöserin Antigone‹ – ›der innere Künstler‹.

Um darzustellen, was sich in den Menschen, den Göttern, ereignet, entwickelte er die Technik der Leitmotive – Strukturen, die den Prozeß, der die Menschen, die Götter ergriffen hat, durchdringen, ihn steuern, Elemente, die Erinnerungen und Ahnungen heraufrufen. So schaffte er eine »geistige Gegenwart«, von der Novalis gesprochen hatte, in der Erinnerung und Ahnungen »beyde durch Auflösung identifizirt«[94] werden, als poetischen Raum. In *Lohengrin* (1850) hatte er sich eine Musiksprache erfüllt, die aus dem Wort kam, es groß machte. Jetzt aber löste er sich das Musik von den Worten. Durch die Worttonsprache wurde es Wagner möglich, die Bewegung im Raum, dem der Mensch ausgesetzt ist, und die Bewegung im inneren Raum des Menschen selbst darzustellen. Dieses Kompositionsverfahren zu entwickeln war ein langer Prozeß.

Die Begegnung mit Mathilde Wesendonck setzte Wagner Konflikten aus, die die Konflikte, von denen er erzählen wollte, durchdrangen, steigerten. Im Herbst las er Schopenhauer – wie eine Befreiung, Bewußtwerden seines Wesens, Begrei-

---

90 WAGNER an August Röckel (25./26. 1. 1854), in: Wagner (s. Anm. 81), Bd. 6 (Leipzig 1986), 68.
91 WAGNER, Oper und Drama (1851), in: Wagner (s. Anm. 72), Bd. 4 (Leipzig 1911), 62 f.
92 WAGNER (s. Anm. 91), 102.
93 WAGNER an Uhlig (12. 12. 1850), in: Wagner (s. Anm. 81), Bd. 3 (Leipzig 1975), 478.
94 NOVALIS (s. Anm. 51), 283.

fen seiner Arbeit. Was ihn überwältigte, gestand er Franz Liszt: »die herzliche und innige Sehnsucht nach dem Tod: volle Bewußtlosigkeit, gänzliches Nichtsein, Verschwinden aller Träume – einzigste, endliche Erlösung!«[95]

Schopenhauers Erklärung, daß die Musik Abbild des Willens selbst ist und so gleich der Natur, gab Wagner den Raum, den Text, die Tragödie selbst nun ganz aus der Musik erwachsen zu lassen, die Umkehrung zu leisten, die Nietzsche dann als die ursprüngliche Herkunft formulieren wird.

Wagner mochte nun einsehen, daß er »anstatt eine Phase der Weltentwicklung, das Wesen der Welt selbst, in allen seinen nur erdenklichen Phasen, erschaut und in seiner Nichtigkeit erkannt hatte«. Die Liebe fand er »im Verlaufe des Mythos, eigentlich doch als gründlich verheerend auftreten«[96].

Im Sommer 1857 entschloß sich Wagner, die Arbeit an *Siegfried* zu unterbrechen – an der Stelle, wo Siegfried zu Brünnhild aufbricht – und *Tristan und Isolde* zu schreiben. Bei der Komposition fand er, wie er es Mathilde Wesendonck gegenüber formulierte, zu seiner eigenen großen Form, der ›Kunst des Übergangs‹: »Mein grösstes Meisterstück in der Kunst des feinsten allmählichen Ueberganges ist gewiss die große Scene des zweiten Actes von Tristan und Isolde. Der Anfang dieser Scene bietet das überströmendste Leben in seinen allerheftigsten Affecten, – der Schluss das weihevollste, innigste Todesverlangen. Das sind die Pfeiler: nun sehen Sie einmal, Kind, wie ich diese Pfeiler verbunden habe, wie sich das vom einen zum andern hinüberleitet! Das ist denn nun auch das Geheimniss meiner musikalischen Form, von der ich kühn behaupte, dass sie in solcher Uebereinstimmung und jedes Détail umfassenden klaren Ausdehnung noch nie auch nur geahnt worden ist.«[97]

Was Wagner hier erreichte, realisiert erneut in der Kunst – wie bei Shakespeare und auf andere Weise bei Hölderlin –, was Giordano Bruno beschrieben hatte: »Chi non vede uno essere il principio della corrozione e generazione? L'ultimo del corrotto non è principio del generato? [...] Certo (se ben misuramo) veggiamo che la corrozione non è altro che una generazione, e la generazione non è altro che una corrozione; l'amore è un odio, l'odio è un amore, al fine. L'odio del contrario è amore del conveniente; l'amor di questo è l'odio di quello. [...] chi vuol sapere massimi secreti di natura, riguardi e contemple circa gli minimi e massimi de gli contrarii ed oppositi. Profonda magia è saper trar il contrario dopo aver trovato il punto de l'unione.« (Wer sähe nicht, dass das Princip des Vergehens und Entstehens nur eines ist? Ist nicht der letzte Rest des Zerstörten Princip des Erzeugten? [...] Gewiss, wenn wir recht erwägen, sehen wir ein, dass Untergang nichts anderes als Entstehung und Entstehung nichts anderes als Untergang ist: Liebe ist eine Art des Hasses, Hass endlich ist eine Art der Liebe. Hass gegen das Widrige ist Liebe zum Zusagenden: die Liebe zu diesem ist der Hass gegen jenes. [...] wer die tiefsten Geheimnisse der Natur ergründen will, der sehe auf die Minima und Maxima am Entgegengesetzten und Widerstreitenden und fasse diese ins Auge. Es ist eine tiefe Magie, das Entgegengesetzte hervorlocken zu können, nachdem man den Punkt der Vereinigung gefunden hat.)[98]

Und doch ist die ›Kunst des Übergangs‹, wie sie Wagner in *Tristan und Isolde* durchführt, bestimmt durch einen anderen Übergang, den Gang aus dieser Welt in das Reich der Toten. Tristan ist ein anderer Orpheus.

Wagner erreichte, als er nach sieben Jahren Unterbrechung die Komposition des *Ring des Nibelungen* fortsetzte, eine Auflösung der narrativen Dramaturgie in eine ständig sich verändernde Gegenwart, die von Vergangenheit und Zukunft durchblendet wird. Erst die Summe der Umschläge, der Gang durch die Passagen, macht das Ganze erfahrbar. Die Musik entfaltet in einer nunmehr symphonischen Gesetzmäßigkeiten folgenden Ausweitung, in dem Einsetzen, Durchführen, Verändern, Spalten die Motive der Energiefelder. Sie eröffnet dadurch Einsichten, die die mythische

---

95 WAGNER an Franz Liszt (16. [?] 12. 1854), in: Wagner (s. Anm. 81), Bd. 6, hg. v. H.-J. Bauer/J. Forner (Leipzig 1986), 298.
96 WAGNER an A. Röckel (23. 8. 1856), in: Wagner (s. Anm. 81), Bd. 8, hg. v. H.-J. Bauer/J. Forner (Leipzig 1991), 153.
97 WAGNER an Mathilde Wesendonck (29. 10. 1859), in: Wagner (s. Anm. 81), Bd. 11, hg. v. M. Dürrer (Wiesbaden/Leipzig/Paris 1999), 329.
98 BRUNO (s. Anm. 10), 339 f.; dt. 113 f.

Handlung zur Gegenwart machen, erreicht in der ›sinnlichen Erkennbarkeit‹ ein Urteil über die Gegenwart des Zuschauers. In der Durchführung der Komposition, nicht als Abbild, in dem Kunstwerk selbst ist die Kraft der Regeneration erfahrbar, die aus der Zerstörung der Herrschaft, die der Gibichungen wie die der Götter, aus der Vernichtung des Staates erwächst. Als ein Prozeß der Reinigung. Die Kraft, die nicht das Unrecht, die schlechte Regierung, dulden kann, muß auch die Kraft finden, zu entsagen. Aus ihr erwächst die Kraft zur Veränderung. Das Motiv, das aufklingt, als im Dritten Aufzug der *Walküre* Brünnhilde Sieglinde mitteilt, daß ein Kind ihr im Schoß wächst, kehrt erst am Ende der *Götterdämmerung* wieder, als Brünnhilde ihre Aufgabe erfüllt hat. Das Werk nimmt nichts zurück.

Dieses Werk hatte Wagner als Bühnenfestspiel konzipiert, seit er in Zürich daran arbeitete: die Aufführung als Fest vollendet erst Dichtung und Komposition. Als er 1862 seine *Dichtung des Bühnenfestspiels ›Der Ring des Nibelungen‹* veröffentlichte, unterbreitete er der Öffentlichkeit im Vorwort den Plan zur Errichtung eines Festspielhauses in einer »der minder großen Städte Deutschlands, günstig gelegen, und zur Aufnahme außerordentlicher Gäste geeignet«: »Hier sollte nun ein provisorisches Theater, so einfach wie möglich, vielleicht bloß aus Holz, und nur auf die künstlerische Zweckmäßigkeit des Inneren berechnet, aufgerichtet werden; einen Plan hierzu, mit amphitheatralischer Einrichtung für das Publikum und dem großen Vorteile der Unsichtbarmachung des Orchesters, hatte ich mit einem erfahrenen, geistvollen Architekten in Besprechung gezogen.«[99] Ein Plan, von dem er wußte, daß ihn nur ein Fürst ermöglichen könnte. Das Vorwort war ein Aufruf: »Wird dieser Fürst sich finden?« (281)

Zwei Jahre später schrieb Ludwig II. an Wagner: »Ich habe den Entschluß gefaßt, ein großes, steinernes Theater erbauen zu lassen, damit die Aufführung des *Ring des Nibelungen* eine vollkommene werde«[100]. So trafen Ludwig II., Gottfried Semper und Wagner aufeinander. Doch waren ihre Intentionen so verschieden, daß der Bau nicht realisiert wurde.

Wagner verwirklichte mit Hilfe Ludwigs II. seine Vorstellung eines ›provisorischen Theaters‹ in einer ›minder großen Stadt‹, wie er es geplant hatte: in Bayreuth. In der Mitte Deutschlands, auf halbem Weg zwischen München und Berlin, aber eben noch im Königreich Bayern, ein Gegenstück zu Weimar. Dort hatte Liszt 1850 den *Lohengrin* uraufgeführt und 1853 einen ersten Wagner-Zyklus (*Der fliegende Holländer, Tannhäuser, Lohengrin*) herausgebracht. An Liszt hatte Wagner am 30. Januar 1852 geschrieben, daß er eine Aufführung seiner Nibelungendramen sich nur vorstellen könne »in irgend einer schönen Einöde, fern von dem Qualm und dem Industrie-pestgeruche unsrer städtischen Civilisation: als solche Einöde könnte ich höchstens Weimar, gewiß aber keine größere Stadt ansehen«[101].

Bei der Grundsteinlegung in Bayreuth 1872, ein Jahr nach der Reichsgründung, imaginierte Wagner den künftigen Bau: »Sie werden eine mit dem dürftigsten Materiale ausgeführte äußere Umschalung antreffen«, auch innen »wird sich Ihnen zunächst noch in allerdürftigstem Material, eine völlige Schmucklosigkeit darbieten«, doch »werden Sie in den Verhältnissen und Anordnungen des Raumes und der Zuschauerplätze einen Gedanken ausgedrückt finden, durch dessen Erfassung Sie sofort in eine neue und andere Beziehung zu dem von Ihnen erwarteten Bühnenspiele versetzt werden, als diejenige es war, in welcher Sie bisher beim Besuche unsrer Theater befangen waren.«[102]

Die Anordnung der Zuschauerreihen in Bayreuth folgt dem griechischen Muster. Wenn auch hier nur der Mittelteil der über 180 Grad ausgreifenden Rundung des Originals gebaut ist, so ist der Bühne doch die Orchestra eingeschrieben. Nun aber nicht als Ort des Chores, sondern als Raum der Handlung. Darunter findet sich der Or-

---

99 WAGNER, Vorwort zur Herausgabe der Dichtung des Bühnenfestspieles ›Der Ring des Nibelungen‹ (1862), in: Wagner (s. Anm. 72), Bd. 6 (Leipzig 1911), 281.
100 LUDWIG II. an Wagner (26. 11. 1864), in: König Ludwig II. und Richard Wagner, Briefwechsel, hg. v. Wittelsbacher Ausgleichsfonds u. v. W. Wagner, Bd. 1 (Karlsruhe 1936), 39.
101 WAGNER an Liszt (30. 1. 1852), in: Wagner (s. Anm. 81), Bd. 4 (Leipzig 1979), 270.
102 WAGNER, Das Bühnenfestspielhaus zu Bayreuth: nebst einem Bericht über die Grundsteinlegung desselben (1873), in: Wagner (s. Anm. 72), 326f.

chestergraben. Durch die Überdeckung des Orchesters entstanden zwei Portale, die optisch die Bühne in die Ferne rücken, die Darsteller selber dadurch aber größer erscheinen lassen. Die Musik aus dem Orchestergraben wird durch die Abdeckung zuerst auf die Bühne geleitet und aus dem Bühnenhintergrund zu den Zuschauern, die Stimmen der Darsteller aber erreichen den Zuschauer direkt, eilen dem Orchester, das sie trägt, voraus. So sind die Darsteller optisch wie akustisch herausgehoben.

Provisorisch der Zuschauerraum, eine ganze Welt, Traumwelt, der Bühnenraum: »so wird nun der geheimnisvolle Eintritt der Musik Sie auf die Enthüllung und deutliche Vorführung von szenischen Bildern vorbereiten, welche, wie sie aus einer idealen Traumwelt vor Ihnen sich darzustellen scheinen, die ganze Wirklichkeit der sinnvollsten Täuschung einer edlen Kunst vor Ihnen kundgeben sollen.« (327)

3. Nietzsches Antwort auf den ›Ring des Nibelungen‹

Das erste Buch, das Nietzsche sich zu schreiben vorgenommen hatte, sollte Hölderlin gelten. Sein erstes Buch wurde aber eine Antwort auf Wagners Werk: *Die Geburt der Tragödie aus dem Geiste der Musik*. Die Begründung der griechischen Tragödie kommt aus Wagners Werk, dient ihm, »jetzt wo wir *die Wiedergeburt der Tragödie* erleben und in Gefahr sind, weder zu wissen, woher sie kommt, noch uns deuten zu können, wohin sie will«[103], und führt uns über es hinaus – in Erwartung der Realisierung.

Die Übertragung der »künstlerischen Begabung« an die Zuschauer als ein Prozeß, den der Tragödienchor durch die »dionysische Erregung« leistet, war für Nietzsche das »*dramatische*« Urphänomen: sich selbst vor sich verwandelt zu sehen und jetzt zu handeln, als ob man wirklich in einen andern Leib, in einen andern Charakter eingegangen wäre.«[104] »Die Verzauberung ist die Voraussetzung aller dramatischen Kunst. In dieser Verzauberung sieht sich der dionysische Schwärmer als Satyr, *und als Satyr wiederum schaut er den Gott* d. h. er sieht in seiner Verwandlung eine neue Vision ausser sich, als apollinische Vollendung eines Zustandes. Mit

dieser neuen Vision ist das Drama vollständig. Nach dieser Erkenntnis haben wir die griechische Tragödie als den dionysischen Chor zu verstehen, der sich immer von neuem wieder in einer apollinischen Bilderwelt entladet. [...] während uns die Orchestra vor der Scene immer ein Räthsel blieb, sind wir jetzt zu der Einsicht gekommen, dass die Scene sammt der Action im Grunde und ursprünglich nur als *Vision* gedacht wurde, dass die einzige ›Realität‹ eben der Chor ist, der die Vision aus sich erzeugt und von ihr mit der ganzen Symbolik des Tanzes, des Tones und des Wortes redet. [...] Jetzt bekommt der dithyrambische Chor die Aufgabe, die Stimmung der Zuhörer bis zu dem Grade dionysisch anzuregen, dass sie, wenn der tragische Held auf der Bühne erscheint, nicht etwa den unförmlich maskirten Menschen sehen, sondern eine gleichsam aus ihrer eignen Verzückung geborene Visionsgestalt.« (57 ff.)

Ein Text, geschrieben voller Erwartung, daß sich in der Aufführung des Wagnerschen Werkes einlöse, was Nietzsche durch die Partitur von der griechischen Tragödie erfahren hatte. Das war nun die Arbeit des »plastischen Künstlers«, des Regisseurs, Apollos Werk. Die »apollinische Kunst«, von der Nietzsche notiert hatte, »sie erfindet den Schauspieler und den Choreuten, sie ahmt den Rausch nach, sie fügt Skene dazu, mit ihrem gesammten Kunstapparat sucht sie zur Herrschaft zu kommen: vor allem mit dem Wort, der Dialektik. Sie verwandelt die Musik in die Dienerin. ἥδυσμα: – – –«[105] Wie ware es herzustellen: »Diese apollinischen Spiegelungen des dionysischen Grundes«[106]? Die herkömmliche Oper hatte für Nietzsche nichts zu tun mit der »dionysischen« Musik, der »wahren« Musik Wagners. Er stellte aber bei Wagner fest: »es giebt bei ihm einen furchtbaren intellektuellen Kampf, die Operntendenz zu vollenden: Überwindung.« (305)

---

103 NIETZSCHE, Die Geburt der Tragödie aus dem Geiste der Musik (1872), in: NIETZSCHE (KGA), Abt. 3, Bd. 1 (1972), 125.
104 Ebd., 57.
105 NIETZSCHE, Nachgelassene Fragmente (1869–1870), in: NIETZSCHE (KGA), Abt. 3, Bd. 3 (1978), 67 f.
106 NIETZSCHE, Nachgelassene Fragmente (1870–1871), in: ebd., 248.

Im Frühjahr 1876 schrieb Nietzsche *Wagner in Bayreuth*. Um Wagner noch alles zu sagen, was jetzt zu tun ist, damit sich das Werk in der Aufführung vollende. Daß, was jetzt geschieht, nur ein Versuch sein könne, die Gegenwart auf der Bühne zu erreichen, die in der Komposition gewonnen ist. Das Buch erschien Anfang Juli. Nietzsche formulierte seine eigene Dringlichkeit – alles, was er eingesetzt hatte, seine Arbeit als Wissenschaftler und Schriftsteller – als Wagners eigenen Ruf: »Helft mir, so ruft er Allen zu, die hören können, helft mir jene Cultur zu entdecken, von der meine Musik als die wiedergefundene Sprache der richtigen Empfindung wahrsagt, denkt darüber nach, dass die Seele der Musik sich jetzt einen Leib gestalten will, dass sie durch euch alle hindurch zur Sichtbarkeit in Bewegung, That, Einrichtung und Sitte ihren Weg sucht! Es giebt Menschen, welche diesen Zuruf verstehen, und es werden ihrer immer mehr; diese begreifen es auch zum ersten Male wieder, was es heissen will, den Staat auf Musik zu gründen«[107]. Deutschlands Zukunft sollte hier ihren Anfang finden: »Das Verhältniss zwischen Musik und Leben ist nicht nur das einer Art Sprache zu einer anderen Art Sprache, es ist auch das Verhältniss der vollkommenen Hörwelt zu der gesammten Schauwelt. Als Erscheinung für das Auge genommen und verglichen mit den früheren Erscheinungen des Lebens, zeigt aber die Existenz der neueren Menschen eine unsägliche Armuth und Erschöpfung, trotz der unsäglichen Buntheit, durch welche nur der oberflächlichste Blick sich beglückt fühlen kann. [...] In dieser Welt der Formen und erwünschten Verkennung erscheinen nun die von der Musik erfüllten Seelen, – zu welchem Zwecke? Sie bewegen sich nach dem Gange des grossen, freien Rhythmus', in vornehmer Ehrlichkeit, in einer Leidenschaft, welche überpersönlich ist, sie erglühen von dem machtvoll ruhigen Feuer der Musik, das aus unerschöpflicher Tiefe in ihnen an's Licht quillt, – diess alles zu welchem Zwecke? Durch diese Seelen verlangt die Musik nach ihrer ebenmäßigen Schwester, der *Gymnastik*, als nach

ihrer nothwendigen Gestaltung im Reiche des Sichtbaren: im Suchen und Verlangen nach ihr wird sie zur Richterin über die ganze verlogene Schau- und Scheinwelt der Gegenwart.« (28 ff.) Und: »in Wagner will alles Sichtbare der Welt zum Hörbaren sich vertiefen und verinnerlichen und sucht seine verlorene Seele; in Wagner will ebenso alles Hörbare der Welt auch als Erscheinung für das Auge an's Licht hinaus und hinauf, will gleichsam Leiblichkeit gewinnen. Seine Kunst führt ihn immer den doppelten Weg, aus einer Welt als Hörspiel in eine räthselhaft verwandte Welt als Schauspiel und umgekehrt: er ist fortwährend gezwungen – und der Betrachter mit ihm, – die sichtbare Bewegtheit in Seele und Urleben zurück zu übersetzen und wiederum das verborgenste Weben des Inneren als Erscheinung zu sehen und mit einem Schein-Leib zu bekleiden. Diess Alles ist das Wesen des *dithyrambischen Dramatikers*, diesen Begriff so voll genommen, dass er zugleich den Schauspieler, Dichter, Musiker umfasst: so wie dieser Begriff aus der einzig vollkommenen Erscheinung des dithyrambischen Dramatikers vor Wagner, aus Aeschylus und seinen griechischen Kunstgenossen, mit Nothwendigkeit entnommen werden muss.« (39)

Ein Text für Bayreuth, um aufzufangen, was nicht auf einmal einzulösen ist, sondern Werkstatt bedeutet. Was geschieht, wenn die Schauspieler nun die Orchestra betreten? Wagners Transformation des Chores ins Orchester – oder die Transformation der Symphonie in den Raum, in dem sich der Mythos ereignet: Was heißt das für die Szene? Das Orchester befindet sich unter der Szene, unter der Orchestra. Die Sänger betreten den Tanzplatz, den Platz der Beschwörung, selbst als die Beschworenen. Sie haben nun auszutragen, was der Chor austrug. Wenn der Chor den Zuschauer verwandelte, wenn die Musik nun den Zuschauer verzaubert, so bleibt es den Sängern, diesen Moment der Verwandlung aufzufangen: nun aber nicht, um zu einer Identifikation mit dem Helden zu verleiten, der doch nur Erscheinung ist, sondern zu einer Identifikation mit dem Körper, dem Tänzer, dem Sänger – wie es der Chor war, dessen Satyrwesen Nietzsche als »Musiker, Dichter, Tänzer, Geisterseher in einer Person«[108] benannt hat. Also nicht in der Vollendung

---

107 NIETZSCHE, Unzeitgemässe Betrachtungen IV: Richard Wagner in Bayreuth (1876), in: NIETZSCHE (KGA), Abt. 4, Bd. 1 (1967), 30.
108 NIETZSCHE (s. Anm. 103), 59.

der Vision, sondern in deren Herstellung, in dem tänzerischen Umgang mit der Gestalt des Helden, ihm den Raum zu schaffen, damit gehört werden kann, was die Musik von ihm, von dem Zustand, in dem er sich befindet, gegenwärtig macht. Der Schauspieler/Sänger kann nicht spielen, was die Musik ausdrückt. Er ist der einzelne, der den Kampf zu bestehen hat – aber er muß diese Vision im Zuschauer hervorrufen, in der Weise, wie der Chor die Erscheinung des Helden auf der Skene hervorgerufen hat. Heiner Müllers Setzung, das Ich auf der Bühne ist kollektiv, gilt in diesem Sinn. Der Schauspieler organisiert die Bilder, die im Publikum entstehen sollen, bei jedem einzelnen in seiner Einsamkeit.

Hier wird die Tragödie in ihrer Aufführung Gesamtkunstwerk, da sich der Kunstvorgang erst erfüllt in der Umsetzung, die der Zuschauer leistet. Die Künste sind nur Instrumente. Und das gilt insbesondere für den Schauspieler, der sich selbst das Instrument ist, das sich nicht in der Schaffung einer Gestalt realisieren kann – sondern in dem Ausschreiten und Hineinhören, Sich-selber-Zuhören, Den-Körper-im-Tanz-Erfahren.

4. Die Uraufführung des ›Ring des Nibelungen‹

Was Wagner 1872 angekündigt hatte, realisierte er vier Jahre später als das alte Theater mit perfektionierter Technik. In seinem Bedürfnis nach einem erfüllten Theaterspiel überging er den Raum, den er geschaffen hatte, versicherte sich nicht der griechischen Vorgabe, überging, was seine Musik leistete, all das, was Nietzsche für ihn erarbeitet hatte. Indem er dem folgte, was an naturalistischer Bühnenausstattung vorgegeben war, überließ er das Theater den alten Sehgewohnheiten. Der Musik schuf er einen neuen Raum, die Handlung aber auf der Bühne war dem Fortgang, der Zeit überlassen. Das Theater blieb Ausstattung, ein erstarrter Naturraum. Darin bleibt der einzelne der einzelne, er wird heroisiert.

Künstlerisch war Wagner mit dem Ergebnis seiner Aufführungen nicht zufrieden, konnte es nicht sein. Cosima gestand er, er wünschte sich ein ›unsichtbares Theater‹. Nietzsche hoffte auf Wagners Eingeständnis, damit sie beide ihren Weg gemeinsam fortsetzen könnten. Bayreuth als der Beginn gemeinsamer Arbeit, nicht als Kommentar, sondern als Suche nach neuen Formen. Wagner zeigte sich ihm gegenüber nicht. Nietzsche blieb allein, »müde aus der unaufhaltsamen Enttäuschung über Alles, was uns modernen Menschen zur Begeisterung übrig blieb, über die allerorts *vergeudete* Kraft, Arbeit, Hoffnung, Jugend, Liebe, müde aus Ekel vor der ganzen idealistischen Lügnerei und Gewissens-Verweichlichung, die hier wieder einmal den Sieg über Einen der Tapfersten davongetragen hatte, müde endlich, und nicht am wenigsten, aus dem Gram eines unerbittlichen Argwohns – dass ich nunmehr verurtheilt sei, tiefer zu misstrauen, tiefer zu verachten, tiefer *allein* zu sein als je vorher.«[109]

Der dritte Blick auf sein Werk, die Arbeit des Plastikers, Apollos, des Regisseurs, war Wagner nicht gegeben. Für die Ausstattung des *Parsifal* sechs Jahre später suchte er Arnold Böcklin zu gewinnen. Der lehnte ab. Der Aufführungsstil blieb erhalten, wurde durch die Neueinstudierung des *Ring des Nibelungen* 1896, die Cosima Wagner besorgte, sakrosankt – in einer stilisierenden Version, der Zeit entsprechend, wohl auch, da ihr die theatrale Vitalität Richard Wagners fehlte. Das war die offene Stelle – der Weg in die Vereinnahmung war freigegeben: die Bühne wurde mit Ideologie besetzt. Bayreuth hat dadurch verspielt, was es hätte sein können, hat das Werk in die Arme der nationalen, nationalistischen, nationalsozialistischen Propaganda laufen lassen. Da das Werk sich auf der Bühne nicht realisierte, fiel es das zurück, wogegen es konzipiert war, was es doch in sich austrug, die deutsche Version eines Grand Opéra. Material für eine große Nation.

Als die Enkel Wieland und Wolfgang Wagner 1951 die Festspiele nach dem Zweiten Weltkrieg wiedereröffneten, erklärten sie Bayreuth zur Werkstatt. Wieland Wagner erfüllte die Architektur des Hauses, indem er auf der Bühne das Rund, die Orchestra realisierte: wie es im Grundriß angelegt ist. So öffnete er den Raum für die Auftritte der Gestalten: evozierte Gestalten, durch die Musik heraufgerufen. In seiner Erzählform Archetypen, in ihrer Erscheinung den griechischen Vorgaben

---

109 NIETZSCHE (s. Anm. 4), 430.

verpflichtet. Gertrud Wagner entwickelte als Choreographin die Haltungen und Gänge.

5. ›Parsifal‹

Wagners Vermächtnis war nicht der *Ring*, sondern *Parsifal* (1882). Das den Zuschauerraum auffangende Rund der Orchestra, das er für den *Ring* nicht einrichten konnte, realisierte er – als Theaterdekoration – mit dem Gralstempel, einem liturgischen Raum.

Parsifal war aber nicht, wie Nietzsche befand, der Weg zurück nach Rom.[110] »Gageons que, si Parsifal est le Christ«, argumentierte Jean-Louis Backès, »il n'est le Christ d'aucune Eglise présente. Il recule vers une image, immémorial, pendant que des voix d'enfants chantent la plus extravagante des musiques encore tonales.«[111] Durch seine Auseinandersetzung mit dem Buddhismus erreichte Wagner hier, woran Giordano Bruno gearbeitet hatte, eine Überwindung der Konfrontation zwischen den christlichen Religionen, eine Öffnung in einen neuen religiösen Raum jenseits des Monotheismus. Der Kelch, in dem das Blut Christi aufgefangen ist, ist das Bild der Lebenskraft selbst, die Christus durch seinen Opfertod gestärkt hat. Amfortas, der Gralskönig, wurde verwundet durch ebenden römischen Speer, mit dem Christus am Kreuz verwundet worden war. Es ist die gleiche Speerwunde, an der Amfortas und Christus leiden. »Blut um Blut, Wunde um Wunde – aber hier und dort, welche Kluft zwischen diesem Blute, dieser Wunde!« Das Blut Christi, der Anblick des Gral, gibt Amfortas Lebenskraft, aber heilt nicht die Wunde, verlängert sein Leiden. »Die Andacht wird ihm selbst zur Qual! Wo ist Ende, wo Erlösung? Leiden der Menschheit in alle Ewigkeit fort!«[112] Es ist der Zustand, in dem die Menschheit verharrt.

Eine andere Beschreibung des Zustandes, von dem Schiller in *Die Götter Griechenlandes* sprach. Die Muster für die Stationen, in denen Parsifal sich zu bewähren hat, entnahm Wagner der buddhistischen Überlieferung: ein Weg der Reinigung. Parsifal kehrt mit dem Speer zurück: »die Wunde schließt / der Speer nur, der sie schlug«. Parsifal erlöst Amfortas von seinem Leiden. Das Wort »Erlösung dem Erlöser«[113] bezeichnet eine Aufspaltung der Christus-Gestalt in Amfortas, den Leidenden, und Parsifal, der die Christuskraft wieder freisetzen kann. Sie ist den Menschen gegeben. Den Weg haben sie zu finden. Schellings Einspruch gegen Shakespeare, da sich in dessen Stücken keine Versöhnung manifestiere, sein Hinweis auf Calderón, der sie gewinnt, ist hier aufgefangen: aber nicht in einer Restitution, sondern in einer Überwindung der Kirche. Sie ist es, die die Christuskraft zum Versiegen gebracht hat, da sie das Schuldiggewordensein des Menschen nicht auffing, sondern ihn darin gefangenhielt.

Nicht das Ganze in einem Kunstwerk zur Darstellung zu bringen, darin einzufangen – denn dies war mit dem *Ring des Nibelungen* erreicht und nicht wiederholbar, nicht für Wagner, nicht für die anderen –, sondern das Kunstwerk als eine Station des Zuschauers zu verstehen, eine Passage, eine Bewährungsprobe, sie erfahrbar zu machen, auf dem Weg, den der Mensch zu gehen hat, um ein Ganzes zu erreichen und dadurch zu einer Gemeinschaft zu finden – dies wurde als ein ›rite de passage‹ eine Aufgabe der Kunst. Oder sie wurde es wieder bewußt. Die Künstler im 20. Jh. suchten die rituellen Formen, die sich in außereuropäischen Kulturen erhalten haben, um eigene Formen zu gewinnen.

---

110 Vgl. NIETZSCHE, ebd., 427.
111 JEAN-LOUIS BACKÈS, Revenu à de primitives épellations, in: W. Storch (Hg.), Les symbolistes et Richard Wagner/Die Symbolisten und Richard Wagner [Ausst.-Kat.] (Berlin 1991), 150.
112 WAGNER an M. Wesendonck (30. 5. 1859), in: Wagner (s. Anm. 81), Bd. 11 (Wiesbaden/Leipzig/Paris 1999), 105.
113 WAGNER, Parsifal. Ein Bühnenweihfestspiel (1882), in: Wagner (s. Anm. 72), Bd. 10 (Leipzig 1911), 375.

III. Antworten auf die Folgen der Industrialisierung, Arbeiten nach Wagner

1. Charles Baudelaire: ›Les correspondances‹

»Il y a bien longtemps que je dis«, schrieb Baudelaire in einem Brief an Alphonse Toussenel vom Januar 1856, »que le poète est *souverainement* intelligent, qu'il est *l'intelligence* par excellence, – et que *l'imagination* est la plus *scientifique* des facultés, parce que seule elle comprend *l'analogie universelle*, ou ce qu'une religion mystique appelle la *correspondance*.«[114]

In *Le poème du hachisch*, 1858, sprach Baudelaire von jenem »état mystérieux et temporaire de l'esprit, où la profondeur de la vie, hérissée de ses problèmes multiples, se révèle tout entière dans le spectacle, si naturel et si trivial qu'il soit, qu'on a sous les yeux, – où le premier objet venu devient symbole parlant. Fourier et Swedenborg, l'un avec ses *analogies*, l'autre avec ses *correspondances*, se sont incarnés dans le végétal et l'animal qui tombent sous votre regard, et au lieu d'enseigner par la voix, ils vous endoctrinent par la forme et par la couleur. L'intelligence de l'allégorie prend en vous des proportions à vous-même inconnues«[115]. Charles Fourier hatte Swedenborgs Lehre von den Entsprechungen aufgenommen und umgekehrt. Swedenborg hat »ein Entsprechungsverhältnis zwischen den Dingen, die in der geistigen Welt sind, und denen, die in der natürlichen Welt sind« (Correspondentia inter illa quae in Mundo spirituali sunt, et inter illa quae in Mundo naturali)[116], in einer Lehre der Entsprechungen neu begründet. Denn für die, die in den »ältesten Zeiten« (in Antiquissimis temporibus) lebten, schrieb er, war sie »die Wissenschaft der Wissenschaften, […] und so allgemein, daß alle ihre Schriften und Bücher in Entsprechungen geschrieben waren« (fuit Scientia correspondentiarum scientia scientiarum, et tam universalis, ut omnes illorum Codices et Libri per Correspondentias scripti sint) (Nr. 201, 263; dt. 287). So las er das Buch Hiob, betrachtete er die Hieroglyphen, verstand er die ›Mythen der Urmenschen‹. »Da sich also die göttlichen Dinge in der Welt in Entsprechungen darstellen, so ist auch das Wort in lauter Entsprechungen geschrieben worden; weshalb der Herr, weil er aus dem Göttlichen sprach, in Entsprechungen sprach; denn was aus dem Göttlichen ist, fällt in der Natur in Dinge, welche den Göttlichen Dingen entsprechen, und die dann die göttlichen Dinge, welche die Himmlischen und Geistigen heißen, in ihrem Schoße bergen.« (Nunc quia Divina in Mundo se sistunt in Correspondentiis, ideo Verbum per meras Correspondentias scriptum est; quare Dominus, quia loquutus est ex Divino, loquutus est per Correspon-

dentias, nam quod a Divino est, hoc in Natura cadit in talia quae Divinis correspondent, et quae tunc Divina, quae vocantur Caelestia et Spiritualia, in sinu suo recondunt.) (Nr. 201, 263 f.; dt. 288) Charles Fourier verstand die Erscheinungen in der Natur dagegen als Spiegelbilder des menschlichen Verhaltens: »Die verschiedenen Bereiche der Natur sind in allen ihren Details ebenso viele Spiegel irgendeiner Erscheinungsform unserer Leidenschaften; sie bilden ein immenses Museum von allegorischen Bildern, in die die Verbrechen und Tugenden der Menschheit eingezeichnet sind.«[117]

Fourier entwickelte eine Lehre der universellen Analogien, um die Menschen – im Angesicht der in der Natur abzulesenden Folgen ihrer Verbrechen – dahin zu führen, die Gesellschaft in einer harmonischen Ordnung, die den Gesetzen der Mathematik und der Musik folgt, zu begründen. Die Oper war ihm dafür das Beispiel: »C'est à l'Opéra que les facultés de sciences et d'art s'unissent pour nous donner le tableau actif des unités matérielles, image des unités passionnelles auxquelles nous sommes réservés.«[118]

Baudelaire, der sich in den 40er Jahren an Fouriers Vorstellungen orientiert hatte, folgte nach der Revolution Swedenborgs Lehre, die ihm tiefer erschien, suchte dessen metaphysischen Raum. Sein Sonett *Correspondances*, aufgenommen in *Les Fleurs du mal* (1857), erzählt von den Stimmen, den Zeichen, mit denen die Natur den Menschen erwartet, begleitet, führt: »La Nature est un temple où de vivants piliers / Laissent parfois sortir de confu-

---

114 BAUDELAIRE an Alphonse Toussenel (21. 1. 1856), in: Baudelaire, Correspondance, hg. v. C. Pichois/J. Ziegler, Bd. 1 (Paris 1966), 336.
115 BAUDELAIRE, Le poème du hachisch (1858), in: BAUDELAIRE, Bd. 1 (1975), 430.
116 EMANUEL SWEDENBORG, Vera christiana religio (1771), Bd. 1 (Tübingen/London 1857), Nr. 75, 94; dt.: Die Wahre Christliche Religion (Stuttgart ²1873), 106.
117 Zit. nach CHARLES PELLARIN, Fourier. Sa vie et sa théorie (Paris 1849), 124 f.; dt. nach ELISABETH LENK, Einleitung, in: Fourier, Theorie der vier Bewegungen und der allgemeinen Bestimmungen (1808), hg. v. T. W. Adorno (Frankfurt a. M./Wien 1966), 17.
118 CHARLES FOURIER, La phalange. Des séries mesurées (1845), in: Fourier, Œuvres complètes, Bd. 12 (Paris 1968), 371.

ses paroles; / L'homme y passe à travers des forêts de symboles / Qui l'observent avec des regards familiers. // Comme de longs échos qui de loin se confondent / Dans une ténébreuse et profonde unité, / Vaste comme la nuit et comme la clarté, / Les parfums, les couleurs et les sons se répondent.«[119]

Die Sprache braucht den Aufruf der Sinne, den Anruf der Künste, um in den der Natur abgewonnenen correspondances die ganze Welt in einem mystischen Erlebnis zu gewinnen, dans une ténébreuse et profonde unité – la clarté. Gott sprach die Welt: »Dieu a proféré le monde«[120], schrieb Baudelaire. Alles Werden kommt aus der Sprache und will wieder Sprache werden, wird durch den Menschen wieder Sprache, durch den Dichter in Sprache aus Klang und Farbe wieder übersetzt. So schafft der Dichter noch einmal die Welt. Jetzt als ein eigenes Reich. Bedürftig eines Raumes, um leben zu können, das Leben bewahren, retten zu können vor der Vereinnahmung durch den industriellen Fortschritt. »Was Baudelaire mit den correspondances im Sinn hatte«, kommentierte Walter Benjamin die beiden Quartette des Sonetts, »kann als eine Erfahrung bezeichnet werden, die sich krisensicher zu etablieren sucht. Möglich ist sie nur im Bereich des Kultischen. Dringt sie über diesen Bereich hinaus, so stellt sie sich als ›das Schöne‹ dar. Im Schönen erscheint der Kultwert als Wert der Kunst.«[121] Gegenüber einem sich mächtig gebenden, das Überkommene umformenden, zerstörenden Außen, dessen Einbruch er beschrieb, dessen Zeuge er bleiben wollte, in der Absicht, Paris nicht zu verlassen, gaben die correspondances eine Vergewisserung in die eigene Kraft zur Sprache, zur Vorstellung dessen, was der Welt gegeben war, was zu entdecken ist. Um sie in ihrer Gesamtheit sehen, schauen zu können. Seine Gedichte von den Abfahrten, Reisen, behaupten seinen Ort Paris.

In dem Prosagedicht L'invitation au voyage (1857) berichtete Baudelaire von einem »pays superbe«: »Tu connais cette maladie fiévreuse qui s'empare de nous dans les froides misères, cette nostalgie du pays qu'on ignore, cette angoisse de la curiosité? Il est une contrée qui te ressemble, où tout est beau, riche, tranquille et honnête, où la fantaisie a bâti et décoré une Chine occidentale, où la vie est douce à respirer, où le bonheur est marié au silence. C'est là qu'il faut aller vivre, c'est là qu'il faut aller mourir. Oui, c'est là qu'il faut aller respirer, rêver et allonger les heures par l'infini des sensations.«[122]

Im Januar/Februar 1860 besuchte Baudelaire die drei Konzerte, die Wagner im Théâtre des Italiens dirigierte, um seine Musik in Paris vorzustellen. Baudelaire fand sich, als er die Musik hörte, mit sich selbst konfrontiert. Ein Erlebnis, das er Wagner, den er nicht persönlich kannte, in einem Brief zu übermitteln suchte: »D'abord il m'a semblé que je connaissais cette musique, et plus tard en y réfléchissant, j'ai compris d'où venait ce mirage; il me semblait que cette musique était la mienne, et je la reconnaissais comme tout homme reconnaît les choses qu'il est destiné à aimer. […] vous m'avez rappelé à moi-même et au grand, dans de mauvaises heures.«[123] Daß er Wagner traf, erfüllte seine Suche und endete sie.

Ein Jahr später, anläßlich der von Napoleon III. auf den Wunsch Preußens hin angeordneten Aufführung des Tannhäuser, führte Baudelaire die Diskussion über die correspondances nun gegenüber Wagner weiter. Er eröffnete den Essay Richard Wagner et ›Tannhäuser‹ à Paris mit einer Gegenüberstellung von Beschreibungen des Lohengrin-Vorspiels, der Erscheinung des Grals, den Bildern, die Wagner selbst im Programmheft vorgegeben hatte, und den Bildern, die Liszt gesehen hat, um dann seine eigene Vision zu beschreiben. »Le lecteur sait quel but nous poursuivons: démontrer que la véritable musique suggère des idées analogues dans des cerveaux différents. […] ce qui serait vraiment surprenant, c'est que le son ne pût pas suggé-

---

119 BAUDELAIRE, Correspondances (1857), in: BAUDELAIRE, Bd. 1 (1975), 11.
120 BAUDELAIRE, Richard Wagner et ›Tannhäuser‹ à Paris (1861), in: BAUDELAIRE, Bd. 2 (1976), 784.
121 WALTER BENJAMIN, Charles Baudelaire. Ein Lyriker im Zeitalter des Hochkapitalismus (entst. 1938; 1969), in: BENJAMIN, Bd. 1/2 (1974), 638.
122 BAUDELAIRE, L'invitation au voyage (1857), in: BAUDELAIRE, Bd. 1 (1975), 301f.
123 BAUDELAIRE an Richard Wagner (17. 2. 1860), in: Baudelaire, Correspondance (s. Anm. 114), 672–674.

rer la couleur, que les couleurs *ne pussent pas* donner l'idée d'une mélodie, et que le son et la couleur fussent impropres à traduire des idées; les choses s'étant toujours exprimées par une analogie réciproque, depuis le jour où Dieu a proféré le monde comme une complexe et indivisible totalité.«[124] Seinen eigenen Traum, das *Lohengrin*-Vorspiel hörend, beschrieb Baudelaire gegenüber den Bildern von Wagner und Liszt »plus vague et plus abstraite«, betonte aber die Ähnlichkeiten: »par bonheur, elles sont nombreuses et saisissantes jusqu'au superflu. Dans les trois traductions nous trouvons la sensation de la *béatitude spirituelle et physique*; de *l'isolement*; de la contemplation de *quelque chose infiniment grand et infiniment beau*; d'*une lumière intense qui réjouit les yeux et l'âme jusqu'à la pâmoison*; et enfin la sensation de *l'espace étendu jusqu'aux dernières limites concevables*.« Hier erfüllte sich das Bedürfnis nach einem durch die Künste gewonnenen Raum, der ganz mystisches Erlebnis ist. Es war das Musikstück, das auch für Wagner zur Keimzelle geworden war. »Aucun musicien n'excelle, comme Wagner«, fuhr Baudelaire fort, »à peindre l'espace et la profondeur, matériels et spirituels.« (785)

Im Dezember 1860 war Wagners *Lettre sur la musique à M. Frédéric Villot*, als Vorwort zu *Quatre poèmes d'opéra traduits en prose française: Le Vaisseau fantôme, Tannhäuser, Lohengrin, Tristan et Iseult*, erschienen. Ein Brief, erfüllt von dem Werk, das er nun abgeschlossen hatte: *Tristan und Isolde*. Hier sprach er von der »unendlichen Melodie«, beschrieb die Wirkung, die er erzeugen wollte, mit einer Metapher: »wie sie ein schöner Wald am Sommerabend auf den einsamen Besucher hervorbringt, [...] wenn er sich überwältigt durch den allgemeinen Eindruck zu nachhaltiger Stimmung niederläßt, [...] so vernimmt er nun immer deutlicher die unendlich mannigfaltigen, im Walde wach werdenden Stimmen; immer neue und unterschiedene treten hinzu, wie er sie nie gehört zu haben glaubt; wie sie sich vermehren, wachsen sie an seltsamer Stärke; lauter und immer lauter schallt es, und so viel der Stimmen, der einzelnen Weisen er hört, das überwältigend hell anschwellende Tönen dünkt ihn doch wiederum nur die eine große Waldesmelodie«[125]. Einen solchen Klangraum wollte er herstellen, um jetzt von den Menschen, ihren Empfindungen, Leidenschaften zu erzählen – im Gegenüber des anderen, in einem Raum, den sie sich schaffen, der sie einfängt.

Ein Klangraum – bestimmt durch den Einsatz der Motive, die das ganze Werk strukturieren. Baudelaire, sich auf Liszt berufend, bestätigte: »En effet, sans poésie, la musique de Wagner serait encore une œuvre poétique, étant douée de toutes les qualités qui constituent une poésie bien faite; explicative par elle-même, tant toutes choses y sont bien unies, conjointes, réciproquement adaptées, et, s'il est permis de faire un barbarisme pour exprimer le superlatif d'une qualité, prudement *concaténées*.«[126] Die Leitmotivtechnik kommt aus der Sprache. Mit ihr gelingt ein Begleiten und Formen, ein aus der Fähigkeit zum Mitleid gewonnenes Formen der Menschen, von innen heraus, in ihrer Not, erlösungsbedürftig, in ihrem Kampf, den sie gegeneinander zu bestehen haben. Eine Sprache aus Klang und Farbe, wie es die Sprache Baudelaires sein will, Musik geworden, Raum und Zeit schaffend.

Das Projekt Baudelaires, den Gesamtzusammenhang des Universums durch Korrespondenzen herzustellen – ein additives, einladendes Verfahren, das sich der Rezeption überläßt, dem Bedürfnis nach Steigerung der Eindrücke –, überformte Wagners Vorstellung vom Gesamtkunstwerk, das in der Tragödie begründet ist. So sehr Baudelaire von Wagners Musik – und immer sind es die im Konzertsaal, bei Promenadenkonzerten gehörten, am Klavier im Salon geübten Stücke – überwältigt war: sein Denken, sein Einsatz für Wagner verwandelte Wagners Gesamtkunstwerk, indem es die Musik – abgelöst von dem Drama, das sie konstituiert, dessen Teil sie ist – in das eigenes Projekt zu überführen suchte. Die nur in Teilstücken gehörte Musik schuf nun den Raum einer Gegenwelt. »Tout ce qu'impliquent les mots: *volonté, désir, concentration, intensité nerveuse, explosion*, se sent et se fait deviner dans ses œuvres. [...] J'aime ces excès

---

124 BAUDELAIRE (s. Anm. 120), 784.
125 WAGNER, ›Zukunftsmusik‹. An einen französischen Freund (Fr. Villot) als Vorwort zu einer Prosa-Übersetzung meiner Operndichtungen (1860), in: Wagner (s. Anm. 72), Bd. 7 (Leipzig 1911), 131.
126 BAUDELAIRE (s. Anm. 124), 803; vgl. PHILIPPE LACOUE-LABARTHE, Musica ficta (figures de Wagner) (Paris 1991).

de santé, ces débordements de volonté qui s'inscrivent dans les œuvres comme le bitume enflammé dans le sol d'un volcan, et qui, dans la vie ordinaire, marquent souvent la phase, pleine de délices, succédant à une grande crise morale ou physique.«[127]

Baudelaire, acht Jahre jünger als Wagner und wie dieser engagiert während der Revolution 1848, formulierte gegenüber der in Paris sich vollziehenden Umgestaltung des gesellschaftlichen Lebens ein ästhetisches Programm, das die kommenden Jahrzehnte bestimmte. Durch ihn, durch das, was er imaginierte, in Gang setzte, veränderte sich die Vorstellung eines Gesamtkunstwerkes – oder wurde zu dem, was nunmehr im allgemeinen Sprachgebrach als Gesamtkunstwerk galt: die Ausgestaltung eines Raumes als eigener Kosmos – eines einzelnen, einer Gruppe, einer Schicht – gegenüber der in ihrer Banalität nicht mehr erreichbaren Selbstdarstellung des Kaiserreiches, gegenüber der heraufkommenden Massengesellschaft, die nicht mehr nach der Idee einer Polis zu strukturieren war. Walter Benjamin meinte, Baudelaire sei den Verführungskünsten Wagners erlegen.[128] Letztlich ist aber doch Wagner Baudelaire erlegen, einer Bewunderung, die vereinnahmte. Eine Bewunderung, die nun die Aufnahme des Werkes in Frankreich prägte. Als später, 1888, Nietzsche den Brief entdeckte, mit dem sich Wagner bei Baudelaire für die Würdigung bedankt hatte, dachte er an den Brief, den er erhalten hatte: »Einen Brief dieser Art Dankbarkeit und Enthusiasmus hat, wenn mich nicht Alles trügt, Wagner nur noch einmal geschrieben: nach dem Empfang der Geburt der Tragödie.«[129] Wagner wollte wohl annehmen, was auf ihn zukam, was ihm erlaubte, sein Werk anders zu sehen, Unausgesprochenes beantwortet zu finden. Und wenn Nietzsche befand, daß viel Wagner in Baudelaire ist, so mochte auch

---

127 BAUDELAIRE (s. Anm. 120), 807.
128 Vgl. BENJAMIN, Das Passagen-Werk (entst. 1927–1940), in: BENJAMIN, Bd. 5/1 (1982), 56.
129 NIETZSCHE an Henrich Köselitz (26. 2. 1888), in: Nietzsche, Briefwechsel. Kritische Gesamtausgabe, hg. v. G. Colli/M. Montinari, Abt. 3, Bd. 5 (Berlin/New York 1984), 264.
130 PAUL VERLAINE, Art poétique (entst. 1874, ersch. 1882), in: Verlaine, Œuvres poétiques complètes, hg. v. Y.-G. Le Dantec (Paris 1962), 326.

in Wagner sein, was Baudelaire suchte. Entscheidend war, daß Wagners Werk durch Baudelaire der Boden entzogen war, das Drama. Worin ihn dann Nietzsche wieder neu begründete. Ohne das Theater, das Baudelaire nicht interessierte, ohne das Drama war nun Wagners Musik aufgehoben im Genuß. Baudelaire schuf den Boden für den Wagnérisme. Und doch war auch Baudelaire der Boden entzogen. Sein Projekt, das in der Sprache gründete, das er mit seinem Essay gegenüber Wagner zu retten suchte, war nun der Musik übergeben. Paul Verlaine begann sein Gedicht *Art poétique* mit: »De la musique avant toute chose«[130].

Baudelaires *Correspondances* und sein Einsatz für Wagner eröffneten die Diskussion über die Synästhesie, der Steigerung der Eindrücke in ihrer Symbolhaftigkeit durch die Dazugewinnung der anderen Künste. Synästhesie drängt zur Ausstattung. Oder das Bedürfnis nach Ausstattung braucht die Erprobung der Synästhesie. Doch ist hierin die Umkehrung dessen, was ein Gesamtkunstwerk bedeutet, begründet. Die Künste sind nicht mehr operativ gegeneinander gesetzt – wie dies die Disposition durch die Tragödie bei Wagner ist. Hier erfolgt – worauf Walter Benjamin hingewiesen hat – der Umschlag in den Kult, in die Feier der Kunst. Die Vorstellung von einem Gesamtkunstwerk, die Wagner formuliert hatte, traf auf ein Bedürfnis nach Ausgestaltung, der Einrichtung eines eigenen Raumes gegenüber der expandierenden kapitalistischen Gesellschaft, der aufkommenden Massengesellschaft. Das griechische Vorbild, das den Weg zum Gesamtkunstwerk gewiesen hatte, das Ziel einer demokratischen Gemeinschaft, schien realisierbar in einem überschaubaren Rahmen, als Elite, Formen der Rokoko-Gesellschaft wieder aufnehmend, oder als Assoziation, um nun andere Formen einer künftigen Gesellschaft zu erproben, – waren die finanziellen Möglichkeiten gegeben: als Villenvorort oder Künstlerkolonie. Eine Kultur, die sich nun in dem halben Jahrhundert bis zum ersten Weltkrieg entfaltete.

2. Arthur Rimbaud: ›Je devins un opéra fabuleux‹

Rimbaud war den Vorgaben von Baudelaire gefolgt. Er erprobte die Synästhesie, schrieb das Gedicht *Voyelles*: »A noir, E blanc, I rouge, U vert, O bleu: voyelles«[131]. Und erklärte in *Alchimie du verbe*: »Je réglai la forme et le mouvement de chaque consonne, et, avec des rythmes instinctifs, je me flattai d'inventer un verbe poétique accessible, un jour ou l'autre, à tous les sens. Je réservais la traduction. Ce fut d'abord un étude. J'écrivais des silences, des nuits, je notais l'inexprimable. Je fixais des vertiges.«[132] Er durchbrach die Kette der Analogien.

Baudelaire hatte vom Meer, den Häfen, den Abfahrten, den Reisen geschrieben. Rimbaud brach auf. Das gehörte zu seinem Projekt. Leben und Kunst wurden Teil eines einzigen Konzeptes.

Rimbaud führte die Dichtung – oder die Sprache, der er sich aussetzte, trieb ihn – bis zu dem Punkt, daß er nicht anders konnte, als aufzubrechen. Das mystische Erleben der Welt, aus der seine Dichtung kam, verlangte den Aufbruch, das Verlassen Europas, ein Überwinden des Gegensatzes, der ihn gefangen hielt, von dem Glück, die Ewigkeit, Gott, zu erfahren, und der Fatalität des Glücks, der Erschöpfung in der Aktion gegen eine Gesellschaft, der es nichts gilt.

Der Vater Frédéric Rimbaud hatte als Infanteriekapitän an den Feldzügen nach Italien, Algerien und auf die Krim teilgenommen. Als er mit fünfzig Jahren in den Ruhestand versetzt wurde, schrieb er über die Eroberungen, verfaßte eine Nationalgrammatik und übersetzte den Koran. Seine Familie ließ er in den Ardennen allein. Arthur Rimbaud wuchs ohne Vater auf. Er wanderte durch Europa. Die Abwesenheit formt. Rimbauds Weg war eine Antwort auf das Werk seines Vaters, wie es die Pariser Commune auf die Grande Nation war. Seine Dichtung war eine Antwort auf die Okkupation der arabischen Welt im 19. Jh. durch Frankreich, die schließlich ihre Korrespondenz, ihre Konsequenz in der Okkupation der eigenen Hauptstadt 1871 fand. Als Sechzehnjähriger erlebte er den Kampf der Pariser Commune, ihre Niederschlagung.

»Je serai un travailleur: c'est l'idée qui me retient, quand les colères folles me poussent vers la bataille de Paris«, erklärte Rimbaud Georges Izambard Mitte Mai 1871, »où tant de travailleurs meurent pourtant encore tandis que je vous écris! Travailler maintenant, jamais, jamais; je suis en grève. [...] Je veux être poète, et je travaille à me rendre *Voyant*: [...] Il s'agit d'arriver à l'inconnu par le dérèglement de *tous les sens*. Les souffrances sont énormes, mais il faut être fort, être né poète, et je me suis reconnu poète. Ce n'est pas du tout ma faute. C'est faux de dire: Je pense: on devrait dire on me pense. – Pardon du jeu de mots. *Je* est un autre.«[133] Und in einem Brief zwei Tage später an Paul Demeny: »Le Poète [...] arrive à l'inconnu, et quand, affolé, il finirait par perdre l'intelligence de ses visions, il les a vues! Qu'il crève dans son bondissement par les choses inouïes et innommables: viendront d'autres horribles travailleurs; ils commenceront par les horizons où l'autre s'est affaissé! [...] Donc le poète est vraiment voleur de feu. Il est chargé de l'humanité, des *animaux* même; il devra faire sentir, palper, écouter ses inventions; si ce qu'il rapporte de *là-bas* a forme, il donne forme: si c'est informe, il donne de l'informe. Trouver une langue; – Du reste, toute parole étant idée, le temps d'un langage universel viendra! [...] Cette langue sera de l'âme pour l'âme, résumant tout, parfums, sons, couleurs, de la pensée accrochant la pensée et tirant. Le poète définirait la quantité d'inconnu s'éveillant en son temps dans l'âme universelle: il donnerait plus – que la formule de sa pensée, que la notation *de sa marche au Progrès*! Enormité devenant norme, absorbée par tous, il serait vraiment *un multiplicateur de progrès*! Cet avenir sera matérialiste, vous le voyez. – Toujours pleins du *Nombre* et de l'*Harmonie*, ces poèmes seront faits pour rester. – Au fond, ce serait encore un peu la Poésie grecque. L'art éternel aurait ses fonctions, comme les poètes sont citoyens. La Poésie ne rythmera plus l'action; elle *sera en avant*.«[134]

Griechenland sein Vorbild. In diesen Wochen der Pariser Commune entwarf er ein Konzept zu einer Constitution révolutionnaire nach dem Vorbild der griechischen Polis.

Eineinhalb Jahre später berichtete er in *Une saison en enfer*: »Enfin, ô bonheur, ô raison, j'écartai

---

131 RIMBAUD, Voyelles (entst. 1871, ersch. 1883), in: Rimbaud (s. Anm. 5), 53.
132 RIMBAUD, Alchimie du verbe (1873), in: ebd., 106.
133 RIMBAUD an Georges Izambard ([13.] 5. 1871), in: ebd., 248 f.
134 RIMBAUD (s. Anm. 5), 251 f.

du ciel l'azur, qui est du noir, et je vécus, étincelle d'or de la lumière *nature*. De joie, je prenais une expression bouffonne et égarée au possible: // Elle est retrouvée! / Quoi? l'éternité. / C'est la mer mêlée / Au soleil. [...] Donc tu te dégages / Des humains suffrages, / Des communs élans! / Tu voles selon ... [...] Je devins un opéra fabuleux: je vis que tous les êtres ont une fatalité de bonheur: l'action n'est pas la vie, mais une façon de gâcher quelque force, un énervement. La morale est la faiblesse de la cervelle. À chaque être, plusieurs *autres* vies me semblaient dues.«[135]

Der syrische Dichter Adonis erkannte in dem Projekt von Rimbaud die Methode der arabischen Mystiker und suchte Rimbauds Weg in den Orient in diesem Sinn zu begreifen: »l'Orient était pour lui plus qu'un simple rêve ou qu'un désir. C'était une quête, et c'est dans cet esprit qu'il y est allé. Est-ce pour cette raison qu'il a cessé d'écrire de la poésie? Ou bien est-il parti pour vivre avec son corps ce qu'il avait imaginé dans sa poésie? Ou peut-être cet arrêt s'est-il effectué sous l'influence d'une autre obsession: l'écriture par l'action? Cette position est essentiellement mystique et s'incarne dans la préférence accordée à la pratique sur l'écrit. Comme si le salut, s'il existe, ne pouvait se réaliser que dans l'acte, lui donnant ainsi la possibilité d'éprouver le monde, non à travers l'alchimie de la langue (en Occident), mais plutôt grâce à l'alchimie de l'action (en Orient). Comme s'il avait voulu, à l'instar du mystique, effacer la distance entre lui et l'imaginaire, sortant de la description linguistique pour dépasser l'illusion créée par les mots. Comme s'il avait voulu que son corps, lui-même, devienne le lieu de la métamorphose, de telle façon qu'une union à l'existence totale remplace une union limitée à l'imagination.«[136]

Vieles von Hölderlin läßt sich bei Rimbaud – läßt sich gegenseitig erkennen. Sie beide gaben dem Jahrhundert, das ihnen folgte, eine Sprache, als die alten Ordnungen einstürzten, eine Sprache, die Körper wurde, Aktion: ihr folgten die Expressionisten, die den Zusammenbruch vorausahnten, die Studenten des Pariser Mai. Ihr Weggehen – Leben im Turm, Leben in Harrar – blieb zu dechiffrieren, spannte den Bogen von ihren Texten hinaus in die Zukunft.

3. Stéphane Mallarmé: ›Le Livre‹

In dem, was Wagner bei den französischen Dichtern ausgelöst hatte, ließ sich ablesen, was die Umgestaltung des gesellschaftlichen Lebens bewirkte, was nun die Bedürfnisse der Menschen waren. So verstand Mallarmé die Herausforderung, der er sich zu stellen suchte. Sein Konzept war, das Buch selbst als das eine Buch zu begreifen, als ein Gebäude, darin die Dichtung sich ereignen, sich selbst inszenieren kann.

In einem Brief an Paul Verlaine vom 16. November 1885 schrieb er von seiner Suche:»C'est que, à part les morceaux de prose et les vers de ma jeunesse et la suite, qui y faisait écho, publiée un peu partout, chaque fois que paraissaient les premiers numéros d'une Revue Littéraire, j'ai toujours rêvé et tenté autre chose, avec une patience d'alchimiste, prêt à y sacrifier toute vanité et toute satisfaction, comme on brûlait jadis son mobilier et les poutres de son toit, pour alimenter le fourneau du Grand Œuvre. Quoi? c'est difficile à dire: un livre, tout bonnement, en maints tomes, un livre qui soit un livre, architectural et prémédité, et non un recueil des inspirations de hazard [sic], fussent-elles merveilleuses ... J'irai plus loin, je dirai: le Livre, persuadé qu'au fond il n'y en a qu'un, tenté par insu par quiconque a écrit, même les Génies. L'explication orphique de la Terre, qui est le seul devoir du poëte et le jeu littéraire par excellence: car le rythme même du livre, alors impersonnel et vivant, jusque dans sa pagination, se juxtapose aux équations de ce rêve, ou Ode.«[137]

Was die moderne Gesellschaft braucht, sind Bilder, Ausstattung, Gepränge. Dem Schriftsteller bleibt die Entäußerung:»L'écrivain, de ses maux, dragons qu'il a choyés, ou d'une allégresse, doit s'instituer, au texte, le spirituel histrion.«[138] Im

---

135 RIMBAUD, Une saison en enfer (1873), in: Rimbaud (s. Anm. 5), 110f.
136 ADONIS, Rimbaud mystique (1992), in: Adonis, La prière et l'épée (Paris 1993), 298.
137 STÉPHANE MALLARMÉ an Paul Verlaine (16. 11. 1885), in: Mallarmé, Correspondance, hg. v. H. Mondor/L. J. Austin, Bd. 2 (Paris 1965), 301.
138 MALLARMÉ, Quant au Livre (1895), in: Mallarmé, Œuvres complètes, hg. v. H. Mondor/G. Jean-Aubry (Paris 1945), 370.

Schauspiel, in der Oper erfüllt sich das Selbstdarstellungsbedürfnis der Gesellschaft: »là, en raison des intermédiaires de la lumière, de la chair et des rires le sacrifice qu'y fait, relativement à sa personnalité, l'inspirateur, aboutit complet ou c'est, dans une résurrection étrangère, fini de celui-ci: de qui le verbe répercuté et vain désormais s'exhale par la chimère orchestrale. Une salle, il se célèbre, anonyme, dans le héros. Tout, comme fonctionnement de fêtes: un peuple témoigne de sa transfiguration en vérité. Honneur.« (370 f.) Als Raum der Selbstdarstellung ein ideologisierter Raum, in den Wagners Werke eingegangen sind – oder den er durch seine Musik mächtig gemacht hat.

Dagegen das Buch, das zum eigenen Raum wird, darin die Poesie ihre eigene Darstellung findet: »les mots, originellement, se réduisent à l'emploi, doué d'infinité jusqu'à sacrer une langue, des quelque vingt lettres – leur devenir, tout y rentre pour tantôt sourdre, principe – approchant d'un rite la composition typographique. Le livre, expansion totale de la lettre, doit d'elle tirer, directement, une mobilité et spacieux, par correspondances, instituer un jeu, on ne sait, qui confirme la fiction.« (380) Der Ritus, ein Spiel – eine Freigabe an den Geist. Ein »solitaire tacite concert«, in dem »aucun moyen mental exaltant la symphonie« (ebd.) fehlen wird. »La Poésie, proche l'idée, est Musique, par excellence – ne consent pas d'infériorité.« (381)

Mallarmé suchte so Wagner für die eigene Kunst zu gewinnen. Oder zurückzugewinnen, was der Poesie eigen ist. Sein Gedicht *Un coup de dés jamais n'abolira le hasard* (1897) setzte es typographisch in vier verschiedenen Schriftgrößen rhythmisch über die Doppelseiten verteilt, wie eine Partitur zu lesen. Und notierte im Vorwort: »Aujourd'hui ou sans présumer de l'avenir qui sortira d'ici, rien ou presque un art, reconnaissons aisément que la tentative participe, avec imprévu, de poursuites particulières et chères à notre temps, le vers libre et le poëme en prose. Leur réunion s'accomplit sous une influence, je sais, étrangère, celle de la Musique entendue au concert; on en retrouve plusieurs moyens m'ayant semblé appartenir aux Lettres, je les reprends.«[139] Ein Haus, in dem die Poesie sich inszeniert: in einem Prozeß der Reinigung als einem Zurückkehren zu sich selbst, aus dem Vermögen, sich Raum zu schaffen, um die Welt, das Ganze zu eröffnen – frei von jeder Beweisführung, die in die Theatralisierung und Ideologisierung führt. Der Durchgang durch das Haus eine Passage.

4. Nietzsches ›Zarathustra‹

Nachdem er Bayreuth verlassen hatte, begann für Nietzsche – wie er sich erklärte – eine Wanderung, von der er zurückkehrte mit dem Buch *Menschliches, Allzumenschliches* (1878/1879), mit *Der Wanderer und sein Schatten* (1880). Ein Buch, das er als seine Befreiung von allem Unnötigen darstellte. »L'Ombre voyageuse«, erläuterte Gilles Deleuze: »C'est l'activité de la culture, qui, partout, a cherché à réaliser son but (l'homme libre, sélectionné et dressé) [...]. Ce but, l'Homme supérieur, est lui-même raté, manqué. C'est l'Ombre de Zarathoustra, rien d'autre que son ombre, qui le suit partout, mais disparaît aux deux heures importantes de la Transmutation, Minuit et Midi.«[140]

Nietzsche kehrte zurück, um nun selbst durch sich zu realisieren, was Wagner mit seinem Werk nicht vermocht hatte. Der Dramaturg, der mit dem Text *Wagner in Bayreuth* erörtert hatte, was Wagner als Regisseur zu leisten habe, ist nun selbst sein eigener Regisseur, er selbst als Zarathustra: Künder des Dionysos: »man darf rücksichtslos meinen Namen oder das Wort ›Zarathustra‹ hinstellen, wo der Text das Wort Wagner giebt. Das ganze Bild des dithyrambischen Künstlers ist das Bild des präexistenten Dichters des Zarathustra«[141], erklärte er in *Ecce homo* (entst. 1888, ersch. 1908). Das Buch *Also sprach Zarathustra* (1883-1885) ist gleichsam ein performativer Akt. Was der Tragödienchor leisten sollte, dies Ereignis, daß durch die »dionysische Erregung« die »künstlerische Begabung« übergeht auf die Zuschauer, das leistet Nietzsche nun selbst: allein mit sich – dem Leser gegenüber. »Welche Sprache wird ein solcher Geist reden, wenn er mit sich allein redet? Die Sprache des *Dithyrambus*. Ich bin der Erfinder des Dithyrambus.«

---

139 MALLARMÉ, Un coup de dés jamais n'abolira le hasard (1897), in: ebd., 456.
140 GILLES DELEUZE, Nietzsche (1965; Paris ³1971), 47.
141 NIETZSCHE, Ecce homo (entst. 1888, ersch. 1908), in: NIETZSCHE (KGA), Abt. 6, Bd. 3 (1969), 312.

(343) Dem Leser gegenüber, den er zu verwandeln sucht wie der Tragödienchor den Zuschauer. »Das psychologische Problem im Typus des Zarathustra ist, wie der, welcher in einem unerhörten Grade Nein sagt, Nein *thut*, zu Allem, wozu man bisher Ja sagte, trotzdem der Gegensatz eines neinsagenden Geistes sein kann; wie der das Schwerste von Schicksal, ein Verhängniss von Aufgabe tragende Geist trotzdem der leichteste und jenseitigste sein kann – Zarathustra ist ein Tänzer – ; wie der, welcher die härteste, die furchtbarste Einsicht in die Realität hat, welcher den ›abgründlichsten Gedanken‹ gedacht hat, trotzdem darin keinen Einwand gegen das Dasein, selbst nicht gegen dessen ewige Wiederkunft findet, – vielmehr einen Grund noch hinzu, das ewige Ja zu allen Dingen *selbst zu sein*, ›das ungeheure unbegrenzte Ja- und Amen-sagen‹ […]. ›In alle Abgründe trage ich noch mein segnendes Jasagen‹ […]. Aber *das ist der Begriff des Dionysos noch einmal.*« (342 f.) Die Aufgabe bleibt, die sich die griechische Tragödie, die sich Wagner gestellt oder die Nietzsche auf Wagner übertragen hatte, jetzt in seiner eigenen Herausforderung: »die Höherzüchtung der Menschheit«, »jenes *Zuviel von Leben* auf Erden […], aus dem der dionysische Zustand wieder erwachen muß« (311). Seine eigene Arbeit, die ganze Kraft der griechischen Tragödie in ihm: »Mein Begriff ›dionysisch‹ wurde hier *höchste That*; an ihr gemessen erscheint der ganze Rest von menschlichem Thun als arm und bedingt.« (341)

Hatte Wagner versucht, gegen die herrschenden Verhältnisse und jetzt gegenüber der Reichsgründung durch Preußen das eigene Bayreuther Haus zu setzen, setzte Nietzsche gegen Bayreuth sich selbst: seine Stimme, seinen Gesang, seinen Körper. Das war ein Rückkehr zu Hölderlin, zu seiner ersten Liebe. Er selbst der Antitheos: gegen Wagner im Sinne Wagners. Aus dem heraus, was Wagner gewonnen hat, aus dem heraus, was ihrer beider Ziel war, gegen ihn. Den performativen Akt, aus dem die griechische Tragödie entstanden ist, realisierte er nun selbst. Vermittelt durch das Buch. Damit eröffnete er den Weg für die Künste im 20. Jh: durch Aktionen, Happenings, Performances, durch das Aufgreifen ritueller Formen den Zuschauer in den theatralen Akt hereinzuholen.

5. Adolphe Appia: ›Die Musik und die Inszenierung‹

Als Adolphe Appia in Bayreuth 1882 den *Parsifal* sah, war er betroffen über den Widerspruch zwischen der Musik und der Szene. Mit dem elektrischen Licht auf der Bühne, das Wagner noch nicht zur Verfügung stand, hatte er das Mittel, einen lebendigen Raum zu schaffen und die ausgemalte Dekoration zu verabschieden. Getragen von der symbolistischen Malerei, die wesentlich Anregung durch Wagners Werk erfahren hatte. Er entwickelte eine detaillierte Inszenierungsvorgabe zum *Ring des Nibelungen*. Ein Mappenwerk, das die Theaterarbeit in Europa revolutionierte. Cosima Wagner lehnte die Realisierung in Bayreuth ab.

Wie der Bühnenbildner eine gemalte Dekoration für das ›Wort-Tondrama‹ verwerfen muß, so hat der Sänger auf das zu verzichten, was den Erfolg des Schauspielers ausmacht, die ›Interpretation‹: »renoncement de l'être tout entier, pour devenir strictement *musical*, dans le sens que la nouvelle forme dramatique donne à ce mot, c'est-a-dire, pour se manifester dans le temps musical avec toute la vie dramatique exigée.«[142] Schrieb Appia in seiner Programmschrift *La mise en scène du drame wagnérien* (1895) und vier Jahre später in seinem auf deutsch erschienenen Buch *Die Musik und die Inszenierung*: »Die Seele des Dramas, die Musik, verleiht demselben sein Leben und bestimmt durch ihre Pulsschläge die Verhältnisse und Aufeinanderfolge der Bewegungen des ganzen Organismus.«[143]

Als er 1906 Emile Jaques-Dalcroze und dessen Schule der ›Rhythmischen Gymnastik‹ kennenlernte, fand er den Rahmen, seine Vorstellungen umzusetzen. Mit dem Architekten Heinrich Tessenow und dem russischen Maler Alexander von Salzmann, zuständig für die Einrichtung des Lichtes, realisierte er 1911/1912 in Hellerau, im Norden von Dresden, den Bau für die Bildungsanstalt

---

142 ADOLPHE APPIA, La mise en scène du drame wagnérien (1895), in: Appia, Œuvres complètes, hg. v. M. L. Bablet-Hahn, Bd. 1 ([Lausanne] 1983), 271; dt. in: Adolphe Appia 1862–1928. Darsteller – Raum – Licht, Paris 1979 [Ausst.-Kat.] (Zürich 1982), 33.
143 APPIA, Die Musik und die Inszenierung (München 1899), 23 f.

Jaques-Dalcroze. Als ›Werkstatt der Kunst der Zukunft‹ war Hellerau eine Antwort auf Bayreuth. Die Einfachheit, die Wagner für seinen Theaterbau eingefordert hat, diese Sparsamkeit eignet auch Hellerau. Ein Lichtraum: Salzmann hatte Saaldecke und Wände im Abstand von einem Meter mit zwei Lagen gewachsten weißen Tuches auskleiden lassen. Im Zwischenraum waren Tausende von Glühbirnen installiert. Sie erzeugten ein immaterielles Licht, das von völliger Dunkelheit bis zu strahlender Helle reguliert werden konnte. Der Grundriß 36 mal 18 Meter, geteilt in der Mitte durch einen Orchestergraben – gleich groß die Spielfläche und der Teil für die Zuschauer, aber eben ein Raum. Hier inszenierte Appia 1912 auf der von ihm eingerichteten Treppe den zweiten Akt von Glucks *Orpheus und Eurydike* (1762). 1913 betreute Salzmann die Aufführung der ganzen Oper.

1921 faßte Appia seine Erkenntnisse in dem Werk *L'œuvre d'art vivant* zusammen. Mit dem Titel gab Appia eine Übersetzung von ›Gesamtkunstwerk‹, eine Weiterführung: Nicht die Zusammenfassung der Künste ist betont, sondern der performative Akt, der sie zusammenführt, aufgerufen durch den Darsteller. Ein Fest, zu dem die Zuschauer sich einfinden, geführt, verzaubert durch den Darsteller. Er ist es, der den Rhythmus, die Bewegung realisiert, aus dem heraus der Text, die Vorgabe, sich eröffnet, der den Rhythmus der Komposition austrägt – und jetzt den Raum bestimmt. »Le corps, vivant et mobile, de l'acteur, est le représentant du mouvement dans l'espace. Son rôle est donc capital. Sans texte (avec ou sans musique), l'art dramatique cesse d'exister; l'acteur est le porteur du texte; sans mouvement, les autres arts ne peuvent pas prendre de part à l'action. D'une main, l'acteur s'empare du texte, de l'autre il tient, en un faisceau, les arts de l'espace, puis il réunit, irrésistiblement, ses deux mains et crée, par le mouvement, l'œuvre d'art intégral.«[144] Eine Bewegung ergreift die Künste, ergreift die Zuschauer. Eine Bewegung, die die Erfahrungen bündeln kann, daß sie durch die œuvre d'art vivant in der Übergabe an den Zuschauer zum Ereignis werden: Leben – als ein Fest aller Künste. »Oui: c'est *la cathédrale de l'avenir* que nous appelons de tous nos vœux! Nous nous refuserons toujours davantage à courir d'un lieu à un autre pour des activités qui ont à se regarder en face et à se pénétrer. Nous voulons un lieu où notre communauté naissante puisse s'affirmer nettement dans l'espace; et cela en un espace assez souple pour s'offrir à la réalisation de tous nos désirs de Vie intégrale. Peut-être qu'alors d'autres étiquettes s'envoleront à leur tour comme des feuilles mortes: concert, représentation, conférence, exposition, sport, etc., etc. deviendront des dénominations à jamais désuètes; leur pénétration réciproque sera un fait accompli.« (400 f.)

Der Gedanke also ist, einen Raum zu schaffen, der die Künste einfordert, herausfordert, ein Gebäude, das nicht vorformuliert ist für eine Kunst, das ›genügend mobil‹ ist, um der Bewegung ihren Raum zu geben, danach einrichtbar ist.

6. Arnold Schönberg: Die ›Wiedergabe des innerlich Geschauten‹ – Das alttestamentarische Bilderverbot

Arnold Schönberg notierte 1909: »Kunst ist der Notschrei jener, die an sich das Schicksal der Menschheit erleben. Die nicht mit ihm sich abfinden, sondern sich mit ihm auseinandersetzen. Die nicht stumpf den Motor ›dunkle Mächte‹ bedienen, sondern sich ins laufende stürzen, um die Konstruktion zu begreifen. Die nicht die Augen abwenden, um sich vor Emotionen zu behüten, sondern sie aufreißen, um anzugehen, was angegangen werden muß. Die aber oft die Augen schließen, um wahrzunehmen, was die Sinne nicht vermitteln, um innen zu schauen, was nur scheinbar außen vorgeht. Und innen, in ihnen, ist die Bewegung der Welt; nach außen dringt nur der Widerhall: das Kunstwerk.«[145]

Der Notschrei war die Behauptung des Künstlers gegen das Verschwinden der Kunst in einem Lebensstil, wie er durch die Wiener Secession ge-

---

144 APPIA, L'Œuvre d'art vivant (1921), in: Appia, Œuvres complètes (s. Anm. 142), Bd. 3 ([Lausanne] 1988), 362; dt. in: HARALD SZEEMANN (Hg.), Der Hang zum Gesamtkunstwerk. Europäische Utopien seit 1800 [Ausst.-Kat.] (Aarau 1983), 234.
145 ARNOLD SCHÖNBERG, Aphorismen, in: Die Musik, Nr. 9 (1909), H. 21, 159.

prägt und durch die Wiener Werkstätte zur Ausstattung wurde.

Als Schönberg Kandinskys Bühnenkomposition *Der gelbe Klang* im *Blauen Reiter* studiert hatte, war es ihm wichtig, Kandinsky den Unterschied klarzumachen zwischen dem Begriff Konstruktion, den Kandinsky verwendet hatte, und seiner Vorstellung einer ›Wiedergabe innerlich Geschauten‹: »Innerlich geschaut ist ein Ganzes, das zwar Bestandteile hat, aber gebundene, bereits eingeordnete. Konstruiertes: sind Bestandteile, die ein ganzes nachahmen wollen. Aber es ist keine Gewähr da ob nicht die wichtigsten fehlen. Und ob nicht das Bindeglied dieser fehlende Bestandteil ist: die Seele.«[146]

Konstruktion war für Schönberg die eingerichtete Welt, die Macht, die es zu durchschauen, zu bewältigen galt. Dem einholenden, erobernden, strategischen Denken entspringt das Bedürfnis nach Bestätigung, das sich in der Nachahmung manifestiert, in Komplettierung entäußert. Es läßt die Werke zu dem werden, was im allgemeinen Sprachgebrauch als Gesamtkunstwerk bezeichnet wird und nichts anderes ist als Ausstattung. Während die Arbeit gerade darin besteht, die Veranlassung, das sich Zeigende, die Entdeckung erneut zum Vorgang zu machen. »Wir müssen uns bewußt werden, daß es Rätsel um uns gibt. Und müssen den Mut bekommen, diesen Rätseln in die Augen zu blicken, ohne feige nach ›der Lösung‹ zu fragen. Es ist wichtig, daß unsere Schöpferkraft solche Rätsel den Rätseln nachbildet, von denen wir umgeben sind. Damit unsere Seele den Versuch mache – nicht sie zu lösen – sondern sie zu dechiffrieren. Was wir dabei gewinnen, soll nicht die Lösung, sondern eine Chiffrier- oder Dechiffrier-Methode sein. Die, an sich wertlos, Material bietet, neue Rätsel zu schaffen. Denn die Rätsel sind ein Abbild des Unfaßbaren. Ein unvollkommenes, d.i. menschliches Abbild. Aber wenn wir durch sie nur lernen, das Unfaßbare für möglich zu halten, nähern wir uns Gott, da wir dann nicht mehr verlangen, ihn verstehen zu wollen.« (55) Dafür sind die Künste einzusetzen, um das Rätsel freizuhalten, das den Anstoß gab, es in seiner Überraschung wieder erfahrbar zu machen, daß es nicht verschwindet in gegebenen Formen.

Schönberg arbeitete damals an seinem ›Drama mit Musik‹ *Die glückliche Hand* (1910–1913, uraufgeführt 1924). Er entwarf auch die Bühnenräume dazu. Für die dritte Szene hat er in der Partitur die Farbabfolge der Beleuchtung festgehalten. »Mir war lange schon eine Form vorgeschwebt«, erklärte er später, »von welcher ich glaubte, sie sei eigentlich die einzige, in der ein Musiker sich auf dem Theater ausdrücken könne. Ich nannte sie – in der Umgangssprache mit mir: *mit den Mitteln der Bühne musizieren*.«[147] In dem Brief an Kandinsky berichtete er von seinem Plan, Balzacs *Seraphita* in Angriff zu nehmen. »Ich will's scenisch machen. Nicht so sehr Theater. Wenigstens nicht im alten Sinn. Jedenfalls nicht ›dramatisch‹. Sondern mehr: Oratorium, das sicht- und hörbar wird. Philosophie, Religion, die man mit künstlerischen Organen aufnimmt.«[148] Daraus entstand die unvollendet gebliebene *Jakobsleiter* (1917).

1914 vertonte Schönberg Verse von Rilke, in denen sein eigener Konflikt formuliert war: »Alle, welche dich suchen, versuchen dich, / und die, so dich finden, binden dich / an Bild und Gebärde.«[149] Der Konflikt: als Künstler die Vision wiederzugewinnen und sie nicht als Abbild zu entstellen. Auf der Suche nach seiner eigenen Form wurde er konfrontiert mit dem alttestamentarischen Bilderverbot. Er begründete das Verbot in einem eigenen Text für eine Chorkomposition (op. 27) 1925: »Du sollst dir kein Bild machen! / Denn ein Bild schränkt ein / begrenzt, faßt, / was unbegrenzt und unvorstellbar bleiben soll. […] Du mußt an den Geist glauben! / Unmittelbar, gefühl-

---

146 SCHÖNBERG an Wassily Kandinsky (19. 8. 1912), in: Wassily Kandinsky und Arnold Schönberg. Der Briefwechsel, hg. v. J. Hahl-Koch (Stuttgart 1993), 54.
147 SCHÖNBERG, Breslauer Rede über ›Die glückliche Hand‹ (entst. 1912), in: J. Hahl-Koch (Hg.), Arnold Schönberg – Wassily Kandinsky. Briefe, Bilder und Dokumente einer außergewöhnlichen Begegnung (Salzburg/Wien 1980), 131.
148 SCHÖNBERG (s. Anm. 146), 54.
149 RILKE, Das Stunden-Buch. Das Buch von der Pilgerschaft (1901), in: Rilke, Die Gedichte (Frankfurt a. M. 1986), 265; vgl. GOTTFRIED EBERLE, ›Du sollst Dir kein Bild machen‹. Arnold Schönberg und das Alte Testament, in: E. Kloke u. a. (Hg.), Jakobs-Leiter, Material. Ein Buch der Bochumer Symphoniker zum Konzertzyklus ›Jakobsleiter‹ 1991/92 ([Essen] 1991), 18.

los / und selbstlos.«¹⁵⁰ Diesen Konflikt trug er aus in seiner gleichfalls unvollendet gebliebenen Oper in drei Akten *Moses und Aron* (1930–1932, uraufgeführt 1957). Die Verdammung des goldenen Kalbes als Götzendienst durch Moses beantwortet Aron mit dem Zweifel, ob nicht auch die Gesetzestafeln nur ein Bild seien. Moses:»Darf Aron, mein Mund, dieses Bild machen? So habe ich mir ein Bild gemacht, falsch, wie nur ein Bild sein kann! So bin ich geschlagen! So war alles Wahnsinn, was ich gedacht habe, und kann und darf nicht gesagt werden! O Wort, du Wort, das mir fehlt!«¹⁵¹ Schluß zweiter Akt, bis dahin hat Schönberg komponiert – März 1932 in Barcelona.»Der Chor«, erläuterte Pierre Boulez nach seinem Dirigat des Werkes in Amsterdam 1995,»ist der wichtigste Charakter in der Oper. Er verhält sich wie ein Chamäleon, ist dafür oder dagegen, auch in der Meinung gespalten oder ganz entschieden auf einer Seite, er ist zornig, er ist gehorsam, er kommentiert. […] Meine Position ist die des Chores. Ich sehe die beiden Protagonisten, und ich diskutiere mit ihnen.«¹⁵² Das Werk will die Idee von Gott übermitteln. Es versteht sich in der Übergabe an den Zuschauer. Sie war für Schönberg in Berlin unmöglich geworden durch Hitlers Machtübernahme.

Was Schönberg zwischen Moses und Aron ausgetragen hat, wurde zu einer Grundfrage der Kunst. Welche Mittel können eingesetzt werden, daß das Geschaute im Zuschauer entsteht, zu einer Kraft wird. Nicht die Vielzahl der Mittel, der Einsatz der verschiedenen Künste macht ein Werk zum Gesamtkunstwerk, sondern das Vermögen, das Gesamte vorstellbar werden zu lassen. Als Rätsel, als Aufgabe. Darum sind die Techniken zu prüfen.

berg. Sie, beide von Wagner herausgefordert, gingen den Weg in die Freiheit der Atonalität/Abstraktion – um sichtbar, hörbar zu machen, was in ihnen aus innerer Notwendigkeit sich formt. Das war konstruktiv gedacht. Für Kandinsky ein Arbeitsplan. Und als solcher auch ein Angebot an andere Künstler, sich zu verständigen.

Kandinsky hatte die Kraft, die Künstler um sich zu sammeln. Er schuf in München, das vor dem Ersten Weltkrieg zum kulturellen Zentrum geworden war, ein Forum. Er plante, wie er sich später erinnerte,»ein Buch (eine Art Almanach) zusammenzustellen, an dem sich ausschließlich Künstler als Autoren beteiligen sollten. Ich träumte von Malern und Musikern in erster Linie. Die verderbliche Absonderung der einen Kunst von der anderen, weiter der ›Kunst‹ von der Volks-, Kinderkunst, von der ›Ethnographie‹, die fest gebauten Mauern zwischen den in meinen Augen so verwandten, öfters identischen Erscheinungen, mit einem Wort die synthetischen Beziehungen ließen mir keine Ruhe.«¹⁵⁴ Mit Franz Marc bereitete er so den Auftritt des *Blauen Reiter* 1912 vor: ein Almanach, der das Verhältnis der Künste zueinander revolutionieren sollte.

Wie Kandinsky für die Künstler mit dem Almanach einen Ort des Austauschs schuf, so wollte er die Künste auf dem Theater zusammenführen. Seinen Beitrag *Über Bühnenkomposition* begann er:»Jede Kunst hat eine eigene Sprache, das heißt die nur ihr eigenen Mittel. So ist jede Kunst etwas in sich Geschlossenes. Jede Kunst ist ein eigenes Leben. Sie ist ein Reich für sich. Deswegen sind die Mittel verschiedener Künste äusserlich vollkommen verschieden. Klang, Farbe, Wort! […] *Im letzten innerlichen Grunde* sind diese Mittel vollkommen

7. Wassily Kandinsky: ›Über Bühnenkomposition‹

Kandinsky entzündete sich an Schönbergs Musik wie an dessen Malerei. Er fand hier etwas, das er selbst erreichen wollte:»Ebenso wie in seiner Musik (soviel ich als Laie behaupten darf) verzichtet auch in seiner Malerei Schönberg auf das Überflüssige (also auf das Schädliche) und geht auf direktem Wege zum Wesentlichen (also zum Notwendigen).«¹⁵³ So suchte er den Austausch mit Schön-

150 SCHÖNBERG, [Text zu:] Vier Stücke für gemischten Chor op. 27 (1925).
151 SCHÖNBERG, Moses und Aron (1930–1932, uraufgeführt 1957). Textbuch (Mainz 1957), 29.
152 PIERRE BOULEZ [Interview mit W. Schaufler], in: A. Schönberg, Moses und Aron. Deutsche Grammophon Gesellschaft, CD 449 174–2 [Begleitbuch].
153 WASSILY KANDINSKY, Die Bilder [Schönbergs Malerei] (1912), in: Hahl-Koch (s. Anm. 147), 155 f.
154 KANDINSKY, Der Blaue Reiter (Rückblick) (1930), in: Kandinsky, Essays über Kunst und Künstler (Bern ³1973), 134 f.

gleich: das letzte Ziel löscht die äußeren Verschiedenheiten und entblößt die innere Identität.«[155] Das war die Basis, auf der Kandinsky das Gesamtkunstwerk neu konzipieren wollte. Von ihr aus führte er seine Auseinandersetzung mit Wagner, der »in der alten Tradition des Äußerlichen« (199f.) verblieben war, da er »die Farbe und die damit verbundene malerische Form« (200) unbeachtet gelassen habe. Er suchte »zur einzigen Quelle die innere Notwendigkeit« zu bestimmen, »ad. 1. nur den inneren Klang eines Elementes als Mittel zu nehmen, ad. 2. den äußeren Vorgang (= Handlung) zu streichen«. Er fügte seinem Text als Beispiel die Bühnenkomposition *Der gelbe Klang* hinzu. Strukturiert durch die drei Elemente: »1. musikalischer Ton und seine Bewegung, 2. körperlich-seelischer Klang und seine Bewegung durch Menschen und Gegenstände ausgedrückt, 3. farbiger Ton und seine Bewegung (eine spezielle Bühnenmöglichkeit)« (206). Das Wort blieb – als Handlungsträger – reduziert eingesetzt: »Das Wort als solches oder in Sätze gebunden wurde angewendet, um eine gewisse ›Stimmung‹ zu bilden, die den Seelenboden befreit und empfänglich macht. Der Klang der menschlichen Stimme wurde auch rein angewendet, d.h. ohne Verdunkelung desselben durch das Wort, durch den Sinn des Wortes.« (208) Schönberg mochte es Kandinsky als »großen Vorzug« zugestehen, daß er »im Verzichtleisten auf jeden bewußten Gedanken, auf jede lebensartige Handlung«[156] noch weitergegangen sei als er selbst bei seiner *Glücklichen Hand*. Auf eine Handlung ist aber nicht zu verzichten. Die Vorgabe muß erkennbar bleiben. Sonst tritt an die Stelle des Rätsels die Verrätselung. Anders ausgedrückt: Die bildende Kunst kann nicht an die Stelle der Dichtung treten.

Eine Aufführung des *Lohengrin* in Moskau hatte Kandinsky überwältigt: Den Sonnenuntergang über Moskau, die Stunde, die er als die seine bezeichnete, sah er, während er die Musik hörte,

---

155 KANDINSKY, Über Bühnenkomposition, in: Kandinsky/Franz Marc (Hg.), Der Blaue Reiter (1912; München/Zürich 1984), 189f.
156 SCHÖNBERG (s. Anm. 146), 54.
157 HUGO BALL, Die Flucht aus der Zeit (1927; Zürich 1992), 17f.

wieder vor sich als Vision. Eines der Erlebnisse, die ihn bestimmten, das Studium der Rechte abzubrechen und als Maler zu arbeiten. Wie Wagner ihn durch die Musik in seiner Vision entzündete, einer Vision der Farben, die Wagner aber nicht auf der Bühne realisieren konnte – so suchte Kandinsky die Umkehrung, als bildender Künstler zu vollenden, was Wagner eröffnet hatte, und zu überwinden, wo Wagner ins Narrative, in ein, wie er sich ausdrückte, mit Leitmotiven Etikettierendes zurückgefallen war. Auf den, der ihn verführt hatte, wollte er als ein Gleicher antworten – von der anderen Seite aus, mit der Kraft der Bilder, der Farben, der Bewegung. »Was ihn beschäftigte«, sagte Hugo Ball von Kandinsky, »war die Wiedergeburt der Gesellschaft aus der Vereinigung aller artistischen Mittel und Mächte. Keine Kunstgattung hatte er versucht, ohne ganz neue Wege zu gehen, unbekümmert um Hohn und Gelächter. Wort, Farbe und Ton waren in seltener Eintracht in ihm lebendig, und er verstand es, noch das Verblüffende stets plausibel und ganz natürlich erscheinen zu lassen. Sein letztes Ziel aber war, Kunstwerke nicht nur zu schaffen, sondern die Kunst als solche zu repräsentieren. Sein Ziel war, in jeder einzelnen Äußerung exemplarisch zu sein, die Konvention zu durchbrechen und zu erweisen, die Welt sei noch immer so jung wie am ersten Tag.«[157]

8. Hugo Ball: ›Producere heißt herausführen, ins Dasein rufen‹

Diese Kräfte, die Kandinsky zusammengeführt hatte, wollte Hugo Ball für das Theater gewinnen. Er suchte im Mai 1914 in München ein »Künstlertheater« (20) zu gründen, ein Neuerstehen des ›Münchener Künstlertheaters‹ von Georg Fuchs aus dem Jahr 1906: »Zusammenschluß aller regenerativen Ideen, nicht nur der Kunst. Das Theater allein ist imstande, die neue Gesellschaft zu formen. [...] Das expressionistische Theater, so lautete meine These, ist eine Festspielidee und enthält eine neue Auffassung des Gesamtkunstwerks.« (18f.) Eine Absage an das ›Psychologietheater‹: »Die großen Psychologen haben das Theater universal gemacht (der Fall Nietzsche-Wagner); auch die Schauspielerbegabung. Durch die Psychologie sind diese Dinge allgemein geworden. [...] Wir sehen das Theater nicht mehr als Spezialität. Wir sind's selber geworden. [...] Wir stellen als Gegenideal, zwecks Überwindung, den Expressionismus auf, der gar kein Objekt mehr kennen will; der mit wahnsinniger Wollust die eigene Persönlichkeit wiederfindet und deren Diktatur in hintergründigster Selbstschöpfung.«[158] Hugo Ball konzipierte mit Kandinsky ein Buch, das das Künstlertheater theoretisch begründen sollte. Kandinsky wollte über das Gesamtkunstwerk schreiben. Ein paar Monate später brach der Krieg aus. Ende Mai 1915 war Hugo Ball mit Emmy Hennings nach Zürich emigriert. Im November notierte er: »Der kürzeste Weg der Selbsthilfe: auf Werke zu verzichten und das eigene Dasein zum Gegenstande energischer Wiederbelebungsversuche zu machen.«[159] Am 5. Februar 1916 eröffnete er das Cabaret Voltaire mit Hans Arp, Emmy Hennings, Marcel Janko und Tristan Tzara. Andere kamen hinzu. Dada begann. Ball befand, notiert am 1. März: »Producere heißt herausführen, ins Dasein rufen. Es müssen nicht Bücher sein. Man kann auch Künstler produzieren. Erst wenn die Dinge sich erschöpfen, beginnt die Wirklichkeit.« (82) »Da der Bankrott der Ideen das Menschenbild bis in die innersten Schichten zerblättert hat, treten in pathologischer Weise die Triebe und Hintergründe hervor«, notierte er unter dem 12. Juni 1916. »Da keinerlei Kunst, Politik oder Bekenntnis diesem Dammbruch gewachsen scheinen, bleibt nur die Blague und die blutige Posse. Der Dadaist [...] glaubt nicht mehr an die Erfassung der Dinge aus *einem* Punkt, und ist doch noch immer dergestalt von der Verbundenheit aller Wesen, von der Gesamthaftigkeit überzeugt, daß er bis zur Selbstauflösung an den Dissonanzen leidet.« (99) Am 14. Juli fand die erste Dada-Soiree statt. Hugo Ball verkündete *Das erste dadaistische Manifest*: »Ich will keine Worte, die andere erfunden haben. Alle Worte haben andere erfunden. Ich will meinen eigenen Unfug, meinen eigenen Rhythmus und Vokale und Konsonanten dazu, die ihm entsprechen, die von mir sind. [...] Ein Vers ist die Gelegenheit, allen Schmutz abzutun. Ich wollte die Sprache hier selber fallen lassen. [...] Das Wort will ich haben, wo es aufhört und wo es anfängt. Dada ist das Herz der Worte.«[160] Er verstand das Manifest als »Absage an die Freunde. Sie haben's auch so empfunden. [...] Wenn die Dinge erschöpft sind, kann ich nicht länger dabei verweilen.« Eingetragen am 6. August 1916. Davor ein Zitat aus einem Brief von Novalis an Caroline: »Der Traum und die Phantasie sind das eigenste Eigentum, sie sind höchstens für zwei, aber nicht für mehrere. Man darf sich nicht dabei aufhalten, am wenigsten sie verewigen.«[161]

IV. Antworten auf die Revolutionen in Rußland 1905 und 1917

1. Vsevolod É. Mejerchol'd: ›Der Zuschauer – der vierte Schöpfer‹

Wie in vielen europäischen Ländern war auch in Rußland das Werk Wagners, seine Schriften, sein Bayreuth der Ausgangspunkt, sich selbst des griechischen Theaters zu vergewissern auf der Suche nach einer kulturellen Identität. Vjačeslav Ivanov suchte 1905 in dem Text *Vagner i Dionisovo dejstvo* (Wagner und die Dionysien) die Aufgabe zu klären: »Мост между сценой и зрителями ещё не переброшен – ›двумя сходами‹ (πάροδοι) через полость невидимого оркестра из царства Аполлоновых снов в область Диониса: в принадлежащую соборной общине орхестру. Борьба за демократический идеал синтетического Действа, которой мы хотим и которую мы предвидим, есть борьба за орхестру и за *соборное слово*. Если всенародное искусство хочет быть и теургическим, оно должно иметь орган хорового слова. И формы всенародного голосования *внешни* и *мертвы*, если не найдут своего идеального фокуса и оправдания в *соборном голосе орхестры*.« (Die Brücke zwischen Szene und Zuschauer, zwischen den beiden ›Zugängen‹

---

[158] BALL, Das Psychologietheater (1914), in: Ball, Der Künstler und die Zeitkrankheit. Ausgewählte Schriften (Frankfurt a. M. 1988), 19 f.
[159] BALL (s. Anm. 157), 69.
[160] BALL, Das erste dadaistische Manifest (1916), in: Ball (s. Anm. 158), 40.
[161] BALL (s. Anm. 157), 109.

(πάροδοι) ist noch nicht gebaut – über den Abgrund des unsichtbaren Orchesters aus dem Reich der Apollinischen Träume in das Reich des Dionysos, in die der Gemeinschaft gehörenden Orchestra. Der Kampf für das demokratische Ideal der Kult-Handlung, die wir erstreben und die wir vorausahnen, ist ein Kampf für die Orchestra und für das gemeinschaftliche Wort. Wenn die nationale Kunst theurgisch sein will, braucht sie das Organ des chorischen Wortes. Die Formen nationaler Abstimmung bleiben äußerlich und tot, wenn sie nicht ihre ideale Sammlung und ihre Rechtfertigung finden in der Gemeinschaftsstimme der Orchestra.«[162]

1906 führte Ivanov seine Vorstellungen weiter aus in dem Aufsatz *Predčuvstvija i predvestija. Novaja organičeskaja epocha i teatr buduščego* (Ahnungen und Zeichen. Die neue organische Epoche und das Theater der Zukunft)[163]. Er ging davon aus, referierte Fritz Mierau, »daß eine neue ›organische Epoche‹ bevorstünde, eine Epoche der kulturellen Sammlung [...]. Die Theater der Chortragödien, -komödien und -mysterien sollten Orte der schöpferischen prophetischen Selbstbestimmung des Volkes sein. Die Vereinigung von Schauspieler und Zuschauer zu einem orgiastischen Leib sei nur zu erreichen, wenn durch das Medium des Chores das Drama aus einer äußeren Sache zum Anschauen in eine innere Sache der Gemeinschaft verwandelt werde; der Gemeinschaft, die ihre stärkste Sammlung im singenden und tanzenden Chor der jeweiligen Orchestra finde. Und nur dann, schließt Iwanow, werde tatsächlich politische Freiheit verwirklicht, wenn die Chorstimme solcher Gemeinschaften das authentische Referendum des wahren Willens des Volkes gebe. Vorläufer bliebe Wagner hier deshalb, weil bei ihm die Kunst sichtbar die Oberhand gewonnen habe.«[164]

Die Diskussion ging nun darum, wie dieser »orgiastische Leib«, die Vereinigung von Schauspieler und Zuschauer herzustellen sei. Mejerchol'd nahm Ivanovs Aufsatz, um von da aus sein eigenes Theater, das ›bedingte Theater‹ oder das ›stilisierte Theater‹, zu erläutern. »Условный театр освобождает актёра от декораций, создавая ему пространство трёх измерений и давая ему в распоряжение естественную статуарную пластичность.« (Das stilisierte Theater befreit den Schauspieler von der Dekoration, indem es ihm den dreidimensionalen Raum schafft und ihm die Möglichkeit natürlicher körperlicher Bewegung gibt.)[165] Ein Theater, das zu seinem »пляска« (tänzerischen Element) zurückfindet: ohne Rampe, Parterre und Bühne auf einer Höhe. Der Regisseur »служит лишь мостом, связующим душу автора с душою актёра. Претворив в себе творчество режиссёра, актёр – один лицом к лицу с зрителем, и от трения двух свободных начал – творчество актёра и творческая фантазия зрителя – зажигается истинное пламя.« (Der Regisseur ist nur eine Brücke, die Autor und Schauspieler verbindet. Hat der Schauspieler die künstlerischen Vorstellungen des Regisseurs in sich umgesetzt, steht er dem Publikum *allein* gegenüber, und aus der Reibung zweier freier Elemente – dem Schaffen des Schauspielers und der schöpferischen Phantasie des Zuschauers – entsteht eine echte Flamme.) Ziel des Theaters, die Entzündung, Erfüllung und Weitergabe. Mejerchol'd formulierte, was prägend für das Theater im 20. Jh. geworden ist. »Условный метод, наконец, полагает в театре четвёртого *творца*, после автора, режиссёра и актёра; это – зритель. Условный театр создаёт такую инсцинировку, при которой зрителю приходится своим воображением творчески дорисовывать данные сценой намёки.« (Die Stilisierung verlangt schließlich neben dem Autor, dem Schauspieler und dem Regisseur noch nach einem vierten *Schöpfer* – dem *Zuschauer*. Das stilisierte Theater

---

162 VJAČESLAV IVANOV, Vagner i Dionisovo dejstvo (1905), in: Sobranie sočinenij, Bd. 2 (Brüssel 1974), 83–85; dt.: Wagner und die Dionysien, übers. v. F. Mierau, in: W. Storch (Hg.), Der Raum Bayreuth (ersch. Frankfurt a. M. 2001).
163 Vgl. IVANOV, Predčuvstvija i predvestija. Novaja organičeskaja epocha i teatr buduščego (1906), in: Ivanov (s. Anm. 162), 86–103.
164 FRITZ MIERAU, Drei Anmerkungen zu Wagner in Rußland, in: W. Storch (Hg.), Die Nibelungen. Bilder von Liebe, Verrat und Untergang [Ausst.-Kat.] (München 1987), 74.
165 VSEVOLOD E. MEJERCHOL'D, K istorii i technike teatra (1907), in: Mejerchol'd, Stat'i, pis'ma, reči, besedy. Pervaja čast' 1891–1917 (Moskva 1968), 140f.; dt.: Das Theater (zu seiner Geschichte und Technik), in: Mejerchol'd, Schriften, Bd. 1 (Berlin 1979), 134f.

schafft Inszenierungen, in denen der Zuschauer mit seiner Vorstellungskraft *schöpferisch beendet*, was die Bühne nur *andeutet*.) Mejerchol'd eröffnete 1919 das Theater der Revolution. Für das Spiel der Schauspieler, das jetzt gefordert wurde, entwickelte er auf der Basis gymnastischer Schönheitspflege ein System, das er Biomechanik nannte. Ein System, um sich vom Theater freizumachen. »Wir wollen heraus aus dem Theatergebäude«, erläuterte er. »Wir wollen im Leben selbst spielen, am liebsten in Fabriken oder größeren Maschinenhallen [...]. Das Publikum soll mit in Bewegung sein. [...] Die rechte Verbindung zwischen Schauspieler und Zuschauer kann nur zustande kommen, wenn das Theater in engem Kontakt mit dem Leben steht.«[166]

»Что важно?« (Was ist wichtig?) fragte Sergej Tret'jakov: »Что Мейерхольд, работая в театре и при помощи театра, идёт к бестеатральной действительности.« (Daß Meyerhold, im Theater und mittels des Theaters arbeitend, zur theaterlosen Wirklichkeit schreitet.)[167]

2. *Aleksandr Skrjabin: ›Le mystère‹*

In seinem autobiographischen Text *Ochrannaja gramota* (Schutzbrief), geschrieben 1929/1930, erzählte Boris Pasternak von einer Orchesterprobe im Konservatorium: Aleksandr Skrjabins *Ekstaz* (*Le poème de l'extase*), 1907. »Вдруг публика начинала прибывать ровным потоком, точно город очищали неприятелю. Музыку выпускали. Пёстрая, несметно ломящаяся, молниеносно множащаяся, она скачками рассыпалась по эстраде. Её настраивали, она с лихорадочной поспешностью неслась к согласью и, вдруг достигнув гула неслыханной слитности, обрывалась на всём басистом вихре, вся замерев и выровнявшись вдоль рампы. Это было первое поселенье человека в мирах, открытых Вагнером для вымыслов и мастодонтов. На участке возводилось вымышленное лирическое жилище, материально равное всей ему на кирпич перемолотой вселенной. Над плетнём симфонии загоралось солнце Ван Гога. Её подоконники покрывались пыльным архивом Шопена. Жильцы в эту пыль своего носа не совали, но всем своим укладом осуществляли лучшие заветы предшественника.« (Auf einmal strömte das Publikum in einem gleichmäßigen Strom herbei, als ob man die Stadt vor dem Feind räume. Man ließ die Musik heraus. Bunt, in unzähligen Teilen brechend, sich blitzschnell vervielfachend, schwärmte sie in kleinen Sprüngen über die Estrade aus. Sie wurde eingestimmt, eilte in fiebriger Hast der Zustimmung zu und, plötzlich ein Tosen von unerhörtem Zueinanderfließen gelangend, riß sie auf dem gesamten Baßwirbel ab, gänzlich ersterbend und sich längs der Rampe ausrichtend. Das war die erste Ansiedlung des Menschen in den Welten, Wagner für Erdichtungen und Mastodons entdeckt hat. Auf der Parzelle wurde eine erdichtete lyrische Wohnstätte errichtet, materiell vollkommen eins mit allem für sie zu Ziegeln zermahlenen Weltall. Über dem Flechtzaun der Sinfonie entbrannte die Sonne van Goghs. Ihre Fensterbretter bedeckten sich mit dem staubigen Archiv Chopins. Die Bewohner steckten ihre Nase nicht in diesen Staub, doch ihrer ganzen Anlage nach verwirklichten sie die besten Vermächtnisse des Vorgängers.)[168]

Skrjabin erklärte in seinen *Prometheischen Phantasien*: »Ich will mich selbst besiegen. Ich will zu mir zurückkehren. Ich will die Erde erschaffen und die Planetensysteme der Sterne»[169].

Er plante die Errichtung eines Mysterien-Tempels in Indien. Ein Halbkugel-Dom errichtet über einer Wasserfläche, deren Spiegel den Anblick des Baus zur Kugel ergänzt. Als Vorbereitung für die

---

166 MEJERCHOL'D, Das Revolutionstheater. Aus einer Unterredung mit dem dänischen Journalisten Anker Kirkeby, in: Meyerhold/A. I. Tairow/J. B. Wachtangow, Theateroktober. Beiträge zur Entwicklung des sowjetischen Theaters, hg. v. L. Hoffmann/D. Wardetzky, übers. v. K. Fend/H. Hawemann/V. Schnittke/H. Schumann (Leipzig ²1972), 122.
167 SERGEJ TRET'JAKOV, Vsevolod Mejerchol'd. Četyre vstreči, in: Tret'jakov, Slyšiš', Moskva (Moskau 1966), 165; dt.: Wsewolod Meyerhold. Vier Begegnungen, übers. v. R. Willnow, in: Tretjakov, Lyrik, Dramatik, Prosa, hg. v. F. Mierau (Leipzig 1972), 15.
168 BORIS PASTERNAK, Ochrannaja gramota (entst. 1929/1930), in: Pasternak, Vozdušnye puti (Moskau 1982), 195 f.; dt.: Schutzbrief, in: Pasternak, Luftwege, übers. v. E. Erb (Leipzig 1991), 198.
169 ALEKSANDR SKRJABIN, Prometheische Phantasien, hg. u. übers. v. O. von Riesemann (1924; München 1968), 58.

kultische Handlung des *Mystère*, die sich in dem Dom ereignen sollte, arbeitete Skrjabin von 1913 bis zu seinem Tod 1915 an dem ›Acte préalable‹.

Im Oktober 1917, als die Revolution ausgebrochen war, schrieb Ivanov über Skrjabins *Mystère*: »Если переживаемая революция есть во истину великая русская революция, – многострадальные и болезненные роды ›самостоятельной русской идеи‹, – будущий историк узнает в Скрябине одного из её духовных виновников, а в ней самой, быть может, – первые такты его ненаписанной Мистерии.« (Wenn die Revolution, die wir durchmachen, wirklich die große russische Revolution ist, die qualvolle und schmerzhafte Geburt der ›eigenen russischen Idee‹, dann wird der künftige Historiker in Skrjabin einen ihrer geistigen Urheber erkennen und in ihr selber vielleicht die ersten Takte seines Mysteriums.)[170]

3. Kasimir Malewitsch: ›Der Rhythmus der kosmischen Erregung‹

Kasimir Malewitsch setzte, was Skrjabin gewinnen wollte, absolut: »Der Weg des Menschen muß befreit werden von allem gegenständlichen Gerümpel, das sich in Jahrtausenden angesammelt hat. Dann erst wird der Rhythmus der kosmischen Erregung voll wahrgenommen werden können, wird der ganze Erdball eingebettet sein in eine Hülle der ewigen Erregung, in den Rhythmus der kosmischen Unendlichkeit eines dynamischen Schweigens.«[171] Denn: »Grundlage und Ursprung des Lebens ist die Erregung, als das Reine, Unbewußte, ohne Zahl, Zeit, Raum, ohne absolute oder relative Zustände.« (195) Für das, was sich hier gewinnen läßt, prägte er den Begriff des ›Suprematismus‹. »Der Wesensinhalt des Suprematismus ist die Ganzheit gegenstandsloser, naturbedingter Erregungen ohne Ziel und irgendwelche Zweckbestimmungen. […] die suprematistische Gegenstandslosigkeit ermöglicht gigantische Schöpfungen, ähnlich den Schöpfungen der Natur, wie Berge, Täler. […] Die Natur kennt in ihrer Gegenstandslosigkeit keine Grenzen, ebenso auch der Suprematismus, der dadurch die freiesten Schöpfungen der inneren Erregung ermöglicht.« (124 f.) Das Modell: »Das schwarze Quadrat auf dem weißen Feld war die erste Ausdrucksform der gegenstandslosen Empfindung: das Quadrat = die Empfindung, das weiße Feld = das ›Nichts‹ außerhalb dieser Empfindung.« (74) Das war seine kosmische Eröffnung: »Schwebende Planiten (›Plan‹ abgeleitet von *Aëroplan*) werden den neuen Plan der Städte und die Form der Häuser der ›Semljaniten‹ (neugebildetes Wort für Erdbewohner) bestimmen. In ihnen werden die Geräusche künftiger Musik ertönen, die neuen Stimmen im neuen Chor der Planiten. Im Hinblick auf sie muß alles geplant und koordiniert werden. Die Bauwerke der Semljaniten müssen in ihrer Planung und ihren Bewegungen sowohl im Raum als auch auf der Erde aufeinander abgestimmt werden.« (274)

Was Malewitsch in seiner »Welt kristallinischer Organik« erreicht hatte, beschrieb El Lissitzky: »Diese Welt baut sich in einem visuellen unendlichen Raum auf. Die weitere Konsequenz wurde der vollständige Verzicht auf das farbige Spektrum und die schließlich übriggebliebene planimetrische Figur (weiß-schwarz). Die Malerei wurde somit aufgehoben, führte zur reinen Volumengestaltung. Diese stereometrische Gestaltung wurde sogleich in ihrer architektonischen Natur erfaßt. Somit wurde die Malerei zur Umsteigestation der Architektur. Ein neues asymmetrisches Gleichgewicht der Volumen wurde aufgebaut, die Spannungen der Körper zu einem neuen dynamischen Ausdruck gebracht und eine neue Rhythmik aufgestellt.«[172]

El Lissitzky war 1919 von Marc Chagall an die Kunstschule von Witebsk berufen worden und arbeitete dort mit Malewitsch in der Gruppe *Unovis* (Bejaher der neuen Kunst). Die Aufgabe, die er

---

170 IVANOV, Skrjabin i duch revoljucii (24. 10. 1917), in: Ivanov (s. Anm. 162), Bd. 3 (1979), 194; dt.: Skrjabin und der Geist der Revolution, zit. nach Mierau (s. Anm. 164), 75.
171 KASIMIR MALEWITSCH, Suprematismus. Die gegenstandslose Welt, hg. v. W. Haftmann, übers. v. H. von Riesen (entst. 1922; Köln 1962), 254.
172 EL LISSITZKY, 1929, Rußland. Architektur für eine Weltrevolution (1930 [Rußland. Die Rekonstruktion der Architektur in der Sowjetunion]; Berlin 1965), 11.

sich stellte, war: »Nicht Weltvisionen, sondern – Weltrealität.«[173] War eine Rückkehr aus der Unendlichkeit, dem Kosmos, und ein Aufbruch zu einer Architektur, offen gegenüber dem Kosmos.

4. Vladimir Tatlin: Das Denkmal für die 3. Internationale

Gegenüber dieser Auffassung der Welt durch die Malerei, erläuterte Lissitzky, manifestierte sich eine zweite Auffassung der Welt durch die Materie. »Man ging bei dem Aufbau der Gestaltung von den spezifischen Eigenschaften des jeweils angenommenen Materials aus. Der Führer dieser Bewegung (Tatlin) nahm an, daß die intuitiv künstlerische Beherrschung des Materials zu Erfindungen führe, auf deren Grundlage sich Gegenstände aufbauen lassen, unabhängig von den rationell wissenschaftlichen Methoden der Technik. Er glaubte dies in seinem Entwurf für das Denkmal der 3. Internationale zu beweisen (1920).«[174]

Das Modell des Denkmals wurde im Dezember 1920 auf dem 8. Gesamtrussischen Sowjetkongreß in Moskau ausgestellt. Viktor Šklovskij schrieb darüber im Januar 1921: »Дни бегутъ за днями, какъ вагоны, переполненные странными и разнообразными повозками, пушками, толпами о чемъ-то шумящихъ людей. Дни гремятъ, какъ паровой молотъ, ударъ за ударомъ, и удары уже слились и перестали слышаться, какъ не слышатъ люди, живущие у моря, шума воды. Удары гремятъ где-то въ груди, ниже сознания. Мы живемъ въ тишине грохота. Въ этомъ мощномъ воздухе родилась железная спираль проекта памятника ростомъ въ два Исаакия. Эта спираль надаетъ на бокъ, и ее поддерживаетъ крепкая наклонно-стоящая форма. Таково основное построение проекта. [...] Изгибы спирали соединены сетью наклонныхъ стоекъ; въ прозрачномъ дупле ихъ вращается три геометрическихъ тела. Внизу движется цилиндръ со скоростью одного поворота въ годъ; пирамида надъ нимъ поворачивается разъ въ месяцъ, и шаръ на вершине совершаетъ полный поворотъ каждый день. Волны радио-станции, стоящей на самомъ верху, продолжаютъ памятникъ въ воздухъ.

Это впервые железо встало на дыбы и ищетъ свою художественную формулу. Въ векъ подъемныхъ крановъ, прекрасныхъ, какъ самый мудрый марсианинъ, железо имело право взбеситься и напомнить людямъ, что нашъ ›векъ‹ даромъ называетъ себя уже со времени Овидия ›железнымъ‹, не имея железного искусства. [...] Памятникъ сделанъ изъ железа, стекла и революции.« (Die Tage eilen dahin wie Züge, überfüllt mit seltsamen, mannigfaltigen Fuhren, Kanonen und Menschenmengen, lamentierenden Leuten. Die Tage donnern wie Luftdruckhämmer, Schlag auf Schlag, die Schläge fließen ineinander über, sie werden kaum noch wahrgenommen, wie die Leute, die an der Meeresküste leben, das Brausen des Meeres nicht mehr hören. Die Schläge hallen irgendwo in der Brust nach, im Unterbewußten. Wir leben in der Stille des Donners. In dieser gigantischen Atmosphäre wurde die Eisenspirale des Denkmalsentwurfs geboren, das zweimal so hoch ist wie die Isaaks-Kathedrale. Die sich zur Seite neigende Spirale wird von einer schräg stehenden, festen Form gestützt. Das ist die Grundkonstruktion des Werkes [...] Ein Netz aus geneigten Stützbalken vereint die Windungen der Spirale, im durchsichtigen Hohlraum drehen sich drei geometrische Körper. Unten vollzieht der Zylinder einmal im Jahr, darüber die Pyramide einmal im Monat und oben der Kugel einmal am Tag eine volle Drehung. Die Wellen einer Rundfunkstation auf der Turmspitze setzen das Denkmal im Äther fort. Zum ersten Mal richtete sich das Eisen in die Höhe und sucht seine künstlerische Form. Im Jahrhundert der Hebekräne, schön wie die klügsten Marsbewohner, kann sich das Eisen zu Recht in Zorn erheben und die Menschen daran erinnern, daß sich unser ›Zeitalter‹ vergebens seit Ovid die ›Eisenzeit‹ nennt, wenn es keine Eisenkunst besitzt. [...] Das

---

173 LISSITZKY, Prounen (1922), in: El Lissitzky. Maler, Architekt, Typograf, Fotograf. Erinnerungen, Briefe, Schriften, hg. v. S. Lissitzky-Küppers (Dresden 1967), 344.
174 LISSITZKY (s. Anm. 172), 11.

Denkmal ist aus Eisen, Glas und Revolution geschaffen.)[175]

5. Sergej Ejzenštejn: ›Der Kinematograph der Begriffe‹

Immer blieb es, arbeitete man weiter im Theater oder mit der neuen Kunst des Films, dieser eine Punkt, den Mejerchol'd formuliert hatte: Wie ist der Zuschauer in seinen schöpferischen Fähigkeiten zu gewinnen? Sergej Ejzenštejn suchte in seiner Filmarbeit aus der Konfrontation mit dem Betrachter heraus eine Sprache, die über das hinausging, was das Theater leisten konnte. »Wir wollen Wissenschaft und Kunst nicht länger qualitativ gegenüberstellen«, eröffnete er 1931 seinen Text *Der Kinematograph der Begriffe*. Die Kunst – »als Prozeß verstanden« – entsteht aus dem Zusammenstoß: das gotische Spitzbogengewölbe mit dem Gesetz der Schwere, der Held mit der Schicksalswendung in der Tragödie. Zusammenstoß und Überwindung. »Überall Kampf, Forderungen, Geburt von Zusammenstößen, Widersprüche. Das Gebiet des Kampfes wächst an Intensität durch die Einbeziehung immer neuer Sphären der gefühlsmäßigen Reaktion des Aufnehmenden. Bisher, auf dem Höhepunkt, ist er nicht völlig einbezogen. Nicht als Einheit, Individuum, sondern als Kollektiv, Publikum. Mehr als das: bisher ist er noch nicht in das Spiel der schöpferischen Kräfte eingetreten.«[176] Im Sport ist erreicht, was fehlt: »Das sportliche Spiel als höchste Form der Kunst bezieht den Beschauer vollständig in den Bereich des Schöpfers. Er wird zum Teilnehmer.« (107f.) Und das kann auch die Wissenschaft leisten, wenn sie offen im Auditorium ausgetragen wird: Wenn sie zum Ereignis wird durch den Vortragenden, wenn dieser – Ejzenštejn erinnerte an seinen Mathematikprofessor Sochatzki – den Zuhörer ergreift wie Danton, wird das Auditorium »zur Arena eines kollektiven Durchbruchs«. Die Wissenschaft wird Erfahrung: »Man erinnert sich des trockenen Integrals im Glanze fieberhafter Augen. Die Gedächtnisfindung wird zur kollektiv erlebten Aufnahme.« (108) Und wenn ein zweiter Redner, ein Opponent auftritt, ist erreicht, worauf Ejzenštejn hinauswill: »Die im inneren Kampf mobilisierten, entgegengesetzten Gesichtspunkte erschöpfen die Elemente der Logik und des Temperaments der Persönlichkeit. Im Schmelzofen des dialektischen Feuers wird der neue Faktor der Ordnung geboren. Es wird der neue soziale Reflex geschmiedet.« Ejzenštejn will in der Konfrontation mit den Emotionen des Zuschauers eine Sprache erreichen, die über das Erlebnis hinaus zur Erkenntnis, zum Begriff führt. »Wo ist der Unterschied, wo der Abgrund zwischen Tragödie und Referat?« Denn: »Dies sind die Forderungen, die wir der anbrechenden Periode der Kunst entgegenstellen.« Und sie erfüllt »die intellektuelle Kinematographie«. So versteht Ejzenštejn seine Arbeit als die »Synthese des emotionellen, dokumentalen und absoluten Films« (109).

So unmittelbar der Film das Geschehene wiederheraufholen kann, so direkt er den Betrachter erreicht, so ist er schon erstarrt, verewigt – wie ein Haus, in das man eintritt. Was das Theater im Gegenüber von Schauspieler und Zuschauer immer wieder neu herzustellen sucht, die Erkenntnis aus dem Erlebnis der Passion, im Film ist sie schon Sprache geworden. 1930 erläuterte Ejzenštejn auf einer Diskussion in Hollywood: »Кино – первое и единственное искусство, основанное целиком на динамизме и скорости и в то же время увековеченное, как собор или храм. С последним оно имеет общую черту, характерную для статических искусств: возможность самостоятельного внутреннего существования, независимо от творческого усилия, родившего его.« (Film ist die erste und einzige Kunst, die sich voll und ganz auf Dynamik und Geschwindigkeit stützt und gleichzeitig von *ewiger Kraft* wie eine Kathedrale oder eine Kirche ist. Mit der Kirche hat sie einen für die statischen Künste charakteristischen Wesenszug gemeinsam: die Möglichkeit einer selbständigen inneren Exi-

---

175 VIKTOR ŠKLOVSKIJ, Pamjatnik tret'emu internacionalu (1921), in: Šklovskij, Chod konja. Sbornik statej (Moskau/Berlin 1923), 108 f., 111; dt. zit. nach Larissa Alexejewna Shadowa (Hg.), Tatlin (Dresden/Weingarten/Budapest [1984]), 410 f.
176 SERGEJ M. EJZENŠTEJN, Der Kinematograph der Begriffe (1931), in: Ejzenštejn, Vom Theater zum Film, übers. nach der amer. Ausg. v. M. Pörtner (Zürich 1960), 107.

stenz, die nicht vom schöpferischen Mühen abhängt, das sie geschaffen hat.)[177] »Я стараюсь« (Ich bemühe mich), erläuterte Ejzenštejn 1944 in dem Text *Počemu ja stal režissjorom* (Warum ich Regisseur wurde), »предметно и композиционно никогда не ограничивать кадра одной видимостью того, что попадает на экран. Предмет должен быть *выбран* так, повёрнут таким образом и размещён в поле кадра с таким рассчётом, чтобы помимо изображения родить комплекс ассоциаций, вторящих эмоционально-смысловой нагрузке куска. Так создаётся драматургия кадра. Так драма врастает в ткань произведения. Свет, ракурс, обрез кадра – всё подчиняется тому, чтобы не только *изобразить* предмет, но *вскрыть* его в том смысловом и эмоциональном аспекте, который воплощается в данный момент через данный предмет, поставленный перед объективом. ›Предмет‹ здесь надо понимать широко. Это отнюдь не только вещи, но в равной мере и предметы: страсти (люди, натурщики, артисты), постройки, пейзажи или небеса в перистых или иных облаках« (eine Einstellung *gegenständlich* und *kompositorisch* nie allein auf das *Sichtbare* zu beschränken, das auf der Leinwand zu sehen ist. Ein Gegenstand muß so *ausgewählt* werden, so *gedreht* und mit solchem Kalkül im Blickfeld *räumlich untergebracht* werden, daß neben der Abbildung ein Assoziationskomplex entsteht, der der emotionalgedanklichen Fracht der Sequenz eine zweite Stimme hinzuliefert. So entsteht die *Dramaturgie* der Einstellung. So wächst das *Drama* direkt in das *Gewebe* eines Werks hinein. Licht, Blickwinkel, Bildausschnitt – alles ordnet sich der Aufgabe unter, den Gegenstand nicht nur *abzubilden*, sondern ihn unter demjenigen gedanklichen und emotionalen Aspekt zu *erschließen*, der im gegebenen Moment über den gegebenen, vor das Objektiv gestellten Gegenstand Gestalt annimmt. ›Gegenstand‹ ist hier im weitesten Sinne zu verstehen. Das sind nicht nur Dinge, sondern in gleichem Maße auch ›Gegenstände‹: Leidenschaften (Leute, Modelle, Schauspieler), Bauten, Landschaften oder Himmel mit Zirrus- oder anderen Wolken)[178]. Die Montagetechnik von Ejzenštejn ist eine Weiterentwicklung der Leitmotivtechnik von Wagner. Wie Wagner das Hören als Raum von Erinnerung und Ahnung organisiert hatte, so organisierte Ejzenštejn in der Durchführung der Wiederkehr/Veränderung/Entsprechung der Bilder den Betrachter in seinem eigenen Sehen – was er gesehen hat, was er jetzt sieht, wie er es jetzt sieht.

V. Arbeiten gegenüber den Systemen des 20. Jahrhunderts

1. Kurt Schwitters: ›Der Merzbau. Die Kathedrale des erotischen Elends‹

Gegen die Utopie einer »Kathedrale der Zukunft«[179], von der Walter Gropius bei der Eröffnung des Staatlichen Bauhauses in Weimar 1919 sprach, setzte Kurt Schwitters den Merzbau, die ›Kathedrale des erotischen Elends‹. »Merz bedeutet bekanntlich die Verwendung von gegebenem Alten als Material für das neue Kunstwerk.«[180] Und: »Das Material ist so unwesentlich, wie ich selbst. Wesentlich ist das Formen.«[181] Dies Formen erfaßt alles. »Mein Ziel ist das Merzgesamtkunstwerk, das alle Kunstarten zusammenfaßt zur künstlerischen Einheit.« Das aber ist die Merzbühne. »Die Merzbühne kennt nur die Verschmelzung aller Faktoren zum Gesamtwerk. Materialien für das Bühnenbild sind sämtlich feste, flüssige und luftförmige Körper, wie weiße Wand, Mensch, Drahtverhau, Was-

---

177 EJZENŠTEJN, Dinamičeskij kvadrat (1932), in: Ejzenštejn, Izbrannye proizvedenija, Bd. 2 (Moskau 1964), 324; dt.: Das dynamische Quadrat, in: Ejzenštejn, Das dynamische Quadrat. Schriften zum Film, hg. u. übers. v. O. Bulgakova u.a. (Leipzig 1988), 169.
178 EJZENŠTEJN, Počemu ja stal režissërom (1945), in: Ejzenštejn, Memuary (Moskau 1997), 18 f. ; dt.: Warum ich Regisseur wurde, in: Eisenstein, Yo, ich selbst. Memoiren, hg. v. N. Klejman/W. Korschunowa, übers. v. R. Kühn/R. Braun, Bd. 1 (Berlin 1984), 69.
179 WALTER GROPIUS, zit. nach Hans M. Wingler, Das Bauhaus, 1919–1933. Weimar, Dessau, Berlin (Bramsche 1962), 46.
180 KURT SCHWITTERS, Schloß und Kathedrale mit Hofbrunnen (1922), in: Schwitters, Das literarische Werk, hg. v. F. Lach, Bd. 5 (Köln 1981), 95.
181 SCHWITTERS, Merz (1920), in: ebd., 76.

serstrahl, blaue Ferne, Lichtkegel. Man verwende Flächen, die sich verdichten, oder in Gewebe auflösen können, Flächen, die sich vorhangartig falten, sich verkleinern oder erweitern können. Man lasse Dinge sich drehen und bewegen und lasse Linien sich zu Flächen erweitern. Man schiebe Teile in das Bühnenbild hinein und nehme Teile wieder heraus. Materialien für die Partitur sind sämtliche Töne und Geräusche, die durch Violine, Trommel und Posaune, Nähmaschine, Ticktackuhr, Wasserstrahl usw. gebildet werden können. [...] Wie man bei der Dichtung Wort gegen Wort wertet, so werte man hier Faktor gegen Faktor, Material gegen Material.« (79f.) Ein unendliches Durcharbeiten des Vorgefundenen – wie im Traum, ein Abarbeiten. All das, was Deutschland zu fehlen scheint. »Merz bedeutet Beziehungen schaffen, am liebsten zwischen allen Dingen der Welt.«[182] So unbedingt arbeitete Schwitters an einer Vorgabe, damit die Gesellschaft versteht, daß alles Tun Transformation ist, Erprobung des eigenen Vermögens zur Gestaltung als einer Durchdringung, Neugestaltung der Gesellschaft selbst.

2. *Laszlo Moholy-Nagy:*
›*Die sich selbstaufbauende Synthese aller Lebensmomente zu einem alles umfassenden Gesamtwerk (Leben)*‹

Laszlo Moholy-Nagy kam 1923 nach Weimar an das Bauhaus und gab ihm einen neuen Impuls, befreite es von Reminiszenzen. Er erklärte, wie er es im Austausch mit den russischen Künstlern erfahren hatte: »Was wir brauchen, ist nicht das ›Gesamtkunstwerk‹, neben dem das Leben getrennt hinfließt, sondern *die sich selbstaufbauende* Synthese *aller Lebensmomente zu einem alles umfassenden Gesamtwerk* (Leben), das jede Isolierung aufhebt, in dem alle *individuellen* Leistungen aus einer biologischen Notwendigkeit entstehen und in eine *universelle* Notwendigkeit münden.«[183]

Die Aufgabe der Kunst ist es darum, die physischen und psychischen Fähigkeiten des Menschen zu steigern, damit er alle sich ihm stellenden Möglichkeiten realisieren kann: »Ohne alle Imponderabilien des menschlichen Lebens damit lösen zu wollen, kann man sagen, daß der Aufbau des Menschen die Synthese aller seiner Funktionsapparate ist; d.h. daß der Mensch einer Periode dann der vollkommenste ist, wenn die ihn aufbauenden Funktionsapparate – die Zellen sowohl wie die kompliziertesten Organe – bis zu der Grenze ihrer biologischen Leistungsfähigkeit benutzt werden. Die Kunst bewirkt dies – *und das ist eine ihrer wichtigen Aufgaben,* da von der Vollkommenheit des Funktionierens der ganze Wirkungskomplex abhängt. – Die Kunst versucht zwischen den bekannten – den unbekannten optischen, akustischen und andern funktionellen Erscheinungen weitgehende *neue Beziehungen* herzustellen und diese in bereichernder Steigerung von den Funktionsapparaten aufnehmen zu lassen. Es liegt in der menschlichen Eigenart begründet, daß die Funktionsapparate nach jeder neuen Aufnahme zu weiteren *neuen Eindrücken drängen.* Das ist einer der Gründe für die immer bleibende Notwendigkeit neuer Gestaltungsversuche. *Unter diesem Gesichtspunkt sind die Gestaltungen nur dann wertvoll, wenn sie neue, bisher unbekannte Relationen produzieren.* [...] Da vor allem die Produktion (produktive Gestaltung) dem menschlichen Aufbau dient, müssen wir versuchen, die bisher nur für Reproduktionszwecke angewandten Apparate (Mittel) zu produktiven Zwecken zu erweitern.« (28)

Im Juni 1934 schrieb Moholy-Nagy aus Holland, wohin er nach Hitlers Machtübernahme zuerst gegangen war, in einem Brief an František Kalivoda, von der Unmöglichkeit, den neuen Aufgaben nachzukommen: »der vater dieses zustandes ist der rasch entwickelte und durch den kapitalismus auf irrwege geleitete industrialismus, dessen jetzige form zu erhalten nur die herrschende klasse interessiert ist. so ist es klar, daß jeder versuch zu einem planwirtschaftlichen, sozialistischen umbau dieser nicht gemeisterten, technifizierten welt, ja sogar jede aufklärung dem bewußten oder instinktiven widerstand der herrschenden schicht begegnet. So wird auch jede schöpferische leistung, jedes kunstwerk, das eine übereinstimmung mit einer neuen gesellschaftsordnung und ein gleichgewicht zwischen dem menschlichen dasein und der technischen welt anstrebt, kategorisch abgelehnt. Die

---

182 SCHWITTERS, Merz (1924), in: ebd., 187.
183 LASZLO MOHOLY-NAGY, Malerei, Fotografie, Film (1925; Mainz 1967), 15.

verhältnismäßig geringe auswirkung neuer künstlerischer versuche liegt somit an dem herrschenden system, dessen unterirdische verflechtungen auch die kreise erfassen, in denen im grunde seine natürlichen gegner zu suchen wären.«[184] Moholy-Nagy übernahm 1937 die Leitung des New Bauhaus in Chicago und eröffnete nach dessen Schließung ein Jahr später die eigene School of Design, in der Kunst, Wissenschaft und Technologie integriert wurden. Das Programm der School of Design erläuterte Alexander Dorner 1947: »Entwicklung einer visuellen Sprache, die als Transformationsprozeß so offen ist wie das Leben selbst – [...] Gestaltung als dynamischer Prozeß, der andere Lebensprozesse durchdringt. Transformation durch das Transformiertwerden – ein offener Wachstumsprozeß. [...] Die Malerei [...] muß sich von der Zähigkeit des Pigments lösen und zum Spiel mit Licht werden. Photographie, Film, Plakate, Industrial Design, Typographie, Bühnengestaltung, Literatur und Erziehung – sie alle müssen befreit werden von der Anbetung der statischen Form [...]. Sie alle sollten diese ewig neuen Erfahrungen in allen Bewegungen des Lebens in eine visuelle oder auditive Sprache übersetzen – die wiederum das Leben in allen seinen Bewegungen befördert.«[185]

3. Bertolt Brecht: Das Lehrstück

Bertolt Brecht hatte durch die Uraufführung des *Woyzeck* 1913 in München, da war er 15 Jahre alt, erfahren, was Theater leisten kann: mit einer Dramaturgie, die sich aus einzelnen Szenen, Stationen, aufbaute, eingeschrieben die Passion, mit einem Schauspieler wie Albert Steinrück, der mit expressiver Kraft Woyzecks Not bloßlegte. Er hatte bei Rimbaud eine Sprache gefunden, die er für sich erprobte, während das Morden in den Schützengräben andauerte.

Das entscheidende Erlebnis für Brecht war der 1. Mai 1929. Aus einem Fenster in der Wohnung von Fritz Sternberg sah er, wie die Berliner Polizisten auf die Teilnehmer der verbotenen 1.-Mai-Demonstration schossen. Auf Befehl des sozialdemokratischen Polizeipräsidenten. Er sah die Toten, Kommunisten, auf der Straße. Zehn Jahre nach der Ermordung von Rosa Luxemburg und Karl Liebknecht, als der Sozialdemokrat Noske die Revolution liquidiert hatte. Brecht entschloß sich, die kommunistische Partei zu unterstützen.

Brecht, der das Berliner Theater erobert hatte, entwickelte jetzt das Lehrstück: eine Weitergabe der Arbeit an die Laien, an die Kollektive. Sie sollten selbst das Textmaterial im Spiel erfahren und prüfen. In einer Notiz ›Fatzerdokument (als Untersuchungs- und Lehrgegenstand)‹ führte Brecht aus:»der zweck wofür eine arbeit gemacht wird ist nicht mit jenem zweck identisch zu dem sie verwertet wird. so ist das fatzerdokument zunächst hauptsächlich zum lernen des schreibenden gemacht. wird es späterhin zum lehrgegenstand so wird durch diesen gegenstand von den schülern etwas völlig anderes gelernt als der schreibende lernte. ich der schreibende muß nichts fertig machen. es genügt, daß ich mich unterrichte. ich leite lediglich die untersuchung und meine methode dabei ist es die der zuschauer untersuchen kann.«[186]

Diese Weitergabe an den Leser, den Zuschauer, daß er nun als Spieler mit dem Material arbeite, die Methode erkenne, damit seine Erfahrungen mobilisieren, kontrollieren kann, war eine Befreiung aus dem gegebenen Rahmen der Vermittlung. Nicht die Welt war abzubilden, im Modell zu liefern, nicht in einer sich selbst bestätigenden Form anzutragen, sondern Werkzeug wurde zur Verfügung gestellt. Für Brecht selbst war es eine Herausforderung, in seinem eigenen Erkenntnisbedürfnis weiterzukommen. Ein Erproben der Mittel. Alles Instrumente, um zu erforschen, in welchem Zustand sich die Gesellschaft befindet, Material, daß sie zu einer Gemeinschaft findet. Eine Form, die entscheidend geprägt war durch den Einsatz der

---

[184] MOHOLY-NAGY an František Kalivoda (Juni 1934), in: Telehor [Brünn], H. 1–2 (1936), 117, zit. nach Laszlo Moholy-Nagy (Stuttgart 1974), 88.
[185] ALEXANDER DORNER, In Memoriam Moholy-Nagy, in: L. Moholy-Nagy, hg. v. Chicago Art Institute [Ausst.-Kat.] (Chicago 1947), zit. nach Laszlo Moholy-Nagy (s. Anm. 184), 98.
[186] BERTOLT BRECHT, Fatzerdokument (als Untersuchungs- und Lehrgegenstand) (1929) (Bertolt-Brecht-Archiv, BBA 520/07), zit. nach Reiner Steinweg (Hg.), Brechts Modell der Lehrstücke. Zeugnisse, Diskussion, Erfahrungen (Frankfurt a. M. 1976), 72.

Musik, die Verwendung von Chören. Eine Form, die überall ihren Spielort finden konnte, das Spiel nahm seinen Raum dort, wo die Gruppe, die Organisation ihren Ort hatte. Hier realisierte sich in der Kunst der Rätegedanke, der eigentliche kommunistische Gedanke. Er stand im Widerspruch zu der Praxis der bolschewistischen Massenpartei, deren Linie in Moskau konzipiert wurde.

Diese neue Form erprobte Brecht während seiner Arbeit an dem Stück *Der Untergang des Egoisten Fatzer*, mit dem er 1926 begonnen hatte, das er nun, nach dem Blutmai, neu zu organisieren suchte. Er operierte mit Texten und Konstellationen, die sich in das Verfaßtsein der Deutschen eingeschrieben hatten, ihr Verhalten prägten: wie sie sich in *Dantons Tod*, *Faust* und *Nibelungenlied* zeigten. Deren Strukturen verwendete er – oder konnte sie entdecken – in der Konstellation der vier Deserteure aus dem Ersten Weltkrieg. Hier fand er ein Gefäß, in dem er den Zustand sichtbar machte, in den Deutschland geraten war, sich selbst nach zehn Jahren Republik zerstörend: Wie die Deserteure, aufgefordert von Fatzer, den Krieg abgebrochen haben, so ist der Krieg noch nicht zu Ende, denn was sie suchten, was Fatzer ihnen verhieß, die Revolution, das konnten sie nicht finden, da war nichts, dem sie sich anschließen konnten. Fatzer ist ein Antitheos, gottverlassen. Die anderen verstehen ihn nicht und folgen ihm. Seine Kraft, nein zu sagen, zehrt sie aus. Wie früher die Geister aus der Vergangenheit kamen, erfährt Fatzer, kommen sie jetzt ebenso aus der Zukunft. Woraus er die drei führen wollte, aus dem Krieg, sie kehren in ihn zurück. Fatzer hat sie in eine Isolation geführt, auf die sie mit Selbstzerstörung reagieren. Sie beschließen, Fatzer zu töten, weil er sich ihren Beschlüssen widersetzt. Als Brecht nun 1929 das Material neu organisieren wollte, machte er aus Fatzer den Egoisten, aus dem Sprecher der drei von ihm Verführten den Funktionär. Aber das Material war stärker, die Geister, die er beschworen hatte, waren die wirkenden Kräfte. Das Material war die Lehre, eine Lehre auch gegen die von ihm nun gesuchte Lehre. Die Kunst, der Erkenntnisdrang lassen sich nicht instrumentalisieren. Die Interessen kollidierten. Aus diesem Zusammenstoß heraus entstand ein Textform, eine Sprachform, der *Fatzervers*. Er brach 1930 die Arbeit an *Fatzer* ab, in der Zeit, als Majakowskij Selbstmord machte, und schrieb *Die Maßnahme*, die Passion als Grundmuster.

4. Antonin Artaud

Das Theater, das er von sich einforderte, formulierte Antonin Artaud 1926 in einem Manifest: »Si nous faisons un théâtre ce n'est pas pour jouer des pièces, mais pour arriver à ce que tout ce qu'il y a d'obscur dans l'esprit, d'enfoui, d'irrévélé se manifeste en une sorte de projection matérielle, réelle. Nous ne cherchons pas à donner comme cela s'est produit jusqu'ici, comme cela a toujours été le fait du théâtre, l'illusion de ce qui n'est pas, mais au contraire à faire apparaître aux regards un certain nombre de tableaux, d'images indestructibles, indéniables qui parleront à l'esprit directement. Les objets, les accessoires, les décors même qui figureront sur la scène devront être entendus dans un sens immédiat, sans transposition; ils devront être pris non pas pour ce qu'ils représentent mais pour ce qu'ils sont en réalité. La mise en scène, proprement dite, les évolutions des acteurs ne devront être considérées que comme les signes visibles d'un langage invisible ou secret.«[187] Datiert 13. November 1926. Als die Surrealisten ihn im Dezember aus ihrer Gruppe ausschlossen, schrieb er am 8. Januar 1927 in *P. S.* und veröffentlichte Text und Zusatz als *Manifeste pour un théâtre avorté*: »Ces révolutionnaires au papier de fiente qui voudraient nous faire croire que faire actuellement un théâtre est [...] une tentative contre-revolutionnaire, comme si la Révolution était une idée-tabou et à laquelle il soit depuis toujours interdit de toucher. [...] Il y a pour moi plusieurs manières d'entendre la Révolution, et parmi ces manières la Communiste me semble de beaucoup la pire, la plus réduite.« (31 f.) Andere Revolutionen sind denkbar. Die dringlichste wäre »une sorte de régression dans le temps«: »Que nous en revenions à la mentalité ou même simplement aux habitudes de vie du Moyen Age, mais réellement et par une manière de métamorphose dans les essences, et j'estimerai alors que nous aurons ac-

---

[187] ANTONIN ARTAUD, Manifeste pour un théâtre avorté (1926/1927), in: Artaud, Œuvres complètes, Bd. 2 (Paris 1961), 29 f.

compli la seule révolution qui vaille la peine qu'on en parle.« (32 f.)

In seinen Schriften der 30er Jahre, die er in dem Band *Le théâtre et son double* 1936 sammelte, 1937 nach seiner Rückkehr aus Mexiko korrigierte, die 1938 erschienen, als er aus Irland zurück in die Irrenanstalt Saint-Anne eingeliefert wurde, entwarf er, was das Theater zu leisten habe: ein Aufbrechen, Zerstören des erreichten Zustandes, ein Kampf gegen ein immer wieder neu sich verfestigendes Denken, in all den Formen der Ismen, ein Reinigen. Hier bündelt sich die angezeigte Geschichte des Gesamtkunstwerkes. Artaud suchte einzubringen, woran seit Hölderlin gearbeitet worden ist: als Autor, Regisseur und zuerst als Schauspieler, der mit seinem Körper die Sprache zu sprechen suchte, wie sie Rimbaud geschrieben hat. In einer Zeit, als die totalitären Systeme in Europa den Krieg vorbereiten.

»Faire cela, lier le théâtre aux possibilités de l'expression par les formes, et par tout ce qui est gestes, bruits, couleurs, plastique, etc., c'est le rendre à sa destination primitive, c'est le replacer dans son aspect religieux et métaphysique, c'est le réconcilier avec l'univers.«[188]

Das Theater war als religiöser Raum neu zu schaffen. Dem Universum verbunden. Begriffen als ein Instrument, das Werden selbst sichtbar zu machen: mit einer Gewalt und Unbedingtheit gleich der Schöpfung. »Ou nous ramènerons tous les arts à une attitude et à une nécessité centrales, trouvant une analogie entre un geste fait dans la peinture ou au théâtre, et un geste fait par la lave dans le désastre d'un volcan, ou nous devons cesser de peindre, de clabauder, d'écrire et de faire quoi que ce soit.«[189] Die Lava war Baudelaires Bild für Wagners elementare Willenskraft.

Das Theater – ein Laboratorium des, mit Giordano Bruno zu sprechen, ›inneren Künstlers‹. Ein Laboratorium, um darzustellen, was Baudelaire gesucht hat, die correspondances, die Analogien. Ein Raum der Passage, in dem der Moment der Transformation sichtbar gemacht werden muß.

»Il est juste que le théâtre demeure le lieu de passage le plus efficace et le plus actif de ces immenses ébranlements analogiques où l'on arrête les idées au vol et à un point quelconque de leur transmutation dans l'abstrait. Il ne peut y avoir de théâtre complet qui ne tienne compte de ces transformations cartilagineuses d'idées; qui, à des sentiments connus et tout faits, n'ajoute l'expression d'états d'esprit appartenant au domaine de la demiconscience, et que les suggestions des gestes expriment toujours avec plus de bonheur que les déterminations précises et localisées des mots. Il semble en un mot que la plus haute idée du théâtre qui soit est celle qui nous réconcilie philosophiquement avec le Devenir, qui nous suggère à travers toutes sortes de situations objectives l'idée dans les choses, beaucoup plus que celles de la transformation et du heurt des sentiments dans les mot. Il semble encore et c'est bien d'une volonté semblable que le théâtre est sorti, qu'il ne doive faire intervenir l'homme et ses appétits que dans la mesure et sous l'angle sous lequel magnétiquement il se rencontre avec son destin. Non pour le subir, mais se mesurer avec lui.«[190]

Sich mit dem Schicksal zu messen verlangt Reinigung. Das Theater verstanden als realer Raum, in dem der Körper ausgesetzt ist. »nous sommes environnés de Mythes qui veulent s'accoucher sur nous«, schrieb Artaud in einem Brief aus der Anstalt Rodez, »que faire? Construire une scène de planches pour y danser les mythes qui nous martyrisent en faire des êtres vrais avant de les imposer à tous par la mandragore séminale de la semence des idées. [...] P.-S. – Danser c'est souffrir un mythe, donc le remplacer par la réalité.«[191]

Der eigene Körper wird zum Raum des Theaters, Stätte der Reinigung. »Aimer son moi, c'est aimer un mort et la loi du Vierge est l'infini.« Erklärte er in *Révolte contre la poésie*, vermutlich 1944 in Rodez geschrieben: »Je ne veux pas manger

---

188 ARTAUD, Théâtre oriental et théâtre occidental (1938), in: Artaud, Œuvres complètes, Bd. 4 (Paris 1964), 84.
189 ARTAUD, En finir avec les chefs-d'œuvres (1938), in: Artaud, Œuvres complètes, Bd. 4 (Paris 1964), 96.
190 ARTAUD, Lettres sur le langage (1938), in: Artaud, Œuvres complètes, Bd. 4 (Paris 1964), 130.
191 ARTAUD an Pierre Bousquet (16. 5. 1946), in: Artaud, Œuvres complètes, Bd. 11 (Paris 1974), 277; vgl. ELENA KAPRALIK, Antonin Artaud. Leben und Werk des Schauspielers, Dichters und Regisseurs (München 1977), 280.

mon poème, mais je veux donner mon cœur à mon poème et qu'est-ce que c'est que mon cœur à mon poème. Mon cœur est ce qui n'est pas moi. Donner son soi à son poème, c'est risquer aussi d'être violé par lui. Et si je suis Vierge pour mon poème, il doit rester vierge pour moi.«[192] In einem – offenbar nicht abgeschickten – Brief an Albert Camus erklärte er, als er von den Elektroschocks berichtete, denen er in Rodez ausgesetzt war – ausgesetzt, »pour paralyser ma chasteté magique efficace«: »Car c'était là tout le problème en fait de l'authentique *liberté*: Être libre d'être propre. Et pour être libre être propre d'abord.«[193]

Am 13. Januar 1947, ein dreiviertel Jahr nach seiner Entlassung aus Rodez, trat Artaud im Théâtre du Vieux-Colombier auf.[194] Er las keine Gedichte, wie es angekündigt worden war. Er ging auf die Bühne, um dem Publikum – nach Paule Thévenins Zeugnis – »einige eklatante Wahrheiten ins Gesicht zu schleudern«[195]. André Gide berichtete: »De son être matériel plus rien ne subsistait que d'expressif. […] Et certes l'on retrouvait ici l'acteur merveilleux que cet artiste pouvait devenir; mais c'est son personnage même qu'il offrait au public, avec une sorte de cabotinage éhonté, où transparaissait une authenticité totale.«[196]

Artaud erklärte in der Totenstille des Saals: »Ich nehme es nicht hin, meinen Körper nicht selbst gemacht zu haben / und ich hasse und verachte als Feigling jedes Wesen, das hinnimmt, ohne sich vorher erneuert zu haben. […] die einzige Frage ist, einen Körper zu haben, / mit sich genügend Körper zu haben, um seine Kraft den Wesen zu entreißen, die sie entwendet haben.«[197] Jean Follain schien Artaud »das lebendige Abbild Rimbauds«[198] zu sein, als er sagte: »Nous ne sommes pas encore nés. / Nous ne sommes pas encore au monde. / Il n'y a pas encore de monde. / Les choses ne sont pas encore faites. / La raison d'être n'est pas trouvée …«[199] Nach neun Jahren in Irrenanstalten, die letzten drei unter den als Folter erfahrenen Elektroschocks, während der Zweite Weltkrieg Europa zerstörte, jetzt zwei Jahre danach: keine Renaissance, sondern vor der Geburt.

5. John Cage: ›Das Theater ist nur ein anderes Wort, um das Leben zu bezeichnen‹

John Cage übernahm in einer bestimmten Weise das Erbe von Schönberg wie auch von Moholy-Nagy. Schönberg war sein Lehrer in Los Angeles. Moholy-Nagy lud ihn 1941 ein, an der Chicago School of Design einen Kurs in experimenteller Musik zu geben. In seiner Programmankündigung stand: »exploration and use of new sound materials; investigation of manual, vocal, mechanical, electrical and film means for the production of sound; sound in the theater, dance, drama, and the film; group improvisation; creative musical expression; rehearsal and performance of experimental music; the orchestra.«[200] Cage begegnete den Ansprüchen, die zu einem Gesamtkunstwerk geführt hatten, durch Auflösung, Freigabe. »Mais je ne crois pas beaucoup en une ›correspondance‹. Il me semble qu'il y a plutôt dialogue. C'est-à-dire que les arts, loin de communiquer, conversent entre eux. Plus ils sont étrangers l'un à l'autre, et plus le dialogue est utile.«[201] Und um diesen Dialog zu ermöglichen, braucht es den Raum, den Raum, in dem sich die Künste entfalten können, den Raum gegenüber dem, in dem sie sich manifestieren.

---

192 ARTAUD, Révolte contre la poésie (entst. 1944), in: Artaud, Œuvres complètes, Bd. 9 (Paris 1971), 145.
193 ARTAUD an Albert Camus ([entst. 5. Mai 1947]), in: Nouvelle Revue Française, Nr. 89 (1. 5. 1960), 1019.
194 Vgl. ODETTE VIRMAUX/ALAIN VIRMAUX, La séance du Vieux-Colombier (ou le discours abandonné), in: Obliques 10–11 (1976) [Themenheft Artaud], 79–88.
195 PAULE THÉVENIN, 1896–1948, in: Cahiers de la Compagnie Renaud-Barrault 22–23 (1958); dt. nach Kapralik (s. Anm. 191), 289.
196 ANDRÉ GIDE, Antonin Artaud (1948), in: Gide, Feuillets d'automne (Paris 1949), 132 f.
197 ARTAUD, je hais et abjecte en lâche (13. 1. 1947), in: 84, Nr. 5–6 (1948) [Themenheft Artaud]; dt. nach Kapralik (s. Anm. 191), 291.
198 JEAN FOLLAIN, Sur Artaud, in: La tour de feu 112 (1971); dt. nach Kapralik (s. Anm. 191), 293.
199 Zit. nach Gide (s. Anm. 196).
200 Zit. nach DAVID REVILL, The Roaring Silence. John Cage: A Life (London 1992), 75; dt.: Tosende Stille. Eine John-Cage-Biographie, übers. v. Hanns Thenhors-Esch (München/Leipzig 1995), 100 f.
201 JOHN CAGE, Pour les oiseaux. Entretiens avec Daniel Charles (Paris 1976), 162; dt.: Für die Vögel. Gespräche mit Daniel Charles (Berlin 1984), 202.

»l'indépendance des différents arts est la condition de leur espace.« (164; dt. 205) Zu seiner eigenen Sprache, zu seiner Haltung gegenüber der Welt fand er durch die Begegnung mit dem Zen-Meister Daisetz Teitaro Suzuki Ende der 40er Jahre. »The essential underlying idea«, schrieb er Pierre Boulez 1951, als er die Noten eines Klavierstücks ankündigte, »is that each thing is itself, that its relations with other things spring up naturally rather than being imposed by any abstraction on an ›artist‹ part. (see Artaud on an objective synthesis)«[202]. Seinem Lehrer Schönberg, der eine Harmonielehre geschrieben hatte, gestand er, er habe keinen Sinn für Harmonie. Sie war aber doch der Raum, in dem sich das Gesamtkunstwerk entwickelt hatte. 1990 erklärte er in Darmstadt, sein halbes Leben habe er nach Alternativen zur Harmonie gesucht. Cage organisierte die Umkehrung: Mit der Komposition *4'33* (1952) suchte er die Stille zu komponieren. »There can be no right making of music« erklärte Cage, »that does not structure itself from the very roots of sound and silence – lengths of time. In India, rhythmic structure is called Tala. With us, unfortunately, it is called a new idea.«[203]

In diesem Jahr, 1952, organisierte Cage das erste Happening im Black Mountain College: »Pour le spectacle de Black Mountain, mon idée avait été de traiter les objets environnants, y compris les différentes activités des artistes, comme des sons«, erzählte er Daniel Charles. »Il fallait donc trouver un moyen de multiplier ces ›sources sonores‹. J'étais, d'autre part, intéressé par des descriptions que Schwitters donnait des tentatives de théâtre dada dans un livre qui venait d'être publié. Et j'avais lu Artaud. Il fut donc décidé de partager les spectateurs en quatre triangles de chaises dont les pointes se dirigeraient vers un centre vide. Ainsi, des espaces libres étaient ménagés de toutes parts. Et l'action ne se passerait pas au centre, mais partout autour du public. C'est-à-dire aux quatre coins, dans les interstices, et aussi au plafond. Il y avait aussi des échelles, sur lesquelles on pourrait monter pour y lire des poèmes ou y déclamer des textes. J'y montai moi-même et y prononçai une conférence. Il y eut aussi des poèmes de M. C. Richards et Charles Olsen, du piano par David Tudor, des films projetés au plafond et aux extrémités de la salle; enfin, des toiles blanches de Rauschenberg, tandis que Rauschenberg lui-même passait de vieux disques sur un phonographe antique et que Merce Cunningham improvisait parmi et autour de tout cela. L'ensemble dura quarante-cinq minutes.« Als Daniel Charles fragte, ob das nicht heißt, die Musik dem Theater auszuliefern, entgegnete Cage: »Mais ma musique était déjà du théâtre. Et le théâtre n'est pas un autre mot pour désigner la vie.«[204] Mit diesem Happening begann ein neuer Weg für die Künste: in ihrer Begegnung, in ihrem Treffen auf die Realität.

Für seine Komposition *Variations VIII (2)*, uraufgeführt 1978, notierte er in der Posteriori Score: »no music – no recordings. Performance: open doors and windows so that sounds from outside and other rooms (other floors) come in. Continued: What am I to do? Nothing. No concert? No lecture? Nothing. – (performance) Preparation: Explore the building including the basement for machines movable or not. Play them in and turn them off whether they work or not.«[205]

»*Art is a way of life*«, erklärte John Cage: »When life is lived, there is nothing in it but the present, the ›now moment‹ (I quote Meister Eckhart); it is thus impossible to speak of being ahead of one's time or of historical development. When life is lived, each one is ›the most honored of all creatures‹ (I quote the Buddha), living in ›the best of all possible worlds‹ (I quote Voltaire), and when this is done there is ›no silliness‹ (I quote my former wife, Xenia Cage). Art when it is art as Satie lived it and made it is not separate from life (nor is dishwashing when it is done in this spirit).«[206]

---

202 CAGE an Pierre Boulez (22. 5. 1951), in: J.-J. Nattiez (Hg.), The Boulez-Cage Correspondance (Cambridge 1993), 96.
203 CAGE, Defense of Satie (1940–1949), in: Cage, An Anthology, hg. v. R. Kostelanetz (New York 1991), 81f.
204 CAGE (s. Anm. 201), 165 f.
205 Zit. nach HANS-RUDOLF ZELLER, Cage Box (Bonn 1979), 22; vgl. KATTRIN DEUFERT, Physische Präsenz der Klänge. John Cages Theaterkonzeption, in: Positionen 40. Beiträge zur Neuen Musik (August 1999), 24 ff.
206 CAGE, More Satie (1950–1954), in: Cage (s. Anm. 203), 93.

Die Arbeit von Cage war ein Sich-Einlassen auf das Gegebene, um aus ihm heraus seine Sprache zu finden. Ausdruck eines religiösen Denkens, das sich nicht erklärt, sondern sich in den Werken, in der Begegnung, Erfahrung, die sie herstellen, eröffnen will. Der Zuhörer/Betrachter/Zuschauer kann es nur aus sich selbst gewinnen. Cage schuf ein Instrumentarium, das in Europa nach der Zerstörung durch den Zweiten Weltkrieg von einer befreienden, reinigenden Wirkung war.

6. Joseph Beuys: ›Die soziale Plastik‹

Was Novalis, Hölderlin, Wagner gedacht, woran sie gearbeitet hatten, wollte Beuys wieder fruchtbar machen. »Es wiederholt sich nichts in der Entwicklung. Was heute vom Menschen existiert, ist nur ein Fragment. Der Materialismus hat den Menschen im Verhältnis zu seinen Möglichkeiten auf eine kleine Größe reduziert«[207], erklärte Beuys in einem Gespräch mit Enzo Cucchi, Anselm Kiefer und Jannis Kounellis, das 1985 in Basel stattfand. Es ist die Feststellung eines Zustandes – immer weiter fortgeschritten –, den Schiller in seinem Gedicht *Die Götter Griechenlandes* konstatiert hat. Was Rudolf Steiner als Christus-Impuls bezeichnet hatte, war herauszuschlagen aus einer erstarrten Gesellschaft. »Weil der Mensch nun tiefer hinuntergestiegen ist in die Materie, hat er sich dadurch freier und unabhängiger gemacht, aber auch seine Entwicklung zu einer mangelhafteren gemacht, als sie sonst geworden wäre. Das alles, was im Menschen mangelhaft geworden ist, wird durch den Christus-Impuls wiederum geheilt. [...] Dadurch, daß der Christus-Impuls in der Menschheit

---

207 BEUYS, [Gesprächsbeitrag], in: J. Burckhardt (Hg.), Ein Gespräch/Una discussione. Joseph Beuys, Jannis Kounellis, Anselm Kiefer, Enzo Cucchi (Zürich ²1988), 157.
208 STEINER, Der Christus-Impuls und die Entwickelung des Ich-Bewusstseins (entst. 1909–1910; Dornach ⁴1982), 66.
209 BEUYS, [Gesprächsbeitrag], in: F. Mennekes (Hg.), Beuys zu Christus. Eine Position im Gespräch/ Beuys on Christ. A Position in Dialogue (Stuttgart 1989), 24.
210 BEUYS, zit. nach G. Adriani/W. Konnertz/K. Thomas, Joseph Beuys. Leben und Werk (1973; Köln ³1986), 290.

wirkt, werden in einer aufsteigenden Entwicklung des Menschen diese Eigenschaften alle wiederum zurückverwandelt. Der Mensch wird sozusagen mit seinen Fähigkeiten, die er sich unten erworben hat, zurückgeführt in die geistige Welt.«[208]

Der performative Akt von Beuys, seine Aktionen und Installationen sind Handlungen – zum Zeichen geworden, die einen Weg weisen, das Leben in seiner Intensität zu erfahren. Die *Ejercicios espirituales* von Ignatius von Loyola waren für Beuys ein Lehrbuch, sich und seine Kunst zu schulen. Hier fand er die Strukturen, die er seinen Aktionen und damit seinen Installationen zugrunde legte. Es braucht die Strenge, die Beuys bei Loyola fand: »Das ganze Militante muß auf den Menschen selbst hin sich vollziehen. Es muß ein ›Innenkrieg‹ werden. [...] Es darf kein Streiten für die äußere Kirche sein, sondern es muß ein Streiten für die Erringung dieses Bewußtseins sein. Und das läßt sich nicht erreichen ohne diese Disziplin und ohne diese Militanz.«[209]

1972 fand vor dem Münster in Mönchengladbach die Karfreitagsaktion *Friedensfeier* von Jonas Hafner und Joseph Beuys mit Studenten seiner Klasse statt. Die ersten zwei Strophen von Hölderlins *Friedensfeier* wurden rezitiert, aus Platons *Nomoi*, aus dem Johannes-Evangelium, aus Montesquieus *L'esprit des lois*. Hafner nähte Fahnentücher aneinander und schlug sie um eine Christus-Statue wie um einen Leichnam. Beuys drückte einen Essigschwamm an die Kirchentür und schrieb ›Exit‹: Bild des Scheiterns der Kirche an dem, was Christus intendiert hat. Die Karfreitagsaktion war offensichtlich eine Antwort auf Wagners *Parsifal*. Ein Werk, das Beuys inszenieren wollte. Den Frieden, der die Botschaft von Christus ist, aber zu erreichen, das bedeutet einen Krieg, den jeder zu führen hat: »Wenn man Krieg und Kampf auf die Bewußtseinsebene überträgt und damit die äußeren Kriege vermeidet, dann hat man einen positiven Zustand von Frieden erreicht. Der Ideenkrieg mit sich selbst wäre der eigentliche wünschenswerte Frieden.«[210] Das ist gedacht wie Heraklit.

Ratio, Intuition und Kreativität – sind die drei Begriffe, mit denen Beuys arbeitete. Sie entwickeln sich auseinander und schaffen einen Kreislauf, der es erlaubt, aufzugreifen und wieder fruchtbar zu machen, was auseinandergesprengt verloren war für die Entwicklung. Eine Entwicklung, die einsetzen muß, um das Überleben der Menschen zu ermöglichen. »Intuition ist die höhere Form von Ratio«[211], erklärte er, um den Umschlag eines Denkens in Quantitäten in ein Denken in Qualitäten zu bezeichnen. Die Intuition als das organische Prinzip übersetzt, was die Ratio, das kristalline Prinzip, erarbeitet hat, in das, was zu leisten ist, was sich durchsetzen muß, um den Fortgang der Geschichte aufzusprengen, eine neue Qualität zu erreichen. Die Intuition arbeitet mit Bildern, eröffnet Einsichten und Bezüge. Die sich dann durch die Kreativität in der Kunst eine neue Gegenwart, eine Realität schaffen. Die kreative Intuition ist, was Giordano Bruno als den ›inneren Künstler‹ bezeichnet hat. Sie ermöglicht ein ›formar altre nature‹. Das Instrumentarium, das Beuys sich geschaffen hat – Eurasienstab, Hase, Fett, Filz –, kann in dem Sinn von Hölderlin und Schelling eine eigene ›neue Mythologie‹ genannt werden.

Die Aktionen von Beuys bezeichnen gleichsam den Punkt des Überschlags von der Intuition in die Kreativität: Sie sind eine Aufforderung zur Kreativität. Sie schaffen eine Zeichenfolge, ein Rätsel, ein zu Erschließendes. An ihnen soll sich der Betrachter/Zuschauer entzünden. Es ist seine Sprache, die übersetzt, transformiert sein will in die Sprache jedes einzelnen Betrachters/Zuschauers. D. h., daß jeder sich übt in seiner Intuition, es lernt, sie in eine Bildsprache zu übersetzen, die einen Prozeß eröffnet. Sie hat die Kraft zum Ideenkrieg, zum Umschlag, das andere, das Entgegengesetzte zu erfahren. Die Rede, die Erklärung von Beuys gehört zu seinem operativen Vorgehen, zur Rückkoppelung, um diesen Prozeß von Ratio, Intuition, Kreativität immer neu zu befördern.

»Ich muß ehrlich sagen«, bekannte Beuys in dem Baseler Gespräch, »ich käme mir sehr dumm vor, wenn ich solche Dinge wie das Erdtelephon hinstellen würde, ohne die Konsequenzen zu nennen, ohne zu sagen, wie ich diese Dinge gemeint habe; wie das Rätsel des Werkes noch zu einem viel größeren Rätsel führt, nämlich zu dem, was die Menschen im allgemeinen bewegt.«[212]

Alles ist Hinwendung zu den Menschen. Hinweis auf ihr Leid, ihre Verletzung. Aus der Leidensfähigkeit ist die Kraft zur Veränderung zu finden. Daß die Kreatur Stimme wird, und so Krea-

tor. *Zeige deine Wunde* war der Titel einer Installation, die Beuys 1976 im Kulturforum München zeigte. In einem Gespräch mit Pater Friedhelm Mennekes 1984 erklärte er: »Es wäre eine große Frage, wer die Welt mehr bereichert: die Aktiven oder diejenigen, die leiden? Ich habe ja immer entschieden: die Leidenden. Der Aktive mag unendliches für die Welt erreichen. Aber ein krankes Kind, das sein Leben lang im Bett liegt und gar nichts tun kann, das leidet und erfüllt durch sein Leiden die Welt mit christlicher Substanz. […] das Leiden ist natürlich ein bestimmter Ton in der Welt. Er ist hörbar. Man sieht ihn wohl auch. Wer sich einmal anstrengt, solches wahrzunehmen, der sieht im Leiden beständig eine Quelle der Erneuerung. Es ist eine unsichtbar-sichtbare sakramentale Substanz. […] Das einzige, was sich lohnt aufzurichten, ist die menschliche Seele. Ich meine jetzt ›Seele‹ im umfassenden Sinn. Ich meine jetzt nicht das Gefühlsmäßige, sondern auch die Erkenntniskräfte, die Fähigkeit des Denkens, der Intuition, der Inspiration, das Ichbewußtsein, die Willenskraft. Das sind ja alles Dinge, die sehr stark beschädigt sind in unserer Zeit. Die müssen gerettet werden. Dann ist alles andere sowieso gerettet. […] Dieser Weg: jeder Mensch ist ein Künstler, verlangt viel mehr vom Menschen als das, was Künstler schließlich auch erreichen können, wenn sie wunderbare Bilder malen. O. k., das hat seinen Stellenwert. Aber für die Zukunft des Menschen ist das nicht das Entscheidende. Das Entscheidende ist, sagen wir mal, den Begriff ›Künstler‹ auf jeden Menschen zu beziehen, auf seine Arbeit schlechthin. Und dann zeigt sich, daß der Weg über die sog. ›Kunst‹ nicht der erfolgreichste ist für die *Kunst*. Der erweiterte Kunstbegriff ›jeder Mensch ist ein Künstler‹ ist nicht leicht, aber viel notwendiger für die *Kunst*.«[213]

Beuys suchte das Gespräch mit den anderen Künstlern, um sie zu einem gemeinsamen Vorgehen, zu einem gemeinsamen Werk zu gewinnen. Als im Baseler Gespräch Beuys erklärte: »um den Menschen im Ganzen wiederherzustellen, müssen wir eine Bewegung machen und die Sek-

---

211 BEUYS, zit. nach ebd., 172.
212 BEUYS (s. Anm. 207), 169.
213 BEUYS (s. Anm. 209), 44, 46, 48, 50.

toren immer größer werden lassen«, griff Kounellis das Bild der Kathedrale wieder auf: »die Kathedrale von Köln weist auf eine Zentralität hin, umfaßt eine Kultur und weist auf die Zukunft. Sonst würden wir riskieren, Nomaden zu werden.« Beuys war einverstanden: »was Kounellis von der Kathedrale sagt, ist ein schönes Bild. Wir müssen eine Kathedrale bauen! [...] Die Kathedrale steht jetzt hier unter uns. Die alten Kathedralen stehen irgendwo in einer Welt, die noch rund war. Aber dann wurde die Welt durch den Materialismus reduziert. Es war aber eine innere Notwendigkeit, sie so zu verengen, denn dadurch wurde das menschliche Bewußtsein geschärft, ganz besonders in seiner analytischen Tätigkeit. Jetzt müssen wir eine Synthese vollziehen mit all unseren Kräften, und das ist die Kathedrale. [...] Die Idee der Kathedrale bedeutet ein anderes Verständnis von Kultur, Recht, Geist, Wirtschaft usw. Wenn die Spanier den Basken die Autonomie geben würden, dann würde ich sogleich dahin gehen, und die Basken würden sagen, wir brauchen nichts dringender als solche Gespräche. Denn alles muß auf neuen Fundamenten errichtet werden. Wir wollen nicht das kopieren, worunter wir jahrhundertelang gelitten haben. Wir wollen das jetzt ganz auf einen neuen Boden stellen, auf den Boden der Kunst. Sie wollen den Gesellschaftskörper als ein Kunstwerk haben.«[214]

7. Luigi Nono: ›Das Unhörbare wird zum unendlich Hörbaren‹

In Luigi Nono lebte die Kraft der Resistenza. Er war 21 Jahre alt, als der Zweite Weltkrieg zu Ende war. »Für uns Junge war damals die Erinnerung an die Resistenza, an den Widerstand gegen den Faschismus, der Motor des Lebens.«[215] Der Komponist, durch den er zu seiner Sprache fand, war Arnold Schönberg.

Nono war in der Welt unterwegs, war dort, wo die politischen Kämpfe geführt wurden. Seine Aufgabe sah er darin, auf Ereignisse, die ihn trafen, auf Texte, die er fand und die ihn forderten, eine Antwort zu geben. Er wollte die Stimme sein. Die Verantwortung galt auch denen, die ihm vorausgegangen waren, deren Sprache er wieder gegenwärtig zu machen suchte. Mit deren Sprache er sich erklären konnte. Zu seiner Komposition *Epitaffio a Federico García Lorca* (1952–1953) erklärte er: »Der Gesang des freien Spanien ist um uns und in uns, trotz des Versuches, ihn durch den Mord an Federico García Lorca auszulöschen. Dieser wunderbare Andalusier, der, ›wie ein schwarzer Blitz, ewig frei‹, heute noch von Stadt zu Stadt, von Dorf zu Dorf, von Tür zu Tür [zieht] und von der Liebe, der Freude und dem Stolz seines Volkes singt, ist für uns Junge ein Meister, ein Freund, ein Bruder, der uns den wahren Weg weist, auf dem wir mit unserer Musik Mensch unter Menschen sein können.«[216]

Erwin Piscator bat Nono um die Musik für die Aufführung der *Ermittlung* von Peter Weiss in Berlin 1965. Die Aufgabe war: »das, was weder das Wort, noch die szenische Darstellung ausdrücken und darstellen konnten, mußte die Musik darstellen: die Millionen von Toten in den nazistischen Konzentrationslagern.«[217]

Sein Raum war Venedig: ein Klangraum und ein Raum der Lichtbrechungen. Der Raum von Monteverdi, von Andrea und Giovanni Gabrieli, und auch der Raum von *Tristan und Isolde*. Ein Raum, in dem Gegenwart und Vergangenheit einander durchwirkten.

Nono suchte die Zusammenarbeit – mit den Dichtern, Philosophen, Dirigenten, Künstlern, mit denen er die Werke vorbereitete, und mit den Interpreten, mit denen, für die er schrieb, denen er die Werke immer mehr überließ. Sein immer tieferes Eindringen in die Klänge, in die Klangräume geschah im Austausch mit ihnen, mit ihrer Technik, ihren Erfindungen. Ein Werk der Übergabe an die, die es realisieren. Ein Gebender, der empfangen konnte, um zurückgeben zu können. Auch in diesem Sinne sind seine Werke Gesamtkunstwerke.

---

214 BEUYS/JANNIS KOUNELLIS, [Gesprächsbeiträge], in: Burckhardt (s. Anm. 207), 157 ff.
215 LUIGI NONO, [Gespräch mit Hansjörg Pauli] (5./6. 4. 1969), in: Nono, Texte, Studien zu seiner Musik, hg. v. J. Stenzl (1975; Zürich ²1987), 200.
216 NONO, [Kommentar zu ›Epitaffio a Federico García Lorca‹] (1957), in: ebd., 118.
217 NONO, [Kommentar zu ›Ricorda cosa ti hanno fatto in Auschwitz‹] (1970), übers. v. C. Stenzl, in: ebd., 129.

Die Kompositionen wurden zu Überprüfungen, zu Sichtbarmachungen des Prozesses. »Teilnahme am Prozeß ist mir heute wichtiger als die Konstatierung der Konsequenzen«[218], erklärte er 1978. Drei große Bühnenwerke markieren Nonos Weg. Die Arbeiten der 50er Jahre führten zu *Intolleranza 1960. Azione scenica in due tempi*. Veranlaßt durch den Algerienkrieg, die Klassenkämpfe in Italien, eine Überschwemmung in der Poebene. Uraufgeführt in Venedig 1961 im Teatro La Fenice unter Bruno Maderna in dem Bühnenbild von Emilio Vedova, inszeniert von Vaclav Kaslik. Vedova berichtete später: »Die Oper ›Intolleranza 1960‹ wurde aus dieser Prüfung unserer Zeit geboren. Es handelt sich nicht um eine äußerliche Darstellung von Situationen, an denen man vorbeigeht oder die passiv aufgenommen werden können. Es handelt sich um Bilder, die, wie Sartre sagt, ›Strukturen des tätigen Gewissens‹ sind. Meine Sorge: Naturalismen zu vermeiden. Das Licht der Scheinwerfer zerblendete übertriebene Erscheinungen der Körper von Schauspielern und Statisten, die dadurch wieder neu erfunden wurden. [...] Die Bewegungen unseres Theaters waren [...] Realitätsaktionen.«[219]

Die folgenden Arbeiten der 60er und frühen 70er Jahre mündeten wiederum in eine ›Azione scenica in due tempi‹: *Al gran sole carico d'amore* (*Unter der großen Sonne von Liebe beladen*), 1972–1974. Die Texte hatte Nono mit Jurij Ljublimov zusammengestellt. In dessen Inszenierung wurde das Werk an der Mailänder Scala 1975 unter Claudio Abbado uraufgeführt. Grundidee des Werkes war »die immerwährende weibliche Gegenwart im Leben, im Kampf, in der Liebe; das Gestern, das Heute, das Morgen vernetzt durch Vorwegnahme und Fragmentierung, von der kubanischen Revolution zur sowjetischen von 1917, von der russischen von 1905 zur Kommune, zur ›resistenza‹ übergehend«[220]. Gegenüber *Intolleranza 1960* war die Handlung ganz zurückgenommen: eine Übergabe an die Frauen, eine Erinnerung an ihren Kampf, in ihren Stimmen zu hören, zu erfahren. Die Männer blieben Sprecher.

In der zweiten Hälfte der 70er Jahre studierte Nono mit der nun erscheinenden Frankfurter Ausgabe Hölderlin. »Ho provato anche una fortissima attrazione per la vita di Hölderlin, specialmente per quell'ultima parte trascorsa nelle torre di Tübingen. [...] Seguendo il pensiero di Hölderlin mi sono inoltrato e continuo a inoltrarmi in tanti labirinti di dubbi, di incertezze rischiando di arrivare al silenzio, un silenzio che non ha nulla che fare con la morte ma richiede altre presenze, altre parole, altri spettri sonori, altri cieli. In questo consiste per me il grande fascino di Hölderlin.«[221] (Ich fühlte mich auch stark vom Leben Hölderlins angezogen, besonders von den letzten Jahren im Tübinger Turm. [...] Auf der Spur des Hölderlinschen Denkens bin ich in so viele Labyrinthe von Zweifeln, von Ungewißheiten hineingeraten, auch jetzt noch, daß ich Gefahr lief, beim Schweigen anzukommen, einem Schweigen, das nichts mit dem Tod zu tun hat, sondern das nach etwas anderem, nach anderen Worten, anderen Klangspektren, anderen Himmeln verlangt. Darin liegt für mich das stark Faszinierende an Hölderlin.)

Das Streichquartett *Fragmente – Stille. An Diotima* (1980) entstand in einer zweijährigen Zusammenarbeit mit Walter Levin, den ersten Geiger des LaSalle-Quartetts. In die Partitur schrieb Nono Hölderlin-Zitate – nur für die Musiker, daß sie die Verse memorieren in der Stille, in sich tragen, nicht aber aussprechen. So wuchs aus der Stille, in die Hölderlin gegangen ist, sein Gedanke, sein Gedenken an Diotima, als Musik.

Hölderlin war die Gestalt, die Nono und Massimo Cacciari in ihrem *Prometeo* finden wollten, den Seher, nicht den Feuerbringer, nicht den Gefesselten, sondern den Wanderer. Neben Hölderlin trat Nietzsche, der andere Wanderer, Cacciaris Bezug. Der an den Felsen Gefesselte wurde zu einem Begleiter auf einer Reise von Insel zu Insel in einem Archipel.

218 Zit. nach Musiktheater-Hinweise. Informationen der Oper Frankfurt (Juni/Juli 1987), [unpag.].
219 EMILIO VEDOVA, Theater als Struktur des tätigen Gewissens (1964), in: H. Rischbieter/W. Storch (Hg.), Bühne und bildende Kunst im XX. Jahrhundert. Maler und Bildhauer arbeiten für das Theater (Velber 1968), 247.
220 Zit. nach KLAUS KROPFINGER (Hg.), Komponistenporträt Luigi Nono [Programmbuch Berliner Festwochen] (Berlin 1988), 89.
221 Zit. nach ENZO RESTAGNO, Un'autobiografia dell' autore racontata a Enzo Restagno, in: Restagno (Hg.), Nono (Turin 1987), 62.

Prometeo wurde als ›Tragedia dell'ascolto‹ in Venedig 1984 uraufgeführt. In die Kirche San Lorenzo baute Renzo Piano eine Arca, eine Arche: an den hohen Seitenwänden die Musiker, die Zuhörer in der Mitte. In den folgenden Aufführungen in Mailand, Frankfurt a. M., Paris, Berlin hat Nono immer weiter an dem Werk gearbeitet. Nur in Mailand hatte er die Arca noch einmal verwendet, dann vertraute er sich den vorgegebenen Räumen an: Sie waren zu entdecken, nicht der Klang zu konservieren. Das Werk veränderte sich ständig.

Zu Beginn der Arbeit hatte Nono mit Vedova noch einmal studiert, was untersucht und gefunden worden ist, um ein Verhältnis zwischen Farbe und Klang, aber eben nicht mechanisch, herzustellen: die Farbtheorien von Runge, Goethe und verschiedener Russen im 19. Jh., die Experimente von Kandinsky und des Bauhauses, den Austausch zwischen Chlebnikov, Malewitsch und Miljušin, den Einsatz der Farben und des Chores in *Die glückliche Hand* von Schönberg, die Verhältnisse zwischen Farbe und Klang in den Partituren von Skrjabin. Nono und Vedova probierten neue Projektoren aus. »I risultati erano notevolissimi, ma ad un certo momento cominciai ad avvertire in me una specie di sindrome antivisualistica, che non solo mi allontanò da ogni progetto visivo, ma fece esplodere in me tutte le varie esperienze che avevo fatto nello Studio di Friburgo.« (71) (Die Ergebnisse waren sehr gut, aber irgendwann begann ich an mir eine Art antivisualistisches Syndrom festzustellen, das mich nicht nur Abstand zu jeglichem visuellen Projekt gewinnen, sondern in mir all die verschiedenen Erfahrungen losbrechen ließ, die ich im Freiburger Studio gemacht hatte.)

Nono interessierte sich jetzt für *Tristan und Isolde*: »Il terzo atto del *Tristano* è una continua rottura dove anche le voci non sono piú voci, il testo non è piú testo: dove tutto è suono, ma suono combinato da un Wagner che cerca, anche lui!, un altra profondità, un'altra dimensione. Al di là della dimensione scenica, a cui è comunque costretto, avvertiamo il suo sbattere contro le grate, contro le sbarre di una gabbia. Lo si avverte ascoltando il modo in cui ritornano gli elementi: tornano, e non tornano certo come vuote autocitazioni, per ripetersi [...] ... tornano per *presentare* altre possibilità. Si ricreano ... [...] Come l'accordo iniziale di Si bem. minore che ritorna rompendo e iniziando lunghi silenzi. Nel terzo atto de *Tristano* si possono davvero ascoltare silenzi infiniti ... [...]. Perchè, in realtà, il *Tristano* non finisce, non termina mai: non certo con la morte scenica dei protagonisti, ma nemmeno con lo svanire della musica scritta ... Col *Tristano* si entra davvero in uno spazio attraversato da proiezioni tra silenzi, suoni e soprattutto *nuovi suoni* ... ›ultrasuoni‹. [...] suoni non ›naturalistici‹ ma che tuttavia esistono: l'inudibile reso infinito udibile. Questo è il magico del *Tristano*!!!« (Der dritte Akt von *Tristan* ist ein ständiger Bruch, wo auch die Stimmen nicht mehr Stimmen sind, der Text nicht mehr Text ist: wo alles Klang ist, jedoch ein Klang, der von Wagner kombiniert ist, welcher – auch er – nach einer anderen Tiefe, einer anderen Dimension sucht. Über die szenische Dimension hinaus, an die er allerdings gebunden ist, spüren wir sein Rütteln an den Gittern, an den Stäben seines Käfigs. Man spürt es, wenn man hört, wie die Elemente wiederkehren: sie kehren wieder, jedoch nicht als leere Selbstzitate, um sich zu wiederholen [...] ... sie kehren wieder, um andere Möglichkeiten zu *präsentieren*. Sie *stellen sich wieder her* ... [...]. Etwa der anfängliche b-moll Akkord, der durchbrechend und neue Stillen beginnend wiederkehrt. Im dritten Akt kann man wirklich unendliche Stillen hören ... [...] in Wirklichkeit endet der *Tristan* nie: er endet sicher nicht mit dem szenischen Tod der Protagonisten, aber auch nicht mit dem Entschwinden der geschriebenen Musik ... Mit dem *Tristan* tritt man wahrhaft in einen Raum ein, der von Projektionen zwischen Stillen, Klängen und vor allem *neuen Klängen* ... ›*Ultraklängen*‹ erfüllt ist. [...] Klänge, die nicht ›naturhaft‹ sind, die jedoch existieren: das Unhörbare wird zum unendlich Hörbaren gemacht. Das ist der Zauber des *Tristan*!!!)[222]

Als Nono in Toledo an der Mauer eines Franziskanerklosters las: ›caminantes / no hay caminos / hay que caminar‹ (Wanderer / es gibt keinen Weg

---

[222] NONO, Verso Prometeo. Conversazione tra Luigi Nono e Massimo Cacciari raccoltato da Michele Bertaggia (1984), in: Restagno (s. Anm. 221), 265 f.; dt. zit. nach Programm Frankfurter Feste '87: Luigi Nono, Prometeo. Alte Oper Frankfurt a. M. 1987, [unpag.].

/ man muß gehen [suchen]), und an Antonio Machado denken mußte, entwickelte er den Plan zu einem Triptychon. Die erste Komposition war: *Caminantes ... Ayacucho*. Ein Auftragswerk der Münchener Philharmoniker, uraufgeführt 1987. Nono notierte im Programm: »Ayacucho: Menschen, Kinder, Bauern, Ureinwohner, Studenten, Universitätsprofessoren, Wald, Natur, Raum, Himmel im Süden von Peru, seit Jahrhunderten in Rebellion. ›Caminantes ...‹ suchend nach innovierenden Wegen, andere Lebensqualität gegen die Mächtigen. ›I Gelidi Mostri‹, die nur auf Repression setzen (wie anderswo in der Welt).« Er wählte für diese Komposition das erste der vier Gedichte, die Bruno seinem Buch *De la causa, principio e uno* vorangestellt hatte. »Giordano Bruno: Der Wanderer durch ›l'infinito, universi e mondi‹ durch ›de magia‹ und ›de la causa, principio e uno‹ [...] bis zum Tod auf dem Scheiterhaufen in Rom durch die schwarze Inquisition – ein anderer offener faszinierender Denker, so tief in den Lebens-, Natur-Geheimnissen: Heute so lebendig auch in mir – «[223].

KLAUS, Über Musik im Bilde. Schriften zu Analyse, Ästhetik und Rezeption in Musik und Bildender Kunst, hg. v. B. Bischoff u.a., 2 Bde. (Köln-Rheinkassel 1995); Zwölfter deutscher Kunsthistorikertag, Köln 1970. Vorträge am 7. 4. 1970: Sektion ›Kunst 1871–1918‹, ›Das Gesamtkunstwerk‹, in: Kunstchronik 23 (1970), H. 10, 274–279; LACOUE-LABARTHE, PHILIPPE, La fiction du politique. Heidegger, l'art et la politique (Paris 1987); MARQUARD, ODO, Gesamtkunstwerk und Identitätssystem. Überlegungen im Anschluß an Hegels Schellingkritik (1983), in: Marquard, Aesthetica und Anaesthetica. Philosophische Überlegungen (Paderborn u.a. 1989), 100–112; MAUR, KARIN VON (Hg.), Vom Klang der Bilder. Die Musik in der Kunst des 20. Jahrhunderts (München 1985); SALMEN, WALTER (Hg.), Beiträge zur Geschichte der Musikanschauung im 19. Jahrhundert (Regensburg 1965); WERNER, JOHANNES, Das Gesamtkunstwerk als Utopie, in: Universitas 36 (1981), H. 3, 287–292; ZIMA, PETER VON (Hg.), Literatur intermedial: Musik – Malerei – Photographie – Film (Darmstadt 1995).

Wolfgang Storch

Literatur

BECK, ULRICH, Gesamtkunstwerk Ich. Die Orientierungslosigkeit der jungen Generation, als Tugend betrachtet, in: Süddeutsche Zeitung (9. 9. 1997); BERMBACH, UDO, Der Wahn des Gesamtkunstwerks. Richard Wagners politisch-ästhetische Utopie (Frankfurt a.M. 1994); BIANCHI, PAOLO, Das LKW. Vom Gesamtkunstwerk zum Lebenskunstwerk oder ästhetisches Leben als Selbstversuch (Teil 1), in: Kunstforum, Nr. 142 (1998), 50–61; FÖRG, GABRIELE (Hg.), Unsere Wagner: Joseph Beuys, Heiner Müller, Karlheinz Stockhausen, Hans Jürgen Syberberg (Frankfurt a.M. 1984); GROYS, BORIS, Gesamtkunstwerk Stalin. Die gespaltene Kultur in der Sowjetunion, übers. v. G. Leupold (München/Wien 1988); GÜNTHER, HANS (Hg.), Gesamtkunstwerk. Zwischen Synästhesie und Mythos (Bielefeld 1994); Der Hang zum Gesamtkunstwerk. Europäische Utopien seit 1800, hg. v. H. Szeemann [Ausst.-Kat.] (Aarau/Frankfurt a.M. 1983); Der Hang zum Gesamtkunstwerk. Europäische Utopien seit 1800. Beiheft zur Ausstellung in Berlin 1983–1984, hg. v. W. Schmied/R. Block; HENRICH, DIETER, Gesamtkunstwerk und Partialkunstwerk. Wandlung der Grundlagen in der Kunstproduktion der Moderne. Vortrag, Symposion Staatsoper Stuttgart (29. 10. 1999); HOFFMANN, DETLEF (Hg.), Der Traum vom Gesamtkunstwerk. Lockumer Protokolle 9/98. Evangelische Akademie Lockum (Lockum 1998); KROPFINGER,

[223] NONO, [Kommentar zu ›Caminantes ... Ayacucho‹], zit. nach dem Programmheft der Uraufführung im Gasteig, Münchner Philharmoniker, 1987, [unpag.].

Geschmack/Geschmacksurteil

(lat. gustus; engl. taste, judgement of taste; frz. goût, jugement de goût; ital. gusto, giudizio estetico; span. gusto, juicio estético; russ. вкус, оценка вкуса)

Einleitung: Die aktuelle Problematik des Geschmacksbegriffs; I. Vorgeschichte in Humanismus und Absolutismus; II. Das Zeitalter der Salons; 1. Frankreich; 2. Großbritannien; 3. Deutschland; **III. Das Zeitalter des Liberalismus;** 1. Die Erkenntnis der Zeitbedingtheit der Kunst; 2. Die Konkurrenz von Genie und Originalität zu Geschmack; 3. Die Geschmacksspaltung zwischen gebildetem Publikum und den großen Künstlern; **IV. 20. Jahrhundert: Pluralismus und ästhetische Skepsis;** 1. Eine phänomenologische Kritik der ästhetischen Skepsis (Ingarden); 2. Geschmack als ein ›humanistischer Leitbegriff‹ (Gadamer); 3. Die Sprache des Geschmacks (Analytische Ästhetik)

Einleitung: Die aktuelle Problematik des Geschmacksbegriffs

Geschmack ist ein in mehrfacher Hinsicht umstrittener Begriff. Zunächst herrscht innerhalb der philosophischen Ästhetik Uneinigkeit darüber, was genau der Inhalt des Begriffs ist; sodann – und in Abhängigkeit von der inhaltlichen Bestimmung – wird diskutiert, welchen Geltungsanspruch Geschmacksurteile haben. Ferner ist im Gefolge dieser Unklarheiten auch die kulturelle Bedeutung von Geschmack ein Gegenstand kontinuierlicher Diskussion: Inwieweit gründet sich welcher Teil unserer Kultur auf Geschmack? Spielt Geschmack in diesem Zusammenhang überhaupt eine wichtige Rolle?

Die moderne Bedeutung von Geschmack ist ein Ergebnis der ästhetischen Diskussionen während der Aufklärung. Sie entwickelt sich zusammen mit der für diese Epoche des Denkens typischen Infragestellung der Autorität von Traditionen und Institutionen und ist insofern ein Emanzipationsphänomen. Ob jemand Geschmack hat bzw. zeigt und ob ein Gegenstand in Geschmacksurteilen günstig oder ungünstig beurteilt wird, ist erst in einer kulturellen Situation von Bedeutung, in welcher es als ausgemacht gilt, daß die in einem bestimmten Teil unserer Kultur vorkommenden Gegenstände sinnvollerweise unter spezifisch ästhetischen Gesichtspunkten beurteilt werden sollten und die dafür zuständige intellektuelle Eigenschaft eben der Geschmack ist. Diese Situation war aber erst dort erreicht, wo der Kulturbereich der Kunst sich von anderen Kulturbereichen und von anderen gesellschaftlichen Institutionen emanzipiert hatte. Der zentrale Emanzipationsgedanke ist die im 18. Jh. (etwa bei Kant) entwickelte Vorstellung einer ästhetischen Autonomie. In diesem Gedanken ist nämlich die durchaus revolutionäre Behauptung enthalten, Kunstgegenstände seien nicht hauptsächlich unter religiösen, moralischen oder politischen, sondern letztlich allein unter ästhetischen Gesichtspunkten angemessen zu beurteilen. Mit dieser Überlegung wird eine Entwicklung begründbar, die sich mit der Aufklärung ihrem Ziel zu nähern beginnt: die Loslösung der Kunst von der Hegemonie kunstfremder Institutionen wie Religion und Politik, Kirche und Staat. Erst jenseits solcher Hegemonie, also erst durch die in der Aufklärung verwirklichte ›Autonomie des Ästhetischen‹, befreien sich die Kunst und das Schöne aus ihren Rollen als Diener fremder Herren, etwa der Konfessionen und der Parteien. Daß der Begriff des Geschmacks erst ab dem 18. Jh. bedeutsam wird, zeigt also auch, daß erst mit der Aufklärung die Kunst sich von der Beherrschung durch diese Institutionen befreien konnte. Die wachsende Bedeutung der Kategorie Geschmack in dieser Zeit ist somit ein Indikator für das wachsende Bewußtsein der ›Autonomie des Ästhetischen‹.

Diese Autonomie ist nun entweder in einer neuen Institution oder aber in der Autorität des jeweiligen ästhetisch urteilenden Individuums verankert. In dem Maße, in welchem die Autorität des einzelnen in dieser Frage an Bedeutung gewinnt, wächst auch die Bedeutung eines Phänomens, das man das ›ästhetische Gewissen‹ nennen könnte: Mit der Aufklärung beginnt die Geschichte eines umfassenden Autoritätsverlusts der kulturtragenden Institutionen. Damit geht kompensatorisch ein Anwachsen der Bedeutung individueller Verantwortung für Wertentscheidungen einher. Dies ist deutlich im Bereich der moralischen Bewertung, wo schon lange die besondere Rolle des

›modernen Gewissens‹ erkannt ist und immer wieder thematisiert wird. Auch im Bereich der ästhetischen Bewertung hat sich eine ähnliche, parallele Entwicklung vollzogen: Wie in moralischen Fragen ist auch in ästhetischen der einzelne immer mehr die letzte Instanz der Beurteilung. Der (individuelle) Geschmack wird so zu einem ästhetischen Gewissen, das in Fragen des ästhetischen Wertes die letzte Entscheidung hat. Man kann die Geschichte des Geschmacks seit der Aufklärung daher auch beschreiben als die theoretische Auseinandersetzung mit der Frage nach der Grundlage der Autorität von Entscheidungen individueller ästhetischer Gewissen.

Seit seiner entscheidenden Formulierung im Zeitalter der Aufklärung, das zugleich das Zeitalter der Entstehung der (modernen) Ästhetik ist, hat der Begriffsinhalt von Geschmack eine wechselvolle Geschichte erlebt. Diese Geschichte hat dazu geführt, daß Geschmack heute auch deshalb ein problematischer Begriff ist, weil er keineswegs mehr ausschließlich als ein besonderer Sinn für das objektiv ästhetisch Schöne aufgefaßt wird. So können dem heutigen (deutschen) Sprachgebrauch entsprechend auch Gesten, Bemerkungen, eine Form von Gratulation, eine Art von Einladung und vieles andere geschmacklos sein. Nur selten ist in diesen Fällen gemeint, der von der kritisierten Person benutzten Mitteilungsform habe es an objektiver ästhetischer Schönheit gefehlt. Vielmehr geht es bei solcher Kritik fast ausschließlich um die Frage, ob eine Ausdrucksweise den gesellschaftlichen Konventionen entspricht oder nicht. Zwei verschiedene Grundbedeutungen von Geschmack lassen sich demnach unterscheiden: Geschmack bezeichnet entweder ein System von gesellschaftlichen Konventionen (öffentlicher Geschmack) oder die ästhetische Grundorientierung von Individuen (privater Geschmack).

Im ersten Sinne läßt sich sagen, der Ausdruck Geschmack bezeichne in der heutigen Alltagssprache den Sinn für das gesellschaftlich als jeweils angemessen betrachtete Aussehen oder Verhalten einer Person bzw. einer Sache. In einer präziseren Fassung wird diese Variante des Gebrauchs von Geschmack auch in der Form ›guter Geschmack‹ von der anderen Bedeutung des Ausdrucks unterschieden.

Die Grenzen sind hier aber keineswegs klar gezogen. So ist etwa ziemlich häufig unklar, ob die kritisch gemeinte Einstufung eines Kunstwerks als ›obszön‹ ausdrücken soll, daß der Kritiker das Werk ästhetisch unbefriedigend findet, weil etwa bei der Darstellung sexueller Handlungen das hier aus künstlerischen Gründen zu beachtende Maß an Ausführlichkeit und Genauigkeit mißachtet wurde, oder ob er eine ganz andere Art von Urteil formulieren wollte. Er könnte auch ausdrücken wollen, daß ganz unabhängig von Fragen der künstlerischen oder ästhetischen Qualität eines erotischen Werkes diese Darstellung als solche gegen den guten Geschmack, nämlich gegen den gesellschaftlich als angemessen betrachteten Umgang mit Sexualität verstoße. Es ist deutlich, daß zwar nach heutigem Sprachverständnis auch dann in gewisser Weise ein Geschmacksurteil gefällt wird. Von diesem aber muß aus ästhetischer Sicht gesagt werden, es sei fremdbestimmt. Es ist nämlich nicht durch ästhetische, sondern vielmehr durch moralische Wertvorstellungen begründet.

Auch mit Blick auf die zweite Grundbedeutung von Geschmack (privater Geschmack) sind grundsätzliche Schwierigkeiten festzustellen. So ist etwa problematisch, ob Geschmack als Qualität eines Individuums (etwa als ein Charakterzug) aufgefaßt werden kann und ob diese Qualität anderen Menschen empirisch zugänglich ist. Gilt Geschmack nicht als Qualität eines Individuums, so stellt sich die Frage, wie er sich dann zeige: ob er etwa eine Qualität von Urteilen einer bestimmten Person sei, ob er eine Eigenschaft ihres kulturellen Handelns darstelle o. ä.

Das populärste Problem mit dem Geschmack ist jedoch seit dem 18. Jh. dasselbe geblieben. Es ist bis in die Alltagssprache hinein überliefert als die Redensart: ›Über Geschmack läßt sich nicht streiten‹ (De gustibus non est disputandum). Diese Infragestellung der intersubjektiven oder gar objektiven Geltung ästhetischer Werturteile ist unter den kulturellen Bedingungen einer pluralistischen oder multikulturellen Gesellschaft allerdings so verschärft, daß ein Festhalten an dem aus der Aufklärung stammenden Verbindlichkeitsideal auch bezüglich solcher Urteile oft spontan als antiquiert und dogmatisch zurückgewiesen wird. In solchen negativen Reaktionen drückt sich die das allgemeine moderne Kulturbewußtsein bestimmende Vermutung aus, Geschmacksfragen seien gerade deshalb nicht sinnvolle Gegenstände von intellektuellen Auseinandersetzungen, weil über sie nicht rational entschieden werden könne. Geschmacksurteile ruhen, dieser Grundüberzeugung zufolge, auf schwer auslotbaren persönlichen Gefühls- und Stimmungslagen, sind in hohem Maße abhängig von historischen, kulturellen, intellektuellen und persönlichen Variablen und daher unvermeidlich zutiefst subjektiv. Geschmacksurteile – so ließe sich eine, gelegentlich tatsächlich auch vertretene, Extremposition formulieren – sagen letztlich mehr über die urteilende Person als über den beurteilten Gegenstand aus.

Diesen problematischen Grundlagen entsprechend ist auch durchaus umstritten, ob das Phänomen Geschmack eine der Säulen unserer Kultur oder nur ein kulturtheoretisches Ärgernis von geringer Bedeutung darstellt. Allerdings ist unvermeidlich, daß Geschmacksfragen (im weiten und auch im engen Sinne des Wortes) kulturelle Entscheidungen mitbestimmen. Dies gilt insbesondere in den Bereichen der öffentlichen Kulturförderung (durch Preise und Auftragsvergabe), der privaten Kulturförderung und im Zusammenhang mit dem Einfluß der kulturkritischen Institutionen (Kritiker, Massenmedien, staatliche und kirchliche Institutionen) auf das Schicksal von Kulturgütern. Von heute aus ist daher ein Blick in die Geschichte des Geschmacksbegriffs gerade dann sinnvoll, wenn er dazu dient, die Entstehung dieser eigentümlichen Problemlage begreiflich zu machen.

Dabei legt die sich abzeichnende Konkurrenz zu dem von der modernen Soziologie entwickelten Begriff der ›Lebensstile‹ es nahe, auch die Entwicklung des Geschmacksbegriffs schärfer in seiner »für alle geschichteten Gesellschaften« gültigen Distinktionsfunktion zu beachten. Bourdieus ehrgeiziger

---

1 PIERRE BOURDIEU, Die feinen Unterschiede. Kritik der gesellschaftlichen Urteilskraft. Vorwort zur deutschen Ausgabe, übers. v. B. Schwibs/A. Russer (1982; Frankfurt a. M. 1987), 12, 14.
2 BOURDIEU, La distinction. Critique sociale du jugement (Paris 1979), 564; dt. 756.
3 NORBERT ELIAS, Die höfische Gesellschaft. Untersuchungen zur Soziologie des Königtums und der höfischen Aristokratie (1969; Frankfurt a. M. 1992), 61.

Versuch, mit seiner Analyse des kulturindustriellen Konsums und des Kunstgeschmacks »auf die überlieferten Probleme der Kantischen Kritik der Urteilskraft wissenschaftlich zu antworten und in der Struktur der sozialen Klassen das Fundament der Klassifikationssysteme auszumachen, welche die Wahrnehmung der sozialen Welt strukturieren und die Gegenstände des ästhetischen ›Wohlgefallens‹ bezeichnen«[1], ist von der Überzeugung der »indivisibilité du goût« getragen, der »unité des goûts les plus ›purs‹ et les plus épurés, les plus sublimes et les plus sublimés, des goûts les plus ›impurs‹ et les plus ›grossiers‹, les plus ordinaires et les plus primitifs«[2]. Unterschiedliche Typen des ›Habitus‹ erzeugen mit Hilfe des ›Geschmacks‹ als praktischen Operators in sich kohärente soziale Lebensstile, die jeweils besonderen sozialen Lagen entsprechen. Den sozialen Gruppen dienen die ›Lebensstile‹ als Instrument der Selbst- und Fremdwahrnehmung, mit denen sie sich und andere klassifizieren und zugleich durch Distanzierung von minderen Formen künstlerischer Tätigkeit und »Markierung des Unterschieds« (marquer la différence; 585; dt. 782) ihren eigenen Platz kennzeichnen.

Daß »der Sinn für Distinktion lediglich eine andere Form jenes Ekels vor der Vulgarität« bilden soll, »der den reinen Geschmack als Natur gewordenes, *inkorporiertes gesellschaftliches Verhältnis* definiert« (le sens de la distinction philosophique n'est qu'une forme de ce dégoût viscéral de la vulgarité qui définit le goût pur comme *rapport social incorporé*, devenu nature; 585; dt. 783), ist freilich eine polemische Verkürzung. Unbeantwortet bleibt, weshalb die Diskussion um den Geschmack erst Mitte des 17. Jh. einsetzt, während der Sinn für soziale Distinktion bis in die Kleiderordnung hinein die Ständegesellschaft seit Jahrhunderten begleitete. Die Trennung eines »goût de la réflexion« von dem »goût des sens« (659; dt. 761), die Verwendung des Wortes im übertragenen Sinne für die Fähigkeit zu unmittelbarer und differenzierender ästhetischer Wertung, hat nicht grundlos ihren »Ursprung in der französischen Literatur- und Kunsttheorie des ausgehenden 17. Jahrhunderts«. In Frankreich hatte der Hof in Versailles sich zu einem Vorbild »für die *Ausgestaltung* der europäischen Höfe des 17. und 18. Jahrhunderts«[3] entwickelt. Wie Etikette und Zeremoniell den Tagesablauf des Königs regelten, erfaßte ein umfassender Distanzierungsschub die gesamte höfische Elite: Alle spontanen Impulse des menschlichen Umgangs miteinander werden geregelt, und die Theoretiker des Ideals der ›bonne société‹ und der ›honnêteté‹ sind es, bei denen sich die ersten Reflexionen zum Geschmacksbegriff finden.

Der Artikel konzentriert sich daher auf die Entwicklung des Geschmacksbegriffs, seit dieser mit einer Theorie des Geschmacks verbunden ist, also auf seine Geschichte seit dem ausgehenden 17. Jh. In der ersten Phase dieser Entwicklung wird die sich im Geschmack vollziehende intuitive Wertung ästhetischer Gegenstände noch als unproblematisch hingenommen. In einer zweiten Phase der Theorie des Geschmacks wird dagegen die Notwendigkeit thematisiert, die Wertung ästhetischer Gegenstände mit einer Rechtfertigung der Wertung durch ein Urteil der Vernunft zu verbinden. Eine solche Rechtfertigung realisiert sich im ›Geschmacksurteil‹. Der wichtigste Schritt in der Geschichte dieser Verbindung von Geschmack und Geschmacksurteil ist Kants *Kritik der Urteilskraft* (1790).

Dennoch hat auch der hier thematische Gebrauch von Geschmack eine Vorgeschichte. Diese ist vor allem mit dem Namen Baltasar Gracián und dessen Werken *El discreto* (1646) und *Oráculo manual* (1647) verbunden. – Die antike und mittelalterliche Kultur- und Kunsttheorie kennt den Begriff des Geschmacks noch nicht, diskutiert jedoch bereits Probleme, die auch für die spätere Formulierung und Diskussion des Geschmacksbegriffs prägend werden. So ist etwa die Unterscheidung des Schönen vom Angenehmen bei Platon einschlägig und spielt auch in Kants *Kritik der Urteilskraft* noch eine wichtige Rolle. Für die weitere Entwicklung der Problematik in der Antike ist der ebenfalls schon bei Platon thematische Gegensatz von Philosophie und Rhetorik leitend. Es geht jedoch zunehmend um die Aufhebung des zunächst angenommenen schroffen Gegensatzes zwischen diesen beiden Kulturtätigkeiten. Dabei spielen etwa bei Cicero und Quintilian Überlegungen eine zentrale Rolle, die mit einem Vorläufer des Geschmacksbegriffs arbeiten, nämlich dem später wieder bei Kant zentral verwendeten Begriff der ›Urteilskraft‹ (iudicium).[4] In der antiken Behandlung der Problematik bleiben die Lösungsversuche jedoch auf den engen Rahmen der Rhetorik beschränkt. Dies gilt auch für die *Ars poetica* des Horaz, in welcher der auch für die spätere Formulierung des Geschmacksbegriffs prägende Begriff des ›Angemessenen‹ (aptum) in die Diskussion eingeführt wird.[5]

Mit Blick auf die spätere Entwicklung der Wortbedeutung von Geschmack im Deutschen, die sich im metaphorischen Sinn als Lehnübersetzung im ersten Drittel des 18. Jh. durchsetzt, ist die Aufwertung von ›schmecken‹ als Form der (Gottes-)Erkenntnis in der philosophischen Mystik bemerkenswert: Gott schmecken.

I. Vorgeschichte in Humanismus und Absolutismus

Für die frühmoderne Entwicklung des Geschmacksbegriffs sind vor allem zwei Momente wichtig: Die sprachliche Herkunft aus der Bezeichnung der Tätigkeit eines Sinnesorgans (›schmecken‹ verweist auf das Unterscheiden von geeigneter und ungeeigneter Nahrung durch den Gaumen) und seine Verbindung mit der Urteilskraft (iudicium) im allgemeinen. Geschmack ist demnach der Sinn für das Bekömmliche bzw. für das Angemessene. Er hat zu tun mit einem Wissen um oder einem Gespür für das ›rechte Maß‹ bzw. die richtige ›Maßnahme‹.

Die sprachliche Beziehung zum ›Schmecken‹ verweist auf die Analogie von Geschmacksurteil und Sinnesaffektion: Geschmack im engsten Sinne ist der durch die Geschmacksnerven im Mundbereich ermöglichte unterscheidende Umgang mit Nahrung. Auch in dieser engsten Bedeutung ist der Geschmack demnach ein Vermögen der Unterscheidung, und zwar des Bekömmlichen und Unbekömmlichen bzw. des Schmackhaften und Geschmackswidrigen. In der Korrespondenz von ›schmackhaft‹ und ›bekömmlich‹ (sowie deren Negationen) zeigt sich auch bereits eine Ambivalenz

---

4 Vgl. CICERO, De or. 3, 151.
5 Vgl. HORAZ, Ars 178, 195.

von Geschmack, die noch die moderne Diskussion um den auf die ästhetische Dimension eingeschränkten Geschmacksbegriff bestimmt: Das Wissen um Schmackhaftigkeit ist gewissermaßen Luxuswissen, dasjenige um Bekömmlichkeit hat dagegen eine unmittelbare Bedeutung für die Qualität der physischen Existenz. Die Bedeutung von Geschmack schwankt von Beginn an zwischen den Extremen eines notwendigen und eines im Grunde überflüssigen intellektuellen Vermögens.

Die Ausdehnung der Bedeutung von Geschmack auf alle Sinnesorgane steht zunächst nicht im Zeichen einer Ästhetisierung dieses Begriffs. Vielmehr vollzieht sich mit ihr die Etablierung des Geschmacks als eine Form der Vergeistigung (menschlicher) Animalität. Im Geschmacksvermögen drückt sich der anthropologisch wichtige Umstand aus, daß der Mensch selbst bei der Befriedigung lebensnotwendiger (animalischer) Bedürfnisse seine (menschliche) Freiheit der Unterscheidung, Beurteilung und Auswahl realisieren kann.

Diese aus dem Denken des spanischen Moralphilosophen Baltasar Gracián stammenden Überlegungen betonen die Kultivierbarkeit des Geschmacksvermögens. Seine Lebensregeln gelten für jedermann, »doch unter ausdrücklicher Ausschaltung der ›mechanischen‹ Berufe«[6]. Seine abgrundtiefe Verachtung des Volkes verrät die Maxime, inmitten der allgemeinen Bedrohtheit des Lebens die Vorschrift sozialer Distinktion nie zu vergessen: »Man darf sich nicht gemein machen, weder mit Höhergestellten, will man sich nicht gefährden, noch mit Untergebenen, will man seine Unabhängigkeit wahren, und am allerwenigsten mit dem gemeinen Volk, das aus Unwissen vermessen ist, und die Gunst nicht als solche würdigt, sondern aus ihr einen falschen Anspruch ableitet.« (Con nadie es conviniente el allanarse: no con los mayores, por el peligro; ni con los inferiores, por la indecencia; menos con la villanía, que es atrevida, por lo necio, y, no reconociendo el favor que se le hace, presume obligación.)[7] Die Kunst der rechten Menschenbehandlung reduziert sich in dem von Gracián beschriebenen Lebensraum auf Regeln taktischen Verhaltens. Man betritt bei ihm, so Joaquín Costa, ein »Gelände, in dem Abgründe aufgähnten und Schlangen wimmelten, wo man keinen Schritt vorwärts tun kann, ohne vorher zu sehen, wo man den Fuß hinsetzt« (se caminara por un suelo sembrado de precipicios y poblado de sierpes, donde no pudiera adelantarse un paso sin mirar dónde se pone el pie)[8]. In dieser Lage, in der dem Menschen keine Zeit zur Besinnung bleibt, in der er fortwährend zur Entscheidung gewappnet sein muß, ist Graciáns neue Wissenschaft vom Leben nötig: »Un modo de ciencia es este que no no enseñan los libros ni se aprende en las escuelas; cúrsase en los teatros del buen gusto, y en general tan singular de la discreción.«[9] (Es gibt ein Wissen, das weder Bücher noch Schulen lehren. Man muß dazu vielmehr in die Schule des guten Geschmacks, in das Theater des Witzes gehen.) Es sind die aus dem Spannungsfeld des Hofes gewonnenen Beobachtungen, die den kleinen Schriften des spanischen Jesuiten in der Folge den Ruf verschaffen, das unübertroffene Brevier höfischer Spielregeln zu sein. Geschmack ist bei Gracián also noch viel weiter gefaßt, als dies im modernen Geschmacksbegriff der Fall ist.

Die weitere Geschichte des Geschmacksbegriffs folgt dann, wie Gadamer formuliert, »der Geschichte des Absolutismus von Spanien nach Frankreich und England und fällt mit der Vorgeschichte des dritten Standes zusammen. Geschmack ist nicht nur das Ideal, das eine neue Gesellschaft aufstellt, sondern erstmals bildet sich im Zeichen dieses Ideals des ›guten Geschmacks‹ das, was man seither die ›gute Gesellschaft‹ nennt. Sie erkennt sich und legitimiert sich nicht mehr durch Geburt und Rang, sondern grundsätzlich durch nichts als die Gemeinsamkeit ihrer Urteile oder besser dadurch, daß sie sich überhaupt über die Borniertheit der Interessen und die Privatheit der Vorlieben zum Anspruch auf Urteil zu erheben

---

6 WERNER KRAUSS, Graciáns Lebenslehre (Frankfurt a. M. 1947), 20.
7 BALTASAR GRACIÁN, Oráculo manual (1647), in: Gracián, Obras completas, hg. v. M. Batllori/C. Peralta, Bd. 1 (Madrid 1969), 413, Nr. 177; dt. nach W. Krauss (s. Anm. 6), 20.
8 JOAQUÍN COSTA, Ideario español (1900), hg. v. J. García Mercadal (Madrid 1932), 99; dt. nach Krauss (s. Anm. 6), 19.
9 GRACIÁN, El discreto (1646; Madrid 1930), 183.

weiß.«[10] Geschmack war somit im 17. Jh. ein gesellschaftliches Phänomen ersten Ranges. Die intensiven Reflexionen, die ihm im 18. Jh. als dem entscheidenden Kriterium bei der Bewertung literarischer und künstlerischer Werke gewidmet werden, erklären sich aus dieser Genesis. Das spontane Reaktions- und Urteilsvermögen, in Graciáns ›gusto‹ noch implizit enthalten, bildet zwischen beiden Bedeutungen das verbindende Element.

II. Das Zeitalter der Salons

1. Frankreich

Die neue höfisch-aristokratische Gesellschaft, ihr eigentümliches Verhalten und das Ethos der guten Gesellschaft sind zuerst am Hofe Ludwigs XIV. geformt und ausgebildet worden. Die Salons des Adels und der Finanz des 18. Jh. sind Abkömmlinge »dieses Königssalons aus der zweiten Hälfte des 17. Jahrhunderts«[11]. Die Kultur der Geselligkeit und des Geschmacks hat hier ihren sozialen Nährboden. Die Schlüsselrolle, die dem Begriff des Geschmacks jetzt zuwächst, hängt mit seiner Orientierung auf das Kunsterleben zusammen, die das rezeptive ästhetische Subjekt konstituiert. Antike und Mittelalter haben technische Anleitungen zur Kunstproduktion und philosophische Reflexionen über das Schöne gekannt, eine Lehre vom Kunsterlebnis fehlt ihnen. Erst nachdem der Begriff des Geschmacks gefunden war, konnte sich, wie Alfred Baeumler zeigte, eine Ästhetik als eigene Wissenschaftsdisziplin entwickeln. Es ist nur ein anderer Aspekt für diesen Zusammenhang, daß der Begriff des Geschmacks in programmatischer Auseinandersetzung mit dem Dogmatismus der neoaristotelischen Poetik aufgetreten ist. Gegenüber den auf die Autoritäten der Antike sich berufenden Kritikern und Gelehrten war ein Gegengewicht gefunden, das sich auf Dauer siegreich durchsetzen mußte.

Am bündigsten hat 1719 in seinen *Réflexions critiques* der Abbé Dubos, dem wie keinem zuvor die Annäherung an den Prozeß des Kunstschaffens und -rezipierens gelang, diese neue Perspektive in einem Vergleich auf den Punkt gebracht: »On goûte le ragoût, & même sans sçavoir ces regles, on connoît s'il est bon.«[12] Gegen die Regelsucht der humanistischen Gelehrten und gegen die Suprematie rationaler Kunstbetrachtung überhaupt wird das Empfindungsvermögen zum entscheidenden Kriterium erhoben:»ce ne sont pas les regles qui sont la montre, c'est l'impression que l'ouvrage fait sur nous.«[13] Die unmittelbare Antwort des Gefühls auf ein Kunstwerk ist damit an die erste Stelle gerückt, die Reflexionen des Verstandes können dessen Entscheidungen nur im nachhinein erläutern und erklären. Auf der Grundlage von Lockes Sensualismus spricht Dubos nicht von goût, sondern von sentiment und unterstellt sogar einen ›sechsten Sinn‹ als unzerlegbaren Bestandteil menschlicher Natur. Damit war die Mündigkeit des Kunstrezipienten als ästhetisches Subjekt begründet und der Haupttätigkeit der Pariser Salons, dem »goût de comparaison«[14], eine Theorie gegeben. Dubos hat sich alle Mühe gegeben, wie ein Diplomat die Sprengkraft seines sensualistischen Staatsstreichs auf dem Gebiet der Kunst auszugleichen: Obwohl ›le sentiment‹, das spontane Empfindungsvermögen, allen Menschen zukommt, ist es das vom ihm viel beschworene ›Publikum‹, das letzten Endes entscheidet, das durch Erfahrung und Gaben ausgezeichnete Publikum der Kenner.

Eingeführt worden war in Frankreich der Begriff goût zuvor schon durch die sogenannten Moralisten, die bei der Formulierung des Gesellschaftsideals des honnête homme dessen Sinn für ›délicatesse‹ beim Umgang und Urteil besondere Aufmerksamkeit widmeten. Während Graciáns Lebenslehre sich darauf begrenzte, eine männliche Welt der Leistung, des Ruhms und der Geschäfte aufzubauen, in der die Polarität der Geschlechter keinen Ort besaß, bildet die Gesprächssituation zwischen Mann und Frau im Salon, die Rücksichtnahme auf das schöne Geschlecht als Partner, eine Grundvoraussetzung der französischen Diskussion. »Car on ne parle pas seulement«, wie Pas-

---

10 HANS-GEORG GADAMER, Wahrheit und Methode. Grundzüge einer philosophischen Hermeneutik (1960), in: GADAMER, Bd. 1 (1990), 41.
11 ELIAS (s. Anm. 3), 122.
12 DU BOS, Bd. 2, 341.
13 DU BOS, Bd. 2, 345.
14 DU BOS, Bd. 2, 352.

cals Freund, der Chevalier de Méré, festhält, »pour faire entendre ses pensées, on parle aussi pour exprimer ses sentimens, et ce sont deux choses bien différentes.«[15] In den subtilen Beschreibungsversuchen des ›goût délicat‹ taucht für die Kräfte des Irrationalen, das unvorhersehbare Spiel der Liebesleidenschaften immer wieder die verrätselnde Formel des ›Je ne sais quoi‹ auf. So heißt es bei dem Jesuitenpater Bouhours: »ces je ne sçay quoy en beau & en laid, pour parler de la sorte, excitent dans nous des je ne sçay quoi d'inclination, & d'aversion, où la raison ne voit goutte & dont la volonté n'est pas la maistresse: ce sont de premiers mouvemens qui previennent la reflexion, & la liberté«[16]. Die Struktur des Begriffes ist ausgeprägt, wenn Méré formuliert: »On ne sçaurait avoir le goust trop délicat pour remarquer les vrais et les faux agrémens, et pour ne s'y pas tromper. Ce que j'entens par là, ce n'est pas estre dégousté comme un malade; mais juger bien de tout ce qui se presente, par je ne sçay quel sentiment qui va plus viste, et quelquefois plus droit que les refléxions.«[17]

Der Seigneur und Freigeist Saint-Evremond, der seit 1661 im Londoner Exil lebte, betont nicht nur den sozialen Distinktionscharakter des Begriffs, wenn er den goût des Volkes ›mauvais‹ nennt. Er bekennt mit einer erstaunlichen Aufgeschlossenheit: »De tous les livres que j'aye jamais leus, Dom Guichot [Don Quichotte] est celuy que j'aimerois le mieux avoir fait, et il n'y en a point à

15 ANTOINE GOMBAULD DE MÉRÉ, Les conversations (1668–1669), in: Méré, Œuvres complètes, hg. v. C.-H. Boudhors, Bd. 1 (Paris 1930), 71; vgl. JEAN-BERTRAND BARRÈRE, L'idée de goût de Pascal à Valéry (Paris 1972), 36.
16 DOMINIQUE BOUHOURS, Les entretiens d'Ariste et d'Eugène (1671), hg. v. F. Brunot (Paris 1962), 146f.
17 MÉRÉ (s. Anm. 15), 55.
18 CHARLES DE SAINT-ÉVREMOND an François Créqui (ersch. 1692), in: Saint-Evremond, Œuvres en prose, hg. v. R. Ternois, Bd. 4 (Paris 1969), 116.
19 SAINT-ÉVREMOND, Sur les anciens (1685), in: Saint-Evremond (s. Anm. 18), Bd. 3 (Paris 1966), 357f.; vgl. PETER-ECKHARD KNABE, Schlüsselbegriffe des kunsttheoretischen Denkens in Frankreich von der Spätklassik bis zum Ende der Aufklärung (Düsseldorf 1972), 248.
20 VOLTAIRE, ›Goût‹, in: DIDEROT (ENCYCLOPÉDIE), Bd. 7 (1757), 761.

mon avis qui puisse contribuer davantage à nous former un bon goût sur toutes choses«[18]. Das hier erkennbare moderne Bewußtsein veranlaßt Saint-Evremond, hinter den in Versailles gepflegten Antikekult und die Ideologie der Nachahmung ein Fragezeichen zu setzen: »Tout est changé: les Dieux, la nature, la politique, les mœurs, le goût, les manieres. Tant de changemens, n'en produiront-ils point dans nos ouvrages?«[19] Zum ersten Mal ist der Gedanke ausgesprochen, daß der Geschmack dem Wandel der Sozialgeschichte unterworfen ist. In der Sprache des honnête homme war 1685 für die Parteigänger der Moderne in der die Periode der Aufklärung einleitenden Querelle des Anciens et des Modernes das Losungswort gefunden. In der französischen Aufklärung gibt es eine Überfülle von Reflexionen über den goût, eine Entwicklung, die mit der gleichzeitig vollzogenen Konsekrierung der großen Autoren unter Ludwig XIV. zu klassischen Autoren in offensichtlichem Zusammenhang steht.

Den hohen Stellenwert des Begriffs spiegelt der Sachverhalt, daß die Diderotsche *Encyclopédie* im einschlägigen 7. Band eine Reihe von Artikeln über goût enthält, zu deren Verfassern die ersten Geister der Nation, Montesquieu, Voltaire und d'Alembert, gehören. Durchgehend steht jetzt das Beziehungsverhältnis zwischen den sozialen Voraussetzungen und dem System der schönen Künste im Blickpunkt der Betrachtung: »Il est des vastes pays«, konstatiert Voltaire, indem er den Begriff in eine globale Perspektive hebt, »où le goût n'est jamais parvenu; ce sont ceux où la société ne s'est point perfectionnée, où les hommes & les femmes ne se rassemblent point, où certains arts, comme la Sculpture, la Peinture des êtres animés, sont défendus par la religion. Quand il y a peu de société, l'esprit est retréci, sa pointe s'émousse, il n'a pas dequoi se former le goût. Quand plusieurs Beaux-Arts manquent, les autres ont rarement dequoi se soûtenir, parce que tous se tiennent par la main, & dépendent les uns des autres. C'est une des raisons pourquoi les Asiatiques n'ont jamais eu d'ouvrages bien faits presque en aucun genre, & que le goût n'a été le partage que de quelques peuples de l'Europe.«[20] Vor diesem Maßstab, der heute gern als ›europazentrisch‹ etikettiert wird, können im Grunde nur einige europäische Hauptstädte bestehen. Selbst in Paris mit seinen 600.000 Einwohnern gibt es kaum dreitausend, »qui aient le goût des beaux-arts«[21]. Goût ist für Voltaire unverändert ein Kriterium mit höchsten Anforderungen und die Sache einer verschwindenden Minorität: »Parcourez aujourd'hui l'Asie, l'Afrique, la moitié du Nord; où verrez-vous le goût de l'éloquence, de la poësie, de la peinture, de la musique? presque tout l'univers est barbare.« (ebd.) Eine kleine Digression sei hier gestattet: Bei aller Liebe und Bewunderung für die Dichter Persiens, wo nach der hellenistischen Überfremdung unter den Sassaniden die altpersische Sprache und Religion restauriert und die Grundlage für die eigene Nationalität gelegt wurde, schlägt der Goethe des *West-östlichen Divan* (1819) aufgrund der unbedeutenden »Bild- und Baukunst« in die gleiche Kerbe: Deutlich sei »auch in diesem Beispiel [zu] begreifen, daß ein Volk auf einer hohen sittlich-religiosen Stufe stehen, sich mit Pracht und Prunk umgeben und in bezug auf Künste noch immer unter die barbarischen gezählt werden kann«. Mit präzisen Analysen der von den persischen Dichtern gebrauchten Vergleiche hatte Goethe zuvor auf die entscheidende Schwierigkeit hingewiesen: »Ohne Bedenken verknüpfen sie die edelsten und niedrigsten Bilder, an welches Verfahren wir uns nicht so leicht gewöhnen.« Und er fügte hinzu: »Sprechen wir es aber aufrichtig aus: ein eigentlicher Lebemann, der frei und praktisch atmet, hat kein ästhetisches Gefühl und keinen Geschmack, ihm genügt Realität im Handeln, Genießen, Betrachten ebenso wie im Dichten; und wenn der Orientale, seltsame Wirkung hervorzubringen, das Ungereimte zusammenreimt, so soll der Deutsche, dem dergleichen wohl auch begegnet, dazu nicht scheel sehen.«[22] Sosehr auffallend und mißliebig in diesen Äußerungen die Prädikate des Barbarischen und des Geschmacklosen für uns heute sein mögen, weil das alte System der Künste inzwischen defekt geworden ist – wenn Reaktionen gegenüber Kunstwerken aus anderen Kulturkreisen nicht generell unter Tabu fallen sollen, sind solche Urteile ernst zu nehmen. Die vieldiskutierte kulturelle Überlegenheit des damaligen Europa über die anderen Kontinente wurzelt am Ende ja nur darin, daß diese es nicht vermocht haben, sich ebenfalls in anderen Räumen festzusetzen, während die Europäer ein Geschichtsbild erarbeitet hatten, das die Entwicklung aller Völker integrierte.

Was Diderot über den Begriff Geschmack dachte, das hat er an vielen Orten gesagt, am lebendigsten in den *Regrets sur ma vieille robe de chambre* (1772). »Avis à ceux qui ont plus de goût que de fortune«[23], lautet der bezeichnende Untertitel dieser Kurzerzählung. Geistvoll wird geschildert, wie der »Instinct fines des convenances« (8), das tyrannische Schönheitsgefühl, alle Bestandteile seines Arbeitskabinetts, von der Tapete bis zum Mobiliar, einem unentrinnbaren Prozeß der Auswechslung unterwirft, sobald der fatale erste Schritt getan und der abgewetzte alte Schlafrock durch den neuen, scharlachroten ersetzt worden ist. Seine Grundüberzeugung formuliert der Aphorismus in dem *Salon de 1767*: »Une nation est vieille quand elle a du goût.«[24] Indem Diderot in den Gemäldebeschreibungen der Salons délicatesse, Eleganz und Feinheiten zugunsten des Großen und Erhabenen radikal abwertete, arbeitete er an einer Umformulierung des Geschmacks. Ein nostalgischer Rückblick und Abgesang zugleich ist dagegen 1787 der *Essai sur le goût* Marmontels, der in besseren Jahren Literaturkritiker der *Encyclopédie* gewesen war: Das 18. Jh. war »ce même temps où *le goût* semble si perfectionné« und »le temps de sa décadence«[25]. Während lange Zeit eine Elite die Masse beeinflußte, hat sich die Lage inzwischen umgekehrt: »aujourd'hui c'est la multitude qui domine le petit nombre; et la contagion du mauvais *goût* se répand dans tous les états« (45). Der goût zeigt so schon vor der Zäsur der Revolution die

---

21 VOLTAIRE, ›Goût‹, in: Voltaire, Dictionnaire philosophique, Bd. 5 (1764; Amsterdam 1789), 107.
22 JOHANN WOLFGANG GOETHE, Noten und Abhandlungen zu besserem Verständnis des West-östlichen Divans (entst. 1816–1818), in: GOETHE (BA), Bd. 3 (1965), 181, 182, 205.
23 DENIS DIDEROT, Regrets sur ma vieille robe de chambre (1772), in: DIDEROT (ASSÉZAT), Bd. 4 (1875), 5.
24 DIDEROT, Salon de 1767, in: DIDEROT (ASSÉZAT), Bd. 11 (1876), 137.
25 JEAN-FRANÇOIS MARMONTEL, Essai sur le goût (1787), in: Marmontel, Œuvres complètes. Bd. 4/1 (Paris 1819), 38; vgl. ROLAND MORTIER, ›Goût‹, in: M. Delon (Hg.), Dictionnaire européen des Lumières (Paris 1997), 513 f.

Züge eines Begriffsgespenstes, das dem Aufstieg eines übermächtigen Konkurrenten nichts mehr entgegenzusetzen hat: »chacun veut être original. Mais l'originalité doit être dans le génie et non pas dans le goût.« (43).

2. Großbritannien

Prägend für die Diskussion in England und Schottland im 18. Jh. sind sowohl die überragende Stellung der Newtonschen Physik wie die Sorge über die Auswirkungen der politischen Spaltungen und Parteiungen, die mit der Glorreichen Revolution von 1688 und dem Unionsvertrag von 1707 Wirklichkeit geworden waren. England besaß eine freie Verfassung, aber keine Erfahrung in der politischen Konsensbildung. In dieser Konstellation ist das Konzept ›politeness‹ leitend geworden, verstanden als eine Verfeinerung der Sitten und des Geschmacks, das zugleich die Grundlage für eine Wissenschaft vom Menschen abgeben sollte.

Mit dem ehrgeizigen Programm, ›to introduce the experimental method of reasoning into moral subjects‹, wie es im Untertitel heißt, ist 1739 Humes *Treatise of Human Nature* erschienen. Zielstellung war, den Menschen, sein Verstandesvermögen wie seine Leidenschaften und Gefühle nicht nur nach dem Modell der Naturwissenschaften, sondern auch als ein Stück Natur aufgefaßt zu analysieren. Humes Reflexionen über die Normen der Geschmacksbildung sind Teil dieses Programms.

Die Thematisierung des Geschmacks in der Abhandlung *Of the Standard of Taste* (1757) beginnt mit dem Problem mangelnder Einstimmigkeit der Geschmacksurteile: »The great variety of taste, as well as of opinion, which prevails in the world is too obvious not to have fallen under every one's observation [...]. Those who enlarge their view to contemplate distant nations and remote ages, are still more surprised at the great inconsistence and contrariety [...]. The sentiments of men often differ with regard to beauty and deformity, even while their general discourse is the same.«[26] Das hier als gut dokumentiertes historisches Faktum beschriebene Fehlen einer Übereinstimmung in Geschmacksfragen führt zwangsläufig zu der kritischen Frage, ob diese Art von Urteilen überhaupt eine mehr als bloß zufällige Übereinstimmung zwischen den Subjekten erlaubt: Bezieht sich das Geschmacksurteil auf etwas ›Objektives‹, oder trifft die skeptische Vermutung zu, es sei bloß Ausdruck rein subjektiver Stimmungslagen und Werthaltungen? Im Rahmen der Terminologie Humes ist dieses Problem so formuliert: Gehört Geschmack zur historisch unwandelbaren human nature, oder ist er eine kapriziöse, instabile Eigenschaft einzelner Subjekte? Humes Antwort auf diese Frage führt letztlich zu der fruchtbaren Unterscheidung zwischen einem Privatgeschmack und einem Expertengeschmack.

Solange angenommen werden muß, daß Geschmacksurteile nur in kapriziös-subjektiver Form vorkommen, liegt die Vermutung nahe, daß der Geschmack nicht im engeren Sinne zur menschlichen Natur gehört, weil diese methodisch aufgefaßt wird als ein Sammelbegriff für die Elemente menschlichen Verhaltens, die allen Menschen gemeinsam sind. Hume hat sich mit einem bloß negativen Befund dieser Art nicht zufrieden gegeben. Er unterstellt daher zunächst eine Form von Geschmack, die als Naturanlage sehr wohl zur menschlichen Natur gehört.

Diese Form des Geschmacks ist allen Menschen unabhängig von geschichtlicher Situation und kultureller Zugehörigkeit als Teil einer einheitlichen Grundausstattung menschlicher Intellektualität mitgegeben. Die Naturanlage Geschmack ist zu beschreiben als die grundsätzliche Befähigung aller Menschen, über Gegenstände ästhetische Urteile abzugeben, die ihre Wertreaktion adäquat wiedergeben. Geschmacksurteile dieser Art haben also die Eigenschaft der Echtheit: Sie können angemessen ausdrücken, was ein Subjekt angesichts seiner Begegnung mit einem schönen oder häßlichen Gegenstand tatsächlich empfindet. Nicht angesprochen aber ist bei dieser Beschreibung des Geschmacks als Naturanlage die Frage, wie es zu einer anzustrebenden Übereinstimmung solcher ›echten‹ Geschmacksurteile zwischen verschiedenen aufrichtigen Subjekten kommen kann.

Humes These hierzu ist, daß dies einen Prozeß der Erziehung und Bildung erfordert, in welchem der bloß naturwüchsige Geschmack zu einem kul-

---

26 DAVID HUME, Of the Standard of Taste (1757), in: HUME, Bd. 3 (1875), 266.

tivierten Geschmack wird. Dieser mühsame Prozeß ist notwendig, weil ansonsten die Geschmacksurteile des (unausgebildeten) Geschmacks zufällig und daher kapriziös bleiben. Gleichzeitig erklärt die Annahme eines solchen naturwüchsigen (spontanen) Geschmacks die Tatsache, daß dauernd so viele einander widersprechende Geschmacksurteile abgegeben werden: Niemand scheut sich, Geschmacksurteile abzugeben, weil jeder sich kraft seiner Naturanlage in Geschmacksfragen schnell kompetent fühlt, ohne es doch wirklich zu sein. Die anthropologische Quelle der beim Geschmacksurteil zu beobachtenden Instabilität ist diese Diskrepanz zwischen Geltungsanspruch und Kompetenz.

Jedes Individuum kann durch Anwendung der beschriebenen Naturanlage Geschmacksurteile formulieren und wird im Laufe der Zeit eine gewisse Kompetenz darin erwerben. Ohne eine systematische Bildung in den Künsten aber bleibt dieser Privatgeschmack in der Regel unzuverlässig. Um den Geschmack vom Odium der Beliebigkeit zu befreien, muß daher noch eine andere Ausprägung von Geschmack gefunden werden. Hume nimmt an, daß sich Geschmack nicht nur auf der persönlichen, sondern zusätzlich auch noch auf einer gewissermaßen professionellen Ebene realisiert. Es ist demnach ein persönlicher von einem professionellen Geschmack zu unterscheiden. Darin ist impliziert, daß auch Geschmack (ähnlich wie sittliches Handeln) einer Institutionalisierung fähig ist, die das Nebeneinander von persönlichem (kapriziösem) Geschmack und professionellem (verbindlichem) Geschmacksurteil ermöglicht.

Professioneller Geschmack setzt nun nach Hume eine spezifische kulturelle Bildung voraus. Für deren erfolgreiche Durchführung spielen in seiner Sicht Vorbilder eine wichtige Rolle. Es ist daher entscheidend, ob es in Geschmacksfragen überhaupt Vorbilder geben kann. Dies kann nur dann angenommen werden, wenn das ›Urteil der Zeiten‹ nicht so kapriziös verläuft wie der private Geschmack der Individuen. Es muß also klassische Geschmacksurteile geben; und Hume glaubt, diese in der Geschichte der Künste und der Kunstkritik auch zu finden. Er erwähnt u. a. das folgende Beispiel für traditional abgesicherte ästhetische Geschmacksurteile: »The same *Homer*, who pleased at

Athens and *Rome* two thousand years ago, is still admired at *Paris* and at *London*. All the changes of climate, government, religion, and language, have not been able to obscure his glory.« Dieser Gedankengang formuliert das zentrale Kriterium für Klassizität: Unabhängigkeit vom Wandel der Zeiten und Moden. Hume folgert daher: »It appears then, that amidst all the variety and caprice of taste, there are certain general principles of approbation or blame, whose influence a careful eye may trace in all operations of the mind.«[27]

Der kultivierte Geschmack teilt mit dem Geschmack als Naturanlage ›gewisse allgemeine Prinzipien der Zustimmung und des Tadels‹, ist aber durch die Ergebnisse der Kultivierung vom naturwüchsigen Geschmack radikal verschieden. Der kultivierte Geschmack ist personifiziert im idealen Kritiker. Dieser übernimmt die Rolle der traditionellen (heterogenen) Institutionen bei der Bestimmung dessen, was unter ästhetischen Gesichtspunkten schön und häßlich zu nennen ist. Er ist insofern selber eine Institution. Kultivierter Geschmack, personifiziert im idealen Kritiker, wird zu einer typisch aufklärerischen Institution. Sie ersetzt in ästhetischer Funktion traditionelle Institutionen wie Kirche und Staat und bewahrt das von Fremdherrschaft befreite ästhetisch urteilende Individuum davor, mit seinen Wertungen bloßer Beliebigkeit anheimzufallen. Der aufgeklärte Mensch kann sich zur Begründung seiner ästhetischen Urteile nicht mehr auf die Lehrmeinungen der Religionen oder die politischen Doktrinen der Parteien berufen. Im idealen Kritiker aber steht ihm eine Berufungsinstanz mit einer nicht minder großen Autorität zur Verfügung.

Diese Überlegungen entwickeln eine Geschmackstheorie, die man institutionalistisch nennen könnte. Humes Anliegen in *Of the Standard of Taste* ist die Begründung einer solchen Institutionstheorie des Geschmacks. Der institutionalisierte, klassische Geschmack erfordert spezielle Eigenschaften, welche Hume idealtypisch als Qualitäten des perfekten Kritikers beschreibt. Er nennt als die fünf wesentlichen Qualifikationen, die der ideale Kritiker haben muß, die folgenden Eigenschaften:

---

27 Ebd., 271.

einen verfeinerten Geschmack, Erfahrung, Bereitschaft zu wertendem Vergleich, Freiheit von Vorurteilen und eine natürliche Neigung zu ästhetischer Kontemplation.[28] Diese fünf Qualifikationen sind in seiner Sicht schon als einzelne rar, gemeinsam kommen sie nur bei sehr wenigen Personen vor. Dennoch gibt es nach Hume den vorbildlichen Kunstkritiker nicht nur als idealisierendes Konstrukt, sondern als kulturgeschichtliche Realität.

Sein Fazit ist: Neben dem unzuverlässigen Privatgeschmack gibt es den stabilen, verläßlichen und daher auch verbindlichen Expertengeschmack. »Dass diese empirische oder empiristische Lösung des Geschmacksproblems nur in Zeiten eines ungebrochenen Klassizismus einleuchten konnte, hat Hume allerdings nicht erkannt.«[29]

Für alle wichtigen Denker der Schottischen Aufklärung war die These Francis Hutchesons maßgebend, daß wesentliche intellektuelle Aktivitäten des Menschen nicht vom Verstand, sondern von einem spezifischen Sinn gesteuert werden. So wird nach Ansicht aller Moral-sense-Philosophen – deren Leitgedanken von Hutcheson stammen – das moralische Handeln und das ethische Urteilen von Menschen durch einen spezifischen ›moral sense‹ geleitet. Für die ästhetische Problematik ist in diesem Zusammenhang die methodische Entscheidung der Vertreter der englischen Aufklärung wichtig, die Probleme des Geschmacks in strikter Analogie zu den Problemen moralischen Handelns und ethischer Bewertung zu behandeln.

In seinem berühmten, für die Universitätslehre geschriebenen und auch auf dem Kontinent sehr einflußreichen *Essay on Taste* (1759) knüpft Alexander Gerard an Hutchesons Konzeption des ›interiour sense‹ an. Er unterscheidet verschiedene Formen des Geschmacks, den Geschmack des Neuen, der Größe und des Erhabenen, des Schönen, der Nachahmung, der Harmonie, des Lächerlichen und der Tugend. Seiner Grundstruktur nach aber faßt er Geschmack als eine Kultivierung der Kräfte der Einbildungskraft (imagination) oder des inneren, reflektierten Sinnes.[30] Diese Verknüpfung von Geschmack und Einbildungskraft greift Überlegungen der einschlägigen Essays Joseph Addisons auf.[31] Für diesen war Geschmack das Vermögen, Schönheit mit Vergnügen wahrzunehmen, wobei unter Bezugnahme auf Lockes Konzeption der ›secondary qualities‹ der spontane Anteil der subjektiven Einbildungskraft beim Zustandekommen der das Vergnügen hervorrufenden Eigenschaften des ästhetischen Gegenstandes betont wird.

Henry Home glaubt in seinen *Elements of Criticism* (1762) vor dem gleichen methodischen Hintergrund (Hutchesons Theorie des inneren Sinnes), man könne das Problem der Beliebigkeit ästhetischer Bewertung dadurch lösen, daß man die Nähe der ästhetischen und der ethischen Bewertungen betont. Auf diese Weise wird suggeriert, das Geschmacksurteil könne so beliebig nicht sein; denn es sei ja wie das ethische Urteil durch einen spezifischen ›Sinn‹ geleitet. Unbegründet bleibt dabei die Annahme, auch der ästhetische Sinn sei – wie der ethische – weit von privater Beliebigkeit entfernt: »The sense by which we perceive right and wrong in actions, is termed the moral sense: the sense by which we perceive beauty and deformity in objects is termed taste. Perfection in the moral sense consists in perceiving the minutest differences between right and wrong: perfection in taste consists in perceiving the minutest differences between beauty and deformity; and such perfection is called delicacy of taste.«[32]

Mit bemerkenswerter Offenheit hat Home in den *Elements of Criticism* auf die außerordentlich schmale soziale Basis hingewiesen, die für Kompetenz in Geschmacksfragen in Betracht kommt. »Those who depend for food and bodily labour, are totally void of taste; of such a taste at least as can be of use in the fine arts. This consideration bars the greater part of mankind; and of the remaining part, many have their taste corrupted to such a degree as unqualify them altogether for voting.

---

28 Vgl. ebd., 278.
29 JENS KULENKAMPFF, David Hume, in: L. Kreimendahl (Hg.), Philosophen des 18. Jahrhunderts. Eine Einführung (Darmstadt 2000), 139.
30 Vgl. ALEXANDER GERARD, An Essay on Taste (1759; Edinburgh ³1780), 143–162.
31 Vgl. JOSEPH ADDISON, in: The Spectator, Nr. 409 (19. 6. 1712), Nr. 411 (21. 6. 1712), Nr. 420 (2. 7. 1712).
32 HENRY HOME, Sketches of the History of Man (1774), Bd. 1 (Edinburgh 1813), 153 f.

The common sense of mankind must then be confined to the few that fall not under these exceptions.«[33] Im Unterschied zu dem dogmatischen Home glaubt Blair, ein persönlicher Freund Humes, der erste Professor für Rhetorik und Belles lettres an der Universität Edinburgh, nicht, daß empirisch-anthropologische Probleme durch eine formale Parallelisierung von Definitionen zu lösen sind. Doch ist auch sein vermeintlich empirischer Nachweis einer Stabilität des Geschmacks eher eine willkürliche Setzung als ein empirischer Beweis. In seiner Schrift *Lectures on Rhetoric and Belles Lettres* (1783) heißt es: »Taste is far from being an arbitrary principle, which is subject to the fancy of every individual [...]. Its foundation is the same in all human minds. It is built upon sentiments and perceptions which belong to our nature; and which, in general, operate with the same uniformity as our other intellectual principles.«[34]

Blair behauptet hier nur, daß der Geschmack deshalb nicht beliebig sein kann, weil er auf intellektuellen Grundlagen beruhe, die von allen Menschen geteilt werden. Einen Nachweis dafür liefert er nicht. Immerhin aber weist diese Argumentation die Richtung zu einer Lösung des Geschmacksproblems, die in der nachfolgenden deutschen Aufklärung, namentlich bei Kant, weiterentwickelt wurde. Diese – durch den Begriff des ›Gemeinsinns‹ zu charakterisierende – Lösung des Problems unterscheidet sich signifikant von der institutionalistischen Lösung Humes. Sie weicht darüber hinaus jedoch auch von den Grundüberzeugungen der Schottischen Aufklärung insgesamt ab, weil sie deren strenge Orientierung an der Moralsense-Philosophie nicht teilt.

3. Deutschland

Die entscheidenden Hemmnisse, denen die Diskussion in Deutschland sich gegenübersah, sind in einem berühmten Brief aus Rheinsberg an Voltaire vom 6. Juli 1737 genannt, in dem die Gründe für die fehlende Ausbildung einer deutschen Nationalliteratur beleuchtet werden: Es ist die Kluft zwischen den lateinischsprachigen Universitäten und dem Volk; das Fehlen einer für ganz Deutschland verbindlichen Sprache, erklärt aus der mangelnden Zentralisierung; schließlich die Kluft zwischen den frankophonen Höfen und der pedantischen Gelehrtenwelt: »Si on pouvait les [les Allemands – d. Verf.] corriger de leur pesanteur«, prognostiziert der preußische Thronfolger, »et les familiariser un peu avec les Grâces, je ne désespérais pas que ma nation ne produirait pas de grands hommes.«[35] Indem die deutschen Verhältnisse mit der Entwicklung in Frankreich kritisch verglichen werden, kommt in den Blick, wo hier anstelle der fehlenden Salons oder Klubs die Geschmacksreflexion im wesentlichen ihren Ort finden wird – es sind die Universitäten. Deutschlands berühmte Philosophen, von Wolff und Baumgarten, dem Verfasser der *Aesthetica* (1750/1758), über Lambert zu Kant, schrieben aber nur ›kathedermäßig‹. Die Gliederung ihrer einschlägigen Traktate in Paragraphen bringt dieses von der westeuropäischen Entwicklung abweichende Milieu sinnfällig zum Ausdruck. Weshalb Kant seine Hauptwerke »in einem so grauen, trocknen Packpapierstil«[36] schrieb, obwohl er zuvor in seinen kleinen Schriften gezeigt hatte, daß er, wenn er wollte, durchaus über eine »sehr witzige Schreibart« (261) »in der Art der französischen Essays« (262) verfügte, von diesen für Fremde abschreckenden »Äußerlichkeiten« (264) ging Heine aus, als er in Frankreich »das Studium der deutschen Philosophie« (263) erleichtern wollte.

Kants Theorie des Geschmacksurteils bringt die meisten in der europäischen Tradition und in der vorangegangenen deutschen Diskussion entwickelten Elemente einer Theorie des Geschmacks zusammen. Sie ist formuliert im ersten Teil der *Kritik der Urteilskraft*, der ›Kritik der ästhetischen Urteilskraft‹, und entwickelt sowohl eine Geschmackslehre (Rezeptionsästhetik) als auch eine Theorie des Genies (Produktionsästhetik). Bei Kant sind jedoch Geschmack und Genie noch

---

33 HOME, Bd. 3 (1762), 369.
34 HUGH BLAIR, Lectures on Rhetoric and Belles Lettres (1783), Bd. 1 (Edinburgh 1813), 39.
35 FRIEDRICH D. GR. an Voltaire (6. 7. 1737), in: Briefwechsel Friedrichs des Großen mit Voltaire, hg. v. R. Koser, Bd. 1 (Leipzig 1908), 72.
36 HEINRICH HEINE, Zur Geschichte der Religion und Philosophie in Deutschland (frz. 1834; dt. 1835, ²1852), in: Heine, Werke und Briefe in zehn Bänden, hg. v. H. Kaufmann, Bd. 5 (Berlin 1961), 262.

nicht, wie später in der romantischen Ästhetik, konkurrierende Vermögen. Vielmehr markieren sie den Unterschied zwischen Kunstproduktion (Genie) und Kunstgenuß (Geschmack).

Im Zentrum der Geschmackslehre Kants steht der Begriff der Zweckmäßigkeit. Dieser verbindet Kants Überlegungen zur Ästhetik mit den im zweiten Teil des Werkes unter dem Titel ›Kritik der teleologischen Urteilskraft‹ behandelten Problemen einer (angenommenen) Zweckmäßigkeit in der belebten Natur. Sowohl ästhetische Werturteile (Geschmacksurteile) als auch teleologische Urteile betreffen nach Kant die Frage, ob und in welchem Sinne der jeweils beurteilte Gegenstand ›zweckmäßig‹ ist.

Für das ästhetische Werturteil bedeutet dies: Schön ist im ästhetischen Sinne ein Gegenstand nur dann zu nennen, wenn ihm eine, allerdings spezifische, Zweckmäßigkeit eignet. Schönheit ist eine Form von Zweckmäßigkeit. Zweckmäßigkeit ihrerseits ist für Kant die Vermittlung von Freiheit und Notwendigkeit. Da nun Freiheit ein Thema der Vernunft in ihrem praktischen Gebrauch, Notwendigkeit dagegen Gegenstand des theoretischen Gebrauchs der Vernunft ist, ist Zweckmäßigkeit ein Problem, das den Geltungsbereich der theoretischen mit demjenigen der praktischen Vernunft vermittelt. Das diesem Problem in Kants Systematik zugeordnete Erkenntnisvermögen ist die Urteilskraft. In ihrer Beurteilung des Zweckmäßigen vermittelt die Urteilskraft zwischen Freiheit und Notwendigkeit einerseits, zwischen theoretischer und praktischer Vernunft andererseits.

Obwohl im Geschmacksurteil also eine spezifische Zweckmäßigkeit beurteilt wird, ist auch für Kant das ästhetische Werturteil nicht frei von nicht-rationalen Faktoren, nämlich vom ›Gefühl der Lust und Unlust‹. Insoweit gibt es eine Nähe zur Moral-sense-Philosophie. Ferner spielt beim Zustandekommen von Geschmacksurteilen auch für Kant ›Subjektivität‹ eine besondere Rolle. Der damit erneut drohenden Gefahr der ›Beliebigkeit‹ des Geschmacksurteils begegnet Kant mit der ersten Bestimmung desselben: Das Geschmacksurteil müsse ›interesselos‹ sein. Diese Lehre ist im Rahmen der Überlegungen Kants deshalb besonders wichtig, weil sich das Geschmacksurteil seiner Überzeugung nach nicht auf objektive Gegebenheiten des beurteilten Gegenstands bezieht. In ihm drückt sich nach Kant vielmehr aus, welche Wirkung der Gegenstand im Subjekt gezeitigt hat. Auch hier findet demnach eine Fortentwicklung der Lockeschen Lehre von den ›secondary qualities‹ statt. Insofern formuliert das Geschmacksurteil tatsächlich etwas ›Subjektives‹: »Um zu unterscheiden, ob etwas schön sei oder nicht, beziehen wir die Vorstellung nicht durch den Verstand auf das Object zum Erkenntnisse, sondern durch die Einbildungskraft [...] auf das Subject und das Gefühl der Lust oder Unlust desselben.«[37]

Mit dem Geschmacksurteil ist also die Erfahrung von Lust oder Unlust verbunden. Diese Lust oder Unlust ist jedoch eine besondere. Sie ist – gewissermaßen – eine ›Reflexionslust‹; denn sie entsteht nach Kant dann, wenn das Subjekt in sich das durch die Begegnung mit dem schönen Gegenstand ausgelöste »freie Spiel der Einbildungskraft und des Verstandes« (218) erlebt. Zweckmäßig ist das schöne Objekt also in dem Sinne, daß es dazu geeignet ist, im Subjekt dieses freie Spiel der Erkenntniskräfte auszulösen. Nur wenn ein solches Spiel stattfindet, wird ästhetische Lust erlebt; und nur dann formuliert ein Subjekt auch ein (positives) Geschmacksurteil. Dieses ist Ausdruck der spezifisch ästhetischen Lust.

Entsprechend bezieht sich das ästhetische Werturteil nicht eigentlich auf das ästhetische Objekt, sondern vielmehr auf die in der ästhetischen Kontemplation sich vollziehenden Bewußtseinsprozesse. Sind diese ›lustvoll‹, so erfolgt ein positives Werturteil. Erzeugen sie Unlust, so ist das entsprechende Werturteil negativ.

Wenn man aber im Geschmacksurteil weniger über den schönen bzw. häßlichen Gegenstand erfährt als über den Urteilenden selbst, dann gilt anscheinend zwangsläufig der klassische Satz: De gustibus non est disputandum.

Doch dies wäre ein Mißverständnis: Wie schon im Rahmen seiner theoretischen Philosophie verwendet Kant den Begriff ›Subjekt‹ in der oben zitierten Passage nicht synonym mit ›Individuum‹. Seine Blickrichtung geht vielmehr auf ›Subjektivität überhaupt‹. Dies erläutert er im Rahmen der

---

37 IMMANUEL KANT, Kritik der Urtheilskraft (1790), in: KANT (AA), Bd. 5 (1908), 203.

ersten Bestimmung des Geschmacksurteils, nämlich der erwähnten Lehre von dessen ›Interesselosigkeit‹.

Wenn man im ästhetischen Urteil auch nicht zentral das ästhetische Objekt im Blick hat und das Urteil daher in einem wohlverstandenen Sinne nicht ›objektiv‹ zu nennen ist, so will Kant doch keineswegs einem Relativismus oder gar Subjektivismus das Wort reden. Vielmehr soll das Geschmacksurteil gerade so verstanden werden, daß es nur solche Elemente der Person ausdrückt, die überindividuellen Charakter haben. Insofern ist der Blick des Betrachters auch nicht auf subjektive Interessen und Bedürfnisse gerichtet, sondern auf das, was das Kunstwerk überhaupt, d. h. allen Betrachtern bedeuten könnte.

Um die im Geschmacksurteil angesprochene Subjektivität von Beliebigkeit unterscheiden zu können, führt Kant die Idee der Interesselosigkeit ein. Er definiert Geschmack zugleich unter Bezugnahme auf das Schöne und auf das Moment der Interesselosigkeit: »Geschmack ist das Beurtheilunsvermögen eines Gegenstandes oder einer Vorstellungsart durch ein Wohlgefallen oder Mißfallen *ohne alles Interesse*. Der Gegenstand eines solchen Wohlgefallens heißt schön.« Interesselosigkeit heißt bei Kant das Freisein von »Privatbedingungen« bei der Wahrnehmung und Beurteilung eines ästhetischen Objekts. Erlebt sich der ästhetisch urteilende Betrachter als frei von Privatbedingungen, so findet er den Grund seines persönlichen Wohlgefallens in demjenigen, »was er auch bei jedem anderen voraussetzen kann; folglich muß er glauben Grund zu haben, jedermann ein ähnliches Wohlgefallen zuzumuten.« (211) Insofern begründet die Interesselosigkeit des persönlichen Wohlgefallens den Anspruch des ästhetischen Werturteils über das Schöne auf eine (allerdings spezifische) intersubjektive Geltung. Einen solchen Geltungsanspruch haben dagegen nicht die Urteile über das Angenehme. Diese sind nach Kant vielmehr gerade dadurch von den eigentlichen Geschmacksurteilen (über das Schöne) unterschieden, daß in ihnen niemals völlig von Privatbedingungen abgesehen wird. Das Wohlgefallen am Angenehmen ist für ihn niemals ›interesselos‹. Entsprechend können Urteile über das Angenehme auch keinen Anspruch auf intersubjektive Geltung erheben.

Für den von den Urteilen über das Schöne erhobenen Anspruch auf intersubjektive Geltung führt Kant den Terminus ›Gemeingültigkeit‹ ein; in ihm drückt sich aus, daß die intersubjektive Geltung von Geschmacksurteilen einen ›Gemeinsinn‹ (sensus communis) voraussetzt.

Kant legt großen Wert auf die Feststellung, daß im Geschmacksurteil kein Gegenstand erkannt wird. Das Geschmacksurteil ist kein Erkenntnisurteil. Es liefert kein Wissen von einem Gegenstand, ja es enthält nicht einmal den Begriff von einem Gegenstand: »Schön ist das, was ohne Begriff allgemein gefällt.« (219) Aus dieser Lehre ergibt sich, daß die im Geschmacksurteil beurteilte Zweckmäßigkeit keine ›Vollkommenheit‹ sein kann; denn Vollkommenheit setzt immer den Begriff (das ›Ideal‹) eines Gegenstandes voraus.

Zu diesen Bestimmungen kommt noch eine weitere hinzu: Das Geschmacksurteil ist nach Kant kein Urteil über eine konkrete Zweckmäßigkeit (Nützlichkeit), sondern ein Urteil über ›Zweckmäßigkeit ohne Zweck‹. Das Geschmacksurteil bezieht sich zwar auf Zweckmäßigkeit, jedoch nur auf Zweckmäßigkeit überhaupt, d. h. auf die bloße Form der Zweckmäßigkeit ohne Intention auf einen konkreten Zweck. Ein solcher wäre notwendig wieder eine ›Privatbedingung‹ und würde als solche das ästhetische Werturteil subjektivieren. So aber hat das ästhetische Werturteil eine spezifische Dignität zugesprochen bekommen. Es lehrt uns zwar wenig über das Objekt. In diesem Sinne erhebt es keinen Anspruch auf Objektivität. Um so Wichtigeres lehrt es uns aber über das Subjekt; jedoch nicht über das Subjekt als Individuum, sondern vielmehr über das Subjekt als Teilhaber der ›Subjektivität überhaupt‹. – Diese Bestimmung entspricht im Verbund mit der noch zu erläuternden Konzeption des Gemeinsinns systematisch in etwa der Funktion der ›menschlichen Natur‹ in der Argumentation der Schottischen Aufklärung.

Auf der Basis dieser Vorüberlegungen kommt Kant zu einer Definition von Schönheit, in der die innere Beziehung von Schönheit und Zweckmäßigkeit ausdrücklich ins Zentrum gestellt wird: »Schönheit ist Form der Zweckmäßigkeit eines Gegenstandes, sofern sie ohne Vorstellung eines Zwecks an ihm wahrgenommen wird.« (236) Die Lehre, daß die im Geschmacksurteil beurteilte

Zweckmäßigkeit ›ohne (konkreten) Zweck‹ vorgestellt werden muß, schließt aus, daß ästhetische Zweckmäßigkeit als Nützlichkeit mißverstanden wird. Nützlich ist etwas immer für einen bestimmten Zweck.

Die letzte Bestimmung, die Kant dem ästhetischen Werturteil gibt, ist die einer ›subjektiven Notwendigkeit‹. Diese paradox klingende Formulierung weist einerseits darauf hin, daß das ästhetische Urteil, wenn es auch ohne Bezugnahme auf Privatbedingungen zustande gekommen ist, dennoch das Ergebnis der Auseinandersetzung einer bestimmten Person mit einem besonderen Objekt ist. Andererseits aber bietet die Rede von (subjektiver) Notwendigkeit Kant die Basis für seine abschließenden Bestimmungen, in welchen sowohl dem Geschmacksurteil als auch dem ›Schönen‹ eine wesensmäßige Beziehung zum Notwendigen zugesprochen wird. Bei diesem letzten Schritt aber bringt Kant ein weiteres Element ins Spiel, nämlich den bereits mehrfach erwähnten ›Gemeinsinn‹ (sensus communis). Er führt ihn auf folgende Weise ein: »Die Nothwendigkeit der allgemeinen Beistimmung, die in einem Geschmacksurtheil gedacht wird, ist eine subjective Nothwendigkeit, die unter der Voraussetzung eines Gemeinsinns als objectiv vorgestellt wird.« (239) Entsprechend modifiziert sich schließlich auch die Definition der Schönheit: »Schön ist, was ohne Begriff als Gegenstand eines nothwendigen Wohlgefallens erkannt wird.« (240) Die Notwendigkeit des hier angesprochenen Wohlgefallens bzw. der Beistimmung zu einem Geschmacksurteil ist ohne weitere Voraussetzung in dem oben erläuterten Sinne bloß eine subjektive Notwendigkeit. Zu einer objektiven wird die Notwendigkeit erst durch die problematische Voraussetzung der Existenz eines ›Gemeinsinns‹. Es bleibt jedoch auch im Rahmen der Geschmackstheorie Kants ein schwieriges Problem, wie diese Voraussetzung begründet werden soll. Seine Bezugnahme auf ›Subjektivität überhaupt‹ unterstellt wie die Lehre Humes von einer ›menschlichen Natur‹ eine alle Menschen umfassende Gemeinsamkeit, aus der sich eventuell eine fundamentale Übereinstimmung in Geschmacksfragen

erklären ließe. Weder Kant noch Hume liefern jedoch eine schlüssige Begründung für diese fundamentale anthropologische Annahme. Die Problembegriffe ›menschliche Natur‹, ›Subjektivität überhaupt‹ und ›Gemeinsinn‹ deuten auf die Notwendigkeit einer solchen alle Menschen umfassenden Gemeinsamkeit hin.

Im Rahmen der Thematisierung des Geschmacks als ästhetisches Gewissen stellt sich das Problem als die Frage, worin die Autorität des ästhetischen Gewissens sich gründet. In der Konzeption der ›idealen Kritiker‹ bietet Hume seine Lösung an. Es ist jedoch deutlich, daß deren Autorität nur im Rahmen der problematischen Annahme einer alle Menschen umfassenden Gemeinsamkeit begründbar ist. Ähnlich problematisch ist – wie Kant selber sieht – auch die Annahme eines Gemeinsinns. Die weitere Entwicklung des Geschmacksbegriffs ist daher fast unvermeidlich gekennzeichnet durch eine zunehmende Verlagerung der ästhetischen Autorität auf das einzelne Individuum. Auch in dieser Hinsicht verläuft die Geschichte des ›ästhetischen Gewissens‹ parallel zu der des moralischen.

III. Das Zeitalter des Liberalismus

Den hohen Rang, den der Geschmacksbegriff im europäischen Denken des 17. und 18. Jh. innehatte, hat er in der Folgezeit aus einer Reihe von Gründen eingebüßt. Als wichtiges Element des ästhetischen Urteilens ist Geschmack jedoch weiterhin in Anspruch genommen worden. Schließlich besitzt die Lehre vom guten Geschmack, wie der Soziologe Luhmann formulierte, »ihre Evidenz nicht in ihren Kriterien, sondern darin, daß es klare Fälle von schlechtem Geschmack gibt«[38]. In Verbindung mit werktechnischen Analysen gebraucht bzw. durch sie fundiert, kann der Begriff jetzt sogar gegenüber Künstlern ersten Ranges eine Zäsur in ihrer Geltung einleiten.

So argumentiert der seit 1831 im Pariser Exil lebende Heine gegen den »so gepriesenen Victor Hugo, der mit […] Beharrlichkeit den Franzosen und endlich sich selber weismachte, daß er der größte Dichter Frankreichs sei. Ist dieses wirklich

---

38 NIKLAS LUHMANN, Die Kunst der Gesellschaft (1995; Frankfurt a. M. 1997), 328.

seine eigene fixe Idee? Jedenfalls ist es nicht die unsrige. Sonderbar! die Eigenschaft, die ihm soviel fehlt, ist eben diejenige, die bei den Franzosen am meisten gilt und zu ihren schönsten Eigentümlichkeiten gehört. Es ist dieses der Geschmack. Da sie den Geschmack bei allen französischen Schriftstellern antrafen, mochte der gänzliche Mangel desselben bei Victor Hugo ihnen vielleicht eben als eine Originalität erscheinen. Was wir bei ihm am unleidlichsten vermissen, ist das, was wir Deutsche ›Natur‹ nennen: er ist gemacht, verlogen, und oft im selben Verse sucht die eine Hälfte die andere zu belügen; er ist durch und durch kalt, [...] eiskalt sogar in seinen leidenschaftlichsten Ergüssen [...]. Wir sehen [...] eine freche eiserne Stirn und, bei allem Reichtum der Phantasie und des Witzes, dennoch die Unbeholfenheit eines Parvenüs oder eines Wilden, der sich durch Überladung und unpassende Anwendung von Gold und Edelsteinen lächerlich macht: kurz, barocke Barbarei, gellende Dissonanz und die schauderhafteste Difformität!«[39]
Weniger für die Rezeption des Prosaschriftstellers, wohl aber des Dichters Hugo, »von dem bereits in den dreißiger/vierziger Jahren des 19. Jahrhunderts größere Werkausgaben in deutscher Sprache«[40] existierten, war ein solches Votum aus diesem Munde verhängnisvoll. Im Werk des für die französische Romantik so aufgeschlossenen Nietzsche spielt der Name Hugo eine ganz untergeordnete Rolle.

Vielleicht noch frappierender ist der Vorwurf der Geschmacklosigkeit, den Debussy zu Beginn des 20. Jh. gegen Beethoven vorbringt. Dessen Sinfonien hatten, vermittelt durch die bahnbrechende Interpretation des romantischen Musikschriftstellers E. T. A. Hoffmann, den Musikbegriff der ersten Hälfte des 19. Jh. geprägt. Debussy leitete eine neue Periode der Beethovenkritik ein, indem er den Komponisten ein »genius without taste« nannte und diese These kompositionstechnisch absicherte: »In Beethoven's symphonies, the exciting climax of a period ends with a noisy solution of quiet banality.«[41] Die Zeiten, in denen Beethoven in den Schriften von Berlioz, Schumann, Liszt oder Wagner als der größte aller Musiker gerühmt und gefeiert wurde, waren Vergangenheit.

Nietzsche mögen solche Beispiele von Urteilen vor Augen gestanden haben, als er die Veränderungen in den Meinungen nicht als die »Ursachen«, sondern lediglich als »Symptome des veränderten Geschmacks« gewertet wissen wollte und auf die Frage »Wie verändert sich der allgemeine Geschmack?« die Antwort gab: »Dadurch, daß Einzelne, Mächtige, Einflußreiche ohne Schamgefühl ihr *hoc est ridiculum, hoc est absurdum*, also das Urteil ihres Geschmacks und Ekels, aussprechen und tyrannisch durchsetzen – sie legen damit vielen einen Zwang auf, aus dem allmählich eine Gewöhnung noch mehrerer und zuletzt ein *Bedürfnis aller* wird.«[42]

Ähnlich wie in Frankreich wurde auch in England der Begriff ›taste‹ bis ins 20. Jh. hinein als Teil einer großen und verpflichtenden nationalen Tradition angesehen. Noch Saintsbury hatte in seiner dreibändigen *History of Criticism and Literary Taste in Europe* (1900–1904) »die Entwicklung der Kunstkritik als Entwicklung des Kunst*geschmacks* gedeutet«[43], »criticism« einfach als »reasoned exercise of literary taste«[44] verstanden. Erst 1952 stellte man fest: »It is a significant fact that the word ›taste‹ has almost completely dropped out of contemporary critical terminology.«[45]

Demgegenüber ist in Deutschland schon seit dem ausgehenden 18. Jh. bewußt nach Ersatz ge-

---

39 HEINE, Lutetia. Berichte über Politik, Kunst und Volksleben [Spätere Notiz von 1854 zum 30. 4. 1840], in: Heine, Werke (s. Anm. 36), Bd. 6 (Berlin 1962), 283 f.
40 FRIEDHELM KEMP, Zur Übersetzung französischer Lyrik des 19. und 20. Jahrhunderts, in: B. Kortländer/ F. Nies (Hg.), Französische Literatur in deutscher Sprache. Eine kritische Bilanz (Düsseldorf 1986), 30.
41 CLAUDE DEBUSSY, zit. nach Max Graf, Composer and Critic. Two Hundred Years of Musical Criticism (1946; New York 1969), 189.
42 FRIEDRICH NIETZSCHE, Die fröhliche Wissenschaft (1882), in: NIETZSCHE (SCHLECHTA), Bd. 2 (1955), 64 f.
43 ROBERT WEIMANN, ›New criticism‹ und die Entwicklung bürgerlicher Literaturwissenschaft. Geschichte und Kritik neuer Interpretationsmethoden (Halle a. d. Saale 1962), 25.
44 GEORGE SAINTSBURY, A History of Criticism and Literary Taste in Europe. From the Earliest Texts to the Present Day, Bd. 1 (Edinburgh 1900), 4.
45 JAMES R. SUTHERLAND, The English Critic. An Inaugural Lecture Delivered at University College London 15 May 1952 (London 1952), 13; vgl. WEIMANN (s. Anm. 43), 25.

sucht und in ›Gefühl‹ oder ›Schönheitsgefühl‹ gefunden worden. Grundlage dieser Entwicklung war die von Friedrich Schlegel 1797 formulierte Überzeugung, nur in Deutschland habe »die Aesthetik und das Studium der Griechen eine Höhe erreicht, welche eine gänzliche Umbildung der Dichtkunst und des Geschmacks zur Folge haben muss«. Wie eine ›objektive Theorie‹ jetzt die traditionellen Regeln ablöst, hat der enge ›Geschmack‹ dem elastischeren ›Gefühl‹ Platz zu machen. Schlegel behauptet umgehend an der gleichen Stelle, indem er einen Neologismus verwendet, »in der älteren Manier der klassischen Kritik übertrifft unser *Lessing* an Scharfsinn und an Schönheitsgefühl seine Vorgänger in England unendlich weit.«[46] Das universale Programm der Frühromantiker sollte, in der Theorie wie in der Geschichtsschreibung, »alles uns bekannte Schöne in der Poesie, was jemals irgendwo unter den Menschen erschien«, zusammenfassen und so ganz neue Horizonte eröffnen, wohingegen in den vorangegangenen Jahrhunderten seit dem Humanismus »viele Kunstrichter ein so enges Regelgebäude errichtet, weil sie ja nur die Werke ihres eigenen Volkes und zwar im Zeitalter der künstlichen Bildung vor Augen hatten; weil sie sich nie bis zur Weltgeschichte der Phantasie und des Gefühls erhoben«[47].

Das ›Zeitalter der künstlichen Bildung‹ August Wilhelm Schlegels von 1795 erscheint 1835 bei Gervinus vergröbert als »Ungeschmack in Kunst und Wissenschaft«, den die Deutschen mit ihrer Nationalliteratur »zu brechen« hatten, wie ihnen

46 FRIEDRICH SCHLEGEL, Über das Studium der griechischen Poesie (1797), in: Schlegel, Prosaische Jugendschriften, hg. v. J. Minor, Bd. 1 (Wien ²1906), 176.
47 AUGUST WILHELM SCHLEGEL, Briefe über Poesie, Silbenmaß und Sprache. Erster Brief (1795), in: A. W. Schlegel, Sämmtliche Werke, hg. v. E. Böcking, Bd. 7 (Leipzig 1846), 107.
48 GEORG GOTTFRIED GERVINUS, Einleitung, in: Gervinus, Geschichte der deutschen Dichtung (1835 [Geschichte der poetischen Nationalliteratur der Deutschen]; Leipzig 1853), 10.
49 G. W. F. HEGEL, Hamanns Schriften (1828), in: HEGEL (TWA), Bd. 11 (1970), 335.
50 JORIS-KARL HUYSMANS, L'art moderne (1883), in: Huysmans, Œuvres complètes, hg. v. A. Grolleau, Bd. 6 (Paris 1929), 9.
51 HEINE, Die Nordsee. Dritte Abteilung (1827), in: Heine (s. Anm. 36), Bd. 3 (Berlin 1961), 98.

zuvor die Lehre des Messias »zu reinigen«[48] aufgegeben war. Hegel bringt 1828 diese Entwicklung zweifellos auf den Punkt, wenn er Geschmack eine Kategorie nennt, die »heutigentages aus der deutschen Kritik mehr oder weniger verbannt ist«[49].

Die tieferen Gründe des Bedeutungsrückgangs von Geschmack im 19. und 20 Jh. lassen sich vor allem unter drei Aspekten beleuchten: 1) die Ausbildung einer kulturhistorischen Literatur- und Kunstauffassung, die mit einer prinzipiellen Relativierung des Geschmacks verbunden war; 2) der Aufstieg der Genieästhetik, die mit der Ausbildung eines neuen Kunstbegriffs einherging und den schöpferischen, stets Neues hervorbringenden Künstler zum Symbol der unzerstückten Menschheit erhob, wohingegen der Begriff des Geschmacks jetzt den Charakter eines Garanten von Tradition erhält; und schließlich 3) die Bewegung des Ästhetizismus und der Verachtung und Verbitterung der Künstler gegenüber dem Bourgeois bzw. dem Geschmack des Bildungsbürgertums. Die unablässige Ausweitung des Publikums einerseits, die besonders nach 1850 einsetzende Abkehr von diesem großen Publikum, das an den überkommenen ästhetischen Leitbildern festhält, durch die künstlerisch avanciertesten Köpfe andererseits, bringen den Begriff nicht nur in die Krise. »Le gros goût public«[50], der stets am Konventionellen festhält, wird zum Gegenbild moderner Kunst schlechthin. Gegenüber dem 19. Jh., das die Überzeugung von der Pluralität des Geschmacks durchsetzt, zeigt das 20. Jh., sofern die Künstler überhaupt den Begriff noch reflektieren, eine Präferenz für ›schlechten Geschmack‹.

1. Die Erkenntnis der Zeitbedingtheit der Kunst

Ad 1) »Die Werke des Geistes sind ewig feststehend, aber die Kritik ist etwas Wandelbares, sie geht hervor aus den Ansichten der Zeit, hat nur für diese Bedeutung [...]. Jedes Zeitalter, wenn es neue Ideen bekömmt, bekömmt auch neue Augen und sieht gar viel Neues in den alten Geisteswerken. Ein Schubarth sieht jetzt in der ›Ilias‹ etwas anderes und viel mehr als sämtliche Alexandriner; dagegen werden einst Kritiker kommen, die viel mehr als Schubarth in Goethe sehen.«[51] Gelegentlich zweier Schubarthscher Schriften – *Ideen über*

Homer und sein Zeitalter (1821) und *Zur Beurteilung Goethes* (1818) – formuliert Heine die literaturgeschichtliche Konzeption des Jungen Deutschland, dessen Aufkommen die Klassik und Romantik in Deutschland ablöst. Beherrschende Kategorie wird jetzt auch in Deutschland die ›Zeit‹, der Schreibende hat im Sinne der französischen Aufklärung, wie er sich zuerst bei Saint-Evremond abzeichnete, ein ›Zeit-Schriftsteller‹ zu sein, das Urteil der ›Kritik‹ wird in universalgeschichtlicher Sicht als variabel gesehen, während von einer lokalen Größe wie dem Geschmack selbst nicht mehr die Rede ist. Im Grunde sind jedoch auch die ›Werke des Geistes‹ nur Variablen in der mannigfaltigen Geschichte der Völker. Der Literaturbegriff kann, sobald er von der Diktatur des klassischen Geschmacks befreit ist, die literarischen Zeugnisse aller Völker integrieren, wie die Anzeige eines Buches *De la littérature des Hébreux* 1825 im *Globe* zeigt: »Après avoir longtemps considéré la littérature comme quelque chose d'invariable et d'absolu, qui pouvait se soumettre à des formes arrangées d'avance, qu'on devait juger d'après des règles toujours les mêmes, elle [la critique – d.Verf.] la prend maintenant comme le produit variable et changeant de chaque société. Elle cherche l'explication de toute littérature dans l'histoire complète de la nation à laquelle elle appartient et des circonstances où elle est née. Elle n'oublie dans cet examen ni l'esprit des lieux, ni la variété des climats, ni la singularité des coutumes, ni les lois, ni les gouvernements, enfin rien de ce qui sert à donner et à conserver aux peuples leur caractère propre et leur physionomie spéciale. Ainsi elle devient contemporaine et compatriote de tous les hommes dont les écrits sont arrivés jusqu'à nous; elle vit avec eux et chez eux«[52]. In der liberalen französischen Zeitschrift, aus deren Umkreis der Satz überliefert ist: »Le goût en France attend son Quatorze Juillet«[53], sind somit alle gewöhnlich mit dem deutschen Historismus verknüpften Erkenntnisse erwacht, »der Sinn für das Wirken geschichtlicher Kräfte, für die Unvergleichbarkeit der geschichtlichen Erscheinungen sowie für ihre ständige innere Bewegtheit«[54].

2. Die Konkurrenz von Genie und Originalität zu Geschmack

Ad 2) In der großen *Encyclopédie* ist im Artikel ›Génie‹ von 1757 die Abgrenzung zum goût so prägnant beschrieben und erläutert, daß der Text bis ins 20. Jh. in Diderots Werke aufgenommen wurde, obwohl seit dem 18. Jh. Saint-Lambert als Verfasser bekannt ist: »Le *génie* est un pur don de la nature; ce qu'il produit est l'ouvrage d'un moment; le goût est l'ouvrage de l'étude et du tems; il tient à la connaissance d'une multitude de regles ou établies ou supposées; il fait produire des beautés qui ne sont que de convention. Pour qu'une chose soit belle selon les regles du goût, il faut qu'elle soit élégante, finie, travaillée sans le paroître: pour être de génie il faut quelquefois qu'elle soit négligée; qu'elle ait l'air irrégulier, escarpé, sauvage. Le sublime et le génie brillent dans Shakespeare comme des éclairs dans une longue nuit, et Racine est toûjours beau; Homer est plein de génie, et Virgil d'élégance.«[55] Beide Begriffe (Geschmack und Genie) sind hier noch dem Bereich der Kunstproduktion zugeordnet. In der unterschiedlichen Bewertung ist jedoch bereits eine Spannung angelegt, die bei Goethe als scharfer Konflikt zwischen dem bloß beurteilenden Geschmack und dem Geschmack der »hervorbringenden Naturen« erscheint: »Doch leider ist der Geschmack der nicht hervorbringenden Naturen verneinend, beengend, ausschließend und nimmt zuletzt der hervorbringenden Klasse Kraft und Leben.«[56] Der Aufstieg des Geniebegriffs reduziert den Geschmack schließlich auf den Status einer

---

52 [H. R.], [Rez.] Jacques Barthélemy Salgues, De la littérature des Hébreux, ou des Livres saints considérés sous le rapport des beautés littéraires (1825), in: Le Globe (12. 4. 1825), 467; vgl. BARRÈRE (s. Anm. 15), 100.
53 Zit. nach BARRÈRE (s. Anm. 15), 99.
54 ERICH AUERBACH, Mimesis. Dargestellte Wirklichkeit in der abendländischen Literatur (Bern 1946), 390.
55 JEAN-FRANÇOIS DE SAINT-LAMBERT, ›Génie‹, in: DIDEROT (ENCYCLOPÉDIE), Bd. 7 (1757), 583.
56 GOETHE, Anmerkungen über Personen und Gegenstände, deren in dem Dialog ›Rameaus Neffe‹ erwähnt wird (1805), in: GOETHE (BA), Bd. 21 (1977), 677.

Kategorie der Rezeption in einem besonderen Sinne: Jedes Werk, das es wert ist zu erscheinen, kann Fichte zufolge bei seinem Erscheinen gar nicht angemessen beurteilt werden, sondern »es soll sich erst sein Publikum erziehen«[57]. Der hohe Anspruch, der sich hier manifestiert, enthält gleichzeitig eine Verpflichtung der genialen Naturen: »Der Lebenslauf jedes wahrhaften Künstlers oder wissenschaftlichen Kopfs ist eine fortgehende Entwickelung seiner eignen Originalität.« (721) Sosehr Mme de Staël im Kapitel ›Goût‹ ihres Deutschlandbuches auch bemüht war, den durch die Revolution belasteten Begriff in der Bedeutung ›Takt‹ und ›soziale Konvenienzen‹ von dem Begriff in seiner Beziehung zu den schönen Künsten zu trennen, indem sie dessen ›schöpferischen Charakter‹ herausstellte bzw. postulierte – am Ende war es auf der ganzen Linie ein Rückzugsgefecht: »Le goût est en littérature comme le bon ton en société: on le considère comme une preuve de la fortune, de la naissance [...], tandis que le génie peut naître en la tête d'un artisan qui n'aurait jamais eu de rapports avec la bonne compagnie.« Dieser Auftakt ist so wenig überzeugend für den Geschmack wie der zentrale Satz: »il faut, en littérature, tout le goût qui est conciliable avec le génie: car si l'important dans l'état social c'est le repos, l'important dans la littérature, au contraire, c'est l'intérêt, le mouvement, l'émotion, dont le goût à lui seul est souvent l'ennemi.«[58] Die herrschende Kategorie ist stets ›Genie‹.

Das Genie rückte in einer Periode zum Modell menschlicher Schöpferkraft empor, als auch der Begriff der Kunst eine ungeheure Aufwertung erfuhr, weil das überkommene halb künstlerische Verhältnis der Handwerksperiode aufgelöst und in den Manufakturen aus Handwerkern Arbeiter wurden. Ferguson hat in seinem Essay on the History of Civil Society (1767) nicht nur das Auseinandertreten von körperlicher und geistiger Tätigkeit und die Verkümmerung des Manufakturarbeiters beschrieben: »Many mechanical arts, indeed, require no capacity; they succeed best under a total suppression of sentiment and reason; and ignorance is the mother of industry as well as of superstition. Reflection and fancy are subject to err; but a habit of moving the hand, or the foot, is independent of either.« Er hat auch die korrespondierende Aufwertung der von diesem Prozeß nicht erfaßten ›Berufstätigkeiten‹ gesehen: »Professions requiring more knowledge and study; proceeding on the exercise of fancy, and the love of perfection; leading to applause as well as to profit, place the artist in a superior class, and bring him nearer to that station in which men are supposed to be highest«[59]. Individualität des Meisters, Originalität des Künstlergenies avancieren vor diesem Vorgang der »Vernichtung aller Individualität«[60] zu den höchsten Werten.

3. Die Geschmacksspaltung zwischen gebildetem Publikum und den großen Künstlern

Ad 3) Völlig anders war dagegen die Lage auf dem Gebiet der bildenden Künste, nachdem der französische Konvent den königlichen Kunstbesitz in Nationaleigentum überführt hatte und der Louvre unter Napoleon durch systematischen Kunstraub aus Italien, Österreich und Deutschland ausgebaut wurde. Mußte die übermäßige Sammlung von Meisterwerken, die aus ihrem ursprünglichen Zusammenhang gerissen waren, nicht gerade eine Abstumpfung des ›wahren Geschmacks‹ bewirken? In seinen Überlegungen von 1815 äußerte Quatremère de Quincy die schlimmsten Befürchtungen: »Oui, je n'hésite point à le dire, à force d'analyse, de méthode et de critique, non seulement les Arts perdent de la faculté d'émouvoir, mais, ce qui est pire encore, nous perdons nous-mêmes la faculté d'être émus.« Das museal-artifizielle Nebeneinander von Werken ersten Ranges gilt als fatal: »Au moral ainsi qu'au physique, le goût s'émousse par

---

57 JOHANN GOTTLIEB FICHTE, Friedrich Nicolais Leben und sonderbare Meinungen (1801), in: Fichte, Werke. Auswahl in sechs Bänden, hg. v. F. Medicus, Bd. 3 (Leipzig 1910), 727.
58 MME DE STAËL, De l'Allemagne (1813), Bd. 1 (Paris 1968), 247, 248.
59 ADAM FERGUSON, An Essay on the History of Civil Society, hg. v. F. Oz-Salzberger (1767; Cambridge 1995), 174, 176.
60 GEORG FORSTER, Über lokale und allgemeine Bildung (entst. 1791), in: Forster, Werke. Sämtliche Schriften, Tagebücher, Briefe, Bd. 7, hg. v. G. Steiner (Berlin 1963), 51.

l'habitude de sensations trop vives ou trop fortes.«[61]

Während man am Jahrhundertbeginn noch befürchten konnte, daß moderne Kunst auf diese Weise nicht zum Zuge kommen könne, zeigt die Entwicklung der Künste seit der Jahrhundertmitte gerade das entgegengesetzte Verhältnis. Das Publikum fühlt sich von der modernen Kunstentwicklung überfordert und vermag weitestgehend nicht mehr zu folgen. Auf dem Gebiet der Künste wiederholt sich, was zuvor schon für die Zeitgeschichte festgestellt worden war, es sei »der großen Mehrheit geradezu unmöglich [...], der Geschichte ihrer Zeit zu folgen und den Gang der Ereignisse klar zu überschauen«[62]. Das aus der Aufklärung bezogene Denkschema, die Kunst habe sich den Bedürfnissen der Zeit anzupassen, muß in immer kürzeren Abständen wieder vorgebracht werden, um neue Tendenzen zu legitimieren. Was als Besonderheit des 19. Jh. in die Geschichte eingeht, ist daher, »daß, bei günstigsten Voraussetzungen für die Technik der Verbreitung, fast allgemein das Mittelmäßige dem Bedeutenden vorgezogen wurde, daß fast alle bedeutenden Künstler dem durchschnittlichen Publikum gegenüber, je nach ihrem Temperament, Erbitterung oder Verachtung empfanden oder es einfach als nicht vorhanden betrachteten«[63]. Ein extremer ästhetischer Subjektivismus war die Folge. Den Bruch mit gesellschaftlichen Konventionen wie mit ästhetischen Traditionen formulierten Oscar Wildes berühmt gewordene Aphorismen: »There is no such thing as a moral or an immoral book. Books are well written, or badly written. That is all.« – »All art is quite useless.«[64]

In Deutschland wird diese Frontstellung des persönlichen, individuellen Geschmacks gegen den konventionellen Geschmack der jeweiligen Tradition vor allem in den philosophischen Schriften von Friedrich Nietzsche und Georg Simmel formuliert. Der so verstandene Geschmack gerät bei Nietzsche in eine Opposition zur konventionellen Moral ebenso wie zu den als gesichert gepriesenen Erkenntnissen der Wissenschaft. In seinem höchst individuellen Geschmack begehrt das allmählich selbstbewußt werdende Individuum auf gegen erstarrte Konventionen und vermeintliche Objektivitäten. Simmel betont in seinem Essay *Die Mode* (1905) den Gegensatz zwischen dem Geschmack der »feinen und eigenartigen Menschen« und den »Normen der Allgemeinheit«[65].

IV. 20. Jahrhundert: Pluralismus und ästhetische Skepsis

Das 20. Jh. könnte als ein Zeitalter der ästhetischen Skepsis bezeichnet werden. Skepsis aber ist immer Befreiung und Verunsicherung zugleich. Während die mit der Aufklärung begonnene Emanzipation der Kunst vom Einfluß kunstfremder Institutionen fortschreitet, deren Autorität skeptisch in Frage gestellt wird, verlieren zugleich traditionelle Werte an Autorität, die für die Autorität von Geschmacksurteilen relevant sind. Immer mehr wird ästhetische Geltung eine Funktion individueller Autorität. In gleichem Maße nimmt die Bedeutung des individuellen ästhetischen Gewissens zu.

Dies heißt jedoch nicht, daß die kulturtragende Bedeutung von Geschmack in Frage gestellt würde. Problematisch erscheinen immer nur die Geltungsansprüche der Geschmacksurteile: Geschmack wird trotz seiner kulturtragenden Funktion paradoxerweise implizit zu einem rein privaten Phänomen erklärt.

1. Eine phänomenologische Kritik der ästhetischen Skepsis (Ingarden)

Innerhalb der phänomenologischen Ästhetik unseres Jahrhunderts spielt das Geschmacksproblem

---

61 ANTOINE C. QUATREMÈRE DE QUINCY, Considérations morales sur la destination des ouvrages de l'art [...] (Paris 1815), 78, 44; vgl. BARRÈRE (s. Anm. 15), 129.
62 Conversations-Lexikon der Gegenwart, Bd. 4 (Leipzig 1841), V f.; vgl. REINHART KOSELLECK, Vergangene Zukunft. Zur Semantik geschichtlicher Zeiten (1979; Frankfurt a. M. 1989), 335, Anm. 87.
63 AUERBACH (s. Anm. 54), 445.
64 OSCAR WILDE, The Picture of Dorian Gray (1891), hg. v. D. L. Lawler (New York/London 1988) 3, 4.
65 GEORG SIMMEL, Die Mode (1905), in: Simmel, Philosophische Kultur. Gesammelte Essais (Frankfurt a. M. 1993), 54.

eine wichtige Rolle. Roman Ingarden hat ihm im Rahmen seiner Auseinandersetzung mit dem ästhetischen Skeptizismus mehrere phänomenologische Untersuchungen gewidmet. Das Ziel seiner Argumentation ist die phänomenologische Begründung eines intersubjektiven Geltungsanspruchs von Geschmacksurteilen. Dies ist auf der Basis seiner eigenen gegenstands- und erkenntnistheoretischen Voraussetzungen recht problematisch. Diese scheinen nämlich unvermeidlich auf einen Wertrelativismus hinauszulaufen.

Ingarden geht davon aus, daß der Prozeß des ästhetischen Erlebnisses, den er als einen mehrstufigen, komplexen Vorgang beschreibt, in der Regel in einer ästhetischen ›Wertantwort‹ kulminiert. Diese Antwort wird dann häufig in der Gestalt eines Geschmacksurteils auch artikuliert.

Das erste in Ingardens Theorie auftretende Problem ist nun seine Annahme, diese Wertreaktion beziehe sich nicht auf das Kunstwerk selbst, sondern auf den vom Betrachter in der Begegnung mit dem Kunstwerk konstituierten ästhetischen Gegenstand. Dieser ist das Ergebnis einer von Ingarden so genannten ›Konkretisation‹ des Kunstwerks. Nun können durchaus verschiedene Konkretisationen ein und dasselbe Kunstwerk im Bewußtsein des Betrachters angemessen repräsentieren. Es gibt eine große Anzahl jeweils angemessener Konkretisationen eines bestimmten Werks. Wenn z. B. mehrere Besucher eines Konzerts dieselbe Sinfonie hören, so ist davon auszugehen, daß sich die Hörerlebnisse und die in diesen konstituierten ästhetischen Gegenstände in mancherlei Hinsicht unterscheiden. Dafür sind etwa verschiedene Stimmungslagen, unterschiedliche Grade und Orientierungen der Aufmerksamkeit, die Arten der jeweiligen musikalischen Erfahrungen und die davon abhängigen individuellen Assoziationsketten u. ä. verantwortlich. Wenn nun die Konzertbesucher auf dasselbe Konzert mit unterschiedlichen oder gar widersprüchlichen ästhetischen Werturteilen reagieren, so kann in der Beschreibung Ingardens dennoch gesagt werden, alle diese Antworten seien richtig. Dies gelte auch für die Werturteile, die einander zu widersprechen scheinen. Zwischen ihnen liege entgegen dem Anschein kein eigentlicher Widerspruch vor; da sie sich nämlich auf die verschiedenen individuell konstituierten ästhetischen Gegenstände bezögen, nicht aber auf das identische Kunstwerk (die aufgeführte Sinfonie), entfalle die entscheidende Bedingung für einen echten Widerspruch: die Identität des Gegenstands der einander widersprechenden Aussagen.

Ganz ähnlich wie Kant behauptet Ingarden also zunächst eine spezifische Art von Subjektivität des ästhetischen Werturteils: Es bezieht sich nicht auf objektiv gegebene Werke, sondern vielmehr auf die Ergebnisse subjektiv vollzogener Gegenstandskonstitutionen. Insofern ist Ingardens Geschmackstheorie sogleich mit dem klassischen Problem der vermeintlichen Beliebigkeit von solchen Werturteilen konfrontiert: Jeder konstituiert seine eigenen ästhetischen Gegenstände und reagiert auf diese in einer für ihn spezifischen Wertantwort. Diese Wertantworten geraten nie in Konflikt miteinander, weil sie sich auf verschiedene ästhetische Gegenstände beziehen. Dies bedeutet aber zugleich: In diesen Fragen ist keine intersubjektive Geltung der zugehörigen Urteile möglich, weil diese sich eben nicht auf identische Gegenstände beziehen. Ingarden scheint also eine geradezu emphatische Theorie ästhetischer Beliebigkeit zu vertreten. Dies ist jedoch ganz und gar nicht der Fall. Vielmehr vertritt er eine objektivistische Theorie des ästhetischen Werturteils, in der sehr wohl eine intersubjektive Geltung solcher Urteile begründet werden kann. Der für diese Wendung seiner Überlegungen entscheidende Begriff ist der des Geschmacks.

Ingardens Hauptthese lautet nämlich: Nur ein Subjekt mit Geschmack konkretisiert ein Kunstwerk ›angemessen‹ in seinem Bewußtsein, und nur ein solches Subjekt gibt auf diese Konkretisation auch die ›angemessene‹ Wertantwort.

In dieser These zur Rolle des Geschmacks sind die folgenden Überzeugungen enthalten:

(1) Es gibt Menschen mit und solche ohne Geschmack (im Sinne Ingardens). Menschen mit Geschmack heißen bei Ingarden ›Wertgenießer‹; sie sind in der Lage, angemessene Geschmacksurteile, nämlich solche mit intersubjektiver Geltung, zu formulieren. ›Wertgenießer‹ entsprechen in etwa den (idealen) Kritikern im Sinne Humes: Sie verfügen über Bildung, Urteilskraft sowie über kontemplative Fähigkeiten und sind frei von Vorurtei-

len. Sie haben also sozusagen ein ausgebildetes ästhetisches Gewissen.

(2) Nur wer Geschmack hat, macht sich ein richtiges (angemessenes) Bild von einem Kunstwerk; nur ein solcher Mensch konkretisiert das Werk in adäquater Weise. – Darin ist impliziert: Obwohl es in der Regel viele angemessene Konkretisationen eines Werks gibt, ist doch nicht jede Konkretisation adäquat. Manche ästhetischen Gegenstände ›entstellen‹ das korrespondierende Werk; insofern repräsentieren sie das Kunstwerk nicht angemessen im Bewußtsein des Betrachters.

(3) Nur wer Geschmack hat, reagiert mit einer angemessenen Wertantwort auf einen ästhetischen Gegenstand. – Darin ist impliziert: Obwohl auch bei gleichen Konkretisationen eines identischen Werks im Prinzip mehrere angemessene Wertantworten möglich sind, ist der Spielraum hier doch sehr gering. Die meisten der möglichen Wertantworten passen nicht zum gegebenen ästhetischen Gegenstand.

Der Geschmack leitet also nach Ingarden sowohl die Konstitution eines (adäquaten) ästhetischen Gegenstands als auch die (angemessene) Wertantwort. In dem Aufsatz *Bemerkungen zum Problem des ästhetischen Werturteils* (1958) heißt es dazu:»Das Wesentliche ist dabei, daß der Betrachter entsprechende Fähigkeiten besitzt, die entsprechenden, zu den vom Kunstwerk herrührenden Qualitäten komplementären ästhetisch wertvollen Qualitäten zu erraten und zu erschauen und sie zu aktualisieren, und zwar unter einer solchen Auswahl und Anordnung, daß sich daraus die positiven, sinnvoll zueinander gehörenden ästhetischen Wertqualitäten des Ganzen ergeben. Es ist gewiß damit zu rechnen, daß es damit bei verschiedenen Subjekten verschieden bestellt und daß somit das von ihnen erreichte Ergebnis hinsichtlich vieler und insbesondere wertvoller Qualitäten verschieden sein wird. Aber daraus ergibt sich in keinem Fall, daß der Satz *de gustibus non est disputandum* richtig ist, sondern nur, daß nicht jeder Betrachter den *gustus* hat, um einen entsprechend wertvollen ästhetischen Gegenstand zu konstituieren und um auf das Konstituierte mit entsprechender Bewertung zu reagieren.«[66]

Ein solches Geschmackskonzept und Begriffe wie ›Wertgenießer‹ gelten in der akademischen Diskussion unserer Zeit im allgemeinen als ›elitär‹ und werden deshalb oft als problematisch und vorurteilsbelastet eingestuft. Sie widersprechen dem (mißverstandenen) Gleichheitsideal der fortgeschrittenen westlichen Demokratien. Philosophisch aber stellt sich die Frage, ob eine Geschmackstheorie dieser Art nicht doch die hier auftretenden Probleme angemessener beschreibt und löst als ein grenzenloser Relativismus. Einer solchen Einschätzung aber steht ein naheliegendes Argument skeptischer Herkunft entgegen. Es zielt auf das Problem, ob eine institutionalistische Geschmackstheorie, wie Ingarden sie entwickelt, nicht unvermeidlich in Begründungsprobleme hineinführt. Diese ergeben sich angesichts des Versuchs, eine Zusprechung von Geschmack institutionalistisch zu begründen. Zwei Verfahren erscheinen hier möglich: (1) A nennt B eine Person mit Geschmack, weil B schon viele kompetente Geschmacksurteile gefällt hat. (2) A nennt B eine Person mit Geschmack, weil B auch von Personen oder Institutionen so genannt wird, welche A als Autoritäten in Geschmacksfragen anerkennt. – Beide Verfahren führen offensichtlich in logische Schwierigkeiten: Das erste enthält einen Begründungszirkel, weil das Urteil: ›Dies ist ein kompetentes Geschmacksurteil‹ schon von dem noch erst abzuleitenden Vorliegen von Geschmack Gebrauch macht. Das zweite Verfahren dagegen führt in einen unendlichen Regreß: Es ist nämlich offensichtlich, daß A konsequenterweise nur dann eine Person oder Institution als Autorität in Geschmacksfragen anerkennen kann, wenn er mit diesem Urteil einer jeweils von ihm bereits in diesem Sinne anerkannten Person oder Institution folgt. Dies gilt aber in jedem Fall. Also kann es auf diesem Wege keine abschließende Begründung einer Geschmackszusprechung geben.

Aus diesen logischen Schwierigkeiten gibt es offenbar nur einen Ausweg: Zusprechungen dieser Art können nur historisch erklärt werden.

---

[66] ROMAN INGARDEN, Bemerkungen zum Problem des ästhetischen Werturteils (1958), in: Ingarden, Erlebnis, Kunstwerk und Wert. Vorträge zur Ästhetik 1937–1967 (Tübingen 1969), 16f.

2. Geschmack als ein ›humanistischer Leitbegriff‹ (Gadamer)

Aus der Begriffsgeschichte des Geschmacks bis in unser Jahrhundert hinein haben sich für die Problemlage der Geschmacksdiskussion folgende Ansätze ergeben: Geschmack ist im Sinne der Aufklärung ein emanzipatorischer Begriff. Er gehört in die Kontexte von ästhetischer Autonomie und kulturellem Fortschritt. Zugleich ist Geschmack eine kulturelle Kategorie, über welche sich die ›gute‹ (bürgerliche) Gesellschaft definiert. Er wird entweder institutionalistisch aufgefaßt als Qualität der Angehörigen der Gruppe der idealen Kritiker (Hume) oder der Wertgenießer (Ingarden); oder er ist verstanden als eine besondere (und besonders wichtige) Qualität des sich selbst gerecht werdenden menschlichen Individuums (Kant).

Mit diesen Konzeptionen Humes, Kants und Ingardens ist das gemeinsame Anliegen verbunden, ein Ideal der kulturellen Kompetenz zu formulieren und soweit wie möglich auch zu verwirklichen. Geschmack ist ein zentrales Element dieser kulturellen Kompetenz. Er ist seinem Grundzuge nach verstanden als die durch solche Kompetenz ermöglichte individuelle Befähigung zur Formulierung adäquater ästhetischer Werturteile. Der ästhetisch kompetente Mensch kann auch verstanden werden als ein Individuum mit einem (aus-)gebildeten ästhetischen Gewissen.

Wie Gadamer in Erinnerung gerufen hat, stammt die Vorstellung einer spezifisch kulturellen Kompetenz aus der humanistischen Tradition; sie ist verbunden mit dem Ideal des ›gebildeten Menschen‹. Das humanistische Programm einer ›Bildung zum Menschen‹ (Herder) verbindet sich im 19. Jh. mit dem aufklärerischen Programm des kulturellen Fortschritts: Der gebildete Mensch ist der Träger dieses kulturellen Fortschritts.

Diese Zusammenhänge sind insofern von aktueller kulturtheoretischer Bedeutung, als mit diesem Programm zugleich auch die kulturelle Rolle der (historischen) Geisteswissenschaften in einer naturwissenschaftlich-technisch dominierten Kultur angesprochen ist: Diese liegt – zumindest auch – in deren Beitrag zur Verwirklichung kulturellen Fortschritts durch Formung von Individuen zu gebildeten Menschen. Programmatisch ist der Geschmacksbegriff daher verbunden mit der Verteidigung der Notwendigkeit, neben dem Fortschritt im Wissen auch eine positive Entwicklung der Bildung zu befördern. Diese Bildung zielt vor allem auf eine positive Entwicklung des moralischen und des ästhetischen Gewissens der Menschen.

Geschmack ist in dieser Perspektive, wie das moralische Gewissen, ein unverzichtbarer Teil von Bildung, welche ihrerseits – u. a. gemeinsam mit den (historischen) Geisteswissenschaften – den erstrebten kulturellen Fortschritt trägt. Es ist daher wichtig, Geschmack auch in dieser ›humanistischen‹ Perspektive zu thematisieren.

In unserem Jahrhundert geschieht dies vor allem in Gadamers *Wahrheit und Methode* (1960). Dort wird Geschmack gemeinsam mit Bildung, sensus communis (Gemeinsinn) und Urteilskraft als einer von vier ›humanistischen Leitbegriffen‹ vorgestellt.

Wichtig ist Gadamer neben der inneren Bezogenheit der vier humanistischen Leitbegriffe aufeinander die Kennzeichnung des Geschmacks als ein ›Sinn‹: »Der Geschmack ist also eher so etwas wie ein Sinn. Er verfügt nicht vorgängig über eine Erkenntnis aus Gründen. Wenn etwas in Geschmacksdingen negativ ist, so vermag er nicht zu sagen, warum. Aber er erfährt es mit der größten Sicherheit. Sicherheit des Geschmacks ist also Sicherheit vor dem Geschmacklosen. [...] Seine positive Entsprechung ist nicht eigentlich das Geschmacksvolle, sondern das für den Geschmack Unanstößige. Das ist es vor allem, was der Geschmack beurteilt. Geschmack ist geradezu dadurch definiert, daß er durch das Geschmackswidrige verletzt wird und es so meidet wie alles, was mit Verletzung droht.«[67] Gadamer betont hier zwei Apekte des Geschmacks, nämlich seinen eher intuitiven und seinen negativen Charakter. Geschmack warnt vor dem Geschmackswidrigen eher als daß er das Richtige zeigt; und er tut dies eher auf dem Wege unmittelbarer Einsicht als auf dem begrifflicher Schlußfolgerungen. Zu diesen Befunden gehört auch, daß (im Deutschen) das sprachliche Gegenteil von (gutem) Geschmack nicht schlechter Geschmack ist, sondern vielmehr das Fehlen von Geschmack. Einem Menschen mit

---

[67] GADAMER (s. Anm. 10), 42.

›schlechtem Geschmack‹ fehlt – nach der Logik der deutschen Sprache – nicht der gute Geschmack, sondern Geschmack überhaupt. Ähnlich ist ein moralisch schlechter Mensch eher ein Individuum ohne Gewissen als ein solches mit schlechtem Gewissen. Das schlechte Gewissen ist im Gegenteil geradezu ein Beweis für die Vitalität des jeweiligen individuellen moralischen Gewissens.

Ein weiteres von Gadamer mit Bezug auf den Geschmack formuliertes Charakteristikum ist der für das qualifizierte Geschmacksurteil typische ›Blick auf ein Ganzes‹: »So ist es vorzüglich eine Frage des Geschmacks, nicht nur dieses oder jenes als schön zu erkennen, das schön ist, sondern auf ein Ganzes hinzusehen, zu dem alles, was schön ist, zu passen hat.« Darin unterscheidet sich der Geschmack von der Mode, der eben dieser Blick auf ein Ganzes fehlt. Wer der Mode gehorcht, hofft zudem nur auf die Zustimmung der tatsächlich vorhandenen zeitgenössischen »guten Gesellschaft«. Wer dagegen dem Geschmack vertraut, weiß sich »der Zustimmung einer idealen Gemeinschaft sicher«. Zum Geschmack gehört also eine »spezifische Freiheit und Überlegenheit«. In diesen Eigenschaften gründet nach Gadamer die »eigentliche und ganz ihm eigene Normkraft« (43) des Geschmacks.

Die Rede von der spezifischen normativen Kraft des Geschmacks steht in Widerspruch zu der eher skeptischen Einschätzung der Geltungsansprüche von Geschmacksurteilen, die die Diskussion des Problems in unserem Jahrhundert bestimmt. Sie läßt sich am ehesten verstehen, wenn man den Überlegungen und Einschätzungen bei Gadamer ein emphatisches Konzept von Individualität unterstellt. Dieses wird besonders deutlich gerade in seiner Analyse des Verhältnisses von Geschmack und Mode. Während nämlich Mode ein ausschließlich soziales Phänomen ist, bestimmt sich im Geschmack das Individuum als ›dieser besondere Einzelne‹; und es tut dies u. a. dadurch, daß es sich gerade zur jeweiligen Mode in ein für es selber spezifisches Verhältnis setzt: »Was bloße Modesache ist, das enthält an sich keine andere Norm als die durch das Tun aller gesetzte.« (42)

In der Mode drückt sich also in keiner Weise Individualität aus; im Modischen verschmilzt das Individuum vielmehr mit seiner sozialen Umgebung.

Mode schafft Sozialität auf Kosten von Individualität.

Im Geschmack dagegen artikuliert das Individuum nach Gadamer gerade das es selbst als Individuum bestimmende spezifische Verhältnis zur kulturellen Umgebung, ganz ähnlich wie sich der einzelne in der Aktivierung seines individuellen moralischen Gewissens in ein spezifisches Verhältnis zu den jeweils herrschenden Sitten und Gebräuchen setzt. Auch in diesem Zusammenhang erweist sich der Geschmack dabei als Sinn für das ›rechte Maß‹: »Im Begriff des Geschmacks liegt daher, daß man auch in der Mode Maß hält, die wechselnden Forderungen der Mode nicht blindlings befolgt, sondern das eigene Urteil dabei betätigt. Man hält seinen ›Stil‹ fest, d. h. man bezieht die Forderungen der Mode auf ein Ganzes, das der eigene Geschmack im Auge behält und nimmt nur das an, was zu diesem Ganzen paßt und wie es zusammenpaßt.« (43)

Geschmack bestimmt sich daher im Verhältnis zur Mode als diejenige Kraft des Individuums, mittels welcher dieses seine Individualität gerade angesichts der Anpassungsforderungen behauptet. Konkret erweist sich der Geschmack in diesem Zusammenhang als der ›Sinn‹ für das Maß, in welchem eine solche Anpassung erlaubt ist, ohne daß sie Individualität gefährdet.

Im Gegensatz zur Mode bemißt sich Geschmack nicht an dem, was eine konkrete Gemeinschaft erwartet und bestätigt, sondern vielmehr an dem, was einem einzelnen in bezug auf das mögliche Urteil einer ›idealen Gemeinschaft‹ wichtig ist. Die auch im Geschmack angestrebte Sozialität ist demnach nicht eine Form der Einpassung des einzelnen in eine bestehende Gemeinschaft; sie ist vielmehr bestimmt durch den Blick auf die Gemeinschaft der Gebildeten überhaupt. Wer der Mode hat, ist sich des zustimmenden Urteils ebendieser Gemeinschaft sicher. So wird diese zum Garanten der Behauptung von Individualität angesichts des Anpassungsdrucks seitens des Modischen. Ähnlich gilt, daß auch der moralisch Gewissenhafte sich der Zustimmung einer idealen Gemeinschaft sicher ist und seine Gewissensentscheidung gerade gegen den Anpassungsdruck etwa einer moralisch verwahrlosten Gesellschaft gesetzt ist.

3. Die Sprache des Geschmacks (Analytische Ästhetik)

Hier aber stellt sich die sprachlogische Frage, ob Geschmack überhaupt zirkelfrei definiert werden könne. Die Auseinandersetzung mit dieser Frage bietet zugleich die Möglichkeit, wichtige Aspekte der aktuellen Auseinandersetzung mit dem Geschmacksbegriff zu skizzieren. Diese Auseinandersetzung findet vornehmlich im Rahmen der sogenannten ›analytischen Ästhetik‹ statt.

In einer Auseinandersetzung mit zentralen Thesen aus dem Aufsatz *Aesthetic Concepts* (1959) des amerikanischen Ästhetikers Frank Sibley weist Karlheinz Lüdeking auf diese fundamentale Schwierigkeit hin: Wenn man wie Sibley Geschmack als notwendige Voraussetzung dafür versteht, daß jemand kompetent Sätze äußert, die ästhetische Begriffe enthalten, so stellt sich sogleich die Frage, wie man ästhetische Begriffe zu definieren hat. Nach Lüdeking führt diese Frage zu der Erkenntnis, daß Sibleys Definition von Geschmack zirkulär ist:»Ästhetische Begriffe sind jene, zu deren Verwendung Geschmack erforderlich ist, und Geschmack ist die Fähigkeit, die Qualitäten festzustellen, die mit ästhetischen Begriffen bezeichnet werden.«[68] Diese Schwierigkeit ergibt sich in Sibleys eigener Sicht jedoch deshalb nicht, weil er Geschmack ganz traditionell in strenger Parallele zu den sinnlichen Vermögen versteht. Geschmack ist für ihn ein spezifischer Sinn. Das Besondere an ihm ist nur, daß ihn nicht alle Menschen haben. Genau besehen, gilt dies jedoch auch für die fünf klassischen Sinnesvermögen. Farbenblinde etwa sind nicht in der Lage, wie alle anderen Menschen Farben zu sehen. Farbenblindheit tritt zudem in verschiedenen Graden oder Stufen auf. Ähnlich sind die Menschen nach Sibley möglicherweise hinsichtlich ihrer Fähigkeit zur Wahrnehmung (und Bewertung) ästhetischer Qualitäten, d. h. hinsichtlich ihres Geschmacks, in unterschiedlichem Maße ›sehfähig‹. Geschmacklosigkeit ist in dieser – durch Wittgensteins Ausführungen zur Farbenblindheit inspirierten – Sicht eine Eigenschaft, die logisch dem Fehlen ebensolcher spezifischen Befähigungen der Sinnesvermögen einzelner Menschen entspricht. Daraus ergibt sich, daß die Logik von ästhetischen Begriffen in etwa der von Farbprädikaten entspricht. Hier gilt nun: Über die angemessene Verwendung von Farbprädikaten in den einschlägigen ›Sprachspielen‹ (Wittgenstein) entscheiden die Menschen, welche über ein entsprechendes Farbsehen verfügen. Um Farbsichtige von Farbenblinden zu unterscheiden, müssen bestimmte Standardbedingungen der Wahrnehmung vorhanden sein. Sibley unterstellt nun, daß dies für das Wahrnehmen von ästhetischen Qualitäten ebenso gilt wie für das Wahrnehmen von Farben: Wie es Farbenblindheit gibt, so gibt es auch ästhetische Blindheit. Lüdeking faßt diese Lehre präzise zusammen:»Sibley behauptet nun in der Tat, daß ästhetische Begriffe im Prinzip genauso verwendet werden wie Farbbegriffe: hier wie dort gibt es Standardbedingungen für ihre korrekte Verwendung, und der Unterschied liegt nur darin, daß es im einen Fall wesentlich weniger Leute gibt, die sie erfüllen. [...] Um seine Analogie plausibel zu machen, konstruiert Sibley auch für die Verwendung von Farbbegriffen eine Art ›Elite-Theorie‹. [...] Die Objektivität von Farburteilen ist Sibley zufolge nur durch die Urteile der Wahrnehmungselite gesichert.«[69] Hier tauchen also traditionelle Probleme in neuen Gewändern auf. Die problematische Annahme einer ›Wahrnehmungselite‹ ist für Sibley nämlich nur deshalb notwendig, weil er im Bereich der Geschmacksurteile eine entsprechende Elite annehmen will und er davon ausgeht, daß die Logik der Geschmacksurteile derjenigen von Urteilen über sinnliche Qualitäten entspricht. Gerade diese Analogisierung aber ist fragwürdig. Während es nämlich einleuchtet, daß man einen Menschen, der Farben nicht sehen kann, in dieser Hinsicht als unqualifiziert betrachtet und also als ›farbenblind‹ bezeichnet, bleibt die parallel konstruierte Argumentation für die Unfähigkeit, ästhetische Qualitäten wahrzunehmen, also die Argumentation für eine spezifisch ›ästhetische Blindheit‹, immer problematisch. Dies liegt in letzter Instanz daran, daß die Parallelisierung von sinnlicher und ästhetischer Erfahrung nicht fruchtbar

---

68 KARLHEINZ LÜDEKING, Analytische Philosophie der Kunst. Eine Einführung (Frankfurt 1988), 99.
69 Ebd., 116f.; vgl. FRANK SIBLEY, Objectivity and Aesthetics, in: Proceedings of the Aristotelian Society, Erg.bd. 42 (1968), 42.

ist. Das wird in verschiedenen Zusammenhängen deutlich.

So hat etwa Isabel Hungerland zu Recht darauf hingewiesen, daß es für die korrekte Wahrnehmung ästhetischer Qualitäten die von Sibley vorausgesetzten ›Standardbedingungen‹ nicht geben kann, weil es der ästhetischen Wahrnehmung an den hierzu notwendigen ›Stabilitäten‹ fehle[70]: Es gibt zu viele Varianten möglicher ästhetischer Wahrnehmung, um hier Standardisierungen vorzunehmen. Sibley kann darauf letztlich nur noch mit dem schon von David Hume benutzten institutionalistischen Argument reagieren, daß die ästhetischen Urteile mancher Menschen eher als maßgebende Leistungen anerkannt sind als diejenigen anderer. Dies ist nun ein kulturelles Faktum; immerhin könnte es jedoch seinerseits auf Vorurteilen beruhen oder bloß ein Spiegelbild ›ästhetischer Herrschaftsverhältnisse‹ sein.

Sibleys Lösung ist aber letztlich in einer objektivistischen Theorie des ästhetischen Urteils fundiert: Er hält ästhetische Qualitäten in strenger Analogie zu sinnlichen Qualitäten für objektive Eigenschaften der ästhetischen Dinge selbst: Sie existieren also in seiner Sicht unabhängig von der Wahrnehmung rezipierender Subjekte. Nur so ist tatsächlich die Analogie zwischen ästhetischer und sinnlicher Wahrnehmung überhaupt zu begründen.

Aus der Tradition sind Argumente – etwa solche Kantischer Prägung – gegen einen derartigen ästhetischen Objektivismus bekannt. Aber auch innerhalb der analytischen Tradition selbst sind solche früh formuliert worden. Interessante Überlegungen zu diesem Problem finden sich schon bei Wittgenstein in dessen *Lectures on Aesthetics* (1938). Wittgensteins *Lectures* lösen nicht das Problem, auf welche Weise die Geltungsansprüche von Geschmacksurteilen begründet werden können. Sie weisen jedoch die Schwierigkeiten auf, mit denen die Ästhetik insgesamt, insbesondere jedoch die analytische Ästhetik, in diesem Zusammenhang konfrontiert ist. Diese Schwierigkeiten ergeben sich in den folgenden Hinsichten:

1. Die Sachverhalte, um die es in der Ästhetik geht – in Wittgensteins Analyse sind dies die ästhetischen Werturteile –, finden nur in Ausnahmefällen einen sprachlichen Ausdruck. »How do I show my approval of a suit? Chiefly by wearing it often, liking it when it is seen, etc.« – »It is remarkable that in real life, when aesthetic judgements are made, aesthetic adjectives such as ›beautiful‹, ›fine‹, etc., play hardly any role at all.« – »The word is taught as a substitute for facial expression or a gesture.«[71] Es drängt sich der Verdacht auf, daß die Philosophische Ästhetik etwas thematisiert, was weder allzu häufig noch besonders relevant ist. Eine philosophische Theorie der (expliziten) Geschmacksurteile ist im wesentlichen eine Wissenschaft von interpretativ unterstellten Sachverhalten und daher schon von ihrer Gegenstandsbestimmung her problematisch. Mehr Sinn hätte nach Wittgensteins Ausführungen eine Theorie nichtsprachlichen, wertgeleiteten Umgangs mit den Dingen, die uns gefallen. Denn wenn wir auch nur selten explizit ästhetische Werturteile fällen, so basiert doch anscheinend einiges in unserem Umgang mit den ästhetisch differenten Dingen auf impliziten Wertantworten. Wir verhalten uns sozusagen dauernd ästhetisch.

2. Sofern sich die implizite ästhetische Wertung überhaupt einmal in expliziter Sprache artikuliert, sind wir sogleich mit einem neuen grundsätzlichen Problem konfrontiert: Unsere ästhetische Sprache ist so wenig klar gegliedert, daß sich häufig nicht sagen läßt, ob ein sich auf ein gegebenes ästhetisches Objekt beziehender Satz dieses beschreiben oder es bewerten soll. Mit diesem grundlegenden Mangel an Klarheit meldet sich die kritische Frage nach der Möglichkeit sinnvoller Sätze (der Ästhetik).

Aus Wittgensteins skeptischer Sicht aber ist der sprachanalytische Versuch einer zureichenden ›Reinigung‹ der Sprache der Ästhetik und Kunstkritik in gewisser Hinsicht naiv und daher zum Scheitern verurteilt; denn ästhetische Prädikate sind Elemente in Sprachspielen, und diese gehören ganzen Kulturen an. »The words we call expressions of aesthetic judgement play a very complicated role, but a very definite role, in what we call a

---

70 Vgl. ISABEL C. HUNGERLAND, Once Again, Aesthetic and Non-aesthetic, in: The Journal of Aesthetics and Art Criticism 26 (1967–1968), 288.
71 LUDWIG WITTGENSTEIN, Lectures on Aesthetics (1938), in: Wittgenstein, Lectures and Conversations on Aesthetics, Psychology and Religious Belief, hg. v. C. Barrett (1966; Oxford ⁴1978), 5, 3, 2.

culture of a period. To describe their use [...], you have to describe a culture. [...] What belongs to a language game is a whole culture.« (8) Dies scheint zu implizieren, daß die analytische Ästhetik nur als integrierter Bestandteil einer entsprechend ausgearbeiteten Kulturtheorie Sinn hat.

3. Die *Lectures* scheinen Ästhetik im wesentlichen auf Rezeptionsästhetik zu reduzieren: »Perhaps the most important thing in connection with aesthetic is what may be called aesthetic reactions, e. g. discontent, disgust, discomfort.« (13) Innerhalb dieser Beschränkung behandeln sie allerdings auch das Kardinalproblem der Rezeptionsästhetik, nämlich die Frage nach der Geltung von Geschmacksurteilen. Wie schon bei Hume und bei Ingarden finden wir auch bei Wittgenstein dieses Problem bezogen auf die Frage nach der Möglichkeit einer spezifisch ästhetischen Kennerschaft. »We distinguish between a person who knows what he is talking about and a person who doesn't.« (6) Damit knüpft Wittgenstein an die traditionelle Problematik an, ob bezüglich ästhetischer Werturteile begründet von intersubjektiver Geltung oder gar von ›Klassizität‹ gesprochen werden könne. Sogleich aber formuliert er auch skeptische Einwendungen gegen diese Vorstellungen: »It is not only difficult to describe what appreciation consists in, but impossible. To describe what it consists in we would have to describe the whole environment.« (7)

Wittgensteins Hinweise auf die Verwobenheit von Geschmacksurteilen mit ihrer jeweiligen kulturellen Umgebung und seine Bezugnahme auf den elitaristischen Terminus ›Kennerschaft‹ verknüpfen die Behandlung des Geschmacksproblems innerhalb der analytischen Ästhetik unübersehbar mit seiner Thematisierung im Rahmen der philosophischen Tradition. Vor diesem Hintergrund erscheinen die Bemühungen Sibleys denen der Moral-sense-Philosophie verwandt: Geschmacksurteile werden in beiden Fällen als quasi-sinnliche Urteile eingestuft. Hungerlands Hinweis auf das Fehlen von Standardbedingungen für ästhetische Werturteile stellt die Alternative auf, Geschmacks-

urteile entweder als Ausdruck individueller Gemütszustände oder aber als Elemente einer institutionalistisch aufgefaßten Geschmackskultur zu interpretieren. Sibley wählt die institutionalistische Alternative, Hungerland und Virgil Aldrich[72] entscheiden sich dagegen für eine eher ›expressionistisch‹ zu nennende Interpretation von ästhetischen Werturteilen: Für sie sind Geschmacksurteile in ihrem Kern Aussagen über die subjektiven Bewußtseinszustände der jeweiligen Rezipienten. Die hier sich andeutende Nähe solcher Deutungen zu Kants Lehre von der Subjektivität des Geschmacksurteils täuscht jedoch entscheidend; denn weder Hungerland noch Aldrich unterstellen beim Geschmacksurteil Kants ›Interesselosigkeit‹. Damit aber sind beide expressionistischen Interpretationen im Gegensatz zu derjenigen Kants Wege in eine subjektivistische Interpretation des Geschmacksurteils. Für solche Deutungen stellt sich nicht mehr die Frage nach der Angemessenheit der Werturteile, sondern nur noch diejenige nach der Aufrichtigkeit beim Ausdruck der subjektiven Wertantworten.

Aus Wittgensteins skeptischen Hinweisen aber ist zu lernen, daß Geschmacksurteile weder reine Wahrnehmungsurteile noch reine Expressionen sind: Wären sie reine Wahrnehmungsurteile, so hätten sie nicht den deutlichen Wertbezug; wäre ihre Funktion rein expressiv, so bräuchte es zu ihrer angemessenen Formulierung keine ›Kennerschaft‹, sondern nur Aufrichtigkeit. Die in der analytischen Ästhetik festzustellende Tendenz, den Wertgesichtspunkt zu vernachlässigen, erweist sich daher als kontraproduktiv: Geschmacksurteile haben unvermeidlich eine wertende Komponente.[73] Mit Lüdeking ist das negative Ergebnis der Behandlung des Geschmacksproblems im Rahmen der Analytischen Ästhetik wie folgt zu formulieren: »Ein ästhetisches Urteil macht weder eine wahre oder falsche Aussage über unmittelbar wahrnehmbare Eigenschaften von Gegenständen, noch handelt es sich um einen Satz, der etwas über die mentalen Zustände des Sprechers in Relation zu den Gegenständen aussagt.« (148) Geschmacksurteile lassen sich als wahrnehmungsfundierte Werturteile beschreiben. In deutlicher Bezugnahme auf Kant wendet Lüdeking diese Analyse ins Positive, wenn er schreibt: »Ästhetische Urteile sind wesentlich normative Urteile, die unsere Bei-

---

72 Vgl. VIRGIL C. ALDRICH, Philosophy of Art (Englewood Cliffs 1963), 95–103.
73 Vgl. LÜDEKING (s. Anm. 68), 143 f.

stimmung zwar fordern, aber nicht erzwingen können.« (156)

Die schwierige Frage, wie sich eventuell eine intersubjektive Geltung von Geschmacksurteilen begründen lasse, kann letztlich nicht von der historischen Frage getrennt werden, wie die kulturelle Bedeutung von Geschmack entstanden ist. Diese historische Frage verknüpft nämlich das Problem der Legitimation von Geltungsansprüchen mit der Frage nach der kulturellen Funktion der in Frage stehenden Urteile. Von daher ergeben sich die Vermutungen, die Begründung der Geltungsansprüche von Geschmacksurteilen müsse grundsätzlich anders erfolgen als diejenige von Erkenntnisurteilen und das Scheitern bisheriger Begründungsversuche gehe möglicherweise auf eine Mißachtung dieses Unterschieds zurück: Man habe bisher immer versucht, die Geltung von Geschmacksurteilen so zu begründen, als ob sie letztlich doch Erkenntnisurteile wären. Es komme aber darauf an, die spezifischen Geltungsansprüche von Geschmacksurteilen im Kontext ihrer spezifischen kulturellen Funktion zu thematisieren. Welche Geltungsansprüche ein Geschmacksurteil sinnvollerweise zu stellen habe, ergebe sich letztlich aus ebendieser kulturellen Funktion.

Rudolf Lüthe
Martin Fontius

Literatur
ALLESCH, CHRISTIAN G., Geschichte der psychologischen Ästhetik. Untersuchungen zur historischen Entwicklung eines psychologischen Verständnisses ästhetischer Phänomene (Göttingen u. a. 1987); AMANN, WILHELM, ›Die stille Arbeit des Geschmacks‹. Die Kategorie des Geschmacks in der Ästhetik Schillers und in den Debatten der Aufklärung (Würzburg 1999); BAEUMLER, ALFRED, Das Irrationalitätsproblem in der Ästhetik und Logik des 18. Jahrhunderts bis zur Kritik der Urteilskraft (1923; Tübingen ²1967); BARRÈRE, JEAN-BERTRAND, L'idée de goût de Pascal à Valéry (Paris 1972); BEARDSLEY, MONROE C., Aesthetics from Classical Greece to the Present. A Short History (New York 1966); BIEMEL, WALTER, Die Bedeutung von Kants Begründung der Ästhetik für die Philosophie der Kunst (Köln 1959); BITTNER, RÜDIGER/PFAFF, PETER (Hg.), Das ästhetische Urteil. Beiträge zur sprachanalytischen Ästhetik (Köln 1977); BOEHM, GOTTFRIED, Kunsterfahrung als Herausforderung der Ästhetik, in: W. Oelmüller (Hg.), Kolloquium Kunst und Philosophie, Bd. 1 (Paderborn u. a. 1981), 13–28; DANTO, ARTHUR C., The Transfiguration of the Commonplace. A Philosophy of Art (Cambridge, Mass. 1981); dt.: Die Verklärung des Gewöhnlichen. Eine Philosophie der Kunst, übers. v. M. Looser (Frankfurt a. M. 1984); GETHMANN-SIEFERT, ANNEMARIE, Einführung in die Ästhetik (München 1995); HENCKMANN, WOLFHART (Hg.), Ästhetik (Darmstadt 1979); HUNGERLAND, ISABEL C., The Logic of Aesthetic Concepts, in: Proceedings and Addresses of the American Philosophical Association 36 (1962–1963), 43–66; INGARDEN, ROMAN, Bemerkungen zum Problem des ästhetischen Werturteils (1958), in: Ingarden, Erlebnis, Kunstwerk und Wert. Vorträge zur Ästhetik 1937–1967 (Tübingen 1969), 9–18; KLEIN, HANNELORE, There is no Disputing about Taste. Untersuchungen zum englischen Geschmacksbegriff im 18. Jahrhundert (Münster 1967); KOPPE, FRANZ, Grundbegriffe der Ästhetik (Frankfurt 1983); KOPPE, FRANZ (Hg.), Perspektiven der Kunstphilosophie (Frankfurt 1991); KULENKAMPFF, JENS, Kants Logik des ästhetischen Urteils (Frankfurt a. M. 1974); KULENKAMPFF, JENS (Hg.), Materialien zu Kants ›Kritik der Urteilskraft‹ (Frankfurt a. M. 1974); LÜDEKING, KARLHEINZ, Analytische Philosophie der Kunst. Eine Einführung (1988; München 1998); MARCUSE, LUDWIG, Obszön. Geschichte einer Entrüstung (München 1962); MARQUARD, ODO, Aesthetica und Anaesthetica. Philosophische Überlegungen (Paderborn 1989); SAVILE, ANTHONY, The Test of Time. An Essay in Philosophical Aesthetics (Oxford 1982); SAVILE, ANTHONY, Aesthetic Reconstructions. The Seminal Writings of Lessing, Kant and Schiller (Oxford 1987); SCHNEIDER, NORBERT, Geschichte der Ästhetik von der Aufklärung bis zur Postmoderne. Eine paradigmatische Einführung (Stuttgart ²1997); SCHÜMMER, FRIEDRICH, Die Entwicklung des Geschmacksbegriffs in der Philosophie des 17. und 18. Jahrhunderts, in: Archiv für Begriffsgeschichte 1 (1955), 120–141; SIBLEY, FRANK, Aesthetic Concepts, in: The Philosophical Review 68 (1959), 421–450; dt.: Ästhetische Begriffe, übers. v. R. Sartori, in: W. Henckmann (Hg.), Ästhetik (Darmstadt 1979), 230–265; STRUBE, WERNER, Interesselosigkeit. Zur Geschichte eines Grundbegriffs der Ästhetik, in: Archiv für Begriffsgeschichte 23 (1979), 148–174; STRUBE, WERNER, Zur Geschichte des Sprichworts ›Über den Geschmack läßt sich nicht streiten‹, in: Zeitschrift für Ästhetik und Allgemeine Kunstwissenschaft 30 (1985), 158–185; WELSCH, WOLFGANG, Ästhetisches Denken (Stuttgart 1990); WOLLHEIM, RICHARD, Art and its Objects (New York 1968).

Gestalt

(griech. μορφή, σχῆμα, τύπος; lat. forma, figura; engl. form, pattern, gestalt; frz. forme, modèle, gestalt; ital. forma, gestalt; span. forma, gestalt; russ. образ, форма)

Einleitung; I. Gestalt in der Goethezeit; 1. Goethe: ›Zugleich Prinzip und Gebilde‹ – Gestaltenlehre als Verwandlungslehre; 2. Gestalt und Metamorphose bei Schelling und Hegel; 3. Carus: Gestalt als Physiognomie; **II. Gestalt zwischen Kult und Empirie (19. und 20. Jahrhundert);** 1. Gestalt: eine andere Natur?; a) Typus und Gestalt bei Ernst Jünger; b) Die Kulturmorphologie; c) Morphologische Literaturbetrachtung bei Günther Müller und Horst Oppel; 2. Christian von Ehrenfels: Gestaltqualitäten; 3. Gestalttheorie und Strukturalismus – Divergenz aus gemeinsamen Anfängen; 4. Drei Schulen der Gestaltpsychologie; a) Die Grazer Schule und die Wiener Schule der Gestaltpsychologie; b) Die Leipziger Schule der Ganzheitspsychologie; c) Die Berliner Schule der Gestaltpsychologie; 5. Feldbegriff und ›produktives Denken‹; 6. Kritik an Gestaltpsychologie und -theorie, Weiterentwicklungen; 7. Entstaltung in der Kunst und der Beitrag der Gestalttheorie; 8. Gestalt-Ansätze in Theorien Künstlicher Intelligenz und selbstorganisierender Systeme

Einleitung

»Qu'est-ce qu'une *Gestalt*?« fragt Maurice Merleau-Ponty 1959 in *Le visible et l'invisible* und unternimmt noch in diesen letzten Arbeitsnotizen einen tastenden Versuch, einen Begriff zu definieren, der doch eine in die Antike zurückreichende Tradition hat und lebensweltlich sofort verständlich ist; einen Kultbegriff überdies, der zu Anfang des 20. Jh. eine Theorie und Psychologie gleichen Namens begründete, innerhalb deren ihm unermüdlich experimentell nachgestellt wurde. Insbesondere da Merleau-Ponty für seine *Phénoménologie de la perception* (1945) die Gestaltpsychologie selbst als einer

---

1 MAURICE MERLEAU-PONTY, Le visible et l'invisible (Paris 1964), 258 f.
2 FERDINAND WEINHANDL, Die Metaphysik Goethes (Berlin 1932), 292 f.
3 MERLEAU-PONTY (s. Anm. 1), 259.
4 Vgl. HUBERT L. DREYFUS, What Computers *Still* Can't Do. A Critique of Artificial Reason [rev. u. erw. Fassg.] (Cambridge, Mass./London 1992), 160 ff.

der ersten in Dienst genommen hatte, mutet sein späteres Unbehagen an diesem Ansatz zunächst befremdlich an: »Un tout qui *ne* se réduit *pas* à la somme des parties« sei nur eine negative, äußerliche Definition, und das »Gestalthafte« im Sinne Heideggers werde hier beiseite gelassen. Weshalb muß man, um zu verstehen, was Gestalt ist, sich ihr so weit wie möglich »du dedans« annähern, »en communiquant avec elle«? Wieso kann sie nicht als Idee oder Bedeutung kognitiv erfaßt werden?

Weil, so Merleau-Ponty, Gestalt weder »essence« noch »idée« ist, denn ›Idee‹ wäre unräumlich und zeitlos.[1] Gestalt ist zwar kein objektives, je raumzeitlich gegebenes Einzelnes, aber sie präsentiert sich in Zeit und Raum, ist also nicht frei und ideal. Vielmehr dominiert sie eine Region, ein Feld, ohne daß man ihrer selbst direkt habhaft werden könnte. Daher verfehlt jede Psychologie, die Gestalt unter »connaissance« oder »conscience« verhandeln möchte, was Gestalt ist (259).

Gestalt ist holistisch: Sie taucht plötzlich und ganz auf, nicht Stück für Stück, und ist jeder Analyse als »ursprünglich übergreifendes Ganzes vorausgesetzt«[2]. Bei dieser ›Intelligibilität‹ *vor* diskursiver Bedeutung, die sich quasi hinter dem Rücken eines Subjekts als Pakt zwischen den Sinnen und dem Sinn spontan einstellt, kann von Objekt oder ›Gegenstand‹ nicht gesprochen werden, weil noch nichts entgegen-steht; auch nicht von Subjekt, denn die Erfahrung einer Gestalt wird vom Leib des Menschen gemacht, der in jeder Gestalt »coprésent« ist, in stummem Mitvollzug Angedeutetes, Unfertiges zur Gestalt ergänzt, bevor überhaupt verstanden wird, worum es sich handelt: Denn der Leib ist selbst genauso ›Fleisch‹ wie die Gestalt: »La chair de la *Gestalt* [...] est ce qui répond à son inertie, à son insertion dans un ›monde‹, à ses préjugés de *champ*«[3].

Darauf, daß Gestalt nicht als Ergebnis kognitiver Synthese zustande kommt, sondern auf inkarnierter Leiblichkeit beruht und daher auch nicht als kontextfreie Information repräsentiert werden kann, hat erst jüngst nochmals Hubert Dreyfus im Sinne einer Warnung vor jeglicher an die Verheißungen ›Künstlicher Intelligenz‹ geknüpften Euphorie hingewiesen.[4] Merleau-Ponty vermochte sein selbstgestelltes Ziel nicht zu erreichen: »Montrer que, la *Gestalt* surgissant du polymorphisme, cela nous situe tout à fait hors de la philosophie du sujet et de l'objet.«[5] Dieses Vermächtnis erinnert überdies daran, daß schon bei Goethe Gestalt nur etwas Vorübergehendes im Fluß dauernder Metamorphose ist und es in der Gestaltwahrnehmung keinen archimedischen Beobachter gibt, sondern nur einen, dem es ums »lebendige Anschaun der Natur« zu tun ist und der sich selbst dabei »so beweglich und bildsam zu erhalten«[6] hat wie das Beobachtete. Einerseits knüpft dies an alte alchemistische Traditionen an, andererseits deutet es aber auch voraus auf wichtige zeitgenössische Erklärungsansätze: die Feldtheorie, den Attraktorbegriff der Chaostheorie oder den Begriff des ›Ordners‹ in der Synergetik und die Theorie der Selbstorganisation ohne Subjekt.

Daß dies nicht eher erkannt wurde, liegt nach Merleau-Ponty daran, daß sich einem Bewußtwerden der wahrgenommenen Welt die Vorurteile des objektiven Denkens in den Weg legen. Dieses objektive Denken lasse alle die Union des Subjekts und der Welt bezeugenden Phänomene einer Reduktion verfallen und substituiere ihnen die klare Idee des Objekts als An-sich und des Subjekts als reinen Bewußtseins. In Wahrheit aber seien alle Dinge Konkretionen eines Milieus und lebe jede explizite Wahrnehmung eines Dinges von der vorgängigen Kommunikation mit einer bestimmten Atmosphäre.[7] Sowohl Subjekt als auch Objekt erscheinen als konkretisierte und zeitweilig fixierte Reliefs eines ansonsten dauernd beweglichen Feldes. Gestalt betont den Aspekt des vorläufig Stillgestellten.

Kennzeichend für den dt. Begriff Gestalt – im Vergleich zu griech. ἰδέα (idea), wo nur die Sichtbarkeit oder Bildlichkeit betont wird (vgl. die indogerm. Wurzel vid – sehen)[8] – ist der Partizipialcharakter der Gestaltetheit oder Beschaffenheit, den das *Deutsche Wörterbuch* der Gebrüder Grimm als ›gestellida‹, ›gestallt‹ im Sinne eines Partizips zum Verb ›gestellen‹ verortet.[9] Einer Gestalt wird man nicht nur in sinnlicher Wahrnehmung ansichtig, sie wird auch in ihrer Genese ein-sichtig, d. h. aus ihrem Ent-stehen ver-stehbar. Dieser Aspekt ist es wohl, der den dt. Begriff so unübersetzbar macht, auch wenn in den lat. Äquivalenten collocatio und situs Feldcharakter und Positioniertheit angesprochen werden.[10] Das Aussehen von Gestalten stimuliert zur Physiognomik, die aus dem Äußeren die innere Gestaltetheit als Ergebnis eines charakteristischen Werdeprozesses ebenso zu ersehen behauptet wie die Disposition zu bestimmtem Verhalten.

Die Vorstellung einer Isomorphie, wenn nicht gar ›Konkordanz von Erkenntnis- und Naturprozeß‹ (Ekkehard Meffert) ist für die meisten Gestaltansätze kennzeichnend. Wahrnehmung und (Wieder-)Erkennen der Gestalt läßt sich von Gestaltbildung kaum trennen. Gestaltwahrnehmung erkennt, unbewußt, im ›Gegenstand‹ ihr eigenes Muster; nicht im Sinne einer Projektion, sondern in dem eines Wiedererkennens des gleichen ›Fleisches‹.

Da aus der Ansicht unmittelbar und nicht-intellektuell Ein-Sicht erfolgt, legitimiert Gestaltdenken ›Anschauung‹ als ›leibhaften‹ Modus der Erkenntnis und gliedert sich in die ›Theorie der sinnlichen Erkenntnis‹, wie sie die Ästhetik im ursprünglichen Sinne Alexander Gottlieb Baumgartens liefert, ein. Nachdem auch der Physiker David Bohm anregt, die Wissenschaften sollten Anschauung als legitimen Erkenntnismodus ernst nehmen[11], könnte sich hieraus ein Diskurs der ästhetischen ›Stimmigkeit‹ oder ›Ein-Gestimmtheit‹ ergeben und dazu führen, die Trennung von Natur- und Geisteswissenschaften zu überdenken, denn: »Das, was wir Gestalt nennen, ist noch indifferent gegenüber dem Gegensatz von Geistigem und Körperlichem, Natur und Geist sind bei aller grundlegenden Verschiedenheit nicht ohne eine letzte Gemeinsamkeit.«[12]

Gestalt als ästhetische Erfahrung führt nicht nur ins »Schlaraffenland der Erkenntnis« – »was wir

---

5 MERLEAU-PONTY (s. Anm. 1), 260.
6 JOHANN WOLFGANG GOETHE, Die Absicht eingeleitet (entst. 1807), in: GOETHE (WA), Abt. 2, Bd. 6 (1891), 10.
7 Vgl. MERLEAU-PONTY, Phénoménologie de la perception (Paris 1945), 370.
8 Vgl. GÜNTHER PATZIG, ›Form‹, in: RGG, Bd. 2 (^{3}1958), 991.
9 Vgl. GRIMM, Bd. 4/1/2 (1897), 4178 f.
10 Vgl. ebd., 4183 f.
11 Vgl. DAVID BOHM, Wholeness and the Implicate Order (London/Boston, Mass./Henley-on-Thames 1980).
12 WEINHANDL (s. Anm. 2), 303.

sonst allenfalls durch eigenes Tun erhalten, nämlich Auffindung von Strukturidentischem, fällt uns hier zu wie den Schlaraffen der fertige Kuchen«[13] –, für die Gestalttherapie vermitteln ästhetische Gefühle sogar »ultimate (adequate) knowledge of our sensibilities and their objects«[14], und im Begriff der ›starken Gestalt‹ verbinden sich für sie wie selbstverständlich das Schöne, das Wahre und das Gute als das Gesunde: Heilung bedeutet ›Ganzmachen‹ und Verstärkung der Gestalt. Schließlich prädisponiert gestalthafte Wissenschaft als eine Form der Kunst laut Bohm zu Ordnung und Harmonie.[15]

Inwieweit diese klassischen Vorstellungen von Harmonie, Geschlossenheit, Ganzheit, Eleganz und Einfachheit, wie sie etwa kürzlich auch der Mathematiker und Computerwissenschaftler Douglas R. Hofstadter als Kriterien für kognitive Prozesse vorgeschlagen hat[16], wirklich als natürliche Konstanten gelten sollen, bedürfte allerdings dringend der Diskussion. Zwar ließe sich das Ethische an einer solchen Ästhetik der Gestalt als ein auch von feministischer Seite thematisiertes[17], nicht be-

weisbedürftiges Vertrauen in die Sinnhaftigkeit der Sinnenwelt formulieren – ein Gegenprogramm zu der langen Tradition eines Philosophierens, das sich aus dem Zweifel, dem Mißtrauen, letztlich der Angst speist und legitimiert.[18] Dieses Programm läuft keineswegs automatisch auf Irrationalismus hinaus, sondern zielt auf ein Niveau, das vor einer Trennung in Rationalität und Irrationalität liegt, auf einen Leib, der ›Vernunft‹ hat und ist, bevor ›Verstand‹ überhaupt erst prüfend bemüht wird. Dennoch läßt sich die Geschichte des Begriffs Gestalt auch als Warnung vor einem ›Kult‹ der Gestalt lesen.

Heißt Gestalt nicht auch, daß unter ihrer Regie alles Mannigfaltige, Mehrdeutige oder Singuläre nicht nur gestalthaft überformt, sondern ›gleichgeschaltet‹ wird? Beim Gang durch die Geschichte des Begriffs tritt eine Affinität zwischen faschistoidem und gestalthaftem Denken hervor, die beispielsweise zögern läßt, einen zu Unrecht Vergessenen wie Carl Gustav Carus wieder in die Diskussion zu bringen, wenn man sich an die Konsequenzen seiner Rezeption durch Ludwig Klages erinnert. Ist das unübersetzbar ›Deutsche‹ des Wortes Gestalt auch ein politisches Symptom? Ist die hinter dem Rücken des kritischen Bewußtseins ›leibhafte‹ oder, wie Konrad Lorenz sich ausdrückte, »fast ausschließlich von der Peripherie«[19] gespeiste Tendenz zu Prägnanz und guter Gestalt nicht grundsätzlich unbelehrbar? Beschreibt das gegen den Mechanismus antretende Gestaltdenken in der schier unaufhaltsamen Tendenz der Gestalt zur Selbstorganisation nicht selbst Maschinenhaftes?

Oder erscheint eine Vernunft des Leibes, die nicht auf ein ›cogito‹ reduziert werden kann, eine Inkorporiertheit in der Welt, bei der Gestalterfahrung ein motorisch-neuronales Eingeschriebensein und Leiblichkeit als synergetisches System begreifbar werden, bloß aus einer Perspektive als maschinenhaft, die die Freiheit des bürgerlichen Subjekts zum höchsten Ziel macht und diese Freiheit wiederum als reine Bewußtseinstätigkeit versteht, so wie die Leiblichkeit in der Künstlichen Intelligenz im Vergleich zu frei flottierend gedachter Intelligenz und bloßer materiefreier Information als ›jelly‹ (Hans Moravec) oder ›meat machine‹ (Marvin Minsky) gesehen wird?[20]

---

13 WILHELM WITTE, Transposition als Schlüsselprinzip, in: F. Weinhandl (Hg.), Gestalthaftes Sehen. Ergebnisse und Aufgaben der Morphologie (Darmstadt 1960), 408.
14 FREDERICK S. PERLS/RALPH F. HEFFERLINE/PAUL GOODMAN, Gestalt Therapy: Excitement and Growth in the Human Personality (New York 1951), 234.
15 Vgl. BOHM (s. Anm. 11), 55f.; KURT KOFFKA, ›Gestalt‹, in: Encyclopaedia of the Social Sciences, hg. v. E. R. A. Seligman u. a., Bd. 6 (New York 1931), 645.
16 Vgl. DOUGLAS R. HOFSTADTER u. a., Fluid Concepts & Creative Analogies (New York 1995), 40.
17 Vgl. EVELYN KELLER, Reflections on Gender and Science (New Haven 1985); CAROL C. GOULD (Hg.), Beyond Domination: New Perspectives on Women and Philosophy (Totowa, N. J. 1984).
18 Vgl. DAGMAR BUCHWALD, Suspicious Harmony: Kitsch, Sentimentality, and the Cult of Distance, in: W. Herget (Hg.), Sentimentality in Modern Literature and Popular Culture (Tübingen 1991), 35–57.
19 KONRAD LORENZ, Gestaltwahrnehmung als Quelle wissenschaftlicher Erkenntnis, in: Zeitschr. f. experimentelle u. angewandte Psychologie 6 (1959), 153.
20 Vgl. JOSEPH WEIZENBAUM, Künstliche Intelligenz als ein Schlüssel zur elektronischen Produktion von Wissen?, in: K. P. Dencker (Hg.), Elektronische Medien und künstlerische Kreativität (Hamburg 1992), 168, 171.

Angesichts von New-Age-Verlockungen, holistischen Gaia-Visionen und neo-romantischen »ecological criticisms«[21] auf der einen, rationalistischer Hybris auf der anderen Seite stellt sich die Frage, ob Warnrufe wie ›faschistoid‹ oder ›antihumanistisch‹ die Nichtbeachtung so titulierter Gestaltansätze rechtfertigen. Wer ihre Geschichte nicht kennt, könnte dazu verdammt sein, sie zu wiederholen.

I. Gestalt in der Goethezeit

Im *Physikalischen Wörterbuch* von 1787–1796 wird Gestalt verstanden als »Figur« und damit als »Beschaffenheit und gegenseitige Lage der Grenzen einer ausgedehnten Größe. Da jeder Körper ausgedehnt ist, und also Grenzen hat, so kömmt auch jedem eine Gestalt zu«. Als Prädikat von ›res extensa‹ verstanden, fristet die Gestalt ein Dasein im Schatten der mechanistischen Festkörperphysik. »Durch die Gestalt unterscheiden sich Körper, die sonst an Größe, innerer Beschaffenheit, Gewicht etc. gleich sind«.[22] Gestalt scheint additiv zu Gewicht und Größe hinzuzukommen, und da sie nicht im selben Sinne als meßbar gilt wie Größe und Gewicht, ist sie eben jenes Attribut, das nicht in den Rang eines Standards aufsteigen kann.

In direktem Gegensatz zu dieser mechanistischen Perspektive gilt Gestalt für den Idealismus gerade als das, woran verschiedene Dinge partizipieren und worunter sie zusammengefaßt werden können: »Das Allgemeine wird augenfällig in der Form; denn als Gestalt wird nur das erfaßt, worin verschiedene Dinge sich gleich sind. Darum wählte Platon die Ausdrücke εἶδος und ἰδέα […] für das Allgemeine, das die Dinge, die an ihm ›teilhaben‹, zu dem macht, was sie *sind*. Dies und die Tatsache, daß wir nur geformte Dinge als wirklich ansprechen, erweitert Platon zu der metaphysischen Behauptung, *darum* seien die Ideen das eigentlich ›Wirkliche‹.«[23] In der idealistischen Gestalt wird ›augenfällig‹, worin die Dinge sich gleich sind, mehr noch, worin allein sie existieren.

Die Differenz dieser beiden Ansätze ist der Goethezeit eingeschrieben: Das Bild einer quantifizierbaren Natur als Uhrwerk, das die ganze Aufklärung hindurch die Naturwissenschaft bestimmen soll, tritt den Kampf an gegen das eines von der Weltseele gebildeten und von sich aus nach Entelechie strebenden Organismus, das im Idealismus weiterwirkte. Lange Zeit stand außer Frage, daß das mechanistische Weltbild, sobald es unter Einfluß des Darwinismus Dynamik und Entwicklung favorisierte, das buchstäblich ›fortschrittliche‹ dargestellt habe im Vergleich zur Statik der kosmologischen Vorstellungen und der Ideenlehre der klassischen Antike, die auch der Idealismus weitgehend übernahm. In der Wissenschaftsgeschichte wird daher das Aufkommen der modernen Physiologie der als ›unmodern‹ verstandenen Morphologie gegenübergestellt, und einzig immer wieder aufflammende vitalistische Ansätze, die sich einer Reduktion geistiger Wirkungen auf organische und organisch auf materielle in den Weg stellen, versuchen, ›Geist‹ als ›vis vitalis‹ oder ›Lebenskraft‹ zu retten, allerdings um den hohen Preis einer unüberwindlichen Trennung des geistigen Reichs vom physischen. In der Geistesgeschichte kann sich hingegen der Idealismus bis ins 20. Jh. hinein behaupten, jedoch nur unter der Bedingung der Trennung von Philosophie und Empirie. Obgleich an der Gestalt Erkenntnis ›augenfällig‹ wird, wird sie im Idealismus mehr und mehr als Idee frei von Raum und Zeit, unwandelbar und der sinnlichen Erfahrung entzogen konzipiert.

Wenn der Begriff der Gestalt und die sich davon ableitende Morphologie aber einerseits so unsinnlich, andererseits so statisch gar nicht wäre, so rehabilitierte den Gestaltansatz als Bindeglied zwischen Geistes- und Naturwissenschaften. Über die Rolle des Gestaltbegriffs entschiede es ebenfalls, ob die Ästhetik lediglich als eine Lehre vom Kunstschönen Kompensationsfunktion für die Folgeschäden mechanistischer Naturwissenschaften zu übernehmen oder ob sie auch selbst eine Erkenntnisfunktion zu behaupten vermag.

---

21 Vgl. KARL KROEBER, Ecological Literary Criticism: Romantic Imagining and the Biology of Mind (New York 1994), 153 f.
22 JOHANN SAMUEL TRAUGOTT GEHLER, ›Gestalt‹, in: Physikalisches Wörterbuch oder Versuch einer Erklärung der vornehmsten Begriffe und Kunstwörter der Naturlehre […], Bd. 2 (Leipzig 1789), 486.
23 PATZIG (s. Anm. 8), 991 f.

1. Goethe: ›Zugleich Prinzip und Gebilde‹ – Gestaltenlehre als Verwandlungslehre

Gestalt als »ein charakteristisches Wort der Sprache Goethes«[24] wird meist auf die Ideenlehre Platons zurückbezogen. So schreibt beispielsweise Ernst Cassirer: »Als eine der frühesten Übersetzungen der Platonischen ›Idee‹ begegnet uns in der deutschen philosophischen Sprache der Terminus der ›Gestalt‹: und durch Schillers philosophische Gedichte wird diese Bedeutung der ›Gestalt‹ allgemein und für immer festgestellt. ›Nur der Körper eignet jenen Mächten, die das dunkle Schicksal flechten. Aber frei von jeder Zeitgewalt, Die Gespielin seliger Naturen, Wandelt oben in des Lichtes Fluren, Göttlich unter Göttern die Gestalt‹.«[25]

Bei Schiller ist wie bei Platon die Gestalt als ›Idee‹ ein Begriff, der auf eine transzendente, meta-physische Ebene des ruhenden Seins verweist. Die Wirklichkeit des Seienden dagegen ist, weil veränderlich, nur Schein. ›Idee‹ und ›Erscheinung‹ werden gegeneinander gestellt: Hier eine Welt, in der alles veränderlich, im Fluß, kontingent zu sein scheint, dort eine Welt der Vollkommenheit, Ewigkeit, Idealität.

Für Goethe, soweit es ihm gelingt, sich von Schillers Einfluß frei zu machen, ergibt sich eine Dialektik zwischen Sein und Erscheinung gar nicht erst. Für ihn ist ›Erscheinung‹ weniger ›Schein‹ (im Sinne von Täuschung) als ein Aufscheinen, leuchtet also in der Gestaltbildung etwas von »des Lichtes Fluren«, in denen für Schiller »göttlich unter Göttern die Gestalt« wandelt, in der Sinnenwelt auf. Sein und Erscheinung lagern sich wie ein Palimpsest übereinander, so daß für den, der »Zum Sehen geboren, / Zum Schauen bestellt«[26] ist, der Plan des einen durch die Textur des anderen so hindurchscheint, daß sie als eines erkannt werden können. »Das Höchste wäre«, so ein Aphorismus Goethes, »zu begreifen, daß alles Factische schon Theorie ist. [...] Man suche nur nichts hinter den Phänomenen: sie selbst sind die Lehre.«[27]

Eine Synthese der beiden Welten kann zwar auch schon auf Aristoteles zurückgeführt werden, dann aber auf dessen Begriff der ἐντελέχεια (entelecheia, ›Entelechie‹), der in Goethes Bestimmung des ›Organismus‹ wieder auftaucht. Während die ideale Gegenständlichkeit der Platonschen ἰδέα (idea) in die Welt der Euklidischen Geometrie verweist, bewegt sich die ›Entelechie‹ des ›Physikers‹ Aristoteles im Naturreich. An den Dingen unterscheidet Aristoteles zunächst zwei Bestandteile, Stoff (ὕλη) und Form oder Gestalt (εἶδος, μορφή).[28] Diese eher statische Unterscheidung verschränkt er mit einer dynamischen, der zwischen Möglichkeit oder Potenz (δύναμις) auf der einen und Wirklichkeit, Wirksamkeit oder Akt (ἐνέργεια) auf der anderen Seite.[29] Das Prozeßziel oder das Prozeßresultat der Wirklichkeit kennzeichnet er als Vollendung, Erfüllung oder Entelechie (ἐντελέχεια).[30] Bei den Lebewesen ist die Seele »die vorläufige Erfüllung des natürlichen Organen ausgestatteten Körpers« (ἐντελέχεια ἡ πρώτη σώματος φυσικοῦ ὀργανικοῦ)[31]. Die Entelechie ist als zielstrebige Kraft eines Organismus, die seine Entwicklung lenkt, verstanden. In diesem Sinn begründet sie die gesamte Traditionslinie des Vitalismus, der als Gegner des Mechanismus einerseits zum Verbündeten und andererseits zum Rivalen der Gestalttheorien heranwachsen wird.

Die Vorstellung der ›Prägung‹ läßt sich einerseits aus Platons *Theaitetos* herleiten, wo die Seele als mit einer Wachstafel ausgestattet gedacht wird, auf der die Sinneseindrücke ihre Spuren hinterlassen.[32] Wird dieses Bild der ›Prägung‹, ganz unplatonisch, zur Leitmetapher für den Sensualismus bis hin zum Behaviorismus, beruft sich der Idealismus auf eine

---

24 ADOLF MEYER-ABICH, Die Vollendung der Morphologie Goethes durch Alexander von Humboldt. Ein Beitrag zur Naturwissenschaft der Goethezeit (Göttingen 1970), 25.
25 ERNST CASSIRER, Goethes Pandora (1918), in: Cassirer, Idee und Gestalt (Berlin 1921), 11; vgl. FRIEDRICH SCHILLER, Das Ideal und das Leben (1795), in: SCHILLER, Bd. 2/1 (1983), 397.
26 GOETHE, Faust. Der Tragödie Zweiter Theil (1832), in: GOETHE (WA), Abt. 1, Bd. 15/1 (1888), 302.
27 GOETHE, Über Naturwissenschaft im Allgemeinen, einzelne Betrachtungen und Aphorismen, in: GOETHE (WA), Abt. 2, Bd. 11 (1893), 131.
28 Vgl. ARISTOTELES, Metaph., 1070a 1 f., 1084b 9 f.
29 Vgl. ebd., 1045b 25–1051a 33.
30 Vgl. ebd., 1050a 22 f.
31 ARISTOTELES, An. 2, 1, 412b 5 f.; dt.: Über die Seele, übers. v. W. Theiler, in: Aristoteles, Werke in deutscher Übersetzung, hg. v. H. Flashar, Bd. 13 (Berlin ⁴1973), 25.
32 Vgl. PLATON, Tht., 191c-e.

I. Gestalt in der Goethezeit

andere Stelle in Platons Werken, in denen ›Prägung‹ eine Rolle spielt, auf den *Timaios* nämlich: Dort teilt Platon das Seiende in drei »Gattungen«: »das Werdende, das worin es wird, und das Urbild, von dem das Werdende als Abbild herstammt« (ἐν δ᾽ οὖν τῷ παρόντι χρὴ γένη διανοηθῆναι τριττά, τὸ μὲν γιγνόμενον, τὸ δ᾽ ἐν ᾧ γίγνεται, τὸ δ᾽ ὅθεν ἀφομοιούμενον φύεται τὸ γιγνόμενον)[33]. Platon stellt somit den dem Werden enthobenen urbildlichen Ideen eine unspezifizierte Materie, »Empfängerin und gleichsam Amme alles Werdens« (πάσης εἶναι γενέσεως ὑποδοχὴν αὐτὴν οἷον τιθήνην)[34], und die veränderlichen konkreten Ausgestaltungen dieser Materie gegenüber, und er gelangt zu der für die Ästhetik entscheidenden Stellungnahme gegen den Sensualismus, daß nicht das je Wahrnehmbare das Seiende sei, sondern das dem vernünftigen Denken zugängliche prägende Urbild.[35]

Diese Trennung zwischen Vernunft und Wahrnehmung, die die gesamte idealistische Ästhetik durchzieht, wird Baumgartens Programmatik nachhaltig beeinträchtigen, so wie die Trennung zwischen Seiendem und Werdendem alle dynamischen Gestaltdefinitionen und erst recht den Metamorphosegedanken blockieren wird, denn selbst Heideggers Anmerkung, »das Prägende (τύπος)« sei aktivisch als das »Her-vor-bringende«[36] zu verstehen, vermag Platon nicht wirklich zu dynamisieren. Die meisten Schwierigkeiten beim Verständnis des Goetheschen Gestaltbegriffs gehen auf diese beiden tradierten Trennungen zurück, die Goethe nicht mitvollzieht.

Gestalt hat bei ihm ein aus Idee, Typus und Phänomen sich zusammensetzendes Tripelgesicht. Wird die veränderliche Erscheinung des Werdenden bei Platon, das Phänomen also, im Deutschen häufig durch Gestalt übersetzt, so führt Cassirer Goethes Gestaltbegriff auf Platons idea oder Urbild zurück[37]; Theodor Ziehen betont hingegen eine größere Ähnlichkeit zwischen den Formen, d. h. den gestaltgebenden Prinzipien, des Aristoteles und den Typus-Ideen Goethes.[38] Der Gestaltbegriff, wie ihn Goethe für seine Morphologie und Metamorphosenlehre benutzt, kann in der Tat sowohl aus ἰδέα (idea) als auch aus μορφή (morphē) abgeleitet werden. Aber diese Konzepte erfahren bei ihm eine ganz entschiedene Wendung ins *sinnlich Übersinnliche*, das also *phänomenal* erfahrbar.

›Gestalt‹ changiert zwischen gesetzlicher prägender ›Form‹ und individueller Realisierung, zwischen ungeformter energetischer Potentialität und raumzeitlicher Aktualisierung, und Goethe nutzt dieses merkwürdige Changieren des Gestaltbegriffs, um seine Wertschätzung der ›anschauenden Urteilskraft‹ gegen Kant zum Ausdruck zu bringen. So will er den von Kant eher für ein göttliches Wesen reservierten »intellectus archetypus«, der »nicht wie der unsrige discursiv, sondern intuitiv ist« und der »vom *Synthetisch-Allgemeinen* (der Anschauung eines Ganzen als eines solchen) zum Besonderen geht, d. i. vom Ganzen zu den Theilen«[39], für sich selbst in Anspruch nehmen – mit der Begründung, wenn es möglich sei, sich durch Glauben im Sittlichen in eine obere Region erheben zu können, »so dürft' es wohl im Intellektuellen derselbe Fall sein, daß wir uns, durch Anschauen einer immer schaffenden Natur, zur geistigen Theilnahme an ihren Productionen würdig machten«[40]. Dem intellectus archetypus zeigt sich in der Anschauung die Gestalt als Idee und als Typ, oder besser: In der Intuition fallen alle drei Begriffe zusammen.

Dies ist nicht mit der irrigen Vorstellung zu verwechseln, die Goethe selbst eine Weile hegte, unter allen sinnlich wahrnehmbaren Gestalten lasse sich die, die ganz die Idee sei. Zwar billigt Goethes Wortgebrauch meist auch der Gestalt selbst Typik zu, um dadurch die Erkenntnisleistung der ›anschauenden Urteilskraft‹ zu unterstreichen, aber er hoffte nur vorübergehend, im Phänomen den reinen Typus zu finden. So vermerkt er 1828: »Die Versatilität der Natur im Pflanzenreiche verfolgte ich unablässig und es glückte mir Anno 1788 in Sicilien die Metamorphose der Pflanzen, so im

---

33 PLATON, Tim., 50c-d; dt.: Timaios und Kritias, übers. u. hg. v. O. Apelt (Leipzig 1922), 76.
34 Ebd., 49a; dt. 73.
35 Vgl. ebd., 27d-28a.
36 MARTIN HEIDEGGER, Zur Seinsfrage (1956; Frankfurt a. M. ⁴1977), 15.
37 Vgl. CASSIRER (s. Anm. 25), 11.
38 Vgl. THEODOR ZIEHEN, Goethes naturphilosophische Anschauungen, in: J. Walther (Hg.), Goethe als Seher und Erforscher der Natur (Halle 1930), 47.
39 IMMANUEL KANT, Kritik der Urtheilskraft (1790), in: KANT (AA), Bd. 5 (1908), 407 f.
40 GOETHE, Anschauende Urtheilskraft (1820), in: GOETHE (WA), Abt. 2, Bd. 11 (1893), 55.

Anschauen wie im Begriff, zu gewinnen. Die Metamorphose des Thierreichs lag nahe dran und im Jahre 1790 offenbarte sich mir in Venedig der Ursprung des Schädels aus Wirbelknochen; ich verfolgte nun eifriger die Construction des Typus, dictirte das Schema im Jahre 1795 an Max Jacobi in Jena und hatte bald die Freude von deutschen Naturforschern mich in diesem Fache abgelöst zu sehen.«[41] Der Begriff ›Schema‹ zeigt dabei an, wie stark bestimmte Charakteristika und deren Relationen abstrahiert werden können. Goethes Metamorphosenlehre ist die Lehre von den Gestaltungsprinzipien, die jeweils einem bestimmten Typ zugrunde liegen. Wie er am 27. 9. 1786 notiert, wurde ihm »jener Gedanke immer lebendiger: daß man sich alle Pflanzengestalten vielleicht aus Einer entwickeln könne«. Und am 17. 4. 1787 schreibt er: »Woran würde ich sonst erkennen, daß dieses oder jenes Gebilde eine Pflanze sei, wenn sie nicht alle nach einem Muster gebildet wären.«[42] So wurde die ›Urpflanze‹ erst als »sinnliche Form einer *übersinnlichen* Urpflanze«, dann schließlich als »ein Bildungs*gesetz*« gefaßt[43], »ein Gesetz, von dem in der Erscheinung nur Ausnahmen aufzuweisen sind«[44]. Entsprechend charakterisiert Cassirer »die Urpflanze« als »zugleich Prinzip und Gebilde«, als »eine Regel, die sich aus der Anschauung selbst entwickelt und an ihr darstellt«[45]. An Herder schreibt Goethe am 17. 5. 1787: »Ferner muß ich dir vertrauen, daß ich dem Geheimniß der Pflanzenzeugung und Organisation ganz nahe bin, und daß es das einfachste ist, was nur gedacht werden kann. […] Die Urpflanze wird das wunderlichste Geschöpf von der Welt, um welches mich die Natur selbst beneiden soll. Mit diesem Modell und dem Schlüssel dazu kann man alsdann noch Pflanzen in's Unendliche erfinden, die consequent sein müssen, das heißt: die, wenn sie auch nicht existiren, doch existiren könnten und nicht etwa mahlerische oder dichterische Schatten und Scheine sind, sondern eine innerliche Wahrheit und Nothwendigkeit haben. Dasselbe Gesetz wird sich auf alles übrige Lebendige anwenden lassen.«[46]

Es war das Schicksal der Druckschrift *Versuch die Metamorphose der Pflanzen zu erklären* (1790), für ›mahlerische Schatten und Scheine‹, wenn auch in bester Absicht, mißbraucht zu werden. Ein römischer Kunstfreund Goethes bemühte sich, diesen Text vor dem mißtrauischen Gremium von Fachgelehrten einer »ansehnlichen deutschen Stadt« zu Anerkennung und Verständnis zu verhelfen, indem er ihn als Anleitung zur besseren illusionistischen Erfindung von »sprossenden und rankenden Blumenverzierungen« für »Marmorpilaster«[47] anpries. Diese Anregungen wurden in der Tat von Malern aufgegriffen, so etwa von Friedrich August Tischbein und Philipp Otto Runge. Bis heute werden Goethes naturwissenschaftliche Schriften in erster Linie ›ästhetisch‹ im engeren Sinn gelesen. Goethe war es jedoch um einen Beitrag gegangen, der unter ›artificial life‹ verrechnet werden könnte: um das Kalkül einer virtuellen Pflanze, das potentielle Gestalten ohne Ende erzeugen kann.

Wenn dieser ›Komplex von Bildungsgesetzen‹, den die Natur jedem Pflanzenindividuum zugrunde legt, wie eine rekursive Funktion zu verstehen ist, die in ständiger Wiederholung und Variation die je individuelle Gestalt bildet, dann braucht es kein fertiges Urbild in einem ewigen Reich der Ideen zu geben. Goethes ›Urbild‹ ist auch nicht real vorzuzeigen, sondern nur aufzuzeigen als ein einheitliches Bauprinzip, als eine prozessuale Bildungsanleitung, die in jeder einzelnen phänomenalen Gestalt aktualisiert ist. Daher impliziert und expliziert jede Gestalt in der Anschauung ihr eigenes Bildungsgesetz, und die Begrifflichkeit des Bauplans, des Gesetzlichen oder Typischen kann direkt auf jede einzigartige Gestalt bezogen werden.

Goethes ›anschauende Urteilskraft‹ und vor allem das Tripelgesicht der Gestalt brachten ihn rasch mit dem reinen Idealismus Schillers in Konflikt. Als Goethe ihm nämlich seine *Metamorphose der Pflanzen* vorgetragen und ihm »eine symboli-

---

41 GOETHE, Erläuterung zu dem aphoristischen Aufsatz ›Die Natur‹ (1828), in: GOETHE (WA), Abt. 2, Bd. 11, 11 f.
42 GOETHE, Italiänische Reise (1816–1829), in: GOETHE (WA), Abt. 1, Bd. 30 (1903), 89; Bd. 31 (1904), 147 f.
43 ZIEHEN (s. Anm. 38), 40.
44 GOETHE an Johannes Müller (24. 11. 1829), in: GOETHE (WA), Abt. 4, Bd. 46 (1908), 170.
45 CASSIRER, Goethe und die mathematische Physik (1921), in: Cassirer, Idee und Gestalt (s. Anm. 25), 43.
46 GOETHE (s. Anm. 42), Bd. 31 (1904), 239 f.
47 GOETHE, Schicksal der Druckschrift (1817), in: GOETHE (WA), Abt. 2, Bd. 6 (1891), 137 f.

sche Pflanze vor seinen Augen« hatte entstehen lassen, schüttelte Schiller »den Kopf und sagte: ›Das ist keine Erfahrung, das ist eine Idee.‹ Ich stutzte, verdrießlich einigermaßen; denn der Punct, der uns trennte, war dadurch auf's strengste bezeichnet. [...] Ich nahm mich aber zusammen und versetzte: ›Das kann mir sehr lieb sein, daß ich Ideen habe, ohne es zu wissen, und sie sogar mit Augen sehe.‹«[48] Die ›Belehrung‹ durch Schiller ergab sich aus folgendem Eindruck: Goethes Vorstellungsart ist »zu sinnlich und *betastet* mir zu viel«[49]. Goethe betonte hingegen, er »halte viel aufs *schauen*«[50].

Nun ist dieses Schauen Goethes deshalb ›betastend‹, weil es der Genese der Gestalt nachfährt, deren Bauplan sein eigener Leib in sich trägt: »Das Auge hat sein Dasein dem Licht zu danken. Aus gleichgültigen thierischen Hülfsorganen ruft sich das Licht ein Organ hervor, das seines Gleichen werde; und so bildet sich das Auge am Lichte für's Licht, damit das innere Licht dem äußeren entgegentrete.«[51]

Über Goethes berühmte Zeilen »Wär' nicht das Auge sonnenhaft, / Wie könnten wir das Licht erblicken?«[52] stellt Herbert von Einem die Beziehung zu Plotin, dessen Worte sie übersetzen (οὐ γὰρ ἂν πώποτε εἶδεν ὀφθαλμὸς ἥλιον ἡλιοειδὴς μὴ γεγενημένος[53]), zu Marsilio Ficino, dessen lateinische Übersetzung Goethe herangezogen hatte, und damit zu den Vorsokratikern und zum Neuplatonismus her.[54] Sicher ist hier eine Quelle für das Bild des Lichtes oder Feuers, das aus den Augen schlägt und sich mit den Gestalten vermählt, zu sehen. Man kann auf die von Aristoteles wiedergegebene Auffassung des Vorsokratikers Empedokles zurückgehen: »Gleiches wird nun aber nur von Gleichem erkannt« (ἡ δὲ γνῶσις τοῦ ὁμοίου τῷ ὁμοίῳ)[55]. Solche Überlieferungen, die in hermetischen Texten wie denen von Paracelsus weiterleben, bilden zumindest eine Traditionslinie für eine Entsprechung zwischen ›Oben und Unten‹, ›Außen und Innen‹.

Die Gesetze von Polarität und Steigerung gelten für das Naturreich wie für das Reich des Geistigen, wobei Geist das ist, was in der Natur Gestalten bildet und im Geistigen Gedanken. Daß bei Gestaltansätzen Kategorien des Wahrnehmens und Vorstellens nicht bewirkenden und schöpferischen Prinzipien in der Natur zusammengeworfen werden,

hängt mit dieser Konkordanz von Erkenntnis- und Naturprozeß zusammen. Die Goethesche Schau der Gestalt macht aus der Entsprechung zweier vom Cartesianismus geschiedener Ebenen eine chiastische Verschränkung.

Ekkehard Meffert hat überdies darauf hingewiesen, daß Goethe in seiner Unterscheidung zwischen Vernunft und Verstand unwissentlich eine Differenzierung des Nikolaus von Kues aufgegriffen hat. Für diesen leuchtet oberhalb der Ebene des Verstandes das Vernunftdenken im Menschen auf, welches im Gegensatz zum analysierenden Verstand auf die Ganzheit, die Einheit in der Vielheit gerichtet ist. »Denn man kennt nicht den Teil, wenn man nicht das Ganze kennt; das Ganze nämlich mißt den Teil. [...] Daher wird es für die Kenntnis des Einzelnen nötig sein, daß die Kenntnis des Ganzen und seiner Teile vorangeht.« (Nam non scitur pars nisi toto scito; totum enim mensurat partem. [...] Unde necesse erit, ut ad scientiam unius praecedat scientia totius et partium eius.)[56] Goethe hat das Verhältnis von dynamischer Vernunft, die an der Welt als lebendigen, schaffenden Bildungsprinzipien durch Anschauung teilhat, und Verstandesdenken, das Gewordenes summiert und fixiert, in mehreren Maximen umrissen.[57] Wenn man zur Erkenntnis des Typus durch ›vernünftiges

---

48 GOETHE, Glückliches Ereignis (1817), in: GOETHE (WA), Abt. 2, Bd. 11 (1893), 17 f.
49 FRIEDRICH SCHILLER an Christian Gottfried Körner (1. 11. 1790); in: SCHILLER, Bd. 26 (1992), 55.
50 GOETHE an Friedrich Heinrich Jacobi (5. 5. 1786), in: GOETHE (WA), Abt. 4, Bd. 7 (1891), 214; vgl. ZIEHEN (s. Anm. 38), 38.
51 GOETHE, Zur Farbenlehre. Didaktischer Theil (1808/ 1810), in: GOETHE (WA), Abt. 2, Bd. 1 (1890), XXXI.
52 Ebd.
53 PLOTIN, Enneades I, 6, 9.
54 Vgl. HERBERT VON EINEM, Goethe-Studien (München 1972), 16–20.
55 ARISTOTELES, Metaph., 1000b 5.
56 NIKOLAUS VON KUES, Idiota de mente (1450), in: Nikolaus von Kues, Opera omnia, hg. v. d. Heidelberger Akad. d. Wiss., Bd. 5 (Hamburg ²1983), 179 f.; dt.: Idiota de mente/Der Laie über den Geist, lat.-dt., hg. u. übers. v. R. Steiger (Hamburg 1995), 87.
57 Vgl. EKKEHARD MEFFERT, Carl Gustav Carus. Sein Leben – seine Anschauung von der Erde (Stuttgart 1986), 119.

Anschauen< gelangt, welches kein unbeteiligtes Beobachten von außen im Sinn eines rein realistisch-empiristischen Standpunkts ist, sondern ein »denk›anschauliches‹ Vorstellen«[58], eine genetische, »entwickelnde entfaltende Methode«[59], dann wird klar, daß in Goethes Metamorphosenlehre ein anschaulicher Mitvollzug des Bildungsvorgangs gemeint ist, der beides gleichermaßen betrifft: »das Verwandelnde und das, was verwandelt wird«[60].

Das Werdende und Veränderliche, das bei Platon als unwirklich abgewertet wird, tritt bei Goethe ganz in den Vordergrund. Seine »Gestaltenlehre ist Verwandlungslehre«, Gestalt »ein bewegliches, ein werdendes, ein vergehendes«[61]. Sie ist es so sehr, daß Goethe bei der Begründung seiner Morphologie den zu statischen Charakter des deutschen Wortes Gestalt bedauert: »Der Deutsche hat für den Complex des Daseins eines wirklichen Wesens das Wort Gestalt. Er abstrahirt bei diesem Ausdruck von dem Beweglichen, er nimmt an, daß ein Zusammengehöriges festgestellt, abgeschlossen und in seinem Charakter fixirt sei. / Betrachten wir aber alle Gestalten, besonders die organischen, so finden wir, daß nirgend ein Bestehendes, nirgend ein Ruhendes, ein Abgeschlossenes vorkommt, sondern daß vielmehr alles in einer steten Bewegung schwanke. Daher unsere Sprache das Wort Bildung sowohl von dem Hervorgebrachten, als von dem Hervorgebrachtwerdenden gehörig genug zu brauchen pflegt. / Wollen wir also eine Morphologie einleiten, so dürfen wir nicht von Gestalt sprechen; sondern wenn wir das Wort brauchen, uns allenfalls dabei nur die Idee, den Begriff oder ein in der Erfahrung nur für den Augenblick Festgehaltenes denken. / Das Gebildete wird sogleich wieder umgebildet, und wir haben uns, wenn wir einigermaßen zum lebendigen Anschaun der Natur gelangen wollen, selbst so beweglich und bildsam zu erhalten, nach dem Beispiele mit dem sie uns vorgeht.«[62] Wenn man das Wort Gestalt hierauf wieder als Partizip hören könnte, etwa wie bei ›Ge-bild‹, und gleichzeitig noch in Bildung, in ›Staltung‹ begriffen, so käme man Goethes Intention recht nahe.

Diese Umbildung ist auch ein Vorbild für die ethische und ästhetische Aufgabe des Menschen, die darin besteht, seine Gestalt, ganz alchemistisch gedacht, ›hinaufzubilden‹. Je bildsamer er sich erhält, desto durchlässiger bleibt er für die Anschauung der Metamorphose; je weiter er sich ›hinauforganisiert‹, desto intuitiver wird seine Anschauung der Gestaltbildungsgesetze. ›Evolution‹ im Sinne Darwins ist damit jedoch nicht gemeint. Zwar läßt sich ›Metamorphose‹ durchaus auch auf den Übergang zwischen verschiedenen Pflanzentypen beziehen. Ernst Haeckel befand sich aber im Irrtum, wenn er angesichts dieser ›dynamischen Gestalten‹ annahm, Goethe habe von der Evolution der Arten gesprochen und sei ein Darwinist avant la lettre gewesen.

Goethe meinte vor allem den Komplex von Bildungsgesetzen, der innerhalb jeder einzelnen Pflanze (oder innerhalb jedes einzelnen Wirbeltiers) die Gesamtgestalt von der Wurzel bis zur Samenkapsel durchorganisiert und sie durch allgemeine Grundprinzipien modifiziert: »Ausdehnung und Zusammenziehung« (Systole und Diastole), »Polarität« und »Steigerung« (Potenzierung). »Ich ging allen Gestalten, wie sie mir vorkamen, in ihren Veränderungen nach, und so leuchtete mir am letzten Ziel meiner Reise, in Sicilien, die *ursprüngliche Identität* aller Pflanzentheile vollkommen ein, und suchte diese nunmehr überall zu verfolgen und wieder gewahr zu werden.«[63] Das Blatt der Pflanze erschien Goethe, wie er am 17. 5. 1787 an Herder schrieb, als »der wahre Proteus [...], der sich in allen Gestaltungen verstecken und offenbaren könne. Vorwärts und rückwärts ist die Pflanze immer nur Blatt, mit dem künftigen Keime so unzertrennlich vereint, daß man eins ohne das andere nicht denken darf«[64]

---

58 HERMANN SIEBECK, Goethe als Denker (Stuttgart 1902), 31; vgl. ZIEHEN (s. Anm. 38), 40.
59 GOETHE, Ferneres in Bezug auf mein Verhältniß zu Schiller (1825), in: GOETHE (WA), Abt. 1, Bd. 36 (1893), 253; vgl. ZIEHEN (s. Anm. 38), 40, 42 f.
60 GÜNTHER SCHMID, Goethes Metamorphose der Pflanze, in: Walther (s. Anm. 38), 222.
61 GOETHE, Morphologie (1807), in: GOETHE (WA), Abt. 2, Bd. 6 (1891), 446; vgl. MEYER-ABICH (s. Anm. 24), 70 f.
62 GOETHE (s. Anm. 6), 9 f.
63 GOETHE, Der Verfasser theilt die Geschichte seiner botanischen Studien mit (1831), in: GOETHE (WA), Abt. 2, Bd. 6 (1891), 121.
64 GOETHE (s. Anm. 42), Bd. 32 (1906), 44.

Zwar darf man sich dies keineswegs als eine Komposition des »Lebendig-Einen […] aus der Vielheit seiner Teile«⁶⁵ vorstellen, aber insofern für Goethe »wohl kein Zweifel« daran bestehen konnte, daß »eine Pflanze, ja ein Baum, die uns doch als Individuum erscheinen, aus lauter Einzelheiten bestehn, die sich untereinander und dem Ganzen gleich und ähnlich sind«⁶⁶, war der unermüdliche Wolkenbeobachter Goethe dem Kern der Idee der ›Fraktalität‹ auf der Spur, ohne dafür die mathematischen Mittel zu besitzen. Sein Bestreben ging eher dahin, ästhetische Wertmaßstäbe naturhaft zu begründen: »Je unvollkommener das Geschöpf ist, destomehr sind diese Theile einander gleich oder ähnlich, und destomehr gleichen sie dem Ganzen. Je vollkommner das Geschöpf wird, desto unähnlicher werden die Theile einander. […] Die Subordination der Theile deutet auf ein vollkommneres Geschöpf«.⁶⁷

Der Zusammenhang zwischen dem Schönen und Gestalt als Manifestation von Gesetzlichem ist bei Goethe so eng wie nur möglich. So verbindet Goethe mit der Renaissance die Überzeugung, daß es für den Künstler ohne Hinwendung zur Natur nicht möglich sein könne, die Schönheit zu erreichen. Gemeint ist damit jedoch kein oberflächlicher Naturalismus, sondern die Anschauung des Gesetzlichen der Gestalt in Natur und Kunst soll durch die Kunst sichtbar gemacht werden.

2. Gestalt und Metamorphose bei Schelling und Hegel

Der subversiv hybride, zwischen Sinnlichem und Über-Sinnlichem changierende Charakter des Goetheschen Gestaltbegriffs war schwer in seiner Balance zu halten. Zwar hatte Goethe entschieden gewarnt: »Jedes Existirende ist ein Analogon alles Existirenden; daher erscheint uns das Dasein immer zu gleicher Zeit gesondert und verknüpft. Folgt man der Analogie zu sehr, so fällt alles identisch zusammen; meidet man sie, so zerstreut sich alles in's Unendliche. In beiden Fällen stagnirt die Betrachtung, einmal als überlebendig, das anderemal als getödtet.«⁶⁸ Schelling konnte dennoch der Idee des »einen Urgrunds« nicht widerstehen, sondern schrieb begeistert an Goethe: »Die Metamorphose der Pflanzen nach Ihrer Darstellung hat sich mir durchgängig als Grundschema alles organischen Entstehens bewährt, und mir die innere Identität aller Organisationen unter sich und mit der Erde, welche ihr gemeinschaftlicher Stamm ist, jezt schon sehr nahe gebracht.«⁶⁹ Schelling weitet Goethes Metamorphosekonzept für die Naturphilosophie seiner *Weltseele* von 1798 zu einer »teleologischen Dialektik« der »Potenzen als unterschiedlichen Einbildungen des Unendlichen ins Endliche«⁷⁰ bis hin zum Menschen aus. Seine Dialektik führt aus auf eine angestrebte »absolute Identität des Geistes *in* uns und der Natur *außer* uns«⁷¹ hin. Durch diese Verabsolutierung von Analogie und Potenzierung droht sein transzendentaler Idealismus in die ›Überlebendigkeit‹ abzugleiten. Anders als bei lebensphilosophischen Gestaltansätzen des 20. Jh. kann für ihn jedoch weder der Urgrund der Erde für die Einheit innerhalb der Polaritäten garantieren, noch vermag das »Leben«, das als ›freies Spiel von Kräften […] durch irgend einen äußern Einfluß continuirlich unterhalten wird«⁷², zur Basis seines Ideengebäudes zu werden. Statt dessen mündet Schellings Naturphilosophie in ein *System des transscendentalen Idealismus* (1800), das die Identität von Natur und Geist entschieden im Geist lokalisiert und das Lebendige nur mehr in der »intellektuellen Anschauung«⁷³, die in der »Kunstanschauung«⁷⁴ zum Tragen komme, als Ewiges anschaulich erfaßt. Dies ist nach der Entleiblichung des Schellingschen Gestaltbegriffes ein notwendi-

---

65 CASSIRER (s. Anm. 45), 49.
66 GOETHE (s. Anm. 6), 11.
67 Ebd., 10 f.
68 GOETHE (s. Anm. 27), 126.
69 F. W. J. SCHELLING an Goethe (26. 1. 1801), in: Schelling, Briefe und Dokumente, hg. v. H. Fuhrmans, Bd. 1 (Bonn 1962), 243.
70 DIETRICH VON ENGELHARDT, Prinzipien und Ziele der Naturphilosophie Schellings – Situation um 1800 und spätere Wirkungsgeschichte, in: L. Hasler (Hg.), Schelling (Stuttgart-Bad Cannstatt 1981), 78; vgl. SCHELLING, Von der Weltseele (1798), in: SCHELLING (SW), Abt. 1, Bd. 2 (1857), 546.
71 SCHELLING, Ideen zu einer Philosophie der Natur (1797), in: SCHELLING (SW), Abt. 1, Bd. 2 (1857), 56.
72 SCHELLING (s. Anm. 70), 566.
73 SCHELLING, System des transscendentalen Idealismus (1800), in: SCHELLING (SW), Abt. 1, Bd. 3 (1858), 369.
74 Ebd., 611.

ger Schritt: Wenn die Gestalt als organismisch Gesetzliches nicht selbst Garant des Schönen zu sein vermag, so muß die Kunst die Funktion übernehmen, die der Gestalt von der Naturphilosophie her zugekommen war. Sie kann dies leisten, indem sie die Natur in ihrem Verfahren nachahmt und schließlich übertrifft.

Der Umschlag der Ideen von gestaltbildenden Kräften in Kategorien des Denkens, den Kant vollzog, so daß sich ein Graben zwischen Erkenntnis und Gegenstand, Denkformen und – als chaotisch gedachten – Empfindungen, zwischen Bewußtsein des Subjekts und Naturprozeß auftat und heute von der ›Idee‹ nur noch die ›perceptio‹ oder das von einem Subjekt Vorgestellte übriggeblieben ist, bleibt bei Schelling noch in der Schwebe, insofern der ›Weltgeist‹ eine durchaus wirkende Kraft und nicht bloß Angelegenheit des menschlichen Bewußtseins ist.

Noch eigentümlicher auf der Kippe stehen bei Hegel ›Idee‹ als »freier und wahrhafter Gedanke«, der »in sich konkret«[75] ist, und »Begriff« als »negative Einheit mit sich« (311). Wenngleich Hegel in seiner Naturphilosophie »das Universum als ein organisches Ganzes und eine vernünftige Totalität« beschreibt, gilt dies doch *anschaulich* vor allem für den »unbefangenen Geist«, den er in ausgezeichneter Weise in Goethe »geltend gemacht«[76] findet. Einheit muß in erster Linie durch die Selbstbewegung des Begriffs hergestellt werden, so daß das Konzept der Metamorphose, das Hegel mit Bewunderung von Goethe übernimmt, nun nur noch dem Begriff als solchem zukommt, »da dessen Veränderung allein Entwicklung ist«[77].

Hegels Philosophie nimmt dabei selbst metamorphischen Charakter an, insofern in einer Dialektik von These und Antithese und in deren Aufhebung in der Synthese aus Polarität und Steigerung ein Denkgebilde von übereinandergelagerten Stufen ensteht. Bei Hegel ist jedoch die jeweils höhere Stufe zwar die Steigerung der vorhergehenden im Sinne eines transzendenten ›Übersteigens‹, aber nicht in dem Sinne, in dem Goethe ›Steigerung‹ als immanenten Zugewinn an Komplexität und Dimension versteht. Verändert sich die Gestalt der Hegelschen Begriffe auf jeder Stufe aufgrund des »systemisch-genetischen Charakters« seines Philophierens, so metamorphosiert auch der Begriff der Gestalt in »Hinsicht auf einen fortschreitenden ›Entmaterialisierungs-‹ und ›Vergeistigungsprozeß‹«[78].

Wird die Philosophie insgesamt als »Darstellung der Idee« im Ganzen der Wissenschaft charakterisiert, so ist die Idee selbst erstens »das schlechthin mit sich identische Denken«, zweitens »die Tätigkeit, sich selbst, um für sich zu sein, sich gegenüberzustellen«, und schließlich drittens das Denken, das »in diesem Anderen nur bei sich selbst«[79] ist. Insofern die Natur – als »Idee in der Form der Entäußerung«[80] – als Äußerlichkeit und unendliche Vereinzelung bestimmt und als die Negation der Welt des Geistes gedacht wird, läßt diese wahrhaft gnostische Erzählung wenig Raum für die Gestalt im Rahmen sinnlicher Erkenntnis.

Zwar kommt die Selbstbewegung des Begriffs in der Schönheit der Gestalt zur Anschauung. Doch die Idee bleibt in der Gestalt des Naturschönen in zweifacher Weise unfrei: Zum einen ist die Gestalt wegen ihrer »nur sinnlichen Unmittelbarkeit«[81] nur für ein Schönheit auffassendes Bewußtsein schön. Zum anderen ist das Naturschöne nur das *Gestalthafte* jedes Seienden, nicht jedes Seiende in seinem Dasein. Was das Bewußtsein da als schön beurteilt, ist die Selbstbewegung des Begriffs; das Naturschöne ist also der Selbst-Erkenntnis des Geistes, der in der Gestalt die Idee in ihrer Äußerlichkeit, und damit sich selbst in seiner Bewegung, erkennt. In der Beurteilung der Gestalt als ›schön‹ kehrt der Geist zu sich selbst zurück.

Die Bedingtheit durch das schiere Andere seiner selbst, die Natur, kann der Geist, so er zu sich selbst zurückkehren will, dadurch überwinden, daß er sich – statt im Naturschönen – im Kunstschönen erkennt: »Die Notwendigkeit des Kunstschönen leitet sich also aus den Mängeln der un-

---

75 G. W. F. HEGEL, Enzyklopädie der philosophischen Wissenschaften im Grundrisse (1817), Bd. 1, in: HEGEL (TWA), Bd. 8 (1970), 59.
76 Ebd., Bd. 2, in: HEGEL (TWA), Bd. 9 (1970), 21.
77 Ebd., 31.
78 KNUT STÜNKEL, Der Gestaltbegriff bei Hegel (unveröff. Ms.), 2.
79 HEGEL (s. Anm. 75), 63.
80 Ebd., 64.
81 HEGEL, Vorlesungen über die Ästhetik (1835–1838), Bd. 1, in: HEGEL (TWA), Bd. 13 (1970), 167.

mittelbaren Wirklichkeit her«, erst im Kunstschönen gewinnt das Wahre eine äußere Erscheinung, »aus welcher nicht mehr die Dürftigkeit der Natur und der Prosa hervorblickt, sondern ein der Wahrheit würdiges Dasein«[82]. Damit ist der Geist zwar noch nicht ganz und gar zu sich zurückgekehrt, sondern schaut sich noch immer in einem Äußerlichen an.[83] Insofern das Kunstwerk von einem Subjekt hervorgebracht und wiederum von einem Subjekt angeschaut wird, entfällt jedoch eine der beiden Bedingtheiten, die das Naturschöne kennzeichneten, nämlich daß die Naturgestalt nur von einem es beurteilenden Bewußtsein erkannt werden kann. Da die Kunstgestalt bereits von einem Bewußtsein geschaffen wurde, der Geist die sinnliche Materie schon künstlerisch gestaltet hat, ist die Kunstgestalt als unmittelbare Anschauung der Idee reine Gestalt, das Gestalthafte an sich, und repräsentiert eine zweifache Rückkehr des Geistes zu sich selbst – einmal im Künstler und einmal im Betrachter.

Innerhalb der künstlerischen Gestalten sind nun insofern weitere Abstufungen der Reinheit zu unterscheiden, als die »höchste und wahrhafte« Gestalt die des Menschen ist, »weil nur in ihr der Geist seine Leiblichkeit und hiermit anschaubaren Ausdruck haben kann«[84]. Die Leiblichkeit des Menschen ist bereits durch dessen Seele gestaltet, stellt deren Kunstwerk dar. Somit kann der Geist in der Äußerlichkeit der dreidimensionalen Welt durch nichts angemessener zu sich selbst zurückkehren als durch die Skulptur des menschlichen Körpers.[85]

Von dieser Stufe aus wird der Geist sein Außersichsein Schritt für Schritt aufheben, indem er Leiblichkeit und Räumlichkeit tilgt, sich vom Sinnlichen ablöst und von der Plastik (dreidimensional) über Malerei (zweidimensional) und Musik (eindimensional) zur Poesie (reine Formalität des an und für sich bedeutungslosen Buchstabens) aufsteigt. Hierdurch verliert der Gestaltbegriff mehr und mehr an Sinnlichkeit und Äußerlichkeit, so daß er im Bereich der geistigsten Künste immer weniger als Idee in ihrem Äußerlichsein bestimmt werden kann und immer mehr zur Gestalt des Bewußtseins wird. Jedoch ist dieser Vergeistigungsprozeß »nicht gleichbedeutend mit dem Abbau von Gestalt überhaupt«[86], sondern mit dem Abbau von Gestalt als geformter Materie. Im höchsten Stadium schließlich, dem des absoluten Wissens, betrachtet der Geist sich nicht mehr in Gestalten, sondern steht selbst als eine von seiner Erscheinung im Bewußtsein befreite Gestalt, als reiner Begriff da.

In gewissem Sinne gibt es auch bei Hegel eine Konkordanz von Natur- und Erkenntnisprozeß, insofern die Bewegung des reinen Geistes vom mit sich selbst Identischen über die Negation als reine Veräußerlichung in der Natur zur Rückkehr der Idee zu sich selbst sowohl äußerlich in der Natur, in der Morphogenese, zu beobachten ist als auch an der Bewegung der Begriffe im menschlichen Bewußtsein, im Denken. Der Mensch kann etwas an der Natur erkennen, weil die Bewegungen seines Denkens die gleichen Bewegungen sind wie die der Gestaltwerdung in der Natur. Aber die Konkordanz ergibt sich nur um den Preis, daß alles, was erkannt und beurteilt werden kann, alles, was schön ist, und schließlich alles, was denkt und als schön beurteilt, Geist ist und so Geist immer nur Geist erkennt.

3. Carus: Gestalt als Physiognomie

Anders als Hegel versucht der Arzt, Maler und Philosoph Carl Gustav Carus (1789–1869) ›Idee‹ und ›Erfahrung‹ zu versöhnen und den Gegensatz zwischen Idealismus und Empirismus in einer höheren Einheit zu überwinden. Damit bezieht er nicht nur gegen Materialismus und Mechanismus Stellung, sondern auch gegen die spekulativen Naturphilosophen seiner Zeit, allen voran die Anhänger der Schelling-Schule, für die die Natur gleichsam nur »eine ›Tapete des Geistes‹«[87] ist.

Für Carus bildet die Erfahrung die Grundlage der Erkenntnis; das reine Werden ist genauso wirklich wie die Idee. Gestalt wird als Produkt der Durchdringung von strömender Substanz und Idee

---

82 Ebd., 202.
83 Vgl. HEGEL (s. Anm. 75), Bd. 3, in: HEGEL (TWA), Bd. 10 (1970), 367f.
84 Ebd., 368.
85 Vgl. HEGEL (s. Anm. 81), Bd. 2, in: HEGEL (TWA), Bd. 14 (1970), 362.
86 STÜNKEL (s. Anm. 78), 37.
87 MEFFERT (s. Anm. 57), 114.

aus dem statisch Unbestimmten entlassen. Zudem verwandelt sich bei Carus auch die Idee »langsam von Stufe zu Stufe, indem sie in den ewigen Fluß der Materie untertaucht. Auch die Natur ›lernt‹ im Laufe der Evolution, d.h. die ihr zugrunde liegende Idee wandelt sich selbst.«[88] Die eigentlich kreative Instanz, die alle Gestalten bildet, ist für Carus die Seele, der er eines seiner Hauptwerke widmet (*Psyche*, 1846). In dieser Schrift schließt er sich Aristoteles an, dessen Auffassung er folgendermaßen wiedergibt: »Aristoteles sagt sehr schön: ›die Seele sei die erste Wirklichkeit eines natürlichen gegliederten Körpers.‹«[89] Zugleich wendet er sich gegen jeden Vitalismus, der zusätzlich zu mechanisch gedachten Naturgesetzen eine Lebenskraft einführen müsse, um organisches Leben zu erklären.[90] Kraft und Stoff sind für Carus »nur verschiedene Ausdrücke für ein und dasselbe ewige Werden«, wobei Stoff als »das im Werden momentan Gewordne«, Kraft als »das im Gewordnen immerfort [...] sich offenbarende Werden«[91] angesehen werden kann. Die Morphogenese erfolgt auch bei Carus durch »unendlich vielfältige Wiederholungen einer und derselben einfachsten Grundform«, ist also keineswegs eine Addition von Elementen, sondern beginnt mit einem ersten Hervorgehen eines Bestimmten aus einem Unbestimmten durch eine erste Furchung des Indifferenten, eine erste Differenz[92], vergleichbar der spontanen Strukturentstehung durch Energiedissipation aus einmalig auftretenden systemaren Instabilitäten, die zu Bifurkationen führen, wie im ausgehenden 20. Jh. Ilya Prigogine die Selbstorganisation der Materie beschreiben wird.[93] Der Prozeß setzt sich fort durch »ein fortwährendes innerlich sich Teilen«[94] und Auseinandertreten in Gegensätze, wobei das Ganze sich durch diese Teilung immer weiter vergrößert und ausdifferenziert. An diesem ersten bewußtlosen Wirken sind zweierlei Wirkungsrichtungen abzulesen: einerseits das »sich rastlos Wiederholende«, das das »Material« bildet für »ein höheres, die Darstellung der Gesammtheit eines mannichfaltig gegliederten Organismus Bezweckendes«; andererseits die Modifikationen dieses Materials nach einem »höhern Schema«[95].

Diese Bildungsgesetze der Psyche sind für Carus zugleich Gottesbeweis: »Wer die Schritt für Schritt mit unverrückter Stetigkeit geschehenden Krystallisationen der Urtheile nur eines einzigen Organismus verfolgt hat, wer gesehen hat, wie durch unendliche Wiederholungen der einzigen Urgestalt des mikroskopisch ersten Eibläschens eine eigenthümliche Zellenbildung entsteht, welche überall die Grundlage ist, aus welcher dann Gefässe, Nerven, Muskeln, Knochen, je nach bestimmten Strahlungen und Metamorphosen, hervorgehen, dem *muß* allmählig verständlich werden, welch eine Weisheit, Macht und Schönheit, *noch ohne alles Selbstbewußtsein*, ein sich individualisirendes Göttliches zu offenbaren vermag.« (14)

Dieses bewußtlose Wirken »mit entschiedener Gewalt durchaus vor dem bewußten Wirken des Geistes [...] entschleiern« zu wollen, wirft er Hegels und Herbarts Anhängern vor, es als ganz und gar »Unbegreifliches« (V f.) zu verehren, den Mystikern. Die Vorstellung einer Psyche, deren Haupttätigkeit im Unbewußten verbleibt und dort ihre größte plastische Wirkung entfaltet, führt später zur Psychologie des Unbewußten von Ludwig Klages und Carl Gustav Jung. Anders als das Unbewußte Freuds, das eher als sekundäres Residuum der Verdrängungsprozesse personalen Bewußtseins erscheint, ist die Psyche bei Carus primär und apersonal und individualisiert sich erst in den physischen und psychischen Gestalten, die sie bildet: »Überall wird man sich überzeugen müssen, daß die innere Vollendung und höchste Zweckmäßigkeit der Bildungen durch jenes Unbewußte, unendlich voransteht Allem und Jedem, was der bewußte Geist in ähnlicher Weise hervorzubringen

---

88 Ebd., 126.
89 CARL GUSTAV CARUS, Psyche. Zur Entwicklungsgeschichte der Seele (1846; Stuttgart ²1851), 5; vgl. ARISTOTELES, An. 2, 1, 412b 4–6.
90 Vgl. CARUS (s. Anm. 89), 5 f.
91 CARUS, Natur und Idee oder das Werdende und sein Gesetz (Wien 1861), 56.
92 Vgl. CARUS, Über Begriff und Vorgang des Entstehens (1859), in: Carus, Zwölf Briefe über das Erdleben (1841), hg. v. E. Meffert (Stuttgart 1986), 30–32.
93 Vgl. REINHARD MOCEK, Ganzheit und Selbstorganisation: Auf den Spuren eines biologischen Grundproblems, in: G. Küppers (Hg.), Chaos und Ordnung. Formen der Selbstorganisation in Natur und Gesellschaft (Stuttgart 1996), 63.
94 CARUS (s. Anm. 92), 30.
95 CARUS (s. Anm. 89), 26 f.

I. Gestalt in der Goethezeit

vermag. Ja wenn uns dann deutlich wird, daß Alles, was wir die Wissenschaft der bewußten Seele nennen, nur ein Nachgehen und ein Aufsuchen der Verhältnisse und Gesetze ist, welche fort und fort im unbewußten Walten des verschiedenen Lebendigen um und in uns, vom Weltkörper bis zum Blutkörperchen, sich bethätigen, so entsteht uns ein eigener Kreislauf der Ideenwelt, welche aus dem Unbewußtsein bis zum Bewußtsein sich entwickelt, und als solches doch wieder zuhöchst das Unbewußte sucht und in dem möglichsten Verständnis desselben sich erst befriedigt findet.« (15) Carus' Auffassung von der Psyche ist ein regelrechter Gegenentwurf zur Hegelschen Dialektik der Entstofflichung der Gestalt. Wo für diesen in immer weiter aufsteigender Entmaterialisierung und Aufhebung das Telos der Welt- und Naturgeschichte in der Rückkehr des Geistes zu sich selbst besteht, ist es für Carus das Leben selbst, das als Urhandlung des Äthers oder Lebensleibs das Ziel des Kosmos wie des menschlichen Erkennens bildet.[96] Fast scheint das menschliche Bewußtsein nur ein Organ des Lebens selbst zu sein, durch das und in dem das Leben sich betrachtet.

Folglich ist Erkenntnis vor allem mit Hilfe der »genetischen Methode« zu erlangen, die einen dem Fortschreiten und Entstehen der Naturerscheinungen möglichst ähnlichen Gang nimmt.[97] Insofern das Bewußtsein nur die letzte, wenn auch höchste Spitze des Gesamtkunstwerks Organismus und nach den gleichen Gesetzmäßigkeiten gestaltet ist, folgt auch das Denken der Vernunft den gleichen Regeln wie die Morphogenese der Physis, nur daß es sich hierbei um den Vorgang des Entstehens im Geiste handelt. »Entstehen und Verstehen bedingen sich insofern gegenseitig, als nur *die Sache, der Begriff, die Lebensform*, deren *Entstehen* wir genügend eingesehen haben, uns mittels eines festen Willens nun auch zum rechten *Verstehen* derselben das volle Vermögen geben wird.«[98]

Die »Konkordanz von Erkenntnis- und Naturprozeß«[99] kommt auch in den von Carus angeführten Worten Friedrich Heinrich Jacobis zum Ausdruck, der Mensch könne nur die höchste aller Vernunftideen erfahren, sofern er »zur Erkenntnis Gottes hinaufsorganisiert«[100] worden sei. Da ›Urteilen‹ sowohl auf den geistigen Vorgang wie auf die immer weiter fortschreitende Ausdifferenzierung der ›Ur-Teile‹ sich bezieht, kann das Denken genauso zur Mißgestalt verkommen wie die physische Entwicklung, denn »wenn die Art dieser Fortschreitung, hier der Zellteilung, dort der Begriffsspaltung, etwa nur eine unvollkommene, übereilte oder eine bloß durch Aneinanderreihen und Zusammensetzung verfahrende blieb, eben sowohl alle leibliche organische Ausbildung eine krankhafte und abnorme werden muß als die geistige Entwicklung eine unvollständige und irrationale«[101]. Wer das Urgesetz verstehen will, das organischem Entstehen und Begriffsbildung im Denken gleichermaßen zugrunde liegt, muß die Vielfalt des Bestimmten auf die unausgesprochen vorausgesetzte Einheit im Unbestimmten beziehen, da die organischen Naturbildungen »stets von einer einfachsten und indifferentesten Gestaltung ausgehen [...] und erst in weiterer Metamorphose zu immer größerer Verschiedenheit und Mannigfaltigkeit sich fortbilden« (32).

Im Gegensatz zu natürlichen Gestalten, die »aus eigener schöpferischer Macht und durch rastlos fortgesetzte Selbstzeugung mittels Selbstteilung« wachsen, wodurch beim Organischen die Neigung zur Entropie »bis zum endlichen Tode kompensiert wird«, wie Carus in Vorwegnahme der Vorstellungen von ›Negentropie‹ sich ausdrückt, beginnen die von Menschenhand geschaffenen Artefakte zu zerfallen, sowie sie vollendet sind, denn sie stellen »bloß durch mechanisches Zusammensetzen Entstandenes« (34) dar. Für die Werke der Psyche gibt es hingegen keinen absoluten, nur einen relativen Tod, der in nichts anderem besteht als darin, daß die Richtung der Bildung sich umkehrt zu einer Rückbildung »in ein Unbestimmtes, welches sofort wieder einer neuen Bestimmung fähig wird«[102].

---

96 Vgl. MEFFERT (s. Anm. 57), 131.
97 Ebd., 121.
98 CARUS (s. Anm. 92), 28.
99 MEFFERT (s. Anm. 57), 124.
100 CARUS, Grundzüge allgemeiner Naturbetrachtung (1823), in: Goethe, Naturwissenschaftliche Schriften, hg. v. R. Steiner, Bd. 1 (Berlin/Stuttgart [1883]), 423.
101 CARUS (s. Anm. 92), 36.
102 CARUS (s. Anm. 100), 421.

Das großartigste Symbol der Gestaltungskraft der Seele ist für den Arzt Carus daher nicht das Kunstwerk, sondern die menschliche Gestalt, die durch die Physiognomik, den Königsweg zur Psyche, gelesen wird.[103] Die gesamte Schöpfung wird als ›auseinandergelegter Mensch‹ (Lorenz Oken) der Physiognomik zugänglich, die alle Gestalten als »Ausdruck des Lebens«[104] interpretieren kann, indem sie ihre genetische Gesetzlichkeit schaut. Auch die Erde selbst hat als Produkt des Gestaltwollens des Äthers ihre Physiognomik, an der sich das »Darleiben«[105] der Psyche ablesen läßt, wie Carus in seinen *Zwölf Briefen über das Erdleben* zu zeigen sucht. Die Gebiete der Erde zeichnen sich durch ihre je eigene Äther-Aura aus, die der »lebendigen Auffassung«[106] erkennbar ist. Diesen Ätherleib versucht die Landschaftsmalerei zu fassen, indem sie z. B. in der Gebirgsdarstellung das Knochengerüst des Erdleibs als sichtbaren Ausdruck von Bildungsgesetzen herausarbeitet.[107]

Spaltete sich in der Goethezeit die Physiologie als mechanistische Alternative zur Morphologie von dieser ab, so bereitet sich im Dialog zwischen Alexander von Humboldt und Carus die zukünftige Divergenz zwischen positivistischer Geologie und physiognomischer ›Erdlebenkunde‹ vor. Die Physiognomik kann insofern als eine Sonderform der allgemeineren Morphologie betrachtet werden, als auch ihr Diskurs auf »Prägnanz« und »sensuelle Gewißheit«[108] abhebt und auch sie in der Leibhaftigkeit der Wahrnehmung verankert ist. Ebenso teilt sie mit der Morphologie die Resistenz gegen Quantifizierungsversuche. Zwar führt Carus den »organischen Modul« als Maßstab der menschlichen Gestalt nicht nur als Symbol der inneren Bildungsprinzipien, daher des Wesens ein, sondern durchaus auch als »Urmaß« für »Schönheit«[109] und Güte. Doch obwohl sich der »Modul« aus der Proportionslehre in der Ästhetik herleiten ließe, erlaubt dies keineswegs eine Anwendung der Regeln der Geometrie oder des Kunstschönen auf das Leben, weil eben die Natur in ihrem Schaffen völlig anders als die menschliche Kunst verfährt – diese setzt aus Einzelteilen zusammen, wo jene durch Differenzierung aus dem Unbestimmten hervorgeht.[110] Wer wie die Sensualisten Shaftesbury, Locke oder Newton aus den menschlichen Artefakten auf das Wirken der Natur schließen will, versteht Gestaltbildung nicht, denn, so Carus, »nicht das Geringste wirklich zu *schaffen* vermag irgend die Kunst«[111].

Die Kunst selbst kann daher nur da »magische« oder »magnetische« Wirkungen erzielen, wo sie in direktem Kontakt die Lebens- und Seelenfülle des genialen »Dichters oder Künstlers« auf den »Leser, oder Hörer, oder Beschauer«[112] übertragen kann. Im großen Kunstwerk ist die Leistung des Künstlers nicht persönlich oder bewußt, sondern rührt aus dem Eintauchen der Psyche in die Physis her. Hier nähert sich Carus nicht nur der Vorstellung eines künstlerischen Automatismus, ja Mediumismus, wie sie der Surrealismus im 20. Jh. postulieren wird, sondern bereitet auch den Boden für Naturalisierungsstrategien im Zeichen des ›Kultes‹ der Gestalt.

Inzwischen findet in den Naturwissenschaften, vor allem in der Medizin, eine Aufwertung des Carusschen Ansatzes, aber auch der Naturphilosophie Schellings statt[113], und es hat den Anschein, als ob die Kluft zwischen ›Bios‹ und ›Logos‹ doch noch überbrückt werden könnte.

---

103 Vgl. CARUS, Symbolik der menschlichen Gestalt. Ein Handbuch zur Menschenkenntniß (1853; Leipzig ²1858).
104 HANS KERN, Die Naturphilosophie von Carus (Celle 1926), 11.
105 CARUS (s. Anm. 91), 51.
106 CARUS, Zwölf Briefe über das Erdleben (s. Anm. 92), 155.
107 Vgl. ebd., 156.
108 CLAUDIA SCHMÖLDERS, Das Vorurteil im Leibe. Eine Einführung in die Physiognomik (Berlin 1995), 13; vgl. auch SCHMÖLDERS (Hg.), Der exzentrische Blick. Gespräch über Physiognomik (Berlin 1996); JOHANNES SALTZWEDEL, Das Gesicht der Welt. Physiognomisches Denken in der Goethezeit (München 1993), 347–362.
109 CARUS (s. Anm. 103), 58, 61; vgl. 64.
110 Vgl. CARUS (s. Anm. 92), 30, 33 f.
111 CARUS (s. Anm. 89), 15.
112 CARUS, Ueber Lebensmagnetismus und über die magischen Wirkungen überhaupt (Leipzig 1857), 298–300.
113 Vgl. ENGELHARDT (s. Anm. 70), 92–94.

II. Gestalt zwischen Kult und Empirie (19. und 20. Jahrhundert)

Genau an der historischen Stelle, an der Schelling der Kunst philosophische Aufgaben überträgt und sie dem sinnlich Anschaulichen der Naturgestalt entzieht, an der Stelle, an der Hegel dem Kunstschönen Erkenntnispotenz nur in Relation zu seiner Entmaterialisierung und Entsinnlichung zubilligt, hätte eine Orientierung an Goethes qualitativer Anschauung des Gestalthaften in der Natur die Trennung zwischen Naturwissenschaft und Ästhetik verhindern können. Gemessen an dieser fundamentalistischen Spekulation, mag die Autonomisierung der Kunst zum eigenständigen Subsystem als Umweg, die Apotheose mechanistischer Wissenschaft gar als Irrweg erscheinen. Hatte die Wendung der Naturphilosophie von der Schulphilosophie zur Beobachtung der Natur beim Wechsel vom 16. zum 17. Jh. die Möglichkeit eines ›dritten Weges‹ aufgetan, so wucherte dieser durch die Verabsolutierung von wissenschaftlichem Positivismus einerseits und Idealismus andererseits alsbald zu einem schmalen Schleichweg zu. Versuche, diesen Pfad wieder gangbar zu machen, führten im 19. und 20. Jh. auch auf mehr oder minder riskante ›Holzwege‹, z. B. zur energischen Quantifizierung der Physiognomik in sexistischen und rassistischen Zusammenhängen (beidem hatte bereits Carus Vorschub geleistet) oder zur drastischen Verengung des Gestaltbegriffs auf die dichterische Phantasie und Lebenserfahrung hin, wie etwa Wilhelm Dilthey sie vollzog[114], womit er den Boden bereitete für eine lebensphilosophische Lektüre von Goethes Metamorphosenlehre und Carus' Psychologie.

1. Gestalt: eine andere Natur?

a) Typus und Gestalt bei Ernst Jünger

Ernst Jünger, so betont Heidegger, habe der Gestalt zu Recht »einen kultischen Rang« verliehen und sie »gegen die ›bloße Idee‹ […] im Sinne der perceptio«[115] abgesetzt. Anders als Goethe unterscheidet Jünger klar zwischen Differenzmodell (Typus) und Produktionsmodell (Gestalt). Ein Typus setze Vergleichbares und damit Unterscheidbares, andere Typen voraus: Der Typus ›Lilie‹ ergebe einen Sinn, wenn es einen Typus ›Rose‹ gebe. Die ›Pflanze‹ hingegen sei kein Typus, sondern eine Gestalt: »Die Lilie gedeiht innerhalb einer Ordnung, die Pflanze birgt Ordnungen. Die Lilie bildet eine Familie, die Pflanze ein Reich.«[116]

Hinter der Zwischenstellung des ›Typus‹ zwischen Name, Erscheinung und Gestalt »verbergen sich Fragen der Rangordnung. Der Geist kann zwar die Erscheinung nobilitieren, indem er sie ›vergeistigt‹ – und nichts anderes bedeutet die Ausübung der typensetzenden Gewalt –, er kann aber nicht in analoger Weise Gestalten setzen; das hieße, sich selbst begründen wollen und gegen den kosmischen Strom schwimmen.« (116) Das denkende »Eindringen in die Natur« führt induktiv vom sinnlich erfahrbaren Gegenstand als Individuum über den der Intuition zugänglichen Typus zu der der Divination erahnbaren Gestalt »und endlich ins Ungesonderte« (83), das man nicht mehr erfahren, sondern nur noch *sein* kann: »Im letzten gibt es keinen Austausch, nur massives Sein. Verwandtschaft, wie wir sie im Typus und in der Gestalt erfassen, ist in die Zeit hineinverzweigte Identität.« (129)

Schon bei Carus war aus der platonischen Amme, in die die Idee die Erscheinung einprägt, das Unbestimmte geworden, aus dem sich das Bestimmte generiert. Jünger ersetzt nun das Geistige der schöpferischen idea Platons ganz durch die Mutter-Matrix des erdhaften, schöpferischen Ungesonderten als ›natura naturans‹: »Das Ungesonderte ist nicht nur typenträchtig; es hebt auch Gestalten in die Zeit hinein.« (103) Ihm stellt er die vom Menschen kategorial geordnete, gesonderte ›natura naturata‹ gegenüber: »Natur, Erde, Mutter sind Namen für das Ungesonderte, doch auch bereits Aufteilungen aus ihm.« (80)

Analog dazu unterscheidet Jünger »typensetzende Gewalt« und »typenbildende und typenträchtige Mächte« (48). »Geist« ist für Jünger menschliches Denken, das – mit dem »Zauberspruch […] ›Es sei‹« (49) – über typensetzende Ge-

---

114 Vgl. WILHELM DILTHEY, Die Einbildungskraft des Dichters. Bausteine für eine Poetik (1887), in: DILTHEY, Bd. 6 (1924), 103–241.
115 HEIDEGGER (s. Anm. 36), 15.
116 ERNST JÜNGER, Typus Name Gestalt (Stuttgart 1963), 82.

walt im Sinne der Benennung und Kategorisierung verfügt. Darauf beruht die Herrschaft des Menschen. Das Ungesonderte hat hingegen Macht beziehungsweise wird als »typenbildende, typenträchtige Macht« (98) bezeichnet. Sein Spruch lautet: »Es werde'« (49). Es ist nur analog zu messen als Stärke oder Energie, während die Gewalt der Benennung mit Hilfe diskursiver, diskontinuierlicher Marken eine Codierung darstellt. ›Natura naturans‹ ist meßbar, während ›natura naturata‹ benennbar ist. Je näher der Mensch dem schöpferischen Ungesonderten kommt, desto eher geht »die Messung [...] der Benennung voraus und steht in distanzloser Fühlung zu ihr. Damit ist nicht mehr der Typus die ausrichtende Größe, sondern das dynamische, sich mit dem Fortschritt der Messung verändernde Modell.« (48 f.) Je enger durch solche Messungen die Fühlung zwischen Geist (Denken) und Materie wird, desto mehr verliert der Mensch an Herrschaft und wird sprachloser, desto mehr nimmt er aber auch an der Macht der Bildekräfte teil.

Die Herrschaft des Menschen zeigt sich zwar auch in den Veränderungen, die das menschliche Denken bewirken kann. Es wäre jedoch verfrüht, hier von intellektueller Freiheit zu sprechen: »Die menschliche Intelligenz folgt den Gesetzen des Universums und scheitert, wo es sie verläßt.« (67) Auch das Gehirn und damit das Denken selbst sind dem ewigen Wandel des Werdens unterworfen, der von der »typenbildenden Macht« (48) ausgeht: »Eine andere Frage bleibt es, inwiefern der verändernde Geist sich selbst verändert, inwiefern also etwa das Gehirn nicht nur neue Gedanken produziert, sondern substantielle Mutationen erfährt. Die Abenteuer, die sich mit dem Eindringen in die Materie verknüpfen, mit dem Sich-Einlassen auf ihre Mächte, zu denen auch neue Formen des Rausches zählen, sind noch nicht abzusehen.« (49) Eine Konkordanzvariante auch hier, sogar eine, in der der Pakt inniger werden kann, je weiter der Mensch sich ›naturalisiert‹.

Jünger ist kulturpessimistisch, aber naturoptimistisch. Zustimmend zitiert er Baudelaire: »›Unter Fortschritt verstehe ich das Fortschreiten der Materie.‹« (54) Zwar beklagt er den »Typenschwund«
als Symptom des Verlusts menschlicher Herrschaft und Bändigung der »Naturgewalt samt deren proteushaften Verwandlungskünsten« (47), ein Verlust, der nicht etwa der Naturgewalt selbst anzulasten ist, sondern der durch das bürgerliche und erst recht durch das Zeitalter des Arbeiters mit seiner gesellschaftlichen wie physiognomischen Nivellierung enstanden war. Dieser Schwund an Kategorien wird jedoch kompensiert durch das Entstehen einer neuen, meßbareren Welt.

So ist der »Verlust an typensetzender Gewalt« (52), den Jünger in der Malerei seit van Gogh konstatiert, nur eine Seite der Diagnose. Wenn in van Goghs Sonnenblumen »die Formen schmelzen«, so ist das ein Indiz für »unaufhaltsam zum Ungesonderten strebende Kunst«. Monets Seerosenzyklus geht »von klassischen Formen über bloße Siegel bis zum blauen Hauch unmittelbar vorm Nichts. Bereits bei Turner kündet sich Ähnliches an. Fluten von Licht brechen herein.« (53) Von »innerem Zwang« (53) ist die Rede, den Jünger mit dem unaufhaltsamen »Fortschreiten der Materie« (54) in Zusammenhang bringt. Diesem Fortschreiten wohnt ein Telos inne: »die alte Erde und ihr Sinn« (55). Im Versuch, sich diesem Sinn zu nähern, kann so manches auf der Strecke bleiben: »Die Bewegung auf die Materie zu, selbst wo sie als Nihilismus auftritt, muß in eine Schicht führen, in der die Materie antwortet – ganz ähnlich wie jede Gewalt die Grenze erreicht, an der Gewalt antwortet.« (65) Dieser Pakt mit der Macht der ›alten Erde‹ nimmt wahrhaft faustische Dimensionen an, und doch: »Hier dürfen wir vertrauen; wir bleiben ihre Söhne, auch wenn wir untergehen. / In dieser Perspektive wird der Fall zur Anziehung. Hinfällig wohl – doch hinfällig wozu? Die alte Mutter hat noch immer Leben und Sinn gespendet; ewige Jugend blüht in ihrem Schoß. Wer das erkannte, die Furcht verloren, fühlt neue Kräfte einströmen. Die Wissenden sind auch die Furchtlosen.« (55 f.)

b) Die Kulturmorphologie
Jüngers Kulturpessimismus steht in einer wirkungsmächtigen deutschen Tradition. Die Kulturmorphologie, von Leo Frobenius erstmalig so benannt[117] und von Othmar F. Anderle als »Wissenschaft vom Gestalthaften (ἡ μορφή) oder Formalen der historisch-soziokulturellen Erscheinungen

---

117 Vgl. LEO FROBENIUS, Der Ursprung der afrikanischen Kulturen (Berlin 1898), 7.

(Gebilde und Prozeß)«[118] bezeichnet, tritt als Bindeglied zum Strukturalismus in der Kulturanthropologie und als dessen letztendlich unterlegene Rivalin auf. Als eigentlichen Vater dieses Ansatzes kann man Oswald Spengler mit seinem Hauptwerk *Der Untergang des Abendlandes* (1918/1922) betrachten. Spengler selbst benutzte den Begriff ›Kulturmorphologie‹ allerdings nicht, sondern sprach – bereits im Untertitel seines Werkes – von einer »Morphologie der Weltgeschichte«, die keineswegs als Wissenschaft zu verstehen sein sollte. »Für ihn war die Morphologie der Geschichte bzw. der Kulturen eine *Kunst*, keine Wissenschaft, allein auf Intuition, [...] nachvollziehender Einfühlung, reproduktiver Phantasie und nicht zuletzt künstlerischer Gestaltungskraft, nicht auf kausalem Erkennen beruhend.«[119] Spengler verband im Sinne Diltheys »Natur« als ›natura naturata‹ mit »Gesetz«[120] und dieses mit »Zahl« und »Gewordnem« (130). Erst eine späte, an die Erfahrung »der großen Städte später Kulturen« (134) gebundene Art, Wirklichkeit zu besitzen, entwirft nach Spengler eine Natur, die von der »profanen, im Mechanischen sich erschöpfenden Kausalität« (530) der Naturgesetze durchherrscht ist. Ein Gegenbegriff zu dem des ›Gesetzes‹ ist der von Goethe[121] entlehnte Begriff der Gestalt. »Ich trenne der Form, nicht der Substanz nach mit vollster Schärfe den organischen vom mechanischen Welteindruck, den Inbegriff der Gestalten von dem der Gesetze«. (7) Das Reich der Gestalt ist das Reich des Lebendigen und der Geschichte: »Alle Arten, die Welt zu begreifen, dürfen letzten Endes als Morphologie bezeichnet werden. Die Morphologie des Mechanischen und Ausgedehnten, eine Wissenschaft, die Naturgesetze und Kausalbeziehungen entdeckt und ordnet, heißt Systematik. Die Morphologie des Organischen, der Geschichte und des Lebens, alles dessen, was Richtung und Schicksal in sich trägt, heißt Physiognomik.« (136) Friedrich Karl Schumann hat den vegetabilen Geschichtsbegriff Spenglers mit Nachdruck kritisiert: Spenglers »monadenhaft gegeneinander abgeschlossene Kulturen« glichen »gewaltigen Blüten«, aller »Sinn« versinke hier »ins Vegetative des Blühens und Welkens«[122]. Das eigentlich Geschichtliche an der Geschichte verflüchtige sich und werde als Naturgeschehen geeignet. Spengler habe übersehen, daß der Gestaltbegriff sich beim Übergang von einer Stufe zur anderen jeweils mit wandeln müßte, so daß der an der Pflanze entwickelte schon für den Menschen nicht mehr gelten könne, und erst recht nicht für kulturelle Gebilde.

In jüngster Zeit wird hingegen das Verdienst Spenglers gerade darin gesehen, in der Morphologie eine Verbindung von »formal intuition and historicity«[123] versucht zu haben. Diese Naturalisierung aller diskursiven Systeme ist indes typisch für die meisten Gestaltansätze, und auch die auf den ersten Blick gegensätzlichen Ansätze Jüngers und Spenglers münden letztlich in eine Apotheose organischer Metaphorik. Die ›Botanisierung‹ der Poetik vervollständigt das Phänomen.

c) Morphologische Literaturbetrachtung bei Günther Müller und Horst Oppel
Schon Vladimir Propp hatte sich in seinem Versuch einer Morphologie des russischen Volksmärchens ganz explizit auf Goethes Morphologie als Vorlage für sein eigenes Vorgehen berufen.[124] Streng an dessen methodischem Vorbild orientiert, versuchte er jedes russische Volksmärchen als Metamorphose eines Urmärchens zu beschreiben, das den real nicht auffindbaren Typus im Sinne Goethes darstellen sollte. An die Stelle eines Komplexes von Bildungsgesetzen tritt bei ihm eine lineare Kette von Funktionen (Aktanten), die – genau wie in Goethes Modell – Märchen in unendlicher Folge zu produzieren erlauben würde. Während Propps Ansatz als Blaupause für alle Aktantenmodelle in Narrativitätstheorien (Algirdas Julien Greimas, Tzvetan Todorov u. a.) eines der erfolgreich-

---

118 OTHMAR F. ANDERLE, Christian von Ehrenfels und das Problem einer wissenschaftlichen Kulturmorphologie, in: Weinhandl (s. Anm. 13), 65.
119 Ebd., 66.
120 OSWALD SPENGLER, Der Untergang des Abendlandes. Umrisse einer Morphologie der Weltgeschichte, Bd. 1 (1918; München 1923), 129.
121 Vgl. ebd., IX.
122 FRIEDRICH KARL SCHUMANN, Gestalt und Geschichte (Leipzig 1941), 2.
123 ALBERT LIU, Morphology and History, in: The Semiotic Review of Books 4 (1993), H. 1, 1.
124 Vgl. VLADIMIR J. PROPP, Morfologija skazki (1928; Moskau ²1969), 7; dt.: Morphologie des Märchens, übers. v. C. Wendt (München 1972).

sten literaturwissenschaftlichen Produkte strukturalistischer Orientierung wurde, blieb den in den 30er bis 60er Jahren in Deutschland entwickelten Ansätzen zu einer morphologischen Literaturwissenschaft ein solcher Erfolg verwehrt.

Auch Günther Müller und Horst Oppel beziehen sich auf Goethes morphologische Schriften, allerdings vermittelt durch einen Aufsatz aus Wilhelm Trolls *Gestalt und Urbild*.[125] Trolls Gestaltbegriff ist weitgehend der der deutschen Ganzheitspsychologie – mit allen auch politischen Implikationen.

Insofern die morphologische Literaturwissenschaft sich als ›deutsche‹ von allen ›ästhetizistisch‹ gefärbten Formalismen, aber auch von erlebnispsychologischen oder stilstatistischen Ansätzen abheben wollte, lehnte sie es ab, die Gestalt der Dichtung »als ästhetischen Selbstwert anzuerkennen«[126]; sie entwarf sie vielmehr in doppelter Hinsicht als Naturprodukt. Zum einen, weil – wie bei Carus – im Dichter die Gestaltungskraft des Lebens zum Ausdruck drängt und idealerweise unbeeinträchtigt von allem Persönlich-Individualistischen, aber auch Soziokulturellen das Werk ausbildet; zum anderen, weil das literarische Kunstwerk gleichfalls quasi-pflanzlich in Zellen und Fasern wächst. So ist es das Anliegen von Müllers morphologischer Poetik, unter Berufung auf das Goethe-Wort »Kunst eine andere Natur«[127] »die dichterische Gestalt als eine Erscheinungsform des Lebendigen, der allwaltenden Natur zu begreifen«[128]. Gestalt wird dabei verstanden als »das einheitlich organisierende Zusammenwirken der verschiedenen Kräfte als nicht diskursiv begriffliche, sondern anschauliche Gegebenheit, als ›Erscheinung‹«[129]. Das »Andere«, das Kunst gegenüber Natur darstellt und in dem zitierten Goethe-Wort angesprochen wird, bleibt weitgehend ausgeschaltet. Zwar ist Dichtung »eine sprachgetragene Wirklichkeit«, die Kraft, von der diese hervorgebracht wird, ist jedoch »eine Kraft der *Natur*«[130]. In Analogie zu Goethes Beobachtungen organischen Wachstums interpretiert Müller zwei von Goethe benannte »allgemeine poetische Gesetze«: das »Gesetz der Einheit« und das »Gesetz der Entfaltung«[131]. Das ›Gesetz der Einheit‹ bezieht er auf das »Zusammenwirken des Metrisch-Rhythmischen [...], der Gliederung, des Tons, der Denkform, der Wertnahme, des ›Inhalts‹«, das ›Gesetz der Entfaltung‹ auf »Typus und Gattung sowie [...] das metamorphosenartige Werden, in dem der Sprachleib einer Dichtung sich verwirklicht«[132]. Metrisch-rhythmische Tongebung und Strophenfüllung, Wortwahl und Wortfeld, Gliederung und Gedankenführung gelten als »mitformende Gestaltungszellen« (163).

Da Kunst vor allem dann Kunst ist, wenn sie ›Natur‹ ist, lassen sich die produktionsästhetischen Wertvorstellungen der morphologischen Literaturwissenschaft auf eine schlichte Dichotomie zurückführen: Wahre Dichtung ist natürlich, gewachsen und quasi-pflanzlich; die Produkte des »Reimschmieds« sind »gekünstelt« und »gewollt«[133]. Entsprechend führten die Erkenntnisse der morphologischen Literaturbetrachtung auch selten über Allgemeinplätze zum »Inkommensurablen« der Dichtung, »um das sich Verstand und Vernunft stets vergeblich bemühen« (89), hinaus.

In seinem Aufsatz *Erzählzeit und erzählte Zeit* von 1948 vergleicht Müller schließlich das Verhältnis einzelner Lektüren eines Textes zum ungelesenen Text mit den »wirklichen, besonderen Pflan-

---

125 Vgl. WILHELM TROLL, Die Wiedergeburt der Morphologie aus dem Geiste deutscher Wissenschaft (1935), in: Troll, Gestalt und Urbild. Gesammelte Aufsätze zu Grundfragen der organischen Morphologie (1941; Köln/Wien ³1984), 148–182.
126 HORST OPPEL, Morphologische Literaturwissenschaft. Goethes Ansicht und Methode (Mainz 1947), 34.
127 GOETHE, Paralipomena. Vorarbeiten und Bruchstücke. Zu den ›Maximen und Reflexionen‹, in: GOETHE (WA), Abt. I, Bd. 48 (1897), 250; vgl. GÜNTHER MÜLLER, Die Gestaltfrage in der Literaturwissenschaft und Goethes Morphologie (1944), in: Müller, Morphologische Poetik. Gesammelte Aufsätze (Darmstadt 1968), 155.
128 OPPEL (s. Anm. 126), 30.
129 MÜLLER (s. Anm. 127), 177.
130 MÜLLER, Morphologische Poetik (1944), in: Müller, Morphologische Poetik (s. Anm. 127), 226.
131 GOETHE, Über epische und dramatische Dichtung (1797), in: GOETHE (WA), Abt. I, Bd. 41/2 (1903), 220.
132 MÜLLER (s. Anm. 127), 149.
133 OPPEL (s. Anm. 126), 91.

zen«[134] im Vergleich zu ihrem Typus. Außer Frage steht hier, daß es eine klare, naturgegebene Wertigkeit einzelner Lektüren geben muß: Die Lektüre, welche die Dichtung am reinsten verkörpert, ist die beste. Nur dem anschauenden Erkennen gelingt es, im »Gewebewachstum der dichterischen Gesamtgestalt« dessen »geheimes Gesetz«[135] zu erfassen, und interpretative Kompetenz besteht in Hingabefähigkeit und Kultus des Werks.

Mit Spenglers Kulturmorphologie, Jüngers Naturoptimismus und Müllers und Oppels Dichtungswachstum ist eine spezifische Problematik angesprochen, die sich in der internationalen Kritik an der ›deutschen‹ Gestaltpsychologie und deren Vertrauen in die naturhafte Tendenz zur guten Gestalt fortsetzen wird. Wenn es bei Jünger »um letzte Annäherungen an das Ungesonderte, ja um Verschmelzung mit ihm«, das »vom Staub der Bibliotheken und Museen, vom Ballast der Typen rein«[136] wäscht, geht, dann ist diese Position fest in einer anti-rationalistischen und anti-humanistischen Tradition mit all ihren Konsequenzen verankert: »Hier muß man von jedem Wert absehen.« (65) Jüngers Hoffnung auf den Weg zurück »vor die Steinzeit: in unsere innerste Mitte, ins Zentrum des jagenden Rades« (74) mag man als esoterische Weisheit oder New-Age-Bewußtsein lesen; faschistoid wirkt sie dennoch.

2. Christian von Ehrenfels: Gestaltqualitäten

Im Gründungsdokument der Gestaltpsychologie und -theorie beruft Christian von Ehrenfels sich auf Ernst Mach, dessen Begriff der Gestalt auch in die Phänomenologie Edmund Husserls Eingang fand[137], insbesondere auf den Umstand, daß Mach »Raumgestalten« und »Zeitgestalten«[138] als unmittelbare Empfindungen, nicht »als bloße Zusammenfassung von Elementen, sondern als etwas (den Elementen gegenüber, auf denen sie beruhen) Neues und bis zu gewissem Grade Selbständiges betrachtete«[139]. Läßt z. B. die Tongestalt (Melodie) auf der einen Seite eine streng sukzessiv erfolgende Reihe von Empfindungen annehmen, insofern ein Ton nach dem anderen erklingt, wird doch *eine* Melodie in ihrem Ganzen empfunden, wobei die Melodie als »ein gleichsam über jenem Komplexe schwebendes neues Element« (16) auftaucht. Dieses neue Element ist für Ehrenfels die »Tongestalt« (13), die über den anderen Qualitäten auftritt.

Gestalt stellt demnach für Ehrenfels eine spezifische Qualität dar, die zusammen mit anderen Empfindungsqualitäten – und sie zugleich überschreitend – einen Empfindungskomplex fundiert. Die »Gestaltqualität« wiederum sei »unmittelbarer und selbständiger Ausdruck eines in sich gegliederten, abgehobenen Prozesses von besonderer Eigenheit«[140]. Für Ehrenfels ist das Verhältnis zwischen den Empfindungen nicht synthetisch wie etwa für Husserl. Zwar gesteht er der Gestaltqualität einen anderen Rang zu als den übrigen Empfindungsqualitäten: Eine Gestalt ist etwas anderes als die Summe ihrer Teile. Diese ›Übersummativität‹ bildet das erste der sogenannten ›Ehrenfels-Kriterien‹. Nichtsdestotrotz bleibt das Verhältnis vorerst ein additives. Am Beispiel der Melodie demonstriert Ehrenfels aber auch, daß diese selbst nach Ersetzung jedes einzelnen Tons durch einen anderen, etwa durch die Transponierung von einer Tonart in eine andere, als die gleiche Melodie empfunden wird, wohingegen die ursprünglichen Töne, in anderer Reihenfolge gespielt, der ersten Melodie überhaupt nicht ähnlich wirken, obwohl beide Melodien aus genau den gleichen Elementen bestehen. Diese ›Transponierbarkeit‹ bildet das zweite ›Ehrenfels-Kriterium‹.

Ehrenfels' Text stellte eine Brücke zwischen Elementenpsychologie und ausdrücklicher Gestaltpsychologie dar und legitimierte verschiedene gestaltpsychologische Entwicklungen. So ließen sich

---

134 MÜLLER, Erzählzeit und erzählte Zeit (1948), in: Müller, Morphologische Poetik (s. Anm. 127), 275.
135 MÜLLER (s. Anm. 127), 165, 154.
136 JÜNGER (s. Anm. 116), 56, 58.
137 Vgl. ELMAR HOLENSTEIN, Phänomenologie der Assoziation (Den Haag 1972), 275–319; MANFRED SOMMER, Evidenz im Augenblick. Eine Phänomenologie der reinen Empfindung (Frankfurt a. M. 1987), 87–118.
138 ERNST MACH, Die Analyse der Empfindungen und das Verhältnis des Physischen zum Psychischen (1886; Jena ⁶1911), 203.
139 CHRISTIAN VON EHRENFELS, Über ›Gestaltqualitäten‹ (1890), in: Weinhandl (s. Anm. 13), 12.
140 HERBERT FITZEK/WILHELM SALBER, Gestaltpsychologie. Geschichte und Praxis (Darmstadt 1996), 17.

aus seiner Definition der Gestaltqualitäten als »solche positive Vorstellungsinhalte, welche an das Vorhandensein von Vorstellungskomplexen im Bewußtsein gebunden sind, die ihrerseits aus voneinander trennbaren (d. h. ohne einander vorstellbaren) Elementen bestehen«, wobei er jene Vorstellungskomplexe »die *Grundlage* der Gestaltqualitäten nennen«[141] will, die Fundierungs- oder Produktionsthese der Grazer Schule ebenso ableiten wie das Verständnis von Gestalt als ursprünglicher Ganzheit, wie es die Berliner Schule und noch mehr die Leipziger Schule der Ganzheitspsychologie propagierten.

Dabei war er sich durchaus nicht schlüssig, ob Gestaltqualitäten etwa nur den Vorstellungsinhalten zukommen oder der Empfindungsmodalität, ja ob sie nicht gar »in den Phänomenen selbst, und nicht etwa nur in den sie begleitenden Gefühlen ihren Sitz« (34) haben. Da sein Text jedoch die Emanzipation vom physiologischen Reiz wie vom Gegenstand zugunsten einer Konzentration auf die psychologische Wirkung möglich machte, eröffnete er der Psychologie den Weg zur eigenständigen empirischen Wissenschaft, aber auch zur modernen Verinnerlichung des Psychischen.

Ehrenfels selbst vertrat 1916 in seiner *Kosmogonie* die ältere Vorstellung von der »seelenähnlichen« oder »psychoiden Natur«[142] der Wirklichkeit in ihren Bildungs- und Umbildungsprozessen. Mit der Annahme, daß das schöpferische Prinzip der Wirklichkeit als ein »Gestaltungsprinzip« (28) zu verstehen sei, schließt Ehrenfels noch an die Versuche von Goethe und Carus an, Komplexe von Bildungsgesetzen des Wirklichen als ›natura naturans‹ zu beschreiben. So unterscheidet er zwei »Weltprinzipien« (114): einerseits das »henogene« (90) Prinzip oder »Einheitsprinzip« (71), einen kontinuierlichen Aufbau und Fortgang der Dinge durch ständiges Wiederholen, eine Tendenz zur Einheitsbildung, die zu Ordnung, Gesetzmäßigkeit und Gestalt führt, und andererseits das »chaotogene« (90) Prinzip, eine diffundierende und deformierende Tendenz, ein Streben nach Mannigfaltigkeit, das dem henogenen Prinzip als Anreiz dient. Insofern das »Amphigene«, das »aus dem Zusammenwirken der beiden Prinzipien entstandene Reale« (124), zu einer Höherentwicklung der Gestalten führt – und zwar in der anorganischen wie der organischen Welt, im Seelischen wie im Geistigen –, hat Ehrenfels hier seine eigene Variante der Goetheschen Polarität und Steigerung sowie der Konkordanz von Erkenntnis- und Naturprozeß aus einem »einheitlichen Urgrund aller Ordnung, Gesetzmäßigkeit und Gestaltung« (26) entworfen.

Dabei werden die für die Ästhetik so wichtigen Begriffe »Höhe und Reinheit der Gestalt« (93) nicht von ungefähr in der *Kosmogonie* eingeführt und in *Das Primzahlengesetz* wieder aufgenommen.[143] »Die höheren Gestalten unterscheiden sich von den niedrigeren [...] dadurch, daß das Produkt von Einheit und Mannigfaltigkeit hier größer ist als bei jenen«, definiert Ehrenfels die »Gestaltungshöhe«[144]. Daß die Rose eine höhere Gestalt habe als der Sandhaufen, erhelle aus der weitaus größeren Schwierigkeit, vor die das henogene Prinzip hier durch das chaotogene gestellt werde, oder, wie Ehrenfels selbst formuliert, aus der »weiteren Skala von Veränderungen« (94), die die jeweilige Gestalt beim Abtragen durchlaufen müsse. Das Merkmal der »Reinheit« der Gestalt »unterscheidet sich [...] von der Gestaltungshöhe dadurch, daß es in seiner Natur nach unübersteigbares Maximum besitzt – während Steigerung der Gestaltungshöhe ins Unendliche denkbar ist« (94). Die »Idealgestalten« (94), von denen Ehrenfels in diesem Zusammenhang spricht, sind nicht umsonst die platonischen: Kugel oder regelmäßiges Polyeder erreichen ihr Maximum an Reinheit in der größtmöglichen Annäherung an die Idee. Ihre Gestaltungshöhe dabei gering. Die Höherentwicklung der Gestalten ist für Ehrenfels in onto- wie phylogenetischer Entwicklungsreihe festzustellen, wobei der »Aufstieg an Höhe [...] mit einem Niedergang an Reinheit der Gestaltung« verbunden ist – »letzterer jedenfalls verursacht durch die relativ chaotischen Einwirkungen der Umgebung« (95).

Für die Ethik ist es bedeutsam, daß Ehrenfels Höhe und Reinheit der Gestalt als »Werte« für das menschliche Fühlen und Wollen konzipiert, als

---

141 EHRENFELS (s. Anm. 139), 21.
142 EHRENFELS, Kosmogonie (Jena 1916), 175, 71.
143 Vgl. EHRENFELS, Das Primzahlengesetz, entwickelt und dargestellt auf Grund der Gestalttheorie (Leipzig 1922), 99–102.
144 EHRENFELS (s. Anm. 142), 94.

»Eigenwerte – vielleicht die höchsten, welche wir überhaupt kennen« (95). »Das Innewerden des Moments ›Höhe der Gestalt‹« ermögliche es schließlich, »die gesamte Ästhetik auf dem Fundament der Gestalttheorie aufzubauen. [...] Was wir ›Schönheit‹ nennen, ist nichts anderes als ›Höhe der Gestalt‹. [...] Unschön ist das niedrig Gestaltete.«[145] Und er fährt fort, das »Häßliche« als das zu bestimmen, was »untereinander widerstreitende Gestaltelemente einschließt«, das »geschlossen Schöne« als »die Gestalt, welche in sich zur vollen Einheit gelangt ist«, und schließlich das »offen Schöne« als »die Gestalt, welche, um zu möglichst vollkommener Einheit zu gelangen, etwas verlangt, was sie nicht enthält«. »Erhaben« ist dann »das offen Schöne, welches, um zur vollen Einheit zu gelangen, ein Unendliches umfangen müßte. – Erhabene Schönheit hat das meiste Naturschöne.« (100) Daß es überhaupt zu verschiedenen Urteilen angesichts des gleichen Kunstwerks kommen könne, liege daran, daß ein Kunstwerk »noch vieles andere Wertvolle [...] als Schönheit« enthalten und dadurch gefallen könne. Dieses andere Wertvolle aber als »ästhetisch« anzusehen, weil es »an Werken der ›schönen Künste‹ verwirklicht« sei, führe zu »Begriffsverwirrung« (101). Eine solche Naturalisierung der Ästhetik ist der Preis für eine Nichtautonomisierung des Systems Kunst.

Gestalthöhe und Gestaltreinheit sind für Ehrenfels insofern absolute Werte in einem noch tieferen Sinn, als sich vielleicht »*alles* Werten psychischer und psychoider Wesen auf einen Trieb nach Höhe und Reinheit der Gestalt – alle Lust auf Befriedigung, aller Schmerz auf Hemmung dieses Triebes – zurückführen«[146] läßt. Eine Operationalisierung seines Panmorphismus ist für Ehrenfels Programm weiteren wissenschaftlichen Fortschritts. Dabei bleibt die Wissenschaft der »Intuition« nachgeordnet, weil das »Schauen [...] mit höher geordneten oder weiter umfassenden Gestaltvorstellungen und aus solchen gebildeten Begriffen operiert, – mit Gestaltvorstellungen häufig, zu deren Erfassung nicht alle – oder auch nur ein sehr kleiner Teil der Menschen die geistige Kapazität besitzen«[147]. Die Differenzierung zwischen Vernunft und Verstand taucht hier mit elitärem Gestus wieder auf. Durch die Einführung von »Gestaltqualitäten höherer Ordnung«, etwa wenn er von »Rhythmus«, von der Ähnlichkeit der Melodien desselben Komponisten, vom allen Angehörigen einer Familie gemeinsamen »Habitus« spricht oder vom »Stilgefühl« als der Fähigkeit, »Gestaltqualitäten der betreffenden Kategorie aufzufassen und zu vergleichen«[148], hat Ehrenfels jedoch nicht nur gestaltpsychologischen Ansätzen in der Kunstwissenschaft und Ästhetik den Weg bereitet[149], sondern auch der Untersuchung von ›Stil‹ und ›Habitus‹ in der modernen Soziologie, für die Thomas Luckmann einen »Stil-Begriff zweiter Ordnung«, der sich »auf Gestaltungen und nicht auf Handeln und dessen Produkte schlechthin«[150] bezieht, noch immer als Desiderat beklagt. Schließlich leistet Ehrenfels' Frage danach, »ob nicht Gestaltqualitäten verschiedener, anscheinend disparater Vorstellungsgebiete (wie z. B. ein Crescendo, das Zunehmen des Lichtes bei anbrechendem Tag, das Steigen einer Erwartung) eine direkte Ähnlichkeit aufweisen, welche, über die Gleichheit gemeinschaftlicher Merkmale (hier etwa der Zeit) hinausreichend, dennoch in den Phänomenen selbst, und nicht etwa nur in den sie begleitenden Gefühlen ihren Sitz hat«[151], einen originellen Beitrag zu nicht-rhetorischen, phänomenologischen Theorien der Metaphernbildung.[152]

Die Hoffnung jedoch, »daß die Theorie von den Gestaltqualitäten geeignet wäre, möglicherweise die Kluft zwischen den verschiedenen Sinnesgebieten, ja den verschiedenen Kategorien des

---

145 EHRENFELS (s. Anm. 143), 99 f.
146 EHRENFELS (s. Anm. 142), 96.
147 EHRENFELS (s. Anm. 143), 102.
148 EHRENFELS (s. Anm. 139), 33 f.
149 Vgl. RUDOLF ARNHEIM, Style as a Gestalt Problem (1981), in: Arnheim, New Essays on the Psychology of Art (Berkeley/Los Angeles/London 1986), 261–273.
150 THOMAS LUCKMANN, Soziologische Grenzen des Stilbegriffs, in: H. U. Gumbrecht/K. L. Pfeiffer (Hg.), Stil. Geschichten und Funktionen eines kulturwissenschaftlichen Diskurselements (Frankfurt a. M. 1986), 618.
151 EHRENFELS (s. Anm. 139), 34.
152 Vgl. ROBERT E. HASKELL (Hg.), Cognition and Symbolic Structures: The Psychology of Metaphoric Transformation (Norwood, N. J. 1987); SOLOMON E. ASCH, The Metaphor: A Psychological Inquiry (1958), in: M. Henle (Hg.), Documents of Gestalt Psychology (Berkeley/Los Angeles 1961), 324–333.

Vorstellbaren überhaupt zu überbrücken und die anscheinend disparatesten Erscheinungen unter ein einheitliches System zusammenzufassen«[153], daß sie ähnlich wie Goethes Morphologie und die darauf aufbauenden morphologischen Ansätze in den verschiedenen Wissenschaften zu einer *lingua franca* verschiedener akademischer Disziplinen werden möge, wurde dann eher vom Strukturalismus eingelöst – zwar unter völligem Verlust von sinnlicher Erfahrbarkeit, dafür aber mit einem kritischen Auge für das, was aus strukturalistischer Sicht auf die Gestalttheorie nur als ›Renaturalisierung‹ aufgefaßt werden kann.

3. Gestalttheorie und Strukturalismus – Divergenz aus gemeinsamen Anfängen

Der Strukturalismus läßt sich in seinen Anfängen durchaus auf die Gestaltpsychologie zurückführen. So übernahm in der Prager strukturalen Linguistik Roman Jakobson nicht nur den Begriff des »Teilganzen« aus der Gestaltpsychologie in die Phonologie[154], sondern auch den Schlüsselbegriff der Opposition oder des »Gegensatzes«[155], der auf der Feldbedingtheit, der Übertragbarkeit und der Universalität beruht. Auch Karl Bühlers Organonmodell beeinflußte den entstehenden Strukturalismus, und sowohl Jakobson als auch Nikolaj S. Trubeckoj verweisen darauf.[156]

Trubeckoj etwa bemüht sich in seiner Phonologie darum, differentielle Analyse und Ganzheitsgedanken zu verbinden, wenn er zuerst den Gedanken zurückweist, Phoneme seien die Bausteine, aus denen sich einzelne Worte zusammensetzten. »Vielmehr ist jedes Wort eine lautliche Ganzheit, eine *Gestalt*, und wird auch von den Hörern als Gestalt erkannt, ebenso wie man etwa einen bekannten Menschen auf der Straße an seiner ganzen Gestalt erkennt.« Das Schwergewicht liegt jedoch auf der Differenzierung, denn das Erkennen der Gestalten setze ihr Auseinanderhalten voraus. Als das notwendige Unterscheidungsmerkmal der Wortgestalten stellt Trubeckoj die Phoneme heraus. Zwar enthalte jedes Wort immer etwas mehr als die Summe seiner Phoneme, dieser Ganzheitsgrundsatz aber könne im Gegensatz zu den Differenzen nicht im Wortkörper lokalisiert werden. Seine Schlußfolgerung daraus ist bezeichnend und markiert den grundlegenden Unterschied zwischen Gestalttheorie und Strukturalismus: »Und daher läßt sich sagen, daß jeder Wortkörper sich in Phoneme *restlos zerlegen* läßt, daß er aus Phonemen *besteht* – ebenso wie man etwa sagen darf, daß eine in der Dur-Tonleiter komponierte Melodie aus den Tönen dieser Tonleiter *besteht* (obgleich jede Melodie außer den Tönen sicher noch immer etwas enthält, was sie zu einer bestimmten individuellen musikalischen Gestalt macht).«[157]

Die strukturalistische Linguistik verzichtet so ganz bewußt auf diejenige Perspektive, die sich nicht als lokale Differenz fassen läßt. Durch diese Ausgrenzung von schwer Operationalisierbarem wird sie zu einer ›harten‹ Wissenschaft. Rasch werden die Divergenzen zwischen Gestaltpsychologie und Prager Strukturalismus unübersehbar:

1. An die Stelle »des relativ vagen Begriffs des Feldes tritt im Strukturalismus der Begriff des hierarchisch strukturierten Systems. 2. Als Gestaltqualitäten dominieren in der Gestaltpsychologie Eigenschaften wie Einfachheit, Gleichmäßigkeit, Ausgeglichenheit und Geschlossenheit, im Strukturalismus ist es vor allem die binäre Opposition. 3. Die Gestaltpsychologie, vorwiegend statisch orientiert, vernachlässigt die genetische und bis zu den revolutionierenden Experimenten Kurt Lewins (1926) auch die funktionale Perspektive, während die Prager den dynamischen, den genetischen und den funktionalen Aspekten von Anfang an einen festen Platz in ihren Arbeiten einräumen. 4. Im sprachlichen Gebiet orientieren sich die Struktura-

---

153 EHRENFELS (s. Anm. 139), 41.
154 ROMAN JAKOBSON, Prinzipien der historischen Phonologie, in: Travaux du Cercle Linguistique de Prague, Bd. 4 (Prag 1931), 247.
155 Ebd., 259.
156 Vgl. KARL BÜHLER, Sprachtheorie (Jena 1934), 24–33; ROMAN JAKOBSON, Linguistics and Poetics, in: T. A. Sebeok (Hg.), Style in Language (Cambridge, Mass. 1960, 353–355; NIKOLAJ S. TRUBECKOJ, Grundzüge der Phonologie (Prag 1939), 17f.; HOLENSTEIN, On the Poetry and the Plurifunctionality of Language, in: B. Smith (Hg.), Structure and Gestalt (Amsterdam 1981), 9–12; WOLF-DIETER STEMPEL, Gestalt, Ganzheit, Struktur. Aus Vor- und Frühgeschichte des Strukturalismus in Deutschland (Göttingen 1978).
157 TRUBECKOJ (s. Anm. 156), 34, 35.

listen an spezifisch linguistischen Kriterien. Es gelingt ihnen dabei, Zusammenhänge aufzuzeigen, die von den Gestaltisten mit ihren zu allgemeinen aus der Psychologie der Wahrnehmung gewonnenen Kriterien übersehen werden.«[158] Diese ›Gewinne‹ sind allerdings nur um den Preis des Verlusts sinnlicher Erfahrung zu verzeichnen: »Pour atteindre le réel il faut d'abord répudier le vécu«[159]. Zwar ist sich gemeinhin auch die strukturalistische Ethnologie und Soziologie ihrer Bindungen an die Gestaltpsychologie bewußt[160], doch sind auch hier die Divergenzen stärker als die Gemeinsamkeiten. Wenngleich anfänglich »system«, »pattern« und »Gestalt«[161] gleichgesetzt werden und in den letzten Jahrzehnten neben strukturalistischen auch verschiedene Systemtheorien ein Teilerbe der Gestaltpsychologie angetreten haben[162], erfolgt die Überführung des Gestaltgedankens in die System-, Struktur- oder Pattern-Ansatz stets im Hinblick auf systemische *Differenzen*. Während die Transponierbarkeit für den Gestaltismus nur ein Charakteristikum von Gestalten ist, stellt der Strukturalismus eine Theorie generalisierter Transponierbarkeit von Differentialrelationen dar. So ruft im Strukturalismus unsinnliche Abwesenheit als systemisches ›Begehren‹ weitere Abwesenheiten und neue Strukturen hervor; in Gestalttheorien drängt hingegen eine apersonale Intentionalität ins sinnlich Wahrnehmbare. ›Aktualisiert‹ und ›artikuliert‹ wird hier nicht Differenz, sondern Präsenz. Während bei strukturalistischen und formalistischen Ansätzen empirische Besonderheiten stets einer *Ordnung* subsumiert und Partikularitäten als kontingent verstanden werden, hebt die Gestaltperspektive gerade auf individuelle Variationen innerhalb einer *Typik* ab.[163]

4. Drei Schulen der Gestaltpsychologie

a) Die Grazer Schule und die Wiener Schule der Gestaltpsychologie

Alexius Meinong hat die Ehrenfelssche Idee der ›Gestaltqualitäten‹ – trotz Vorbehalten gegenüber diesem Terminus[164] – für seine Lehre von den Gegenständen höherer Ordnung herangezogen. Gestalten sind für ihn »fundierte Inhalte« (288), »Komplexionen« (294) von Einzeltatbeständen, den »fundierenden Inhalten« (288). Diese ›Komplexionen‹ bezeichnet er später nicht mehr als ›fundierte Inhalte‹, sondern als »fundierte Gegenstände« oder als »Gegenstände höherer Ordnung«[165]. Diese sind »weder physisch noch psychisch« (404); sie stellen »Idealkomplexionen« dar, denen »Realkomplexionen« (396) gegenüberstehen, Gegenstände, die man »im physischen wie im psychischen Erfahrungskreise« (395) vorfindet, wie Tonverschmelzungen oder Gefühle und Begehrungen.

Mit diesem Ansatz nimmt Meinong eine interessante Zwischenstellung ein, insofern er bei Gegenständen höherer Ordnung und bei psychischen Gegenständen auch ein Fundierungsverhältnis für psychische Gestaltproduktion voraussetzt, bei physischen Gegenständen dagegen lediglich eine Erkenntnisbeziehung zwischen Bewußtsein und externem Gegenstand. Obwohl er dadurch ein charakteristisches Problem der Gestalttheorie ausräumt, nämlich den Streit, ob Gestaltwahrnehmung eine gesthafte Wahrnehmung oder Wahrnehmung einer Gestalt sei, löst er es nicht im Sinne der emphatischen Gestaltpsychologie. Der Meinong-Schüler Vittorio Benussi baute mit seinen Untersuchungen zu geometrisch-optischen Gestalttäuschungen den experimentellen Zweig der Grazer Schule der Gestaltpsychologie aus. Er knüpfte an die Meinongsche Fundierungs- oder Produktionsthese an, ersetzte den Terminus

---

158 HOLENSTEIN, Roman Jakobsons phänomenologischer Strukturalismus (Frankfurt a. M. 1975), 27.
159 CLAUDE LÉVI-STRAUSS, Tristes Tropiques (1955; Paris 1977), 63.
160 Vgl. LÉVI-SRAUSS, Anthropologie structurale (Paris 1958), 353f.; RUTH BENEDICT, Patterns of Culture (Cambridge, Mass. 1934), 51f., 279.
161 Vgl. ALFRED L. KROEBER, Anthropology (1923; New York 1948), 293.
162 Vgl. MICHAEL STADLER/PETER KRUSE, Gestalttheorie und Theorie der Selbstorganisation, in: Gestalt Theory 8 (1986), 75–98.
163 Vgl. LIU (s. Anm. 123), 1f.
164 Vgl. ALEXIUS MEINONG, Zur Psychologie der Komplexionen und Relationen (1891), in: Meinong, Gesamtausg., hg. v. R. M. Chisholm/R. Haller/R. Kindinger, Bd. 1 (Graz 1969), 287f.
165 MEINONG, Über Gegenstände höherer Ordnung und deren Verhältnis zur inneren Wahrnehmung (1899), in: Meinong, Gesamtausg., Bd. 2 (Graz 1971), 399, 380.

›Produktion‹ später jedoch durch den der »Vorstellungen außersinnlicher Provenienz«[166]. Gestalthaftigkeit stellt für ihn das Produkt eines nachträglichen synthetischen Bewußtseinsaktes dar, keine unmittelbare Empfindung und auch keine Eigenschaft des Gegenstandes. Der Ansatz der Grazer Schule bildet somit einen intellektualistischen oder kognitivistischen Kompromiß zwischen Elementenpsychologie und Gestaltpsychologie im emphatischen Sinn. Die Richtung wird in Italien noch heute fortgeführt, insbesondere von Gaetano Kanizsa.

Zu den kompromißlosen Gestaltansätzen zählt auch die von Karl Bühler begründete Wiener Schule der Gestaltpsychologie nicht. Neben Gestalten postuliert Bühler auch einfache Empfindungen, die er als Aufbauelemente von Ganzheiten sieht, und verfehlt so die Quintessenz des ›Gestaltismus‹: »Wer [...] im Namen einer ganzheitstheoretischen Wahrnehmungslehre, den Empfindungsbegriff streichen will, muß angeben können, welch anderen Stoff er an Stelle des gestrichenen einzuführen gedenkt, um seine Ganzheiten existenzfähig zu machen«[167].

b) Die Leipziger Schule der Ganzheitspsychologie
Das Hauptkennzeichen der ›Leipziger Schule der genetischen Ganzheits- und Strukturpsychologie‹ liegt in der Vorrangstellung des Holistischen, der Idee des Strukturganzen und des Komplex-Qualitativen. Indem sie Ganzheit und ›Volksganzes‹ in Zusammenhang brachte, profilierte sie sich im Dritten Reich auch politisch und profitierte nach der erzwungenen Emigration fast der gesamten Berliner Schule der Gestaltpsychologie von ihrer Monopolstellung. Während an die Berliner Schule der Vorwurf erging, sie habe die Gestaltidee verflacht und durch überbordenden Formalismus ausgetrocknet, verkam die Leipziger Schule in den schlimmsten Fällen zur ›deutschen Seelenlehre‹.[168] Nichtsdestotrotz hat sie wichtige Beiträge zur Beschreibung der Genese von Gestalten geleistet.

Friedrich Sander etwa unterschied zwei Weisen der »Aktualgenese« von Gestalten: »einmal, indem ungegliedert Ganzheitliches allmählich Gestalt gewinnt, Erlebnisbestände sich als Ganze vom Gesamt abheben und gliedern, durchformen und verfestigen, zum zweiten, indem einzelheitlich Gegebenes, zusammenhanglos für sich bestehende Einzelganzen minderen Umfanges [...] gleichsam zusammenwachsen zu übergreifenden Ganzheiten, in denen die Einzelganzheiten Gliedganze einer umfassenden Gestalt werden«[169]. Dabei genügt ihm der Verweis auf »Prägnanztendenz« nicht, um das Ineinander verschiedener Richtungen der Vereinheitlichung zu erfassen, das er als Spiel »absichtslos bildender Kräfte«, »unbewußtes« Wirken des Gesamtprozesses und als »auf Gestalten gerichtete Dynamik«[170] anspricht.

In diesem Zusammenhang arbeitet Sander mit dem Begriff der »Vorgestalten« – amorpher, labiler, »ungegliederter« und »gefühlsstarker«[171] Ganzheitserlebnisse –, in denen sich die vielheitlich gerichtete Dynamik des bisherigen Erlebenszustandes gleichsam von allein, in ›Es‹, zu organisieren beginnt. Nach verschiedenen Vorgestalten und begleitet von einem wachsenden Vorahnungsgefühl, das wie eine Erhitzung wirkt, schießt die Gestalt gleichsam plötzlich und wie von selbst zusammen,

---

166 VITTORIO BENUSSI, Gesetze der inadäquaten Gestaltauffassung, in: Archiv für die gesamte Psychologie 32 (1914), 401; vgl. BENUSSI, Ueber den Einfluß der Farbe auf die Größe der Zöllner'schen Täuschung, in: Zeitschrift für Psychologie und Physiologie der Sinnesorgane 29 (1902), 264–351, 385–433; BENUSSI, Zur Psychologie des Gestalterfassens (Die Müller-Lyersche Figur), in: A. Meinong (Hg.), Untersuchungen zur Gegenstandstheorie und Psychologie (Leipzig 1904), 303–348.
167 BÜHLER, Die Krise der Psychologie (Jena 1927), 115; vgl. BÜHLER, Die Gestaltwahrnehmungen, Bd. 1 (Stuttgart 1913), 286–297.
168 Vgl. WOLFGANG PRINZ, Ganzheits- und Gestaltpsychologie und Nationalsozialismus, in: C.-F. Graumann (Hg.), Psychologie im Nationalsozialismus (Berlin u. a. 1985), 89–111; ERNST PLAUM, Zur ›Unwissenschaftlichkeit‹ Felix Kruegers, in: Psychologie und Geschichte 7 (1995), 3–29.
169 FRIEDRICH SANDER, Sinn und Gestalt. Aktualgenetische Untersuchungen zur Sinnerfüllung optischer Komplexe (unveröff. Ms.), zit. nach FITZEK/SALBER (s. Anm. 140), 79 f.
170 Ebd., 87.
171 SANDER, Über räumliche Rhythmik, in: Neue Psychologische Studien 1 (1926), 127; vgl. auch SANDER, Gestaltpsychologie und Kunsttheorie (1932), in: Sander/H. Volkelt, Ganzheitspsychologie (München 1962), 383–403; SANDER, Experimentelle Ergebnisse der Gestaltpsychologie (1928), in: ebd., 73–112.

wonach bei Versuchspersonen eine Art »Abkühlung«[172] der Gefühlslage beschrieben wird: »Das Erlebnis ist von starken Spannungsgefühlen erfüllt, dazu treten Spannungsempfindungen in den Ohren, Bewegungsfragmente in der Zunge, wie beim Ansetzen zum Zählen, leise Mitbewegungen des ganzen Körpers, der Hand oder des Fusses. Dieses *Vorgestalterlebnis* pflegt mit einem ›Ruck‹ zu enden, [...] es ›ist etwas da‹, ›in Ordnung gekommen‹, was wie die ›Erfüllung‹ eines dumpf Gesuchten‹ erscheint.«[173]

Der Hinweis auf ›Gestimmheit‹ als Indiz für strukturelle Dispositionen des Psychischen stellt eine Parallele zur Feldtheorie Wolfgang Köhlers und Kurt Lewins dar. Dabei können Gefühle als Symptome der Wahrscheinlichkeitsstruktur von Gestaltabläufen gelten. Sanders Hinweise auf das ›Es‹ und die Selbstorganisation von Gestalten hätten im Dialog mit der Psychoanalyse die Erforschung der künstlerisch-schöpferischen Tätigkeit bis hin zu den ›Automatismen‹ surrealistischer Ästhetik erweitern können. Indes verwies Sanders »aus tieferen Erlebnisschichten quellendes«, »einem dunklen Drange folgendes« »gestaltträchtiges Zumutesein des Vorgestalterlebnisses«[174] auf eine völkische Tiefenstruktur der Seele, die weder mit surrealistischen und abstrakten Produktionen[175] noch mit der ›jüdischen‹ Psychoanalyse etwas zu schaffen haben konnte.

c) Die Berliner Schule der Gestaltpsychologie
Die Gestaltpsychologie und -theorie im emphatischen Sinn sieht die Gestaltqualität in der Wahrnehmung notwendig unmittelbar gegeben. Nicht ›Empfindungsdaten‹ sind das Primäre, auf dem die Gestaltqualität aufruht, sondern die Gestalten selbst sind es. Die Sinnesdaten werden hier als nachträgliche und relativ späte ›Abstraktionen‹ aus den Wahrnehmungen angesehen. Auch die Berliner Schule kann sich auf Ehrenfels berufen, hatte er doch den Schluß gezogen, »daß die Gestaltqualitäten ohne speziell auf sie gerichteter Tätigkeit mit ihrer Grundlage zugleich psychisch gegeben sind«[176].

In seiner ersten experimentellen Arbeit zum Bewegungssehen beschrieb Max Wertheimer die »Bewegungsphänomene«[177], die seine Versuchspersonen sahen, obwohl in der Versuchsanordnung selbst nur an zwei verschiedenen Orten einer dunklen Leinwand stroboskopisch erzeugte Lichtpunkte aufblitzten, nannte sie »φ« (186) und untersuchte die Gesetzmäßigkeiten dieser »psychischen Gegebenheiten« (227), statt von »Urteilstäuschungen« (240) zu sprechen. Er machte folglich Ernst mit der Autonomie des Psychischen und vollzog den entscheidenden letzten Schritt der Trennung der Gestaltpsychologie von der Physiologie. Dies bedeutete auch, sogenannte Illusionserlebnisse, z. B. die der bewegten Bilder des frühen Kinematographen, als Phänomene ernst zu nehmen und sie nicht einer physikalischen ›Objektivität‹ gegenüber abzuwerten – ein für die Wirkungsästhetik eminent wichtiger Zug. Er ging sogar so weit, dem »φ-Phänomen« Priorität vor den analytisch herauspräparierten Elementen zuzumessen, aus denen es »nicht zusammensetzbar« (227) ist.

Es waren jedoch Wertheimers berühmt gewordene Gestaltgesetze des optischen Erfahrungsraums[178], die in ihren populistisch vereinfachten Versionen das Bild der Gestaltpsychologie als einer analytischen Wissenschaft der Wahrnehmung von einfachen geometrischen Formen verbreiteten. Besonderen Einfluß erlangten dabei drei ›Gesetze‹: Zum einen die Thematisierung der Figur gegenüber dem Grund – eine geschlossene Farbfläche z. B., die von einer andersartigen Farbfläche umgeben ist, liegt in der Wahrnehmung vor dieser homogen geschlossen wirkenden Fläche. Eine besondere Stellung nehmen dabei Kipp-Gestalten ein, bei denen die Wahrnehmung zwischen Figur und

---

172 SANDER (s. Anm. 169), 91.
173 SANDER, Über räumliche Rhythmik (s. Anm. 171), 127.
174 SANDER (s. Anm. 169), 88.
175 Vgl. SANDER, Gestaltpsychologisches zur modernen Kunst, in: R. Mühlher/J. Fischl (Hg.), Gestalt und Wirklichkeit (Berlin 1967), 259–267.
176 EHRENFELS (s. Anm. 139), 40.
177 MAX WERTHEIMER, Experimentelle Studien über das Sehen von Bewegung, in: Zeitschrift für Psychologie 61 (1912), 227.
178 Vgl. WERTHEIMER, Untersuchungen zur Lehre von der Gestalt. I. Prinzipielle Bemerkungen, in: Psychologische Forschung 1 (1922), 47–58; WERTHEIMER, Untersuchungen zur Lehre von der Gestalt. II., in: Psychologische Forschung 4 (1923), 301–350; DAVID KATZ, Gestaltpsychologie (Basel ²1948), 30–54.

Grund oszilliert, ohne daß sich dieser Vorgang bewußt steuern ließe.[179] Sodann die Einteilung des Wahrnehmungsfeldes in Wichtiges und Unwichtiges – die Wahrnehmung thematisiert und fokussiert nach Relevanz. Hierbei ist es wichtig, Relevanz als Zwischen-Begriff zu erkennen, der sich sowohl auf das reliefartige Sich-Heraus-Wölben, den Interesse auf sich ziehenden Aspekt des Wahrnehmungsfeldes bezieht als auch auf die Präferenz eines Betrachters für bestimmte Aspekte. Und schließlich die Herstellung größtmöglicher Ordnung oder die Tendenz zur guten Gestalt, auch ›Prägnanzgesetz‹ genannt – die Wahrnehmung macht meist spontan ein bestimmtes Angebot, das auf Prägnanz zielt; sie bildet Einheiten durch Gruppierung nach Ähnlichkeit, Gleichheit oder Nähe, ›guter Kurve‹ oder ›gemeinsamem Schicksal‹. Schwer oder schlecht Wahrnehmbares wird zu einer möglichst einfachen Gestalt vereindeutigt, geometrisiert oder ›empirisiert‹, d.h. es erscheint als Schema bekannter Objekte. Unter ungünstigsten Bedingungen werden allgemeinste Gestaltqualitäten wahrgenommen: etwas Geschlossenes, Rundes, Zackiges usw.

Der Begriff der ›Prägnanz‹ hat in der Geschichte der Gestaltpsychologie einen besonderen Stellenwert als »heilige Kuh« und als »Achillesferse«[180]. Für Wertheimer und die Berliner Schule gewann das Prägnanzprinzip geradezu kosmologische Bedeutung: Natur, Denken, Psyche und Gesellschaft ›wüßten‹ implizit um ihren bestmöglichen Zustand und strebten unwillkürlich nach Optimierung.

Hieran entzündete sich Kritik. Das Prägnanzprinzip verrät schon im Namen ›Gesetz der Geschlossenheit‹ eine Tendenz zu ›closure‹. So nimmt etwa in Félix Guattaris Plädoyer für eine ›molekulare Revolution‹ das verhaßte Molare vollends das Gesicht des faschistoiden Oppressors an: Die Gesetze der Totalisierung – und synonym damit der als Terminus technicus deutsch belassenen ›Gestalt‹ – übernehmen die Macht. Gestalt wird gleichbedeutend mit (Staats-)Räson, ist symptomatisch für ein Begehren nach Ewigkeit und eine kindische Negierung von Zeitlichkeit.[181] Auch die angelsächsische individualistische Psychologietradition verstand das Insistieren der Gestaltpsychologie darauf, daß das Ganze soziologisch und politisch dem einzelnen erst seinen organisch bestimmten Platz gibt, als totalitär.[182] Die Assoziation der Gestalttheorie mit Nazi-Deutschland ist insofern bitter, als fast die gesamte Berliner Schule, die schließlich das Prägnanzprinzip postuliert hatte, im Dritten Reich als ›jüdische‹ Wissenschaft verfemt wurde und emigrieren mußte.

Doch wirft der Begriff tatsächlich einige Probleme auf. So kann ›Prägnanz‹ in einen erkenntnistheoretischen Dualismus führen. Wie die meisten Gestaltgesetze beruht ihre Definition auf einem Vergleich zwischen Wahrgenommenem und den physikalisch gemessenen Daten, wodurch eine ›Tendenz zur guten Gestalt‹ überhaupt erst erkennbar werden soll. Der ›kritische Realismus‹, dominierende erkenntnistheoretische Position in der Gestaltpsychologie[183], geht davon aus, daß es jenseits der phänomenalen, psychisch erfahrenen Welt noch eine transphänomenale gibt, die allerdings auch nur über phänomenale Daten, wie etwa Messungen sie liefern, zu erfassen ist, was die Begriffe ›erfahrungsjenseitig‹ oder ›transphänomenal‹ wiederum stark in Frage stellt. Dieses Dilemma läßt sich potentiell dadurch lösen, daß man nicht von *einer* erfahrungsjenseitigen Welt spricht, sondern von potentiell unendlich vielen konstruierten, die von den jeweiligen theoretischen Perspektiven aus mit Hilfe nach bestimmten Methoden produzierten empirischen Daten entworfen werden. Eine jener Welten wäre z.B. die von der klassischen Festkörperphysik konstruierte. Der ›kritische Realismus‹ ließe sich so in einen konstruktivistischen Ansatz überführen.[184]

179 Vgl. EDGAR RUBIN, Visuell wahrgenommene Figuren (Kopenhagen 1921).
180 ANGELIKA HÜPPE, Prägnanz. Ein gestalttheoretischer Grundbegriff. Experimentelle Untersuchungen (München 1984), 18.
181 Vgl. FÉLIX GUATTARI, La causalité, la subjectivité et l'histoire (1966/67), in: Guattari, Psychanalyse et transversalité (Paris 1972), 177; GUATTARI, La révolution moléculaire (Fontenay-sous-Bois 1977).
182 Vgl. ARNHEIM, Max Wertheimer and Gestalt Psychology (1969/70), in: Arnheim (s. Anm. 149), 34.
183 Vgl. MICHAEL STADLER, ›Gestalttheorie‹, in: SANDKÜHLER, Bd. 2 (1990), 436; NORBERT BISCHOF, Erkenntnistheoretische Grundlagenprobleme der Wahrnehmungspsychologie, in: Handbuch der Psychologie, hg. v. K. Gottschaldt u.a., Bd. 1/1 (Göttingen 1966), 21–78.
184 Vgl. STADLER (s. Anm. 183), 437.

Dabei muß der Primat der Erfahrungswelt keineswegs preisgegeben werden. So wie Merleau-Ponty den Standpunkt vertritt, daß im Gegensatz zu den konstruierten Welten die gestalthafte Lebenswelt der Leiblichkeit erfahrungswirklich sei, läßt sich argumentieren, die meisten ›Wahrnehmungstäuschungen‹, von denen Vertreter des Dualismus ausgehen, seien Ergebnisse lebensweltfremder Versuchsanordnungen, die sich im alltäglichen leiblichen Vollzug rasch auflösen; andere sind anthropologisch gesehen keine ›Täuschungen‹: Sie ›stimmen‹. Während unter dem Primat diskursivlogischen Denkens Erfahrung als prinzipiell zweifelhafte gesetzt wird, die erst noch rational in Wahrheit überführt werden muß, tritt innerhalb der Gestaltwelt der Leiblichkeit die Kategorie der Wahrheit hinter einer Art »innerer Wahrheit« – »größere Einheitlichkeit, Geschlossenheit und Notwendigkeit, [...] größere Schärfe, Härte, Festigkeit, Unbeeinflußbarkeit durch den Wechsel der Einstellung, des ›Standpunkts‹ und der ›Beleuchtung‹«[185] –, die als ästhetische Kategorie einen qualitativen Maßstab abgibt, zurück.

Ein weiteres Problem ist die anscheinend unausweichliche Zirkularität der Begriffsdefinition. Zwar können rein gefühlsmäßig prägnante von unprägnanten Vorlagen unterschieden werden, aber definiert man ›Prägnanz‹ als ›Tendenz zur einfachsten und besten Gestalt‹, so macht sich bemerkbar, daß noch immer eine klare, unzweideutige, nicht zirkuläre Definition von ›best‹ und ›einfachst‹ aussteht.[186]

Es könnte dabei scheinen, als weise ›Prägnanz‹ in eine ähnliche Richtung wie ›Entropie‹ in der Physik. Beide besagen, daß psychische wie physische Systeme nach der einfachsten Struktur streben, die in einer gegebenen Situation erreichbar ist. Arnheim hebt deshalb hervor, »good gestalt« sei kein glücklicher Begriff, und statt von einer Tendenz zur Prägnanz spräche man besser vom »law of simplicity« oder mit Köhler vom »law of dynamic direction«, das nur eine Tendenz zur Reduktion von Spannungen (»tension reduction«)[187] zum Inhalt habe. Nach dem entropischen Prinzip wird die größte Stabilität in der vollkommenen, ›unorganisierten‹ Gleichverteilung aller Elemente erreicht. Die Tendenz zur guten Gestalt findet ihren Endpunkt hingegen in der balanciertesten und damit vom Standpunkt der Gestalterhaltung aus ›besten‹ Organisation der Teile einer Gestalt.

Die Tendenz zur Entropie läßt sich statistisch untersuchen, ebenso die Tendenz zur Spannungsreduktion. Was den qualitativen Aspekt der Prägnanz betrifft, der über bloße ›Einfachheit‹ hinausgeht und eher negentropische Tendenzen aufweist, ist dies nicht so einfach. So wurde versucht, Prägnanz in Anlehnung an George Birkhoffs Vorschlag einer Definition von Schönheit als Produkt aus »order and complexity«[188] zu definieren. Die Leipziger Schule betonte hingegen, es gebe eine zweite Art von Prägnanz: die Sinnprägnanz oder »Gestalttiefe«, die im »weitesten Sinne physiognomisch« zu verstehen sei. Damit trete zum immanenten Kriterium der figuralen Prägnanz ein expressives, referentielles oder semantisches hinzu, welches das erstere »in Richtung auf objektiv-geistige Sinngehalte ›transzendiert‹«[189]. Diese offensichtlich von Klages inspirierte Kritik an der Eindimensionalität rein geometrischer Prägnanzbestimmungen wurde insbesondere in der Gestaltpädagogik, der Motivationspsychologie und der philosophischen Anthropologie vertieft, in der Gestalt nicht nur als transponierbares, intern verknüpftes, invariantes Gefüge, sondern als »Bedeutungs- und Beziehungskonfiguration«[190] verstanden wird. Auch Edwin Rausch, der sieben Prägnanzaspekte als Binnengliederung des allgemeinen Terminus ›Prägnanz‹ unterschied, brachte neben »Einfachheit«[191], »Gesetzmäßigkeit« (912) und »Integrität« (915)

185 WOLFGANG METZGER, Psychologie (1941; Darmstadt ⁵1975), 240.
186 Vgl. HÜPPE (s. Anm. 180), 18 f.
187 ARNHEIM, Entropy and Art: An Essay on Disorder and Order (Berkeley/Los Angeles/London 1971), 52.
188 Vgl. HANS J. EYSENCK, The Experimental Study of the ›Good Gestalt‹ – A New Approach, in: Psychological Review 49 (1942), 346; GEORGE BIRKHOFF, Aesthetic Measure (Cambridge, Mass. 1933), 3 f.
189 ALBERT WELLEK, Gestaltpsychologie, in: Lexikon der Pädagogik, hg. v. H. Kleinert u. a., Bd. 1 (Bern 1950), 575.
190 DIETER WYSS, Beziehung und Gestalt. Entwurf einer anthropologischen Psychologie und Psychopathologie (Göttingen 1973), 99.
191 EDWIN RAUSCH, Das Eigenschaftsproblem in der Gestalttheorie der Wahrnehmung, in: Handbuch der Psychologie (s. Anm. 183), 924.

auch »Ausdrucksfülle« (937) und »Bedeutungsfülle« (938) ins Spiel, wobei ›Ausdruck‹ als unmittelbar verständliche Eigenschaft einer Gestalt und ›Bedeutung‹ als ein Produkt von Lernprozessen definiert wurden. Andere Autoren schlugen vor, das Kriterium der ›Wesentlichkeit‹ zu ergänzen[192], das sich allerdings ebensowenig quantifizieren ließ wie Welleks ›Sinnprägnanz‹.

Im Rahmen der Informationstheorie wurde die Quantifizierung um so energischer betrieben. So wurde ›gute Gestalt‹ als Figur mit hoher interner Redundanz definiert, wodurch eine exakte Quantifizierung möglich werden sollte. Andere faßten Prägnanz als Gegenbegriff zu Komplexität und Unsicherheit einer Gestalt[193] oder versuchten prägnante Gestalten als solche zu operationalisieren, zu denen es kaum Alternativen gibt[194]. Untersuchungen der experimentellen Ästhetik ergaben jedoch sowohl Indizien für die Annahme, daß ein mittleres Maß an Komplexität am meisten gefällt, sehr prägnante und sehr komplexe Konfigurationen hingegen mißfallen, als auch Indizien für die Annahme, das Gefallen sei um so größer, je prägnanter das Wahrnehmungsobjekt ist, und um so geringer, je komplexer es ist.[195]

Das phänomenale Erleben von Prägnanz kann also nicht einfach durch die Untersuchung ›objektiver‹ Prägnanzkriterien, etwa der Redundanz, an der Reizvorlage quantifiziert werden, weil dadurch gerade die wirkliche Gestalterfahrung nicht erfaßt, sondern auf eine »Primitivprägnanz«[196] reduziert wird. Auch zeitgenössische Definitionen, die auf die Vorstellung von Gestaltwahrnehmung als Erkennung und Extraktion von Struktur verweisen – wie diejenige Stephen Palmers, der zufolge gute Gestalten solche sind, die größere Invarianz in der Transformation aufweisen, sich also beispielsweise besser ›kippen‹, ›drehen‹ oder ›spiegeln‹ lassen –, schreiben ›Prägnanz‹ lediglich dem Objekt zu.[197] Alle Versuche, die pragmatische Dimension, die Feldbedingtheit, auszublenden, führten aber bisher zu unbefriedigenden Resultaten.

5. Feldbegriff und ›produktives Denken‹

Wolfgang Köhler wandte den Gestaltbegriff auf das Denken selbst an und versuchte, Intelligenzleistungen als Gestalten des Psychischen zu formulieren, indem er experimentell das ›einsichtige Problemlösen‹ bei Schimpansen erforschte.[198] Auch das Verhalten der Affen folgte nicht den physikalisch gegebenen Daten, sondern schien auf quasi-visuellen Organisationsgesetzen zu beruhen: denen der ›Geschlossenheit‹, der ›durchgehenden Kurve‹, des ›Aufgehens ohne Rest‹ und der ›Prägnanz‹.

So fällt Köhler bei einer Versuchsreihe mit einem Schimpansen, der gerade lernt, wie er einen unerreichbaren Gegenstand mit einem Stock heranholen kann, auf, daß alles, was beweglich und womöglich langgestreckt aussieht, in dieser Situation zum »Stock« wird. Selbst der Versuchsleiter erfahre dabei einen Wechsel im Gesichtsfeld: »Längliche und bewegliche Gegenstände« sieht er »nicht mehr indifferent und streng statisch an ihrem Orte, sondern wie mit einem ›Vektor‹, wie unter einem Druck nach der kritischen Stelle hin.«[199] Andererseits fällt es dem Schimpansen, der

---

192 Vgl. HERBERT BOCK, Argumentationswert bildhafter Sprache im Dialog (Frankfurt a. M./Bern 1981); JOSEFA ZOLTOBROCKI, Die Wirkung von Ganzgesicht und Gesichtsregionen bei Portraits und Karikaturen, in: Gestalt Theory 4 (1982), 107–132; HELLMUTH METZ-GÖCKEL, Inhaltliche Prägnanzmomente, in: Gestalt Theory 5 (1983), 153–166.
193 Vgl. DANIEL ELLIS BERLYNE, Conflict, Arousal, and Curiosity (New York u.a. 1960); BERLYNE (Hg.), Studies in the New Experimental Aesthetics: Steps toward an Objective Psychology of Aesthetic Appreciation (Washington 1974).
194 Vgl. WENDELL R. GARNER, Good Patterns Have Few Alternatives, in: American Scientist 58 (1970), 34–42; GARNER, The Processing of Information and Structure (New York 1974).
195 Vgl. HÜPPE (s. Anm. 180), 44 f.
196 FRIEDRICH HOETH, Zur Diskussion des Prägnanzbegriffes, in: Gestalt Theory 3 (1981), 202.
197 Vgl. STEPHEN E. PALMER, Symmetry, Transformation, and the Structure of Perceptual Systems, in: J. Beck (Hg.), Organization and Representation in Perception (Hillsdale, N. J./London 1982), 95–144; PALMER, The Psychology of Perceptual Organization: A Transformational Approach, in: J. Beck/B. Hope/A. Rosenfeld (Hg.), Human and Machine Vision (New York u.a. 1983), 269–339; ERICH ROME, Simulierte Gestalt-Erkennung in Präsentationsgrafiken (Diss. Bremen 1995), 42–47.
198 Vgl. WOLFGANG KÖHLER, Intelligenzprüfungen an Menschenaffen (1917; Berlin 1963); KÖHLER, The Task of Gestalt Psychology (Princeton, N. J. 1969).
199 KÖHLER, Intelligenzprüfungen (s. Anm. 198), 50.

gerade im Begriff ist, ›Ein-Sicht‹ in die Werkzeugherstellung zu gewinnen, weit schwerer, einen Ast von der Gestalt eines Baumes »loszusehen«[200] und als Werkzeug abzubrechen als die Eisenstange am Türschloß, die sich von der Holztür optisch als selbständiger Gegenstand abhebt, aber erfahrungsgemäß weitaus fester mit der Tür verbunden ist.

Die Betonung des Apersonalen des Verhaltens ist eine noch immer nicht hinreichend gewürdigte Wendung in Köhlers Psychologie. Köhler behandelt Gestalten wie Lebewesen mit eigenem Willen: Sie wollen ›fertig‹, sie wollen ›gut‹ werden. Handlungssubjekt ist die zur Umstrukturierung tendierende Gestalt, nicht das Versuchstier und nicht der Versuchsleiter, der selbst in der Situation steht und den ›Vektoren‹ des Feldes unterliegt.[201] Die Gestalttheorie wandelt sich zu einer Feldtheorie des Verhaltens, die die cartesianische Trennung von ›res cogitans‹ und ›res extensa‹ radikal aufhebt und ›Problem‹, ›Intelligenz‹ oder ›Intentionalität‹ zu Gestalt-Charakteristika des Wahrnehmungs- und Handlungsfelds werden läßt. Die Wirklichkeit ist kein Ensemble von Gegenständen, dem ein Cogito gegenübersteht, sondern ein Wirkungsraum von Gestalten, die stets als Umgestaltung wirksam werden.[202] Dies bedeutet für das ›einsichtige Denken‹, daß es keineswegs ein logisches Schließen darstellt, sondern durch Offenheit für und Affizierbarkeit durch Entwicklungstendenzen von Gestalten gekennzeichnet ist.

Köhlers Untersuchung *Die physischen Gestalten in Ruhe und im stationären Zustand* überschritt schließlich die Grenzen der Gestaltpsychologie hin zur Physik und mündete in einer Naturphilosophie des energetischen Feldes.[203] Als Konsequenz aus der Apersonalisierung des psychischen Wirkraumes suchte Köhler Isomorphien zwischen den physikalischen, chemischen und psychischen Prozessen sowie den Gestaltvorgängen im Gehirn herauszuarbeiten und gelangte so zu seiner eigenen Variante des Konkordanzgedankens.

Die Feldtheorie war dafür wie geschaffen. Anfang der 20er Jahre ›des 20. Jh. wurden von verschiedenen Seiten her Feldtheorien entwickelt. So versuchte Jan Christiaan Smuts 1926 in seinem Plädoyer für eine Philosophie des Holismus das Weltbild des Feldes zu fassen: »In fact the conception of Fields of force which has become customary in Electro-Magnetism is only a special case of a phenomenon which is quite universal in the realms of thought and reality alike. Every ›thing‹ has its field, like itself, only more attenuated; every concept has likewise its field. It is in these fields and these fields only that things really happen. It is the intermingling of fields which is creative or causal in nature as well as in life.«[204]

Köhler, Lewin und auch Kurt Koffka waren so zwar nicht die einzigen, die den Feldbegriff adaptierten, aber Köhlers schon 1914 formulierte Idee des Feldes als gestalthafter Struktur des Raumes bildete den Vorreiter. Unter Einfluß der von Hans Driesch entwickelten vitalistischen Entelechiekonzeption[205] entwickelten 1921 Hans Spemann, 1922 Alexander Gurwitsch und 1925 Paul Weiss jeweils die Begriffe »Organisationsfeld«, »Embryonales Feld« und »Determinationsfeld«.[206] Sie sollten er-

200 Ebd., 75.
201 Vgl. FITZEK/SALBER (s. Anm. 140), 52.
202 Vgl. KÖHLER, Intelligenzprüfungen (s. Anm. 198), 134–137; FITZEK/SALBER (s. Anm. 140), 57f.
203 Vgl. KÖHLER, Die physischen Gestalten in Ruhe und im stationären Zustand (Erlangen 1920); KÖHLER, Gestaltprobleme und Anfänge einer Gestalttheorie, in: Jahresbericht über die gesamte Physiologie und experimentelle Pharmakologie 3 (1925), 512–539; KÖHLER, Dynamics in Psychology (New York 1940).
204 JAN CHRISTIAAN SMUTS, Holism and Evolution (London 1926), 18.
205 Vgl. HANS DRIESCH, Philosophie des Organischen (Leipzig 1909); DRIESCH, Das Ganze und die Summe (Leipzig 1921); DRIESCH, Geschichte des Vitalismus (Leipzig 1922); HORST H. FREYHOFER, The Vitalism of Hans Driesch (Frankfurt a. M./Bern 1982); MOCEK (s. Anm. 93), 67–69, 75–94.
206 HANS SPEMANN, Die Erzeugung tierischer Chimären durch heteroplastische embryonale Transplantation zwischen Triton cristatus und taeniatus, in: Archiv für Entwicklungsmechanik der Organismen 48 (1921), 568; ALEXANDER GURWITSCH, Über den Begriff des Embryonalen Feldes, in: Archiv für Entwicklungsmechanik der Organismen 51 (1922), 383–415; PAUL WEISS, Unabhängigkeit von der Extremitätenregeneration vom Skelett (bei Triton cristatus), in: Archiv für mikroskopische Anatomie und Entwicklungsmechanik 104 (1925), 385, 388; vgl. HANS SPEMANN, Embryonic Development and Induction (New Haven 1938), 297–302; DONNA J. HARAWAY, Crystals, Fabrics and Fields: Metaphors of Organicism in Twentieth-Century Developmental Biology (New Haven 1976).

klären, warum Beschädigungen während der Embryonalentwicklung immer wieder behoben wurden: Embryogenese fand in einem und durch ein Feld statt. Umkämpft war die Frage, ob ein zweidimensionales Feld die Bildung eines dreidimensionalen Körpers steuere oder ob das Feld selbst sich in den drei Dimensionen des Raumes aufspanne. In den 30er Jahren konkretisierte Conrad Hal Waddington diese Ideen und führte 1957 einen weiteren Begriff ein: den der »Chreode« (engl. »creode«; gebildet aus griech. χρή [man muß] und ὁδός [Pfad, Weg])[207], die er als epigenetische Landschaft mit Pfaden verbildlichte, wobei die Pfade Linien der wahrscheinlichen Entwicklung darstellen. Die Ziele dieser Entwicklungen, die in der Zukunft angesiedelt wurden oder besser: Zukunft bedeuteten, also den Zeitfaktor betonten, der in den Theorien der ›morphogenetischen Felder‹ hinter der Idee der Plastizität zurückgetreten war, bezeichnete Waddington als »steady states«[208]. Die Idee dieser ›steady states‹ oder ›Attraktoren‹ wurde später in der mathematischen Dynamik zur Idee der »bassins« (frz.) oder »basins«[209] (engl.) ausgebaut, innerhalb derer Attraktoren die Zustände darstellen, zu denen dynamische Systeme tendieren. In seiner ›Katastrophentheorie‹ versuchte schließlich der Mathematiker René Thom, Morphogenese aus dem Spiel mathematischer Attraktoren zu erklären.[210] Diese Anwendung formaler geometrischer Strukturen auf Lebewesen nannte Thom selbst »vitalisme géométrique«[211] und zitierte Drieschs Entelechie-Gedanken.

Nicht nur in Biologie, Physik, Systemtheorie und Mathematik entwickelte sich der Feldbegriff weiter. Die Feldtheorie fand auch Eingang in die Phänomenologie Husserls, Aron Gurwitschs und Merleau-Pontys, wo sie zur Theorie des Bewußtseins-, Wahrnehmungs- und Handlungsfeldes führte. Über Bühlers Zwei-Felder-Theorie von Zeig- und Symbolfeld erschließt sich die Theorie sprachlicher Felder (Wortfeldforschung), und auch Pierre Bourdieus Konzeption des sozialen Feldes ist letztlich Lewins und Köhlers Situierung der Gestalt im Feld zu verdanken.[212]

Beeinflußt von Köhler, entwarf Kurt Lewin seine gestaltpsychologisch orientierte ›Feldtheorie‹, für die er auch psychoanalytische Gesichtspunkte aufgriff.[213] Seine Fokussierung auf das von der experimentellen Gestaltpsychologie bisher wenig erschlossene Gebiet von ›Wille‹ und ›Affekt‹ forderte stärker als die klassische Gestaltpsychologie die Auseinandersetzung mit vitalistischen Konzeptionen und dem Entelechie-Gedanken.[214] Das ›Trieb- und Affektleben‹ zu untersuchen hieß schließlich auch, das Unbewußte, das bei anderen Gestaltpsychologen, wenn überhaupt, nahezu ausschließlich als der Bereich des Subliminalen oder Präattentativen innerhalb der Wahrnehmung oder als Automatismus des Handelns und Denkens vorkam, als bildende und steuernde Kraft in den Gestaltprozeß mit einzubeziehen und damit den Begriff des Psychischen dem von Carus entworfenen wieder anzunähern.

Lewin faßt alltagsweltliche Handlungs- und Bewegungsabläufe als ›makroskopische‹ Gestalten innerhalb eines gesamten ›psychischen Feldes‹. Diese ›Handlungsganzheiten‹ zeigen eine Mannigfaltigkeit von ›Strukturtypen‹ und sind häufig durch Einleitungs- und Abschlußvorgänge gerahmt, die sie als relativ gesondert von ihrem zeitlichen Umfeld abheben.[215] An diesen Ansatz läßt sich nicht nur Erving Goffmans Rahmenanalyse von Handlungen in der Lebenswelt bis hin zu künstlerischen Subsinnwelten (Ritual, Drama, Performance) an-

---

207 CONRAD HAL WADDINGTON, The Strategy of the Genes (London 1957), 32.
208 Ebd., 22.
209 RENÉ THOM, Modèles mathématiques de la morphogénèse (Paris 1974), 258; RALPH H. ABRAHAM/ CHRISTOPHER D. SHAW, Dynamics: The Geometry of Behavior (1984; Redwood City, Cal. ²1992), 13, 45, 70, 144.
210 Vgl. THOM (s. Anm. 209).
211 THOM, Stabilité structurelle et morphogénèse. Essai d'une théorie générale des modèles (Reading, Mass. 1972), 167; vgl. RUPERT SHELDRAKE, The Presence of the Past: Morphic Resonance and the Habits of Nature (London 1988), 99–106.
212 Vgl. BERNHARD WALDENFELS, Ordnung im Zwielicht (Frankfurt a.M. 1987), 53–55.
213 Vgl. KURT LEWIN, Psychoanalyse und Topologische Psychologie (1937), in: Schweizerische Zeitschrift für Psychologie und ihre Anwendungen 21 (1962), 297–306.
214 Vgl. LEWIN, Vorbemerkungen über die seelischen Kräfte und Energien und über die Struktur der Seele, in: Psychologische Forschung 7 (1926), 294–329.
215 Vgl. FITZEK/SALBER (s. Anm. 140), 99.

schließen[216], sondern auch die literaturwissenschaftliche Erforschung von narrativen Strukturen, wie Plotkonstellationen und Motiven, und deren ›Gerahmtheit‹.[217]

Am Beispiel der Pflanzenbeschreibung in der Botanik erblickt Lewin die Chance, den Typus als »Inbegriff von Verhaltungsweisen« oder als »Kreis von Möglichkeiten«[218] zu fassen und dies auch auf Handlungsganzheiten anzuwenden. Diese »konditionalgenetische Begriffsbildung« fragt nicht nach »Ursachen«, sondern nach »Entwicklungsbedingungen«[219] seelischer Abläufe als Gesamtgestalt. Ähnlich wie Köhler löst Lewin schließlich die Grenzen zur Physik auf; er entwirft den seelischen Wirkraum als ›gespanntes System‹.[220] Die Geschehenswahrscheinlichkeiten dieses rückgekoppelten Systems werden hier ›Vektoren‹ genannt und nicht »probability structures«, wie unlängst in Rupert Sheldrakes ›dynamischem Platonismus‹ der »formative causation« und der »morphic resonance«, wo ausdrücklich dem Gestaltansatz neue Bedeutsamkeit im Lichte der Konzeption des »morphic field«[221] verheißen wird.

Kurt Koffka entwarf in *Principles of Gestalt Psychology* (1935) das Bild dessen, was gemeinhin ›Ereignis‹ genannt wird, als eine Art Unterdruck in einem Feld. In einem homogenen, ausbalancierten Milieu (»No action, no tension.« »I am part of the landscape, the landscape is part of me.«) tritt das ›Ereignis‹ als starke Sogwirkung auf, die Relief/ Relevanz erzeugt: »Whereas all directions were dynamically equal before, now there is one direction that stands out, one direction into which you are being pulled. This direction is charged with force, the environment seems to contract, it is as though a groove had formed in a plane surface and you were being forced down that groove.«[222] Auch hier handelt es sich also um eine Version der attractor- und basin-Idee.

Zudem war es für Koffka wichtig, Gestalt nicht nur als Feld von Kräften zu beschreiben, sondern auch als kulturelle Ordnung, die Sinn und Bedeutung vermittelt: »A psychology which has no place for the concepts of meaning and value cannot be a complete psychology.« (19) Erklären und Verstehen seien nicht zwei verschiedene Weisen, mit Wissen umzugehen, sondern grundlegend identische. Auch eine kausale Verbindung sei intelligibel im hermeneutischen Sinn, behauptete Koffka, sobald sie in Gestaltform überführt werde, denn dann seien Qualität und Quantität identisch. ›Wert‹ und ›Bedeutung‹ sind hier jedoch nicht semiotisch, sondern als Quasi-Naturkategorien gemeint. Daraus wird verständlich, wie Koffka die Erwartung hegen konnte, daß letztlich alle Gestalten, das mentale Feld eingeschlossen, eines Tages quantifizierbar sein würden.[223]

6. Kritik an Gestaltpsychologie und -theorie, Weiterentwicklungen

Die Arbeit unter streng kontrollierten Laborbedingungen und der Zwang, sich als empirische Wissenschaft etablieren zu müssen, führten die Gestaltpsychologie zu Versuchsanordnungen, die es Rezipienten leicht machten, sie als ›analytisch‹ mißzuverstehen. Vor allem in den Untersuchungen zur Gestaltwahrnehmung drohte sie zu einer Maschinerie der Kuben, Kreise und Striche zu verflachen, so daß Autoren, die ›archaischere‹ Schichten in der Gestaltwahrnehmung witterten oder den plastischen Charakter des Psychischen unterstreichen wollten, sich von ihr abwandten und Anleihen bei anderen Ansätzen machten, insbesondere bei der Archetypentheorie von Jung, der sich auf Carus berufenden Physiognomik von Klages oder der Psychoanalyse von Freud.

So macht Anton Ehrenzweigs harsche Kritik an der Gestaltpsychologie und sein Versuch, das Vorbewußte und Ganzheitliche der Gestalterfahrung in der Kunst gegen sie ins Feld zu führen, deutlich,

---

216 Vgl. ERVING GOFFMAN, Frame Analysis: An Essay on the Organization of Experience (Cambridge, Mass. 1974).
217 Vgl. KARLHEINZ STIERLE, Text als Handlung. Perspektiven einer systematischen Literaturwissenschaft (München 1975).
218 LEWIN, Vorsatz, Wille und Bedürfnis. Mit Vorbemerkungen über die seelischen Kräfte und Energien und über die Struktur der Seele (Berlin 1926), 18 f.
219 FITZEK/SALBER (s. Anm. 140), 103.
220 Vgl. LEWIN, Principles of Topological Psychology (New York/London 1936).
221 SHELDRAKE (s. Anm. 211), 116–122, 197–201.
222 KOFFKA, Principles of Gestalt Psychology (London 1935), 43.
223 Vgl. ebd., 22 f.

wie stark die Gestaltpsychologie, zumindest in der amerikanischen Rezeption, ins Gegenteil dessen verkehrt worden war, was ihre frühen Verfechter anstrebten. Die von Ehrenzweig anvisierte Gestaltpsychologie wirkt, nicht ohne ihr eigenes Zutun, reduktionistisch und formalistisch. Die von ihm dagegen gesetzte Wahrnehmung des »primary process«[224] als eines »undifferentiated [...] unconscious scanning [...] that is far superior to discursive reason and logic« (5), sucht den Gestaltbegriff durch Begriffe aus der Psychoanalyse wie »the unconscious« (5) und »libidinous interest« (13) wieder zu vertiefen. Wenn dem Beschauer die »dedifferentiation«, »the shift of control from conscious focusing to unconscious scanning« (35) glücke, so gelange er wieder zu der – an Carus' ›Unbestimmtheit‹ gemahnenden – Undifferenziertheit, aus der allein die Kreativität entspringen könne. In Ehrenzweigs Gleichsetzung von Gestaltwahrnehmung mit jenem »pattern of ordinary analytic perception« wird einerseits sein Mißverständnis des Gestaltbegriffes deutlich, andererseits hat die Gestaltpsychologie in der Tat die Selektion einer möglichst prägnanten »figure«, gegen die der Rest des Wahrnehmungsfelds zum »background« wird, betont, wobei »a number of possible constellations into which the visual stimuli can be grouped« nicht berücksichtigt wird. Ehrenzweig moniert daher: Gestaltwahrnehmung »ignores syncretistic individuality«. Überdies

merkt er an: »The goodness of the gestalt is judged by our habitual aesthetic tastes. This makes gestalt psychology dependent on aesthetics, not too firm a ground on which to build a reliable theory.« (11)
Der Vorwurf, den möglichen Einfluß ästhetischer Habitualisierung nicht berücksichtigt zu haben, wirft ein bezeichnendes Licht auf die Vernachlässigung soziokultureller und kunsthistorischer Kontexte durch die Gestaltpsychologie, die vor allem das ›Naturhafte‹ der Gestaltwahrnehmung stark machte. Ernst H. Gombrich hat daher die Gestaltpsychologie durch die These korrigiert und ergänzt, realistische Kunst gelte als solche, weil sie von habitualisierten Schemata, die historisch wandelbar sind, Gebrauch mache.[225] Die Gestaltpsychologie ging nicht nur stillschweigend von einem angeborenen Vermögen zur Gestaltwahrnehmung aus, sondern schien auch die Gestalten selbst als naturgegeben zu betrachten. Dabei bezog sie die Möglichkeit soziokultureller Konditionierung kaum mit ein, wenngleich z. B. Lotte Hoffmann auf der Grundlage empirischer Untersuchungen auf die unterschiedliche Entwicklung kindlicher Gestaltauffassung bei Land- und Stadtkindern hinwies.[226]

Anthropologisch-funktionelle und neurophysiologische Untersuchungen des Gehirns führten in den letzten drei Jahrzehnten zwar zur Postulierung einer kulturübergreifenden, seit prähistorischen Zeiten beobachtbaren funktionellen Differenzierung der beiden menschlichen Gehirnhälften, wobei die linke Hemisphäre die sequentiell-analytischen Fähigkeiten wie adultes Sprechen, Rechnen und ähnliches, die rechte Hemisphäre hingegen ganzheitliche, gestalthafte und bildliche Wahrnehmungsprozesse steuern soll. Auch »das Visualisieren, Phantasieren, das Erkennen von Mustern und Strukturen, räumlichen Zuordnungen und der Orientierungssinn, das ›Gefühl fürs Richtige‹ und die musikalischen Fähigkeiten und wohl auch ein erheblicher Teil des Träumens sind Domänen der rechten Hemisphäre«[227]. Andere Untersuchungen attestieren der rechten Gehirnhälfte jedoch lediglich undifferenziertes »monitoring«[228] der Welt.

Auch mehren sich die Anzeichen, daß die funktionelle Differenzierung in ihrer individuellen Ausgestaltung von vorgeburtlichen und frühkindlichen Prägungen beeinflußt wird. Jedenfalls gilt die

---

224 Vgl. ANTON EHRENZWEIG, The Hidden Order of Art: A Study in the Psychology of Artistic Imagination (London 1967), 3.
225 Vgl. ERNST H. GOMBRICH, Art and Illusion (New York 1960), 260–265.
226 Vgl. LOTTE HOFFMANN, Vom schöpferischen Primitivganzen zur Gestalt. Eine Untersuchung des Werdeganges kindlicher Gestaltauffassung (München 1943), 360–376.
227 GERHARD HUHN, Kreativität und Schule. Risiken derzeitiger Lehrpläne für die freie Entfaltung der Kinder (Berlin 1990), 52 f.; vgl. SALLY P. SPRINGER/ GEORG DEUTSCH, Left Brain, Right Brain (1981; New York ²1985); THOMAS R. BLAKESLEE, Das rechte Gehirn (Freiburg 1982); ALAN BEATON, Left Side, Right Side: A Review of Laterality Research (London 1985).
228 MICHAEL S. GAZZANIGA, Consciousness and the Cerebral Hemispheres, in: Gazzaniga (Hg.), The Cognitive Neurosciences (Cambridge, Mass. 1995), 1398.

Leistungsfähigkeit der einzelnen Hemisphären als trainierbar, eine Aufgabe, der sich u. a. die Gestaltpädagogik widmet.[229] Sprache allein linkshälftig zu lokalisieren sei das Erbe einer restringierten Linguistik, argumentiert die gestaltpädagogisch orientierte Waldorferziehung. Selbst beim Erwachsenen spricht vieles gegen die These von der alleinigen seriell-analytischen Sprachverarbeitung. Bei den meisten Sprachen scheint auch die rechte Hemisphäre eine essentielle Funktion im Sprachprozeß zu haben, insofern sie die emotionalen und prosodischen Komponenten sowie die paralinguistischen Konnotationen vermittelt.[230] Die Spracherfassung des Säuglings ist rein prosodisch.[231] Die Muttersprache wird durch leiblichen Mitvollzug kaum wahrnehmbarer Mikrobewegungen erwachsener Sprecher erlernt. Auf der ›Isomorphie‹ zwischen Sprechmuster und motorischen Bewegungen beruht die ›selfsynchrony‹ gesunder Menschen, deren ›Tanz‹ der Zuhörer synchron mitvollzieht, indem er das Gesagte rhythmisch-ganzheitlich auffaßt, noch bevor er semantisch versteht oder syntaktisch gliedert. Signifikant ist, daß bei Kindern mit Entwicklungsstörungen dieser Mitvollzug gar nicht oder deutlich asynchron erfolgt.[232]

Die Ausgrenzung der »irreducible unity of the socio-cultural, animal, and physical field in every concrete experience« ist ein Vorwurf, den die Gestalttherapie der Gestaltpsychologie macht. Weil es zwecklos sei, irgendein psychisches Verhalten abseits seines Kontexts zu behandeln, sei die Gestaltpsychologie irrelevant und in sich isoliert geblieben. Die experimentellen Bedingungen bedeuten als solche schon eine Einschränkung, denn hierbei handle es sich nicht um eine »vitally urgent situation«[233]. Die Ergebnisse der Gestaltpsychologie gingen daher an den eigentlichen menschlichen Problemen vorbei.

Die Gestalttherapie verwendet, auf den Grundthesen der Gestalttheorie aufbauend, einen im engeren Sinn ästhetisch gefaßten Gestaltbegriff zu Therapiezwecken.[234] Dabei werden die Künste selbst zum Modell genommen für heilendes, d. h. ganz-machendes, menschliches Ausagieren. Frederick Perls – und auch Wilhelm Salber – weisen der Gestaltwahrnehmung ethische, praktische, therapeutische und epistemologische Funktionen zu, insofern »it gives *an autonomous criterion of the depth and reality* of the experience. It is not necessary to have theories of ›normal behavior‹ or ›adjustment to reality‹ except in order to explore. [...] Most important of all, *the achievement of a strong gestalt is itself the cure, for the figure of contact is not a sign of, but is itself the creative integration of experience.*«[235]

Salber und Fitzek machen Ernst mit der Idee Goethes, Gestalt sei vorläufig aufgehaltenes Werden. Ihre Psycho-Morphologie verzichtet nicht auf eine »Heuristik von Gestaltkonstruktionen«, aber entwirft sie als »Gestalt-in-Verwandlung«: »Verwandlung kann sich paradoxerweise nur dann ins Unendliche fortsetzen, wenn sie sich immer wieder bindet und destruiert.«[236] Entschieden verwerfen sie Psychologie als Wissenschaft eines Inneren. Ihr »kunstanaloges System« (150) sucht nach »Designs« von Wirklichkeiten, die sowohl in Richtung von »Verrückung« als auch von »Vereinheitlichung« (143) verwandelt werden können. Diese direkte Orientierung an den Stilkategorien der Künste wirft die Frage nach dem Beitrag von Gestalttheorien zur Kunstwissenschaft auf.

---

229 Vgl. HUHN (s. Anm. 227), 54–57, 60–63; FREDERIC VESTER, Denken, Lernen, Vergessen (Stuttgart 1975); HUGO KÜKELHAUS, Fassen – Fühlen – Bilden. Organerfahrungen im Umgang mit Phänomenen (Köln ³1982); HARTMUT VON HENTIG, Ergötzen – Belehren – Befreien. Schriften zur ästhetischen Erziehung (München/Wien 1985); FRITZ BOHNSACK/ERNST-MICHAEL KRANICH (Hg.), Erziehungswissenschaft und Waldorfpädagogik (Weinheim/Basel 1990).
230 Vgl. CHRISTOPH JAFFKE, Fremdsprachenunterricht auf der Primarstufe. Seine Begründung und Praxis in der Waldorfpädagogik (Weinheim ²1996), 142 f., 151 f.
231 Vgl. JACQUES MEHLER/ANNE CHRISTOPHE, Maturation and Learning of Language in the First Year of Life, in: Gazzaniga (Hg.) (s. Anm. 228), 943–957.
232 Vgl. JAFFKE (s. Anm. 230), 88 f.
233 PERLS/HEFFERLINE/GOODMAN (s. Anm. 14), 238.
234 Vgl. JANIE RHYNE, The Gestalt Art Experience (Monterey 1973).
235 PERLS/HEFFERLINE/GOODMAN (s. Anm. 14), 231 f.
236 FITZEK/SALBER (s. Anm. 140), 132.

7. Entstaltung in der Kunst und der Beitrag der Gestalttheorie

Wenn Jünger in der Kunst seit van Gogh einen unaufhaltsamen Verlust an typensetzender Gewalt einerseits, ein Streben zum Ungesonderten andererseits verzeichnet, so erweckt dies den Eindruck, Gestalttheorien könnten die Kunst der Moderne nur noch als Zerfallserscheinung, Devianz oder »in der erschwerten Konstituierbarkeit von ›Gestalten‹«[237] in den Blick bekommen. Die Künste der klassischen Moderne scheinen sich vor allem durch Entstaltungstendenzen auszuzeichnen – in die Richtung des Chaotisch-Zufälligen oder des Unbestimmten (Cut-Up, Assemblagen, Aleatorik, automatisches Malen im Surrealismus, Informel usw.) –, Tendenzen, die durch hyperintellektualistische Konzeptualismen kompensiert werden mußten (Abstraktion, Concept Art u. a.). Während der Kubismus noch wie eine kongeniale Umsetzung vulgär-gestaltistischen Denkens wirkte und der Netzhaut-Atomismus des Impressionismus und Pointillismus, der als Gegenmodell zur Gestalttheorie nach Gestalttendenzen in der Wahrnehmung nicht fragte, sondern auf Abbildungsrelationen zwischen Reizvorlage und Netzhautpunkten abhob, immerhin gerade deshalb für die Gestaltpsychologie interessant war, müßte der Gestaltbegriff als Beschreibungskategorie für die Kunst der Moderne und Postmoderne eigentlich versagen. Die berühmt-berüchtigten Gestaltgesetze der Wahrnehmung drohen alle Kunst auf statische Klassizismen zu verpflichten und überdies das Tafelbild zu privilegieren.

Diese Annahme beruht jedoch auf einem vorschnell verhärteten und geschlossenen Gestaltbegriff. Weite Teile der vermeintlich entropischen Richtungen moderner und postmoderner Kunst setzen den metamorphischen Gestaltbegriff ins Recht.[238] Liegt, um nur ein Beispiel zu nennen, bei einem ›action painting‹ Jackson Pollocks zwar im Produkt auf den ersten Blick der Inbegriff des Chaotischen vor, wäre doch zu fragen, inwiefern nicht gerade die rituelle ›action‹ selbst mit Lewin als dynamische Handlungsgestalt, die Herstellungssituation als Feld aufgefaßt werden könnte. Wird hier ›Gestaltschwund‹ festgestellt, so liegt das eher am Zerrbild einer klassischen Gestaltästhetik, dem auch zu verdanken ist, daß dynamische Handlungsgestalten und Feldphänomene, wie sie z. B. ›Performance‹ und ›Land Art‹ kennzeichnen, zu wenig als solche behandelt werden. Dagegen hat sich z. B. Max Kobbert mit den Mitteln der Gestaltpsychologie der ›informellen Kunst‹ Jackson Pollocks angenommen und sich mit ihrer Energie, Bewegung und ihren internen Kräfteverhältnissen im Hinblick auf ihren Aufforderungscharakter, ihre Linearität, Krümmung, Linienstärke, ihren Wechsel zwischen Simultan- und Verlaufsgestalt, Konvergenz und Divergenz befaßt.[239] Mit Pollocks Aussagen »No Chaos Damn It« und »I deny the accident«[240] kommt überdies die Aufforderung ins Spiel, Aleatorik gestalttheoretisch zu formulieren. Die Vektor- oder Attraktortheorie böte sich hier an. Wenn keine vertrauten, einfachen Ordnungsstrukturen erkennbar sind, heißt dies noch nicht, alles wäre kontingent.

Überdies wäre selbst der Begriff der ›Kontingenz‹ gestalttheoretisch formulierbar. Rudolf Arnheim hat in *Entropy and Art* aus der gestalttheoretischen Tradition heraus Begrifflichkeiten wie Struktur, Information, Chaos und Ordnung, Homöostase und Wahrscheinlichkeit in bezug auf die Künste dargestellt und gezeigt, wie fruchtbar Gestaltansätze für den Diskurs mit diesen teils konkurrierenden, teils kooperierenden Ansätzen im Bereich der Ästhetik der Moderne und Postmoderne sein können.[241] Dabei bringt der Versuch, gestalttheoretische Begriffe mit ›Struktur‹ und ›System‹ zu verschalten, wieder zusammen, was einmal einen gemeinsamen Anfang hatte.

---

237 MANFRED SMUDA, Der Gegenstand in der bildenden Kunst und Literatur (München 1979), 122.
238 Vgl. CHRISTA LICHTENSTERN, Metamorphose in der Kunst des 19. und 20. Jahrhunderts (Weinheim 1990/1992).
239 Vgl. MAX KOBBERT, Annäherung an ›informelle Kunst‹ mit Mitteln der Gestaltpsychologie – aufgezeigt an Jackson Pollocks No. 32 von 1950, in: Gestalt Theory 11 (1989), 205–218.
240 Zit. nach KOBBERT, ebd., 207.
241 Vgl. ARNHEIM (s. Anm. 187).

8. Gestalt-Ansätze in Theorien Künstlicher Intelligenz und selbstorganisierender Systeme

Mit Fragen der systemischen Selbstorganisation der Materie, Morphogenese und Morphogenesemodellierung sowie der mathematischen Operationalisierung von Gestalten befassen sich inzwischen mehrere Wissenschaftsdisziplinen.[242] Der »etwa zwischen 1850 und 1930 entwickelte Begriff« des ›topologischen Raumes‹ stellt z.B. eine »Datenstruktur zur Verfügung, die es erlaubt, Konzepte wie *Gestalt* ohne unangemessenen Rückgriff auf rein quantitative Beschreibungsebenen zu artikulieren und virtuell handhabbar zu machen, wobei auch hier die Aufgabe, […] *alle* Möglichkeiten von Gestalt – z.B. alle Knoten oder alle geschlossenen zweidimensionalen oder auch alle einfach zusammenhängenden und geschlossenen dreidimensionalen Mannigfaltigkeiten – zu klassifizieren, zu den zentralen Aufgaben zählt«[243]. Und in einem schon zum Klassiker gewordenen Aufsatz vertrat Alan M. Turing 1952 die Überzeugung, daß einfache chemische Reaktions- und Diffusionsprozesse typische Musterungen hervorbringen können, die somit als logisches Ergebnis mathematischer Gleichungen zu behandeln wären.[244]

Goethe und Carus hatten bereits Regeln der autopoetischen Entstehung aus dem Unbestimmten durch Differenzierung, des Wachstums durch Rekursion, der Metamorphose durch Ausdehnung und Zusammenziehung sowie des Dimensionswechsels durch Steigerung angegeben. Der Frage, inwieweit geometrische Transformationen zur Berechnung der Morphogenese lebender Organismen beitragen könnten, war, zumindest was den Vergleich zwischen ›verwandten Formen‹ betrifft, schon 1917 D'Arcy Wentworth Thompson nachgegangen[245], nachdem die Idee in radikalerer Form bereits zur Goethezeit von Geoffroy de St. Hilaire entwickelt worden war. Bei Thompson ging es um die Typik von Lebewesen, deren Darstellung mit Hilfe eines geometrischen Rasters kohärent variiert (gedehnt, gestreckt, gestaucht usw.) wurde.

Auch fraktale Gebilde lassen sich auf einfache Grundmuster reduzieren, einem musikalischen Thema gleich, das variiert wird. So entstehen hochkomplexe Strukturen aus der wiederholten Selbstanwendung (Rekursion) von Abbildungsvorschriften auf schlichte geometrische Formen unter gegenläufigem Zusammenwirken von Streckung und Faltung. Das Konzept der »Selbstähnlichkeit« drückt dabei aus, daß sich in einer fraktalen Gestalt, wie etwa dem Geäst von Bäumen oder in einem Farnblatt, »über mehrere Größenordnungen hinweg ähnliche Grundmuster« wiederfinden: »Das Ganze spiegelt sich im Detail.«[246] Goethes Einsicht, daß die Pflanze vorwärts wie rückwärts nur Blatt sei, erhält hier eine späte Bestätigung.

Die von Goethe visualisierten, aber für mathematisch nicht realisierbar gehaltenen »Ganzheitskalküle« einer »morphologisch aus dem Ganzen denkenden Gestaltmathematik«[247], die es ermöglichen würden, morphologische Formen in unendlicher Metamorphose zu generieren, laufen bereits auf Computern. Die Mathematik des Pflanzenwachstums wurde 1968 von dem Biologen Aristid Lindenmeyer entwickelt. Der Unterschied zwischen einer Nelke und einer Rose ließ sich auf einige wenige Variablen innerhalb eines ›numerical seed‹ reduzieren. Virtuelle Blumen werden z.B. von Przemysław Prusinkiewicz in ihrem Wachstum dreidimensional auf dem Computer model-

---

242 Vgl. ANDREAS DEUTSCH (Hg.), Muster des Lebendigen. Faszination ihrer Entstehung und Simulation (Braunschweig/Wiesbaden 1994); ILYA PRIGOGINE, From Being to Becoming (San Francisco 1980); PRIGOGINE/ISABELLE STENGERS, La Nouvelle Alliance. Métamorphose de la science (1979; Paris 1986); GOTTFRIED JETSCHKE, Mathematik der Selbstorganisation (Berlin 1989); HERMANN HAKEN/ARNE WUNDERLIN, Die Selbststrukturierung der Materie (Braunschweig 1991).
243 ANDREAS W. M. DRESS, Datenstrukturen und virtuelle Welten. Vom Erfindungsreichtum der Mathematik (Bielefeld 1998) (Universität Bielefeld, Forschungsschwerpunkt Mathematisierung – Strukturbildungsprozesse, Materialien/Reprints, H. 120), 5 f.
244 Vgl. ALAN M. TURING, The Chemical Basis of Morphogenesis, in: Philosophical Transactions of the Royal Society, Series B, 237 (1952), 37–72; vgl. auch QUI OUYANG/HARRY L. SWINNEY, Wenn das Turing wüßte. Die Entdeckung von Turingmustern in der CIMA-Reaktion, übers. v. H. Schuster, in: Deutsch (s. Anm. 242), 247–264.
245 Vgl. D'ARCY WENTWORTH THOMPSON, On Growth and Form (Cambridge 1917).
246 GÜNTER SCHIEPEK, Der Appeal der Chaosforschung für die Psychologie, in: Küppers (s. Anm. 93), 358.
247 MEYER-ABICH (s. Anm. 24), 77; vgl. ebd., 18.

liert.[248] So werden virtuelle Gestalten, die sich jedoch nicht ›darleiben‹, generiert, ihre ›artificial evolution‹ in einem Computerprogramm wie *Biomorph Land* von Richard Dawkins (1985) simuliert und zu einer ›library of forms‹ kompiliert.[249]

Die Techniken des visuellen ›morphing‹, die auf der computergraphischen Animation vorgegebener Bilder beruhen, stützen sich hingegen nicht auf Einsichten in die Prinzipien der Morphogenese, sondern folgen einem atomistischen Ansatz, nach dem unter ungeheurem Rechenaufwand Bilddaten Punkt für Punkt verschoben werden, wobei der menschliche Nutzer die markanten Koordinierungspunkte definieren muß.[250] Die Abstraktion des Bildschemas und die Typisierung müssen deshalb vorgegeben werden, weil sich gerade die Implementierung künstlicher Bilderkennung als besonders schwierig erweist. Dabei lassen sich verschiedene Herangehensweisen einerseits danach unterscheiden, welches Modell der menschlichen Wahrnehmung für zutreffend gehalten wird, andererseits danach, ob menschliche Wahrnehmung imitiert oder ob ihr eine unter Umständen vollkommen anders aufgebaute, aber im Ergebnis ähnliche Prozedur zur Seite gestellt werden soll. Entsprechend sind einige Ansätze eher als Simulationen von Wahrnehmungsmodellen zu verstehen, andere als Versuche der rechnerischen Mustererkennung.

In Robotik, Informatik und Künstlicher Intelligenz prägt erst in den letzten Jahren eine gezielte Rückbesinnung auf Gestaltkriterien die Forschungsaktivitäten.[251] So lehnte sich zwar James J. Gibsons ›Gradiententheorie‹ der Wahrnehmung in den frühen 50er Jahren noch an Feldtheorien der Gestaltpsychologie an und erlangt unter dem Etikett ›ökologische Wahrnehmung‹ in jüngster Zeit wieder Aktualität.[252] Doch wurde nicht sein Ansatz zum Ausgangsmodell der künstlichen Wahrnehmung, sondern der modellbasierte Computeransatz, den David Marr vertrat. Nach Marr überführt der menschliche Wahrnehmungsapparat Bilder in eine abstrakte Form, die danach von Erinnerungs- und Erkennungsprozessen benutzt und weiterverarbeitet werden kann.[253]

Dieser repräsentationale oder symbolorientierte kognitivistische Ansatz (›computational approach‹), der Wahrnehmung vor allem als wissensbasierte Verarbeitung von Information auf verschiedenen, hierarchisch geordneten Modellierungsebenen entwirft, geht aus der Sicht einer emphatisch verstandenen Gestalttheorie von falschen Voraussetzungen aus. Die Isomorphie zwischen physikalischen und mentalen Gestalten, wie der Gestaltismus sie postuliert, macht eine nachträgliche Verarbeitung weitgehend überflüssig.[254] Der informationsverarbeitende Ansatz entspricht jedoch weit besser der anglo-amerikanischen Tradition des Assoziationismus, dem zufolge das individuelle Bewußtsein eine kognitive Ordnungsleistung zu vollbringen hat, um System in einen amorphen Brei aus einzelnen Sinnesdaten zu bringen. So verlief die Rezeption der Gestaltpsychologie in den USA trotz anfänglicher Erfolge sehr verkürzt.

Nur so ist zu erklären, warum die amerikanischen Forschung zur Künstlichen Intelligenz die Erkenntnisse der Gestaltpsychologie so lange nicht zur Kenntnis genommen hat. So zeigt sich etwa Douglas Hofstadter noch 1995 verwundert über eigene ästhetische Voreingenommenheiten, die ihm kontra-intuitive mathematische Einsichten erschwerten.[255] Dabei ist das Problem, daß Prägnan-

---

248 Vgl. KEVIN KELLY, Out of Control: The New Biology of Machines (London 1994), 405 f.; PRZEMYSŁAW PRUSINKIEWICZ/ARISTID LINDENMEYER, The Algorithmic Beauty of Plants (New York u. a. 1990).
249 Vgl. RICHARD DAWKINS, The Blind Watchmaker (New York/London 1986); KELLY (s. Anm. 248), 333–401; STEPHEN TODD/WILLIAM LATHAM, Evolutionary Art and Computers (London 1992).
250 Vgl. FLORIAN RÖTZER, Von Beobachtern und Bildern erster, zweiter und n-ter Ordnung, in: Ars Electronica (1992), 36; SABINE FABO, Metamorphose und Morphing, in: Diagonal. Zeitschrift der Universität-Gesamthochschule-Siegen (1995), H. 2, 209.
251 Vgl. FRIEDER NAKE, Geleitwort, in: ROME (s. Anm. 197), VIII.
252 Vgl. JAMES J. GIBSON, The Perception of the Visual World (Boston, Mass. 1950); GIBSON, The Senses Considered as Perceptual Systems (Boston, Mass. 1966); GIBSON, The Ecological Approach to Visual Perception (Boston, Mass. u. a. 1979).
253 Vgl. DAVID MARR, Vision: A Computational Investigation into the Human Representation and Processing of Information (New York 1982); ROME (s. Anm. 197), 26.
254 Vgl. ARNHEIM (s. Anm. 182), 34.
255 Vgl. HOFSTADTER (s. Anm. 16), 39 f.

zen eine Problemlösung verhindern können, weil sie eine unprägnante Umstrukturierung der Problemlage verhindern, gestaltpsychologisch ausführlich erforscht[256]; Hofstadters Schwierigkeiten, bestimmte Zahlen voneinander ›loszusehen‹, gleichen denen der Köhlerschen Schimpansen. Wenn Hofstadter bemerkt, in Reaktion auf ästhetische Ansprüche seien Strukturen wieder und wieder ins Auge gefaßt worden, wobei allgegenwärtige, aber schwer faßliche Dinge wie Einfachheit, Stimmigkeit, Symmetrie, Ausgewogenheit und Eleganz die treibenden Kräfte hinter der Fähigkeit, Mustern einen Sinn abzugewinnen, zu sein schienen[257], so zählt er, offensichtlich ohne sie zu kennen, die Gestaltgesetze der Wahrnehmung auf. Hofstadters Hoffnung, man werde im weiteren Fortgang der Kognitionswissenschaft klarer erkennen, »that responsiveness to *beauty* and its close cousin, *simplicity*, plays a central role in high-level cognition« (318), gründet sich auf die Überzeugung, das Ästhetische spiele eine »foundational role in science« (507). Jene Hoffnung verbindet ihn mit Hubert L. Dreyfus, der noch weitaus grundsätzlichere Einwände gegen den analytischen Ansatz in der Künstlichen Intelligenz erhoben hat, allerdings unter expliziter Berufung auf den Gestaltbegriff.

In seinem Manifest über die Unmöglichkeit von Intelligenzleistungen bei Computern (*What Computers Still Can't Do*) kritisiert Dreyfus die erkenntnisphilosophischen Grundlagen des gesamten Unternehmens der Künstlichen Intelligenz (Descartes, Kant, Frege): »It has turned out that, for the time being at least, the research program based on the assumption that human beings produce intelligence using facts and rules has reached a dead end, and there is no reason to think it could ever succeed.«[258]

Sein Hauptargument beruht auf der Gestaltpsychologie, Heideggers und Merleau-Pontys Phänomenologie der Leiblichkeit, dem späten Wittgenstein und Bourdieus Konzeption von Stil und Alltagswelt. Es sind dabei nicht nur die Fähigkeiten zu logischem Schließen oder mathematische Glanzleistungen, die Dreyfus als Zeichen von Intelligenz anführt, sondern vor allem die eigentlichen Gestaltleistungen, die im Schachspiel, in der Mustererkennung, im problemlösenden Denken und anderen menschlichen Vermögen, wie geordnetem Verhalten ohne explizite Regeln und dem Bewältigen von Situationen, zutage treten. Die Verwechslung der Gestaltidee mit einer Verknüpfungsregel für Elemente (Marvin Minsky) oder mit einem Plan (Ulric Neisser) verkenne das Eigentümliche der Gestalt, die weder unabhängig von ihren Elementen ist wie ein Plan, noch nachträglich etwas verknüpft. Menschliche Intelligenz sei kein Reservoir von kontextfreiem Wissen plus Verknüpfungsregeln, sondern ein kulturell, motorisch, psychisch und zellulär eingeschriebenes ›know how‹ oder ›savoir faire‹, aus dem nachträglich zwar vieles, aber längst nicht alles diskursiv abstrahiert und in scheinbar raumzeit- und standpunktunabhängiges Wissen überführt werden kann. Aber selbst wenn man Computern solches Wissen zur Verfügung stellen könnte, würde sie das nicht intelligent machen, da Intelligenz nicht auf Wissenszugriff, sondern auf Erfahrung und Offenheit für weitere Erfahrung beruhe. Indes sei bereits der Wissenszugriff ein Problem für Künstliche Intelligenz, da sie sich mit der Erkennung von Ähnlichkeiten und Analogien überaus schwertue und selbst keine Relevanzkriterien entwickeln könne. Dreyfus stellt sogar grundsätzlich in Frage, daß ein digitaler Computer überhaupt jemals Analoges, Gestalthaftes erfassen könnte.

Gestalt kann nicht mit einem symbolischen informationsverarbeitenden Modell des Denkens, einem Repräsentationalismus, simuliert werden, weil sie auf der leiblichen Situiertheit in der Welt beruht, die der Mensch mit Tier- und Pflanzenwelt teilt. Es ist das ›Fleisch‹, das die Gestalt erkennt, nicht ein kontextfreies Bewußtsein. So erfordert Mustererkennung eine Art unbestimmter globaler Antizipation, die charakteristisch ist für eine als Nerven und Muskeln leiblich in einer Welt inkarnierte ›Maschine‹. Im Gegensatz dazu sind Computer eben nicht inkarniert und haben keine Lebenswelt im eigentlichen Sinne, sondern allenfalls Bauklötzchenwelten, auf die sie durch Pro-

---

[256] Vgl. GAETANO KANIZSA, Prägnanz as an Obstacle to Problem Solving, in: Italian Journal of Psychology 2 (1975), 417–425.
[257] Vgl. HOFSTADTER (s. Anm. 16), 40.
[258] DREYFUS (s. Anm. 4), IX; vgl. DREYFUS, What Computers Can't Do: A Critique of Artificial Reason (New York 1972).

tention und Retention, durch Intentionalität, Motivation und Sinnhorizont als ›Ich-Origo‹ oder Nullpunkt eines Zeigfelds (Bühler) bezogen sind. Auch ist die von der Gestaltpsychologie entdeckte Figur-Grund-Relation nicht einfach *ein* Prinzip der Wahrnehmung, sondern Wahrnehmung überhaupt ist nichts anderes als das Herauswölben einer Figur aus einem Feld. Die Unfähigkeit von Computern, Gestalten wahrzunehmen und in Gestalten zu denken, hat in erster Linie etwas damit zu tun, daß sich für sie eben nichts ›herauswölbt‹, sie von nichts angezogen werden und sie auch nicht neugierig sein können.[259] Selbst Neissers Unterscheidung zwischen »präattentativen« Wahrnehmungsprozessen (»preattentive processes«)[260] einerseits, die global und holistisch den ›autochthonen Kräften‹ der Gestaltpsychologie entsprechen sollen, und serieller attentativer oder kognitiver Verarbeitung andererseits erklärt nicht, wie Menschen in einer ersten globalen und unspezifizierten Wahrnehmung einer Situation Besonderheiten entdecken können, die für sie ›irgendwie herausstechen‹ und die zudem noch abhängig sind von dem, was den betreffenden Menschen gerade ›umtreibt‹. Statt dessen perpetuiert auch Neisser Informationsverarbeitungsprämisse und Repräsentationalismus.[261]

Die Künstliche Intelligenz hat auf derartige Kritik reagiert. So läßt der interaktionistische Ansatz von Philip Agre und David Chapman (›Heideggerian Artificial Intelligence‹) den Computer direkt mit einer eigenen Mikrowelt interagieren, ohne kontextfreie symbolische Repräsentationen oder Planung nach internen Modellen zu verwenden. Dadurch soll Heideggers Differenzierung zwischen ›Vorhandenheit‹ und ›Zuhandenheit‹, dem Werkzeugcharakter vieler Dinge, der aus ihrer ›Um-zu-Haftigkeit‹ ablesbar ist, als ›deiktische Repräsentation‹ implementiert werden: »In a great many situations, it's obvious what to do next given the configuration of materials at hand.«[262] Ebenso wird zielgerichtetes Handeln simuliert, ohne allerdings den gestalthaften Aufforderungscharakter von Situationen oder den Horizont, der erst die Entwicklung von Relevanz ermöglicht, modellieren zu können.[263]

Gegen die Prämissen der klassischen symbolverarbeitungsbasierten ›Artificial Intelligence‹ argumentiert auch die ›nouvelle Artificial Intelligence‹, ›fundamentalist Artificial Intelligence‹ oder ›situated activity Artificial Intelligence‹, die auf der ›physical grounding hypothesis‹ basiert: Die Welt ist ihr eigenes bestes Modell. Künstliche Intelligenz wird dadurch von einem (Roboter-)Körper abhängig, der mobil und aktiv mit Sensoren ›seine‹ Welt ›erkundet‹.[264]

Der inzwischen zu verzeichnende ›Boom‹ der Gestaltansätze, der Heiko Neumann und H. Siegfried Stiehl dazu verleitete, sogar von »Neo-Gestaltismus« zu sprechen[265], leidet noch immer an der verkürzten Rezeption des Gestaltparadigmas. So spielen z. B. in der Kognitionsforschung die Feldansätze der Gestalttheorie zu problemlösendem Denken oder zum zielgerichteten Handeln kaum eine Rolle.[266] Statt dessen werden fast ausschließlich die Gestaltgesetze der Wahrnehmung zur Grundlage genommen, ohne die entschieden tiefer gehenden Implikationen des Gestaltansatzes zu beherzigen. Gestaltphänomene erscheinen dabei in erster Linie als ›perceptual grouping‹ nach den Prinzipien der Nähe, der Symmetrie, der Stetigkeit, der Abgeschlossenheit, der Ähnlichkeit, der virtuellen Linien und subjektiven Konturen und der Prägnanz/Gestaltgüte. Die Aufgabe besteht darin, algorithmische Verfahren zu entwickeln, die Bildelemente mit einigen ›Nachbarn‹ so zusammenführen oder gruppieren, daß Gestalten

---

259 Vgl. DREYFUS (s. Anm. 4), 231–282.
260 ULRIC NEISSER, Cognitive Psychology (New York 1967), 89; vgl. NEISSER, Cognition and Reality: Principles and Implications of Cognitive Psychology (San Francisco 1976), 18, 95.
261 Vgl. HEIKO NEUMANN/H. SIEGFRIED STIEHL, Modelle der frühen visuellen Informationsverarbeitung, in: G. Görz (Hg.), Einführung in die Künstliche Intelligenz (Bonn u. a. 1995), 592 f.
262 DAVID CHAPMAN, Vision, Instruction, and Action (Cambridge, Mass./London 1991), 20.
263 Vgl. DREYFUS (s. Anm. 4), XXXI-XXXIII.
264 Vgl. RODNEY A. BROOKS, Elephants Don't Play Chess, in: P. Maes (Hg.), Designing Autonomous Agents: Theory and Practice from Biology to Engineering and Back (Cambridge, Mass. 1991), 3–15.
265 NEUMANN/STIEHL (s. Anm. 261), 633–642; vgl. IRVIN ROCK/STEPHEN E. PALMER, The Legacy of Gestalt Psychology, in: Scientific American 263 (1990), H. 6, 48–61.
266 Vgl. GERHARD STRUBE u. a., Kognition, in: Görz (s. Anm. 261), 313.

erkennbar werden. Meist geht es bei all diesen Versuchen darum, den Widerspruch zwischen »hoher globaler Kompetenz des Menschen und hoher lokaler Kompetenz der Maschine« in einer »Ersetzung des globalen Phänomens und Prozesses durch eine Menge von lokalen« aufzuheben.[267] Patricia Churchland und Terence J. Sejnowski etwa definieren 1992 das Anliegen der Gestaltpsychologie wie folgt: »›Gestalts‹ were taken to be global organizations that emerged from multiple interactions between features in an image. [...] Despite identifying some of the constraints governing global interpretation, Gestalt psychologists were unable to produce a convincing mechanism for applying the constraints and resolving conflicts between constraints in achieving a consistent interpretation of the image.«[268] Insofern die ›Gestaltgesetze‹ keine Gesetze im mathematischen Sinn, sondern eher qualitative Prinzipien darstellen, richtet sich die Hauptaktivität auf Versuche der Quantifizierung und Operationalisierung dieser Prinzipien.

Andrew P. Witkin und Jay M. Tenenbaum merkten jedoch bereits 1983 kritisch an, daß detaillierte quantitative und analytische Modelle Annahmen über die physikalische Welt machen, die für die – eher qualitative, holistische – menschliche visuelle Wahrnehmung keine Rolle spielen.[269] Statt dessen betonen sie die Wichtigkeit von Struktur. Das visuelle System arbeite eher qualitativ; daher gehe es darum, auch Unschärfe (fuzziness) für künstliche visuelle Systeme zu operationalisieren und eine Berechnungsarchitektur zu entwerfen, die Struktur qualitativ interpretieren kann.[270] Diese in stärkerem Maße holistische Betrachtungsweise ergibt sich aus der zweifachen Inkarniertheit des Sehsystems – in einem Körper und in einer Umwelt –, mit denen zusammen es sich evolutionär entwickelt hat und in denen es in einem hohen Maße zweckorientiert als Teil des offenen Systems ›Lebewesen‹ existiert.[271] Einige Thesen der ›Evolutionären Erkenntnistheorie‹ nähern sich mithin einem Konkordanzansatz; so insbesondere die Annahme, die Struktur menschlichen Denkens und die Struktur der Welt müßten wenigstens partiell übereinstimmen, weil nur eine solche Koinzidenz Überleben und Evolution in dieser Welt ermöglicht habe.[272]

Das vielversprechende Paradigma des ›aktiven Sehens‹ konzipiert Wahrnehmung als erkundendes Handeln.[273] Doch hat auch dieses Paradigma noch einen kognitivistischen Drall, und den beweglichen, meist für militärische Zwecke konzipierten Wahrnehmungssystemen muß das zu Suchende vom menschlichen Partner vorgegeben werden. Das Erkennen von Relevanzen und das Entwickeln von Schemata liegt gleichfalls außerhalb der Reichweite dieser Systeme.[274]

Wenn der Begriff der Gestalt im emphatischen Sinne immer auch eine unmittelbare, prädiskursive ›Ein-Sicht‹ in ihre Morphogenese anvisiert, dann können eigentlich nur Ansätze, die Wahrnehmungs-, Handlungs- und Bewußtseinsprozesse als Nach- oder Mitvollzug von Gestaltbildung und nicht als symbolbasierte Informationsverarbeitung modellieren, die im Begriff Gestalt implizierte Erkenntnis der ›Beschaffenheit‹ einholen.[275] Der Konnektionismus z. B. arbeitet nicht mehr mit symbolischen Repräsentationen, sondern mit Künstlichen Neuronalen Netzwerken, die parallel funktionieren und dadurch im Prinzip dem menschlichen neuronalen Netzwerk nahekommen. Dreyfus hatte zusammen mit seinem Bruder Stuart selbst ein ähnliches Modell vorgeschlagen.[276]

---

267 NAKE (s. Anm. 251), VII.
268 PATRICIA S. CHURCHLAND/TERENCE J. SEJNOWSKI, The Computational Brain (Cambridge, Mass. 1992), 83.
269 Vgl. ANDREW P. WITKIN/JAY M. TENENBAUM, On the Role of Structure in Vision, in: Beck/Hope/Rosenfeld (s. Anm. 197), 536–539; NEUMANN/STIEHL (s. Anm. 261), 636.
270 Vgl. NEUMANN/STIEHL (s. Anm. 261), 637.
271 Vgl. ebd., 584; RALPH-AXEL MÜLLER, Der (un)teilbare Geist. Modularismus und Holismus in der Kognitionsforschung (Berlin 1991); BROOKS, Intelligence Without Reason, in: Proceedings of the 12th International Joint Conference on Artificial Intelligence, Bd. 1 (Sydney 1991), 569–595.
272 Vgl. HANS MOHR, Biologische Grenzen des Menschen, in: Zeitwende 56 (1985), 7.
273 Vgl. RUZENA BAJCSY, Active Perception and Exploratory Robotics (Philadelphia 1989).
274 Vgl. NEUMANN/STIEHL (s. Anm. 261), 646.
275 Vgl. HEINZ VON FOERSTER, Sicht und Einsicht (Braunschweig 1985).
276 Vgl. DREYFUS (s. Anm. 4), XXXIII–XXXIX; HUBERT DREYFUS/STUART DREYFUS, Mind Over Machine: The Power of Human Intuitive Expertise in the Era of the Computer (New York 1986).

Die Künstlichen Neuronalen Netzwerke dienen nicht nur der Modellierung biologischer neuronaler Netze und – als rein technische Verfahren – der Mustererkennung, sondern sie stellen auch ein wichtiges Paradigma der Informationsverarbeitung mittels dynamischer Systeme dar.[277]
Der Physiker John J. Hopfield führte in die Theorie neuronaler Netzwerke die Vorstellung eines Rechnens mit analogen Systemen ein. Indem er neuronale Netzwerke mit ›energy functions‹ versah, machte er Informationsverarbeitung und deren System als Bewegung in Richtung auf einen ›energetisch‹ günstigen Gleichgewichtszustand verständlich. »The energy landscape has ›basins‹ that will ›attract‹ the state of the network [...]. The process of reaching the stable states at the bottoms of the basins is a form of relaxation, or pattern completion through relaxation.«[278] Informationszustände können so Muster bilden, wie sie sonst nur in analogen (physikalischen) Systemen zu finden sind, und tatsächlich lassen sich Ähnlichkeiten zwischen »regularities of *computational* interaction and regularities of *physical* interaction«[279] konstatieren.

Die sogenannten ›Hopfield nets‹ zeigen die Fähigkeit zu assoziativer Musterbildung und Wiedererkennung, Kategorisierung, Fehlerkorrektur und Robustheit gegenüber dem Ausfall einzelner Komponenten.[280]
Breiteren Kreisen bekannt ist die Synergetik von Hermann Haken u. a., die ebenfalls sowohl Köhlers Isomorphismus als auch den Konkordanzgedanken oder die ›Evolutionäre Erkenntnistheorie‹ umgreift, insofern hier die erkennende Instanz das Muster des zu Erkennenden in sich trägt oder nachbildet: »Den Schlüssel zum Konzept des synergetischen Computers liefert nun meine Behauptung, daß Mustererkennung nichts anderes als Musterbildung ist. Ich meine dies sogar ganz wörtlich: Wenn wir ein Muster erkennen, so bildet sich auch in unserem Gehirn ein bestimmtes Erregungsmuster aus, das aufgrund gespeicherter Daten ergänzt und vervollständigt wird.«[281]
Als Beispiel für die Musterbildung eines synergetischen Systems führt Haken die Selbstorganisation erhitzter Flüssigkeit an. Jeder Ordnungszustand der Flüssigkeit entspricht einem ›Ordner‹; Ordner rivalisieren quasi-darwinistisch miteinander. Der immer nur zeitweilig obsiegende Ordner »versklavt«[282] die Teile, d. h. er prägt sie im Sinne der aristotelischen Entelechie oder der »Herrschaft«[283] eines Teils über das Ganze. So kann Hakens ›synergetischer Computer‹ nicht nur Gesichter und Muster, sondern sogar Kippfiguren »erkennen«[284], weil er zwischen Ordnern hin- und herschaltet. Einige ›Merkmale‹ rufen als Partialmuster wieder den gesamten Ordner hervor, ähnlich wie eine undifferenzierte Materie mit einer bestimmten Kristallstruktur ›geimpft‹ werden kann.
Nicht nur die Synergetik, sondern auch Attractor Neural Networks konzeptualisieren Gestalten als ›Attraktoren‹ innerhalb eines Chaos[285], verankern so die Ästhetik in der Chaostheorie[286] und versprechen, selbst die ›Tendenz zur guten Gestalt‹ beschreibbar zu machen. Wenn Gestalt eine zeitweilige »Insel der Ordnung« ist, so bedarf es zu ihrer Entstehung und Metamorphose der höherdimensionierten Ordnungsprinzipien des Chaos. Dem entspricht das Vermögen kognitiver Systeme – und die Notwendigkeit –, selbst chaotische Muster zu erzeugen, »um sich gegenüber der als Rah-

---

277 Vgl. HELGE RITTER/THOMAS MARTINETZ/KLAUS SCHULTEN, Neuronale Netze. Eine Einführung in die Neuroinformatik selbstorganisierender Netzwerke (Bonn u. a. ²1991).
278 CHURCHLAND/SEJNOWSKI (s. Anm. 268), 89.
279 Ebd., 85.
280 Vgl. JOHN J. HOPFIELD, Neural Networks and Physical Systems with Emergent Collective Computational Abilities, in: Proceedings of the National Academy of Sciences [USA] 79 (1982), 2554–2558.
281 HERMANN HAKEN, Der Synergetische Computer, in: Küppers (s. Anm. 93), 185; vgl. HAKEN, Erfolgsgeheimnisse der Natur: Synergetik – Die Lehre vom Zusammenwirken (Stuttgart 1981); HAKEN/MARIA HAKEN-KRELL, Erfolgsgeheimnisse der Wahrnehmung. Synergetik als Schlüssel zum Gehirn (Stuttgart 1992).
282 HAKEN, Der Synergetische Computer (s. Anm. 281), 181.
283 GÜNTER KÜPPERS/RAINER PASLACK, Die natürlichen Ursachen von Ordnung und Organisation, in: Küppers (s. Anm. 93), 46.
284 Vgl. HAKEN, Der Synergetische Computer (s. Anm. 281), 192.
285 Vgl. DANIEL J. AMIT, Modelling Brain Function: The World of Attractor Neural Networks (Cambridge, Mass. 1989), 87ff.
286 Vgl. SCHIEPEK (s. Anm. 246), 357.

II. Gestalt zwischen Kult und Empire (19. und 20. Jahrhundert)

menbedingten gegebenen Attraktorstruktur der Umgebung flexibel und damit lernfähig zu erhalten«[287]. Im Übergangsfeld zwischen Ordnern herrscht ein kreatives Chaos der Teile, ohne das Metamorphose gar nicht möglich wäre. So sollte ein synergetisches System ›neugierig‹ sein können, was einer spezifischen Labilität zwischen verschiedenen Ordnern entspräche; es sollte ›träumen‹ können, indem es in einer unspezifischen oder chaotischen Labilität verharrt und daraus Kreativität entwickelt; es sollte Relevanzstrukturen bilden können, die sich aktiv einem ›äußeren‹ Ordner anpassen, es müßte sogar psychotisch werden können.[288]

Michael Stadler und Peter Kruse haben nicht nur die grundsätzlichen Bezüge zwischen Synergetik und Gestalttheorie aufgezeigt, sondern auch zusammen mit Hans Otto Carmesin ein neuronales Netzwerkmodell entwickelt, das nach einem synergetischen Ansatz funktioniert.[289] Mit dem Begriff der »Resonanz« (Marshall McLuhan) zwischen kognitiven Strukturen und den »durch Wahrscheinlichkeitsmuster der Realität vorgegebenen Ordnungsbildungen« haben Stadler, Kruse und Carmesin schließlich einen definitiven Schritt in Richtung auf ein Konkordanzmodell vollzogen. Indem sie den »Begriff der Viabilität, des Zueinanderpassens«[290] als Kriterium der dynamischen Stimmigkeit zwischen Weltinterpretation und Welt benutzen, setzen sie sich vom radikalen Konstruktivismus ebenso ab wie vom radikalen Kognitivismus; jener betont ausschließlich die internen Gestaltungsprozesse, die ein möglicherweise kontingentes ›Bild‹ der Welt entwerfen; dieser sieht die Ordnungsleistung kognitiver Systeme darin, das ›Chaos‹ der eingehenden Reize in sinnvolle Muster zu überführen.

Die Geschichte des Gestaltbegriffs macht vorsichtig gegenüber euphorischer Naturalisierung: »Die von Metzger sogenannte ›natürliche Ordnung der Dinge‹ ist eine, die sich sowohl in kognitiven Systemen stabilisiert als auch möglicherweise in der Realität, d. h. in der Umgebung der kognitiven Systeme, tatsächlich häufig vorkommt. Man darf sich aber nicht darüber hinwegtäuschen, daß vielleicht in der Regel kognitive Systeme nach ähnlichen Prinzipien arbeiten wie auch die Natur, daß dies aber nicht zwingend so sein muß.«[291] Wenn

Theorien der Selbstorganisation und synergetische Modelle in der Sozialpsychologie genauso angewendet werden können wie in der Ökonomie[292], der Geschichte[293] oder der Soziologie[294], so kann es hier, ähnlich wie bei den Versuchen, diskursive Formationen als Gestaltbildungen zu naturalisieren, schnell zum Ignorieren dessen kommen, was sich nicht synergetisch erklären läßt.[295] Daß repräsentationalistische Ansätze Gestaltphänomene nicht erfassen können, heißt noch nicht, daß Gestaltansätze Repräsentationen und diskursiven Formationen gerecht werden müssen.

Während die Gestaltpsychologie des 20. Jh. meist mit einem verkürzten Gestaltbegriff arbeitete, indem sie Teile des Begriffs in das Konzept des ›Feldes‹ auslagerte, und nicht ohne ihr Zutun noch verkürzter rezipiert wurde, bringen zeitgenössische Theorien der Synergetik und der selbstorganisierenden Systeme teilweise altes Gestaltdenken in die Debatte, ohne daß der Zusammenhang zu diesem Diskurs immer gesehen wird. Im Zeichen der ›Austreibung des Geistes aus den Geisteswissenschaften‹ (Friedrich Kittler), zunehmender Entsubjektivierung und Entobjektivierung der

---

287 MICHAEL STADLER/PETER KRUSE/HANS OTTO CARMESIN, Erleben und Verhalten in der Polarität von Chaos und Ordnung, in: Küppers (s. Anm. 93), 324.
288 Vgl. ebd., 339–351.
289 Vgl. auch HAKEN/STADLER (Hg.), Synergetics of Cognition (Berlin 1990); KRUSE/STADLER (Hg.), Ambiguity in Mind and Nature. Multistable Cognitive Phenomena (Berlin 1995).
290 STADLER/KRUSE/CARMESIN (s. Anm. 287), 324.
291 Ebd., 332.
292 Vgl. KLAUS G. TROITZSCH, Individuelle Einstellung und kollektives Verhalten, in: Küppers (s. Anm. 93), 200–228; GÜNTER HAAG, Modelle zur Stabilisierung chaotischer Prozesse in der Ökonomie, in: ebd., 229–256; BERND WOECKENER, Nichtlinearität und Chaos in der Ökonomie, in: H. Krapp/T. Wägenbaur (Hg.), Komplexität und Selbstorganisation. ›Chaos‹ in den Natur- und Kulturwissenschaften (München 1997), 149–166.
293 Vgl. MANUEL DE LANDA, A Thousand Years of Nonlinear History (New York 1997).
294 Vgl. HAKEN, Erfolgsgeheimnisse der Natur (s. Anm. 281), 192–222.
295 Vgl. WALTER LUDWIG BÜHL, Einleitung, in: Bühl (Hg.), Reduktionistische Soziologie. Die Soziologie als Naturwissenschaft? (München 1974), 9–109.

Künste in Moderne und Postmoderne sowie ernst zu nehmender Versuche, die Naturwissenschaften in stärkerem Maße holistisch, ja ästhetisch zu gestalten, wäre eine erneute Prüfung an der Entelechie orientierter und selbstgenerativer Perspektiven, wie sie der Gestaltbegriff involviert, angezeigt – und sei es nur, um bereits ausgetretene ›Holzwege‹ zu meiden.

Dagmar Buchwald

Literatur
ARNHEIM, RUDOLF, Style as a Gestalt Problem, in: Arnheim, New Essays on the Psychology of Art (Berkeley/Los Angeles/London 1986), 261–273; ASH, MITCHELL G., Gestalt Psychology in German Culture, 1890–1967: Holism and the Quest for Objectivity (Cambridge u. a. 1995); BALTISSEN, RÜDIGER, Gewöhnung und Informationsverarbeitung. Assoziation, Gestalt und die Extrapolation der Erfahrung (Bern 1994); DOFLEIN, ERICH, Gestalt und Stil in der Musik (Bad Honnef 1987); FITZEK, HERBERT/SALBER, WILHELM, Gestaltpsychologie. Geschichte und Praxis (Darmstadt 1996); FRANZ, MICHAEL, Die Zweideutigkeit der Gestalt oder Taugt ›Gestalt‹ noch als ästhetischer Grundbegriff?, in: Weimarer Beiträge 41 (1995), 5–28; KANIZSA, GAETANO, Organization in Vision: Essays on Gestalt Perception (New York 1979); LANGE-KÜTTNER, CHRISTIANE, Gestalt und Konstruktion. Die Entwicklung der grafischen Kompetenz beim Kind (Bern u. a. 1994); MANZ, ULRICH, Das Wesen der Gestalt. Eine theologische Systematik zur Analogie der dialogischen Inexistenz (München 1990); MENZEN, KARL-HEINZ, Entwürfe subjektiver Totalität, dargestellt am psychologisch-ästhetischen Gestaltbegriff des frühen 19. Jahrhunderts (Frankfurt a. M. u. a. 1980); PALMER, STEPHEN E., Modern Theories of Gestalt Perception, in: Mind & Language 5 (1990), 289–323; PERLS, FREDERICK S./HEFFERLINE, RALPH F./GOODMAN, PAUL, Gestalt Therapy: Excitement and Growth in the Human Personality (New York 1951); PETITOT-COCORDA, JEAN, Morphogénèse du sens (Paris 1985); PETZOLD, HILARION G. (Hg.), Gestalt-Pädagogik. Konzepte der integrativen Erziehung (München 1977); ROCK, IRVIN/PALMER, STEPHEN E., The Legacy of Gestalt Psychology, in: Scientific American 263 (1990), H. 6, 48–61; SALBER, WILHELM, Gestalt auf Reisen. Das System seelischer Prozesse (Bonn 1991); SCHMITZ, HERMANN, Der unerschöpfliche Gegenstand. Grundzüge der Philosophie (Bonn 1990); STADLER, MICHAEL, Gestalttheorie und dialektischer Materialismus (Darmstadt 1975); STADLER, MICHAEL/KRUSE, PETER, Gestalttheorie und Theorie der Selbstorganisation, in: Gestalt Theory 8 (1986), 75–98; STEMPEL, WOLF-DIETER, Gestalt, Ganzheit, Struktur. Aus Vor- und Frühgeschichte des Strukturalismus in Deutschland (Göttingen 1978); WALZEL, OSKAR, Gehalt und Gestalt im Kunstwerk des Dichters (Berlin 1923); WEINHANDL, FERDINAND (Hg.), Gestalthaftes Sehen. Ergebnisse und Aufgaben der Morphologie. Zum hundertjährigen Geburtstag von Christian von Ehrenfels (Darmstadt 1960); WEIZSÄCKER, VIKTOR VON, Gestalt und Zeit (1942; Göttingen ²1960); WYSS, DIETER, Beziehung und Gestalt. Entwurf einer anthropologischen Psychologie und Psychopathologie (Göttingen 1973)

Gotisch
(engl. gothic; frz. gothique; ital. gotico; span. gótico; russ. готическое)

Einleitung; I. Gotisch im 15. und 16. Jahrhundert; II. Vasaris Periodisierung und Bewertung mittelalterlicher Kunst und ihre Folgen; III. Historische und semantische Differenzierungen von gotisch im 17. und 18. Jahrhundert; IV. Auflösung klassizistischer Wertungsmuster; V. Neue Aufgaben des Begriffs seit der Französischen Revolution; VI. Gotisch im 20. Jahrhundert

Einleitung

Hinsichtlich des Bedeutungsumfangs und der Konnotationsebenen deckt ›gotisch‹ im Laufe seiner mehr als fünfhundertjährigen Verwendung ein ausgesprochen weites und differentes Inhaltsspektrum ab. Der Grund dafür liegt vor allem in der Doppelfunktion des Begriffs zwischen historisch-deskriptiver und ästhetisch-normativer Aufgabe. Doch selbst innerhalb der jeweiligen Anwendungsbereiche ist der an gotisch gebundene Inhalt vergleichsweise frei von einengender Festlegung. Denn der Terminus entwickelt sein Assoziationspotential weniger aus einer konkreten Gestaltung des mit gotisch charakterisierten Werks; vielmehr nimmt er zumeist eine theoretisch bestimmte Aussagequalität für sich in Anspruch, die starken Schwankungen unterliegt und sich daher nur vage umschreiben läßt. Erst im 19. Jh. formiert sich das spezifische Bild, welches heute mit gotisch verbunden ist und das in erster Linie einem stilistischen Habitus von mittelalterlicher Architektur und Skulptur entspricht. Deshalb wird eine historische

Darstellung des Begriffs, selbst wenn sie sich wie im folgenden vor allem dem ästhetischen Bereich zuwendet, nicht auf eine stringente entwicklungsgeschichtliche Präsentation des Wortsinns abzielen können. Schon der Versuch, für einen engeren zeitlichen Rahmen seine Bedeutungsdimension zu bestimmen, sieht sich angesichts vielfältiger, z. T. gegensätzlicher Konnotations- und Funktionsebenen und damit inhaltlicher Diversität nicht unbeträchtlichen Schwierigkeiten gegenüber.

Spiegelt sich in der beschriebenen Komplexität von gotisch und der daraus resultierenden Darstellung seiner Historie also eine äußerst variable Anwendung des Wortes, so liegt doch andererseits ein Teil der Bedeutungsgeschichte außerhalb der expliziten Benutzung des Begriffs. Denn was mit gotisch zum Ausdruck gebracht wird, ist zum einen bereits lange vor der Prägung des Terminus präsent und erhält seine spezifizierte Bezeichnung erst allmählich; darüber hinaus aber existiert bis ins 19. Jh. hinein eine Reihe immer wieder neu formulierter Parallelbegriffe, die das Inhaltsfeld von gotisch zu präzisieren suchen. Wichtig für den Klärungsprozeß, der im 15./16. Jh. zum Terminus gotisch führt, ist die Projizierung ästhetischer Vorstellungen auf historische Ereignisse oder Vorgänge. Dessen ungeachtet oder vielleicht gerade darum ist schon in der Anfangsgeschichte des Begriffs der weite Bedeutungsumfang angelegt. Ausgehend von einer keineswegs einvernehmlich gehandhabten Bezeichnung für eine frühmittelalterliche Buchstabenform, entwickelt sich gotisch während der italienischen Renaissance zu einem immer stärker auf Architektur bezogenen ästhetischen Ausdruck mit mehr oder minder negativer Konnotation. In dieser Bedeutung nach 1600 auch nördlich der Alpen aufgenommen und dort zum wichtigen Schlagwort in den kunsttheoretischen Debatten des 17. und 18. Jh. geworden, verliert der Terminus z. T. seine historische Bindung an das Mittelalter und fungiert als Gegenposition zum ›Klassischen‹ und durch die Norm Geregelten. Gotisch bezeichnet alles, was unter- oder außerhalb eines von griechischer oder römischer Antike abgeleiteten Ideals angesiedelt ist. Im Verlauf des 18. Jh. wird ein Wandel erkennbar, der auf dem schillernden Assoziationspotential des Begriffs aufbauen kann. Denn wenn gotisch den negativen Gegenpol zu einer ›natürlichen‹, d. h. auf mimetischen Grundlagen beruhenden Kunst umschreibt, läßt sich gerade von hier aus auch eine neue Ästhetik fundieren, die sich vom klassizistischen Ideal löst und unbekannte ästhetische Felder erschließt, z. B. solche, welche das Malerische, das Schreckliche und Erhabene als wirkungsrelevante Größen in die Betrachtung des Kunstwerks einbeziehen.

Solchen Inanspruchnahmen stehen schon seit dem 16. Jh. Versuche gegenüber, die historische Dimension des Gotischen zu rekonstruieren und damit zu einem differenzierten Sprachgebrauch beizutragen. Impulse hierfür gehen vom Interesse an der eigenen Geschichte aus. Sowohl Humanisten im deutschsprachigen Gebiet, dann auch die Modernisten in der französischen ›Querelle des anciens et des modernes‹ oder die Historiker der *Scuola Mabillona* in Italien arbeiten in diese Richtung, ohne daß solche Unternehmungen gebündelt und systematisiert würden. Denn zumeist bleiben die Bemühungen in einem engen Interessenrahmen persönlicher Zugangsweise zu den Denkmälern befangen, die Ergebnisse mithin kaum generalisierbar. Erst in den historisch-kritischen Forschungen des späten 18. und frühen 19. Jh. gelingt die produktive Verwandlung des Terminus. Indem gotisch als Verabredungsbegriff eine neue Realität erhält, kann die Rolle eines wissenschaftlichen Spezialausdrucks übernehmen, der die begrenzte Epoche nachantiker Kunst nicht mehr wertet, sondern lediglich noch neutral bezeichnet. Voraussetzung dafür war eine inzwischen allgemein akzeptierte positive Evaluierung des Mittelalters und seiner Kunst wie auch die Bestimmung und Abgrenzung eines formalen Habitus des Gotischen darin. Dabei dürfte der mit der neuen Rolle von gotisch eintretende weitgehende Verlust ästhetisch-normativer Dimension z. T. durch nationale Aufladung ausgeglichen, über die man insbesondere in England, Frankreich, Belgien und Deutschland Anspruch auf Erfindung und Besitz von Architektur des 12. und 13. Jh. erhebt.

Die im frühen 20. Jh. vor allem in Deutschland stattfindende erneute Umprägung des kunsthistorischen Begriffs zu einem Synonym für abendländisches Mittelalter und zur Charakterisierung westlich-nachantiker Zivilisation ist sichtlich darum bemüht, die unter kunstwissenschaftlicher Verwendung verengte Aussagequalität zu überwinden. Hierfür greift man einerseits auf den weitgefaßten Bedeutungsumfang des Wortes in der Kunsttheorie der frühen Neuzeit zurück, geht aber dann wesentlich darüber hinaus, um mit Hilfe globaler Oppositionen fiktiv-ideale, allgemein menschliche Mentalitäten zu umschreiben, die gezielt auch in der national-politischen Diskussion eingesetzt werden. Solche Erfahrungen sind mitverantwortlich für den eher restriktiven Gebrauch von gotisch in den Kulturwissenschaften nach 1945: Gotisch ist nun kein Schlagwort in ästhetischen und politischen Debatten mehr. Fast nur noch die Kunstgeschichte bedient sich des Begriffs als Stilvokabel für Architektur und Bildkünste des 12. bis 15. Jh. Da das jedoch meist unreflektiert geschieht, behält das terminologische Instrument eine Realität, die sich wie ein Filter zwischen Kunstwerk und Betrachter schiebt. Angesichts solch eingeschliffener Nutzung ist die Beachtung des fiktionalen Charakters wissenschaftlicher Sprachwendungen zu fordern und immer wieder auf die Problematik verfestigter Stilkategorisierungen hinzuweisen.

I. Gotisch im 15. und 16. Jahrhundert

Der einzige Nachweis für gotisch vor der Mitte des 15. Jh. zeigt eine erst verhalten zugespitzte ästhetische Implikation. Doch auch schon hier kommt die polare Konstellation antiker und mittelalterlicher Kultur ins Spiel; deutlich darüber hinaus die mit dem Begriff verbundene negative Wertung. Für Lorenzo Valla zeichnen sich 1440 »codices gothice scripti«[1] (gotisch geschriebene Handschriften) durch ihre spezifische Buchstabenform aus. Damit setzten sie sich deutlich von den in römischer *Capitalis* geschriebenen Werken ab. Die ursächliche Zurückführung der neuen Schreibweise auf die Barbaren ergibt für das Gotische eine ungefähre chronologische Festlegung wie ästhetische Charakterisierung. Solche ›Fakten‹ waren mit dafür ausschlaggebend, daß trotz gewandelter Einschätzung der Schriftentwicklung Vallas Benennung bis ins 18. Jh. für die Paläographie bindend bleibt.

In Vallas Aussagen sind Grundmuster für die inhaltliche Füllung von gotisch gegeben, die im folgenden konkretisiert und für bestimmte Zusammenhänge semantisch differenziert werden. Das alles geschieht allerdings vorerst ohne direkten Rückgriff auf den Terminus selbst. Denn es fällt auf, daß gotisch als Umschreibung für einen künstlerisch defizitären Zustand in Italien zunächst gar nicht mehr vorkommt. Andere Bezeichnungen, z. T. nach Kunstgattung, ins Auge gefaßter Zeit oder intendierter Aussage eingesetzt, überlagern ihn partiell oder treten an seine Stelle. Die damit einhergehenden inhaltlichen Verschiebungen können nicht unbeträchtlich sein: Bei Lorenzo Ghiberti bleiben um 1450 die Urheber des kulturellen Verfalls während der Spätantike anonym. Spricht er von der »maniera greca« (griechischen Manier) oder der »roçeza de' Greci«[2] (Ungeschliffenheit der Griechen), so ist dies zwar auch eine gezwungene Kunstsprache, doch sie steht schon wieder am Beginn der Erhebung mittelalterlicher Malerei seit etwa 1000. Der Architekturtheoretiker Filarete macht dagegen kurze Zeit später erneut die ›barbari‹, d. h. für ihn »tramontani, cioè […] Todeschi et […] Francesi«[3] (die jenseits der Alpen wohnen, also […] Deutsche und […] Franzosen) verantwortlich für den Niedergang antiker Kultur und etabliert sie als Begründer einer unklassischen Kunst. Das in beiden Fällen negative Urteil stützt sich aber auf etwa identische, augenfällige Indizien: Ein roher Geschmack, der sich in der Abkehr von ›natürlicher‹ Gestaltung manifestiere, ist Kennzeichen dafür.

Für gotisch häufen sich die Belege seit Beginn des 16. Jh., und zwar nicht mehr nur bezogen auf die Schrift, sondern jetzt zudem auch übertragen auf die ganze mittelalterliche Kultur. Valla hatte das Stichwort gegeben, indem er neben Sprache und Schrift auch das zivile und kanonische Recht sowie die Philosophie der Spätantike als gotisch bezeichnete und den Begriff so zum Synonym für eine unzivilisierte Zeit erklärte. Damit war ein

---

[1] LAURENTIUS VALLA, Elegantiarum latinae linguae libri sex (1471; Basel 1512), Bl. 38.
[2] LORENZO GHIBERTI, I Commentarii (1450), hg. v. J. v. Schlosser, Bd. 1 (Berlin 1912), 35.
[3] ANTONIO AVERLINO FILARETE, Trattato di architettura (1464)/Tractat ueber die Baukunst, ital. u. dt., hg. v. W. v. Oettingen (Wien 1890), 429.

Gedanke formuliert, den Humanisten des frühen 16. Jh. aufgreifen, um die Abgrenzung ihrer Epoche und ihres Tuns von den Vorgängern zu betreiben und das Kulturgefälle zur Vergangenheit anzudeuten. Erasmus v. Rotterdam etwa drückt es indirekt aus, wenn er wiederum anhand der Buchstabenformen die Eleganz antiker Kultur gegen gotische, d. h. mittelalterliche, Schwerfälligkeit stellt: »Vel Ciceronis orationem scribe litteris Gothicis, soloecam dices ac barbaram.« (Schreibe nur eine Rede Ciceros mit gotischen Buchstaben, und schon wirst Du sie für fehlerhaft und barbarisch halten.)[4] Die hier punktuell exemplifizierten Gegensätze finden sich wenig später noch einmal bei François Rabelais: Dessen Held Gargantua lernt zunächst »escripre Gotticquement«, danach »escripre et bien traire et former les antiques et Romaines lettres«[5]. In dieser Reihenfolge werden die Schulübungen zum Abbild des Fortschritts und der Befreiung aus mittelalterlicher Enge.

II. Vasaris Periodisierung und Bewertung mittelalterlicher Kunst und ihre Folgen

Giorgio Vasari benutzt den Terminus gotisch nicht. Insofern unterscheidet er sich wenig von den italienischen Kunsttheoretikern des 15. und frühen 16. Jh. Und doch tragen seine *Vite* (1550) bedeutender bildender Künstler Italiens wesentlich zur inhaltlichen Präzisierung des Begriffs und zu seinem gezielten Einsatz in der Neuzeit bei. Denn der Entwurf einer Geschichte der cisalpinen Kunst des Mittelalters, wie er ihn vorlegt, hat erstmals die Grundlage dafür geschaffen, gotisch eindeutig als sowohl historisch beschreibenden wie ästhetischen Terminus zu fassen. Vorstellungen des 15. und frühen 16. Jh. bündelnd, zeichnet Vasari den in vier Stufen sich vollziehenden Verfall römisch-antiker Kunst nach und bringt dabei den germanischen Volksstamm der Goten an entscheidender Stelle als mitverantwortlich für den Niedergang ins Spiel.[6] Die Gleichsetzung der in der Architektur lange schon kritisierten ›maniera tedesca‹ mit der so etablierten ›maniera de' Goti‹ erhielt als suggestives Denkschema, weil auf vermeintlich historischen Fakten beruhend, besondere Plausibilität. Der eher großherzige Umgang mit den chronologischen Gegebenheiten bleibt dagegen zweitrangig. Denn die Subsumierung weiter Teile hoch- und spätmittelalterlicher Baukunst unter die ›maniera de' Goti‹ weitet deren Umfang zeitlich extrem aus, so daß sie kaum noch als Phänomen der Völkerwanderungszeit gelten konnte. Andererseits aber ist jetzt der Weg bereitet für eine Überführung der alten, eher vagen Konnotation des Gotischen in eine neue, relativ genau am Formenbestand exemplifizierten Realität. Vereinzelt zu findende Unterscheidungen zwischen einer historischen und kunsttheoretischen Bedeutungsebene von gotisch, vor allem spürbar in der Differenzierung von ›barbarisch‹ als geschichtlich-neutraler oder ästhetisch-apodiktischer Aussage, ändern daran nichts.

Allerdings dürfen Vasaris Evaluierung der Entwicklung der Künste und ihre beträchtliche Nachwirkung nicht darüber hinwegtäuschen, daß damit eine Stellung bezogen war, in der eine stark italienische, vor allem aber Florentiner Perspektive zum Ausdruck kommt. Die Möglichkeit, diese Sicht auf andere Länder zu übertragen, war deshalb stark eingeschränkt. Nördlich der Alpen kann oftmals allein schon die These vom Niedergang der Kunst seit der Spätantike aufgrund fehlender Anschauung nicht in gleicher Weise nachvollzogen werden. Neben der humanistischen Perspektive, für welche gotisch die Vokabel zur Bezeichnung kulturellen Tiefstands wird, wächst daher besonders im englischen und deutschen Sprachgebiet seit etwa 1500 mit dem Interesse an der eigenen Geschichte auch eine Konnotation des Begriffs, in der, unter Zurückdrängung der ästhetischen Implikationen, zunächst Altertümlichkeit wie Exotik als durchaus positive Werte aufgehoben sind. Macht Conrad Celtes anläßlich seiner Hrotsvitha-Ausgabe 1501

---

4 ERASMUS, De recta Latini Graecique sermonis pronuntiatione dialogus (1528/1529)/ Dialog über die richtige Aussprache der lateinischen und griechischen Sprache, lat. u. dt., übers. u. hg. v. J. Kramer (Meisenheim a. G. 1978), 52 f.
5 FRANÇOIS RABELAIS, Gargantua (1534), in: Rabelais, Œuvres complètes, hg. v. M. Huchon (Paris 1994), 43, 67.
6 Vgl. GIORGIO VASARI, Le vite dei più eccellenti pittori, scultori e architetti (1550), hg. v. C. L. Ragghianti, Bd. 1 (Mailand/Rom 1945), 116.

der Handschrift des 10./11. Jh. eine »littera ferme gothica«[7] (beinahe gotische Schrift) aus, so denkt er dabei weniger an einen defizitären stilistischen Habitus als an eine verschwundene Kultur, deren Zeugnisse fremd erscheinen. Da aber die Goten – deutlich unterschieden von den Vandalen – nicht als Zerstörer einer Kultur, sondern als Begründer einer Geschichte gesehen werden, ist es möglich, das Mittelalterliche, das ihren Namen trägt, vor allem Schrift und Sprache, weitaus nachsichtiger zu beurteilen, da es der eigenen Historie und dem Erleben beträchtlich näher steht.

Obwohl gotisch also für einige Länder durchaus eine unter nationalem Selbstbewußtsein gewachsene, positiv besetzte Qualität historischer Deskription besitzen kann, tut man sich anderswo dennoch oftmals schwer, das Adjektiv für Kunst und Architektur zu verwenden. Davon zeugen frühe Formulierungen, die in der Auswahl möglicher Klassifizierungen gotisch nur als eine Variante bieten (»les voûtes d'ogives, autrement à la gothique, ou modernes«[8]). Philibert de l'Orme spricht noch Mitte des 17. Jh. hinsichtlich der älteren Architektur seines Landes allein von der »mode françoise«[9], die mit ihren Gewölben und Strebesystemen im Gegensatz zum antiken als ein modernes Bauen gilt. Dahinter steht wohl Vasaris scharfe Distinktion des Klassischen und Barbarischen wie des Cis- und Transalpinen als das duale Grundmuster europäischer Kultur, nun jedoch unter gänzlich anderer Wertung. Denn der Praktiker De l'Orme schätzt vor allem die technischen Eigenschaften

---

7 Zit. nach P. von Winterfeld (Hg.), Hrotsvithae Opera (Berlin 1902), XII.
8 FRANÇOIS DERAND, L'architecture des voûtes, ou l'art des traits et coupe des voûtes (Paris 1643), 9.
9 PHILIBERT DE L'ORME, Architecture (Rouen 1648), 107.
10 ›Gothique‹, in: Le dictionnaire des arts et des sciences de l'Academie françoise, Bd. 1 (Paris 1694), 499; vgl. ›Gothique‹, in: Noël Chomel, Supplement au Dictionnaire œconomique […], Bd. 1 (Commercy 1741), 366; dt.: ›Gothisch‹, in: Grosses und vollständiges oeconomisch- und physicalisches Lexicon, Bd. 4 (Leipzig 1751), 1267f.
11 CAROLUS SCRIBIANUS, Antverpia (Antwerpen 1610), 51; vgl. ESMOND SAMUEL DE BEER, Gothic: Origin and Diffusion of the Term; the Idea of Style in Architecture, in: Journal of the Warburg and Courtauld Institutes 11 (1948), 150.

des Gotischen, und hierin folgt ihm eine Reihe von Architekten seit dem 17. Jh.: Raumwirkung, Ingenieurleistung und eine rational durchdachte Konstruktion sind verantwortlich für diese wohlwollende Sicht. Tritt aber neben das ästhetische Moment ein technischer Standard, so fordert das zwei Arten der Beurteilung: Schönheit und Statik finden sich deshalb von nun an immer wieder gesondert betrachtet und z. T. gegeneinander ausgespielt. Die fortan ambivalente Haltung gerade gegenüber gotischer Baukunst ist in dieser Aufspaltung angelegt. Was den konstruktiven Aspekt angeht, so bilden sich zu seiner Bestimmung gegen 1700 vermehrt Fachtermini aus, welche bauliche Erscheinungsformen in prägnante Begrifflichkeit umsetzen. Die »colonne gothique« als monströse, unproportionierte Stütze oder »le fronton gothique«, d. h. »une espèce de pignon à jour en triangle équilatéral, avec roses en trèfles & de la sculpture«[10], nach heutigem Sprachgebrauch ein Wimperg, sind schon im Bestand der ersten Wörterbücher anzutreffen und von dort aus tradiert worden.

III. Historische und semantische Differenzierungen von gotisch im 17. und 18. Jahrhundert

Weitgehend unabhängig von den im 16. Jh. belegten Lehnübersetzungen des lateinischen ›gothicus‹, die eine dem Volk der Goten zugewiesene Eigenschaft bezeichnen, wird die Vokabel gotisch nicht vor 1600 für die Architekturbeschreibung eingeführt. Erst jetzt kann das Adjektiv zu einem relativ frei von historischer Einengung benutzten stilunterscheidenden Terminus werden. Womöglich hat die neue Baukunst des 17. Jh. mit dazu beigetragen, den Abstand zur Architektur des Mittelalters zu erkennen und dies auch in der Nomenklatur sichtbar zu machen. Nördlich der Alpen ist es der Jesuit Carolus Scribanus, der 1610 vor der Antwerpener Börse erstmals von einem »arcus opere gotico«[11] (Bogen gotischen Stils) spricht. Mit der Charakterisierung des Bogens ersetzt er Vasaris Wort ›tedesco‹, das nördlich der Alpen weniger spezifisch erscheinen mußte als ein auf die vermeintlichen Ursprünge der Bauart verweisendes

III. Historische und semantische Differenzierungen von gotisch im 17. und 18. Jahrhundert 867

›gotisch‹. Daß darin aber tatsächlich noch ein ethnisches Moment mitspielt, ist um so wahrscheinlicher, als im Zusammenhang mit ›opus‹ schon im Mittelalter häufig Nationen und Völker genannt werden (›opus theutonicum‹, ›opus francigenum‹, ›opus anglicanum‹). Das deutete auf eine bestimmte Technik oder eine formale Eigenart, und in Cesare Cesarianos Umschreibung von Struktur und Anlage des Mailänder Doms »secundum germanicam symmetriam« (nach germanischer Symmetrie) oder »a Germanico more«[12] (in germanischer Art) war diese Sicht in die Neuzeit übertragen worden. Wenn Scribianus nun im frühen 17. Jh. ›opere gotico‹ an einem Gebäude der 1530er Jahre beobachtet, dann liegt damit keineswegs eine präzise Einsicht in stilistische Erscheinungen vor, noch wird deren positive oder negative Beurteilung geliefert, sondern höchstens eine ungefähre Altersschätzung zum Ausdruck gebracht, die sich aus der Optik des Werks nahelegte. Als genuin stilistische Qualität ist gotisch – orthographisch noch nicht genau festgelegt – kurz darauf in England faßbar, wo sich im aktuellen Baugeschehen der Bruch zwischen dem Mittelalter und der Neuzeit ebenfalls deutlich abzeichnete.

Im folgenden werden insbesondere zwei Gedanken wichtig, die den Terminus in den Diskussionen bis um 1800 fest verankern. Von entscheidender Bedeutung für die inhaltliche Festigung des Begriffs als Umschreibung einer architekturgeschichtlichen Realität wird seine Einbeziehung in die Lehre von den Säulenordnungen. Der ›ordre gotique‹, erstmals 1630 von Étienne Martellange im Zusammenhang mit den Diskussionen um den Ausbau der Kathedrale von Orléans so genannt[13], dann bei Claude Perrault 1669[14] sowie als »ordine Gotico«[15] bei Filippo Baldinucci 1681 nachzuweisen und im 18. Jh. fortlebend, ersetzt ältere Formulierungen – etwa Francesco Terribilias »ordine Tedesco«[16] – und projiziert mittelalterliches Bauen auf das vertraute Erscheinungsbild antiker Architektur. Vasari hatte die »maniera de' Goti«[17] an die fünf klassischen Ordnungen angebunden, und noch Joachim von Sandrart wird in seiner *Teutschen Akademie* 1675 diesem Beispiel folgen.[18] Beide hatten beim Gotischen allerdings gerade Ordnung im klassischen Sinn vermißt; eine Sicht, die in vielen Stellungnahmen bis ins 19. Jh. existiert. Durch die engere Beziehung auf klassische Baukunst wird Gotisches aber trotz aller Kritik zu einer vollwertigen architektonischen Sprache; es erscheint historisch gleichberechtigt neben den bekannten Ausdrucksweisen und wird damit im Prinzip für eine Wiederverwendung zugänglich. Notfalls mußte man es dafür nach modernen Vorstellungen abändern, aber auch das bereitete keine Probleme, wie die Sammlung von Zeichnungen mit dem Titel *Gothic Architecture Improved by Rules and Proportions* (1747) der Brüder Batty und Thomas Langley zeigte.

Für die Frage nach dem Gotischen als ästhetische Kategorie bildet seine Einbeziehung in die ›Querelle des anciens et des modernes‹ eine wesentliche Grundlage. Die Auseinandersetzungen um den Vorrang von Antike oder Moderne konnten den von Vasari erstmals auf den Punkt gebrachten Konflikt zwischen klassisch-antiker und mittelalterlicher Kunst schon deshalb nicht außer acht lassen, weil die jüngere Architektur im zeitgenössischen Bewußtsein als ein Bauen existiert, das mit eigenen Regeln aufwartet. Claude Perrault ist deshalb ersichtlich darum bemüht, »le gothique«[19] zunächst als zeittypische Sprache zu verstehen, in der sich die Bedürfnisse einer Epoche manifestierten. Das bis dahin herausgestellte Defizitäre dieser

---

12 CESARE CESARIANO, De Lucio Vitruvio Pollione de architectura libri decem (1521), hg. v. C. Herselle Krinsky (München 1969), Bl. 15.
13 Vgl. GEORGES CHENESSEAU, Sainte-Croix d'Orléans, histoire d'une cathédrale gothique réédifiée par les Bourbons 1599–1829, Bd. 1 (Paris 1921), 95.
14 Vgl. CLAUDE PERRAULT, Voyage à Bordeaux (1669), in: Charles Perrault, Mémoires de ma vie, hg. v. P. Bonnefon (Paris 1909), 155.
15 ›Ordine‹, in: FILIPPO BALDINUCCI, Vocabulario toscano dell'arte del disegno, Bd. 2 (1681; Mailand 1809), 22.
16 FRANCESCO TERRIBILIA agli operai di S. Petronio. Da Bologna 1589, in: G. Gaye (Hg.), Carteggio inedito d'artisti dei Secoli XIV. XV. XVI., Bd. 3 (Florenz 1840), 492.
17 VASARI (s. Anm. 6), 231.
18 Vgl. JOACHIM VON SANDRART, L'Academia Todesca della Architectura, Scultura & Pittura, oder Teutsche Academie (Nürnberg 1675), 17.
19 CLAUDE PERRAULT, Les dix livres d'architecture de Vitruve, corrigez et traduits nouvellement en François, avec des notes en des figures […] (Paris ²1684), 78.

Kunst kann er hierbei insofern neutralisieren, als Abweichungen vom Antiken mit Differenzen innerhalb klassischer Kunst selbst in Beziehung gesetzt werden. Daraus resultiert auch eine neuartige Historizität des mittelalterlichen Formenrepertoires, das als Ausdruck zyklisch sich vollziehender Geschichte fungiert.

Die hierdurch erreichte Positionierung des Gotischen als moderne Kunst festigt zunächst eine Beurteilung, die seit Filarete vertraut war (»practicaccia« oder »maniera moderna«[20]) und bei Ästhetikern wie Praktikern Verbreitung gefunden hatte. Noch über die Mitte des 18. Jh. hinaus lebt diese Sicht vereinzelt fort: »L'Architecture moderne est celle qui a été d'usage durant les temps de la barbarie, & qu'on nomme communément Gothique«[21], faßt Marc-Antoine Laugier den Sachverhalt knapp zusammen. Damit ist die humanistische Sehweise der ersten Hälfte des 16. Jh. überwunden. Doch hält ein solcher Blickwechsel nicht lange vor, bzw. er ist im jeweiligen Interesse steter Modifizierung unterworfen. Denn die Konstatierung der formalen Unterschiede auch zwischen aktuellem Bauen und mittelalterlicher Architektur zwingt zu einer Änderung der herkömmlichen, aus der Konstruktion polarer Einheiten gebildeten Kulturgeschichte. Seit dem 17. Jh. schiebt sich daher das Gotische immer häufiger wieder in die Position des Alten und Überholten, rückt dabei aber, sicherlich nicht ohne Zufall parallel zu den jetzt etablierten Begriffen ›media aetas‹, ›moyen temps‹ oder ›moyen âge‹, in den Rang einer vollwertigen, abgeschlossenen Epoche der Kulturgeschichte auf: So liest sich die Folge architektonischer Perioden in Ephraim Chambers *Cyclopaedia* (später von Jacques-François Blondel übernommen) »antique, ancient, gothic, modern, etc.«[22] wie eine Entwicklungsgeschichte, in der das Gotische einen festen zeitlichen Rahmen erhält.

Darüber hinaus aber bietet die Rolle von gotisch, wie sie in der kunsttheoretischen Diskussion der ›Querelle‹ aufscheint, Platz für eine tolerante Haltung gegenüber der so bezeichneten Kunst. Über Perraults Unterscheidung eines ›beau absolu‹ und eines ›beau relatif‹ konnte auch der zeitverhafteten formalen Ausprägung des Gotischen durchaus eine spezifische Schönheit zugeordnet werden. Hinzu kommt, daß mit dem substantivierten ›le gothique‹, wie Claude Perrault es gebraucht, weniger eine chronologisch und ästhetisch genau umrissene Kunst bezeichnet wird, vielmehr ein Begriff gefunden ist, der als pars pro toto für bestimmte architektonische Qualitäten dient, die sich vor allem aus Abweichungen zur Antike definieren. Daß sich hierbei die Kenntnis hochmittelalterlicher Kirchen entscheidend ausgewirkt hat, zeigt die Erwähnung des lichtdurchfluteten Raums, der für Perrault ein Wesenszeichen dieser Qualitäten ist. Eine Definition des Gotischen war damit noch nicht gegeben, aber die nun immer häufiger geforderte Aufstellung oder Rekonstruktion gotischer Regeln deutet auf das Interesse an einer exakteren Kenntnis alter Kunst hin. Dies jedoch machte eine Historisierung des Urteils nötig, d. h. es war ein Standpunkt zu finden, der auf die Position des betrachteten Werks Rücksicht nahm. Richard Hurd ist einer der ersten, der dies 1762 in seinen *Letters on Chivalry and Romance* als Prämisse für ein neues Verstehen des Gotischen propagiert und damit dem kunstkritischen Blick auf das Mittelalter neue Wege vorzeichnet.

Verließ man nun die mehr oder weniger strenge historische Perspektive, was angesichts der noch wenig präzisen Vorstellung von formalen Zügen mittelalterlicher Baukunst leicht möglich schien, wurde gotisch zu einem universalen Prinzip. Über Perraults eher restriktiven Gebrauch hinausgehend und doch von seiner Charakterisierung des Gotischen zehrend, findet der Begriff deshalb rasch Eingang in die kunsttheoretische Debatte des 17. und 18. Jh. Bezeichnend ist dabei eine Ausweitung in doppelter Hinsicht. Das gotisch genannte ›relative Schöne‹ wird in der formalistischen Kunstkritik des Klassizismus sehr schnell zu einer negativen Qualität: Durch Abweichung von der kanonischen Ordnung, wie sie aus antiker Kunst abgeleitet wurde, durch vermeintliche Überladung mit Zierat, die das Werk kleinteilig und damit schwer überschaubar machte, manifestiert sie sich vor allem in der Gestaltgebung des architektonischen

---

20 FILARETE (s. Anm. 3), 275, 429.
21 MARC-ANTOINE LAUGIER, Essai sur l'Architecture (1755; Farnborough 1966), 280.
22 ›Architecture‹, in: CHAMBERS, Bd. I (1728), nicht pag.

III. Historische und semantische Differenzierungen von gotisch im 17. und 18. Jahrhundert

Organismus wie in Aufbau und Disposition des Schmucks. Die dabei für das neuzeitliche Auge exemplarisch zu studierende Manier fehlgeleiteten Aufwands läßt Inhalt und Form auseinanderfallen, und das nicht nur in der Baukunst, sondern z. B. gleichfalls wiederum in »écritures gothiques, dont les lignes remplies de traits et de lettres figurées, ne contiennent que deux ou trois mots, et qui renferment très-peu de sens en un grand espace«[23]. So charakterisiert, kann Gotisches auch in zeitgenössischen Werken entdeckt werden; nicht nur in der Musik, wie Rousseau es konstatiert, sondern vor allem natürlich in der Architektur: Francesco Borrominis und Giovanni Battista Guarinis Bauten sind deshalb schon im 17. Jh. als gotisch eingestuft und damit abgewertet worden, und Scipione Maffei unterstreicht diese Sicht, wenn er nach dem Wiederaufleben der Baukunst in der Renaissance erneut eine gotische Architektur ausmacht, nicht als formale Kopie des Mittelalterlichen, sondern allein geprägt »per amor di mutazione, e di novità«[24] (durch Liebe zur Abwechslung und zur Neuheit). In diesem Sinne hatte knapp ein Jh. zuvor Fréart de Chambray das singuläre Verb ›gothizer‹ gebildet (John Evelyns englische Übersetzung bringt dafür ›to engothish‹), um damit die übertriebene Ausschmückung eines Baus, ganz gleich welcher Zeit, zu charakterisieren.[25]

Die Verfügbarkeit der Vokabel gotisch für alte wie für moderne Kunst, die hier anklingt und später in der Rocaillekritik wieder aufgenommen wird, demonstriert dann vor allem François Blondel: Gelten in bezug auf die Bauten der »architects goths« oder »allemans« Schlagworte wie »caprice«, »grotesque«, »bizarre« oder »extravagant« (Jacques-François Blondel wird 70 Jahre später sogar von »ornemens frivoles«[26] sprechen), so zeigen umgekehrt die Entwürfe für die von Jean-Baptiste Colbert in Auftrag gegebene neue französische Säulenordnung zumeist nur »chimères gothiques«[27]. Beim älteren Blondel fungiert gotisch allein als ästhetische Kategorie, zeitlos und ohne Bindung an eine bestimmte Stilrichtung. Wenn er von Chimären spricht, ist damit das Problem von Kombination, Mischung und Verhältnis der Teile untereinander thematisiert, sind also ›inventio‹ und ›dispositio‹ zur Sprache gebracht. Gotisch dient in diesem Zusammenhang als Umschreibung eines Standards, der sich durch die Nichterfüllung ästhetischer Anforderungen auszeichnet. Genau darauf spielt dann auch Horace Walpole im Vorwort der zweiten Auflage seines *Castle of Otranto* (1765) an und positioniert seine ›gothic story‹ so nicht nur in die Vergangenheit, sondern weist ihr – den alten Vorwurf ins Positive wendend – eine moderne ästhetische Rolle zu: Die Verkettung des Gegensätzlichen ist zum Prinzip erhoben. Noch Friedrich Schiller wird im Brief an Wilhelm Friedrich Hermann Reinwald vom 27. März 1783 »die gothische Vermischung von komischem und tragischem« seiner »Louise Millerin«[28] hervorheben und auf diese Weise erneut das ungewöhnliche Aufeinanderstoßen disparater Elemente als eine quer zur herrschenden Vorstellung von Ordnung stehende, moderne Qualität über den alten Begriff bestimmen. Die Folgen solcher Qualität für das klassizistisch geschulte Auge sind gravierend, fühlt es sich doch angesichts willkürlicher Kombination wie bei einem Bauwerk des Mittelalters überfordert. Denn ein »bâtiment d'ordre gothique« kann nur als »une espèce d'énigme pour l'œil qui le voit« gesehen werden und muß damit letztlich wie ein »poème obscur«[29] gänzlich unverstanden bleiben.

Aus derartigen, durchaus nicht homogenen Einbindungen des Gotischen in das Interesse der Zeit erklärt sich auch die zweite Erweiterung des Gotikbegriffs. Sie geschieht durch Übertragung des oft generell für Mittelalter oder dessen Architektur stehenden Adjektivs auf andere Gattungen der bil-

---

23 JEAN-JACQUES ROUSSEAU, Lettre sur la musique françoise (1753), in: ROUSSEAU, Bd. 5 (1995), 293.
24 SCIPIONE MAFFEI, Verona illustrata, Bd. 3 (Verona 1732), Sp. 99.
25 Vgl. ROLAND FRÉART DE CHAMBRAY, Parallèle de l'architecture antique et de la moderne (Paris 1650), 4.
26 JACQUES-FRANÇOIS BLONDEL, Architecture françoise, Bd. 1 (Paris 1752), 14.
27 FRANÇOIS BLONDEL, Cours d'architecture enseigné dans l'Académie Royale d'architecture (Paris 1683), 235, 249 f.
28 FRIEDRICH SCHILLER an Wilhelm Friedrich Hermann Reinwald (27. 3. 1783), in: SCHILLER, Bd. 23 (1956), 74.
29 CHARLES DE MONTESQUIEU, Essai sur le goût dans les choses de la nature et de l'art (1757), in: Montesquieu, Œuvres complètes, hg. v. R. Caillois, Bd. 2 (Paris 1951), 1246.

denden Kunst. Wenn Jean Mabillon von »statues Gothiques«[30] sprach, so meinte er eine Kunst aus der Zeit der Goten, drückte also mehr eine geschichtliche als eine ästhetische Position aus. Diderots *Encyclopédie* (1751–1780) kennt hingegen außer dem historischen und architektonischen Terminus auch »Gothique, (maniere), en Peint.«, die sich ähnlich wie in der Baukunst durch Regellosigkeit, Abwendung von der Antike sowie »caprice« auszeichne und merkwürdig exakt in die Zeit zwischen 611 und 1450 – also etwa vom Regierungsbeginn Kaiser Heraklius' bis zum Untergang Konstantinopels – datiert wird: »une maniere qui ne reconnoît aucune regle, qui n'est dirigée par aucune étude de l'antique, & dans laquelle on n'apperçoit qu'un caprice qui n'a rien de noble; cette maniere barbare a infecté les beaux Arts, depuis 611 jusqu'en 1450«[31]. Hatte man sich für den Abschnitt über mittelalterliche Architektur noch weitgehend an die Vorlage aus Chambers *Cyclopaedia* von 1728 gehalten – was u. a. in den angeführten Beispielen, ausschließlich englische Kathedralen, deutlich wird –, betritt man mit dem Artikel zur Malerei noch wenig bestelltes Terrain. So jedenfalls lassen es die relativ unspezifischen Aussagen vermuten. Allerdings befindet man sich damit keineswegs auf der Höhe der Zeit. Erste Schritte, gotisch als modernen Stilbegriff auch für die Malerei zu benutzen, sind nämlich schon seit etwa 1700 unternommen worden: Florent Le Comte hatte »les peintres gothiques«[32] mit Cimabue beginnen lassen; nördlich der Alpen stehen für ihn die Brüder van Eyck zwar an der Schwelle zur Neuzeit, doch zeigten sie in der Art gemalter Stoffdrapierung immer noch »beaucoup du goût gottique«[33]. Mit solcher Sehweise stützt man sich auf die Evaluierung mittelalterlicher Kunst in der Renaissance; so etwa auch bei Jean-François Félibien, dem die Malerei Domenico Ghirlandaios trotz moderner Züge »fort seche & gottique«[34] vorgekommen war. Allerdings bleiben dies Ausnahmen, und wenn sich jenseits derartiger Überlegungen gotisch immer noch weitgehend auf Architektur des Mittelalters bezieht, dann sagt das auch etwas darüber aus, daß gerade für dieses Gebiet die Kenntnisse am weitesten gediehen waren. Das erweist sich nicht zuletzt in einer immer präziseren Vorstellung von der an dieser Baukunst ablesbaren Zeitlichkeit.

IV. Auflösung klassizistischer Wertungsmuster

Damit ist eine der Voraussetzungen benannt, die im Wort gotisch angelegte Spannung zwischen historisch definierender und ästhetisch wertender Haltung zu überwinden und das Adjektiv letztlich als einen allein spezifische Geschichtlichkeit indizierenden Terminus zu gebrauchen. Schon gegen 1700 wird das festgefügte Konstrukt von der Einheitlichkeit der gotisch genannten Architektur aufgelöst. Erste Anzeichen einer Historisierung treten mit Jean-François Félibiens Unterscheidung einer Bauweise »gothique ancien« und »gothique moderne« hervor. Die eine zeichne sich durch »extrême pesanteur et grossièreté«, die andere durch »un aussi grand excès de délicatesse«[35] aus; sie entsprechen also in etwa den späteren wissenschaftlichen Kategorien ›romanisch‹ und ›gotisch‹. Félibiens Unterscheidung trägt der seit langem erkannten Vielfalt mittelalterlicher Architektur Rechnung und bietet dafür ein relativ einfaches, am Erscheinungsbild der Bauten sich orientierendes chronologisches System. Mitentscheidend für solch gestufte Ordnung dürfte die Anweisung Colberts von 1678 gewesen sein, nationale Architektur zu inventarisieren und bezüglich ihrer Zeitstellung zu sortieren. Das im Zuge dieser Arbeiten benutzte simple terminologische Werkzeug, das auf den Begriffen ›ancien‹ und ›moderne‹ aufbaute, hat si-

---

30 JEAN MABILLON, Discours sur les anciennes Sepultures de nos Rois (o. J.), in: Mabillon/T. Ruinart, Ouvrages posthumes, Bd. 2 (Paris 1724), 56.
31 LOUIS DE JAUCOURT, ›Gothique, (maniere) en Peint.‹, in: DIDEROT (ENCYCLOPÉDIE), Bd. 7 (1757), 749.
32 FLORENT LE COMTE, Cabinet des singularitez d'architecture, peinture, sculpture, et graveure, Bd. 1 (Paris 1699), 86.
33 Ebd., Bd. 2 (1700), 229.
34 JEAN-FRANÇOIS FÉLIBIEN, Des principes de l'architecture, de la sculpture, de la peinture, et des autres arts qui en dépendent (1676; Paris 1699), 397.
35 FÉLIBIEN, Recueil historique de la vie et des ouvrages des plus célèbres architectes (Paris 1687), Vorwort, unpag.

cherlich Félibiens Evaluierung der inneren Geschichte von Gotik wesentlich bestimmt. Die Auswirkungen sind nicht zu übersehen. Mit der feiner strukturierten Entwicklung und historischen Differenzierung war das althergebrachte Urteil über gotische Kunst wenn nicht in Frage gestellt, so doch nachhaltig erschüttert. Zunächst galt dies für die Beziehung des Gotischen auf die Goten: Schon Félibien drückt sich vorsichtig aus, wenn er diejenige Architektur bespricht, »qu'on prétend avoir esté introduit par les Gots« (ebd.), und Bernard de Montfaucon wie Ludovico Antonio Muratori übernehmen kurze Zeit später diese distanzierte Haltung, indem sie den althergebrachten Terminus als Hilfskonstruktion bloßstellen (»caractère que nous appellons Gothique«[36]; »Gothicam nos appellare consuevimus«[37] [was wir Gotik zu nennen pflegen]). Kündigt sich hier die Mutation von gotisch zu einer Verabredungsvokabel an, so war das nicht zuletzt durch den Befund begünstigt, wonach Gotisches erst »dans« oder »vers le onzième siècle«[38] einsetzt, also nur wenig mit der Völkerwanderung zu tun haben konnte. Auch die Entkräftung der Barbaren-These in der italienischen Geschichtsforschung des frühen 18. Jh. durch Muratori und Maffei dient der Schärfung des Begriffs. Maffei ist es dann auch, der zu einer ähnlichen Einteilung mittelalterlicher Architektur wie Félibien kommt; seine Kategorien sind »more« oder »uso Romano« und – obwohl historisch nicht mehr zu rechtfertigen – »maniera detta Gotica«[39]. Andererseits wird die abbildhafte Realität von gotisch, die durch die Eruierung historischer Fakten schweren Schaden genommen hatte, durch Begriffszusätze erneut wieder gestärkt. Die Charakterisierung einzelner Stufen des Gotischen durch Félibien oder Maffei beruhte auf einer Vorstellung von Fortschritt, wonach sich die Geschichte der Kunst als Prozeß ästhetischer und technischer Perfektionierung zu erkennen gibt. Insofern mußten sich schon in mittelalterlicher Kunst sichtbare Tendenzen unterschiedlicher formaler und damit auch ästhetischer Wertigkeit abzeichnen; darin mochten gleichzeitig Hinweise auf »une origine bien différente«[40] (so Blondel 1752) der Arten des Gotischen gegeben sein. Entsprechend experimentiert man seit der zweiten Hälfte des 17. Jh. mit neuen, dieser Auffassung Rechnung tragenden, exakter umschreibenden Termini: In England und Frankreich führt die These von der orientalischen Herkunft des ›gothique moderne‹ zu Adjektiven wie ›arabesque‹ oder ›moresque‹ – oft in Kombinationen wie ›gothique ou arabesque‹ – und damit zu einer Information über die vermeintlichen geographischen Implikationen dieser Kunst.

Was Perrault und Félibien durch ihre Überlegungen anstoßen, erhält eine weitere Dimension durch die Aufnahme des Begriffs gotisch in die Geschmacksdebatte des 18. Jh. Der oftmals beschworene und zunächst meist negativ vermerkte ›gothic taste‹, ›goût gothique‹ oder ›gothische Geschmack‹ – wieder auf Vergangenheit wie Gegenwart anzuwenden – indiziert eine Haltung, die dem modernen Kunstrichter nicht mehr nur eine Entscheidung über Wert oder Unwert abverlangt, sondern in gleicher Weise auch nach den Bedingungen für die spezifischen Ausprägungen historischer Formen fragen und suchen läßt. Aber indem man das tut, hat man im Grunde schon die Möglichkeit positiver Einschätzung zugegeben. Die Vermutung, »daß selbst unter dem so genannten gothischen etwas wirklich schönes seyn werde«[41], zeugt denn auch von einer Ambivalenz des Gefühls, die gerade gegen Ende des 18. Jh. immer stärker zum Ausdruck kommt, weit verbreitet in England, auf dem Kontinent vielleicht nirgends deutlicher als bei Johann Gottfried Herder. Was er 1774 als »gothischen Geist« umschrieb, stand für ihn unter gegensätzlichen Prämissen: »überladen, drückend, finster, geschmaklos [...], aber wie groß! reich! überdacht! mächtig!«[42] Damit aber mußte sich der Rezipient auf eine Situation einstellen, deren Parameter je nach Interesse instabil

---

36 BERNARD DE MONTFAUCON, L'Antiquité expliquée et représentée en figures, Bd. 1 (Paris 1719), XVIII.
37 LUDOVICUS ANTONIUS MURATORIUS, Antiquitates Italicae medii aevi, Bd. 2 (Mailand 1739), Sp. 354.
38 LE COMTE (s. Anm. 33), 2; MONTFAUCON (s. Anm. 36), XVIII.
39 MAFFEI (s. Anm. 24), Sp. 74/76.
40 BLONDEL (s. Anm. 26), 15.
41 ANTON FRIEDRICH BÜSCHING, Geschichte und Grundsätze der schönen Künste und Wissenschaften im Grundriß, 1. Stück (Berlin 1772), 208.
42 JOHANN GOTTFRIED HERDER, Auch eine Philosophie der Geschichte zur Bildung der Menschheit (1774), in: HERDER, Bd. 5 (1891), 522.

und schwankend erschienen. Bei Herder war Gotisches allerdings noch im Mittelalter angesiedelt und besaß so eine konkret fixierte historische Form. Universalen Charakter konnte es demgegenüber wieder erhalten, wenn man es – wie etwa schon Montesquieu 1734 – in milieutheoretische Überlegungen einband. Die ›manière gothique‹ wird hier zu einem Grundphänomen der Kultur und bezeichnet Beginn oder Ende, jedenfalls aber den Punkt weitester Entfernung von einer idealen Mitte. Am Ausgang des 18. Jh. hat Johann Georg Sulzer eine solche Position noch einmal vertreten: »Also ist der gothische Geschmak den Gothen nicht eigen, sondern allen Völkern gemein, die sich mit Werken der zeichnenden Künste abgeben, ehe der Geschmak eine hinlängliche Bildung bekommen hat.«[43] Gotisch trägt neben dem Odium des Willkürlichen nun also auch das Stigma des Primitiven. Gerade als Frühform aber besitzt es wiederum Historizität und hier speziell die Qualität des Fundaments für kulturelle Entwicklung.

Die Verankerung des Terminus gotisch in der Ästhetik des 17. und 18. Jh. und damit die ständige Aktualisierung des Begriffs unter permanenter Umformung seines Konnotationspotentials, seine Lösung von einer historisch wie formal fixierten künstlerischen Gestalt und die Anwendbarkeit auf Phänomene zeitgenössischer Kunstpraxis, dann aber auch Ansätze zu einem differenzierten geschichtlichen Verstehen des Gotischen sind im wesentlichen den Debatten in der französischen Kunsttheorie zu verdanken. Vor diesem Hintergrund erweisen sich die seit der Mitte des 18. Jh. in England zu beobachtenden Tendenzen als bedeutsam, Gotisches in der Architektur neu zu begreifen und diesem Begreifen durch ein entsprechendes, semantisch spezifiziertes terminologisches Handwerkszeug Rechnung zu tragen. Gerade der angelsächsische Bereich war dafür geeignet, denn hier gab es seit dem 16. Jh. eine lange Tradition des Wortgebrauchs mit einer historisch-politischen wie ästhetischen Anwendungspraxis. Die neue Stufe der ästhetischen Evaluierung des Gotischen geschieht unter anderem über die Integrierung mittelalterlicher Architektur in das Konzept vom Erhabenen und Malerischen. Um das zu bewerkstelligen, war es nicht einmal notwendig, die mit gotisch umschriebenen Spezifika des Ungeordneten, Bizarren und Regellosen zu negieren, ja gerade in diesen, klassizistischer Optik auf die Denkmäler verdankten Zügen lag nun die Möglichkeit des Brückenschlags zur Anbindung an moderne Ästhetik.

Entscheidende Voraussetzungen dafür sind schon seit dem frühen 18. Jh. gelegt worden; Anlaß gab die genauere Betrachtung der Werke Edmund Spensers und William Shakespeares. Von klassizistischer Warte aus waren sie mit mannigfachen Fehlern behaftet; von daher erhob sich die Frage nach den Kriterien für eine sachgerechte Beurteilung. Parallelen zur mittelalterlichen Architektur werden sofort gezogen; gotisch, eine Eigenschaft von ›structure‹ und ›design‹, erscheint in beiden Bereichen anwendbar. Ein zweites kommt hinzu: denn in Literatur wie Baukunst existierten offensichtlich gleichartige emotionsauslösende Faktoren. Edmund Burke stellt dies in seinen Überlegungen zum Sublimen 1757 heraus, wobei er auf die eher bedrohlichen Züge der Architektur abhebt: Dunkelheit sowie »succession and uniformity« werden explizit auf »our own old cathedrals«[44] bezogen. Zwar vermeidet Burke die Vokabel gotisch, doch Uvedale Price nennt 1794 gotische Architektur als Muster einer Baukunst, deren Prinzipien auf ›variety‹ und ›picturesque‹, also auf Kriterien der Wirkung gegründet sind. Und diese Wirkung wäre dort noch gesteigert, wo die Werke nur als Ruinen erhalten bleiben.[45] Mit derartigem Sehen erhält gotisch eine neue ästhetische Semantik, jenseits exakter zeitlicher Fixierung. Eine Übertragung auf aktuelle Formen der Literatur ist von daher nur konsequent: Die ›gothic novel‹ trägt Züge des Unstabilen und Widersprüchlichen, was Logik und Gang der Handlung angeht, und korrespondiert so mit der die Imagination beflügelnden, angeblich durch Regeln wenig domestizierten Architektur. Die bis gegen 1800 auch auf dem Kontinent sich rasch ausbreitende neue Form des Romans zeigt nur, wie groß das Bedürfnis nach einer Befreiung von alten ästhetischen Regeln und Vor-

---

43 ›Gothisch‹, in: SULZER, Bd. 2 (1792), 433.
44 BURKE, 74 f.
45 Vgl. UVEDALE PRICE, An Essay on the Picturesque, as compared with the Sublime and the Beautiful (1794/1798), Bd. 1 (London 1810), 21, 52 ff.

schriften ist. Kaum zufällig, daß etwa zeitgleich mit der Verschiebung bzw. Ausweitung der inhaltlichen Füllung von gotisch der mehr denn je unscharfe Begriff als wissenschaftlicher Terminus durch Zusatzpartikel neu gefaßt und präzisiert wird. Doch Thomas Wartons »gothic saxon«, »absolute gothic«, »ornamental gothic«[46] usw. zeugen eher von der Hilflosigkeit derartiger Versuche. Wenn schon Horace Walpole bemerkte, »that the term *Gothic Architecture*, inflicted as a reproach on our ancient buildings in general by our ancestors who revived the Grecian taste, is now considered but as a species of modern elegance, by those who wish to distinguish the Saxon Style from it«[47], so zeigt dies aber, wie dicht ästhetische Charakterisierung und wissenschaftliche Nomenklatur im Gefolge kritischer Formenanalyse beieinander liegen.

V. Neue Aufgaben des Begriffs seit der Französischen Revolution

Dermaßen gezielten Mutationen, Präzisierungen wie Erweiterungen des semantischen Horizontes kann die klassizistische Kunsttheorie nichts Wirksames mehr entgegensetzen. Deren mit gotisch verbundene Vorstellungen erleben allerdings eine Renaissance, als sie während der Französischen Revolution noch einmal aufgenommen und politischer Argumentation dienstbar gemacht werden. Der alte, negative Konnotationskern bleibt hierbei wesentliches Instrument auch der neuen Nutzung. Denn die Projizierung von gotisch auf gesellschaftliche und kulturelle Zustände des Ancien Régime, die durch die Ereignisse von 1789 endgültig untergegangen sind, formuliert mit dem Begriff einen Gegenentwurf zum modernen Leben. Hierfür mochte man sich an einen englischen Wortgebrauch halten, wo alte Staatsformen schon lange mit dem abschätzigen ›gothic‹ belegt worden waren. Wenn jetzt hinsichtlich der überwundenen Verfassung häufig vom gotischen Gebäude oder von der gotischen Ruine die Rede ist, wird darin schlechte Architektur assoziiert. Doch eine solch pejorative Bestimmung hält nicht lange vor. Denn schon mit der um 1800 aufkommenden Sehnsucht nach der alten Zeit kann der negative Grundton abgemildert oder sogar in sein Gegenteil verkehrt werden. Das »ehrwürdige gothische Denkmal unserer Reichsverfassung«[48] ist dann Objekt von Verehrung und sentimentaler Erinnerung.

Ein Resultat der Verwendung von gotisch in der klassischen Kunsttheorie ist die Freiheit, mit der man sich auch noch gegen und um 1800 den Begriff zu eigen macht. Auch die eher einseitige politische Inanspruchnahme während und nach der Französischen Revolution konnte dies nicht verhindern. Im wörtlichen Verständnis historisch falsch, doch hinsichtlich seiner Assoziationskraft kaum zu ersetzen, bleibt gotisch ein Adjektiv schillernder Semantik. Ob mit dem Terminus eine exakte Charakterisierung künstlerischer Ausdrucksweise überhaupt möglich sei, steht mehr denn je in Frage. Zwei Reaktionen sind auf diese zwiespältige Situation erfolgt: Seit dem späten 18. Jh. gibt es in England Versuche, sich des schwierigen Begriffs zu entledigen, und man entwickelt für die Architektur eine Nomenklatur, die – von ›Early English‹ bis zu ›Perpendicular‹ – eine Abfolge der Stilformen historisch-formal umschreibt. Doch entgegen aller Vermutung ist gotisch damit noch keineswegs überflüssig. Denn die Notwendigkeit einer übernational wie geschichtlich allgemeingültigen Terminologie wird nach wie vor empfunden. Deshalb existiert auch die entgegengesetzte Strategie. Bereits vor 1789 zieht der französische Kunstgelehrte Jean-Baptiste-Louis-George Seroux d'Agincourt aus den Schwierigkeiten mit gotisch die Konsequenz, indem er das Wort zum Verabredungsbegriff für eine Epoche mittelalterlichen Bauens bestimmt und es somit aus seiner Aufgabe als beschreibendes Adjektiv geschichtlicher Wirklichkeit entläßt. Seroux d'Agincourt ist einer der ersten, der den fiktiven Charakter des Terminus eindeutig benennt: Die verspätete Veröffentlichung seines Manuskripts über die Kunst seit der Spätantike ab 1810 verzögert jedoch die Propagierung dieser Einsicht. Aber nicht nur hier ist in dieser Zeit ein

---

46 THOMAS WARTON, Observations on the Fairy Queen of Spenser, Bd. 2 (London 1762), 187f.
47 HORACE WALPOLE, Anecdotes of Painting in England (1762), Bd. 1 (London 1782), 181.
48 JOHANN DOMINIK FIORILLO, Geschichte der zeichnenden Künste in Deutschland und den vereinigten Niederlanden, Bd. 1 (Hannover 1814), VIII.

reflektierter Umgang mit gotisch und seinen Synonymen zu erkennen. Mindestens ebenso aufschlußreich sind die Etappen des Wortgebrauchs in Friedrich Schlegels Schriften zwischen 1797 und 1823. Waren im Studiumaufsatz »gotischer Zierrat« und »gotische Gebäude« Zeichen einer »mit eisernem Fleiß« zusammengeflickten »eigensinnigen Spielerei«[49], so ist die Anwendung des Terminus anläßlich der begeisterten Aufnahme mittelalterlicher Architektur in den *Briefen auf einer Reise durch die Niederlande, Rheingegenden, die Schweiz, und einen Teil von Frankreich* (1805) nicht mehr ungebrochen möglich. Das hier parallel benutzte und bevorzugte, nationales Besitztum anzeigende ›deutsch‹ wird allerdings in der Literaturgeschichte von 1815 schon wieder in ›gotisch‹ zurückverwandelt; dieser Wortgebrauch findet sich dann in der Ausgabe der *Briefe* in den *Sämmtlichen Werken* (1822–1825) als allgemeine Bezeichnung für die ganze mittelalterliche Baukunst ausführlich begründet.[50]

Belegt F. Schlegels Schwanken einen Prozeß neuer Verfügbarmachung von gotisch unter modifizierter Semantik, so ist doch damit noch keineswegs fester Boden erreicht. Denn auch in der sich ausbildenden historisch-kritischen (vor allem Kunstgeschichts-)Forschung bleiben zunächst große Unsicherheiten, wenn es darum geht, eine tragfähige Terminologie auszubilden. Die Befangenheit in nationalem Denken verschärft die Probleme noch, denn gerade mittelalterliche Architektur wird zunehmend zu einem zwischen den europäischen Ländern umstrittenen Besitz. Deshalb beruft sich die Ablehnung von gotisch gerade bei den patriotisch gesinnten Forschern in Deutschland auch immer wieder auf den alten negativen Beigeschmack des Begriffs seit der italienischen Renaissance. Die Suche nach Ersatzlösungen bringt jedoch nur Ergebnisse von geringer Akzeptanz und kurzer Lebensdauer hervor. Mit längst bekannten, jetzt z. T. erneut auflebenden Bezeichnungen ›germanisch‹, ›deutsch‹, ›altdeutsch‹, ›altgothisch‹, ›neugothisch‹, ›Spitzbogenstil‹ oder entsprechend im Frz. ›style ogival‹ – letzteres seit Mitte des 17. Jh. mit gotisch in Zusammenhang gebracht – sind Möglichkeiten benannt, der alten Nomenklatur zu entkommen. Doch erweist sich die damit jeweils bewußt verbundene deskriptive oder gefühlsbetonte Haltung gegenüber dem längst ins Verabredungsgemäße verschobenen und neutralisierten gotisch eindeutig im Nachteil. Eine unsentimentale Verwendung – wie z. B. bei Arcisse de Caumont (»gothique primitive«, »gothique secondaire«, »gothique tertiaire«[51]) – mag andeuten, welche Angebote für eine moderne Umformung des Terminus zur Verfügung standen. Dieser Begriff aber gilt fast ausschließlich für Architektur. Trotz des behutsamen Vorstoßes von Karl Friedrich Schinkel auf der ersten italienischen Reise 1803–1805 oder Paillot de Montabert in seinem Buch über die Malerei des Mittelalters von 1812 ändert sich daran vorerst nicht viel. Und noch in der ersten Auflage seines *Handbuchs der Kunstgeschichte* (1842) benutzt Franz Kugler ›gotisch‹ und ›germanisch‹ nebeneinander für die Baukunst bzw. die Bildkünste des 13. Jh. Erst in der dritten Auflage von 1856/1859 wird nach langem Prozeß der Gewöhnung das substantivierte ›Gotik‹ zum Dachbegriff für alle Gattungen. Damit ist eine Sprachregelung gefunden, die sich durchsetzen wird und im Grunde bis heute Bestand hat.

VI. Gotisch im 20. Jahrhundert

Allerdings verläuft die jüngste Entwicklung nicht so geradlinig, wie es vielleicht den Anschein hat. Denn zeichnet man die Geschichte von gotisch seit der Zeit um 1800 als einen Prozeß der Spezialisierung des Terminus nach, ist damit wohl die grobe Tendenz angedeutet und richtig beschrieben. In der Historie des seit Mitte des 19. Jh. kaum mehr kontrovers oder innovativ gehandhabten ›gotisch‹ gibt es allerdings eine Episode, die aus der re-

---

49 FRIEDRICH SCHLEGEL, Über das Studium der Griechischen Poesie (1797), in: SCHLEGEL (KFSA), Bd. 1 (1979), 234, 257.
50 Vgl. F. SCHLEGEL, Grundzüge der gothischen Baukunst; auf einer Reise durch die Niederlande, Rheingegenden, die Schweiz, und einen Theil von Frankreich. In dem Jahre 1804 bis 1805, in: Schlegel, Sämmtliche Werke, Bd. 6 (Wien 1823), 221–300.
51 ARCISSE DE CAUMONT, Histoire sommaire de l'architecture religieuse, civile et militaire du moyen âge (Caen/Paris/Rouen 1838), 27 f.

lativ unspektakulären Begriffsgeschichte ausbricht. Sie ist zeitlich auf die Jahre zwischen etwa 1910 und 1930, geographisch auf den deutschsprachigen Raum begrenzt. Wilhelm Worringer eröffnet 1911 eine Diskussion, in der gotisch zum Schlüsselwort für die Suche nach kultureller Identität wird. Zunächst als Beschreibung eines ›Formgefühls‹, eines ›Formwillens‹ und ›Gestaltungstriebes‹ auf dem Gebiet der bildenden Kunst bis ins 16. Jh. und weit darüber hinaus eingesetzt, ist damit gleichzeitig die Ausweitung des Terminus zur Charakterisierung mentaler Verfaßtheit des abendländischen, »gotischen Menschen«[52] programmatisch angelegt. Die Bestimmung und Abgrenzung von dessen Wesen löst die zeitlich wie formal klar konturierten Bedingungen des Gotischen zugunsten plakativer Polarität auf. Richard Hamanns *Der Impressionismus in Leben und Kunst* von 1907 hatte für solche Begriffserweiterung Maßstäbe gesetzt, und auch Worringers bewußtes Sichabwenden von einem historischen Formbegriff spielt die Möglichkeiten mehr assoziativen als kritisch reflektierten Sehens und Denkens konsequent aus. In der weiteren psychologisierenden Vertiefung solcher Überlegungen, wie sie bei Ernst Troeltsch (»nordisch-gothisch« versus »südländisch-antikisch«[53]) oder bei Oswald Spengler (›faustisch‹ versus ›apollinisch‹[54]) zu finden sind, arbeiten einer immer stärkeren nationalistischen Verengung des Blicks auf die Geschichte zu. Die mit alledem scheinbar zur Evidenz gelangende Bedeutung kunstgeschichtlicher Terminologie für die Wesensbestimmung kultureller Standards und ihrer Träger entfaltet in den 1920er Jahren eine Dynamik, von der sich insbesondere die Literaturwissenschaft beeindruckt zeigt. Unter der Anleitung von Oskar Walzels ›wechselseitiger Erhellung‹[55] werden kunsthistorische Epochenbegriffe, vor allem barock und gotisch, auch hier Mittel, Zeitstile und formale Erscheinungen zu charakterisieren sowie darüber hinaus allgemeine Grundkategorien des Künstlerischen zu benennen.

Stil als Ausdruck von Weltanschauung; gotisch als Wesensform: Die auf diese Prämisse eingeschworene Betrachtungsweise fördert eine Realität zutage, welche höchstens durch Einfühlung nachvollziehbar ist. Die deutliche Abwendung von solchen Produkten gedanklicher Schwärmerei reduziert den Begriff gotisch nach dem 2. Weltkrieg erneut wieder zum spezialisierten Terminus der Kunstgeschichte, wie ihn das 19. Jh. ausgebildet hatte. Wenn aber selbst auf diesem relativ eng bemessenen Feld die Grenzen alles andere als scharf gezogen sind, so bleibt für gotisch doch ein Bedeutungskern, der ausschließlich Architektur und Bildkünste des hohen Mittelalters umfaßt. Spärliche Verwendungen von gotisch hauptsächlich in der politischen Sprache, die die Assoziation ›veraltet‹, ›roh‹ oder ›ungebildet‹ transportieren, treten demgegenüber zurück und belegen die im Leben der modernen Gesellschaft kaum mehr aktuelle Bedeutung des Begriffs. Für die Untergrundkultur ist ›gothic‹ hingegen zu einem Signum geworden. Anknüpfend an die Schauerromantik wird eine Welt des Schreckens und des Dunklen beschworen, die sich durch Mode, Musik und Literatur nach außen vermittelt.

Klaus Niehr

Literatur

BEER, ESMOND SAMUEL DE, Gothic: Origin and Diffusion of the Term. The Idea of Style in Architecture, in: Journal of the Warburg and Courtauld Institutes 11 (1948), 143–162; BERTULEIT, SIGRID, Gotisch-orientalische Stilgenese. Englische Theorien zum Ursprung der Gotik und ihr Einfluß in Deutschland um 1800 (Frankfurt a. M. 1989); BEVILACQUA, ALESSANDRO, L. A. Muratori e l'arte gotica, in: L. A. Muratori storiografo. Atti del Convegno Internazionale [...] (Florenz 1975), 151–189; BICKENDORF, GABRIELE, Die Historisierung der italienischen Kunstbetrachtung im 17. und 18. Jahrhundert (Berlin 1998); BINDING, GÜNTHER/DETTMAR, UWE, Was ist Gotik? (Darmstadt 2000); BUSHART, MAGDALENA, Der Geist der Gotik und die expressionistische Kunst. Kunstgeschichte und Kunsttheorie 1911–1925 (München 1990); CLARK, KENNETH, The Gothic Revival. An Essay in the History of Taste (London 1962); FRANKL, PAUL, The Gothic. Literary Sources and Interpretations through Eight Centuries (Princeton, N. J. 1960); GERMANN, GEORG, Neugotik. Geschichte ihrer Architekturtheorie (Stuttgart 1974); HASLAG, JOSEF,

---

52 WILHELM WORRINGER, Formprobleme der Gotik (München 1911), 8.
53 ERNST TROELTSCH, Humanismus und Nationalismus in unserem Bildungswesen (Berlin 1917), 18.
54 Vgl. OSWALD SPENGLER, Der Untergang des Abendlandes. Umrisse einer Morphologie der Weltgeschichte (1918; München 1983), 234ff., 386ff.
55 Vgl. OSKAR WALZEL, Wechselseitige Erhellung der Künste. Ein Beitrag zur Würdigung kunstgeschichtlicher Begriffe (Berlin 1917).

›Gothic‹ im siebzehnten und achtzehnten Jahrhundert. Eine wort- und ideengeschichtliche Untersuchung (Köln/Graz 1963); HOLBROOK, WILLIAM C., The Adjective ›gothique‹ in the XVIIIth Century, in: Modern Language Notes 56 (1941), 498–503; KLIGER, SAMUEL, The Goths in England. A Study in Seventeenth and Eighteenth Century Thought (Cambridge, Mass. 1952); LEIN, MARIE E., Persistence et renouveau du gothique en France avant Chateaubriand, in: Modern Philology 56 (1968), 121–135; LONGUEIL, ALFRED E., The Word ›Gothic‹ in Eighteenth Century Criticism, in: Modern Language Notes 38 (1923), 453–460; LÜDTKE, GERHARD, ›Gothisch‹ im 18. Jahrhundert, in: Zeitschrift für deutsche Wortforschung 4 (1903), 133–152; NAPIER, ELIZABETH, The Failure of Gothic. Problems of Disjunction in an Eighteenth-Century Literary Form (Oxford 1987); NIEHR, KLAUS, Gotikbilder – Gotiktheorien. Studien zur Wahrnehmung und Erforschung mittelalterlicher Architektur in Deutschland zwischen ca. 1750 und 1850 (Berlin 1999); NIES, FRITZ, Die semantische Aufwertung von frz. ›gothique‹ vor Chateaubriand, in: Zeitschrift für romanische Philologie 84 (1968), 67–88, OSBAHR, KARIN, Kontinentale Gotik im Spiegel englischer Publikationen 1800–1850 (Diss. FU Berlin 1991); ROBERTSON, FIONA, Legitimate Histories. Scott, Gothic, and the Authorities of Fiction (Oxford 1994); VOSS, JÜRGEN, Das Mittelalter im historischen Denken Frankreichs. Untersuchungen zur Geschichte des Mittelalterbegriffs und der Mittelalterbewertung von der zweiten Hälfte des 16. Jahrhunderts bis zur Mitte des 19. Jahrhunderts (München 1972); WEISE, GEORG, Das Schlagwort vom gotischen Menschen, in: Neue Jahrbücher für Wissenschaft und Jugendbildung 7 (1931), 404 437, WITTKOWER, RUDOLF, Gothic versus Classic. Architectural Projects in Seventeenth Century Italy (London 1974).

Grotesk

(engl. grotesque; frz. grotesque; ital. grottesco; span. grotesco; russ. гротескное)

Einleitung; I. Der produktive Aspekt des Grotesken in der Moderne; 1. Kayser und Bachtin; 2. Die gegenwärtige Auseinandersetzung mit dem Grotesken; II. Begriffsgeschichtliche Darstellung; 1. Die Entdeckung grotesker Ornamente in der Renaissance; 2. Begriffliche Expansion; 3. Vom grotesken Ornament zur ästhetischen Kategorie; III. Das Groteske in der Romantik und die Suche nach einem Metadiskurs für die Moderne; 1. Die Bedeutungsvielfalt des Grotesken in der ästhetischen Theorie und künstlerischen Praxis in Deutschland; 2. Das Spiel mit der Zurückhaltung: Die Situation in England und Frankreich; IV. Neue Ansätze und Wendepunkte; Schluß

Einleitung

›Grotesk‹ ist in erster Linie ein Terminus ornamentaler Malerei, die verschiedene menschliche, Tier- und Pflanzenmotive ineinander verwebt und dabei keinem offensichtlichen, den Zusammenhang sichernden Prinzip zu gehorchen scheint. Diese Ornamente gehen auf antike Modelle zurück, die bei Ausgrabungen im Italien der Renaissance wiederentdeckt wurden. Eines der berühmtesten Beispiele sind die Grotesken von Raffael und Giovanni Battista da Udine im Vatikan.

Über diese eingeschränkte, aber relativ stabile Bedeutung hinaus wird ›grotesk‹ erst in der Romantik zu einem genuin ästhetischen Begriff, der dann aber nahezu alle Kunstformen umfaßt: Malerei (besonders in karikaturistischen Formen), Plastik, Architektur, performative Künste vom Drama bis zu Musik und Film sowie natürlich auch Literatur. So verbindet man heute mit ›grotesk‹ gemeinhin alle Formen des künstlerischen Ausdrucks, die entweder eine als karnevalesk verkehrte Welt unter Betonung des Materiellen und Körperlichen (Michail Bachtin) darstellen oder eine Verbildlichung der als die unsere erkennbaren, aber in ihrer Ordnung zerbrochenen – im Sinne Wolfgang Kaysers bedrohlich verfremdeten – Welt repräsentieren.

Die Geschichte von ›grotesk‹ verläuft diskontinuierlich und abhängig vom jeweiligen Stand der ästhetischen Reflexion, die den Begriff nur zögerlich aufnimmt. Sie ist insofern besonders interessant, als das Groteske symptomatologisch auf Unversöhnlichkeit des Denkens und Unvermittelbarkeit zwischen Tradition und Innovation verweist. Das Groteske zu denken heißt, sich dieser Schwierigkeit zu stellen: Die Renaissance versuchte das Groteske durch Marginalisierung zu umgehen, die Romantik hingegen nahm die Konfrontation auf und bildete aus ihr heraus den ästhetischen Begriff des Grotesken, der im Zuge der Moderne sich weiter festigt und ausdifferenziert. So entsteht eine Vielfalt von Positionen, die ein sich fortschreitend erweiterndes Bezugsfeld abstecken, das immer wieder neue Bedeutungen hervorbringt. Der Rückblick auf diesen unabgeschlossenen Prozeß verleiht dem Grotesken auch heute noch seine besondere Funktion in der ästhetischen Theorie und Praxis.

I. Der produktive Aspekt des Grotesken in der Moderne

1. Kayser und Bachtin

Schon in den 20er Jahren erkennt Thomas Mann die Affinität zwischen dem Grotesken und dem modernen Zeitgeist, dem sowohl das Tragische als auch die Komik nicht mehr angemessen erscheinen:

»Denn ganz allgemein und wesentlich scheint mir die Errungenschaft des modernen Kunstgeistes darin zu bestehen, daß er die Kategorien des Tragischen und des Komischen, also auch etwa die theatralischen Formen und Gattungen des Trauerspiels und des Lustspiels nicht mehr kennt und das Leben als Tragikomödie sieht. Das genügt, um das Groteske zu seinem eigentlichsten Stil zu machen, und zwar in dem Grade, daß selbst das Großartige heute kaum anders als in der Gestalt des Grotesken erscheint. Es wird erlaubt sein, das Groteske den eigentlich antibürgerlichen Stil zu nennen; und wie bürgerlich es nun sonst um das Angelsachsentum bestellt sein möge, so ist zu erinnern, daß das Grotesk-Komische von jeher seine künstlerisch starke Seite war.«[1]

Bestätigt wird Thomas Manns Einschätzung des Grotesken durch die Bedeutung, die es in der künstlerischen Produktion unseres Jh. erlangt: Ihre innovativen Werke schöpfen aus der Quelle des Grotesken. Ein besonders gutes Beispiel bieten die dramatischen Künste, hier vor allem Luigi Pirandello, der das Theater des Grotesken begründet, Eugène Ionesco mit seiner ›tragischen Farce‹, ein Begriff, der bei ihm als Gattungsbezeichnung erscheint, Samuel Beckett und, anders akzentuiert, Friedrich Dürrenmatt. Auch für den Roman gilt Ähnliches: Marcel Proust, Robert Musil und Franz Kafka haben auf jeweils eigene Weise die Möglichkeiten des Grotesken erkundet, was gleichermaßen für Jean-Paul Sartre, Nathalie Sarraute oder Jean Genet gilt. Zu nennen wären auch Bruno Schulz oder Witold Gombrowicz, Günter Grass und Heinrich Böll. Weitere Autoren, die als Beispiele für den Einfluß des Grotesken auf die westliche Literatur unseres Jh. dienen können, sind Leonardo Sciascia, Mario Vargas Llosa, Bohumil Hrabal oder auch Danilo Kiš.

Auch für die Malerei läßt sich Ähnliches konstatieren. Um die Jahrhundertwende trat der belgische Maler James Ensor als Meister des Grotesken hervor. Der Expressionismus mit seinen verschiedenen Spielarten verschreibt sich ebenfalls der Ästhetik des Grotesken, was am Beispiel Edvard Munchs, Oskar Kokoschkas, Alfred Kubins, Max Beckmanns und George Grosz' gezeigt werden kann. Auch im Surrealismus ist der Einfluß des Grotesken deutlich nachzuvollziehen, wenn man sich die Gemälde Salvador Dalís, Max Ernsts und Giorgio de Chiricos vor Augen führt. Das Œuvre Jean Dubuffets schließlich ist ein guter Indikator für das innovative Potential des Grotesken.

Da das Groteske über einen gewissen ›spektakulären‹ Aspekt verfügt, nutzte natürlich auch der Film die Möglichkeiten grotesker Formen: Das Werk Federico Fellinis bezeugt dies nachdrücklich. Auch das moderne Ballett folgt dem Beispiel der anderen Künste und zeugt auf seine Weise von der dynamischen Verbindung des Grotesken mit der Moderne. Die Musik steht dem in nichts nach und

---

[1] THOMAS MANN, Vorwort zu Joseph Conrads ›Der Geheimagent‹ (1926), in: Mann, Gesammelte Werke, Bd. 10 (Frankfurt a. M. 1960), 651.

führt z. B. mit *Sérénade grotesque* (1893) und *Les Mamelles de Tirésias* (1917) von Maurice Ravel und mit *Wozzeck* (1925) von Alban Berg die Groteske-Tradition fort. In jüngster Zeit wird der Einfluß des Grotesken auf Rock und Hard Rock sowie auf Videoclips erkennbar. Nicht zuletzt ist auf die Bedeutung des Grotesken für unsere Alltagskultur hinzuweisen: Es beeinflußt die Mode ebenso wie die Lebensstile (Freaks, Punks, drag-queen, queer) und scheint deshalb als eine Art Relais zwischen Moderne und Postmoderne zu fungieren.

So überrascht es nicht, daß das Groteske auch die Aufmerksamkeit der Kritik auf sich zog. Eine deutliche Intensivierung erlebte die Auseinandersetzung mit dem Grotesken seit Ende der 50er Jahre durch die Publikation von Wolfgang Kaysers *Das Groteske. Seine Gestaltung in Malerei und Dichtung* (1957). Auch die zunehmende Rezeption Michail Bachtins, dessen Standpunkt konträr und zugleich komplementär zu dem Kaysers ist, leistete dazu ihren Beitrag. Kayser greift auf die Diskussion der deutschen Romantik zurück, versteht das Groteske aber als eigenständigen Bestandteil ästhetischer Forschung, während die Auseinandersetzung mit dem Grotesken in der Romantik für die Künstler selbst eher als Plädoyer in eigener Sache fungierte. So ist es die Absicht Kaysers, eine allgemeingültige und epochenübergreifende Definition des Grotesken zu formulieren, welche die Kontinuität dieses Begriffes in den Künsten und der Literatur seit der Renaissance verdeutlicht. Dabei rücken sowohl strukturell-formelle Aspekte des Werkes als auch die produktions- und rezeptionsästhetische Perspektive in den Blick. ›Grotesk‹ wird also verstanden als umfassendes dynamisches Prinzip.

Kayser gelangt zu der Auffassung: »Das Groteske ist die entfremdete Welt«[2] und erkennt in der wiederkehrenden Präsenz des Monströsen, welche in grotesken Werken zu konstatieren ist, die Realisationsform dieser Entfremdung. Das Monströse ist seit dem Auftreten grotesker Ornamente in der Renaissance eng mit dem Grotesken verbunden und kann die unterschiedlichsten menschlichen, tierischen, pflanzlichen oder technischen Formen annehmen (z. B. Flugdrachen oder marionettenhafte menschliche Wesen mit eingebauter Mechanik). Die Kombinationsmöglichkeiten für derartige Wesen sind unendlich, da sie meistens auf Hybridbildungen basieren.

Allerdings stellen ›grotesk‹ und ›monströs‹ keinesfalls Synonyme dar, denn das Monströse erhält seine Bedeutung nicht aus sich selbst heraus, sondern nur im Hinblick auf seine Funktion im Bereich des Grotesken. Diese Funktion besteht darin, aus einer eben noch vertrauten eine fremde Welt zu machen, also Metamorphosen zu schaffen, an deren Ende ein Orientierungsverlust und das Gefühl stehen, daß unbekannte und unkontrollierbare Kräfte das Universum beherrschen. Das Groteske steht in dieser Perspektive dem Schrecken und der Angst nahe – aber eher einer Lebens- als einer Todesangst – und hat eine Affinität zum Nächtlichen, zu Traum und Vision.

Durch die Abgrenzung zum Tragischen gewinnt das Groteske für Kayser weiter an Kontur: Das Tragische kann desorientieren und Absurdes umfassen, doch hat es letztlich immer einen Sinn, da es als Grundlage eine gewisse Schicksalsergebenheit in eine göttliche Ordnung und den Glauben an die Größe der tragischen Helden hat. Das Groteske hingegen kennt diese Dimension nicht, enthält weder Sinn noch über sich hinausweisende Erklärungen.

Obwohl Kayser den beunruhigenden und erschreckenden Aspekt des Grotesken privilegiert, ignoriert er dennoch nicht seine Affinitäten zum Komischen, wenn er auf die satirische Spielart der Groteske-Tradition hinweist. In Kaysers Abhandlung kommt das Bemühen zum Ausdruck, das Groteske als eigenständige ästhetische Kategorie zu etablieren und es gleichsam ›kunstwürdig‹ zu machen, was nicht zuletzt auch durch die These gelingt, daß die rein dämonische Seite des Grotesken durch die Form, d. h. in ihrer konkreten künstlerischen Gestaltung, entschärft wird. Dem Grotesken muß so nicht länger der Beigeschmack des Dubios-Skandalösen anhaften.

Während Kaysers Studie also darauf abzielt, das Groteske den vorherrschenden Konzeptionen ästhetischer Kategorien anzugleichen, formuliert

---

2 WOLFGANG KAYSER, Das Groteske. Seine Gestaltung in Malerei und Dichtung (Oldenburg/Hamburg 1957), 198.

Bachtin eine Theorie des Grotesken, die gerade die ›dunkle‹ Seite hervorhebt, konsequent weiterentwickelt und das Groteske eher als Bestandteil eines Anti-Systems beschreibt. Für Bachtin geht es darum, die Andersartigkeit des Grotesken zu betonen, es von all dem abzulösen, was für andere ästhetische Begriffe – wie z. B. das Tragische – gilt. Um diesen Bruch zu verdeutlichen, stellt er das Groteske in den Kontext der volkstümlichen komischen Kultur, die in der neoklassischen Tradition gar keine Beachtung fand oder nur eine völlig untergeordnete Rolle spielte. Aus dieser Sicht gehört das Groteske zur Welt der volkstümlichen Kultur, deren Paradigma der antike und mittelalterliche Karneval als ›monde à l'envers‹ darstellt. Nach Bachtin ist dem Grotesken das Zusammenwirken und die Übereinstimmung von Sitten, Kultur und künstlerischer Produktion eigen. Die karnevaleske Freude besteht in der Unterdrückung und Umkehrung der alltäglichen hierarchischen Strukturen, bezieht alles und jeden mit ein und kennt keinen Unterschied zwischen Zuschauern und Mitspielern. Auf sprachlicher Ebene hat dies verbale Entgleisungen zur Folge, was sich im Gebrauch von Schimpfwörtern, in einem obszönen, derben und blasphemischen Vokabular niederschlägt. Das karnevaleske Klima fördert die Entstehung parodistischer Werke und Rituale und bringt ein ganzes Repertoire an Figuren und Darstellungsformen hervor, das in völligem Gegensatz zur Neoklassik steht. An grotesken Abbildungen des Körpers wird die Diskrepanz zu traditionellen Darstellungen besonders evident, da letztere einen vollendeten, in sich gekehrten Körper bevorzugen, der idealtypisch in der Gestalt eines jungen und schönen Wesens auftritt. Demgegenüber neigt das Groteske dazu, all das hervorzuheben, was die biologisch-materielle Grundlage und die Vergänglichkeit des menschlichen Körpers betrifft. Daher rührt auch das Interesse an der Darstellung von deformierten Körpern, Köperöffnungen und lebensnotwendigen Prozessen (Nahrungsaufnahme, Ausscheidung und Fortpflanzung) sowie von Extremen (z. B. schwangere Greisin, durch die der Alterungsprozeß und die Wiedergeburt assoziiert werden sollen).

Aus diesem Blickwinkel ist das Groteske essentiell komischer Natur, es ruft eben nicht mehr Angst und Schrecken hervor, sondern löst ein befreiendes Lachen aus, das den Menschen aus seinen Beklemmungen zu erlösen vermag. Der dunkelunheimliche Aspekt des Grotesken, den die Romantik betonte, ist also nur eine verkürzte Form des mittelalterlichen Begriffs des Grotesken und erklärt sich aus dem nicht mehr vorhandenen Bezug zur Volkskultur und aus dem Prozeß der Verinnerlichung.

2. Die gegenwärtige Auseinandersetzung mit dem Grotesken

Seit Kayser und Bachtin ist die Auseinandersetzung um das Groteske von kontinuierlicher Aktualität. Die Legitimität und Bedeutung des Forschungsgebietes werden nicht angefochten, und in der Folge entstehen Arbeiten, die den Begriff weiter konkretisieren. So legt Frances K. Barasch in *The Grotesque. A Study in Meanings* (1971) eine umfangreiche lexikalische Studie über den Gebrauch des Wortes grotesk vor, und Christian W. Thomsens *Das Groteske und die englische Literatur* (1977) enthält eine Überblicksdarstellung zu den Theorien des Grotesken. In den Arbeiten neueren Datums wird die Tendenz sichtbar, groteske Merkmale bei verschiedenen, nicht nur zeitgenössischen Künstlern auszumachen. Nicht selten avancieren Künstler, die die Ästhetik des Grotesken aufgrund seiner umstrittenen Stellung kaum erwähnen, heute zu Vertretern des Grotesken, was ihre Position keinesfalls negativ beeinflußt, sondern einfach mit dem Perspektivenwechsel und dem Bedeutungszuwachs zusammenhängt, die das Groteske in unserem Jh. erfahren hat.

Dabei folgen die meisten Forschungsarbeiten den von Kayser oder Bachtin vorgegebenen Bahnen oder suchen verbindende Elemente beider Ansätze; andere schlagen völlig neue Definitionen vor. So ist u. a. eine Richtung zu verzeichnen, die das Groteske mit der Psychologie Jungscher oder Freudscher Prägung in Zusammenhang bringt. Als Beispiel hierfür wäre die Studie *The Grotesque in English Literature* (1965) von Arthur Clayborough zu nennen, der versucht, das Groteske im Kontext einer von Jung inspirierten Typologie zu beleuchten; oder auch Michael Steigs 1970 erschienener Aufsatz *Defining the Grotesque. An Attempt at Syn-*

thesis, in dem ebenfalls eine psychologische Interpretation des Grotesken vorgeschlagen wird.

Einen anderen Blickwinkel auf das Groteske haben Arbeiten wie jene von Galt Harpham. In seiner 1982 erschienenen Studie *On the Grotesque. Strategies of Contradiction in Art and Literature* hebt er das im Begriff des Grotesken seit den Renaissance-Ornamenten angelegte Thema vom Zentrum und den Rändern hervor. Andere Kritiker betonen das dem Grotesken eigene Moment der Sinnaufhebung. Wieder anders erscheint das Groteske in Philip Thomsons *The Grotesque* (1972), wo es als »the unresolved clash of incompatibles in work and response« und »ambivalently abnormal«[3] definiert wird. Diese Definition beruht auf den Versuchen der Vorgänger, wählt allerdings eine zu allgemeine Formulierung, um noch praktikabel zu sein.

In der Tat fehlt bis heute eine wirklich maßgebende Definition des Begriffs, was zweifelsohne auch daran liegt, daß das Groteske auf einem Prinzip aktiver Schöpfung beruht und sich nicht auf eine Formel festlegen läßt. Aus diesem Grund kommt es immer wieder zu neuen Interpretationsversuchen, so auch in dem kürzlich publizierten *The Female Grotesque. Risk, Excess and Modernity* (1995) von Mary Russo, die das Groteske in einen feministisch-postmodernen Kontext stellt. Dank seiner Metamorphosen bleibt das Groteske weiterhin interessant, seine Vielschichtigkeit entspricht seiner langen Geschichte, die geprägt ist von der jeweiligen Anpassung an neue ästhetische Reflexionen.[4] So stellt sich die Frage, welche Position dem Grotesken gegenüber eine bestimmte künstlerische Bewegung, Schule oder Tendenz jeweils einnimmt. Wichtig ist im Hinblick auf diese Frage allerdings nur zu konstatieren, daß der Begriff des Grotesken in den verschiedenen Bewegungen der Moderne immer mehr Raum gewinnt. Das impliziert weder, daß offen ein Rückgriff auf das Groteske befürwortet, noch, daß konkret darauf Bezug genommen wird. Deshalb ist es am sinnvollsten, auf der Ebene des Einzelwerks zu entscheiden, ob ein Kunstwerk der Ästhetik des Grotesken nahesteht oder nicht. Das vielleicht wesentlichste Ergebnis der Reflexionen unseres Jh. ist, daß sich das Groteske mit einem Großteil der ästhetischen Positionen der Moderne vereinbaren läßt, aber keinesfalls als deren Erweiterung verstanden werden darf.

II. Begriffsgeschichtliche Darstellung

1. Die Entdeckung grotesker Ornamente in der Renaissance

Ursprünglich bezeichnete ›Groteske‹ eine Form antiker Ornamente, die bei Ausgrabungen in Rom (Domus aurea) gegen Ende des 15. Jh. und später auch an anderen Grabungsstätten Italiens entdeckt wurden. Da diese Ornamente aufgrund ihrer ungewöhnlichen Machart (Mischung von Menschen-, Tier- und Pflanzenformen) keiner damals bekannten Ordnung gehorchten und deshalb schwer zu benennen waren, verdanken sie ihren Namen kurzerhand ihrem Fundort: ›grotta‹, dem italienischen Wort für Höhle. Erstmals schriftlich belegt ist der Terminus 1502 im Vertrag über die Malereien in der Bibliothek des Doms von Siena zwischen Bernardino Pinturicchio und Kardinal Francesco Todeschini-Piccolomini: »sia tenuto et debba lavorare la volta de essa Libraria con quelle fantasie, colori, et spartimenti, che più bella, et vistosa iudicarà, di buoni, fini, et recipienti colori, a la forgia et disegni che hoggi chiamano grottesche«[5]. (Er ist dazu verpflichtet und soll die Decke dieser Bibliothek mit solchen Phantasiegebilden, Farben und Einteilungen bearbeiten, damit sie als besonders schön und auffällig beurteilt werden, mit guten, feinen und prächtigen Farben, nach der Art und den Modellen, die sie heute Grotesken nennen.)

Eine sonderbare Verlegenheitslösung diente demnach als Bezeichnung für diese nur schwer faßbaren Ornamente. Von Anfang an ist der Begriff unbestimmt. Es handelt sich zwar um eine historisch belegbare Vokabel, doch verweist sie im Kontext der Ausgrabungen weiter zurück auf die Antike, deren Spuren sich aber bald verwischen. Diese Unbestimmtheit wiederum hat das Denken

---

3 PHILIP THOMSON, The Grotesque (London 1972), 27.
4 Vgl. ELISHEVA ROSEN, Sur le grotesque. L'ancien et le nouveau dans la réflexion esthétique (Paris 1991).
5 Zit. nach GAETANO MILANESI, Documenti per la storia dell'arte senese, Bd. 3 (Siena 1856), 9.

und die Vorstellungskraft angeregt, was für den enormen Erfolg, der den grotesken Ornamenten fast unverzüglich beschieden war, verantwortlich ist. So wurden etwa die Werke Pinturicchios begeistert aufgenommen und fanden bald Nachahmer: Man denke nur an die grotesken Ornamente Luca Signorellis am Dom zu Orvieto, Sodomas in Monte Oliveto, Guido Aspertinis in San Frediano (Lucca) oder Baldassare Peruzzis in Sant'Onofrio (Rom). Alle genannten Werke entstanden in der ersten Dekade des 16. Jh. Es folgten in den nächsten zehn Jahren die berühmten Grotesken von Raffael und Giovanni Battista da Udine im Vatikan. Die Mode gelangte schnell nach Frankreich (hier vor allem nach Fontainebleau, zwischen 1530 und 1540), Flandern und in die deutschen Fürstentümer. Gegen Ende des 17. Jh. erreichte sie dann auch das zunächst zurückhaltende England.

Die Begeisterung für die Grotesken beschränkte sich nicht auf die Ornamentik von Kirchen und Palästen, sondern breitete sich in zunehmendem Maße in allen Bereichen ornamentaler Kunst aus. Viele Künstler studierten vor Ort die grotesken Ornamente der Domus aurea: Nicoletto da Modena und Giovantonio da Brescia fertigen Schnitte an, was die Verbreitung weiter vereinfacht und beschleunigt, so daß man groteske Ornamente bald auch auf Seitenrändern von Büchern, auf Porzellan, auf Goldschmiedearbeiten und als Muster für Gardinen und Bekleidungsstoffe findet. Kurzum, das Groteske findet in Europa Eingang in alle Bereiche des Alltagslebens und der Festkultur.

Das Groteske verbreitet sich über mehr als drei Jh. hinweg immer mehr, was Wiederholungen, aber auch immer neue Variationen und Neuschöpfungen grotesker Formen mit sich bringt. In Frankreich z. B. variiert Etienne Delaune im 17. Jh. die herkömmlichen Girlanden und kreiert die sog. ›Schweifgroteske‹, die in Deutschland von Lucas Kilian und den Gebrüdern Johann und Theodor de Bry aufgegriffen wird. Eine vorwiegend in Deutschland verbreitete Variante stellen auch die sog. ›Knorpelgrotesken‹ dar, in deren Zusammenhang auf Christoph Jamnitzers *Neuw Grottesken Buch* (1610) und die etwas später entstandenen Stiche von Simon Cammermeir und Johann Heinrich Keller hingewiesen werden muß. Dieses Überangebot führt in der Folge zu Verwirrungen,

was u. a. daran deutlich wird, daß die Groteske in die Nähe von gänzlich andersartigen Ornamenten, wie z. B. Mauresken und Arabesken, rückt. Häufig erscheinen diese Begriffe im allgemeinen Sprachgebrauch aufgrund ihrer Affinitäten sogar als austauschbar.

Auch die Kunstkritiker bleiben von dem unmittelbaren Erfolg grotesker Ornamente seit der Renaissance nicht unbeeindruckt. Giorgio Vasari ist einer der ersten und bedeutendsten Bewunderer dieses Stils: »Le grottesche sono una specie di pittura licenziosa e ridicola molto, fatte dagl'antichi per ornamenti di vani, dove in alcuni luoghi non stava bene altro che cose in aria.«[6] (Die Grotesken sind eine Art zügelloser und lächerlicher Malerei, welche die Alten als Ornamente in Räumen anwendeten, wo an einigen Stellen nichts anderes paßte als merkwürdige Dinge.) Er beschreibt die Groteske allgemein, aber auch in technisch konkreten Termini und bezieht sich dabei auf die Werke jener Künstler, als deren Biograph er sich versteht. Die Bedeutung der Groteske liegt für ihn vor allem in der Möglichkeit, im Schutz der Imitation antiker Vorbilder die Kunst zu erneuern. (Interessant ist in diesem Zusammenhang der Hinweis, daß in England, wo die Groteske nur sehr zögerlich aufgenommen wurde, bis zum 17. Jh. anstelle des Begriffs grotesk ›antick‹ gebraucht wurde.) Jedoch stellte sich die Legitimation grotesker Ornamente durch ihre Verbindung zur Antike als problematisch heraus, als eine Passage im berühmten und in der Renaissance einflußreichen Traktat *De architectura* wiederentdeckt, in dem sich Vitruv eindeutig gegen diese Form der Ornamente wendet. Für ihn haben Grotesken keine Kohärenz, verletzen die Ordnung der mimetischen Darstellung und beleidigen den guten Geschmack. In seinen Augen handelt es sich dabei immer nur um eine Assemblage monströser Gestalten, die real existierten und auch besser niemals ins Leben gerufen worden wären. Er hält sie schlichtweg für eine Geschmacksverirrung seiner Zeitgenossen: »Sed haec, quae ex veris rebus exempla sumebantur, nunc iniquis moribus inprobantur. Nam pin-

---

6 GIORGIO VASARI, Le vite de' più eccellenti pittori scultori ed architettori (1550), hg. v. R. Bettarini/P. Barocchi, Bd. 1 (Florenz 1966), 143.

guntur tectoriis monstra potius quam ex rebus finitis imagines certae: pro columnis enim struuntur
calami striati, pro fastigiis appagineculi cum crispis
foliis et volutis, item candelabra aedicularum sustinentia figuras, supra fastigia eorum surgentes ex radicibus cum volutis teneri flores habentes in se sine
ratione sedentia sigilla, non minus coliculi dimidiata habentes sigilla alia humanis, alia bestiarum
capitibus. Haec autem nec sunt nec fieri possunt
nec fuerunt. Quemadmodum enim potest calamus
vere sustinere tectum aut candelabrum ornamenta
fastigii, seu coliculus tam tenuis et mollis sustinere
sedens sigillum, aut de radicibus et coliculis ex
parte flores dimidiataque sigilla procreari?« (All
dies, das als Nachbildung von wirklichen Dingen
entlehnt wurde, wird jetzt infolge eines entarteten
Geschmacks abgelehnt; denn auf den Verputz malt
man lieber Ungeheuerlichkeiten als naturgetreue
Nachbildungen von ganz bestimmten Dingen. An
Stelle von Säulen setzt man kannelierte Rohrstengel, an Stelle von Dachgiebeln appagineculi mit
gekräuselten Blättern und Voluten, ferner Lampenständer, die die Gebilde kleiner Tempel tragen,
über deren Giebel sich zarte Blumen aus Wurzeln
mit Voluten erheben, auf denen sinnlos kleine Figuren sitzen, ferner Pflanzenstengel mit Halbfiguren, von denen die einen Menschen-, andere Tierköpfe haben. So etwas aber gibt es nicht, kann es
nicht geben, hat es nicht gegeben. Wie kann nämlich ein Rohr ein Dach oder ein Lampenständer
den Schmuck eines Giebels oder ein so zarter und
biegsamer Stengel ein darauf sitzendes Figürchen
tragen, oder wie können aus Wurzeln und Stengeln bald Blumen, bald Halbfiguren hervorsprie
ßen?)[7]

Mit dieser heftigen Kritik stellt Vitruv fest, daß
das groteske Ornament überhaupt nicht wirklich
Teil der antiken römischen Kunst ist, sondern nur
ein überflüssiger Nebeneffekt, was angesichts des
Erfolgs der wiederentdeckten Grotesken und ihrer
Faszination für Künstler und Publikum sehr unge

---

7 VITRUV, De architectura libri decem/Zehn Bücher
über Architektur, hg. u. übers. v. C. Fensterbusch
(Darmstadt 1964), 332 ff.
8 GIOVANNI PAOLO LOMAZZO, Trattato dell'arte della
pittura, scoltura et architettura (1585), in: Lomazzo,
Scritti sulle arti, hg. v. R. P. Ciardi, Bd. 2 (Florenz
1974), 369.

legen kommt. Vitruvs Kritik stellt den Wert und
die Bedeutung des Grotesken, die bislang vor allem
auch aus seiner antiken Herkunft rührten, radikal
in Frage. Wo haben die Grotesken nun ihren Platz,
wenn sie nicht länger mit vollem Recht der Antike
zugerechnet werden können? Woher beziehen sie
nun ihre Legitimation? Schwierige Fragen werden
aufgeworfen, da es unmöglich ist, die Grotesken
einfach als eine überholte Modeerscheinung abzutun. Sie sind trotz allem mit der künstlerischen
Produktion der Antike verwachsen, mag diese
Herkunft auch noch so zwiespältig sein. Der historische Rückbezug kann also nicht länger als alleinige Legitimation dienen.

Als Ausweg aus diesem Dilemma bieten sich die
Ressourcen des Imaginären an. So werden die
Grotesken nun mit Nächtlichkeit und Träumen assoziiert und ›sogni dei pittori‹ (Träume der Maler)
genannt. Die Zugehörigkeit zum Universum der
Träume rechtfertigt einerseits den phantastischen,
zufälligen Charakter des Grotesken, andererseits
weicht sie den historischen Verweisen aus. Die
Grotesken behalten ihren ursprünglichen Charakter der Vielfältigkeit und lassen sich mit eindeutigen, kategorisierenden Interpretationen nicht fassen; es scheint fast, als wollten sie ihren Nimbus
des Rätselhaften wahren. Im Geheimnisvollen erkennen einige Kritiker gerade das Wesen des Grotesken, das es wiederzuentdecken gilt. So schlägt
der Mailänder Maler und Schriftsteller Giovanni
Paolo Lomazzo in seinem *Trattato* (1585) vor, sich
die Grotesken im Sinne der Hieroglyphen vorzustellen und sie wie Embleme oder Wappensprüche
zu betrachten: »queste grottesche [...] venivano
fatte non altrimente che enimmi, o cifere, o figure
egizie, dimandate ieroglifici, per significare alcun
concetto o pensiero sotto altre figure, come noi
usiamo negli emblemi e nelle imprese.«[8] (Diese
Grotesken wurden nicht anders gemacht als Symbole, Chiffren oder ägyptische Figuren, sogenannte
Hieroglyphen, um damit eine bestimmte Idee oder
einen Gedanken in anderer Form zum Ausdruck
zu bringen, so wie wir es in den Emblemen und
Wappen tun.) Daraus resultiert wiederum die Tendenz, die Grotesken einmal für humoristisch und
phantastisch zu halten und ein anderes Mal ihren
ernsten, änigmatischen Charakter hervorzuheben.
Aus dieser Konstellation ergibt sich die in der Ge-

schichte des Grotesken immer wiederkehrende Bipolarität.

Eine zweite, ebenso bedeutsame Überlegung im Zusammenhang mit dem grotesken Ornament hängt mit dem Ungleichgewicht zusammen, das bei der Darstellung und Beschreibung des Grotesken zu bemerken ist: Die Faszination, welche die grotesken Ornamente auf das Auge wie auf den Verstand ausüben, lenkt nämlich die Aufmerksamkeit des Betrachters über Gebühr auf die Ränder. Das Ornament rivalisiert mit dem Gemälde, dessen Vorrangstellung implizit wieder in Frage gestellt wird. Auf diese Weise drohen die Grotesken eine ganze Ordnung von Zeichen, Bedeutungen und ›Machtverhältnissen‹ gewissermaßen umzustürzen. Man kann dies für bedenklich halten oder als ein Anzeichen anstehender Veränderungen begrüßen.

So kommt es, daß auf diesem Umweg die Grotesken zum Erklärungsmuster für innovative literarische Praktiken herangezogen werden. Michel de Montaigne bezieht sich auf die Groteske, um die Ausdrucksweise und den Stil der *Essais* (1580) zu beschreiben:»Considérant la conduite de la besongne d'un peintre que j'ay, il m'a pris envie de l'ensuivre. Il choisit le plus bel endroit et milieu de chaque paroy, pour y loger un tableau élaboré de toute sa suffisance; et, le vuide tout au tour, il le remplit de crotesques, qui sont peintures fantasques, n'ayant grâce qu'en la varieté et estrangeté. Que sont-ce icy aussi, à la vérité, que crotesques et corps monstrueux, rappiecez de divers membres, sans certaine figure, n'ayants ordre, suite ny proportion que fortuite?«[9]

Bei dieser Übertragung auf die Literatur wird das groteske Ornament dazu gebraucht, bisher unbekannte Kompositionsweisen, die sich von konventionellen rhetorischen Normen entfernen, zu beschreiben. Die zeitgenössische Praxis der Ornamentik übernimmt demnach eine metadiskursive Funktion, die paradoxerweise zugleich die Abwesenheit des vorherrschenden Diskurses zum Ausdruck bringt. Indem Montaigne die Grotesken für sich reklamiert, ist er auch einer der ersten, der ihren allgemeinen ästhetischen Stellenwert ebenso wie ihren problematischen Charakter erkennt.

Die theoretische Reflexion des grotesken Ornaments in der Renaissance bringt eine Ausweitung der Argumentation, gleichsam eine Topik mit sich, die alle bisherigen Aspekte umfaßt und später immer wieder aufgegriffen wird. Gleichzeitig bleibt den Grotesken aber auch ein Rest von Unbestimmtheit, die das ikonographische Repertoire eher noch vergrößert und die klaren Grenzen des Ornaments überschreitet. Außerdem erweist sich die Tatsache, daß diese Kunstform nicht eindeutig historisch zu situieren ist, als positiver Faktor, da ihr so ein transhistorischer Status verliehen wird. Die Renaissance stellt somit die erste Etappe einer Auseinandersetzung mit dem Grotesken dar, die schon deshalb besonders interessant ist, weil alle dort verwendeten Termini später wieder aufgegriffen werden können.

2. *Begriffliche Expansion*

Zugunsten der Verbreitung grotesker Ornamente, die in ganz Europa zu einem festen Bestandteil der Dekoration werden, erweitert sich die Lexik der meisten europäischen Sprachen durch neue Vokabeln. Das Substantiv, die Groteske, behält seine technische Bedeutung, aus ihm leiten sich Adjektiv und Adverb ab, deren Gebrauch allerdings wesentlich diffuser ist. Vor allem das Französische ist für Ableitungen besonders empfänglich: Das Adjektiv ›crotesque‹, das später zu ›grotesque‹ wird, und das Adverb ›grotesquement‹ sind seit dem 16. Jh. belegt und gehören im 17. Jh. zum gängigen Sprachgebrauch.[10] Die Alltagssprache eignet sich also einen Fachterminus an, der einerseits seine konkrete Bedeutung (also bezogen auf die grotesken Ornamente) beibehält, andererseits aber die verschiedensten Konnotationen erhält: ›ridicule‹, ›extravagant‹, ›bizarre‹, ›monstrueux‹. Man spricht von ›discours grotesque‹ und ›habit grotesque‹ ebenso wie von grotesker Bekleidung (›vestu grotesque‹).[11] Das Adjektiv und das Adverb umschreiben also alles in irgendeiner Form Abweichende in Verhalten, Gestik, Intonation, Habitus usw., das eine ge-

---

9 MICHEL DE MONTAIGNE, De l'amitié, in: Montaigne, Essais (1580), hg. v. M. Rat, Bd. 1 (Paris 1962), 197f.
10 Vgl. ›Grotesque‹, in: P. Imbs (Hg.), Trésor de la langue française. Dictionnaire de la langue du XIXe et du XXe siècle (1789–1960), Bd. 9 (Paris 1981), 556.
11 Vgl. ›Grotesque‹, in: Nouveau dictionnaire de l'Académie françoise, Bd. 1 (1718; Genf 1994), 751.

steigerte Aufmerksamkeit auf sich zieht und Lachen oder sogar Unbehagen hervorrufen kann.

Ausgehend von einem anfänglich begrenzteren Gebrauch, scheint das Adjektiv grotesk im Deutschen und Englischen letztlich die gleiche Entwicklung wie in Frankreich zu durchlaufen. Der allgemeine Sprachgebrauch bleibt nicht ohne Wirkung auf die ästhetische Bedeutung des Wortes. Die gegenseitige Beeinflussung von Alltagssprache und Fachterminologie wird dadurch noch erheblich begünstigt, daß die Grotesken sich nach wie vor einer klaren, eindeutigen Definition entziehen. In dem Maße, wie der Metadiskurs des Grotesken auffällig metaphorisch bleibt, fixiert er weniger ein Objekt, als daß er Derivate hervorbringt, die das Feld immer nur erweitern. Definitionsversuche enden in Umschreibungen und greifen auf Analogien zurück, die oftmals eher Verwirrung und Mißverständnisse hervorrufen als eine konkrete Abgrenzung zu sein. Dennoch findet man in diesem scheinbar chaotischen Prozeß immer wieder jene Aspekte, die dem Grotesken von Anbeginn gleichsam als Konstanten in der ästhetischen Reflexion eingeschrieben sind: die Zugehörigkeit zum Reich der Nacht und der Träume, das Groteske als Form des Gestaltlosen bzw. Mißgestalteten, das durch das Groteske provozierte Ungleichgewicht von Zentrum und den Rändern, seine unterhaltsame und beruhigende Wirkung. Die theoretische Auseinandersetzung um das Groteske geht somit aus einer insgesamt kohärenten diskursiven Struktur hervor, bleibt aber gleichzeitig immer diskontinuierlich. Der alltägliche Sprachgebrauch des Adjektivs zeugt genau von dieser Diskontinuität.

Die Veränderungen des Begriffs erlauben es überdies, die Erweiterung des ikonographischen Repertoires des Grotesken über die strengen Grenzen ornamentaler Kunst hinaus besser zu verstehen. Zwar ist die lexikalische Expansion des Begriffs nicht die direkte Ursache für diese Erweiterung, konnte letztere aber entscheidend begünstigen. Der Begriff verläßt hier den rein ornamentalen Bereich, und so werden Gemälde und Stiche von Hieronymus Bosch, Pieter Breughel d. Ä., Albrecht Dürer, Jacques Callot und Francisco de Goya dem Grotesken zugeordnet. Jenseits von Werken einzelner Künstler sind es gewisse groteske Bildmotive, welche die Aufmerksamkeit des Betrachters fesseln, hier v. a. der Totentanz und die Versuchung des Heiligen Antonius. Die Annäherung sehr verschiedener Darstellungen unter dem Überbegriff grotesk geschieht auf der Grundlage einiger gemeinsamer, aber sehr allgemeiner Merkmale. So zeigt sich in solchen Bildern beispielsweise die Vorliebe für das Mißgestaltete, ganz gleich, ob dabei Laune, Fremdheit oder Monstrosität im Vordergrund stehen, die ihrerseits entweder thematisch oder stilistisch zum Ausdruck gebracht werden. Derartige allgemeine Merkmale stellen eine Art Familienähnlichkeit dar, die Ähnlichkeit in Verschiedenheit umfaßt.

Allgemeiner Sprachgebrauch und wissenschaftliche Terminologie gehen im Grotesken schließlich untrennbare Kombinationen ein. Indem das Groteske die begrenzte Sphäre des Ornaments verläßt, gewinnt der Begriff deutlich an Kontur. Daraus resultiert, daß die Trennungslinien, die zum Hauptbeschäftigungsfeld der Kritik werden, sich zu verwischen beginnen.

Zur gleichen Zeit hört das Groteske endgültig auf, nur einem einzigen Medium nahezustehen. Der 24-teilige Zyklus Balli di Sfessania (1621) von Callot dient dafür in zweifacher Hinsicht als Beweis: Einerseits werden die Stiche selbst dem Grotesken zugerechnet, andererseits gelangt die Commedia dell'arte durch den Erfolg von Callots Werk ebenfalls in den Dunstkreis des Grotesken und erlangt dort neue Geltung. Die Welt der Commedia dell'arte ist eine in sich abgeschlossene mit eigenen Qualitäten, die als grotesk bezeichnet wird. Daran wird deutlich, daß auch die dramatische Kunst und die Pantomime in die Sphäre des Grotesken integriert werden. In diesen Kontext gehören ebenfalls die Farce und das Jahrmarktsspektakel sowie später der Zirkus mit seinen Clowns und das Marionettentheater.

Das literarische Repertoire des Grotesken wird nach und nach durch die Übernahme von Ludovico Ariosto, François Rabelais und Miguel de Cervantes Saavedra bereichert. Bildhauerei und Architektur folgen mit den Wasserspeiern und mit der gotischen Kunst. So wechselt man unmerklich von der einen Kunstform zur nächsten, von einer Gattung zur anderen. Allerdings bleiben die visuellen Künste der bevorzugte Bezugspunkt für die begriffliche Fortentwicklung, die weiter dazu beiträgt, das Groteske von seinen historischen und geographischen Wurzeln abzutrennen. Auf diese Weise bilden sich jene Grundgedanken heraus, die es später schließlich gestatten werden, das Groteske als ästhetische Kategorie zu betrachten.

Diese erste Gewichtsverlagerung, die den Übergang vom erweiterten ikonographischen Repertoire zur Herausbildung eines echten Feldes des Grotesken in den verschiedenen Künsten markiert, geht Hand in Hand mit der Entstehung einer Kluft in eben diesem Feld: Diese Spaltung vollzieht sich vor allem im Hinblick auf die Werke, die zur Charakterisierung des Grotesken herangezogen werden. Dabei finden sich traditionell hochbewertete Kunstwerke neben künstlerischen Schöpfungen vulgärer oder ordinärer Art. Bosch, Breughel, Dürer und Goya rufen metaphysische Meditationen über die abgründigen, ja dämonischen Kräfte, die die Welt heimsuchen, hervor. Die Fremdheit wird als Urheberin von Unruhe und Beklemmung begriffen, die mit dem Bösen und dem Tod zusammenhängen. Kurzum, hier werden ernste, ehrwürdige Fragestellungen aufgeworfen. Im Vergleich dazu legen die Stiche Callots durch ihre regelmäßigen Verweise auf eine als populär empfundene Kunst das Gewicht eher auf vulgäre, wenn nicht sogar ordinäre Ausdrucksformen. Ob nun eine Kluft und/oder Spannung zwischen einem ernsthaften und einem komischen Pol (und in einem Atemzug zwischen einer randständigen oder zentralen künstlerischen Produktion) vorhanden sein mag: Schon immer haben zwei Tendenzen im Grotesken koexistiert, die einer ganzen Reihe von späteren Argumentationslinien den Weg gebahnt haben.

Eine letzte bemerkenswerte und prägnante Erweiterung erfährt der Begriffsbereich des Grotesken mit der Karikatur, die zuerst schüchtern und mit unzähligen Einschränkungen eingeführt wird. Christoph Martin Wieland schlägt in seinen *Unterredungen zwischen W** und dem Pfarrer zu **** (1775) eine Typologie der Karikatur und Kategorien von Karikaturen vor: »phantastische, oder eigentlich sogenannte Grotesken, wo der Maler, unbekümmert um Wahrheit und Ähnlichkeit, sich gleich dem sogenannten Höllen-Breugel einer wilden Einbildungskraft überläßt, und durch die Unnatürliche und Widersinnische seiner Hirngebur-

ten bloß Gelächter, Ekel und Erstaunen über die Kühnheit seiner ungeheuren Schöpfungen erwekken will«[12]. Indem er die Affinitäten zwischen der Karikatur und dem Grotesken anerkennt, zeigt sich Wieland ebenfalls aufgeschlossen gegenüber bedeutsamen Disparitäten. Durch ihre Machart und Wirkung kommt die groteske Zeichnung der Karikatur ziemlich nahe, grenzt sich aber von ihr ab, weil sie den Anforderungen der Wahrscheinlichkeit nicht genügen muß, sondern nur auf das imaginäre Universum des Künstlers verweist; mit anderen Worten, sie hat kein identifizierbares Ziel und keine fixierte Bedeutung.

Die Kunst der Karikatur im modernen Sinne hat ihren Aufschwung im Italien der Renaissance genommen, dem sie auch ihren Namen (›caricatura‹ von ›caricare‹, beladen) verdankt. Sie hat also etwa zeitgleich mit dem Aufschwung des grotesken Ornaments das Licht der Welt erblickt. Die offenkundige Distanz einer Kunst des Ornaments zur Anmut wird aber im Laufe der Zeit verringert durch die Ausweitung des ikonographischen Repertoires des Grotesken, was nicht zuletzt Wielands Äußerung belegt. Das Groteske wird in den Bereich der Karikatur übernommen, obwohl es ihm nicht eigentlich angehört. Eine Unterscheidung beider Begriffe scheint beinahe überflüssig. Und so kann es geschehen, daß im 19. Jh. Karikatur und Groteske zu unzertrennlichen Termini werden. Darüber hinaus neigt die Karikatur dazu, einer der privilegiertesten Bezugspunkte des Grotesken zu werden. Die rasante Entwicklung der Presse im 19. Jh. zieht einen ungeahnten Aufschwung der Karikatur nach sich und nimmt seither eine zentrale Position in der Massenkultur ein. Es ist daher verständlich, daß in diesem neuen Kontext, sobald von ›grotesk‹ die Rede ist, eher an die inzwischen vertraute Karikatur als an das Ornament gedacht wird.

Diese neue Tendenz macht sich auch in den Wörterbüchern bemerkbar: Der *Grand dictionnaire universel du XIXe siècle* von Pierre Larousse (1866–1888) faßt das Karikatur als »reproduction par les

---

[12] CHRISTOPH MARTIN WIELAND, Unterredungen zwischen W** und dem Pfarrer zu *** (1775), in: Wieland, Werke, hg. v. F. Martini/H. W. Seiffert, Bd. 3 (München 1967), 343.

arts du dessin, faite d'une façon grotesque et chargée«[13], und bemerkt im Artikel ›grotesque‹, daß »le grotesque peut être matériel, physique; tel est celui qu'on rencontre dans les charges des caricaturistes, dans les mascarades, les ballets comiques; il est le résultat d'un défaut de proportions, de l'exagération de quelque partie«[14]. Dem Bereich des Grotesken einmal zugewiesen, stützt die Karikatur die Bindung desselben an vulgäre Kunstformen und niederste Komik. Jedoch erscheint die Karikatur in einem Moment, da sich mit der Entwicklung der Massenkultur eine neue Ökonomie der symbolischen Formen abzeichnet und neue Möglichkeiten zum Austausch und zur Wechselwirkung von verschiedenen künstlerischen Produktionszweigen aufkommen. Dieser dynamische Prozeß konnte für die Reflexion über das Groteske nicht ohne Wirkung bleiben.

3. Vom grotesken Ornament zur ästhetischen Kategorie

Etwa ab dem letzten Viertel des 18. Jh. wird das Groteske mehr und mehr als eigene ästhetische Kategorie zur Kenntnis genommen. Die ganze Kultur ist inzwischen so sehr vom Grotesken durchdrungen, daß man nicht umhinkann, dem Begriff eine Bedeutung in der ästhetischen Reflexion beizumessen. Dabei ist allerdings bemerkenswert, daß dort, wo der Begriff erstmalig auftritt, seine Neuartigkeit gar nicht erwähnt wird, er statt dessen beinahe unmerklich Aufnahme in den ästhetischen Bereich findet. Wenn Wieland in der oben zitierten Textpassage das Groteske als Teilbereich seiner Typologie der Karikatur betrachtet, bezieht er sich schon auf eine ganz eigene Kategorie, die er bei dieser Gelegenheit auch zu beschreiben beabsichtigt. Der innovative Charakter dieses Unterfangens wird dabei aufgrund der Vorurteile, die den umgangssprachlichen Gebrauch von ›grotesk‹ bestimmt haben, deutlich gemindert. Wieland führt einen Begriff ein und versucht, ihn zu klassifizieren, ohne die ›Erfindung‹ selbst zu verteidigen. Er erweckt den Eindruck, daß die Veränderung bereits vollzogen sei, obwohl seine Äußerung noch als Faktor dieses Wandels selbst fungiert.

Das Groteske betritt also das Feld der Ästhetik gleichsam durch die Hintertür, was dadurch erleichtert wird, daß der ästhetische Bereich, zu dem das Groteske fortan gehört, alles in allem ein Randgebiet ist und bleibt. Das Groteske wird also vorerst nur als ästhetische Kategorie am Rande zur Kenntnis genommen.

Einige Jahre zuvor war dies bereits in Justus Mösers Schrift *Harlekin oder Vertheidigung des Groteske-Komischen* (1761) der Fall gewesen. Indem er Harlekin ein Plädoyer zugunsten des Grotesken in den Mund legt, macht Möser die Commedia dell'arte zum Bezugspunkt seiner Überlegungen, durch die er dem Grotesken die ihm angemessene Würde zukommen lassen will. Das Grotesk-Komische tritt an gegen die unerträgliche Narrheit und Vernunft der Alten, die sich im Namen der Aufklärung gegen die Narren auf der Bühne wandte. Dabei erwähnt der im Gewand des Harlekin auftretende Möser auch die Karikatur, namentlich jene Hogarths, und erkennt somit eine Veränderung an, der er einen eigenen Wert beimißt: »Gleichwie aber die Übertreibung der Gestalten an und vor sich allein nicht hinlänglich ist, zu vergnügen und zu bessern, wofern nicht zugleich, nach Anleitung des Hogarths dabey gezeiget wird, wie selbige von der wahren Wellenlinie der Schönheit abweichen: also habe ich mich von Jugend auf darauf beflissen, diese Abweichung besonders auszubilden. Und daraus ist die wahre Art meiner grotesken Karikaturmalerey enstanden.«[15] Harlekins Verteidigungsrede umschreibt die ästhetische Überzeugung Mösers, durch die das Grotesk-Komische in der Dichtung legitimiert werden soll. Das Grotesk-Komische gehört als unentbehrliches Element zum Bereich des Schönen, in dessen Hierarchie es aber nur einen niedrigen Platz einnimmt. Das Groteske als solches wird hier nur verhalten weiterentwikkelt, da es bewußt auf dem Gebiet des Komischen angesiedelt ist, als dessen Unterkategorie es erscheinen könnte. Die verstörende Kraft der neuen ästhetischen Kategorie wird also gleichzeitig bekräftigt und geschwächt.

Eine ähnliche Doppeldeutigkeit ist auch in der ambitionierteren Studie *Geschichte des Grotesk-Ko-*

---

13 ›Caricature‹, in: LAROUSSE, Bd. 3 (1867), 393.
14 ›Grotesque‹, in: LAROUSSE, Bd. 8 (1872), 1555.
15 JUSTUS MÖSER, Harlekin oder Vertheidigung des Groteske-Komischen (1761; Bad Homburg 1968), 24.

mischen (1788) von Carl Friedrich Flögel zu finden, die einen Teil einer umfassenden Arbeit über die Geschichte der komischen Literatur darstellt. Allerdings handelt es sich weniger um eine systematische Aufarbeitung der Geschichte des Grotesk-Komischen als um reine Aufzählungen und Zusammenstellungen oftmals anekdotischer Natur.¹⁶ Mithin bleiben die darin getroffenen Unterscheidungen zwischen ›grotesk‹ und verwandten Begriffen wie z. B. Satire, Travestie, Parodie und Ironie, an denen ›grotesk‹ in mehrfacher Hinsicht partizipiert, problematisch. Diese Unbestimmtheit bleibt auch hier von besonderer Bedeutung, da sie die Reichweite des Grotesken vergrößert und dessen Umfang bezeugt. Wiederum gelingt es aber nicht, den Begriff zu fixieren. Auch die historische Dimension des Werks zielt in die gleiche Richtung: Für Flögel ist das Groteske schon in der frühen Antike präsent, in der mittelalterlichen Kultur ebenso wie auch in der Renaissance, so daß man sagen kann, daß das Groteske die Bühne der ästhetischen Produktion tatsächlich nie verlassen hat. Das Repertoire des Grotesken, dessen langsame Entstehung zu beobachten war, wird bei Flögel zum Material seiner *Geschichte*, und er erweitert es zeitlich und räumlich beträchtlich. Die Anzahl und die Vielfalt der behandelten Bezüge untermauern tendenziell die Auffassung, daß die komische Kultur, in deren Rahmen sich das Groteske bewegt, ernsthafte Aufmerksamkeit verdient. Flögels Traktat wirft in der Tat mehr Fragen auf als Antworten zu geben, aber dennoch zeugt er von dem Willen, das ästhetische Feld mit anderen Augen zu betrachten. Dieser Blick geht konkret vom Grotesken aus und ist deshalb dazu prädestiniert, die neoklassischen Klischees zu entkräften. Die Herausforderung, diesen Schritt zu wagen, zeichnet sich schon im letzten Viertel des 18. Jh. ab, wird dann aber doch umgangen. Tatsächlich erklärt sich die ästhetische Reflexion das Groteske anfangs vor dem Hintergrund einer sich wandelnden künstlerischen und literarischen Landschaft. Nicht nur das Repertoire des Grotesken hat sich immer mehr ausgeweitet und Aufmerksamkeit auf sich gezogen, sondern auch die schöpferische Tätigkeit erkundet neue Wege, die mit Hilfe der inzwischen kanonischen Termini des ästhetischen Metadiskurses nur schwer zu fassen sind. Der Einfluß innovativer Werke in Malerei (Hogarth) und Literatur (Lawrence Sternes *Tristram Shandy*, 1760, Denis Diderots *Jacques le fataliste*, 1796, und *Le neveu de Rameau*, 1774) macht sich in ganz Europa bemerkbar. Die künstlerische Praxis selbst trägt dazu bei, die Reflexion über das Komische und dessen Status wieder in Gang zu bringen und daraus einen bevorzugten Bereich für die Legitimierung des Neuen zu machen. In ihrer Anfangsphase ist die Reflexion über das Groteske ein Teil dieser Entwicklung.

Insgesamt gesehen und trotz deutlicher Hinweise auf Veränderung bleibt die Ästhetik unter dem Einfluß neoklassischer Positionen. Wie zuvor sind nur die Ränder Orte der Innovation. Da das Komische in diesem Randbereich am wenigsten kodifiziert ist, bildet es gleichsam eine Nische, in der Veränderungen am leichtesten aufgenommen werden können, und zwar sowohl in der künstlerischen Praxis als auch in der ästhetischen Theorie. Unter diesen Vorzeichen fügt sich das Groteske mehr recht als schlecht in das weite Feld des Komischen ein, seine Andersartigkeit wird aber zur gleichen Zeit geahnt, sogar bestätigt und dann doch wieder totgeschwiegen.

So gibt es für Wieland einen Typ Karikatur, der aus dem Grotesken hervorgeht, aber genau aus diesem Grund den geringsten Anspruch darauf hat, als Karikatur bezeichnet zu werden. Allgemein formuliert heißt das: Wird das Groteske erst einmal in die Untersuchung einbezogen, ist dies zugleich Grund genug, seinen Ausschluß festzustellen. Umgekehrt ist die Bedeutungsspanne des Begriffs grotesk bei Flögel so weit, daß er jede Kontur verliert und von anderen Formen des Komischen nicht mehr unterschieden werden kann. Den Kritikern ist diese verwirrende Wirkung der Einführung des Grotesken in den allgemeinen Kanon ästhetischer Kategorien durchaus nicht entgangen, doch wagen sie es nicht, daraus wirkliche Konsequenzen zu ziehen, über Kompromißlösungen und Umschreibungen hinauszureichen, zu ziehen.

---

16 Vgl. CHRISTIAN W. THOMSEN, Das Groteske und die englische Literatur (Darmstadt 1977), 28–37.

III. Das Groteske in der Romantik und die Suche nach einem Metadiskurs für die Moderne

In der Romantik spielt die Reflexion über das Groteske eine zentrale Rolle. Nun beginnt eine neue, ›offensive‹ Phase, in der die Kategorie grotesk entscheidenden Einfluß auf die ästhetische Auseinandersetzung nimmt. Dies bedeutet allerdings nicht, daß die vielen Kommentare, die das Groteske in dieser Erneuerungs- bzw. ›Erfindungs‹phase hervorruft, am Ende eine klare Definition bereithalten. In unserem stark von der Systematik geprägten Jh. ist das romantische Interesse am Grotesken nur schwer nachzuvollziehen, weil das große Aufheben, das um das Groteske gemacht wird, nur wenig Aufschluß über sein eigentliches Gewicht, seine konkreten Auswirkungen gibt. Worum es geht, erkennt man eher, wenn man das, was an verschiedenen Stellen und mit unterschiedlichen Akzentuierungen gesagt wird, als eine Art ›großen Text‹ liest. In dieser Perspektive ist es weniger von Bedeutung, daß die Aussagen teilweise redundant sind und sich nicht im Sinne einer linearen Progression präsentieren, sich oft genug sogar offen widersprechen. Entscheidend ist vielmehr die beständige Präsenz des Grotesken in diesem ›großen Text‹. Das Groteske wird fortan zum Maßstab des Denkens – oder auch zum Problem für jene Kritiker, die versuchen, dem Grotesken konsequent auszuweichen, womit allerdings indirekt die Tragweite des Begriffs bestätigt wird. Die große Neuheit dieser Etappe besteht also in erster Linie darin, daß die Position des Grotesken in der ästhetischen Auseinandersetzung gestärkt wird. Was im vorangegangenen Jh. noch in den Randgebieten der Ästhetik zu finden war, wird fortschreitend zum Prüfstein für die Neugestaltung der ästhetischen Landschaft. Hierfür bietet Deutschland ein sehr anschauliches Beispiel, wo sich Texte ergänzen, überschneiden, aber auch widersprechen und gerade dadurch die Faszination des Grotesken zum Ausdruck bringen, die besonders ausgeprägt bei jenen vorhanden ist, die künstlerische Veränderungen anstreben.

1. Die Bedeutungsvielfalt des Grotesken in der ästhetischen Theorie und künstlerischen Praxis in Deutschland

Die Schriften Friedrich Schlegels sind diesbezüglich sehr aufschlußreich: Auf den ersten Blick nimmt das Groteske in seinen *Athenäumsfragmenten* (1798) und dem *Gespräch über die Poesie* (1800) nur einen begrenzten Raum ein. Darüber hinaus wird der Terminus in vielfältiger Bedeutung verwandt: zugleich umgangssprachlich-abwertend, dann ästhetisch-reflexiv, und er erscheint auch als Synonym für ›Arabeske‹. Ist man auf der Suche nach einer Definition des Grotesken, verwirrt dies. In dieser Hinsicht ist jeder Versuch, Schlegel eine Definition des Grotesken zuzuschreiben, rein hypothetisch. Im Gegenzug sollte man daraus nicht schließen, daß das Groteske in seinen Schriften nur eine marginale Rolle spielt. Wo bereits die *Athenäumsfragmente* durch den Witz geprägt sind, ermöglicht das vielstimmig angelegte *Gespräch* dann eine systematischere Herangehensweise, da die Polyphonie den Witz als erhellenden Zusammenprall divergierender Perspektiven zur Grundlage des ganzen Textes macht. Man muß Schlegels Aussagen über das Groteske im Kontext der in seinen Werken formulierten Poetik betrachten. Nur so erscheint die Bedeutungsvielfalt des Grotesken nicht mehr als eine konzeptionelle Schwäche, sondern als Verfahrensweise, seine verschiedenen Bedeutungen spielerisch auszuprobieren.

Bei F. Schlegel soll der Terminus grotesk (ebenso wie Witz, Ironie, Phantasie) vor allem die Modernität der Romantik zum Ausdruck bringen. Der Entwurf dieses Paradigmas ist von größerer Bedeutung als die genaue Definition. Die Häufungen, Querverbindungen und Affinitäten von ›grotesk‹ dienen Schlegels Ziel weitaus mehr als die klare Umschreibung.

Mangel und Überfluß vereinen sich also im Grotesken, sie schöpfen aus ein und derselben Quelle, nämlich aus der Wechselwirkung von ästhetischer Verwendung und Alltagssprache, die ›grotesk‹ immer noch abwertend konnotiert und in die Nähe zum Lächerlichen stellt. Im *Athenäumsfragment* 424 (worin Schlegel sich auf die Französische Revolution als politisches Ereignis in Frankreich, als universelles Erdbeben und als Re-

III. Das Groteske in der Romantik und die Suche nach einem Metadiskurs für die Moderne 889

volution schlechthin bezieht) kommt diese Mischung deutlich zum Ausdruck:»Man kann sie aber auch betrachten als den Mittelpunkt und den Gipfel des französischen Nationalcharakters, wo alle Paradoxien desselben zusammengedrängt sind; als die furchtbarste Groteske des Zeitalters, wo die tiefsinnigsten Vorurteile und die gewaltsamsten Ahndungen desselben in ein grauses Chaos gemischt, in einer ungeheuren Tragikomödie der Menschheit so bizarr als möglich verwebt sind.«[17] Hier wird Schlegels ästhetische Auffassung des Grotesken deutlich. Sie ist charakterisiert durch ein Aufeinandertreffen spannungsvoller Elemente, durch deren bizarre Vermischung ein chaotisches Ganzes entsteht, das eine sowohl komische als auch deprimierende Komponente hat. Es ist allerdings wichtig zu berücksichtigen, daß sich die Verbindung zwischen dem Grotesken und der Französischen Revolution sowie ihre wechselseitige Ausdeutung nur vor dem Hintergrund eines virtuellen Kunstwerkes, der monströsen Tragikomödie der Menschheit, das Schlegel als Grundlage seiner Gedanken dient, verstehen läßt. Das Chaotische hat seither nichts mehr wirklich Unheimliches ›an sich‹, sondern ist Voraussetzung für eine Art ›Entschlakkung‹, die ein neues Denken hervorbringt. In dieser Konzeption des Grotesken gehen Ästhetik und Philosophie eine Verbindung ein. Das Groteske kann daher für eine kritische Methode gehalten und gleichzeitig auf die Philosophie selbst angewandt werden. Halb ernst, halb scherzhaft macht Schlegel in Fragment 389 den Vorschlag, gewisse Kapitel der Philosophiegeschichte unter dem Blickwinkel des Grotesken neu zu betrachten.»Sie hat«, so Schlegel,»Werke, die ein Gewebe von moralischen Dissonanzen sind, aus denen man die Desorganisation lernen könnte, oder wo die Konfusion ordentlich konstruiert und symmetrisch ist« (238). Das impliziert wiederum, daß diese Kunstwerke vorab als Kunstchaos aufgefaßt worden sind.

Das hier zum Ausdruck gebrachte Verständnis des Grotesken wird ganz offenkundig nicht vom Werk her begründet, sondern definiert im Gegenteil einen gewissen Blick auf die Tradition. Aus der Distanz kann diese ›ästhetische Vision‹ eines konzeptionellen Universums konstruktiv sein. Wenn es um Werke jüngeren Datums geht, ist die groteske Dimension oftmals einfach als Spott zu verstehen. Und so findet man bei Schlegel in ein und demselben Fragment nacheinander eine höchst ausdifferenzierte Verwendung von ›grotesk‹ und eine weniger ausgefeilte, eher der Alltagssprache entlehnte. Wenn Schlegel auf traditionelle Weise literarische Werke in den Blick nimmt, bleibt diese Doppeldeutigkeit bestehen:»Das bunte Allerlei von kränklichem Witz gebe ich zu, aber ich nehme es in Schutz und behaupte dreist, daß solche Grotesken und Bekenntnisse noch die einzigen romantischen Erzeugnisse unseres unromantischen Zeitalters sind.«[18] Betrachtet er jedoch das Werk Jean Pauls in der Tradition Sternes, Jonathan Swifts oder Diderots, dann bewertet er das Groteske positiv. Gewiß ist Jean Paul nicht mit Ariost, Cervantes oder William Shakespeare zu vergleichen, doch knüpft er auf seine Weise an diese für die Romantik so bedeutenden Künstler an. Das Groteske geht für Schlegel also ebenso aus einer Poetik des Werkes wie einer Poetik des Denkens hervor. Gleich welche Facette bei Schlegel in den Vordergrund tritt, stets bleibt der Einfluß der Alltagssprache, deren eher negative Bewertung allerdings die Anziehungskraft des Grotesken neu begründet, und zwar dort, wo man es am wenigsten erwarten würde: im Konglomerat von Kunst und Philosophie.

In seiner *Vorschule der Ästhetik* (1804) entwickelt Jean Paul eine Theorie des Grotesken, ohne jedoch den Terminus zu gebrauchen. Wenn er bewußt den Bezug zum Grotesken vermeidet, geschieht dies vor allem wegen dessen negativer Konnotationen. So findet man eine Ausarbeitung der Gedanken Schlegels zum Grotesken bei Jean Paul unter der Rubrik Humor, der Seite an Seite mit ›Witz‹, ›Ironie‹ und ›Verve‹ erscheint, qualitativ aber eine Vorrangstellung einnimmt: Der Humor ist für Jean Paul kurzum das Komische der Romantik, das gegen den Strich gebürstete Erhabene. Der Humor impliziert eine doppelte Bewegung: die Wahrnehmung der Nichtigkeit bzw. Endlichkeit der Welt und zugleich die einer unendlichen Welt. Aus diesem Kontrast erwächst ein Lachen, von dem Größe und Ernst durchdrungen ist. Der

---

17 FRIEDRICH SCHLEGEL, Athenäumsfragmente (1798), in: SCHLEGEL (KFSA), Bd. 2 (1967), 248.
18 SCHLEGEL, Gespräch über die Poesie (1800), in: SCHLEGEL (KFSA), Bd. 2 (1967), 329.

Humor läßt sich keinem bestimmten Ziel zuordnen, da er seinem Selbstverständnis nach nur im Vergleich zur Totalität, zum Universellen existiert. Schließlich kommt der Humor nicht ohne eine sinnlich wahrnehmbare Stütze aus, welche die Endlichkeit der Welt erklären soll. Zu diesem Zweck, präzisiert Jean Paul, sei es vonnöten, mit großer Anstrengung des Geistes und der Phantasie Bilder und Kontraste zu vervielfältigen. In diesem Zusammenhang empfiehlt er einen Stil, der bis in die kleinsten Details alles individualisiert.

Die Affinitäten zwischen Jean Paul und F. Schlegel sind unübersehbar: Jean Pauls *Vorschule* ist gleichsam Erweiterung und entstellender Spiegel der Schlegelschen Schriften: eine Erweiterung in dem Sinne, daß sie am gleichen ästhetischen Projekt partizipiert, durch eine Neuinterpretation der Tradition die romantische Kunst zu erkunden und zu begründen; ein entstellender Spiegel, weil sie versucht, dieses Projekt systematisch zu realisieren. Dort, wo Schlegel bewußt mit Widersprüchen und Vielschichtigkeit spielte, bemüht sich Jean Paul im Gegenteil darum, diese Ambiguitäten in ein System einzubinden, das sie tendenziell dennoch immer wieder sprengen.

Die Werke Jean Pauls, Ludwig Tiecks oder Bonaventuras *Nachtwachen* (1804) bringen Licht in die Reflexion über das Groteske, weil sie die suggestiven Inhalte präzisieren. Literarische Werke und Theorie stützen sich hier gegenseitig. So verstanden, beruht die Theorie des Grotesken eher auf spezifischen literarischen Werken als auf einer echten metadiskursiven Praxis. Das seither auf dem Grotesken als ästhetischer Kategorie lastende Gewicht ist insbesondere an der Tatsache zu erkennen, daß diejenigen, die nicht notwendigerweise die Ansichten F. Schlegels oder Jean Pauls teilen, dennoch das Groteske in ihren Reflexionen berücksichtigen. Das trifft speziell für Hegel zu, der das Groteske in seinen *Vorlesungen über die Ästhetik* (1835–1838) unter der Rubrik der phantastischen Symbolik abhandelt.[19] Für ihn geht das Groteske aus einer unvollkommenen Form des Symbolischen hervor, die für die Kunst der alten Inder charakteristisch ist. Überdimensionierte und mißgestaltete Wesen seien hier oft der Ausdruck einer Verwirrung, die bei den Indern zwischen dem Prinzip des Geistes und der Materie bestehe. »Die indische Kunst [...] bleibt bei der grotesken Vermischung des Natürlichen und Menschlichen stehn, so daß keine Seite zu ihrem Recht kommt und beide sich wechselseitig verunstalten.« (345) Eine solche Interpretation, die die Unvollkommenheit des Archaischen betont, muß die positive Bewertung des Grotesken durch die Romantik für nichtig erklären. In jedem Fall trägt sie dazu bei, die polemische Aura, die das Groteske umgibt, zu erhalten.

Neben den Traktaten zur allgemeinen Ästhetik findet das Groteske seinen Niederschlag in Schriften bescheideneren Umfanges, die aber dennoch nicht weniger einflußreich sind, so etwa auch E. T. A. Hoffmanns einleitende Bemerkungen in *Fantasiestücke in Callots Manier* (1814). Indem er seinem Werk eine Eloge auf Jacques Callot und dessen Kunst voranstellt, siedelt er sein eigenes Werk im Bereich des Grotesken an, als dessen Vertreter er Callot darstellt. Hoffmann bezeichnet die Arbeiten Callots als »aus den heterogensten Elementen geschaffene Compositionen« und übernimmt die charakteristischen Merkmale von Callots »fantastischen wunderlichen Erscheinungen«: die Mischung aus Vertrautem und Bizarrem, Alltäglichem und Phantastischem, aus Menschlichem und Tierischem: »Selbst das Gemeinste aus dem Alltagsleben [...] erscheint in dem Schimmer einer gewissen Originalität.« Die kühne Ironie dieser Visionen geht auf eine Romantik zurück, in der sich Hoffmann wiedererkennt und auf die er sich gern beruft: »Die Ironie, welche, indem sie das Menschliche mit dem Thier in Conflict setzt, den Menschen mit seinem ärmlichen Thun und Treiben verhöhnt, wohnt nur in einem tiefen Geiste, und so enthüllen Callots aus Thier und Mensch geschaffene groteske Gestalten dem ernsten tiefer eindringenden Beschauer, alle die geheimen Andeutungen, die unter dem Schleyer der Skurilität verborgen liegen.«[20]

Seine Überlegungen bieten für das Groteske keine wesentlichen Neuerungen, höchstens in der Art und Weise seiner praktischen Umsetzung. Dennoch erzielten sie eine enorme Wirkung:

---

19 Vgl. HEGEL (ÄSTH), 337 ff., 342.
20 E. T. A. HOFFMANN, Fantasiestücke in Callots Manier (Bamberg 1814), 3–6.

Schnell ins Englische und Französische übersetzt und sehr wohlwollend beim Publikum aufgenommen, werden die Schriften Hoffmanns und sein Vorwort zu einer wichtigen Referenz für das Groteske und dienen auf Dauer, insbesondere in Frankreich, als Beispiel für die ästhetische Kategorie des Grotesken. Der Einfluß Schlegels und Jean Pauls wird sich dagegen erst viel später bemerkbar machen.

Eine weitere Verbreitung erhält das Groteske durch die *Tales of the Grotesque and Arabesque* (1840) von Edgar Allan Poe, der den Bezug zu Hoffmann nicht leugnen kann. So wird ein immer größer werdendes Publikum mit einer neuen ästhetischen Kategorie vertraut gemacht.

2. Das Spiel mit der Zurückhaltung: Die Situation in England und Frankreich

Der dem Grotesken in der Romantik zugewiesene Platz zeugt von der Bedeutung dieser ästhetischen Kategorie. Aber man schätzt ihren Einfluß falsch ein, wenn man nicht auch die Zurückhaltung in Erwägung zieht, die wie ein wandelnder Schatten die Entwicklung des Grotesken begleitet. Jean Paul, der den Begriff Humor bevorzugt, bietet diesbezüglich ein symptomatisches Beispiel, das von der Wirkung her einer Selbstzensur gleichkommt. Dieses Spiel mit der Zurückhaltung wird teilweise durch das Umfeld noch gesteigert: Zu Beginn des 19. Jh. nimmt England eine eher ablehnende Haltung dem Grotesken gegenüber ein, und die ästhetische Reflexion räumt ihm nur wenig Raum ein. Das heißt nicht, daß man die Kategorie des Grotesken dort ganz ignoriert, aber man ist sich einig darüber, daß die Begriffe, die in Deutschland im Zusammenhang mit dem Grotesken auftauchen, in England anderen Bereichen zugeordnet werden.

Durch die Auseinandersetzung um die gotische Kunst gerät die neoklassische Kunst erneut in den Mittelpunkt der Kritik. Mit dem Erfolg der ›gothic novel‹ wird die Literatur nach der Architektur zum bevorzugten Terrain einer Apologie des Imaginären und Traumhaften. In dieser Konstellation ist ein Rückgriff auf das Groteske noch nicht erforderlich, auch wenn der Begriff an einigen (allerdings unbedeutenden) Stellen auftaucht. Eine verhaltene Aufnahme der Übersetzung von E.T.A. Hoffmanns Werken kommt in Walter Scotts Artikel *On the Supernatural in Fictitious Composition* (1827) zum Ausdruck. Scott hält Hoffmann die Erfindung eines Kompositionsverfahrens für das Phantastische zugute, zu dem auch das Groteske zählt:»Thus was the inventor, or at least first distinguished artist who exhibited the fantastic or supernatural grotesque in his compositions. [...] In fact, the grotesque in his compositions partly resembles the arabesque in painting in which is introduced the most strange and complicated monsters, resembling centaurs, griffins, sphinxes, chimeras, rocs, and all other creatures of romantic imagination, dazzling the beholder as it were by the unbounded fertility of the author's imagination, and sating it by the rich contrast of all the varieties of shape and colouring, while there is in reality nothing to satisfy the understanding or inform the judgement.«[21] Hier wird das Groteske vor dem Hintergrund der Malerei als unendlich variable Assemblage monströser Gestalten gefaßt, die der Einbildungskraft des Autors entspringt. Indessen bleibt Scotts Lob sehr verhalten, denn er kritisiert den mangelnden Halt für den Verstand, den die Erzählungen Hoffmanns seiner Meinung nach bieten: »We do not mean to say that the imagination of Hoffmann was either wicked or corrupt, but only that it was ill-regulated and had an undue tendency to the horrible and the distressing« – »the dreams of an over-heated imagination, by which his taste appears to have been so strangely misled« (335 f.). Dies widerstrebt dem englischen Geschmack, der die Loslösung einer Erzählung von jeglicher didaktischer Zielrichtung nicht leicht akzeptieren kann. Scott stellt den Märchen Hoffmanns Mary Shelleys *Frankenstein* (1818/1831) gegenüber, da dieses Werk aufgrund seiner präzisen Zielrichtung dem englischen Geist näherstehe.[22]

Die Doppeldeutigkeit von Scotts Urteil ist signifikant, denn die Anerkennung des Grotesken als

---

21 WALTER SCOTT, On the Supernatural in Fictitious Composition; and particularly on the Works of Ernest Theodore William [sic] Hoffmann (1827), in: Scott, On Novelists and Fiction, hg. v. I. Williams (London 1968), 335.
22 Vgl. ebd., 326.

ästhetische Kategorie bleibt nur lokal und beschränkt auf einen Autor und sein Heimatland. Doch impliziert die begrenzte Position der Kategorie auf theoretischer Ebene nicht, daß das Groteske in der literarischen Produktion fehlt. Dies beweisen die Romane Charles Dickens'. Allerdings kommt es nicht zu einer allgemeinen Anerkennung des Grotesken, da eine den Begriff offen aufwertende Theorie nicht vorhanden ist. So bleibt zumindest die unmittelbare Geste Poes, der sich mit dem Werktitel *Tales of the Grotesque and Arabesque* (und auch im Vorwort zu dieser Sammlung)[23] offen zur Ästhetik des Grotesken bekennt, ohne großen Nachhall. Um so bemerkenswerter ist der Gegensatz zwischen der großen Anzahl an literarischen Beispielen, welche die deutschen Romantiker in England ausfindig machen, und dem geringen Wert, den die Engländer selbst dieser ästhetischen Kategorie zu Beginn des Jh. beimessen. Man muß noch einige Jahrzehnte warten, bevor sich die Situation jenseits des Ärmelkanals leicht zugunsten des Grotesken wendet. Eine durchgreifende Veränderung sollte sich erst im 20. Jh. bemerkbar machen.

Während die Reflexion über das Groteske in der ersten Hälfte des 19. Jh. in England zwar Fuß fassen, aber kein spezifisches Profil gewinnen kann, stellt sich in Frankreich die Situation ganz anders dar. Gewiß fehlt es auch hier nicht an Zurückhaltung, aber die Frage wird in einem explizit oder implizit polemisch geprägten Geist angegangen. Es bleibt nicht dabei, daß die Positionen im allgemeinen klar und entschieden sind. Vielmehr findet man in der französischen Romantik eine Gesamtkonstellation wieder, die an die deutsche Situation erinnert. Dabei ist allerdings nicht auszumachen, wer hierbei wen beeinflußt. Die Auseinandersetzung mit dem Grotesken verläuft in Schüben, ohne jeweils Rücksicht auf frühere Reflexionsstadien zu nehmen. Es scheint, als unterliege der Begriff grotesk selbst einem ständigen Erneuerungsprozeß. Hier ist auch die Theorie des Grotesken bei Victor Hugo, dem Protagonisten auf der französischen Bühne des Grotesken, anzusiedeln. In seiner einflußreichen *Préface de Cromwell* (1827) legt Hugo seine Theorie des Grotesken dar. Die in diesem Vorwort enthaltene Innovation ist in erster Linie lexikalischer Natur. Hugo ist der erste, der zur Bezeichnung einer ästhetischen Kategorie im Französischen das Substantiv ›grotesque‹ einführt. In einem Atemzug erfindet er das Wort und die bezeichnete Sache, die noch lange mit seinem Namen verbunden bleiben sollte. Hugo verschreibt sich als erster der bedingungslosen Förderung des Grotesken: »le grotesque a un rôle immense. Il y est partout.«[24]

Wie F. Schlegel und Jean Paul verbindet Hugo das Groteske mit Romantik und Moderne, als deren Prüfstein es fungiert. Aber im Gegensatz zu seinen Vorgängern stellt er eine These auf, die keine Einschränkungen erlaubt. Sein Diskurs geht weder auf den Witz noch auf irgendein ›Kunstchaos‹ zurück, sondern entwickelt sich aus Behauptungen, die durch eine flammende Rhetorik gebührend profiliert werden. Die Geschichte des Grotesken ist für Hugo eine triumphale Entwicklung, die ihren Höhepunkt in der romantischen Kunst hat. Die Parteinahme Hugos und dem Vehemenz seiner Worte werden erst vor dem Hintergrund der französischen Situation deutlich, in der die neoklassische Ästhetik hartnäckiger als anderswo noch immer die führende Position einnimmt.

Hugo verfolgt eine klare und konsequente Strategie: Zuerst geht es ihm darum, eine Genealogie der modernen, d.h. romantischen Kunst zu begründen, die den Referenzpunkt Antike nicht mehr benötigt. Demnach ist die Kunst der Moderne die Kunst des Christentums mit ihrer aus einer doppelten Natur resultierenden Melancholie – »Du jour où le christianisme a dit à l'homme: Tu es double, tu es composé de deux êtres [...], de ce jour le drame a été créé. Est-ce autre chose en effet que ce contraste de tous les jours, que cette lutte de tous les instants entre deux principes opposés qui sont toujours en présence dans la vie, et qui se disputent l'homme depuis le berceau jusqu'à la tombe?« (425); »De ce sentiment [...] le christianisme fit la mélancolie.« (415) –, die durch eine

---

23 Vgl. EDGAR ALLAN POE, Preface for Tales of the Grotesque and Arabesque (1840), in: Poe, Collected Works, hg. v. T. O. Mabbott, Bd. 2 (Cambridge, Mass./London 1979), 471 ff.
24 VICTOR HUGO, Préface de Cromwell (1827), in: Hugo, Théâtre complet, Bd. 1 (Paris 1963), 418.

neue, nämlich die groteske Ausdrucksform in die künstlerische Praxis übertragen wird. Wie es jeder eigenständigen ästhetischen Kategorie gebührt, manifestiert sich das Groteske in allen Kunstformen: Es ist in Architektur, Bildhauerkunst und Malerei ebenso präsent wie in der Literatur. Im übrigen durchdringt es gleichermaßen Sitten, volkstümliche Glaubensvorstellungen, Gesetzgebung und Institutionen. Für Hugo sind sozialer und künstlerischer Wandel ganz offenbar aneinander gekoppelt. Die einzelnen Etappen der Geschichte des Grotesken lassen sich so darstellen: Es tritt erstmals schon in der spätlateinischen Literatur auf, prägt dann entscheidend die Kunst des Mittelalters (insbesondere die Kathedralen), um dann in der Renaissance mit »trois Homère bouffons: Arioste, en Italie; Cervantes, en Espagne; Rabelais, en France« zu erblühen. Neben diesen Namen treten Bartolomé Esteban Murillo, Paolo Veronese, Michelangelo und Peter Paul Rubens als Vertreter dieser Moderne auf. Aber das größte Genie bleibt in den Augen Hugos und vieler anderer Romantiker unbestritten Shakespeare als christlicher, moderner, romantischer Künstler.

Dieser Genealogie folgt der Versuch, das Groteske zu definieren. Nach Hugo umfaßt es »le difforme et l'horrible« genauso wie »le comique et le bouffon« (418). Hugo, der die Reichweite des grotesken Einflusses betonen muß, kümmert sich nicht um hierarchische Unterscheidungen. Maßgeblich ist für ihn nicht, daß es vulgäre Formen des Grotesken neben erhabeneren Beispielen gibt, sondern daß das Groteske vielmehr im ganzen Spektrum der künstlerischen Produktion zu finden ist. Es geht ihm stets darum, den umfassenden Charakter des Grotesken herauszuarbeiten. Und deshalb kann für Hugo nur das Erhabene als »objectif auprès du sublime« (419) gelten. In diesem Blickwinkel kann das Groteske zur Kategorie werden, die den Wert des Erhabenen bestimmt: In dem Maße, wie man sich von allem erholen muß, also auch vom Schönen, dient das Groteske als »moyen de contraste«: »on a besoin de se reposer de tout, même du beau. Il semble, au contraire, que le grotesque soit un temps d'arrêt, un terme de comparaison, un point de départ d'où l'on s'élève vers le beau avec une perception plus fraîche et plus exitée.« (419) Dies ist ein Vorschlag

Hugos im Hinblick auf eine radikale Umkehrung der Perspektive. Das heißt: »Le beau n'a qu'un type; le laid en a mille.« (420) Das Schöne erweist sich auf menschlicher Ebene, es stellt sich als »un ensemble complet mais restreint comme nous« dar. Dagegen ist »le laid [...] un détail d'un grand ensemble qui nous échappe, et qui s'harmonise, non pas avec l'homme, mais avec la création tout entière«, und es bietet aus diesem Grund »sans cesse des aspects nouveaux mais incomplets« (421).

Hugo siedelt seine Konzeption im verbindenden Moment von Schönem und Erhabenem, Häßlichem und Groteskem, Vollendetem und Endlichem, Unvollendetem und Unendlichem an. Das Groteske, so wie er es begreift, liegt auf der Ebene der Schöpfung insgesamt und erfaßt so alles, auch das Erhabene. Trotz der Ähnlichkeit der Termini, auf die sie Bezug nehmen, schlägt Hugo einen ganz anderen Weg als Jean Paul ein. Indem Jean Paul den Humor als Umkehrung des Erhabenen betrachtet, beweist er einen konsequenteren Gebrauch der Begrifflichkeit, als sie ihm von der deutschen philosophischen Tradition vorgegeben wurde. Hugo hingegen, der nicht in dieser Tradition steht, kann sich erlauben, eloquenter, sentenziöser und auch kühner zu sein. Hierin liegt nicht zuletzt seine Originalität. Niemand vor ihm hatte die Argumentation so weit vorangetrieben, niemand hatte sich je mit soviel Vehemenz für die Aufwertung des Grotesken zur ästhetischen Kategorie eingesetzt. Die Erfindung des Grotesken gründet bei Hugo, wenn man sie im europäischen Vergleich betrachtet, auf der Wiederaufnahme vieler vormals schon geäußerten Aspekte. Aber die einfache und eingängige Form sorgt für größere Wirksamkeit, so daß die *Préface de Cromwell* mit Recht als das Plädoyer schlechthin für das Groteske gilt, obgleich ihre Mängel auch nicht verschwiegen werden dürfen: Das Groteske wird zu einer so umfassenden Kategorie, daß es an Präzision verliert. Im Rückblick bleibt zu sagen, daß die Rhetorik Hugos klar zu erfassen erlaubt, was bei der Einführung des Grotesken auf dem Spiel steht: Es geht um nicht mehr und nicht weniger als die Suche nach einem Metadiskurs für die Moderne, es geht um den Versuch, die Innovation der Kunst zu konzeptualisieren. Nichts bezeugt dieses Streben mehr als der letzte Teil des Vorworts, der die neoklassische Gattungstheorie erneut in Frage stellt. Das Groteske als neues ästhetisches Phänomen kommt nicht umhin, traditionelle Gattungskonventionen umzustürzen, um der neuen Kunstform des romantischen Dramas Raum zu geben: »La poésie née du christianisme, la poésie de notre temps est donc le drame; le caractère du drame est le réel; le réel résulte de la combinaison toute naturelle de deux types, le sublime et le grotesque, qui se croisent dans le drame, comme ils se croisent dans la vie et dans la création. Car la poésie vraie, la poésie complète, est dans l'harmonie des contraires.« (425)

So eloquent Hugos Ausführungen auch vorgetragen sein mögen, sie ernten keine ungeteilte Zustimmung. Restriktiv interpretiert, werden sie als Plädoyer in eigener Sache gesehen; oder anders gewendet: Wer die Bedeutung des Grotesken bejaht, greift eher den Geist der *Préface* auf als ihren Wortlaut. Das gilt auch für Théophile Gautier, der in *Les Grotesques* (1843) seinerseits versucht, die Modernität der Romantik mit Blick auf das Groteske zu erklären. In diesem Werk, das Artikel über Schriftsteller und Lyriker des 16. und 17. Jh. versammelt, die in der neoklassischen Ära in Vergessenheit geraten sind, thematisiert Gautier Werden und Wandel in den Künsten. Als Leitfaden seiner Überlegungen dient ihm das Spiel mit den verschiedenen Bedeutungen des Terminus grotesk. Der Titel des ursprünglich mit ›Exhumations littéraires‹ überschriebenen Werkes ist ein deutlicher Hinweis darauf. Gautier betrachtet darin Dichter, die im Laufe der Zeit gleichsam zu exzentrischen Kuriositäten (»têtes grimaçantes«) geworden sind, weil ihre Werke (»difformités littéraires«, »déviations poétiques«[25]) von einer nicht assimilierbaren Originalität oder übertriebenem Konformismus geprägt sind. Über diese Bedeutung hinaus verweist der Titel *Grotesques* auch auf die Machart des Buches, die an jene der Renaissance-Grotesken erinnert. Gautier interessiert sich vor allem für das, was der Neoklassizismus marginalisiert hat: »Cependant, en dehors des compositions que l'on peut appeler classiques, et qui ne traitent en quelque sorte que des généralités proverbiales, il existe un genre auquel conviendrait assez le nom d'arabesque, où sans grand souci de la pureté des lignes, le crayon s'égaye en mille fantaisies baroques.« (XI) Sein Gedankengang entwickelt sich aus einer Umkehrung dessen, was Montaigne befürwortete, als er das Groteske einsetzte, um sein Œuvre zu erläutern. Gautier verläßt aber den von Nicolas Boileau in dessen *Art poétique* (1674) formulierten zentralen Werkekanon, indem er die Aufmerksamkeit auf solche Autoren lenkt, denen in der Neoklassik überhaupt kein Interesse entgegengebracht wurde: »Les vers de Virgile sur Thestylis, qui broyait l'ail pour les moissonneurs, sont fort beaux; mais *l'Ode au fromage* de Saint-Amant ne manque pas de mérite, et peut-être ceux qui ont lu mille fois les *Bucoliques* ne seront-ils pas fâchés de jeter les yeux sur les dithyrambes bachiques et culinaires de notre poète goinfre. Le ragoût de l'œuvre bizarre vient à propos raviver votre palais affadi par un régime littéraire trop sain et trop régulier; les plus gens de goût ont besoin quelquefois, pour se remettre en appétit, du piment de concetti et des gongorismes.« (XI f.) Einige dieser Autoren wie Paul Scarron und Théophile de Viau haben Werke hervorgebracht, die auf einer Ästhetik des Grotesken im Hugoschen Sinne fußen, doch ist das nicht die Regel, denn Gautier ist nicht ausschließlich an der Beschreibung der Werke und ihrer Ästhetik interessiert. Vielmehr beabsichtigt er, im Zuge der Wiederentdeckung vergessener Autoren gewissermaßen ein Portrait des Künstlers ›en grotesque‹ zu zeichnen. Ausgehend von Beispielen vergangener Zeiten, die ihn wegen ihrer aktuellen Echowirkung anziehen, fragt Gautier nach dem Schicksal jener Künstler und Werke, die die ausgetretenen Pfade der Tradition verlassen. Im Gegensatz zu Hugo meint Gautier, daß es *eine* ungeteilte Tradition gibt, von der man sich abwenden, mit der man aber nicht konkurrieren kann, indem man ein neues System vorschlägt. Die romantische Moderne ruft in diesem Geist dazu auf, das Denken des Marginalen zu radikalisieren und jeden eingeschlagenen Weg als absolut zufällig zu betrachten. Die Romantik selbst versteht sich als ein derartiges unbestimmtes Derivat ohne Rückversicherung: Durch die Anhäufung von alten und neuen Bedeutungen erlaubt der Begriff grotesk die Erschließung eines neuen Tatsachenbefunds.

---

25 THÉOPHILE GAUTIER, Les Grotesques (1843), in: Gautier, Œuvres complètes, Bd. 3 (Genf 1978), V.

Gautiers Beitrag zur romantischen Reflexion über das Groteske fehlt es nicht an Originalität, da er das heuristische Potential der Kategorie des Grotesken, das schon Schlegel und Jean Paul betonten, profiliert. Indem Gautier alle gängigen Bedeutungen des Grotesken (von seinen frühesten bis zu den jüngsten Belegen) wieder aufgreift, spielt er mit der Anhäufung einerseits ästhetischer, andererseits kognitiver Werte dieses Begriffs. Gautiers Überlegungen sind hinsichtlich der Implikationen des Grotesken nützlich, doch führt die bewußte Verweigerung jeglicher Systematisierung für den, der präzise Beschreibungen und Definitionen sucht, nicht zu einem Plädoyer für das Groteske.

Der Komponist Hector Berlioz ist vom gleichen Geist wie Gautier geprägt, wenn er einen Band seiner musikalischen Chroniken – die sich ihrerseits mit Marginalia der Musikgeschichte befassen – mit *Les Grotesques de la Musique* (1859) betitelt. Die Bezüge auf das Groteske sind zweifelsohne in der Musik am seltensten und am wenigsten systematisch, was damit zusammenhängt, daß die visuelle Referenz für das Groteske eine Vorrangstellung einnimmt. Der Terminus wird somit im Bereich der Musik häufig nur in abgeleiteter Form verwendet, insbesondere für Opern, deren Libretto aus der Adaption von Texten hervorgeht, die zum dramatischen Repertoire des Grotesken zählen, wie z. B. Giuseppe Verdis *Falstaff* (1893) und *Rigoletto* (1851) oder Jacques Offenbachs *Hoffmanns Erzählungen* (1881).

IV. Neue Ansätze und Wendepunkte

In vielerlei Hinsicht sind die Reflexionen, die Charles Baudelaire der Ästhetik des Grotesken widmet, noch der Romantik verwandt und gleichermaßen der französischen wie der deutschen Interpretation verpflichtet. Sie treiben die in diesem Zusammenhang möglichen Äußerungen ein letztes Mal auf die Spitze und leiten so das allmähliche Ende des gesamten Diskurses ein. Baudelaire übernimmt von seinen Vorgängern die Überlegung, daß das Groteske diejenige Kategorie sei, welche die künstlerische Modernität am ehesten erklären könne. Aber es geht ihm vor allem darum, diesen Begriff zu konzeptualisieren, einen analytischen Ansatz anzubieten. Sein Essay *De l'Essence du Rire et généralement du comique dans les arts plastiques* (1857) stellt auf französischer Seite den am weitesten fortgeschrittenen Versuch in dieser Richtung dar. Wie seine Vorgänger weiß auch Baudelaire sehr wohl, daß die Definition des Grotesken auf einer umfassenden Infragestellung der gesamten ästhetischen Reflexion und ihrer traditionellen Gewichtungen beruht.

Baudelaire geht indirekt vor: Sein Ausgangspunkt ist die Reflexion über die Karikatur, eine für ihn zu Unrecht als zweitrangig klassifizierte Kunstform. Er hingegen will sie aufwerten, da sie für die Moderne charakteristisch ist und die neuen Bedingungen für die künstlerische Produktion sowie für das Empfindungsvermögen aufzugreifen erlaubt. Die Karikatur partizipiert am Leben der modernen Großstädte, ist auf den Flaneur in der Menge zugeschnitten und auf eine Art Geselligkeit, in jeder einzelne sich mitten in der Masse isoliert fühlt und getrieben ist von seinen rastlosen Leidenschaften. Diese umherirrenden Individuen sind ewige Zuschauer, die von den Schauspielen der Hauptstadt angelockt werden. Sie schätzen die Karikatur in dem Maße, wie sie an ihre Triebe appelliert: Die Roheit und Gewalttätigkeit dieser raffinierten Bildsprache verführen weit mehr als ihre ›Botschaft‹. Die derart neu interpretierte Karikatur wird zu einer emblematischen Figur, zum Dreh- und Angelpunkt einer Erkundung des Ethos der Moderne, wo das Lachen dominiert.

Das romantische Lachen hingegen ist für Baudelaire wie für viele andere, darunter Jean Paul, ein satanisches Lachen. In Baudelaires Augen bietet *Melmoth the Wanderer* (1820) von Charles Robert Maturin eines der Hauptbeispiele dafür. Doch die Erinnerung an diese Gestalt ist keineswegs das bevorzugte Anliegen, vielmehr schätzt Baudelaire sie mit rechtem Maß als ein Zeichen der Zeit ein, die es ebenso die Karikatur erlaubt, die neuen Bedingungen im Kreislauf künstlerischer Kommunikation zu bewerten. Diese Gegebenheiten muß der Künstler berücksichtigen, ohne ihnen jedoch sein Werk zu unterwerfen. Selbst für Baudelaire bleibt das Lachen, obwohl es das Produkt einer fortgeschrittenen Epoche der Kultur (und der Historie) ist, ein Zeichen des Sündenfalls. Auf mythischer Ebene und dem hier angesprochenen Muster folgend kann man eine frühere Epoche erkennen, die nur die Freude gekannt hat. Diese Freude, die dem Weisen gebührt, ist uns im Gegensatz zur tief verwurzelten Doppelzüngigkeit des Lachens zweifellos nicht mehr zugänglich. Dennoch bleibt sie die verlorene Heimat des Künstlers. Er kann nicht anders als versuchen, sich ihr in einer tiefgreifend veränderten ästhetischen Landschaft anzunähern, die sich, wie die Überlegungen über die Karikatur und das Lachen angedeutet haben, als primär komische ausgibt. Das Groteske oder »le comique absolu« erscheint in dieser neuen Konfiguration als die höchste Kunstform. Es steht dem »comique significatif« gegenüber, das eine »idée morale« verbreitet und leicht zu fassen ist, während »le comique absolu« nur in der Intuition begriffen werden kann.

Wenn Baudelaires Intention darin besteht, einen analytischen Abriß des Grotesken zu verfassen, so ist er sich der Schwierigkeit des Unterfangens bewußt. Zwar ist das Groteske gewiß dem Komischen verwandt, doch unterscheidet Baudelaire die beiden Kategorien insofern, als ersteres seiner Meinung nach eher auf Schöpfung und letzteres eher auf Nachahmung beruhe. Das Lachen, das das Groteske verursache, rühre nicht wie im Fall des Komischen von der Überlegenheit »de l'homme sur l'homme, mais de l'homme sur la nature« her. Daraus leitet sich die Feststellung ab, daß »le grotesque domine le comique d'une hauteur proportionelle«[26]. ›Le comique absolu‹ grenzt sich im Verständnis Baudelaires somit von gewissen geläufigen Bedeutungen von ›grotesk‹ ab, vor allem von denjenigen, die es an die geringgeschätzten Formen des Komischen binden. In der Tat sind die Belege für diese höhere Kunstform aber ausgesprochen selten, insbesondere in Frankreich, wo Baudelaire zufolge das ›comique significatif‹ regiere, wie es von Voltaire vorgeführt werde.

In dem Versuch, Beispiele für ›le comique absolu‹ anzuführen, kann man sich auf einige Intermezzi in den Komödien Molières (aber nicht auf die Komödien selbst) beziehen oder auf einige Passagen bei Rabelais (aber nicht auf sein Œuvre insgesamt). Das Groteske scheint sich dem italienischen, englischen oder deutschen Geschmack leichter anzupassen. Um davon einen Eindruck zu vermitteln, bezieht sich Baudelaire auf eine englische Pantomime und vor allem auf das Werk E. T. A. Hoffmanns, der für ihn der unbestrittene Meister des ›comique absolu‹ ist. Aber selbst bei Hoffmann ist das ›comique significatif‹ nicht immer abwesend. Bemerkenswert ist, daß Baudelaire Edgar Allan Poe nicht erwähnt, dessen Übersetzer er ja war. Am Ende wird die angemessene Durchdringung des Grotesken, die größtenteils auf einer intuitiven Erfassung gründet, gewissermaßen zur Sache des Künstlers selbst. Als höchste Kunstform der Moderne, die auf einer Neuinterpretation und Umkehrung der Konzeptionen des gesunden Menschenverstands beruht und ihre Umwandlung in Karikatur und Lachen anstrebt, bewahrt ›le comique absolu‹ einen Teil des Mysteriums, das nur Eingeweihten Zutritt gewährt. Baudelaires Konzeption des Grotesken ist ein Echo auf die deutsche Romantik und insbesondere auf Jean Paul. Knapper gefaßt und radikaler ausgedrückt, bringt sie ohne Umschweife die Aporien einer Konzeptualisierung ans Tageslicht, die sich bemüht, das Neue in einen Rahmen zu bringen, in den es aber nicht ganz zu passen scheint. Das heimliche Einverständnis zwischen Analyse und Projekt, das charakteristisch für die romantische Durchdringung des Grotesken war, scheint eventuellen Zusätzen keinen Raum mehr zu lassen. Baudelaires Essay ist in der Tat der letzte, der sich der Romantik verpflichtet fühlt.

In der zweiten Hälfte des 19. Jh. überwiegt dann eher die Neigung, zu einer weniger ehrgeizigen Perspektive zurückzukehren. Man kommt auf punktuelle Betrachtungen zurück, die vor allem den Effekt haben, die Bedeutung der Kategorie des Grotesken in der ästhetischen Reflexion lebendig zu halten, wo man sich mit ihrer Präsenz abgefunden hat. Der große romantische Elan hat eine Art Gewöhnungsprozeß zur Folge, gleichzeitig verliert diese Fragestellung dadurch aber auch an Dringlichkeit. So taucht das Studium des Grotesken zu keinem Zeitpunkt dieser Periode als vorrangiges Reflexionsthema in der ästhetischen Aus-

---

26 CHARLES BAUDELAIRE, De l'Essence du Rire et généralement du comique dans les arts plastiques (1857), in: Baudelaire, Œuvres complètes, hg. v. F.-F. Gautier, Bd. 5 (Paris 1925), 349.

einandersetzung wieder auf. Dabei sind allerdings leichte geographische Unterschiede auszumachen: In England, wo das Groteske bis dahin nie mehr als gemäßigt, ja sogar vorsichtig aufgenommen wurde, ist die von nun an häufige Betrachtung der Frage innerhalb der ästhetischen Reflexion demnach als Fortschritt zu verstehen, während dieselbe Häufigkeit anderswo eher auf einen Rückzug hindeuten würde.

In Anbetracht dieser Divergenzen könnte man sagen, daß die Reflexion über das Groteske dort, wo sie im 19. Jh. noch fortgesetzt wird, der englischen ›Zeitrechnung‹ folgt. In dieser Hinsicht ist das Beispiel John Ruskins aufschlußreich: In seinem Werk *The Stones of Venice* (1853) trägt ein ganzes Kapitel die Überschrift ›Grotesque Renaissance‹. Bei der Betrachtung grotesker Kunstwerke fließen auch theoretische Überlegungen mit ein, die von einer ambivalenten Haltung Ruskins gegenüber dem Grotesken geprägt sind. Die Bedeutung der englischen Zurückhaltung im Hinblick auf das Groteske haben wir bereits gesehen. Sie wird bei Ruskin in eine durch die Wertschätzung des Grotesken deutlich hervorgehobene Polarisierung der Kategorien übersetzt. So unterscheidet er zwischen »the noble grotesque« und »the ugly grotesque«: »the noble grotesque is only employed by its master for good purposes, and to contrast beauty [...] by examining the ugly grotesque itself, it will be found that, if it belongs to the base school, there will be, first, no Horror in it; secondly, no Nature in it; and, thirdly, no Mercy in it.«[27] Das Groteske ist nur dann legitim, wenn es ›Horror‹ (als Äußerung der Angst vor der Sünde), ›Nature‹ und ›Mercy‹ (noch in der extremsten Form muß das Groteske sich an der Schöpfung orientieren und die positiven Eigenschaften dessen, was attackiert wird, berücksichtigen) zum Ausdruck bringt, um so »Hell« und »Heaven« (162) repräsentieren zu können.

Ruskins Konzeption ist durch die Koexistenz von Anziehung und Ablehnung geprägt. Um das Groteske zu erklären, bezieht er sich auf eine doppelte Typologie, die einerseits auf die Psychologie der Autoren, andererseits auf eine Annäherung zwischen künstlerischer Aktivität und Spiel verweist. Es gibt für ihn Künstler, deren Heimat das Ideal ist und die sich, erschöpft von ihrer Mühe,

bei einem notwendigen Spiel zerstreuen. In diesem künstlerischen Spiel entsteht das edle Groteske. Im Gegensatz dazu stehen jene Künstler, die sich im Spiel nur »the unscrupulous pursuit of pleasure« (122) hingeben; auf diese Weise wird ein falsches Groteskes produziert. Das Groteske soll nicht einem kranken Geist entspringen, der zu Besserem nicht fähig ist, sondern bewußtes Produkt eines begabten Künstlers sein: »that wherever the human mind is healthy and vigorous in all its proportions, great in imagination and emotion no less than in intellect, and not overborne by an undue or hardened pre-eminence of the mere reasoning faculties, there the grotesque will exist in full energy.« (175)

Ruskin schließt an Vitruv an, indem er als Beispiel für ein verachtungswürdiges Groteskes die Ornamente Raffaels zitiert, die er vehement verurteilt. In diesen Grotesken sieht er nur »the poisonous root« (140) einer ornamentalen Form, die Europa befallen hat und deren Mutwilligkeit und Frivolität ihn abstoßen. Das Groteske, wie Ruskin es schätzt, muß von Größe durchdrungen sein und einen Schrecken zum Ausdruck bringen, den auch das Gefühl der Sünde und Todesangst beim Menschen hervorrufen. Dort, wo es imstande ist, bedeutende Kunstwerke hervorzubringen – wie z. B. im Werk Dantes: »in him the grotesque reaches at once the most distinct and the most noble development to which it was ever brought in the human mind« (176) –, hält Ruskin das Groteske sehr wohl für eine bedeutsame Spielart der Kunst. Obwohl Ruskin somit zugibt, daß das Groteske nicht notwendigerweise auf den geringgeschätzten Formen der künstlerischen Produktion beruht, sich indes häufig aus ihm speisen, geht er dennoch nicht so weit, es zu verherrlichen. Das heißt, selbst wenn diese Kunstform als bemerkenswert erscheint, ist sie niemals mehr als das Werk eines großen Künstlers in der Erholungsphase, gleichsam das Ergebnis »seiner Entspannung«. Demnach sorgen relativ unbedeutende ethisch-moralische Einwände ständig dafür, das Urteil Ruskins zu modifizieren und der Wertschätzung des Grotesken eine ganze Reihe von Vorbehalten aufzuerlegen.

---

27 JOHN RUSKIN, The Stones of Venice (1853), Bd. 2 (Leipzig 1906), 163.

In diesem Zusammenhang sollten noch einige Arbeiten zitiert werden, die wichtig sind, ohne jedoch konkret zur Erneuerung der Frage beizutragen. Zu nennen ist die Studie Walter Bagehots *Wordsworth, Tennyson, and Browning; or Pure, Ornate, and Grotesque Art in English Poetry* (1864), in der eine konservative Einstellung zum Ausdruck kommt. Er stellt das Groteske in die Nähe einer »exceptional monstrosity of horrid ugliness«[28] und gesteht ihm letztlich den Zugang zum Bereich der Kunst nur im Sinne einer Kontrastierung zu; groteske Kunst soll den Sinn für die Schönheit stärken, von der sie ausdrücklich abweicht: »This [grotesque – d. Verf.] art works by contrast. It enables you to see, it makes you see, the perfect type by painting the opposite deviation. It shows you what ought to be by what ought not to be; when complete, it reminds you of the perfect image by showing you the distorted and imperfect image.« (353)

Thomas Wright wiederum bietet dem englischen Publikum die erste Geschichte des Grotesken. Sein Werk *A History of Caricature and Grotesque in Literature and Art* (1865) kann die Anklänge an Flögels im vorangegangenen Jh. in Deutschland unternommenes Projekt nicht leugnen. Die Definitionsprobleme interessieren Wright nicht übermäßig, und er versucht auch nicht, sein Thema philosophisch zu fassen. Für die Karikatur besteht er auf der Übertreibung von typischen Merkmalen, erkennt darin aber ein Charakteristikum, das sich auch schon in frühen Kunstformen findet oder dem mangelnden Können des Künstlers zugeschrieben werden kann. Für Wright geht es also um eine Tendenz der Kunst, die nicht unbedingt mit der Gattung gleichen Namens übereinstimmt. Es kommt bei ihm vielmehr zu einer Erweiterung der Karikatur, die ein Gleiten in Richtung des Monströsen und des Grotesken beinhaltet, ohne indes eine Grundlage für die Abgrenzung im Gebrauch dieser verschiedenen Termini zu schaffen.

In Umkehrung dieser Konzeption, die das Groteske einem weitgefaßten Begriff der Karikatur zuordnet, schlägt John Addington Symonds seinerseits vor, die Karikatur als einen Bestandteil jeder grotesken Kunst zu erachten, unabhängig davon, ob die Karikatur hierbei absichtlich oder unabsichtlich erzeugt worden sei. Diese Präzisierung erlaubt es ihm, das Groteske als intermediäre Form zu begreifen, die zugleich von der Karikatur und dem Phantastischen herrührt. Dies stellt die Hauptthese seines Aufsatzes *Caricature, the Fantastic, the Grotesque* in seinen *Essays Speculative and Suggestive* (1890) dar.[29]

In *The Sense of Beauty* (1896) bezieht sich George Santayana auf das Groteske, indem er den Akzent auf die Wahrnehmungsprobleme legt, die es hervorruft. Er verbindet die Durchdringung des Grotesken mit der ungewöhnlichen und unberechenbaren Wirkung, die das Neue in der Kunst erzeugt. Diese Wirkung wird verwischt, wenn man sich mit dieser neuartigen Form vertraut macht.[30] So interessant dieser Vorschlag auch sein mag, es bleibt nicht aus, daß eine derart radikale Formulierung die Grundlagen der ästhetischen Kategorie selbst untergräbt, denn im selben Maß, wie man sich an sie gewöhnt, verblaßt sie auch. Soviel zum Grotesken im englischen Sprachraum um die Jahrhundertwende, wo das Groteske nicht ignoriert, ihm aber auch keine sehr große Wertschätzung entgegengebracht wird.

Auf dem europäischen Festland neigt man vor allem dazu, das Groteske als eine vulgäre Form des Komischen zur Kenntnis zu nehmen. Der Begriff ruft keine bedeutsamen oder innovativen Betrachtungen mehr hervor. Zu beachten ist im Jahr 1894 gleichwohl die Publikation von Heinrich Schneegans, *Geschichte der grotesken Satire*, die aus Anlaß eines von der Universität Straßburg ausgeschriebenen Wettbewerbs über Charakteristik und Geschichte des grotesken Stils und deren Hauptvertreter Rabelais und Johann Fischart verfaßt wurde. Schneegans räumt dem Studium der Renaissance eine bedeutende Position ein und untersucht das Groteske systematisch in Abgrenzung zum »Burlesken« und »Possenhaften«, doch bietet er auf

---

28 WALTER BAGEHOT, Wordsworth, Tennyson, and Browning; or Pure, Ornate, and Grotesque Art in English Poetry (1864), in: Bagehot, The Collected Works, hg. v. N. St. John-Stevas, Bd. 2 (London 1965), 360.
29 Vgl. JOHN ADDINGTON SYMONDS, Caricature, the Fantastic, the Grotesque (1890), in: Symonds, Essays Speculative and Suggestive, Bd. 1 (1890; New York 1970), 240–255.
30 Vgl. GEORGE SANTAYANA, The Sense of Beauty (1896; New York u. a. 1936), 193 f.

theoretischer Ebene nichts Neues. Für Schneegans ist dasjenige grotesk, »in welchem etwas Ungeheuerliches und Phantastisches zum Ausdruck kommt«[31]. Sein Standpunkt ist, daß sich die groteske Satire übertriebener Zerrbilder bedient, indem sie auf »Ausschweifend-Phantastisches« und auf »Ungeheuerlich-Komisches« (30) zurückgreift. Die groteske Satire entsteht, indem man eine »bis zur tollsten Unmöglichkeit getriebene Verzerrung« darstellt. Das Groteske bleibt so auf den Bereich des Phantastischen beschränkt: Die groteske Satire läßt »in ihren tollen, abenteuerlichen und ungeheuerlichen Phantasiegebilden die Schranken der Möglichkeit weit hinter sich« (57). In der Malerei entspricht ihr die groteske Karikatur, eine Idee, die bereits im 18. Jh. aufgetaucht war. Die Reflexion über das Groteske scheint nicht von der Stelle zu kommen.

Es gibt verschiedene Gründe für dieses nachlassende Interesse. Ein Grund ist in der Weite der romantischen Ambitionen und ihren Widersprüchlichkeiten zu finden. So wie die Romantiker das Groteske auffassen, beinhaltet es einerseits die Notwendigkeit, einen Metadiskurs für die Moderne zu konzipieren, und andererseits zeigt es die Unmöglichkeit, sich von der neoklassischen Hegemonie zu lösen. Daraus resultiert eine Aporie, die sich nicht nur auf die Konzeptualisierung des Grotesken auswirkt, sondern auch die theoretische Auseinandersetzung prägt. Um das Neue auszudrücken, beschreitet man seither andere, weniger gefährliche Wege, die direkt zum Ziel führen. Lieber betont man die Originalität oder das Charakteristische eines Künstlers, einer literarischen oder künstlerischen Schule, Nationalliteratur bzw. -kunst, lieber bemüht man biographische und historische Hinweise, als Veränderungen in der Kunst konkret zu benennen. Ein direkter Zugriff auf die neuen Gegebenheiten der künstlerischen Produktion durch eine allgemeine ästhetische Auseinandersetzung findet nicht statt. Doch müßte gerade die Erneuerung der Reflexion über das Groteske genau von dorther kommen.

Schluß

Die Geschichte des Grotesken und seine Konzeptualisierung erstrecken sich über mehrere Jh., in denen es auf europäischer Ebene vielfältige Verzweigungen erfährt. Seit der Renaissance und bis in unsere Tage steckt diese Entwicklung immer wieder voller Überraschungen, die auf scheinbar unendlichen polemischen Auseinandersetzungen beruhen. Diese Auseinandersetzungen beziehen sich sowohl auf den Status des Begriffs als auch auf seine Legitimität und Definition. Aber vor allem kreist die Diskussion immer wieder um die Frage, wo und wie das Groteske im Bereich der Ästhetik, die sich natürlich im Laufe der Jahre auch verändert hat, anzusiedeln sei. Somit ist die Frage des Grotesken unausweichlich immer mit Erneuerungsprozessen in den Künsten verbunden. Als ein von der neoklassischen Tradition nicht zu assimilierender Begriff, der von jeher mit dem Bann belegt wird, weil er ihre traditionellen Glaubenssätze (wie Ordnung, Hierarchie, Sinn) in Frage zu stellen scheint, gewinnt das Groteske nichtsdestoweniger glühende Anhänger, die mit ihrer Erfindungsgabe darum kämpfen, dem Grotesken Zugang zur Ästhetik zu verschaffen. Auf Grund dieser gleichsam als Plädoyer verfaßten Schriften gewinnt das Groteske immer mehr Raum und kann seit der Romantik als ästhetische Kategorie gelten. Diejenigen, die sich seiner Verteidigung und Erläuterung verschreiben, wissen sehr wohl um das subversive Potential ihrer Reflexionen. Gleich ob sie dieses Potential abmildern oder herausstreichen, sie ahnen, daß das Groteske die im Konsens abgesteckten Rahmenvorstellungen einer allgemeinen Ästhetik gefährdet.

Daher rührt die Vitalität dieses Terminus, der in der ästhetischen Reflexion unter wiederkehrenden oder neuen Vorzeichen immer wieder auftaucht. Daraus resultiert auch das von Grund auf prekäre Element dieses Begriffs, das dafür sorgt, daß das Groteske selbst heute noch Anlaß zu Debatten gibt, in denen der Nachhall der Diskussionen von einst zu vernehmen ist. Und so ist das Groteske zweifellos zu einer unumgänglichen, zugleich aber

---

31 HEINRICH SCHNEEGANS, Geschichte der grotesken Satire (Straßburg 1894), 15, 29.

nach wie vor problematischen ästhetischen Kategorie geworden.

Elisheva Rosen
(Übers. v. Jörg W. Rademacher/Maria Kopp)

Literatur
BACHTIN, MICHAIL, Problemy poėtiki Dostoevskogo (Moskau 1963); dt.: Probleme der Poetik Dostoevskijs, übers. v. A. Schramm (München 1971); BACHTIN, MICHAIL, Tvorčestvo Fransua Rabele i narodnaja kul'tura srednevekov'ja i Renessansa (Moskau 1965); dt.: Rabelais und seine Welt. Volkskultur als Gegenkultur, hg. v. R. Lachmann, übers. v. G. Leupold (Frankfurt a. M. 1987); BARASCH, FRANCES K., The Grotesque. A Study in Meanings (Paris 1971); BURWICK, FREDERICK, The Haunted Eye. Perception and the Grotesque in English and German Romanticism (Heidelberg 1987); CHASTEL, ANDRÉ, La grottesque (Paris 1988); CLAYBOROUGH, ARTHUR, The Grotesque in English Literature (Oxford 1965); DACOS, NICOLE, La découverte de la Domus Aurea et la formation des grotesques à la Renaissance (London 1969); HARPHAM, GALT G., On the Grotesque. Strategies of Contradiction in Art and Literature (Princeton 1982); IEHL, DOMINIQUE, Le grotesque (Paris 1997); JENNINGS, LEE BYRON, The Ludicrous Demon. Aspects of the Grotesque in German Post-Romantic Prose (Berkeley 1963); KAYSER, WOLFGANG, Das Groteske. Seine Gestaltung in Malerei und Dichtung (Oldenburg/Hamburg 1957); PIEL, FRIEDRICH, Die Ornament-Grotteske in der italienischen Renaissance. Zu ihrer kategorialen Struktur und Entstehung (Berlin 1962); ROSEN, ELISHEVA, Sur le grotesque. L'ancien et le nouveau dans la réflexion esthétique (Paris 1991); RUSSO, MARY, The Female Grotesque. Risk, Excess and Modernity (New York/London 1995); STEIG, MICHAEL, Defining the Grotesque. An Attempt at Synthesis, in: Journal of Aesthetics and Art Criticism (1970), 223–260; STOLLMANN, RAINER, Groteske Aufklärung. Studien zu Natur und Kultur des Lachens (Stuttgart 1997); THOMSEN, CHRISTIAN W., Das Groteske und die englische Literatur (Darmstadt 1977); THOMSON, PHILIP, The Grotesque (London 1972); WARNCKE, CARSTEN-PETER, Die ornamentale Groteske in Deutschland (1500–1650) (Berlin 1979).